KOMPAKTWÖRTERBUCH

Englisch

Englisch/Deutsch

Deutsch/Englisch

Faktum
LEXIKON INSTITUT

Herausgeber: Lexikon-Institut Bertelsmann
Mitarbeit: Sabine Dähn-Sigel, Oliver Fry, Martina Hemrich,
Petra Krügel, Deborah Snowberger
Abbildungen: Dieter Stadler

55001X817 2635 4453 6271

03 02 01 00

Inhalt

Hinweise für das Nachschlagen

Im Hinblick auf den umfangreichen Wortschatz einer Sprache kann ein Wörterbuch dieser Größenordnung lediglich einen Ausschnitt anbieten. Dieses Wörterbuch bietet jedoch nicht nur eine Wortliste mit deren Übersetzungen, sondern auch eine Vielzahl an Informationen zu unregelmäßigen Formen, zur Konstruktion eines Satzes, zur Bedeutung eines Wortes und zu vielen typischen Wortverbindungen.

Darüber hinaus ist das Buch nicht nur Wörterbuch, sondern es ist durch den Anhang in hohem Maße auch anwendungsbezogen. Dies ist einerseits durch das „Kurz-Reisewörterbuch" und die „Musterbriefe" gewährleistet, die die wichtigsten Anwendungs-Situationen berücksichtigen, andererseits durch die „Abbildungen", die optisch auf ein gesuchtes Wort schließen lassen. Eine Kurz-Grammatik führt in den korrekten Umgang mit der Sprache ein.

Der Wörterbuchteil allein enthält rund 200 000 Informationseinheiten zu unterschiedlichsten Phänomenen. Die nachfolgenden Angaben helfen Ihnen, sich alle diese Informationen zu erschließen.

1. Die Ordnung der Stichwörter

Die Wörter sind rein alphabetisch angeordnet. Im deutsch-englischen Teil sind die deutschen Umlaute wie die nichtumgelauteten Formen behandelt; das 'ß' wird wie 'ss' behandelt. Sind Wortteile in Klammern, so können diese wahlweise verwendet werden: z.B. wack[e]lig = wackelig oder wacklig.

Eigennamen und Abkürzungen finden Sie ebenfalls in der entsprechenden alphabetischen Reihe.

Ableitungen und zusammengesetzte Wörter sind, wenn dies alphabetisch möglich war, unter dem Hauptstichwort zusammengefaßt.

„Phrasal Verbs" im englisch-deutschen Teil sind unter dem Hauptstichwort eingereiht und erscheinen ebenfalls in rein alphabetischer Reihenfolge, da sie von der Grundbedeutung des Hauptstichwortes meist vollkommen abweichen.

Homographe sind mit einem Exponenten gekennzeichnet: **Bank**^{1}.

Die Stichwörter sind fett ausgezeichnet. Kurzformen von diesen Stichwörtern stehen in runden Klammern, kursiv und mit Tilde, z.B. Bahn → (*Eisen~*).

2. Die Struktur des Eintrags

Die notwendigen Informationen, die eine umfangreiche Auskunft über Formen zur Deklination/Konjugation, zur Satzkonstruktion, zur Bedeutung eines Stichwortes usw. geben, sind von Stichworteinheit zu Stichworteinheit unterschiedlich. Trotzdem finden Sie eine durchgehende Systematik beim Aufbau eines Stichwortartikels:

Da ist einmal das Stichwort mit seinen Varianten (z.B. unterschiedliche Schreibweise im Amerikanischen und Englischen), dann folgen die Angaben zur Morphologie (z.B. Angaben zur Konjugation, die grammatikalische Einordnung), dann die Angaben zur Bedeutung (z.B. typische Subjekte, Objekte), dann die Übersetzung[en] und schließlich Ergänzungen zur Satzkonstruktion (d.h. Angaben zum unterschiedlichen Kasus, zur Rektion); nachfolgend ein Beispiel zur Grob-Struktur:

- Stichwort
- Angaben zur Grammatik
- Angaben zur Bedeutung (typisches Objekt etc.)
- Übertragung
- Ergänzungen zur Satzkonstruktion

abstract [1] ['æbstrækt] **I.** *adj* ▹*art etc.* abstrakt; ▹*argument* theoretisch **II.** *n* ↑ *outline* Abriß *m;* ↑ *title, summary* Zusammenfassung *f,* Übersicht *f*
abstract [2] [æb'strækt] *vt* [1] → *metals* **trennen** [2] → *s.th. from an article* entnehmen *(from* aus)

2.1 Angaben zur Form und Syntax

Je nach Wortart sind dem Stichwort unterschiedliche grammatische Informationen beigegeben.

Die Informationen lassen sich dabei in zwei größere Einheiten unterteilen. Auf der einen Seite ist dies die grammatische Kategorisierung, d.h. die Zuordnung zu einer Wortklasse, auf der anderen Seite sind dies unregelmäßige Formen zur Deklination und zur Konjugation, zur Steigerung bei den Adjektiven usw.

Beispiel: Die Zuordnung zu einer grammatikalischen Kategorie erfolgt mit römischen Ziffern.

> **abort** [ə'bɔːt] **I.** *vt* [1] → *space mission* abbrechen [2] (→ *unborn child, with intention)* abtreiben **II.** *vi* ↑ *miscarry* fehlgebären, eine Fehlgeburt haben; **abortion** [ə'bɔːʃən] *n* [1] *(of foetus)* Abtrei-

Ferner finden sich z.B. Ergänzungen, die auf die Satzkonstruktion abzielen:

> **access** ['ækses] **I.** *n* [1] Zugang *m;* ▹ ~ **only** Anlieger frei; (PC *data* ~) Zugriff *m* [2] (JUR *to children)* Zugang *m,* Besuchsrecht *s* **II.** *vt* PC → *data from a computer* zugreifen auf *acc;* **acces-**

Im Englischen wird das Wort 'transitivisch' mit direktem Objekt verwendet, die deutsche Übersetzung erfolgt jedoch mit einem präpositionalen Anschluß (Präposition + bestimmter Kasus).

2.2 Angaben zur Bedeutung und Übersetzung

Das Wort, das Sie in der Fremdsprache nicht verstehen oder das Sie in die Fremdsprache übersetzen möchten, steht nicht für sich allein; es ist stets eingebunden in sein Sprachsystem und in den jeweiligen Kontext. Sehen wir uns hierzu folgenden Beispielsatz an:

Er drehte | ihn/es | ab.

Dieser Satz wird erst durch seinen Kontext klar. Vergleichen Sie hierzu folgende Sätze:

Er drehte	den Film/das Video	ab.	Synonyme hierzu:	- zu Ende drehen
	den Hahn das Wasser			- zudrehen - zudrehen
	die Schraube usw.			- herunterdrehen

Die Bedeutung des Wortes 'abdrehen' ist, wie das Beispiel und die Synonyme zeigen, von dem Wort abhängig, das als typisches Objekt zum Tätigkeitswort hinzutritt und mit diesem eine enge Bedeutungsbeziehung eingeht.

Beim Übersetzungsprozeß muß gerade auf diese Kollokatoren bzw. Wortverbindungen geachtet werden. Je nach Kollokator muß das gesuchte Wort unterschiedlich übersetzt werden.

Dieses Wörterbuch ist reich an solchen Kollokatoren und wird Ihnen nicht nur beim Verstehen des fremdsprachlichen Wortes eine nützliche Hilfe sein, sondern gerade bei der Bildung und Konstruktion eines fremdsprachlichen Textes, da Sie z.B. typische Objekte oder typische Subjekte erkennen und diese direkt in Ihre Satzkonstruktion übernehmen können.

Der Schlüssel zur richtigen Übersetzung ist also vielfach der Kollokator, der zu einem Wort hinzutreten kann. Dieser bestimmt den Bedeutungsgehalt eines Stichworts mit, der in einem Synonym zusammengefaßt werden kann (vgl. abdrehen).

Größere Bedeutungseinheiten sind mit arabischen Ziffern zusammengefaßt.

Um die Wichtigkeit der Bedeutungsdifferenzierung hervorzuheben, wurden die einzelnen Bedeutungsdifferenzierungen auch vom Schriftbild her gekennzeichnet. Kollokatoren (typische Wortverbindungen), die zu einem Substantiv, Adjektiv oder Adverb treten, werden mit '▷' gekennzeichnet. Typische Kollokatoren zu einem Verb werden mit Pfeilen gekennzeichnet: typische Subjekte mit '←', typische Objekte mit '→'. Synonyme werden mit einem Pfeil nach oben ↑ gekennzeichnet. Handelt es sich nicht um diese Elemente, so steht die Bedeutungsdifferenzierung in runden Klammern und ist von der Schriftart her 'kursiv'.

> **abdrehen** **I.** *vt* [1] ↑ *zudrehen* → *Wasserhahn, Schalter* turn off [2] ↑ *abbrechen* → *Schraube* twist [off] [3] ↑ *zu Ende drehen* → *Film* shoot **II.** *vi* ← *Wind, Flugzeug* to change direction; ◇ **nach links** ~ to veer to the left

Weitere Angaben, die wie ein Zeiger den Rahmen einer Bedeutung wiedergeben, sind rhetorische und stilistische Angaben zur Verwendung, sowie regionale Angaben und Angaben zum Gebrauch in einem Sachbereich.

Synonyme Übersetzungen sind mit einem Komma abgetrennt und sind untereinander austauschbar. Nicht austauschbare Übersetzungen eines Stichworts sind mit einem Semikolon abgetrennt.

Nach der Übersetzung folgen die Angaben zur regionalen Verwendungsweise oder aber Angaben zur Satzkonstruktion (d.h. Kasusangaben, präpositionale Anschlüsse).

2.3 Anwendungssätze und Wendungen

Anwendungssätze und Wendungen sind vor allem auch dann ausgewählt worden, um komplexe Einträge verständlicher zu machen. Diese sind, wenn möglich, den jeweiligen Bedeutungseinheiten zugeordnet.

> **about** [ə'baʊt] **I.** *adv* [1] ↑ *approximately* ungefähr [2] ↑ *nearby* in der Nähe; ↑ *around* [rings-] umher, herum; ◇ **are my spectacles ~?** liegt meine Brille irgendwo herum? [3] ◇ **I was ~ to go out** ich war gerade im Begriff [*o.* dabei] auszugehen **II.** *prep* [1] (*topic*) über *acc* [2] (*location*) um, um ... herum [3] ↑ *involving* bei, an; ◇ **s.th. ~ his face reminded me ...** irgendwas an seinem Gesicht erinnerte mich an ... [4] ◇ **how ~ doing your homework?** wie wär's mit Schulaufgaben?; **about-turn** *n* Kehrtwendung *f*

3. Abkürzungen und Symbole

3.1 Symbole

Tilde ersetzt das Stichwort		~	
Synonym		↑	
Kollokatoren	zu Substantiv/Adjektiv/Adverb	▷	
	typische Subjekte	←	
	typische Objekte	→	
	Wendungen	◇	
Römische Ziffern (Grammatische Kategorien)		I, II,	etc.
Arabische Ziffern (größere Bedeutungseinheiten)		1 2	etc.

3.2 Verwendete Abkürzungen

ADMIN	Verwaltung	administration
AERO	Luftfahrt	aviation
AGR	Landwirtschaft	agriculture
AM	Amerikanisch	American English
ANAT	Anatomie	anatomy
ARCHIT	Architektur	architecture
ASTROL	Astrologie	astrology
ASTRON	Astronomie	astronomy
AUTO	Automobil-Verkehr	automobiles
BAHN / RAIL	Bahn	railways
BIOL	Biologie	biology
BRIT	Britisches Englisch	British English
CH	Schweizerisch	Swiss
CHEM	Chemie	chemistry
COMM	Handel	commerce
ELECTR	Elektrotechnik	electrical engineering
FAM	umgangssprachlich	familiar
FAM!	derb	vulgar
FAUNA	Fauna	fauna
FIG	übertragen	figuratively
FILM	Film, Kino	film, cinema
FIN	Finanzen	finances
FLORA	Flora	flora
FOTO / PHOTO	Fotografie	photography
GASTRON	Gastronomie	gastronomy
GEO	Geographie, Geologie	geography, geology
GRAM	Grammatik	grammar
HIST	Geschichte	history
HYG	Hygiene	hygiene
IRON	ironisch	ironically
JURA / JUR	Rechtsordnung	Law
LING/SPRACHW	Sprachwissenschaft	linguistics

MATH	Mathematik	mathematics
MED	Medizin	medicine
MEDIA	Neue Medien	Radio media
METEO	Meteorologie	meteorology
MIL	Militär	military
MIN	Bergbau	mining
MUS	Musik	music
NAUT	Seefahrt	shipping
ÖST	Österreich	Austria
PC	Computer	computing
PEJ	abwertend	pejorative
PHILOS	Philosophie	philosophy
PHOTO	Fotografie	photography
PHYS	Physik	physics
POL	Politik	politics
PRINT	Buchdruck	printing
PSYCH	Psychologie	psychology
RAIL	Bahn	railways
REL	Religion	religion
SCH	Schule	school
SPORT	Sport	sport
SPRACHW / LING	Sprachwissenschaft	linguistics
TECHNOL	Technik	technology
TELEC	Fernmeldewesen	telecommunications
THEAT	Theater	theatre
UNIV	Universität	university
a.	auch	also
Abk v. / abbr. of	Abkürzung von	abbreviation of
acc / akk	Akkusativ	accusative case
adj	Adjektiv	adjective
Akr v. / acron. of	Akronym von	acronym of
adv	Adverb	adverb
akk / acc	Akkusativ	accusativ case
allg.	allgemein	commonly
art	Artikel	article
attr	attributiv	attributive
bes. / esp.	besonders	especially
cj	Konjunktion	conjunction
compd	Zusammensetzung	compound
dat	Dativ	dative case
e-e	eine	
e-m	einem	
e-n	einen	
e-r	einer	
e-s	eines	
etc.	et cetera	et cetera
etw	etwas	something

f	feminin	feminine
fm	deutsche Substantive, die wie Adjektive dekliniert werden, z.B.: **Fremde(r)** *fm* der Fremde, ein Fremder die Fremde, eine Fremde	
geh	gehoben	elevated
gen	Genitiv	genitive case
ger	Gerundium	gerund
Ggs	Gegensatz	contrast
Hilfsverb / aux	Hilfsverb	auxiliary verb
impf v.	Imperfekt von	imperfect (tense) of
intj	Interjektion	interjection
inf	Infinitiv	infinitive
inv	unveränderlich	invariable
jd	jemand	someone
jd-m	jemandem	to someone
jd-n	jemanden	someone
jd-s	jemandes	someone's
komp / comp	Komparativ	comparative
konj / subj	Konjunktiv	subjunctive
m	maskulin	masculine
meist. / usu.	meistens	usually
n	Substantiv	noun
nom	Nominativ	nominative
nr	Numerale	numeral
o	oder	or
o.s.	sich [selbst]	oneself
pass	Passiv	passive voice
pers	persönlich	personal
pl	Plural	plural
poss	besitzanzeigend	possessive
pp	Partizip Perfekt	past participle
präd / pred	prädikativ	predicative
präp / prep	Präposition	preposition
präs / pres	Präsens	present
pron	Pronomen	pronoun
pt	Vergangenheit	past tense
refl	reflexiv	reflexive
rel	relativ	relative
s	Neutrum	neuter
s.	siehe	see
s.b.	jemand[en]	somebody
sep	trennbar	separable
sg	Singular	singular
s.o.	jemand[en]	someone
s.th.	etwas	something

superl	Superlativ	superlative
u.	und	and
unpers / impers	unpersönlich	impersonal
unreg / irr	unregelmäßig	irregular
vb	Verb	verb
vgl.	vergleiche	compare
vi	intransitives Verb	intransitive verb
vr	reflexives Verb	reflexive verb
vt	transitives Verb	transitive verb
y.s.	sich	yourself

4. Aussprache

4.1 Vokale und Diphtonge

Zeichen	Beispiele zur Verwendung	
[ɑ]	ɑː	**ar**ctic, al**ar**m
[a]	aɪ	ar**i**se, dr**y**
	aʊ	ar**ou**nd, n**ow**
[æ]	æ	**b**abble
[ʌ]	ʌ	pean**u**t, am**o**ng, affr**o**nt, fl**ou**rish, bl**oo**d
[e]	e	h**e**n
	eɪ	n**a**ked, n**ai**l
[ə]	ə	ar**a**ble, brilli**a**nt
	əʊ	appr**oa**ch, interp**o**se
[ɜ]	ɜː	b**ir**th, w**or**th, bl**ur**, b**our**bon
[ɛ]	ɛə	p**ear**, p**air**, th**eir**, ther**e**fore, Bav**a**ria
[ɪ]	ɪ	**i**ll
	ɪə	h**e**ro
[i]	iː	cr**ee**k, cr**ea**m
[ɒ]	ɒ	bar**o**que, bec**au**se, bur**eau**cracy
[ɔ]	ɔ	b**o**il, b**o**y
	ɔː	bef**o**re, b**oa**rd, b**ou**ght, **a**lready
[ʊ]	ʊ	p**u**t, g**oo**d, af**oo**t
	ʊə	act**u**al, m**oo**r
[u]	uː	parach**u**te, tr**oo**p, y**ou**th

4.2 Konsonanten

Zeichen	Beispiele zur Verwendung	
[b]		become
[d]		desert
	dʒ	pigeon, jungle
[f]		famous
[g]		guest
[h]		home
[j]		year
[k]		can, milk, quit
[l]		long
[m]		manner, ham
[n]		news, sinner
[ŋ]		strong, jungle
[p]		person, pepper
[r]		ring, jury
[s]		still, mess
[ʃ]		shopping, motion
[t]		take
	tʃ	church, fetch
[θ]		thanks, breath
[ð]		their, mother
[v]		very, knives
[w]		watch, what
[z]		rose, zigzag
[ʒ]		treasure

[:] Kennzeichnung einer Längung
['] Kennzeichnung des Haupttones
[*] Kennzeichnung des Bindungs-R

WÖRTERBUCH

ENGLISCH - DEUTSCH

A
B
C
D
E
F
G
H
I
J
K
L
M
N
O
P
Q
R
S
T
U
V
W
X
Y
Z

A

A, a [eɪ] *n* ① (*Buchstabe*) A *s,* a *s* ② MUS A, a *s* ③ (*Note*) sehr gut, eins

a [ə, eɪ] (*before vowel*), **an** [æn, ən] *art* ① (*unbestimmt*) ein[e]; ◇ **she wanted a car** sie wollte ein Auto ② (*per*) ◇ **£11 a head** £11 pro/die Person; ◇ **twice a year** zweimal im Jahr ③ (*with identity*) ◇ **he is a doctor** er ist Arzt; ◇ **he is an Englishman** er ist Engländer

AA [ə, eɪ] *abbr. of* ① **Automobile Association** *Britischer Automobilclub,* ≈ ADAC ② **Alcoholics Anonymous** Anonyme Alkoholiker

aback [ə'bæk] *adv* ◇ **to be taken** ~ ↑ *be surprised* erstaunt sein; ↑ *saddened* betroffen sein

abandon [ə'bændən] **I.** *vt* → *place* verlassen; (*person*) verlassen, sitzenlassen; (*activity without finishing*) aufgeben, abbrechen **II.** *n* Hingabe *f;* ◇ **they danced with joyous** ~ sie tanzten voller Hingabe; **abandoned** *adj* ① ↑ *forsaken* verkommen ② (*deserted*) verlassen; **abandonment** *n* ① ↑ *desertion* Verlassen *s* ② (*no restraint*) Hingabe *f*

abase [ə'beɪs] *vt* ↑ *degrade* erniedrigen

abashed [ə'bæʃt] *adj* verlegen, beschämt

abate [ə'beɪt] **I.** *vi* (*storm, feeling*) nachlassen, abflauen **II.** *vt* (*noise*) dämpfen; (*pain*) lindern; **abatement** *n* (*of storm, of feeling*) Nachlassen *s,* Abflauen *s;* (*of noise*) Dämpfen *s;* (*of pain*) Linderung *f;* ◇ **the Noise A~ Society** ≈ die Gesellschaft zur Lärmbekämpfung

abattoir ['æbətwɑː*] *n* Schlachthof *m*

abbess ['æbes] *n* Äbtissin *f*

abbey ['æbɪ] *n* Abtei *f*

abbot ['æbət] *n* Abt *m*

abbr. *abbr. of* **abbreviation**

abbreviate [ə'briːvɪeɪt] *vt* [ab]kürzen; **abbreviation** [əbriːvɪ'eɪʃən] *n* Abkürzung *f*

ABC ['eɪbiː'siː] *n* Abc *s;* ◇ **it's as easy as** ~ es ist spielend leicht

abdicate ['æbdɪkeɪt] **I.** *vt* (*responsibility*) aufgeben, verzichten auf *acc* **II.** *vi* ← *king* abdanken; **abdication** [æbdɪ'keɪʃən] *n* (*of person in high office*) Amtsniederlegung *f;* (*of king, queen etc.*) Abdankung *f*

abdomen ['æbdəmən] *n* Unterleib *m;* **abdominal** [æb'dɒmɪnl] *adj* Unterleibs-

abduct [æb'dʌkt] *vt* entführen; **abduction** [æb'dʌkʃən] *n* Entführung *f*

aberrant [ə'berənt] <inv> ① ↑ *abnormal* anomal ② ↑ *deviant* ▷*behaviour* abweichend, deviant; **aberration** [æbə'reɪʃən] *n* ① ↑ *abnormal occurrence* Anomalie *f* ② ↑ *mental confusion* Verwirrung *f*

abet [ə'bet] *vt* ① ↑ *urge on* anstiften, aufhetzen ② → *crime* begünstigen; JUR ◇ **aid and** ~ Beihilfe leisten

abeyance [ə'beɪəns] *n* ① ◇ **to be in** ~ (JUR *uncertain*) in der Schwebe sein ② ◇ **to be in** ~ (*temporarily ineffective*) ruhen, außer Kraft sein

abhor [əb'hɔː*] *vt* verabscheuen; **abhorrence** [əb'hɒrəns] *n* Abscheu *f;* **abhorrent** *adj* abscheulich

abide [ə'baɪd] *vt* ausstehen; ◇ **he can't** ~ **her** er kann sie nicht leiden; **abide by** *vt* ↑ *respect* → *rules* sich halten an *acc*

ability [ə'bɪlɪtɪ] *n* ① ↑ *capacity* Fähigkeit *f;* ◇ **to the best of my abilities** so gut ich kann ② ↑ *skill* Geschicklichkeit *f* ③ ↑ *talent* Begabung *f*

abject ['æbdʒekt] *adj* ① ▷*poverty* erbärmlich, bitter ② ▷*behaviour* übel ③ ▷*submission* demütig, unterwürfig; **abjectness** *n* Erbärmlichkeit *f;* Demut *f*

ablaze [ə'bleɪz] *adj* ① ↑ *on fire* in Flammen ② (*FIG eyes*) leuchtend, funkelnd ③ ◇ **the centre is** ~ **with lights** das Zentrum ist hell erleuchtet

able ['eɪbl] *adj* ① ↑ *capable* fähig; ◇ **to be** ~ **to do s.th.** imstande sein, etw zu tun, etw tun können ② ↑ *skilful* geschickt ③ ↑ *talented* begabt; **able-bodied** *adj* [gesund und] kräftig; MIL tauglich

ably ['eɪblɪ] *adv* ① (*capable*) gekonnt, fähig ② ◇ **to be** ~ **supported** genügend/ausreichend unterstützt werden

abnegate [æb'nɪgeɪt] *vt* entsagen *dat*

abnormal [æb'nɔːməl] *adj* nicht normal; MED ↑ *deviant* abnorm; **abnormality** [æbnɔː'mælɪtɪ] *n* ① MED Anomalie *f* ② ↑ *peculiarity* Abnormale (s) *s*

aboard [ə'bɔːd] *prep, adv* (*on ship, on plane*) an Bord *gen;* ◇ **the plane crashed, killing the passengers** ~ das Flugzeug stürzte ab u. riß die Passagiere an Bord in den Tod; ◇ **all aboard!** alles einsteigen!

abode [ə'bəʊd] **I.** *n* ◇ **right of** ~ Aufenthaltsrecht; ◇ **of no fixed** ~ ohne festen Wohnsitz

abolish [ə'bɒlɪʃ] *vt* abschaffen, aufheben; **abolition** [æbə'lɪʃən] *n* Abschaffung *f,* Aufhebung *f*

A-bomb [eɪ'bɒm] *n* Atombombe *f*

abominable [ə'bɒmɪnəbl] *adj* ① ↑ *shocking* entsetzlich ② ↑ *disgusting* gräßlich, eklig ③ ↑ *grizzly* ◇ **the A~ Snowman** der Schneemensch; **abomination** [əbɒmɪ'nəɪʃn] *n* Entsetzen *s;* Gräßlichkeit *f;* ◇ **to be held in** ~ verabscheut werden

aboriginal [æbə'rɪdʒənl] *adj* die Ureinwohner [Australiens] betreffend; (*people*) eingeboren, Ur-; **aborigine** [æbə'rɪdʒɪniː] *n* Ureinwohner (in *f*) *m* [Australiens]

abort [ə'bɔːt] **I.** *vt* ① → *space mission* abbrechen ② (→ *unborn child, deliberately*) abtreiben **II.** *vi* ↑ *miscarry* eine Fehlgeburt haben; **abortion** [ə'bɔːʃən] *n* ① (*of foetus*) Abtreibung *f;* ◇ **to have an ~** eine Schwangerschaft unterbrechen ② (*of plans*) Fehlschlagen *s;* (*with intention*) Abbrechen *f;* **abortive** [ə'bɔːtɪv] *adj* erfolglos, mißlungen

abound [ə'baʊnd] *vi* zahlreich sein; ◇ **the lake ~s with fish** der See ist reich an Fischen

about [ə'baʊt] **I.** *adv* ① ↑ *approximately* ungefähr ② ↑ *nearby* in der Nähe; ↑ *around* [rings-] umher, herum; ◇ **are my spectacles ~?** liegt meine Brille irgendwo herum? ③ ◇ **I was ~ to go out** ich war gerade im Begriff [*o.* dabei] auszugehen **II.** *prep* ① (*topic*) über *acc* ② (*location*) um, um … herum ③ ↑ *involving* bei, an; ◇ **s.th. ~ his face reminded me …** irgendwas an seinem Gesicht erinnerte mich an … ④ ◇ **how ~ doing your homework?** wie wär's mit Schulaufgaben?; **about-turn** *n* Kehrtwendung *f*

above [ə'bʌv] **I.** *adv* oben; ↑ *in a higher position* darüber; (*in a text*) oben **II.** *prep* ① (*location*) über; GEO oberhalb ② (*amount*) über; ◇ **students ~ the age of 26 …** Studenten über 26 … ③ (*rank*) über; ◇ **they are ~ me** sie sind über mir; (*moral superiority*) ◇ **she thinks she's ~ us** sie denkt, sie ist zu gut für uns ④ ◇ **~ all** vor allem **III.** *adj* (*text*) obig, obenerwähnt; ◇ **the ~-mentioned person** die obengenannte Person; **above-board I.** *adj* ▷*business* korrekt, legal; ◇ **open and ~** offen und ehrlich **II.** *n* PC Speichererweiterungskarte *f;* **above-mentioned** *adj* obenerwähnt

abrasion [ə'breɪʒən] *n* (*of skin*) Abschürfung *f;* **abrasive** [ə'breɪsɪv] **I.** *n* (*grinder, sandpaper etc.*) Schleifmittel *s* **II.** *adj* ① (*sandpaper*) rauh; (*cleanser*) scharf ② ▷*personality* aufreibend, aggressiv; ▷*remark* bissig; ▷*paper* Schleifpapier *s,* Schmirgelpapier *s;* **abrasiveness** [ə'breɪzɪvnɪs] *n* ① Schärfe *f,* Rauheit *f* ② Aggressivität *f,* Bissigkeit *f*

abreast [ə'brest] *adv* ① ↑ *together* nebeneinander, Seite an Seite ② ◇ **to keep/be ~ of events** Schritt halten mit den Ereignissen

abridge [ə'brɪdʒ] *vt* → *text* kürzen

abroad [ə'brɔːd] *adv* ① ↑ *overseas* ◇ **to be ~** im Ausland sein; ◇ **to go ~** ins Ausland gehen/fahren ② ◇ **there is a rumour ~ …** ein Gerücht geht um …

abrogation [æbrə'geɪʃn] *n* (*of law*) Ungültigkeitserklärung *f,* Annullierung *f*

abrupt [ə'brʌpt] *adj* ↑ *sudden* abrupt; ▷*drop* jäh; ▷*manner* schroff; **abruptness** [ə'brʌptnɪs] *n* (*of style*) Abgerissenheit *f;* (*of reply*) Schroffheit *f*

abscess ['æbsɪs] *n* MED Abszeß *m*

abscond [əb'skɒnd] *vi* (*with funds*) sich davonmachen

abseil ['æbseɪl] *vi* (*down a cliff*) sich abseilen

absence ['æbsəns] *n* Abwesenheit *f;* **absent** ['æbsənt] *adj* ① ↑ *not present* abwesend, nicht da; ◇ **to be ~ from school** in der Schule fehlen ② ↑ *unconcentrated* zerstreut; ◇ **~-minded** geistesabwesend; **absentee** [æbsən'tiː] *n* Abwesende(r) *fm;* **absenteeism** [æbsən'tiːɪzəm] *n* mehrmalige Abwesenheit [am Arbeitsplatz/in der Schule]; **absent-minded** *adj* zerstreut, geistesabwesend

absolute ['æbsəluːt] *adj* absolut; ▷*command* uneingeschränkt; ◇ **to provide ~ proof** eindeutig beweisen; **absolutely** *adv* absolut, total *FAM;* ◇ **~ forbidden** streng verboten; ◇ **you are ~ beautiful** du bist wunderschön

absolve [əb'zɒlv] *vt* ↑ *release* entbinden; (*from blame*) freisprechen; (REL *from sin*) lossprechen

absorb [əb'sɔːb] *vt* ① → *water* aufsaugen; → *facts* in sich aufnehmen ② → *time* ganz in Anspruch nehmen; ◇ **to be ~ed in a newspaper** in e-e Zeitung vertieft sein; **absorbency** [əb'sɔːbənsɪ] *n* (*capacity to ~*) Saugfähigkeit *f;* **absorbent** *adj* absorbierend, saugfähig; **absorbing** *adj* ▷*thriller* packend, fesselnd; **absorption** [əb'zɔːpʃən] *n* ① (*act of absorbing*) Aufsaugen *s* ② ◇ **to work with ~** gefesselt/vertieft arbeiten

abstain [əb'steɪn] *vi* sich enthalten (*from* gen); **abstemious** [əb'stiːmɪəs] *adj* enthaltsam; (*at table*) bescheiden, mäßig; **abstention** [əb'stenʃən] *n* (*from voting*) Stimmenthaltung *f*

abstinence ['æbstɪnəns] *n* ↑ *self-control* Enthaltsamkeit *f;* (*from alcohol etc.*) Abstinenz *f*

abstract [1] ['æbstrækt] **I.** *adj* ▷*art etc.* abstrakt; ▷*argument* theoretisch **II.** *n* ↑ *outline* Abriß *m;* ↑ *summary* Zusammenfassung *f,* Übersicht *f*

abstract [2] [æb'strækt] *vt* ① → *metals* trennen ② → *s.th. from an article* entnehmen (*from* aus)

abstraction [æb'strækʃn] *n* ① ↑ *notion, idea* Abstraktion *f* ② ↑ *extraction* Gewinnung *f*

abstruse [æb'struːs] *adj* abstrus, unklar

absurd [əb'sɜːd] *adj* ① ↑ *crazy, illogical* absurd; ◇ **the ~ thing about that is …** das Absurde daran ist … ② ◇ **don't be absurd!** sei nicht albern!; **absurdity** *n* ↑ *craziness, illogicality* Absurdität *f;* **absurdly** *adv* absurd; ↑ *ludicrously* grotesk; ◇ **that is ~ expensive** das ist irrsinnig teuer

abundance [ə'bʌndəns] *n* Fülle *f;* ◇ **in ~!** in Hülle und Fülle!; **abundant** [ə'bʌndənt] *adj* reichlich; **abundantly** *adv* reichlich; ◇ **it was made ~ clear to him …** es wurde ihm sehr deutlich gesagt …

abuse I. [əˈbjuːs] *n* ① ▷*verbal* Beschimpfung *f* ② (*of children*) Mißbrauch *m;* (*of power*) Amtsmißbrauch *m* **II.** [əˈbjuːz] *vt* ① ↑ *swear* beschimpfen ② ↑ *misuse* mißbrauchen; **abusive** [əˈbjuːsɪv] *adj* ▷*language, manner* beleidigend, ausfallend

abysmal [əˈbɪzməl] *adj* ▷*holiday* schrecklich; ▷*piece of work* miserabel

abyss [əˈbɪs] *n* Abgrund *m*

A/C [eɪ sɪ] *n abbr. of* **account**

AC *n abbr. of* **alternating current** ELECTR Wechselstrom *m*

acacia [æˈkəɪʃə] *n* FLORA Akazie *f*

academic [ækəˈdemɪk] **I.** *adj* ① ▷*system* akademisch; ▷*article* wissenschaftlich ② ↑ *theoretical* theoretisch **II.** *n* (*lecturer*) Dozent(in *f*) *m,* Hochschullehrer(in *f*) *m;* **academically** *adv* wissenschaftlich; **academy** [əˈkædəmɪ] *n* ① (*of music*) Hochschule *f;* (*of dance, of art etc.*) ≈ [Fach-]Akademie *f,* Fachschule *f* ② MIL Akademie *f*

accede [ækˈsiːd] *vi* ① (*to the premiership*) antreten (als); (*to the throne*) besteigen ② (*a request*) zustimmen (*to* dat) ③ (*to a treaty*) beitreten

accelerate [ækˈseləreɪt] **I.** *vt* beschleunigen **II.** *vi* ① ◇ **the process was ~ed by …** der Prozeß beschleunigte sich durch …; ◇ **~!** gib Gas! ② → *growth rate* zunehmen; **acceleration** [ækseləˈreɪʃən] *n* Beschleunigung *f;* **accelerator** [əkˈseləreɪtə*] *n* ① ▷*pedal* Gas[pedal] *s* ② PHYS [Teilchen-]Beschleuniger *m;* CHEM Katalysator *m*

accent [ˈæksənt] **I.** *n* ① LING ▷*Irish, German etc.* Akzent *m;* (*stress*) Betonung *f;* (*umlaut, circumflex etc.*) Akzentzeichen *s* ② (*on safety, on health etc.*) Akzent *m,* Schwerpunkt *m* **II.** [ækˈsent] *vt* → *word, note* betonen; **accentuate** [ækˈsentʃʊeɪt] *vt* ↑ *heighten* betonen; **accented** [-ɪd] *adj* ▷*language* akzentuiert

accept [əkˈsept] *vt* → *delivery* annehmen; → *responsibility* übernehmen; → *invalidity* hinnehmen; → *point of view* akzeptieren; → *invitation* zusagen; → *application* annehmen, zulassen; **acceptability** [əkseptəˈbɪlətɪ] *n* Akzeptanz *f;* **acceptable** [əkˈseptəbl] *adj* annehmbar, akzeptabel; ▷*gift* willkommen; **acceptance** *n* ① *s.* **accept** Annahme *f;* Übernahme *f;* Hinnahme *f;* Akzeptanz *f;* Zusage *f;* Zulassung *f* ② ↑ *recognition* Anerkennung *f*

access [ˈækses] **I.** *n* ① Zugang *m;* ◇ **~ only** Anlieger frei; (PC *data* ~) Zugriff *m* ② (JUR *to children*) Zugang *m,* Besuchsrecht *s* **II.** *vt* PC → *data from a computer* zugreifen auf *acc;* **accessible** [ækˈsesɪbl] *adj* ① ▷*book, person* zugänglich ② ▷*place* zugänglich, leicht erreichbar

access road *n* Zufahrt[sstraße] *f;* **access time** *n* PC Zugriffszeit *f*

accessory [ækˈsesərɪ] *n* ① Extra *s;* (*of fashion*) Accessoire *s;* ◇ **car accessories** *pl* das Autozubehör ② JUR ↑ *accomplice* Mitschuldige(r) *fm,* Komplize *m,* Komplizin *f;* ◇ **to be an ~ to a crime** an e-m Verbrechen mitschuldig sein

accident [ˈæksɪdənt] *n* ① (*on motorway*) Unfall *m;* ↑ *mishap* Mißgeschick *s* ② ◇ **by ~** (*by chance*) durch Zufall, zufällig; **accidental** [æksɪˈdentl] *adj* ① ▷*delay* unbeabsichtigt, ungewollt ② ▷*meeting* zufällig; **accidentally** *adv* ↑ *unintentionally* versehentlich, aus Versehen

accident-prone *adj* ◇ **to be ~** vom Pech verfolgt sein; ◇ **an ~ individual** ein Pechvogel

acclaim [əˈkleɪm] **I.** *vt* feiern (*as* als) **II.** *n* Beifall *m*

acclimatize [əˈklaɪmətaɪz] **I.** *vt* sich gewöhnen (*to* an *akk*) **II.** *vi* ◇ **I need to ~ [myself] to the heat** ich muß mich an die Hitze gewöhnen

accolade [ˈækəleɪd] *n* ① ↑ *award* Auszeichnung *f* ② ↑ *praise* Lob *s*

accommodate [əˈkɒmədeɪt] *vt* ① → *guests* unterbringen ② ↑ *have room for* Platz haben für ③ → *s.b.'s needs* entgegenkommen *dat;* **accommodating** [əˈkɒmədeitɪŋ] *adj* entgegenkommend; **accommodation** [əkɒməˈdeɪʃən] *n* ① ↑ *place to stay* Unterkunft *f;* (*for tourists*) Fremdenzimmer *s,* Quartier *s;* ◇ **hotel ~ is plentiful** Hotelzimmer gibt's jede Menge ② FIN ↑ *bridging loan* Übergangsfinanzierung *f;* **accommodation address** *n* Briefkastenadresse *f;* **accommodation agency** *n* Wohnungsvermittlung *f*

accompaniment [əˈkʌmpənɪmənt] *n* Begleitung *f;* **accompanist** [əˈkʌmpənɪst] *n* Begleiter (in *f*) *m;* **accompany** [əˈkʌmpənɪ] *vt* begleiten

accomplice [əˈkʌmplɪs] *n* Komplize *m,* Komplizin *f*

accomplish [əˈkʌmplɪʃ] *vt* ① → *aim* erreichen ② → *the construction, a bridge* zustandebringen, vollenden; → *a great deal* schaffen, leisten; **accomplished** [-ɪd] *adj* ▷*poem* vollendet; ▷*poet* fähig; ▷*artist, cook* ausgezeichnet, erfahren; **accomplishment** *n* ① ↑ *skill* Fähigkeit *f,* Fertigkeit *f* ② ↑ *completion* Bewältigung *f* ③ ↑ *achievement* Leistung *f*

accord [əˈkɔːd] **I.** *n* ① ↑ *agreement* Übereinstimmung *f* ② ↑ *settlement* Übereinkunft *f* ③ ◇ **of my own ~** (*willingly*) freiwillig; (*of its own ~*) [von]

selbst **II.** *vt* ↑ *grant* gewähren **III.** *vi* (*with s.th. else*) übereinstimmen mit; **accordance** [əˈkɔːdəns] *n* ◇ **in ~ with** in Übereinstimmung mit, gemäß, entsprechend *dat;* **accordingly** [əˈkɔːdɪŋlɪ] *adv* [1] ↑ *correspondingly* dementsprechend [2] ↑ *so* folglich; **according to** *prep* laut *gen,* entsprechend *dat;* ◇ **~ ~ the law** laut Gesetz

accordion [əˈkɔːdɪən] *n* Akkordeon *s,* Ziehharmonika *f;* **accordionist** *n* Akkordeonspieler(in *f*) *m*

accost [əˈkɒst] *vt* belästigen, konfrontieren

account [əˈkaʊnt] *n* [1] ↑ *report* Darstellung *f,* Bericht *m;* ◇ **from/by all ~ ...** nach allem ... [2] COMM Rechenschaftsbericht *m;* COMM ◇ **~s** *pl* Geschäftsbücher *pl;* ◇ **~s department** Buchhaltung [3] ↑ *credit* Rechnung *f;* ◇ **to put s.th. on ~** etw in Rechnung stellen; ◇ **to buy s.th. on ~** etw auf [Kunden-]Kredit kaufen [4] (*bank ~*) Konto *s;* ◇ **to open an ~ with s.o.** bei jd-m ein Konto eröffnen; ◇ **~ number** Kontonummer *f* [5] ↑ *importance* Geltung *f;* ◇ **a man of little/no ~** ein Mann geringer/ohne Bedeutung; ◇ **to be of some ~** von Bedeutung sein [6] ◇ **on ~ of** wegen; ◇ **on no ~** auf keinen Fall; ◇ **to take s.th. into ~, to take ~ of s.th.** etw in Betracht ziehen; **account for** *vt* (*actions*) Rechenschaft ablegen über; ◇ **how do you ~ ~ that accident?** wie erklären Sie sich diesen Unfall?; **accountable** [əˈkaʊntəbl] *adj* verantwortlich (*to s.b.* jd-m gegenüber); **accountancy** *n* Buchhaltung *f;* (*tax ~*) Steuerberatung *f;* **accountant** *n* ↑ *book-keeper* Buchhalter(in *f*) *m;* ↑ *auditor* Rechnungsprüfer(in *f*) *m,* Wirtschaftsprüfer(in *f*) *m;* (*tax ~*) Steuerberater(in *f*) *m*

accounting *n* Berechnung *f,* Rechnungswesen *s*

account number *n* Kontonummer *f*

accredit [əˈkredɪt] *vt* ▷*officially* zulassen; → *diplomats to a country* akkreditieren

accrual [əˈkruːəl] *n* FIN ↑ *interest* Auflaufen *s*

accrue [əˈkruː] *vi* FIN ← *interest* auflaufen

accumulate [əˈkjuːmjʊleɪt] **I.** *vt* → *stamps* ansammeln **II.** *vi* ← *sand dunes* sich anhäufen; **accumulation** [əkjuːmjʊˈleɪʃən] *n* (*by the wind*) Anhäufung *f;* (*of stamps*) Ansammlung *f*

accuracy [ˈækjərəsɪ] *n* Genauigkeit *f;* **accurate** [ˈækərət] *adj* genau, akkurat

accusation [ækjuːˈzeɪʃən] *n* Beschuldigung *f;* ↑ *charge, indictment* Anklage *f*

accusative [əˈkjuːzətɪv] *n* Akkusativ *m,* 4. Fall *m*

accuse [əˈkjuːz] *vt* beschuldigen, bezichtigen; JUR anklagen; **accused** *n* Angeklagte(r) *fm;* **accusing** [əkjuːzɪŋ] *adj* ▷*look* anklagend

accustom [əˈkʌstəm] *vt* gewöhnen (*to* an *acc*); ◇ **to become ~ed to doing s.th.** sich daran gewöhnen, etw zu tun; **accustomed** *adj* gewohnt

ace [eɪs] *n* [1] (*playing card, serve in tennis*) As *s* [2] *FAM* ↑ *high flyer* As *s;* ◇ **~!** Spitze!

acetone [ˈæsɪtəʊn] *n* Aceton *s*

acetylene [əˈsetɪliːn] *n* Acetylen *s*

ache [eɪk] **I.** *n* Schmerz *m;* ◇ **I have a head~** ich habe Kopfschmerzen **II.** *vi* [1] ↑ *be painful* schmerzen, weh tun; ◇ **I ~ all over** mir tut alles weh [2] ◇ **to be ~ing to do s.th.** darauf brennen, etw zu tun

achievable *adj* ▷*technical project* ausführbar; ▷*sales target* erreichbar; **achieve** [əˈtʃiːv] *vt* → *success* erreichen; → *promotion* erlangen; ↑ *manage* schaffen; ↑ *get it together* zustande bringen; ◇ **he ~ed a great deal** er hat eine Menge geleistet; **achievement** *n* (*of goal itself*) Erreichen *s;* (*in the performance of task*) Leistung *f;* (*of technology*) Errungenschaft *f*

acid [ˈæsɪd] **I.** *n* CHEM Säure *f; FAM* ↑ *LSD* Acid *s* **II.** *adj* sauer, scharf, herb; ◇ **~ rain** saurer Regen; **acidity** [əˈsɪdɪtɪ] *n* Säuregehalt *m;* (*of stomach*) Magensäure *f;* **acid test** *n FIG* Feuerprobe *f;* (*more meaningful*) Bewährungsprobe *f*

acknowledge [əkˈnɒlɪdʒ] *vt* ↑ *recognise* (an)erkennen; → *an individual* zur Kenntnis nehmen; → *own guilt, mistake* zugeben, eingestehen; ◇ **to ~ receipt of a letter** den Empfang e-s Briefes bestätigen; **acknowledgement** *n* Anerkennung *f;* (*of letter*) Bestätigung *f*

acme [ˈækmɪ] *n* Spitze *f;* (*of style, of elegance*) Inbegriff *m*

acne [ˈæknɪ] *n* Akne *f*

acorn [ˈeɪkɔːn] *n* Eichel *f*

acoustic [əˈkuːstɪk] *adj* akustisch; **acoustics** *n pl* (*of hall*) Akustik *f;* (*subject*) Akustik *f*

acquaint [əˈkweɪnt] *vt* (*to be ~ed with a subject*) vertraut sein (mit); (*be ~ed with facts*) wissen, kennen; (*get ~ed with a person*) kennenlernen; (*get ~ed with each other*) sich [gegenseitig] kennenlernen; **acquaintance** *n* (*person*) Bekannte(r) *fm*

acquiesce [ækwɪˈes] *vi* sich fügen (*in* in *acc*); **aquiescence** *n* Einwilligung *f* (*in* in *acc*)

acquire [əˈkwaɪə*] *vt* erwerben; **acquisition** [ækwɪˈzɪʃən] *n* [1] (*of an object*) Erwerb *m;* (*of a skill*) Erlernen *s* [2] (*object itself*) Anschaffung *f,* Errungenschaft *f;* (*skill itself*) Fertigkeit *f;* **acquisitive** [əˈkwɪzɪtɪv] *adj* habgierig

acquit [əˈkwɪt] **I.** *vt* (*of a crime*) freisprechen; ◇ **he has been ~ted of the charge** er ist von der Anklage freigesprochen worden **II.** *vr* ◇ **she ~ted herself well** sie hat ihre Sache gut gemacht; **acquittal** *n* JUR Freispruch *m*

acre ['eɪkə*] *n* Morgen *m;* **acreage** *n* [Anbau-] Fläche *f*

acrid ['eikrɪd] *adj* ▷*smoke, smell* scharf, ätzend

acrimonious [ækrɪ'məʊnɪəs] *adj* ▷*quarrel* bitter, verletzend

acrobat ['ækrəbæt] *n* Akrobat(in *f*) *m;* (*on tightrope*) Seiltänzer(in *f*) *m;* **acrobatics** [ækrə'bætɪks] *n pl* Akrobatik *f*

acronym ['ækrənɪm] *n* Akronym *s*

across [ə'krɒs] **I.** *prep* (*reaching* -) über *acc;* (*diagonally*) quer durch; (*opposite*) gegenüber; ◇ **it flashed - his mind** es fiel ihm plötzlich ein; ◇ **he came - his brother at the zoo** im Tierpark ist er zufällig seinem Bruder begegnet **II.** *adv* hinüber, herüber; ◇ **three metres -** drei Meter breit; **across-the-board** *adj* pauschal

act [ækt] **I.** *n* (*kind* -) Tat *f;* ↑ - *of parliament* Gesetz *s;* (*one - play*) Akt *m;* ◇ **it's all an -** das ist alles nur Theater; COMM ◇ **an - of God** höhere Gewalt; ◇ **to be caught in the - of doing s.th.** erwischt werden, gerade als man etw tut; ◇ **to get in on the -** sich einmischen **II.** *vi* ↑ *take action* handeln, funktionieren; ↑ *behave* sich verhalten; ↑ *pretend* vorgeben, markieren; THEAT spielen, Schauspieler sein; (CHEM - *on the nervous system*) wirken auf; (- *as mayor*) fungieren als **III.** *vt* → *the part of Hamlet* spielen; **act for** *vt* ↑ *represent* vertreten; **act on** *vt* ↑ *follow* sich richten nach; **act out** *vi* ↑ *happen* sich abspielen; **acting I.** *adj* ↑ *deputy-* stellvertretend **II.** *n* (*art of* -) Schauspielkunst *f;* ↑ *performance* Aufführung *f;*

action ['ækʃən] *n* ↑ *activity* Handeln *s;* ↑ *deed* Tat *f;* CHEM ↑ *effect* Wirkung *f;* (*of a device*) Funktionieren *s;* ◇ **to take -** etw unternehmen; ◇ **died in -** gefallen; JUR ◇ **to bring an - against s.o.** eine Klage gegen jd-n erheben, jd-n verklagen; ◇ **out of -** außer Betrieb; MIL ◇ **- stations!** klar zum Gefecht!, Stellung!; **action replay** *n* (TELEC *of spectacular goal*) Wiederholung *f;* **actionable** *adj* JUR klagbar; **activate** ['æktɪveɪt] *vt* → *switch* schalten; → *mechanism* betätigen, in Gang setzen; → *fire alarm* auslösen; → *bomb* zünden; **active** ['æktɪv] *adj* (*not passive*) aktiv, rege; MIL ◇ **on - service** im Einsatz; **actively** *adv* aktiv; **activist** ['æktɪvɪst] *n* Aktivist (in *f*) *m;* **activity** [æk'tɪvɪtɪ] *n* Aktivität *f;* ↑ *job, function* Tätigkeit *f;* (*church*) Veranstaltung *f;*

actor ['æktə*] *n* Schauspieler *m;* **actress** ['æktrɪs] *n* Schauspielerin *f*

actual ['æktʃʊəl] *adj* wirklich, eigentlich; **actualize** *vt* verwirklichen; **actually** *adv* tatsächlich, genau; ↑ *by the way* übrigens; ◇ **- no** eigentlich nicht

actuary ['æktʃʊərɪ] *n* Aktuar *m*

actuate ['æktʃʊeɪt] *vt* → *bomb* auslösen; → *plan* in Gang bringen

acumen ['ækju:men] *n* Scharfsinn *m*

acupuncture ['ækjʊpʌŋktʃə*] *n* Akupunktur *f*

acute [ə'kju:t] *adj* ▷*pain* akut; ▷*person* scharfsinnig; ▷*angle* spitz; **acutely** *adv* akut; ▷*feel* intensiv, zutiefst; **acuteness** *n* Intensität *f;* (*person*) Aufgewecktheit *f*

ad [eɪ di:] *n abbr. of* **advertisement**

AD [eɪ di:] *abbr. of* **Anno Domini** n. Chr.

adage ['ædɪdʒ] *n* Sprichwort *s*

Adam ['ædəm] *n* Adam *m;* ◇ **-'s apple** Adamsapfel *m*

adamant ['ædəmənt] *adj* (*totally decided*) eisern, hart; ↑ *insistent, stubborn* hartnäckig

adapt [ə'dæpt] **I.** *vt* anpassen; → *building, machine* umbauen, umstellen; → *text* bearbeiten **II.** *vi* sich anpassen (*to* an *acc*); **adaptability** [ədæptə'bɪlɪtɪ] *n* Vielseitigkeit *f,* Anpassungsvermögen *s;* **adaptable** [ə'dæptəbl] *adj* ▷*chameleon* anpassungsfähig; ▷*odd-job man* vielseitig; **adaptation** [ædæp'teɪʃən] *n* (*of text, dramatical work*) Bearbeitung *f;* (*to environment*) Anpassung *f* (*to* an *acc*); **adapter** *n* ELECTR ↑ *plug* Zwischenstecker *m;* ↑ *plugboard* Mehrfachstekker *m;* (*for machine*) Adapter *m*

add [æd] *vt* (*in speech*) hinzufügen, dazusagen; ← *numbers* addieren; **add on** *vt* → *number* dazurechnen; → *building* anbauen; **add up** *vi* (*number*) zusammenrechnen; ◇ **the evidence does not - - to anything** die Beweise reichen nicht aus

addendum [ə'dendəm] *n* <addenda> Nachtrag *m*

adder ['ædə*] *n* Kreuzotter *f,* Natter *f*

addict ['ædɪkt] *n* Süchtige(r) *fm;* **addicted** [ə'dɪktɪd] *adj* süchtig; (- *to heroin*) (heroin)süchtig; (- *to alcohol*) (trunk)süchtig; **addiction** [ə'dɪkʃən] *n* Sucht *f;* **addictive** *adj* ◇ **jogging is -** Joggen kann zur Sucht werden; ◇ **- drugs** Suchtdrogen

adding machine ['ædɪŋməʃi:n] *n* Addiermaschine *f;* **addition** [ə'dɪʃən] *n* (*of person, of substance*) Zusatz *m;* (*to text*) Ergänzung *f;* (*to bill*) Zuschlag *m;* MATH Addition *f,* Zusammenzählen *s;* ◇ **in -** zusätzlich, außerdem; **additional** *adj* zusätzlich, weiter; **additionally** *adv* außerdem, noch; **additive** ['ædɪtɪv] *n* Zusatz *m*

addled ['ædld] *adj* ▷*mind* verwirrt; ▷*fruit* faul, schlecht

add-on ['ædɒn] *n* (*AM*) Zusatzgerät *s*

address [ə'dres] **I.** *n* Adresse *f,* Anschrift *f;* ↑ *speech* Ansprache *f* **II.** *vt* → *letter* adressieren; ↑ *speak to* ansprechen; ↑ *make speech to* eine Ansprache halten an *acc;* ◇ **form of -** Anredeform *f;*

◇ **to ~ a problem** sich e-m Problem widmen; **addressee** [ædre'si:] *n* Empfänger(in *f*) *m*
adduce [ə'dju:s] *vt* → *proof* erbringen
adenoids ['ædənɔɪdz] *n pl* Polypen *pl*
adept ['ædept] *adj* geschickt (*at, in* in *dat*)
adequacy ['ædɪkwəsɪ] *n* Angemessenheit *f;* ↑ *suitability* Eignung *f;* **adequate** ['ædɪkwɪt] *adj* angemessen; **adequately** *adv* hinreichend
adhere [əd'hɪə*] *vi* (*to surface*) ◇ **to ~ to** haften an *dat;* (*more firmly*) kleben; (*to principles*) festhalten an *dat;* **adhesion** [əd'hi:ʒn] *n* Festhaften *s;* PHYS Adhäsion *f;* **adhesive** [əd'hi:zɪv] **I.** *n* Klebstoff *m* **II.** *adj* haftend; (*firmer*) klebend; **adhesive plaster** *n* ↑ *sticking plaster* Heftpflaster *s;* **adhesive tape** *n* Klebeband *s*
adjacent [ə'dʒeɪsnt] *adj* angrenzend, benachbart
adjective ['ædʒəktɪv] *n* Adjektiv *s,* Eigenschaftswort *s*
adjoining [ə'dʒɔɪnɪŋ] *adj* Neben-; ▷*rooms* nebeneinanderliegend
adjourn [ə'dʒɜ:n] **I.** *vt* vertagen **II.** *vi* abbrechen; (*to other location*) sich begeben
adjudicate [ə'dʒu:dɪkeɪt] *vt* JUR entscheiden, Schiedsrichter sein bei
adjust [ə'dʒʌst] *vt* → *television* einstellen; → *precision instrument* justieren; → *accounts* begleichen; → *clothes* herrichten, geradeziehen; → *terms of contract* modifizieren; → *conditions* ändern; ◇ **to ~ o.s. to s.th.** sich e-r Sache anpassen; **adjustable** *adj* verstellbar, regulierbar; **adjustment** *n* (*of machine*) Einstellung *f;* (*of claim*) Regulierung *f;* (*of weights and measures*) Eichung *f;* (*to environment*) Anpassung *f; s. a.* **adjust**
ad-lib [æd'lɪb] **I.** *vi* improvisieren **II.** *n* Improvisation *f* **III.** *adj, adv* improvisiert, aus der Hand
adman ['ædmæn] *n FIG* Werbemensch *m*
administer [æd'mɪnɪstə*] *vt* → *business* führen; → *institution* verwalten; → *charity* gewähren; → *drugs* geben; JUR → *execution* vollstrecken; → *ruling* Recht sprechen; ◇ **to ~ an oath (for)** jd-m e-n Eid abnehmen; **administration** [ədmɪnɪs'treɪʃən] *n* Verwaltung *f;* POL *AM* Regierung *f;* **administrative** [əd'mɪnɪstrətɪv] *adj* Verwaltungs-; **administrator** [əd'mɪnɪstreɪtə*] *n* Verwalter *m*
admirable ['ædmərəbl] *adj* bewundernswert
admiral ['ædmərəl] *n* Admiral *m*
admiration [ædmɪ'reɪʃən] *n* Bewunderung *f;* **admire** [əd'maɪə*] *vt* ↑ *respect* bewundern; ↑ *idolize* anbeten; **admirer** [əd'maɪərə*] *n* Bewunderer *m,* Bewunderin *f*
admissible [əd'mɪsəbl] *adj* zulässig; **admissibility** *n* Zulässigkeit *f;* **admission** [əd'mɪʃən] *n* ↑ *access* Zugang *m;* ↑ *confession* Eingeständnis *s;* (*to university*) Zulassung *f;* (*to cinema etc.*) ◇ **price of ~** Eintrittspreis *m;* ◇ **~ free** Eintritt/Zutritt frei
admit [əd'mɪt] *vt* → *children to school* hereinlassen; → *offence* gestehen, einräumen; → *wisdom* anerkennen; ← *aeroplane* Platz haben/bieten für; **admit to** *vi* eingestehen, zugeben; ◇ **he -s to being stupid** er gibt zu, daß er blöd ist; **admittance** *n* (*to building*) Zutritt *m;* **admittedly** *adv* zugegebenermaßen
admonish [əd'mɒnɪʃ] *vt* ermahnen
ado [ə'du:] *n* ◇ **without further ~** ohne weitere Umstände
adolescence [ædə'lesns] *n* Jugend[zeit] *f;* **adolescent** [ædə'lesnt] **I.** *adj* heranwachsend, jugendlich **II.** *n* Jugendliche(r) *fm*
adopt [ə'dɒpt] *vt* → *child* adoptieren; → *idea* übernehmen; ◇ **to ~ an attitude** eine Haltung annehmen; **adoption** [ə'dɒpʃən] *n* (*of child*) Adoption *f;* (*of idea*) Übernahme *f*
adorable [ə'dɔ:rəbl] *adj* ↑ *lovely* lieb, entzükkend; ↑ *terrific* hinreißend; **adoration** [ædə'reɪʃən] *n* (*of God*) Anbetung *f;* (*of person*) Verehrung *f;* **adore** [ə'dɔ:*] *vt* → *God* anbeten; → *person* verehren; → *children* [sehr] lieben; **adoring** *adj* bewundernd, voller Liebe; **adorn** [ə'dɔ:n] *vt* schmücken; **adornment** *n* ↑ *decoration* Verzierung *f*
adrenalin [ə'drenəlɪn] *n* Adrenalin *s*
Adriatic [eɪ'drɪætɪk] *n* Adria *f*
adrift [ə'drɪft] *adj* ◇ **to be ~** treiben; ◇ **his plans have gone ~** seine Pläne sind fehlgeschlagen
adroit [ə'drɔɪt] *adj* gewandt, geschickt
adulation [ædjʊ'leɪʃən] *n* Lobhudelei *f*
adult ['ædʌlt] **I.** *adj* erwachsen **II.** *n* Erwachsene(r) *fm;* **adult education** *n* Erwachsenenbildung *f*
adulterate [ə'dʌltəreɪt] *vt* → *food* abwandeln; → *wine* verfälschen
adultery [ə'dʌltərɪ] *n* Ehebruch *m;* ◇ **to commit ~** Ehebruch begehen
advance [əd'vɑ:ns] **I.** *n* ↑ *progress* Fortschritt *m;* ↑ *money* Vorschuß *m;* MIL Vorrücken *s;* ◇ **in ~** im voraus; ◇ **to be in ~ of s.o.** jd-m voraus sein **II.** *vt* → *step or two* vorrücken; → *money* vorschießen; → *child's development* fördern; → *proposition* vorbringen; → *date, time* [vor]verlegen **III.** *vi* vorwärtsgehen, vorankommen; **advance booking** *n* Reservierung *f;* **advance copy** *n* Vorabdruck *m;* **advanced** [əd'vɑ:nsd] *adj* ▷*ideas* fortschrittlich; ▷*machine* weiterentwikkelt; ▷*student* fortgeschritten; (*progress of work*)

vorangekommen; **advancement** *n* ↑ *furtherance* Förderung *f;* ↑ *promotion* Beförderung *f;*
advance notice *n* frühzeitiger Bescheid *m*
advantage [əd'vɑ:ntɪdʒ] *n* ↑ *benefit* Vorteil *m;* ↑ *attribute* Vorzug *m;* ◇ **to have an ~ (over s.b.)** (jd-m gegenüber) im Vorteil sein; ◇ **to take ~ of s.o.** jd-n ausnutzen; ◇ **to turn s.th. to one's ~** Nutzen aus etw ziehen; **advantageous** [ædvən'teɪdʒəs] *adj* vorteilhaft
advent ['ædvənt] *n* Beginn *m;* ◇ **A~** Advent *m*
adventure [əd'ventʃə*] *n* Abenteuer *s;* **adventurous** [əd'ventʃərəs] *adj* abenteuerlich
adverb ['ædvɜ:b] *n* Adverb *s,* Umstandswort *s*
adversary ['ædvəsərɪ] *n* Gegner(in *f*) *m;* **adverse** ['ædvɜ:s] *adj* ▷*conditions* ungünstig; ▷*wind* widrig; ▷*criticism* negativ; **adversity** [əd'vɜ:sɪtɪ] *n* Not *f*
advert ['ædvɜ:t] *n abbr. of* **advertisement** Anzeige *f*
advertise ['ædvətaɪz] **I.** *vt* → *motor cars* werben für, Reklame machen für; (*in small ads*) inserieren; → *job vacancy* ausschreiben; ◇ **don't ~ your stupidity** zeig nicht [allen] wie blöd du bist **II.** *vi* werben; (*in newspaper*) annoncieren; **advertisement** [əd'vɜ:tɪsmənt] *n* Reklame *f;* (*in newspaper*) Anzeige *f,* Annonce *f,* Inserat *s;* **advertising** ['ædvətaɪzɪŋ] *n* Werbung *f;* ◇ **~ campaign** Werbekampagne *f*
advice [əd'vaɪs] *n* <uncount> Rat *m;* ↑ *tip* Ratschlag *m;* COMM Mitteilung *f;* ◇ **a good piece of ~** ein guter Rat; ◇ **on her ~ …** auf ihren Rat [hin] …; ◇ **to take legal ~** e-n Rechtsanwalt zu Rate ziehen; **advisable** [əd'vaɪzəbl] *adj* ratsam; **advise** [əd'vaɪz] *vt* raten *dat;* ▷*professionally* beraten; COMM verständigen; ◇ **to ~ s.o. against s.th.** jd-m von etw abraten; **adviser** *n* Berater(in *f*) *m;* **advisory** [əd'vaɪzərɪ] *adj* beratend, Beratungs-
advocate **I.** ['ædvəkeɪt] *vt* eintreten für **II.** ['ædvəkət] *n* Befürworter *m,* Fürsprecher *m;* JUR Rechtsanwalt *m,* Rechtsanwältin *f*
aegis ['i:dʒɪs] *n* ◇ **under the ~ of** unter der Schirmherrschaft von
aerial ['ɛərɪəl] **I.** *n* Antenne *f* **II.** *adj* Luft-; **aerial photograph** *n* Luftbild *s*
aero- ['ɛərəʊ] *pref* Luft-
aerobics [ɛə'rɒbɪks] *n sg* Aerobic *s*
aerodynamics [ɛərədaɪ'næmiks] *n* ① (*sg, science*) Aerodynamik *f* ② (*pl, of a machine*) Aerodynamik *f*
aeroplane ['ɛərəpleɪn] *n* Flugzeug *s*
aerosol ['ɛərəsɒl] *n* Sprühdose *f*
aerospace industry *n* Luft- u. Raumfahrtindustrie *f*
aesthetic [ɪs'θetɪk] *adj* ästhetisch; **aesthetics** *n sg* Ästhetik *f*
afar [ə'fɑ:*] *adv* ◇ **from ~** aus der Ferne, von weit her
affable ['æfəbl] *adj* umgänglich
affair [ə'fɛə*] *n* ↑ *concern, business* Angelegenheit *f,* Sache *f;* ↑ *sexual relationship* Verhältnis *s;* ◇ **~s of state** Staatsangelegenheiten *f pl;* ◇ **that's my ~!** das ist meine Sache!
affect [ə'fekt] *vt* ↑ *cause change in* sich auswirken auf *acc;* ↑ *move deeply* bewegen; → *pose, attitude* heucheln; → *(negatively) eyes, health* schaden; ◇ **this law doesn't ~ us** dieses Gesetz betrifft uns nicht
affectation [æfek'teɪʃən] *n* Affektiertheit *f*
affected [-ɪd] *adj* ▷*accent, behaviour* gekünstelt, affektiert
affection [ə'fekʃən] *n* Zuneigung *f;* **affectionate** [ə'fekʃənət] *adj* liebevoll, lieb; **affectionately** *adv* liebevoll; (*Abschlußformel in Briefen*) ◇ **~ yours** herzlichst Dein/Deine
affidavit [æfɪ'deɪvɪt] *n* eidliche Erklärung
affiliated [ə'fɪlɪeɪtɪd] *adj* angeschlossen (*to acc*); **affiliation** *n* Angliederung *f* (*to, with* an *acc*); ◇ **political ~s** politische Zugehörigkeit
affinity [ə'fɪnɪtɪ] *n* (*for sport*) Neigung (zu) *f;* ◇ **to feel an ~ with s.o.** ein Gefühl von Gemeinsamkeit gegenüber jd-m spüren; ↑ *resemblance* Verwandtschaft *f*
affirmation [æfə'meɪʃən] *n* Beteuerung *f;* **affirmative** [ə'fɜ:mətɪv] **I.** *adj* bestätigend, affirmativ **II.** *n* LING Bejahung *f;* ◇ **to answer in the ~** mit Ja antworten
affix [ə'fɪks] *vt* aufkleben, anheften
afflict [ə'flɪkt] *vt* plagen, heimsuchen; **affliction** [ə'flɪkʃən] *n* Kummer *m,* Bedrängnis *f;* ↑ *illness* Leiden *s*
affluence ['æflʊəns] *n* ↑ *wealth* Wohlstand *m;* **affluent** ['æflʊənt] *adj* wohlhabend, Wohlstands-; ◇ **~ society** Wohlstandsgesellschaft *f*
afford [ə'fɔ:d] *vt* → *new car* sich *dat* etw leisten; → *view* bieten
affray [ə'freɪ] *n* Schlägerei *f*
affront [ə'frʌnt] *n* Affront *m,* Beleidigung *f* (*to* gegen); **affronted** [ə'frʌntɪd] *adj* beleidigt
Afghanistan [æf'gænɪstæn] *n* Afghanistan *s*
afield [ə'fi:ld] *adj* ◇ **further ~** weiter entfernt
afloat [ə'fləʊt] *adj* ◇ **to be ~** schwimmen, nicht untergehen; COMM ohne Schulden
afoot [ə'fʊt] *adj* im Gang
aforesaid [ə'fɔ:sed] *adj* obengenannt
afraid [ə'freɪd] *adj* ängstlich; ◇ **to be ~ of dogs** vor Hunden Angst haben; ◇ **don't be ~!** keine Angst!; (*fear*) ◇ **I'm ~ I might not be able to come**

tomorrow ich fürchte, daß ich morgen nicht kommen können werde; (*polite form*) ◇ **I am - I have ...** ich habe leider ...; ◇ **I'm - so/not** leider/leider nicht

Africa ['æfrıkə] *n* Afrika *s;* **African** ['æfrıkən] **I.** *adj* afrikanisch **II.** *n* Afrikaner(in *f*) *m*

afresh [ə'freʃ] *adv* von neuem

aft [ɑ:ft] *adv* achtern

after ['ɑ:ftə*] **I.** *prep* nach; (*following*) hinter *dat* ... her; ↑ *in imitation of* nach, im Stil von; ◇ **day - day** Tag für Tag; ◇ **day - tomorrow** übermorgen; ◇ **what are you -?** was willst du eigentlich? **II.** *cj* nachdem **III.** *adv* ◇ **soon -** bald danach; ◇ **- all** letzten Endes, schließlich; **afterbirth** *n* Nachgeburt *f;* **after-care** *n* (*of patient*) Nachbehandlung *f;* (*of prisoner*) Resozialisierungshilfe *f;* **after-effect** *n* Nachwirkung *f;* **afterlife** *n* Jenseits *s,* Leben *s* nach dem Tode; **aftermath** *n* Auswirkungen *f pl;* **afternoon** *n* Nachmittag *m;* ◇ **on Monday -** Montag nachmittag; ◇ **on Monday -s** Montag nachmittags; ◇ **good -!** guten Tag!; **afters** ['ɑ:ftəz] *n FAM* Nachtisch *m;* **after-sales [service]** *n* Kundendienst *m;* **aftershave** *n* Rasierwasser *s;* **afterthought** *n* nachträglicher Einfall; **afterwards** ['ɑ:ftəwədz] *adv* danach, nachher

again [ə'gen] *adv* wieder, noch einmal; ↑ *besides, moreover* (*then -*) außerdem, ferner; ↑ *on the other hand* wiederum; ◇ **- and -** immer wieder; ◇ **all over -** noch mal ganz von vorn; ◇ **now and -** ab und zu

against [ə'genst] *prep* gegen; ◇ **- the law** gesetz[es]widrig; ◇ **- one's will** gegen seinen Willen; ◇ **- the grain** gegen den Strich

age [eıdʒ] **I.** *n* ① (*of person, of rock*) Alter *s* ② ↑ *period, epoch* Zeitalter *s;* ◇ **old -** das [hohe] Alter; ◇ **under -** minderjährig; ◇ **come of -** mündig werden; ◇ **he is 12 years of -** er ist 12 Jahre alt; ◇ **the Ice Age** die Eiszeit **II.** *vi* altern, alt werden **III.** *vt* ← *beard, glasses* alt machen; **aged** [eıdʒd] **I.** *adj* ... Jahre alt, -jährig; ◇ **a girl - six** ein sechsjähriges Mädchen **II.** ['eıdʒıd] *adj* ↑ *elderly* betagt; ◇ **the -** *pl* die Alten *pl;* **age group** *n* Altersgruppe *f;* **ageism** [eıdʒızm] *n* Altendiskriminierung *f;* **ageless** *adj* zeitlos; **age limit** *n* Altersgrenze *f*

agency ['eıdʒənsı] *n* (*advertising -*) Agentur *f;* (*tourist -*) Reisebüro *s;* (*employment -*) Vermittlung *f;* (*representative branch*) Vertretung *f,* Geschäftsstelle *f*

agenda [ə'dʒendə] *n* Tagesordnung *f*

agent ['eıdʒənt] *n* ① COMM Vertreter(in *f*) *m;* (*press -*) Agent(in *f*) *m* ② (*of change*) Mittel *s,* wirkende Kraft; ◇ **cleaning -** Reinigungsmittel *s*

aggravate ['ægrəveıt] *vt* ↑ *worsen* verschlechtern; *FAM* ↑ *irritate* reizen, nerven; **aggravating** *adj* ärgerlich; **aggravation** [ægrə'veıʃən] *n* Verschlechterung *f; FAM* ↑ *bother* Ärger *m*

aggregate ['ægrıgeıt] **I.** *n* ↑ *total* Gesamtmenge *f;* ARCHIT Zuschlagstoffe *pl* **II.** *adj* gesamt, Gesamt-

aggression [ə'greʃən] *n* Aggression *f;* ↑ *act of -* Angriff *m;* **aggressive** [ə'gresıv] *adj* aggressiv; **aggressively** *adv* aggressiv; **aggressiveness** *n* Aggressivität *f;* (*uncontrolled*) Ungestüm *s*

aghast [ə'gɑ:st] *adj* entgeistert

agile ['ædʒaıl] *adj* ▷*weasel* [wiesel]flink; ▷*intellectually* wendig; ▷*dancer* gelenkig; **agility** [ə-dʒılətı] *n* Flinkheit *f,* Wendigkeit *f*

agitate ['ædʒıteıt] **I.** *vt* rütteln; → *surface* aufwühlen; → *mental tranquility* beunruhigen **II.** *vi* agitieren; ◇ **- for something** sich für etw stark machen; **agitation** [ə'dʒıteıʃn] *n* ↑ *anxiety* Erregung *f;* **agitated** [ə'dʒıteıtıd] *adj* aufgeregt; **agitator** ['ædʒıteıtə*] *n* Agitator(in *f*) *m; PEJ* Hetzer(in *f*) *m*

agnostic [æg'nɒstık] *n* Agnostiker(in *f*) *m*

ago [ə'gəʊ] *adv* vor, her; ◇ **three days -** vor drei Tagen, drei Tage her; ◇ **not long -** vor kurzem, nicht lange her; ◇ **it's so long -** es ist schon so lange her; ◇ **he was just here five minutes -** er war erst vor fünf Minuten da

agonize ['ægənaız] *vt* martern; ◇ **to - about a decision** sich wegen e-r Entscheidung quälen; **agonized** ['ægənaızd] *adj* gequält; **agony** ['ægənı] *n* Qual *f*

agree [ə'gri:] **I.** *vt* → *date* vereinbaren, abmachen **II.** *vi* ↑ *be of one mind* übereinstimmen (*with* mit); ↑ *consent* zustimmen; ◇ **I -!** einverstanden!; ◇ **to - with s.th.** ↑ *approve of* mit etw einverstanden sein; ◇ **red wine doesn't - with me** Rotwein vertrage ich nicht; **agree on** *vt* ◇ **to - on s.th.** sich auf etw *acc* einigen; **agree to** *vt* zustimmen, annehmen, akzeptieren; ◇ **to - to do s.th.** sich bereit erklären, etw zu tun; **agreeable** *adj* ▷*feeling* angenehm; ↑ *willing to consent* einverstanden; **agreeably** *adv* angenehm; ▷*person* nett; **agreed** [ə'gri:d] *adj* ↑ *of one mind* einig; ↑ *arranged* vereinbart; ◇ -! einverstanden!; **agreement** *n* ↑ *arrangement* Abmachung *f;* ↑ *being of one mind* Übereinstimmung *f;* ↑ *contract* Vertrag *m;* ↑ *consent* Zustimmung *f*

agricultural [ægrı'kʌltʃərəl] *adj* landwirtschaftlich, Landwirtschafts-; **agriculture** ['ægrıkʌltʃə*] *n* Landwirtschaft *f*

aground [ə'graʊnd] *adj* auf Grund gelaufen

ah *intj* (*sudden realization*) ach, ah; (*pain*) au

ahead [ə'hed] *adv* vor; ◇ **to be** ~ voraus sein
ahem [ə'həm] *intj* hm
AI [eɪ'aɪ] *abbr. of* **artificial intelligence** KI *f*, künstliche Intelligenz
aid [eɪd] **I.** *n* ↑ *help* Hilfe *f;* ↑ *means* Hilfsmittel *s* **II.** *vt* unterstützen, helfen *dat;* ◇ ~ **and abet s.o.** JUR jd-m Beihilfe leisten
aide [eɪd] *n* (*[high level] assistant*) Berater(in *f*) *m*
aiding and abetting *n* (*in committing offence*) Beihilfe *f;* (*after offence*) Begünstigung *f*
AIDS [eɪdz] *acronym of* **acquired immune deficiency syndrome** Aids *s*, Immunschwächekrankheit *f;* **AIDS-infected** *adj* aidskrank
ailing ['eɪlɪŋ] *adj* kränkelnd; **ailment** ['eɪlmənt] *n* Leiden *s*
aim [eɪm] **I.** *vt* → *camera etc.* richten (*at* auf *acc*); → *ball* werfen (*at* auf *acc*) **II.** *vi* (*with gun etc.*) zielen (*at* auf *acc*) **III.** *n* ↑ *goal* Ziel *s*, Absicht *f;* (*with target*) Zielen *s;* ◇ **to miss one's aim** sein Ziel verfehlen; **aimless** ['eɪmləs] *adj* ziellos; **aimlessly** *adv* ziellos
ain't [eɪnt] = *abbr. of* (*FAM have not, am not, has not, is not*) habe nicht etc
air [ɛə*] **I.** *n* Luft *f;* (*appearence of*) äußere Erscheinung, Anschein *m;* MUS Melodie *f;* TELEC ◇ **to be on the** ~ gesendet werden, im Fernseher/Radio kommen **II.** *vt* → *clothes* lüften; → *point of view* an die Öffentlichkeit bringen; **airbag** *n* AUTO Airbag *m;* **airbed** *n* Luftmatratze *f;* **air-conditioned** *adj* klimatisiert, mit Klimaanlage; **air-conditioning** *n* Klimaanlage *f;* **air-cooled** *n* ▷*engine* luftgekühlt; **aircraft** *n* Flugzeug *s*, Maschine *f;* ◇ ~ **carrier** Flugzeugträger *m;* **airduct** [ɛədʌkt] *n* Luftkanal *m;* **air force** *n* Luftwaffe *f;* **air-freight** *n* Luftfracht *f;* **airgun** *n* Luftgewehr *s;* **air hostess** *n* Flugbegleiterin *f*, Stewardeß *f;* **airily** [ɛərɪli:] *adv* leichthin, lässig; **air letter** *n* Luftpostbrief *m;* **airline** *n* Fluggesellschaft *f;* **airliner** *n* Verkehrsflugzeug *s;* **airlock** *n* (*in central heating*) Luftsack *m;* **airmail** *n* Luftpostbrief *m;* ◇ **by** ~ mit Luftpost; **air pollution** *n* Luftverschmutzung *f;* **airport** *n* Flughafen *m*, Flugplatz *m;* **air raid** *n* Luftangriff *m;* **air route** *n* Flugroute *f;* **airsick** *adj* reisekrank; **airstream** *n* METEO Luftstrom *m;* (*of truck*) Luftsog *m;* **airstrip** *n* Landestreifen *m;* **air terminal** *n* Terminal *m o s;* **airtight** *adj* luftdicht; **air-traffic controller** *n* Fluglotse *m;* **airworthy** *adj* flugtüchtig; **airy** [ɛərɪ] *adj* ▷*room* luftig; ▷*manner* leichtfertig; **airy-fairy** *adj* versponnen
aisle [aɪl] *n* Gang *m;* (*in church*) Seitenschiff *s*
ajar [ə'dʒɑ:*] *adj, adv* angelehnt, halb offen

akin [ə'kɪn] *adj* verwandt (*to* mit)
alabaster ['æləbɑ:stə*] *n* Alabaster *m*
alacrity [ə'lækrətɪ] *n* Bereitwilligkeit *f*
alarm [ə'lɑ:m] **I.** *n* ↑ *warning signal* Alarm *m;* ↑ ~ *system* Alarmanlage *f;* ◇ **false** ~ blinder Alarm; ◇ **give the** ~ ALarm schlagen **II.** *vt* beunruhigen; **alarm call** *n* TELEC Weckruf *m;* **alarm clock** *n* Wecker *m;* **alarming** *adj* beängstigend, beunruhigend; **alarmist** *n* Unheilsprophet *m*
alas [ə'læs] *intj* ach, leider
Albania [æl'beɪnjə] *n* Albanien *s*
albeit [ɔ:l'bi:ɪt] *cj* (~ *that*) obgleich, obwohl
album [ælbəm] *n* Album *s*
alchemy ['ælkɪmɪ] *n* Alchemie *f*
alcohol ['ælkəhɒl] *n* Alkohol *m;* **alcoholic** [ælkə'hɒlɪk] **I.** *adj* (*gin, whiskey etc.*) alkoholisch **II.** *n* ↑ *problem drinker* Alkoholiker(in *f*) *m;* **alcoholism** *n* Alkoholismus *m*
alcove ['ælkəʊv] *n* Alkoven *m;* (*in wall*) Nische *f*
alderman ['ɔ:ldəmən] *n* <-men> Stadtrat *m*
ale [eɪl] *n* Ale *s (dunkles englisches Bier);* **ale house** *n* Schenke *f*
alert [ə'lɜ:t] **I.** *adj* wachsam **II.** *n* Alarmbereitschaft *f;* ◇ **to be on the** ~ auf der Hut sein; **alertness** *n* Wachsamkeit *f*
A level *n* Abiturfach *s;* ◇ ~s ≈ Abitur *s* (in drei Fächern)
alfresco ['æl'freskəʊ] *adj, adv* im Freien
algebra ['ældʒɪbrə] *n* Algebra *f*
Algeria [æl'dʒɪərɪə] *n* Algerien *s*
ALGOL ['ælgɒl] *acronym of* **algorithmic oriented language** ALGOL *s*
algorithm ['ælgərɪðm] *n* Algorithmus *m;* **algorithmic** [ælgə'rɪðmɪk] *adj* algorithmisch
alias ['eɪlɪəs] **I.** *adv* alias, auch … genannt **II.** *n* Deckname *m*
alibi ['ælɪbaɪ] *n* Alibi *s*
alien ['eɪlɪən] **I.** *n* Ausländer(in *f*) *m* **II.** *adj* ↑ *foreign* ausländisch; ↑ *bizarre* fremd; **alienate** ['eɪlɪəneɪt] *vt* entfremden; **alienation** [eɪlɪə'neɪʃən] *n* Entfremdung *f*
alight [ə'laɪt] **I.** *adj, adv* brennend; (*house*) in Flammen **II.** *vi* ← *person from bus* aussteigen; ← *bird on twig* sich setzen
align [ə'laɪn] *vt* AUTO POL ausrichten; **alignment** *n* Ausrichtung *f*
alike [ə'laɪk] **I.** *adj* gleich, ähnlich **II.** *adv* gleich, ebenso
alimony ['ælɪmənɪ] *n* Unterhalt *m*, Alimente *pl*
alive [ə'laɪv] *adj* ↑ *living* lebend, am Leben; ↑ *lively* lebhaft, munter; ◇ **to be** ~ **to s.th.** sich etw bewußt sein; ◇ **the air is** ~ **with birds** die Luft wimmelt von Vögeln

alkali ['ælkəlaɪ] *n* <-[e]s> Alkali *s*
all [ɔːl] **I.** *adj, adv* ↑ *every one of* alle(r,s), sämtliche; (*in its entirety, complete(ly)*) ganze(r, s); ◇ **- my life** mein ganzes Leben; ◇ **- trees** alle Bäume; ◇ **- over town** in der ganzen Stadt; ◇ **with - possible speed** so schnell wie möglich; ◇ **--in price** Gesamtpreis; ◇ **to make an --out effort** sich mit allen Kräften einsetzen **II.** *pron* alle(s); ◇ **- ist lost** alles ist hin; ◇ **not at -** ↑ *don't mention it* bitte, bitte schön; ◇ **it's - mine** das gehört alles mir; ◇ **- at once** plötzlich
Allah ['ælə] *n* REL Allah *m*
allegation [ælɪ'geɪʃən] *n* Behauptung *f;* **allege** [ə'ledʒ] *vt* ↑ *declare* behaupten; (*falsely*) vorgeben; **allegedly** [ə'ledʒɪdlɪ] *adv* angeblich; **allegiance** [ə'liːdʒəns] *n* Treue *f;* ◇ **oath of -** Fahneneid *m*
allegory ['ælɪgərɪ] *n* Allegorie *f*
all-embracing ['ɔːlɪm'breɪsɪŋ] *adj* (all)umfassend
allergic [ə'lɜːdʒɪk] *adj* allergisch (*to* gegen); **allergy** ['ælədʒɪ] *n* Allergie *f*
alleviate [ə'liːvɪeɪt] *vt* lindern
alley ['ælɪ] *n* Gasse *f,* Durchgang *m;* **alley cat** *n* streunende Katze *f*
alliance [ə'laɪəns] *n* (*between states*) Bündnis *f;* ▷*historical* Allianz *f;* **allied** ['ælaɪd] *adj* ↑ *as one* vereinigt; ↑ *related* verwandt (*to* mit); ▷*military powers* alliiert
alligator ['ælɪgeɪtə*] *n* Alligator *m*
all-in ['ɔːlɪn] *adj, adv* ▷*price* alles inbegriffen, Gesamt-
alliteration [əlɪtə'reɪʃən] *n* Stabreim *m,* Alliteration *f*
all-night ['ɔːl'naɪt] *adj* ▷*bar* Nacht-, nachts durchgehend geöffnet
allocate ['æləkeɪt] *vt* ↑ *allot* → *money* zuweisen, zuteilen; → *employment* vergeben; → *sanctions* verhängen; **allocation** [ælə'keɪʃən] *n* Zuteilung, Zuweisung *f;* Vergeben *s;* Verhängen *s*
allot [ə'lɒt] *vt* zuteilen, zuweisen; **allotment** *n* [1] ↑ *portion, stocks* Anteil *m* [2] ↑ *vegetable garden* Schrebergarten *m*
all-out ['ɔːlaʊt] *adj* ▷*strike* total; ↑ *without limit* uneingeschränkt; **all-over** ['ɔːləʊvə] *adj* ▷*tan* ganzflächig
allow [ə'laʊ] *vt* [1] ↑ *permit* erlauben, gestatten (*s.o.* jd-m) [2] → *claim, rules* anerkennen [3] → *discount* geben, gewähren; **allow for** *vt* → *inflation* → *delays* berücksichtigen, einkalkulieren; **allowable** *adj* [1] ↑ *permittable* zulässig [2] FIN ▷*expenses* abzugsfähig; **allowance** *n* [1] (*paid by state*) Beihilfe *f;* (*paid by father*) Unterhaltsgeld *s;* ↑ *pocket money* Taschengeld *s;* COMM ↑ *business expenses* Spesen *pl* [2] FIN ↑ *tax* - Freibetrag *m;* ↑ *tax -s* Werbungskosten *pl* [3] COMM ↑ *discount* Rabatt; ◇ **we have to make -s for ...** wir müssen Rücksicht nehmen auf ...
alloy ['ælɔɪ] *n* Metallegierung *f*
all-purpose *adj* Allzweck-
all right [ɔːl'raɪt] **I.** *adj* in Ordnung, okay; ◇ **it's - -** alles klar; (*not perfect*) es geht **II.** *adv* [1] ↑ *okay* ganz gut [2] (*absolutely for sure*) gewiß, schon; ◇ **we will go out - -** wir werden schon weggehen **III.** *intj* okay, alles klar; **all-round** *adj* ▷*athlete* vielseitig; ▷*salesman* Allround-; **all-rounder** *n* (*BRIT*) Allroundmann *m;* SPORT Allroundsportler(in *f*) *m;* **all-time** *adj* ◇ **the water level was at an - low** der Wasserstand war der niedrigste aller Zeiten
allude [ə'luːd] *vi* anspielen (*to* auf *acc*)
alluring [ə'ljʊərɪŋ] *adj* verlockend
allusion [ə'luːʒən] *n* Anspielung *f;* **allusive** *adj* voller Anspielungen; **allusively** *adv* indirekt
all-weather ['ɔːlweθə*] *adj* ▷*wear* Allwetter-;
all-wheel drive ['ɔːlwiːl'draɪv] *n* ↑ *four-wheel drive* Allradantrieb *m,* Vierradantrieb *m*
ally ['ælaɪ] *n* **1.** ↑ *associate* Verbündete(r) *fm;* POL Alliierte(r) *fm* **2.** *vr* ◇ **to - o.s. with s.o. against ...** sich mit jd-m verbünden gegen ...
almanac ['ɔːlmənæk] *n* Kalender *m,* Almanach *m*
almighty [ɔːl'maɪtɪ] **I.** *adj* ▷*emperor* allmächtig; *FAM* ↑ *enormous* Mords- **II.** *n* ◇ **the A-** der Allmächtige
almond ['ɑːmənd] *n* Mandel *f*
almost ['ɔːlməʊst] *adv* beinahe, fast
alms [ɑːmz] *n pl* Almosen *s*
aloft [ə'lɒft] *adv* [1] ↑ *soaring* empor [2] ↑ *up above* hoch oben, droben
alone [ə'ləʊn] *adj, adv* allein
along [ə'lɒŋ] **I.** *prep* [1] ▷*position* entlang *dat;* ◇ **there are trees all - the road** entlang der ganzen Straße stehen Bäume [2] ▷*moving* entlang; ◇ **he walked - the road** er ging die Straße entlang [3] ◇ **somewhere - the way** irgendwo unterwegs; ◇ **I knew all - that ...** die ganze Zeit wußte ich, daß ... **II.** *adv* [1] ↑ *onwards* vorwärts, weiter; ◇ **move -!** vorwärts [rücken]!; ◇ **work is moving - without problems** die Arbeit läuft weiter ohne Probleme [2] (*with*) ◇ **bring your boots -** bring deine Stiefel mit; **alongside** [ə'lɒŋsaɪd] **I.** *prep* [1] ↑ *in line with* an, neben *dat* [2] ↑ *together with s.th. or s.b.* mit, neben *dat* **II.** *adv* daneben; NAUT längsseits *gen*
aloof [ə'luːf] **I.** *adj* ↑ *distant* unnahbar; ◇ **to stay -** sich fernhalten **II.** *adv* fern, abseits; **aloofness** *n* Zurückhaltung *f,* Reserviertheit *f*

aloud [ə'laʊd] *adv* laut
alpenstock ['ælpənstɒk] *n* Bergstock *m*
alphabet ['ælfəbet] *n* Alphabet *s*
alphabetical [ælfə'betɪkl] *adj* alphabetisch; **alphanumeric** [ælfə'njʊ:mərɪk] *adj* ▷*keyboard* alphanumerisch
alpine ['ælpaɪn] *adj* alpin, Alpen-; **Alps** [ælps] *n pl* Alpen *pl*
already [ɔ:l'redɪ] *adv* bereits, schon
alright = all right
Alsatian [æl'seɪʃn] **I.** *n* (*person*) Elsässer(in *f*) *m* **II.** *adj* elsässisch; **alsatian** *n* (*BRIT dog*) Schäferhund *m*
also ['ɔ:lsəʊ] *adv* ↑ *as well* auch; ◇ **not only ... but** ~ nicht nur ... sondern auch; ↑ *moreover* ferner, außerdem
altar ['ɔ:ltə*] *n* Altar *m;* ◇ **to lead s.o. to the** ~ jd-n heiraten; **altar boy** *n* Ministrant *m;* **altarpiece** *n* Altargemälde *s*
alter ['ɔ:ltə*] **I.** *vt* ↑ *change* [ver]ändern; → *trousers* umändern, abändern **II.** *vi* sich [ver]ändern; **alterable** ['ɔ:ltərəbl] *adj* veränderlich, wandelbar; **alteration** [ɔltə'reɪʃən] *n* (*of timetable*) Änderung *f;* (*of trousers*) Umänderung *f;* (*of building*) Umbau *m;* ◇ **to make an** ~ **to s.th.** e-e Änderung an etw machen
altercation [ɔltə'keɪʃən] *n* ↑ *heated discussion* Wortwechsel *m*
alternate [ɔ:l'tɜ:nət] **I.** *adj* [1] abwechselnd; ◇ **on** ~ **days** jeden zweiten Tag [2] → *plan* Alternativ- **II.** ['ɔ:ltəneɪt] *vt* → *cogs* wechselweise richten **III.** *vi* ← *guards* sich abwechseln; ← *mood* wechseln, umschlagen; **alternately** *adv* abwechselnd, wechselweise; **alternating** *adj* abwechselnd; ◇ ~ **current** Wechselstrom *m;* **alternative** [ɔ:l'tɜ:nətɪv] **I.** *adj* andere(r, s) *f* **II.** *n* andere Möglichkeit, [Aus-]wahl *f;* ▷*course of action* Ausweichmöglichkeit *f;* ◇ **to have no** ~ keine Wahl haben; ◇ ~ **medicine** Naturheilkunde; **alternatively** *adv* im anderen Falle, oder aber; **alternator** ['ɔ:ltɜ:neɪtə*] *n* AUTO Lichtmaschine *f*
although [ɔ:l'ðəʊ] *cj* obwohl, wenn [...] auch
altimeter ['æltɪmi:tə*] *n* Höhenmesser *m;* **altitude** ['æltɪtju:d] *n* Höhe *f*
alto ['æltəʊ] *n* <-s> Alt *m*
altogether [ɔ:ltə'geðə*] *adv* [1] (*bearing everything in mind*) im ganzen, insgesamt [2] ↑ *entirely* ganz und gar, völlig
alto saxophone *n* Altsaxophon *s*
altruistic *adj* selbstlos, uneigennützig
aluminium [ælju'mɪnɪəm], **aluminum** (*AM*) [ə'lu:mɪnəm] Aluminium *s;* ◇ **aluminium [foil], aluminum [foil]** (*AM*) Aluminiumfolie *f*
alumna [ə'lʌmnə], **alumne** [ə'lʌmni:] *n* (*AM of university*) ehemalige Schülerin; **alumnus** [ə'lʌmnəs], **alumni** [ə'lʌmnaɪ] *n* (*AM of university*) ehemaliger Schüler
always ['ɔ:lweɪz] *adv* [1] ↑ *ever* immer [2] ↑ *all the time* fortlaufend, ständig; ↑ *repeatedly* immer wieder [3] ↑ *forever* auf/für immer, immer [4] (*with suggestion*) mal, immer; ◇ **you could** ~ **ring** du könntest mal anrufen
a.m. [eɪ æm] *abbr. of* **ante meridiem** vormittags
amalgam [ə'mælgəm] *n* [1] (*metal*) Amalgam *s* [2] (*FIG of doctrines*) Gemisch *s,* Mischung *f*
amalgamate [ə'mælgəmeɪt] **I.** *vi* ← *companies* fusionieren; ← *classes* verschmelzen **II.** *vt* → *metals* mit Quecksilber legieren, amalgamieren; **amalgamation** [əmælgə'meɪʃən] *n* [1] (*of companies*) Verschmelzung *f,* Fusion *f* [2] (*of metals*) Amalgamierung *f,* Legieren *s* mit Quecksilber
amass [ə'mæs] *vt* → *leaves, money* anhäufen
amateur ['æmətɜ:*] **I.** *n* Amateur(in *f*) *m;* (*incompetent builder etc.*) Dilettant(in *f*) *m,* Stümper (in *f*) *m* **II.** *adj* Amateur-, Hobby-; **amateurish** ['æmətərɪʃ] *adj* ↑ *unprofessional* stümperhaft, dilettantisch
amaze [ə'meɪz] *vt* ↑ *astonish* erstaunen; **amazement** *n* [größtes] Erstaunen *s;* **amazing** *adj* erstaunlich, unglaublich
Amazon ['æməzən] *n* ◇ ~ **River** Amazonas *m*
ambassador [æm'bæsədə*] *n* Botschafter *m;* **ambassadorial** *adj* Botschafter-; **ambassadress** [æm'bæsədrɪs] *n* Botschafterin *f*
amber ['æmbə*] **I.** *n* [1] (*mineral*) Bernstein *m* [2] (*BRIT with traffic lights*) Gelb *s* **II.** *adj* bernsteinfarben; **ambergris** ['æmbəgri:s] *n* Ambra *f,* grauer Amber *m*
ambidextrous [æmbɪ'dekstrəs] *adj* beidhändig
ambience ['æmbɪəns] *n* Atmosphäre *f;* **ambient** ['æmbɪənt] *adj* ↑ *surrounding* umgebend
ambiguity [æmbɪ'gju:ɪtɪ] *n* (*duplicity of meaning*) Zweideutigkeit *f;* (*obscurity*) Unklarheit *f;*
ambiguous [æm'bɪgjʊəs] *adj* ▷*statement* zweideutig; ↑ *vague, obscure* unklar
ambition [æm'bɪʃən] *n* Ehrgeiz *m;* **ambitious** [æm'bɪʃəs] *adj* ehrgeizig
ambivalent [æm'bɪvələnt] *n* zwiespältig, ambivalent
amble ['æmbl] *vi* ↑ *stroll* schlendern
ambulance ['æmbjʊləns] *n* Krankenwagen *m,* Ambulanz *f;* **ambulanceman, ambulance driver** (*AM*) *n* [Rettungs-]Sanitäter(in *f*) *m*
ambush ['æmbʊʃ] **I.** *n* (*surprise attack*) Hinterhalt *m;* ◇ **to lie/wait in** ~ im Hinterhalt liegen **II.** *vt* aus dem Hinterhalt angreifen/überfallen
ameliorate [ə'mi:lɪəreɪt] *vt* verbessern; **amelioration** [əmi:lɪə'reɪʃən] *n* Verbesserung *f*

amenable [ə'mi:nəbl] *adj* 1 ↑ *compliant* gefällig; ↑ *responsive, willing* interessiert, zugänglich (*to dat*); ↑ *open* empfänglich (*to* für) 2 (JUR - *to the law*) ↑ *answerable* [dem Gesetz] verantwortlich

amend [ə'mend] *vt* 1 ↑ *correct* berichtigen; ↑ *alter* ändern 2 ↑ *complete* ergänzen; **amendment** *n* Änderung *f;* POL Zusatzantrag *m;* **amends** [ə'mendz] *n* ◇ **to make** - wiedergutmachen

amenity [ə'mi:nɪtɪ] *n* 1 ↑ *public facility* öffentliche Einrichtung *f* 2 ↑ *comfort and convenience* Annehmlichkeit *f*

America [ə'merɪkə] *n* Amerika *s;* ◇ **God bless -!** Gott segne Amerika!; **American** ['əmerɪkən] **I.** *adj* amerikanisch **II.** *n* Amerikaner(in *f*) *m;* **americanize** [ə'merɪkənaɪz] *vt* amerikanisieren

amethyst ['æmɪθɪst] *n* (*precious stone*) Amethyst *m*

amiable ['eɪmɪəbl] *adj* freundlich, liebenswürdig; **amiability** ['eɪmɪə'bɪlɪtɪ] *n* Freundlichkeit *f,* Liebenswürdigkeit *f;* **amicable** ['æmɪkəbl] *adj* ▷*relationship* freundschaftlich; JUR gütlich; ◇ **to come to an - agreement** sich vergleichen; **amicability** [æmɪkəbɪlɪtɪ] *n* Freundschaftlichkeit; JUR Gütlichkeit

amid [ə'mɪd], **amidst** [ə'mɪdst] *prep* mitten in, mitten unter *dat,* inmitten *gen;* **amid-ships** [ə'mɪdʃɪps] *adv* NAUT Mitschiffs-

amiss [ə'mɪs] **1.** *adj* verkehrt, falsch; ◇ **there's s.th.** - da stimmt doch was nicht **2.** *adv* ◇ **Don't take it - ...** Nimm es nicht übel ...

amity ['æmɪtɪ] *n* Freundschaft *f*

ammeter ['æmɪtə*] *n* ELECTR Amperemeter *s*

ammonia [ə'məʊnɪə] *n* Ammoniak *s*

ammunition [æmjʊ'nɪʃən] *n* Munition *f;* ◇ **- dump** Munitionslager *s*

amnesia [æm'ni:zɪə] *n* Gedächtnisschwund *m,* Gedächtnisverlust *m,* Amnesie *f*

amnesty ['æmnɪstɪ] *n* Amnestie *f*

amok [ə'mɒk] *adv* ◇ **to run** - Amok laufen; *s. a.* amuck

amoeba [ə'mi:bə] *n* Amöbe *f*

among [ə'mʌŋ], **amongst** [ə'mʌŋst] *prep* 1 ◇ **- friends** unter Freunden 2 ◇ **they hid - the trees** sie haben sich zwischen den Bäumen versteckt 3 ◇ **he is - my closest friends** er zählt/gehört zu meinen besten Freunden

amoral [æ'mɒrəl] *adj* unmoralisch

amorous ['æmərəs] *adj* verliebt, amourös

amorphous [ə'mɔ:fəs] *adj* formlos; ▷*department* strukturlos

amortize [ə'mɔ:taɪz] FIN tilgen, amortisieren

amount [ə'maʊnt] **I.** *n* 1 ↑ *quantity* Menge *f;* ◇ **any - of ...** jede Menge ... 2 (*specific quantity of money*) Betrag *m* **II.** *vi* 1 ◇ **to - to** ↑ *total* sich belaufen (*to* auf *acc*) 2 ◇ **to - to** ↑ *be equivalent to* gleichkommen, hinauslaufen (*to* auf *acc*); ◇ **her words -ed to a refusal** ihre Worte liefen auf Ablehnung hinaus; ◇ **she won't - to much** aus ihr wird nie was

amp [æmp] *n,* **ampere** ['æmpɛə*] *n* PHYS Ampere *s*

amphetamine [æm'fetəmi:n] *n* MED Amphetamin *s*

amphibious [æm'fɪbɪəs] *adj* amphibisch; ◇ **an - vehicle** ein Amphibien-Fahrzeug

amphitheatre ['æmfɪθɪətə*] *n* Amphitheater *s*

ample ['æmpl] *adj* 1 ▷*food* reichlich; ◇ **- time** ausreichend Zeit 2 ▷*land* weitläufig; ▷*woman* üppig

amplification ['æmplɪfɪ'keɪʃən] *n* 1 (*of sound*) Verstärkung *f* 2 (*of text*) Erläuterung *f;* **amplifier** ['æmplɪfaɪə*] *n* Verstärker *m;* **amplify** ['æmplɪfaɪ] *vt* 1 → *speech, sound* verstärken 2 → *statement* näher erläutern, genauer ausführen

amply ['æmplɪ] *adv* reichlich

amputate ['æmpjʊteɪt] *vt* → *leg, arm* amputieren, entfernen; **amputation** ['æmpjʊ'teɪʃən] *n* Amputation *f*

amuck [ə'mʌk] *adv* ◇ **to run** - Amok laufen; *s. a.* amok

amulet ['æmjʊlɪt] *n* Amulett *s*

amuse [ə'mju:z] *vt* 1 ↑ *cause mirth* belustigen, zum Lachen bringen 2 ↑ *hold interest* unterhalten; ◇ **let the children - themselves** laß' doch die Kinder sich selbst beschäftigen; ◇ **the game -d them** sie hatten Spaß am Spiel; **amusement** *n* 1 ↑ *fun* Vergnügen *s;* ↑ *mirth* Heiterkeit *f;* (*being entertained*) Amüsement *s; FAM* Spaß *m* 2 (*entertainment of guests*) Unterhaltung *f;* **amusement arcade** *n* Spielhalle *f;* **amusement park** *n* Vergnügungspark *m;* **amusing** *adj* unterhaltend, amüsant

an [ən , æn] *art* ein, eine; *s. a.* **a**

anabolic steroid [ænəbɒlɪk'sterɔɪd] *n* Anabolikum *s*

anachronism [ə'nækrənɪzəm] *n* Anachronismus *m*

anaemia, anemia (*AM*) [ə'ni:mɪə] *n* Anämie *f;* **anaemic, anemic** (*AM*) [ə'ni:mɪk] *adj* blutarm

anaesthesia [ænɪs'θi:tɪə], **anesthesia** (*AM*) *n* Betäubung *f;* **anaesthetic, anesthetic** (*AM*) [ænɪs'θetɪk] *n* Betäubungsmittel *s;* ◇ **under -** unter Narkose; ◇ **general -** Vollnarkose *f;* ◇ **local -** örtliche Betäubung *f;* **anaesthetist, anes-**

A

thetist [æ'ni:sθıtıst] (*AM*) *n* Narkosefacharzt *m*, Narkosefachärztin *f*, Anästhesist(in *f*) *m*; **anaesthetize** [æ'ni:sθıtaız], **anesthetize** (*AM*) betäuben

anal ['eınl] *adj* Anal-

analgesic [ænæl'dʒi:sık] *n* schmerzmilderndes/schmerzlinderndes Mittel, Analgetikum *s*

analog ['ænəlɒg] *adj* Analog-; ◇ **- computer** Analogrechner *m*; **analogous** [ə'næləgəs] *adj* analog; **analogue** ['ænəlɒg] *n* Gegenstück *s*; **analogy** [ə'nælədʒı] *n* Analogie *f*; ◇ **to draw an -** e-e Analogie herstellen

analyse ['ænəlaız] *vt* analysieren; **analysis** [ə'nælısıs] *n* Analyse *f*; **analyst** ['ænəlıst] *n* Analytiker(in *f*) *m*; **analytic** [ænə'lıtık] *adj* ▷*logic, thinking* analytisch; **analytical** *adj* ▷*article* analytisch

anarchic [æ'na:kık] *adj* anarchistisch; **anarchist** ['ænəkıst] *n* Anarchist(in *f*) *m*; **anarchy** ['ænəkı] *n* Anarchie *f*

anathema [ə'næθımə] *n* [1] REL Kirchenbann *m* [2] *FIG* Greuel *s*

anatomical [ænə'tɒmıkəl] *adj* anatomisch; **anatomy** [ə'nætəmı] *n* [1] (*of structure*) anatomischer Aufbau, Körperbau *m* [2] (MED *study*) Anatomie *f*

ancestor ['ænsestə*] *n* Vorfahr *m*, Ahne *m*; **ancestral** [æn'sestrəl] *adj* angestammt, Ahnen-; **ancestry** ['ænsıstrı] *n* [1] ↑ *origins* Abstammung *f* [2] ↑ *ancestors* Vorfahren *m pl*, Ahnen *mpl*

anchor ['æŋkə*] **I.** *n* NAUT Anker *m*; ◇ **to drop/cast the -** vor Anker gehen; ◇ **to weigh -** den Anker lichten **II.** *vi* NAUT vor Anker liegen, ankern **III.** *vt* *FIG* verankern; **anchorage** ['æŋkərıdʒ] *n* NAUT Ankerplatz *m*; **anchor buoy** *n* NAUT Ankerboje *f*

anchorite ['æŋkəraıt] *n* Einsiedler *m*, Emir *m*

anchorman ['æŋkə*mæn] *n* MEDIA Koordinator(in *f*) *m*

anchovy ['æntʃəvı] *n* Sardelle *f*

ancient ['eınʃənt] *adj* uralt, aus längst vergangenen Zeiten

ancillary [æn'sılərı] *adj* (*academic subject*) Neben-; ▷*service* Hilfs-

and [ənd, ən, ænd] *cj* [1] (*joining entities*) und; ◇ **two hundred - twenty** zweihundertzwanzig; ◇ **two - a half** zweieinhalb; ◇ **A, B, C and D** A, B, C, D [2] (*enforcing narrative order*) ◇ **- then** und dann

androgynous [æn'drɒdʒınəs] *adj* zweigeschlechtlich, Zwitter-

anecdotal ['ænıkdəʊtəl] anekdotenhaft; **anecdote** ['ænıkdəʊt] *n* Anekdote *f*

anemia *n* (*AM*) *s.* **anaemia**

anemometer [ænı'mɒmıtə*] *n* Windmesser *m*

anemone [ə'nemənı] *n* Anemone *f*

anesthetic *n* (*AM*) *s.* **anaesthetic**

anew [ə'nju:] *adv* aufs neue, von neuem

angel ['eındʒl] *n* Engel *m*; **angel fish** *n* [1] (*shark*) Engelhai *m* [2] (*tropical fish*) Großer Segelflosser *m*; **angelic** [æn'dʒelık] *adj* engelhaft

anger ['æŋgə*] **I.** *n* Ärger *m*; ↑ *fury* Zorn *m*, Wut *f* **II.** *vt* ärgern; (*stronger*) wütend machen

angina [æn'dʒaınə] *n* Angina *f* pectoris

angle ['æŋgl] *n* [1] (*geometrie*) Winkel *m* [2] *FIG* Standpunkt *m*; ◇ **at an -** schief

angle for *vi* [1] (*salmon*) angeln [2] (*compliments*) heischen nach; ◇ **to - - s.th.** auf etw *acc* aussein

angle bracket *n* Winkelkonsole *f*

angler ['æŋglə*] *n* Angler(in *f*) *m*

Anglican ['æŋglıkən] **I.** *n* Anglikaner(in *f*) *m* **II.** *adj* anglikanisch; **anglicize** ['æŋglısaız] *vt* anglisieren; **anglicism** ['æŋglısızəm] *n* Anglizismus

angling ['æŋglıŋ] *n* Angeln *s*

Anglo- ['æŋgləʊ] *pref* Anglo-

anglophile ['æŋgləʊfaıl] *n* Anglophile(r) *fm*; **anglophobe** ['æŋgləʊfəʊb] *n* Anglophobe(r) *fm*; **Anglo-Saxon** ['æŋgləʊ'sæksən] **I.** *n* [1] (*person*) Angelsachse *m*, Angelsächsin *f* [2] (*related to language*) Angelsächsisch *s* **II.** *adj* angelsächsisch

angostura [æŋgə'stjʊərə] *n* ▷*bark* Angosturarinde *f*; ◇ **- bitters** Angosturabitter *m*

angrily ['æŋgrılı] *adv* verärgert, böse; **angry** ['æŋgrı] *adj* [1] ▷*person* böse, zornig, aufgebracht; ◇ **to be - with/at s.b.** auf jd-n wütend sein; ◇ **don't get -!** reg' dich nicht auf! [2] *FIG* ▷*wound* entzündet; ▷*sea* aufgewühlt; ▷*clouds* drohend

anguish ['æŋgwıʃ] *n* Qual *f*; **anguished** ['æŋgwıʃt] *adj* qualvoll

angular ['æŋgjʊlə*] *adj* ▷*corner* eckig, winkelförmig; ▷*face, style* kantig; **angularity** ['æŋgjʊ'lærıtı] *n* (*of shape*) Eckigkeit *f*; (*of bony figure*) Knochigkeit *f*

animal ['ænıml] **I.** *n* [1] (*not human*) Tier *s* [2] (*living being*) Lebewesen *s* [3] *FIG* ↑ *monster* Bestie *f* **II.** *adj* ▷*instinct* tierisch; ▷*story* Tier-; **animal kingdom** *n* Tierreich *s*; **animal husbandry** *n* Viehwirtschaft *f*; **animal magnetism** *n* [körperliche] Anziehungskraft *f*; **animality** [ænı'mælıtı] *n* Tierhaftigkeit *f*; (*base*) Tierische *s*

animate **I.** ['ænımət] *adj* [1] lebhaft [2] ↑ *living* lebendig **II.** ['ænɪmeɪt] *vt* beleben; → *s.o. to do s.th.* aufmuntern; **animated** ['ænɪmeɪtɪd] *adj* lebendig; ◇ ~ **film** Zeichentrickfilm *m;* **animation** [ænɪ'meɪʃən] *n* Lebhaftigkeit *f;* Animation *f;* **animator** ['ænɪmeɪtə*] *n* Trickfilmzeichner (in *f*) *m*

animosity [ænɪ'mɒsɪtɪ] *n* Feindseligkeit *f*

aniseed ['ænɪsiːd] *n* Anis *m*

ankle ['æŋkl] *n* ANAT Knöchel *m;* **anklebone** *n* Sprungbein *s;* **ankle-deep** *adj* knöcheltief; **anklet** ['æŋklɪt] *n* Fußkette *f;* **ankle sock** *n* Socke *f,* Söckchen *s*

annals ['ænlz] *n* <npl> (*of history*) Annalen *pl*

anneal [ə'niːl] *vt* → *glass* kühlen; → *metal* ausglühen; → *earthenware* brennen

annex [1] ['æneks] *n* [1] (*to a building*) Anbau *m* [2] (*to a document*) Anhang *m*

annex [2] [ə'neks] *vt* beifügen, anhängen; POL → *country* angliedern, annektieren; **annexation** [ænek'seɪʃən] *n* Annexion *f*

annihilate [ə'naɪəleɪt] *vt* vernichten; zerschlagen; fertigmachen; **annihilation** [ənaɪə'leɪʃən] *n* (*of enemy camp*) Vernichtung *f;* (*of opposition*) Zerschlagung *f;* (*of person, of cricket team*) Fertigmachen *s*

anniversary [ænɪ'vɜːsərɪ] *n* Jahrestag *m;* (*of death*) Todestag *m;* ↑ *wedding* ~ Hochzeitstag *m*

annotate ['ænəteɪt] *vt* kommentieren, mit Anmerkungen versehen

announce [ə'naʊns] *vt* → *person* bekanntgeben, ankündigen; → *arrival time* durchsagen; MEDIA ansagen; → *the marriage* bekanntgeben; **announcement** *n* Bekanntgabe *f,* Ankündigung *f;* Durchsage *f;* Ansage *f;* Bekanntmachung *f;* **announcer** *n* Ansager(in *f*) *m,* Sprecher(in *f*) *m*

annoy [ə'nɔɪ] *vt* aufregen; ↑ *pester* belästigen; ◇ **to be ~ed with s.o./at s.o./about s.th.** sich über jd-n/etw ärgern; **annoyance** *n* [1] Ärgernis *s* [2] (*interruption*) Störung *f,* Belästigung *f;* **annoying** *adj* ▷ *habit* ärgerlich; ▷ *relative* lästig

annual ['ænjʊəl] **I.** *adj* ↑ *yearly* jährlich; ▷ *salary etc.* Jahres- **II.** *n* [1] ▷ *report* Jahrbuch *s* [2] BIOL einjährige Pflanze; **annually** *adv* jährlich

annuity [ə'njuːɪtɪ] *n* [feste] Rente *f*

annul [ə'nʌl] *vt* → *statute, law* annulieren, aufheben; → *contract* für ungültig erklären, auflösen; **annulment** *n* Aufhebung *f,* Annullierung *f,* Ungültigkeitserklärung *f,* Auflösung *f*

Annunciation [ənʌnsɪ'eɪʃən] *n* REL Maria Verkündigung *f*

anode ['ænəʊd] *n* Anode *f*

anodyne ['ænədaɪn] *n* schmerzstillendes Mittel, Schmerzmittel *s*

anoint [ə'nɔɪnt] *vt* salben

anomalous [ə'nɒmələs] *adj* anormal; **anomaly** [ə'nɒməlɪ] *n* Besonderheit *f,* Anomalie *f*

Anon. *abbr. of* **anonymous**

anonymity [ænə'nɪmɪtɪ] *n* Anonymität *f;* **anonymous** [ə'nɒnɪməs] *adj* anonym

anorak ['ænəræk] *n* Anorak *m*

anorexia [nervosa] [ænə'reksɪə] *n* Magersucht *f;* **anorexic** [ænə'reksɪk] *adj* magersüchtig

another [ə'nʌðə*] *adj, pron* [1] (*additional*) noch eine(r, s); ◇ **I don't want ~ cup of tea** ich möchte keine Tasse Tee mehr [2] (*different*) ein(e) andere (r, s); ◇ **it happened in ~ country** es passierte in e-m anderen Land

answer ['ɑːnsə*] **I.** *n* Antwort *f* (*to s.th.* auf e-e Sache) **II.** *vi* antworten **III.** *vt* [1] → *person* antworten *dat;* → *need* befriedigen; → *phone* gehen an *acc;* → *door* (die Tür) aufmachen [2] → *description* entsprechen; → *need* nachkommen, befriedigen; **answer back** *vi* frech sein; ↑ *contradict* widersprechen; **answer for** *vi* [1] (*a crime*) verantwortlich sein für, die Verantwortung für etw tragen [2] ◇ **I can ~ ~ his loyalty** ich kann mich für seine Loyalität verbürgen; **answer to** *vi* ↑ *be accountable* ◇ **to ~ ~ for s.th.** jd-m für etw Rechenschaft schuldig sein; ◇ **to ~ ~ a description** e-r Beschreibung entsprechen; ◇ **to ~ ~ the name of ...** auf den Namen ... hören; **answerable** *adj* ↑ *responsible* verantwortlich, haftbar; **answering machine** *n,* **answerphone** *n* [automatischer] Anrufbeantworter *m*

ant [ænt] *n* Ameise *f*

antacid [ænt'æsɪd] *n* säurebindendes Mittel *s*

antagonism [æn'tægənɪzəm] *n* Feindseligkeit *f,* Antagonismus *m;* **antagonist** [æn'tægənɪst] *n* Gegner(in *f*) *m,* Antagonist(in *f*) *m;* **antagonistic** [æntægə'nɪstɪk] *adj* ◇ **to be ~ towards s.o.** jd-m gegenüber feindselig gesinnt sein; **antagonize** [æn'tægənaɪz] *vt* reizen, sich [...] zum Feind machen

antarctic [ænt'ɑːktɪk] **I.** *adj* antarktisch; ◇ **the A~ Circle** der südliche Polarkreis **II.** *n* ◇ **the A~** die Antarktis

ante ['æntɪ] *n* **I.** (*poker*) Einsatz *m* **II.** *vt* (~ *up*) einsetzen

anteater ['æntiːtə*] *n* Ameisenbär *m*

antecedent [æn'tɪsiːdənt] **I.** *n* früheres Ereignis; ◇ ~**s** *pl* (*of person*) Vorleben *s;* (*to event*) Vorgeschichte *f* **II.** *adj* früher, vorhergehend

antediluvian *adj also FIG* vorsintflutlich

antelope ['æntɪləʊp] *n* Antilope *f*

antenatal [æntɪ'neɪtl] *adj* pränatal; ◇ ~ **care** Schwangerschaftsvorsorge *f*

antenna [æn'tenə] *n* [1] TECHNOL Antenne *f* [2] (*of insects*) Fühler *m,* Antenne *f*

anterior [æn'tɪərɪə] *adj* ① (*time*) früher (*to* als) ② ANAT vordere(r,s)
anteroom ['æntɪrʊm] *n* Vorzimmer *s*
anthem ['ænθəm] *n* (*national* ~) Hymne *f;* (MUS *formal song*) Chorgesang *m*
anthology [æn'θɒlədʒɪ] *n* Gedichtesammlung *f*
anthropologist [ænθrə'pɒlədʒɪst] *n* Anthropologe *m,* Anthropologin *f;* **anthropology** [ænθrə'pɒlədʒɪ] *n* Anthropologie *f*
anthropomorphic [ænθrəpə'mɔ:fɪk] *adj* anthropomorphisch
anti- ['æntɪ] *pref* Gegen-, Anti-; ◇ **~ clerical** gegen die Kirche [*o.* antiklerikal] eingestellt; **anti-aircraft** *adj* Flugabwehr-; **anti-ballistic missile** *n* Anti-Raketen-Rakete *f;* **antibiotic** ['æntɪbaɪ'ɒtɪk] *n* Antibiotikum *s;* **antibody** ['æntɪbɒdɪ] *n* MED Antikörper *m*
anticipate [æn'tɪsɪpeɪt] *vt* ① → *trouble* rechnen mit, erwarten; → *birthday party* sich freuen auf *acc* ② ↑ *foresee* ahnen, voraussehen; → *punch* vorwegnehmen; **anticipation** [æntɪsɪ'peɪʃən] *n* Erwartung *f;* **anticipatory** [æn'tɪsɪpeɪtərɪ] *adj* vorwegnehmend; **anticlerical** *adj* gegen die Kirche [*o.* antiklerikal] eingestellt; **anticlimax** [æntɪ'klaɪmæks] *n* Enttäuschung *f;* **anticlockwise** [æntɪ'klɒkwaɪz] *adj* dem Uhrzeigersinn entgegen, nach links
antics ['æntɪks] *n pl* Ulk *m,* Spaß *m;* (*negative*) Mätzchen *pl*
anticyclone [æntɪ'saɪkləʊn] *n* Hoch[druckgebiet] *s;* **anti-dazzle** *adj* Blendschutz-; **antidote** ['æntɪdəʊt] *n* MED Gegenmittel *s;* **antifreeze** *n* Frostschutzmittel *s;* **antihero** *n* Antiheld *m;* **antihistamine** [æntɪ'hɪstəmɪn] *n* MED Antihistamin *s;* **anti-lock braking system** [æntɪ'lɒk] *n* Antiblockiersystem *s;* **antinuclear activist** *n* Kernkraftgegner(in *f*) *m;* **antipathy** [æn'tɪpəθɪ] *n* Abneigung *f,* Antipathie *f;* **antiperspirant** *n* Antitranspirant *s,* Deodorant *s;* **antipodes** [æn'tɪpədi:z] *n pl* Antipoden *pl;* (*often humorously*) ◇ **the A~** Australien mit Neuseeland
antiquarian [æntɪ'kweərɪən] **I.** *adj* antiquarisch **II.** *n* ◇ **~ bookshop** Antiquariat *s*
antiquated ['æntɪkweɪtɪd] *adj* überholt, antiquiert; **antique** [æn'ti:k] **I.** *n* Antiquität *f* **II.** *adj* antik; **antique dealer** *n* Antiquitätenhändler (in *f*) *m;* **antiquity** [æn'tɪkwɪtɪ] *n* Altertum *s,* Antike *f*
anti-Semitic [æntɪsɪ'mɪtik] *adj* antisemitisch; **antiseptic** [æntɪ'septɪk] **I.** *n* Antiseptikum *s* **II.** *adj* ↑ *sterile* antiseptisch; **antisocial** [æntɪ'səʊʃl] *adj* ↑ *unsociable* ungesellig; ▷ *behaviour* unsozial; **anti-tank** *adj* ▷ *weapon* Panzerabwehr-; **antithesis** [æn'tɪθɪsɪs] *n* Gegensatz *m,* Antithese *f;* **antithetical** [æntɪ'θetɪkl] *adj* ↑ *contrasting* gegensätzlich; ▷ *ideas* antithetisch
antler ['æntlə] *n* ◇ **antlers** *pl* Geweih *s*
antonym *n* Antonym *s*
anus ['eɪnəs] *n* ANAT MED After *m*
anvil ['ænvɪl] *n* Amboß *m*
anxiety [æŋ'zaɪətɪ] *n* ↑ *worry, concern* Sorge *f;* PSYCH Angstneurose *f;* **anxious** ['æŋkʃəs] *adj* ① ↑ *fearful* ängstlich; ▷ *minutes* bang ② ↑ *concerned* besorgt ③ ◇ **to be ~ to do s.th.** bestrebt sein, etw zu tun, unbedingt etw wollen; ◇ **I am ~ that he …** es liegt mir viel daran, daß er …; **anxiously** *adv* ① besorgt ② ↑ *keenly* eifrig, begierig
any ['enɪ] **I.** *pron* (*no matter which one*) irgendein (e); (*in question and negative*) ◇ **have you got ~ …?** hast du welche …?; ◇ **not ~** keine **II.** *adv* (*at all*) (überhaupt); ◇ **I cannot drive ~ faster** ich kann [überhaupt] nicht schneller fahren; **anybody** *pron* irgend jemand; ↑ *everyone* jeder; **anyhow** *adv* (*in slapdash fashion*) einfach so; **anyone** *pron* (*thing*) irgendein(e); (*person*) irgend jemand; **anything** *pron* irgend etw; **anytime** *adv* jederzeit; **anyway** *adv* (*supporting what you've just said*) ohnehin; (*true in spite of s.th. else*) trotzdem, jedenfalls; (*in a succession of events*) sowieso; **anywhere** *adv* ① irgendwo; (*with destination*) irgendwohin ② ↑ *everywhere* überall; (*direction*) überallhin
apace [ə'peɪs] *adv* geschwind
apart [ə'pɑ:t] *adv* ① ↑ *seperated* auseinander ② (*to one side*) beiseite, abseits ③ ◇ **~ from** abgesehen davon; ◇ **these things ~ we have to talk about …** abgesehen davon müssen wir über … reden
apartheid [ə'pɑ:theɪt] *n* Apartheid *f*
apartment [ə'pɑ:tmənt] *n AM* ↑ *flat* Wohnung *f*
apathetic [æpə'θetɪk] *adj* gleichgültig, teilnahmslos, apathisch; **apathy** ['æpəθɪ] *n* Gleichgültigkeit *f,* Teilnahmslosigkeit *f,* Apathie *f*
ape [eɪp] **I.** *n* [Menschen-]Affe *m* **II.** *vt* nachahmen, nachmachen; *PEJ* nachäffen
aperitif [ə'perɪtɪf] *n* Aperitif *m*
aperture ['æpətjə*] *n* Öffnung *f;* PHOTO Blende *f*
apex ['eɪpeks] *n* <apexes, apices> (*of an organization*) Spitze *f;* MATH Scheitelpunkt *m*
APEX ['eɪpeks] *n* (*ticket*) *Sonderflugkarte zu verbilligtem Preis*
aphasia [ə'feɪzɪə] *n* Aphasie *f*
aphid ['eɪfɪd] *n* Blattlaus *f*
aphorism ['æfərɪzəm] *n* Aphorismus *m*
apiarist ['eɪpɪərɪst] *n* Imker(in *f*) *m,* Bienenzüchter(in *f*) *m;* **apiary** ['eɪpɪərɪ] *n* Bienenhaus *s*

apices *n* <pl> *s.* **apex**
apiculture ['eɪpɪkʌltʃə*] *n* Imkerei *f,* Halten *s* von Honigbienen
apiece [ə'pi:s] *adv* pro Stück, pro Kopf, je
aplomb [ə'plɒm] *n* Gelassenheit *f*
apocalyptic [əpɒkə'lɪptɪk] *adj* apokalyptisch
apogee ['əpədʒɪ:] *n* ↑ *apex* Höhepunkt *m*
apologetic [əpɒlə'dʒetɪk] *adj* ⊳*statement* entschuldigend; ↑ *regretful* bedauernd; **apologize** [ə'pɒlədʒaɪz] *vi* sich entschuldigen; ◇ **I must ~ to you** ich muß mich bei dir entschuldigen; ◇ **I ~ for ...** ich muß mich entschuldigen für ...; **apology** [ə'pɒlədʒɪ] *n* Entschuldigung *f;* ◇ **Mr X sends his apologies** Herr X läßt sich entschuldigen
apoplexy ['æpəpleksɪ] *n* Schlaganfall *m*
apostate [ə'pɒsteɪt] *n* ↑ *renegade* Abtrünnige(r) *fm*
apostle [ə'pɒsl] *n* Apostel *m*
apostrophe [ə'pɒstrəfɪ] *n* Apostroph *m*
appal, **appall** (*AM*) [ə'pɔ:l] *vt* entsetzen; **appalled** [ə'pɔ:ld] *adj* entsetzt (*at/by s.th.* über); **appalling** *adj* schrecklich, entsetzlich
apparatus [æpə'reɪtəs] *n* Gerät *s,* Apparat *m;* ↑ *equipment* Ausrüstung *f,* Ausstattung *f*
apparel [ə'pærəl] *n* ↑ *attire* Gewand *s,* Aufzug *m*
apparent [ə'pærənt] *adj* offensichtlich; **apparently** *adv* anscheinend; ↑ *seemingly* scheinbar; **apparition** [æpə'rɪʃən] *n* [1] (*ghost*) Erscheinung *f* [2] (*act of appearing*) Erscheinen *s*
appeal [ə'pi:l] **I.** *vi* [1] ↑ *beg* dringend bitten (*for* um); (*for support*) appellieren [2] (*to planning authority*) Einspruch erheben (*to* bei); JUR Berufung einlegen (*to* bei) [3] ↑ *be attractive to* reizen **II.** *n* [1] (*for help*) Aufruf *m;* (*for mercy*) Gesuch *s* [2] (*of film*) Reiz *m* [3] (*against decision*) Einspruch *m;* JUR Berufung *f;* **appealing** *adj* ↑ *attractive* reizvoll, ansprechend; **appealingly** *adv* [1] (*for s.th.*) bittend [2] ↑ *attractively* reizvoll
appear [ə'pɪə*] *vi* (*become visible*) erscheinen; ↑ *pop up* auftauchen; ↑ *seem* scheinen; **appearance** *n* [1] ↑ *coming into view* Erscheinen *s* [2] (*outward ~*) Äußere(s) *s,* Erscheinungsbild *s;* ◇ **in ~** dem Anschein nach
appease [ə'pi:z] *vt* → *person* beschwichtigen; → *hunger, guilt* stillen; **appeasement** *n* Beschwichtigung *f*
appellant [ə'pelənt] *n* Berufungskläger(in *f*) *m;* **appellation** [æpe'leɪʒn] *n* Bezeichnung *f*
append [ə'pend] *vt* hinzufügen, anhängen; **appendage** [ə'pendɪdʒ] *n* Anhang *m; FIG* Anhängsel *s*
appendices *n pl von* **appendix**
appendicitis [əpendɪ'saɪtɪs] *n* Blinddarmentzündung *f*
appendix [ə'pendɪks] *n* <appendices, appendixes> [1] (*to a book*) Anhang *m* [2] ANAT Blinddarm *m*
appertain [æpə'teɪn] *vi* ↑ *belong* gehören (*to* zu); ↑ *relate* betreffen (*to* acc)
appetite ['æpɪtaɪt] *n* (*for food*) Appetit *m;* (*for sex*) Lust *f,* Begierde *f*
appetizer ['æpɪtaɪzə*] *n* Appetitanreger *m;* **appetizing** ['æpɪtaɪzɪŋ] *adj* appetitlich
applaud [ə'plɔ:d] *vt, vi* ↑ *clap* klatschen *dat,* applaudieren; → *changes* begrüßen; **applause** [ə'plɔ:z] *n* Beifall *m,* Applaus *m*
apple ['æpl] *n* Apfel *m;* **apple-pie** *n* gedeckter Apfelkuchen; **apple sauce** *n* ≈ Apfelmus *s;* **apple tree** *n* Apfelbaum *m*
appliance [ə'plaɪəns] *n* Gerät *s;* (*gas ~s*) Gasvorrichtung *f*
applicability [æplɪkə'bɪlɪtɪ] *n* Anwendbarkeit *f;* **applicable** [ə'plɪkəbl] *adj* anwendbar (*to* auf acc); ↑ *relevant* zutreffend; ◇ **not ~** entfällt
applicant ['æplɪkənt] *n* Bewerber(in *f*) *m;* **application** [æplɪ'keɪʃən] *n* [1] (*for post*) Bewerbung *f;* (*official demand*) Antrag *m,* Gesuch *s* [2] (*of theory*) Anwendung *f* [3] (*devotion to work*) Fleiß *m;* ◇ **~ form** Bewerbungsformular *s;* **applicator** ['æplɪkeɪtə*] *n* Aufträger *m*
applied [ə'plaɪd] *adj* angewandt; **apply** [ə'plaɪ] **I.** *vi* [1] (*for a job*) sich bewerben (*for* für/um *acc*); ◇ **to ~ for a loan** e-n Kredit beantragen [2] ↑ *be relevant to, be applicable to* gelten für; (*of regulation, of description*) zutreffen auf **II.** *vt* [1] → *dressing* auflegen; → *ointment* auftragen [2] → *skills, theory* anwenden; → *brakes* betätigen; → *sanctions* verhängen **III.** *vr* ◇ **to ~ o.s.** sich widmen (*to* dat
appoint [ə'pɔɪnt] *vt* [1] (*to a task*) einstellen; (*to a post*) ernennen; ◇ **they ~ed him Secretary of State** sie ernannten ihn zum Außenminister [2] ↑ *fix, allot* festsetzen, bestimmen [3] ◇ **her ~ed task** die ihr übertragene Aufgabe; **appointment** *n* [1] (*to managing director*) Ernennung *f;* (*to a position*) Berufung *f;* ↑ *post* Stelle *f* [2] ↑ *date* Verabredung *f;* (*at dentist*) Termin *m;* ◇ **by ~** nach Verabredung [3] ◇ **~s** Stellenangebote *s pl*
apportion [ə'pɔ:ʃən] *vt* zuteilen
apposite ['æpəzɪt] *adj* ⊳*critique* treffend, passend; ⊳*question* angebracht
apposition [æpə'zɪʃən] *n* GRAM Beifügung *f,* Apposition *f*
appraisal [ə'preɪzəl] *n* (*of character*) Einschätzung *f;* (*of value*) Abschätzung *f*
appreciable [ə'pri:ʃəbl] *adj* ↑ *perceptible* merklich; ↑ *considerable* beträchtlich

appreciate [ə'pri:ʃɪeɪt] **I.** *vt* → *prize* zu schätzen wissen; ↑ *understand* verstehen **II.** *vi* ← *house* im Wert steigen; **appreciation** [əpri:ʃɪ'eɪʃən] *n* ↑ *awareness of issues* Erkennen *s;* ↑ *respect for achievement* Anerkennung *f;* ↑ *understanding* Verständnis *s;* (*of value*) Wertschätzung *f;* COMM Wertzuwachs *m;* **appreciative** [ə'pri:ʃɪətɪv] *adj* (*showing thanks*) dankbar; (*showing approval*) anerkennend

apprehend [æprɪ'hend] *vt* [1] ↑ *arrest* festnehmen [2] ↑ *grasp* erfassen, vollständig begreifen; **apprehension** [æprɪ'henʃn] *n* [1] (*of a criminal*) Festnahme *f* [2] ↑ *misgiving* Befürchtung *f,* Angst *f* [3] ↑ *full understanding* Erfassen *s;* **apprehensive** [æprɪ'hensɪv] *adj* ängstlich, beklommen; ◇ **to be - that ...** befürchten, daß ...

apprentice [ə'prentɪs] *n* Azubi *fm,* Auszubildende(r) *fm,* Lehrling *m;* **apprenticeship** [ə'prentɪʃɪp] *n* Lehrzeit *f,* Lehre *f*

approach [ə'prəʊtʃ] **I.** *vi* ← *body* sich nähern; ← *season* nahen **II.** *vt* ↑ *come closer* sich nähern *dat;* → *building, planet* zukommen auf *acc;* → *12 o'clock, 75° C degrees* zugehen auf *acc;* → *person with problem* herantreten an *acc;* → *problem* anpacken, [heran]angehen an *acc* **III.** *n* Annäherung *f;* (*to problem*) Ansatz *m;* (*access route*) Zugang *m,* Zufahrt *f;* **approachable** *adj* zugänglich, ansprechbar; **approaching** *adj* (*date*) bevorstehend; **approach road** *n* (*to town*) Zufahrtsstraße *f;* (*to motorway*) Zubringer *m;* (*slip-road*) Ein-/Ausfahrt *f*

approbation [æprə'beɪʃən] *n* Billigung *f*

appropriate [ə'prəʊprɪeɪt] *vt* ↑ *purloin, pinch* sich *dat* aneignen; ↑ *seize, take possession of* beschlagnahmen

appropriate [ə'prəʊprɪət] *adj* [1] ▷*behaviour* passend, angebracht; ▷*remark* angebracht, treffend [2] ▷*authorities* zuständig; **appropriately** *adv* (*according to purpose*) zweckmäßig; ▷*dressed* passend

approval [ə'pru:vəl] *n* (*agreement to*) Zustimmung *f;* (*authorisation*) Billigung *f;* (*more officially*) Genehmigung *f;* (COMM *of purchase*) ◇ **on -** zur Ansicht, zur Probe; **approve** [ə'pru:v] **I.** *vt* → *plan* billigen (*of acc*); → *arrangement* zustimmen; ◇ **an -d product** ein geprüftes Produkt **II.** *vi* ◇ **do you -?** findest du das richtig?; ◇ **she doesn't - of him** sie hält nichts von ihm; **approved school** *n* (*BRIT*) Erziehungsheim *s*

approx. *abbr. of* **approximately**

approximate I. [ə'prɒksɪmɪt] *adj* ungefähr, annähernd; ▷*idea* grob **II.** [ə'prɒksɪmeɪt] *vt* entsprechen, nahekommen *dat;* **approximately** *adv* etwa, ungefähr; **approximation** [əprɒksɪ'meɪʃən] *n* Annäherung *f* (*of, to* an *acc*); (*amount*) Annäherungswert *m,* Schätzung *f*

apricot ['eɪprɪkɒt] *n* Aprikose *f*

April ['eɪprəl] *n* April *m;* **April Fool** *n* Aprilnarr *m;* ◇ **April Fool!** April! April!

a priori [eɪpraɪ'ɔ:raɪ] *adj* a priori

apron ['eɪprən] *n* Schürze *f;* THEAT Vorbühne *f;* AERO Vorfeld *s*

apropos [æprə'pəʊ] **I.** *adv* nebenbei, beiläufig **II.** *prep* ◇ **- of** hinsichtlich *gen*

apt [æpt] *adj* [1] ↑ *fitting* passend, treffend [2] ↑ *capable* begabt, fähig [3] ◇ **he is - to forget** er vergißt leicht; **aptitude** [æptɪtjʊ:d] *n* ↑ *ability* Fähigkeit *f,* Tauglichkeit *f;* **aptitude test** *n* Eignungstest *m*

aqualung ['ækwəlʌŋ] *n* Tauchgerät *s;* **aquaplane** ['ækwəpleɪn] *vi* SPORT Wasserski laufen; (*car over water*) [auf nasser Fahrbahn] ins Rutschen geraten; **aquarium** [ə'kwɛərɪəm] *n* Aquarium *s;* **Aquarius** [ə'kwɛərɪəs] *n* ASTRON Wassermann *m;* **aquatic** [ə'kwætɪk] *adj* Wasser-; **aqueduct** ['ækwɪdʌkt] *n* Aquädukt *s*

aquiline ['ækwɪlaɪn] *adj* ▷*profile* mit Adlernase

Arab ['ærəb] *n* Araber(in *f*) *m;* **Arabian** [ə'reɪbɪən] *adj* arabisch; ◇ **the A- peninsula** die Arabische Halbinsel; **Arabic** ['ærəbɪk] **1.** *n* Arabisch *s* **2.** *adj* arabisch

arable ['ærəbl] *adj* ▷*land* landwirtschaftlich nutzbar, bebaubar, Acker-

arbiter ['ɑ:bɪtə*] *n* [1] (*of fate, of events*) Herr *m;* Gebieter *m* [2] ↑ *arbitrator* Vermittler(in *f*) *m,* Schlichter(in *f*) *m;* **arbitrary** ['ɑ:bɪtrərɪ] *adj* willkürlich; **arbitrate** ['ɑ:bɪtreɪt] *vt* → *dispute* [durch Schiedsspruch] schlichten; **arbitration** [ɑ:bɪ'treɪʃən] *n* Schlichtung *f,* schiedsrichterliches Verfahren; **arbitrator** ['ɑ:bɪtreɪtə*] *n* JUR Schlichter(in *f*) *m,* Vermittler(in *f*) *m*

arboreal [ɑ:bɔ:rɪəl] *adj* Baum-

arbour ['ɑ:bə] *n* Laube *f,* Häuschen *s*

arc [ɑ:k] **I.** *n* Bogen *m* **II.** *vi* ELECTR ← *electric current* überspringen

arcade [ɑ:'keɪd] *n* Passage *f*

arcane [ɑ:'keɪn] *adj* obskur

arch [1] [ɑ:tʃ] **I.** *n* Bogen *m;* ANAT Spann *m* **II.** *vi* sich wölben **III.** *vt* (*- over*) überwölben; → *back* krümmen, krumm machen, einen Buckel machen; → *eyebrows* hochziehen

arch [2] *adj* ▷*look, expression* verschmitzt, schelmisch

archaeologist, **archeologist** (*AM*) [ɑ:kɪ'ɒlədʒɪst] *n* Archäologe *m,* Archäologin *f;* **archaeology**, **archeology** [ɑ:kɪ'ɒlədʒɪ] (*AM*) *n* Archäologie *f*

archaic [ɑːˈkeɪɪk] *adj* altertümlich; *FAM* ↑ *outmoded* vorsintflutlich; ▷*language* veraltet, antiquiert

archangel [ˈɑːkeɪndʒəl] *n* Erzengel *m;* **archbishop** [ɑːtʃˈbɪʃəp] *n* Erzbischof *m;* **archduke** [ɑːtʃˈdjuːk] *n* Erzherzog(in *f*) *m*

arched *adj* gewölbt, bogenförmig, mit einem Bogen

archenemy [ɑːkˈenəmɪ] *n* Erzfeind(in *f*) *m*

archer [ˈɑːtʃə*] *n* Bogenschütze *m,* Bogenschützin *f;* **archery** [ˈɑːtʃərɪ] *n* Bogenschießen *s*

archetype [ˈɑːkɪtaɪp] *n* Archetyp *m*

archipelago [ɑːkɪˈpeləgəʊ] *n* Archipel *m*

architect [ˈɑːkɪtekt] *n* Architekt(in *f*) *m;* **architectural** [ɑːkɪˈtektʃərəl] *adj* architektonisch; **architecture** [ɑːkɪˈtektʃə*] *n* Architektur *f;* (*of molecules*) Aufbau *m*

archives [ˈɑːkaɪvz] *n pl* Archiv *s*

arch support [ˈɑːtʃsəpɔːt] *n* Senkfußeinlage *f*

archway [ˈɑːtʃweɪ] *n* [Tor-]Bogen *m*

arctic [ˈɑːktɪk] **I.** *n* ◇ **the A~** die Arktis **II.** *adj* arktisch

Arctic Circle *n* nördlicher Polarkreis

arc welding *n* Lichtbogenschweißen *f,* Schutzgasschweißen *s*

ardent [ˈɑːdənt] *adj* ↑ *passionate* leidenschaftlich; ↑ *red-hot* glühend

ardour [ˈɑːdə*] *n* ↑ *fervour* Leidenschaft *f;* ↑ *passion* Leidenschaftlichkeit *f*

arduous [ˈɑːdjʊəs] *adj* mühsam; ▷*task* anstrengend

are [ɑː*] *s.* **be**

area [ˈɛərɪə] *n* [1] ↑ *region* Gebiet *s;* ↑ *neighbourhood* Gegend *f;* ↑ *enclosure* Areal *s,* Gelände *s;* (*on map*) Bereich *m;* ◇ **no-go ~** Sperrgebiet *s* [2] (MATH *measurement*) Fläche *f;* ◇ **to have an ~ of about 55 square kilometres** ungefähr 55 Quadratkilometer groß sein [3] (*~ of responsibility, ~ of knowledge*) Bereich *m,* Gebiet *s;* **area code** *n* TELEC Vorwahl[-nummer] *f*

arena [əˈriːnə] *n* Arena *f*

aren't [ɑːnt] = **are not**

Argentina [ɑːdʒənˈtiːnə] *n* Argentinien *s*

arguable [ˈɑːgjʊəbl] *adj* [1] (*convincing in its logic*) vertretbar; ◇ **it's ~ that ...** man könnte argumentieren, daß ... [2] ↑ *worth considering* diskutabel; ↑ *contentious* bestreitbar; **arguably** *adv* wohl; **argue** [ˈɑːgjuː] **I.** *vt* (*point of view*) erörtern; JUR → *case* vertreten, darlegen **II.** *vi* ↑ *disagree* streiten; ↑ *quarrel* sich streiten; ↑ *maintain* behaupten; ◇ **don't ~!** keine Widerrede!; **argue away** *vi* diskutieren; **argue out** *vt* ausdiskutieren, durch Diskutieren abtun, durchreden; **argument** *n* ↑ *proposition* These *f;* ↑ *reason* Argument *s;* ↑ *reasoning* Argumentation *f;* ↑ *proof* Beweis *m;* ↑ *row* Auseinandersetzung *f,* Streit *m;* ◇ **to have an ~** sich streiten; **argumentative** [ɑːgjʊˈmentətɪv] *adj* streitlustig

aria [ˈɑːrɪə] *n* Arie *f*

arid [ˈærɪd] *adj* ▷*ground* dürr; ▷*climate, subject* trocken; ▷*emotions* öd-; **aridity** [əˈrɪdɪtɪ] *n* Dürre *f;* Trockenheit *f;* Öde *f*

Aries [ˈɛəriːz] *n* ASTROL Widder *m*

aright [əˈraɪt] *adj* richtig

arise [əˈraɪz] <arose, arisen> *vi* [1] (*get out of bed*) aufstehen [2] ← *protest* ↑ *rise up* sich erheben [3] ← *difficulties, storm clouds* entstehen; ← *incidents* vorkommen; ◇ **to ~ out of a situation** sich aus einer Situation ergeben

aristocracy [ærɪsˈtɒkrəsɪ] *n* Adel *m,* Aristokratie *f;* **aristocrat** [ˈærɪstəkræt] *n* Adlige(r) *fm,* Aristokrat(in *f*) *m;* **aristocratic** [ærɪstəˈkrætɪk] *adj* adlig, aristokratisch

arithmetic [ærɪθˈmetɪk] *n* Rechnen *s;* **arithmetical** [ærɪθˈmətɪkl] *adj* rechnerisch

ark [ɑːk] *n* Arche *f;* ◇ **Noah's A~** die Arche Noah

arm [1] [ɑːm] *n* [1] (*of person*) Arm *m;* ◇ **~ in ~** eingehakt, Arm in Arm; ◇ **to put one's ~s around s.b.** jd-n umarmen; ◇ **within ~'s reach** in Reichweite [2] (*of jacket*) Ärmel *m* [3] (*of scales*) Balken *m* [4] (*of armchair*) Armlehne *f* [5] (*of company*) Zweig *m*

arm [2] [ɑːm] **I.** *vt* → *policeman* bewaffnen; ◇ **~ed with excuses** Ausreden parat haben **II.** *vi* aufrüsten

armadillo [ɑːməˈdɪləʊ] *n* <-s> Gürteltier *s*

armaments [ˈɑːməmənts] *n pl* Waffen *pl,* Rüstung *f*

armature [ˈɑːmətʃʊə*] *n* ELECTR Anker *m*

armband [ˈɑːmbænd] *n* Armbinde *f;* **armchair** *n* Sessel *m,* Lehnstuhl *m*

armed [ɑːmd] *adj* (*military*) bewaffnet; (*with an information*) ausgestattet; **armed forces** *n pl* Streitkräfte *pl;* **armed robbery** *n* bewaffneter Raubüberfall *m;* **armistice** [ˈɑːmɪstɪs] *n* Waffenstillstand *m;* **armour** [ˈɑːmə*], **armor** (*AM*) *n* (*suit of ~*) Rüstung *f;* (*of animals*) Panzer *m;* (MIL *steel*) Panzerplatte *f;* **armoured car** *n* Panzerwagen *m;* **armour-plated** *adj* gepanzert; **armoury** [ˈɑːmərɪ] *n* [1] (*storeroom*) Waffenkammer *f;* [Waffen-]Lager *s,* [Waffen-]Arsenal *s* [2] ↑ *munitions factory* Munitionsfabrik *f,* Waffenfabrik *f*

armpit [ˈɑːmpɪt] *n* Achselhöhle *f;* **armrest** *n* Armlehne *f*

arms [ɑːmz] *n pl* [1] ↑ *weapons* Waffen *pl;* ◇ **to be up in ~ about s.th.** für etw auf die Barrikaden gehen ② (*coat of* ~) Wappen *s;* **arms control** *n* Rüstungskontrolle *f;* **arms race** *n* Rüstungswettlauf *m;* **army** ['ɑːmɪ] *n* Armee *f,* Heer *s;* ◇ **to be in the** ~ beim Militär sein

aroma [ə'rəʊmə] *n* Aroma *s,* Duft *m;* **aromatic** [ærə'mætɪk] *adj* aromatisch, würzig

arose [ə'rəʊz] *pt of* **arise**

around [ə'raʊnd] **I.** *adv* (*wander* ~) herum, rum; ↑ *roughly* (*time/sum etc.*) ungefähr; ◇ **a church with cherry trees all** ~ e-e Kirche mit Kirschbäumen ringsherum **II.** *prep* ① (*local, with motion*) um ... herum; ◇ **Mr Kerzner danced** ~ **the maypole** Herr Kerzner tanzte um den Maibaum herum; ◇ **to travel** ~ **Bavaria** durch Bayern reisen ② (~ *2 o'clock*) gegen; (~ *DM 5*) etwa

arousal [ə'raʊsl] *n* (*sexual* ~) [körperliche] Erregung *f;* **arouse** [ə'raʊz] *vt* wecken

arr. *abbr. of* **arrival, arrive** Ank., Ankunft

arraign [ə'reɪn] rügen; JUR Anklage erheben (*on* gegen)

arrange [ə'reɪndʒ] *vt* ① → *room* einrichten; → *flowers in avase* anordnen; → *papers* ordnen; → *party* organisieren, arrangieren ② → *music* arrangieren ③ → *holidays* planen, organisieren, festlegen; → *affairs* regeln; ◇ **she ~d to meet him** sie hat sich mit ihm verabredet; **arrangement** *n* ① Anordnung *f;* (*flower* ~) Arrangement *s* ② MUS Arrangement *s* ③ ↑ *agreement* Vereinbarung *f* ④ *FAM* ↑ *plans* Pläne *m pl;* ◇ **to make ~s for ...** Vorbereitungen treffen für ...

array [ə'reɪ] *n* Aufstellung *f;* ↑ *assortment* Aufgebot *s;* PC Feld *s,* Array *s*

arrears [ə'rɪəz] *n pl* (*on payments*) Rückstände *m pl,* Schulden *f pl*

arrest [ə'rest] **I.** *vt* JUR → *criminal* verhaften; ◇ **to** ~ **s.o.'s attention** jd-s Aufmerksamkeit fesseln **II.** *n* Verhaftung *f*

arrival [ə'raɪvəl] *n* Ankunft *f;* **arrive** [ə'raɪv] *vi* ankommen, eintreffen (*at* bei, in *dat*); ← *baby* kommen; **arrive at** *vi* ◇ **to** ~ ~ **a conclusion** zu einem Schluß kommen/gelangen

arrogance ['ærəgəns] *n* Überheblichkeit *f,* Anmaßung *f,* Arroganz *f;* **arrogant** *adj* überheblich, anmaßend, arrogant

arrow ['ærəʊ] *n* Pfeil *m;* **arrow bracket** *n* PRINT spitze Klammer; **arrow head** *n* Pfeilspitze *f*

arse [ɑːs] *n FAM!* Arsch *m;* **arse about** *vi* herumblödeln; (*at work*) nicht zur Sache kommen; **arsehole** *n FAM!* Arschloch *s*

arsenal ['ɑːsənl] *n* ① [Waffen-]Lager *s,* [Waffen-]Arsenal *s* ② (*factory*) Munitionsfabrik *f,* Waffenfabrik *f*

arsenic ['ɑːsnɪk] *n* CHEM Arsen *s*

arson ['ɑːsn] *n* Brandstiftung *f*

art [ɑːt] *n* Kunst *f;* ◇ **~s and crafts** Kunstgewerbe *s;* ◇ **there is an** ~ **to bricklaying** zum Mauern gehört ein gewisses Geschick; ◇ **Arts** [*o.* **arts**] *pl* Geisteswissenschaften *pl;* (*AM department*) Philosophische Fakultät *f*

arterial [ɑːtɪərɪəl] *adj* ANAT arteriell; ◇ ~ **road** Fernverkehrsstraße *f;* **artery** ['ɑːtərɪ] *n* Schlagader *f,* Arterie *f*

artifact ['ɑːtɪfækt] *n* Artefakt *m*

artful [ɑːtfʊl] *adj* raffiniert

art gallery *n* Kunsthalle *f*

arthritis [ɑː'θraɪtɪs] *n* Arthritis *f*

artichoke ['ɑːtɪtʃəʊk] *n* Artischocke *f*

article ['ɑːtɪkl] *n* ① ↑ *object* Gegenstand *m;* COMM Artikel *m,* Ware *f* ② (*in newspaper*) Beitrag *m,* Artikel *m;* (*in contract*) Paragraph *m* ③ GRAM Artikel *m;* ◇ **definite/indefinite** ~ bestimmter/unbestimmter Artikel; **articled** ['ɑːtɪkld] *adj* ◇ **to be** ~ **to s.o.** in die Lehre gehen bei jd-m; ◇ **articled clerk** Rechtsreferendar(in *f*) *m*

articulate [ɑː'tɪkjʊlət] **I.** *adj* ▷*person* redegewandt; ▷*text* klar; ↑ *well expressed* deutlich, geschickt ausgedrückt, verständlich; ◇ **to be** ~ sich gut ausdrücken/artikulieren können **II.** [ɑː'tɪkjʊleɪt] *vt* → *ideas, feelings* ausdrücken; → *words, sounds* artikulieren

articulated [ɑː'tikjʊleɪtɪd] *adj* (*BRIT*) ◇ ~ **vehicle/lorry** Sattelschlepper *m*

artifice ['ɑːtɪfɪs] *n* ① ↑ *guile* List *f* ② ↑ *skill* Kunstgriff *m;* **artificial** [ɑːtɪ'fɪʃəl] *adj* künstlich, Kunst-; ◇ ~ **heart** Kunstherz *s;* ◇ ~ **intelligence** künstliche Intelligenz *f;* ◇ ~ **insemination** künstliche Besamung/Befruchtung *f;* ◇ ~ **light** künstliches Licht; ◇ ~ **respiration** künstliche Atmung

artillery [ɑː'tɪlərɪ] *n* Artillerie *f*

artisan ['ɑːtɪsæn] *n* Handwerker *m*

artist ['ɑːtɪst] *n* Künstler(in *f*) *m;* **artiste** ['ɑːtɪst] *n* (*entertainment*) Artist(in *f*) *m;* **artistic** [ɑː'tɪstɪk] *adj* künstlerisch, Kunst-; **artistry** ['ɑːtɪstrɪ] *n* Kunst *f;* **artless** ['ɑːtlɪs] *adj* (*behaviour*) ungekünstelt, natürlich; (*personality*) arglos; **Art Nouveau** ['ɑːnuːvəʊ] *n* Jugendstil *m;* **artwork** *n* Bildmaterial *s;* **arty** ['ɑːtɪ] *adj FAM* ▷*behaviour* künstlerisch

as [əz, æz] **I.** *cj* ① ↑ *since* da, weil; ◇ **as you are not well we won't go dancing** da es dir nicht gutgeht, gehen wir nicht tanzen ② ↑ *while, when* als; ◇ **he came** ~ **she was saying goodbye** er kam, als sie sich verabschiedete; ◇ ~ **soon** ~ **...** sobald ... **II.** *adv* ① ↑ *like* (eben)so ... wie; ◇ **he's** ~ **big** ~ **an elephant** er ist so groß wie ein Elefant ② als; ◇ **tonight we present Joe** ~ **Hamlet** heute abend führen wir Joe als Hamlet vor; ◇ - **well** ebenfalls, auch; ◇ - **for me** was mich betrifft; ◇ - **if/though** als ob; ◇ - **it were** sozusagen; ◇ - **from/of ...** von/vom (Zeitpunkt) ... an

asbestos [æz'bestəs] *n* Asbest *m*

ascend [ə'send] **I.** *vi* aufsteigen, emporsteigen, hinaufsteigen **II.** *vt* → *throne, hill* besteigen; → *stairs* hinaufsteigen; → *river* hinauffahren; **ascendancy** [ə'sendənsı] *n* Vorherrschaft *f,* Oberhand *f;* **ascendant** *n* aufsteigend; POL ◇ **to be in** - im Aufstieg/Aufwind sein; **ascending** *n* aufsteigend; ◇ **in** - **order** in aufsteigender Reihenfolge; **ascension** [ə'senʃən] *n* REL Himmelfahrt *f;* ◇ **A- Day** [Christi] Himmelfahrt; **ascent** [ə'sent] *n* [1] (*act of climbing*) Besteigung *f* [2] ↑ *climb* Aufstieg *m;* ↑ *upward slope* Steigung *f*

ascertain [æsə'teın] *vt* feststellen

ascetic [ə'setık] *adj* asketisch, puritanisch; **asceticism** [ə'setısızəm] *n* Askese *f,* strenge Enthaltsamkeit

ascribe [ə'skraıb] *vt* zuschreiben (*to dat*)

ash [1] [æʃ] *n* (*dust*) Asche *f;* (*of dead person*) ◇ **-es** Asche *f;* ◇ **to rise from the -es** von den Toten wieder auferstehen; ◇ **-es to -es** Asche zu Asche

ash [2] [æʃ] *n* (FLORA *tree*) Esche *f*

ashamed [ə'ʃeımd] *adj* beschämt; ◇ **to be - of s.th.** sich für etw [*o.* e-r Sache] schämen

ashen ['æʃn] *adj* ↑ *pale* kreidebleich, aschfahl

ashcan *n* (*AM*) Mülleimer *m*

ashore [ə'ʃɔ:*] *adv* an Land, ans Ufer

ashtray ['æʃtreı] *n* Aschenbecher *m;* **Ash Wednesday** *n* Aschermittwoch *m*

Asia ['eıʃə] *n* Asien *s;* **Asian** ['eıʃn], **Asiatic** [eıʃı'ætık] **I.** *n* Asiat(in *f*) *m* **II.** *adj* asiatisch

aside [ə'saıd] *adv* beiseite, zur Seite; ◇ - **from** außer; *AM also* ◇ - **from** abgesehen von

asinine ['æsınaın] *adj* idiotisch

ask [ɑ:sk] *vt, vi* [1] ↑ *inquire* fragen; ◇ - **questions** Fragen stellen; ◇ - **s.o. the way** jd-n nach dem Weg fragen [2] ↑ *request* bitten um; ◇ **to - the time** nach der Uhrzeit fragen; ◇ **that's -ing for trouble** das kann ja nicht gutgehen [3] ↑ *invite* einladen [4] ↑ *demand* verlangen; → *price* verlangen, fordern; **ask after** *vi* sich erkundigen nach; **ask out** *vt* (*to dinner*) einladen

askance [ə'skæns] *adv* ◇ **to look - at s.o.** jd-n schief/von der Seite ansehen; (*with suspicion*) jd-n mißtrauisch ansehen

askew [ə'skju:] *adv* schief

aslant [əslɑ:nt] *adj* quer, schräg

asleep [ə'sli:p] *adj* (*part of the body*) eingeschlafen; ◇ **to be** - schlafen; ◇ **to be fast/sound** - tief schlafen; ◇ **to fall** - einschlafen

asocial [eısəʊʃəl] *adj* ungesellig

asparagus [əs'pærəgəs] *n* Spargel *m*

aspect ['æspekt] *n* [1] (*of subject, of question*) Aspekt *m* [2] (*of face*) Antlitz *s;* (*of thing, of person*) Aussehen *s*

aspersion [əs'pɜ:ʃən] *n* ◇ **to cast -s on s.o.** abfällige Bemerkungen über jd-n machen

asphalt ['æsfælt] *n* Asphalt *m*

asphyxia [æs'fıksıə] *n* Erstickung *f;* **asphyxiate** [əs'fıksıeıt] *vt, vi* ersticken; ◇ **to be -d** ersticken; **asphyxiation** [əsfıksı'eıʃən] *n* Erstickung *f*

aspic ['æspık] *n* Gelee *s,* Aspik *m*

aspiration [æspə'reıʃən] *n* [1] ↑ *ambition, ideal* hohes Ziel [2] LING Behauchung *f,* Aspiration *f;*

aspire [əs'paıə*] *vi* streben, trachten (*to* nach)

aspirin ® ['æsprın] *n* Aspirin *s*

ass [æs] *n* [1] Esel *m* [2] *AM FAM!* Arsch *m*

assailant [ə'seılənt] *n* Angreifer(in *f*) *m*

assassin [ə'sæsın] *n* Attentäter(in *f*) *m;* Mörder (in *f*) *m;* **assassinate** [ə'sæsıneıt] *vt* ermorden; ◇ **to be -d** einem Attentat zum Opfer fallen; **assassination** [əsæsı'neıʃən] *n* Ermordung *f;* Mordanschlag *m,* Attentat *s*

assault [ə'sɔ:lt] **I.** *n* Angriff *m;* JUR Körperverletzung *f* **II.** *vt* überfallen; ↑ *rape* sich vergehen an *dat;* **assault course** *n* Übungsgelände *s*

assemble [ə'sembl] **I.** *vt* → *parts* zusammenbauen; → *car, printing press* montieren; → *political group* versammeln **II.** *vi* POL sich versammeln

assembler *n* (PC *language*) Assembler *m*

assembly [ə'semblı] *n* [1] ↑ *gathering* Versammlung *f* [2] ↑ *construction* Zusammensetzen *f,* Zusammenbau *m,* Montage *f;* **assembly line** *n* Fließband *s;* **assembly plant** *n* Montagewerk *s*

assent [ə'sent] **I.** *n* Zustimmung *f* **II.** *vi* zustimmen (*to dat*), billigen (*to acc*)

assert [ə'sɜ:t] *vt* ↑ *maintain* behaupten; → *innocence* beteuern; **assertion** [ə'sɜ:ʃən] *n* Behauptung *f,* Beteuerung *f;* **assertive** [ə'sɜ:tıv] *adj* selbstsicher

assess [ə'ses] *vt* [1] (*form an opinion of*) einschätzen; (*with value judgement*) beurteilen; (*weighing pros and cons*) erwägen [2] → *real estate* schätzen, taxieren; → *a person for tax purposes* veranlagen; **assessment** *n* Einschätzung *f,* Bewertung *f;* COMM ▷*tax* Veranlagung *f;* **asset** ['æset] *n* [1] *FIG* Vorteil *m* [2] FIN Posten *m* auf der Aktivseite, Aktiva *pl; FAM* Wert *m;* ◇ **-s** *pl* Vermögen *s;* (*after death*) Nachlaß *m*

assiduous [ə'sıdjʊəs] *adj* fleißig, gewissenhaft

assign [ə'saın] *vt* zuweisen; ↑ *appoint* berufen;

assignation [æsɪg'neɪʃən] *n* Rendezvous *s;* **assignment** [ə'saɪnmənt] *n* (1) (*task*) Aufgabe *f;* (*of commission*) Auftrag *m* (2) (*of a person*) Berufung *f*

assimilate [ə'sɪmɪleɪt] *vt* → *property, quality* sich *dat* aneignen; → *knowledge, food* aufnehmen; (*socially* ~) integrieren; **assimilation** [əsɪmɪ'leɪʃən] *n* Aufnahme *f,* Assimilierung *f*

assist [ə'sɪst] *vt* beistehen, helfen *dat;* → *development* fördern, begünstigen; **assistance** *n* Hilfe *f;* **assistant** *n* **I.** Assistent(in *f*) *m,* Mitarbeiter (in *f*) *m;* (*shop* ~) Verkäufer(in *f*) *m* **II.** *adj* stellvertretend; ◇ ~ **director** stellvertretender Direktor

associate I. [ə'səʊʃɪət] *n* (1) ↑ *colleague* Kollege *m,* Kollegin *f* (2) COMM ↑ *partner* Teilhaber (in *f*) *m* **II.** [ə'səʊʃɪeɪt] *vt* verbinden; COMM PSYCH assoziieren **III.** *vi* verkehren (*with* mit) **IV.** [ə'səʊʃɪət] *adj* verbunden; **Associated** *adj* (COMM *in the name of a company*) Vereinigte ...; **associate member** *n* außerordentliches Mitglied *s;* **associate professor** *n* (*AM*) außerordentlicher Professor *m;* **association** [əsəʊsɪ'eɪʃən] *n* (1) (*social*) Umgang *m* (2) ▷*professional* Verband *m;* ▷*football* Verein *m* (3) LING Assoziation *f;* ↑ *link* Verbindung *f;* **association football** *n* (*BRIT*) Fußball *m;* **associative** *adj* assoziativ

assorted [ə'sɔːtɪd] *adj* [bunt]gemischt; **assortment** *n* (*of stamps, of notions*) Sammlung *f;* COMM ↑ *range of goods* Sortiment *s* (*of* von)

assuage [æ'sweɪdʒ] → *physical need* stillen; → *emotional imbalance* beschwichtigen; → *pain* lindern

assume [ə'sjuːm] *vt* ↑ *take for granted* annehmen; ↑ *presuppose* voraussetzen; → *pose, title* annehmen, sich zulegen; POL übernehmen; **assumed** [ə'sjuːmd] *adj* ▷*name* angenommen; (*as disguise*) Deck-; ▷*manner* vorgetäuscht; **assumption** [ə'sʌmpʃən] *n* Annahme *f*

assurance [ə'ʃʊərəns] *n* (1) ↑ *firm statement* Versicherung *f;* ↑ *insurance* Lebensversicherung *f* (2) ↑ *self-confidence* Selbstsicherheit *f;* ↑ *confidence* Zuversicht *f;* **assure** [ə'ʃʊə*] *vt* (1) ↑ *reassure* versichern (2) ↑ *ensure* sicherstellen, sichern (3) ↑ *promise* zusichern; **assured** [ə'ʃʊəd] *adj* ▷*income* sicher, gesichert; ◇ **rest ~ he will come** es ist sicher, daß er kommen wird; **assuredly** *adv* sicherlich

asterisk ['æstərɪsk] *n* Sternchen *s*

astern [əs'tɜːn] *adv* [nach]achtern

asthma ['æsmə] *n* MED Asthma *s;* **asthmatic** [æs'mætɪk] **I.** *n* Asthmatiker(in *f*) *m* **II.** *adj* asthmatisch

astonish [əs'tɒnɪʃ] *vt* ↑ *amaze* erstaunen, in Erstaunen setzen; ◇ **to be -ed at** erstaunt sein über; **astonishing** *adj* erstaunlich; **astonishment** *n* Erstaunen *s,* Verwunderung *f*

astound [əs'taʊnd] *vt* verblüffen; **astounding** *adj* verblüffend, erstaunlich

astral ['æstrəl] *adj* Sternen-

astray [əs'treɪ] *adv* ◇ **to lead s.o. ~** irreführen, auf Abwege bringen; ◇ **to go ~** vom Weg abkommen; (*in argument*) irregehen, fehlgehen; (*keys, glasses*) verlorengehen

astride [əs'traɪd] **I.** *adv* rittlings **II.** *prep* ◇ **to sit ~ horse** auf einem Pferd sitzen

astringent [əs'trɪndʒənt] *adj* (*aftershave*) adstringierend; ▷*comment* ätzend

astrologer [əs'trɒlədʒə*] *n* Astrologe *m,* Astrologin *f;* **astrology** [əs'trɒlədʒɪ] *n* Astrologie *f;* **astronaut** ['æstrənɔːt] *n* Astronaut(in *f*) *m,* Weltraumfahrer(in *f*) *m;* **astronomer** [əs'trɒnəmə*] *n* Astronom(in *f*) *m;* **astronomical** [æstrə'nɒmɪkəl] *adj* astronomisch; *FIG* unvorstellbar; ▷*success* riesig; **astronomy** [əs'trɒnəmɪ] *n* Astronomie *f*

astute [ə'stjuːt] *adj* ↑ *incisive* scharfsinnig; ↑ *crafty* schlau, gerissen; ↑ *smart* clever; **astuteness** *n* Scharfsinn *m;* Gerissenheit *f;* Cleverneß *f*

asunder [ə'sʌndə*] *adv* entzwei

asylum [ə'saɪləm] *n* (1) ↑ *refuge* Asyl *s;* ◇ **to ask for political ~** um politisches Asyl bitten (2) (*lunatic* ~) Anstalt *f*

at [æt] *prep* (1) (*a location, in front of*) an *dat;* (*more generally*) in *dat;* ◇ ~ **home** zu Hause; ◇ ~ **Oliver's** bei Oliver; ◇ ~ **school** auf der Schule; (*in the direction of*) ◇ **to aim ~ s.b.** auf jd-n zielen (2) (*time and number, clock time*) um; ◇ ~ **Christmas** an Weihnachten; ◇ ~ **6 o'clock** um 6 Uhr (3) (*level*) zu, mit; ◇ ~ **18 ...** mit 18 ...; ◇ ~ **7 % interest** zu 7 % Zinsen; ◇ ~ **ten mph** mit zehn Meilen pro Stunde; ◇ **five ~ a time** fünf auf einmal (4) (*with activity*) bei; ◇ ~ **cards ...** beim Kartenspielen ....; ◇ ~ **that he dropped the book** darauf ließ er das Buch fallen; ◇ **I will leave it ~ that** ich werde es dabei belassen

ate [et, eɪt] *pt of* **eat**

atheism ['eɪθɪɪzəm] *n* Atheismus *m;* **atheist** ['eɪθɪɪst] *n* Atheist(in *f*) *m*

athlete ['æθliːt] *n* Athlet(in *f*) *m,* Sportler(in *f*) *m;* ◇ **~'s foot** Fußpilz *m;* **athletic** [æθ'letɪk] *adj* sportlich, athletisch; **athletics** *n pl* Sport *m,* Leichtathletik *f*

Atlantic [ət'læntɪk] *n* Atlantik *m;* ◇ ~ **Ocean** Atlantischer Ozean

atlas ['ætləs] *n* Atlas *m*

atmosphere ['ætməsfɪə*] *n* (1) [Erd-]Atmosphäre *f* [2] (*FIG friendly* -) Atmosphäre *f;* (*at a party*) Stimmung *f;* **atmospheric pollution** [ætməs'ferık] *n* Luftverschmutzung *f;* **atmospheric pressure** *n* Luftdruck *m*

atoll ['ætɒl] *n* Atoll *s*

atom ['ætəm] *n* [1] PHYS Atom *s* [2] *FIG* ◇ **there was not an - of respect ...** da war kein bißchen Achtung ...; **atomic** [ə'tɒmık] *adj* atomar, Atom-; **atom[ic] bomb** *n* Atombombe *f;* **atomic energy** *n* Atomenergie *f;* **atomic fission** *n* PHYS ↑ *nuclear fission* Atomkernspaltung *f;* **atomic fusion** *n* PHYS ↑ *nuclear fusion* Atomkernfusion *f;* **atomic power** *n* Atomkraft *f,* Kernkraft *f;* **atomic weapons** *n* Atomwaffen *pl,* Kernwaffen *pl;* **atomizer, atomiser** ['ætəmaızə*] *n* Zerstäuber *m*

atone [ə'təʊn] *vi* sühnen, wiedergutmachen (*for acc*); **atonement** *n* Buße *f,* Sühne *f*

atrium *n* (ANAT *of heart*) Vorkammer *f*

atrocious [ə'trəʊʃəs] *adj* grauenhaft; ▷*accent* gräßlich; **atrocity** [ə'trɒsıtı] *n* Greueltat *f*

atrophy ['ætrəfı] **I.** *n* Schwund *m* **II.** *vi* schwinden, verkümmern

attach [ə'tætʃ] *vt* [1] → *skis* befestigen (*to* an *dat*); → *appendix* beiheften; ◇ **please find -ed ...** beiliegend finden Sie ... [2] ↑ *assign* → *importance* beimessen (*to s.th.* dat)

attaché [ə'tæʃeı] *n* Attaché *m;* **attaché case** *n* Aktenkoffer *m*

attachment *n* [1] (*act*) Befestigen *s* [2] (*emotion*) Zuneigung *f* [3] (*component*) Zubehör *s*

attack [ə'tæk] **I.** *vt, vi* angreifen; → *the press* attackieren **II.** *n* Angriff *m;* MED Anfall *m;* (*heart* -) Attacke *f;* **attacker** *n* Angreifer *m*

attain [ə'teın] *vt* → *state of development* erreichen; → *knowledge* erlangen; **attainment** *n* [1] (*of happiness*) Erlangen *s* [2] (*of proficiency*) ◇ -s Fertigkeiten *pl*

attempt [ə'tempt] **I.** *n* (*to achieve*) Versuch *m;* (*to murder*) Anschlag *m* **II.** *vt, vi* versuchen

attend [ə'tend] **I.** *vt* → *seminars* teilnehmen an *dat;* → *church, school* besuchen **II.** *vi* ↑ *pay attention to* (auf etw) aufmerksam sein; **attend to** *vt* → *a problem* nachkommen *dat;* → *dependent relative* sich kümmern um; ◇ **are you being-ed to?** werden Sie schon bedient?; **attendance** *n* ↑ *at disposal* Anwesenheit *f;* ↑ *number* Besucherzahl *f;* **attendant I.** *n* [1] (*assistant*) Begleiter(in *f*) *m* [2] (*car park* -) Wächter(in *f*) *m;* (*swimming pool* -) Bademeister(in *f*) *m;* (*museum* -) Aufseher(in *f*) *m* **II.** *adj* ▷*expectations* damit verbunden

attention [ə'tenʃən] *n* [1] Aufmerksamkeit *f;* (*to person*) Fürsorge *f;* (*to car*) Pflege *f;* ◇ **your -, please** ich bitte um Ihre Aufmerksamkeit; ◇ **to pay - to the speaker** dem Sprecher zuhören [2] COMM ◇ **for the - of ...** zu Händen von... [3] MIL ◇ -! stillgestanden!; **attentive** [ə'tentıv] *adj* aufmerksam

attenuate [ə'tenjʊeıt] *vt* abschwächen; ◇ **attenuating circumstances** mildernde Umstände

attest [ə'test] *vt* → *innocence* bestätigen; → *text* beglaubigen; **attest to** *vt* bezeugen, sich verbürgen für

attic ['ætık] *n* (*not lived-in*) Dachboden *m;* (*inhabitable*) Dachstube *f,* Mansarde *f;* ◇ **in the -** auf dem Dachboden

attire [ə'taıə*] *n* Kleidung *f,* Gewand *s*

attitude ['ætıtju:d] *n* ↑ *manner* Haltung *f;* (*of thinking*) Einstellung *f;* AERO Lage *f*

attn. *abbr. of* **for the attention of** zu Hd. von

attorney [ə'tɜ:nı] *n* Bevollmächtigte(r) *fm; AM* ↑ *lawyer* [Rechts-]Anwalt *m,* [Rechts-]Anwältin *f;* ◇ **A- General** ≈ Justizminister(in *f*) *m*

attract [ə'trækt] *vt* → *magnet, person* anziehen; → *attention* erregen, auf sich ziehen; → *potential employees* anlocken; **attraction** [ə'trækʃən] *n* [1] Anziehungskraft *f;* ↑ *appeal* Reiz *m* [2] (*object of* -) Attraktion *f;* **attractive** *adj* ▷*girl* attraktiv, gutaussehend; ▷*poem* ansprechend; ▷*notion* verlockend; ▷*view* reizvoll; **attractiveness** *n* Reiz *m,* Attraktivität *f*

attribute ['ætrıbju:t] **I.** *n* (*of person*) Eigenschaft *f;* (*of object*) Merkmal *s;* GRAM Attribut *s* **II.** [ə'trıbju:t] *vt* → *play, painting* zuschreiben (*to dat*); → *intelligence, humour* beimessen (*to dat*)

attrition [ə'trıʃən] *n* MIL Zermürbung *f*

attuned [ə'tju:nd] *adj* ◇ **to be - to** eingestellt sein auf

aubergine ['əʊbəʒi:n] *n* Aubergine *f*

auburn ['ɔ:bən] *adj* kastanienbraun

auction ['ɔ:kʃən] **I.** *n* Versteigerung *f,* Auktion *f;* ◇ **the house was sold by -** das Haus wurde durch eine Versteigerung verkauft **II.** *vt* versteigern; **auction off** *vt* versteigern; **auctioneer** [ɔ:kʃə'nıə*] *n* Auktionator(in *f*) *m*

audacious [ɔ:'deıʃəs] *adj* [1] ↑ *daring* kühn, verwegen, waghalsig [2] ↑ *impudent* dreist, unverfroren; **audacity** [ɔ:'dæsıtı] *n* [1] ↑ *daring* Waghalsigkeit *f,* Kühnheit *f* [2] ↑ *impudence* Dreistigkeit *f,* Unverfrorenheit *f*

audible ['ɔ:dıbl] *adj* hörbar

audience ['ɔ:dıəns] *n* [1] Publikum *s,* Zuhörer *pl,* Zuschauer *pl* [2] (*official meeting*) Audienz *f*

audio- ['ɔ:dıəʊ] *adj* Audio-; **audio typist** *n* Phonotypist(in *f*) *m;* **audio-visual** *adj* audiovisuell

audit ['ɔ:dıt] **I.** *n* Bücherrevision *f,* Bücherprüfung *f* **II.** *vt* (Rechnungen) prüfen

audition [ɔː'dɪʃən] **I.** *vt* (*actor, actress*) vorsprechen; (*musician*) vorsingen, vorspielen **II.** *n* Vorsprechprobe *f;* Vorsagen *s;* Probespiel *s*
auditor ['ɔːdɪtə*] *n* FIN Rechnungsprüfer(in *f*) *m*
auditorium [ɔːdɪ'tɔːrɪəm] *n* Zuschauerraum *m,* [Konzert]saal *m*
au fait [əʊ'feɪ] *adj* informiert, vertraut
augment [ɔːg'ment] **I.** *vt* vermehren **II.** *vi* zunehmen
augur ['ɔːgə*] *vt, vi* verheißen; ◇ **this ~s ill/well** dies verheißt etwas Schlechtes/Gutes; **augury** ['ɔːgjʊrɪ] *n* Omen *s*
August ['ɔːgəst] *n* August *m*
august [ɔː'gʌst] *adj* erhaben
aunt [ɑːnt] *n* Tante *f;* **auntie, aunty** ['ɑːntɪ] *n* Tantchen *s*
au pair [əʊ'pɛə*] *n* ◇ **~ ~ girl** Au-pair-Mädchen *s*
aura ['ɔːrə] *n* Ausstrahlung *f*
aural *adj* Gehör-, aural
auspices ['ɔːspɪsɪz] *n pl* ◇ **under the ~ of** unter der Schirmherrschaft von; **auspicious** [ɔːs'pɪʃəs] *adj* ▷*moment* günstig; ▷*start* verheißungsvoll
austere [ɔːs'tɪə*] *adj* ▷*teacher* streng; ▷*room* kahl, nüchtern, schmucklos; ▷*way of life* asketisch, entsagend; **austerity** [ɒs'terɪtɪ] *n* ① Strenge *f* ② Entsagung *f;* POL Sparpolitik *f;* ◇ **~ measures** Sparmaßnahmen *f pl*
Australia [ɒ'streɪljə] *n* Australien *s;* **Australian I.** *n* Australier(in *f*) *m* **II.** *adj* australisch
Austria ['ɒstrɪə] *n* Österreich *s;* **Austrian I.** *n* Österreicher(in *f*) *m* **II.** *adj* österreichisch
authentic [ɔː'θentɪk] *adj* ① echt, authentisch ② ▷*information, data* zuverlässig; **authenticate** [ɔː'θentɪkeɪt] *vt* → *document* beglaubigen; → *antique* für echt erklären; **authenticity** [ɔːθen'tɪsɪtɪ] *n* Echtheit *f,* Authentizität *f*
author ['ɔːθə*], **authoress** ['ɔːθərɪs] *n* (*writer by profession*) Autor(in *f*) *m,* Schriftsteller(in *f*) *m;* (*writer of article*) Verfasser(in *f*) *m;* ↑ *originator* Urheber(in *f*) *m,* Schöpfer(in *f*) *m*
authoritarian [ɔːθɒrɪ'tɛərɪən] *adj* autoritär; **authoritative** [ɔː'θɒrɪtətɪv] *adj* ① ▷*manner* gebieterisch, bestimmt ② ↑ *definitive* maßgeblich; **authority** [ɔː'θɒrɪtɪ] *n* ① ↑ *power* Autorität *f;* ↑ *right* Befugnis *f* ② ↑ *expert* Fachmann *m,* Autorität *f;* ◇ **on good ~** aus zuverlässiger Quelle *f* ③ (*local ~*) Behörde *f;* (*vested ~*) [Staats-]Gewalt *f;* ↑ *office* Amt *s;* (*administrative ~*) Verwaltung *f;* **authorize** ['ɔːθəraɪz] *vt* ① → *person* ermächtigen, bevollmächtigen ② ↑ *give official permission* genehmigen; → *loan* bewilligen
autism ['ɔːtɪzm] *n* Autismus *m Kontaktunfähigkeit;* **autistic** [ɔː'tɪstɪk] *adj* autistisch
auto ['ɔːtəʊ] *n* <-s> *FAM AM s.* **car**
autobiographical [ɔːtəbaɪə'græfɪkəl] *adj* autobiographisch; **autobiography** [ɔːtəʊbaɪ'ɒgrəfɪ] *n* Autobiographie *f;* **autocrat** [ɔːtəʊ'kræt] *n* Alleinherrscher(in *f*) *m,* Autokrat(in *f*) *m;* **autocratique** [ɔːtə'krætɪk] *n* umumschränkt, autokratisch; ↑ *despotic* selbstherrlich; **autocue** ['ɔːtəkjʊː] *n BRIT* MEDIA Neger *m;* **autograph** ['ɔːtəgrɑːf] **I.** *n* ↑ *signature* Autogramm *s* **II.** *vt* → *book* signieren, mit einem Autogramm versehen; **automat** ['ɔːtəmæt] *n* (*vending maschine*) Automat *m; AM* ◇ **~ restaurant** Automatenrestaurant *s;* **automate** ['ɔːtəmæt] *vt* → *factory* auf Automation umstellen, automatisieren, mechanisieren; **automatic** [ɔːtə'mætɪk] **I.** *adj* automatisch **II.** *n* (*pistol*) automatische Waffe; (*car*) Automatikauto *s;* **automatic choke** *n* Startautomatik *f;* **automatically** *adv* automatisch, mechanisch; **automatic pilot** *n* AERO Autopilot, m; **automation** [ɔːtə'meɪʃən] *n* Automatisierung *f,* Automation *f;* **automaton** [ɔː'tɒmətən] *n* <-ta, -tons> Automat *m,* Roboter *m;* **automobile** ['ɔːtəməbiːl] *n* (*AM*) Automobil *s,* Auto *s;* **autonomous** [ɔː'tɒnəməs] *adj* autonom; **autonomy** [ɔː'tɒnəmɪ] *n* Selbstbestimmung *f,* Autonomie *f*
autopsy ['ɔːtəpsɪ] *n* Leichenöffnung *f,* Autopsie *f*
autotrain ['ɔːtətreɪn] *n* (*AM*) Autoreisezug *m*
autotransfusion [ɔːtətræns'fjuːʒən] *n* MED Eigenbluttransfusion *f*
autumn ['ɔːtəm] *n* Herbst *m;* ◇ **in (the) ~** im Herbst; **autumnal** [ɔː'tʌmnəl] *adj* herbstlich, Herbst-
auxiliary [ɔːg'zɪlɪərɪ] **I.** *adj* Hilfs-; (*emergency*) Not- **II.** *n* ① Helfer(in *f*) *m,* Hilfskraft *f* ② GRAM ↑ *~ verb* Hilfsverb *s*
avail [ə'veɪl] **I.** *vr* ◇ **to ~ o.s. of s.th.** sich einer Sache bedienen, eine Sache nutzen, Gebrauch machen von etw; ◇ **to ~ o.s. of the opportunity of ...** die Gelegenheit wahrnehmen um/zu ... **II.** *n* ◇ **of/to no ~** nutzlos, vergeblich; **availability** [əveɪlə'bɪlɪtɪ] *n* ↑ *presence* Vorhandensein *s,* Verfügbarkeit *f;* COMM ↑ *obtainability* Lieferbarkeit; ◇ **according to ~** nach dem Angebot; **available** [ə'veɪləbl] *adj* verfügbar, erhältlich; COMM lieferbar; ◇ **to be ~** zur Verfügung stehen
avalanche ['ævəlɑːnʃ] *n* Lawine *f;* **avalanche photodiode** *n* Lawinenphotodiode *f*
avarice ['ævərɪs] *n* Habgier *f;* **avaricious** [ævə'rɪʃəs] *adj* habgierig, geizig

Ave *abbr. of* **avenue** Str., Straße *f,* Boulevard *m*

avenge [ə'vendʒ] *vt* rächen

avenue ['ævənjuː] *n* (*lined by trees*) Allee *f;* (*broad street*) Boulevard *m*

average ['ævərɪdʒ] **I.** *n* Durchschnitt *m* **II.** *adj* durchschnittlich, Durchschnitts-; (*neither good/bad*) mittelmäßig **III.** *vt* im Durchschnitt [*o.* durchschnittlich] betragen/ausmachen/leisten/produzieren; ◇ **on ~** durchschnittlich, im Durchschnitt; ◇ **to ~ 86 km/h** 86 km/h im Schnitt fahren; **average out** *vt* sich ausgleichen; ◇ **to ~ ~ company profits over X years** den Durchschnittsgewinn der Firma in X Jahren ermitteln

averse [ə'vɜːs] *adj* ◇ **to be ~ to** eine Abneigung haben gegen; ◇ **to be not ~ to …** nicht abgeneigt sein, zu …; **aversion** [ə'vɜːʃən] *n* Abneigung *f,* Widerwille *m;* **avert** [ə'vɜːt] *vt* ① → *punch, war* abwehren; → *suspicion* abwenden ② → *gaze, eyes* abkehren

aviary ['eɪvɪərɪ] *n* Vogelhaus *s*

aviation [eɪvɪ'eɪʃən] *n* Luftfahrt *f;* **aviator** ['eɪvɪeɪtə*] *n* Flieger(in *f*) *m,* Pilot(in *f*) *m*

avid ['ævɪd] *adj* ① ↑ *desirous* gierig (*for* nach) ② ↑ *enthusiastic* leidenschaftlich, begeistert; **avidly** *adv* gierig; ↑ *with enthusiasm* leidenschaftlich gern

avocado [ævə'kɑːdəʊ] *n* <-s> Avocado *f*

avoid [ə'vɔɪd] *vt* vermeiden; → *difficulty* umgehen, aus dem Weg gehen; → *obstacle* ausweichen *dat;* **avoidable** *adj* vermeidbar; **avoidance** *n* Vermeidung *f*

avowal [ə'vaʊəl] *n* Erklärung *f;* (REL *of belief*) Bekenntnis *s;* **avowed** [ə'vɑʊd] *adj* erklärt

AWACS ['eɪwæks] *acronym of* **airborne warning and control system** AWACS *s,* Frühwarnsystem *s*

await [ə'weɪt] *vt* erwarten; → *decision* entgegensehen *dat*

awake [ə'weɪk] <awoke, awoken *o.* awaked> **I.** *vt* wecken; → *interest* erwecken **II.** *vi* erwachen, aufwachen; ◇ **to ~ to s.th.** sich einer Sache bewußt werden **III.** *adj* wach; ◇ **wide ~** hellwach; **awakening** [ə'weɪkənɪŋ] *n* Erwachen *s*

award [ə'wɔːd] **I.** *vt* zuerkennen; → *prize, trophy* verleihen (*to s.o.* dat) **II.** *n* ① JUR Zuspruch *m* ② ↑ *grant* Stipendium *s* ③ ↑ *prize* Preis *m*

aware [ə'wɛə*] *adj* bewußt; ▷*child* aufgeweckt; ◇ **to be ~ of s.th.** sich *dat* einer Sache bewußt sein; ◇ **to become ~ of s.th.** eine Sache bemerken, einer Sache gewahr werden; ◇ **to be ~ (of the presence) of s.o.** jd-n bemerkt haben; **awareness** *n* Bewußtsein *s*

awash [ə'wɒʃ] *adj* überspült

away [ə'weɪ] **1.** *adv* weg, fort **2.** *adj* SPORT Auswärts-; ◇ **to play ~** auswärts spielen

awe [ɔː] **I.** *n* Ehrfurcht *f* **II.** *vt* Ehrfurcht einflößen *dat;* **awe-struck** *adj* vor Ehrfurcht ergriffen; **awful** ['ɔːfʊl] *adj FAM* furchtbar, schrecklich

awhile [ə'waɪl] *adv* eine Weile

awkward ['ɔːkwəd] *adj* ① ↑ *clumsy* ungeschickt, unbeholfen ② ▷*job* schwierig, knifflig ③ ↑ *embarrassing* peinlich; **awkwardness** *n* Ungeschicklichkeit *f,* Unbeholfenheit *f*

awning ['ɔːnɪŋ] *n* (*of a shop*) Markise *f,* Sonnenblende *f*

awoke [ə'wəʊk] *pt of* **awake**

awoken [ə'wəʊkən] *pp of* **awake**

AWOL *abbr. of* **absent without leave** *AM* MIL ◇ **to be ~** abwesend sein ohne Erlaubnisschein

awry [ə'raɪ] *adj, adv* ↑ *askew* schief; ◇ **to go ~** ← *plans* schiefgehen, fehlschlagen

axe, **ax** (*AM*) [æks] **I.** *n* Axt *f,* Beil *s; FIG* ◇ **we have no ~ to grind …** wir haben kein (persönliches) Interesse daran, daß … **II.** *vt* → *project* streichen; → *employee* entlassen

axiom ['æksɪəm] *n* [als richtig anerkannter] Grundsatz *m,* Axiom *s;* **axiomatic** [æksɪə'mætɪk] *adj* axiomatisch; ◇ **that's ~** das ist grundsätzlich so

axis ['æksɪs] *n* <axes> Achse *f*

axle ['æksl] *n* TECHNOL Achse *f*

aye [aɪ] *intj* ↑ *yes* ja, freilich; POL ◇ **to vote ~** mit ja stimmen; ◇ **the ~s have it** der Antrag ist angenommen

azure ['eɪʒə*] **I.** *adj* himmelblau, azurblau **II.** *n* Azur *s*

B

B, b [biː] *n* ① (*Alphabet*) B *s* ② MUS h *s;* (*b flat*) b *s*

baa [baː] **I.** *n* (*of sheep*) Blöken *s* **II.** *vi* blöken

B.A. *abbr. of* **Bachelor of Art**

babble ['bæbl] **I.** *vi* ① ← *infant* schwatzen, plappern ② ↑ *indiscreet chatter* schwätzen ③ ← *brook* plätschern **II.** *n* <uncount> Geschwätz *s*

babe ['beɪb] *n AM FAM* Kind *s,* Baby *s*

babel ['beɪbl] *n* (*of voices*) Sprachengewirr *s;* ↑ *confusion* Durcheinander *s*

baby ['beɪbɪ] *n* ① Baby *s,* Säugling *m* ② *AM FAM* Liebling *m;* **baby-battering** *n* Kindesmißhandlung *f;* **baby carriage** *n* (*AM*) Kinderwagen *m*

baby grand *n* (*piano*) Stutzflügel *m*

babyhood ['beɪbɪhʊd] *n* Säuglingsalter *s;* **babyish** ['beɪbɪɪʃ] *adj* kindisch; **baby-minder** *n* ↑ *childminder* Tagesmutter *f;* **baby-sit** <baby-sat, baby-sat> *vi* babysitten

bachelor ['bætʃələ*] *n* ① Junggeselle *m* ② ◇ **B- of Arts (B.A.)** *erster Uniabschluß der Geisteswissenschaften;* ◇ **B- of Science (B.Sc.)** *erster Uniabschluß der Naturwissenschaften*

back [bæk] **I.** *adv* zurück **II.** *n* ① (*of person, animal*) Rücken *m* ② (*opposed to front*) Rückseite *f,* Hinterseite *f;* ◇ **at the - of beyond** am Ende der Welt ③ (*of chair*) Rückenlehne *f* ④ (*of book*) Schlußseiten *f pl* ⑤ SPORT Verteidiger(in *f*) *m* **III.** <inv> *adj* (~ *room*) hinter(e, s), Hinter-; (~ *copies of a newspaper*) früher(e, s) **IV.** *vt* ① ↑ *support* unterstützen; → *dog* wetten auf *acc* ② → *car* rückwärts fahren; **back away** *vi* sich zurückziehen; **back down** *vi* nachgeben; **back up** *vt* unterstützen; **backbiting** *adj* verleumderisch; **backbreaking** *adj* sehr anstrengend; **backbone** *n* ① (*body*) Rückgrat *s; FIG* Hauptstütze *f* ② (*having character*) Durchhaltevermögen *s;* **backcomb** *vt* → *hair* toupieren

backer ['bækə*] *n* Förderer *m,* Förderin *f*

backdate *vt* → *cheque* rückdatieren; **backfire** *vi* ← *project* fehlschlagen; AUTO fehlzünden; **background** ['bækgraʊnd] *n* ① (*in painting*) Hintergrund *m* ② (*of person*) Hintergrundwissen *s,* Vorbildung *f* ③ ↑ *circumstances* Umstände *pl;* **backhand** *n* SPORT Rückhand *f;* **backhanded** *adj* ▷*compliment* zweifelhaft; **backhander** *n FAM* Schmiergeld *s;* **backing** *n* ① ↑ *support* Unterstützung *f* ② ↑ *musical support* Begleitmusik *f;* **backlash** *n* POL Gegenreaktion *f;* **backlog** *n* (*of paperwork*) Rückstand *m;* **backpack** *n* Rucksack *m;* **back pay** *n* Nachzahlung *f;* **backpedal** *vi* ① (*on bicycle*) leerlaufen ② *FIG* abmildern; **backseat driver** *n* nörgelnder Beifahrer *m;* **backside** *n FAM* Hinterteil *s,* Hintern *m;* **backslider** *n* Rückfällige(r) *fm;* **backspace I.** *n* Rücktaste *f,* Backspace **II.** *vt* [zu]rücksetzen; **backstreet** <inv> *adj* ▷*activities* zwielichtig; ◇ **- abortion** illegale Abtreibung; **backstroke** *n* Rückenschwimmen *s;* **backup** *n* ① Unterstützung *f* ② PC ◇ **- [copy]** Sicherungskopie *f;* **backward** ['bækwəd] *adj* ① ▷*movement* Zurück- ② ▷*country* unterentwickelt, rückständig; ▷*child* zurückgeblieben; **backwards** *adv* rückwärts; ◇ **he knows it** - er kann es rückwärts aufsagen; **backwater** *n FIG* Kaff *s;* ◇ **cultural** - tiefste Provinz; **backyard** *n* Hinterhof *m*

bacon ['beɪkən] *n* durchwachsener [Schinken-] Speck *m*

bacteria [bæk'tɪərɪə] *n pl* Bakterien *pl*

bad [bæd] <worse, worst> *adj* ① ↑ *malevolent* böse; (*not competent*) schlecht; (*seriously negative*) schlimm; ▷*food* faul ② ▷*stomach* krank; ▷*back* schlimm ③ *AM FAM* ↑ *really good* ◇ **that jacket is really** - die Jacke ist echt geil ④ ◇ **- cheque** ungedeckter/fauler Scheck; **baddie** ['bædɪ] *n* (*in a story*) Schurke *m,* Bösewicht *m*

badge [bædʒ] *n* Abzeichen *s;* (*with pin*) Button *m*

badger ['bædʒə*] **I.** *n* Dachs *m* **II.** *vt* → *s.o. with questions* plagen

badly ['bædlɪ] *adv* ① schlecht, schlimm ② ↑ *very much* sehr; **badly off** *adj* bedürftig; ◇ **to be - - for s.th. …** schlecht dran sein wegen …; **bad-mannered** [bæd'mænəd] *adj* ▷*child, person* unhöflich; ▷*boy, girl* ungezogen, schlecht erzogen

badminton ['bædmɪntən] *n* Federballspiel *s;* SPORT Badminton *s*

bad-tempered [bæd'tempəd] *adj* ↑ *irritable* gereizt, schlecht gelaunt

baffle ['bæfl] *vt* ① ↑ *puzzle, mystify* verblüffen ② (*against noise*) abschotten; **baffling** *adj* ▷*case* rätselhaft

bag [bæg] **I.** *n* ① (*made of paper/plastic*) Tüte *f;* (*school* ~, *travel* ~) Tasche *f;* ◇ **he's got -s of money** er ist stinkreich ② *FAM* [alte] Schachtel ③ ◇ **-s** *pl* (*under eyes*) Tränensäcke *pl* **II.** *vt FAM* → *an animal, a person* kriegen, fangen

bagatelle [bægə'tel] *n* ↑ *trifle* Kleinigkeit *f,* Bagatelle *f*

baggage ['bægɪdʒ] *n AM* ↑ *luggage* [Reise-] Gepäck *s;* **baggage checkroom** *n* (*AM*) Gepäckaufbewahrung *f;* **baggage claim** *n* Gepäckausgabe *f*

baggy ['bægɪ] *adj* ▷*suit* sackartig, wie ein Sack; ▷*trousers* ausgebeult

baglady ['bægleɪdɪ] *n* Wohnsitzlose *f*

bagpipes ['bægpaɪps] *n pl* Dudelsack *m*

bag-snatcher ['bægsnætʃə*] *n* Handtaschendieb(in *f*) *m*

bail [beɪl] *n* ↑ *surety* Kaution *f;* **bail out** *vt* ① → *prisoner* gegen Kaution freibekommen ② → *boat* ausschöpfen ③ (*of trouble*) aus e-r Notlage helfen; (*of the aeroplane*) abspringen; *s. a.* **bale**

bailiff ['beɪlɪf] *n* (*BRIT*) Gerichtsvollzieher(in *f*) *m*

bait [beɪt] **I.** *n* Köder *m* **II.** *vt* ① → *hook* mit e-m Köder versehen ② → *helpless person* quälen, plagen, piesacken; → *animal* [mit Hund] hetzen

bake [beɪk] *vt, vi* backen; → *bricks* brennen; **baked beans** *n pl* [gekochte] Bohnen *pl* in Tomatensauce; **baker** ['beɪkə*] *n* Bäcker(in *f*)

m; **bakery** ['beıkərı] *n* Bäckerei *f;* **baking powder** *n* Backpulver *s*
balance ['bæləns] **I.** *vt* [1] → *an idea* erwägen [2] ↑ *make equal* ausgleichen; FIN begleichen **II.** *n* [1] ↑ *equilibrium* Gleichgewicht *s* [2] ↑ *scales* Waage *f* [3] (FIN *of bank account*) Kontostand *m,* Saldo *m;* (*of company*) Bilanz *f;* ◇ - **of power** Kräftegleichgewicht *s;* ◇ - **of trade** Außenhandelsbilanz *f;* **balance out** *vt* ausbalancieren; **balance sheet** *n* (*of company*) Rechnungsabschluß *m,* Bilanz *f*
balcony ['bælkənı] *n* Balkon *m*
bald [bɔ:ld] *adj* [1] ▷*head* kahl; ◇ **to go** - e-e Glatze bekommen [2] ▷*words* knapp, wortkarg; **bald eagle** *n* Weißkopfadler *m;* **bald patch** *n* unbehaarte Stelle *f*
bale [beıl] **I.** *n* (*of paper, hay*) Ballen *m* **II.** *vt* → *straw* ballen
baleful ['beılfʊl] *adj* [1] ▷*eye* böse, bösartig [2] ↑ *miserable* unglückselig; **bale out** *vti* [1] (*of plane*) abspringen, aussteigen [2] → *a boat* ausschöpfen
balk [bɔ:k] *vi* zurückschrecken; ← *horse* scheuen (*at* vor *dat*)
Balkan ['bɔlkən] *adj* Balkan-; **Balkans** *n* ◇ **the** Balkans der Balkan
ball [1] [bɔ:l] *n* Ball *m;* ◇ **he is on the** - er ist auf Zack/Draht
ball [2] [bɔ:l] *n* ↑ *dance* - Ball *m;* ◇ **to have a** - sich prächtig amüsieren
ballad ['bæləd] *n* Ballade *f*
ballast ['bæləst] *n* [1] (*stones*) Schotter *m* [2] (*of ship, balloon*) Ballast *m*
ball bearing [bɔ:l'bɛərıŋ] *n* Kugellager *s*
ballerina [bælə'ri:nə] *n* Ballerina *f*
ballet ['bæleı] *n* Ballett *s*
ballgame ['bɔ:lgeım] *n* [1] *AM* SPORT Baseballmatch *s* [2] *FIG* ◇ **marriage is an entirely different** - Heiraten ist e-e völlig neue Erfahrung
ballistic [bə'lıstık] *adj* ballistisch; ◇ - **missile** Raketengeschoß *s;* **ballistics** *n sg* Ballistik *f*
balloon [bə'lu:n] **I.** *n* [1] Ballon *m,* Luftballon *m* [2] (*in a cartoon*) Sprechblase *f* **II.** *vi* sich blähen
ballot ['bælət] **I.** *n* [1] (*voting*) Geheimabstimmung *f;* ◇ **let's have a** - **on it** laßt uns darüber abstimmen [2] (*number of votes*) Stimmen *f pl* **II.** *vt* → *a group* befragen; **ballot-box** *n* Wahlurne *f;* **ballot-paper** *n* Stimmzettel *m*
ball-point ['bɔ:lpɔınt], **ball-point pen** ['bɔ:lpɔınt'pen] *n* Kugelschreiber *m*
ballroom ['bɔ:lrʊ:m] *n* Tanzsaal *m*
balm [bɑ:m] *n* Balsam *s;* **balmy** ['bɑ:mı] *adj* ▷*weather* sanft, mild
Baltic ['bɔ:ltık] *adj* ◇ - **Sea** Ostsee *f;* ◇ - **States** die Baltischen Staaten, Baltikum *s*
balustrade [bæləs'treıd] *n* Brüstung *f*
bamboo [bæm'bu:] *n* Bambus *m*
ban [bæn] **I.** *n* Verbot *s;* ◇ **a** - **on smoking** ein Rauchverbot *s* **II.** *vt* ↑ *forbid* verbieten; ◇ **to be -ned from driving** keine Fahrerlaubnis haben
banal [bə'nɑ:l] *adj* banal
banana [bə'nɑ:nə] *n* Banane *f; FAM* ◇ **it's driving me -s** ich dreh' noch durch dabei; **banana skin** *n* Bananenschale *f;* **banana split** *n* Bananensplit *s*
band [1] [bænd] *n* [1] ↑ *ribbon* Band *s* [2] ↑ *stripe* Streifen *m*
band [2] [bænd] [1] (*of people*) Gruppe *f;* (*of delinquents*) Bande *f* [2] (*of old-style musicians*) Kapelle *f;* (*of modern musicians*) Band *f;* **band together** *vi* ← *people* sich zusammentun, sich zusammenschließen
bandage ['bændıdʒ] **I.** *n* Verband *m;* (*strip*) Binde *f* **II.** *vt* verbinden; → *strained muscle* bandagieren; **bandage up** *vt* verbinden; → *strained muscle* bandagieren
Band-Aid ® ['bændeıd] *n* Hansaplast ® *s,* [Verbands-]Pflaster *s*
B & B *abbr. of* **bed and breakfast** *Zimmer mit Frühstück,* ≈ Fremdenzimmer *s*
bane [beın] *n* Fluch *m*
bandit ['bændıt] *n* Bandit(in *f*) *m*
bandy ['bændı] *vt* → *ideas, arguments* lebhaft diskutieren; → *words* wechseln; ◇ **the neighbours bandied words with each other** die Nachbarn stritten sich; **bandy about** *vt* → *terminology* um sich werfen; → *a name* immer wieder nennen; **bandy-legged** *adj* mit O-Beinen
bang [bæŋ] **I.** *n* [1] ↑ *explosion* Knall *m* [2] ↑ *blow* Hieb *m;* ▷*on the head* Schlag *m; FAM* ◇ - **went a £5 note!** Zack! Schon wieder war e-e 5-Pfund-Note futsch! **II.** *vt, vi* [1] (→ *fist, down on table*) knallen [2] → *door* zuknallen [3] → *part of the body* anschlagen **III.** *adj FAM* ◇ - **on** absolut korrekt; **banger** ['bæŋə*] *n* [1] (*FAM sausage*) Bratwurst *f* [2] (*small firework*) Knaller *m*
bangle ['bæŋgl] *n* ↑ *bracelet* Armspange *f*
banish ['bænıʃ] *vt* verbannen; **banishment** *n* [1] (*act*) Verbannen *s* [2] (*state*) Verbannung *f*
banister ['bænıstə*], **banisters** *n* Treppengeländer *s*
banjo ['bændʒəʊ] *n* <-s *o.* -es> Banjo *s*
bank [bæŋk] **I.** *n* [1] (*of earth*) Erdwall *m* [2] (*of cloud*) [Wolken-]Bank *f,* [Wolken-]Wand *f* [3] (*of river*) Ufer *s* **II.** *vt* AERO in die Kurve bringen
bank [bæŋk] **I.** *n* FIN Bank *f* **II.** *vt* FIN einzahlen; **bank on** *vi* ◇ **he -s - the result** er rechnet mit

dem Resultat; **bank up** *vi* ◇ **the wind has -ed the sand - against the wall** der Wind hat den Sand gegen die Mauer geweht und angehäuft; **bank account** *n* Bankkonto *s;* **bank balance** *n* Kontostand *m,* Saldo *m;* **bank book** *n* Sparbuch *s;* **bank charges** *n pl* Bankgebühren *pl;* **bank clerk** *n* Bankangestellte(r) *fm,* Bankbeamte(r) *m,* Bankbeamtin *f;* **bank code number** *n* Bankleitzahl *f;* **banker's card** *n* Scheckkarte *f;* **banko holiday** *n* [gesetzlicher] Feiertag; **banking** *n* Bankwesen *s;* **bankloan** *n* Bankdarlehen *s;* **bank manager** *n* Filialleiter (in *f*) *m;* **banknote** *n* [Geld-]Schein *m,* Note *f;* **bank rate** *n* Diskontsatz *m*

bankrupt ['bænkrʌpt] **I.** *adj* bankrott; ◇ **the shop went -** der Laden machte Pleite **II.** *vt* → *person* ruinieren; → *firm* in den Konkurs treiben **III.** *n* ▹*person* Zahlungsunfähige(r) *fm;* **bankruptcy** ['bænkrʌptsɪ] *n* Konkurs *m,* Bankrott *m*

bank statement *n* Kontoauszug *m*

banner ['bænə*] *n* ① ↑*flag* Banner *s* ② (*at demonstration*) Spruchband *s;* **banner headline** *n* (*in newspaper*) Schlagzeile *f*

bannister *n s.* **banister**

banns [bænz] *n pl* Aufgebot *s*

banquet ['bæŋkwɪt] *n* Festessen *s*

banter ['bæntə*] **I.** *n* ↑ *repartee* Geplänkel *s* **II.** *vt* schäkern

baptism ['bæptɪzəm] *n* Taufe *f;* **baptize** [bæp'taɪz] *vt* taufen

bar [bɑ:*] **I.** *n* ① Balken *m,* Bälkchen *s;* (*of metal, wood*) Stange *f;* (*of chocolate*) Tafel *f;* (*of soap*) Stück *s* ② (*of cage/cell*) [Gitter-]Stab *m;* ◇ **behind -s** im Gefängnis ③ ↑ *pub counter* Tresen *m;* (*pub*) Wirtschaft *f,* Kneipe *f;* (*snack -*) Stehcafé *s* ④ MUS Taktstrich *m* ⑤ ↑ *obstruction* Hindernis *s* ⑥ ◇ **to be called to the -** als Anwalt zugelassen werden **II.** *vt* ① ↑ *bolt* verriegeln ② ↑ *block* versperren ③ ↑ *exclude* ausschließen **III.** *prep* außer *dat;* ◇ **the best - none** der Beste ohne Ausnahme

barbarian [bɑ:'bɛərɪən] *n* Barbar(in *f*) *m;* **barbaric** [bɑ:'bærɪk], **barbarous** ['bɑ:bərəs] *adj* barbarisch, sehr grausam

barbecue ['bɑ:bɪkju:] **I.** *n* ① (*equipement*) Grill *m* ② (*party*) Barbecue *s* **II.** *vt* → *meat* grillen

barbed ['bɑ:bd] *adj* ① ▹*arrow, hook* mit Widerhaken ② ▹*remark* bissig; **barbed wire** *n* Stacheldraht *m*

barber ['bɑ:bə*] **I.** *n* Herrenfriseur *m* **II.** *vt* → *hair* frisieren, sauber schneiden

barbiturate [bɑ:'bɪtjʊrət] *n* Barbiturat *s*

bar code ['bɑ:kəʊd] *n* Strichcode *m*

bare [bɛə*] **I.** *adj* ① ▹*body* nackt, bloß; ▹*table* unbedeckt; ▹*tree* kahl; ▹*room* leer; ▹*facts* rein ② ▹*majority* knapp **II.** *vt* ↑ *uncover* entblößen; (*at the doctor's*) freimachen; → *wire* freilegen; ◇ **to - one's soul** sein Herz ausschütten; **bareback** *adv* ohne Sattel; **barefaced** *adj* unverschämt, unverfroren; **barefoot** *adj* barfuß; **bareheaded** *adj* unbedeckt; **barely** *adv* kaum

bargain ['bɑ:gɪn] **I.** *n* ① ↑ *agreement* Vereinbarung *f,* Geschäft *s* ② ◇ **he drives a hard -** er fährt e-n harten Kurs ③ (*good value purchase*) Sonderangebot *s,* Schnäppchen *s* **II.** *vi* ↑ *negotiate* verhandeln, handeln (*for* um); ◇ **into the -** obendrein; **bargain for** *vt* rechnen mit; ◇ **we hadn't -ed - that** damit hatten wir nicht gerechnet

barge [bɑ:dʒ] **I.** *n* Frachtkahn *m* **II.** *vt* ↑ *shove* schubsen; ↑ *jostle* anrempeln (*into s.o.* jd-n); ◇ **he -d his way through ...** er bahnte sich schubsend seinen Weg durch ...; **barge in** *vi* (*room*) hereinplatzen; (*into a conversation*) dazwischenplatzen

baritone ['bærɪtəʊn] *n* Bariton *m*

bark [bɑ:k] **I.** *n* ① (*of tree*) Rinde *f* ② (*of dog*) Bellen *s;* ◇ **his - is worse than his bite** Hunde, die bellen, beißen nicht **II.** *vi* bellen; (*at a person*) anbellen, anfahren

barley ['bɑ:lɪ] *n* Gerste *f;* **barley sugar** *n* (*sweet*) Malzbonbon *s;* **barley wine** *n* ≈ dunkles Bier

barmaid ['bɑ:meɪd] *n* Bardame *f;* **barman** ['bɑ:mən] *n* Barkeeper *m*

barmy ['bɑ:mɪ] *adj* bekloppt, bescheuert

barn [bɑ:n] *n* Scheune *f;* **barn dance** *n* Squaredance *m;* **barnstorm** *vi AM* POL auf Stimmenfang gehen; **barnyard** *n* [Bauern]Hof *m*

barometer [bə'rɒmɪtə*] *n* ① Barometer *s* ② (*FIG of a situation*) Maß *s*

baron ['bærən] *n* ① Baron *m* ② (*powerful businessman*) Mogul *m,* Baron *m;* **baroness** ['bærənɪs] *n* ① (*unmarried*) Baronesse *f* ② (*married*) Baronin *f*

baroque [bə'rɒk] *adj* barock

barque [bɑ:k] *n* (*sailing ship*) Dreimaster *m*

barrack ['bærək] *vt FAM* ↑ *heckle* verhöhnen

barracks ['bærəks] *n pl* (*soldier's quarters*) Kaserne *f;* (*for poor people*) Mietskaserne *f*

barrage ['bærɑ:ʒ] *n* ① (*of criticism*) Sturm *m* ② (*for water*) Staudamm *m;* (MIL *of gunfire*) Sperrfeuer *s;* **barrage balloon** *n* Fesselballon *m*

barrel ['bærəl] *n* ① (*beer -*) Faß *s; FAM* ◇ **to have s.o. over a -** jd-n in der Zange haben ② (*unit of measurement*) ≈ 159 Liter ③ (*of a gun*) Lauf *m;* **barrel along** *vt FAM AM* entlangbrausen; **barrel organ** *n* Drehorgel *f;* **barrel-shaped** *adj* tonnenförmig

barren ['bærən] *adj* ▹*woman, animal* unfruchtbar; ▷*land* unfruchtbar, karg; ▷*tree* keine Frucht tragend; ▷*time* unproduktiv

barricade [bærɪ'keɪd] **I.** *n* Barrikade *f* **II.** *vt* → *a door* verbarrikadieren

barrier ['bærɪə*] *n* ↑ *obstruction* Hindernis *s;* (*natural*) Barriere *f;* (*man-made*) Sperre *f;* (*at level-crossing*) Schranke *f*

barring ['bɑːrɪŋ] *prep* ① ↑ *except for* außer *dat;* ◇ **everybody came, ~ Peter** jeder kam, außer Peter ② (*negative condition*) wenn … nicht …; ◇ **~ rain the match will be played** solange es nicht regnet, wird das Spiel ausgetragen

barrister ['bærɪstə*] *n* Rechtsanwalt *m,* Rechtsanwältin *f bei höherem Gericht*

barrow ['bærəʊ] *n* ① ↑ *wheel* ~ Schubkarre *f* ② (*light mobile stall*) Karren *m*

bartender ['bɑːtendə*] *n AM* ↑ *barman* Barkeeper *m*

barter ['bɑːtə*] **I.** *vi* Tauschhandel treiben **II.** *vt* Waren tauschen **III.** *n* Tauschhandel *m;* ◇ **to be offered for ~** zum Tausch angeboten werden

base [beɪs] **I.** *n* ① ↑ *bottom* Boden *m;* ◇ **at the ~ of the tree** unten am Baum ② (*in construction industry*) Träger *m* ③ MIL Stützpunkt *m,* Basis *f* ④ ↑ *main component* Basis *f* ⑤ CHEM Lauge *f* **II.** *adj* ① ▷*motive* nieder; ↑ *ignoble* gemein, unehrenhaft ② (~ *price*) Basis- **III.** *vi* ① basieren (*on* auf *acc*) ② ◇ **the EEC is ~d in Brussels** die EG hat ihren Sitz in Brüssel; **base on** *vt* stellen; ◇ **he ~s his beliefs ~ reason** er gründet seinen Glauben auf Vernunft; ◇ **physics is ~d ~ mathematics** die Physik basiert auf der Mathematik; **baseball** *n* Baseball *m;* Baseballspiel *s;* **base camp** *n* Basislager *s;* **baseless** *adj* grundlos; **baseline** *n* ① (*of an argument*) Ausgangspunkt *m* ② SPORT Grundlinie *f;* **basement** *n* Keller *m,* Kellergeschoß *s*

bash [bæʃ] **I.** *vt FAM* [heftig] schlagen **II.** *n* Schlag *m; FAM* ◇ **I'll have a ~ at it** Ich werde es mal versuchen; **bash in** *vt* → *door, head* einschlagen

bashful ['bæʃfl] *adj* schüchtern

basic ['beɪsɪk] **I.** *adj* grundlegend **II.** *n pl* ◇ **the ~s** das Wesentliche, der Kernpunkt; **basically** *adv* im Grunde, grundsätzlich

BASIC ['beɪsɪk] *n abbr. of* (PC *language*) **Beginner's All-purpose Symbolic Instruction Code,** BASIC *s*

basil ['bæzl] *n* Basilikum *s*

basin ['beɪsn] *n* ① (*for mixing food*) Schüssel *f* ② (*wash-~*) Becken *s* ③ GEO Becken *s;* ◇ **the Amazon B~** das Amazonasbecken

basis ['beɪsɪs] *n* Grundlage *f,* Basis *f;* ◇ **on the ~ of this evidence** auf Grund dieses Beweises

bask [bɑːsk] *vi also FIG* sich sonnen

basket ['bɑːskɪt] *n* ① Korb *m* ② (*in basketball*) Netz *s;* **basketball** *n* Basketball *m;* Basketballspiel *s;* **basket weaving** *n* Korbflechterei *f;* **basket work chair** *n* Korbstuhl *m*

basking shark *n* Riesenhai *m*

bass [beɪs] **I.** *n* (*instrument*) Baß *m;* (*voice*) Baß *m,* Baßstimme *f* **II.** *adj* Baß-; **bass clef** *n* Baßschlüssel *m*

bassoon [bə'suːn] *n* (MUS *instrument*) Fagott *s*

bastard ['bɑːstəd] *n* ① Bastard *m,* uneheliches Kind ② *FAM!* Scheißkerl *m;* **bastardize** *vt* → *text, artwork* verfälschen

baste [beɪst] *vt* GASTRON → *meat* mit Fett übergießen

bastion ['bæstɪən] *n* Bollwerk *s;* ↑ *stronghold* Hochburg *f,* Bastion *f*

bat [bæt] **I.** *n* ① (*cricket, baseball*) Schlagholz *s;* (*table tennis*) Schläger *m; FIG* ◇ **off one's own ~** auf eigene Faust ② FAUNA Fledermaus *f; FIG* ◇ **he ran like a ~ out of hell** er rannte wie der Teufel **II.** *vt* (*in cricket, baseball*) schlagen

batch [bætʃ] *n* (*of letters*) Stoß *m;* (*of cakes*) Menge *f;* (*of instruments*) Satz *m;* (*of things delivered*) Ladung *f*

bated ['beɪtɪd] *adj* ◇ **they wait with ~ breath** sie warten mit angehaltenem Atem

bath [bɑːθ] **I.** *n* ① Bad *s;* ↑ *~tub* Badewanne *f;* ◇ **to have/take a ~** sich baden; ◇ **to give a baby a ~** ein Kind baden ② ◇ **~s** Schwimmbad *s* ③ CHEM Bad *s* **II.** *vt* → *baby* baden, waschen

bathe [beɪð] *vi* (*in the sea*) baden; *AM* sich waschen; **bathing cap** *n* Badekappe *f;* **bathing costume**, **bathing suit** *n* Badeanzug *m;* **bathing trunks** *n* Badehose *f*

bathmat ['bɑːθmæt] *n* Badvorleger *m;* **bath oil** *n* Pflegebad *s*

bathos ['beɪθɒs] *n* <uncount> ① ↑ *anticlimax* Abfall *m* ins Lächerliche ② ↑ *sentimentality* falsche Emotion

bathroom *n* Badezimmer *s; AM* Toilette *f;* **baths** [bɑːðz] *n pl* ↑ *swimming* ~ Schwimmbad *s,* Bad *s;* ↑ *public* ~ öffentliche Badeanstalt *f;* **bath salts** *n pl* Badesalz *s;* **bath towel** *n* Badetuch *s;* **bathtub** *n* Badewanne *f*

batman ['bætmən] *n* <-men> Offiziersbursche *m*

baton ['bætən] *n* MUS Taktstock *m;* ↑ *truncheon* Schlagstock *m,* Gummiknüppel *m;* SPORT Stab *m*

batsman ['bætsmən] *n* Schlagmann *m*

battalion [bə'tæljən] *n* Bataillon *s*

batter ['bætə*] **I.** *n* GASTRON [flüssiger] Teig *m;* (*for cake*) Biskuitteig *m* **II.** *vt* ① → *a person* verprügeln ② → *a car* verbeulen ③ (→ *a ship, by* *storm)* hin- u. herwerfen; ◇ **-ed by the wind** vom Wind hin- u. hergerüttelt **III.** *vi (on the wall/at the door)* hämmern; **batter down** *vt* → *door* einschlagen; **battered** [-ıd] *adj* ① ▷*hat* abgetragen ② *(repeatedly beaten)* verprügelt; ▷*child* mißhandelt; **battering ram** *n* Rammbock *m*

battery ['bætərı] *n* ① *(fixed guns)* Batterie *f* ② ELECTR Batterie *f* ③ *(of things)* Reihe *f;* **battery charger** *n* Ladesatz *m;* **battery farming** *n* Batterien *pl*

battle ['bætl] **I.** *n* MIL ↑ *engagement* Schlacht *f; (minor)* Gefecht *s;* ↑ *struggle* Kampf *m;* ◇ **killed in ~** [im Kampf] gefallen; ◇ **he doesn't need you to fight his ~ for him** er kann sich alleine durchsetzen **II.** *vi* kämpfen; **battle-axe** *n* ① *(weapon)* Streitaxt *f* ② *(PEJ woman)* Xanthippe *f;* **battlefield** *n* Schlachtfeld *s;* **battleground** *n (area of conflict)* Schlachtfeld *s;* **battlements** *n pl* Zinnen *pl;* **battleship** *n* Schlachtschiff *s,* Kriegsschiff *s*

batty ['bætı] *adj FAM* bekloppt, plemplem

baulk *s.* **balk**

Bavaria [bə'vεərıə] *n* Bayern *s*

bawdy ['bɔ:dı] *adj* ▷*woman* derb; ▷*joke* derb

bawl [bɔ:l] *vi* ↑ *shout* brüllen; **bawl out** *vt* ◇ **the teacher -ed him ~** der Lehrer schimpfte ihn aus, der Lehrer machte ihn zur Schnecke *FAM*

bay [1] [beı] *n (of sea)* Bucht *f*

bay [2] [beı] *n* ① (ARCHIT *of a building*) Erker *m* ② *(parking ~ etc.)* [Park-]Bucht *f*

bay [3] [beı] *vi* ← *hound* heulen; ◇ **to keep/hold s.th. at ~** etw in Schach [*o.* unter Kontrolle] halten

bayleaf ['beılı:f] *n* Lorbeerblatt *s*

bayonet ['beıənet] *n* ① Bajonett *s* ② (TECHNOL *connector)* Bajonettverschluß *m*

bay window [beı'wındəʊ] *n* Erkerfenster *s*

bazaar [bə'zɑ:*] *n* Basar *m*

bazooka [bə'zu:kə] *n* ≈ Panzerfaust *f*

BBC *abbr. of* **British Broadcasting Corporation** BBC *staatliches britisches Radio und Fernsehen*

BC *abbr. of* **before Christ** v. Chr., vor Christus; vor Christi Geburt

be [bi:] <was, were, been> *vi* sein; ◇ **there is/are** es gibt; *(in formation of present continuous)* ◇ **Susan is dancing** Susan tanzt; ◇ **the ticket is 99p** die Karte kostet 99 Pence; ◇ **he wants to ~ a bricklayer** er will Maurer werden; ◇ **his house is in the country** sein Haus steht auf dem Lande

beach [bi:tʃ] **I.** *n* Strand *m;* ◇ **on the ~** am Strand **II.** *vt* → *ship* auf den Strand setzen **III.** *vi* ← *whale* stranden; **beachball** *n* SPORT Ballspielen *s* am Strand; **beachbuggy** *n* AUTO Strandbuggy *m;* **beachcomber** ['bi:tʃkəʊmə*] *n* Strandgutsammler(in *f*) *m;* **beachhead** *n* MIL Brückenkopf *m*

beacon ['bi:kən] *n* ↑ *warning signal* Signalfeuer *s; (building)* Leuchtturm *m; (traffic ~)* Verkehrswarnzeichen *s; (one of series of signalling lights)* Bake *f; (example or guide)* Leitstern *m;* **beacon-buoy** *n* Bakenboje *f*

bead [bi:d] *n* ① *(of glass)* Perle *f* ② *(of moisture)* Tropfen *m;* **beading** *n (woodwork)* Zierleiste *f,* schmale, dekorative Leiste; **beads** *n pl s.* **bead** *(string of ~s)* Perlenkette *f;* REL Rosenkranz *m;* ◇ **to say one's ~** den Rosenkranz beten; **beady** *adj* ▷*object* perlenartig; *(eye)* kleinäugig; ◇ **I have got my ~ eye on you** Ich beobachte dich ganz genau

beak [bi:k] *n* ① *(of bird)* Schnabel *m; (FAM of person)* Adlernase *f* ② *FAM* ↑ *judge* Kadi *m*

beaker *n* Becher *m*

be-all and end-all *n FAM* ◇ **the ~** das A und O

beam [bi:m] **I.** *n* ① *(of wood)* Balken *m; (cantilever ~)* Kraftträger *m* ② *(of light)* [Licht-]Strahl *m;* (AUTO *full ~*) Fernlicht *s* ③ *(of ship)* Breite *f* ④ ↑ *smile* Strahlen *s;* ◇ **to be broad in the ~** breite Hüften haben; *FAM* ◇ **to be off ~** irgendwo falsch sein, sich täuschen **II.** *vi* strahlen **III.** *vt* ↑ *broadcast* senden; **beaming** *adj* ▷*sun* strahlend; ▷*person* freudestrahlend

bean [bi:n] *n* Bohne *f; (broad ~)* Saubohne *f; FAM* ◇ **to be full of ~s** vor Leben sprudeln, putzmunter sein; *FAM* ◇ **to spill the ~s** ein Geheimnis erzählen; **bean pole** *n (FAM skinny person)* Bohnenstange *f;* **bean sprout** *n* Sojabohnenkeim *m,* Sojabohnensprosse *f;* **beanstalk** *n* Bohnenstengel *m*

bear [1] [bεə*] *n* Bär *m*

bear [2] [bεə*] <bore, borne> **I.** *vt* ① *(support weight)* tragen, stützen ② → *pain* ertragen; ◇ **it doesn't ~ thinking about** man sollte besser gar nicht daran denken ③ → *ill will* hegen ④ → *children* gebären; ◇ **~ false witness** falsches Zeugnis ablegen; ◇ **to ~ the brunt** der Wucht ausgesetzt sein; ◇ **to ~ closer examination** näherer Prüfung standhalten **II.** *vi* ① ← *tree* tragen ② *(~ to the left/to the right)* sich (links/rechts) halten; **bear down** *vi* ◇ **to ~ ~ on s.o./s.th.** auf jd-n/etw [drohend] zuhalten; ↑ *lean* ◇ **to ~ on s.th.** auf etw drücken; **bear on/upon** *vi* Bezug haben zu, relevant sein für; **bear out** *vt* bestätigen; **bear with** *vi* Geduld haben, tolerieren; ◇ **I hope you will ~ ~ me while ...** ich hoffe du geduldest dich während ...; **bearable** *adj* ▷*heat, life* erträglich

beard [bıəd] *n* Bart *m;* **bearded** [-ıd] *adj* bärtig; **beardless** *adj* bartlos

bearer ['bɛərə*] *n* ① (*of weight*) Träger(in *f*) *m* ② (*of passport, of name, of title*) Inhaber(in *f*) *m* ③ (*of letter, news*) Überbringer(in *f*) *m*

bear hug *n* kräftige Umarmung *f;* ◇ **wrestling** Umklammerung *f*

bearing *n* ① (*of weight*) Tragen *s* ② ↑ *posture* Haltung *f;* ↑ *behaviour* Auftreten *s* ③ ↑ *relevance* Relevanz *f,* Bedeutung *f* ④ (*-s*) Orientierung (nach Kompaßrichtung) *f;* ◇ **to get/take one's -s** sich orientieren; ◇ **to lose one's -s** die Orientierung verlieren, sich verlaufen ⑤ TECHNOL Lager *s*

bear market *n* (FIN *stock exchange*) heruntergetriebene Kurse *pl; s.* **bull market**

bear skin *n* MIL Pelzmütze *f*

beast [bi:st] *n* ① ↑ *animal* Tier *s;* ▷*dangerous, wild* Biest *s;* ↑ *cattle, livestock* Vieh *s* ② (*FAM contemptible person*) Biest *s;* (*in a person*) Bestie *f;* **beast of burden** *n* Lasttier *s;* **beast of prey** *n* Raubtier *s;* **beastliness** *n* Gemeinheit *f;* **beastly** ['bi:stlı] *adj* scheußlich; ◇ **- weather** Sauwetter *s*

beat [bi:t] <beat, beaten> **I.** *n* ① (*functioning of heart*) Schlag *m;* (*of wings*) Schlagen *s* ② MUS Takt *m* ③ ↑ *district* Revier *s* **II.** *adj FAM* ◇ **to be dead -** todmüde sein **III.** *vi* ← *heart* schlagen **IV.** *vt* ① → *the opposition* schlagen, erobern ② → *animal* verprügeln, schlagen *FAM,* hauen *FAM* ③ → *metal* hämmern; ◇ **to - a metal flat** ein Metall austreiben ④ ◇ **- the rap** e-e verdiente Strafe umgehen; ◇ **- it!** hau ab! ⑤ → *[the] music* den Takt schlagen; **beat about** *vi* nicht zur Sache kommen; **beat down** *vt* ① → *prices* herunterhandeln ② ← *rain* herunterprasseln; **beat up** *vt* zusammenschlagen; **beaten** ['bi:tn] **I.** *pp of* **beat II.** *adj* ▷*metal* gehämmert; ◇ **- track** gebahnter Weg; ◇ **off the - track** abgelegen; **beating** *n* ① (*of child*) Prügel, Schläge *pl* ② (*of drums, of heart*) Schlagen *s;* **beater** ['bi:tə*] *n* (*for eggs, cream*) Schneebesen *m;* (*for carpets*) Klopfer *m*

beatitudes [bı'ætıtju:ds] *n pl* (*bible*) Seligpreisungen *pl*

beat-up *adj FAM* ▷*car* ramponiert; **beautician** [bju:'tıʃn] *n* Schönheitsspezialist(in *f*) *m;* **beautiful** ['bju:tıfʊl] *adj* schön; **beautiful people** *n pl* Schickeria *f;* **beautifully** *adv* schön, ausgezeichnet; **beautify** ['bju:tıfaı] *vt* schöner machen, verschönern; **beauty** ['bju:tı] *n* Schönheit *f;* ◇ **the - of it is we ...** das Schöne dabei ist, daß wir ...; **beauty spot** *n* (*on person*) Schönheitsfleck *m;* (*of landscape*) schöne Gegend *f*

beaver ['bi:və*] *n* Biber *m;* **beaver away** *vi* schwer [*o.* hartnäckig] arbeiten, schuften

becalm [bı'kɑ:m] *vt* ◇ **the sailing ship is -ed** das Segelschiff ist in e-e Flaute geraten

became [bı'keım] *pt of* **become**

because [bı'kɒz] **I.** *cj* weil **II.** *prep* ◇ **because of** wegen *gen;* ◇ **- of you** deinetwegen

beck [1] [bɛk] *n* Bach

beck [2] [bɛk] *n* ◇ **to be at one's - and call** auf Abruf zur Verfügung stehen; **beckon** ['bekən] *vt, vi* heranwinken

become [bı'kʌm] <became, become> **I.** *vi* werden; ◇ **what has - of him?** was ist aus ihm geworden?; ◇ **what will - of her?** was soll aus ihr werden? **II.** *vt* ← *dress* stehen *dat;* ← *behaviour* sich schicken für; **becoming** *adj* ▷*clothes* kleidsam, passend; ↑ *fitting* schicklich

bed [bed] **I.** *n* ① (*for sleeping*) Bett *s;* ◇ **to go to -** zu Bett gehen; ◇ **to go to - with s.o.** mit jd-m ins Bett gehen, mit jd-m schlafen ② (*of river*) [Fluß-] Bett; (*of ocean*) Meeresgrund *m* ③ GEO Schicht *f;* TECHNOL Unterlage *f* ④ (*in garden*) Beet *s* **II.** *vt* ① → *flower* pflanzen, einbetten ② → *person* ins Bett kriegen; **bed down** *vr* sich betten; **bed in** *vt* (*in construction industry*) betten, einlassen; → *brakes* einfahren; **bed and breakfast** *n* Zimmer *s* mit Frühstück; **bed-bug** *n* Wanze *f;* **bedclothes** *n pl* Bettwäsche *f,* Bettzeug *s;* **bedding** ['bedıŋ] *n* Bettzeug *s;* (*for horse*) Streu *f,* Stroh *s*

bedevil [bı'dɛvl] *vt* behexen, quälen

bedlam ['bɛdləm] *n* Chaos *s;* ◇ **it's - in here!** das ist ja ein Tollhaus/tolles Durcheinander hier!

bed linen *n* Bettwäsche *f*

bedraggled [bı'drægld] *adj* ▷*clothes* tropfnaß

bedridden ['bedrıdn] *adj* bettlägerig; **bedroom** ['bedrʊm] *n* Schlafzimmer *s;* **bedside** *n* Bettseite *f;* ◇ **Florence had a good - manner** Florence wußte gut mit den Patienten umzugehen; **bedsit[ting room]** *n* möbliertes Zimmer *s,* Wohnschlafzimmer *s;* **bedspread** *n* Bettdecke *f,* Tagesdecke *f;* **bedtime** *n* Schlafenszeit *f;* **bedtime story** *n* Gutenachtgeschichte *f;* **bed-wetting** *n* Bettnässen *s*

bee [bi:] *n* Biene *f; FAM FIG* ◇ **my boss has a - in his bonnet about punctuality** mein Chef hat e-n Pünktlichkeitstick

beech [bi:tʃ] *n* ① (*tree*) Buche *f* ② (*- wood*) Buchenholz *s* ③ (*- forest*) Buchenwald *m*

beef [bi:f] **I.** *n* Rindfleisch *s* **II.** *vi FAM* ↑ *grumble* meckern (*about* über *acc*); **beefburger** *n* Hamburger *m;* **beefy** *adj FAM* ↑ *brawny* kräftig

beehive ['bi:haıv] *n* Bienenstock *m;* **beekeeper** ['bi:ki:pə*] *n* Imker(in *f*) *m,* Bienenzüchter(in *f*) *m*

beeline ['bi:laın] *n FAM* gerader Weg; ◇ **he**

made a - for the food er ging schnurstracks auf das Essen zu

been [bi:n] *pp of* **be**

beep [bi:p] **I.** *n* PC Beepton *m* **II.** *vt* beepen; ← *car* hupen

beeper *n* Piepser *m,* Alarmmeldeempfänger *m*

beer [bɪə*] *n* Bier *s;* (*lager*) helles Bier; (*stout*) dunkles Bier; **beer belly** *n* Bierbauch *m;* **beer mat** *n* Bierdeckel *m*

bee sting *n* Bienenstich *m*

beet [bi:t] *n* Rübe *f;* (*sugar -*) Zuckerrübe *f*

beetle ['bi:tl] **I.** *n* Käfer *m* **II.** *vi* ↑ *scuttle* flitzen, sausen

beetroot ['bi:tru:t] *n* Rote Bete

befall [bɪ'fɔ:l] <befell, befallen> **I.** *vi* sich ereignen **II.** *vt* zustoßen *dat*

befit [bɪ'fɪt] *vt* sich schicken/ziemen für

before [bɪ'fɔ:*] **I.** *adv* (*of time*) vorher, früher; (*of place*) vor, voran; ◇ **he has done it -** das hat er schon einmal getan **II.** *cj* bevor **III.** *prep* vor; ◇ **the day - yesterday** vorgestern; **beforehand** *adv* im voraus

befriend [bɪ'frend] *vt* ◇ **to - a person** sich e-r Person annehmen

befuddled [bɪ'fʌdld] *adj* durcheinander

beg [beg] *vt* ① ↑ *implore* dringend bitten um; ◇ **to - for mercy** um Gnade flehen; ◇ **I - your pardon** [ich bitte um] Entschuldigung; (*request*) wie bitte?; ◇ **to - the question** die eigentliche Frage vermeiden ② (*for money*) betteln

began [bɪ'gæn] *pt of* **begin**

beggar ['begə*] **I.** *n* ① Bettler(in *f*) *m* ② Kerl *m* **II.** *vt* → *person* arm machen; **begging** *n* Betteln *s;* ◇ **a - letter** ein Bittschreiben *s*

begin [bɪ'gɪn] <began, begun> *vi* anfangen, beginnen; ◇ **to - with** zunächst, erstens; **beginner** *n* Anfänger(in *f*) *m;* **beginning** *n* ↑ *start* Anfang *m;* ◇ **from the -** von Anfang an; ◇ **at the -** am Anfang

begrudge [bɪ'grʌdʒ] *vt* ① → *success* mißgönnen ② ◇ **to - doing s.th.** etw ungern/widerwillig tun

beguile [bɪ'gaɪl] *vt* ↑ *charm* bezaubern, verhexen; ◇ **to - s.b. into doing s.th.** jd-n dazu verleiten, etwas zu tun

begun [bɪ'gʌn] *pp of* **begin**

behalf [bɪ'hɑ:f] *n* ◇ **on - of** im Namen von; ◇ **my brother spoke on my -** mein Bruder sprach für mich

behave [bɪ'heɪv] *vi* ← *person* sich benehmen; ← *objects* sich verhalten, fungieren; **behaviour, behavior** (*AM*) [bɪ'heɪvɪə*] *n* Benehmen *s,* Verhalten *s;* ◇ **she was on her best -** sie zeigte sich von ihrer besten Seite

behead [bɪ'hed] *vt* köpfen, enthaupten

behind [bɪ'haɪnd] **I.** *prep* hinter; ◇ **there is s.th. - this** etw steckt dahinter **II.** *adv* ① (*time*) im Rückstand ② (*place*) hinten; dahinter; ◇ **to fall -** zurückbleiben; ◇ **to walk -** hinterhergehen **III.** *n FAM* Hinterteil *s,* Hintern *m;* **behindhand** [bɪ'haɪndhænd] *adj* (*with work*) im Rückstand

behold [bɪ'həʊld] <beheld, beheld> *vt* ansehen, erblicken; **beholder** *n* Beobachter(in *f*) *m,* Betrachter(in *f*) *m*

beige [beɪʒ] *adj* beige

being ['bi:ɪŋ] *n* ① [Da-]Sein *s;* ↑ *existence* Existenz *f;* ◇ **to come into -** entstehen ② (*essence*) Wesen *s* ③ ↑ *person* Geschöpf *s*

belated [bɪ'leɪtɪd] *adj* verspätet

belch [beltʃ] **I.** *n* (*of person*) Rülpsen *s,* Aufstoßen *s* **II.** *vi* rülpsen; ← *lava* ausspeien **III.** *vt* ← *fire, clouds* ausstoßen

beleaguer [bɪ'li:gə*] *vt* belagern

belfry ['belfrɪ] *n* Glockenturm *m*

Belgium ['beldʒəm] *n* Belgien *s*

belie [bɪ'laɪ] *vt* ↑ *prove false* widerlegen; ↑ *misrepresent* falsch darstellen; → *hopes* täuschen

belief [bɪ'li:f] *n* Überzeugung *f,* Glaube *m* (*in* an *acc*); **believable** [bɪ'li:vəbl] *adj* glaubhaft

believe [bɪ'li:v] *vt* glauben; ↑ *think* ◇ **I - him to be honest** ich halte ihn für ehrlich; ◇ **I - so** ich glaube ja; **believe in** *vt* glauben an *acc;* **believer** *n* REL Gläubige(r) *fm*

belittle [bɪ'lɪtl] *vt FIG* → *importance* herabsetzen

bell [bel] *n* Glocke *f;* **bellboy** *n* Hotelpage *m*

bellicose ['belɪkəʊs] *adj* ▷*nation* kriegerisch; **belligerent** [bɪ'lɪdʒərənt] **I.** *adj* ① ▷*person* streitsüchtig; ▷*nation* kriegerisch ② ▷*country* kriegführend, im Krieg befindlich **II.** *n* Streitende(r) *fm*

bellow ['beləʊ] **I.** *vt, vi* brüllen, grölen; ◇ **the teacher -ed at the children** der Lehrer brüllte die Kinder an **II.** *n* Gebrüll *s;* ◇ **-s** *pl* TECHNOL Faltenbalg *m;* (*for fire*) Blasebalg *m*

belly ['belɪ] *n* Bauch *m;* **belly out** *vi* ← *sail* [sich] bauschen; **belly-ache** **I.** *n FAM* Bauchweh *s,* Bauchschmerzen *m pl* **II.** *vi FAM* ↑ *grumble* meckern; **belly button** *n* Bauchnabel *m*

belong [bɪ'lɒŋ] *vi* ① (*denoting ownership*) gehören (*to s.o.* jd-m); ↑ *be part of* zugehören, angehören *dat* ② ↑ *fit in* gehören; **belongings** *n pl* Sachen *f pl;* ◇ **personal -** persönliches Eigentum

beloved [bɪ'lʌvɪd] **I.** *n* Geliebte(r) *fm* **II.** *adj* geliebt

below [bɪ'ləʊ] **I.** *prep* unter; (*position*) unterhalb **II.** *adv* unten; (*position in relation to s.th.*) darunter, drunten; ◇ **see -** (*in documents*) siehe unten

belt [belt] **I.** *n* ① (*for trousers*) Gürtel *m;* (*seat* ~) Gurt *m;* ◇ **his remark was below the** ~ seine Bemerkung zielte unter die Gürtellinie ② TECHNOL Riemen *m* ③ (GEO *of land*) Gürtel *m,* Gebiet *s* **II.** *vt* → *trousers* den Gürtel zumachen; *FAM* ◇ **to** ~ **s.o.** jd-m e-e/eins knallen; **belt along** *vi* ← *car* rasen; **belt up I.** *vt* → *seat belt* zuschnallen **II.** *vi FAM* die Klappe halten; *FAM* ◇ **b**~ **~!** halt's Maul!

bench [bentʃ] *n* ① (*seat*) [Sitz]Bank *f* ② ↑ *worktop* Werkbank *f;* Labortisch *m* ③ (*in law court*) Richterstand *m;* ◇ **to be on the** ~ Richter sein; **benchmark** *n* (*measurement*) Fixpunkt *m;* ↑ *standard* Maßgebende *s*

bend [bend] <bent, bent> **I.** *n* (*in pipe*) Biegung *f;* (*in road*) Kurve *f* **II.** *vt* → *knee* biegen; → *head* beugen **III.** *vi* ① ← *road* e-e Kurve machen ② ← *person* sich beugen; ↑ *defer to* sich beugen zu; **bend down** *vi* ← *person* sich bücken

beneath [bɪ'niːθ] *s.* **below**

benediction [benɪ'dɪkʃən] *n* ① ↑ *blessing* Segen *m* ② (*act of blessing*) Segnung *f*

benefactor ['benɪfæktə*] *n* Wohltäter(in *f*) *m;* **benefice** ['benɪfɪs] *n* Pfründe *pl;* **beneficial** [benɪ'fɪʃl] *adj* vorteilhaft; (*to health*) heilsam; **beneficiary** [benɪ'fɪʃərɪ] *n* (*of charity*) Nutznießer(in *f*) *m;* (*of will*) Erbberechtigte(r) *fm;* **benefit** ['benɪfɪt] **I.** *n* ↑ *advantage* Nutzen *m,* Vorteil *m;* ◇ **unemployment** ~ Arbeitslosengeld *s* **II.** *vt* fördern, begünstigen **III.** *vi* Nutzen ziehen (*by/from* aus)

Benelux ['benɪlʌks] *n* Beneluxländer *pl*

benevolence [bɪ'nevələns] *n* Wohlwollen *s;* (*of mood*) Gutmütigkeit *f;* **benevolent** [bɪ'nevələnt] *adj* wohlwollend; ▷*organization* mildtätig

benign [bɪ'naɪn] *adj* ① ▷*person* gütig, freundlich; ▷*climate* mild, gemäßigt ② MED ▷*tumour* gutartig

bent [bent] **I.** *adj* ① ▷*metal object* gebogen; ▷*old man* bucklig ② *FAM* ↑ *criminal* korrupt **II.** *n* ↑ *aptitude* Neigung *f* (*for* zu, für) **III.** *pt, pp of* **bend**

benzene [ben'ziːn] *n* CHEM Benzol *s*

benzine [ben'ziːn] *n* Leichtbenzin *s*

bequeath [bɪ'kwiːð] *vt* vermachen

bequest [bɪ'kwest] *n* Vermächtnis *s;* ↑ *legacy* Nachlaß *m*

berate [bɪ'reɪt] *vt* schelten

bereaved [bɪ'riːvd] **I.** *n* ▷*person* Hinterbliebene (r) *fm* **II.** *adj* leidtragend; **bereavement** [bɪ'riːvmənt] *n* schmerzlicher Verlust

beret ['bereɪ] *n* Baskenmütze *f*

Bering Straits ['berɪŋstreɪts] *n pl* Beringstraße *f*

Berlin [bəː'lɪn] *n* Berlin *s;* ◇ **the** ~ **Wall** die [Berliner] Mauer

berry ['berɪ] *n* Beere *f;* ◇ **as red as a** ~ ganz rot

berserk [bə'sɜːk] *adj* wild; *FAM* ◇ **to go** ~ ← *audience* aus dem Häuschen geraten; *FAM* ↑ *flip out* überschnappen

berth [bɜːθ] **I.** *n* (*of ship*) Liegeplatz *m;* (*in ship*) Koje *f;* (*in train*) Bett *s* **II.** *vt* → *ship* ins Dock bringen

beseech [bɪ'siːtʃ] <besought, besought> *vt* anflehen; → *mercy* flehen um

beset [bɪ'set] <beset, beset> *vt* umringen, bedrängen; ◇ **he was** ~ **by problems** er hatte e-n Haufen Probleme

beside [bɪ'saɪd] *prep* neben; ◇ **Erika was** ~ **herself with fury** Erika war außer sich vor Wut; ◇ ~ **the point** belanglos, damit nichts zu tun habend;

besides [bɪ'saɪdz] **I.** *prep* ↑ *other than, in addition to* außer, abgesehen von; nicht mitgerechnet **II.** *adv* ↑ *in addition* außerdem, ferner

besiege [bɪ'siːdʒ] *vt* MIL → *town* belagern; → *person* bedrängen; (*with offers*) überschütten

besotted [bɪ'sɒtɪd] *adj* (*with person*) verknallt (*with* in *acc*); (*with idea*) berauscht (*with* von)

bespoke [bɪ'spəʊk] <inv> *adj* nach Maß; ◇ ~ **tailor** Maßschneider(in *f*) *m*

best [best] <*superlative of* **good**>; **I.** *adj* beste(r, s) **II.** *adv* <*superlative of* **well**> am besten; ◇ **I like eating** ~ **of all** am liebsten esse ich; ◇ **I did it as** ~ **I could** ich tat es, so gut ich es konnte **III.** *n* der/die/das Beste; ◇ **it's all for the** ~ es ist nur zum Besten; ◇ **to make the** ~ **of it** das Beste daraus machen; ◇ **to the** ~ **of my recollection** soviel ich mich erinnere; ◇ **all the** ~ alles Gute; ◇ **at** ~ höchstens, bestenfalls

bestial ['bestɪəl] *adj* tierisch, bestialisch

best man *n* <men> Trauzeuge (des Mannes) *m*

bestow [bɪ'stəʊ] *vt* → *medal* verleihen; → *favour, kiss* gewähren; → *honour* erweisen (*on/upon s.o.* jd-m); **bestowal** *n* Verleihung *f*

bestseller ['bestselə*] *n* Bestseller *m*

bet [bet] <bet, bet> **I.** *vt* wetten (*on* auf, *against* gegen *acc*); ◇ **I** ~ **him a gold coin that ...** ich hab mit ihm (um) e-e Goldmünze gewettet, daß ...; ◇ **to** ~ **four to one** eins zu/gegen vier wetten; *FAM* ◇ **you can** ~ **your bottom dollar that ...** du kannst Gift darauf nehmen, daß ...; *FAM* ◇ **you bet!** und ob! **II.** *n* Wette *f*

betray [bɪ'treɪ] *vt* ↑ *double-cross* verraten; → *confidence* enttäuschen; (*sexually*) untreu werden *dat;* **betrayal** *n* Verrat *m;* (*of trust*) Vertrauensbruch *m,* Enttäuschung *f;* **betrayer** *n* Verräter *m*

better ['betə*] <*comparative of* **good, well**>; **I.** *adj* besser; ◇ **the old man is** ~ **now** dem alten

Mann geht es jetzt besser **II.** *adv* <*comparative of* **well**> besser; ◇ **you had ~ go** es wäre besser, du gingest; ◇ **so much the ~** um so besser; ◇ **the sooner the ~** je früher je besser; ◇ **for ~ or worse** so oder so; (*when marrying*) in Freud oder Leid **III.** *n* der/die/das Bessere; ◇ **my curiosity got the ~ of me** meine Neugier hat mich übermannt **IV.** *vt* verbessern; **better off** *adj* ↑ *richer* wohlhabender; ◇ **she would be ~ ~ in hospital** im Krankenhaus wäre sie besser aufgehoben

betters *n* ◇ **one's ~** Respektspersonen *f pl*

betting shop *n* Wettbüro *s*

between [bɪ'twiːn] **I.** *prep* zwischen, unter; ◇ **~ the devil and the deep blue sea** zwischen Feuer und Flamme; ◇ **~ you and me** unter uns gesagt **II.** *adv* dazwischen

bevel ['bevəl] *n* Abschrägung *f;* ◇ **~ edge** abgeschrägte Kante

beverage ['bevərɪdʒ] *n* Getränk *s*

beware [bɪ'wɛə*] *vt* sich hüten vor *dat;* ◇ **~ of the dog!** Vorsicht, bissiger Hund!, Warnung vor dem Hunde!

bewilder [bɪ'wɪldə] verwirren; **bewildered** [-d] *adj* verwirrt; **bewildering** *adj* verwirrend

bewitch verzaubern, verhexen; *FIG* bezaubern; **bewitching** [bɪ'wɪtʃɪŋ] *adj* bezaubernd, verhexend

beyond [bɪ'jɒnd] **I.** *prep* (*on the other side of*) jenseits *gen;* (*way past*) über ... hinaus *acc;* ◇ **~ doubt** zweifellos; ◇ **she is ~ help** ihr ist nicht mehr zu helfen **II.** *adv* (*on the other side of*) jenseits davon; (*and furthermore*) darüberhinaus; ◇ **it's ~ me** das ist mir unbegreiflich **III.** *n* ◇ **the ~** die unendliche Weite

bias ['baɪəs] **I.** *n* ① ↑ *slant* schräge Ebene *f;* ◇ **the cloth is cut on the ~** der Stoff ist schräg zum Fadenlauf geschnitten ② Voreingenommenheit *f;* (*of judgement*) Vorurteil *s;* ◇ **he shows a ~ for children** er zeigt e-e Vorliebe für Kinder **II.** *vt* beeinflussen, manipulieren; **biased**, **biassed** *adj* voreingenommen, befangen; ↑ *weighted* konzentriert

bib [bɪb] *n* Latz *m*

Bible ['baɪbl] *n* Bibel *f;* **biblical** ['bɪblɪkəl] *adj* biblisch, Bibel-

bibliographer [bɪblɪ'ɒgrəfə*] *n* Bibliograph(in *f*) *m;* **bibliographic** [bɪblɪɒ'græfɪk] *adj* bibliographisch; **bibliophile** ['bɪblɪəfaɪl] *n* Bibliophile(r) *fm*

bicarbonate [baɪ'kɑːbənɪt] *n* GASTRON ◇ **~ of soda** Natron *s*

bi-centenary [baɪsen'tiːnərɪ], **bi-centennial** [baɪsen'tenɪəl] (*AM*) *n* zweihundertjähriges Jubiläum

biceps ['baɪseps] *n sg* ANAT Bizeps *m*

bicker ['bɪkə*] *vi* [sich] zanken

bicycle ['baɪsɪkl] *n* Fahrrad *s;* ◇ **to ride a ~** Fahrrad fahren

bid [bɪd] <bid, bid *o.* bidden> **I.** *vt* [an]bieten; (*at auction*) bieten (*for* für *acc*); ◇ **I ~ you good morning** e-n wunderschönen guten Morgen; ◇ **to ~ farewell to s.o.** jd-m Lebewohl sagen **II.** *n* ① COMM ↑ *offer* [An-]Gebot *s* ② ↑ *attempt* Versuch *m;* ◇ **Bush made a ~ for the presidency** Bush griff nach der Präsidentschaft; **bidder** *n* (*at auction*) Bietende(r) *fm*

bide [baɪd] ◇ **to ~ one's time** [den günstigsten Zeitpunkt] abwarten

bidet ['biːdeɪ] *n* Bidet *s*

biennial [baɪ'enɪəl] *adj* alle zwei Jahre, zweijährig

bier [bɪə*] *n* Bahre *f*

biff [bɪf] *n FAM* Stoß *m*

bifocals [baɪ'fəʊkəl] *n pl* Bifokalbrille *f*

big [bɪg] *adj* groß; ◇ **what's the ~ idea?** was soll denn das?; ◇ **~ deal!** na und?; *FAM* ◇ **to have a ~ mouth** e-e große Klappe haben

bigamous ['bɪgəməs] *adj* bigamistisch; **bigamy** ['bɪgəmɪ] *n* Bigamie *f*

big head *n FAM* Angeber *m;* **bigheaded** [bɪg'hedɪd] *adj* eingebildet

bight [baɪt] *n* GEO Bucht *f*

bigot ['bɪgət] *n* intolerante Person *f;* **bigoted** [-ɪd] *n* engstirnig; **bigotry** ['bɪgətrɪ] *n* eifernde Borniertheit *f*

big-time *n* ◇ **to hit the ~** das große Geld verdienen, groß einsteigen; **big top** *n FAM* Zirkus *m;* (*tent*) Zirkuszelt *s;* **bigwig** ['bɪgwɪg] *n FAM* hohes Tier, Großkopferte *m*

bike [baɪk] *n* [Fahr-]Rad *s; s. a.* **bicycle**

bilateral [baɪ'lætərəl] *adj* ▷*agreement* beiderseitig, bilateral

bilberry ['bɪlbərɪ] *n* Heidelbeere *f*

bile [baɪl] *n* MED Galle *f,* Gallenflüssigkeit *f*

bilge [bɪldʒ] *n* NAUT Bilge *f;* ◇ **to talk utter ~** absoluten Quatsch reden

bilingual [baɪ'lɪŋgwəl] *adj* zweisprachig

bill [bɪl] *n* ① (*bird*) Schnabel *m;* GEO Landzunge *f* ② ↑ *document* Schriftstück *s;* ◇ **Berta fits the ~** Berta ist genau die Richtige ③ ↑ *invoice* Rechnung *f;* ◇ **could we have the ~ please?** wir möchten bitte bezahlen; ◇ **to be top of the ~** die Hauptattraktion sein ④ (*AM money*) Geldschein *m* ⑤ POL Gesetzentwurf *m* ⑥ Plakat *s;* ◇ **stick no ~s!** Plakate ankleben verboten!; ◇ **~ of credit** Kreditbrief *m;* ◇ **~ of exchange** Tratte *f;* ◇ **~ of fare** Speisekarte *f;* ◇ **~ of lading** Frachtbrief *m;* ◇ **~ of rights** Freiheitsrechte *s*

billboard ['bɪlbɔːd] *n* (*AM*) Reklametafel *f*

billiard[s] [ˈbɪlɪədz] *n sg* Billard *s;* (*~ cue*) Billardstock *m;* (*a game of ~*) Partie Billard *f*

billion [ˈbɪlɪən] *n* Billion *f; AM* Milliarde *f*

billow [ˈbɪləʊ] **I.** *vi* ← *sail* sich blähen; ← *skirt* plustern **II.** *n* (*of smoke*) Schwaden *m;* **billowy** *adj* schwellend, wogend

billy goat [ˈbɪlɪgəʊt] *n* Ziegenbock *m*

bin [bɪn] *n* Behälter *m;* (*rubbish ~*) Mülltonne *f;* (*dust~*) Mülltonne *f*

binary [ˈbaɪnərɪ] *adj* zweiteilig, binär

bind [baɪnd] **I.** *n FAM* lästige Tätigkeit **II.** <bound, bound> *vt* [1] ↑ *tie* binden, befestigen [2] (*of duties*) verpflichten; JUR ◇ **he was bound over for ….** er erhielt e-e Bewährungsfrist von ….; ◇ **our interests are bound up** unsere Interessen sind eng verknüpft; **binding I.** *n* [Buch-]einband *m* **II.** *adj* verbindlich; ◇ **a ~ agent** ein Bindemittel

binge [bɪndʒ] *n FAM* Saufgelage *s;* ◇ **to go on a ~** e-n heben gehen

bin liner *n* Mülltüte *f*

binoculars [bɪˈnɒkjʊləz] *n pl* Fernglas *s*

biochemistry [baɪəʊˈkemɪstrɪ] *n* Biochemie *f;* **biodegradable** [ˈbaɪəʊdɪˈgreɪdəbl] *adj* biologisch abbaubar

biography [baɪˈɒgrəfɪ] *n* Biographie *f*

biologist [baɪˈɒlədʒɪst] *n* Biologe *m,* Biologin *m;* **biology** [baɪˈɒlədʒɪ] *n* Biologie *f;* **biotechnology** [baɪəʊtekˈnɒlədʒɪ] *n* Biotechnik *f;* **biotope** [ˈbɑːɪətəʊp] *n* Biotop *s*

biped [ˈbaɪped] *n* FAUNA Zweifüßler *m*

biplane [ˈbaɪpleɪn] *n* AERO Doppeldecker *m*

birch [bɜːtʃ] *n* FAUNA Birke *f*

bird [bɜːd] *n* Vogel *m;* ◇ **to talk about the ~s and the bees** darüber sprechen, wo die kleinen Kinder herkommen; **bird of prey** *n* Raubvogel *m;* **bird-seed** *n* Vogelfutter *s;* **bird's-eye view** *n* [1] Vogelperspektive *f* [2] Luftbild *s;* ↑ *general impression* Überblick *m*

biro® [ˈbaɪərəʊ] *n* ↑ *ball-point pen* Kugelschreiber *m*

birth [bɜːθ] *n* [1] Geburt *f;* ◇ **by ~** von Geburt [2] Herkunft *f;* ◇ **of good ~** aus gutem Hause; ◇ **to give ~ to** zur Welt bringen; **birth certificate** *n* Geburtsurkunde *f;* **birth control** *n* Geburtenkontrolle *f;* **birthday** *n* Geburtstag *m;* ◇ **happy ~!** herzlichen Glückwunsch zum Geburtstag!; **birthmark** *n* Muttermal *s;* **birthplace** *n* Geburtsort *m;* **birthrate** *n* Geburtenziffer *f,* Geburtenrate *f*

biscuit [ˈbɪskɪt] *n* Keks *m,* Plätzchen *s*

bisect [baɪˈsekt] **I.** *vt* halbieren **II.** *vi* sich teilen

bisexual [baɪˈsɛksjʊəl] *n* bisexuell; **bisexuality** [baɪsekʃʊˈælətɪ] *n* Bisexualität *f*

bishop [ˈbɪʃəp] *n* [1] (*high ranking clergyman*) Bischof *m* [2] (*chess piece*) Läufer *m;* **bishopric** [ˈbɪʃəprɪk] *n* ↑ *diocese* Bistum *s,* Diözese *f*

bit [1] [bɪt] **I.** *n* [1] Stückchen *s,* Bißchen *s;* ◇ **a ~ tired** etw müde; ◇ **~ by ~** nach und nach; ◇ **to smash s.th. to ~s** etw kurz und klein schlagen [2] PC Bit *s binary digit* **II.** *pt of* **bite**

bit [2] [bɪt] *n* [1] (*of a bridle*) Gebiß *s* [2] TECHNOL Bohrer *m*

bitch [bɪtʃ] **I.** *n* [1] (*dog*) Hündin *f* [2] (*FAM! woman*) Luder *s,* Miststück *s,* Sau *f; FAM AM* ◇ **son of a ~** (*positive*) toller Kerl; (*FAM! negative*) gemeiner Kerl; ◇ **a ~ of a job** e-e schwierige Arbeit **II.** *vi FAM* mosern, meckern

bite [baɪt] <bit, bitten> **I.** *vt* [1] beißen; (*of insects*) stechen [2] ← *acid* → *metals* beizen, ätzen [3] → *fingernails* kauen **II.** *n* [1] (*act*) Beißen *s* [2] Biß *m* [3] ↑ *mouthful* Bissen *m;* (*piece of food*) Happen *m;* **biting** *adj* ▷*comment* schneidend, sarkastisch; (*cold wind*) scharf, schneidend kalt

bitten [ˈbɪtn] *pp of* **bite**

bitter [ˈbɪtə*] **I.** *adj* [1] ▷*taste* bitter [2] ▷*experience* schmerzlich; *FIG* ▷*person* verbittert **II.** *n* [1] (*beer*) halbdunkles Bier [2] ◇ **~s** *pl* Magenbitter *m*

bivouac [ˈbɪvʊæk] *n* Biwak *s*

biz [bɪz] = *FAM* **business**

bizarre [bɪˈzɑː*] *adj* bizarr

blab [blæb] *vi FAM* ausplaudern, klatschen

black [blæk] **I.** *adj* (*colour*) schwarz; ↑ *dark* finster; (*of angry look*) böse; ◇ **~ sheep** schwarzes Schaf; ◇ **~ and blue** grün und blau **II.** *vt* → *army boots* schwärzen; → *product, worker* boykottieren; **black out** *vi* ↑ *become unconscious* ohnmächtig werden; **blackberry** *n* [1] (*fruit*) Brombeere *f* [2] ▷*bush* Brombeerstrauch *m;* **blackbird** *n* Amsel *f;* **blackboard** *n* [Schul-]Tafel *f;* **black box** *n* AERO Flugschreiber *m;* **blackcurrant** *n* schwarze Johannisbeere *f;* **black economy** *n* COMM Schattenwirtschaft *f;* **blacken** [ˈblækən] *vt* [1] → *face* schwarz malen, schwärzen [2] → *reputation* anschwärzen; **black eye** *n* blaues Auge *s;* **Black Forest** *n* Schwarzwald *m;* **blackguard** *n* Lump *m,* Schuft *m;* **black head** *n* MED Mitesser *m;* **black hole** *n* PHYS Schwarzes Loch; **black ice** *n* Glatteis *s;* **blackleg** *n* Streikbrecher(in *f*) *m;* **blacklist I.** *n* schwarze Liste *f* **II.** *vt* → *company, person* auf die schwarze Liste setzen; **blackly** *adv* ↑ *gloomily* düster; **blackmail I.** *n* Erpressung *f* **II.** *vt* erpressen; **blackmailer** *n* Erpresser(in *f*) *m;* **black market** *n* Schwarzmarkt *m;* **blackout** *n* [1] MED Ohnmachtsanfall *m* [2] ↑ *power failure* Stromausfall *m;* **black**

pudding *n* ≈ Blutwurst *f;* **Black Sea** *n* das Schwarze Meer; **blacksmith** *n* Schmied *m;* **black spot** *n* unfallträchtige Verkehrsstelle *f*

bladder [ˈblædə*] *n* Blase *f*

blade [bleɪd] *n* (*of knife*) Klinge *f;* (*of oar*) Ruderblatt *s;* (*of grass*) Halm *m*

blame [bleɪm] **I.** *n* ① ↑ *censure* Tadel *m* ② ↑ *responsibilty* Schuld *f;* ◇ **to take the** ~ die Schuld auf sich nehmen **II.** *vt* ① ↑ *reproach* tadeln, Vorwürfe machen *dat* ② ↑ *hold responsible* beschuldigen, Schuld geben *dat;* ◇ **the weather alone is to** ~ nur das Wetter ist dran schuld; **blameworthy** [ˈbleɪmwɜːði] *adj* schuldig

blanch [ˈblɑːntʃ] **I.** *vt* → *vegetables* blanchieren **II.** *vi* blaß werden (*with* vor *dat*)

bland [blænd] *adj* ① ▷*weather* mild ② ▷*personality* ohne Charakter ③ ▷*food* geschmacklos, fade

blank [blæŋk] **I.** *adj* ① ↑ *empty* leer; ▷*paper* unbeschrieben; ◇ **please leave** ~ bitte nicht ausfüllen ② ▷*face* verblüfft **II.** *n* ① ↑ *void* Leere; ↑ *gap* Lücke; ↑ *on a printed form* freier Raum; PRINT Leeranschlag *m,* Leerzeichen *s* ② ◇ **my mind went** ~ ich hatte plötzlich totale Mattscheibe ③ ↑ *dummy round* Platzpatrone; ◇ **to draw a** ~ kein Glück haben; **blank cheque** *n* Blankoscheck *m;* **blank form** *n* Vordruck *m*

blanket [ˈblæŋkɪt] **I.** *n* (*on bed*) Decke *f* **II.** *adj* ▷*statement* umfassend, pauschal **III.** *vt* ← *snow* zudecken; ← *mist* einhüllen

blare [bleə*] *vt, vi* ① ← *radio* plärren ② ← *car horn* laut hupen ③ ← *trumpet* schmettern; **blare out** *vt, vi* ← *noisy baby* plärren

blare *n* Geplärr *s;* Getute *s;* Schmettern *s*

blarney [ˈblɑːnɪ] *n* Schmeichelei *f*

blasé [ˈblɑːseɪ] *adj* überheblich

blaspheme [blæsˈfiːm] *vi* über Gott lästern; **blasphemous** [ˈblæsfɪməs] *adj* lästernd, frevelhaft; **blasphemy** [ˈblæsfəmɪ] *n* Gotteslästerung *f,* Blasphemie *f*

blast [blɑːst] **I.** *n* ① ↑ *explosion* Explosion *f;* (*of firearm*) Stoß *m;* ↑ *shockwave* Druckwelle *f* ② (*of wind*) Windstoß *m;* (*of hot air*) Schwall *m* **II.** *vt* ① → *rocket* schießen ② → *town to pieces* vernichten **III.** *intj FAM* verdammt; **blast-off** *n* (*of rocket*) Raketenabschuß *m*

blasted [-ɪd] *adj FAM* ▷*machine* verdammt

blatant [ˈbleɪtənt] *adj* ↑ *open* offenkundig; (*excessively so*) überdeutlich; (*impertinently clear*) unverschämt

blaze [bleɪz] **I.** *n* (*bright fire*) loderndes Feuer; (*of sun*) Glut *f* **II.** *vi* ← *fire, love, anger* lodern

blazer [ˈbleɪzə*] *n* Blazer *m*

bleach [bliːtʃ] **I.** *n* Bleichmittel *s* **II.** *vt* bleichen

bleak [bliːk] *adj* ① ▷*landscape* düster, kahl ② ▷*future* trostlos

bleary-eyed [blɪərɪˈaɪd] *adj* (*after sleep*) verschlafen; (*after work*) schweräugig

bleat [bliːt] **I.** *n* (*of sheep*) Blöken *s;* (*of goat*) Meckern *s* **II.** *vi* blöken, meckern

bled [bled] *pt, pp of* **bleed**

bleed [bliːd] <bled, bled> **I.** *vi* ← *human* bluten; (*to death*) verbluten; ← *colour* ausbluten **II.** *vt* ① → *person* zur Ader lassen; → *plant* abzapfen; ◇ **he bled her white** er hat sie um ihr Letztes gebracht ② AUTO → *brakes* entlüften; **bleeder** [ˈbliːdə] *n* MED Bluter *m;* **bleeding I.** *n* ① ↑ *blood loss* Blutung *f* ② (*brakes, radiators*) Entlüftung *f* **II.** *adj* ▷*injury* blutend

bleep [bliːp] **I.** *n* Piepston *m* **II.** *vi* ← *bleeper* piepsen **III.** *vt* → *nurse* anpiepsen; **bleeper** [ˈbliːpə*] *n* Piepser *m*

blemish [ˈblemɪʃ] *n* ↑ *imperfection* Makel *m*

blend [blend] **I.** *n* (*of ingredients*) Mischung *f* **II.** *vi* ◇ **village and landscape** ~ **really well** Dorf und Landschaft scheinen ineinander überzugehen; **blender** [ˈblɛndə*] *n* Mixer *m*

bless [bles] *vt* ① (~ *s.th./s.o.*) segnen ② ↑ *give thanks* preisen ③ ◇ ~ **you!** Gesundheit!; **blessing** *n* Segen *m;* (*at table*) Tischgebet *s;* ◇ **it was a** ~ **in disguise** es war Glück im Unglück

blew [bluː] *pt of* **blow**

blight [blaɪt] **I.** *n* ① BIOL Brand *m,* Mehltau *m* ② (*on life*) Bürde *f* **II.** *vt* ① BIOL am Gedeihen hindern ② → *life* verderben; **blighter** [ˈblaɪtə*] *n* (*little* ~) frecher Bengel *m;* (*lucky* ~) Glückspilz *m*

blind [blaɪnd] **I.** *adj* ① (*eyes*) blind; ◇ **the teacher turned a** ~ **eye** der Lehrer drückte ein Auge zu ② ▷*corner* unübersichtlich ③ (*unprepared*) unbesonnen; ◇ ~ **with fury** blind vor Wut **II.** *n* (*window* ~) Rollo *f;* (*Venetian* ~) Jalousie *f* **III.** *vt* ↑ *dazzle* blenden; **blind** *n* ◇ **the poor and the** ~ die Armen und die Blinden; **blind alley** *n* Sackgasse *f;* **blind flying** *n* AERO Blindflug *m;* **blindfold I.** *n* Augenbinde *f* **II.** *vt* die Augen verbinden (*s.o.* jd-m); **blindly** *adv* blind; (*not thought out*) blindlings; **blindness** *n* Blindheit *f;* **blind spot** *n* AUTO toter Winkel; ANAT blinder Fleck

blink [blɪŋk] *vt, vi* blinzeln; **blinkered** [ˈblɪŋkəd] *adj* (*of person*) borniert, mit Scheuklappen, engstirnig; **blinkers** [ˈblɪŋkəz] *n pl* Scheuklappen *pl*

blip [blɪp] *n* leuchtender Punkt (auf dem Radarschirm) *m*

bliss [blɪs] *n* (*perfect happiness*) [Glück-]Seligkeit *f;* **blissful** [ˈblɪsfəl] *adj* glückselig, wonnig;

blissfully [-ı] *adj* herrlich, paradiesisch; ◇ **to be ~ ignorant** völlig ahnungslos sein
blister ['blıstə*] **I.** *n* Blase *f* **II.** *vi* Blasen werfen; **blistering** *adj* ① ▷*sun* glühend ② (*pace of runner*) mörderisch
blithe [blaıθ] **I.** *adj* munter, fröhlich **II.** *adv* ◇ **he ~ly disobeyed his orders** er setzte sich ungeniert über seine Anweisungen hinweg
blitz [blıts] **I.** *n* ① Blitzkrieg *m* ② AERO Luftkrieg *m* **II.** *vt* [intensiv] bombardieren
blizzard ['blızəd] *n* Schneesturm *m*
bloated ['bləʊtıd] *adj* (*grossly swollen*) aufgedunsen; (*with self assurance*) aufgeblasen (*with* vor *dat*); (*stuffed with food*) vollgestopft
blob [blɒb] *n* (*of ink*) Klecks *m*
bloc [blɒk] *n* POL Block *m*
block [blɒk] **I.** *n* ① (*construction ~*) Block *m*, Klotz *m* ② ↑ *obstruction* Hindernis *s*, Sperre *f*; ↑ *mental ~* Mattscheibe *f* ③ (*of houses*) Häuserblock *m*; (*of quantity*) Einheit *f* **II.** *vt* hemmen; *FAM* ◇ **the boy is a chip off the old ~** der Junge ist ganz der Vater; **block off** *vt* → *street* absperren; **block up** *vt* → *overflow pipe, nose* verstopfen; → *exit* blockieren
blockade [blɒ'keıd] **I.** *n* Blockade *f* **II.** *vt* blokkieren, sperren
blockage ['blɒkıdʒ] *n* Verstopfung *f*
blockbuster ['blɒkbʌstə*] *n* Knüller *m*, Renner *m*; **blockhead** *n* (*stupid, obstinate person*) Dummkopf *m*
bloke [bləʊk] *n FAM* Kerl *m*, Typ *m*
blonde [blɒnd] **I.** *adj* (*of hair*) blond **II.** *n* ▷*woman* Blondine *f*
blood [blʌd] *n* Blut *s*; **blood bank** *n* Blutbank *f*; **blood count** *n* Blutbild *s*; **blood donor** *n* Blutspender(in *f*) *m*; **blood group** *n* Blutgruppe *f*; **bloodhound** *n* Bluthund *m*; **bloodless** ['blʌdləs] *adj* ▷*coup* ohne Gewalt, unblutig; **blood poisoning** *n* Blutvergiftung *f*; **blood pressure** *n* Blutdruck *m*; **blood relative** *n* Blutsverwandte(r) *fm*; **bloodshed** *n* Blutvergießen *s*; **bloodshot** *adj* blutunterlaufen; **bloodstream** *n* Blut *s*, Blutkreislauf *m*; **blood test** *n* Blutuntersuchung *f*, Blutprobe *f*; **bloodthirsty** *adj* blutrünstig; **blood transfusion** *n* Blutübertragung *f*; **blood vessel** *n* (*vein or artery*) Blutgefäß *s*; **bloody** [-ı] *adj FAM* verdammt; ◇ **not ~ likely** keineswegs, verdammt noch mal; **bloody-minded** *adj* stur
bloom [bluːm] **I.** *n* (*flower*) Blüte *f*; ↑ *prime* Blüte *f*, Glanz *m*; ◇ **she was in the ~ of youth** sie war in der Blüte ihrer Jugend **II.** *vi* blühen
bloomers ['bluːməz] *n pl FAM* Pumphose *f*
blossom ['blɒsəm] **I.** *n* (*flower on bush/tree*) Blüte *f*; ◇ **the cherry tree is in ~** der Kirschbaum blüht **II.** *vi* blühen
blot [blɒt] **I.** *n* (*ink spot etc.*) Klecks *m*; ◇ **a ~ on the landscape** ein Schandfleck in der Landschaft **II.** *vt* abtupfen; **blot out** *vt* → *words* unleserlich machen; → *memories* auslöschen
blotch [blɒtʃ] *n* (*on skin*) Hautfleck *m*; (*of ink*) Klecks *m*; **blotchy** ['blɒtʃı] *adj* ▷*skin* fleckig; ▷*writing* verschmiert; **blotting paper** ['blɒtıŋpeıpə*] *n* Löschpapier *s*
blouse [blaʊz] *n* Bluse *f*
blow [bləʊ] <blew, blown> **I.** *vt* ① → *air* blasen ② ◇ **to ~ one's nose** sich die Nase putzen ③ → *bubbles* machen ④ *FAM* → *money* verpulvern; ◇ **to ~ one's horn** angeben; ◇ **to ~ one's top** vor Wut explodieren **II.** *vi* ① (*on hot soup*) blasen auf *acc* ② ← *wind* wehen, blasen ③ ← *whale* blasen ④ ← *lightbulb* durchbrennen ⑤ *FAM* ↑ *leave* abhauen ⑥ ◇ **the window blew open** das Fenster flog auf **III.** *n* Schlag *m*; ◇ **a ~ by ~ account** ein umfassender Bericht; ◇ **to come to ~s** handgreiflich werden; **blow over** *vi* vorübergehen; **blow up** *vt* ① → *enemy installation* zersprengen ② → *tyre* aufblasen ③ PHOTO vergrößern; **blow-dry** *vt* fönen; **blower** *n* ① TECHNOL Gebläse *s* ② *FAM* Telefon *s*; **blowlamp** *n* Lötlampe *f*; **blown** *pp of* **blow**; **blow-out** *n* AUTO Reifenpanne *f*; **blow-up** *n* PHOTO Vergrößerung *f*
blubber ['blʌbə*] *n* Walfischspeck *m*
bludgeon ['blʌdʒən] **I.** *n* Knüppel *m* **II.** *vt* niederknüppeln; *FIG* bearbeiten
blue [bluː] **I.** *adj* ① (*colour*) blau; ◇ **once in a ~ moon** selten einmal ② *FAM* ↑ *unhappy* niedergeschlagen ③ *FAM* ▷*film* Porno- ④ ▷*language* derb **II.** *n* ◇ **the news came out of the ~** die Nachricht kam aus heiterem Himmel; **blue baby** *n* Baby *s* mit Herzfehler; **bluebell** *n* Glockenblume *f*; **blueberry** *n* Heidelbeere *f*; **bluebottle** *n* Schmeißfliege *f*; **blue cheese** *n* [Blau-]Schimmelkäse *m*; **blue-collar** *adj* ◇ **~ worker** Arbeiter (in *f*); **blueprint** *n* Entwurf *m*; **blues** *n pl* MUS Blues *m*; *FIG* ◇ **he had the ~** er war deprimiert
bluff [blʌf] **I.** *vt* bluffen, täuschen; ◇ **to ~ one's way out of s.th.** sich aus etw herausstehlen **II.** *n* ↑ *trick* Bluff *m*; ◇ **he called his ~** er ließ es darauf ankommen, er zwang ihn, Farbe zu bekennen
blunder ['blʌndə*] **I.** *n* grober Fehler, Schnitzer *m* **II.** *vi* Mist bauen; **blundering** *adj* (*making mistakes*) schusselig; ↑ *clumsy* tolpatschig
blunt [blʌnt] **I.** *adj* ▷*blade* stumpf; ▷*talk* direkt **II.** *vt* abstumpfen
bluntly ['blʌntlı] *adj* (*speaking*) geradeheraus, unverblümt; **bluntness** *n* ① (*of blade*) Stumpfheit *f* ② ↑ *outspokenness* Unverblümtheit *f*

blur [blɜ:*] **I.** *n* Verschwommenheit *f* **II.** *vi* verschwimmen **III.** *vt* verschwommen machen
blurb [blɜ:b] *n* Waschzettel *m;* (*on book jacket*) Klappentext *m*
blurt out [blɜ:t aʊt] *vt* unbesonnen heraussagen
blush [blʌʃ] **I.** *vi* rot werden, erröten; ↑ *be ashamed* sich schämen **II.** *n* Erröten *s*
bluster ['blʌstə*] *vi* (1) ← *wind* toben (2) ← *person* schwadronieren; **blustery** *adj* ↑ *windy* stürmisch
BO *n abbr. of* **body odour** Körpergeruch *m*
boa ['bəʊə] *n* ↑ *- constrictor* Boa constrictor *f*
boar [bɔ:*] *n* (*uncastrated male pig*) Eber *m;* (*wild -*) Keiler *m*
board [bɔ:d] **I.** *n* (1) (*of wood*) Brett *s* (2) ↑ *committee* Ausschuß *m;* (*of firm*) Aufsichtsrat *m,* Vorstand *m; FIG* ◇ **everything went by the -** alles war hin; ◇ **- and lodging** Unterkunft und Verpflegung; ◇ **half -** Halbpension *f* **II.** *vt* → *train* einsteigen in *akk;* → *ship, aeroplane* an Bord gehen; **board up** *vt* mit Brettern vernageln; **boarder** *n* (1) Pensionsgast *m* (2) SCH Internatsschüler(in *f*) *m;* **boarding card** *n* Bordkarte *f,* Einstiegskarte *f;* **boarding-house** *n* Pension *f;* **boarding-school** *n* Internat *s;* **boardroom** *n* Sitzungssaal *m;* **boardwalk** *n AM* ↑ *promenade* Holzsteg *m*
boast [bəʊst] **I.** *vi* ↑ *show off* prahlen **II.** *vt* (*proudly possess*) sich rühmen *gen* **III.** *n* (1) ↑ *showing off* Prahlerei *f* (2) (*possession*) Stolz *m;* **boastfulness** ['bəʊstfʊlnəs] *n* Prahlerei *f*
boat [bəʊt] *n* Boot *s*
boater *n* (*hat*) steifer Strohhut
boating *n* (*leisure*) Bootfahren *s;* **boat race** *n* Regatta *f;* **boatswain** ['bəʊsn] *n s.* **bosun;** **boat-train** *n* Zug *m* mit Schiffsanschluß
bob [1] [bɒb] **I.** *vi* (*on water*) sich auf und ab bewegen **II.** *n* (*haircut*) Bubikopf *m*
Bob [2] [bɒb] *abbr. of* **Robert** ◇ **-'s your uncle** fertig ist der Lack
bobbin ['bɒbɪn] *n* Spule *f*
bobble ['bɒbəl] *n* Bommel *m*
bobsleigh ['bɒbsleɪ] *n* Bob *m*
bode [bəʊd] *vt* (*gehoben*) bedeuten; ◇ **it -s well** die Zukunft sieht gut aus
bodice ['bɒdɪs] *n* ↑ *corset* Mieder *s*
bodily ['bɒdɪlɪ] *adj, adv* (1) körperlich; ↑ *in person* leibhaftig (2) ↑ *forcibly* gewaltsam; ◇ **- harm** Körperverletzung *f*
body ['bɒdɪ] *n* (1) Körper *m;* ↑ *corpse* Leiche *f* (2) (*government -*) Organ *s;* (*advisory -*) Gremium *s;* (*of men*) Gruppe *f* (3) AUTO Karosserie *f* (4) (*of argument*) Wesentliche *s;* (*of material*) Substanz *f;* **body blow** *n* Körperschlag *m;* **bodyguard** *n* Leibwache *f;* **bodywork** *n* AUTO Karosserie *f*
boffin [bɒfɪn] *n* Eierkopf *m*
bog [bɒg] **I.** *n* ↑ *moorland* [Hochland-]Sumpf *m; FAM!* ↑ *lavatory* Klo *s* **II.** **bog down** *vi* ◇ **to get -ged down** sich festfahren, steckenbleiben; ◇ **-ged - in detail** sich verzetteln
bogey ['bəʊgɪ] *n* (1) ↑ *goblin* Kobold *m;* (*- man, benign*) Butzemann *m;* ↑ *malign* Poltergeist *m,* Gespenst *s* (2) (*FAM! on nose*) Popel *m*
bogus ['bəʊgəs] *adj* unecht
Bohemia [bəʊ'hi:mɪə] *n* Böhmen *s;* **Bohemian** **I.** *n* (1) Böhme *m,* Böhmin *f* (2) ◇ **b-** Künstler(in *f*) *m* **II.** *adj* (1) ◇ **b-** böhmisch (2) *FIG* ◇ **a b- way of life** ein unkonventioneller Lebensstil
boil [bɔɪl] **I.** *vt, vi* kochen; ◇ **it began to -** es fing an zu kochen **II.** *n* MED Geschwür *s;* **boil down** *vi FIG* ◇ **what it all -s - to is ...** das läuft darauf hinaus, daß ...; **boil over** *vi* ← *pan* überkochen; **boiler** *n* Boiler *m;* **boiling point** *n* Siedepunkt *m*
boisterous ['bɔɪstərəs] *adj* ▷*person* ausgelassen; ▷*party* wild
bold [bəʊld] *adj* (1) ↑ *fearless* unerschrocken (2) ↑ *impudent* unverfroren (3) (*of style*) kraftvoll; **boldly** *adv* keck
bollard ['bɒləd] *n* (1) NAUT Poller *m* (2) (*on road*) Pfosten *m*
bollocks ['bɒləks] *n pl* (1) *FAM!* ↑ *testicles* Eier *pl* (2) *FAM!* ↑ *nonsense* Quatsch mit Soße
bolster ['bəʊlstə*] *n* Polster *s*
bolt [bəʊlt] **I.** *n* (1) Bolzen *m* (2) ↑ *lock* Riegel *m* (3) (*of lightning*) Blitzstrahl *m* **II.** *vt* (1) ↑ *lock* verriegeln (2) ↑ *swallow* verschlingen **III.** *vi* ← *horse* durchgehen; **bolthole** *n* Schlupfloch *s*
bomb [bɒm] **I.** *n* Bombe *f;* ◇ **it cost a -** es hat ein Heidengeld gekostet **II.** *vt* bombardieren; **bombard** [bɒm'bɑ:d] *vt* bombardieren; **bombardment** *n* Bombardierung *f,* Beschuß *m*
bombastic [bɒm'bæstɪk] *adj* schwülstig, bombastisch
bomb disposal *n* Bombenräumung *f;* **bomber** *n* (1) ↑ *terrorist* Bombenattentäter(in *f*) *m* (2) (AERO *personnel*) Bombenschütze *m* (3) (*aircraft*) Bomber *m;* **bomb site** *n* zerbombtes Gelände *s*
bona fide [bəʊnə'faɪdɪ] *adj* ▷*negotiations* bona fide
bond [bɒnd] **I.** *n* (1) ↑ *link* Verbindung *f* (2) FIN Schuldverschreibung *f* **II.** *vt* (1) → *people* binden; COMM unter Zollverschluß *m* nehmen (2) → *things* kleben; **bondage** *n* (HIST *also FIG oppressed servitude*) Sklaverei *f,* Unterjochung *f;* **bonded** [-ɪd] *adj* (*by customs*) unter Zollverschluß *m*
bone [bəʊn] **I.** *n* (*structure and substance*) Knochen *m;* (*of fish*) Gräte *f;* ◇ **- of contention**

Zankapfel *m* **II.** *vt* → *fish* entgräten; **bone up [on]** *vi +prep obj* pauken; **boned** [-d] *adj* ▷*meat* ohne Knochen; ▷*fish* entgrätet; **bone-dry** *adj* knochentrocken

bonfire ['bɒnfaɪə*] *n* (*for festivity, pleasure*) Freudenfeuer *s*

bonhomie ['bɒnɔmɪ] *n* Jovialität *f*

bonkers ['bɒŋkɔz] *adj* ◇ **she is** ~ *FAM* sie hat nicht alle Tassen im Schrank

bonnet ['bɒnɪt] *n* Haube *f;* (*for baby*) Häubchen *s;* (*for car*) Motorhaube *f*

bonus ['bəʊnəs] *n* Bonus *m;* (*wage* ~) Prämie *f*

bony ['bəʊnɪ] *adj* knochig, knochendürr

boo [bu:] *vt* auspfeifen

booby ['bu:bɪ] *n* ↑ *fool* Trottel *m;* **booby trap** *n* ① (*for fun*) Falle *f* ② MIL versteckte Bombe

book [bʊk] **I.** *n* Buch *s;* ◇ **he did the work by the** ~ er machte die Arbeit vorschriftsgemäß **II.** *vt* ① → *ticket* vorbestellen ② → *person* verwarnen; **book in** *vi* (*at hotel*) sich eintragen lassen; **bookable** *adj* im Vorverkauf erhältlich; **bookcase** *n* Bücherregal *s;* (*enclosing*) Bücherschrank *m*

bookie ['bʊkɪ] *n abbr. of* **bookmaker**; **booking** *n* (*of flight*) Buchung *f;* (*of table*) Reservierung *f;* ◇ **to make a** ~ buchen; ◇ **to cancel a** ~ (*flight*) stornieren; (*table*) abbestellen; **book jacket** *n* Schutzumschlag *m;* **book-keeping** *n* Buchhaltung *f;* **booking office** *n* RAIL Fahrkartenschalter *m;* THEAT Vorverkaufsstelle *f;* **bookmaker** *n* Buchmacher(in *f*) *m;* **book shelf** *n* Bücherbrett *s;* **bookshop** *n* Buchhandlung *f;* **bookstall** *n* Bücherstand *m;* **book token** *n* Büchergutschein *m*

boom [1] [bu:m] **I.** *n* (*noise*) Dröhnen *s* **II.** *vi* ← *voice* dröhnen; ← *guns* donnern

boom [2] [bu:m] *n* COMM Hochkonjunktur *f*

booming [1] *adj* ▷*sound* dröhnend; ▷*sea* brausend

booming [2] *adj* COMM florierend

boon [bu:n] *n* Segen *m*

boondocks *n* (*AM*) Wildnis *f*

boor [bʊər*] *n* Rüpel *m;* **boorish** ['bʊərɪʃ] *adj* grob, rüpelhaft

boost [bu:st] **I.** *n* Auftrieb *m* **II.** *vt* Auftrieb geben *dat;* **booster** *n* ① MED Wiederholungsimpfung *f* ② (~ *rocket*) Trägerrakete *f*

boot [bu:t] **I.** *n* ① (*footware*) Stiefel *m;* ◇ **she gave him the** ~ sie schmiß ihn raus; ◇ **and his clothes to** ~ und seine Kleider obendrein ② AUTO Kofferraum *m* **II.** *vt* ↑ *kick* kräftig treten; PC booten; **boot out** *vt* rausschmeißen

booth [bu:θ] *n* (*telephone* ~) Telefonzelle *f;* (*polling* ~) Kabine *f*

bootlace ['bu:tleɪs] *n* Schnürsenkel *m*

boot legger ['bu:tlegə*] *n FAM* Schwarzbrenner *m*

booty ['bu:tɪ] *n* Beute *f*

booze [bu:z] **I.** *n FAM* Alkohol *m* **II.** *vi* saufen; **boozer** *n* ① (*FAM pub*) Kneipe *f* ② (*person*) Säufer(in *f*) *m*

bop [bɔp] *n* MUS Bebop *m;* (*FAM dance*) Schwof *m;* **bop around** *vi* herumtanzen, schwofen

border ['bɔ:də*] *n* ① (*of country*) Grenze *f* ② (*of things*) Bordüre *f*, Kante *f;* **border on** *vt* grenzen an *akk;* **border guard** *n* Grenzsoldat *m;* **border incident** *n* Grenzzwischenfall *m;* **bordering** *adj* angrenzend; **borderland** *n* Grenzgebiet *s;* **borderline** *n* Grenze *f*

bore [1] [bɔ:*] *pt of* **bear**

bore [2] [bɔ:*] **I.** *vt* ↑ *drill* bohren **II.** *n* ① (~ *hole*) Bohrloch *s* ② (*of gun*) Kaliber *s*

bore [3] [bɔ:*] **I.** *vt* (*tedious lecture*) langweilen **II.** *n* (*repetitive person*) langweiliger Mensch; (*repetitive subject*) langweilige Sache; **bored** [-d] *adj* gelangweilt; **boredom** *n* Langeweile *f*

bore-hole *n* Bohrloch *s;* **borer** *n* TECHNOL Bohrer *m*

boring *adj* langweilig

born [bɔ:n] *adj* ◇ **to be** ~ geboren werden

born, **borne** [bɔ:n] *pp of* **bear**

borough ['bʌrə] *n* (*entity*) Stadtgemeinde *f;* (*area*) Stadtbezirk *m*

borrow ['bɒrəʊ] *vt* (sich) leihen, borgen; **borrower** *n* Entleiher(in *f*) *m;* (FIN *of loan*) Kreditnehmer(in *f*) *m*

borstal [bɔ:stəl] *n* Strafanstalt *f* für Jugendliche

bosom ['bʊzəm] *n* Busen *m*

boss [bɒs] *n* Chef(in *f*) *m;* **boss around** *vt* herumkommandieren; **bossy** ['bɒsɪ] *adj* herrisch

bosun ['bəʊsn] *n* Bootsmann *m*

botanical [bə'tænɪkl] *adj* botanisch; ◇ ~ **gardens** botanischer Garten; **botany** ['bɒtənɪ] *n* Botanik *f*

botch [bɒʃ] **I.** *n* Murks *m;* ◇ **he made a** ~ **of the job** die Arbeit hat er verpfuscht **II.** *vt* → *work* verpfuschen, vermurksen; → *arrangements* vermasseln; **botch up** *vt* verpfuschen

both [bəʊθ] **I.** *adj* beide; ◇ ~ **(the) apples were rotten** beide Äpfel waren faul; ◇ **you can't have it** ~ **ways** du mußt dich für e-e Sache entscheiden **II.** *pron* beide[s]; ◇ ~ **(of them) were rotten** [alle] beide waren faul **III.** *adv* ◇ ~ **apples and pears rot** sowohl Äpfel als auch Birnen verfaulen; ◇ ~ **in word and deed** in Wort und Tat

bother ['bɒðə*] **I.** *vt* ↑ *burden* belästigen; ↑ *irritate* ärgern; ↑ *worry* beunruhigen; ◇ **don't** ~ **your head**

about it zerbrich' dir nicht den Kopf darüber **II.** *vi* ↑ *make effort* sich bemühen; ◇ **he -ed about his grandparents** er kümmerte sich um seine Großeltern **III.** *n* Belästigung *f;* ◇ **he had some - with the children** er hatte etwas Ärger mit den Kindern **IV.** *intj FAM* Mist!, zum Kuckuck!

bothersome ['bɒðərsəm] *adj* ▷*work* lästig; ▷*child* leidlich

bottle ['bɒtl] **I.** *n* Flasche *f;* ◇ **he's got -** *FAM* er ist kühn **II.** *vt* → *wine* abfüllen; ◇ **he -es up his feelings** er verdrängt seine Gefühle; **bottle bank** *n* Altglascontainer *m;* **bottle-fed** *adj* ◇ **a - baby** ein Flaschenkind; **bottleneck** *n* ① (*in production*) Engpaß *m* ② (*traffic*) Stau *m;* **bottle opener** *n* Flaschenöffner *m*

bottom ['bɒtəm] **I.** *n* ① ↑ *base* Boden *m;* ◇ **the - fell out of the market** der Markt ist zusammengebrochen ② (*of mountain*) Fuß *m* ③ (*of road*) Ende *s* ④ *of person, FAM* Po *m,* Hintern *m* **II.** <inv> *adj* unterste(r, s); ▷*price* niedrigste(r, s); **bottom gear** *n* AUTO erster Gang *m;* **bottomless** <inv> *adj* bodenlos, grenzenlos; **bottom line** *n* ① (*price*) niedrigstes Angebot *s* ② (*argument*) A und O *s*

bouffant ['bu:fə:ŋ] *adj* ▷*hair* aufgetürmt

bough [baʊ] *n* Ast *m*

bought [bɔ:t] *pt, pp of* **buy**

bouillon ['bu:jɔn] *n* Bouillon *f*

boulder ['bəʊldə*] *n* Felsbrocken *m*

bounce [baʊns] **I.** *vi* ① ← *ball* springen; ← *child* hüpfen ② ← *cheque* platzen **II.** *vt* aufprallen lassen; ◇ **he -d the ball against the tree** er warf den Ball gegen den Baum **III.** *n* ↑ *rebound* Aufprall *m*

bound [baʊnd] **I.** *n* ① ↑ *jump* Sprung *m* ② ◇ **out of -s** Zutritt verboten **II.** *vi* springen **III.** *adj* (*duty to a*) verpflichtet; (*in direction of*) ◇ **she is - for London** sie ist auf dem Weg nach London; ◇ **it's - to rain** es wird bestimmt regnen **IV.** *pt, pp of* **bind**

boundary ['baʊndərɪ] *n* (*of land, country*) Grenze *f;* **boundary line** *n* Grenzlinie *f;* **boundless** *adj* grenzenlos

bountiful ['baʊntɪfl] *adj* ▷*god* gütig; ▷*harvest* reich; **bounty** ['baʊntɪ] *n* ① Freigiebigkeit *f* ② Kopfgeld *s;* ◇ **- hunter** Kopfgeldjäger *m*

bourbon ['bɜ:bən] *n AM* ↑ *whiskey* Bourbon *m*

bouquet [bʊ'keɪ] *n* ① (*of flowers*) Strauß *m* ② (*of perfume*) Blume *f*

bourgeois ['bʊəʒwɑ:] *adj* ↑ *small-minded* kleinbürgerlich, spießig; **bourgeoisie** ['bʊəʒwɑ:zi] *n* (*social class*) Bürgertum *s*

bout [baʊt] *n* ① (*of fight*) Kampf *m* ② (*of illness*) Anfall *m*

boutique [bu:'ti:k] *n* Boutique *f*

bow [1] [bəʊ] *n* ① (*decorative knot*) Schleife *f* ② (*weapon*) Bogen *m* ③ (*of violin*) Bogen *m*

bow [2] [baʊ] **I.** *n* ① (*of respect*) Verbeugung *f* ② (*of ship*) Bug *m* **II.** *vi* (*to king*) sich verbeugen; *FIG* ↑ *defer to* sich beugen (*to* vor *dat*) **III.** *vt* → *head* senken

bowels ['baʊəlz] *n pl* Darm *m*

bowl [bəʊl] **I.** *n* ① ↑ *basin* Schüssel *f* ② *AM* ↑ *stadium* Stadion *s* **II.** *vt* (*skittles*) kegeln; (*cricket*) werfen (mit ausgestrecktem Arm)

bowl over *vt* umwerfen, umhauen; ◇ **to be -ed -** (*FAM by news*) umgehauen werden

bowler ['bəʊlə*] *n* ① (*cricket*) Werfer *m* ② (*hat*) Melone *f*

bow-legged ['bəʊlegəd] *adj* o-beinig

bowling alley *n* Kegelbahn *f*

bowls [bəʊlz] *n sg* (*game*) Boccia[-Spiel] *s*

bow tie [bəʊ'taɪ] *n* Fliege *f*

bow-wow ['baʊwaʊ] *n* (*FAM dog*) Wauwau *m*

box [bɒks] **I.** *n* ① (*cardboard container*) Schachtel *f* ② (*for tools*) Kasten *m* ③ (*of money*) Sparbüchse *f* ④ THEAT Loge *f* ⑤ *FAM* ↑ *television* Glotze *f* **II.** *vt* einpacken; ↑ *beat* ◇ **she -ed his ears** sie gab ihm e-e Ohrfeige; **box in** *vt* SPORT in die Zange treiben; ◇ **he felt -ed in** er fühlte sich eingeengt; **box off** *vt* abteilen; **box camera** *n* Box *f*

Boxer ['bɒksə] *n* ① (*sportsman*) Boxer *m* ② (*dog*) Boxer *m;* **boxing** *n* SPORT Boxen *s;* **Boxing Day** *n* zweiter Weihnachtsfeiertag; **boxing ring** *n* Boxring *m*

box number *n* Chiffrenummer *f,* Chiffre; **box office** *n* [Theater-]Kasse *f;* ◇ **the singer is a - - success** der Sänger ist äußerst beliebt; **box room** *n* Abstellraum *m*

boxwood ['bɒkswʊd] *n* Buchsbaum *m*

boy [bɔɪ] *n* Junge *m; FAM* ◇ **the old - is in charge** der Alte regiert; ◇ **-s will be -s** Jungen sind halt so

boycott ['bɔɪkɒt] **I.** *n* Boykott *m* **II.** *vt* boykottieren

boyfriend ['bɔɪfrend] *n* Freund *m;* **boyhood** ['bɔɪhʊd] *n* Kindheit *f* e-s Jungen; **boyish** ['bɔɪɪʃ] <inv> *adj* knabenhaft; **boy scout** *n* Pfadfinder *m*

bra [brɑ:] *n,* **brassière** *n* BH *m,* Büstenhalter *m*

brace [breɪs] **I.** *n* ① (*teeth*) Spange *f* ② (*supporting element*) Stütze *f* ③ (*supporting beam*) Strebe *f* ④ ↑ *vice* Klammer *f;* ◇ **- and bit** Handbohrer und Einsatz **II.** *vt* ↑ *support* stützen; ◇ **to - o.s. for action** sich zum Einsatz bereithalten; **braces** ['breɪsɪz] *n pl* Hosenträger *pl*

bracelet ['breɪslɪt] *n* Armband *s*

bracing ['breɪsɪŋ] *adj* ▷*weather* erfrischend, anregend
bracken ['brækən] *n* Adlerfarn *m*
bracket ['brækɪt] **I.** *n* ① ↑ *support* Träger *m* ② (*punctuation mark*) Klammer *f* ③ ↑ *group* Klasse *f* **II.** *vt* einklammern
brackish ['brækɪʃ] *adj* ▷*water* brackig, salzig
brag [bræg] *vi* angeben; **braggart** ['brægət] *n* Angeber(in *f*) *m*, Prahler(in *f*) *m*
braid [breɪd] *n* ① ▷*hair* Flechte *f*, Zopf *m* ② (*decoration*) Borte *f*
Braille [breɪl] *n* Blindenschrift *f*
brain [breɪn] *n* ① ANAT Gehirn *s* ② ↑ *mind* Verstand *m*; *FAM* ◇ **he has got -s** er ist intelligent; ◇ **he's got girls on the -** er hat nur Mädchen im Kopf; **brainchild** *n* Erfindung *f*; **brainless** *adj* blöd; **brainstorm I.** *n* verrückte Idee **II.** *vt* Brainstorming machen; **brain teaser** *n* Denksportaufgabe *f*; **brain tumor** *n* Gehirntumor *m*; **brainwash** *vt* e-r Gehirnwäsche unterziehen; **brainwave** *n* Geistesblitz *m*, geistreicher Einfall *m*; **brainy** [-ɪ] *adj FAM* gescheit
braise [breɪz] *vt* schmoren
brake [breɪk] **I.** *n* Bremse *f* **II.** *vt, vi* bremsen; **brake fluid** *n* Bremsflüssigkeit *f*; **brake lining** *n* Bremsbelag *m*; **brake shoe** *n* Bremsbacke *f*
bramble ['bræmbl] *n* Brombeerstrauch *m*
bran [bræn] *n* Kleie *f*
branch [brɑːntʃ] **I.** *n* ① (*of tree*) Ast *m* ② (*subsection of subject*) Zweig *m* ③ (*of business*) Niederlassung *f*; ◇ **- manager** Filialleiter *m* **II.** *vi* ← *path* sich verzweigen; **branch off** *vt* abzweigen; **branch out** *vi* ← *company* Geschäft erweitern; ← *individual* [Bereich der beruflichen Tätigkeit] erweitern
brand [brænd] **I.** *n* ① COMM Marke *f*, Sorte *f* ② (*on animals*) Brandmal *s* **II.** *vt* ① COMM mit seinem Warenzeichen versehen ② brandmarken
brandish ['brændɪʃ] *vt* schwingen
brand name *n* (*of products*) Markenbezeichnung *f*
brand-new [brænd'njuː] *adj* [funkel]nagelneu
brandy ['brændɪ] *n* Weinbrand *m*, Kognak *m*
brash [bræʃ] *adj* keck, dreist
brass [brɑːs] *n* Messing *s*; ◇ **to get down to - tacks** zur Sache kommen; *FAM!* ◇ **- monkey weather** arschkalt; **brass band** *n* Blaskapelle *f*
brassière ['bræsɪə*] *n* Büstenhalter *m*
brat [bræt] *n* Fratz *m*, unartiges Kind *s*
bravado [brə'vɑːdəʊ] *n* Wagemut *m*, vorgespielte Tapferkeit
brave [breɪv] **I.** *adj* tapfer, mutig **II.** *n* indianischer Krieger **III.** *vt* standhalten; ◇ **she -d it out** sie hat sich trotz allem durchgesetzt; **bravely** *adv* tapfer; **bravery** ['breɪvərɪ] *n* Tapferkeit *f*
brawl [brɔːl] **I.** *n* Rauferei *f* **II.** *vi* Randale/Krawall machen, randalieren
brawn [brɔːn] *n* Muskelkraft *f*, Stärke *f*; **brawny** [-ɪ] *adj* muskulös, stämmig
bray [breɪ] **I.** *n* (*of donkey*) [Esels-]Schrei *m* **II.** *vi* schreien; (*of person's laughter*) wiehern
brazen ['breɪzn] **I.** *adj* ↑ *shameless* unverschämt **II.** *vt* Messing polieren; ◇ **he -ed it out** er leugnete hartnäckig
Brazil [brə'zɪl] *n* Brasilien *s*
breach [briːtʃ] **I.** *n* ① (*of defences*) Durchbruch *m* ② (*of law*) Verstoß *m* (*of* gegen); ◇ **he acted in - of contract** er verhandelte vertragswidrig; ◇ **a - of the peace** öffentliche Ruhestörung *f*; ◇ **- of confidence** Vertrauensbruch *m* **II.** *vt* durchbrechen
bread [bred] *n* Brot *s*; ◇ **he was on - and water** er saß bei trocken Brot und Wasser; ◇ **he knows which side his - is buttered on** er weiß, wo es was zu holen gibt; **breadcrumbs** *n pl* Brotkrümel *pl*; **breadknife** *n* Brotmesser *s*; **breadline** *n* ◇ **the family was living on the -** die Familie hatte gerade noch genug zu essen; **breadwinner** *n* Ernährer(in *f*) *m*
breadth [bredθ] *n* Breite *f*; **breadth-wise** *adv* in der Breite
break [breɪk] <broke, broken> **I.** *n* ① (*in bone*) Bruch *m* ② ↑ *gap* Lücke *f* ③ (*in continuity*) Unterbrechung *f*; ◇ **- in the weather** Witterungsumschwung *m* ④ *FAM* ↑ *opportunity* Gelegenheit *f* ⑤ ↑ *rest* Pause *f* **II.** *vt* ① kaputtmachen ② ↑ *smash* zerbrechen ③ → *promise* brechen, nicht einhalten ④ ← *weather* umschlagen ⑤ ◇ **to - a habit** sich etwas abgewöhnen **III.** *vi* ① ↑ *collapse* auseinanderbrechen; ◇ **his nerve broke** sein Mut verließ ihn ② ← *day* anbrechen; **break down** *vi* ① ← *car* e-e Panne haben ② ← *person* [nervlich] zusammenbrechen; **break in** *vt* ← *horse* zureiten; **break into** *vi +prep obj* ← *burglar* einbrechen; **break up** *vi* ① zusammenbrechen ② SCH in die Ferien gehen ③ ← *marriage* sich auflösen, in die Brüche gehen; **breakable** *adj* zerbrechlich; **breakage** *n* Beschädigung *f*, Bruchschaden *m*; **breakdown** *n* ① (*car*) Panne *f* ② (*nervous -*) Zusammenbruch *m*; **breaker** *n* (*wave*) Brecher *m*; **breakfast** ['brekfəst] *n* Frühstück *s*; **breakneck** *adj* ◇ **at - speed** mit halsbrecherischer Geschwindigkeit *f*; **breakthrough** *n* Durchbruch *m*; **breakwater** *n* Wellenbrecher *m*
breast [brest] *n* Brust *f*; **breast-feed** <-fed,

-fed> *vt* → *baby* stillen; **breast stroke** *n* Brustschwimmen *s*

breath [breθ] *n* Atem *m;* ◇ **the runner was out of ~** der Läufer war außer Atem; ◇ **bad ~** Mundgeruch *m;* **breathalyze** ['breθəlaɪz] *vt* ← *police* blasen lassen, e-n Alkoholtest machen; **breathe** [bri:ð] **I.** *vi* atmen **II.** *vt* hauchen, flüstern; **breathe in** *vi* einatmen; **breathe out** *vi* ausatmen; **breather** [bri:ðə*] *n FAM* kleine Pause; **breathing** *n sg* Atmung *f;* **breathless** ['breθləs] *adj* atemlos; **breathtaking** *adj* atemberaubend

breeches ['brɪʃɪz] *n pl* Kniehose *f*

breed [bri:d] <bred, bred> **I.** *vi* ↑ *multiply* sich vermehren, sich fortpflanzen **II.** *vt* → *horses* züchten, ziehen; ◇ **the boy was well-bred** er war ein wohlerzogener Junge **III.** *n* ↑ *race* Rasse *f;* → *animals* Zucht *f;* ◇ **they are a ~ apart** sie sind e-e besondere Gattung; **breeding** ['brɪ:dɪŋ] *n* (*animals*) Züchtung *f;* ↑ *education* [gute] Erziehung *f*

breeze [bri:z] *n* Brise *f;* ◇ **for you it's all a ~** für dich ist alles spielend leicht; **breezy** [brɪ:zɪ] *adj* ① ▷*weather* windig ② ▷*behaviour* munter, flott

brevity ['brevɪtɪ] *n* Kürze *f*

brew [bru:] **I.** *vt* ① → *beer* brauen ② → *mischief* anzetteln **II.** *vi* ← *bad weather* heranziehen; **brewery** ['brʊərɪ] *n* Brauerei *f*

bribe ['braɪb] **I.** *n* Bestechungsgeld *s,* Bestechungsgeschenk *s;* ◇ **he took a ~** er ließ sich bestechen **II.** *vt* bestechen; **bribery** ['braɪbərɪ] *n* Bestechung *f*

brick [brɪk] *n* Ziegelstein *m,* Backstein *m; FIG* ◇ **he came down on him like a ton of ~s** er hat ihn fix und fertig gemacht; **bricklayer** *n* Maurer (in *f*) *m;* **brickwork** *n* Mauerwerk *s*

bridal ['braɪdl] *adj* Braut-; ▷*feast* Hochzeits-; **bride** [braɪd] *n* Braut *f;* **bridegroom** *n* Bräutigam *m;* **bridesmaid** *n* Brautjungfer *f*

bridge [1] [brɪdʒ] **I.** *n* ① (*across river*) Brücke *f* ② NAUT [Kommando-]Brücke *f* ③ (*of nose*) Sattel *m* **II.** *vt* → *river* e-e Brücke schlagen über *akk; FIG* überbrücken

bridge [2] [brɪdʒ] *n* (*cards*) Bridge *s;* **bridging loan** *n* Überbrückungskredit *m*

bridle ['braɪdl] **I.** *n* Zaum *m* **II.** *vt* → *horse* aufzäumen; ◇ **he ~d his tongue** er hielt seine Zunge im Zaum; **bridlepath** *n* Reitweg *m*

brief [bri:f] **I.** *adj* kurz; ◇ **in ~** kurz gefaßt **II.** *n* ① ▷*instructions* Auftrag *m* ② JUR Akten *pl* **III.** *vt* beauftragen, instruieren

briefcase *n* Aktentasche *f;* **briefing** *n* Anweisungen *f pl;* (*session*) Einsatzbesprechung *f;* **briefly** *adv* kurz; **briefs** *n pl* Slip *m*

brigadier [brɪgə'dɪə*] *n* Brigadegeneral *m*

bright [braɪt] *adj* ① ▷*light* hell; ▷*colour* leuchtend; ▷*sun* strahlend; ▷*weather* heiter ② ↑ *cheerful* heiter, fröhlich ③ ↑ *intelligent* klug ④ ◇ **we got up ~ and early** wir standen in aller Frühe auf; **brighten up I.** *vt* ① (*with light*) aufhellen ② → *person* aufheitern; → *discussion* beleben **II.** *vi* ① ← *person* fröhlicher werden ② ← *weather* sich aufklären; ◇ **things are ~ing ~** die Lage verbessert sich; **brightly** *adv* hell, heiter

brilliance ['brɪljəns] *n* ① ↑ *glare* Glanz *m;* (*of light*) Helligkeit *f;* (*of diamonds*) Brillianz *f* ② (*of person*) Scharfsinn *m,* Brillianz *f;* **brilliant** ['brɪljənt] *adj* glänzend; (~ *child*) sehr begabt

brim [brɪm] *n* (*of hat, of glass*) Rand *m;* **brim over** *vi* ← *glass* überfließen (*with* vor *dat*); **brimful** [brɪm'fʊl] *adj* übervoll

brine [braɪn] *n* Salzwasser *s*

bring [brɪŋ] <brought, brought> *vt* bringen; **bring about** *vt* ① zustande bringen ② ↑ *cause* verursachen; **bring off** *vt* ① ↑ *take away* davontragen ② (*realize plans*) zustande bringen; **bring round** *vt* ① ↑ *take to* (*a place*) vorbeibringen ② ↑ *change mind* herumkriegen ③ ↑ *make conscious* zu Bewußtsein bringen; **bring to** *vt* wieder zu sich bringen; **bring up** *vt* ① aufziehen ② → *question* zur Sprache bringen ③ → *food* brechen

brink [brɪŋk] *n* ① ↑ *edge* Rand *m* ② *FIG* ◇ **to be on the ~ of a great discovery** kurz vor e-r wichtigen Entdeckung sein; **brinkmanship** ['brɪŋkmənʒɪp] *n FAM* das Spiel mit dem Feuer

briny [braɪnɪ] *adj* ↑ *very salty* salzig, salzhaltig

brisk [brɪsk] *adj* (*enthusiastically rapid*) lebhaft

brisket [brɪskɪt] *n* (*beef from the breast*) Bruststück *s,* Brustfleisch *s*

bristle ['brɪsl] **I.** *n* Borste *f* **II.** *vi* ① ← *hair or fur* sich sträuben ② zornig werden; (*with fear or anger*) schnauben (*with* vor)

Brit[brɪt] *n* Brite *m,* Britin *f*

Britain ['brɪtn] *n* Großbritannien *s;* **British** ['brɪtɪʃ] **I.** *adj* britisch **II.** *n* ◇ **the ~** *pl* die Briten *pl;* ◇ **the ~ Isles** *pl* die Britischen Inseln *pl;* **Briton** ['brɪtn] *n* Brite *m,* Britin *f*

brittle ['brɪtl] *adj* spröde

broach [brəʊtʃ] *vt* → *subject* anschneiden

broad [brɔ:d] *adj* ① ▷*object, area* breit ② ↑ *obvious* deutlich ③ ↑ *widely applicable* allgemein ④ ▷*accent* stark

broad bean *n* Saubohne *f,* dicke Bohne

broadcast ['brɔ:dkɑ:st] **I.** *n* Sendung *f;* Rundfunkübertragung *f* **II.** *irr vt* ① (*over airwaves*) übertragen, senden ② (*throw over a wide area*) → *seeds* zerstreuen; → *news* verbreiten; **broadcasting** *n* Rundfunk *m*

broaden ['brɔːdn] **I.** *vt* erweitern; ◇ **to ~ one's mind/horizons** seinen Horizont erweitern **II.** *vi* sich erweitern

broadly *adv* ◇ **~ speaking** im großen und ganzen, allgemein gesagt

broad-minded *adj* ↑ *tolerant due to* tolerant

broadside *n* ① (*from ship*) Breitseite *f* ② ↑ *strong criticism* Attacke *f* ③ ↑ *broad sheet* Flugblatt *s*

brocade [brə'keɪd] *n* Brokat *m*

broccoli ['brɒkəlɪ] *n* Brokkoli *m*

brochure ['brəʊʃə*] *n* Broschüre *f*

brogue [brəʊg] *n* ① *Schuh mit schwarzdurchlöchertem Muster* ② (*Irish dialectal pronunciation*) irischer Akzent

broil [brɔɪl] *vt, vi* grillen

broke [brəʊk] **I.** *adj FAM* pleite **II.** *pt of* **break**

broken ['brəʊkən] *pp of* **break**; **broken-down** *adj* ▷*car* kaputt, zusammengebrochen; **broken-hearted** *adj* untröstlich

broker ['brəʊkə*] *n* Makler(in *f*) *m*

brolly ['brɒlɪ] *n abbr. of FAM* **umbrella,** Regenschirm *m*

bronchitis [brɒŋ'kaɪtɪs] *n* Bronchitis *f*

bronze [brɒnz] *n* Bronze *f;* **Bronze Age** *n* Bronzezeit *f*

brooch [brəʊtʃ] *n* Brosche *f*

brood [bruːd] **I.** *n* → *family of chicks* Brut *f* **II.** *vi* ① ↑ *hatch* ← *hen* brüten ② ↑ *think* brüten; ◇ **he is -ing about the past** er grübelt über seine Vergangenheit nach; **broody** ['bruːdɪ] *adj* ▷*hen* brütend

brook [brʊk] *n* Bach *m*

broom [bruːm] *n* Besen *m;* **broomstick** *n* Besenstiel *m*

Bros. [brɒs] *abbr. of* **Brothers** Gebr.

broth [brɒθ] *n* ↑ *clear soup* Fleischbrühe *f,* klare Suppe *f;* ↑ *thick soup* Suppe *f*

brothel ['brɒθl] *n* Bordell *s;* **brothel keeper** *n* (*owner*) Bordellbesitzer(in *f*) *m*

brother ['brʌðə*] *n* ① (*family*) Bruder *m* ② (*religious*) Bruder *m* ③ ◇ **-s in arms** Waffenbrüder; **brotherhood** *n* Bruderschaft *f;* **brother-in-law** *n* <brothers-in-law> Schwager *m;* **brotherly** ['brʌðəlɪ] *adj* brüderlich; **Brothers** *n pl* COMM Gebrüder *pl*

brought [brɔːt] *pt, pp of* **bring**

brow [braʊ] *n* ① ↑ *eyebrow* Braue *f* ② ↑ *forehead* Stirn *f* ③ (*of hill*) Bergkuppe *f;* **browbeat** ['braʊbiːt] *irr vt* ↑ *force obedience* einschüchtern

brown [braʊn] **I.** *adj* braun **II.** *vt* GASTRON bräunen; **brown off** *vi* ◇ **he is -ed ~ with his work** er hat die Arbeit satt; **brown ale** *n* (*dark strong beer*) Altbier *s,* Alt *s;* **brown bread** *n* ↑ *wholemeal bread* Vollkornbrot *s;* (*bread, not white*) Schwarzbrot *s;* **brownie** ['braʊnɪ] *n* ① ↑ *junior girl guide* Wichtel *m* ② ↑ *biscuit* Schokoladenplätzchen *s;* **browning** *n* ① (*meat*) Anbraten *s* ② ↑ *gravy mix* Soßenpulver *f;* **brown paper** *n* Packpapier *s;* **brown rice** *n* ungeschälter Reis, Naturreis *m*

browse [braʊz] *vi* ① (*in book*) blättern; (*in shop*) schmökern ② ← *cattle* weiden

bruise [bruːz] **I.** *n* (*on human*) Prellung *f,* blauer Fleck; (*on fruit*) Druckstelle *f;* (*FIG emotional*) Verletzung *f* **II.** *vt* → *human* blau schlagen; → *fruit* beschädigen; *FIG* → *ego, pride* verletzen

brunch ['brʌntʃ] *n* (*meal of breakfast and lunch together*) Brunch *m*

brunette [brʊ'net] *n* Brünette *f*

brunt [brʌnt] *n* volle Wucht

brush [brʌʃ] **I.** *n* ① Bürste *f;* (*for sweeping*) [Hand-]Besen *m;* (*for painting*) Pinsel *m* ② (*minor clash*) kurze Auseinandersetzung; ◇ **they had a ~ with the law** sie hatten etw Ärger mit der Polizei **II.** *vt* ① ↑ *clean* (*with brush*) bürsten ② ↑ *sweep* fegen ③ ↑ *touch* streifen; **brush against** *vi* streifen; **brush aside** *vt* abtun; **brush up** *vt* → *dust* aufkehren; ◇ **he -ed ~ (on) his French** er hat sein Französisch aufgebessert; **brush off** *n* ◇ **she gave him the ~ ~** *FAM* sie erteilte ihm e-e Abfuhr; **brushwood** *n* Gestrüpp *s*

brusque [bruːsk] *adj* (*quick and impolite*) schroff

Brussels sprouts [brʌslz'spraʊts] *n pl* Rosenkohl *m*

brutal ['bruːtl] *adj* (*rough and cruel*) brutal; **brutality** [brʊ'tælɪtɪ] *n* Brutalität *f;* **brutalize** ['bruːtəlaɪz] *vt* brutalisieren

brute [bruːt] **I.** *n* (*animal*) Tier *s;* (*person*) Scheusal *s* **II.** *adj* ▷*force* roh

B.Sc. *abbr. of* **Bachelor of Science**

bubble ['bʌbl] **I.** *n* [Luft-]Blase *f,* [Gas-]Blase *f,* [Seifen-]Blase *f;* ◇ **the children are blowing -s** die Kinder machen Seifenblasen **II.** *vi* ← *lava* Blasen bilden, blubbern; ← *kettle* sprudeln; *FIG* ◇ **he is bubbling over with joy** er sprudelt über vor Freude

bubble and squeak *n* <inv> GASTRON *gebratene Reste*

bubble bath *n* Schaumbad *s;* **bubble gum** *n* Kaugummi *m;* **bubbly** ['bʌblɪ] **I.** *n FAM* ↑ *champagne* Schampus *m* **II.** *adj* ↑ *full of bubbles* sprudelnd; ↑ *full of life* temperamentvoll

buck [bʌk] **I.** *n* ① ↑ *male deer* Bock *m* ② (*AM unit of money*) Dollar *m;* ◇ **he passed the ~** er gab den schwarzen Peter weiter **II.** *vt* ← *horse* bokken; **buck up** *vi* ① (*pull o.s.*) sich zusammenreißen ② ↑ *cheer up* aufleben

bucket ['bʌkɪt] *n* Eimer *m*

buckle ['bʌkl] **I.** *n* ↑ *metal fastener* Schnalle *f* **II.** *vt* ↑ *fasten* zusammenschnallen **III.** *vi* ↑ *bend* sich verziehen; **buckle up** *vi* ↑ *fasten safety belts* sich anschnallen; **buckle down** *vi* (*to work*) sich dranmachen

buckwheat *n* Buchweizen *m*

bud [bʌd] **I.** *n* Knospe *f* **II.** *vi* knospen, keimen

Buddhism ['bʊdɪzəm] *n* Buddhismus *m;* **Buddhist I.** *n* Buddhist(in *f*) *m* **II.** *adj* buddhistisch

budding ['bʌdɪŋ] ◇ **~ genius** angehendes Genie

buddy ['bʌdɪ] *n FAM* Kumpel *m*

budge [bʌdʒ] *vt* ↑ *move [very little]* rühren; ◇ **b~ up!** mach Platz!

budgerigar ['bʌdʒərɪgɑ:*] *n* (*bird*) Wellensittich *m*

budget ['bʌdʒɪt] **I.** *n* POL Haushaltsplan *m* **II.** *vi* haushalten

budgie ['bʌdʒɪ] *n abbr. of* **budgerigar**

buff [bʌf] **I.** *adj* (*colour*) gelbbraun **II.** *n* (*film ~*) Fan *m*

buffalo ['bʌfələʊ] *n* <-es> Büffel *m*

buffer ['bʌfə*] *n* ① PC Puffer *m* ② (*railway*) Prellblock *m;* **buffer state** *n* POL Pufferstaat *m*

buffet [1] ['bʌfɪt] *n* Büfett *s;* ↑ *snack bar* Stehimbiß *m;* (*train*) Speisewagen *m;* ↑ *cold spread* [kaltes] Büfett

buffet [2] ['bʌfɪt] **I.** *vt* [herum]stoßen **II.** *n* ↑ *blow* Schlag *m*

buffoon [bə'fu:n] *n* ① ↑ *clown* Clown *m; PEJ* Kasper *m* ② *PEJ* ↑ *fool* Blödmann *m*

bug [bʌg] **I.** *n* ① (*insect*) Käfer *m* ② (*listening device*) Wanze *f* ③ ↑ *germ* Bazillus *m;* ◇ **there is a ~ going about** es geht ein Virus um; ◇ **there is a ~ in the program** es gibt e-n Fehler im Programm **II.** *vt* ① ↑ *listen* abhören ② *FAM AM* ↑ *annoy* nerven; **bugbear** ['bʌgbεə*] *n* Schreckgespenst *s*

bugger ['bʌgə] **I.** *n* (*FAM! person*) Arschloch *s,* Scheißkerl *m;* (*thing*) Scheißding *s; FAM!* ◇ **to play silly ~s** Scheiß machen **II.** *vt FAM!* scheißen auf *akk;* **bugger about** *vi FAM!* blöd rummachen; **bugger off** *vi FAM!* abhauen; **bugger up** *vt FAM* versauen

buggy ['bʌgɪ] *n* ① (*baby ~*) leichter Kinderwagen *m* ② (*drawn carriage*) leichter Einspanner *m*

bugle ['bju:gl] *n* Jagdhorn *s*

build [bɪld] <built, built> **I.** *vt* bauen **II.** *n* Körperbau *m;* **build in** *vt* → *cupboard* einbauen; **build up** *vt* ① ↑ *increase* stärken ② → *area* bebauen; **builder** *n* Erbauer(in *f*) *m;* **building** *n* Gebäude *s;* **building contractor** *n* Bauunternehmer(in *f*) *m;* **building society** *n* (*BRIT*) Bausparkasse *f;* **building trade** *n* Baugewerbe *s;* **build-up** *n FAM* ↑ *publicity* Werbung *f;* **built** [bɪlt] **I.** *adj* ▷*person* ◇ **well-~** gut gebaut **II.** *pt, pp of* **build**

built-in *adj* ▷*cupboard* eingebaut; **built-up area** *n* bebautes Gebiet

bulb [bʌlb] *n* ① (*flower*) Zwiebel *f* ② ELECTR Glühbirne *f* ③ (*glass apparatus*) Kolben *m;* **bulbous** ['bʌlbəs] *adj* knollig

bulge [bʌldʒ] **I.** *n* ① (*numbers*) Zunahme *f* ② (*surface*) Wölbung *f* **II.** *vi* uneben sein; ← *sail* sich ausbauchen

bulk [bʌlk] *n* ① ↑ *size* Ausmaß *s* ② ↑ *greater part* Großteil *m* ③ COMM ◇ **in bulk** en gros; **bulk buying** ['bʌlkbaɪɪŋ] *n* Mengenkauf *m;* **bulkhead** *n* Schott *s;* **bulky** [-ɪ] *adj* ▷*system* umständlich; ▷*goods* sperrig

bull [bʊl] **I.** *n* ① Stier *m,* Bulle *m; FIG* ◇ **like a ~ in a china shop** wie ein Elefant im Porzellanladen ② ▷*papal* Bulle *f* **II.** *vt* → *stock* hochtreiben; **bulldog** ['bʊldɒg] *n* Bulldogge *f*

bulldoze ['bʊldəʊz] *vt* ① ↑ *flatten* (*with bulldozer*) planieren ② ↑ *get through* durchboxen; **bulldozer** *n* Planierraupe *f,* Bulldozer *m*

bullet ['bʊlət] *n* Kugel *f*

bulletin ['bʊlətɪn] *n* Bulletin *s,* Bekanntmachung *f*

bulletproof ['bʊlətpru:f] *adj* kugelsicher

bullfight ['bʊlfaɪt] *n* Stierkampf *m;* **bullfighter** *n* Stierkämpfer *m*

bullion ['bʊlɪən] *n* <uncount> Barren *m*

bull market *n* (*stock market*) hochgetriebene Kurse *pl; s.* **bear market**

bullock ['bʊlək] *n* Ochse *m*

bullring *n* Stierkampfarena *f;* **bull's eye** *n* ① (*of target*) Scheibenzentrum *s* ② ▷*hit* Schuß *m* ins Schwarze; **bullshit** *n FAM!* ↑ *complete nonsense* Scheiße *f,* Mist, m

bully ['bʊlɪ] **I.** *n* Tyrann *m;* (*school*) Rabauke *m* **II.** *vt* schikanieren, einschüchtern

bum [1] [bʌm] *n FAM* ↑ *backside* Hintern *m*

bum [2] [bʌm] *n FAM* ① ↑ *tramp* Penner *m,* Rumtreiber *m* ② (*nasty person*) Saukerl *m;* **bum around** *vi* herumtreiben, herumgammeln

bumble-bee ['bʌmblbi:] *n* Hummel *f*

bumf [bʌmf] *n FAM* Papierkram *m*

bummer ['bʌmmə] *n FAM* ◇ **what a ~** das ist zum Heulen

bump [bʌmp] **I.** *n* ① (*sound*) Bums *m;* (*car, person*) Stoß *m* ② ↑ *dent, swelling* Beule *f* **II.** *vt* stoßen, prallen; **bump about** *vi* herumpoltern; **bump up** *vt FAM* → *prices* erhöhen; → *salary* aufbessern; **bumper I.** *n* AUTO Stoßstange *f* **II.**

adj ▷*harvest* Rekord-; **bumper edition** *n* (*book*) Sonderausgabe *f;* **bumper sticker** *n* Autoaufkleber *m*

bumph *s.* **bumf**

bumpkin ['bʌmpkɪn] *n* (*country* -) Bauerntölpel *m*

bumpy ['bʌmpɪ] *adj* holprig

bun [bʌn] *n* süßes Brötchen *s; FAM* ◇ **she's got a - in the oven** bei ihr ist was Kleines unterwegs

bunch [bʌntʃ] *n* ① (*of flowers*) Strauß *m;* (*of keys*) Bund *m* ② (*of people*) Haufen *m;* **bunch together** *vt* → *ideas* zusammenfassen; (*at random*) zusammenwürfeln

bundle ['bʌndl] **I.** *n* Bündel *s* **II.** *vt* bündeln; **bundle off** *vt* fortschicken; **bundle up** *vt* ↑ *collect in haste* zusammenraffen

bung [bʌŋ] **I.** *n* Spund *m* **II.** *vt FAM* ↑ *throw* schmeißen

bungalow ['bʌŋgələʊ] *n* Bungalow *m*

bungle ['bʌŋgl] *vt* verpfuschen

bunion ['bʌnjən] *n* (*foot*) Ballen *m*

bunk ¹ [bʌŋk] *n* Schlafkoje *f*

bunk ² [bʌŋk] *n FAM* ◇ **to do a -** türmen

bunk bed *n* Etagenbett *s,* Stockbett *s*

bunker ['bʌŋkə*] *n* MIL Bunker *m;* (SPORT *golf*) Bunker *m,* Sandloch *s*

bunny ['bʌnɪ] *n FAM* Häschen *s*

Bunsen burner [bʌnsn'bɜːnə*] *n* Bunsenbrenner *m*

buoy [bɔɪ] **I.** *n* Boje *f;* ↑ *lifebuoy* Rettungsboje *f* **II.** *vt* → *lake* mit Bojen markieren; **buoy up** *vt* Auftrieb geben *dat*

buoyancy ['bɔɪənsɪ] *n* ① Schwimmfähigkeit *f* ② ↑ *resilience* Erholungskraft *f* ③ (*of markets*) Festigkeit *f;* **buoyant** *adj* ① ▷*object* schwimmfähig ② ▷*mood* heiter

bur [bɜː], **burr** *n* Klette *f*

burden ¹ ['bɜːdn] **I.** *n* Last *f* **II.** *vt* belasten

burden ² ['bɜːdn] *n* (*song*) Refrain *m*

burdensome *adj* lästig, mühsam

bureau ['bjuːrəʊ] *n* ① ↑ *desk* Sekretär *m* ② ↑ *office* Büro *s;* **bureaucracy** [bjʊ'rɒkrəsɪ] *n* Bürokratie *f;* **bureaucrat** ['bjuːrəkræt] *n* Bürokrat (in *f*) *m;* **bureaucratic** [bjuːrə'krætɪk] *adj* bürokratisch

burgeon ['bɜːdʒən] *vi* sprießen

burglar ['bɜːglə*] *n* Einbrecher(in *f*) *m;* **burglar alarm** *n* Alarmanlage *f;* **burglary** [-ɪ] *n* Einbruch *m;* (*offence*) Einbruchsdiebstahl *m;* **burgle** ['bɜːgl] *vt* einbrechen in *akk*

Burgundy ['bɜːgəndɪ] *n* ① GEO Burgund *s* ② ▷*wine* Burgunder *m*

burial ['berɪəl] *n* Beerdigung *f,* Bestattung *f,* Beisetzung *f;* ▷*ceremony* Begräbnis *s;* ◇ **- at sea** Seebestattung *f,* Seemannsbegräbnis *s;* **burial ground** *n* Friedhof *m,* Begräbnisstätte *f*

burlesque [bɜː'lesk] *n* **I.** ▷*theatre* Burleske *f;* ↑ *parody* Parodie *f* **II.** *adj* parodistisch, burlesk

burly ['bɜːlɪ] *adj* stämmig

burn [bɜːn] <burnt *o.* burned, burnt *o.* burned> **I.** *vt* ① → *wood* verbrennen; → *village* niederbrennen; ◇ **to - one's fingers** sich *dat* die Finger verbrennen ② → *food* anbrennen **II.** *vi* ← *acid* ätzen; ← *fire* brennen **III.** *n* Brandstelle *f;* (*of skin*) Brandwunde *f;* (*of material*) Brandfleck *m*

burnish ['bɜːnɪʃ] *vt* polieren

burnt [bɜːnt] *pt, pp of* **burn**

burnt offering *n* (*religion*) Brandopfer *s;* **burnt-out** *adj* ▷*person* völlig kaputt, ausgebrannt

burp [bɜːp] *vi* rülpsen; ← *baby* aufstoßen

burr [bɜː] *n* (*metal*) rauhe Kante *f; s. a.* **bur**

burrow ['bʌrəʊ] **I.** *n* (*of fox*) Bau *m;* (*of rabbit*) Höhle *f* **II.** *vt* → *hole* buddeln, graben

bursar ['bɜːsə*] *n* Kassenverwalter(in *f*) *m,* Schatzmeister(in *f*) *m;* (*of university*) Kanzler(in *f*) *m;* **bursary** [-ɪ] *n* ↑ *grant* Stipendium *s*

burst [bɜːst] <burst, burst> **I.** *vt* zerbrechen **II.** *vi* platzen, bersten (*with* vor); ◇ **to - into tears** in Tränen ausbrechen **III.** *n* ① Platzen *s* ② ↑ *outbreak* Ausbruch *m;* (*of speed*) Spurt *m* ③ (*in pipe*) Bruch *m,* Bruchstelle *f*

bury ['berɪ] *vt* vergraben; (*in grave*) beerdigen; ◇ **to - the hatchet** das Kriegsbeil begraben

bus [bʌs] **I.** *n* [Omni-]Bus *m;* ◇ **to go by -** mit dem Bus fahren **II.** *vt* mit dem Bus befördern; **bus conductor** *n* Buskontrolleur *m;* **bus conductress** *n* Busschaffnerin *f;* **bus driver** *n* Busfahrer(in *f*) *m*

bush [bʊʃ] *n* ↑ *shrub* Busch *m;* (*goup of bushes*) Gebüsch *s*

bushel ['bʊʃl] *n* Scheffel *m*

bushy ['bʊʃɪ] *adj* buschig

busily ['bɪzɪlɪ] *adv* geschäftig, eifrig

business ['bɪznɪs] *n* ① ↑ *commercial activity* Geschäft *s;* ◇ **to do -** Geschäfte machen ② ↑ *matter, subject* Angelegenheit *f,* Sache *f;* ◇ **to get down to -** zur Sache kommen; ◇ **mind your own -** das geht dich nichts an; ◇ **to mean -** es ernst meinen; ◇ **he has no - being here** er hat kein Recht, hier zu sein; **business card** *n* Visitenkarte *f;* **business expenses** *n pl* Spesen *pl;* **business hours** *n* Geschäftszeiten *f pl;* **businesslike** *adj* ① ↑ *efficient* sachlich, nüchtern ② ↑ *commercially competent* geschäftstüchtig; **businessman** *n* Geschäftsmann *m;* **business studies** *n pl* Wirtschaftslehre *f;* **business trip** *n* Geschäftsreise *f;* **business woman** *n* Geschäftsfrau *f*

busker ['bʌskə*] *n* Straßenmusikant(in *f*) *m*
bus-stop ['bʌsstɒp] *n* Bushaltestelle *f*
bust ¹ [bʌst] *n* Büste *f*
bust ² [bʌst] **I.** *adj* ① *FAM* ↑ *broken* kaputt ② (*business*) Pleite-; ◇ **to go** - pleite machen **II.** *vt* ① *FAM* → *vase* kaputtmachen ② → *drug dealer* hochgehen lassen; **bust up** *vt* → *gathering* auffliegen lassen
bustle ['bʌsl] **I.** *n* Betrieb *m,* Treiben *s* **II.** *vi* hasten; **bustling** *adj* ▷*place* belebt, lebendig
bust-up ['bʌstʌp] *n FAM* Krach *m*
busy ['bɪzɪ] **I.** *adj* ① ▷*person* beschäftigt ② ▷*place* belebt; ▷*pattern* unruhig ③ ▷*telephone line* besetzt **II.** *vr* ◇ - **o.s.** sich beschäftigen; **busybody** *n* Übereifrige(r) *fm;* ◇ **to be a** - sich überall einmischen
but [bʌt, bət] *cj* ① aber ② ↑ *only* nur ③ ↑ *except* außer; ◇ **not A - B** nicht A, sondern B; ◇ **anything - that** [alles,] nur das nicht
butane ['bju:teɪn] *n* Butan *s*
butch [bʊtʃ] *adj FAM* ausdrücklich maskulin
butcher ['bʊtʃə*] **I.** *n* Metzger(in *f*) *m,* Schlächter(in *f*) *m* **II.** *vt* ① → *animals* schlachten; → *people* abschlachten ② → *language* herausschneiden, abschneiden; **butcher's** *n* ▷*shop* Metzgerei *f;* **butchery** [-ɪ] *n* ↑ *slaughter* Gemetzel *s*
butler ['bʌtlə*] *n* Butler *m*
butt ¹ [bʌt] *n* ↑ *cask* großes Faß
butt ² [bʌt] *n* (*of gun*) Kolben *m*
butt ³ [bʌt] *n* (*FAM of cigarette*) Kippe *f*
butt ⁴ [bʌt] *n* (*of joke*) Zielscheibe *f*
butt ⁵ [bʌt] *vt* mit dem Kopf stoßen; **butt in** *vi* (*conversation*) unterbrechen; (*affair*) sich einmischen
butter ['bʌtə*] **I.** *n* Butter *f* **II.** *vt* buttern; **butter up** *vt FAM* schöntun *dat;* **buttercup** *n* Butterblume *f;* **butter dish** *n* Butterdose *f;* **butterfingers** *n FAM* Schussel *m*
butterfly *n* ① (*insect*) Schmetterling *m* ② (*swimming*) Butterfly *m*
butter mountain *n* Butterberg *m*
buttocks ['bʌtəks] *n pl* Gesäß *s*
button ['bʌtn] **I.** *n* Knopf *m;* ↑ *badge* Button *m;* ◇ **he arrived right on the** - er kam auf die Sekunde pünktlich **II.** *vt* zuknöpfen; **button up** *vt* zuknöpfen; *FAM* ↑ *shut up* ◇ **b- -!** halt' die Schnauze!; **buttonhole** *n* ① (*hole*) Knopfloch *s* ② (*flower*) Blume *f* im Knopfloch; **button mushroom** *n* junger Champignon *m*
buttress ['bʌtrɪs] *n* Strebepfeiler *m,* Stützbogen *m*
buxom ['bʌksəm] *adj* drall
buy [baɪ] <bought, bought> *vt* ① → *bread* kaufen ② *FAM* → *excuse* akzeptieren, abnehmen; **buy up** *vt* aufkaufen; **buyer** *n* Käufer(in *f*) *m;* **buyer's market** *n* Käufermarkt *m*
buzz [bʌz] **I.** *n* ① (*of bee*) Summen *s;* (*of bumblebee*) Brummen *s;* (*of mosquito*) Schwirren *s;* (*of conversation*) Sprachengewirr *s* ② ◇ **give him a** - ruf ihn an **II.** *vi* summen, brummen; ← *ears* surren; ◇ **the party is -ing** die Party geht ab; ◇ **b- off!** zisch ab!
buzzard ['bʌzəd] *n* Bussard *m*
buzzer ['bʌzə*] *n* Summer *m*
buzz-word ['bʌzwɜ:d] *n FAM* Insiderfloskel *f*
by [baɪ] *prep* ① ↑ *close* an, [nahe]bei; ↑ *next to* neben ② (*time*) bei; ↑ *during* während; (*not later than*) bis zu; ◇ - **day/night** tags/nachts [über] ③ (*direction, via*) über ④ (*of book, of painting*) von; (*means*) durch, per; ↑ *according to* (*going* -) nach, gemäß; ◇ - **train/bus** mit dem Zug/Bus; ◇ **done - s.o./s.th.** von jd-m/durch etw gemacht; ◇ - **o.s.** allein ⑤ (*measurement, area of object*) mal; ◇ - **and large** im großen und ganzen; ◇ - **the dozen/pound** dutzend-/pfundweise
bye [baɪ] *intj* tschüs; **bye-bye** *n* Wiedersehen *s*
by[e]-election *n* Nachwahl *f*
bygone *adj* vergangen; ◇ **let -s be -s** die Vergangenheit ruhen lassen
by[e]-law *n* Verordnung *f*
bypass I. *n* Umgehungsstraße *f* **II.** *vt* → *problems* umgehen; **by-product** *n* Nebenprodukt *s;* **by-road** *n* Nebenstraße *f;* **bystander** *n* Zuschauer (in *f*) *m*
byte [baɪt] *n* (PC *eight bits*) Byte *s*
byword ['baɪwɜ:d] *n* Inbegriff *m*
Byzantine [bɪ'zæntaɪn] *adj* byzantinisch; **Byzantium** [bɪ'zæntɪəm] *n* Byzanz *s*

C

C, c [si:] *n* C *s,* c *s*
cab [kæb] *n* ① (*horse-drawn*) Droschke *f;* (*motorised*) Taxi *s;* ◇ **to hail a** - ein Taxi rufen; ◇ **mini** - Minicar *m,* Minitaxi *s* ② (*of truck*) Führerhaus *s,* Fahrerhaus *s*
cabaret ['kæbəreɪ] *n* Kabarett *s;* **cabaret artist** Kabarettist(in *f*) *m*
cabbage ['kæbɪdʒ] *n* Kohlkopf *m,* Krautkopf *m;* **cabbage lettuce** *n* Kopfsalat *m*
cabby ['cæbɪ] *n FAM* Taxifahrer(in *f*) *m*
cabin ['kæbɪn] *n* ① (*wooden hut*) Hütte *f* ② NAUT Kajüte *f,* Kabine *f* ③ (AERO *for passen-*

gers) Kabine *f;* *(for pilot)* Cockpit *s;* **cabin boy** Schiffsjunge *m;* **cabin class** *n* *(transport)* zweite Klasse *f;* **cabin cruiser** *n* Kabinenkreuzer *m*

cabinet [ˈkæbɪnɪt] *n* [1] *(kitchen ~, medicine ~)* Schrank *m;* *(display ~)* Vitrine *f;* *(loudspeaker ~)* Gehäuse *s* [2] POL Kabinett *s;* **cabinetmaker** *n* Möbeltischler *m,* Schreiner(in *f*) *m*

cabinet minister *n* POL [Staats-]Minister(in *f*) *m;* **cabinet meeting** *n* POL Kabinettssitzung *f;* **cabinet reshuffle** *n* POL Kabinettsumbildung *f*

cable [ˈkeɪbl] **I.** *n* [1] Seil *s;* *(of steel)* Drahtseil *s;* NAUT Tau *s,* Trosse *f* [2] ELECTR [Leitungs-]Kabel *s* [3] *(telegram)* Telegramm *s* **II.** *vt* telegrafieren; **cable car** *n* *(system)* Seilbahn *f;* *(carriage)* Gondel *f;* **cable television** *n* Kabelfernsehen *s*

caboodle [kəˈbuːdl] *FAM* ◇ **the whole kit and ~** das ganze Zeug

cab rank *n* Taxistand *m*

cabriolet [kæbrɪəʊˈleɪ] *n* AUTO Kabriolett *s,* Cabriolet *s*

cabstand *n* Taxistand *m*

cache [kæʃ] **I.** *n* [1] *(of food, of guns)* geheimer Vorrat [2] *(hiding place)* Versteck *s* [3] PC Cache-Speicher *m* **II.** ↑ *hide, store* verstecken

cachet [kæʃeɪ] *n* *(mark, seal)* Qualitätszeichen *s*

cack-handed [ˈkækhændɪd] *adj FAM* tolpatschig

cackle [ˈkækl] **I.** *n* [1] *(of hens)* Gegacker *s,* Gackern *s* [2] *(of person)* Gegacker *s;* ◇ **cut the ~!** Ruhe bitte!, Schluß mit dem Gerede! **II.** *vi* gakkern

cacophonous [kæˈkɒfənəs] *adj* *(noise)* mißtönend, schlecht klingend

cactus [ˈkæktəs] *n* <cacti, cactuses> Kaktus *m*

cadaver [kəˈdeɪvə*] *n* MED Leichnam *m*

caddie [ˈkædɪ] *n* Caddie *m*

caddy [ˈkædɪ] *n* Teebüchse *f*

cadence [ˈkeɪdns] *n* *(of voice)* Tonfall *m;* MUS Kadenz *f*

cadet [kəˈdet] *n* Kadett *m*

cadge [kædʒ] *vt* *(money, cigarettes)* schnorren, abstauben *(from, off* bei, von)

cadmium [ˈkædmɪəm] *n* CHEM Kadmium *s*

cadre [ˈkæːdə] *n* MIL Kader *m*

Caesarean [siːˈzɛərɪən] *adj* MED ◇ **~ section** Kaiserschnitt *m*

caesium [ˈsiːzjəm] *n* Cäsium *s*

café [ˈkæfeɪ] *n* Café *s;* **cafeteria** [kæfɪˈtɪərɪə] *n* Cafeteria *f;* *(at university)* Mensa *f*

caffeine [ˈkæfiːn] *n* Koffein *s*

cage [keɪdʒ] **I.** *n* [1] *(for lion)* Käfig *m;* *(for canary)* [Vogel-]Käfig, [Vogel-]Bauer *m* [2] *(of mining)* Förderkorb *m* **II.** *vt* ↑ *trap* einsperren

cagey [ˈkeɪdʒɪ] *adj FAM* ▷*person* zurückhaltend, vorsichtig; ◇ **to be ~ about s.th.** ein großes Geheimnis aus etw machen

cahoots [kəˈhuːts] *n FAM* ◇ **to be in ~ with s.o.** mit jd-m unter e-r Decke stecken

cairn [kɛən] *n* *(mark)* Steinhaufen *m;* *(memorial)* Gedenkstätte *f*

cajole [kəˈdʒəʊl] *vt* →*person* beschwatzen, schönreden; ◇ **to ~ s.o. out of doing s.th.** jd-m etw ausreden; ◇ **to ~ s.o. into doing s.th.** jd-m einreden [*o.* jd-n beschwatzen] etw zu tun

cake [keɪk] **I.** *n* [1] *(shortbread)* Gebäck *m;* *(regular ~)* Kuchen *m;* *(gateau)* Torte *f;* ◇ **you can't have your ~ and eat it** entweder - oder! [2] *(of soap)* Stück *s* [3] ◇ **it's a piece of ~** es ist kinderleicht **II.** *vt* ↑ *coat thoroughly* einhüllen, dick einschmieren; **caked** *adj* verkrustet; ◇ **the boots are ~ with mud** die Stiefel sind völlig schlammverschmiert; **cake mix** *n* Backmischung *f;* **cake shop** *n* Konditorei *f;* **cake tin** *n* *(for baking)* Kuchenblech *s;* *(container)* Gebäckdose *f*

calamine [ˈkæləmaɪn] *n* Galmei *m*

calamitous [kəˈlæmɪtəs] *adj* ▷*event* katastrophal, verheerend; **calamity** [kəˈlæmɪtɪ] *n* ↑ *tragedy* Unglück *s,* Tragödie *f*

calcium [ˈkælsɪəm] *n* Kalzium *s;* **calcify** [ˈkælsɪfaɪ] *vi* verkalken

calculable [ˈkælkjʊləbl] *adj* ↑ *quantifiable* ▷*risk etc.* berechenbar; **calculate** [ˈkælkjʊleɪt] *vt* [1] MATH berechnen [2] → *costs* kalkulieren [3] → *chances* abwägen; **calculate on** *vt* [1] *(arrival time)* rechnen (mit); ◇ **he ~d on finishing** er rechnete damit, fertig zu werden [2] ↑ *rely on* sich verlassen (auf *acc*); **calculated** *adj* ▷*move* wohlüberlegt; ▷*risk* kalkuliert; **calculating** *adj* ↑ *scheming* berechnend, listig; **calculation** [kælkjʊˈleɪʃən] *n* [1] (MATH *mental excercise)* Berechnung *f;* *(sum, whole process)* Rechnung *f* [2] *(judgement)* Schätzung *f;* **calculator** [ˈkælkjʊleɪtə*] *n* *(electronic apparatus)* Rechenmaschine *f,* Rechner *m;* ◇ **pocket ~** Taschenrechner *m*

calculus [ˈkælkjʊləs] *n* MATH Infinitesimalrechnung *f*

calendar [ˈkælɪndə*] *n* Kalender *m*

calf [1] [kɑːf] *n* <calves> *(young cow/elephant)* Kalb *s*

calf [2] *n* <calves> ANAT Wade *f;* **calfskin** *n* *(leather)* Kalbsleder *s*

caliber *s.* **calibre**

calibrate ['kælıbreıt] TECHNOL kalibrieren, eichen; **calibrated** *adj* ① *(adjusted precisely)* geeicht, kalibriert ② *(bearing marks for measurement)* mit Gradeinteilung, graduiert

calibre ['kælıbə*], **caliber** *(AM) n* ① *(of gun)* Kaliber *s* ② *(FIG quality of person)* Kaliber *s*, Format *s*

calico ['kælıkəʊ] *n* Kattun *m*

caliper *s.* **calliper**

call [kɔ:l] **I.** *n* ① *(of bird, of person)* Ruf *m* ② ◇ **to pay s.b. a ~** jd-n [kurz] besuchen ③ AERO Aufruf *m* ④ ↑ *reason* Grund *m;* ◇ **there is no ~ for anxiety** es gibt keinen Grund zur Unruhe ⑤ TELEC Anruf *m;* ◇ **the doctor is on ~** der Arzt hat Notdienst **II.** *vt* ① *(summon)* [herbei-]rufen ② TELEC anrufen ③ ↑ *name* nennen, bezeichnen; ◇ **he is ~ed Alain** er heißt Alain; ◇ **a girl ~ed Jennifer** ein Mädchen namens Jennifer ④ COMM POL → *meeting* einberufen; **call for** *vt* *(ask for)* erfordern; **call in** *vt* → *doctor* zu Rate ziehen; **call off** *vt* ① → *appointment* absagen ② → *attacking dog* zurückrufen; **call on** *vt* → *friends* besuchen; **call out** *vt* → *departure time* ansagen; → *a name* aufrufen; **call up** *vt* ① MIL einberufen ② ↑ *phone* anrufen; **call box** *n* ↑ *telephone box* Telefonzelle *f;* **call girl** *n* Callgirl *s;* **calling** *n* ↑ *vocation* Berufung *f;* **calling card** *n AM* ↑ *visiting card* Visitenkarte *f*

calliper ['kælıpə*], **caliper brake** *(AM) n* Felgenbremse *f;* **callipers**, **calipers** *(AM) n npl* *(measuring device)* Greifzirkel *m*

callous ['kæləs] *adj* ↑ *cruel* herzlos

callus ['kæləs] *n* MED Schwiele *f*

call-up *n* MIL Einberufung *f*

calm [kɑ:m] **I.** *n* ① *(peace and quiet)* Ruhe *f*, Stille *f* ② NAUT Flaute *f;* *(absence of wind)* Windstille *f* ③ *(of personality)* Gelassenheit *f* **II.** *adj* ① *(weather)* windstill, ruhig ② *(person)* gelassen, ruhig **III.** *vt* → *situation, person* beruhigen; **calm [o.s.] down** *vr* sich beruhigen; **calming** *n* *(of nerves)* Beruhigung *f;* **calmly** *adv* ruhig; **calmness** *n* ① Stille *f*, Ruhe *f* ② *(of attitude)* Gelassenheit *f*

Calor gas ® ['kælə gæs] *n* Butangas *s*

calorie ['kælərı] *n* *(energy value)* Kalorie *f*

calumny ['kæləmnı] *n* ↑ *slander* Verleumdung *f*

calves [kɑ:vz] *pl of* **calf**

camber ['kæmbə*] *n* ① *(of road)* Wölbung *f* ② *(of wheel)* Radsturz *m*

came [keım] *pt of* **come**

camel ['kæməl] *n* Kamel *s*

cameo ['kæmıəʊ] *n* <-s> *(~ brooch)* Kamee *f*

camera ['kæmərə] *n* ① Fotoapparat *m*, Kamera *f;* *(film ~)* [Film-]Kamera *f* ② JUR ◇ **in ~** unter Ausschluß der Öffentlichkeit; **camerawork** *n* Kameraführung *f;* **cameraman** *n* <-men> Kameramann *m*

camomile ['kæməmaıl] *n* Kamille *f;* ◇ **~ tea** Kamillentee *m*

camouflage ['kæməflɑ:ʒ] **I.** *n* MIL Tarnung *f* **II.** *vt* ① → *tank* tarnen ② *FIG* → *truth* verschleiern; **camouflage paint** *n* Tarnfarbe *f*

camp [1] [kæmp] **I.** *n* ① *(on expedition)* Lager *s* ② *(tourist ~)* Zeltplatz *m*, Campingplatz *m* ③ MIL [Feld-]Lager *s* **II.** *vi* *(as leisure activity)* zelten; ◇ **to go ~ing** zelten

camp [2] *adj* ① *FAM* ▷*dress* aufgetakelt ② *FAM* ↑ *effeminate* tuntenhaft; **camp up** *vt FAM* aufmotzen; ◇ **to ~ it ~** sich tuntenhaft benehmen

campaign [kæm'peın] **I.** *n* ① MIL Feldzug *m* ② ◇ **advertising ~** Werbekampagne *f* ③ ◇ **election ~** Wahlkampf *m* **II.** *vi* ① MIL Krieg führen ② ↑ *advertise* werben ③ POL e-n Wahlkampf führen ④ ◇ **to ~ for s.th.** sich für etw einsetzen; **campaigner** *n* ① ↑ *activist* Befürworter(in *f*) *m* ② POL Wahlwerber(in *f*) *m* ③ MIL Krieger(in *f*) *m*

campbed ['kæmpbed] *n* Campingliege *f;* **camper** ['kæmpə*] *n* ① *(tourist)* Camper(in *f*) *m* ② AUTO Campingbus *m*, Wohnmobil *s*

camphor ['kæmfə*] *n* Kampfer *m*

campsite ['kæmpsaıt] *n* Campingplatz *m*

campus ['kæmpəs] *n* *(of university)* Universitätsgelände *s*, Campus *m*

camshaft ['kæmʒɑ:ft] *n* TECHNOL Nockenwelle *f*

can [1] [kæn] <could, been able, negative: cannot (can't), could not (couldn't), not been able> *(modal auxiliary)* ① ↑ *be able* können; ◇ **I can't dance** ich kann nicht tanzen; ◇ **~ you do it now?** kannst du das jetzt tun? ② *(expressing astonishment/surprise etc.)* können; ◇ **you can't say that!** das kannst du nicht sagen! ③ ↑ *be allowed* dürfen; ◇ **you can't play here** hier darfst du nicht spielen

can [2] **I.** *n* ① *(tin)* Büchse *f*, Dose *f* ② *(for water)* [Gieß-]Kanne *f* ③ *(FAM prison)* Knast *m* **II.** *vt* → *food* [in Dosen] einmachen; [in Dosen] abfüllen

Canada ['kænədə] *n* Kanada *s;* **Canadian** [kə'neıdjən] **I.** *adj* kanadisch **II.** *n* Kanadier(in *f*) *m*

canal [kə'næl] *n* ① *(waterway, irrigation channel)* Kanal *m* ② ANAT Kanal *m*, Gang *m*

canary [kə'nεərı] *n* FAUNA Kanarienvogel *m*

Canary Islands *n* Kanarische Inseln *pl*

cancel ['kænsəl] *vt* ① ↑ *delete* durchstreichen; PC ↑ *interrupt* → *job* abbrechen ② → *plans* aufgeben; → *appointment* absagen ③ COMM → *debt* streichen; JUR → *statute* aufheben; **can-**

cellation [kænsəˈleɪʃən] *n* [1] *(of regulations)* Aufhebung *f* [2] *(of appointment)* Absage *f; (of flight)* Streichung *f*
cancer [ˈkænsə*] *n* [1] MED Krebs *m* [2] ◇ C- ASTROL Krebs *m*
candelabra [kændɪˈlɑːbrə] *n (lighting)* Leuchter *m,* Kandelaber *m*
candid [ˈkændɪd, -lɪ] *adj* ↑ *open, frank* offen, ehrlich
candidacy [ˈkændɪdəsɪ] *n* POL Kandidatur *f;* **candidate** [ˈkændɪdeɪt] *n* [1] *(for employment)* Bewerber(in *f*) *m* [2] *(for election, exam)* Kandidat(in *f*) *m*
candied [ˈkændɪd] *adj* GASTRON kandiert, gezuckert; ◇ **- orange peel** Orangeat *s*
candle [ˈkændl] *n* Kerze *f;* **candlelight** *n* Kerzenlicht *s;* ◇ **by -** bei Kerzenschein; **candlestick** *n* Kerzenhalter *m*
candour [ˈkændə*] *n* ↑ *frankness* Offenheit *f*
candy [ˈkændɪ] *n* [1] Kandis[zucker] *m;* ◇ **--coated** mit Zuckerguß [2] *AM* Bonbon *s,* Süßigkeiten *f pl;* **candy-floss** [ˈkændɪflɒs] *n* Zuckerwatte *f*
cane [keɪn] **I.** *n* [1] FLORA Rohr *s;* ◇ **- sugar** Rohrzucker *m* [2] *(for walking)* Stock *m* **II.** *vt* (mit dem Stock) schlagen
canine [ˈkeɪnaɪn] *n* **I.** (FAUNA *class*) ↑ *dog* Hund *m* **II.** *adj* Hunde-, Hunds-
canine tooth *n* ANAT Eckzahn *m*
canister [ˈkænɪstə*] *n* Behälter *m*
canker [ˈkænkə*] *n* [1] MED Lippengeschwür *s* [2] *FIG* ◇ **the - of fascism** das Krebsgeschwür des Faschismus
cannabis [ˈkænəbɪs] *n* BIOL [1] Cannabis *s,* Hanfpflanze *f* [2] Marihuana *s*
canned [kænd] *adj* [1] ▷*fruit* Dosen-, eingemacht [2] *FAM* ↑ *drunk* blau
cannibal [ˈkænɪbəl] *n (human)* Menschenfresser (in *f*) *m,* Kannibale *m*
cannon [ˈkænən] *n* [1] MIL Kanone *f* [2] (SPORT *billiards*) Karambolage *f*
cannot [ˈkænɒt] = **negative of can**
canny [ˈkænɪ] *adj* [1] *(clever)* gerissen [2] *(cautious)* vorsichtig
canoe [kəˈnuː] *n* Kanu *s;* **canoeing** *n* Kanufahren *s;* **canoeist** *n* Kanufahrer(in *f*) *m*
canon [ˈkænən] *n* [1] *(of behaviour)* Moralkodex *m* [2] *(of literature)* Gesamtwerk *s* [3] REL Kanoniker *m;* **canon law** *n* REL kanonisches Recht *s;* **canonize** [ˈkænənaɪz] *vt* → *martyr* heiligsprechen
canoodle [kəˈnuːdl] *vi FAM* ← *lovers* schmusen, knuddeln
can opener [ˈkænəʊpnə*] *n* Dosenöffner *m*
canopy [ˈkænəpɪ] *n* [1] ↑ *awning* Markise *f* [2] *(over entrance)* Vordach *s,* Pergola *f* [3] *(of throne)* Baldachin *m*
can't [kɑːnt] = **negative of can**
cant [kænt] *n* [1] ↑ *hypocrisy* Heuchelei *f* [2] ↑ *jargon* Jargon *m; (of thieves also)* Rotwelsch *s*
cantankerous [kænˈtæŋkərəs] *adj* ▷*old man* zänkisch, mürrisch
canteen [kænˈtiːn] *n (in factory)* Kantine *f*
canter [ˈkæntə*] **I.** *n (of horse)* Kanter *m,* Handgalopp *m* **II.** *vi* ← *horse* langsam galoppieren
cantilever [ˈkæntɪliːvə*] *n* TECHNOL Träger *m,* Ausleger *m*
canvas [ˈkænvəs] *n* [1] *(surface for painting)* Leinwand *f* [2] ↑ *painting* Gemälde *s* [3] *(sail, tent material)* Segeltuch *s*
canvass [ˈkænvəs] *vt* [1] POL → *electors* um Stimmen werben, auf Stimmenfang gehen *(for* für) [2] *(for an opinion poll)* Meinungsforschung betreiben; **canvasser** *n* [1] POL Wahlwerber(in *f*) *m* [2] *(of opinion poll)* Meinungsforscher *m*
canyon [ˈkænjən] *n* GEO Felsenschlucht *f*
cap [kæp] **I.** *n* [1] *(for head)* Mütze *f* [2] *(for petrol tank)* Verschluß *m; (for bottle)* Deckel *m* [3] *(of mushroom)* Hut *m* **II.** *vt* [1] → *bottle* verschließen [2] *FAM* ↑ *surpass* übertreffen
cap *abbr. of* **capital letter** ◇ **in -s** in Großbuchstaben
capability [keɪpəˈbɪlɪtɪ] *n* Fähigkeit *f;* **capable** [ˈkeɪpəbl] *adj* [1] fähig; ◇ **he was - of doing it** er konnte es tun, er war fähig/imstande, es zu tun [2] kompetent
capacious [kəˈpeɪʃəs] *adj* geräumig; **capacity** [kəˈpæsətɪ] *n* [1] *(volume)* Fassungsvermögen *s,* (Raum-)Inhalt *m* [2] ↑ *ability* Fähigkeit *f,* Vermögen *s* [3] ↑ *roll* ◇ **in my - as President** in meiner Eigenschaft als Präsident
cape [1] [keɪp] *n (garment)* Umhang *m,* Cape *s*
cape [2] *n* GEO Kap *s*
caper [1] *n* GASTRON Kaper *f*
caper [2] **I.** *n* Kapriole *f* **II.** *vi* ← *students* [herum-]tollen
capital [ˈkæpɪtl] *n* [1] COMM Kapital *s* [2] *(- letter)* Großbuchstabe *m* [3] ↑ *- city* Hauptstadt *f;* **capital gains** *n* ↑ *profits* Kapitalgewinn *m;* **capitalism** [ˈkæpɪtəlɪsm] *n* Kapitalismus *m;* **capitalist I.** *adj* kapitalistisch **II.** *n* Kapitalist (in *f*) *m;* **capital punishment** *n* Todesstrafe *f*
capitulate [kəˈpɪtjʊleɪt] *vi* kapitulieren; **capitulation** [kəpɪtjʊˈleɪʃən] *n* Kapitulation *f*
capon [ˈkeɪpən] *n* Kapaun *m*
capricious [kəˈprɪʃəs] *adj* launisch, kapriziös
Capricorn [ˈkæprɪkɔːn] *n* ASTROL Steinbock *m*

capsize [kæp'saɪz] **I.** *vi* ← *boat* kentern **II.** *vt* → *boat* zum Kentern bringen
capstan ['kæpstən] *n* Poller *m*
capsule ['kæpsju:l] *n* [1] MED Kapsel *f* [2] (*space* -) [Weltraum-]Kapsel *f*
captain ['kæptɪn] **I.** *n* NAUT Kapitän *m;* SPORT Mannschaftskapitän *m;* MIL Hauptmann *m* **II.** *vt* → *team* anführen; → *ship* befehligen, Kapitän sein [von/e-s]
caption ['kæpʃən] *n* [1] (*over article*) Überschrift *f* [2] (*under picture*) Unterschrift *f,* Bildkommentar *m* [3] (*subtitles of film*) Untertitel *m;* **captivate** ['kæptɪveɪt] *vt* faszinieren
captive ['kæptɪv] *n* Gefangene(r) *fm;* **captivity** [kæp'tɪvɪtɪ] *n* Gefangenschaft *f;* **capture** ['kæptʃə*] **I.** *vt* [1] → *town* erobern, besetzen; → *person* gefangennehmen; → *prize* gewinnen [2] → *mood, in work of art* einfangen [3] PC erfassen **II.** *n* [1] (*act of seizing*) Gefangennahme *f* [2] PC Erfassung *f*
car [kɑ:*] *n* [1] Auto *s,* Wagen *m* [2] (*of train*) Wagen; ◇ **dining** - Speisewagen *m;* ◇ **sleeping** - Schlafwagen *m*
caramel ['kærəməl] *n* [1] (*burnt sugar*) Karamel *s* [2] ↑ *toffee* Karamelbonbon *s,* Karamelle *f*
carat ['kærət] *n* Karat *s*
caravan ['kærəvæn] *n* [1] AUTO Wohnwagen *m* [2] (*in desert*) Karawane *f*
caraway ['kærəweɪ] *n* Kümmel *m;* ◇ - **seeds** Krümel *m pl,* Krümelkörner *s pl*
carbohydrate [kɑ:bəʊ'haɪdreɪt] *n* Kohle[n]hydrat *s*
carbon ['kɑ:bən] *n* [1] Kohlenstoff *m* [2] (*- paper*) Kohlepapier *s;* **carbon copy** *n* Durchschlag *m;* **carbon dioxide** *n* Kohlendioxid *s;* (*in mineral water*) Kohlensäure *f;* **carbon monoxide** *n* Kohlenmonoxid *s*
carbuncle ['kɑ:bʌŋkl] *n* MED Karbunkel *m*
carburettor ['kɑ:bjʊretə*] *n* TECHNOL AUTO Vergaser *m*
carcass ['kɑ:kəs] *n* (*of animal*) Kadaver *m*
carcinogenic [kɑ:sɪnə'dʒenɪk] *adj* MED krebserzeugend, karzinogen; **carcinoma** [kɑ:sɪ'nəʊmə] *n* MED Karzinom *s,* Krebsgeschwulst *f*
card [1] [kɑ:d] *n* [1] (*post* -) Karte *f* [2] (*stiff paper*) Karton *m* [3] (*playing* -) Spielkarte *f;* ◇ **to have a - up one's sleeve** noch e-n Trumpf in Reserve haben; ◇ **on the -s** zu erwarten
card [2] *vt* → *wool* kämmen, krempeln; **cardboard** *n* (*material*) Pappe *f;* ◇ - **box** Pappschachtel *f,* Karton *m;* **card game** *n* Kartenspiel *s*
cardiac ['kɑ:dɪæk] *adj* Herz-
cardigan ['kɑ:dɪgən] *n* Strickjacke *f*
cardinal ['kɑ:dɪnl] **I.** *adj* [1] ▷*issue, reason* Haupt-, hauptsächlich; ◇ - **sin** Todsünde *f* [2] MATH ◇ - **number** Grundzahl *f,* Kardinalzahl *f* **II.** *n* REL Kardinal *m*
card index *n* (*in office*) Kartei *f;* (*in library*) Katalog *m*
care [keə*] **I.** *n* [1] ↑ *worry* Sorge *f;* ◇ **not a - in the world** völlig sorglos, ohne jede Sorge [2] (*effort*) Mühe *f,* Sorgfalt *f;* ◇ **driving without due - and attention** fahrlässiges Verhalten im Straßenverkehr; ◇ **Handle with** - Vorsicht, zerbrechlich! [3] (*official responsiblity*) Obhut *f,* Fürsorge *f;* ◇ **she has been awarded the - of the children** die Kinder wurden ihr zugesprochen; ◇ **children in** - Pflegekinder *s pl* [4] (*looking after*) Pflege *f;* ◇ **take - [of yourself]!** paß auf dich auf! tschüß! **II.** *vi* ↑ *look after* sich kümmern (*about* um); (*take to be important*) ◇ **I don't** - es ist mir egal; ◇ **he -s about it** es ist ihm wichtig, es bedeutet ihm etw; **care for** *vt* [1] ↑ *look after, provide for* sorgen (für) [2] (*look after, keep an eye on*) achten (auf *acc*), sich kümmern um *acc* [3] (*like, love*) mögen, lieben
career [kə'rɪə*] **I.** *n* [1] ↑ *profession* Beruf *m* [2] (*working history*) Laufbahn *f,* Werdegang *m* [3] ▷*successful* Karriere *f;* ◇ **she made a - for herself** sie machte Karriere **II.** *vi* ← *car* rasen
carefree ['keəfri:] *adj* ▷*person* unbekümmert; ▷*feeling* heiter; **careful** ['keəfʊl] *adj* vorsichtig, sorgfältig; ◇ **be -!** paß auf!, gib acht!; **carefully** *adv* vorsichtig, sorgfältig; **careless** ['keəlɪs] *adj* ↑ *reckless* rücksichtslos; ▷*work* nachlässig, unsorgfältig; ▷*words* gedankenlos
caress [kə'res] **I.** *n* (*gentle* -) Zärtlichkeit *f;* (*of lovers*) Liebkosung *f* **II.** *vt* streicheln
caretaker ['keəteɪkə*] *n* (*of school*) Hausmeister (in *f*) *m*
car-ferry ['kɑ:ferɪ] *n* Autofähre *f*
cargo ['kɑ:gəʊ] *n* <-[e]s> Fracht *f*
caricature ['kærɪkətjʊə*] **I.** *n* Karikatur *f* **II.** *vt* karikieren
car insurance *n* Kraftfahrzeugversicherung *f,* Autoversicherung *f*
carnage ['kɑ:nɪdʒ] *n* <uncount> Blutbad *s*
carnal ['kɑ:nl] *adj* → *desires* sinnlich, fleischlich
carnation [kɑ:'neɪʃən] *n* FLORA Nelke *f*
carnival ['kɑ:nɪvəl] *n* Karneval *m,* Fasching *m*
carnivore ['cɑ:nɪvɔ:*] *n* Raubtier *s;* **carnivorous** [cɑ:'nɪvərəs] *adj* fleischfressend
carol ['kærəl] *n* (*Christmas* -) Weihnachtslied *s*
carp [kɑ:p] **I.** *n* (*fish*) Karpfen *m* **II.** *vi* herumnörgeln (*about* an *dat*)
car park *n* Parkplatz *m;* (*multi-storey* -) Parkhaus *s*

C

carpenter ['kɑ:pəntə*] *n* Zimmermann *m;* ↑ *cabinet* ~ Tischler *m;* **carpentry** ['kɑ:pəntrɪ] *n* Zimmerhandwerk *s;* ↑ *joinery* Bautischlerei *f*

carpet ['kɑ:pɪt] **I.** *n* Teppich *m* **II.** *vt* ① → *floor* mit e-m Teppich auslegen ② *FAM* zur Minna machen

carping ['kɑ:pɪŋ] *adj* ◇ ~ **criticism** kleinliche Kritik *f*

carriage ['kærɪdʒ] *n* ① (*horsedrawn* ~) Kutsche *f;* (*of train*) Wagen *m* ② (*of person, deportment*) Haltung *f* ③ COMM ↑ *dispatch* Beförderung *f;* ◇ ~ **paid** Gebühr bezahlt; **carriage return** *n* (*of typewriter*) Wagenrücklauf *m;* **carriageway** *n* Fahrbahn *f;* ◇ **dual** ~ zweispurige Fahrbahn *f*

carrier ['kærɪə*] *n* ① ↑ *bearer* Träger(in *f*) *m;* COMM Spediteur(in *f*) *m* ② (MED *of disease*) Überträger *m;* **carrier bag** *n* (*for groceries*) Tragetasche *f;* **carrier pigeon** *n* Brieftaube *f*

carrion ['kærɪən] *n* Aas *s*

carrot ['kærət] *n* ① (*vegetable*) Möhre *f,* Mohrrübe *f,* Karotte *f* ② *FIG* ↑ *bait, inducement* Köder *m;* ◇ **stick and** ~ Zuckerbrot und Peitsche

carry ['kærɪ] *vt* ① → *load* tragen; *FIG* ◇ **to** ~ **the day** gewinnen ② (*transportation*) befördern ③ TECHNOL → *roof* stützen ④ (COMM *goods, stock*) führen; **carry on** *vt* weitermachen; **carry out** *vt* → *orders* ausführen; **carry over** *vt* (COMM *accounts*) vortragen

carrycot ['kærɪkɒt] *n* Babytragetasche *f*

cart [kɑ:t] **I.** *n* ① (*fourwheeled* ~) Wagen *m,* Karren *m* ② (*AM trolley*) Einkaufswagen *m* **II.** *vt* → *bulky goods* mit sich schleppen

cartilage ['kɑ:tɪlɪdʒ] *n* ANAT Knorpel *m*

cartographer [kɑ:'tɒgrəfə*] *n* Kartograph(in *f*) *m*

carton ['kɑ:tən] *n* ① (*material*) Karton *m,* Pappe *f* ② (*of cigarettes*) Stange *f*

cartoon [kɑ:'tu:n] *n* ① (*satirical drawing*) Karikatur *f* ② (*in newspaper strips*) Comics *s pl* ③ FILM [Zeichen-]Trickfilm *m* ④ (*sketch for painting*) Karton *m*

cartridge ['kɑ:trɪdʒ] *n* (*of gun, of pen*) Patrone *f;* (*of film*) Kassette *f*

cartwheel *n* ① Wagenrad *m* ② ◇ **the children are doing** ~**s** die Kinder schlagen Rad

carve [kɑ:v] *vt* ① → *wood* schnitzen; → *stone* behauen ② → *meat* schneiden, tranchieren; **carving** *n* ① (*act of* ~) Schnitzen *s* ② (*art of* ~) Schnitzerei *f,* Schnitzhandwerk *s* ③ (*object*) Holzfigur *f,* Schnitzerei *f;* **carving knife** *n* (*for meat*) Tranchiermesser *s*

car wash *n* ① Autowäsche *f* ② Autowaschanlage *f*

cascade [kæs'keɪd] **I.** *n* ↑ *waterfall* Wasserfall *m* **II.** *vi* ← *tears* kullern; ← *hair* fallen

case [1] [keɪs] *n* ① ↑ *situation, instance* Fall *m;* ◇ **as the** ~ **may be** je nachdem; ◇ **just in** ~ auf alle Fälle, vorsichtshalber; ◇ **in any** ~ sowieso, so oder so; ◇ **in** ~ **of emergency** im Notfall ② JUR Fall *m;* ◇ **the** ~ **for the defence** die Verteidigung; ◇ **a good** ~ **for the defence** gute Argumente für die Verteidigung

case [2] *n* ↑ *box* Kasten *m;* ↑ *chest* Kiste *f;* (*suit*~) Koffer *m*

cash [kæʃ] **I.** *n* Bargeld *s;* ◇ **in** ~ [in] bar; ◇ ~ **on delivery** per Nachnahme **II.** *vt* → *cheque, chips* einlösen; **cash in** ◇ **to cash in on s.th.** aus etw Kapital schlagen; **cash and carry** *n* (*shopping*) Verbrauchermarkt *m;* **cash desk** *n* Kasse *f;* **cash dispenser** *n* Geldautomat *m;* **cashier** [kə'ʃɪə*] *n* Kassierer(in *f*) *m*

cashmere ['kæʃmɪə*] *n* Kaschmir *m;* ◇ ~ **wool** Kaschmirwolle *f*

casing ['keɪsɪŋ] *n* Gehäuse *s*

casino [kə'si:nəʊ] *n* <-s> (*gambling hall*) Kasino *s,* Spielhalle *f*

cask [kɑ:sk] *n* ↑ *barrel* Faß *s*

casket ['kɑ:skɪt] *n* ① (*for jewels*) Kästchen *s,* Schatulle *f* ② *AM* ↑ *coffin* Sarg *m*

casserole ['kæsərəʊl] *n* ① (*cooking pot*) Schmortopf *m* ② (*meal*) Eintopf *m*

cassette [kæ'set] *n* [Musik-]Kassette *f*

cast [kɑ:st] <cast, cast> **I.** *vt* ① ↑ *throw* werfen; → *fishing line* auswerfen ② → *metal* gießen ③ (THEAT *roles*) verteilen ④ ◇ ~ **a spell on s.o.** jd-n verhexen **II.** *vi* THEAT die Rollen verteilen **III.** *n* ① (THEAT *of actors*) Besetzung *f* ② (*of dice*) Wurf *m* ③ (*mould*) Gußform *f;* (*moulded object*) Abdruck *m;* (*of metal*) Abguß *m* ④ MED Gips *m;* ◇ ~ **of mind** Gesinnung *f;* **cast around** *vi* sich umsehen (*for* nach); **cast back** *vt sep* ◇ **to** ~ **one's mind** ~ **to s.th.** sich auf etw *acc* zurückbesinnen; **cast off** *vi* ① NAUT losmachen ② (*clothes*) ablegen

castanets [kæstə'nets] *n pl* Kastagnetten *f pl*

castaway ['kɑ:stəweɪ] *n* Schiffbrüchige(r) *fm*

caste [kɑ:st] *n* Kaste *f*

casting ['kɑ:stɪŋ] **I.** *adj* POL ◇ ~ **vote** entscheidende Stimme **II.** *n* THEAT Rollenbesetzung *f,* Casting *s*

cast iron ['kɑ:st aɪən] **I.** *n* TECHNOL Gußeisen *s* **II.** *adj* ① TECHNOL gußeisern ② JUR → *alibi* hieb- und stichfest

castle ['kɑ:sl] *n* ① (*fort*) Burg *f,* Festung *f;* (*residence*) Schloß *s* ② (*CHESS*) ↑ *rook* Turm *m*

castor ['kɑ:stə*] *n* (*on furniture*) Laufrolle *f;* **castor oil** *n* Rizinusöl *s;* **castor sugar** *n* Streuzucker *m*

castrate [kæs'treɪt] *vt* kastrieren

casual ['kæʒjʊəl] *adj* ① ▷*arrangement* locker, unverbindlich ② ▷*remark* beiläufig ③ ▷*attitude* nachlässig ④ (*dress*) leger, Freizeit- ⑤ ▷*encounter* zufällig; **casually** *adv* ① (*dress*) leger, zwanglos ② (*behave*) gleichgültig ③ (*remark*) beiläufig; **casualty** ['kæʒʊəltɪ] *n* ① (*injured*) Verletzte(r) *fm* ② (*killed*) Todesopfer *s* ③ (~*ward*) Unfallstation *f;* **casualties** *n pl* (*in disaster*) Opfer *s pl;* (*in war also*) Verluste *m pl*

cat [kæt] *n* ① (*pet*) Katze *f;* (*lion, tiger etc.*) [Raub-]Katze *f* ② ◇ **to let the ~ out of the bag** die Katze aus dem Sack lassen

CAT [kæt] *abbr. of* **computerized axial tomography** CT *s,* Computertomographie *f*

cataclysm ['kætəklɪzm] *n* ↑ *catastrophe* [verheerende] Katastrophe *f;* **cataclysmic** ['kætəklɪzmɪk] *adj* ① (*change*) umwälzend ② (*explosion*) verheerend

catalog (*AM*), **catalogue** (*BRIT*) ['kætəlɒg] **I.** *n* ① (*of goods*) Katalog *m* ② (*of complaints*) Liste *f,* Sammlung *f* **II.** *vt* (*library*) katalogisieren

catalyst ['kætəlɪst] *n* ① (*agent of change*) Ursache *f,* entscheidender Faktor *m* ② ◇ **poverty serves as a ~ for political extremism** durch Armut entsteht leicht Extremismus ③ CHEM Katalysator *m*

catalytic converter [kætəlɪtɪkkən'vɜ:tə*] *n* AUTO Katalysator, Kat *m*

catapult ['kætəpʌlt] **I.** *n* MIL Katapult *s;* (*handheld*) Schleuder *f* **II.** *vt* katapultieren; ◇ **he was ~ed to fame** er wurde sehr schnell berühmt

cataract ['kætərækt] *n* ① (*in river*) Katarakt *m* ② MED grauer Star *m*

catarrh [kə'tɑ:*] *n* MED Katarrh *m*

catastrophe [kə'tæstrəfɪ] *n* Katastrophe *f;* **catastrophic** [kætə'strɒfɪk] *adj* katastrophal

catch [kætʃ] **I.** *n* ① (*of door*) Verschluß *m,* Verschlußvorrichtung *f,* Schloß *s; FIG FAM* ↑ *drawback* Haken *m* ② (*of fish*) Fang *m;* (*children's game*) Fangen *s* **II.** <caught, caught> *vt* ① → *ball* fangen; → *thief* fassen; → *bus* erreichen, kriegen ② (*illness*) sich holen; ◇ **to ~ a cold** sich erkälten; ◇ **to ~ fire** Feuer fangen ③ → *s.th. said* begreifen, verstehen ④ (*surprise*) ertappen, erwischen ⑤ → *fingers in door* einklemmen; ◇ **her hair got caught in the branches** ihre Haare haben sich in den Zweigen verfangen; **catch on** *vi* ① ← *fashion* sich verbreiten, ankommen ② (*FAM understand*) mitbekommen, verstehen; **catch out** *vt* (*with trick*) hereinlegen, austricksen; **catch up** *vt* (*person in front*) einholen; ◇ **to get caught up in a matter** in eine Sache verwikkelt werden; **catching** *adj* MED ansteckend; **catchment** *n* ◇ **~ area** Einzugsgebiet *s;* **catch phrase** *n* (*popular phrase*) *Schlagwort, das eine Zeitlang in aller Munde ist;* **catchy** ['kætʃɪ] *adj* ▷*tune* eingängig

catechism ['kætɪkɪzəm] *n* Katechismus *m*

categorical [kætɪ'gɒrɪkl] *adj* ▷*statement* kategorisch; **categorize** ['kætɪgəraɪz] *vt* kategorisieren; **category** ['kætɪgərɪ] *n* Kategorie *f*

cater ['keɪtə*] *vi* (*at party*) für das leibliche Wohl sorgen; **cater for** *vt* → *different needs* auf [verschiedene Bedürfnisse] eingestellt sein; **cater to** *vt* (*demands*) es jd-m recht machen; **caterer** *n* ① (*at wedding etc.*) Partyservice *m* ② (*supplier*) Lieferant *m;* **catering** *n* ① (*profession*) Gastronomie *f* ② (*service*) Bewirtung *f Versorgung mit Speisen und Getränken*

caterpillar ['kætəpɪlə*] *n* ① FAUNA Raupe *f* ② TECHNOL Raupe *f,* Bulldozer *m*

caterwaul ['kætəwɔ:l] *vi* jaulen

catgut ['kætgʌt] *n* MED Katgut *s*

catharsis [kə'θɑ:sɪs] *n* ① (*literature*) Läuterung *f* ② PHILOS Reinigung *f,* Katharsis *f* ③ MED Darmreinigung *f*

cathedral [kə'θi:drəl] *n* Kathedrale *f,* Dom *m*

catherine wheel ['kəθərɪnwi:l] *n* Feuerrad *s*

catheter ['kæθɪtə*] *n* MED Katheter *m;* **catheterize** ['kæθɪtəraɪz] *vt* → *patient* e-n Katheter einführen, katheterisieren

Catholic ['kæθəlɪk] **I.** *adj* ① REL katholisch ② ◇ **c~** vielseitig, umfassend **II.** *n* Katholik(in *f*) *m*

cathouse *n FAM!* Puff *m*

cat litter *n* Katzenstreu *f*

catnap *n* Nickerchen *s*

cat's cradle *n* (*game*) Fadenspiel *s;* (*resulting pattern*) ≈ Himmelsleiter *f*

catsuit *n* einteiliger Hosenanzug *m*

cattle ['kætl] *n pl* [Rind-]Vieh *s;* **cattle breeding** *n* Rinderzucht *f*

catty ['kætɪ] *adj* ▷*remark* gehässig

cat walk *n* (*in fashion show*) Laufsteg *m*

caught [kɔ:t] *pt, pp of* **catch**

cauliflower ['kɒlɪflaʊə*] *n* Blumenkohl *m*

causation [kɔ:'zeɪʃən] *n* Kausalität *f;* **cause** [kɔ:z] **I.** *n* ① (*~ of death*) Ursache *f* (*of* für *acc*); ◇ **the ~ of the shortage** die Ursache der [*o.* für die] Knappheit ② ↑ *reason* Anlaß *m,* Grund *m* (*for* zu); ◇ **no ~ for tears** kein Grund zum Weinen ③ (*of disarmament etc., issue*) [gute] Sache *f;* ◇ **a lost ~** ein aussichtsloses Unterfangen **II.** *vt* → *accident* verursachen; ◇ **to ~ s.o. trouble** jd-m Schwierigkeiten bereiten

causeway ['kɔ:zweɪ] *n* Damm *m*

caustic ['kɔ:stɪk] *adj* (*acid*) ätzend; ▷*remark* bissig

cauterize ['kɔ:təraɪz] *vt* MED kauterisieren

C

caution ['kɔːʃən] **I.** *n* ① ↑ *care* Vorsicht *f,* Umsicht *f;* ◇ **to exercise** ~ vorsichtig sein; ◇ **to proceed with** ~ vorsichtig vorgehen ② (*official warning*) Verwarnung *f* **II.** *vt* ① ↑ *warn* warnen (*against* vor *dat*) ② (*officially warn*) verwarnen ③ (JUR *inform*) belehren (*as to* über *acc*); **cautionary** ['kɔːʃənərı] *adj* ▷*tale* warnend, Warn-

caution money *n* COMM Kaution *f*

cautious ['kɔːʃəs] *adj* vorsichtig, behutsam; **cautiousness** ['kɔːʃəsnıs] *n* Vorsicht *f*

cavalier [kævə'lıə*] *adj* (*attitude*) unbekümmert

cavalry ['kævəlrı] *n* Kavallerie *f*

cave [keıv] *n* Höhle *f*

caveat ['keıvıæt] *n* Vorbehalt *m*

cave in *vi* ← *hole* einstürzen

caveman *n* <-men> Urmensch *m,* Steinzeitmensch *m*

cavern ['kævən] *n* (*big cave*) Höhle *f;* **cavernous** *adj* ① ▷*pit, hole* gähnend; (*cellar*) tief ② ▷*cheeks* eingefallen

caviar ['kævıɑː*] *n* Kaviar *m*

cavil ['kævl] *vi* kritteln (*at* an *dat*)

cavity ['kævıtı] *n* (*large hollow*); (*in solid mass*) Hohlraum *m;* (*in tooth*) Loch *s*

cavort [kə'vɔrt] *vi* herumtollen

CB radio *n abbr. of* **Citizens' Band radio** CB-Funk *m*

CD *n abbr. of* **compact disc** CD *f*

CD player *n* CD-Spieler *m*

cease [siːs] *vt, vi* ← *noise* aufhören; ← *person* einstellen, aufhören (mit); ◇ **hostilities -d** die Feindseligkeiten wurden eingestellt, die Kämpfe hörten auf; ◇ **to ~ to exist** aufhören zu existieren; ◇ **to ~ to be a party member** nicht mehr Parteimitglied sein; **ceasefire** *n* Waffenruhe *f;* **ceaseless** ['siːsləs] *adj* unaufhörlich, endlos

cedar ['siːdə*] *n* ① (*tree*) Zeder *f* ② (*wood*) Zedernholz *s*

cede [siːd] *vt* → *land* abtreten (*to* an *acc*)

Ceefax ® ['siːfæks] *n* ≈ Videotext *m*

ceiling ['siːlıŋ] *n* ① (*of room*) Decke *f* ② (*upper limit*) Höchstgrenze *f,* Obergrenze *f;* ◇ **to put a ~ on s.th.** etw nach oben begrenzen

celebrate ['selıbreıt] *vt, vi* feiern; **celebrated** *adj* berühmt; **celebration** [selı'breıʃən] *n* (*festive event*) Feier *f;* REL *a.* Zelebration *f*

celebrity [sı'lebrıtı] *n* Berühmtheit *f,* prominente Persönlichkeit

celeriac [sə'lerıæk] *n* [Knollen-]Sellerie *m o f*

celery ['selərı] *n* [Stangen-]Sellerie *m o f*

celestial [sı'lestıəl] *adj* himmlisch, Himmels-

celibacy ['selıbəsı] *n* (*sexual abstinence*) Enthaltsamkeit *f*

celebate ['selıbıt] **I.** *adj* REL keusch **II.** *n* ◇ **to be a ~** den Zölibat befolgen

cell [sel] *n* ① (*prison* ~) Zelle *f* ② BIOL Zelle *f;* (POL *group of activists*) Zelle *f*

cellar ['selə*] *n* Keller *m*

cellist ['tʃelıst] *n* Cellist(in *f*) *m;* **cello** ['tʃeləʊ] *n* <-s> Cello *s*

cellophane ® ['seləfeın] *n* Cellophan ® *s*

cellular ['seljʊlə*] *adj* BIOL zellenförmig, Zell-; **cellular telephone** *n* Funktelefon *s*

celluloid ['seljʊlɔıd] *n* Zelluloid *s*

cellulose ['seljʊləʊs] *n* Zellulose *f*

Celt [kelt] *n* Kelte *m,* Keltin *f;* **Celtic** ['keltık] **I.** *adj* keltisch **II.** *n* (*language*) Keltische *s*

cement [sı'ment] **I.** *n* ① ↑ *mortar* Zement *m* ② (*bonding agent, glue*) Leim *m,* Klebstoff *m* **II.** *vt* ① zementieren; → *floor* Estrich auftragen ② *FIG* ▷*relations* festigen

cemetery ['semətrı] *n* Friedhof *m*

censer ['sensə*] *n* REL Rauchfaß *s*

censor ['sensə*] **I.** *n* (*of publications*) Zensor(in *f*) *m* **II.** *vt* → *play, article* zensieren; **censorious** [sen'sɔːrıəs] *adj* (*attitude*) strafend; **censorship** [sənsəʃıp] *n* (*of the press*) Zensur *f*

censure ['senʃə*] **I.** *vt* tadeln **II.** *n* Tadel *m*

census ['sensəs] *n* (*of people*) Volkszählung *f;* (*of traffic*) Verkehrszählung *f*

cent [sent] *n* (*AM*) Cent *s*

centenary [sen'tiːnərı], **centennial** [sen'tenjəl] *n* hundertster Jahrestag *m,* hundertjähriges Jubiläum *s;* (*celebration*) Hundertjahrfeier *f*

center (*AM*) *s.* **centre**

centigrade ['sentıgreıd] *adj* ◇ **7 degrees** ~ 7 Grad Celsius; **centilitre**, **centiliter** (*AM*) ['sentıliːtə*] *n* Zentiliter *s o m;* **centimetre**, **centimeter** (*AM*) ['sentımiːtə*] *n* Zentimeter *m o s*

centipede ['sentıpiːd] *n* Tausendfüßler *m*

central ['sentrəl] *adj* ① ↑ *in the middle* zentral ② (*in argument*) wesentlich; (*in order of importance*) Haupt-; **Central Europe** *n* Mitteleuropa *s;* **central heating** *n* Zentralheizung *f;* **central locking** *n* AUTO Zentralverriegelung *f;* **centralize** *vt* POL zentralisieren; **centrally** *adv* zentral *f;* **centre** ['sentə*] **I.** *n* ① (*of circle*) Mittelpunkt *m* ② (*of town*) Mitte *f* ③ (*shopping* ~) Zentrum *s* ④ POL Mitte *f* ⑤ (*of interest*) Mittelpunkt *m* **II.** *vt* ① PRINT zentrieren ② → *attention* konzentrieren; **centre on** *vt* (*thoughts*) kreisen um; **centre-forward** *n* SPORT Mittelstürmer *m;* **centre-half** *n* SPORT Stopper *m;* **centre of gravity** *n* PHYS Schwerpunkt *m;* **centre-piece** *n* ① (*of exhibition*) Hauptgegenstand *m* ② (*of decoratively laid table*) Tafelaufsatz *m*

C

century ['sentʃərɪ] *n* ① Jahrhundert *s;* ◇ **an 18th ~ vase** eine Vase aus dem 18. Jahrhundert ② *(in cricket)* ◇ **to score a ~** ein Hundert erzielen
ceramic [sɪ'ræmɪk] *adj* keramisch
cereal ['sɪərɪəl] *n* ① ↑ *grain* Getreide *s* ② *(breakfast ~) Getreideflocken, z.B. Cornflakes*
cerebellum [serɪ'beləm] *n* ANAT Kleinhirn *s;* **cerebral** ['serɪbrəl] *adj* ① ANAT zerebral ② ▷*activity* geistig; **cerebrum** ['serɪbrʊm] *n* ANAT Großhirn *s*
ceremonial [serɪ'məʊnɪəl] *adj* zeremoniell; **ceremonious** [serɪ'məʊnɪəs] *adj* förmlich; **ceremony** ['serɪmənɪ] *n* ① *(wedding ~)* Zeremonie *f,* Feierlichkeiten *f pl* ② ◇ **without ~** ohne großes Aufheben
certain ['sɜːtən] *adj* ① *(sure)* sicher; ◇ **for ~** ganz bestimmt; ◇ **to be ~ about s.th.** sich e-r Sache sicher sein; ◇ **make ~ to lock the door** schließe unbedingt die Tür ab ② *(particular)* gewiß, bestimmt; ◇ **~ people are to blame** daran sind ganz bestimmte Leute schuld; *(alluding to s.o.)* ◇ **~ people are always late** gewisse Leute kommen immer zu spät; **certainly** *adv* sicherlich, bestimmt, selbstverständlich; **certainty** ['sɜːtəntɪ] *n* ① *(quality of being sure)* Gewißheit *f;* ◇ **to believe with ~ that …** fest daran glauben, daß … ② *(unquestionable fact)* Gewißheit *f;* ◇ **death is an unavoidable ~** der Tod ist unausweichlich
certifiable [sɜːtɪ'faɪəbl] *adj* ① ↑ *provable* nachweisbar ② PSYCH ↑ *insane* unzurechnungsfähig; **certificate** [sə'tɪfɪkət] *n (official document testifying to s.th.)* Bescheinigung *f;* SCH [Abschluß-]Zeugnis *s;* ◇ **~ of authenticity** Echtheitszertifikat *s;* ◇ **birth ~** Geburtsurkunde *f;* **certify** ['sɜːtɪfaɪ] *vt* ① *(by official document)* bescheinigen ② (JUR *officially endorse)* beglaubigen ③ ↑ *confirm* bestätigen
cervical ['sɜːvɪkəl] *adj* ANAT ① zervikal, Hals-, Nacken-; ◇ **~ headache** Spannungskopfschmerz *m,* Zervikalmigräne *f* ② Gebärmutterhals-; **cervical smear** *n* MED Abstrich *m*
cervix ['sɜːvɪks] *n* ANAT ① Hals *m,* Nacken *m* ② *(of uterus)* Gebärmutterhals *m*
cesium ['siːzjəm] *n (AM) s.* **caesium**
cessation [se'seɪʃən] *n* ↑ *stopping* Einstellung *f*
cesspit ['sespɪt] *n* ① *(for effluent)* Senkgrube *f* ② *(FIG of iniquity)* [Sünden-]Pfuhl *m*
cf. *abbr. of* **confer** vgl.
Chad [tʃæd] *n* Tschad *m*
chafe [tʃeɪf] *vt, vi* ① → *skin* wundscheuern ② ◇ **to ~ at the delay** sich über die Verspätung aufregen
chaff [tʃæf] *n (of grain)* Spreu *f*
chaffinch ['tʃæfɪntʃ] *n* Buchfink *m*
chain [tʃeɪn] **I.** *n* ① *(for prisoner etc.)* Kette *f* ② *(of events)* Kette *f,* Aufeinanderfolge *f* ③ *(mountain ~)* Kette *f* **II.** *vt* festketten; **chain up** *vt* → *animal* anketten; **chain gang** *n* Sträflingskolonne *f;* **chain reaction** *n* Kettenreaktion *f;* **chainsaw** *n* Kettensäge *f;* **chain-smoker** *n* Kettenraucher(in *f*) *m;* **chain store** *n* Kettenladen *m*
chair [tʃɛə*] **I.** *n* ① Stuhl *m; (arm-)* Sessel *m* ② *(professorship)* Lehrstuhl *m* ③ *(at meetings)* Vorsitz *m* **II.** *vt* ◇ **to ~ a meeting** bei e-r Versammlung den Vorsitz führen; **chairlift** *n* Sessellift *m;* **chairman, chairperson, chairwoman** *n (committee ~)* Vorsitzende(r) *fm; (of company)* Präsident(in *f*) *m*
chalet ['ʃæleɪ] *n* Chalet *s*
chalice ['tʃælɪs] *n* REL Kelch *m*
chalk ['tʃɔːk] **I.** *n* SCH GEO Kreide *f* **II.** *vt* mit Kreide kennzeichnen; **chalk up** *vt* → *a success* verbuchen
challenge ['tʃælɪndʒ] **I.** *n* ① *([sporting] invitation)* Herausforderung *f* ② *(problem to be dealt with)* Herausforderung *f,* Anforderung *f* **II.** *vt* ① → *s.o. to a fight* herausfordern, auffordern ② → *statement, right* bestreiten ③ JUR → *evidence* anfechten; **challenger** *n* ↑ *opponent* Herausforderer *m;* **challenging** *adj* ▷*work* anspruchsvoll, schwierig
chamber ['tʃeɪmbə*] *n* ① ARCHIT Kammer *f* ② (TECHNOL *gun ~*) Kammer *f;* **chambermaid** *n* Zimmermädchen *s;* **chamber music** *n* Kammermusik *f;* **chamber of commerce** *n* Handelskammer *f;* **chamberpot** *n* Nachttopf *m;* **chambers** *n npl (BRIT)* Anwaltsbüro *s,* Kanzlei *f*
chameleon [kə'miːlɪən] *n* Chamäleon *s*
chamfer ['tʃæmfə*] *vt* → *edge* abschrägen
chamois ['ʃæmwɑː] *n* FAUNA Gemse *f;* **chamois leather** ['ʃæmɪ'leðə*] *n* Sämischleder *s;* TECHNOL Polierleder *s*
champ [1] [tʃæmp] *vi* heftig kauen; ◇ **to ~ at the bit** ← *horse* am Gebiß kauen; ← *person* ungeduldig sein
champ [2] *n abbr. of* **champion**
champagne [ʃæm'peɪn] *n (white sparkling wine)* Sekt *m; (from Champagne-Ardenne region)* Champagner *m*
champion ['tʃæmpɪən] *n* ① SPORT Sieger(in *f*) *m,* Meister(in *f*) *m* ② ↑ *defender, promoter of cause* Verfechter(in *f*) *m,* Vertreter(in *f*) *m;* **championship** *n* ① *(competition, football ~)* Meisterschaften *f pl* ② *(title)* Meisterschaftstitel *m*

chance [tʃɑ:ns] **I.** *n* [1] ↑ *accident* Zufall *m;* ◇ **by ~** durch Zufall [2] ↑ *possibility* Möglichkeit *f;* ◇ **no ~** sicher nicht, keine Chance [3] ↑ *opportunity* Gelegenheit *f;* ◇ **to take a ~** ein Risiko eingehen **II.** *adj* → *meeting* zufällig **III.** *vt* ↑ *risk* riskieren; ◇ **I may get caught, but I'll ~ it** ich werde vielleicht erwischt, aber ich riskiere es **IV.** ◇ **I ~d to meet him yesterday** ich habe ihn gestern zufällig getroffen

chancel ['tʃɑ:nsəl] *n* ARCHIT Altarraum *m,* Chor *m*

chancellor ['tʃɑ:nsələ*] *n* [1] Kanzler(in *f*) *m* [2] POL *BRIT* ◇ **C~ of the Exchequer** Finanzminister(in *f*) *m*

chancy ['tʃɑ:nsɪ] *adj FAM* riskant

chandelier [ʃændɪ'lɪə*] *n* Kronleuchter *m*

change [tʃeɪndʒ] **I.** *n* [1] ↑ *alteration* Veränderung *f* [2] (*money given back*) Wechselgeld *s* [3] (*coins*) Kleingeld *s* **II.** *vt, vi* [1] ↑ *alter* ändern, verändern; ◇ **she has ~d a lot** sie hat sich sehr verändert [2] (*substitute*) [aus-]wechseln; ◇ **~ clothes** sich umziehen; ◇ **to ~ places** die Plätze tauschen [3] AUTO → *gears* schalten; → *trains* umsteigen [4] ↑ *transform* verwandeln (*into* in *acc*); **change over** *vi* (*to a new software etc.*) sich umstellen (*to* auf *acc*); **changeable** ['tʃeɪndʒəbl] *adj* ▷*weather* veränderlich; **changeling** ['tʃeɪndʒlɪŋ] *n* (*mythology*) Wechselbalg *m;* **changing I.** *adj* verändernd **II.** *n* ◇ **the ~ of the guard** die Wachablösung; **changing room** *n* Umkleideraum *m*

channel ['tʃænl] **I.** *n* [1] MEDIA Kanal *m* [2] NAUT Wasserstraße *f;* ◇ **the C~** der Ärmelkanal [3] ↑ *gutter* Rinnstein *m* [4] Amtsweg *m;* ◇ **through official ~s** durch die behördlichen Instanzen **II.** *vt* hindurchleiten, lenken; **Channel Islands** *n pl* Kanalinseln *pl*

chant [tʃɑ:nt] **I.** *n* [1] REL liturgischer Gesang *m;* (*in monotone*) Sprechgesang *m* [2] (*football ~s*) Anfeuerungsgesänge *m pl* **II.** *vt* anstimmen; anfeuern

chanterelle ['ʃæntərel] *n* Pfifferling *m*

chaos ['keɪɒs] *n* [1] PHYS Chaos *s* [2] ↑ *disorder* Durcheinander *s,* Chaos *s;* **chaotic** [keɪ'ɒtɪk] *adj* ▷*organisation* chaotisch, ungeordnet

chap [tʃæp] **I.** *n FAM* Typ *m,* Kerl *m* **II.** *vt* spröde machen; ◇ **~ped lips** aufgesprungene Lippen **III.** *vi* ← *skin* rauh werden, aufspringen

chapel ['tʃæpəl] *n* Kapelle *f*

chaperon ['ʃæpərəʊn] **I.** *n* Anstandsdame *f* **II.** *vt* begleiten

chaplain ['tʃæplɪn] *n* Kaplan *m*

chapter ['tʃæptə*] *n* Kapitel *s*

char [tʃɑ:*] *vt* ↑ *burn black* verkohlen

character ['kærəktə*] *n* [1] (*personality traits*) Charakter *m;* (*inner being*) Wesen *s;* (*manner*) Art *f;* ◇ **quite a ~** ein Orginal *s;* ◇ **person of ~** eine ausgeprägte Persönlichkeit [2] (*in literature*) Figur *f,* Gestalt *f;* THEAT Rolle *f;* ◇ **to act out of ~** sich anders benehmen als sonst [3] (*Japanese etc.*) Schriftzeichen *s* [4] PC Zeichen *s;* **character assasination** *n* Rufmord *m;* **character defect** *n* Charakterfehler *m;* **characteristic** [kærəktə'rɪstɪk] **I.** *adj* charakteristisch, typisch (*of* für *acc*) **II.** *n* ↑ *typical feature* charakteristisches Merkmal; (*of personality*) Eigenschaft *f;* **characterize** ['kærəktəraɪz] *vt* [1] ↑ *be typical* charakterisieren, kennzeichnen [2] ↑ *describe* beschreiben, charakterisieren; **characterless** ['kærəktərləs] *adj* nichtssagend, langweilig; **character reference** *n* Referenz *f;* **character witness** *n* Leumundszeuge *m*

charade [ʃə'rɑ:d] *n* Scharade *f*

charcoal ['tʃɑ:kəʊl] *n* [1] Holzkohle *f* [2] (*drawing*) Kohlezeichnung *f*

charge [tʃɑ:dʒ] **I.** *n* [1] ↑ *cost* Preis *m;* (*fee also*) Gebühr *f;* ◇ **free of ~** kostenlos, gebührenfrei [2] (*sudden attack*) Angriff *m* [3] (*quantity of explosive*) Ladung *f;* (*of energy, of emotion*) Dynamik *f* [4] ◇ **to be in ~ of s.th.** für etw verantwortlich sein; ◇ **to have ~ of children** Kinder betreuen; ◇ **to take ~** die Leitung übernehmen **II.** *vt, vi* [1] MIL ↑ *attack*; (*run*) angreifen, losstürmen; (*rush*) stürmen; ◇ **to ~ at s.o.** auf jd-n losgehen [2] ◇ **how much do you ~ for that?** wieviel verlangen Sie dafür?; ◇ **to ~ a sum to s.o.'s account** jd-s Konto mit e-m Betrag belasten [3] → *gun* laden; → *battery* aufladen [4] JUR beschuldigen (*with* gen); **charge account** *n* Kundenkonto *s,* Kreditkonto *s;* **charge card** *n* Kundenkarte *f,* Kreditkarte *f;* **charged** [-d] *adj* (*with emotion*) emotionsgeladen; **charger** *n* [1] (*for batteries*) Ladegerät *s* [2] (*horse, of knight*) Roß *s*

chariot ['tʃærɪət] *n* Streitwagen *m*

charitable ['tʃærɪtəbl] *adj* [1] → *person* wohltätig, gütig [2] (*organization*) Wohltätigkeits-; **charity** ['tʃærɪtɪ] *n* [1] (*organization*) Wohltätigkeitsorganisation *f,* Stiftung *f* [2] (*virtue*) Nächstenliebe *f,* Barmherzigkeit *f* [3] ↑ *donation* milde Gabe *f,* Almosen *s*

charlatan ['ʃɑ:lətən] *n* Scharlatan *m*

charm [tʃɑ:m] **I.** *n* [1] (*quality*) Charme *m* [2] (*appeal*) Reiz *m* [3] ↑ *talisman* Amulett *s,* Talisman *m* [4] ↑ *spell* Zauber *m;* ◇ **snake ~r** Schlangenbeschwörer *m* **II.** *vt* → *audience* bezaubern, entzücken; **charming** *adj* reizend, charmant

chart [tʃɑ:t] *n* **I.** [1] ↑ *table* Tabelle *f;* (*cake*) [Kuchen-]Diagramm *s* [2] (*colour ~*) Farbskala *f;*

(*meteorological* ~) Wetterkarte *f* [3] (*pop music* ~) ◇ **the ~s** Hitliste *f* **II.** *vt* → *data, figures* graphisch darstellen, als Diagramm darstellen
charter ['tʃɑ:tə*] **I.** *vt* ↑ *hire* mieten, chartern **II.** *n* (*list of principles*) Satzung *f;* ◇ **United Nations ~** Charta der Vereinten Nationen *f;* **chartered accountant** *n* COMM Wirtschaftsprüfer *m;* **charter flight** *n* Charterflug *m;* **charter plane** *n* Charterflugzeug *s*
chary ['tʃɛərɪ] *adj* ↑ *careful* vorsichtig, zurückhaltend (*of s.th.* mit etw)
chase [tʃeɪs] **I.** *n* Jagd *f* **II.** *vt* → *wild animals* jagen; → *opposite sex* hinterherlaufen *dat;* ◇ **to give ~ to s.o.** jd-n verfolgen; **chase away** *vt* → *pigeons* vertreiben; **chase up** *vt* (*information*) [he]ranschaffen; **chaser** *n* [1] (*follow up drink*) ◇ **have a beer as a ~** trink' doch ein Bier zum Nachspülen [2] (*skirt* ~) Schürzenjäger *m*
chasm ['kæzəm] *n* Kluft *f*
chassis ['ʃæsɪ] *n* (*framework of vehicle*) Fahrgestell *s*
chaste [tʃeɪst] *adj* [1] ▷*person* keusch, rein [2] ▷*dress* schlicht, bescheiden
chastise ['tʃæ'staɪz] *vt* ↑ *scold* scharf tadeln, schelten
chastity ['tʃæstɪtɪ] *n* Keuschheit *f*
chat [tʃæt] **I.** *n* Plauderei *f* **II.** *vi* plaudern, sich unterhalten; **chat up** *vt* (*amorously*) sich heranmachen an *acc;* **chatter I.** *vi* [1] ← *old man/woman* schwätzen [2] ← *teeth* klappern [3] ← *guns* knattern **II.** *n* [1] (*of old man/woman*) Geschwätz *s* [2] (*of birds*) Schwatzen *s;* **chatterbox** *n FAM* Quasselstrippe *f;* **chatty** ['tʃætɪ] *adj* geschwätzig
chauffeur ['ʃəʊfə*] *n* Chauffeur(in *f*) *m,* Fahrer (in *f*) *m*
chauvinist ['ʃəʊvɪnɪst] **I.** *adj* chauvinistisch **II.** *n* Chauvinist(in *f*) *m;* (*male* ~) Chauvi *m*
cheap [tʃi:p] **I.** *adj* [1] ↑ *inexpensive* billig; ◇ **~ at the price** spottbillig [2] (*of poor quality*) minderwertig [3] (*of no worth*) ◇ **~ trick** billiger Trick [4] (*of behaviour*) ordinär **II.** *n* (*FAM AM miserly person*) Geizhals *m;* **cheapen** ['tʃi:pən] *vt* [1] (*make cheaper*) verbilligen [2] → *person, relation* schlecht machen, herabsetzen; **cheaply** ['tʃi:plɪ] *adv* billig; **cheapness** *n* [1] (*of worth*) Minderwertigkeit *f* [2] (*of behaviour*) ordinäre Art *f*
cheat [tʃi:t] **I.** *vt* ↑ *deceive* betrügen; (*at school, card game*) schummeln; ◇ **to ~ s.o. out of s.th.** jd-n um etw betrügen; ◇ **he ~s on his wife** er betrügt seine Frau **II.** *n* (*dishonest person*) Schummler(in *f*) *m;* ↑ *con-man* Betrüger(in *f*) *m;* **cheating** *n* [1] (*act of* ~) Betrügen *s;* (*in game etc.*) Schummeln *s* [2] (*action*) Betrug *m*

check [tʃek] **I.** *n* [1] (*police ~ etc.*) Kontrolle *f,* Überprüfung *f* [2] (*AM in shop*) Kassenbon *m* [3] (*AM for cheque*) Scheck *m;* (*bill*) Rechnung *s* [4] (*pattern*) Karomuster *s* [5] (*chess*) Schach *s;* ◇ **king is in ~** König steht im Schach **II.** *vt* [1] ↑ *examine* prüfen, kontrollieren [2] → *text* überprüfen [3] ↑ *restrain* zügeln; **check in** *vt, vi* [1] AERO einchecken [2] (*at hotel*) anmelden; **check out** *vt, vi* [1] (*from hotel*) abreisen [2] → *information* sich informieren über *acc;* **check-counter** *n* (*supermarket*) Kasse *f*
checkered ['tʃekəd] *adj* (*AM*) *s.* **chequered**; **checkers** ['tʃekəz] *n sg* (*AM*) Damespiel *s;* ◇ **they're playing ~** sie spielen Dame
check-in desk ['tʃekɪn desk] *n* Abfertigungsschalter *m;* **checklist** *n* Kontrolliste *f*
checkmate ['tʃekmeɪt] *n* Schachmatt *s*
checkpoint *n* (*on border*) Kontrollpunkt *m;* **checkroom** *n* [1] *AM* Gepäckaufbewahrung *f* [2] (*AM for coats*) Garderobe *f;* **checkup** *n* MED Untersuchung *f*
cheek [tʃi:k] *n* [1] ANAT Backe *f,* Wange *f* [2] ↑ *impertinence* Frechheit *f,* Unverschämtheit *f;* **cheekbone** *n* Wangenknochen *m;* **cheeky** ['tʃi:kɪ] *adj* frech
cheep [tʃi:p] *vi* piepsen
cheer [tʃɪə*] **I.** *n* [1] Hurraruf *m;* (*lasting*) Jubel *m,* Jubeln *s;* ◇ **to give three ~s for s.o.** jd-n dreimal hochleben lassen; ◇ **~s!** prost!; *FAM* tschüs!; *FAM* danke! [2] ◇ **of good ~** guten Mutes **II.** *vt, vi* [1] jubeln, zujubeln *dat* [2] ↑ *encourage* ermuntern; **cheer on** *vt* anfeuern; **cheer up** *vt, vi* aufheitern, glücklicher werden; ◇ **~ ~!** Kopf hoch!; **cheerful** ['tʃɪəfʊl] *adj* [1] ▷*person* fröhlich [2] ▷*news* erfreulich; **cheerfulness** *n* Fröhlichkeit *f,* Heiterkeit *f;* **cheering I.** *n* Jubeln *s* **II.** *adj* aufheiternd
cheerio [tʃɪərɪ'əʊ] *intj FAM* tschüs
cheerless ['tʃɪəlɪs] *adj* [1] ▷*prospects* düster [2] ▷*person* trübselig
cheese [tʃi:z] *n* Käse *m;* PHOTO ◇ **say ~!** bitte recht freundlich!; **cheeseboard** *n* Käseplatte *f;* **cheesecake** *n* Käsekuchen *m;* **cheesecloth** *n* indische Baumwolle
cheetah ['tʃi:tə] *n* Gepard *m*
chef [ʃef] *n* Koch *m,* Köchin *f,* Küchenchef(in *f*) *m*
chemical ['kemɪkəl] **I.** *adj* chemisch **II.** (*substance*) Chemikalie *f;* **chemical engineering** *n* Chemotechnik *f;* **chemical warfare** *n* chemische Kriegsführung *f;* **chemist** ['kemɪst] *n* [1] (*dispensing* ~) Apotheker(in *f*) *m* [2] (*scientist*) Chemiker(in *f*) *m;* **chemist's** *n* (*shop*) Apotheke *f;* **chemistry** ['kemɪstrɪ] *n* [1] (*science*) Che-

mie *f* ② (*of substance*) chemischer Aufbau ③ (*FIG between people*) Verträglichkeit *f*
chemotherapy [keməʊ'θerəpɪ] *n* Chemotherapie *f*
cheque (*BRIT*), **check** (*AM*) [tʃek] *n* Scheck *m;* ◇ **to pay by ~** mit e-m Scheck bezahlen; **chequebook** *n* Scheckbuch *s;* **cheque card** *n* Scheckkarte *f*
chequered ['tʃekəd] *adj* ▷*design* kariert; ◇ **a ~ past** e-e bewegte Vergangenheit
cherish ['tʃerɪʃ] *vt* ① → *person* lieben, ehren ② → *feeling* sich hingeben *dat* ③ → *hope* hegen; → *memory* bewahren
cheroot [ʃə'ru:t] *n* Stumpen *m*
cherry ['tʃerɪ] *n* ① (*fruit*) Kirsche *f* ② (*colour*) Kirschrot *s*
cherub ['tʃerəb] *n* REL Cherub *m; FIG* ↑ *angel* Engelchen *s;* (*in art*) Putte *f,* Putto *m*
chervil ['tʃ3:vɪl] *n* Kerbel *m*
chess [tʃes] *n* Schach *s;* **chessboard** *n* Schachbrett *s;* **chesspiece** *n* Schachfigur *f;* **chessplayer** *n* Schachspieler(in *f*) *m*
chest [1] [tʃest] *n* Brust *f,* Brustkorb *m;* ◇ **to get s.th. off one's ~** sich etw von der Seele reden
chest [2] *n* ① (*tea ~*) Kiste *f;* (*tool ~*) Kasten *s* ② ◇ **~ of drawers** Kommode *f*
chestnut ['tʃesnʌt] *n* ① (*tree, fruit*) Kastanie *f* ② (*colour*) Kastanienbraun *s*
chew [tʃu:] *vt, vi* kauen; **chew over** *vt* → *problem* grübeln (über *acc*); **chew up** *vt* zerkauen; **chewing gum** *n* Kaugummi *m;* **chewy** ['tʃu:wɪ] *adj* ① ▷*sweets* weich ② ▷*meat* zäh
chic [ʃi:k] *adj* schick, elegant
chicane [ʃi'keɪn] *n* (*motor racing*) Schikane *f;* **chicanery** [ʃi'keɪnərɪ] *n* (*trickery*) Machenschaften *f pl*
Chicano [tʃɪ'keɪnəʊ] *n* <-s> (*AM*) Chicano *m/f* *Amerikaner(in) mexikanischer Abstammung*
chick [tʃɪk] *n* ① (*of chicken*) Küken *s* ② (*FAM! girl*) Puppe *f;* **chicken** ['tʃɪkɪn] *n* **I.** Huhn *s;* (*as meat*) Hähnchen *s* **II.** *adj FAM* feige; **chicken out** *FAM* ◇ **he -ed ~ of the fight** er hat sich um den Kampf gedrückt; **chickenfeed** *n* ① Hühnerfutter *s* ② (*FAM insignificant thing*) Kleinigkeit *f*
chickenpox *n* Windpocken *f pl*
chickpea *n* Kichererbse *f*
chicory ['tʃɪkərɪ] *n* ① (*in coffee*) Zichorie *f* ② (*plant*) Chicorée *m o f*
chief [tʃi:f] **I.** *n* (*of state*) Oberhaupt *s;* (*Indian ~*) Häuptling *m;* (*of gang*) Anführer(in *f*) *m;* COMM Chef(in *f*) *m,* Leiter(in *f*) *m* **II.** *adj* ↑ *main* Haupt-, bedeutendste(r, s); **chief clerk** *n* Bürochef *m;* **chiefly** *adv* hauptsächlich; **chieftain** ['tʃi:ftən] *n* (*of tribe*) Häuptling *m*
chilblain ['tʃɪlbleɪn] *n* Frostbeule *f*
child [tʃaɪld] *n* <children> Kind *s;* **child abuse** *n* Kindesmißhandlung *f;* **child-bearing** *adj* ◇ **of ~ age** im gebärfähigen Alter; **child benefit** *n* Kindergeld *s;* **childbirth** *n* Geburt *f,* Entbindung *f;* **child guidance** *n* Erziehungsberatung *f;* **childhood** *n* Kindheit *f;* **childish** *adj* ▷*behaviour* kindisch; **childlike** *adj* ▷*voice* kindlich; **child-lock** *n* AUTO Kindersicherung *f;* **child minder** *n* Tagesmutter *f;* **child-proof** *adj* kindersicher; **children** ['tʃɪldrən] *pl of* **child**; **child's play** *n* (*s.th. easy to accomplish*) Kinderspiel *s*
Chile ['tʃɪlɪ] *n* Chile *s*
chill [tʃɪl] **I.** *n* ① (*of temperature*) Kühle *f;* ◇ **there's a ~ in the air** es ist ziemlich frisch ② (*in relationship*) Abkühlung *f* ③ MED Erkältung *f* **II.** *vt* ① → *drink* kühlen; ◇ **~ before serving** gut gekühlt servieren ② *FIG* erschaudern lassen *acc;* ◇ **the brutality of his face -ed me** die Brutalität seines Gesichtes ließ mich erschaudern
chilli ['tʃɪlɪ] *n* Peperoni *f pl;* (*spice, meal*) Chili *m*
chilliness *n* Kühle *f,* Frische *f;* **chilly** ['tʃɪlɪ] *adj* kühl
chime [tʃaɪm] **I.** *n* ① (*of bell*) Läuten *s* ② (*sound*) Geläute *s* **II.** *vi* ① ← *bells* läuten, klingen ② ← *opinions* übereinstimmen
chimney ['tʃɪmnɪ] *n* Schornstein *m;* **chimney-pot** *n* Schornsteinkopf *m;* **chimneysweep** *n* Schornsteinfeger(in *f*) *m*
chimp [tʃɪmp], **chimpanzee** [tʃɪmpæn'zi:] *n* Schimpanse *m*
chin [tʃɪn] *n* Kinn *s;* ◇ **to stick one's ~ out** viel riskieren; ◇ **keep your ~ up!** Kopf hoch!
china ['tʃaɪnə] *n* ↑ *porcelain* Porzellan *s*
China ['tʃaɪnə] *n* China *s;* **Chinaman** *n* <-men> Chinese *m;* **Chinatown** *n* Chinesenviertel *s;* **Chinese** [tʃaɪ'ni:z] **I.** *adj* chinesisch **II.** *n* Chinese *m,* Chinesin *f;* ◇ **the ~** *pl* die Chinesen *pl*
chink [1] [tʃɪŋk] *n* ↑ *gap* Ritze *f*
chink [2] *n* ↑ *clink* Klirren *s*
Chinky ['tʃɪŋkɪ] *n* ① (*PEJ of person*) Schlitzauge *s* ② *PEJ* chinesisches Restaurant
chintz [tʃɪnts] *n* Chintz *m,* Kattun *m*
chip [tʃɪp] **I.** *n* ① (*of wood*) Splitter *m* ② ◇ **-s** (*BRIT*) Pommes frites *pl; AM* Kartoffelchips *m pl* ③ PC Chip *m* ④ (*in game*) Spielmarke *f* ⑤ ◇ **the new plate has got a ~ in it** der neue Teller ist angeschlagen ⑥ *FIG FAM* ◇ **to have a ~ on one's shoulder** sich ständig angegriffen fühlen ⑦ *FAM* ◇ **he's a ~ off the old block** er ist ganz der Vater **II.** *vt* anschlagen; **chip in** *vi* (*FAM interrupt*) sich einmischen

chipboard *n* [1] (*of wood*) Spanholz *s* [2] (*sheet of* ~) Spanplatte *f*
chipmunk ['tʃɪpmʌŋk] *n* FAUNA Backenhörnchen *s*
chipped ['tʃɪpd] *adj* angeschlagen
chippings *n pl* [1] (*wood* ~) Späne *m pl* [2] ↑ *gravel* Schotter *m*
chiropodist [kɪ'rɒpədɪst] *n* Fußpfleger(in *f*) *m*
chirp [tʃɜ:p] **I.** *vi* [1] ← *bird* zwitschern, piepsen [2] ← *cricket* zirpen **II.** *n* [1] Piepsen *s* [2] Zirpen *s;* **chirpy** ['tʃɜ:pɪ] *adj* ▷*person* munter
chisel ['tʃɪzl] **I.** *n* (*for stone*) Meißel *m;* (*for wood*) [Stech-]Beitel *m* **II.** *vt* [1] → *stone* meißeln; → *wood* stemmen [2] ↑ *cheat, FAM* betrügen; **chiselled** [-d] *adj* [1] ▷*wood* geschnitzt [2] ▷*face* feingeschnitten
chit [tʃɪt] *n* [1] (*of paper*) Notizzettel *m* [2] (*FAM of girl*) junges Ding
chitchat ['tʃɪttʃæt] *n* Plauderei *f*
chivalrous ['ʃɪvəlrəs] *adj* [1] ↑ *gallant* ritterlich [2] ↑ *courteous* höflich; **chivalry** ['ʃɪvəlrɪ] *n* Ritterlichkeit *f;* (*age of* ~) Ritterzeit *s,* Rittertum *s*
chives [tʃaɪvz] *n pl* Schnittlauch *m*
chivvy, chivy ['tʃɪvɪ] *vt* antreiben
chloral ['klɔ:rəl] *n* MED Chloral[-hydrat] *s;* **chloride** ['klɔ:raɪd] *n* Chlorid *s;* **chlorination** [klɔ:rɪ'neɪʒn] *n* (*of water*) Chloren *s*
chock [tʃɒk] *n* Bremsklotz *m*
chock-a-block *adj FAM* vollgestopft
chocolate ['tʃɒklɪt] *n* [1] (*milk* ~) Schokolade *f* [2] (*a* ~) Praline *f*
choice [tʃɔɪs] **I.** *n* [1] (*between two things*) Wahl *f;* ◇ **he has no other** ~ er hat keine andere Wahl [2] (*of goods*) Auswahl *f;* ◇ **a wide** ~ eine große Auswahl **II.** *adj* ▷*product* Qualitäts-; ▷*language* gewählt
choir ['kwaɪə*] *n* Chor *m;* **choirboy** *n* Chorknabe *m*
choke [tʃəʊk] **I.** *vi* (*on smoke, food*) ersticken (*on* an *dat*) **II.** *vt* [1] ↑ *strangle* [er]würgen [2] TECHNOL drosseln **III.** *n* AUTO Choke *m,* Starterzug *m;* **choke back** *vt* → *tears, anger* unterdrükken; **choke off** *vt* [1] → *supplies* drosseln [2] → *discussion* abwürgen
cholera ['kɒlərə] *n* Cholera *f*
cholesterol [kə'lestərɒl] *n* Cholesterin *s*
chomp [tʃɒmp] *vt* → *food* mampfen
choo-choo [tʃu:tʃu:] *n* (*baby-talk*) ↑ *train* Puff-Puff *f*
choose [tʃu:z] <chose, chosen> *vt, vi* [1] ↑ *select* [aus]wählen, sich aussuchen; (*make a choice*) eine Wahl treffen [2] ↑ *decide on* sich entscheiden für *acc* [3] ↑ *prefer* vorziehen [4] ◇ **do as you** ~ tu was du willst; **choosy** *adj* wählerisch
chop [1] [tʃɒp] **I.** *n* [1] (*sharp blow*) Schlag *m* [2] GASTRON Kotelett *s* **II.** *vt, vi* → *wood* hacken; → *vegetables* kleinschneiden
chop [2] *vi FIG* ◇ **to** ~ **and change** ständig hin und her schwanken; **chop down** *vt* → *tree* fällen; **chop up** *vt* → *food* zerhacken
chop-chop *intj FAM* Hopp hopp! Na mach schon!
chopper *n* [1] *FAM* ↑ *helicopter* Hubschrauber *m* [2] (*customized motorbike*) Chopper *m* [3] (*for meat*) Hackmesser *s;* (*for wood*) Beil *s*
choppy ['tʃɒpɪ] *adj* ▷*sea* bewegt; ▷*wind* böig
chopsticks *n npl* Eßstäbchen *s pl*
choral ['kɔ:rəl] *adj* Chor-
chord [kɔ:d] *n* [1] ANAT Band *s;* ◇ **vocal** ~**s** Stimmbänder *s pl* [2] MUS ↑ *harmony* Akkord *m*
chore [tʃɔ:*] *n* (*[tedious] task*) [lästige] Aufgabe; ◇ **to do the** ~**s** die Hausarbeit machen
choreographer [kɒrɪ'ɒgrəfə*] *n* Choreograph (in *f*) *m*
chorister ['kɒrɪstə*] *n* Chorsänger(in *f*) *m*
chortle ['tʃɔ:tl] *vi* glucksen, in sich hineinlachen
chorus ['kɔ:rəs] *n* [1] (*singers*) Chor *m* [2] ↑ *refrain* Refrain *m*
chose [tʃəʊz] *pt of* **choose**; **chosen** ['tʃəʊzn] *pp of* **choose** ◇ **the** ~ **few** die Auserwählten
chow [tʃaʊ] *n* (*dog*) Chow-Chow *m*
Christ [kraɪst] **I.** *n* Christus *m* **II.** *intj FAM!* Herrgott!; **christen** ['krɪsn] *vt* [1] → *child, ship* taufen [2] ↑ *name* nennen; **christening I.** *n* Taufe *f* **II.** *adj* Tauf-; **Christian** ['krɪstʃən] **I.** *adj* christlich **II.** *n* Christ(in *f*) *m;* **Christian name** *n* Vorname *m;* **Christianity** [krɪstɪ'ænɪtɪ] *n* [1] (*faith*) christlicher Glaube *m* [2] (*religion*) Christentum *s;* **Christmas** ['krɪsməs] *n* Weihnachten *s;* **Christmas card** *n* Weihnachtskarte *f;* **Christmas Day** *n* [erster] Weihnachtstag; **Christmas Eve** *n* Heiliger Abend, Heiligabend *m;* **Christmas tree** *n* Weihnachtsbaum *m*
chromatic [krəʊ'mætɪk] *adj* (*art*) chromatisch, Farb-; MUS chromatisch
chrome [krəʊm] *n* [1] (~*plating*) Verchromung *f* [2] (~ *yellow*) Chromgelb *s;* **chromium** ['krəʊmɪəm] *n* Chrom *s*
chronic ['krɒnɪk] *adj* [1] MED chronisch, Dauer- [2] ◇ **a** ~ **liar** ein chronischer/unverbesserlicher Lügner [3] ▷*problem* schwerwiegend
chronicle ['krɒnɪkl] **I.** *n* Chronik *f* **II.** *vt* aufzeichnen
chronological [krɒnə'lɒdʒɪkəl] *adj* chronologisch; **chronology** [krə'nɒlədʒɪ] *n* zeitliche Reihenfolge, Chronologie *f*
chrysalid ['krɪsəlɪd] *adj* puppenartig

chrysalis ['krɪsəlɪs] *n* (*of butterfly*) Schmetterlingspuppe *f*
chrysanthemum [krɪ'sænθɪməm] *n* FLORA Chrysantheme *f*
chubby ['tʃʌbɪ] *adj* ▷*child* pummelig; → *adult* rund, untersetzt
chuck [1] [tʃʌk] *n* (TECHNOL *of drill*) Bohrfutter *s*
chuck [2] *vt* → *ball* werfen
chuck out *vt* → *old clothes* rausschmeißen
chuckle ['tʃʌkl] **I.** *vi* kichern, in sich hineinlachen **II.** *n* Kichern *s*
chug [tʃʌg] *vi* ← *old engine* tuckern
chum [tʃʌm] *n* (*FAM of child*) Spielkamerad(in *f*) *m; of adult, FAM* Kumpel *m*
chump [tʃʌmp] *n FAM* Trottel *m*
chunk [tʃʌŋk] *n* (*of bread*) Brocken *m;* **chunky** *adj* [1] ▷*pullover* dick [2] ▷*man* stämmig
church [tʃɜːtʃ] *n* (REL *building*) Kirche *f;* (*entity*) ◇ **the C~** die Kirche *f;* (*service*) ◇ **when does ~ begin?** wann fängt der Gottesdienst an?; ◇ **do you go to ~ regularly?** gehst du regelmäßig in die Kirche?; **church-goer** *n* Kirchgänger(in *f*) *m;* **church service** *n* Gottesdienst *m;* **churchyard** *n* ↑ *cemetery* Friedhof *m*
churlish ['tʃɜːlɪʃ] *adj* grob
churn [tʃɜːn] **I.** *n* [1] (*for making butter*) Butterfaß *s* [2] (*for milk*) Milchkanne *f* **II.** *vt* [1] → *butter* buttern, zu Butter schlagen [2] → *sediment* aufwühlen; **churn out** *vt* am Fließband [*o.* massenweise] produzieren
chute [ʃuːt] *n* [1] ↑ *rapid* Stromschnelle *f* [2] (*rubbish ~*) Müllschlucker *m* [3] (*safety ~*) Rutsche *f* [4] AERO *FAM* ↑ *parachute* [Fall-]Schirm *m*
chutney ['tʃʌtnɪ] *n* Chutney *s*
CIA *n* (*AM*) *abbr. of* **Central Intelligence Agency** CIA *m o f*
cicada [sɪ'kɑːdə] *n* Zikade *f*
CID *n* (*BRIT*) *abbr. of* **Criminal Investigation Department** ≈ Kripo *f*
cider ['saɪdə*] *n* ≈ Apfelwein *m*
cigar [sɪ'gɑː*] *n* Zigarre *f*
cigarette [sɪgə'ret] *n* Zigarette *f;* **cigarette end** *n* Zigarettenstummel *m; FAM* Kippe *f;* **cigarette holder** *n* Zigarettenspitze *f*
cinch [sɪntʃ] *n* (*FAM s.th. easy to achieve*) Kinderspiel *s,* Klacks *m;* ◇ **learning French is a ~** französisch lernen ist ein Kinderspiel
Cinderella [sɪndə'relə] *n* Aschenbrödel *s*
cine-camera ['sɪnɪkæmərə] *n* Filmkamera *f;* **cine film** *n* Schmalfilm *m;* **cinema** ['sɪnəmə] *n* [1] (*building*) Kino *s* [2] (*film industry*) Kino *s* [3] ◇ **do you often go to the ~?** gehst du oft ins Kino?
cinnamon ['sɪnəmən] *n* Zimt *m*
cipher ['saɪfə*] *n* [1] ↑ *code* Chiffre *f;* ◇ **in ~** chiffriert [2] ↑ *numeral* Ziffer *f* [3] (*unimportant person*) Ziffer *f,* Niemand *m*
circa ['sɜːkə] *prep* zirka
circle ['sɜːkl] **I.** *n* [1] MATH Kreis *m* [2] (*of hills*) Ring *m* [3] (*of people*) Kreis *m;* ◇ **in political ~s** in politischen Kreisen [4] (*THEAT*) Rang *m* **II.** *vi* ← *aeroplane* kreisen **III.** *vt* [1] → *airport* umkreisen [2] → *enemy* umringen
circuit ['sɜːkɪt] *n* [1] SPORT ↑ *track* Rennbahn *f* [2] (*turn*) Umkreisung *f;* ◇ **to do a ~** e-e Runde drehen; ◇ **to make a ~ of s.th.** um etw herumgehen [3] ELECTR Stromkreis *m* [4] (SPORT *tennis ~*) Turnierrunde *f;* **circuit diagram** *n* ELECTR Schaltplan *m;* **circuitous** [sɜː'kjuːɪtəs] *adj* ▷*route* umständlich; **circuit training** *n* Circuittraining *s*
circular ['sɜːkjʊlə*] **I.** *adj* kreisförmig **II.** *n* COMM Rundschreiben *s*
circularize ['sɜːkjʊləraɪz] *vt* (*AM*) [1] ↑ *inform* benachrichtigen [2] → *letter* weiterreichen; **circulate** ['sɜːkjʊleɪt] **I.** *vi* [1] ← *blood, money* zirkulieren [2] (*at party*) e-e Runde machen **II.** *vt* → *rumour, forged banknote* in Umlauf bringen; → *water* zirkulieren lassen, in Umlauf pumpen; **circulation** [sɜːkjʊ'leɪʃən] *n* [1] (*of blood*) Kreislauf *m;* (FIN *of currency*) Umlauf *m* [2] (*of magazine*) Auflage *f*
circumcise ['sɜːkəmsaɪz] *vt* MED beschneiden; **circumcision** [sɜːkəm'sɪʒn] *n* MED Beschneidung *f*
circumference [sə'kʌmfərəns] *n* MATH Umfang *m;* ◇ **the ~ of his head is 45 cm** sein Kopf hat e-n Umfang von 45 cm
circumspect ['sɜːkəmspekt] *adj* umsichtig
circumscribe ['sɜːkəmskraɪb] *vt* [1] MATH e-n Kreis ziehen um *akk* [2] → *behaviour* einengen *akk,* Grenzen setzen *dat*
circumstance ['sɜːkəmstəns] *n* [1] (*related condition*) Umstand *m;* ◇ **he died under suspicious ~s** er starb unter ungeklärten Umständen; ◇ **a victim of ~** ein Opfer des Schicksals; ◇ **in certain ~s** eventuell, unter Umständen [2] ◇ **what are your ~s?** was sind Ihre Verhältnisse?; **circumstantial** [sɜːkəm'stænʃəl] *adj* nebensächlich; JUR ◇ **~ evidence** Indizienbeweis *m*
circumvent [sɜːkəm'vent] *vt* → *law, regulation* umgehen
circus ['sɜːkəs] *n* [1] (*company, also performance*) Zirkus *m* [2] (*traffic intersection*) Kreisverkehr *m;* ◇ **Picadilly C~** *Picadilly Circus, Platz mit Kreisverkehr in London*
CIS *n abbr. of* **Commonwealth of Independent States** GUS *f*

cissy ['sɪsɪ] *n s.* **sissy**

cistern ['sɪstən] *n* Zisterne *f;* (*of toilet*) Spülkasten *m*

citation [saɪ'teɪʃən] *n* [1] Zitat *s* [2] MIL lobende Erwähnung *f;* **cite** [saɪt] *vt* [1] ↑ *quote* zitieren [2] JUR ↑ *name* ◇ **he was -d in the divorce action** sein Name wurde in dem Scheidungsverfahren genannt; ↑ *summon* vorladen

citizen ['sɪtɪzn] *n* [1] (*of town*) Bürger(in *f*) *m* [2] (*of country*) Staatsangehörige(r) *fm*

citizenship *n* (*of state*) Staatsangehörigkeit *f*

citrus ['sɪtrəs] *adj* ◇ **- fruit** Zitrusfrucht *f*

city ['sɪtɪ] *n* [1] (*large town*) Großstadt *f* [2] (*of London*) ◇ **the C-** die City *Londoner Banken- und Börsenviertel;* **city desk** *n* (*BRIT of newspaper*) Finanz- und Wirtschaftsredaktion *f;* **city hall** *n* (*AM*) Rathaus *s*

civic ['sɪvɪk] *adj* [1] ◇ **- centre** Verwaltungszentrum *s* [e-r Stadt] [2] ◇ **- duty** Bürgerpflicht *f;* **civics** *n sg* Staatsbürgerkunde *f*

civil ['sɪvɪl] *adj* [1] ↑ *non-military* ▷*society* zivil [2] ▷*behaviour* höflich, korrekt; **civil disobedience** *n* (*passive resistance*) ziviler Ungehorsam *m;* **civil engineer** *n* Bauingenieur(in *f*) *m;* **civil engineering** *n* Hoch- und Tiefbau *m;* **civilian** [sɪ'vɪlɪən] **I.** *n* (*not a soldier*) Zivilist *m,* Zivilperson *f* **II.** *adj* zivil, Zivil-; ◇ **- casualties** Opfer unter der Zivilbevölkerung

civilization [sɪvɪlaɪ'zeɪʃən] *n* [1] (*act of civilizing*) Zivilisierung *f* [2] (*high level of social development*) Zivilisation *f* [3] ↑ *culture* Kultur *f;* **civilize** ['sɪvəlaɪz] → *savages* zivilisieren; **civilized** [-d] *adj* ▷*behaviour, society* zivilisiert; ↑ *sophisticated* kultiviert

civil law *n* bürgerliches Recht, Zivilrecht *s;* **civil marriage** *n* standesamtliche Trauung *f;* **civil rights** *n pl* Bürgerrechte *pl;* **civil servant** *n* (*person employed in Civil Service*) Staatsbeamte(r) *m,* Staatsbeamtin *f;* **Civil Service** *n* (*all government departments*) Staatsdienst *m;* **civil war** *n* Bürgerkrieg *m*

clad [klæd] *adj* ▷*building* verkleidet (*in* mit); ▷*person* bekleidet (*in* mit *dat*)

claim [kleɪm] **I.** *vt* [1] ↑ *assert* behaupten; ◇ **he -ed that she was mad** er behauptete, sie sei verrückt; ◇ **he -s to be innocent** er beteuert seine Unschuld [2] (*assert a right to*) → *inheritance* Anspruch erheben (auf *acc*); ◇ **to - damages** Schadensersatz verlangen [3] (*apply for by right*) → *travelling expenses* in Anspruch nehmen [4] ◇ **the accident -ed 11 lives** der Unfall forderte 11 Menschenleben **II.** *n* [1] ↑ *demand* Forderung *f* [2] ↑ *right* Anspruch *m;* ◇ **to lay - to the inheritance** Anspruch auf das Erbe erheben; ◇ **his one - to fame** seine einzige Ruhmestat [3] ↑ *assertion* Behauptung *f* [4] (*at airport*) ◇ **baggage -** Gepäckausgabe *f;* **claim back** *vt* → *money* zurückfordern; **claimant** *n* Antragsteller(in *f*) *m*

clairvoyant [klɛə'vɔɪənt] **I.** *n* Hellseher(in *f*) *m* **II.** *adj* hellseherisch

clam [klæm] *n* Venusmuschel *f;* **clam up** *vi* ← *witness* es sich gerade noch verkneifen, etw zu sagen

clamber ['klæmbə*] *vi* klettern, kraxeln; ◇ **to - up a hill** auf e-n Berg klettern

clammy ['klæmɪ] *adj* ▷*hands* feucht; ▷*weather* schwül

clamor (*AM*), **clamour** ['klæmə*] (*BRIT*) **I.** *n* [1] (*of children*) [lauter] Lärm *m,* Lärmen *s* [2] (*of angry people*) lautstarke Empörung *f* [3] (*of people demanding justice*) Aufschrei *m* (*against* gegen *akk*), Ruf *m* (*for* nach *dat*) **II.** *vt* ← *protesters* schreien (*for* nach *akk*); **clamorous** ['klæmərəs] *adj* laut, lautstark

clamp [klæmp] **I.** *n* (TECHNOL *in carpentry*) Schraubzwinge *f;* (*fastening device*) Klammer *f;* MED Klemme *f;* AUTO ◇ **wheel -** Parkkralle *f* **II.** *vt* TECHNOL einspannen; MED abklemmen; **clamp down on** *vt* → *public spending* gewaltig bremsen; → *political activity* unterdrücken

clan [klæn] *n* (*Scottish*) Clan *m;* ↑ *tribe* Sippe *f,* Klan *m*

clandestine [klæn'destɪn] *adj* ▷*activity* heimlich, geheim

clang [klæŋ] **I.** *n* (*of chains*) Rasseln *s;* (*of swords*) Klirren *s* **II.** *vi* ← *hammer* hallen; ← *metal* scheppern

clanger *n FAM* Schnitzer *m;* ◇ **to drop a -** ins Fettnäpfchen treten

clap [1] [klæp] **I.** *vi* ← *audience* klatschen **II.** *vt* [1] → *hands* klatschen [2] *FAM* ◇ **I havn't -ped eyes on him in years** ich habe ihn schon seit Jahren nicht mehr gesehen [3] ◇ **to - s.o. in prison** jd-n ins Gefängnis stecken **III.** *n* [1] ◇ **to give s.o. a -** jd-m Beifall klatschen [2] ◇ **a - on the back** ein Klaps auf die Schulter [3] (*of thunder*) Donnerschlag *m*

clap [2] *n FAM!* ↑ *gonorrhea* Tripper *m*

clapper *n* (*of bell*) Klöppel *m; FAM* ◇ **to go like the -s** e-n Affenzahn draufhaben

clapping *n* Beifallklatschen *s*

clap-trap *n FAM* ◇ **what a load of -!** so ein Blödsinn!, so ein Quatsch!

claret ['klærət] *n* roter Bordeauxwein

clarification [klærɪfɪ'keɪʃən] *n* (*of bye-laws*) Erläuterung *f;* **clarify** ['klærɪfaɪ] *vt* ← *situation* klären

clarinet [klærɪ'net] *n* MUS Klarinette *f*

clarity ['klærɪtɪ] *n* (*of thought*) Klarheit *f*
clash [klæʃ] **I.** *n* [1] (*of metal objects*) Klappern *s* [2] (*of armies*) Zusammenstoß *m* [3] (*of personalities*) Unvereinbarkeit *f* [4] (*of colours*) Disharmonie *f* **II.** *vi* [1] ← *gongs* aneinanderschlagen [2] (*with police*) zusammenstoßen (*with* mit *dat*) [3] ← *ideas* kollidieren [4] ← *relatives* sich streiten (*over* über, um *akk*) [5] ← *appointment* sich überschneiden (*with* mit *dat*) [6] (*colours*) nicht zusammenpassen, sich beißen
clasp [klɑːsp] **I.** *n* [1] (*on belt*) Schnalle *f;* (*of necklace*) Verschluß *m* [2] (*of hand*) Griff *m* **II.** *vt* → *precious object* festhalten
class [klɑːs] **I.** *n* [1] (*group of pupils*) [Schul-] Klasse *f* [2] (*period of instruction*) Unterricht *m*, Unterrichtsstunde *f* [3] ◇ **working** ~ Arbeiterklasse *f* [4] (*word* ~) Wortart *f*, Wortklasse *f;* (*of travel*) ◇ **we travelled 1st** ~ wir reisten erster Klasse; ◇ **to be in a ~ of its own** einsame Spitze sein [5] (*1st ~, 2nd ~ etc. degree of quality*) erst-, zweitklassig etc; ◇ **to have** ~ kultiviert sein **II.** *vt* ↑ *grade* einordnen, einstufen; **class-conscious** *adj* klassenbewußt
classic ['klæsɪk] **I.** *n* (*book, film etc.*) Klassiker *m* **II.** *adj* [1] ▷*product* klassisch [2] ▷*performance* Meister-, Klasse- [3] ▷*symptoms* typisch, klassisch; ◇ **this is a ~ example of hypocrisy** dies ist ein Musterbeispiel für Heuchelei; **classical** *adj* [1] ▷*sculpture* klassizistisch [2] ▷*music* klassische Musik, Klassik *f* [3] *FIG* ▷*thinking* althergebracht; **classics** *n sg* (*at university*) Altphilologie *f;* ◇ **the ~s** die Meisterwerke der Literatur
classification [klæsɪfɪ'keɪʃən] *n* [1] (*act of classifying*) Einordnung *s*, Einteilung *f* [2] (*name of group*) Klasse *f;* **classified** ['klæsɪfaɪd] *adj* ▷*information* geheim; **classified ad** *n* (*in newspaper*) Kleinanzeige *f;* **classify** ['klæsɪfaɪ] *vt* ↑ *arrange* (*by groups*) klassifizieren, einteilen
classroom ['klɑːsrʊm] *n* Klassenzimmer *s*
classy ['klɑːsɪ] *adj FAM* todschick
clatter ['klætə*] **I.** *n* (*of cutlery*) Klappern *s;* (*of horseshoes*) Getrappel *s* **II.** *vi* ← *cutlery* klappern
clause [klɔːz] *n* [1] JUR Klausel *f* [2] LING Satz *m;* ◇ **main** ~ Hauptsatz *m;* ◇ **subordinate** ~ Nebensatz *m*
claustrophobia [klɒstrə'fəʊbɪə] *n* PSYCH Klaustrophobie *f; FAM* Platzangst *f*
claw [klɔː] **I.** *n* (*of cat*) Kralle *f;* (*of lobster*) Schere *f;* (*of bird, hammer*) Klaue *f* **II.** *vt* kratzen; **claw back** *vt* → *lost time* wieder gutmachen, aufholen; → *money* wieder reinholen
claw hammer *n* Zimmermannshammer *m*
clay [kleɪ] *n* Lehm *m;* (*for potter*) Ton *m*
clean [kliːn] **I.** *adj* [1] ▷*hands, fingernails* sauber; ▷*sheets* frisch [2] ▷*lines, design* klar, abgestimmt; MED ▷*cut, incision* sauber; ◇ **to make a ~ break with the past** e-n Schlußstrich unter die Vergangenheit ziehen [3] ▷*jokes* harmlos, nicht unanständig [4] *FAM* ← *police* ◇ **we searched him, he's** ~ (*has nothing illegal on him*) wir haben ihn durchsucht, er ist sauber [5] (*FAM no longer addicted*) clean [6] ▷*secondhand car* einwandfrei **II.** *vt* → *apartment* putzen; (~ *with soap and water*) reinigen, waschen; (~ *with chemicals*) reinigen; (~ *with duster*) abstauben; (~ *with disinfectant*) säubern, reinigen; ◇ **to ~ one's hands** sich *dat* die Hände waschen; **clean out** *vt* [1] (*office*) gründlich saubermachen, ausmisten *FAM* [2] (*FAM till, account*) ausräumen, plündern; **clean up** *vt* [1] → *mess* aufräumen [2] → *inner city* säubern
clean record *n* JUR ◇ **to have a ~ ~** nicht vorbestraft sein, keine Vorstrafen haben
clean sweep *n* (*AM*) ◇ **the Russians made a ~ ~ of the tournament** die Russen haben bei dem Turnier kräftig abgeräumt
cleaner *n* [1] (*person*) Putzfrau *f;* (*window* ~) Fensterputzer(in *f*) *m* [2] (*for bath*) Putzmittel *s;* **cleaner's** *n* (*dry* ~) [chemische] Reinigung *f;* ◇ **to take s.o. to the cleaner's** *FAM* jd-n ausnehmen, jd-n über's Ohr hauen; **cleaning** *n* Reinigen *s*, Säubern *s;* **cleanliness** ['klenlɪnɪs] *n* Sauberkeit *f*, Reinlichkeit *f;* **cleanse** [klenz] *vt* → *wound* desinfizieren, säubern; **cleanser** [klenzə*] *n* (*for skin*) Reinigungscreme *f*
clean-shaven *adj* glattrasiert
clear ['klɪə*] **I.** *adj* [1] (*without obscurity*) klar [2] ↑ *transparent* durchsichtig [3] ↑ *distinct* deutlich [4] ↑ *understandable* verständlich [5] ◇ **the road is ~ [to go]** die Straße ist frei [für die Fahrt] **II.** *adv* ◇ **to stand ~ of s.th.** von etw Abstand halten **III.** *vt* [1] → *space* räumen; ◇ **to ~ the way for s.th.** den Weg für etw freimachen [2] ↑ *resolve tensions* ◇ **to ~ the air** die Gemüter beruhigen; ◇ **to ~ one's conscience** sein Gewissen erleichtern [3] → *table* abräumen [4] PC → *data, screen* löschen [4] JUR ◇ **to ~ s.o. of a charge** jd-n von e-r Anklage freisprechen [5] ◇ **we were ~ed through customs** wir wurden vom Zoll abgefertigt [6] ◇ **to ~ s.th. by 5 cm** 5 cm Spielraum lassen **IV.** *vi* ← *weather* schön werden, aufklaren; **clear away** *vt* [1] → *toys* wegräumen [2] → *obstacle* beseitigen; **clear off** *vi* abhauen; **clear up I.** *vi* ← *weather* aufklaren **II.** *vt, vi* → *room* aufräumen
clearance ['klɪərəns] *n* [1] (*act of clearing*) Räumung *f* [2] (*between movable objects*) Spielraum *m;* (*between fixed objects*) [lichter] Abstand *m;* ↑

headroom lichte Höhe *f* ③ ↑ *permission* Freigabe *f*

clear-cut *adj* ① ▹*image* scharfgeschnitten ② ▹*case* klar

clearing *n* (*in forest*) Lichtung *f*

clearly *adv* ① ↑ *distinctly* klar, deutlich ② ↑ *obviously* zweifellos, offensichtlich

clearway *n* (*BRIT*) ≈ Kraftfahrstraße *f*

cleavage ['kliːvɪdʒ] *n* (*of breasts*) Dekolleté *s*

cleaver ['kliːvə*] *n* (*meat* ~) Hackbeil *s*

clef [klef] *n* Notenschlüssel *m*

clemency ['klemənsɪ] *n* Milde *f*, Nachsichtigkeit *f* (*towards* gegenüber *dat*)

clench [klentʃ] *vt* → *teeth* zusammenbeißen; → *fist* ballen

clergy ['klɜːdʒɪ] *n pl* Geistlichkeit *f*, Klerus *m;* **clergyman** *n* <-men> Geistliche(r) *fm*

clerical ['klerɪkəl] *adj* ① ▹*work etc.* Schreib-, Büro- ② REL geistlich, klerikal, Pfarr-

clerk [klɑːk] *n* ① (*worker in office*) Büroangestellte(r) *fm* ② (*in court*) Protokollführer(in *f*) *m;* **clerk of works** *n* Bauleiter(in *f*) *m*

clever ['klevə*] *adj* ① ↑ *intelligent* klug, gescheit ② ↑ *subtle* raffiniert, schlau ③ ↑ *cunning* gerissen ④ ↑ *skilful* geschickt

cleverly *adv* klug, gescheit; ◇ **a ~ laid trap** e-e raffiniert aufgebaute Falle

cliché ['kliːʃeɪ] *n* Klischee *s*

click [klɪk] **I.** *vt, vi* ① (*make short dry sound*) klicken; ◇ **to ~ one's fingers** mit den Fingern schnippen ② (*FAM suddenly understand*) plötzlich verstehen ③ ◇ **they ~ed immediately** zwischen ihnen hat es gleich gefunkt **II.** *n* (*of switch*) Klicken *s;* (*of door*) Zuklinken *s*

client ['klaɪənt] *n* ① ↑ *customer* Kunde *m*, Kundin *f* ② (JUR *of lawyer*) Klient(in *f*) *m;* (*before court also*) Mandant(in *f*) *m;* **clientele** [kliːən'tel] *n* Kundschaft *f*

cliff [klɪf] *n* Klippe *f*

climactic [klaɪ'mæktɪk] *adj* sich zuspitzend

climate ['klaɪmɪt] *n* Klima *s;* **climatic** [klaɪ'mætɪk] *adj* klimatisch

climax ['klaɪmæks] *n* Höhepunkt *m;* (*sexual also*) Orgasmus *m*

climb [klaɪm] **I.** *vt, vi* steigen, klettern; ◇ **to ~ a mountain** e-n Berg besteigen, auf e-n Berg klettern; ◇ **to ~ up a ladder** auf e-e Leiter steigen **II.** *vi* ← *sun* steigen; ← *road* ansteigen **III.** *n* Aufstieg *m;* **climb down** *vi* ① (*from wall*) runterklettern von *dat* ② (*admit mistake*) e-n Rückzieher machen; **climber** *n* ① (*of mountain*) Bergsteiger(in *f*) *m* ② (*PEJ social* ~) Streber(in *f*) *m;* **climbing** *n* Bergsteigen *s*

clinch [klɪntʃ] **I.** *vt* ① → *deal* erfolgreich zum [Ab-]Schluß bringen, perfekt machen ② ◇ **that ~ed it!** damit ist der Fall erledigt **II.** *n* (*boxing*) Clinch *m*

cling [klɪŋ] <clung, clung> *vi* ① ← *wet T shirt* anhaften (*to* an *dat*) ② ← *whining child* sich klammern (*to* an *acc*) ③ (*to conviction*) festhalten (*to* an *dat*); **cling film** *n* Frischhaltefolie *f*

clinic ['klɪnɪk] *n* Klinik *f;* **clinical** *adj* MED klinisch; *FIG* ▹*atmosphere* kalt, steril; ▹*person* nüchtern, klinisch

clink [klɪŋk] **I.** *n* (*of coins*) Klimpern *s;* (*of glasses*) Klirren *s* **II.** *vi* klimpern **III.** *vt* → *glasses* anstoßen (mit *dat*)

clip[1] [klɪp] **I.** *n* ① (*paper* ~) [Büro-]Klammer *f* ② (*film* ~) [Film-]Ausschnitt *m* ③ ◇ **he gave the boy a ~ round the ears** er gab dem Jungen e-e Ohrfeige **II.** *vt* → *papers* zusammenheften

clip[2] [klɪp] **I.** *n* (*hair* ~) [Haar-]Spange **II.** → *hair* schneiden; → *hedge* stutzen; **clippers** ['klɪpəz] *n pl* (*for hedge*) Heckenschere *f;* (*for fingernails*) Nagelknipser *m;* **clipping** *n* (*from newspaper*) Ausschnitt *m*

clique [kliːk] *n* Clique *f*, Gruppe *f*

clitoris ['klɪtərɪs] *n* Klitoris *f*, Kitzler *m FAM*

cloak [kləʊk] **I.** *n* ↑ *cape* Umhang *m;* (*FIG of deceit*) Schleier *m* **II.** *vt FIG* verhüllen

cloakroom *n* ① (*for coats*) Garderobe *f* ② ↑ *lavatory* Toilette *f*

clobber ['klɒbə*] **I.** *n FAM* Klamotten *pl* **II.** *vt* ① *FAM* ↑ *beat* schlagen ② *FAM* → *taxpayer* schröpfen

clock [klɒk] **I.** *n* ① Uhr *f* ② AUTO ↑ *speedometer* Tacho[-meter] *m* **II.** *vt* (*FAM speed of runner*) stoppen; **clock face** *n* Zifferblatt *s;* **clockwise** *adv* im Uhrzeigersinn; **clockwork** *n* ◇ **~ toy** Aufziehspielzeug *s;* ◇ **like ~** wie am Schnürchen

clog [klɒg] **I.** *n* Holzschuh *m* **II.** *vt, vi* verstopfen

cloister ['klɔɪstə*] *n* Kreuzgang *m;* **cloistered** [-d] *adj* ▹*thinking* weltfremd

clone ['kləʊn] **I.** *n* ① BIOL Klon *m* ② PC ◇ **no name ~** No-Name-Computer *m* **II.** *vt* (BIOL *reproduce artificially*) klonen

close [kləʊs] **I.** *adj* ① ↑ *near* (*not before noun*) nah, nahe (*to* bei *dat*); (*very near*) in unmittelbarer Nähe; (*describing proximity to s.th.*) in der Nähe (*to gen, to* von *dat*); ◇ **~ at hand** ganz in der Nähe ② ↑ *precise* (*before noun*) genau; ◇ **under ~ examination** bei genauer Betrachtung; ◇ **to keep a ~ watch on s.th.** etw genau beobachten ③ ▹*weather* schwül, drückend ④ ▹*result* knapp; ◇ **to win by a ~ majority** mit knapper Mehrheit gewinnen; ◇ **to have a ~ shave** nur knapp davonkommen; (*of aircraft*) ◇ ~ **miss** Beinahezusammenstoß *m,* gefährliche Begegnung [5] ▷*handwriting* eng [6] ◇ **he's a ~ relative of mine** er ist ein naher Verwandter von mir; ◇ **they are ~ friends** sie sind eng miteinander befreundet **II.** *adv* [1] (*~ on 11 o'clock etc.*) kurz (*to* vor) [2] ◇ **to stand ~ together** eng aneinander stehen, dicht auf dicht stehen **III.** *n* [1] (*small enclosed street*) Weg *m* [2] (*yard between buidings*) Hof *m*

close ['kləʊz] **I.** *vt* [1] → *door* schließen [2] → *debate* abschließen, zu Ende führen **II.** *vi* ← *shop* schließen **III.** *n* ↑ *end* Ende *s;* ◇ **the decade drew to a ~** das Jahrzehnt ging zu Ende; ◇ **at the ~ of the day** am Ende des Tages; **close down** *vi* ← *factory* stillgelegt werden, schließen; **close in** *vi* [1] ← *enemies* vorrücken (*on* auf *acc*) [2] ← *winter* anbrechen; **closed** [-d] *adj* [1] ▷*road* gesperrt [2] ▷*shop* geschlossen [3] ▷*membership* exklusiv; ◇ ~ **circuit television** (*for security*) Videoüberwachungsanlage *f;* **closely** ['kləʊzlɪ] *adv* dicht; ◇ ~ **situated** nahegelegen; **closeness** *n* [1] ↑ *nearness* Nähe *f* [2] (*of friendship*) Innigkeit *f* [3] (*of supervision*) Strenge *f*

closet ['klɒzɪt] *n* ↑ *storage room* Abstellraum *m*

close-up ['kləʊsʌp] *n* Nahaufnahme *f*

closing *adj* Schluß-; ◇ ~ **time** Geschäftsschluß *m,* Ladenschluß *m;* **closure** ['kləʊʒə*] *n* [1] (*act of closing*) Schließung *f,* Schließen *s* [2] (*of factory, shop*) Stillegung *f,* Schließung *f*

clot [klɒt] **I.** *n* [1] (*of blood*) Blutgerinnsel *s* [2] *FAM* ↑ *fool* Blödmann *m* **II.** *vi* ← *blood* gerinnen

cloth [klɒθ] *n* [1] ↑ *fabric* Stoff *m,* Tuch *s* [2] (*dish ~*) Lappen *m,* Tuch *s*

clothe [kləʊð] *vt* kleiden, bekleiden; **clothes** [kləʊðz] *n pl* Kleider *s pl;* **clothes brush** *n* Kleiderbürste *f;* **clothes line** *n* Wäscheleine *f;* **clothes peg** *n* Wäscheklammer *f;* **clothing** ['kləʊðɪŋ] *n* Kleidung *f*

cloud [klaʊd] **I.** *n* [1] (*in the sky*) Wolke *f* [2] (*of dust*) Staubwolke *f* [3] *FAM* ◇ **on ~ nine** im siebten Himmel [4] *FIG* ◇ **to be under a ~** unter Verdacht stehen **II.** *vt* [1] → *meaning* unnötig kompliziert machen, verkomplizieren [2] → *happiness* überschatten; **cloud over** *vi* ← *sky* sich bewölken; ← *mirror* anlaufen; **cloud bank** *n* Wolkenwand *f;* **cloudy** *adj* wolkig, bewölkt

clout [klaʊt] **I.** *n* [1] ↑ *blow* Schlag *m* [2] *FIG FAM* ↑ *power* Schlagkraft *f* **II.** *vt* hauen

clove [kləʊv] *n* Gewürznelke *f;* ◇ ~ **of garlic** Knoblauchzehe *f*

clover ['kləʊvə*] *n* Klee *m;* **cloverleaf** *n* <-leaves> Kleeblatt *s*

clown [klaʊn] **I.** *n* Clown *m* **II.** *vi* herumkaspern, herumalbern

cloying [klɔɪ] *adj* ▷*taste* widerlich süß

club [klʌb] **I.** *n* [1] (*stout stick*) Knüppel *m* [2] (*football ~*) Klub, Verein *m* [3] (*cards*) Kreuz *s* [4] (*golf ~*) Schläger *m* **II.** *vt* prügeln; **club together** *vt, vi* → *resources* zusammenlegen; **clubhouse** *n* Klubhaus *s*

cluck [klʌk] *vi* glucken

clue [klu:] *n* [1] (*indication*) Anhaltspunkt *m;* ↑ *hint* Hinweis *m* [2] (*in detective work*) Spur *f*

clump [klʌmp] *n* (*of earth*) Klumpen *m*

clumsy ['klʌmzɪ] *adj* [1] ▷*person* ungeschickt [2] ▷*design* klobig

clung [klʌŋ] *pt, pp of* **cling**

cluster ['klʌstə*] **I.** *n* ↑ *bunch* Traube *f;* (*of islands*) Gruppe *f;* (*of stars*) Haufen *m* **II.** *vi* ← *people* sich scharen

clutch [klʌtʃ] **I.** *n* [1] (*hold*) fester Griff [2] AUTO Kupplung *f* **II.** *vt, vi* ↑ *grasp* → *boy's collar* packen; → *book* umklammert halten; **clutch at** ◇ **to ~ ~ straws** sich an Strohhalmen festhalten

clutter ['klʌtə*] **I.** *vt* → *mind* vollpfropfen; → *desk* übersäen **II.** *n* Unordnung *f*

cm *abbr. of* **centimetre** cm

CND *abbr. of* **Campaign for Nuclear Disarmament** ≈ Kampagne für atomare Abrüstung

c/o *abbr. of* **care of** bei

coach [kəʊtʃ] **I.** *n* [1] (*motorised*) Reisebus *m;* (*horsedrawn*) Kutsche *f;* (*of train*) Wagen *m* [2] ↑ *trainer* Trainer(in *f*) *m* **II.** *vt* SCH Nachhilfeunterricht geben *dat;* SPORT trainieren *akk*

coagulate [kəʊ'ægjʊleɪt] *vi* gerinnen

coal [kəʊl] *n* Kohle *f;* ◇ **to carry ~s to Newcastle** Eulen nach Athen tragen

coalesce [kəʊə'les] *vi* sich verbinden

coal face ['kəʊlfeɪs] *n* Streb *m;* ◇ **at the ~ ~** vor Ort; **coalfield** *n* Kohlengebiet *s;* **coal fire** *n* offener Kamin

coalition [kəʊə'lɪʃən] *n* POL Koalition *f*

coalmine ['kəʊlmaɪn] *n* Zeche *f,* Kohlebergwerk *s;* **coalminer** *n* Bergarbeiter *m*

coarse [kɔ:s] *adj* [1] ▷*sandpaper* grob [2] ▷*joke* ordinär

coast [kəʊst] **I.** *n* Küste *f* **II.** *vi* ← *car* im Leerlauf fahren; **coastal** *adj* Küsten-; **coastguard** *n* Küstenwache *f;* **coastline** *n* Küste *f*

coat [kəʊt] **I.** *n* [1] (*garment*) Mantel *m* [2] (*of animal*) Fell *s,* Pelz *m* [3] (*of paint*) Schicht *f* **II.** *vt* (*with paint*) streichen

coat of arms *n* Wappen *s*

coathanger *n* Kleiderbügel *m*

coating *n* (*of filth*) Schicht *f;* (*of paint*) Anstrich *m*

coax [kəʊks] *vt* beschwatzen

cobble ['kɒbl] *vt* → *shoes* flicken; **cobble to-**

gether *vt* (*ideas*) zusammenschustern; **cobbler** *n* (*of shoes*) Schuster *m*
cobblestone ['kɒblstəʊn] *n* Kopfstein *m*
COBOL ['kəʊbɒl] *n acronym of* **common business oriented language** PC COBOL *s*
cobra ['kɒbrə] *n* Kobra *f*
cobweb ['kɒbweb] *n* Spinnennetz *s*
cocaine [kə'keɪn] *n* Kokain *s*
cock [kɒk] **I.** *n* ① (*male chicken*) Hahn *m* ② (*male bird*) Männchen *s* ③ *FAM!* ↑ *penis* Schwanz *m* **II.** *vt* ① → *ears* spitzen ② ◇ **to ~ a gun** den Hahn spannen
cockerel ['kɒkərəl] *n* junger Hahn
cock-eyed *adj* ① ▷*surface* schief ② ▷*idea* widersinnig
cockle ['kɒkl] *n* Herzmuschel *f*
cockney ['kɒknɪ] *n* (*dialect*) Cockney *s*
cockpit ['kɒkpɪt] *n* AERO Cockpit *s*
cockroach ['kɒkrəʊtʃ] *n* Kakerlak *m*, Küchenschabe *f*
cocktail ['kɒkteɪl] *n* Cocktail *m*
cock-up *n FAM!* ◇ **to make a ~ of s.th.** bei etw Scheiße bauen
cocoa ['kəʊkəʊ] *n* Kakao *m*
coconut ['kəʊkənʌt] *n* Kokosnuß *f*
cocoon [kə'ku:n] *n* Kokon *m*
cod [kɒd] *n* (*full-grown*) Kabeljau *m;* (*young*) Dorsch *m*
COD *abbr. of* **cash on delivery** Zahlung per Nachnahme
code [kəʊd] *n* ① Kode *m;* ◇ **to put into ~** chiffrieren, kodieren ② JUR Gesetzbuch *s*
codeine ['kəʊdi:n] *n* Kodein *s*
codify ['kəʊdɪfaɪ] *vt* JUR kodifizieren
coed [kəʊ'ed] *n* gemischte Schule *BRIT*, Schülerin e-r gemischten Schule *AM*; **coeducational** [kəʊedjʊ'keɪʃənl] *adj* ▷*teaching* koedukativ
coerce [kəʊ'ɜ:s] *vt* zwingen; **coercion** [kəʊ'ɜ:ʃn] *n* Zwang *m*
coexistence [kəʊɪg'zɪstəns] *n* Koexistenz *f*
coffee ['kɒfɪ] *n* Kaffee *m;* **coffee bar** *n* Café *s;* **coffee machine** *n* Kaffeemaschine *f*
coffin ['kɒfɪn] *n* Sarg *m*
cog [kɒg] *n* Radzahn *m*
cogent ['kəʊdʒənt] *adj* ▷*argument* zutreffend, überzeugend
cognac ['kɒnjæk] *n* Kognak *m*
coherent [kəʊ'hɪərnt] *adj* ① ▷*theory* in sich geschlossen, stimmig ② LING kohärent
coil [kɔɪl] **I.** *n* ① (*of rope*) Windung *f* ② ↑ *spring* Feder *f* ③ ELECTR Spule *f* ④ (MED *contraceptive*) Spirale *f* **II.** *vt* aufrollen
coin ['kɔɪn] **I.** *n* Münze *f;* ◇ **pay back with own coin** mit eigener Münze zurückzahlen **II.** *vt* (*put stamp on*) prägen; *FIG* → *word, phrase* prägen; ◇ **to ~ a phrase** um es mal so auszudrücken; *FIG FAM* → *money* scheffeln; **coinage** *n* (*of word*) Prägung *f*
coincide [kəʊɪn'saɪd] *vi* ① ← *events* zusammenfallen ② ← *opinions* übereinstimmen; **coincidence** [kəʊ'ɪnsɪdəns] *n* Zufall *m;* ◇ **by a strange ~** merkwürdigerweise; **coincidental** [kəʊɪnsɪ'dentl] *adj* zufällig
coke [kəʊk] *n* ① (*coal*) Koks *m* ② *FAM* ↑ *cocaine* Koks *m*
Coke ® [kəʊk] *n* (*drink*) [Coca-]Cola *f o s*
colander ['kʌləndə*] *n* Seiher *m*
cold [kəʊld] **I.** *adj* ① (*temperature*) kalt; ◇ **I'm ~** mir ist kalt, ich friere ② (*manner*) kalt; ◇ **in ~ blood** kaltblütig **II.** *n* ① Kälte *f* ② MED Erkältung *f;* ◇ **to catch a ~** sich erkälten ③ *FIG* ◇ **to be left out in the ~** links liegengelassen werden; ◇ **to come in from the ~** wieder angenommen werden; **cold box** *n* Kühlbox *f;* **coldly** *adv* kalt; **cold sore** *n* Bläschenausschlag *m;* **cold start** *n* PC Kaltstart *m;* **cold turkey** *n FAM körperl. Symptome bei radikalem Drogenentzug*
coleslaw ['kəʊlslɔ:] *n* GASTRON Krautsalat *m*
colic ['kɒlɪk] *n* Kolik *f*
collaborate [kə'læbəreɪt] *vi* zusammenarbeiten; **collaboration** [kəlæbə'reɪʃən] *n* ① (*working together*) Zusammenarbeit *f* ② (*assisting the enemy*) Kollaboration *f;* **collaborator** [kə'læbəreɪtə*] *n* ① Mitarbeiter(in *f*) *m* ② Kollaborateur (in *f*) *m*
collapse [kə'læps] **I.** *vi* ① ← *person* zusammenbrechen ② ← *building* einstürzen **II.** *n* ① (*of alliance*) Zusammenbruch *m* ② (*of building*) Einsturz *m;* **collapsible** [kə'læpsəbl] *adj* zusammenklappbar, Klapp-
collar ['kɒlə*] *n* (*of shirt*) Kragen *m;* (*of dog*) Halsband *s;* **collarbone** *n* Schlüsselbein *s*
collate [kɒ'leɪt] *vt* → *pages of text* zusammentragen
collateral [kə'lætərəl] *n* FIN zusätzliche Sicherheit *f*
colleague ['kɒli:g] *n* Kollege *m*, Kollegin *f*
collect [kə'lekt] **I.** *vt, vi* ① → *stamps* sammeln ② → *groceries* abholen (*from* bei) ③ (*for charity*) sammeln **II.** *vi* ← *dust* sich ansammeln; **collect call** *n* (*AM*) R-Gespräch *s;* **collected** [-ɪd] *adj* ↑ *calm* gefaßt, ruhig; **collection** [kə'lekʃən] *n* ① Sammlung *f* ② REL Kollekte *f;* **collective** *adj* ① ▷*interest* gemeinsam, kollektiv ② ▷*wisdom* gesamt; **collector** [kə'lektə*] *n* ① (*of stamps etc.*) Sammler(in *f*) *m* ② (*of taxes*) Eintreiber(in *f*) *m*
college ['kɒlɪdʒ] *n* ① (*part of university*) ≈

Institut *s* [2] (*of music, engineering etc.*) ≈ Fachhochschule *f*

collide [kə'laɪd] *vi* [1] ← *cars, moving objects* zusammenprallen [2] ← *demands* kollidieren

collie ['kɒlɪ] *n* Collie *m*

colliery ['kɒlɪərɪ] *n* Zeche *f*

collision [kə'lɪʒən] *n* [1] Zusammenstoß *m* [2] (*of opinions*) Konflikt *m*

colloquial [kə'ləʊkwɪəl] *adj* umgangssprachlich

collusion [kə'lu:ʒən] ◇ **to do s.th. in ~ with another person** etw mit jd-m abgesprochen haben

Cologne [kə'ləʊn] *n* Köln *s*

colon ['kəʊlən] *n* [1] LING Doppelpunkt *m* [2] ANAT Dickdarm *m*

colonel ['kɜ:nl] *n* Oberst *m*

colonial [kə'ləʊnɪəl] *adj* kolonial, Kolonial-; **colonize** ['kɒlənaɪz] *vt* kolonisieren

colonnade [kɒlə'neɪd] *n* Säulengang *m*

colony ['kɒlənɪ] *n* Kolonie *f*

color ['kʌlə*] (*AM*) *s.* **colour**

Colorado beetle [kɒlə'rɑ:dəʊ bi:tl] *n* Kartoffelkäfer *m*

colossal [kə'lɒsl] *adj* kolossal, riesig

colour ['kʌlə*] **I.** *n* [1] Farbe *f;* ◇ **what ~ is it?** welche Farbe hat es? [2] (*according to race*) Hautfarbe *f* [3] *FIG* ◇ **all the ~ of the marketplace** das bunte Treiben auf dem Marktplatz **II.** *vt* [1] → *one's face* anmalen [2] → *artwork* kolorieren [3] → *cloth* färben [4] (*FIG give a bias to*) färben **III.** *vi* ← *leaves* sich verfärben; **colours** *n pl* MIL Fahne *f;* **colour-bar** *n* Rassendiskriminierung *f;* **colour-blind** *adj* farbenblind; **coloured** [-ɪd] *adj* [1] farbig, bunt [2] ◇ **~ person** Farbige(r) *fm;* **colour film** *n* Farbfilm *m;* **colourful** ['kʌlərfʊl] *adj* ▷*story* anschaulich, interessant; ▷*personality* schillernd; **colour scheme** *n* Farbzusammenstellung *f;* **colour television** *n* Farbfernsehen *s*

colt [kəʊlt] *n* Fohlen *s*

column ['kɒləm] *n* [1] ARCHIT Säule *f* [2] MIL Kolonne *f* [3] (*division in text*) Spalte *f;* **columnist** ['kɒləmnɪst] *n* Kolumnist(in *f*) *m*

coma ['kəʊmə] *n* Koma *s*

comb [kəʊm] **I.** *n* [1] (*for hair*) Kamm *m* [2] (*of cock*) Kamm *m* [3] (*honey-*) Wabe *f* **II.** *vt* [1] → *hair* kämmen [2] → *archives* durchkämmen, durchforsten

combat ['kɒmbæt] **I.** *n* Kampf *m* **II.** *vt* bekämpfen **III.** *adj* Kampf-

combination [kɒmbɪ'neɪʃən] *n* (*association*) Verbindung *f*, Kombination *f;* (*of events*) Verkettung *f;* **combination lock** *n* Kombinationsschloß *s;* **combine** [kəm'baɪn] **I.** *vt* verbinden **II.** *vi* sich vereinigen **III.** ['kɒmbaɪn] *n* [1] COMM Konzern *m,* Verband *m* [2] AGR ◇ **~ harvester** Mähdrescher *m;* **combined** [-ɪd] *adj* ↑*joined* ◇ **our ~ efforts** unsere gemeinsamen Anstrengungen

combustible [kəm'bʌstɪbl] **I.** *adj* ▷*fuel* brennbar **II.** *n* Brennstoff *m;* **combustion** [kəm'bʌstʃən] *n* Verbrennung *f;* ◇ **internal ~ engine** Verbrennungsmotor *m*

come [kʌm] <came, come> *vi* [1] (*move from there to here*) kommen; ◇ **~ in!** herein! [2] ↑ *arrive* ankommen, gelangen; ◇ **it has ~ to me** es ist mir eingefallen [3] (*with passive action*) ◇ **my shoelaces have ~ undone** meine Schnürsenkel sind aufgegangen [4] ↑ *be available* erhältlich sein; ◇ **the shirt ~s in three sizes** das Hemd gibt es in drei Größen [5] ◇ **in times to ~** zukünftig; *FAM* ◇ **how ~?** warum?; **come about** *vi* geschehen; **come across** *vt* ↑ *find* stoßen (auf *akk*); **come away** *vi* [1] ← *person* weggehen [2] ← *plaster [from wall]* abgehen; **come by I.** *vt* ↑ *obtain* kriegen **II.** *vi* vorbeikommen; **come down** *vi* [1] ← *price* sinken [2] ← *tradition* überliefert werden; **come forward** *vi* ↑ *volunteer* sich melden; **come from** *vt* ◇ **where do you ~ ~?** wo kommen Sie her?; ◇ **I ~ ~ Würzburg** ich komme aus Würzburg; **come in for** *vt* abkriegen; **come into** *vt* ↑ *inherit* erben; ◇ **to ~ ~ one's own** florieren; **come of** *vi* ◇ **what came of it?** was ist daraus geworden?; **come off** *vi* [1] ← *door handle* abgehen [2] *FAM* ← *plan* klappen; **come on** *vi* ← *work* vorankommen; ◇ **~ ~!** auf geht's!, komm schon! ; **come out** *vi* [1] ← *stars* auftauchen [2] ← *book* erscheinen [3] ◇ **to ~ ~ in favour of s.th.** etw befürworten; **come out with** *vt* herausrücken (mit *dat*); **come round** *vi* [1] ↑ *visit* vorbeikommen [2] MED ↑ *regain consciousness* zu sich kommen; **come to** *vi* [1] MED ↑ *regain consciousness* zu sich kommen [2] ← *bill* betragen; ◇ **how much does it ~ ~?** was macht das?; **come up** *vi* [1] ← *sun* aufgehen [2] ← *problem* auftauchen [3] ◇ **to ~ ~ with s.th.** sich *dat* etw einfallen lassen; **come upon** *vt* stoßen (auf *akk*); **come up to** *vi* [1] ↑ *approach* ◇ **he's coming up to fifty** er geht auf die fünfzig zu (auf *akk*) [2] (*reach height*) reichen (bis) [3] → *expectations* entsprechen *dat;* **comeback** ['kʌmbæk] *n* [1] (*of famous person*) Comeback *s* [2] JUR ↑ *redress* Schadensersatzanspruch *m*

comedian [kə'mi:dɪən] *n* Komiker(in *f*) *m;* **comedienne** [kə'mi:dɪen] *n* Komikerin *f*

comedown ['kʌmdaʊn] *n* ▷*social, professional* Abstieg *m*

comedy ['kɒmədɪ] *n* Komödie *f*

come-on ['kʌmɒn] *n* (*FAM sexually*) ◇ **to give s.b. the ~** jd-n anmachen
comet ['kɒmɪt] *n* Komet *m*
comfort ['kʌmfət] **I.** *n* 1 ↑ *ease* Bequemlichkeit *f;* (*cosiness*) Behaglichkeit *f* 2 ↑ *consolation* Trost *m;* ↑ *relief* Erleichterung *f* 3 (*agreeable conveniences*) ◇ **the ~s of modern civilization** die Annehmlichkeiten des modernen Lebens **II.** *vt* trösten; **comfortable** ['kʌmftəbl] *adj* bequem; **comfort station** *n* (*AM*) öffentliche Toilette *f*
comic ['kɒmɪk] **I.** *n* 1 (*magazine*) Comic[heft] *s* 2 (*comedian*) Komiker(in *f*) *m* **II.** *adj* ↑ *amusing* komisch
coming ['kʌmɪŋ] **I.** *n* ◇ **the second ~ of Christ** die Wiederkunft des Herrn; ◇ **~ of age** Erreichung der Volljährigkeit **II.** *adj* ▷*week* kommende(r, s), nächste(r, s)
comma ['kɒmə] *n* Komma *s*
command [kə'mɑːnd] **I.** *n* 1 ↑ *direction* Befehl *m* 2 (*of an army*) Oberbefehl *m* (*of, over* über *acc*) 3 (*of language*) Beherrschung *f* 4 ◇ **the room ~s a fine view** das Zimmer bietet e-e schöne Aussicht **II.** *vt* 1 befehlen *dat* 2 ◇ **to ~ respect** Achtung gebieten 3 → *resources* verfügen über *acc* 4 → *army* kommandieren
commander *n* Befehlshaber(in *f*) *m,* Kommandant(in *f*) *m*
commanding officer *n* befehlshabender Offizier *m*
commandment *n* REL Gebot *s*
commando unit [kə'mɑːndəʊ juːnɪt] *n* Kommandoeinheit *f,* Kommandotrupp *m*
commemorate [kə'meməreɪt] *vt* gedenken *gen;* **commemoration** [kəmemə'reɪʃən] *n* ◇ **in ~ of** zum Gedenken an *akk;* **commemorative** [kə'memərətɪv] *adj* Gedenk-; ◇ **~ service** Gedenkgottesdienst *m*
commence [kə'mens] *vt, vi* beginnen; **commencement** *n* Beginn *m*
commend [kə'mend] *vt* ↑ *recommend* → *person* empfehlen; ↑ *praise* → *object, action* loben; **commendable** *adj* lobenswert; **commendation** [kɒmen'deɪʃən] *n* ↑ *award* Auszeichnung *f*
comment ['kɒment] **I.** *n* ↑ *remark* Bemerkung *f;* (*by official*) Stellungnahme *f;* (*note on text*) Anmerkung *f* **II.** *vi* bemerken, sich äußern (*on* zu); → *sporting event* kommentieren (*on akk*); **commentary** ['kɒməntrɪ] *n* 1 (*on sports event*) Kommentar *m* (*on* zu) 2 ↑ *explanations* Erläuterungen *pl;* **commentator** ['kɒmənteɪtə*] *n* Kommentator(in *f*) *m*
commerce ['kɒmɜːs] *n* Handel *m;* **commercial** [kə'mɜːʃəl] **I.** *adj* ▷*transaction* Handels-, geschäftlich; ▷*training* kaufmännisch **II.** *n* Werbespot *m;* ◇ **~ TV** Privatfernsehen *s;* **commercialize** *vt* kommerzialisieren
commiserate [kə'mɪzəreɪt] *vi* ↑ *sympathize* mitfühlen (*with* mit)
commission [kə'mɪʃən] **I.** *n* 1 (*of sin*) Begehen *s* 2 (*for project*) Auftrag *m* 3 (*payment*) Provision *f* 4 (*inquiring body*) Kommission *f* **II.** *vt* → *architect* beauftragen; ◇ **out of ~** außer Betrieb
commissionaire [kəmɪʃə'nɛə*] *n* Portier *m*
commissioner [kə'mɪʃənə*] *n* 1 POL Mitglied *s* e-r Kommission; (*police ~*) Polizeipräsident(in *f*) *m* 2 ◇ **~ of oaths** Notar *m*
commissioning *n* (*of power station*) Inbetriebnahme *f*
commit [kə'mɪt] **I.** *vt* 1 → *crime* begehen 2 → *resources* einsetzen 3 ◇ **to ~ s.o. to a home** jd-n in ein Heim einweisen **II.** *vr* ↑ *bind* ◇ **~ o.s.** sich verpflichten; ◇ **I don't want to ~ myself** ich will mich nicht festlegen; **commitment** *n* 1 ▷*family* Verpflichtung *f* 2 (POL *active involvement*) Engagement *s;* **committal** *n* (*for trial*) Überstellung *f* ans Gericht; **committed** [-ɪd] *adj* engagiert
committee [kə'mɪtɪ] *n* Ausschuß *m,* Komitee *s*
commodity [kə'mɒdɪtɪ] *n* ↑ *product* Ware *f;* AGR Erzeugnis *s*
common ['kɒmən] **I.** *adj* 1 ◇ **it is ~ knowledge that he lies** es ist allgemein bekannt, daß er lügt 2 ◇ **it is ~ to shake hands in Germany** in Deutschland ist es üblich, sich die Hand zu geben 3 ↑ *same* ◇ **they speak a ~ language** sie sprechen dieselbe Sprache; ◇ **what do they have in ~?** was haben sie gemeinsam? 4 ↑ *well-known* ◇ **they speak a ~ language** sie sprechen e-e geläufige/weitverbreitete Sprache **II.** *n* (*open land*) Grünfläche *f;* **common-law** *adj* JUR gewohnheitsrechtlich *m;* ◇ **~ marriage** eheähnliches Verhältnis *s;* **commonly** *adv* gewöhnlich, im allgemeinen; **Common Market** *n* POL Gemeinsamer Markt; **commonplace** *adj* alltäglich, gewöhnlich
Commons *n pl* ↑ *House of Commons* ◇ **the C-** das Unterhaus
common sense *n* gesunder Menschenverstand *m;* **Commonwealth** *n* Commonwealth *s*
commotion [kə'məʊʃən] *n* Aufregung *f;*
communal ['kɒmjʊnl] *adj* ▷*bathroom* Gemeinschafts-, gemeinsam; **commune** ['kɒmjuːn] **I.** *n* Kommune *f* **II.** *vi* (*comunicate spiritually*) ◇ **to ~ with God** Zwiesprache mit Gott halten
communicate [kə'mjuːnɪkeɪt] **I.** *vt* 1 ↑ *pass on* → *news* übermitteln 2 ↑ *convey* → *information,*

C

ideas vermitteln **II.** *vi* [1] (*exchange information*) kommunizieren, sich verständigen [2] (TELEC *have contact with*) in Verbindung stehen; **communication** [kəmju:nɪ'keɪʃən] *n* [1] ↑ *message* Mitteilung *f* [2] (*of information, ideas*) Übermittlung, Vermittlung *f* [3] (*between beings*) Kommunikation, Verständigung *f*; **communication cord** *n* RAIL Notbremse *f*; **communication satellite** *n* Nachrichtensatellit *m*

communion [kə'mju:nɪən] *n* ◇ **C-** (*Protestant*) Abendmahl *s*, Konfirmation *f*; (*Catholic*) Kommunion *f*

communism ['kɒmjʊnɪzəm] *n* Kommunismus *m*; **communist** ['kɒmjʊnɪst] **I.** *n* Kommunist(in *f*) *m* **II.** *adj* kommunistisch

community [kə'mju:nɪtɪ] *n* [1] (*of parish*) Gemeinde *f* [2] ↑ *public* Allgemeinheit *f*; **community centre** *n* Gemeindezentrum *s*

commute [kə'mju:t] *vi* (*travel to work*) pendeln; **commuter** *n* Pendler(in *f*) *m*

compact [1] [kəm'pækt] *adj* kompakt; ▷*snow* fest, kompakt; PRINT [zu] gedrängt, eng

compact [2] ['kɒmpækt] *n* POL Pakt *m*

compact [3] ['kɒmpækt] *n* (*for make-up*) Puderdose *f*; **compact camera** *n* Kompaktkamera *f*; **compact disc** *n* Compact Disc *f*, CD *f*

companion [kəm'pænɪən] *n* [1] ↑ *escort* Begleiter(in *f*) *m* [2] ↑ *friend* Freund(in *f*) *m*, Kompagnon *m*; (*of child*) Spielkamerad(in *f*) *m*; **companionship** *n* ↑ *company* Gesellschaft *f*

company ['kʌmpənɪ] *n* [1] Gesellschaft *f*; ◇ **to keep s.o. -** jd-m Gesellschaft leisten; ◇ **to behave well in -** sich in Gesellschaft gut benehmen [2] COMM ↑ *firm* Firma *f*, Gesellschaft *f* [3] THEAT Schauspieltruppe *f* [4] ↑ *guest* ◇ **are you expecting - tonight?** erwartest du heute abend Besuch?

comparable ['kɒmpərəbl] *adj* vergleichbar; **comparative** [kəm'pærətɪv] **I.** *adj* [1] ▷*studies* vergleichend [2] ▷*poverty* relativ **II.** *n* LING Komparativ *m*; **comparatively** *adv* verhältnismäßig; **compare** [kəm'pɛə*] **I.** *vt* [1] ↑ *contrast* vergleichen (*with/to* mit *dat*); ◇ **one shouldn't - apples with pears** man sollte Äpfel nicht mit Birnen vergleichen; ◇ **you really ought to - prices** du solltest wirklich die Preise vergleichen [2] ↑ *liken to* vergleichen (*with/to* mit *dat*); ◇ **he -d her to a summer's day** er verglich sie mit e-m Sommertag [3] ↑ *in contrast with* ◇ **-d to me you are a genius** im Vergleich zu mir bist du ein Genie **II.** *vi* sich vergleichen lassen; **comparison** [kəm'pærɪsn] *n* (*of two objects*) Vergleich *m*; ◇ **it's good in - to his last article** verglichen mit seinem letzten Artikel ist es gut

compartment [kəm'pɑ:tmənt] *n* [1] RAIL Abteil *s* [2] (*in desk*) Fach *s*

compass ['kʌmpəs] *n* [1] Kompaß *m* [2] ◇ **-es** *pl* Zirkel *m*

compassion [kəm'pæʃən] *n* Mitleid *s*; **compassionate** [kəm'pæʃənət] *adj* mitfühlend

compatible [kəm'pætɪbl] *adj* [1] (*points of view*) vereinbar; ◇ **we're not -** wir vertragen uns nicht [2] TECHNOL PC kompatibel

compel [kəm'pel] *vt* → *person* zwingen; → *obedience* erzwingen (*from s.o.* von jd-m)

compelling *adj* ▷*argument* zwingend; ▷*performance* bezwingend

compendium [kəm'pendɪəm] *n* Kompendium *s*

compensate ['kɒmpenseɪt] *vt* [1] entschädigen; ◇ **to - for damages inflicted** Schadensersatz bezahlen [2] ↑ *balance out* ausgleichen; ◇ **her skill -s for her slowness** ihre Geschicklichkeit gleicht ihre Langsamkeit aus; **compensation** [kɒmpen'seɪʃən] *n* (*for damage caused*) Entschädigung *f*; PSYCH Kompensation *f*

compère ['kɒmpɛə*] *n* Conférencier *m*

compete [kəm'pi:t] *vi* COMM konkurrieren; ◇ **to - with one another** sich [gegenseitig] Konkurrenz machen; SPORT kämpfen, wettstreiten (*for* um), teilnehmen

competence ['kɒmpɪtəns] *n* Fähigkeit *f*; JUR Zuständigkeit *f*; **competent** ['kɒmpɪtənt] *adj* kompetent, fähig; JUR zuständig

competition [kɒmpɪ'tɪʃən] *n* [1] ↑ *contest* Wettbewerb *m* [2] COMM Konkurrenz *f*

competitive [kəm'petɪtɪv] *adj* ▷*person* auf Wettbewerb eingestellt; ▷*price* konkurrenzfähig; **competitor** [kəm'petɪtə*] *n* COMM Konkurrent(in *f*) *m*; SPORT Teilnehmer(in *f*) *m*

compile [kəm'paɪl] *vt* zusammenstellen; PC kompilieren

complacency [kəm'pleɪsnsɪ] *n* Selbstzufriedenheit *f*; **complacent** [kəm'pleɪsnt] *adj* selbstzufrieden

complain [kəm'pleɪn] *vi* sich beklagen, sich beschweren (*about* über *akk*); **complaint** [kəm'pleɪnt] *n* Beschwerde *f* (*to* bei); MED Beschwerden *f pl*

complement **I.** ['kɒmplɪment] *vt* ↑ *enhance, complete* ergänzen **II.** [kɒmplɪ'mənt] *n* [1] (*thing that make better/more complete*) Ergänzung *f* (*to* gen) [2] (*ship's -*) vollzählige Besatzung

complementary [kɒmplɪ'mentərɪ] *adj* ▷*colour* Komplementär-; ◇ **man and woman are -** Mann und Frau ergänzen einander

complete [kəm'pli:t] **I.** *adj* [1] ▷*information* ganz, vollständig [2] ↑ *finished* ◇ **when will the work be -?** wann wird die Arbeit fertig sein? [3]

◇ **it comes - with an instruction manual** es wird samt [*o.* komplett mit] Handbuch geliefert ④ ◇ **it came as a - surprise** es kam völlig überraschend **II.** *vt* ① → *set* vervollständigen ② → *work* fertigstellen; **completely** *adv* vollständig, ganz; **completion** [kəm'pli:ʃən] *n* (*of collection*) Vervollständigung *f;* (*of building*) Fertigstellung *f*

complex ['kɒmpleks] **I.** *adj* ▷*situation* kompliziert, verwickelt **II.** *n* ① PSYCH Komplex *m* ② (*building*) Komplex *m*

complexion [kəm'plekʃən] *n* ① Teint *m;* (*florid - etc.*) Gesichtsfarbe *f* ② ◇ **to put a fresh - on things** e-r Sache e-n neuen Anstrich geben; **complexity** [kəm'pleksɪtɪ] *n* Kompliziertheit, Differenziertheit *f*

compliance [kəm'plaɪəns] *n* ① (*with rules*) Einhalten *s* (*with* gen) ② ↑ *obedience* Fügsamkeit *f*

complicate ['kɒmplɪkeɪt] *vt* komplizieren; **complicated** [-ɪd] *adj* kompliziert; **complication** [kɒmplɪ'keɪʃən] *n* Komplikation *f*

compliment ['kɒmplɪment] **I.** *n* ① Kompliment *s;* ◇ **to pay s.o. a -** jd-m ein Kompliment machen ② ◇ **my -s to your wife** grüßen Sie Ihre Frau von mir **II.** *vt* ◇ **to - a lady on her lovely dress** e-r Dame für ihr schönes Kleid ein Kompliment machen; **complimentary** [kɒmplɪ'mentərɪ] *adj* ① ↑ *flattering* schmeichelhaft ② ↑ *free* Frei-, Gratis-

comply [kəm'plaɪ] *vi* (*act in agreement*) einwilligen; ◇ **to - with the terms of a contract** die Bedingungen e-s Vertrages erfüllen; ◇ **to - with a request** e-r Bitte nachkommen

component [kəm'pəʊnənt] **I.** *adj* Teil- **II.** *n* Bestandteil *m*

compose [kəm'pəʊz] **I.** *vt, vi* → *music* komponieren; → *letter* verfassen **II.** *vr* ◇ **- o.s.** sich fassen, sich beherrschen; **composed** [-d] *adj* ① gefaßt ② ◇ **to be - of** bestehen aus; **composer** *n* Komponist(in *f*) *m*

composite ['kɒmpəzɪt] *adj* zusammengesetzt; **composition** [kɒmpə'zɪʃən] *n* ① (*of substance*) Zusammensetzung *f* ② ↑ *structure* Aufbau *m* ③ MUS Komposition *f;* SCH Aufsatz *m;* **compositor** [kəm'pɒzɪtə*] *n* Schriftsetzer(in *f*) *m*

compost ['kɒmpɒst] *n* ① ↑ *fertizer* Dünger *m* ② (*decayed vegetable matter*) Kompost *m;* **compost heap** *n* Komposthaufen *m*

composure [kəm'pəʊʒə*] *n* (*of person*) Gelassenheit *f,* Fassung *f*

compound [1] **I.** ['kɒmpaʊnd] *n* ① ↑ *mixture* Gemisch *s;* CHEM Verbindung *f* ② GRAM zusammengesetztes Wort, Kompositum *s* **II.** ['kɒmpaʊnd] *adj* zusammengesetzt **III.** [kɒm'paʊnd] *vt* → *problem* vergrößern, verschlimmern **IV.** [kɒm'paʊnd] *vi* JUR [sich] vergleichen, e-n Vergleich schließen

compound [2] ['kɒmpaʊnd] *n* ↑ *enclosure* eingezäuntes Gelände; **compound fracture** *n* MED offene Fraktur *f;* **compound interest** *n* FIN Zinseszinsen *m pl*

comprehend [kɒmprɪ'hend] *vt* begreifen, verstehen; **comprehension** [kɒmprɪ'henʃən] *n* ① ↑ *understanding* Verständnis *s* ② SCH ◇ **- test** Fragen *pl* zum Text[verständnis]; **comprehensive** [kɒmprɪ'hensɪv] *adj* umfassend; **comprehensive school** *n* Gesamtschule *f*

compress [kəm'pres] **I.** *vt* → *gas, fluid* komprimieren; (*in engine also*) verdichten **II.** ['kɒmpres] *n* MED Kompresse *f,* Umschlag *m;* **compressed air** *n* Druckluft *f;* **compressor** [kəm'presə*] *n* TECHNOL Kompressor *m*

comprise [kəm'praɪz] *vt* umfassen

compromise ['kɒmprəmaɪz] **I.** *n* Kompromiß *m* **II.** *vt* → *reputation* kompromittieren, schaden **III.** *vi* e-n Kompromiß schließen

compulsion [kəm'pʌlʃən] *n* ① PSYCH innerer Zwang *m* ② ◇ **to do s.th. under -** etw unter Druck/Zwang tun; **compulsive** [kəm'pʌlsɪv] *adj* ▷*behaviour* zwanghaft; **compulsory** [kəm'pʌlsərɪ] *adj* ↑ *obligatory* obligatorisch; **compulsory service** *n* (*AM*) Wehrpflicht *f*

computer [kəm'pju:tə*] *n* Computer *m,* Rechner *m;* **computer centre** *n* Rechenzentrum *s;* **computer-controlled** *adj* computergesteuert; **computer game** *n* Computerspiel *s;* **computerize** [kəm'pju:təraɪz] *vt* computerisieren; **computerized axial tomography** *n* MED Computertomographie *f,* CT *s;* **computer program** *n* Programm *s;* **computer scientist** *n* Informatiker(in *f*) *m*

comrade ['kɒmrɪd] *n* ① Kamerad(in *f*) *m* ② (POL *in union, in left-wing group*) Genosse *m,* Genossin *f;* **comradeship** *n* Kameradschaft *f*

concave [kɒn'keɪv] *adj* konkav

conceal [kən'si:l] **I.** *vt* ① → *information* verheimlichen; ◇ **to - information from s.o.** jd-m Informationen vorenthalten ② → *weapon* verstecken **II.** *vr* ◇ **- o.s.** sich verbergen; **concealed** [-d] *adj* ▷*wiring* verdeckt; **concealment** *n* (*of evidence*) Unterschlagung *f*

concede [kən'si:d] **I.** *vt* ① ↑ *give up* aufgeben; ◇ **to - s.th. to s.o.** (*in argument*) jd-m in etw rechtgeben, jd-m etw zugestehen ② ↑ *grant* → *right* zubilligen **II.** *vi* nachgeben

conceit [kən'si:t] *n* Einbildung *f;* **conceited** *adj* eingebildet

conceivable [kən'siːvəbl] *adj* vorstellbar; **conceive** [kən'siːv] **I.** *vt* ① → *baby* empfangen ② → *idea* haben/bekommen [zu] ③ ◇ **to ~ a dislike for s.o.** e-e Abneigung gegen jd-n entwickeln **II.** *vi* ← *woman* empfangen; **conceive of** *vt* ↑ *imagine* sich *dat* vorstellen; ◇ **he couldn't ~ of the war ending** er konnte sich ein Ende des Krieges nicht vorstellen

concentrate ['kɒnsəntreɪt] **I.** *vi* sich konzentrieren (*on* auf *akk*) **II.** *vt* → *efforts* konzentrieren (*on* auf *akk*); **concentration** [kɒnsən'treɪʃən] *n* Konzentration *f;* **concentration camp** *n* Konzentrationslager *s;* (*of WWII also*) KZ *s*

concentric [kɒn'sentrɪk] *adj* konzentrisch

concept ['kɒnsept] *n* (*abstract idea*) Konzept *s,* Begriff *m;* **conception** [kən'sepʃən] *n* ① ↑ *idea* Vorstellung *f* ② (*of baby*) Empfängnis *f;* **conceptual** [kən'sɛptʃʊəl] *adj* ▷*thought* begrifflich

concern [kən'sɜːn] **I.** *n* ① (*matter, affair*) Angelegenheit *f* ② ↑ *worry* Sorge *f* (*for* um) ③ ↑ *interest* ◇ **of international ~** von internationalem Interesse ④ COMM Großunternehmen *s,* Konzern *m* **II.** *vt* ① ◇ **this article ~s South Africa** in diesem Bericht geht es um Südafrika ② ▷*emotionally* ◇ **it should not ~ you** es sollte dich nicht beunruhigen ③ ◇ **it does not ~ you** (*effect*) es betrifft dich nicht; (*be of your business*) es geht dich nichts an ④ ◇ **to whom it may ~** an den betreffenden Sachbearbeiter; **concerned** [-d] *adj* ↑ *anxious* besorgt; **concerning** *prep* hinsichtlich *gen,* betreffend; ◇ **~ your letter** hinsichtlich Ihres Briefes, Ihren Brief betreffend

concert ['kɒnsət] *n* ① Konzert *s* ② ◇ **to act in ~** zusammenarbeiten; **concert hall** Konzerthalle *f;* **concerted** [kən'sɜːtɪd] *adj* ▷*attempt* gemeinsam; ▷*effort* konzertiert

concertina [kɒnsə'tiːnə] *n* Handharmonika *f,* Konzertina *f*

concerto [kən'tʃɜːtəʊ] *n* <-s> Konzert *s*

concession [kən'seʃən] *n* ① ↑ *admission, compromise* Zugeständnis *s* (*to* an *acc*) ② (*granting of rights*) Genehmigung *f*

conciliation [kənsɪlɪ'eɪʃən] *n* (*appeasement*) Versöhnung *f;* Beschwichtigung *f;* (*industrial ~*) Schlichtung *f;* ◇ **an attempt at ~** ein Vermittlungsversuch

conciliatory [kən'sɪlɪətrɪ] *adj* versöhnlich; beschwichtigend

concise [kən'saɪs] *adj* knapp

conclude [kən'kluːd] *vt, vi* ① → *letter* beenden ② → *agreement* abschließen ③ ↑ *infer* folgern; **conclusion** [kən'kluːʒən] *n* ① (*logical ~*) Schlußfolgerung *f* ② (*of article*) Schluß *m;* ◇ **in ~** zum Schluß, schließlich; **conclusive** [kən'kluːsɪv] *adj* ▷*evidence* überzeugend, stichhaltig; **conclusively** *adv* endgültig

concoct [kən'kɒkt] *vt* zusammenbrauen

concord ['kɒŋkɔːd] *n* (*amical relationship*) Eintracht *f*

concourse ['kɒŋkɔːs] *n* ARCHIT Eingangshalle *f*

concrete ['kɒŋkriːt] **I.** *n* Beton *m* **II.** *adj* konkret

concur [kən'kɜː*] *vi* übereinstimmen; **concurrently** [kən'kʌrəntlɪ] *adv* gleichzeitig

concussion [kɒn'kʌʃən] *n* Gehirnerschütterung *f*

condemn [kən'dem] *vt* ① → *bad habit* verdammen ② ◇ **to ~ s.o. to 5 years in prison** jd-n zu 5 Jahren Gefängnis verurteilen ③ → *building* für abbruchreif erklären; **condemnation** [kɒndem'neɪʃən] *n* Verurteilung *f*

condensation [kɒnden'seɪʃən] *n* ① (*act*) Kondensation *f* ② Kondensat *s;* TECHNOL Kondenswasser *s,* Schwitzwasser *s;* ◇ **the mirror is covered with ~** der Spiegel ist beschlagen; **condense** [kən'dens] **I.** *vi* CHEM ← *steam* kondensieren **II.** *vt* → *text* kürzen, knapper gestalten; **condensed milk** [kən'densd mɪlk] *n* Kondensmilch *f*

condescend [kɒndɪ'send] *vi* sich herablassen; **condescending** *adj* von oben herab; ◇ **to be ~ towards s.o.** jd-n herablassend behandeln

condition [kən'dɪʃən] **I.** *n* ① (*of object*) Zustand *m* ② (*in contract*) Bedingung *f;* ↑ *precondition* Voraussetzung *f;* ◇ **on ~ that** unter der Bedingung, daß ③ (*working ~s*) Bedingungen *f pl,* Verhältnisse *s pl;* ◇ **weather ~s** Wetterlage *f* **II.** *vt* ① → *hair* in Form bringen ② PSYCH konditionieren; **conditioned** *adj* ◇ **~ reflex** bedingter [*o.* konditionierter] Reflex; **conditioner** *n* (*for laundry*) Weichspüler *m;* (*for hair*) Spülung *f;* **conditional** *adj* bedingt; ◇ **to be ~ on s.th.** von etw abhängen; LING ◇ **~ sentence** Konditionalsatz *m*

condo ['kɒndəʊ] *n abbr. of* **condominium**

condolences [kən'dəʊlənsɪz] *n pl* Beileidsbekundungen *f pl;* ◇ **please accept my ~** mein tiefempfundenes Beileid, meine aufrichtige Anteilnahme

condom ['kɒndəm] *n* Kondom *s*

condominium [kɒndə'mɪnɪəm] *n* (*AM*) Eigentumswohnung *f;* (*block*) Gebäude *s* mit Eigentumswohnungen

condone [kən'dəʊn] *vt* stillschweigend dulden

conducive [kən'djuːsɪv] *adj* dienlich (*to* dat)

conduct ['kɒndʌkt] **I.** *n* ① (*personal ~*) Führung

f, Verhalten *s* ② (*of a company*) Führung *f* **II.** [kən'dʌkt] *vt, vi* ① → *prisoner* führen ② → *inquiry* durchführen ③ → *orchestra* dirigieren; → *business* führen ④ ELECTR leiten; **conducted tour** [kɒndʌktɪd'tʊə] *n* (*of a building*) Führung *f;* (*of a country*) Gesellschaftsreise *f;* **conductor** [kən'dʌktə*] *n* ① (*of orchestra*) Dirigent(in *f*) *m* ② (*bus* ~) Schaffner *m* ③ ELECTR Leiter *m;* **conductress** [kən'dʌktrɪs] *n* (*bus* ~) Schaffnerin *f*

conduit ['kɒndɪt] *n* (*for water*) Leitungsrohr *s;* ELECTR Rohrkabel *s*

cone [kəʊn] *n* ① MATH Kegel *m* ② (*ice cream* ~) Tüte *f,* Waffel *f* ③ ◇ **pine** ~ Tannenzapfen *m*

confectionery [kən'fekʃənərɪ] *n* (*sweet cakes and ice-cream*) Süßwaren *pl;* (*shop*) Süßwarengeschäft *s*

confederation [kənfedə'reɪʃən] *n* Bund *m;* **Confederation of Independent States** *n* Gemeinschaft Unabhängiger Staaten

confer [kən'fɜː*] **I.** *vt* → *doctorate* verleihen (*on* dat) **II.** *vi* ↑ *discuss* konferieren, verhandeln; **conference** ['kɒnfərəns] *n* Konferenz *f*

confess [kən'fes] *vt, vi* ① (*acknowledge*) gestehen; ◇ **to ~ to s.th.** etw gestehen ② REL beichten; **confession** [kən'feʃən] *n* ① JUR Geständnis *s* ② REL Beichte *f;* **confessional** [kən'feʃənl] *n* Beichtstuhl *m;* **confessor** [kən'fesə*] *n* REL Beichtvater *m*

confetti [kən'fetɪ] *n* Konfetti *s*

confide [kən'faɪd] *vt* → *information* anvertrauen; **confide in** ◇ **to ~ ~ one's friend** sich seinem Freund anvertrauen; **confidence** ['kɒnfɪdəns] *n* ① ↑ *trust* Vertrauen *s;* ◇ **self-~** Selbstvertrauen *s* ② ◇ **in strict ~** streng vertraulich; **confidence trick** *n* Schwindel *m*

confident ['kɒnfɪdənt] *adj* ① (*of success*) sicher (*of* gen); ◇ **she is ~ of winning the race** sie ist zuversichtlich, daß sie gewinnt ② (*self-assured*) selbstsicher; **confidential** [kɒnfɪ'denʃəl] *adj* ▷*report* vertraulich

confine [kən'faɪn] *vt* ① ↑ *limit* begrenzen ② ↑ *lock up* einsperren; **confined** [-d] *adj* ▷*space* eng; **confinement** *n* ① (*in prison*) Haft *f* ② MED Wochenbett *s*

confirm [kən'fɜːm] *vt* ▷*appointment* bestätigen; ◇ **his behaviour ~s my suspicions** sein Verhalten bestätigt meinen Verdacht; **confirmation** [kɒnfə'meɪʃən] *n* Bestätigung *f;* REL Konfirmation *f;* **confirmed** [-d] *adj* (~ *bachelor*) eingefleischt

confiscate ['kɒnfɪskeɪt] *vt* → *goods* beschlagnahmen, konfiszieren; **confiscation** [kɒnfɪs'keɪʃən] *n* Beschlagnahme *f*

conflagration [kɒnflə'greɪʃən] *n* Feuersbrunst *f*

conflict ['kɒnflɪkt] **I.** *n* ① (*between parties*) Konflikt, Streit *m;* ◇ **we came into ~ over the inheritance** wir gerieten über das Erbe in Streit; ◇ **military ~** militärische Auseinandersetzung *f* ② (*with o.s.*) Zweifel, Zwiespalt *m* **II.** [kən'flɪkt] *vi* im Widerspruch stehen; **conflicting** [kən'flɪktɪŋ] *adj* ▷*statements* sich widersprechend

conform [kən'fɔːm] *vi* ① (*to regulations*) ← *device* entsprechen (*to* dat); ← *person* sich fügen (*to* dat) ② ↑ *adapt* (*to environment*) sich anpassen (*to* dat); (*to general trends*) sich richten (*to* nach); **conformist** *n* Konformist(in *f*) *m*

confront [kən'frʌnt] *vt* ① → *enemy* gegenüberstehen *dat* ② ↑ *face up to* → *duty, task* begegnen ③ ↑ *accuse directly* konfrontieren (*with* mit *dat*); ◇ **she ~ed him with the evidence** sie konfrontierte ihn mit den Beweisen ④ ↑ *be presented with* sich gegenübersehen; ◇ **difficulties ~ed him** er sah sich vor Schwierigkeiten gestellt; **confrontation** [kɒnfrən'teɪʃən] *n* Konfrontation *f;* ↑ *dispute, conflict* Auseinandersetzung *f*

confuse [kən'fjuːz] *vt* ① → *twins* verwechseln; ◇ **he ~d me with my brother** er hat mich mit meinem Bruder verwechselt ② → *situation* verkomplizieren ③ → *person* verwirren, durcheinanderbringen; ◇ **don't ~ me!** bring' mich nicht durcheinander!; **confused** *adj* ① (▷*person, unable to understand*) verwirrt, wirr ② (▷*situation, without system*) verworren; **confusing** *adj* verwirrend; **confusion** [kən'fjuːʒən] *n* ① (*of twins*) Verwechslung *f* ② (*of mind*) Verwirrung *f* ③ ↑ *disorder* Durcheinander *s,* Wirrwarr *s*

confute [kən'fjuːt] *vt* (*argument*) widerlegen

congeal [kən'dʒiːl] **I.** *vi* ← *blood, gravy* gerinnen **II.** *vt* gerinnen lassen; ◇ **fear ~s the blood** Angst läßt das Blut in den Adern gerinnen

congenial [kən'dʒiːnɪəl] *adj* ↑ *pleasant* angenehm

congenital [kən'dʒenɪtəl] *adj* ▷*disease* angeboren

conger eel [kɒŋgər'iːl] *n* Meeraal *m*

congested [kən'dʒestɪd] *adj* ① ▷*city centre* verstopft ② ▷*lungs* ◇ **his lungs are ~** in seiner Lunge staut sich Flüssigkeit; **congestion** [kən'dʒestʃən] *n* ① (*traffic* ~) Stau *m* ② (*nasal* ~) Verstopfung *f*

conglomerate [kən'glɒmərət] *n* (COMM *goup of companies*) Großkonzern *m;* **conglomeration** [kənglɒmə'reɪʃən] *n* ↑ *mixture* Anhäufung *f,* Konglomerat *s*

congratulate [kən'grætjʊleɪt] *vt* (*give one's good wishes*) beglückwünschen, alles Gute wünschen (*on* zu); **congratulations** [kəngrætjʊ'leɪʃənz] **I.** *n pl* Glückwunsch *m,* Glückwünsche *pl* **II.** *intj* (*on festive occasion*) herzlichen Glückwunsch!; (*more general, also ironic*) gratuliere!; **congratulatory** [kən'grætʃʊlətərɪ] *adj* ▷*telegram, note* Glückwunsch-; ▷*remark, gesture* anerkennend

congregate ['kɒŋgrɪgeɪt] *vi* ↑ *gather* → *people* sich versammeln; **congregation** [kɒŋgrɪ'geɪʃən] *n* (*of people*) Versammlung *f;* REL Gemeinde *f*

congress ['kɒŋgres] *n* Kongreß *m;* **congressional** [kən'greʃənl] *adj* Kongreß-; **congressman**, **congresswoman** *n* <-men> *AM* POL Kongreßabgeordnete(r) *fm*

conical ['kɒnɪkəl] *adj* ▷*shape* kegelförmig, konisch

conifer ['kɒnɪfə*] *n* (*pine, fir tree*) Nadelbaum *m*

coniferous [kə'nɪfərəs] *adj* ▷*forest* Nadel-

conjecture [kən'dʒektʃə*] **I.** *n* ↑ *speculation* Vermutung *f* **II.** *vt, vi* vermuten

conjugal ['kɒndʒʊgəl] *adj* ▷*rights, happiness* ehelich

conjugate ['kɒnʒʊgeɪt] *vt* GRAM konjugieren

conjunction [kən'dʒʌŋkʃən] *n* ① Verbindung *f,* Zusammentreffen *s;* ◇ **vocabulary is to be studied in ~ with grammar** Vokabeln sollten zusammen mit der Grammatik gelernt werden ② GRAM Konjunktion *f,* Bindewort *s*

conjunctivitis [kəndʒʌŋktɪ'vaɪtɪs] *n* Bindehautentzündung *f*

conjure ['kʌndʒə*] *vt, vi* zaubern; **conjure up** *vt* ① → *spirit* beschwören ② → *mental image* heraufbeschwören; **conjurer**, **conjuror** *n* Zauberer *m;* (*entertainer*) Zauberkünstler(in *f*) *m*

conjuring trick *n* Zauberkunststück *s*

conk out [kɒŋk 'aʊt] *vi FAM* ← *vehicle* stehenbleiben; ← *person* umkippen

con-man ['kɒnmæn] *n* <-men> *FAM* Schwindler *m*

conker *n* ↑ *horse chestnut* Roßkastanie *f*

connect [kə'nekt] *vt* ① → *pipes, cities* verbinden (*to, with* mit *dat*) ② TELEC ↑ *put through* ◇ **can you ~ me to Mr. Becker?** können Sie mich mit Herrn Becker verbinden? ③ *FIG* ↑ *link* eine Verbindung herstellen; ◇ **there is nothing to ~ me with the crime** nichts kann mich mit diesem Verbrechen in Verbindung bringen; **connect up** *vt* ELECTR → *water, machine to power* anschließen (*with, to* an *acc*); **connecting flight** *n* Anschlußflug *m;* **connection**, **connexion** [kə'nekʃən] *n* ① (*act of joining*) Verbindung *f* ② (*joining element*) Verbindungsstück *s,* Verbindung *f;* ELECTR TELEC Anschluß *m* ③ (*bus ~*) Verbindung *f* ④ ↑ *relation* Zusammenhang *m;* ◇ **there is a ~ between smoking and cancer** zwischen Rauchen und Krebs gibt es einen Zusammenhang; ◇ **in ~ with** ↑ *concerning* in Zusammenhang mit; **connections** *n pl* ① (*of social/political influence*) Beziehungen *f pl* ② (*family ~*) Verwandtschaft *f*

connive [kə'naɪv] *vi* ↑ *conspire* sich verschwören; **connive at** *vt* → *turn a blind eye* stillschweigend dulden

connoisseur [kɒnə'sɜː*] *n* ↑ *expert* Kenner(in *f*) *m;* ◇ **~ of antiques** Antiquitätenliebhaber(in *f*) *m*

connotation [kɒnə'teɪʃən] *n* ↑ *mental association* Konnotation *f;* ◇ **the word 'war' has ~s of fear** mit dem Wort 'Krieg' verbindet man Angst

conquer ['kɒŋkə*] *vt* ① MIL → *land, enemy* besiegen, erobern ② *FIG* → *illness* besiegen; → *mountain* bezwingen; **conqueror** ['kɒŋkərə*] *n* Eroberer *m*

conquest ['kɒŋkwest] *n* ① (MIL *of enemy*) Bezwingung *f;* (*of land*) Eroberung *f* ② (*conquered land*) Eroberung *f* ③ (*FIG amorous ~*) Eroberung *f*

conscience ['kɒnʃəns] *n* Gewissen *s;* ◇ **to have a guilty ~** ein schlechtes Gewissen haben; ◇ **to have a clear ~** ein reines Gewissen haben; (*feel guilty about s.th.*) ◇ **to have s.th. on one's ~** etw auf dem Gewissen haben

conscientious [kɒnʃɪ'enʃəs] *adj* ▷*work, worker* gewissenhaft; ◇ **~ objecter** Kriegsdienstverweigerer *m*

conscious ['kɒnʃəs] *adj* ① ↑ *aware* bewußt; ◇ **he became ~ of his sexism** ihm wurde sein Sexismus bewußt ② ↑ *intentional* bewußt; ◇ **she made a ~ effort to be polite** sie versuchte bewußt, höflich zu sein ③ MED PSYCH bei Bewußtsein; **consciousness** *n* ① MED Bewußtsein *s;* ◇ **to regain ~** zu sich kommen ② (*political ~*) Bewußtsein *s*

conscript ['kɒnskrɪpt] **I.** *n* MIL Wehrpflichtige(r) *m* **II.** [kən'skrɪpt] *vt* MIL einziehen, einberufen; ◇ **he was ~ed into the army** er wurde zum Wehrdienst einberufen; **conscription** [kən'skrɪpʃən] *n* ① ↑ *mandatory military service* Wehrpflicht *f* ② (*act of conscripting*) Einberufung *f*

consecrate ['kɒnsɪkreɪt] *vt* → *church* weihen

consecutive [kən'sekjʊtɪv] *adj* ↑ *successive* aufeinanderfolgend; ▷*numbers* fortlaufend; ◇ **on ten ~ days** an zehn Tagen hintereinander; **consecutively** *adv* nacheinander

consensus [kən'sensəs] *n* ↑ *general agreement* Übereinstimmung *f,* Einigkeit *f;* ◇ **the ~ of opinion** die mehrheitliche Meinung

consent [kən'sent] **I.** *n* ① ↑ *permission* Zustimmung *f* (*to* zu); ◇ **to give one's ~** einwilligen ② ↑ *consensus* Übereinstimmung *f* (*to* in *dat*); ◇ **by general ~** einstimmig **II.** *vi* zustimmen (*to dat*); ◇ **to ~ to s.o. doing s.th.** einwilligen [*o.* damit einverstanden sein], daß jd. etw tut

consequence ['kɒnsɪkwəns] *n* ① ↑ *effect, repercussion* Auswirkung, Wirkung *f* ② ↑ *result* Konsequenz *f,* Folge *f;* ◇ **to face/take the ~s** die Folgen tragen; ◇ **as a ~ of this** als Folge davon ③ ↑ *importance* Bedeutung *f;* ◇ **of no ~** unwichtig

consequent ['kɒnsɪkwənt] *adj* sich daraus ergebend; **consequently** ['kɒnsɪkwəntlɪ] *adv* folglich; **consequential** [kɒnsɪ'kwenʃl] *adj* ① ↑ *vain* überheblich, eingebildet ② ↑ *consistent* folgerichtig

conservation [kɒnsə'veɪʃən] *n* ① ↑ *preservation* Erhaltung *f* ② ↑ *protection* Schutz *m;* ◇ **rural ~ area** Naturschutzgebiet *s;* **conservationist** *n* Umweltschützer(in *f*) *m*

conservative [kən'sɜːvətɪv] *adj* ① ▷*attitude, style* konservativ ② ▷*guess* vorsichtig ③ POL konservativ; ◇ **the C~ Party** (*BRIT*) die Konservative Partei

conservatory [kən'sɜːvətrɪ] *n* ① Wintergarten *m* ② MUS Konservatorium *s*

conserve [kən'sɜːv] *vt* erhalten

consider [kən'sɪdə*] *vt* ① (*think carefully about s.th./s.o.*) nachdenken (*about* über *acc*); ◇ **to ~ marrying** eine Heirat erwägen; → *person, thing* ◇ **to ~ a child** über ein Kind nachdenken ② ↑ *take to be* halten für; ◇ **I ~ him to be intelligent** ich halte ihn für intelligent ③ ↑ *take into account, bear in mind* in Betracht ziehen; ◇ **if you ~ the cost** wenn man die Kosten bedenkt; ◇ **all things ~ed** alles in allem

considerable [kən'sɪdərəbl] *adj* ▷*contribution, effort* beträchtlich, erheblich; ◇ **to a ~ extent** weitgehend; **considerably** *adv* ↑ *significantly* bedeutend, wesentlich; ◇ **jogging is ~ healthier than smoking** Joggen ist wesentlich [*o.* um einiges] gesünder als Rauchen

considerate [kən'sɪdərɪt] *adj* ↑ *thoughtful* rücksichtsvoll, aufmerksam; **consideration** [kənsɪdə'reɪʃən] *n* ① ↑ *thoughtfulness* Rücksicht *f* (*for* auf *acc*) ② (*careful thought*) Erwägung *f;* ◇ **the issue is under ~** über die Sache wird noch nachgedacht ③ ↑ *factor* (*in decision-making*) Faktor *m,* Überlegung *f;* ◇ **take s.th. into ~** etw in s-e Überlegungen einbeziehen ④ ↑ *reward, favour* kleine Anerkennung *f;* **considered** [-d] *adj* wohlüberlegt; **considering** **I.** *prep* angesichts *gen* **II.** *cj* wenn man bedenkt

consign [kən'saɪn] *vt* ① ↑ *send* verschicken ② ↑ *commit, entrust* übergeben (*to dat*); **consignment** *n* ① (*of goods*) Lieferung *f* ② (*act of consigning*) Verschickung *f*

consist [kən'sɪst] *vi* bestehen (*of* aus *dat*)

consistency *n* ① (*of liquid*) Dicke *f;* (*of solid*) Festigkeit *f* ② (*of argument*) Folgerichtigkeit *f;* (*of behaviour*) Konsequenz *f* ③ (*of person*) Stetigkeit *f;* ↑ *reliability* Zuverlässigkeit *f;* **consistent** [kən'sɪstənt] *adj* ① ▷*quality* beständig; ▷*presentation* einheitlich ② ▷*behaviour* konsequent; ◇ **that is ~ with my promise** das entspricht meinem Versprechen

consolation [kɒnsə'leɪʃən] *n* (*for sadness, for loss*) Trost *m;* ◇ **~ prize** Trostpreis *m;* **consolatory** [kən'sɒlətərɪ] *adj* tröstend

console [1] [kən'səʊl] *vt* → *hurt child* trösten

console [2] ['kɒnsəʊl] *n* (*for controls*) Kontrollpult *s*

consolidate [kən'sɒlɪdeɪt] *vt* ① ▷*friendship, skill* festigen; ◇ **to ~ one's position** seine Position festigen ② ↑ *combine* zusammenlegen

consommé [kən'sɒmeɪ] *n* Fleischbrühe *f,* Kraftbrühe *f*

consonant ['kɒnsənənt] **I.** *n* GRAM Konsonant *m,* Mitlaut *m* **II.** *adj* MUS konsonant (*with* zu *dat*)

consort [kən'sɔːt] **I.** *vi* ↑ *associate* verkehren (*with* mit) **II.** ['kɒnsɔːt] *n* (*spouse of king or queen*) Gemahl(in *f*) *m*

consortium [kən'sɔːtɪəm] *n* (*business group*) Konsortium *s*

conspicuous [kən'spɪkjʊəs] *adj* ▷*behaviour* auffallend, auffällig; ▷*monument* deutlich sichtbar

conspiracy [kən'spɪrəsɪ] *n* Verschwörung *f,* Komplott *s;* ◇ **criminal ~** JUR Verabredung zu e-r Straftat; **conspiratorial** [kɒnspɪrə'tɔːrɪəl] *adj* verschwörerisch

conspire [kən'spaɪə*] *vi* ① ← *criminals* sich verschwören ② ← *events* sich wenden

constable ['kʌnstəbl] *n* (*BRIT*) Polizist(in *f*) *m;* **constabulary** [kən'stæbjʊlərɪ] *n* (*BRIT*) Polizei *f*

Constance ['kɒnstəns] *n* ◇ **Lake ~** Bodensee *m*

constancy ['kɒnstənsɪ] *n* ① ↑ *consistency* Beständigkeit *f,* Konstanz *f* ② ↑ *faithfulness* Treue *f;* **constant** ['kɒnstənt] *adj* ① ▷*speed* Dauer- ② ▷*arguments* ständig ③ ▷*companion* treu; **constantly** *adv* ↑ *continually* andauernd, ständig

constellation [kɒnstə'leɪʃən] *n* ① (*of ideas*) Konstellation *f* ② (*of stars*) Sternbild *s*

C

consternation [kɒnstəˈneɪʃən] *n* ↑ *dismay* Bestürzung *f*

constipated [ˈkɒnstɪpeɪtəd] *adj* verstopft; **constipation** [kɒnstɪˈpeɪʃən] *n* Verstopfung *f*

constituency [kənˈstɪtjʊənsɪ] *n* POL Wahlkreis *m;* **constituent** [kənˈstɪtjʊənt] **I.** *n* [1] POL ▷*person* Wähler(in *f*) *m* [2] ▷*element* Bestandteil *m* **II.** *adj* [1] ▷*assembly* konstituierend [2] ▷*component* Bau-

constitute [ˈkɒnstɪtju:t] *vt* [1] ↑ *make up* bilden [2] ↑ *amount to* ergeben; ◇ **his behaviour -s an insult** sein Benehmen kommt einer Beleidigung gleich [3] ↑ *form* → *committee* zusammenstellen; **constitution** [kɒnstɪˈtju:ʃən] *n* [1] (*of object*) Aufbau *m* [2] (POL *underlying principles of a state*) Verfassung *f* [3] (*weak/strong personal* -) Konstitution *f,* Verfassung *f;* **constitutional** *adj* [1] JUR POL Verfassungs-, verfassungsmäßig, konstitutionell [2] MED konstitutionell, körperlich bedingt

constrain [kənˈstreɪn] *vt* [1] ↑ *compel* zwingen [2] (*limit*) beschränken; **constrained** [-d] *adj* [1] ↑ *compelled* gezwungen [2] ↑ *awkward* befangen

constraint [kənˈstreɪnt] *n* [1] ↑ *compulsion* Zwang *m;* ◇ **under** - unter Zwang [2] ↑ *restriction* Beschränkung *f;* ◇ **work is a - on time** Arbeit kostet Zeit

constrict [kənˈstrɪkt] *vt* → *muscles* zusammenziehen; → *freedom* beschränken, beschneiden; **constriction** [kənˈstrɪkʃən] *n* [1] (*feeling: of one's chest*) Zusammenschnürung *f,* Beklemmung *f* [2] (*act: of victim's neck*) Zusammenziehen *s,* Würgen *s*

construct [kənˈstrʌkt] *vt* bauen, errichten; **construction** [kənˈstrʌkʃən] *n* [1] (*of bricks and mortar*) Bau *m;* (*of metal*) Konstruktion *f* [2] (*method of* -) Struktur *f,* Aufbau *m* [3] (*act of* -) Bauen *s;* ◇ **under** - im Bau [4] (- *business*) Bauindustrie *f;* **constructive** *adj* ▷*criticism* konstruktiv

construe [kənˈstru:] *vt* [1] → *look, dream* deuten, auffassen [2] GRAM → *sentence* zerlegen

consul [ˈkɒnsl] *n* Konsul *m*

consulate [ˈkɒnsjʊlət] *n* Konsulat *s*

consult [kənˈsʌlt] *vt* → *expert* zu Rate ziehen *acc;* → *dictionary, map* nachschlagen (in *dat*); ◇ **to - (with) the family** Familienrat halten; **consultant** *n BRIT* MED ↑ *specialist* Facharzt *m,* Fachärztin *m;* (*more senior*) Chefarzt *m,* Chefärztin *f;* TECHNOL Begutachter(in *f*) *m;* ◇ - **psychiatrist** Facharzt für Psychiatrie; FIN Berater(in *f*) *m;* **consultancy** *n* Beratung *f;* **consultation** [kɒnsəlˈteɪʃən] *n* Beratung *f;* MED Konsultation *f;* **consulting room** *n* Sprechzimmer *s*

consume [kənˈsju:m] *vt* ↑ *eat* → *hamburgers* konsumieren; → *petrol* verbrauchen; ◇ **the church was -d by fire** die Kirche wurde durch ein Feuer zerstört; ◇ **the husband was -d with jealousy** der Ehemann wurde von Eifersucht aufgezehrt [*o.* war rasend vor Eifersucht]; **consumer** *n* Verbraucher(in *f*) *m;* **consumer protection** *n* Verbraucherschutz *m;* **consumer society** *n* Konsumgesellschaft *f;* **consuming** *adj* ▷*passion, love* glühend; ▷*interest* lebhaft, verzehrend; ◇ **fishing is his (all) - passion** er ist leidenschaftlicher Angler; **consumerism** [kənˈsju:mərɪzəm] *n* Konsumgier *f*

consumption [kənˈsʌmpʃən] *n* (*of petrol*) Verbrauch *m;* (*of food*) Konsum *m*

contact [ˈkɒntækt] **I.** *n* [1] (*physical* -) Berührung *f* [2] (*communicative* -) Verbindung *f* [3] (*specific individual*) Ansprechpartner(in *f*) *m* [4] ELECTR Kontakt *m* **II.** *vt* ↑ *get in touch with* sich in Verbindung setzen mit; **contact lenses** *n pl* Kontaktlinsen *pl*

contagious [kənˈteɪdʒəs] *adj* ▷*disease, laughter* ansteckend

contain [kənˈteɪn] **I.** *vt* [1] → *water* enthalten [2] → *anger* beherrschen [3] → *situation* in Grenzen halten **II.** *vr* ◇ - **o.s.** sich zügeln; **container** *n* Behälter *m;* (COMM *for transport*) Container *m;* **containment** *n* (*of situation*) Begrenzung, Eindämmung *f*

contaminate [kənˈtæmɪneɪt] *vt* → *environment, food* verunreinigen, verseuchen; → *mind* verderben; **contamination** [kəntæmɪˈneɪʃən] *n* [1] Verseuchung, Verschmutzung *f;* (*of radiation*) Verstrahlung *f* [2] (*substance, source of* -) Giftstoff *m*

contemplate [ˈkɒntəmpleɪt] *vt* [1] → *scenery* betrachten [2] → *plan* sich überlegen; ◇ **to - going to Spain** eine Reise nach Spanien in Betracht ziehen; **contemplation** [kɒntemˈpleɪʃən] *n* [1] (*of scenery*) Betrachtung *f* [2] REL, PSYCH Meditation *f;* ◇ **to be lost in** - ganz versunken sein; **contemplative** [kənˈtemplətɪv] *adj* ▷*personality* nachdenklich

contemporary [kənˈtempərərɪ] **I.** *adj* [1] ▷*art, morality* modern, zeitgenössisch [2] (*from the same [historical] period*) ▷*account* zeitgenössisch **II.** *n* Zeitgenosse *m,* Zeitgenossin *f*

contempt [kənˈtempt] *n* [1] Verachtung *f;* ◇ **to have - for stupidity** Dummheit nicht ausstehen können [2] JUR Mißachtung *f;* ◇ **to be in - of court** das Gericht mißachten

contemptible [kənˈtemptəbl] *adj* ▷*trick* verachtenswert; **contemptuous** [kənˈtemptʃʊəs] *adj* ▷*look* verächtlich

C

contend [kən'tend] **I.** *vi* (1) ↑ *compete* kämpfen; ◇ **to ~ with s.o. for s.th.** mit jd-m um etw wetteifern (2) ↑ *deal with* fertigwerden mit; ◇ **to ~ with high prices** mit hohen Preisen fertigwerden **II.** *vt* (*argue that*) → *proposition* behaupten; **contender** *n* POL Kandidat(in *f*) *m;* SPORT Wettkämpfer(in *f*) *m*

content [kən'tent] **I.** *adj* zufrieden; ◇ **to be ~ with what you've got** zufrieden sein mit dem was man hat **II.** *vt* ▷*children* zufriedenstellen **III.** ['kɒntent] *n* (1) ↑ *amount* (*e.g.: of vitamin B in malt*) Inhalt *m* (2) (*of text, subject matter*) Inhalt *m;* **contents** *n pl* (*of cupboard, various objects*) Inhalt *m*

contented [-ɪd] *adj* zufrieden; ◇ **a ~ person** ein zufriedener Mensch

contention [kən'tenʃən] *n* (1) (*dispute*) Streit *m;* ◇ **to be in ~** im Wettstreit liegen (2) ↑ *proposition* Behauptung *f*

contentment [kən'tentmənt] *n* Zufriedenheit *f*

contest ['kɒntest] **I.** *n* (*fight*) [Wett-]kampf *m* (*for* um); (*beauty ~*) Wettbewerb *m* (*for* um) **II.** [kən'test] *vt* (1) → *rival* kämpfen (*for* um) (2) → *point of view* bestreiten; ◇ **to ~ s.o.'s right** jd-m ein Recht streitig machen (3) POL → *election* teilnehmen an *dat;* **contestant** [kən'testənt] *n* Teilnehmer(in *f*) *m,* Kandidat(in *f*) *m*

context ['kɒntekst] *n* (*of quotation, of event*) Zusammenhang *m;* ◇ **to be seen in ~** im Zusammenhang gesehen werden

continent [1] ['kɒntɪnənt] *n* (1) GEO Kontinent *m,* Erdteil *m* (2) *BRIT* europäisches Festland; ◇ **on the C~** in Europa

continent [2] *adj* MED kontinent; **continental** [kɒntɪ'nentl] **I.** *adj* (1) GEO kontinental (2) *BRIT* europäisch **II.** *n* (*BRIT*) Festlandeuropäer(in *f*) *m;* **continental breakfast** *n* kleines Frühstück

contingency [kən'tɪndʒənsɪ] *n* Eventualität *f;* **contingency plan** *n* Ausweichplan *m;* **contingent** [kən'tɪndʒənt] **I.** *n* MIL Trupp *m* **II.** *adj* abhängig (*on* von)

continual [kən'tɪnjʊəl] *adj* ↑ *incessant* ständig; **continually** *adv* immer wieder; **continuation** [kəntɪnjʊ'eɪʃən] *n* (1) ↑ *resumption* Fortsetzung *f* (2) ↑ *retention* Beibehaltung *f;* **continue** [kən'tɪnju:] **I.** *vt* (1) ↑ *carry on* weitermachen (2) ↑ *resume* fortsetzen; ◇ **to be ~d** Fortsetzung folgt (3) ↑ *prolong* verlängern **II.** *vi* ← *weather* anhalten; ← *road* weitergehen; **continuity** [kɒntɪ'njʊɪtɪ] *n* (1) (*of government etc.*) Kontinuität *f;* (*of design etc.*) Beständigkeit *f* (2) FILM Anschluß *m,* Fortsetzung *m;* **continuous** [kən'tɪnjʊəs] *adj* ununterbrochen; ▷*movement* stetig; ◇ **~ paper** Endlospapier *s;* GRAM ◇ **~ tense** Verlaufsform *f;* **continuously** *adv* ↑ *without stopping* ununterbrochen; stetig

contort [kən'tɔ:t] *vt* ← *limbs* verdrehen; ← *face* verzerren; **contortion** [kən'tɔ:ʃən] *n* Verdrehung *f;* **contortionist** *n* Schlangenmensch *m*

contour ['kɒntʊə*] *n* ↑ *outline* Umriß *m;* **contour line** *n* GEO Höhenlinie *f*

contraband ['kɒntrəbænd] *n* Schmuggelware *f*

contraception [kɒntrə'sepʃən] *n* Empfängnisverhütung *f;* **contraceptive** [kɒntrə'septɪv] **I.** *n* empfängnisverhütendes Mittel **II.** *adj* empfängnisverhütend

contract I. ['kɒntrækt] *n* JUR ↑ *agreement* Vertrag *m;* COMM ↑ *order* Auftrag *m* **II.** [kən'trækt] *vi* (1) (*to do s.th.*) sich vertraglich verpflichten (*with* mit) (2) ← *snail* sich zusammenziehen (3) → *influence* schrumpfen **III.** [kən'trækt] *vt* (1) → *illness* erkranken (an *dat*) (2) → *person* beauftragen; **contraction** [kən'trækʃən] *n* (1) MED Wehe *f* (2) (*of muscle*) Zusammenziehen *s* (3) (GRAM *shortened form*) Kontraktion *f;* **contractor** [kən'træktə*] *n* ▷*individual* Auftragnehmer *m;* (*building ~*) Bauunternehmer(in *f*) *m;* ↑ *supplier* Lieferant(in *f*) *m;* ◇ **outside ~** Außendienstmitarbeiter(in *f*) *m*

contradict [kɒntrə'dɪkt] *vt* widersprechen *dat;* **contradiction** [kɒtrə'dɪkʃən] *n* (1) (*act of verbal denial*) Widersprechen *s* (2) ↑ *conflict, inconsistence* Widerspruch *m;* ◇ **~ in terms** Widerspruch in sich; **contradictory** [kɒntrə'dɪktərɪ] *adj* (1) ▷*person* widersprüchlich (2) ▷*statements* widersprüchlich, sich widersprechend

contralto [kən'træltəʊ] *n* <-s> Altstimme *f*

contraption [kən'træpʃən] *n FAM* [merkwürdiger] Apparat *m*

contrary [1] ['kɒntrərɪ] **I.** *n* Gegenteil *s;* ◇ **on the ~** im Gegenteil; ◇ **nothing to the ~** nichts Widersprüchliches **II.** *adj* ▷*opinions* entgegengesetzt; ▷*wind* Gegen-

contrary [2] [kən'trɛərɪ] *adj* ↑ *obstinate* widerspenstig, eigensinnig

contrast I. ['kɒntrɑ:st] *n* (1) ↑ *disparity* Gegensatz *m;* ◇ **the ~ between them was striking** ihre Gegensätzlichkeit war sehr auffällig; ◇ **what a ~!** was für ein Unterschied! (2) (*revealing comparison*) Vergleich *m;* ◇ **by/in ~** im Gegensatz dazu (3) FOTO Kontrast *m* **II.** [kən'trɑ:st] *vt* ↑ *compare* vergleichen, e-n Vergleich anstellen (*with* zwischen *dat*); ◇ **to ~ s.th. with s.th. else** eine Sache mit e-r anderen vergleichen **III.** [kən'trɑ:st] *vi* (*be in opposition*) kontrastieren; ◇ **his manner ~ed with his dress** sein Benehmen stand im Widerspruch zu seiner Kleidung; **contrast control** *n* Kontrastregler *m;* **contrasting** [kən'trɑ:stɪŋ]

adj ▷*personalities* gegensätzlich; ▷*colours* Kontrast-
contravene [kɒntrə'viːn] *vt* → *law* verstoßen gegen
contribute [kən'trɪbjuːt] **I.** *vt* → *money, goods* beisteuern (*to dat*); (*charitable donation*) spenden (*to* für) **II.** *vi* (*be a factor in*) beitragen (*to* zu); **contribution** [kɒntrɪ'bjuːʃən] *n* (*to newspaper*) Beitrag *m;* (*to charity*) Spende *f;* **contributor** [kən'trɪbjʊtə*] *n* (*to newspaper*) Mitarbeiter(in *f*) *m;* **contributory** [kən'trɪbjʊtrɪ] *adj* beitragend; ◇ **a - factor** ein beitragender Faktor; JUR ◇ **- negligence** Mitverschulden *s*
con trick *n* Schwindel *m*
contrite ['kɒntraɪt] *adj* (*guilty and apologetic*) zerknirscht
contrivance [kən'traɪvəns] *n* [1] (*strange device*) [merkwürdiger] Apparat *m* [2] (*[dishonest] scheme*) List *f;* **contrive** [kən'traɪv] *vt* → *situation* zustande bringen; ◇ **to - to do s.th.** es schaffen, etw zu tun; **contrived** [-d] *adj* ▷*manner* gekünstelt; ▷*situation* arrangiert
control [kən'trəʊl] **I.** *vt* [1] → *flow of s.th.* kontrollieren; → *temperature* regulieren [2] → *aircraft, satellite* steuern [3] → *situation* beherrschen [4] → *country* führen; → *business* führen, leiten **II.** *n* [1] (*of crowd*) Aufsicht *f;* ◇ **out of -** außer Kontrolle; ◇ **under -** unter Kontrolle [2] (*of power station*) Steuerung *f* [3] (*of language*) Beherrschung *f* [4] (*of others*) Macht *f* [5] ↑ *switch* Regler *m;* **controls** *n pl* (AUTO *brake, clutch, steering wheel*) Bedienungselemente *s pl;* ◇ **at the -** am Kontrollpult; **control centre** *n* (*for space mission*) Kontrollzentrum *s;* **control group** *n* Kontrollgruppe *f;* **controllable** *adj* kontrollierbar; **controlled** [-d] *adj* ▷*feeling* gezügelt; ▷*rent* kontrolliert; **controlling** *adj* ▷*personality* beherrschend; ▷*authority* Aufsichts-; ▷*interest* Mehrheits-; **control tower** *n* AERO Kontrollturm *m;* **control unit** *n* PC Steuerwerk *s*
controversial [kɒntrə'vɜːʃəl] *adj* ▷*decision* umstritten, kontrovers; **controversy** ['kɒntrəvɜːsɪ] *n* ↑ *disagreement* Meinungsstreit *m,* Kontroverse *f*
conundrum [kə'nʌndrəm] *n* ↑ *riddle* Rätsel *s*
conurbation [kɒnɜː'beɪʃn] *n* ↑ *urban sprawl, L.A. etc.* (*L.A. etc*) Ballungsraum *m*
convalesce [kɒnvə'les] *vi* ← *patient* genesen; **convalescence** *n* Genesung *f;* **convalescent I.** *adj* auf dem Wege der Besserung **II.** *n* Genesende(r) *fm;* **convalescent home** *n* ↑ *sanatorium* Sanatorium *s,* Genesungsheim *s*
convection oven [kənvekʃən'ʌvn] *n* Heißluftofen *m*
convector [kən'vektə*] *n* Heizlüfter *m*
convene [kən'viːn] **I.** *vt* ← *chairman* zusammenrufen **II.** *vi* ← *individuals* sich versammeln
convenience [kən'viːnɪəns] *n* [1] ↑ *ease* Annehmlichkeit *f* [2] (*of facilities*) Nützlichkeit *f;* ◇ **out of -** aus Eigennutz; ◇ **at your -** wie es Ihnen paßt; **convenient** [kən'viːnɪənt] *adj* ▷*bus* günstig; ▷*tin opener* handlich
convent ['kɒnvənt] *n* Kloster *s*
convention [kən'venʃən] *n* [1] (*social custom*) Brauch *m* [2] POL ↑ *accord* Übereinkunft *f,* Abkommen *s;* ◇ **European C- on Human Rights** Europäische Menschenrechtskonvention [3] ↑ *conference* Tagung *f*
conventional *adj* ▷*dress* konventionell; ▷*weapons* konventionell
converge [kən'vɜːdʒ] *vi* ← *rivers* zusammenfließen; ← *opinions* sich nähern; ◇ **to - on s.o./s.th.** auf jd-n/etw zufließen
conversant [kən'vɜːsənt] *adj* vertraut; ◇ **he is - with the matter** er ist mit der Sache vertraut
conversation [kɒnvə'seɪʃən] *n* Unterhaltung *f;* ◇ **to have a -** sich unterhalten; ◇ **to make -** Konversation machen; ◇ **in - with s.o.** im Gespräch mit jd-m; **conversational** *adj* Unterhaltungs-; ◇ **- English** gesprochenes Englisch
converse [1] [kən'vɜːs] *vi* ↑ *talk* sich unterhalten
converse [2] ['kɒnvɜːs] **I.** *adj* ▷*opinion* entgegengesetzt, umgekehrt **II.** *n* Gegenteil *s;* **conversely** [kɒn'vɜːslɪ] *adv* umgekehrt
conversion [kən'vɜːʃən] *n* [1] (*between units of measure*) Umrechnung *f* (*into* in *acc*) [2] (REL *of practising Christian*) Bekehrung *f* (*to* zu) [3] (*of building*) Umbau *m;* (*act*) Umbauen *s;* **conversion table** *n* Umrechnungstabelle *f*
convert [kən'vɜːt] **I.** *vt* [1] → *building* umbauen [2] REL bekehren (*to* zu) **II.** *vi* REL konvertieren **III.** ['kɒnvɜːt] *n* Bekehrte(r) *fm;* **convertible** [kən'vɜːtəbl] **I.** *n* AUTO Kabriolett *s* **II.** *adj* FIN konvertibel
convex [kɒn'veks] *adj* konvex
convey [kən'veɪ] *vt* [1] → *luggage* befördern; → *message* übermitteln [2] → *opinion* vermitteln; ◇ **- the sense of** klarmachen; **conveyancing** [kən'veɪənsɪŋ] *n* JUR Eigentumsübertragung *f;* **conveyor belt** [kən'veɪə* belt] *n* Fließband *s*
convict [kən'vɪkt] **I.** *vt* ↑ *find guilty* für schuldig befinden (*of gen*), verurteilen (*of* wegen) **II.** ['kɒnvɪkt] *n* ↑ *prisoner* Häftling *m;* **conviction** [kən'vɪkʃən] *n* [1] (*in court*) Verurteilung *f;* (*previous -*) Vorstrafe *f* [2] ↑ *strong belief* Überzeugung *f*
convince [kən'vɪns] *vt* überzeugen; ◇ **to - s.o. of s.th.** jd-n von etw überzeugen; **convincing** *adj* überzeugend

convivial [kən'vɪvɪəl] *adj* ↑ *friendly* gesellig
convoluted ['kɒnvəlu:tɪd] *adj* ↑ *verbose* → *argument* verschlungen
convoy ['kɒnvɔɪ] *n* (*of trucks*) Kolonne *f;* ◇ **trucks sometimes travel in ~** LKW fahren manchmal im Konvoi
convulse [kən'vʌls] *vt* ← *body* krampfhaft zusammenzucken; ◇ **to be ~d with laughter** sich vor Lachen krümmen; **convulsion** [kən'vʌlʃən] *n* MED Konvulsion *f*
coo [ku:] *vi* ← *dove* gurren
cook [kʊk] **I.** *n* Koch *m,* Köchin *f* **II.** *vt* → *dinner* kochen, zubereiten; **cook up** *vt* → *scheme, excuse* zusammenbasteln; **cookbook** *n* Kochbuch *s;* **cooker** *n* Herd *m;* **cookery** ['kʊkərɪ] *n* Kochkunst *f;* ◇ **~ book** Kochbuch *s*
cookie ['kʊkɪ] *n* (*AM*) Plätzchen *s; FAM* ◇ **smart ~** Schlauberger *m*
cooking *n* Kochen *s*
cool [ku:l] **I.** *adj* [1] ▷*drink* kühl [2] ▷*behaviour* cool, lässig **II.** *vt* → *champagne* kühlen; *FAM* ◇ **c~ it!** Reg' dich ab!; **cool down** *vt, vi FAM* [sich] beruhigen; **cool off** *vi* ← *relationship* abkühlen
coolant ['ku:lənt] *n* Kühlmittel *s*
cooling-tower *n* Kühlturm *m*
coolness *n* Kühle *f*
coop [ku:p] *n* Hühnerstall *m*
coop up *vt* einpferchen
co-op ['kəʊɒp] *n abbr. of* **cooperative** Co-op *f*
cooperative [kəʊ'ɒpərətɪv] (*AM building*) Wohnblock *m* mit Eigentumswohnungen; (*apartment*) Eigentumswohnung *f;* ◇ **to go ~** in Eigentumswohnungen umgewandelt werden; **cooperate** [kəʊ'ɒpəreɪt] *vi* zusammenarbeiten; **cooperation** [kəʊɒpə'reɪʃən] *n* Zusammenarbeit *f;* **cooperative** [kəʊ'ɒpərətɪv] **I.** *adj* hilfsbereit; COMM genossenschaftlich **II.** *n* (*of consumers*) Einkaufsgenossenschaft *f*
co-opt [kəʊ'ɒpt] *vt* hinzuwählen; ◇ **to be ~ed onto the committee** zum Komitee dazugewählt werden
coordinate [kəʊ'ɔ:dɪneɪt] *vt* koordinieren; **coordination** [kəʊɔ:dɪ'neɪʃən] *n* Koordination *f*
coot [ku:t] *n* Wasserhuhn *s*
cop [kɒp] *n FAM* ↑ *policeman* Bulle *m;* **cop on** *vi FAM* ↑ *understand* kapieren, schnallen; **cop out** *vi FAM* ↑ *back out* aussteigen, sich drücken; ◇ **to ~ ~ of doing s.th.** sich aus e-r Sache ausklinken
cope [kəʊp] *vi* fertigwerden (*with* mit *dat*)
copier ['kɒpɪə*] *n* Kopierer *m,* Kopiergerät *s*
co-pilot ['kəʊ'paɪlət] *n* Kopilot(in *f*) *m*
copious ['kəʊpɪəs] *adj* ▷*notes* reichlich
copper ['kɒpə*] *n* [1] Kupfer *s* [2] (*BRIT* ~*s*) Kleingeld *s* [3] *FAM* ↑ *policeman* Bulle *m;* **copper beech** *n* Rotbuche *f;* **copperplate** *n* ▷~ *engraving* Kupferstich *m*
coppice ['kɒpɪs], **copse** [kɒps] *n* Wäldchen *s*
cop-shop *n FAM* Revier *s*
copulate ['kɒpjʊleɪt] *vi* kopulieren
copy ['kɒpɪ] **I.** *n* [1] (*of document*) Kopie *f;* (*carbon* ~) Durchschlag *m* [2] (*of book*) Exemplar *s* [3] TECHNOL PRINT Stoff *m* **II.** *vt* [1] → *text* kopieren; PC kopieren [2] → *manner* nachahmen, imitieren [3] SCH abschreiben; **copycat** *n* Nachahmer(in *f*) *m;* SCH Abschreiber(in *f*) *m;* **copyright I.** *n* Copyright *s,* Urheberrecht *s;* ◇ **~ reserved** alle Rechte vorbehalten **II.** *vt* → *text* urheberrechtlich schützen
coral ['kɒrəl] **I.** *n* (FAUNA *sea*) Koralle *f* **II.** *adj* Korallen-; **coral reef** *n* Korallenriff *s*
cord [kɔ:d] *n* [1] ↑ *thick string* Schnur *f* [2] (*electrical* ~) Stromkabel *s* [3] (MED *spinal* ~) Rückenmark *s;* (*vocal* ~) Stimmband *s* [4] (*cloth*) Kord *s;* ◇ **a pair of ~s** Kordhose *f*
cordial ['kɔ:dɪəl] **I.** *adj* freundlich, höflich **II.** *n* Fruchtsaftkonzentrat *s;* **cordially** *adv* freundlich; ◇ **~ yours** mit freundlichen Grüßen
cordon ['kɔ:dn] *n* (*of policemen*) Absperrkette *f;* **cordon off** *vt* absperren; **cordon bleu** [kɔ:dɒn'blɜ:] *adj* ▷*cooking* vorzüglich, fein
corduroy ['kɔ:dərɔɪ] *n* Kordsamt *m*
core [kɔ:*] **I.** *n* [1] (*of apple*) Kern *m* [2] (*of nuclear reactor*) Reaktorkern *m* [3] (*of earth*) Erdinnere *s* [4] PC Zentralspeicher *m* [5] *FIG FAM* ◇ **to be fed up to the ~** die Nase gründlich voll haben **II.** *vt* entkernen; **core course** *n* (*of studies*) Pflichtfächer *s pl* e-s Studienganges; **core memory** *n* PC Kernspeicher *m*
cork [kɔ:k] **I.** *n* [1] (*of bottle*) Korken *m* [2] (*of tree*) Korkrinde *f* **II.** *vt* (*uncork*) verkorken; **cork floor** *n* Korkboden *m;* **corkscrew** ['kɔ:kskru:] *n* Korkenzieher *m;* **corky** *adj* ▷*taste* korkig
cormorant ['kɔ:mərənt] *n* Kormoran *m*
corn [1] [kɔ:n] *n* [1] Getreide *s,* Korn *s* [2] *AM* ↑ *maize* Mais *m*
corn [2] *n* (*on foot*) Hühnerauge *s;* **corncob** *n* Maiskolben *m*
cornea ['kɔ:nɪə] *n* Hornhaut *f*
corned beef ['kɔ:ndbi:f] *n* Corned beef *s*
corner ['kɔ:nə*] **I.** *n* [1] Ecke *f,* Winkel *m;* ◇ **forced into a tight ~** in die Enge getrieben [2] (*of room, of boxing ring*) Ecke *f* [3] ↑ *bend* Kurve *f;* ◇ **they came from all ~s of the earth** sie kamen aus aller Herren Länder **II.** *vt* [1] → *person* in die

Enge treiben [2] (COMM *market*) monopolisieren; **corner kick** *n* SPORT Eckball *m;* **cornerstone** *n* [1] (*of building*) Eckstein *m* [2] (*of democracy*) Eckpfeiler *m*

cornet ['kɔ:nɪt] *n* [1] MUS Kornett *s* [2] (*of ice cream*) Eistüte *f,* Eiswaffel *f*

cornflakes *n pl* Cornflakes *pl;* **cornflour** ['kɔ:nflaʊə*] *n* Maismehl *s*

cornice ['kɔ:nɪs] *n* ARCHIT Gesims *s*

cornstarch ['kɔ:nstɑ:tʃ] *n* (*AM*) Maismehl *s*

cornucopia [kɔ:njʊ'kəʊpɪə] *n* Füllhorn *s*

Cornwall ['kɔ:nwəl] *n* Cornwall *s*

corny ['kɔ:nɪ] *adj* ▷*joke* blöd; ▷*film* kitschig

corollary ['kɒrɒlərɪ] *n* (*of action, of statement*) logische Folge *f*

coronary ['kɒrənərɪ] **I.** *adj* MED Koronar- **II.** *n* Herzinfarkt *m*

coronation [kɒrə'neɪʃən] *n* Krönung *f*

coroner ['kɒrənə*] *n Untersuchungsrichter und Leichenbeschauer*

coronet ['kɒrənet] *n* Krönchen *s*

corporal ['kɔ:pərəl] *adj* körperlich; **corporal punishment** *n* Prügelstrafe *f*

corporate ['kɔ:pərɪt] *adj* ▷*undertaking* gemeinsam, geschlossen; ▷*architecture* Geschäfts-; **corporation** [kɔ:pə'reɪʃən] *n* [1] *BRIT* Behörde *f,* Gemeinde *f* [2] COMM *BRIT* Handelsgesellschaft *f; AM* Gesellschaft *f* mit beschränkter Haftung

corporeal [kɔ:r'pɔ:rɪəl] *adj* körperlich

corps [kɔ:*] *n* <-> MIL Korps *s*

corpse [kɔ:ps] *n* Leiche *f*

corpulent ['kɔ:pjʊlənt] *adj* korpulent

Corpus Christi ['kɔ:pəs'krɪstɪ] *n* Fronleichnam [stag] *m*

corpuscle ['kɔ:pʌsl] *n* (*red or white blood cell*) Blutkörperchen *s*

corral [kə'rɑ:l] *n* Pferch *m,* Korral *m*

correct [kə'rekt] **I.** *adj* [1] ▷*spelling* richtig; ▷*time* genau [2] ▷*behaviour* korrekt **II.** *vt* korrigieren, berichtigen; **correction** [kə'rekʃən] *n* [1] ↑ *change* Korrektur *f,* Berichtigung *f* [2] (*activity*) Korrigieren *s,* Berichtigung *f;* **correction key** *n* Korrekturtaste *f;* **correction tape** *n* Korrekturband *s;* **correctly** *adv* richtig; ◇ **to behave** - sich korrekt/richtig verhalten

correlate ['kɒrɪleɪt] **I.** *vt* ← *scientist* aufeinander beziehen, in Beziehung setzen **II.** *vi* ← *two statements* sich entsprechen; ◇ **to - with s.th.** mit etw in Beziehung stehen; **correlation** [kɒrɪ'leɪʃən] *n* enger Zusammenhang *m*

correspond [kɒrɪ'spɒnd] *vi* [1] ↑ *be in agreement* übereinstimmen (*with* mit) [2] ↑ *be equivalent* sich entsprechen (*to dat*) [3] ↑ *exchange of letters* korrespondieren; **correspondence** *n* [1] (*of letters*) Briefwechsel *m* [2] (*letters*) Briefe *pl* [3] ↑ *conformity* Entsprechung *f;* **correspondence course** *n* Fernkurs *m;* **correspondent** *n* MEDIA Korrespondent(in *f*) *m;* **corresponding** *adj* dementsprechend, gemäß (*to dat*); **correspondingly** *adv* dementsprechend

corridor ['kɒrɪdɔ:*] *n* (*in building, of train*) Gang *m*

corroborate [kə'rɒbəreɪt] *vt* → *evidence* bestätigen; → *theory* bekräftigen, untermauern; **corroboration** [kərɒbə'reɪʃən] *n* Bestätigung *f*

corrode [kə'rəʊd] **I.** *vt* ← *acid* zerfressen **II.** *vi* ← *metal* rosten, korrodieren

corrosion [kə'rəʊʒən] *n* Korrosion *f;* **corrosive** [kə'rəʊsɪv] *adj* [1] ▷*substance* korrosiv [2] ▷*influence* zerstörend

corrugated ['kɒrəgeɪtɪd] *adj* gewellt; ◇ **- cardboard** Wellpappe *f;* ◇ **- iron** Wellblech *s*

corrupt [kə'rʌpt] **I.** *adj* korrupt **II.** *vt* [1] (*deprave and -*) verderben [2] ↑ *bribe* bestechen; **corruption** [kə'rʌpʃən] *n* [1] (*act*) Korruption *f* [2] (*condition*) Bestechlichkeit *f,* Verdorbenheit *f*

corset ['kɔ:sɪt] *n* Korsett *s*

cortège [kɔ:'teɪʒ] *n* (*funeral procession*) Leichenzug *m*

cortex ['kɔ:rteks] *n* <cortices> (MED *cerebral -*) Hirnrinde *f*

cortisone ['kɔ:tɪzəʊn] *n* Kortison *s*

cosh [kɒʃ] **I.** *n* Totschläger *m* **II.** *vt* über den Schädel hauen

cosine ['kəʊsaɪn] *n* Kosinus *m*

cosiness ['kəʊzɪnɪs] *n* Gemütlichkeit *f*

cosmetic [kɒz'metɪk] **I.** *n* ↑ *beauty product* Kosmetikum *s* **II.** *adj* [1] ↑ *enhancing* verschönernd [2] ↑ *superficial* kosmetisch

cosmic ['kɒzmɪk] *adj* kosmisch

cosmonaut ['kɒzmənɔ:t] *n* Kosmonaut(in *f*) *m*

cosmopolitan [kɒzmə'pɒlɪtən] *adj* ▷*city* Welt-, kosmopolitisch; ▷*outlook* weltoffen

cosmos ['kɒzmɒs] *n* Weltall *s,* Kosmos *m*

cosset ['kɒsət] *vt* verwöhnen

cost [kɒst] <cost, cost> **I.** *vt* [1] (*price*) kosten [2] (*calculate a price for*) durchkalkulieren [3] (*loss*) kosten; ◇ **that'll** -! das wird teuer!; ◇ **to - s.o. s.th.** jd-n etw kosten **II.** *n* [1] (COMM *of production*) Kosten *pl,* Aufwand *m;* ◇ **- of living** Lebenshaltungskosten *pl* [2] *FAM of war, FIG* Preis *m* [3] (*of a tin of beans*) Preis *m;* ◇ **at all -s** um jeden Preis

co-star ['kəʊstɑ:*] *n* e-r der Hauptdarsteller, e-e der Hauptdarstellerinnen

cost effective *adj* (*most advantageous at lowest price*) rentabel; **costing** *n* Kostenberechnung *f;* **costly** *adj* kostspielig, teuer; **cost price** *n* Selbstkostenpreis *m*

costume ['kɒstju:m] *n* (*specific dress*) Kostüm *s,* Kittel *m;* (*swimming* ~) Badeanzug *m;* (*national* ~) Tracht *f;* **costume jewellery** *n* Modeschmuck *m*

cosy, cozy (*AM*) ['kəʊzı] *adj* behaglich, gemütlich

cot [kɒt] *n* 1 *BRIT* Kinderbett *s* 2 *AM* Feldbett *s;* **cot death** *n* Krippentod *m,* plötzlicher Kindstod

cottage ['kɒtıdʒ] *n* Häuschen *s* [auf dem Land]; **cottage cheese** *n* Hüttenkäse *m;* **cottage industry** *n* Heimindustrie *f*

cotton ['kɒtn] **I.** *n* 1 (*material*) Baumwolle *f* 2 (*fabric*) Baumwollstoff *m* 3 (*plant*) Baumwollpflanze *f* **II.** *adj* (*dress etc.*) Baumwoll-; **cotton-picking** *adj AM FAM!* verflucht; ◇ **get your ~ hands off me!** nimm deine dreckigen Pfoten von mir!; **cotton wool** *n* Watte *f*

couch [kaʊtʃ] **I.** *n* Sofa *s;* (*convertible* ~, *studio* ~) Couch *f* **II.** *vt* ▷*reply, request, insult* formulieren

couchette [ku:'ʃet] *n* Liegewagen[-platz] *m*

cougar ['ku:gə*] *n* Puma *m*

cough [kɒf] **I.** *n* Husten *m* **II.** *vi* husten; **cough up** *vt* → *blood* husten, abhusten; *FAM* → *money* herausrücken; **cough drop** *n* Hustenbonbon *s*

could [kʊd] *pt of* **can**; **couldn't** = **could not**; **could've** = **could have**

council ['kaʊnsl] *n* (*of representatives*) Rat *m;* (*city* ~) Stadtrat *m,* Stadträtin *f;* **council estate** *n* Siedlung *f* des sozialen Wohnungsbaus; **council house** *n* Sozialwohnung *f;* **councillor** ['kaʊnsılə*] *n* Stadtrat *m,* Stadträtin *f*

counsel ['kaʊnsl] *n* 1 JUR Rechtsanwalt *m;* ◇ **defence ~** Verteidiger *m;* ◇ **prosecuting ~** Staatsanwalt *m* 2 ↑ *advice* Rat *m;* **counsellor, counselor** ['kaʊnsələ*] *n* 1 Berater(in *f*) *m* 2 *AM* Rechtsanwalt *m,* Rechtsanwältin *f*

count[1] [kaʊnt] **I.** *vt* 1 → *numbers, objects* zählen 2 → *cost, blessings* betrachten **II.** *vi* 1 ↑ *be important* zählen 2 ↑ *be valid* gelten **III.** *n* 1 (*of votes*) Zählung *f;* ◇ **out for the ~** ausgezählt werden 2 JUR Anklagepunkt *m*

count[2] *n* (*rank of nobility*) Graf *m*

count in *vt FAM* ↑ *include* einbeziehen; ◇ **~ me ~!** ich bin dabei!; **count on** *vt* zählen auf *acc,* sich verlassen auf *acc;* **count out** *vt* 1 → *banknotes* abzählen; ◇ **~ ~ a roll of tens** eine Rolle Zehner abzählen 2 → *boxer* auszählen; ◇ **~ s.o. ~** nicht mit jd-m rechnen 3 ↑ *exclude* ausschließen; ◇ **~ me ~!** ohne mich!; **count up** *vt* zusammenzählen; **countdown** *n* Countdown *m;* **counter** ['kaʊntə*] **I.** *n* 1 (*in shop*) Ladentisch *m;* (*in pub*) Theke *f;* (*in bank*) Schalter *m* 2 (*chip for gambling*) Spielmarke *f* **II.** *vt* entgegnen *dat* **III.** *adv* entgegen

counteract [kaʊntə'rækt] *vt* entgegenwirken *dat*

counter-attack *n* Gegenangriff *m*

counterbalance *vt* ausgleichen

counter-clockwise *adv* linksherum, entgegen dem Uhrzeigersinn

counterfeit ['kaʊntəfıt] **I.** *n* Fälschung *f* **II.** *vt* fälschen **III.** *adj* gefälscht, unecht

counterfoil ['kaʊntəfɔıl] *n* Kontrollabschnitt *m*

counterpart *n* ↑ *complementary object* Gegenstück *s;* ◇ **her French ~s are better paid** ihre Kollegen in Frankreich werden besser bezahlt

counter-productive *adj* → *argument* destruktiv

countersign *vt* → *cheque* gegenzeichnen

countersink *vt* (*drill hole*) versenken

counterweight *n* Gegengewicht *s*

countess ['kaʊntıs] *n* Gräfin *f*

countless ['kaʊntlıs] *adj* unzählig

country ['kʌntrı] *n* 1 ↑ *nation, state* Land *s* 2 (*town and* ~) Stadt und Land; ◇ **in the ~** auf dem Land; **country and western [music]** *n* Country- und Westernmusik *f;* **country house** *n* Landhaus *s;* **countryman** *n* <-men> 1 ↑ *compatriote* Landsmann *m* 2 ↑ *country dweller* Landmann *m;* **countryside** *n* (*natural surroundings*) Landschaft *f;* (*as area*) Land *s*

county ['kaʊntı] *n* ≈ Landkreis *m,* Verwaltungsbezirk *m; BRIT* Grafschaft *f;* **county town** *n* Kreisstadt *f*

coup [ku:] *n* Coup *m;* **coup d'état** [ku:deı'tɑ:] *n* Staatsstreich *m,* Putsch *m*

coupé [ku:'peı] *n* AUTO Coupé *s*

couple ['kʌpl] **I.** *n* 1 (*matching pair*) Paar *s;* ◇ **one of a ~** Einzelstück *s;* (*people*) Paar *s;* ◇ **a married ~** ein Ehepaar *s* 2 (*FAM two or more*) ◇ **a ~ of minutes** ein paar Minuten **II.** *vt* → *trains* zusammenkuppeln; → *ideas* verbinden; → *animals for mating* paaren

couplet ['kʌplıt] *n* Reimpaar *s*

coupling ['kʌplıŋ] *n* 1 (*of animals*) Paarung *f* 2 TECHNOL Kupplung *f*

coupon ['ku:pɒn] *n* 1 ↑ *voucher* Gutschein *m* 2 (*gaming ticket*) Teilnahmekarte *f*

courage ['kʌrıdʒ] *n* Mut *m;* ◇ **to have the ~ of one's convictions** zu seinen Ansichten stehen; **courageous** [kə'reıdʒəs] *adj* mutig

courgettes [kʊə'ʒets] *n pl* Zucchini *m pl*

courier ['kʊrıə*] *n* 1 (*for holiday company*) Reiseleiter(in *f*) *m* 2 ↑ *messenger* Kurier *m,* Eilbote *m*

course [kɔ:s] **I.** *n* 1 ↑ *channel, direction* (*of river*) Lauf *m;* ◇ **in the ~ of time** im Laufe der Zeit; ◇ **of ~** natürlich 2 NAUT ↑ *route* Kurs *m;* (*of action*) Vorgehen *s* 3 ↑ *track* Bahn *f,* Strecke *f;* ◇ **race ~** Rennbahn *f* 4 ↑ *unit* (*of study*) Studiengang *m;* (*of lectures*) Vortragsreihe *f;* (*of medical treatment*) Therapieverlauf *m* 5 (*of dinner*) Gang *m;* ◇ **in due ~** zu gegebener Zeit **II.** *vi* ↑ *flow rapidly* strömen

court [kɔ:t] **I.** *n* 1 (JUR *room*) Gerichtssaal *m* 2 (JUR *institution*) Gericht *s;* (*judges' bench*) Gerichtshof *m;* ◇ **to take s.o. to ~** jd-n verklagen 3 ↑ *royal residence* Hof *m* 4 (*tennis ~*) Tennisplatz *m* **II.** *vt* 1 → *attention* werben (um) 2 → *disaster* herausfordern

courteous ['kɜ:tɪəs] *adj* höflich

courtesan ['kɔ:rtɪsən] *n* Kurtisane *f*

courtesy ['kɜ:təsɪ] *n* Höflichkeit *f*

courthouse ['kɔ:thaʊs] *n* (*AM*) Gerichtsgebäude *s*

courtier ['kɔrtɪə*] *n* ↑ *nobleman* Höfling *m*

court-martial [kɔ:t'mɑ:ʃəl] **I.** *n* Kriegsgericht *s* **II.** *vt* vor ein Kriegsgericht stellen (*for* wegen); **courtroom** *n* Gerichtssaal *m;* **courtship** *n* (*of a traditional couple*) Umwerbung *f;* **courtyard** *n* Hof *m*

cousin ['kʌzn] *n* (*male*) Vetter *m,* Cousin *m;* (*female*) Kusine *f*

cove [kəʊv] *n* kleine Bucht *f*

coven ['kʌvn] *n* (*of witches*) Hexenzirkel *m*

covenant ['kʌvənənt] *n* 1 ↑ *solemn agreement* Schwur *m* 2 (JUR *of charity*) Verpflichtung *f* zu regelmäßiger Zahlung 3 REL Bund *m*

cover ['kʌvə*] **I.** *n* 1 (*of pot, jar, can*) Deckel *m;* (*of bed*) Decke *f;* (*of book, of magazine*) Umschlag *m;* ◇ **on the front ~** auf der Vorderseite 2 (*clouds*) Decke *f;* (*false identity*) Tarnung *f;* (*insurance ~*) Abdeckung *f* (*against* gegen); ◇ **under ~ of darkness** im Schutz der Dunkelheit; ◇ **take ~ from the rain!** stell' dich unter! **II.** *vt* 1 ↑ *lie over, spread over* bedecken; ◇ **his hands are ~ed with blood** seine Hände sind voller Blut; ◇ **snow ~s the land** Schnee bedeckt das Land 2 ↑ *protect, shield* decken; ◇ **to ~ one's eyes against the sun** die Augen vor der Sonne schützen; ◇ **~ my back!** halte mir den Rücken frei! 3 ↑ *be concerned with, include* ◇ **the lawyer ~ed every aspect of the case** der Anwalt behandelte jeden Aspekt des Falles 4 MEDIA ↑ *report on* ◇ **to ~ the famine** über die Hungersnot berichten 5 → *distance* zurücklegen; ◇ **to ~ 33 miles a day** täglich 33 Meilen zurücklegen; **cover up** → *crime* vertuschen; **coverage** ['kʌvrɪdʒ] *n* (*of story*) Berichterstattung *f;* **covering** *n* 1 (*of hole*) Abdeckung *f* 2 (*floor ~*) Belag *m;* **covering letter** *n* Begleitbrief *m;* **cover note** *n* (*insurance*) Deckungszusage *f*

covert ['kʌvət] *adj* ↑ *secret, undercover* verdeckt

cover-up *n* (*of crime*) Vertuschung *f*

covet ['kʌvɪt] *vt* begehren

cow [1] [kaʊ] *n* Kuh *f*

cow [2] *vt* ↑ *control with threats* einschüchtern; ◇ **she was ~ed into submission** sie wurde kleingehalten

coward ['kaʊəd] *n* Feigling *m;* **cowardice** ['kaʊədɪs] *n* Feigheit *f;* **cowardly** *adj* feige

cowboy ['kaʊbɔɪ] *n* Cowboy *m*

cower ['kaʊə*] *vi* kauern; (*movement*) sich ducken

co-worker ['kəʊ'wɜ:kə*] *n* Mitarbeiter(in *f*) *m*

cowshed ['kaʊʃed] *n* Kuhstall *m*

cox [kɒks], **coxswain** ['kɒksn] *n* Steuermann *m*

coy [kɔɪ] *adj* ▷ *girl* kokett

coyote [kɒɪ'əʊtɪ] *n* Kojote *m*

CPU *n abbr. of* PC **central processing unit** CPU *f,* Zentraleinheit *f*

crab [kræb] *n* 1 (*sea animal*) Krebs *m* 2 (*prepared food*) Krabbe *f* 3 SPORT Brücke *f*

crabapple *n* Holzapfel *m*

crack [kræk] **I.** *n* 1 (*narrow split, in glass*) Riß *m,* Sprung *m;* ◇ **at the ~ of dawn** in aller Frühe 2 (*explosive sound, of thunder*) Knall *m* 3 ↑ *blow* (*on the head*) Schlag *m; FAM* ◇ **to have a ~ at s.th.** sich an e-r Sache versuchen 4 (*FAM cocaine*) Crack *s* **II.** *vt* 1 (*glass*) springen 2 (*whip*) knallen 3 → *head* anschlagen 4 → *joke* reißen, machen 5 *FAM* → *problem* lösen **III.** *vi* ↑ *snap, clap* krachen, knallen **IV.** *adj FAM* erstklassig; (*troops*) Elite-; **crack down** *vi FIG* ← *authority* hart durchgreifen (*on* bei); **crackdown** *n* (*oppressive action*) hartes Durchgreifen *s;* **crack up** *vi* (*FIG* ← *person, under pressure*) zusammenbrechen

cracker ['krækə*] *n* 1 (*firework*) Knallkörper *m* 2 ↑ *water biscuit* Keks *m;* ◇ **Christmas ~** Weihnachtsplätzchen *s* 3 Knallbonbon *s*

crackle ['krækl] *vi* ← *fire* prasseln, knistern; **crackling** *n* 1 (*of fire*) Knistern *s* 2 (*of pork*) Kruste *f* [des Schweinebratens]

cradle ['kreɪdl] **I.** *n* (*of baby*) Wiege *f,* Gestell *s;* (*of window-cleaner*) Hängegerüst *s* **II.** *vt* → *baby* wiegen

craft [krɑ:ft] *n* 1 (*carpentry, plumbing*) Handwerk *s;* (*pottery, weaving*) Kunsthandwerk *s* 2 ↑ *skill* Kunst *f* 3 NAUT Schiff *s;* **craftsman** ['krɑ:ftsmən] *n* gelernter Handwerker; **crafts-**

manship *n* [1] (*quality*) handwerkliche Ausführung [2] (*ability*) handwerkliches Können
crafty *adj* schlau, gerissen, clever
crag [kræg] *n* Klippe *f;* **craggy** *adj* ▹*mountains* felsig, zerklüftet; ▹*facial features* kantig
cram [kræm] **I.** *vt* [1] (*cupboard, box, bag*) vollstopfen [2] (*people*) hineinquetschen (*in* in *acc*) **II.** *vi FAM* ↑ *study hard* pauken, büffeln
cramp [kræmp] **I.** *n* MED Krampf *m* **II.** *vt* → *style, freedom* einengen, hemmen; **cramped** [-d] *adj* ▹*living conditions* beengt
crampon ['kræmpən] *n* Steigeisen *s*
cranberry ['krænbərı] *n* Preiselbeere *f*
crane [kreın] **I.** *n* [1] TECHNOL Kran *m* [2] (FAUNA *bird*) Kranich *m* **II.** *vt* (*neck*) recken; **crane fly** *n* Schnake *f*
cranium ['kreınıəm] *n* MED Schädel *m*
crank [kræŋk] **I.** *n* [1] TECHNOL Kurbel *f* [2] (*FAM eccentric person*) Spinner(in *f*) *m* **II.** *vt* ankurbeln; **crankshaft** *n* Kurbelwelle *f*
cranky ['kræŋkı] *adj* ▹*person* verschroben, griesgrämig
cranny ['krænı] *n* Ritze *f;* ◇ **to look in every nook and** ~ in jedem Winkel nachschauen
crap [kræp] *n FAM!* Mist *m,* Scheiße *f;* **crappy** *adj FAM!* beschissen
craps [kræps] *n sg* (*AM*) Würfelspiel *s;* ◇ **to shoot** ~ Würfel spielen
crash [kræʃ] **I.** *n* [1] (*of gongs, of thunder*) Krachen *s* [2] AUTO Zusammenstoß *m;* AERO Flugzeugunglück *s* [3] PC Absturz *m* [4] FIN Zusammenbruch *m* **II.** *vi* [1] (AUTO *have accident*) verunglücken; AERO abstürzen [2] ↑ *fall noisily* ← *plates* krachen, knallen; **crash barrier** *n* Leitplanke *f;* **crash course** *n* Intensivkurs *m;* **crash helmet** *n* Sturzhelm *m;* **crash landing** *n* Bruchlandung *f*
crass [kræs] *adj* kraß
crate [kreıt] *n* Kiste *f;* ◇ **a** ~ **of milk** eine Kiste Milch
crater ['kreıtə*] *n* (*of volcano*) Krater *m*
cravat [krə'væt] *n* Halstuch *s*
crave [for] [kreıv] *vt* [1] → *attention* sich sehnen nach [2] → *mercy* erflehen; **craving** *n* Verlangen *s;* ◇ **to have a** ~ **for s.th.** ein Verlangen nach etw haben
crawl [krɔ:l] **I.** *vi* [1] ← *miner, soldier* kriechen; ← *baby, insect* krabbeln; ◇ **to** ~ **to authority** kriechen [2] (← *place, with people*) wimmeln (*with* von); ◇ **spiders make my skin** ~ von Spinnen bekomme ich eine Gänsehaut **II.** *n* [1] (*very slow progress*) Kriechen *s* [2] (*swimming style*) Kraulen *s*
crayon ['kreıən] *n* (*coloured pencil*) Buntstift *m*
craze [kreız] *n* ↑ *obsession* Fimmel *m;* (*short-lived fashion*) große Mode; **crazed** [-d] *adj* [1] ▹*behaviour* durchgedreht [2] ▹*surface* rissig;
crazy ['kreızı] *adj* ↑ *mad* verrückt; ◇ **to drive s.o.** ~ jd-n zum Wahnsinn treiben; ◇ **to go** ~ verrückt werden; ◇ **to be** ~ **about s.th./s.o.** verrückt nach etw/jd-m sein; **crazy paving** *n* Mosaikpflaster *s*
creak [kri:k] **I.** *n* (*of springs*) Quietschen *s* **II.** *vi* ← *stairs, hinge* quietschen, knarren
cream [kri:m] **I.** *n* [1] (*of milk*) Rahm *m,* Sahne *f* [2] (*of society*) Elite *f* [3] (*cosmetic* ~) Creme *f* **II.** *adj* (*colour*) cremefarben; **cream cake** *n* (*small*) Sahnetörtchen *s;* (*big*) Sahnetorte *f;* **cream cheese** *n* Doppelrahmfrischkäse *m*
creamery ['kri:mərı] *n* Molkerei *f*
creamy *adj* sahnig
crease [kri:s] **I.** *n* (*in trousers*) Falte *f;* (*in paper*) Kniff *m* **II.** *vt* [1] (*without intention, unintentionally*) eine Falte [*o.* einen Kniff] machen (in *acc*) [2] (*unintentionally*) zerknittern; ◇ **he -d his face in pain** er verzog vor Schmerz das Gesicht **III.** *vi* ← *silk* knittern
create [krı'eıt] *vt* [1] → *product* erschaffen [2] → *problems* verursachen; **creation** [krı'eıʃən] *n* [1] (*act*) Schaffung *f* [2] (*product*) Kreation *f* [3] (*God's* ~) die Schöpfung; **creative** *adj* kreativ; **creator** [krı'eıtə*] *n* Schöpfer(in *f*) *m*
creature ['kri:tʃə*] *n* [1] ↑ *living being* [Lebe-] Wesen *s,* Kreatur *f;* ◇ **we are all God's -s** wir sind alle Geschöpfe Gottes [2] (*unrefinded*) Kreatur *f* [3] (*FAM odd person*) Gestalt *f*
crèche [kreıʃ] *n* Krippe *f*
credentials [krı'denʃlz] *n pl* [1] ↑ *identity papers* Ausweispapiere *s pl* [2] (*proof of competence*) Referenzen *f pl*
credibility [kredı'bılıtı] *n* Glaubwürdigkeit *f;* **credible** ['kredıbl] *adj* [1] ▹*person* glaubwürdig [2] ▹*narrative* glaubhaft
credit ['kredıt] **I.** *n* [1] (*money one can owe*) Kredit *m;* ◇ **to buy on** ~ auf Kredit kaufen [2] ↑ *positive balance* Guthaben *s;* ◇ **debit and** ~ Soll und Haben [3] (FIN *financial reliability*) Kreditwürdigkeit *f,* Solvenz *f;* ◇ **his** ~ **is good** er ist kreditwürdig [4] (*[good] reputation*) Ansehen *s;* ◇ **the boy is a** ~ **to his family** der Junge macht seiner Familie Ehre **II.** *vt* [1] ↑ *believe* glauben [2] FIN gutschreiben; ◇ **to** ~ **one hundred marks to s.o.'s account** jd-s Konto hundert Mark gutschreiben [3] ↑ *attribute* zuschreiben; ◇ **to** ~ **him with good sense** ihm Gescheitheit zuschreiben; **creditable** *adj* lobenswert; **credit card** *n* Kreditkarte *f;* **creditor** ['kredıtə*] *n* Gläubiger (in *f*) *m;* **credit rating** *n* Kreditwürdigkeit *f;*

C

credits, credit titles *n pl* FILM MEDIA Vorspann *m*, Nachspann *m*
credulity [krɪ'dju:lɪtɪ] *n* Leichtgläubigkeit *f*
creed [kri:d] *n* Glaubensbekenntnis *s*
creek [kri:k] *n* 1 ↑ *inlet* kleine Bucht 2 *AM* Bach *m*
creep [kri:p] **I.** <crept, crept> *vi* **I.** *n* 1 ← *snail* kriechen, schleichen 2 ← *burglar* schleichen 3 ← *dog* kriechen **II.** *n* ◇ **that gives me the ~s** davon bekomme ich eine Gänsehaut; **creep in** *vi* (*come in unseen/unheard*) hereinschleichen; **creep up on** *vi* (*approach unseen/unheard*) sich anschleichen
creeper *n* FLORA Kletterpflanze *f*
creepy *adj* ↑ *spooky* unheimlich, gruselig
cremate [krɪ'meɪt] *vt* einäschern; **cremation** [krɪ'meɪʃən] *n* Einäscherung *f;* **crematorium** [kremə'tɔ:rɪəm] *n* Krematorium *s*
creole ['kri:əʊl] *n* LING Kreolisch *s*
crepe [kreɪp] *n* (*material*) Krepp *m;* **crepe bandage** *n* Elastikbinde *f*
crept [krept] *pt, pp of* **creep**
crescent ['kresnt] **I.** *n* 1 (*shape*) Halbmond *m* 2 (*of moon*) Mondsichel *f* 3 (REL *symbol of Islam*) Halbmond *m* 4 *street, BRIT* halbmondförmiger Straßenzug *m*, Weg *m* **II.** *adj* zunehmend; **crescent-shaped** *adj* sichelförmig, halbmondförmig
cress [kres] *n* Kresse *f*
crest [krest] **I.** *n* 1 (*of cock*) Kamm *m* 2 (*of wave*) Wellenkamm *m; FIG* ◇ **to ride the ~ of a wave** im Augenblick ganz oben schwimmen **II.** *vt* ↑ *hill* erklimmen; **crestfallen** *adj* niedergeschlagen
cretin ['kretɪn] *n FAM* Schwachkopf *m*, Kretin *m*
crevasse [krɪ'væs] *n* Gletscherspalte *f*
crevice ['krevɪs] *n* (*in rock*) Felsspalte *f*
crew [kru:] *n* (*of ship*) Besatzung *f;* (*building ~, television ~*) Mannschaft *f; FAM* Bande *f;* **crew-cut** *n* (*hairstyle*) Bürstenschnitt *m;* **crew-neck** *n* runder Halsausschnitt; ◇ **~ pullover** Pullover mit rundem Halsausschnitt
crib [krɪb] *n* 1 (*cradle crib*) Krippe *f* 2 SCH Spickzettel *m* 3 AGR Holzgerüst *s*
crick [krɪk] *n* (*cramp*) Krampf *m;* ◇ **to have a ~ in the neck** einen steifen Hals haben
cricket [1] ['krɪkɪt] *n* (*insect*) Grille *f*
cricket [2] *n* (*game*) Kricket *s;* ◇ **that isn't ~** das ist nicht fair; **cricketer** *n* Kricketspieler(in *f*) *m*
crime [kraɪm] *n* 1 (*specific illegal action*) Straftat *f*, Verbrechen *s* 2 (*illegal action in general*) Verbrechen *s* 3 ↑ *pity, shame* Schande *f*
criminal ['krɪmɪnl] **I.** *n* Verbrecher(in *f*) *m* **II.** *adj* 1 (*wrong*) unmoralisch 2 (*illegal*) strafbar; **criminal law** *n* JUR Strafrecht *s*
crimson ['krɪmzn] *adj* purpurrot
cringe [krɪndʒ] *vi* 1 ↑ *flinch* sich ducken, zurückzucken (*at* vor *dat*) 2 (*behave servilely*) katzbuckeln (*to* vor *dat*)
crinkle ['krɪŋkl] **I.** *vt* → *clothes* zerknittern **II.** *vi* ← *dry leaves* knittern **III.** *n* (*on face*) Fältchen *s;* **crinkly** *adj* ▷*hair* krauselig; ▷*wrapper* zerknittert
cripple ['krɪpl] **I.** *n* ↑ *disabled person* Krüppel *m* **II.** *vt* 1 (*chances of success*) lahmlegen 2 MED lähmen, verkrüppeln
crisis ['kraɪsɪs] *n* Krise *f*
crisp [krɪsp] **I.** *adj* ▷*apple* knackig; ▷*cracker* knusprig; ▷*manner* knapp; ▷*weather* frisch **II.** *n* (*BRIT*) Chip *m;* **crispbread** *n* Knäckebrot *s*
criss-cross ['krɪskrɒs] *adj* ▷*design* Kreuz-
criterion [kraɪ'tɪərɪən] *n* Kriterium *s*
critic ['krɪtɪk] *n* (*art ~*) Kritiker(in *f*) *m;* **critical** *adj* 1 ↑ *fault-finding* kritisch; ◇ **to be ~ of s.o.** jd-n kritisieren 2 ▷*illness* gefährlich 3 ▷*action, event* entscheidend; **critically** *adv* kritisch; **criticism** ['krɪtɪsɪzəm] *n* 1 (*value judgement*) Kritik *f*, Tadel *m* 2 (*literary ~*) Kritik *f;* **criticize** ['krɪtɪsaɪz] *vt* kritisieren
croak [krəʊk] **I.** *vi* 1 ← *person with sore throat* krächzen; ← *frog* quaken 2 *FAM!* sterben **II.** *n* Krächzen *s*, Quaken *s*
crochet ['krəʊʃeɪ] *n* (*sewing*) Häkeln *s*
crockery ['krɒkərɪ] *n* Geschirr *s*
crocodile ['krɒkədaɪl] *n* Krokodil *s*
crocus ['krəʊkəs] *n* Krokus *m*
croft [krɒft] *n* (*Scottish land*) kleines Pachtgut; (*cottage*) kleines, ärmliches Haus, Kate *f norddeutsch*
crony ['krəʊnɪ] *n* ↑ *pal* Kumpan *m; FAM* Spezi *m*
cronyism ['krəʊnɪɪzm] *n* Vetternwirtschaft *f*
crook [krʊk] *n* 1 (*FAM criminal*) Gauner(in *f*) *m* 2 (ANAT *of arm*) Beuge *f* 3 (*stick*) Hirtenstab *m*
crooked [-ɪd] *adj* krumm
croon [kru:n] *vt* (*slow, emotional song*) [Liebes-]Schnulze *f*
crooner *n* (*Frank Sinatra*) [Schnulzen-]Sänger (in *f*) *m*
crop [krɒp] **I.** *n* 1 (AGR *commercially grown fruit plant*) Feldfrucht *f* 2 ↑ *harvest* Ernte *f* **II.** *vt* → *hair* stutzen; → *grass* schneiden; **crop up** *vi* → *problem* auftauchen
croquet ['krəʊkeɪ] *n* (*game*) Krocket *s*
croquette [krə'ket] *n* GASTRON Krokette *f*
cross [krɒs] **I.** *n* 1 (*form*) Kreuz *s* 2 (*mark in*

text) Kreuz *s* [3] (REL *symbol of Christianity*) Kreuz *s* [4] BIOL Kreuzung *f* **II.** *vt* [1] → *street, desert, sea* überqueren [2] → *text* ankreuzen, markieren [3] BIOL kreuzen [4] → *legs* übereinander legen **III.** *vi* ← *paths* sich kreuzen **IV.** *vr* ◇ **to ~ o.s.** REL sich bekreuzigen **V.** *adj* ↑ *annoyed* verärgert, böse; ◇ **to be at ~ purposes** von verschiedenen Dingen reden; **cross out** *vt* → *lines of text* durchstreichen; **crossbar** *n* Querstange *f;* **crossbow** *n* (*weapon*) Armbrust *f;* **crossbreed** *n* BIOL Kreuzung *f;* **cross-check** *vt* → *calculations* die Probe machen; **crossed cheque** *n* Verrechnungsscheck *m;* **cross-country** *adj* Gelände- *m;* **cross-country skiing** *n* Langlauf *m;* **cross-examination** *n* Kreuzverhör *s;* **cross-examine** *vt* ins Kreuzverhör nehmen; **cross-eyed** *adj* ◇ **to be ~** schielen; **crossing** *n* [1] (*road intersection*) Straßenkreuzung *f* [2] (*sea ~*) Überfahrt *f* [3] (*pedestrian ~*) Übergang *m;* **cross-reference** *n* Verweis *m* (*to* auf *acc*); **crossroads** *n sg o pl* [1] Straßenkreuzung *f* [2] (*FIG of person's life*) Scheideweg *m;* **cross section** *n* Querschnitt *m;* **crosswalk** *n* (*AM*) Fußgängerüberweg *m;* **crosswind** *n* Seitenwind *m;* **crossword [puzzle]** *n* Kreuzworträtsel *s*

crotch [krɒtʃ] *n* ANAT Unterleib *m;* (*of trousers*) Schritt *m*

crotchet ['krɒtʃɪt] *n* MUS Viertelnote *f*

crotchety *adj* (*old man*) grillenhaft, mürrisch

crouch [kraʊtʃ] *vi* hocken

croûton ['kru:tɒn] *n* GASTRON Crouton *s*

crow [1] [krəʊ] *vi* [1] ← *cock* krähen [2] ← *boastful person* prahlen

crow [2] *n* (FAUNA *black bird*) Krähe *f;* ◇ **as the ~ flies** schnurgerade, [in der] Luftlinie

crowbar ['krəʊbɑ:*] *n* Stemmeisen *s*

crowd [kraʊd] **I.** *n* [1] (*mass of people*) Menschenmenge *f;* ◇ **form a ~** eine Menge bilden [2] (*set of people*) Clique *f* **II.** *vt* [1] → *streets* bevölkern [2] → *person* einengen, quetschen **III.** *vi* [sich] drängen; ↑ *squeeze* (*into small space*) sich zusammendrängen (*into* in *acc*); **crowded** [-ɪd] *adj* überfüllt

crown [kraʊn] **I.** *n* [1] (*of gold*) Krone *f;* (*of laurel*) Kranz *m* [2] (*of head*) Schädel *m;* (*of hill*) Kuppe *f* [3] ◇ **C~** ≈ Staat *m,* Fiskus *m* **II.** *vt* [1] (*king*) krönen; ◇ **to ~ s.o. king** jd-n zum König krönen [2] (*ultimate event*) krönen (*with* von); ◇ **and to ~ it all - the wheels fell off** zu allem Unglück lösten sich auch noch die Räder; **crown jewels** *n pl* Kronjuwelen *pl;* **crown prince** *n* Kronprinz *m;* **crown property** *n* fiskalisches Eigentum

crow's-nest ['krəʊznest] *n* NAUT Mastkorb *m*

crucial ['kru:ʃəl] *adj* entscheidend; **crucially** *adv* ausschlaggebend

crucible ['kru:sɪbl] *n* Schmelztiegel *m*

crucifix ['kru:sɪfɪks] *n* Kruzifix *s;* **crucifixion** [kru:sɪ'fɪkʃən] *n* Kreuzigung *f;* **crucify** ['kru:sɪfaɪ] *vt* (*execute on the cross*) kreuzigen

crude [kru:d] *adj* [1] ↑ *unprocessed* roh [2] ↑ *vulgar* ordinär; **crudely** *adv* [1] ↑ *roughly* grob [2] ↑ *simply* primitiv; **crudeness, crudity** *n* Grobheit *f*

cruel ['krʊəl] *adj* [1] ▷*pirate* grausam (*to* zu) [2] (*life*) hart; **cruelly** *adv* auf grausame Art; **cruelty** ['krʊəltɪ] *n* [1] (*of sadist*) Unbarmherzigkeit *f,* Grausamkeit *f* (*to* gegenüber) [2] (*to animals*) [Tier-]Quälerei *f*

cruet ['kru:ɪt] *n* Gewürzständer *m,* Menage *f*

cruise [kru:z] **I.** *n* (*sea ~*) Kreuzfahrt *f* **II.** *vi* [1] (*for pleasure*) eine Kreuzfahrt machen; ← *ships* sich kreuzen [2] (AUTO AERO *at steady speed*) mit gleichbleibender Geschwindigkeit fahren **III.** *vt* FAM → *streets* fahren (auf *dat*); **cruise missile** *n* MIL Marschflugkörper *m;* **cruiser** *n* MIL Kreuzer *m;* **cruising-speed** *n* Reisegeschwindigkeit *f*

crumb [krʌm] *n* [1] (*of bread*) Krume *f* [2] (*FIG of comfort*) Bröckchen *s*

crumble ['krʌmbl] **I.** *vt, vi* (*cake*) zerbröckeln **II.** *vi* ← *sandcastle* zerbröckeln; **crumbly** *adj* krümelig

crumpet ['krʌmpɪt] *n* (*flat thick yeast cake, usually toasted*) *kleiner, dicker Pfannkuchen*

crumple ['krʌmpl] *vt* zerknittern; **crumple zone** *n* AUTO Knautschzone *f*

crunch [krʌntʃ] **I.** *n* (*of gravel*) Knirschen *s;* ◇ **to come to the ~** zum entscheidenden Punkt [*o.* Knackpunkt] kommen **II.** *vt* (*apple*) mampfen **III.** *vi* ← *snow, gravel* knirschen; **crunchy** *adj* knusprig

crusade [kru:'seɪd] *n* (*HIST*) Kreuzzug *m; FIG* ↑ *struggle* ◇ **the ~ against the misuse of drugs** der Kampf gegen Drogenmißbrauch; ↑ *campaign* ◇ **the ~ for better treatment** der Kampf für eine bessere Behandlung; **crusader** *n* Kreuzritter *m*

crush [krʌʃ] **I.** *n* [1] (*of people*) Gedränge *s* [2] (*orange ~*) Orangenlimonade *f* [3] *FAM* ↑ *infatuation* Schwärmerei *f;* ◇ **she had a ~ on her teacher** sie schwärmte für ihren Lehrer **II.** *vt* → *fingers* zerquetschen; → *rebellion* unterdrücken, niederwerfen **III.** *vi* (*material*) knittern; **crushing** *adj* überwältigend

crust [krʌst] *n* [1] (*of bread*) Kruste *f* [2] ↑ *surface, layer* Schicht *f*

crutch [krʌtʃ] *n* ↑ *stick* Krücke *f;* ◇ **to walk on ~es** an Krücken gehen

C

crux [krʌks] *n* (*of argument*) Kern *m*
cry [kraɪ] **I.** *vi* ① ↑ *weep* ← *sad child* weinen ② ausrufen; (*in anger*) schreien ③ (*doves*) rufen **II.** *n* ① (*of birds*) Ruf *m* ② (*of tears*) Weinen *s* ③ (*public demand*) Ruf *m;* ◇ **the ~ for more pay** der Ruf nach besserer Bezahlung; **cry off** *vi* plötzlich absagen; **cry out** *vi* ① ↑ *yell* ausschreien; ◇ **... he cried out in anguish** ... schrie er in seiner Qual ② ↑ *demand* ◇ **~ ~ for [s.th.]** schreien nach [etw]; ◇ **the people are ~ing ~ for peace** die Menschen flehen um Frieden
crying *adj FIG* ↑ *outrageous* schreiend; ◇ **it's a ~ shame** es ist ein Jammer
crypt [krɪpt] *n* (*of church*) Krypta *f*
cryptic ['krɪptɪk] *adj* ▷*remark* rätselhaft
crystal ['krɪstl] *n* ① (*mineral*) Bergkristall *m* ② (*quality glass*) Kristall[-glas] *s* ③ (*salt ~, of mineral*) Kristall *m;* **crystal-clear** *adj* kristallklar; **crystallize I.** *vt* ① → *sugar* auskristallisieren ② *FIG* → *ideas* klären **II.** *vi* auskristallisieren
cub [kʌb] *n* (*young bear, young lion*) Junge(s) *s;* (*junior, young boy scout*) Wölfling *m*
Cuba ['kju:bə] *n* Kuba *s*
cubbyhole ['kʌbɪhəʊl] *n* ↑ *compartment* Fach *s*
cube [kju:b] *n* (*shape, 3 dimensional figure*) Würfel *m;* MATH Kubikzahl *f;* **cubic** ['kju:bɪk] *adj* (*measurement*) Kubik-; ◇ **~ capacity** (*of material etc.*) Fassungsvermögen *s;* (*of engine*) Hubraum *m*
cubicle ['kju:bɪkl] *n* (*changing ~*) Kabine *f*
cuckoo ['kʊku:] *n* Kuckuck *m;* **cuckoo clock** *n* Kuckucksuhr *f*
cucumber ['kju:kʌmbə*] *n* [Salat-]Gurke *f*
cud [kʌd] *n* (*of cow*) wiedergekäutes Futter; ◇ **to chew the ~** wiederkäuen; *FIG* sinnieren
cuddle ['kʌdl] **I.** *vi* schmusen **II.** *vt* schmusen mit; **cuddle up** *vi* sich kuscheln (*to* an *acc*); **cuddly** ['kʌdlɪ] *adj* ↑ *compliant, supple* anschmiegsam; ▷*teddy bear* knuddelig
cudgel ['kʌdʒəl] *n* Knüppel *m*
cue [kju:] *n* ① (THEAT *verbal ~*) Stichwort *s;* (*visual ~*) Wink *m; FIG* ◇ **right on ~** wie gerufen ② (SPORT *billiard ~*) Billardstock *m*
cuff [kʌf] **I.** *n* (*of shirt*) Manschette *f; FIG* ◇ **off the ~** aus dem Stegreif **II.** *vt* ↑ *smack* einen Klaps geben; **cufflink** *n* Manschettenknopf *m*
cuisine [kwɪ'zi:n] *n* Küche *f*
cul-de-sac ['kʌldəsæk] *n* (*BRIT*) Sackgasse *f*
culinary ['kʌlɪnərɪ] *adj* Koch-
cull [kʌl] **I.** *vt* ① → *seals* Robbenschlag betreiben ② → *ideas, information* sammeln (*from* aus *dat*) **II.** *n* (*seal ~*) Robbenschlag *m*
culminate ['kʌlmɪneɪt] *vi* ↑ *end with* enden (*in* mit); **culmination** [kʌlmɪ'neɪʃən] *n* (*of development, climax*) Höhepunkt *m;* ↑ *end* Ende *s*
culpable ['kʌlpəbl] *adj* ↑ *blameworthy* schuldhaft; JUR ◇ **~ homicide** fahrlässige Tötung
culprit ['kʌlprɪt] *n* ↑ *offender* Schuldige(r) *fm;* (*FIG cause of trouble*) Übeltäter(in *f*) *m*
cult [kʌlt] *n* Kult *m*
cultivate ['kʌltɪveɪt] *vt* ① AGR bebauen, kultivieren ② → *mind* bilden; **cultivated** [-ɪd] *adj* ① AGR bebaut ② ↑ *cultured* kultiviert; **cultivation** [kʌltɪ'veɪʃən] *n* ① AGR Bebauung *f* ② (*of person*) Bildung *f*
cultural ['kʌltʃərəl] *adj* kulturell, Kultur-; **culture** ['kʌltʃə*] *n* ① BIOL AGR Kultur *f* ② (*music, literature, art*) Kultur *f* ③ (*of society*) Kultur *f;* ◇ **Roman ~ was male orientated** die römische Kultur war männlich geprägt; **cultured** [-d] *adj* ① ▷*person* gebildet, kultiviert ② BIOL gezüchtet
cumbersome ['kʌmbəsəm] *adj* ① ▷*equipment* unhandlich ② ▷*task* beschwerlich, mühselig
cumulative ['kju:mjʊlətɪv] *adj* (*effect*) gehäuft; FIN ◇ **~ interest** Zins *m* und Zinseszins *m*
cunning ['kʌnɪŋ] **I.** *n* ↑ *cleverness* Gerissenheit *f* **II.** *adj* ▷*fox* schlau
cup [kʌp] **I.** *n* ① Tasse *f;* ◇ **a tea ~** (*object*) eine Teetasse; ◇ **a ~ of tea** (*contents*) eine Tasse Tee; *FAM* ◇ **that's not my ~ of tea** das ist nicht mein Fall ② (SPORT *prize*) Pokal *m* ③ (BIOL *of flower*) Kelch *m* **II.** *vt* (*hands*) hohl machen
cupboard ['kʌbəd] *n* Schrank *m*
cup final *n* SPORT Pokalendspiel *s*
cupid ['kju:pɪd] *n* ① (*decorative figure*) Amorette *f* ② (*C~*) Amor *m*
cupidity *n* Gier *f,* Begierde *f*
cupola ['kju:pələ] *n* ARCHIT Kuppel *f*
curable ['kjʊrəbəl] *adj* heilbar
curb [kɜ:b] **I.** *vt* → *extravagance* zügeln **II.** *n* (*tight control*) Beschränkung *f;* ◇ **to put a ~ on s.th.** etw im Zaum halten
cure [kjʊə*] **I.** *n* ① ↑ *medicine* Heilmittel *s* (*for* gegen) ② ↑ *treatment* Heilverfahren *s* (*for s.th.* gegen etw) ③ ↑ *recovery* Heilung *f* **II.** *vt* ① → *illness, person* heilen ② (→ *substance, with smoke*) räuchern; (*with salt*) pökeln; ◇ **salmon is left to ~** der Lachs wird zum Räuchern aufgehängt
curfew ['kɜ:fju:] *n* Ausgehverbot *s;* ◇ **to impose a ~ from sunset to sunrise** ein nächtliches Ausgehverbot verhängen
curiosity [kjʊərɪ'ɒsɪtɪ] *n* ① (*of cat*) Neugier *f;* (*of student*) Wißbegierde *f* ② (*object*) Kuriosität *f;* **curious** ['kjʊərɪəs] *adj* ① ↑ *inquisitive* neugierig; ◇ **she was ~ about his death** sie wollte etw

über seinen Tod in Erfahrung bringen ② ↑ *strange* seltsam, eigenartig; ◇ **she had ~ habits** sie hatte seltsame Angewohnheiten; **curiously** *adv* ◇ **~ enough, they were related** merkwürdigerweise waren sie miteinander verwandt

curl [kɜ:l] **I.** *n* (*of hair*) Locke *f;* (*of smoke*) Kringel *m* **II.** *vt* (*hair*) locken; ◇ **he ~ed the scarf round his neck** er wand sich den Schal um den Hals; **curl up I.** *vi* ← *smoke* Kringel bilden; ◇ **to ~ ~ in bed** sich ins Bett kuscheln; ◇ **pages ~ ~ at the corners** Seiten bekommen leicht Eselsohren **II.** *vt* (*lip*) spitzen

curler *n* Lockenwickler *m*

curlew ['kɜ:lju:] *n* Brachvogel *m*

curly ['kɜ:lɪ] *adj* lockig

currant ['kʌrənt] *n* ① (*dried grape*) Korinthe *f,* Rosine *f* ② (*red ~, black ~*) Johannisbeere *f*

currency ['kʌrənsɪ] *n* ① FIN Währung *f* ② (*of ideas*) Geläufigkeit *f*

current ['kʌrənt] **I.** *n* ① (*of water*) Strömung *f;* (*of air*) Strom *m;* (*of electricity*) Strom *m* ② (*FIG of public opinion*) Tendenz *f* **II.** *adj* ① (*of the present day*) aktuell ② ↑ *in general use* gängig; **current account** *n* Girokonto *s;* **current affairs** *n pl* Tagesthemen *s pl,* Nachrichten *f pl;* **currently** *adv* zur Zeit

curriculum [kə'rɪkjʊləm] *n* Lehrplan *m;* **curriculum vitae** [kə'rɪkjʊləm'vi:taɪ] *n* Lebenslauf *m*

curry ['kʌrɪ] *n* Curry *s o m;* **curry powder** *n* Curry[-pulver] *s*

curse [kɜ:s] **I.** *vi* (*use swearwords*) fluchen (*at* auf *acc*) **II.** *vt* ↑ *damn* verwünschen; ◇ **he was ~d with bad luck** er war vom Pech verfolgt **III.** *n* ① (*expression involving bad language*) Fluch *m* ② ↑ *plague* Fluch *m* ③ (*damnation of s.th./s.o.*) Verfluchung *f;* ◇ **to put a ~ on s.th./s.o.** etw verfluchen, etw mit e-m Fluch belegen

cursor ['kɜ:sə*] *n* PC Cursor *m,* Eingabemarkierung *f*

cursory ['kɜ:sərɪ] *adj* ▷*glance* flüchtig

curt [kɜ:t] *adj* schroff

curtail [kɜ:'teɪl] *vt* → *conference* abkürzen; → *freedom* einschränken

curtain ['kɜ:tn] **I.** *n* ① (*on window*) Vorhang *m* ② THEAT Vorhang *m;* ◇ **it's ~s for us now!** jetzt sind wir erledigt! **II.** *vt* → *bedroom* Vorhänge aufhängen; **curtain off** *vt* → *play area* abteilen

curtain-call *n* (THEAT *line-up of performers*) Vorhang *m*

curtsy ['kɜ:tsɪ] **I.** *n* Knicks *m* **II.** *vi* knicksen

curvature ['kɜ:vətʃə*] *n* (*degree of curve*) Krümmung *f*

curve [kɜ:v] **I.** *n* (*shape*) Bogen *m* **II.** *vi* ← *road* einen Bogen machen; **curved** [-d] *adj* ▷*arch* gewölbt

cushion ['kʊʃən] **I.** *n* (*for head*) Kissen *s* **II.** *vt* → *blow* dämpfen; ◇ **to be ~ed against reality** von der Wirklichkeit abgeschirmt sein

cushy ['kʊʃɪ] *adj FAM* ↑ *easy* leicht; ◇ **a ~ number** ein lockerer Job

custard ['kʌstəd] *n* ≈ Vanillesoße *f*

custodian [kʌs'təʊdɪən] *n* ↑ *[official] guardian* Wächter(in *f*) *m,* Wärter(in *f*) *m;* **custody** ['kʌstədɪ] *n* ① ↑ *guardianship* Aufsicht *f* (*of* über *acc*) ② (JUR *of child*) Vormundschaft *f;* ◇ **to be in police ~** inhaftiert sein

custom ['kʌstəm] *n* ① (*social convention*) Sitte *f,* Brauch *m* ② (*personal habit*) Angewohnheit *f* ③ COMM Kundschaft *f*

customary ['kʌstəmrɪ] *adj* üblich

customer ['kʌstəmə*] *n* Kunde *m,* Kundin *f*

customized ['kʌstəmaɪzd] *adj* ▷*car* individuell hergerichtet

custom-made *adj* speziell angefertigt

customs ['kʌstəmz] *n pl* (*taxes (duty), institution*) Zoll *m;* ◇ **C~ and Excise Department** britisches Zollamt; **customs clearance** *n* Zollabfertigung *f;* **customs officer** *n* Zollbeamte(r) *m,* Zollbeamtin *f*

cut [kʌt] <cut, cut> **I.** *vt* ① → *flesh, cake* schneiden; → *playing cards* abheben ② → *fingernails* schneiden; → *arms spending* reduzieren ③ FILM cutten, streichen, kürzen ④ → *price of s.th.* heruntersetzen, senken; ◇ **to ~ o.'s losses** Verluste abbrechen; ◇ **to ~ corners** das Verfahren abkürzen **II.** *vi* ← *saw, chisel, knife* schneiden **III.** *n* ① ↑ *incision* Schnitt *m;* (*wound*) Schnittwunde *f* ② (*of meat*) Stück *s* ③ (*in income*) Kürzung *f* ④ (*share in s.th.*) Anteil *m;* **cut across** *vt* ① → *field* abkürzen ② → *all age groups* betreffen; **cut back** *vt* ① ↑ *trim* → *tree, roses etc.* zurückschneiden, beschneiden ② → *bus services* verringern; ◇ **to ~ ~ on expenditure** kürzen; **cut down** *vt* ① → *trees* abholzen ② → *eating* reduzieren; **cut off** *vt* ① → *branch* abschneiden ② → *person* abschneiden, trennen; ◇ **to feel ~ ~ (from humanity)** sich von der Menschheit verlassen fühlen; **cut out I.** *vt* → *tumor* herausschneiden; ◇ **~ it ~!** hör auf damit! **II.** *vi* ← *engine* ausgehen; **cut up** *vt* → *meat* zerkleinern; ◇ **to be badly ~ ~** schwer getroffen sein

cut-and-dried *adj* ↑ *fixed, agreed upon* abgemacht, abgesprochen

cute [kju:t] *adj* ① ▷*baby* niedlich, reizend ② ↑ *clever* schlau, gerissen

cuticle ['kju:tɪkl] *n* (*on fingernail*) Nagelhaut *f*

cutlery ['kʌtlərɪ] *n* Besteck *s*

cutlet ['kʌtlɪt] *n* (*pork*) Kotelett *s;* (*veal*) Schnitzel *s*
cutout ['kʌtaʊt] *n* ELECTR Sicherungsautomat *m*
cut-price ['kʌtpraɪs] *adj* sehr billig, zu e-m Schleuderpreis
cutting ['kʌtɪŋ] **I.** *adj* ① ▷*wind* schneidend ② ▷*remark* verletzend, bissig **II.** *n* ① (*of newspaper*) Ausschnitt *m* ② FLORA Ableger *m*
CV *n abbr. of* **curriculum vitae**
cwt *abbr. of* **hundredweight** Ztr., Zentner *m*
cyanide ['saɪənaɪd] *n* Zyanid *s*
cybernetics [saɪbə'netɪks] *n sg* Kybernetik *f*
cyclamen ['sɪkləmən] *n* Alpenveilchen *s*
cycle ['saɪkl] **I.** *n* ① (*circular series*) Reihe *f*, Gang *m* ② (*of songs, of poems*) Zyklus *m* ③ ELECTR Periode *f* ④ ↑ *bicycle* Fahrrad *s* **II.** *vi* radfahren; **cycle path** *n* Radweg *m*
cyclic ['saɪklɪk], **cyclical** ['saɪklɪkl] *adj* zyklisch
cycling *n* Radfahren *s;* **cyclist** ['saɪklɪst] *n* Radfahrer(in *f*) *m*
cyclone ['saɪkləʊn] *n* Zyklon *m*
cygnet ['sɪgnɪt] *n* junger Schwan
cylinder ['sɪlɪndə*] *n* ① (*shape*) Zylinder *m* ② (*of engine*) Zylinder *m*, Walze *f;* **cylinder block** *n* AUTO Zylinderblock *m;* **cylinder capacity** *n* AUTO Hubraum *m;* **cylinder head** *n* AUTO Zylinderkopf *m;* **cylindrical** [sɪ'lɪndrɪkl] *adj* zylindrisch
cymbals ['sɪmbəlz] *n pl* MUS Becken *s*
cynic ['sɪnɪk] *n* Zyniker(in *f*) *m;* **cynical** *adj* zynisch; **cynicism** ['sɪnɪsɪzəm] *n* ① Zynismus *m* ② ↑ *cynical remark* zynische Bemerkung
cypress ['saɪprɪs] *n* Zypresse *f*
Cyprus ['saɪprəs] *n* Zypern *s*
cyst [sɪst] *n* Zyste *f;* **cystitis** *n* Blasenentzündung *f*
czar [zɑː*] *n* Zar *m;* **czarina** [zɑ'riːnə] *n* Zarin *f*
Czech [tʃek] **I.** *adj* tschechisch **II.** *n* Tscheche *m*, Tschechin *f;* **Czechoslovakia** [tʃekəslə'vækɪə] *n* HIST Tschechoslowakei *f;* **Czechoslovak[ian]** **I.** *adj* HIST tschechoslowakisch **II.** *n* HIST Tschechoslowake *m*, Tschechoslowakin *f*

D

D, d [diː] *n* (*letter*) D, d *s*
dab [dæb] **I.** *n* ① ↑ *light touch* Tupfen *s* ② (*of paint*) Tupfer *m;* (*of butter*) Klecks *m;* ◇ **a couple of ~s is not enough** mit ein paar Tupfern ist es nicht getan **II.** *vt* → *wound* betupfen; ◇ **to ~ a surface with a fine cloth** e-e Oberfläche mit e-m weichen Tuch abtupfen; **dab at** *vt* betupfen
dabble ['dæbl] *vi* ① ← *toes in water* plantschen ② *FIG* ◇ **to ~ in s.th.** sich nur am Rande mit etw befassen
dab hand *n* ↑ *professional* Profi *m* (*at* im)
dabs *n pl FAM* ↑ *fingerprints* Fingerabdrücke *m pl*
dachshund ['dækshʊnd] *n* Dackel *m*
dad [dæd], **daddy** ['dædɪ] *n FAM* Vater *m;* (*affectionately*) Papi *m*, Vati *m*
daddy-long-legs *n sg* ① *BRIT* Schnake *f* ② *AM* Weberknecht *m*
daffodil ['dæfədɪl] *n* Narzisse *f*
daft [dɑːft] *adj FAM* doof
dagger ['dægə*] *n* (*weapon*) Dolch *m*
dago ['deɪgəʊ] *n* <dagos> *PEJ FAM* Kanake *m*
dahlia ['deɪlɪə] *n* Dahlie *f*
daily ['deɪlɪ] **I.** *adv* ↑ *every day* täglich **II.** *adj* ① ▷*occurrence* täglich ② ▷*ritual* [tag-]täglich **III.** *n* ↑ *newspaper* Tageszeitung *f; FAM* ↑ *cleaner* Putzfrau *f*
dainty ['deɪntɪ] **I.** *adj* ▷*doll* zierlich; ▷*walk* anmutig **II.** *n* Leckerbissen *m*
dairy ['dɛərɪ] **I.** *n* ① (*where milk is processed*) Molkerei *f* ② ▷*shop* Milchgeschäft *s* **II.** *adj* ▷*produce, cattle* Milch-; **dairy butter** *n* Markenbutter *f*
daisy ['deɪzɪ] *n* Gänseblümchen *s*
dale [deɪl] *n* Tal *s;* ◇ **the Yorkshire Dales** die Yorkshire Dales
dally [dælɪ] *vi* ↑ *waste time* trödeln
dalmatian [dælmeɪʃən] *n* (*dog*) Dalmatiner *m*
dam [dæm] **I.** *n* Damm *m* **II.** *vt* aufstauen
damage ['dæmɪdʒ] **I.** *n* ↑ *harm* Schaden *m* (*to* an *dat*); ◇ **to do s.o. a lot of ~** jd-m großen Schaden zufügen **II.** *vt* schaden; → *health* schädigen *dat;* → *car* beschädigen; **damages** *n pl* JUR Schadensersatz *m*
damask ['dæməsk] *n* (*material*) Damast *m*
dame [deɪm] *n* ① *AM FAM!* Weib *s* ② *D- Rutherford, BRIT weiblicher Ehrentitel*
damn [dæm] **I.** *intj FAM* ↑ *hell* ◇ ~! verdammt [noch mal]! **II.** *vt* ① → *soul* verdammen ② → *defendant* verurteilen ③ ← *evidence* überführen **III.** *adj FAM* verdammt **IV.** *adv* ◇ **I know ~ well you've done nothing** ich weiß verdammt gut, daß du nichts gemacht hast; **damnation** [dæm'neɪʃn] *n* (*state*) Verdammnis *f;* **damned** [dæmd] *adj* ① *FAM* ▷*shame* verdammt ② *FAM* ◇ **well I'll be ~!** jetzt bin ich aber platt!; **damning** ['dæmɪŋ] *adj* ▷*evidence* belastend
damp [dæmp] **I.** *adj* feucht **II.** *n* Feuchtigkeit *f*

III. *vt* ① → *cloth* anfeuchten ② → *enthusiasm* dämpfen; **damp down** *vt* → *fire* ersticken; **damp course** *n* Isolierschicht *f;* **dampness** *n* Feuchtigkeit *f;* **damp-proof** *adj* feuchtigkeitsbeständig

damsel ['dæmzl] *n* Maid *f*

damson ['dæmzən] *n* Damaszenerpflaume *f*

dance [dɑːns] **I.** *n* ① (*act*) Tanzen *s* ② (*waltz, foxtrot*) Tanz *m* ③ (*social event*) Tanz *m* **II.** *vi* (*move*) tanzen; ◇ **to ~ to the music** zur Musik tanzen; **dance hall** *n* Tanzsaal *m;* **dancer** *n* Tänzer(in *f*) *m;* **dancing** *n* (*act*) Tanzen *s*

dandelion ['dændɪlaɪən] *n* Löwenzahn *m*

dandruff ['dændrəf] *n* Schuppen *f pl*

Dane [deɪn] *n* Däne *m,* Dänin *f*

danger ['deɪndʒə*] *n* ① (*out of ~*) Gefahr *f* ② ◇ **to be in ~ of doing s.th.** Gefahr laufen, etw zu tun ③ (*~ to health*) Gesundheitsrisiko *s;* ◇ **~!** Vorsicht!, Achtung!; **danger-list** *n* ◇ **to be on the ~** in Lebensgefahr schweben; **dangerous** ['deɪndʒərəs] *adj* ▷*drug* gefährlich; **dangerously** *adv* ▷*live* ~ gefährlich, riskant

dangle ['dæŋgl] **I.** *vi* ← *necklace* baumeln **II.** *vt* → *baby* baumeln lassen

Danish ['deɪnɪʃ] *adj* dänisch

dank [dæŋk] *adj* ▷*room* feucht

Danube ['dænjuːb] *n* Donau *f*

dapper ['dæpə*] *adj* ▷*man* gepflegt

dappled ['dæpld] *adj* ▷*horse* gefleckt, gescheckt

dare [dɛə*] **I.** <daren't (negative contraction)> *vt, vi* ① ◇ **to ~ [to] do s.th.** es wagen, etw zu tun; ◇ **don't you ~ tell me what to do!** wage es nicht, mir Vorschriften zu machen! ② ◇ **to ~ s.o. to do s.th.** jd-n zu etw herausfordern **II.** *n* (*challenge*) Mutprobe *f*

daresay ◇ **I ~ you're right** ↑ *suppose* da haben Sie wahrscheinlich recht

daring I. *adj* ↑ *brave* mutig; ▷*crime* dreist; ▷*cocktail dress* gewagt **II.** *n* (*adventurous bravery*) Tollkühnheit *f*

dark [dɑːk] **I.** *adj* ① ↑ *gloomy* ▷*winter afternoon* dunkel ② (*~ blue, ~ hair*) dunkel ③ (*~ thoughts*) düster ④ ◇ **to give s.o. a ~ look** jd-n böse ansehen **II.** *n* ① (*absence of light*) ◇ **to be afraid of the ~** Angst vor dem Dunkeln haben; ◇ **come home before ~!** komm' nach Hause, bevor es dunkel wird! ② *FIG* ◇ **to keep s.o. in the ~** jd-n im Unklaren lassen; **darken** ['dɑːkən] *vt, vi* → *stage* abdunkeln; ← *sky* verdunkeln; **dark horse** *n* (*secretive person*) tiefes Wasser; **darkness** *n* ① (*of night*) Dunkelheit *f,* Dunkel *s* ② *FIG* ↑ *gloominess* Finsternis *f;* **darkroom** *n* PHOTO Dunkelkammer *f*

darling ['dɑːlɪŋ] **I.** *n* (*term of affection*) Liebling *m* **II.** *adj* ◇ **what a ~ thing!** ach wie niedlich!

darn [dɑːn] *vt, vi* → *socks* stopfen

dart [dɑːt] **I.** *n* ① (*rapid movement*) Hervorschnellen *s* ② (*poisoned ~*) Pfeil *m* ③ (*fold in fabric*) Abnäher *m* **II.** *vi* ↑ *move rapidly* schnellen; ◇ **to ~ across the road** über die Straße huschen; **dartboard** *n* Dartscheibe *f;* **darts** *n sg* (*game*) Dartspiel *s*

dash [dæʃ] **I.** *n* ① (*short, fast run*) Spurt *m* ② (*of salt*) Prise *f* ③ (PRINT *punctuation mark*) Gedankenstrich *m* **II.** *vt* → *knee* anschlagen (*on, against* an *dat*) **III.** *vi* flitzen; **dash off I.** *vi* losflitzen, lospurten **II.** *vt* → *letter* schnell aufsetzen

dashboard *n* AUTO Instrumentenkonsole *f*

dashing *adj* ▷*young man* adrett, flott

data ['deɪtə] *n sg* Informationen *f pl,* Daten *pl;* **data bank** *n* Datenbank *f;* **database** *n* Datenbasis *f;* **data capture** *n* Datenerfassung *f;* **data carrier** *n* Datenträger *m;* **data preparation** *n* Datenvorbereitung *f;* **data processing** *n* Datenverarbeitung *f;* **data protection** *n* Datenschutz *m*

date [1] [deɪt] **I.** *n* ① (*on letter*) Datum *s* ② ↑ *appointment* Termin *m;* (*with girlfriend*) Verabredung *f,* Date *s* ③ ◇ **she's my steady ~** sie ist meine feste Freundin ④ (*day of the month*) Datum *s* **II.** *vt* ① → *letter* datieren ② → *girlfriend* ausgehen mit *dat* ③ → *archeological find* datieren

date [2] [deɪt] *n* (*fruit*) Dattel *f*

dated [-ɪd] *adj* ▷*behaviour, book* altmodisch; LING veraltend

date-line *n* GEO Datumsgrenze *f*

dative ['deɪtɪv] *n* (GRAM *to s.th.*) Dativ *m;* (*word/phrase in ~*) im Dativ, Dativ-

date of birth *n* Geburtsdatum *s*

daub [dɔːb] *vt* (*with grease*) einschmieren; ↑ *paint coarsely* einstreichen

daughter ['dɔːtə*] *n* Tochter *f;* **daughter-in-law** *n* <daughters-in-law> Schwiegertochter *f*

daunt [dɔːnt] *vt* ↑ *intimidate* verängstigen; **dauntless** *adj* ↑ *fearless* ▷*hero* mutig

davenport ['dævnpɔːt] *n* ① (*small writing desk*) Sekretär *m* ② *AM* ↑ *sofa* Sofa *s*

dawdle ['dɔːdl] *vi* ↑ *waste time* trödeln

dawn [dɔːn] **I.** *n* ① ↑ *daybreak* Morgengrauen *s,* Tagesanbruch *m* ② (*beginning of s.th.*) Beginn *m* **II.** *vi* ① ◇ **the day is ~ing** der Tag bricht an ② (*FIG begin to understand*) allmählich verstehen; ◇ **the meaning suddenly ~ed on me** allmählich verstand/begriff ich die Bedeutung

day [deɪ] *n* ① (*24 hours*) Tag *m* ② (*from dawn to*

dusk) Tag *m* [3] ◇ **to work a 9-hour** ~ e-n Neun-Stunden-Tag haben [4] ◇ **Christmas D~** [erster] Weihnachtsfeiertag [5] ◇ **he has had his** ~ seine Glanzzeiten sind vorbei [6] *FAM* ◇ **to call it a** ~ Feierabend machen; **daybreak** *n* (*first light*) Tagesanbruch *m;* **daydream I.** *n* [1] (*dream, while awake*) Tagtraum *m* [2] (*dreamlike thinking*) Träumen *s* **II.** *irr vi* ↑ *have ~s* träumen; **daylight** *n* [1] ↑ *sunlight* Tageslicht *s* [2] *FIG* ◇ **to see** ~ Land sehen; **daylight robbery** *n* ↑ *extortion* (*excessive charges etc.*) Wucher *m;* **day nursery** *n* [Kinder-]Hort *m;* **day release** *n Freistellung für berufl. Fortbildungsmaßnahme;* **day return** *adj* Tagesrückfahrkarte *f;* **daytime** *n* (*period of daylight*) ◇ **we work only at** ~ wir arbeiten nur am Tage; **day-to-day** *adj* ↑ *everyday* täglich

daze [deɪz] **I.** *vt* ↑ *bewilder* benommen machen **II.** *n* (*confused state*) Verwirrung *f*

dazzle ['dæzl] *vt* [1] (*with light*) blenden [2] ↑ *impress* stark beeindrucken, blenden

DC *n abbr. of* ELECTR **direct current,** Gleichstrom *m*

deacon ['di:kən] *n* REL Diakon *m;* **deaconess** ['di:kənes] *n* REL Diakonissin *f*

dead [ded] **I.** *adj* [1] ▷*tree* abgestorben, tot; ▷*body* tot; ◇ **the phone is** ~ die Leitung ist tot [2] ▷*language* tot; ◇ **the pub is absolutely** ~ *FAM* die Kneipe ist absolut tot [3] ↑ *complete, absolute* ▷*stop* völlig; ▷*silence* völlig, absolut; ▷*centre* genau [4] ◇ **I wouldn't be seen** ~ **with him** mit dem will ich nun wirklich nichts zu tun haben [5] ◇ **to be** ~ **from the neck up** gehirntot sein **II.** *adv* [1] ▷*tired* todmüde [2] ◇ **to stop** ~ plötzlich zum Stehen kommen **III.** *n* ◇ **in the** ~ **of night** mitten in der Nacht; ◇ **don't speak ill of the** ~**!** rede nicht schlecht über Tote!; **dead-beat** *adj* (*FAM totally exhausted*) total fertig; **deaden** ['dedn] *vt* [1] → *pain* nehmen, abtöten [2] ← *noise* abklingen; **dead end** *n* [1] ↑ *cul-de-sac* Sackgasse *f* [2] *FIG* ↑ *impasse* Sackgasse *f;* **deadline** *n* Termin *m;* **deadlock** *n* ◇ **the talks ended in** ~ die Gespräche führten zu keinem greifbaren Ergebnis; **deadly** *adj* [1] ▷*weapon* tödlich [2] *FIG* ▷*job* todlangweilig [3] *FIG* ▷*sense of humour* schwarz; **deadness** *n* (*of limbs*) Taubheit *f;* **deadpan** *adj* [1] (*straight faced*) unbewegt, regungslos [2] → *humour* trocken; **Dead Sea** *n* Totes Meer *s*; **dead weight** *n* TECHNOL Totgewicht *s*

deaf [def] *adj* taub; **deaf-aid** *n* ↑ *hearing aid* Hörgerät *s;* **deaf-and-dumb** *adj* ↑ *deaf-mute* taubstumm, Taubstummen-; **deafen** ['defn] *vt* ← *jet engines* die Ohren betäuben; **deafening** *adj* ▷*roar* ohrenbetäubend; **deaf-mute** *n* (*person who can neither hear nor speak*) Taubstumme(r) *fm;* **deafness** *n* Taubheit *f*

deal [1] [di:l] **I.** *n* [1] (*hand of cards*) Blatt *s* [2] (*business* ~) Geschäft *s* [3] ↑ *bargain* Handel *m* **II.** <dealt, dealt> *vt, vi* ↑ *distribute* verteilen; → *drugs* dealen; → *playing cards* austeilen; **deal in** *vi +prep obj* ◇ **to** ~ ~ **currency** im Geldgeschäft sein; **deal with** *vi +prep obj* [1] ◇ **the book ~s ~ economics** in dem Buch geht es um Wirtschaft [2] ◇ **to** ~ ~ **naughty children** mit ungezogenen Kindern fertig werden

deal [2] [di:l] *n* Menge *f;* ◇ **a great/good** ~ **of money** e-e Menge Geld; ◇ **to go to a** ~ **of trouble** einiges auf sich nehmen

deal [3] [di:l] *n* Kiefernholz *s*

dealer *n* [1] (*currency* ~) Händler(in *f*) *m;* (*drug* ~) Dealer(in *f*) *m* [2] (*at cards*) Geber(in *f*) *m;* **dealing** *n* [1] (*distribution*) Handel *m* [2] ↑ *relation* Umgang *m* [3] (*commercial ~s*) ↑ *relations* Beziehungen *f pl*

dealt [delt] *pt, pp of* **deal**

dean [di:n] *n* (*presiding official, of cathedral*) Dekan *m;* (*of university*) Dekan *m*

dear [dɪə*] **I.** *adj* [1] ▷*friend* lieb [2] ↑ *expensive* teuer [3] (*in letters*) ◇ **Dear Michael,** Lieber Michael!; ◇ **Dear Sir,** Sehr geehrter Herr! **II.** *n* ◇ **he's such a dear** er ist so ein lieber Kerl; ◇ **come along, dear!** komm' mit! **III.** *intj* ◇ ~ **me!, dear-oh-dear!** ach du meine Güte!; **dearly** *adv* [1] ◇ **to love s.o.** ~ jd-n sehr gerne haben [2] ◇ **to pay** ~ **for your mistakes** teuer für seine Fehler bezahlen

dearth [dɜ:θ] *n* (*of talent*) Mangel *m*

death [deθ] *n* [1] (*birth and* ~) Tod *m;* ◇ **to contemplate** ~ über den Tod nachdenken [2] (*of human being*) Tod *m;* ◇ **her** ~ **affected me** ihr Tod ging mir nahe [3] ↑ *fall* (*of communism*) Untergang *m,* Tod *m;* ◇ **to be in at the** ~ **of s.th.** das Ende e-r Sache miterleben [4] ◇ ~ **by drowning** Tod durch Ertrinken; ◇ ~ **by misadventure** Unfalltod *m;* ◇ **road ~s** Verkehrsopfer *s pl* [5] ◇ **to be sentenced to** ~ zum Tode verurteilt werden; ◇ **to drink o.s. to** ~ sich zu Tode trinken; *FIG* ◇ **to be frightened to** ~ sich zu Tode ängstigen [6] (*as entity*) ◇ ~ **rides a pale horse** (*figure of death*) der Tod kommt auf e-m Schimmel geritten; **deathblow** *n* (*also FIG fatal blow*) Todesstoß *m;* **death certificate** *n* Sterbeurkunde *f;* **death duties** *n pl* (*BRIT*) Erbschaftssteuern *pl;* **deathly** *adj* ◇ **a** ~ **silence** ein eisiges Schweigen; **death penalty** *n* Todesstrafe *f;* **death rate** *n* Sterbeziffer *f;* **death trap** *n* [1] (*danger spot*) Todesfalle *f* [2] (*old car*) Todesfalle *f*

débâcle [deɪ'bɑːkl] *n* ① (*total defeat*) Debakel *s* ② (*absurd failure*) Debakel *s*, Reinfall *m*
debase [dɪbeɪs] *vt* ① → *person* erniedrigen ② → *gold* verschlechtern
debatable [dɪ'beɪtəbl] *adj* ▷*claim* umstritten; **debate** [dɪ'beɪt] **I.** *n* ① (*parliamentary -*) Debatte *f* ② (*extensive discussion*) Herumdebattieren *s*, Hin und Her *s* **II.** *vt* ① (*formally*) debattieren ② ↑ *consider* hin und her überlegen
debauched [dɪ'bɔːtʃt] *adj* ▷*behaviour* ausschweifend, zügellos
debilitating [dɪbɪlɪteɪtɪŋ] *adj* ▷*disease* schwächend
debit ['debɪt] **I.** *n* (*negative balance*) Soll *s*, Schuld *f* **II.** *vt* → *account* belasten
debonair ['debənɛə*] *adj* ▷*young man* adrett
debrief [diː'briːf] *vt* ← *astronaut* Bericht erstatten
debris ['debriː] *n* (*fragmentary remains*) Trümmer *pl*
debt [det] *n* ① (FIN *owed sum*) Schuld *f;* ◇ **to be in -** verschuldet sein, Schulden haben ② *FIG* ◇ **I am in your -** ich stehe in Ihrer Schuld; **debtor** ['detə*] *n* (*s.o. owing money*) Schuldner(in *f*) *m*
debunk [diː'bʌŋk] *vt* (*expose*) den Nimbus nehmen, entlarven
decade ['dekeɪd] *n* Jahrzehnt *s*
decadence ['dekədəns] *n* ↑ *degeneracy* Dekadenz *f;* **decadent** ['dekədənt] *adj* ▷*music, society* dekadent
decaffeinated [diː'kæfɪneɪtɪd] *adj* entkoffeiniert, koffeinfrei
decant [dɪ'kænt] *vt* → *wine* umschütten; *formal* dekantieren; **decanter** *n* Karaffe *f*
decay [dɪ'keɪ] **I.** *n* ① (*of tooth*) Schlechtwerden *s* ② (*of building*) Verfall *m* **II.** *vt, vi* ← *sugar* schlecht werden lassen; ← *meat* verfaulen **III.** *vi* ← *civilizations* untergehen
deceased [dɪ'siːsd] **I.** *adj* ↑ *dead* verstorben **II.** *n* (*the -*) die Verstorbenen *pl*
deceit [dɪ'siːt] *n* (*act, words of -*) Täuschung *f;* **deceitful** [dɪ'siːtfl] *adj* ▷*person* falsch; **deceive** [dɪ'siːv] *vt* ① → *spouse* betrügen ② → *public* täuschen ③ ◇ **to - o.s. into thinking s.th.** sich etw einbilden
decelerate [diː'seləreɪt] **I.** *vi* ↑ *reduce speed* langsamer werden **II.** *vt* → *car* verlangsamen
December [dɪ'sembə*] *n* Dezember *m*
decency ['diːsənsɪ] *n* ① (*socially acceptable behaviour*) Anstand *m* ② ◇ **have the - to clean the toilet after you!** sei bitte so gut und mache hinterher die Toilette sauber!; **decent** ['diːsənt] *adj* ① ▷*person* anständig ② ▷*meal* anständig
decentralization [diːsentrəlaɪ'zeɪʃən] *n* (*of administration*) Dezentralisierung *f;* **decentralized** [diː'sentrəlaɪzd] *adj* ▷*authority* dezentralisiert
deception [dɪ'sepʃən] *n* ↑ *cheating* Täuschung *f;* JUR ◇ **criminal -** Betrug *m*
deceptive [dɪ'septɪv] *adj* ▷*appearance* täuschend; ◇ **appearances can be -** das Äußere kann auch täuschen
decibel ['desɪbel] *n* TECHNOL Dezibel *s*
decide [dɪ'saɪd] **I.** *vt, vi* beschließen, entscheiden; ◇ **to - that nobody should leave** entscheiden, daß niemand gehen soll; ◇ **to - which dress to wear** sich entscheiden, welches Kleid man anziehen soll; ◇ **to - on the matter** sich in der Sache entscheiden; ◇ **the court -d in my favour** das Gericht entschied zu meinen Gunsten **II.** *vt* ◇ **his service -d the match** sein Aufschlag entschied das Spiel; **decided** [-ɪd] *adj* ◇ **to be - about s.th.** zu etw entschlossen sein; **decidedly** *adv* ▷*odd* entschieden
deciduous [dɪ'sɪdjʊəs] *adj* ▷*tree* Laub-
decimal ['desɪməl] **I.** *adj* ▷*currency* Dezimal- **II.** *n* (*7.05*) Dezimalstelle *f;* **decimal point** *n* (*dot in 7.5*) Komma *s*
decimate ['desɪmeɪt] *vt* (*almost utterly destroy*) dezimieren
decipher [dɪ'saɪfə*] *vt* → *handwriting* entziffern
decision [dɪ'sɪʒən] *n* ① ↑ *ability to decide* Entscheidungsfähigkeit *f;* ◇ **a man of -** ein entschlußfreudiger Mann ② ↑ *choice* (*choice between alternatives*) Entscheidung *f;* ◇ **to reach a -** zu e-r Entscheidung gelangen; **decisive** [dɪ'saɪsɪv] *adj* ① ▷*victory* entscheidend ② ▷*person* entschlußfreudig
deck [dek] **I.** *n* ① NAUT Deck *s;* ◇ **to go on -** an Deck gehen ② *FAM* ◇ **to hit the -** sich hinschmeißen ③ ↑ *pack of cards* Stapel *m* **II.** *vt* ↑ *decorate* → *Christmas tree, grave* schmücken; **deck out** *vt sep* → *street for festive occasion* schmücken, dekorieren; **deckchair** *n* Liegestuhl *m;* **deckhand** *n* Deckgehilfe *m*
declaim [dɪ'kleɪm] *vt, vi* (*speak in rhetorical style*) deklamieren
declaration [deklə'reɪʃən] *n* ① (*of love*) Erklärung *f* ② (*customs -*) Erklärung *f*, Anmeldung *f;* **declare** [dɪ'klɛə*] *vt* ① ↑ *assert* erklären; ◇ **he -d that he was someone else** er gab an, ein anderer zu sein ② ↑ *state officially* erklären; ◇ **to - war** den Krieg erklären; ◇ **to - s.o. the winner of an election** jd-n zum Gewinner e-r Wahl ernennen ③ → *goods at customs* anmelden; ◇ **to have nothing to -** nichts anzumelden [*o.* zu verzollen] haben; **declared** [-d] *adj* ▷*intention* erklärt

declension [dɪ'klenʃn] *n* LING Deklination *f*
decline [dɪ'klaɪn] **I.** *n* ① (*of empire*) Verfall *m;* ◇ **religious conviction is on the ~** religiöse Überzeugung wird immer weniger; ◇ **industry in Eastern Germany is falling into ~** mit der Industrie in Ostdeutschland geht es bergab ② (*in prices*) Rückgang (*in* gen); ◇ **the birthrate in Europe is in ~** die Geburtenrate in Europa fällt **II.** *vt* ① → *offer* ablehnen; ◇ **to ~ to act** es ablehnen zu handeln ② GRAM deklinieren **III.** *vi* ① ← *health* abbauen, schlechter werden; ← *influence* sinken, geringer werden; ← *house prices* sinken, runtergehen ② ← *sun* sinken, untergehen ③ ← *slope* abfallen
declutch [diː'klʌtʃ] *vi* auskuppeln
decode [diː'kəʊd] *vt* dekodieren, dechiffrieren
décolleté [deɪ'kɒlteɪ] *adj* ▷*blouse* [tief] ausgeschnitten
decompose [diːkəm'pəʊz] *vi* ← *leaves* sich zersetzen; **decomposition** [diːkɒmpə'zɪʃən] *n* (*process*) Zersetzung *f,* Zerfall *m*
decontaminate [diːkən'tæmɪneɪt] *vt* → *ship* dekontaminieren
decor ['deɪkɔː*] *n* (*style of decoration/furnishing*) Innenausstattung *f*
decorate ['dekəreɪt] **I.** *vt, vi* ① → *room* tapezieren ② → *Christmas tree* schmücken **II.** *vt* → *s.o. for bravery* auszeichnen, dekorieren; **decoration** [dekə'reɪʃən] *n* ① (*act*) Dekoration *f,* Schmücken *s* ② (*object*) Schmuck *m,* Verzierung *f;* ◇ **interiour ~** Innenausstattung *f* ③ ↑ *medal* Auszeichnung *f,* Orden *m;* **decorative** ['dekərətɪv] *adj* ↑ *ornamental* dekorativ; **decorator** ['dekəreɪtə*] *n* (*tradesman*) Maler(in *f*) *m;* **decorous** ['dekərəs] *adj* ▷*behaviour* schicklich
decoy ['diːkɔɪ] *n* (*person*) Lockvogel *m;* (*thing*) Köder *m*
decrease [diː'kriːs] **I.** *n* ↑ *reduction* Abnahme *f,* Rückgang *m* **II.** *vt* → *stock* verkleinern; → *workforce* verringern; → *working hours* verringern **III.** *vi* ↑ *become less* (*in number*) abnehmen, weniger werden; (*in size*) kleiner werden; (*in quality*) abnehmen
decree [dɪ'kriː] *n* ↑ *official order* Anordnung *f,* Verfügung *f*
decrepit [dɪ'krepɪt] *adj* ▷*building* verfallen
decry [dɪ'kraɪ] *vt* (*express disapproval of*) schlechtmachen
dedicate ['dedɪkeɪt] **I.** *vt* ① → *church* weihen ② ◇ **this record is ~d to all lovers of soul music** diese Platte ist allen Soul-Liebhabern gewidmet ③ ◇ **the monument is ~d to Vietnam victims** dieses Denkmal ist Opfern des Vietnamkrieges gewidmet **II.** *vr* ◇ **~ o.s.** sich widmen; ◇ **he ~d himself to the fight against racism** er verschrieb sich dem Kampf gegen Rassismus; **dedicated** [-ɪd] *adj* ① ▷*worker* gewissenhaft; ▷*attitude* hingebungsvoll ② PC dediziert; **dedication** [dedɪ'keɪʃən] *n* ① (*care and commitment*) Hingabe *f* ② ◇ **to scribble a ~** schnell e-e Widmung verfassen
deduce [dɪ'djuːs] *vt* ↑ *infer* folgern; ↑ *conclude* schließen; ◇ **to ~ from observation that the world is round** aus Beobachtung schließen, daß die Erde rund ist
deduct [dɪ'dʌkt] *vt* → *expenditure* absetzen; ◇ **tax is ~ed from income** die Steuer wird vom Einkommen abgezogen; **deduction** [dɪ'dʌkʃən] *n* ① (*deducted sum*) Abzug *m* ② ↑ *inference* Folgerung *f*
deed [diːd] *n* ① ↑ *action* Handlung *f,* Tat *f* ② (JUR *official document of ownership*) [Eigentums-]Urkunde *f*
deem [diːm] *vt* ↑ *consider* für etw halten
deep [diːp] *adj* ① ▷*ocean* tief; ▷*wound* tief ② ◇ **to have a ~ sense of s.th.** etw tief empfinden; ◇ **to be in ~ trouble** in großen Schwierigkeiten stecken ③ (*with measurement*) tief; ◇ **the lake is 25 m ~** der See ist 25 m tief ④ (*~ blue, ~ green*) dunkel-, tief-; **deepen** ['diːpən] *vi* ① ← *seabed* tiefer werden ② ← *interest* zunehmen; **deep-freeze** *n* Kühltruhe *f;* (*upright*) Tiefkühlschrank *m;* **deeply** *adv* ▷*think* gründlich; ▷*sleep* tief; ▷*breathe* tief; ◇ **to be ~ grateful for s.th.** zutiefst dankbar sein für etw; ◇ **to be ~ in love with s.o.** jd-n innig lieben; **deep-seated** *adj* ▷*prejudice* tiefsitzend; **deep-set** *adj* ▷*eyes* tiefliegend
deer [dɪə*] *n* <deer> Hirsch *m;* (*roe ~*) Reh *s*
deface [dɪ'feɪs] *vt* (*with grafitti*) verunstalten
defamation [defə'meɪʃən] *n* Diffamierung *f;* ◇ **~ of character** Rufmord *m*
default [dɪ'fɔːlt] **I.** *n* ① JUR Nichteinhaltung *f;* ◇ **to win by ~** kampflos gewinnen ② PC Standardeinstellung *f* **II.** *vi* (*not to comply with court order*) nicht einhalten; ◇ **he ~ed on maintenance payments** er hat seine Unterhaltszahlungen nicht geleistet
defeat [dɪ'fiːt] **I.** *vt* ① → *enemy, opposing team* besiegen ② ◇ **the government was ~ed on a no-confidence vote** die Regierung stürzte über ein Mißtrauensvotum; ◇ **Bush was ~ed by Clinton** Bush unterlag Clinton ③ (*render s.th. meaningless*) ◇ **that ~s the purpose of the exercise** so verliert die Übung ihren Sinn ④ (*~ understanding of*) ◇ **her behaviour ~s me** ich kann ihr Benehmen einfach nicht verstehen **II.** *n* ① (*of opponent*) Sieg *m* (*of* über *acc*) ② ◇ **never admit ~!** gib nie e-e Niederlage zu!; **defeatist** *adj* Defätist *m*

defect [ˈdiːfekt] I. *n* ① (*mechanical* ~) Defekt *m*, Störung *f* ② (*personality* ~) Charakterfehler *m* II. [dɪˈfekt] *vi* abtrünnig werden; ◇ **to ~ to the enemy** zum Feind überlaufen; **defective** [dɪˈfektɪv] *adj* ▷*brakes* defekt

defence [dɪˈfens] *n* ① (*protective action*) Verteidigung *f* (*against* gegen *acc*) ② (*national military provision*) Verteidigung *f* ③ (*~s, dykes, city walls*) Verteidigungsanlage *f* ④ ↑ *justification* Rechtfertigung *f*; ◇ **her only ~ was …** ihre einzige Rechtfertigung war … ⑤ JUR ◇ **the case for the ~** die Argumentation der Verteidigung ⑥ (*~ lawyer*) Rechtsanwalt *m*, Rechtsanwältin *f* ⑦ (SPORT *strategic position*) Verteidigung *f*; **defence counsel** *n* Verteidiger(in *f*) *m*; **defenceless** *adj* ▷*child* schutzlos

defend [dɪˈfend] I. *vt, vi* ① → *position* verteidigen (*against* gegen) ② JUR verteidigen II. *vr* ◇ **~ o.s.** sich verteidigen/wehren; **defendant** *n* (*in criminal law*) Angeklagte(r) *fm*; (*in civil law*) Beklagte(r) *fm*; **defense** [dɪˈfens] *n* (*AM*) *s.* **defence; defender** *n* (*of sports title*) Titelverteidiger(in *f*) *m*; **defensive** [dɪˈfensɪv] *adj* ① ▷*position* Abwehr-, Verteidigungs- ② ◇ **to be ~ when asked s.th.** auf Fragen hin in die Defensive gehen

defer [dɪˈfɜː*] *vt* ① → *action* verschieben ② ◇ **to defer to s.o.** sich jd-m fügen; **deference** *n* ↑ *respect* Respekt *m*, Achtung *f*

defiant [dɪˈfaɪənt] *adj* aufsässig; ▷*child* trotzig

deficiency [dɪˈfɪʃənsɪ] *n* (*vitamin* ~) Mangel *m*; **deficient** *adj* unzulänglich; ◇ **he is ~ in intelligence** es fehlt ihm an Intelligenz

deficit [ˈdefɪsɪt] *n* FIN Defizit *s*

defile [dɪˈfaɪl] *vt* ① → *grave* schänden ② → *water* verschmutzen

define [dɪˈfaɪn] *vt* ① → *word* definieren ② → *issue* erklären ③ ↑ *delineate, draw* ← *light* betonen; → *object* abzeichnen

definite [ˈdefɪnɪt] *adj* ① ↑ *unambiguous* ▷*answer* eindeutig ② ↑ *explicit* ▷*plan* definitiv ③ ↑ *fixed* ▷*date* bestimmt, fest; **definitely** *adv* bestimmt

definition [defɪˈnɪʃən] *n* ① (*of word*) Definition *f* ② (*of responsibilities*) Festlegung *f* ③ PHOTO Bildschärfe *f*

definitive [dɪˈfɪnɪtɪv] *adj* ① ▷*reply* entschieden ② (*reference work*) maßgebend (*on* für)

deflate [diːˈfleɪt] *vt* → *balloon* die Luft ablassen aus; → *currency* e-e Deflation herbeiführen

deflect [dɪˈflekt] *vt* → *ball* abfälschen; → *criticism* von sich abprallen lassen

deformed [dɪˈfɔːmd] *adj* ▷*limb* verformt, deformiert; **deformity** *n* (*of limbs*) Verformung *f*

defraud [dɪˈfrɔːd] *vt* → *person, organisation* betrügen

defrost [diːˈfrɒst] *vt, vi* → *chicken* auftauen; → *fridge* abtauen

deft [deft] *adj* ▷*movement* geschickt, gelenkig

defuse [diːˈfʊːz] *vt* ① → *bomb* entschärfen ② → *situation* entschärfen

defy [dɪˈfaɪ] *vt* ① → *law* mißachten ② ◇ **I ~ you to say my work is bad** unterstehe dich, meine Arbeit als schlecht zu bezeichnen; ◇ **the state of the British economy defies description** der Zustand der britischen Wirtschaft spottet jeder Beschreibung

degenerate [dɪˈdʒenəreɪt] I. *vi* entarten, degenerieren; ◇ **to ~ into a street-corner drunk** zu e-m trunksüchtigen Gammler degenerieren II. [dɪˈdʒenərɪt] *adj* ← *behaviour* entartet

degrading [dɪˈgreɪdɪŋ] *adj* ▷*experience* erniedrigend

degree [dɪˈgriː] *n* ① (*BA, PhD*) Grad *m*; ◇ **to take one's ~** seinen [Universitäts-]Abschluß machen ② (*~s Celsius*) Grad *s* ③ ◇ **to improve by ~s** allmählich besser werden

dehydrate [diːhaɪˈdreɪt] *vi* MED ← *person* dehydrieren

de-ice [diːˈaɪs] *vt* enteisen

deign [deɪn] *vi* ◇ **he did not ~ to reply** er ließ sich nicht zu e-r Antwort herab

deity [ˈdiːɪtɪ] *n* (*Apollo, Jupiter etc.*) Gottheit *f*

dejected [dɪˈdʒektɪd] *adj* ▷*look* niedergeschlagen; **dejection** [dɪˈdʒekʃən] *n* Niedergeschlagenheit *f*

delay [dɪˈleɪ] I. *vt, vi* ↑ *hold back* aufschieben, hinauszögern; ◇ **to ~ going to the dentist** e-n Zahnarztbesuch hinausschieben; ◇ **I'm late for work so don't ~ me** ich komme zu spät zur Arbeit, darum halte mich nicht auf; ◇ **to ~ one's holidays until September** sich seinen Urlaub für September aufheben II. *n* (*flight* ~) Verspätung *f*; ◇ **without ~** unverzüglich

delectable [dɪˈlektəbl] *adj* ▷*food* köstlich

delegate [ˈdelɪgɪt] I. *n* POL ↑ *representative* Abgeordnete(r) *fm*, Delegierte(r) *fm* II. [ˈdelɪgeɪt] *vt* → *one's authority* delegieren; **delegation** [delɪˈgeɪʃən] *n* ① (*act*) Delegierung *f* ② (*group of repesentatives*) Delegation *f*

delete [dɪˈliːt] *vt* streichen; PC löschen

deli [ˈdelɪ] (*AM*) *n FAM* Feinkostladen *m*

deliberate [dɪˈlɪbərɪt] I. *adj* ① ▷*cruelty* vorsätzlich, absichtlich ② ▷*walk, movement* bedächtig II. [dɪˈlɪbəreɪt] *vi* ① nachdenken (*on/upon* über *acc*) ② (*with others*) [sich] beraten; **deliberately** *adv* ↑ *intentionally* absichtlich

delicacy [ˈdelɪkəsɪ] *n* ① ↑ *refinement* Zartheit *f*

[2] ↑ *weakness* Anfälligkeit *f* [3] (*choice food*) Delikatesse *f;* **delicate** ['delıkıt] *adj* [1] ▷*lace* fein [2] ▷*situation* heikel [3] ▷*bones* ▷*porcelain* zerbrechlich [4] ▷*health* anfällig [5] ▷*nurse* behutsam

delicatessen [delıkə'tesn] *n sg* Feinkostladen *m*

delicious [dı'lıʃəs] *adj* ▷*food* köstlich

delight [dı'laıt] **I.** *n* Freude *f* **II.** *vt, vi* erfreuen; ◇ **a gift that is certain to ~** ein Geschenk, das bestimmt viel Freude bereiten wird; **delight in** *vi +prep obj* ◇ **he ~s ~ shocking his guests** es macht ihm Spaß, seine Gäste zu erschrecken; **delighted** [-ıd] *adj* ▷*parents* erfreut, entzückt; ◇ **to be ~ to do s.th.** mit der größten Freude etw tun; ◇ **to be ~ at s.o.'s success** über jd-s Erfolg hocherfreut sein; **delightful** [dı'laıtfl] *adj* ▷*baby* entzückend

delinquency [dı'lıŋkwənsı] *n* (*juvenile* ~) Kriminalität *f;* **delinquent** [dı'lıŋkwənt] **I.** *n* (*young criminal*) Delinquent *m* **II.** *adj* ▷*behaviour* straffällig

delirious [dı'lırıəs] *adj* [1] (*with happiness*) überglücklich [2] (*when semi-conscious*) benommen

delirium [dı'lırıəm] *n* (~ *tremens*) Delirium *s*

deliver [dı'lıvə*] *vt* [1] → *parcel* [ab-]liefern [2] → *baby* zur Welt bringen [3] (*what is promised*) erfüllen [4] → *speech* halten; **deliverance** *n* ↑ *saving* Erlösung *f* (*from* von); **delivery** [dı'lıvərı] *n* [1] (*parcel* ~) Lieferung *f* [2] (*of speech*) Vortragsweise *f;* **delivery van** *n* Lieferwagen *m*

delouse [di:'laʊs] *vt* entlausen

delta ['deltə] *n* ↑ *river* ~ [Mündungs-]Delta *s*

delude [dı'lu:d] *vr* ◇ **delude o.s.** ◇ **to ~ into thinking everything is all right** sich etw vormachen

deluge ['delju:dʒ] **I.** *n* [1] ↑ *heavy downpour* Guß *m,* Wolkenbruch *m* [2] (*of requests*) Flut *f* **II.** *vt* ◇ **to ~ s.o. with questions** jd-n mit Fragen überhäufen

delusion [dı'lu:ʒən] *n* (*false belief*) Irrglaube *m*

de luxe [dı'lʌks] *adj* Luxus-

delve [delv] *vi* [1] (*into one's pocket*) tief greifen (*into* in *acc*) [2] (*into the past*) sich vertiefen (*into* in *acc*), sich eingehend befassen (*into* mit)

demand [dı'mɑ:nd] **I.** *vt, vi* (*ask firmly*) verlangen; ◇ **'where's my dinner?' he ~ed** „wo bleibt mein Abendessen?" fragte er; ◇ **to ~ to be paid** seinen Lohn verlangen; ◇ **to ~ better working conditions** bessere Arbeitsbedingungen fordern **II.** *n* [1] (*of workforce, of terrorists etc.*) Forderung *f* [2] (*tax* ~) Steuerforderung *f;* ◇ **to pay on ~** auf Verlangen bezahlen [3] (*in marketplace*) Nachfrage *f;* ◇ **to be in ~** gefragt sein; **demanding** *adj* ▷*job* anspruchsvoll

demeaning [dı'mınıŋ] *adj* ▷*job* erniedrigend

demeanour [dı'mi:nə*] *n* ↑ *manner* Auftreten *s*

demented [dı'mentıd] *adj* wahnsinnig

demise [de'maız] *n* [1] (*of empire*) Ende *s* [2] (JUR *of s.o.*) Tod *m*

demo ['deməʊ] *n* <-s> *FAM* Demo *f*

democracy [dı'mɒkrəsı] *n* Demokratie *f;* **democrat** ['deməkræt] *n* Demokrat(in *f*) *m;* **democratic** [demə'krætık] *adj* ▷*government* demokratisch; **democratically** *adv* ▷*elected* demokratisch

demolish [dı'mɒlıʃ] *vt* [1] → *building* abreißen [2] → *argument* abschmettern; **demolition** [demə'lıʃən] *n* (*act*) Abriß *m*

demon ['di:mən] *n* (*evil* ~) Dämon *m*

demonstrate ['demənstreıt] **I.** *vt* [1] ◇ **to ~ that the earth revolves round the sun** beweisen, daß sich die Erde um die Sonne dreht [2] ◇ **to ~ how the computer functions** die Funktionsweise des Computers erklären; ◇ **to ~ the right way of doing s.th.** das richtige Vorgehen demonstrieren [*o.* vorführen] [3] ◇ **to ~ ones's intelligence** seine Intelligenz unter Beweis stellen **II.** *vi* (*against racism*) demonstrieren (*against* gegen, *for* acc); **demonstration** [demən'streıʃən] *n* [1] (*street* ~) Demonstration *f* [2] (*act of proving*) Beweis *m* [3] (*act of showing*) Demonstration *f,* Vorführung *f;* **demonstrative** [dı'mɒnstrətıv] *adj* ▷*person* demonstrativ; **demonstrator** ['demənstreıtə*] *n* POL Demonstrant(in *f*) *m*

demoralize [dı'mɒrəlaız] *vt* demoralisieren, entmutigen

demur [dı'mɜ:*] *n* ◇ **without ~** widerspruchslos

demure [dı'mjʊə*] *adj* ▷*young lady* spröde

den [den] *n* [1] (*lion's* ~) Höhle *f* [2] ◇ **~ of thieves** Räuberhöhle *f*

denial [dı'naıəl] *n* [1] (*of accusation*) Leugnen *s;* (*official* ~) Dementi *s* [2] (~ *of justice*) Verweigerung *f*

denigrate ['denıgreıt] *vt* → *s.o.'s work* verunglimpfen, schlechtmachen

denim ['denım] *adj* Jeans-; **denims** *n pl* Jeans *f pl*

Denmark ['denmɑ:k] *n* Dänemark *s*

denomination [dınɒmı'neıʃən] *n* [1] REL Konfession *f* [2] FIN Nennbetrag *m;* **denominator** [dı'nɒmıneıtə*] *n* ◇ **common ~** gemeinsamer Nenner

denote [dı'nəʊt] *vt* bezeichnen

denounce [dı'naʊns] *vt* ↑ *condemn* denunzieren

dense [dens] *adj* [1] ▷*undergrowth* dicht [2] *FAM* ↑ *stupid* blöd

densely *adv* ▷*wooded* dicht; **density** *n* ① (*population* ~) Dichte *f* ② PHYS Dichte *f*, spezifisches Gewicht ③ ◇ **single/double ~ disk** COMM Diskette *f* mit einfacher/doppelter Schreibdichte

dent [dent] **I.** *n* ① (*in metal*) Delle *f*, Beule *f* ② (*in savings*) Loch *s* **II.** *vt* ① → *car* eindellen *f* ② → *s.o.'s confidence* anschlagen

dental ['dentl] *adj* ▷*treatment* Zahn-, zahnärztlich; **dental floss** *n* Zahnseide *f*

dentist ['dentɪst] *n* Zahnarzt *m*, Zahnärztin *f*; **dentistry** ['dentɪstrɪ] *n* Zahnmedizin *f*

dentures ['dentʃəz] *n pl* [künstliches] Gebiß *s*, Zahnersatz *m*

denude [dɪ'nʊ:d] *vt* (*of trees*) entblößen (*of gen*)

denunciation [dɪnʌnsɪ'eɪʃn] *n* (*public exposal*) Anprangerung *f*

deny [dɪ'naɪ] *vt* → *accusation* abstreiten, ableugnen; ◇ **he denied that he ever said any such thing** er bestritt [*o.* stritt ab], so etw jemals gesagt zu haben

deodorant [di:'əʊdərənt] *n* ↑ ~ *spray* Deo *s*

depart [dɪ'pɑ:t] *vi* ① ↑ *go away* weggehen; ↑ *leave* ← *train, bus etc.* abfahren ② ↑ *turn away* (*from theme*) abweichen; **department** *n* ① (*toy* ~) Abteilung *f* ② (*English D*~) Seminar *s* ③ (*casualty* ~) Station *f*; **departmental** [di:pɑ:t'mentl] *adj* ▷*reorganization* Abteilungs-; **department store** *n* Kaufhaus *s*

departure [dɪ'pɑ:tʃə*] *n* ① (~ *and arrival*) Abfahrt *f* ② ◇ **new ~** neue Richtung; **departure gate** *n* Gate *s*, Flugsteig *m*; **departure lounge** *n* Wartehalle *f*

depend [dɪ'pend] *vi* ◇ **it ~s** es kommt darauf an; **depend on** *vt* ① ↑ *rely on* → *s.o./s.th.* sich auf jd-n/etw verlassen; → *family support* auf etw *acc* angewiesen sein ② ◇ **the result ~s ~ the weather** das Ergebnis hängt vom Wetter ab; ◇ **it ~s on whether it rains or not** es kommt darauf an, ob es regnet oder nicht; **dependable** *adj* ↑ *reliable* verläßlich; **dependence** *n* Abhängigkeit *f* (*on* von *dat*); **dependent I.** *n* (~ *relative*) Angehörige(r) *fm* **II.** *adj* abhängig (*on* von *dat*)

depict [dɪ'pɪkt] *vt* darstellen; (*in words*) beschreiben

deplorable [dɪ'plɔ:rəbl] *adj* beklagenswert

deplete [dɪ'pli:t] *vt* → *resources* erschöpfen; ↑ *lessen* verringern

deplore [dɪ'plɔ:*] *vt* ↑ *disapprove strongly of* mißbilligen; ◇ **his performance is to be ~d** seine Leistung ist bedauerlich

deploy [dɪ'plɔɪ] *vt* MIL einsetzen

deport [dɪ'pɔ:t] *vt* → *undesirable alien* abschieben; **deportation** [di:pɔ:'teɪʃən] *n* Deportation *f*

depose [dɪ'pəʊz] *vt* → *head of state* absetzen

deposit [dɪ'pɒzɪt] **I.** *vt* ① → *money at bank* deponieren ② → *papers with lawyer* hinterlegen ③ ↑ *pay in part* anzahlen ④ (*pay as security*) als Kaution hinterlegen ⑤ → *books on desk* ablegen **II.** *n* ① → *money paid into account* Guthaben *s*; ◇ **to have one thousand dollars on ~** ein Guthaben von ein Tausend Dollar haben ② (*part-payment on purchase*) Anzahlung *f* ③ (*landlord's guarantee*) Kaution *f* ④ (CHEM *in pipette*) Ablagerung *f*; (GEO *oil/mineral* ~) Lagerstätte *f*; **deposit account** *n* Sparkonto *s*; **depositor** [dɪ'pɒzɪtə*] *n* Einzahler(in *f*) *m*

depot ['depəʊ] *n* (*storage area*) Lager *s*, Depot *s*; *AM* ↑ *bus station* Omnibusbahnhof *m*; *AM* ↑ *railway station* Bahnhof *m*; (*service area for public vehicles*) Betriebshof *m*

depraved [dɪ'preɪvd] *adj* (*morally corrupt*) verkommen, verworfen, verderbt

depravity [dɪ'prævɪtɪ] *n* (*moral corruption*) Verkommenheit *f*, Verworfenheit *f*, Verderbtheit *f*

depreciate [dɪ'pri:ʃɪeɪt] *vi* an Wert verlieren; **depreciation** [dɪpri:ʃɪ'eɪʃən] *n* Wertminderung *f*

depress [dɪ'pres] *vt* ① → *market* bremsen ② (*make melancholic*) deprimieren; **depressed** [-d] *adj* ① ▷*person* niedergeschlagen, deprimiert ② ◇ ~ **area** Notstandsgebiet *s*; **depressing** *adj* deprimierend; **depression** [dɪ'preʃən] *n* ① PSYCH Depression *f* ② FIN Depression *f* ③ (*in surface*) Vertiefung *f* ④ METEO Tief[druckgebiet] *s*

deprivation [deprɪ'veɪʃən] *n* ① (*condition*) Entbehrung *f*, Mangel *m* ② (*of rights*) Beraubung *f*; **deprive** [dɪ'praɪv] *vt* berauben (*of gen*); **deprived** [-d] *adj* ① ▷*child* benachteiligt, unterprivilegiert ② ▷*area* strukturschwach

dept *abbr. of* **department** Abt.

depth [depθ] *n* ① (*of sea*) Tiefe *f*; ◇ **to dive to a ~ of 12 m** bis zu e-r Tiefe von 12 m hinabtauchen; ◇ **to be out of one's ~** (*in water*) nicht mehr stehen können; *FIG* nichts mehr verstehen, überfordert sein ② (*of shelf*) Tiefe *f*; ◇ **to have a ~ of 15 cm** 15 cm tief sein ③ (*of feeling*) Tiefe *f*; (*of understanding*) Tiefe *f*; ◇ **to deal with s.th. in ~** sich gründlich mit etw befassen ④ (*~s, deepest parts*) Tiefe *f*; ◇ **in the ~s of despair** in tiefster Verzweiflung; **depth charge** *n* MIL Wasserbombe *f*

deputation [depjʊ'teɪʃən] *n* (*group of representatives*) Delegation *f*

deputy ['depjʊtɪ] **I.** *adj* stellvertretend **II.** *n* (*assistant director etc.*) Stellvertreter(in *f*) *m*

derail [dɪ'reɪl] *vt* entgleisen lassen; ◇ **to be ~ed**

entgleisen; *FIG* ← *social policy* aus den Fugen geraten

deranged [dɪ'reɪndʒd] *adj* ▷*mind* gestört

derby ['dɑ:bɪ] *n* ① *AM* ↑ *bowler hat* Melone *f* ② (SPORT *horse racing*) Derby *s*

derelict ['derəlɪkt] *adj* (*old house*) verfallen

derision [dɪ'rɪʒən] *n* (*mocking laughter*) Hohn *m*, Spott *m*

derisory [dɪ'raɪsərɪ] *adj* ▷*offer* lächerlich

derivation [derɪ'veɪʃən] *n* (*of word*) Ableitung *f*; **derivative** [dɪ'rɪvətɪv] *adj* ▷*text* nachgeahmt; **derive** [dɪ'raɪv] **I.** *vt* ① → *idea* ableiten (*from* von) ② → *pleasure* gewinnen (*from* aus) **II.** *vi* ◇ **the word is -d from Gaelic** das Wort kommt aus dem Gälischen

dermatitis [dɜ:mə'taɪtɪs] *n* MED Dermatitis *f*

derogatory [dɪ'rɒgətərɪ] *adj* ▷*comment* abschätzig, abfällig

derrick ['derɪk] *n* ↑ *crane* Derrickkran *m*; (*on oil platform*) Bohrturm *m*

derv [dɜ:rv] *n* (*BRIT*) Diesel *m*

desalination [di:sælɪ'neɪʃən] *n* Entsalzung *f*

descend [dɪ'send] *vt, vi* ① ← *sun* untergehen; → *stairs* hinabführen ② ◇ **to - from the Normans** von den Normannen abstammen ③ *FAM* ◇ **the relatives -ed on us** die Verwandten kamen hereingeschneit

descendant *n* Nachkomme *m*

descent [dɪ'sent] *n* ① (*of mountain*) Abstieg *m* ② (*line of -*) Abstammungslinie *f*

describe [dɪs'kraɪb] *vt* schildern; ◇ **to - s.o. as a genius** jd-n als Genie beschreiben; ◇ **- in detail what happened** beschreiben Sie genau, was passiert ist; **description** [dɪ'skrɪpʃən] *n* ① (*of suspect*) Beschreibung *f*; ◇ **to give a -** e-e Beschreibung abgeben ② ◇ **people of every -** die verschiedensten Leute; **descriptive** [dɪ'skrɪptɪv] *adj* ▷*written passage* beschreibend

desecrate ['desɪkreɪt] *vt* → *cemetery* schänden, entweihen

desegregation [di:segrə'geɪʃən] *n* Desegregation *f*

desert I. ['dezət] *n* (*Sahara D- etc.*) Wüste *f* **II.** [dɪ'zɜ:t] *vt* ① ↑ *leave* → *shopping centre etc.* verlassen ② → *friend in need* im Stich lassen **III.** [dɪ'zɜ:t] *vt, vi* MIL desertieren; **deserter** *n* MIL Deserteur(in *f*) *m*; **desertion** [dɪ'zɜ:ʃən] *n* ① (*of spouse*) Verlassen *s* ② MIL Fahnenflucht *f*

desert island [dezət 'aɪlənd] *n* einsame Insel

deserve [dɪ'zɜ:v] *vt* → *reward* verdienen; ◇ **to - to have a rest** e-e Pause verdient haben; **deserving** *adj* ▷*charity* bedürftig; ▷*recognition* verdient; ◇ **he is - of love and attention** er hat Liebe und Zuwendung verdient

design [dɪ'zaɪn] **I.** *n* ① (*drawing, outline*) Entwurf *m* ② (*school of industrial -*) Design *s* ③ ↑ *motif* (*a floral -*) Muster *s* ④ ↑ *general layout* Auslegung *f*; ◇ **the - of the exhibition made it easy to ...** die Ausstellung war so ausgelegt, daß man leicht ... ⑤ ↑ *intention* ◇ **to hurt s.o. by -** jd-n absichtlich verletzen ⑥ (*scheme to acquire*) ◇ **to have -s on s.o.'s fortune** es auf jd-s Vermögen abgesehen haben; (*plan of seduction*) ◇ **to have -s on s.o.** es auf jd-n abgesehen haben **II.** *vt, vi* ① (*make plans and models of s.th.*) → *industrial complex* entwerfen; → *car* konstruieren ② ↑ *devise* → *work schedule* ausarbeiten ③ ◇ **-ed for ease of use** bedienungsfreundlich konstruiert

designate ['dezɪgneɪt] **I.** *vt* ① ↑ *determine* → *boundaries* festlegen ② ↑ *assign function* ◇ **I am designating you as deputy** hiermit ernenne ich sie zum Stellvertreter; ◇ **to be -d as a development area** als Neubaugebiet vorgesehen sein **II.** ['dezɪgnɪt] *adj* (*President -*) designiert; **designation** [dezɪg'neɪʃən] *n* ① (*act of appointing*) Ernennung *f* ② (*of name or function*) Bezeichnung *f*

designer [dɪ'zaɪnə*] *n* (*industrial -*) Konstrukteur(in *f*) *m*; (*e.g. Karl Lagerfeld*) Modeschöpfer *m*; (*interior -*) Innenarchitekt(in *f*) *m*

desirability [dɪzaɪərə'bɪlɪtɪ] *n* (*of course of action*) Wünschbarkeit *f*; **desirable** [dɪ'zaɪərəbl] *n* ▷*woman* begehrenswert; **desire** [dɪ'zaɪə*] **I.** *n* ① ↑ *longing* Verlangen *s* (*for* nach *dat*) ② (*sexual -*) Verlangen *s*; (*stronger*) Begierde *f* **II.** *vt* ① → *happiness* wünschen, verlangen nach ② ◇ **his work leaves a lot to be -d** seine Arbeit läßt viel zu wünschen übrig

desk [desk] *n* Schreibtisch *m*; **desktop calculator** *n* PC Tischrechner *m*; **desktop publishing** *n* Desktop Publishing *s*, DTP *s*

desolate ['desəlɪt] *adj* ▷*place* verwüstet; **desolation** [desə'leɪʃən] *n* (*sense of -*) Trostlosigkeit *f*

despair [dɪs'pɛə*] **I.** *n* Verzweiflung *f* **II.** *vi* die Hoffnung aufgeben (*of* auf *acc*)

despatch [dɪ'spætʃ] *s.* **dispatch**

desperate ['despərət] *adj* ① ▷*situation* verzweifelt, ausweglos ② ▷*appeal* verzweifelt ③ ▷*measure* verzweifelt ④ ▷*criminal* zum Äußersten entschlossen ⑤ ◇ **to be - for a drink** unbedingt etw zu trinken brauchen; ◇ **to be - to do s.th.** entschlossen sein, etw zu tun [*o.* etw dringend tun wollen]; **desperately** *adv* unbedingt, dringend; ◇ **he - wants to see you** er will dich unbedingt sehen; **desperation** [despə'reɪʃən] *n* (*of starving people*) Verzweiflung *f*, Hoffnungslosigkeit *f*; ◇ **to be driven to -** zur Verzweiflung getrieben werden

despicable [dɪ'spɪkəbl] *adj* ▷*gesture* verabscheuenswert
despise [dɪ'spaɪz] *vt* ↑ *hate* verachten
despite [dɪ'spaɪt] *prep* ↑ *in spite of* trotz *gen*
despondent [dɪ'spɒndənt] *adj* bedrückt, niedergeschlagen
dessert [dɪ'zɜːt] *n* Nachtisch *m;* **dessertspoon** *n* Dessertlöffel *m*
destination [destɪ'neɪʃən] *n* (*of person*) Reiseziel *s; FIG* Bestimmung *f;* (*of products*) Bestimmungsort *m*
destined ['destɪnd] *adj* 1 ◇ **to be ~ for stardom** dazu bestimmt sein, ein Star zu werden 2 ◇ **a ship ~ for Hong Kong** ein Schiff mit Ziel Hong Kong
destiny ['destɪnɪ] *n* 1 ↑ *fate* Schicksal *s* 2 (*D~, controlling force*) Vorsehung *f,* Schicksal *s*
destitute ['destɪtjuːt] *adj* ▷*immigrant* mittellos; **destitution** [destɪ'tjuːʃən] *n* Mittellosigkeit *f*
destroy [dɪ'strɔɪ] *vt* 1 ↑ *ruin* zerstören 2 ↑ *kill* töten; **destroyer** *n* 1 (*person*) Zerstörer *m* 2 (*battleship*) Zerstörer *m*
destruction [dɪ'strʌkʃən] *n* 1 (*of rainforest*) Zerstörung *f* 2 (*of hope*) Vernichtung *f;* **destructive** [dɪ'strʌktɪv] *adj* ▷*person* destruktiv; ▷*storm* zerstörerisch
desulphurization [diːsʌlfjʊraɪ'zeɪʃən] *n* Entschwefelung *f;* ◇ **~ plant** Entschwefelungsanlage *f*
desultory ['desəltrɪ] *adj* ▷*effort* halbherzig
detach [dɪ'tætʃ] *vt* ↑ *separate from* abtrennen, abnehmen; **detachable** *adj* ▷*roof-rack* abnehmbar; **detached** [-d] *adj* 1 ▷*attitude* distanziert 2 ▷*house* einzeln, Einzel-; **detachment** *n* 1 (*of observer*) Abstand *m* 2 MIL Sonderkommando *s*
detail ['diːteɪl, *AM* diː'teɪl] **I.** *n* 1 (*small point or fact or feature*) Detail *s,* Einzelheit *f;* ◇ **the painter's eye for ~ is phenomenal** der Maler hat e-n einmaligen Blick für das Detail; ◇ **their reports matched down to the last ~** ihre Berichte stimmten haargenau überein; ◇ **give me the main argument and not just stupid ~s!** kommen Sie zur Sache und lassen Sie das Drumherum weg! 2 ◇ **to report in ~** genau Bericht erstatten 3 ◇ **~s on application** Näheres auf Anfrage **II.** *vt* → *one's movements* ausführlich beschreiben; MIL ◇ **to ~ s.o. to ...** jd-n abkommandieren zu ...; **detailed** [-d] *adj* ▷*account* ausführlich, detailliert
detain [dɪ'teɪn] *vt* 1 ◇ **I won't ~ you any longer** ich werde Sie nicht länger aufhalten 2 ◇ **to ~ s.o. in custody** jd-n in Haft nehmen; **detainee** [dɪteɪ'niː] *n* ↑ *[political] prisoner* [politische(r)] Gefangene(r) *fm*

detect [dɪ'tekt] *vt* → *gas leak* entdecken; **detection** [dɪ'tekʃən] *n* 1 (*of missiles*) Entdeckung *f,* Aufspüren *s* 2 (*Sherlock Holmes' art*) Nachforschung *f*
detective *n* (*police ~*) Kriminalbeamter *m,* Kriminalbeamtin *f;* (*private ~*) Detektiv(in *f*) *m;* **detective story** *n FAM* Krimi[nalroman] *m*
detective inspector *n* Kriminalinspektor(in *f*) *m;* **detector** [dɪ'tektə*] *n* (TECHNOL *metal ~*) Spürgerät *s*
détente [deɪ'tɑːnt] *n* POL Entspannung *f*
detention [dɪ'tenʃən] *n* 1 (*punishment at school*) Nachsitzen *s;* ◇ **to be in ~** nachsitzen 2 (*political ~*) Haft *f;* ◇ **to be in ~ without trial** ohne Verfahren eingesperrt sein
deter [dɪ'tɜː*] *vt* ↑ *discourage* abhalten (*from* von *dat*)
detergent [dɪ'tɜːdʒənt] *n* Waschpulver *s,* Reinigungsmittel *s*
deteriorate [dɪ'tɪərɪəreɪt] *vi* ← *health, economic situation* sich verschlechtern; **deterioration** [dɪtɪərɪə'reɪʃən] *n* 1 (*in relations between countries*) Verschlechterung *f* 2 (*of condition*) Verschleiß *m*
determination [dɪtɜːmɪ'neɪʃən] *n* 1 (*of Olympic athlete*) Entschlossenheit *f;* ◇ **the ~ to win** Siegessicherheit *f* 2 (*of meaning*) Festlegung *f;* **determine** [dɪ'tɜːmɪn] *vt* 1 → *reasons* ermitteln 2 (*be decisive factor*) bestimmen; ◇ **one event can ~ one's whole life** ein einziges Ereignis kann über das ganze Leben entscheiden 3 ↑ *decide* beschließen
determined [-d] *adj* ▷*person, attitude* entschlossen; ◇ **to be ~ in a work** entschlossen an e-e Arbeit gehen; ◇ **to be ~ to win** siegessicher sein
determiner *n* (LING *a, all, every, this, some etc., words before nouns that focus meaning*) Bestimmungswort *s*
deterrent [dɪ'terənt] **I.** *n* (*death penalty*) Abschreckungsmittel *s;* ◇ **a severe punishment might be a ~ to others** e-e harte Strafe wird andere vielleicht abschrecken **II.** *adj* (*measure*) abschreckend, Abschreckungs-
detest [dɪ'test] *vt* → *washing-up* verabscheuen; **detestable** *adj* ▷*child* unausstehlich
detonate ['detəneɪt] *vt* ← *bomb* detonieren; **detonator** ['detəneɪtə*] *n* (*activating device*) Zünder *m*
detour ['diːtʊə*] *n* 1 (*traffic ~*) Umleitung *f* 2 ◇ **to make a ~ to see friends** e-n Umweg machen, um Freunde zu besuchen
detract [dɪ'trækt] *vi* ◇ **smoking ~s from his obvious merit** er ist zwar sehr qualifiziert, doch leider raucht er

D

detriment ['detrɪmənt] *n* Nachteil *m;* ◇ **to do s.th. to the ~ of one's health** etw zum Schaden seiner Gesundheit tun; ◇ **I know nothing to her ~** ich weiß nichts Nachteiliges über sie

detrimental [detrɪ'mentl] *adj* ▷*effect* nachteilig, schädlich; ◇ **smoking is ~ to your health** Rauchen schadet der Gesundheit

detritus [dɪ'traɪtəs] *n* ↑ *rubbish* Abfall *m,* Müll *m*

deuce [dju:s] *n* (SPORT *tennis*) Einstand *m*

devaluation [dɪvæljʊ'eɪʃən] *n* (*of currency*) Abwertung *f;* **devalue** [di:'vælju:] *vt* [1] → *currency* abwerten [2] *FIG* → *s.o.'s achievement* abwerten

devastate ['devəsteɪt] *vt* ← *hurricane* verwüsten; **devastated** [-ɪd] *adj* ◇ **to be ~ by the death of a friend** vom Tod e-s Freundes tief erschüttert sein; **devastating** *adj* ▷*news* vernichtend; **devastatingly** *adv* ▷*beautiful* überwältigend; ▷*witty* umwerfend

develop [dɪ'veləp] **I.** *vt, vi* [1] (*be transformed into*) [fort-]entwickeln; ◇ **dislike can ~ into hatred** aus e-r Abneigung kann Haß werden; ◇ **a foetus ~s very quickly** ein Fötus entwickelt sich sehr schnell; ◇ **to ~ the abilities of a child** ein Kind in seiner Entwicklung fördern [2] (*(cause s.th. to) become active or visible*) sich zeigen, sich entwickeln; ◇ **he ~ed all the signs of AIDS** bei ihm entwickelten sich alle Symptome e-r AIDS-Erkrankung; ◇ **a rift ~ed early in the negotiations** schon früh tat sich in den Verhandlungen e-e Kluft auf **II.** *vt* [1] (→ *land, commercially*) entwickeln [2] PHOTO → *film* entwickeln; **developer** *n* [1] (PHOTO *substance*) Entwickler *m* [2] (*of land*) Erschließungsfirma *f;* **developing** *adj* ▷*country* Entwicklungs-; **development** *n* [1] (*transformation to higher state, of foetus*) Entwicklung *f;* (*of idea*) [Weiter-]Entwicklung *f* [2] ↑ *latest event* ◇ **the latest ~s in the Gulf** die jüngsten Entwicklungen am Golf [3] (*latest model*) ↑ *updating* Weiterentwicklung *f* [4] (*land ~*) Nutzbarmachung *f;* **development area** *n* (*BRIT*) *strukturschwaches und daher besonders gefördertes Gebiet*

deviant ['di:vɪənt] **I.** *adj* *PEJ* ▷*social behaviour* abweichend **II.** *n* (*PEJ sexual ~*) von der Norm abweichender Mensch *m*

deviate ['di:vɪeɪt] *vi* ◇ **to ~ from s.th.** von etw abweichen; **deviation** [di:vɪ'eɪʃən] *n* (*[noticeable] difference*) Abweichung *f;* ◇ **~ from accepted norms** Abweichung von der allgemeinen Norm

device [dɪ'vaɪs] *n* [1] (*object designed for specific purpose*) Gerät *s,* Vorrichtung *f;* ◇ **a ~ for accelerating a computer** ein Zusatzgerät zur Beschleunigung e-s Computers [2] ↑ *ploy, scheme* Trick *m,* Manöver *s;* ◇ **a ~ to avoid parliamentary debate** ein Manöver zur Vermeidung e-r Parlamentsdebatte [3] (*stylistic ~*) Kunstgriff *m,* Kniff *m* [4] ◇ **to leave s.o. to his/her own ~s** jd-n sich selbst überlassen

devil ['devl] **I.** *n* [1] ↑ *the D-* ↑ *Satan* Teufel *m* [2] (*evil spirit*) Teufel *m;* ◇ **Beelzebub is the prince of ~s** Beelzebub ist der oberste Teufel [3] ◇ **that child is a little ~** dieses Kind ist ein kleiner Teufel [4] ◇ **those poor ~s!** diese armen Teufel!; ◇ **you lucky ~!** du Glückspilz! [5] ◇ **the ~ takes the hindmost** den Letzten beißen die Hunde; ◇ **to be caught between the ~ and the deep blue sea** sich in e-r Zwickmühle befinden; ◇ **to play the ~'s advocate** des Teufels Advokat spielen **II.** *vi* (*work as barrister's assistant*) als Anwaltsgehilfe/-gehilfin arbeiten **III.** *vt* (→ *meat, cover with highly spiced mixture*) scharf würzen; **devilish** ['devəlɪʃ] *adj* ▷*plan* teuflisch; **devilry** ['devlrɪ] *n* ↑ *mischief* Teufelei *f*

devious ['di:vɪəs] *adj* [1] ▷*route* umwegsam [2] ▷*plan* hinterhältig [3] ▷*person* hinterhältig, verschlagen

devise [dɪ'vaɪz] *vt* → *plan* sich ausdenken

devoid [dɪ'vɔɪd] *adj* bar *gen;* ◇ **~ of reason** bar jeder Vernunft

devolution [di:'vəlu:ʃən] *n* ↑ *decentralization* Dezentralisierung *f*

devote [dɪ'vəʊt] *vt* → *time* widmen (*to dat*); ◇ **Jane has ~ed her life to lexicography** Jane hat ihr Leben der Lexikographie verschrieben; **devoted** [-ɪd] *adj* ▷*father* treu, fürsorglich; ◇ **he is ~ to his daughter** er widmet sich ganz seiner Tochter; **devotee** [devəʊ'ti:] *n* ↑ *follower* (*e.g. of Zen*) Anhänger(in *f*) *m;* (*e.g. of Ernest Hemingway*) Verehrer(in *f*) *m;* **devotion** [dɪ'vəʊʃən] *n* [1] (*to one's husband/wife*) Ergebenheit *f* (*to* gegenüber *dat*) [2] (*to work*) Hingabe *f* (*to* an *acc*) [3] (REL *~s*) Andacht *f*

devour [dɪ'vaʊə*] *vt* [1] ← *lion* auffressen [2] → *hamburgers* verschlingen

devout [dɪ'vaʊt] *adj* ▷*person* fromm

dew [dju:] *n* Tau *m*

dewy ['djʊɪ] *adj* ▷*grass* taubedeckt

dexterity [deks'terɪtɪ] *n* (*manual ~*) Geschicklichkeit *f*

diabetes [daɪə'bi:tɪz] *n* Diabetes *m,* Zuckerkrankheit *f*

diabetic [daɪə'betɪk] **I.** *adj* ▷*food* Diabetiker- **II.** *n* Diabetiker(in *f*) *m*

diabolic [daɪəbɒlɪk] *adj* ▷*invention* diabolisch

diagnose ['daɪəgnəʊz] *vt* MED → *problem* diagnostizieren; ◇ **to ~ a tumour as malignant** e-n

Tumor als bösartig diagnostizieren; **diagnosis** [daɪəg'nəʊsɪs] *n* <diagnosises> ① (*act*) Diagnose *f*; ◇ **to make a ~** e-e Diagnose stellen; ◇ **the accurate ~ of hardware malfunction** die sichere Diagnose e-s Hardwarefehlers ② (*result of*) Befund *m*, Ergebnis *s*

diagonal [daɪ'ægənl] **I.** *adj* ▷*pattern* diagonal, schräg **II.** *n* (MATH *line between opposite corners*) ↑ *slanting line* Diagonale *f*

diagram ['daɪəgræm] *n* (*of machine*) Schaubild *s*, Diagramm *s*

dial ['daɪəl] **I.** *n* ① (*phone ~*) Wählscheibe *f* ② ↑ *clock-face* Zifferblatt *s* ③ ↑ *tuning ~* Einstellknopf *m*, Regler *m* **II.** *vt, vi* → *operator, phone number* wählen; **dial code** *n* (*AM*) Vorwahl [-nummer] *f*; **dial tone** *n* (*AM*) Wählton *m*

dialect ['daɪəlekt] *n* (*Scottish ~*) Dialekt *m*

dialling code *n* (*BRIT*) Vorwahl[-nummer] *f*; **dialling tone** *n* (*BRIT*) Wählton *m*

dialog ['daɪəlɒg] *n* PC Dialog *m*

dialogue ['daɪəlɒg] *n* Dialog *m*

dialysis [daɪ'æləsɪs] *n* MED Dialyse *f*

diameter [daɪ'æmɪtə*] *n* Durchmesser *m*; **diametrically** [daɪə'metrɪkəlɪ] *adv* ◇ **~ opposed [to]** genau/diametral entgegengesetzt *dat*

diamond ['daɪəmənd] *n* ① (*precious stone*) Diamant *m* ② (*~s, suit in cards*) Karo *s*

diaper ['daɪəpə*] *n AM* ↑ *nappy* Windel *f*

diaphragm ['daɪəfræm] *n* ① ANAT Zwerchfell *s* ② (*type of contraceptive*) Pessar *s*

diarrhoea [daɪə'ri:ə] *n* MED Durchfall *m*

diary ['daɪərɪ] *n* ① ↑ *journal* Tagebuch *s* ② ↑ *schedule, appointment ~* Terminkalender *m*

dice [daɪs] **I.** *n* <dice> Würfel *m*; *FAM* ◇ **no ~!** vergiß es! nichts zu machen! **II.** *vi* würfeln; ◇ **to ~ with death** mit dem Tod spielen **III.** *vt* GASTRON würfeln, in Würfel schneiden

dicey ['daɪsɪ] *adj FAM* kitzlig, riskant

dichotomy [dɪ'kɒtəmɪ] *n* Trennung *f*

dick [dɪk] *n* ① *FAM* ↑ *detective* Schnüffler *m* ② *FAM!* ↑ *penis* Schwanz

dictate I. ['dɪkteɪt] *n* ↑ *order* (*governing force*) Diktat *s* **II.** [dɪk'teɪt] *vt* ① → *letter to secretary* diktieren ② → *terms and conditions* diktieren, vorschreiben; **dictate to** *vi + prep obj* ↑ *order about* Vorschriften machen; ◇ **I refuse to be ~d ~ like that** so lasse ich nicht mit mir umspringen; **dictation** [dɪk'teɪʃən] *n* ① (*act*) Diktieren *s* ② (SCH *written exercise*) Diktat *s*; **dictator** [dɪk'teɪtə*] *n* POL Diktator *m*; **dictatorial** [dɪktə'tɔ:rɪəl] *adj* ▷*behaviour* diktatorisch; **dictatorship** [dɪk'teɪtəʃɪp] *n* Diktatur *f*

diction ['dɪkʃən] *n* (*word selection, manner of speaking*) Diktion *f*

dictionary ['dɪkʃənrɪ] *n* Wörterbuch *s*

did [dɪd] *pt of* **do**

diddle ['dɪdl] *vt FAM* ↑ *cheat* beschummeln; ◇ **he ~d me out of my change** er hat mich beim Rausgeben beschissen [*o.* über's Ohr gehauen]

didn't ['dɪdnt] = **did not**

die [daɪ] <died, died, (pres p) dying> *vi* ① (*stop living*) sterben; ◇ **he ~d of lung cancer** er starb an Lungenkrebs; ◇ **she ~d a natural death** sie starb e-s natürlichen Todes ② ◇ **the flowers are dying** die Blumen sind am Eingehen ③ (*cease functioning or existing*) ← *motor* ausgehen; ← *civilization* untergehen; ← *love* verschwinden ④ ↑ *want very much* ◇ **I am dying for a drink** ich brauche jetzt unbedingt etw zu trinken; **die away** *vi* ← *sound* leiser werden; **die down** *vi* ← *storm* nachlassen; **die out** *vi* ← *customs* aussterben

diesel ['di:zəl] *n* ① (*fuel*) Diesel; ↑ *derv* Dieselkraftstoff *m*, Dieselöl *s* ② (*car*) Diesel *m*; RAIL Diesellok *f*

diet ['daɪət] **I.** *n* ① (*whatever you eat and drink*) Kost *f*, Ernährung *f*; ◇ **exercise and ~ are important** Bewegung und Ernährung sind wichtig ② (*vegetarian ~, low-calorie ~*) Diät *f*; ◇ **to live on a ~ of milk and alcohol** sich von Milch und Alkohol ernähren; ◇ **you should go on a ~!** du solltest mal e-e Diät machen! **II.** *vi* (*restrict food intake*) Diät halten, e-e Diät machen

differ ['dɪfə*] *vi* ① ◇ **the products ~ in quality and price** die Produkte unterscheiden sich in der Qualität und im Preis; ◇ **to ~ from s.o. in political outlook** e-e andere politische Einstellung haben ② ◇ **to ~ with s.o.** verschiedener Meinung sein

difference ['dɪfrəns] *n* ① Unterschied *m* (*between* zwischen) ② ◇ **to make no ~** egal sein, keinen Unterschied machen; ◇ **to make all the ~** ausschlaggebend [*o.* entscheidend] sein ③ ◇ **we've had our ~s, but it's okay now** zwischen uns hat es kleinere Meinungsverschiedenheiten gegeben, aber jetzt geht es wieder; **different** ['dɪfrənt] *adj* ▷*country* anders, verschieden; ◇ **he is ~ from all the rest** er ist anders als die anderen; **differential** [dɪfə'renʃəl] *n* ① AUTO Differential[-getriebe] *s* ② (*wage ~s*) Einkommensunterschiede *m pl*; **differentiate** [dɪfə'renʃɪeɪt] *vt, vi* (*make difference*) differenzieren, unterscheiden; (*perceive difference*) unterscheiden; **differentiation** [dɪfərenʃɪ'eɪʃn] *n* Differenzierung *f*; **differently** ['dɪfrəntlɪ] *adv* anders (*from* als); ◇ **to see things ~** die Dinge unterschiedlich sehen

difficult ['dɪfɪkəlt] *adj* ① ▷*work* schwierig, anstrengend ② ▷*person* schwierig; **difficulty** ['dɪfɪkəltɪ] *n* (*problem*) Schwierigkeit *f*; ◇ **to be in ~ with one's work** Schwierigkeiten bei seiner

Arbeit haben; ◇ **to have no - in understanding the story** die Geschichte ohne Schwierigkeit verstehen; ◇ **to do s.th. with** - sich mit etw schwertun, Schwierigkeiten haben, etw zu tun

diffident ['dɪfɪdənt] *adj* ▷*person* zurückhaltend

diffuse [dɪ'fju:s] **I.** *adj* ▷*population* weitverteilt; ▷*gas* diffus **II.** [dɪ'fju:z] *vt* → *light* ausbreiten **III.** *vi* ← *fluid* sich ausbreiten; **diffused** [-d] *adj* ▷*lighting* indirekt

dig [dɪg] <dug, dug> **I.** *vt, vi* ① → *hole* graben ② → *garden* umgraben **II.** *vt* ◇ **the cat dug its claws into her** die Katze krallte sich an sie **III.** *n* ① ↑ *knock* Stoß *m;* ◇ **he's falling asleep, give him a -!** er schläft gleich ein, stups ihn mal an! ② (*sarcastic comment*) Spitze *f,* Seitenhieb *m;* ◇ **to have a - at s.o.** jd-n kritisieren ③ ↑ *excavation* (*archaeological* -) Ausgrabungsstätte *f;* **dig in** *vi +prep obj* ① MIL eingraben ② *FAM* ↑ *tuck in* ◇ **to - - to the potato salad** sich den Kartoffelsalat reinhauen; ◇ **- -!** hau rein!; **dig out** *vt sep* ausgraben; **dig up** *vt sep* ① → *lawn* umgraben ② → *evidence* auftun, finden ③ → *road* aufreißen

digest [daɪ'dʒest] **I.** *vt also FIG* verdauen **II.** ['daɪdʒest] *n* ↑ *collection* (*of articles*) Digest *m o s (formal),* summarischer Auszug; **digestible** *adj* verdaulich; **digestion** [dɪ'dʒestʃən] *n* Verdauung *f*

digit ['dɪdʒɪt] *n* ① (*0-9*) Ziffer *f;* ◇ **a phone number with 8 -s** eine achtstellige Telefonnummer ② ▷*finger* Zeigefinger *m;* **digital** ['dɪdʒɪtəl] *adj* digital; ◇ **- display** Digitalanzeige *f;* ◇ **- watch/clock** Digitaluhr *f;* **digitization** [dɪdʒɪtaɪ'zeɪʃən] *n* Digitalisierung *f*

dignified ['dɪgnɪfaɪd] *adj* ▷*old lady* fein

dignitary ['dɪgnɪtərɪ] *n* (*foreign* -) Würdenträger (in *f*) *m*

dignity ['dɪgnɪtɪ] *n* (*of prisoner*) Würde *f;* (*of state opening of parliament*) Würde *f*

digress [daɪ'gres] *vi* ↑ *change subject* abschweifen

digs [dɪgz] *n pl BRIT FAM* ↑ *lodgings* Bude *f*

dilapidated [dɪ'læpɪdeɪtɪd] *adj* ▷*old car* ramponiert; ▷*clothes* schäbig

dilate [daɪ'leɪt] *vi* ← *eyes* sich weiten

dilatory ['dɪlətərɪ] *adj* ① ▷*behaviour* Hinhalte- ② ▷*reply* verspätet

dildo ['dɪldəʊ] *n* <dildos> Godemiché *m,* Dildo *m*

dilemma [daɪ'lemə] *n* (*choice between two possibilities*) Dilemma *s; FIG FAM* ◇ **to be on the horns of a -** in e-r Zwickmühle stecken

diligence ['dɪlɪdʒəns] *n* Fleiß *m;* **diligent** ['dɪlɪdʒənt] *adj* ▷*worker* fleißig

dill [dɪl] *n* Dill *m*

dilly-dally ['dɪlɪdælɪ] *vi* (*FAM at work*) trödeln

dilute [daɪ'lu:t] *vt* verdünnen

dim [dɪm] **I.** *adj* ① ▷*corridor* halbdunkel; ◇ **to take a - view of s.th.** nicht viel von etw halten ② ▷*memory* schwach ③ ▷*schoolboy* begriffsstutzig **II.** *vt* → *headlights* abblenden **III.** *vi* ← *eyesight* schwächer werden, nachlassen

dime [daɪm] *n* (*AM*) 10-Cent-Stück *s*

dimension [dɪ'menʃən] *n* ① (*measurement, of 5 metres*) Abmessung *f;* ◇ **what are the -s of the room?** wie sind die Abmessungen des Zimmers? ② ↑ *extent, importance* ◇ **a problem of enormous -s** ein Problem von ungeahnten Ausmaßen ③ ↑ *aspect, factor* ◇ **there's another - to this crisis** diese Krise hat noch eine andere Dimension

diminish [dɪ'mɪnɪʃ] **I.** *vt* → *value* herabsetzen; → *reputation* schmälern **II.** *vi* ← *potency* nachlassen; ← *brain cells* weniger werden

diminished responsibility *n* JUR verminderte Zurechnungsfähigkeit *f*

diminutive [dɪ'mɪnjʊtɪv] **I.** *adj* ▷*figure* klein **II.** *n* LING Verkleinerungsform *f*

dimly ['dɪmlɪ] *adv* ▷*aware* undeutlich

dimmer switch [dɪmə*'swɪtʃ] *n* ELECTR Dimmer *m*

dimple ['dɪmpl] *n* (*on chin*) Grübchen *s*

dim-witted ['dɪmwɪtɪd] *adj FAM* dämlich

din [dɪn] *n* (*continuous noise*) Getöse *s,* Lärm *m*

dine [daɪn] *vi* speisen; ◇ **to - on Italian food at the Savoy** im Savoy italienisch essen; **dine out** *vi* zum Essen ausgehen, essen gehen

diner *n* ① (*person*) Gast *m* ② RAIL Speisewagen *m* ③ (*AM also in car*) [Schnell-]Restaurant *s*

dinghy ['dɪŋgɪ] *n* (*small sailing boat*) Ding[h]i *s;* ↑ *inflatable [boat]* Schlauchboot *s*

dingy ['dɪndʒɪ] *adj* ▷*room* schmuddelig

dining car ['daɪnɪŋkɑ:*] *n* Speisewagen *m;* **dining room** *n* (*at home*) Eßzimmer *s;* (*in hotel*) Speisesaal *m*

dinner ['dɪnə*] *n* ① (*main meal*) Essen *s;* (*in the evening*) Abendessen *s;* ↑ *lunch* Mittagessen *s* ② (*formal occasion*) Essen *s;* **dinner jacket** *n* Smokingjacke *f;* **dinner party** *n* Abendgesellschaft *f;* ◇ **to give a - -** ein Essen geben; **dinner time** *n* Essenszeit *f*

dinkies ['dɪŋkɪz] *n pl acronym of FAM* **double income no kids,** Dinks *pl kinderlose Doppelverdiener*

dinks ['dɪŋkz] *n abbr. of* **dinkies**

dinosaur ['daɪnəsɔ:*] *n* Dinosaurier *m,* Dino *m FAM*

diocese ['daɪəsɪs] *n* Diözese *f,* Bistum *s*

diode ['daɪəʊd] *n* Diode *f;* ◇ **light-emitting -** Leuchtdiode *f*

dioxane [daɪ'ɒksеɪn] *n* Dioxin *s*
dioxide [daɪ'ɒksaɪd] *n* Dioxid *s*
dip [dɪp] **I.** *n* ① (*in ground*) Bodensenke *f* ② ◇ **to take** [*o.* **go for**] **a** ~ schwimmen gehen **II.** *vt* ① → *s.th. into liquid* tauchen (*into* in *acc*) ② ↑ *dim* → *headlights* abblenden **III.** *vi* ← *ground* sich senken; **dip into** *vi* +*prep obj* ① → *savings* angreifen ② → *text* kurz anschauen
diphtheria [dɪf'θɪərɪə] *n* Diphtherie *f*
diphthong ['dɪfθɒŋ] *n* Diphthong *m*, Doppelvokal *m*
diploma [dɪ'pləʊmə] *n* Diplom *s* (*in* in *dat*)
diplomacy [dɪ'pləʊməsɪ] *n* Diplomatie *f;* **diplomat** ['dɪpləmæt] *n* Diplomat(in *f*) *m;* **diplomatic** [dɪplə'mætɪk] *adj* diplomatisch; **diplomatic corps** *n* diplomatisches Korps *s;* **diplomatic immunity** *n* Immunität *f*
dipstick ['dɪpstɪk] *n* Ölmeßstab *m*
dire [daɪə*] *adj* schrecklich; ▷*necessity* dringend
direct [daɪ'rekt] **I.** *adj* ① (*without deviation*) direkt; ◇ **to take a ~ flight** Non-Stop fliegen; ◇ **to score a ~ hit** e-n Volltreffer landen ② ↑ *unqualified* direkt, unmittelbar; ◇ **to be a ~ result of s.th.** unmittelbar aus etw hervorgehen ③ ↑ *candid* ▷*person* offen, direkt; ◇ **to give a ~ answer** freiheraus antworten ④ ↑ *exact* genau; ◇ **to be the ~ opposite of s.th.** das genaue Gegenteil e-r Sache sein **II.** *vt* ① (*aim at*) richten auf *acc;* ◇ **to ~ one's energies in a specific way** seine Kräfte auf e-e bestimmte Weise einsetzen; ◇ **aid will be ~ed to those most in need** den Bedürftigsten soll Hilfe zuteil werden ② ↑ *tell the way* den Weg erklären; ◇ **could you ~ me to Times Square?** können Sie mir sagen, wie ich zum Times Square komme? ③ ↑ *manage, instruct* leiten; → *film* Regie führen; → *jury* e-e Rechtsbelehrung erteilen ④ ↑ *aim* → *gun* richten auf *acc* ⑤ → *order* richten an *acc;* ↑ *instruct* ◇ **to ~ the demonstrators to disperse** die Demonstranten dazu auffordern, sich aufzulösen; **direct current** *n* ELECTR Gleichstrom *m;* **direction** [dɪ'rekʃən] *n* ① (*compass ~*) Richtung *f;* ◇ **to scatter in all ~s** sich in alle Richtungen verteilen ② *FIG* ◇ **what ~ is your work taking?** wie kommst du mit deiner Arbeit voran?; ◇ **to lose all sense of ~** völlig die Orientierung verlieren ③ (*instructions for use*) Unterweisung *f;* ◇ **just read the ~s on the packet!** lies doch einfach die Anleitung auf der Schachtel!; ◇ **to give s.o. ~s as to how to get somewhere** jd-m den Weg beschreiben ④ ↑ *management* (*of a project*) Leitung *f;* **directional** *adj* ▷*aerial* direktional
directive [dɪ'rektɪv] *n* (*government ~*) Direktive *f*, Erlaß *m*
directly [dɪ'rektlɪ] **I.** *adv* ① (*without detour*) direkt, geradewegs; ◇ **it's ~ opposite** es liegt genau gegenüber; ◇ **to be ~ responsible for s.th.** unmittelbar für etw verantwortlich sein ② ↑ *at once* sofort; ◇ **to attend to s.th.** ~ sich sofort um etw kümmern ③ ↑ *frankly* ohne Umschweife **II.** *cj* ↑ *as soon as* sobald, sowie; ◇ **he set to work ~ he had got your instructions** gleich nachdem er Ihre Anweisungen erhalten hatte, machte er sich an die Arbeit; **directness** *n* Direktheit *f*
director [dɪ'rektə*] *n* ① (*company ~*) Direktor(in *f*) *m*, Geschäftsführer(in *f*) *m* ② (*film ~*) Filmregisseur(in *f*) *m*
directory [dɪ'rektərɪ] *n* (*telephone ~*) Telefonbuch *s;* **directory enquiries** [ɪn'kwaɪəri:s] *n* TELEC Telefonauskunft *f*
dirge [dɜ:ʒ] *n* Klagegesang *m*
dirt [dɜ:t] *n* ① ↑ *filth* Schmutz *m*, Dreck *m* ② (*loose earth*) Erde *f;* **dirt cheap** *adj* spottbillig; **dirt road** *n* unbefestigte Straße *f;* **dirty** ['dɜ:tɪ] **I.** *adj* ① schmutzig ② ▷*trick* gemein **II.** *vt* schmutzig machen
disability [dɪsə'bɪlɪtɪ] *n* ① ↑ *handicap* Behinderung *f* ② ↑ *inability* Unfähigkeit *f;* **disability allowance** *n* Invalidenrente *f*
disabled[dɪs'eɪbld] *adj* behindert
disadvantage [dɪsəd'vɑ:ntɪdʒ] *n* Nachteil *m;* **disadvantaged** [-d] *adj* benachteiligt
disagree [dɪsə'gri:] *vi* ① ← *parties to discussion* sich nicht einig sein ② ← *statements* nicht übereinstimmen ③ (*with s.o.*) nicht übereinstimmen (*with* mit *dat*) ④ ← *food* nicht bekommen *dat;* **disagreeable** *adj* ▷*person* unsympathisch; ▷*experience* unangenehm; **disagreement** *n* ① (*between people*) Meinungsverschiedenheit *f* ② (*between reports*) Diskrepanz *f*
disallow [dɪsə'laʊ] *vt* nicht anerkennen
disappear [dɪsə'pɪə*] *vi* ① ↑ *vanish* ← *aeroplane in fog* verschwinden ② ↑ *be lost* ← *car keys* verlorengehen, verschwinden ③ ↑ *cease to exist* ← *dinosaurs* verschwinden; **disappearance** *n* (*of child*) Verschwinden *s*
disappoint [dɪsə'pɔɪnt] *vt* enttäuschen; **disappointment** *n* Enttäuschung *f*
disapproval [dɪsə'pru:vəl] *n* Mißbilligung *f* (*of* über *acc*); **disapprove** [dɪsə'pru:v] *vi* dagegen sein; ◇ **to ~ of s.th.** etw mißbilligen, gegen etw sein
disarm [dɪs'ɑ:m] *vt* entwaffnen; MIL abrüsten; **disarmament** [dɪs'ɑ:məmənt] *n* Abrüstung *f;* **disarming** *adj* ▷*smile* entwaffnend
disarray [dɪsə'aeɪ] *n* Unordnung *f;* ◇ **to be in ~** ← *desk, organization* durcheinander sein
disassociate [dɪsə'səʊʃɪeɪt] *s.* **dissociate**

disaster [dɪ'zɑ:stə*] *n* Katastrophe *f;* **disastrous** [dɪ'zɑ:strəs] *adj* verheerend

disband [dɪs'bænd] *vt* auflösen

disbelief [dɪsbə'li:f] *n* Zweifel *m* (*in* an *dat*); **disbelieve** [dɪsbə'li:v] *vt* bezweifeln, nicht glauben

disc [dɪsk] *n* 1 (*round object*) Scheibe *f* 2 ANAT Bandscheibe *f* 3 ↑ *record* Platte *f;* PC *s.* **disk**

discard [dɪ'skɑ:d] *vt* 1 → *what is not needed* ausrangieren 2 → *old habits* ablegen

disc brake *n* Scheibenbremse *f*

discern [dɪ'sɜ:n] *vt* wahrnehmen; **discerning** *adj* ▷*shopper* anspruchsvoll

discharge [dɪs'tʃɑ:dʒ] **I.** *vt* 1 ◇ **to be ~d from hospital** aus dem Krankenhaus entlassen werden 2 → *pus* eitern; → *smoke* abgeben 3 → *duties* erledigen; → *debt* begleichen 4 → *gun* abfeuern 5 → *cargo* löschen **II.** ['dɪstʃɑ:dʒ] *n* 1 MED Ausscheidung *f* 2 ↑ *dismissal* Freispruch *m;* (*from army*) Entlassung *f* 3 (*of cargo*) Löschen *s* 4 (*of debt*) Begleichung *f*

disciple [dɪ'saɪpl] *n* Jünger *m*

disciplinarian [dɪsəplɪ'neərɪən] *n* Zuchtmeister (in *f*) *m;* **disciplinary** ['dɪsɪplɪnərɪ] *adj* ▷*measures* Disziplinar-; **discipline** ['dɪsɪplɪn] **I.** *n* 1 (*academic subject*) Disziplin *f* 2 ↑ *order* Disziplin *f* 3 (*self-~*) Selbstdisziplin *f;* ◇ **to maintain ~** die Disziplin aufrechterhalten **II.** *vt* 1 (*physically punish*) züchtigen 2 → *emotions* unter Kontrolle halten

disc jockey ['dɪskdʒɒkɪ] *n* Discjockey *m*

disclaim [dɪs'kleɪm] → *responsibility* von sich weisen

disclose [dɪs'kləʊz] *vt* 1 ↑ *betray* → *secret* verraten 2 → *plans* aufdecken 3 ↑ *announce* bekanntgeben

disclosure [dɪs'kləʊʒə*] *n* (*of information*) Enthüllung *f*

disco ['dɪskəʊ] *n* <-s> Disko *f*

discoloured [dɪs'kʌləd] *adj* verfärbt

discomfort [dɪs'kʌmfət] *n* ▷*emotional* Unbehagen *s;* ▷*physical* Beschwerde *f*

disconcert [dɪskən'sɜ:t] *vt* beunruhigen

disconnect [dɪskə'nekt] *vt* → *power supply* abstellen; → *telephone conversation* unterbrechen; **disconnected** [-d] *adj* ▷*argument* unzusammenhängend

discontent [dɪskən'tent] *n* Unzufriedenheit *f;* **discontented** *adj* unzufrieden

discontinue [dɪskən'tɪnju:] **I.** *vt* → *production* einstellen **II.** *vi* aufhören

discord ['dɪskɔ:d] *n* 1 ↑ *disagreement* Nichtübereinstimmung *f;* ↑ *quarrel* Streit *m* 2 ↑ *cacophony* Disharmonie *f,* Mißklang *m*

discotheque ['dɪskəʊtek] *n* Diskothek *f*

discount ['dɪskaʊnt] **I.** *n* COMM Preisnachlaß *m,* Rabatt *m* **II.** [dɪs'kaʊnt] *vt* → *theory* als nicht zutreffend abtun; → *opinion* unberücksichtigt lassen

discourage [dɪs'kʌrɪdʒ] *vt* 1 ↑ *dishearten* entmutigen 2 ↑ *put off* abhalten (*from* von) 3 ◇ **to ~ s.o. from doing s.th.** jd-m abraten, etw zu tun; **discouraging** *adj* entmutigend

discourteous [dɪs'kɜ:tɪəs] *adj* unhöflich

discover [dɪs'kʌvə*] *vt* 1 → *new land* entdecken 2 ◇ **to ~ that one has made a mistake** feststellen, daß man sich geirrt hat; ◇ **to ~ who is lying** herausfinden, wer lügt; **discovery** [dɪ'skʌvərɪ] *n* Entdeckung *f*

discredit [dɪs'kredɪt] **I.** *vt* → *government* diskreditieren **II.** *n* Mißkredit *m;* **discreditable** *adj* ▷*behaviour* schändlich

discreet [dɪskri:t] *adj* (*delicate in approach*) diskret; **discreetly** *adv* diskret

discrepancy [dɪs'krepənsɪ] *n* Diskrepanz *f,* Widerspruch *m* (*between* zwischen *dat*)

discretion [dɪs'kreʃən] *n* 1 Diskretion; ↑ *caution* Vorsicht *f,* Besonnenheit *f* 2 (*ability to decide*) Ermessen *s;* ◇ **to leave s.th. to s.o.'s ~** etw in jd-s Ermessen stellen; **discretionary powers** [dɪ'skreʃənərɪ paʊəz] *n* Handlungsfreiheit *f*

discriminate [dɪs'krɪmɪneɪt] *vi* 1 ↑ *differentiate* unterscheiden; ◇ **to ~ between right and wrong** zwischen Recht und Unrecht unterscheiden 2 (*get prejudicially towards*) diskriminieren; ◇ **to ~ against women** Frauen diskriminieren; ◇ **to ~ in favour of men** Männer bevorzugen; **discriminating** *adj* ▷*person* kritisch; **discrimination** [dɪskrɪmɪ'neɪʃən] *n* 1 (*ability to differentiate*) Urteilsvermögen *s* 2 (*racial ~*) Diskriminierung *f* (*against* von *dat*)

discus ['dɪskəs] *n* Diskus *m*

discuss [dɪs'kʌs] *vt* diskutieren, besprechen; **discussion** [dɪs'kʌʃən] *n* Diskussion *f;* (*formal ~*) Besprechung *f;* ◇ **to be under ~** in der Diskussion stehen

disdain [dɪs'deɪn] **I.** *vt* verachten **II.** *n* Verachtung *f;* **disdainful** *adj* verächtlich; ◇ **to be ~ of s.th.** etw verachten

disease [dɪ'zi:z] *n* Krankheit *f;* **diseased** [-d] *adj* 1 ▷*tissue* befallen, krank 2 ▷*imagination* krankhaft

disembark [dɪsɪm'bɑ:k] **I.** *vt* → *passengers* ausschiffen **II.** *vi* von Bord gehen

disembodied [dɪsɪm'bɒdɪd] *adj* ▷*voice* geisterhaft

disenchant [dɪsɪn'tʃɑ:ntɪd] *vt* ernüchtern; ◇ **to be ~ed with s.th.** keine Illusionen mehr über etw *acc* haben

disengage [dɪsɪn'geɪdʒ] **I.** *vt* TECHNOL entkuppeln, abkoppeln; → *clutch* auskuppeln **II.** *vi* ← *opponents* sich trennen
disentangle [dɪsɪn'tæŋgl] *vt* ① → *rope* entwirren ② *FIG* ◇ **to ~ o.s. from s.th.** sich von etw lösen
disfavour [dɪs'feɪvə*] *n* ① ↑ *dislike* Mißfallen *s* ② ◇ **to be in ~ with s.o.** bei jd-m in Ungnade stehen
disfigure [dɪs'fɪgə*] *vt* → *appearance* entstellen, verunstalten
disgrace [dɪs'greɪs] **I.** *n* (*cause for shame*) Schande *f* (*to* für) **II.** *vt* blamieren; (*more severely*) ◇ **to ~ s.o.** jd-m Schande bereiten; ◇ **to ~ s.th.** über etw *acc* Schande bringen; **disgraceful** [dɪs'greɪsfl] *adj* (*pathetic*) erbärmlich; (*utterly unacceptable*) skandalös
disgruntled [dɪs'grʌntld] *adj* verstimmt
disguise [dɪs'gaɪz] **I.** *vt* ① → *s.o., o.s.* verkleiden; → *voice* verstellen ② → *facts, feelings* verschleiern **II.** *n* Verkleidung *f;* ◇ **in ~** verkleidet
disgust [dɪs'gʌst] **I.** *n* ① (*at food*) Ekel *m* (*at* über *acc*) ② (*at behaviour*) Empörung *f* (*at, with* über *acc*) **II.** *vt* ① ← *smell* anekeln ② ← *behaviour* empören; **disgusted** [-ɪd] *adj* ◇ **I am ~ with you** ich bin über dich empört; **disgusting** *adj* ▷*manners, sight etc.* ekelhaft, widerlich
dish [dɪʃ] **I.** *n* ① (*deep plate, bowl*) Schale *f* ② ↑ *meal* Gericht *s* ③ ◇ **to do the ~es** das Geschirr abwaschen **II.** *vt* servieren; **dish out** *vt sep* austeilen; **dish up** *vt sep* anrichten, auftischen; **dish cloth** *n* (*for drying*) Geschirrtuch *s;* (*for washing*) Spüllappen *m*
dishearten [dɪs'hɑːtn] *vt* entmutigen
dishevelled [dɪ'ʃevəld] *adj* ▷*appearance* schlampig, unordentlich
dishonest [dɪs'ɒnɪst] *adj* unehrlich; **dishonesty** [dɪs'ɒnɪstɪ] *n* Unredlichkeit *f*
dishonour [dɪs'ɒnə*] **I.** *n* Ehrlosigkeit *f,* Unehrenhaftigkeit *f* **II.** *vt* → *cheque* nicht honorieren; **dishonourable** *adj* unehrenhaft
dish rack *n* Geschirrständer *m;* **dishwasher** ['dɪʃwɒʃə*] *n* ▷*machine* Geschirrspülmaschine *f*
dishy [dɪʃɪ] *adj FAM* ▷*person* dufte, toll
disillusion [dɪsɪ'luːʒən] *vt* desillusionieren; **disillusioned** [-d] *adj* desillusioniert
disinclined [dɪsɪn'klaɪnd] *adj* abgeneigt
disinfect [dɪsɪn'fekt] *vt* desinfizieren; **disinfectant** *n* Desinfektionsmittel *s*
disingenuous [dɪsɪn'dʒenjʊəs] *adj* unaufrichtig
disinherit [dɪsɪn'herɪt] *vt* enterben
disintegrate [dɪs'ɪntɪgreɪt] *vi* ① ← *object* ← *empire* zerfallen ② ← *surface* bröckeln ③ ← *business relationship* sich auflösen
disinterested [dɪs'ɪntrɪstɪd] *adj* ① ↑ *fed-up* desinteressiert ② ↑ *objective* unvoreingenommen
disjointed [dɪs'dʒɔɪntɪd] *adj* unzusammenhängend
disk [dɪsk] *n s.* **disc, diskette** PC Diskette *f;* ◇ **hard ~** Festplatte *f;* ◇ **~ drive** Diskettenlaufwerk *s*
diskette [dɪ'sket] *n* PC Diskette *f*
dislike [dɪs'laɪk] **I.** *n* Abneigung *f* (*of* gegen) **II.** *vt* nicht mögen; ◇ **to ~ doing s.th.** etw ungern tun
dislocate ['dɪsləʊkeɪt] *vt* → *one's shoulder* verrenken, auskugeln
dislodge [dɪs'lɒʒ] *vt* ① → *heavy stone* herausstochern; → *animal* aufstöbern ② → *company director* verdrängen
disloyal [dɪs'lɔɪəl] *adj* untreu
dismal ['dɪzməl] *adj* trübe
dismantle [dɪs'mæntl] *vt* demontieren, abbauen
dismay [dɪs'meɪ] **I.** *n* Bestürzung *f* (*at* über *acc*); ◇ **to my ~** zu meinem Entsetzen **II.** *vt* entsetzen
dismember [dɪs'membə*] *vt* → *corpse* zerstükkeln
dismiss [dɪs'mɪs] *vt* ① (*from job*) entlassen ② → *notion* abtun ③ JUR → *case* abweisen
dismissal *n* (*of employee*) Entlassung *f;* **dismissive** *adj* ▷*comment, remark* wegwerfend; ◇ **to be ~ about s.th.** etw abtun
dismount [dɪs'maʊnt] **I.** *vi* (*from horse*) absteigen **II.** *vt* → *rider* abwerfen
disobedience [dɪsə'biːdɪəns] *n* Ungehorsam *m* (*to* gegenüber); ◇ **civil ~** ziviler Ungehorsam; **disobedient** *adj* ungehorsam; **disobey** ['dɪsə'beɪ] *vt* ← *child* nicht gehorchen *dat;* → *law* übertreten
disorder [dɪs'ɔːdə*] *n* ① ↑ *confusion, chaos* Durcheinander *s* ② (*civil ~*) Unruhen *pl* ③ (MED *of stomach*) Beschwerden *f pl;* (*of liver, of kidney*) [Funktions-]Störung *f*
disorderly [dɪs'ɔːdəlɪ] *adj* ① ▷*desk* unordentlich ② ▷*behaviour* ungehörig; **disorderly conduct** *n* JUR ungebührliches Benehmen *s*
disorganized [dɪs'ɔːgənaɪzd] *adj* planlos, unordentlich
disorientate [dɪs'ɔːrɪənteɪt] *vt* verwirren
disown [dɪs'əʊn] *vt* → *work* verleugnen; → *child* verstoßen
disparaging [dɪ'spærɪdʒɪŋ] *adj* ▷*remark* abschätzig
disparate [dɪ'spərɪt] *adj* ungleich; **disparity** [dɪ'spærɪtɪ] *n* Ungleichheit *f*
dispassionate [dɪ'spæʃnɪt] *adj* objektiv
dispatch [dɪ'spætʃ] **I.** *vt* ① ↑ *send* abschicken;

COMM → *goods* abfertigen [2] ↑ *kill* töten **II.** *n* [1] Schicken *s,* Abfertigung *f* [2] ↑ *promptness* Rechtzeitigkeit *f,* Promptheit *f* [3] (*news* ~) Bericht *m;* **dispatch goods** *n pl* Eilgut *s*
dispel [dɪ'spel] *vt* [1] → *fog* vertreiben [2] → *fears* zerstreuen
dispensable [dɪ'spensəbl] *adj* entbehrlich
dispensary [dɪ'spensərɪ] *n* Apotheke *f*
dispensation [dɪspen'seɪʃən] *n* [1] ↑ *exemption* Ausnahmebewilligung *f,* Befreiung *f* [2] (*divine* ~) Fügung *f* [3] ◇ **the ~ of justice** Rechtsprechung *f*
dispense [dɪ'spens] *vt* [1] ↑ *distribute* verteilen [2] → *justice* Recht sprechen [3] → *medicine* abgeben; **dispense with** *vi +prep obj* verzichten (auf *acc*); **dispenser** *n* ▷ *automatic* Spender *m;* (*vending machine*) Automat *m;* **dispensing** *adj* ◇ ~ **chemist** Apotheker(in *f*) *m*
disperse [dɪ'spɜːs] **I.** *vt* → *crowd* zerstreuen **II.** *vi* ← *clouds* sich auflösen
dispirited [dɪ'spɪrɪtɪd] *adj* entmutigt
displace [dɪs'pleɪs] *vt* → *water* verdrängen; **displaced** [-d] *adj* ◇ ~ **person** Zwangsvertriebene (r) *fm*
display [dɪ'spleɪ] **I.** *n* [1] ↑ *exhibition* Ausstellung *f;* (*of goods*) Auslage *f;* ◇ **to be on** ~ ausgestellt sein [2] (*of emotion*) Zurschaustellung *f* [3] (TECHNOL *visual* ~) Anzeige *f* **II.** *vt* [1] ↑ *show* zeigen [2] COMM ↑ *present* vorführen
displease [dɪs'pliːz] *vt* mißfallen *dat*
disposable [dɪ'spəʊzəbl] *adj* [1] ▷ *lighter etc.* Einweg-, Wegwerf- [2] ▷ *income* verfügbar
disposal [dɪ'spəʊzəl] *n* [1] (*waste* ~) Beseitigung *f* [2] ◇ **to be at s.o's** ~ jd-m zur Verfügung stehen; **dispose** [dɪ'spəʊz] *vt* ◇ **to ~ s.o. towards s.th.** jd-n für etw gewinnen; **dispose of** *vi +prep obj* [1] → *possessions* loswerden [2] → *arguments* erledigen; **disposed** [-d] *adj* ↑ *inclined* geneigt; ◇ **to be ~ to do s.th.** etw tun wollen; ◇ **to be well ~ to s.th.** etw mit Wohlwollen betrachten
disposition [dɪspə'zɪʃən] *n* (*emotional* ~) Veranlagung *f;* ◇ **a cheerful** ~ e-e fröhliche Art
dispossess [dɪspə'zes] *vt* enteignen
disproportionate [dɪsprə'pɔːʃnɪt] *adj* in keinem Verhältnis stehend, unangemessen
disprove [dɪs'pruːv] *vt* widerlegen
dispute [dɪ'spjuːt] **I.** *n* Streit *m* **II.** *vt* [1] → *thesis* sich streiten (über *acc*) [2] JUR → *claim* anfechten **III.** *vi* ↑ *argue* streiten
disqualification [dɪskwɒlɪfɪ'keɪʃən] *n* Disqualifizierung *f;* (*from driving*) Führerscheinentzug *m;* **disqualify** [dɪs'kwɒlɪfaɪ] *vt* ausschließen; SPORT disqualifizieren; ◇ **to ~ s.o. from doing s.th.** jd-m das Recht [*o.* die Fähigkeit] entziehen, etw zu tun
disquiet [dɪs'kwaɪət] *n* Unruhe *f*
disregard [dɪsrɪ'gɑːd] *vt* Mißachtung *f* (*for gen*)
disrepair [dɪsrɪ'pɛə*] *n* Baufälligkeit *f;* ◇ **to be in a state of** ~ baufällig sein
disreputable [dɪs'repjʊtəbl] *adj* übel; **disrepute** [dɪs'repjʊːt] *n* schlechter Ruf; ◇ **to be in** ~ verrufen sein
disrespectful [dɪsrɪ'spektfʊl] *adj* respektlos (*to* gegenüber)
disrupt [dɪs'rʌpt] *vt* → *class* stören; → *programme* unterbrechen; **disruption** [dɪs'rʌpʃən] *n* Störung *f,* Unterbrechung *f*
dissatisfaction ['dɪssætɪs'fækʃən] *n* Unzufriedenheit *f;* **dissatisfied** [dɪs'sætɪsfaɪd] *adj* unzufrieden
dissect [dɪ'sekt] *vt* → *animal* sezieren
diseminate [dɪ'semɪneɪt] *vt* → *information* verbreiten
dissension [dɪ'senʃən] *n* (*among people*) Differenz *f,* Meinungsverschiedenheiten *f pl;* **dissent** [dɪ'sent] **I.** *n* Meinungsverschiedenheit *f* **II.** *vi* nicht übereinstimmen (*from* mit)
dissertation [dɪsə'teɪʃən] *n* Dissertation *f*
disservice [dɪs'sɜːvɪs] *n* ◇ **to do s.o. a** ~ jd-m e-n schlechten Dienst erweisen
dissident ['dɪsɪdənt] **I.** *adj* dissident, andersdenkend **II.** *n* POL Dissident(in *f*) *m*
dissimilar [dɪ'sɪmɪlə*] *adj* verschieden (*to* von)
dissipate ['dɪsɪpeɪt] **I.** *vt* [1] → *energy* verschwenden [2] → *legacy* vergeuden **II.** *vi* ← *fog* sich auflösen
dissipated [-ɪd] *adj* ▷ *person* zügellos; **dissipation** [dɪsɪ'peɪʃən] *n* [1] ↑ *waste* Verschwendung *f* [2] (*of lifestyle*) Ausschweifung *f*
dissociate [dɪ'səʊʃɪəɪt] *vt* trennen
dissolute ['dɪsəluːt] *adj* zügellos; **dissolution** ['dɪsəluːʃən] *n* (*of relationship*) Auflösung *f*
dissolve [dɪ'zɒlv] **I.** *vt* auflösen **II.** *vi* (*in water*) sich lösen
dissuade [dɪ'sweɪd] *vt* abraten *dat*
distance ['dɪstəns] *n* Entfernung *f;* ↑ *gap, space* Abstand *m;* ◇ **in the** ~ in der Ferne; **distant** *adj* [1] (*spatially*) entfernt [2] (*in time*) fern [3] ▷ *manner* distanziert
distaste [dɪs'teɪst] *n* Abneigung *f;* **distasteful** [dɪs'teɪstfl] *adj* widerlich; ◇ **to be ~ to s.o.** jd-m zuwider sein
distend [dɪ'stend] *vi* sich blähen
distil [dɪ'stɪl] *vt* destillieren; **distillery** [dɪ'stɪlərɪ] *n* (*of whisky*) Brennerei *f*
distinct [dɪ'stɪŋkt] *adj* [1] ↑ *clear* deutlich [2] ↑ *separate* getrennt; **distinction** [dɪ'stɪŋkʃən] *n* [1] (*between things*) Unterschied *m* [2] (*act of distinguishing*) Unterscheidung *f* [3] (*eminence*)

[hoher] Rang *m,* [hohe] Bedeutung *f* ④ (*in exam*) Auszeichnung *f*
distinctive *adj* ▷*style* unverkennbar; **distinctly** *adv* ▷*absurd* ausgesprochen
distinguish [dɪ'stɪŋgwɪʃ] *vt* unterscheiden; **distinguishable** *adj* ↑ *discernable* zu erkennen; **distinguished** [-d] *adj* ① ↑ *eminent* von hohem Rang, angesehen ② ▷*manner* gepflegt
distort [dɪ'stɔːt] *vt* ① ↑ *twist* verzerren ② ↑ *misrepresent* verdrehen; **distortion** [dɪ'stɔːʃən] *n* Verzerrung *f,* Verdrehung *f*
distract [dɪ'strækt] *vt* ablenken; **distracted** [-ɪd] *adj* ↑ *distraught* außer sich (*with, by* vor *dat*); **distracting** *adj* ▷*noise* störend; **distraction** [dɪ'strækʃən] *n* ① (*state*) Zerstreutheit *f;* (*loss of attention*) Unaufmerksamkeit *f* ② (*break, of activity*) Ablenkung *f*
distraught [dɪ'strɔːt] *adj* verzweifelt
distress [dɪ'stres] **I.** *n* Verzweiflung *f;* ↑ *grief* Kummer *m;* (*state of severe difficulty*) Not *f* **II.** *vt* Kummer machen *dat;* **distressing** *adj* erschütternd; **distress signal** *n* Notsignal *s*
distribute [dɪ'strɪbjuːt] *vt* verteilen; **distribution** [dɪstrɪ'bjuːʃən] *n* Verteilung *f;* COMM Vertrieb *m;* **distributor** [dɪ'strɪbjʊtə*] *n* ① AUTO Verteiler *m* ② COMM Händler(in *f*) *m*
district ['dɪstrɪkt] *n* ① (*metropolitan area*) Landkreis *m* ② (*administrative* ~) Bezirk *m;* **district attorney** *n* (*AM*) Staatsanwalt *m,* Staatsanwältin *m*
distrust [dɪs'trʌst] **I.** *n* Mißtrauen *s* **II.** *vt* mißtrauen *dat*
disturb [dɪ'stɜːb] *vt* stören; **disturbance** *n* Störung *f;* POL Unruhe *f;* **disturbed** [-d] *adj* ① beunruhigt (*at* über *acc*) ② PSYCH geistig gestört; **disturbing** *adj* ▷*news* beunruhigend
disused [dɪs'juːzd] *adj* ▷*warehouse* leerstehend; ▷*machinery* stillgelegt
ditch [dɪtʃ] **I.** *n* Graben *m* **II.** *vt* → *person* abservieren; → *plan* verwerfen
dither ['dɪðə*] *vi* schwanken
ditto ['dɪtəʊ] *n* ebenfalls
divan [dɪ'van] *n* Liegesofa *s*
dive [daɪv] **I.** *n* ① (*into water*) Sprung *m* ② COMM ◇ **to take a** ~ absacken ③ AERO Sturzflug *m* ④ (*FAM dubious establishment*) Spelunke *f* **II.** *vi* springen; (*under water*) tauchen; **diver** *n* Taucher(in *f*) *m*
diverge [daɪ'vɜːdʒ] *vi* auseinandergehen
diverse [daɪ'vɜːs] *adj* verschieden, unterschiedlich
diversification [daɪvɜːsɪfɪ'keɪʃən] *n* COMM Diversifikation *f;* **diversify** [daɪ'vɜːsɪfaɪ] *vt, vi* diversifizieren
diversion [daɪ'vɜːʃən] *n* ① (*of traffic*) Umleitung *f* ② ↑ *recreation* Unterhaltung *f*
diversity [daɪ'vɜːsɪtɪ] *n* Vielfalt *f*
divert [daɪ'vɜːt] *vt* ① → *traffic* umleiten ② ↑ *amuse* unterhalten
divest [daɪ'vest] *vt* ◇ **to** ~ **s.o. of s.th.** jd-m etw entziehen
divide [dɪ'vaɪd] **I.** *vt* ① (*separate into parts*) zerteilen, auseinanderteilen; ◇ **to** ~ **a country into regions** ein Land in Regionen einteilen; ◇ **to** ~ **one's time between Paris and Rome** sich s-e Zeit zwischen Paris und Rom aufteilen ② ↑ *separate* trennen; ◇ **to** ~ **the girls from the boys** die Mädchen von den Jungen getrennt halten ③ ◇ **to** ~ **67 by 8** 67 durch 8 teilen; ◇ **11 cannot be exactly** ~**d by 3** 11 läßt sich nicht genau durch 3 teilen ④ (*cause a split of opinion in*) aufspalten; ◇ **the issue of Europe has** ~**d the party** das Thema Europa hat die Partei in zwei Lager [auf]gespalten ⑤ ↑ *distribute* verteilen; ◇ **to** ~ **the earth's resources equally among nations** die Rohstoffe der Erde unter allen Nationen gleich verteilen **II.** *vi* ① ← *river* sich teilen ② ← *book* sich gliedern (*into* in *acc*) **III.** *n* ◇ **the Great D**~ die nordamerikanische Wasserscheide; ◇ **the North/South** ~ das Nord-Süd-Gefälle; **divide out** *vt sep* aufteilen (*among* unter *acc or dat*); **divide up** *vt sep* teilen (*into* in *acc*)
dividend ['dɪvɪdend] *n* ① FIN Dividende *f* ② *FIG* ◇ **to pay** ~**s** sich auszahlen
dividers [dɪ'vaɪdəz] *n pl* Stechzirkel *m*
dividing wall *n* Trennwand *f*
divine [dɪ'vaɪn] **I.** *adj* ① REL göttlich ② *FAM* ◇ **darling, you were simply** ~**!** Schatz, du warst einfach göttlich! **II.** *vt* ① → *future* weissagen ② → *water* aufspüren
diving ['daɪvɪŋ] *n* ① (*into water*) Wasserspringen *s* ② (*under water*) Tauchen *s;* **diving board** ['daɪvɪŋbɔːd] *n* Sprungbrett *s;* **diving-suit** *n* Taucheranzug *m*
divinity [dɪ'vɪnɪtɪ] *n* ① ↑ *god* Gottheit *f* ② (*quality*) Göttlichkeit *f* ③ (~ *studies*) Theologie *f*
divisible [dɪ'vɪzəbl] *adj* teilbar (*by* durch)
division [dɪ'vɪʒən] *n* ① (*act*) Teilung *f* ② (*barrier within society*) Schranke *f;* (*as line*) Trennungslinie *f* ③ MATH Division *f* ④ MIL Division *f* ⑤ (*of large company*) Zweig *m* ⑥ (*social rift*) Uneinigkeit *f;* ◇ **to heal the** ~**s in society** gesellschaftliche Schranken abbauen ⑦ (*in football, e.g. first* ~) Liga *f*
divisive [dɪ'vaɪsɪv] *adj* ▷*action* zerstörerisch
divorce [dɪ'vɔːs] **I.** *n* Scheidung *f* **II.** *vt* sich scheiden lassen (von); **divorced** [-d] *adj* ① ▷*couple* geschieden ② *FIG* ◇ **to be** ~ **from s.th.**

von etw entfremdet sein, in keinerlei Beziehung mehr zu etw stehen; **divorcee** [dɪvɔːˈsiː] *n* Geschiedene(r) *fm*

divulge [daɪˈvʌldʒ] *vt* preisgeben

DIY *n abbr. of* **do-it-yourself**

dizziness [ˈdɪzɪnəs] *n* Schwindel *m;* **dizzy** *adj* ▷*person* schwindelig

DJ [1] *n abbr. of* **dinner jacket**

DJ [2] *n abbr. of* **disc jockey**

DNA *n abbr. of* **desoxyribonucleic acid** DNA *f*, DNS *f*

do [duː] <did, done> **I.** *auxiliary verb* ① (*in negatives*) ◇ **don't you dare!** wage es ja nicht!; ◇ **he didn't go to school** er ist nicht in die Schule gegangen ② (*in questions, and replacing the verb in answers*) ◇ **did you pinch the chocolate? No, I didn't** hast du von der Schokolade genascht? Nein, hab' ich nicht; ◇ **- you love me? Yes, I do** liebst du mich? Ja, das tue ich **II.** *vt* ↑ *perform* (*be engaged with*) tun, machen; *FAM* ↑ *be imprisoned* ◇ **to - time** sitzen; ◇ **Goethe -es nothing for me** Goethe sagt mir nichts; ◇ **that -es it!** aber jetzt reicht es!; ◇ **to do one's hair** sich frisieren; ◇ **to - the dishes** spülen; ◇ **to - the talking** das Reden übernehmen; ◇ **all done!** erledigt!; ◇ **to - the sights** die Sehenswürdigkeiten abhaken; ◇ **to - the driving** fahren; ◇ **I've been done!** ich bin reingelegt worden!; ◇ **what - you do?** was machen Sie beruflich?; ◇ **swimming -es you good** Schwimmen ist gesund [*o.* ist gesund] **III.** *vi* ① ↑ *get on* vorangehen; ◇ **to - well** erfolgreich sein; ◇ **how are you -ing?** wie geht's?; ◇ **- as you are told** tu', was dir gesagt wird; ◇ **how do you do?** Guten Tag, wie geht es Ihnen?; ◇ **have you -ne?** bist du fertig? ② ↑ *be acceptable* passen, gehen; ◇ **that won't -!** das geht nicht! ③ ↑ *be enough* genügen; ◇ **that will -!** jetzt reicht's aber!, jetzt ist aber Schluß! **IV.** *n* <-s> (*festive event*) Veranstaltung *f;* **do away with** *vi +prep obj* ↑ *get rid of* abschaffen; **do down** *vt sep* heruntermachen; **do in** *vt sep* ↑ *kill* töten; **do out** *vt sep* ◇ **to - s.o. - of s.th.** jd-n um etw bringen; **do up** *vt sep* → *laces* zusammenschnüren; → *zip* zumachen; → *packet* zusammenbinden, einpacken; **do with** *vi +prep obj* ① ↑ *need* brauchen ② ↑ *be concerned with* ◇ **to have to - - s.th.** mit etw zu tun haben

docile [ˈdəʊsaɪl] *adj PEJ* gefügig, fügsam; ▷*dog* gutmütig

dock [1] [dɒk] **I.** *n* NAUT Pier *m;* (*-s*) Hafen *m* **II.** *vi* NAUT anlegen

dock [2] JUR Anklagebank *f;* **docker** *n* Hafenarbeiter *m*

docket [ˈdɒkɪt] *n* Inhaltsvermerk *m*

docking *n* (*of spacecraft*) Andocken *s*

docklands *n pl* Hafenviertel *s;* **dockyard** [ˈdɒkjɑːd] *n* Werft *f*

doctor [ˈdɒktə*] **I.** *n* ① Arzt *m*, Ärztin *f;* ◇ **no, -!** nein, Herr Doktor! ② (*academic degree*) Doktor *m* **II.** *vt* ① → *accounts* frisieren ② → *wine* verfälschen

doctorate [ˈdɒktərət] *n* Doktorwürde *f;* ◇ **to do one's -** den/seinen Doktor machen

doctrinaire [dɒktrɪˈneə*] *adj* doktrinär

doctrine [ˈdɒktrɪn] *n* Lehre *f*

document I. [ˈdɒkjʊmənt] *n* Dokument *s*, Urkunde *f* **II.** [ˈdɒkjʊmənt] *vt* → *case* belegen; PC dokumentieren

documentary [dɒkjʊˈmentərɪ] **I.** *n* MEDIA Dokumentarfilm *m* **II.** *adj* ① Dokumentar- ② ▷*evidence* urkundlich

documentation [dɒkjʊmenˈteɪʃən] *n* Dokumentation *f*

doddering [ˈdɒdərɪŋ], **doddery** [ˈdɒdərɪ] *adj* ▷*old man* tatterig

doddle [ˈdɒdl] *n* (*of job*) Kinderspiel *s*

dodge [dɒdʒ] **I.** *n* Kniff *m* **II.** *vt* ausweichen *dat*

dodgy [dɒdʒɪ] *adj FAM* ▷*situation* verzwickt; ▷*object* nicht einwandfrei

dodgem [ˈdɒdʒəm] *n* Skooter *m*

dodo [ˈdəʊdəʊ] *n* <-[e]s> Dodo *m;* ◇ **as dead as a -** zweifellos tot

doe [dəʊ] *n* ↑ *deer* Reh *s*

does [dʌz] *3 pers sing of* **do doesn't** [ˈdʌznt] = **does not**

dog [dɒg] **I.** *n* Hund *m* **II.** *vt* verfolgen; **dog biscuit** *n* Hundekuchen *m;* **dog collar** *n* Hundehalsband *s;* (*of vicar*) steifer Kragen *m;* **dog-eared** *adj* mit Eselsohren; **dogfish** *n* Hundshai *m;* **dog-fancier** *n* Hundefreund(in *f*) *m;* **dog food** *n* Hundefutter *s*

dogged [ˈdɒgɪd] *adj* (*determined*) hartnäckig

doggerel [ˈdɒgərəl] *n* Knittelvers *m*

doghouse *n* ① Hundehütte *f* ② *FIG* ◇ **to be in the - with s.o.** bei jd-m in Ungnade stehen

dogma [ˈdɒgmə] *n* Dogma *s;* **dogmatic** [dɒgˈmætɪk] *adj* dogmatisch

do-gooder [duːˈgʊdə*] *n PEJ* Weltverbesserer *m*

dogsbody [ˈdɒgzbɒdɪ] *n* Mädchen *s* für alles

doings [ˈduːɪŋz] *n FAM* Dingsbums *s*

do-it-yourself [duːɪtjəˈself] **I.** *n* Heimwerken *s* **II.** *adj* Heimwerker-

doldrums [ˈdɒldrəmz] *n* ① GEO Kalmenzone *f* ② ◇ **to be in the -** (*of business*) in e-r Flaute stecken; (*of person*) niedergeschlagen sein

dole [dəʊl] *n* (*BRIT*) Arbeitslosengeld *s; FAM* ◇ **to be on the -** stempeln gehen, Arbeitslosengeld bekommen; **dole out** *vt* austeilen

doleful ['dəʊlfʊl] *adj* trübselig
doll [dɒl] *n* Puppe *f;* **doll up** *vt FAM* herausputzen; ◇ **to get -ed** - sich feinmachen
dollar ['dɒlə*] *n* Dollar *m*
dollop ['dɒləp] *n FAM* Schlag *m*
dolmen ['dɒlmən] *n* Dolmen *m tischähnliches Steingrab*
dolphin ['dɒlfɪn] *n* Delphin *m*
dolly ['dɒlɪ] *n* (*for moving a film camera/wardrobes etc.*) Dolly *m*
domain [dəʊ'meɪn] *n* ① Domäne *f* ② (*area of competence*) Gebiet *s*
dome [dəʊm] *n* ARCHIT Kuppel *f;* **domed** [-d] *adj* gewölbt
domestic [də'mestɪk] **I.** *adj* ① ▹*bliss* häuslich ② ▹*economy* Binnen-; ▹*news* Inlands- ③ ▹*animal* Haus- **II.** *n* ↑ *servant* Hausangestellte(r) *fm;* **domesticated** [də'mestɪkeɪtɪd] *adj* ① ▹*person* domestiziert ② ▹*dog* ▹*cat* stubenrein; **domesticity** [dəʊmes'tɪsɪtɪ] *n* häusliches Leben *s*
domicile ['dɒmɪsaɪl] *n* Wohnsitz *m*
dominance ['dɑmɪnəns] *n* ① POL Vorherrschaft *f* ② BIOL Dominanz *f;* **dominant** ['dɒmɪnənt] *adj* ① ▹*person* dominierend ② ▹*gene* dominant; **dominate** ['dɒmɪneɪt] *vt* beherrschen
domineering [dɒmɪ'nɪərɪŋ] *adj* ↑ *overbearing* überheblich
dominion [də'mɪnɪən] *n* ① ↑ *power* Macht *f* (*over* über *acc*) ② ↑ *territory* Herrschaftsgebiet *s* ③ (*of Canada*) Dominion *s*
dominoes ['dɒmɪnəʊz] *n sg* (*game*) Domino *s*
don [1] [dɒn] *n* (*at Oxford or Cambridge*) Universitätslehrer *m*
don [2] [dɒn] *vt* → *hat* aufsetzen
donate [dəʊ'neɪt] *vt* → *money, blood* spenden; **donation** [dəʊ'neɪʃən] *n* Spende *f*
done [dʌn] *pp of* **do**
donkey ['dɒŋkɪ] *n* Esel *m;* **donkeywork** *n* Drecksarbeit *f*
donor ['dəʊnə*] *n* ① (*blood* -) Spender(in *f*) *m* ② ↑ *patron* Stifter(in *f*) *m*
don't [dəʊnt] = **do not**
doodle ['du:dl] *vt* kritzeln
doom [du:m] *n* ↑ *fate* Schicksal *s;* ↑ *downfall* Verhängnis *s;* **doomed** [-d] *adj* ① verloren; ◇ **the - ship** das Unglücksschiff ② ◇ **- to failure** zum Scheitern verurteilt
doomsday ['du:mzdeɪ] *n* Jüngstes Gericht *s*
door [dɔ:*] *n* ① (*on hinges*) Tür *f;* ◇ **to show s.o. to the** - jd-n zur Tür begleiten; ◇ **to show s.o. the** - jd-n zum Gehen auffordern; ◇ **was that s.o. at the -?** war da gerade jemand an der Tür? ② ↑ *entrance* Eingang *m;* ◇ **tickets are available at the** - Karten sind an der Abendkasse erhältlich ③ (*- opening*) ◇ **it's too big to fit through the** - es paßt nicht durch die Tür ④ ◇ **it's 55 miles - to** - es sind insgesamt 55 Meilen; ◇ **to sell s.th. - to** - hausieren gehen; ◇ **to live next - to s.o.** bei jd-m gleich nebenan wohnen; ◇ **to live 3 -s along from s.o.** nur drei Häuser von jd-m weg wohnen ⑤ ◇ **to be out of -s** im Freien sein; **doorbell** *n* Türklingel *f;* **door-handle** *n* Türklinke *f,* Türgriff *m;* **door knob** *n* Türknauf *m;* **doorman** *n* <-men> (*of apartment block*) Portier *m;* **doormat** *n* Fußmatte *f;* **door-plate** *n* Türschild *s;* **doorstep** *n* Eingangsstufe *f*
doorstop *n* [Tür-]Anschlag *m;* **doorway** *n* Tür *f;* (*of building*) [Tür-]Eingang *m*
dope [dəʊp] **I.** *n* ① *FAM* ↑ *drugs* Drogen *pl; FAM* Stoff *m,* Dope *m* ② *FAM* ↑ *information* Informationen *pl;* ◇ **to give s.o. the - on s.th.** jd-n über etw *acc* informieren ③ Idiot *m* **II.** *vt* SPORT dopen
doping *n* SPORT Doping *s*
dopey ['dəʊpɪ] *adj* ① *FAM* blöd ② (*from drugs*) benommen
dormant ['dɔ:mənt] *adj* ▹*volcano* untätig
dormitory ['dɔ:mɪtrɪ] *n* Schlafsaal *m;* ◇ **- town** Schlafstadt *f*
dormobile® ['dɔ:məbi:l] *n* Wohnwagen *m*
dormouse ['dɔ:maʊs] *n* <dormice> Haselmaus *f*
DOS [dɒs] *n acronym of* **disk operating system** Betriebssystem *s,* DOS *s*
dorsal ['dɒ:sl] *adj* ▹*fin* Rücken-, Dorsal-
dosage ['dəʊsɪdʒ] *n* Dosierung *f*
dose [dəʊs] *n* ① MED Dosis *f* ② *FIG* ◇ **in small** - in kleinen Mengen ③ (*FAM venereal disease*) Tripper *m*
doss [dɒs] *n FAM* Bleibe *f;* **doss down** *vi FAM* pennen, übernachten
dossier ['dɒsɪəɪ] *n* Dossier *s or m* (*on* über *acc*)
dot [dɒt] *n* Punkt *m;* ◇ **on the** - auf die Minute
dotage ['dəʊtɪdʒ] *n* Altersschwäche *f*
dote on [dəʊt ɒn] *vi +prep obj* schwärmen (für), abgöttisch lieben; **doting** *adj* ▹*father* abgöttisch liebend
dot-matrix printer ['dɒtmeɪtrɪks'prɪntə*] *n* Nadeldrucker *m*
dotty ['dɒtɪ] *adj FAM* verrückt (*about* nach)
double ['dʌbl] **I.** *adj* ① (*twice the quantity*) doppelt; ◇ **his weight is - what it was** er wiegt zweimal soviel wie früher; ◇ **a - whisky** ein doppelter Whisky ② (*pair of*) Doppel-; ◇ **"rabbit is spelt with a - 'b'"** „rabbit schreibt man mit Doppel-b" ③ ◇ **to have a - meaning** zweideutig sein **II.** *adv* doppelt; ◇ **to see** - doppelt sehen; ◇ **to fold s.th.** - etw einmal falten; ◇ **to cost** - doppelt

soviel kosten **III.** *n* [1] (*amount*) Doppelte *s,* Zweifache *s* [2] (*appearance*) Doppelgänger(in *f*) *m;* FILM Double *s* [3] ◇ **-s** *pl or sg* (*in tennis*) Doppel *s* [4] ◇ **to do s.th. at/on the -** (*immediately*) etw auf der Stelle tun **IV.** *vt* (*make twice as much*) verdoppeln **V.** *vi* (*become twice as big/ many*) sich verdoppeln; **double back** *vi* ← *person* kehrtmachen; **double up** *vi* ← *person* sich krümmen; **double-barrelled** *adj* ▷*name* Doppel-; ▷*gun* doppelläufig; **double bass** *n* Kontrabaß *m;* **double bed** *n* (*bed for two*) Doppelbett *s;* **double-breasted** *adj* zweireihig; **double-check** *vt, vi* genau nachprüfen; **double-cross** *vt FAM* betrügen, verraten; **double-dealing** *n* Betrug *m;* **doubledecker** *n* Doppeldecker *m;* **double-dutch** *n* Kauderwelsch *s;* **double-edged** *adj also FIG* zweischneidig; **double glazing** *n* doppelt verglaste Fenster *pl;* **double-jointed** *adj* sehr gelenkig; **double negative** *n* doppelte Verneinung *f;* **double park** *vt, vi* in zweiter Reihe parken; **double-quick** *adv* sehr schnell; **double room** *n* Doppelzimmer *s;* **double spacing** *n* doppelter Zeilenabstand *m*

doubly ['dʌblı] *adv* ◇ **to be - careful** doppelt vorsichtig sein

doubt [daʊt] **I.** *n* [1] (*uncertainty of opinion*) Zweifel *m;* ◇ **to have one's -s about s.th.** seine Zweifel an etw haben; ◇ **I have my -s as to whether he is honest** ich habe meine Zweifel an seiner Aufrichtigkeit [2] (*uncertainty of situation*) Unsicherheit *f;* ◇ **everything is now in -** alles ist jetzt sehr unsicher [3] ◇ **to cast - on s.th.** etw in Zweifel ziehen [4] ◇ **no -, he will explain later** bestimmt wird er später alles erklären [5] ◇ **without a/beyond -** ohne jeden Zweifel **II.** *vt, vi* [1] ↑ *be uncertain about* zweifeln [2] ◇ **to - s.o.'s ability** jd-s Können anzweifeln [3] ◇ **to - that s.o. will come** bezweifeln, daß jd kommen wird; **doubtful** ['daʊtfl] *adj* [1] ◇ **to be - about s.th.** an e-r Sache Zweifel hegen; ◇ **to be - about doing s.th.** Bedenken haben, ob man etw tun soll [2] ▷*safety, measures* zweifelhaft [3] ↑ *unlikely* unwahrscheinlich; ◇ **it is - that she will turn up** es ist sehr unwahrscheinlich, daß sie kommt [4] ↑ *dubious* zwielichtig; ◇ **to be of - character** e-n zweifelhaften Ruf genießen; **doubting Thomas** *n* ungläubiger Thomas; **doubtless** *adv* ↑ *most likely* sehr wahrscheinlich, zweifelsohne

dough [dəʊ] *n* [1] Teig *m* [2] *FAM* ↑ *money* Knete *f,* Kohle *f*

doughnut *n* Krapfen *m,* Berliner *m*

dour ['dʊə*] *adj* ernst, streng

douse [daʊs] *vt* Wasser schütten (über *acc*)

dove [dʌv] *n* Taube *f*

dovetail I. *n* TECHNOL Schwalbenschwanz *m* **II.** *vt* [1] → *wood* verzinken, verschwalben [2] → *projects* koordinieren, abstimmen (*to* auf *acc*)

dowdy ['daʊdı] *adj* unelegant, schäbig

dowel ['daʊəl] *n* Dübel *m*

down [1] [daʊn] **I.** *prep* [1] (*with movement to lower position*) abwärts, hinunter; ◇ **to go - the river** flußab fahren; ◇ **he ran his fingers - her back** er fuhr ihr mit seinen Fingern den Rücken hinunter [2] ↑ *along* entlang; ◇ **to walk - the road** die Straße entlanggehen [3] (*in lower position*) unten; ◇ **to be further - the hill** weiter unten am Hügel sein [4] (*further along*) ein Stück weiter; ◇ **he lives - the street** er wohnt ein Stück weiter in derselben Straße [5] (*in time*) über *acc* hindurch; ◇ **- the ages nothing's changed** es hat sich über Jahrhunderte hindurch nichts geändert [6] *FAM* ◇ **he's going - to the pub** er geht 'rüber in die Kneipe **II.** *adv* [1] (*movement to lower position*) hinab, abwärts; ◇ **he bent - to kiss the ground** er beugte sich hinab und küßte die Erde; ◇ **to put s.th. - on the table** etw auf den Tisch legen; *FIG* ◇ **to put s.o. -** jd-n bloßstellen [2] (*location geographically below*) unten; ◇ **he lives - in Southern Italy** er lebt unten in Süditalien [3] (*before o.s.*) ◇ **to have s.th. - in writing** etw schriftlich vor sich haben [4] (*denoting decrease*) herunter; ◇ **production has gone - since April** die Produktion ist seit April heruntergegangen [5] ◇ **to come - with s.th.** sich etw holen [6] ◇ **it's not - to you** das ist nicht deine Angelegenheit [7] ◇ **- with ... !** nieder mit ... ! **III.** *vt* [1] *FAM* → *pint of beer* hinunterschütten, abkippen [2] *FAM* ◇ **to - tools** die Arbeit niederlegen **IV.** *adj* [1] (*of mood*) niedergeschlagen; ◇ **he's a bit - today** er ist heute etw niedergeschlagen [2] ◇ **profits are - by 6%** die Gewinne sind um 6% zurückgegangen

down [2] [daʊn] *n* (*feathers*) Daunen *pl*

down-and-out I. *adj* heruntergekommen **II.** *n* ↑ *tramp* Penner *m;* **down-at-heel** *adj* ▷*appearance* abgerissen; **down-beat** *adj FIG* ▷*presentation* undramatisch; **downcast** *adj* [1] ▷*person* entmutigt [2] ▷*eyes* niedergeschlagen; **downfall** *n* [1] (*of person*) Sturz *m* [2] (*of empire*) Untergang *m;* **downgrade** *vt* → *job* herunterstufen; → *person* degradieren; **down-hearted** *adj* niedergeschlagen; **downhill** *adv* ◇ **to go -** bergab gehen; ← *person* hinuntergehen; ← *health* sich verschlechtern; **download** *vt* PC → *program[m]s* herunterladen; **down-market** *adj* ▷*residential area* weniger anspruchsvoll; ▷*product* Massen-; **down payment** *n* FIN Anzahlung *f* (*on* auf); **downpour** [-pɔː] *n* Platzregen *m;* **downright** I. *adj* ▷*lie* glatt II. *adv* ▷*rude* ausgesprochen

downs [daʊnz] *n pl* GEO Hügelland *s;* ◇ **the South D~** die South Downs

Down's syndrome *n* MED Down-Syndrom *s*

downstairs I. *adv* ① (*static*) unten ② (*with movement*) nach unten II. *adj* ▷*toilet* Parterre-; ◇ **the ~ neighbours** die Nachbarn von unten III. *n* Parterre *s*

downstream *adv* stromab(wärts) (*from, of* von *dat*); **down time** *n* TECHNOL PC Ausfalldauer *f;* **down-to-earth** *adj* ▷*matter-of-fact* realistisch, nüchtern; **downtown** I. *adv* ◇ **to work ~** in der Innenstadt arbeiten II. *adj* (*AM*) ◇ **~ area** Innenstadt *f;* **downtrodden** ['daʊntrɒdn] *adj* ↑ *oppressed* unterdrückt; **downturn** *n* (*in the economy*) Rückgang *m;* **down under** *n FAM* Australien *s;* **downward** *adj* ▷*slope* abfallend; ▷*tug* nach unten; *FIG* ◇ **to be on a ~ path** bergab gehen; **downward**[**s**] *adv* ▷*look* ▷*move* nach unten; ◇ **to lie on the floor face ~** mit dem Gesicht nach unten auf dem Boden liegen; **downwind** *adj* in Windrichtung

downy ['daʊnɪ] *adj* ▷*skin* flaumig; (*soft and like down*) daunenweich

dowry ['daʊrɪ] *n* Mitgift *f*

dowse [daʊz] *s.* **douse**

doze [dəʊz] I. *vi* dösen II. *n* Nickerchen *s;* **doze off** einnicken

dozen ['dʌzn] *n* Dutzend *s*

dozy [dəʊzɪ] *adj* ① verschlafen ② *FAM* ↑ *stupid* dösig, schwer von Begriff

DP *n abbr. of* **data processing** DV *f*

drab [dræb] *adj* trist, düster

draft [drɑːft] I. *n* ① (*preliminary version*) Entwurf *m,* Konzept *s* ② FIN ↑ *money order* schriftliche Zahlungsanweisung *f* ③ MIL Einziehung *f,* Einberufung *f* II. *vt* ① → *rough plan* entwerfen; → *text* abfassen ② MIL einberufen (*into* zu) ③ *FIG* → *people for special purpose* auswählen

draftsman *n* <-men> *s.* **draughtsman**

drafty ['drɑːftɪ] *adj s.* **draughty**

drag [dræg] I. *vt* ① → *heavy weight* schleppen; ◇ **to ~ s.o. to their feet** jd-n hochziehen ② → *coat in dirt* schleifen; ◇ **to ~ one's feet** schlurfen ③ → *river* absuchen II. *vi* ① ← *coat* schleifen ② ← *person* hinterherhinken ③ ← *work* sich hinziehen III. *n* ① *FAM* ↑ *bore* ◇ **to be a ~** langweilig sein ② ↑ *hinderance* Hemmnis *s,* Belastung *f* (*on* für) ③ ◇ **(man) in ~** in Frauenkleidung ④ AERO Luftwiderstand *m;* **drag on** *vi* ← *speech* sich hinziehen; **drag out** *vt* ① → *meeting* in die Länge ziehen ② ◇ **to ~ s.th. ~ of s.o.** aus jd-m etw herausholen; **drag up** *vt sep* → *old gossip* ausgraben

dragon ['drægən] *n* Drache *m;* **dragonfly** *n* Libelle *f*

drag queen *n* Tunte *f*

drain [dreɪn] I. *n* ① Abflußrohr *s;* Rinne *f;* (*main ~*) Kanalisationsrohr *s* ② *FIG* ↑ *burden* Belastung *f* (*on gen*) II. *vt* ① → *water* ableiten ② → *land* entwässern; → *vegetables* abgießen; → *cup* leeren ③ *FIG* → *resources* erschöpfen III. *vi* ← *water* abfließen; **drain away** *vi* ← *water* ablaufen

drainage *n* ▷*system* Kanalisation *f*

draining board *n* Ablauf *m*

drainpipe *n* Abflußrohr *s*

drake [dreɪk] *n* (*male duck*) Enterich *m*

dram [dræm] *n* (*of spirits*) Schluck *m*

drama ['drɑːmə] *n also FIG* Drama *s;* **dramatic** [drə'mætɪk] *adj* dramatisch; **dramatics** I. *n sg* (*subject*) Dramaturgie *f* II. *n pl* (*exaggerated behaviour*) Getue *s,* Theatralik *f;* **dramatist** ['dræmətɪst] *n* Dramatiker(in *f*) *m;* **dramatize** ['dræmətaɪz] I. *vt* → *novel* dramatisieren II. *vt, vi* ↑ *exaggerate* übertreiben

drank [dræŋk] *pt of* **drink**

drape [dreɪp] *vt* (*as decoration*) behängen; ◇ **to ~ s.th. over s.th.** etw über etw *acc* drapieren

drapes ['dreɪps] *n pl* (*AM*) Gardinen *pl*

drastic ['dræstɪk] *adj* drastisch

draught [drɑːft] *n* ① (*of air*) Zug *m* ② NAUT Tiefgang *m* ③ ◇ **beer on ~** Bier *s* vom Faß; **draughts** *n sg* (*game*) Damespiel *s;* **draughtsman** *n* <-men> (*technical drawing*) [technischer] Zeichner; *s.* **draftsman; draught animal** *n* Zugtier *s;* **draughty** [drɑːftɪ] *adj* zugig; ◇ **it's ~** es zieht

draw [drɔː] <drew, drawn> I. *vt, vi* ① (*with pencil*) zeichnen; ◇ **lines had been ~n all over the book** das Buch war mit lauter Strichen vollgekritzelt; ◇ **to ~ a plan of a building** e-n Gebäudeplan zeichnen ② (*in game*) ein Unentschieden erreichen ③ ◇ **to be ~n into s.th.** in etw hineingezogen werden II. *vt* ① → *heavy cart* ziehen ② ◇ **to ~ the curtains** (*morning*) die Vorhänge aufziehen; (*night*) die Vorhänge zuziehen ③ → *wallet* → *gun* herausziehen ④ → *money* abheben ⑤ → *water* schöpfen ⑥ → *crowd* anziehen ⑦ ◇ **to ~ one's own conclusions from what one sees** seine eigenen Schlüsse aus dem Gesehenen ziehen ⑧ ◇ **to ~ the line at s.th./doing s.th.** e-n Grenzpunkt setzen bei etw [*o.* etw zu tun] ⑨ ◇ **to ~ breath** Luft holen III. *vi* (*arrive slowly*) ◇ **the train is ~ing into the station** der Zug fährt langsam in den Bahnhof ein; ◇ **night is ~ing near** es wird bald Nacht sein; ◇ **to ~ to a close** allmählich zum Ende kommen IV. *n* ① (*lottery*) Ziehung *f* ② (*result*) Ergebnis *s* der Ziehung; **draw back** I. *vi* zurückweichen II. *vt sep* zurückziehen; **draw in** I. *vi* [1] ← *train* einfahren [2] ← *days* kürzer werden II. *vt sep* [1] → *customers* anziehen [2] → *breath* einziehen; **draw on** *vi* *+prep obj* ◇ **to - - one's powers of invention** seinen ganzen Erfindungsgeist aufbringen; **draw out** I. *vi* ← *car* herausfahren (*aus* of) II. *vt sep* [1] → *money* etwas Geld abheben [2] → *speech* ↑ *prolong* in die Länge ziehen; **draw up** I. *vi* ← *car* anhalten II. *vt sep* [1] JUR → *contract* aufsetzen [2] ◇ **to - o.s. up** sich aufrichten; **draw upon** *vi* *+prep obj* → *resources* verwenden; **drawback** *n* ↑ *disadvantage* Nachteil *m;* **drawbridge** *n* Zugbrücke *f*

drawer ['drɔ:*] *n* Schublade *f*

drawers *n pl* (*for men*) Unterhosen *pl*

drawing ['drɔ:ɪŋ] *n* [1] (*object*) Zeichnung *f* [2] (*act*) Zeichnen *s;* ◇ **to take classes in -** Zeichenunterricht nehmen; **drawing-board** *n* [1] Reißbrett *s* [2] *FIG* ◇ **to go back to the -** noch einmal ganz von vorn beginnen; **drawing-pin** *n* Reißzwecke *f;* **drawing-room** *n* Wohnzimmer *s*

drawl [drɔ:l] I. *n* (*Southern -*) schleppende Sprache *f* II. *vt, vi* schleppend sprechen

drawn [drɔ:n] I. *pp of* **draw**; II. *adj* [1] ▷*match* unentschieden [2] ▷*face* abgespannt; ◇ **to look -** abgespannt aussehen [3] ▷*curtains* zugezogen

dread [dred] I. *n* ↑ *fear* Angst *f* II. *vt* [1] sich fürchten (vor *dat*) [2] ◇ **to - to think of s.th.** sich etw mit Grauen vorstellen; **dreadful** ['dredfl] *adj* furchtbar; **dreadfully** *adv* schrecklich

dream [dri:m] <dreamed *o.* dreamt, dreamed *o.* dreamt> I. *vi* träumen (*about* von) II. *vt* [1] (*in sleep*) träumen; ◇ **to - that …** träumen, daß … [2] ↑ *fantasize* träumen; ◇ **to - of being rich** davon träumen, reich zu sein III. *n* Traum *m* IV. *adj* ▷*house etc.* Traum-; **dream up** *vt sep* → *scheme* sich *dat* einfallen lassen; **dreamer** *n* Träumer(in *f*) *m;* **dreamt** [dremt] *pt, pp of* **dream**

dreamy ['dri:mɪ] *adj* ▷*child* verträumt

dreary ['drɪərɪ] *adj* [1] ▷*weather* trüb [2] ▷*work* mühselig [3] ▷*landscape* eintönig

dredge [dredʒ] *vt* → *harbour* ausbaggern; **dredge up** *vt sep* [1] ausbaggern [2] *FIG* → *old story* ausgraben; **dredger** *n* [1] Bagger *m* [2] (GASTRON *for flour*) Zerstäuber *m*

dregs [dregz] *n pl* [1] (*of coffee*) Bodensatz *m* [2] (*FIG of society*) Abschaum *m*

drench [drentʃ] *vt* durchnässen

dress [dres] I. *vi* [1] sich anziehen [2] (*- in a particular way*) sich kleiden; ◇ **to - to kill** sich in Schale werfen; ◇ **to - well** sich gut kleiden; ◇ **we - for dinner** wir ziehen uns zum Essen um [3] ◇ **to be -ed in black leather** schwarze Ledersachen anhaben; ◇ **he's not -ed yet** er ist noch nicht angezogen II. *vt* [1] → *baby* anziehen [2] → *wound* verbinden [3] → *salad* anmachen [4] → *meat* kochfertig/bratfertig machen [5] → *shop window* dekorieren; **dress up** I. *vi* (*as cowboy etc.*) sich verkleiden; (*for dinner*) sich zurechtmachen II. *vt sep* (*disguise, embroider*) verkleiden; ◇ **to - - a poor report with statistics and diagrams** e-n schlechten Bericht mit Statistiken und Diagrammen schönen

dressage [dresɑ:ʒ] *n* Dressur *f*

dress circle *n* THEAT erster Rang

dresser *n* [1] (*person*) ◇ **he's a smart -** er kleidet sich schick [2] (*kitchen -*) Küchenanrichte *f* [3] *AM* [Frisier-]Kommode *f*

dressing *n* [1] MED Verband *m* [2] GASTRON Dressing *s;* **dressing down** *n* (*verbal criticism*) Standpauke *f;* ◇ **to give the kids a good - -** den Kindern e-e Standpauke halten; **dressing gown** *n* Bademantel *m;* **dressing room** *n* THEAT Garderobe *f;* SPORT Umkleideraum *m;* **dressing table** *n* Frisierkommode *f*

dressmaker *n* Schneider(in *f*) *m;* **dressmaking** *n* (*profession*) Schneidern *s;* **dress rehearsal** *n* THEAT Generalprobe *f;* **dress suit** *n* Abendanzug *m*

dressy ['dresɪ] *adj* fein angezogen

drew [dru:] *pt of* **draw**

dribble ['drɪbl] I. *vi* ← *baby* sabbern II. *vt, vi* → *[foot]ball* dribbeln (mit)

dribs and drabs [drɪbz n 'dræbz] *n* ◇ **to do s.th. in -** etw nur kleckerweise tun

drift [drɪft] I. *n* [1] (*of current*) Strömung *f* [2] (*of snow*) Verwehung *f* [3] (*of people*) Drang *m* [4] (*meaning*) Tendenz *f;* ◇ **do you get my -?** verstehst du, was ich meine? II. *vi* [1] ← *boat* [vor sich hin-]treiben; (*with wind*) treiben [2] ← *snow* wehen [3] ← *aimless person* sich treiben lassen; ◇ **to - into s.th.** in etw *acc* geraten; **drift off** *vi* (*to sleep*) einschlafen; **drifter** *n* (*person*) Gammler *m*

driftwood *n* Treibholz *s*

drill[1] [drɪl] I. *n* Bohrer *m* II. *vt, vi* bohren (*for* nach *dat*)

drill[2] [drɪl] I. [1] MIL Drill *m* [2] (*fire -*) Probealarm *m* II. *vt* → *soldiers* drillen

drily ['draɪlɪ] *adv s.* **dryly**

drink [drɪŋk] <drank, drunk> I. *vt, vi* trinken; ◇ **to - to s.o./s.th.** auf jd-n/etw trinken II. *n* [1] (*liquid*) Getränk *s;* ◇ **to have a -** etw trinken [2] (*glass of alcohol*) Drink *m,* Glas *s;* **drink in** *vt sep* → *sights and sounds* in sich aufnehmen; **drink up** *vt, vi* austrinken; **drinkable** *adj* ▷*water* trinkbar; **drinker** *n* (*heavy -*) Trinker(in *f*) *m;* **drinking-water** *n* Trinkwasser *s*

drip [drɪp] **I.** *n* ① (*form*) Tropfen *m* ② (*action*) Tropfen *s* ③ MED Tropf *m* **II.** *vi* tropfen; ◇ **to ~ with blood** vor Blut triefen

drip-dry *adj* (*of clothing*) bügelfrei

dripping *n* GASTRON Bratenfett *s;* **dripping wet** *adj* klatschnaß

drive [draɪv] <drove, driven> **I.** *vt* ① → *car* fahren; ◇ **he ~s an Audi** er fährt e-n Audi ② → *kids to school* fahren ③ → *cattle* treiben; ◇ **he was driven out of his job** er wurde von seinem Arbeitsplatz vertrieben ④ → *nail into wood* hauen; (*cricket*) → *ball into the crowd* schlagen; ◇ **to ~ a bill through Parliament** ein Gesetz im Parlament durchbringen; ◇ **to ~ s.th. home to s.o.** jd-m etw einhämmern ⑤ ◇ **to ~ s.o. insane** [*o.* **round the bend**] jd-n zum Wahnsinn treiben; ◇ **don't ~ the children so hard!** treibe die Kinder nicht so sehr an! ⑥ ◇ **what are you driving at?** worauf willst du hinaus? ⑦ ◇ **to ~ a hard bargain** ein zäher Verhandlungspartner sein **II.** *vi* ① ◇ **don't talk, just ~!** rede nicht soviel, konzentriere dich lieber auf's Fahren!; ◇ **to ~ to work** mit dem Auto zur Arbeit fahren ② ◇ **the old Chevy ~s like a dream** der alte Chevy fährt sich traumhaft gut **III.** *n* ① ◇ **we have a long night's ~ ahead of us** uns steht e-e durchfahrene Nacht bevor; ◇ **to go for a ~** e-e Fahrt unternehmen ② (*4-wheel ~ etc.*) Antrieb *m,* Steuerung *f* ③ (*at golf*) Treibschlag *m* ④ ↑ *driveway* Einfahrt *f* ⑤ PC Laufwerk *s* ⑥ (*mental quality*) Elan *m;* ◇ **he has the ~ to succeed** mit seinem Elan wird es ihm gelingen; **drive off I.** *vt sep* → *attackers* vertreiben **II.** *vi* (*from traffic lights*) losfahren; **drive-in** *adj* ◇ **~ movie** (*AM*) Autokino *s;* ◇ **~ restaurant** (*AM*) Autorestaurant *s*

drivel ['drɪvl] *n FAM* ◇ **to talk ~** Blödsinn reden; **drivel on** *vi PEJ* ↑ *talk nonsense* faseln (*about* über *acc*)

driven ['drɪvn] *pp of* **drive**

driver ['draɪvə*] *n* ① (*of vehicle, bus ~*) Fahrer(in *f*) *m;* ◇ **to be a back-seat ~** sich als Beifahrer ständig einmischen ② (*cattle ~*) Viehtreiber *m;* **driver's license** (*AM*) Führerschein *m*

driving ['draɪvɪŋ] **I.** *adj* ① ▷*rain* peitschend ② ▷*ambition* treibend ③ ◇ **to be in the ~ seat** die Zügel in der Hand haben **II.** *n* (*act*) Fahren *s;* ◇ **you do the ~!** fahr' du mal!; **driving instructor** *n* Fahrlehrer(in *f*) *m;* **driving lesson** *n* Fahrstunde *f;* **driving licence** *n* (*BRIT*) Führerschein *m;* **driving school** *n* Fahrschule *f;* **driving test** *n* Führerscheinprüfung *f*

drizzle ['drɪzl] **I.** *n* Nieselregen *m* **II.** *vi* nieseln

droll [drəʊl] *adj* komisch

dromedary ['drɒmɪdərɪ] *n* Dromedar *s*

drone [drəʊn] **I.** *n* (*of engine*) Brummen *s;* (*of bees*) Summen *s* **II.** *vi* ① brummen, summen ② ← *person* eintönig reden

drool [dru:l] *vi* sabbern

droop [dru:p] *vi* herunterhängen

drop [drɒp] **I.** *n* ① (*of liquid*) Tropfen *m* ② (*lemon ~*) Drops *m* ③ (*of 22 metres*) Höhenunterschied *m;* ↑ *fall* Fall *m* ④ (*in temperature, in prices*) Rückgang *m* **II.** *vt* ① → *object* fallen lassen ② *FIG* → *person or thing* fallenlassen ③ → *s.o. from car* absetzen ④ ◇ **to ~ a hint** e-e Andeutung machen ⑤ ↑ *give birth* ← *animal* werfen **III.** *vi* ① (*to the ground*) fallen ② ← *temperature* sinken ③ *FAM* ← *conversation* aufhören; **drop in** *vi* ↑ *visit* vorbeikommen; **drop off I.** *vi* ① (*for short sleep*) einnicken ② ← *business* zurückgehen **II.** *vt* (*delivery*) absetzen; **drop out** *vi* ausscheiden; **dropout** *n* Aussteiger (in *f*) *m*

dropper *n* MED Tropfer *m*

droppings *n* Kot *m*

dross [drɒs] *n FIG* ↑ *waste* Tand *m*

drought [draʊt] *n* Dürre *f*

drove [1] [drəʊv] *pt of* **drive**

drove [2] *n* (*~s of people*) Schar *f*

drown [draʊn] **I.** *vt* ① → *kittens* ertränken ② ← *noise* übertönen **II.** *vi* ertrinken

drowse [draʊz] *vi* dämmern, dösen; **drowsy** ['draʊzɪ] *adj* schläfrig

drudgery ['drʌdʒərɪ] *n* stumpfsinnige Arbeit *f*

drug [drʌg] **I.** *n* ① MED Medikament *s,* Arzneimittel *s* ② ↑ *narcotic* Droge *f,* Rauschgift *s* **II.** *vt* (*with bad intention*) betäuben; **drug addict** *n* Drogensüchtige(r) *fm;* **druggist** *n* (*AM*) Drogist (in *f*) *m;* **drug trafficking** [drʌg'træfɪkɪŋ] *n* Drogenhandel *m;* **drugstore** *n* (*AM*) Drugstore *m*

druid ['dru:ɪd] *n* Druide *m*

drum [drʌm] **I.** *n* Trommel *f;* (*~s [in band]*) Schlagzeug *s* **II.** *vi* trommeln; **drum up** *vt sep* → *support* auftreiben; **drummer** *n* (*in band*) Schlagzeuger(in *f*) *m;* **drumstick** *n* ① MUS Trommelstock *m* ② (*of chicken*) Keule *f*

drunk [drʌŋk] **I.** *pp of* **drink**; **II.** *adj* betrunken **III.** *n* Betrunkene(r) *fm;* (*habitual ~*) Säufer(in *f*) *m*

drunkard [drʌŋkəd] *n* Trinker *m*

drunken ['drʌŋkən] *adj* betrunken; JUR ◇ **~ driving** Trunkenheit *f* am Steuer; **drunkenness** *n* Betrunkenheit *f*

dry [draɪ] **I.** *adj* trocken **II.** *vt, vi* → *clothes* trocknen; ◇ **to ~ one's hands** sich die Hände abtrocknen **III.** *vi* ← *clothes* trocknen; ← *paint* trocknen; **dry out I.** *vt sep* → *clothes* trocknen **II.** *vi* ◇ **to go**

D

to hospital to - - im Krankenhaus e-e Entziehungskur machen; **dry up I.** *vi* [1] ← *river* austrocknen [2] ← *supply of money* ausgehen [3] *FAM* ◇ **do - -!** ↑ *be quiet* sei jetzt endlich still! **II.** *vt sep* → *dishes* abtrocknen; **dry-clean** *vt* chemisch reinigen; **dry-cleaner's** [draɪˈkli:nəz] *n* (*shop*) chemische Reinigung; **dry-cleaning** *n* chemische Reinigung; **dryer** *n* (*clothes -*) [Wäsche-]Trockner *m;* (*spin -*) [Wäsche-]Schleuder *f;* (*hair -*) Fön *m;* **dry goods** *n pl* COMM Kurzwaren *pl,* Textilien *pl;* **dry land** *n* fester Boden; ◇ **to step onto - -** wieder festen Boden unter die Füße bekommen; **dryly** *adv* (*comment -*) trocken; **dryness** *n* [1] (*of weather*) Trockenheit *f* [2] (*of text*) Sachlichkeit *f;* **dry rot** *n* Holzschwamm *m;* **dry run** *n* ▷*experiment* Probe *f;* **dry shampoo** *n* Trockenshampoo *s*

dual [ˈdjʊəl] *adj* Doppel-, zweierlei; ◇ **- carriage-way** Schnellstraße *f;* ◇ **- nationality** doppelte Staatsangehörigkeit *f;* **duality** *n* Dualität *f;* **dual-purpose** *adj* zweifach verwendbar

dub [dʌb] *vt* [1] ↑ *nickname* taufen [2] → *film* synchronisieren

dubious [ˈdju:bɪəs] *adj* zweifelhaft, fragwürdig

duchess [ˈdʌtʃɪs] *n* Herzogin *f*

duck [dʌk] **I.** *n* (*bird*) Ente *f* **II.** *vi* sich ducken **III.** *vt* [1] ◇ **to - one's head** den Kopf einziehen [2] → *question* ausweichen

duckling [dʌklɪŋ] *n* [1] Entenküken *s* [2] GASTRON junge Ente *f*

duct [dʌkt] *n* [1] (*air -*) Rohrleitung *f* [2] ANAT Röhre *f*

dud [dʌd] **I.** *n* [1] (*missile*) Blindgänger *m* [2] (*FAM person*) Versager *m* **II.** *adj* ▷*cheque* ungedeckt; ▷*device* nutzlos

dude [dju:d] *n FAM* Kerl *m*

due [dju:] **I.** *adj* [1] ↑ *scheduled to arrive* ◇ **the train is - at 5 o'clock** der Zug kommt laut Fahrplan um 5 Uhr an; ◇ **the work is - to be finished soon** die Arbeit wird demnächst fertiggestellt sein; ◇ **when is the baby -?** wann wird das Baby kommen? [2] ↑ *proper* gehörig; ◇ **with all - respect ...** bei allem gehörigen Respekt ...; ◇ **the - process of law** das ordentliche Verfahren [3] ↑ *payable* fällig; ◇ **the payment is - on the ...** die Zahlung wird fällig am ... [4] ◇ **to be - to do s.th.** etw tun sollen; ◇ **to be - for s.th.** den Erhalt e-r Sache erwarten [5] ◇ **- to** ↑ *because of* aufgrund *gen;* ◇ **what's it - to?** woran liegt es?; ◇ **his success is partly - to luck** seinen Erfolg verdankt er teilweise auch Glück [6] ◇ **we will inform you in - course** wir werden Sie in Kürze informieren **II.** *adv* direkt, genau; ◇ **it's - south** es liegt genau im Süden **III.** *n* (*fee*) Gebühr *f;* ◇ **membership -s** Mitgliedsbeiträge; ◇ **to pay your -s** *also FIG* seine Schulden bezahlen; ◇ **give the man his -, it was a hard task for him** man muß ganz ehrlich zugeben, daß das e-e schwierige Aufgabe für ihn war

duel [ˈdjʊəl] **I.** *n* Duell *s* **II.** *vi* sich duellieren

duet [dju:ˈet] *n* (*of singers*) Duett *s*

duffel-coat [ˈdʌflkəʊt] *n* Dufflecoat *m*

dug [dʌg] *pt, pp of* **dig**

dugout [ˈdʌgaʊt] *n* MIL Schützengraben *m*

duke [dju:k] *n* Herzog *m*

dulcet [ˈdʌlsɪt] *adj* ▷*tone* wohlklingend

dull [dʌl] **I.** *adj* [1] ▷*weather* trübe [2] ▷*paintwork* matt [3] ▷*speaker* lahm [4] ▷*sound* dumpf **II.** *vt* → *mind* abstumpfen

duly [ˈdju:lɪ] *adv* ↑ *accordingly* entsprechen; ↑ *correctly* ordnungsgemäß

dumb [dʌm] *adj* [1] (*deaf and -*) stumm [2] ◇ **- animals** die Tiere [3] *FAM* ↑ *stupid* dumm

dumbbell [ˈdʌmbel] *n* Hantel *f*

dumbfounded [ˈdʌmfaʊndəd] *adj* verblüfft; **dumb waiter** *n* ↑ *lift* Speiseaufzug *m*

dummy [ˈdʌmɪ] **I.** *n* [1] ↑ *substitute* Attrappe *f;* (*of shop-window*) Schaufensterpuppe *f,* Kleiderpuppe *f* [2] (*baby's -*) Schnuller *m* [3] *FAM* ↑ *fool* Dummkopf *m* **II.** *adj* ▷*object* unecht; **dummy run** *n* ↑ *check* Probe *f*

dump [dʌmp] **I.** *n* [1] (*refuse -*) Deponie *f,* Müllkippe *f* [2] (*FAM awful place*) Saustall *m* **II.** *vt* [1] abladen [2] COMM zu Dumpingpreisen verkaufen

dumping *n* [1] COMM Dumping *s* [2] (*of rubbish*) Abladen *s*

dumpling [ˈdʌmplɪŋ] *n* GASTRON Kloß *m*

dumpy [ˈdʌmpɪ] *adj* ▷*figure* pummelig

dune [dju:n] *n* Düne *f*

dung [dʌŋ] *n* Dung *m*

dungarees [dʌŋgəˈri:z] *n pl* Latzhosen *pl*

dungeon [ˈdʌndʒən] *n* Kerker *m*

dunk [dʌŋk] → *s.th. in liquid* tunken

dupe [dju:p] **I.** *n* Betrogene(r) *fm* **II.** *vt* betrügen

duplicate [ˈdju:plɪkɪt] **I.** *adj* doppelt, zweifach; ▷*receipt* in doppelter Ausfertigung **II.** *n* Duplikat *s,* Kopie *f;* (*- key*) Zweitschlüssel *m* **III.** [ˈdju:plɪkeɪt] *vt* [1] → *action* wiederholen [2] → *text with machine* kopieren, vervielfältigen

duplicity [dju:ˈplɪsɪtɪ] *n* Doppelspiel *s*

durability [djʊərəˈbɪlɪtɪ] *n* (*of material*) Widerstandsfähigkeit *f,* Haltbarkeit *f;* **durable** [ˈdjʊərəbl] *adj* ▷*relationship* widerstandsfähig, dauerhaft

duration [djʊəˈreɪʃən] *n* Dauer *f*

duress [djʊəˈres] *n* Zwang *m;* ◇ **under -** unter Zwang

durex® [ˈdjʊəreks] *n FAM* Gummi *m*

during ['djʊərɪŋ] *prep* während *gen*
dusk [dʌsk] *n* [Abend-]Dämmerung *f*
dusky ['dʌskɪ] *adj* dunkel
dust [dʌst] **I.** *n* Staub *m* **II.** *vt* ① abstauben ② GASTRON bestäuben; **dustbin** *n* (*BRIT*) Mülltonne *f;* **dustcart** *n* (*BRIT*) Müllwagen *m*
duster *n* Staubtuch *s;* **dustjacket** *n* (*of book*) Umschlag *m;* **dustman** *n* <-men> (*BRIT*) Müllmann *m;* **dustpan** *n* Kehrschaufel *f;* **dust-up** *n* Streit *m;* **dusty** ['dʌstɪ] *adj* staubig
Dutch [dʌtʃ] **I.** *adj* holländisch, niederländisch **II.** *n* ◇ **the** ~ *pl* die Holländer/Niederländer *pl;* **Dutch courage** *n* angetrunkener Mut *m*
Dutchman *n* <-men> Holländer *m*
Dutchwoman *n* <-women> Holländerin *f*
dutiful ['dju:tɪfʊl] *adj* ▷*worker* pflichtbewußt; ▷*child* gehorsam
duty ['dju:tɪ] *n* ① (*moral or legal obligation*) Pflicht *f;* ◇ **to do s.th. out of a sense of** ~ etw aus Pflichtgefühl tun; ◇ **it is my** ~ **to inform you that …** es ist meine Pflicht, Ihnen mitzuteilen, daß … ② ↑ *customs duties* Zoll (*on* auf) ③ ◇ **to be off** ~ ← *a policeman, a doctor etc.* nicht im Dienst sein; ◇ **to be on** ~ (*a policeman, a doctor etc.*) im Dienst sein; ◇ **to come off duty** seinen Dienst beenden; ◇ **emergency** ~ Notdienst *m;* **duty-bound** *adj* ↑ *obliged* verpflichtet; ◇ **we are all** ~ **to help accident victims** jeder von uns ist verpflichtet, Unfallopfern zu helfen; **duty-free** *adj* ▷*goods, import* zollfrei; **duty-free shop** *n* Duty-Free-Shop *m*
duvet ['dju:veɪ] *n* Federbett *s*
dwarf [dwɔ:f] **I.** [dwɔ:f] *n* <dwarfs, dwarves> (*person*) Zwerg(in *f*) *m* **II.** *adj* ▷*person* zwergenhaft; ▷*plant, animal* zwergwüchsig **III.** *vt* ← *skyscraper* überragen; ◇ **his achievements are -ed by hers** seine Leistungen muten winzig an, verglichen mit ihren
dwell [dwel] <dwelt, dwelt> *vi* leben, wohnen; **dwell on** *vt FIG* länger nachdenken (*s.th.* über *acc*)
dwelling *n* Wohnung *f*
dwelt [dwelt] *pt, pp of* **dwell**
dwindle ['dwɪndl] *vi* ← *interest* abnehmen; ← *customers* zurückgehen
dye [daɪ] **I.** *n* Farbstoff *m* **II.** *vt* färben
dying ['daɪɪŋ] *adj* sterbend; ◇ ~ **wish** letzter Wunsch
dyke *n* ① (*sea barrier*) Deich *m*, Damm *m* ② *FAM* ↑ *lesbian* Lesbe *f*
dynamic [daɪ'næmɪk] *adj* dynamisch; **dynamics** *n pl sg* Dynamik *f;* **dynamism** ['daɪnəmɪzəm] *n* (*of person*) Dynamik *f*
dynamite ['daɪnəmaɪt] **I.** *n* Dynamit *s* **II.** *vt* sprengen
dynamo ['daɪnəməʊ] *n* Dynamo *m;* ↑ *alternator* Lichtmaschine *f*
dynasty ['dɪnəstɪ] *n* Dynastie *f*
dysentery ['dɪsntrɪ] *n* MED Dysenterie *f*
dysfunction [dɪs'fʌŋkʃən] *n* Funktionsstörung *f*
dyslexia [dɪs'leksɪə] *n* Legasthenie *f;* **dyslexic** [dɪs'leksɪk] **I.** *adj* legasthenisch **II.** *n* Legastheniker(in *f*) *m*

E

E

E, e [i:] *n* E, e *s;* MUS ◇ **E flat/sharp** Es/Eis *s*
each [i:tʃ] **I.** *adj* jeder; ◇ ~ **one of them** jeder einzelne von ihnen **II.** *pron* jeder; ◇ ~ **child drew a picture** jedes der Kinder hat ein Bild gemalt; ◇ **they helped** ~ **other** sie haben einander geholfen **III.** *adv* je; ◇ **I gave them one book** ~ ich habe ihnen je ein Buch gegeben
eager ['i:gə*] *adj* ① ↑ *enthusiastic* eifrig ② ↑ *expectant* ◇ **he had an** ~ **look on his face** er hatte e-n erwartungsvollen Gesichtsausdruck; ↑ *impatient* ungeduldig; ◇ **I am** ~ **to go** ich will unbedingt gehen ③ ↑ *keen* begierig (*for, about* nach); ◇ **the students were** ~ **to learn** die Studenten waren wißbegierig; **eagerly** *adv* ① eifrig; ◇ **he looked** ~ **at his food** er schaute gierig auf sein Essen ② ◇ **we** ~ **agreed** wir stimmten bereitwillig zu; **eagerness** *n* ① Eifer *m;* ◇ ~ **to help** die Bereitwilligkeit, zu helfen ② Ungeduld *f*
eagle ['i:gl] *n* Adler *m*
ear[1] [ɪə*] *n* ① Ohr *s; FIG* ◇ **he is all -s** er ist ganz Ohr; ◇ **keep your -s open** halt' die Ohren offen ② (*sensitivity to sound*) ◇ **Peter has a good** ~ **for music** Peter hat ein feines Gehör für Musik; ◇ **to play by** ~ nach Gehör spielen
ear[2] *n* (*of corn*) Ähre *f*
earache *n* Ohrenschmerzen *m pl,* Ohrenweh *s;* **eardrum** *n* Trommelfell *s*
earl [ɜ:l] *n* Graf *m*
early ['ɜ:lɪ] *adj, adv* früh ① (*time*) ◇ **it is** ~ **in the evening** es ist früh am Abend; ◇ **the** ~ **bird catches the worm** Morgenstund' hat Gold im Mund ② (*stage*) ◇ **in** ~ **spring** zu Frühjahrsbeginn; ◇ **in the** ~ **part of the day** früh am Tag; ◇ ~ **retirement** vorzeitige Pensionierung, Frührente *f* ③ [zu] früh; ◇ **you're** ~ du bist früh dran
earmark ['ɪəmɑ:k] **I.** *n* ① (*in advantage*) Kennzeichen *s* ② (*characteristic*) Merkmal *s* **II.** *vt* ↑ *mark, set aside* bestimmen, vorsehen; ◇ **to** ~ **s.th.**

for a particular purpose etw für e-n bestimmten Zweck zurücklegen

earn [ɜːn] *vt* ① → *income* verdienen ② → *interest* einbringen ③ → *merit* verdienen

earnest [ˈɜːnɪst] **I.** *adj* ① ↑ *serious* ernst ② ▷*hope* aufrichtig **II.** *n* Ernst; ◇ **in** - im Ernst

earnings [ˈɜːnɪŋz] *n pl* ▷*private* Verdienst *m;* ◇ **a monthly** - ein Monatslohn; ▷*business* Ertrag *m*

earphones [ˈɪəfəʊnz] *n pl* Kopfhörer *pl;* **earplug** *n* Oropax ® *s* Ohrwatte *f;* **earring** *n* Ohrring *m;* **earshot** [ˈɪəʃɒt] *n* Hörweite *f;* ◇ **within/out of** - in/außer Hörweite

earth [ɜːθ] **I.** *n* Erde *f;* ELECTR Erde; ↑ *soil* Erde **II.** *vt* ◇ **to** - **up** ausgraben

earthenware [ˈɜːθnweə*] *n* Ton *m,* Steingut *s*

earthquake *n* Erdbeben *s*

earthy [ˈɜːθɪ] *adj* ① ↑ *like earth* erdig ② ▷*humour* derb

earwig [ˈɪəwɪg] *n* Ohrwurm *m*

ease [iːz] **I.** *n* ① ↑ *simplicity* Leichtigkeit *f;* ◇ **we did it with** - wir haben es mühelos geschafft ② ↑ *comfort* Sorglosigkeit *f;* ◇ **she lives a life of** - sie führt ein sorgenfreies Leben; MIL ◇ **at** -! rührt euch! ③ ▷*mental* Ruhe *f,* Ausgeglichenheit *f;* ◇ **she is not at** - sie ist nicht ausgeglichen; ◇ **I am not at** - **in this mini-skirt** ich fühle mich in diesem Minirock nicht wohl **II.** *vt* ① → *pain* lindern; → *burden* erleichtern; ◇ **the news -d my mind** die Nachricht beruhigte mich ② ↑ *loosen* lockern **III.** *vi* Erleichterung/Entspannung schaffen; **ease off**, **ease up** *vi* ① (*relax*) langsamer werden; ◇ **things have -d** - **at the office** im Büro ist es etw ruhiger geworden; ◇ **the situation has -d** - die Situation hat sich entspannt ② ↑ *slow down* ◇ **the rain has -d** - der Regen hat nachgelassen

easel [ˈiːzl] *n* Staffelei *f*

easily [ˈiːzɪlɪ] *adv* ① ↑ *without difficulties* ◇ **the car started** - das Auto ist problemlos angesprungen; ◇ **she passed the exam** - sie hat die Prüfung mühelos bestanden ② ↑ *likely* ◇ **it may happen very** - das kann leicht passieren ③ ↑ *without effort* ◇ **we will** - **arrive on time** wir werden auch ohne uns abzuhetzen pünktlich ankommen

east [iːst] **I.** *n* Osten *m;* POL GEO ◇ **the E**- der Osten **II.** *adj* östlich **III.** *adv* ostwärts

Easter [ˈiːstə*] *n* Ostern *s;* **Easter egg** *n* Osterei *s*

easterly [ˈiːstəlɪ] *adj* österlich; **eastern** [ˈiːstən] *adj* Ost-, östlich; **East Germany** *n* Ostdeutschland *s;* HIST Deutsche Demokratische Republik, DDR *f;* **East Indies** *n pl* Malaiischer Archipel *m;* **eastwards** [ˈiːstwədz] *adv* ostwärts

easy [ˈiːzɪ] **I.** *adj* ① ▷*task* leicht, einfach; ◇ - **money** leicht verdientes Geld; *FAM* ◇ **that was** - **as pie** das war ein Kinderspiel ② ↑ *comfortable* mühelos; ◇ **the hotel has** - **access to the beach** der Strand ist vom Hotel aus leicht erreichbar ③ ▷*life* bequem, leicht ④ ▷*manner* ungezwungen; ◇ **free and** - ganz zwanglos **II.** *adv* ◇ - **does it!** ruhig! langsam!; ◇ **go** - **on him** mach es ihm nicht zu schwer!; *FAM* ◇ **take it** - nimm's dir nicht [zu sehr] zu Herzen

eat [iːt] **I.** <ate, eaten> *vt* ← *humans* essen; ← *animals* fressen; ◇ **we are -ing breakfast** wir frühstücken; *FIG* ◇ **to** - **one's words** das Gesagte zurücknehmen; *FAM* ◇ **he -s like a horse** er frißt; ◇ **s.th. is -ing at me** mir ist etw über die Leber gelaufen **II.** *vi* ◇ **to** - **out** zum Essen ausgehen, essen gehen; ◇ **to** - **well** gut essen; **eat away** *vt* ↑ *corrode* zerfressen; ↑ *erode* ◇ **the sea is -ing the rock** - das Meer wäscht den Fels aus; **eatable** *adj* eßbar; **eat-by date** *n* Haltbarkeitsdatum *s;*

eaten [ˈiːtn] *pp of* **eat**

eaves [iːvz] *n pl* Dachvorsprung *m*

eavesdrop [ˈiːvzdrɒp] *vi* lauschen; ◇ **to** - **on s.o.** jd-n belauschen

ebb [eb] **I.** *n* (*retreat*) Ebbe *f;* ◇ - **and flow** Ebbe und Flut *f; FIG* ◇ **the** - **and flow of a marriage** das Auf und Ab in e-r Ehe **II.** *vi* (← *sea, after high tide*) zurückgehen

ebony [ˈebənɪ] **I.** *n* Ebenholz *s* **II.** *adj* schwarz wie Ebenholz

eccentric [ɪkˈsentrɪk] **I.** *adj* exzentrisch **II.** *n* Exzentriker(in *f*) *m*

ecclesiastical [ɪkliːzɪˈæstɪkəl] *adj* kirchlich, klerikal

echo [ˈekəʊ] **I.** *n* <-es> Echo *s,* Widerhall *m* **II.** *vt* zurückwerfen; *FIG* wiedergeben; ◇ **to** - **s.o.'s opinion** jd-s Meinung wiedergeben **III.** *vi* widerhallen

eclipse [ɪˈklɪps] **I.** *n* ASTRON Eklipse *f,* Finsternis *f* **II.** *vt* verfinstern

ecology [ɪˈkɒlədʒɪ] *n* Ökologie *f*

economic [iːkəˈnɒmɪk] *adj* wirtschaftlich, ökonomisch; **economical** *adj* ① ▷*system* wirtschaftlich, Wirtschafts- ② ↑ *thrifty* sparsam ③ ↑ *knapp* ◇ **the language used in advertising is very** - in der Werbung verwendet man e-e sehr knappe Sprache;

economics *n pl o sg* (*subject*) Volkswirtschaft *f,* Betriebswirtschaft *f,* Wirtschaftswissenschaften *f pl;* (*system*) Wirtschaft, Ökonomie *f;* **economist** [ɪˈkɒnəmɪst] *n* Wirtschaftswissenschaftler(in *f*) *m;*

economize [ɪˈkɒnəmaɪz] *vi* sparen; ◇ **we have to** - **on petrol** wir müssen Benzin sparen; **economy** [ɪˈkɒnəmɪ] *n* ① ↑ *thrift* Sparsamkeit *f;* ◇ **a marathon must be run with a good degree of** - beim Marathonlaufen muß man seine Kräfte gut einteilen ② (*of country, financial apparatus*)

Wirtschaft *f;* ◇ **the ~ stagnated** die Wirtschaft stagnierte
ecosystem ['i:kəʊsɪstəm] *n* Ökosystem *s*
ecstasy ['ekstəsɪ] *n* [1] ↑ *bliss* Ekstase *f,* Verzückung *f* [2] *(drug)* Ecstasy *s;* **ecstatic** [ek'stætɪk] *adj* ekstatisch
ecumenical [i:kjʊ'menɪkəl] *adj* ökumenisch
eczema ['eksɪmə] *n* Hautausschlag *m*
Eden ['i:dn] *n* ◇ **the Garden of ~** der Garten Eden
edge [edʒ] *n* **I.** ↑ *border, rim* Rand *m; (of knife)* Schneide *f; (of water)* Ufer *s; (of table)* Kante *f; FIG* ◇ **to be on ~** nervös sein; ◇ **to have an ~ on s.o.** jd-m gegenüber e-n Vorteil haben; ◇ **to take the ~ off of a situation** e-e Situation entspannen **II.** *vi* sich allmählich fortbewegen; ◇ **to ~ out of a house** sich aus e-m Haus stehlen; ◇ **to ~ towards s.th.** sich vorsichtig auf etw zubewegen **III.** *vt* besetzen; ◇ **we ~d the path with flowers** wir bepflanzten den Gehsteigrand mit Blumen; ◇ **she ~d the walkway** sie hat den Rasen am Gehsteigrand gemäht
edging *n* Borte *f;* ◇ **~ shears** Rasenschere *f*
edgy ['edʒɪ] *adj* nervös
edible ['edɪbl] *adj* eßbar
edict ['i:dɪkt] *n* Erlaß *m*
edifice ['edɪfɪs] *n* Gebäude *s; FIG* ↑ *structure* Gefüge *s,* Struktur *f*
edit ['edɪt] *vt* herausgeben, redigieren; ◇ **they are ~ing a book together** sie geben gemeinsam ein Buch heraus; PC edi[ti]eren, bearbeiten
edition [ɪ'dɪʃən] *n* Ausgabe *f*
editor ['edɪtə*] *n* [1] *(~[-in-chief])* Herausgeber(in *f*) *m; (sports ~ etc.)* Redakteur(in *f*) *m;* ◇ **the ~ of this text was a professional** der Verfasser dieses Textes war ein Profi [2] PC Editor *m;* **editorial** [edɪ'tɔ:rɪəl] **I.** *adj* redaktionell; ◇ **~ staff** Redaktionsangestellte *pl* **II.** *n* Leitartikel *m*
EDP *n abbr. of* **electronic data processing** EDV *f*
educate ['edjʊkeɪt] *vt* [1] ↑ *teach* erziehen; ◇ **she was ~d at a private school** sie war auf e-r Privatschule [2] ↑ *inform* aufklären, informieren; ◇ **the public must be ~d about Aids** die Öffentlichkeit muß über Aids aufgeklärt werden; **educated** [-ɪd] *adj* gebildet; ◇ **he was ~ at the university** er wurde an der Universität ausgebildet; ◇ **to make an ~ guess** e-e wohlbegründete Vermutung anstellen; **education** [edjʊ'keɪʃən] *n* [1] ↑ *teaching* Pädagogik *f,* Erziehungswissenschaften *f pl; (system)* Ausbildung *f;* ↑ *schooling* Schulung *f* [2] *(knowledge)* Bildung *f;* ◇ **obtaining a good ~ is important** es ist wichtig, e-e gute Ausbildung zu bekommen [3] ◇ **the ~ received at home is what counts** die Erziehung allein zählt; **educational** *adj* pädagogisch; ◇ **bad experiences can be very ~** schlechte Erfahrungen können sehr lehrreich sein
eel [i:l] *n* Aal *m*
eerie ['ɪərɪ] *adj* unheimlich; ◇ **the wind made an ~ sound** der Wind machte ein unheimliches/schauriges Geräusch
efface [ɪ'feɪs] **I.** *vt* löschen **II.** *vr* sich zurückhalten
effect [ɪ'fekt] **I.** *n* [1] *(result)* Wirkung *f;* ◇ **the aspirin has started to take ~** das Aspirin hat angefangen zu wirken; MED ◇ **side-~** Nebenwirkung *f* [2] *(in film)* ◇ **~s** *pl* ▷*sound, special* Effekte *pl* [3] ◇ **to be in ~** in Kraft sein; ◇ **to come into ~** in Kraft treten; ◇ **the law was put into ~** das Gesetz wurde in Kraft gesetzt; ◇ **the contract takes ~ in two days** der Vertrag wird in zwei Tagen wirksam **II.** *vt* bewirken; ◇ **she ~ed her wish** sie setzte ihren Wunsch in die Tat um; → *insurance* abschließen; → *agreement* erzielen; **effective** [ɪ'fektɪv] *adj* wirksam; ◇ **the contract has not yet become ~** der Vertrag ist noch nicht in Kraft getreten
effeminate [ɪ'femɪnɪt] *adj* weibisch, effeminiert
effervescent [efə'vesnt] *adj* sprudelnd; *FIG* überschäumend
efficiency [ɪ'fɪʃənsɪ] *n (of person)* Fähigkeit *f,* Tüchtigkeit *f; (of thing)* Leistungsfähigkeit *f;* **efficient** [ɪ'fɪʃnt] *adj* fähig, leistungsfähig; **efficiently** *adv* gut, effizient
effort ['efət] *n* [1] Bemühung *f;* ◇ **to make an ~** sich bemühen; ◇ **he made no ~ to be nice** er machte sich nicht die Mühe, nett zu sein; ◇ **she made an ~ to give up smoking** sie hat sich bemüht, das Rauchen aufzugeben; ▷*physical* Anstrengung *f,* Leistung *f* [2] ↑ *attempt* Unternehmen *s;* ◇ **it is my first ~ at knitting** es ist mein erster Strickversuch; **effortless** *adj* mühelos, leicht
effrontery [ɪ'frʌntərɪ] *n* Unverschämtheit *f;* ◇ **she has the ~ to turn me down** sie besitzt die Frechheit, mich abzuweisen
e.g. *abbr. of* **for example** z.B.
egg [eg] *n* Ei *s; (proverbial)* ◇ **to put all one's ~s in one basket** alles auf e-e Karte setzen; **egg on** *vt* anstacheln; **egg-beater** *n* Schneebesen *m;* **eggcup** *n* Eierbecher *m;* **eggplant** *n* Aubergine *f;* **eggshell** *n* Eierschale *f*
ego ['i:gəʊ] *n* <-s> Ego *s,* Ich *s;* ◇ **success will boost your ~** Erfolg wird dein Selbstbewußtsein stärken; ◇ **her ~ won't let her admit her faults** ihr Stolz läßt sie ihre Schwächen nicht zugeben; *FAM* ◇ **he is on an ~ trip** er ist auf dem Egotrip;
egoist ['i:gəʊɪst] *n* Egoist(in *f*) *m;* **egotism**

E

['egəʊtɪzəm] *n* Ichbezogenheit *f;* **egotist** ['egəʊtɪst] *n* Egotist(in *f*) *m*

Egypt ['i:dʒɪpt] *n* Ägypten *s*

eiderdown ['aɪdədaʊn] *n* Federbett *s*

eight [eɪt] **I.** *nr* acht **II.** *n* Acht *f*

eighteen ['eɪti:n] **I.** *nr* achtzehn **II.** *n* Achtzehn *f*

eighth [eɪtθ] **I.** *nr* (*ordinal*) acht-; ◇ **he lives on the - floor** er wohnt im achten Stock **II.** *n* Achtel *s*

eighty ['eɪtɪ] **I.** *nr* achtzig **II.** *n* Achtzig *f*

Eire ['ɛərə] *n* [Republik] Irland *s*

either ['aɪðə*] **I.** *cj* ◇ **the party is - today or tomorrow** die Party findet entweder heute oder morgen statt **II.** *pron* [1] ◇ **- of the two** eine(r, s) von beiden; ◇ **I don't want -** ich möchte keines von beiden [2] ↑ *both* ◇ **- dress will suit me** beide Kleider gefallen mir **III.** *adj* ◇ **on - side** auf beiden Seiten **IV.** *adv* ◇ **I don't like her -** ich mag sie auch nicht

ejaculate [ɪ'dʒækjʊleɪt] *vi* aufschreien; ANAT ejakulieren

eject [ɪ'dʒekt] *vt* [1] → *person* hinauswerfen [2] → *smoke* ausstoßen; → *pilot* hinausschleudern; **ejector seat** *n* Schleudersitz *m*

elaborate I. [ɪ'læbərɪt] *adj* [1] ↑ *ornate* kunstvoll; ◇ **she had a very - hairstyle** ihre Frisur war aufwendig zurechtgemacht; ◇ **I could put on s.th. more -** ich könnte etw Schickeres anziehen [2] ↑ *complicated* ▷*plans, methods* ausgefeilt, ausgeklügelt **II.** [ɪ'læbəreɪt] *vt* ↑ *expand* ausarbeiten **III.** *vi* ◇ **allow me to - on this subject** lassen Sie mich dieses Thema näher ausführen; ◇ **there is no need to -** Sie brauchen nichts weiter zu sagen; **elaborately** *adv* kunstvoll; kompliziert, detailliert; ausführlich

elapse [ɪ'læps] *vi* ← *time* vergehen

elastic [ɪ'læstɪk] **I.** *n* Gummi *m* **II.** *adj* elastisch; *BRIT* ◇ **- band** Gummiband *s*

elbow ['elbəʊ] **I.** *n* Ellbogen *m* **II.** *vt* ◇ **to - one's way through a crowd** sich durch e-e Menge kämpfen/drängen; ◇ **she -ed me in my side** sie stieß mir den Ellbogen in die Seite; **elbow-grease** *n FAM* Muskelschmalz *s*

elder ['eldə*] **I.** *comp. of* **old** *adj* (*person*) ältere(r, s) **II.** *n* ◇ **respect your -s and betters** man muß Respekt vor Älteren haben; **elderly** *adj* ältlich; ◇ **the -** *pl* die älteren Menschen *pl*

elect [ɪ'lekt] **I.** *vt* [1] ↑ *vote for* wählen; ↑ *choose* auswählen, sich entscheiden für [2] ↑ *decide* ◇ **to - to do s.th.** sich dafür entscheiden, etw zu tun (*to* dafür + inf) **II.** *adj* designierte(r, s), künftige(r,s); **election** [ɪ'lekʃən] *n* Wahl *f;* **electioneering** [ɪlekʃə'nɪərɪŋ] **I.** *n* Wahlkampf *m* **II.** *adj* Wahlkampf-; **elective** [ɪ'lektɪv] *n* (*AM*) Wahl-; **elector** [ɪ'lektə*] *n* Wähler(in *f*) *m; AM* POL Wahlmann *m;* **electoral** *adj* Wahl-; **electorate** [ɪ'lektərət] *n* Wähler *pl,* Wählerschaft *f*

electric [ɪ'lektrɪk] *adj* elektrisch; ◇ **- blanket** Heizdecke *f;* ◇ **- chair** elektrischer Stuhl; ◇ **- cooker** Elektroherd *m;* **electrical** *adj* elektrisch; ◇ **he is studying - engineering** er studiert Elektrotechnik; **electrician** [ɪlek'trɪʃən] *n* Elektriker(in *f*) *m;* **electricity** [ɪlek'trɪsɪtɪ] *n* Elektrizität *f;* ◇ **they cut off the -** sie haben den Strom abgestellt; **electrify** [ɪ'lektrɪfaɪ] *vt* [1] → *railway* elektrifizieren [2] ↑ *charge* unter Strom setzen; *FIG* ↑ *excite* elektrisieren

electro- [ɪ'lektrəʊ] *pref* Elektro-

electrocute [ɪ'lektrəʊkju:t] **I.** *vt* (*kill with electrical charge*) durch e-n Stromschlag töten; ◇ **the man was -d** der Mann wurde durch e-n Stromschlag getötet; ↑ *excute* auf dem elektrischen Stuhl hinrichten **II.** *vr* e-n tödlichen Stromschlag bekommen

electrode [ɪ'lektrəʊd] *n* Elektrode *f*

electron [ɪ'lektrɒn] *n* Elektron *s;* ◇ **- microscope** Elektronenmikroskop *s*

electronic [ɪlek'trɒnɪk] *adj* elektronisch; ◇ **- data processing** elektronische Datenverarbeitung; ◇ **- data processing equipment** EDV-Anlage *f;* **electronics** *n pl o sg* [1] (*science*) Elektronik *f* [2] (*equipment*) Elektronik *f*

elegance ['elɪgəns] *n* Eleganz *f;* **elegant** ['elɪgənt] *adj* elegant

element ['elɪmənt] *n* Element *s;* CHEM Grundstoff *m*

elementary [elɪ'mentərɪ] *adj* [1] ↑ *primary* einfach, elementar [2] ↑ *basic* elementar, Grund-; ◇ **the child is at the - school** das Kind ist in der Grundschule; ◇ **the embryo is in the - stages** der Embryo ist in den Anfängen seiner Entwicklung

elevation [elɪ'veɪʃən] *n* [1] (*rise*) Bodenerhebung *f* [2] ↑ *altitude* Meereshöhe *f* [3] ARCHIT Aufriß *m*

elevator ['elɪveɪtə*] *n* [1] (*for people*) Lift *m,* Aufzug *m* [2] (*for objects*) Aufzug *m;* ↑ *hoist* Winde *f*

eleven [ɪ'levn] **I.** *nr* elf **II.** *n* (SPORT *number, soccer team*) Elf *f;* ◇ **the second -** die zweite Mannschaft

elf [elf] *n* <elves> Elf(e *f*) *m,* Kobold *m*

elicit [ɪ'lɪsɪt] *vt* entlocken (*from s.o.* jd-m); ◇ **to - the truth from s.o.** jd-m die Wahrheit entlocken

eligible ['elɪdʒəbl] *adj* [1] ↑ *entitled to, qualified* berechtigt; ◇ **he's not - to participate** er ist nicht teilnahmeberechtigt; ◇ **she is not - for the job** für die Stelle kommt sie nicht in Frage [2] ◇ **an - bachelor** ein begehrter Junggeselle

eliminate [ɪ'lɪmɪneɪt] *vt* [1] ↑ *rule out* ausschließen; → *choice* ausscheiden; MATH eliminieren [2] (→ *opponent, in competition*) ausschalten; ◇ **the runner was -d** die Läuferin schied aus [3] ↑ *assassinate* ausschalten, eliminieren; **elimination** [ɪlɪmɪ'neɪʃən] *n* Ausscheidung *f;* Ausschluß *m;* ◇ **to prove by process of -** durch negative Auslese beweisen

elite [eɪ'li:t] *n* Elite *f*

elm [elm] *n* Ulme *f*

elocution [elə'kju:ʃən] *n* Sprechtechnik *f;* ◇ **she teaches -** sie ist Sprecherzieherin, sie lehrt Sprecherziehung

elongate ['i:ɒŋgeɪt] *vt* langziehen, strecken; **elongated** [-ɪd] *adj* verlängert; ▷*form* länglich

elope [ɪ'ləʊp] *vi* (*run off with lover*) durchbrennen

eloquence ['eləkwəns] *n* Wortgewandtheit *f;* ◇ **she spoke with such -** sie sprach mit e-r solchen Eloquenz; **eloquent** ['eləkwənt] *adj* wortgewandt; ▷*speech* eloquent; ◇ **this is - proof of ...** das spricht wohl deutlich dafür, daß ...; *FIG* ◇ **she gave him an - look** sie warf ihm e-n vielsagenden Blick zu; **eloquently** *adv* wortgewandt

else [els] *adv* [1] ↑ *different* andere (r, s); ◇ **s.o. -** jemand anderes; ◇ **somewhere -** anderswo [2] (*in addition*) sonst; ◇ **who - is here?** wer ist sonst noch da?; ◇ **don't say anything -!** sag' nichts mehr! [3] ↑ *apart from* ◇ **who - could it have been but you?** wer noch außer dir hätte es sein können?; ◇ **what - do we need?** was brauchen wir sonst noch? [4] ↑ *otherwise* ◇ **do it or - face the consequences!** mach das oder trage die Konsequenzen!; **elsewhere** *adv* woanders

ELT *n abbr. of* **English Language Teaching** *Englisch als Lehrfach*

elucidate [ɪ'lu:sɪdeɪt] *vt* erklären, aufklären; ◇ **the mystery was -d** das Geheimnis wurde aufgeklärt

elude [ɪ'lu:d] *vt* [1] (*escape*) entwischen *dat,* the idea-s **me,**das ist mir entfallen [2] sich entziehen; ◇ **the robber -d the police** der Dieb ist der Polizei entkommen; ◇ **I -d his question** ich bin seiner Frage ausgewichen

emancipate [ɪ'mænsɪpeɪt] *vt* emanzipieren; → *slave* freilassen; **emancipation** [ɪmænsɪ'peɪʃən] *n* Emanzipation *f;* (*of slave*) Freilassung *f*

embalm [ɪm'bɑ:m] *vt* einbalsamieren

embankment [ɪm'bæŋkmənt] *n* (*of river*) Uferböschung *f;* (*of road*) Böschung *f;* (*of railway*) Bahndamm *m;* (*of dam*) Uferdamm *m*

embargo [ɪm'bɑ:gəʊ] *n* <-es> **I.** Embargo *s;* ◇ **the US have put an - on oil shipments** die USA haben die Öllieferungen mit e-m Embargo belegt; ◇ **the government enforced a trade -** die Regierung hat ein Handelsembargo verhängt **II.** *vt* sperren; ◇ **they -ed the ships** sie hinderten die Schiffe an der Weiterfahrt

embark [ɪm'bɑ:k] **I.** *vi* ← *people* sich einschiffen **II.** *vt* → *cargo* verladen; **embark on** *vt* etw anfangen, etw in Angriff nehmen; **embarkation** [embɑ:'keɪʃən] *n* [1] (*of people*) Einschiffung *f;* ◇ **- papers** Bordpapiere *pl* [2] (*of goods*) Verladung *f,* Übernahme *f*

E

embarrass [ɪm'bærəs] *vt* in Verlegenheit bringen, verlegen machen; ◇ **he -ed me in front of the entire class** er brachte mich vor der ganzen Klasse in Verlegenheit; ◇ **it -ed me so much that I cried** es war mir so peinlich, daß ich weinte; **embarrassed** [-d] *adj* verlegen; ◇ **I was too - to ask** es war mir zu peinlich zu fragen; **embarrassing** *adj* peinlich; ◇ **the most - thing just happened to me** mir ist gerade etw furchtbar Peinliches passiert; **embarrassment** *n* Verlegenheit *f;* ◇ **I was red with -** ich war rot vor Verlegenheit; ◇ **my teacher caused me a great deal of -** mein Lehrer hat mich häufig in Verlegenheit gebracht; ◇ **she was an - to all of us** sie blamierte uns alle

embassy ['embəsɪ] *n* Botschaft *f*

embed [ɪm'bed] *vt* einlassen; ◇ **the bomb was -ded in the earth** die Bombe steckte fest in der Erde; *FIG* verwurzelt sein *dat;* ◇ **the memory of the experience was -ded in their minds** diese Erfahrung war in ihr Gedächtnis eingegraben

embellish [ɪm'belɪʃ] *vt* [1] ↑ *decorate, adorn* verschönern, schmücken [2] → *story* ausschmücken; → *truth* beschönigen

embers ['embəz] *n pl* Glut *f*

embezzle [ɪm'bezl] *vt* unterschlagen, veruntreuen; **embezzlement** *n* Unterschlagung *f,* Veruntreuung *f*

embitter [ɪm'bɪtə*] *vt* verbittern

emblem ['embləm] *n* Emblem *s* [1] ↑ *insignia* Wahrzeichen *s* [2] ↑ *symbol* Kennzeichen *s*

embody [ɪm'bɒdɪ] *vt* [1] (*render concrete*) → *ideas* ausdrücken; ◇ **the book embodies the author's ideas** das Buch verkörpert die Anschauungen des Autors [2] ↑ *include* enthalten

emboss [ɪm'bɒs] *vt* → *leather, metal* prägen; → *cloth, material* gaufrieren; ◇ **an -ed charm** ein Anhänger mit Gravur; ◇ **-ed stationary** Schreibpapier mit geprägtem Kopf

embrace [ɪm'breɪs] **I.** *vt* [1] ↑ *hug* (*put one's arms around*) umarmen, in die Arme schließen [2] ↑ *include* umfassen, erfassen; ◇ **physics -s whole areas of mathematics** die Physik umfaßt ganze Teilgebiete der Mathematik [3] (*adopt [with en-*

thusiasm]) annehmen; ◇ **he -d the socialistic cause** er verschrieb sich der Sache des Sozialismus **II.** *n* Umarmung *f*

embroider [ɪm'brɔɪdə*] *vt* besticken; *FIG* → *story* ausschmücken; **embroidery** *n* [1] (*action*) Sticken *s* [2] (*cloth*) Stickarbeit *f*, Stickerei *f*

embryo ['embrɪəʊ] *n* [1] ↑ *foetus* Embryo *m*, Keim *m* [2] *FIG* ◇ **an - organisation** e-e neugeschaffene Organisation

emerald ['emərəld] *n* [1] (*prestone*) Smaragd *m* [2] (*colour*) Smaragdgrün *s*

emerge [ɪ'mɜːdʒ] *vi* [1] ↑ *come out of* auftauchen; ◇ **Jane -d from the crowd** Jane trat aus der Menge heraus [2] (*from state*) herauskommen; ◇ **as he -d from his sleep** als er aus seinem Schlaf erwachte [3] ↑ *transpire* sich herausstellen (*from* bei); ◇ **it -ed that ...** es stellte sich heraus, daß ... [4] ↑ *arise from* entstammen

emergency [ɪ'mɜːdʒənsɪ] **I.** *n* Notfall *m;* ◇ **in case of -** im Notfall; ◇ **the doctor has been called out on an -** der Arzt ist zu e-m Notfall gerufen worden **II.** *adj* Not-; ◇ **doctor on - call** Notarzt *m;* **emergency exit** *n* Notausgang *m;* **emergency landing** *n* Notlandung *f;* **emergency services** *n* Notdienst *m;* **emergency stop** *n* Notbremsung *f;* **emergency ward** *n* Notaufnahme *f*, Unfallstation *f*

emery ['emərɪ] *n* ◇ **- paper** Schmirgelpapier *s;* **emery board** *n* Papiernagelfeile *f*

emigrant ['emɪgrənt] **I.** *n* Auswanderer *m;* (*for political reasons*) Emigrant(in *f*) *m* **II.** *adj* Auswanderer-; ◇ **he is an - worker** er ist ein ausländischer Arbeitnehmer *pl*

emigrate ['emɪgreɪt] *vi* auswandern; emigrieren; **emigration** [emɪ'greɪʃən] *n* Auswanderung *f;* Emigration *f*

eminence ['emɪnəns] *n* [1] (*prominence*) hohes Ansehen; ◇ **s.o. of -** e-e angesehene Persönlichkeit [2] REL ◇ **his/your E-** Seine/Eure Eminenz

eminent ['emɪnənt] *adj* angesehen

emission [ɪ'mɪʃən] *n* (*of light*) Emission *f;* (*of radiation*) Ausstrahlung *f;* (*of gas*) Ausströmen *s;* (*of heat*) Abgabe *f;* ◇ **- of semen** Samenerguß *m*

emit [ɪ'mɪt] *vt* → *sound* abgeben; (*give out*) ausstrahlen; → *radiation* freisetzen, emittieren; → *gas* ausströmen; ↑ *discharge* ausstoßen

emotion [ɪ'məʊʃən] *n* [1] (*as character trait*) Gefühl *s*, Gefühlsregung *f;* ◇ **the conflict between reason and -** der Kampf zwischen Verstand und Gefühl [2] (*instance of*) Gemütsbewegung *f;* ◇ **he showed no -s** er blieb unbewegt; ◇ **music arouses my -s** Musik bewegt mich; **emotional** *adj* ▷*person* gefühlsbetont; ◇ **I'm in such an - state** ich bin zur Zeit so emotional; ◇ **don't get so - about it** reg' dich nicht so darüber auf; ◇ **sex without - involvement** Sex ohne Gefühl; **emotionally** *adv* gefühlsmäßig; ↑ *with emotion* gefühlvoll; ◇ **to be - disturbed** seelisch gestört sein; ◇ **I had an - deprived childhood** ich hatte e-e Kindheit ohne Nestwärme; ◇ **to get - involved with s.o.** mit jd-m e-e gefühlsmäßige Bindung eingehen

emperor ['empərə*] *n* Kaiser *m*

emphasis ['emfəsɪs] *n* [1] LING Betonung *f;* ◇ **the - is on the last syllable** die Betonung/der Ton liegt auf der letzten Silbe [2] ↑ *stress* Betonung *f;* ◇ **our society puts too much - on wealth** unsere Gesellschaft legt zu viel Wert auf Wohlstand; **emphasize** ['emfəsaɪz] *vt* betonen; → *point* hervorheben

emphatic [ɪm'fætɪk] *adj* [1] ↑ *forceful, decisive* nachdrücklich, entschieden [2] (*person*) bestimmt, entschieden; ◇ **the orator is - about his message** der Redner formuliert seine Mitteilung mit allem Nachdruck; **emphatically** *adv* mit Nachdruck, ausdrücklich; ◇ **he agrees most -** er stimmt mit allem Nachdruck zu; ◇ **most - not** auf gar keinen Fall

empire ['empaɪə*] *n* Reich *s;* ◇ **the Holy Roman E-** das Heilige Römische Reich; **empirical** [em'pɪrɪkəl] *adj* empirisch, Erfahrungs-

employ [ɪm'plɔɪ] *vt* [1] ↑ *hire* anstellen; ◇ **the company has -ed a new secretary** die Firma hat e-e neue Sekretärin eingestellt; ◇ **to be in s.o.'s -** bei jd-m beschäftigt sein [2] ↑ *use* einsetzen, anwenden; **employee** [emplɔɪ'iː] *n* Angestellte(r) *fm;* ◇ **-s and employers** Arbeitnehmer und Arbeitgeber; ◇ **the company's -s** die Mitarbeiter, die Beschäftigten *pl;* **employer** *n* Arbeitgeber (in *f*) *m;* **employment** *n* Arbeit *f;* ◇ **she is without -** sie ist ohne Arbeit; ◇ **to seek -** e-e Stelle suchen; ◇ **he took up - with IBM** er nahm e-e Stelle bei IBM an; ◇ **- agency** Stellenvermittlung *f;* ◇ **- exchange** Arbeitsamt *s*

empress ['emprɪs] *n* Kaiserin *f*

emptiness ['emptɪnɪs] *n also FIG* Leere *f*

empty ['emptɪ] **I.** *adj* leer; ◇ **an - house** ein leerstehendes Haus; ◇ **to feel -** sich leer fühlen; (*proverbial*) ◇ **- vessels make most noise** die am wenigsten zu sagen haben, reden am meisten **II.** *vt* → *contents* leeren; → *container* entleeren; (*remove*) → *liquid* ausgießen **III.** *vi* auslaufen, abfließen; ◇ **the river empties into the ocean** der Fluß mündet ins Meer; ← *streets, hall* sich leeren; **empty out** *vt* ausleeren; **empty-handed** *adj* (*in vain*) ◇ **to come back -** mit leeren Händen zurückkehren

emulate ['emjʊleɪt] *vt* [1] nacheifern *dat* [2] PC emulieren; **emulation** [emjʊ'leɪʃn] *n* [1] Nacheiferung *f;* ◇ **in ~ of a movie star** in dem Bestreben, es e-m Filmstar gleichzutun [2] PC Emulation *f*

enable [ɪ'neɪbl] *vt* [1] ↑ *make possible* ermöglichen; ◇ **it ~s us to take action** es ermöglicht uns, etw zu unternehmen; ◇ **what ~s you to stay up so late?** wie schaffst du es, so lange aufzubleiben? [2] (*allow, permit*) ◇ **to ~ s.o. to do s.th.** jd-n ermächtigen, etw zu tun

enact [ɪ'nækt] *vt* [1] → *law* erlassen [2] (*THEAT*) aufführen, darstellen

enamel [ɪ'næməl] **I.** *n* [1] Email *s,* Emaille *f;* (*of teeth*) Zahnschmelz *m* [2] ▷*paint* Emaillack *m;* ↑ *nail polish* Nagellack *m* **II.** *vt* emaillieren; **enamelled** [-d] *adj* emailliert

encase [ɪn'keɪs] *vt* verkleiden; TECHNOL umhüllen, umgeben

enchain [ɪn'tʒeɪn] *vt* → *prisoner* in Ketten legen

enchant [ɪn'tʃɑːnt] *vt* bezaubern, entzücken; ◇ **to be ~ed with s.th.** von/über etw *acc* entzückt sein; **enchanting** *adj* bezaubernd, entzückend

enclose [ɪn'kləʊz] *vt* [1] ↑ *contain* einschließen; → *an area* einzäunen; ◇ **it is an ~ed swimming pool** das Schwimmbad ist völlig abgeschlossen [2] ↑ *enclude with* beilegen, beifügen; ◇ **to ~ s.th. in a letter** e-m Brief etw beilegen; ◇ **please see ~d bill** als Anlage übersenden wir Ihnen die Rechnung; ◇ **the ~d cheque** der beiliegende Scheck; **enclosure** [ɪn'kləʊʒə*] *n* [1] (*area*) eingezäuntes Grundstück; ↑ *pen* Gehege *s* [2] (*in letter*) Anlage *f*

encore ['ɒŋkɔː*] **I.** *n* Zugabe *f* **II.** *vt* ◇ **the audience ~d the band** die Zuschauer verlangten von der Band e-e Zugabe **III.** *intj* ◇ **e~!** Zugabe!

encounter [ɪn'kaʊntə*] **I.** *n* Begegnung *f;* MIL Zusammenstoß *m* **II.** *vt* [1] → *person* begegnen (*s.o. jd-m*); ◇ **I ~ed a nice woman on the train** ich bin e-r netten Frau im Zug begegnet [2] → *resistance* stoßen auf *acc;* → *danger* geraten in *acc* [3] (*experience [s.th.]*) ◇ **I have never ~ed anything like this before** ich habe so etw noch nie erlebt, ich habe derartiges noch nicht erlebt

encourage [ɪn'kʌrɪdʒ] *vt* [1] ↑ *spur on* ermutigen, ermuntern (*to* zu), jd-m Mut machen; SPORT anfeuern [2] ↑ *support* fördern; ◇ **our boss ~s teamwork** unser Chef fördert die Zusammenarbeit; **encouragement** *n* Ermutigung *f,* Ermunterung *f;* ↑ *support* Unterstützung *f;* ↑ *motivation* Anregung *f;* ◇ **he didn't give her any ~** er hat sie überhaupt nicht ermuntert; **encouraging** *adj* ermutigend; ◇ **he wasn't exactly very ~** er machte uns nicht gerade Mut

encumber [ɪn'kʌmbə*] *vt* beladen; (*with burdens, responsibility*) belasten; **encumbrance** [ɪn'kʌmbrəns] *n* Belastung *f;* ↑ *burden* Last *f;* ◇ **to be an ~ to s.o.** (*object*) jd-n behindern; (*person*) e-e Last für jd-n sein

encyclopaedia [ensaɪkləʊ'piːdɪə] *n* Lexikon *s,* Enzyklopädie *f*

end [end] **I.** *n* [1] ↑ *close, conclusion* Ende *s;* Schluß *m;* ◇ **at the ~ of the holidays** am Schluß/Ende der Ferien; ◇ **at the ~ of the year** zum Jahresende; ◇ **to put an ~ to s.th.** mit etw Schluß machen; ↑ *ending* ◇ **a happy ~** ein glückliches Ende, ein Happy End [2] ↑ *remnant* Rest *m* [3] ↑ *tip* Spitze *f;* (*table*) Ende *s* [4] (*part*) Teil *m;* ◇ **I've held up to my ~ of the agreement** ich habe meinen Teil der Abmachung erfüllt; ◇ **we chatted for hours on ~** wir plauderten stundenlang/ununterbrochen; ◇ **he is being supported from all ~s** er wird von allen Seiten unterstützt [5] ↑ *purpose* Ziel *s;* ◇ **an ~ in itself** Selbstzweck *m;* (*proverbial*) ◇ **the ~s justify the means** der Zweck heiligt die Mittel [6] ↑ *death* ◇ **to meet one's ~** den Tod finden **II.** *adj* letzte(r, s) **III.** *vt* beenden; ◇ **he ~ed the relationship** er machte Schluß **IV.** *vi* enden; ◇ **the letter ~s with "love, Jane"** der Brief schließt mit „alles Liebe, Jane"; **end up** *vi* landen, enden; ◇ **you'll ~ ~ right back were you started** du wirst wieder ganz am Anfang landen; ◇ **we ~ed ~ staying at home** wir sind schließlich zu Hause geblieben; ◇ **he'll ~ ~ in trouble** er wird noch Ärger bekommen

endanger [ɪn'deɪndʒə*] *vt* gefährden

endear [ɪn'dɪə*] *vt* beliebt machen (*to* bei); ◇ **her cooking ~s her to him** ihre Kochkunst macht sie bei ihm beliebt

endeavour [ɪn'devə*] **I.** *n* Anstrengung *f,* Bemühung *f;* ◇ **to make an ~ to do s.th.** sich anstrengen/bemühen, etw zu tun **II.** *vi* sich anstrengen/bemühen

ending ['endɪŋ] *n* [1] (*of the movie etc.*) Ausgang *m* [2] GRAM Endung *f*

endless ['endlɪs] *adj* endlos [1] ↑ *unlimited* unzählig [2] ↑ *plain* grenzenlos

endorse [ɪn'dɔːs] *vt* [1] ↑ *sign* unterschreiben; ◇ **please ~ this cheque** bitte unterzeichnen Sie auf der Rückseite des Schecks [2] ↑ *approve* unterschreiben, billigen [3] → *driving licence, BRIT* e-e Strafe vermerken auf; ◇ **I had my licence ~d** ich bekam e-n Strafvermerk auf meinen Führerschein; **endorsement** *n* Nachtrag *m,* Zusatz *m;* ↑ *approval* Billigung *f;* COMM Indossament *s;* JUR Strafvermerk *m*

endow [ɪn'daʊ] *vt* [1] (*provide allowance*) e-e Stiftung machen; ◇ **to ~ s.o. with s.th.** jd-m etw geben/schenken; → *institution* etw stiften, etw spenden [2] (*bless with*) ◇ **to be -ed with a natural talent** ein natürliches Talent haben, ein Naturtalent sein

end product ['endprɒdʌkt] *n* Endprodukt *s*

endurable [ɪn'djʊərəbl] *adj* erträglich

endurance [ɪn'djʊərəns] *n* Durchhaltevermögen *s;* ◇ **to have a great deal of - against illness** sehr widerstandsfähig gegen Krankheiten sein; ◇ **that is beyond -** das ist nicht auszuhalten; SPORT Ausdauer *f;* **endure** [ɪn'djʊə*] **I.** *vt* erleiden; ◇ **it is more than I can -** ich kann das nicht ertragen **II.** *vi* ↑ *last* bestehen

enemy ['enɪmɪ] **I.** *n* Feind *m* **II.** *adj* feindlich

energetic [enə'dʒetɪk] *adj* voller Energie, energiegeladen

energy ['enədʒɪ] *n* Energie *f;* ◇ **I applied all my energies to the task** ich setzte meine ganze Kraft für diese Aufgabe ein

enervate ['enɜːveɪt] *vt* entkräften, schwächen; ▷*mentally* entnerven; **enervating** ['enɜːveɪtɪŋ] *adj* strapazierend

enforce [ɪn'fɔːs] *vt* durchführen; → *obedience* sich *dat* verschaffen; ◇ **to - the law** für die Einhaltung der Gesetze sorgen; ◇ **the teacher -d silence** der Lehrer sorgte für Ruhe

engage [ɪn'geɪdʒ] **I.** *vt* [1] ↑ *employ* anstellen, einstellen [2] (*in conversation*) teilnehmen; ◇ **to - o.s. to do s.th.** sich verpflichten, etw zu tun; ◇ **I am sorry but I am -d somewhere else** es tut mir leid, aber ich bin anderswo verabredet [3] MIL angreifen; ◇ **to - in a war** Krieg führen [4] TECHNOL ineinandergreifen lassen; ◇ **to - a gear** e-n Gang einlegen **II.** *vi* [1] ↑ *commit o.s.* sich verpflichten; TECHNOL ineinandergreifen; ← *clutch* fassen [2] ↑ *get involved in* sich beteiligen an *dat;* ◇ **to - in politics** sich politisch betätigen [3] MIL angreifen; **engaged** [-d] *adj* [1] ▷*couple* verlobt; ◇ **to get -** sich verloben [2] TELEC besetzt [3] ↑ *occupied* ▷*toilet* besetzt; **engagement** *n* ↑ *appointment* Verabredung *f;* (*promise of marriage*) Verlobung *f;* ↑ *fight* Kampf *m;* ↑ *interlocking* Ineinandergreifen *s;* **engaging** [ɪn'geɪdʒɪŋ] *adj* einnehmend

engine ['endʒɪn] *n* (*of car*) Motor *m;* TECHNOL Maschine *f;* RAIL *BRIT* Lokomotive *f*

engineer [endʒɪ'nɪə*] **I.** *n* [1] (*worker*) Techniker (in *f*) *m;* (*with college degree*) Ingenieur(in *f*) *m* [2] (*of a plan*) Arrangeur *m* [3] RAIL *AM* Lokführer (in *f*) *m* **II.** *vt* konstruieren; **engineering** [endʒɪ'nɪərɪŋ] *n* Technik *f;* (*mechanical -*) Maschinenbau *m;* ◇ **- profession** Ingenieurberuf *m*

England ['ɪŋglənd] *n* England *s*

English ['ɪŋglɪʃ] **I.** *adj* englisch; ◇ **she is -** sie ist Engländerin; ◇ **she speaks -** sie spricht englisch **II.** *n* [1] ▷*language* Englisch *s* [2] ▷*people* ◇ **the - pl** die Engländer *pl;* ◇ **the - Channel** Ärmelkanal *m*

Englishman *n* <-men> Engländer *m*

Englishwoman *n* <-women> Engländerin *f*

engrave [ɪn'greɪv] *vt* eingravieren; (*on rock*) einmeißeln; *FIG* einprägen; ◇ **that scene is -d on my mind** diese Szene hat sich in mein Gedächtnis eingeprägt; **engraving** *n* [1] (*skill, art*) Gravieren *s,* Einmeißeln *s;* (*on silverware etc.*) Gravur *f* [2] ↑ *picture* Stich *m;* (*wood -*) Holzschnitt *m*

engrossed [ɪn'grəʊst] *adj* ◇ **I have become so - in my book** ich habe mich so in mein Buch vertieft

enhance [ɪn'hɑːns] *vt* verbessern

enigma [ɪ'nɪgmə] *n* Rätsel *s;* **enigmatic** [enɪg'mætɪk] *adj* rätselhaft

enjoy [ɪn'dʒɔɪ] **I.** *vt* genießen; ◇ **I've -ed talking to you** es war mir e-e Freude, mich mit Ihnen zu unterhalten; ◇ **he -s being outside** er ist gern draußen **II.** *vr* sich amüsieren; ◇ **- yourself!** viel Vergnügen!, viel Spaß!; **enjoyable** *adj* unterhaltsam, amüsant; **enjoyment** *n* Vergnügen *s,* Spaß *m;* ◇ **I get a lot of - out of jogging** Laufen macht mir viel Spaß

enlarge [ɪn'lɑːdʒ] *vt* [1] (*make bigger*) vergrößern, erweitern [2] PHOTO vergrößern [3] (*expand on*) ◇ **to - on s.th.** sich über etw genauer äußern; **enlargement** *n* Vergrößerung *f,* Erweiterung *f*

enlighten [ɪn'laɪtn] *vt* aufklären; ◇ **the teacher -ed us on the misuse of drugs** der Lehrer klärte uns über Drogenmißbrauch auf; ◇ **the paper will - the reader on these points** die Arbeit wird diese Punkte näher erläutern; **enlightenment** *n* Aufklärung *f*

enlist [ɪn'lɪst] **I.** *vt* einziehen **II.** *vi* MIL sich melden

enmity ['enmɪtɪ] *n* Feindschaft *f*

enormity [ɪ'nɔːmɪtɪ] *n* [1] (*extend*) ungeheures Ausmaß *s* [2] (*crime*) Ungeheuerlichkeit *f*

enormous [ɪ'nɔːməs] *adj* gewaltig, enorm; **enormously** *adv* enorm, ungeheuer

enough [ɪ'nʌf] **I.** *adj* genug; ◇ **I have had - of this weather** ich habe dieses Wetter satt, ich habe genug von diesem Wetter; ◇ **I don't have - money** ich habe nicht genug Geld; ◇ **that's -!** das reicht! **II.** *adv* [1] ↑ *sufficiently* genug; ◇ **she is old - to know better** sie ist alt genug, um es besser zu wissen; ◇ **- is -** genug ist genug [2] (*fairly*) ◇ **he is nice -** er ist ziemlich nett [3] (*intensifier*) ◇ **sure -** und tatsächlich; ◇ **strangely -** komischerweise

enquire [ɪn'kwaɪə*] *s.* **inquire**

enrich [ɪn'rɪtʃ] *vt* bereichern; → *soil* anreichern;

enrichment Bereicherung *f;* (*of uranium*) Anreicherung *f*

enrol [ɪn'rəʊl] *vt* sich einschreiben; (*university*) immatrikulieren; (*activity*) sich anmelden; MIL sich melden; **enrolment** *n* [1] ↑ *registration* Einschreibung *f;* Anmeldung *f;* Immatrikulation *f* [2] (*attendance*) Teilnehmerzahl *f;* ◇ **the ~ is high this term** dieses Semester ist die Teilnehmerzahl sehr hoch

en route [ɒn 'ru:t] *adv* ◇ **~ ~ to Austria** auf dem Weg [*o.* unterwegs] nach Österreich

ensue [ɪn'sju:] *vi* folgen; **ensuing** *adj* folgend; ◇ **the ~ events** die nachfolgenden Ereignisse

ensure [ɪn'ʃʊə*] *vt* sicherstellen; ◇ **the police are to ~ law and order** die Polizei soll Ruhe und Ordnung sicherstellen

enter ['entə*] **I.** *vt* [1] ↑ *come in* hereinkommen; → *country* einreisen; ◇ **she ~ed the country on the 27th** sie reiste am 27. in das Land ein [2] ↑ *join* → *institution* beitreten *dat;* → *professional* ergreifen; MIL zum Militär gehen [3] (→ *record, in book*) eintragen; PC → *data* eingeben [4] ↑ *enrol* [an]melden **II.** *vi* [1] (*walk in*) eintreten [2] → *new time period* ◇ **we are ~ing the 21st century** wir sind an der Schwelle zum 21. Jahrhundert; **enter into** *vt* [1] → *affairs* aufnehmen; ◇ **to ~ ~ an agreement** e-e Vereinbarung mit jd-m schließen [*o.* treffen]; → *argument* eingehen *acc;* ◇ **to ~ ~ a conversation with s.o.** ein Gespräch mit jd-m beginnen [2] (*influence*) e-e Rolle spielen bei; ◇ **his absence didn't ~ ~ our plan** seine Abwesenheit war nicht einkalkuliert/eingeplant; **enter upon** *vt* antreten; → *subject* eingehen auf *acc;* **enter key** *n* PC Eingabetaste *f*

enterprise ['entəpraɪz] *n* [1] COMM Unternehmen *s;* ◇ **he owns a private ~** er besitzt ein eigenes Unternehmen [2] (*in person*) Initiative *f,* Unternehmungsgeist *m;* **enterprising** *adj* (*inventive*) einfallsreich, erfindungsreich; (*adventurous*) unternehmungslustig, kühn

entertain [entə'teɪn] *vt* [1] ↑ *invite* einladen, bewirten; ◇ **she doesn't like ~ing [at home]** sie lädt nicht gerne Leute zu sich ein; (*to provide amusement*) unterhalten; ← *comedian* belustigen [2] → *a thought, idea* sich tragen mit; ◇ **to ~ a proposal** e-n Vorschlag in Erwägung ziehen; **entertainer** *n* Unterhalter(in *f*) *m,* Entertainer(in *f*) *m;* **entertaining I.** *adj* amüsant; ◇ **that is an ~ thought** das ist ein interessanter Gedanke **II.** *n* ◇ **we do a lot of ~** wir haben oft Gäste; **entertainment** *n* [1] (*amusement*) Unterhaltung *f;* ◇ **television is the main source of ~ in America** Fernsehen ist die wichtigste Form der Unterhaltung in Amerika [2] ↑ *show* Darbietung *f*

enthusiasm [ɪn'θu:zɪæzəm] *n* Begeisterung *f;* **enthusiastic** [ɪnθu:zɪ'æstɪk] *adj* begeistert; ◇ **I have yet to get ~ about the idea** für diese Idee muß ich mich erst noch begeistern

entice [ɪn'taɪs] *vt* locken, verführen; ◇ **she ~d him into her room** sie lockte ihn in ihr Zimmer; ◇ **to ~ s.o. to do s.th.** jd-n zu etw verführen

entire [ɪn'taɪə*] *adj* ganz; ◇ **do you still have an ~ set of china?** ist Ihr Porzellanservice noch vollständig?; **entirely** *adv* [1] ↑ *exclusively* ganz; ◇ **the work was done ~ by him** die Arbeit wurde ausschließlich von ihm gemacht [2] ↑ *totally* ◇ **it's ~ different** es ist ganz anders; **entirety** [ɪn'taɪərətɪ] *n* Gesamtheit *f;* ◇ **in its ~** in seiner Gesamtheit

entitle [ɪn'taɪtl] *vt* [1] (*allow*) ◇ **to ~ s.o. to s.th.** jd-n zu etw berechtigen; ◇ **you are ~d to a pay rise** sie haben Anspruch auf e-e Lohnerhöhung; ◇ **I am ~d to a weeks' vacation** mir steht e-e Woche Urlaub zu [2] ↑ *name* betiteln; **entitlement** *n* Berechtigung *f,* Anspruch *m* (*to* auf *acc*)

entity ['entɪtɪ] *n* Wesen *s*

entrance ['entrəns] *n* [1] (*door*) Eingang *m;* (*drive*) Einfahrt *f* [2] ↑ *entry* Eintritt *m;* THEAT Auftritt *m;* ◇ **he made a magnificent ~** er ist groß aufgetreten [3] (*to profession*) Zutritt *m;* (*to university*) Aufnahme *f;* ◇ **to gain ~ to a university** die Zulassung zu e-r Universität erhalten; **entrance examination** *n* Aufnahmeprüfung *f;* **entrance fee** *n* Eintritt *m,* Eintrittsgeld *s*

entrap [ɪn'træp] *vt FIG* austricksen

entrant ['entrənt] *n* [1] (*new member*) [Berufs-/Studien-]Anfänger(in *f*) *m* [2] ↑ *participant* Teilnehmer(in *f*) *m;* (*for an examination*) Kandidat(in *f*) *m*

entreat [ɪn'tri:t] *vt* dringend bitten (*for* um); ◇ **I ~ you not to do it** ich flehe dich an, es nicht zu tun

entrée ['ɒntreɪ] *n* [1] (*right to admission*) Zutritt *m* [2] GASTRON ↑ *starter* Vorspeise *f*

entrust [ɪn'trʌst] *vt* anvertrauen (*s.o. with* jd-m etw); ◇ **she ~ed him with her jewellery** sie vertraute ihm ihren Schmuck an

entry ['entrɪ] *n* [1] (*act of entering*) Eintritt *m* [2] (*account*) Eintrag *m;* (*in dictionary*) Stichwort *s;* (*in computer*) Eintrag *m* [3] (*number of participants*) Meldungen *f pl* [4] ↑ *admittance* (*into country*) Einreise *f* [5] (*joining*) Aufnahme *f;* **entry fee** *n* Eintrittsgebühr *f;* **entry form** *n* Anmeldeformular *s*

entwine [ɪn'twaɪn] *vt* ineinanderschlingen

envelope ['envələʊp] *n* [Brief-]Umschlag *m*

enviable ['envɪəbl] *adj* beneidenswert

envious ['envɪəs] *adj* neidisch (*of* auf *acc*)

environment [ɪn'vaɪərənmənt] *n* [1] ↑ *habitat*

E

Umgebung *f* [2] ↑ *social surroundings* Milieu *f* [3] (*ecology*) Umwelt *f;* **environmental** [ɪnvaɪərən'mentl] *adj* Umwelt-; Milieu-; **environmentalist** *n* Umweltschützer(in *f*) *m*

envisage [ɪn'vɪzɪdʒ] *vt* sich vorstellen

envision [ɪn'vɪʒən] *vt* (*AM*) *s.* **envisage**

envoy ['envɔɪ] *n* [1] ↑ *messenger* Bote *m* [2] ↑ *diplomat* Gesandte(r) *fm*

envy ['envɪ] **I.** *n* Neid *m* **II.** *vt* beneiden (*s.o./s.th.* jd-n um *acc*)

enzyme ['enzaɪm] *n* Enzym *s*

ephemeral [ɪ'femərəl] *adj* ephemer, kurzlebig

epic ['epɪk] **I.** *n* Heldengedicht *s,* Epos *s;* FILM Monumentalfilm *m* **II.** *adj* episch; (*film*) monumental

epidemic [epɪ'demɪk] *n* (MED *desease*) Epidemie *f; also FIG* Seuche *f*

epilepsy ['epɪlepsɪ] *n* Epilepsie *f;* **epileptic** [epɪ'leptɪk] **I.** *adj* epileptischer; ◇ **~ fit** epileptischer Anfall **II.** *n* Epileptiker(in *f*) *m*

epilogue ['epɪlɒg] *n* (*of drama*) Epilog *m;* (*of book*) Nachwort *s*

episode ['epɪsəʊd] *n* [1] ↑ *incident* Vorfall *m,* Begebenheit *f* [2] ↑ *instalment* Episode *f;* (*of story, on television*) Fortsetzung *f;* **episodic** [epɪ'sɒdɪk] *adj* episodenhaft; episodisch; in Episoden

epistle [ɪ'pɪsl] *n* REL Epistel *f*

epitaph ['epɪtɑːf] *n* Epitaph *s;* (*on gravestone*) Grabinschrift *f*

epitome [ɪ'pɪtəmɪ] *n* Inbegriff *m* (*of* gen); **epitomize** [ɪ'pɪtəmaɪz] *vt* verkörpern

epoch ['iːpɒk] *n* Zeitalter *s,* Epoche *f*

equal ['iːkwl] **I.** *adj* (*the same*) gleich; ◇ **~ opportunities** Chancengleichheit *f;* ◇ **to be on ~ terms with s.o.** jd-m ebenbürtig sein; ◇ **two halves are ~ to one whole** zwei Halbe ergeben ein Ganzes **II.** *vt* gleichen *dat;* ◇ **two times two ~s four** zwei mal zwei ist gleich vier; ↑ *match* gleichkommen **III.** *n* Gleichgestellte(r) *fm;* ◇ **he has no ~** er sucht seinesgleichen; **equality** [ɪ'kwɒlɪtɪ] *n* Gleichheit *f;* **equalize** ['iːkwəlaɪz] **I.** *vt* → *situation* ausgleichen; → *incomes* angleichen **II.** *vi* SPORT ausgleichen; **equalizer** *n* SPORT Ausgleichstreffer *m;* **equally** *adv* [1] (*evenly*) gleichmäßig; (*to the same degree, extent*) gleichermaßen [2] ↑ *just as* genauso; **equals sign** *n* Gleichheitszeichen *s*

equanimity [ekwə'nɪmɪtɪ] *n* Gleichmut *m;* ◇ **to lose one's ~** aus der Fassung geraten

equate [ɪ'kweɪt] *vt* gleichsetzen (*with* mit); **equation** [ɪ'kweɪʒən] *n* MATH Gleichung *f;* (*balance*) Ausgleich *m*

equator [ɪ'kweɪtə*] *n* Äquator *m*

equatorial [ekwə'tɔːrɪəl] *adj* äquatorial

equilibrium [iːkwɪ'lɪbrɪəm] *n* Gleichgewicht *s*

equinox ['iːkwɪnɒks] *n* Tagundnachtgleiche *f*

equip [ɪ'kwɪp] *vt* [1] (*fit out with*) ausrüsten; ◇ **the car is ~ped with a radio** das Auto ist mit e-m Radio ausgestattet [2] ▷*mentally* ◇ **to be ~ped for a task** e-r Aufgabe gewachsen sein; ◇ **he is well ~ped for life** er hat das Rüstzeug fürs Leben

equipment *n* Ausrüstung *f;* ◇ **stereo ~** Stereoanlagen und Zubehör; ◇ **a piece of ~** ein Gerät, ein Ausrüstungsgegenstand

equitable ['ekwɪtəbl] *adj* gerecht und billig

equity ['ekwɪtɪ] *n* [1] ↑ *fairness* Fairneß *f,* Billigkeit *f;* JUR Billigkeitsrecht [2] FIN Anteil *m*

equivalent [ɪ'kwɪvələnt] **I.** *adj* gleich (*to* etw/jdm *dat*), gleichwertig; ◇ **stealing is ~ to lying** Stehlen ist genauso schlimm wie Lügen **II.** *n* Äquivalent *s,* Gegenstück *s;* ◇ **… or the ~ in cash** … oder den Gegenwert bar; ◇ **the English ~ of the German word is…** die englische Entsprechung des deutschen Wortes ist…

equivocal [ɪ'kwɪvəkəl] *adj* unklar, unbestimmt; ▷*speech, words* doppeldeutig; ▷*behaviour* zweideutig

era ['ɪərə] *n* Ära *f,* Epoche *f*

eradicate [ɪ'rædɪkeɪt] *vt* ausrotten

erase [ɪ'reɪz] *vt* → *thought, feeling* löschen, streichen (*from* aus); (*from tape/disk*) löschen; → *writing* ausradieren; **eraser** *n* Radiergummi *m;* (*for blackboard*) Schwamm *m*

erect [ɪ'rekt] **I.** *vt* → *building, wall* bauen; → *institution* gründen **II.** *adj* gerade, aufrecht; ◇ **to hold o.s. ~** sich gerade halten; ▷*penis* erigiert

erection [ɪ'rekʃn] *n* Errichten *s;* Erektion *f*

ergonomics [ɜːgəʊ'nɒmɪks] *n sg* Arbeitswissenschaft *f,* Ergonomik *f*

ermine ['ɜːmɪn] *n* Hermelin *s*

erode [ɪ'rəʊd] *vt* ← *water* auswaschen; ← *acid* ätzen; ← *rust* wegfressen; → *power, beliefs* untergraben; **erosion** [ɪ'rəʊʒən] *n* GEO Erosion *f,* Abtragung *f;* CHEM Ätzung *f; FIG* Schwinden *s*

erotic [ɪ'rɒtɪk] *adj* ▷*feelings, desires* aufreizend; ▷*painting, film* erotisch; **eroticism** [ɪ'rɒtɪsɪzəm] *n* Erotik *f*

err [ɜː*] *vi* sich irren; ◇ **to ~ is [only] human** Irren ist menschlich

errand ['erənd] *n* Besorgung *f;* ◇ **I have a dozen ~s to run** ich muß noch tausend Sachen erledigen; ◇ **to run ~s for s.o.** für jd-n Besorgungen machen; ◇ **~ boy** Laufbursche *m*

erratic [ɪ'rætɪk] *adj* ▷*attempts* unberechenbar; ▷*person* sprunghaft; ▷*results* stark schwankend; ▷*performance* unregelmäßig, ungleichmäßig

erroneous [ɪ'rəʊnɪəs] *adj* falsch; ▷*belief* irrig

error ['erə*] *n* Fehler *m;* ◇ **to do s.th. in ~** etw aus Versehen/etw irrtümlicherweise machen

erudite ['erʊdaɪt] *adj* ▷*book* gelehrt; ▷*person* gebildet, belesen; **erudition** [erʊ'dɪʃən] *n* Gelehrsamkeit *f*

erupt [ɪ'rʌpt] *vi* ↑ *explode, break out* ausbrechen; ◇ **the demonstration ~ed into chaos** die Demonstration verwandelte sich in ein Chaos; ← *sore, rash* zum Vorschein kommen; **eruption** [ɪ'rʌpʃən] *n* Ausbruch *m;* Auftreten *s;* MED Hautausschlag *m*

escalate ['eskəleɪt] **I.** *vi* ↑ *worsen, increase* ← *situation* sich verschlimmern, eskalieren; ← *prices* sprunghaft ansteigen **II.** *vt* → *war* ausweiten, eskalieren; → *prices* in die Höhe treiben; **escalator** ['eskəleɪtə*] *n* Rolltreppe *f*

escapade ['eskəpeɪd] *n* Eskapade *f*

escape [ɪ'skeɪp] **I.** *vi* [1] flüchten; (*from a place*) ausbrechen (*from* aus *dat*); ← *gas* ausströmen; ← *water* auslaufen; ← *criminal* entkommen [2] ↑ *survive* davonkommen, überleben; ◇ **the driver was killed, but his friend ~d** der Fahrer wurde getötet, sein Freund jedoch kam mit dem Leben davon **II.** *vt* [1] ↑ *avoid* entgehen *dat;* → *pursuers* entkommen; ◇ **to ~ death/danger** dem Tod/der Gefahr entrinnen [2] ◇ **to ~ notice** unbemerkt bleiben; ◇ **the word ~s me** das Wort ist mir gerade entfallen **III.** *n* ↑ *flight* Flucht *f;* ↑ *refuge* ◇ **an ~ from reality** e-e Flucht vor der Realität; (*of gas*) Ausströmen *s;* **escapism** [ɪ'skeɪpɪzəm] *n* Eskapismus *m*

escort ['eskɔːt] **I.** *n* ↑ *guard* Geleitschutz *m;* (*~ vehicle*) Eskorte *f;* ↑ *companion* Begleiter(in *f*) *m* **II.** [ɪ'skɔːt] *vt* ↑ *accompany* begleiten; MIL eskortieren, Geleitschutz geben *dat*

Eskimo ['eskɪməʊ] *n* [1] Eskimo *m,* Eskimofrau *f* [2] (*language*) Eskimosprache *f,* Inuit *s*

especially [ɪ'speʃəlɪ] *adv* [1] ↑ *particularly* besonders [2] (*more than usual*) ◇ **he was ~ nice** er war außergewöhnlich nett

espionage ['espɪənɑːʒ] *n* Spionage *f*

esplanade ['espləneɪd] *n* Promenade *f*

Esquire [ɪ'skwaɪə*] *n* ◇ **J. Brown, Esq** (*in address*) Herrn J. Brown

essay ['eseɪ] *n* (*by novelist*) Essay *s;* (*by student*) Aufsatz *m*

essence ['esəns] *n* [1] (*quality*) Wesen *s,* Kern *m;* ◇ **in ~** im Wesentlichen; ◇ **good quality is of the ~** gute Qualität ist von entscheidender Bedeutung [2] ↑ *extract* Essenz *f*

essential [ɪ'senʃəl] **I.** *adj* [1] ↑ *necessary* erforderlich; ◇ **her hospitalization was ~** ihre Einweisung ins Krankenhaus war unumgänglich; ◇ **it is ~ that babies receive enough milk** es ist sehr wichtig, daß Babys genug Milch bekommen [2] ↑ *basic, fundamental* wesentlich; ◇ **the most ~ thing is...** das wichtigste von allem ist...; ◇ **the ~ point** der entscheidende Punkt [3] CHEM rein; ◇ **~ oil** ätherisches Öl **II.** *n* Wesentliche *s;* ◇ **the bare ~** das Allernotwendigste; Grundvoraussetzung *f;* ◇ **an ~ to success** e-e Grundvoraussetzung des Erfolgs; ◇ **one must know the ~s before starting** man muß die Grundlagen kennen, bevor man beginnt; **essentially** *adv* im Grunde genommen; ◇ **man is ~ good** der Mensch ist im Grunde gut; ◇ **he is ~ a post modern author** er ist im Prinzip ein postmoderner Schriftsteller

establish [ɪ'stæblɪʃ] **I.** *vt* [1] ↑ *set up* → *family, business* gründen; → *an account* eröffnen; → *government* bilden; → *religion* stiften; → *law, order* schaffen; → *relations* herstellen [2] ↑ *prove* beweisen; ◇ **the candidate ~ed a reputation as a radical** der Kandidat machte sich e-n Namen als Radikaler **II.** *vr* ↑ *become independent* ◇ **to ~ o.s.** sich niederlassen; **establishment** *n* [1] Gründung *f,* Bildung *f;* Stiftung *f;* Herstellung *f;* Einführung *f;* Einrichtung *f* [2] (*institution*) ◇ **the military ~** das Militär

estate [ɪ'steɪt] *n* [1] (*land*) Gut *s;* ◇ **the president retired to his ~** der Präsident zog sich auf sein Landgut zurück [2] (*possession*) Eigentum *s;* ◇ **family ~** Familienbesitz *m;* ↑ *inheritance* Nachlaß *m* [3] (*BRIT housing ~*) Siedlung *f;* **estate agent** *n* Immobilienmakler(in *f*) *m;* **estate car** *n* (*BRIT*) Kombiwagen *m*

esteem [ɪ'stiːm] *n* ↑ *respect* Wertschätzung *f;* ◇ **to hold s.o./s.th. in high ~** jd-n/etw hochschätzen; ◇ **my self ~ is low/high** ich habe wenig/viel Selbstbewußtsein

estimate ['estɪmət] **I.** *n* Schätzung *f* **II.** ['estɪmeɪt] *vt* schätzen; **estimation** [estɪ'meɪʃən] *n* Schätzung *f,* Einschätzung *f;* ↑ *esteem* Achtung *f*

estrange [ɪ'streɪnʒ] *vt* entfremden; ◇ **she has become ~d from her husband** sie und ihr Mann haben sich auseinandergelebt

estuary ['estjʊərɪ] *n* Mündung *f*

etching ['etʃɪŋ] *n* Radierung *f*

eternal [ɪ'tɜːnl] *adj* ↑ *everlasting* ewig; **eternally** *adv* immer, ewig; **eternity** [ɪ'tɜːnɪtɪ] *n* Ewigkeit *f*

ether ['iːθə*] *n* MED Äther *m*

ethical ['eθɪkəl] *adj* ethisch; **ethics** ['eθɪks] *n pl* [1] (*subject*) Ethik *f* [2] ↑ *morality* Moral *f;* ◇ **the ~ of the capital punishment** die ethischen Aspekte der Todesstrafe

Ethiopia [iːθɪ'əʊpɪə] *n* Äthiopien *s*

ethnic ['eθnɪk] *adj* ethnisch

etiquette ['etɪket] *n* ↑ *good manners* Etikette *f*

Eucharist ['ju:kərɪst] *n* Abendmahlsgottesdienst *m,* Eucharistiefeier *f*
eulogy ['ju:lədʒɪ] *n* Lobesrede *f*
eunuch ['ju:nək] *n* Eunuch *m*
euphemism ['ju:fɪmɪzəm] *n* Euphemismus *m*
euphoria [ju:'fɔ:rɪə] *n* Euphorie *f*
Eurocheque ['jʊərəʊt∫ek] *n* Euroscheck *m*
Europe ['jʊərəp] *n* Europa *s;* **European** [jʊərə'pi:ən] **I.** *adj* europäisch; ◇ **- community** Europäische Gemeinschaft **II.** *n* Europäer(in *f*) *m*
euthanasia [ju:θə'neɪzɪə] *n* Euthanasie *f;* ◇ **active -** aktive Sterbehilfe *f*
evacuate [ɪ'vækjʊeɪt] *vt* → *place* räumen; → *people* evakuieren; MED entleeren; **evacuation** [ɪvækjʊ'eɪ∫ən] *n* Räumung *f;* Evakuierung *f*
evade [ɪ'veɪd] *vt* [1] (*dodge, escape*) ausweichen *dat;* → *duty, obligation* sich entziehen *dat* [2] ↑ *elude* umgehen; → *taxes* hinterziehen
evaluate [ɪ'væljʊeɪt] *vt* beurteilen; → *possessions* schätzen (*at* auf); → *pros and cons* abwägen; → *results* [aus]werten; → *damages* festsetzen
evangelical [i:væn'dʒelɪkəl] *adj* evangelisch; **evangelist** [ɪ'vændʒəlɪst] *n* Evangelist *m;* ↑ *preacher* Prediger(in *f*) *m*
evaporate [ɪ'væpəreɪt] *vi* ← *liquid* verdampfen, verdunsten; ◇ **-d milk** Kondensmilch *f,* Dosenmilch *f; FIG* ← *feelings, hopes* sich zerschlagen, schwinden; **evaporation** [ɪvæpə'reɪ∫ən] *n* Verdampfen *s;* Schwinden *s*
evasion [ɪ'veɪʒən] *n* [1] (*of a distasteful duty*) Ausweichen *s* (*of* vor *dat*) [2] (*to dodge a question*) Ausflucht *f*
evasive [ɪ'veɪzɪv] *adj* ausweichend; ◇ **to take - action** ein Ausweichmanöver durchführen
even ['i:vən] **I.** *adj* [1] ↑ *flat* eben [2] ↑ *equal* gleich; ▷ *score* unentschieden; ▷ *chances* fifty-fifty stehen; ◇ **to be - with s.o.** jd-m nichts schuldig sein; *FAM* ◇ **to get - with s.o.** es jd-m heimzahlen [3] ▷ *number* gerade **II.** *adv* [1] (*not just*) sogar, selbst; ◇ **we travelled everywhere, - to Paris** wir sind überall hingereist, sogar nach Paris [2] (*comparative*) sogar noch; ◇ **he is - older** er ist sogar noch älter [3] (*in conjuction*) ◇ **- if ...** selbst wenn ...; ◇ **- so** ↑ *nevertheless* aber trotzdem; **even out I.** *vi* eben werden, sich ebnen **II.** *vt* [1] → *ground* ebnen, glätten [2] → *burdens, wealth* gerecht/gleichmäßig verteilen; ◇ **that -s things - between us** damit sind wir wohl wieder quitt; **even up** *vt* → *amounts* aufrunden; → *balance* ausgleichen
evening ['i:vnɪŋ] *n* Abend *m;* ◇ **in the -** am Abend; **evening class** *n* Abendkurs *m;* **evening dress** *n* (*for men*) Abendanzug *m,* Smoking *m;* (*for women*) Abendkleid *s*
evenly ['i:vənlɪ] *adv* gleichmäßig
evensong ['i:vənsɒŋ] *n* (*BRIT*) Abendgottesdienst *m*
event [ɪ'vent] *n* [1] (*important occurence*) Ereignis *s* [2] (*planned*) Veranstaltung *f;* SPORT Wettkampf *m;* (*in case of*) ◇ **in the - of** im Fall..., *gen;*
eventful [ɪ'ventfl] *adj* ereignisreich
eventual [ɪ'vent∫ʊəl] *adj* ↑ *final* schließlich; **eventuality** [ɪvent∫ʊ'ælɪtɪ] *n* Fall *m,* Eventualität *f;* **eventually** [ɪ'vent∫ʊəlɪ] *adv* ↑ *at last* endlich; ↑ *given time* schließlich
ever ['evə*] *adv* [1] (*always*) immer; ◇ **it seemed to go on for -** es schien ewig zu dauern; ◇ **- since** seit jeher, schon immer; ◇ **- since I was born** seit meiner Geburt [2] (*at any time*) jemals; ◇ **she hardly - smiles** sie lächelt selten; ◇ **seldom, if -** selten, wenn überhaupt; (*never*) ◇ **not -** nie, niemals [3] (*to emphasize*) ◇ **how did you - manage?** wie hast du das nur geschafft?; ◇ **the best book I - read** das beste Buch, das ich je las; **evergreen** ['evəgri:n] **I.** *adj* immergrün **II.** *n* Nadelbaum *m;* **ever-lasting** *adj* ewig
every ['evrɪ] *adj* [1] (*each of a group*) jede(r, s); ◇ **- day of the week** an jedem Tag [in] der Woche; ◇ **- bit as much** ganz genau soviel; ◇ **- man for himself** jeder für sich; ◇ **that happens to me - single time** das passiert mir jedes Mal [2] (*frequency*) ◇ **- now and then** ab und zu; ◇ **- once in a while** hin und wieder, gelegentlich [3] (*as intensifier*) ◇ **I have - reason to ask** ich habe allen Grund zu fragen; ◇ **she has - confidence in me** sie hat uneingeschränktes Vertrauen zu mir; **everybody** *pron* jeder, alle *pl;* **everyday** *adj* ↑ *daily* jeden Tag; ↑ *commonplace* alltäglich, Alltags-; **everyone** *s.* **everybody**; **everything** *pron* alles; **everywhere** *adv* überall
evidence ['evɪdəns] **I.** *n* [1] (*sign*) Beweis *m;* ◇ **he showed no - of his anger** er zeigte seine Wut nicht; JUR Beweismaterial *s;* (*testimony*) Aussage *f;* ◇ **for lack of -** aus Mangel an Beweisen; ◇ **piece of -** Beweismittel *s* [2] (*apparent*) ◇ **in -** sichtbar; ◇ **new trends have come into -** es sind neue Trends zutage getreten **II.** *vt* zeugen von;
evident ['evɪdənt] *adj* offensichtlich
evil ['i:vl] **I.** *adj* böse; ▷ *person* schlecht, böse **II.** *n* Böse *s;* (*situation*) Übel *s;* ◇ **the struggle between good and -** der Kampf zwischen Gut und Böse; ◇ **-s of society** soziale Mißstände *mpl*
evocative [ɪ'vɒkətɪv] *adj* evokativ
evoke [ɪ'vəʊk] *vt* evozieren, heraufbeschwören; → *memory* wachrufen
evolution [i:və'lu:∫ən] *n* [1] BIOL Evolution *f,* Entwicklung *f* [2] (*of situations*) Bewegung *f,* [Fort-]Entwicklung *f*

evolve [ɪ'vɒlv] I. *vt* → *policy, system* entwickeln II. *vi* ← *plants, animal, situation* sich entwickeln
ewe [ju:] *n* Mutterschaf *s*
ex- [eks] *pref* ehemalig, Ex-; ◇ **~president** Ex-Präsident *m*
ex [eks] *n FAM* frühere Ehefrau, früherer Ehemann
exact [ɪg'zækt] I. *adj* genau II. *vt* ↑ *demand* fordern; → *payment* eintreiben; → *promise* abverlangen (*from* jd-m); **exacting** *adj* ▷*job* anspruchsvoll; **exactitude** [ɪg'zæktɪtjʊ:d] *n* Genauigkeit *f;* **exactly** *adv* genau; **exactness** *n* Genauigkeit *f*
exaggerate [ɪg'zædʒəreɪt] *vt, vi* ① ↑ *overstate* übertreiben ② (*increase*) verstärken; → *feature* hervorheben; **exaggerated** [-ɪd] *adj* übertrieben; **exaggeration** [ɪgzædʒə'reɪʃən] *n* Übertreibung *f*
exalt [ɪg'zɔ:lt] *vt* ① ↑ *praise* preisen ② (*rank, position*) erheben
exam [ɪg'zæm] *n* Prüfung *f*
examination [ɪgzæmɪ'neɪʃən] *n* ① (*school, in general*) Prüfung *f;* (*university*) Examen *s* ② ↑ *inspection* Untersuchung *f;* **examine** [ɪg'zæmɪn] *vt* ① ↑ *inspect* untersuchen (*for* auf *acc*); → *papers, information* prüfen; → *passports* kontrollieren; ← *doctor* untersuchen ② → *student, candidate* prüfen; **examiner** *n* Prüfer(in *f*) *m*
example [ɪg'zɑ:mpl] *n* Beispiel *s;* ◇ **for ~** zum Beispiel
exasperate [ɪg'zɑ:spəreɪt] *vt* zur Verzweiflung bringen; ◇ **I was becoming more and more ~d** ich wurde immer verzweifelter; ◇ **he ~d me** ich habe mich sehr über ihn aufgeregt; **exasperating** *adj* ärgerlich; **exasperation** [ɪgzɑ:spə'reɪʃən] *n* Verzweiflung *f*
excavate ['ekskəveɪt] *vt* ↑ *dig* ausgraben; (*for remains*) Ausgrabungen machen/durchführen; (*dig up*) ausschachten; **excavation** [ekskə'veɪʃən] *n* Ausgrabung *f;* **excavator** ['ekskəveɪtə*] *n* Bagger *m*
exceed [ɪk'si:d] *vt* → *amount* übersteigen, überschreiten; ↑ *go beyond* hinausgehen über; → *hopes* übertreffen; **exceedingly** [ɪk'si:dɪŋlɪ] *adv* äußerst
excel [ɪk'sel] *vi* sich auszeichnen
excellence ['eksələns] *n* hervorragende Qualität *f,* Vorzüglichkeit *f*
Excellency ['eksələnsɪ] *n* ◇ **His ~** Seine Exzellenz
excellent ['eksələnt] *adj* ausgezeichnet, hervorragend
except [ɪk'sept] I. *prep* außer; ↑ *besides* ◇ **what can I do ~ wait?** was könnte ich anderes tun als warten?; ↑ *apart from* ◇ **~ for** abgesehen von *dat;* ◇ **we are all here ~ for Tom** wir sind alle hier bis auf Tom; ◇ **~ for the fact that ...** abgesehen davon, daß ... II. *vt* ausnehmen; ◇ **to ~ s.o. from s.th.** jd-n von etw ausnehmen; **excepting** *prep* außer; **exception** [ɪk'sepʃən] *n* ① Ausnahme *f* ② ◇ **to take ~ to s.th.** Anstoß an etw *dat* nehmen; **exceptional** [ɪk'sepʃənl] *adj* außergewöhnlich; **exceptionally** *adv* ↑ *extraordinarily* ausnahmsweise; ↑ *unusually* außergewöhnlich
excerpt ['eksɜ:pt] *n* Auszug *m,* Exzerpt *s*
excess [ek'ses] I. *n* ① ↑ *surfeit* Übermaß *s* (*of* an *dat*); ◇ **to take s.th. to ~** etw übertreiben ② ↑ *surplus* Überschuß *m* II. *adj* Über-; ◇ **~ baggage** Übergepäck *s;* **excessive** [ɪk'sesɪv] *adj* übermäßig; **excessively** *adv* ① (*too much*) allzuviel, übermäßig ② ↑ *extremely* äußerst
exchange [ɪks'tʃeɪndʒ] I. *n* (*swapping*) Tausch *m,* Umtausch *m,* Eintausch *m;* ↑ *replace* Austausch *m;* FIN Geldwechsel *m;* (*stock ~*) Börse *f* II. *vt* → *goods* tauschen; → *greetings* wechseln, austauschen; → *money* umtauschen; ◇ **in ~ for s.th.** im Tausch gegen etw; **exchange rate** *n* Wechselkurs *m*
exchequer [ɪks'tʃekə*] *n* (*BRIT*) Finanzministerium *s*
excisable [ek'saɪzɪbl] *adj* steuerpflichtig; **excise** ['eksaɪz] *n* Verbrauchssteuer *f*
excitable [ɪk'saɪtəbl] *adj* erregbar; **excite** [ɪk'saɪt] *vt* aufregen, in Aufregung versetzen; **excited** [-ɪd] *adj* aufgeregt; ▷*sexually* erregt; ◇ **to get ~ about s.th.** (*with power*) sich über etw aufregen; (*with pleasure*) sich über etw freuen; **excitement** *n* Aufregung *f,* Spannung *f;* **exciting** *adj* aufregend; ▷*book, film* spannend
exclamation [ekskla'meɪʃən] *n* Ausruf *m;* **exclamation mark** *n* Ausrufezeichen *s*
exclude [ɪks'klu:d] *vt* → *information etc.* ausnehmen; → *person* ausschließen (*from* aus/von); **exclusion** [ɪks'klu:ʒən] *n* Ausschluß *m*
exclusive [ɪks'klu:sɪv] *adj* ① ↑ *high class* vornehm, exklusiv ② MEDIA ▷*story* Exklusiv- ③ ausschließlich, einzig; ◇ **these two ideas are mutually ~** die beiden Ideen schließen einander aus ④ ↑ *excluding* ◇ **~ of** ausschließlich *gen;* **exclusively** *adv* ausschließlich
excommunicate [ekskə'mju:nɪkeɪt] *vt* exkommunizieren
excrement ['ekskrɪmənt] *n* Exkremente *pl*
excruciating [ɪks'kru:ʃɪeɪtɪŋ] *adj* gräßlich, fürchterlich
excursion [ɪks'kɜ:ʃən] *n* Ausflug *m;* ◇ **to go on an ~** e-n Ausflug machen
excusable [ɪks'kju:zəbl] *adj* verzeihlich, ent-

E

schuldbar; **excuse** [ıks'kju:s] **I.** *n* [1] (*pretext*) Ausrede *f,* Entschuldigung *f* [2] ↑ *justification, apology* Entschuldigung *f* **II.** [ıks'kju:z] *vt* [1] ↑ *apologize* sich entschuldigen; ◇ **~ me** entschuldigen Sie mich [2] ↑ *forgive* jd-m verzeihen; ◇ **to ~ s.o.'s behaviour** jd-s Benehmen entschuldigen, jd-m sein Benehmen verzeihen [3] ↑ *exempt* ◇ **he is ~d from work** er ist von der Arbeit befreit; ◇ **may I be ~d please?** darf ich bitte gehen?

ex-directory [eksdaı'rektərı] *adj* ◇ **to be ~** *BRIT* TELEC nicht im Telefonbuch stehen

execute ['eksıkju:t] *vt* [1] ↑ *carry out* durchführen, ausführen; → *difficult action* ausführen; → *duties* wahrnehmen, erfüllen [2] → *talent, music* ausführen [3] → *legal document* unterzeichnen; → *will* vollstrecken [4] → *criminal* hinrichten; **execution** [eksı'kju:ʃən] *n* Durchführung *f;* Ausführung *f;* Erfüllung *f;* Wahrnehmung *f;* Hinrichtung *f;* **executioner** *n* Henker *m,* Scharfrichter *m*

executive [ıg'zekjʊtıv] **I.** *n* COMM leitende(r) Angestellte(r) *fm;* POL Exekutive *f* **II.** *adj* COMM geschäftsführend; ◇ **~ position** leitende Position; POL exekutiv, Exekutiv-

executor [ıg'zekjʊtə*] *n* Testamentsvollstrecker (in *f*) *m*

exemplary [ıg'zemplərı] *adj* [1] ▷*person, conduct* vorbildlich, beispielhaft [2] ▷*punishment* exemplarisch

exemplify [ıg'zemplıfaı] *vt* erläutern, veranschaulichen

exempt [ıg'zempt] **I.** *adj* befreit **II.** *vt* befreien (*from* von *dat*); **exemption** [ıg'zempʃən] *n* Befreiung *f;* (*from taxes*) Steuerbefreiung *f*

exercise ['eksəsaız] **I.** *n* Übung *f;* ▷*physcial* Bewegung *f,* Sport *m;* (*of authority, rights*) Wahrnehmung *f;* MIL Übung *f* **II.** *vt* → *power* ausüben; → *right* geltend machen; → *body, mind* üben, trainieren; MIL ← *troops* exerzieren **III.** *vi* sich bewegen, Sport treiben/machen; ◇ **I have to do more ~** ich muß mich mehr bewegen; **exercise book** *n* [Schul-]Heft *s*

exert [ıg'zɜ:t] **I.** *vt* → *influence* aufbieten; → *pressure* ausüben (*on* auf *acc*) **II.** *vr* ◇ **~ o.s.** sich anstrengen; **exertion** [ıg'zɜ:ʃn] *n* [1] Anstrengung *f* [2] Anwendung *f,* Einsatz *m*

exhaust [ıg'zɔ:st] **I.** *n* ↑ *~ fumes* Abgase *pl;* (AUTO *~ pipe*) Auspuff *m* **II.** *vt* [1] ↑ *wear out* erschöpfen; ◇ **this job is ~ing me** diese Arbeit ist e-e Strapaze für mich [2] ↑ *use up* (*completely*) aufbrauchen; **exhausted** *adj* erschöpft; **exhausting** *adj* anstrengend, strapaziös; **exhaustion** [ıg'zɔ:stʃən] *n* Erschöpfung *f*

exhibit [ıg'zıbıt] **I.** *n* Ausstellungsstück *s;* JUR Beweisstück *s* **II.** *vt* ausstellen; → *documents* vorweisen; **exhibition** [eksı'bıʃən] *n* [1] Ausstellung *f;* ↑ *fair* Messe *f* [2] ↑ *showing* Vorführung *f* [3] (*of behaviour*) ◇ **to make an ~ of o.s.** ein Theater machen [4] *BRIT* ↑ *grant* Stipendium *s;* **exhibitionist** [eksı'bıʃənıst] *n* Exhibitionist(in *f*) *m;* **exhibitor** [ıg'zıbıtə*] *n* Aussteller(in *f*) *m*

exhilarating [ıg'zıləreıtıŋ] *adj* erregend, berauschend; ▷*music* anregend; **exhilaration** [ıgzılə'reıʃən] *n* Hochgefühl *s*

exhort [ıg'zɔ:t] *vt* ermahnen

exile ['eksaıl] **I.** *n* POL Exil *s;* (*person*) Verbannte (r) *fm* **II.** *vt* POL verbannen

exist [ıg'zıst] *vi* [1] ↑ *to be* existieren, bestehen; ◇ **to cease to ~** aufhören zu bestehen [2] ↑ *live, survive* existieren, leben; ◇ **man can't ~ on bread alone** der Mensch lebt nicht vom Brot allein; **existence** *n* [1] (*state of being*) Existenz *f;* (*of institution*) Bestehen *s* [2] (*way of living*) Dasein *s;* **existing** *adj* bestehend, gegenwärtig

exit ['eksıt] **I.** *n* [1] (*of a place*) Ausgang *m,* Ausfahrt *m* [2] Weggehen *s;* (*from life*) Ableben *s;* (*of actor*) Abgang *m* **II.** *vi* hinausgehen, abgehen; PC verlassen

exonerate [ıg'zɒnəreıt] *vt* entlasten

exorbitant [ıg'zɔ:bıtənt] *adj* astronomisch; ▷*price* unverschämt; ▷*requests* maßlos

exotic [ıg'zɒtık] *adj* exotisch

expand [ıks'pænd] **I.** *vt* ↑ *spread* ausdehnen; → *operations* erweitern; → *information* weiter ausführen; ◇ **we want to ~ our business** wir wollen unsere Firma vergrößern **II.** *vi* ← *solid* sich ausdehnen, expandieren; ← *production* zunehmen; ← *population* wachsen

expanse [ıks'pæns] *n* Fläche *f;* ◇ **a wide ~ of forest** ein großes Waldgebiet; **expansion** [ıks'pænʃən] *n* Vergrößerung *f;* Ausdehnung *f;* Erweiterung *f;* Ausweitung *f*

expatriate [eks'pætrıət] **I.** *adj* im Ausland lebend; ◇ **there are a lot of ~ employees in this compagny** es gibt viele ausländische Mitarbeiter in dieser Firma **II.** *n* im Ausland Lebende(r) *fm* **III.** [eks'pætrıeıt] *vr* ausbürgern; ◇ **to ~ o.s.** aus e-m Land auswandern

expect [ık'spekt] **I.** *vt* [1] ↑ *anticipate, await* → *person, thing* erwarten [2] ↑ *suppose* glauben; ◇ **we are ~ing to leave at three o'clock** wir haben vor, um fünfzehn Uhr zu fahren; ◇ **I ~ you're hungry** ich nehme an, daß du Hunger hast **II.** *vi* ◇ **to be ~ing** in anderen Umständen sein, ein Kind bekommen, schwanger sein

expectant *adj* ↑ *hopeful* erwartungsvoll; ▷*mother* werdend

expectation [ekspek'teıʃən] *n* Erwartung *f,*

Hoffnung *f;* ◇ **the job doesn't come up to my -s** die Arbeit entspricht nicht meinen Erwartungen
expedience, expediency [ɪks'pi:dɪəns, -ənsɪ] [ɪks'pi:dɪənsɪ] *n* Zweckdenken *s;* **expedient I.** *adj* zweckdienlich **II.** *n* Hilfsmittel *s,* Notbehelf *m*
expedition [ekspɪ'dɪʃən] *n* (*organized journey*) Expedition *f,* Forschungsreise *f;* ↑ *excursion* ◇ **I love going off on shopping -s** ich liebe es, Einkaufsbummel zu machen
expel [ɪk'spel] *vt* [1] (*from school, organization*) ausweisen (*from* aus *dat*), verweisen (*from gen*); (*from group, gang*) ausschließen (*from* von *dat*) [2] → *liquid, gas* ausstoßen
expend [ɪk'spend] *vt* → *money* ausgeben; → *effort* aufwenden (*on* für); ◇ **the effort -ed in this project** die auf dieses Projekt verwendete Kraft; **expendable** *adj* entbehrlich; ▷*employee* überflüssig
expenditure [ɪk'spendɪtʃə*] *n* [1] ↑ *spending* Ausgaben *f pl* [2] ↑ *outlay* Ausgabe *f;* (*of time, pains*) Aufwand *m*
expense [ɪk'spens] *n* [1] ↑ *cost* Kosten *pl;* ◇ **at the company's -** auf Kosten der Firma; ◇ **to go to great - to obtain s.th.** viel Geld ausgeben, um etw zu bekommen; *FIG* ◇ **at the - of s.o.** auf jd-s Kosten; ◇ **at the - of environmental damage** auf Kosten der Umwelt [2] COMM ◇ **-s** *pl* Unkosten *pl;* ◇ **the company covered all -s** die Firma übernahm alle Unkosten; **expense account I.** *n* Spesenkonto *s;* ◇ **dinner will go on my - -** das Essen geht auf Spesen **II.** *adj* ◇ **- - trip** Reise auf Spesen
expensive [ɪk'spensɪv] *adj* teuer
experience [ɪk'spɪərɪəns] **I.** *n* [1] (*incident*) Erlebnis *s* [2] ↑ *practice, knowledge* Erfahrung *f;* ◇ **to know s.th. from -** etw aus Erfahrung wissen; ◇ **to gain -** Erfahrung sammeln **II.** *vt* [1] → *situation* erleben; → *hardship* durchmachen [2] → *emotion* spüren, fühlen; **experienced** [-d] *adj* erfahren
experiment [ɪk'sperɪmənt] **I.** *n* ↑ *scientific test* Versuch *m,* Experiment *s;* ↑ *trial* Versuch *m* **II.** [ɪk'sperɪment] *vi* [1] (*test*) Versuch[e] machen, experimentieren [2] (*new recipe*) ausprobieren; **experimental** [ɪksperɪ'mentl] *adj* experimentell, Experimental-
expert ['ekspɜ:t] **I.** *n* ↑ *specialist* Fachmann *m,* Experte *m,* Expertin *f;* ◇ **he is an - in his field** er ist ein Experte auf seinem Gebiet; ↑ *practised* geübt, erfahren; ◇ **she is an - at cooking** sie ist e-e hervorragende Köchin; *ironic* ◇ **he is an - at making mistakes** er versteht es meisterhaft, Fehler zu machen **II.** *adj* [1] ▷*advice, opinion* fachmännisch [2] ↑ *practised* erfahren, geschickt; ◇ **- hand** Meisterhand *f;* ◇ **to study s.th. with an - eye** etw fachmännisch begutachten
expertise [ekspə'ti:z] *n* Sachverstand *m,* Sachkenntnis *f*
expire [ɪk'spaɪə*] *vi* [1] ↑ *run out* ← *lease, contract* ablaufen, ungültig werden [2] ← *person* sterben; **expiry** [ɪk'spaɪərɪ] *n* Ablauf *m;* ◇ **date of -** Ablauftermin *m*
explain [ɪk'spleɪn] **I.** *vt* ↑ *give reason* erklären; (*illustrate*) erläutern; ◇ **he didn't - why** er sagte nicht warum **II.** *vr* ↑ *account for* sich rechtfertigen **III.** *vi* (*inform about*) es/alles erklären; **explain away** *vt* ◇ **you can't just - it - like that** du kannst das nicht so einfach mit e-r Ausrede abtun; **explanation** [eksplə'neɪʃən] *n* Erklärung *f;* Rechtfertigung *f;* ◇ **you had better have a good - for this** ich hoffe, daß du e-e gute Erklärung dafür hast; **explanatory** [ɪk'splænətərɪ] *adj* erklärend
explicable [ek'splɪkəbl] *adj* erklärbar
explicit [ɪk'splɪsɪt] *adj* [1] ↑ *clear* deutlich; ▷*opinion* klar; ▷*behaviour* explizit [2] (*direct*) deutlich, direkt; ◇ **you don't have to be so -** Sie brauchen gar nicht so deutlich zu werden; **explicitly** *adv* deutlich, explizit
explode [ɪk'spləʊd] **I.** *vi* [1] ← *bomb* explodieren [2] ↑ *burst into rage* explodieren, in die Luft gehen; ◇ **she'll - when she finds this out** wenn sie das erfährt, wird sie vor Wut platzen **II.** *vt* → *bomb* zur Explosion bringen
exploit ['eksplɔɪt] **I.** *n* Heldentat *f* **II.** [ɪk'splɔɪt] *vt* ↑ *mistreat* ausbeuten; → *workers, natural resources* ausnutzen; ◇ **to - raw materials** Rohstoffe ausbeuten; **exploitation** [eksplɔɪ'teɪʃən] *n* Ausbeutung *f;* Ausnutzung *f;* (*take advantage of*) Nutzung *f*
exploration [eksplɔ:'reɪʃən] *n* Erforschung *f;* (*small area*) Erkundung *f;* (*of subject matter*) Untersuchung *f;* **exploratory** [ek'splɒrətərɪ] *adj* [1] (*preliminary*) Probe-; ◇ **they held long - talks on...** sie führten lange Sondierungsgespräche über... [2] (*investigatory*) Forschungs-; **explore** [ɪk'splɔ:*] **I.** *vt* [1] → *place* erforschen, erkunden [2] → *ideas* untersuchen, sondieren **II.** *vi* ◇ **to go exploring** auf Entdeckungsreise gehen; **explorer** *n* Forscher(in *f*) *m,* Forschungsreisende(r) *fm*
explosion [ɪk'spləʊʒən] *n* Explosion *f; FIG* Wutausbruch *m;* ◇ **I just heard an -** ich habe gerade e-n Knall gehört; **explosive** [ɪk'spləʊzɪv] **I.** *adj* [1] ▷*substance, issue* explosiv [2] ▷*person* explosiv, aufbrausend; ◇ **he can be - sometimes** er kann manchmal leicht aufbrausend sein **II.** *n* Sprengstoff *m*

exponent [ek'spəʊnənt] *n* [1] (*of plan, theory*) Vertreter(in *f*) *m* [2] MATH Hochzahl *f*

export [ɪk'spɔːt] **I.** *vt* → *goods, raw materials* exportieren, ausführen; → *ideas, values* verbreiten, ausbreiten **II.** ['ekspɔːt] *n* [1] (*action*) Ausfuhr *f*, Export *m* [2] (*product*) Ausfuhrware *f*, Exportartikel *m* **III.** *adj* ▷*trade* Ausfuhr-, Export-; **exporter** [ɪk"spɔːtə*] *n* (*country*) Exportland *s*; ◇ **Germany is a leading - of automobiles** Deutschland zählt beim Export von Autos zu den führenden Nationen; (*person*) Exporteur(in *f*) *m*

expose [ɪk'spəʊz] *vt* [1] ↑ *uncover* freilegen; → *lie* aufdecken; → *scandal* enthüllen; → *o.s.* entblößen [2] (*to danger etc.*) aussetzen (*to* dat); ◇ **do not - to heat** vor Hitze schützen [3] PHOTO belichten

exposé [ek'spəʊzeɪ] *n* (*of scandal*) Aufdekkung *f*

exposed [ɪk'spəʊzd] *adj* ▷*area* ungeschützt; ▷*skin* unbedeckt; ◇ **his skin was - to the sunlight** seine Haut war der Sonne ausgesetzt

exposure [ɪk'spəʊʒə*] *n* [1] (*lack of protection*) Aussetzung *f* [2] (*relevation, of lie, dishonesty*) Bloßstellung *f*, Aufdeckung *f* [3] MEDIA Publicity *f* [4] (PHOTO *amount of light*) Belichtungszeit *f*; ↑ *shot* ◇ **a roll of film with 36 -s** ein Film mit 36 Aufnahmen; **exposure meter** *n* Belichtungsmesser *m*

expound [ɪk'spaʊnd] *vt* darlegen, erläutern

express [ɪk'spres] **I.** *adj* ↑ *rapid* schnell; ◇ **- mail** Eilpost *f* **II.** *n* RAIL Schnellzug *m* **III.** *vt* ↑ *voice* ausdrücken; ◇ **I couldn't - my feelings** ich konnte meine Gefühle nicht zum Ausdruck bringen **IV.** *vr* ◇ **- o.s.** sich ausdrücken; ◇ **she -es herself through music** sie drückt sich durch Musik aus; **expression** [ɪk'spreʃən] *n* [1] ↑ *phrase* Ausdruck *m* [2] MATH Ausdruck *m* [3] (*of ideas, feelings*) Ausdruck *m*, Äußerung *f*; ◇ **the flowers were an - of gratitude** die Blumen waren Ausdruck der Dankbarkeit [4] (*facial -*) Gesichtsausdruck *m*; ◇ **I knew it by the - on your face** ich habe es an deinem Gesichtsausdruck gemerkt; **expressive** *adj* ausdrücklich; **expressly** *adv* ausdrucksvoll

expropriate [ek'sprəʊprɪeɪt] *vt* enteignen

expulsion [ɪk'spʌlʃən] *n* (*from country*) Ausweisung *f*; (*from school*) Verweisung *f*; (*with force*) Vertreibung *f*

exquisite [ek'skwɪzɪt] *adj* ▷*craftmanship* ausgezeichnet, vorzüglich; ▷*wine* exquisit; ◇ **we had an - view from the hotel** vom Hotel aus hatten wir e-n einmaligen Blick; ▷*manners* fein; **exquisitely** *adv* ausgezeichnet, vorzüglich

extend [ɪk'stend] **I.** *vt* [1] → *visit* verlängern [2] → *building* anbauen an; → *research* erweitern [3] → *arms* ausstrecken; ◇ **to - one's hands to s.b.** jd-m die Hand reichen **II.** *vi* [1] ← *road* sich erstrecken, sich ausdehnen; ◇ **the road -ed to the horizon** die Straße erstreckte sich bis zum Horizont [2] (*last*) sich ausdehnen, sich hinziehen; **extension** [ɪk'stenʃən] *n* [1] (*temporal*) Verlängerung *f* [2] (*of building*) Anbau *m*; (*of business*) Erweiterung *f* [3] TELEC Nebenanschluß *m*; **extensive** [ɪk'stensɪv] *adj* [1] ▷*land, area* ausgedehnt, weit [2] ↑ *severe* → *damage, harm* beträchtlich [3] ▷*knowledge* umfassend, umfangreich; ▷*discussions* weitreichend; ▷*use* häufig

extent [ɪk'stent] *n* [1] (*range*) Ausdehnung *f*; (*length*) Länge *f* [2] (*amount*) Umfang *m*; (*of situation, difficulty*) Ausmaß *s* [3] (*not entirely*) ◇ **to some - you're right...** zu e-m gewissen Grade haben Sie Recht; ◇ **to a large -** in hohem Maße

exterior [ek'stɪərɪə*] **I.** *adj* äußere(r, s), Außen- **II.** *n* [1] (*of thing*) Außenseite *f* [2] (*of person*) Äußere(s) *s*; ◇ **apart from her cold -, she is ...** obwohl sie nach außen hin kühl wirkt, ist sie ...

exterminate [ek'stɜːmɪneɪt] *vt* ausrotten, vernichten; **extermination** [ekstɜːmɪ'neɪʃən] *n* Ausrottung *f*; Vertilgung *f*; Vernichtung *f*

external [ek'stɜːnl] **I.** *adj* [1] ▷*wall* äußere(r, s) [2] (*outside*) Außen-, extern; ◇ **- trade** Außenhandel *m*; ◇ **- world** Außenwelt *f* [3] äußerlich; ◇ **for - use only** nur äußerlich anzuwenden **II.** *n* ◇ **the -s** *pl* Äußerlichkeiten *f pl*; **externally** *adv* äußerlich

extinct [ɪk'stɪŋkt] *adj* [1] ▷*species* ausgestorben; ◇ **many types of plantlife have become -** viele Pflanzenarten sind ausgestorben [2] ▷*lifestyle* aussterben [3] ▷*volcano* erloschen; **extinction** [ɪk'stɪŋkʃən] *n* Aussterben *s*; Auslöschung *f*; (*of fire*) Löschen *s*

extinguish [ɪk'stɪŋgwɪʃ] *vt* [1] ↑ *put out* löschen [2] → *hopes* zerstören; **extinguisher** *n* Feuerlöscher *m*

extort [ɪk'stɔːt] *vt* erpressen; ◇ **the police -ed a confession from the man** die Polizei preßte dem Mann ein Geständnis ab; **extortion** [ɪk'stɔːʃən] *n* (*crime*) Erpressung *f*, Erzwingung *f*; *FAM* Wucher *m*; ◇ **that is sheer -!** das ist ja Wucher!; **extortionate** [ɪk'stɔːʃənɪt] *adj* ungeheuer; ◇ **we paid an - price** wir bezahlten e-n Wucherpreis

extra ['ekstrə] **I.** *adj* [1] ↑ *additional* zusätzlich; ◇ **they needed - workers** sie brauchten zusätzliche Arbeitskräfte; ◇ **you will need an - sweater** du wirst noch e-n Pullover brauchen; ◇ **there is an - charge for breakfast** das Frühstück wird extra berechnet [*o.* ist im Preis nicht inbegriffen] [2] ↑ *very* ◇ **do you have this in - large?** haben Sie das in Übergröße/XL? **II.** *adv* [1] ↑ *especially* besonders [2] ↑ *additional* extra; ◇ ~ **costs** zusätzliche Kosten **III.** *n* [1] (*additional benefit*) Zusatzleistung *f;* AUTO Extra *s* [2] ◇ ~ **charges** *pl* zusätzliche Kosten *pl,* Nebenkosten *pl* [3] ↑ *remainder* Rest *m* [4] ◇ **~s** *pl* [zu zahlende] Sonderleistungen *f pl;* (*of food*) Beilagen *f pl*

extract [ɪk'strækt] **I.** *vt* [1] ↑ *pull out* herausnehmen; → *raw materials* gewinnen [2] → *information* herausholen, herausziehen [3] → *ideas, meaning* herausarbeiten, herausholen **II.** ['ekstrækt] *n* [1] (*from book etc.*) Auszug *m,* Exzerpt *s* [2] GASTRON MED Extrakt *m;* **extraction** [ɪk'strækʃən] *n* [1] ↑ *removal* Herausnehmen *s* [2] ↑ *origin* Herkunft *f,* Abstammung *f*

extracurricular [ekstrəkə'rɪkjʊlə*] *adj* außerhalb des Lehrplans

extradite ['ekstrədaɪt] *vt* ausliefern; **extradition** [ekstrə'dɪʃən] *n* Auslieferung *f*

extraneous [ɪk'streɪnɪəs] *adj* [1] ↑ *unrelated* ohne Beziehung zu [2] ↑ *external* von außen; ◇ **we must avoid ~ influence** wir müssen äußere Einflüsse vermeiden

extraordinary [ɪk'strɔːdnrɪ] *adj* [1] ↑ *amazing* erstaunlich; ◇ **it's ~ how much we act alike** es ist erstaunlich, wie ähnlich wir uns verhalten [2] ↑ *unusual* außerordentlich, ungewöhnlich, sonderbar; ◇ **there is nothing ~ about that** daran ist nichts Ungewöhnliches

extravagance [ɪk'strævəgəns] *n* [1] (*overspending*) Verschwendung *f* [2] (*lack of restraint*) Verschwendungssucht *f;* ◇ **an ~** ein Luxus *m;* **extravagant** [ɪk'strævəgənt] *adj* [1] (*not thrifty*) verschwenderisch; ◇ **they were totally ~** Sie gaben das Geld mit vollen Händen aus [2] ↑ *costly* teuer, kostspielig; ▷*coat* luxuriös [3] ▷*behaviour* übertrieben, extravagant; ▷*ideas* ausgefallen; ◇ **it would be ~ of me to think that...** es wäre e-e Anmaßung, wenn ich denken würde, daß...

extreme [ɪk'striːm] **I.** *adj* [1] (*greatest degree*) äußerste(r, s); ▷*poverty* extrem; ◇ ~ **cold** bittere Kälte; ◇ **with ~ pleasure** mit größtem Vergnügen; ◇ **he is in ~ danger** er ist in höchster Gefahr [2] ▷*behaviour* übertrieben [3] ▷*opinions, beliefs* extrem [4] (*furthest*) äußerte(r, s); ◇ **keep to your ~ right/left** bleiben Sie ganz rechts/links **II.** *n* Extrem *s;* ◇ **to go to ~s** es übertreiben; ◇ **to go from one ~ to the other** von e-m Extrem ins andere fallen; **extremely** *adv* äußerst, höchst; **extremist** [ɪk'striːmɪst] **I.** *adj* extremistisch **II.** *n* Extremist(in *f*) *m;* **extremity** [ɪk'stremɪtɪ] *n* [1] (*extreme degree*) ◇ **in the ~ of despair** in äußerster Verzweiflung [2] (*without moderation*) ◇ **to resort to extremities** zu äußersten Mitteln greifen; ◇ **he drove me to extremities** er trieb mich zum Äußersten [3] (*outermost point*) äußerstes Ende; ◇ **the northern ~** der nördlichste Zipfel [4] ANAT ◇ **extremities** *pl* Extremität *f,* Gliedmaßen *f pl*

extricate ['ekstrɪkeɪt] *vt* befreien (*from* von, aus); ◇ **to ~ o.s. from a relationship** von e-r Beziehung loskommen

extrovert ['ekstrəʊvɜːt] **I.** *n* extrovertierter/extravertierter Mensch **II.** *adj* extrovertiert, extravertiert

exuberance [ɪg'zjuːbərəns] *n* Überschwenglichkeit *f;* **exuberant** [ɪg'zjuːbərənt] *adj* überschwenglich

exude [ɪg'zjuːd] **I.** *vt* [1] → *liquid* ausscheiden, absondern [2] *FIG* → *feeling* ausstrahlen **II.** *vi* austreten

exultation [egzʌl'teɪʃən] *n* Jubel *m*

eye [aɪ] **I.** *n* [1] (*organ*) Auge *s;* ◇ **I am all ~s** ich bin sehr wachsam; ◇ **will you keep an ~ on my things, please?** würden Sie bitte auf meine Sachen ein Auge werfen?; ◇ **keep your ~s peeled!** halt' deine Augen offen!; ◇ **to see things ~ to ~ with s.o.** mit jd-m e-r Meinung sein [2] (*of needle*) Öhr *s;* (*of potato*) Auge *s* [3] (*of tornado*) Auge *s* **II.** *vt* anstarren; ◇ **he ~d her up and down** er hat sie von oben bis unten gemustert; **eyeball** *n* Augapfel *m;* **eyebrow** *n* Augenbraue *f;* **eye-catching** *adj* auffallend; ◇ **your skirt is very ~** dein Rock ist sehr auffällig; **eye contact** *n* Augenkontakt *m,* Blickkontakt *m;* **eyelash** *n* [Augen-]Wimper *f;* **eyelid** *n* Augenlid *s;* **eyeliner** *n* Eyeliner *m;* **eye-opener** *n* ◇ **that was quite an ~** das hat mir die Augen geöffnet; **eyeshadow** *n* Lidschatten *m;* **eyesight** *n* Sehkraft *f,* Sehvermögen *s;* ◇ **to have good ~** gute Augen haben; **eyesore** *n* Schandfleck *m;* ◇ **that tie is an ~** diese Krawatte beleidigt das Auge; **eye tooth** *n* [der obere] Eckzahn, Augenzahn *m;* **eye witness** *n* Augenzeuge *m*

F

F, f [ef] *n* [1] F, f *s* [2] MUS ▷*sharp* Fis, fis *s;* ▷*flat* Fes, fes *s*

fable ['feɪbl] *n* [1] Fabel *f,* Sage *f* [2] *FIG* Märchen *s;* ◇ **fact and ~** Dichtung und Wahrheit

fabric ['fæbrɪk] *n* [1] ↑ *cloth* Stoff *m* [2] (*of house*) Substanz *f* [3] *FIG* Gefüge *s;* ◇ **the ~ of society** die Sozialstruktur

fabricate ['fæbrıkeıt] *vt* [1] → *product* herstellen [2] → *story* erfinden; → *document* fälschen

fabulous ['fæbjʊləs] *adj* [1] (*originating in fable*) sagenhaft [2] ↑ *marvellous* fabelhaft

façade [fə'sɑːd] *n* [1] (*of building*) Fassade *f* [2] *FIG* ↑ *pretence* Fassade *f*

face [feıs] **I.** *n* [1] (*of person*) Gesicht *s* [2] ↑ *expression* Miene *f;* ↑ *grimace* Grimasse *f;* ◇ **to make a** ~ Grimassen schneiden/ziehen [3] (*of cliff etc.*) Steilwand *f;* (*of clock*) Zifferblatt *s;* (*of card*) Bildseite *f* [4] ↑ *reputation* ◇ **to lose** ~ das Gesicht verlieren [5] (*of a city, organization*) Aussehen *s* **II.** *vt* [1] ↑ *look towards* gegenüber sein; ◇ **I sat facing the teacher** ich saß dem Lehrer zugewandt [2] *FIG* → *situation, choice* rechnen mit; ◇ **to be ~d with a problem** e-m Problem gegenüberstehen, mit e-m Problem konfrontiert sein [3] ↑ *accept* sich damit abfinden; → *the truth, facts* sehen; ◇ **one has to ~ the facts** man muß den Tatsachen ins Auge sehen; ◇ **she was brought ~ to ~ with reality** sie wurde mit der Realität konfrontiert [4] ↑ *cope with* ◇ **Sissy could not ~ speaking to him** Sissy brachte es nicht fertig, mit ihm zu reden **III.** *vi* liegen zu *dat;* ◇ **the house ~d the street** das Haus lag zur Straße hin; **face cloth** *n* (*BRIT*) Waschlappen *m;* **face cream** *n* Gesichtscreme *f;* **face powder** *n* Gesichtspuder *s o m*

facet ['fæsıt] *n* [1] ↑ *feature* Seite *f,* Aspekt *m* [2] (*of gem*) Facette *f,* Kristallfläche *f*

facetious [fə'siːʃəs] *adj* spöttisch; ◇ **to be ~ about s.th.** über etw Witze machen; **facetiously** *adv* spöttisch, witzelnd

face value *n* FIN Nennwert *m; FIG* ◇ **to take s.th. at its ~ ~** etw für bare Münze nehmen; ◇ **to take s.o. at ~ ~** jd-m unbesehen glauben

facial ['feıʃəl] **I.** *adj* Gesichts- **II.** *n* Gesichtsmassage *f,* kosmetische Gesichtsbehandlung *f*

facile ['fæsaıl] *adj* [1] ↑ *obvious, simplistic* leicht [2] ↑ *superficial* oberflächlich, ohne Tiefgang [3] ▷*style* gewandt, flink

facilitate [fə'sılıteıt] *vt* erleichtern, ermöglichen

facility [fə'sılıtı] *n* [1] ↑ *ease* Leichtigkeit *f* [2] ↑ *skill* Geschicklichkeit *f;* ◇ **he has a ~ for mathematics** er hat e-e Begabung für Mathematik [3] ◇ **facilities** *pl* Einrichtungen *f pl*

facing ['feısıŋ] *n* [1] (*of wall*) Verkleidung *f,* Verblendung *f* [2] (*of fabric*) Besatz *m;* ◇ ~ **ribbon** Besatzband *s*

facsimile [fæk'sımılı] *n* Faksimile *s,* Reproduktion *f*

fact [fækt] *n* [1] Tatsache *f,* Faktum *s;* ◇ **Hatty knew for a ~ that she was right** Hatty wußte ganz genau, daß sie Recht hatte [2] (*non-fiction, truth*) Realität *f;* ◇ **the theory is founded on ~s** die Theorie beruht auf Tatsachen [3] (*actually*) ◇ **in ~** in der Tat, tatsächlich; ◇ **as a matter of ~...** um die Wahrheit zu sagen; ◇ **the ~ remains** trotzdem; ◇ **the boats are long, 25 feet in ~** die Boote sind lang, 25 Fuß lang, um genau zu sein

faction ['fækʃən] *n* Splittergruppe *f;* POL Parteihader *m*

factor ['fæktə*] *n* Faktor *m;* ◇ **the determining ~** der entscheidende Punkt

factory ['fæktərı] *n* Fabrik *f,* Werk *s*

factual ['fæktjʊəl] *adj* tatsächlich; ◇ **astrology is not ~** die Astrologie ist keine exakte Wissenschaft; ◇ **the employee made a ~ error** der Angestellte hat e-n Sachfehler gemacht

faculty ['fækəltı] *n* [1] ↑ *mental ability* Vermögen *s,* Fähigkeit *f;* ↑ *physical ability* Geschicklichkeit *f,* Fähigkeit *f* [2] (*university teaching staff*) Lehrkörper *m;* ↑ *department* Fakultät *f*

fade [feıd] **I.** *vi* ← *lose colour* verblassen, verbleichen; ↑ *grow dim* ← *light* vergehen; ↑ *wither* verblühen; *FIG* ← *feelings* nachlassen; ← *sound* verklingen, verhallen; ← *memory* verblassen **II.** *vt* → *material* ausbleichen; FILM ◇ **to ~ in/out** ein-/ausblenden; **faded** [-ıd] *adj* verblaßt, verblichen; ◇ ~ **jeans** ausgewaschene Jeans; ▷*colour* verschossen

fag [fæg] *n* [1] *PEJ AM* ↑ *homosexual* Schwule(r) *fm* [2] *FAM* ↑ *cigarette* Kippe *f,* Glimmstengel *m*

fagged [fægd] *adj FAM* ↑ *exhausted* erschöpft, geschafft; ◇ **the woman looks really ~ out** die Frau sieht kaputt aus

Fahrenheit ['færənhaıt] *n* ◇ **32 degrees ~** 32 Grad Fahrenheit, [*o.* 0 Grad Celsius]

fail [feıl] **I.** *vt* [1] ↑ *disappoint* enttäuschen [2] ↑ *not pass* ◇ **the teacher ~ed the student** der Lehrer ließ den Studenten durchfallen **II.** *vt, vi* [1] ← *memory, courage* im Stich lassen; ◇ **my memory ~s me just now** ich kann mich gerade nicht [daran] erinnern; ↑ *malfunction* ← *heart* versagen [2] → *exam* durchfallen, nicht bestehen; ◇ **Alfred ~ed the exam twice** Alfred fiel zweimal durch die Prüfung **III.** *vi* [1] ← *plans* versagen, scheitern; ← *attempt* fehlschlagen; ◇ **the crop ~ed last year** im letzten Jahr gab es e-e Mißernte [2] ↑ *weaken* ← *eyesight* nachlassen; ← *health* sich verschlechtern [3] (*neglect*) ◇ **to ~ to do s.th.** versäumen, etw zu tun; ◇ **I'll do it without ~** ich tue es auf jeden Fall; **failing I.** *n* Fehler *m,* Schwäche *f* **II.** *adj* ◇ **his ~ eyesight could be dangerous** seine Sehschwäche könnte zur Gefahr werden; ◇ **never ~** unfehlbar **III.** *adv* ↑ *lacking* in Ermangelung; ◇ ~ **that** andernfalls; **failure** ['feıljə*] *n* [1] Versagen *s,* Fehlen *s* [2] Mißernte *f,* Fehlschlag *m,* Scheitern *s,*

Mißerfolg *m;* ◇ **the party was a ~** die Party war ein Reinfall [3] ↑ *good-for-nothing* Versager(in *f*) *m,* Niete *f* [4] Durchfallen *s*

faint [feɪnt] **I.** *adj* [1] ↑ *slight* ◇ **Betty hadn't the ~est idea** Betty hatte nicht die geringste Ahnung; ▷*hope* schwach; ▷*colour* blaß, matt [2] ↑ *weak* schwach, kraftlos; ◇ **I feel ~ at the sight of blood** wenn ich Blut sehe, wird mir ganz schwummerig; ◇ **~-hearted** kleinmütig, zaghaft **II.** *n* Ohnmacht *f* **III.** *vi* in Ohnmacht fallen, das Bewußtsein verlieren; **faintly** *adv* schwach, leicht

fair [1] [fɛə*] **I.** *adj* [1] ↑ *just* gerecht, fair [2] ↑ *in accordance with rules* fair, erlaubt [3] ↑ *moderately good* ganz ordentlich; ◇ **I have a ~ idea of what he likes** ich habe e-e ungefähre Vorstellung davon, was er mag; ◇ **we have a ~ chance** wir haben e-e recht gute Chance [4] (*quite a lot, good*) ziemlich; ◇ **she runs a ~ pace** sie hat ein ganz schönes Tempo drauf; ◇ **he always carries a ~ amount of money** er trägt immer ziemlich viel Geld bei sich [5] ↑ *lovely, beautiful* ◇ **the ~ sex** das schöne Geschlecht [6] ↑ *light in colour* ▷*hair* blond; ▷*skin* hell [7] ▷*weather* heiter, mild [8] ↑ *average* ziemlich gut **II.** *adv* [1] ↑ *in accordance with rules* fair [2] ↑ *directly* ◇ **tell me ~ and square** sage es mir offen und ehrlich

fair [2] *n* [1] (*farmer's ~*) Jahrmarkt *m* [2] (*fun~*) Volksfest *s* [3] ↑ *exhibition* Messe *f*

fairly *adv* [1] ↑ *justly* gerecht [2] ↑ *rather, moderately* ziemlich; **fairness** *n* [1] Gerechtigkeit *f;* ◇ **he acted in all ~** er handelte gerecht [2] Blondheit *f* [3] Schönheit *f*

fairway *n* NAUT Fahrwasser *s*

fairy ['fɛərɪ] *n* [1] (*imaginary being*) Fee *f* [2] *FIG FAM* ↑ *homosexual* Schwuler *m;* **fairy tale** *n* Märchen *s*

faith [feɪθ] *n* [1] ↑ *confidence, trust* Vertrauen *s;* ◇ **he'll win, I have ~ in him** er wird gewinnen, ich vertraue auf ihn; ↑ *belief* Glaube *f* (*in* an); ◇ **~ in God** Gottvertrauen *s* [2] ↑ *religious belief* Glaube *m;* ◇ **she is of the Catholic ~** sie ist katholisch [*o.* katholischen Glaubens] [3] ↑ *loyalty* Treue *f;* ◇ **to keep ~** treu bleiben; ◇ **to break ~** untreu werden; **faithful** ['feɪθfl] *adj* treu; **faithfully** *adv* treu; ◇ **yours ~** mit freundlichen Grüßen

fake [feɪk] **I.** *n* [1] ↑ *counterfeit* Fälschung *f,* Imitation *f* [2] ▷*person* Schwindler *m* **II.** *adj* unecht, falsch **III.** *vt* → *feelings* vortäuschen; → *money, papers* fälschen

falcon ['fɔ:lkən] *n* Falke *m*

fall [fɔ:l] <fell, fallen> **I.** *vi* [1] ↑ *drop* (*to the ground*) fallen [2] ↑ *topple, collapse* herunter-/hinunterfallen [3] ↑ *be killed in war* fallen [4] ↑ *to hang* fallen [5] ↑ *decline* fallen [6] ↑ *arrive* ← *night* hereinbrechen; ← *silence* eintreten; ← *event* fallen auf *akk;* ◇ **Christmas ~s on a Tuesday this year** dieses Jahr fällt Weihnachten auf e-n Dienstag [7] ↑ *drop* ← *level* fallen, sinken; ← *attendance* abnehmen [8] ↑ *divide* zerfallen; ◇ **they ~ into three categories** sie gliedern sich in drei Kategorien [9] ↑ *become* werden; ▷*fall asleep* einschlafen; ◇ **~ ill** krank werden; ◇ **she is constantly ~ing in and out of love** sie verliebt sich ständig in irgend jemanden **II.** *n* [1] (*act of falling*) Fall *m,* Sturz *m* [2] ↑ *decline* Untergang *m* [3] (*overthrow*) Einnahme *f,* Eroberung *f;* (*of a system*) Zusammenbruch *m;* (*of government*) Sturz *m* [4] (*of rain, snow*) Regen *m,* Schneefall *m;* (*of hail*) Hagelschlag *m* [5] ◇ **night~** Einbruch *m* der Nacht [6] Sinken *s* [7] Verfall *m* [8] ◇ **water~** Wasserfall *m* [9] *AM* ↑ *autumn* Herbst *m;* **fall back on** *vt* zurückgreifen auf *acc;* **fall down** *vi* [1] ← *person* hinfallen; ◇ **she fell down the stairs** sie ist die Treppe hinuntergefallen [2] ← *building* einstürzen; **fall flat** *vi FAM* ← *joke* nicht ankommen; **fall for** *vt* [1] *FAM* → *trick* hereinfallen auf *acc* [2] → *person* ◇ **he fell for her right away** sie hat es ihm sofort angetan; **fall off** *vi* [1] ↑ *drop off* herunter-/hinunterfallen [2] ↑ *diminish* abnehmen; ◇ **their support was ~ing ~ rapidly** ihre moralische Unterstützung ließ rasch nach; **fall out** *vi* [1] ← *tooth* ausfallen, ausgehen [2] ↑ *to quarrel* sich streiten [3] ↑ *disperse,* MIL wegtreten; **fall through** *vi* ← *plan* fehlschlagen; ◇ **our plans fell through** unsere Pläne sind ins Wasser gefallen

fallacy ['fæləsɪ] *n* [1] ↑ *misconception* Irrtum *m* [2] PHILOS ↑ *error* Fehlschluß *m*

fallen ['fɔ:lən] *pp of* **fall**

fallible ['fæləbl] *adj* fehlbar

fallout ['fɔ:laʊt] *n* ▷*nuclear* radioaktiver Niederschlag *m;* **fallout shelter** *n* Atombunker *m*

fallow ['fæləʊ] *adj* brach; ◇ **to lie ~** brachliegen

false [fɔ:ls] *adj* [1] ↑ *not true, wrong* falsch [2] ↑ *artificial* ▷*teeth, fingernails* unecht; ▷*name* falsch [3] ↑ *dishonest, deceitful* treulos, falsch; **falsely** *adv* fälschlicherweise

falter ['fɔ:ltə*] *vi* ↑ *hesitate, waver* (*in speech*) stocken; (*in movement*) zögern

fame [feɪm] *n* Ruhm *m*

familiar [fə'mɪlɪə*] *adj* [1] ↑ *common* gewohnt, vertraut; ▷*expression, song* geläufig, bekannt; ◇ **~ faces** bekannte Gesichter [2] (*having knowledge of*) ◇ **I'm not ~ with the area** die Umgebung ist mir unbekannt [3] ↑ *intimate* vertraulich; ◇ **the ~ form of address** die vertrauliche Anredeform; ◇ **to be on ~ terms with s.o.** ein ungezwungenes Verhältnis zu jd-m haben; **familiarity** [fəmɪlɪ'ærɪtɪ] *n* [1] (*ac-*

quaintance with s.th.) Vertrautheit *f* ② ▷*intimate* Freundschaft[lichkeit] *f;* ◇ **~ breeds contempt** allzu große Vertraulichkeit erzeugt Verachtung;
familiarize [fəˈmɪlɪəraɪz] *vt* sich vertraut machen (*with s.o./o.s.* mit jd-m/etw *dat*); ◇ **I want to ~ myself with German** ich möchte mich mit der deutschen Sprache vertraut machen
family [ˈfæmɪlɪ] *n* ① (*parents, children*) Familie *f;* ↑ *relatives* Verwandtschaft *f* ② ↑ *ancestry* Familie *f,* Geschlecht *s* ③ (BIOL *related organisms*) Familie *f;* **family allowance** *n* Kindergeld *s;* **family doctor** *n* Hausarzt *m,* Hausärztin *f;* **family planning** *n* Familienplanung *f*
famine [ˈfæmɪn] *n* Hungersnot *f;* ↑ *shortage* Knappheit *f*
famished [ˈfæmɪʃt] *adj* verhungert, ausgehungert
famous [ˈfeɪməs] *adj* berühmt
fan [fæn] **I.** *n* ① ↑ *admirer* Fan *m;* ◇ **that is one of her many ~s** das ist e-r von ihren vielen Verehrern ② ▷*folding* Fächer *m;* ▷*mechanical* Ventilator *m* **II.** *vt* fächeln *dat;* ◇ **to ~ o.s.** sich Luft zufächeln; **fan out I.** *vi* ausschwärmen **II.** *vt* → *tail feathers* fächerförmig aufstellen
fanatic [fəˈnætɪk] *n* Fanatiker(in *f*) *m;* **fanatical** *adj* fanatisch
fan belt *n* Keilriemen *m*
fanciful [ˈfænsɪfʊl] *adj* ① ↑ *extravagant* phantastisch, reich verziert ② ↑ *imaginative* phantastisch; ◇ **that idea is somewhat ~** diese Idee ist etw weit hergeholt
fancy [ˈfænsɪ] **I.** *vt* ① ↑ *like* gern haben, mögen; ◇ **I could ~ a beer** ich könnte ein Bier vertragen ② ↑ *imagine* sich vorstellen; (*exclamation*) ◇ **~ seeing you here!** nanu, was machst du hier?; ◇ **~ that!** stell dir vor! ③ ↑ *anticipate* meinen; ◇ **I ~ mom is at the hairdresser's** ich glaube, daß Mama beim Friseur ist ④ (*to ~ o.s.*) halten für; ◇ **Jane fancies herself** Jane kommt sich sehr wichtig vor **II.** *n* ① ↑ *liking* Neigung *f* (*for* zu), Vorliebe *f;* ◇ **well, how does that strike your ~?** und wie gefällt dir das?; ◇ **to have a ~ for s.th.** e-e Vorliebe für etw haben ② ↑ *imagination* Einbildung *f,* Phantasie *f* **III.** *adj* ① ↑ *extravagant* phantastisch ② ↑ *decorated* verziert, gemustert, kunstvoll; **fancy dress** *n* Maskenkostüm *s;* ◇ **he was the only one in ~ ~** er war der einzige, der verkleidet war
fanfare [ˈfænfɛə*] *n* Fanfare *f*
fang [fæŋ] *n* (*snake's ~*) Giftzahn *m;* (*wolf's ~*) Reißzahn *m*
fanlight [ˈfænlaɪt] *n* Oberlicht *s*
fantastic [fænˈtæstɪk] *adj* ① ↑ *fabulous, wonderful* phantastisch, toll ② ↑ *unbelievable* unwahrscheinlich
fantasy [ˈfæntəzɪ] *n* ① ↑ *imagination* Phantasie *f,* Einbildungskraft *f* ② (*non-reality*) Phantasie *f,* Einbildung *f*
far [fɑː*] **I.** <further *o.* farther, furthest *o.* farthest> *adj* ① *extreme* fern, entfernt; ◇ **the F~ East** der Ferne Osten ② (*of two*) weiter, entfernt; ◇ **at the ~ end of the room** am anderen Ende des Raums **II.** *adv* ① ↑ *distant* weit, fern; (*in time*) ◇ **as ~ back as last year** noch voriges Jahr; ◇ **so ~** bisher; ◇ **Christmas isn't very ~ off** Weihnachten ist nicht mehr fern ② ↑ *very much* sehr viel, ganz; ◇ **your idea is ~ better than mine** deine Idee ist viel besser als meine; ▷*degree, extent* ◇ **you are going too ~** du gehst zu weit; ◇ **he even went so ~ as to say ...** er hat sogar behauptet, daß ...
far-away [fɑːrəweɪ] *adj* ① (*long distance*) weit weg; ▷*place* abgelegen, entfernt; ▷*sound* aus der Ferne, entfernt ② ▷*thoughts* versonnen, verträumt
farce [fɑːs] *n* Farce *f*
fare [fɛə*] *n* (*travelling charge*) Fahrpreis *m*
farewell [fɛəˈwel] **I.** *n* Abschied *m;* ◇ **to say ~** sich verabschieden; ◇ **to bid s.o. ~** jd-m Lebewohl sagen **II.** *intj* ◇ **~!** Leben Sie wohl! **III.** *adj* Abschieds-
far-fetched [fɑːˈfetʃt] *adj* weit hergeholt
farm [fɑːm] **I.** *n* Bauernhof *m,* Farm *f* **II.** *vt* → *livestock* halten; → *land* bebauen **III.** *vi* Landwirt sein; **farmer** *n* Landwirt *m,* Bauer *m;* **farmhand** *n* (*unpaid*) Knecht *m;* (*paid*) Landarbeiter (in *f*) *m;* **farmhouse** *n* Bauernhof *m;* **farming** *n* Landwirtschaft *f;* **farmland** *n* Ackerland *s;* **farmyard** *n* Wirtschaftshof *m*
far-reaching [ˈfɑːriːtʃɪŋ] *adj* weitreichend; **far-sighted** *adj* weitsichtig; ▷*character* weitblickend
fart [fɑːt] **I.** *n FAM!* Furz *m* **II.** *vi FAM!* furzen
farther [ˈfɑːðə*] *adj, adv* <*comparative of* **far**> entfernter, weiter; **farthest** [ˈfɑːðɪst] *adj, adv* <*superlative of* **far**>
fascinate [ˈfæsɪneɪt] *vt* faszinieren, fesseln; ◇ **old books ~ me** ich finde alte Bücher hochinteressant; **fascinating** *adj* faszinierend, spannend; **fascination** [fæsɪˈneɪʃən] *n* Faszination *f,* Bezauberung *f*
fascism [ˈfæʃɪzəm] *n* Faschismus *m;* **fascist** [ˈfæʃɪst] **I.** *n* Faschist(in *f*) *m* **II.** *adj* faschistisch
fashion [ˈfæʃən] **I.** *n* ① (*of clothes*) Mode *f;* ◇ **jeans will never go out of ~** Jeans werden nie aus der Mode kommen ② ↑ *manner* Art und Weise *f;* ◇ **the child was behaving in a strange ~** das Kind benahm sich sonderbar **II.** *vt* gestalten; **fashionable** *adj* ① ▷*clothes* modisch, modern ② ▷*place* vornehm, elegant; **fashion show** *n* Modenschau *f*

fast [1] [fɑ:st] *adj* ① ↑ *rapid* schnell ② (*to be* -) ◇ **my watch is three minutes** - meine Uhr geht drei Minuten vor

fast [2] **I.** *adj* ↑ *secure* fest; ▷*colour* waschechte **II.** *adv* ↑ *soundly* ◇ **Jane was - asleep** Jane hat fest geschlafen

fast [3] *adv* ① ↑ *rapidly* schnell; ◇ **she needs a doctor** - sie braucht sofort e-n Arzt

fast [4] **I.** *n* Fasten *s* **II.** *vi* fasten

fasten [ˈfɑ:sn] **I.** *vt* ① ↑ *attach together* festmachen, festbinden, befestigen; ◇ **to - s.th. to/onto s.th.** etw befestigen an; ↑ *do up* ← *button, belt* zumachen; ◇ - **your seat-belts, please** bitte legen Sie den/Ihren Sicherheitsgurt an; ↑ *secure* zuschnüren, fest zumachen ② *FIG* ↑ *concentrate* ◇ **to - on to s.o.** jd-m seine Aufmerksamkeit zuwenden **II.** *vi* ↑ *do up* ◇ **my trousers won't** - meine Hose geht nicht zu; **fastener**, **fastening** *n* Verschluß *m*

fast food *n* Fastfood *s;* ◇ - **restaurant** Schnellrestaurant *s*

fastidious [fæˈstɪdɪəs] *adj* pingelig, kleinlich

fat [fæt] **I.** *adj* ① ↑ *overweight* fett, dick ② *FIG* ↑ *thick, wide* fett, reichlich ③ *FIG* ↑ *hefty* ▷*profit, sum* üppig, fett **II.** *n* ① (*on person*) Fett *s*, Speck *m* ② (*in food*) Fett *s*

fatal [ˈfeɪtl] *adj* ① ↑ *deadly* tödlich ② ↑ *serious* vernichtend, unheilvoll; **fatalism** [ˈfeɪtəlɪzəm] *n* Fatalismus *m*

fatality [fəˈtælɪtɪ] *n* (*accident*) Todesopfer *s;* **fatally** [ˈfeɪtəlɪ] *adv* tödlich

fate [feɪt] *n* Schicksal *s;* ◇ **the man met his** - der Mann ist seinem Schicksal begegnet; **fateful** [ˈfeɪtfl] *adj* schicksalhaft; ↑ *momentous* schicksalsschwer; (*fatal*) verhängnisvoll

father [ˈfɑ:ðə*] **I.** *n* ① ↑ *dad* Vater *m;* ◇ **like - like son** der Apfel fällt nicht weit vom Stamm ② REL Gott *m;* ◇ **the Holy F-** der Heilige Vater *m* ③ ↑ *founder* Urheber *m* **II.** *vt* zeugen; **Father Christmas** *n* (*BRIT*) Weihnachtsmann *m;* **father-in-law** *n* <fathers-in-law> Schwiegervater *m;* **fatherly** *adj* väterlich

fathom [ˈfæðəm] **I.** *n* Faden *m* **II.** *vt* ausloten; *FIG* ↑ *comprehend* ermessen, ergründen

fatigue [fəˈti:g] **I.** *n* Erschöpfung *f*, Ermüdung *f* **II.** *vt* ermüden, erschöpfen

fatten [ˈfætn] **I.** *vt* mästen **II.** *vi* sich mästen

fatty [ˈfætɪ] *adj* ▷*food* fettig, fetthaltig

fatuous [ˈfætjʊəs] *adj* albern

faucet [ˈfɔ:sɪt] *n* (*AM*) Hahn *m*

fault [fɔ:lt] **I.** *n* ① ↑ *blame* Schuld *f;* ◇ **it's my** - ich bin schuld, es ist meine Schuld; ◇ **whose - is it?** wer ist daran schuld? ② ↑ *flaw, failing* Fehler *m*, Makel *m;* ◇ **she finds - with everything** sie nörgelt ständig; ◇ **Sissy could find no - with Tom** Sissy hatte nichts an Tom auszusetzen; TECHNOL Defekt *m* ③ GEO Verwerfung *f* ④ SPORT Fehler *m* **II.** *vt* ◇ **to - s.th.** Fehler finden an etw *dat;* **faultless** *adj* tadellos, einwandfrei; **faulty** [ˈfɔ:ltɪ] *adj* fehlerhaft, defekt

fauna [ˈfɔ:nə] *n* Fauna *f*

favour, **favor** (*AM*) [ˈfeɪvə*] **I.** *n* ① (*pro, for*) Begünstigung *f*, Vorteil *m;* ◇ **to be in - of s.th.** für etw sein, etw befürworten; ◇ **all those in - raise your hands** alle, die dafür sind, heben die Hand; ◇ **the law was biased in - of whites** das Gesetz begünstigte die Weißen ② ↑ *kindness* Gefallen *m;* ◇ **I have a - to ask of you** ich habe e-e Bitte an dich ③ ↑ *approval* Gunst *f*, Wohlwollen *s;* ◇ **Tom tried to win his boss's** - Tom versuchte, die Gunst seines Chefs zu erlangen **II.** *vt* ① ↑ *prefer to* bevorzugen; ◇ **to - s.th** etw für gut halten ② ↑ *benefit in detriment of* bevorzugen ③ ↑ *show preference* ◇ **the mother -ed her son** die Frau mochte ihren Sohn lieber; **favourable** *adj* vorteilhaft, günstig; **favourite** [ˈfeɪvərɪt] **I.** *adj* Lieblings- **II.** *n* SPORT Favorit(in *f*) *m*

fawn [fɔ:n] **I.** *adj* rehbraun, beige **II.** *n* FAUNA Rehkitz *s;* Hirschkalb *s*

fawning [ˈfɔ:nɪŋ] *adj* ▷*person* schmeichlerisch; ▷*dog* schwanzwedelnd

FBI *n* (*AM*) *abbr. of* **Federal Bureau of Investigation** ≈ Bundeskriminalamt *s*

fear [fɪə*] **I.** *n* ① ↑ *dread* Furcht *f*, Angst *f* (*of* vor) ② ↑ *anxiety* Bedenken *s*, Sorge *f* **II.** *vt* ① ↑ *be scared of s.th.* fürchten; ◇ **to - s.th.** Angst vor etw haben *dat* ② (*anticipate*) befürchten **III.** *vi* ↑ *be worried* besorgt sein (*for* um); **fearful** [ˈfɪəfl] *adj* ① ängstlich, bange ② ↑ *terrible* furchtbar, schrecklich; **fearless** *adj* furchtlos, unerschrokken; **fearlessness** *n* Furchtlosigkeit *f*

feasibility [fi:zəˈbɪlɪtɪ] *n* Durchführbarkeit *f;* **feasible** [ˈfi:zəbl] *adj* durchführbar, möglich

feast [fi:st] **I.** *n* Festmahl *s* **II.** *vt* ① → *guest* festlich bewirten ② ↑ *stare* ergötzen; ◇ **to - one's eyes on** die Augen weiden an *dat* **III.** *vi* schmausen, sich gütlich tun; **feast day** *n* REL Festtag *m*

feat [fi:t] *n* Großtat *f*

feather [ˈfeðə*] *n* Feder *f*

feature [ˈfi:tʃə*] **I.** *n* ① ▷*facial* Gesichtszug *m* ② ↑ *important part* Merkmal *s*, Kennzeichen *s*, Besonderheit *f* ③ MEDIA Sonderbeitrag *m*, Feature *s;* FILM Spielfilm *m* **II.** *vt* (*in journalism*) bringen; ↑ *show* in der Hauptrolle zeigen **III.** *vi* ◇ **to - in** vorkommen, mitspielen; **featureless** *adj* nichtssagend, grau

February [ˈfebrʊərɪ] *n* Februar *m*

fed [fed] *pt, pp of* **feed**

federal ['fedərəl] *adj* Bundes-, föderativ; ◇ **the F- Republic of Germany** die Bundesrepublik Deutschland; **federalism** ['fedərəlɪzəm] *n* Föderalismus *m;* **federation** [fedə'reɪʃən] *n* ① (*society*) Vereinigung *f* ② (*of states*) Staatenbund *m,* Föderation *f*

fed-up [fed'ʌp] *adj FAM* ◇ **to be - with s.th.** etw satt haben; ◇ **I'm -** ich habe die Nase voll

fee [fi:] *n* ↑ *tarif* Gebühr *f,* Mitgliedsbeitrag *m*

feeble ['fi:bl] *adj* ① ▷*person* schwach ② ▷*attempt* unwirksam, kläglich; **feeble-minded** *adj* geistesschwach

feed [fi:d] <fed, fed> **I.** *vt* ① → *baby, animal* füttern ② ↑ *support* ernähren, pflegen ③ ↑ *insert into* eingeben **II.** *vi* ← *baby* stillen; ← *animal* fressen **III.** *n* ↑ *fodder* Futter *s;* **feedback** *n* ① ↑ *response* Feedback *s* ② TECHNOL Rückkoppelung *f*

feel [fi:l] <felt, felt> **I.** *vt* ① → *emotion, sensation* fühlen, empfinden ② → *person's touch* fühlen, spüren; ◇ **Norman couldn't - anything in his foot** Norman hatte kein Gefühl in seinem Fuß ③ ↑ *to touch* betasten, fühlen; ◇ **- my face** fühl' mal mein Gesicht; ◇ **to - one's way** sich vortasten ④ ↑ *sense* fühlen, verspüren; ◇ **Ira could - that I wanted to leave** Ira merkte, daß ich gehen wollte ⑤ (*attitude, opinion*) glauben, halten für; ◇ **how do you - about the idea?** was hältst du von dieser Idee? **II.** *vi* ① (*seem*) sich fühlen, sich vorkommen wie; ◇ **I - sick** Ich fühle mich krank ② ↑ *fancy* ◇ **I - like going swimming** ich habe Lust, schwimmen zu gehen ③ (*seek with hands*) ◇ **- for** tasten nach *dat* **III.** *n FIG* ◇ **to get the - of s.th.** ein Gefühl für etw bekommen; **feeler** *n* Fühler *m;* **feeling** *n* ① ↑ *emotion* Gefühl *s* ② Gefühl *s,* Empfindung *f;* ◇ **Brady lost all - in his left leg** Brady hatte kein Gefühl mehr im linken Bein ③ ↑ *hunch* Vorgefühl *s* ④ ↑ *concern* Mitgefühl *s;* ◇ **to hurt s.o.'s -s** jd-n verletzen; ◇ **to have hard -s against s.o.** jd-m etw übelnehmen

feet [fi:t] *pl of* **foot**

feign [feɪn] *vt* vorgeben, vortäuschen; **feigned** [-d] *adj* vorgeblich, falsch

feint [feɪnt] *n* SPORT Finte *f*

feline ['fi:laɪn] *adj* Katzen-

fell [1] [fel] *pt of* **fall**

fell [2] *vt* ① → *tree* fällen ② → *person* niederstrekken; ◇ **the blow -ed him at once** der Schlag streckte ihn zu Boden

fell [3] *n* (*BRIT, mountain*) Berg *m*

fellow ['feləʊ] **I.** *n* ① ↑ *chap* Kerl *m,* Geselle *m;* ◇ **my dear -!** lieber Freund! ② ↑ *member* Mitglied *s* ③ ↑ *companion* Kamerad(in *f*) *m,* Kumpel *m* **II.** *adj* ◇ **- citizen** Mitbürger(in *f*) *m;* ◇ **- countryman** Landsmann *m;* ◇ **- passenger** Mitreisende(r) *fm;* ◇ **- workers** Kollegen *pl*

fellowship ['feləʊʃɪp] *n* ① (*of people*) Gesellschaft *f,* Gemeinschaft *f* ② ↑ *friendship* Kameradschaft *f*

felony ['felənɪ] *n* schweres Verbrechen *s*

felt [1] [felt] *pt, pp of* **feel**

felt [2] *n* Filz *m*

felt tip *n* Filzstift *m*

female ['fi:meɪl] **I.** *n* ① (*of animals*) Weibchen *s* ② (*PEJ of people*) Weib *s,* Weibsbild *s* **II.** *adj* weiblich

feminine ['femɪnɪn] *adj* feminin, weiblich; **femininity** [femɪ'nɪnɪtɪ] *n* Weiblichkeit *f;* **feminism** ['femɪnɪzəm] *n* Feminismus *m;* **feminist** ['femɪnɪst] *n* Feminist(in *f*) *m*

fence [fens] **I.** *n* Zaun *m; FIG* ◇ **to sit on the -** sich neutral verhalten, sich nicht festlegen wollen **II.** *vt* mit e-m Zaun umgeben; **fence in** *vt* einzäunen; *FIG* ◇ **to - s.o. -** jd-s Freiheit beschneiden; **fence off** *vt* abzäunen, absperren; **fencing** *n* ① Zaun *m,* Zaunmaterial *s* ② SPORT Fechten *s*

fend [fend] *vi* ◇ **I can - for myself** ich kann mich ganz alleine durchschlagen; **fend off** abwehren

fender *n* ① (*of bicycle*) Schutzblech *s* ② ↑ *fireguard* Kamingitter *s* ③ *AM* AUTO Kotflügel *m*

ferment [fə'ment] **I.** *vi* CHEM gären **II.** ['fɜ:ment] *n* ① *FIG* ↑ *excitement, commotion* Unruhe *f* ② CHEM Ferment *s;* **fermentation** [fɜ:men'teɪʃən] *n* Gärung *f*

fern [fɜ:n] *n* Farn *m*

ferocious [fə'rəʊʃəs] *adj* grausam, grimmig; ▷*animal* wild; **ferociously** *adv* grimmig; **ferocity** [fə'rɒsɪtɪ] *n* Wildheit *f,* Grimmigkeit *f*

Ferris wheel ['ferɪs wi:l] *n* Riesenrad *s*

ferry ['ferɪ] **I.** *n* Fähre *f* **II.** *vt* übersetzen; ◇ **we were ferried across the river** wir wurden per Fähre ans andere Ufer gebracht

fertile ['fɜ:taɪl] *adj* ① (*woman*) fruchtbar ② ▷*soil* fruchtbar, ertragreich; ◇ **the news fell on - ground** die Worte sind auf fruchtbaren Boden gefallen; **fertility** [fə'tɪlɪtɪ] *n* Fruchtbarkeit *f;* **fertilization** [fɜtɪlaɪ'zeɪʃən] *n* Befruchtung *f;* **fertilize** ['fɜ:tɪlaɪz] *vt* AGR → *field* düngen; BIOL → *egg* befruchten; **fertilizer** *n* Dünger *m*

fervent ['fɜ:vənt] *adj* ▷*admirer* leidenschaftlich; ▷*hope* inbrünstig

festival ['festɪvəl] *n* ① REL *etc.* Fest *s* ② MUS Festspiele *pl;* (*of modern music*) Festival *s*

festive ['festɪv] *adj* festlich; **festivity** [fe'stɪvɪtɪ] *n* (*mood*) Feststimmung *f;* (*event*) Feier *f;* ◇ **our programm is crammed with festivities** es stehen viele Feierlichkeiten bevor

fetch [fetʃ] *vt* ① ↑ *bring* holen; ◇ **Albert -ed his mother from the station** Albert holte seine Mutter vom Bahnhof ab ② ↑ *earn* einbringen, erzielen

fetching *adj* entzückend, reizend

fête [feɪt] *n* Fest *s*

fetish ['fi:tɪʃ] *n* Fetisch *m*

fetter ['fetə*] **I.** *vt* fesseln **II.** *n also FIG* ◇ **-s** Fesseln *pl*

fetus ['fi:təs] *n (AM) s.* **foetus**

feud [fju:d] **I.** *n* Fehde *f;* ◇ **to be at - with** mit jd-m in Fehde liegen **II.** *vi* sich befehden; **feudal** ['fju:dl] *adj* feudal, Feudal-; **feudalism** ['fju:dəlɪzəm] *n* Lehnswesen *s,* Feudalismus *m*

fever ['fi:və*] *n* ① ↑ *high temperature* Fieber *s;* ◇ **Jane has a -** Jane hat Fieber ② *FIG* ↑ *excitement* Aufregung *f;* ◇ **he withstood the - of the campaign** er überstand die Aufregung des Wahlkampfs; **feverish** ['fi:vərɪʃ] *adj* ① MED fiebernd ② *FIG* fieberhaft, fiebrig; **feverishly** *adv FIG* fieberhaft

few [fju:] **I.** *adj* ① *(not many)* wenige ② ↑ *several* ◇ **a -** einige, ein paar; ◇ **a - days** einige Tage; ◇ **we met a - times** wir haben uns ein paarmal getroffen **II.** *pron pl (small number)* wenige *pl;* ◇ **the happy -** die wenigen Glücklichen; ◇ **the - who came** die wenigen, die kamen; ◇ **a good -** *pl* e-e ganze Menge *pl!;* ◇ **- and far between** vereinzelt; **fewer** <*comparative of* **few**> *adj* weniger; ◇ **no - than ten** nicht weniger als zehn; **fewest** ['fju:ɪst] *adj, pron* <*superlative of* **few**> die wenigsten

fiancé [fɪ'ɒnseɪ] *n* Verlobter *m*

fiancée [fɪ'ɒnseɪ] *n* Verlobte *f*

fiasco [fɪ'æskəʊ] *n* <-[e]s> Reinfall *m,* Fiasko *s*

fib [fɪb] **I.** *n* Flunkerei *f,* kleine Lüge *f* **II.** *vi* flunkern, schwindeln

fibre, fiber *(AM)* ['faɪbə*] *n* ① ↑ *filament* Faser *f* ② ↑ *roughage* Fiber *f,* Ballaststoff *m;* ◇ **one should eat plenty of fruit and -** man soll viel Obst und Ballaststoffe zu sich nehmen ③ *(material)* Textur *f;* **fibreglass** *n* Fiberglas *s*

fickle ['fɪkl] *adj* unbeständig, launenhaft; ▷*person* wankelmütiger; **fickleness** *n* Wechselhaftigkeit *f,* Unbeständigkeit *f; (of a person)* Wankelmut *m*

fiction ['fɪkʃən] *n* ① *(literature)* Erzähl-/Prosaliteratur *f* ② *(invented, imagined)* Erfindung *f;* **fictional** *adj* ① erdichtet ② erfunden

fictitious [fɪk'tɪʃəs] *adj* ① *(imaginary)* erfunden, unecht ② ↑ *fake* ◇ **a - name** ein falscher Name

fiddle ['fɪdl] **I.** *n* ① *(instrument)* Geige *f,* Fiedel *f;* ◇ **to play first/second -** ich stehe in ihrem Schatten ② ↑ *fraud, swindle* faule Geschäfte *pl* **II.** *vt* ① → *accounts* frisieren; → *votes* manipulieren ② *FAM* ↑ *fidget* herumspielen *(with* an *dat)* ③ → *a tune* fiedeln, geigen; ◇ **- around/about with** an etw herumspielen

fiddler *n FAM* Geiger(in *f*) *m*

fiddlesticks ['fɪdlstɪks] *intj FAM* Quatsch, Unsinn

fidelity [fɪ'delɪtɪ] *n* ① ↑ *faithfulness* Treue *f,* Ergebenheit *f (to* gegenüber, zu) ② ↑ *accuracy* Genauigkeit *f* ③ MEDIA Klangtreue *f,* Wiedergabequalität *f*

fidget ['fɪdʒɪt] **I.** *vi* zappeln; ◇ **Betty is constantly -ing with her hair** Betty fummelt ständig an ihrem Haar herum **II.** *n* Zappelphilipp *m;* **fidgety** ['fɪdʒɪtɪ] *adj* zappelig, nervös

field [fi:ld] *n* ① (AGR *of land*) Feld *s;* ◇ **the farmer is still out in the -s** der Bauer arbeitet noch auf dem Feld ② SPORT Platz *m;* ◇ **soccer -** Fußballplatz *m* ③ ◇ **- of vision** Gesichtsfeld *s,* Sehfeld *s;* PHYS ◇ **gravitational -** Schwerefeld *s* ④ (MIL *of battle*) Schlachtfeld *s;* ◇ **in the -** im Manöver ⑤ *(of interest, study)* Gebiet *s,* Bereich *m;* ◇ **what - of study are you in?** welches Fach studierst du?; **field day** *n FIG* ◇ **to have a - -** seinen großen Tag haben; **field marshal** *n* MIL Feldmarschall *m;* **field sports** *n pl* Sport *m* im Freien; **field trip** *n* SCH *AM* Ausflug *m;* **field work** *n* ① ↑ *research* Feldforschung *f* ② MIL Schanze *f*

fiend [fi:nd] *n* ① ↑ *beast* Satan *m,* Teufel *m* ② *FAM* ↑ *fanatic* Fanatiker(in *f*) *m;* ◇ **Tom is a health -** Tom ist ein Gesundheitsfanatiker; **fiendish** ['fi:ndɪʃ] *adj* teuflisch, unmenschlich

fierce [fɪəs] *adj* ① ↑ *savage* wild, heftig ② ↑ *intense* fanatisch; ▷*heat* glühend; ▷*storm* heftig; ▷*criticism* scharf, heftig; ▷*sun* grell; ▷*animal* wild, bissig; **fierceness** *n* Wildheit *f*

fiery ['faɪərɪ] *adj* ① ↑ *blazing* feurig, glühend; ▷*sunset* glutrot ② ↑ *hot-tempered* feurig, hitzig

fifteen [fɪf'ti:n] **I.** *nr* fünfzehn **II.** *n* Fünfzehn *f*

fifth [fɪfθ] **I.** *adj* fünfte(r, s) **II.** *n* ① *(in series)* Fünfte(r, s) ② ▷*part* Fünftel *s*

fifty ['fɪftɪ] *nr* fünfzig; **fifty-fifty** *adj* halbe-halbe; ◇ **the chances are ---** die Chancen stehen fifty-fifty

fig [fɪg] *n* Feige *f; FAM* ◇ **I don't care a -** es ist mir Wurst

fight [faɪt] <fought, fought> **I.** *vt* ① ↑ *resist* bekämpfen; ◇ **to - against s.th.** gegen etw ankämpfen, etw bekämpfen ② ↑ *scrap* sich schlagen mit, sich prügeln mit **II.** *vi* ① *(in battle, war)* kämpfen ② *(strive for)* ◇ **- for s.th.** um etw *acc* kämpfen **III.** *n* ① *(battle)* Kampf *m;* ◇ **to put up a good -** sich tapfer schlagen; ◇ **the - against AIDS** der

Kampf gegen AIDS [2] ↑ *brawl* Schlägerei *f* [3] ↑ *argument* Streit *m* [4] SPORT ↑ *boxing* ~ Boxkampf *m;* **fighter** *n* [1] ↑ *combatant* Kämpfer *m* [2] ▷*aircraft* Kampfflugzeug *s,* [3] ↑ *determined person* ◇ **to be a ~** e-e Kämpfernatur sein

figment ['fɪgmənt] *n* ◇ **~ of the imagination** Hirngespinst *s*

figurative ['fɪgərətɪv] *adj* [1] (*metaphorical*) bildlich, übertragen [2] ↑ *emblematic* symbolisch

figure ['fɪgə*] **I.** *n* [1] (*numeric*) Zahl *f,* Ziffer *f* [2] Form *f,* Gestalt *f* [3] ↑ *character, personality* Persönlichkeit *f* [4] (*build*) Figur *f,* Gestalt *f* **II.** *vi FAM* ↑ *suppose* glauben, schätzen; ◇ **that ~s** das stimmt eigentlich; **figure out** *vt* ↑ *comprehend, work out* begreifen; → *problem* lösen; ◇ **Kay ~d ~ how long it would take her** Kay hat ausgerechnet, wie lange sie brauchen würde; **figurehead** *n* NAUT *auch FIG* Galionsfigur *f;* **figure skating** *n* Eiskunstlaufen *s*

filament ['fɪləmənt] *n* ↑ *thread* [1] BIOL Staubfaden *m* [2] ELECTR Glühfaden *m*

file[1] [faɪl] **I.** *n* (*handtool*) Feile *f* **II.** *vt* → *metal, nails* feilen; ◇ **to ~ one's fingernails** sich *dat* die Fingernägel feilen

file[2] **I.** *n* [1] ↑ *folder* Aktenordner *m* [2] ↑ *dossier* Akte *f;* ◇ **the police kept a ~ on him** die Polizei führte e-e Akte über ihn [3] ↑ *row* Reihe *f* **II.** *vt* [1] → *papers* abheften, ablegen [2] JUR → *claim* einreichen, erheben

file[3] *vi* ↑ *walk in a line* ◇ **they went single ~** sie gingen im Gänsemarsch; ◇ **to ~ in** hereinmarschieren

filibuster ['fɪlɪbʌstə*] *n AM* ↑ *obstructionist* Dauerredner(in *f*) *m*

filing ['faɪlɪŋ] *n* Ablegen *s,* Abheften *f;* **filing cabinet** Aktenschrank *m*

fill [fɪl] **I.** *vt* [1] (*make full*) füllen; ◇ **to ~ s.o.'s glass** jd-m einschenken [2] ↑ *occupy completely* erfüllen; ◇ **the people ~ed the streets** die Leute füllten die Straßen [3] ↑ *to block up* vollfüllen; → *hole* stopfen; → *cavity* plombieren, füllen [4] ↑ *engulf* erfüllen; ◇ **~ed with anger** voller Zorn [5] → *position* besetzen; ◇ **the position has already been ~ed** die Stelle ist schon besetzt [6] (*AM supply*) ◇ **to ~ an order** e-e Bestellung zusammenstellen **II.** *n* ◇ **to eat one's ~** sich satt essen; ◇ **I've had my ~ of this nonsense** ich habe die Nase voll von diesem Unsinn; **fill in** *vt* [1] → *hole* auffüllen [2] ↑ *inform* ◇ **Rose ~ed me ~ on the latest news** Rose hat mich über das Neueste ins Bild gesetzt [3] ↑ *act as, substitute* ◇ **Jack is ~ing ~ for Jill** Jack ist für Jill eingesprungen [4] (*kill time*) ◇ **I'm doing this just to ~ ~ [time]** ich mache das nur, um die Zeit zu überbrücken [5] → *form* eintragen; **fill out** *vt* → *form* ausfüllen; **fill up** *vt* → *container* vollfüllen; → *petrol tank* volltanken; ◇ **I need s.th. to ~ me ~** ich brauche etw Sättigendes

fillet ['fɪlɪt] **I.** *n* Filet *s* **II.** *vt* filetieren

filling ['fɪlɪŋ] **I.** *n* [1] (*of pie, cream*) Füllung *f* [2] (*for tooth*) Füllung *f,* Plombe *f* **II.** *adj* ↑ *substantial* ▷*food* sättigend; **filling station** *n* Tankstelle *f*

film [fɪlm] **I.** *n* [1] ↑ *motion picture* Film *m* [2] ↑ *membrane* Häutchen *s* [3] ↑ *coating* Schicht *f* [4] (*for camera*) Film *m* **II.** *vt* → *scene* filmen; **filmstrip** *n* Filmstreifen *m*

filter ['fɪltə*] **I.** *n* [1] (*device*) Filter *m* [2] *for traffic, BRIT* grüner Pfeil *m* **II.** *vt* filtern **III.** *vi* [1] ↑ *seep* durchsickern [2] (*~ through*) ← *news* langsam eindringen [3] *BRIT* ← *traffic* sich einordnen; **filter-tipped cigarette** ['fɪltərtɪpt sɪgə'ret] *n* Filterzigarette *f*

filth [fɪlθ] *n* [1] ↑ *dirt* Schmutz *m; FIG* Dreck *m* [2] (*obscene material*) Schund *m; FAM* Schweinerei *f;* **filthy** ['fɪlθɪ] *adj* [1] schmutzig [2] unflätig

fin [fɪn] *n* Flosse *f*

final ['faɪnl] **I.** *adj* [1] ↑ *last* letzte(r, s), Schluß-; ↑ *ultimate* letztendlich, End- [2] ↑ *conclusive* endgültig **II.** *n* [1] SPORT Finale *s,* Endspiel *s* [2] ▷*examinations* ◇ **~s** *pl* Abschlußprüfungen *f pl;* ◇ **Jocelyne is taking her ~s** Jocelyne macht gerade ihre Abschlußprüfungen

finale [fɪ'nɑːlɪ] *n* THEAT Schlußszene *f;* MUS Finale *s*

finalist ['faɪnəlɪst] *n* SPORT Endrundenteilnehmer(in *f*) *m*

finalize ['faɪnəlaɪz] *vt* → *arrangements* endgültig festlegen, abschließen, zum Abschluß bringen

finally ['faɪnəlɪ] *adv* [1] ↑ *lastly* schließlich, zum Schluß [2] ↑ *eventually* endlich, schließlich [3] ↑ *irrevocably* endgültig, definitiv

finance ['faɪnæns] **I.** *n* [1] ↑ *capital* Finanzen *pl,* Einkünfte *pl* [2] (*study of*) Finanzwissenschaft *f,* Finanzwesen *s;* ◇ **~s** *pl* Finanzen *pl,* Einkommenslage *f* **II.** *vt* finanzieren; **financial** [faɪ'nænʃəl] *adj* finanziell; **financially** *adv* finanziell

find [faɪnd] <found, found> **I.** *vt* [1] ↑ *locate* finden; ◇ **I found Kate at home** ich traf Kate zu Hause an [2] ↑ *obtain* besorgen, finden [3] ↑ *regard* finden [4] ↑ *ascertain* feststellen; ◇ **I found that my watch was missing** ich stellte fest, daß meine Uhr fehlte [5] ↑ *sentence* ◇ **Henry was found guilty** Henry wurde für schuldig befunden [6] (*be in existence*) ◇ **fast-food restaurants can be found almost everywhere** Schnellrestaurants findet man fast überall **II.** *vi* ↑ *discover* ◇ **to ~ o.s. in a**

particular situation sich in e-r bestimmten Situation befinden **III.** *n* Fund *m;* **find out** *vt* [1] → *a fact* herausfinden [2] → *a person* erwischen; ◇ **his mother has found him out** seine Mutter ist dahintergekommen

findings [ˈfaɪndɪŋz] *n pl* Ergebnis *s,* Ergebnisse *pl*

fine [1] [faɪn] **I.** *adj* [1] ↑ *excellent* großartig, fein [2] ↑ *acceptable* in Ordnung, gut; ◇ **don't worry, everything will be just** ~ mach dir keine Sorgen, es wird alles gut [3] ↑ *quite well* gut; ◇ **how's Jack? he's** ~ wie geht es Jack? ihm geht es gut [4] ↑ *thin, narrow* fein, dünn [5] ↑ *delicate, small, exact* fein [6] ↑ *good* ▷*weather* schön **II.** *adv* ↑ *small* fein; ◇ **to chop s.th. up -ly** etw fein zerhakken

fine [2] **I.** *n* Geldstrafe *f;* (*parking ticket*) Geldbuße *f* **II.** *vt* ◇ **he was -d one thousand dollars** er mußte eintausend Dollar Strafe bezahlen; **fine arts** *n pl* schöne Künste *pl*

finesse [fɪˈnes] *n* Gewandtheit *f,* Geschick *s*

finger [ˈfɪŋgə*] **I.** *n* Finger *m;* ◇ **Regina has Mathias wrapped around her little** ~ Regina hat Mathias um den kleinen Finger gewickelt; ◇ **if you lay a ~ on her I'll beat you up** wenn du sie nur anrührst, verprügle ich dich; ◇ **I can't quite put my ~ on it** ich kann es nicht genau ausmachen; ◇ **to not lift a** ~ keinen Finger rühren **II.** *vt* anfassen, herumfingern an *dat;* **fingernail** *n* Fingernagel *m;* **fingerprint** *n* Fingerabdruck *m;* **fingertip** *n* Fingerspitze *f;* ◇ **to have s.th. at one's -s** etw aus dem Effeff kennen

finicky [ˈfɪnɪkɪ] *adj* pingelig, wählerisch

finish [ˈfɪnɪʃ] **I.** *n* [1] ↑ *conclusion* Ende *s,* Schluß *m;* SPORT Ziel *s* [2] (*painting*) Finish *s,* Deckanstrich *m;* (*of photographs*) ◇ **gloss/matt** ~ Hochglanz-/Matt- **II.** *vt* [1] ↑ *conclude, end* beenden, abschließen; → *task* erledigen; ◇ **I've -ed reading the book** ich habe das Buch fertiggelesen; ◇ **let me ~ speaking** laß mich ausreden [2] → *meal, drink* aufessen, austrinken **III.** *vi* [1] ← *semester, meeting* zu Ende sein; ◇ **I'll be -ed around one o'clock** ich werde gegen dreizehn Uhr fertig sein [2] SPORT das Ziel erreichen; ◇ **she -ed first** sie belegte den ersten Platz; **finishing line** *n* Ziellinie *f*

finite [ˈfaɪnaɪt] *adj* [1] ↑ *limited* begrenzt; ◇ **a ~ number** e-e endliche Zahl [2] LING ◇ ~ **verb** Verbum finitum *s*

Finland [ˈfɪnlənd] *n* Finnland *s*

Finn [fɪn] *n* Finne *m,* Finnin *f*

Finnish [ˈfɪnɪʃ] *adj* finnisch

fiord [fjɔ:d] *n* Fjord *m*

fir [fɜ:*] *n* Tanne *f*

fire [faɪə*] **I.** *n* [1] Feuer *s;* ◇ **to be on** ~ brennen; ◇ **to set ~ to a house** ein Haus anstecken [*o.* in Brand setzen] [2] (*uncontrolled*) Brand *m* [3] (*gun shots*) Feuer *s* **II.** *vt* [1] → *gun* abschießen [2] ◇ **to ~ questions at s.o.** Fragen auf jd-n abfeuern [3] ↑ *dismiss* feuern; **fire alarm** *n* Feueralarm *m;* **firearm** *n* Feuer-/Schußwaffe *f;* **fire brigade** *n* Feuerwehr *f;* **fire engine** *n* Löschfahrzeug *s;* **fire escape** *n* (*ladder*) Rettungsleiter *f;* (*stairs*) Feuertreppe *f;* (*exit*) Notausgang *m;* **fire extinguisher** *n* Feuerlöscher *m;* **fireman** *n* <-men> Feuerwehrmann *m;* **fireplace** *n* Kamin *m;* **fireproof** *adj* feuerfest; **firestation** *n* Feuerwache *f;* **firewood** *n* Brennholz *s;* **fireworks** *n pl* Feuerwerk *s;* **firing line** [ˈfaɪərɪŋ laɪn] *n* Schußlinie *f;* **firing squad** *n* Exekutionskommando *s*

firm [fɜ:m] **I.** *adj* [1] ↑ *hard* ▷*mattress* fest, hart [2] ↑ *steadfast* ▷*decision, opinion* fest, beständig [3] ↑ *determined* sicher, entschlossen, bestimmt [4] ↑ *final* fest, stabil **II.** *n* ↑ *company* Firma *f* **III.** *adv* ◇ **to stand** ~ fest bei etw bleiben; **firmness** *n* Festigkeit *f;* Entschlossenheit *f;* Beständigkeit *f;* **firmly** *adv* ◇ **to speak** ~ mit fester Stimme sprechen

first [fɜ:st] **I.** *adj* [1] (*position in sequence*) erst; ◇ **we should have done that in the ~ place** das hätten wir gleich zu Beginn tun sollen; ◇ **I don't know the ~ thing about it** ich habe nicht die geringste Ahnung davon [2] (*foremost in importance*) erste(r, s), bedeutendste(r, s); ◇ ~ **quality** höchste Qualität **II.** *adv* [1] (*before in time*) zuerst; ◇ **Fanny asked** ~ Fanny fragte zuerst; ◇ **he has to finish his work** ~ er muß erst seine Arbeit fertig machen; (*in order*) ◇ **she puts her family** ~ die Familie geht bei ihr vor [2] (*never before*) ◇ **this is the first time I have done it** ich mache es zum ersten Mal [3] ↑ *firstly* als erstes; (*in a series*) erstens; ◇ ~ **of all let's ...** laß' uns zuerst einmal ... [4] ◇ **at** ~ anfangs, am Anfang **III.** *n* [1] (*new occurrence*) ◇ **if he apologizes it'll be a** ~ das wäre das erste Mal, daß er sich entschuldigt [2] (*BRIT mark, grade*) Eins *f;* ◇ **I got a** ~ ich habe e-e Eins bekommen [3] AUTO erster Gang; **first aid** *n* Erste Hilfe *f;* **first-aid kit** *n* Verbandskasten *m;* **first-class** *adj* erstklassig; ▷*travel* erster Klasse; **first-hand I.** *adv* aus erster Hand; ◇ **to buy** ~ aus erster Hand kaufen **II.** *adj* aus erster Hand, unmittelbar; **first lady** *n* (*AM*) First Lady *f* *Frau des Präsidenten;* **firstly** *adv* erstens, zuerst, zum ersten; **first name** *n* Vorname *m;* **first night** *n* Premiere *f;* **first-rate** *adj* erstklassig, vorzüglich

fiscal [ˈfɪskəl] *adj* Finanz-; ◇ ~ **year** Geschäftsjahr *s*

fish [fɪʃ] **I.** *n* Fisch *m;* ◇ **he drinks like a ~** er säuft wie ein Loch *FAM;* ◇ **he is like a ~ out of water** er ist nicht in seinem Element **II.** *vt* → *sea* befischen *acc* **III.** *vi* [1] ↑ *catch fish* fischen [2] *FIG* ↑ *seek* (~ *for*) fischen (*for* nach) [3] ↑ *remove, extract* ◇ **~ out** herausfischen; ◇ **he ~ed out some old pictures** er fischte [*o.* kramte] alte Bilder heraus; **fisherman** *n* <-men> Fischer *m,* Angler *m;* **fish finger** *n* Fischstäbchen *s;* **fish hook** *n* Angelhaken *m;* **fishing boat** *n* Fischerboot *s;* **fishing line** *n* Angelschnur *f;* **fishing rod** *n* Angelrute *f;* **fishing tackle** *n* Angelgeräte *pl;* (*industrial*) Fischereigeräte *pl;* **fish market** *n* Fischmarkt *m;* **fishmonger** *n* Fischhändler(in *f*) *m;* **fish slice** *n* Wender *m;* **fish story** *n AM* ↑ *far-fetched story* Seemansgarn *s;* **fishy** ['fɪʃɪ] *adj* [1] (*fishlike*) Fisch- [2] *FAM* ↑ *suspicious* verdächtig, zweifelhaft; ◇ **that sounds pretty ~ to me** das hört sich ziemlich verdächtig [*o.* zweifelhaft] an

fission ['fɪʃən] *n* [1] (*act of splitting*) Teilung *f* [2] ▷*nuclear* Kernspaltung *f* [3] BIOL Zellteilung *f;* PHYS Spaltung *f*

fissure ['fɪʃə*] *n* Spalt *m,* Riß *m*

fist [fɪst] *n* Faust *f*

fit [fɪt] **I.** *adj* [1] ↑ *physically sound* fit, in Form; ◇ **I jog to keep ~** ich laufe, um mich gesund zu halten [*o.* um fit zu bleiben]; *FAM* ◇ **to be ~ as a fiddle** topfit/kerngesund sein [2] ↑ *suitable* geeignet, passend; ◇ **to be ~ for a post** für e-e Stelle geeignet sein **II.** *vt* [1] (*be the right size/shape*) passen, sitzen [2] ← *key* passen [3] ↑ *equip* ausstatten, einrichten [4] ↑ *correspond to* passen; ◇ **the description ~s him exactly** die Beschreibung trifft genau auf ihn zu **III.** *vi* (*be the right size*) ◇ **to ~ into s.th.** hineinpassen **IV.** *n* [1] (*right size*) Passen *s;* ◇ **the jeans are a perfect ~** die Jeans paßt genau [*o.* sitzt tadellos] [2] MED Anfall *m* [3] (*FAM outbreak of anger*) ◇ **she is going to have a ~** sie wird ausflippen [*o.* verrückt werden]; (*of laughter*) Anfall *m* [4] ◇ **to see ~ to do s.th.** es für richtig halten, etw zu tun; ◇ **do as you think ~** tu' was du für richtig hältst; **fit in I.** *vt* (*find space for*) unterbringen; (*find time for*) einschieben; ◇ **I can't ~ you into my schedule** ich kann dir keinen Termin geben **II.** *vi* (*in group*) passen; ◇ **she tried to ~ ~ with her peers** sie versuchte, sich ihresgleichen anzupassen

fitment *n* Einrichtungsgegenstand *m*

fitted ['fɪtɪd] *adj* [1] ↑ *suited* geeignet (*for* für) [2] ▷*clothing* tailliert; ◇ **~ carpet** Teppichboden *m;* ◇ **~ kitchen** Einbauküche *f;* ◇ **~ sheet** Spannbettuch *s;* **fitter** ['fɪtə*] *n* TECHNOL Montagearbeiter *m,* Installateur *m;* **fitting** ['fɪtɪŋ] **I.** *adj* passend, angemessen **II.** *n* [1] (*of dress*) Anprobe *f* [2] (*piece of equipment*) Zubehörteil *s;* ◇ **~s** *pl* Ausstattung *f;* **fitting room** *n* Anprobekabine *f*

five [faɪv] **I.** *nr* fünf **II.** *n* Fünf *f;* **fiver** *n BRIT FAM* Fünfpfundnote *f*

fix [fɪks] **I.** *vt* [1] ↑ *secure* befestigen, fest machen [2] → *eyes, attention* richten, heften (*on* an *acc*); → *hopes* setzen (*on* auf) [3] → *date* festsetzen; ◇ **we haven't ~ed a time yet** wir haben noch keine Zeit ausgemacht [4] ↑ *repair* reparieren, herrichten; → *problem, matter* in Ordnung bringen [5] ↑ *organize, prepare* machen, vorbereiten; ◇ **I have to ~ breakfast** ich muß das Frühstück richten [6] ↑ *rig* manipulieren; ◇ **the race was ~ed** das Rennen war ein abgekartetes Spiel **II.** *n* [1] (*FAM injection of drugs*) Schuß *m* [2] *FAM* ↑ *predicament* ◇ **to be in a ~** in der Klemme sitzen

fixed [-d] *adj* fest, unveränderlich

fixture ['fɪkstʃə*] *n* [1] (*furnishings*) Ausstattung *f;* ◇ **a light ~** Beleuchtungskörper *m;* (*feature, part*) Inventarstück *s* [2] SPORT *BRIT* Veranstaltung *f*

fizz [fɪz] *vi* sprudeln; **fizzle** ['fɪzl] *vi* zischen; **fizzle out** *vi* verpuffen; ← *plan* durchfallen, im Sande verlaufen; **fizzy** ['fɪzɪ] *adj* sprudelnd; ◇ **~ drink** Brause *f,* Sprudel *m*

fjord [fjɔːd] *n s.* **fiord** Fjord *m*

flabbergasted ['flæbəgɑːstɪd] *adj FAM* sprachlos; ◇ **I was ~ when I found out the price** ich war völlig platt, als ich den Preis erfuhr

flabby ['flæbɪ] *adj* [1] ▷*flesh* schwammig, wabbelig [2] ▷*argument* schwammig

flag [1] [flæg] **I.** *n* Fahne *f* **II.** *vt* beflaggen

flag [2] *vi* ← *strength* erlahmen; ← *spirit* nachlassen; ← *person* ermüden

flag down *vt* anhalten; **flagpole** *n* Fahnenstange *f*

flagrant ['fleɪgrənt] *adj* eklatant, kraß; ▷*offence* himmelschreiend; ▷*violation* flagrant; ▷*affair* offenkundig

flagstone ['flægstəʊn] *n* Steinplatte *f,* Fliese *f*

flair [flɛə*] *n* ↑ *talent* Talent *s;* ↑ *style* Flair *s*

flake [fleɪk] **I.** *n* (*of snow*) Flocke *f;* (*of rust*) Splitter *m;* (*of skin*) Schuppe *f* **II.** *vi* abbröckeln; ← *paint* abblättern; **flake off** *vi* abbröckeln; ← *paint* abblättern, absplittern

flaky ['fleɪkɪ] *adj* ▷*paint* brüchig; ▷*crust* blättrig; ◇ **~ pastry** Blätterteig *m;* ▷*skin* schuppig

flamboyant [flæm'bɔɪənt] *adj* extravagant; ▷*colours* prächtig; ▷*gesture* großartig; ▷*lifestyle* aufwendig, üppig

flame [fleɪm] **I.** *n* Flamme *f* **II.** *vi* ← *fire* lodern, flammen; ← *colour* leuchten; **flaming** ['fleɪmɪŋ] *adj* [1] brennend, lodernd; leuchtend [2] (*BRIT FAM emphatic, angry*) verdammt; ◇ **he is a ~ idiot** er ist ein verdammter Idiot

flamingo [flə'mɪŋgəʊ] *n* <-[e]s> Flamingo *m*
flan [flæn] *n* (*BRIT*) Kuchen *m;* ◇ **~case** Tortenboden *m*
flank [flæŋk] **I.** *n* (*of person, animal*) Flanke *f,* Seite *f;* MIL Flanke *f* **II.** *vt* (*be positioned at the side of*) flankieren
flannel ['flænl] **I.** *n* (*cloth*) Flanell *m;* (*BRIT for face*) Waschlappen *m* **II.** *vi FAM* schwafeln
flap [flæp] **I.** *n* [1] (*folding, closing edge*) Klappe *f* [2] (*sound*) Flattern *s;* (*of wings*) Schlagen *s* [3] (*FAM panic*) helle Aufregung **II.** *vt* → *wings* mit den Flügeln schlagen **III.** *vi* [1] ← *wings* schlagen; ← *sails* flattern; ← *shutters* klappern [2] (*FAM panic*) in helle Aufregung geraten; ◇ **there's no need to ~** es gibt keinen Grund zur Aufregung
flare [flɛə*] *n* [1] ↑ *signal* Leuchtsignal *s* [2] (*of light*) Auflodern *s* [3] ↑ *bellbottoms* ausgestellter Schnitt; **flare up** *vi* aufflackern, auflodern; *FIG* aufflackern, auflodern; ← *person* aufbrausen, auffahren; (*of revolt, violence*) ausbrechen; ◇ **he ~d ~ at the policeman** er fuhr den Polizisten an; **flared** [-d] *adj* ▷*trousers* ausgestellt
flash [flæʃ] **I.** *n* [1] (*quick burst of light*) Aufblinken *s,* Aufblitzen *s;* ◇ **~ of lightning** Blitz *m* [2] PHOTO Blitzlicht *s* [3] (*news ~*) Kurzmeldung *f* [4] (MIL *on uniform*) Abzeichen *s* **II.** *vt* aufblitzen, ausleuchten lassen; ◇ **to ~ one's headlights at s.o.** jd-m mit der Lichthupe anblinken **III.** *vi* [1] ↑ *blink* aufblinken, aufblitzen [2] (*quick movement*) flitzen; ◇ **in a ~** blitzartig; ◇ **to ~ in and out** rein und raus sausen; ← *vehicle* ◇ **to ~ by** [*o.* **past**] vorbei sausen; **flashback** *n* [1] (*in film*) Rückblende *f* [2] (*drug experience*) Flashback *m,* Echorausch *m;* **flash bulb** *n* PHOTO Blitzbirne *f;* **flash cube** *n* PHOTO Blitzlichtwürfel *m;* **flash light** *n* (*AM*) Taschenlampe *f; BRIT* Blitzlicht *s*
flashy ['flæʃɪ] *adj PEJ* auffällig
flask [flɑːsk] *n* Flakon *m;* (*of whisky*) Flachmann *m;* CHEM Glaskolben *m;* (*vacuum ~*) Thermosflasche *f*
flat [flæt] **I.** *adj* [1] ↑ *level* flach, eben; ▷*tyre* platt; ◇ **~ as a pancake** total platt; ◇ **to fall ~ on one's face** auf die Nase fallen [2] ↑ *dull, lifeless* öde, lau, lahm; ▷*colour* matt, stumpf, glanzlos; ▷*drink* schal, abgestanden [3] ▷*denial, refusal* glatt, deutlich [4] (*~ fee/rate*) Pauschal- [5] MUS zu tief **II.** *adv* [1] MUS tief; ◇ **you're singing ~** du singst zu tief [2] *FAM* ↑ *exactly* ◇ **in three minutes ~** in genau drei Minuten [3] ↑ *completely* ◇ **~ broke** total pleite **III.** *n* [1] *BRIT* ↑ *apartment* Wohnung *f* [2] MUS Erniedrigungszeichen *s* [3] AUTO *AM* Reifenpanne *f;* ◇ **they had a ~** sie hatten e-n Platten [4] ↑ *plain* Ebene *f* [5] (*~ side of*) flache Seite, Fläche *f;* **flatfooted** ['flætfʊtɪd] *adj* plattfüßig; ◇ **he is ~** er hat Plattfüße
flatly *adv* klipp und klar
flatness *n* Flachheit *f,* Ebenheit *f;* Plattheit *f;* Deutlichkeit *f;* **flatten** ['flætn] **I.** *vt* ebnen **II.** *vr* sich platt gegen/an etw drücken; **flatten out** *vi* AERO ausschweben
flatter ['flætə*] **I.** *vt* [1] (*give compliment*) schmeicheln *dat;* ◇ **he ~ed her on her cooking** er schmeichelte ihr wegen ihrer Kochkunst [2] (*be pleased*) ◇ **I am ~ed to have been invited** ich fühle mich geehrt, daß Sie mich eingeladen haben [3] ↑ *enhance* ◇ **the skirt ~s your figure** der Rock ist sehr vorteilhaft **II.** *vr* sich etw einbilden; **flatterer** *n* Schmeichler(in *f*) *m;* **flattering** *adj* schmeichelhaft; ↑ *enhancing* vorteilhaft; **flattery** ['flætərɪ] *n* Schmeicheleien *pl;* ◇ **~ will get you nowhere** mit Schmeicheleien kommst du nicht weiter
flatulence ['flætjʊləns] *n* Blähungen *pl*
flaunt [flɔːnt] *vt* herzeigen; → *wealth* zur Schau stellen, protzen mit; → *o.s.* sich groß in Szene setzen
flavour, **flavor** (*AM*) ['fleɪvə*] **I.** *n* ↑ *taste* Geschmack *m,* Aroma *s;* ◇ **thirty ~s** dreißig Geschmackssorten/-richtungen; ◇ **mint-~ed toothpaste** Zahnpaste mit Pfefferminzgeschmack **II.** *vt* Geschmack geben/verleihen *dat;* **flavouring** *n* Aroma *s*
flavourless *adj* geschmacklos, fad[e]
flaw [flɔː] **I.** *n* Fehler *m;* ↑ *weakness* Schwäche *f;* (*in character*) Mangel *m,* Defekt *m* **II.** *vt* e-n Fehler aufzeigen/finden in; **flawless** *adj* fehlerlos; ▷*complexion* makellos; ▷*diamond* lupenrein
flax [flæks] *n* Flachs *m*
flea [fliː] *n* Floh *m;* **fleabag** *n AM FAM* ↑ *hotel* Absteige *f*
fled [fled] *pt, pp of* **flee**
flee [fliː] <fled, fled> *vt, vi* fliehen (*from* vor, aus *dat*); (*from country*) flüchten/fliehen aus
fleece [fliːs] **I.** *n* Vlies *s,* Schaffell *s* **II.** *vt FAM* jd-n schröpfen
fleet [fliːt] *n* [1] (*naval*) Flotte *f* [2] (*road vehicles*) Fuhrpark *m*
fleeting *adj* flüchtig; ◇ **a ~ glimpse** ein kurzer Blick
flesh [fleʃ] *n* (*of person*) Fleisch *s;* (*of fruit*) Fruchtfleisch *s; FIG* ◇ **in the ~** in Person; ◇ **pleasures of the ~** fleischliche Vergnügungen; **flesh wound** *n* Fleischwunde *f*
flew [fluː] *pt of* **fly**
flex [fleks] **I.** *n* (*BRIT*) Schnur *f,* Kabel *s* **II.** *vt* → *muscles* beugen; ◇ **he ~ed his biceps** er ließ seinen Bizeps spielen

F

flexibility [fleksɪˈbɪlɪtɪ] *n* Biegsamkeit *f; FIG* Flexibilität *f;* **flexible** [ˈfleksəbl] *adj* ① (*open to modification*) ▷*plans, person* flexibel; ◇ ~ **working hours** *pl* gleitende Arbeitszeit ② (*easy to bend*) biegsam; ▷*plastic* elastisch

flexitime [ˈfleksɪtaɪm] *n* Gleitzeit *f*

flick [flɪk] **I.** *n* Schnipsen *s;* (*with a whip*) Schnalzen *s;* ◇ **it took him a ~ of the wrist** er hat es mühelos geschafft **II.** *vt* (*with whip*) schnalzen/knallen mit; (*with finger*) schnalzen mit; ◇ **to ~ s.th. off** etw wegschnippen; ◇ **the horse ~ed flies away with its tail** das Pferd schlug mit seinem Schwanz nach den Fliegen

flicker [ˈflɪkə*] **I.** *n* ① (*of light*) Flackern *s,* Flimmern *s,* Zittern *s* ② (*short burst*) ◇ **a ~ of excitement** ein Anzeichen von Aufregung; ◇ **a ~ of hope** ein Hoffnungsschimmer **II.** *vi* ← *candle* flackern; ← *shadows, light* flimmern

flier [ˈflaɪə*] *n* ① (*pilot*) Flieger(in *f*) *m* ② (SPORT *flying start*) glänzender Start

flight [flaɪt] *n* ① (*act of flying*) Flug *m* ② (*journey*) Flugreise *f* ③ ↑ *staircase* Treppe *f;* ◇ **four ~s of stairs** vier Treppen; **flight attendant** *n* Flugbegleiter(in *f*) *m,* Steward(eß *f*) *m;* **flight deck** *n* NAUT Flugdeck *s;* AERO Cockpit *s*

flimsy [ˈflɪmzɪ] *adj* ① ▷*object* wackelig ② ▷*material* dünn; ▷*dress* leicht ③ ▷*excuse* fadenscheinig, schwach

flinch [flɪntʃ] *vi* zurückzucken; ◇ **he bore the pain without ~ing** er ertrug den Schmerz, ohne mit der Wimper zu zucken

fling [flɪŋ] **I.** <flung, flung> *vt* schleudern; ◇ **he flung himself onto the couch** er warf sich auf die Couch **II.** *n* ① (*act of throwing*) Werfen *s,* Schleudern *s;* ↑ *throw* Wurf *m* ② ◇ **to have a ~ with s.o.** e-e kurze [intensive] Liebesbeziehung mit jd-m haben

flint [flɪnt] *n* (*in lighter*) Feuerstein *m*

flip [flɪp] **I.** *n* ① (*spin in the air*) Schnipser *m,* Schnippen *s* ② ↑ *somersault* Salto *m* **II.** *vt* ① → *object* schnippen; → *cassette* herumdrehen ② *FAM* ↑ *get mad* ausflippen; ◇ **he ~ped his lid** er ist ausgerastet/ausgeflippt

flip-flop [ˈflɪpflɒp] *n FAM* Gummilatsche *f*

flippancy [ˈflɪpənsɪ] *n* Frivolität *f,* Leichtfertigkeit *f;* **flippant** [ˈflɪpənt] *adj* leichtfertig; ◇ **to be ~ about s.th.** etw nicht ernst nehmen

flipper *n* (*for swimming*) Schwimmflosse *f*

flirt [flɜːt] **I.** *vi* flirten; ◇ **to ~ with an idea** mit e-m Gedanken spielen; ◇ **to flirt ~ with danger** die Gefahr herausfordern **II.** *n* ◇ **he/she is a ~** er/sie flirtet gern; **flirtation** [flɜːˈteɪʃən] *n* Flirt *m*

flit [flɪt] *vi* flattern, huschen

float [fləʊt] **I.** *n* ① (*for fishing*) Schwimmer *m;* (*AM drink with ice cream*) *Milchshake mit Eiskugel* ② (*decorated vehicle*) Festwagen *m* ③ ↑ *money* Wechselgeld *s* **II.** *vi* schwimmen, treiben; ◇ **the logs ~ed downstream** die Baumstämme trieben flußabwärts; (*in air*) schweben **III.** *vt* COMM gründen; → *currency* freigeben, floaten lassen; **floating** *adj* ① (*not fixed*) treibend; ◇ ~ **dock** Schwimmdock *s* ② *FIG* ▷*population* wandernd; ◇ ~ **voter** Wechselwähler *m;* MATH ◇ ~ **decimal point** Gleitkomma *s;* FIN ▷*currency* freigegeben; ◇ ~ **capital** Umlaufkapital *s*

flock [flɒk] **I.** *n* ① (REL *of sheep*) Herde *f;* (*of birds*) Schwarm *m* ② (*of people*) Schar *f,* Haufen *m;* ◇ **the people came in ~s** die Menschen kamen in Scharen **II.** *vi* in Scharen kommen

flog [flɒg] *vt* prügeln, schlagen; (*with whip*) auspeitschen; *BRIT FAM* ↑ *sell* verscherbeln

flood [flʌd] **I.** *n* Flut *f,* Hochwasser *s; FIG* Schwall *m;* ◇ **she was in ~s of tears** sie war in Tränen gebadet **II.** *vt* ① → *street, field* überschwemmen ② COMM ◇ **grain ~ed the market** der Markt wurde mit Getreide überschwemmt **III.** *vi* ① ← *river* über die Ufer treten; ← *bath* überlaufen; ◇ **we were ~ed out of our house** wir wurden durch das Hochwasser obdachlos ② ← *people* strömen; **flooding** *n* Überschwemmung *f;* **floodlight** [ˈflʌdlaɪt] **I.** *n* Flutlicht *s* **II.** *vt* anstrahlen; **floodlighting** *n* Beleuchtung *f*

floor [flɔː*] **I.** *n* ① ↑ *ground* Boden *m;* (*of room*) Fußboden *m;* ◇ **dance ~** Tanzfläche *f* ② ↑ *storey* Stockwerk *s; AM* ◇ **we live on the first ~** wir wohnen im Erdgeschoß ③ (*of public institution*) Sitzungssaal *m;* ◇ **the Democrats have the ~** die Demokraten haben Redezeit; ◇ **a question for the ~ of the House** e-e Frage an die Zuhörerschaft **II.** *vt* ① ↑ *knock down* zu Boden schlagen; *FIG* ◇ **the news ~ed me** die Nachricht hat mich umgehauen ② → *a house, building* mit e-m Fußboden versehen; **floorboard** *n* Diele *f;* **floor manager** *n* (*AM*) Abteilungsleiter(in *f*) *m;* **floor show** *n* Vorstellung *f;* **floorwalker** *n* COMM Ladenaufsicht *f*

flop [flɒp] **I.** *n* ① (*movement, sound*) Plumps *m* ② ↑ *failure* Reinfall *m;* (*person*) Versager *m* **II.** *vi* ① *FAM* plumpsen; ◇ **she ~ped down into the chair** sie ließ sich in den Sessel hineinplumpsen ② *FAM* ↑ *fail* durchfallen; ◇ **the project ~ped** das Projekt war ein Reinfall/Flop

floppy [ˈflɒpɪ] *adj* schlaff, schlapp; **floppy disk** *n* PC Diskette *f,* Floppy Disk *f*

floral [ˈflɔːrəl] *adj* Blüten-; ◇ **she was wearing a ~ dress** sie trug ein geblümtes Kleid

florid [ˈflɒrɪd] *adj* ▷*style* schwülstig, überladen

florist [ˈflɒrɪst] *n* Blumenhändler(in *f*) *m;* ◇ **~'s shop** Blumengeschäft *s*

flotsam ['flɒtsəm] *n* Treibgut *s;* ◇ **- and jetsam** Treibgut *s*

flounce [1] [flaʊns] *n* (*decorative edge*) Volant *m,* Rüsche *f*

flounce [2] *vi* stolzieren; ◇ **she -d out of the room** sie stolzierte aus dem Zimmer hinaus

flounder [1] ['flaʊndə*] *n* (*fish*) Flunder *f*

flounder [2] *vi* [1] (*movement*) sich abstrampeln; ◇ **they -ed along in the snow** sie quälten sich mühselig durch den Schnee [2] ◇ **during the interview I started to -** während des Vorstellungsgesprächs kam ich ins Schwimmen

flour ['flaʊə*] *n* Mehl *s*

flourish ['flʌrɪʃ] **I.** *vi* [1] ↑ *thrive* blühen; ← *the arts* seine Blütezeit haben [2] ↑ *grow* gedeihen; FIN ↑ *boom* boomen **II.** *vt* ↑ *wave* herumwedeln; ◇ **he was -ing a flag** er schwenkte e-e Fahne **III.** *n* [1] (*decorative curve*) Schnörkel *m* [2] (*waving*) schwungvolle Bewegung; **flourishing** *adj* blühend

flow [fləʊ] **I.** *n* Fluß *m;* ◇ **the - of blood** der Blutstrom **II.** *vi* ← *river* fließen; **flow chart** *n* Flußdiagramm *s*

flower ['flaʊə*] **I.** *n* (*plant*) Blume *f;* ↑ *blossom* Blüte *f* **II.** *vi* blühen; **flower bed** *n* Blumenbeet *s;* **flowerpot** *n* Blumentopf *m;* **flowery** ['flaʊərɪ] *adj* [1] ▷*pattern* geblümt, mit Blumen gemustert; ▷*smell* blumig [2] ▷*style* blumig

flowing ['fləʊɪŋ] *adj* fließend; ▷*hair* wallend; ▷*words* flüssig

flown [fləʊn] *pp of* **fly**

flu [flu:] *n* Grippe *f*

fluctuate ['flʌktjʊeɪt] *vi* schwanken; **fluctuation** [flʌktjʊ'eɪʃən] *n* Schwankung *f*

fluency ['flu:ənsɪ] *n* Flüssigkeit *f;* ◇ **his - in English** seine Gewandtheit in der englischen Sprache; **fluent** ['flu:ənt] *adj* flüssig; ◇ **she is - in French** sie spricht fließend Französich; **fluently** *adv* (*speech*) fließend; ◇ **he speaks German -** er spricht fließend Deutsch

fluff [flʌf] **I.** *n* ↑ *down, fur* Flaum *m* **II.** *vt* [1] → *pillow* aufschütteln; ← *bird* aufplustern [2] *FAM* ↑ *fail* vermasseln; **fluffy** ['flʌfɪ] *adj* flaumig

fluid ['flu:ɪd] **I.** *n* ↑ *liquid* Flüssigkeit *f* **II.** *adj* [1] ↑ *liquid* flüssig [2] *FIG* ↑ *undecided* ▷*plans* ungewiß

fluke [flu:k] *n* [1] (*of whale*) Fluke *f* [2] (*FAM stroke of luck*) ◇ **he passed the exam by a -** er hat bei der Prüfung Schwein/Dusel gehabt

flung [flʌŋ] *pt, pp of* **fling**

fluorescent [flʊə'resnt] *adj* Leucht-; ▷*light* Neon-

fluoridate ['flu:rɪdeɪt] *vt* mit Fluor versetzen, fluorisieren

fluoride ['flʊəraɪd] **I.** *n* Fluor *s* **II.** *vt* mit Fluor versetzen, fluorisieren

flurry ['flʌrɪ] *n* [1] (*of snow*) Gestöber *s;* (*of wind*) Stoß *m* [2] (*of activity*) Aufregung *f;* ◇ **to be all in a - about s.th.** ganz aufgescheucht über etw sein

flush [1] [flʌʃ] **I.** *n* [1] (*- toilet*) Wasserspülung *f* [2] ↑ *blush* Röte *f* **II.** *vt* (*wash down*) spülen; ◇ **don't forget to - (the toilet)** vergiß nicht zu spülen **III.** *vi* ↑ *blush* rot werden, rot anlaufen (*with* vor)

flush [2] *n* (*in poker*) Flush *m*

flush [3] *adj* (*level*) in gleicher Ebene; ◇ **shelves -ing with the wall** Regale, die mit der Wand abschließen

flush [4] *vt* ↑ *force out* → *birds* aufstöbern, aufscheuchen

flushed [-d] *adj* [1] ▷*cheeks* rot [2] ↑ *filled* ◇ **to be -ed with happiness** vor Glück strahlen [3] *FAM* ↑ *rich* jede Menge Geld haben

fluster ['flʌstə*] **I.** *n* ↑ *nervous* durcheinander sein; ◇ **to get into a -** nervös werden **II.** *vt* nervös machen; **flustered** [-d] *adj* durcheinander, aufgeregt; ◇ **I was so - I forgot everything** ich war so aufgeregt, daß ich alles vergessen habe

flute [flu:t] **I.** *n* (*instrument*) Querflöte *f* **II.** *vt* → *pillar* kannelieren

fluted [-ɪd] *adj* ARCHIT kanneliert; ▷*border* Bogen-, bogenförmig

flutter ['flʌtə*] **I.** *n* [1] (*of wings*) Flattern *s* [2] (*of excitement*) Aufregung *f;* ◇ **the news put me in a -** die Nachricht versetzte mich in helle Aufregung [3] *BRIT* ↑ *bet* ◇ **to have a -** sein Glück beim Wetten versuchen [4] (MED *of heart*) Flattern *s* **II.** *vi* [1] ← *wings* flattern [2] ← *heart* flattern **III.** *vt* → *flag* wedeln; → *eyelashes* klimpern mit

flux [flʌks] *n* [1] (*continuous change*) Fluß *m;* ◇ **in a state of -** in ständigem Wandel begriffen [2] (*substance*) Flußmittel *s*

fly [1] [flaɪ] <flew, flown> **I.** *vi* [1] ← *bird* fliegen; ← *arrows, ball* fliegen; ← *time* vergehen [2] (*travel by plane*) fliegen **II.** *vt* → *plane* fliegen; → *kite* steigen lassen

fly [2] *n* (*insect*) Fliege *f*

fly [3] *n* (*on trousers*) Hosenschlitz *m;* ◇ **your - is open** dein Hosenladen steht offen

flying *n* Fliegen *s;* **flying colours** *n* ◇ **to win with - -** glänzend abschneiden; **flying saucer** *n* fliegende Untertasse *f;* **flying start** *n* SPORT fliegender Start *m; FIG* ◇ **to have a - -** e-n glänzenden Start haben [*o.* glänzend wegkommen]; **flying visit** *n* (*BRIT*) Blitzbesuch *m;* **flyover** *n* (*BRIT*) Überführung *f;* **flypaper** *n* Fliegenfänger *m;* **flywheel** *n* TECHNOL Schwungrad *s*

foam [fəʊm] **I.** *n* (*of beer*) Schaum *m;* (*on sea*) Gischt *f;* ↑ *shaving cream* Rasierschaum *m;* (*of* *plastic products*) Schaumgummi *m* **II.** *vi* schäumen; ◇ **the dog was -ing at the mouth** der Hund hatte Schaum vorm Maul

fob off [fɒb ɒf] *vt* ◇ **to - s.o. - with s.th.** jd-m etw andrehen; ◇ **he -bed her - with promises** er hat sie mit leeren Versprechungen abgespeist

focal [ˈfəʊkəl] *adj* fokal

focus [ˈfəʊkəs] **I.** *n* [1] PHYS Brennpunkt *m* [2] ↑ *centre of attention* Mittelpunkt *m* [3] PHOTO ◇ **in/out of** - scharf/unscharf eingestellt **II.** *vt* [1] → *one's attention* konzentrieren (*on* auf *acc*) [2] → *camera* einstellen **III.** *vi* ← *light, heat* sich bündeln

fodder [ˈfɒdə*] *n* Futter *s*

foe [fəʊ] *n* Feind *m*

foetus [ˈfiːtəs] *n* Fötus *m*

fog [fɒg] **I.** *n* Nebel *m* **II.** *vi* [1] ← *window, glasses* ◇ - **up** beschlagen; *FAM* ◇ **my glasses are -ging up** meine Brille läuft an [2] ← *issue* vernebeln; **foggy** [fɒgɪ] *adj* [1] ▷*weather* nebelig [2] *FIG* ▷*impression* unklar; ◇ **I haven't the foggiest idea** ich habe nicht die geringste Ahnung, ich habe keinen blassen Dunst; **fog lamp**, **foglight** *n* Nebellampe *f*

foil [fɔɪl] *n* Folie *f*

fold [fəʊld] **I.** *vt* [1] → *paper* zusammenfalten; (~ *up*) ◇ **please - your clothes** bitte lege deine Kleider zusammen [2] → *one's arms* verschränken **II.** *vi* [1] ← *chair, table* sich zusammenklappen lassen [2] ↑ *fail, close* eingehen **III.** *n* [1] ↑ *crease* Falte *f* [2] GEO Bodenfalte *f*; **fold in** *vt* ↑ *add* eingeben

fold-away *adj* zusammenklappbar; ◇ **a - bed** ein Klappbett *s*

folder *n* ↑ *file* Heft *s*; ↑ *portfolio* Aktenmappe *f*

folding *adj* ▷*chair etc.* Klapp-; ▷*door* Falt-

foliage [ˈfəʊlɪɪdʒ] *n* Blätter *pl*, Laubwerk *s*

folk [fəʊk] **I.** *n* [1] *FAM* ↑ *people* Leute *pl*; ◇ **we are country -(s)** wir leben auf dem Land [2] ◇ - **music** Volksmusik *f* **II.** *adj* Volk[s]-; **folklore** [ˈfəʊklɔː*] *n* (*study*) Volkskunde *f*; (*tradition*) Folklore *f*; **folksong** *n* Volkslied *s*; (*modern*) Folksong *m*

follow [ˈfɒləʊ] **I.** *vt* [1] ↑ *go after* hinterhergehen, folgen *dat*; ◇ **to - in someone's footsteps** in jd-s Fußstapfen treten [2] ↑ *listen carefully* folgen *dat*; ◇ **do you - me?** können Sie mir folgen? [3] ↑ *watch regularly* → *soap opera* verfolgen; → *sports* sich interessieren für [4] ↑ *obey* befolgen, folgen [5] → *profession* ausüben, nachgehen; → *line of study* verfolgen **II.** *vi* [1] ↑ *accompany* folgen [2] (*come after*) danach kommen; ◇ **May -s April** Mai kommt nach April [3] ← *consequence* folgen, sich ergeben; ◇ **proverty often -s war** auf e-n Krieg folgt häufig Armut; **follow up** *vt* [1] ↑ *investigate* sich näher damit beschäftigen [2] ↑ *take further action* nachgehen; ◇ **I -ed - his suggestion** ich griff seinen Vorschlag auf; **following** *adj* [1] ↑ *next* folgend; ◇ **on the - day** am nächsten Tag [2] (*mentioned*) ◇ **he said the - ...** er sagte folgendes ... [3] (*from behind*) ◇ **a - wind** Rückenwind *m*

folly [ˈfɒlɪ] *n* [1] ↑ *lunacy* Torheit *f*; ◇ **it would be - to continue** es wäre Wahnsinn weiterzumachen [2] (*building*) *exzentrischer Prachtbau*

fond [fɒnd] *adj* ◇ **to be - of s.th./s.o.** jd-n/etw gern haben; **fondness** *n* Zuneigung *f* (*for* zu), Vorliebe *f* (*for* für)

font [1] [fɒnt] *n* REL Taufstein *m*

font [2] [fɒnt] *n* PC Schriftart *f*, Font *m*

food [fuːd] *n* Essen *s*, Nahrungsmittel *s*; (*for animals*) Futter *s*; ↑ *groceries* Lebensmittel *pl*; **food poisoning** *n* Lebensmittelvergiftung *f*

fool [fuːl] **I.** *n* Narr *m*, Dummkopf *m*; ◇ **she made a - of herself** sie machte sich lächerlich **II.** *vt* ↑ *deceive* austricksen **III.** *vi* ◇ **to behave like a -** Blödsinn machen; **fool around** *vi* [1] ↑ *mess about* Zeit verschwenden [2] (*play the fool*) Blödsinn machen (*with* mit *dat*); ◇ **stop -ing - with that** hör' auf, damit herumzuspielen [3] (*lack serious intentions*) ◇ **he is -ing - with her** er nimmt sie nicht ernst; **foolhardy** [ˈfuːlhɑːdɪ] *adj* tollkühn; **foolish** [ˈfuːlɪʃ] *adj* dumm; **foolproof** [ˈfuːlpruːf] *adj* narrensicher

foot [fʊt] **I.** *n* <feet> [1] ANAT Fuß *m*; ◇ **I have been on my feet all day** ich war den ganzen Tag auf den Beinen; ◇ **I'll go on -** ich werde zu Fuß gehen [2] (*measure*) Fuß *m* [3] ↑ *bottom end* ◇ **at the - of the bed** am unteren Ende des Bettes [4] (*poetry*) Versfuß *m* **II.** *vt* ↑ *pay* → *bill* begleichen; ◇ **I'll - the bill** ich bezahle die Rechnung; *BRIT FIG* ◇ **to put one's - in it** ins Fettnäpfchen treten; ◇ **to put one's - down** ein Machtwort sprechen; **football** *n* amerikanischer Football; ◇ **do you play [American] - or soccer?** spielst du amerikanischen Football oder Fußball?; **foothills** *n pl* Ausläufer *pl*; **foothold** *n* Halt *m*; **footing** *n* [1] ↑ *balance* Halt *m* [2] *FIG* ↑ *level* Basis *f*; **footlight** *n* Rampenlicht *s*; **footnote** *n* Fußnote *f*; **footpath** *n* Fußweg *m*; **footrest** *n* Fußstütze *f*; **footwear** *n* Schuhe *m pl*

for [fɔː*] **I.** *prep* [1] für [2] (*in response*) ◇ **I got a marvelous present - my birthday** ich bekam ein wunderschönes Geschenk zum Geburtstag [3] (*right to*) ◇ **it isn't - anyone to decide but you** die Entscheidung steht keinem außer dir zu [4] ↑ *due to* aus; ◇ **- this reason** aus diesem Grund; ◇ **if it weren't - you** wenn es dich nicht gäbe; ◇ **he did it - the money** er hat es wegen des Geldes getan [5] ↑ *on behalf* ◇ **I'm happy - you** ich freue mich für dich; ◇ **as ~ you ...** was dich betrifft ... [6] (*in exchange*) ◇ **two ~ the price of one** zwei zum Preis von e-m [7] (*aptitude ~*) ◇ **he has a talent ~ languages** er hat e-e Begabung für Sprachen, er ist sprachbegabt; ◇ **to have a weakness ~ s.th.** e-e Schwäche für etw haben [8] (*with period of time*) ◇ **the movie lasts ~ two hours** der Film dauert zwei Stunden; ◇ **I haven't seen you ~ days** ich habe dich seit Tagen nicht gesehen [9] (*phrasal verbs*) ↑ *in favour of* ◇ **to be ~ s.th.** dafür sein, für etw sein; ◇ **to look ~ s.th.** nach etw suchen; ◇ **to hope ~ s.th.** auf etw hoffen; ◇ **ask ~ s.th.** fragen nach etw **II.** *cj* denn; ◇ **what ~?** wozu?; ↑ *since, as* ◇ **I was happy, ~ it was Friday** ich war froh, denn es war Freitag

forage ['fɒrɪdʒ] **I.** *n* [1] (*for cattle*) Futter *s* [2] (*searching*) Futtersuche *f* **II.** *vi* [1] ← *animal* nach Futter suchen [2] *FIG* ↑ *search for* herumwühlen

forbade [fə'bæd] *pt of* **forbid**

forbid [fə'bɪd] <forbade, forbidden> *vt* [1] ↑ *prohibit* verbieten; ◇ **to ~ s.o. s.th.** jd-m etw verbieten; ◇ **my mother ~s me to go** meine Mutter verbietet mir zu gehen [2] ↑ *prevent* ← *health, weather* verhindern; **forbidding** [fə'bɪdɪŋ] *adj* bedrohlich, furchterregend

force [fɔːs] **I.** *n* [1] ▷*physical* Kraft *f;* ◇ **the ~ of the wind was so strong that ...** der Wind war so stark, daß ... [2] ↑ *violence* Gewalt *f* [3] *FIG* ↑ *power* Macht *f* [4] (MIL *group of men*) Streitkräfte *f pl;* (*work~*) Arbeitskräfte *f pl* **II.** *vt* [1] (*against free will*) zwingen; ◇ **he ~d me to talk** er zwang mich zu reden [2] (*physical strength*) Gewalt anwenden; ◇ **to ~ one's way into s.th.** sich *dat* gewaltsam Zugang zu etw verschaffen [3] → *laughter* zwingen [4] (*obtain by ~*) erzwingen; ◇ **to ~ s.th. out of s.o.** etw von jd-m erzwingen; **forced** [-d] *adj* [1] ↑ *unwilling* ▷*smile* gezwungen, gequält [2] (*out of necessity*) Not-; ◇ **~ landing** Notlandung *f;* **forceful** ['fɔːsfl] *adj* ▷*speech* eindrucksvoll; ▷*personality* stark; ▷*ideas* wirkungsvoll

forceps ['fɔːseps] *n pl* Zange *f;* MED ◇ **~ delivery** Zangengeburt *f*

forcible ['fɔːsəbl] *adj* [1] ↑ *convincing* eindrucksvoll; ▷*reason* überzeugend [2] ↑ *violent* gewaltsam; **forcibly** ['fɔsəblɪ] *adv* mit Gewalt

ford [fɔːd] **I.** *n* Furt *f* **II.** *vt* durchqueren

fore [fɔː*] *adj* vordere(r, s)

forearm ['fɔːrɑːm] *n* Unterarm *m*

foreboding [fɔː'bəʊdɪŋ] *n* Vorgefühl *s;* (*about flying*) ungutes Gefühl

forecast ['fɔːkɑːst] **I.** *n* Voraussage *f,* Prognose *f;* ◇ **the weather ~** die Wettervorhersage **II.** *irr vt* voraussagen, vorhersehen

foreclose ['fɔːkləʊz] **I.** *vi* ← *bank* kündigen (*on s.o.* jd-m) **II.** *vt* jd-s Kredit kündigen

forecourt ['fɔːkɔːt] *n* (*of garage*) Vorhof *m*

forefinger ['fɔːfɪŋgə*] *n* Zeigefinger *m*

forego [fɔː'gəʊ] *irr vt* verzichten auf *acc;* **foregoing** *adj* vorhergehend; **foregone** [fɔː'gɒn] *adj* ◇ **it was a ~ conclusion** es stand von vornherein fest

foreground ['fɔːgraʊnd] *n* Vordergrund *m*

forehead ['fɒrɪd] *n* Stirn *f*

foreign ['fɒrɪn] *adj* [1] ↑ *from abroad* ausländisch [2] ↑ *alien* fremd; **foreigner** *n* Ausländer(in *f*) *m;* **foreign exchange** *n* Devisen *pl;* **Foreign Office** *n* (*BRIT*) *britisches Außenministerium*

foreman ['fɔːmən] *n* <-men> [1] (*factory ~*) Vorarbeiter *m;* (*on construction site*) Polier *m* [2] JUR Obmann *m*

foremost ['fɔːməʊst] *adj* erste(r, s), vorderste(r, s); ◇ **the ~ politician** der führende Politiker

forerunner ['fɔːrʌnə*] *n* [1] ↑ *omen* Vorbote *m* [2] (*person*) Vorläufer *m*

foresee [fɔː'siː] *irr vt* voraussehen; ◇ **he foresaw the difficulties** er hat die Schwierigkeiten vorhergesehen; **foreseeable** *adj* voraussehbar; ◇ **in the ~ future** in absehbarer Zeit

foresight ['fɔːsaɪt] *n* Weitblick *m*

forest ['fɒrɪst] *n* Wald *m*

forestall [fɔː'stɔːl] *vt* → *someone* zuvorkommen *dat;* → *plan* vorwegnehmen *dat;* ◇ **he was about to speak but I ~ed him** er wollte gerade darüber reden, doch ich bin ihm zuvorgekommen

forestry ['fɒrɪstrɪ] *n* Forstwirtschaft *f;* ◇ **F~ Commission** (*BRIT*) Forstverwaltung *f*

foretaste ['fɔːteɪst] *n* Vorgeschmack *m*

foretell [fɔː'tel] *irr vt* vorhersagen; ◇ **who can ~ the future?** wer kann die Zukunft voraussagen?

forever [fə'revə*] *adv* [1] ↑ *constantly* immer, ständig [2] ↑ *eternally* ewig [3] ↑ *a long time* ◇ **the train took ~** der Zug hat ewig gebraucht

foreword ['fɔːwɜːd] *n* Vorwort *s*

forfeit ['fɔːfɪt] **I.** *n* [1] JUR Strafe *f,* Buße *f* [2] ↑ *voluntarily* Einbuße *f;* (*in game*) Pfand *s* **II.** *vt* [1] (*give up*) verlustig gehen *gen;* ◇ **he ~ed his right to rule** er hat sein Recht zu regieren verwirkt [2] JUR verwirken; (*surrender, voluntarily*) einbüßen **III.** *adj* ↑ *surrendered* ◇ **to be ~** verfallen sein; → *life, health* verwirkt sein

forge [fɔːdʒ] **I.** *n* [1] ↑ *smithy* Schmiede *f* [2] ↑ *furnace* Esse *f* **II.** *vt* [1] → *iron* schmieden [2] ↑ *copy, counterfeit* fälschen **III.** *vi* vorwärts gehen; SPORT vorstoßen; **forge ahead** *vi* Fortschritte machen; **forger** *n* Fälscher(in *f*) *m;* **forgery** [fɔːdʒərɪ] *n* Fälschen *s*

forget [fə'get] **I.** <forgot, forgotten> *vt, vi* [1] (*lose* *memory*) → *dates, places* vergessen; → *name* entfallen sein [2] (*fail to remember*) → *birthday* vergessen [3] (*put out of one's mind*) ◇ **she tried to ~ him** sie versuchte, ihn aus ihren Gedanken zu vertreiben **II.** *vt* (*not regard*) ◇ **please ~ what I just said** bitte vergessen Sie, was ich gerade eben gesagt habe; ◇ **just ~ it!** schon gut!; ◇ **~ about s.th.** etw vergessen; **forgetful** [fə'getfl] *adj* vergeßlich; ◇ **sometimes he is ~ of others** manchmal ist er anderen gegenüber achtlos; **forgetfulness** *n* Vergeßlichkeit *f;* **forget-me-not** *n* FLORA Vergißmeinnicht *s*

forgive [fə'gɪv] *irr vt* [1] ↑ *excuse* → *person* verzeihen (*s.o. for s.th.* jd-m etw); → *mistake* vergeben [2] (*excuse*) ◇ **~ me, but ...** Entschuldigung, aber ...; **forgiveness** [fə'gɪvnəs] *n* ◇ **to ask for ~** um Verzeihung bitten

forgo [fɔː'gəʊ] *s.* **forego**

forgot [fə'gɒt] *pt of* **forget**; **forgotten** [fəgɒtn] *pp of* **forget**

fork [fɔːk] **I.** *n* [1] (*cutlery tool*) Gabel *f* [2] (*junction*) Gabelung *f;* ◇ **take the right ~** nehmen Sie die rechte Abzweigung **II.** *vi* ← *road* sich gabeln **III.** *vt* [1] → *food* gabeln [2] → *earth* mit e-r Gabel umgraben; → *hay* aufgabeln; **fork out** *vt, vi FAM* ↑ *pay* blechen; **forked** [-d] *adj* gegabelt

forlorn [fə'lɔːn] *adj* (*deserted*) ▷*person* einsam und verlassen; (*left empty*) ▷*place* verlassen; ▷*hope, attempt* verzweifelt

form [fɔːm] **I.** *n* [1] ↑ *type, kind* Form *f;* ◇ **he never takes drugs in any ~** er nimmt keinerlei Drogen [2] ↑ *figure* Form *f;* ◇ **a ~ appeared in the doorway** e-e Gestalt erschien im Eingang; ◇ **to take ~** Form/Gestalt annehmen [3] ↑ *state, composition* Form *f,* Gestalt *f;* ◇ **coal in the ~ of graphite** Kohle in Form von Graphit [4] (*printed document*) Formular *s* [5] *BRIT* ↑ *bench* Bank *f* [6] SPORT Form *f;* ◇ **the athlete is in top ~** der Sportler ist gut in Form [7] (LING *of a word*) Form *f* **II.** *vt* [1] ↑ *make* formen, gestalten [2] ↑ *constitute* bilden; → *compagny* gründen **III.** *vi* [1] ↑ *develop* ← *embryo, fossils* Gestalt annehmen [2] ← *queue* sich aufstellen; ◇ **the people ~ed a line** die Leute haben e-e Schlange gebildet

formal ['fɔːməl] *adj* [1] ↑ *proper* formell; ▷*speech, behaviour* förmlich; ▷*occasion* feierlich [2] ↑ *official* offiziell; ◇ **usually ~ qualifications are necessary** normalerweise ist e-e offizielle Ausbildung erforderlich; **formality** [fɔː'mælɪtɪ] *n* [1] (*behaviour*) Förmlichkeit *f* [2] (*accordance with regulations*) Formalität *f;* ◇ **it's a mere ~** es ist e-e reine Formsache; ◇ **formalities** *pl* Formalitäten *pl;* **formally** *adv* [1] ↑ *ceremoniously* formell; ◇ **we were dressed very ~** wir waren sehr förmlich angezogen [2] ↑ *officially* ◇ **their course is ~ recognised** sie haben e-e offizielle [*o.* staatlich anerkannte] Ausbildung

format ['fɔːmæt] **I.** *n* Format *s* **II.** *vt* PC formatieren

formation [fɔː'meɪʃən] *n* [1] ↑ *establishment* Gründung *f,* Entwicklung *f* [2] ↑ *arrangement* Formation *f;* (MIL *of troops*) Aufstellung *f* [3] (*of rocks, clouds etc.*) Formation *f*

formative ['fɔːmətɪv] *adj* ▷*years* formend, bildend; ▷*influence* entscheidend

former ['fɔːmə*] *adj* früher, ehemalig; ◇ **the ~ president** der ehemalige Präsident; **formerly** *adv* früher

formidable ['fɔːmɪdəbl] *adj* furchterregend

formula ['fɔːmjʊlə] *n* [1] MATH Formel *f* [2] (*solution*) Patentrezept *s* [3] (*details of composition*) Rezeptur *f*

formulate ['fɔːmjʊleɪt] *vt* formulieren

forsake [fə'seɪk] <forsook, forsaken> *vt* → *person, place* verlassen; → *habit* aufgeben; **forsaken** [fəseikən] *pp of* **forsake**; **forsook** [fə'sʊk] *pt of* **forsake**

forth [fɔːθ] *adv* [1] (*out, on one's way*) ◇ **she was sent ~** sie wurde weggeschickt [2] (*temporal*) ◇ **from this time ~** ab jetzt; **forthright** ['fɔːθraɪt] *adj* offen, direkt

fortification [fɔːtɪfɪ'keɪʃən] *n* Festungsanlagen *pl;* **fortify** ['fɔːtɪfaɪ] *vt* [1] → *place* befestigen [2] ↑ *strengthen* stärken

fortitude ['fɔːtɪtjuːd] *n* innere Kraft *f,* Stärke *f*

fortnight ['fɔːtnaɪt] *n* (*BRIT*) zwei Wochen *pl;* ◇ **a ~'s holiday** vierzehn Tage Urlaub; **fortnightly** **I.** *adj* zweiwöchentlich **II.** *adv* alle zwei Wochen

fortress ['fɔːtrɪs] *n* Festung *f*

fortuitous [fɔː'tjuːɪtəs] *adj* zufällig

fortunate ['fɔːtʃənɪt] *adj* glücklich; ◇ **to be ~** Glück haben; **fortunately** *adv* glücklicherweise

fortune ['fɔːtʃən] *n* [1] ↑ *fate* Schicksal *s;* ◇ **I envy him for his good ~** ich beneide ihn um sein Glück [2] (*wealth*) Reichtum *m,* Vermögen *s;* ◇ **that will cost us a ~** das wird uns ein Vermögen kosten; **fortuneteller** ['fɔtʃəntelə*] *n* Wahrsager(in *f*) *m*

forty ['fɔːtɪ] **I.** *nr* vierzig **II.** *n* Vierzig *f*

forward ['fɔːwəd] **I.** *adj* [1] (*ahead*) vorwärts [2] ▷*person* dreist [3] ▷*position* vorn **II.** *adv* [1] (*in space*) vorwärts; (*in time*) ◇ **from this point ~** ab jetzt [2] (*volunteer*) ◇ **she came ~** sie hat sich gemeldet; ◇ **to put s.th. ~** etw vorlegen **III.** → *letter* nachsenden; ◇ **please ~** bitte nachsenden; ↑ *dispatch* befördern **IV.** *n* SPORT Stürmer *m;* **forwarding address** *n* Nachsendeadresse *f*

fossil ['fɒsl] *n* Fossil *s*

foster ['fɒstə*] *vt* [1] → *child* in Pflege nehmen [2] → *idea* fördern; **foster child** *n* <children> Pflegekind *s;* **foster mother** *n* Pflegemutter *f*

fought [fɔːt] *pt, pp of* **fight**

foul [faʊl] **I.** *adj* [1] ↑ *filthy* schlecht, stinkig; ▷*smell* übel; ↑ *rotten* verdorben [2] ▷*language* unflätig, unanständig [3] ▷*weather* ekelhaft, mies [4] SPORT ▷*serve* ungültig **II.** *n* SPORT Foul *s*

found [faʊnd] **I.** *pt, pp of* **find**; **II.** *vt* [1] ↑ *establish* gründen [2] ↑ *base* stützen, gründen; ◇ **the story is ~ed on facts** die Geschichte basiert auf Tatsachen; **foundation** [faʊn'deɪʃən] *n* [1] ↑ *basis* Grundlage *f;* (*FIG of argument, story*) Basis *f* [2] (*of building*) Fundament *s* [3] ↑ *founding* Gründung *f* [4] (*institution*) Stiftung *f* [5] (*make-up*) Grundierungscreme *f*

founder I. *n* (*of organization*) Gründer(in *f*) *m;* (*of charity, institution*) Stifter(in *f*) *m*

foundry ['faʊndrɪ] *n* Gießerei *f*

fountain ['faʊntɪn] *n* [1] (*structure*) Brunnen *m* [2] (*shower of water*) Fontäne *f;* **fountain pen** *n* Füller *m*

four [fɔː*] **I.** *nr* vier **II.** *n* Vier *f;* ◇ **on all ~s** auf allen Vieren; **four-letter word** *n* Vulgärausdruck *m;* **foursome** *n* SPORT Viererspiel *s*

fourteen ['fɔːtiːn] **I.** *nr* vierzehn **II.** *n* Vierzehn *f*

fourth [fɔːθ] **I.** *adj* vierte(r, s) **II.** *n* (*of series*) Vierte(r, s); ▷*part* Viertel *s*

fowl [faʊl] *n* Geflügel *s;* (*in singular*) Huhn *s*

fox [fɒks] *n* Fuchs *m;* **fox-hunting** *n* Fuchsjagd *f;* ◇ **to go ~** auf Fuchsjagd gehen

foyer ['fɔɪeɪ] *n* (*AM*) Foyer *s*

fracas ['frækɑː] *n* Tumult *m*

fraction ['frækʃən] *n* [1] MATH Bruch *m* [2] ↑ *part* Bruchteil *m;* ◇ **a ~ more** [um] e-e Spur mehr; ◇ **for a ~ of a second** für den Bruchteil e-r Sekunde, e-n Augenblick lang

fracture ['fræktʃə*] **I.** *n* MED Fraktur *f* **II.** *vt* brechen

fragile ['frædʒaɪl] *adj* zerbrechlich; ◇ **F~, handle with care!** Vorsicht, zerbrechlich!

fragment ['frægmənt] **I.** *n* [1] (*piece, part*) Bruchstück *s;* (*of paper*) Schnipsel *m;* ◇ **I only saw a ~ of the news** ich habe bloß e-n Teil der Nachrichten gesehen; (*of conversation*) Gesprächsfetzen *pl* [2] (*of poetry, literature*) Fragment *s* **II.** *vi* zerbrechen **III.** *vt* in Stücke brechen; **fragmentary** [fræg'mentərɪ] *adj* bruchstückhaft, fragmentarisch

fragrance ['freɪgrəns] *n* Duft *m;* **fragrant** ['freɪgrənt] *adj* duftend

frail [freɪl] *adj* [1] ↑ *weak, delicate* zart; ▷*health* anfällig [2] ↑ *fragile* ▷*person* zerbrechlich

frame [freɪm] **I.** *n* [1] (*surround*) Rahmen *m;* (*of glasses*) Gestell *s;* (*of building*) Grundgerippe *s* [2] ↑ *body* Gestalt *f* [3] ↑ *state, background* ◇ **~ of mind** Verfassung *f;* ◇ **she wasn't in the right ~ of mind for …** sie war nicht in der richtigen Laune zu … **II.** *vt* [1] → *picture* rahmen [2] → *rules, plan* entwerfen [3] ↑ *phrase* formulieren; ◇ **the examiner ~d his questions clearly** der Prüfer formulierte seine Fragen klar [4] *FAM* ↑ *set up* ◇ **to ~ s.o.** jd-m e-e Sache anhängen; **framework** *n* [1] ↑ *basic structure* Grundgerüst *s* [2] ↑ *set of rules, ideas* grundlegende Struktur *f;* ◇ **within the ~ of the project** im Rahmen des Projektes

France [frɑːns] *n* Frankreich *s*

franchise ['fræntʃaɪz] *n* [1] POL Wahlrecht *s* [2] COMM Konzession *f*

frank [1] [fræŋk] *adj* ↑ *open* offen, direkt

frank [2] *vt* ↑ *stamp* → *letter* abstempeln

frankfurter ['fræŋkfɜːtə*] *n* Würstchen *s*

frankly ['fræŋklɪ] *adv* offen; ◇ **~, I don't care** ehrlich gesagt, ist es mir egal; **frankness** *n* Offenheit *f,* Unverhohlenheit *f*

frantic ['fræntɪk] *adj* [1] ↑ *distraught* verzweifelt; ◇ **~ with worry** außer sich vor Sorgen [2] ↑ *hectic* fiebrig, rasend; ◇ **I have had a ~ day** ich habe e-n sehr hektischen Tag gehabt; **frantically** *adv* [1] furchtbar, rasend [2] verzweifelt

fraternal [frə'tɜːnl] *adj* brüderlich; ◇ **~ twins** zweieiige Zwillinge *pl;* **fraternity** [frə'tɜːnɪtɪ] *n* [1] (*AM at university*) Verbindung *f* [2] ↑ *brotherhood* Brüderlichkeit *f;* **fraternize** ['frætənaɪz] *vi* freundschaftlichen Umgang haben; MIL fraternisieren

fraud [frɔːd] *n* [1] ↑ *deception* Betrug *m;* ◇ **to obtain s.th. by ~** sich *dat* etw erschwindeln; ↑ *trick* Schwindel *m* [2] ↑ *impostor* Betrüger(in *f*) *m,* Schwindler(in *f*) *m;* **fraudulent** ['frɔːdjʊlənt] *adj* betrügerisch

freak [friːk] *n* [1] ↑ *monster* Mißgeburt *f* [2] (*FAM hippie etc.*) Freak *m* [3] (*event*) außergewöhnlicher Zufall [4] (*FAM fan*) Fan *m;* **freak out** *vi FAM* ausflippen

freckle ['frekl] *n* Sommersprosse *f;* **freckled** [-d] *adj* sommersprossig

free [friː] **I.** *adj* [1] (*permitted, unrestricted*) frei; ◇ **you're ~ to …** es steht Ihnen frei zu …; ◇ **feel ~ to use the telephone** Sie können gerne das Telefon benutzen; ▷*press, election* frei [2] (*without*) frei [3] ↑ *available* ◇ **are you ~ for lunch?** hättest du Zeit, Mittagessen zu gehen? [4] ↑ *vacant* frei [5] ↑ *exempt* ◇ **~ of tax** steuerfrei; (*without charge*) kostenlos, frei; ◇ **he got in for ~** er ist umsonst hereingekommen [6] ↑ *generous* großzügig, freigiebig [7] ↑ *not literal* ◇ **a ~ translation** e-e freie

F

Übersetzung **II.** *vt* [1] ↑ *liberate* befreien [2] ↑ *set free, release* freilassen [3] ↑ *unblock* freimachen [4] ↑ *remove, loosen* losbinden; **freedom** ['fri:dəm] *n* [1] ↑ *liberty* Freiheit *f* [2] (*unlimited access*) ◇ **to give s.o. ~ to use s.th.** jd-m etw zur freien Verfügung stellen; **free-for-all** *n* Gerangel *s;* ↑ *fight* Schlägerei *f;* **free kick** *n* SPORT Freistoß *m*

freelance ['fri:læns] **I.** *adj* freiberuflich; ◇ **he's a ~ translator** er ist freiberuflicher Übersetzer **II.** *n* Freiberufler(in *f*) *m*

freely ['fri:lɪ] *adv* [1] ↑ *generously* reichlich, großzügig [2] (*unrestricted*) ungehindert; ↑ *frankly* frei, offen [3] ↑ *willingly* gern, bereitwillig; **freemason** ['fri:meɪsn] *n* Freimaurer *m;* **free trade** *n* Freihandel *m;* **freeway** *n* (*AM*) ≈ Autobahn *f;* **freewheel** *vi* im Freilauf fahren

freeze [fri:z] <froze, frozen> **I.** *vi* [1] (*turn to ice*) frieren; ← *food, pipes* einfrieren; ← *river, lake* zufrieren [2] ↑ *feel cold* frieren [3] ↑ *to halt* in der Bewegung erstarren; ◇ **I froze in my tracks** ich blieb wie angewurzelt stehen; ◇ **~!** keine Bewegung! **II.** *vt* → *film* anhalten; → *prices, wages* einfrieren, stoppen **III.** *n* [1] METEO Frost *m;* ◇ **a big ~ has been forecasted** es wurde strenger Frost vorhergesagt [2] FIN Stopp *m;* **freezer** *n* Gefriertruhe *f,* Tiefkühltruhe *f;* (*upright*) Gefrierschrank *m;* (*in fridge*) Eisfach *s;* **freezing** *adj* eiskalt; ◇ **I'm ~** ich friere; **freezing point** *n* Gefrierpunkt *m*

freight [freɪt] **I.** *n* (*commercially transported goods*) Fracht *f* **II.** *adv* als Frachtgut **III.** *vt* verfrachten; **freight car** *n* (*AM*) Güterwaggon *m;* **freighter** *n* NAUT Frachtschiff *s;* AERO Frachtflugzeug *s*

French [frentʃ] **I.** *adj* französisch **II.** *n* [1] (*language*) Französisch *s* [2] ◇ **the ~** *pl* die Franzosen *pl;* **French bean** *n* grüne Bohne *f;* **French fries** *n* Pommes frites *pl;* **Frenchman** *n* <-men> Franzose *m;* **Frenchwoman** *n* <-women> Französin *f*

frenzy ['frenzɪ] *n* Raserei *f;* ◇ **to be in a ~** in wilder Aufregung sein; ◇ **I worked myself up into a ~** ich habe mich in Raserei hineingesteigert

frequency ['fri:kwənsɪ] *n* Häufigkeit *f;* PHYS Frequenz *f;* **frequent** ['fri:kwənt] **I.** *adj* häufig **II.** [fri:'kwent] *vt* häufig besuchen

fresco ['freskəʊ] *n* <-[e]s> Freskenmalerei *f*

fresh [freʃ] **I.** *adj* [1] ▷*start, sheet of paper* neu [2] ↑ *original* neu [3] ↑ *clean, cool* frisch [4] ▷*colour* frisch [5] (*non saline*) ◇ **~ water** Süßwasser *s* [6] ↑ *forward* frech, mopsig **II.** *adj* ↑ *recently* ◇ **I'm ~ out of bed** ich bin gerade eben aufgestanden; ▷*memory, bread, eggs* frisch; **freshen** ['freʃn] *vt* (*make/become fresher*) auffrischen; **freshen up I.** *vr* sich frisch machen **II.** *vt* frisch machen; **freshly** *adv* frisch; **freshness** *n* [1] Frische *f;* (*originality*) Neuheit *f* [2] Frechheit *f;* **freshwater** *adj* Süßwasser-

fret [fret] *vt, vi* sich Sorgen machen (*about* um *acc*); **fret-saw** *n* Laubsäge *f*

FRG *n abbr. of* **Federal Republic of Germany** BRD *f*

friction ['frɪkʃən] *n* Reibung *f; FIG* ↑ *tension* Spannung *f*

Friday ['fraɪdeɪ] *n* Freitag *m*

fridge [frɪdʒ] *n* Kühlschrank *m*

fried [fraɪd] *adj* Brat-; ◇ **~ eggs** Spiegeleier *pl*

friend [frend] *n* Freund(in *f*) *m,* Bekannte(r) *fm;* (*boy~*) Freund *m;* ◇ **girl~** Freundin *f;* ◇ **to make ~s with s.o.** mit jd-m Freundschaft schließen

friendliness ['frendlɪnɪs] *n* Freundlichkeit *f;* **friendly** *adj* freundlich

friendship ['frendʃɪp] *n* Freundschaft *f*

fright [fraɪt] *n* Schreck *m;* ◇ **I got the ~ of my life** ich habe den Schock meines Lebens bekommen; *FAM* ◇ **you look a ~** du schaust schrecklich aus;

frighten ['fraɪtn] *vt* erschrecken; ◇ **you ~ed me** du hast mich erschreckt; ◇ **the thought of death ~s me** Gedanken über den Tod machen mir Angst; ◇ **to be ~ed of s.th.** Angst vor etw haben; ◇ **I was ~ed by the lightning** ich bin vor dem Blitz erschrocken; **frightening** *adj* furchterregend, schreckerregend; **frightful** ['fraɪtfl] *adj* schrecklich, furchtbar; **frightfully** *adv* ↑ *awfully* schrecklich, furchtbar

frigid ['frɪdʒɪd] *adj* [1] ▷*woman* frigide [2] ▷*place* frostig [3] ▷*atmosphere* kühl

frill [frɪl] *n* [1] ↑ *trimming* Rüsche *f* [2] *FIG* ↑ *extras* ◇ **~s** Kinkerlitzchen *pl; FAM* ◇ **a car with all the ~s** ein Auto mit allem Drum und Dran

fringe [frɪndʒ] *n* [1] (*decoration*) Fransen *pl;* (*on shawl*) Fransenkante *f* [2] (*BRIT hair*) Ponyfransen *pl* [3] *FIG* ↑ *edge* Rand *m;* **fringe benefit** *n* zusätzliche Leistungen *pl*

frisky ['frɪskɪ] *adj* verspielt

fritter ['frɪtə*] *n* GASTRON Beignet *m,* Schmalzgebackenes *s* mit Füllung

fritter away *vt* ◇ **~ ~ time** Zeit verplempern/vergeuden

frivolity [frɪ'vɒlɪtɪ] *n* Frivoltität *f;* **frivolous** ['frɪvələs] *adj* [1] ↑ *flippant* leichtsinnig, leichtfertig [2] ▷*items* frivol, unwichtig

frizzy ['frɪzɪ] *adj* kraus

frock [frɒk] *n* Kleid *s*

frog [frɒg] *n* Frosch *m; FIG* ◇ **to have a ~ in one's throat** e-n Frosch im Hals haben; **frogman** *n* <-men> Froschmann *m*

frolic ['frɒlɪk] **I.** *n* Herumtoben *s* **II.** *vi* herumtollen, herumtoben

from [frɒm] *prep* ① (*referring to origin*) aus *dat;* ◇ **where are you ~?** wo kommst du her?; ◇ **smoke ~ a cigarette** Rauch von e-r Zigarette ② (*referring to place*) aus; ◇ **the train ~ Munich** der Zug aus München; ◇ **he is away ~ home** er ist weg von zu Hause ③ (*indicating time*) ◇ **~ June to July** von Juni bis Juli ④ (*indicating removal*) von; (*suitcase, pocket, purse*) aus *dat* ⑤ (*referring to sender, giver*) von *dat* ⑥ (*indicating escape*) ◇ **he escaped ~ jail** er entkam aus dem Gefängnis ⑦ ↑ *because of* ◇ **my eyes are burning ~ the smoke** meine Augen brennen vom Rauch ⑧ (*origin of reasoning, belief*) ◇ **~ experience** aus Erfahrung; ◇ **~ what I gather…** von dem, was ich mitbekommen habe…

front [frʌnt] **I.** *n* ① Vorderseite *f;* (*of house*) Vorderfront *f;* ↑ *before* ◇ **in ~** vorne; ◇ **the car is parked in ~ of the house** das Auto steht vor dem Haus ② MIL Front *f* **II.** *adj* vordere(r, s); ▷*page, row* erste(r, s)

frontage ['frʌntɪdʒ] *n* Vorderseite *f*

frontal *adj* ① MIL Frontal- ② (ANAT *of forehead*) Stirn-

frontier ['frʌntɪə*] *n* Grenze *f*

front-wheel drive *n* Vorderradantrieb *m*

frost [frɒst] **I.** *n* Frost *m* **II.** *vt* AM → *cake* mit Zuckerguß überziehen; **frostbite** *n* MED Frostbeulen *pl;* (*more extreme*) Erfrierungen *pl;* **frosted** [-ɪd] *adj* ① ▷*glass* Milchglas- ② *AM* ↑ *iced* glasiert; **frosty** ['frɒstɪ] *adj* frostig

froth [frɒθ] **I.** *n* (*of beer*) Schaum *m* **II.** *vi* ← *beer* schäumen; ← *animal* ◇ **the dog was ~ing at the mouth** der Hund hatte Schaum vor dem Maul; **frothy** [frɒθɪ] *adj* schaumig

frown [fraʊn] **I.** *n* Stirnrunzeln *s;* ◇ **he gave a ~** er runzelte die Stirn **II.** *vi* ◇ **to ~ at s.th.** die Stirn über etw *acc* runzeln; **frown upon** *vt* mißbilligen

froze [frəʊz] *pt of* **freeze**; **frozen** ['frəʊzn] **I.** *pp of* **freeze**; **II.** *adj* ① ▷*river, lake* zugefroren, vereist; ▷*pipes* eingefroren ② ▷*food* gefroren, tiefgekühlt ③ ▷*person* eiskalt

frugal ['fru:gəl] *adj* ① ▷*person* sparsam, genügsam ② ▷*meal* einfach, klein

fruit [fru:t] **I.** *n* ① (*food*) Obst *s;* ◇ **a piece of ~** ein Stück Obst ② (*seed*) Frucht *f* ③ *FIG* ↑ *result* Frucht *f* **II.** *vi* ◇ **to bear ~** Früchte tragen; **fruiterer** ['fru:tərə*] *n* (*BRIT*) Obsthändler(in *f*) *m;* **fruitful** ['fru:tfʊl] *adj* ① ↑ *fertile* ertragreich, fruchtbar ② *FIG* ↑ *profitable* fruchtbar, erfolgreich

fruition [fru:'ɪʃən] *n* Erfüllung *f;* ◇ **to come to ~** sich verwirklichen; ◇ **I finally managed to bring my dreams to ~** ich habe endlich meine Träume verwirklicht

fruit machine *n* (*BRIT*) Spielautomat *m*

frustrate [frʌ'streɪt] *vt* ① (*leave unsatisfied, make annoyed*) frustrieren ② ↑ *obstruct* zunichte machen; → *plans* durchkreuzen; **frustrated** [-ɪd] *adj* frustriert; **frustration** [frʌ'streɪʃən] *n* ① (*feeling*) Frustration *f* ② ↑ *disappointment* Zerschlagung *f*

fry [fraɪ] *vt* braten; ◇ **to ~ eggs** Spiegeleier machen; **frying pan** *n* Bratpfanne *f;* ◇ **out of the ~ ~ into the fire** vom Regen in die Traufe [kommen]

fuchsia ['fju:ʃə] *n* FLORA Fuchsie *f*

fuck [fʌk] **I.** *vt FAM!* ficken **II.** *n* Fick *m* **III.** *intj* verdammte Scheiße; *FAM!* ◇ **~ off!** Verpiß dich!; **fuck up** *FAM!* versauen; ◇ **you've ~ed ~ your life** du hast dir dein ganzes Leben versaut; ◇ **he's ~ed ~** er ist abgefuckt

fudge [fʌdʒ] *n* Fondant *m*

fuel [fjʊəl] *n* Brennstoff *m,* Brennmaterial *s;* AERO Treibstoff *m;* **fuel gauge** *n* Tankuhr *f,* Benzinuhr *f;* **fuel-injection** *n* Benzineinspritzung *f;* **fuel oil** *n* ↑ *diesel fuel* Diesel[öl] *s*

fugitive ['fju:dʒɪtɪv] *n* Flüchtling *m*

fulfil, **fulfill** (*AM*) [fʊl'fɪl] *vt* ① ↑ *carry out* → *promise* erfüllen ② ↑ *satisfy* zufrieden stellen; ◇ **to be fulfilled** Erfüllung finden; **fulfilment** *n* Erfüllung *f;* Zufriedenheit *f*

full [fʊl] **I.** *adj* ① ▷*box, bottle, price* voll; ◇ **she leads a very ~ life** sie ist sehr aktiv ② (*of confidence, ideas etc.*) voller *gen;* ◇ **he was ~ of hate** er war voller Haß ③ (*holding maximum*) voll ④ ↑ *satiated* satt, voll ⑤ ↑ *complete, maximum* voll; ↑ *entire* ganz; ◇ **we drove ~ speed** wir sind mit Höchstgeschwindigkeit gefahren; ▷*employment, moon* Voll- ⑥ ↑ *plump* voll; ▷*clothing* füllig **II.** *adv* ↑ *direct* ◇ **the ball hit me ~ in the face** der Ball traf mich mitten im Gesicht **III.** *n* ◇ **in ~** ↑ *completely* ganz, vollständig; ◇ **he paid in ~** er bezahlte den vollen Betrag; **fullback** *n* SPORT Verteidiger *m;* **fullness** *n* ① ↑ *completeness* Vollständigkeit *f;* ◇ **it will happen in the ~ of time** es wird zu gegebener Zeit passieren ② (*of hips, chest*) Fülle *s,* Üppigkeit *f;* **full stop** *n* LING Punkt *m;* **full-time** **I.** *adj* ▷*job* ganztägig, Ganztags-; ◇ **my husband has a ~ job** mein Mann arbeitet den ganzen Tag **II.** *adv* ▷*work* ganztags; **fully** *adv* ① ↑ *totally* völlig; ↑ *completely* ◇ **the waitress hasn't ~ finished her training** die Bedienung ist noch nicht ganz eingearbeitet ② (*with quantities*) ◇ **~ one half of the members are women** e-e gute Hälfte der Mitglieder sind Frauen; **fully-fledged** [fʊlɪ'fledʒd] *adj* ▷*teacher* vollqualifiziert; ▷*runner* eingefleischt

fumble [ˈfʌmbl] *vi* [1] (*using hands*) umhertasten; ◇ **John -d in his pockets** John wühlte in seinen Taschen; ◇ **to - with s.th.** an etw herumfummeln *dat* [2] ◇ **to - with one's words** nach Worten suchen

fume [fju:m] *vi* [1] (*give off*); (*vapour*) dampfen; ↑ *smoke* rauchen [2] ← *person, FIG* wütend sein; ◇ **he just stood there fuming at me** er stand vor mir und hat gekocht; **fumes** [fju:mz] *n pl* Dämpfe *pl;* ↑ *car* - Abgase *pl*

fumigate [ˈfju:mɪgeɪt] *vt* ausräuchern

fun [fʌn] **I.** *n* Spaß *m;* ◇ **he does it just for** - er macht es nur aus Spaß; ◇ **jogging is** - Laufen macht Spaß; ◇ **to make - of s.th./s.o.** sich über etw/jd-n lustig machen; ◇ **stop making -!** hör auf zu lästern! **II.** *adj* lustig, spaßig

function [ˈfʌŋkʃən] **I.** *n* [1] ↑ *role, use* Funktion *f* [2] ↑ *occasion* Veranstaltung *f,* Empfang *m;* ◇ **as a politician he attended many public -s** als Politiker besuchte er viele öffentliche Feiern [3] MATH Funktion *f* **II.** *vi* funktionieren; ◇ **the machine is not -ing** die Maschine geht nicht

functional *adj* [1] ↑ *operational* funktionsfähig; ↑ *working* in Betrieb [2] ↑ *practical* zweckmäßig

fund [fʌnd] **I.** *n* [1] (*money available*) ◇ **-s** Gelder *pl,* Mittel *pl* [2] (*collection*) Fonds *m;* ◇ **they set up a - to restore the buildings** sie haben e-n Fonds zur Restaurierung der Häuser gegründet [3] ↑ *reserve, supply* Vorrat *m;* (*of knowledge, humour*) Schatz *m* **II.** *vt* finanziell unterstützen; ◇ **the project is being -ed by the state** das Projekt wird vom Staat finanziert

fundamental [fʌndəˈmentl] **I.** *adj* grundlegend; ↑ *elementary* Grund- **II.** *n* ◇ **-s** Grundlage *f;* **fundamentally** *adv* [1] ↑ *basically* grundlegend, im Grunde [2] ↑ *radically* ◇ **to - alter s.th.** etw grundlegend ändern; ◇ **to - disagree** sogar in grundsätzlichen Dingen nicht übereinstimmen

funeral [ˈfju:nərəl] *n* Begräbnis *s,* Bestattung *f,* Beerdigung *f*

funfair [ˈfʌnfɛə*] *n* (*BRIT*) Kirmes *f*

fungus [ˈfʌŋgəs] *n* <fungi o. funguses> Pilz *m*

funicular railway [fju:ˈnɪkjʊlə* ˈreɪlweɪ] *n* (*BRIT*) Seilbahn *f,* Bergbahn *f*

funnel [ˈfʌnl] **I.** *n* [1] (*utensil*) Trichter *m* [2] NAUT Schornstein *m* **II.** *vi* kanalisieren

funnily [ˈfʌnɪlɪ] *adv* [1] ↑ *strangely* komisch; ◇ **the dog was walking** - der Hund ging komisch [2] ↑ *oddly, strangely* ◇ **- enough** komischerweise, lustigerweise

funny [ˈfʌnɪ] *adj* [1] ↑ *amusing* lustig; ◇ **he was just trying to be** - er wollte bloß witzig sein; ◇ **we told - jokes all night long** wir haben uns die ganze Nacht lustige Witze erzählt [2] ↑ *bizarre, odd* komisch, seltsam; ◇ **the - thing is...** das Komische daran ist...; ↑ *suspicious* ◇ **he noticed s.th. - about the house** ihm ist etw Merkwürdiges an dem Haus aufgefallen [3] ↑ *slightly mad* ◇ **my landlady is a bit** - meine Vermieterin ist etw seltsam [4] ↑ *ill* ◇ **to feel** - sich nicht ganz in Ordnung fühlen; ◇ **I feel** - mir ist komisch; **funny bone** *n* Musikantenknochen *m*

fur [fɜ:*] *n* [1] (*on animals*) Fell *s,* Pelz *m* [2] (*- coat*) Pelz *m*

furious [ˈfjʊərɪəs] *adj* [1] ↑ *very angry* wütend [2] ↑ *vigorous* wild, rasend

furlong [ˈfɜ:lɒŋ] *n* Achtelmeile *f*

furnace [ˈfɜ:nɪs] *n* Hochofen *m*

furnish [ˈfɜ:nɪʃ] *vt* [1] → *room, apartment* einrichten [2] ↑ *supply, provide* liefern, geben; **furnishings** *n pl* Einrichtung *f*

furniture [ˈfɜ:nɪtʃə*] *n sg* Möbel *pl;* ◇ **a piece of** - ein Möbelstück

furrow [ˈfʌrəʊ] **I.** *n* [1] (AGR *in the earth*) Furche *f* [2] ↑ *wrinkle* Runzel *f* **II.** *vt* [1] pflügen [2] runzeln

furry [ˈfɜ:rɪ] *adj* Pelz-; ▷ *tongue* pelzig; ▷ *animal* weich und kuschelig

further [ˈfɜ:ðə*] <*comparative of* **far**>; **I.** *adj* weiter; ◇ **I don't have anything - to say** ich habe nichts weiter zu sagen; ◇ **postponed until - notice** bis auf weiteres verschoben; ◇ **a - education** Fortbildung *f* **II.** *adv* [1] (*more than before*) weiter; ◇ **what could be - from the truth?** was könnte weiter von der Wahrheit entfernt sein? [2] ↑ *more, additionally* ◇ **I didn't question him any** - ich habe ihn nicht weiter gefragt; ◇ **he commented - that...** ferner bemerkte er, daß... [3] (*greater distance*) weiter **III.** *vt* fördern; ◇ **Mark wanted to - his education** Mark wollte seine Ausbildung erweitern; **furthermore** [fɜ:ðəˈmɔ:*] *adv* außerdem, überdies; **furthest** [ˈfɜ:ðɪst] <*superlative of* **far**> *adj, adv* am weitesten entfernt; **furtive** [ˈfɜ:tɪv] *adj* verdächtig; **furtively** *adv* verdächtig

fury [ˈfjʊərɪ] *n* Wut *f;* ◇ **to be in a** - wütend sein

fuse [fju:z] **I.** *n* [1] ELECTR Sicherung *f;* ◇ **the - has blown** die Sicherung ist durchgebrannt [2] (*of bomb*) Zündschnur *f* **II.** *vi* [1] ↑ *unite* sich verbinden; ↑ *combine* verschmelzen [2] *FIG* ↑ *ideas, subjects, beliefs* sich vereinigen, verschmelzen; **fuse box** *n* Sicherungskasten *m*

fusion [ˈfju:ʒən] *n* [1] ↑ *synthesis* Verschmelzung *f,* Fusion *f* [2] ◇ **nuclear** - Kernfusion *f*

fuss [fʌs] *n* [1] ↑ *commotion* Getue *s;* ◇ **what's all the - about?** was soll die ganze Aufregung? [2] ↑ *to-do* Theater *s; FAM* ◇ **there will be a big - when Dad finds out** wenn Vater das erfährt, wird es ein großes Theater geben; **fussy** [fʌsɪ] *adj* [1] ↑ *finicky* kleinlich, pingelig; ◇ **I'll take either, I'm not** ~ ich nehme irgendeines, mir ist das ganz egal [2] ↑ *fancy* aufgemacht

futile ['fju:taɪl] *adj* ↑ *pointless* nutzlos, sinnlos; ↑ *in vain* vergeblich; **futility** [fju:'tɪlɪtɪ] *n* Sinnlosigkeit *f,* Vergeblichkeit *f*

future ['fju:tʃə*] **I.** *adj* zukünftig; GRAM ◇ **the** ~ **tense** das Futur **II.** *n* Zukunft *f;* ◇ **I hope to a** ~ **in teaching** ich wünsche mir e-e Zukunft als Lehrer; **futuristic** [fju:tʃə'rɪstɪk] *adj* futuristisch

fuzzy ['fʌzɪ] *adj* [1] ↑ *indistinct* verschwommen [2] ▷ *hair* kraus

G

G, g [dʒi:] *n* G *s,* g *s*

g *n abbr. of* [1] **gravity** g *s Einheit der Schwerkraft* [2] **gram** g, Gramm *s* [3] *FAM* **grand** tausend Dollar/Pfund

gab [gæb], **gab away I.** *vi* (*on phone*) quatschen **II.** *n* ◇ **to have the gift of the** ~ ein flottes Mundwerk haben

gabble ['gæbl] *vt, vi* ← *person* nuscheln, brabbeln

gable ['geɪbl] *n* Giebel *m*

gadget ['gædʒɪt] *n* (*TV remote control*) Gerät *s; PEJ* technische Spielerei *f*

Gaelic ['geɪlɪk] **I.** *adj* gälisch **II.** *n* (*language*) Gälisch *s*

gaff [gæf] *n* [1] ↑ *fish hook* Landungshaken *m,* Gaff *s* [2] *BRIT* ↑ *pub or home, FAM* Bude *f;* ◇ **to blow the** ~ alles verraten

gaffe [gæf] *n* ↑ *social* ~ Fauxpas *m*

gag [gæg] **I.** *n* [1] (*tape or scarf*) Knebel *m* [2] (*comic turn*) Gag *m* **II.** *vt* [1] → *hostage* knebeln [2] → *free press* mundtot machen [3] ◇ **to** ~ **at changing nappies** beim Windelwechseln würgen

gaga ['gɑ:gɑ:] *adj* meschugge; (*PEJ elderly person*) verkalkt

gain [geɪn] **I.** *vt, vi* [1] → *more points* gewinnen; → *weight* zunehmen; → *speed* schneller werden; ◇ **to** ~ **in efficiency** leistungsfähiger werden; ◇ **my clock** ~**s by 3 minutes in a day** pro Tag geht meine Uhr 3 Minuten vor; (*FIG become stronger*) ◇ **to** ~ **ground** immer stärker werden [2] (*get s.th. from s.o.*) ◇ **who stands to** ~ **in this affair?** wer profitiert in dieser Angelegenheit?, wer verspricht sich was in dieser Angelegenheit?; ◇ **to** ~ **from experience** aus der Erfahrung lernen; ◇ **he** ~**ed the impression that ...** er gewann den Eindruck, daß ... [3] ◇ **to** ~ **admission to university** für die Universität zugelassen werden; ◇ **the police** ~**ed admission** die Polizei hat sich Zutritt verschafft **II.** *n* [1] ↑ *profit* Gewinn *m;* ↑ *advantage* Vorteil *m;* ◇ **your** ~ **is my loss** dein Vorteil ist mein Verlust; ◇ **to do s.th. for** ~ etw aus finanziellen Gründen tun [2] ↑ *increase* Zunahme *f;* (*in knowlege*) Erweiterung *f;* **gain on** *vt* einholen

gainful ['geɪnfl] *adj* rentabel; **gainful employment** *n* Erwerbstätigkeit *f*

gait [geɪt] *n* ↑ *way of walking* Gangart *f*

gala ['gɑ:lə] *adj* festlich, Gala-

galaxy ['gæləksɪ] *n* [1] (*star cluster*) Milchstraße *f,* Galaxie *f* [2] (*of stars*) Schar *f*

gale [geɪl] *n* Sturmwind *m*

gall [gɔ:l] **I.** *n* [1] ANAT Galle *f* [2] (*FIG sour feeling*) Erbitterung *f* [3] ◇ **she had the** ~ **to ask for more** sie besaß die Frechheit, mehr zu verlangen **II.** *vt* ◇ **it** ~**s me to think of it** es ärgert mich, wenn ich dran denke

gallant ['gælənt] *adj* [1] ↑ *courageous* mutig, tapfer [2] ↑ *charming* zuvorkommend, galant; **gallantry** ['gæləntrɪ] *n* [1] ↑ *bravery* Tapferkeit *f* [2] ↑ *flirtation* Liebelei *f*

gall-bladder ['gɔ:lblædə*] *n* Gallenblase *f*

galleon ['gælɪən] *n* Galeone *f*

gallery ['gælərɪ] *n* [1] (*art* ~) Kunstgalerie *f* [2] ARCHIT Galerie *f* [3] THEAT Balkon *m;* ◇ **to play to the** ~ nach Effekt haschen [4] (*in coalmine*) Stollen *m*

galley ['gælɪ] *n* [1] ↑ *ship's kitchen* Kombüse *f* [2] (*ship*) Galeere *f*

gallon ['gælən] *n* (*BRIT 4.55 litres, AM 3.79 litres*) Gallone *f*

gallop ['gæləp] **I.** *n* Galopp *m;* ◇ **at a** ~ im Galopp **II.** *vi* ← *horse* galoppieren; **galloping** *adj FIG* ▷ *inflation* galoppierend

gallows ['gæləʊz] *n pl* Galgen *m*

Gallup poll ['gæləp pəʊl] *n* [Gallup-]Meinungsumfrage *f*

galore [gə'lɔ:*] *adv* in jeder Menge; ◇ **money** ~ Geld wie Heu

galoshes [gə'lɒʃɪz] *n pl* Gummischuhe *pl*

galvanize ['gælvənaɪz] *vt* [1] → *iron* verzinken [2] *FIG* → *public* elektrisieren; ◇ **to** ~ **s.o. into action** jd-n schlagartig aktiv werden lassen

Gambia ['gæmbɪə] *n* Gambia *s*

gambit ['gæmbɪt] *n* [1] (*in chess*) Gambit *s* [2] (*FIG ploy*) Manöver *s;* ◇ **his** ~ **with girls is to play helpless** es ist seine Masche, bei Frauen den Hilflosen zu spielen

gamble ['gæmbl] **I.** *vt, vi* [1] um Geld spielen; ◇ **to**

have a ~ on the horses auf Pferde wetten; ◇ **to ~ at cards** Karten spielen um Geld [2] ◇ **to ~ on s.th.** etw aufs Spiel setzen; ◇ **to ~ everything** alles riskieren [3] ◇ **to ~ on s.o. doing s.th.** sich darauf verlassen, daß jd etw tut **II.** *n* [1] (*game*) Hasardspiel *s* [2] ↑ *risk* Risiko *s;* **gambler** *n* Spieler(in *f*) *m;* **gambling** *n* Spielen *s*

game [geɪm] **I.** *n* [1] (*football, cricket*) Spiel *s* [2] ↑ *round* Runde *f;* ◇ **a ~ of chess** e-e Partie Schach [3] (*hunted animals*) Wild *s;* (*big ~*) Großwild *s* **II.** *adj* [1] ↑ *willing* bereit (*for* zu *dat*) [2] ↑ *brave* mutig; **gamekeeper** *n* Wildhüter(in *f*) *m;* **game reserve** *n* Wildschutzgebiet *s*

gammon ['gæmən] *n* [1] ↑ *bacon* leicht geräucherter Vorderschinken *m* [2] ↑ *ham* [gekochter] Schinken *m*

gamut ['gæmət] *n* ↑ *scale* Skala *f;* ◇ **to run the ~ of doubts** alle möglichen Bedenken durchgehen

gander ['gændə*] *n* [1] (*bird*) Gänserich *m* [2] *FAM* ◇ **let's have a ~** gucken wir mal (*at* auf *acc*)

gang [gæŋ] *n* (*of boys*) Bande *f;* (*of workmen*) Trupp *m,* Kolonne *f*

ganger *n* Polier *m,* Vorarbeiter *m*

gangling ['gæŋglɪŋ] *adj* schlaksig

gangrene ['gæŋgriːn] *n* MED Brand *m*

gangster ['gæŋstə*] *n* Verbrecher(in *f*) *m*

gangway ['gæŋweɪ] **I.** *n* NAUT Gangway *f,* Landungsbrücke *f* **II.** *intj* platz da!

gaol [dʒeɪl] *n* ↑ *prison* Gefängnis *s*

gap [gæp] *n* (*in traffic*) Lücke *f;* (*between door and floor*) Spalt *m*

gape [geɪp] *vi* ← *person* den Mund aufreißen; (*in surprise*) gaffen; ◇ **to ~ at s.o.** jd-n begaffen; **gaping** ['geɪpɪŋ] *adj* ▷*wound* klaffend; ▷*hole* gähnend

garage ['gærɑːʒ] **I.** *n* [1] (*for parking*) Garage *f* [2] (*for service*) Autowerkstatt *f* [3] (*for fuel*) Tankstelle *f* **II.** *vt* → *car* in die Garage fahren

garb [gɑːb] *n* Gewand *s*

garbage ['gɑːbɪdʒ] *n* ↑ *refuse* Müll *m,* Abfall *m;* ↑ *nonsense* Quatsch *m;* **garbage can** *n* (*AM*) Mülltonne *f,* Mülleimer *m*

garbled ['gɑːbld] *adj* ▷*lecture* schwer verständlich; ◇ **to garble one's words** sich beim Sprechen überschlagen

garden ['gɑːdn] **I.** *n* (*house and ~*) Garten *m;* (*vegetable ~*) [Schreber-]Garten *m;* (*public ~s*) Park *m;* ◇ **23 Cranley Gardens** Cranley Gardens [Nr.] 23 **II.** *vi* (*work in the ~*) Gartenarbeit machen; **gardener** *n* Gärtner(in *f*) *m;* **gardening** *n* Gartenarbeit *f;* ◇ **to love ~** gerne Gartenarbeit machen; **gardening centre** *n* (*shop*) Gartencenter *m o s*

gargle ['gɑːgl] **I.** *vi* gurgeln **II.** *n* (*substance*) Gurgelwasser *s,* Mundwasser *s*

gargoyle ['gɑːgɔɪl] *n* ARCHIT Wasserspeier *m*

garish ['gɛərɪʃ] *adj* ▷*colours* schreiend

garland ['gɑːlənd] *n* (*crown of leaves*) Kranz *m;* (*Christmas ~*) Girlande *f*

garlic ['gɑːlɪk] *n* Knoblauch *m*

garment ['gɑːmənt] *n* Bekleidungsartikel *m*

garnet ['gɑːnɪt] *n* GEO Granatrot *s*

garnish ['gɑːnɪʃ] **I.** *vt* → *food* garnieren **II.** *n* ↑ *decoration* Garnierung *f*

garret ['gærɪt] *n* ↑ *attic* Mansarde *f*

garrison ['gærɪsən] **I.** *n* Garnison *f* **II.** *vt* → *soldiers* einquartieren

garrulous ['gærʊləs] *adj* ▷*person* geschwätzig

garter ['gɑːtə*] *n* Strumpfband *s*

gas [gæs] **I.** *n* [1] (*substance in vapour form*) Gas *s* [2] (*power supply*) [Erd-]Gas *s* [3] *AM* ↑ *petrol* Benzin *s* [4] ↑ *accelerator* Gas[pedal] *s;* ◇ **it's a ~** das ist Wahnsinn **II.** *vt* (*exterminate with gas*) vergasen; **gasbag** *n FAM* Quatschkopf, Laberer *m;* **gasbomb** *n* MIL Kampfstoffbombe *f;* **gas cooker** *n* Gasherd *m;* **gas cylinder** *n* Gasflasche *f;* **gas-fired** ['gæsfaiəd] *adj* gasbefeuert

gash [gæʃ] **I.** *n* MED klaffende Wunde *f* **II.** *vt* → *skin* aufreißen

gasket ['gæskɪt] *n* TECHNOL Dichtung *f,* Dichtungsmanschette *f*

gasmask ['gæsmɑːsk] *n* Gasmaske *f;* **gas meter** *n* Gaszähler *m*

gasoline ['gæsəliːn] *n* (*AM*) Benzin *s*

gasp [gɑːsp] **I.** *vi* [1] schwer einatmen; ◇ **the swimmer ~ed for air** der Schwimmer schnappte nach Luft [2] ◇ **the audience ~ed in amazement** den Zuschauern verschlug es vor Staunen den Atem **II.** *n* tiefer Atemzug *m*

gas station ['gæssteɪʃən] *n* (*AM*) Tankstelle *f*

gassy ['gæsɪ] *adj* ▷*drink* sprudelnd

gastric ['gæstrɪk] *adj* MED Magen-; ◇ **~ ulcer** Magengeschwür *s*

gastronomy [gæ'strɒnəmɪ] *n* (*art of good eating/cookery*) Gastronomie *f*

gate [geɪt] *n* [1] (*farm ~*) Gatter *s* [2] (*airport*) Tor *s*

gateau ['gætəʊ] *n* (*rich cream cake*) Torte *f*

gatecrasher ['geitkræʃə*] *n* ↑ *uninvited guest* ungeladener Gast; **gateway** *n* [1] ↑ *gate opening* [Tor-]Einfahrt *f* [2] *FIG* ◇ **Hong Kong is the ~ to the East** Hong Kong ist das Tor zum Osten

gather ['gæðə*] **I.** *vt, vi* [1] ← *crowd* zusammenkommen, sich versammeln [2] → *flowers* pflükken, sammeln [3] → *information* zusammentragen, sammeln [4] ◇ **I ~ from that that you will now leave** daraus schließe ich, daß du jetzt gehen wirst [5] ◇ **the truck -ed speed** der Lastwagen nahm Fahrt auf; **gathering** *n* Versammlung *f*

gauche [gəʊʃ] *adj* ▹*behaviour* linkisch, ungeschickt

gaudy ['gɔːdɪ] *adj* ▹*colours* knallig

gauge [geɪdʒ] **I.** *n* [1] → *instrument* Meßgerät *s;* ◇ **oil** - Öl[stands]anzeiger *m;* ◇ **petrol** - Benzinuhr *f* [2] (RAIL *of track*) Spurweite *f;* (*of metal*) Stärke *f* **II.** *vt* [1] TECHNOL messen [2] → *situation* schätzen, abwägen; → *character, person* einschätzen, beurteilen

gaunt [gɔːnt] *adj* ▹*person* hager; ▹*landscape* öde

gauntlet[1] ['gɔːntlɪt] *n* [1] (*long protective glove, of motorcyclist*) [Schutz-]Handschuh *m* [2] ↑ *challenge* ◇ **to throw down the - to s.o.** jd-m den Fehdehandschuh zuwerfen

gauntlet[2] *n* ◇ **to run the - of s.th.** etw durchstehen müssen

gauze [gɔːz] *n* (*of curtains*) Gaze *f;* MED Verbandsmull *m;* ◇ **- bandage** Mullbinde *f*

gawky ['gɔːkɪ] *adj PEJ FAM* ▹*person* linkisch; ▹*animal* unbeholfen

gave [geɪv] *pt of* **give**

gay [geɪ] *adj* [1] *FAM* ↑ *homosexual* homosexuell, schwul *FAM* [2] ▹*colours* bunt, fröhlich; ▹*mood* fröhlich

gaze [geɪz] **I.** *n* (*concentrated stare*) Blick *m* **II.** *vi* starren (*at* auf *acc*)

gazelle [gə'zel] *n* FAUNA Gazelle *f*

gazette [gə'zet] *n* (*news paper, e.g.: Islington G~*) Anzeiger *m*

GB *n abbr. of* **Great Britain** GB

GDR *n abbr. of* HIST **German Democratic Republic** DDR *f;* ◇ **the former** - die neuen Bundesländer

gear [gɪə*] **I.** *n* [1] TECHNOL Getriebe *s* [2] ↑ *kit* Ausstattung *f,* Ausrüstung *f* [3] AUTO Gang *m;* ◇ **to leave the car in** - den Gang eingelegt lassen **II.** *vt* ↑ *adapt* anpassen (*to* an *acc*); ◇ **to - education to society's needs** die Ausbildung den Bedürfnissen der Gesellschaft angleichen; **gear down** *vt, vi* [1] AUTO ← *driver* herunterschalten [2] COMM → *production* drosseln; **gearbox** *n* Getriebe *s;* **gearchange** *n* Gangschaltung *f;* **gearlever**, **gear shift** (*AM*) Schalthebel *m*

geese [giːs] *pl of* **goose**

gel [dʒel] *n* (*hair ~*) Gel *s*

gelatin(e) ['dʒelətiːn] *n* Gelatine *f*

gelignite ['dʒelɪgnaɪt] *n* Gelatinedynamit *s*

gem [dʒem] *n* ↑ *precious stone* (*e.g.: diamond*) Edelstein *m;* (*FIG person*) Juwel *s;* (*of stamp collection etc.*) Prachtstück *s*

Gemini ['dʒemɪnɪ] *n sg* ASTROL Zwillinge *pl;* ◇ **I'm a** - ich bin Zwilling

gen [dʒen] *n* (*FAM information*) Informationen *pl* (*on* über *acc*)

gender ['dʒendə*] *n* GRAM Geschlecht, Genus *s*

gene [dʒiːn] *n* (*in DNA*) Gen *s*

genealogy [dʒiːnɪ'ælədʒɪ] *n* (*discipline*) Genealogie *f;* ↑ *family tree* Abstammung *f*

general ['dʒenərəl] **I.** *adj* [1] ↑ *overall, widespread* weitverbreitet; ◇ **inflation is of - concern** Inflation ist ein wichtiges Thema für alle [2] ↑ *non-specific* allgemein; ◇ **his interests were pretty** - seine Interessen waren von allgemeiner Art; ◇ **our local - hospital** unser örtliches Krankenhaus [3] ↑ *overall* Allgemein-, Gesamt-, insgesamt; ◇ **the - condition of the car** der Gesamtzustand des Autos; ◇ **the - idea behind it is …** der Grundgedanke dabei ist … **II.** *n* [1] ◇ **in** - im allgemeinen [2] MIL General *m;* **general anaesthetic** *n* MED Vollnarkose *f;* **general election** *n* Parlamentswahlen *pl;* **generalization** [dʒenərəlaɪ'zeɪʃn] *n* Verallgemeinerung *f;* **generalize** ['dʒenərəlaɪz] *vi* verallgemeinern; **general knowledge** *n* Allgemeinwissen *s;* **generally** *adv* ◇ **a - accepted fact** e-e allgemein anerkannte Tatsache; **general meeting** *n* (*of shareholders*) Vollversammlung *f;* **general public** *n* (*population comunity as unit*) Allgemeinheit *f*

generate ['dʒenəreɪt] *vt FIG* → *interest* wecken, erzeugen; TECHNOL → *electricity* erzeugen, produzieren

generation [dʒenə'reɪʃən] *n* [1] (*of electricity etc.*) Erzeugung *f* [2] (*grandparent's ~, period*) Generation *f;* ↑ *age group* Generation *f;* ◇ **the new - of computers** die neueste Computergeneration

generator ['dʒenəreɪtə*] *n* (*electricity ~*) Generator *m*

generic [dʒɪ'nerɪk] *adj* ▹*name* sortentypisch, artmäßig, Gattungs-

generosity [dʒenə'rɒsɪtɪ] *n* Großzügigkeit *f;* **generous** ['dʒenərəs] *adj* ▹*person* großzügig; ▹*portion* reichlich; **generously** *adv* ◇ **please give** - wir appellieren an Ihre Großzügigkeit

genesis ['dʒenɪsɪs] *n* <geneses> [1] ↑ *Book of Genesis* Genesis *f* [2] (*of idea*) Ursprung *m*

genetic engineering [dʒɪ'netik endʒɪ'nɪərɪŋ] *n* (*BIOL*) Gentechnik *f;* **genetics** [dʒɪ'netɪks] *n sg* Vererbungslehre *f,* Genetik *f*

genial ['dʒiːnɪəl] *adj* freundlich

genie ['dʒiːnɪ] *n* (*spirit, e.g.: Aladdin's ~*) Dschinn *m*

genitals ['dʒenɪtlz] *n pl* Genitale *pl,* Genitalien *pl*

genitive ['dʒenɪtɪv] *n* GRAM Genitiv *m*

genius ['dʒiːnɪəs] *n* <-es *o.* genii> [1] (*creative gift*) Gabe *f* [2] (*creative spirit*) Geist *m* [3] (*highly gifted figure, e.g.: Shakespeare*) Genie *s*

genocide ['dʒenəʊsaɪd] *n* Völkermord *m*

genre ['ʒɑːnrə] *n* (*in art*) Genre *s;* (*in literature*) Gattung *f*

genteel [dʒen'tiːl] *adj* (*unnaturally polite*) übertrieben höflich

Gentile ['dʒentaɪl] *n* Nichtjude *m,* Nichtjüdin *f*

gentle ['dʒentl] *adj* sanft

gentleman *n* <-men> [1] (*man of good breeding*) Gentleman *m* [2] ◇ **Ladies and gentlemen!** Meine Damen und Herren!; ◇ **this - was before me** dieser Herr kommt vor mir

gentleness *n* (*of breeze*) Milde *f;* (*of lover*) Zärtlichkeit *f;* (*with children*) Behutsamkeit *f*

gently ['dʒentlɪ] *adv* ◇ **easy now! put it down -!** sachte! lege es vorsichtig hin!

gentrify ['dʒentrɪfaɪ] → *city area die Sozial-/Baustruktur e-s [Arbeiter-]Stadtteiles verändern;* **gentry** ['dʒentrɪ] *n* (*BRIT*) niederer Adel

gents [dʒents] *n* (*public lavatories for men*) Männer-WC *s*

genuine ['dʒenjʊɪn] *adj* [1] ↑ *authentic* (*e.g.: Ming vase*) echt [2] ▷*offer* ernsthaft, ernstgemeint-; **genuinely** *adv* wirklich

genus ['dʒenəs] *n* <genera> BIOL Gattung *f*

geographer [dʒɪ'ɒgrəfə*] *n* Geograph(in *f*) *m;* **geographical** [dʒɪə'græfɪkəl] *adj* geographisch; **geography** [dʒɪ'ɒgrəfɪ] *n* Erdkunde *f,* Geographie *f*

geological [dʒɪəʊ'lɒdʒɪkəl] *adj* geologisch; **geologist** [dʒɪ'ɒlədʒɪst] *n* Geologe *m,* Geologin *f;* **geology** [dʒɪ'ɒlədʒɪ] *n* Geologie *f*

geometric [dʒɪə'metrɪk] *adj* geometrisch; **geometry** [dʒɪ'ɒmɪtrɪ] *n* Geometrie *f*

geranium [dʒɪ'reɪnɪəm] *n* FLORA Geranie *f*

geriatrics [dʒerɪ'ætrɪks] *n sg* MED Geriatrie *f*

germ [dʒɜːm] *n* Keim *m;* MED Bazillus *m*

German ['dʒɜːmən] **I.** *adj* deutsch **II.** *n* (*person*) Deutsche(r) *fm;* (*language*) Deutsche *s,* Deutsch; ◇ **the -s** *pl* die Deutschen *pl;* ◇ **to speak -** Deutsch sprechen; ◇ **to learn -** Deutsch lernen; ◇ **to translate into -** ins Deutsche übersetzen

German measles *n sg* Röteln *f pl*

Germany *n* Deutschland *s;* ◇ **in -** in Deutschland; ◇ **to go to -** nach Deutschland reisen

germinate [dʒɜːmɪ'neɪt] *n* BIOL keimen; **germination** [dʒɜːmɪ'neɪʃən] *n* BIOL Keimen *s;* (*FIG of idea*) Aufkeimen *s*

gestation [dʒe'steɪʃn] *n* [1] (*of woman*) Schwangerschaft *f* [2] (*of work, of art*) Entwicklung *f,* Entstehung *f*

gesticulate [dʒe'stɪkjʊleɪt] *vi* gestikulieren; **gesticulation** [dʒestɪkjʊ'leɪʃən] *n* (*general action*) Herumfuchteln *s;* (*single gesture*) Geste *f*

gesture ['dʒestʃə*] *n* Geste *f;* ◇ **a friendly -** e-e nette Geste

get [get] <got, got *o. AM* gotten> *vt* [1] ↑ *obtain* bekommen, kriegen; ◇ **did you - the letter?** hast du den Brief bekommen?; ◇ **where did you - that from?** wo hast du das her?; ◇ **they got the thief** sie haben den Dieb gefaßt; ◇ **he got a car** er hat sich ein Auto gekauft; ◇ **I am getting a cold** ich kriege e-e Erkältung; ◇ **got you!** hab' dich erwischt!; ◇ **did you - the joke?** hast du den Witz kapiert? [2] (*occasion or start*) jd-n veranlassen; ◇ **I'm -ting the computer to work** ich bringe den Computer zum Laufen; ◇ **I am -ting my hair cut** ich lasse mir die Haare schneiden; ◇ **how did you - to know that?** wie hast du das erfahren?; ◇ **to - to do s.th.** die Möglichkeit bekommen, etw zu tun; ◇ **to - s.o. to do s.th.** jd-n veranlassen, etw zu tun; ◇ **to - going** sich daran machen; ◇ **I got chatting to him** ich kam mit ihm ins Gespräch; ◇ **he managed to - promoted** er hat es geschafft, daß er befördert wurde [3] ↑ *arrive* erreichen; ◇ **how did you - home?** wie bist du nach Hause gekommen?; ◇ **I have got as far as chapter 7** ich bin bis Kapitel 7 gekommen; ◇ **I am -ting nowhere fast** es geht nicht vorwärts; *FAM* ◇ **it's -ting to me** es geht mir langsam auf den Wecker [4] ↑ *become* werden; ◇ **to - angry** böse werden; ◇ **the food is -ting cold** das Essen wird kalt [5] ↑ *have to* müssen; ◇ **I have got to go** ich muß gehen; ◇ **they have got to work harder** sie müssen mehr arbeiten; **get along** *vi* [1] ◇ **I must - -** ich muß gehen [2] ◇ **I - - well with my colleagues** ich komme mit meinen Kollegen gut aus [3] ◇ **how are you -ting - with the job?** wie kommst du mit der Arbeit voran?; **get at** *vt* [1] ◇ **I can't - - the glasses** ich komme nicht an die Gläser heran [2] ◇ **to - - s.o.** an jd-m was auszusetzen haben [3] ◇ **I can't - - the truth** ich komme nicht an die Wahrheit; **get away with** *vi* ◇ **you won't - - - it** du wirst nicht ungestraft davonkommen; **get back I.** *vi* [1] ◇ **- - to bed!** geh' wieder ins Bett! [2] ◇ **- -!** zurücktreten! **II.** *vt* ↑ *recover [s.th. lent]* zurückkriegen; **get down** [1] ◇ **to - - the stairs** die Treppe herunterkommen [2] ↑ *depress* ◇ **the bad weather is -ting me -** das schlechte Wetter macht mich fertig [3] ◇ **to - - to work** sich an die Arbeit machen; **get in** *vt* [1] ◇ **to**

~ ~ **the car** ins Auto einsteigen ② ◇ **he didn't ~ a word ~ edgeways** er ist überhaupt nicht zu Wort gekommen ③ ↑ *come to power* ◇ **the SPD got in** die SPD ist gewählt worden ④ ↑ *arrive home* ◇ **I got in late** ich bin spät nach Hause gekommen; **get off** *vt* ① ◇ **to ~ ~ the train** aus dem Zug aussteigen; ◇ **to ~ ~ a horse** vom Pferd absteigen ② ◇ **to ~ ~ work early** früh von der Arbeit wegkommen ③ ◇ ~ ~ **lightly** billig davonkommen; **get on I.** *vi* ① ↑ *progress* vorankommen ② ↑ *be friends* auskommen **II.** *vt* → *train, bus* einsteigen (in *acc*); → *horse* aufsteigen auf *acc;* **get out** *vi* aussteigen; ◇ ~ ~! raus!; **get out of I.** *vi* ◇ **to ~ ~ ~ the car** aus dem Auto aussteigen; ◇ **to ~ ~ ~ the house** aus dem Haus herauskommen **II.** *vt* ◇ **to ~ s.th. ~ ~ the car** etw aus dem Wagen herausholen; ◇ **to ~ money ~ ~ one's account** von seinem Konto Geld abheben; **get over** *vt* ① ↑ *climb over* ◇ **to ~ ~ a wall** über e-e Mauer klettern ② ↑ *recover from* ◇ **to ~ ~ an illness** von e-r Krankheit genesen ③ (*find hard to believe*); (*to believe*) ◇ **I could not ~ ~ the fact that ...** ich konnte es nicht fassen, daß; (*to accept*) ◇ **I could not ~ ~ the loss** ich bin über den Verlust nicht hinweggekommen; (*to forget*) ◇ **I couldn't ~ ~ her** ich konnte sie nicht vergessen ④ ◇ **to ~ s.th. ~ with** etw erledigen; **get through** *vt, vi* ① ◇ **to ~ ~ the door** durch die Tür durchkommen ② (*to ~ ~ money*) Geld verschleudern ③ TELEC ◇ **I can't ~ ~ to Germany** ich komm' nicht nach Deutschland durch ④ ◇ **I can't ~ ~ to you** du verstehst kein Wort von dem, was ich dir sagen will; **get up** *vi* aufstehen

getaway [getəweɪ] *n* ↑ *escape* Flucht *f;* ◇ **to make a ~** schnell abhauen; **getaway car** *n* Fluchtauto *s*

get together *n* (*informal meeting*) Versammlung *f,* Zusammenkunft *f*

geyser ['gi:zə*] *n* ① (GEO *hot spring*) Geysir *m* ② (TECHNOL *heater*) Durchlauferhitzer *m*

ghastly ['gɑ:stlɪ] *adj* (*character*) gräßlich; (*murder*) entsetzlich

gherkin ['gɜ:kɪn] *n* Essiggurke *f*

ghetto ['getəʊ] *n* <-s, -es> G[h]etto *s;* **ghetto blaster** ['getəʊ blɑ:stə*] *n* Ghettoblaster *m*

ghost [gəʊst] *n* ① (*spirit [of dead person]*) Geist *m* ② ↑ *trace* ◇ **the ~ of a smile** der Anflug e-s Lächelns ③ *FAM* ◇ **to give up the ~** ← *person* den Löffel abgeben; ← *old car* den Geist aufgeben; **ghostly** *adj* ▹*castle, figure* gespenstisch; **ghost writer** *n* Ghostwriter(in *f*) *m;* **ghost town** *n* Geisterstadt *f*

ghoul [gu:l] *n Mensch, der sich für grausame Dinge begeistern kann;* (*spook*) Ghul *m*

giant ['dʒaɪənt] **I.** *n* (*man*) Riese *m,* Riesin *f;* COMM Gigant *m,* Riese *m* **II.** *adj* Riesen-, riesig, gigantisch; ◇ **a ~ melon** e-e riesige Melone, e-e Riesenmelone

gibberish ['dʒɪbərɪʃ] *n* Kauderwelsch *m*

gibbon ['gɪbən] *n* (*monkey*) Gibbon *m*

gibe [dʒaɪb] **I.** *vi* spotten (*at* über *acc*) **II.** *n* höhnische Bemerkung *f*

giblets ['dʒɪblɪts] *n pl* Innereien *pl;* (*of chicken*) Hühnerklein *s*

Gibraltar [dʒɪ'brɔ:ltə*] *n* Gibraltar *s*

giddiness ['gɪdɪnəs] *n* Schwindelgefühl *s;* **giddy** ['gɪdɪ] *adj* ▹*feeling* schwindelig; ▹*height* schwindelnd

gift [gɪft] *n* ① ↑ *present* (*birthday ~*) Geschenk *s;* ↑ *donation* (*charitable ~*) Gabe *f* ② ↑ *talent* Gabe *f* (*for* für) ③ (*FIG a walkover*) Geschenk *s;* **gifted** [-ɪd] *adj* ▹*pianist* begabt; ◇ **my son is very ~** mein Sohn ist hochintelligent

gift token, gift voucher *n* Geschenkgutschein *m*

gig [gɪg] *n* (*FAM performance on tour*) Gig *m,* [zusätzlicher] Auftritt *m*

gigantic [dʒaɪ'gæntɪk] *adj* riesig, gigantisch

giggle ['gɪgl] **I.** *vi* kichern **II.** *n* Kichern *s,* Gekicher *s*

gild [gɪld] *vt* → *picture frame* vergolden; ◇ **to ~ the lily** des Guten zuviel tun

gill [1] [dʒɪl] *n* (*1/4 pint*) Gill *s (0,148 l)*

gill [2] [gɪl] *n* (*of fish*) Kieme *f*

gilt [gɪlt] **I.** *n* ① Vergoldung *f* ② FIN sichere Wertpapiere *pl* **II.** *adj* vergoldet

gimlet ['gɪmlɪt] *n* Vorbohrer *m*

gimmick ['gɪmɪk] *n* (*sales ~*) Masche *f,* Trick *m;* **gimmicky** *adj* ◇ **it's so ~!** es ist ja so effekthascherisch!

gin [dʒɪn] *n* Gin *m*

ginger ['dʒɪndʒə*] **I.** *n* Ingwer *m* **II.** *adj* Ingwer-; **ginger up** *vt* ein wenig Pep geben; **ginger ale, ginger beer** *n* Ginger ale *s (Limonade mit Ingweranteil);* **gingerbread** *n* ≈ Lebkuchen *m,* ≈ Pfefferkuchen *m;* **gingerbread group** *n* Aktionsgruppe *f;* **gingerly** ['dʒɪndʒəlɪ] *adv* zaghaft, mit spitzen Fingern

gipsy ['dʒɪpsɪ] *n* Zigeuner(in *f*) *m*

giraffe [dʒɪ'rɑ:f] *n* Giraffe *f*

girder ['gɜ:də*] *n* (*steel ~*) Träger *m*

girdle ['gɜ:dl] **I.** *n* (*light corset*) Hüfthalter *m* **II.** *vt* gürten

girl [gɜ:l] *n* (*child, young woman*) Mädchen *s;* (*woman*) Frau *f,* Mädchen *s;* ◇ **she's a nice old ~** sie ist e-e nette alte Frau; **girlfriend** *n* (*special friend of boy or man*) Freundin *f;* (*woman's female friend*) Freundin *f;* **girlguide** *n* ↑ *scout* Pfadfinderin *f;* **girlish** ['gɜ:lɪʃ] *adj* mädchenhaft

G

giro ['dʒaɪərəʊ] *n* (*BRIT system of money transfer*) Giroverkehr *m;* (*~ cheque*) *Scheck, den ein Amt ausstellt (für Arbeitslosengeld etc);* ◇ **I'm waiting for my ~** ich warte auf mein Arbeitslosengeld

girth [gɜːθ] *n* ① (*of tree*) Umfang *m* ② ↑ *saddle strap* Sattelgurt *m*

gist [dʒɪst] *n* ↑ *essential* (*of argument*) Hauptpunkte *m pl,* Kern *m*

give [gɪv] <gave, given> *vt, vi* ① ↑ *pass* geben; ◇ **~ me the salt/~ the salt to me** gib mir das Salz; → *present* schenken; ◇ **to ~ s.o. a present/to ~ a present to s.o.** jd-m etw schenken, jd-m ein Geschenk machen ② ↑ *afford* ◇ **~ the subject your immediate attention** kümmern Sie sich unverzüglich um die Sache; ◇ **~ some thought to the matter** denken Sie über die Angelegenheit nach; ◇ **~ it time and things will be all right** lassen Sie etw Zeit vergehen, und alles wird gut ③ ↑ *cause* verursachen; ◇ **hard work ~s him an appetite** von schwerer Arbeit bekommt er Hunger; ◇ **the computer is giving me trouble** der Computer bereitet mir Schwierigkeiten ④ (*with performance of an action*) geben; ◇ **just ~ the computer a kick** versetzen Sie dem Computer doch einfach e-n Tritt; ◇ **to ~ a performance** e-e Vorstellung geben; ◇ **to ~ a smile** lächeln; ◇ **she gave him a lift to town** sie nahm ihn im Auto mit in die Stadt; ◇ **to ~ a party** e-e Party geben ⑤ ↑ *admit* zugeben, eingestehen ⑥ ↑ *stretch* nachgeben; ◇ **the jeans will ~ a bit** die Jeans werden sich noch etw weiten ⑦ (*~ way*) ◇ **the floor gave way beneath my feet** der Boden unter meinen Füßen gab nach; ◇ **dad gave way so we can stay up late** Vater hat nachgegeben und läßt uns doch länger aufbleiben; ◇ **typewriters gave way to computers** Schreibmaschinen wurden durch Computer ersetzt; **give away** *vt* ① ↑ *give for free* verteilen, verschenken ② → *game* verraten, aus der Hand geben; **give back** *vt* zurückgeben; **give in I.** *vi* ↑ *yield* nachgeben (to *dat*) **II.** *vt* → *exam papers* abgeben; **give off** *vt* → *bad smell* abgeben; **give out** *vt* ↑ *distribute* austeilen; **give up** *vt, vi* ① ↑ *stop* aufgeben; ◇ **to ~ ~ smoking** das Rauchen aufgeben ② ↑ *surrender* abgeben; ◇ **to ~ ~ your seat to an older person** deinen Sitzplatz e-m älteren Menschen überlassen; ◇ **to ~ s.o. ~ to the police** jd-n der Polizei ausliefern ③ ↑ *abandon* aufgeben; ◇ **he will never ~ ~** er wird niemals aufgeben; **give-and-take** *n* Geben und Nehmen *s;* **given** ['gɪvn] **I.** *pp of* **give II.** *adj* ① ↑ *specified, existing* vorgegeben; ◇ **it must be completed within the ~ time** es muß innerhalb der vorgegebenen Zeit fertig[gestellt] werden; ◇ **under the ~ circumstances it's impossible** unter den gegebenen Umständen ist es unmöglich ② ↑ *particular* bestimmt; ◇ **any ~ patient** jeder beliebige Patient **III.** *cj* ↑ *considering* ◇ **~ that the pitch was wet, they played well** wenn man bedenkt, daß der Platz naß war, haben sie gut gespielt; **given name** *n AM* ↑ *Christian name* Vorname *m*

glacial ['gleɪsɪəl] *n* GEO eiszeitlich; ▷*smile* eisig; **glacier** ['glæsɪə*] *n* Gletscher *m*

glad [glæd] *adj* ① ↑ *happy* froh, zufrieden; ◇ **I was ~ to hear ...** es freute mich zu hören ...; ◇ **I was ~ for him** ich freute mich für ihn ② ◇ **I was ~ of some help** ich war für Hilfe dankbar ③ ◇ **I would be ~ to help** ich helfe Ihnen gerne; **gladden** ['glædn] *vt* erfreuen; ◇ **it ~ed me to see his improvement** ich war sehr erfreut über seine Fortschritte

gladiator ['glædɪeɪtə*] *n* Gladiator *m*

gladioli [glædɪ'əʊlaɪ] *n pl* FLORA Gladiolen *pl*

gladly ['glædlɪ] *adv* gerne

glamorous ['glæmərəs] *adj* glamourös; **glamor, glamour** ['glæmə*] *n* ① (*particular personality, e.g.: of Marlene Dietrich*) Glamour *m* ② (*of foreign travel*) Reiz *m*

glance [glɑːns] **I.** *n* (*quick look*) Blick *m;* ◇ **he could tell at a ~ she was sad** er sah mit e-m Blick, daß sie traurig war **II.** *vi* blicken (*at* auf *acc*); **glance off** *vt, vi* (*be deflected*) abprallen

glancing *adj* (*not direct*) ◇ **it was only a ~ blow** der Schlag hat ihn/sie nur gestreift

gland [glænd] *n* ANAT Drüse *f*

glandular fever ['glændjʊlə* fiːvə*] *n* Drüsenfieber *s*

glare [glɛə*] **I.** *n* ① (*dazzling effect*) heller Glanz *m* ② (*stern look*) wütender Blick; ◇ **in the full ~ of publicity** mitten im Rampenlicht **II.** *vi* ① ← *sun* grell sein/scheinen ② ↑ *stare sternly* wütend anstarren (*at acc*); **glaring** *adj* ▷*injustice* [himmel-]schreiend; ▷*error* kraß

glass [glɑːs] *n* ① (*substance*) Glas *s* ② ↑ *glassware* Glas *s* ③ (*wine ~*) Glas *s;* ◇ **a ~ of wine** ein Glas Wein ④ ◇ **~es** *pl* Brille *f;* **glassbead** *n* Glasperle *f;* **glass fibre** *n* Glasfaser *f;* **glasshouse** *n* AGR Treibhaus *s;* (*FIG proverb*) ◇ **people who live in ~s shouldn't throw stones** wer im Glashaus sitzt, sollte nicht mit Steinen werfen; **glassware** ['glɑːswɛə*] *n* Glas *s;* **glassy** [glɑːsɪ] *adj* ① ▷*eyes* glasig ② ▷*surface* spiegelglatt

glaze [gleɪz] **I.** *vt* → *window* verglasen; → *pottery* glasieren **II.** *n* (*fired surface*) Glasur *f;* GASTRON (*on cake*) Glasur *f;* (*on ham, meat*) Geleeüberzug *m*

glazier ['gleɪzɪə*] *n* Glaser(in *f*) *m*

gleam [gli:m] **I.** *n* (*of faint light*) Schimmer *m;* (*FIG of hope*) Schimmer *m,* Funke *m* **II.** *vi* ← *moonlight* schimmern; ← *child's eyes* strahlen
glean [gli:n] *vt* ① → *field* nachlesen ② → *information* sorgfältig sammeln, erschließen
glee [gli:] *n* ① (*joy and delight*) Fröhlichkeit *f* ② (*malicious* ~) Schadenfreude *f;* **gleeful** ['gli:fl] *adj* ausgelassen; ↑ *maliciously* hämisch
glen [glen] *n* (*esp. Scottish*) Bergschlucht *f,* enges Tal
glib [glɪb] *adj* ▷*salesman* gewandt; ▷*excuse* ◇ **Max was always ready with a ~ explanation** Max war mit e-r Erklärung immer schnell bei der Hand; **glibly** *adv* gewandt, geschickt
glide [glaɪd] **I.** *vi* (*fly [and move] along smoothly*) gleiten **II.** *n* (*dance*) Gleitschritt *m;* **glider** *n* AERO Segelflugzeug *s*
gliding club *n* Segelfliegerklub *m*
glimmer ['glɪmə*] *n* (*of candle*) Schimmer *m;* (*of hope*) Schimmer *m,* Funke *m*
glimpse [glɪmps] ↑ *brief glance* kurzer Blick; ◇ **he only caught a ~ of the procession** er konnte nur e-n kurzen Blick von der Prozession erhaschen
glint [glɪnt] *vi* ← *sun in mirror* glitzern; ← *eyes* funkeln
glisten ['glɪsn] *vi* ← *wet road* glänzen; ◇ **her face ~ed with tears** ihr Gesicht glitzerte vor Tränen
glitter ['glɪtə*] **I.** *vi* ← *diamond* glitzern, funkeln **II.** *n* (*of light on water*) Glitzern *s;* (*showy elegance*) Geglitzer *s,* Glamour *m;* **glittering** *adj* ▷*performance* glanzvoll
gloat ['gləʊt] *vi PEJ* [sich] diebisch freuen (*over* über *acc*)
global ['gləʊbl] *adj* ▷*warming, conflict* weltweit, global; ▷*view* umfassend
globe [gləʊb] *n* ↑ *earth* Erdkugel *f;* (*model of Earth*) Globus *m;* (*round object*) Kugel *f;* **globetrotter** [gləʊb'trɒtə*] *n* (*world traveller*) Weltenbummler(in *f*) *m,* Globetrotter(in *f*) *m*
globule ['glɒbju:l] *n* (*of liquid metal*) Kügelchen *s;* (*of water*) Tröpfchen *s*
gloom [glu:m] *n* ◇ **one is filled with ~ and despondency on hearing such news** man fühlt sich bedrückt und niedergeschlagen, wenn man die Nachrichten hört; ◇ **to be unable to see through the ~** nicht durch das Dunkel sehen können; **gloominess** *n* (*grimness of mood*) Niedergeschlagenheit *f,* Düsterheit *f;* **gloomily** *adv* mit mulmigem Gefühl; **gloomy** ['glu:mɪ] *adj* ▷*day* düster; ◇ **to look ~** trübsinnig schauen
glorification [glɔ:rɪfɪ'keɪʃən] *n* (*of war*) Verherrlichung *f,* Glorifizierung *f;* **glorify** ['glɔ:rɪfaɪ] *vt* → *war* verherrlichen; → *God* lobpreisen; **glorious** ['glɔ:rɪəs] *adj* ▷*day* herrlich; ▷*victory* glorreich; **glory** ['glɔ:rɪ] **I.** *n* ① (*fame and honour*) Ruhm *m* ② (*spectacular appearance*) Herrlichkeit *f,* Pracht *f* ③ (*reasons for pride*) ◇ **the ~ of Paris** der Stolz von Paris **II.** *vi* ◇ **to ~ in one's success** sich in seinem Erfolg sonnen
gloss [1] [glɒs] **I.** *n* ① (*polished to a high ~*) Hochglanz *m* ② (*lip ~, ~ paint*) Glanz *m* ③ (*of respectability, one's sheen*) Glanz *m* **II.** *vt* ① → *doorframes* mit Glanzlack streichen
gloss [2] **I.** *n* (*explanation of text*) Anmerkung *f* (*on* zu); ◇ **to put a different ~ on s.th.** etw in e-m anderen Licht darstellen **II.** *vt* → *difficult word* erläutern; **gloss over** *vt* → *awkward facts* vertuschen
glossary ['glɒsərɪ] *n* Glossar *s*
gloss finish *n* PHOTO Hochglanzabzug *m;* **gloss paint** *n* Glanzfarbe *f*
glossy ['glɒsɪ] *adj* (*smooth and shiny*) glänzend; **glossy magazine** *n* (*with pictures on high quality photo paper*) Zeitschrift *f* auf Hochglanzpapier
glove [glʌv] *n* Handschuh *m*
glow [gləʊ] **I.** *vi* glühen **II.** *n* ↑ *radiance* Glühen *s;* (*of fire, of emotion*) Glut *f;* (*of colour*) Leuchten *s*
glower ['glaʊə*] *vi* ein finsteres Gesicht machen
glow-worm ['gləʊ wɜ:m] *n* Glühwürmchen *s*
glucose ['glu:kəʊs] *n* Traubenzucker *m*
glue [glu:] **I.** *n* Klebstoff *m* **II.** *vt* kleben (*to* an *acc*); ◇ **he sat ~d to the television** er saß wie gebannt vor dem Fernseher; **glue-sniffing** [glu:snɪfɪŋ] *n* Schnüffeln *s*
glum [glʌm] *adj* bedrückt
glut [glʌt] *n* (COMM *excess of*) Schwemme *f*
glutinous ['glu:tɪnəs] *adj* ▷*food, mess* klebrig
glutton ['glʌtn] *n* Vielfraß *m;* ◇ **a ~ for punishment** Masochist(in *f*) *m;* **gluttonous** ['glʌtnəs] *adj* unersättlich
gluttony ['glʌtənɪ] *n* Völlerei *f*
glycerine ['glɪsəri:n] *n* Glyzerin *s*
gnarled [nɑ:ld] *adj* ▷*wood* knorrig
gnat [næt] *n* [Stech-]Mücke *f*
gnaw [nɔ:] *vt* nagen an, kauen an *dat*
gnome [nəʊm] *n* Gnom *m*
go [gəʊ] <went, gone> **I.** *vi* ① ↑ *move, advance* bewegen, gehen, fahren; ◇ **would you ~ and fetch the book?** gehst du bitte mal und holst das Buch?; ↑ *leave* ◇ **I must be going now** ich muß dann gehen; ◇ **he has been gone an hour** er ist schon e-e Stunde weg; ↑ *attend* ◇ **did you ~ to university?** haben Sie studiert?; (*move with purpose*) ◇ **to ~ for a run** e-n Dauerlauf machen; ◇ **to ~ on a language course** e-n Sprachkurs besuchen; (*pro-*

G

ceed in a particular way) ◇ **to ~ at 56 km/h** mit 56 km/h fahren; ◇ **to ~ to bed** ins Bett gehen; ↑ *be send* ◇ **will the parcel ~ by post?** wird das Paket per Post weggeschickt?; ◇ **the memo must ~ to all departments** diese Mitteilung muß in alle Abteilungen; ↑ *lead to* ◇ **this road ~es to Rome** diese Straße führt nach Rom; ◇ **our property ~es beyond the next field** unser Grundstück geht über das nächste Feld hinaus [2] ↑ *belong [with position]* ◇ **the computer ~es on the desk** der Computer kommt auf den Schreibtisch; ↑ *fit* ◇ **my foot won't ~ into that shoe** mein Fuß paßt nicht in diesen Schuh; ◇ **5 into 17 won't ~** 17 durch 5 geht nicht [3] ↑ *progress* ◇ **how is the course ~ing?** wie läuft's im Kurs so? [4] ↑ *function* ◇ **my computer is ~ing well** mein Computer läuft gut; ↑ *combine, suit each other* ◇ **the colours do not ~ well together** die Farben passen nicht gut zusammen [4] ↑ *become* ◇ **he's gone mad** er ist verrückt geworden; ◇ **in 1846 many Irishmen went hungry** im Jahre 1846 mußten viele Iren hungern; ◇ **this country will never ~ Labour** dieses Land wird niemals Labour wählen; ↑ *pass* ◇ **his contribution did not ~ unnoticed** sein Beitrag fiel durchaus auf [5] ↑ *sound* ◇ **how did the song ~?** wie ging das Lied?; ◇ **the story ~es like this ...** die Geschichte ging so ... [6] ↑ *cease, vanish* ◇ **the backache just won't ~** die Rückenschmerzen gehen einfach nicht weg; ◇ **I went to pick up my car but it was gone** ich ging los, um mein Auto zu holen, aber es war verschwunden; ◇ **he's too slow he will have to ~** er ist zu langsam, wir werden uns von ihm trennen müssen; ◇ **I was riding along on my bike and the brakes went** ich fuhr gerade auf meinem Fahrrad, da versagten die Bremsen; ◇ **I don't know where all the money ~es** ich weiß nicht, wo das ganze Geld hingeht; ◇ **~ing! ~ing! gone!!** zum Ersten, zum Zweiten, und zum ... Dritten!; ◇ **those days are gone** diese Tage sind vorbei [7] (GRAM *immediate future*) ◇ **she's ~ing to have a baby** sie bekommt ein Baby; ◇ **it's ~ing to be a lovely day** es wird ein herrlicher Tag **II.** *n (-es)* [1] *FAM* ◇ **the new secretary has get-up and ~** die neue Sekretärin hat jede Menge Power [2] ◇ **have another ~!** versuch's noch mal!; **go ahead** *vi* [1] ◇ **to ~ ~ with one's plans** mit seinen Plänen fortfahren [2] ◇ **I hope the project goes ~** ich hoffe, das Projekt geht voran; **go along with** *vt, vi* ◇ **he went along with my suggestion** er war mit meinem Vorschlag einverstanden; **go around** *vi* [1] ◇ **there's a rumour ~ing ~ that ...** es geht das Gerücht um, daß ... [2] ◇ **you shouldn't ~ ~ with drug addicts** man sollte sich nicht mit Drogenabhängigen abgeben [3] ◇ **are there enough cakes to ~ ~?** gibt es genug Gebäck für alle?; **go away** *vi* weggehen; ▷*for a holiday* wegfahren; **go back** *vi* [1] ◇ **to ~ ~ to what I was saying ...** um nochmal auf das vorhin Gesagte zurückzukommen ... [2] ↑ *return* ◇ **Ireland? Of course I want to ~ ~** Irland? Natürlich möchte ich dorthin zurückgehen; **go back on** *vt* ↑ *reverse* → *decision* rückgängig machen; **go by** *vt, vi* [1] ← *car* vorbeifahren [2] ← *time* vergehen [3] ↑ *stick to* ◇ **he always goes by the rules** er hält sich immer an die Regeln; **go down** *vi* [1] ← *sun* untergehen; ← *inflation* geringer werden [2] *(be well received)* ◇ **my lecture went down very well** mein Vortrag kam sehr gut an; **go for** *vi +prep obj* [1] ◇ **to ~ ~ the newspaper** fortgehen, um die Zeitung zu kaufen [2] ↑ *set upon* ◇ **he went for him with an axe** er ging mit e-r Axt auf ihn los [3] ↑ *apply to* ◇ **I hate him and that goes for all his friends too** ich hasse ihn, und das gilt auch für seine Freunde [4] ↑ *find good* ◇ **he does not go for rock and roll** er hält nicht viel von Rock 'n' Roll, er macht sich nichts aus Rock 'n' Roll; **go in** *vi* hineingehen; ◇ **the sun has gone in** die Sonne hat sich versteckt; **go into** *vt* [1] → *room* eintreten [2] → *army* gehen [3] (→ *wall, with car*) fahren (gegen); **go off I.** *vi* ↑ *leave* weggehen; ← *lights* ausgehen; ← *alarm* klingeln; ← *food* schlecht werden **II.** *vi +prep obj* ↑ *begin to dislike* nicht mehr mögen; **go on** *vi* [1] ↑ *walk on* weitergehen [2] ↑ *talk incessantly* unaufhörlich reden [3] ◇ **what's going on?** was ist los?; **go out** *vi* [1] ↑ *leave* → *house etc.* hinausgehen [2] ← *tide* zurückgehen [3] ◇ **to ~ ~ of style** unmodern werden, aus der Mode kommen [4] ↑ *sympathize* ◇ **my heart went out to her** ich fühlte mit ihr mit; **go over** *vt* [1] ↑ *cross* hinübergehen [2] ↑ *examine, check* durchgehen; **go up** *vi* [1] ← *price* steigen [2] → *stairs* hinaufsteigen [3] ← *lift* hochfahren; **go without** *vi +prep obj* ◇ **to ~ ~ s.th.** ohne etw auskommen müssen, auf etw verzichten müssen

goad [gəʊd] *vt* → *person* verspotten, hetzen; ◇ **he was ~ed into action** er wurde angespornt, etw zu tun

go-ahead ['gəʊəhed] **I.** *adj* ▷*company* fortschrittlich **II.** *n* ◇ **to give s.o. the ~** jd-m grünes Licht geben

goal [gəʊl] *n* [1] ↑ *aim* Ziel *s* [2] *(in football)* Tor *s;* ◇ **to be in ~** im Tor stehen; ◇ **to score a ~** ein Tor schießen; **goalie** ['gəʊlɪ] *n*, **goalkeeper** *n* Torwart *m;* **goal-kick** *n* Abstoß *m* vom Tor; **goal mouth** *n* unmittelbarer Torbereich *m;* **goalpost** *n* Torpfosten *m*

goat [gəʊt] *n* Ziege *f;* ◇ **to get s.o.'s ~** jd-n auf die Palme bringen

gobble ['gɒbl] *vt, vi* → *food* verschlingen

gobbler *n* Truthahn *m*
gobbledygook ['gɒbldɪguːk] *n* (*FAM in official language*) [Bürokraten-]Kauderwelsch *s*
go-between ['gəʊbɪtwiːn] *n* Vermittler(in *f*) *m*
goblet ['gɒblɪt] *n* (*wine ~*) Pokal *m*
goblin ['gɒblɪn] *n* (*grotesque elf-like being*) Kobold *m*
god [gɒd] *n* ① (*G~*) Gott *m;* ◇ **God forbid!** Gott behüte!; ◇ **for God's sake!** um Gotteswillen!, um Himmelswillen!; ◇ **God alone knows where he's gone** das wissen die Götter, wo der hin ist; ◇ **thank God!** Gott sei Dank! ② (*pagan*) Gott *m;* **godchild** *n* <-children> Patenkind *s;* **goddess** ['gɒdɪs] *n* Göttin *f;* **godfather** *n* Pate *m;* **godforsaken** *adj* gottverlassen; **godlike** *adj* ▷*being, attitude* gottähnlich; **godmother** *n* Patin *f;* **godsend** *n* Geschenk *s* des Himmels
goer ['gəʊə*] *n* ① (*positive comment*) unternehmungslustiger Mensch *m* ② (*sexist comment*) Flittchen *s*
go-getter ['gəʊgetə*] *n* Macher *m Go-getter m,* Mann [*o.* Frau] der Tat
goggle ['gɒgl] *vi* ↑ *stare* starren; *PEJ* glotzen; ◇ **to ~ at s.th.** etw anglotzen; **goggle-box** *n FAM* Glotze *f*
goggles ['gɒglz] *n pl* ↑ *protective glasses* Schutzbrille *f*
going ['gəʊɪŋ] *n* ① (*act of leaving*) Gehen *s,* Weggehen *s;* ◇ **we were sad at their ~** wir waren traurig, als sie gingen ② (*state, e.g.: of race track, road*) ◇ **the ~ at Hausen was soft** die Bahn in Hausen war weich; *FAM* ◇ **while the ~ is good** solange noch Zeit dazu ist [*o.* solange es noch geht] ③ ↑ *rate of progress* Vorankommen *s;* ◇ **to finish in 4 hours is not bad ~** in vier Stunden fertig zu werden, ist nicht schlecht; **going concern** *n* bestehendes Unternehmen *s;* **going rate** *n* (*of exchange*) derzeit gültiger Umtauschkurs; (*of pay*) derzeit gültiger Tariflohn; **goings-on** *n pl* Ereignisse *s pl,* Dinge *s pl;* **going-over** *n* ① (*inspection and repair*) Inspektion *f;* ◇ **give the car a good ~-~** checken Sie das Auto gründlich durch ② *FAM* ↑ *beating* ◇ **they gave him a good ~ ~** sie verpaßten ihm e-e ordentliche Tracht Prügel
gold [gəʊld] **I.** *n* (*metal*) Gold *s* **II.** *adj* ↑ *made of ~* aus Gold, golden, Gold-; ↑ *~ coloured* goldfarben; **golden** ['gəʊldən] *adj* ① ▷*hair* golden ② ▷*crown* Gold-, golden; **goldfish** *n* Goldfisch *m;* **golden handshake** *n* Abfindungszahlung *f;* **gold mine** *n* Goldmine *f;* **golden rule** *n* goldene Regel, oberstes Gebot
golf [gɒlf] *n* SPORT Golf *s;* **golf ball** *n* SPORT Golfball *m;* **golf club** *n* (*organisation*) Golfklub *m;* (*stick*) Golfschläger *m;* **golf course** *n* Golfplatz *m;* **golfer** *n* Golfspieler(in *f*) *m*
gondola ['gɒndələ] *n* Gondel *f*
gone [gɒn] *pp of* **go**
gong [gɒŋ] *n* Gong *m*
good [gʊd] **I.** *n* ① (*moral correctness*) Gute *s;* ◇ **to be up to no ~** nichts Gutes im Schilde führen; ◇ **there is some ~ in everybody** in jedem Menschen steckt ein guter Kern ② ↑ *advantage, benefit* ◇ **it's no ~ if it doesn't pay** es taugt nichts, wenn es sich nicht bezahlt macht; ◇ **what's the ~ in shouting at him?,** wozu schreist du ihn eigentlich so an?; ◇ **it would do you ~ to have a break** e-e kleine Pause würde dir gut tun [*o.* nicht schaden]; ◇ **I must do it for the ~ of the family** ich muß es zum Wohle der Familie tun ③ ◇ **for ~** für immer **II.** <better, best> *adj* ① (*of a high standard*) gut; ◇ **~ language skills** gute Sprachkenntnisse; ◇ **she's ~ at languages** sie ist sprachbegabt ② ↑ *[highly] suitable* gut, günstig; ◇ **it's a ~ day for fishing** es ist ein guter Tag zum Fischen; ◇ **that's ~ advice** das ist ein guter Rat ③ ↑ *fortunate* gut, günstig; ◇ **it's a ~ thing you are in today** es trifft sich gut, daß du heute da bist; ◇ **it's a ~ job I kept quiet** gut, daß ich meinen Mund gehalten habe ④ ↑ *bad, without value* ◇ **no ~** wertlos, nicht gut; ◇ **a bank is not much ~ to me, I have no money** e-e Bank bringt mir nichts, ich habe kein Geld ⑤ ↑ *pleasant* schön, angenehm; ◇ **have a ~ time!** viel Spaß!; ◇ **you've finished the work? ~!** du bist mit der Arbeit fertig? Schön!; ◇ **~ for you!** gut gemacht! ⑥ ↑ *healthy, in order* gut; ◇ **apples are ~ for you** Äpfel sind gesund; ◇ **you're looking ~** du siehst gut aus ⑦ ↑ *morally correct, beneficial* gut, anständig; ◇ **the professor was very ~ to me** der Professor hat mich sehr gut behandelt [*o.* war sehr gut zu mir] ⑥ ↑ *well behaved* brav, lieb; ◇ **be ~ while I'm out** sei brav, solange ich weg bin; ◇ **she's ~ as gold** sie ist richtig lieb ⑦ (*generous in quantity or size*) gut; ◇ **it's a ~ 4 km to town** bis zur Stadt sind es gut 4 km, es sind gute 4 km bis zur Stadt; ◇ **I used to drink a ~ deal of beer** früher [einmal] habe ich e-e Menge Bier getrunken; ◇ **make sure you arrive in ~ time!** sei unbedingt pünktlich!; **good afternoon** *intj* guten Tag;
goodbye [gʊd'baɪ] **I.** *n* Abschied *m;* ◇ **they said their ~s** sie verabschiedeten sich **II.** *intj* auf Wiedersehen; **good evening** *intj* guten Abend;
good for nothing **I.** *n* Taugenichts *m* **II.** *adj* ▷*person* nichtsnutzig; ▷*thing* unnütz, nutzlos;
Good Friday *n* Karfreitag *m;* **good-humoured** [gʊd'hjuːmərd] *adj* gutmütig; **good-looking** *adj* gutaussehend; **good-natured** *adj* gutmütig; **goodness** *n* ① (*of person*) Güte *f;* (*in*

food) Nährwert *m* [2] ◇ **- me!** ach du meine Güte!; ◇ **for -' sake!** um Himmels Willen!; **good night** *intj* gute Nacht

goods [gʊdz] *n pl* [1] (*regular products*) Güter *s pl,* Produkte *s pl;* COMM Waren *f pl;* ◇ **the store has a wide range of -** das Geschäft hat e-e große Auswahl [an Waren] [2] (*possessions*) Gut *s,* Güter *s pl;* ◇ **all my worldly -** mein ganzes Hab und Gut [3] (*BRIT products in bulk*) Güter *pl* [3] (*FIG FAM come up with s.th. promised*) ◇ **to deliver the -, to come up with the -** e-e Leistung erbringen; **goods train** *n* Güterzug *m*

goodwill [gʊd'wɪl] *n* (*in human relations*) Wohlwollen *s*

gooey ['gʊːɪ] *adj* ↑ *sticky* klebrig

goof [guːf] **I.** *n* [1] (*FAM person*) Dussel *m* [2] *FAM* ↑ *mistake* Schnitzer *m* **II.** *vi FAM* danebenhauen; **goof up** *vt* → *work* vermasseln

goose [guːs] *n* <geese> (*female*) Gans *f;* (*male*) Gänserich *m*

gooseberry ['gʊzbərɪ] *n* Stachelbeere *f*

gooseflesh [guːsfleʃ] *n sg,* **goose pimples** *n pl* Gänsehaut *f*

gopher ['gəʊfə*] *n* Taschenratte *f*

gore [1] [gɔː*] *vt* aufspießen; ◇ **he was -d by the bull** er wurde von dem Stier aufgespießt

gore [2] *n* [viel geronnenes] Blut; (*FIG in film*) Gewaltszene *f*

gorge [gɔːdʒ] **I.** *n* GEO Schlucht *f* **II.** *vr* ◇ **- oneself** sich vollstopfen

gorgeous ['gɔːdʒəs] *adj* sagenhaft, hinreißend

gorilla [gə'rɪlə] *n* Gorilla *m*

gorse [gɔːs] *n* Stechginster *m*

gory ['gɔːrɪ] *adj* ▷*scene* blutrünstig, blutig; *FIG* ◇ **tell me all the - details** erzähle mir die ganze Geschichte

gosh [gɒʃ] *intj* Mensch!, Mann!

go-slow ['gəʊsləʊ] *n* Bummelstreik *m*

gospel ['gɒspəl] *n* [1] (*G~*) Evangelium *s;* ◇ **the G~ according to St John** das Johannesevangelium, das Evangelium nach Johannes [2] ↑ *ideology* Lehre *f; FIG FAM* ◇ **that's absolutely -** das ist die reine Wahrheit

gossamer ['gɒsəmə*] *n* [1] (*of spider*) Spinnfäden *pl* [2] (*man-made material*) feine Gaze *f*

gossip ['gɒsɪp] **I.** *n* [1] ↑ *indiscreet chatter* Klatsch *m,* Tratsch *m;* ◇ **to have a - with s.o.** mit jd-m schwatzen/tratschen [2] (*person*) Klatschbase *f* **II.** *vi* tratschen, klatschen; **gossip column** *n* Klatschspalte *f*

got [gɒt] *pt, pp of* **get**

Gothic ['gɒθɪk] *adj* gotisch

gotta ['gɒtə] = *pp of* **get** [1] (*never written, have got to*) muß; ◇ **I - go** ich muß gehen [2] (*never written, have got a*) habe; ◇ **I - new motorbike** ich habe ein neues Motorrad

gotten ['gɒtən] (*AM*) *pp of* **get**

gouge ['gaʊdʒ] *vt* → *hollow* [aus]bohren; **gouge out** *vt* ausbohren; ◇ **to - - s.o.'s eyes** jd-m die Augen ausstechen

goulash ['guːlæʃ] *n* Gulasch *s*

gourd ['gʊəd] *n* (*drinking vessel*) Kürbisflasche *f*

gourmet ['gʊəmeɪ] *n* Feinschmecker(in *f*) *m*

gout [gaʊt] *n* MED Gicht *f*

govern ['gʌvən] *vt* [1] → *country* regieren [2] ↑ *restrain* → *prices, feelings etc.* kontrollieren, regeln [3] ◇ **-ed by circumstances** durch die Umstände bestimmt

governess ['gʌvənɪs] *n* Gouvernante *f*

governing *adj* [1] ▷*party* regierend [2] ▷*passion* beherrschend; ◇ **- idea** Leitgedanke *m;* **governing body** *n* Vorstand *m*

government [gʌvənmənt] **I.** *n* [1] (*act of governing*) Regierung *f,* Kontrolle *f* (*of, over* über *acc*) [2] (*system of -*) Regierungsform *f,* Regierung *f* [3] (*governing body*) ◇ **the German G~ announced today ...** die deutsche Regierung kündigte heute an ... **II.** *adj* Regierungs-; **government aid** *n* staatliche Hilfe *f;* **government employee** *n* Angestellte(r) *fm* im öffentlichen Dienst; **governor** ['gʌvənə*] *n* (*of Bank of England*) Gouverneur *m;* (*of prison*) Direktor(in *f*) *m*

govt *abbr. of* **government** Reg.

gown [gaʊn] *n* [1] (*ball -*) Kleid *s,* Abendkleid *s* [2] (*lecturer's -*) Robe *f*

GP *n abbr. of* **General Practitioner** Allgemeinarzt *m,* Allgemeinärztin *f*

GPO *n abbr. of* **General Post Office** Postamt *s*

grab [græb] **I.** *vt* → *person's arm* packen an *dat;* → *money* raffen; ◇ **you ought to - at the chance of working** du solltest dir die Chance auf Arbeit nicht entgehen lassen; *FAM* ◇ **how does that - you?** wie gefällt dir das? **II.** *n* ◇ **to make a - at s.th.** nach etw greifen; *FAM* ◇ **up for -s** für jd-n zu haben

grace [greɪs] **I.** *n* [1] (*elegance of style/manner/mouvement*) Anmut *f,* Eleganz *f* [2] ◇ **to have the - to admit s.th.** soviel Anstand besitzen, etw zuzugeben [3] (*[un]willingness*) ◇ **with ill/good -** widerwillig/anstandslos [4] ◇ **by the - of God** ↑ *mercy* durch die Gnade Gottes [5] ◇ **to fall from -** ↑ *favour* in Ungnade fallen [6] (*prayer before meal*) Tischgebet *s* **II.** *vt* ehren; (*ironic*) ◇ **he -d us with his presence** er beehrte uns mit seiner Anwesenheit; **graceful** ['greɪsfl] *adj* ▷*movement* elegant; **gracefully** *adv* (*with good will*) auf charmante Art; **graceless** *adj* reizlos

gracious ['greɪʃəs] *adj* ▷*person* nobel; ▷*gesture* gefällig

gradation [grəˈdeɪʃən] *n* Abstufung *f*
grade [greɪd] **I.** *n* ① ↑ *level* Niveau *s;* ◇ **to make the ~** es schaffen ② ↑ *quality* ~ Güteklasse *f* ③ ↑ *exam* ~ ↑ *mark* Note *f* ④ *AM* SCH Klasse *f* **II.** *vt* ↑ *classify* einstufen, klassifizieren; **grade crossing** *n* (*AM*) Bahnübergang *m*
gradient [ˈgreɪdɪənt] *n* (*degree of steepness*); (*up*) Steigung *f;* (*down*) Gefälle *s*
gradual [ˈgrædjʊəl] *adj* ▷*change* allmählich; ▷*slope* sanft; **gradually** *adv* nach und nach
graduate [ˈgrædjʊɪt] **I.** *n* (*university*) Akademiker(in*f*) *m,* Hochschulabsolvent(in*f*) *m* **II.** [ˈgrædjʊeɪt] *vi* SCH seinen Abschluß machen (*from* an *dat*); **graduated** [-ɪd] *adj* ▷*pay scale* abgestuft; **graduation** [grædjʊˈeɪʃən] *n* (*university*); (*~ ceremony*) Abschlußfeier *f*
graffiti [grəˈfiːtɪ] *n* Graffiti *s*
graft [grɑːft] **I.** *n* ① BIOL Pfropfstelle *f* ② (*FAM work*) Schufterei *f* ③ MED verpflanztes Gewebe, Transplantat *s* ④ (*FAM abuse of position*) Amtsmißbrauch *m* **II.** *vt* ① BIOL pfropfen (*on* auf *acc*) ② → *ideas* übertragen (*on* auf *acc*) **III.** *vi* ↑ *work arduously* schuften
grain [greɪn] *n* ① AGR Getreide *s* ② (*single*) Korn *s* ③ (*of sand*) Körnchen *s;* ◇ **there was not a ~ of truth in what he said** es gab kein einziges Körnchen Wahrheit, in dem was er gesagt hat ④ (*of timber*) Maserung *f;* ◇ **with me it goes against the ~** es geht mir gegen den Strich; **grainy** *adj* PHOTO grobkörnig
gram, **gramme** [græm] *n* Gramm *s*
grammar [ˈgræmə*] *n* LING Grammatik *f;* ◇ **that's bad ~** das ist grammatisch falsch; **grammar school** *n* (*BRIT*) Gymnasium *s; AM* höhere Grundschule *f*
gramme *s.* **gram**
grammatical [grəˈmætɪkəl] *adj* grammatisch
gramophone [ˈgræməfəʊn] *n* Grammophon *s*
gran *n FAM* Oma *f,* Omi *f*
granary [ˈgrænərɪ] *n* Kornspeicher *m*
grand [grænd] **I.** *adj* großartig; ▷*building* imposant **II.** *n FAM* ↑ *one thousand pounds/dollars* ≈ Riese *m;* ◇ **he made 22 ~ on currency speculation** er hat 22 Riesen mit Devisenspekulationen gemacht; **grand[d]ad** [ˈgrændæd] *n* Opa *m,* Opi *m;* **grand child** *n* Enkelkind *s;* **grand daughter** *n* Enkeltochter *f,* Enkelin *f*
grandeur [ˈgrændjə*] *n* (*of palace etc.*) Erhabenheit *f;* (*of ceremony*) Glanz *m*
grandfather *n* Großvater *m;* **grandfather clock** *n* Standuhr *f*
grandiose [ˈgrændɪəʊz] *adj* ▷*idea* grandios; ▷*style* bombastisch
grandmother *n* Großmutter *f;* **grandpa** [ˈgrænpɑː] *n FAM* ↑ *grandfather* Opa *m;* **grandparent** *n* ◇ **my ~s** meine Großeltern; **grand piano** *n* <-s> Flügel *m;* **grandson** *n* Enkel[sohn] *m;* **grandstand** *n* Haupttribüne *f*
grange [greɪndʒ] *n* Bauernhof *m*
granite [ˈgrænɪt] *n* Granit *m*
granny [ˈgrænɪ] *n FAM* Omi *f*
grant [grɑːnt] **I.** *vt* ① ↑ *application* gewähren; → *permission* erteilen ② ↑ *admit* zugestehen; ◇ **I ~ you that I'm silly but I'm rich all the same** ich gebe ja zu, daß ich dumm bin, aber reich bin ich deshalb trotzdem ③ (*without appreciating*) ◇ **do not take her for ~ed** nimm sie nicht als selbstverständlich hin; (*educational allowance*) ◇ **he takes it for ~ed that she will come** für ihn ist es selbstverständlich, daß sie kommen wird **II.** *n* (*for education*) Stipendium *s;* (*development ~*) Subvention *f*
granulated sugar [ˈgrænjʊleɪtɪd ˈʃʊgə*] *adj* Zuckerraffinade *f*
granule [ˈgrænjuːl] *n* Körnchen *s*
grape [greɪp] *n* Traube *f*
grapefruit *n* Grapefruit *f,* Pampelmuse *f*
grape juice *n* Traubensaft *m*
grapevine *n* Weinstock *m; FIG* ◇ **I heard it through the ~** ich habe es auf Umwegen erfahren
graph [grɑːf] *n* Diagramm *s;* **graph paper** *n* Millimeterpapier *s*
graphic [ˈgræfɪk] *adj* ① ▷*description* plastisch ② ▷*design* grafisch; **graphics** *n pl* ↑ *illustrations* Zeichnungen *pl*
grapple [ˈgræpl] *vi* ① ◇ **to ~ with a problem** sich mit e-m Problem herumschlagen ② (*with enemy*) kämpfen
grasp [grɑːsp] **I.** *vt* ① → *safety rail* ↑ *hold on to* sich festhalten (an *dat*) ② ◇ **to ~ s.o. by the arm** jd-n am Arm packen ③ *FIG* ↑ *understand* begreifen **II.** *n* ① ↑ *grip* Griff *m* ② (*of subject*) Verständnis *s;* **grasping** *adj* ↑ *greedy* habgierig
grass [grɑːs] *n* ① BIOL Gras *s* ② ↑ *lawn* Rasen *m;* **grasshopper** [ˈgrɑːshɒpə*] *n* Grashüpfer *m,* Heuschrecke *f;* **grassland** *n* Grasland *s;* **grass roots** *n pl* ◇ **to tackle a problem at ~ ~** ein Problem an der Wurzel anpacken; **grass snake** *n* Ringelnatter *f;* **grassy** *adj* grasbewachsen
grate [1] [greɪt] *n* ↑ *fire* ~ Rost *m*
grate [2] **I.** *vi* (*sound*) kratzen; ◇ **to ~ on s.o.'s nerves** jd-m auf die Nerven gehen, jd-n nerven *FAM* **II.** *vt* → *cheese* reiben
grateful [ˈgreɪtfʊl] *adj* dankbar (*to* dat); **gratefully** *adv* dankbar
grater [ˈgreɪtə*] *n* (*cheese ~*) Reibe *f;* (*for vegetables*) Raspel *f*

G

gratification [grætɪfɪ'keɪʃən] *n* Befriedigung *f;* **gratify** ['grætɪfaɪ] *vt* befriedigen; **gratifying** *adj* befriedigend

grating [1] ['greɪtɪŋ] *n* Gitter *s*

grating [2] *adj* ▷*noise* knirschend; ↑ *enervating* nervend

gratitude ['grætɪtju:d] *n* Dankbarkeit *f*

gratuitous [grə'tju:ɪtəs] *adj* ▷*insult* unerwünscht; ↑ *senseless* überflüssig; **gratuity** [grə'tju:ɪtɪ] *n* ↑ *tip* Trinkgeld *s*

grave [1] [greɪv] *n* Grab *s*

grave [2] *adj* ▷*affair* ernst; ▷*error* gravierend

gravel ['grævəl] *n* (*fine*) Kies *m;* (*coarse*) Schotter *m*

gravely ['greɪvlɪ] *adv* ernst

gravestone ['greɪvstəʊn] *n* Grabstein *m;* **graveyard** ['greɪvjɑ:d] *n* Friedhof *m*

gravitate ['grævɪteɪt] *vi FIG* PHYS gravitieren (*towards* zu); **gravitational force**, **gravitational pull** [grævɪ'teɪʃnəl] *n* (*of planet*) Anziehungskraft *f,* Schwerkraft *f;* **gravity** ['grævɪtɪ] *n* ① (*earth's pull*) Schwerkraft *f* ② (*of situation*) Ernst *m,* Schwere *f,* Bedenklichkeit *f*

gravy ['greɪvɪ] *n* Soße *f*

gray [greɪ] *adj s.* **grey**

graze [1] [greɪz] *vt, vi* ← *cows* weiden [lassen]; ← *sheep* abgrasen

graze [2] **I.** *vt* → *skin* aufschürfen; → *surface* streifen **II.** *n* MED Abschürfung *f*

grease [gri:s] **I.** *n* (*animal fat*) Fett *s;* (*lubricating* ~) Schmierfett *s* **II.** *vt* → *skin* einschmieren; → *engine* schmieren; **grease gun** *n* Fettspritze *f;* **greaseproof paper** *n* Pergamentpapier *s;* **greasy** ['gri:sɪ] *adj* fettig; (*soiled with grease*) schmierig

great [greɪt] *adj* ① ↑ *large [in size]* groß; ◇ **he's a ~ bear of a man** er ist ein Bär von e-m Mann ② ↑ *accomplished* groß; ◇ **one of the ~est guitarists of the ...** e-r der größten Gitarristen der ...er Jahre ③ *FAM* ◇ **that's ~!** großartig!; ◇ **he's a ~ one for philosophic discussion** man kann herrlich mit ihm herumphilosophieren; **Great Britain** *n* Großbritannien *s;* ◇ **in ~ ~** in Großbritannien; ◇ **to go to ~ ~** nach Großbritannien fahren; **great-grandfather** *n* Urgroßvater *m;* **great-grandmother** *n* Urgroßmutter *f;* **greatly** *adv* ◇ **the gift was ~ appreciated** das Geschenk wurde dankbar angenommen; ◇ **we were ~ honoured by her presence** wir waren sehr geehrt durch ihre Anwesenheit; **greatness** *n* (*historical importance*) Bedeutung *f;* (*of character*) Größe *f*

Greece [gri:s] *n* Griechenland *s*

greed [gri:d], **greediness** *n* (*for food*) Gier *f* (*for* nach); ◇ **his fifth helping was sheer ~** die fünfte Portion nahm er sich aus reiner Freßsucht; (*for power*) [Macht-]Hunger *m,* [Macht-]Gier *f* (*for* nach); (*for money*) [Geld-]Gier (*for* nach); **greedily** *adv* ◇ **to eat ~** gierig essen; **greedy** *adj* gierig; ◇ **to be ~ for praise** nach Lob gieren

Greek [gri:k] **I.** *adj* griechisch **II.** *n* Grieche *m,* Griechin *f*

green [gri:n] **I.** *adj* grün **II.** *n* ① (*colour*) Grün *s* ② (*village* ~) Dorfwiese *f* ③ (*~s*) Grüngemüse *s;* **green belt** *n* (*of city*) Grüngürtel *m;* **greenery** ['gri:nərɪ] *n* ↑ *foliage* grünes Laub *s;* **greengage** ['gri:ngeɪʒ] *n* Reneklode *f;* **greengrocer** *n* Gemüsehändler(in *f*) *m;* **greenhouse** *n* Gewächshaus *s;* **greenhouse effect** *n* Treibhauseffekt *m;* **greenish** ['gri:nɪʃ] *adj* grünlich

Greenland *n* Grönland *s*

green light *n FIG* ◇ **to give s.o. the ~ ~** jd-m grünes Licht geben

Greenwich Mean Time ['grɛnɪtʃ mi:n taɪm] *n* Mittlere Zeit Greenwich *f,* Greenwicher Zeit *f*

greet [gri:t] *vt* ① (*person*) grüßen, begrüßen ② ↑ *meet* ◇ **his decisions were ~ed with scorn** seine Entscheidungen wurden mit Verachtung aufgenommen

greeting *n* ① (*act of* ~) Begrüßung *f* ② (*message*) Gruß *m;* **greetings card** *n* Grußkarte *f*

gregarious [grɪ'gɛərɪəs] *adj* ▷*person* gesellig

grenade [grɪ'neɪd] *n* Granate *f*

grew [gru:] *pt of* **grow**

grey [greɪ] *adj* grau; **grey area** *n* (*FIG of understanding*) Grauzone *f;* **grey-haired** *adj* grauhaarig; **greyhound** *n* Windhund *m;* **greyish** ['greɪɪʃ] *adj* gräulich

grid [grɪd] *n* ① ↑ *grating* Gitter *s* ② (ELECTR *national* ~) Verteilernetz *s* ③ GEO Gitternetz *s*

gridiron ['grɪdaɪən] *n* GASTRON Bratrost *m; AM* SPORT Spielfeld *s*

grief [gri:f] *n* ① ↑ *sorrow* Kummer *m,* Schmerz *m* ② *FIG* ◇ **all their plans came to ~** alle ihre Pläne wurden zunichte gemacht ③ *FIG* ◇ **good ~!** ach du heiliger Schreck!; **griefstricken** *adj* untröstlich

grievance ['gri:vəns] *n* ↑ *complaint* Klage *f;* ◇ **to air one's ~s** sich beklagen; **grievance procedure** *n* Beschwerdeweg *m;* **grieve** [gri:v] **I.** *vi* trauern (*at, about* über *acc*) **II.** *vt* Kummer bereiten *dat;* **grievous** ['gri:vəs] *adj* ▷*injury* schwer; ▷*fault* schwerwiegend

grill [grɪl] **I.** *n* (*on cooker*) Grill *m* **II.** *vt* GASTRON grillen; *FIG* ↑ *question* ◇ **to ~ s.o. about s.th./s.o.** jd-n über etw/jd-n ausquetschen

grille [grɪl] *n* AUTO Kühlergrill *m*

grim [grɪm] *adj* ↑ *stern* hart; ↑ *unremitting* verbissen

grimace [grɪ'meɪs] **I.** *n* Grimasse *f* **II.** *vi* e-e Grimasse schneiden
grime [graɪm] *n* Ruß *m*
grimly ['grɪmlɪ] *adv* verbissen, grimmig
grimy ['graɪmɪ] *adj* rußig
grin [grɪn] **I.** *n* Strahlen *s* **II.** *vi* (*with pleasure*) strahlen; (*with contempt*) grinsen
grind [graɪnd] <ground, ground> **I.** *vt, vi* ① → *flour* [zer]mahlen; ◇ **to ~ one's teeth** mit den Zähnen knirschen ② → *knife* schleifen ③ ◇ **traffic is ~ing to a halt** der Verkehr kommt zum Erliegen **II.** *n FAM* ↑ *toil* Schufterei *f*; **grinder** *n* (*coffee ~*) Mühle *f*; **grinding** *adj* ▷*poverty* drükkend
grip [grɪp] **I.** *n* ① ↑ *grasp* Griff *m*; *FAM* ◇ **in the ~ of fear** von Angst erfaßt/besessen ② ◇ **to take a ~ of o.s.** sich beherrschen; *FIG* ◇ **to get to ~s with s.th.** sich ernsthaft mit etw beschäftigen ③ *AM* ↑ *bag* Tasche *f* **II.** *vt* ergreifen, packen
gripe [graɪp] *vi* nörgeln, meckern (*about* über)
gripes [graɪps] *n pl* ↑ *bowel pains* Bauchschmerzen *pl*, Bauchweh *s*
gripping ['grɪpɪŋ] *adj* ↑ *exciting* fesselnd
grisly ['grɪzlɪ] *adj* schauerlich
gristle ['grɪsl] *n* Knorpel *m*
grit [grɪt] **I.** *n* ① Streusand *m* ② ↑ *courage* Mut *m* **II.** *vt* ① → *road* streuen ② *FIG* → *teeth* zusammenbeißen
groan [grəʊn] *vi* stöhnen
grocer ['grəʊsə*] *n* Lebensmittelhändler(in *f*) *m*; **groceries** ['grəʊsərɪz] *n pl* Lebensmittel *pl*
grog [grɒg] *n* Grog *m*
groggy ['grɒgɪ] *adj FAM* ▷*boxer* groggy
groin [grɔɪn] *n* ANAT Leiste *f*
groom [gru:m] **I.** *n* ① (*bride and ~*) Bräutigam *m* ② ↑ *stable hand* Pferdejunge *m* **II.** *vt* ① → *horse* striegeln ② ◇ **to be ~ed for a position** für e-e Karriere aufgebaut werden **III.** *vr* ◇ **~ oneself** ← *person* sich pflegen
groove [gru:v] **I.** *n* ↑ *narrow channel* Rille *f* **II.** *vt* rillen
grope [grəʊp] *vi* herumtasten (*for* nach)
gross [grəʊs] **I.** *adj* ① ▷*sight, statement* widerlich ② ▷*language* sehr ordinär; ▷*behaviour* derb ③ ▷*inequalities* kraß ④ (*obese*) dick, fett ⑤ COMM brutto **II.** *n* <gross> Gros *s* **III.** *vt* brutto einnehmen
grossly *adv* ◇ **to behave ~** sich wie ein Schwein
grotesque [grəʊ'tesk] *adj* grotesk
grotto ['grɒtəʊ] *n* <-(e)s> Grotte *f*
grotty ['grɒtɪ] *n* mies
grouch [graʊtʃ] *vt FAM* schimpfen (*about* über *acc*); **grouchy** *adj FAM* miesepetrig
ground [1] [graʊnd] *pt, pp of* **grind**
ground [2] [graʊnd] **I.** *n* ① (*surface of earth*) [Erd-]Boden *m*; ◇ **to fall on the ~** zu [*o.* auf den] Boden fallen; ◇ **above/below ~** über/unter dem Erdboden ② ↑ *earth, soil* Erde *f* ③ ◇ **~s** ↑ *land* Besitz *m*; (*football ~s*) Platz *m*; (*fishing ~s*) Gründe *m pl*; (*of palace*) Gelände *s* ④ *FIG* ◇ **the lecture covered a lot of ~** der Vortrag deckte e-n weiten Bereich ab ⑤ (*coffee ~s*) Satz *m* ⑥ ↑ *reason* ◇ **to have ~s for divorce** Scheidungsgründe haben; ◇ **you have no ~ for beating him** du hast keinen Grund, ihn zu schlagen; ◇ **to retire on medical ~s** aus gesundheitlichen Gründen in Rente gehen **II.** *vt* ① → *ship* auf Grund setzen ② → *aircraft* ◇ **all the planes were ~ed** alle Flugzeuge mußten am Boden bleiben ③ ◇ **to ~ s.o. in a subject** jd-n gründlich in ein Thema einführen; ◇ **the theory is ~ed on experience** diese Theorie beruht [*o.* gründet] auf Erfahrung **III.** *vi* ← *ship* auf Grund laufen; **ground floor** *n* (*BRIT*) Erdgeschoß *s*, Parterre *s*; **grounding** *n* ① (*basic instruction*) Grundwissen *s* ② (*of aircraft*) Startverbot *s*; **groundless** *adj* grundlos, unbegründet; **ground level** *n* Boden *m*; **groundsheet** *n* Zeltbodenplane *f*; **groundsman** *n* <-men> Platzwart *m*; **groundswell** *n* ◇ **the ~ of opinion is that ...** die Leute sind immer mehr der Ansicht, daß ...; **groundwork** *n* Vorarbeit *f*
group [gru:p] **I.** *n* Gruppe *f*; COMM Gruppe *f*, Konzern *m* **II.** *adj* ▷*discussion etc.* Gruppen- **III.** *vt* gruppieren; **grouping** *n* Gruppierung *f*
grouse [graʊs] **I.** *n* <-> ① (*bird*) Waldhuhn *s* ② ↑ *complaint* Klage *f* **II.** *vi* schimpfen (*about* über *acc*)
grout [graʊt] *vt* → *tiles* verfugen
grove [grəʊv] *n* Wäldchen *s*
grovel ['grɒvl] *vi* ① (*on floor*) am Boden kriechen ② *FIG* kriechen; ◇ **to ~ to the teacher** vor dem Lehrer kriechen
grow [grəʊ] <grew, grown> **I.** *vi* ① ← *baby* wachsen, gedeihen; ← *population* wachsen, anwachsen ② ◇ **rice ~s wild here** der Reis wächst hier wild ③ ◇ **to ~ old** alt werden; *FIG* ◇ **to ~ dark** dunkel werden **II.** *vt* ① → *corn* anbauen, anpflanzen ② → *beard* wachsen lassen *acc*; **grow away from** *vt* sich entfremden von; **grow into** *vt* ① (*trousers*) hineinwachsen in *acc* ② ◇ **the acorn ~s ~ an oak tree** aus der Eichel wächst e-e Eiche; **grow on** *vt* Einfluß gewinnen (über *acc*); ◇ **it ~s one** man gewöhnt sich daran; **grow out of** *vt* ① (*trousers*) herauswachsen (aus) ② ↑ *arise* ◇ **his anger grew out of frustration** sein Zorn entstand aus Frust; **grow up** *vi* aufwachsen; ↑ *become mature* erwachsen werden; **grower** *n* (*vegetable ~*) Züchter(in *f*) *m*

G

growing I. *adj* [1] ▹*child* heranwachsend [2] ▹*interest* zunehmend **II.** *n* Wachsen *s;* **growing pains** *n pl* (*of child*) Wachstumsschmerzen *pl;* (*FIG of project*) Anfangsschwierigkeiten *pl*
growl [graʊl] *vi* ← *dog* knurren
grown [grəʊn] **I.** *pp of* **grow II.** *adj* gewachsen
grown over *adj* ▹*garden* überwachsen; **grown-up** [grəʊn'ʌp] **I.** *adj* ▹*person* erwachsen **II.** *n* Erwachsene(r) *fm*
growth [grəʊθ] *n* [1] (*act of growing, of plant*) Wuchs *m;* (*of person*) Entwicklung *f;* (*of discontent*) Zunahme *f;* FIN Zuwachs *m* [2] ↑ *sprout* Trieb *m;* MED Geschwulst *f,* Wucherung *f;* ◇ **seven days ~ of beard** ein sieben Tage alter Bart
grub [grʌb] **I.** *n* [1] FAUNA Larve *f* [2] (*FAM food*) Futter *s;* **grub around** *vi* wühlen (*in* nach, *among, in* in *dat*)
grubby ['grʌbɪ] *adj* schmutzig
grudge [grʌdʒ] **I.** *n* Groll *m* (*against* gegen); ◇ **to bear s.o. a ~** e-n Groll auf jd-n haben **II.** *vt* ◇ **to ~ s.o. success** jd-m den Erfolg mißgönnen; ◇ **to ~ s.o. a present** jd-m ein Geschenk nur ungern geben; ◇ **I don't ~ the money** es geht mir nicht ums Geld; ◇ **to ~ doing s.th.** etw nur ungern tun
grudging ['grʌdʒɪŋ] *adj* widerwillig, neidisch; **grudgingly** *adv* ungern
gruel ['grʊəl] *n* (*thin porridge*) Brei *m,* Haferschleim *m*
gruelling ['grʊəlɪŋ] *adj* ▹*work* strapaziös; ▹*marathon* mörderisch
gruesome ['gru:səm] *adj* grauenhaft; **gruesomeness** *n* Grausigkeit *f*
gruff [grʌf] *adj* schroff
grumble ['grʌmbl] **I.** *vi* ↑ *complain* murren (*about/over* über *acc*) **II.** *n* [1] (*complaint*) Murren *s* [2] ← *thunder* Grollen *s*
grumpy ['grʌmpɪ] *adj* mürrisch
grunt [grʌnt] **I.** *vi* [1] ← *pig* grunzen [2] ← *person* stöhnen **II.** *n* [1] Grunzen *s* [2] Stöhnen *s;* ◇ **to give a ~ of pain** vor Schmerzen stöhnen
G-string ['dʒi:strɪŋ] *n* (*clothing*) Tanga *m*
guarantee [gærən'ti:] **I.** *vt* [1] (COMM *assure free servicing*) garantieren, gewährleisten; ◇ **the car is ~d for 15 years against rust** auf das Auto gibt es 15 Jahre Garantie gegen Durchrostung [2] ↑ *assure* versprechen, zusichern; ◇ **he ~d me prompt delivery** er sicherte mir e-e schnelle Lieferung zu; ◇ **he ~d delivery within a week** er versprach Lieferung binnen e-r Woche; ◇ **his contribution will ~ success** durch seinen Beitrag ist der Erfolg garantiert; ◇ **I can't ~ this is any good** ich kann nicht dafür garantieren, daß das etw taugt **II.** *n* [1] (*written document*) Garantie [-bescheinigung] *f;* ◇ **under ~** auf Garantie [2] (FIN *security*) Sicherheit *f,* Garantie *f;* **guarantor** ['gærəntɔ:*] *n* COMM JUR Garant *m,* Bürge *m;* ◇ **to act as a ~ for s.o.** für jd-n bürgen
guard [gɑ:d] **I.** *n* [1] MIL Wache *f;* ◇ **the G~s** (*BRIT*) Garderegiment *s;* ↑ *security officer* Wächter(in *f*) *m;* RAIL Schaffner(in *f*) *m;* ◇ **to keep ~** scharf bewachen; ◇ **be on your ~!** sieh' dich vor! [2] SPORT Deckung *f;* (*device*) Schutzvorrichtung *f* **II.** *vt* → *crown jewels* bewachen; → *luggage* aufpassen (auf *acc*); → *child* schützen (*from/against* vor *dat*); **guard against** *vi +prep obj* (*infection*) sich schützen vor *dat,* vorbeugen *dat;* **guard dog** *n* Wachhund *m;* **guarded** [-ɪd] *adj* ▹*response* vorsichtig; ▹*machinery* abgesichert
guardian ['gɑ:dɪən] *n* JUR Vormund *m;* **guardian angel** *n* Schutzengel *m*
guard of honour *n* Ehrenwache *f*
guard rail *n* Schutzleiste *f*
guava ['gwɑ:və] *n* (*fruit*) Guave *f*
guerrilla [gə'rɪlə] *n* Guerilla *m;* **guerrilla warfare** *n* Guerillakrieg *m*
guess [ges] **I.** *vt, vi* [1] → *age* raten; ▹*correctly* erraten; ◇ **he ~ed the car to be older** er schätzte, daß der Wagen älter sei; ◇ **she hadn't a clue so she just had to ~** sie hatte keine Ahnung, also hat sie raten müssen [2] ↑ *presume* vermuten; ↑ *assume* annehmen; ◇ **given the evidence he ~ed that ...** in Anbetracht der Beweislage schloß er, daß ... **II.** *n* [1] ↑ *estimate* Schätzung *f;* ◇ **to make a ~ at s.th.** raten; ◇ **fifty pigs, at a ~** schätzungsweise fünfzig Schweine [2] ↑ *presumption* Vermutung *f;* **guesswork** *n* reine Vermutung *f;* **guesstimate** ['gestɪmət] *n FAM* grobe Schätzung *f*
guest [gest] *n* Gast *m; FAM* ◇ **be my ~!** bitte schön!, nur zu!; **guest-house** *n* Pension *f;* **guest of honour** *n* Ehrengast *m;* **guest room** *n* Gästezimmer *s;* **guest worker** *n* Gastarbeiter (in *f*) *m*
guffaw [gʌ'fɔ:] **I.** *n* schallendes Gelächter *s* **II.** *vi* schallend lachen
guidance ['gaɪdəns] *n* [1] (*marital ~*) Beratung *f* [2] (*missile ~*) Führung *f,* Lenkung *f*
guide [gaɪd] **I.** *vt* [1] → *person* führen; ◇ **to be ~d by s.th.** sich nach etw richten [2] → *aircraft, machine* lenken, steuern **I.** *n* [1] (*mountain ~*) Führer (in *f*) *m* [2] (*technical ~*) Anleitung *f;* **guidebook** *n* Führer *m* (*of* von, durch); **guided missile** [gaɪdɪd'mɪsaɪl] *n* MIL Lenkflugkörper *m;* **guide-dog** *n* Blindenhund *m;* **guideline** *n* Richtlinie *f*
guild [gɪld] *n* HIST Zunft *f;* ↑ *association* Verein *m;* **guildhall** *n* Zunfthaus *s;* ◇ **the G~** das Rathaus [der City of London]

guile [gaɪl] *n* List *f*
guileless *adj* arglos
guillotine ['gɪləti:n] *n* Guillotine *f*
guilt [gɪlt] *n* Schuld *f* (*for, of* an *dat*); **guilty** *adj* schuldig; ◇ **to find s.o. ~ of a crime** jd-n e-s Verbrechens für schuldig befinden
guinea pig ['gɪnɪpɪg] *n* Meerschweinchen *s*
guise [gaɪz] *n* (*of friendship*) Vorwand *m*, Deckmantel *m;* (*of clown*) Aufmachung *f*
guitar [gɪ'tɑ:*] *n* Gitarre *f;* **guitarist** *n* Gitarrist (in *f*) *m*
gulf [gʌlf] *n* ① (GEO *e.g.: G~ of Mexico*) Golf *m* ② (*FIG between people*) Kluft *f;* **Gulf States** *n pl* Golfstaaten, Golfanrainer *m pl;* **Gulf War** *n* HIST Golfkrieg *m*
gull [gʌl] *n* ↑ *sea ~* Möwe *f*
gullet ['gʌlɪt] *n* Kehle *f*
gullible ['gʌlɪbl] *adj* naiv, vertrauensselig
gully ['gʌlɪ] *n* ① ↑ *drainage channel* Rinne *f*, Gully *m* ② GEO Schlucht *m*
gulp [gʌlp] **I.** *vt, vi* → *food* runterschlingen; ↑ *drink* runterstürzen; ↑ *swallow* [hinunter]schlukken **II.** *n* Schluck *m*
gum [1] [gʌm] *n* (ANAT *~s*) Zahnfleisch *s*
gum [2] **I.** *n* ① Gummi *s;* ↑ *glue* Klebstoff *m* ② ↑ *chewing ~* Kaugummi *m* **II.** *vt* [ver]kleben
gumboot *n* Gummistiefel *m*
gumption ['gʌmpʃən] *n* *FAM* Schneid *m*, Grips *m*
gun [gʌn] **I.** *n* (*handheld*) Schußwaffe *f;* ↑ *rifle* Gewehr *s;* ↑ *pistol* Pistole *f* **II.** *vt* ① ↑ *~ down* zusammenschießen; → *plane* abschießen ② *FAM* → *car engine* hochdrehen, aufheulen lassen **III.** *vi* ◇ **to ~ for s.o.** es auf jd-n abgesehen haben; **gun down** *vt* zusammenschießen; **gun dog** *n* Jagdhund *m;* **gun-fight** *n* Schießerei *f;* **gun licence** *n* Waffenschein *m;* **gunman** *n* <-men> bewaffneter Verbrecher; **gunpoint** *n* ◇ **at ~** mit vorgehaltener Waffe; **gunpouder** *n* Schießpulver *s;* **gunshot** *n* Schuß *m;* **gunsmith** ['gʌnsmɪθ] *n* Büchsenmacher *m*
gurgle ['gɜ:gl] *vi* ← *baby* glucksen (*with* vor *dat*); → *wine* gluckern
guru ['gʊru:] *n* Guru *m*
gush [gʌʃ] **I.** *n* (*of enthusiasm*) Ausbruch *m;* (*of blood*) Strahl *m* **II.** *vt, vi* ← *volcano* ausstoßen; ← *blood* hervorquellen; **gushing** *adj* *FIG* ▷*talk* überschwenglich
gusset ['gʌsɪt] *n* Zwickel *m*, Keil *m*
gust [gʌst] **I.** *n* (*of wind*) Stoß *m* **II.** *vi* stürmisch wehen
gusto ['gʌstəʊ] *n* Begeisterung *f*
gusty ['gʌstɪ] *n* ▷*weather* böig
gut [gʌt] **I.** *n* ① ANAT Darm *m* ② *FAM* ↑ *belly* Bauch *m* ③ (*cat ~*) Darm *m;* (*for music instrument*) Darmsaite *f* ④ *FAM* ◇ **to have ~s** Schneid haben **II.** *vt* → *fish* ausweiden, ausnehmen **III.** *adj* (*~ reaction*) instinktiv
gutsy ['gʌtsɪ] *adj* ① *FAM* ▷*person* verfressen ② ↑ *brave* mutig, hart
gutter ['gʌtə*] *n* ① (*of street*) Gosse *f*, Rinnstein *m;* (*of roof*) [Dach-]Rinne *f* ② (*low conditions*) Gosse *f*
guttering **I.** *n* Regenrinne *f* **II.** *adj* ▷*candle* flakkernd
gutter press *n* Sensationspresse *f*
guttural ['gʌtərəl] *adj* ▷*voice* rauh, heiser
guy [gaɪ] *n* ① *FAM* Typ *m*, Kerl *m* ② (*person in odd clothes*) Vogelscheuche *f*
guzzle ['gʌzl] *vt, vi* → *beer etc.* schlürfen, gluckern; → *hamburgers, meal* futtern, reinstopfen
gym [dʒɪm], **gymnasium** [dʒɪm'neɪzɪəm] *n* Turnhalle *f*
gymnast ['dʒɪmnæst] *n* Turner(in *f*) *m*
gymnastics [dʒɪm'næstɪks] *n pl* SPORT Gymnastik *f*, gymnastische Übungen *pl; FIG* ◇ **mental ~** Gehirnakrobatik *f*
gynaecologist [gaɪnɪ'kɒlədʒɪst] *n* MED Gynäkologe *m*, Gynäkologin *f; FAM* Frauenarzt *m*, Frauenärztin *f;* **gynaecology** [gaɪnɪ'kɒlədʒɪ] *n* MED Gynäkologie *f*, Frauenheilkunde *f*
gypsy ['dʒɪpsɪ] *n s.* **gipsy**
gyrate [dʒaɪ'reɪt] *vi* herumwirbeln
gyroscope ['dʒaɪrəskəʊp] *n* PHYS Gyroskop *s*

H

H, h [eɪtʃ] *n* H, h *s*
ha [hɑ:] *intj* ① (*exclamation of surprise*) ah!, was! ② (*ha! ha!, laughter, in print*) Ha, ha!
haberdasher [hæbə'dæʃər] *n* (*BRIT*) Kurzwarenhändler *m; AM* Herrenausstatter *m*
habit ['hæbɪt] *n* ① (*regular activity*) Gewohnheit *f;* ◇ **to be in the ~ of jogging in the morning** die Gewohnheit haben, morgens zu joggen; ◇ **to get into the ~ of working** sich an das Arbeiten gewöhnen; ◇ **to have a bad ~** e-e schlechte Angewohnheit haben ② ▷*drug ~* Sucht *f*, Abhängigkeit *f;* ◇ **to have got the ~** süchtig sein ③ (*of monk*) Gewand *s*
habitable ['hæbɪtəbl] *adj* bewohnbar; **habitat** ['hæbɪtæt] *n* FAUNA FLORA ▷*natural* Lebensraum *m*, Habitat *s;* **habitation** [hæbɪ'teɪʃən] *n*

H

① (*act of inhabiting*) Bewohnen *s* ② ↑ *house* Behausung *f*

habitual [həˈbɪtjʊəl] *adj* ① ▷*liar* notorisch ② ▷*smoker* gewohnheitsmäßig; **habitually** *adv* ↑ *all the time* ständig

hack [1] [hæk] **I.** *vt, vi* → *s.th.* hacken; ◇ **to ~ at the undergrowth** das Dickicht wegschlagen

hack [2] *n* ① (*uninspired journalist*) Schreiberling *m* ② (*exhausted horse*) Klepper *m;* **hack about** *vt sep* → *text* zerstückeln

hacker *n* PC Hacker(in *f*) *m*

hacking *adj* ① ▷*cough* trockener Husten ② ▷*jacket* Reitjacke *f*

hackneyed [ˈhæknɪd] *adj* ▷*phrase* abgedroschen

hacksaw *n* Metallsäge *f*

had [hæd] *pt, pp of* **have**

haddock [ˈhædək] *n* Dorsch *m*

hadn't [ˈhædnt] = **had not**

haemo-[hemə], **hemo-**(*AM*) Hämo-

haemophiliac, hemophiliac (*AM*) [ˈheməʊˈfɪlɪæk] *n* Bluter *m*

haemorrhage, hemorrhage (*AM*), [ˈhemərɪdʒ] *n* Blutung *f*

haemorrhoids, hemorrhoids (*AM*), [ˈhemərɔɪdz] *n pl* Hämorrhoiden *pl*

hag [hæg] *n* Hexe *f*

haggard [ˈhægəd] *adj* ▷*face* ↑ *exhausted* abgespannt; (*from worry*) verhärmt

haggle [ˈhægl] *vi* ↑ *bargain* feilschen (*about* über *acc, over* über *acc*)

hail [1] [heɪl] *n* ① (*frozen rain*) Hagel *m;* ◇ **to die in a ~ of bullets** im Kugelhagel sterben ② (*of abuse*) Schimpftirade *f*

hail [2] **I.** *n* ↑ *call* Ruf *m* **II.** *vt* ① → *cab* rufen, herbeiwinken ② → *conquering heroes* bejubeln; ◇ **he was ~ed as a visionary poet** (*celebrated*) er wurde als visionärer Dichter gefeiert **III.** *vi* ① METEO hageln ② ◇ **she ~s from Berlin** sie stammt aus Berlin

hailstorm *n* Hagelsturm *m*

hair [hɛə*] *n* ① (*single strand*) Haar *s;* (*FAM collectively*) Haar *s*, Haare *pl;* ◇ **a thick head of ~** volles Haar ② (*FIG drop one's inhibitions*) ◇ **to let one's ~ down** aus sich herausgehen ③ ◇ **a ~ in my soup** ein Haar in der Suppe ④ (*body ~*) Behaarung *f;* **hairbrush** *n* Haarbürste *f;* **haircut** *n* Haarschnitt *m;* ◇ **to get a ~** sich *dat* die Haare schneiden lassen; **hairdo** *n* <-s> Frisur *f;* **hairdresser** *n* Friseur *m*, Friseuse *f;* **hair-dryer** *n* Haartrockner *m;* ↑ *blow dryer* Fön *m;* **haired** [-d] *adj* ◇ **long-~** langhaarig; ◇ **dark-haired** dunkelhaarig; **hairgrip** *n* Haarklemme *f;* **hairline** *n* ① (*on forehead*) Haaransatz *m* ② ↑ *thin line* ◇ **a ~ fracture** ein Haarriß im Knochen; **hairnet** *n* MED Haarnetz *s;* **hair oil** *n* Haaröl *s;* **hairpiece** *n* ↑ *wig* Haarteil, Toupet *s;* **hairpin** *n* Haarnadel *f;* **hairpin bend** *n* (*on mountain road*) Haarnadelkurve *f;* **hair-raising** *adj* ▷*motorbike ride* haarsträubend; **hair's breadth** *n* ◇ **he was within a ~ ~ of getting run over** um Haaresbreite wäre er überfahren worden; **hairslide** *n* Haarspange *f;* **hair splitting** *n* (*pedantic argumentation, irrelevant pedantry*) Haarspalterei *f;* **hair style** *n* Frisur *f;* **hair trigger** *n* (*of gun*) Stecher *m;* **hairy** *adj* ▷*chest* behaart, haarig

hake [heɪk] *n* Seehecht *m*

halcyon days [ˈhælsɪən deɪz] *n* (*of summer*) glückliche Tage *m pl*

hale [heɪl] *adj* ◇ **~ and hearty** gesund und munter

half [hɑːf] **I.** *n* <halves> ① (*one of two equal parts*) Hälfte *f;* ◇ **to cut s.th. in ~** etw in zwei Hälften schneiden [*o.* etw halbieren] ② ◇ **~ a pint of beer** ein kleines Bier ③ ◇ **~-price ticket** Fahrschein zum halben Preis ④ ◇ **to go halves** halbe-halbe machen ⑤ ◇ **of the readers ~ are under 23** die Hälfte der Leser ist unter 23; ◇ **~ the readers are ...** die Leser sind zur Hälfte ... **II.** *adj* ▷*size* halb; ◇ **I work ~ a mile from X** ich arbeite e-e halbe Meile von X; ◇ **one and a ~ years** eineinhalb Jahre, anderthalb Jahre **III.** *adv* ◇ **he's ~ German** er ist zur Hälfte deutsch; ◇ **the work is only ~ done** die Arbeit ist nur halb fertig; **halfback** *n* (*football*) Läufer(in *f*) *m;* **half-baked** *adj* ▷*idea* unausgegoren; **half-board** *adj* ▷*accomodation* Halbpension *f;* **half-caste** *n* (*person of mixed racial origin*) Mischling *m f;* **half-hearted** [hɑːfˈhartɪd] *adj* ▷*attempt* halbherzig; **half-life** *n* <-lives> (PHYS *of radioactive material*) Halbwert[s]zeit *f;* **halfpenny** [ˈheɪpnɪ] *n* halber Penny *m;* **half-term [holiday]** *n Ferien in der Mitte e-s Schultrimesters;* **half-timbered** [hɑːfˈtɪmbərd] *adj* ▷*house* Fachwerk-; **half-time** *n* (*of match*) Halbzeit[-pause] *f;* **halfway** *adv* ◇ **~ between Rome and Paris** auf halber Strecke zwischen Rom und Paris; **halfway house** *n* (*for ex-prisoners, drug addicts*) Rehabilitationszentrum *s;* **halfwit** *n* ↑ *idiot* Schwachkopf *m*

halibut [ˈhælɪbət] *n* Heilbutt *m*

hall [hɔːl] *n* ① (*large building*) Halle *f;* (*large room*) Saal *m;* (*community ~*) Gemeindehaus *s* ② (*entrance ~*) Diele *f;* (*in school*) Aula *f* ③ ↑ *corridor* Korridor *m*, Flur *m*

hallmark [ˈhɔːlmɑːk] *n* ① (*on silver*) Feingehaltsstempel *m* ② *FIG* ↑ *trait* typische Eigenschaft

hallo [hə'ləʊ] **I.** *intj* [guten] Tag!; ◇ **~ there!** hallo **II.** *n* ◇ **to say ~** grüßen
Hallowe'en [hæləʊ'iːn] *n* Abend *m* vor Allerheiligen *(Spuknacht, die karnevalähnlich gefeiert wird)*
hallucination [həluːsɪ'neɪʃən] *n* Halluzination *f*
hallway *n* Flur *m*
halo ['heɪləʊ] *n* <-[e]s> (*of saint*) Heiligenschein *m;* ASTRON Hof *m*
halogen ['hælədʒən] *n* CHEM Halogen *s;* **halogen lamp** *n* Halogenlampe *f*
halt [hɔːlt] **I.** *intj* MIL halt! **II.** *n* [1] RAIL Haltepunkt *m* [2] (*in production*) Stopp *m,* Stillstand *m* [3] (*short rest*) Rast *f,* Pause *f* [4] ◇ **to call a ~ to s.th.** e-r Sache ein Ende machen **III.** *vt, vi* anhalten; **halt sign** *n* Stoppschild *s*
halter *n* (*of horse*) Halfter *s*
halting *adj* ▷*speech* stockend
halve [hɑːv] *vt* [1] (*cut into two*) halbieren [2] (*reduce by half*) um die Hälfte reduzieren
halves *n pl of* **half**
halyard ['hæljəd] *n* NAUT Fall *s*
ham [hæm] **I.** *n* [1] GASTRON Schinken *m* [2] (ANAT *of animal*) Hinterkeulen *pl* [3] THEAT Stümper *m* **II.** *adj* ▷*acting* übertrieben; **ham up** *vt sep* übertreiben; ◇ **to ~ it ~** zu dick auftragen
hamburger *n* Hamburger *m;* (*without bread*) Frikadelle *f*
ham-fisted ['hæmfɪstɪd] *adj* ungeschickt
hamlet ['hæmlɪt] *n* Weiler *m,* kleine Ortschaft
hammer ['hæmə*] **I.** *n* [1] (*tool*) Hammer *m;* ◇ **to go at it ~ and tongs** aufeinander losgehen, daß die Fetzen fliegen [2] (*of piano*) Hammer *m* **II.** *vt, vi* hämmern; **hammer away** *vi + prep obj* [1] (*at door*) hämmern (*at* an *acc*) [2] (*FIG at problem*) sich den Kopf zerbrechen (*at* über *acc*); **hammer in** *vt* [1] → *nail* einschlagen [2] (*FIG emphasize by repetition*) ◇ **to ~ s.th. into s.o.** jd-m etw einhämmern; **hammer out** *vt sep* [1] → *nail* ausschlagen [2] *FIG* → *solution* ausarbeiten
hammock ['hæmək] *n* Hängematte *f*
hamper [1] ['hæmpə*] *vt* → *progress* behindern
hamper [1] *n* (*Christmas ~*) Geschenkkorb *m;* (*picnic ~*) Picknickkorb *m*
hamster ['hæmstə*] *n* Hamster *m*
hamstring I. <hamstrung, hamstrung> *vt* [1] → *animal* Achillessehne durchschneiden [2] → *project* unterbinden; ◇ **to be hamstrung** lahmgelegt werden **II.** *n* ANAT Kniesehne *f,* Achillessehne *f*
hand [hænd] **I.** *n* [1] ANAT Hand *f* [2] *FIG* ◇ **to have a ~ in s.th.** seine Hände im Spiel haben; ◇ **to know about s.th. first ~** etw aus erster Hand erfahren/haben; ◇ **work in ~** laufende Arbeit; ◇ **to get your ~s on s.th.** etw in die Hände bekommen; ◇ **the end of the world is at ~** das Ende der Welt steht bevor [3] (*minute ~*) Minutenzeiger *m* [4] (*at poker*) Blatt *s* [5] (*farm ~*) Landarbeiter *m;* ◇ **to be an old ~ at s.th.** ein alter Hase in etw *dat* sein [6] ↑ *assistance* Hilfe *f;* ◇ **to give s.o. a hand** jd-m zur Hand gehen [7] ↑ *applause* ◇ **the singer got a big ~** der Sänger bekam e-n Riesenapplaus **II.** *vt* [1] → *salt and pepper* reichen [2] ◇ **one has to ~ it to him, he did it alone** eins muß man ihm lassen, er hat es ganz alleine geschafft; **hand in** *vt sep* → *thesis, handguns* abgeben; **hand on** *vt sep* → *message* weitergeben; **hand over** *vt sep* → *power* abgeben (*to* an *acc*); → *prisoners of war* übergeben; **handbag** *n* (*lady's ~*) Handtasche *f;* **hand baggage** *n* Handgepäck *s;* **handball** *n* SPORT Handball *m;* **handbook** *n* (*of machine*) Handbuch *s;* (*travel guide*) Führer *m;* **handbrake** *n* Handbremse *f;* **hand cream** *n* Handcreme *f;* **handcuff** *vt* → *prisoner* Handschellen anlegen *dat;* **handcuffs** *n pl* Handschellen *pl;* **hand drill** *n* Handbohrer *m;* **handful** ['hændfʊl] *n* [1] (*of earth*) Handvoll *f* [2] ◇ **only a ~ of citizens bothered to vote** nur einige wenige Bürger machten von ihrem Wahlrecht Gebrauch [3] (*difficult to get along with*) schwieriger Mensch;
handicap ['hændɪkæp] **I.** *n* [1] (*physical ~, mental ~*) Behinderung *f* [2] (*specific disadvantage*) Nachteil *m* [3] (*in horse racing*) Vorgabe *f* **II.** *vt* → *chances of success* beeinträchtigen; → *person* benachteiligen; **handicapped** [-d] *adj* ▷*physically, mentally* behindert; **handicraft** ['hændɪkrɑːft] *n* Kunsthandwerk *s;* **handiness** ['hændɪnəs] *n* [1] (*of bus stop*) günstige Lage *f* [2] (*ease of handling*) Handlichkeit *f;* **handiwork** ['hændɪwɜːk] *n* [1] (*result, product*) Arbeit *f* [2] (*activity*) Werken *s;* **handkerchief** ['hæŋkətʃɪf] *n* Taschentuch *s*
handle ['hændl] **I.** *n* [1] (*door ~*) Griff *m* [2] ↑ *crank* Kurbel *f* [3] *FAM* ↑ *name* Titel *m* **II.** *vt* [1] → *object, situation* behandeln; ↑ *touch* anfassen; ◇ **~ with care!** Vorsicht, zerbrechlich! [2] (*treat, look after*) → *children, horses* umgehen mit; → *accounts* verwalten; ◇ **he just can't ~ it** er wird einfach nicht damit fertig **III.** *vi* ◇ **the car ~s well** der Wagen fährt sich gut; **handlebars** *n pl* Lenkstange *f*
handler ['hændlə*] *n* (*dog ~*) Hundeführer *m;* (*baggage ~*) Gepäckpersonal *s*
handling *n* [1] (*of paper-work*) Erledigung *f;* (*of legal case*) Bearbeitung *f* [2] (*of car*) Handling *s*
hand-luggage *n* Handgepäck *s;* **handmade** [hænd'meɪd] *adj* handgearbeitet, handgefertigt; **handout** *n* ↑ *charity* Geldzuwendung *f;* ↑ *infor-*

H

mation sheet Flugblatt *s;* **handpicked** [hænd'pɪkd] *adj* (*rigorously selected*) handverlesen; **handshake** *n* (*greeting*) Händedruck *m*

handsome ['hænsəm] *adj* ▷*person* schön; ▷*sum of money* großzügig

hand-to-mouth *adj* ◇ **to live a ~ existence** von der Hand in den Mund leben; **handwriting** ['hændraɪtɪŋ] *n* Handschrift *f;* **handy** ['hændɪ] *adj* 1 ▷*bus stop* ganz in der Nähe 2 ◇ **to be ~ with a gun** mit e-r Waffe geschickt umgehen können 3 ◇ **dictionaries always come in ~** Wörterbücher kann man immer gut gebrauchen; **handyman** ['hændɪmən] *n* <-men> (*s.o. good at general repairs*) Heimwerker *m,* Bastler *m;* (*employed as a ~*) Mädchen *s* für alles

hang [hæŋ] **I.** <hung, hung> *vt* 1 → *painting* aufhängen; → *door* einhängen; ◇ **to ~ s.th. on the wall** etw an die Wand hängen 2 ◇ **to ~ a crime on s.o.** jd-m ein Verbrechen anhängen 3 → *head* hängen lassen **II.** <hanged, hanged> *vt* → *murderer* hängen, aufhängen **II.** *vi* ← *monkey* hängen (*on* an *dat, from* von) **III.** *n* 1 (*of curtains*) Fall *m* 2 ◇ **to get the ~ of s.th.** bei etw auf den Dreh kommen; **hang about** *vi* 1 (*on street corners*) herumlungern 2 ◇ **~ ~, I'm on my way** wart' mal, ich komm gleich; **hang back** *vi* sich zurückhalten; **hang on I.** *vi +prep obj* ◇ **everything ~s ~ his cooperation** alles hängt von seiner Zusammenarbeit ab **II.** *vi* 1 ◇ **~ ~ a minute** warte mal kurz [*o.* e-n Augenblick bitte] 2 ◇ **~ ~ tight!** gut festhalten!; **hang on to** *vi +prep obj* → *beliefs* festhalten (an *dat*); **hang up** *vi* TELEC auflegen

hangar ['hæŋə*] *n* Hangar *m,* Flugzeughalle *f*

hanger ['hæŋə*] *n* (*clothes ~*) Kleiderbügel *m*

hanger-on [hæŋər'ɒn] *n* <hangers-on> ↑ *parasite* (*person*) Schmarotzer(in *f*) *m*

hang-glider ['hæŋglaɪdə*] *n* (*light aircraft*) Drachen *m;* **hang-gliding** *n* (*activity*) Drachenfliegen *s*

hanging *n* 1 (*of murderer*) Hängen *s,* Aufknüpfen *s* 2 (*of paintings*) Aufhängen *s*

hangman *n* (*executioner*) Henker *m;* **hangover** ['hæŋəʊvə*] *n* 1 (*after alcohol*) Kater *m* 2 ◇ **old customs are a ~ from the past** alte Bräuche sind Überbleibsel aus der Vergangenheit; **hang-up** *n* (*FAM neurosis*) Komplex *m* (*about* wegen); (*cleaning ~*) Fimmel *m*

hanker ['hæŋkə*] *vi* sich sehnen, ein Verlangen haben (*for, after* nach)

hankie, hanky ['hæŋkɪ] *n* (*FAM paper ~*) [Papier-]Taschentuch *s,* Tempo ® *s*

hanky-panky ['hæŋkɪ'pæŋkɪ] *n* 1 (*FAM sex games*) Gefummel *s* 2 ↑ *underhand dealings* Tricks *m pl*

haphazard [hæp'hæzəd] *adj* willkürlich

happen ['hæpən] *vi* 1 ↑ *take place* geschehen; ← *event* sich ereignen; ← *fortuitous event* passieren; *FAM* ◇ **where is it ~ing tonight?** wo ist heute abend was los? 2 ↑ *occur* ◇ **to ~ to** passieren, widerfahren; (*occur by chance*) ◇ **I ~ed to see her in the street** ich habe sie zufällig auf der Straße getroffen; ◇ **that ~s to be my foot you are standing on** übrigens, du stehst gerade auf meinem Fuß 3 ◇ **to ~ on s.th.** zufällig etw entdecken

happening *n* 1 (*organized by artist*) Happening *s* 2 (*unusual event*) sonderbarer Vorfall *m*

happily ['hæpɪlɪ] *adv* glücklich; (~ *enough*) ↑ *fortunately* glücklicherweise; **happiness** ['hæpɪnɪs] *n* ↑ *contentment* Zufriedenheit *f;* **happy** ['hæpɪ] *adj* 1 ▷*child* glücklich, zufrieden 2 (*willing*) ◇ **I would be ~ to help** ich helfe Ihnen dabei gerne 3 ◇ **H~ Birthday** Herzlichen Glückwunsch zum Geburtstag, Alles Gute zum Geburtstag; **happy-go-lucky** *adj* ↑ *unconcerned* unbekümmert

harangue [həræŋ] *vt* → *crowd, protesters* aufwiegeln, anfeuern

harass ['hærəs] *vt* belästigen

harbour, harbor (*AM*) ['hɑːbə*] **I.** *n* Hafen *m* **II.** *vt* → *runaway* beherbergen

hard [hɑːd] **I.** *adj* 1 ▷*material* hart 2 ▷*work* schwer; ↑ *difficult* schwierig; ↑ *strenuous* anstrengend 3 ↑ *unpleasant* ◇ **life is ~ and then you die** das Leben ist hart und danach stirbt man; ◇ **don't give me a ~ time!** mache es mir nicht so schwer! 4 ▷*teacher* streng; ◇ **a bit of a ~ man** ein knallharter Typ; ◇ **to be ~ on s.o.** jd-m gegenüber streng/hart sein 5 ▷*water* hart, kalkhaltig 6 ◇ **~ drugs** harte Drogen **II.** *adv* 1 ▷*push* fest, kräftig; ◇ **you must try ~er** du mußt dich mehr anstrengen 2 ▷*laugh* laut, herzlich; ▷*rain* kräftig 3 ◇ **he took it ~** er nahm es schwer; ↑ *badly* ◇ **he felt ~ done by** er fühlte sich ungerecht behandelt; **hard-and-fast** *adj* ▷*rules* bindend; **hardback** *n* ▷*book* gebunden; **hardboard** *n* Spanplatte *f;* **hard-boiled** ['hɑːd bɔɪlt] *adj* ▷*egg* hartgekocht; *FIG* ↑ *unsentimental* abgebrüht; **hard cash** *n* Bargeld *s;* **hard core** *n* 1 (*for road*) Schotter *m;* ◇ **~ ~ pornography** Hardcore, harter Porno; **hard disk** *n* PC Festplatte *f;* ◇ **~ drive** Festplattenlaufwerk *s;* **harden** ['hɑːdn] *vt, vi* 1 → *pottery* hart werden lassen 2 ← *attitude* verhärten; **hardened** [-d] *adj* ▷*criminal* abgestumpft, abgebrüht; ◇ **to become ~ to criticism** für Kritik unempfänglich werden; **hard-hearted** [hɑːd'hɑːtɪd] *adj* hartherzig; **hardliner** *n* ▷*political* Hardliner *m;* **hard luck** *intj* das ist Pech [*o.* tut mir leid]; **hardly** *adv* kaum; **hard**

of hearing *adj* schwerhörig; **hard-on** *n FAM!* Steife(r) *m,* Harte(r) *m;* **hard sell** *n* Hardsell *m;* **hardship** *n* ↑ *deprivation* Not *f,* Notlage *f;* **hard shoulder** *n* AUTO *BRIT* Seitenstreifen *m,* Standspur *f;* **hard up** *adj* knapp bei Kasse; **hardware** *n* [1] (*tools etc..*) Eisenwaren *pl* [2] PC Hardware *f;* **hardwearing** *adj* ▷*stone* witterungsbeständig; ▷*clothing* strapazierfähig; **hardwood** *n* Hartholz *s*

hardy ['hɑ:dɪ] *adj* ▷*person* zäh; ▷*plant* widerstandsfähig

hare [hɛə*] *n* Feldhase *m;* **harelip** *n* Hasenscharte *f*

harem ['hɑ:ri:m] *n* Harem *m*

hark [hɑ:k] *vi* ↑ *listen* horchen; **hark back** *vi* + *prep obj* (*look back nostalgically*) auf etw *acc* zurückgreifen; ◇ **to - - to the good old days** von der guten, alten Zeit reden

harm [hɑ:m] **I.** *n* ↑ *damage* Schaden *m;* ▷*physical* Verletzung *f;* ◇ **to do - s.o.** jd-m Schaden zufügen; ◇ **to come to no -** nicht zu Schaden kommen; ◇ **there's no - in trying** ein Versuch kann nichts schaden **II.** *vt* → *child* jd-m etw antun; → *chances of success* schaden; **harmful** ['hɑ:mfl] *adj* ▷*chemical* gefährlich; ▷*remark* verletzend; **harmless** *adj* ▷*dog* ungefährlich; ▷*question* harmlos

harmonica [hɑ:'mɒnɪkə] *n* Harmonika *f*

harmonious [hɑ:'məʊnɪəs] *adj* ▷*atmosphere* harmonisch; **harmonisation** ['hɑ:mənaɪseɪʃn] *n* (*of European tax laws etc.*) Harmonisierung *f,* Angleichung *f;* **harmonize** ['hɑ:mənaɪz] **I.** *vi* [1] ← *voices* harmonieren [2] ◇ **the design -s with the landscape** das Design und die Landschaft harmonieren miteinander; **harmony** ['hɑ:mənɪ] *n* [1] (MUS *of notes*) Harmonie *f* [2] (*peaceful accord*) ◇ **they live in perfect -** sie leben in Eintracht miteinander

harness ['hɑ:nɪs] **I.** *n* (*for child*) Laufgurt *m;* (*for horse*) Zaumzeug *s* **II.** *vt* [1] → *horse* aufzäumen [2] → *forces of nature* bändigen

harp [hɑ:p] *n* Harfe *f;* **harp on** *vi* ↑ *talk incessantly* ständig reden (*about* über)

harpoon [hɑ:'pu:n] *n* Harpune *f*

harpsichord ['hɑ:psɪkɔ:d] *n* Cembalo *s*

harrowing ['hærəʊɪŋ] *adj* ▷*experience* erschütternd

harsh [hɑ:ʃ] *adj* ▷*weather* rauh; ▷*sound* grell, hart; ▷*treatment of children* streng; **harshly** *adv* ▷*speak* barsch, schroff; **harshness** *n* (*of manner*) Barschheit *f*

harvest ['hɑ:vɪst] **I.** *n* (*season*) Ernte *f;* (*yield*) Ertrag *m* **II.** *vt* → *cereals, fruit etc.* ernten; **harvester** *n* (*machine*) Mähmaschine *f;* **harvest festival** *n* Erntedankfest *s*

has [hæz] *3rd person sg present of* **have** hat

hash [hæʃ] *n* [1] GASTRON Haschee *s* [2] *FAM* ↑ *mess* Durcheinander *s;* ◇ **to make a - of s.th.** etw vermasseln

hashish ['hæʃɪʃ] *n* Haschisch *s*

hasn't ['hæznt] = **has not**

hassle ['hæsl] *n FAM* Auseinandersetzung *f;* (*getting children to tidy up*) Theater *s*

haste [heɪst] *n* ↑ *hurry* Eile *f;* (*nervous -*) Hast *f;* **hasten** ['heɪsn] **I.** *vt* → *reforms* beschleunigen; ◇ **he -ed to add that ...** er fügte noch schnell hinzu, daß ... **II.** *vi* sich beeilen; **hasty** ['heɪstɪ] *adj* ◇ **to make a - decision** e-n voreiligen Entschluß fassen; **hastily** ['heɪstɪlɪ] *adv* (*without due care*) hastig

hat [hæt] *n* Hut *m;* ◇ **at the drop of a -** ohne weiteres

hatch [1] [hætʃ] *n* [1] NAUT Luke *f* [2] ↑ *serving -* Durchreiche *f*

hatch [2] **I.** *vi* ← *chicks* schlüpfen **II.** *vt* → *evil scheme* aushecken; **hatchback** *n* AUTO Kombi *m,* Hecktürmodell *s*

hatchet ['hætʃɪt] *n* Beil *s; FIG* ◇ **to bury the -** das Kriegsbeil begraben

hate [heɪt] **I.** *vt* → *jd-n, etw* hassen, verabscheuen; *FAM* → *pudding, neighbour* nicht ausstehen [*o.* leiden] können; ◇ **to - doing s.th.** etw sehr ungern tun **II.** *n* ↑ *hatred* Haß *m;* **hateful** ['heɪtfl] *adj* ▷*thing to say* häßlich; **hatred** ['heɪtrɪd] *n* (*of computers*) Abscheu *f* (*of* vor *dat*); (*of enemy*) Haß *m* (*of* gegen *dat*)

hatter ['hætə*] *n* Hutmacher *m;* ◇ **as mad as a -** völlig verrückt

hat trick ['hættrɪk] *n* SPORT Hat-Trick *m;* ◇ **to get a -** e-n Hat-Trick erzielen

haughty [hɔ:tɪ] *adj* hochmütig

haul [hɔ:l] **I.** *n* [1] (*act of pulling along*) Schleppen *s* [2] ↑ *catch* (*of fish*) Fang *m* [3] (*of journey*) Strecke *f;* ◇ **a long -** e-e weite Strecke **II.** *vt, vi* ↑ *pull hard* kräftig ziehen; ◇ **to - away on the ropes** kräftig an den Seilen ziehen

haulage ['hɔ:lɪdʒ] *n* [1] (*transport business*) Spedition *f* [2] (*charge*) Transportkosten *pl*

haulier ['hɔ:lɪə*] *n* [1] (*road -*) Spediteur *m* [2] (*company*) Spedition *f*

haunch [hɔ:ntʃ] *n* Hinterbacke *f,* Keule *f*

haunt [hɔ:nt] **I.** *vt* [1] ← *ghost* spuken (in *dat*) [2] ← *memory* nicht loslassen [3] ← *person* → *gay bars* verkehren in *dat* **II.** *n* (*of customers, pub*) Stammlokal *s,* Treffpunkt *m;* (*preferred habitat of eagles etc.*) Lebensraum *m;* **haunted** [-ɪd] *adj* ▷*house* verwunschen, Spuk-; **haunting** *adj* ▷*melody* eindringlich

have [hæv] **I.** <had , -> *auxiliary verb* (*to form*

H

perfect tense) ◇ **- you prepared the meal?** hast du das Essen zubereitet?; ◇ **he had already gone, when I arrived** er war schon fort, als ich kam **II.** <had , had> *vi* ↑ *must* ◇ **- to** müssen; ◇ **I have to go** ich muß gehen; ◇ **we didn't - to pay a penny** wir mußten keinen einzigen Penny bezahlen **III.** <had *o.* 'd, had> *vt* [1] ↑ *- got* ↑ *possess* haben; ◇ **I've got three children** ich habe drei Kinder; ◇ **the average family has two children** e-e Durchschnittsfamilie hat zwei Kinder [2] ↑ *receive* bekommen; ◇ **I had a parcel from Ireland today** ich habe heute ein Päckchen aus Irland bekommen [3] *(do s.th., experience s.th.)* ◇ **- a look at this text!** schau' dir mal diesen Text an!; ◇ **to - a holiday** Urlaub machen; ◇ **devaluation will - serious consequences** e-e Abwertung wird schwerwiegende Folgen nach sich ziehen; ◇ **to - a baby** ↑ *give birth to* ein Kind bekommen; ◇ **I'll - ham and eggs, please** ich hätte gerne [einmal] Rührei mit Schinken; ◇ **to - a bath** ein Bad nehmen [4] *(cause (to be done))* ◇ **to - one's car serviced** das Auto durchsehen lassen; ◇ **to - one's hair cut** sich die Haare schneiden lassen [5] ↑ *allow, accept* ◇ **I will not - that sort of behaviour in the classroom** ich werde so ein Benehmen im Klassenzimmer nicht dulden [6] ◇ **to be had** *(be cheated)* über's Ohr gehauen werden; *(be victim of joke)* hereingelegt werden [7] ◇ **to - to do s.th. with** *(to be involved with s.th.)* mit etw zu tun haben; **have in** *vt sep FAM* ◇ **to - it - for s.o.** jd-n auf dem Kieker haben; **have off** *vt sep FAM!* ◇ **to - it - with s.o.** es mit jd-m treiben; **have on** *vt sep* [1] → *blazer* tragen, anhaben; ◇ **she had practically nothing on** sie war mehr oder weniger nackt [2] *(have planned)* vorhaben; ◇ **I - nothing - tonight** ich habe heute abend noch nichts vor; **have out** *vt sep* [1] → *tooth* ziehen lassen [2] ◇ **to - it - with s.o.** sich mit jd-m gründlich aussprechen; **have up** *vt sep (cause to appear in court)* drankriegen; ◇ **to be had up for drunken driving** wegen Alkohol am Steuer angeklagt sein

haven ['heɪvn] *n* [1] *(of peace and tranquility)* Hafen *m* [2] *(for wildlife)* Refugium *s*

haven't [hævnt] = **have not**

havoc ['hævək] *n* Verwüstung *f*

hawk [hɔːk] *n* ↑ *falcon* Falke *m*

hawthorn ['hɔːθɔːn] *n* Hagendorn *m*

hay [heɪ] *n* Heu *s;* **hay fever** *n* Heuschnupfen *m;* **hayrick** ['heɪrɪk], **haystack** ['hæɪstæk] *n* Heumiete *f;* **haywire** ['heɪwaɪə*] *adj FAM* ◇ **to go -** ← *person* durchdrehen; ← *dish-washer* verrückt spielen

hazard ['hæzəd] **I.** *n* ↑ *danger* Gefahr *f* **II.** *vt* [1] → *money* riskieren [2] ◇ **to - a guess** e-e Vermutung anstellen; **hazardous** ['hæzədəs] *adj* ▷*expedition* gefahrvoll, gefährlich; **hazard [warning] lights** *n pl* AUTO Warnblinklicht *s*

haze [heɪz] *n* Dunst *m*

hazel ['heɪzl] *adj* ▷*eyes etc.* hellbraun; **hazelnut** ['heɪzlnʌt] *n* Haselnuß *f*

hazy ['heɪzɪ] *adj* [1] ▷*recollection* verschwommen [2] ▷*day* dunstig, diesig

H-bomb *abbr. of* **hydrogen bomb** H-Bombe

he [hiː] *pron* er; ◇ **who's -?** wer ist denn das?, wer ist er denn?

head [hed] **I.** *n* [1] ANAT Kopf *m; FIG* ◇ **to laugh one's - off** sich kugeln vor lachen; ◇ **to keep one's - above water** *FIG* sich über Wasser halten; ◇ **to bang your - against a wall** sich für nichts und wieder nichts abrackern; ◇ **to give s.o. his -** jd-n machen lassen [2] *FIG* ↑ *mind* Verstand *m;* ◇ **use your -!** gebrauche mal deinen Verstand!; *FIG* ◇ **where is your - at?** woran denkst du?; ◇ **to lose one's -** ↑ *go crazy* durchdrehen [3] *(front or top, of queue)* Anfang *m; (of corn)* Ähre *f; (of flower)* Kopf *m; (of pimple)* Pfropf *m;* ◇ **I cannot make - nor tail of it** ich werde daraus nicht schlau; ◇ **to bring matters to a -** etw auf die Spitze treiben [4] *(of family)* Oberhaupt *s; (of firm)* Chef(in *f*) *m;* ◇ **- of state** Staatsoberhaupt *s* [5] ◇ **to win by a -** *(at horse racing)* um e-e Kopflänge gewinnen; ◇ **38 - of cattle** *(38 in number)* 38 Stück Vieh **II.** *adj* Haupt- **III.** *vt* [1] → *procession* anführen; → *corporation* führen, leiten [2] → *text* überschreiben, betiteln [3] → *ball* köpfen **IV.** *vi* ◇ **where are you -ing?** wohin gehst du?; **head back** *vi* zurückgehen, zurückfahren; **head for** *vi +prep obj* → *Berlin* fahren in Richtung; ◇ **to - - the hills** in die Berge aufbrechen; ◇ **he's -ing - trouble** er ist auf dem besten Wege, Ärger zu bekommen; **head off** *vt sep* → *disaster* abwenden; → *person* ablenken; **headache** ['hedeɪk] *n* Kopfschmerzen *pl;* **headfirst** *adv* ▷*dive* [mit dem] Kopf voraus

heading *n (of text)* Überschrift *f*

headlamp *n* Scheinwerfer *m;* **headland** *n* Landspitze *f;* **headlight** *n* Scheinwerfer *m;* **headline** *n* Schlagzeile *f;* **headlong** *adv* ▷*fall* Kopf über Fuß; **headmaster** *n (of primary school)* Rektor *m; (of secondary school)* Direktor *m;* **headmistress** *n (of primary school)* Rektorin *f; (of secondary school)* Direktorin *f;* **head-on** *adj* ▷*collision* Frontal-, frontal; **headphones** *n pl* Kopfhörer *pl;* **headquarters** *n pl (of company)* Hauptstelle *f,* Sitz *m;* MIL Hauptquartier *s;* **headrest** *n* Kopfstütze *f;* **headroom** *n (of bridges etc.)* lichte Höhe *f;* **headset**

n Kopfhörer *m;* **head start** *n* ◇ **to have a -- over your competitors** e-n Vorsprung vor der Konkurrenz haben; **headstone** *n* Grabstein *m;* **headstrong** *adj* ▷*child* eigensinnig, eigenwillig; **headway** *n* ◇ **to make -** vorankommen; **headwind** *n* Gegenwind *m*

heady *adj* ▷*experience* berauschend

heal [hi:l] *vt, vi* heilen; **heal up** *vi* zuheilen

health [helθ] *n* ↑ *well-being* Gesundheit *f;* (*state of -*) Gesundheitszustand *m;* ◇ **how is your -?** wie geht es dir gesundheitlich?; ◇ **Your -!** auf Ihre/deine Gesundheit!, auf Sie/dich!; **health centre** *n* Ärztezentrum *s,* Ärztehaus *s;* **health food** *n* Reformkost *f,* Biokost *f;* **health food shop, health food store** *n* Bioladen *m,* Reformhaus *s;* **health insurance** *n* Krankenversicherung *f;* **health service** *n* (*national - -*) Gesundheitswesen *s;* **healthy** *adj* gesund

heap [hi:p] **I.** *n* (*of firewood*) Haufen *m;* (*of money*) Haufen *m* **II.** *vt* ↑ *accumulate* anhäufen; ↑ *pile up* aufhäufen

hear [hɪə*] **I.** <heard, heard> *vt, vi* **1** (*physically -*) hören **2** (*listen to*) ← *s.o.* zuhören; JUR ◇ **to - a case** e-n Fall verhandeln **3** *FIG* ◇ **I - that you're giving a party** wie ich höre gibst du e-e Party; ◇ **to - from s.o.** von jd-m hören **II.** *intj* ◇ **-, -!** hört, hört!

heard [hɜ:d] *pt, pp of* **hear**

hearing ['hɪərɪŋ] *n* **1** (*act*) Hören *s* **2** JUR Verhandlung *f;* ↑ *preliminary* - Voruntersuchung *f;* (*of witnesses*) Zeugenvernehmung *f* **3** ◇ **to give s.o. a -** jd-n anhören

hearing aid *n* Hörgerät *s;* **hearsay** ['hɪəseɪ] *n* Gerüchte *pl*

hearse [hɜ:s] *n* Leichenwagen *m*

heart [hɑ:t] *n* **1** ANAT Herz *s* **2** (*as metaphor for love*) Herz *s;* (*for courage*) Herz *s;* ◇ **a person after one's own -** jemand ganz nach dem eigenen Herzen; ◇ **he's a good boy at -** er ist ein herzensguter Junge **3** (*of city*) Herz, Zentrum *s* **4** ◇ **to learn s.th. by -** etw auswendig lernen **5** (*at cards*) ◇ **-s and diamonds** Herzen und Karos; **heartache** *n* (*of fare well*) Liebeskummer *m;* (*soul-searching over existence*) Weltschmerz *m;* **heart attack** *n* Herzanfall *m;* **heartbeat** *n* Herzschlag *m;* **heartbreaking** *adj* herzzerreißend; **heartbroken** *adj* untröstlich; **heartburn** *n* MED Sodbrennen *s;* **hearten** ['hɑ:tən] *vt* ermutigen; **heart failure** *n* Herzversagen *s;* **heartfelt** ['hɑ:tfelt] *adj* ▷*apologies* aufrichtig

hearth [hɑ:θ] *n* ↑ *fireplace* Kamin *m;* ◇ **- and home** Haus und Herd

heartily ['hɑ:tɪlɪ] *adv* ▷*laugh* herzlich; ▷*eat* herzhaft; **heartless** ['hɑ:tlɪs] *adj* herzlos; **heart-rending** *adj* ▷*sob* herzzerreißend; **heartstrings** *n pl* ◇ **to play on s.o.'s -** mit jd-s Gefühlen spielen; **heart-to-heart** *adj* (*conversation*) ganz offen; **hearty** ['hɑ:tɪ] *adj* ▷*meal* herzhaft; ▷*fellow* derb-herzlich

heat [hi:t] **I.** *n* **1** (*calorific value*) Wärme *f* **2** (*calorific emission*) Hitze *f* **3**; (*state of agitation*) Erregung *f;* ◇ **in the - of the moment** in der Hitze des Gefechts **5** ◇ **the dog is on -** die Hündin ist läufig **6** SPORT Vorlauf *m* **II.** *vt* → *house* heizen; **heat up** *vt* → *food* aufwärmen; **heated** [-ɪd] *adj* **1** ▷*pool* beheizt **2** ▷*argument* hitzig; **heater** *n* AUTO Heizung *f;* ↑ *electrical* - Heizgerät *s*

heath [hi:θ] *n* (*wild, open land*) Heide *f*

heathen ['hi:ðən] **I.** *n* (*non-Christian*) Heide *m,* Heidin *f;* ↑ *barbarian* Barbare *m,* Barbarin *f* **II.** *adj* ▷*people, race* heidnisch

heather ['heðə*] *n* Heide *f,* Heide, Erika *f*

heating ['hi:tɪŋ] *n* Heizung *f;* **heat-proof** *adj* hitzebeständig; **heatstroke** *n* MED Hitzschlag *m;* **heatwave** *n* Hitzewelle *f*

heave [hi:v] **I.** *vt, vi* **1** ◇ **to - s.o. to his feet** jd-n auf die Füße hochhieven [*o.* hochheben]; ◇ **1, 2, 3, -!** 1, 2, 3, und ... zieht!; ◇ **to - a piano out of the window** ein Klavier zum Fenster hinaushieven **2** → *chest* sich heben und senken; ◇ **to - a sigh of relief** e-n Stoßseufzer von sich geben **II.** *n* ↑ *pull* Hieven *s;* (*throw*) Schlendern *s*

heaven ['hevn] *n* **1** Himmel *m;* ◇ **to go to -** in den Himmel kommen **2** ◇ **the -s are full of stars** der Himmel ist voller Sterne; Himmel *m* **3** ◇ **for -'s sake!** um Himmels Willen!; ◇ **good heavens!** gütiger Himmel!; **heavenly** *adj* **1** ▷*Father* himmlisch **2** ◇ **- body** Himmels- **3** ◇ **what a perfectly - ice cream!** was für ein himmlisch gutes Eis!

heavily ['hevɪlɪ] *adv* ▷*fall* - schwer; **heavy** ['hevɪ] *adj* **1** ▷*luggage* schwer; ◇ **how - is it?** wie schwer ist es? **2** ▷*rain* kräftig; ▷*blow* schwer **3** ▷*conversation* tiefschürfend; ▷*text* hochgeistig **4** ▷*smoker* stark; ▷*drinker* schwer; **heavy-duty** *adj* ▷*tyres, jeans* strapazierfähig; **heavy-handed** [hevɪ'hændɪd] *adj* ▷*behaviour* grob, taktlos; **heavyweight** *n* ▷*boxer* Schwergewicht *s*

Hebrew ['hi:bru:] *n* (*language*) Hebräisch[e] *s*

heckle ['hekl] **I.** *vt* (POL *jeer*) (den Redner) durch Zwischenrufe unterbrechen; **heckler** ['heklə*] *n* Zwischenrufer *m*

hectare ['hektə] *n* Hektar *m o s*

hectic ['hektɪk] *adj* hektisch

he'd [hi:d] = **he had**

hedge [hedʒ] **I.** *n* **1** BIOL Hecke *f* **2** (FIN *against inflation*) Schutz *m* **II.** *vt* **1** → *garden* mit

H

e-r Hecke umgeben (2) → *investment* schützen; ◇ **to ~ one's bets** auf Nummer Sicher gehen **III.** *vi* kneifen (*at* bei); ◇ **don't ~ and say what you mean!** weich' nicht ständig aus, sag' lieber was du denkst

hedgehog ['hedʒhɒg] *n* Igel *m*

hedgerow *n* Hecke *f*

hedonism ['hi:dənɪzəm] *n* Hedonismus *m*

heed [hi:d] **I.** *n* Beachtung *f* **II.** *vt* → *advice* beachten; **heedless** *adj* rücksichtslos; ◇ **to be ~ of cost** sich um die Kosten nicht kümmern

heel [hi:l] **I.** *n* (*of foot*) Ferse *f;* (*of shoe*) Absatz *m* **II.** *vt* → *shoes* besohlen

hefty ['heftɪ] *adj* ▷*price increase* kräftig; ▷*blow* heftig, schwer

heifer ['hefə*] *n* Färse *f*

height [haɪt] *n* (1) (*measurement to top*) Höhe *f;* ◇ **a person of medium ~** e-e mittelgroße Person (2) (*level or position*) Höhe; ◇ **to fly at a ~ of 12 thousand metres** in e-r Höhe von zwölftausend Meter fliegen; ◇ **to look down from a great ~** aus großer Höhe hinabschauen; **heighten** ['haɪtn] *vt* → *tension* verstärken; → *excitement* steigern

heinous ['heɪnəs] *adj* ▷*crime* verabscheuungswürdig

heir [ɛə*] *n* Erbe *m* (*to gen*)

heiress ['ɛərɪs] *n* [zukünftige] Erbin *f*

heirloom ['ɛəlu:m] *n* Familienerbstück *s*

held [held] *pt, pp of* **hold**

helicopter ['helɪkɒptə*] *n* Hubschrauber *m,* Helikopter *m*

heliport ['helɪpɔ:t] *n* Hubschrauberlandeplatz *m*

hell [hel] **I.** *n* (1) Hölle *f;* ◇ **to go to ~** in die Hölle kommen; *FAM* ◇ **to give s.o. ~** jd-m die Hölle heiß machen (2) (*intensifier*) ◇ **one ~ of a job** e-e höllische Arbeit; ◇ **a ~ of a lot of money** irrsinnig/verdammt viel Geld; ◇ **to run like ~** laufen wie verrückt; ◇ **where the ~ is the dictionary?** wo zum Teufel ist das Wörterbuch? **II.** *intj* ◇ **~! I'm late!** verdammt, ich komme zu spät!

he'll [hi:l] = **he will; he shall**

hellish ['helɪʃ] *adj* höllisch

hello [hə'ləʊ] *intj* (1) (*greeting*) hallo (2) TELEC ◇ **~! who's speaking?** hallo? wer ist da? (3) (*as expression of surprise*) ◇ **~, ~! s.o. has forgotten their tools** na sowas, da hat jemand sein Werkzeug vergessen (4) (*to attract attention*) ◇ **~! is there anybody home?** hallo! ist jemand zu Hause?

helm [helm] *n* NAUT Steuer *s; FIG* ↑ *in control* ◇ **to be at the ~** am Ruder sein, das Sagen haben

helmet ['helmɪt] *n* Helm *m*

helmsman ['helmzmən] *n* <-men> Steuermann *m*

help [help] **I.** *n* (1) ↑ *assistance* Hilfe *f* (2) (*willing assistant*) Gehilfe(in *f*) *m* (3) ◇ **to be of ~** helfen **II.** *vt, vi* (1) helfen *dat;* ◇ **devaluation will not ~** e-e Abwertung hilft gar nichts; ◇ **to ~ the child with homework** dem Kind bei den Hausaufgaben helfen; ◇ **physical exercise would ~** etw Bewegung würde gut tun (2) (*assist in producing result*) ◇ **high interest rates ~ to stabilize the economy** hohe Zinsen tragen zur Stabilisierung der Wirtschaft bei; ◇ **we can ~ him improve his English** wir können ihm helfen, sein Englisch aufzubessern (3) (*serve*) ◇ **can I ~ you to some potatoes?** darf ich dir noch ein paar Kartoffeln geben?; ◇ **please, ~ yourself!** bitte, bedienen Sie sich! (4) ↑ *prevent o.s. doing s.th.* ◇ **I can't ~ laughing** ich muß einfach lachen; ◇ **I couldn't ~ it** ich konnte nichts dafür; **help out** *vt, vi sep* ◇ **I've no money, can you ~ me ~?** ich habe kein Geld, kannst du mir aushelfen?; ◇ **Peter is ill, can you ~ ~ at the shop?** Peter ist krank, kannst du im Laden aushelfen?; **helpful** ['helpfl] *adj* (*ready to help*) hilfsbereit; ▷*device* hilfreich; ▷*tip* nützlich

helping *n* (*extra ~*) Nachschlag *m,* weitere Portion *f*

helpless *adj* hilflos

hem [hem] **I.** *n* (*of skirt*) Saum *m* **II.** *vt* säumen; **hem in** *vt sep* ↑ *restrict* einengen

he-man *n* (*muscular hero*) He-man *m*

hemisphere ['hemɪsfɪə*] *n* Hemisphäre *f,* Erdhalbkugel *f*

hemline ['hemlaɪn] *n* Saum *m*

hemlock ['hɛmlɒk] *n* (*poison*) Schierlingssaft *m*

hemophiliac [hɪ:məʊ'fɪlɪæk] *n* MED Bluter *m*

hemo- [hi:mə] *s.* **haemo**

hemp [hemp] *n* (1) FLORA Hanf *m* (2) (*fibre*) Hanffaser *f*

hen [hen] *n* (1) (*female chicken*) Henne *f* (2) (*female bird*) Weibchen *s*

hence [hens] *adv* (1) ↑ *from now on* fortan, von nun an (2) ↑ *therefore* deswegen; **henceforth** *adv* ↑ *from now on* fortan, von nun an

henchman ['hentʃmən] *n* <-men> (*PEJ criminal assistant*) Spießgeselle *m,* Spießgesellin *f*

henna ['henə] *n* Henna *f*

henpecked ['henpekt] *adj* ◇ **to be ~** unterm Pantoffel stehen; ◇ **~ husband** Pantoffelheld *m*

hepatitis [hepə'taɪtɪs] *n* MED Hepatitis *f; FAM* Gelbsucht *f*

her [hɜ:*] **I.** *pron* (*possessive: belonging to female*) ihr; ◇ **she took ~ jacket off** sie zog ihre Jacke aus; ◇ **Britain must stabilize ~ economy** Großbritannien muß seine Wirtschaft stabilisieren **II.** *pron as object or after prep* (*referring to female*) sie; ◇ **Angela! I love ~** Angela! Ich liebe sie; ◇ **she came in after** ~ sie kam nach ihr herein

herald ['herəld] **I.** *n* (*sign of future times*) Vorbote *m;* ↑ *messenger* Bote *m* **II.** *vt* (*be early sign of*) → *post-modern age* Vorbote sein von; (*declare beginning of*) ankündigen

heraldry ['herəldrı] *n* (*science*) Heraldik *f,* Wappenkunde *f*

herb [hɜ:b] *n* (*plant*) Kraut *s;* (*used as spice*) Gewürzkraut *s;* (*used as medicine*) Heilkraut *s;* **herbaceous** [hɜ:b'eıʃəs] *adj* krautartig; ◇ ~ **border** Rabatte *f;* **herbalist** ['hɜ:bəlıst] *n* ↑ *healer* Naturheilkundige(r) *fm;* **herbivore** ['hɜ:bıvɔ:] *n* Pflanzenfresser *m*

herd [hɜ:d] **I.** *n* [1] (*of cows*) Herde *f* [2] (*of people*) Schar *f* **II.** *vt* ↑ *drive* treiben; **herdsman** ['hɜ:dzmən] *n* Hirte *m*

here [hıə*] *adv* [1] (*in this place*) hier; (*to this place*) hierher [2] (*at this point, in text*) hier, an dieser Stelle [3] ◇ ~ **you are!** bitte schön!; **hereafter** [hıər'ɑ:ftə*] *adv* (*in books*) im folgenden; (*from now on*) künftig; **hereby** [hıə'baı] *adv* (*by this action or declaration*) hiermit

hereditary [hı'redıtərı] *adj* erblich; ◇ ~ **disease** Erbkrankheit *f;* **heredity** [hı'redıtı] *n* Vererbung *f*

herein *adv* (*in this text*) hierin, darin

heresy ['herəsı] *n* Ketzerei *f;* **heretic** ['herətık] *n* Ketzer(in *f*) *m;* **heretical** [hı'retıkəl] *adj* häretisch, ketzerisch

herewith ['hıə'wıð] *adv* (*with this letter*) hiermit

heritage ['herıtıdʒ] *n* Erbe *s*

hermetically [hɜ:'metıkəlı] *adv* ▷*sealed* hermetisch

hermit ['hɜ:mıt] *n* Einsiedler(in *f*) *m,* Eremit *m;* **hermitage** *n* (*of monk*) Einsiedelei *f*

hernia ['hɜ:nıə] *n* MED Eingeweidebruch *m*

hero ['hıərəʊ] *n* <-es> [1] (*in literature: main character*) Held *m* [2] (*admired person*) Idol *s,* Held *m;* **heroic** [hı'rəʊık] *adj* ↑ *brave* heldenhaft; **heroics** *n* (*grand but hollow gestures*) Theatralik *f*

heroin ['herəʊın] *n* Heroin *s*

heroine ['herəʊın] *n* Heldin *f*

heroism ['herəʊızəm] *n* Heldentum *s;* (*conduct*) Heldenmut *s;* ↑ *daring, bravery* Kühnheit *f*

heron ['herən] *n* FAUNA Reiher *m*

herpes ['hɜ:pi:z] *n* MED Herpes *m*

herring ['herıŋ] *n* Hering *m*

hers [hɜ:z] *pron* (*possessive: of or belonging to female referred to*) ihre(r, s); ◇ **the hat is not mine, it is** ~ das ist nicht mein Hut, sondern ihrer; **herself** [hɜ:'self] *pron* [1] (*reflexive*) ◇ **she hurt** ~ sie hat sich verletzt [2] (*in person*) ◇ **she gave me the present** ~ sie hat mir das Geschenk selbst gegeben; ◇ **the Queen** ~ **congratulated me** die Queen persönlich hat mich beglückwünscht [3] ↑ *all alone* ◇ **all by** ~ sie ganz alleine

he's [hi:z] = **he is/he has**

hesitant ['hezıtənt] *adj* unentschlossen, unschlüssig (*about* über); **hesitate** ['hezıteıt] *vi* [1] (*hold back, : due to uncertainty*) zögern; ◇ **he -d before diving off the cliff** er zögerte kurz, bevor er die Klippen hinuntersprang [2] (*hold back, : due to inhibition*) zaudern, sich genieren; ◇ **I** ~ **to ask you to lend me more ...** es fällt mir schwer, dich um mehr Geld zu bitten, ...; ◇ **don't** ~ **to ask!** Fragen Sie ruhig drauf los!; **hesitation** [hezı'teıʃən] *n* [1] (*between thought and action*) Zögern *s;* ◇ **after some** ~ **he accepted the offer** nach einigem Zögern nahm er das Angebot an [2] ◇ **I have no** ~ **in recommending this product** ich kann dieses Produkt ohne Vorbehalt empfehlen

heterogeneous [hetərə'dʒı:nıəs] *adj* heterogen

heterosexual [hetərə'seksjʊl] *adj* heterosexuell

het up [het'ʌp] *adj FAM* aufgeregt; ◇ **to be** ~ ~ **about s.th.** sich über etw *acc* aufregen

hew [hju:] <hewed, hewn *o.* hewed> *vt* → *wood* in Klötze hacken; → *stone* in grobe Stücke hauen

hexagon ['heksəgən] *n* Sechseck *s;* **hexagonal** [hek'sægənəl] *adj* sechseckig

hey [heı] *intj* [1] (*call for attention*) ◇ ~, **come over here!** he, komm' mal her! [2] (*exclamation of amazement/interest*) ◇ ~, **that's really beautiful!** hui, das ist aber schön!

heyday ['heıdeı] *n* ↑ *golden age* Blütezeit, Glanzzeit *f;* ◇ **the** ~ **of the British Empire** die Blütezeit des britischen Empire

hi [haı] *intj FAM* hallo! hi!

hiatus [haı'eıtəs] *n* (*in speech etc.*) Lücke *f;* (*in legal proceedings*) Pause *f*

hibernate ['haıbəneıt] *vi* Winterschlaf halten; **hibernation** [haıbə'neıʃən] *n* Winterschlaf *m*

hiccough, **hiccup** ['hıkʌp] **I.** *vi* hicksen **II.** *n* [1] Schluckauf *m;* ◇ **I've got -s** *pl* ich habe e-n Schluckauf [2] (*minor failure*) ◇ **my car had a slight** ~ mein Auto spielte ein wenig verrückt

hid [hıd] *pt of* **hide**; **hidden** ['hıdn] *pp of* **hide**

hide [1] [haıd] **I.** <hid, hidden> *vt* [1] → *treasure* verstecken [2] → *truth* verbergen (*from* vor *dat*) **II.** *vi* sich verstecken (*from s.o.* vor jd-m)

hide [2] *n* (*animal skin*) Fell *s;* ◇ **buffalo** ~ Büffelfell *s*

hide-and-seek *n* ◇ **to play** ~ Verstecken spielen

hidebound ['haıdbaʊnd] *adj* ▷*attitudes* engstirnig

hideous ['hıdıəs] *adj* scheußlich; **hideously** *adv* schrecklich

hiding ['haɪdɪŋ] *n* ↑ *beating* Prügel *f*
hierarchy ['haɪərɑ:kɪ] *n* Hierarchie *f*
hieroglyph [haɪərə'glɪf] *n* Hieroglyphe *f;* **hieroglyphics** [haɪərə'glɪfɪks] *n pl* Hieroglyphenschrift *f*
hi-fi ['haɪfaɪ] *n* Hi-Fi *s*
higgledy-piggledy ['hɪgəldɪpɪgəldɪ] *adj* (*disordered*) kunterbunt
high [haɪ] **I.** *adj* [1] ◇ **the mountain is ~** der Berg ist hoch; ◇ **a ~ mountain** ein hoher Berg; ◇ **a ~ building** ein hohes Gebäude [2] ◇ **a 125 m ~ skyscraper** ein Wolkenkratzer von 125 m Höhe; ◇ **the wall is 3 m ~** die Mauer ist 3 m hoch [3] ◇ **at a ~ altitude** in großer Höhe; ◇ **a ~ ceiling** e-e hohe Decke; ◇ **the ~est lake in the world** der höchstgelegene See der Welt; ◇ **a ~ dive** (*from high level*) ein Sprung aus großer Höhe [4] ◇ **~ ideals** hohe Ideale; ◇ **of ~ quality** hochwertig [5] (*above norm*) ◇ **a ~ cost of living** hohe Lebenshaltungskosten *pl;* ◇ **the patient has a ~ temperature** der Patient hat erhöhte Temperatur [6] (*ranking above others*) ◇ **a ~ court** ein hohes Gericht; (*official position*) hochrangig; ◇ **to have friends in ~ places** einflußreiche Freunde haben [7] (*very favourable*) ◇ **~ hopes** große Hoffnungen; ◇ **to have a ~ opinion of s.o.** e-e hohe Meinung von jd-m haben; ◇ **to be in ~ spirits** temperamentvoll sein [8] ◇ **~ winds** ein kräftiger Wind; ◇ **at a ~ speed** bei hoher Geschwindigkeit; ◇ **to play for ~ stakes** mit vollem Risiko spielen; ◇ **to live the ~ life** ein Leben in Luxus führen [9] ◇ **a ~ voice** (*shrill*) e-e hohe Stimme; MUS ◇ **the ~ notes** die hohen Töne [10] ◇ **~ noon** genau zur Mittagszeit; ◇ **it is ~ time you finished** es ist höchste Zeit, daß du damit fertig wirst [11] ↑ *on drugs* high [12] ▷*meat* angegangen **II.** *adv* ◇ **to search ~ and low** überall suchen; **high beam** *n* AUTO Fernlicht *s;* **highbrow** *adj* ▷*person* Intellektueller(Intellektuelle *f*) *m;* ▷*culture* schöngeistig; **highchair** *n* Hochstuhl *m;* **high-class** *adj* [1] (*of social position*) aus der Oberschicht [2] ▷*product* hochwertig; **higher** *adj* [1] <*comparative of* **high**> [2] ◇ **~ education** höhere Schulbildung; **high-flown** *adj* ▷*language* geschwollen; **high-handed** [haɪ'hændɪd] *adj* ▷*behaviour* eigenmächtig; **highland I.** *adj* Hochland- **II.** ◇ **the H~s (of Scotland)** schottisches Hochland; **high-level** *adj* ▷*round of talks* auf höchster Ebene; **highlight I.** *n* [1] PHOTO Glanzlicht *s* [2] (*in hair*) Strähne *f* [3] MEDIA ◇ **they showed ~s of the match** sie haben die Höhepunkte der Begegnung gezeigt **II.** *vt* ← *problem* hervorheben; **highly** *adv* ▷*skilled* hoch-; ▷*paid* gut-; ◇ **to speak ~ of s.o.** sich lobend über jd-n äußern; **highly-strung** ['haɪlɪstrʌŋ] *adj* ▷*person* nervös; **High Mass** *n* Hochamt *s;* **Highness** *n* ◇ **no, Your H~** nein, Hoheit; **high-performance** *adj* ▷*oil* Hochleistungs-; **high-pressure** *adj* ▷*boiler* Hochdruck-; ▷*sales techniques* aggressiv; **high seas** *n pl* ↑ *open sea* Meere *pl;* ◇ **on the ~ ~** auf offener See; **high school** *n* (*AM*) High School *f Oberschule von der 9. bis 12. Klasse;* **high-speed** *adj* ▷*drill* mit hoher Drehzahl, Kraft-; ◇ **~ train** Hochgeschwindigkeitszug *m;* **high tech** ['haɪtek] **I.** *adj* High-Tech, hochmodern **II.** *n* High-Tech *s or f;* **high tide** *n* Flut *f;* **highway** *n* [1] (*main road*) Highway *m jede größere Straße, die Ortschaften miteinander verbindet* [2] *BRIT* ◇ **the Highway Code** *Handbuch mit Verkehrsregeln für Führerscheinprüfung;* **hijack** ['haɪdʒæk] *vt* → *airplane* kapern, entführen
hike [haɪk] **I.** *vi* wandern **II.** *n* Wanderung *f;* **hiker** *n* Wanderer *m,* Wanderin *f;* **hiking** *n* Wandern *s*
hilarious [hɪ'leərɪəs] *adj* ▷*incident* sehr lustig, urkomisch; **hilarity** [hɪ'lærɪtɪ] *n* (*of gathering*) Ausgelassenheit *f*
hill [hɪl] *n* Hügel *m,* Berg *m*
hillock ['hɪlək] *n* ↑ *small hill* Hügel *s*
hillside *n* Hang *m*
hilly *adj* hügelig
hilt [hɪlt] *n* (*of knife*) Griff *m; FIG* ◇ **to back s.o. up to the ~** jd-m jede erdenkliche Unterstützung geben
him [hɪm] *pron as object or after prep* (*refering to male*) er; ◇ **I love ~** ich liebe ihn; ◇ **she came in after ~** sie kam nach ihm herein; ◇ **oh no, it's ~ again!** oh nein, der schon wieder!; **himself** [hɪm'self] *pron* [1] (*reflexive*) ◇ **he hurt ~** er hat sich verletzt [2] (*in person*) ◇ **he gave me the present ~** er hat mir das Geschenk selbst gegeben; ◇ **the President ~ congratulated me** der Präsident persönlich hat mir gratuliert [3] ◇ **all by ~** ↑ *all alone* er ganz alleine
hind legs [haɪnd'legz] *n pl* Hinterbeine *pl*
hinder ['hɪndə*] *vt* [1] ↑ *obstruct* behindern [2] ↑ *prevent* ◇ **to ~ s.o. from doing s.th.** jd-n daran hindern, etw zu tun
hindrance ['hɪndrəns] *n* Behinderung *f*
hindsight ['haɪndsaɪt] *n* nachträgliche Einsicht *f;* ◇ **with ~ everyone is all wise** hinterher sind wir alle schlau
Hindu ['hɪndu:] *adj* Hindu-; **Hinduism** ['hɪndu:ɪzəm] *n* Hinduismus *m*
hinge [hɪndʒ] **I.** *n* (*on box*) Scharnier *s;* (*on door*) Angel *f* **II.** *vt* mit Scharnieren versehen; ◇ **to be ~d on the inside** innen eingehängt sein, ein Innenscharnier haben; **hinge on** *vi +prep obj* abhän-

gen (von); ◇ **it all -s - whether he comes or not** es hängt alles davon ab, ob er kommt oder nicht

hint [hɪnt] **I.** *n* [1] ↑ *allusion* Andeutung *f;* ◇ **to take the -** den Wink verstehen; ◇ **a broad -** ein Wink mit dem Zaunpfahl [2] ↑ *touch* ◇ **a - of a smile** ein angedeutetes Lächeln; (*of pepper*) Hauch *m* [3] ↑ *tip* Tip *m;* ◇ **helpful -s on disk maintenance** nützliche Hinweise zur Diskettenpflege **II.** *vt, vi* ◇ **to - s.th. to s.o.** jd-m etw andeuten, jd-m etw zu verstehen geben; ◇ **he -ed that he was dissatisfied with our progress** er deutete an, daß er mit unserem Vorankommen unzufrieden war; ◇ **to - at the truth** auf die Wahrheit anspielen

hinterland ['hɪntəlænd] *n* Hinterland *s*

hip [1] [hɪp] *n* ANAT Hüfte *f*

hip [2] [hɪp] *adj* [1] (*FAM person*) gut drauf, cool [2] *FAM* ◇ **to be - to it** wissen, was los ist [*o.* voll durchsteigen]; ◇ **to be - to s.th.** auf dem laufenden sein über etw *acc*

hippopotamus [hɪpə'pɒtəməs] *n* Nilpferd *s,* Flußpferd *s*

hire ['haɪə*] **I.** *vt* → *car* mieten; → *suit* leihen; → *labour* einstellen, anheuern **II.** *n* Miete *f;* ◇ **are the boats for -?** sind die Boote zu [ver]mieten?; **hire purchase** *n* Ratenkauf *m;* ◇ **to buy s.th. on - -** etw auf Raten kaufen

his [hɪz] **I.** *pron* (*possessive: belonging to male referred to*) sein; ◇ **he came in and took - coat off** er kam herein und zog seinen Mantel aus **II.** *pron* (*possessive, of or belonging to male referred to*) seine(r, s); ◇ **the hat is not mine, it is -** das ist nicht mein Hut, das ist seiner, der Hut gehört nicht mir, er gehört ihm

hiss [hɪs] *vt, vi* ← *snake etc.* zischen; ← *cat* fauchen; ◇ **get out, he hissed** raus, zischte er

historian [hɪ'stɔːrɪən] *n* Historiker(in *f*) *m;* Geschichtswissenschaftler(in *f*) *m;* **historic** [hɪ'stɒrɪk] *adj* ▷*building* historisch; **historical** *adj* [1] ▷*research* Geschichts- [2] ▷*fact* historisch; **history** ['hɪstərɪ] *n* [1] (*school subject*) Geschichte, Geschichtswissenschaft *f* [2] (*individual account of past*) Geschichte *f* [3] (*file, medical -*) medizinische Vorgeschichte, Anamnese *f;* ◇ **he has a - of petty crime** er ist bereits wegen kleinerer Delikte aufgefallen

histrionic [hɪstrɪ'ɒnɪk] *adj* ▷*behaviour* theatralisch

hit [hɪt] **I.** *n* [1] ↑ *blow* Schlag *m* [2] (SPORT *act of achieving aim*) Treffer *m* [3] (*successful product*) Verkaufsschlager *m;* ◇ **- parade** Hitparade *f;* ◇ **- record** Schlagerplatte *f;* ◇ **- song** Schlager *m;* ◇ **- tune** Schlagermelodie *f* [4] (*Mafia -*) Mordanschlag *m* **II.** <hit, hit> *vt* [1] (*with hand or implement*) schlagen [2] ↑ *bump* → *head* sich *dat* anschlagen [3] ◇ **the car - the wall** der Wagen fuhr gegen die Mauer [4] → *individual: with bullet* treffen; → *main road* erreichen; → *target* treffen [5] MIL → *city* angreifen; ◇ **he has been - in the arm** er ist am Arm getroffen worden [6] (*effect*) ◇ **inflation -s the poor hardest** die Inflation trifft die Armen am härtesten; ◇ **her death really - me** ihr Tod hat mich schwer getroffen [7] (*become apparent*) ◇ **has it ever - you that ...** ? ist es dir jemals aufgefallen, daß ... ? [8] (*explode*) ◇ **to - the roof** an die Decke gehen; **hit back I.** *vi* (*at critics*) Kontra geben (*at dat*) **II.** *vt sep* → *ball* zurückschlagen; **hit off** *vt sep* ◇ **to - it -** sich sofort gut verstehen; **hit on** *vi +prep obj* → *idea* stoßen (auf *acc*); **hit out** *vi* attackieren (*at s.o.* jd-n); **hit-and-miss** *adj* ▷*procedure* ↑ *random* nach dem Zufallsprinzip *s;* **hit-and-run** *adj* ◇ **- accident** Unfall *m* mit Fahrerflucht

hitch [hɪtʃ] **I.** *vt* ↑ *attach* anhängen; ◇ **to - a horse to a wagon** ein Pferd vor e-n Wagen spannen **II.** *vt, vi* per Anhalter fahren, trampen; ◇ **they -ed from Paris to Rome** sie fuhren per Anhalter von Paris nach Rom **III.** *n* Problem *s,* Haken *m;* ◇ **to go off without a -** reibungslos ablaufen; **hitch up** *vt sep* → *trousers* hochziehen; **hitchhike** ['hɪtʃhaɪk] *vi* per Anhalter fahren, trampen; **hitchhiker** *n* Anhalter(in *f*) *m,* Tramper(in *f*) *m*

hither and thither ['hɪðərəndθɪðə*] *adv* hierhin und dorthin

hitherto [hɪðə'tuː] *adv* ↑ *until now* bis jetzt

hitlist *n* (*IRA -, Mafia - etc.*) Abschußliste *f*

hive [haɪv] *n* (*bee-*) Bienenstock *m;* ◇ **the office was a - of activity today** das Büro glich heute e-m Taubenschlag/Bienenhaus; **hive off** *vi* ← *section of organisation* abspalten

HM *abbr. of* **His/Her Majesty**

hoard [hɔːd] **I.** *n* (*of stolen treasure*) Hort, Schatz *m* **II.** *vt* ← *squirrel* → *acorns* horten; **hoarding** *n* [1] (*fence around building site*) Bretterzaun *m* [2] (*for large advertisements*) Plakatwand *f*

hoarfrost [hɔː'frɒst] *n* Rauhreif *m*

hoarse [hɔːs] *adj* heiser

hoax [həʊks] *n* ↑ *trick* Streich *m*

hob [hɒb] *n* (*of cooker*) Kochplatte *f*

hobble ['hɒbl] **I.** *vi* (*walk with difficulty*) humpeln, hinken **II.** *vt* → *horse* die Fußfesseln anlegen

hobby ['hɒbɪ] *n* Hobby *s,* Freizeitvergnügen *s*

hobbyhorse *n* ◇ **geography is one of my hobbyhorses -** Geographie ist eines meiner Steckenpferde

hobnob ['hɒbnɒb] *vi* (*with the upper class*) auf du und du sein

hobo ['həʊbəʊ] *n* <-[e]s> *AM* ↑ *vagrant* Stadtstreicher(in *f*) *m,* Penner(in *f*) *m*

hock [1] [hɒk] *n* weißer Rheinwein

hock [2] [hɒk] **I.** *n* ◇ **to be in** ~ verpfändet sein; ◇ **to get s.th. out of** ~ etw auslösen **II.** *vt* → *family silver* verpfänden

hockey ['hɒkɪ] *n* (*played on grass*) Hockey *s;* ◇ **ice** ~ Eishockey *s*

hod [hɒd] *n* (*of bricklayer*) Tragmulde *f*

hoe [həʊ] **I.** *n* Hacke *f* **II.** *vt* hacken

hog [hɒg] **I.** *n* [1] Schwein *s; BRIT* Mastschwein *s* [2] *FIG FAM* ◇ **to go the whole** ~ Nägel mit Köpfen machen **II.** *vt FAM* eigensüchtig raffen, sich *dat* aneignen; → *road* für sich brauchen/pachten

hoist [hɔɪst] **I.** *n* (*FAM lifting device*) Hebezeug *s* **II.** *vt* hochheben

hold [həʊld] <held, held> **I.** *vt* [1] → *shopping bag* halten, festhalten; ◇ **he held her in his arms** er hielt sie in seinen Armen [2] ↑ *detain* ◇ **they held the delinquent in custody** sie behielten den Täter in Haft; ◇ **it is held in place by dowels and glue** es wird durch Dübel und Leim zusammengehalten [3] (*keep strategic position*) besetzt halten; ◇ ~ **the fort while I'm out!** halte die Stellung, solange ich fort bin!; ◇ **to** ~ **your own** mithalten; (*on phone*) ◇ ~ **the line, please!** bleiben Sie bitte dran! [4] (*have given capacity*) haben; ◇ **the plane** ~**s 277 people** das Flugzeug bietet 277 Passagieren Platz; ◇ **the tank** ~**s 45 litres** der Tank faßt 45 Liter [5] → *valid passport* haben [6] ↑ *contend* ◇ **I** ~ **that all men are equal** ich bin der Überzeugung, daß alle Menschen gleich sind; ◇ **to** ~ **s.o. personally responsible** jd-n persönlich verantwortlich machen [7] ↑ *organize* → *election* durchführen; → *rock concert* veranstalten [8] ↑ *keep back* → *breath* anhalten; ◇ ~ **your horses!** bleib' auf dem Teppich! **II.** *vi* ↑ *remain consistent* ← *offer* bestehen bleiben; ← *good weather* sich halten; ← *dam* halten; ◇ ~ **still!** halte still! **III.** *n* [1] (*act of holding*) Halten *s,* Festhalten *s* [2] ↑ *hand* ~ (*rung of ladder*) Handgriff *m* [3] ◇ **to have a** ~ **over s.o.** jd-n in seiner Gewalt haben [4] (*of ship*) Frachtraum *m;* **hold against** *vt sep* ◇ **to** ~ **s.th.** ~ **s.o.** jd-m etw übelnehmen; **hold back I.** *vi* ↑ *hesitate* sich zurückhalten **II.** *vt sep* → *flood* stauen; → *emotions* verbergen; → *progress* hemmen, behindern

hold down *vt sep* → *wrestler* niederhalten; → *prices* niedrig halten; **hold on** *vi* (~ ~ *tight*) sich festhalten (*to* an *dat*); TELEC ◇ **b**~ ~**, please!** e-n Moment, bitte!; **hold onto** *vi +prep obj* festhalten; **hold out I.** *vt* → *hand* ausstrecken **II.** *vi* ↑ *endure* aushalten, durchhalten; **hold over** *vt sep* → *meeting* vertagen, verschieben (*until* auf *acc*); **hold to** *vi +prep obj* → *opinion* bleiben bei; **hold up I.** *vt sep* [1] → *picture* hochhalten; (*support*) ← *foundations* tragen [2] → *proceedings* aufhalten [3] → *bank* überfallen **II.** *vi* ← *structure* stehenbleiben; ← *belief* standhalten

holdall ['həʊldɔ:l] *n* Reisetasche *f*

holder *n* [1] (*ticket*--) Fahrkarteninhaber(in *f*) *m* [2] (*candle* ~) Halter *m*

holding *n* [1] (*company shares*) Anteil *m* [2] (*land one rents or owns*) Land *s;* (*with buildings*) Gut *s*

hold-up *n* [1] ↑ *delay* Verzögerung *f;* (*traffic* ~) Stauung *f* [2] (*bank* ~) Überfall *m*

hole [həʊl] **I.** *n* [1] (*drill, golf*) Loch *s* [2] (*FIG vile place*) Kaff *s* [3] (*rabbit*) Bau *m* [4] *FAM* ◇ **I'm in a bit of a** ~ ich sitze in der Klemme/Patsche **II.** *vt* löchern

holiday ['hɒlɪdeɪ] *n* [1] ▷*national etc.* Feiertag *m* [2] (*school* ~*s*) Ferien *pl* [3] ◇ **my dentist is on** ~ **at the moment** mein Zahnarzt macht gerade Urlaub; **holiday-maker** *n* Urlauber(in *f*) *m*

holiness ['həʊlɪnɪs] *n* [1] (*of saints*) Heiligkeit *f* [2] ◇ **His H**~ **the Pope John Paul** Seine Heiligkeit Papst Johannes Paul

holler ['halə*] *vt, vi FAM* brüllen

hollow ['hɒləʊ] **I.** *adj* [1] ▷*tree* hohl [2] ▷*face* hohl [-wangig], eingefallen [3] ▷*sound* hohl [4] ▷*argument* leer, Schein- **II.** *n* Höhlung *f;* (*in ground*) Senke *f,* Mulde *f;* **hollow out** *vt* → *log* aushöhlen

holly ['hɒlɪ] *n* FLORA Stechpalme *f*

holocaust ['hɒləkɔ:st] *n* [1] (*the nazi H*~) Holocaust *m;* ↑ *genocide, mass-destruction* Massenvernichtung *f* [2] ↑ *fire* Inferno *s*

hologram ['hɒləgræm] *n* Hologramm *s*

holster ['həʊlstə*] *n* Pistolenhalfter *s or f*

holy ['həʊlɪ] *adj* REL heilig; ▷*person* fromm; ▷*ground* geweiht; **Holy Communion** *n* Heilige Kommunion *f;* **Holy Ghost**, **Holy Spirit** *n* Heiliger Geist *m*

homage ['hɒmɪdʒ] *n* (*honoring with respect*) Huldigung *f;* (*silent* ~) Ehrerbietung *f;* ◇ **to pay** ~ **to s.o.** jd-m huldigen

home [həʊm] **I.** *n* [1] (*where one normally lives*) Heim *s,* Zuhause *s;* (*place of origin*) Heimat *f;* ◇ **be** ~ **by 7!** sei bis 7 Uhr zu Hause!; ◇ **Munich is his** ~ er ist in München zu Hause, München ist sein Zuhause/seine Heimat; ◇ **we stayed at** ~ **for the weekend** wir sind am Wochenende zu Hause geblieben [2] (*place of origin*) Heimat *f;* ◇ **Britain is the** ~ **of democracy** Großbritannien ist das Mutterland/Ursprungsland der Demokratie *s* [3] (*children's* ~) Kinderheim *s;* (*old peoples'* ~) Altenheim *s* [4] ◇ **to be/feel at** ~ **working with computers** mit der Arbeit am Computer vertraut sein 5 ◇ **make yourself at ~!** fühlen Sie sich wie zu Hause! **II.** *adj* 1 ◇ **~ match** Heimspiel *s* 2 ◇ **London is my ~ town** London ist meine Heimatstadt **III.** *adv* 1 ◇ **why don't you come ~?** warum kommst du nicht nach Hause? 2 ◇ **to drive a nail ~** e-n Nagel einschlagen 3 ◇ **I can't bring it ~ to him** ich kann es ihm nicht begreiflich/klar machen; **home in** *vi* ← *rocket* sich ausrichten (*on* auf *acc*); **home address** *n* Privatanschrift *f;* **home-brewed** [həʊmˈbru:d] *adj* ▷*beer* selbstgebraut; **homecoming** *n* Heimkehr *f;* **home economics** *n sg* Hauswirtschaftslehre *f;* **home help** *n* Haushaltshilfe *f;* **homeland** *n* 1 Heimatland *s* 2 ↑ *H~* (*in South Africa*) Homeland *s zugewiesenes Siedlungsgebiet für Schwarze;* **homeless** *adj* (*without shelter*) obdachlos; **homely** *adj* ▷*atmosphere* behaglich, gemütlich; **home-made** *adj* hausgemacht, selbstgemacht; **Home Office** *n* (*BRIT*) Innenministerium *s*

homeopathy [həʊmɪˈɒpəθɪ] *n s.* **homoeopathy**

homesick *adj* ◇ **to be ~** Heimweh haben (*for* nach); **homespun** [ˈhəʊmspʌn] *adj* ▷*philosophy* einfach; **homestead** [ˈhəʊmsted] *n* ↑ *farm* Heimstätte *f;* **home truth** *n* unbequeme Tatsache *f;* **homeward** [ˈhəʊmwəd] *adj* ▷*journey* Heim-; **homework** *n* Hausaufgaben *pl;* **homicidal** [ˈhɒmɪsaɪdəl] *adj* ▷*maniac* mörderisch; **homicide** [ˈhɒmɪsaɪd] *n* Totschlag *m,* Tötung *f;* ◇ **culpable ~** Mord *m*

homoeopathy [həʊmɪˈɒpəθɪ] *n* MED Homöopathie *f*

homogeneous [hɒməˈdʒi:nɪəs] *adj* homogen; **homogenized** [hɒˈmɒdʒɪnaɪzd] *adj* ▷*milk* homogenisiert

homosexual [hɒməʊˈseksjʊəl] **I.** *adj* homosexuell; *FAM* schwul **II.** *n* Homosexuelle(r) *fm*

hone [həʊn] *vt* → *blade* schleifen, wetzen

honest [ˈɒnɪst] *adj* 1 ▷*face* ehrlich; ◇ **to be ~, I don't care** das ist mir ehrlich gesagt egal 2 ▷*cashier* ehrlich, redlich; ◇ **to make an ~ living** sein Geld auf redliche Weise verdienen; **honestly I.** *adv* ehrlich **II.** *intj* (*expression of mild irritation*) also ehrlich; **honesty** *n* ↑ *truthfulness* Ehrlichkeit *f;* ↑ *decency* Anständigkeit *f,* Anstand *m*

honey [ˈhʌnɪ] *n* Honig *m;* **honeycomb** *n* Honigwabe *f;* **honeydew melon** *n* Honigmelone *f;* **honeymoon** *n* Flitterwochen *pl,* Hochzeitsreise *f;* **honeysuckle** *n* FLORA Geißblatt *s*

honk [hɒŋk] *vt, vi* ← *goose* schreien; AUTO hupen

honorary [ˈɒnərərɪ] *adj* ▷*president* ehrenamtlich

honour, honor (*AM*) [ˈɒnə*] **I.** *vt* 1 → *absent friends* ehren; ◇ **to ~ s.o. with a title** jd-m e-n Titel verleihen 2 → *cheque* einlösen; → *contract* einhalten **II.** *n* 1 (*pride and dignity*) Ehre *f* 2 (*personal ~*) ↑ *integrity* Ehrgefühl *s,* Ehre *f* 3 ◇ **it is an ~ for me to work for you** es ist mir e-e Ehre, für Sie zu arbeiten; ◇ **he is an ~ to the profession** er macht seinem Berufsstand [alle] Ehre 4 ◇ **your Honour, ...** (*way of addressing a judge*) Herr Vorsitzender, Frau Vorsitzende; **honourable, honorable** [ˈhɒnərəbl] (*AM*) *adj* 1 ehrenhaft; ▷*intention* ehrenvoll 2 (*polite form of address in parliament*) ◇ **the H~ member of Parliament** ≈ der/die Herr/Frau Abgeordnete

hood [hʊd] *n* 1 (*of anorak*) Kapuze *f;* (*of cabriolet*) Verdeck *s* 2 *AM* ↑ *car bonnet* Motorhaube *f;* **hooded** [-ɪd] *adj* ▷*eyes* mit schweren Lidern

hood-wink [ˈhʊdwɪŋk] *vt FAM* reinlegen

hoof [hu:f] *n* <-s *o.* hooves> Huf *m*

hook [hʊk] **I.** *n* 1 Haken *m;* ◇ **coat ~** [Kleider-]Haken *m;* ◇ **fish ~** [Angel-]Haken *m;* ◇ **~ and eye** Haken und Öse; TELEC ◇ **off the ~** nicht aufgelegt, ausgehängt 2 (*boxing*) ◇ **to deliver a right ~** e-n rechten Haken anbringen; ◇ **to get off the ~** gerade davonkommen, aus dem Schneider kommen **II.** *vt* 1 → *trailer* anhängen (*to* an *dat*); → *fish* haken 2 ◇ **to ~ one's legs over s.th.** die Beine um etw schlingen; **hook on** *vt sep* → *worm* anhaken, anködern (*to* an *acc*); → *trailer* ankoppeln, anhängen (*to* an *acc*); **hook up** *vt sep* ◇ **we ~ed the computer ~ with a modem** wir haben ein Modem an den Computer angeschlossen; **hooked** [-d] *adj* 1 ▷*nose* Haken- 2 *FAM* ◇ **to be ~ on heroin** heroinabhängig sein

hooligan [ˈhu:lɪgən] *n* Hooligan, Rowdy *m*

hoop [hu:p] *n* (*of barrel*) Reifen *m*

hooray [hu:ˈreɪ] *intj* (*shout of approval*) Hurra

hoot [hu:t] **I.** *vi* 1 ← *owl* schreien, rufen; AUTO hupen 2 ◇ **to ~ with laughter** johlend lachen **II.** *n* 1 (*of owl*) Ruf *m,* Schrei *m;* AUTO Hupen *s* 2 ◇ **he doesn't give two ~s** das ist ihm völlig egal 3 ◇ **what a ~!** das ist ja zum Schreien; **hooter** *n* 1 NAUT Horn *s;* AUTO Hupe *f* 2 *FAM* ↑ *nose* Zinken *m*

hoover ® [hu:və] *n* Staubsauger *m*

hooves [hu:vz] *n pl of* **hoof**

hop [hɒp] **I.** *vi* 1 ← *person* auf e-m Bein hüpfen 2 ← *bird* hüpfen 3 ◇ **~ in and I'll give you a lift!** steig' ein, ich nehm' dich ein Stück mit; ◇ **to ~ off** aussteigen **II.** *vt* 1 → *train* aufspringen auf *acc,* schwarzfahren in *dat* 2 ◇ **~ it!** verschwinde!, zieh' Leine! **III.** *n* ↑ *jump* Sprung *m;* ◇ **short ~** Katzensprung *m*

hops [hɒps] *n pl* (*in beer*) Hopfen *m*

H

hope [həʊp] I. *vt, vi* hoffen; ◇ **I ~ to finish tomorrow** ich glaube, daß ich morgen fertig werde; ◇ **I ~ (that) they grow well** ich hoffe, daß sie gut wachsen werden; ◇ **they ~ed for good weather** sie hofften auf gutes Wetter; ◇ **is Mary coming? I ~ so** kommt Mary? ich hoffe es **II.** *n* Hoffnung *f;* **hopeful** ['həʊpfl] *adj* ① (*wishing positively*) hoffnungsvoll ② ↑ *promising* vielversprechend; **hopefully** *adv* ① hoffnungsvoll ② ◇ **~ it won't rain** hoffentlich wird es nicht regnen; **hopeless** *adj* ① ↑ *without hope* hoffnungslos ② *FAM* ◇ **he is ~ at dancing** als Tänzer ist er ein hoffnungsloser Fall

hopper ['hɒpə*] *n* TECHNOL Trichter *m*

hopscotch ['hɒpskɒtʃ] *n* Hopse *f,* Himmel-und-Hölle-Spiel *s*

horde [hɔːd] *n* (*of tourists*) Horde *f*

horizon [hə'raɪzn] *n* Horizont *m*

horizontal [hɒrɪ'zɒntl] *adj* waagerecht, horizontal

hormone ['hɔːməʊn] *n* Hormon *s*

horn [hɔːn] *n* ① (*of bull, also substance*) Horn *s;* (*-s, of stag*) Geweih *s* ② (*car ~*) Hupe *f* ③ (*French ~*) Horn *s*

hornet ['hɔːnɪt] *n* Hornisse *f*

horny ['hɔːnɪ] *adj* ① ▷*hands* schwielig ② *FAM* ↑ *randy* scharf, geil

horoscope ['hɒrəskəʊp] *n* Horoskop *s*

horrendous [hɒ'rendəs] *adj* ▷*car accident* furchtbar, entsetzlich

horrible ['hɒrɪbl] *adj* ▷*personality* schrecklich, fürchterlich; ▷*food* miserabel; **horribly** ['hɒrɪblɪ] *adv* ▷*sing* fürchterlich

horrid ['hɒrɪd] *adj* ▷*little boy* gemein

horrific *adj* ▷*murder* entsetzlich, schrecklich; **horrify** ['hɒrɪfaɪ] *vt* entsetzen

horror ['hɒrə*] *n* ① (*feeling of ~*) Grauen, Entsetzen *s* ② ◇ **to have a ~ of heights** Höhenangst *f* haben ③ ◇ **little ~** kleines Biest; **horror film** *n* Horrorfilm *m*

hors d'oeuvre [ɔː'dɜːvr] *n* Vorspeise *f*

horse [hɔːs] *n* Pferd *s;* ↑ *steed* Roß *s;* **horseback** ◇ **on ~** zu Pferde; **horsebox** *n* Pferdetransporter *m;* **horse chestnut** *n* (*nut*) Roßkastanie *f;* **horse-drawn** *adj* ▷*carriage* Pferde-, pferdebespannt; **horseplay** *n* (*of children*) Raufen *s;* **horsepower** *n* AUTO Pferdestärke *f;* **horse-racing** *n* Pferderennsport *m;* **horseradish** *n* Meerrettich *m;* **horse sense** *n* gesunder Menschenverstand *m;* **horseshoe** *n* Hufeisen *s;* **horse-trading** *n FIG* Kuhhandel *m;* **horsey**, **horsy** ['hɔːsɪ] *adj* ▷*looks* pferdeähnlich

horticulture ['hɔːtɪkʌltʃə*] *n* Gartenbau *m*

hose ['həʊz] I. *n* ↑ *-pipe* Schlauch *m* **II.** *vt* → *lawn* bespritzen

hosiery ['həʊzɪərɪ] *n* Strumpfwaren *pl*

hospice ['hɒspɪs] *n* (*for terminally sick*) Hospiz *s*

hospitable [hɒ'spɪtəbl] *adj* gastfreundlich

hospital ['hɒspɪtl] *n* Krankenhaus *s,* Klinik *f*

hospitality [hɒspɪ'tælɪtɪ] *n* Gastfreundschaft *f*

hospitalize ['hɒspɪtlaɪz] *vt* jd-n ins Krankenhaus einweisen

host [1] [həʊst] *n* ① (*of party*) Gastgeber *m* ② (*in hotel*) Wirt(in *f*) *m* ③ (MEDIA *on variety show*) Moderator *m*

host [2] [həʊst] *n* (*of difficulties*) Menge *f*

hostage ['hɒstɪdʒ] *n* Geisel *f*

hostel ['hɒstəl] *n* (*for asylum seekers*) Heim *s;* ↑ *Youth H~* Jugendherberge *f*

hostess ['həʊstes] *n* ① (*of party*) Gastgeberin *f* ② (*in Playboy Club*) Hosteß, Bardame *f* ③ ↑ *air~* Stewardeß, Flugbegleiterin *f*

hostile ['hɒstaɪl] *adj* ① ▷*expression* feindselig ② ▷*territory* feindlich; **hostilities** [hɒ'stɪlɪtiːz] *n pl* (*war-like fighting*) Feindseligkeiten *f pl;* **hostility** [hɒ'stɪlɪtɪ] *n* (*strong dislike*) Feindseligkeit *f*

hot [hɒt] *adj* ① (*high temperature*) heiß; ◇ **a ~ meal** e-e warme Mahlzeit ② ▷*curry* scharf ③ ▷*temper* hitzig ④ ◇ **to be in ~ pursuit of s.th.** wie verrückt hinter e-r Sache her sein; **hot up** *vi* ◇ **the election is ~ting ~** der Wahlkampf tritt in seine heiße Phase; **hot air** *n* (*meaningless talk*) leeres Gerede *s;* **hot and bothered** [hɒtəndbɒðərd] *adj* aufgedreht; **hotbed** *n of corruption, FIG* Brutstätte *f;* **hot-blooded** ['hɒtblʌdɪd] *adj* heißblütig; **hotch-potch** ['hɒtʃpɒtʃ] *adj* Mischmasch *m;* **hot dog** *n* Hot dog *m or s*

hotel [həʊ'tel] *n* Hotel *s;* **hotelier** [həʊ'telɪeɪ] *n* Hotelbesitzer(in *f*) *m*

hotfoot *adv* ↑ *quickly* eilends; **hotheaded** [hɒt'hedɪd] *adj* ↑ *impetuous* hitzköpfig; **hothouse** ['hɒthaʊs] *n* Treibhaus *s;* **hotline** *n* heißer Draht *m;* **hotly** *adv* ▷*deny* heftig; ◇ **the thief was ~ pursued by a policeman** ein Polizist war dem Dieb dicht auf den Fersen *f;* **hotplate** *n* (*of cooker*) Heizplatte *f;* **hot-water bottle** [hɒt'wɔːtəbɒtl] *n* Wärmflasche *f*

hound [haʊnd] I. *n* [Jagd-]Hund *m* **II.** *vt* verfolgen; ◇ **to be ~ed by the press** von der Presse verfolgt werden

hour ['aʊə*] *n* ① (*60 minutes*) Stunde *f* ② (*start of ~*) ◇ **at eighteen hundred ~s** um achtzehn Uhr; ◇ **trains leave on the ~** (*1 o'clock, 2 o'clock, etc.*) die Züge verkehren stündlich; ◇ **22 minutes past the ~** (*01.22, 02.22, 03.22, etc.*) zweiundzwanzig Minuten nach [der vollen Stunde]; ◇ **at all ~s** zu jeder Tages- und Nachtzeit, rund um die Uhr ③ (*set period, lunch ~*) Mittagspause *f;* ↑ *office ~s* ↑ *opening ~s* Öffnungszeiten *fpl;* ◇ **we do not work out of ~s** wir arbeiten nicht nach Geschäftsschluß [4] (*important moment*) ◇ **at the appointed ~** zur vereinbarten Zeit; ◇ **she came in his ~ of need** sie kam zu ihm in der Stunde der Not; **hour hand** *n* Stundenzeiger *m;* **hourly** *adj* [1] (*once every hour*) stündlich [2] ▷*pay rate* stundenweise

house [haʊs] **I.** *n* [1] (*neither flat nor appartment*) Haus *s; FIG* ◇ **we got on like a ~ on fire** wir wurden schnell miteinander warm; ◇ **to put your ~ in order** seine Angelegenheiten in Ordnung bringen; ◇ **to keep ~** haushalten [2] ◇ **hen--** Hühnerstall *m;* ◇ **opera ~** Opernhaus *s* [3] ◇ **you're going to wake up the entire ~** du wirst das ganze Haus aufwecken; ◇ **to play to a packed ~** vor vollem Haus spielen [4] (*publishing ~, fashion ~*) -haus *s;* ◇ **drinks are on the ~** die Getränke gehen auf Kosten des Hauses [5] (*H~ of Commons, H~ of Representatives*) Unter-, Oberhaus *s* [6] (*royal dynasty*) Haus *s;* ◇ **the H~ of Windsor** das Haus Windsor [7] ◇ **in the 7th ~** im 7. Haus **II.** [haʊz] *vt* [1] → *refugees* unterbringen, beherbergen [2] ◇ **this building ~s a number of firms** in diesem Gebäude sind einige Firmen untergebracht; **house arrest** *n* ◇ **to be under ~ ~** unter Hausarrest stehen; **houseboat** *n* Hausboot *s;* **housebound** *adj* ans Haus gefesselt; **housebreaker** *n* (*criminal*) Einbrecher *m;* **household** ['haʊzhəʊld] *n* Haushalt *m;* **householder** *n* ↑ *owner* Hausinhaber(in *f*) *m;* **household name** *n* (*generally known*) ◇ **to become a ~ ~** zu e-m Begriff *m* werden; **housekeeper** *n* Haushälterin *f;* **housekeeping money** *n* Haushaltsgeld *s;* **houselights** *n* THEAT Saalbeleuchtung *f;* **houseman** *n* (*junior hospital doctor*) Assistenzarzt *m;* **house party** *n* mehrtägige Party *f;* **house-proud** *adj* ▷*housewife* übertrieben ordentlich; **house-trained** ['haʊstreɪnd] *adj* ▷*cat* stubenrein; **housewife** *n* <-wives> Hausfrau *f;* **housework** *n* (*cooking, washing*) Hausarbeit *f*

housing ['haʊzɪŋ] *n* [1] (*accommodation considered collectively*) Wohnungsbau *m,* Wohnungsbeschaffung *f* [2] (*of machine*) Gehäuse *s;* **housing association** *n* Wohnungsbaugesellschaft *f;* **housing benefit** *n* Wohngeld *s;* **housing development** (*AM*), **housing estate** (*BRIT*) *n* Wohnsiedlung *f*

hovel ['hɒvəl] *n* ↑ *dirty little house* Bruchbude *f*

hover ['hɒvə*] *vi* ← *falcon* schweben; ◇ **to ~ over s.o.** jd-m nicht von der Seite weichen

hovercraft *n* Luftkissenfahrzeug *s*

how [haʊ] **I.** *adv* [1] (*in questions*) wie; ◇ **~ many** wieviele; ◇ **~ much** wieviel; ◇ **~ are you?** wie geht es Ihnen? [2] (*intensifier*) ◇ **~ I hate this work!** wie sehr ich diese Arbeit hasse! **II.** *cj* ◇ **she can't recall ~ to spell his name** sie weiß nicht mehr, wie er seinen Namen schreibt

however [haʊ'evə*] **I.** *adv* [1] ↑ *in spite of this* jedoch; ◇ **at first it was "no"; later, ~, it was "yes"** zuerst hieß es "nein"; später jedoch hieß es "ja" [2] ↑ *to whatever degree* wie auch immer; ◇ **~ stupid the question, he answers it** egal wie dumm die Frage auch sein mag, er antwortet darauf [3] (*in questions conveying amazement*) ◇ **~ did you manage it?** wie hast du das nur geschafft? **II.** *cj* ↑ *in any way* beliebig; ◇ **you can express love ~ you like** Liebe kann man auf jede beliebige Weise ausdrücken

howl [haʊl] **I.** *vi* ← *wolf* heulen; ← *baby* schreien; ◇ **to ~ with laughter** brüllend lachen **II.** *n* Heulen *s;* **howl down** *vt sep* → *speaker* niederschreien

howler *n* ↑ *bad mistake* Schnitzer *m*

hp *abbr. of* **I.** *n* (*BRIT*) **hire purchase** Mietkauf *m* **II.** *n* **horse power** Pferdestärke *f,* PS *s*

HQ *n abbr. of* MIL **headquarters**

hr, hrs *n abbr. of* **hour, hours**

hub [hʌb] *n* (*of wheel*) Nabe *f;* (*of Europe*) Mittelpunkt *m,* Zentrum *s*

hubbub ['hʌbʌb] *n* Radau *m*

hub cap ['hʌbkæp] *n* Radkappe *f*

huddle ['hʌdl] *vi* sich kauern

hue [hju:] *n* (*shade of colour*) Schattierung *f*

huff [hʌf] **I.** *vi* (*~ and puff*) schnaufen und keuchen **II.** *n* ◇ **to go off in a ~** beleidigt [*o.* eingeschnappt] fortgehen

hug [hʌg] **I.** *vt, vi* → *each other* umarmen; (*more intensely*) umklammern **II.** *vt* → *coast* dicht entlangfahren (an *dat*) **III.** *n* Umarmung *f*

huge [hju:dʒ] *adj* riesig

huh [hʌ] *intj* [1] ↑ *what?* wie? [2] (*expression of muffled surprise*) hä?

hulk [hʌlk] *n* [1] (*body of ship*) Schiffsrumpf *m* [2] (*person*) Klotz *m;* **hulking** *adj* ◇ **a great ~ man** ein grobschlächtiger Kerl

hull [hʌl] **I.** *n* NAUT Schiffsrumpf *m* **II.** *vt* → *grain* enthülsen; → *strawberries* zupfen, entstielen

hullabaloo [hʌləbə'lu:] *n* Spektakel *s*

hullo [hə'ləʊ] *s.* **hello**

hum [hʌm] **I.** *n* (*of insects*) Summen *s;* (*of machinery*) Brummen *s* **II.** *vt, vi* → *tune* summen **III.** *vi* [1] ← *bee* summen [2] ← *engine* brummen, dröhnen [3] ← *office* ◇ **the office was ~ming with activity** im Büro ging es sehr geschäftig zu

human ['hju:mən] **I.** *adj* menschlich **II.** *n* Mensch *m;* **human being** *n* Mensch *m*

humane [hju:'meɪn] *adj* (*not brutal*) human

humanism ['hju:mənɪzəm] *n* Humanismus *m*

humanitarian [hjuːmænɪˈtɛərɪən] *adj* ▹*relief work* humanitär; **humanity** [hjuːˈmænɪtɪ] *n* (1) (*crimes against* ~) Menschheit *f* (2) ↑ *compassion* Mitgefühl *s;* ◇ **to show ~ to the defeated** Großmut gegenüber den Besiegten zeigen (3) ↑ *fallibility* menschliche Natur *f;* **humanities** [hjuːˈmænɪtiːz] *n* Geisteswissenschaften *pl;* **humanize** [ˈhjuːmənaɪz] humanisieren

humanly *adv* ◇ **to do as much as is ~ possible** alles Menschenmögliche tun; **human nature** *n* menschliche Natur *f;* **human rights** *n pl* Menschenrechte *pl*

humble [ˈhʌmbl] **I.** *adj* (1) ▹*shopkeeper* einfach (2) ▹*attitude* bescheiden **II.** *vt* → *enemy* demütigen, erniedrigen; **humbly** *adv* bescheiden

humbug [ˈhʌmbʌg] *n* (1) ↑ *mint* ~ Pfefferminzbonbon *m or s* (2) ↑ *nonsense* dummes Zeug *s,* Humbug *m*

humdrum [ˈhʌmdrʌm] *adj* stumpfsinnig, fad

humerus [ˈhjuːmərəs] *n* MED Oberarmknochen *m*

humid [ˈhjuːmɪd] *adj* feucht; **humidify** *vt* befeuchten; **humidity** [hjuːˈmɪdɪtɪ] *n* (*of air*) Luftfeuchtigkeit *f*

humiliate [hjuːˈmɪlɪeɪt] *vt* erniedrigen; **humiliation** [hjuːmɪlɪˈeɪʃən] *n* Demütigung *f,* Erniedrigung *f;* **humility** [hjuːˈmɪlɪtɪ] *n* Bescheidenheit *f*

humorist [ˈhjuːmərɪst] *n* Humorist(in *f*) *m;* **humorous** [ˈhjuːmərəs] *adj* ▹*person* humorvoll; ▹*story* lustig; ▹*idea* witzig; **humour, humor** (*AM*) [ˈhjuːmə*] **I.** *n* (1) Humor *m;* ◇ **a sense of ~** ein Sinn für Humor (2) Laune *f;* (*in a good* ~) gutgelaunt **II.** *vt* ◇ **to humour s.o.** jd-m seinen Willen lassen

hump [hʌmp] *n* (*of camel*) Höcker *m;* (*in landscape*) Buckel, Hügel *m*

humus [ˈhuːməs] *n* (*rich soil*) Humus *m*

hunch [hʌntʃ] **I.** *n* (*idea based on intuition*) Ahnung *f* **II.** *vt* → *shoulders* hochziehen; **hunchback** *n* (*back*) Buckel *m;* (*person*) Bucklige(r) *fm*

hundred [ˈhʌndrɪd] **I.** *pron* (*determiner: after quantity or number*) hundert; ◇ **several ~ beggars** einige hundert Bettler; ◇ **a/one ~ pounds** [ein-] hundert Pfund **II.** *n* (*after quantity/number, in sums*) hundert; (*unit of 100*) Hundert *f;* ◇ **how many ~s go in a million?** wie viele Hundert gehen in e-e Million?; ◇ **~s of reasons for leaving** Hunderte von Gründen wegzugehen; **hundredfold** *adj, adv* (*x 100*) hundertfach; **hundredweight** *n* ≈ Zentner *m USA 45,4 kg; GB 50,8 kg*

hung [hʌŋ] *pt, pp of* **hang**

Hungarian [hʌŋˈgɛərɪən] **I.** *adj* ungarisch **II.** *n* Ungar(in *f*) *m*

Hungary [ˈhʌŋgərɪ] *n* Ungarn *s*

hunger [ˈhʌŋgə*] **I.** *n* (1) (*sensation*) Hunger *m* (2) (*lack of food*) Hunger *m;* ◇ **to die of ~** verhungern, an Hunger sterben **II.** *vi* ◇ **to ~ for s.th., to ~ after s.th.** ↑ *crave* nach etw hungern; **hunger strike** *n* Hungerstreik *m;* ◇ **to go on a ~ ~** in e-n Hungerstreik treten; **hungry** [ˈhʌŋgrɪ] *adj* hungrig; ◇ **to be ~** Hunger haben, hungrig sein

hunk [hʌnk] *n* (1) ▹*of bread* Brocken *m* (2) (*FAM attractive man*) Traum *m* von e-m Mann

hunky-dory [hʌŋkɪˈdɔːrɪ] *adj* ◇ **everything's ~** alles ist in Ordnung

hunt [hʌnt] **I.** *vt, vi* → *big game* jagen **II.** *vt* → *escaped convict* jagen, verfolgen **III.** *vi* ↑ *search* jagen (*for* nach *dat*) **III.** *n* Jagd *f,* Suche *f;* **hunter** *n* (*deer* ~) Jäger *m;* (*bargain* ~) Schnäppchenmacher *m*

hurdle [ˈhɜːdl] **I.** *n* ↑ *obstacle* Hürde *f* **II.** *vi* Hürdenlauf machen

hurl [hɜːl] *vt* schleudern

hurly-burly [ˈhɜːrlɪˈbɜːrlɪ] *n* Getümmel *s*

hurrah [hʊˈrɑː], **hurray** [hʊˈreɪ] *intj* hurra

hurricane [ˈhʌrɪkən] *n* Hurrikan, Wirbelsturm *m;* **hurricane lamp** *n* Sturmlampe *f*

hurried [ˈhʌrɪd] *adj* letter; ▹*procedure* eilig; **hurriedly** *adv* eilig

hurry [ˈhʌrɪ] **I.** *n* Eile *f;* ◇ **to be in a ~** in Eile sein, es eilig haben; ◇ **to do s.th. in a ~** etw eilig [*o.* hastig] tun; ◇ **there's no ~** es hat keine Eile **II.** *vi* sich beeilen **III.** *vt* → *person* jd-n zur Eile anhalten; **hurry up I.** *vt sep* → *work* vorantreiben **II.** *vi* ◇ **hurry up!** beeil' dich!

hurt [hɜːt] <hurt, hurt> **I.** *vt, vi* (1) ↑ *cause pain* weh tun *dat* (2) ↑ *cause injury* verletzen (3) ◇ **work? that won't ~ him!** Arbeit? das wird ihm nicht schaden! **II.** *adj* ◇ **she was ~ by what they said** sie fühlte sich verletzt von dem, was sie gesagt haben; **hurtful** [ˈhɜːtfl] *adj* ▹*remark* verletzend

hurtle [ˈhɜːtl] *vi* → *car* rasen, sausen

husband [ˈhʌzbənd] **I.** *n* Ehemann *m;* ◇ **my ~ is …** mein Mann ist … **II.** *vt* → *resources* sparsam umgehen mit

husbandry [ˈhʌzbəndrɪ] *n* ↑ *farming* Landwirtschaft *f*

hush [hʌʃ] **I.** *n* ↑ *silence* Stille *f;* ◇ **a ~ fell over the hall** plötzlich wurde es still im Saal **II.** *intj* ◇ **~!** sei still/leise! **III.** *vt* beschwichtigen **IV.** *vi* ruhig sein; **hush up** *vt sep* → *scandal* vertuschen; **hushed** [-d] *adj* ▹*voices* gedämpft; **hush-hush** *adj* streng geheim

husk [hʌsk] *n* (*of rice*) Hülse *f*

husky [1] [ˈhʌskɪ] *adj* ▹*voice* rauchig; ↑ *hoarse* heiser

husky [2] [ˈhʌskɪ] *n* (*Eskimo dog*) Schlittenhund, Husky *m*

hustings ['hʌstɪŋz] *n pl* POL ↑ *election campaigning* Wahlkampf *m*
hustle ['hʌsl] **I.** *vt, vi* drängen **II.** *n* Hetze *f;* ◇ **- and bustle** (*of Christmas shopping*) das Drunter und Drüber; **hustler** *n* [1] (*straight*) Arbeitstier *s* [2] ↑ *prostitute* (*male*) Strichjunge, Stricher *m;* (*female*) Strichmädchen, Nutte *f*
hut [hʌt] *n* Hütte *f*
hutch [hʌtʃ] *n* (*rabbit* ~) Stall *m*
hyacinth ['haɪəsɪnθ] *n* Hyazinthe *f*
hybrid ['haɪbrɪd] **I.** *n* BIOL Kreuzung *f* **II.** *adj* Misch-
hydrant ['haɪdrənt] *n* Hydrant *m*
hydraulic [haɪ'drɒlɪk] *adj* hydraulisch; **hydraulics** *n sg* Hydraulik *f*
hydrocarbon ['haɪdrəʊkɑːbən] *n* Kohlenwasserstoff *m*
hydroelectric ['haɪdrəʊɪ'lektrɪk] *adj* hydroelektrisch; **hydroelectric power station** *n* Wasserkraftwerk *s*
hydrofoil ['haɪdrəʊfɔɪl] *n* Tragflächenboot *s*
hydrogen ['haɪdrədʒən] *n* Wasserstoff *m;* **hydrogen bomb** *n* Wasserstoffbombe *f*
hydroponics [haɪdrə'pɒnɪks] *n sg* Hydrokultur *f*
hyena [haɪ'iːnə] *n* Hyäne *f*
hygiene ['haɪdʒiːn] *n* Hygiene *f;* **hygienic** [haɪ'dʒiːnɪk] *adj* hygienisch
hymen ['haɪmən] *n* Hymen *s*
hymn [hɪm] *n* Hymne *f*
hype [haɪp] **I.** *n PEJ* Werbung *f* **II.** *vt* durch Werbung aufblasen
hyperbola [haɪ'pɜːbələ] *n* MATH Hyperbel *f*
hypermarket ['haɪpəmɑːkɪt] *n* großer Supermarkt *m*
hyper-tension *n* MED erhöhter Blutdruck *m,* Hypertonie *f*
hyphen ['haɪfən] *n* Bindestrich *m*
hypnosis [hɪp'nəʊsɪs] *n* <hypnoses> Hypnose *f;* **hypnotize** ['hɪpnətaɪz] *vt* hypnotisieren
hypochondriac [haɪpəʊ'kɒndrɪæk] *n* Hypochonder *m*
hypocrisy [hɪ'pɒkrɪsɪ] *n* Heuchelei *f;* (*of religious nature*) Scheinheiligkeit *f;* **hypocrite** ['hɪpəkrɪt] *n* Heuchler(in *f*) *m;* **hypocritical** [hɪpə'krɪtɪkəl] *adj* heuchlerisch
hypodermic [haɪpə'dɜmɪk] *n* MED ▷*injection* subkutan
hypothermia [haɪpəʊ'θɜːmɪə] *n* MED Unterkühlung, Hypothermie *f*
hypothesis [haɪ'pɒθɪsɪs] *n* <hypotheses> Annahme *f,* Hypothese *f;* **hypothetic[al]** [haɪpəʊ'θetɪkəl] *adj* hypothetisch
hysterectomy [hɪstə'rektəmɪ] *n* MED Hysterektomie *f,* Gebärmutterentfernung *f,* Totaloperation *f*
hysteria [hɪ'stɪərɪə] *n* Hysterie *f;* **hysterical** [hɪ'sterɪkəl] *adj* hysterisch; **hysterics** [hɪ'sterɪks] *n pl* Hysterie *f;* ◇ **to go into** ~ hysterisch werden; (*uncontrolled laughter*) sich totlachen

I

I, i [aɪ] *n* (*letter*) I,i *s*
I [aɪ] *pron* ich
Iberia [aɪ'biːrɪə] *n* Iberien *s*
ice [aɪs] **I.** *n* Eis *s* **II.** *vt* GASTRON ↑ *glaze* glasieren **III.** *vi* (~ *up*) vereisen; *FIG* ◇ **to break the** ~ das Eis brechen; *FIG* ◇ **to walk on thin** ~ sich aufs Glatteis begeben; ◇ **it's probably best to put it on** ~ ↑ *pospone* es ist wahrscheinlich besser, die Sache auf Eis zu legen; **ice-axe** *n* Eispickel *m;* **iceberg** *n* Eisberg *m;* **ice-cap** *n* Eiskappe *f;* **ice-cold** *adj* eiskalt; **ice-cream** *n* [Speise-]Eis *s,* Eiskrem *f;* **ice-cube** *n* Eiswürfel *m;* **iced** [-d] *adj* ▷*drink* eisgekühlt; ▷*cake* glasiert; **ice hockey** *n* SPORT Eishockey *s*
Iceland ['aɪslənd] *n* Island *s;* **Icelander** *n* Isländer(in *f*) *m;* **Icelandic** [aɪs'lændɪk] *adj* isländisch
ice lolly ['aɪslɒlɪ] *n* (*BRIT*) Eis *s* am Stiel; **ice rink** *n* Eisbahn, Schlittschuhbahn *f*
icicle ['aɪsɪkl] *n* Eiszapfen *m*
icing ['aɪsɪŋ] *n* (GASTRON *on cake*) Glasur *f,* Zuckerguß *m;* ◇ ~ **sugar** Puderzucker *m*
icon ['aɪkɒn] *n* [1] Ikone *f* [2] PC Icon *s,* Sinnbild *s*
icy ['aɪsɪ] *adj* ▷*path* vereist; ▷*look* eisig
I'd [aɪd] = **I would; I had**
ID *n abbr. of* **identification** Ausweis *m*
idea [aɪ'dɪə] *n* Idee *f,* Vorstellung *f;* ◇ **that's a good** ~ das ist e-e gute Idee; ◇ **I have absolutely no ~ when they will return** ich habe nicht die geringste Ahnung, wann sie zurückkehren; ◇ **have you any ~ [of how we can do it]?** hast du e-e Idee?; ◇ **don't get any ~s** mach' dir keine falschen Hoffnungen; ◇ **the very ~ makes me sick** bei dem bloßen Gedanken wird mir schon übel
ideal [aɪ'dɪəl] **I.** *n* Ideal *s* **II.** *adj* ideal; **idealism** [aɪdɪə'lɪzm] *n* Idealismus *m;* **idealist** *n* Idealist (in *f*) *m;* **ideally** *adv* im Idealfall, idealerweise
identical [aɪ'dentɪkəl] *adj* identisch; ◇ ~ **twins** eineiige Zwillinge *m pl*
identifiable [aɪ'dentɪfaɪəbəl] *adj* ↑ *recognizable* erkennbar, identifizierbar; **identification** [aɪdentɪfɪ'keɪʃən] *n* [1] (*process of identifying*) Iden-

tifizieren *s* [2] ↑ *recognition* Erkennung *f*, Identifizierung *f*, Identifikation *f* [3] (*papers*) Ausweis *m* [4] ↑ *empathy* Mitfühlen *s*; **identify** [aɪˈdentɪfaɪ] *vt* [1] ↑ *relate to* → *ideal, feeling* identifizieren, gleichsetzen (*o.s. with* mit *dat*) [2] ↑ *confirm identity* identifizieren [3] ↑ *determine cause* bestimmen

identikit picture [aɪˈdentɪkɪtˈpɪktʃə*] *n* (*BRIT*) Phantombild *s*

identity [aɪˈdentɪtɪ] *n* Identität *f*; ◇ **mistaken** ~ Verwechslung *f*; ◇ **proof of** ~ Legitimation *f*; **identity card** *n* [Personal-]Ausweis *m*; **identity papers** *n pl* [Ausweis-]Papiere *s pl*

ideology [aɪdɪˈɒlədʒɪ] *n* Ideologie *f*

idiocy [ˈɪdɪəsɪ] *n* [1] MED Idiotie *f* [2] ↑ *folly* Blödheit *f*, Dummheit *f*

idiom [ˈɪdɪəm] *n* [1] ↑ *expression* Redewendung *f* [2] ↑ *style* Idiom *s*

idiosyncrasy [ɪdɪəˈsɪŋkrəsɪ] *n* [1] ↑ *peculiarity* Eigenart *f*, Eigenheit *f* [2] MED Idiosynkrasie *f*

idiot [ˈɪdɪət] *n* Idiot *m*; **idiotic** [ɪdɪˈɒtɪk] *adj* idiotisch, blöd

idle [ˈaɪdl] *adj* ↑ *lazy* faul, träge; ↑ *inactive* untätig; ↑ *useless* sinnlos, nutzlos; ▷*machine* stillstehend, außer Betrieb; ▷*gossip* leer; ▷*threat* leer; ◇ **an** ~ **life** ein faules Leben *s*; **idle away** *vt* ↑ *waste* → *life, time* verbummeln, vertrödeln; **idler** *n* Faulenzer(in *f*) *m*

idol [ˈaɪdl] *n* [1] (*movie star etc.*) Idol *s* [2] REL Götze *m*, Götzenbild *s*; **idolatry** [aɪˈdɒlətrɪ] *n* [1] (*worship of pop star etc.*) Vergötterung *f* [2] (*worship of god*) Götzendienst *m*; **idolize** [ˈaɪdəlaɪz] *vt* ↑ *worship* vergöttern

idyllic [ɪˈdɪlɪk] *adj* idyllisch

i.e. *abbr. of* **id est** d.h., das heißt

if [ɪf] *cj* wenn, falls; ◇ ~ **it rains** falls es regnet; ◇ **to look as** ~ aussehen, als ob; ◇ ~ **only I were taller** wenn ich doch nur größer wäre; ◇ ~ **I were you I'd take a holiday** wenn ich du wäre [*o.* an deiner Stelle], würde ich Urlaub machen; ◇ **what** ~ **I miss my flight?** was ist, wenn ich meinen Flug verpasse?; ◇ ~ **only I had known ...** wenn ich das nur gewußt hätte ...; ◇ ~ **I know him, he'll be late** so wie ich ihn kenne, wird er zu spät kommen; **iffy** *adj FAM* ↑ *doubtful* ▷*situation* fraglich

igloo [ˈɪgluː] *n* Iglu *m o s*

igneous [ˈɪgnɪəs] *n* GEOL ◇ ~ **rock** Eruptivgestein *s*

ignite [ɪgˈnaɪt] *vt* anzünden; **ignition** [ɪgˈnɪʃən] *n* AUTO Zündung *f*; **ignition key** *n* AUTO Zündschlüssel *m*

ignoble [ɪgˈnəʊbl] *adj* ↑ *dishonourable* unwürdig

ignoramus [ɪgnəˈreɪməs] *n* Ignorant *m*

ignorance [ˈɪgnərəns] *n* Ignoranz *f*, Unwissenheit *f*; **ignorant** [ˈɪgnərənt] *adj* [1] ↑ *unaware of* unwissend; ◇ **to be** ~ **of the possibilities** die Möglichkeiten nicht kennen [2] ↑ *uninformed* ignorant; **ignore** [ɪgˈnɔː*] *vt* → *warning* ignorieren

iguana [ɪˈgwɑːnə] *n* FAUNA Leguan *m*

ikon [ˈaɪkɒn] *n s.* **icon**

I'll [aɪl] = **I will; I shall**

ill [ɪl] **I.** *adj* [1] ↑ *sick* krank; ◇ **to feel** ~ sich krank fühlen; ◇ **to fall** ~ krank werden [*o.* erkranken] [2] ↑ *bad* schlecht, böse; ◇ ~ **feelings** böse Gedanken; ◇ ~ **will** böses Blut *s*; ◇ **to speak** ~ **of s.o.** schlecht von jd-m reden **II.** *n* Übel *s*; **ill-advised** [ˈɪlədvaɪzd] *adj* schlecht beraten; **ill-at-ease** *adj* ↑ *awkward* unbehaglich; **ill-considered** *adj* ▷*choice* unbedacht; **ill-disposed** *adj* ↑ *unsympathetic* ◇ **to be** ~ **towards s.o.** jd-m übel gesinnt sein

illegal [ɪˈliːgl] *adj* illegal, ungesetzlich, verboten

illegibility [ɪledʒɪˈbɪlɪtɪ] *n* Unleserlichkeit *f*; **illegible** [ɪˈledʒəbl] *adj* unleserlich

illegitimate [ɪlɪˈdʒɪtɪmət] *adj* [1] ↑ *illegal* ▷*business* illegal, unerlaubt; ◇ ~ **use of drugs** Drogenmißbrauch *m* [2] ▷*child* unehelich

ill-equipped [ˈɪlɪˈkwɪpd] *adj* ↑ *unable, unprepared* unfähig; **ill-fated** [ˈɪlˈfeɪtɪd] *adj* ↑ *doomed* ▷*mission* unselig, unglücklich; **ill-founded** [ˈɪlfaʊndɪd] *adj* ▷*accusation* unbegründet

illicit [ɪˈlɪsɪt] *adj* ↑ *illegal* unerlaubt, verboten; ◇ ~ **sale** Schwarzhandel *m*; **illicitly** *adv* illegalerweise

illiteracy [ɪˈlɪtərəcɪ] *n* Analphabetentum *s*; **illiterate** [ɪˈlɪtərət] **I.** *adj* ungebildet **II.** *n* (*person*) Analphabet(in *f*) *m*; **ill-mannered** [ˈɪlmænəd] *adj* ▷*child* ungezogen

illness [ˈɪlnəs] *n* Krankheit *f*

illogical [ɪˈlɒdʒɪkəl] *adj* ▷*conclusion* unlogisch; **ill-suited** [ˈɪlsuːtɪd] *adj* nicht zusammenpassend; **ill-tempered** [ˈɪltempərd] *adj* schlecht gelaunt; **ill-timed** [ˈɪltaɪmd] *adj* ↑ *inopportune* ungelegen; **ill-treat** [ˈɪltriːt] *vt* mißhandeln

illuminate [ɪˈluːmɪneɪt] *vt* [1] ↑ *lighten up* beleuchten, erhellen, erleuchten; (*for festivities*) festlich beleuchten [2] ↑ *explain* erklären, erhellen, erleuchten; **illumination** [ɪluːmɪˈneɪʃən] *n* Beleuchtung *f*, Illumination *f*

illusion [ɪˈluːʒən] *n* Illusion *f*; ◇ **optical** ~ optische Täuschung *f*; ◇ **to be under an** ~ sich Illusionen machen [*o.* sich täuschen]; **illusive** [ɪˈluːsɪv], **illusory** [ɪˈluːsərɪ] *adj* ↑ *deceptive* illusorisch, trügerisch

illustrate [ˈɪləstreɪt] *vt* [1] (*with pictures*) illustrieren [2] (*give examples*) erläutern, erklären; **illustration** [ɪləˈstreɪʃən] *n* [1] ↑ *picture* Illustration *f*

② ↑ *explanation* Erklärung *f,* Erläuterung *f;* **illustrative** [ɪ'ləstrətɪv] *adj* ↑ *explanatory* ▷*picture, diagram* erläuternd

illustrious [ɪ'lʌstrɪəs] *adj* ↑ *respected* edel; ↑ *famous* berühmt

I'm [aɪm] = **I am**

image ['ɪmɪdʒ] *n* ① ↑ *picture* Bild *s* ② (*impression given*) Image *s* ③ ↑ *similarity* Abbild *s;* ◇ **to be the spitting - of s.o.** jd-s Ebenbild *s* sein; **imagery** ['ɪmɪgərɪ] *n* Symbolik *f*

imaginable [ɪ'mædʒɪnəbl] *adj* vorstellbar; ◇ **the worst thing -** das Schlimmste, was man sich vorstellen kann; ◇ **the best - solution** die denkbar beste Lösung; **imaginary** [ɪ'mædʒɪnərɪ] *adj* eingebildet; ◇ **she lives in an - world** sie lebt in e-r Phantasiewelt; **imagination** [ɪmædʒɪ'neɪʃən] *n* ① (*capacity for visualisation of ideas*) Phantasie *f;* ◇ **to have a vivid -** e-e rege/lebhafte Phantasie haben ② Einbildung *f;* **imaginative** [ɪ'mædʒɪnətɪv] *adj* ① (*full of creative force*) phantasiereich ② ↑ *inventive, original* einfallsreich; **imagine** [ɪ'mædʒɪn] *vt* ① ↑ *picture* sich *dat* etw vorstellen ② (*wrongly assume*) sich *dat* etw einbilden ③ ↑ *suppose* annehmen

imbalance [ɪm'bæləns] *n* Unausgeglichenheit *f,* Unausgewogenheit *f*

imbecile ['ɪmbəsiːl] *n* Idiot *m*

imbue [ɪm'bjuː] *vt* (→ *s.o., with an idea*) erfüllen

imitate ['ɪmɪteɪt] *vt* ① → *person, product* imitieren, nachahmen, nachmachen ② → *signature* fälschen; **imitation** [ɪmɪ'teɪʃən] *n* Imitation *f,* Nachahmung *f;* **imitator** ['ɪmɪteɪtə*] *n* Imitator (in *f*) *m,* Nachahmer(in *f*) *m*

immaculate [ɪ'mækjʊlɪt] *adj* ① ▷*condition* makellos, tadellos ② REL unbefleckt

immaterial [ɪmə'tɪərɪəl] *adj* ① ↑ *spiritual* unkörperlich ② ↑ *of no importance* unwesentlich

immature [ɪmə'tjʊə*] *adj* unreif; **immaturity** [ɪmə'tjʊərɪtɪ] *n* Unreife *f*

immeasurable [ɪ'meʒərəbəl] *adj* unermeßlich, grenzenlos

immediate [ɪ'miːdɪət] *adj* ① ↑ *instant, without delay* sofortig ② ↑ *nearby* unmittelbar ③ ▷*relative* nächste; ◇ **in the - future** in nächster Zukunft; **immediately** *adv* ↑ *right now* sofort; ↑ *directly* direkt, unmittelbar

immense [ɪ'mens] *adj* ↑ *huge, enormous* ▷*difficulty, problems* immens, riesig; ▷*sum* riesig; ▷*difference* gewaltig; ▷*success* enorm, Riesen-; **immensely** *adv* (*to a great degree*) unheimlich, viel; ◇ **I enjoyed myself -** ich habe mich köstlich amüsiert; **immensity** *n* ungeheure Größe *f;* ◇ **the - of the task** das gewaltige Ausmaß der Aufgabe

immerse [ɪ'mɜːs] *vt* eintauchen; ◇ **David was -d in thought** David war in Gedanken versunken; ◇ **to be -d in water** unter Wasser sein, untergetaucht sein; ◇ **-d in work** in die Arbeit vertieft; **immersion heater** [ɪ'mɜːʃənhiːtə*] *n* Heißwasserbereiter, Boiler; (*for tea, coffee etc.*) Tauchsieder *m*

immigrant ['ɪmɪgrənt] *n* Einwanderer *m,* Einwanderin *f;* **immigration** [ɪmɪ'greɪʃən] *n* Einwanderung *f,* Immigration *f;* ◇ **- office** Einwanderungsbehörde *f*

imminent ['ɪmɪnənt] *adj* (*on the point of happening*) bevorstehend; ◇ **to be in - danger** sich in unmittelbarer Gefahr befinden

immobile [ɪ'məʊbaɪl] *adj* ▷ *car* unbeweglich; (*because of injury*) bewegungslos; **immobilize** [ɪ'məʊbɪlaɪz] *vt* → *limb* lähmen, unbeweglich machen; → *traffic* lahmlegen; MIL → *troops* außer Gefecht setzen; FIN festlegen

immoderate [ɪ'mɒdərət] *adj* ↑ *excessive* unmäßig; ▷*demands* übertrieben

immoral [ɪ'mɒrəl] *adj* ▷*conduct* unmoralisch, unsittlich; **immorality** [ɪmə'rælɪtɪ] *n* Unmoral *f,* Verderbtheit *f;* (*of behaviour etc.*) Unsittlichkeit *f*

immortal [ɪ'mɔːtl] **I.** *adj* ▷*soul* unsterblich; *FIG* ▷*actor* unsterblich, unvergessen **II.** *n* Unsterbliche(r) *fm;* **immortality** [ɪmɔː'tælɪtɪ] *n* Unsterblichkeit *f;* **immortalize** [ɪ'mɔːtəlaɪz] *vt* unsterblich machen

immovable [ɪ'muːvəbl] *adj* unbeweglich; (*person's views*) fest, unerschütterlich

immune [ɪ'mjuːn] *adj* ① MED immun (*to, against* gegen *dat*) ② (*not susceptible*) immun; ◇ **they are - to your criticism** sie sind unempfänglich für deine Kritik; **immune deficiency syndrome** *n* Immunschwächekrankheit *f;* **immune system** *n* Immunsystem *s*

immunity [ɪ'mjuːnɪtɪ] *n* MED Immunität *f;* POL ◇ **diplomatic -** Immunität *f*

immunization [ɪmjʊnaɪ'zeɪʃən] *n* Immunisierung *f;* **immunize** ['ɪmjʊnaɪz] *vt* immunisieren

immunodeficiency [ɪmjuːnəʊdi'fɪʃənsɪ] *n* Immunschwäche *f*

imp [ɪmp] *n* Kobold *m*

impact ['ɪmpækt] *n* ① ↑ *collision* Aufprall *m,* Zusammenprall *m* ② ↑ *effect* Wirkung *f* ③ ↑ *force* Wucht *f* ④ (*on ground*) Aufschlag *m*

impair [ɪm'pɛə*] *vt* beeinträchtigen; → *sight, hearing* verschlechtern

impale [ɪm'peɪl] *vt* ↑ *skewer* aufspießen (*on* auf *dat*)

impartial [ɪm'pɑːʃəl] *adj* unparteiisch; **impartiality** [ɪmpɑːʃɪ'ælɪtɪ] *n* Unparteilichkeit *f*

impassable [ɪm'pɑːsəbl] *adj* ▷*road* unpassierbar; ▷*obstacle* unüberwindbar

impasse ['æmpɑːs] *n* Sackgasse *f*

impassioned [ɪm'pæʃnd] *adj* ▷*speech* leidenschaftlich

impassive [ɪm'pæsɪv] *adj* ↑ *calm* ▷*expression* gelassen, ruhig

impatience [ɪm'peɪʃəns] *n* Ungeduld *f;* **impatient** *adj* ungeduldig

impeccable [ɪm'pekəbl] *adj* (*totally perfect*) ▷*condition* untadelig, tadellos

impecunious [ɪmpɪ'kjuːnɪəs] *adj* ↑ *penniless* arm, mittellos

impede [ɪm'piːd] *vt* ↑ *hinder* behindern, erschweren; **impediment** [ɪm'pedɪmənt] *n* [1] MED ↑ *handicap* Behinderung *f;* ◇ **speech** ~ Sprachstörung *f* [2] ↑ *difficulty, obstacle* Hindernis *s*

impel [ɪm'pel] *vt* [1] ↑ *force* zwingen, nötigen [2] ↑ *drive* vorantreiben

impending [ɪm'pendɪŋ] *adj* ↑ *imminent* (nahe) bevorstehend; ▷*death* nahe; ▷*danger* drohend

impenetrable [ɪm'penɪtrəbl] *adj* [1] ▷*jungle* undurchdringlich; ▷*area* umwegsam [2] ▷*mystery* unergründlich

imperative [ɪm'perətɪv] **I.** *adj* ↑ *essential* unbedingt erforderlich, unumgänglich; ↑ *urgent* dringend **II.** *n* LING Imperativ *m,* Befehlsform *f*

imperceptible [ɪmpə'septəbl] *adj* unmerklich, nicht wahrnehmbar; ▷*noise* unhörbar

imperfect [ɪm'pɜːfɪkt] *adj* [1] ↑ *defective* fehlerhaft, mangelhaft [2] ↑ *incomplete* unvollständig; **imperfection** [ɪmpə'fekʃən] *n* [1] (*defect*) Mangelhaftigkeit *f,* Fehlerhaftigkeit *f* [2] ↑ *incompletion* Unvollständigkeit *f*

imperial [ɪm'pɪərɪəl] *adj* kaiserlich; **imperialism** [ɪm'pɪərɪəlɪzəm] *n* Imperialismus *m*

imperil [ɪm'perɪl] *vt* ↑ *endanger* gefährden

impersonal [ɪm'pɜːsnl] *adj* unpersönlich; **impersonality** [ɪmpɜːsn'ælɪtɪ] *n* Unpersönlichkeit *f*

impersonate [ɪm'pɜːsəneɪt] *vt* [1] ↑ *imitate* imitieren, nachahmen [2] (*pretend to be s.o. else*) sich ausgeben als; **impersonation** [ɪmpɜːsə'neɪʃən] *n* [1] ↑ *imitation* Imitation *f,* Nachahmung *f* [2] ↑ *impression* Verkörperung *f;* **impersonator** [ɪm'pɜːsəneɪtə*] *n* Imitator(in *f*) *m*

impertinence [ɪm'pɜːtɪnəns] *n* Unverschämtheit *f,* Frechheit *f;* **impertinent** *adj* unverschämt, impertinent

imperturbable [ɪmpə'tɜːbəbl] *adj* unerschütterlich

impervious [ɪm'pɜːvɪəs] *adj* [1] ▷*membrane* undurchlässig [2] *FIG* ↑ *unreceptive* unempfänglich (*to* für)

impetuous [ɪm'petjʊəs] *adj* ↑ *impulsive* impulsiv; ▷*behaviour* ungestüm

impetus ['ɪmpɪtəs] *n* [1] ↑ *force, drive* Triebkraft *f* [2] ↑ *momentum* Schwung *m*

impinge on [ɪm'pɪndʒ ɒn] *vt* [1] ↑ *effect, influence* sich auswirken, beeinflussen [2] ↑ *collide, hit* auftreffen auf *acc;* **impingement** *n* [1] ↑ *effect* Auswirkung *f;* ↑ *influence* Einfluß *m* [2] ↑ *collision* Auftreffen *s*

impish ['ɪmpɪʃ] *adj* ▷*remark* schelmisch, frech

implacable [ɪm'plækəbl] *adj* ↑ *relentless* ▷*feeling, opponent* unversöhnlich

implant [ɪm'plɑːnt] *n* MED Implantat *s*

implausible [ɪm'plɔːzəbl] *adj* ▷*statement, story* unglaubwürdig, unglaubhaft

implement ['ɪmplɪmənt] **I.** *n* ↑ *tool* Werkzeug *s;* (*appliance, machine*) Gerät *s* **II.** ['ɪmplɪment] *vt* durchführen, ausführen

implicate ['ɪmplɪkeɪt] *vt* verwickeln, hineinziehen; **implication** [ɪmplɪ'keɪʃən] *n* ↑ *meaning* Implikation *f,* Bedeutung *f;* ◇ **the full ~/-s of his actions** die ganze Tragweite seiner Handlungen

implicit [ɪm'plɪsɪt] *adj* [1] ↑ *suggested* unausgesprochen; ▷*agreement* stillschweigend [2] ▷*belief* bedingungslos, absolut

implore [ɪm'plɔː*] *vt* anflehen; **imploringly** *adv* flehend

imply [ɪm'plaɪ] *vt* [1] ↑ *hint* andeuten [2] (*lead to conclusion*) implizieren

impolite [ɪmpə'laɪt] *adj* unhöflich

imponderable [ɪm'pɒndərəbl] *adj* unberechenbar

import [ɪm'pɔːt] **I.** *vt* importieren **II.** ['ɪmpɔːt] *n* [1] (*of goods*) Import *m* [2] ↑ *meaning, significance* Bedeutung *f,* Tragweite *f*

importance [ɪm'pɔːtəns] *n* Wichtigkeit *f;* ↑ *significance* Bedeutung *f;* ◇ **of no great ~** nicht besonders wichtig; **important** *adj* wichtig; ↑ *influential* ▷*person* bedeutend; ◇ **it isn't that ~!** so wichtig ist es auch wieder nicht!

import duty ['ɪmpɔːtdjuːtɪ] *n* COMM Einfuhrzoll *m;* **importer** [ɪm'pɔːtə*] *n* Importeur(in *f*) *m;* **import licence** ['ɪmpɔːtlaɪsəns] *n* Einfuhrlizenz *f*

impose [ɪm'pəʊz] *vt, vi* auferlegen (*on* auf *acc*); → *sanctions* verhängen (*on* gegen *acc*); → *tax* erheben, etw besteuern; → *task* aufzwingen; ◇ **I wouldn't want to ~ myself on you** ich möchte mich dir nicht aufdrängen; ◇ **to ~ on s.o.'s generosity** jd-s Großzügigkeit ausnutzen; **imposing** [ɪm'pəʊzɪŋ] *adj* ↑ *impressive* imponierend, beeindruckend; (*person*) imposant; **imposition** [ɪmpə'zɪʃən] *n* ↑ *setting* (*of fine*) Verhängung *f;* (*of tax*) Erhebung *f*

impossibility [ɪmpɒsə'bɪlɪtɪ] *n* Unmöglichkeit *f;* **impossible** [ɪm'pɒsəbl] *adj* unmöglich

imposter [ɪm'pɒstə*] *n (deceiving person)* Betrüger(in *f*) *m,* Hochstapler(in *f*) *m*

impotence ['ɪmpətəns] (1) MED Impotenz *f* (2) ↑ *inability, incompetence* Unfähigkeit *f* (3) ↑ *powerlessness* Machtlosigkeit, Ohnmacht *f;* **impotent** *adj* (1) MED ▷*sexually* impotent (2) ↑ *incapable, incompetent* unfähig

impound [ɪm'paʊnd] *vt* ↑ *seize* beschlagnahmen; → *car* abschleppen

impoverished [ɪm'pɒvərɪʃt] *adj (fallen into poverty)* verarmt; **impoverishment** *n* Verarmung *f*

impracticable *adj* ▷*plan* undurchführbar; **impractical** [ɪm'præktɪkəl] *adj* unpraktisch; ▷*plan* undurchführbar

imprecise [ɪmprə'saɪs] *adj* ungenau

impregnate ['ɪmpregneɪt] *vt* (1) ↑ *fertilize* befruchten; → *woman* schwängern (2) ↑ *soak* tränken; **impregnation** [ɪmpreg'neɪʃn] *n* (1) ↑ *saturation* Tränkung *f* (2) ↑ *fertilization* Befruchtung *f,* Schwängerung *f*

impresario [ɪmpre'sɑːrɪəʊ] *n* <-s> Impresario *m*

impress [ɪm'pres] *vt* (1) *(obtain admiration)* beeindrucken, Eindruck machen (2) ↑ *imprint* aufdrucken, eindrucken; **impression** [ɪm'preʃən] *n* (1) *(of s.o./s.th.)* Eindruck *m* (2) ↑ *print* Abdruck *m;* ◇ **I was under the ~ that it was alright** ich hatte den Eindruck, daß alles in Ordnung war, mir schien alles in Ordnung zu sein; **impressionable** [ɪm'preʃənəbl] *adj* leicht zu beeindrucken; **impressionist** *n* Impressionist(in *f*) *m;* **impressive** [ɪm'presɪv] *adj* eindrucksvoll

imprint ['ɪmprɪnt] *n (on leather)* Abdruck *m;* → *paper* Aufdruck *m*

imprison [ɪm'prɪzn] *vt* inhaftieren, einsperren, ins Gefängnis schicken; **imprisonment** *n* Inhaftierung *f,* Gefangenschaft *f*

improbable [ɪm'prɒbəbl] *adj* unwahrscheinlich

impromptu [ɪm'prɒmptjuː] *adj, adv* ↑ *spontaneous* improvisiert, aus dem Stegreif

improper [ɪm'prɒpə*] *adj* (1) ↑ *wrong, unsuitable* falsch, ungeeignet (2) ↑ *inacceptable* ▷*behavior* unanständig

improve [ɪm'pruːv] **I.** *vt* → *product* verbessern; → *knowledge* erweitern; → *appearance* verschönern **II.** *vi* sich verbessern, besser werden; **improvement** *n* Verbesserung *f;* Erweiterung *f;* Verschönerung *f*

improvisation [ɪmprəvaɪ'zeɪʃən] *n* Improvisation *f;* **improvise** ['ɪmprəvaɪz] *vt, vi* improvisieren

imprudence [ɪm'pruːdəns] *n* (1) ↑ *carelessness* Unvorsichtigkeit *f* (2) ↑ *stupidity* Unklugheit *f;* **imprudent** *adj* (1) ↑ *careless* unvorsichtig (2) ↑ *unwise* unklug

impudent ['ɪmpjʊdənt] *adj* ↑ *disrespectful* unverschämt

impulse ['ɪmpʌls] *n* (1) PHYS, PSYCH Impuls *m* (2) ↑ *drive* Triebkraft *f;* ◇ **on ~** spontan; ◇ **Paddy's first ~ was to run away** Paddys erster Gedanke war, schnell wegzulaufen; **impulsive** [ɪm'pʌlsɪv] *adj* ▷*action, remark* spontan; ▷*decision* unbedacht

impure [ɪm'pjʊə*] *adj* ↑ *unclean* unrein, verunreinigt; ↑ *mixed* vermischt; ▷*thoughts* schmutzig; **impurity** [ɪm'pjʊərɪtɪ] *n* Unreinheit *f*

in [ɪn] **I.** *prep* (1) *(location)* in; ◇ **~ my bag** in meiner Tasche; ◇ **~ the house** im Haus; ◇ **I live ~ Germany** ich lebe in Deutschland (2) ↑ *made of* aus; ◇ **~ gold** aus Gold (3) *(time)* in; ◇ **~ November** im November; ◇ **~ 1968** im Jahre 1968; ◇ **~ the beginning** am Anfang (4) *(manner, way)* ◇ **to speak ~ English** auf englisch reden; ◇ **~ this way we can see more** auf diese Weise können wir mehr sehen (5) *(of work, occupation)* ◇ **she's ~ the advertising business** sie ist in der Werbebranche, sie macht in Werbung; ◇ **Hugh is ~ the army** Hugh ist beim Militär (6) ◇ **to be ~ trouble** in Schwierigkeiten stecken; ◇ **to pay ~ pounds** mit Pfund zahlen **II.** *adv* hinein

inability [ɪnə'bɪlɪtɪ] *n* Unfähigkeit *f;* ◇ **~ to pay** Zahlungsunfähigkeit *f*

inaccessible [ɪnæk'sesəbl] *adj* ▷*information* unzugänglich; (▷*place, hard to reach*) unerreichbar; ▷*person* unzugänglich; **inaccesibility** *n* Unzugänglichkeit *f;* *(of area)* Unerreichbarkeit *f*

inaccuracy [ɪn'ækjʊrəsɪ] *n* Ungenauigkeit *f;* **inaccurate** [ɪn'ækjʊrɪt] *adj* ungenau; ◇ **an ~ sum** ein falscher Betrag *m*

inaction [ɪn'ækʃən] *n* Untätigkeit *f;* **inactive** [ɪn'æktɪv] *adj* ▷*person* untätig; ▷*mind* träge; ▷*volcano* erloschen; **inactivity** [ɪnæk'tɪvɪtɪ] *n* Untätigkeit *f*

inadequacy [ɪn'ædɪkwəsɪ] *n* (1) ↑ *insufficiency* Unzulänglichkeit *f* (2) ↑ *unsuitability* Unangemessenheit *f;* **inadequate** [ɪn'ædɪkwət] *adj* (1) unzulänglich, ungenügend (2) unangemessen

inadmissible [ɪnəd'mɪsəbl] *adj* JUR ▷*evidence* unzulässig

inadvertently [ɪnəd'vɜːtəntlɪ] *adv* versehentlich, aus Versehen

inadvisable [ɪnəd'vaɪzəbl] *adj* nicht ratsam, nicht empfehlenswert

inane [ɪ'neɪn] *adj* albern, geistlos, dumm

inanimate [ɪn'ænɪmət] *adj* leblos

inapplicable [ɪnə'plɪkəbl] *adj* nicht zutreffend

inappropriate [ɪnəˈprəʊprɪət] *adj* (1) ↑ *unsuitable* ▷*subject, clothes* ungeeignet, unpassend (2) ▷*behaviour* unangebracht
inapt [ɪnˈæpt] *adj* ↑ *inappropriate* unpassend; **inaptitude** [ɪnˈæptɪtjuːd] *n* Unfähigkeit *f*
inarticulate [ɪnɑːˈtɪkjʊlət] *adj* (*badly expressed*) unverständlich ausgedrückt/artikuliert; ◇ **Joe is rather ~** Joe kann sich nicht klar ausdrücken
inasmuch as [ɪnəzˈmʌtʃəz] *adv* da, weil
inattention [ɪnəˈtenʃən] *n* Unaufmerksamkeit *f;* **inattentive** [ɪnəˈtentɪv] *adj* unaufmerksam
inaudible [ɪnˈɔːdəbl] *adj* unhörbar
inaugural [ɪˈnɔːgjʊrəl] *adj* ↑ *opening* Einweihungs-, Eröffnungs-; (*of president*) ◇ **~ speech** Amtsantrittsrede *f;* **inaugurate** [ɪˈnɔːgjʊreɪt] *vt* (1) (*into post*) jd-n in sein Amt einsetzen/einführen (2) ↑ *introduce* → *policy* einführen; **inauguration** [ɪnɔːgjʊˈreɪʃən] *n* (1) (*to office*) Amtseinführung *f* (2) ↑ *introduction* Einführung *f*
inauspicious [ɪnɔːˈspɪʃəs] *adj* ▷*circumstances* unheilträchtig
inborn [ˈɪnbɔːn] *adj* ↑ *inbred* angeboren
inbred [ˈɪnbred] *adj* (1) ▷*quality* angeboren (2) ◇ **they look ~, don't they?** die sehen nach Inzucht aus, oder?
inbreeding [ˈɪnbriːdɪŋ] *n* Inzucht *f*
incalculable [ɪnˈkælkjʊləbl] *adj* ▷*person* unberechenbar; ▷*consequences* unabsehbar, unermeßlich; ▷*amount* unschätzbar
incantation [ɪnkænˈteɪʃən] *n* ↑ *chant* Zauberformel *f*
incapable [ɪnˈkeɪpəbl] *adj* (1) ↑ *not able* nicht imstande, unfähig (2) ↑ *helpless* hilflos; **incapability** [ɪnkeɪpəˈbɪlətɪ] *n* Unfähigkeit *f*
incapacitate [ɪnkəˈpæsɪteɪt] *vt* ↑ *weaken* untauglich machen; **incapacitated** [-ɪd] *adj* (1) unfähig; ▷*machine* nicht gebrauchsfähig (2) ↑ *handicapped* behindert; **incapacity** *n* Unfähigkeit *f;* ◇ **~ for work** Arbeitsunfähigkeit *f*
incarcerate [ɪnˈkɑːsəreɪt] *vt* einsperren
incarnate [ɪnˈkɑːnɪt] *adj* (1) *FIG* ↑ *in person* leibhaftig (2) REL fleischgeworden; **incarnation** [ɪnkɑːˈneɪʃən] *n* (1) REL Inkarnation *f,* Menschwerdung *f* (2) ↑ *embodiment* Verkörperung *f;* ◇ **the ~ of all evil** die Verkörperung des Bösen
incendiary [ɪnˈsendɪərɪ] **I.** *adj* Brand-; *FIG* ▷*actions* aufrührerisch **II.** *n* ◇ **~ bomb** Brandbombe *f*
incense ¹ [ˈɪnsens] *n* Weihrauch *m*
incense ² [ɪnˈsens] *vt* ↑ *anger* wütend machen, erzürnen
incentive [ɪnˈsentɪv] *n* Anreiz *m*
inception [ɪnˈsepʃən] *n* ↑ *beginning* Anfang *m*
incertitude [ɪnˈsɜːtɪtjuːd] *n* ↑ *uncertainty* Unsicherheit *f*
incessant [ɪnˈcesənt] *adj* ▷*noise* unaufhörlich; ▷*crying* ständig, andauernd
incest [ˈɪnsest] *n* Inzest *m*
inch [ɪntʃ] *n* ≈ Zoll *m (2,54 cm)*
incidence [ˈɪnsɪdəns] *n* (1) PHYS Einfall *m* (2) (*of crime*) Häufigkeit *f*
incident [ˈɪnsɪdənt] *n* ↑ *occurence* Vorfall *m;* ↑ *disturbance* Zwischenfall *m;* ◇ **without ~** ohne Zwischenfälle
incidental [ɪnsɪˈdentl] *adj* (1) ↑ *coincidental* ▷*visit* zufällig (2) ↑ *unimportant* nebensächlich (3) ▷*remark* beiläufig (4) (*costs incurred*) ◇ **~ expenses** Nebenkosten *pl;* **incidentally** *adv* ↑ *by the way* nebenbei bemerkt, übrigens
incinerator [ɪnˈsɪnəreɪtə*] *n* Verbrennungsofen *m*
incision [ɪnˈsɪʒən] *n* MED ↑ *surgical cut* Einschnitt *m*
incisive [ɪnˈsaɪsɪv] *adj* ▷*person* scharfsinnig; ▷*remark, report* prägnant, treffend
incite [ɪnˈsaɪt] *vt* anstacheln, aufhetzen
inclination [ɪnklɪˈneɪʃən] *n* ↑ *tendency* Neigung *f;* **incline** [ˈɪnklaɪn] **I.** *n* ↑ *slope* Abhang *m* **II.** [ɪnˈklaɪn] *vt* ↑ *tend towards* neigen; *FIG* ↑ *to cause* veranlassen **III.** *vi* sich neigen; ◇ **if I feel ~d to do it** wenn ich Lust darauf habe; (*be predisposed to*) ◇ **I'm ~d to believe ...** ich neige dazu, zu glauben ...
include [ɪnˈkluːd] *vt* (1) (*have as constituent part*) einschließen, aufnehmen (2) ↑ *include in* ◇ **~d in the price** im Preis inbegriffen; ◇ **am I ~d?** gilt das auch für mich?; **including** *prep* ◇ **~ the food** das Essen inbegriffen; ◇ **that makes 12, ~ you** mit dir sind das 12; **inclusion** [ɪnˈkluːʒən] *n* Einbeziehung *f,* Aufnahme *f;* **inclusive** [ɪnˈkluːsɪv] *adj* einschließlich, inklusive
incognito [ɪnkɒgˈniːtəʊ] *adv* inkognito
incoherent [ɪnkəʊˈhɪərənt] *adj* zusammenhangslos, unzusammenhängend
income [ˈɪnkʌm] *n* (*of individual*) Einkommen *s;* ↑ *takings* Einkünfte *pl;* ◇ **the high ~ group** die Besserverdienenden *pl;* **income tax** *n* (*of employed person*) Lohnsteuer *f;* (*of self-employed person*) Einkommenssteuer *s*
incoming [ˈɪnkʌmɪŋ] *adj* ▷*train* ankommend; ▷*mail* eingehend; ↑ *successive* nachfolgend
incomparable [ɪnˈkɒmpərəbl] *adj* ▷*beauty, intelligence* unvergleichlich
incompatible [ɪnkəmˈpætəbl] *adj* ▷*couple* nicht zusammenpassend; ▷*electronic equipment* inkompatibel, nicht zusammenpassend
incompetence [ɪnˈkɒmpɪtəns] *n* Inkompetenz *f,*

Unfähigkeit *f;* **incompetent** *adj* inkompetent, unfähig

incomplete [ɪnkəm'pliːt] *adj* ▷*work* unvollständig, unfertig; **incompleteness** *n* Unvollständigkeit *f,* Unvollkommenheit *f*

incomprehensible [ɪnkɒmprɪ'hensəbl] *adj* ▷*message, statement* unverständlich

inconceivable [ɪnkən'siːvəbl] *adj* ▷*idea* ↑ *unimaginable* unvorstellbar

inconclusive [ɪnkən'kluːsɪv] *adj* ▷*evidence* nicht schlüssig; ▷*investigation* ergebnislos; ▷*argument* nicht überzeugend

incongruity [ɪnkɒŋ'gruːɪtɪ] *n* ① ↑ *inconsistancy* Unstimmigkeit *f* ② (*of remark*) Unangebrachtheit *f;* **incongruous** [ɪn'kɒŋgrʊəs] *adj* ▷*remark* unpassend; ▷*couple* nach Anschein nicht zusammenpassend

inconsequential [ɪnkɒnsɪ'kwenʃəl] *adj* belanglos, inkonsequent

inconsiderable [ɪnkən'sɪdərəbl] *adj* unbedeutend, unwichtig

inconsiderate [ɪnkən'sidərət] *adj* rücksichtslos; ↑ *thoughtless* unbesonnen, unaufmerksam

inconsistency [ɪnkən'sɪstənsɪ] *n* Ungereimtheit *f,* Widerspruch *m;* **inconsistent** *adj* ① ▷*behaviour* widersprüchlich ② ↑ *irregular* ungleichmäßig

inconsolable [ɪnkən'səʊləbl] *adj* untröstlich

inconspicuous [ɪnkən'spɪkjʊəs] *adj* ① ↑ *discreet* unauffällig ② ↑ *unobtrusive* unauffällig

inconstancy [ɪn'kɒnstənsɪ] *n* Unbeständigkeit *f;* **inconstant** *adj* unbeständig

incontestable [ɪnkən'testəbl] *adj* unanfechtbar

incontinence [ɪn'kɒntɪnəns] *n* ① MED Inkontinenz *f* ② (*FIG of desires*) Hemmungslosigkeit *f;* **incontinent** *adj* MED inkontinent; *FIG* hemmungslos

inconvenience [ɪnkən'viːnɪəns] **I.** *n* (*in hotel room*) Unbequemlichkeit *f;* (*trouble to others*) Unannehmlichkeit *f* **II.** *vt* ◇ **to ~ s.o.** jd-m *dat* Umstände bereiten; **inconvenient** *adj* unbequem; ▷*time* ungelegen

incorporate [ɪn'kɔːpəreɪt] *vt* ① ↑ *include* aufnehmen ② ↑ *contain* enthalten ③ ↑ *join* vereinigen; **incorporated** [-ɪd] *adj* ① ↑ *built in* integriert ② *AM* ≈ GmbH

incorrect [ɪnkə'rekt] *adj* ↑ *statement* unrichtig, inkorrekt; ▷*behaviour* ungehörig; ◇ **to ~ly assume** fälschlicherweise annehmen

incorrigible [ɪn'kɒrɪdʒəbl] *adj* (*beyond improvement*) unverbesserlich

incorruptible [ɪnkə'rʌptəbl] *adj* ① (*with bribe*) unbestechlich ② ↑ *indestructable* unzerstörbar

increase ['ɪnkriːs] **I.** *n* ① ↑ *rise* Zunahme *f;* ◇ **pay ~** Gehaltserhöhung *f* ② ↑ *amplification* Vergrößerung *f;* ◇ **on the ~** im Wachstum begriffen **II.** [ɪn'kriːs] *vt* ↑ *raise* erhöhen; ◇ **~d demand** erhöhte Nachfrage *f* **III.** *vi* ← *problems* zunehmen; ← *population* sich vermehren; ↑ *get bigger* größer werden; ← *prices* steigen; (*more and more*) ◇ **an increasing number of people want to study** immer mehr Menschen wollen studieren; **increasingly** [ɪn'kriːsɪŋlɪ] *adv* zunehmend, immer mehr

incredible [ɪn'kredɪbl] *adj* unglaublich

incredulity [ɪnkrɪ'djuːlɪtɪ] *n* Ungläubigkeit *f;* **incredulous** [ɪn'kredjʊləs] *adj* (*stunned with surprise*) ungläubig

increment ['ɪnkrɪmənt] *n* ↑ *increase* Zulage *f,* Zunahme *f*

incriminate [ɪn'krɪmɪneɪt] *vt* belasten

incubation [ɪnkjʊ'beɪʃən] *n* Ausbrüten *s;* **incubation period** *n* MED Inkubationszeit *f*

incubator ['ɪnkjʊbeɪtə*] *n* (*for chickens*) Brutapparat *m;* MED Inkubator, Brutkasten *m*

incur [ɪn'kɜː*] *vt* → *anger* auf sich *acc* ziehen, sich *dat* zuziehen; → *debts* machen; → *loss* erleiden

incurable [ɪn'kjʊərəbl] *adj* ▷*disease* unheilbar; *FAM* unverbesserlich

indebted [ɪn'detɪd] *adj* ↑ *obliged* verpflichtet (*to s.o.* jd-m); ↑ *owing* verschuldet

indecency [ɪn'diːsnsɪ] *n* Unanständigkeit *f;* **indecent** *adj* ① (*unacceptable*) ungebührlich ② ↑ *obscene* obszön, unanständig; JUR ◇ **~ exposure** ≈ Erregung *f* öffentlichen Ärgernisses

indecipherable [ɪndɪ'saɪfərəbl] *adj* ▷*writing* nicht zu entziffern, unleserlich

indecision [ɪndɪ'sɪʒən] *n* Unentschlossenheit *f*

indecisive [ɪndɪ'saɪsɪv] *adj* ▷*person* unentschlossen; ▷*result* ergebnislos

indeed [ɪn'diːd] *adv* ↑ *most certainly, in fact* wirklich, in der Tat; ◇ **yes ~!** oh ja!

indefinable [ɪndɪ'faɪnəbl] *adj* undefinierbar; ↑ *vague* unbestimmbar

indefinite [ɪn'defɪnɪt] *adj* ▷*number* unbestimmt; **indefinitely** *adv* (*of validity*) auf unbestimmte Zeit; (*of wait*) endlos

indelible [ɪn'deləbl] *adj* ↑ *permanent* unauslöschlich; ◇ **~ pencil** Tintenstift *m*

indelicate [ɪn'delɪkɪt] *adj* ① ↑ *tactless* taktlos ② ↑ *crude* geschmacklos

indemnify [ɪn'demnɪfaɪ] *vt* entschädigen; ↑ *safeguard* absichern

indentation [ɪnden'teɪʃən] *n* ① (*in car*) Delle *f* ② PRINT Einzug *m*

independence [ɪndɪ'pendəns] *n* Unabhängigkeit *f; AM* ◇ **I~ Day** Unabhängigkeitstag *m;* **independent** *adj* ① unabhängig (*of* von *dat*) ②

◇ **these studies are ~ of each other** diese Untersuchungen haben nichts miteinander zu tun
in depth *adj* ▷*study* eingehend
indescribable [ɪndɪ'skraɪbəbl] *adj* unbeschreiblich; ↑ *horrible* schrecklich
index ['ɪndeks] *n* [1] (*of book*) Verzeichnis *s*, Index *m* [2] REL Index *m;* **index finger** *n* Zeigefinger *m*
India ['ɪndɪə] *n* Indien *s;* **Indian** ['ɪndɪən] **I.** *adj* [1] (*from India*) indisch [2] (*from North America*) indianisch **II.** *n* [1] (*from India*) Inder(in *f*) *m* [2] *AM* ↑ *Red* ~ Indianer(in *f*) *m;* ◇ ~ **Ocean** Indischer Ozean *m;* **Indian Summer** *n* Spätsommer, Indianersommer *m*
indicate ['ɪndɪkeɪt] **I.** *vt* [1] ↑ *suggest* ← *data* hinweisen auf *acc* [2] ↑ *show, register* anzeigen; → *temperature* anzeigen [3] ↑ *hint at* andeuten [4] ↑ *signify* erkennen lassen **II.** *vi* ← *car* blinken; **indication** [ɪndɪ'keɪʃən] *n* [1] Hinweis *m* [2] Anzeichen *s* [3] Andeutung *f*
indicative [ɪn'dɪkətɪv] **I.** *n* GRAM Indikativ *m* **II.** *adj* bezeichnend für
indicator ['ɪndɪkeɪtə*] *n* [1] (*sign*) Anzeichen *s* [2] AUTO Blinker *m*
indict [ɪn'daɪt] *vt* ↑ *charge* anklagen; **indictable** *adj* ▷*offence* strafbar; **indictment** [ɪn'daɪtmənt] *n* ↑ *accusation* Beschuldigung *f;* JUR Anklage *f*
indifference [ɪn'dɪfrəns] *n* (*lack of concern*) Gleichgültigkeit *f*, Indifferenz *f;* **indifferent** *adj* ↑ *uninterested* gleichgültig; ↑ *mediocre* mittelmäßig
indigence ['ɪndɪdʒəns] *n* ↑ *need* Bedürftigkeit *f*
indigenous [ɪn'dɪdʒɪnəs] *adj* ↑ *native* einheimisch; FAUNA, FLORA ◇ ~ **to the area** in diesem Gebiet beheimatet
indigestible [ɪndɪ'dʒestəbl] *adj* unverdaulich
indigestion [ɪndɪ'dʒestʃən] *n* Magenverstimmung *f*
indignant [ɪn'dɪgnənt] *adj* empört, entrüstet; **indignation** [ɪndɪg'neɪʃən] *n* Empörung *f*, Entrüstung *f*
indignity [ɪn'dɪgnɪtɪ] *n* ↑ *humiliation* Demütigung *f*
indigo ['ɪndɪgəʊ] **I.** *n* <-[e]s> Indigo *s* **II.** *adj* (*colour*) indigoblau
indirect [ɪndɪ'rekt] *adj* indirekt
indirectly *adv* ▷*answer* nicht direkt
indiscernable [ɪndɪ'sɜːnəbl] *adj* ▷*changes* unmerklich
indiscreet [ɪndɪ'skriːt] *adj* (*lacking discretion*) indiskret; **indiscretion** [ɪndɪ'skreʃən] *n* Indiskretion *f*
indiscriminate [ɪndɪ'skrɪmɪnət] *adj* urteilslos, kritiklos
indispensable [ɪndɪ'spensəbl] *adj* ↑ *vital* unentbehrlich
indisposed [ɪndɪ'spəʊzd] *adj* [1] ↑ *ill* krank [2] ◇ **to be ~ to a task** nicht zugeneigt sein, etw zu tun; **indisposition** [ɪndɪspə'zɪʃən] *n* Unpäßlichkeit *f*
indisputable [ɪndɪ'spjuːtəbl] *adj* ↑ *undeniable* unstreitig; ▷*evidence, facts* unanfechtbar
indistinct [ɪndɪ'stɪŋkt] *adj* ↑ *vague, unclear* undeutlich
indistinguishable [ɪndɪ'stɪŋgwɪʃəbl] *adj* (*appearing identical*) nicht zu unterscheiden
individual [ɪndɪ'vɪdjʊəl] **I.** *n* Einzelne(r) *fm*, Einzelperson *f* **II.** *adj* individuell, einzeln; ◇ ~ **case** Einzelfall *m;* ↑ *unique* eigentümlich; **individualist** *n* Individualist(in *f*) *m;* **individuality** [ɪndɪvɪdjʊ'ælɪtɪ] *n* Individualität *f;* **individually** [ɪndɪ'vɪdʒʊəlɪ] *adv* individuell, einzeln
Indo-China [ɪndəʊ'tʃaɪnə] *n* Indochina *s*
indoctrinate [ɪn'dɒktrɪneɪt] *vt* indoktrinieren; **indoctrination** [ɪndɒktrɪ'neɪʃən] *n* ↑ *brainwashing* Indoktrination *f*
indolent ['ɪndələnt] *adj* ↑ *lazy* träge
Indonesia [ɪndəʊ'niːzɪə] *n* Indonesien *s*
indoor ['ɪndɔː*] *adj* Haus-, Zimmer-; SPORT Hallen-; ◇ ~ **tennis** Hallentennis *s;* ◇ ~ **swimming pool** Hallenbad *s;* ◇ ~ **plant** Zimmerpflanze *f;* **indoors** [ɪn'dɔːz] *adv* im Haus, drinnen
indubitable [ɪn'djuːbɪtəbl] *adj* ↑ *doubtless* zweifellos, unzweifelhaft
induce [ɪn'djuːs] *vt* [1] ↑ *cause* veranlassen [2] ↑ *initiate* → *labour* einleiten; **inducement** *n* [1] ↑ *cause* Veranlassung *f* [2] ↑ *incentive* Anreiz *m*
induct [ɪn'dʌkt] *vt* → *president* in das Amt einführen
indulge [ɪn'dʌldʒ] **I.** *vt* [1] ↑ *enjoy luxuriantly* frönen (*s.th.* dat) [2] ↑ *give in to* nachgeben (*s.o.* dat) **II.** *vi* frönen *dat;* **indulgence** *n* Nachsicht *f*, Verwöhnung *f;* **indulgent** *adj* nachsichtig
industrial [ɪn'dʌstrɪəl] *adj* industriell, Industrie-; ▷*dispute* Arbeits-; ◇ ~ **action** Arbeitskampf *m;* ◇ ~ **tribunal** Arbeitsgericht *s;* **industrialist** *n* Industrielle(r) *fm;* **industrialize** *vt* industrialisieren
industrious [ɪn'dʌstrɪəs] *adj* ↑ *hard-working* fleißig
industry ['ɪndəstrɪ] *n* [1] (*steel* ~) Industrie *f* [2] ↑ *hard work* Fleiß *m*
inebriated [ɪ'niːbrɪeɪtɪd] *adj* ↑ *drunk* betrunken
inedible [ɪn'edɪbl] *adj* ungenießbar, nicht eßbar
ineffective [ɪnɪ'fektɪv] *adj* [1] ▷*measures* unwirksam [2] ▷*person* unfähig
inefficiency [ɪnɪ'fɪʃənsɪ] *n* Ineffizienz *f;* **inefficient** *adj* [1] ▷*method* ineffizient [2] ↑ *ineffective* ▷*measure* unwirksam

inelegance [ɪn'elɪgəns] *n* Ungeschliffenheit *f;* **inelegant** [ɪn'elɪgənt] *adj* unelegant, ungeschliffen

ineligibility [ɪnelɪdʒə'bɪlətɪ] *n* (*for position, job*) Untauglichkeit *f;* **ineligible** [ɪn'elɪdʒəbl] *adj* (*having no right to*) nicht berechtigt; ◇ **- for a loan** nicht kreditwürdig

inept [ɪ'nept] *adj* ↑ *incapable* ▷*person* unbeholfen; ▷*remark, behaviour* unpassend, ungeschickt; **ineptness** *n* Ungeschicktheit *f*

inequality [ɪnɪ'kwɒlɪtɪ] *n* Ungleichheit *f*

inequity [ɪn'ekwɪtɪ] *n* ↑ *injustice* Ungerechtigkeit *f*

ineradicable [ɪnɪ'rædɪkəbl] *adj* ↑ *irreparable* ▷*mistake* unausrottbar

inert [ɪ'nɜ:t] *adj* ↑ *immobile* unbeweglich; CHEM ◇ **- gas** Edelgas *s*

inertia [ɪ'nɜ:ʃə] *n* ↑ *apathy* Trägheit *f*

inescapable [ɪnɪ'skeɪpəbl] *adj* ▷*fact* unvermeidbar; ▷*consequence* zwangsläufig

inessential [ɪnɪ'senʃəl] *adj* unwesentlich

inestimable [ɪn'estɪməbl] *adj* ▷*value* unschätzbar

inevitability [ɪnevɪtə'bɪlɪtɪ] *n* Unvermeidlichkeit *f;* **inevitable** [ɪn'evɪtəbl] *adj* unvermeidlich; (*as expected*) ◇ **Jan inevitably came home late** Jan kam wie immer zu spät nach Hause

inexact [ɪnɪg'zækt] *adj* ungenau

inexcusable [ɪnɪks'kju:zəbl] *adj* unverzeihlich

inexhaustible [ɪnɪg'zɔ:stəbl] *adj* ▷*wealth* unerschöpflich; ▷*person* unermüdlich

inexorable [ɪn'eksərəbl] *adj* ↑ *relentless* unerbittlich; ▷*truth* unumstößlich

inexpensive [ɪnɪks'pensɪv] *adj* nicht teuer, preiswert

inexperience [ɪnɪks'pɪərɪəns] *n* Unerfahrenheit *f;* **inexperienced** [-d] *adj* ▷*driver* unerfahren

inexplicable [ɪnɪks'plɪkəbl] *adj* unerklärlich

inexpressible [ɪnɪks'presəbl] *adj* ▷*happiness, thoughts etc.* unbeschreiblich, unausdrückbar

infallible [ɪn'fæləbl] *adj* unfehlbar

infamous ['ɪnfəməs] *adj* ↑ *shameful* niederträchtig; ▷*deed* niederträchtig, schändlich

infamy ['ɪnfəmɪ] *n* Schande *f*

infancy ['ɪnfənsɪ] *n* frühe Kindheit *f*

infant ['ɪnfənt] *n* ↑ *baby* Säugling *m;* ↑ *small child* Kleinkind *s;* ◇ **- mortality** Säuglingssterblichkeit *f;* **infantile** ['ɪnfəntaɪl] *adj* infantil, kindlich; **infant school** *n* ≈ Vorschule *f* (für Kinder von 4,5 - 7)

infantry ['ɪnfəntrɪ] *n* MIL Infanterie *f*

infatuated [ɪn'fætjʊeɪtɪd] *adj* (*full of misguided love*) vernarrt; *FAM* verknallt; ◇ **to become - with** sich vernarren in *acc;* **infatuation** [ɪnfætjʊ'eɪʃən] *n* Vernarrtheit *f* (*with* in *acc*)

infect [ɪn'fekt] *vt* anstecken, infizieren; **infection** [ɪn'fekʃən] *n* (*transmission of disease*) Infektion *f;* (*of tissue*) Entzündung *f;* **infectious** [ɪn'fekʃəs] *adj* MED ansteckend; ◇ **- disease** Infektionskrankheit *f; FIG* ▷*laughter* ansteckend

infer [ɪn'fə:*] *vt* [1] ↑ *conclude* schließen, folgern [2] ↑ *imply* andeuten; **inferable** *adj* ableitbar; **inference** ['ɪnfərəns] *n* Folgerung *f,* Schluß *m*

inferior [ɪn'fɪərɪə*] **I.** *adj* ▷*position* niedriger; ▷*quality* minderwertig; ◇ **as a writer she is - to him** als Schriftstellerin ist sie ihm unterlegen **II.** *n* ▷*person* Untergebene(r) *fm;* **inferiority** [ɪnfɪərɪ'ɒrɪtɪ] *n* [1] ▷*mental, physical* Unterlegenheit *f* [2] (*in rank*) niedrigere Stellung *f;* **inferiority complex** *n* Minderwertigkeitskomplex *m*

infernal [ɪn'fɜ:nl] *adj* ▷*fire* höllisch

inferno [ɪn'fɜ:nəʊ] *n* <-s> ◇ **the -s** die Hölle; *FIG* ◇ **a blazing -** ein flammendes Inferno *s*

infertile [ɪn'fɜ:taɪl] *adj* ▷*land* unfruchtbar

infertility [ɪnfɜ:'tɪlɪtɪ] *n* Unfruchtbarkeit *f*

infest [ɪn'fest] *vt* befallen; (*become covered with*) ◇ **the place was -ed with rats** das Haus war voller Ratten; **infestation** [ɪnfe'steɪʃn] *n* Verseuchung *f*

infidel ['ɪnfɪdəl] *n* ↑ *unbeliever* Ungläubige(r) *fm*

infidelity [ɪnfɪ'delɪtɪ] *n* Untreue *f*

infiltrate ['ɪnfɪltreɪt] **I.** *vt* ↑ *secretly enter* infiltrieren; → *secret agent* einschleusen **II.** *vi* MIL infiltrieren; POL unterwandern (*into s.th. acc*)

infinite ['ɪnfɪnɪt] *adj* ↑ *unlimited* unendlich; ◇ **an - amount of space** ein unbeschränktes Raumangebot; **infinitely** *adv* ↑ *considerably* ▷*better* unendlich viel

infinitive [ɪn'fɪnɪtɪv] *n* GRAM Infinitiv *m,* Grundform *f*

infinity [ɪn'fɪnɪtɪ] *n* Unendlichkeit *f;* ◇ **to -** ins Unendliche

infirm [ɪn'fɜ:m] *adj* ↑ *weak* schwach; ↑ *irresolute* willensschwach

infirmary [ɪn'fɜ:mərɪ] *n* ↑ *hospital* Krankenhaus *s*

infirmity [ɪn'fɜ:mɪtɪ] *n* ↑ *weakness* Schwäche *f*

inflame [ɪn'fleɪm] *vt* [1] MED entzünden; ◇ **to become -d** sich entzünden [2] ↑ *rouse* reizen, erregen, ärgern [3] → *desire* entfachen

inflammable [ɪn'flæməbl] *adj* entzündlich, feuergefährlich; ◇ **a highly - substance** e-e leicht entzündliche Substanz

inflammation [ɪnflə'meɪʃən] *n* MED ↑ *skin irritation* Entzündung *f*

inflammatory [ɪn'flæmətrɪ] *adj* ▷*speech* aufrührerisch, aufwiegelnd

inflatable [ɪn'fleɪtəbl] *adj* aufblasbar; ◇ **- life jacket** aufblasbare Rettungsweste/Schwimmweste; **inflate** [ɪn'fleɪt] *vt* ↑ *blow up* aufblasen; → *prices* hochtreiben; → *idea* ↑ *puff up* aufblähen, aufbauschen; **inflated** [-ɪd] *adj* ↑ *exaggerated* ▷*opinion* übertrieben

inflation [ɪn'fleɪʃən] *n* FIN Inflation *f*

inflect [ɪn'flekt] *vt* LING flektieren, beugen

inflexible [ɪn'fleksəbl] *adj* ↑ *rigid* ▷*person* unflexibel, starr; ▷*object* unbiegsam, starr

inflict [ɪn'flɪkt] *vt* ↑ *subject to* zufügen; → *punishment* auferlegen (*on s.o.* jd-m); → *injury* beibringen (*on s.o.* jd-m)

inflow [ɪn'fləʊ] *n* (*of water, gas*) Einströmen *s*, Zustrom *m*; (*FIG of people*) Andrang, Zustrom *m*

influence ['ɪnflʊəns] **I.** *n* Einfluß *m*; ◇ **to be a bad ~ on s.o.** e-n schlechten Einfluß auf jd-n haben/ausüben; ◇ **to be under the ~ of alcohol** unter Alkoholeinfluß *m* stehen **II.** *vt* beeinflussen; **influential** [ɪnflʊ'enʃəl] *adj* ↑ *powerful* ▷*person* einflußreich

influenza [ɪnflʊ'enzə] *n* MED Grippe *f*

influx ['ɪnflʌks] *n* ↑ *inflow* (*of people*) Zustrom *m*

inform [ɪn'fɔːm] *vt* [1] (*provide/enlighten information*) informieren; ◇ **please keep me ~ed** bitte halten Sie mich auf dem laufenden; ◇ **I'm pleased to ~ you that ...** ich freue mich, Ihnen mitteilen zu können, daß... [2] ↑ *denounce* ◇ **he ~s against his colleagues** er denunziert seine Kollegen

informal [ɪn'fɔːməl] *adj* [1] ↑ *casual* (*social gathering*) zwanglos [2] ▷*behaviour* lässig; **informality** [ɪnfɔː'mælɪtɪ] *n* Ungezwungenheit *f*

informant [ɪn'fɔːmənt] *n* ↑ *spy* Informant *m*

information [ɪnfə'meɪʃən] *n* Information *f*, Auskunft *f*; ◇ **to ask for ~** um Auskunft bitten; ◇ **~ desk** Auskunftsschalter *m*; ◇ **for your ~ she did very well** zu Ihrer Information: sie hat es sehr gut gemacht; **information science** *n* Informatik *f*

informative [ɪn'fɔːmətɪv] *adj* ▷*TV programme* informativ; ▷*person* mitteilsam

informer [ɪn'fɔːmə*] *n* ↑ *spy* Informant(in *f*) *m*, Spitzel *m*

infra-red [ɪnfrə'red] *adj* ▷*light* infrarot

infrastructure ['ɪnfrəstrʌktʃə*] *n* Infrastruktur *f*

infrequent [ɪn'friːkwənt] *adj* ↑ *rare* selten

infringe [ɪn'frɪndʒ] *vt* → *law* verstoßen gegen; → *rights* verletzen; **infringe upon** *vt* ↑ *encroach upon* verletzen; **infringement** *n* Verletzung *f*, Verstoß *m*

infuriate [ɪn'fjʊərɪeɪt] *vt* (*make very angry*) wütend machen; **infuriating** *adj* ärgerlich

infused [ɪn'fjuːzd] *adj* (*with hope, joy*) erfüllt

infusion [ɪn'fjuːʒən] *n* [1] MED Infusion *f* [2] ↑ *brew* Aufguß, Tee *m*

ingenious [ɪn'dʒiːnɪəs] *adj* ▷*idea* genial, glänzend; **ingenuity** [ɪndʒɪ'njuːɪtɪ] *n* ↑ *inventiveness* Findigkeit *f*

ingest [ɪn'dʒest] *vt* → *food* zu sich nehmen, aufnehmen

ingoing ['ɪŋəʊɪŋ] *adj* ▷*mail* eingehend

ingot ['ɪŋgət] *n* Barren *m*

ingrained [ɪn'greɪnd] *adj* ▷*belief, memory* unerschütterlich

ingratiate [ɪn'greɪʃɪeɪt] *vr* ◇ **~ o.s. with s.o.** sich bei jd-m einschmeicheln

ingratitude [ɪn'grætɪtjuːd] *n* Undankbarkeit *f*

ingredient [ɪn'griːdɪənt] *n* [1] ↑ *component part* Bestandteil *m* [2] (GASTRON *of cake*) Zutat *f*

ingrowing *adj* ▷*nail* einwachsend

inhabit [ɪn'hæbɪt] *vt* ↑ *to live (in)* bewohnen; **inhabitable** *n* ▷*house* bewohnbar; **inhabitant** *n* (*of house*) Bewohner(in *f*) *m*; (*of country, area*) Einwohner(in *f*) *m*

inhale [ɪn'heɪl] *vt* ↑ *breathe in* einatmen; MED inhalieren

inherent [ɪn'hɪərənt] *adj* ↑ *innate* ▷*quality* innewohnend (*to dat*)

inherit [ɪn'herɪt] *vt* erben; **inheritance** *n* Erbe *s*, Erbschaft *f*

inhibit [ɪn'hɪbɪt] *vt* [1] (*restrict emotionally*) hemmen [2] ↑ *prohibit* hindern; **inhibited** [-ɪd] *adj* gehemmt; **inhibition** [ɪnhɪ'bɪʃən] *n* (*emotional restriction*) Hemmung *f*

inhospitable [ɪnhɒ'spɪtəbl] *adj* ↑ *unfriendly* ▷*person* unfreundlich, ungastlich

inhuman [ɪn'hjuːmən] *adj* unmenschlich

inhumane [ɪnhjuː'meɪn] *adj* ↑ *cruel* ▷*treatment* inhuman, unmenschlich

inimical [ɪ'nɪmɪkl] *adj* ↑ *hostile* feindselig

inimitable [ɪ'nɪmɪtəbl] *adj* unnachahmlich

iniquity [ɪ'nɪkwɪtɪ] *n* Ungeheuerlichkeit *f*; (*crime*) Greueltat *f*

initial [ɪ'nɪʃəl] **I.** *adj* ↑ *first* anfänglich, Anfangs- **II.** *n* (*letter*) Initiale *f*, Anfangsbuchstabe *m* **III.** *vt* ↑ *sign* abzeichnen; POL paraphieren; **initially** *adv* anfänglich, am Anfang

initiate [ɪ'nɪʃɪeɪt] *vt* [1] ↑ *introduce* einführen [2] ↑ *start* → *negotiations* einleiten, aufnehmen

initiative [ɪ'nɪʃətɪv] *n* Initiative *f*; ◇ **to take the ~** die Initiative ergreifen

inject [ɪn'dʒekt] *vt* MED injizieren, spritzen; TECH einspritzen; **injection** [ɪn'dʒekʃn] *n* MED Injektion *f*

injunction [ɪn'dʒʌŋkʃn] *n* JUR gerichtliche Verfügung *f*

injure ['ɪndʒə*] *vt* ▷*bodily* verletzen; → *person's*

pride verletzen, kränken; *FIG* → *image* schaden; **injurious** *adj* ↑ *damaging, unhealthy* schädlich; **injury** ['ɪndʒərɪ] *n* Verletzung *f*

injustice [ɪn'dʒʌstɪs] *n* Ungerechtigkeit *f*

ink [ɪŋk] *n* Tinte *f;* ◇ **- pot** Tintenfaß *s*

inkling ['ɪŋklɪŋ] *n* ↑ *vague idea* leise Ahnung *f*

inky *adj* ↑ *dark* tintenschwarz

inland ['ɪnlænd] *adj* ↑ *interior* Binnen-; ↑ *domestic* Inlands-; **inland revenue** *n* (*BRIT*) Finanzamt *s*

in-law ['ɪnlɔː] *n* angeheiratete(r) Verwandte(r); ◇ **I do not get along with my -s** ich verstehe mich nicht so gut mit meinen Schwiegereltern

inlet ['ɪnlet] *n* ① ↑ *opening* Einlaß *m,* Öffnung *f* ② ↑ *creek* kleine Bucht *f,* Meeresarm *m*

inmate ['ɪnmeɪt] *n* ↑ *prisoner* Insasse *m,* Insassin *f*

inn [ɪn] *n* Gasthaus *s*

innate [ɪ'neɪt] *adj* ↑ *inborn* angeboren

inner ['ɪnə*] *adj* inner, Innen-

innermost *adj* ↑ *deepest* tiefste(r), innerste(r)

inning *n* (SPORT *in cricket*) Inning *s*

innkeeper ['ɪnkiːpə*] *n* Gastwirt(in *f*) *m*

innocence ['ɪnəsns] *n* ① ↑ *naivety* Unschuldigkeit *f,* Naivität *f* ② ↑ *guiltlessness* Unschuld *f;* **innocent** ['ɪnəsnt] *adj* ① ↑ *appearing naive* unschuldig, arglos ② ↑ *not guilty* unschuldig

innocuous [ɪ'nɒkjʊəs] *adj* ↑ *harmless* harmlos

inoffensive [ɪnə'fensɪv] *adj* harmlos

inoperable [ɪn'ɒpərəbl] *adj* ① ▷*plan* undurchführbar ② MED nicht operierbar, inoperabel

innovation [ɪnəʊ'veɪʃən] *n* Neuerung *f,* Innovation *f;* **innovative** [ɪnə'veɪtɪv] *adj* ↑ *progressive* ▷*idea, policy* innovativ

innuendo [ɪnjʊ'endəʊ] *n* <-es> ↑ *veiled reference* indirekte Andeutung *f*

innumerable [ɪ'njuːmərəbl] *adj* ↑ *countless* unzählig

inoculation [ɪnɒkjʊ'leɪʃən] *n* Impfung *f*

inoffensive [ɪnə'fensɪv] *adj* harmlos

inoperable [ɪnɒ'pərəbl] *adj* ① ▷*plan* undurchführbar ② MED nicht operierbar, inoperabel

inopportune [ɪŋ'ɒpətjuːn] *adj* ↑ *inconvenient* ungelegen, unpassend, ungünstig

inordinately [ɪ'nɔːdɪnɪtlɪ] *adv* ↑ *excessively* unmäßig, übermäßig

inorganic [ɪnɔː'gænɪk] *adj* nicht organisch; CHEM anorganisch

in-patient ['ɪnpeɪʃənt] *n* stationärer Patient

input ['ɪnpʊt] *n* ① (*of resources, money, labour*) Einsatz *m;* ↑ *investment* Investition *f* ② (PC *of information*) Eingabe *f*

inquest ['ɪnkwest] *n* ↑ *investigation* gerichtliche Untersuchung *f*

inquire [ɪn'kwaɪə*] **I.** *vi* ↑ *ask* sich erkundigen **II.** *vt* → *train times* sich erkundigen nach; **inquire into** *vt* ↑ *investigate* untersuchen; → *scientific research* erforschen; **inquiring** *adj* ▷*look* fragend; **inquiry** [ɪn'kwaɪərɪ] *n* ① ↑ *question* Erkundigung *f* ② ↑ *investigation* Untersuchung *f;* **inquiry office** *n* Auskunft *f*

inquisitive [ɪn'kwɪzɪtɪv] *adj* ↑ *curious* neugierig

inrush ['ɪnrʌʃ] *n* (*of water*) Zustrom *m*

insane [ɪn'seɪn] *adj* ① ↑ *mad* ▷*idea* wahnsinnig, verrückt ② MED geisteskrank

insanitary [ɪn'sænɪtərɪ] *adj* ▷*conditions* unhygienisch

insanity [ɪn'sænɪtɪ] *n* MED *FIG* Wahnsinn *m*

insatiable [ɪn'seɪʃəbl] *adj* ▷*appetite* unersättlich

inscription [ɪn'skrɪpʃən] *n* ① ↑ *dedication* Widmung *f* ② (*in stone*) Inschrift *f*

inscrutable [ɪn'skruːtəbl] *adj* ↑ *mysterious* unergründlich

insect ['ɪnsekt] *n* FAUNA Insekt *s;* ◇ **- bite** Insektenstich *m;* **insecticide** [ɪn'sektɪsaɪd] *n* Insektenvernichtungsmittel, Insektizid *s*

insecure [ɪnsɪ'kjʊə*] *adj* ① ▷*person* unsicher ② ↑ *unsafe* ungesichert, nicht fest; **insecurity** [ɪnsɪ'kjʊərɪtɪ] *n* ↑ *uncertainty* Unsicherheit *f*

insemination [ɪnsemɪ'neɪʃən] *n* Befruchtung *f;* ◇ **artificial -** künstliche Befruchtung *f*

insensible [ɪn'sensɪbl] *adj* ① ↑ *unconscious* bewußtlos ② ↑ *unaffected* unempfänglich für

insensitive [ɪn'sensɪtɪv] *adj* ① ↑ *uncaring* gefühllos, kalt ② (*to pain*) unempfindlich

inseparable [ɪn'sepərəbl] *adj* ① ↑ *close* ▷*couple* unzertrennlich ② GRAM ▷*word* untrennbar

insert [ɪn'sɜːt] **I.** *vt* ↑ *push in* einstecken; ↑ *slide in* einschieben; ↑ *put inside* einführen; ↑ *put in between* einfügen; → *advert* inserieren, aufgeben **II.** ['ɪnsɜːt] *n* (*in book*) Einlage *f;* **insertion** [ɪn'sɜːʃn] *n* ① ↑ *putting in* Einfügung *f,* Einsetzen *s* ② (*in newspaper*) Inserat *s*

inshore ['ɪnʃɔː*] *adj* (*near to land*) an der Küste, Küsten-

inside ['ɪnsaɪd] **I.** *n* (*inner part*) Innenseite *f,* Innere *s;* ◇ **on the -** innen **II.** *adj* Innen-, innere(r, s); ◇ **- information** Insiderwissen *s;* ◇ **- lane** SPORT Innenbahn *f;* AUTO Innenspur *f* **III.** *adv* (*position*) drinnen; (*direction of*) hinein, herein **IV.** *prep* (*place*) in *dat;* (*direction of*) in … hinein/herein; (*time*) innerhalb *gen;* **inside out** *adv* ① ↑ *wrong way around* ▷*clothes* linksherum ② (*know thoroughly*) in- und auswendig; **insider** *n* Insider(in *f*) *m*

insidious [ɪn'sɪdɪəs] *adj* ↑ *cunning* heimtückisch, schlau, hinterhältig

insight ['ınsaıt] *n* ↑ *understanding* Verständnis *s,* Einblick *m* (*into* in *acc*); ◇ **to gain an** ~ e-n Einblick bekommen

insignificant [ınsıg'nıfıkənt] *adj* ↑ *unimportant* unwichtig, unbedeutend

insincere [ınsın'sıə*] *adj* ↑ *false* falsch, unaufrichtig; **insincerity** [ınsın'serıtı] *n* Unaufrichtigkeit *f*

insinuate [ın'sınjʊeıt] *vt* [1] ↑ *imply* andeuten; ◇ **what are you trying to ~?** was wollen Sie damit sagen? [2] (*slighly get into position*) einschleichen; **insinuation** [ınsınjʊ'eıʃən] *n* ↑ *allusion* Andeutung *f*

insipid [ın'sıpıd] *adj* [1] ▷*food* fad [2] ▷*person* langweilig

insist [ın'sıst] *vi* bestehen (*on* auf *dat*); ◇ **but I ~!** aber ich bestehe darauf!; ◇ **if you ~ on going …** wenn du unbedingt gehen willst …; **insistent** *adj* [1] ↑ *determined* hartnäckig, beharrlich [2] (*demanding urgent attention*) eindringlich, dringend

insole ['ınsəʊl] *n* (*of shoe*) Einlegesohle *f,* Brandsohle *f*

insolence ['ınsələns] *n* ↑ *disrespect* Frechheit *f,* Unverschämtheit *f;* **insolent** *adj* ↑ *disrespectful* frech, unhöflich, unverschämt

insoluble [ın'sɒljʊbl] *adj* [1] ▷*problem* unlösbar [2] CHEM unlöslich

insolvent [ın'sɒlvənt] *adj* ↑ *bankrupt* zahlungsunfähig, insolvent

insomnia [ın'sɒmnıə] *n* Schlaflosigkeit *f*

inspect [ın'spekt] *vt* [1] ↑ *examine* → *work* untersuchen, prüfen [2] (*examine thoroughly*) inspizieren; **inspection** [ın'spekʃən] *n* [1] ↑ *examination* Untersuchung *f,* Prüfung *f* [2] ↑ *thorough examination* Inspektion *f,* Besichtigung *f;* **inspector** [ın'spektə*] *n* [1] ↑ *official* Inspektor(in *f*) *m,* Aufsichtsbeamter *m,* Aufsichtbeamtin *f* [2] *BRIT* ↑ *police* ~ Polizeikommissar(in *f*) *m* [3] RAIL Kontrolleur(in *f*) *m*

inspiration [ınspı'reıʃən] *n* Inspiration *f;* ◇ **at that time he was my** ~ damals hat er mich inspiriert; (*sudden*) Einfall *m*

inspire [ın'spaıə*] *vt* (*positively influence*) → *person* inspirieren, anregen; → *hope* wecken; **inspired** [-d] *adj* inspiriert; **inspiring** *adj* ↑ *experience* begeisternd

instability [ınstə'bılıtı] *n* (*weakness of structure*) Instabilität *f;* PSYCH Labilität *f*

install [ın'stɔːl] *vt* → *machine* installieren; → *kitchen* einbauen; → *telephone* anschließen; → *person* einsetzen; **installation** [ınstə'leıʃən] *n* [1] (*of machine*) Installation *f;* (*of kitchen*) Einbau *m;* (*of telephone*) Anschluß *m;* (*of person*) Einsetzung *f;* ↑ *plant* Anlage *f* [2] ◇ **military** ~ militärische Anlage *f*

installment (*AM*), **instalment** [ın'stɔːlmənt] *n* [1] ↑ *payment* Rate *f;* ◇ **monthly** ~ Monatsrate *f;* ◇ **to pay in monthly ~s** in monatlichen Raten bezahlen [2] ↑ *episode* Fortsetzung *f*

instance ['ınstəns] *n* [1] ↑ *example* Beispiel *s;* ◇ **for** ~ zum Beispiel [2] ↑ *case* Fall *m* [3] (*to start with*) ◇ **in the first** ~ zuerst, am Anfang

instant ['ınstənt] **I.** *n* ↑ *moment* Moment *m,* Augenblick *m;* ◇ **Mother called me the ~ she heard …** Mutter rief sofort an als sie davon erfuhr … **II.** *adj* ↑ *immediate* sofort; (*of medicine*) ◇ ~ **relief from pain** sofortige Schmerzfreiheit

instantaneous [ınstən'teınıəs] *adj* unmittelbar

instantaneously *adv* sofort; **instant coffee** *n* Pulverkaffee *m;* **instantly** ['ınstəntlı] *adv* ↑ *immediately* sofort

instead [ın'sted] **I.** *adv* statt dessen **II.** *prep* ◇ ~ **of** statt, anstelle von; **instead of** *prep* anstatt *gen;* ◇ **they chose beer ~ ~ wine** sie haben sich für Wein anstatt Bier entschieden

instigation [ınstı'geıʃən] *n* Veranlassung *f;* (*of trouble, crime*) Anstiftung *f*

instil [ın'stıl] *vt* → *idea, fear* einflößen

instinct ['ınstıŋkt] *n* Instinkt *m;* **instinctive** *adj* instinktiv

institute ['ınstıtjuːt] **I.** *n* Institut *s* **II.** *vt* ↑ *take up* einführen

institution [ınstı'tjuːʃən] *n* [1] ↑ *organization* Institution *f* [2] ↑ *home* Anstalt *f* [3] ↑ *setting up* Gründung *f*

institutionalize [ınstı'tjuːʃənəlaız] *vt* institutionalisieren

instruct [ın'strʌkt] *vt* [1] ↑ *teach* unterrichten, schulen [2] ↑ *order* anweisen, beauftragen; **instruction** [ın'strʌkʃən] *n* [1] ↑ *teaching* Ausbildung *f* [2] ↑ *order* ◇ **-s** *pl* Anweisungen *pl;* ◇ **to obey -s** Anweisungen befolgen [3] ↑ *directions* Gebrauchsanweisung *f;* **instructive** *adj* ↑ *informative* instruktiv, lehrreich; **instructor** [ın'strʌktə*] *n* ↑ *teacher* Lehrer(in *f*) *m*

instrument ['ınstrʊmənt] *n* ↑ *precision tool* Instrument *s,* Werkzeug *s;* ◇ **musical** ~ Musikinstrument *s;* **instrumental** [ınstrʊ'mentl] *adj* [1] MUS instrumental, Instrumental- [2] ↑ *contributive* behilflich (*in* bei *dat*); **instrumentalist** [ınstrʊ'mentəlıst] *n* Instrumentalist(in *f*) *m;* **instrument panel** *n* ↑ *dashboard* (*of car*) Armaturenbrett *s;* (*of plane*) Instrumentenbrett *s*

insubordinate [ınsə'bɔːdənıt] *adj* ↑ *rebellious* aufsässig; **insubordination** [ınsəbɔːdı'neıʃən] *n* MIL Befehlsverweigerung *f*

insufferable [ɪn'sʌfərəbl] *adj* ↑ *unbearable* unerträglich
insufficient [ɪnsə'fɪʃənt] *adj* ↑ *inadequate* ungenügend
insular ['ɪnsjələ*] *adj FIG* ↑ *narrow-minded* engstirnig; **insularity** [ɪnsjʊ'lærɪtɪ] *n* Engstirnigkeit *f*
insulate ['ɪnsjʊleɪt] *vt* 1 → *person from cold* schützen; *FIG* abschirmen 2 ELECTR isolieren; **insulating tape** *n* Isolierband *s;* **insulation** [ɪnsjʊ'leɪʃən] *n* Isolierung *f*
insulin ['ɪnsjʊlɪn] *n* MED Insulin *s*
insult ['ɪnsʌlt] **I.** *n* Beleidigung *f;* ◇ **to add ~ to injury** das Ganze noch schlimmer machen **II.** [ɪn'sʌlt] *vt* beleidigen; **insulting** [ɪn'sʌltɪŋ] *adj* ▷*behaviour, remark* beleidigend
insuperable [ɪn'su:pərəbl] *adj* ↑ *insurmountable* unüberwindlich
insurance [ɪn'ʃʊərəns] *n* Versicherung *f;* **insurance agent** *n* Vericherungsvertreter(in *f*) *m;* **insurance broker** *n* Versicherungsmakler(in *f*) *m;* **insurance policy** *n* Versicherungspolice *f*
insure [ɪn'ʃʊə*] *vt* versichern; **insured** [-d] *adj* ▷*goods* versichert
insurgent [ɪn'sɜ:dʒənt] *adj* aufständisch
insurmountable [ɪnsə'maʊntəbl] *adj* ↑ *insuperable* unüberwindlich
insurrection [ɪnsə'rekʃən] *n* ↑ *revolt* Aufstand *m*
intact [ɪn'tækt] *adj* ↑ *whole* intakt, ganz, vollständig
intake ['ɪnteɪk] *n* 1 (*of food, air*) Aufnahme *f* 2 (*by organization*) Neuzugänge *pl* 3 TECHNOL Einlaßöffnung *f*
intangible [ɪn'tændʒəbl] *adj* ↑ *vague* ▷*idea, plan* unbestimmt, unfaßbar, ungreifbar
integer ['ɪntɪdʒə*] *n* MATH ganze Zahl
integral ['ɪntɪgrəl] *adj* 1 ↑ *essential* wesentlich 2 ↑ *complete* ganz, vollständig 3 MATH Integral-
integrate ['ɪntɪgreɪt] *vt* ↑ *incorporate, build in* integrieren; ◇ **~ed schools** Schulen ohne Rassentrennung; **integrated circuit** [ɪntɪgreɪtɪd'sɜ:kɪt] *n* integrierter Schaltkreis *m;* **integration** [ɪntɪ'greɪʃən] *n* ↑ *incorporation* Integration *f,* Integrierung *f*
integrity [ɪn'tegrɪtɪ] *n* ↑ *honesty* Integrität *f*
intellect ['ɪntɪlekt] *n* Intellekt *m,* Verstand *m;* **intellectual** [ɪntɪ'lektjʊəl] **I.** *adj* intellektuell **II.** *n* Intellektuelle(r) *fm*
intelligence [ɪn'telɪdʒəns] *n* 1 ↑ *cleverness* Intelligenz *f;* ◇ **~ test** Intelligenztest *m* 2 MIL Geheimdienst *m* 3 *FIG* MIL ↑ *information* Information *f;* **intelligence quotient** *n* Intelligenzquotient *m;* **intelligent** *adj* intelligent; ↑ *rational* verstandesbegabt; **intelligently** *adv* intelligent; ▷*write, speak* verständlich
intelligible [ɪn'telɪdʒəbl] *adj* ↑ *understandable* verständlich; **intelligibly** *adj* ▷*speak* deutlich, klar
intemperance [ɪn'tempərəns] *n* Maßlosigkeit *f*
intemperate [ɪn'tempərət] *adj* ▷*behaviour* unmäßig
intend [ɪn'tend] *vt* vorhaben beabsichtigen; ◇ **I ~ to pass** ich werde die Prüfung unbedingt bestehen; ◇ **that was ~ed for the neighbours** das war für die Nachbarn gedacht; ◇ **his ~ed wife** seine zukünftige Frau; ◇ **we ~ed no harm** wir haben es nicht böse gemeint
intense [ɪn'tens] *adj* intensiv; ▷*person* ernsthaft; ▷*light* grell; ▷*pain* stark; **intensely** *adv* ↑ *extremely* äußerst; **intensify** [ɪn'tensɪfaɪ] *vt* ↑ *increase* verstärken, intensivieren; **intensity** *n* ↑ *strength* Stärke *f,* Intensität *f;* **intensive** *adj* ↑ *concentrated* intensiv; **intensive care unit** *n* (MED *of hospital*) Intensivstation *f;* **intensive course** *n* Intensivkurs *m*
intent [ɪn'tent] **I.** *n* Absicht *f;* ◇ **to do s.th. with ~** etw absichtlich machen **II.** *adj* ◇ **Harry is ~ on having a party** Harry ist fest entschlossen, e-e Party zu geben; **intently** *adv* ↑ *attentively* aufmerksam
intention [ɪn'tenʃən] *n* Absicht *f,* Vorsatz *m;* ◇ **her ~s were good** sie tat es mit guten Vorsätzen; ◇ **with the best of ~s** in bester Absicht
intently *adv* ▷*looking* ~ konzentriert; **intentional** *adj* ↑ *on purpose* absichtlich
inter- ['ɪntə*] *pref* zwischen-, Zwischen-
interact [ɪntər'ækt] *vi* ↑ *act on each other* aufeinander wirken; **interaction** [ɪntər'ækʃn] *n* Wechselwirkung *f;* **interactive** *adj* 1 (*reactive*) wechselseitig 2 PC interaktiv
intercede [ɪntə'si:d] *vi* ↑ *intervene* sich verwenden; (*in quarrel*) vermitteln
intercept [ɪntə'sept] *vt* → *letter, message* abfangen; **interception** [ɪntə'sepʃn] *n* Abfangen *s*
interchange ['ɪntətʃeɪndʒ] **I.** *n* 1 ↑ *exchange* Austausch *m;* (*of ideas*) Gedankenaustausch *m* 2 (*of motorways*) [Autobahn-]Kreuz *s* **II.** [ɪntə'tʃeɪndʒ] *vt* ↑ *exchange* austauschen; **interchangeable** [ɪntə'tʃeɪndʒəbl] *adj* austauschbar
intercity [ɪntə'sɪtɪ] *n* RAIL ◇ **~ train** Intercityzug *m,* IC *m*
intercom ['ɪntəkɒm] *n* [Gegen-]Sprechanlage *f*
interconnect [ɪntəkə'nekt] **I.** *vt* miteinander verbinden **II.** *vi* ← *roads, paths* miteinander verbunden sein
intercontinental [ɪntəkɒntɪ'nentl] *adj* interkontinental

I

intercourse ['ɪntəkɔːs] *n* [1] ▷*sexual* Geschlechtsverkehr *m* [2] ▷*social* Verkehr *m*, Umgang *m*

interdependence [ɪntədɪ'pendəns] *n* gegenseitige Abhängigkeit *f*

interest ['ɪntrest] **I.** *n* [1] Interesse *s;* ◇ **not in the ~s of the public** nicht im Interesse der Öffentlichkeit [2] ↑ *hobby* Hobby *s*, Interessen *s pl* [3] FIN Zinsen *pl* [4] COMM ↑ *share* Anteil *m* **II.** *vt* interessieren; ◇ **the talk ~ed us greatly** wir fanden das Gespräch sehr interessant; **interested** [-ɪd] *adj* [1] (*showing interest*) interessiert [2] ↑ *involved* beteiligt; ◇ **to be ~ in art** sich für [die] Kunst interessieren; **interesting** *adj* interessant; **interest rate** *n* Zinssatz *m*

interface ['ɪntəfeɪs] *n* [1] ↑ *overlap* (*on clothing*) Nahtstelle *f* [2] PC Schnittstelle *f*

interfere [ɪntə'fɪə*] *vi* [1] ↑ *meddle* sich einmischen (*with* in *acc*) [2] ↑ *bother* stören *acc*, zu schaffen machen *dat;* **interference** *n* [1] Einmischung *f* [2] MEDIA Störung *f*

interim ['ɪntərɪm] **I.** *adj* ↑ *provisional* vorläufig **II.** *n* ↑ *meantime* ◇ **in the ~** in der Zwischenzeit *f*

interior [ɪn'tɪərɪə*] **I.** *n* [1] ↑ *inside* (*of house, building*) Interieurs *s pl* [2] (*of country*) Landesinnere *s;* ◇ **in the American ~** im amerikanischen Landesinneren **II.** *adj* innen-, Innen-; ◇ **~ decorator** Innenausstatter(in *f*) *m;* ◇ **~ decoration** Innenausstattung *f*

interject [ɪntə'dʒekt] *vt* → *question* einwerfen; **interjection** [ɪntə'dʒekʃən] *n* [1] ↑ *interruption* (*of conversation*) Unterbrechung *f* [2] (LING *exclamation*) Interjektion *f*

interlock [ɪntə'lɒk] **I.** *vi* ↑ *connect* sich verbinden lassen, verbunden sein **II.** *vt* miteinander verbinden

interlocutor [ɪntə'lɒkjʊtə] *n* Gesprächspartner (in *f*) *m*

interloper ['ɪntələʊpə*] *n* ↑ *intruder* Eindringling *m*

interlude ['ɪntəluːd] *n* ↑ *pause* Pause *f;* ↑ *musical ~* Zwischenspiel *s*

intermarry [ɪntə'mærɪ] *vi* untereinander heiraten, e-e Mischehe eingehen

intermediary [ɪntə'miːdɪərɪ] *n* ↑ *go-between* Vermittler(in *f*) *m*

intermediate [ɪntə'miːdɪət] *adj* [1] ↑ *in between* Zwischen- [2] ↑ *advanced* ▷*level* fortgeschritten

intermezzo [ɪntə'metsəʊ] *n* Intermezzo *s*

interminable [ɪn'tɜːmɪnəbl] *adj* (*never-ending*) endlos

intermission [ɪntə'mɪʃən] *n* ↑ *break* Pause *f*

intermittent [ɪntə'mɪtənt] *adj* (*occasional*) ▷*problems* periodisch auftretend

intermix ['ɪntəmɪks] *vt* vermischen

intern [ɪn'tɜːn] **I.** *vt* ↑ *confine* internieren **II.** ['ɪntɜːn] *n* (*AM*) Assistenzarzt *m*, Assistenzärztin *f*

internal [ɪn'tɜːnl] *adj* [1] ↑ *inside* inner-, Innen-; ◇ **~ medicine** innere Medizin [2] ↑ *domestic* Inlands-; ◇ **~ affairs** innere Angelegenheiten *pl;* ◇ **~ bleeding** innere Blutung *f;* **internally** *adv* [1] ↑ *inside* innen [2] MED innerlich [3] (*of group*) intern; **Internal Revenue Service** *n* (*AM*) Finanzamt *s*

international [ɪntə'næʃnəl] **I.** *adj* international **II.** *n* SPORT ▷*player* Nationalspieler(in *f*) *m;* ◇ **~ money order** Auslandsanweisung *f*

internment [ɪn'tɜːnmənt] *n* ↑ *imprisonment* Internierung *f;* ◇ **~ camp** Internierungslager *s*

interplanetary [ɪntə'plænɪtərɪ] *adj* interplanetarisch

interplay ['ɪntəpleɪ] *n* Zusammenspiel *s*

Interpol ['ɪntəpɒl] *n* Interpol *f*

interpose [ɪntə'pəʊz] *vt* ↑ *interject* einwerfen

interpret [ɪn'tɜːprɪt] *vt* [1] ↑ *understand, take* verstehen, interpretieren; *FAM* kapieren; ◇ **how did you ~ that?** wie haben Sie das verstanden? [2] ↑ *translate orally* dolmetschen [3] ↑ *present, portray* → *play, music* darstellen; **interpretation** [ɪntɜːprɪ'teɪʃən] *n* [1] Interpretation *f* [2] (*translation, : written*) Übersetzung *f;* (*: oral*) Verdolmetschung *f* [3] Darstellung *f* [4] *FAM* ↑ *version* ◇ **Billy's ~ of what happened** Billys Version von den Ereignissen; **interpreter** [ɪn'tɜːprɪtə*] *n* (*[oral] translator*) Dolmetscher(in *f*) *m*

interracial [ɪntə'reɪʃəl] *adj* ▷*mixing* zwischen den verschiedenen Rassen

interrelated [ɪntərɪ'leɪtɪd] *adj* ▷*incidents* zusammenhängend

interrogate [ɪn'terəgeɪt] *vt* ↑ *to question* befragen; JUR verhören; **interrogation** [ɪntərə'geɪʃən] *n* Verhör *s;* **interrogative** [ɪntə'rɒgətɪv] *adj* [1] ↑ *questioning* fragend [2] LING interrogativ; **interrogator** [ɪn'terəgeɪtə*] *n* Vernehmungsbeamte(r) *m*, Vernehmungsbeamtin *f*

interrupt [ɪntə'rʌpt] *vt* → *TV show* unterbrechen; **interruption** [ɪntə'rʌpʃən] *n* Unterbrechung *f;* (*of traffic, of work*) Störung *f*

intersect [ɪntə'sekt] **I.** *vt* ↑ *cross* durchkreuzen **II.** *vi* sich kreuzen; **intersection** [ɪntə'sekʃən] *n* [1] ↑ *junction* Kreuzung *f* [2] ↑ *cut* Schnitt *m*

intersperse [ɪntə'spɜːs] *vt* ↑ *scatter* einstreuen

interstate [ɪntə'stəɪt] *n* (*AM road*) ≈ Autobahn *f*

intertwine [ɪntə'twaɪn] *vt* ↑ *entwine* verschlingen; → *stories* verweben

interval ['ɪntəvəl] *n* [1] (*period between*) Abstand *m* [2] ↑ *break* Pause *f* [3] MUS Intervall *s*

intervene [ɪntə'viːn] *vi* ↑ *step in* eingreifen (*in* in *acc*); **intervening** *adj* ↑ *interim* dazwischenliegend; **intervention** [ɪntə'venʃən] *n* Eingreifen *s*

interview ['ɪntəvjuː] **I.** *n* Interview *s;* (*for job*) Vorstellungsgespräch *s,* Interview *s* **II.** *vt* interviewen; **interviewee** [ɪntəvjuː'iː] *n* (*in company*) Kandidat(in *f*) *m,* Bewerber(in *f*) *m;* **interviewer** ['ɪntəvjuːe*] *n* Interviewer(in *f*) *m*

intestate [ɪn'testɪt] *adj* (*without will*) ohne Hinterlassung e-s Testaments

intestine [ɪn'testɪn] *n* ANAT Darm *m;* ◇ **-s** *pl* Gedärme *pl*

intimacy ['ɪntɪməsɪ] *n* Intimität *f*

intimate [1] ['ɪntɪmət] *adj* ↑ *inmost* ▷*secret* innerste(r, s); ▷*friend* eng; ↑ *familiar* vertraut; (*sexual relation*) intim

intimate [2] ['ɪntɪmeɪt] *vt* ↑ *imply* andeuten

intimation [ɪntɪ'meɪʃn] *n* ↑ *sign, hint* Andeutung *f*

intimidate [ɪn'tɪmɪdeɪt] *vt* einschüchtern; ◇ **I refuse to be -d** ich lasse mich nicht einschüchtern; **intimidation** [ɪntɪmɪ'deɪʃən] *n* Einschüchterung *f*

into ['ɪntʊ, 'ɪntə] *prep* (*motion*) in *acc;* ◇ **I'm not - the work** ich habe mich noch nicht richtig eingearbeitet; *FAM* ◇ **Barry's not - sports** Barry steht nicht auf Sport; ◇ **translate this - German** übersetzen Sie das ins Deutsche; ◇ **4 - 12** 12 durch 4

intolerable [ɪn'tɒlərəbl] *adj* ↑ *unbearable* unerträglich

intolerance [ɪn'tɒlərəns] *n* ↑ *narrowmindedness* Intoleranz *f;* **intolerant** *adj* ↑ *narrowminded* intolerant

intonation [ɪntə'neɪʃən] *n* LING Intonation *f*

intoxicate [ɪn'tɒksɪkeɪt] *vt* ← *drug* berauschen; ← *drink* berauschen, betrunken machen; *FIG* berauschen; **intoxicated** [-ɪd] *adj* ↑ *drunk* betrunken; ↑ *on drugs* im Rausch, unter Drogeneinfluß; **intoxication** [ɪntɒksɪ'keɪʃən] *n* Rausch *m*

intractable [ɪn'træktəbl] *adj* ▷*metal* unnachgiebig; ▷*problem* hartnäckig

intramural [ɪntrə'mjʊrəl] *adj* (*university*) ▷*activity* studienspezifisch

intransigent [ɪn'trænsɪdʒənt] *adj* ↑ *stubborn* unnachgiebig

intransitive [ɪn'trænsɪtɪv] *adj* LING ▷*verb* intransitiv

intravenous [ɪntrə'viːnəs] *adj* MED intravenös

intrepid [ɪn'trepɪd] *adj* ↑ *fearless* unerschrocken

intricacy ['ɪntrɪkəsɪ] *n* ↑ *complexity* Kompliziertheit *f;* **intricate** ['ɪntrɪkət] *adj* kompliziert, verwickelt

intrigue [ɪn'triːg] **I.** *n* ↑ *plot* Intrige *f* **II.** *vt* ↑ *interest* interessieren, faszinieren; **intriguing** *adj* interessant; ▷*person* faszinierend

intrinsic [ɪn'trɪnsɪk] *adj* ↑ *inherent* ureigen, innere(r, s); ▷*difference* wesentlich

introduce [ɪntrə'djuːs] *vt* [1] → *person* vorstellen (*to s.o.* jd-m); ◇ **she -d herself** sie stellte sich vor [2] → *new method* einführen [3] → *law* einbringen [4] → *programme* ankündigen [5] ↑ *explain, show* bekannt machen; ◇ **it was Jim who -d me to the art business** es war Jim, der mich ins Kunstgewerbe einführte; **introduction** [ɪntrə'dʌkʃən] *n* [1] (*to person, to thing*) Einführung *f* [2] (*to book*) Einleitung *f;* **introductory** [ɪntrə'dʌktərɪ] *adj* ▷*passage, speech* Einführungs-; ◇ **- talk** Einführungsgespräch *s*

introspection [ɪntrəʊ'spekʃən] *n* Selbstbeobachtung *f;* **introspective** *adj* ↑ *contemplative* introspektiv

introvert ['ɪntrəʊvɜːt] *adj* ▷*person* introvertiert

intrude [ɪn'truːd] *vi* ↑ *disturb* stören, aufdringen; ◇ **to - on s.o.'s privacy** jd-s Privatsphäre verletzen; **intruder** *n* Eindringling *m;* **intrusion** [ɪn'truːʒən] *n* [1] ↑ *disturbance* Störung *f* [2] ↑ *breaking in* Eindringen *s;* **intrusive** [ɪn'truːsɪv] *adj* aufdringlich

intuition [ɪntjuː'ɪʃən] *n* Intuition *f;* **intuitive** [ɪn'tjuːɪtɪv] *adj* ▷*feeling, guess* intuitiv

inundate ['ɪnʌndeɪt] *vt* ↑ *swamp, also FIG* überschwemmen; **inundation** ['ɪnʌndeɪʃn] *n* ↑ *swamping* Überschwemmung *f*

invade [ɪn'veɪd] *vt* [1] ↑ *overrun* einfallen in *acc;* MIL einmarschieren [2] → *s.o.'s privacy* stören; **invader** *n* (*troops, soldiers*) Invasoren *pl*

invalid ['ɪnvəlɪd] **I.** *n* ↑ *disabled person* Invalide *m,* Invalidin *f,* Kranke(r) *fm* **II.** *adj* ↑ *sick* krank; ↑ *disabled* invalid

invalid [ɪn'vælɪd] *adj* ▷*ticket, passport* nicht gültig; ▷*argument* nicht stichhaltig; **invalidate** [ɪn'vælɪdeɪt] *vt* → *ticket, passport* ungültig machen; **invalidation** [ɪnvælɪ'deɪʃn] *n* Ungültigmachung *f;* **invalidity** [ɪnvə'lɪdətɪ] *n* Ungültigkeit *f*

invaluable [ɪn'væljʊəbl] *adj* ▷*thing, experience* unschätzbar; ▷*jewel* von unschätzbarem Wert

invariable [ɪn'vɛərɪəbl] **I.** *adj* ↑ *unchanging* unveränderlich **II.** *n* MATH Konstante *f;* **invariably** *adv* ↑ *always, usually* ausnahmslos

invasion [ɪn'veɪʒən] *n* Eindringen *s;* MIL Invasion *f*

invective [ɪn'vektɪv] *n* ↑ *abuse* Beschimpfung *f*

invent [ɪn'vent] *vt* erfinden; **invention** [ɪn'venʃən] *n* Erfindung *f;* **inventive** *adj FIG* einfallsreich; ▷*work* schöpferisch; **inventiveness** *n* Erfindungsgabe *f;* **inventor** [ɪn'ventə*] *n* Erfinder(in *f*) *m*

inventory ['ɪnvəntrɪ] *n* Inventar *s*
inverse [ɪn'vɜ:s] **I.** *adj* umgekehrt; ◇ **to do s.th. in ~ order** etw in umgekehrter Reihenfolge tun **II.** ['ɪn'vɜ:s] *n* Umkehrung *f*
invert [ɪn'vɜ:t] *vt* ↑ *turn around* umkehren; **inverted commas** [ɪnvɜ:tɪd'kɒməs] *n pl* Anführungszeichen *pl*
invertebrate [ɪn'vɜ:tɪbrət] *n* FAUNA wirbelloses Tier
invest [ɪn'vest] *vt* FIN investieren, anlegen; → *time, effort* einsetzen, investieren
investigate [ɪn'vestɪgeɪt] *vt* untersuchen; **investigation** [ɪnvestɪ'geɪʃən] *n* ① ↑ *check, process* Untersuchung *f;* ◇ **the minister is under ~** es wird gegen den Minister ermittelt ② ↑ *research* Forschung *f;* **investigator** [ɪn'vestɪgeɪtə*] *n* Untersuchungsbeamte *m,* Untersuchungsbeamtin *f*
investment [ɪn'vestmənt] *n* Investition *f,* [Kapital-]Anlage *f;* ◇ **a good ~** e-e gute Investition; **investor** [ɪn'vestə*] *n* Investor(in *f*) *m*
inveterate [ɪn'vetərət] *adj* (*for a long time*) ▷*liar* hartnäckig, eingefleischt
invigilate [ɪn'vɪdʒɪleɪt] **I.** *vi* ↑ *oversee* die Aufsucht führen **II.** *vt* → *exam* Aufsicht führen bei
invigorate [ɪn'vɪgəreɪt] *vt* ↑ *liven up* beleben
invigorating *adj* ↑ *refreshing* ▷*influence, person* erfrischend; ▷*experience* stimulierend
invincible [ɪn'vɪnsəbl] *adj* ↑ *unbeatable* unbesiegbar
inviolable [ɪn'vaɪələbl] *adj* ▷*law* heilig, unantastbar
invisible [ɪn'vɪzəbl] *adj* unsichtbar
invitation [ɪnvɪ'teɪʃən] *n* Einladung *f;* ◇ **that's an ~ for trouble** damit handelst du dir sicherlich Ärger ein; **invite** [ɪn'vaɪt] *vt* → *guests* einladen; (*provoke criticism*) herausfordern; **inviting** *adj* ↑ *tempting* ▷*smile* einladend, verlockend
invoice ['ɪnvɔɪs] **I.** *n* Rechnung *f,* Lieferschein *m;* FIN Faktura *f* **II.** *vt* → *goods* in Rechnung stellen
invoke [ɪn'vəʊk] *vt* ① ↑ *cite* → *law* anrufen ② ↑ *raise* → *feelings* appellieren an ③ ↑ *use* → *principle* sich berufen auf
involuntary [ɪn'vɒləntrɪ] *adj* ① ▷*movement* unabsichtlich ② ↑ *unwilling* unfreiwillig
involve [ɪn'vɒlv] *vt* (*participate, concern*) verwickeln; ↑ *entail* mit sich bringen; **involved** [-d] *adj* ↑ *concerned* verwickelt; ▷*matter* kompliziert; ↑ *interested* interessiert; ◇ **I do not wish to be ~** ich möchte nichts damit zu tun haben; ◇ **to be ~ with s.o.** e-e Beziehung mit jd-m haben; **involvement** *n* Verwicklung *f,* Beteiligung *f;* ◇ **the extent of his ~ in the affair** das Ausmaß seiner Verstrickung in die Angelegenheit
invulnerable [ɪn'vʌlnərəbl] *adj* unverwundbar
inward ['ɪnwəd] **I.** *adj* ↑ *inner* ▷*thoughts* innerlich, innere(r, s) **II.** *adv* ↑ *-s* nach innen, einwärts; **inwardly** *adv* innerlich
I/O *abbr. of* **input/output** PC Eingabe/Ausgabe *f*
IOU *n abbr. of* **I owe you** Schuldschein *m*
iodine ['aɪədi:n] *n* Jod *s*
iota [aɪ'əʊtə] *n FIG* Jota *s*
IQ *abbr. of* **intelligence quotient** IQ *m,* Intelligenzquotient *m*
Iran [ɪ'rɑ:n] *n* Iran *m*
Iraq [ɪ'rɑ:k] *n* Irak *m*
irascible [ɪ'ræsɪbl] *adj* ↑ *short-tempered* reizbar
irate [aɪ'reɪt] *adj* ↑ *angry* zornig
Ireland ['aɪələnd] *n* Irland *s*
iris ['aɪərɪs] *n* ① FLORA Iris *f,* Schwertlilie *f* ② (ANAT *eye*) Iris *f*
Irish ['aɪərɪʃ] **I.** *adj* irisch **II.** *n* (*language*) Irisch (e) *s;* ◇ **the ~** *pl* die Iren *pl;* **Irishman** *n* <-men> Ire *m;* **Irishwoman** *n* <-women> Irin *f*
irk [ɜ:k] *vt* ↑ *irritate* ärgern; *FAM* nerven; **irksome** ['ɜ:ksəm] *adj* ↑ *bothersome, irritating* ▷*habit* ärgerlich; *FAM* nervend
iron ['aɪən] **I.** *n* ① (*metal*) Eisen; ◇ **to have too many ~s in the fire** zuviel auf einmal machen ② (*for ironing*) Bügeleisen *s* **II.** *adj* eisern; *FIG* ◇ **~ will** eiserner Wille **III.** *vt* ↑ *press* bügeln; **iron out** *vt FIG also* ausbügeln; → *differences* ausgleichen
ironic [aɪ'rɒnɪk] *adj* ① ironisch ② ↑ *strange, odd* komisch, eigenartig ③ *FAM* ↑ *funny* witzig; **ironic[al]ly** *adv* ① ↑ *sarcastic* sarkastisch, ironisch ② ↑ *oddly enough* komischerweise
ironing ['aɪənɪŋ] *n* (*laundry*) Bügelwäsche *f;* ◇ **to do the ~** bügeln; **ironing board** *n* Bügelbrett *s*
ironmonger ['aɪənmʌŋgə*] *n* Eisenwarenhändler(in *f*) *m*
iron ore ['aɪənɔ:*] *n* Eisenerz *s;* **ironworks** ['aɪənwɜ:ks] *n sg o pl* Eisenhütte *f*
irony ['aɪərənɪ] *n* Ironie *f*
irrational [ɪ'ræʃənl] *adj* ▷*behaviour* irrational; ▷*belief, worry* unsinnig; **irrationality** [ɪræʃə'nælɪtɪ] *n* Irrationalität *f,* Unsinnigkeit *f*
irreconcilable [ɪrekən'saɪləbl] *adj* ① ▷*differences* unversöhnlich ② ↑ *incompatible* unvereinbar
irrecoverable [ɪrɪ'kʌvərəbl] *adj* ▷*loss* unersetzlich
irredeemable [ɪrɪ'di:məbl] *adj* ① ↑ *hopeless* nicht wiedergutzumachen ② ▷*money* nicht lösbar ③ ▷*loan, obligation* unkündbar ④ ▷*sinner FIG* rettungslos
irrefutable [ɪrɪ'fju:təbl] *adj* ▷*truth, belief* unwiderlegbar

irregular [ɪ'regjʊlə*] *adj* [1] ↑ *unusual* ungewöhnlich [2] ↑ *uneven* ungleichmäßig [3] ▷*behaviour* ungehörig [4] ↑ *spasmodic* unregelmäßig [5] ▷*attendance* unregelmäßig [6] LING ▷*verb* unregelmäßig [7] (*against regulations*) vorschriftswidrig; **irregularity** [ɪregjʊ'lærɪtɪ] *n* [1] (*something unusual*) Ungewöhnlichkeit *f* [2] (*against regulations*) Vorschriftswidrigkeit *f*

irrelevance [ɪ'reləvəns] *n* Belanglosigkeit *f;* **irrelevant** *adj* belanglos

irreligious [ɪrɪ'lɪdʒəs] *adj* ↑ *unbelieving* ungläubig

irreparable [ɪ'repərəbl] *adj* ▷*damage* nicht wieder gutzumachen, irreparabel

irreplaceable [ɪrɪ'pleɪsəbl] *adj* unersetzlich

irrepressible [ɪrɪ'presəbl] *adj* ▷*happiness, joy* unbändig

irreproachable [ɪrɪ'prəʊtʃəbl] *adj* ↑ *impeccable* ▷*conduct* untadelig, tadellos

irresistible [ɪrɪ'zɪstəbl] *adj* unwiderstehlich

irresolute [ɪ'rezəlu:t] *adj* ↑ *indecisive* unentschlossen

irrespective of [ɪrɪ'spektɪv ɒv] *prep* ungeachtet *gen;* ◇ ~ ~ **the time** ungeachtet der Zeit; ◇ ~ ~ **whether you do it or not** egal, ob du es tust oder nicht

irresponsibility [ɪrɪspɒnsə'bɪlɪtɪ] *n* Verantwortungslosigkeit *f;* **irresponsible** [ɪrɪ'spɒnsəbl] *adj* verantwortungslos; ◇ **you behaved in an ~ manner** du warst verantwortungslos

irreversible [ɪrɪ'vɜ:səbl] *adj* ▷*process, decision* unwiderruflich, unumkehrbar

irrigate ['ɪrɪgeɪt] *vt* ↑ *water* → *land* bewässern; MED spülen; **irrigation** [ɪrɪ'geɪʃən] *n* Bewässerung *f*

irritable ['ɪrɪtəbl] *adj* reizbar; (*nervous*) gereizt

irritant *n* MED Reizerreger *m;* **irritate** ['ɪrɪteɪt] *vt* reizen; **irritating** *adj* ▷*noise* irritierend; ▷*cough* lästig; **irritation** [ɪrɪ'teɪʃən] *n* [1] ↑ *vexation* Ärger *m* [2] MED Reizung *f*

is [ɪz] *3rd person sing present of* **be**

Islam ['ɪzlɑ:m] *n* Islam *m*

island ['aɪlənd] *n* Insel *f;* **islander** *n* Inselbewohner(in *f*) *m,* Insulaner(in *f*) *m*

isle [aɪl] *n* Insel *f;* ◇ **British I-s** die britischen Inseln

isn't ['ɪznt] = **is not**

isolate ['aɪsəʊleɪt] *vt* [1] (*cut off*) isolieren [2] ↑ *separate* trennen [3] ↑ *extract* isolieren, extrahieren [4] → *sick person* isolieren; **isolated** [-ɪd] *adj* isoliert; ↑ *remote* ▷*house* ◇ **it's an ~ case** es ist ein Einzelfall; **isolation** [aɪsəʊ'leɪʃən] *n* Isolierung *f*

isometrics [aɪsəʊ'metrɪks] *n sg* Isometrie *f*

isotope ['aɪsətəʊp] *n* Isotop *s*

Israel ['ɪzreɪl] *n* Israel *s;* **Israeli I.** *n* Israeli *fm* **II.** *adj* israelisch

issue ['ɪʃu:] **I.** *n* [1] ↑ *matter* Frage *f,* Sache *f;* ◇ **you shouldn't have forced the ~** du hättest bei der Sache nicht so drängen sollen [2] (*of book, magazine*) Ausgabe *f;* (*of document*) Ausstellung *f;* ◇ **place of ~** (*passport*) Ausstellungsort *m;* → *ticket* Ausgabestelle *f;* ◇ **date of ~** Ausstellungsdatum *s* [3] (*subject of debate*) Streitfrage *f* **II.** *vt* ↑ *give out* ausgeben; → *orders* erteilen; → *document* ausstellen; → *verdict* erlassen; → *newspaper, literature* herausgeben; → *details* bekanntgeben; → *warning* aussprechen

isthmus ['ɪsməs] *n* (*narrow area of land*) Landenge *f*

it [ɪt] **I.** *pron* es **II.** *pron direct/indirect object of* **it** es/ihm; ◇ **~ was you** du warst es; ◇ **~ was really nice** es war wirklich nett; ◇ **who is ~?** wer ist es?; ◇ **~ seemed interesting to me** mir schien es interessant zu sein **III.** *n* [1] ↑ *neutered* (*cat, dog*) Neutrum *s* [2] (*children's game*) ◇ **you're ~ now!** jetzt bist du's!

Italian [ɪ'tæljən] **I.** *adj* italienisch **II.** *n* Italiener(in *f*) *m*

italic [ɪ'tælɪk] *adj* PRINT kursiv; **italics** *n pl* PRINT Kursivschrift *f*

Italy ['ɪtəlɪ] *n* Italien *s*

itch [ɪtʃ] **I.** *n* [1] (*on skin*) Juckreiz *m* [2] ↑ *urge, FIG* brennendes Verlangen **II.** *vi* jucken; ◇ **my nose ~es** mir juckt die Nase; **itchy** *adj* ▷*mosquito bite* juckend; ▷*material* kratzig

it'd ['ɪtd] = **it would; it had**

item ['aɪtəm] *n* [1] (*in catalogue*) Artikel *m* [2] (*news ~*) Bericht *m,* Meldung *f* [3] (*on agenda*) Punkt *m;* **itemize** ['aɪtəmaɪz] *vt* ↑ *record* einzeln aufführen

itinerant [aɪ'tɪnərənt] *adj* [1] ↑ *travelling* ▷*person* umherreisend [2] ▷*worker* reisend, Reise-, Wander-

itinerary [aɪ'tɪnərərɪ] *n* [1] ↑ *travel programme, route* Reiseplan *m,* Reiseroute *f* [2] ↑ *guide book* Reiseführer *m*

it'll ['ɪtl] = **it will; it shall**

its [ɪts] **I.** *pron* (*used as an adjective*) sein **II.** *pron* (*used as a noun*) seine(r, s)

it's [ɪts] = **it is; it has**

itself [ɪt'self] *pron* [1] (*reflexive*) sich [2] (*for emphasis*) ◇ **the table ~ was cheap** der Tisch selbst war günstig; ◇ **in ~** in sich [3] ↑ *alone* sich selbst [4] ◇ **by ~** von alleine, von selbst

itsy-bitsy [ɪtsɪbɪtsɪ] *adj* ↑ *little, tiny, FAM* winzig klein

I've [aɪv] = **I have**

ivory ['aɪvərɪ] *n* Elfenbein *s*
Ivory Coast *n* Elfenbeinküste *f;* **ivory tower** I. *n FIG* Elfenbeinturm *m* II. *adj* (*attr.*) weltfremd
ivy ['aɪvɪ] *n* FLORA Efeu *m*

J

J, j [dʒeɪ] *n* J, j *s*
jab [dʒæb] I. *vt* (*with s.th. flat*) stoßen; (*with s.th. sharp*) stechen II. *vi* zustoßen (*at* auf *acc*) III. *n* [1] (*forceful push*) Stoß *m* [2] (*FAM injection*) Spritze *f*
jabber ['dʒæbə*] *vi* plappern, quasseln *FAM*
jack [dʒæk] *n* [1] (*for lifting*) Hebevorrichtung *f;* AUTO Wagenheber *m* [2] (*on playing-cards*) Bube *m;* **jack in** *vt sep* (*activity*) aufhören (mit); *FAM* stecken; **jack up** *vt sep* → *car* aufbocken
jackal ['dʒækl] *n* Schakal *m*
jackboot ['dʒækbu:t] *n* Schaftstiefel *m*
jackdaw ['dʒækdɔ:] *n* Dohle *m*
jacket ['dʒækɪt] *n* [1] (*short coat*) Jacke *f* [2] (*of baked potato*) Schale *f* [3] (*of book*) [Schutz-] Umschlag *m* [4] (*of boiler*) Mantel *m*
jack-in-the box *n* Springteufel *m;* **jack-knife** ['dʒæknaɪf] I. *n* <jack-knives> großes, klappbares Taschenmesser II. *vi* (*truck + trailer*) sich querstellen; **jack-of-all-trades** *n* Alleskönner *m;* **jack plug** ['dʒækplʌg] *n* TECHNOL Bananenstecker *m;* **jackpot** ['dʒækpɒt] *n* [1] (*prize*) Pott *m* [2] *FIG* ◇ **to hit the** ~ das große Los ziehen
jacuzzi ® [dʒə'ku:zɪ] *n* Whirlpool *m*
jade [dʒeɪd] *n* (*stone*) Jade *m o. f*
jaded [-ɪd] *adj* (*attitude*) abgestumpft; (*feeling*) ermattet
jagged ['dʒægɪd] *adj* [1] ▷*edge* zackig [2] ▷*coastline* zerklüftet
jaguar ['dʒægjʊə*] *n* Jaguar *m*
jail [dʒeɪl] I. *n* Gefängnis *s* II. *vt* ins Gefängnis werfen; **jailbird** *n FAM* Knacki *m;* **jailbreak** *n* Ausbruch *m* aus dem Gefängnis; **jailer** *n* Gefängniswärter(in *f*) *m;* **jailhouse** *n* (*AM*) Gefängnis *s*
jalopy [dʒə'lɒpɪ] *n* (*FAM car*) alte Kiste *f*
jam [dʒæm] I. *n* [1] (*on bread*) Marmelade *f* [2] (*of people*) Gedränge *s* [3] ↑ *traffic* ~ Stau *m* [4] *FAM* ◇ **to be in a** ~ in der Patsche sitzen; ◇ **to get into a** ~ ins Gedränge kommen II. *vt* [1] (*wedge*) verklemmen [2] (*squeeze*) quetschen [3] (*radio message*) stören [4] (*road*) blockieren III. *vi* (*door*) sich verklemmen; **jam in** *vt sep* reinstopfen (*to* in *acc*); **jam on** *vt FAM* ◇ **to ~ ~ the brakes** voll auf die Bremse latschen
jamb [dʒæm] *n* (*of door*) Türpfosten *m*
jamboree [dʒæmbə'ri:] *n* (*village* ~) Fest *s*
jangle I. ['dʒæŋgl] *vt* (*keys*) klimpern II. *vi* (*chains*) klirren
janitor ['dʒænɪtə*] *n* Hausmeister(in *f*) *m*
January ['dʒænjʊərɪ] *n* Januar *m*
Japan [dʒə'pæn] *n* Japan *s;* **Japanese** [dʒæpə'ni:z] I. *adj* japanisch II. *n* Japaner(in *f*) *m*
jar [dʒɑ:*] I. *n* [1] (*glass*) Glas *s;* (*earthenware*) Topf *m* [2] ◇ **a ~ of jam** ein Glas Marmelade II. *vi* kreischen (*on, with* auf *dat*) III. *vt* (*back*) sich [*o.* dat] stauchen
jargon ['dʒɑ:gən] *n* Jargon *m;* (*specialist language*) Fachsprache *f*
jarring ['dʒɑ:rɪŋ] *adj* (*sound*) kreischend; (*colour*) nicht zusammenpassend, beißend
jasmin[e] ['dʒæzmɪn] *n* Jasmin *m*
jaundice ['dʒɔ:ndɪs] *n* MED Gelbsucht *f;* **jaundiced** [-d] *adj* [1] MED gelbsüchtig [2] (*standpoint*) zynisch
jaunt [dʒɔ:nt] *n* Trip *m,* Ausflug *m*
jaunty *adj* [1] ▷*walk* schwungvoll [2] ▷*hat* flott
jauntiness *n* Unbeschwertheit *f*
javelin ['dʒævlɪn] *n* Speer *m*
jaw [dʒɔ:] I. *n* [1] ANAT Kiefer *m* [2] ◇ **-s** *pl of person, FAM* Fresse *f;* (*of lion*) Rachen *m* [3] ◇ **the -s of hell** Höllenschlund *m* II. *vi FAM* reden
jay [dʒeɪ] *n* (*bird*) Eichelhäher *m*
jaywalk ['dʒeɪwɔ:k] *vi* sich als Fußgänger verkehrswidrig verhalten; **jaywalker** *n* Fußgänger *m*, der sich verkehrswidrig verhält
jazz [dʒæz] *n* Jazz *m;* **jazz up** *vt* (*flat*) aufmöbeln; (*party*) in Schwung bringen, aufpeppen; **jazz band** *n* Jazzkapelle *f;* **jazzy** *adj* ▷*colour* knallig
jealous ['dʒeləs] *adj* [1] (*bitter with envy*) mißgünstig; ◇ **she was ~ of his success** sie mißgönnte ihm seinen Erfolg [2] ▷*husband* eifersüchtig (*of* auf *acc*) [3] (*protective*) sehr bedacht (*of* auf *acc*); **jealously** *adv* [1] (*stare*) mißgünstig [2] (*protect*) wie e-n Schatz; **jealousy** *n* [1] (*of other's love*) Eifersucht *f* (*of* auf *acc*) [2] (*of possessions*) Neid *m* (*of* auf *acc*)
jeans [dʒi:nz] *n pl* Jeans *pl*
jeep ® [dʒi:p] *n a.* MIL Jeep *m*
jeer [dʒɪə*] I. *vi* (*laugh nastily*) höhnisch lachen (*at* über *acc*) II. *n* [1] hämisches Lachen [2] ▷*remark* Spöttelei *f;* **jeering** *adj* ▷*crowd* johlend
jejune [dʒɪ'dʒʊ:n] *adj* [1] *FIG* unzugänglich [2] naiv
jell ['dʒel] *vi* [1] (*liquid*) gelieren [2] (*ideas*) Gestalt annehmen
jelly *n* Gelee *s* [1] (*dessert*) Wackelpudding *m* [2]

(*aspic*) Aspik *m,* Sülze *f;* **jelly baby** *n* Gummibärchen *s;* **jellyfish** *n* Qualle *f*
jemmy, jimmy (*AM*) ['dʒemɪ] *n* Stemmeisen *s*
jeopardize ['dʒepədaɪz] *vt* gefährden; **jeopardy** ['dʒepədɪ] *n* Gefahr *f;* ◇ **to put s.th. in ~** etw gefährden
jerk [dʒɜːk] **I.** *n* ① (*sudden pull*) Ruck *m* ② (*FAM fool*) Blödmann *m* **II.** *vt* ① (*rope*) ruckartig ziehen (an *dat*) ② ◇ **to ~ s.th. out of s.o.'s hand** jd-m etw aus der Hand reißen **III.** *vi* ① (*muscles*) zucken ② ◇ **to ~ forward** e-n Satz vorrücken; ◇ **to ~ to a halt** ruckartig stehenbleiben; **jerk off** *vi FAM!* sich e-n runter holen
jerkin ['dʒɜːkɪn] *n* Jacke *f*
jerky ['dʒɜːkɪ] *adj* (*movement*) ruckartig; (*style of text*) abgehackt; (*ride*) holprig
jerry-built ['dʒerɪbɪlt] *adj* schlampig gebaut; ◇ **a ~ house** e-e Bruchbude *f*
jersey ['dʒɜːzɪ] *n* ① (*material*) Jersey *m* ② (*pullover*) Pullover *m*
jest [dʒest] **I.** *n* (*joke*) Scherz *m,* Witz *m;* ◇ **in ~** im Spaß **II.** *vi* scherzen
Jesus ['dʒiːzəs] *n* Jesus
jet [dʒet] *n* ① (*of water*) Strahl *m* ② (*nozzle*) Düse *f* ③ AERO Jet *m,* Düsenflugzeug *s*
jet-black *adj* rabenschwarz; **jet engine** *n* Düsentriebwerk *s;* **jet hop** *vi FAM* jetten; **jet lag** *n körperliche Mißempfindung durch Zeitverschiebung;* **jet-propelled** *adj* Düsen-
jetsam ['dʒetsəm] *n* (*on shore*) Strandgut *s*
jet set *n* Jet-set *m*
jettison ['dʒetɪsən] *vt* ① NAUT über Bord werfen; AERO abwerfen ② → *project* fallenlassen
jetty ['dʒetɪ] *n* ① (*for boats*) Landungsbrücke *f,* Pier *m* ② (*breakwater*) Mole *f*
Jew [dʒuː] *n* Jude *m,* Jüdin *f*
jewel ['dʒuːəl] *n* (*precious stone*) Edelstein *m; also FIG* Juwel *s;* **jewelled** [-d] *adj* mit Juwelen geschmückt; **jewel[l]er** *n* Juwelier(in *f*) *m;* **jewel[l]er's shop** *n* Juwelierladen *m;* **jewel[le]ry** ['dʒuːəlrɪ] *n* Schmuck *m*
Jewess ['dʒuːɪs] *n* Jüdin *f*
Jewish ['dʒuːɪʃ] *adj* jüdisch
Jewry ['dʒʊərɪ] *n* Judentum *s,* jüdisches Volk
Jew's harp *n* Maultrommel *f*
jib [dʒɪb] *n* ① NAUT Klüver *m* ② TECHNOL Ausleger *m*
jibe [ʒaɪb] *s.* **gibe**
jiffy ['dʒɪfɪ] *n FAM* Minütchen *s;* ◇ **in a ~** *FAM* in Nullkommanix
Jiffy bag ® *n* (*envelope*) gepolstertes Kuvert *s*
jig [dʒɪg] *n* ① (*dance*) sprunghafter Tanz ② TECHNOL Spannvorrichtung *f;* **jig about** *vi* fröhlich herumtanzen
jiggery-pokery [dʒɪgərɪ 'pəʊkərɪ] *n FAM* fauler Zauber
jiggle [dʒɪgl] *vt* (*key in lock*) wackeln mit
jigsaw ['dʒɪgsɔː] *n* ① (*~ puzzle*) Puzzle *s* ② TECHNOL Bandsäge *f*
jihad [dʒɪ'hæd] *n* (*Islamic*) Heiliger Krieg, Dschihad *m*
jilt [dʒɪlt] *vt* (*lover*) den Laufpaß geben *dat*
jingle ['dʒɪŋgl] **I.** *n* ① (*soft ringing sound*) Bimmeln *s* ② (*advertising ~*) Werbesong *m* **II.** *vi* (*bells*) bimmeln **III.** *vt* (*money*) klimpern lassen
jingoism ['dʒɪŋgəʊɪzəm] *n* Nationalismus *s,* Chauvinismus *m*
jinx [dʒɪŋks] *n* ① Unheil *s;* ◇ **to put a ~ on s.th.** etw verhexen ② (*person*) Unglücksbringer(in *f*) *m*
jitters ['dʒɪtəz] *n* Heidenangst *f* (*about* vor *dat*); ◇ **to get the ~** *FAM* sehr nervös werden; **jittery** ['dʒɪtərɪ] *adj FAM* nervös
jive [dʒaɪv] *n* ① MUS Jive *m* ② *chat, FAM* Gequatsche *s*
jnr. *abbr. of* **junior**
job [dʒɒb] *n* ① (*regular work*) Stelle *f,* Job *m;* ◇ **out of a ~** arbeitslos ② (*piece of work*) Arbeit *f;* ◇ **to have a ~ doing s.th.** etw schwer finden; ◇ **just the ~** genau das Richtige; ◇ **to make a good ~ of s.th.** etw astrein machen ③ (*duty*) Aufgabe *f;* ◇ **to make the best of a bad ~** das beste aus etw machen; ◇ **it's not my ~ to ...** es ist nicht meine Aufgabe ...; **jobber** *n* ① (*freelance*) Gelegenheitsarbeiter(in *f*) *m* ② FIN Börsenhändler(in *f*) *m;* **jobbing** *adj* ① (*by freelance*) Gelegenheitsarbeit *f* ② FIN Effektenhandel *m;* **jobcentre** *n* Arbeitsvermittlung *f;* **job creation scheme** *n* Arbeitsbeschaffungsprogramm *s;* **job description** *n* Tätigkeitsbeschreibung *f;* **job hunter** *n* Arbeitsuchende(r) *fm;* **jobless** *adj* arbeitslos; **job lot** *n* Gesamtposten *m*
jockey ['dʒɒkɪ] **I.** *n* Jockei *m,* Jockey *m* **II.** *vi* ◇ **to ~ for position** *FIG* rangeln
jock-strap ['dʒɒk stræp] *n* Suspensorium *s*
jocular ['dʒɒkjʊlə*] *adj* witzig
jodhpurs ['dʒɒdpəz] *n pl* Reithose *f*
jog [dʒɒg] **I.** *vt* (*push slightly*) stoßen gegen/an *acc;* ◇ **to ~ s.o.'s memory** jd-s Gedächtnis auf die Sprünge helfen **II.** *vi* joggen; **jog along** *vi* ① (*on road*) entlangzuckeln ② (*at work*) seinen Gang gehen; **jogger** *n* Jogger(in *f*) *m;* **jogging** *n* Dauerlaufen *s,* Joggen *s*
john [dʒɒn] *n AM FAM* ① (*person*) Typ *m* ② (*toilet*) Klo *s*
join [dʒɔɪn] **I.** *vt* ① (*fix or connect*) verbinden (*to* mit); (*objects only*) zusammenfügen (*to* mit) ② (*~ as member of, club*) beitreten *dat;* (*company*)

anfangen bei; (*majority*) sich anschließen *dat* [3] (*territory at border*) angrenzen an *acc* [4] (*river*) münden in *acc* [5] ◇ **to ~ hands** sich die Hände reichen; *FIG* sich zusammentun [6] (*at social gathering: to take part*) ◇ **May I ~ you?** Darf ich teilnehmen?, Darf ich mich zu euch setzen? **II.** *vi* [1] ↑ *combine* sich verbinden; (*nations*) sich vereinigen; (*individuals*) sich zusammentun [2] ↑ *meet* (*pipes*) anstoßen; (*territories*) aneinander grenzen **III.** *n* [1] (*where two things connect*) Verbindungsstelle *f*, Fuge *f* [2] (*where two things touch*) Berührungsstelle *f*; **join in** *vi +prep obj* (*activity*) mitmachen (bei); (*debate*) sich beteiligen (an *dat*); **join on[to]** *vt sep* (*extension piece*) ansetzen (*to* an *dat*); **join up I.** *vi* MIL Soldat werden **II.** *vt sep* verbinden

joiner ['dʒɔɪnə*] *n* Schreiner(in *f*) *m*, Tischler(in *f*) *m*; **joinery** *n* (*trade*) Tischlerei *f*

joint [dʒɔɪnt] **I.** *n* [1] ANAT Gelenk *s* [2] (*of pipe*) Verbindung *f* [3] (*of meat*) Braten *m* [4] *FAM place, FAM* Laden *m* [5] (*FAM cannabis cigarette*) Joint *m* **II.** *adj* gemeinsam; (*co-*) Mit-; **joint account** *n* gemeinsames Konto; **jointed** [-ɪd] *adj* (*doll*) mit Gelenken versehen; **jointly** *adv* gemeinsam; **joint owner** *n* Miteigentümer(in *f*) *m*; **joint-stock company** *adj* Aktiengesellschaft *f*

joist [dʒɔɪst] *n* ▷*metal, concrete* Träger *m*; ▷*wooden* Balken *m*

joke [dʒəʊk] **I.** *n* [1] (*with wit*) Witz *m*; (*with charm*) Scherz *m*; ◇ **it's beyond a ~** das geht zu weit; ◇ **she can't take a ~** sie versteht keinen Spaß [2] (*prank*) Streich *m*; ◇ **to play a ~ on s.o.** jd-m e-n Streich spielen [3] (*s.th. you can't be serious about*) Witz *m* **II.** *vi* (*tell ~s*) Witze machen; (*not be serious*) scherzen (*about* über *acc*); ◇ **you must be joking** [*o.* **you're joking**] ich glaube, du machst Witze; **joker** *n* [1] (*person*) Witzbold *m* [2] (*cards*) Joker *m*; **joking** *adj* (*manner*) scherzhaft; **jokingly** *adv* ▷*comment* scherzhaft

jollity ['dʒɒlɪtɪ] *n* (*exuberance*) Ausgelassenheit *f*; (*cheerfulness*) Vergnügtheit *f*; **jolly** ['dʒɒlɪ] **I.** *adj* lustig, vergnügt **II.** *adv FAM* sehr; ◇ **to be ~ lucky** viel Glück haben; ◇ **~ good** prima; **jolly along** *vt* ◇ **to ~ s.o. ~** jd-n ermuntern

jolt [dʒəʊlt] **I.** *n* [1] ↑ *push* Stoß *m*; ◇ **to get a ~** geschubst werden [2] ↑ *shake* Rütteln *s* **II.** *vt* [1] ↑ *push* schubsen, stoßen [2] ↑ *shake* rütteln [3] *FIG* ◇ **to ~ s.o. out of a bad mood** jd-n aus e-r schlechten Laune reißen **III.** *vi* (*bus*) holpern

Jordan ['dʒɔ:dən] *n* (*country*) Jordanien *s*; (*river*) Jordan *m*

jostle ['dʒɒsl] *vti* anrempeln; ◇ **to ~ for attention** nach Aufmerksamkeit drängeln

jot [dʒɒt] *n* (*FAM of truth*) Körnchen *s*; **jot down** *vt sep* sich *dat* notieren; **jotter** *n* (*notepad*) Notizblock *m*

joule [dʒu:l] *n* PHYS Joule *s*

journal ['dʒɜ:nl] *n* [1] ↑ *diary* Tagebuch *s* [2] (*trade ~*) Zeitung *f*; **journalese** [dʒɜ:nə'li:z] *n* Zeitungsstil *m*; **journalism** ['dʒɜnlɪzəm] *n* [1] (*industry*) Pressewesen *s* [2] (*job*) Journalistentätigkeit *f*; **journalist** *n* Journalist(in *f*) *m*

journey ['dʒɜ:nɪ] **I.** *n* [1] (*longish ~*) Reise *f*; ◇ **to go on a ~** verreisen [2] (*to work*) Weg *m* [3] (*in vehicle*) Fahrt *f* [4] ◇ **life ~** Lebensweg *m* **II.** *vi* (*travel*) reisen; **journeyman** *n* [Handwerks-] Geselle *m*, [Handwerks-]Gesellin *f*

joust [dʒaʊst] *vi* im Turnier kämpfen

jovial ['dʒəʊvɪəl] *adj* (*greeting*) freundlich

jowl ['dʒaʊl] *n* (*fold of lower side of face*) Hängebacke *f*; (*cheek*) Backe *f*

joy [dʒɔɪ] *n* [1] Freude *f* [2] ◇ **I didn't get any ~ out of it** ich hatte damit keinen Erfolg; **joyful** ['dʒɔɪfl] *adj* (*occasion*) freudig; **joyfully** *adv* freudig; **joyless** *adj* freudlos; (*person*) humorlos, griesgrämig; **joyous** ['dʒɔɪəs] *adj* (*occasion*) freudig; **joy ride I.** *n* Spritztour *f* **II.** *vi* [1] (*in stolen car*) im gestohlenen Wagen 'rumfahren [2] (*on public transport*) schwarzfahren; **joystick** *n* AERO Steuerknüppel *m*; PC Joystick *m*

jubilant ['dʒu:bɪlənt] *adj* (*at own success*) überglücklich; (*at s.o. else's failure*) triumphierend; **jubilation** [dʒu:bɪ'leɪʃən] *n* Jubel *m*

jubilee ['dʒu:bɪli:] *n* Jubiläum *s*; ◇ **silver ~** fünfundzwanzigjähriges Jubiläum

Judaism ['dʒu:deɪɪzəm] *n* (*religion and civilization*) Judaismus *m*

judder ['dʒʌdə*] *vi* (*diesel engine*) ruckeln

judge [dʒʌdʒ] **I.** *vt* [1] (JUR *pass judgement on*) ein Urteil fällen (über *acc*); (*case*) verhandeln [2] (*competition*) [Preis-]Richter sein (bei) [3] (*situation*) bewerten; (*assess*) einschätzen; (*form an opinion*) beurteilen **II.** *vi* [1] Richter sein, ein Urteil fällen [2] Preisrichter sein [3] ◇ **as far as I can ~** soweit ich beurteilen kann; ◇ **judging by s.th.** nach etw zu urteilen **III.** *n* [1] JUR Richter(in *f*) *m* [2] ◇ **to be a good ~ of s.th.** etw gut einschätzen können; (*wines*) ein Kenner sein; **judgement** *n* [1] JUR Urteil *s*, Rechtsspruch *m* [2] (*opinion*) Ansicht *f*; ◇ **according to my ~** meiner Ansicht nach [3] (*discriminating ability*) Urteilsvermögen *s*; ◇ **a person of sound ~** ein urteilsfähiger Mensch; **Judgement Day** *n* das Jüngste Gericht

judicial [dʒu:'dɪʃl] *adj* [1] JUR gerichtlich [2] (*attitude*) kritisch; **judicial function** *n* Richteramt *s*; **judicial proceedings** *n* Gerichtsver-

fahren *s;* **judiciary** [dʒuː'dɪʃɪrɪ] *n* (*judges as an entity*) Richterstand *m*
judicious [dʒuː'dɪʃəs] *adj* (*showing good sense*) klug, umsichtig
judo ['dʒuːdəʊ] *n* Judo *s*
jug [dʒʌg] *n* (*milk* -) Kanne *f;* (*heavier*) Krug *m*
jugged hare *adj* Hasenpfeffer *m*
juggernaut ['dʒʌgənɔːt] *n* 1 (*truck*) Fernlastwagen *m* 2 REL ◇ **J-** (*Vishnu*) Dschagannath
juggle ['dʒʌgl] **I.** *vti* (*keep (s.th.) in the air*) jonglieren (mit) **II.** *vt* (*information*) verdrehen; (*figures*) frisieren; **juggler** *n* Jongleur(in *f*) *m*
jugular ['dʒʌgʊlə*] *n FIG* ◇ **to go for the -** etw angreifen, um es endgültig zu erledigen
juice [dʒuːs] Saft *m;* (*FAM petrol*) Sprit *m;* **juiciness** ['dʒuːsɪnɪs] *n* (*of fruit*) Saftigkeit *f;* **juicy** *adj auch FIG* saftig
jujitsu [dʒuː'dʒɪtsuː] *n* Jiu-Jitsu *s*
jukebox ['dʒuːkbɒks] *n* Musikautomat *m*
July [dʒuː'laɪ] *n* Juli *m;* ◇ **in -** im Juli
jumble ['dʒʌmbl] **I.** *n* 1 (*confusion*) Durcheinander *s* 2 (*BRIT old stuff*) Ramsch *m* **II.** *vt* (- *up/together, clothes*) durcheinanderwerfen; (*information*) durcheinanderbringen; **jumble sale** *n* (*BRIT*) Ramschverkauf *m,* Flohmarkt *m*
jumbo ['dʒʌmbəʊ] *n* (*s.o./s.th.*) Koloß *m;* **jumbo jet** *n* <-s> AERO Jumbo *m*
jumbo-sized *adj* (*pack*) Riesen-
jump [dʒʌmp] **I.** *n* 1 Sprung *m* 2 (*FIG in prices*) sprunghafter Anstieg 3 (*obstacle*) Hindernis *s* 4 ◇ **to give s.o. a -** jd-n erschrecken **II.** *vi* 1 (*leap*) springen 2 (*with fright*) zusammenzucken 3 ↑ *sudden, rapid* sprunghaft ansteigen 4 ◇ **to make s.o. -** jd-n erschrecken 5 ◇ **to - to conclusions** voreilige Schlüsse ziehen **III.** *vt* 1 (*fence*) hinüberspringen (über *acc*) 2 ◇ **to - the lights** bei Rot über die Kreuzung fahren; ◇ **to - the queue** sich vordrängeln; ◇ **to - the gun** voreilig handeln; **jump across, jump at** *vi +prep obj* (*opportunity*) sofort ergreifen; **jump on[to]** *vi* 1 (*bus*) einsteigen (*to* in *acc*) 2 (*criticize s.o.*) anfahren
jumped-up ['dʒʌmpdʌp] *adj FAM* eingebildet, hochmütig
jumper *n* Pullover *m*
jump leads *n pl BRIT* AUTO Überbrückungskabel *s;* **jump-start** *vt* 1 (*car*) anschieben 2 (*economy*) Starthilfe leisten
jumpy *adj* nervös
jun. *n abbr. of* **junior**
junction ['dʒʌŋkʃən] *n* (*of roads*) Kreuzung *f;* RAIL Gleisanschluß *m;* **junction box** *n* ELECTR Verteilerkasten *m*
juncture ['dʒʌŋktʃə*] *n* ◇ **at this -** zu diesem [wichtigen] Zeitpunkt
June [dʒuːn] *n* Juni *m;* ◇ **in -** im Juni
jungle ['dʒʌŋgl] *n auch FIG* Dschungel *m*
junior ['dʒuːnɪə*] **I.** *adj* 1 (*of lower rank*) untergeordnet; ◇ **- partner** Juniorpartner(in *f*) *m* 2 (*younger*) jünger; ◇ **she is my -** sie ist jünger als ich **II.** *n* 1 (*office -*) Bürogehilfe *m,* Bürogehilfin *f* 2 ◇ **John J-** (*the younger of two Johns*) John Junior; **junior rail-pass** *n* Junior-Paß *m;* **junior school** *n* Grundschule *f*
juniper ['dʒuːnɪpə*] *n* Wacholder *m*
junk [1] [dʒʌŋk] *n* (*old stuff*) altes Zeug
junk [2] [dʒʌŋk] *n* (*boat*) Dschunke *f*
junket ['dʒʌŋkɪt] *n* (*AM political -*) *kostenlose Dienstreise, die nur dem persönlichen Vergnügen dient*
junkfood *n FAM* Junkfood *s*
junkie ['dʒʌŋkɪ] *n FAM* Fixer(in *f*) *m,* Junkie *m*
junk mail *n* Postwurfsendung *f;* **junkshop** *n* Trödelladen *m;* **junkyard** *n* Schrottplatz *m*
junta ['dʒʌntə] *n* Junta *f*
Jupiter [dʒuːpɪtə*] *n* Jupiter *m*
jurisdiction [dʒʊərɪs'dɪkʃən] *n* 1 (*right*) Gerichtsbarkeit *f* 2 (*range*) Zuständigkeit *f*
jurisprudence [dʒʊərɪs'pruːdəns] *n* Rechtswissenschaft *f*
jurist ['dʒʊərɪst] *n* Jurist(in *f*) *m,* Rechtsgelehrte(r) *fm*
juror ['dʒʊərə*] *n* JUR Geschworene(r) *fm*
jury ['dʒʊərɪ] *n* JUR Geschworenen *pl;* **jury-box** *n* Geschworenenbank *f;* **juryman** *n* <-men>, **jurywoman** *n* <-men> *s.* **juror**
just [dʒʌst] **I.** *adj* gerecht **II.** *adv* 1 (*exactly*) genau, gerade; ◇ **- where you are standing** genau da, wo du stehst; ◇ **not - now** nicht im Moment, nicht gerade jetzt; ◇ **that's - what he wants ...** das ist genau das, was er will ... 2 (*very recently*) gerade, soeben; ◇ **I have only - got up** ich bin gerade erst aufgestanden 3 (*only*) nur, bloß; ◇ **he - wants peace and quiet** er will bloß seine Ruhe; ◇ **- take it easy** immer mit der Ruhe 4 (*barely*) gerade noch; (*hardly*) kaum; ◇ **he can only - manage the work** er kann die Arbeit gerade so schaffen; ◇ **we can - about do it** wir können es eben noch schaffen 5 ◇ **J- do it!** Mach schon!, Tue es doch einfach! 6 ◇ **- the same** (*in spite of that*) trotzdem
justice ['dʒʌstɪs] *n* 1 (*fairness*) Gerechtigkeit *f;* ◇ **to do s.o. -** jd-m gegenüber gerecht sein; ◇ **to do o.s. -** zeigen, was man kann 2 (JUR *system*) Justizwesen *s,* Recht *s* 3 (*person*) Richter(in *f*) *m* 4 ◇ **to bring s.o. to -** jd-n vor Gericht bringen; **Justice of the Peace** *n* (*BRIT magistrate*) Amtsrichter(in *f*) *m*
justifiable [dʒʌstɪ'faɪəbl] *adj* (*behaviour*) be-

J

rechtigt; **justifiably** *adv* (*with good reason*) zu Recht; **justification** [dʒʌstɪfɪˈkeɪʃən] *n* guter Grund *m*, Rechtfertigung *f*; **justify** [ˈdʒʌstɪfaɪ] *vt* ① (*account for*) rechtfertigen; ◇ **to - o.s.** sich verteidigen ② (*warrant*) berechtigen; ◇ **nothing justifies violence** Gewalt wird durch nichts gerechtfertigt ③ PRINT justieren; ◇ **justified lines** *pl* Blocksatz *m*

justly [ˈdʒʌstlɪ] *adv* (*speak*) zu Recht; **justness** [ˈdʒʌstnəs] *n* Gerechtigkeit *f*

jut [dʒʌt], **jut out** *vi* hervorragen

juvenile [ˈdʒuːvənaɪl] **I.** *adj* ① ▷*court* Jugend- ② ▷*behaviour* unreif **II.** *n* Jugendliche(r) *fm*; **juvenile delinquency** *n* Jugendkriminalität *f*; **juvenile delinquent** *n* jugendlicher Täter *m*, jugendliche Täterin *f*

juxtapose [ˈdʒʌkstəpəʊz] *vt* (*arguments*) gegenüberstellen; (*objects*) nebeneinanderstellen; **juxtaposition** [dʒʌkstəpəˈzɪʃən] *n* Nebeneinanderstellung *f*

K

K, k [keɪ] *n* K, k *s*

K [keɪ] *n abbr. of* **kilobyte** (PC *1024 bytes*) K, Kilobyte *s*

kaffir [ˈkæfə*] *n* (*PEJ black South African*) Kaffer *m*

kail, kale [keɪl] *n* (*curly-leaved cabbage*) Grünkohl *m*

kaleidoscope [kəˈlaɪdəskəʊp] *n* (*instrument*) Kaleidoskop *s*

kamikaze [kæmɪˈkɑːzɪ] **I.** *n* MIL ▷*pilot* Kamikazepilot *m* **II.** *adj FIG* ▷*taxi driver* Kamikaze-

Kampuchea [kæmpʊˈtʃɪə] *n* Kambodscha *s*

kangaroo [kæŋgəˈruː] *n* Känguruh *s*; **kangaroo court** *n* ↑ *illegal court* Femegericht *s*

kaolin [ˈkeɪəlɪn] *n* ↑ *fine white clay* Kaolin *m or s*

karate [kəˈrɑːtɪ] *n* Karate *s*; **karate kick** *n* Karatetritt *m*

karma [kɑːmə] *n* ↑ *destiny* Karma *s*

kayak [ˈkaɪæk] *n* Kajak *m or s*

kebab [kəˈbæb] *n* Kebab *m*

keel [kiːl] *n* ① NAUT Kiel *m* ② ◇ **to keep on an even** - *FIG* ↑ *keep going steadily* nicht vom Kurs abkommen; **keel over** *vi* ← *boat* kentern; ← *heart-attack victim* umkippen

keen [1] [kiːn] *adj* ① ↑ *enthusiastic, eager* ▷*opera fan* leidenschaftlich; ▷*worker* eifrig; ◇ **to be - on languages** sich sehr für Sprachen interessieren, an Sprachen *dat* sehr interessiert sein; *FAM* ◇ **to be - on s.o.** auf jd-n scharf sein; ◇ **to be - on doing s.th.** etw unbedingt tun wollen ② ↑ *acute, sharp* ▷*edge* scharf; ▷*sight* scharf ③ ↑ *strong, emotional* ▷*desire* heftig; ◇ **he had a - sense of failure** er hatte das deutliche Gefühl, versagt zu haben ④ COMM ▷*price* günstig

keen [2] [kiːn̩] *vi* (*Irish*) wehklagen

keenness *n* ① ↑ *great interest* Leidenschaft *f* ② (*of mind*) Schärfe *f*

keep [kiːp] <kept, kept> **I.** *vt* ① → *change* behalten; ↑ *hold indefinitely* → *secret* bewahren, für sich behalten; ◇ **I don't need it, you can - it** ich brauche es nicht, du kannst es behalten; ◇ **Don't flip out, - your head!** Bleib' ganz ruhig, verliere jetzt nicht den Kopf!; ◇ **Where does she - the coffee?** Wo bewahrt sie den Kaffee auf?, Wo hat sie ihren Kaffee?; ◇ **I - my passport on me** ich trage meinen Paß bei mir; ◇ **to - s.th. from s.o.** etw vor jd-m verbergen ② (*hold temporarily*) ◇ **- this for me till I'm finished** halte das mal, bis ich fertig bin; ◇ **to - s.o. company** jd-m Gesellschaft leisten; ◇ **to be kept in hospital** im Krankenhaus bleiben müssen; ◇ **K- the goulash simmering for 25 minutes!** Lassen Sie das Gulasch 25 Minuten lang sieden!; ◇ **the noise -s me awake at night** der Lärm hält mich nachts wach ③ ↑ *prevent* ◇ **K- him from phoning the police!** Halte ihn davon ab, die Polizei anzurufen!, Verhindere, daß er die Polizei anruft! ④ ↑ *maintain* → *mistress* sich halten; → *farm animals* halten; → *diary* führen; ◇ **K- quiet!** Sei still! ⑤ ↑ *fulfil* → *promise* halten; → *appointment* einhalten **II.** *vi* ① ↑ *remain fresh* ← *food* sich halten ② ↑ *continue* ◇ **it -s happening** das passiert ständig; ◇ **to - doing s.th.** etw ständig tun **III.** *n* ① (*of castle*) Bergfried *m* ② (*food, rent*) Unterhalt *m* ③ *FAM* ◇ **for -s** für immer; **keep at** *vi* +*prep obj* (*continue (s.th.) determinedly*) dranbleiben, weitermachen; ◇ **Don't give up, - - it!** Gib nicht auf, bleib' dran!; **keep back** *vt* ◇ **to - s.th. - from s.o.** ↑ *withhold* jd-m etw vorenthalten; **keep down** *vt sep* ① → *head* ducken ② → *people* unterdrücken ③ → *food* bei sich behalten ④ ◇ **to - - inflation** die Inflation niedrig halten; **keep off** *vt, vi* ① ◇ **K- -!** Betreten verboten! ② ◇ **K- the dog - me!** Halte den Hund von mir fern!; ◇ **K- your hands -!** Hände weg!; **keep on I.** *vi* ◇ **to - - doing s.th.** ↑ *go on* etw weiter tun; (*repeatedly*) etw immer wieder tun; (*continuously*) andauernd [*o.* ständig] etw tun; ◇ **to - - about s.th.** andauernd von etw reden **II.** *vt sep* → *hat* aufbehalten; *FAM* ◇ **to - one's hair -** (*not get upset*) sich nicht aufregen;

keep out I. *vi* ◇ K~ -! Betreten [des Geländes] verboten! II. *vt sep* [1] ◇ **how can I - mice - of my house?** wie kann ich die Mäuse von meinem Haus fernhalten? [2] ◇ **you must - the child - of danger** du mußt das Kind vor Gefahr schützen; **keep to** I. *vi* ◇ **to - - the left** sich links halten; ◇ **to - - the subject** beim Thema bleiben II. *vt* ◇ **to - s.th. - o.s.** etwas für sich behalten; **keep up** I. *vi* [1] *also FIG* ← *runner* Schritt halten (*with* mit) [2] ← *sunshine* andauern II. *vt sep* → *work* fortsetzen

keeper *n* (*zoo* ~) Wärter *m;* (*museum* ~) Aufseher (in *f*) *m*

keep-fit class *n* Fitneßtraining *s;* **keep-fresh bag** *n* Frischhaltebeutel *m*

keeping *n* [1] ◇ **the money is in my** ~ (*care and control*) ich verwalte das Geld, ich kümmere mich um die Geldangelegenheiten [2] ◇ **in - with my responsibility** ↑ *consistency* entsprechend meiner Verantwortung

keepsake ['ki:pseɪk] *n* ↑ *memento* Andenken *s*

keg [keg] *n* [1] (*barrel*) kleines Faß [2] (~ *beer*) Bier *s* vom Faß

kennel ['kenl] *n* [1] (*dog house*) Hundehütte *f* [2] (~*s*) Hundeheim *s,* Tierheim *s*

Kenya ['kenjə] *n* Kenia *s*

kept [kept] *pt, pp of* **keep**

kerb ['kɜ:b] *n* (*of street*) Randstein *m*

kernel ['kɜ:nl] *n* (*of nut*) Kern *m;* (*FIG of argument*) Kern[-aussage] *m*

kerosene ['kerəsi:n] *n* [1] ↑ *jet fuel* Kerosin *s* [2] ↑ *paraffin* Paraffin[-öl] *s*

kestrel ['kestrəl] *n* Turmfalke *m*

ketchup ['ketʃəp] *n* Ketchup *s o m*

kettle ['ketl] *n* Kessel *m;* **kettledrum** *n* Kesselpauke *f*

key [ki:] I. *n* [1] (*to door*) Schlüssel *m;* ◇ **to turn the - in the lock** den Schlüssel umdrehen [2] ↑ *textual code* Schlüssel *m;* ◇ **the - to solving the problem** der Schlüssel zur Lösung des Problems [3] (*piano* ~) Taste *f;* (*computer* ~) Taste *f* [4] ◇ **in the - of C major** in C-Dur; ◇ **to be all in the same** - eintönig [*o.* langweilig] sein II. *adj* ↑ *crucial* Haupt-; ◇ - **witness** Hauptzeuge, Hauptzeugin; **keyboard** I. *n* [1] (*of piano, computer*) Tastatur *f* [2] ↑ *electric piano* Keyboard *s* II. *vt, vi* PC → *data* über die Tastatur eingeben; ◇ **-ing skills** Tastaturfertigkeiten *f pl;* **keyed up** ['ki:dʌp] *adj* aufgeregt, angespannt (*about* wegen); **keyhole** *n* Schlüsselloch *s;* **key in** *vt* [1] PC eintippen, eingeben [2] ◇ **that -s - with what he said** das stimmt mit dem überein, was er sagte; **keynote** *n* (*of speech*) Leitgedanke *m;* **key ring** *n* Schlüsselring *m;* **keystone** *n* ARCHIT Schlußstein *m*

khaki ['kɑ:kɪ] I. *n* K[h]akibraun *s* II. *adj* k[h]akibraun

kibbutz [kɪ'bʊts] *n* <kibbutzim, kibbutzes> Kibbuz *m*

kick [kɪk] I. *n* [1] (*in anger*) Tritt *m;* (*penalty* ~) Stoß *m;* ◇ **to give s.o. a - in the pants** jd-n in den Hintern treten; ◇ **a - in the teeth** *FIG* ein schwerer Schlag [2] *FAM* ↑ *thrill* Kick *m; FAM* ◇ **he gets a - out of it** das gibt ihm e-n Kick, darauf fährt er ab; ◇ **he does it for -s** er macht das zum Vergnügen [3] (*of hand-gun*) Rückstoß *m* II. *vt* [1] → *ball* kicken; ◇ **he -ed the ball into the goal** er schoß den Ball ins Tor [2] → *door* treten gegen *acc* [3] → *person* treten [4] *FAM* ◇ **to - a habit** ↑ *stop* sich etw abgewöhnen, etw stecken III. *vi* [1] ↑ *struggle, ~ out* um sich treten [2] ← *baby* strampeln [3] ← *horse* ausschlagen; **kick about, kick around** I. *vi FAM* ◇ **the tennis rackets are -ing - in the garage** die Tennisschläger fliegen irgendwo in der Garage 'rum II. *vt FAM* ◇ **to - an idea** - (*discuss in an open fashion*) e-e Idee durchdiskutieren; **kick off** *vi* (*start football match*) anstoßen; **kick out** *vt sep FAM* ↑ *force to leave* hinauswerfen; *FAM* rausschmeißen; **kick up** *vt sep* [1] → *dust* aufwirbeln [2] *FAM* ◇ **to - - a fuss** Krach schlagen, Theater machen; **kickback** *n* [1] (*money*) Provision *f* [2] (*reaction*) Auswirkung *f;* **kick-off** *n* SPORT Anstoß *m*

kid [kɪd] I. *n* [1] ↑ *youngster* Jugendliche(r) *fm;* ↑ *child* Kind *s;* ◇ **Leave the -s alone!** Laß' die Kinder in Ruhe!; ◇ **Why do the -s like Michael Jackson?** ↑ *teenager* Warum mögen die Kids [*o.* Teenager] Michael Jackson? [2] ↑ *young goat* Zicklein *s* [3] (*goatskin*) Ziegenleder *s* II. *adj* [1] ◇ **my - brother** mein kleiner Bruder [2] ◇ **to treat s.o. with --gloves** *FIG* jd-n mit Glacéhandschuhen [*o.* Samthandschuhen] anfassen III. *vt, vi FAM* ↑ *fool* jd-n aufziehen; ◇ **45 dollars! You're -ding** 45 Dollar! Du machst wohl Scherze! Das kann nicht dein Ernst sein!; ◇ **no -ding** [ganz] im Ernst

kidnap ['kɪdnæp] *vt* entführen, kidnappen; **kidnapper** *n* Entführer(in *f*) *m,* Kidnapper(in *f*) *m;* **kidnapping** *n* Entführung *f,* Kidnapping *s*

kidney ['kɪdnɪ] *n* ANAT Niere *f;* **kidney machine** *n* MED künstliche Niere, Dialysator *m*

kill [kɪl] I. *vt, vi* [1] ↑ *cause to die* töten; → *person* umbringen; → *weeds* vernichten; → *cattle* schlachten; → *rabbit, bear* erlegen; ◇ **drugs can -** Drogen können tödlich sein; ◇ **frost -ed my house plants** meine Zimmerpflanzen sind erfroren; ◇ **murder means to - s.o. on purpose** wer e-n Mord begeht, tötet absichtlich jd-n [2] *FIG* ◇ **my girdle is -ing me** (*causing me great pain*)

K

mein Korsett bringt mich um ③ ◇ **to ~ time** die Zeit totschlagen **II.** *n* ① *(moment of ~ing)* Tötung *f* ② *(hunting)* Abschuß *m,* Erlegen *s;* ◇ **a lion guards its ~** ein Löwe bewacht seine Beute; **killer** *n* ◇ **a psychopathic ~** ein psychopathischer Mörder [*o.* Killer]; ◇ **a ~ shark** ein Mörderhai *m;* ◇ **cigarettes are a ~** Zigaretten sind tödlich; **killing I.** *n* ① ↑ *murder* Tötung *f,* Mord *m* ② *FIG* ◇ **to make a ~** e-n Riesengewinn/Reibach machen **II.** *adj* ① *FIG* ▷*work* ↑ *very hard* strapaziös ② *FIG* ▷*joke* ↑ *very funny* zum Totlachen

kiln [kɪln] *n (for pottery)* Brennofen *m*

kilo ['ki:ləʊ] *n* <-s> Kilo[-gramm] *s*

kilobyte ['kɪləbaɪt] *n* PC Kilobyte *s*

kilogram[me] ['kɪləgræm] *n* Kilogramm *s*

kilometre, kilometer ['ki:ləmi:tə*] *(AM) n* Kilometer *m;* ◇ **~s per hour** Stundenkilometer *m*

kilowatt ['ki:ləwɒt] *n* TECHNOL PHYS Kilowatt *s*

kilt [kɪlt] *n* Schottenrock *m,* Kilt *m*

kimono [kɪ'məʊnəʊ] *n* <-s> Kimono *m*

kin [kɪn] *n* Familie *f,* Verwandte *pl;* ◇ **your next of ~** deine nächsten Verwandten

kind [kaɪnd] **I.** *adj* ↑ *helpful, caring* nett *(to* zu *dat);* ◇ **Would you be so ~ as to ...?** Wären Sie wohl so nett und würden ...? **II.** *n* ① ↑ *sort* Art *f;* ◇ **he doesn't like that ~ of thing** so etw mag er nicht; ◇ **to return in ~** in gleicher Münze zurückzahlen; ◇ **he is one of a ~** er ist einzigartig [*o.* ein Unikum] ② ↑ *sort, brand* Art *f,* Sorte *f;* ◇ **What ~ of car have you got?** Was für ein Auto hast/fährst du? ③ ◇ **a ~ of fast food restaurant** so e-e Art Schnellrestaurant; ◇ **you look ~ of sad** du siehst irgendwie traurig aus

kindergarten ['kɪndəgɑ:tn] *n* Kindergarten *m*

kind-hearted ['kaɪnd'hɑ:tɪd] *adj* ▷*person* gutherzig, gütig

kindle ['kɪndl] *vt* → *fire* entzünden, entfachen; → *hope* wecken

kindliness ['kaɪndlɪnəs] *n (gentle kindness of manner)* Freundlichkeit *f,* Liebenswürdigkeit *f;* **kindly** ['kaɪndlɪ] **I.** *adj (having a caring nature)* freundlich, liebenswürdig **II.** *adv* ① *(in a friendly way)* freundlich, nett ② ◇ **Would you ~ shut up?** *(FAM ironically)* Würdest du jetzt bitte deinen Mund halten?; **kindness** ['kaɪndnəs] *n* ① *(act)* Aufmerksamkeit *f,* Nettigkeit *f* ② *(quality)* Freundlichkeit, Liebenswürdigkeit *f*

kindred ['kɪndrɪd] **I.** *n* Verwandschaft **II.** *adj* ◇ **~ spirit** Seelenverwandte(r) *fm*

kinetic [kɪ'netɪk] *adj* kinetisch, Bewegungs-

king [kɪŋ] *n* König *m;* **kingdom** ['kɪŋdəm] *n* ① *(land under king)* Königreich *s* ② (REL *of heaven)* Himmelreich *s* ③ *(animal ~)* Tierreich *s*

kingfisher *n* Eisvogel *m;* **kingpin** *n* ① TECHNOL Drehzapfen *m;* AUTO Achsschenkelbolzen *m* ② *(FIG person)* Stütze *f;* **king-size[d]** *adj* ▷*bed* extra groß

kink [kɪŋk] *n* ① *(in rope)* Knick *m* ② *(in personality)* Tick *m*

kinky *adj* ▷*sex* abartig; ▷*fashion* verrückt

kinship ['kɪnʃɪp] *n* Verwandtschaft *f*

kiosk ['ki:ɒsk] *n* ① *(newspaper ~)* Kiosk *m* ② TELEC Telefonzelle *f*

kipper ['kɪpə*] *n* ↑ *smoked herring* Bückling *m*

kiss [kɪs] **I.** *n* ① *(lips)* Kuß *m* ② ◇ **~ of life** Atemspende *f,* Mund-zu-Mund-Beatmung *f* **II.** *vt, vi* küssen; ◇ **to ~ the children goodnight** den Kindern e-n Gutenachtkuß geben

kit [kɪt] *n (tennis ~)* Ausrüstung *f,* Sachen *f pl; (repair ~)* Werkzeugkasten *m;* **kit out** *vt* ↑ *equip* ausrüsten

kitbag *n* Seesack *m*

kitchen ['kɪtʃɪn] *n* Küche *f;* **kitchen foil** *n* Alufolie *f;* **kitchen garden** *n* Gemüsegarten *m;* **kitchen sink** *n* Spüle *f*

kite [kaɪt] **I.** *n (box ~)* Drachen *m;* ◇ **to fly a ~** e-n Drachen steigen lassen **II.** *vt (BRIT)* ◇ **to ~ a cheque** e-n Scheck fälschen

kith [kɪθ] *n* ◇ **~ and kin** Blutsverwandte *pl*

kitten ['kɪtn] *n* Kätzchen *s,* kleine Katze

kitty ['kɪtɪ] *n* ① Kätzchen *s* ② *(pool of money)* Kasse *f*

kiwi ['ki:wi:] *n (fruit)* Kiwi *f*

kleptomaniac [kleptəʊ'meɪnɪæk] *n* Kleptomane *m,* Kleptomanin *f*

km *abbr. of* **kilometre** km

knack [næk] *n (of laying bricks)* Trick *m,* Dreh *m*

knave [neɪv] *n* ① Schurke, Spitzbube ② ↑ *Jack* Bube *m*

knead [ni:d] *vt* → *dough* kneten; → *muscle* massieren

knee [ni:] *n* Knie *s;* ◇ **to bring s.o. to his ~s** jd-n in die Knie zwingen; **kneecap I.** *n* Kniescheibe *f* **II.** *vt* ← *terrorists* jd-m die Kniescheibe zerschießen; **knee-deep** *adj* ◇ **the water is ~** das Wasser ist knietief, das Wasser geht bis an die Knie

kneel [ni:l] <knelt *o.* kneeled, knelt *o.* kneeled> *vi* knien; *(~ down)* sich hinknien, niederknien *(to* vor *dat)*

knell [nel] *n* Geläut *s,* Totenglocke *f*

knelt [nelt] *pt, pp of* **kneel**

knew [nju:] *pt of* **know**

knickers ['nɪkəz] *n pl* Schlüpfer *m sg; FAM* ◇ **to get one's ~ in a twist** sich ins Hemd machen

knick-knack ['nɪk næk] *n (cheap ornament)* Kinkerlitzchen *s,* Schnickschnack *m*

knife [naɪf] I. *n* <knives> Messer *s* II. *vt* einstechen auf *acc;* (*to death*) erstechen; **knife edge** *n* Schneide *f*

knight [naɪt] *n* ① (*title, eg: Sir Stephen Spender*) Ritter *m* ② (*of King Arthur*) Ritter *m* ③ (*chess*) Pferd *s,* Springer *m;* **knighthood** *n* (*award of title*) Ritterstand *m*

knit [nɪt] I. *vt, vi* → *pullover* stricken II. <knit, knit> *vi* ↑ *- together* ← *bones* verwachsen; ← *group of people* zusammenwachsen; **knitting** *n* ① ◇ **she keeps her - in a basket** sie bewahrt ihr Strickzeug in e-m Korb auf ② (*activity*) Stricken *s;* **knitting needle** *n* Stricknadel *f;* **knitwear** *n* Stricksachen *pl*

knives [naɪvz] *pl* **knife**

knob [nɒb] *n* (*door -*) Türgriff *m;* (*control -*) Regler *m,* Drehknopf *m;* (*of butter*) Stückchen *s*

knock [nɒk] I. *vt* ① → *head* anschlagen ② → *s.o.'s work* kritisieren ③ ◇ **to - s.th. flying** etw umstoßen, so daß es zu Boden fällt II. *vi* ◇ **to - at the door** an die Tür klopfen; ◇ **to - on the window** ans Fenster klopfen III. *n* ① (*sound*) Klopfen *s* ② (*injury*) Schlag *m;* ◇ **to take a -** (*FIG suffer*) e-n Schlag wegstecken; **knock about** I. *vi* (*FAM gather life-experience*) herumkommen II. *vt* → *wife* verprügeln; **knock back** *vt sep FAM* → *drinks* herunterkippen; **knock down** *vt sep* ① → *vase* umwerfen ② → *pedestrian* umfahren, anfahren; (*and kill*) überfahren ③ → *price* herunterhandeln; **knock off** I. *vt sep* ① *FAM* → *essay* schnell erledigen ② *FAM* ↑ *steal* → *jewels* klauen II. *vt, vi FAM* → *work* Feierabend machen; ◇ **K- it off!** ↑ *stop it* Hör' auf damit!; **knock out** *vt sep* ① → *person* k.o./bewußtlos schlagen ② *FAM* ◇ **to be -ed - by s.th.** *FIG* ← *to be amazed* ganz baff sein von etw; **knock over** *vt sep* umwerfen; **knock up** I. *vt sep* ① (*FIG* → *meal, make in a hurry*) schnell herzaubern ② *FAM!* → *woman* ein Kind anhängen II. *vi* (*at squash*) sich einspielen

knocker *n* ↑ *door -* Türklopfer *m*

knock-kneed [nɒk'ni:d] *adj* X-beinig; **knockout** ['nɒk'aʊt] *n* ① (*technical -*) K.o. *m,* knockout *m* ② SPORT ◇ **she is a -** sie ist e-e Wucht ③ SPORT ◇ **- competition** Ausscheidungskampf *m*

knoll [nəʊl] *n* Hügel *m,* Kuppe *f*

knot [nɒt] I. *n* ① (*of rope, of string*) Knoten *m;* ◇ **to tie a -** e-n Knoten machen ② (*in timber*) Verwachsung *f* ③ (*of people*) Knäuel *m* ④ (*unit of speed at sea*) Knoten *m* II. *vt* ↑ *- together* verknoten; **knotted** [-ɪd] *adj* verknotet; **knotty** ['nɒtɪ] *adj* ▷*problem* verwickelt

know [nəʊ] <knew, known> *vt, vi* ① (*have knowledge*) wissen; ◇ **I - that the earth goes round the sun** ich weiß, daß die Erde sich um die Sonne dreht; ◇ **I - her phone number** ich kenne ihre Telefonnummer ② ↑ *be familiar with* kennen, sich auskennen mit; ◇ **to - about computers** sich mit Computern auskennen; ◇ **to - s.o./s.th. very well** jd-n/etw gut kennen ③ ◇ **to get to - s.o./s.th.** ↑ *become familiar with* jd-n/etw kennenlernen ④ ◇ **to let s.o. - about s.th.** ↑ *inform* jd-n von etw in Kenntnis setzen, jd-n über etw informieren ⑤ ↑ *recognize* erkennen; ◇ **I - good workmanship when I see it** saubere Arbeit erkenne ich sofort; ◇ **I - you from somewhere** ich kenne Sie von irgendwoher; ◇ **to - one thing from another** ↑ *distinguish* zwei Dinge auseinanderhalten können ⑥ (*rhetorical reinforcement*) ◇ **work's hard, you -, getting up and all** Arbeiten ist hart, nicht wahr, morgens aufstehen und so; ◇ **turn right at the pub, you -, the big one** biegen Sie an der Kneipe rechts ab, Sie wissen schon, die Große; ◇ **I just can't make my mind up, - what I mean?** Ich kann mich einfach nicht entscheiden, kennst du das? ⑦ (*agreement*) ◇ **he's cruel, I -** er ist grausam, oh ja, das stimmt [*o.* das weiß ich]; **know of** *vi + prep obj* (*s.o.'s death*) gehört haben von; **know-all** *n* Alleswisser *m;* **know-how** *n* Know-how *s,* Können *s*

knowing *adj* ▷*person* gescheit; ▷*look, smile* wissend; **knowingly** *adv* ↑ *consciously* bewußt

knowledge ['nɒlɪdʒ] *n* ① (*scientific -*) Wissen *s,* Kenntnis *f;* (*of language*) ◇ **he has a good - of German** er hat gute Deutschkenntnisse *pl* ② ↑ *awareness* ◇ **he acted in full - of the consequences** er war sich der Folgen seines Handelns voll bewußt; ◇ **to the best of my -** soviel [*o.* soweit] ich weiß; ◇ **he did it without her -** er tat es ohne ihr Wissen; **knowledgeable** *adj* ◇ **to be -** gut informiert sein (*about* über *acc*)

known [nəʊn] I. *pp of* **know**; II. *adj* ▷*criminal* bekannt; ◇ **to make s.th. - to s.o.** jd-m etw mitteilen

knuckle ['nʌkl] *n* (*of hand*) Knöchel *m;* (*of pork*) Haxe *f;* **knuckle down** *vi* sich anstrengen; ◇ **to - - to work** sich an die Arbeit machen; **knuckle under** *vi* sich fügen; **knuckle-duster** ['nʌkldʌstə*] *n* Schlagring *m*

Koran [kɒ'rɑ:n] *n* Koran *m*

kosher ['kəʊʃə*] *adj* ① ▷*food* koscher ② *FAM* in Ordnung

kowtow [kaʊ'taʊ] *vi* kriechen (*to* vor *dat*), katzbuckeln *FAM* (*to* vor *dat*)

kph *abbr. of* **kilometers per hour** km/h

kudos ['kju:dɒs] *n* Ansehen *s*

Kurd [kɜ:d] *n* Kurde *m,* Kurdin *f*

Kurdish ['kɜːdɪʃ] **I.** *adj* kurdisch **II.** *n* (*language*) Kurdisch *s*
Kuwait [kʊ'wəɪt] *n* Kuwait *s*

L

L, l [el] *n* (*letter*) L, l *s*
L [el] *n abbr. of* [1] **litre, liter,** l [2] (*BRIT on licence plate*) Fahranfänger(in *f*) *m Kennzeichnung für Fahrschulwagen, Fahranfänger*
label ['leɪbl] **I.** *n* ↑ *tag* Etikett *s* **II.** *vt* [1] ↑ *mark* etikettieren [2] ↑ *categorize* bezeichnen; → *person, FAM* abstempeln
laboratory [lə'bɒrətərɪ] *n* Labor[-atorium] *s*
laborious [lə'bɔːrɪəs] *adj* mühsam, anstrengend
labour, labor (*AM*) ['leɪbə*] **I.** *n* [1] ↑ *hard work* schwere Arbeit *f* [2] (*workers collectively*) Arbeitskräfte *pl* [3] MED Wehen *pl;* ◇ **she has gone into ~** bei ihr haben die Wehen eingesetzt **II.** *vt* ↑ *dwell on* auswalzen, breittreten **III.** *vi* [1] (*manually*) arbeiten [2] ↑ *struggle* sich quälen
labourer *n* Arbeiter(in *f*) *m*
labour-saving *adj* arbeitssparend
lace [leɪs] **I.** *n* [1] (*fabric*) Spitze *f* [2] (*of shoe*) Schuhband *s,* Schnürsenkel *m* **II.** *vt* → *a drink* e-n Schuß Alkohol zugeben; **lace up I.** *vt* [zu]schnüren **II.** *vi* geschnürt werden
lack [læk] **I.** *vt* nicht haben, zuwenig haben von; ◇ **we ~ money** es fehlt uns an Geld **II.** *vi* ◇ **to be ~ing** fehlen; ◇ **he is ~ing in courage** ihm fehlt der Mut, es fehlt ihm an Mut **III.** *n* Mangel *m* (*of* an *dat*); ◇ **for ~ of time** aus Zeitmangel
lackadaisical [lækə'deɪzɪkəl] *adj* lustlos, schlapp, träge; ↑ *careless* nachlässig
lackey ['lækɪ] *n* Lakai *m*
lacklustre, lackluster (*AM*) ['læklʌstə*] *adj* ▷*person* langweilig, farblos; ▷*thing, event* glanzlos, matt
laconic [lə'kɒnɪk] *adj* lakonisch, wortkarg
lacquer ['lækə*] **I.** *n* Lack *m,* Farblack *m* **II.** *vt* lackieren
lacrosse [lə'krɒs] *n* SPORT Lacrossespiel *s*
lacy ['leɪsɪ] *adj* spitzenartig
lad [læd] *n* ↑ *boy* Bursche *m,* junger Kerl
ladder ['lædə*] *n* [1] (*tool*) Leiter *f; FIG* ◇ **to be at the bottom of the ~** (*society, firm*) ganz unten sein; ◇ **the social ~** die gesellschaftliche Leiter [2] (*BRIT in stockings*) Laufmasche *f*
laden ['leɪdn] *adj* beladen; *FIG* ◇ **to be ~ with guilt** schuldbeladen sein
ladle ['leɪdl] *n* Schöpflöffel *m,* Suppenkelle *f*
lady ['leɪdɪ] *n* [1] (*of a household*) Dame *f;* ◇ **the ~ of the house** die Dame des Hauses [2] (*polite, good manners*) ◇ **act like a ~** benimm dich wie e-e Dame [3] (*nobility*) Adlige *f;* ◇ **the Ladies' room** ↑ *lavatory* die Damentoilette; **ladybird, ladybug** (*AM*) *n* Marienkäfer *m;* **lady-in-waiting** *n* <ladies-in-waiting> (*BRIT*) Ehrendame *f;* **ladylike** *adj* vornehm, damenhaft
lag [læg] **I.** *n* [1] ↑ *gap, interval* Zeitabstand *m* [2] ↑ *delay, retardation* Verzögerung *f;* ◇ **he was suffering from jet ~** er litt unter der Zeitverschiebung **II.** *vi* [1] ↑ *fall behind, linger* nachhinken, zurückbleiben; ◇ **~ behind** zurückbleiben; ◇ **he is ~ging in his lessons** im Unterricht ist er hinten dran [2] ↑ *slacken* ← *flag* durchhängen
lager ['lɑːgə*] *n* helles Bier, Lagerbier *s*
lagging ['lægɪŋ] *n* Isoliermaterial *s*
lagoon [lə'guːn] *n* Lagune *f*
laid [leɪːd] **I.** *pt, pp of* **lay II.** *adj* ◇ **to be ~ up with an illness** krank sein
laid-back *adj FAM* locker, lässig
lain [leɪn] *pp of* **lie**
laity ['leɪɪtɪ] *n* [1] ↑ *laymen* Laienstand *m* [2] ↑ *nonprofessionals* Laien *pl*
lake [leɪk] *n* See *m*
lamb [læm] *n* Lamm *s;* **lamb chop** *n* Lammkotelett *s*
lame [leɪm] *adj* [1] ↑ *disabled* lahm; ◇ **the injury left him ~ in one leg** durch die Verletzung blieb e-s seiner Beine gelähmt [2] ↑ *ineffectual, weak* lahm, schwach; ◇ **that's a ~ excuse** das ist e-e faule Ausrede; **lame duck** *n* ↑ *failure* Versager *m,* Niete *f*
lament [lə'ment] **I.** *n* Jammer *m,* Wehklage *f* **II.** *vi* trauern, wehklagen; **lamentable** ['læməntəbl] *adj* beklagenswert, bedauerlich; **lamentation** [læmən'teɪʃən] *n* Wehklage *f*
laminated ['læmɪneɪtɪd] *adj* [1] ↑ *layered* geschichtet; ◇ **~ glass** Verbundglas *s* [2] (*plastic covering*) laminiert; **laminated wood** *n* Sperrholz *s*
lamp [læmp] *n* Lampe *f;* **lamppost** *n* Laternenpfahl *m;* **lampshade** *n* Lampenschirm *m*
lance [lɑːns] **I.** *n* Lanze *f* **II.** *vt* MED aufschneiden, öffnen
lancet ['lɑːnsɪt] *n* MED Lanzette *f*
land [lænd] **I.** *n* [1] Land *s* [2] ↑ *property* Grundstück *s;* ◇ **the farmer owns a lot of ~** der Bauer besitzt viel Land [3] ↑ *region* Land *s* **II.** *vi* [1] AERO ↑ *touch down* landen; NAUT an Land gehen [2] ↑ *end up* bringen **III.** *vt* [1] → *passengers* absetzen; → *goods* an Land bringen; → *troops, space probe* landen [2] → *fish* an Land ziehen,

[an-]landen; **landed** [-ɪd] *adj* Land-, Grund-; ◇ **- gentry** Landadel *m*
landing *n* ① (*site for -, jetty, dock*) Landung *f* ② (*act*) Landen *s* ③ (*of stairs*) Flur *m*, Gang *m*; **landing craft** *n* Landungsboot *s*; **landing stage** *n* Landesteg *m*, Bootssteg *m*; **landing strip** *n* AERO Landepiste *f*, Start- und Landebahn *f*
landlady *n s.* **landlord**; **landlocked** ['lændlɒkd] *adj* von Land eingeschlossen; **landlord** (**landlady** *f*) *n* (*of house*) Hausbesitzer(in *f*) *m*, Hauswirt(in *f*) *m*; (*of pub*) Wirt(in *f*) *m*; (*of land*) Grundbesitzer(in *f*) *m*; **landmark** *n* ① ↑ *boundary marker* Grenzstein *m* ② ↑ *monument* Wahrzeichen *s* ③ ↑ *milestone* Meilenstein *m*; **landowner** *n* Grundbesitzer(in *f*) *m*; **landscape** *n* Landschaft *f*; **landslide** *n* ① GEO Erdrutsch *m* ② POL ↑ *overwhelming victory* Erdrutschsieg *m*
lane [leɪn] *n* ① (*narrow way*) Sträßchen *s*; (*in country*) Feldweg *m*; ↑ *alley, sidestreet* Gasse *f* ② (*divided street*) Spur *f*; ◇ **a four - highway** e-e vierspurige Autobahn ③ ↑ *track* Bahn *f*
language ['læŋgwɪdʒ] *n* ① (*tongue*) Sprache *f* ② ↑ *expression, usage* Redeweise *f*, Ausdrucksweise *f*; ◇ **don't use such a vulgar -** rede nicht so vulgär; **language laboratory** *n* Sprachlabor *s*
languid ['læŋgwɪd] *adj* träge, schleppend
languish ['læŋgwɪʃ] *vi* verschmachten, dahinsiechen
languor ['læŋgə*] *n* Trägheit *f*
lank [læŋk] *adj* ① ↑ *skinny* schlank, mager ② ↑ *straggling, limp* ▷*hair* strähnig
lanky *adj* schlaksig
lantern ['læntən] *n* Laterne *f*
lap [læp] **I.** *n* ① (*of a person*) Schoß *m*; ◇ **she sat on his -** sie saß auf seinem Schoß ② SPORT Runde *f* **II.** *vi* ↑ *splash* ← *waves* klatschen (*against* an *acc*) **III.** *vt* ① ↑ *overtake* überlappen ② (*to drink*) lecken, schlecken; **lap up** *vt* auflekken; ◇ **the kitten -ped - the milk** das Kätzchen leckte die Milch auf
lapdog *n* Schoßhund *m*
lapel [lə'pel] *n* Rockaufschlag *m*, Revers *s*
lapse [læps] **I.** *n* ① ↑ *mistake* Versehen *s*, Irrtum *m*; (*moral, manners*) Fehltritt *m*; ◇ **to have a memory -** e-e Gedächtnisschwäche haben ② (*time*) Zeitspanne *f*, Zeitraum *m* **II.** *vi* ① ↑ *expire* ablaufen ② ↑ *pass* ← *time* verstreichen, vergehen ③ ↑ *slip into* absinken, verfallen; ◇ **Fanny -d into her old routine** Fanny ist wieder in ihren Alltagstrott verfallen
larceny ['lɑːsənɪ] *n* JUR Diebstahl *m*
lard [lɑːd] *n* Schweineschmalz *s*
larder ['lɑːdə*] *n* (*room*) Speisekammer *f*
large [lɑːdʒ] *adj* ① ↑ *big* groß ② ↑ *expansive* weitreichend, umfassend; ◇ **at -** (*in general*) im allgemeinen; ◇ **by and -** (*on the whole*) im großen und ganzen; **largely** *adv* größtenteils; **large-scale** *adj* umfangreich, im großen Rahmen
lark [lɑːk] *n* ① (*bird*) Lerche *f* ② *joke, BRIT* Jux *m*; **lark about** *vi FAM* herumblödeln
larva ['lɑːvə] *n* <larvae> Larve *f*
larvae ['lɑːvɪ] *pl of* **larva**
laryngitis [lærɪn'dʒaɪtɪs] *n* Kehlkopfentzündung *f*, Laryngitis *f*
larynx ['lærɪŋks] *n* Kehlkopf *m*
lascivious [lə'sɪvɪəs] *adj* wollüstig, geil
laser ['leɪzə*] *n* TECHNOL Laser *m*
lash [læʃ] **I.** *n* ① ↑ *whip* Peitsche *f* ② ◇ **eye-** Wimper *f* **II.** *vt* ① ↑ *whip* peitschen, schlagen ② ↑ *bind* festbinden; ◇ **to - s.th. together** etw zusammenbinden (*to* an) ③ (*verbal attack*) scharf tadeln; **lash out** *vi* ① (*with fists*) wild um sich schlagen ② (*FIG with words*) vom Leder ziehen
lass [læs] *n* (*BRIT*) [junges] Mädchen *s*
lassitude ['læsɪtjuːd] *n* Mattigkeit *f*
lasso [læ'suː] **I.** *n* <-[e]s> Lasso *s, m* **II.** *vt* mit dem Lasso [ein]fangen
last [lɑːst] **I.** *adj* ① ↑ *latest* letzte(r, s) ② (*least expected*) ◇ **you are the - person I expected to see here** dich hätte ich hier am wenigsten vermutet ③ ↑ *remaining* ◇ **today is our - day of vacation** heute ist unser letzter Urlaubstag **II.** *vi* ① ↑ *continue* dauern; ↑ *endure* halten; ◇ **it is too good to -** es ist zu schön, um lange zu währen; ◇ **she was tired and didn't - very long** sie war müde und hielt es nicht lange aus ② ← *money, food* ausreichen, genügen **III.** *n* ◇ **at -** endlich; **lasting** *adj* ① ↑ *enduring* dauerhaft ② ↑ *durable* haltbar
latch [lætʃ] **I.** *n* Riegel *m* **II.** *vt* verriegeln
late [leɪt] **I.** *adj* ① (*toward the end*) spät; ◇ **- in the afternoon** am späten Nachmittag ② ↑ *tardy* spät; ◇ **sorry I'm -** tut mir leid, daß ich zu spät komme; ◇ **it is too - to change things now** es ist zu spät, um etw daran zu ändern ③ ↑ *former* letzte(r, e, es), ehemalig; ↑ *deceased* verstorben; ◇ **the - prime minister** der verstorbene Premierminister **II.** *adv* ① (*after proper time*) spät; ◇ **to arrive -** zu spät kommen ② ↑ *end, closing* ◇ **at a - hour** zu später Stunde ③ ↑ *recently* ◇ **I haven't been feeling well of -** ich habe mich in letzter Zeit nicht sehr wohl gefühlt; **latecomer** *n* Nachzügler(in *f*) *m*; **lately** *adv* kürzlich, in letzter Zeit; ◇ **till - I haven't been going out much** bis vor kurzem ging ich abends nicht oft weg
latent ['leɪtənt] *adj* verborgen; MED latent; ◇ **in the - period** im Latenzstadium
later **I.** *adv* ↑ *subsequently* später; ◇ **I'll do the**

dishes ~ ich spüle später ab **II.** *adj* ↑ *latter* später, letzter(e, es); ◇ **in the ~ half of the 19th century** in der zweiten Hälfte des 19. Jahrhunderts

lateral ['lætərəl] *adj* seitlich, Seiten-

latest ['leɪtɪst] *n* ↑ *most recent* neueste(r, s); ◇ **at the ~** allerspätestens

latex ['leɪteks] *n* Latex *s*

lath [lɑ:θ] *n* Latte *f*

lathe [leɪð] *n* Drehbank *f*

lather ['lɑ:ðə*] **I.** *n* [1] Seifenschaum *m* [2] ↑ *sweat* Schweiß *m* **II.** *vt* einschäumen

Latin ['lætɪn] **I.** *n* [1] (*language*) Latein *s*, Lateinische *s* [2] (*race*) Südländer(in *f*) *m*, Romane *m*, Romanin *m* **II.** *adj* [1] (*of Roman origin*) romanisch [2] (*language*) lateinisch [3] REL römisch-katholisch; **Latin-American I.** *adj* lateinamerikanisch **II.** *n* Lateinamerikaner(in *f*) *m*

latitude ['lætɪtju:d] *n* [1] GEO Breite *f*; ◇ **degree of ~** Breitengrad *m* [2] ↑ *freedom* Spielraum *m*

latrine [lə'tri:n] *n* Latrine *f*

latter ['lætə*] **I.** *n* (*second of two*) letztgenannte(r, s) **II.** *adj* [1] (*at the end*) gegen Ende; ◇ **the ~ years of one's life** die späteren Lebensjahre [2] ↑ *former* letztere(r, s); **latterly** *adv* in letzter Zeit; **latter-day** *adj* modern, aus neuerer Zeit

lattice ['lætɪs] *n* Gitter *s*

laudable ['lɔ:dəbl] *adj* lobenswert

laugh [lɑ:f] **I.** *n* Lachen *s*; ◇ **we had such a good ~** wir haben herzlich gelacht; ◇ **Fanny did it just for ~s** Fanny hat es nur aus Spaß gemacht **II.** *vi* lachen; ◇ **to ~ about s.th.** über etw lachen, sich über etw amüsieren; ◇ **Don't make me ~!** Daß ich nicht lache!; ◇ **I ~ed so hard** ich habe mich ausgeschüttet vor Lachen; ◇ **they were ~ing their heads off** sie lachten sich tot; **laugh at** *vt* sich über jd-n/etw lustig machen *acc*; **laugh off** *vt* mit e-m Lachen abtun; ◇ **Edwin ~ed the matter ~** Edwin konnte über diese Angelegenheit nur lachen; **laughable** *adj* lachhaft; **laughing** *adj* lachend; ◇ **it is no ~ matter** es ist nichts zum Lachen; **laughing stock** *n* Zielscheibe *f* des Spotts; ◇ **to make a ~ ~ of o.s.** sich lächerlich machen; **laughter** ['lɑ:ftə*] *n* Gelächter *s*

launch [lɔ:ntʃ] **I.** *n* [1] (*of ship*) Stapellauf *m*; (*of rocket*) Start *m*, Abschuß *m* [2] (*of new product*) Einführung *f*; (*of a business*) Gründung *f*, Eröffnung *f* **II.** *vt* [1] ↑ *set afloat* vom Stapel lassen; ◇ **the weather is too bad to ~ the boat** das Wetter ist zu schlecht, um das Boot auszusetzen; → *rocket* starten, abschießen [2] ↑ *set going* → *campaign, attack* in Gang setzen; → *business* gründen [3] ↑ *introduce* → *product* einführen; → *record, book* herausbringen; **launch into** *vi* ← *speech, argument* angreifen

launching pad *n* Abschußrampe *f*

launderette [lɔ:ndə'ret] *n* Waschsalon *m*; **laundry** ['lɔ:ndrɪ] *n* [1] (*place*) Wäscherei *f* [2] (*clothes*) Wäsche *f*

laurel ['lɒrəl] *n* Lorbeer *m*; ◇ **Angela is resting on her ~s** Angela ruht sich auf ihren Lorbeeren aus

lava ['lɑ:və] *n* Lava *f*

lavatory ['lævətrɪ] *n* Toilette *f*, WC *s*

lavender ['lævɪndə*] *n* (*flower*) Lavendel *m*

lavish ['lævɪʃ] **I.** *adj* [1] ↑ *extravagant* üppig, reich [2] ↑ *generous* freigiebig, großzügig; ◇ **he is ~ with his money** er gibt sein Geld mit vollen Händen aus **II.** *vt* verschwenderisch ausgeben; ◇ **he ~ed presents on her** er überhäufte sie mit Geschenken; **lavishly** *adv* reichlich

law [lɔ:] *n* [1] (*rules*) Gesetz *s*; ◇ **to break the ~** gegen das Gesetz verstoßen [2] (*particular*) Gesetz *s*; (*system*) Recht *s*; ◇ **according to the ~** nach dem Gesetz; ◇ **under German ~** nach deutschem Recht [3] ↑ *commandments*, REL Gebot *s*, Gesetz *s* [4] (*field of ~*) Rechtswissenschaft *f*, Jura [5] ↑ *police, authorities, FAM* Polizei *f* [6] (*natural process*) Gesetz *s*; ◇ **a ~ of nature** ein Naturgesetz *s*; **law-abiding** ['lɔ:əbaɪdɪŋ] *adj* gesetzestreu; **lawbreaker** *n* Gesetzesbrecher(in *f*) *m*, Rechtsbrecher(in *f*) *m*; **law court** *n* Gerichtshof *m*; **lawful** ['lɔ:fl] *adj* gesetzlich; **lawfully** *adv* ◇ **to act ~** im Rahmen des Gesetzes bleiben; **lawless** *adj* gesetzlos

lawn [lɔ:n] *n* Rasen *m*; **lawnmower** ['lɔ:nməʊə*] *n* Rasenmäher *m*

law school *n* (*AM*) juristische Fakultät *f*, Rechtsakademie *f*; **law student** *n* Jurastudent(in *f*) *m*; **lawsuit** ['lɔ:su:t] *n* Prozeß *m*, Gerichtsverfahren *s*; ◇ **to bring a ~** e-e Klage erheben (*against* gegen)

lawyer ['lɔ:jə*] *n* Rechtsanwalt *m*, Rechtsanwältin *f*

lax [læks] *adj* ▷*behaviour* locker, nachlässig

laxative ['læksətɪv] *n* Abführmittel *s*

lay [leɪ] **I.** *pt of* **lie**; **II.** <laid, laid> *vt* [1] ↑ *place* legen [2] → *table* decken [3] ↑ *install* → *carpet, cable* verlegen; → *bricks* legen; → *road* anlegen, bauen [4] → *egg* legen [5] ↑ *have sex, FAM!* ◇ **Did James ~ her?** Hat James sie flachgelegt?; ◇ **Charlie wants to get laid** Charlie will bumsen; ◇ **to ~ low** zu Boden strecken; ◇ **to ~ emphasis on s.th.** etw betonen, vorbringen; **lay aside** *vt* zur Seite legen; **lay down** *vt* → *rules* festlegen; → *arms* niederlegen; ↑ *give up* ◇ **he laid down his life for her** er opferte ihr sein Leben; **lay off** *vt* [1] → *employees* entlassen [2] ↑ *stop, FAM* aufhören; ◇ **I'm going to ~ ~ drinking** ich höre mit dem Trinken auf; **lay out** *n* Anlage *f*, Aufteilung *f*,

Entwurf *m;* **layover** *n* (*AM*) Aufenthalt *m,* Fahrtunterbrechung *f;* **lay-by** ['leɪaɪ] *n* (*BRIT*) Parkbucht *f;* (*bigger*) Rastplatz *m*
layer ['leɪə*] *n* Schicht *f*
layman ['leɪmən] *n* <-men> Laie *m*
laze [leɪz] *vi* faulenzen; **laziness** ['leɪzɪnɪs] *n* Faulheit *f;* ↑ *languor* Trägheit *f;* **lazy** ['leɪzɪ] *adj* [1] faul [2] (*slow-moving*) träge, langsam
lead [1] [led] *n* CHEM Blei *s*
lead [2] [li:d] **I.** *n* [1] (*position*) Spitze *f;* ◇ **to be in the ~** führend sein [2] ↑ *clue* Hinweis *m* [3] ↑ *example* Vorbild *s;* ◇ **to follow s.o.'s ~** jd-m nacheifern; ◇ **to take the ~** die Führung übernehmen **II.** [li:d] <led, led> *vt* [1] ↑ *direct* leiten, anführen; ◇ **he ~s the Democratic Party** er ist Parteivorsitzender der Demokraten [2] → *life* führen [3] ↑ *motivate* veranlassen; ◇ **his comment ~ me to believe that ...** auf Grund seiner Bemerkung glaubte ich, daß ... **III.** *vi* [1] ↑ *be first* die erste Stelle einnehmen, in Führung liegen [2] (*goes there*) ◇ **this road ~s downtown** die Straße führt zum Stadtzentrum [3] ↑ *result in* ◇ **smoking ~s to cancer** Rauchen verursacht Krebs [4] ↑ *show* führen **IV.** *adj* ◇ **the ~ singer** der (die)Hauptsänger(in); **lead astray** *vt* in die Irre führen; *FIG* verführen; **lead away** *vt* → *prisoner* abführen; (*FIG from matter*) wegführen, abbringen; **lead off** *vt* → *person* abführen; **lead on** *vt* verführen, verlocken; **lead up to** *vi* [1] → *a subject* einleiten *acc,* auf etw hinaus führen [2] ↑ *precede* vorausgehen; ◇ **the events that led ~ ~ the killing** die Ereignisse, die dem Mord vorausgingen
leaded ['ledɪd] *adj* ▷*petrol* bleihaltig, verbleit
leader ['li:də*] *n* [1] ↑ *head* Führer(in *f*) *m,* Vorsitzende(r) *fm* [2] ↑ *winner* Erste(r, s) [3] *BRIT* Leitartikel *m;* **leadership** ['li:dəʃɪp] *n* [1] (*people in charge*) Führung *f,* Vorsitz *m* [2] (*a quality*) Führerschaft *f*
lead-free ['ledfri:] *adj* ▷*petrol* bleifrei, unverbleit
leading ['li:dɪŋ] *adj* [1] ↑ *chief* führend, Spitzen-; ◇ **the ~ fashion** herrschende Mode *f;* THEAT ▷*role* Haupt-; ◇ **the ~ lady** Hauptdarstellerin *f* [2] ↑ *in front* vorderste(r, s)
leaf [li:f] *n* <leaves> Blatt *s;* **leaf through** *vt* → *book* durchblättern
leaflet ['li:flɪt] *n* ↑ *advertisement* Prospekt *m;* ↑ *flyer* Flugblatt *s;* (*for information*) Merkblatt *s*
leafy *adj* belaubt, grün
league [li:g] *n* ↑ *union* Bund *m,* Verband *m;* SPORT Liga *f*
leak [li:k] **I.** *n* [1] ↑ *hole* undichte Stelle *f* [2] ↑ *escape* Leck *s;* ◇ **the boat sprung a ~** das Boot bekam ein Leck **II.** *vi* ← *pipe, roof* undicht sein; ← *liquid* auslaufen; ← *gas* ausströmen; ◇ **the rain is ~ing in** der Regen tropft durch die Decke **III.** *vt* ↑ *inform* durchsickern lassen; **leakage** *n* Auslaufen *s;* **leaky** *adj* undicht; ▷*boat* leck
lean [li:n] <leant *o.* leaned, leant *o.* leaned> **I.** *vi* [1] ↑ *bend* sich biegen; ◇ **she leaned forward/across** sie beugte sich vor/über [2] ↑ *approve* zuneigen *dat;* ◇ **he ~s toward his father's view** er tendiert zur Ansicht seines Vaters **II.** *vt* ↑ *rest* ◇ **she ~ed against the tree** sie lehnte sich gegen den Baum; ↑ *support* aufstützen **III.** *adj* [1] ↑ *thin* dünn, mager; ▷*face* schmal [2] ▷*meat* mager [3] ▷*period* mager; **lean back** *vi* zurücklehnen
leaning *n* Neigung *f,* Tendenz *f*
leant [lent] *pt, pp of* **lean**
lean-to ['li:ntʊ] *n* [1] Anbau *m* [2] ↑ *shelter* Wetterschutz *m*
leap [li:p] <lept *o.* leaped, lept *o.* leaped> **I.** *vi* ↑ *jump* springen **II.** *n* Sprung *m;* **leapfrog** *n* Bockspringen *s;* **leap year** *n* Schaltjahr *s*
learn [lɜ:n] <learnt *o.* learned, learnt *o.* learned> *vt, vi* [1] → *skill, fact* lernen, erlernen [2] ↑ *memorize* [auswendig] lernen [3] ↑ *informed* erfahren; **learned** [-ɪd] *adj* ↑ *erudite* akademisch; (*scholarly*) gelehrt; **learning** *n* Gelehrtheit *f*
learnt [lɜ:nt] *pt, pp of* **learn**
lease [li:s] **I.** *n* (*of property*) Mietvertrag *m;* (*of land*) Pachtvertag *m* **II.** *vt* → *land* pachten; → *car, house* leasen; **leasing** *n* Leasing *s,* Mietkauf *m;* **lease-hold** *adj* Pachtbesitz *m;* ◇ **to have a house on ~** ein Haus langfristig mieten
leash [li:ʃ] *n* Leine *f*
least [li:st] **I.** *adv* [1] am wenigsten; ◇ **he works at ~ seven hours a day** er arbeitet mindestens sieben Stunden am Tag [2] ◇ **he could have at ~ called** er hätte wenigstens anrufen können **II.** *adj* [1] (*smallest amount*) geringste(r, s), kleinste(r, s); ◇ **that one is the ~ expensive** diese(r, s) ist am billigsten; ◇ **he is the one with the ~ money** er hat am wenigsten Geld [2] (~ *important*) am unbedeutendsten, am geringsten; ◇ **that is the ~ of my worries** das ist meine geringste Sorge **III.** *n* ↑ *smallest, slightest* Kleinste *s,* Mindeste *s;* ◇ **at ~** wenigstens, zumindest; ◇ **not in the ~** nicht im geringsten; ◇ **at the very ~** allermindestens
leather ['leðə*] *n* Leder *s*
leave [li:v] <left, left> **I.** *vt* [1] ↑ *depart* → *person* verlassen; → *place* fortgehen, weggehen; ◇ **he left Germany** er hat Deutschland verlassen; ◇ **the bus ~s at one o'clock** der Bus fährt um ein Uhr ab [2] ↑ ~ *behind* hinterlassen; ◇ **Would you like to ~ a message?** Möchten Sie e-e Nachricht hinterlassen? [3] ↑ *quit* → *school* verlassen [4] → *remains* übriglassen; ◇ **there is no time left for**

L

that dafür ist keine Zeit mehr; ◇ **there isn't any cake left** es ist kein Kuchen mehr übrig ⑤ ↑ *allow for* lassen; ◇ **remember to ~ space for my luggage** denk' daran, Platz für mein Gepäck zu lassen ⑥ ↑ *put off* ◇ **to ~ s.th. to the last minute** etw bis auf die letzte Minute hinausschieben ⑦ ↑ *bequeath* hinterlassen ⑧ (*in a condition*) lassen; ◇ **the door was left open** die Tür wurde offengelassen; ◇ **L~ him alone!** Laß' ihn in Ruhe! ⑨ ↑ *entrust* überlassen; ◇ **I'll ~ the choice up to you** ich überlasse dir die Entscheidung **II.** *n* ① ↑ *farewell* Abschied *m;* ◇ **to take one's ~** Abschied nehmen ② MIL Urlaub *m;* **leave off** *vt* ① → *butter, mustard* nicht drauftun ② → *a list* auslassen; ◇ **I left Bob off the guest list** Bob habe ich nicht auf die Gästeliste gesetzt ③ ↑ *stopped* ◇ **we'll continue later where we left off** wir machen später dort weiter, wo wir aufgehört haben; **leave out** *vt* ① ↑ *omit* aus-, weglassen ② → *person* ausschließen

leaven ['levn] *n* Treibmittel *s,* Hefe *f*

lecherous ['letʃərəs] *adj* lüstern, geil

lecture ['lektʃə*] **I.** *n* Vortrag *m; (at university)* Vorlesung *f* (*on* über) **II.** *vi* ① ↑ *teach* e-n Vortrag halten; ← *professor* e-e Vorlesung halten ② ↑ *scold* jd-m e-e Strafpredigt halten; **lecturer** *n* Redner(in *f*) *m; (at university)* Dozent(in *f*) *m*

led [led] *pt, pp of* **lead**

ledge [ledʒ] *n* ① (*of mountain*) Felsvorsprung *m* ② (*window ~*) Fenstersims *m or s,* Fensterbrett *s*

ledger ['ledʒə*] *n* FIN Hauptbuch *s*

leech [liːtʃ] *n* ① (*parasite*) Blutegel *m* ② (*FIG person*) Blutsauger *m*

leek [liːk] *n* Lauch *m,* Porree *m*

leer [lɪə*] *vi* schielen (*at* nach)

leeway ['liːweɪ] *n* ① ↑ *flexibility* Spielraum *m* ② ↑ *slack* Zeitverlust *m;* ◇ **she has ~ to make up** sie hat viel nachzuarbeiten/aufzuarbeiten

left [left] **I.** *pt, pp of* **leave II.** *adj* ① (*~ hand*) linke(r, s) ② (*socialist*) linke(r, s) **III.** *adv* links; ◇ **turn ~ at the light** biegen Sie an der Ampel links ab **IV.** *n* ① Linke *f;* ◇ **to my ~** zu meiner Linken, links von mir; ◇ **keep to the ~** halten Sie sich links ② ▷ *ideas, thinking,* POL Linke *f*

left-handed [left'hændɪd] *adj* linkshändig; ◇ **he is ~** er ist Linkshänder; **left-luggage [office]** *n* (*BRIT*) Gepäckaufbewahrung *f;* **left-overs** *n pl* Reste *m pl;* **leftover** *adj* übriggeblieben; **left wing** *n* POL linker Flügel; **left-wing** *adj* POL linke(r, s), Links-

leg [leg] *n* ① (*person*) Bein *s; (poultry)* Schenkel *m; (pork)* Haxe *f* ② (*trousers*) Hosenbein *s* ③ (*chair*) Bein *s* ④ (*journey*) Etappe *f;* ◇ **this car is on it's last ~** (*FIG about to break down for good*) dieses Auto macht es nicht mehr lange; ◇ **he doesn't have a ~ to stand on** *FIG* ↑ *has no evidence* er hat keinerlei Beweise

legacy ['legəsɪ] *n* ① (*bequest*) Erbschaft *f* ② ↑ *consequence* ◇ **to cause a ~ of hatred** nichts anderes als Haß hinterlassen

legal ['liːgəl] *adj* ① (*law related*) juristisch, rechtlich; ◇ **to take ~ action against s.o.** jd-n verklagen, gegen jd-n Rechtsmittel einsetzen; ◇ **~ aid** Rechtshilfe *f* ② ↑ *permitted* legal, gesetzmäßig; ◇ **it is not ~** es ist gesetzlich verboten [*o.* illegal];

legalize ['liːgəlaɪz] *vt* → *marijuana* legalisieren;

legally ['liːgəlɪ] *adv* gesetzlich; ◇ **we aren't ~ separated yet** wir sind noch nicht rechtmäßig getrennt; ◇ **to be ~ entitled to s.th.** e-n Rechtsanspruch auf etw haben

legation [lɪ'geɪʃən] *n* Gesandtschaft *f*

legend ['ledʒənd] *n* ① ↑ *saga* Sage *f,* Legende *f* ② (*person*) Legende *f;* **legendary** ['ledʒənd(e)rɪ] *adj* ① ↑ *fictitious* legendär ② ↑ *famous* berühmt

leggings ['legɪŋz] *n pl* Gamaschen *f pl*

legibility [ledʒɪ'bɪlɪtɪ] *n* Leserlichkeit *f;* **legible** *adj* ▷ *handwriting* leserlich; ▷ *sign* [gut] lesbar

legislate ['ledʒɪsleɪt] *vi* Gesetze erlassen; **legislation** [ledʒɪs'leɪʃən] *n* Gesetzgebung *f;* **legislative** ['ledʒɪslətɪv] *adj* gesetzgebend; **legislator** ['ledʒɪsleɪtə*] *n* Gesetzgeber(in *f*) *m;* **legislature** ['ledʒɪslətʃə*] *n* Legislative *f*

legitimacy [lɪ'dʒɪtɪməsɪ] *n* ① ↑ *validity* Rechtmäßigkeit *f; (of argument)* Berechtigung *f* ② (*of child*) Ehelichkeit *f;* **legitimate** [lɪ'dʒɪtɪmət] *adj* ① ↑ *valid* berechtigt, begründet ② ▷ *child* ehelich ③ ↑ *lawful* legitim, rechtmäßig

legroom ['legrʊm] *n* ◇ **this car doesn't have much ~** dieses Auto hat nicht viel Platz für die Beine [*o.* Beinfreiheit]

leisure ['leʒə*] *n* Freizeit *f;* ◇ **at your ~** bei Gelegenheit, wenn es Ihnen paßt; **leisurely** *adv* gemächlich, gemütlich

lemming ['lemɪŋ] *n* Lemming *m*

lemon ['lemən] *n* Zitrone *f;* **lemonade** [leməˈneɪd] *n* Limonade *f*

lend [lend] <lent, lent> *vt* ① ↑ *loan* leihen; ◇ **to ~ s.o. s.th.** jd-m etw leihen; ◇ **I lent two books out of the library** ich habe zwei Bücher aus der Bibliothek ausgeliehen ② ↑ *give* ◇ **to ~ s.o. a hand** jd-m helfen

lender *n* Geldverleiher(in *f*) *m;* **lending library** *n* Leihbücherei *f*

length [leŋθ] *n* ① (*measurement*) Länge *f;* ◇ **I walked the ~ of the street** ich bin die Straße entlanggegangen ② ↑ *piece, section* (*of material*) Stück *s; (of pool)* Länge *f;* ◇ **he swam five ~s** er ist fünf Bahnen geschwommen ③ ↑ *duration* Dauer *f;* ◇ **it didn't last for any great ~ of time** es hat nicht lange angehalten; ◇ **at ~** ↑ *fully* ausführlich; ◇ **to go to great ~s** sich sehr bemühen; **lengthen** ['leŋθən] *vt* verlängern; **lengthways** ['leŋθweɪz] *adv* der Länge nach; **lengthy** *adj* sehr lang; ▷*story, speech* langatmig

leniency ['li:nɪənsɪ] *n* Nachsicht *f;* **lenient** ['li:nɪənt] *adj* nachsichtig (*towards* gegenüber)

lens [lenz] *n* [1] (*for eyes*) Linse *f* [2] PHOTO Objektiv *s*

lent [lent] *pt, pp of* **lend**

Lent [lent] *n* Fastenzeit *f*

lentil ['lentl] *n* GASTRON Linse *f*

Leo ['li:əʊ] *n* <-s> ASTROL Löwe *m*

leopard ['lepəd] *n* FAUNA Leopard *m*

leotard ['li:ətɑ:d] *n* Gymnastikanzug *m,* Trikot *s*

leper ['lepə*] *n* Leprakranke(r) *fm*

lesbian ['lezbɪən] **I.** *adj* lesbisch **II.** *n* Lesbierin *f*

less [les] **I.** *adv* weniger; ◇ **a ~ known author** ein weniger bekannter Autor; ◇ **I expected nothing ~** ich habe nichts weniger als das erwartet; ◇ **I use the car ~ than you** ich benutze das Auto seltener als du **II.** *adj* geringer, kleiner; ◇ **of ~ value** von geringerem Wert **III.** *n* weniger; ◇ **it was ~ than $12** es kostete weniger als 12 Dollar; ◇ **to do s.th. in ~ than no time** etw im Nu erledigen; ◇ **they have ~ than two km to go** sie haben noch knapp zwei km vor sich; **lessen** ['lesn] **I.** *vi* sich verringern, abnehmen; ◇ **the tension began to ~** die Anspannung ließ allmählich nach **II.** *vt* verringern; ◇ **he ~ed the price considerably** er hat den Preis um einiges heruntergesetzt; **lesser** *adj* geringer; ◇ **a ~ amount** ein kleinerer Betrag

lesson ['lesn] *n* [1] ↑ *class* Unterricht *m,* Kurs *m;* ◇ **to give tennis ~s** (*unit of study*) Tennisstunden geben [2] (*experience*) Lehre *f;* ◇ **let this be a ~ to you** laß' dir das e-e Lehre sein; ◇ **I'll teach him a ~** ↑ *punish* ich werde ihm e-e Lektion erteilen

lest [lest] *cj* ◇ **she ran away ~ she should be caught** sie lief weg, um nicht erwischt zu werden; ◇ **we waited ~ she'd call** wir warteten für den Fall, daß sie anrufen würde

let [let] <let, let> *vt* [1] ↑ *allow* lassen; ◇ **~ me see ...** laß' mich nachdenken ...; ◇ **L~'s go!** Gehen wir! [2] ◇ **to ~ s.o. in the house** jd-n ins Haus lassen; **let down** *vt* ◇ **to ~ s.o. ~** ↑ *disappoint* jd-n enttäuschen; **let go I.** *vi* loslassen **II.** *vt* [1] → *things* loslassen [2] → *actions, relax* aus sich herausgehen; ◇ **~ yourself ~** entspann' dich [3] ↑ *neglect* sich gehenlassen; **let off** *vt* [1] ↑ *free* ◇ **to ~ s.o. ~ a penalty** jd-m e-e Strafe erlassen; ◇ **I'll ~ you ~ this time** ↑ *forgive* diesmal drücke ich noch ein Auge zu [2] ↑ *explode* hochgehen lassen [3] → *steam, vapour* von sich geben; ▷*smell* verbreiten; **let out** *vt* [1] → *dog* rauslassen; → *bathwater* ablassen [2] → *scream* ausstoßen [3] → *part of speech* auslassen; **let up** *vi* [1] ↑ *slacken* nachlassen; ◇ **the rain hasn't ~ ~ at all** der Regen hat überhaupt nicht nachgelassen [2] *FAM* ↑ *stop* ◇ **to ~ ~ on s.o.** jd-n in Ruhe lassen

lethal ['li:θəl] *adj* tödlich

lethargic [lɪ'θɑ:dʒɪk] *adj* lethargisch, träge; **lethargy** ['leθədʒɪ] *n* Trägheit *f,* Lethargie *f*

letter ['letə*] *n* [1] (*of alphabet*) Buchstabe *m* [2] (*message*) Brief *m;* **letterbox** *n* Briefkasten *m;* **lettering** *n* Beschriftung *f;* **letterhead** *n* Briefkopf *m*

lettuce ['letɪs] *n* Kopfsalat *m*

leukaemia, **leukemia** (*AM*) [lu:'ki:mɪə] *n* MED Leukämie *f*

level ['levl] **I.** *adj* [1] (*ground*) eben; (*spoonful*) gestrichen [2] (*same height*) auf gleicher Höhe **II.** *vt* [1] → *area, land* einebnen [2] → *building* abreißen [3] → *criticism* erheben, richten (*at* gegen); ◇ **Was that remark ~led at me?** Zielte diese Bemerkung auf mich ab? **III.** *n* [1] (*tool*) Wasserwaage *f* [2] ↑ *altitude* Höhe *f;* (*of water*) Wasserstand *m,* Wasserpegel *m* [3] (*flat ground*) Ebene *f,* ebene Fläche [4] (*position on scale*) Niveau *s* [5] (*in education*) Stufe *f;* ◇ **to be on the same ~ as s.o.** (*social, education*) mit jd-m auf demselben Niveau sein [6] ↑ *amount, degree* Anteil *m;* **level off**, **level out** *vi* [1] ↑ *become flat* eben/flach werden; ↑ *become uniform, consistent* sich ausgleichen, sich einpendeln [2] ↑ *straighten* → *plane* sich fangen; **level crossing** *n* (*BRIT*) Bahnübergang *m;* **level-headed** [levl'hædɪd] *adj* ausgeglichen, vernünftig

lever ['li:və*, *AM* 'levə*] *n* [1] ↑ *handle* Hebel *m* [2] ↑ *crowbar* Brechstange *f* [3] ↑ *tactic, FIG* Druckmittel *s*

leverage *n* [1] (*mechanical*) Hebelkraft *f* [2] *positional, FIG* Einfluß *m*

levity ['levɪtɪ] *n* Leichtfertigkeit *f*

levy ['levɪ] **I.** *n* [1] Erhebung *f;* (*of taxes*) Steuereinziehung *f* [2] (MIL *of troops*) ausheben **II.** *vt* erheben; ◇ **to ~ a tax on s.th.** etw mit e-r Steuer belegen

lewd [lu:d] *adj* unanständig

liability [laɪə'bɪlɪtɪ] *n* [1] ↑ *burden* Belastung *f* [2] ↑ *responsibility* Haftung *f;* ◇ **~ insurance** Haftpflichtversicherung *f* [3] ◇ **liabilites** ↑ *costs* Verbindlichkeiten *pl;* **liable** ['laɪəbl] *adj* [1] ↑ *responsible* haftbar [2] ↑ *apt, likely* ◇ **difficulties are ~ to occur** es werden wahrscheinlich Schwierigkeiten auftreten; ◇ **it's ~ to happen** das kann leicht passieren [3] ↑ *susceptible* anfällig

liaison [li:'eɪzɒn] *n* [1] ↑ *communication* Zusam-

L

menarbeit *f,* Verbindung *f;* MIL Verbindung *f* ② ↑ *love affair* Liaison *f;* **liaison officer** *n* MIL Verbindungsoffizier *m*

liar ['laɪə*] *n* Lügner(in *f*) *m*

libel ['laɪbl] *n* Verleumdung *f;* **libel[l]ous** ['laɪbəl(l)əs] *adj* (*AM*) verleumderisch

liberal ['lɪbərəl] **I.** *adj* ① ↑ *bountiful, generous* großzügig; ◇ **a ~ serving** e-e große/reichliche Portion ② ↑ *open-minded* vorurteilslos, liberal; ◇ **a ~ thinker** ↑ *tolerant* ein freiheitlicher Denker **II.** *n* POL Liberale(r) *fm;* **liberally** *adv* ↑ *abundantly* großzügig

liberate ['lɪbəreɪt] *vt* befreien; **liberation** [lɪbə'reɪʃən] *n* Befreiung *f*

liberty ['lɪbətɪ] *n* ① ↑ *freedom* Freiheit *f* ② ↑ *permission* Erlaubnis *f;* ◇ **to be at ~ to do s.th.** etw tun dürfen ③ ↑ *cheek* ◇ **to take liberties with s.o.** sich jd-m gegenüber Freiheiten herausnehmen

libido [lɪ'bɪːdəʊ] *n* Libido *f,* Geschlechtstrieb *m*

Libra ['liːbrə] *n* ASTROL Waage *f*

librarian [laɪ'breərɪən] *n* Bibliothekar(in *f*) *m;* **library** ['laɪbrərɪ] *n* ① Bibliothek *f;* ▷*public* Bücherei *f* ② ↑ *collection* Sammlung *f*

lice [laɪs] *pl of* **louse**

licence, license (*AM*) ['laɪsəns] *n* ↑ *permit* Genehmigung *f,* Lizenz *f;* ◇ **hunting ~** Jagdschein *m;* ↑ *driving ~* Führerschein *m;* **licence plate** *n* AUTO Nummernschild *s*

license ['laɪsəns] *vt* Lizenz erteilen, lizensieren; ◇ **to ~ a restaurant** e-e Schankkonzession erteilen; **licensed** [-d] *adj* amtlich zugelassen; ◇ **a ~ doctor** ein approbierter Arzt; **licensee** [laɪsən'siː] *n* Lizenzinhaber(in *f*) *m;* (*of restaurant*) Wirt(in *f*) *m*

lick [lɪk] **I.** *vt* ① → *stamp, ice cream* lecken ② ↑ *beat* schlagen, besiegen; *FAM* ◇ **to ~ a problem** mit e-m Problem fertig werden; ◇ **I finally ~ed it** ich habe es endlich in den Griff bekommen **II.** *n* ① Lecken *s; FAM* ↑ *none at all* ◇ **I don't have a ~ of money** ich habe überhaupt kein Geld ② MUS ↑ *guitar ~* Lauf *m*

licorice ['lɪkərɪs] *n s.* **liquorice**

lid [lɪd] *n* ① ↑ *covering* Deckel *m* ② ↑ *eye-* Lid *s*

lido ['liːdəʊ] *n* <-s> (*BRIT*) Freibad *s*

lie [1] [laɪ] <lay, lain> *vi* ① ▷*on bed* liegen; ◇ **I'm going to ~ down** ich werde mich hinlegen ② (*be in a condition*) ◇ **to ~ dying** im Sterben liegen ③ ◇ **the future ~s ahead** die Zukunft liegt vor uns ④ ↑ *located* liegen; ◇ **here ~s Jim Morrison** hier ruht Jim Morrison

lie [2] [laɪ] **I.** *vi* ↑ *fib* lügen; ◇ **to ~ to s.o.** jd-n anlügen **II.** *n* Lüge *f;* ◇ **Wanda told a ~** Wanda hat gelogen

lieu [luː] *n* anstatt; ◇ **in ~ of that I'd like ...** statt dessen *gen* möchte ich ...

lieutenant [lef'tenənt, *AM* luː'tenənt] *n* Leutnant *m*

life [laɪf] *n* <lives> ① ↑ *existence* Leben *s* ② ↑ *manner of living* Lebensweise *f;* ◇ **she lives a country ~** sie führt ein Leben auf dem Land; ◇ **married ~** Eheleben *s* ③ ↑ *biography* Biographie *f* ④ (*state of being*) ◇ **I have lived here all my ~** ich wohne hier mein ganzes Leben lang; ◇ **to take s.o.'s ~** jd-n töten/umbringen ⑤ ↑ *durability* Dauer *f,* Haltbarkeit *f* ⑥ ↑ *liveliness* Lebendigkeit *f;* ◇ **my grandmother is still full of ~** meine Großmutter ist immer noch sehr rüstig; ◇ **she's the ~ of the party** sie ist der Mittelpunkt der Party; ◇ **not for the ~ of me** nicht um alles in der Welt; **lifeboat** *n* Rettungsboot *s;* **lifeguard** *n* Rettungsschwimmer(in *f*) *m;* **life jacket** *n* Schimmweste *f;* **lifeless** *adj* ① ↑ *dead* leblos ② ↑ *dull* lahm; ◇ **a ~ party** e-e langweilige Party; **lifelike** *adj* lebensecht, naturgetreu; **lifeline** *n* (*rope*) Rettungsleine *f;* (*FIG of firm*) Rettungsanker *m;* **lifelong** *adj* lebenslang; **life preserver** *n* ① *AM* ↑ *swim vest* Schwimmweste *f* ② (*BRIT weapon*) Totschläger *m;* **life raft** *n* Rettungsfloß *s;* **life-sized** ['laɪfsaɪzd] *adj* lebensgroß; **life span** *n* Lebenserwartung *f;* **lifetime** *n* Lebenszeit *f;* ◇ **that is a once in a ~ opportunity** das ist e-e einmalige Gelegenheit

lift [lɪft] **I.** *vt* ① ↑ *raise, elevate* hochheben, aufheben; → *hand, eyes* erheben ② ↑ *end* → *law, sanction* aufheben ③ *FAM* ↑ *steal* klauen **II.** *vi* ① ↑ *be lifted* sich hochheben lassen ② ↑ *ascend* ← *fog, balloon* steigen **III.** *n* ① ← *elevator, BRIT* Aufzug *m,* Fahrstuhl *m* ② ◇ **to give s.o. a ~** jd-n im Auto mitnehmen ③ (*operation*) Lifting *s;* **lift-off** *n* (*of rocket*) Start *m,* Abheben *s*

ligament ['lɪgəmənt] *n* MED Band *s,* Ligament *s*

light [laɪt] <lit *o.* lighted, lit *o.* lighted> **I.** *vt* ① ↑ *illuminate* beleuchten ② ↑ *ignite* anzünden; → *candle* anmachen **II.** *n* ① (*radiation*) Licht *s,* Helligkeit *f;* (*dawn, day*) Tagesanbruch *m* ② ↑ *lamp* Licht *s;* ◇ **traffic ~** Verkehrsampel *f* ③ ↑ *matches, lighter* Feuer *s;* ◇ **Do you have a ~?** Haben Sie Feuer? ④ ↑ *aspect* Licht *s,* Erleuchtung *f;* ◇ **let's look at it in a different ~** laß' es uns in e-m anderen Licht betrachten **III.** *adj* ① ↑ *bright* hell; ↑ *pale* hell ② (*not heavy*) leicht ③ (*not tiring*) ◇ **~ housework** leichte Hausarbeiten *pl* ④ ▷*punishment* mild ⑤ ↑ *not serious* locker; ◇ **a ~ book** e-e leichte Lektüre ⑥ ↑ *low-calorie* leicht **IV.** *adv* ① ◇ **to sleep ~** e-n leichten Schlaf haben ② (*small amount*) ◇ **to travel ~** mit wenig Gepäck reisen; **light up** *vi* ① ← *lamp* aufleuchten ② ← *face* sich erhellen ③ ← *cigarette, wood* sich anzünden lassen; **light bulb** *n* Glühbirne *f*

lighten ['laɪtn] **I.** *vi* ↑ *brighten* sich aufhellen, heller werden **II.** *vt* ① ↑ *give light to* beleuchten; → *hair* aufhellen; → *gloom* aufheitern ② (*make less heavy*) leichter machen; *FIG* erleichtern

lighter *n* ↑ *cigarette* ~ Feuerzeug *s*

light-headed [laɪtˈhædɪd] *adj* ① ↑ *frivolous, silly* leichtsinnig ② ↑ *giddy* benommen, schwindelig; **light-hearted** [laɪtˈhɑtɪd] *adj* unbeschwert, heiter; **light-house** *n* Leuchtturm *m*

lighting *n* Beleuchtung *f*

lightly *adv* ↑ *casually* gelassen; ◇ **to speak ~ of s.th.** sich über etw geringschätzig äußern

light meter *n* PHOTO Belichtungsmesser *m*

lightning [ˈlaɪtnɪŋ] *n* Blitz *m;* ◇ **a flash of ~** ein Blitz; ◇ **~ conductor, ~ rod** (*AM*) Blitzableiter *m*

lightweight *adj* ▷*suit* leicht; ▷*boxer* Leichtgewichts-; **lightyear** *n* ASTRON Lichtjahr *s*

like [laɪk] **I.** *vt* ① ↑ *be fond of* mögen, gern haben; ↑ *find pleasant* gefallen *dat;* ◇ **I ~ that dress** das Kleid gefällt mir; ◇ **I ~ jogging** ich laufe gern ② ↑ *want, desire* ◇ **I'd ~ s.th. to drink** ich hätte gerne etw zu trinken **II.** *prep* ① ↑ *similar to* ähnlich *dat;* ◇ **it is ~ old times** es ist wie früher ② (*typical manner*) ◇ **that's not ~ you** das ist nicht deine Art ③ (*indicative of*) ◇ **it tastes s.th. ~ liquorice** es schmeckt ähnlich wie Lakritze **III.** *adj* ① ↑ *similar* ähnlich; ◇ **they have ~ qualities** sie haben ähnliche Merkmale ② (*equal*) gleich **IV.** *adv* ◇ **he ran ~ crazy** er ist wie verrückt gelaufen **V.** *n* ◇ **bills, coins, and the ~** Scheine, Münzen und dergleichen **VI.** *cj* wie; ◇ **it is just ~ I remembered it** es ist genau wie ich es in Erinnerung habe; **likeable** *adj* angenehm, sympathisch

likelihood [ˈlaɪklɪhʊd] *n* Wahrscheinlichkeit *f;* ◇ **in all ~** aller Wahrscheinlichkeit nach; ◇ **this increases the ~ of our success** das vergrößert unsere Erfolgsaussichten

likely **I.** *adj* ① ↑ *probable* wahrscheinlich ② ↑ *suitable* geeignet; ◇ **he is a ~ candidate for the job** er kommt für den Job in Frage **II.** *adv* ◇ **he will most ~ fail the exam, he is very ~ to fail the exam** er wird die Prüfung sehr wahrscheinlich [*o.* höchstwahrscheinlich] nicht bestehen

like-minded [laɪkˈmaɪndɪd] *adj* gleichgesinnt; ◇ **to be ~ with s.o.** mit jd-m e-r Meinung sein

liken [ˈlaɪkən] *vt* vergleichen (*to* mit)

likewise [ˈlaɪkwaɪz] *adv* ① ↑ *similarly* ebenso ② ↑ *also, too* gleichfalls, gleichermaßen

liking [ˈlaɪkɪŋ] *n* ① ↑ *feeling* Zuneigung *f,* Vorliebe *f* ② ↑ *preference* Geschmack *m;* ◇ **that isn't to my ~** das ist nicht nach meinem Geschmack

lilac [ˈlaɪlək] **I.** *n* Flieder *m* **II.** *adj* lila

lily [ˈlɪlɪ] *n* Lilie *f;* ◇ **~ of the valley** Maiglöckchen *s*

limb [lɪm] *n* ① ANAT Glied *s,* Extremität *f* ② ↑ *branch* Ast *m*

limber up [ˈlɪmbə* ʌp] *vi* SPORT sich lockern

limbo [ˈlɪmbəʊ] *n* <-s> *FIG* ↑ *uncertainty* ◇ **to be in ~** in der Luft hängen

lime [laɪm] *n* ① (*fruit*) Limone *f;* ◇ **~ juice** Limonensaft *m* ② (*calcium carbonate*) Kalk *m* ③ ↑ *bird-* Vogelleim *m*

limelight *n* ↑ *focus, FIG* ◇ **to be in the ~** im Mittelpunkt des Interesses stehen

limerick [ˈlɪmərɪk] *n* Limerick *m*

limestone [ˈlaɪmstəʊn] *n* Kalkstein *m*

limit [ˈlɪmɪt] **I.** *n* ① (*greatest amount*) Grenze *f,* Limit *s;* ◇ **to exceed the speed ~** die Geschwindigkeitsbegrenzung überschreiten ② ◇ **city ~s** Stadtgrenze *f;* ◇ **off ~s** Zutritt verboten **II.** *vt* ↑ *restrict* begrenzen, beschränken **III.** *adj* ◇ **~ing** einschränkend; **limitation** [lɪmɪˈteɪʃən] *n* ↑ *restriction* Beschränkung *f,* Begrenzung *f;* ↑ *shortcomings* ◇ **to know one's ~s** seine Grenzen kennen; **limited** [-ɪd] *adj* begrenzt; ◇ **~ edition** begrenzte Auflage *f*

limousine [ˈlɪməziːn] *n* Limousine *f*

limp [lɪmp] **I.** *n* Hinken *s* **II.** *vi* hinken **III.** *adj* (*without firmness*) schlapp

line [laɪn] **I.** *n* ① ↑ *marking* Linie *f* ② ↑ *wrinkle* Falte *f* ③ ↑ *row* Reihe *f;* (*of people*) Schlange *f* ④ ↑ *verse* Zeile *f* ⑤ ↑ *wire* Leitung *f;* ◇ **telephone ~** Anschluß *m;* ◇ **the ~ is busy** der Anschluß ist besetzt; ◇ **hold the ~** bleiben Sie am Apparat ⑥ ↑ *boundary* Linie *f* ⑦ ↑ *type, course* Branche *f;* ◇ **What ~ of business are you in?** Was machen Sie beruflich? ⑧ (*merchandise*) Kollektion *f,* Sorte *f* ⑨ (*transportation system*) Gesellschaft *f,* Linie *f* ⑩ ↑ *track* Strecke *f,* Bahnlinie *f* **II.** *vt* ① → *coat* füttern; → *cupboards, drawers* auslegen mit ② ↑ *mark* markieren ③ → *border* säumen; **line up** **I.** *vi* sich in e-r Reihe aufstellen **II.** *vt* ① ↑ *put into alignment* in e-r Reihe aufstellen ② ↑ *prepare* planen; ◇ **I have got a date all ~d ~ for you** ich habe e-e Verabredung für dich arrangiert

linear [ˈlɪnɪə*] *adj* geradlinig; ▷*measure* Längen-

linen [ˈlɪnɪn] *n* Leinen *s;* (*sheets etc.*) Wäsche *f*

liner [ˈlaɪnə*] *n* Passagierschiff *s,* [Ozean-]Dampfer *m*

linesman [ˈlaɪnzmən] *n* <-men> SPORT Linienrichter *m;* RAIL Streckenwärter *m*

linger [ˈlɪŋgə*] *vi* ① ↑ *remain, last* bleiben ② ↑ *tarry* verweilen; ◇ **Frank ~ed for hours in the bar** Frank hielt sich stundenlang in der Bar auf

lingerie [ˈlænʒəriː] *n* Feinwäsche *f*

lingering [ˈlɪŋgərɪŋ] *adj* zurückhaltend, zögernd; ▷*disease* schleichend

lingo [ˈlɪŋgəʊ] *n* <-es> *FAM* [Fach-]Jargon *m*

linguist [ˈlɪŋgwɪst] *n* ① Sprachwissenschaftler

(in *f*) *m* [2] ↑ *multilingual* Sprachkundige(r) *fm;* **linguistic** [lɪŋ'gwɪstɪc] *adj* sprachwissenschaftlich, linguistisch; **linguistics** *n sg* Sprachwissenschaft *f,* Linguistik *f*

liniment ['lɪnɪmənt] *n* Einreibemittel *s*

lining ['laɪnɪŋ] *n* [1] (*of clothes*) Futter *s* [2] (*of objects*) Auskleidung *f* [3] (*of objects*) Magenschleimhaut *f*

link [lɪŋk] **I.** *n* [1] ↑ *connection* Verbindung *f* [2] (*of chain*) Glied *s* **II.** *vt* [1] ↑ *connect* verbinden [2] ↑ *join* anschließen **III.** *vi* ← *parts* sich zusammenfügen lassen, zusammenpassen; **linked** [-d] *adj* verkettet, verbunden; **link up** *vt* ↑ *connect* verknüpfen; → *spaceships* koppeln

lino ['laɪnəʊ] *n,* **linoleum** [lɪ'nəʊlɪəm] *n* Linoleum *s*

linseed ['lɪnsiːd'] *n* Leinsamen *m*

lint [lɪnt] *n* ↑ *fuzz, AM* Fussel *f;* Mull *m*

lintel ['lɪntl] *n* ARCHIT Sturz *m*

lion ['laɪən] *n* Löwe *m;* **lioness** *n* Löwin *f*

lip [lɪp] *n* [1] ANAT Lippe *f; FIG* ◇ **my -s are sealed** ich schweige wie ein Grab; *FIG* ◇ **to keep a stiff upper -** Haltung bewahren [2] ↑ *rim* Rand *m;* **lipread** *irr vt, vi* von den Lippen ablesen; **lipstick** *n* Lippenstift *m*

liquefy ['lɪkwɪfaɪ] *vi* sich verflüssigen

liqueur [lɪ'kjʊə*] *n* Likör *m*

liquid ['lɪkwɪd] **I.** *n* (*substance*) Flüssigkeit *f* **II.** *adj* [1] ↑ *liquefied* flüssig [2] ↑ *assets* verfügbar; **liquidate** ['lɪkwɪdeɪt] *vt* [1] ↑ *exterminate* liquidieren [2] ↑ *wind up* auflösen [3] ↑ *convert to money* flüssig machen; **liquidation** [lɪkwɪ'deɪʃən] *n* Liquidierung *f;* Auflösung *f*

liquor ['lɪkə*] *n* Spirituosen *pl*

liquorize *n,* **liquorice** (*AM*) *n* Lakritze *f;* (*plant*) Süßholz *s*

lisp [lɪsp] *vt, vi* lispeln

list [lɪst] **I.** *n* Liste *f* **II.** *vt* [1] ↑ *itemize* registrieren [2] ↑ *write down* in die Liste eintragen

listen ['lɪsn] *vi* [1] ↑ *pay attention* hören; ◇ **I'm -ing to the radio** ich höre Radio; ◇ **Are you -ing to me?** Hörst du mir zu? [2] (*scream, cry*) horchen (*for* auf *acc*) [3] ↑ *heed* → *advice, reason* folgen; ◇ **I should have -ed to your advice** ich hätte auf deinen Rat hören sollen; **listen in** *vi* [1] ↑ *eavesdrop* lauschen *dat;* ◇ **to - - on a conversation** ein Gespräch belauschen [2] (*lecture*) anhören; ◇ **I want to - - on Dr. Spock's lecture** ich möchte mal bei Dr. Spocks Vorlesung reinhören; **listener** Zuhörer(in *f*) *m*

listless ['lɪstləs] *adj* lustlos; ▷*patient* teilnahmslos; **listlessly** *adv* lustlos; **listlessness** *n* Teilnahmslosigkeit *f,* Lustlosigkeit *f*

lit [lɪt] *pt, pp of* **light**

litany ['lɪtənɪ] *n* Litanei *f*

literacy ['lɪtərəsɪ] *n* die Fähigkeit, lesen und schreiben zu können; ◇ **the - rate there is 75 %** die Analphabetenquote beträgt dort 25 %

literal ['lɪtərəl] *adj* [1] ↑ *true* eigentlich; ◇ **it was a - waste of time** es war reine Zeitverschwendung [2] ↑ *word for word* wörtlich [3] ↑ *prosaic* prosaisch; ◇ **Ron is very - minded** Ron denkt sehr nüchtern; **literally** *adv* [1] wirklich [2] ◇ **to take s.th. -** ↑ *word for word* etw wörtlich nehmen

literary ['lɪtərərɪ] *adj* literarisch

literate ['lɪtərət] *adj* [1] ↑ *knowledgeable* gebildet [2] (*able*) lesen und schreiben können

literature ['lɪtrətʃə*] *n* [1] (*written works*) Literatur *f;* ◇ **specialized -** Fachliteratur *f;* ◇ **she studies German -** sie studiert deutsche Literatur[-wissenschaft] [2] (*circulars*) Prospekte *pl,* Informationsmaterial *s*

litigant ['lɪtɪgənt] *n* prozeßführende Partei, Prozeßführende(r) *fm*

litre, liter (*AM*) ['liːtə*] *n* Liter *m*

litter ['lɪtə*] **I.** *n* [1] ↑ *rubbish* Abfälle *pl;* ◇ **the streets were filled with -** die Straßen waren voller Unrat [2] (*straw, woodshavings*) Streu *f,* Stroh *s;* ◇ **cat -** Katzenstreu *f* [3] (*of mammals*) Wurf *m* **II.** *vt* ◇ **they fined him for -ing the streets** er mußte ein Bußgeld bezahlen, weil er Abfälle auf die Straße geworfen hatte; **litter basket** *n* Abfallkorb *m;* **litter bug** *n FAM* Dreckspatz *m*

little ['lɪtl] **I.** <smaller, smallest> [1] (*in size*) klein [2] ↑ *young* ◇ **when he was -** als er klein war [3] ↑ *short* ▷*time, distance* kurz [4] ↑ *unimportant* klein, unbedeutend **II.** *adv, n* <fewer, fewest> [1] ↑ *not much* wenig; ◇ **I have - money left** ich habe nicht viel Geld übrig [2] ↑ *a bit* ein wenig; ◇ **I'll stay for a -** ich bleibe für ein Weilchen

live [1] [laɪv] *adj* [1] ↑ *alive* lebendig; ▷*animals, trees* lebend [2] (*not recorded*) live, direkt; ◇ **a - broadcast** e-e Direktübertragung, e-e Live-Sendung [3] ▷*wire* stromführend, unter Strom stehend; ▷*bullets, bombs* scharf

live [2] [lɪv] *vi* [1] ↑ *dwell, reside* wohnen, leben [2] ↑ *exist* leben; ◇ **to - and let -** leben und leben lassen [3] ↑ *experience* erleben; ◇ **he -d through the war** er hat den Krieg miterlebt; ◇ **to - it up** die Puppen tanzen lassen; **live down** *vt* sich reinwaschen, hinwegkommen über *acc;* ◇ **I'll never - it -** das wird man mir nie vergessen; **live on** *vi* (*income*) leben von; ◇ **I earn enough to - -** ich verdiene genug, um davon zu leben; (*kind of food*) sich ernähren von; ◇ **man can't - - bread alone** der Mensch lebt nicht vom Brot allein; **live up to** *vi* (*expectations*) entsprechen; ◇ **to - - - one's reputation** seinem Ruf gerecht werden

livelihood ['laɪvlɪhʊd] *n* Lebensunterhalt *m*, Auskommen *s*

liveliness ['laɪvlɪnɪs] *n* Lebhaftigkeit *f*, Lebendigkeit *f*

lively ['laɪvlɪ] *adj* [1] ↑ *enthusiastic* lebhaft, lebendig [2] ▷ *mind* wach, aufgeweckt

liven up ['laɪvn ʌp] *vi* ↑ *perk up* aufleben, Schwung bringen in *acc*

liver ['lɪvə*] *n* ANAT Leber *f*

liverish *adj* ↑ *ill* unwohl, krank

livery ['lɪvərɪ] *n* Livree *f*

livestock ['laɪvstɒk] *n* Vieh *s*

livid ['lɪvɪd] *adj* [1] ▷ *bruise* bläulich, graublau [2] ↑ *furious* wütend

living ['lɪvɪŋ] **I.** *n* [1] ↑ *livelihood* Lebensunterhalt *m*; ◇ **to work for a** ~ arbeiten, um sich *dat* den Lebensunterhalt zu verdienen [2] (*quality*) Lebensweise *f* **II.** *adj* ↑ *alive* lebend; ◇ **she has no** ~ **relatives** sie hat keine Verwandten mehr; **living room** *n* Wohnzimmer *s*

lizard ['lɪzəd] *n* Eidechse *f*

llama ['lɑːmə] *n* Lama *s*

load [ləʊd] **I.** *n* [1] ↑ *cargo* Ladung *f*, Fracht *f* [2] ↑ *burden* Last *f*; ◇ **that took a** ~ **off my mind** da ist mir ein Stein vom Herzen gefallen [3] ↑ *a lot* ◇ ~**s** jede Menge **II.** *vt* [1] → *gun* laden, aufladen; → *camera* e-n Film einlegen [2] → *truck* beladen [3] → *person* überhäufen [4] ◇ **he's ~ed** *FAM* ↑ *rich* er hat Geld wie Heu

loaf [ləʊf] *n* <loaves> Laib *m*; ◇ **a** ~ **of bread** ein [Laib] Brot

loafer *n* [1] ↑ *idler* Faulenzer *m*, Nichtstuer *m* [2] (*AM shoe*) Halbschuh *m Schuh mit niedrigem Absatz*

loam [ləʊm] *n* Lehmboden *m*

loan [ləʊn] **I.** *n* [1] (*from bank*) Darlehen *s*, Kredit *m*; ◇ **to take out a** ~ Kredit bekommen [2] ↑ *lending* Ausleihen *s*; ◇ **to have s.th. on** ~ etw geliehen haben **II.** *vt* leihen

loathe [ləʊð] *vt* verabscheuen, hassen; **loathing** *n* Abscheu *m*, Ekel *m*

lobby ['lɒbɪ] **I.** *n* [1] (*room*) Eingangshalle *f* [2] POL Lobby *f* **II.** *vt* auf Abgeordnete Einfluß nehmen

lobe [ləʊb] *n* Lappen *m*

lobster ['lɒbstə*] *n* Hummer *m*; ◇ **red as a** ~ krebsrot

local ['ləʊkəl] **I.** *adj* [1] ↑ *near by* örtlich, Orts-; ◇ ~ **government** Gemeindeverwaltung *f*; TELEC ◇ ~ **call** Ortsgespräch *s* [2] MED ▷ *anaesthetic* örtlich, lokal **II.** *n* ↑ *resident* Ortsansässige(r) *fm*; **locality** [ləʊ'kælɪtɪ] *n* Gegend *f*; ◇ **a sense of** ~ Ortssinn *m*; **locally** *adv* am Ort

locate [ləʊ'keɪt] *vt* [1] ↑ *find* ausfindig machen [2] ↑ *be positioned* sich befinden *dat*; **location** [ləʊ'keɪʃən] *n* [1] ↑ *site* Lage *f*, Platz *m* [2] FILM Drehort *m*; ◇ **the film about China was shot on** ~ der Film über China wurde vor Ort gedreht

lock [lɒk] **I.** *n* [1] (*door*) Schloß *s* [2] (*canal*) Schleuse *f* [3] (*of hair*) Locke *f* **II.** *vt* ↑ *fasten* abschließen, zuschließen; → *door* verriegeln; ◇ **to** ~ **s.o. in a room** jd-n in e-m Zimmer einschließen **III.** *vi* schließen [1] ← *suitcase, diary* sich schließen lassen [2] ↑ *jam* blockieren

locker ['lɒkə*] *n* Schließfach *s*; ◇ ~ **room** Umkleideraum *m*

locket ['lɒkɪt] *n* Medaillon *s*

locksmith ['lɒksmɪθ] *n* Schlosser(in *f*) *m*

locomotive [ləʊkə'məʊtɪv] *n* Lokomotive *f*

locust ['ləʊkəst] *n* Heuschrecke *f*

lodge [lɒdʒ] **I.** *n* [1] ↑ *gatehouse* Pförtnerhaus *s* [2] ↑ *vacation* ~ Ferienhaus *s* **II.** *vi* [1] ↑ *visit* übernachten, wohnen (*with* bei) [2] ↑ *get stuck* stecken **III.** *vt* → *protest* einreichen; **lodger** *n* Untermieter(in *f*) *m*; **lodging** *n* [1] ↑ *accomodation* Unterkunft *f*, Quartier *s* [2] ↑ *digs* möbliertes Zimmer *s*

loft [lɒft] *n* Speicher *m*, [Dach-]Boden *m*; (*in barn*) Heuboden *m*; **lofty** ['lɒftɪ] *adj* [1] ↑ *high* hoch [2] ▷ *ideas, aims* hochfliegend; ▷ *style* gehoben [3] ▷ *behaviour* stolz, hochmütig

log [lɒg] **I.** *n* [1] (*firewood*) Klotz *m*; (*branch*) Baumstamm *m* [2] ↑ *record* Logbuch *s*; ◇ **to keep a** ~ Buch über etw *acc* führen **II.** *vt* Buch führen über *acc*; ◇ **to** ~ **s.th.** etw eintragen

logarithm ['lɒgərɪθəm] *n* Logarithmus *m*

logbook ['lɒgbʊk] *n* Logbuch *s*

loggerheads ['lɒgəhedz] *n pl* ◇ **to be at** ~ **with s.o.** sich mit jd-m in den Haaren liegen

logic ['lɒdʒɪk] *n* Logik *f*; **logical** *adj* logisch; **logically** *adv* logisch

logistics [lɒ'dʒɪstɪks] *n sg* Logistik *f*

logo ['lɒgəʊ] *n* <-s> Firmenzeichen *s*

loin [lɔɪn] *n* [1] (ANAT *of person*) Lende *f* [2] (GASTRON ~ *chops*) Lendenstück *s*

loiter ['lɔɪtə*] *vi* bummeln, trödeln

loll [lɒl] *vi* [1] ↑ *lounge* sich lümmeln [2] ← *tongue* heraushängen

lollipop ['lɒlɪpɒp] *n* Lutscher *m*

lone [ləʊn] *adj* einsam

loneliness ['ləʊnlɪnəs] *n* Einsamkeit *f*; **lonely** *adj* einsam

long [lɒŋ] **I.** *adj* [1] (*in size*) lang; (*distance*) ◇ **it's a** ~ **way** es ist ein weiter Weg [2] (*in time*) lang [3] ▷ *book* lang **II.** *adv* lang(e); ◇ **you took a** ~ **time** du hast lange gebraucht; ◇ **before** ~ bald; ◇ **all day** ~ den ganzen Tag **III.** *vi* sich sehnen (*for* nach); **long-distance** *adj* ▷ *phone calls* Fern-; ▷ *runner* Langstrecken-; **long-haired** *adj* langhaarig; **longhand** *n* Langschrift *f*

longing I. *n* Sehnsucht *f,* Verlangen *s* II. *adj* sehnsüchtig

longitude ['lɒŋgɪtju:d] *n* Länge *f*

long jump *n* SPORT Weitsprung *m;* **long-life milk** *n* H-Milch *f;* **long-lost** *adj* verlorengegangen; **long-playing record** *n* Langspielplatte *f;* **long-range** *adj* weitreichend; (~ *missile*) Langstrecken-; **long-standing** *adj* langjährig, alt; **long-suffering** *adj* schwer geprüft; **long-term** *adj* langfristig; ◇ ~ **memory** Langzeitgedächtnis *s;* **long wave** *n* Langwelle *f;* **long-winded** [lɒŋ'waɪndɪd] *adj* ▷*speech* langatmig

loo [lu:] *n FAM BRIT* Klo *s*

loofah ['lu:fə*] *n* Luffa *f*

look [lʊk] I. *vi* ① (*with eyes*) schauen, hinsehen; ◇ **L~ here!** Schau mal!; ◇ **to ~ around** sich umsehen ② ↑ *read, examine* ◇ **we ~ed at the pictures** wir sahen uns die Fotos an ③ ↑ *consider* sich *dat* [etw] überlegen; ◇ **she's ~ing at the offer** sie denkt über das Angebot nach ④ (*at s.o.*) ansehen ⑤ ↑ *view* betrachten; ◇ **we ~ at things differently** wir haben verschiedene Ansichten ⑥ ↑ *face* zeigen (*to* nach); ◇ **the window ~s out on the beach** vom Fenster hat man e-n Blick auf den Strand ⑦ ↑ *appearance* aussehen; ◇ **you ~ tired** du siehst müde aus ⑧ ↑ *appear, seem* aussehen; ◇ **it ~s like he's not coming** es sieht so aus, als ob er nicht kommt II. *n* ① (*act*) Blick *m;* ◇ **take a ~ at this** schau' dir das mal an; ◇ **have a ~ around** sehen Sie sich um ② ↑ *expression* Miene *f,* Ausdruck *m;* ◇ **I knew by the ~ on his face** ich konnte es an seinem Gesicht ablesen ③ ↑ *appearance* Aussehen *s;* ◇ **she had a worried ~ on her face** sie sah besorgt aus ④ (*beauty*) ◇ **~s** *pl* Aussehen *s;* ◇ **~s aren't everything** gutes Aussehen ist nicht alles; **look after** *vt* ① ↑ *care for* sich kümmern um; ◇ **to ~ ~ o.s.** für sich selbst sorgen ② ↑ *watch, tend* aufpassen (auf *acc*); **look down on** *vt FIG* jd-n *acc* belächeln; **look forward to** *vt* sich freuen auf *acc;* **look out for** *vt* sich *acc* in acht nehmen vor; **look to** *vt* (*for help*) ◇ **to ~ ~ s.o. for advice** sich *acc* an jd-n um Rat wenden; **look up** I. *vi* sich bessern; ◇ **things are ~ing ~** es geht bergauf II. *vt* ① → *word* nachschlagen; → *information* nachschauen ② → *person* aufsuchen ③ ◇ **to ~ s.o. ~ and down** jd-n von oben bis unten mustern; **look up to** *vt* bewundern; **lookout** ['lʊkaʊt] *n* ① ▷*place, stand* Wache *f,* Beobachtungsposten *m* ② ◇ **to be on the ~** Ausschau halten (*for* nach)

loom [lu:m] I. *n* Webstuhl *m* II. *vi* ① ← *tower* aufragen, drohen; ← *storm* heraufziehen; ◇ **the building ~s over the city** das Gebäude ragt über die Stadt ② ↑ *threaten* sich abzeichnen; ← *difficulties* sich auftürmen

loop [lu:p] I. *n* Schleife *f,* Schlinge *f* II. *vt* ↑ *coil* in e-e Schleife legen, schlingen

loophole ['lu:phəʊl] *n FIG* Schlupfloch *s*

loose [lu:s] *adj* ① ↑ *wobbly* locker ② ▷*clothes* weit ③ ▷*hair* offen ④ ↑ *free* frei, befreit; ◇ ~ **change** Kleingeld *s* ⑤ ↑ *promiscuous* unmoralisch; ◇ ~ **woman** Frau *f* mit lockerem Lebenswandel ⑥ ↑ *lax* frei; ◇ **a ~ relationship** e-e lockere Beziehung; **loose[n]** *vt* ① ↑ *free* befreien ② ↑ *untie* losmachen ③ ↑ *slacken* lockern; ◇ **I have to ~ my belt** ich muß meinen Gürtel weiter machen; **loosely** *adv* locker, lose

loot [lu:t] I. *n* Beute *f* II. *vt* plündern; **looting** *n* Plündern *s*

lop-sided ['lɒpsaɪdɪd] *adj* schief

lord [lɔ:d] *n* ① ↑ *ruler, BRIT* Herr *m;* (*of authority*) ◇ ~ **and master** Herr und Meister ② *title, BRIT* Lord *m;* POL ◇ **the L~s** Oberhaus *s* ③ REL ◇ **L~** Herr *m;* ◇ **the L~'s prayer** Vaterunser *s;* **lordly** *adj* ↑ *proud* hochmütig, arrogant

lore [lɔ:*] *n* Überlieferungen *f pl*

lorry ['lɒrɪ] *n* Lastwagen *m,* LKW *m*

lose [lu:z] <lost, lost> I. *vt* ① ↑ *mislay* verlieren; → *job* verlieren; → *weight* abnehmen ② → *relative* ◇ **she lost her father** ihr Vater ist gestorben ③ → *time, chance* verlieren ④ ← *watch* nachgehen ⑤ (*competition*) verlieren; ◇ **to ~ sight of s.th.** etw aus den Augen verlieren ⑥ → *one's way* sich verlaufen, die Orientierung verlieren

loser *n* Verlierer(in *f*) *m*

losing *adj* Verlierer-

loss [lɒs] *n* ① Verlust *m* ② MIL ◇ **heavy ~es** schwere Verluste ③ (*stuck*) ◇ **to be at a ~** nicht mehr weiterwissen ④ *FAM* ↑ *hopeless case* ◇ **a dead ~** ein hoffnungsloser Fall

lost [lɒst] I. *pt, pp of* **lose**; II. *adj* verloren; ◇ **a ~ cause** ein aussichtsloses Unterfangen; **lost-and-found** *n* (*AM*) Fundamt *s,* Fundbüro *s*

lot [lɒt] *n* ① (*quantity*) Menge *f;* ◇ **to have a ~ of s.th.** viel von etw haben; ◇ **thanks a ~** vielen Dank; ◇ **~s and ~s of people** viele, viele Menschen ② (*often*) viel; ◇ **she talks a ~** sie redet viel ③ ↑ *the whole* Ganze *s;* ◇ **that's the ~** das ist alles ④ ↑ *fortune* Los *s* ⑤ (*at auction*) Los *s* ⑥ (*to choose*) Los *s;* ◇ **to cast/draw ~s** etw auslosen ⑦ *area, AM* Platz *m;* ◇ **parking ~** Parkplatz *m;* ◇ **building ~** Bauplatz *m*

lotion ['ləʊʃən] *n* Lotion *f*

lottery ['lɒtərɪ] *n* Lotterie *f*

loud [laʊd] *adj* ① ↑ *noisy* laut; ◇ **to speak out ~** etw aussprechen; ◇ **to read out ~** etw vorlesen ② ↑ *showy* ▷*person* aufdringlich; ▷*clothes, colour* auffallend, grell; **loudly** *adv* laut

loudspeaker *n* Lautsprecher *m*

lounge [laʊndʒ] **I.** *n* (*of hotel*) Halle *f*, Gesellschaftsraum *m;* (*of airport*) Wartehalle *f;* (*of house*) Wohnzimmer *s* **II.** *vi* faulenzen
louse [laʊs] *n* <lice> Laus *f*
lousy ['laʊzɪ] *adj* ① *FAM* ↑ *rotten* miserabel ② *FAM* ↑ *ill* ◇ **I feel** ~ mir geht es hundsmiserabel
lout [laʊt] *n* Flegel *m*, Rüpel *m*
lovable ['lʌvəbl] *adj* liebenswert, reizend
love [lʌv] **I.** *n* ① Liebe *f;* ◇ **to fall in** ~ sich verlieben; ◇ **to make** ~ **to s.o.** mit jd-m schlafen; ◇ **to send one's** ~ **to s.o.** jd-n grüßen lassen ② (SPORT *tennis*) null ③ (*name*) Liebling *m*, Schatz *m* **II.** *vt* ① → *person* lieben ② (*activity*) gern mögen; **love affair** *n* Verhältnis *s*, Liebschaft *f;* **love letter** *n* Liebesbrief *m;* **love life** *n* Liebesleben *s;* **lovely** ['lʌvlɪ] *adj* lieblich, schön; ↑ *cute* niedlich, süß; ◇ **what a** ~ **dress** was für ein hübsches Kleid; **love-making** ['lʌvmeɪkɪŋ] *n* ↑ *sex* Sex *m*, Liebe *f;* **lover** *n* ① (*partner*) Liebhaber(in *f*) *m*, Geliebte(r) *fm* ② (*couple*) ◇ **they're** ~**s** sie sind ein Liebespaar *s* ③ ↑ *fan* ◇ **jazz** ~ Jazzliebhaber(in *f*) *m;* **lovesong** *n* Liebeslied *s;* **loving** *adj* ① ↑ *affectionate* liebevoll ② ▷*deeds* herzensgut
lovingly *adv* liebevoll; **low** [ləʊ] **I.** *adj* ① ▷*table, wall* niedrig ② ▷*income, temperature* niedrig ③ ▷*note*, MUS tief ④ ▷*supply* knapp; ◇ **to run** ~ knapp werden, zur Neige gehen ⑤ ▷*grade, rank* niedrig ⑥ ▷*opinion* schlecht ⑦ ↑ *depressed* unten, deprimiert ⑧ ▷*volume* leise **II.** *n* Tiefpunkt *m*, Tiefstand *m;* ◇ **production was at a record** ~ die Produktion war an e-m Tiefpunkt angelangt
low-calorie *adj* kalorienarm; **low-cut** *adj* ▷*dress* tief ausgeschnitten
lower *vt* ① (*move downwards*) herunter-, hinunterlassen; → *eyes, voice* senken ② ↑ *reduce* verringern ③ → *standard* erniedrigen; ◇ **to** ~ **o.s.** sich herablassen
lowly ['ləʊlɪ] *adj* niedrig
low tide [ləʊ'taɪd] *n* Niedrigwasser *s*, Ebbe *f*
loyal ['lɔɪəl] *adj* ↑ *true* treu; **loyally** *adv* treu; **loyalty** ['lɔɪəltɪ] *n* Treue *f*, Loyalität *f*
lozenge ['lɒzɪndʒ] *n* (*cough*) Hustenpastille *f*
LP *n abbr. of* **long-playing record** LP *f*
Ltd *abbr. of* **limited** GmbH *f*
lubricant ['lu:brɪkənt] *n* Gleitmittel *s;* (*engine*) Schmiermittel *s*
lubricate ['lu:brɪkeɪt] *vt* ölen, schmieren; **lubrication** [lu:brɪ'keɪʃən] *n* Schmierung *f*
lucid ['lu:sɪd] *adj* ① ↑ *comprehensible* anschaulich, einleuchtend ② ↑ *sane* ◇ ~ **interval** lichter Augenblick ③ ↑ *limpid* klar, strahlend; **lucidity** [lu:'sɪdɪtɪ] *n* Klarheit *f;* **lucidly** *adv* klar, anschaulich
luck [lʌk] *n* Glück *s;* ◇ **bad** ~ Unglück *s*, Pech *s;* ◇ **a good** ~ **charm** Glücksbringer *m*, Talisman *m;* **luckily** *adv* glücklicherweise; **lucky** *adj* Glücks-; ◇ **to be** ~ Glück haben
lucrative ['lu:krətɪv] *adj* einträglich, lukrativ
ludicrous ['lu:dɪkrəs] *adj* lächerlich, absurd
ludo ['lu:dəʊ] *n* (*game*) Mensch, ärgere dich nicht
lug [lʌg] *vt* schleppen
luggage ['lʌgɪdʒ] *n* Gepäck *s;* **luggage carrier** *n*, **luggage rack** *n* AUTO Gepäckträger *m*
lugubrious [lə'gu:brɪəs] *adj* schwermütig, kummervoll
lukewarm ['lu:kwɔ:m] *adj* ① ↑ *tepid* ▷*tea* lauwarm ② ↑ *half-hearted* lau
lull [lʌl] **I.** *n* Pause *f* **II.** *vt* beruhigen; ◇ **to** ~ **a baby to sleep** ein Baby einlullen
lullaby ['lʌləbaɪ] *n* Wiegenlied *s*
lumbago [lʌm'beɪgəʊ] *n* Hexenschuß *m*
lumber ['lʌmbə*] *n* ① ↑ *timber* Bauholz *s* ② *BRIT* ↑ *junk* Gerümpel *s;* **lumberjack** ['lʌmbərdʒæk] *n* Holzfäller *m;* **lumbermill** *n* Sägewerk *s*
luminous ['lu:mɪnəs] *adj* leuchtend
lump [lʌmp] **I.** *n* ① (*clay, dough*) Klumpen *m;* ↑ *sugarcube* Stück *s* ② ↑ *swelling* Beule *f*, Schwellung *f;* (*in breast*) Knoten *m* **II.** *vt* ① ◇ ~ **together** ↑ *combine* zusammentun; (*judge*) in e-n Topf werfen ② ↑ *put up with* ◇ **like it or** ~ **it** wenn es dir nicht paßt, dann laß' es bleiben; **lump sum** *n* Pauschalbetrag *m*
lumpy *adj* ▷*liquid etc.* klumpig
lunacy ['lu:nəsɪ] *n* Wahnsinn *m*
lunar ['lu:nə*] *adj* Mond-
lunatic ['lu:nətɪk] **I.** *n* Wahnsinnige(r) *fm* **II.** *adj* verrückt, wahnsinnig
lunch [lʌntʃ] *n*, **luncheon** ['lʌntʃən] *n* Mittagessen *s*
luncheon meat *n* Frühstücksfleisch *s;* **luncheon voucher** *n* Essensmarke *f*
lunch hour *n* Mittagsstunde *f*
lung [lʌŋ] *n* ANAT Lunge *f*
lunge [lʌndʒ] *vi* sich stürzen
lurch [lɜ:tʃ] *vi* ① (*jerky movement*) ruckeln, sich ruckartig bewegen; NAUT schlingern ② ↑ *desert* ◇ **to leave s.o. in the** ~ jd-n im Stich lassen
lure [ljʊə*] **I.** *n* (*bait for fishing*) künstlicher Köder *m; FIG* Lockung *f* **II.** *vt* ködern, anlocken
lurid ['ljʊərɪd] *adj* ① ↑ *shocking* grausig, gräßlich ② ▷*colour* grell
lurk [lɜ:k] *vi* ① ↑ *skulk* schleichen ② ← *rumour, memory* lauern; ◇ **the doubts still** ~**ed in my mind** die Zweifel plagten mich immer noch
luscious ['lʌʃəs] *adj* ① ↑ *desirable* ◇ **she has** ~ **lips** sie hat verführerische Lippen ② ↑ *delicious* köstlich, lecker

L

lush [lʌʃ] *adj* ▷*vegetation* üppig, saftig
lust [lʌst] **I.** *n* [1] ↑ *passion* Wollust *f*, Sinneslust *f* [2] ↑ *greed* Begierde *f*, Gier *f* (*for* nach) **II.** *vi* [1] begehren (*after, for* etw *acc*) [2] gieren (*after, for* nach); **lustful** ['lʌstfl] *adj* lüstern
lustre, **luster** (*AM*) ['lʌstə*] *n also FIG* Glanz *m*
lusty ['lʌstɪ] *adj* kräftig, gesund und munter; (*old person*) urwüchsig
lute [lu:t] *n* Laute *f*
Luxembourg ['lʌksəmbɜ:g] *n* Luxemburg *s*
luxuriant [lʌg'ʒʊərɪənt] *adj* üppig; **luxurious** [lʌg'ʒʊərɪəs] *adj* luxuriös; **luxury** ['lʌkʃərɪ] *n* Luxus *m*
lying ['laɪɪŋ] **I.** *n* Lügen *s* **II.** *adj* lügnerisch, verlogen
lynch [lɪntʃ] *vt* lynchen
lynx [lɪŋks] *n* Luchs *m*
lyre ['laɪə*] *n* Leier *f*
lyric ['lɪrɪk] **I.** *n* Lyrik *f* **II.** *adj* lyrisch; **lyrical** *adj* lyrisch

M

M, m [em] *n* (*letter*) M, m *s*
mac [mæk] *n BRIT FAM* Regenmantel *m*
macabre [mə'kɑ:br] *adj* makaber
macaroni [mækə'rəʊnɪ] *n* Makkaroni *pl*
mace [meɪs] *n* (*gas*) Tränengas *s*
machine [mə'ʃi:n] **I.** *n* Maschine *f* **II.** *vt* → *products* maschinell herstellen; **machine fitter** *n* Maschinenschlosser(in *f*) *m;* **machinegun** *n* Maschinengewehr *s;* **machinery** [mə'ʃi:nərɪ] *n* Maschinen *f pl;* MIL Maschinerie *f;* **machine operator** *n* Maschinenarbeiter(in *f*) *m*, Operator (in *f*) *m;* ◇ ~ **-s** Bedienungspersonal *s;* **machine readable** [mə'ʃi:n'rɪ:dəbl] *adj* maschinenlesbar; **machine tool** *n* Werkzeugmaschine *f*
mackerel ['mækrəl] *n* Makrele *f*
mackintosh ['mækɪntɒʃ] *n* (*abbr: mac*) Regenmantel *m*
macro- ['mækrəʊ] *pref* makro-, Makro-
mad [mæd] *adj* [1] ↑ *crazy* wahnsinnig, verrückt; ◇ **to be ~ about s.th.** verrückt sein nach etw; ◇ **to run like ~** wie wild rennen [2] ▷*dog* tollwütig [3] ↑ *angry* böse, sauer
madam ['mædəm] *n* [1] gnädige Frau; ◇ **May I take your coat, ~?** Darf ich Ihren Mantel abnehmen? [2] (*spoiled girl*) kleine Prinzessin *f*
madden ['mædn] *vt* [1] ↑ *make insane* verrückt machen [2] ↑ *anger* ärgern; **maddening** *adj* ärgerlich; ▷*noise* unerträglich, nervenaufreibend; ◇ **It's ~!** Das macht mich rasend!
made [meɪd] *pt, pp of* **make**
Madeira cake [mə'dɪərəkeɪk] *n* Sandkuchen *m*
made-to-measure [meɪdtə'meʒə*] *adj* ▷*suit* maßgeschneidert; **made-up** ['meɪdʌp] *adj* [1] ▷*story* erfunden [2] ▷*face* geschminkt
madhouse ['mædhaʊs] *n also FIG* Irrenhaus *s*
madly ['mædlɪ] *adv* wie verrückt, wie besessen; ◇ **I'm ~ in love** ich bin wahnsinnig verliebt
madman ['mædmən] *n* [1] (*insane*) Wahnsinnige (r) *fm* [2] ↑ *maniac* Verrückte(r) *fm*
madness ['mædnəs] *n* Wahnsinn *m*
madwoman ['mædwʊmən] *n* [1] (*insane*) Wahnsinnige *f* [2] ↑ *maniac* Verrückte *f*
magazine ['mægəzi:n] *n* [1] Zeitschrift *f*, Magazin *s* [2] (*in gun*) Magazin *s* [3] ↑ *arsenal* [Munitions-]Lager *s*
maggot ['mægət] *n* Made *f*
magic ['mædʒɪk] **I.** *n* [1] Zauberei *f*, Magie *f* [2] *FIG* ↑ *charm* Zauber *m* **II.** *adj* magisch; ◇ **the witch cast a ~ spell on him** die Hexe hat ihn verzaubert; **magical** *adj* ▷*experience* magisch, wunderbar; ▷*woman* bezaubernd; **magician** [mə'dʒɪʃən] *n* Zauberer *m*, Zauberin *f*
magistracy ['mædʒɪstrəsɪ] *n* Richteramt *s*, Richter *m pl;* **magistrate** ['mædʒɪstreɪt] *n* Richter(in *f*) *m;* **magistrates' court** *n* Schiedsgericht *s*
magnanimous [mæg'nænɪməs] *adj* großmütig, groß
magnate ['mægneɪt] *n* Magnat *m*, Mogul *m*
magnet ['mægnɪt] *n* Magnet *m;* **magnetic** [mæg'netɪk] *adj* magnetisch; *FIG* ▷*charms* unwiderstehlich; ◇ **~ attraction** magnetische Anziehungskraft *f;* ◇ **~ strip** Magnetstreifen *m;* **magnetic tape** *n* Magnetband *s;* **magnetism** ['mægnɪtɪzəm] *n* Magnetismus *m; FIG* Anziehungskraft *f*, Ausstrahlung *f*
magnification [mægnɪfɪ'keɪʃən] *n* Vergrößerung *f*
magnificent [mæg'nɪfɪsənt] *adj* prächtig, herrlich
magnify ['mægnɪfaɪ] *vt* [1] ↑ *make bigger* vergrößern [2] ↑ *exaggerate* übertreiben, aufbauschen; **magnifying glass** *n* Vergrößerungsglas *s*, Vergrößerungslupe *f*
magnitude ['mægnɪtju:d] *n* ↑ *size* Größe *f;* ↑ *importance* Wichtigkeit *f*
magnolia [mæg'nəʊlɪə] *n* Magnolie *f*
magnum ['mægnəm] *n* (*champagne*) Anderthalbliterflasche *f*
magpie ['mægpaɪ] *n* Elster *f*
maharajah [mɑ:hə'rɑ:dʒə] *n* Maharadscha *m*

mahogany [mə'hɒgənı] **I.** *n* (*wood*) Mahagoni *s* **II.** *adj* (*colour*) mahagonifarben
maid [meıd] *n* Dienstmädchen *s,* Hausangestellte *f;* ◇ **old** ~ alte Jungfer; ◇ ~ **of honour** (*AM*) Ehrendame *f,* Hofdame *f*
maiden ['meıdn] **I.** *n* Maid *f,* Mädchen *s;* ◇ ~ **aunt** *unverheiratete Tante* **II.** *adj* ▷*flight, voyage* Jungfern-; **maiden name** *n* Mädchenname *m*
mail [meıl] **I.** *n* 1 (*letter, parcel*) Post *f* 2 (*postal system*) Post *f* **II.** *vt* mit der Post schicken; **mailbox** *n* (*AM*) Briefkasten *m;* **mailgram** *n* (*AM*) Telebrief *m;* **mailing list** *n* Anschriftenliste *f;* **mailman** *n* (*AM*) Postbote *m;* **mail order** *n* Bestellung *f* durch die Post; **mailorder catalogue** *n* Versandhauskatalog *m;* **mail order firm** *n* Versandgeschäft *s,* Versandhaus *s*
maim [meım] *vt* ↑ *cripple* verstümmeln
main [meın] **I.** *adj* ▷*reason, purpose* Haupt-, größte(r, s); ◇ **in the** ~ im großen und ganzen **II.** *n* ◇ **-s** (*of water, electricity*) Hauptleitung *f;* **main emphasis** *n* Hauptgewicht *s;* **mainforce** *n* rohe Gewalt *f;* **mainframe** *n* PC Großrechner *m;* **main hall** *n* Schalterhalle *f;* **mainland** *n* Festland *s;* **mainline I.** *n* Hauptstrecke *f* **II.** *vt* *FAM* → *drugs* spritzen; **mainline train** *n* Schnellzug *m;* **main memory** *n* PC Zentralspeicher *m;* **main road** *n* Hauptstraße *f;* **main storage** *n* PC Hauptspeicher *m;* **mainstay** *n* *FIG* Stütze *f;* **mainstream** *n* Hauptrichtung *f;* ◇ **to be in the** ~ immer auf dem neuesten Stand sein; **mainstreet** *n* Hauptstraße *f;* **main subject** *n* SCH Hauptfach *s*
maintain [meın'teın] *vt* 1 ↑ *keep* behalten 2 → *machine, roads* instand halten; → *law and order* aufrechterhalten 3 (*financially support*) unterhalten, fördern 4 ↑ *claim* behaupten; **maintenance** ['meıntənəns] *n* 1 (*of road, park*) Instandhaltung *f,* Pflege *f;* (*of condition*) Aufrechterhaltung *f;* (*of machine*) Wartung *f* 2 (*of family*) Unterhaltung *f,* Unterhalt *m;* **maintenance-free** *adj* ▷*battery etc.* wartungsfrei
maisonette [meızə'net] (*BRIT*) *n* Appartment *s*
maize [meız] *n* Mais *m*
majestic [mə'dʒestık] *adj* majestätisch; ▷*proportions* stattlich; **majesty** ['mædʒıstı] *n* Majestät *f*
major ['meıdʒə*] **I.** *n* MIL Major *m* **II.** *adj* 1 ↑ *important, greater* bedeutend, größer; ◇ **of** ~ **importance** von größerer Bedeutung; ◇ ~ **road** Hauptstraße *f* 2 MUS ◇ ~ **key** Dur *s;* ◇ **C** ~ C-Dur *s* 3 ◇ **to become a** ~ volljährig werden 4 *AM* ◇ **he is a biology** ~ Biologie ist sein Hauptfach 5 ◇ **Thompson M**~ Thompson der Ältere
majorette [meıdʒə'ret] *n* Majorette *f*
major general *n* Generalmajor *m*
majority [mə'dʒɒrıtı] *n* 1 (*of people*) Mehrheit *f,* Mehrzahl *f* 2 JUR Volljährigkeit *f*
make [meık] <made, made> *vt* 1 ↑ *prepare* machen; → *bread* backen; → *machines* herstellen; ◇ **made in Germany** hergestellt in Deutschland 2 ↑ *do, undertake* machen, unternehmen; → *error, journey* machen; → *choice, decision* treffen 3 (*cause something to happen*) dazu bringen, veranlassen; ↑ *force* zwingen 4 ↑ *appoint* machen zu, ernennen 5 → *money* verdienen 6 ↑ *succeed* erreichen, schaffen; ◇ **Can we** ~ **it in time?** Können wir es rechtzeitig schaffen? 7 berühmt machen, zum Erfolg verhelfen; **make for** *vt* 1 ↑ *head for* zuhalten auf, losfahren; ◇ **we are making for Munich** wir wollen nach München 2 ↑ *contribute, result in* führen zu; ◇ **he made for a happy life** er legte den Grundstein für ein glückliches Leben; **make of** *vi* halten von; **make out** *vt, vi* 1 → *cheque, bill* ausstellen 2 ↑ *discern* sehen, ausmachen 3 ↑ *claim* behaupten; ↑ *pretend* so tun, als ob 4 ↑ *understand, figure out* verstehen 5 ↑ *progress* ◇ **How did you** ~ ~? Wie bist du zurechtgekommen? 6 (*argue for or against*) für/gegen etw argumentieren 7 *AM* ↑ *to neck* knutschen, schmusen; **make up I.** *vt* 1 ↑ *constitute* bilden, bestehen aus 2 → *face* schminken 3 ◇ **to** ~ **it** ~ **with s.o.** sich mit jd-m wieder vertragen 4 → *story etc.* erfinden 5 ↑ *compensate* → *loss* ausgleichen; → *lost time* einholen; → *favour* wiedergutmachen **II.** *vi* (*after quarrel*) sich versöhnen; **make up for** *vt* 1 ↑ *excuse* wiedergutmachen 2 ↑ *compensate* ◇ **to** ~ ~ ~ **lost time** verlorene Zeit aufholen; **make-believe I.** *n* Schein-, Phantasie- **II.** *adj* ◇ **—world** Phantasiewelt *f*
maker ['meıkə*] *n* COMM Hersteller(in *f*) *m;* **make-or-break** *adj* entscheidend; ◇ ~ **situation** kritische Situation; **makeshift** *adj* behelfsmäßig; **make-up** *n* Schminke *f,* Make-up *s*
making *n* Herstellung *f;* ◇ **this will be the** ~ **of him** damit ist er ein gemachter Mann; ◇ **in the** ~ im Entstehen begriffen; ◇ **he has the -s of a criminal** er hat die Anlage zu e-m Verbrecher
maladjusted [mælə'dʒʌstıd] *adj* schlecht angepaßt; PSYCH verhaltensgestört
malady ['mælədı] *n* Krankheit *f,* Leiden *s*
malaise [mæ'leız] *n* Unwohlsein *s*
malaria [mə'lɛərıə] *n* MED Malaria *f*
male [meıl] **I.** *n* Mann *m;* (*animal*) Männchen *s* **II.** *adj* male; ◇ ~ **chauvinism** [männlicher] Chauvinismus *m; FAM!* ◇ ~ **chauvinist pig** Chauvinist *m,* Chauvi *m;* **male bee** *n* Drohne *f;* **male dog** *n* Rüde *m;* **male nurse** *n* Krankenpfleger *m*

malevolence [məˈlevələns] *n* Bosheit *f;* **malevolent** *adj* böswillig, feindselig
malfunction [mælˈfʌŋkʃən] *vi* ← *liver* nicht richtig arbeiten; ← *machine* defekt sein, versagen
malice [ˈmælɪs] *n* Bosheit *f;* **malicious** [məˈlɪʃəs] *adj* boshaft, böse; **malicious delight** *n* Schadenfreude *f*
malign [məˈlaɪn] **I.** *vt* verleumden; ↑ *run down* schlecht machen **II.** *adj* böswillig, schädlich; **malignant** [məˈlɪgnənt] *adj* bösartig; MED ◇ **a ~ growth** ein bösartiges Geschwür
malinger [məˈlɪŋgə*] *vi* simulieren, krank spielen
malleable [ˈmælɪəbl] *adj* formbar
mallet [ˈmælɪt] *n* Holzhammer *m*
malnutrition [mælnjʊˈtrɪʃən] *n* Unterernährung *f,* Fehlernährung *f*
malpractice [mælˈpræktɪs] *n* falsche Behandlung *f,* Amtsvergehen *s*
malt [mɔːlt] *n* Malz *s;* ▷*whisky* Malt Whisky *m;* **malt coffee** *n* Malzkaffee *m*
Malta [ˈmɔːltə] *n* Malta *s*
maltreat [mælˈtriːt] *vt* mißhandeln
mammal [ˈmæməl] *n* Säugetier *s*
mammoth [ˈmæməθ] **I.** *adj* riesig **II.** *n* Mammut *s*
man [mæn] **I.** *n* ↑ *male* Mann *m;* ↑ *human race* Mensch *m,* Menschen *m pl,* Menschheit *f* **II.** *vt* → *rocket* bemannen
manage [ˈmænɪdʒ] **I.** *vi* zurechtkommen **II.** *vt* → *company* führen, leiten; ↑ *cope with* fertigwerden mit; → *work* bewältigen, schaffen; → *athlete, star* managen; ◇ **~ to do s.th.** es fertigbringen, etw zu tun; **manageable** *adj* ▷*person, animal* fügsam; ▷*object* handlich; **management** *n* ↑ *control, direction* Führung *f,* Leitung *f;* ↑ *administration* Verwaltung *f;* (*directors*) Management *s,* Geschäftsleitung *f;* **management consultant** *n* Unternehmensberater(in *f*) *m;* **manager** *n* Verwalter(in *f*) *m,* Manager(in *f*) *m,* Geschäftsführer(in *f*) *m;* **manageress** [mænɪdʒəˈres] *n* Verwalterin *f,* Managerin *f,* Geschäftsführerin *f;* **managerial** [mænəˈdʒɪərɪəl] *adj* geschäftsführend, Management-; ▷*position* leitend; **managing** [ˈmænɪˈdʒɪŋ] *adj* geschäftsführend, leitend; ◇ **~ director** Betriebsleiter(in *f*) *m*
mandarin [ˈmændərɪn] *n* [1] (*fruit*) Mandarine *f* [2] (*Chinese official*) Mandarin *m*
mandate [ˈmændeɪt] *n* Mandat *s,* Befehl *m,* Vollmacht *f;* **mandatory** [ˈmændətərɪ] *adj* vorgeschrieben, obligatorisch
mane [meɪn] *n* Mähne *f*
maneuver [məˈnuːvə*] (*AM*) Manöver *s; s. a.* manoeuvre
manful [ˈmænfl] *adj* mannhaft, beherzt
mange [meɪndʒ] *n* Räude *f;* (*of s.o.*) Krätze *f*
manger [ˈmeɪndʒə*] *n* Krippe *f*
mangle [ˈmæŋgl] **I.** *vt* → *laundry* mangeln; *FIG* verstümmeln **II.** *n* Wäschemangel *f*
mango [ˈmæŋgəʊ] *n* <-[e]s> Mango *f*
mangrove [ˈmæŋgrəʊv] *n* Mangrove *f*
mangy [ˈmeɪndʒɪ] *adj* ▷*dog* räudig; *FIG* schäbig
manhandle [ˈmænhændl] *vt* [1] (*physical strength*) etw von Hand bewegen [2] (*rough*) grob behandeln
manhole *n* Kanalschacht *m,* Mannloch *s*
manhood [ˈmænhʊd] *n* [1] (*age*) Mannesalter *s* [2] ↑ *manliness* Männlichkeit *f*
man-hour *n* COMM Mannstunde *f*
manhunt *n* Fahndung *f*
mania [ˈmeɪnɪə] *n* ↑ *craze* Manie *f,* Sucht *f;* ↑ *madness* Wahnsinn *m*
maniac [ˈmeɪnɪæk] *n* Wahnsinnige(r) *fm,* Verrückte(r) *fm;* ◇ **he is a tennis ~** er ist verrückt nach Tennis; *FIG* Fanatiker(in *f*) *m*
manicure [ˈmænɪkjʊə*] **I.** *n* Maniküre *f* **II.** *vt* maniküren; **manicure set** *n* Necessaire *s*
manifest [ˈmænɪfest] **I.** *vt* offenbaren, deutlich zeigen **II.** *adj* offenbar, deutlich erkennbar; **manifestation** [mænɪfeˈsteɪʃən] *n* [1] ↑ *showing* Offenbarung *f* [2] ↑ *statement* Kundgebung *f* [3] ↑ *sign* Anzeichen *s*
manifesto [mænɪˈfestəʊ] *n* <-[e]s> Manifest *s;* (*in politics*) Grundsatzerklärung *f*
manifold [ˈmænɪfəʊld] *adj* vielfältig
manipulate [məˈnɪpjʊleɪt] *vt* → *election* manipulieren; → *instrument* handhaben; **manipulation** [mənɪpjʊˈleɪʃən] *n* Manipulation *f;* Handhabung *f*
mankind [mænˈkaɪnd] *n* Menschheit *f*
man-made [ˈmænmeɪd] *adj* ▷*fibre* künstlich
manner [ˈmænə*] *n* Art *f,* Weise *f;* ↑ *style* Stil *m;* ◇ **she did it in such a ~ that ...** sie hat es so gemacht, daß ...; ◇ **~s** *pl* Manieren *pl,* Benehmen *s*
mannerism [ˈmænərɪzm] *n* Gehabe *s,* Angewohnheit *f;* (*of style*) Manieriertheit *f*
manoeuvrable [məˈnuːvrəbl] *adj* manövrierfähig; **manoeuvre** [məˈnuːvə*] **I.** *vt, vi* manövrieren **II.** *n* [1] MIL Feldzug *m;* ◇ **~s** *pl* Truppenübungen *pl* [2] (*skilful action*) Manöver *s*
manor [ˈmænə*] *n* Landgut *s;* ◇ **~ house** Herrenhaus *s*
manpower [ˈmænpaʊə*] *n* Arbeitskräfte *fpl*
manservant [ˈmænsɜːvənt] *n* Diener *m*
mansion [ˈmænʃən] *n* Herrenhaus *s*
manslaughter [ˈmænslɔːtə*] *n* Totschlag *m*
mantelpiece [ˈmæntlpiːs] *n* Kaminsims *s o m*
manual [ˈmænjʊəl] **I.** *adj* ▷*control* von Hand;

▹*labour* körperlich; ◇ ~ **work** Handarbeit *f* **II.** *n* Handbuch *s*

manufacture [mænjʊ'fæktʃə*] **I.** *vt* ① → *goods* herstellen, produzieren ② → *story, excuse* erfinden **II.** *n* Herstellung *f*, Produktion *f*; **manufacturer** *n* Hersteller(in *f*) *m*

manure [mə'njʊə*] **I.** *n* Dünger *m*, Mist *m*; ◇ ~ **heap** Misthaufen *m* **II.** düngen

manuscript ['mænjʊskrɪpt] *n* Manuskript *s*

many ['menɪ] <more, most> ① viel(e); ◇ ~ **times** oft; ◇ ~ **a good man** so manch guter Mann; ◇ **please take as ~ as you want** bitte nehmen Sie so viele wie Sie möchten ② ↑ *a lot* e-e Menge *f*; **many-sided** [menɪ'saɪdɪd] *adj* vielseitig

map [mæp] **I.** *n* [Land-]Karte *f*; (*of town*) Stadtplan *m* **II.** *vt* e-e Karte machen; **map out** *vt FIG* planen, einteilen

maple ['meɪpl] *n* Ahorn *m*

mar [mɑ:*] *vt* schädigen, verderben

marathon ['mærəθən] *n* Marathon *m*

maraud [mə'rɔ:d] *vt, vi* plündern

marble ['mɑ:bl] *n* ① Marmor *m* ② (*for game*) Murmel *f*

march [mɑ:tʃ] **I.** *vi* marschieren; ◇ **to ~ in a country** in ein Land einmarschieren **II.** *n* Marsch *m*; ◇ **the ~ of events** der Lauf der Dinge; **marching orders** *n* Marschbefehl *m*; **marching rations** *n* Marschverpflegung *f*

March [mɑ:tʃ] *n* März *m*

mare [mɛə*] *n* Stute *f*; *FIG* ◇ **~'s nest** Reinfall *m*

margarine [mɑ:dʒə'ri:n] *n*, **marge** [mɑ:dʒ] *n* (*BRIT*) Margarine *f*

margin ['mɑ:dʒɪn] *n* Rand *m*; (*extra amount*) Spielraum *m*; COMM Spanne *f*

marginal *adj* ↑ *side* am Rande; ▹*note* Randbemerkung *f*; ▹*difference* geringfügig; **marginally** *adv* unwesentlich, nur wenig

marigold ['mærɪgəʊld] *n* Ringelblume *f*

marijuana [mærɪ'wɑ:nə] *n* Marihuana *s*

marina [mə'ri:nə] *n* Bootshafen *m*, Yachthafen *m*

marinate ['mærɪneɪt] *vt* GASTRON marinieren

marine [mə'ri:n] **I.** *adj* Meeres-, See- **II.** *n* MIL Marineinfanterist(in *f*) *m*; ↑ *fleet* Marine *f*; **mariner** ['mærɪnə*] *n* Seemann *m*

marionette [mærɪə'net] *n* Marionette *f*

marital ['mærɪtl] *adj* ehelich, Ehe-; ◇ ~ **status** Familienstand *m*

maritime ['mærɪtaɪm] *adj* an der See liegend, See-

marjoram ['mɑ:dʒərəm] *n* Majoran *m*

mark [1] [mɑ:k] *n* (*coin*) Mark *f*

mark [2] [mɑ:k] **I.** *n* ① ↑ *spot* Fleck *m*; (*on body*) [Körper-]Mal *s* ② (*foot*) Spur *f* ③ ↑ *target* Ziel *s* ④ SCH Note *f* ⑤ (*trade*) Marke *f* ⑥ SPORT Startlinie *f*; ◇ **on your ~s ...** auf die Plätze ...; ◇ **quick off the ~** blitzschnell; *FIG* ◇ **to be up to the ~** gesundheitlich auf der Höhe sein; *FIG* ◇ **to be wide off the ~** sich gewaltig irren **II.** *vt* ① [be]zeichnen, markieren, kennzeichen; COMM → *prices* festsetzen ② ↑ *note* sich etw merken, Zeichen hinterlassen auf; ◇ ~ **my words** denke an meine Worte ③ → *exam* benoten, notieren ④ *also FIG* ◇ **to ~ time** auf der Stelle treten; **mark off** *vt* abgrenzen; **mark out** *vt* bestimmen; → *place* abstecken; **marked** [-d] *adj* auffallend, ausgeprägt; **markedly** ['mɑ:kɪdlɪ] *adv* merklich; **marker** *n* (*in book*) Lesezeichen *s*; (*on road*) Schild *s*; **marker pen** *n* Marker *m*

market ['mɑ:kɪt] **I.** *n* Markt[platz] *m*; ↑ *stock* ~ Börse *f* **II.** *vt* COMM → *new product* auf den Markt bringen; ↑ *sell* verkaufen; ↑ *be available* angeboten werden; **market day** *n* Markttag *m*; **market economy** *n* Marktwirtschaft *f*; **market garden** *n* (*BRIT*) Gemüseanbaubetrieb *m*; **marketing** *n* Marketing *s*; **market place** *n* Marktplatz *m*; **market stall** *n* Marktbude *f*

marksman ['mɑ:ksmən] *n* <-men> Scharfschütze *m*, Scharfschützin *f*; **marksmanship** *n* Treffsicherheit *f*

marmalade ['mɑ:məleɪd] *n* (*bitter*) [Orangen-]Marmelade *f*, Marmelade *f* aus Zitrusfrüchten

marmot ['mɑ:mət] *n* Murmeltier *s*

maroon [mə'ru:n] **I.** *vt* aussetzen **II.** *adj* (*colour*) kastanienbraun

marquee [mɑ:'ki:] *n* Festzelt *s*

marriage ['mærɪdʒ] *n* (*state of being married*) Ehe *f*; ↑ *wedding* Heirat *f*; ↑ *civil* ~ standesamtliche Trauung *f*; *FIG* Verbindung *f*, Zusammengehen *s*; **marriage certificate** *n* Trauschein *m*; **marriage guidance** *n* Eheberatung *f*

married ['mærɪd] *adj* (*person*) verheiratet; ◇ ~ **couple** Ehepaar *s*; ◇ ~ **life** Eheleben *s*

marrow ['mærəʊ] *n* ANAT Knochenmark *s*; (*of vegetable*) Kürbis *m*; **marrowbone** *n* Markknochen *m*

marry ['mærɪ] **I.** *vt* (*join*) trauen; ↑ *take as husband, wife* heiraten **II.** *vi* ◇ **get married** heiraten

marsh [mɑ:ʃ] *n* Sumpf *m*, Morast *m*

marshal ['mɑ:ʃəl] **I.** *n* ① MIL Marschall *m* ② *AM* Bezirkspolizeichef *m* **II.** *vt* → *argument* ordnen; → *soldier* antreten lassen

marshmallow [mɑ:ʃ'mæləʊ] *n* Marshmallow *s*

marshy ['mɑ:ʃɪ] *adj* sumpfig

marten ['mɑ:tɪn] *n* Marder *m*

martial ['mɑ:ʃəl] *adj* kriegerisch, Kampf-

martial arts *n pl* Kampfkunst *f*; **martial law** *n* Kriegsrecht *s*

Martian ['mɑ:ʃn] *n* (*from Mars*) Marsmensch *m*, Marsbewohner *m*

martyr ['mɑ:tə*] **I.** *n* (*sufferer*) Märtyrer(in *f*) *m* **II.** *vt* martern, zu Tode quälen; **martyrdom** ['mɑ:tərdəm] *n* ↑ *suffering* Martyrium *s;* (*death*) Märtyrertod *m*

marvel ['mɑ:vəl] **I.** *n* Wunder *s;* ◇ **this medicine is a ~** diese Medizin wirkt Wunder **II.** *vi* [1] ↑ *admire* staunen (*at* über *acc*) [2] ↑ *wonder* ◇ **I ~ that she continued** es wundert mich, daß sie weitergemacht hat

marvellous ['mɑ:vələs], **marvelous** (*AM*) *adj* wundervoll, fabelhaft, herrlich

Marxism ['mɑ:ksɪzəm] *n* POL Marxismus *m;* **Marxist I.** *n* Marxist(in *f*) *m* **II.** *adj* marxistisch

marzipan ['mɑ:zɪpæn] *n* Marzipan *s o m*

mascara [mæ'skɑ:rə] *n* Mascara *f*

mascot ['mæskət] *n* Maskottchen *s*

masculine ['mæskjʊlɪn] **I.** *adj* ↑ *manly* männlich; ▷*woman* maskulin **II.** *n* (*gender*) Maskulinum *s;* **masculinity** [mæskjʊ'lɪnɪtɪ] *n* Männlichkeit *f*

mash ['mæʃ] *vt* stampfen, zerdrücken; **mashed** [-t] *adj* ◇ **~ potatoes** *pl* Kartoffelbrei *m*

mask [mɑ:sk] **I.** *n* [1] ↑ *disguise* Maske *f;* ◇ **the ~ of friendship** geheuchelte Freundschaft [2] (*shield*) ◇ **surgeon's ~** Mundschutz *m;* ◇ **gas ~** Gasmaske *f* **II.** *vt* maskieren; → *feelings* verbergen

masochist ['mæzəʊkɪst] *n* Masochist(in *f*) *m*

mason ['meɪsn] *n* [1] ↑ *stone~* Steinmetz *m*, Steinhauer(in *f*) *m* [2] ↑ *free~* Freimaurer *m;* **masonic** [mə'sɒnɪk] *adj* Freimaurer-; ◇ **~ lodge** Freimaurerloge *f;* **masonry** ['meɪsnrɪ] *n* [1] Mauerwerk *s* [2] ◇ **free~** Freimaurerei *f*, Freimaurertum *s*

masquerade [mæskə'reɪd] **I.** *n* [1] ↑ *pose* Maskerade *f* [2] *FIG* ↑ *deception, pretence* ◇ **that is all just ~** das ist alles nur Theater **II.** *vi* ↑ *disguise, appear* sich ausgeben, sich verkleiden (*as* als)

mass [mæs] **I.** *n* [1] ↑ *quantity, load* Masse *f;* ↑ *bulk* ◇ **the great ~ of the mountains** das riesige Bergmassiv [2] REL Messe *f* [3] ↑ *population* ◇ **~es** Massen *pl* **II.** *vt* → *troops* zusammenziehen, massieren **III.** *vi* ← *crowd* versammeln

massacre ['mæsəkə*] **I.** *n* Massaker *s* **II.** *vt* massakrieren

massage ['mæsɑ:ʒ] **I.** *n* Massage *f* **II.** *vt* massieren; **massage parlour** *n* Massagepraxis *f*

masseur [mæ'sɜ:*] *n* Masseur(in *f*) *m;* **masseuse** [mæ'sɜ:z] *n* Masseuse *f*

mass grave *n* Massengrab *s*

massive ['mæsɪv] *adj* enorm; ▷*task* gewaltig

mass media ['mæs'mi:dɪə] *n pl* Massenmedien *pl*

mass meeting *n* Massenveranstaltung *f*

mass murderer *n* Massenmörder(in *f*) *m*

mass-produce *vt* in Massen produzieren

mass production *n* Massenproduktion *f*

mass unemployment *n* Massenarbeitslosigkeit *f*

mast [mɑ:st] *n* [1] NAUT Mast *m* [2] (*television and radio*) Sendeturm *m*

master ['mɑ:stə*] **I.** *n* Herr *m;* NAUT Kapitän *m;* ↑ *teacher* Lehrer *m* **II.** *vt* meistern; → *language, technique* beherrschen; → *temper* sich beherrschen; ◇ **M~ of Arts** ≈ Magister Artium *m*

master bedroom *n* großes Schlafzimmer; **master copy** *n* Original *s;* **master data** *n pl* Stammdaten *pl*

masterly *adj* (*very skilful*) meisterhaft

mastermind I. *n* führender Kopf **II.** *vt* planen, ausdenken; **masterpiece** *n* Meisterwerk *s;* **master stroke** *n* Glanzstück *s*

mastery *n* (*skill*) Können *s;* (*musical instrument*) ◇ **to gain ~ of s.th.** etw beherrschen

mastiff ['mæstɪf] *n* Dogge *f;* **mastiff breeder** *n* Doggenzüchter(in *f*) *m*

masturbate ['mæstəbeɪt] *vi* masturbieren, onanieren; **masturbation** [mæstə'beɪʃən] *n* Masturbation *f*, Onanie *f*

mat [mæt] **I.** *n* [1] Matte *f;* (*door*) Fußmatte *f;* (*table*) Untersetzer *m* [2] (*of hair*) Gewirr *s* **II.** *vi* ◇ **the sea-water ~ted my hair** meine Haare sind vom Salzwasser ganz verfilzt **III.** *vt* verfilzen

match [mætʃ] **I.** *n* [1] Streichholz *s*, Zündholz *s* [2] ↑ *contest, game* Spiel *s;* SPORT Wettkampf *m;* ▷*tennis* Match *s* [3] ↑ *equal* ◇ **to be no ~ for s.o.** sich nicht mit jd-m messen können [4] ↑ *be suitable* passen zu; ◇ **the blouse is a good ~ on the skirt** die Bluse paßt sehr gut zu dem Rock [5] (*couple*) ◇ **she is a good ~** sie ist e-e gute Partie **II.** *vt* [1] ← *clothes, colours* passen zu; ◇ **the colour of his face ~ed his shirt** sein Gesicht war so rot wie sein Hemd [2] ↑ *equal* gleichkommen *dat;* ◇ **I cannot ~ him in tennis** im Tennis kann ich es nicht mit ihm aufnehmen [3] ↑ *correspond* entsprechen *dat* **III.** *vi* zusammenpassen; ◇ **that ~es very nicely** das paßt sehr schön zusammen

matchbox *n* Streichholzschachtel *f*

matching *adj* ◇ **a ~ set of glasses** ein Satz *m* Gläser

matchless *adj* unvergleichlich, beispiellos

matchmaker *n* Ehestifter(in *f*) *m*

mate [meɪt] **I.** *n* [1] ↑ *companion* Freund(in *f*) *m* [2] ↑ *spouse* Mann *m*, Frau *f* [3] ↑ *helper* Gehilfe *m* [4] NAUT Maat *m* **II.** *vi* ← *animals* sich paaren **III.** *vt* (*chess*) [schach-]matt setzen

material [mə'tɪərɪəl] **I.** *n* (*dress*) Stoff *m*, Material *s;* ◇ **raw ~s** Rohstoffe *pl;* ◇ **writing ~s** Schreibzeug *s;* ◇ **building ~** Baumaterial *s*, Baustoffe *pl;*

(*story, article, document*) Stoff *m,* Material *s;* ◊ **-s** *pl* Material *s* **II.** *adj* ▷*comforts, needs* materiell; ◊ **- damage** Sachschaden *m;* ◊ **- defect** Materialfehler *m*

materialist *n* Materialist(in *f*) *m;* **materialistic** [mətɪərɪə'lɪstɪk] *adj* materialistisch

materialize [mə'tɪərɪəlaɪz] *vi* ← *plan* sich verwirklichen; ← *promise, hope* wahr werden

materially *adv* wesentlich, grundlegend

maternal [mə'tɜ:nl] *adj* mütterlich; ◊ **my - grandmother** meine Großmutter mütterlicherseits; ◊ **- instincts** Mutterinstinkte *m pl;* **maternity** [mə'tɜ:nɪtɪ] *adj* Mutterschaft *f;* ◊ **- dress** Umstandskleid *s;* ◊ **- leave** Mutterschaftsurlaub *m;* ◊ **- regulations** Mutterschutz *m;* ◊ **- ward** Entbindungsstation *f*

matey ['meɪtɪ] *adj BRIT FAM* freundlich

mathematical [mæθə'mætɪkl] *adj* mathematisch; **mathematician** [mæθəmə'tɪʃən] *n* Mathematiker(in *f*) *m;* **mathematics** [mæθə'mætɪks] *n sg* Mathematik *f;* **maths** [mæθs] *n sg BRIT FAM* Mathe *f*

matinee ['mætɪneɪ] *n* Frühvorstellung *f*

mating ['meɪtɪŋ] *n* Paarung *f;* ◊ **- season** Paarungszeit *f*

matriarchal [meɪtrɪ'ɑ:kl] *adj* matriarchalisch

matriculation [mətrɪkjʊ'leɪʃən] *n* Immatrikulation *f,* Einschreibung *f*

matrimony ['mætrɪmənɪ] *n* Ehe *f;* ◊ **holy -** der heilige Stand der Ehe

matron ['meɪtrən] *n* SCH Schwester *f;* MED Oberschwester *f;* **matronly** *adj* matronenhaft

matt [mæt] *adj* (*paint*) matt, mattgeworden; ◊ **- paint** Mattlack *m*

matted [-ɪd] *adj* zottig, verfilzt

matter ['mætə*] **I.** *n* ① ↑ *substance* Materie *f;* ▷*organic* Stoffe *pl* ② ◊ **printed -** Drucksache *f* ③ ↑ *affair* Sache *f,* Angelegenheit *f;* ◊ **as a - of course** selbstverständlich; ◊ **as a - of fact** wenn man es recht bedenkt, genaugenommen; ◊ **in this -** in diesem Zusammenhang; ◊ **no - how far** egal wie weit; ◊ **that's no laughing -** da gibt es nichts zu lachen; ◊ **to make -s worse** zu allem Unglück; ◊ **what is the -?** was ist los? **II.** *vi* wichtig sein; ◊ **it doesn't -** es macht nichts; **matter-of-fact** *adj* sachlich

mattress ['mætrəs] *n* Matratze *f*

mature [mə'tjʊə*] **I.** *adj* reif **II.** *vi* ← *person, wine* reifer werden, reifen; **maturely** *adv* ▷*act* vernünftig; **maturity** [mə'tjʊərətɪ] *n* Reife *f*

maul [mɔ:l] *vt* übel zurichten; → *author etc.* verreißen

Maundy Thursday [mɔ:ndɪ 'θɜ:zdɪ] *n* Gründonnerstag *m*

mausoleum [mɔ:sə'li:əm] *n* Mausoleum *s*

mauve [məʊv] *adj* malvenfarben

mawkish ['mɔ:kɪʃ] *adj* kitschig

maxi ['mæksɪ] *pref* Maxi-

maxim ['mæksɪm] *n* Maxime *f*

maximize ['mæksɪmaɪz] *vt* maximieren

maximum ['mæksɪməm] **I.** *adj* Höchst-, Maximal-; ▷*speed* Höchstgeschwindigkeit *f* **II.** *n* Maximum *s,* Höchstgrenze *f*

may [meɪ] <might> *Hilfsverb* ① (*possibility, probability*) ◊ **Mr Smith - be late** Mr Smith kommt vielleicht zu spät, es kann [*o.* könnte] sein, daß Mr Smith zu spät kommt; (*esp. in technical texts*) ◊ **files - be deleted with a special command** Dateien lassen sich durch e-n besonderen Befehl löschen ② ↑ *have permission, be permitted* dürfen; ◊ **you - come in** du darfst/kannst reinkommen ③ (*uncertain question*) ◊ **Well, who - you be?** Und wer bist du denn? ④ (*wishes*) ◊ **- all your dreams come true** ich wünsche dir, daß alle deine Träume in Erfüllung gehen ⑤ ◊ **I - as well go home** eigentlich kann ich auch nach Hause gehen

May [meɪ] *n* Mai *m*

maybe ['meɪbi:] *adv* vielleicht

may-day ['meɪdeɪ] *n* Maifeiertag *m,* SOS-Ruf *m,* Mayday *s*

May Day ['meɪdeɪ] *n* 1. Mai *m,* Maifeiertag *m*

mayhem ['meɪhem] *n* ↑ *havoc* Chaos *s*

mayonnaise [meɪə'neɪz] *n* Mayonnaise *f*

mayor [meə*] *n* Bürgermeister *m;* **mayoress** [meə'res] *n* ↑ *lady mayor* Bürgermeisterin *f;* ↑ *mayor's wife* Frau *f* des Bürgermeisters

maypole ['meɪpəʊl] *n* Maibaum *m*

maze [meɪz] *n* ① ↑ *labyrinth* Irrgarten *m* ② ↑ *confusion* Gewirr *s*

me [mi:] *pron direct/indirect object of* **I** mich, mir; ◊ **it's -** ich bin's; ◊ **it belongs to -** es gehört mir

meadow ['medəʊ] *n* Wiese *f;* **meadow flower** *n* Wiesenblume *f*

meagre, **meager** (*AM*) ['mi:gə*] *adj* mager, spärlich; ▷*amount* kläglich; ▷*face* hager

meal [mi:l] *n* ① Essen *s,* Mahlzeit *f;* ◊ **to have a -** e-e Mahlzeit zu sich nehmen, essen ② (*grain*) Mehl *s;* **mealtime** *n* Essenszeit *f;* **mealy** ['mi:lɪ] *adj* mehlig; **mealy-mouthed** [mi:lɪ'maʊθd] *adj FAM* ↑ *evasive* ◊ **to be -** um den heißen Brei herumreden

mean [mi:n] <meant, meant> **I.** *vt* ① ↑ *signify* ◊ **What does it -?** Was bedeutet es?; ↑ *be of importance* ◊ **you - a lot to me** du bedeutest mir viel ② ◊ **what he -s by it ...** was er damit sagen will ... **II.** *vi* ↑ *intend* beabsichtigen; ◊ **It was -t as a joke** das sollte ein Witz sein, das war als Witz

gedacht; ↑ *not suitable* ◇ **he was not -t to be a doctor** er eignet sich nicht als Arzt; ◇ **all parents - well** alle Eltern meinen es gut; ◇ **I - it** ich meine es ernst **III.** *adj* [1] ↑ *stingy* geizig [2] ↑ *spiteful* gemein [3] ↑ *shabby* schäbig, armselig [4] (*- average*) Gesamt- **IV.** *n* ↑ *average* Durchschnitt *m*
meander [mɪ'ændə*] *vi* ↑ *wander* schlendern; ← *stream* sich schlängeln, mäandern; ← *deviate from subject* abschweifen
meaning ['mi:nɪŋ] *n* Bedeutung *f;* (*of life*) Sinn *m;* ◇ **What's the - of this?** Was soll das bedeuten?; **meaningful** ['mi:nɪŋfl] *adj* ↑ *significant* bedeutungsvoll; ▷*relationship* ernsthaft; **meaningless** *adj* bedeutungslos; ▷*life* sinnlos
meanness ['mi:nnəs] *n* ↑ *spitefulness* Gemeinheit *f*
means [mi:nz] *n pl* [1] ↑ *method, process* Möglichkeit *f,* Mittel *s pl;* ◇ **by - of** dadurch, auf diese Weise; ◇ **by all -** selbstverständlich, natürlich; ◇ **by no -** auf keinen Fall [2] ▷*financial* Gelder *pl,* Mittel *pl;* ◇ **to live beyond one's -** über seine Verhältnisse leben; **means of communication** *n pl* Kommunikationsmittel *s pl;* **means of saving** *n pl* Sparmaßnahme *f;* **means of transport** *n pl* Transportmittel *s pl;* **means of transportation** *n pl* Verkehrsmittel *s pl*
meant [ment] *pt, pp of* **mean**
meantime [mi:n'taɪm] *adv,* **meanwhile** [mi:n'waɪl] *adv* inzwischen; ◇ **for the -** im Augenblick; ◇ **in the -** in der Zwischenzeit
measles ['mi:zlz] *n sg* Masern *pl;* ◇ **German -** Röteln *pl*
measly ['mi:zlɪ] *adj FAM* pop[e]lig, mick[e]rig
measurable ['meʒərəbl] *adj* meßbar; **measure** ['meʒə*] **I.** *vt, vi* messen **II.** *n* (*unit of measurement*) Maß *s;* (*ammount measured*) Menge *f;* ◇ **to take -s** Maßnahmen ergreifen; ◇ **in some -** in gewisser Hinsicht; **measured** [-d] *adj* ▷*pace* gemessen; ▷*language* wohlüberlegt, durchdacht; **measurement** *n* (*way of measuring*) Messung *f;* (*amount measured*) Maß *s;* **measuring** *n* Vermessung *f;* ◇ **- cup** Meßbecher *m;* ◇ **- device** Meßgerät *s*
meat [mi:t] *n* Fleisch *s;* **meat loaf** *n* ≈ Fleischkäse *m,* ≈ Leberkäs *m süddeutsch*; **meatball** *n* Frikadelle *f,* Fleischklößchen *s*
Mecca ['mekə] *n* Mekka *s*
mechanic [mɪ'kænɪk] *n* Mechaniker(in *f*) *m;* **mechanical** *adj* mechanisch; ◇ **- breakdown** Maschinenschaden *m;* ◇ **- engineer** Maschinenbauingenieur(in *f*) *m;* **mechanics** *n sg* (*engineering*) Maschinenbau *m;* (*technical aspects*) Mechanik *f,* Technik *f;* **mechanism** ['mekənɪzəm] *n* Mechanismus *m*
medal ['medl] *n* Medaille *f;* (*decoration*) Orden *m*
medallion [mɪ'dælɪən] *n* Medaillon *s*
medallist, medalist (*AM*) ['medəlɪst] *n* Medaillengewinner(in *f*) *m*
meddle ['medl] *vi* ↑ *interfere* sich einmischen (*in* in *acc*); ↑ *fiddle, tamper* herumfummeln (*with* an *dat*); ◇ **Mr Bond is not a man to be -d with** mit Herrn Bond ist nicht gut Kirschen essen
media ['mi:dɪə] *n pl* Medien *pl*
mediate ['mi:dɪeɪt] *vi* [1] (*act as go-between*) vermitteln [2] → *settlement* aushandeln; **mediation** [mi:dɪ'eɪʃən] *n* Vermittlung *f;* **mediator** ['mi:dɪeɪtə*] *n* Vermittler(in *f*) *m,* Schlichter(in *f*) *m*
medic ['medɪk] *n* [1] ↑ *medical student* Medizinstudent(in *f*) *m* [2] ↑ *nurse* Krankenpfleger(in *f*) *m;* ↑ *para-* [Rettungs-]Sanitäter(in *f*) *m;* **medical I.** *adj* medizinisch; ▷*authority* Gesundheitsamt *s;* ◇ **- examiner** Vertrauensarzt *m,* Vertrauensärztin *f;* ◇ **- insurance certificate** Krankenschein *m;* ◇ **- opinion** medizinisches Gutachten *s;* ◇ **- orderly** Sanitäter(in *f*) *m;* ◇ **in - treatment** in ärztlicher Behandlung *f* **II.** *n* ärztliche Untersuchung *f*
Medicare ['medɪkɛə*] *n* (*AM*) *staatliches Krankenversicherungssystem*
medicated ['medɪkeɪtɪd] *adj* in medizinischer Behandlung; **medication** [medɪ'keɪʃn] *n* (*drugs*) Medikamente *s pl*
medicinal [mɪ'dɪsɪnl] *adj* Heil-, heilend; ◇ **- purposes** zu medizinischen Zwecken; **medicine** ['medsɪn] *n* [1] (*drugs*) Arznei *f,* Medizin *f;* ◇ **to take one's -** seine Arznei einnehmen; *FIG* ◇ **Let's give her a taste of her own -!** Zahlen wir es ihr mit gleicher Münze zurück! [2] (*science*) Medizin *f;* **medicine chest** *n* Hausapotheke *f*
medieval [medɪ'i:vəl] *adj* mittelalterlich
mediocre [mi:dɪ'əʊkə*] *adj* mittelmäßig; **mediocrity** [mi:dɪ'ɒkrɪtɪ] *n* Mittelmäßigkeit *f;* (*FIG FAM person*) kleines Licht
meditate ['medɪteɪt] *vi* [1] ↑ *consider* nachdenken (*on, upon* über *acc*); REL meditieren [2] ◇ **she -d on revenge** sie sann auf Rache; **meditation** [medɪ'teɪʃən] *n* ↑ *reflection* Nachdenken *s;* ↑ *contemplation* Meditation *f*
Mediterranean [medɪtə'reɪnɪən] **I.** *n* (*sea and region*) Mittelmeer *s;* ▷*type* Südländer(in *f*) *m* **II.** *adj* ▷*character, food* südländisch, mediterran
medium ['mi:dɪəm] **I.** *adj* mittel-, Mittel-; ◇ **- height** mittelgroß **II.** *n* Mittel *s;* (*media*) Medium *s;* (*person*) Medium *s;* **medium wave** *n* MEDIA Mittelwelle *f;* **medium-range missile** *n* MIL Mittelstreckenrakete *f*
medley ['medlɪ] *n* [1] ↑ *assortment* Gemisch *s* [2] MUS Medley *s*

meek [mi:k] *adj* ↑ *timid* sanftmütig, lammfromm *FAM*

meet [mi:t] <met, met> **I.** *vt* [1] ↑ *encounter* ▷*person* treffen; (*arranged*) sich treffen; → *problems, difficulties* stoßen auf *acc;* ◇ **I'll ~ your train** ich hole dich vom Zug ab [2] ↑ *satisfy* → *expectations, requirements* erfüllen; ↑ *pay* → *costs* decken [3] (*connect*) ◇ **the train ~s the ferry** der Zug hat Anschluß an die Fähre [4] ↑ *introduce* vorstellen; ↑ *become acquainted* bekannt gemacht werden **II.** *vi* [1] ← *people* sich treffen; ← *committee, society* tagen; ← *eyes* sich begegnen [2] ↑ *join* ← *rivers* ineinanderfließen; **meet with** *vt* → *problems* stoßen auf *acc;* **meeting** *n* ↑ *encounter* Begegnung *f;* (*of friends*) Zusammentreffen *s;* ↑ *business ~* Besprechung *f;* (*of committee*) Sitzung *f;* ↑ *assembly* Zusammenkunft *f;* **meeting place** *n* Treffpunkt *m*

me-first society *n* Ell[en]bogengesellschaft *f*

megaphone ['megəfəʊn] *n* Megaphon *s*

melancholy ['melənkəlı] **I.** *n* Melancholie, Schwermut *f* **II.** *adj* ▷*person* melancholisch, schwermütig; ▷*sight* traurig

mellow ['meləʊ] **I.** *adj* [1] ▷*person* locker [2] ▷*colour, light* warm; ▷*wine* lieblich; ▷*fruit* saftig; ▷*voice* sanft **II.** *vi* ↑ *relax* abgeklärt werden

melodramatic [meləʊdrə'mætık] *adj* melodramatisch

melody ['melədı] *n* Melodie *f*

melon ['melən] *n* Melone *f*

melt [melt] **I.** *vt* [1] ↑ *liquefy* schmelzen; ← *butter* zergehen; ↑ *thaw* ← *ice* tauen [2] ↑ *diminish* schwinden [3] ↑ *vanish* verschwinden **II.** *vi* schmelzen, tauen; **melt away** *vi* dahinschmelzen; **melt down** *vt* einschmelzen; **meltdown** *n* (*in nuclear reactor*) Kernschmelze *f;* **melting point** *n* Schmelzpunkt *m;* **melting pot** *n* (*FIG mixture*) Schmelztiegel *m;* (*FIG multicultural society*) ◇ **a ~ ~ of races** ein Schmelztiegel verschiedener Rassen

member ['membə*] *n* [1] (*organization, club*) Mitglied *s;* (*species, group*) Angehörige(r) *fm;* ◇ **~ of cast** Mitspieler(in *f*) *m; BRIT* ◇ **M~ of Parliament** Abgeordnete(r) *fm* des Unterhauses [2] ANAT Penis *m;* **membership** *n* Mitgliedschaft *f;* ◇ **~ fee** Mitgliedsbeitrag *m*

membrane ['membreın] *n* Membran(e) *f*

memento [mə'mentəʊ] *n* <-[e]s> Andenken *s*

memo ['meməʊ] *n* <-s> **memorandum**

memoirs ['memwɑ:z] *n pl* Memoiren *pl*

memorable ['memərəbl] *adj* unvergeßlich

memorandum [memə'rændəm] *n* [1] ▷*business* Mitteilung *f;* ▷*personal* Notiz *f* [2] POL Memorandum *s*

memorial [mı'mɔ:rıəl] **I.** *n* (*monument*) Denkmal *s* **II.** *adj* (*service, prize*) Gedenk-; ◇ **M~ Day** (*AM*) Volkstrauertag *m*

memorize ['meməraız] *vt* sich einprägen *dat*

memory ['memərı] *n* [1] Gedächtnis *s;* ◇ **I have a bad ~ when it comes to names** ich habe ein schlechtes Namensgedächtnis, Namen kann ich mir schlecht merken; ◇ **if my ~ serves me right** wenn ich mich recht entsinne; PC Speicher *m* [2] ↑ *recollection* Erinnerung *f* (*of* an *acc*); ◇ **my memories of those days ...** meine Erinnerungen an diese Zeit ... [3] ◇ **to honour s.o.'s ~** jd-s Andenken ehren; ◇ **in ~ of** zur Erinnerung an, zum Andenken an; **memory capacity** *n* PC Speicherkapazität *f;* **memory protection** *n* Speicherschutz *m*

men [men] *pl of* **man**

menace ['menəs] **I.** *n* [1] ↑ *danger, threat* Bedrohung *f;* ◇ **a ~ to democracy** e-e Bedrohung für die Demokratie [2] ↑ *nuisance* Plage *f* **II.** *vt* bedrohen; **menacing** *adj* ↑ *threatening* drohend

menagerie [mı'nædʒərı] *n* Menagerie *f*

mend [mend] *vt* [1] reparieren; → *shirt* flicken [2] ↑ *recover* heilen; ◇ **on the ~** auf dem Weg[e] der Besserung [3] ↑ *reform* ◇ **~ one's ways** sich verbessern

mending *n* (*clothes*) Flickarbeit *f*

menial ['mi:nıəl] *adj* ▷*work* niedrig

meningitis [menın'dʒaıtıs] *n* Hirnhautentzündung *f,* Meningitis *f*

meniscus [mı:nıskəs] *n* Meniskus *m*

menopause ['menəʊpɔ:z] *n* Wechseljahre *s pl,* Menopause *f*

menstruate ['menstrʊeıt] *vi* die Menstruation haben; **menstruation** [menstrʊ'eıʃən] *n* Menstruation *f*

mental ['mentl] *adj* geistig; ◇ **~ attitude** Denkweise *f;* ◇ **~ calculation** Kopfrechnen *s;* ◇ **~ cruelty** seelische Grausamkeit; ◇ **~ derangement** geistige Umnachtung; ◇ **~ health** Geisteszustand *m;* ◇ **~ home** Nervenheilanstalt *f;* ◇ **~ state** Geisteszustand *m;* ◇ **~ strain** psychische Belastung; ◇ **to make a ~ note** sich *dat* etw merken; **mentality** [men'tælıtı] *n* Mentalität *f;* **mentally** ['mentəlı] *adv* geistig-; ◇ **~ ill** geisteskrank

mentholated ['menθəleıtıd] *adj* Menthol-

mention ['menʃən] **I.** *n* Erwähnung *f* **II.** *vt* erwähnen; → *names* nennen; ◇ **to ~ s.o. in one's will** jd-n in seinem Testament berücksichtigen; ◇ **don't ~ it** [es ist] nicht der Rede Wert; ◇ **not to ~ ...** nicht zu vergessen ...

menu ['menju:] *n* [1] Speisekarte *f;* ◇ **~ of the day** Tageskarte *f* [2] PC Menü *s;* ◇ **~ display** Menüanzeige *f;* **menu-driven** *adj* PC menügesteuert

M

mercantile ['mɜːkəntaɪl] *adj* Handels-
mercenary ['mɜːsɪnərɪ] **I.** *n* MIL Söldner *m* **II.** *adj* [1] Söldner- [2] ▷*person* geldgierig
merchandise ['mɜːtʃəndaɪz] *n* Ware *f*
merchant ['mɜːtʃənt] **I.** *n* ↑ *trader* Kaufmann *m*, Kauffrau *f*; ◇ **textile** ~ Textilhändler(in *f*) *m* **II.** *adj* [1] (*business*) ◇ ~ **bank** Handelsbank *f* [2] NAUT Handels-; ◇ ~ **navy** Handelsmarine *f*
merciful ['mɜːsɪfʊl] *adj* ↑ *blessed* barmherzig, gnädig; **mercifully** ['mɜːsɪfəlɪ] *adv* [1] (*treatment*) barmherzig, gnädig [2] ↑ *fortunately* glücklicherweise; **mercilessly** *adv* (*treatment*) gnadenlos, unbarmherzig
mercury ['mɜːkjʊrɪ] *n* [1] CHEM Quecksilber *s* [2] ASTRON ◇ **M~** Merkur *m*
mercy ['mɜːsɪ] *n* [1] ↑ *kindness, forgiveness* Erbarmen *s* [2] (*control*) ◇ **I am at your** ~ ich bin dir auf Gedeih und Verderb ausgeliefert [3] good luck; ◇ **it is a ~ she was not hurt** es ist erstaunlich, daß sie nicht verletzt wurde
mere ['mɪə] *adj* ↑ *just* bloß; ▷*nonsense* rein; ◇ **it is a ~ cold** es ist bloß e-e Erkältung; **merely** ['mɪəlɪ] *adv* lediglich
merge [mɜːdʒ] *vt* [1] COMM zusammenschließen [2] ↑ *blend* verschmelzen (*with* mit) [3] ← *roads* zusammenführen, zusammenlaufen; **merger** *n* COMM Fusion *f*; **merging** *n* Zusammenfluß *m*
meridian [mə'rɪdɪən] *n* Meridian *m*
meringue [mə'ræŋ] *n* Meringe *f*, Baiser *s*
merit ['merɪt] **I.** *n* [1] ↑ *worth* Verdienst *s*; ◇ **to judge on** ~ nach Leistung beurteilen [2] (*deserving praise*) Vorzug *m* **II.** *vt* verdienen; **meritorious** [merɪ'tɔrɪəs] *adj* verdienstvoll
mermaid ['mɜːmeɪd] *n* Meerjungfrau *f*, Nixe *f*
merrily ['merɪlɪ] *adv* munter; **merriment** ['merɪmənt] *n* [1] Fröhlichkeit *f* [2] ↑ *laughter* Gelächter *s*; **merry** ['merɪ] *adj* [1] fröhlich; ◇ **M~ Christmas!** Fröhliche Weihnachten! [2] ↑ *tipsy* angeheitert; **merrymaking** *n* Feiern *s*; **merry-go-round** *n* Karussell *s*
mesh [meʃ] *n* (*material*) Masche *f*; ◇ **wire** ~ Maschendraht *m*; ↑ *network* Drahtgeflecht *s*
mesmerize ['mezməraɪz] *vt* hypnotisieren; *FIG* fesseln
mess [mes] *n* [1] ↑ *dirt* Dreck *m* [2] (*untidy, chaotic*) Durcheinander *s*; ◇ **my life is such a** ~ mein Leben ist völlig durcheinander; ◇ **to make a ~ of s.th.** etw vermasseln; ◇ **you look a** ~ du siehst schrecklich aus [3] ↑ *difficult or confused state* ◇ **to get into a** ~ in Schwierigkeiten geraten; **mess about** *vi* ↑ *tinker with* herumpfuschen (*with* an *dat*); ↑ *play the fool* herumalbern; ↑ *loaf* herumgammeln; **mess up** *vt* [1] ↑ *make dirty* dreckig machen [2] ↑ *make untidy* durcheinanderbringen [3] ↑ *bungle, not succeed* Mist bauen *FAM*
message ['mesɪdʒ] *n* [1] ↑ *information* Nachricht *f*, Mitteilung *f*; ◇ **Did you get the ~?** Hast du es kapiert? [2] (*of story*) Aussage *f*; **message unit** *n AM* TELEC Gebühreneinheit *f*; **messenger** ['mesɪndʒə*] *n* Bote *m*, Botin *f*
messy ['mesɪ] *adj* [1] ↑ *dirty* dreckig [2] ↑ *untidy* durcheinander, unordentlich [3] ◇ ~ **affair** unangenehme Sache
met [met] *pt, pp of* **meet**
metabolism [me'tæbəlɪzəm] *n* Stoffwechsel *m*
metal ['metl] *n* Metall *s*; **metallic** [mɪ'tælɪk] *adj* metallisch
metamorphose [metə'mɔːfəʊz] *vt, vi* verwandeln, umwandeln; **metamorphosis** [metə'mɔːfəsɪs] *n* Metamorphose *f*
metaphor ['metəfɔː*] *n* Metapher *f*; **metaphorical** [metə'fɒrɪkəl] *adj* metaphorisch
metaphysics [metə'fɪzɪks] *n sg* Metaphysik *f*
metempsychosis *n* Seelenwanderung *f*
meteor ['miːtɪə*] *n* Meteor *m*; **meteorite** ['miːtɪəraɪt] *n* Meteorit *m*; **meteorology** [miːtɪə'rɒlədʒɪ] *n* Meteorologie *f*
meter, **metre** (*AM*) ['miːtə*] *n* Zähler *m*; Uhr *f*; ◇ **parking** ~ Parkuhr *f*
method ['meθɒd] *n* Methode *f*; **methodical** [mɪ'θɒdɪkəl] *adj* methodisch, systematisch; **methodology** [meθə'dɒlədʒɪ] *n* Methodik *f*
methylated spirits [meθɪleɪtɪd'spɪrɪts], **meths** [meθs] *n sg* Brennspiritus *m*
meticulous [mɪ'tɪkjʊləs] *adj* sorgfältig, übergenau
metre ['miːtə*] *n* [1] Meter *m* [2] (*poem*) Metrum *s*
metric ['metrɪk] *adj* metrisch-; ◇ ~ **system** Dezimalsystem *s*; ◇ **to go** ~ sich auf das Dezimalsystem umstellen
metrication [metrɪ'keɪʃən] *n* Umstellung *f* auf das Dezimalsystem
Metro ['metrəʊ] *n* Metro *f*
metronome ['metrənəʊm] *n* Metronom *s*
metropolis [me'trɒpəlɪs] *n* Metropole *f*, Hauptstadt *f*
mettle ['metl] *n* Mut *m*
Mexico ['meksɪkəʊ] *n* Mexiko *s*
miaow [miː'aʊ] *vi* miauen
mice [maɪs] *pl of* **mouse**
mickey ['mɪkɪ] *n FAM* ◇ **Bobby loves to take the ~ out of people** Bobby nimmt die Leute gerne ein wenig auf den Arm
microbe ['maɪkrəʊb] *n* Mikrobe *f*
microchip ['maɪkrəʊtʃɪp] *n* PC Mikrochip *m*

microcomputer *n* Mikrocomputer *m*
microelectronics *n sg* Mikroelektronik *f*
microfilm ['maɪkrəʊfɪlm] **I.** *n* Mikrofilm *m* **II.** *vt* auf Mikrofilm aufnehmen
microphone ['maɪkrəfəʊn] *n* Mikrophon *s*
microprocessor [maɪkrəʊ'prəʊsesə*] *n* Mikroprozessor *m*
microscope ['maɪkrəskəʊp] *n* Mikroskop *s*
microscopic [maɪkrə'skɒpɪk] *adj* mikroskopisch; *FAM* winzig
microwave ['maɪkrəʊweɪv] *n* Mikrowelle *f;* ◇ **~ oven** Mikrowellenherd *m*
mid [mɪd] *adj* mitten in *dat;* ◇ **a man in the ~ forties** ein Mittvierziger; ◇ **my sister is in her ~ twenties** meine Schwester ist Mitte Zwanzig; ◇ **in ~ air** in der Luft; ◇ **in ~ sentence** mitten im Satz; ◇ **~-afternoon nap** Mittagsschläfchen *s*
midday [mɪd'deɪ] *n* Mittag *m*
middle ['mɪdl] *n* (1) ↑ *center* Mitte *f;* ◇ **we arrived in the ~ of the night** wir sind mitten in der Nacht angekommen; ◇ **in the ~ of nowhere** am Ende der Welt; ◇ **I am in the ~ of my book** ich bin mitten in meinem Buch (2) ↑ *waist* Taille *f;* **middle-aged** [mɪdl'eidʒd] *adj* (1) mittleren Alters; *FAM* ◇ **~ groover** Oldie *m* (2) ↑ *stuffy* spießig; **Middle Ages** *n* Mittelalter *s;* **middle-class I.** *n* Mittelstand *m* **II.** *adj* (1) Mittelstands- (2) ↑ *traditional* bürgerlich; **Middle East** *n* Mittlerer Osten, Naher Osten; **middleman** *n* <-men> COMM Zwischenhändler *m;* **middle-market car** *n* Mittelklassewagen *m;* **middle name** *n* zweiter Vorname; **middle-of-the-road** *adj* ▷*politics, opinion* gemäßigt
middling ['mɪdlɪŋ] *adj* mittelmäßig
midge [mɪdʒ] *n* Mücke *f*
midget ['mɪdʒɪt] **I.** *n* Liliputaner(in *f*) *m* **II.** *adj* winzig
midnight ['mɪdnaɪt] *n* Mitternacht *f;* ◇ **to burn the ~ oil** bis spät in die Nacht arbeiten
midriff ['mɪdrɪf] *n* Taille *f*
midst [mɪdst] *n* ◇ **in the ~ of** mitten in; ◇ **there is a thief in our ~** unter uns gibt es e-n Dieb
midstream [mɪd'stri:m] *n* (1) Flußmitte *f* (2) ↑ *in the middle of* ◇ **Jones stopped in ~ and stared** Jones hörte mitten im Gespräch auf und starrte vor sich hin
midsummer ['mɪdsʌmə*] *n* Hochsommer *m;* ◇ **M~'s Day** Sommersonnenwende *f*
midway [mɪd'weɪ] *adv* ◇ **I'll meet you ~** wir treffen uns auf halbem Wege
midweek [mɪd'wi:k] *adj, adv* zur Wochenmitte, in der Mitte der Woche
midwife ['mɪdwaɪf] *n* <-wives> Hebamme *f;* **midwifery** ['mɪdwɪfrɪ] *n* Geburtshilfe *f*
midwinter [mɪd'wɪntə*] *n* tiefster Winter
might [maɪt] **I.** (*modal aux*) *pt of* **may;** ◇ **the doctor ~ call** vielleicht ruft der Arzt an **II.** *n* (*force*) Kraft *f;* ◇ **I pushed with all my ~** ich drückte mit aller Kraft; **mightn't** [maɪtnd] = **might not**
mighty [maɪtɪ] *adj, adv* (1) ↑ *strong, powerful* mächtig (2) *FAM* ◇ **we were ~ lucky to find this appartment** wir hatten verdammt viel Glück, diese Wohnung zu finden
migraine ['mi:greɪn] *n* Migräne *f*
migrant ['maɪgrənt] *n* ▷*birds* Zugvogel *m;* ▷*worker* Wanderarbeiter(in *f*) *m,* Gastarbeiter(in *f*) *m;* **migrate** [maɪ'greɪt] *vi* abwandern, auswandern; ← *birds* fortziehen; **migration** [maɪ'greɪʃən] *n* Abwandern *s,* Auswanderung *f;* *birds* Zug *m;* **migratory** [maɪ'grətərɪ] *adj* Wander-; ◇ **~ bird** Zugvogel *m*
mike [maɪk] *n s.* **microphone**
mild [maɪld] *adj* ↑ *gentle, not harsh* ▷*climate, punishment* mild; (*person's manner*) sanft; ▷*flavour* mild, leicht; ◇ **~ ale** leichtes dunkles Bier
mildew ['mɪldju:] *n* (*on food*) Schimmel *m;* (*on plants*) Mehltau *m*
mildly ['maɪldlɪ] *adv* (1) (*gentle manner*) sanft (2) ↑ *without exaggeration* ◇ **to put it ~** gelinde gesagt
mile [maɪl] *n* (1) Meile *f;* ◇ **~s and ~s** meilenweit (2) ◇ **the other company is ~s ahead** die andere Firma ist weit voraus; ◇ **this shirt is ~s too big for me** dieses Hemd ist viel zu groß für mich; ◇ **You can tell it a ~ off!** Das sieht ja ein Blinder!; **mileage** *n* Meilenzahl *f;* **milestone** *n also FIG* Meilenstein *m*
milieu ['mi:ljɜ:] *n* Milieu *s*
militant ['mɪlɪtənt] *adj* militant; **militarism** ['mɪlɪtərɪzəm] *n* Militarismus *m;* **military** ['mɪlɪtərɪ] **I.** *adj* militärisch; ◇ **M~ Counter-Intelligence Service** Militärischer Abschirmdienst, MAD *m;* ◇ **~ service** Wehrdienst *m* **II.** *n* Militär *s*
militia [mɪ'lɪʃə] *n* Miliz *f,* Bürgerwehr *f*
milk [mɪlk] **I.** *n* Milch *f* **II.** *vt* melken; **milk bottle** *n* Milchflasche *f;* **milk chocolate** *n* Milchschokolade *f;* **milk float** *n* Milchauto *s;* **milkman** *n* <-men> Milchmann *m;* **milk shake** *n* Milchmixgetränk *s,* Milchshake *m;* **milk tooth** *n* Milchzahn *m;* **Milky Way** *n* ASTRON Milchstraße *f*
mill [mɪl] **I.** *n* (1) (*building*) Mühle *f,* Fabrik *f* (2) (*apparatus*) Mühle *f* **II.** *vt* mahlen; **mill about, mill around** *vi* (*BRIT*) umherlaufen
millennium [mɪ'lenɪəm] *n* Jahrtausend *s*
miller ['mɪlə*] *n* Müller(in *f*) *m*

millet ['mılıt] *n* Hirse *f*
milligram[me] ['mılıgræm] *n* Milligramm *s*
millilitre *n*, **milliliter** (*AM*) *n* Milliliter *m*
millimetre, **millimeter** (*AM*) *n* Millimeter *m*
milliner ['mılınə*] *n* Hutmacher(in *f*) *m*
million ['mıljən] *n* Million *f*
millionaire [mıljə'nεə*] *n* Millionär(in *f*) *m*
millwheel ['mılwi:l] *n* Mühlrad *s*
milometer [maı'lɒmıtə*] *n* Kilometerzähler *m*
mime [maım] **I.** *n* (*performance*) Pantomime *f* **II.** *vt, vi* mimen
mimic ['mımık] **I.** *n* Imitator(in *f*) *m* **II.** *vt, vi* nachmachen; ↑ *ridicule* nachäffen
mince [mıns] **I.** *n* (*BRIT*) Hackfleisch *s* **II.** *vt* zerhacken, durch den Fleischwolf drehen; *FIG* ◇ **I won't ~ words, I don't like the idea** um ganz ehrlich zu sein, die Idee gefällt mir gar nicht; **mincemeat** *n Gebäckfüllung aus Sirup und Trockenobst;* ◇ **to make ~ out of s.o.** jd-n zur Schnecke machen; **mince pie** *n* gefüllte Pastete *f;* **mincer** *n* Fleischwolf *m;* **mincing** *adj* (*affected manner*) affektiert
mind [maınd] **I.** *n* [1] ↑ *consciousness* Geist *m* [2] ↑ *intelligence* Verstand *m;* ◇ **Have you lost your ~?** Hast du den Verstand verloren? [*o.* Bist du verrückt geworden?] [3] ↑ *attention* Gedanken *pl;* ◇ **to have s.th. on one's ~** besorgt sein [4] ↑ *memory* Gedächtnis *s;* ↑ *opinion* Meinung *f;* ◇ **to give s.o. a piece of one's ~** jd-m die Meinung sagen; ◇ **to change one's ~** seine Meinung ändern [5] ↑ *decision* Entscheidung *f;* ◇ **David has finally made up his ~** David hat endlich mal e-e Entscheidung getroffen; ◇ **Do you ~ if I go home now?** Haben Sie etw dagegen, wenn ich jetzt nach Hause gehe? **II.** *vt* [1] ↑ *look after* aufpassen auf *acc* [2] ↑ *be careful* ◇ **M~ the step!** Vorsicht Stufe! [3] ↑ *concern, worry* ◇ **I just don't ~ ...** mir ist es völlig egal ...; ◇ **Father really doesn't ~** Vater hat wirklich nichts dagegen; ◇ **I do wish you would ~ your own business** es wäre mir sehr recht, wenn du dich um deine eigenen Angelegenheiten kümmern würdest; ◇ **never ~** [es] macht nichts; **mindful** ['maındfl] *adj* achtsam, aufmerksam (*of* auf *acc*); **mindless** *adj* ▷*person* hirnlos, geistlos; ▷*chatter* dumm; ▷*violence* sinnlos
mine [maın] **I.** *pron* (*substantivisch*) meine(r, s); ◇ **the responsibility is ~** ich bin dafür verantwortlich; ◇ **the car is ~** das Auto gehört mir **II.** *n* [1] ↑ *coal~* Bergwerk *s* [2] (MIL *explosive*) Mine *f* [3] (*FIG source of knowledge*) ◇ **Grandfather is a ~ of information** Großvater weiß einfach alles **III.** *vt* [1] → *coal* abbauen [2] MIL ↑ *lay mines* verminen, Minen legen **IV.** *vi* Bergbau betreiben
mine detector *n* Minensuchgerät *s;* **minefield** *n* Minenfeld *s*
miner *n* Bergarbeiter *m*
mineral ['mınərəl] *n* Mineral *s;* **mineral oil** *n* Mineralöl *s;* **mineral water** *n* Mineralwasser *s*
minesweeper ['maınswi:pə*] *n* Minensuchboot *s*
mingle ['mıŋgl] **I.** *vt* ↑ *mix* vermischen **II.** *vi* sich vermischen (*with* mit *acc*); ↑ *socialise* ◇ **to ~ with the crowd** sich unters Volk mischen
mingy ['mınʒı] *adj* (*BRIT*) geizig; ▷*amount* lumpig
mini ['mını] *pref* Mini-
miniature ['mınıt∫ə*] **I.** *n* Miniatur *f* **II.** *adj* Miniatur-; ◇ **~ edition** Miniaturausgabe *f*
minibus ['mınıbʌs] *n* Kleinbus *m,* Minibus *m*
minicab ['mınıkæb] *n* Kleintaxi *s*
minimal ['mınıml] *adj* minimal; ◇ **~ risk** Restrisiko *s*
minimize ['mınımaız] *vt* → *costs* auf das Mindestmaß beschränken; ↑ *underestimate* herabsetzen, schlechtmachen
minimum ['mınıməm] **I.** *n* Minimum *s* **II.** *adj* ▷*amount* Mindest-; ◇ **~ age** Mindestalter *s;* ◇ **~ wage** Mindestlohn *m*
mining ['maınıŋ] **I.** *n* Bergbau *m* **II.** *adj* Bergbau-; ◇ **~ industry** Bergbauindustrie *f*
miniquake ['mınıkweık] *n* [kleiner] Erdstoß *m*
miniskirt ['mınısk3:t] *n* Minirock *m*
minister ['mınıstə*] *n* [1] POL Minister(in *f*) *m;* ◇ **M~ of Economics** Wirtschaftsminister(in *f*) *m;* ◇ **M~ of the Interior** Innenminister(in *f*) *m* [2] REL Pfarrer(in *f*) *m,* Pastor(in *f*) *m;* **ministry** ['mınıstrı] *n* [1] POL Ministerium *s;* ◇ **M~ of Defence** Verteidigungsministerium *s;* ◇ **during his ~ there were few problems** während seiner Amtszeit gab es kaum Probleme [2] REL ↑ *office* geistliches Amt
mink [mıŋk] *n* Nerz *m;* ◇ **~ coat** Nerzmantel *m*
minor ['maınə*] **I.** *adj* [1] ↑ *lesser* kleiner-; (*not serious*) leicht; (*not so important*) ▷*poet* unbedeutend [2] MUS ▷*key* Moll- **II.** *n BRIT* ↑ *under 18* Minderjährige(r) *fm*
minority [maı'nɒrıtı] *n* [1] Minderheit *f* [2] (*culture*) ◇ **~ group** Minderheit *f,* Minorität *f* [3] Minderjährigkeit *f*
minster ['mınstə*] *n* Münster *s,* Kathedrale *f*
mint [mınt] **I.** *n* [1] (*herb*) Minze *f;* (*sweet*) Pfefferminzbonbon *s* [2] (*for coins*) Münze *f,* Münzanstalt *f* **II.** *adj* (*stamp*) ungestempelt; ↑ *like new* ◇ **the carpet was in ~ condition** der Teppich war in tadellosem Zustand; **mint sauce** *n* Minzsoße *f*

Minuet [mɪnjʊ'et] *n* Menuett *s*
minus ['maɪnəs] *prep* minus, weniger; **minus sign** *n* Minuszeichen *s*
minute I. ['mɪnɪt] *n* ① Minute *f;* ◇ ~ **hand** Minutenzeiger *m;* ◇ **Just a ~!** Einen Moment, bitte!; ◇ **I won't consider it for a ~** so was kommt überhaupt nicht in Frage ② ◇ **the ~s of a meeting** das Protokoll e-r Sitzung **II.** [maɪ'nju:t] *adj* ↑ *tiny* winzig; ▷ *inspection* genau
miracle ['mɪrəkl] *n* Wunder *s;* **miraculous** [mɪ'rækjʊləs] *adj* wunderbar; ◇ **a ~ recovery** e-e unglaubliche Genesung
mirage ['mɪrɑ:ʒ] *n* Fata Morgana *f*
mirror ['mɪrə*] **I.** *n* Spiegel *m* **II.** *vt* widerspiegeln
mirth [mɜ:θ] *n* Freude *f*
misadventure [mɪsəd'ventʃə*] *n* Mißgeschick *s*, Unfall *m*
misanthropist [mɪ'zænθrəpɪst] *n* Menschenfeind(in *f*) *m*, Misanthrop *m (gehoben)*
misapprehension [mɪsæprɪ'henʃən] *n* Mißverständnis *s;* ◇ **he was under the ~ that ...** er hatte irrtümlicherweise geglaubt ...
misappropriate [mɪsə'prəʊprɪeɪt] *vt* ↑ *misuse funds* veruntreuen
misappropriation [mɪsəprəʊprɪ'eɪʃn] *n* Zweckentfremdung *f;* (*of funds*) Veruntreuung *f*
misbehave [mɪsbɪ'heɪv] *vi* sich schlecht benehmen
miscalculate [mɪs'kælkjʊleɪt] *vt* → *numbers, measurements* falsch berechnen; ↑ *misjudge* falsch einschätzen; **miscalculation** [mɪskælkjʊ'leɪʃən] *n* (*numbers*) Rechenfehler *m;* ↑ *misjudgement* falsche Einschätzung *f*
miscarriage [mɪs'kærɪdʒ] *n* ① MED Fehlgeburt *f* ② ◇ **his life was ruined because of a ~ of justice** sein Leben war wegen e-s Fehlurteils/Justizirrtums ruiniert
miscellaneous [mɪsɪ'leɪnɪəs] *adj* verschieden
miscellany [mɪ'selənɪ] *n* [bunte] Sammlung *f*
mischance [mɪs'tʃɑ:ns] *n* ◇ **by some ~** durch e-n unglücklichen Zufall
mischief ['mɪstʃɪf] *n* ① (*in trouble*) Unfug *m;* ◇ **that child is always up to ~** dieses Kind stellt dauernd etw an ② ↑ *damage* Schaden *m;* **mischievous** ['mɪstʃɪvəs] *adj* ▷ *child* spitzbübisch; ▷ *look* schelmisch
misconception [mɪskən'sepʃən] *n* falsche Annahme *f*, falsche Vorstellung *f*
misconduct [mɪs'kɒndʌkt] *n* ① ↑ *bad behaviour* schlechtes Benehmen *s*, Vergehen *s* ② ↑ *bad management* schlechte Verwaltung *f*
misconstrue [mɪskən'stru:] *vt* mißverstehen
miscount [mɪs'kaʊnt] *vt* falsch zählen
misdemeanour, **misdemeanor** (*AM*) [mɪsdɪ'mi:nə*] *n* JUR Vergehen *s*, Übertretung *f*
misdirect [mɪsdɪ'rekt] *vt* (*wrong direction*) → *letter* falsch adressieren; → *person* in die falsche Richtung schicken; → *energies, abilities* falsch einsetzen; (*give jury wrong information*) falsch belehren
miser ['maɪzə*] *n* Geizhals *m*
miserable ['mɪzərəbl] *adj* ↑ *unhappy* unglücklich; ▷ *weather* schlecht; ◇ **the place is in ~ condition** das Haus ist in e-m miserablen Zustand; ↑ *contemptible* miserabel; *FAM* ◇ **a ~ two dollars** lumpige zwei Dollar; **miserably** *adv* unglücklich; ◇ **I failed ~** ich habe kläglich versagt
miserly ['maɪzəlɪ] *adj* geizig
misery ['mɪzərɪ] *n* ① ↑ *unhappiness* Traurigkeit *f* ② ↑ *suffering* Elend *s*, Qual *f;* ◇ **to make s.o's life a ~** jd-m das Leben zur Hölle machen
misfire [mɪs'faɪə*] *vi* ← *weapon* versagen; ← *engine* fehlzünden; ← *plan, attempt* fehlschlagen
misfit ['mɪsfɪt] *n* Außenseiter(in *f*) *m*
misfortune [mɪs'fɔ:tʃən] *n* Unglück *s;* ◇ **it was my ~ to see her** ich hatte das Pech, sie zu treffen
misgiving [mɪs'gɪvɪŋ] *n* (*often pl*) Bedenken *pl*
misguided [mɪs'gaɪdɪd] *adj* töricht, irrig
mishandle [mɪs'hændl] *vt* ① ↑ *use wrongly* falsch behandeln ② ↑ *use badly* schlecht behandeln
mishap ['mɪshæp] *n* Mißgeschick *s*, Malheur *s;* ◇ **we had a slight ~ this morning** wir hatten heute früh e-e kleine Panne *f*
mishear [mɪs'hɪə*] *irr vt, vi* falsch verstehen
misinform [mɪsɪn'fɔ:m] *vt* falsch informieren
misinterpret [mɪsɪn'tɜ:prɪt] *vt* ↑ *misread* falsch verstehen, falsch deuten; **misinterpretation** [mɪsɪntɜ:prɪ'teɪʃən] *n* ↑ *misreading* falsche Auffassung/Deutung
misjudge [mɪs'dʒʌdʒ] *vt* falsch einschätzen
mislay [mɪs'leɪ] *irr vt* ↑ *lose* verlegen
mislead [mɪs'li:d] *irr vt* ↑ *deceive* irreführen; **misleading** *adj* ▷ *information* irreführend
mismanage [mɪs'mænɪdʒ] *vt* → *company* schlecht verwalten; → *matter* schlecht abwickeln; **mismanagement** *n* (*company*) Mißwirtschaft *f;* (*matter*) schlechte Abwicklung *f*
misnomer [mɪs'nəʊmə*] *n* falsche/unzutreffende Bezeichnung
misogynist [mɪ'sɒdʒɪnɪst] *n* Frauenfeind *m*
misplace [mɪs'pleɪs] *vt* ↑ *lose* verlegen; (*inappropriate*) ◇ **~d fears** törichte Ängste
misprint ['mɪsprɪnt] *n* Druckfehler *m*
mispronounce [mɪsprə'naʊns] *vt* falsch aussprechen
misquote [mɪs'kwəʊt] *vt* falsch zitieren

misread [mɪs'riːd] *irr vt* falsch lesen; ◇ **I ~ the last line** ich habe mich in der letzten Zeile verlesen

misrepresent [mɪsreprɪ'zent] *vt* entstellen, ein falsches Bild geben; ▷*facts* verdrehen

misrepresentation [mɪsreprɪzen'teɪʃən] *n* falsche Darstellung *f*

miss [mɪs] **I.** *n* ① (*failure to hit*) Fehlschlag *m* ② (*shot*) Fehlschuß *m* **II.** *vt* ① → *target* verfehlen ② ↑ *not attend* → *bus, plane, train* verpassen; → *appointment, meeting* versäumen, verpassen; ◇ **to ~ an opportunity** sich e-e Gelegenheit entgehen lassen ③ ↑ *overlook* versehen ④ (*regret absence*) vermissen; ◇ **we ~ her terribly** wir vermissen sie so sehr; ◇ **their cat's been ~ing for days** ihre Katze ist schon seit Tagen verschwunden ⑤ ↑ *misunderstand* ◇ **to ~ the point** nicht verstehen **III.** *vi* fehlen

Miss [mɪs] *n* Fräulein *s*

misshapen [mɪs'ʃeɪpən] *adj* mißgebildet

missile ['mɪsaɪl] *n* ① MIL Rakete *f* ② (*weapon*) [Wurf-]Geschoß *s;* **missile base** *n* Raketenbasis *f*

missing ['mɪsɪŋ] *adj* ↑ *absent* → *person, car* vermißt; → *thing* verschwunden; ◇ **When were you first aware that it was ~?** Wann haben Sie zuerst bemerkt, daß es fehlt?; **missing link** *n* fehlendes Glied; **missing person** *n* Vermißte(r) *fm;* **missing persons report** *n* Vermißtenanzeige *f*

mission ['mɪʃən] *n* ① (*important task*) Aufgabe *f* ② MIL Einsatz *m* ③ ↑ *delegation* Delegation *f;* ◇ **trade ~** Handelsreise *f* ④ ↑ *vocation* Berufung *f;* ◇ **my ~ in life is to help the poor** meine Aufgabe im Leben ist es, den Armen zu helfen ⑤ (*Christian campaign*) Mission *f* ⑥ (*church*) Missionsstation *f*

missionary ['mɪʃənrɪ] *n* Missionar(in *f*) *m*

mission control *n* (*space mission*) Kontrollzentrum *s*

misspell [mɪs'pel] *vt* falsch schreiben

misspent [mɪs'spent] *adj* ▷*money, life* vergeudet, verschwendet

mist [mɪst] *n* ↑ *fog* Nebel *m;* (*on window*) Beschlag *m;* **mist over, mist up** *vi* beschlagen

mistake [mɪ'steɪk] **I.** *n* Fehler *m;* ◇ **by ~** aus Versehen [*o.* versehentlich] **II.** *irr vt* ① ↑ *be wrong* sich irren ② ↑ *misjudge* falsch verstehen; ◇ **there was no mistaking him** er hat sich unmißverständlich ausgedrückt ③ ↑ *take for* verwechseln; **mistaken** [mɪ'steɪkən] *adj* falsch; ◇ **you must be ~** Sie müssen sich irren; ◇ **~ identity** Verwechslung *f*

mister ['mɪstə*] *n* (*abbr: Mr*) Herr *m*

mistletoe ['mɪsltəʊ] *n* Mistel *f*

mistranslation [mɪstræns'leɪʃən] *n* falsche Übersetzung *f*

mistreat [mɪs'triːt] *vt* schlecht behandeln

mistress ['mɪstrɪs] *n* ① *BRIT* ↑ *teacher* Lehrerin *f* ② ↑ *lover* Geliebte *f* ③ (*abbr: Mrs*) Frau *f*

mistrust [mɪs'trʌst] *vt* mißtrauen *dat*

misty ['mɪstɪ] *adj* dunstig, neblig

misunderstand [mɪsʌndə'stænd] *irr vt, vi* mißverstehen, falsch verstehen; **misunderstanding** *n* ① Mißverständnis *s;* ◇ **there must be some ~** das muß ein Mißverständnis sein, hier muß ein Mißverständnis vorliegen ② ↑ *argument* Meinungsverschiedenheit *f;* **misunderstood** [mɪsʌndə'stʊd] *adj* ↑ *misinterpreted* falsch verstanden, unverstanden

misuse [mɪs'juːs] **I.** *n* Mißbrauch *m* **II.** [mɪs'juːz] *vt* mißbrauchen

MIT *n abbr. of* **Massachusetts Institute of Technology**

mite [maɪt] *n* ① Milbe *f* ② ↑ *little bit* ein bißchen ③ (*child*) Würmchen *s; FIG* ◇ **Poor little ~!** Armes kleines Ding!

mitigate ['mɪtɪgeɪt] *vt* ↑ *reduce* → *pain* lindern; ↑ *render less unpleasant* mildern; ◇ **mitigating circumstances** mildernde Umstände *m*

mitre, miter (*AM*) ['maɪtə*] *n* REL Mitra *f*

mitten ['mɪtn] *n* ① Fausthandschuh *m* ② ◇ **~s** SPORT Boxhandschuhe *m pl*

mitts [mɪts] (*BRIT*) *n abbr: mittens, FAM* ◇ **Keep your ~ off!** Pfoten/Hände weg!

mix [mɪks] **I.** *vt* ↑ *blend* vermischen; → *ingredients* mischen, verrühren **II.** *vi* ← *liquids* sich vermischen; ← *people* ↑ *get on* miteinander auskommen; ↑ *associate* miteinander verkehren **III.** *n* ↑ *mixture* Mischung *f;* **mixed** [-d] *adj* gemischt; **mixed-up** *adj* ▷*person* verwirrt; **mixer** *n* (*for food*) Mixer *m*

mixture ['mɪkstʃə*] *n* ↑ *assortment* Mischung *f;* MED ◇ **cough ~** Hustensaft *m*

mix up **I.** *vt* ↑ *mix* vermischen; ↑ *confuse* verwechseln; ◇ **to be ~ed ~ in s.th.** in etw verwickelt sein **II.** *n* Durcheinander *s;* ◇ **there has been a ~~** es gab e-e Verwechslung *f*

moan [məʊn] **I.** *n* Stöhnen *s;* ↑ *complaint* Klage *f* **II.** *vi* stöhnen; ↑ *complain* jammern, sich beklagen; **moaner** *n* Nörgler(in *f*) *m;* **moaning** *n* Stöhnen *s*

moat [məʊt] *n* (*castle*) Burggraben *m*

mob [mɒb] **I.** *n* ↑ *gang, rabble* Mob *m;* ↑ *crowd, FAM* ◇ **John and his ~ ...** John und seine Freunde ... **II.** *vt* ↑ *surround* belagern *acc*

mobile ['məʊbaɪl] **I.** *adj* ↑ *movable* beweglich; (*car, unrestricted movement*) motorisiert, beweglich; ◇ **Is the car ~?** Fährt der Wagen? **II.** *n* ◇ ~

home Wohnwagen *m;* **mobility** [məʊ'bɪlɪtɪ] *n* Beweglichkeit *f*

mobster ['mɒbstə*] *n* Gangster *m,* Verbrecher *m*

moccasin ['mɒkəsɪn] *n* Mokassin *m*

mocha ['mɒkə] *n* Mokka *m*

mock [mɒk] **I.** *vt* ↑ *ridicule* sich lustig machen über *acc* **II.** *adj* ↑ *false* Schein-, gespielt, gestellt; ◇ ~ **battle** Scheinkampf *m;* ◇ ~ **fear** gespielte Angst; ↑ *imitation* ◇ ~ **china** falsches Porzellan; (*practice examinations*) ◇ **~s** simulierte Prüfungen; **mockery** ['mɒkərɪ] *n* ① ↑ *ridicule* Gespött *s;* ◇ **to make a ~ of s.th.** etw lächerlich machen ② ↑ *scorn* Spott *m* ③ ↑ *farce, failure* (*event, situation*) Farce *f;* **mocking** *adj* spöttisch; **mocking-bird** *n* Spottdrossel *f;* **mock-up** *n* Modell *s*

mod cons ['mɒdkɒnz] *abbr. of* **modern conveniences** mit allem Komfort

mode [məʊd] *n* ① ↑ *form* Art und Weise *f;* ◇ ~ **of payment** Zahlungsmittel *s;* ◇ ~ **of transport** Transportmittel *s* ② ↑ *fashion* Mode *f* ③ PC Modus *m*

model ['mɒdl] **I.** *n* ① Modell *s;* ↑ *example* Vorbild *s* ② (*fashion*) Mannequin *s;* (*male*) Dressman *m* **II.** *adj* ① ↑ *miniature* Modell- ② ↑ *perfect* Muster-, vorbildlich; ◇ ~ **student** Musterstudent (in *f*) *m* **III.** *vt* ① ↑ *craft* modellieren ② → *fashion* vorführen **IV.** *vi* als Mannequin/Dressman arbeiten; (*art*) als Modell arbeiten; ◇ **to ~ s.th. on s.th.** etw nach e-r Sache formen; **modelling, modeling** (*AM*) *n* (*of statue*) Modellieren *s;* ◇ **to do some ~** als Mannequin/Dressman arbeiten

modem ['məʊdem] *n* PC Modem *s*

moderate ['mɒdərət] **I.** *adj* ↑ *middle-of-the-road* ▷ *views, opinions* gemäßigt **II.** *n* POL Gemäßigte (r) *fm* **III.** ['mɒdəreɪt] *vi* nachlassen, sich abschwächen **IV.** *vt* mäßigen; **moderately** *adv* einigermaßen

moderation [mɒdə'reɪʃən] *n* Mäßigkeit *f;* ◇ **to eat and drink in ~** in Maßen essen und trinken

modern ['mɒdən] *adj* modern; ◇ ~ **languages** neuere Sprachen, moderne Fremdsprachen; **modernize** *vt* modernisieren

modest ['mɒdest] *adj* ▷ *person* bescheiden; ↑ *bashful* schamhaft; ▷ *house, meal* einfach; **modesty** *n* Bescheidenheit *f*

modicum ['mɒdɪkəm] *n* ein wenig/bißchen

modification [mɒdɪfɪ'keɪʃən] *n* Abänderung *f;* **modify** ['mɒdɪfaɪ] *vt* abändern

modulation [mɒdjʊ'leɪʃən] *n* Modulation *f;* **module** ['mɒdjʊl] *n* ↑ *component, unit* Bauelement *s;* (*of spaceship*) Raumkapsel *f;* PC Modul *s*

mohair ['məʊhɛə*] *n* (*angora*) Mohair *m*

moist [mɔɪst] *adj* feucht; **moisten** ['mɔɪsn] *vt* befeuchten, anfeuchten

moisture ['mɔɪstʃə*] *n* Feuchtigkeit *f;* **moisturizer** ['mɔɪstʃəraɪzə] *n* (*cosmetic*) Feuchtigkeitscreme *f*

molar ['məʊlə*] *n* Backenzahn *m*

molasses [mə'læsɪz] *n sg* Melasse *f*

mold [məʊld] (*AM*) *s.* **mould**

mole [məʊl] *n* ① (*growth*) Leberfleck *m* ② (*animal*) Maulwurf *m* ③ *BRIT* ↑ *spy* Spion *m* ④ ↑ *pier* Mole *f*

molecular [mə'lekjʊlə*] *adj* molekular; **molecule** ['mɒlɪkju:l] *n* Molekül *s*

molehill *n* Maulwurfshaufen *m,* Maulwurfshügel *m*

molest [mə'lest] *vt* ① ↑ *bother* ärgern ② ↑ *assault* belästigen

mollify ['mɒlɪfaɪ] *vt* besänftigen

mollusc ['mɒləsk] *n* Weichtier *s*

mollycoddle ['mɒlɪkɒdl] **I.** *vt* verhätscheln, verwöhnen **II.** *n* Weichling *m*

molt [məʊlt] (*AM*) *s.* **moult**

molten ['məʊltən] *adj* ▷ *rock, metal* geschmolzen

moment ['məʊmənt] *n* ① Moment *m,* Augenblick *m;* ◇ **at the ~** im Moment; ◇ **the police could come at any ~** die Polizei könnte jeden Moment kommen; ◇ **Just a ~, please!** Einen Augenblick, bitte!; ◇ **he has his ~s** er kann manchmal ganz nett sein; ◇ **the ~ of truth** die Stunde der Wahrheit ② (*factor*) Faktor *m;* ◇ ~ **of suspicion** Verdachtsmoment *s;* **momentarily** [məʊmən'tærəlɪ] *adv* e-n Augenblick lang; **momentary** ['məʊməntərɪ] *adj* kurz; **momentous** [məʊ'mentəs] *adj* ↑ *critical* bedeutsam, wichtig

momentum [məʊ'mentəm] *n* Schwung *m*

Monaco ['mɒnəkəʊ] *n* Monaco *s*

monarch ['mɒnək] *n* Monarch(in *f*) *m;* **monarchy** ['mɒnəkɪ] *n* Monarchie *f*

monastery ['mɒnəstrɪ] *n* Kloster *s;* **monastic** [mə'næstɪk] *adj* mönchisch

Monday ['mʌndeɪ] *n* Montag *m;* ◇ **on ~** am Montag; ◇ **I have to work on ~s** ich muß montags arbeiten

monetary ['mʌnɪtərɪ] *adj* finanziell, Geld-; (*of currency*) Währungs-, monetär; ◇ ~ **agreement** Währungsabkommen *s;* ◇ ~ **unit** Währungseinheit *f*

money ['mʌnɪ] *n* Geld *s;* ◇ **to make ~** Geld verdienen; **moneyed, monied** [-d] *adj* reich, wohlhabend

moneylender *n* Geldverleiher(in *f*) *m;* **moneymaking** *adj* (*business enterprise*) lukrativ, ge-

winnbringend, einträglich; **money-machine** *n* Geldautomat *m;* **money order** *n* Postanweisung *f;* **money-washing** *n FIG* Geldwäsche *f*
mongol ['mɒŋgəl] **I.** *n* (MED *suffering from Down's syndrome*) ◇ **he is a ~** er ist mongoloid **II.** *adj* MED mongoloid
Mongolia [mɒŋ'gəʊlıə] *n* Mongolei *f*
Mongolian [mɒŋ'gəʊlıən] *n* mongolisch
mongoose ['mɒŋgu:s] *n* <-s> Mungo *m*
mongrel ['mʌŋgrəl] *n* (*dog*) Promenadenmischung *f; PEJ* Köter *m*
monitor ['mɒnıtə*] **I.** *n* [1] ↑ *screen* Monitor *m* [2] SCH ◇ **stationary** ~ Schreibwarenwart *m* **II.** *vt* ↑ *check, observe* beobachten, überwachen; → *radio or tv broadcasts* abhören
monk [mʌŋk] *n* Mönch *m*
monkey ['mʌŋkı] *n* Affe *m;* **monkey about** *vi* ↑ *peanut* herumalbern; **monkey business** *n* ◇ **it looks like ~ ~ to me** ich bin sicher, daß da irgendwas faul ist; **monkey nut** *n* Erdnuß *f;* **monkey wrench** *n* TECHNOL Engländer *m*
mono- ['mɒnəʊ] *pref* Mono-
monochrome ['mɒnəkrəʊm] *adj* ▷*painting* einfarbig; ▷*photographs, films* schwarz-weiß
monocle ['mɒnəkl] *n* Monokel *s*
monogamous [mə'nɒgəməs] *adj* monogam
monogram ['mɒnəgræm] *n* Monogramm *s*
monologue ['mɒnəlɒg] *n* Monolog *m*
monopolize [mə'nɒpəlaız] *vt* die Kontrolle haben, beherrschen; *FIG* in Beschlag nehmen; **monopoly** [mə'nɒpəlı] *n* Monopol *s*
monorail ['mɒnəʊreıl] *n* Einschienenbahn *f*
monosyllabic [mɒnəʊsı'læbık] *adj* einsilbig
monosyllabism [mɒnəsı'læbızm] *n* Einsilbigkeit *f*
monotonous [mə'nɒtənəs] *adj* ▷*voice* monoton; ↑ *boring* langweilig; **monotony** [mə'nɒtənı] *n* ↑ *regularity, repetition* Routine *f,* Langeweile *f*
monsoon [mɒn'su:n] *n* Monsun *m*
monster ['mɒnstə*] **I.** *n* (*dracula*) Ungeheuer *s;* (*person*) Teufel *m* **II.** *adj* FAM ↑ *giant* riesig, Riesen-
monstrosity [mɒn'strɒsıtı] *n* Ungeheuerlichkeit *f;* ↑ *cruel deed* Greueltat *f;* **monstrous** ['mɒnstrəs] *adj* ungeheuerlich, gräßlich
montage [mɒn'tɑ:ʒ] *n* Montage *f*
month [mʌnθ] *n* Monat *m;* **monthly I.** *adj* monatlich; ◇ **~ season ticket** Monatskarte *f* **II.** *adv* einmal im Monat **III.** *n* ▷*magazine* Monatsschrift *f*
monument ['mɒnjʊmənt] *n* Denkmal *s*
monumental [mɒnjʊ'mentl] *adj* ↑ *huge* monumental; ↑ *impressive, terrific* gewaltig
moo [mu:] *vi* muhen
mood [mu:d] *n* ↑ *humour* Laune *f;* ◇ **to be in a good ~** gut gelaunt sein; ◇ **to be in the ~ for s.th.** Lust auf etw haben; ↑ *atmosphere* Stimmung *f;* **moodiness** *n* Launenhaftigkeit *f;* **moody** *adj* launisch
moon [mu:n] *n* Mond *m;* ◇ **I was over the ~ to see you again** ich war überglücklich, dich wiederzusehen; **moonbeam** *n* Mondstrahl *m;* **moonlight I.** *n* Mondlicht *s* **II.** *vi* schwarzarbeiten; **moonlit** ['mu:nlıt] *adj* mondhell; **moonshine** *n* [1] ↑ *nonsense* Unsinn *m* [2] schwarz gebrannter Whisky
moor [mʊə*] **I.** *n* [1] ↑ *heath* Heide *f,* Hochmoor *s* [2] ◇ **the M~s** die Mauren **II.** *vt* → *ship* festmachen **III.** *vi* anlegen
moorings ['mʊərıŋs], **mooring place** *n* Anlegeplatz *m*
moorland *n* Heidemoor *s*
moose [mu:s] *n* <-> Elch *m*
mop [mɒp] **I.** *n* Mop *m;* ◇ **~ of hair** Wuschelkopf *m* **II.** *vt* [auf]wischen
mope [məʊp] *vi* Trübsal blasen; ◇ **Sally ~d about the house all day** Sally saß den ganzen Tag zu Hause und blies Trübsal
moped ['məʊped] *n* (*BRIT*) Moped *s*
moral ['mɒrəl] **I.** *n* [1] Moral *f;* ▷*principles, values* ◇ **~s** *pl* moralische Werte *m pl* [2] (*message of story*) Moral *f* **II.** *adj* ↑ *ethical* moralisch; ▷*duty, responsibility* tugendhaft; ◇ **~ support** moralische Unterstützung; ◇ **~ conflict** Gewissenskonflikt *m*
morale [mɒ'rɑ:l] *n* Moral *f;* ◇ **to boost s.o.'s ~** jd-n ermutigen [*o.* seelisch aufbauen]
morality [mə'rælıtı] *n* ↑ *decency, principles* Moralität *f;* ↑ *integrity* Ethik *f;* **morally** ['mɒrəlı] *adv* moralisch
morbid ['mɔ:bıd] *adj* krankhaft; ▷*stories* makaber, morbid
more [mɔ:*] *pron, n, adj/adv* mehr; ◇ **all the ~** um so mehr; ◇ **there is much ~ to it than we thought** da steckt viel mehr dahinter als wir dachten; ◇ **once ~** noch einmal; (*comparative*) ◇ **~ pleasant** angenehmer; ◇ **~ or less** mehr oder weniger; ◇ **it's becoming ~ and ~ difficult** es wird immer schwieriger
moreover [mɔ:'rəʊvə*] *adv* außerdem
mores ['mɔ:reız] *n pl* Sittenkodex *m*
morgue [mɔ:g] *n* [1] ↑ *mortuary* Leichenschauhaus *s* [2] PRESS Archiv *s*
moribund ['mɒrıbʌnd] *adj* (*person*) im Sterben liegen; (*species*) aussterbend
morning ['mɔ:nıŋ] **I.** *n* Morgen *m* **II.** *adj* morgen; ◇ **in the ~** am Morgen; ~ ◇ **this ~** heute früh; **morning sickness** *n* Schwangerschaftserbrechen *s*

Morocco [mə'rɒkəʊ] *n* Marokko *s*
moron ['mɔːrɒn] *n* MED Geistesschwache(r) *fm,* Schwachsinnige(r) *fm; FAM* Schwachkopf *m;* **moronic** [mə'rɒnɪk] *adj* MED geistesschwach, schwachsinnig; *FAM* idiotisch
morose [mə'rəʊs] *adj* mißmutig; **moroseness** *n* Verdrossenheit *f*
morphine ['mɔːfiːn] *n* Morphium *s,* Morphin *s*
morse [mɔːs] *vt, vi* morsen
Morse [mɔːs] *n* ◇ **- code** Morsealphabet *s*
morsel ['mɔːsl] *n* (*scrap*) kleines Stück, Fetzen *m*
mortal ['mɔːtl] **I.** *n* ↑ *human being* Sterbliche(r) *fm* **II.** *adj* sterblich; ↑ *deadly* ◇ **- wound** tödliche Verletzung *f;* ◇ **- enemy** Todfeind *m;* ◇ **- terror** Todesangst *f;* **mortality** [mɔː'tælɪtɪ] *n* Sterblichkeit *f;* ↑ *death rate* Sterblichkeitsrate *f,* Sterblichkeitsziffer *f;* **mortally** ['mɔːtəlɪ] *adv* tödlich; ◇ **- ill** sterbenskrank
mortar ['mɔːtə*] *n* (1) MIL ↑ *cannon* Minenwerfer *m,* Mörser *m* (2) (*building material*) Mörtel *m* (3) (*bowl for grinding*) Mörser *m*
mortgage ['mɔːgɪdʒ] **I.** *n* Hypothek *f* **II.** *vt* e-e Hypothek *acc* aufnehmen
mortify ['mɔːtɪfaɪ] *vt* demütigen; **mortified** [-d] *adj* ↑ *embarrassed* ◇ **she was -** es war ihr äußerst peinlich
mortuary ['mɔːtjʊərɪ] *n* ↑ *morgue* Leichenhalle *f*
mosaic [məʊ'zeɪɪk] *n* Mosaik *s*
Moslem ['mɒzlem] *adj* moslemisch, islamisch, mohammedanisch
mosque [mɒsk] *n* Moschee *f*
mosquito [mɒ'skiːtəʊ] *n* <-es> Moskito *s;* ◇ **- net** Moskitonetz *s;* ◇ **- bite** Mückenstich *m*
moss [mɒs] *n* Moos *s;* **mossy** *adj* bemoost, moosig
most [məʊst] **I.** *n* (*larger part*) die meisten; ◇ **- of the candidates passed the exam** die meisten Kandidaten haben die Prüfung bestanden; ◇ **- of the time** die meiste Zeit; ◇ **- of the day** fast den ganzen Tag **II.** *adj* (*high degree*) ◇ **a - interesting book** ein äußerst/höchst interessantes Buch **III.** *adv* am meisten; **mostly** *adv* meistens, hauptsächlich; ◇ **it - happens at night** es passiert meistens nachts
MOT *n* (*BRIT*) *abbr. of* **Ministry of Transport** Vekehrsministerium *s;* ◇ **- test** ≈ TÜV *m*
motel [məʊ'tel] *n* Motel *s*
moth [mɒθ] *n* Nachtfalter *m;* (*in clothes*) Motte *f;* **mothball** *n* Mottenkugel *f;* **moth-eaten** *adj* ◇ **a - coat** ein mottenzerfressener Mantel
mother ['mʌðə*] **I.** *n* (1) Mutter *f* (2) (*head of group*) ◇ **- company** Hauptfiliale *f* **II.** *vt* ↑ *raise* erziehen; ↑ *spoil* bemuttern, verwöhnen; **mother country** *n* Vaterland *s,* Heimat *f;* **motherhood** ['mʌðəhʊd] *n* Mutterschaft *f;* **mother-in-law** *n* <mothers-in-law> Schwiegermutter *f;* **motherly** *adj* mütterlich; **Mother's Day** *n* Muttertag *m;* **mother's milk** *n* Muttermilch *f;* **mother-to-be** *n* (*mothers-to-be*) werdende Mutter
motif [məʊ'tiːf] *n* Motiv *s*
motion ['məʊʃən] **I.** *n* (1) ↑ *movement* Bewegung *f;* ◇ **slow -** Zeitlupe *f* (2) ↑ *suggestion, proposal* Antrag *m* **II.** *vt, vi* ◇ **she -ed to me to enter** sie gab mir ein Zeichen [*o.* bedeutete mir], einzutreten; **motion of no confidence** *n* Mißtrauensantrag *m;* **motionless** *adj* bewegungslos; **motion picture** *n* Film *m*
motivate ['məʊtɪveɪt] *vt* motivieren; **motivation** [məʊtɪ'veɪʃən] *n* Motivation *f*
motive ['məʊtɪv] *n* Beweggrund *m,* Motiv *s*
motley ['mɒtlɪ] *adj* ▷*assortment* buntgemischt
motor ['məʊtə*] **I.** *n* ↑ *engine* Motor *m* **II.** *adj* Auto-; ◇ **- industry** Autoindustrie *f;* ◇ **- accident** Vekehrsunfall *m* **III.** *vi* fahren; **motorbike** *n* Motorrad *s;* **motorboat** *n* Motorboot *s;* **motorcar** *n* Auto *s,* Wagen *m;* **motor coach** *n* Autobus *m;* **motorcycle** *n* Motorrad *s;* **motorcyclist** *n* Motorradfahrer(in *f*) *m;* **motoring** *n* Autofahren *s;* ◇ **- club** Automobilclub *m;* **motor insurance** *n* Schutzbrief *m;* **motorist** *n* Autofahrer(in *f*) *m;* **motor racing** *n* Autorennen *s;* **motor scooter** *n* Motorroller *m;* **motor vehicle** *n* Kraftfahrzeug *s;* **motor vehicle tax** *n* Kraftfahrzeugsteuer *f;* **motorway** *n* (*BRIT*) Autobahn *f;* **motorway feeder** *n* (*BRIT*) Autobahnzubringer *m*
mottled ['mɒtld] *adj* gesprenkelt
motto ['mɒtəʊ] *n* <-es> Motto *s*
mould [məʊld] **I.** *n* (1) ↑ *fungus* Schimmel *m* (2) ↑ *cast* Form *f* (3) ↑ *type* ◇ **they're people of the same -** sie sind Menschen der gleichen Wesensart **II.** *vt also FIG* formen
moulder *vi* ↑ *decompose* vermodern
moulding *n* (*on ceiling*) Deckenstuck *s*
mouldy *adj* schimmlig
moult [məʊlt] *vi* sich mausern, sich haaren
mound [maʊnd] *n* ↑ *hillock* Hügel *m;* ↑ *heap* Haufen *m*
mount [maʊnt] **I.** *vt* (1) ↑ *launch, organize* organisieren; → *exhibition* veranstalten (2) ↑ *increase* ← *problems* sich häufen (3) ↑ *get on* → *stairs* hochsteigen; → *horse* aufsitzen (4) ↑ *attach* montieren, aufziehen; → *jewel* einfassen **II.** *n* (1) ↑ *horse* Pferd *s* (2) ↑ *support, attachment* Fassung *f;* **mount up** *vt* ↑ *build up* sich häufen
mountain ['maʊntɪn] *n* Berg *m;* ◇ **in the -s** im

Gebirge; **mountaineer** [maʊntɪ'nɪə*] *n* Bergsteiger(in *f*) *m;* **mountaineering** *n* Bergsteigen *s,* Klettern *s,* Bergsport *m;* **mountainous** ['maʊntɪnəs] *adj* gebirgig, bergig; **mountain pine** *n* Latschenkiefer *f;* **mountain range** *n* Gebirgszug *m;* **mountainside** *n* Berghang *m*

mounted [-ɪd] *adj* MIL ↑ *horseback* ◇ ~ **police** beritten

mounting *n* Montage *f*

mourn [mɔ:n] **I.** *vt* trauern um; betrauern **II.** *vi* trauern (*for* um *acc*); **mourner** *n* Trauernde(r) *fm;* **mournful** [mɔ:nfl] *adj* traurig; **mourning** *n* ↑ *grief* Trauer *f;* ◇ **our neighbours are in** ~ unsere Nachbarn trauern; **mourning dress** *n* Trauerkleidung *f*

mouse [maʊs] *n* <mice> Maus *f;* **mousetrap** *n* Mausefalle *f*

mousse [mu:s] *n* (*chocolate*) Creme *f;* (*styling* ~) Schaum *m*

moustache [mə'stɑ:ʃ] *n* Schnurrbart *m*

mousy ['maʊsɪ] *adj* [1] ▷*colour, hair* mausgrau [2] ↑ *shy* ◇ **Ann has always been a bit** ~ Ann war schon immer etw schüchtern

mouth [maʊθ] *n* Mund *m;* (*of river*) Mündung *f;* (*first-hand*) ◇ **to hear s.th. from the horse's** ~ etw aus erster Hand erfahren; ◇ **keep your** ~ **shut** halt' die Klappe; *FAM* ↑ *dependants* ◇ **I have four ~s to feed** ich habe vier Mäuler zu stopfen; **mouthful** ['maʊθfʊl] *n* Happen *m;* **mouth organ** *n* Mundharmonika *f;* **mouthpiece** *n* [1] MUS Mundstück *s;* (*of telephone*) Sprechmuschel *f* [2] *FIG* ↑ *spokesperson* ◇ **a** ~ **for the management** ein Sprachrohr der Verwaltung; **mouthwash** *n* Mundwasser *s;* **mouthwatering** *adj* ↑ *appetizing* appetitlich

movable ['mu:vəbl] *adj* beweglich

move [mu:v] **I.** *n* [1] ↑ *motion* Bewegung *f; FIG* ◇ **make a** ~ die Initiative ergreifen; ◇ **on the** ~ unterwegs [2] (*game*) Zug *m* [3] ↑ *step* Schritt *m* [4] (*of house*) Umzug *m* [5] (*measures*) Maßnahmen *pl* **II.** *vt* [1] ↑ *motion* bewegen; ◇ **this car ~s** dieses Auto fährt; ◇ **Get moving!** Los! [2] (*in other house*) umziehen [3] ↑ *change position* wechseln [4] ↑ *develop* ◇ **to** ~ **in a direction** sich in e-e bestimmte Richtung entwickeln [5] ↑ *motivate* motivieren; ↑ *prompt* beantragen [6] ↑ *affect* rühren, bewegen [7] ↑ *mix socially* ◇ **to** ~ **in better circles** in den besseren Kreisen verkehren; **move about** *vi* sich ständig bewegen; (*journey*) unterwegs sein; **move away** *vi* weggehen; **move back** *vi* zurückgehen; **move in** *vi* [1] (*to house*) einziehen [2] MIL ← *troops* einrücken; **move on** *vi* weitergehen; ◇ **to** ~ ~ **to another subject** zu e-m anderen Thema übergehen; **move out** *vi* [1] (*of house*) ausziehen [2] MIL ← *troops* abziehen; **move up I.** *vi* rücken, aufsteigen; (*profession*) befördert werden **II.** *vt* nach oben gehen

movement *n* [1] ↑ *action, motion* Bewegung *f;* ↑ *personal affairs* ◇ **my ~s seemed to interest them** meine Angelegenheiten schienen sie zu interessieren [2] MUS Satz *m* [3] ↑ *mechanism, clock* Uhrwerk *s* [4] MIL ↑ *manoeuvre* Truppenbewegung *f* [5] ↑ *organization* Bewegung *f* [6] ↑ *tendency* ◇ **there was a** ~ **towards...** man tendierte zu... [7] (MED *bowel* ~) Stuhlgang *m*

movie ['mu:vɪ] *n* Film *m;* ↑ *cinema* ◇ **What's playing at the ~s?** Was läuft/kommt im Kino?; **movie camera** *n* Filmkamera *f*

moving ['mu:vɪŋ] *adj* ↑ *motion* bewegend; ↑ *touching* bewegend; ◇ ~ **staircase** Rolltreppe *f*

mow [məʊ] <mowed, mown *o.* mowed> *vt* mähen; **mower** *n* ◇ **lawn** ~ Rasenmäher *m;* **mown** [məʊn] *pp of* **mow**

MP *n abbr. of* **Member of Parliament** Abgeordnete(r) *fm*

mph *abbr. of* **miles per hour** Meilen pro Stunde

Mr [mɪstə*] *n abbr. of* **mister** Herr *m*

Mrs ['mɪsɪz] *n abbr. of* **mistress** Frau *f*

Ms [mɪz] *n* Frau *f,* Fräulein *s*

much [mʌtʃ] **I.** <more, most> *adj* ◇ **too** ~ zuviel **II.** *n* viel(e, s); ◇ **there isn't** ~ **left** es ist nicht viel übrig; ◇ **not** ~ **to look at** nicht sehr interessant **III.** *adv more, most* viel, sehr; ◇ ~ **better** viel besser

muck [mʌk] *n* Dreck *m;* **muck about** *vi* [1] *FAM* ↑ *be silly* herumalbern [2] ↑ *meddle* herumfummeln; **muck up** *vt* [1] *FAM* ↑ *ruin* ruinieren, vermasseln [2] ↑ *dirty* dreckig machen; **mucky** *adj* ↑ *dirty* dreckig

mucus ['mju:kəs] *n* Schleim *m*

mud [mʌd] *n* Schlamm *m;* ◇ **my shirt was covered in** ~ mein Hemd war völlig verdreckt

muddle ['mʌdl] **I.** *n* ↑ *confusion* Durcheinander *s* **II.** *vt* ↑ ~ *up* durcheinanderbringen; **muddled** [-d] *adj* konfus, durcheinander; **muddle through** *vi FAM* sich durchwursteln

muddy ['mʌdɪ] *adj* schlammig

mudguard ['mʌdgɑ:d] *n* Schutzblech *s*

muesli ['mju:zlɪ] *n* Müsli *s*

muff [mʌf] *n* Muff *m*

muffin ['mʌfɪn] *n süßes u. weiches Frühstücksgebäck, e-e Art Brötchen*

muffle ['mʌfl] *vt* → *noise* dämpfen; ↑ *wrap up* einhüllen

mug [mʌg] **I.** *n* [1] Becher *m;* ◇ **beer** ~ Krug *m* [2] *FAM* ↑ *face* Gesicht *s* [3] *FAM* ↑ *fool* Trottel *m* **II.** *vt* überfallen und berauben

mugging ['mʌgɪŋ] *n* Straßenraub *m*

muggy ['mʌgɪ] *adj* ▷*heat* drückend, schwül

mulatto [mjuːˈlætəʊ] *n* <-es> Mulatte *m,* Mulattin *m*
mule [mjuːl] *n* Maultier *s*
mull over [mʌlˈəʊvə*] *vt* → *problem, puzzle* nachdenken über *acc,* reflektieren über *acc*
mulled [mʌld] *adj* ◇ ~ **wine** Glühwein *m*
multi- [ˈmʌltɪ] *pref* multi-
multicoloured, multicolored (*AM*) *adj* mehrfarbig
multigrade oil *n* Mehrbereichsöl *s*
multinational *adj* multinational
multiple [ˈmʌltɪpl] *adj* mehrfach
multiple sclerosis [mʌltɪpl sklɪˈrəʊsɪs] *n* multiple Sklerose *f*
multiplication [mʌltɪplɪˈkeɪʃən] *n* Multiplikation *f,* Malnehmen *s;* **multiplication tables** *n pl* Einmaleins *s*
multipurpose hall *n* Mehrzweckhalle *f*
multiply [ˈmʌltɪplaɪ] **I.** *vt* multiplizieren, malnehmen (*by* mit) **II.** *vi* ← *living beings* sich vermehren
multiracial *adj* gemischtrassig
multistation computer *n* Mehrplatzrechner *m*
multi-storey car-park *n* Parkhaus *s*
multitude [ˈmʌltɪtjuːd] *n* Menge *f*
mum [mʌm] *n FAM* ↑ *mother* Mutti *f*
mumble [ˈmʌmbl] **I.** *vt, vi* nuscheln **II.** *n* Gemurmel *s*
mummy [ˈmʌmɪ] *n* ① *FAM* Mutti *f* ② (*embalmed*) Mumie *f*
mumps [mʌmps] *n sg* Mumps *m*
munch [mʌntʃ] *vt, vi* mampfen
mundane [mʌnˈdeɪn] *adj* ① ↑ *boring* langweilig ② ↑ *wordly* weltlich
Munich [ˈmjuːnɪk] *n* München *s*
municipal [mjuːˈnɪsɪpəl] *adj* städtisch, Stadt-
munitions [mjuːˈnɪʃənz] *n pl* Munition *f*
mural [ˈmjʊərəl] *n* Wandbild *s,* Wandgemälde *s;* **mural painting** *n* Wandmalerei *f*
murder [ˈmɜːdə*] **I.** *n* Mord *m* **II.** *vt* ermorden; **murderer** *n* Mörder *m;* **murderess** [ˈmɜːdərɪs] *n* Mörderin *f;* **murderous** [ˈmɜːdərəs] *adj* tödlich; ▷*threat* mörderisch; **murder squad** *n* Mordkommission *f;* **murder weapon** *n* Mordwaffe *f*
murk [mɜːk] *n* Dunkelkeit *f*
murky *adj* finster, düster
murmur [ˈmɜːmə*] **I.** *n* Murmeln *s;* (*wind*) Rauschen *s* **II.** *vt, vi* murmeln; ◇ **they left without a ~** sie gingen, ohne zu murren
muscle [ˈmʌsl] *n* Muskel *m;* **muscular** [ˈmʌskjʊlə*] *adj* Muskel-; ↑ *well-formed* muskulös; **muscular system** *n* Muskulatur *f*
muse [mjuːz] *vi* nachsinnen
museum [mjuːˈzɪəm] *n* Museum *s*
mushroom [ˈmʌʃruːm] *n* Pilz *m*
mushy [mʌʃɪ] *adj* breiig; ↑ *soppy* schmalzig
music [ˈmjuːzɪk] *n* Musik *f;* **musical I.** *adj* musikalisch, melodisch; ◇ ~ **instrument** Musikinstrument *s;* ◇ **that is a lovely ~ piece** das ist ein sehr schönes Musikstück **II.** *n* Musical *s;* **music cassette** *n* Musikkassette *f*
musician [mjuːˈzɪʃən] *n* Musiker(in *f*) *m*
music stand *n* Notenständer *m*
Muslim [ˈmʊslɪm] **I.** *adj* mohammedanisch, moslemisch, islamisch **II.** *n* Moslem(in *f*) *m,* Mohammedaner(in *f*) *m*
mussel [ˈmʌsl] *n* Muschel *f*
must [mʌst] <had to, had to> **I.** *Hilfsverb* müssen; ◇ **you ~ eat s.th.** du mußt etw essen; (*in negation*) dürfen; ◇ **you mustn't eat anything** du darfst nichts essen **II.** *n* Muß *s;* ◇ **the book is a ~** das Buch muß man einfach gelesen haben
mustache [ˈmʌstæʃ] *n* (*AM*) *s.* **moustache**
mustard [ˈmʌstəd] *n* Senf *m*
muster [ˈmʌstə*] *vt* MIL ↑ *call up* antreten lassen; → *courage* zusammennehmen
mustiness [ˈmʌstɪnəs] *n* Muffigkeit *f*
mustn't [ˈmʌsnt] = **must not**
musty [ˈmʌstɪ] *adj* muffig
mutate [mjuːteɪt] *vi* mutieren
mute [mjuːt] **I.** *adj* stumm **II.** *n* (*person*) Stumme(r) *fm;* **muted** [-ɪd] *adj* ▷*sound* gedämpft
mutilate [ˈmjuːtɪleɪt] *vt* verstümmeln; **mutilation** [mjʊtɪˈleɪʃən] *n* Verstümmelung *f*
mutiny [ˈmjuːtɪnɪ] **I.** *n* Meuterei *f* **II.** *vi* meutern
mutter [ˈmʌtə*] *vt, vi* murmeln
mutton [ˈmʌtn] *n* Hammelfleisch *s*
mutual [ˈmjuːtjʊəl] *adj* ▷*agreement* gegenseitig; ◇ **the feeling is ~** das beruht auf Gegenseitigkeit; ▷*friends, interests* gemeinsam
muzzle [ˈmʌzl] *n* (*mouth of animal*) Maul *s;* (*protection*) Maulkorb *m;* (*of gun*) Mündung *f*
my [maɪ] *pron* (*used as adjective*) mein; **myself** [maɪˈself] *pron* selbst; ◇ **I'm not ~ today** mit mir stimmt heute irgendetwas nicht; ◇ **so I said to ~ …** also sagte ich mir …
mysterious [mɪˈstɪərɪəs] *adj* mysteriös, geheimnisvoll; **mystery** [ˈmɪstərɪ] *n* ↑ *puzzle* Rätsel *s;* ↑ *secret* Geheimnis *s*
mystic [ˈmɪstɪk] **I.** *n* Mystiker(in *f*) *m* **II.** *adj* mystisch; **mysticism** [ˈmɪstɪsɪzəm] *n* Mystizismus *m;* (*of art*) Mystik *f*
mystification [mɪstɪfɪˈkeɪʃən] *n* Verwirrung *f;* **mystify** [ˈmɪstɪfaɪ] *vt* verwirren
mystique [mɪˈstiːk] *n* etw Geheimnisvolles, ein geheimnisvoller Nimbus

myth [mɪθ] *n* ① ↑ *legend, tale* Mythos *m* ② *(attitude, belief)* Einstellung *f;* ◇ **the ~ of racial superiority** der Irrglaube e-r Überlegenheit bestimmter Rassen ③ ↑ *untrue* ◇ **that is definitely a ~** das ist nun wirklich nicht wahr; **mythical** ['mɪθɪkl] *adj* ① *(from legend)* mythisch ② ↑ *untrue* nicht wahr; **mythology** [mɪ'θɒlədʒɪ] *n* Mythologie *f*

N

N, n [en] *n* N, n *s*
N.A. *abbr. of* **not applicable** trifft nicht zu
nab [næb] *vt FAM* ↑ *catch* → *thief* schnappen
nadir ['neɪdɪə*] *n FIG* ↑ *depth* Tiefpunkt *m*
nag [næg] **I.** *n* ① ↑ *horse* Gaul *m* ② *(FAM person)* Nörgler(in *f*) *m* **II.** *vt, vi* herumnörgeln; ◇ **he ~s his mother** er nervt seine Mutter; ◇ **his worries are ~ging at him** seine Sorgen plagen ihn; **nagging I.** *adj* ▷*worry* quälend **II.** *n* Nörgeln *s*
nail [neɪl] **I.** *n* Nagel *m* **II.** *vt* nageln; *FIG* → *person* festnageln; **nail down** *vt FIG* → *also person* festnageln; → *agreement* festmachen; **nailbrush** *n* Nagelbürste *f;* **nailfile** *n* Nagelfeile *f;* **nail polish** *n* Nagellack *m;* **nail polish remover** *n* Nagellackentferner *m;* **nail scissors** *n pl* Nagelschere *f*
naive [naɪ'i:v] *adj* naiv, gutgläubig
naked ['neɪkɪd] *adj* nackt; ◇ **to see s.th. with the ~ eye** etw mit bloßem Auge sehen/erkennen; **nakedness** *n* Nacktheit *f*
name [neɪm] **I.** *n* Name *m;* ↑ *reputation* Ruf *m* **II.** *vt* nennen, benennen; ↑ *appoint, nominate* ernennen; ◇ **What's your ~?** Wie heißen Sie?; ◇ **to call s.o. a ~** jd-n mit e-m Schimpfwort beleidigen; **namedropping** *n FAM* ◇ **Why are you constantly ~?** Warum mußt du ständig erwähnen, was für wichtige Leute du kennst?; **nameless** *adj* namenlos; **namely** *adv* nämlich; **namesake** *n* Namensvetter *m,* Namensschwester *f*
nanny ['nænɪ] *n* ① Kindermädchen *s* ② *(~ goat)* Ziege *f*
nap [næp] **I.** *n* ↑ *sleep* Nickerchen *s; (on cloth)* Strich *m;* ◇ **to have/take a ~** ein Nickerchen machen **II.** *vi* dösen; *FIG* ◇ **to catch s.o. ~ping** jd-n überrumpeln
napalm ['neɪpɑ:m] **I.** *n* Napalm *s* **II.** *vt* mit Napalm bewerfen
nape [neɪp] *n* Nacken *m*
napkin ['næpkɪn] *n* Serviette *f; (BRIT for baby)* Windel *f*
nappy ['næpɪ] *n (BRIT for baby)* Windel *f*
narcissism [nɑ:'sɪsɪzəm] *n* Narzißmus *m,* Selbstverliebtheit *f*
narcotic [nɑ:'kɒtɪk] **I.** *n* Betäubungsmittel *s,* Rauschgift *s* **II.** *adj* ◇ **a ~ substance** ein Rauschgift
narrate [nə'reɪt] *vt* erzählen; **narration** [nə'reɪʃən] *n* Erzählung *f;* **narrative** ['nærətɪv] **I.** *n* Erzählung *f; (of events, journey)* Schilderung *f* **II.** *adj* erzählend; **narrator** [nə'reɪtə*] *n* Erzähler(in *f*) *m*
narrow ['nærəʊ] **I.** *adj* ▷*street* eng, schmal; ↑ *limited* beschränkt **II.** *vi* sich verengen; **narrow down I.** *vi* sich beschränken *(to* auf *acc);* ◇ **what it ~s down to is ...** es läuft darauf hinaus, daß ... **II.** *vt* einschränken; **narrowly** *adv* ↑ *closely* eng, genau; ◇ **she looks at things ~** sie sieht die Dinge zu eng; ↑ *barely* knapp; ◇ **he ~ won** er hätte um ein Haar gewonnen; ↑ *specifically* genauer; **narrow-minded** [nærəʊ'maɪndɪd] *adj* engstirnig
nasal ['neɪzəl] *adj* ANAT Nasen; ▷*sound, accent* Nasal-
nastily ['nɑ:stɪlɪ] *adv* ↑ *unpleasantly* scheußlich; ◇ **to speak ~ to s.o.** jd-n angiften; ↑ *dangerously* schlimm, böse; **nastiness** ['nɑ:stɪnəs] *n* Ekelhaftigkeit, Scheußlichkeit *f;* **nasty** ['nɑ:stɪ] *adj* ekelhaft; ▷*situation, weather* unangenehm; ▷*injury* schlimm, böse; ↑ *dirty* schmutzig; ▷*person* gemein, fies, garstig
nation ['neɪʃən] *n* Nation *f,* Volk *s;* **national** ['næʃənl] **I.** *adj* national, Staats-, Landes- **II.** *n* Staatsangehörige(r) *fm;* **national anthem** *n* Nationalhymne *f;* **National Guard** *n (AM)* Nationalgarde *f;* **national insurance** *n (BRIT)* Sozialversicherung *f;* **nationalism** ['næʃnəlɪzəm] *n* Nationalismus *m;* **nationalist I.** *n* Nationalist(in *f*) *m* **II.** *adj* nationalistisch; **nationality** [næʃə'nælɪtɪ] *n* Staatsangehörigkeit *f,* Nationalität *f;* **nationalization** [næʃnəlaɪ'zeɪʃən] *n* Verstaatlichung *f;* **nationalize** ['næʃnəlaɪz] *vt* → *industries etc.* verstaatlichen; **nationally** ['næʃnəlɪ] *adv (as a nation)* als Nation; ↑ *nation-wide* landesweit; **nation-wide** *adj, adv* im ganzen Land, landesweit
native ['neɪtɪv] **I.** *n* ① Einheimische(r) *fm;* ◇ **~ speaker** Muttersprachler(in *f*) *m* ② ↑ *indigenous people* Eingeborene(r) *fm* **II.** *adj* einheimisch; ◇ **~ country** Heimatland *s;* ◇ **~ language** Muttersprache *f;* ▷*plants, animals* einheimisch; *(of birth)* heimatlich, Heimat-; ↑ *inborn, inate* angeboren, natürlich; ◇ **a ~ of Germany** gebürtige(r) Deutsche(r) *fm*
nativity [nə'tɪvɪtɪ] *n* Geburt *f;* REL ◇ **the N- Christi** Geburt

NATO ['neɪtəʊ] *n acronym of* **North Atlantic Treaty Organization** Nato *f*
natter ['nætə*] *vi FAM* ↑ *chat* quasseln
natural ['nætʃrəl] *adj* ↑ *not man-made* natürlich; ↑ *normal* normal, üblich; ↑ *inborn* angeboren; ◇ **he is a ~ artist** er ist der geborene Künstler; ◇ **to have a ~ talent for s.th.** e-e natürliche Begabung für etw haben; ▷*actions, manner* natürlich; ▷*parents* leibliche; ▷*children* natürliche; ◇ **to die of ~ causes** e-s natürlichen Todes sterben; ◇ **~ childbirth** natürliche [*o.* sanfte] Geburt; **naturalist** *n* Naturforscher(in *f*) *m;* **naturalize** *vt* → *foreigner* einbürgern; **naturally** *adv* natürlich; ◇ **that comes to her ~** das fällt ihr leicht
natural resources *n pl* natürliche Rohstoffe *m pl;* ◇ **~ science** Naturwissenschaft *f;* ◇ **~ selection** natürliche Auslese *f;* **naturalness** *n* Natürlichkeit *f*
nature ['neɪtʃə*] *n* Natur *f;* ◇ **by ~** von Natur aus; ↑ *type, sort* derartiges; ◇ **... or something of that ~** ... oder etw in der Art; ◇ **mother ~** Mutter Natur; ◇ **s.o.'s better ~** der Samariter in jd-m; ◇ **the foreign language had become second ~ to her** sie beherrschte die Fremdsprache so gut wie ihre eigene
naturopath ['neɪtʃərəpæθ] *n* Heilpraktiker(in *f*) *m*
naught [nɔːt] *n* Null *f*
naughtily ['nɔːtɪlɪ] *adv* unartig, frech, dreist; **naughtiness** ['nɔːtɪnəs] *n* Unartigkeit *f,* Frechheit *f;* ▷*moral* Unanständigkeit *f;* **naughty** ['nɔːtɪ] *adj* ▷*child* unartig, ungezogen; ▷*behavior, action* ungehörig; ↑ *obscene* unanständig
nausea ['nɔːsɪə] *n* MED ↑ *sick feeling* Übelkeit *f; FIG* Ekel *m;* **nauseate** ['nɔːsɪeɪt] *vt* MED in jd-m Übelkeit erregen; *disgusting, FIG* anekeln, anwidern; **nauseous** ['nɔːsɪəs] *adj* ◇ **after the injection the patient felt ~** nach der Injektion *f* bekam der Patient Brechreiz
nautical ['nɔːtɪkəl] *adj* nautisch, See-; ◇ **~ mile** Seemeile *f*
naval ['neɪvl] *adj* Marine-, See-, Flotten-
nave [neɪv] *n* (*church*) Kirchenhauptschiff *s,* Kirchenmittelschiff *s*
navel ['neɪvl] *n* ANAT Nabel *m*
navigable ['nævɪgəbl] *adj* schiffbar; **navigate** ['nævɪgeɪt] **I.** *vt* → *car, ship etc.* steuern; ◇ **he ~d his way through the crowd** er bahnte sich e-n Weg durch die Menge **II.** *vi* (*be mobile*) fahren; (*give directions*) jd-m sagen, wie er fahren muß; **navigation** [nævɪ'geɪʃən] *n* Navigation *f;* **navigator** ['nævɪgeɪtə*] *n* Navigationsoffizier *m;* ↑ *explorer* Seefahrer(in *f*) *m;* AERO Navigator(in *f*) *m;* AUTO Beifahrer(in *f*) *m*
navvy ['nævɪ] (*BRIT*) *n* Bauarbeiter(in *f*) *m,* Straßenarbeiter(in *f*) *m*
navy ['neɪvɪ] *n* [Kriegs-]Marine *f;* **navy-blue** *adj* marineblau
NB *abbr. of* **nota bene** N.B.
NCO *abbr. of* **non-commissioned officer** ≈ Unteroffizier *m*
near [nɪə*] **I.** *adj* nah[e]; ◇ **~ relatives** nahe Verwandte **II.** *adv* nahe; ◇ **to be ~** in der Nähe sein; ↑ *closely, accurately* genau; ◇ **as ~ as I can judge** soweit ich es beurteilen kann; ↑ *similar to* ähnlich *dat;* ◇ **I am not anywhere ~ to finishing...** ich bin noch lange nicht fertig; ◇ **nowhere ~ as much** lange nicht soviel; ◇ **it happened ~ to Christmas** es ist kurz vor Weihnachten geschehen; ◇ **it is ~ 5 o'clock** es ist fast fünf Uhr, es ist kurz vor fünf **III.** *prep* nah; ◇ **keep ~ me** bleib' in meiner Nähe; ◇ **~ the end** kurz vor dem Ende **IV.** *vt* sich nähern *dat;* **near enough** gut genug; **nearby** [nɪə'baɪ] **I.** *adj* nahe gelegen **II.** *adv* in der Nähe; **nearly** ['nɪəlɪ] *adv* fast; ◇ **not ~** bei weitem nicht; **nearness** *n* Nähe *f;* **nearside I.** *n* AUTO Beifahrerseite *f* **II.** *adj* auf der Beifahrerseite
nearsighted *adj* kurzsichtig
neat [niːt] *adj* ↑ *tidy* ordentlich; (*way of doing s.th.*) tadellos; ↑ *great, AM* toll; ↑ *undiluted, BRIT* pur; **neatly** ['niːtlɪ] *adv* ↑ *nicely* ordentlich; ↑ *carefully* sauber; **neatness** *n* Ordentlichkeit *f,* Sauberkeit *f*
nebulous ['nebjʊləs] *adj FIG* ▷*idea* unklar, verschwommen, nebulös
necessarily [nesɪ'serəlɪ] *adv* unbedingt, notwendigerweise; **necessary** ['nesɪsərɪ] **I.** *adj* notwendig, nötig; ◇ **it is ~ that one...** man muß...; ◇ **we drew the ~ conclusions** wir haben die entsprechenden Schlüsse daraus gezogen **II.** *n* Notwendige *s;* **necessitate** [nɪ'sesɪteɪt] *vt* erforderlich machen; **necessity** [nɪ'sesɪtɪ] *n* ↑ *need* Not *f;* ↑ *compulsion* Notwendigkeit *f;* ◇ **necessities** *pl* **of life** Bedürfnisse *pl* des täglichen Lebens
neck [nek] **I.** *n m* Hals *m;* ◇ **to save one's ~** seinen Hals aus der Schlinge ziehen; ◇ **to be up to one's ~ in work** bis über die Ohren in der Arbeit stekken; ◇ **~ and ~** Kopf an Kopf; (*of a bottle*) Hals *m;* (*of a dress*) Ausschnitt *m;* ◇ **it has a high ~** es ist hochgeschlossen **II.** *vi FAM* schmusen; **necklace** ['neklɪs] *n* Halskette *f;* **necklet** ['neklɪt] *n* Kettchen *s;* **neckline** *n* Ausschnitt *m;* **necktie** *n* (*AM*) Krawatte *f,* Schlips *m*
nectar ['nektə*] *n* Nektar *m*
nectarine ['nektərɪn] *n* Nektarine *f*
née [neɪ] *adj* geborene; ◇ **Patricia d'Arbanville, ~ Smith** Patricia d'Arbanville, geborene Smith
need [niːd] **I.** *vt* brauchen; ◇ **this situation ~s**

N

some explanation diese Situation bedarf e-r Erklärung; ◇ **this work -s to be done** diese Arbeit muß getan werden; ◇ **if - be** wenn es nötig ist; ↑ *require* verlangen **II.** *n* Bedarf *m;* ◇ **in time of -** in schwierigen Zeiten, in Zeiten der Not; ◇ **to be in great -** große Not leiden; ↑ *desire* Verlangen (*of, for* nach) *s;* ◇ **I began to feel the - of a vacation** ich fühlte mich allmählich urlaubsreif; ↑ *want* Mangel *m;* ◇ **there is a great - for** es besteht ein großer Bedarf an; ◇ **to be in - of s.th.** etw brauchen; ↑ *necessity* Notwendigkeit *f;* ◇ **he is in - of advice** er braucht [*o.* benötigt] Rat; ↑ *poverty* Not *f;* ↑ *requirement* Bedürfnis *s;* ◇ **the body's - for oxygen** der Sauerstoffbedarf des Körpers; ◇ **my -s are many** ich bin sehr anspruchsvoll

needle ['ni:dl] **I.** *n* (*sewing, knitting*) Nadel *f;* ◇ **it's like looking for a - in a haystack** es ist, als müßte man e-e Stecknadel im Heuhaufen suchen; ◇ **pine -** Kiefernnadel **II.** *vt* ↑ *niggle* ärgern; ◇ **I was -ed by his comments** er stichelte mich mit s-n Bemerkungen

needless ['ni:dlɪs] *adj* unnötig; ◇ **- to say, he failed** natürlich ist er durchgefallen; **needlessly** *adv* unnötigerweise; ◇ **they were - rude** sie waren unnötig grob

needlework ['ni:dlwɜ:k] *n* Handarbeit *f*

needy ['ni:dɪ] **I.** *adj* bedürftig; ◇ **in - circumstances** in ärmlichen Umständen **II.** *n pl* die Bedürftigen *pl*

negate [nɪ'geɪt] *vt* ↑ *nullify* zunichte machen; ↑ *deny* verneinen; **negation** [nɪ'geɪʃən] *n* Verneinung *f*

negative ['negətɪv] **I.** *n* (1) PHOTO Negativ *s* (2) MATH negative Zahl *f;* MATH ◇ **two -s make a positive** zweimal minus gibt plus **II.** *adj* negativ; ▷*answer* abschlägig; (*not positive, bad*) schlecht; ◇ **she has a - attitude towards life** sie hat e-e negative Lebenseinstellung

neglect [nɪ'glekt] **I.** *vt* → *opportunity* versäumen; → *garden, person* vernachlässigen; → *advice* nicht befolgen; ◇ **to - to do s.th.** es versäumen, etw zu tun **II.** *n* Vernachlässigung *f;* **neglected** [-ɪd] *adj* vernachlässigt

negligence ['neglɪdʒəns] *n* Nachlässigkeit *f;* JUR Fahrlässigkeit *f;* ◇ **- of one's duties** Pflichtvergessenheit *f;* **negligent** *adj* nachlässig

negligible ['neglɪdʒəbl] *adj* unbedeutend; ▷*amount, sum* unerheblich

negotiable [nɪ'gəʊʃɪəbl] *adj* ↑ *not fixed* ◇ **these terms are -** über diese Bedingungen *acc* kann verhandelt werden; ▷*contract* übertragbar; ▷*difficulty* überwindbar; COMM ↑ *sellable* verkäuflich; **negotiate** [nɪ'gəʊʃɪeɪt] **I.** *vi* verhandeln (*for* über *acc*) **II.** *vt* → *plans, arrangements* abschließen, aushandeln; → *difficulty* überwinden; **negotiation** [nɪgəʊʃɪ'eɪʃən] *n* Verhandlung *f;* ◇ **the matter is still under -** über diese Sache wird noch verhandelt; ◇ **to begin -s with s.o.** Verhandlungen mit jd-m aufnehmen; **negotiating table** *n* Verhandlungstisch *m;* ◇ **to be at the - -** am Verhandlungstisch sitzen; **negotiator** [nɪ'gəʊʃɪeɪtə*] *n* Unterhändler(in *f*) *m*

Negress ['ni:gres] *n PEJ* Negerin *f;* **Negro** ['ni:grəʊ] **I.** *n* <-es> *PEJ* Neger *m* **II.** *adj* Neger-

neighbour, neighbor (*AM*) ['neɪbə*] *n* Nachbar (in *f*) *m;* **neighbourhood** ['neɪbəhʊd] *n* Nachbarschaft *f;* (*district, area*) Gegend *f,* Viertel *s;* ◇ **in the - of s.th.** in der Nähe von etw; **neighbouring** *adj* benachbart, angrenzend, Nachbar-; **neighbourly** *adv* freundlich, gutnachbarschaftlich; ◇ **they are -** sie sind gute Nachbarn

neither ['naɪðə*] **I.** *pron* keine(r, s) [von beiden] **II.** *cj* weder, auch nicht; ◇ **I don't know and - does he** ich weiß es nicht und er auch nicht **III.** *adv* weder noch; ◇ **he - knows nor cares** er weiß es nicht, und er will es auch nicht wissen; ◇ **she - smokes nor drinks** sie raucht nicht und trinkt nicht

neo- ['ni:əʊ] *pref* neo-, Neo-

neon ['ni:ɒn] *n* Neon *s;* ◇ **- light** Neonlicht *s*

nephew ['nefju:] *n* Neffe *m*

nerd ['nɛ:d] *n AM FAM* Spießer *m*

nerve [nɜ:v] *n* ANAT Nerv *m;* ◇ **to be in a terrible state of -s** mit den Nerven völlig fertig sein; *FAM* ◇ **to get on s.o.'s -s** jd-m auf die Nerven gehen, jd-n nerven; ◇ **she is living on her -** sie macht sich ständig Sorgen; ◇ **to have -s of steel** Nerven wie Drahtseile haben; ↑ *courage* Mut *m;* ◇ **to lose one's -s** die Nerven verlieren; ◇ **to have the - to do s.th.** es wagen, etw zu tun; ↑ *impudence* Frechheit *f;* ◇ **She's got -!** Die hat vielleicht Nerven!; ◇ **the - of her** so e-e Frechheit von ihr; **nerveless** *adj* ↑ *confident* gelassen, seelenruhig; **nerve-racking** *adj* nervenaufreibend; **nervous** ['nɜ:vəs] *adj* ↑ *apprehensive* nervös; ↑ *excited* aufgeregt; ↑ *jittery, tense* unruhig; ◇ **to be - about s.th.** wegen etw nervös sein; ◇ **I am - about the exam** ich habe Angst vor der Prüfung; MED ◇ **- breakdown** Nervenzusammenbruch *m;* **nervous system** *n* ANAT Nervensystem *s;* **nervous wreck** *n FAM* ◇ **she's a - -** sie ist mit den Nerven völlig am Ende; ◇ **I look a - -** ich schaue völlig fertig aus; **nervously** *adv* nervös; **nervousness** *n* Nervosität *f;* **nervy** ['nɜ:vɪ] *adj* (*BRIT*) nervös, unruhig; *AM* frech, unverschämt

nest [nest] *n* Nest *s; FIG* ◇ **to have a little -** ↑ *money saved* sich ein kleines Pölsterchen gespart haben

nestle ['nesl] *vi* sich kuscheln; ◇ **to ~ up to s.o.** sich an jd-n kuscheln; ◇ **a house nestling in the hills** ein Haus, das in Berge eingebettet ist

nestling *n* Nestling *m*

net [net] **I.** *n* Netz *s* **II.** *adj* Netto-; ◇ **~ profit** Reingewinn *m*

netball *n* SPORT Netzball *m; BRIT* Korbball *m;* **net curtain** *n* Store *m*

Netherlands ['neðələndz] *n pl* Niederlande *pl*

netting ['netɪŋ] *n* Netz[gewebe] *s,* Drahtgeflecht *s;* ◇ **wire ~** Maschendraht *m*

network ['netwɜːk] **I.** *n* MEDIA Netz, Sendenetz *s;* PC Netzwerk *s* **II.** *vt* etw im ganzen Sendebereich ausstrahlen; **networked** [-d] *adj* vernetzt

neurosis [njʊə'rəʊsɪs] *n* MED Neurose *f*

neurosurgery ['njʊərəʊsɜːdʒərɪ] *n* MED Neurochirurgie *f;* **neurotic** [njʊə'rɒtɪk] **I.** *adj* neurotisch **II.** *n* Neurotiker(in *f*) *m*

neuter ['njuːtə*] **I.** *adj* FAUNA ungeschlechtlich; GRAM sächlich **II.** *n* BIOL kastriertes Tier; LING Neutrum *s*

neutral ['njuːtrəl] *adj* neutral; **neutrality** [njuː'trælɪtɪ] *n* Neutralität *f;* **neutralize** ['njuːtrəlaɪz] *vt* neutralisieren; ◇ **neutralizing agent** neutralisierender Wirkstoff; ↑ *incapacitate* unfähig machen

neutron ['njuːtrɒn] *n* Neutron *s;* **neutron bomb** *n* Neutronenbombe *f*

never ['nevə*] *adv* niemals, nie; (*expressing surprise*) ◇ **well I ~...** na so was, so was habe ich noch nie...; ◇ **~ ever again** niemals wieder; ◇ **that will ~ do** das geht ganz und gar nicht; **never-ending** *adj* endlos, unaufhörlich; **nevertheless** [nevəðə'les] *adv* trotzdem, dennoch

new [njuː] *adj* neu; ◇ **What's ~?** Was gibt's Neues?; ◇ **the ~ woman** die moderne Frau; ▷*vegetables* jung; **newborn** *adj* neugeboren; **newcomer** *n* Neuankömmling *m;* (*at the job etc.*) Neuling *m;* **newly** *adv* frisch, neu; **newlywed** *n* Neuvermählte(r) *fm;* **new moon** *n* Neumond *m;* **newness** *n* Neuheit *f,* Neue *s;* ◇ **years later, the ~ had subsided** einige Jahre später war der Reiz des Neuen verflogen

news [njuːz] *n sg* Nachricht *f;* MEDIA Nachrichten *pl;* **news agency** *n* Nachrichtenagentur *f;* **newsagent** *n* (*BRIT*) Zeitungshändler(in *f*) *m; AM* Zeitungsjunge; **news flash** *n* Kurzmeldung *f;* **newsletter** *n* Rundschreiben *s;* **newspaper** *n* Zeitung *f;* **newsreel** *n* Wochenschau *f;* **news-stand** *n* Zeitungsstand *m;* **news story** *n* Bericht *m*

newt [njuːt] *n* NAUT Wassermolch *m; FIG* ◇ **as drunk as a ~** blau wie ein Veilchen, sternhagelblau

New Year [njuː'jɪə*] *n* Neujahr *s;* ◇ **Happy ~ ~!** Ein gutes neues Jahr!; ◇ **~ ~'s resolution** guter Vorsatz *m* für das neue Jahr; ◇ **~ ~'s Eve** Silvester *m or s*

New Zealand [njuː'ziːlənd] **I.** *n* Neuseeland *s* **II.** *adj* neuseeländisch; **New Zealander** *n* Neuseeländer(in *f*) *m*

next [nekst] **I.** *adj* nächste(r, s) **II.** *adv* ↑ *after* dann, darauf; ◇ **~ to last row** die vorletzte Reihe; ◇ **~ to nothing** so gut wie nichts **III.** *prep* (*near, beside*) [gleich] neben *dat;* ◇ **~ to nothing** so gut wie nichts; ◇ **to do s.th. ~** etw als nächstes tun; ◇ **What ~?** Was denn noch [alles]?; **next door I.** *adv* ↑ *nebenan* ◇ **she lives ~ ~ to me** sie wohnt direkt neben mir; ◇ **there is a bakery right ~ ~** gleich nebenan gibt es e-e Bäckerei **II.** *adj* ◇ **we are ~ ~ neighbours** wir wohnen Tür an Tür; **next of kin** Familienangehörige(r) *fm*

Niagara Falls [naɪægərə'fɔːlz] *n pl* Niagarafälle *pl*

nib [nɪb] *n* Feder *f,* Federspitze *f*

nibble ['nɪbl] **I.** *vt, vi* knabbern (*at, on* an *dat*) **II.** *n* ① *FAM* kleiner Bissen; ◇ **I just want a ~ to eat** ich möchte nur e-e Kleinigkeit zu essen ② ◇ **I think I've got a ~** ich glaube, ein Fisch hat angebissen

Nicaragua [nɪkə'rægjʊə] *n* Nicaragua *s;* **Nicaraguan** [nɪkə'rægjʊən] **I.** *adj* nicaraguanisch **II.** *n* Nicaraguaner(in *f*) *m*

nice [naɪs] *adj* ▷*person* hübsch, nett, schön; ▷*car, weather* schön; ▷*food* gut, lecker; ↑ *subtle* fein; ◇ **that's a ~ idea** das ist e-e gute Idee; ◇ **be ~** sei lieb; (*intensifier*) ◇ **we had a ~ long chat** wir haben uns gut unterhalten; ◇ **it is ~ and peaceful here** es ist schön ruhig hier; (*ironic*) ◇ **you're in a ~ mess** du sitzt schön in der Tinte; (*ironic*) ◇ **That's a ~ way to talk to your mother** Wie sprichst du denn mit deiner Mutter?, Spricht man so mit seiner Mutter?; **nice-looking** *adj* hübsch, gutaussehend; **nicely** *adv* gut, nett, schön; ◇ **that will do ~** das reicht vollauf; ◇ **to be ~ spoken** sich gepflegt ausdrücken

nick [nɪk] *n* Einkerbung *f;* ◇ **in the ~ of time** gerade noch [rechtzeitig]

nickel ['nɪkl] *n* CHEM Nickel *s; AM* Nickel *m 5-Cent-Stück*

nickname ['nɪkneɪm] *n* Spitzname *m*

nicotine ['nɪkətiːn] *n* Nikotin *s*

niece [niːs] *n* Nichte *f*

Nielsen rating ['niːlsənreɪtɪŋ] *n* (*AM*) Einschaltquote *f*

niggardly ['nɪgədlɪ] *adj* ▷*person, dish* knausrig

nigger ['nɪgə*] *n PEJ* Nigger *m*

niggle ['nɪgl] **I.** *vi* herumkritteln (*about* an *dat*) **II.** *vt* plagen **III.** *n* kleine Sorge *f;* **niggling** ['nɪglɪŋ] *adj* pingelig; ▷*doubt, worry* quälend; ▷*detail* kleinlich

night [naɪt] *n* Nacht *f;* ↑ *evening* Abend *m;* ◇ **at** [*o.* **by**] **~** nachts; abends; ◇ **to make a ~ of it** die Nacht durchmachen; ◇ **to have a late/early ~** spät/früh ins Bett gehen; **nightcap** *n* [1] (*drink*) Schlummertrunk *m* [2] (*garment*) Nachtmütze *f;* **nightclub** *n* Nachtlokal *s,* Bar *f;* **nightdress** *n* (*BRIT*) Nachthemd *s;* **nightfall** *n* Einbruch *m* der Nacht/Dunkelheit

nightgown *n* (*AM*) Nachthemd *s;* **nightie** ['naɪtɪ] *n FAM* Nachthemd *s*

nightingale ['naɪtɪŋgeɪl] *n* Nachtigall *f*

night life ['naɪtlaɪf] *n* Nachtleben *s;* **nightly** *adv* jeden Abend, allabendlich, jede Nacht; **nightmare** ['naɪtmɛə*] *n* Alptraum *m;* **night school** *n* Abendschule *f;* **night shift** *n* Nachtschicht *f;* **night-time** *n* Nacht *f;* **night watchman** *n* <-men> Nachtwächter *m*

nil [nɪl] *n* Nichts *s,* Null *f;* SPORT null

Nile [naɪl] *n* Nil *m*

nimble ['nɪmbl] *adj* ▷*fingers* behend[e], flink; ▷*mind* beweglich; ◇ **my granny is still ~** meine Oma ist noch sehr rüstig; **nimbly** ['nɪmblɪ] *adv* flink

nine [naɪn] *nr* neun

nineteen [naɪn'ti:n] *nr* neunzehn

ninety ['naɪntɪ] *nr* neunzig

ninth [naɪnθ] **I.** *adj* neunte(r, s) **II.** *n* [1] ▷*person* Neunte(r) *fm* [2] ▷*part* Neuntel *s*

nip [nɪp] **I.** *vt* → *person* kneifen; ← *dog* zwicken **II.** *n* Kniff, Biß *m*

nipple ['nɪpl] *n* ANAT Brustwarze *f;* (*on baby's bottle*) Schnuller *m*

nippy ['nɪpɪ] *adj FAM* ▷*person* flink; AUTO flott, spritzig; ↑ *cold* frisch; ▷*wind* beißend

nit [nɪt] *n* (*egg of a louse*) Nisse *f,* Niß *f*

nitrogen ['naɪtrədʒən] *n* CHEM Stickstoff *m;* **nitrogen oxide** *n* CHEM Stickoxid *s*

no [nəʊ] **I.** *adj* kein **II.** *adv* nein **III.** *n* <-es> Nein *s;* ◇ **the ~es have it** die Mehrheit ist dagegen; ◇ **~ more time** keine Zeit mehr; ◇ **in ~ time** schnell; ◇ **there is no such thing** so etwas gibt es nicht

nobility [nəʊ'bɪlɪtɪ] *n* Adel *m;* ◇ **the ~ of this deed** diese edle Tat; **noble** ['nəʊbl] **I.** *adj* (*rank*) adlig; ↑ *splendid* nobel, edel **II.** *n* Adlige(r) *fm;* **nobleman** *n* <-men> Edelmann *m,* Adlige(r) *fm;* **noblewoman** *n* <-women> Adlige *f;* **nobly** ['nəʊblɪ] *adv* ↑ *finely* edel; ↑ *selflessly* großmütig

nobody ['nəʊbədɪ] **I.** *pron* niemand, keiner **II.** *n* Niemand *m;* Nichts *s*

no-claims bonus [nəʊ'kleɪmzbəʊnəs] *n* Schadenfreiheitsrabatt *m*

nod [nɒd] *vi* nicken; **nod off** *vi FAM* einnicken

noise [nɔɪz] *n* ↑ *sound* Geräusch *s;* (*unpleasant, loud*) Lärm *m;* **noiseless** *adj* geräuschlos, lautlos; **noisily** ['nɔɪzɪlɪ] *adv* lärmend, laut; **noise prevention** *n* Lärmschutz *m;* **noisy** ['nɔɪzɪ] *adj* laut; ▷*crowd* lärmend

nomad ['nəʊmæd] *n* Nomade *m,* Nomadin *f;* **nomadic** [nəʊ'mædɪk] *adj* nomadisch

no-man's land ['nəʊmænzlænd] *n* Niemandsland *s*

nominal ['nɒmɪnl] *adj* nominell; GRAM Nominal-; ◇ **~ value** [**of shares**] Nennwert *m*

nominate ['nɒmɪneɪt] *vt* ↑ *suggest* vorschlagen; (*in election*) nominieren; ↑ *appoint* ernennen; **nomination** [nɒmɪ'neɪʃən] *n* (*of candidate*) Nominierung *f;* (*of official*) Ernennung *f*

nominative ['nɒmɪnətɪv] *n* GRAM Nominativ *m,* erster Fall *m*

nominee [nɒmɪ'ni:] *n* Kandidat(in *f*) *m,* Bewerber (in *f*) *m*

non- [nɒn] *pref* Nicht-, un-; **non-alcoholic** *adj* alkoholfrei, ohne Alkohol *m*

nonchalant ['nɒnʃələnt] *adj* lässig, gelassen

nondescript ['nɒndɪskrɪpt] *adj* unbestimmbar; ▷*person* unauffällig

none [nʌn] **I.** *pron* keine(r, s); ◇ **N~ of your excuses!** Spar' dir deine Ausreden!; ◇ **that's ~ of your business** das geht dich nichts an **II.** *adv* ◇ **she returned ~ the wiser** als sie zurückkam, war sie auch nicht klüger als zuvor

nonentity [nɒ'nentɪtɪ] *n* Null *f,* unbedeutende Figur

nonetheless [nʌnðə'les] *adv* nichtsdestoweniger, nichtsdestotrotz

non-fiction [nɒn'fɪkʃən] *n* Sachbuch *s*

nonplussed [nɒn'plʌst] *adj* verdutzt, baff

nonprint [nɒn'prɪnt] *adj* nicht in Buchform

nonsense ['nɒnsəns] *n* Unsinn *m;* ◇ **literary ~** (*Lewis Carroll*) Unsinnsverse *pl*

non-stop [nɒn'stɒp] *adj* ununterbrochen, pausenlos, Nonstop-

noodles ['nu:dlz] *n pl* Nudeln *f pl*

nook [nʊk] *n* Winkel *m,* Ecke *f*

noon [nu:n] *n* Mittag *m;* ◇ **at ~** um die Mittagszeit, mittags

no one ['nəʊwʌn] *pron s.* **nobody**

noose [nu:s] *n* Schlinge *f*

norm [nɔ:m] *n* Norm, Regel *f*

normal ['nɔ:məl] *adj* normal; **normally** *adv* ↑ *as usual* normal; ↑ *usually* normalerweise, gewöhnlich

north [nɔ:θ] **I.** *n* Norden *m* **II.** *adj* nördlich, Nord- **III.** *adv* nach Norden; ◇ **~ of Manchester** nördlich von Manchester; **North America** *n* Nordamerika *s;* **northbound** *adj* nach Norden, in Richtung

Norden führend; **northerly** ['nɔ:ðəlɪ] *adj* nördlich; **northern** ['nɔ:ðən] *adj* nördlich; **Northern Ireland** *n* Nordirland *s;* **North Sea** *n* Nordsee *f;* **northwards** *adv* nach Norden, Richtung Norden

Norway ['nɔ:weɪ] *n* Norwegen *s;* **Norwegian** [nɔ:'wi:dʒən] **I.** *adj* norwegisch **II.** *n* Norweger(in *f*) *m*

no., No. ['nʌmbə*] *abbr. of* **number** Nummer, Nr.

nose [nəʊz] *n* Nase *f;* **nosebleed** *n* Nasenbluten *s;* **nose-dive** *n* Sturzflug *m;* **nosey** ['nəʊzɪ] *adj* neugierig

nostalgia [nɒ'stældʒɪə] *n* Nostalgie *f* (*for* nach); **nostalgic** *adj* wehmütig, nostalgisch; ◇ **to feel ~ for s.th.** sich nach etw zurücksehnen

nostril ['nɒstrɪl] *n* ANAT Nasenöffnung *f,* Nasenloch *s;* (*of animal*) Nüster *f*

not [nɒt] *adv* nicht; ◇ **he is ~ certain** er ist sich nicht sicher; ◇ **she is ~ a doctor** sie ist keine Ärztin; ◇ **~ at all** keineswegs; ◇ **do ~ feed** (*on sign*) bitte nicht füttern

notable ['nəʊtəbl] *adj* bemerkenswert, beachtlich; **notably** *adv* ↑ *especially* besonders; ↑ *noticeably* bemerkenswert

notch [nɒtʃ] *n* Kerbe *f*

note [nəʊt] **I.** *n* (1) MUS Note *f,* Ton *m* (2) (*written information*) Nachricht, Notiz *f;* (*of lecture*) Aufzeichnung *f;* ◇ **to take ~s of** sich Notizen machen über *acc;* POL ↑ *diplomatic* ~ Note *f* (3) ↑ *bank-* [Geld-]Schein *m,* Banknote *f* (4) ↑ *attention* ◇ **to take ~ of s.th.** von etw Notiz *f* nehmen (5) ◇ **a person of ~** e-e bedeutende Persönlichkeit *f* **II.** *vt* ↑ *observe* bemerken; ↑ *write down* notieren; **notebook** *n* Notizbuch *s;* **noted** [-ɪd] *adj* bekannt; **notepaper** *n* Briefpapier *s*

nothing ['nʌθɪŋ] *n* nichts; ◇ **for ~** umsonst; ◇ **it is ~ to me** es bedeutet mir nichts; ◇ **~ else** sonst nichts; ◇ **~ if not polite** überaus höflich

notice ['nəʊtɪs] **I.** *n* (1) ↑ *announcement* Anzeige *f,* Bekanntmachung *f* (2) ↑ *attention* Beachtung *f;* ↑ *warning* Ankündigung *f* (3) ↑ *~ of dismissal* Kündigung *f* **II.** *vt* bemerken; ◇ **he took no ~ of her** er beachtete sie nicht; ◇ **May I bring these facts to your ~?** Darf ich Sie auf diese Tatsachen *acc* aufmerksam machen?; ◇ **Take no ~!** Kümmere dich nicht darum!; **noticeable** *adj* merklich; **notice board** *n* schwarzes Brett *s,* Anschlagtafel *f*

notification [nəʊtɪfɪ'keɪʃən] *n* Benachrichtigung *f*

notify ['nəʊtɪfaɪ] *vt* benachrichtigen

notion ['nəʊʃən] *n* ↑ *idea* Vorstellung *f,* Idee *f;* ↑ *fancy* Lust *f*

notorious [nəʊ'tɔ:rɪəs] *adj* berüchtigt, notorisch

notwithstanding [nɒtwɪθ'stændɪŋ] **I.** *adv* trotzdem **II.** *prep* trotz

nougat ['nu:gɑ:] *n* Nougat *m o s*

nought [nɔ:t] *n* Null *f*

noun [naʊn] *n* GRAM Hauptwort *s,* Substantiv *s*

nourish ['nʌrɪʃ] *vt* [er-]nähren; **nourishing** *adj* nahrhaft; **nourishment** *n* Nahrung *f*

novel ['nɒvəl] **I.** *n* Roman *m* **II.** *adj* neuartig; **novelist** *n* [Roman-]Schriftsteller(in *f*) *m;* **novelty** ['nɒvltɪ] *n* (*s.th. new*) Neuheit *f*

November [nəʊ'vembə*] *n* November *m;* ◇ **~ 15th, 1960** 15. November 1960; ◇ **on the 12th of ~** (*gesprochen*) am 12. November; ◇ **on 12th ~, on ~ 12th** (*geschrieben*) am 12. November; ◇ **in ~** im November

novice ['nɒvɪs] *n* Neuling *m;* (REL *in monastery*) Novize *m,* Novizin *f*

now [naʊ] *adv* jetzt; ◇ **right ~** jetzt, gerade; ◇ **we must do it right ~** wir müssen es jetzt sofort tun; ◇ **~ and then, ~ and again** ab und zu, manchmal; ◇ **~, ~** na, na; **nowadays** ['naʊədeɪz] *adv* heutzutage, heute

nowhere ['nəʊwɛə*] *adv* nirgends

nozzle ['nɒzl] *n* Düse *f*

nuclear ['nju:klɪə*] *adj* ▷*particle* atomar, nuklear; ▷*energy* Kernkraftwerk, Atomkraftwerk *s;* (*in compd*) Atom-, Kern-; ◇ **~ power station** Atomkraftwerk *s,* AKW *s,* Kernkraftwerk *s;* **nuclear-free** *adj* atomwaffenfrei

nucleus ['nju:klɪəs] *n,* **nuclei** ['nju:klɪaɪ] *n pl* PHYS CHEM Kern *m;* ◇ **atomic ~** Atomkern *m*

nude [nju:d] **I.** *adj* nackt **II.** *n* ▷*person* Nackte(r) *fm,* Akt *m*

nudge [nʌdʒ] *vt* leicht anstoßen, stupsen

nudist ['nju:dɪst] *n* Nudist(in *f*) *m,* FKK-Anhänger(in *f*) *m;* **nudist beach** *n* FKK-Strand *m,* Nacktbadestrand *m*

nudity ['nju:dɪtɪ] *n* Nacktheit *f*

nuisance ['nju:sns] *n* Ärgernis *s;* (*person*) Plage *f;* (*child*) Quälgeist *m;* ◇ **that's a ~** das ist ärgerlich; ◇ **he's a ~** er geht e-m auf die Nerven

nuke [nju:k] *n* (*esp AM*) (1) *FAM* Kern-, Atomkraftwerk *s* (2) *FAM* ↑ *atomic bomb* Atombombe *f*

null [nʌl] *adj* (JUR *act, decree*) nichtig, ungültig; ◇ **~ and void** null und nichtig; **nullify** ['nʌlɪfaɪ] *vt* für null und nichtig erklären, annullieren

numb [nʌm] **I.** *adj* ▷*fingers* taub, gefühllos **II.** *vt* betäuben

number ['nʌmbə*] **I.** *n* (1) Nummer *f;* (*numeral also*) Zahl *f;* (*~ of page*) Seitenzahl *f;* (*~ of soldier*) Kennummer *f* (2) ↑ *quantity* [An-]Zahl *f* (3) GRAM Numerus *m* (4) (*of magazine also*) Ausga-

N

be *f,* Heft *s;* ◇ **the May** ~ das Maiheft, die Maiausgabe **II.** *vt* ↑ *give a number to* numerieren; ↑ *amount to* sein; ◇ **his days are ~ed** seine Tage sind gezählt; ◇ **~ed account** Nummernkonto *s;* **number plate** *n BRIT* AUTO Nummernschild *s,* Kennzeichen *s*

numbness ['nʌmnəs] *n* Gefühllosigkeit, Taubheit *f*

numbskull ['nʌmskʌl] *n FAM* Idiot(in *f*) *m*

numeral ['nju:mərəl] *n* Ziffer *f*

numerical [nju:'merɪkəl] *adj* numerisch; ▷*order* zahlenmäßig, Zahlen-

numerous ['nju:mərəs] *adj* zahlreich; ▷*family* kinderreich

nun [nʌn] *n* Nonne *f*

nurse [nɜ:s] *n* **I.** Krankenschwester *f;* (*male ~*) Krankenpfleger *m;* (*for children*) Kindermädchen *s* **II.** *vt* → *patient* pflegen; → *doubt* hegen; **nursery** ['nɜ:sərɪ] *n* (*for children*) Kinderzimmer *s;* (*plants, trees*) Gärtnerei *f,* Baumschule *f;* ◇ **~ man** Gärtner *m;* ◇ **~ nurse** Kindermädchen *s;* ◇ **~ rhyme** Kinderreim *m;* ◇ **~ school** Kindergarten *m;* **nursing** *n* (*profession*) Krankenpflege *f;* ◇ **~ home** Privatklinik *f*

nut [nʌt] *n* 1 (*pea~*) Nuß *f* 2 (*screw*) Schraubenmutter *f* 3 *FAM* Verrückte(r) *fm;* **nutcase** *n FAM* Verrückte(r) *fm;* **nutcrackers** *n pl* Nußknacker *m*

nutmeg ['nʌtmeg] *n* Muskat *m,* Muskatnuß *f*

nutrient ['nju:trɪənt] *n* Nährstoff *m;* **nutrition** [nju:'trɪʃən] *n* Nahrung *f;* **nutritious** [nju:'trɪʃəs] *adj* nahrhaft

nuts [nʌts] *adj FAM* ↑ *crazy* verrückt

nutshell ['nʌtʃel] *n* Nußschale *f; FIG* ↑ *make a long story short* ◇ **to put it in a ~** um es kurz zu machen

nylon ['naɪlɒn] **I.** *n* Nylon *s* **II.** *adj* Nylon-

O

O, o [əʊ] *n* (*letter*) O, o *s;* ↑ *zero* Null *f*

oaf [əʊf] *n* <-s *o.* oaves> Lümmel *m*

oak [əʊk] *n* Eiche *f*

oar [ɔ:*] *n* Ruder *s*

oasis [əʊ'eɪsɪs] *n* Oase *f*

oath [əʊθ] *n* ↑ *promise* Schwur *m;* JUR Eid *m;* ◇ **to be under ~** e-n Eid ablegen

oatmeal ['əʊtmi:l] *n* (*AM*) Haferflocken *pl*

obdurate ['ɒbdjʊərət] *adj* ↑ *unbending* ▷*person* unnachgiebig

obedience [ə'bi:dɪəns] *n* Folgsamkeit *f;* **obedient** *adj* gehorsam

obelisk ['ɒbəlɪsk] *n* ↑ *pillar* Säule *f*

obeseness [əʊ'bi:snɪs] *n,* **obesity** [əʊ'bi:sɪtɪ] *n* MED Fettleibigkeit *f*

obey [ə'beɪ] *vt, vi* gehorchen *dat,* folgen *dat*

obituary [ə'bɪtʃʊərɪ] *n* (*notice*) Todesanzeige *f*

object ['ɒbdʒɪkt] **I.** *n* 1 ↑ *thing* Ding *s,* Gegenstand *m* 2 (*of desire*) Zielscheibe *f* 3 ↑ *purpose* Zweck *m* 4 GRAM Objekt *s* **II.** [əb'dʒekt] *vi* ↑ *disapprove* dagegen sein; **objection** [əb'dʒekʃən] *n* Widerspruch *m;* ◇ **to make an ~** Widerspruch erheben; JUR Einspruch *m;* **objectionable** [əb'dʒekʃənəbl] *adj* (*obnoxious*) unanständig; (*language*) anstößig, unhöflich

objective [əb'dʒektɪv] **I.** *n* Ziel *s* **II.** *adj* sachlich; **objectively** *adv* nüchtern; ◇ **to look at s.th. ~** etw objektiv betrachten

obligate ['ɒblɪgeɪt] *vt* → *o.s.* sich verpflichten; ◇ **I felt ~d to do s.th.** ich habe mich dazu verpflichtet gefühlt

obligation [ɒblɪ'geɪʃən] *n* ↑ *duty* Pflicht *f;* ◇ **he has no ~s** er hat keine Verpflichtungen; COMM ◇ **no ~** unverbindlich

obligatory [ɒ'blɪgətərɪ] *adj* verbindlich; ◇ **attendance is ~** Anwesenheit ist Pflicht

oblige [ə'blaɪdʒ] *vt* 1 ↑ *help* ◇ **May I ~ you?** Darf ich Ihnen behilflich sein? 2 ↑ *thankful, grateful* ◇ **to be much ~d** sehr dankbar sein; ◇ **I would be ~d** ich wäre Ihnen sehr dankbar; **obliging** *adj* entgegenkommend

oblique [ə'bli:k] *adj* 1 ↑ *obscure* unklar 2 ↑ *slanted* schief

obliterate [ə'blɪtəreɪt] *vt* auslöschen; ◇ **he ~d all memories of her** er löschte alle Erinnerungen an sie

oblivion [ə'blɪvɪən] *n* Vergessenheit *f*

oblivious [ə'blɪvɪəs] *adj* unbewußt; ◇ **to be ~ of s.th.** sich e-r Sache nicht bewußt sein; ◇ **she was ~ to the fact that Walter liked her** sie merkte nicht, daß Walter sie gern hatte

oblong ['ɒblɒŋ] **I.** *n* ↑ *rectangle* Rechteck *s* **II.** *adj* rechteckig

obnoxious [əb'nɒkʃəs] *adj* abscheulich, widerlich; ◇ **her behaviour was ~** sie benahm sich scheußlich

oboe ['əʊbəʊ] *n* MUS Oboe *f*

obscene [əb'si:n] *adj* obszön, anstößig; ◇ **an ~ phone call** ein obszöner Anruf; **obscenity** [əb'senɪtɪ] *n* Obszönität *f*

obscure [əb'skjʊə*] **I.** *adj* 1 ▷*statement* undeutlich 2 ↑ *unknown* unbekannt; ◇ **the best cafés are the ~ ones** die unbekannten Cafés sind die besten **II.** *vt* ↑ *confuse* verwirren; ◇ **the state-**

ment -d the case die Aussage machte den Fall [noch] komplizierter; **obscurity** [əb'skjʊərɪtɪ] *n* Unklarheit *f*

obsequious [əb'si:kwɪəs] *adj* unterwürfig; ▷*salesperson* kriecherisch

observable [əb'zɜ:vəbl] *adj* erkennbar

observance *n* (*of custom, rule*) Beachtung *f*

observant *adj* aufmerksam, wachsam

observation [ɒbzə'veɪʃən] *n* [1] ↑ *study* Beobachtung *f;* ◇ **to make an ~ of s.th.** Betrachtungen über/zu etw anstellen [2] ↑ *surveillance* Überwachen *s;* ◇ **to have s.o. under ~** jd-n unter Beobachtung halten

observatory [əb'zɜ:vətrɪ] *n* Sternwarte *f*

observe [əb'zɜ:v] *vt* [1] ↑ *notice* bemerken [2] ↑ *watch* beobachten [3] → *customs* achten auf; **observer** *n* (*bystander*) Zuschauer(in *f*) *m*

obsess [əb'ses] *vt* ◇ **to be -ed with s.th.** von etw besessen sein; **obsession** [əb'seʃən] *n* fixe Idee *f*, Zwangsvorstellung *f;* **obsessive** *adj* zwanghaft; **obsessively** *adv* wie besessen; ◇ **he works ~** er arbeitet wie besessen

obsolescence [ɒbsə'lesns] *n* Veralten *s*

obsolete ['ɒbsəli:t] *adj* [1] ▷*word* veraltet [2] überholt; ◇ **Communism is becoming ~** der Kommunismus gehört bald der Vergangenheit an

obstacle ['ɒbstəkl] *n* Hindernis *s*

obstetrician [ɒbstə'trɪʃən] *n* MED Geburtshelfer(in *f*) *m;* **obstetrics** [ɒb'stetrɪks] *n sg* MED Geburtshilfe *f*

obstinacy ['ɒbstɪnəsɪ] *n* Hartnäckigkeit *f*, Starrsinn *m;* **obstinate** ['ɒbstɪnət] *adj* hartnäckig, starrsinnig

obstruct [əb'strʌkt] *vt* [1] → *road* blockieren; → *pipe* verstopfen [2] ↑ *hinder, prevent* behindern; **obstruction** [əb'strʌkʃən] *n* Blockierung *f*, Versperren *s;* **obstructive** *adj* behindernd

obtain [əb'teɪn] *vt* ↑ *get* erhalten, bekommen; ↑ *achieve* → *goal* erzielen; **obtainable** *adj* erhältlich

obtrusive [əb'tru:sɪv] *adj* aufdringlich

obtuse [əb'tju:s] *adj* [1] MATH ▷*angle* stumpf [2] ▷*person* beschränkt

obviate ['ɒbvɪeɪt] *vt* [1] umgehen, vermeiden [2] vorbeugen (dat)

obvious ['ɒbvɪəs] *adj* offenbar, offensichtlich, deutlich; **obviously** *adv* offensichtlich

occasion [ə'keɪʒən] *n* [1] (*special event*) Anlaß *m* [2] ↑ *chance, opportunity* Gelegenheit *f;* **occasional** *adj* gelegentlich; **occasionally** *adv* gelegentlich; ◇ **~ she writes** sie schreibt selten

occult [ɒ'kʌlt] **I.** *n* Okkulte *s* **II.** *adj* okkult

occupant ['ɒkjʊpənt] *n* (*of building, office*) Inhaber(in *f*) *m;* (*of apartment*) Bewohner(in *f*) *m*

occupation [ɒkjʊ'peɪʃən] *n* [1] ↑ *profession* Beruf *m* [2] (MIL *of country*) Besetzung *f;* **occupational** *adj* Berufs-, beruflich; **occupational hazard** *n* (*danger*) Berufsrisiko *s*

occupy ['ɒkjʊpaɪ] *vt* [1] → *building* bewohnen [2] → *country* besetzen [3] → *seat* besetzen [4] → *time* beanspruchen [5] → *mind* beschäftigen; ◇ **I ~ myself with books** ich beschäftige mich mit Büchern

occur [ə'kɜ:*] *vi* [1] ← *changes, event* vorkommen, geschehen [2] ↑ *appear* auftreten [3] ↑ *come to mind* einfallen (*to s.o.* jd-m); ◇ **Didn't it ~ to you to ask?** Bist du nie auf den Gedanken gekommen zu fragen?; **occurrence** [ə'kɜ:rəns] *n* [1] ↑ *incident* Ereignis *s* [2] (*appearing*) Auftreten *s*

ocean ['əʊʃən] *n* Ozean *m*, Meer *s*

o'clock [ə'klɒk] *adv* ◇ **it is 4 ~** es ist 4 Uhr

octagon ['ɒktəgən] *n* (*shape*) Achteck *s*, Oktagon *s*

octagonal [ɒk'tægənl] *adj* achteckig

octane ['ɒkteɪn] *n* Oktan *s*

octave ['ɒktɪv] *n* MUS Oktave *f*

October *n* [Ok'təʊbə*] Oktober *m*

octopus ['ɒktəpəs] *n* FAUNA Tintenfisch *m*

oculist ['ɒkjʊlɪst] *n* ↑ *optician* Augenarzt *m*, Augenärztin *f*

odd [ɒd] *adj* [1] ↑ *strange* sonderbar, merkwürdig; ◇ **it was ~ seeing my former boyfriend** es war komisch, meinen alten Freund wiederzusehen [2] ↑ *not even* ungerade; (*a single pair*) einzeln; ◇ **I have only ~ socks** ich habe bloß einzelne Socken [3] (*approximately*) ungefähr; ◇ **an ~ number of years ago ...** vor etlichen Jahren; ◇ **he does ~ jobs** er macht alle möglichen Arbeiten; **oddity** *n* ↑ *peculiarity* Merkwürdigkeit *f;* (*person*) seltsamer Kauz *m;* **oddly** *adv* seltsam; ◇ **~ enough** merkwürdigerweise; **odds** [ɒdz] *n pl* [1] ↑ *chances* Chancen *pl;* (*in gambling*) Gewinnchancen *pl;* ◇ **Clinton won against all ~** Clinton gewann entgegen allen Erwartungen; ◇ **the ~ are that ...** es ist sehr wahrscheinlich, daß ... [2] ↑ *disagree* ◇ **to be at ~ with s.o.** mit jd-m zerstritten sein

odds and ends *n* (*miscellaneous*) Krimskrams *m*

ode [əʊd] *n* Ode *f* (*to/on* an *acc*)

odious ['əʊdɪəs] *adj* verhaßt; ▷*person* abstoßend; ▷*action* abscheulich

odometer [ɒ'dɒmɪtə*] *n* Kilometerzähler *m*

odour, odor (*AM*) ['əʊdə*] *n* Geruch *m;* **odourless** *adj* geruchlos

of [əv, ɒv] *prep* [1] (*contents, amount*) ◇ **a cup ~ coffee** e-e Tasse Kaffee; ◇ **the three ~ us** wir drei [2] (*show possession*) ◇ **the University ~ Florida** die Universität von Florida; ◇ **the first day ~ the week** der erste Tag der Woche [3] (*indicating* *cause*) ◇ **to die - cancer** an Krebs sterben [4] (*comparison*) ◇ **the color - blood** die Farbe des Blutes

off [ɒf] **I.** *adv* [1] (*absent*) weg, fort; **to be** [*o.* **go**] - gehen ◇ **I took - work** ich habe frei genommen [2] (*minus*) ◇ **25% -** 25% Nachlaß [3] (*appliance*) aus-[geschaltet], abgeschaltet; ◇ **he took his shoes -** er zog seine Schuhe aus; [4] (*distance*) **10 km off** 10 km entfernt [5] ↑ *occasionally* ◇ **- and on** ab und zu **II.** *adj* ↑ *food* verdorben; ◇ **he is pretty bad -** ihm geht es nicht so gut; ◇ **that's a well-- family** das ist e-e reiche Familie **III.** *prep* von; (*distant from*) ab[gelegen] von; ◇ **I live just - Second Street** ich wohne gleich bei der Second Street

offal ['ɒfəl] *n* Innereien *pl*

off-centre ['ɒfsentə*] *adj* nicht in der Mitte

offence, offense (*AM*) [ə'fens] *n* [1] ↑ *crime* Vergehen *s*, Straftat *f* [2] ↑ *insult* Beleidigung *f*; ◇ **he is quick to take -** er ist leichtbeleidigt

offend [ə'fend] *vt* kränken, beleidigen; **offender** *n* Täter(in *f*) *m*; **offending** *adj* verletzend, kränkend, beleidigend

offensive [ə'fensɪv] **I.** *adj* [1] ↑ *objectionable* übel, abstoßend [2] (*weapon*) Kampf-; ▷*comment* verletzend **II.** *n* MIL Angriff *m*; SPORT ◇ **the Dallas Cowboys are on the -** die Dallas Cowboys sind in der Offensive

offer ['ɒfə*] **I.** *n* Angebot *s* **II.** *vt* [1] → *help, cigarette* anbieten [2] → *reward* aussetzen [3] → *advice* äußern; → *love* zeigen [4] ↑ *volunteer* ◇ **to - to do s.th.** bereit sein, etw zu tun; **offering** *n* Gabe *f*; REL Opfer *s*

off-guard *adj* unerwartet; ◇ **his question caught me -** ich habe seine Frage nicht erwartet

offhand [ɒf'hænd] **I.** *adj* lässig **II.** *adv* ohne weiteres; ◇ **- I'd say yes, but let me think ...** spontan würde ich zustimmen, aber laß mich nachdenken

office ['ɒfɪs] *n* [1] (*room*) Büro *s* [2] (*important position*) Amt *s*; ◇ **the president holds - for two years** der Präsident bleibt zwei Jahre im Amt [3] ↑ *employees* Büro; ◇ **the - knew ...** das Büro wußte ...; **office-holder** *n* Beamte(r) *m*, Beamtin *f*; **office hours** *n pl* Geschäftszeiten *pl*

officer ['ɒfɪsə*] *n* MIL Offizier(in *f*) *m*; (*police -*) Polizist(in *f*) *m*

office work *n* Büroarbeit *f*; **office worker** *n* Büroangestellte(r) *fm*

official [ə'fɪʃəl] **I.** *adj* offiziell, amtlich; ◇ **Is this -?** Ist das offiziell? **II.** *n* (*public, government*) Beamte(r) *m*, Beamtin *f*; **officially** *adv* offiziell

officious [ə'fɪʃəs] *adj* dienstbeflissen

offing ['ɒfɪŋ] *n* ◇ **in the -** in [Aus-]Sicht *f*

off-licence ['ɒflaɪsəns] *n* (*BRIT*) Wein- und Spirituosenladen *m*; **off-line** *adj* PC Off-line- *getrennt von der Anlage arbeitend*; ◇ **- mode** Off-line-Betrieb *m*; **off-peak** *adj* (*of heating*) Speicher-; ▷*rates* verbilligt; **off-season** *adj* ▷*fruit, travel* außerhalb der Saison

offset ['ɒfset] *irr vt* ausgleichen

offshore ['ɒfʃɔ:*] **I.** *adj* küstennah, Küsten-; ▷*oil rig* im Meer **II.** *adv* draußen auf dem Meer; ◇ **the current carried the boat -** die Strömung trug das Boot aufs Meer hinaus

offside ['ɒfsaɪd] *n* [1] (*of car*) Fahrerseite *f* [2] SPORT Abseits *s*

offspring ['ɒfsprɪŋ] *n* Nachkommenschaft *f*, Sprößling *m*, Nachwuchs *m*

offstage ['ɒf'steɪdʒ] *adv* hinter den Kulissen [*o.* der Bühne]

off-the-cuff ['ɒfðəkʌf] *adj* ▷*reply* aus dem Stegreif

often ['ɒfən] *adv* oft

oh [əʊ] *intj* oh, ach

oil [ɔɪl] **I.** *n* Öl *s* **II.** *vt* ▷*machine* ölen; **oilcan** *n* Ölkanne *f*; **oil-fired** *adj* ▷*engine* mit Öl befeuert; **oil level** *n* Ölstand *m*; **oil painting** *n* Ölgemälde *s*; **oil refinery** *n* Ölraffinerie *f*; **oil-rig** *n* Ölplattform *f*; **oilslick** *n* Ölteppich *m*; **oil tanker** *n* Öltanker *m*; **oil well** *n* Ölquelle *f*; **oily** ['ɔɪlɪ] *adj* [1] ▷*French fries* fettig [2] (*feeling*) schmierig [3] ↑ *dirty* ölverschmiert

ointment ['ɔɪntmənt] *n* Salbe *f*

OK, okay ['əʊ'keɪ] **I.** *adj* [1] ↑ *all right* in Ordnung; ◇ **he is an - guy** er ist in Ordnung; ◇ **he is doing -** ihm geht es recht gut [2] ↑ *approval* ◇ **-, go ahead!** Alles klar, mach nur! **II.** *vt* ↑ *permit, allow* genehmigen; *FAM* ◇ **I'll - his going** ich bin damit einverstanden, daß er geht

old [əʊld] *adj* alt; ↑ *former* ehemalig; ◇ **in the - days** früher; ◇ **not any - thing** nicht irgendetwas; **old age** *n* Alter *s*; **old-fashioned** *adj* altmodisch; **old maid** *n* alte Jungfer; **old stager** *n* *FAM* alter Hase

olive ['ɒlɪv] **I.** *n* (*fruit*) Olive *f*; (*colour*) Olive *s* **II.** *adj* Oliven-; **olive oil** *n* Olivenöl *s*

Olympic [əʊ'lɪmpɪk] *adj* olympisch

Olympics *n pl* (*summer, winter*) Olympische Spiele *pl*

omelet[te] ['ɒmlət] *n* Omelett *s*

omen ['əʊmən] *n* Zeichen *s*, Omen *s*

ominous ['ɒmɪnəs] *adj* bedrohlich; **ominously** *adv* ◇ **black clouds were piling up -** der Himmel wurde immer bedrohlicher

omission [əʊ'mɪʃən] *n* [1] ↑ *exclusion* Einsparung *f*; ◇ **the - of gays from the military** der Ausschluß der Homosexuellen vom Militär [2] (*neglect*) Versäumnis *s;* **omit** [ə'mɪt] *vt* [1] ↑ *leave out* auslassen [2] (*fail to do*) versäumen

on [ɒn] **I.** *prep* [1] ↑ *upon* auf; ◇ **Put the cup ~ the table!** Stell die Tasse auf den Tisch!; ◇ **the newspaper is ~ the table** die Zeitung liegt auf dem Tisch [2] (*date*) ◇ **~ Monday ...** am Montag; ◇ **~ Mondays** montags [3] (*about*) ◇ **a lecture ~ art** e-e Vorlesung über Kunst [4] (*walk*) ◇ **he is ~ foot** er geht zu Fuß [5] (*location*) ◇ **~ the main street** auf der Hauptstraße; ◇ **he has no money ~ him** er hat kein Geld bei sich **II.** *adv* [1] (*showing*) ◇ **What's ~ TV?** Was kommt im Fernsehen?; ◇ **Walt Disney is ~ at the movies** Walt Disney läuft im Kino [2] (*wear*) ◇ **she has a dress ~** sie trägt ein Kleid [3] (*continue*) ◇ **to move ~** weitergehen; ◇ **go ~** mach weiter [4] (*working*) ◇ **the light is ~** das Licht ist an [5] (*expressions*) ◇ **~ and ~** immer wieder; ◇ **from now ~** ab jetzt; ◇ **~ and off** hin und wieder; ◇ **~ hearing this, he left** als er das hörte, ging er

once [wʌns] **I.** *adv* einmal; ◇ **~ a week** einmal wöchentlich **II.** *cj* [1] ↑ *one time* wenn ... einmal; ◇ **~ you've tried it** wenn du es erst einmal versucht hast; ◇ **~ she had seen him** sobald sie ihn gesehen hatte [2] ↑ *simultaneously* gleichzeitig; ◇ **at ~** zugleich [3] ↑ *suddenly* sofort; ◇ **all at ~** plötzlich; ◇ **~ again** einmal noch; ◇ **more than ~** mehr als einmal; ◇ **~ in a while** ab und zu; ◇ **~ and for all** ein für allemal; ◇ **~ upon a time** es war einmal

oncoming ['ɒnkʌmɪŋ] *adj* herankommend; ▷*danger* nahend, drohend; ◇ **the ~ traffic** der Gegenverkehr

one [wʌn] **I.** *nr* eins **II.** *adj* ein, eine, ein **III.** *pron* eine(r, s); (*people, you*) man; ◇ **~ day** e-s Tages, irgendwann; ◇ **that's a difficult ~** das ist ein schwieriger Fall; ◇ **I had ~ too many** ich habe e-n über den Durst getrunken; ◇ **she is ~ of us** sie ist e-e von uns; ◇ **~ by ~** einzeln; ◇ **~ another** einander; **one-man** *adj* Einmann-; **one-night stand** *n* [1] ↑ *affair* kurze Affäre [2] THEAT einmalige Vorstellung

onerous ['ɒnərəs] *adj* ↑ *burdensome* lästig

oneself [wʌn'self] *pron* sich [selber]; **one-sided** *adj* einseitig

one-track *adj* ◇ **he has a ~ mind** er hat nur das e-e im Kopf; **one-upmanship** *n die Kunst, anderen e-e Nasenlänge voraus zu sein;* **one-way** *adj* ◇ **a ~ street** e-e Einbahnstraße; ◇ **~ ticket** einfache Fahrkarte, Hinfahrkarte *f*

ongoing ['ɒngəʊɪŋ] *adj* laufend, andauernd; ◇ **it's an ~ situation** das geht immer so weiter

onion ['ʌnɪən] *n* Zwiebel *f*

onlooker ['ɒnlʊkə*] *n* ↑ *spectator* Zuschauer(in *f*) *m*

only ['əʊnlɪ] **I.** *adv* nur, bloß; (*merely, just*) ◇ **the work has ~ just begun** die Arbeit hat gerade erst angefangen; ◇ **he's ~ kidding** er macht bloß Spaß **II.** *adj* einzige(r, s); ◇ **~ child** Einzelkind *s*

onset ['ɒnset] *n* ↑ *beginning* Beginn *m*

onshore ['ɒnʃɔː*] **I.** *adv* an Land **II.** *adj* Küsten-

onto ['ɒntʊ] *prep* ◇ **he screwed the lid ~ the jar** er schraubte den Deckel auf das Glas; ◇ **to get ~ the committee** in den Ausschuß kommen; ◇ **to be ~ s.th.** etw auf der Spur sein

onwards ['ɒnwədz] *adv* ◇ **to come ~ a subject** auf ein Thema zu sprechen kommen; ◇ **to get ~ s.o.** mit jd-m schimpfen

oodles ['uːdlz] *n pl FAM* ↑ *lots of* jede Menge; *FAM* ◇ **~ of money** Geld wie Heu

onyx ['ɒnɪks] *n* Onyx *m*

ooze [uːz] **I.** *n* ↑ *sludge* Quellen *s* **II.** *vi* ← *lava, mud, glue* sickern, herausquellen

opacity [əʊ'pæsɪtɪ] *n* Undurchsichtigkeit *f*

opal ['əʊpəl] *n* Opal *m*

opaque [əʊ'peɪk] *adj* ▷*water, window* undurchsichtig

open ['əʊpən] **I.** *adj* [1] ↑ *public* öffentlich [2] ▷*mind* offen, liberal [3] ↑ *outdoors* ◇ **~air** im Freien [4] ↑ *not closed* ▷*pub, store* geöffnet; ◇ **to keep one's calender ~** sich *dat* Termine freihalten **II.** *vt* → *door, bottle, letter* öffnen, aufmachen; → *account* eröffnen; ◇ **keep your eyes/ears ~** paß auf **III.** *vi* [1] ↑ *begin* anfangen [2] ← *bank* aufmachen; ◇ **the post office ~s at 9 a.m.** die Post macht um 9 Uhr auf [3] ← *flower* aufgehen; ← *play* Premiere haben; **open up** *vt* → *route* erschließen; → *shop, possibilites* eröffnen

opener *n* Öffner *m;* **opening** *n* [1] ↑ *hole* Öffnung *f,* Loch *s* [2] ↑ *beginning* Eröffnung *f,* Anfang *m* [3] ↑ *good chance* Gelegenheit *f;* ◇ **there is a job ~ at Siemens** bei Siemens ist e-e Stelle frei; **openly** *adv* offen; ↑ *publicly* öffentlich; **open-minded** [əʊpən'maɪndɪd] *adj* aufgeschlossen; **open-plan** *adj* offengelegt; **open season** *n* Jagdzeit *f*

opera ['ɒpərə] *n* Oper *f*

operate ['ɒpəreɪt] **I.** *vt* [1] → *computer* bedienen [2] → *device, brakes* betätigen **II.** *vi* [1] ← *machine* laufen, in Betrieb sein [2] ← *system* funktionieren [3] MED ◇ **to ~ on s.o.** jd-n operieren

operating system ['ɒpəreɪtɪŋsɪstəm] *n* PC Betriebssystem *s*

operation [ɒpə'reɪʃən] *n* [1] (*function, activity*) Betrieb *m,* Tätigkeit *f;* ◇ **in full ~** in vollem Gang; ◇ **to be in ~** in Betrieb sein [2] MED Operation *f* [3] ↑ *undertaking* Unternehmen *s* [4] MIL Einsatz *m;* **operational** *adj* einsatzbereit

operative ['ɒpərətɪv] *adj* [1] wirksam; ▷*clause*

entscheidend; ▹*law* rechtsgültig, geltend ② MED operativ

operator ['ɒpəreɪtə*] *n* ① (*of machine*) Arbeiter (in *f*) *m* ② PC Bediener(in *f*) *m* ③ TELEC Telefonist(in *f*) *m*; ◇ **dial the** - rufen Sie die Vermittlung [*o.* das Fernamt] an

operetta [ɒpə'retə] *n* Operette *f*

opinion [ə'pɪnjən] *n* ↑ *belief* Meinung *f*; ◇ **in his** - seiner Meinung nach; ◇ **a matter of** - Ansichtssache *f*; ◇ **personal** - eigene Meinung; ◇ **I have a poor** - **of him** ich habe e-e schlechte Meinung von ihm; **opinionated** [-ɪd] *adj* starrsinnig; **opinion poll** *n* Meinungsumfrage *f*

opium ['əʊpɪəm] *n* Opium *s*

opponent [ə'pəʊnənt] *n* Gegner(in *f*) *m*

opportune ['ɒpətju:n] *adj* günstig; ▹*time* günstig, gelegen; ▹*comment* passend; **opportunist** [ɒpə'tju:nɪst] *n* Opportunist(in *f*) *m*; **opportunity** [ɒpə'tju:nɪtɪ] *n* Gelegenheit *f*, Möglichkeit *f*, Chance *f*; ◇ **to take advantage of an** - e-e Gelegenheit nutzen

oppose [ə'pəʊz] *vt* ① → *argument, wish* ablehnen; (*order*) entgegentreten *dat* ② ↑ *compare* gegenüberstellen; **opposed** [-d] *adj* ◇ **to be** - **to s.th.** gegen etw sein; ◇ **as** - **to** im Gegensatz zu, gegenüberstellen; **opposing** *adj* ▹*points of view* entgegengesetzt (*to/from* zu *dat*); ◇ **the** - **party** die Gegenpartei

opposite ['ɒpəzɪt] **I.** *adj* ▹*house* gegenüberliegend; (*contrary*) entgegengesetzt; ◇ **the** - **sex** das andere Geschlecht; ◇ **on the** - **page** der gegenüberliegenden Seite **II.** *adv* gegenüber **III.** *prep* gegenüber; ◇ - **the street** der Straße gegenüber **IV.** *n* Gegenteil *s*

opposition [ɒpə'zɪʃən] *n* ↑ *resistance, disagreement* Widerstand *m*; POL Opposition *f*; (*contrast*) Gegensatz *m*

oppress [ə'pres] *vt* ▹*person* unterdrücken; ◇ **the problem -es me** das Problem bedrückt mich; **oppression** [ə'preʃən] *n* Unterdrückung *f*; **oppressive** [ə'presɪv] *adj* ① ▹*authority, law* ungerecht ② ▹*burden, thought* bedrückend; ▹*weather* drückend

opt [ɒpt] *vi* ↑ *choose* ◇ **to** - **to do s.th.** sich entscheiden, etw zu tun; **opt for** *vt* sich entscheiden für; **opt out of** *vt* ↑ *change one's mind* sich drücken vor *dat*; → *society* aussteigen aus *dat*; → *church* austreten aus *dat*

optical ['ɒptɪkəl] *adj* optisch

optician [ɒp'tɪʃən] *n* Optiker(in *f*) *m*

optimism ['ɒptɪmɪzəm] *n* Optimismus *m*; **optimist** *n* Optimist(in *f*) *m*; **optimistic** [ɒptɪ'mɪstɪk] *adj* optimistisch, zuversichtlich

optimum ['ɒptɪməm] *adj* optimal; ▹*conditions* bestmöglich

option ['ɒpʃən] *n* ① Wahl *f*; ◇ **What are my -s?** Was habe ich für Möglichkeiten? ② COMM Vorkaufsrecht *s*, Option *f*; **optional** *adj* freiwillig; ▹*courses* wahlfrei; ◇ - **extras** Extras *pl* auf Wunsch

or [ɔ:*] *cj* ↑ *instead* oder; ◇ **Would you like coffee - tea?** Möchten Sie Kaffee oder Tee?; ◇ **he didn't know whether to laugh - cry** er wußte nicht, ob er lachen oder weinen sollte; (*otherwise*) ◇ **you must be good - you wouldn't have won** du mußt gut sein, sonst hättest du nicht gewonnen

oracle ['ɒrəkl] *n* Orakel *s*

oral ['ɔ:rəl] **I.** *adj* mündlich **II.** *n* ▹*exam* mündliche Prüfung, Mündliche(s) *s*; ◇ **I have two -s this week** diese Woche habe ich zwei mündliche Prüfungen

orange ['ɒrɪndʒ] **I.** *n* (*fruit*) Apfelsine *f*, Orange *f*; (*colour*) Orange *s* **II.** *adj* orange[farben], Orangen-

orang-outang, **orang-utan** [ɔ:ræŋu:'tæn] *n* Orang-Utan *m*

oratorio [ɒrə'tɔ:rɪəʊ] *n* <-s> MUS Oratorium *s*

orbit ['ɔ:bɪt] **I.** *n* Umlaufbahn *f*; (*on circuit*) Umlauf *m* **II.** *vt* umkreisen; ◇ **2 -s** 2 Umkreisungen; ◇ **to put a satellite into** - e-n Satelliten in die Umlaufbahn schießen

orchard ['ɔ:tʃəd] *n* Obstplantage *f*

orchestra ['ɔ:kɪstrə] *n* Orchester *s*; **orchestral** [ɔ:'kestrəl] *adj* Orchester-

orchid ['ɔ:kɪd] *n* Orchidee *f*

ordain [ɔ:'deɪn] *vt* REL weihen; (*decide*) verfügen

ordeal [ɔ:'di:l] *n* Tortur *f*

order ['ɔ:də*] **I.** *n* ① ↑ *sequence* Reihenfolge *f*; (*good arrangement*) Ordnung *f*; ↑ *rank* Klasse *f*; (*social rank*) Schicht *f* ② ↑ *command* Befehl *m*; JUR Anordnung *f*; ↑ *peace* Ordnung *f* ③ ↑ *condition* Zustand *m* ④ COMM Bestellung *f*; ◇ **to place an** - e-e Bestellung machen **II.** *vt* ① ↑ *arrange* ordnen; ◇ **to put s.th. in** - etw anordnen ② ↑ *command* befehlen (*s.o. s.th.* jd-m etw) ③ COMM bestellen ④ ↑ *not working* ◇ **out of** - außer Betrieb; ◇ **in** - **to do s.th.** um etw zu tun; ◇ **in** - **that** damit; **order book** *n* COMM Auftragsbuch *s*; **order form** *n* Bestellschein *m*; **orderly I.** *n* ① MIL Offiziersbursche *m* ② MED MIL Sanitäter(in *f*) *m*; MED Pfleger *m* **II.** *adj* ① ↑ *proper* ordentlich; ↑ *well-behaved* ruhig ② MIL ◇ - **officer** diensthabender Offizier

ordinal ['ɔ:dɪnl] **I.** *adj* Ordnungs-, Ordinal- **II.** *n* Ordnungszahl *f*, Ordinalzahl *f*

ordinance *n* Verordnung *f*

ordinarily ['ɔ:dɪnərəlɪ] *adv* gewöhnlich, normalerweise

ordinary ['ɔ:dɪnrɪ] *adj* [1] ↑ *usual, commonplace* gewöhnlich, normal; ◇ **they lead an ~ life** sie führen ein ganz normales Leben [2] (*average*) gewöhnlich, durchschnittlich; ◇ **just an ~ man** ein ganz gewöhnlicher Mensch; *FAM* ein stinknormaler Mensch

ordnance ['ɔ:dnəns] *n* MIL Munition, Wehrmaterial *f*

ore [ɔ:*] *n* Erz *s*

organ ['ɔ:gən] *n* [1] MUS Orgel *f* [2] ANAT *FIG* Organ *s;* ◇ **~ donor** Organspender(in *f*) *m* [3] (*newspaper*) Organ *s*

organic [ɔ:'gænɪk] *adj* Bio-; ◇ **~ farming** biologischer Anbau

organism ['ɔ:gənɪzm] *n* Organismus *m*

organist ['ɔ:gənɪst] *n* Organist(in *f*) *m*

organization [ɔ:gənaɪ'zeɪʃən] *n* [1] ↑ *club, group* Organisation *f* [2] (*arrangements*) Struktur *f;* ◇ **lack of ~** schlecht organisiert; **organize** ['ɔ:gənaɪz] *vt* organisieren; ◇ **the meeting was well ~d** die Sitzung war gut organisiert; ◇ **I have to get ~d** ich muß e-n Plan machen; **organizer** *n* Organisator(in *f*) *m,* Veranstalter(in *f*) *m*

orgasm ['ɔ:gæzəm] *n* Orgasmus *m*

orgy ['ɔ:dʒɪ] *n* Orgie *f*

Orient ['ɔ:rɪənt] *n* Orient *m;* **oriental** [ɔ:rɪ'entəl] **I.** *adj* orientalisch; ▷*language* östlich **II.** *n* Orientale *m,* Orientalin *f*

orientate ['ɔ:rɪenteɪt] *vt* orientieren, sich orientieren; *FIG* sich zurechtfinden

orifice ['ɒrɪfɪs] *n* Öffnung *f*

origin ['ɒrɪdʒɪn] *n* Herkunft *f,* Anfang *m*

original [ə'rɪdʒɪnl] **I.** *adj* ursprünglich; ▷*ideas, art work* originell **II.** *n* ↑ *not a copy* Original *s;* ◇ **we have a Picasso ~** wir haben ein Original von Picasso; **originality** [ərɪdʒɪ'nælɪtɪ] *n* Originalität *f;* **originally** [ərɪdʒə'nəlɪ] *adv* ursprünglich

originate [ə'rɪdʒɪneɪt] **I.** *vi* entstehen **II.** *vt* ins Leben rufen; ◇ **to ~ from/with s.o.** von jd-m stammen; **originator** [ə'rɪdʒɪneɪtə*] *n* [1] (*of movement*) Begründer(in *f*) *m;* (*of company*) Gründer(in *f*) *m* [2] (*of product*) Erfinder(in *f*) *m*

ornament ['ɔ:nəmənt] *n* Schmuck *m;* **ornamental** [ɔ:nə'mentl] *adj* schmückend, Zier-, dekorativ; **ornamentation** [ɔ:nəmen'teɪʃən] *n* Verzierung *f*

ornate [ɔ:'neɪt] *adj* reich verziert; (*baroque, fashion*) überladen

ornery ['ɔ:nərɪ] *adj AM* ▷*child* unerzogen

ornithology [ɔ:nɪ'θɒlədʒɪ] *n* Vogelkunde *f,* Ornithologie *f*

orphan ['ɔ:fən] **I.** *n* Waise *f,* Waisenkind *s* **II.** *vt* ◇ **he was ~ed at birth** er ist Waise von Geburt an; **orphanage** ['ɔ:fənɪdʒ] *n* Waisenhaus *s*

orthodox ['ɔ:θədɒks] *adj* orthodox

orthopaedic, **orthopedic** (*AM*) [ɔ:θəʊ'pi:dɪk] *adj* orthopädisch

oscillation [ɒsɪ'leɪʃən] *n* Schwingung *f,* Oszillation *f;* Zittern *s*

ostensible [ɒ'stensəbl] *adj* angeblich

ostensibly *adv* vorgeblich; ↑ *alleged* angeblich

ostentatious [ɒsten'teɪʃəs] *adj* ↑ *extravagant* großtuerisch

ostracize ['ɒstrəsaɪz] *vt* ausstoßen, verbannen

ostrich ['ɒstrɪtʃ] *n* FAUNA Strauß *m*

other ['ʌðə*] **I.** *adj* andere(r, s); ◇ **among ~ things** unter anderem; ◇ **some ~ time** ein anderes Mal **II.** *pron* andere(r, s); ◇ **two ~s are coming later** zwei andere kommen später **III.** *adv* ◇ **~ than** anders als; ◇ **the ~ day** neulich; ◇ **every ~ week** jede zweite Woche; ◇ **any person ~ than her** alle außer ihr; ◇ **somehow or ~** irgendwie; **otherwise** ['ʌðəwaɪz] *adv* ↑ *differently* anders; (*in other ways*) sonst, im übrigen; ↑ *or else* sonst

otter ['ɒtə*] *n* Otter *m*

ought [ɔ:t] *aux* sollen; ◇ **she behaves as she ~** sie benimmt sich, wie es sich gehört; ◇ **you ~ to know better** du solltest [es] besser wissen; ◇ **the bus ~ to arrive any minute** der Bus dürfte jeden Augenblick kommen

ounce [aʊns] *n* Unze *f (28,35 g)*

our [ɑ:*, aʊə*] *pron* (*possessive, as adjective*) unser; **ours** [ɑ:z, aʊəz] *pron* (*possessive, as noun*) unsere(r, s); **ourselves** [ɑ:'selvz, aʊə'selvz] *pron* (*reflexive*) uns; ◇ **we built it ~** wir haben es selbst gebaut

oust [aʊst] *vt* verdrängen

out [aʊt] *adv* [1] (*not indoors*) draußen; ◇ **put the dog ~!** bring den Hund raus! [2] (*unconscious*) bewußtlos [3] (*information*) bekanntgegeben; (*published*) veröffentlicht, herausgekommen sein [4] ↑ *away* ◇ **to eat/go ~** auswärts essen/ausgehen; ◇ **to be ~** nicht zu Hause sein; ◇ **~ and about** unterwegs [5] ↑ *not modern* ◇ **that hairstyle is ~** diese Frisur ist nicht mehr [in] Mode [6] SPORT ◇ **the ball was ~** der Ball war aus; **out of** *prep* [1] (*away from*) außerhalb *gen* [2] ▷*supplies* aus; ◇ **to be ~ ~ s.th.** etw nicht mehr haben [3] (*from*) ◇ **made ~ ~ cotton** aus Baumwolle gemacht/hergestellt [4] ◇ **~ ~ danger** außer Gefahr; ◇ **~ ~ place/line** fehl am Platz; ◇ **~ ~ curiosity** aus Neugier; ◇ **to be ~ ~ time** keine Zeit mehr haben; ◇ **to get ~ ~ a habit** sich etw abgewöhnen

outback ['aʊtbæk] *n* (*in Australia*) Hinterland *s*

outboard [motor] ['aʊtbɔ:d'məʊtə*] *n* Außenbordmotor *m*

outbreak ['aʊtbreɪk] *n* Ausbruch *m*

outbuilding ['aʊtbɪldɪŋ] *n* Nebengebäude *s*

O

outburst ['aʊtbɜ:st] *n* Ausbruch *m*
outcast ['aʊtkɑ:st] *n* Ausgestoßene(r) *fm;* ◇ **social ~** Außenseiter *m* der Gesellschaft
outclass [aʊt'klɑ:s] *vt* übertreffen; ◇ **the winner totally ~ed his opponent** der Gewinner war seinem Gegner weit überlegen
outcome ['aʊtkʌm] *n* Resultat *s,* Ergebnis *s*
outcry ['aʊtkraɪ] *n* Aufschrei *m* der Empörung
outdated [aʊt'deɪtɪd] *adj* ▷*word* veraltet; ▷*theory* überholt
outdo [aʊt'du:] *irr vt* übertreffen; ◇ **he really outdid himself** er übertraf sich selbst
outdoor ['aʊtdɔ:*] *adj* Außen-; ◇ **~ cafés** Cafés mit Sitzplätzen im Freien; SPORT im Freien; **outdoors** [aʊt'dɔ:z] *adv* draußen, im Freien; ◇ **go ~ and play!** geh [nach] draußen spielen!
outer ['aʊtə*] *adj* äußere(r, s)
outermost *adj* äußerste(r, s); **outer space** *n* äußerer Weltraum *m*
outfit ['aʊtfɪt] *n* ↑ *equipment* Ausrüstung *f; (apparel)* Kleidung *f;* **outfitters** *n sg* ◇ **sports ~** Sportgeschäft *s*
outgoing ['aʊtgəʊɪŋ] *adj* [1] ▷*person* offen, kontaktfreudig [2] ▷*mail* hinausgehende; ◇ **the ~ flight for ...** der Flug nach ...; **outgoings** [aʊt'gəʊɪŋz] *n pl* ↑ *expenses* Ausgaben *pl*
outgrow [aʊt'grəʊ] *irr vt* [1] → *clothes* herauswachsen aus [2] → *habit* ablegen
outing ['aʊtɪŋ] *n* Ausflug *m*
outlast [aʊt'lɑ:st] *vt* ↑ *out live* überleben; *(endure)* länger aushalten; ▷*battery, thing* länger halten als
outlaw ['aʊtlɔ:] **I.** *n* Geächtete(r) *fm; (in western)* Bandit *m* **II.** *vt* ächten; *(thing)* verbieten
outlet ['aʊtlet] *n* [1] ↑ *pipe* Abfluß *m* [2] ↑ *shop* Verkaufsstelle *f* [3] *(for emotions)* Ventil *s* [4] ELECTR Steckdose *f*
outline ['aʊtlaɪn] **I.** *n* [1] ↑ *boarder* Umriß *m* [2] *(of text)* Gliederung *f* **II.** *vt* umreißen
outlive [aʊt'lɪv] *vt* überleben
outlook ['aʊtlʊk] *n* [1] *also FIG* ↑ *view* Aussicht *f* [2] ↑ *attitude* Einstellung *f*
outlying ['aʊtlaɪɪŋ] *adj* entlegen, abgelegen; ▷*district* Außen-
outmoded [aʊt'məʊdɪd] *adj* veraltet
outnumber [aʊt'nʌmbə*] *vt* zahlenmäßig überlegen sein *dat;* ◇ **the girls ~ed the boys** die Mädchen waren den Jungen zahlenmäßig überlegen
out-of-bounds [aʊt əv 'baʊndz] *adj* verboten, aus; **out-of-date** [aʊt əv 'deɪt] *adj* veraltet; **out-of-doors** [aʊt əv 'dɔ:z] *adv* im Freien; **out-of-the-way** [aʊt əv ðə 'weɪ] *adj (off the general route)* abgelegen; *(burden)* umständlich; ◇ **I don't want to make you go ~** ich will Ihnen keine Umstände machen

outpatient ['aʊtpeɪʃənt] *n* ambulanter Patient, ambulante Patientin
output ['aʊtpʊt] *n* [1] ↑ *capacity* Leistung *f* [2] PC Ausgabe *f*
outrage ['aʊtreɪdʒ] **I.** *n* ↑ *cruel deed* Ausschreitung *f,* Verbrechen *s; (indecency)* Skandal *m* **II.** *vt (morals)* verstoßen gegen; *(person)* entrüsten; **outrageous** [aʊt'reɪdʒəs] **I.** *adj* [1] ▷*behaviour* unerhört, empörend [2] ▷*appearance* ausgefallen **II.** *adv* ◇ **they were behaving ~ly** sie haben sich fürchterlich aufgeführt
outright ['aʊtraɪt] **I.** *adv* [1] ↑ *at once* sofort; ◇ **to refuse ~** rundweg ablehnen [2] ↑ *openly* ohne Umschweife **II.** *adj* ▷*denial* völlig; ◇ **that was an ~ disgrace** das war e-e Riesenschande
outset ['aʊtset] *n* Anfang *m*
outside [aʊt'saɪd] **I.** *n* Außenseite *f;* ◇ **at the very ~** am äußersten Rand **II.** *adj* [1] ▷*location* äußere (r, s), Außen-; ◇ **the ~ lane** die rechte Spur [2] *(price)* höchste(r, s), Höchst- [3] ▷*chance* gering **III.** *adv* außen **IV.** *prep* außerhalb *gen;* ◇ **just at the ~ of town** gleich außerhalb der Stadt; ◇ **on the ~** außen, außerhalb; **outsider** *n* Außenseiter(in *f*) *m*
outsize ['aʊtsaɪz] *adj* übergroß, riesig *FAM*
outskirts ['aʊtskɜ:ts] *n pl* Stadtrand *m*
outspoken [aʊt'spəʊkən] *adj* offen, freimütig; ◇ **Betty is a very ~ person** Betty nimmt kein Blatt vor den Mund; **outspokenness** *n* ◇ **they were penalized for their ~** sie wurden für ihre Freimütigkeit bestraft
outstanding [aʊt'stændɪŋ] *adj* hervorragend; ▷*debts etc.* ausstehend; ▷*problems* ungelöst; **outstandingly** *adv* extrem
outstay [aʊt'steɪ] *vt* ◇ **to ~ one's welcome** länger bleiben als erwünscht, die Gastfreundschaft länger in Anspruch nehmen als erwünscht
outward ['aʊtwəd] **I.** *adj* äußere(r, s); *(journey)* Hin-; ▷*freight* ausgehend **II.** *adv* nach außen; **outwardly** *adv* äußerlich, nach außen hin
outweigh [aʊt'weɪ] *vt FIG* überwiegen; ◇ **the advantages ~ the disadvantages** die Vorteile überwiegen die Nachteile
outwit [aʊt'wɪt] *vt* austricksen, überleiten
oval ['əʊvəl] **I.** *adj* oval **II.** *n* Oval *s*
ovary ['əʊvərɪ] *n* ANAT Eierstock *m*
ovation [əʊ'veɪʃən] *n* Beifallssturm *m*
oven ['ʌvn] *n* Backofen *m*
over ['əʊvə*] **I.** *adv* ↑ *across* hinüber/herüber; ↑ *finished* vorbei; ↑ *left* übrig; ↑ *again* wieder, noch einmal **II.** *prep* [1] über; *(entirely)* in; ◇ **three times ~** dreimal; ◇ **~ the weekend** übers Wochenende; ◇ **~ dinner** beim Essen; ◇ **~ the phone** am Telephon; ◇ **all ~** ↑ *everywhere* überall; ◇ **~ seas**

europäisch [2] ↑ *finished* vorbei; ◇ **the relationship is** ~ die Beziehung ist vorbei [3] ◇ ~ **and** ~ immer wieder; ◇ ~ **and above** darüber hinaus

over- ['əʊvə*] *pref* über-; ↑ *excessively* übermäßig

overact [əʊvər'ækt] *vi* übertreiben

overall I. ['əʊvərɔ:l] *n* Kittel *m* **II.** [əʊvər'ɔ:l] *adj* [1] ↑ *in general* allgemein; ◇ ~ **everything went well** im großen und ganzen ging alles gut [2] ▷*length* Gesamt- **III.** *adv* insgesamt

overawe [əʊvər'ɔ:] *vt* [1] ↑ *intimidate* einschüchtern [2] ↑ *impress* tief beeindrucken

overbearing [əʊvə'beərɪŋ] *adj* herrisch, anmaßend

overboard ['əʊvəbɔ:d] *adv* [1] NAUT über Bord [2] *FIG* ◇ **to go** ~ es übertreiben; ◇ **she went** ~ **to please him** sie tat alles, um ihn glücklich zu machen

overcast ['əʊvəkɑ:st] *adj* METEO bedeckt, bewölkt

overcharge [əʊvə'tʃɑ:dʒ] *vt* [1] zuviel berechnen, zuviel verlangen von [2] ELECTR überlasten

overcoat ['əʊvəkəʊt] *n* Mantel *m*

overcome [əʊvə'kʌm] *irr vt* [1] → *problems* überwinden; ◇ **we shall** ~ wir werden siegen [2] → *sleep, emotion* übermannen

overcrowded [əʊvə'kraʊdɪd] *adj* überfüllt, überladen; **overcrowding** [əʊvə'kraʊdɪŋ] *n* Überfüllung *f*

overdo [əʊvə'du:] *irr vt* ↑ *exaggerate* übertreiben; **overdone** [əʊvə'dʌn] *adj* ▷*vegetables* verkocht

overdose I. ['əʊvədəʊs] *n* Überdosis *f* **II.** [əʊvə'dəʊs] *vt* überdosieren (*on s.th. akk*); *FAM AM* ◇ **he** ~**d on sleeping pills** er nahm e-e Überdosis Schlaftabletten

overdraft ['əʊvədrɑ:ft] *n* ◇ **to have an** ~ das Konto überzogen haben; **overdrawn** [əʊvə'drɔ:n] *adj* ▷*account* überzogen

overdressed [əʊvə'dresd] *adj* zu fein angezogen

overdue [əʊvə'dju:] *adj* überfällig

overeat [əʊvə'i:t] *vi* zuviel essen; *FAM* überfressen

overestimate [əʊvər'estɪmeɪt] *vt* überschätzen; → *price* zu hoch ansetzen

overexcited [əʊvərɪk'saɪtɪd] *adj* überreizt, zu aufgeregt; ▷*children* aufgedreht

overexertion [əʊvərɪg'zɜ:ʃən] *n* Überanstrengung *f*

overexpose [əʊvərɪk'spəʊz] *vt* [1] ◇ **to** ~ **o.s. to the sun** sich zu sehr der Sonne aussetzen, zuviel Sonne abbekommen [2] PHOTO überbelichten

overflow [əʊvə'fləʊ] **I.** *vi* ← *bathtub* überfließen **II.** ['əʊvəfləʊ] *n* [1] ↑ *excess* Überschuß *m* [2] (*process*) Überlaufen *s* [3] ↑ *outlet* Überlauf *m*

overgrown [əʊvə'grəʊn] *adj* ▷*garden* überwuchert, überwachsen, verwildert

overhaul I. [əʊvə'hɔ:l] *vt* → *machinery* überholen; → *plans, methods* überprüfen **II.** ['əʊvəhɔ:l] *n* Überholung *f*

overhead I. ['əʊvəhed] *adj* [1] ▷*ceiling* Decken-, Hoch- [2] (*wire*) oberirdisch **II.** [əʊvə'hed] *adv* oben; **overheads** [əʊvə'hedz] *n pl* ↑ *expenses* allgemeine Unkosten *pl*

overhear [əʊvə'hɪə*] *irr vt* [mit an]hören; ◇ **speak quietly, I don't want to be** ~**d** sprich leise, denn ich möchte nicht, daß jd mithört

overheat [əʊvə'hi:t] **I.** *vi* ← *heater, engine* heißlaufen **II.** *vt* → *house* überhitzen; **overheated** [-ɪd] *adj* überhitzt, heißgelaufen

overindulgence [əʊvərɪn'dʌldʒəns] *n* übermäßiger Genuß *m*, Völlerei *f*; **overindulge I.** *vt* zuviel durchgehen lassen **II.** *vi* zuviel genießen

overjoyed [əʊvə'dʒɔɪd] *adj* ◇ **to be** ~ überglücklich sein

overkill ['əʊvəkɪl] *n* Übermaß *s*

overland I. ['əʊvəlænd] *adj* Überland-; ◇ ~ **journey** auf dem Landweg **II.** [əʊvə'lænd] *adv* ▷*travel* über Land

overlap [əʊvə'læp] **I.** *vi* ← *plans* sich überschneiden; ← *objects* sich teilweise decken **II.** ['əʊvəlæp] *n* (*of plans*) Überschneidung *f*, Überlappung *f*

overload [əʊvə'ləʊd] **I.** *vt* [1] → *vehicle* überladen; ◇ **don't** ~ **your arms!** tragen Sie nicht zu viel! [2] → *circuit* überbelasten **II.** *n* [1] Überbelastung *f*, Überladung *f* [2] ELECTR Überlast *f*

overlook [əʊvə'lʊk] *vt* [1] ↑ *view from above* überblicken [2] ↑ *not notice, miss* übersehen [3] ↑ *excuse* hinwegsehen über *akk*; ↑ *disregard* nicht beachten

overnight [əʊvə'naɪt] **I.** *adj* ▷*journey* Nacht- **II.** *adv* über Nacht; ◇ ~ **suitcase** Reisetasche *f*; ◇ **to stay** ~ übernachten; ◇ **it happened** ~ es ist ganz plötzlich geschehen

overpass ['əʊvəpɑ:s] *n* Überführung *f*

overpopulated [əʊvə'pɒpjʊleɪtɪd] *adj* überbevölkert; **overpopulation** [əʊvəpɒpjʊ'leɪʃn] *n* Überbevölkerung *f*

overpower [əʊvə'paʊə*] *vt* überwältigen; **overpowering** *adj* überwältigend; ▷*smell* penetrant; ▷*perfume* aufdringlich

overpriced [əʊvə'praɪsd] *adj* zu teuer

overrate [əʊvə'reɪt] *vt* überschätzen

override [əʊvə'raɪd] *irr vt* [1] → *order, decision* aufheben [2] → *objection* übergehen; **overriding**

O

adj ↑ *ruling* Haupt-, vorherrschend; ▷*priority* vordringlich

overrule [əʊvə'ru:l] *vt* verwerfen

overseas [əʊvə'si:z] **I.** *adv* nach/in Übersee [*o.* Europa] **II.** *adj* überseeisch, Übersee-

overshadow [əʊvə'ʃædəʊ] *vt FIG* überschatten

overshoot [əʊvə'ʃu:t] *irr vt* → *mark, target* hinausschießen über *akk*

oversight ['əʊvəsaɪt] *n* [1] ↑ *mistake* Versehen *s* [2] ↑ *supervision* Aufsicht *f*

oversimplify [əʊvə'sɪmplɪfaɪ] *vt* zu sehr vereinfachen, zu einfach darstellen

oversleep [əʊvə'sli:p] *irr vi* verschlafen

overspill ['əʊvəspɪl] *n* [Bevölkerungs-]Überschuß *m*

overstate [əʊvə'steɪt] *vt* übertreiben

overstock [əʊvə'stɒk] **I.** *vt* zuviel lagern **II.** *n* ▷*of goods* Überbestand *m*

overt [əʊ'vɜ:t] *adj* offen;

overtake [əʊvə'teɪk] *irr vt, vi* [1] ↑ *pass* überholen [2] ↑ *overwhelm* überraschen; ◇ **to be ~n by s.th.** von etw aus der Fassung gebracht werden

overthrow [əʊvə'θrəʊ] *irr vt* POL stürzen; MIL besiegen, erobern

overtime ['əʊvətaɪm] *n* [1] Überstunden *pl* [2] SPORT *AM* Verlängerung *f*

overtone ['əʊvətəʊn] *n* [1] *FIG* Note *f* [2] MUS Oberton *m*

overture ['əʊvətjʊə*] *n* Ouvertüre *f;* ◇ **~s** *pl FAM FIG* Annäherungsversuche *pl*

overturn [əʊvə'tɜ:n] *vt, vi* umkippen, umwerfen

overweight [əʊvə'weɪt] *adj* Übergewicht haben

overwhelm [əʊvə'welm] *vt* überwältigen; (*with work*) überhäufen; **overwhelming** *adj* überwältigend; ▷*desire* unwiderstehlich

overwork [əʊvə'wɜ:k] **I.** *vt* überlasten **II.** *vi* sich überarbeiten

overwrought [əʊvə'rɔ:t] *adj* überreizt

owe [əʊ] *vt* [1] → *money* schulden; ◇ **to ~ s.th. to s.o.** → *money, explanation* jd-m etw schulden; → *favour etc.* jd-m etw verdanken; *FAM* ◇ **I ~ you one** du hast was bei mir gut [2] ◇ **owing to** wegen *gen*

owl [aʊl] *n* Eule *f*

own [əʊn] **I.** *vt* besitzen; ◇ **that's everything I ~** das ist alles was ich habe **II.** *vi* ↑ *admit* eingestehen **III.** *adj* eigen; ↑ *alone* ◇ **I can do it on my ~** ich kann es alleine machen; ◇ **she lives on her ~** sie wohnt alleine; ◇ **to each his ~** jedem das Seine; **own up** *vi* zugeben (*to s.th.* etw *akk*); **owner** *n* Besitzer(in *f*) *m,* Eigentümer(in *f*) *m;* (*of factory etc.*) Inhaber(in *f*) *m;* **ownership** *n* Besitz *m*

ox [ɒks] *n* Ochse *m;* ◇ **as strong as an ~** bärenstark

oxide ['ɒksaɪd] *n* CHEM Oxid *s*

oxtail ['ɒksteɪl] *n* Ochsenschwanz *m;* ◇ **~ soup** Ochsenschwanzsuppe *f*

oxygen ['ɒksɪdʒən] *n* Sauerstoff *m;* **oxygen mask** *n* Sauerstoffmaske *f,* Atemmaske *f;* **oxygen tent** *n* Sauerstoffzelt *s*

oyster ['ɔɪstə*] *n* Auster *f*

oz *abbr. of* **ounce** Unze *f (28,35 g)*

ozone ['əʊzəʊn] *n* Ozon *s;* ◇ **~ layer** Ozonschicht *f*

P

P, p [pi:] *n* P, p *s*

p [pi:] *abbr. of* **I. page** S., Seite *f* **II. pence** Penny *m*

pa [pɑ:] *n FAM* Papa *m*

p.a. *abbr. of* **per annum** pro Jahr

pace [peɪs] **I.** *n* [1] ↑ *rate* Tempo *s;* ◇ **at a fast ~** recht schnell; ◇ **to set the ~** das Tempo angeben; ◇ **to keep ~ with s.o.** mit jd-m Schritt halten [2] ↑ *single step* Schritt *m* **II.** *vi* ↑ *walk up and down* auf und ab gehen

pacemaker *n* [1] MED [Herz-]Schrittmacher *m* [2] SPORT Schrittmacher *m*

Pacific [pə'sɪfɪk] *n* Pazifik *m*

pacifier ['pæsɪfaɪə*] *n* (*AM for babies*) Schnuller *m*

pacifism ['pæsɪfɪzəm] *n* Pazifismus *m;* **pacifist** *n* Pazifist(in *f*) *m*

pacify ['pæsɪfaɪ] *vt* [1] → *crying baby* beruhigen [2] → *social unrest* aussöhnen, befrieden

pack [pæk] **I.** *n* [1] (*of nappies*) Pack(en) *m;* (*AM of cigarettes*) Päckchen *s* [2] (*information ~*) Bündel *s* [3] *AM* ↑ *back~* Rucksack *m* [4] ↑ *wolf~* Rudel *s* [5] (*of cards*) Kartenspiel *s* [6] (*of kids*) Bande *f* [7] ◇ **a ~ of lies** ein Haufen Lügen **II.** *vt, vi* [1] → *bag* packen [2] → *belongings* einpacken [3] → *gun* bei sich haben **III.** *vi* [1] ← *people* sich drängen [2] ← *snow* fest werden, sich fest zusammenballen [3] *FAM* ◇ **to send s.o. ~ing** jd-n 'rausschmeißen; **pack in** *vt sep* [1] ↑ *stuff* reinstopfen [2] → *job* hinschmeißen; **pack off** *vt sep* ◇ **to ~ the kids ~ to bed** die Kinder ins Bett schicken; **pack up I.** *vi* ← *engine* absterben, ausgehen **II.** *vt, vi FAM* ← *person* Feierabend machen

package ['pækɪdʒ] *n* [1] ↑ *small parcel* Paket *s* [2] (*things sold as one unit*) Paket *s;* **package deal** *n* ↑ *all or nothing agreement* Pauschalangebot *s;* **package holiday** *n,* **package tour** *n* Pauschalreise *f*

packaging *n* (*boxes, plastic etc.*) Verpackung *f*
pack-animal *n* Lasttier *s*
packet ['pækɪt] *n* ① (*in post*) Paket *s;* (*of cigarettes*) Schachtel *f* ② *FAM FIG* ◇ **that cost me a** ~ das hat mich e-n Haufen Geld gekostet
pack-horse *n* Packpferd *s;* **pack-ice** *n* Packeis *s*
packing *n* ① (*act*) Packen *s;* ◇ **to do one's** ~ packen ② (*material used*) Verpackung *f;* **packing case** *n* Kiste *f*
packthread ['pækθred] *n* Zwirn *m*
pact [pækt] *n* Pakt *m*
pad [pæd] **I.** *n* ① (*something soft*) ↑ *shoulder*~ Einlage *f;* ↑ *cushion* Polster *s* ② ↑ *writing*~ Block *m* ③ ↑ *landing*~ Rampe *f* ④ (*of paw*) Ballen *m* ⑤ *FAM* ↑ *residence* Bude *f* **II.** *vt* ↑ *fill with soft material* polstern; **pad out** *vt sep* → *text* ausdehnen, auffüllen
padded cell [pædɪd'sel] *n* Gummizelle *f*
padding ['pædɪŋ] *n* (*material*) Polsterung *f*
paddle ['pædl] **I.** *n* (*for canoe*) Paddel *s* **II.** *vt, vi* → *canoe* paddeln **III.** *vi* (*in water*) plantschen; **paddle-boat** *n* Paddelboot *s;* **paddle-steamer** *n* Raddampfer *m;* **paddling pool** *n* Planschbekken *s*
paddock ['pædək] *n* (*of horses*) Koppel *f*
paddy ['pædɪ] *n* **paddy field** *n* Reisfeld *s*
padlock ['pædlɒk] *n* Vorhängeschloß *s*
paean ['pi:ən] *n* Lobrede *f*
paediatrician [pi:dɪə'trɪʃən] *n* Kinderarzt *m,* Kinderärztin *f;* **paediatrics** [pi:dɪ'ætrɪks] *n sg* Kinderheilkunde *f,* Pädiatrie *f*
pagan ['peɪgən] *adj* heidnisch
page [1] [peɪdʒ] *n* ① (*one side of sheet*) Seite *f;* ◇ **on** ~ **73** auf Seite 73 ② ↑ *sheet* Blatt *s*
page [2] [peɪdʒ] *vt* (*in hotel*) ausrufen lassen
pageant ['pædʒənt] *n* THEAT Historienspiel *s;* ↑ *grand procession* Festzug *m*
pageantry ['pædʒəntrɪ] *n* Prunk *m*
page boy *n* Page *m*
paginate ['pædʒɪneɪt] *vt* paginieren; **pagination** [pædʒɪ'neɪʃn] *n* Paginierung *f*
pagoda [pə'gəʊdə] *n* Pagode *f*
paid [peɪd] **I.** *pt, pp of* **pay**; **II.** *adj* (*on bill*) bezahlt; **paid-up** [peɪd'ʌp] *adj* ◇ **is she fully** ~? hat sie alle Beiträge entrichtet?
pail [peɪl] *n* Eimer *m*
pain [peɪn] **I.** *n* ① ▷*physical* Schmerz *m* ② ▷*mental* Qual *f* ③ (*in specific area*) Schmerzen *pl; FIG* ◇ **he's a** ~ **in the neck** der geht mir auf den Wecker ④ ↑ ~*s* (*care and effort*) Mühe *f;* ◇ **to take** ~ sich Mühe geben ⑤ ↑ *threat or penalty* ◇ **on** ~ **of ...** unter Androhung [von Strafe] ... **II.** *vt* ◇ **it** ~**s me to ...** es schmerzt mich, ... zu ...; **pained** [-d] *adj* ▷*expression* gequält; **painful** ['peɪnfl] *adj* ① ▷*physically* schmerzhaft ② ↑ *embarrassing* peinlich; ↑ *awkward* unangenehm; **pain-killer** *n* schmerzstillendes Mittel *s;* **painless** *adj* schmerzlos; **painstaking** *adj* sorgfältig
paint [peɪnt] **I.** *n* Farbe *f;* ↑ *enamel* ~ Lack *m;* ◇ **a box of** ~**s** ein Farbkasten *m* **II.** *vt* ① → *doorframe* streichen ② → *picture* malen; **paintbrush** *n* Pinsel *m;* **painter** *n* ① ↑ *house* ~ Anstreicher(in *f*) *m* ② ↑ *portrait* ~ Maler(in *f*) *m;* **painting** *n* ① (*act*) Anstreichen *s;* (*by artist*) Malen *s* ② (*art*) Malerei *f* ③ ↑ *picture* Bild *s,* Gemälde *s;* **paint-stripper** *n* Abbeizmittel *s;* **paintwork** *n* (*on car*) Lack *m,* Lackierung *f*
pair [pɛə*] **I.** *n* ① (*of shoes, of people*) Paar *s* ② ◇ **a** ~ **of scissors** e-e Schere; ◇ **a** ~ **of trousers** e-e Hose ③ (*of animals*) Pärchen *s* ④ ◇ **in** ~**s** paarweise **II.** *vt* paarweise anordnen; **pair off** *vt sep* ◇ **to** ~ **s.o.** ~ **with s.o.** jd-n mit jd-m zusammenbringen
pajamas [pə'dʒɑ:məz] *n pl* (*AM*) Schlafanzug *m*
Pakistan [pɑ:kɪ'stɑ:n] *n* Pakistan *s*
pal [pæl] *n FAM* Kumpel *m*
palace ['pælɪs] *n also FIG* Palast *m*
palaeontology [pælɪɒn'tɒlədʒɪ] *n* Paläontologie *f*
palatable ['pælətəbl] *adj* genießbar; (*food*) schmackhaft; *FIG* attraktiv
palate ['pælɪt] *n* ① ANAT Gaumen *m* ② ↑ *taste* Geschmack *m*
palatial [pə'leɪʃl] *adj* palastartig
palaver [pə'lɑ:və*] *n* ↑ *talk, FAM* Geschwätz *s;* ↑ *fuss, FAM* Theater *s*
pale [peɪl] *adj* ▷*complexion* blaß; ▷*light* fahl; ◇ ~ **ale** helles Bier; **paleface** *n* Bleichgesicht *s;* **paleness** *n* Blässe *f*
palette ['pælɪt] *n* Palette *f;* **palette knife** *n* Palettenmesser *s*
paling ['peɪlɪŋ] *n* Lattenzaun *m*
palisade [pælɪ'seɪd] *n* Palisade *f*
pall [pɔ:l] **I.** *n* ① (*dark cloth*) Sargtuch *s* ② (*of smoke*) Rauchwolke *f* **II.** *vi* langweilig werden (*s.o.* jd-n); **pallbearer** *n* Sargträger *m*
pallet ['pælət] *n* (*for bricks*) Palette *f*
palliative ['pælɪətɪv] **I.** *n* Linderungsmittel *s* **II.** *adj* ▷*measures* beschönigend
pallid ['pælɪd] *adj* ↑ *unhealthy* bleich
pallor ['pælə*] *n* Blässe *f*
pally ['pælɪ] *adj FAM* freundlich; ◇ **to be** ~ **with s.o.** mit jd-m gut befreundet sein
palm [1] [pɑ:m] **I.** *n* ANAT Handfläche *f* **II.** *vt* → *card* in der Hand verstecken; **palm off** *vt sep* → *s.o.* abspeisen
palm [2] [pɑ:m] FLORA Palme *f;* **palmistry** ['pɑ:mɪstrɪ] *n* Handlesekunst *f*

Palm Sunday *n* REL Palmsonntag *m*
palpable ['pælpəbl] *adj* greifbar; *FIG* ▷*lie* eindeutig, klar
palpably *adv* ▷*wrong* offensichtlich
palpitation [pælpɪ'teɪʃən] *n* MED Herzklopfen *s*
paltry ['pɔːltrɪ] *adj* ▷*amount* nutzlos
pampas ['pæmpəs] *n pl* Pampas *pl*
pamper ['pæmpə*] *vt* verwöhnen; → *child, dog* verhätscheln
pamphlet ['pæmflɪt] *n* Broschüre *f,* Heft *s;* POL Flugblatt *s*
pan [pæn] **I.** *n* [1] ↑ *frying-*- Pfanne *f* [2] (*of lavatory*) Becken *s* [3] (*of prospector*) Goldpfanne *f* [4] ◇ **a flash in the** - ein Glückstreffer **II.** *vi* [1] FILM panoramieren [2] ◇ **to** - **for gold** Gold waschen; **pan out** *vi FAM* sich ergeben
panacea [pænə'sɪə] *n* ↑ *universal cure* Allheilmittel *s*
panache [pə'næʃ] *n* Elan *m*
Panama [pænə'mɑː] *n* Panama *s;* **Panama Canal** *n* Panamakanal *m*
pancake ['pænkeɪk] *n* Pfannkuchen *m*
panda ['pændə] *n* FAUNA Panda *m;* **panda car** *n* (*BRIT*) Streifenwagen *m*
pandemonium [pændɪ'məʊnɪəm] *n* (*FIG wild disorder*) Tumult *m;* ↑ *noise* Höllenlärm *m*
pander ['pændə*] *vi* Vorschub leisten (*to* zu); ◇ **to** - **to s.o.'s ego** jd-m schmeicheln
pane [peɪn] *n* (*of glass*) Scheibe *f*
panel ['pænl] **I.** *n* [1] ↑ *committee* Gremium *s* [2] MEDIA Rateteam *s;* ↑ *discussion* - Diskussionsrunde *f* [3] (*of wood*) Platte *f* [4] ELECTR ↑ *control* - Schalttafel *f* **II.** *vt* → *wall* täfeln; **panel beater** *n* Autoschlosser *m*
panelling *n* Paneel *s*
panellist *n* Diskussionsteilnehmer(in *f*) *m*
pang [pæŋ] *n* ◇ **-s of hunger** quälender Hunger *m;* ◇ **-s** *pl* **of conscience** Gewissensbisse *pl*
panic ['pænɪk] **I.** *n* (*infectious fear*) Panik *f;* ↑ *anxiety* Angstzustand *m* **II.** *vi* in Panik geraten; ◇ **don't** - nur mit der Ruhe; **panicky** ['pænɪkɪ] *adj* ↑ *easily panicked* überängstlich; **panic-stricken** ['pænɪkstrɪkən] *adj* ↑ *extremely frightened* von panischer Angst ergriffen
pannier ['pænɪə*] *n* ↑ *basket* Korb *m;* **pannier** [**s**] *n* (*on bike*) Satteltaschen *pl*
panorama [pænə'rɑːmə] *n* ↑ *view, also FIG* Panorama *s;* **panoramic** [pænə'ræmɪk] *adj* ▷*picture* Panorama-; *FIG* umfassend
pan-pipe *n* Panflöte *f*
pansy ['pænzɪ] *n* [1] (*flower*) Stiefmütterchen *s* [2] *FAM* ↑ *homosexual* Homo *m*
pant [pænt] *vi* keuchen; ← *hound* schnaufen; ◇ **to** - **for breath** nach Luft schnappen
pantheon ['pænθɪən] *n* Pantheon *s,* Ehrentempel *m*
panther ['pænθə*] *n* Panther *m*
panties ['pæntɪz] *n pl* Slip *m*
pantomime ['pæntəmaɪm] *n* [1] *BRIT possenhaftes Theaterspiel für Kinder* [2] ↑ *mime* Pantomime *f*
pantry ['pæntrɪ] *n* Speisekammer *f,* Vorratskammer *f*
pants [pænts] *n pl* [1] (*BRIT underwear*) Unterhose *f* [2] ↑ *trousers* Hose *f*
panty-hose ['pæntɪhəʊz] *n* Strumpfhose *f;* **panty-liner** ['pæntɪlaɪnə*] *n* Slipeinlage *f*
papacy ['peɪpəsɪ] *n* Papsttum *s;* **papal** ['peɪpəl] *adj* päpstlich
paper ['peɪpə*] **I.** *n* [1] (*substance*) Papier *s* [2] ↑ *newspaper* Zeitung *f* [3] ↑ *learned* - Referat *s* [4] (*documents*) ◇ **-s** Papiere *pl* **II.** *adj* Papier- **III.** *vt* → *wall* tapezieren; **paper over** *vt sep FIG* → *faults* übertünchen; **paperback** *n* Taschenbuch *s;* **paper bag** *n* Tüte *f;* **paper clip** *n* Büroklammer *f;* **paper feed** *n* PRINT Papiervorschub *m;* **paper shop** *n* Zeitungsladen *m;* **paperweight** *n* Briefbeschwerer *m;* **paperwork** *n* [1] (*letters etc.*) Schreibarbeit *f* [2] ↑ *red-tape* Papierkrieg *m*
papier-maché ['pæpjeɪ'mæʃeɪ] *n* Pappmaché *s*
paprika ['pæprɪkə] *n* ↑ *red pepper* Paprika *m*
papyrus [pə'paɪərəs] *n* Papyrus *m*
par [pɑː*] *n* [1] (SPORT *golf*) ↑ *average score* Par *m; FIG* ◇ **that's** - **for the course** das ist halt so [2] (FIN *original share price*) Pari *m,* Nennwert *m;* ◇ **above/below** - über/unter pari [3] (*of currencies*) Parität *f* [4] ◇ **on a** - **with s.th./s.o.** jd-m/etw ebenbürtig sein [5] ◇ **to be below** - ↑ *not well* sich nicht wohl fühlen
parable ['pærəbl] *n* REL Gleichnis *s*
parachute ['pærəʃuːt] **I.** *n* Fallschirm *m* **II.** *vi* abspringen; **parachute drop** *n* (AERO *of cargo/supplies*) Abwurf *m;* **parachutist** *n* Fallschirmspringer(in *f*) *m*
parade [pə'reɪd] **I.** *n* [1] ↑ *carnival* - Umzug *m* [2] ↑ *fashion* - Modeschau *f* [3] MIL Truppeninspektion *f* **II.** *vt* → *knowledge* zur Schau stellen **III.** *vi* (*march in public*) vorbeimarschieren
paradigm ['pærədaɪm] *n* Musterbeispiel *s*
paradise ['pærədaɪs] *n also FIG* Paradies *s*
paradox ['pærədɒks] *n* Paradox *s;* **paradoxical** [pærə'dɒksɪkəl] *adj* widersinnig; **paradoxically** *adv* paradoxerweise
paraffin ['pærəfɪn] *n* (*BRIT*) Paraffinöl *s*
paragon ['pærəgən] *n* Muster *s;* ◇ **a** - **of virtue** ein Muster an Tugend
paragraph ['pærəgrɑːf] *n* Absatz *m,* Abschnitt *m,* Paragraph *m*
parakeet ['pærəkiːt] *n* Sittich *m*

parallel ['pærəlel] **I.** *adj* ① ▷*actions* parallel verlaufend (*with, to* mit, zu) ② MATH ▷*line* parallel (*with, to* mit, zu) **II.** *n also FIG* Parallele *f*
paralysis [pə'ræləsɪs] *n* Lähmung *f;* **paralyze** ['pærəlaɪz] *vt* lähmen; **paralytic** [pærə'lɪtɪk] *adj* ① MED paralytisch ② *FAM BRIT* total besoffen
paramedic [pærəmedɪk] *n* MED Sanitäter(in*f*) *m*
parameter [pə'ræmɪtə*] *n* ① MATH PC Parameter *m* ② ◇ **-s** *pl* (*established limit*) Rahmen *m*
paramilitary [pærə'mɪlɪtərɪ] *adj* paramilitärisch
paramount ['pærəmaʊnt] *adj* ▷*importance* höchste(r, s), Haupt-
paranoia [pærə'nɔɪə] *n* Paranoia *f,* Verfolgungswahn *m;* **paranoid** ['pærənɔɪd] *adj* paranoid
parapet ['pærəpɪt] *n* Brüstung *f*
paraphernalia [pærəfə'neɪlɪə] *n pl* Ausrüstung *f; FAM* Zeug *s*
paraphrase ['pærəfreɪz] *vt* umschreiben
paraplegia [pærə'pli:dʒɪə] *n* MED doppelseitige Lähmung
parasite ['pærəsaɪt] *n* ① (*plant or animal*) Parasit *m* ② (*useless person*) Schmarotzer *m*
parasol ['pærəsɒl] *n* Sonnenschirm *m*
paratrooper ['pærətru:pə*] *n* MIL Fallschirmjäger *m*
parboil ['pɑ:bɔɪl] *vt* vorkochen
parcel ['pɑ:sl] *n* Paket *s,* Päckchen *s;* **parcel out** *vt sep* → *work* aufteilen; **parcel up** *vt* als Paket verpacken; **parcel bomb** *n* Briefbombe *f;* **parcel office** *n* RAIL Paketstelle *f*
parched ['pɑ:tʃd] *adj* ↑ *very thirsty* sehr durstig; ↑ *dried out* ausgetrocknet
parchment ['pɑ:tʃmənt] *n* Pergament *s*
pardon ['pɑ:dn] **I.** *n* ① ↑ *official* ~ Begnadigung *f* ② ◇ **I beg your** ~ verzeihen Sie (bitte)!; ◇ **P~?** Wie bitte? **II.** *vt* ① JUR begnadigen ② ◇ **P~ me!** Entschuldigung!; **pardonable** *adj* verzeihlich
pare [pɛə*] *vt* → *apple* schälen; **pare down** *vt sep* → *cost* einschränken
parent ['pɛərənt] *n* Elternteil *m;* ◇ **-s** *pl* Eltern *pl;* **parentage** *n* Herkunft *f;* **parental** [pə'rentl] *adj* elterlich; **parent company** *n* COMM Muttergesellschaft *f*
parenthesis [pə'renθɪsɪs] *n* <-theses> ① (*parentheses, AM*) Klammerzeichen, Klammern *pl* ② (*extra text*) Einschub *m*
parenthood ['pɛərənthʊd] *n* Elternschaft *f*
pariah ['pæraɪə] *n* ↑ *social outcast* Ausgestoßene (r) *fm*
parish ['pærɪʃ] *n* ① Gemeinde *f* ② Pfarrbezirk *m,* Pfarrei *f;* **parishioner** [pə'rɪʃənə*] *n* Gemeindemitglied *s*
Parisian [pə'rɪzɪən] **I.** <inv> *adj* Pariser **II.** *n* Pariser(in*f*) *f*
parity ['pærɪtɪ] *n* (FIN *of currencies*) Parität *f;* ◇ **~ of pay** Lohngleichheit *f;* ◇ **~ check** PC Paritätsprüfung *f*
park [pɑ:k] **I.** *n* ① (*garden, grounds*) Park *m* ② ↑ *car* ~ Parkplatz *m* **II.** *vti* → *car* parken
parka ['pɑ:kə] *n* Parka *m*
parking ['pɑ:kɪŋ] *n* Parken *s;* ◇ **no** ~ Parken verboten; **parking fine** *n* Geldbuße *f* [für Falschparker]; **parking lights** *n pl* AUTO Standlicht *s;* **parking lot** *n* (*AM*) Parkplatz *m;* **parking meter** *n* Parkuhr *f;* **parking place** *n,* **parking space** *n* Parklücke *f;* **parking ticket** *n* Strafzettel *m*
Parkinson's disease [pɑ:kɪnsəns 'dɪzi:z] *n* Parkinsonsche Krankheit *f*
parkway ['pɑ:kweɪ] *n* (*AM*) *landschaftlich schöne Straße,* Allee *f*
parlance ['pɑ:ləns] *n* Sprachgebrauch *m;* ◇ **common ~** gängige Sprache
parliament ['pɑ:ləmənt] *n* Parlament *s;* **parliamentary** [pɑ:lə'mentərɪ] *adj* parlamentarisch
parlour, parlor (*AM*) ['pɑ:lə*] *n* Salon *m*
parochial [pə'rəʊkɪəl] *adj* ① ↑ *narrow-minded* engstirnig ② (*of parish*) Gemeinde-
parody ['pærədɪ] **I.** *n* (*humorous, laughable*) Parodie *f* (*of* auf *acc*) **II.** *vt* parodieren
parole [pə'rəʊl] **I.** *n* ◇ **on ~** auf Bewährung **II.** *vt* auf Bewährung entlassen
paroxysm ['pærəksɪzəm] *n* Anfall *m;* ◇ **~ of laughter** Lachkrampf *m*
parquet ['pɑ:keɪ] *n* Parkett *s*
parrot ['pærət] **I.** *n* Papagei *m* **II.** *vt* ohne Verständnis wiederholen
parry ['pærɪ] *vt* (*boxing*) → *blow* abwehren;
parsimonious [pɑ:sɪ'məʊnɪəs] *adj* geizig; **parsimony** ['pɑ:sɪmənɪ] *n* Geiz *m*
parsing ['pɑ:sɪŋ] *n* PC Grammatikanalyse *f*
parsley ['pɑ:slɪ] *n* GASTRON Petersilie *f*
parsnip ['pɑ:snɪp] *n* GASTRON Pastinake *f*
parson ['pɑ:sn] *n* Pfarrer(in*f*) *m*
part [pɑ:t] **I.** *n* ① (*some but not all*) Teil *m* ② ↑ *share* Anteil *m* ③ ↑ *piece or component* Teil *s o m;* ◇ **spare ~** Ersatzteil *s* ④ ↑ **-s** ↑ *area* Gegend *f;* ◇ **he's not from these -s** er kommt nicht von hier ⑤ (THEAT *words, character*) Rolle *f; FIG* ◇ **to take ~ in s.th.** e-n Beitrag leisten, mitmachen; ◇ **for my ~** vom mir aus ⑥ ◇ **for the most ~** im großen und ganzen **II.** *adv* teilweise; ◇ **~ this and ~ that** teils dies und teils das **III.** *vt* ① ↑ *separate* trennen; ◇ **till death us do ~** bis daß der Tod uns scheidet; ◇ **to ~ company** sich trennen ② → *hair* scheiteln **IV.** *vi* ① ← *people* sich trennen (*from, with* von) ② ← *materials* abgehen, sich lösen;
part with *vi +prep obj* ↑ *get rid of (s.th.)* loswer-

P

den; **part-exchange** *n* ◇ **to take s.th. in** ~ etwas in Zahlung nehmen

partial ['pɑːʃəl] *adj* [1] ↑ *incomplete* Teil-, teilweise; ▷*eclipse* partiell [2] ↑ *biased* voreingenommen; ◇ **to be** ~ **to s.th.** e-e Schwäche für etwas haben; **partially** *adv* teilweise

participant [pɑːˈtɪsɪpənt] *n* Teilnehmer(in *f*) *m* (*in* an *dat*); **participate** [pɑːˈtɪsɪpeɪt] *vi* teilnehmen (*in* an *dat*); **participation** [pɑːtɪsɪˈpeɪʃən] *n* ↑ *taking part in* Teilnahme *f;* ↑ *sharing* Beteiligung *f;* **participator** [pɑːˈtɪsɪpəitə*] *n s.* **participant**

participle [ˈpɑːtɪsɪpl] *n* Partizip *s*

particle [ˈpɑːtɪkl] *n* (*of dust*) Körnchen *s*

particular [pəˈtɪkjʊlə*] **I.** *adj* [1] ↑ *outstanding, special* besondere(r, s); ◇ **in** ~ vor allem [2] (*one and no others*) bestimmt, genau [3] ↑ *fussy* eigen **II.** *n* (*the general and the* ~) Besondere *s;* **particularize** *vt* genau angeben, spezifizieren; **particularly** *adv* ▷*request* ausdrücklich; ▷*stupid* besonders; **particulars** *n pl* (*of product*) Einzelheiten *pl;* (*of person*) Personalien *pl*

parting [ˈpɑːtɪŋ] **I.** *n* [1] ↑ *farewell* Abschied *m;* ↑ *separation* Trennung *f* [2] (*line in hair*) Scheitel *m* **II.** *adj* Abschieds-, abschließend

partisan [pɑːtɪˈzæn] **I.** *n* [1] ↑ *strong supporter* Parteigänger(in *f*) *m* [2] ↑ *guerrilla* Partisan(in *f*) *m* **II.** *adj* parteiisch

partition [pɑːˈtɪʃən] *n* [1] ↑ *thin wall* Trennwand *f* [2] (*of country*) Teilung *f* [3] (*section*) Abteilung *f*

partly [ˈpɑːtlɪ] *adv* ↑ *to some degree* teilweise

partner [ˈpɑːtnə*] *n* [1] (*sharer of interest or activity*) Partner(in *f*) *m* [2] (*in crime*) Komplize *m,* Komplizin *f* [3] (COMM *in share-ownership etc.*) Gesellschafter(in *f*) *m;* **partnership** *n* [1] (*state of being partner*) Partnerschaft *f,* Gemeinschaft *f;* ◇ **to do s.th. in** ~ **with s.o. else** mit jd-m etw gemeinsam machen [2] COMM Personengesellschaft *f*

part of speech *n* Wortart *f*

partridge [ˈpɑːtrɪdʒ] *n* Rebhuhn *s*

part-time [ˈpɑːttaɪm] **I.** *adj* Teilzeit- **II.** *adv* Teilzeit; **part-time worker**, **part timer** *n* Teilzeitarbeiter(in *f*) *m*

party [ˈpɑːtɪ] *n* [1] (*birthday* ~) Fest *s,* Party *f* [2] POL Partei *f* [3] (*any group doing s.th. together*) Gruppe *f,* Gesellschaft *f* [4] (JUR *guilty* ~) Partei *f;* (*in contract*) Vertragspartei *f;* ◇ **a third** ~ ein Dritter; **party dress** *n* Partykleid *s;* **party politics** *n pl* Parteipolitik *f*

parvenu [ˈpɑːvənjuː] *n* Emporkömmling *m*

PASCAL [ˈpæskæl] *n acronym of programming language,* PC PASCAL *s*

pass [pɑːs] **I.** *vt* [1] ↑ *go past s.th./s.o.* vorbeigehen an *dat,* vorbeifahren an *dat* [2] (*move s.th. in a particular way*) ◇ **to** ~ **s.o. the ball** jd-m den Ball zuspielen; → *salt* reichen; → *goods* weitergeben [3] JUR → *judgement* fällen; → *sentence* verhängen [4] POL → *motion* annehmen; → *statute* verabschieden [5] → *time* verbringen [6] ◇ **to** ~ **water** Wasser [*o.* Harn] lassen [7] ◇ **it** ~**es my comprehension** es ist mir unbegreiflich **II.** *vi* [1] ← *days* vergehen [2] ◇ **to** ~ **through France** Frankreich durchfahren [3] ◇ **that'll** ~ (*of work*) das geht/ist so in Ordnung **III.** *vt, vi* [1] → *ball* spielen [2] → *car* überholen [3] → *exam* bestehen **IV.** *n* [1] (*of exam*) Bestehen *s* [2] ↑ *permit* Ausweis *m* [3] (SPORT *at football*) Paß *m,* Vorlage *f* [4] ↑ *mountain* ~ Paß *m* [5] *FAM* ◇ **to make a** ~ **at s.o.** jd-n anmachen; **pass away** *vi* ↑ *die* entschlafen, hinscheiden; **pass by** *vi* [1] ← *people* vorbeigehen [2] ← *years* vergehen; **pass down** *vt sep* → *knowledge* weitergeben an *acc;* **pass for** *vi* gehalten werden für; **pass out** *vi* ↑ *faint* ohnmächtig werden; **pass over** *vi +prep obj* ↑ *be quiet about* schweigen über *acc;* ↑ *pass away* entschlafen; **pass up** *vt sep* → *opportunity* vorübergehen lassen

passable [ˈpɑːsəbl] *adj* [1] ▷*road* befahrbar [2] (*just good enough*) passabel

passably *adv* einigermaßen

passage [ˈpæsɪdʒ] *n* [1] ↑ *corridor* Gang *m* [2] (*through country*) Durchfahrt *f* [3] (*of text*) Kapitel *s;* (*of music*) Passage *f* [4] ↑ *voyage* Überfahrt *f* [5] (*of time*) Verlauf *m* [6] ANAT Weg *m;* (*of ear*) Gang *m;* **passageway** *n* Durchgang *m*

passbook [ˈpɑːsbʊk] *n* Sparbuch *s*

passenger [ˈpæsɪndʒə*] *n* (*person travelling but not driving, in car*) Beifahrer(in *f*) *m,* Mitfahrer(in *f*) *m;* (*in bus*) Fahrgast *m;* AERO Passagier *m;* RAIL Reisende(r) *fm*

passer-by [pɑːsəˈbaɪ] *n* Passant(in *f*) *m*

passing [ˈpɑːsɪŋ] **I.** *n* [1] ↑ *death* Ableben *s* [2] ◇ **to mention in** ~ im Vorbeigehen erwähnen **II.** *adj* [1] ▷*car* vorbeifahrend [2] ▷*thought* momentan

passion [ˈpæʃən] *n* Leidenschaft *f;* **passionate** [ˈpæʃənət] *adj,* **passionately** *adv* leidenschaftlich

passive [ˈpæsɪv] **I.** *n* GRAM ↑ ~*form* Passiv *s* **II.** *adj* (*not resisting*) widerstandslos; (*not active*) passiv

Passover [ˈpɑːsəʊvə*] *n* Passah[fest] *s*

passport [ˈpɑːspɔːt] *n* Reisepaß *m*

password [ˈpɑːswɜːd] *n a.* PC Kennwort *s*

past [pɑːst] **I.** *n* Vergangenheit *f* **II.** *adv, prep* vorbei; ◇ **to walk** ~ **s.o./s.th.** an jd-m/etw vorbeigehen **III.** *adj* [1] ▷*events* vergangen; ◇ **the time for it is** ~ die Zeit dafür ist vorbei [2] ▷*prime* *minister* ehemalig, frühere(r, s) ③ ◇ **for some time** ~ seit einiger Zeit **IV.** *prep* (*beyond*) ▷*11 o'clock* nach; ▷*landmark* an *dat* vorbei

pasta ['pæstə] *n* Teigwaren *pl*

paste [peɪst] **I.** *n* breiartige Masse *f* ① (*fish* ~) Aufstrich *m;* (*tomato* ~) Mark *s* ② ↑ *wet glue* Kleister *m* **II.** *vt* → *wallpaper* mit Kleister bestreichen; **paste up** *vt sep* aufkleben

pastel ['pæstl] *adj* Pastell-

pasteurized ['pæstʃəraɪzd] *adj* pasteurisiert

pastime ['pɑːstaɪm] *n* Freizeitbeschäftigung *f*

past master *n* ① Experte *m,* Expertin *f* ② SPORT Altmeister(in *f*) *m*

pastor ['pɑːstə*] *n* Pfarrer(in *f*) *m*

pastoral *adj* ① ▷*poetry* pastoral ② ▷*care* seelsorgerisch

pastry ['peɪstrɪ] *n* ① ◇ **short** ~ Mürbeteig *m;* ◇ **flaky** ~ Blätterteig *m* ② (*light cake*) Gebäck *s*

pasture ['pɑːstʃə*] *n* Weide *f*

pasty ['pæstɪ] **I.** *n* Pastete *f* **II.** ['peɪstɪ] *adj* bläßlich

pat [pæt] **I.** *n* ① (*friendly touch*) Klaps *m* ② (*of butter*) Klümpchen *s* ③ ◇ ~ **on the back** Schulterklopfen *s,* Anerkennung *f* **II.** *adv, adj* ① ▷*answer* schlagfertig ② *also FIG* ◇ **to know s.th. off** ~ etwas auswendig können **III.** *vt* → *dog* tätscheln

patch [pætʃ] **I.** *n* ① (*of material*) Flicken *m* ② (*particular area, damp* ~) Stelle *f,* Fleck *m* ③ (*of ground*) ↑ *vegetable* ~ Beet *s;* (*of fog*) Schwaden *m* ④ ◇ **to go through a bad** ~ kein Glück haben **II.** *vt* flicken; **patch up** *vt sep* ① → *relationship* aussöhnen ② → *car* zusammenflicken; **patchwork** ['pætʃwɜːk] *n* Patchwork *s;* **patchy** ['pætʃɪ] *adj* ① ▷*knowledge* lückenhaft, oberflächlich ② ▷*material* gefleckt

pâté ['pæteɪ] *n* Pastete *f*

patella [pə'telə] *n* ANAT Kniescheibe *f*

patent ['peɪtənt] **I.** *n* (*exclusive right*) Patent *s;* ◇ ~ **pending** Patent angemeldet **II.** *vt* patentieren lassen **III.** *adj* ① ▷*stupidity* offensichtlich ② ▷*lock* patentiert; **patent leather shoes** *n* Lackschuhe *m pl*

patently *adv* offensichtlich

patent office *n* Patentamt *s*

paternal [pə'tɜːnl] *adj* (*like/from father*) väterlich; ◇ **his** ~ **grandfather** sein Großvater väterlicherseits; **paternalism** [pə'tɜːnlɪzəm] *n* Bevormundung *f;* **paternalistic** [pətɜːnə'lɪstɪk] *adj* patriarchalisch; **paternity** [pə'tɜːnɪtɪ] *n* JUR Vaterschaft *f*

path [pɑːθ] *n* ① (*garden* ~) Weg *m;* ↑ *trail* Pfad *m;* ◇ **keep to the** ~ bleib' auf dem Weg ② (*of sun, of arrow*) Bahn *f* ③ (*to success*) Weg *m* ④ PC [Such-]Pfad *m*

pathetic [pə'θetɪk] *adj* ① ↑ *sad* mitleiderregend ② ↑ *feeble* jämmerlich; **pathetically** *adv* ① ▷*whimper* mitleiderregend ② ◇ **it is** ~ **clear** es ist vollkommen [*o.* zum Heulen] klar

pathological [pæθə'lɒdʒɪkəl] *adj* krankhaft, pathologisch; **pathologist** [pə'θɒlədʒɪst] *n* Pathologe *m,* Pathologin *f;* **pathology** [pə'θɒlədʒɪ] *n* ① (*academic subject*) Pathologie *f* ② (*of patient*) Krankheitsbild *s*

pathos ['peɪθɒs] *n* Pathos *s*

pathway ['pɑːθweɪ] *n s.* **path**

patience ['peɪʃəns] *n* ① Geduld *f* ② (*cards*) Patience *f;* **patient** ['peɪʃənt] **I.** *adj* (*composed*) geduldig **II.** *n* ↑ *ill person* Patient(in *f*) *m;* **patiently** *adv* geduldig

patio ['pætɪəʊ] *n* <-s> ① ↑ *inner courtyard* Innenhof *m,* Patio *m* ② ↑ *terrace* Terrasse *f*

patois ['pætwɑː] *n* Patois *s,* Mundart *f*

patriarchal [peɪtrɪ'ɑːkəl] *adj* patriarchalisch; **partriarchy** [peɪtrɪ'ɑːkɪ] *n* Patriarchat *s*

patrician [pə'trɪʃən] **I.** *n* Patrizier(in *f*) *m* **II.** *adj* patrizisch

patriot ['pætrɪət] *n* Patriot(in *f*) *m;* **patriotic** [pætrɪ'ɒtɪk] *adj* ▷*person* patriotisch; ▷*duty* dem Vaterland gegenüber; **patriotism** ['pætrɪətɪzəm] *n* Vaterlandsliebe *f*

patrol [pə'trəʊl] **I.** *n* ① (*in sea and sky*) Patrouille *f* ② (*by security guard*) Runde *f* ③ (*by police*) Streife *f;* ◇ **to be on** ~ auf Streife sein **II.** *vt, vi* → *building* die Runde machen in *dat;* **patrol car** *n* Streifenwagen *m;* **patrolman** *n* <-men> (*AM*) Polizist *m;* **patrolwoman** *n* Polizistin *f*

patron ['peɪtrən] *n* ① (*well-known official supporter*) Förderer(in *f*) *m* ② (*in shop*) Stammkunde, m, Stammkundin, f ③ (*of art, buyer*) Gönner(in *f*) *m;* **patronage** ['pætrənɪdʒ] *n* ① ↑ *support* Schirmherrschaft *f* ② ↑ *right to appoint* Patronat *s*

patronize ['pætrənaɪz] *vt* ① ↑ *support* unterstützen, fördern ② → *hotel* besuchen ③ → *s.o.* herablassend behandeln; **patronizing** *adj* ▷*attitude* herablassend

patron saint *n* Schutzpatron(in *f*)

patsy ['pætsɪ] *n* (*AM FAM victim*) Leichtgläubige (r) *fm*

patter ['pætə*] **I.** *n* ① (*sound, of feet*) Getrippel *s;* (*of rain*) Plätschern *s* ② (*sales talk*) Sprüche *pl* **II.** *vi* ← *feet* trippeln; ← *rain* plätschern

pattern ['pætən] **I.** *n* ① (*of line and colour*) Muster *s* ② ↑ *template* Schnittmuster *s* ③ (*of behaviour*) Schema *s;* ↑ *daily* ~ Gewohnheiten *pl* ④ (*of events leading somewhere*) Ablauf *m* **II.** *vt* ◇ **to** ~ **yourself on s.o.** jd-n als Vorbild nehmen; **patterned** [-d] *adj* ▷*carpet* gemustert

paunch [pɔːntʃ] *n* Bauch *m*

pauper ['pɔːpə*] *n* Arme(r) *fm*

pause [pɔːz] **I.** *n* Pause *f* **II.** *vi* e-e Pause machen; (*for thought*) innehalten

pave [peɪv] *vt* ① → *path* pflastern ② *FIG* ◇ **to ~ the way for s.th.** etwas anbahnen; **paved** [-d] *adj* ▷ *road* befestigt

pavement *n* (*BRIT*) Bürgersteig *m;* (*AM paved road*) Straße *f*

pavilion [pə'vɪlɪən] *n* ① ↑ *pleasure ~* Pavillon *m* ② ↑ *sport's ~* Klubhaus *s*

paving ['peɪvɪŋ] *n* (*material*) Belag *m;* (*AM of highway*) Decke *f*

paw [pɔː] **I.** *n* Pfote *f;* (*of big cats*) Pranke *f,* Tatze *f* **II.** *vt, vi* [be-]tätscheln; *FAM* betatschen

pawn [pɔːn] **I.** *n* (*chess*) Bauer *m* **II.** *vt* verpfänden; **pawnbroker** *n* Pfandleiher *m;* **pawnbroker's** *n,* **pawnshop** *n* Pfandhaus *s,* Leihhaus *s*

pay [peɪ] <paid, paid> **I.** *vi* ① ↑ *give money (for)* [be-]zahlen ② (*provide an advantage*) sich lohnen, sich rentieren; ◇ **a crime doesn't ~** ein Verbrechen zahlt sich nicht aus **II.** *vt* ① → *bills* → *debts* → *person* bezahlen; → *interest* zahlen ② ◇ **to ~ one's way** selbst auskommen ③ (*be careful*) ◇ **to ~ attention** vorsichtig/aufmerksam sein, achtgeben (*to* auf *acc*) ④ ◇ **to ~ s.o. a call** jd-n besuchen, jd-m e-n Besuch abstatten ⑤ ◇ **to ~ s.o. a compliment** jd-m ein Kompliment machen ⑥ ◇ **it would ~ you to …** es würde sich für dich lohnen zu … **III.** *n* ↑ *wages* Lohn *m,* Bezahlung *f;* ↑ *salary* Gehalt *s;* ◇ **to be in s.o.'s ~** bei jd-m beschäftigt sein; **pay for** *vi +prep obj* bezahlen; *FIG* büßen; **pay back** *vt sep* ① → *money* zurückzahlen ② ◇ **to ~ s.o. ~** ↑ *revenge o.s.* es jd-m heimzahlen; **pay in** *vt sep* einzahlen (*to* auf *acc*); **pay off** *vt* → *debt* tilgen, abbezahlen; → *creditor* befriedigen; **pay out** *vt sep* → *money* ausgeben; **pay up** *vi* zurückbezahlen, abbezahlen; **payable** *adj* zahlbar; ▷ *due* fällig; **pay-bed** *n* Privatbett *s;* **pay-claim** *n* Gehaltsforderung *f;* **pay-day** *n* Zahltag *m*

PAYE *n abbr. of* **pay as you earn** *Lohnsteuer (direkt vom Lohn abgezogen)*

payee [peɪ'iː] *n* Zahlungsempfänger(in *f*) *m*

pay envelope *n* (*AM*) *s.* **pay-packet**; **paying guest** *n* zahlender Gast *m;* **paying-in slip** *n* Einzahlungsschein *m;* **payload** *n* Nutzlast *f;* **payment** *n* ① (*act*) Bezahlung *f* ② (*amount of money*) Zahlung *f;* **payment on account** *n* Abschlagszahlung *f;* **pay-off** *n* ① (*end result*) Quittung *f* ② ↑ *punch-line* Pointe *f*

payola [peɪ'əʊlə] *n* Bestechung *f*

pay-packet *n* Lohntüte *f;* **pay-phone** *n* Münzfernsprecher *m,* Münztelefon *s;* **payroll** *n* Lohnliste *f;* **pay-slip** *n* Lohnstreifen *m*

PC *abbr. of* **I.** *n* **personal computer** PC *m* **II.** *n* **police constable** Polizeibeamte(r) *m,* Polizeibeamtin *f*

PE *n abbr. of* **physical education** SCH Turnen *s,* Sport *m*

pea [piː] *n* Erbse *f*

peace [piːs] *n* ① (*war and ~*) Frieden *m* ② ↑ *tranquillity* Ruhe *f;* ◇ **~ of mind** innere Ruhe ③ JUR öffentliche Ordnung *f;* **peaceable** *adj* ▷ *person* friedfertig; **peaceably** ['pɪːsəblɪ] *adv* ▷ *settle an argument* friedlich; **Peace Corps** ['piːs kɔː*] *n* (*AM*) Entwicklungsdienst *m;* **peaceful** ['piːsfl] *adj* ① ▷ *vacation* ruhig ② ▷ *death* sanft; **peace-keeping** *adj* friedenserhaltend, Friedens-; **peacemaker** *n* Friedensstifter(in *f*) *m;* **peace movement** *n* Friedensbewegung *f;* **peace-offering** *n FIG* Versöhnungsgeschenk *s;* **peace-pipe** *n* Friedenspfeife *f;* **peace studies** *n pl* Friedensforschung *f;* **peace talks** *n* Friedensverhandlungen *pl;* **peacetime** *n* Friedenszeiten *pl*

peach [piːtʃ] *n* (*fruit*) Pfirsich *m*

peacock ['piːkɒk] *n* Pfau *m*

pea-green ['piːgriːn] *adj* erbsengrün

peak [piːk] **I.** *n* ① (*of mountain*) Gipfel *m* ② (*FIG of career*) Höhepunkt *m* ③ (*of cap*) Schirm *m* **II.** *vi* den Höchststand erreichen **III.** *adj* Höchst-, Spitzen-; **peak period** *n* ① ↑ *rush-hour* Hauptverkehrszeit *f* ② ELECTR Hauptbelastungszeit *f;* **peak season** *n* Hochsaison *f*

peaked [-d] *adj* ▷ *helmet* spitz

peal [piːl] **I.** *vi* ← *bells* läuten **II.** *n* ① (*of bells*) Glockengeläute *s* ② ◇ **~ of laughter** schallendes Gelächter *s*

peanut ['piːnʌt] *n* Erdnuß *f;* ◇ **to work for ~s** sehr schlecht bezahlt werden; **peanut butter** *n* Erdnußbutter *f*

pear [pɛə*] *n* Birne *f*

pearl [pɜːl] **I.** *n* Perle *f;* (*mother-of-~*) Perlmutt *s* **II.** *adj* (*colour*) grauweiß; **pearl grey** *adj* silbergrau; **pearly** *adj* perlmuttartig; ◇ **P~ Gates** Himmelspforte *f*

peasant ['pezənt] *n* ① AGR Kleinbauer *m* ② ↑ *ignorant hick* Banause *m;* **peasantry** ['pezntrɪ] *n* Kleinbauernstand *m*

pease-pudding ['piːzpuːdɪŋ] *n* Erbspüree *s*

peat [piːt] *n* Torf *m;* **peatbog** *n* Torfmoor *s*

pebble ['pebl] *n* Kiesel *m;* **pebble-dash** *n* Kieselrauhputz *m;* **pebbly** *adj* steinig

pecan ['piːkən] *n* ▷ *nut* Pekannuß *f*

peccadillo [pekə'dɪləʊ] *n* <-es> kleine Sünde *f*

peck [pek] **I.** *vt, vi* ① ← *bird* picken ② ◇ **to ~ at one's food** im Essen herumstochern **II.** *n* (*on cheek*) Küßchen *s*

pecking order ['pekɪŋ ɔ:də*] *n* Hackordnung *f*
peckish *adj FAM* hungrig
pectin ['pektɪn] *n* Pektin *s*
peculiar [pɪ'kju:lɪə*] *adj* [1] ↑ *odd* eigenartig, seltsam [2] ↑ *special, unique* eigentümlich (*to* für) [3] ↑ *ill, queasy* ◇ **the smell of onions makes me feel ~** wenn ich Zwiebeln rieche, wird mir unwohl; **peculiarity** [pɪkju:lɪ'ærɪtɪ] *n* [1] (*singular quality*) Besonderheit *f*, Eigentümlichkeit *f* [2] ↑ *oddness* Seltsamkeit *f*; **peculiarly** [pɪ'kju:lɪəlɪ] *adv* [1] ▷*behave* seltsam [2] ↑ *especially* besonders
pecuniary [pɪ'kju:nɪərɪ] *adj* ▷*advantage* finanziell
pedagogue ['pedəgɒg] *n* ↑ *teacher* Pädagoge *m*, Pädagogin *f*
pedal ['pedl] **I.** *n* Pedal *s* **II.** *vi* [1] ↑ *push pedals* treten [2] ◇ **to ~ (along on) one's bike** radfahren; ▷*uphill* strampeln
pedant ['pedənt] *n* Pedant(in *f*) *m*; **pedantic** [pɪ'dæntɪk] *adj* pedantisch; **pedantry** ['pedəntrɪ] *n* Pedanterie *f*
pederast ['pedəræst] *n* Päderast *m*
peddle ['pedl] *vt* ↑ *sell* verkaufen; ◇ **to ~ drugs** mit Drogen handeln; **peddler** *n s.* **pedlar** ◇ **drug ~** Drogenhändler(in *f*) *m*
pedestal ['pedɪstl] *n* Sockel *m*
pedestrian [pɪ'destrɪən] **I.** *n* Fußgänger(in *f*) *m* **II.** *adj* [1] (*in compds*) Fußgänger- [2] ▷*style* langweilig, schwunglos; **pedestrian crossing** *n* Fußgängerüberweg *m*; **pedestrian precinct** *n* Fußgängerzone *f*
pediatrics [pi:dɪ'ætrɪks] *n sg* (*AM*) *s.* **paediatrics**
pedigree ['pedɪgri:] **I.** *n* Stammbaum *m*; ↑ *list of ancestors* Ahnentafel *f* **II.** *adj* ▷*animal* reinrassig
pedlar ['pedlə*] *n* ↑ *travelling salesman* Hausierer(in *f*) *m*
pee [pi:] *vi FAM* pinkeln
peek [pi:k] **I.** *n* kurzer [*o.* flüchtiger *m*] Blick **II.** *vi* gucken
peel [pi:l] **I.** *n* Schale *f* **II.** *vt* → *orange* schälen **III.** *vi* [1] ← *paint* abblättern [2] ← *rattlesnake* sich häuten; **peel off** *vt sep* → *clothes* abstreifen; → *wallpaper* ablösen; **peelings** *n pl* Schalen *pl*
peep [pi:p] **I.** *n* (*look*) neugieriger Blick *m*; (*sound*) Piep *m*, Ton *m* **II.** *vi* ↑ *take short look* kurz gucken; ↑ *look through hole* durchgucken; **peep-hole** *n* (*in door*) Spion *m*; **peeping Tom** ['pi:pɪŋ tɒm] *n* Voyeur *m*; **peep-show** *n* Peep-show *f*
peer [pɪə*] **I.** *vi* starren **II.** *n* [1] (*lord*) Peer *m* [2] ↑ *equal* Ebenbürtige(r) *m* [3] ◇ **my ~s** meinesgleichen
peerage *n* [1] ↑ *nobility* Adelsstand *m* [2] ↑ *honour* Peerswürde *f*
peer group *n* (*in age*) Alterskohorte *f*, Peer Group
peerless *adj* ▷*beauty* unvergleichlich
peeve [pi:v] *vt FAM* verärgern; **peeved** [-d] *adj* ▷*person* sauer; **peevish** ['pi:vɪʃ] *adj* ↑ *irritated* brummig; **peevishness** *n* ↑ *irritability* Reizbarkeit *f*
peewit ['pi:wɪt] *n* (*bird*) Kiebitz *m*
peg [peg] *n* [1] (*for washing-line*) Klammer *f* [2] ↑ *fixing pin* Stift *m*; (*in ground*) Pflock *m* [3] (*for coats*) Haken *m* [4] ◇ **to buy s.th. off the ~** etw von der Stange kaufen
pejorative [pɪ'dʒɒrətɪv] *adj* pejorativ; ▷*remark* abwertend
pekinese [pi:kɪ'ni:z] *n* FAUNA Pekinese *m*
Peking [pi:'kɪŋ] *n* Peking *s*
pelican ['pelɪkən] *n* FAUNA Pelikan *m*; **pelican crossing** *n* Ampelübergang *m*
pellet ['pelɪt] *n* [1] ↑ *tiny ball* Kügelchen *s* [2] ↑ *shotgun ~* Schrotkorn *s*
pell-mell ['pelmel] *adv* ↑ *in confusion* durcheinander
pelmet ['pelmɪt] *n* ▷*curtain ~* Blende *f*
pellucid [pe'lu:sɪd] *adj* klar
pelt [pelt] **I.** *vt* ↑ *throw* schleudern (*at* nach) **II.** *vi* rasen **III.** *n* ↑ *at full speed* ◇ **at full ~** mit voller Geschwindigkeit; **pelt down** *vi* ← *rain* gießen
pelvis ['pelvɪs] *n* ANAT Becken *s*
pen [pen] *n* [1] (*writing instrument with ink*) ↑ *fountain ~* Füller *m*; ↑ *ball-point ~* Kugelschreiber *m*; ◇ **Have you got a ~?** Haben Sie was zum Schreiben?; ◇ **to put ~ to paper** zur Feder greifen [2] (*enclosed space, for cattle*) Pferch *m*; (*for sheep*) Hürde *f*
penal ['pi:nl] *adj* (*in compds*) Straf-
penalize ['pi:nəlaɪz] *vt* [1] ↑ *make (action) punishable* unter Strafe stellen [2] → *criminal* bestrafen [3] ↑ *take advantage from* benachteiligen [4] ↑ *give penalty shot against* e-n Strafstoß verhängen (gegen); **penalty** ['penəltɪ] *n* [1] ↑ *punishment* Strafe *f*; ◇ **to pay the ~** für etwas büßen [2] SPORT ↑ *~ kick* Strafstoß *m*; **penalty area** *n* Strafraum *m*; **penalty clause** *n* COMM Vertragsstrafe *f*; **penalty spot** *n* SPORT Elfmeterpunkt *m*
penance ['penəns] *n* REL Buße *f*
pen-and-ink ['pen ənd 'ɪŋk] *adj* ▷*drawing* Feder-
pence [pens] *n pl of* **penny** Pence *m*
penchant ['pentʃənt] *n* ↑ *weakness, special liking* Vorliebe *f* (*for* für)
pencil ['pensl] **I.** *n* Bleistift *m* **II.** *vt* mit e-m Bleistift anzeichnen; **pencil case** *n* [Feder-] Mäppchen *s*; **pencil sharpener** *n* [Bleistift-] Spitzer *m*

P

PEN Club ['penklab] *n acronym of* **poets, playwrights, editors, essayists, novelists** PEN-Club *m*
pendant ['pendənt] *n* (*charm*) Anhänger *m*
pendent ['pendənt] *adj* ↑ *suspended* herabhängend
pending ['pendɪŋ] **I.** *prep* (*further inquiry*) bis auf; (*future event*) bis zu **II.** *adj* anstehend; ◇ **the trial is** ~ das Gerichtsverfahren ist noch anhängig
pendulum ['pendjʊləm] *n* Pendel *s*
penetrable ['penɪtrəbl] *adj* (*that may be penetrated*) durchdringlich; **penetrate** ['penɪtreɪt] **I.** *vt* [1] → *resistance* eindringen (in *acc*) [2] (*get right through*) durchdringen; → *fabric* durchstechen; → *mystery* durchschauen **II.** *vi FAM FIG* ◇ **Has that -d?** Hast du das jetzt kapiert?; **penetrating** *adj* ▷*eyes* durchdringend; ▷*analysis* scharfsinnig; **penetration** [penɪ'treɪʃən] *n* [1] ↑ *insertion* ↑ *incursion* Eindringen *s* (*into* in *acc*) [2] *FIG* ◇ **powers of** ~ Scharfsinn *m*
pen-friend ['penfrend] *n* Brieffreund(in *f*) *m*
penguin ['peŋgwɪn] *n* Pinguin *m*
penicillin [penɪ'sɪlɪn] *n* Penizillin *s*
peninsula [pɪ'nɪnsjʊlə] *n* Halbinsel *f*
penis ['piːnɪs] *n* Penis *m*
penitence ['penɪtəns] *n* Reue *f;* (*more extreme*) Zerknirschung *f;* **penitent I.** *adj* ↑ *sorry* reuig **II.** *n* REL Büßer(in *f*) *m*
penitentiary [penɪ'tenʃərɪ] *n* (*AM*) Strafanstalt *f*
penknife ['pennaɪf] *n* <-knives> Taschenmesser *s*
pen-name ['penneɪm] *n* Pseudonym *s*
pennant ['penənt] *n* Wimpel *m*
penniless ['penɪləs] *adj* mittellos, ohne e-n Pfennig
pennon ['penən] *n* MIL Fähnlein *s*
penny ['penɪ] *n* <pence *o.* pennies> [1] *BRIT* Penny *m* [2] *FIG* Pfennig *m* [3] *FAM FIG* ◇ **to spend a** ~ mal kurz verschwinden/austreten [4] ◇ **a pretty** ~ e-e Stange Geld; **penny arcade** *n* Spielsalon *m;* **penny farthing** *n* Hochrad *s;* **penny pincher** *n FAM* Knauser, Knicker *m*
penology [pɪ'nɒlədʒɪ] *n* (*social science*) Kriminalstrafkunde *f*
pen-pal ['penpæl] *n* ↑ *pen-friend* Brieffreund(in *f*) *m*
pen pusher *n* [1] Bürohengst *m* [2] Schreiberling *m*
pension ['penʃən] *n* (*any allowance*) Rente *f;* (*for previously salaried people*) Pension *f;* **pension off** *vt sep* vorzeitig pensionieren; **pensionable** *adj* ▷*individual* pensionsberechtigt; ▷*employment* mit Pensionsberechtigung; **pension book** *n* Rentenausweis *m;* **pensioner** *n* Rentner(in *f*) *m;* **pension fund** *n* Rentenfonds *m;* **pension plan** *n*, **pension scheme** *n* Rentenversicherung *f*
pensive ['pensɪv] *adj* nachdenklich
pentagon ['pentəgən] *n* [1] MATH Fünfeck *s* [2] ◇ **the P~** das Pentagon
pentathlon [pen'tæθlən] *n* Fünfkampf *m*
Pentecost ['pentɪkɒst] *n* (*7th Sunday after Easter*) Pfingsten *s*
penthouse ['penthaʊs] *n* Penthouse *s*
pent-up ['pentʌp] *adj* ▷*emotions* aufgestaut
penultimate [pɪ'nʌltɪmət] *adj* vorletzte(r, s)
penumbra [pɪ'nʌmbrə] *n* <-ae> ASTR Halbschatten *m*
penury ['penjʊrɪ] *n* Armut *f*
peony ['piːənɪ] *n* Pfingstrose *f*
people ['piːpl] **I.** *n* [1] (*men, women and children*) Menschen *pl;* ◇ ~ **like us** Leute wie wir [2] (*-s, inhabitants of country*) Bevölkerung *f,* Volk *s;* ↑ *nation* ◇ **the -s of Asia** die Völker Asiens [3] ◇ ~ **are now saying ...** im allgemeinen wird jetzt behauptet ... **II.** *vt* → *region* besiedeln
pep [pep] *n FAM* Schwung *m,* Elan *m;* **pep up** *vt* aufmöbeln; → *food* würzen
pepper ['pepə*] **I.** *n* [1] (*salt and* ~) Pfeffer *m* [2] (*red, green or yellow* ~) Paprika *m* **II.** *vt* → *food* pfeffern; **peppercorn** *n* Pfefferkorn *s*
peppered [-d] *adj* ▷*with mistakes* gespickt
peppermint ['pepəmɪnt] *n* [1] FLORA Pfefferminze *f* [2] (*sweet*) Pfefferminz *s*
pepperpot ['pepəpɒt] *n* Pfefferstreuer *m*
pep pill [pep pɪl] *n* Aufputschpille *f*
pepsin ['pepsɪn] *n* BIOL Pepsin *s*
pep talk ['peptɔːk] *n* ◇ **to give s.. a ~** - *FAM* jd-m ein paar aufmunternde Worte sagen
per [pɜː*] *prep* [1] ↑ *for each* ↑ *in each* pro; ◇ **85 km ~ hour** 85 Stundenkilometer, 85 km pro Stunde [2] ◇ **as** ~ gemäß *dat*
per annum *adj, adv* pro Jahr, jährlich
per capita *adj, adv* pro Kopf, pro Person
perceive [pə'siːv] *vt* [1] ↑ *see* wahrnehmen [2] ↑ *realize* erkennen
per cent [pə'sent] *n* Prozent *s;* **percentage** [pə'sentɪdʒ] **I.** *n* [1] (*number out of 100*) Prozentsatz *m* [2] (*payment*) Anteil *m* [3] ◇ **there is no ~ in doing that** das bringt nichts **II.** *adj* Prozent-
perceptible [pə'septəbl] *adj* spürbar; **perception** [pə'sepʃən] *n* [1] ↑ *seeing* Wahrnehmung *f* [2] ↑ *insight* Einsicht *f;* **perceptive** [pə'septɪv] *adj* [1] ▷*person* einfühlsam [2] ▷*analysis* scharfsinnig; **perceptiveness** *n* Aufmerksamkeit *f*
perch [pɜːtʃ] **I.** *n* [1] (*of bird*) Stange *f* [2] (*fish*) Flußbarsch *m* **II.** *vi* ↑ *sit, rest* hocken

perchance [pə'tʃɑ:ns] *adv* ↑ *perhaps* vielleicht
percolate ['pɜ:kəleɪt] *vi* (1) ← *coffee* durchlaufen (2) ← *ideas* durchsickern; **percolator** ['pɜ:kəleɪtə*] *n* Kaffeemaschine *f*
percussion [pɜ:'kʌʃn] *n* MUS Schlagzeug *s*
per diem *n* ↑ *daily allowance* Tagessatz *m*
peremptory [pə'remptərɪ] *adj* ▷*manner* gebieterisch; ▷*person* herrisch
perennial [pə'renɪəl] *adj* ▷*flower* mehrjährig
perfect ['pɜ:fɪkt] **I.** *adj* (1) ↑ *complete, faultless* ▷*solution* ideal (2) ↑ *exact, precise* ▷*fit* genau **II.** *n* GRAM Perfekt *s* **III.** [pə'fekt] *vt* vervollkommnen, perfektionieren; **perfectible** ['pə'fektəbl] *adj* perfektionierbar; **perfection** [pə'fekʃən] *n* Perfektion *f;* **perfectionist** [pə'fekʃənɪst] *n* Perfektionist(in *f*) *m;* **perfectly** ['pɜ:fɪktlɪ] *adv* perfekt; *FAM* astrein
perforate ['pɜ:fəreɪt] *vt* perforieren; **perforation** [pɜ:fə'reɪʃən] *n* ↑ *holes* Perforation *f*
perform [pə'fɔ:m] **I.** *vt* (1) *(carry [s.th.] out)* → *operation* durchführen; → *duty* erfüllen (2) *(in front of other people)* → *music* aufführen, spielen; → *experiment* vorführen **II.** *vi* (1) THEAT auftreten (2) ← *car, team etc.* leisten; **performance** *n* (1) ↑ *engine* ~ Leistung *f* (2) ↑ *cinema* ~ Vorstellung *f;* **performer** *n* (*circus* ~) Künstler(in *f*) *m;* **performing** *adj* ▷*animal* dressiert
perfume ['pɜ:fju:m] *n* (1) Parfüm *s* (2) ↑ *smell* Duft *m;* **perfumed** [-d] *adj* parfümiert
perfunctory [pə'fʌŋktərɪ] *adj* flüchtig, der Form halber
perhaps [pə'hæps] *adv* vielleicht
peril ['perɪl] *n* ↑ *serious danger* Gefahr *f;* ◇ **at your own** ~ auf eigenes Risiko/Gefahr, auf eigene Gefahr; **perilous** ['perələs] *adj* ▷*adventure* gefährlich; **perilously** *adv* ▷*close* gefährlich
perimeter [pə'rɪmɪtə*] *n* (1) ↑ *boundary* Grenze *f* (2) ↑ *circumference* Umfang *m*
period ['pɪərɪəd] **I.** *n* (1) *(any length of time)* Zeit *f;* SCH Stunde *f;* ↑ *historical* ~ Zeitalter *s* (2) ↑ *full stop* Punkt *m* (3) MED Periode *f,* Tage *m pl* **II.** *adj* ▷*costume* zeitgenössisch; **periodic[al]** [pɪərɪ'ɒdɪkəl] *adj* ↑ *irregular* periodisch; **periodical** *n* ▷*magazine* Zeitschrift *f*
peripatetic [perɪpə'tetɪk] *adj* ▷*teacher* an mehreren Schulen tätig
peripheral [pə'rɪfərəl] *adj* (1) peripher, Rand- (2) PC Peripherie- *f;* **peripheral equipment** *n* PC Peripheriegeräte *s pl*
periphery [pə'rɪfərɪ] *n* Peripherie *f*
periscope ['perɪskəʊp] *n* Periskop *s*
perish ['perɪʃ] *vi* (1) ↑ *die* sterben (2) ↑ *rot* verderben (3) ◇ **P~ the thought!** Gott behüte!; **perishable** *adj* ▷*fruit* verderblich; **perishables** ['perɪʃəblz] *n* leichtverderbliche Waren *pl;* **perished** [-d] *adj* ↑ *very cold* durchfroren; **perishing** *adj FAM* ▷*cold* saukalt
perjure ['pɜ:dʒə*] *vr* ◇ ~ **o.s.** e-n Meineid leisten; **perjurer** *n* Meineidige(r) *fm;* **perjury** ['pɜ:dʒərɪ] *n* Meineid *m*
perk [pɜ:k] *n FAM* Vergünstigung *f;* **perk up I.** *vi* munter werden **II.** *vt* → *ears* spitzen
perky *adj* ↑ *lively* munter
perm [pɜ:m] *n* ↑ *permanent wave* Dauerwelle *f*
permanence ['pɜ:mənəns] *n* (*of situation*) Beständigkeit *f;* **permanent** ['pɜ:mənənt] *adj* ▷*employment* fest; ◇ ~ **wave** Dauerwelle *f;* **permanently** *adv* ständig
permeate ['pɜ:mɪeɪt] *n* → *atmosphere* durchdringen
permissible [pə'mɪsəbl] *adj* zulässig, erlaubt; **permission** [pə'mɪʃən] *n* Erlaubnis *f;* ◇ **official** ~ Genehmigung *f;* ◇ **to give one's** ~ etwas erlauben; **permissive** [pə'mɪsɪv] *adj* (1) ↑ *flexible* nachgiebig (2) ▷*society* permissiv; **permissiveness** *n* ▷*sexual* Freizügigkeit *f;* **permit** ['pɜ:mɪt] **I.** *n* ↑ *written permission* Zulassung *f,* Genehmigung *f* **II.** [pə'mɪt] *vt* ↑ *allow* erlauben; ↑ *tolerate* dulden
permutation [pɜ:mjʊ'teɪʃən] *n* MATH Permutation *f*
pernicious [pɜ:'nɪʃəs] *adj* schädlich; MED bösartig
pernickety [pə'nɪkətɪ] *adj FAM* pingelig
peroxide [pə'rɒksaɪd] *n* Peroxid *s*
perpendicular [pɜ:pən'dɪkjʊlə*] *adj* senkrecht
perpetrate ['pɜ:pɪtreɪt] *vt* → *crime* begehen; **perpetrator** ['pɜ:pɪtreɪtə*] *n* (*of crime*) Übeltäter(in *f*) *m*
perpetual [pə'petjʊəl] *adj* ewig, fortwährend; **perpetually** *adv* dauernd; **perpetual motion** *n* Perpetuum mobile *s;* **perpetuate** [pə'petjʊeɪt] *vt* (1) → *bad situation* verewigen (2) → *memory* bewahren; **perpetuity** [pɜ:pɪ'tju:ɪtɪ] *n* Ewigkeit *f;* JUR unbegrenzte Dauer *f;* ◇ **in** ~ auf ewig
perplex [pə'pleks] *vt* verwirren; **perplexed** [-d] *adj* ▷*facial expression* verblüfft; **perplexing** *adj* ▷*problem* verblüffend; **perplexity** *n* ↑ *bewilderment* Verblüffung *f*
per se [pɜ:'seɪ] *adv* ↑ *in itself* an sich
persecute ['pɜ:sɪkju:t] *vt* → *minorities* verfolgen; **persecution** [pɜ:sɪ'kju:ʃən] *n* Verfolgung *f*
perseverance [pɜ:sɪ'vɪərəns] *n* Ausdauer *f;* **persevere** ['pɜ:sɪvɪə*] *vi* nicht aufgeben, durchhalten
Persian ['pɜ:ʃən] **I.** *n* Perser(in *f*) *m* **II.** *adj* per-

P

sisch; **Persian carpet** *n* Perser[-teppich] *m;* **Persian [cat]** *n* Perserkatze *f;* **Persian Gulf** *n* ◇ **the - -** der Persische Golf

persist [pəˈsɪst] *vi* [1] ▷*in s.th.* bleiben (*in* bei) [2] ← *rain* andauern; **persistence** *n* [1] (*determined quality*) Beharrlichkeit *f* [2] (*of situation*) Fortdauern *s;* **persistent** *adj* ▷*nuisance* ständig; **persistently** *adv* ▷*strive* hartnäckig

person [ˈpɜːsn] *n* [1] (*man or woman*) Person *f* [2] (*individual human being*) Mensch *m;* ◇ **a child is a - in his/her own right** ein Kind ist ein eigenständiges Individuum [3] (*own body*) ◇ **to have s.th. on one's -** etw bei sich haben; ◇ **to be there in -** persönlich da sein [4] (GRAM *1st -, 2nd - etc.*) Person *f*

persona [pɜːˈsəʊnə] *n* <-ae> (*sum characteristics of personality*) Persona *f*

persona non grata [pɜːˈsəʊnə nɒnˈgrɑːtə] *n* ↑ *unacceptable person* unerwünschte Person, Persona *f* non grata

personable [ˈpɜːsənəbl] *adj* von sympathischen Äußeren

personal [pɜːsənl] *adj* [1] (*of self*) persönlich [2] ▷*property* Privat-, persönlich [3] ▷*conversation* Privat- [4] ▷*hygiene* Körper-; **personal assistant** *n* Assistent(in *f*) *m,* erste(r) Referent(in *f*) *m;* **personal column** *n* Familienanzeigen *pl;* **personal computer** *n* Personal Computer *m;* **personal data** *n* Personalien *pl*

personality [pɜːsəˈnælɪtɪ] *n* Persönlichkeit *f;* **personality disorder** *n* Persönlichkeitsstörung *f*

personalize [ˈpɜːsənəlaɪz] *n* → *car FAM* aufmotzen

personally [ˈpɜːsənəlɪ] *adv* persönlich

personal pronoun *n* GRAM Personalpronomen *s,* persönliches Fürwort *s*

personification [pɜːsɒnɪfɪˈkeɪʃən] *n* [1] (*embodiment*) Verkörperung *f* [2] ▷*of evil* Inbegriff *m;* **personify** [pɜːˈsɒnɪfaɪ] *vt* verkörpern

personnel [pɜːsəˈnel] *n sg or pl* (*in office*) Personal *s;* (*in factory*) Arbeiter *pl;* **personnel carrier** *n* (MIL *police*) Mannschaftswagen *m;* **personnel department** *n* Personalabteilung *f;* **personnel manager** *n* Personalchef(in *f*) *m*

perspective [pəˈspektɪv] *n* [1] *in art, also FIG* Perspektive *f* [2] *FIG* ↑ *right -* Durchblick *m* [3] ◇ **to get things in -** die Dinge nüchtern und sachlich sehen

Perspex ® [ˈpɜːspeks] *n* Acrylglas *s*

perspicacity [pɜːspɪˈkæsɪtɪ] *n* Scharfblick *m*

perspiration [pɜːspəˈreɪʃən] *n* ↑ *sweat* Schweiß *m;* **perspire** [pəˈspaɪə*] *vi* schwitzen

persuade [pəˈsweɪd] *vt* ↑ *cause (s.o.) to believe* überzeugen; ↑ *convince* überreden; **persuasion** [pəˈsweɪʒən] *n* [1] ↑ *conviction* Überzeugung *f* [2] (*act of persuading*) Überredung *f* [3] ↑ *persuasiveness* Überzeugungskraft *f;* **persuasive** [pəˈsweɪsɪv] *adj* überzeugend; **persuasively** *adv* ▷*argue* überzeugend; **persuasiveness** *n* Überzeugungskraft *f,* überzeugende Art *f*

pert [pɜːt] *adj* keck, keß

pertain [pɜːˈteɪn] *vt* gehören (*to* zu); ◇ **-ing to** betreffend *acc,* damit verbunden

pertinent [ˈpɜːtɪnənt] *adj* relevant

perturb [pəˈtɜːb] *vt* ↑ *worry* beunruhigen; ↑ *alarm* ängstigen

peruse [pəˈruːz] *vt* → *legal documents* durchlesen

pervade [pɜːˈveɪd] *vt* → *atmosphere* durchdringen

perverse [pəˈvɜːs] *adj* [1] ↑ *moody* launisch [2] (*deliberately wrong*) querköpfig [3] ↑ *sexually -* pervers; **perversely** *adv* ↑ *obstinately* eigensinnig; **perverseness** *n s.* **perversity**; **perversion** [pəˈvɜːʃən] *n* [1] (*sexual deviance*) Perversion *f* [2] ◇ **- of justice** Rechtsbeugung *f;* **perversity** [pəˈvɜːsɪtɪ] *n* [1] PSYCH Perversität *f* [2] (*of situation*) Verkehrtheit *f,* Wunderlichkeit *f;* **pervert** [ˈpɜːvɜːt] **I.** *n* ↑ *sexual -* perverser Mensch **II.** [pəˈvɜːt] *vt* [1] ↑ *corrupt* verderben, verführen [2] ◇ **to - the course of justice** das Recht beugen

pessimism [ˈpesɪmɪzəm] *n* Pessimismus *m;* **pessimist** *n* Pessimist(in *f*) *m;* **pessimistic** [pesɪˈmɪstɪk] *adj* pessimistisch; ◇ **he's rather - about it** er sieht es ziemlich schwarz

pest [pest] *n* [1] (*animal or insect*) Schädling *m* [2] (*FIG nuisance, person*) lästiger Mensch *m;* (*thing*) Plage *f*

pester [ˈpestə*] *vt* ↑ *bother* belästigen, plagen

pesticide [ˈpestɪsaɪd] *n* Schädlingsbekämpfungsmittel *s,* Pestizid *s*

pestilence [ˈpestɪləns] *n* Seuche *f*

pestle [ˈpesl] *n* Stößel *m*

pet [pet] **I.** *n* [1] (*animal*) Haustier *s* [2] (*person*) Liebling *m* **II.** *vt* ↑ *fondle* streicheln, liebkosen

petal [ˈpetl] *n* Blütenblatt *s;* ◇ **a rose -** ein Rosenblatt *s;* **petalled** [-d] *adj* ▷*plant* blühend

peter out [ˈpiːtə* aʊt] *vi* ← *enthusiasm* sich legen; ← *plan* im Sand verlaufen

petite [pəˈtiːt] *adj* ▷*girl* zierlich

petition [pəˈtɪʃən] **I.** *n* (*request signed by one or more*) Petition *f,* Bittschrift *f* **II.** *vt, vi* bitten (*for* um)

petrel [ˈpetrəl] *n* (*sea bird*) Sturmvogel *m*

petrified [ˈpetrɪfaɪd] *adj* [1] ▷*forest* versteinert [2] ▷*person* starr vor Schrecken; **petrify** [ˈpetrɪfaɪ] *vt* ↑ *paralyse with terror* erstarren lassen (*with* vor)

petrochemical [petrəʊ'kemɪkəl] *adj* petrochemisch

petrol ['petrəl] *n* Benzin *s,* Kraftstoff *m;* **petrol can** *n* Reservekanister *m;* **petroleum** [pɪ'trəʊlɪəm] *n* Petroleum *s;* **petrol pump** *n* (*at filling station*) Zapfsäule *f;* (*engine part*) Benzinpumpe *f;* **petrol station** *n* Tankstelle *f;* **petrol tank** *n* Benzintank *m*

petticoat ['petɪkəʊt] *n* Unterrock *m*

pettifogging ['petɪfɒgɪŋ] *adj* ▷*person* pedantisch

pettiness ['petɪnəs] *n* ① ↑ *insignificance* Geringfügigkeit *f* ② ↑ *small-mindedness* Kleinlichkeit *f;* **petty** ['petɪ] *adj* ① ↑ *inconsequential* unbedeutend, belanglos ② ↑ *mean* kleinlich; **petty bourgeois** *adj* kleinbürgerlich; ↑ *narrow-minded* spießig; **petty cash** *n* Portokasse *f;* **petty offence** *n* leichtes Vergehen *s;* **petty officer** *n* Fähnrich *m* zur See

petulant ['petjʊlənt] *adj* verdrießlich

pew [pju:] *n* Kirchenbank *f*

pewit ['pi:wɪt] *n* Kiebitz *m*

pewter ['pju:tə*] *n* ↑ *alloy* Zinn *s*

phalanx ['fælænks] *n* geschlossene Front *f*

phallic ['fælɪk] *adj* phallisch

phallus ['fæləs] *n* <-es> Phallus *m*

phantasmagoria [fæntæzmə'gɔ:rɪə] *n* (*shifting scene of figures*) Phantasmagorie *f*

phantom ['fæntəm] *n* Phantom *s,* Geist *m*

Pharaoh ['fɛrɛʊ] *n* Pharao *m*

pharmaceutical [fɑ:mə'sju:tɪkəl] *adj* ▷*industry* pharmazeutisch; **pharmacist** ['fɑ:məsɪst] *n* (*in shop*) Apotheker(in *f*) *m;* (*in research and development*) Pharmazeut(in *f*) *m;* **pharmacology** [fɑ:mə'kɒlədʒɪ] *n* (*academic subject*) Pharmakologie *f;* **pharmacy** ['fɑ:məsɪ] *n* (*shop*) Apotheke *f*

phase [feɪz] **I.** *n* (*in general progression*) Phase *f;* (*in education*) Entwicklungsphase *f;* (*in project work*) Abschnitt *m;* ◇ **it's just a - he's going through** er macht nur e-e Phase durch **II.** *vt* ① (*construction project*) koordinieren, schrittweise planen ② TECH gleichschalten; **phase in** *vt sep* stufenweise einführen; **phase out** *vt* → *model* auslaufen lassen

PhD *n abbr. of* **Doctor of Philosophy** ≈ Doktor *m;* (*dissertation*) Doktorarbeit *f*

pheasant ['feznt] *n* Fasan *m*

phenomenal [fɪ'nɒmɪnl] *adj FAM* sagenhaft; **phenomenally** [fɪ'nɒmɪnəlɪ] *adv* außerordentlich; **phenomenon** [fɪ'nɒmɪnən] *n* <phenomena> Phänomen *s;* ◇ **common -** alltägliche Erscheinung

phew [fju:] *intj* puh!

phial ['faɪəl] *n* Fläschchen *s*

philanderer [fɪ'lændərə*] *n* Schwerenöter *m*

philanthropic [fɪlən'θrɒpɪk] *adj* ▷*personality* menschenfreundlich; **philanthropist** [fɪ'lænθrəpɪst] *n* Philanthrop *m*

philatelist [fɪ'lætəlɪst] *n* Briefmarkensammler(in *f*) *m;* **philately** [fɪ'lætəlɪ] *n* Philatelie *f,* Briefmarkenkunde *f*

Philippines ['fɪlɪpi:nz] *n pl* Philippinen *pl*

philistine ['fɪlɪstaɪn] *n FIG* Banause *m*

philology [fɪ'lɒlədʒɪ] *n* Philologie *f*

philosopher [fɪ'lɒsəfə*] *n* Philosoph(in *f*) *m;* **philosophers' stone** *n* Stein *m* der Weisen; **philosophic[al]** [fɪlə'sɒfɪkəl] *adj* ① ▷*inquiry* philosophisch ② ◇ **Bill is - about set-backs** Bill nimmt Rückschläge gelassen hin; **philosophize** [fɪ'lɒsəfaɪz] *vi* philosophieren (*about* über *acc*); **philosophy** [fɪ'lɒsəfɪ] *n* ① (*academic subject*) Philosophie *f* ② (*company -*) Philosophie *f,* Grundsatz *m;* (*personal -*) Einstellung *f*

phlegm [flem] *n* ① MED Schleim *m* ② (*of character*) Phlegma *s*

phlegmatic [fleg'mætɪk] *adj* ▷*person* phlegmatisch

phobia ['fəʊbɪə] *n* ↑ *morbid fear* Phobie *f,* krankhafte Angst *f*

phoenix ['fi:nɪks] *n* Phönix *m*

phone [fəʊn] **I.** *n* Telefon *s* **II.** *vt, vi* anrufen; **phone back** *vt, vi sep* zurückrufen; **phonebook** *n* Telefonbuch *s;* **phonebox** *n* Telefonzelle *f;* **phonecard** *n* Telefonkarte *f;* **phone-in** *n Sendung, an der man sich telefonisch beteiligen kann*

phoneme ['fəʊni:m] *n* Phonem *s*

phonetic [fəʊ'netɪk] *adj* phonetisch; **phonetics** [fəʊ'netɪks] *n sg* Phonetik *f*

phon[e]y ['fəʊnɪ] **I.** *adj FAM* unecht, falsch **II.** *n* ① ↑ *hollow person* Angeber(in *f*) *m* ② ↑ *forgery* Fälschung *f*

phonology [fəʊ'nɒlədʒɪ] *n* (*of language*) Lautsystem *s*

phosphate ['fɒsfeɪt] *n* Phosphat *s*

phosphorescent [fɒsfə'resənt] *adj* phosphoreszierend

phosphorus ['fɒsfərəs] *n* CHEM Phosphor *m*

photo ['fəʊtəʊ] *n* <-s> Foto *s,* Bild *s*

photocopier [fəʊtəʊ'kɒpɪə*] *n* Kopiergerät *s;* **photocopy** ['fəʊtəʊkɒpɪ] **I.** *n* Fotokopie *f* **II.** *vt* fotokopieren

photoelectric cell [fəʊtəʊɪ'lektrɪk sel] *n* Photozelle *f*

photo finish ['fəʊtəʊ'fɪnɪʃ] *n FIG* Fotofinish *s sehr knappe Entscheidung*

Photofit ® ['fəʊtəʊfɪt] *n* (*collage representation of suspect*) Phantombild *s*

photogenic [fəʊtəʊ'dʒenɪk] *adj* fotogen
photograph ['fəʊtəgrɑːf] **I.** *n* Foto *s*, Bild *s*, Aufnahme *m* **II.** *vt* fotografieren; *FAM* knipsen; **photographer** [fə'tɒgrəfə] *n* Fotograf(in *f*) *m*; **photographic** [fəʊtə'græfɪk] *adj* fotografisch; **photography** [fə'tɒgrəfɪ] *n* ① (*act*) Fotografieren *s* ② ↑ *pictures* Aufnahmen *pl*
photosensitive [fəʊtəʊ'sensɪtɪv] *adj* lichtempfindlich
Photostat ® ['fəʊtəʊstæt] *n s.* **photocopy**
phrasal verb ['freɪsəl vɜːb] *n* Verb *s* mit Präposition
phrase [freɪz] **I.** *n* ① GRAM Wortverbindung *f*, Satzteil *m*, Phrase *f* ② ↑ *popular* ~ Redewendung *f* ③ MUS Satz *m* **II.** *vt* ausdrücken, formulieren; **phrasebook** *n* Sprachführer *m*
phraseology [freɪzɪ'ɒlədʃɪ] *n* (*use of language*) Stil *m*, Ausdrucksweise *f*
physical ['fɪzɪkəl] *adj* ① (*can be touched and seen*) physisch ② (*of the body*) körperlich ③ PHYS physikalisch; **physically** *adv* ▷*attack* körperlich; **physical education** *n*, **physical training** *n* Sport *m*, Turnen *s*
physician [fɪ'zɪʃən] *n* Arzt *m*, Ärztin *f*
physicist ['fɪzɪsɪst] *n* Physiker(in *f*) *m*; **physics** ['fɪzɪks] *n sg* (*academic subject*) Physik *f*
physiology [fɪzɪ'ɒlədʒɪ] *n* Physiologie *f*
physiotherapist [fɪzɪəʊ'θerəpɪst] *n* Krankengymnast(in *f*) *m*; **physiotherapy** [fɪzɪəʊ'θerəpɪ] *n* Krankengymnastik *f*
physique [fɪ'ziːk] *n* ↑ *physical build* Körperbau *m*
pi [paɪ] *n* MATH Pi *s*
pianist ['pɪənɪst] *n* Klavierspieler(in *f*) *m*
piano ['pjɑːnəʊ] *n* <-s> ↑ *upright* ~ Klavier *s*; ↑ *grand* ~ Flügel *m*; **piano-player** *n* Klavierspieler(in *f*) *m*; **piano-stool** *n* Klavierstuhl *m*; **piano tuner** *n* Klavierstimmer(in *f*) *m*
piccolo ['pɪkələʊ] *n* <-s> Pikkoloflöte *f*
pick [pɪk] **I.** *n* ① (~ *and shovel*) Pickel *m* ② (*simple choice*) Wahl *f*; (*selection of the best*) Auslese *f*; ◇ **the ~ of the bunch** das Beste vom Besten ③ ↑ *guitar* ~ Plektrum *s* **II.** *vt* ① ← *birds* aufpicken ② → *flowers* pflücken; → *berries* sammeln, pflücken ③ ↑ *select* auswählen ④ *FIG* ◇ **to ~ s.o.'s brains** jd-s Kenntnisse ausbeuten; ◇ **to ~ s.o.'s pocket** jd-n bestehlen; ◇ **to ~ one's nose** in der Nase bohren; ◇ **to ~ a lock** ein Schloß knakken; ◇ **I have a bone to ~ with you** ich habe ein Hühnchen mit dir zu rupfen; ◇ **to ~ holes in s.th.** etw bekritteln; **pick off** *vt +prep obj* → *person* abschießen; **pick on** *vi* → *person* herumhacken (auf *dat*); **pick out** *vt sep* ① → *select* aussuchen ② → *feature* hervorheben; **pick up I.** *vt* ① → *weight* aufheben; → *s.th. from shop* abholen ② → *word* aufschnappen; → *girl*, *FAM* aufgabeln ③ → *speed* gewinnen (an *dat*) **II.** *vi* ← *performance* besser werden **III.** *vt, vi* → *what's going on* mitbekommen; ◇ **to ~ ~ quick** schnell kapieren
pickaxe *n* Pickel *m*, Spitzhacke *f*
picker *n* ① (*of fruit*) Pflücker(in *f*) *m* ② ↑ *guitar* ~ Zupfer(in *f*) *m*
picket ['pɪkɪt] **I.** *n* (*striker[s] on duty*) Streikposten *m* **II.** *vt, vi* → *factory* Streikposten aufstellen (vor *dat*); **picket line** *n* Streikpostenkette *f*
pickle ['pɪkl] **I.** *n* ① (*vegetables*) Mixpickles *pl* ② *FIG* ◇ **to be in a ~** in der Klemme sitzen **II.** *vt* → *food* einlegen, pökeln
pick-me-up ['pɪkmiːʌp] *n* ◇ **they stopped off at the pub for a ~** sie sind auf ein Gläschen [*o.* e-n Schluck] in die Kneipe gegangen
pickpocket ['pɪkpɒkɪt] *n* Taschendieb(in *f*) *m*
pickup ['pɪkʌp] *n* ① ↑ *small truck* Lieferwagen *m* ② (*on record deck*) Tonabnehmer *m*
picnic ['pɪknɪk] **I.** *n* Picknick *s* **II.** *vi* picknicken
pictorial [pɪk'tɔːrɪəl] *adj* ① ▷*representation* bildlich ② (*feature in magazine*) illustriert, Bild-
picture ['pɪktʃə*] **I.** *n* ① (*any representation*) Bild *s* ② ↑ *mental image* Vorstellung *f* ③ ◇ **to go to the ~s** ins Kino gehen ④ *FIG* ◇ **to be in the ~ about s.th.** ein Bild von etw haben, im Bild sein **II.** *vt* ↑ *visualize* sich *dat* vorstellen; **picture book** *n* (*for kids*) Bilderbuch *s*
picturesque [pɪktʃə'resk] *adj* malerisch, pittoresk
piddling ['pɪdlɪŋ] *adj* ▷*amount* lächerlich
pidgin ['pɪdʒɪn] **I.** *n* Mischsprache *f* **II.** *adj* ◇ **~ English** Pidgin-Englisch *s*
pie [paɪ] *n* ① (*savory*) Pastete *f*; (*sweet*) Obstkuchen *m* ② *FIG* ◇ **~ in the sky** Träumerei *f*
piebald ['paɪbɔːld] *adj* ▷*horse* scheckig
piece [piːs] *n* ① (*separated part*) Stück *s* ② (*part of set*) Teil *s* ③ ◇ **to take a machine to ~s** e-e Maschine zerlegen; ◇ **to break s.th. to ~s** etw kaputtmachen; ◇ **to fall to ~s** auseinanderfallen ④ ◇ **a ~ of work** e-e Arbeit *f*; ◇ **a ~ of advice** ein Ratschlag *m* ⑤ ◇ **a 25 cent ~** ein 25-Cent-Stück *s*; ◇ **chess ~** Schachfigur *f*; ◇ **a ~ of cake** ein Stück *s* Kuchen ⑥ *FIG* ↑ *go mad* ◇ **to go to ~s** durchdrehen; **piece together** *vt* → *evidence* zusammenfügen
piecemeal *adv* Stück für Stück, allmählich; **piecework** *n* Akkordarbeit *f*
pie chart ['paɪ tʃɑːt] *n* Kreisdiagramm *s*
pier [pɪə*] *n* ① ↑ *jetty* Pier *m or f*; (*for boats*) Anleger *m* ② ↑ *bridge support* Pfeiler *m*
pierce [pɪəs] *vt* ① → *fabric* durchstechen ② → *silence* durchdringen; **piercing** ['pɪəsɪŋ] *adj* ①

▷*scream* gellend ② ▷*eyes* stechend ③ ▷*wind* durchdringend

piety ['paɪətɪ] *n* Pietät *f*, Frömmigkeit *f*

piffling ['pɪflɪŋ] *adj* ▷*amount* lächerlich

pig [pɪg] *n* Schwein *s*

pigeon ['pɪdʒən] *n* ① Taube *f* ② *FAM FIG* ◇ **that's not my** ~ das ist nicht meine Sache; **pigeonhole I.** *n* (*for letters*) Fach *s* **II.** *vt* → *people* abstempeln; **pigeon-toed** ['pɪdʒəntəʊd] *adj FAM* ◇ **to be** ~ über den großen Onkel gehen

piggy-bank ['pɪgɪbæŋk] *n* Sparschwein *s*

pigheaded ['pɪghedɪd] *adj* dickköpfig, eigensinnig

piglet ['pɪglət] *n* Ferkel *s*, Schweinchen *s*

pig iron *n* Roheisen *s*

pigment ['pɪgmənt] *n* Pigment *s*; **pigmentation** [pɪgmən'teɪʃən] *n* Pigmentierung *f*

pigmy ['pɪgmɪ] *n s.* **pygmy**

pigskin ['pɪgskɪn] *n* Schweinsleder *s*

pigsty ['pɪgstaɪ] *n* Schweinestall *m*; *FIG* ↑ *messy place* Saustall *m*

pigtail ['pɪgteɪl] *n* (*of hair*) Zopf *m*

pike [paɪk] *n* ① (*large spear*) Langspieß *m* ② (*carnivorous fish*) Hecht *m*

pilchard ['pɪltʃəd] *n* Sardine *f*, Pilchard *m*

pile [paɪl] **I.** *n* ① (*stacked objects, of wood*) Stapel *m*, Stoß *m*; ◇ **to arrange s.th. in a** ~ etw stapeln ② ↑ *large amount* Haufen *m*, Menge *f*; ◇ **a** ~ **of money** ein Haufen Geld ③ (*of carpet*) Flor *m* ④ (ARCHIT *structural support*) Pfeiler *m* **II.** *vt* → *bricks* aufstapeln; **pile in** *vi* ↑ *get in[to]* einsteigen (*to* in *acc*); **pile up I.** *vt* → *dishes* stapeln **II.** *vi* ← *debts* sich anhäufen

pile-driver *n* Ramme *f*

piles [paɪlz] *n pl* MED Hämorrhoiden *pl*

pile-up ['paɪlʌp] *n* AUTO Karambolage *f*

pilfer ['pɪlfə*] *vt, vi* klauen, stibitzen; **pilfer** *n* Dieb(in *f*) *m*

pilgrim ['pɪlgrɪm] *n* Pilger(in *f*) *m*, Wallfahrer(in *f*) *m*; **pilgrimage** ['pɪlgrɪmɪdʒ] *n* Wallfahrt *f*

pill [pɪl] *n* (*solid medicine*) Pille *f*; ◇ **vitamin** ~**s** Vitamintabletten *pl*; ◇ **the p**~ ↑ *contraceptive* ~ die [Anti-Baby-]Pille; ◇ **are you on the** ~? nimmst du die Pille?

pillage ['pɪlɪdʒ] **I.** *vt* plündern, rauben **II.** *n* (*act*) Raub *m*

pillar ['pɪlə*] *n* ① (*of building, of smoke*) Säule *f* ② (*FIG of society*) Stütze *f*; *FIG* ◇ **a** ~ **of strength** ein Fels in der Brandung; **pillar-box** *n* (*BRIT*) Briefkasten *m*

pillion ['pɪljən] *n* Soziussitz *m*; **pillion passenger** *n* Beifahrer(in *f*) *m*, Sozius *m*

pillory ['pɪlərɪ] **I.** *n* Pranger *m* **II.** *vt FIG* anprangern

pillow ['pɪləʊ] *n* Kopfkissen *s*; **pillowcase** *n*, **pillow slip** *n* Kopfkissenbezug *m*

pilot ['paɪlət] **I.** *n* (*of aeroplane*) Pilot(in *f*) *m*; (*of ship*) Lotse *m*, Lotsin *f* **II.** *vt* AERO fliegen; NAUT lotsen; **pilot house** *n* Steuerhaus *s*; **pilot light** *n* (*of gas-burner*) Zündflamme *f*; **pilot scheme** *n* Versuchsprojekt *s*; **pilot study** *n* Pilotstudie *f*

pimento [pɪ'mentəʊ] *n* <-s> (*AM*) Paprikaschote *f*

pimp [pɪmp] *n* Zuhälter *m*

pimple ['pɪmpl] *n* Pickel *m*; **pimply** ['pɪmplɪ] *adj* pickelig

pin [pɪn] **I.** *n* ① (*jewlery*) Stecknadel; ↑ *hat*~ Nadel *f* ② TECH Stift *m* **II.** *vt* ① → *fabric* stecken; → *papers* heften ② *FIG* ◇ **to** ~ **s.th. on s.o.** jd-m etw *acc* anhängen; *FIG* ◇ **to** ~ **one's hopes on s.th.** auf etw [*o.* acc] Hoffnung setzen; **pin down** *vt sep* ① ← *person* niederhalten; ← *weight* einklemmen ② *FIG* ◇ **to** ~ **s.th.** ~ genau sagen, worum es geht; ◇ **to** ~ **one's ideas** ~ s-e Ideen umreißen; **pin up** *vt sep* → *list* anheften

pinafore ['pɪnəfɔ:*] *n* ↑ *apron* Kittel *m*, Schürze *f*

pinball ['pɪnbɔ:l] *n* Flipper *m*

pincers ['pɪnsəz] *n pl* ① ↑ *grips* [Kneif-]Zange *f* ② MED Pinzette *f* ③ (*of crab*) Schere *f*

pinch [pɪntʃ] **I.** *n* ① (*for reaction*) Zwicken *s* (*on* in *acc*) ② *FIG* ◇ **to feel the** ~ knapp bei Kasse sein; *FIG* ◇ **at a** ~ zur Not ③ (*of salt*) Prise *f* ④ *FIG* ◇ **to take s.th. with a** ~ **of salt** (*not believe everything*) nicht alles glauben **II.** *vt* ① → *classmate* zwicken; ◇ **to** ~ **one's fingers in the door** die Finger in der Tür einklemmen ② *FAM* ↑ *steal* klauen **III.** *vi* ← *shoes* drücken; **pinched** [-d] *adj* ▷*face* verhärmt; (*from fatigue*) erschöpft; (*from cold*) verfroren

pincushion ['pɪnkʊʃən] *n* Nadelkissen *s*

pine [1] [paɪn] *n* ① ↑ ~ *tree* Kiefer *f* ② (*soft wood*) Kiefernholz *s*

pine [2] [paɪn] *vi* ① ↑ *feel sad and lonely* sich verlassen fühlen ② ↑ *long for* ◇ **to** ~ **for s.th. that is gone** sich nach etw Vergangenem sehnen; **pine away** *vi* ▷*in sorrow* sich verzehren

pineal gland ['pɪnɪəl glænd] *n* ANAT Zirbeldrüse *f*

pineapple ['paɪnæpl] *n* Ananas *f*

pine cone *n* Kiefernzapfen *m*; **pine needle** *n* Kiefernnadel *f*

ping [pɪŋ] *vi* ← *bell* klingeln

ping-pong ['pɪŋpɒŋ] *n* (*game*) Pingpong *s*

pin-hole *n* Nadelloch *s*

pinion ['pɪnɪən] **I.** *vt* ◇ **to** ~ **s.o. against the wall** jd-n gegen die Wand drücken **II.** *n* TECH Ritzel *s*

pink [1] [pɪŋk] **I.** *n* ① (*colour*) Rosa *s*; *FIG* ◇ **to be**

P

in the ~ kerngesund sein ② (*garden flower*) Nelke *f* **II.** *adj* (*colour*) rosa[farben]; *FIG* ◇ **to be tickled ~** entzückt sein

pink ² [pɪŋk] *vi* ← *car engine* klopfen

pinkie ['pɪŋkɪ] *n* kleiner Finger *m*

pinkish ['pɪŋkɪʃ] *adj* rötlich

pinnacle ['pɪnəkl] *n* Gipfel *m*

pinpoint ['pɪnpɔɪnt] *vt* → *location* genau anzeigen; → *problem* genau feststellen

pinprick *n* Nadelstich *m*

pins and needles *n* Kribbeln *s;* ◇ **I've got ~ ~ ~ in my arm** mein Arm kribbelt

pinstriped *adj* ▷ *trousers* mit Nadelstreifen

pint [paɪnt] *n* ① (*unit of measure: 0,568 l*) Pint *s* ② ◇ **to have another ~** noch ein [Pint] Bier trinken; **pint-sized** ['paɪntsaɪzd] *adj* winzig

pinup ['pɪnʌp] *n* ↑ *picture* Pin-up-Foto *s; FIG* Idol *s*

pioneer [paɪə'nɪə*] **I.** *n also FIG* Pionier, m, Vorreiter *m* **II.** *vt* → *new method* als erste(r) etw einführen **III.** *adj* ▷ *work* bahnbrechend

pious ['paɪəs] *adj* fromm

pip [pɪp] **I.** *n* ① ↑ *seed* Kern *m* ② ↑ *sound* Piepsen *s;* ◇ **the ~s** das Zeitzeichen ③ (*on uniform*) Stern *m* **II.** *vt FIG* ◇ **to ~ s.o. at the post** jd-m um e-e Haaresbreite zuvorkommen

pipe [paɪp] **I.** *n* ① (*copper*) Rohr *s* ② ↑ *tobacco* Pfeife *f* ③ (MUS *simple flute*) Flöte *f* ④ ◇ **to play the ~s** ↑ *bagpipes* Dudelsack spielen **II.** *vt* ① → *water* in Rohre leiten ② → *tune* flöten, pfeifen; **pipe down** *vi* ↑ *be quiet* ruhig sein; **pipe up** *vi* ← *person* sich melden; **pipe cleaner** *n* Pfeifenreiniger *m*

piped music [paɪpd'mju:zɪk] *n* Musikberieselung *f*

pipe-dream *n* Hirngespinst *s*

pipeline ['paɪplaɪn] *n* ① Rohrleitung *f;* (*for oil*) Pipeline *f* ② *FIG* ◇ **to be in the ~** in Anlauf sein

piper ['paɪpə*] *n* Flötenspieler(in *f*) *m;* (*of bagpipes*) Dudelsackpfeifer(in *f*) *m*

piping ['paɪpɪŋ] **I.** *n* ① (*system*) Rohrleitungssystem *s* ② (*decoration, on cake*) [Spritzguß-]Verzierung *f;* (*on clothes*) Paspelierung *f* **II.** *adv* ◇ **~ hot** kochend heiß

piquant ['pi:kənt] *adj* ▷ *sauce* würzig

pique [pi:k] *n* Vergrämtheit *f,* Groll *m;* ◇ **a fit of ~** verärgert; **piqued** [-d] *adj* gereizt, ungehalten

piracy ['paɪərəsɪ] *n* ① (*at sea*) Seeräuberei *f* ② (*of original work*) Plagiat *s,* Copyright-Verletzung *f*

piranha [pɪ'rɑ:njə] *n* Piranha *m*

pirate ['paɪərɪt] *n* Seeräuber *m;* **pirate ship** *n* Piratenschiff *s;* **pirate radio station** *n* Piratensender *m*

pirouette [pɪrʊ'et] **I.** *n* Pirouette *f* **II.** *vi* Pirouetten drehen

Pisces ['paɪsi:z] *n sg* ASTR Fische *pl;* ◇ **I am a ~** ich bin Fisch

piss [pɪs] **I.** *n FAM!* Pisse *f; FAM!* ◇ **to have a ~** pissen; *FAM!* ◇ **to take the ~ out of s.o.** jd-n verarschen; *FAM!* ◇ **that's a piece of ~** das ist idiotisch **II.** *vt, vi FAM* pissen; **piss off I.** *vi FAM!* ◇ **~ ~!** ↑ *go away* verpiß dich! **II.** *vt sep FAM!* ankotzen; ◇ **to be ~ed off with s.th.** von etw die Schnauze voll haben; **pissed** [-t] *adj* ① *FAM* ↑ *drunk* blau, besoffen ② *FAM* ▷ *brickwork* schief ③ *FAM* ◇ **to be ~ed at s.o.** sauer auf jd-n sein

pistachio [pɪ'stɑ:ʃɪəʊ] *n* <-s> Pistazie *f*

pistol ['pɪstl] *n* Pistole *f*

piston ['pɪstən] *n* Kolben *m;* **piston stroke** *n* Kolbenhub *m*

pit [pɪt] **I.** *n* ① (*hole in ground*) Grube *f* ② THEAT Parterre *s* ③ (*mining*) Zeche *f* ④ ANAT ◇ **~ of one's stomach** Magengrube *f* ⑤ ◇ **the ~s** *pl* (*at motor racing*) Boxen *pl* ⑥ *FAM* ◇ **my sister is the ~s** meine Schwester ist die wahre Hölle **II.** *vt* ① → *surface* Löcher machen in *acc* ② ◇ **to ~ your wits against s.th./s.o.** seinen Verstand an etw/jd-m messen

pit-a-pat [pɪt ə 'pæt] *adv* ticktack

pitch [pɪtʃ] **I.** *n* ① ↑ *throw* Wurf *m* ② MUS Tonhöhe *f;* ◇ **to have perfect ~** das absolute Gehör haben ③ (*of roof*) Neigung *f* ④ (*football ~*) Platz *m,* Feld *s* ⑤ (*at market*) Stand *m;* (*FIG sales~*) Anpreisung *f* ⑥ (*black substance*) Pech *s* **II.** *vt* ① → *ball* werfen ② → *tent* aufstellen, aufschlagen ③ MUS stimmen **III.** *vi* ① NAUT stampfen; AERO absacken ② ↑ *fall* hinstürzen; **pitch in** *vi FAM* einspringen; ◇ **everybody ~ed ~ and helped** alle packten mit an

pitch-black, pitch-dark *adj* pechschwarz

pitched battle [pɪtʃt'bætl] *n* offene Schlacht *f*

pitcher *n* ↑ *jug* Krug *m*

pitchfork *n* Heugabel *f*

pit closure *n* (*mining*) Zechenstillegung *f*

piteous ['pɪtɪəs] *adj* ▷ *cries* kläglich

pitfall ['pɪtfɔ:l] *n* (*unexpected danger*) Falle *f*

pith [pɪθ] *n* ① (*of stem*) Mark *s* ② (*of orange*) weiße Haut *f*

pithead ['pithed] *n* (*mining*) Übertageanlagen *pl*

pithy ['pɪθɪ] *adj* ▷ *language* markig, prägnant

pitiable ['pɪtɪəbl] *adj* ↑ *worthy of pity* mitleiderregend; **pitiful** ['pɪtɪfʊl] *adj* ▷ *performance* erbärmlich; **pitifully** ['pɪtɪfəlɪ] *adv* ▷ *thin* mitleiderregend; **pitiless** *adj* ▷ *ruler* gnadenlos, erbarmungslos

pittance ['pɪtəns] *n* Hungerlohn *m*

pitter-patter ['pɪtə'pætə*] *n* (*of rain*) Klatschen *s*

pity ['pɪtɪ] **I.** *n* ① ↑ *sympathy* Mitgefühl *s;* ◇ **to do**

s.th. out of ~ etw aus Mitleid tun; ◇ **to take ~ on s.o.** Mitleid mit jd-m haben [2] *(unfortunate situation)* Jammer *m;* ◇ **what a ~!** das ist aber schade!; ◇ **it's a ~ you can't ...** es ist schade, daß du nicht ... **II.** *vt* ↑ *feel sympathy for* bemitleiden; **pitying** *adj* ▷*smile* bedauernd; ↑ *contemptuous* verächtlich

pivot ['pɪvət] **I.** *n* [1] ↑ *turning point, also FIG* Angelpunkt *m* [2] ↑ *pin* Drehzapfen *m* **II.** *vi* sich drehen (*on* um); **pivotal** *adj* ▷*issue* zentral

pixie ['pɪksɪ] *n* Elfe *f,* Kobold *m*

placard ['plækɑ:d] *n* Plakat *s*

placate [plə'keɪt] *vt* beschwichtigen; **placatory** [plə'keɪtərɪ] *adj* ▷*gesture* versöhnlich

place [pleɪs] **I.** *n* [1] *(any particular area or position)* ↑ *location* Stelle *f;* ↑ *country* Land *s;* ↑ *area* Gegend *f;* ↑ *locality* Ort *m* [2] ↑ *proper position* Platz *m;* ◇ **out of** ~ fehl am Platz; ◇ **is my hair in ~?** sind meine Haare in Ordnung?; ◇ **I've lost my ~** *(in book)* ich habe meine Seite verblättert [3] ↑ *house* Haus *s;* ◇ **let's go to your ~** laß uns zu dir nach Hause gehen [4] ↑ *seat* Platz *m;* ◇ **are there any spare ~s?** sind noch Plätze frei? [5] *(ranking of order or importance)* ◇ **Germany's ~ in Europe** Deutschlands Stellung in Europa; ◇ **to be in third ~** *(of athlete)* auf dem dritten Platz liegen; ◇ **in the first/second ~** *(of points in argument)* erstens/zweitens [6] ◇ **to take ~** stattfinden [7] ◇ **in ~ of** statt *gen* [8] ↑ *be successful* ◇ **Richard is definitely going ~s** Richard wird es sicherlich zu etw bringen **II.** *vt* [1] ↑ *put s.th. somewhere* legen, stellen [2] ◇ **to ~ an order with s.o.** jd-m e-n Auftrag erteilen [3] SPORT ◇ **to be ~d second** Zweiter werden, den zweiten Platz belegen [4] ◇ **I can't quite ~ you** ↑ *identify* ich kann dich nicht richtig einordnen

placenta [plə'sentə] *n* Plazenta *f*

placid ['plæsɪd] *adj* ▷*person* ruhig, gelassen

plagiarism ['pleɪdʒərɪzəm] *n* Plagiat *s;* **plagiarist** ['pleɪdʒərɪst] *n* Plagiator(in *f*) *m;* **plagiarize** ['pleɪdʒəraɪz] *vt* plagiieren

plague [pleɪg] **I.** *n* [1] *(infectious disease)* Seuche *f;* ◇ **the ~** die Pest [2] *(of locusts)* Plage *f* **II.** *vt* ↑ *annoy* plagen, quälen

plaice [pleɪs] *n sg* Scholle *f*

plaid [plæd] *n (cloth)* Plaid *s*

plain [pleɪn] **I.** *adj* [1] ↑ *clear* klar; ◇ **to use ~ language, ...** um es ganz klar [*o.* deutlich] zu sagen, ... [2] ↑ *simple* ▷*dress* schlicht, einfach [3] *(not pretty)* nicht gerade ansprechend [4] ↑ *direct* direkt; ▷*truth* schlicht; ▷*greed* rein [5] *FIG* ◇ **the talks were ~ sailing** die Gespräche sind problemlos abgelaufen [*o.* glatt über die Bühne gegangen] **II.** *n* GEO Ebene *f;* ◇ **the ~s of the Midwest** das Flachland des mittleren Westens [*o.* der Prärie]; **plain chocolate** *n* Zartbitterschokolade *f;* **plain-clothes** *adj* ▷*policeman* in Zivil, Zivil-; **plainly** *adv* ↑ *clearly* eindeutig; ↑ *obviously* offensichtlich; **plainness** *n* [1] *(no beauty)* Unansehnlichkeit *f* [2] ▷*of manner* Offenheit *f;* **plain-spoken** [pleɪn'spəʊkən] *adj* offen

plaintiff ['pleɪntɪf] *n* Kläger(in *f*) *m*

plaintive ['pleɪntɪv] *adj* ▷*cries* klagend

plait [plæt] **I.** *n* Zopf *m* **II.** *vt* flechten

plan [plæn] **I.** *n* [1] *(future arrangement)* Plan *m,* Programm *s* [2] ↑ *drawing* Plan *m* [3] ◇ **to go according to ~** planmäßig [*o.* wie geplant] ablaufen **II.** *vt* [1] *(future activity)* ▷*in detail* planen [2] ↑ *intend* vorhaben; ◇ **we ~ to go to London, we are ~ning on going to London** wir haben vor, nach London zu fahren [3] → *layout* planen, entwerfen **III.** *vi* ◇ **to ~ for every eventuality** mit jeder Eventualität rechnen; **plan out** *vt sep* in Einzelheiten planen

plane [pleɪn] **I.** *n* [1] AERO Flugzeug *s* [2] *(tool)* Hobel *m* [3] MATH Ebene *f* **II.** *adj* eben **III.** *vt* → *wood* hobeln **IV.** *vt* ← *fast boat* gleiten

planet ['plænɪt] *n* Planet *m;* **planetarium** [plænɪ'tɛərɪəm] *n* Planetarium *s;* **planetary** ['plænɪtərɪ] *adj* ▷*motion* planetarisch

plane tree ['pleɪn tri:] *n* Platane *f*

plank [plæŋk] *n* [1] *(of wood)* Brett *s* [2] *(of government policy)* ↑ *principle* Grundsatz *m*

plankton ['plæŋktən] *n* Plankton *s*

planned ['plænd] *adj* geplant; **planner** *n (town~)* Planer(in *f*) *m;* **planning** ['plænɪŋ] **I.** *n* Planung *f* **II.** *adj* ◇ **to be at [the] ~ stage** in der Planung sein; **planning permission** *n (for construction)* Baugenehmigung *f*

plant [plɑ:nt] **I.** *n* [1] FLORA Pflanze *f* [2] *(heavy machinery)* Anlagen *pl* [3] *(power ~, car ~)* Werk *s* **II.** *vt, vi* [1] → *flowers* pflanzen; → *garden* bepflanzen [2] *FIG* ◇ **to ~ an idea in s.o.'s head** jd-m etw in den Kopf setzen [3] *FIG* ◇ **to ~ drugs on s.o.** jd-m Drogen unterjubeln [4] *FAM FIG* ◇ **to ~ o.s. down** sich hinpflanzen

plantain ['plæntɪn] *n* Plantainbanane *f*

plantation [plæn'teɪʃən] *n (cotton ~)* Plantage *f;* *(of trees)* Anpflanzung *f*

planter *n (tea ~)* Plantagenbesitzer(in *f*) *m*

plaque [plæk] *n* [1] *(on building)* Tafel *f* [2] *(on teeth)* Zahnbelag *m*

plasma ['plæzmə] *n* Plasma *s*

plaster ['plɑ:stə*] **I.** *n* [1] (ARCHIT *ceiling~*) Putz *m* [2] MED ◇ **to have one's arm in ~** den Arm in Gips haben; *(sticking ~)* Pflaster *s* **II.** *vt* [1] → *walls* verputzen [2] ◇ **the wall was ~ed with adverts** die Wand war mit Reklameplakaten zu-

P

geklebt; ◇ **to ~ one's face in make-up** das Gesicht mit Schminke zuschmieren; **plasterboard** *n* Gipskartonplatten *pl,* Rigipsplatten ® *pl;* **plaster cast** *n* ① (*of statuette*) Gipsform *f* ② MED Gipsverband *m;* **plastered** [-d] *adj FAM* besoffen; **plasterer** *n* Stukkateur(in *f*) *m;* **plastering** *n* ↑ *decorative ~* Stuckarbeit *f;* ↑ *regular ~* Verputz *m;* **plaster of Paris** *n* Gips *m*

plastic ['plæstɪk] **I.** *n* Kunststoff *m,* Plastik *s* **II.** *adj* ① ↑ *made of ~* Plastik- ② (*easy to mould*) formbar, plastisch ③ (*in art criticism*) plastisch ④ MED plastisch; **plastic arts** *n* gestaltende Künste; **plastic bag** *n* Plastiktüte *f;* **plastic bomb** *n* Plastikbombe *f*

plasticine ® ['plæstɪsiːn] *n* Plastilin *s*

plasticity [plæs'tɪsɪtɪ] *n* Formbarkeit *f*

plastic surgery *n* MED plastische Chirurgie *f*

plate [pleɪt] **I.** *n* ① (*dinner ~*) Teller *m; FIG* ◇ **to have a lot on one's ~** *FAM* viel am Hals haben ② (*flat sheet, metal ~*) Platte *f* ③ (*on door*) Schild *s* ④ (*metal covered in gold or silver*) vergoldetes/versilbertes Metall *s* ⑤ (*picture in book*) Tafel *f* **II.** *vt* (*cover with metal, with armour*) panzern; (*with gold/silver*) vergolden/versilbern

plateau ['plætəʊ] *n* <-x, -s> GEO Hochebene *f,* Plateau *s*

plate glass *n* Tafelglas *s*

platform ['plætfɔːm] *n* ① (*building ~*) Arbeitsbühne *f;* (*speakers' ~*) Podium *s,* Bühne *f* ② RAIL Bahnsteig *m;* ◇ **our train leaves from ~ 8** unser Zug fährt von Gleis 8 ab ③ POL ↑ *manifesto* Parteiprogramm *s;* **platform ticket** *n* Bahnsteigkarte *f*

plating ['pleɪtɪŋ] *n* (*thin covering of metal*) Auflage *f*

platinum ['plætɪnəm] *n* Platin *s*

platitude ['plætɪtjuːd] *n* ↑ *truism* Platitüde *f*

platonic [plə'tɒnɪk] *adj* ▷*relationship* platonisch

platoon [plə'tuːn] *n* MIL Zug *m*

platter ['plætə*] *n* ↑ *serving dish* Platte *f*

plaudit ['plɔːdɪt] *n pl* (*show of approval*) Huldigung *f,* Beifall *m*

plausibility [plɔːzə'bɪlɪtɪ] *n* ① (*of plan*) Plausibilität *f* ② (*of person*) Glaubwürdigkeit *f;* **plausible** ['plɔːzəbl] *adj* ① ▷*explanation* einleuchtend, plausibel, gut möglich ② ▷*person* überzeugend

play [pleɪ] **I.** *n* ① THEAT Theaterstück *s;* MEDIA Fernsehspiel *s* ② (*amusing activity*) Spiel *s;* ◇ **children at ~** Kinder beim Spiel ③ (*action at sport*) Spiel *s* ④ (*of sunlight*) Spiel *s;* ◇ **a ~ on words** Wortspiel *s* ⑤ (TECH *11 mm ~*) Spiel *s* **II.** *vi* ① (*amuse o.s.*) spielen ② ↑ *join in* [mit]spielen ③ *FIG* ◇ **to ~ for time** auf Zeit spielen, Zeit gewinnen wollen **III.** *vt, vi* ① → *game* spielen ② MUS spielen **IV.** *vt* ① → *reserve player* einsetzen ② → *role* spielen; ◇ **to ~ a part in s.th.** *FIG* bei etw e-e Rolle spielen ③ → *music* ◇ **to ~ s.th. by ear** etw nach dem Gehör spielen; ◇ **to ~ a joke on s.o.** jd-m e-n Streich spielen; **play along** *vi* ◇ **to ~ with s.th.** sich mit etw arrangieren; **play back** *vt sep* → *tape* abspielen; **play down** *vt sep* runterspielen; **play off** *vt sep* ◇ **to ~ ~ s.o. against s.o. else** jd-n gegen jd-n anderen ausspielen; **play on, play upon** *vi +prep obj* → *weakness* ausnutzen; **play up** *vi* ① ← *naughty child* frech werden ② ← *bad stomach* weh tun; **play-act** *vi FIG* Theater machen; **play-back** *n* ▷*switch* Wiedergabe *f;* **playboy** *n* Playboy *m;* **player** *n* Spieler(in *f*) *m;* **playful** ['pleɪfl] *adj* ① ▷*teasing* neckisch ② ▷*kitten* verspielt; **playgoer** *n* Theaterbesucher (in *f*) *m;* **playground** *n* Spielplatz *m;* **playgroup** *n* Spielgruppe *f;* **playhouse** *n* Schauspielhaus *s;* **playing-card** *n* Spielkarte *f;* **playing-field** *n* Sportplatz *m;* **playmate** *n* Spielkamerad(in *f*) *m;* **play-off** *n* SPORT Entscheidungsspiel *s;* **play-pen** *n* Laufstall *m;* **playroom** *n* Spielzimmer *s,* Kinderzimmer *s;* **plaything** *n* ↑ *toy* Spielzeug *s;* **playtime** *n* Freizeit *f;* SCH ↑ *break* Pause *f;* **playwright** ['pleɪraɪt] *n* Dramatiker(in *f*) *m*

plc *abbr. of* **public limited company** AG *f*

plea [pliː] *n* ① ↑ *request* Bitte *f* ② JUR Plädoyer *s;* ◇ **to enter a ~ of guilty** ein Geständnis ablegen; **plea bargaining** *n* JUR *vorherige Absprache der Strafe, falls der Angeklagte sich doch schuldig bekennt*

plead [pliːd] **I.** *vi* ① ◇ **to ~ with s.o. for s.th.** jd-n um etw bitten ② ◇ **to ~ guilty/not guilty** sich schuldig/nicht schuldig bekennen **II.** *vt* ① JUR ◇ **to ~ a case for s.o.** jd-n vertreten ② → *poverty* → *injury* sich berufen auf *acc*

pleasant ['pleznt] *adj* ▷*weather* angenehm; ▷*face* nett; **pleasantly** ['plezntlɪ] *adv* ▷*surprised* angenehm; **pleasantness** *n* (*of surprise*) Freude *f,* Erfreulichkeit *f;* (*of person*) Freundlichkeit *f;* **pleasantry** *n* ① ↑ *light comment* scherzhafte Bemerkung *f* ② ↑ *politeness* Höflichkeit *f*

please [pliːz] **I.** *intj* bitte; ◇ **yes, ~** ja, bitte, gerne; ◇ **may I? ~ do** darf ich? aber bitte **II.** *vt, vi* ① ↑ *give (s.o.) pleasure* gefallen *dat* ② ◇ **do what you ~!** mach' was du willst!; ◇ **he does it to ~ you** er tut es dir zuliebe; ◇ **we do everything to see that our product ~s** wir tun alles, damit unser Produkt gut ankommt; ◇ **she is easily ~d** sie ist leicht zufriedenzustellen; **pleased** [-d] *adj* ↑ *content* zufrieden; ↑ *happy* glücklich (*with* über *acc*); **pleasing** *adj* ▷*results* erfreulich

pleasurable ['pleʒərəbl] *adj* ▷*experience* angenehm; **pleasure** ['pleʒə*] *n* (*happy feeling*) Freude *f*, Vergnügen *s*; ◇ **it's a ~ to paint** Malen macht Spaß; ◇ **to have the ~ of doing s.th.** das Vergnügen haben, etw zu tun; ◇ **would you do me a ~?** würden Sie mir einen Gefallen tun? ◇ **it's a ~!** gern geschehen; **pleasure-cruise** *n* Kreuzfahrt *f*; **pleasure ground** *n*, **pleasure park** *n* Vergnügungspark *m*; **pleasure principle** *n* PSYCH Lustprinzip *s*; **pleasure-seeking** *adj* vergnügungssüchtig; **pleasure steamer** *n* Ausflugsdampfer *m*

pleat [pli:t] **I.** *n* Falte *f* **II.** *vt* fälteln, plissieren

plebeian [plɪ'bi:ən] **I.** *n* Plebejer(in *f*) *m* **II.** *adj* plebejisch

plebiscite ['plebɪsɪt] *n* Volksentscheid *m*, Plebiszit *s*

plectrum ['plektrəm] *n* Plektrum *s*

pledge [pledʒ] **I.** *n* [1] ↑ *deposit* Pfand *s* [2] ↑ *solemn promise* Versprechen *s*, Zusicherung *f* **II.** *vt* [1] ↑ *allege* schwören (*to dat*) [2] → *money to charity* zusichern [3] ↑ *provide deposit* verpfänden

plenary ['pli:nərɪ] *adj* [1] ▷*power* unbeschränkt [2] ▷*meeting* Plenar-

plentiful ['plentɪfʊl] *adj* (*supplies*) reichlich; **plenty** ['plentɪ] **I.** *n* [1] ↑ *abundance* Fülle *f* (*of* an *dat*); ◇ **~ more where that came from** davon gibt's noch jede Menge; ◇ **in ~** im Überfluß, massenhaft; ◇ **that's ~!** genug!, das ist aber reichlich! [2] ◇ **~ of** viel, e-e Menge; ◇ **~ of time** viel Zeit, e-e Menge Zeit; ◇ **to have ~ of s.th.** [*o.* **s.th. in plenty**] etw in Hülle und Fülle haben **II.** *adv FAM AM* sehr; *Irish* ◇ **~ no notice!** hör gar nicht hin! **III.** *adj FAM AM* reichlich

plenum ['pli:nəm] *n* Vollversammlung *f*

pleurisy ['plʊərɪsɪ] *n* Brustfellentzündung *f*

pliable ['plaɪəbl] *adj* [1] ▷*object* biegsam; ↑ *supple* geschmeidig [2] ▷*person* fügsam

pliers ['plaɪəz] *n pl* Zange *f*

plight [plaɪt] *n* (*bad situation*) schlechter Zustand *m*, Not *f*

plimsolls ['plɪmsəlz] *n pl* Turnschuhe *pl*

plinth [plɪnθ] *n* Sockel *m*

plod [plɒd] *vi* ▷*through snow* stapfen; **plod away**, **plod on** *vi* ↑ *work steadily* sich durchkämpfen, einfach weitermachen (*at* mit)

plodder ['plɒdə*] *n FIG* Arbeitstier *s*

plodding ['plɒdɪŋ] *adj* schwerfällig

plonk [plɒŋk] **I.** *n* (*FAM cheap wine*) Fusel *m*, Billigwein *m*, Gesöff *s* **II.** *vi* ◇ **to ~ s.th. (down)** etw hinschmeißen; ◇ **~ yourself down!** hau dich hin!

plop [plɒp] *vi* ▷*into water* platschen

plot [plɒt] **I.** *n* [1] (*of land*) Land *s*; (*for building*) Grundstück *s*; (*vegetable* ~) Beet *s* [2] (*of novel*) Handlung *f* [3] ↑ *secret plan* Verschwörung *f* **II.** *vt* [1] ↑ *plan* planen [2] (*represent in graph form*) aufzeichnen; → *aircraft's flight* feststellen **III.** *vt, vi* ↑ *plan secretly* sich verschwören

plotter ['plɒtə*] *n* [1] Verschwörer(in *f*) *m* [2] PC PRINT Plotter *m*

plough, **plow** (*AM*) [plaʊ] **I.** *n* Pflug *m* **II.** *vt, vi* → *field* pflügen; **plough back** *vt* ↑ *reinvest* reinvestieren (*in* in *acc*); **plough into** *vi* +*prep obj* → *truck* heftig 'reinfahren in *acc*; **plough through** *vi* +*prep obj* → *book* sich durchackern durch; **plough up** *vt sep* → *field* umpflügen

ploy [plɔɪ] *n* ↑ *trick, manoeuvre* Trick *m*

pluck [plʌk] **I.** *vt* [1] → *chicken* rupfen [2] → *flowers* pflücken; → *one's eyebrows* [aus]zupfen [3] → *guitar string* zupfen [4] ◇ **to ~ up the courage to do s.th.** Mut fassen, etw zu tun **II.** *n* ↑ *nerve, courage* Schneid *m*; **plucky** *adj* ↑ *brave, determined* mutig

plug [plʌg] **I.** *n* [1] ↑ *electrical* ~ Stecker *m* [2] ↑ *bath* ~ Stöpsel *m* [3] AUTO ↑ *spark* ~ Zündkerze *f* **II.** *vt* [1] → *hole* zustopfen [2] MEDIA → *product* Schleichwerbung machen für; **plug in** *vt sep* ELECTR → *lamp* einstecken; **plughole** *n* Abfluß *m*

plum [plʌm] **I.** *n* [1] (*fruit*) Pflaume *f*, Zwetschge *f* [2] (*colour*) Pflaumenblau *s* **II.** *adj* (*job*) Mords-

plumage ['plu:mɪdʒ] *n* Gefieder *s*

plumb [plʌm] **I.** *n* Lot *s*; ◇ **out of ~** aus dem Lot **II.** *vt* → *sea-depth* ausloten **III.** *adv* [1] senkrecht [2] ▷*crazy* total; **plumber** *n* Klempner(in *f*) *m*, Installateur(in *f*) *m*; **plumbing** *n* [1] (*system*) Installationen *pl* [2] (*work*) Installieren *s*; **plumbline** ['plʌmlaɪn] *n* Senkblei *s*

plume [plu:m] *n* [1] ↑ *large feather* Feder *f* [2] (*of smoke*) Fahne *f*

plummet ['plʌmɪt] *vi* ← *plane* abstürzen; ← *prices* fallen, absacken

plump [plʌmp] **I.** *adj* pummelig; ▷*fowl* fleischig **II.** *vi* ◇ **to ~ (down)** hinplumpsen **III.** *vt* fallen lassen; **plump for** *vi* +*obj prep* ↑ *select* sich entscheiden für; **plump up** *vt* → *cushion* aufschütteln

plumpness *n* (*of person*) Pummeligkeit *f*

plunder ['plʌndə*] **I.** *n* [1] (*act*) Plünderung *f*, Raub *m* [2] ↑ *booty* Beute *f* **II.** *vt* plündern

plunge [plʌndʒ] **I.** *n* Sturz *m*, Sprung *m*; ◇ **to take a ~** e-n Sprung wagen **II.** *vt* (*thrust*) kraftvoll stoßen **III.** *vi* [1] (*dive*) ein-, untertauchen (*into* in *dat*) [2] (*activity, debt*) sich stürzen (*into* in); (*price, rate*) stürzen; **plunger** *n* (*toilet, sink*) Sauger *m*

plunging ['plʌndʒɪŋ] *adj* (*neckline*) ausgeschnitten

pluperfect [plu:'pɜ:fɪkt] *n* GRAM Plusquamperfekt *s*, Vorvergangenheit *f*

pluralistic [plʊərə'lɪstɪk] *adj* pluralistisch

plus [plʌs] **I.** *prep* plus **II.** *adj* (*more than*) plus; ◇ **he earned a hundred dollars ~** er verdiente mehr als hundert Dollar

plush [plʌʃ] **I.** *adj* luxuriös, feudal **II.** *n* Plüsch *m*

plutonium [plu:'təʊnɪəm] *n* CHEM Plutonium *s*

ply [plaɪ] **I.** *vt* ① (*supply*) überhäufen; ◇ **she plied her guests with food** sie überhäufte ihre Gäste mit Essen ② (*traverse regularly*) regelmäßig befahren ③ (*a trade*) ausüben, betreiben **II.** *vi* (*ship, taxi*) verkehren (*between* zwischen) **III.** *n* Schicht *f*; ◇ **three-~ paper** dreilagiges Papier

plywood ['plaɪwʊd] *n* Sperrholz *s*

PM *abbr. of* **post meridiem** *die Zeit zwischen 12 und 24 Uhr;* ◇ **at 3 o'clock pm** um 15 Uhr, um drei Uhr nachmittags

PM *n abbr. of* **Prime Minister**

pneumatic [nju:'mætɪk] *adj* pneumatisch; ◇ **~ drill** Preßluftbohrer *m;* ◇ **~ brakes** Druckluftbremse *f*

pneumonia [nju:'məʊnɪə] *n* MED Lungenentzündung *f*, Pneumonie *f*

poach [pəʊtʃ] *vt* ① (*hunt without permission*) wildern ② (*idea, patent*) stehlen ③ (*an egg*) pochieren; **poached** [-d] *adj* ◇ **~ egg** Ei im Glas

poacher *n* Wilddieb *m*, Wilderer *m;* **poaching** *n* Wildern *s*

pocket ['pɒkɪt] **I.** *n* ① (*of jacket*) Tasche *f* ② (*of suitcase*) Fach *s* ③ (*financial means*) Geldbeutel *m; FAM* ◇ **whose ~ is this coming out of?** wer soll das bezahlen? ④ (AERO *air~*) Luftloch *s* **II.** *vt* (*to steal*) einstecken **III.** *adj* Taschen-; **pocketbook** *n* ① (*notebook*) Notizbuch *s* ② *handbag, AM* Tasche *f;* **pocket calculator** *n* Taschenrechner *m;* **pocket knife** *n* <knives> Taschenmesser *s;* **pocket money** *n* Taschengeld *s*

pod [pɒd] ① (*seed vessel*) Hülse *f;* (*pea~*) Schote *f* ② (*of engine*) Gehäuse *s*

podgy ['pɒdʒɪ] *adj* dicklich

poem ['pəʊəm] *n* Gedicht *s;* **poet** ['pəʊɪt] *n* Dichter(in *f*) *m*, Poet(in *f*) *m;* **poetic** [pəʊ'etɪk] *adj* poetisch, dichterisch; **poetry** ['pəʊɪtrɪ] *n* Dichtung *f;* (*poems*) Gedichte *pl;* ◇ **I like reading ~** ich lese gerne Gedichte

point [pɔɪnt] **I.** *n* ① (*statement*) Punkt *m;* FIG ◇ **to make a ~** ein Argument anbringen; ◇ **that's beside the ~** das ist irrelevant; ◇ **that's the ~ I wanted to make** darauf wollte ich hinaus; ◇ **you have a ~ there** da ist was Wahres dran ② (*quality, characteristic*) hervorstechende Eigenschaft; ◇ **she has her ~s** sie hat ihre Vorzüge ③ (*spot*) Stelle *f;* ◇ **~ of destination** Bestimmungsort *m* ④ (*tip*) Spitze *f* ⑤ (*dot*) Punkt *m;* (*decimal ~*) Komma *s;* ◇ **zero ~ five** null Komma fünf ⑥ (*of a compass*) Punkt *m* ⑦ (*an instant*) Zeitpunkt *m;* ◇ **at one ~, I just wanted to quit** es gab e-e Zeit, da wollte ich einfach aufgeben; ◇ **at the ~ of death** im Augenblick des Todes; ◇ **he was at the ~ of doing it** er war im Begriff [*o.* drauf und dran], es zu tun; ◇ **boiling ~** Siedepunkt *m;* ◇ **freezing ~** Gefrierpunkt *m* ⑧ (*rating, game, exam*) Punkt *m* **II.** *vt* ① (*bring to notice*) zeigen ② (*aim, direct, gun*) richten (*at* auf *acc*); ◇ **to ~ one's finger at s.o.** mit dem Finger auf jd-n deuten **III.** *vi* ① (*positioned*) gerichtet sein (*at, to* auf *acc*) ② (*indicate*) hinweisen (*to* auf); ◇ **their actions ~ to discontentment** ihr Handeln deutet auf Unzufriedenheit hin; **point out** *vt sep* ① (*place, object*) zeigen; ◇ **he ~ed all the nice sites ~ to me** er wies mich auf alle Sehenswürdigkeiten hin; ◇ **I tried to ~ it ~ to you** ich versuchte dich darauf aufmerksam zu machen ② (*mistake, fact*) zeigen; ◇ **he ~ed ~ to me that I was wrong** er konnte mir zeigen, daß ich im Unrecht war; **point-blank** [pɔɪnt'blæŋk] *adv* ① (*at close range*) aus kurzer Entfernung ② (*bluntly*) direkt; ◇ **he told me ~ to leave** er sagte mir klipp und klar, daß ich gehen sollte; **pointed** [-ɪd] *adj* ① (*chin, pencil*) spitz ② (*comments*) spitz

pointer ['pɔɪntə*] *n* ① (*advice*) Hinweis *m;* ◇ **can you give me a few ~s?** kannst du mir ein paar Hinweise geben? ② (*on dial*) Zeiger *m*

pointless ['pɔɪntləs] *adj* sinnlos

point of view *n* Standpunkt *m*

poise [pɔɪz] *n* (*manner*) Ausgeglichenheit *f;* **poised** [-d] *adj* ① (*dignified*) gelassen ② (*positioned*) im Gleichgewicht ③ (*prepared*) bereit sein, im Begriff sein

poison ['pɔɪzn] **I.** *n* Gift *s* **II.** *vt* vergiften; **poisoning** *n* Vergiftung *f;* **poisonous** ['pɔɪsənəs] *adj* giftig

poke [pəʊk] **I.** *vt* ① (*jab*) stoßen ② (*a hole*) stoßen; ◇ **to ~ fun at s.o.** sich über jd-n lustig machen **II.** *vi* ① (*stick*) stecken; ◇ **she ~d her head out of the window** sie streckte ihren Kopf aus dem Fenster ② (*meddle*) sich einmischen; ◇ **Annie is always poking in my business** Annie mischt sich ständig in meine Angelegenheiten ein; ◇ **she ~s her nose into everything** sie steckt überall ihre Nase hinein **III.** *n* Stoß *m;* **slowpoke** *n AM FAM FIG* Schnecke *f*

poke about *vi* suchen

poker *n* ① (*game*) Poker *s* ② (*rod*) Schürhaken *m*

poker face *n* Pokergesicht *s*
poky ['pəʊkɪ] *adj* eng
Poland ['pəʊlənd] *n* Polen *s*
polar ['pəʊlə*] *adj* Polar-; ◇ ~ **bear** Eisbär *m*
polarize ['pəʊləraɪz] *vi* sich polarisieren
pole [pəʊl] *n* ① (*telephone*) Pfahl *m;* (*flag-*) Mast *m* ② (SPORT *vaulting* ~) Stab *m* ③ (*of earth*) Pol *m;* ELECTR Pol *m* ④ *FIG* ◇ **they are ~s apart** Welten trennen sie
Pole [pəʊl] *n* (*from Poland*) Pole *m,* Polin *f*
pole vault *n* SPORT Stabhochsprung *m*
polemic [pɒ'lemɪk] *n* ① (*argument*) Polemik *f* ② (*practice*) Polemisieren *s*
police [pə'li:s] **I.** *n* ① (*organization*) Polizei *f* ② (*members*) Polizisten *pl* **II.** *vt* überwachen, kontrollieren; **police car** *n* Polizeiwagen *m;* **police constable** *n* Polizist *m,* Wachtmeister *m* *FAM*; **policeman** *n* <-men> Polizist *m;* **police state** *n* Polizeistaat *m;* **police station** *n* Polizeiwache *f;* **policewoman** *n* <-women> Polizistin *f*
policy ['pɒlɪsɪ] *n* ① (*set of rules*) Politik *f;* (*public*) Rechtsordnung *f;* ◇ **it is our ~** es ist unser Grundsatz ② (*insurance* ~) Versicherungsschein *m;* ◇ ~ **holder** Versicherungsnehmer(in *f*) *m*
polio ['pəʊlɪəʊ] *n* MED Polio *f,* Kinderlähmung *f*
polish ['pɒlɪʃ] **I.** *n* (*substance*) Poliermittel *s;* (*for floor*) Wachs *s;* (*for shoes*) Creme *f;* (*nail-*) Lack *m* **II.** *vt* polieren; (*shoes*) putzen; **polish off** *vt* (*FAM work*) hinhauen; (*FAM food*) verdrücken; **polished** [-d] *adj* ① (*surface*) poliert, glänzend ② (*FIG manner*) tadellos, geschliffen; (*skill*) verfeinert
polite [pə'laɪt] *adj* höflich; **politeness** *n* Höflichkeit *f*
politic ['pɒlɪtɪk] *adj* (*tactful*) klug; ◇ **that wasn't very ~ of you** das war nicht sehr schlau von dir; ◇ **it would be ~ to tell him yourself** es wäre diplomatisch, wenn du es ihm selbst sagtest; **political** [pə'lɪtɪkəl] *adj* politisch; ◇ ~ **science** Politikwissenschaft *f,* Politologie *f;* **politically** *adv* politisch; **politician** [pɒlɪ'tɪʃən] *n* Politiker(in *f*) *m,* Staatsmann *m;* **politics** ['pɒlətɪks] *n* ① (*activities*) Politik *f;* ◇ **to enter into ~** in die Politik gehen ② (*beliefs*) politische Einstellung *f,* politische Ansichten; ◇ **what are your ~?** wie sind Sie politisch eingestellt? ③ (*study*) Politik *f*
poll [pəʊl] **I.** *n* ① *survey* Umfrage *f* ② (*voting*) Abstimmung *f* ③ (*political election*) ◇ **the ~s** (*place*) die Wahllokale *pl;* ◇ **to go to the ~s** zur Wahl gehen **II.** *vt* ① (*to question*) befragen; ◇ **the majority of those ~ed…** die Mehrheit der Befragten… ② (*obtain votes*) Wahlstimmen erhalten
pollen ['pɒlən] *n* Pollen *m,* Blütenstaub *m;* **pollen count** *n* Pollenzahl *f;* **pollination** [pɒlɪ'neɪʃən] *n* Bestäubung *f*
polling booth ['pəʊlɪŋbu:ð] *n* Wahlzelle *f;* **polling day** *n* Wahltag *m*
pollute [pə'lu:t] *vt* → *water, air* verschmutzen; **pollution** [pə'lu:ʃən] *n* Verschmutzung *f,* Umweltverschmutzung *f*
polo ['pəʊləʊ] *n* Polo[-spiel] *s*
polygamy [pɒ'lɪgəmɪ] *n* Polygamie *f*
polythene ['pɒlɪθi:n] *n* ① CHEM Polyäthylen *s* ② (*FAM plastic*) ◇ **put your sandwich in a ~ bag** pack' dein Sandwich in e-e Plastiktüte ein
polyunsaturated [pɒlɪʌn'sætjəreɪtɪd] *adj* CHEM ◇ ~ **fats** mehrfach ungesättigte Fettsäuren *pl*
pomegranate ['pɒmɪgrænɪt] *n* Granatapfel *m*
pomp [pɒmp] *n* Prunk *m,* Pomp *m*
pompous ['pɒmpəs] *adj* ① (*conceited*) aufgeblasen ② (*magnificent*) bombastisch; **pompously** *adv* pompös; (*language*) bombastisch, geschwollen
ponce [pɒns] *n* ① ↑ *pimp, FAM BRIT* Zuhälter *m* ② *homosexual, FAM BRIT* Schwule(r) *m*
pond [pɒnd] *n* Teich *m*
ponder ['pɒndə*] *vt* nachdenken über *acc*
ponderous ['pɒndərəs] *adj* ① (*speech, writing*) schwerfällig ② (*massive*) massig, schwer ③ (*action*) schwerfällig
pontoon [pɒn'tu:n] *n* Ponton *m*
pony ['pəʊnɪ] *n* Pony *s;* **ponytail** *n* (*hairstyle*) Pferdeschwanz *m*
poodle ['pu:dl] *n* Pudel *m*
pool [pu:l] **I.** *n* ① (*swimming* ~) Schwimmbecken *s* ② (*puddle*) Pfütze *f;* (*blood*) Lache *f* ③ (*pond*) Teich *m* ④ (*grouping*) Interessengemeinschaft *f;* (*monopoly*) Kartell *s;* ◇ **car ~** Fahrgemeinschaft *f;* ◇ **labour ~** Arbeitsgemeinschaft *f;* (*fund*) gemeinsame Kasse ⑤ (*billard*) Poolbillard *s;* (*BRIT gambling game*) ◇ **the ~s** Toto *s o m;* ◇ **he won big on the ~s** er hat im Toto viel Geld gewonnen **II.** *vt* (*capital*) zusammenschließen; (*funds*) untereinander verteilen
poor [pʊə*] **I.** *adj* ① (*lacking money*) arm ② (*pitiable*) arm; ◇ **you ~ thing** du Arme(r); ◇ **my ~ mother** meine arme Mutter ③ (*unsatisfactory*) schlecht; (*excuse, health*) schwach; (*crop, harvest*) unergiebig; ◇ **a ~ outlook** schlechte Aussichten **II.** *n* ◇ **the ~** *pl* die Armen *pl;* **poorly** **I.** *adv* ① schlecht, schwach; ◇ **he writes ~** er schreibt schlecht; ◇ **to think ~ of s.o.** schlecht von jd-m denken ② dürftig; arm **II.** *adj FAM* ↑ *ill* krank, schlecht
pop [pɒp] **I.** *n* ① (*music*) Popmusik *f,* Pop *m* ② (*drink*) Limo *f* ③ *AM FAM* Papa *m* **II.** *vi* ① (*sound, cork*) knallen ② (*zip, nip*) ◇ **to ~ in** schnell

mal vorbeischauen **III.** *vt* [1] (*put, thrust*) hineintun, einwerfen in; ◇ **I'll ~ this in the mailbox** ich werfe das schnell in den Briefkasten; (*pills*) schlucken [2] (*balloon*) platzen; ◇ **to ~ popcorn** Popcorn machen; ◇ **to ~ the question** e-n Heiratsantrag machen; **pop up** auftauchen; ◇ **s.th. ~ped ~ and I cancelled** mir ist etw dazwischengekommen, da habe ich abgesagt

poplin ['pɒplɪn] *n* Popeline *f o m*

poppy ['pɒpɪ] *n* Mohn *m*

populace ['pɒpjʊləs] *n* Volk *s*, breite Masse

popular ['pɒpjʊlə*] *adj* [1] (*well-liked*) beliebt [2] (*widespread, ideas, attitudes*) allgemein, weitverbreitet [3] (*newspaper, show*) Populär-, bekannt; **popularity** [pɒpjʊ'lærɪtɪ] *n* Beliebtheit *f;* **popularize** ['pɒpjʊləraɪz] *vt* populär machen; **popularly** *adv* allgemein

populate ['pɒpjʊleɪt] *vt* [1] (*inhabit*) bewohnen, wohnen in [2] → *area* besiedeln, bevölkern; ◇ **over~d** überbevölkert; **population** [pɒpjʊ'leɪʃən] *n* Bevölkerung *f;* (*of town*) Einwohner *pl*, Einwohnerschaft *f*

porcelain ['pɔːslɪn] *n* Porzellan *s*

porch [pɔːtʃ] *n* [1] (*shelter*) Vorbau *m* [2] (*veranda, AM*) Veranda *f*

porcupine ['pɔːkjʊpaɪn] *n* Stachelschwein *s*

pore [pɔː*] *n* Pore *f*

pore over *vt* vertieft sein in; ◇ **she ~d ~ the article** sie studierte eifrig den Artikel; ◇ **to ~ ~ one's books** über seinen Büchern sitzen

pork [pɔːk] *n* Schweinefleisch *s*

pornographic [pɔːnəʊ'græfɪk] *adj* pornographisch; **pornography** [pɔː'nɒgrəfɪ] *n* Pornographie *f*

porous ['pɔːrəs] *adj* (*rock*) porös; (*skin*) porig

porpoise ['pɔːpəs] *n* Tümmler *m*

porridge ['pɒrɪdʒ] *n* (*BRIT*) Haferbrei *m*

port [pɔːt] *n* [1] (*harbour*) Hafen *m* [2] (*town*) Hafenstadt *f* [3] Portwein *m* [4] (NAUT *left side*) Backbord *s*

portable ['pɔːtəbl] *adj* tragbar

porter ['pɔːtə*] *n* [1] (*doorman*) Portier *m* [2] (*railway*) Gepäckträger *m*

porthole ['pɔːthəʊl] *n* NAUT Bullauge *s*

portion ['pɔːʃən] *n* [1] (*section*) Teil *m* [2] (*serving*) Portion *f;* **portion out** *vt* aufteilen

portly ['pɔːtlɪ] *adj* [wohl-]beleibt

portrait ['pɔːtrɪt] *n* Porträt *s*, Bild *s*

portray [pɔː'treɪ] *vt* ← *actors* darstellen; ↑ *describe* schildern; **portrayal** *n* Darstellung *f;* Schilderung *f*

Portugal ['pɔːtʃʊgl] *n* Portugal *s*

Portuguese [pɔːtʃʊ'giːz] **I.** *adj* portugiesisch **II.** *n* Portugiese *m*, Portugiesin *f*

pose [pəʊz] **I.** *n* [1] (*posture*) Haltung *f* [2] (*behaviour*) Pose *f* **II.** *vi* sich ausgeben (*as* als) **III.** *vt* [1] (*for a photo*) aufstellen [2] (*present, problem*) aufwerfen; (*danger*) darstellen [3] (*a question*) vortragen

posh [pɒʃ] *adj BRIT FAM* nobel; *PEJ* vornehm

position [pə'zɪʃən] **I.** *n* [1] (*location*) Standort *m;* ◇ **the ~ of the sun** der Stand *m* der Sonne; ◇ **out of ~** nicht in der richtigen Lage [2] (*in society*) Position *f*, Stellung *f* [3] (*posture*) Haltung *f* [4] (*race, competition*) Platz *m* [5] (*situation*) Lage *f;* ◇ **to be in a ~ to do s.th.** in der Lage sein, etw zu tun [6] (*viewpoint*) Standpunkt *m*, Einstellung *f* [7] (*job*) Stelle *f* **II.** *vt* (*put, place*) aufstellen; ◇ **Bill ~ed himself so that he could leave first** Bill setzte/stellte sich so, daß er als erster gehen konnte

positive ['pɒzɪtɪv] *adj* [1] (*certain*) sicher [2] (*optimistic*) positiv; ◇ **a ~ decision** e-e sinnvolle Entscheidung [3] (*definite*) bestimmt, definitiv [4] (*affirmative*) bejahend [5] MATH positiv; **positively** *adv* positiv; bestimmt; (*FAM definitiv, eindeutig*) ◇ **I'm ~, absolutely sure** ich bin mir todsicher

possess [pə'zes] *vt* [1] (*own*) besitzen, im Besitz haben [2] (*an attribute*) besitzen [3] (*dominate*) besessen sein; ◇ **to be ~ed by s.th.** von etw besessen sein; ◇ **I don't know what ~ed me to do that** ich weiß nicht, was mich dazu getrieben hat; **possessed** [-d] *adj* besessen; **possession** [pə'zeʃən] *n* [1] (*ownership*) Besitz *m;* ◇ **to take ~ of s.th.** etw in Besitz nehmen; ◇ **we are in ~ of the jewels** wir haben den Schmuck in unserem Besitz [2] (*belongings*) ◇ **~s** Eigentum *s*, Besitz *m;* **possessive** [pə'zesɪv] *adj* [1] (*desire to control*) besitzgierig [2] (*greedy*) eigen [3] GRAM possessiv; **possessor** [pə'zesə*] *n* Besitzer(in *f*) *m*

possibility [pɒsə'bɪlɪtɪ] *n* Möglichkeit *f;* **possible** ['pɒsəbl] **I.** *adj* (*feasible*) möglich; ◇ **is this afternoon ~?** (*appointment*) wäre [es] Ihnen heute Nachmittag möglich?; ◇ **there is only one ~ choice** es gibt nur e-e Möglichkeit; ◇ **as soon as ~** so bald wie möglich **II.** *n* (*potential*) Möglichkeit *f;* ◇ **I may be a ~ for the position** ich komme vielleicht für die Stelle in Frage; ◇ **there are several ~s for the job** es gibt mehrere Kandidaten für die Stelle; **possibly** *adv* [1] (*perhaps*) vielleicht [2] (*conceivably*) überhaupt; ◇ **how could you ~ think that?** wie konntest du so etw überhaupt denken?; ◇ **that can't ~ be true** das kann unmöglich wahr sein

post [pəʊst] **I.** *n* [1] (*pole*) Pfosten *m*, Pfahl *m* [2] (*place of duty*) Posten *m;* (*job*) Posten *m*, Position *f* **II.** *vt* (*notice*) ankleben, anbringen; (*letters*) abschicken, absenden; (*soldiers*) postieren; **post-**

age *n* Postgebühr *f,* Porto *s;* **postal** *adj* postalisch, Post-; *BRIT* ◇ ~ **order** Postanweisung *f;* **postcard** *n* Postkarte *f;* **postcode** *n* (*BRIT*) Postleitzahl *f;* **postdate** *vt* [1] → *cheque* vordatieren [2] (*later date*) später datieren (*than* als); **poster** *n* (*large picture*) Poster *s;* (*advertisement*) Plakat *s*

posterior [pɒˈstɪərɪə*] *adj* (*rear*) hintere(r, s)

posterity [pɒˈsterɪtɪ] *n* Nachwelt *f*

postgraduate [pəʊstˈgrædjuɪt] *n Student, der nach dem ersten akademischen Grad weiterstudiert;* **posthumous** [ˈpɒstjʊməs] *adj* (*after one's death*) post[h]um; **postman** [ˈpəʊstmən] *n* <-men> Briefträger(in *f*) *m,* Postbote *m,* Postbotin *f;* **postmark** *n* Poststempel *m;* **post meridien** [pəʊst məˈrɪdɪən] *adj* Nachmittags-; **post-mortem** [pəʊstˈmɔːtəm] *n* ↑ *autopsy* Leichenöffnung *f,* Obduktion *f;* **post office** [ˈpəʊstɒfɪs] *n* Post *f;* (*building*) Postamt *s*

postpone [pəˈspəʊn] *vt* hinausschieben, vertagen; ◇ **the meeting has been ~d till Monday** die Versammlung ist auf Montag verschoben worden

postscript [ˈpəʊsskrɪpt] *n* (*of letter*) Postskriptum *s*

postulate [ˈpɒstjʊleɪt] **I.** *vt* (*maintain*) postulieren **II.** *n* (*hypothesis*) Postulat *s*

posture [ˈpɒstʃə*] *n* Haltung *f*

postwar [pəʊstˈwɔː*] *adj* Nachkriegs-

posy [ˈpəʊzɪ] *n* [Blumen-]Sträußchen *s*

pot [pɒt] **I.** *n* [1] (*cooking*) Topf *m* [2] (*tea-*) Kanne *f* [3] (*flower*) Blumentopf *m* [4] (*FAM marijuana*) Gras *s* [5] *FIG* ◇ **the ~ calls the kettle black** ein Esel schimpft den anderen Langohr; *FIG* ◇ **Frank has gone to ~** Frank ist auf den Hund gekommen; ◇ **to keep the ~ boiling** die Sache in Gang halten **II.** *vt* (*plant*) eintopfen

potash [ˈpɒtæʃ] *n* Pottasche *f*

potato [pəˈteɪtəʊ] *n* <-es> Kartoffel *f*

potency [ˈpəʊtənsɪ] *n* Stärke *f,* Macht *f;* BIOL Potenz *f;* **potent** [ˈpəʊtənt] *adj* [1] ↑ *effective* stark [2] ▷*man* potent

potential [pəʊˈtenʃəl] **I.** *adj* potentiell **II.** *n* Potential *s;* ▷*abilities, talent* Leistungsfähigkeit *f;* **potentially** *adv* potentiell *f*

pothole [ˈpɒthəʊl] *n* Schlagloch *s*

potholing *n* Höhlenforschung *f*

potion [ˈpəʊʃən] *n* Trank *m*

potluck [pɒtˈlʌk] *n* ◇ **to take ~** mit dem vorliebnehmen, was es gerade gibt; ◇ **a ~ party** *Party, zu der jeder Gast etw Essen mitbringt*

potted [ˈpɒtɪd] *adj* [1] ▷*meat* eingemacht [2] ▷*plant* Topf-

potter [ˈpɒtə*] **I.** *n* Töpfer(in *f*) *m* **II.** *vi* herumhantieren

pottery *n* [1] (*workshop*) Töpferei *f* [2] (*earthenware*) Töpferware *f*

potty [ˈpɒtɪ] **I.** *adj FAM BRIT* verrückt **II.** *n* Töpfchen *s;* (*FAM child*) ◇ ~ **trained** sauber

pouch [pəʊtʃ] *n* [1] (*small bag*) Beutel *m* [2] (*of kangaroo*) Tasche *f*

pouf[fe] [puːf] *n* (*on seat*) Puff *m*

poultice [ˈpəʊltɪs] *n* Wickel *m,* Umschlag *m*

poultry [ˈpəʊltrɪ] *n* Geflügel *s;* **poultry farm** *n* Geflügelfarm *f*

pounce [paʊns] **I.** *vi* sich stürzen (*on* auf *acc*) **II.** *n* Sprung *m,* Satz *m;* (*of police*) Zugriff *m*

pound [paʊnd] **I.** *n* [1] (*currency*) Pfund *s* [2] (*weight*) Pfund *s;* ◇ **by the ~** pfundweise [3] (*for stray animals*) Tierheim *s* **II.** *vi* (*heart*) hämmern; ◇ **my heart was ~ing with joy** mein Herz klopfte vor Freude **III.** *vt* [1] (*hammer*) trommeln, hämmern (*on* auf *acc*) [2] (*crush*) zerstoßen; ◇ **to ~ s.th. to pieces** etw kleinstampfen

pounding *n* Hämmern *s;* (*of heart*) Pochen *s;* Zerstoßen *s*

pour [pɔː*] **I.** *vt* [1] (*water, wine*) gießen; ◇ **to ~ s.o. a cup of coffee** jd-m e-e Tasse Kaffee eingießen; (*salt, sugar*) schütten [2] (*invest, money, time*) hineinpumpen; ◇ **I ~ed a lot of energy into this project** ich habe viel Kraft in dieses Projekt gesteckt **II.** *vi* [1] (*rain*) strömen; ◇ **it is ~ing down with rain** es gießt in Strömen [2] (*crowds*) strömen; **pour out I.** *vi* herausströmen, hinausströmen (*of* aus) **II.** *vt* [1] (*serve*) einschenken [2] (*feelings*) ausschütten

pout [paʊt] **I.** *n* Schmollen *s;* ◇ **Angela has the ~s** Angela schmollt **II.** *vi* schmollen

poverty [ˈpɒvətɪ] *n* Armut *f;* **poverty-stricken** *adj* notleidend, arm

powder [ˈpaʊdə*] **I.** *n* [1] (*baking, gun ~*) Pulver *s* [2] (*face ~*) Puder *s* **II.** *vt* [1] (*baby, body*) einpudern; ◇ **to ~ one's nose** sich *dat* die Nase pudern [2] (*sprinkle*) stoßen; **powdered** [-d] *adj* ▷*milk* -pulver; ◇ ~ **sugar** (*AM*) Puderzucker; **powder room** *n* Damentoilette *f;* **powdery** [ˈpaʊdərɪ] *adj* pulverig; (*covered with powder*) gepudert

power [ˈpaʊə*] **I.** *n* [1] ↑ *strength* Kraft *f;* ↑ *force* Gewalt *f,* Wucht *f* [2] ↑ *capability* Fähigkeit *f,* Vermögen *s,* Kraft *f;* ◇ **I did everything within my ~ to help** ich tat alles, was in meiner Macht stand, um zu helfen [3] ↑ *legal right* Macht *f,* Befugnis *f* [4] ↑ *authority* Macht *f,* Gewalt *f;* POL ◇ **to be in ~** an der Macht sein [5] ↑ *energy* Energie *f;* ↑ *water, steam* Kraft *f* [6] ↑ *electricity* Strom *m;* ◇ **the ~ has been cut off** der Strom ist abgestellt worden [7] MATH Potenz *f;* ◇ **raise to the second ~** in die zweite Potenz erheben [8] ↑ *strength* Leistung *f;* (*of sun, microscope*) Stärke *f;* ◇ **the ~ of**

P

love die Macht der Liebe **II.** *vt* antreiben; **power cut** *n* Stromausfall *m;* **powerful** ['paʊəfl] *adj* [1] ▷*person* mächtig, einflußreich [2] ▷*engine* stark [3] ▷*physically* kräftig [4] ▷*writing, speech* ausdrucksvoll; **powerless** *adj* kraftlos; ▷*government, person* machtlos; ◇ **to be ~ to do s.th.** nicht in der Lage sein, etw zu tun; **power point** *n* ↑ *socket* Steckdose *f;* **power station** *n* Kraftwerk *s,* Elektrizitätswerk *s*

practicable ['præktɪkəbl] *adj* durchführbar; **practical** ['præktɪkəl] *adj* [1] (*not theoretical*) praktisch [2] ↑ *useful* anwendbar, praktisch [3] (*level-headed*) praktisch denkend; **practically** *adv* [1] ↑ *virtually* praktisch [2] ↑ *almost* ◇ **he ~ ran over me** er hat mich beinahe umgefahren; **practical joke** *n* Streich; ◇ **to play a ~ ~ on s.o.** jd-m e-n Streich spielen

practice ['præktɪs] *n* [1] (*training*) Übung *f;* ◇ **to keep in ~** in der Übung bleiben; ◇ **~ makes perfect** Übung macht den Meister; ◇ **out of ~** aus der Übung [2] (*of doctor, lawyer*) Praxis *f* [3] (*repeated performance*) Brauch *m,* Gewohnheit *f;* ◇ **in ~ that is impossible** das läßt sich praktisch nicht durchführen

practise, practice (*AM*) ['præktɪs] **I.** *vt* [1] (*do repeatedly*) üben; ◇ **I am practising my German** ich tue was für mein Deutsch [2] *FAM* → *profession* ausüben, praktizieren [3] → *patience, diligence* üben [4] ◇ **~ what you preach** setz' deine Lehren in die Tat um **II.** *vi* [1] (*doctor, lawyer*) praktizieren [2] (*skill*) üben; **practised** [-d] *adj* geübt, erfahren; **practising, practicing** (*AM*) *adj* praktizierend; (*Christian etc.*) aktiv

pragmatic [præg'mætɪk] *adj* pragmatisch; **pragmatist** ['prægmətɪst] *n* Pragmatiker(in *f*) *m*

prairie ['prɛərɪ] *n* Prärie *f*

praise [preɪz] **I.** *n* Lob *s* **II.** *vt* loben; (*worship*) preisen; **praiseworthy** ['preɪzwɜːðɪ] *adj* lobenswert

pram [præm] *n* (*BRIT*) Kinderwagen *m*

prance [prɑːns] *vi* [1] (*horse*) tänzeln [2] (*person*) stolzieren

prank [præŋk] *n* Streich *m*

prattle ['prætl] *vi* plappern

prawn [prɔːn] *n* Garnele *f*

pray [preɪ] *vi* (*to God*) beten (*for s.th.* um etw, *for s.o.* für jd-n); **prayer** [prɛə*] *n* [1] Gebet *s;* ◇ **I said a ~ for you** ich habe für dich gebetet; ◇ **to say one's ~s** beten [2] (*in church*) ◇ **~s** Andacht *f;* ◇ **Morning ~** Morgenandacht *f* [3] (*strong desire*) Wunsch *m;* ◇ **my only ~ is to finish this work** mein einziger Wunsch ist es, diese Arbeit abzuschließen; **prayer book** *n* Gebetbuch *s*

pre- [priː] *pref* vor-

preach [priːtʃ] *vi* [1] (*in church*) predigen; ◇ **he ~ed a sermon** er hielt e-e Predigt [2] (*advocate*) propagieren; **preacher** *n* Prediger(in *f*) *m*

preamble [priː'æmbl] *n* Einleitung *f*

prearrange [priːə'reɪndʒ] *vt* vorher vereinbaren; ◇ **the demonstration was ~d** die Demonstration war zuvor abgesprochen worden

precarious [prɪ'kɛərɪəs] *adj* [1] (*situation*) unsicher, prekär [2] (*shaky, unstable*) unsicher, wakkelig; ◇ **that ladder looks pretty ~** die Leiter sieht ziemlich gefährlich aus; **precariously** *adv* unsicher; ◇ **artists tend to live ~** Künstler leben oft in unsicheren Verhältnissen

precaution [prɪ'kɔːʃən] *n* Vorsichtsmaßnahme *f,* Vorkehrung *f;* **precautionary** [prɪ'kɔːʃənərɪ] *adj* (*measure*) vorbeugend, Sicherheits-

precede [prɪ'siːd] *vt, vi* [1] (*event*) vorangehen *dat;* ◇ **the riots were ~d by a scandalous verdict** den Unruhen ging ein skandalöses Urteil voraus; (*paragraph, sentence*) vorangehen, vorstehen [2] (*lead*) voraus-, vorangehen; ◇ **the baby ducks were ~d by their mother** die Entenmutter führte die Reihe ihrer Jungen an; **precedence** ['presɪdəns] *n* Vorrang *m;* ◇ **to take ~ over s.th.** e-r Sache *dat* gegenüber Vorrang haben; **precedent** ['presɪdənt] *n* [1] ↑ *forerunner* Präzedenzfall *m;* ◇ **to set a ~** e-n Präzedenzfall schaffen [2] (*example*) Präjudiz *s;* ◇ **this case is without ~** so e-n Fall hat es noch nie gegeben; ◇ **according to ~** nach den bisherigen Erfahrungen; **preceding** [prɪ'siːdɪŋ] *adj* voran-, vorhergehend

precinct ['priːsɪŋkt] *n* [1] *shopping area, BRIT* Fußgängerzone *f,* Einkaufsviertel *s* [2] (*of institution*) Gelände *s,* Umgebung *f* [3] (*AM district*) Bezirk *m* [4] (*police ~*) Revier *s*

precious ['preʃəs] *adj* [1] (*prized, rare*) kostbar, wertvoll [2] (*cherished*) wertvoll; ▷*memories* wertvoll, teuer [3] *ironic* ◇ **my ~ mother-in-law** meine hochverehrte Schwiegermutter; **precious metal** *n* Edelmetall *s;* **precious stone** *n* Edelstein *m*

precipice ['presɪpɪs] *n* Steilabfall *m*

precipitate [prɪ'sɪpɪteɪt] *vt* (*hasten*) beschleunigen; **precipitation** [prɪsɪpɪ'teɪʃən] *n* [1] CHEM Ausfällung *f,* Niederschlag *m* [2] (METEO *rain, snow*) Niederschlag *m;* **precipitous** [prɪ'sɪpɪtəs] *adj* steil

précis ['preɪsiː] *n* Zusammenfassung *f;* SCH Inhaltsangabe, f

precise [prɪ'saɪs] *adj* [1] (*very, exact*) genau; ◇ **at that ~ moment** genau in dem Augenblick [2] (*detailed, accurate*) präzise; (*instructions*) deutlich; (*timing*) genau [3] (*emphasizing*) ◇ **I'm leav-**

ing soon, in five minutes to be ~ ich gehe bald, genauer gesagt in fünf Minuten; **precisely** *adv* [1] (*accurately*) genau; ◇ **the departure is at ~ one o'clock p.m.** die Abfahrt ist um Punkt 13 Uhr [2] (*give reason*) ◇ **the boss was furious, ~ because...** der Chef war wütend, und zwar deshalb, weil...; (*to confirm*) ◇ **~!** genau!; **precision** [prɪ'sɪʒən] *n* Genauigkeit *f,* Präzision *f*

preclude [prɪ'klu:d] *vt* hindern; ◇ **to ~ s.o. from s.th.** jd-n hindern, etw zu tun

precocious [prɪ'kəʊʃəs] *adj* frühreif

preconceived [pri:kən'si:vd] *adj* ▷*idea* vorgefaßt

precursor [pri:'kɜ:sə*] *n* Vorläufer *m*

predator ['predətə*] *n* Raubtier *s;* **predatory** ['predətrɪ] *adj* räuberisch

predecessor ['pri:dɪsesə*] *n* Vorgänger(in *f*) *m;* ◇ **the musket was the ~ of the rifle** die Muskete war der Vorläufer des Gewehrs

predestination [pri:destɪ'neɪʃən] *n* Prädestination *f,* Vorbestimmung *f;* **predestined** [pri:'destɪnd] *adj* vor[her]bestimmt, prädestiniert

predetermined [pri:dɪ'tɜ:mɪnd] *adj* vorherbestimmt

predicament [prɪ'dɪkəmənt] *n* Dilemma *s,* Zwangslage *f*

predicate ['predɪkət] *n* GRAM Prädikat *s*

predict [prɪ'dɪkt] *vt* voraussagen; **prediction** [prɪ'dɪkʃən] *n* Voraussage *f*

predominance [prɪ'dɒmɪnəns] *n* [1] (*in power*) Vorherrschaft *f,* Vormachtstellung *f* [2] (*in number*) Überwiegen *s;* ◇ **the ~ of women** die Überzahl der Frauen; **predominant** [prɪ'dɒmɪnənt] *adj* vorherrschend; **predominantly** *adv* überwiegend, hauptsächlich; **predominate** [prɪ'dɒmɪneɪt] *vi* [1] (*in a group*) überwiegen [2] (*prevail, feature, quality*) vorherrschen

pre-eminent [pri:'emɪnənt] *adj* überragend

pre-empt [pri:'empt] *vt* → *action, decision* zuvorkommen *dat*

preen [pri:n] *vt* [1] ↑ *primp* sich herrichten [2] ← *bird* sich putzen; ◇ **the peacock ~ed its feathers** der Pfau putzte sich das Gefieder

prefab ['pri:fæb] *n* Fertighaus *s*

prefabricated [pri:'fæbrɪkeɪtɪd] *adj* vorgefertigt

preface ['prefɪs] **I.** *n* Vorwort *s* **II.** *vt* einleiten

prefect ['pri:fekt] *n* Präfekt *m; BRIT* SCH Aufsichtsschüler(in *f*) *m*

prefer [prɪ'fɜ:*] *vt* vorziehen; ◇ **I'd ~ coffee to tea** ich hätte lieber Kaffee als Tee; ◇ **she ~s summer to winter** sie mag den Sommer lieber als den Winter; ◇ **I'd ~ you to stay** es wäre mir lieber, du würdest bleiben; ◇ **Mr. Bond ~s sports cars** Mr. Bond bevorzugt Sportwagen; **preferable** ['prefərəbl] *adj* besser, lieber; ◇ **warm weather is ~ to cold** warmes Wetter ist angenehmer als kaltes Wetter; **preferably** ['prefərəblɪ] *adv* vorzugsweise, lieber; ◇ **do these exercises, ~ without your book** mach diese Aufgaben, am besten ohne Buch; **preference** ['prefərəns] *n* [1] (*liking*) Vorliebe *f* [2] (*precedence*) Bevorzugung *f;* ◇ **~ is given to candidates having computer skills** Bewerber mit Computerkenntnissen werden bevorzugt; **preferential** [prefə'renʃəl] *adj* Sonder-; ◇ **she received ~ treatment** sie wurde bevorzugt behandelt

prefix ['pri:fɪks] *n* [1] GRAM Präfix *s,* Vorsilbe *f* [2] *AM* TELEC Vorwahl *f,* Vorwählnummer *f*

pregnancy ['pregnənsɪ] *n* (*of woman*) Schwangerschaft *f;* (*of animal*) Trächtigkeit *f;* **pregnant** ['pregnənt] *adj* schwanger; ◇ **Hella is ~** Hella ist in anderen Umständen, Hella bekommt ein Kind; ◇ **Nancy is three months ~** Nancy ist im dritten Monat schwanger

prehistoric [pri:hɪ'stɒrɪk] *adj* prähistorisch, vorgeschichtlich; **prehistory** [pri:'hɪstərɪ] *n* Vorgeschichte *f*

prejudge [pri:'dʒʌdʒ] *vt* sich vorschnell e-e Meinung bilden

prejudice ['predʒʊdɪs] *n* [1] (*discrimination*) Vorurteil *s;* ◇ **racial ~** Rassenvorurteile *pl* [2] (*bias*) Voreingenommenheit *f;* ◇ **to show ~ in favour of s.o.** e-e Vorliebe für jd-n zeigen; **prejudiced** [-d] *adj* (*person*) voreingenommen

preliminary [prɪ'lɪmɪnərɪ] **I.** *adj* Vor-; (*measures*) vorbereitend; ◇ **~ discussion** Vorbesprechung *f* **II.** *n* Vorbereitung *f;* (*measure*) vorbereitende Maßnahme *f;* SPORT Vorspiel *s;* JUR ◇ **preliminaries** *pl* Präliminarien *pl*

prelude ['prelju:d] *n* Präludium *s;* MUS Vorspiel *s*

premarital [pri:'mærɪtl] *adj* vorehelich

premature ['premətʃʊə*] *adj* [1] (*too early*) vorzeitig; ▷*decision* verfrüht [2] ▷*birth* vorzeitig; ◇ **a ~ baby** Frühgeburt *f;* **prematurely** *adv* vorzeitig; ◇ **the actions were ~ taken** es wurde voreilig gehandelt

premeditated [pri:'medɪteɪtəd] *adj* vorsätzlich; **premeditation** [pri:medɪ'teɪʃən] *n* Vorsatz *m*

premier ['premɪə*] **I.** *adj* führend **II.** *n* Premier [-minister] *m,* Premierministerin *f*

premiere ['premɪɛə*] *n* Erstaufführung *f*

premise ['premɪs] *n* [1] (*assumption*) Voraussetzung *f* [2] (*grounds*) ◇ **~s** *pl* Gelände *s;* ◇ **smoking isn't allowed on the company ~s** auf dem Betriebsgelände darf nicht geraucht werden

premium ['pri:mɪəm] *n* [1] (*bonus*) Prämie *f;* ◇ **to sell s.th. at a ~** etw über [seinem] Wert verkaufen;

P

(*needed, in demand*) ◇ **apartments are at a -** Wohnungen sind sehr begehrt; ◇ **put a high - on s.th.** sehr viel Wert auf etw *acc* legen [2] (*payment*) Prämie *f;* ◇ **insurance -** Versicherungsprämie *f*

premonition [premə'nɪʃən] *n* Vorahnung *f*

preoccupation [priːɒkjʊ'peɪʃən] *n* Sorge *f,* Beschäftigung *f* (*with* mit *dat*); **preoccupied** [priː'ɒkjʊpaɪd] *adj* gedankenverloren; ◇ **to be - with s.th.** sehr mit etw *dat* beschäftigt sein; ◇ **I'm -** meine Gedanken sind anderswo

prepaid [priː'peɪd] *adj* vorausbezahlt; (*postage*) frankiert, freigemacht

preparation [prepə'reɪʃən] *n* [1] (*act*) Vorbereitung *f* [2] (*arrangements*) ◇ **to make -s for ...** Vorbereitungen treffen für ... [3] (*mixture*) Zubereitung *f;* **preparatory** [prɪ'pærətərɪ] *adj* Vorbereitungs-; ◇ **- class** Einführungsseminar *s,* Propädeutikum *s;* **prepare** [prɪ'pɛə*] **I.** *vt* [1] (*make ready*) vorbereiten (*for* auf *acc*); ◇ **I tried to - him for the bad news** ich versuchte ihn, auf die schlechte Nachricht vorzubereiten; ◇ **Jane is preparing a room for Paul** Jane richtet ein Zimmer für Paul [2] (*o.s.*) sich gefaßt machen auf [3] ↑ *fix, make* → *soup, meal* zubereiten, machen **II.** *vi* sich vorbereiten auf; ◇ **he is preparing for a final** er bereitet sich auf e-e Abschlußprüfung vor; **prepared** [-d] *adj* [1] ↑ *willing* bereit, gewillt [2] ↑ *ready* vorbereitet

preponderance [prɪ'pɒndərəns] *n* Übergewicht *s;* ◇ **there is a - of men in the committee** in dem Ausschuß sind überproportional viele Männer vertreten

preposition [prepə'zɪʃən] *n* GRAM Verhältniswort *s,* Präposition *f*

preposterous [prɪ'pɒstərəs] *adj* absurd, abartig

prerequisite [priː'rekwɪzɪt] *n* Voraussetzung *f,* Vorbedingung *f*

prerogative [prɪ'rɒgətɪv] *n* Vorrecht *s*

presbytery ['prezbɪtrɪ] *n* (*house*) Pfarrhaus *s*

prescribe [prɪ'skraɪb] *vt* [1] ↑ *order, dictate* vorschreiben [2] MED → *medicine, treatment* verschreiben; ◇ **the doctor -d me s.th. for my cold** der Arzt verschrieb mir etw gegen meine Erkältung; **prescription** [prɪ'skrɪpʃən] *n* [1] (*paper*) Rezept *s* [2] (*medicine*) verordnete Medizin *f;* ◇ **available only on -** rezeptpflichtig; **prescriptive** [prɪ'skrɪptɪv] *adj* vorgeschrieben, normativ

presence ['prezns] *n* [1] (*in a place*) Gegenwart *f,* Anwesenheit *f* [2] (*personality*) Auftreten *s,* Haltung *f;* ◇ **I felt comfortable in Zack's -** ich fühlte mich in Zacks Anwesenheit wohl [3] (*spirit*) ◇ **we could feel a -** wir spürten, daß etw anwesend war; **presence of mind** Geistesgegenwart *f*

present ['preznt] **I.** *adj* [1] (*existing, current*) anwesend, vorhanden; ◇ **the - government** die gegenwärtige/derzeitige Regierung; ◇ **in the - circumstances** unter den jetzigen Umständen [2] (*in attendance*) anwesend; ◇ **to be -** anwesend sein **II.** *n* [1] (*now*) Gegenwart *f;* ◇ **at -** zur Zeit; ◇ **for the -** vorerst, einstweilen; ◇ **there is no time like the -** die Zeit ist reif [2] GRAM Präsens *s;* ◇ **this verb is in the - tense** dieses Verb steht in der Gegenwart [*o.* im Präsens] [3] ↑ *gift* Geschenk *s* **III.** [prɪ'zent] *vt* [1] (*provide*) zeigen, vorführen [2] (*portray*) schildern, darstellen [3] ↑ *introduce* → *important person* vorstellen [4] ↑ *give* → *certificate, prize* überreichen; ◇ **to - s.o. with s.th.** jd-m etw übergeben; ◇ **the waitress -ed us with the bill** die Bedienung präsentierte uns die Rechnung [5] → *TV programme* präsentieren, moderieren **IV.** *vr* [1] (*one's*) sich einfinden; (*as a candidate*) sich aufstellen lassen [2] ↑ *occurs* sich ergeben; ◇ **if the opportunity -s itself** wenn sich die Gelegenheit bietet [*o.* ergibt]

presentable [prɪ'zentəbl] *adj* vorzeigbar; ◇ **I have to make myself -, Fred's coming** ich muß mich zurechtmachen, Fred kommt; ◇ **you look -** du kannst dich sehen lassen; **presentation** [prezən'teɪʃən] *n* [1] ↑ *exposition* Darbietung *f,* Präsentation *f* [2] (*of a gift, prize*) Überreichung *f,* Verleihung *f,* Übergabe *f* [3] (*lecture*) Vorführung *f* [4] THEAT ↑ *performance* Aufführung *f,* Darstellung *f*

present-day [preznt'deɪ] *adj* heutig, gegenwärtig; **presently** *adv* [1] ↑ *at present* im Augenblick [2] (*very soon*) bald, in Kürze

preservation [prezə'veɪʃən] *n* Bewahrung *f,* Erhaltung *f;* ◇ **wildlife -** Naturschutzgebiet *s;* **preservative** [prɪ'zɜːvətɪv] *n* Konservierungsmittel *s;* **preserve** [prɪ'zɜːv] **I.** *vt* [1] ↑ *maintain* bewahren, erhalten [2] ↑ *protect* beschützen (*from* vor *dat*) [3] → *food* konservieren **II.** *n* ◇ **-s** Eingemachtes *s*

preside [prɪ'zaɪd] *vi* den Vorsitz haben (*over* bei)

presidency ['prezɪdənsɪ] *n* POL Präsidentschaft *f;* **president** ['prezɪdənt] *n* [1] (*of a country*) Präsident(in *f*) *m* [2] (*of organization*) Vorsitzende (r) *fm;* **presidential** [prezɪ'denʃəl] *adj* Präsidentschafts-

press [pres] **I.** *n* [1] (*application of pressure*) Druck *m* [2] (*publishers*) Verlag *m;* (*newspapers*) Presse *f; FIG* ◇ **to get a good -** e-e gute Presse bekommen [3] (*machine*) Druckerpresse *f* **II.** *vt* [1] ↑ *iron* bügeln [2] (*physically*) drücken; → *orange juice* auspressen [3] → *charges* jd-n verklagen **III.**

vi [1] ↑ *push* drücken [2] ↑ *campaign* ◇ ~ **for** drängen auf *acc;* **pressed** [-t] *adj* unter Druck stehen; ◇ **to be ~ for time** unter Zeitdruck stehen; **press on** *vi* weitermachen; **press agency** *n* Presseagentur *f;* **press conference** *n* Pressekonferenz *f;* **press cutting** *n* Zeitungsausschnitt *m;* **pressing** *adj* dringend

pressure ['preʃə*] **I.** *n* [1] *(physical force)* Druck *m;* ◇ **at high ~** unter Hochdruck [2] *(pressurize)* ◇ **to put ~ on s.o.** jd-n unter Druck setzen [3] *(stress)* Druck *m;* ◇ **I'm living under too much ~ these days** zur Zeit habe ich zu viel Streß **II.** *vt* unter Druck setzen; ◇ **to ~ s.o. to do s.th.** jd-n zwingen, etw zu tun; **pressure cooker** *n* Dampfkochtopf *m;* **pressure gauge** *n* TECHNOL Druckanzeige *f,* Druckmesser *m;* **pressure group** *n* POL Interessenvertretung *f,* Lobby *f;* **pressurized** ['preʃəraɪzd] *adj* ◇ **~ cabin** Druckkabine *f*

prestige [pre'sti:ʒ] *n* Ansehen *s,* Prestige *s;* **prestigious** [pre'stɪdʒəs] *adj* renommiert

presumably [prɪ'zju:məblɪ] *adv* vermutlich; **presume** [prɪ'zju:m] *vt, vi* annehmen, vermuten; **presumption** [prɪ'zʌmpʃən] *n* Vermutung *f;* **presumptuous** [prɪ'zʌmptjʊəs] *adj* unverschämt, dreist

presuppose [pri:sə'pəʊz] *vt* voraussetzen *(that* daß); **presupposition** [pri:sʌpə'zɪʃən] *n* Voraussetzung *f*

pretence [prɪ'tens] *n* [1] Verstellung *f;* ◇ **her friendliness is only a ~** ihre Freundlichkeit ist nur gespielt [2] *(false claim)* ◇ **to do s.th. under false ~s** etw unter e-m Vorwand tun; **pretend** [prɪ'tend] **I.** *vt* vortäuschen, vorgeben **II.** *vi* sich verstellen; ◇ **she's only ~ing** sie tut nur so; **pretense** [prɪ'tens] *n (AM) s.* **pretence**

pretension [prɪ'tenʃən] *n* Protzerei *f,* Anmaßung *f*

pretentious [prɪ'tenʃəs] *adj* anmaßend

pretext ['pri:tekst] *n* Vorwand *m*

prettily ['prɪtɪlɪ] *adv* nett, hübsch; **pretty** ['prɪtɪ] **I.** *adj* ↑ *attractive* hübsch; ↑ *charming* nett, schön **II.** *adv FAM* ziemlich, ganz schön; ◇ **I'm ~ certain he'll call** ich bin mir ziemlich sicher, daß er anrufen wird

prevail [prɪ'veɪl] *vi* [1] *(exist)* vorherrschen; ◇ **this custom ~s throughout Europa** diese Sitte ist in Europe weit verbreitet [2] ↑ *triumph, win* siegen *(against, over* über *acc);* ◇ **capitalism ~ed against communism** der Kapitalismus setzte sich gegen den Kommunismus durch; **prevailing** *adj* vorherrschend; **prevalent** ['prevələnt] *adj* vorherrschend, weitverbreitet

prevarication [prɪværɪ'keɪʃən] *n* Ausflucht *f*

prevent [prɪ'vent] *vt* verhindern, verhüten; ◇ **to ~ s.o. from doing s.th.** jd-n davon abhalten, etw zu tun; **preventable** *adj* vermeidbar; **preventative** *n* vorbeugend; ◇ **~ medicine** Präventivmedizin *f;* **prevention** [prɪ'venʃən] *n* Verhinderung *f,* Verhütung *f,* Vorbeugung *f (of* gegen); ◇ **drug ~** Drogenprophylaxe *f;* **preventive** [prɪ'ventɪv] *adj* vorbeugend

preview ['pri:vju:] *n* Vorschau *f*

previous ['pri:vɪəs] *adj (preceding)* vorher, vorherig; ◇ **on the ~ morning** am Morgen davor; ◇ **~ experience** Vorkenntnisse *pl;* ◇ **the ~ owner** Vorbesitzer(in *f*) *m;* **previously** *adv* vorher, früher

prewar [pri:'wɔ:*] *adj* Vorkriegs-

prey [preɪ] *n* Beute *f;* ◇ **to be an easy ~** e-e leichte Beute sein; ◇ **beast of ~** Raubtier *s;* **prey on** *vi* [1] *(animal)* Jagd machen auf *acc* [2] ↑ *worry, trouble* nagen an *dat*

price [praɪs] **I.** *n* ↑ *cost, sacrifice* Preis *m;* ◇ **to buy at a reduced ~** verbilligt kaufen; ◇ **at any ~** um jeden Preis **II.** *vt* [1] *(set)* den Preis festsetzen [2] *(value)* den Preis schätzen; **priceless** *adj also FIG* unbezahlbar; **price list** *n* Preisliste *f;* **pricey** ['praɪsɪ] *adj FAM* ziemlich teuer

prick [prɪk] **I.** *n* [1] *(pain)* Stich *m* [2] *(penis, FAM!)* Schwanz *m* **II.** *vt, vi* stechen; ◇ **to ~ one's finger** sich *dat* in den Finger stechen; ◇ **to ~ up one's ears** die Ohren spitzen

prickle ['prɪkl] **I.** *n* Stachel *m,* Dorn *m* **II.** *vi* prickeln; **prickly** ['prɪklɪ] *adj (beard)* stachelig; *(bush, cactus)* dornig; **prickly heat** *n* Hitzebläschen *s;* **prickly pear** *n (plant)* Feigenkaktus *m; (fruit)* Kaktusfeige *f*

pride [praɪd] *n* Stolz *m;* ◇ **to take ~ in s.th.** auf etw stolz sein; ◇ **to swallow one's ~** s-n Stolz unterdrücken

priest [pri:st] *n* Priester *m;* **priestess** ['pri:stes] *n* Priesterin *f;* **priesthood** *n* Priestertum *s*

prig [prɪg] *n* Musterknabe *m*

prim [prɪm] *adj* ◇ **Mrs. Brown is very ~ and proper** Frau Brown ist sehr etepetete

prima donna [pri:mə'dɒnə] *n* Primadonna *f*

primarily ['praɪmərɪlɪ] *adv* hauptsächlich; **primary** ['praɪmərɪ] *adj* [1] ↑ *chief* wichtigste(r, s), Haupt-; ◇ **of ~ importance** von größter Bedeutung [2] ↑ *basic* grundlegend, elementar; ◇ **~ colour** Grundfarbe *f;* **primary election** *n (AM)* [innerparteiliche] Vorwahl *f*

primate ['praɪmɪt] *n* FAUNA Primat *m*

prime [praɪm] **I.** *adj* [1] ↑ *main* wichtigste, Haupt-; ◇ **the ~ reason** der Hauptgrund; ◇ **a ~ suspect** ein(e) Hauptverdächtige(r) [2] ↑ *first class* erstklassig; ▷ *meat, produce* von hervorragender Qualität **II.** *vt* [1] ↑ *prepare, brief* instruieren; ◇ **I ~d him**

P

for the interview ich habe ihn auf das Vorstellungsgespräch vorbereitet [2] → *wood* grundieren **III.** *n* (*heyday*) ◇ **to be in the - of life** in der Blüte des Lebens stehen; **prime minister** *n* Premierminister(in *f*) *m*, Ministerpräsident(in *f*) *m*

primer ['praɪmə*] *n* Grundierfarbe *f*, Grundierung *f*

primeval [praɪ'mi:vəl] *adj* urzeitlich; ◇ **- forest** Urwald *m*

primitive ['prɪmɪtɪv] *adj* [1] (*uncivilized*) primitiv [2] ↑ *crude* → *conditions* einfach, primitiv

primrose ['prɪmrəʊz] *n* Schlüsselblume *f*

primula ['prɪmjʊlə] *n* Primel *f*

primus [stove] ® ['praɪməs stəʊv] *n* Primuskocher *m Art Campingspirituskocher*

prince [prɪns] *n* [1] (*of royalty*) Prinz *m* [2] (*ruler*) Fürst *m*

princely *adj* fürstlich; **princess** [prɪn'ses] *n* Prinzessin *f*; Fürstin *f*

principal ['prɪnsɪpəl] **I.** *adj* Haupt-, wichtigste(r, s) **II.** *n AM* SCH Rektor(in *f*) *m*; **principality** [prɪnsɪ'pælɪtɪ] *n* Fürstentum *s*; **principally** ['prɪnsɪpəlɪ] *adv* hauptsächlich

principle ['prɪnsəpl] *n* [1] (*personal belief*) Prinzip *s*; ◇ **it's a matter of -** es geht dabei ums Prinzip [2] ↑ *scientific law* Naturgesetz *s*

print [prɪnt] **I.** *n* [1] (*characters*) Druck *m*, Schrift *f*; ◇ **in bold -** fettgedruckt [2] (*picture*) Druck *m* [3] (*photograph*) Abzug *m* [4] (*impression*) Abdruck *m* **II.** *vt* [1] (*newspaper, book*) drucken [2] (*story*) veröffentlichen [3] (*on cloth*) bedrucken [4] (*not cursive*) in Druckbuchstaben schreiben; ◇ **please - your name** bitte schreiben Sie ihren Namen in Druckschrift [5] (*photograph*) abziehen [6] PC drucken; ◇ **to - s.th. out** etw ausdrucken

printed matter ['prɪntəd mætə*] *n* Drucksache *f*

printer *n* PC Drucker *m*

printing *n* Drucken *s*; ◇ **- works** Druckerei *f*

printout ['prɪntaʊt] *n* PC Ausdruck *m*

prior ['praɪə*] *adj* [1] (*previous to*) vor; ◇ **- to this job, I waited on tables** bevor ich diese Stelle bekam, bediente ich im Lokal [2] (*previous*) vorherig, früher; ◇ **- knowledge is required** Vorkenntnisse sind erforderlich [3] (*more important*) vorrangig

prioritize [praɪ'ɒrɪtaɪz] *vt* e-r Sache *dat* den Vorrang geben; **priority** [praɪ'ɒrɪtɪ] *n* [1] (*concerns*) Priorität *f*, Vorrang *m* [2] (*urgent*) vordringliche Sache *f*; ◇ **a top -** e-e Angelegenheit von äußerster Dringlichkeit [3] (*precedence*) ◇ **to have - over s.th.** Vorrang vor etw haben

priory ['praɪərɪ] *n* Priorat *s*, Münster *s*

prise [praɪz] *vt* ◇ **to - s.th. open** etw aufbrechen

prism ['prɪzəm] *n* Prisma *s*

prison ['prɪzn] *n* Gefängnis *s*; ◇ **- sentence** Freiheitsstrafe *f*; **prisoner** ['prɪsənə*] *n* Gefangene(r) *fm*, Häftling *m*; ◇ **- of war** Kriegsgefangene(r) *fm*

prissy ['prɪsɪ] *adj PEJ* zimperlich

privacy ['prɪvəsɪ] *n* Privatleben *s*; ◇ **he's invading on my -** er verletzt meine Privatsphäre; **private** ['praɪvɪt] **I.** *adj* [1] (*personal*) privat, Privat-; ANAT ◇ **- parts** Geschlechtsteile *s pl* [2] ↑ *independent* Frei-; ◇ **- school** Privatschule *f* [3] ↑ *confidential* geheim, vertraulich; ◇ **let's keep this -** das soll unter uns bleiben [4] ↑ *secluded* ungestört, ruhig **II.** *n* [1] ↑ *alone* ◇ **in -** privat; ◇ **I want to speak to you in -** ich will mit dir unter vier Augen sprechen [2] MIL Gefreiter *m*; **private eye** *n FAM* Privatdetektiv *m*; **privately** *adv* privat

privilege ['prɪvɪlɪdʒ] *n* Privileg *s*, Vorrecht *s*; ↑ *honour* Ehre *f*; **privileged** [-d] *adj* privilegiert

privy ['prɪvɪ] *adj* ◇ **to be - to s.th.** eingeweiht sein in etw *acc*

prize [praɪz] **I.** *n* Preis *m*, Gewinn *m* **II.** *adj* (*example*) preisgekrönt **III.** *vt* hochschätzen; **prize fighter** *n* Profiboxer *m*; **prize winner** *n* Preisträger(in *f*) *m*

pro [prəʊ] *n* <-s> [1] (*professional*) Profi *m* [2] (*positive*) für; ◇ **the -s and cons** *pl* das Für und Wider

probability [prɒbə'bɪlɪtɪ] *n* Wahrscheinlichkeit *f*; **probable** ['prɒbəbl] *adj* wahrscheinlich

probation [prə'beɪʃən] *n* Probezeit *f*; JUR Bewährungszeitraum *m*; ◇ **to be on -** auf Bewährung sein; ◇ **Bill was put on -** Bills Strafe wurde zur Bewährung ausgesetzt; **probation officer** *n* Bewährungshelfer(in *f*) *m*; **probationary** [prə'beɪʃnrɪ] *adj* Probe-; **probationer** *n* [1] (*nurse*) Lernschwester *f* [2] JUR auf Bewährung Freigelassene(r) *fm*

probe [prəʊb] **I.** *n* [1] (*instrument*) Sonde *f* [2] ↑ *investigation* Untersuchung *f* (*into* gen) **II.** *vt, vi* [1] ↑ *investigate* untersuchen, erforschen [2] (*poke, prod*) bohren, untersuchen

problem ['prɒbləm] *n* [1] Problem *s*; (*FAM sure*) ◇ **no -** kein Problem [2] (*puzzle*) Aufgabe *f*; **problematic** [prɒblɪ'mætɪk] *adj* problematisch

procedural [prə'si:djʊrəl] *adj* Verfahrens-; **procedure** [prə'si:dʒə*] *n* Vorgehen *s*, Verfahren *s*; ◇ **we are just following -s** wir halten uns nur an die Vorschriften

proceed [prə'si:d] *vi* [1] ↑ *advance* weitergehen [2] ↑ *carry on* fortfahren; ◇ **before we - any further…** bevor wir weitermachen…; ◇ **to - with one's work** die Arbeit fortsetzen [3] ↑ *continue* weitergehen;

◊ **to - as normal** weitermachen wie bisher; **proceedings** [prəˈsi:dɪŋz] *n pl* (1) (JUR *legal action*) Verfahren *s;* ◊ **to take - against s.o.** gegen jd-n gerichtlich vorgehen; ◊ **court -** Gerichtsverhandlung *f* (2) (*series of events*) Vorgehen *s*

proceeds [ˈprəʊsi:ds] *n pl* Einnahmen *pl,* Ertrag *m*

process [ˈprəʊses] **I.** *n* (1) (*steps*) Vorgang *m,* Verfahren *s* (2) (*action*) Prozeß *m;* ◊ **in the - of the meeting** im Laufe der Versammlung; ◊ **to be in the - of doing s.th.** dabeisein, etw zu tun; (*simultaneously*) ◊ **in the -** dabei **II.** *vt* ↑ *treat* ▷*chemically* behandeln; → *food* haltbar machen; → *film* entwickeln; PC → *data* verarbeiten; **procession** [prəˈseʃən] *n* Prozession *f,* Umzug *m*

proclaim [prəˈkleɪm] *vt* proklamieren, ausrufen; ◊ **to - s.o. king** jd-n zum König ausrufen; **proclamation** [prɒkləˈmeɪʃən] *n* Verkündigung *f,* Ausrufung *f,* Proklamation *f*

procrastinate [prəʊˈkræstɪneɪt] *vi* zögern; **procrastination** [prəʊkræstɪˈneɪʃən] *n* Zaudern *s*

procreation [prəʊkrɪˈeɪʃən] *n* Zeugung *f,* Fortpflanzung *f*

procure [prəˈkjʊə*] *vt* beschaffen, besorgen

prod [prɒd] **I.** *vt* (1) (*poke*) stoßen (2) (*remind*) anspornen, anstacheln **II.** *n* Stoß *m*

prodigious [prəˈdɪdʒəs] *adj* erstaunlich; ↑ *wonderful* wunderbar

prodigy [ˈprɒdɪdʒɪ] *n* Wunder *s;* ◊ **a child -** ein Wunderkind *s*

produce [ˈprɒdju:s] **I.** *n* Produkt *s,* Erzeugnis *s* **II.** [prəˈdju:s] *vt* (1) ↑ *cause* bewirken, hervorrufen (2) ↑ *make, create* herstellen, produzieren (3) ↑ *present, show* vorzeigen; → *documents, I.D.* vorzeigen, vorlegen (4) → *film, record* produzieren; **producer** [prəˈdju:sə*] *n* (1) Hersteller(in *f*) *m,* Produzent(in *f*) *m* (2) FILM Regisseur(in *f*) *m;* **product** [ˈprɒdʌkt] *n* (1) (*goods*) Produkt *s,* Erzeugnis *s* (2) (*result*) Produkt *s;* **production** [prəˈdʌkʃən] *n* (1) (*process*) Herstellung *f,* Produktion *f,* Erzeugung *f* (2) ↑ *output* Produktion *f* (3) (*of film, record*) Produktion *f* (4) ↑ *creation* Erzeugung *f,* Bewirkung *f* (5) (*a play, film*) ◊ **a Walt Disney -** e-e Walt-Disney-Produktion *f;* **production line** *n* Fertigungsstraße *f;* **productive** [prəˈdʌktɪv] *adj* (1) ↑ *efficient* produktiv (2) ↑ *fruitful* ergiebig, rentabel; **productivity** [prɒdʌkˈtɪvɪtɪ] *n* Produktivität *f*

prof [prɒf] *n FAM* ↑ *professor* Prof *m*

profane [prəˈfeɪn] **I.** *adj* (1) ↑ *blasphemous* gotteslästerlich (2) ↑ *secular* weltlich, profan **II.** *vt* entweihen, profanieren

profess [prəˈfes] *vt* (1) ↑ *claim, allege* vorgeben, vortäuschen (2) (*faith*) sich bekennen zu

profession [prəˈfeʃən] *n* (1) ↑ *career* Beruf *m;* ◊ **by -** von Beruf; ◊ **medical -** Arztberuf *m* (2) ↑ *declaration* Gelübde *s;* ◊ **a - of love** e-e Liebeserklärung

professional [prəˈfeʃənl] **I.** *n* ↑ *expert* Fachmann *m,* Profi *m;* SPORT Berufssportler(in *f*) *m* **II.** *adj* (1) ↑ *expert* fachmännisch; ◊ **he acted in a very - manner** er hat sich sehr professionell verhalten; ◊ **that looks more -** das sieht professioneller aus (2) (*not amateur*) Berufs-, beruflich; ◊ **the amateur turned -** der Amateur ist ins Profilager übergewechselt; ◊ **his - ability** seine beruflichen Fähigkeiten; ◊ **she sought - advice** sie suchte nach fachmännischem Rat; **professionalism** *n* Professionalismus *m*

professor [prəˈfesə*] *n* (1) (*at university*) Professor(in *f*) *m,* Dozent(in *f*) *m* (2) (*of faith*) Bekenner (in *f*) *m*

proficiency [prəˈfɪʃənsɪ] *n* Können *s,* Tüchtigkeit *f;* ◊ **- level** Leistungsstand *m;* ◊ **her - in bookkeeping** ihr Können als Buchhalterin; **proficient** [prəˈfɪʃənt] *adj* tüchtig, fähig

profile [ˈprəʊfaɪl] *n* (1) ↑ *outline* Profil *s* (2) (*biography*) Porträt *s* (3) (*lie low*) ◊ **to keep a low -** sich zurückhalten

profit [ˈprɒfɪt] **I.** *n* Gewinn *m,* Profit *m;* ◊ **we sold our house at a -** wir verkauften unser Haus mit Gewinn **II.** *vi* profitieren (*by, from* von), Gewinn ziehen (*by, from* aus); **profitability** [prɒfɪtəˈbɪlɪtɪ] *n* Rentabilität *f;* **profitable** [ˈprɒfɪtəbl] *adj* gewinnbringend, einträglich; ◊ **the deal wasn't -** das Geschäft war nicht rentabel

profiteering [prɒfɪˈtɪərɪŋ] *n* Wuchergeschäfte *pl*

profound [prəˈfaʊnd] *adj* (1) ▷*knowledge* profund, tiefgehend; ▷*thought* tiefsinnig; ▷*book* gehaltvoll (2) ▷*intensity* völlig, vollkommen; **profoundly** *adv* zutiefst

profuse [prəˈfju:s] *adj* überreichlich, überschwenglich; **profusely** *adv* stark, heftig; ◊ **he was bleeding -** er hat stark geblutet

profusion [prəˈfju:ʒən] *n* ◊ **fruit in -** Obst in Hülle und Fülle

programme, program (*AM*) [ˈprəʊgræm] **I.** *n* (1) PC Programm *s* (2) (*TV*) Sendung *f,* Programm *s* (3) (*booklet of events*) Verzeichnis *s;* (*theater, opera*) Programm *s* **II.** *vt* programmieren

programmer *n* PC Programmierer(in *f*) *m*

progress [ˈprəʊgres] **I.** *n* (1) (*process of completing*) Fortschritt *m;* ◊ **I'm making slow - with my work** ich komme mit der Arbeit langsam voran; ◊ **Sabine is making good - with her English** Sabine macht mit ihrem Englisch gute Fortschritte (2) ↑ *development* Entwicklung *f* (3) ↑ *under way* ◊ **the project is in -** das Projekt ist im Gange

P

II. [prə'gres] *vi* ① ↑ *advance, improve* Fortschritte machen ② ↑ *continue* ◇ **as the trip -ed** im Laufe der Reise; **progression** [prə'greʃən] *n* ① ↑ *development* Entwicklung *f;* (*in rank*) Aufstieg *m* ② (*of events*) Folge *f;* **progressive** [prə'gresɪv] *adj* ① ↑ *radical, modern* progressiv ② ↑ *gradual* fortschreitend; **progressively** *adv* ↑ *increasingly* zunehmend

prohibit [prə'hɪbɪt] *vt* ↑ *forbid* verbieten, untersagen; ◇ **the selling of alcohol to minors is -ed** es ist verboten, Alkohol an Minderjährige zu verkaufen; **prohibition** [prəʊɪ'bɪʃən] *n* (*law, rule*) Verbot *s;* **prohibitive** [prə'hɪbɪtɪv] *adj* ▷*cost* unerschwinglich

project ['prɒdʒekt] **I.** *n* Projekt *s* **II.** [prə'dʒekt] *vt* ① ↑ *plan* planen ② → *slides* projizieren (*on* auf *acc*) ③ (*personality*) zur Geltung bringen **III.** *vi* ↑ *protrude* vorstehen

projectile [prə'dʒektaɪl] *n* Projektil *s,* Geschoß *s*

projection [prə'dʒekʃən] *n* ① ↑ *estimate* Planung *f* ② ↑ *protrusion* Vorsprung *m* ③ (*of film*) Projektion *f*

projector [prə'dʒektə*] *n* Projektor *m*

proletarian [prəʊlə'tɛərɪən] *adj* proletarisch

prologue ['prəʊlɒg] *n* Prolog *m;* (*book*) Vorwort *s*

prolong [prə'lɒŋ] *vt* verlängern; **prolonged** [-d] *adj* anhaltend; ◇ **a - absence** e-e längere Abwesenheit

promenade [prɒmɪ'nɑ:d] *n* Promenade *f;* **promenade concert** *n* Stehkonzert *s Konzert in ungezwungener Atmosphäre;* **promenade deck** *n* NAUT Promenadendeck *s*

prominent ['prɒmɪnənt] *adj* ① (*important*) prominent, berühmt ② ◇ **to be -** vorspringen, vorstehen

promiscuity [prɒmɪ'skju:ɪtɪ] *n* Promiskuität *f,* häufiger Partnerwechsel *m;* **promiscuous** [prə'mɪskjʊəs] *adj* promiskuitiv

promise ['prɒmɪs] **I.** *n* ① ↑ *vow* Versprechen *s;* ◇ **to make a - to s.o.** jd-m ein Versprechen geben; ◇ **I have to keep my -** ich muß mein Versprechen halten ② ↑ *hope* Aussicht *f,* Hoffnung *f* (*of* auf *acc*); ◇ **this candidate shows great -** dies ist ein vielversprechender Kandidat **II.** *vt, vi* ↑ *pledge* versprechen; ◇ **I - to be back by 7 o'clock** ich verspreche dir, daß ich um sieben Uhr zurück bin; **promising** *adj* ▷*situation, event* vielversprechend

promote [prə'məʊt] *vt* ① ↑ *foster* fördern ② ↑ *advertise, push* werben für, eintreten für ③ ↑ *organize* → *marathon, race* veranstalten ④ (*in rank*) befördern; **promoter** *n* ↑ *sponsor* Veranstalter(in *f*) *m,* Promoter(in *f*) *m;* **promotion** [prə'məʊʃən] *n* ① Beförderung *f,* Versetzung *f* ② Werbung *f* ③ Veranstaltung *f* ④ Förderung *f*

prompt [prɒmpt] **I.** *adj* (*immediate*) sofortig, unverzüglich **II.** *adv* (*punctually*) pünktlich; ◇ **at 12 o'clock -** um Punkt 12 Uhr **III.** *vt* ① (*motivate*) veranlassen; ◇ **to - s.o. to do s.th.** jd-n veranlassen, etw zu tun ② (*coax*) vorsagen (*s.b.* jd-m); **prompter** *n* THEAT Souffleur *m,* Souffleuse *f;* **promptly** *adv* ① (*immediately*) prompt ② (*punctually*) pünktlich

prone [prəʊn] *adj* ① (*liable*) neigen zu; (*susceptible*) ◇ **to be - to s.th.** anfällig sein für ② (*position*) ◇ **he was lying - on the floor** er lag mit dem Gesicht nach unten auf dem Boden

prong [prɒŋ] *n* (*of fork*) Zinke *f,* Zacke *f*

pronoun ['prəʊnaʊn] *n* Pronomen *s,* Fürwort *s*

pronounce [prə'naʊns] **I.** *vt* (*a word*) aussprechen **II.** *vi* ① (*declare*) erklären für; ◇ **to - s.o. dead** jd-n für tot erklären ② (*a verdict, opinion*) Stellung nehmen (*on* zu); **pronounced** [-d] *adj* bestimmt, entschieden; **pronouncement** *n* Erklärung *f*

pronto ['prɒntəʊ] *adv FAM* fix; ◇ **-!** hopp!, dalli!

pronunciation [prənʌnsɪ'eɪʃən] *n* Aussprache *f*

proof [pru:f] **I.** *n* ① (*fact, evidence*) Beweis *m* (*of* für); ◇ **to show - of s.th.** den Nachweis für etw liefern ② (*of photo*) Probeabzug *m* ③ (*of alcohol*) Alkoholgehalt *m* **II.** *adj* ▷*sound* sicher; ◇ **water-** wasserdicht; **proof-read** *vi, vt* korrekturlesen

prop [prɒp] **I.** *n* ① (*mainstay*) Halt *m* ② (*stick, object*) Stütze *f* ③ ◇ **-s** (*of play*) Requisiten *f pl* **II.** *vt* ↑ *support* stützen; → *a door* offenhalten; **prop up** ↑ *lean* abstützen; ◇ **to - - against s.th.** gegen etw lehnen; ↑ *rest* ◇ **to - - one's feet** die Füße hochlegen

propaganda [prɒpə'gændə] *n* Propaganda *f*

propagate ['prɒpəgeɪt] *vt* ① → *news, ideas* verbreiten, propagieren ② → *plants* fortpflanzen, vermehren; **propagation** [prɒpə'geɪʃən] *n* ① Verbreitung *f* ② Fortpflanzung *f*

propel [prə'pel] *vt* ↑ *drive* antreiben; ◇ **what -led you to do that?** was hat dich dazu getrieben, so etw zu tun?; **propellant** *n* Treibstoff *m;* (*spray can*) Treibgas *s*

propeller *n* Propeller *m*

propelling pencil *n* Drehbleistift *m,* Druckbleistift *m*

propensity [prə'pensɪtɪ] *n* (*inclination*) Neigung *f*

proper ['prɒpə*] *adj* ① ↑ *correct* echt, richtig ② ↑ *suitable* passend, geeignet; ◇ **in the - place** am rechten Platz ③ ↑ *decent, fitting* anständig, schicklich; **properly** ['prɒpəlɪ] *adv* ① ↑ *satisfactorily* richtig; ◇ **make sure that you eat -** achte darauf, daß du dich richtig ernährst ② ↑

decently anständig; ◇ **you behaved** ~ du hast dich korrekt verhalten

proper name *n*, **proper noun** *n* Eigenname *m*

property ['prɒpətɪ] *n* [1] *(belongings)* Eigentum *s*, Besitz *m* [2] *(building, land)* Grundbesitz *m*, Grundstück *s* [3] *(characteristic)* ◇ **properties** *pl* Merkmale *s pl;* **property owner** *n* Grundbesitzer(in *f*) *m*

prophecy ['prɒfɪsɪ] *n* Prophezeiung *f;* **prophesy** ['prɒfɪsaɪ] *vt* prophezeien; **prophet** ['prɒfɪt] *n* Prophet(in *f*) *m;* **prophetic** [prə'fetɪk] *adj* prophetisch

proportion [prə'pɔːʃən] *n* [1] ↑ *share, percentage* Teil *m* [2] ↑ *ratio* Verhältnis *s;* ◇ **the ~ of workers to employers** das Verhältnis von Arbeitnehmern zu Arbeitgebern; ◇ **in ~ to** im Verhältnis zu; ◇ **to be far out of ~** in keinem Verhältnis stehen; **proportional** *adj* proportional, verhältnismäßig; **proportionally** *adv* proportional; **proportional representation** *n* POL Verhältniswahl *f;* **proportionate** [prə'pɔːʃənət] *adj* proportional; FIN ◇ **output is ~ to input** der Ertrag verhält sich proportional zum Einsatz

proposal [prə'pəʊzl] *n* [1] ↑ *offer* Vorschlag *m;* ◇ **to make s.o. a ~** jd-m e-n Vorschlag machen [2] *(of marriage)* Heiratsantrag *m;* **propose** [prə'pəʊz] **I.** *vt* [1] ↑ *suggest* vorschlagen [2] → *toast* ausbringen *(to* auf *acc)* **II.** *vi* [1] e-n Heiratsantrag machen *(to s.o.* jd-m) [2] ↑ *intend* beabsichtigen, vorhaben; **proposition** [prɒpə'zɪʃən] **I.** *n* [1] ↑ *statement* Behauptung *f* [2] ↑ *suggestion* Vorschlag *m* **II.** *vt* herantreten an *acc*

proprietor [prə'praɪətə*] *n (of pub, hotel)* Inhaber (in *f*) *m; (of house)* Besitzer(in *f*) *m*

propulsion [prə'pʌlʃən] *n* Antrieb *m*

pro-rata [prəʊ'rɑːtə] *adv (payment)* anteilmäßig

prosaic [prə'zeɪɪk] *adj* prosaisch; ▷*methods* nüchtern, sachlich

prose [prəʊz] *n* Prosa *f*

prosecute ['prɒsɪkjuːt] *vt* strafrechtlich verfolgen *(for* wegen); ◇ **prosecuting lawyer** Vertreter/Vertreterin der Anklage; **prosecution** [prɒsɪ'kjuːʃən] *n* [1] JUR strafrechtliche Verfolgung *f,* Strafverfolgung *f* [2] JUR ◇ **the ~** Staatsanwaltschaft *f,* Anklagebehörde *f;* **prosecutor** ['prɒsɪkjuːtə*] *n* Staatsanwalt *m,* Staatsanwältin *f*

prospect ['prɒspekt] **I.** *n* [1] *(likelihood)* Aussicht *f (of* auf *acc);* ◇ **his ~s look bad** seine Chancen stehen schlecht [2] *(candidate)* ◇ **a good ~** ein aussichtsreicher Kandidat **II.** [prə'spekt] *vi* ▷*gold* suchen *(for* nach); **prospective** [prə'spektɪv] *adj* [1] ↑ *would-be* voraussichtlich; ◇ **a ~ buyer** ein potentieller Käufer [2] ↑ *future* ◇ **my ~ mother-in-law** meine zukünftige Schwiegermutter

prospectus [prə'spektəs] *n* Prospekt *m*

prosper ['prɒspə*] *vi* ← *country* gedeihen, blühen; **prosperity** [prɒ'sperɪtɪ] *n* Wohlstand *m;* **prosperous** ['prɒspərəs] *adj* wohlhabend; ▷*business* gutgehend, florierend

prostitute ['prɒstɪtjuːt] *n* Prostituierte *f*

prostrate ['prɒstreɪt] *adj* hingestreckt; ◇ ~ **with exhaustion** der Erschöpfung nahe sein

protagonist [prəʊ'tægənɪst] *n* [1] *(of play, book)* Hauptfigur *f,* Held(in *f*) *m* [2] *(of a movement)* Vorkämpfer(in *f*) *m*

protect [prə'tekt] *vt* schützen *(from* vor, *against* gegen); **protection** [prə'tekʃən] *n* Schutz *m;* **protective** *adj* [1] *(clothing, creams)* Schutz- [2] *(person)* beschützend; ◇ **his mother is over~ towards him** seine Mutter ist übermäßig besorgt um ihn; **protector** [prə'tektə*] *n* [1] ↑ *defender* Beschützer(in *f*) *m* [2] (~ *wear)* Schutz *m*

protein ['prəʊtiːn] *n* Eiweiß *s,* Protein *s*

protest ['prəʊtest] **I.** *n (demonstration)* Protest *m* **II.** [prə'test] *vi* [1] *(drugs, abortion)* protestieren *(against* gegen) [2] *(insist)* protestieren; ◇ **that's the truth he ~ed** das ist die Wahrheit, beteuerte er [3] *(AM criticize)* Einspruch erheben gegen

Protestant ['prɒtəstənt] **I.** *adj* protestantisch, evangelisch **II.** *n* Protestant(in *f*) *m*

protocol ['prəʊtəkɒl] *n* Protokoll *s*

prototype ['prəʊtəʊtaɪp] *n* Prototyp *m*

protracted [prə'træktɪd] *adj* ▷*negociations* langwierig; ▷*break, lunch* länger; ▷*discussion* sich hinziehend; ▷*explanation* langgezogen

protractor [prə'træktə*] *n* Winkelmesser *m*

protrude [prə'truːd] *vi* vorstehen *(out of* aus)

protuberance [prə'tjuːbərəns] *n* ↑ *bulge* Beule *f,* Ausbuchtung *f;* **protuberant** *adj* vorstehend

proud [praʊd] *adj* [1] stolz; ◇ **she was ~ of her son** sie war stolz auf ihren Sohn [2] *(dignified)* erhaben sein; ◇ **he is poor but very ~** er ist arm, aber er hat seinen Stolz [3] *(arrogant)* hochmütig, stolz; ◇ **she is too ~ to associate with me** sie ist sich zu gut, um mit mir zu verkehren; **proudly** *adv* stolz

prove [pruːv] **I.** *vt* ↑ *verify* beweisen, nachweisen **II.** *vi* ◇ **that ~d to be wrong** das hat sich als falsch erwiesen

proverb ['prɒvɜːb] *n* Sprichwort *s;* **proverbial** [prə'vɜːbɪəl] *adj* sprichwörtlich

provide [prə'vaɪd] *vt* [1] ↑ *to supply* zur Verfügung stellen [2] *(make available)* versehen, beliefern *(with* mit); ◇ **this train is ~d with a dining car** dieser Zug hat [*o.* verfügt über] e-n Speisewagen [3] *(stipulation)* vorsehen; ◇ **~d that** vorausgesetzt, daß; **provide for** *vt* ↑ *care for* sorgen für; ◇ **she has a child to ~ ~** sie hat ein Kind zu versorgen

P

Providence ['prɒvɪdəns] *n* Vorsehung *f*

province ['prɒvɪns] *n* [1] ↑ *district* Provinz *f* [2] ◇ **the ~s** *pl* die Provinz *f* [3] (*division of work*) Bereich *m*, Gebiet *s*; **provincial** [prə'vɪnʃəl] *adj* [1] ↑ *regional* Provinz- [2] ↑ *narrow-minded* provinzlerisch, provinziell

provision [prə'vɪʒən] *n* [1] ↑ *agreement* Bestimmung *f*, Vorschrift *f*; ◇ **with the ~ that** unter der Bedingung, daß [2] ◇ **~s** *pl* Proviant *m*, Verpflegung *f*; (*goods*) Lebensmittel *s pl* [3] ↑ *allowance* Vorkehrung *f*, Berücksichtigung *f*; ◇ **to make ~s for one's future** für die Zukunft vorsorgen [4] (*act of giving*) Bereitstellung *f*; (*of food, clothing*) Versorgung *f*; **provisional** *adj* provisorisch, vorläufig

proviso [prə'vaɪzəʊ] *n* <-[e]s> Vorbehalt *m*, Bedingung *f*

provocation [prɒvə'keɪʃən] *n* Provokation *f*; ◇ **at the slightest ~** beim geringsten Anlaß; **provocative** [prə'vɒkətɪv] *adj* [1] (*provoke*) provozierend [2] (*entice*) aufreizend

provoke [prə'vəʊk] *vt* provozieren; ◇ **to ~ s.o. into doing s.th.** jd-n zu etw provozieren; ↑ *cause* veranlassen

prow [praʊ] *n* NAUT Bug *m*

prowl [praʊl] **I.** *vi* ← *robber* herumschleichen **II.** *n* ◇ **to be on the ~** (*street gang*) auf Streifzug sein; (*police*) auf Streife sein; **prowler** *n* Herumtreiber(in *f*) *m*

proximity [prɒk'sɪmɪtɪ] *n* Nähe *f*; ◇ **it's in the ~ of the beach** es ist nahe beim Strand

proxy ['prɒksɪ] *n* (*power*) Vollmacht *f*; ◇ **to vote by ~** durch e-n Stellvertreter wählen

prude [pru:d] *n* prüder Mensch

prudence ['pru:dəns] *n* Vernunft *f*, Klugheit *f*; **prudent** ['pru:dənt] *adj* vernünftig, klug; **prudently** *adv* wohlweislich, umsichtig

prudish ['pru:dɪʃ] *adj* prüde

prune [pru:n] **I.** *n* Trockenpflaume *f* **II.** *vt* → *hedge* schneiden, stutzen

pry [praɪ] *vi* (*snoop*) neugierig sein; ◇ **I don't mean to ~, but...** ich möchte nicht neugierig sein, aber...

psalm [sɑ:m] *n* Psalm *m*

pseudo ['sju:dəʊ] *adj* (*fake*) unecht, pseudo-

pseudonym ['sju:dənɪm] *n* Pseudonym *s*

psyche ['saɪkɪ] *n* Psyche *f*, Seele *f*

psychiatric [saɪkɪ'ætrɪk] *adj* [1] ▷*hospital, help* psychiatrisch [2] (*disorder*) psychisch; **psychiatrist** [saɪ'kaɪətrɪst] *n* Psychiater(in *f*) *m*; **psychiatry** [saɪ'kaɪətrɪ] *n* Psychiatrie *f*

psychic ['saɪkɪkəl] *adj* (*person, powers*) übersinnlich

psychoanalyse, **psychoanalyze** (*AM*) [saɪkəʊ'ænəlaɪz] *vt* psychoanalysieren, psychoanalytisch behandeln

psychoanalysis [saɪkəʊə'næləsɪs] *n* Psychoanalyse *f*; **psychoanalyst** [saɪkəʊ'ænəlɪst] *n* Psychoanalytiker(in *f*) *m*

psychological [saɪkə'lɒdʒɪkəl] *adj* psychologisch; **psychologically** *adv* psychisch; ◇ **she is ~ unstable** sie ist psychisch labil; **psychologist** [saɪ'kɒlədʒɪst] *n* Psychologe *m*, Psychologin *f*; **psychology** [saɪ'kɒlədʒɪ] *n* [1] (*science*) Psychologie *f* [2] (*mind*) Psyche *f*

psychopath ['saɪkəʊpæθ] *n* Psychopath(in *f*) *m*

psychosomatic [saɪkəʊsəʊ'mætɪk] *adj* psychosomatisch

psychotherapy [saɪkəʊ'θerəpɪ] *n* Psychotherapie *f*

psychotic [saɪ'kɒtɪk] **I.** *adj* psychotisch **II.** *n* Psychotiker(in *f*) *m*

pto *abbr. of* **please turn over** b.w., bitte wenden

pub [pʌb] *n* Kneipe *f*, Pub *s*

puberty ['pju:bətɪ] *n* Pubertät *f*; ◇ **to be going through ~** in der Pubertät sein

pubic ['pju:bɪk] *adj* Scham-; ◇ **~ hair** Schamhaar *s*

public ['pʌblɪk] **I.** *n* [1] (*people*) Öffentlichkeit *f*; ◇ **to say s.th. in ~** etw öffentlich sagen [2] (*group*) Publikum *s*, Öffentlichkeit *f* **II.** *adj* [1] (*not private*) öffentlich; (*transportation, toilet*) öffentlich; (*library*) Volks-, Stadt-; ◇ **~ opinion** öffentliche Meinung [2] (*well-known*) bekannt; ◇ **a ~ figure** e-e Persönlichkeit des öffentlichen Lebens; ◇ **to make s.th. ~** etw bekanntmachen; ◇ **~ holiday** gesetzlicher Feiertag *m*

publication [pʌblɪ'keɪʃən] *n* (*book, printing*) Veröffentlichung *f*, Publikation *f*

publicity [pʌb'lɪsɪtɪ] *n* [1] (*public notice*) Publicity *f*, Bekanntheit *f* [2] (*exposure*) Reklame *f*, Werbung *f*; ◇ **~ agent** Werbeagent(in *f*) *m*

public opinion *n* öffentliche Meinung *f*; **public relations** *n pl* COMM Public Relations *f sg*, Öffentlichkeitsarbeit *f*

publish ['pʌblɪʃ] *vt* [1] → *book* veröffentlichen, herausbringen; → *letter, story* abdrucken [2] ↑ *broadcast* bekanntgeben; **publisher** *n* Verleger (in *f*) *m*, Herausgeber(in *f*) *m*; **publishing** *n* Verlagswesen *s*; ◇ **~ company** Verlag *m*, Verlagshaus *s*

puck [pʌk] *n* (*ice hockey*) Puck *m*, Scheibe *f*

pucker ['pʌkə*] *vt* [1] ← *material* Falten werfen [2] → *lips, mouth* verziehen

pudding ['pʊdɪŋ] *n* [1] *course, BRIT* Nachspeise *f*, Nachtisch *m* [2] (*dish*) Pudding *m*

puddle ['pʌdl] *n* Pfütze *f*

puff [pʌf] **I.** *n* [1] (*of wind etc.*) Windstoß *m*, Luftstoß *m*, Hauch *m* [2] (*cosmetic*) Quaste *f* [3] (*smoke*) Zug *m;* ◇ **let me have a** ~ laß mich mal ziehen ④ (*pastry*) ◇ **cream** ~ Windbeutel *m* **II.** *vt* (*pipe, cigarette*) paffen; (*smoke*) ausstoßen **III.** *vi* (*pant*) schnaufen; **puff out** (*cheeks*) aufblasen; **puff up** (*breast, swell*) anschwellen

puffed [-d] *adj* (*FAM tired*) ◇ **I'm** ~! ich hab' keine Puste mehr!

puffin ['pʌfɪn] *n* FAUNA Papageientaucher *m*

puffy ['pʌfɪ] *adj* geschwollen, verschwollen

pull [pʊl] **I.** *n* ① (*yank*) Ruck *m;* (*tug*) Zug *m* ② (*influence*) Beziehungen *pl;* (*FAM is on good terms with*) ◇ **he has** ~ **with the professor** er hat e-n guten Draht zum Professor **II.** *vt* ① → *hair, trigger* ziehen an *dat; FIG* ◇ **to** ~ **s.o.'s leg** ↑ *fool s.o.* jd-n auf den Arm nehmen ② ↑ *draw* → *cart, wagon* ziehen ③ ↑ *cover, uncover* zumachen; ◇ **will you** ~ **the curtain please?** ziehst du bitte den Vorhang zu? ④ → *muscle* sich zerren **III.** *vi* ↑ *draw* ziehen; ◇ **the car is** ~**ing to the right** das Auto zieht nach rechts; ◇ ~ **apart** auseinanderziehen; ◇ ~ **away** wegziehen; (*vehicle*) wegfahren; **pull down** *vt* ① → *pants* herunterziehen ② ↑ *destroy* abreißen; **pull in** *vi* (*vehicle*) ◇ ~ ~ **to the next gas station** halten Sie bei der nächsten Tankstelle; **pull off** *vt* ① → *shirt* ausziehen ② → *the wrapping* abziehen; ◇ **to** ~ **s.th.** ~ etw drehen; **pull out I.** *vt* ① ↑ *withdraw* zurückziehen; → *troops* abziehen ② ↑ *remove* herausziehen; ◇ **the dentist** ~**ed my tooth** ~ der Zahnarzt zog mir den Zahn **II.** *vi* ① ← *vehicle* herausfahren ② (*of situation*) herauskommen; **pull over** *vi* zur Seite fahren; **pull through I.** *vt* ↑ *support* jd-m helfen **II.** *vi* ↑ *recover* durchkommen; **pull together I.** *vi* gemeinsam ziehen; *FIG* am gleichen Strang ziehen **II.** *vt* ① (*join forces*) zusammenschweißen ② (*solve, close*) in e-n Zusammenhang bringen **III.** *vr* sich zusammmenreißen

pull up *vi* ① ← *vehicle* vorfahren; ◇ ~ ~ **a little bit** fahr' ein bißchen vor; ↑ *stop* anhalten; ◇ ~ ~ **over there** halt' da drüben an ② ↑ *raise* hochziehen ③ → *chair* herholen

pulley ['pʊlɪ] *n* Flaschenzug *m*

pulp [pʌlp] **I.** *n* ① ◇ **to turn s.th. into a** ~ etw zu Brei machen ② (*of fruit*) Fruchtfleisch *s;* (*of tooth*) Zahnmark *s* **II.** *vt* zu Brei verarbeiten; → *berries* zerdrücken

pulpit ['pʊlpɪt] *n* Kanzel *f*

pulsate [pʌl'seɪt] *vi* pulsieren

pulse [pʌls] **I.** *n* ① (*heartbeat*) Puls *m;* ◇ **to take s.o.'s** ~ jd-m den Puls fühlen ② (*of music*) Rhythmus *m* **II.** *vi* pulsieren; (*music*) vibrieren, pulsieren

pulverize ['pʌlvəraɪz] *vt* ① ↑ *grind* pulverisieren ② *FAM* ↑ *demolish* fertigmachen; ◇ **he literally** ~**d him** er hat Kleinholz aus ihm gemacht

puma ['pju:mə] *n* Puma *m*

pump [pʌmp] **I.** *n* ① Pumpe *f;* ◇ **bicycle** ~ Luftpumpe *f* ② (*AM shoe*) Pumps *m* **II.** *vt* ① (*transport, water, gas*) pumpen ② (*money, energy*) hineinpumpen

pump up *vt* → *tyre* aufpumpen

pumpkin ['pʌmpkɪn] *n* Kürbis *m*

pun [pʌn] *n* Wortspiel *s*

punch [pʌntʃ] **I.** *n* ① (*tool*) Lochzange *f,* Locher *m* ② ↑ *blow* Schlag *m;* ◇ **to give s.o. a** ~ jd-m einen Schlag versetzen, jd-n boxen ③ (*drink*) Punsch *m,* Bowle *f* **II.** *vt* ① (*make holes*) lochen ② ↑ *strike* schlagen; **punch-line** *n* Pointe *f;* **punch-up** *n FAM* Schlägerei *f*

punctual ['pʌŋtʃʊəl] *adj* pünktlich; ◇ **to be** ~ pünktlich kommen; **punctuality** [pʌŋktjʊ'ælɪtɪ] *n* Pünktlichkeit *f*

punctuate ['pʌŋktjʊeɪt] *vt* ① ↑ *interrupt* unterbrechen (*with* mit, durch) ② LING → *text* interpunktieren; ◇ **she didn't** ~ **the paragraph** sie hat in dem Abschnitt die Satzzeichen ausgelassen; **punctuation** [pʌŋktjʊ'eɪʃən] *n* Interpunktion *f,* Zeichensetzung *f;* ◇ ~ **mark** Satzzeichen *s*

puncture ['pʌŋktʃə*] **I.** *n* Loch *s;* (*flat tyre*) Reifenpanne *f* **II.** *vt* durchstechen

pungent ['pʌndʒənt] *adj* ① ▷ *smell, taste* scharf, stechend ② ▷ *words* bissig, scharf

punish ['pʌnɪʃ] *vt* → *s.o.* bestrafen; ◇ **he was** ~**ed with a fine** er wurde mit e-r Geldstrafe belegt; **punishable** *adj* strafbar; **punishment** *n* ① ↑ *penalty* Bestrafung *f,* Strafe *f* ② (*FAM conditions*) ◇ **this car takes a lot of** ~ dieses Auto muß einiges aushalten

punk [pʌnk] *n* **I.** ① (*music*) Punk[-rock] *m* ② (*person*) Punk *fm,* Punker(in *f*) *m* **II.** *adj* punkig

punt [pʌnt] **I.** *n* Stechkahn *m* **II.** *vi* staken

puny ['pju:nɪ] *adj* schwächlich, mick[e]rig

pup [pʌp] *n s.* **puppy**

pupil ['pju:pl] *n* ① (*student*) Schüler(in *f*) *m* ② (*of eye*) Pupille *f*

puppet ['pʌpɪt] *n* ① (*doll*) Handpuppe *f;* (*on string*) Marionette *f* ② (POL *controlled by another power*) ◇ ~ **government** Marionettenregierung *f*

puppy ['pʌpɪ] *n* [junger] Hund *m,* Hündchen *s;* ◇ ~ **fat** Babyspeck *m;* ◇ **it's only** ~ **love** es ist bloß e-e Schwärmerei

purchase ['pɜ:tʃɪs] **I.** *n* ① (*buying*) Kauf *m;* ◇ **to make a** ~ e-n Kauf tätigen ② (*item*) Einkäufe *pl;* ◇ **one of my** ~**s is missing** von meinem Einkauf fehlt etw **II.** *vt* kaufen, erwerben; **purchaser** *n* Käufer(in *f*) *m*

pure [pjʊə*] *adj* ① (*not mixed*) rein; ◇ ~ **silk** reine Seide ② ↑ *clean, healthy* rein, sauber ③ ▷ *sound* klar [4] ↑ *sheer* ◇ **by ~ chance** rein zufällig; **pure-bred** ['pjʊə*bred] *adj* reinrassig; **purely** *adv* rein; ↑ *clearly* ◇ **~ and simply** schlicht und einfach

purgatory ['pɜ:gətərɪ] *n* Fegefeuer *s*

purge [pɜ:dʒ] **I.** *n* (*cleansing*) Reinigung *f;* POL ◇ **a ~ in the party** e-e parteiinterne Säuberung **II.** *vt* [1] (*guilt, envy*) büßen [2] (*body*) entschlacken [3] ↑ *purify* reinigen

purification [pjʊərɪfɪ'keɪʃən] *n* Reinigung *f;* **purify** ['pjʊərɪfaɪ] *vt* reinigen

purist ['pjʊərɪst] *n* Purist(in *f*) *m*

puritan ['pjʊərɪtən] *n* Puritaner(in *f*) *m;* **puritanical** [pjʊərɪ'tænɪkəl] *adj* puritanisch

purity ['pjʊərɪtɪ] *n* Reinheit *f*

purl [pɜ:l] **I.** *n* linke Masche *f* **II.** *vt* links stricken

purple ['pɜ:pl] *adj* lila; **purple heart** [1] *drug, BRIT* Amphetamintablette *f* [2] (*AM medal*) ◇ **Purple Heart** Verwundetenabzeichen *s*

purpose ['pɜ:pəs] *n* [1] ↑ *reason* Zweck *m,* Vorsatz *m;* ◇ **for what ~?** zu welchem Zweck? [2] ↑ *intention, objective* Absicht *f,* Ziel *s;* ◇ **on ~** mit Absicht [3] (*useful*) ◇ **to serve a ~** e-m Zweck dienen; **purposeful** ['pɜ:pəsfl] *adj* zielstrebig, entschlossen; **purposely** *adv* absichtlich

purr [pɜ:*] *vi* (*cat*) schnurren; (*motor*) surren

purse [pɜ:s] *n* Geldbeutel *m,* Portemonnaie *s;* (*AM hand bag*) [Hand-]Tasche *f*

purser ['pɜ:sə*] *n* Zahlmeister *m*

pursue [pə'sju:] *vt* [1] ↑ *engage in* → *interest, activity* verfolgen; ◇ **to ~ a degree** ein Diplom *acc* anstreben [2] ↑ *strive, chase* verfolgen; → *success* nachjagen *dat* [3] ↑ *go into, follow* durchführen; ◇ **let's ~ this question later** laß' uns dieser Frage später nachgehen, heben wir uns diese Frage für später auf; **pursuer** *n* Verfolger(in *f*) *m;* **pursuit** [pə'sju:t] *n* [1] (*of happiness*) Streben *s* (*of* nach *dat*) [2] (*hobby*) Beschäftigung *f* [3] (*of person*) Verfolgung *f;* ◇ **to be in hot ~ of s.o.** jd-m dicht auf den Fersen sein

pus [pʌs] *n* Eiter *m*

push [pʊʃ] **I.** *n* Stoß *m,* Schubs *m;* AUTO ◇ **can you give me a ~?** kannst du mein Auto anschieben? **II.** *vt* [1] → *bicycle* schieben; (*button*) drükken [2] ↑ *force, persuade* jd-n zwingen; ◇ **you can't ~ him to do it** du kannst ihn nicht dazu drängen; ◇ **to be ~ed for time** es eilig haben, unter Zeitdruck stehen [3] ↑ *promote* propagieren; ◇ **they are ~ing the new product** sie machen massiv Werbung für das neue Produkt [4] → *drugs* schieben, dealen; ◇ **to ~ one's luck** etw zu weit [*o.* bunt] treiben **III.** *vi* [1] ↑ *shove* ◇ **to ~ one's way through a crowd** sich durch die Menge drängen [2] ↑ *press* ◇ **to ~ for s.th.** drängen auf *acc*

push ahead *vi* ↑ *make progress* vorwärtskommen; **push around** *vt* ◇ **to ~ s.o. ~** jd-n herumkommandieren; **push off** *vi FAM* ↑ *leave* ◇ **I'm ~ing ~** ich gehe; *FAM!* ◇ **~ ~!** verpiß' dich!, hau ab!; **push on** *vi* weiterfahren; (*on foot*) weitergehen; **push through** *vt* ◇ **to ~ s.th. ~** etw durchziehen; (*policy*) durchpeitschen; **push-button** *n* Drucktaste *f;* ◇ **a ~ telephone** Tastentelefon *s;* **push-chair** *n* (*BRIT*) Kinderwagen *m*

pushing *prep* fast; *FAM* ◇ **she is ~ thirty** sie geht auf die Dreißig zu

push-up *n* (*AM*) Liegestütz *m*

pushy [pʊʃɪ] *adj FAM* penetrant

put [pʊt] <put, put> *vt* [1] ↑ *to place* setzen, stellen, legen; ◇ **I ~ the baby to bed** ich habe das Baby hingelegt [2] ↑ *express* ausdrücken, sagen; ◇ **well, that's one way of ~ting it** so kann man es auch sagen [3] ↑ *write* schreiben; ◇ **he ~ it in his résumé** er hat das in seinen Lebenslauf reingenommen [4] ↑ *to ask* stellen; ◇ **she ~ that same question to me** sie hat mir die gleiche Frage gestellt [5] ↑ *translate* ◇ **can you ~ that into English?** kannst du das ins Englische übersetzen? [6] ↑ *apply* → *time, money, energy* hineinstecken [7] ↑ *cause* ◇ **that ~s me in a bad position** das bringt mich in e-e schwierige Lage; ◇ **that ~ me in a bad mood** das hat mir die Laune verdorben; **put across** *vt* ↑ *explain* verständlich machen; **put away** *vt* [1] (*in its place*) aufräumen, wegräumen [2] → *person* einsperren; **put back** *vt* [1] ↑ *delay* → *meeting, event* verschieben auf *acc* [2] ↑ *replace* zurücklegen, zurückstellen [3] → *clock* zurückstellen; **put by** *vt* zurücklegen; **put down** *vt* [1] → *pencil* hinlegen, ablegen, absetzen [2] ↑ *stop* → *riot, rebellion* niederwerfen [3] (*in writing*) aufschreiben [4] (*critic*) ◇ **to ~ s.o. ~** jd-n zum Schweigen bringen; **put forward** *vt* [1] ↑ *suggest* vorbringen [2] → *clock* vorstellen; **put off** *vt* [1] ↑ *delay, postpone* aufschieben, hinauszögern; ◇ **to ~ s.th. ~ till tomorrow** etw auf morgen verschieben [2] ↑ *discourage* ◇ **to ~ s.o. ~ from doing s.th.** jd-m ausreden, etw zu tun [3] ↑ *repel* jd-n abstoßen, jd-m etw verleiden; ◇ **that ~ ~ my appetite** das hat mir den Appetit verdorben; **put on** *vt* [1] → *clothes etc.* anziehen; → *hat, glasses* aufsetzen [2] → *light* anmachen, einschalten [3] → *play etc.* aufführen; → *party* geben; → *competition* veranstalten [4] → *weight* zunehmen [5] ↑ *bet* → *money* setzen [6] ↑ *adopt, assume* vortäuschen, heucheln [7] → *handbrake* anziehen; **put out** *vt* [1] → *hand* ausstrecken [2] → *fire* löschen; → *cigarette* ausmachen [3] → *announcement* herausbringen, bekanntgeben [4] → *light* ausschalten, ausmachen [5] → *needed items* rauslegen; ◇ **I ~ a towel ~ for you**

ich habe dir ein Handtuch rausgelegt [6] ↑ *dislocate* ausrenken; ◇ **she ~ her arm ~ badly** sie hat sich den Arm ausgerenkt [7] ↑ *annoy, upset* verärgern; ◇ **to be ~ ~ by s.th.** über etw ungehalten [*o.* verärgert] sein [8] (*inconvenience*) → *s.o.* jd-m Umstände machen; ◇ **he ~ himself ~ to help them** er hat sich helfend für sie eingesetzt; **put through** *vt* [1] ↑ *phone call* durchstellen; → *s.o.* verbinden (*to* mit *dat*) [2] ↑ *cause hardship* durchmachen lassen; ◇ **I'm sorry to ~ you ~ this** tut mir leid, daß ich Ihnen das zumuten muß; **put up** *vt* [1] ↑ *raise* → *hand* hochheben; → *hair* hochstekken [2] ↑ *erect* → *tent* aufstellen, aufbauen; → *building* errichten [3] → *poster* anschlagen; → *picture* aufhängen [4] → *price* erhöhen [5] → *person* unterbringen [6] ◇ **they are still ~ting ~ resistance** sie leisten noch immer Widerstand [7] → *money* bereitstellen [8] ↑ *accept* sich abfinden mit; ◇ **I won't ~ ~ with it** das lasse ich mir nicht gefallen

putrid ['pju:trɪd] *adj* verfault, faulig

putsch [pʊtʃ] *n* POL Putsch *m*

putt [pʌt] **I.** *vt* (*golf*) putten **II.** *n* (*golf*) Schlag *m* [mit dem man einlocht]

putty ['pʌtɪ] *n* Kitt *m*

put-up ['pʊtʌp] *adj* ◇ **~ job** abgekartetes Spiel

puzzle ['pʌzl] **I.** *n* [1] (*mystery*) Rätsel *s;* ◇ **it's a ~ to me** es ist mir ein Rätsel [2] (*toy*) Geduldsspiel *s;* (*jigsaw ~*) Puzzle *s* **II.** *vt* verblüffen; ◇ **to be ~d about s.th.** über etw völlig erstaunt sein **III.** *vi* sich den Kopf zerbrechen (*over* über *acc*); **puzzled** [-d] *adj* verdutzt, verblüfft; **puzzling** *adj* rätselhaft

pygmy ['pɪgmɪ] *n* Pygmäe *m,* Pygmäin *f;* (*FIG small person*) Zwerg *m*

pyjamas [pɪ'dʒɑ:məz] *n pl* Schlafanzug *m,* Pyjama *m*

pylon ['paɪlən] *n* Hochspannungsmast *m*

pyramid ['pɪrəmɪd] *n* Pyramide *f*

python ['paɪθən] *n* Python[-schlange] *f*

Q

Q, q [kju:] *n* Q, q *s*

quack [kwæk] *n* [1] (*of duck*) Quaken *s* [2] ↑ *bad doctor* Quacksalber *m,* Kurpfuscher(in *f*) *m*

quadrangle ['kwɒdræŋgl] *n* [1] Hof *m* [2] (*shape*) Viereck *s*

quadruple ['kwɒdru:pl] **I.** *adj* vierfach, Vierer-; MUS Vierertakt *m* **II.** *vi* sich vervierfachen

quadruplet ['kwɒdrʊplət] *n* (*child*) Vierling *m*

quagmire ['kwægmaɪə*] *n* [1] (*land*) Sumpf *m* [2] (*dilemma*) Schlamassel *m;* ◇ **to be caught in a ~** in der Patsche sitzen

quaint [kweɪnt] *adj* seltsam, idyllisch

quaintly *adv* idyllisch

quake [kweɪk] *vi* beben, zittern (*with* vor *dat*)

qualification [kwɒlɪfɪ'keɪʃən] *n* [1] ↑ *degree* Zeugnis *s* [2] ↑ *skills* Voraussetzung *f,* Vorbedingung *f* [3] ↑ *restriction* Einschränkung *f*

qualified ['kwɒlɪfaɪd] *adj* [1] ↑ *trained* ausgebildet [2] ↑ *suited* berechtigt [3] ↑ *limited* eingeschränkt; ◇ **~ sale** Konditionskauf *m*

qualify ['kwɒlɪfaɪ] **I.** *vt* [1] ↑ *make competent* qualifizieren [2] ↑ *entitle* berechtigen [3] ↑ *modify* einschränken, modifizieren **II.** *vi* SPORT sich qualifizieren

qualitative ['kwɒlɪtətɪv] *adj* qualitativ

quality ['kwɒlɪtɪ] *n* [1] (*level*) Qualität *f* [2] ↑ *characteristic* Eigenschaft *f* [3] ↑ *property, nature* Art *f,* Beschaffenheit *f*

qualm [kwɑ:m] *n* Bedenken *s,* Skrupel *m*

quandary ['kwɒndərɪ] *n* Verlegenheit *f;* ◇ **to be in a ~** sich in e-m Dilemma befinden

quantitative ['kwɒntɪtətɪv] *adj* quantitativ

quantity ['kwɒntɪtɪ] *n* [1] ↑ *amount* Menge *f;* ◇ **to produce s.th. in ~** etw in Massen/großen Mengen produzieren; ◇ **a ~ discount** Mengenrabatt *m* [2] ↑ *a number of* Unmenge *f,* Größe *f;* ◇ **large quantities of grain** Unmengen von Getreide

quarantine ['kwɒrənti:n] *n* Quarantäne *f*

quarrel ['kwɒrəl] **I.** *n* [1] ↑ *disagreement* Auseinandersetzung *f* [2] ↑ *objection* Einwand *m* (*with* gegen) **II.** *vi* sich streiten (*about, over* über *acc*)

quarrelsome ['kwɒrəlsəm] *adj* streitsüchtig

quarry ['kwɒrɪ] *n* [1] (*mine*) Steinbruch *m* [2] ↑ *prey* Beute *f*

quarter ['kwɔ:tə*] **I.** *n* [1] (*fraction*) Viertel *s* [2] (*of hour*) Viertel *s;* ◇ **a ~ to seven** Viertel vor sieben, dreiviertel sieben (*süddeutsch*) [3] ↑ *district* Viertel *s* [4] (*accomodation, soldier, servant*) Quartier *s,* Unterkunft *f* [5] (*3 months*) Vierteljahr *s,* Quartal *s* [6] (*AM money*) Vierteldollar *m,* 25 Cent; ◇ **at close ~s** nahe aufeinander **II.** *vt* ↑ *divide* vierteln

quarter-deck *n* NAUT Achterdeck *s*

quarter final *n* SPORT Viertelfinalspiel *s;* ◇ **~s** Viertelfinale *s*

quarterly **I.** *adj* Viertel-; ◇ **a ~ meeting** e-e vierteljährliche Versammlung **II.** *n* (*publication*) Vierteljahresschrift *f*

quartet[te] [kwɔ:'tet] *n* Quartett *s*

quash [kwɒʃ] *vt* (*verdict*) aufheben, annullieren

quaver ['kweɪvə*] *vi* (*tremble*) zittern

quay [ki:] *n* Kai *m*

Q

queasy ['kwi:zɪ] *adj* unwohl; ◇ **he feels ~** ihm ist übel

queen [kwi:n] *n* Königin *f*

queer [kwɪə*] **I.** *adj* seltsam, sonderbar **II.** *n FAM* ↑ *homosexual* schwul

quench [kwentʃ] *vt* → *thirst* stillen; ↑ *extinguish* löschen

query ['kwɪərɪ] **I.** *n* ↑ *question* Frage *f* **II.** *vt* (*check accuracy*) überprüfen, abklären

quest [kwest] *n* Suche *f*

question ['kwestʃən] **I.** *n* ① ↑ *inquiry* Frage *f* ② ↑ *matter* Thema *s,* Frage *f;* ◇ **a ~ of money** e-e Geldfrage ③ ↑ *doubt* Frage *f,* Zweifel *m;* ◇ **beyond ~** ohne Frage; ◇ **it's out of the ~** das kommt nicht in Frage **II.** *vt* ① ↑ *ask* fragen (*about* nach) ② ↑ *doubt* bezweifeln

questionable *adj* ① ↑ *open to question* fraglich, zweifelhaft, ungewiß ② ↑ *dubious* bedenklich, fragwürdig

questioning I. *adj* fragend **II.** *n* (*by police*) Vernehmung *f*

question mark *n* Fragezeichen *s*

questionnaire [kwestʃə'nɛə*] *n* Fragebogen *m*

queue [kju:] **I.** *n* (*BRIT*) Schlange *f;* ◇ **to stand in a ~** Schlange stehen **II.** *vi* sich anstellen; ◇ **we ~d for hours** wir standen stundenlang [in der] Schlange

quibble ['kwɪbl] **I.** *n* Spitzfindigkeit *f,* Wortklauberei *f* **II.** *vi* kleinlich/spitzfindig sein; ◇ **to ~ over nothing** herumstreiten um nichts

quick [kwɪk] **I.** *n* ① ↑ *the living* ◇ **the ~** die Lebenden *pl* ② ANAT empfindliches Fleisch *s;* ◇ **she bit her nails to the ~** sie kaute ihre Nägel bis zum Fleisch ab; (*emotion*) ◇ **to be cut to the ~** tief getroffen sein **II.** *adj* ① (*great speed*) schnell; ◇ **he's a ~ thinker** er ist schlagfertig; ◇ **a ~ temper** hitzig ② geschwind; ▷*kiss* flüchtig; ▷*visit* kurz

quicken ['kwɪkən] **I.** *vt* ↑ *accelerate* beschleunigen **II.** *vi* sich beschleunigen, schneller werden

quickie ['kwɪkɪ] *n* eine(r, s) auf die Schnelle; (*question*) kurze Frage *f*

quickly *adv* schnell

quickness *n* Schnelligkeit *f;* ▷*mental* Flinkheit *f,* schnelle Auffassungsgabe

quid [kwɪd] *n BRIT FAM* ↑ *pound* Pfund *s;* ◇ **it costs 10 ~** es kostet 10 Pfund

quiet ['kwaɪət] **I.** *adj* ① ↑ *silent, hushed* ruhig, leise; ◇ **to say s.th. in a ~ voice** etw leise sagen; ◇ **please keep ~** bitte sei still ② ↑ *peaceful, calm* ruhig; ③ ↑ *placid* sanft, friedlich; ◇ **she leads a ~ life** sie hat ein behagliches Leben ④ ↑ *restrained* unauffällig, einfach; ▷*tie* dezent ⑤ ↑ *secret* versteckt, geheim; ◇ **to keep ~ about s.th.** etw geheimhalten **II.** *n* Ruhe *f,* Stille *f*

quieten ['kwaɪətn] *vt* zur Ruhe bringen; ◇ **can you ~ the baby?** kannst du das Baby beruhigen?; **quieten down** *vi* still werden, sich beruhigen

quietly *adv* leise, ruhig; ↑ *secretly* still und heimlich

quietness *n* ① ↑ *silence* Geräuschlosigkeit *f* ② ↑ *peacefulness* Friede *m,* Ruhe *f*

quill [kwɪl] *n* ① (*of porcupine*) Stachel *m* ② (*pen*) Federkiel *m,* Feder *f*

quilt [kwɪlt] *n* Steppdecke *f;* (*process*) Wattieren *s*

quilting *n* (*material*) Steppstoff *m*

quince [kwɪns] *n* Quitte *f*

quinine [kwɪ'ni:n] *n* Chinin *s*

quintet[te] [kwɪn'tet] *n* Quintett *s*

quintuplet ['kwɪntjʊplət] *n* Fünfling *m*

quirk [kw3:k] *n* ① ↑ *peculiarity* ▷*of behaviour* Marotte *f* ② (*of action*) Eigenart *f;* ◇ **by a strange ~** durch e-n verrückten Zufall

quit [kwɪt] **I.** <quit *o.* quitted, quit *o.* quitted> *vt* ↑ *to stop* aufhören mit; ◇ **he ~ smoking** er hat mit dem Rauchen aufgehört; ↑ *resign* kündigen **II.** *adj* quitt, frei (*of* von)

quite [kwaɪt] *adv* ① ↑ *rather, somewhat* ziemlich; ◇ **the movie was ~ good** der Film war recht gut ② ↑ *entirely* ganz, völlig; ◇ **I don't ~ agree** ich bin nicht ganz der Meinung; ◇ **~ wrong** völlig falsch; ◇ **I don't ~ understand** ich verstehe nicht ganz; ◇ **she hasn't ~ recovered yet** sie ist immer noch ein bißchen krank ③ (*to emphasize*) wirklich; ◇ **it was ~ a sight** es war wirklich sehenswert

quiver ['kwɪvə*] **I.** *vi* beben, zittern (*with* vor) **II.** *n* Zittern *s*

quiz [kwɪz] **I.** *n* ① (*game*) Quiz *s* ② *AM* ↑ *test* kleine Prüfung **II.** *vt* ↑ *question* ausfragen; ↑ *drill* abfragen, prüfen

quizzical ['kwizɪkəl] *adj* fragend, zweifelnd

quoit [kwɔɪt] *n* Wurfringspiel *s*

quorum ['kwɔ:rəm] *n* (*minimum*) Quorum *s,* beschlußfähige Anzahl

quota ['kwəʊtə] *n* Quantum *s,* Quote *f;* ◇ **the import ~** das Einfuhrkontingent; ◇ **~ system** Zuteilungssystem *s*

quotation [kwəʊ'teɪʃən] *n* ① Zitat *s* ② (*price*) Preisangabe *f,* Kostenvoranschlag *m*

quotation marks *n pl* Anführungszeichen *pl*

quote [kwəʊt] **I.** *vi* ▷*from book* zitieren (*from* aus) **II.** *vt* ① ▷*fact, law* heranziehen; (*as example*) anführen ② (*price*) ansetzen, aufgeben

quotient ['kwəʊʃənt] *n* MATH Quotient *m*

R

R, r [ɑː*] *n* R, r *s*
rabbi ['ræbaɪ] *n* Rabbiner *m*
rabbit ['ræbɪt] *n* Kaninchen *s;* **rabbit hutch** *n* Kaninchenstall *m;* **rabbit on** *vt* ← *chatterbox* quasseln
rabble ['ræbl] *n* Pöbel *m*
rabid ['ræbɪd] *adj* (*having rabies*) tollwütig
rabies ['reɪbiːz] *n sg* Tollwut *f*
raccoon, racoon [rə'kuːn] *n* Waschbär *m*
race [reɪs] **I.** *n* ① (*competition*) Rennen *s;* ↑ *running* ~ [Wett-]Lauf *m;* ◇ **arms** ~ Rüstungswettlauf *m* ② (*species*) ▷*human* ~ Rasse *f* ③ ◇ **~s** ↑ *horse ~s* Pferderennen *s;* ↑ *hectic* ◇ **the rat** ~ der tägliche Streß **II.** *vt* ① um die Wette laufen; → *horses* laufen lassen ② ↑ *rush* ◇ **they ~d John to the hospital** sie fuhren John schnell ins Krankenhaus **III.** *vi* ↑ *run* rennen; (*in contest*) am Rennen teilnehmen; **racecourse** ['reɪskɔːs] *n* (*for horses*) Rennbahn *f;* **race horse** *n* Rennpferd *s;* **race meeting** *n* (*for horses*) Pferderennen *s*
race relations *n pl* das Verhältnis zwischen den Rassen
racetrack ['reɪstræk] *n* (*for cars*) Rennstrecke *f*
racial ['reɪʃəl] *adj* Rassen-; ◇ ~ **discrimination** Rassendiskriminierung *f;* ◇ ~ **prejudice** Rassenvorurteile *pl;* **racialism** ['reɪʃəlɪzəm] *n* Rassismus *m;* **racialist I.** *adj* rassistisch **II.** *n* Rassist(in *f*) *m*
racing ['reɪsɪŋ] *n* SPORT Rennen *s;* **racing car** *n* Rennwagen *m;* **racing driver** *n* Rennfahrer(in *f*) *m*
racism ['reɪsɪzəm] *n* Rassismus *m;* **racist I.** *adj* rassistisch **II.** *n* Rassist(in *f*) *m*
rack [ræk] **I.** *n* ① ↑ *framework* Gestell *s* ② ◇ **roof** ~ Dachgepäckträger *m* ③ (*torture instrument*) Folterbank *f* **II.** *vt* [zer]martern; ↑ *think hard, FAM* ◇ **to ~ one's brains** sich das Gehirn verrenken; ◇ **to go to ~ and ruin** verfallen
racket ['rækɪt] *n* ① ↑ *noise* Krach *m,* Lärm *m* ② ↑ *illegal scheme* Schwindel *m,* illegales Geschäft *s* ③ SPORT [Tennis-]Schläger *m*
racketeer ['rækɪtɪːə*] *n* ↑ *villain* Gauner(in *f*) *m,* Erpresser(in *f*) *m*
racking *adj* ▷*pain, emotion* rasend; ▷*cough* quälend
rack railway *n* Zahnradbahn *f*
racy ['reɪsɪ] *adj* ↑ *daring* gewagt; ▷*car* spritzig
radar ['reɪdɑː*] *n* Radar *m o. s*
radial ['reɪdɪəl] *adj* radial, Radial-; ▷*lines* strahlenförmig; ◇ **~-ply tyres** *pl* Gürtelreifen *pl*
radiant ['reɪdɪənt] *adj* ↑ *shining* strahlend; ▷*person* strahlend
radiate ['reɪdɪeɪt] *vt, vi* ← *lines* strahlenförmig wegführen; → *happiness* ausstrahlen; → *heat, warmth* ausstrahlen; **radiation** [reɪdɪ'eɪʃən] *n* ① (*nuclear* ~) [radioaktive] Strahlung *f;* ◇ **he was exposed to ~** er war der Strahlung ausgesetzt, er wurde verstrahlt ② Ausstrahlung *f;* **radiator** ['reɪdɪeɪtə*] *n* ① (*for heating*) Heizkörper *m* ② AUTO Kühler *m*
radical ['rædɪkəl] *adj* ▷*change* radikal; **radically** *adv* radikal
radio ['reɪdɪəʊ] *n* <-s> Radio *s,* Rundfunk *m*
radioactive [reɪdɪəʊ'æktɪv] *adj* radioaktiv; **radioactivity** [reɪdɪəʊæk'tɪvɪtɪ] *n* Radioaktivität *f*
radio alarm clock *n* Radiowecker *m;* **radio announcer** *n* Rundfunksprecher(in *f*) *m;* **radio cassette recorder** *n* Radiorecorder *m*
radiographer [reɪdɪ'ɒgrəfə*] *n* Röntgenassistent (in *f*) *m;* **radiography** [reɪdɪ'ɒgrəfɪ] *n* Radiographie *f,* Röntgenographie *f*
radio licence *n* Rundfunkgebühr *f*
radiology [reɪdɪ'ɒlədʒɪ] *n* Strahlenkunde *f,* Radiologie *f*
radio play *n* Hörspiel *s;* **radio station** ['reɪdɪəʊsteɪʃən] *n* Rundfunkstation *f;* Radiosender *m;* **radio taxi** *n* Funktaxi *s;* **radio telephone** *n* Funksprechgerät *s;* **radio telescope** *n* Radioteleskop *s*
radiotherapist [reɪdɪəʊ'θerəpɪst] *n* Röntgenologe *m,* Röntgenologin *f;* **radiotherapy** [reɪdɪəʊ'θərəpɪ] *n* Röntgentherapie *f,* Strahlentherapie *f*
radish ['rædɪʃ] *n* (*big*) Rettich *m;* (*small and red*) Radieschen *s*
radium ['reɪdɪəm] *n* Radium *s*
radius ['reɪdɪəs] *n* ① (*of circle*) Radius *m* ② ↑ *range* Umkreis *m*
raffia ['ræfɪə] *n* [Raffia-]Bast *m*
raffle ['ræfl] *n* ↑ *lottery* Tombola *f*
raft [rɑːft] *n* Floß *s*
rafter ['rɑːftə*] *n* ↑ *beam* [Dach-]Sparren *m*
rag [ræg] **I.** *n* ① ↑ *cloth* Lappen *m; FIG* ◇ **from ~s to riches** vom Tellerwäscher zum Millionär ② (*FAM unimportant newspaper*) Käseblatt *s* ③ (*at university, fund raising event*) Wohltätigkeitsveranstaltung *f* **II.** *vt* → *s.o.* ↑ *tease* jd-n aufziehen, jd-n auf den Arm nehmen
ragamuffin ['rægəmʌfɪn] *n* Vogelscheuche *f;* (*boy*) Bengel *m;* (*girl*) Göre *f*
ragbag ['rægbæg] *n FIG* ↑ *jumble* Sammelsurium *s;* **rag doll** *n* (*toy*) Flickenpuppe *f*
rage [reɪdʒ] **I.** *n* ① ↑ *fury* Wut *f,* Zorn *m* ② ↑ *fashion* Mode *f;* ◇ **long skirts are all the ~ now** lange Röcke sind jetzt die große Mode **II.** *vi* wettern; *FIG* ↑ *fever* wüten; ◇ **to be in a ~** wütend sein

ragged ['rægɪd] *adj* ▷*edge* gezackt; ▷*clothes* zerlumpt

raging ['reɪdʒɪŋ] *adj* ▷*pain, emotion* rasend; ↑ *stormy* ▷*weather* tobend

raid [reɪd] **I.** *n* [1] (MIL *invasion*) Angriff *m* [2] (▷*police, drug -*) Razzia *f* [3] ↑ *robbery* Überfall *m* **II.** *vt* überfallen

rail [reɪl] *n* [1] ↑ *track* Schiene *f* [2] (*on stair*) Geländer *s* [3] RAIL Schiene *f;* ◇ **by -** per Bahn; **railcard** *n* ≈ Bahncard *f;* **railroad** (*AM*), **railway** (*BRIT*) *n* Eisenbahn *f;* **railway carriage** *n* Eisenbahnwagen *m;* **railway embankment** *n* Bahndamm *m;* **railway network** *n* Streckennetz *s;* **railroad station** *n*, **railway station** *n* Bahnhof *m*

rain [reɪn] **I.** *n* Regen *m* **II.** *vt, vi* regnen; ↑ *raining heavily* ◇ **it's -ing cats and dogs** es gießt wie aus Kübeln; **rainbow** *n* Regenbogen *m;* **raincoat** *n* Regenmantel *m;* **raindrop** *n* Regentropfen *m;* **rainfall** *n* Regen *m,* Niederschlag *m;* **rainforest** *n* Regenwald *m;* **rainy** ['reɪnɪ] *adj* ▷*day* regnerisch; ▷*season* Regen-; ◇ **to save money for a - day** (*FIG save for the future*) Geld für schlechte Zeiten zurücklegen

raise [reɪz] **I.** *n esp. AM* ↑ *increase* (*of taxes*) Erhöhung *f;* (*of wages/salary*) Gehaltserhöhung *f* **II.** *vt* [1] ↑ *lift* hochheben [2] ↑ *increase* → *prices* erhöhen [3] → *family* großziehen [4] → *question* aufwerfen [5] → *money* beschaffen [6] → *problem* machen, verursachen [7] → *demands* stellen [8] ↑ *construct* errichten; **raised** [-d] *adj* ▷*voice* erhoben, laut; ▷*arm* angehoben

raisin ['reɪzən] *n* Rosine *f*

rake [reɪk] **I.** *n* [1] (*garden tool*) Rechen *m* [2] (*immoral man*) Schwerenöter *m* **II.** *vt* [1] (*in garden*) rechen [2] ↑ *search through* absuchen [3] *FAM* ◇ **to - in a lot of money** viel Geld scheffeln/kassieren

rakish ['reɪkɪʃ] *adj* flott

rally ['rælɪ] **I.** *n* [1] POL Kundgebung *f,* Wahlversammlung *f* [2] AUTO Rallye *f* [3] SPORT Ballwechsel *m* **II.** *vt* MIL sammeln **III.** *vi* sich wieder sammeln; **rally round** *vt FIG* ↑ *support* sich scharen um

ram [ræm] **I.** *n* ↑ *male sheep* Widder *m,* Schafbock *m;* ASTROL ◇ **the Ram** der Widder **II.** *vt* [1] ↑ *bump into* rammen [2] (*push in violently*) einrammen

RAM [ræm] *acronym of* **random access memory** RAM *m o s,* Schreib-/Lesespeicher *m*

ramble ['ræmbl] **I.** *n* ↑ *wander* Wanderung *f* **II.** *vi* [1] ↑ *wander off* wandern [2] ↑ *talk nonsense* faseln, schwafeln; **rambler** *n* [1] ↑ *wanderer* Wanderer *m,* Wanderin *f* [2] (*rose*) Kletterrose *f;* **rambling** *adj* [1] ▷*house* weitläufig [2] ▷*speech* weitschweifig, unklar

ramification *n a. FIG* Verzweigung *f*

ramp [ræmp] *n* Rampe *f*

rampage [ræm'peɪdʒ] *n* ↑ *go wild* ◇ **to be on the -** randalieren; (*angry*) [herum-]toben

rampant ['ræmpənt] *adj* ↑ *uncontrolled* ▷*growth* wuchernd; ↑ *unrestrained* ◇ **to be -** wuchern

rampart *n* Wall *m*

ramshackle ['ræmʃækl] *adj* ▷*house* baufällig

ran [ræn] *pt of* **run**

ranch [rɑːntʃ] *n* Ranch *f*

rancher *n* Rancher(in *f*) *m;* **ranching** *n* ↑ *farming* Viehzucht *f*

rancid ['rænsɪd] *adj* ▷*smell* ranzig

rancour, **rancor** (*AM*) ['ræŋkə*] *n* ↑ *hostility* Boshaftigkeit *f*

random ['rændəm] **I.** *adj* willkürlich **II.** *n* (*without plan*) ◇ **at -** zufällig, aufs Geratewohl; ◇ **- sample** Stichprobe *f;* PC ◇ **- access memory** RAM *m o s,* Schreib-/Lesespeicher *m*

randy ['rændɪ] *adj BRIT FAM* ↑ *lecherous* scharf

rang [ræŋ] *pt of* **ring**

range [reɪndʒ] **I.** *n* [1] (*of gun*) Reichweite *f* [2] ↑ *mountain -* Bergkette *f* [3] ↑ *variety* (*of products*) Auswahl *f* [4] COMM Sortiment *s* [5] ↑ *distance* Entfernung *f;* ◇ **to shoot s.o. at point blank -** auf jd-n aus [sehr] kurzer Entfernung schießen [6] ↑ *shooting -* Schießplatz *m* [7] ↑ *meadow* Wiese *f* [8] ↑ *stove* Herd *m* **II.** *vt* [1] ↑ *arrange* anordnen [2] ↑ *roam* durchstreifen **III.** *vi* ↑ *extend* schwanken, bewegen; ◇ **prices ranging from $12 to $25** Preise, die sich zwischen $12 und $25 bewegen; **rangefinder** *n* Entfernungsmesser *m*

ranger *n* Förster(in *f*) *m*

rank [ræŋk] **I.** *n* [1] ↑ *line* Reihe *f* [2] (*in society*) Stand *m* [3] MIL Rang *m* [4] (*ordinary people*) ◇ **the - and file** *FIG* Mannschaftsstand *m* **II.** *vt* zählen, rechnen **III.** *vi* zählen (*among* zu *dat*), gehören (*among* zu *dat*) **IV.** *adj* ↑ *smelly* übel; ↑ *extreme* wuchernd

rankle *vt* ↑ *irritate* nerven

ransack ['rænsæk] *vt* [1] ↑ *rummage through* durchwühlen [2] ↑ *steal* plündern

ransom ['rænsəm] *n* Lösegeld *s;* ◇ **to hold s.o. to -** jd-n bis zur Zahlung des Lösegelds gefangenhalten; *FIG* jd-n erpressen

rant [rænt] *vi* (*talk loud and emotionally*) toben, Tiraden loslassen; ↑ *talk nonsense* Unsinn reden; **ranting** *n* Wortschwall *m*

rap [ræp] **I.** *n* [1] ↑ *knock* Klopfen *s* [2] (*style of music*) Rap *m* **II.** *vi* [1] ↑ *thump* klopfen an [2] ↑ *chat* plaudern [3] *FIG* ↑ *take the blame* ◇ **to take the -** den Kopf hinhalten, die Schuld zugeschoben kriegen; **rap music** *n* Rapmusik *f*

rape [1] [reɪp] **I.** *n* Vergewaltigung *f* **II.** *vt* vergewaltigen
rape [2] [reɪp] *n* Raps *m*
rapid ['ræpɪd] *adj* schnell; **rapidity** [rə'pɪdɪtɪ] *n* Schnelligkeit *f*
rapids *n pl* Stromschnellen *f pl*
rapist ['reɪpɪst] *n* Vergewaltiger *m*
rapport [ræ'pɔː*] *n* ↑ *exchange* [gutes] Verhältnis *s*, [enge] Beziehung *f* (*with* zu)
rapt [ræpt] *adj* ↑ *attentive* ◇ **with - attention** mit gespannter Aufmerksamkeit
rapture ['ræptʃə*] *n* Verzückung *f*, Entzücken *s*; ◇ **the children went into -s about the animals** die Kinder waren von den Tieren völlig begeistert; **rapture of the deep** *n* Tiefenrausch *m*; **rapturous** *adj* ▷*welcome* entzückt, hingerissen
rare [rɛə*] *adj* [1] ↑ *scarce* selten, rar [2] ↑ *exceptional, FIG* exklusiv [3] ▷*steak* ↑ *underdone* blutig, englisch; **rarefied** ['rɛərɪfaɪd] *adj* [1] ▷*university* exklusiv, Elite- [2] ▷*air* dünn; **rarely** *adv* kaum
raring *adj* ↑ *enthusiastic* ◇ **the kids are - to go** die Kinder sind ganz wild darauf zu gehen
rarity ['rɛərɪtɪ] *n* Seltenheit *f*
rascal ['rɑːskəl] *n* Gauner *m*
rash [ræʃ] **I.** *adj* [1] ↑ *hasty* ▷*decision* schnell, voreilig [2] ↑ *reckless* unbesonnen **II.** *n* MED [Haut-]Ausschlag *m*; ◇ **heat -** Sonnenallergie *f*
rasher ['ræʃə*] *n* ↑ *slice of bacon* Speckscheibe *f*
rasp [rɑːsp] *n* Raspel *f*
raspberry ['rɑːzbərɪ] *n* Himbeere *f*
rasping *adj* ▷*sound* kratzend; ▷*voice* krächzend
Rastafarian [ræstə'fɛərɪən] *n* REL Rasta[fari] *m*
rat [ræt] *n* (*animal*) Ratte *f*; (*person*) Schuft *m*; (*FIG suspicious*) ◇ **I smell a -** hier ist was faul; ↑ *Oh bother!* ◇ **oh -s!** Mist!
rate [reɪt] **I.** *n* [1] (*inflation -*) Rate *f*; (*birth -*) Ziffer *f* [2] ◇ **-s** *pl* (*BRIT*) Gemeindesteuern *f pl* [3] (*tax -*) Satz *m* [4] ◇ **- of exchange** Wechselkurs *m* **II.** *vt* ↑ *evaluate* einschätzen; ◇ **how would you - her work?** was hältst du von ihrer Arbeit?; **ratepayer** *n* Steuerzahler(in *f*) *m*
rather ['rɑːðə*] *adv* [1] (*preference*) ◇ **I'd - be with you** ich möchte lieber bei dir sein [2] ↑ *somewhat* ◇ **that was a - clever idea** das war e-e ziemlich gute Idee [3] ↑ *instead of* ◇ **- than go to all the trouble …** anstatt sich all' die Mühe zu machen …
ratification [rætɪfɪ'keɪʃən] *n* Ratifizierung *f*; **ratify** ['rætɪfaɪ] *vt* ↑ *confirm* bestätigen
rating [1] ['reɪtɪŋ] *n* [1] ↑ *assessment* Einschätzung *f*, Klasse *f* [2] ◇ **yesterday's TV show got low -s** die Fernsehsendung gestern hatte niedrige Einschaltquoten [3] ↑ *statistics* ◇ **-s** *pl* Statistik *f*
rating [2] ['reɪtɪŋ] *n* ↑ *sailor* Matrose *m*
ratio ['reɪʃɪəʊ] *n* <-s> Verhältnis *s*
ration ['ræʃən] **I.** *n* ↑ *allowance* Ration *f* **II.** *vt* rationieren
rational *adj* rational, vernünftig
rationale [ræʃə'nɑːl] *n* (*basis*) Gründe *pl*
rationalization [ræʃnəlaɪ'zeɪʃən] *n* ↑ *justification* Rationalisierung *f*
rationalize ['ræʃnəlaɪz] *vt* rationalisieren
rationing ['ræʃənɪŋ] *n* Rationierung *f*
rat race ['rætreɪs] *n* dauernder Konkurrenzkampf
ratter ['rætə] *n Hund oder Katze, der/die Ratten jagt*
rattle ['rætl] **I.** *n* [1] (*noise*) Rattern *s*, Rasseln *s*; (*of window*) Klappern *s* [2] (*toy*) Rassel *f* **II.** *vi* rattern, klappern
rattlesnake *n* Klapperschlange *f*
rattle off *vt* ↑ *reel off* → *facts* herunterrasseln
ratty *adj* ↑ *in a bad mood* gereizt
raucous ['rɔːkəs] *adj* ↑ *noisy* rauh, heiser
raunchy ['rɒntʃɪ] *adj FAM!* geil
ravage ['rævɪdʒ] *vt* ↑ *devastate* verheeren
ravages *n pl* verheerende Auswirkungen *pl*; *FIG* ↑ *effects* ◇ **the - of time** die Spuren der Zeit
rave [reɪv] *vi* ↑ *rant* Tiraden loslassen; ↑ *enthuse* schwärmen (*about* von *dat*)
raven ['reɪvn] **I.** *n* Rabe *m* **II.** *adj* ↑ *black* ▷*hair* schwarz
ravenous ['rævənəs] *adj* ↑ *famished* heißhungrig, ausgehungert
ravine [rə'viːn] *n* Schlucht *f*, Klamm *f*
raving ['reɪvɪŋ] **I.** *n* ◇ **-s** *pl* ↑ *rantings* wirres Gerede **II.** *adj* ▷*mad* übergeschnappt
ravioli [rævɪ'əʊlɪ] *n* Ravioli *pl*
ravish ['rævɪʃ] *vt* [1] ↑ *take pleasure in* hinreißen [2] JUR → *woman* vergewaltigen; **ravishing** *adj* ↑ *stunning* hinreißend
raw [rɔː] *adj* ▷*meat* roh; ↑ *inexperienced* unerfahren; ◇ **the - facts** die blanken Tatsachen; ◇ **- material** Rohmaterial *s*; ▷*wound* offen; ◇ **--boned** ↑ *tall* hager, knochig; **raw silk** *n* Rohseide *f*
ray [reɪ] *n* [1] (*of light*) Lichtstrahl *m*; (*of hope*) Schimmer *m* [2] FAUNA Rochen *m*
rayon ['reɪɒn] *n* Kunstseide *f*
razor ['reɪzə*] *n* Rasierapparat *m*; **razor blade** *n* Rasierklinge *f*; **razor-sharp** *adj* (*like razor*) rasiermesserscharf
razzle ['ræzl] *n* ↑ *have a good time* ◇ **to be out on the -** *FAM* auf den Putz hauen
Rd *abbr. of* **road** Str., Straße *f*
re [riː] *prep* COMM betreffs *gen*; ◇ **Re your letter** Betr.: Ihr Schreiben

R

re- [riː] *pref* wieder-; ◇ **~introduce** wiedereinführen

reach [riːtʃ] **I.** *n* ① *(compass range)* Reichweite *f* ② ◇ **~es** *(of river)* [Fluß-]Lauf *m* **II.** *vt* ① ↑ *come to* erreichen; → *decision* erreichen, erzielen, kommen zu; ↑ *contact s.o.* erreichen ② ↑ *pass on* geben, reichen **III.** *vi* ① ↑ *try to attain* langen *(for* nach *dat)* ② ↑ *grasp* greifen, langen; **reach out** *vi* greifen, langen, die Hand ausstrecken; ◇ **~ ~ and touch s.o.** die Hände nach jd-m ausstrecken

react [riːˈækt] *vi* reagieren; **reaction** [riːˈækʃən] *n* Reaktion *f;* **reactionary** [riːˈækʃənrɪ] *adj* reaktionär

reactor [rɪˈæktə*] *n* Reaktor *m*

read [riːd] <read, read> *vt, vi* lesen; ▷*aloud* vorlesen; ◇ **she ~ my lips** sie las es mir von den Lippen ab; ◇ **I can ~ your mind** ich kann deine Gedanken lesen; ◇ **the letter ~s as follows** der Brief lautet folgendermaßen

read [red] *pt, pp of* **read**

readable [ˈriːdəbl] *adj* ▷*handwriting* leserlich; ↑ *worth reading* lesenswert

reader [ˈrɪːdə] *n* ① *(person)* Leser(in *f*) *m* ② *(SCH book)* Lesebuch *s*

readily [ˈredɪlɪ] *adv* ① ↑ *willingly* bereitwillig ② ↑ *easily* leicht; ◇ **I couldn't ~ say what it was** ich könnte nicht leicht sagen, was es war; **readiness** [ˈredɪnəs] *n* ① ↑ *willingness* Bereitwilligkeit *f* ② *(prepared)* Bereitschaft *f*

reading [ˈriːdɪŋ] *n* ① *(act of)* Lesen *s* ② ↑ *interpretation* Auffassung *f,* Interpretation *f;* **reading device** *n* PC Lesegerät *s;* **reading glasses** *n* Lesebrille *f;* **reading lamp** *n* Leselampe *f;* **reading matter** *n* ↑ *literature, books* Lektüre *f,* Lesestoff *m;* **reading room** *n (in library)* Lesesaal *m*

readjust [riːəˈdʒʌst] *vt* ① ↑ *get used to* neu einstellen; ◇ **to ~ o.s. to s.th.** sich wieder an etw anpassen ② ↑ *rearrange* korrigieren, nachstellen

read only memory [ˈriːdəʊnlɪˈmemərɪ] *n* PC Nur-Lese-Speicher *m,* ROM *s*

ready [ˈredɪ] **I.** *adj* ↑ *prepared* bereit; ◇ **~ when you are!** ich wäre dann soweit!; ↑ *willing* bereit; ▷*money* verfügbar; ▷*fruit* reif **II.** *adv* bereit; **ready-made** *adj* vorgefertigt, Fertig-; **ready to depart** *adj* reisefertig; **ready-to-eat** *adj* tischfertig; **ready to help** *adj* hilfsbereit; **ready to use** *adj* gebrauchsfertig

real [rɪəl] *adj* ① (▷*experience, not a dream*) wirklich; ↑ *true, genuine* echt; ◇ **she is for ~** sie meint es ernst ② ↑ *actual* eigentlich; ◇ **my ~ name is Betty** mein richtiger Name ist Betty; **real estate** *n* Grundbesitz *m;* **real estate agent** *n* Grundstücksmakler(in *f*) *m*

realism [ˈrɪəlɪzəm] *n* Realismus *m*

realist *n* Realist(in *f*) *m;* **realistic** [rɪəˈlɪstɪk] *adj* ① ▷*story* realistisch ② ↑ *sensible* realistisch; **reality** [riːˈælɪtɪ] *n* ① ↑ *actuality* Realität *f,* Wirklichkeit *f;* ◇ **in ~ it is quite different** in Wirklichkeit ist es ganz anders *f* ② ↑ *facts* Tatsachen *pl*

realization [rɪəlaɪˈzeɪʃən] *n* ① ↑ *understanding* Erkenntnis *f* ② ↑ *fulfilment (of plans)* Verwirklichung *f;* **realize** [ˈrɪəlaɪz] *vt* ① ↑ *understand* erkennen, bemerken ② ↑ *fulfil* verwirklichen

really [ˈriːəlɪ] *adv* ↑ *honestly* wirklich; ◇ **~?** wirklich?; ◇ **did you ~ ask?** hast du wirklich gefragt?; ↑ *I suppose* ◇ **it was a waste of time, ~** es war eigentlich reine Zeitverschwendung

realm [relm] *n* ① ↑ *kingdom* Reich *s* ② ↑ *area* ◇ **in the ~ of the human mind** im Bereich des menschlichen Geistes

realpolitik *n* Realpolitik *f*

real time [rɪəlˈtaɪm] *n* PC Echtzeit *f*

realtor [ˈrɪəltə*] *n* Grundstücksmakler(in *f*) *m*

reap [riːp] *vt* ① → *harvest* ernten ② ↑ *gain* erreichen; *FIG* ◇ **to ~ the rewards of success** die Früchte des Erfolgs ernten

reappear [riːəˈpɪə*] *vi* wieder erscheinen, wieder auftauchen

reappoint [riːəˈpɔɪnt] *vt (job)* wieder ein-/anstellen

reappraisal [riːəˈpreɪzəl] *n* ↑ *review* Neubewertung *f*

rear [rɪə*] **I.** *adj* hintere(r, s); ◇ **the ~ seat** der Rücksitz **II.** *n* ① Rückseite *f* ② ↑ *buttocks* Hintern *m* **III.** *vt* ↑ *bring up* aufziehen **IV.** *vi* ← *horse* sich aufbäumen; **rear axle** [rɪə*ˈæksl] *n* Hinterachse *f;* **rear engine** *n* Heckmotor *m;* **rear foglight** *n* Nebelschlußleuchte *f;* **rear-light** *n* Rücklicht *s*

rearm [riːˈɑːm] **I.** *vt* wiederbewaffnen **II.** *vi* wieder aufrüsten; **rearmament** [rɪˈɑːməmənt] *n* Wiederaufrüstung *f*

rearrange [riːəˈreɪndʒ] *vt* → *furniture* umordnen; → *plans* ändern; **rearrangement** *n* Umstellung *f,* Änderung *f*

rear-view [ˈrɪəvjuː] *adj* ◇ **~ mirror** Rückspiegel *m*

reason [ˈriːzn] **I.** *n* ① ↑ *cause* Grund *m;* ↑ *justification* Anlaß, Grund *m;* ◇ **for some ~ she can't come** aus irgendeinem Grund kann sie nicht kommen; ◇ **by ~ of my age** wegen meines Alters ② ↑ *common sense* Verstand *m,* Vernunft *f;* ◇ **try to see ~** sei doch vernünftig **II.** *vi* ① ↑ *think* denken ② ↑ *argue* ◇ **to ~ with s.o.** mit jd-m vernünftig reden; ◇ **it stands to ~** es ist ja logisch

reasonable *adj* vernünftig; **reasonably** [ˈriːznəblɪ] *adv* ① vernünftig ② ↑ *fairly* ziemlich

reasoning *n* (1) ↑ *logic* Logik *f* (2) ↑ *argumentation, proof* Argumentation *f*

reassemble [riːə'sembl] **I.** *vt* (1) ↑ *gather* wieder versammeln, wieder zusammenführen (2) ↑ *reconstruct*, TECHNOL wieder zusammenbauen **II.** *vi* sich wieder versammeln

reassess [riːə'ses] *vt* ↑ *rethink* nochmal überlegen

reassurance [riːə'ʃʊərəns] *n* (1) ↑ *comfort* Beruhigung *f* (2) ↑ *confirmation* Bestätigung *f*, Versicherung *f*; **reassure** [riːə'ʃʊə*] *vt* (1) beruhigen (2) bestätigen, versichern; **reassuring** *adj* ↑ *comforting* beruhigend

rebate ['riːbeɪt] *n* ↑ *repayment* Rabatt *m*

rebel ['rebl] **I.** *n* (*fighter*) Rebell(in *f*) *m* **II.** *adj* rebellisch; **rebellion** [rɪ'belɪən] *n* Rebellion *f*, Aufstand *m*; **rebellious** [rɪ'belɪəs] *adj* ↑ *defiant*, *FIG* widerspenstig; ▷*against government* rebellisch

rebirth [riː'bɜːθ] *n* Wiedergeburt *f*

rebound **I.** [rɪ'baʊnd] *vi* zurückprallen **II.** ['riːbaʊnd] *n* SPORT Abpraller *m*; (*basketball*) Rebound *m*

rebuff [rɪ'bʌf] **I.** *n* ↑ *rejection* schroffe Abweisung *f* **II.** *vt* ↑ *reject* schroff abweisen

rebuild [riː'bɪld] *irr vt* → *city, business* wiederaufbauen

rebuke [rɪ'bjuːk] **I.** *n* Tadel *m*, Rüge *f* **II.** *vt* rügen, tadeln

recalcitrance [rɪ'kælsɪtrəns] *n* Widerspenstigkeit *f*

recall [rɪ'kɔːl] *vt* (1) ↑ *call back* zurückrufen (2) ↑ *remember* sich erinnern an *acc*; ↑ *forgotten* ◇ **to be beyond ~** in Vergessenheit geraten sein

recant [rɪ'kænt] *vi* widerrufen

recap ['riːkæp] *vt, vi* ↑ *summarize* → *information* wiederholen

recapture [riː'kæptʃə*] *vt* (1) ↑ *regain* → *feeling* wieder wachwerden lassen (2) ↑ *recover* → *land* wiedererobern (3) ↑ *catch again* (*animal*) wieder einfangen; → *prisoner* wiederergreifen

recede [rɪ'siːd] *vi* schwinden; ◇ **his hair is receding** er hat e-e leichte Stirnglatze

receipt [rɪ'siːt] *n* (1) ↑ *record* Quittung *f*; ◇ **-s** *pl* Einnahmen *f pl* (2) ↑ *receiving* Empfang *m*, Erhalt *m*; (*of goods*) Eingang *m*

receive [rɪ'siːv] *vt* (1) → *letter* bekommen, erhalten; → *visitors* empfangen (2) ↑ *meet with* → *criticism* finden (3) ↑ *admit* → *member* aufnehmen

receiver *n* TELEC Hörer *m*

recent ['riːsnt] *adj* jüngst; ↑ *modern* neueste(r, s); ◇ **because of the ~ troubles** wegen der jüngsten Unruhen; **recently** *adv* kürzlich, vor kurzem; ◇ **he's been out a lot ~** er ist viel weggegangen in letzter Zeit

receptacle [rɪ'septəkl] *n* ↑ *container* Behälter *m*

reception [rɪ'sepʃən] *n* (1) (*hotel*) Rezeption *f* (2) ↑ *greeting* Empfang *m*; ◇ **Sabrina received a very friendly ~** Sabrina wurde sehr freundlich empfangen (3) (*of idea*) Aufnahme *f*, Rezeption *f* (4) MEDIA Empfang *m*; **receptionist** *n* (*in hotel*) Empfangschef *m*, Empfangsdame *f*; **reception-office** *n* Empfangsbüro *s*

receptive [rɪ'septɪv] *adj* ↑ *open* empfänglich, aufnahmefähig (*to* für *acc*)

recess [riː'ses] *n* (1) ↑ *short break* Pause *f* (2) (*FIG corner*) ◇ **in the deepest -es of my mind** in den tiefsten Tiefen meiner Seele; **recessional** [rɪ'seʃənl] *adj* rückläufig

recharge [riː'tʃɑːdʒ] *vt* → *battery* aufladen; **rechargeable** *adj* wiederaufladbar

recidivism [rɪ'sɪdɪvɪzəm] *n* Rückfall *m*; **recidivous** [rɪ'sɪdɪvəs] *adj* rückfällig

recipe ['resɪpɪ] *n* Rezept *s*; *FIG* ↑ *preconditions* ◇ **the ~ for war** die Formel für Krieg

recipient [rɪ'sɪpɪənt] *n* Empfänger(in *f*) *m*

reciprocal [rɪ'sɪprəkəl] *adj* ↑ *mutual* gegenseitig, wechselseitig; **reciprocate** [rɪ'sɪprəkeɪt] *vt* ↑ *return* erwidern

recital [rɪ'saɪtl] *n* (*of poetry*) Vortrag *m*, Lesung *f*; MUS Konzert *s*

recite [rɪ'saɪt] *vt* (1) → *poem* rezitieren, vortragen (2) → *list of things* aufzählen

reckless ['rekləs] *adj* ↑ *careless* rücksichtslos; ◇ **~ driving** Verkehrsgefährdung *f*; **recklessness** *n* ↑ *rashness* Rücksichtslosigkeit *f*

reckon ['rekən] **I.** *vt* (1) ↑ *consider* glauben, schätzen; ◇ **I ~ she is mad** ich schätze, sie ist verrückt (2) ↑ *estimate* schätzen (3) ↑ *intend* damit rechnen; ◇ **he -s to be gone by summer** er denkt, daß er bis zum Sommer weg sein wird **II.** *vi* ↑ *suppose* annehmen; **reckon on** *vt* ↑ *bank on* zählen auf; **reckon with** *vt* ↑ *be prepared for* rechnen mit; **reckoning** *n* ↑ *calculation* Berechnung *f*

reclaim [rɪ'kleɪm] *vt* (1) → *baggage* abholen (2) → *land* abgewinnen (3) → *expenses* zurückverlangen

reclamation [reklə'meɪʃn] *n* Reklamation *f*

recline [rɪ'klaɪn] *vi* sich zurücklehnen; **reclining** *adj* ◇ **~ seat** Liegesitz *m*, verstellbarer Sitz

recluse [rɪ'kluːs] *n* Einsiedler(in *f*) *m*

recognition [rekəg'nɪʃən] *n* (1) ↑ *recognizing* Erkennen *s*, Erkennung *f*; ◇ **he has changed beyond ~** er ist nicht mehr wiederzuerkennen (2) ↑ *acknowledgement* Anerkennung *f*; ◇ **she was rewarded in ~ of her efforts** sie wurde in Anerkennung für ihre Dienste belohnt; **recognizable** ['rekəgnaɪzəbl] *adj* [wieder]erkennbar; **recog-**

R

nize ['rekəgnaɪz] *vt* (1) → *friend* [wieder]erkennen (2) ↑ *identify* erkennen, identifizieren (3) POL ↑ *approve* anerkennen (4) ↑ *acknowledge* zugeben, eingestehen
recoil [rɪ'kɔɪl] *vi* (1) ↑ *draw back* zurückweichen; (*in horror*) zurückschrecken (2) ↑ *rebound* zurückprallen, zurückstoßen
recollect [rekə'lekt] *vi* sich erinnern an *acc;* **recollection** [rekəlekʃən] *n* ↑ *memory* Erinnerung *f*
recommend [rekə'mend] *vt* (1) ↑ *commend* empfehlen (2) ↑ *advise* empfehlen, raten; **recommendable** *adj* empfehlenswert; **recommendation** [rekəmen'deɪʃən] *n* Empfehlung *f*
recompense ['rekəmpens] **I.** *n* (1) ↑ *compensation* Entschädigung *f* (2) ↑ *reward* Belohnung *f* **II.** *vt* (1) ↑ *compensate* entschädigen (2) ↑ *reward* belohnen
reconcile ['rekənsaɪl] *vt* (1) → *agreement* vereinbaren, in Einklang bringen (2) ↑ *make up* versöhnen (3) ↑ *accept* sich mit etw abfinden; **reconciled** *adj* → *to an idea or situation* ◇ **Al became ~ to his prison sentence** Al fand sich mit seiner Freiheitsstrafe ab; **reconciliation** [rekənsɪlɪ'eɪʃən] *n* (1) ↑ *forgiveness* Versöhnung *f* (2) ↑ *agreement* Vereinbarung *f*
reconditioned [ri:kən'dɪʃənd] *adj* überholt; ◇ **~ engine** Austauschmotor *m*
reconnaissance [rɪ'kɒnɪsəns] *n* (*investigation*) Aufklärung *f*
reconnoitre, **reconnoiter** (*AM*) [rekə'nɔɪtə*] **I.** *vt* erkunden **II.** *vi* aufklären
reconsider [ri:kən'sɪdə*] **I.** *vt* ↑ *review* überdenken **II.** *vi* es sich nochmal überlegen *dat*
reconstruct [ri:kən'strʌkt] *vt* (1) ↑ *restore* wieder aufbauen (2) → *crime*, *FIG* rekonstruieren; **reconstruction** [ri:kən'strʌkʃən] *n* (1) ↑ *rebuilding* Wiederaufbau *m* (2) (*reproduction, of building*) Wiederaufbau *m* (3) (*of crime*) Rekonstruktion *f*
record ['rekɔ:d] **I.** *n* (1) (*evidence*) Aufzeichnung *f*, Niederschrift *f;* ◇ **on ~** aktenkundig; ◇ **just for the ~** nur für die Akten; ◇ **off the ~** inoffiziell (2) Schallplatte *f* (3) ↑ *best performance* Rekord *m;* ◇ **~ holder** SPORT Rekordhalter(in *f*) *m* **II.** *adj* ▷*time* Rekord- **III.** [rɪ'kɔ:d] *vt* → *information* aufzeichnen; → *music, speech* aufnehmen; **record-breaking** *adj* ▷*performance* rekordbrechend; **recorded delivery-letter** [re'kɔ:dɪd dɪ'lɪvərɪ'letə*] *n* Einschreibebrief *m*
recorder [rɪ'kɔ:də*] *n* (1) MUS Blockflöte *f* (2) ↑ *cassette ~* Rekorder *m*
recording [rɪ'kɔ:dɪŋ] *n* (1) MUS Aufnahme *f* (2) (*of information*) Aufzeichnung *f*
record player ['rekɔ:dpleɪə*] *n* Plattenspieler *m*
recount I. ['ri:kaʊnt] *n* ↑ *second count* Nachzählung *f* **II.** [rɪ'kaʊnt] *vt* (1) ↑ *count again* nachzählen (2) → *story* erzählen
recoup [rɪ'ku:p] *vt* wettmachen
recourse [rɪ'kɔ:s] *n* Zuflucht *f*
recover [rɪ'kʌvə*] **I.** *vt* ↑ *regain* wiederfinden; → *consciousness* wieder zu sich kommen; → *expenses* wiedereinbringen **II.** *vi* ▷*from illness* sich erholen; **recovery** [rɪ'kʌvərɪ] *n* (1) ↑ *recuperation* Erholung *f* (2) ↑ *retrieval* Wiederfinden *s;* (*of expenses*) Wiedereinbringung *f*
recreate [ri:krɪ'eɪt] *vt* ↑ *restore* wiederherstellen; **recreation** [rekrɪ'eɪʃən] *n* ↑ *leisure* Freizeitbeschäftigung *f*, Entspannung *f*, Unterhaltung *f;* **recreation ground** *n* Spielplatz *m*
recreational *adj* Freizeit-
recrimination [rɪkrɪmɪ'neɪʃən] *n* Gegenbeschuldigung *f*
recruit [rɪ'kru:t] **I.** *n* Rekrut *m* **II.** *vt* → *soldiers* rekrutieren; → *members* werben; **recruitment** *n* Rekrutierung *f*
rectangle ['rektæŋgl] *n* Rechteck *s;* **rectangular** [rek'tæŋgjʊlə*] *adj* rechteckig
rectify ['rektɪfaɪ] *vt* (1) berichtigen, korrigieren (2) ELECTR gleichrichten
rectory ['rektərɪ] *n* (*house*) Pfarrhaus *s*
recuperate [rɪ'ku:pəreɪt] **I.** *vi* sich erholen **II.** *vt* → *losses* wettmachen
recur [rɪ'kɜ:*] *vi* → *dream* sich wiederholen; **recurrence** [rɪ'kʌrəns] *n* Wiederholung *f;* **recurrent** *adj* wiederkehrend
recycle [ri:'saɪkl] *vt* wiederverwerten, wiederaufbereiten; **recycling** *n* Recycling *s*, Wiederverwertung *f*, Wiederaufbereitung *f;* **recycling paper** *n* Umweltschutzpapier *s*, Recyclingpapier *s*
red [red] **I.** *n* POL *FAM* ↑ *communist* Rote(r) *fm* **II.** *adj* rot; ↑ *become very angry* ◇ **to see ~** *FIG* rotsehen; ↑ *in debt* ◇ **my brother's always in the ~** mein Bruder ist immer in den roten Zahlen; ◇ **R-Cross** Rotes Kreuz; ◇ **to turn as ~ as a beetroot** rot werden wie ein Krebs; **reddish** *adj* rötlich
redecorate [ri:'dekəreɪt] *vt* → *room* renovieren
redeem [rɪ'di:m] *vt* (1) ↑ *save* retten (2) → *debt* zahlen (3) → *promise* einhalten (4) COMM einlösen (5) REL erlösen; **redeemable** *adj* ▷*tickets* einlösbar; **redeeming** *adj* ausgleichend; ▷*virtue, feature* aussöhnend; **redemption** [rɪ'dempʃən] *n* Erlösung *f*
red-faced *adj* ↑ *embarrassed* mit rotem Kopf; **red-haired** *adj* rothaarig; **red-handed** *adv* ◇ **the thief was caught ~** der Dieb wurde auf frischer Tat ertappt; **redhead** *n* Rothaarige(r)

fm, Rotschopf *m;* **red herring** *n FIG* ↑ *diversion* Ablenkungsmanöver *s;* **red hot** *adj* rotglühend, glühendheiß; *FIG* ▷*clue* brandheiß
redirect [ri:daɪ'rekt] *vt* → *traffic* umleiten; ↑ *forward* → *letter* nachsenden
rediscovery [ri:dɪ'skʌvərɪ] *n* Wiederentdekkung *f*
redistribute [ri:dɪ'strɪbju:t] *vt* neu verteilen, umverteilen
redness ['rednəs] *n* Röte *f*
redo [ri:'du:] *irr vt* noch einmal machen
redouble [ri:'dʌbl] *vt* verdoppeln
red tape [red'teɪp] *n FIG* ← *bureaucracy* Bürokratie *f*
reduce [rɪ'dju:s] *vt* ↑ *lessen* → *prices* reduzieren, herabsetzen; → *speed, temperature* vermindern, senken; → *photo* verkleinern; ◇ **to ~ s.o. to tears** jd-n zum Weinen bringen; **reduction** [rɪ'dʌkʃən] *n* Herabsetzung *f;* Verminderung *f;* Verkleinerung *f;* (*money*) Nachlaß *m;* **reduction of charge** *n* Gebührenermäßigung *f*
redundancy [rɪ'dʌndənsɪ] *n* (1) (*of workers*) Freistellung *f;* Entlassung *f;* ◇ **~ payments** Abfindung *f* (2) LING Redundanz *f;* **redundant** *adj* (1) ▷*workers* arbeitslos, freigestellt, freigesetzt (2) ↑ *unnecessary* überflüssig; LING redundant
redwood ['redwʊd] *n* FLORA Redwood *s*
reed [ri:d] (1) Schilf *s* (2) MUS Rohrblatt *s*
reef [ri:f] *n* ▷*coral* Riff *s*
reek [ri:k] **I.** *n* ↑ *stink* Gestank *m* **II.** *vi* riechen, stinken (*of* nach)
reel [ri:l] **I.** *n* Spule *f,* Rolle *f* **II.** *vt* (1) ↑ *wind up* wickeln, spulen (2) ↑ *stagger* taumeln
re-election [ri:ɪ'lekʃən] *n* Wiederwahl *f*
re-enact [ri:'ɪnækt] *vt* (1) ↑ *act out* nachspielen (2) JUR wieder in Kraft setzen
re-enter [ri:'entə*] *vt, vi* wieder eintreten in *acc;* **re-entry** [ri:'entrɪ] *n* Wiedereintritt *m*
re-establish [ri:ɪ'stæblɪʃ] *vt* wiederherstellen
re-examine [ri:ɪg'zæmɪn] *vt* neu überprüfen
ref [ref] *n FAM abbr. of* **referee** Schiri, Schiedsrichter(in *f*) *m*
refectory [rɪ'fektərɪ] *n* (*at college*) Mensa *f;* SCH Speisesaal *m*
refer [rɪ'fɜ:*] *vt* (1) hinweisen (*to* auf *acc*); → *s.o.* verweisen (*to* auf *acc*) (2) verweisen (*to* an *acc*); → *patient* überweisen (3) ↑ *mention* sich beziehen auf *acc* (4) (*book*) nachschlagen
referee [refə'ri:] **I.** *n* (1) SPORT Schiedsrichter(in *f*) *m* (2) (*for job*) Referenz *f* **II.** *vt* SPORT als Schiedsrichter fungieren
reference ['refrəns] *n* (1) ↑ *mentioning* Hinweis *m* (2) ↑ *allusion* Anspielung *f* (3) (*for job*) Referenz *f* (4) (*in book*) Verweis *m* (5) ↑ *number, code* Aktenzeichen *s* (6) ◇ **with ~ to your letter ...** bezugnehmend auf Ihren Brief ...; ◇ **I kept his address for future ~** ich bewahrte seine Anschrift für später auf; **reference book** *n* Nachschlagewerk *s;* **reference disk** *n* PC Lerndiskette *f;* **reference number** *n* Kennziffer *f*
referendum [refə'rendəm] *n* Volksentscheid *m*
referral [rɪ'fɜ:rl] *n* FIN Überweisung *f*
refill [ri:'fɪl] **I.** *vt* nachfüllen **II.** ['ri:fɪl] *n* (1) → *drink* ◇ **would you like a ~?** möchten Sie noch e-e Tasse? (2) (*for pen*) Mine *f,* Patrone *f*
refine [rɪ'faɪn] *vt* (1) ↑ *purify* raffinieren (2) ↑ *perfect, FIG* verfeinern, kultivieren; **refined** [-d] *adj* ▷*manner* kultiviert; **refinement** *n* Verfeinerung *f,* Feinheit *f,* ↑ *good manners* Schliff *m;* **refinery** [rɪ'faɪnərɪ] *n* Raffinerie *f*
refit [ri:'fɪt] *vt* ↑ *repair* reparieren; **refitting** *n* Nachrüstung *f*
reflect [rɪ'flekt] **I.** *vt* (1) ← *mirror* widerspiegeln (2) ← *show* zeigen, darstellen (3) → *light* reflektieren **II.** *vi* ↑ *meditate* nachdenken (*on* über *acc*); **reflection** [rɪ'flekʃən] *n* (1) ↑ *thought* Reflexion *f* (2) (*in mirror*) Spiegelbild *s;* **reflector** [rɪ'flektə*] *n* Reflektor *m*
reflex ['ri:fleks] *n* Reflex *m;* (*of body*) ◇ **your ~es are satisfactory** Ihre Reflexe sind in Ordnung; **reflex camera** *n* Spiegelreflexkamera *f*
reflexive [rɪ'fleksɪv] *adj* LING Reflexiv-
reform [rɪ'fɔ:m] **I.** *n* (1) POL Reform *f* (2) ↑ *improvement* Verbesserung *f* **II.** *vt* → *person* bessern; → *system* reformieren, umbilden
Reformation [refə'meɪʃən] *n* HIST Reformation *f*
refrain [rɪ'freɪn] *vi* absehen, unterlassen (*from* von *dat*)
refresh [rɪ'freʃ] *vt* → *o.s.* erfrischen; → *knowledge* auffrischen; **refresher course** *n* Auffrischungskurs *m;* **refreshing** *adj* erfrischend
refreshments *n pl* Erfrischungen *pl*
refrigeration [rɪfrɪdʒə'reɪʃən] *n* Kühlung *f;* **refrigerator** [rɪ'frɪdʒəreɪtə*] *n* Kühlschrank *m*
refuel [ri:'fjʊəl] *vt, vi* auftanken; **refuelling** *n* Auftanken *s*
refuge ['refju:dʒ] *n* (1) ↑ *sanctuary* Zuflucht *f* (2) ↑ *shelter* Zufluchtsort *m;* ◇ **to take ~** Zuflucht nehmen
refugee [refjʊ'dʒi:] *n* Flüchtling *m;* **refugee transit camp** *n* Notaufnahmelager *s*
refund **I.** ['ri:fʌnd] *n* Rückzahlung *f,* Rückerstattung *f* **II.** [rɪ'fʌnd] *vt* zurückzahlen, zurückerstatten
refurnish [ri:'fɜ:nɪʃ] *vt* neu möblieren, ummöblieren
refusal [rɪ'fju:zəl] *n* (*of permission*) Verweige-

R

rung *f;* (*of request*) Ablehnung *f;* **refuse I.** ['refju:s] *n* Abfall *m,* Müll *m* **II.** [rɪ'fju:z] *vt* ablehnen; → *entrance* verweigern **III.** *vi* sich weigern

refuse disposal ['refju:s dɪs'pəʊzl] *n* Müllbeseitigung *f,* Abfallbeseitigung *f*

refute [rɪ'fju:t] *vt* ↑ *prove wrong* widerlegen

regain [rɪ'geɪn] *vt* → *control* wiedergewinnen; ◇ **when I -ed consciousness** als ich das Bewußtsein wiedererlangte

regal ['ri:gəl] *adj* königlich

regalia [rɪ'geɪlɪə] *n pl* Insignien *pl*

regard [rɪ'gɑ:d] **I.** *n* ↑ *esteem* Achtung *f;* ◇ **with kind -s** mit freundlichen Grüßen; ◇ **-s to your family** viele Grüße an Ihre Familie; ◇ **with - to the situation ...** im Hinblick auf die Situation ...; ◇ **-ing our agreement ...** bezüglich [*o.* hinsichtlich] unserer Vereinbarung **II.** *vt* ← *look at* ansehen, betrachten; **regardless** *adj* ↑ *in spite* ◇ **- of our difficulties** ungeachtet unserer Probleme

regatta [rɪ'gætə] *n* Regatta *f*

regency ['ri:dʒənsɪ] *n* Herrschaft *f,* Regentschaft *f*

regenerate [ri:'dʒenəreɪt] *vt, vi* ↑ *revitalize* [sich] regenerieren, erneuern

regent ['ri:dʒent] *n* Regent(in *f*) *m*

regime [reɪ'ʒi:m] *n* Regime *s*

regiment ['redʒɪmənt] *n* Regiment *s*

region ['ri:dʒən] *n* Gegend *f;* **regional** *adj* örtlich, regional; **regional parliament** *n* Landtag *m;* **regional program[me]** *n* MEDIA Regionalprogramm *s*

register ['redʒɪstə*] **I.** *n* Register *s,* Verzeichnis *s;* PC Kurzzeitspeicher *m* **II.** *vt* ↑ *list* registrieren, eintragen; → *disappointment* zeigen; ↑ *make a note of* eintragen **III.** *vi* ① (*at hotel*) sich eintragen; (*with police*) sich melden (*with* bei) ② ↑ *sink in* wirken, verstehen; **registered** [-d] *adj* ↑ *official* eingetragen; ▷*letter* eingeschrieben; ◇ **- trademark** eingetragenes Warenzeichen

registrar [redʒɪ'strɑ:*] *n* Standesbeamte(r) *m,* Standesbeamtin *f;* **registration** [redʒɪ'streɪʃən] *n* ① (*car*) Kraftfahrzeugschein *m;* ◇ **- number** Kennzeichen *s* ② (*act of*) Registrierung *f,* Eintragung *f;* **registration deadline** *n* Meldefrist *f;* **registration office** *n* Einwohnermeldeamt *s,* Meldestelle *f;* **registry office** ['redʒɪstrɪɒfɪs] *n* Standesamt *s*

regret [rɪ'gret] **I.** *n* Bedauern *s* **II.** *vt* bedauern; ◇ **I have no -s at all** ich bereue es überhaupt nicht; **regretfully** [rɪ'gretfəlɪ] *adv* ↑ *sadly* mit Bedauern; **regrettable** *adj* bedauerlich

regroup [ri:'gru:p] **I.** *vt* umgruppieren, neugruppieren **II.** *vi* sich umgruppieren, sich neu gruppieren

regular ['regjʊlə*] **I.** *adj* ▷*duties* regelmäßig; ↑ *usual* normal, üblich; ▷*set* gewöhnlich, normal; ↑ *standard* standardmäßig, normal **II.** *n* ① ◇ **- client** Stammkunde *m,* Stammkundin *f* ② ▷*petrol* Normalbenzin *s;* **regularity** [regjʊ'lærɪtɪ] *n* Regelmäßigkeit *f;* **regularly** ['rəgjʊləlɪ] *adv* regelmäßig

regulate ['regjʊleɪt] *vt* regeln, regulieren; **regulation** [regjʊ'leɪʃən] *n* ① ↑ *rule* Vorschrift *f;* ◇ **- clothing** vorgeschriebene Kleidung ② ↑ *control* Regulierung *f,* Kontrolle *f;* (*of machine*) Einstellung *f* ③ ↑ *order* Regelung *f,* Anordnung *f;* **regulator** ['regjʊleɪtə*] *n* Regler *m*

rehabilitation [ri:həbɪlɪ'teɪʃən] *n* ① (*of invalid*) Rehabilitation *f* ② (*of criminal*) Resozialisierung *f*

rehash [ri:'hæʃ] *vt* ① *FAM* aufwärmen ② ↑ *rework* → *literary material* aufbereiten

rehearsal [rɪ'hɜ:səl] *n* (*of play, concert*) Probe *f;* **rehearse** [rɪ'hɜ:s] *vt* ① ↑ *practice* proben ② ↑ *go over* wiederholen

reign [reɪn] **I.** *n* Herrschaft *f;* ◇ **- of terror** Schrekkensherrschaft *f* **II.** *vi* herrschen; **reigning** *adj* ▷*champion* herrschend

reimburse [ri:ɪm'bɜ:s] *vt* zurückerstatten, ersetzen; **reimbursement** *n* Rückerstattung *f,* Rückvergütung *f*

rein [reɪn] *n* (*horse*) Zügel *m;* (*freedom*) ◇ **to give a free - to s.o.** jd-m freien Lauf lassen

reincarnation [ri:ɪnkɑ:'neɪʃən] *n* Wiedergeburt *f,* Reinkarnation *f*

reindeer ['reɪndɪə*] *n* Ren[tier] *s*

reinforce [ri:ɪn'fɔ:s] *vt* ① ↑ *increase* verstärken; ↑ *strengthen* stärken; *FIG* untermauern ② ↑ *back up* → *policy* unterstützen; **reinforced** [-d] *adj* verstärkt; ◇ **- concrete** Stahlbeton *m;* **reinforcement** *n* ① ↑ *strengthening* Verstärkung *f; FIG* Untermauerung *f* ② ◇ **-s** *pl* MIL *FIG* Verstärkung *f*

reinstate [ri:ɪn'steɪt] *vt* → *law and order* wiederherstellen; → *person* wieder einstellen

reissue [ri:'ɪʃu:] *vt* neu herausgeben; → *book* neu auflegen

reiterate [ri:'ɪtəreɪt] *vt* wiederholen; **reiteration** [ri:ɪtə'reɪʃn] *n* Wiederholung *f*

reject I. ['ri:dʒekt] *n* → *faulty goods* Ausschußartikel *m* **II.** [rɪ'dʒekt] *vt* ① → *person* ablehnen ② → *offer, request* ausschlagen ③ → *plans* verwerfen; **rejection** [rɪ'dʒekʃən] *n* ① Ablehnung *f* ② Verweigerung *f* ③ Verwerfung *f*

rejoice [rɪ'dʒɔɪs] *vi* glücklich sein über, sich freuen

rejoinder [rɪ'dʒɔɪndə*] *n* ↑ *sharp remark* Erwiderung *f*

rejuvenate [rɪˈdʒuːvɪneɪt] *vt* verjüngen

rekindle [riːˈkɪndl] *vt* → *interest, love* neu entfachen

relapse [rɪˈlæps] *n* 1 MED Rückfall *m* 2 COMM Rückschlag *m*

relate [rɪˈleɪt] **I.** *vt* 1 ↑ *tell* erzählen, berichten (*to s.o.* jd-m) 2 ↑ *connect* verbinden (*to/with* mit) **II.** *vi* sich beziehen (*to* auf *acc*); **related** [-ɪd] *adj* verwandt (*to* mit); ◇ **~ occurences** zusammenhängende Ereignisse; **relating** *prep* ◇ **comments ~ to our present situation** Bemerkungen in bezug auf unsere derzeitige Situation

relation [rɪˈleɪʃən] *n* 1 Verwandte(r) *fm* 2 (*connection*) Beziehung *f;* ◇ **to bear no ~** in keiner Beziehung stehen 3 ◇ **diplomatic ~s** diplomatische Beziehungen *f pl*

relationship *n* Beziehung *f,* Verhältnis *s*

relative [ˈrelətɪv] **I.** *n* Verwandte(r) *fm* **II.** *adj* relativ, bedingt; **relatively** *adv* relativ; **relativity** [reləˈtɪvətɪ] *n* Relativität *f*

relax [rɪˈlæks] **I.** *vt* 1 ↑ *slacken* lockern 2 → *muscles, body* entspannen **II.** *vi* ← *muscles* sich entspannen; ◇ **just ~!** bleib' ganz ruhig!; **relaxation** [riːlækˈseɪʃən] *n* 1 (*act of*) Entspannung *f* 2 ← *slackening* Lockerung *f;* **relaxed** [rɪˈlæksd] *adj* ▷*body, mind* entspannt; ▷*atmosphere* zwanglos; **relaxing** *adj* entspannend; ▷*climate* erholsam

relay I. [ˈriːleɪ] *n* 1 SPORT Staffel *f* 2 TECHNOL Relais *s* **II.** [riːˈleɪ] *vt* 1 → *message* weiterleiten 2 MEDIA übertragen 3 ↑ *lay s.th. again* → *carpet* neu verlegen

release [rɪˈliːs] **I.** *n* 1 (*from jail*) Entlassung *f* 2 ↑ *relief* Erleichterung *f* 3 TECHNOL Auslöser *m* **II.** *vt* 1 befreien 2 (*from jail*) entlassen 3 → *report, news* bekanntgeben

relentless [rɪˈlentləs] *adj* ↑ *determined* unnachgiebig; ▷*pain* anhaltend

relevance [ˈreləvəns] *n* Relevanz *f;* **relevant** *adj* relevant, wichtig

reliability [rɪlaɪəˈbɪlɪtɪ] *n* Zuverlässigkeit *f;* **reliable** [rɪˈlaɪəbl] *adj* zuverlässig; **reliance** [rɪˈlaɪəns] *n* 1 ↑ *dependence* Abhängigkeit *f;* ◇ **~ on drugs** Drogenabhängigkeit 2 ↑ *confidence* Vertrauen *s* (*on* auf)

relic [ˈrelɪk] *n* 1 REL Reliquie *f* 2 ↑ *remnant* Relikt *s,* Überbleibsel *s*

relief [rɪˈliːf] *n* 1 Erleichterung *f* 2 ↑ *assistance* Hilfe *f;* ↑ *support* Unterstützung *f* 3 (*person*) Ablösung *f* 4 ↑ *diversion* ◇ **to provide comic ~** e-e Situation durch e-n Scherz entspannen; **relief action** *n* Hilfsaktion *f;* **relieve** [rɪˈliːv] *vt* 1 ↑ *ease* erleichtern 2 ↑ *assist* entlasten 3 ↑ *rid* befreien 4 → *person* ablösen; ◇ **I ~d Ann of the responsibility** ich nahm Ann die Verantwortung ab 5 ↑ *sack* ◇ **to ~ s.o. of their duties** jd-n entlassen, jd-m kündigen 6 ↑ *urinate* ◇ **to ~ o.s.** seine Notdurft verrichten; **relieved** *adj* ↑ *glad* erleichtert, froh

religion [rɪˈlɪdʒən] *n* Religion *f;* **religious** [rɪˈlɪdʒəs] *adj* religiös; **religious freedom** *n* Glaubensfreiheit *f*

relinquish [rɪˈlɪŋkwɪʃ] *vt* → *hold, duties* aufgeben; → *power* verzichten auf

relish [ˈrelɪʃ] **I.** *n* ↑ *sauce* Soße *f* **II.** *vt* genießen; ↑ *look forward to* ◇ **to ~ the prospect of s.th.** sich auf etw freuen

relive [riːˈlɪv] *vt* noch einmal erleben

reluctance [rɪˈlʌktəns] *n* Widerwille[n] *m,* Abneigung *f;* **reluctant** *adj* widerwillig; **reluctantly** *adv* widerwillig, ungern

rely on [rɪˈlaɪ ɒn] *vt* 1 ↑ *depend* sich verlassen auf *acc* 2 ↑ *need* brauchen

remain [rɪˈmeɪn] **I.** *vi* 1 ↑ *be left* übrigbleiben 2 ↑ *stay* bleiben; ◇ **that ~s to be seen** das werden wir noch sehen; ◇ **it ~ed a mystery for many years** es blieb für viele Jahre ein Rätsel **II.** *n* (*of body*) ◇ **his ~s** *pl* seine sterblichen Überreste; **remainder** *n* Rest *m;* **remaining** *adj* übrig

remake [ˈriːmeɪk] *n* → *of film* Remake *s,* Neuproduktion *f*

remand [rɪˈmɑːnd] **I.** *n* JUR ◇ **be on ~** in Untersuchungshaft *f* sein **II.** *vi* ↑ *imprison* ◇ **Al was ~ed in custody** Al blieb in Untersuchungshaft *f*

remark [rɪˈmɑːk] **I.** *n* Bemerkung *f* **II.** *vi* bemerken; **remarkable** *adj* bemerkenswert; **remarkably** [rɪˈmɑːkəblɪ] *adv* ▷*good* bemerkenswert, beachtlich

remarry [riːˈmærɪ] *vi* wieder heiraten

remedial [rɪˈmiːdɪəl] *adj* ▷*measures, action* Hilfs-; ◇ **to take ~ action** Abhilfe schaffen; MED Heil-; ◇ **~ exercises** Heilgymnastik, Krankengymnastik *f*

remedy [ˈremədɪ] **I.** *n* [Heil-]Mittel *s* (*for* gegen) **II.** *vt* 1 → *pain* abhelfen *dat* 2 → *trouble* in Ordnung bringen; → *situation* bereinigen; → *damages* beheben

remember [rɪˈmembə*] *vt* ↑ *recall* sich erinnern an *akk;* ◇ **please ~ me to her** grüße sie bitte von mir; **remembrance** [rɪˈmembrəns] *n* 1 ↑ *memory* Erinnerung *f* 2 (*official*) Gedenken *s;* **Remembrance Day** *n* Volkstrauertag *m*

remind [rɪˈmaɪnd] *vt* erinnern an; **reminder** *n* Erinnerung *f*

reminisce [remɪˈnɪs] *vi* ↑ *remember* in Erinnerung schwelgen; **reminiscences** [remɪˈnɪsənsɪz] *n pl* ↑ *memory, recollections* Erinnerungen *pl;* **reminiscent** *adj* ↑ *similar* erinnernd (*of* an *acc*)

R

remiss [rɪ'mɪs] *adj* nachlässig

remit [rɪ'mɪt] *vt* → *money* überweisen; **remittance** *n* Geldanweisung *f*

remnant ['remnənt] *n* ↑ *remains* Rest *m*, Überrest *m*

remonstrate ['remənstreɪt] *vi* ↑ *protest, object* protestieren

remorse [rɪ'mɔːs] *n* Reue *f*; **remorseful** [rɪ'mɔːsfl] *adj* reumütig

remote [rɪ'məʊt] *adj* ① ↑ *distant* fern, entfernt ② ↑ *isolated* isoliert, abgelegen ③ ↑ *removed* entfernt ④ ▷*possibility* entfernt; ▷*chance* gering ⑤ ◇ ~ **control** (*TV*) Fernbedienung *f*; (*model plane*) Fernsteuerung *f*; ◇ **I don't have the ~st idea** ich habe nicht die leiseste Ahnung; **remotely** *adv* ▷*situated* abgelegen

removal [rɪ'muːvəl] *n* ↑ *taking away* Entfernung *f*; (*of furniture*) Umzug *m*; ◇ ~ **company** Möbelspedition *f*; ◇ ~ **van** Möbelwagen *m*

remove [rɪ'muːv] *vt* ① ↑ *move* entfernen ② → *clothing* ablegen ③ → *suspicion* abwenden ④ ↑ *dismiss* entlassen ⑤ → *difficulties* beseitigen; **removed** [-d] *adj* ① ↑ *different* ▷*idea* weit entfernt ② ◇ **a cousin twice ~** ein Cousin zweiten Grades; **remover** *n* (*for paint, stains*) Entferner *m*

remuneration [rɪmjuːnə'reɪʃən] *n* ↑ *pay* Honorar *s*, Vergütung *f*; ↑ *reward* Belohnung *f*

Renaissance [rɪ'neɪsns] *n* HIST ◇ **the ~** die Renaissance

rename [riː'neɪm] *vt* umbenennen

rend [rend] <rent, rent> *vt* → *clothes* zerreißen

render ['rendə*] *vt* ① ↑ *make possible* möglich machen ② → *help* leisten ③ ↑ *submit* → *bill* vorlegen ④ ↑ *translate* übersetzen; **rendering** *n* (MUS *performance*) Vortrag *m*

rendez-vous ['rɒndɪvuː] *n* ① ↑ *meeting* Verabredung *f*, Rendezvous *s* ② ↑ *meeting place* Treffpunkt *m*

renegade ['renɪgeɪd] *n* Abtrünnige(r) *fm*

renew [rɪ'njuː] *vt* erneuern; → *license, passport* erneuern lassen, verlängern; → *relationship* wiederaufnehmen; ↑ *replace* ersetzen; **renewal** *n* ① ↑ *resumption* (*of events*) Erneuerung *f* ② (*of old buildings*) Renovierung *f*

renounce [rɪ'naʊns] *vt* ① ↑ *reject, give up* verzichten auf *acc*; → *belief* abschwören; → *official position* ablehnen, verzichten auf ② ↑ *disown* verstoßen

renovate ['renəveɪt] *vt* → *building* renovieren; → *artwork, mansion* restaurieren; **renovation** [renəʊ'veɪʃən] *n* Renovierung *f*; Restaurierung *f*

renown [rɪ'naʊn] *n* guter Ruf, Berühmtheit *f*, Ruhm *m*; **renowned** [-d] *adj* ↑ *famous* berühmt, bekannt

rent [rent] **I.** *pt, pp of* **rend**; **II.** *n* (*for house, flat*) Miete *f*; (*for land*) Pacht *f* **III.** *vt* ① → *house, car* mieten; → *land* pachten ② ↑ *let* → *house, car* vermieten; ◇ **for ~** zu vermieten

rental I. *n* ① (*agreement*) Mietvertrag *m* ② (*monthly fee*) Leihgebühr *f* **II.** *adj* ◇ **computer ~ service** Computerverleih *m*; ◇ **~-free** mietfrei; **rental charge** *n* Leihgebühr *f*; **rented flat** [rentɪd'flæt] *n* Mietwohnung *f*

renunciation [rɪnʌnsɪ'eɪʃən] *n* ① ↑ *rejection* Verzicht *m* (*of* auf *acc*); (*of friend*) Ablehnung *f* ② (*of official position*) Ablehnung, Verzicht *m*

reopen [riː'əʊpən] *vt* ① → *discussion* wiederaufnehmen ② → *theatre, shop* wiedereröffnen

reorder [riː'ɔːdə*] *vt* ① nachbestellen, neu bestellen ② ↑ *reorganize* umordnen

reorganization [riːɔːgənaɪ'zeɪʃən] *n* Umorganisation *f*, Umstellung *f*; **reorganize** [riː'ɔːgənaɪz] *vt* reorganisieren; → *books* umordnen

rep [rep] *n* ① ↑ *representative*, COMM Vertreter (in *f*) *m* ② THEAT Repertoire *s*

repair [rɪ'peə*] **I.** *n* Reparatur *f* **II.** *vt* reparieren; → *damage* wiedergutmachen; ◇ **beyond ~** nicht mehr zu reparieren; ◇ **in good ~** in gutem Zustand; **repairable** *adj* reparabel; **repair kit** *n* Werkzeugkasten *m*; **repair man** *n* <-men> Mechaniker *m*; **repair shop** *n* Reparaturwerkstatt *f*

reparation [repə'reɪʃn] *n* Wiedergutmachung *f*

repartee [repɑː'tiː] *n* ① (*wittiness*) Schlagabtausch *m* ② (*witty comment*) schlagfertige Antwort *f*

repatriate [rɪ'pætrɪeɪt] in die Heimat zurückführen

repay [riː'peɪ] *irr vt* ① ↑ *pay back* zurückzahlen ② → *favour* vergelten ③ → *reward* vergelten ④ → *visit* erwidern; **repayment** *n* ① (*of money*) Rückzahlung *f* ② (*FIG for favour, for help*) Vergeltung *f*

repeal [rɪ'piːl] **I.** *n* (*of law*) Aufhebung *f* **II.** *vt* aufheben

repeat [rɪ'piːt] **I.** *n* MEDIA Wiederholung *f* **II.** *vt* ① → *action* wiederholen; ↑ *reiterate* wiederholen ② → *secret* weitererzählen; **repeatedly** [rɪ'piːtɪdlɪ] *adv* wiederholt; **repeat order** *n* Nachbestellung *f*

repel [rɪ'pel] *vt* ① ↑ *revolt* abstoßen ② → *army* zurückschlagen ③ ← *magnets* sich abstoßen; **repellent I.** *adj* ↑ *revolting* abstoßend **II.** *n* ◇ **insect ~** Insektenschutzmittel *s*

repent [rɪ'pent] *vt, vi* ↑ *regret* bereuen; **repentance** *n* ↑ *regret* Reue *f*

repercussion [riːpə'kʌʃən] *n* ① ↑ *consequences* Auswirkung *f* ② (*of firearm*) Rückstoß *m*

repertoire ['repətwɑː*] *n* THEAT MUS ↑ *range* Repertoire *s*; ↑ *complete works* Repertoire *s*

repertory ['repətərı] *n* THEAT Repertoire *s*
repetition [repə'tıʃən] *n* ① ↑ *repeat* Wiederholung *f* ② ↑ *duplication* Wiederholung *f;* **repetitive** [rı'petıtıv] *adj* sich wiederholend
rephrase [ri:'freız] *vt* umformulieren
replace [rı'pleıs] *vt* ① ↑ *take the place of* ersetzen ② ↑ *return* zurücklegen, zurückstellen; ◇ **to - the telephone receiver** den Hörer auflegen; **replaceable** *adj* ersetzbar; **replacement** *n* ① ↑ *substitution* Ersatz *m* ② ↑ *substitute* (*person*) Vertretung *f*
replenish [rı'plenıʃ] *vt* ↑ *top up* [wieder]auffüllen; ergänzen
replica ['replıkə] *n* ① ↑ *model* Replik *f* ② ↑ *copy* Kopie *f,* Nachbildung *f*
reply [rı'plaı] **I.** *n* ↑ *answer* Antwort *f* **II.** *vi* antworten; ↑ *respond to action* erwidern
report [rı'pɔ:t] **I.** *n* ① ↑ *account* Bericht *m* ② SCH Zeugnis *s* ③ ↑ *rumours, news* ◇ **there have been -s of violence** es wurde von Gewalttätigkeiten berichtet **II.** *vt* ① ↑ *tell* berichten; ◇ **Arthur is -ed to have said ...** Arthur soll gesagt haben ... ② → *bad behaviour* melden ③ (*to authorities*) anzeigen **III.** *vi* ① ↑ *make report* Bericht anfertigen ② ↑ *present o.s.* sich melden; **reportedly** [rı'pɔ:tıdlı] *adv* ↑ *allegedly* wie verlautet; **reported speech** *n* GRAM ↑ *indirect speech* indirekte Rede *f;* **reporter** *n* Reporter(in *f*) *m*
repose [rı'pəʊz] *adj* ↑ *relaxed* ◇ **in a state of -** in e-m Zustand der Gelassenheit
repossess [ri:pə'zes] *vt* ↑ *reclaim* wieder in Besitz nehmen
reprehensible [reprı'hensıbl] *adj* ↑ *blameworthy* tadelnswert, verwerflich
represent [reprı'zent] *vt* ① ↑ *act on behalf* vertreten ② ↑ *symbolize* symbolisieren, darstellen; ↑ *embody* verkörpern ③ ↑ *constitute* darstellen ④ ↑ *typify* darstellen ⑤ ↑ *portray* darstellen; ↑ *present* → *situation* darstellen, zeigen; **representation** [reprızen'teıʃən] *n* ① ↑ *group of representatives* Vertretung *f* ② ↑ *portrayal* Darstellung *f;* **representative** [reprı'zentətıv] **I.** *n* ① ↑ *delegate* Vertreter(in *f*) *m* ② ↑ *company rep* Vertreter(in *f*) *m* **II.** *adj* repräsentativ
repress [rı'pres] *vt* ① → *feelings* verdrängen ② ↑ *suppress* unterdrücken; **repressed** *adj* ▷*feelings* unterdrückt, verdrängt; **repression** [rı'preʃən] *n* ① ↑ *oppression* Unterdrückung *f* ② (*of feelings*) Verdrängung *f;* **repressive** [rı'presıv] *adj* ① ▷*government, measures* repressiv ② PSYCH ▷*feelings, behaviour* hemmend
reprieve [rı'pri:v] *n* ① (*from capital punishment*) Begnadigung *f* ② (*pain*) Erleichterung *f*
reprimand ['reprımɑ:nd] **I.** *n* ↑ *scolding* Rüge *f,* Tadel *m* **II.** *vt* rügen, tadeln
reprint I. ['ri:prınt] *n* Nachdruck *m* **II.** [ri:'prınt] *vt* nachdrucken, neu auflegen; **reprinting** [ri:'prıntiŋ] *n* (*of book*) Nachdruck *m*
reprisal [rı'praızəl] *n* ↑ *retaliation* Vergeltung *f*
reproach [rı'prəʊtʃ] **I.** *n* ① ↑ *reprimand* Tadel *m* ② ↑ *blame* Vorwurf *m* **II.** *vt* ① ↑ *reprimand* tadeln *dat* ② ↑ *blame* ◇ **to - s.o.** jd-m Vorwürfe machen; ◇ **beyond -** über jeden Vorwurf erhaben; **reproachful** [rı'prəʊtʃfl] *adj* vorwurfsvoll
reprocess [ri:'prəʊses] *vt* wiederaufarbeiten, wiederverwerten; **reprocessing** *n* Wiederaufbereitung *f,* Wiederaufarbeitung *f;* (*sewage, atomic waste*) ◇ **- plant** Wiederaufbereitungsanlage *f*
reproduce [ri:prə'dju:s] **I.** *vt* ↑ *duplicate* reproduzieren **II.** *vi* ↑ *procreate* sich vermehren; **reproduction** [ri:prə'dʌkʃən] *n* ① ↑ *duplication* Wiedergabe *f;* PHOTO Reproduktion *f* ② ↑ *breeding* Fortpflanzung *f*
reproof [rı'pru:f] *n* ↑ *criticism* ◇ **to look at s.o. with -** jd-n kritisch betrachten
reptile ['reptaıl] *n* Reptil *s*
republic [rı'pʌblık] *n* Republik *f;* **republican** [rı'pʌblıkən] **I.** *adj* republikanisch **II.** *n* Republikaner(in *f*) *m*
repudiate [rı'pju:dıeıt] *vt* ↑ *reject* zurückweisen; → *debt* nicht anerkennen
repugnance [rı'pʌgnəns] *n* ↑ *revulsion* Widerwille[n] *m;* **repugnant** *adj* widerlich, abstoßend
repulsion [rı'pʌlʃən] *n* ↑ *revulsion* Widerwille *m* (*for* gegen); **repulsive** [rı'pʌlsıv] *adj* ↑ *revolting* abstoßend, widerwärtig
reputable ['repjʊtəbl] *adj* ↑ *respectable* anständig; **reputation** [repjʊ'teıʃən] *n* Ruf *m*
repute [rı'pju:t] *n* ↑ *reputation* Ruf *m;* ◇ **of -** angesehen; ◇ **to be held in -** ein hohes Ansehen genießen; **reputed** [-ıd] *adj* ① angeblich; ◇ **the company is - to be successful** die Firma gilt als erfolgreich ② ◇ **the - beauty of the Alps ...** die sprichwörtliche Schönheit der Alpen ...
request [rı'kwest] **I.** *n* ↑ *polite appeal* Bitte *f;* ↑ *demand* Wunsch *m;* ◇ **on -** auf Wunsch; ◇ **at s.o.'s -** auf jd-s Wunsch **II.** *vt* ↑ *ask for s.th. politely* erbitten; → *person* ersuchen; **request stop** *n* (*bus-*) Bedarfshaltestelle *f*
require [rı'kwaıə*] *vt* ① ↑ *need* erfordern, brauchen; ↑ *wish* wünschen ② → *order* verlangen; ◇ **I was constantly -d to do s.th.** ich mußte ständig etw tun; **requirement** *n* ① ↑ *condition* Anforderung *f;* ↑ *provision* Voraussetzung *f* ② ↑ *need* Bedarf *m,* Notwendigkeit *f*

requisite ['rekwɪzɪt] **I.** *n* ↑ *requirement* Erfordernis *s* **II.** *adj* ↑ *required* erforderlich; **requisition** [rekwɪ'zɪʃən] **I.** *n* ↑ *demand* Anforderung *f; (of goods)* Requisition *f* **II.** *vt* ↑ *demand* anfordern; → *goods* requirieren

reroute [riː'ruːt] *vt* → *traffic* umleiten

re-run ['riːrʌn] *n* MEDIA ↑ *repeat* Wiederholung *f*

rescind [rɪ'sɪnd] *vt* ↑ *repeal* → *law, act* aufheben; → *decision* widerrufen

rescue ['reskjuː] **I.** *n* Rettung *f* **II.** *vt* retten; ◇ **to come to the ~ of s.o.** jd-n retten; **rescue operation** *n* Rettungsaktion *f;* **rescue party** *n* Rettungsmannschaft *f;* **rescuer** *n* Retter(in *f*) *m,* Befreier(in *f*) *m*

research [rɪ'sɜːtʃ] **I.** *n* Forschung *f* **II.** *vi* forschen **III.** *vt* erforschen; **researcher** *n* Forscher(in *f*) *m;* **research paper** *n* SCH Hausarbeit *f,* Referat *s;* **research work** *n* Forschungsarbeit *f;* **research worker** *n* wissenschaftlicher Mitarbeiter, wissenschaftliche Mitarbeiterin

resemblance [rɪ'zembləns] *n* Ähnlichkeit *f;* **resemble** [rɪ'zembl] *vt* ähneln *dat*

resent [rɪ'zent] *vt* übelnehmen; **resentful** [rɪ'zentfl] *adj* nachtragend; **resentment** *n* [1] ↑ *bitterness* Ärger *m* [2] ↑ *grudges* ◇ **to suppress one's ~s** seinen Widerwillen unterdrücken

reservation [rezə'veɪʃən] *n* [1] ↑ *booking* Reservierung *f;* THEAT Vorbestellung *f* [2] ↑ *doubt* Vorbehalt *m;* ◇ **to have ~ about s.th./s.o.** wegen etw/jd-m Bedenken *pl* haben; *(unsure)* ◇ **to do s.th. with ~s** etw unter Vorbehalt tun [3] *(land)* Reservat *s;* **reserve** [rɪ'zɜːv] **I.** *n* [1] ↑ *store* Reserve *f* [2] SPORT Ersatzspieler(in *f*) *m* [3] ↑ *restraint (manner)* Zurückhaltung *f* [4] ↑ *game ~* Wildschutzgebiet *s;* ↑ *native ~* Reservat *s* **II.** *vt* [1] → *book* reservieren [2] → *judgement* sich vorbehalten *dat* [3] ◇ **~s** *pl* MIL Reserve *f;* **reserved** [-d] *adj* reserviert; ◇ **all rights ~** alle Rechte vorbehalten; **reserve tank** *n* Reservetank *m*

reservoir ['rezəvwɑː*] *n* [1] *(lake)* Reservoir *s* [2] ↑ *store (of facts)* Fundgrube *f*

reset [riː'set] *vt* [1] → *watch* zurückstellen auf *acc* [2] → *jewel* neu fassen

resettle [riː'setl] *vt* [1] → *refugees* umsiedeln [2] → *virgin land* neu besiedeln

reshuffle [riː'ʃʌfl] *vt* POL ↑ *reorganize* umbilden

reside [rɪ'zaɪd] *vi* ↑ *stay* wohnen; **residence** ['rezɪdəns] [1] ↑ *house* Haus *s,* Wohnung *f* [2] ↑ *place of living* Wohnort *m* [3] ↑ *length of stay* Aufenthalt *m;* **resident** ['rezɪdənt] **I.** *n (in house)* Bewohner(in *f*) *m; (in area)* Einwohner(in *f*) *m* **II.** *adj (of area, of country)* wohnhaft; ▷*tutor, specialist* ansässig; ▷*doctor* Haus-; **residential** [rezɪ'denʃəl] *adj* ◇ **~ area** Wohngebiet *s,* Wohnviertel *s*

residue ['rezɪdjuː] *n* [1] ↑ *left-over* Rest *m;* CHEM Rückstand *m* [2] *FIG* ↑ *feeling* ◇ **~ of guilt** Schuldgefühl *s*

resign [rɪ'zaɪn] **I.** *vt* ↑ *quit* aufgeben, verzichten auf **II.** *vi (from office)* niederlegen; **resignation** [rezɪg'neɪʃən] *n* [1] *(resigning from job)* Amtsniederlegung *f;* POL Rücktritt *m* [2] ↑ *submission* Resignation *f;* **resigned** [rɪ'zaɪnd] *adj* resigniert; ↑ *reconciled* ◇ **to become ~ to s.th.** sich mit etw abfinden

resilient [rɪ'zɪlɪənt] *adj* ▷*material* federnd; *FIG* ▷*person, nature* unverwüstlich

resin ['rezɪn] *n* Harz *s*

resist [rɪ'zɪst] *vt* [1] ↑ *oppose* sich widersetzen, Widerstand leisten [2] ↑ *refrain from* widerstehen; ◇ **I ~ed the urge to call him** ich widerstand der Versuchung, ihn anzurufen; **resistance** *n* Widerstand *m;* **resistance movement** *n* Widerstandsbewegung *f;* **resistant** *adj* [1] ▷*floor* strapazierfähig; ↑ *-proof* widerstandsfähig *(to* dat); ◇ **water-~** wasserabweisend [2] ↑ *immune,* MED immun

resolute ['rezəluːt] *adj* resolut; **resolution** [rezə'luːʃən] *n* [1] ↑ *determination* Entschlossenheit *f* [2] ↑ *intention* Vorsatz *m;* ◇ **a New Year's ~** ein guter Vorsatz für das neue Jahr [3] ↑ *decision* Beschluß *m* [4] *(of problem)* Lösung *f* [5] *(of monitor)* Auflösung *f*

resolve [rɪ'zɒlv] **I.** *n* Entschlossenheit *f* **II.** *vt* ↑ *decide* beschließen; ↑ *remedy* lösen; → *problem* überwinden; **resolved** [-d] *adj* entschlossen

resonance ['rezənəns] *n* Resonanz *f;* **resonant** *adj (sound)* voll; *(voice)* klangvoll

resort [rɪ'zɔːt] **I.** *n (holiday place)* Urlaubsort *m;* ◇ **health ~** Kurort *m;* ◇ **as a last ~** als letztes; ◇ **in the last ~** schlimmstenfalls **II.** *vi* Zuflucht nehmen *(to* zu)

resource [rɪ'sɔːs] *n* [1] Mittel *s* [2] ◇ **natural ~s** natürliche Rohstoffe *m pl* [3] ↑ *wealth* ◇ **~s** *pl* [Geld-]Mittel *s pl;* **resourceful** [rɪ'sɔːsfl] *adj* findig, einfallsreich

respect [rɪ'spekt] **I.** *n* [1] ↑ *esteem* Achtung *f,* Respekt *m;* ◇ **to treat s.o. with ~** jd-n mit Respekt behandeln; ◇ **to pay one's last ~s** jd-m die letzte Ehre erweisen [2] ↑ *regards* Grüße *m pl,* Empfehlungen *f pl* [3] ↑ *in view of* ◇ **with ~ to your situation ...** was deine Situation *acc* anbelangt/betrifft ...; ◇ **in ~ of the circumstances** in Anbetracht der Umstände; ◇ **in this ~** in dieser Hinsicht **II.** *vt* respektieren; **respectable** *adj* [1] ↑ *reputable* anständig; ↑ *worthy* ehrbar [2] ↑ *decent*

▷*clothes, behaviour* korrekt; **respected** [-ɪd] *adj* ▷*judge* angesehen; **respectful** [rɪ'spektfl] *adj* höflich

respective [rɪ'spektɪv] *adj* jeweilig; **respectively** *adv* beziehungsweise

respiration [respɪ'reɪʃən] *n* Atmen *s,* Atmung *f;* **respirator** ['respəreɪtə*] *n* ↑ *breathing device* Atemschutzgerät *s;* **respiratory** [rɪ'spɪrətərɪ] *adj* ANAT ◇ **~ system** Atemwege *m pl*

respite ['respaɪt] *n* [1] ↑ *pause* Pause *f* [2] ↑ *reprieve* Aufschub *m;* ◇ **the band played on without ~** die Band spielte ohne Unterbrechung weiter

resplendent [rɪ'splendənt] *adj* strahlend

respond [rɪ'spɒnd] *vi* [1] ↑ *answer* antworten [2] ↑ *react* ← *government policy* reagieren (*to* auf *acc*); **response** [rɪ'spɒns] *n* [1] ↑ *answer* Antwort *f* [2] ↑ *reaction* Reaktion *f* [3] ▷*public* Reaktion *f;* **responsibility** [rɪspɒnsə'bɪlɪtɪ] *n* Verantwortung *f;* **responsible** [rɪ'spɒnsəbl] *adj* [1] ↑ *answerable* verantwortlich [2] ↑ *liable* verantwortlich; ↑ *trustworthy* ▷*person* verantwortungsbewußt; **responsibly** *adv* verantwortungsbewußt; zuverlässig; **responsive** *adj* ↑ *sensitive* (*needs*) empfänglich (*to* für); ◇ **to be ~ to s.th.** auf etw reagieren/ansprechen

rest [rest] **I.** *n* [1] ↑ *remainder* Rest *m;* ◇ **I took all the ~ away** ich habe den ganzen Rest weggebracht; ◇ **the ~ of them** alle übrigen [2] ↑ *repose* Erholung *f* [3] ↑ *break* Pause *f* **II.** *vi* [1] ↑ *relax* sich ausruhen [2] ← *head* ↑ *be supported* [auf]liegen [3] ← *decision* ↑ *remain* liegen (*with* bei *dat*) [4] (← *subject, lay off*) lassen [5] (*assure*) ◇ **I set her mind at ~** ich habe sie beruhigt [6] ◇ **R~ In Peace** Ruhe in Frieden; (*euphemistisch: bury*) ◇ **to lay s.o. ~** jd-n zu Grabe tragen; **rest cure** *n* Erholung *f,* Erholungsurlaub *m*

restate [riː'steɪt] *vt* → *case* wieder nennen, erneut vortragen

restaurant ['restrɒnt] *n* RAIL Restaurant *s,* Gaststätte *f;* **restaurant car** *n* Speisewagen *m*

rested [restəd] *adj* ↑ *relaxed* erholt; **restful** ['restfl] *adj* ruhig, erholsam; **rest home** *n* [Alters-]Pflegeheim *s;* **resting place** *n* [1] ↑ *place to rest* Rastplatz *m* [2] *FIG* ↑ *grave* letzte Ruhestätte

restitution [restɪ'tjuːʃən] *n* [1] ↑ *compensation* Entschädigung *f* [2] ↑ *giving back* Rückgabe *f;* Rückerstattung *f*

restive ['restɪv] *adj* unruhig

restless ['restləs] *adj* ↑ *fidgety* ruhelos, rastlos

restock [riː'stɒk] *vt* wieder auffüllen

restoration [restə'reɪʃən] *n* [1] (*of customs*) Wiedereinsetzung *f;* (*of paintings*) Restaurierung *f* [2] ↑ *recovery* Rückgabe *f* [3] (*of law and order*) Wiederherstellung *f* [4] HIST ◇ **the R~** die Restauration

restore [rɪ'stɔː*] *vt* [1] wiedereinsetzen [2] → *paintings* restaurieren [3] wiederherstellen

restrain [rɪ'streɪn] *vt* [1] ↑ *hold back* zurückhalten; → *curiosity, anger* beherrschen [2] ↑ *curtail* hindern an *dat;* **restrained** [-d] *adj* ▷*style etc.* ↑ *inhibited* beherrscht

restraint [rɪ'streɪnt] *n* [1] ↑ *restriction* Einschränkung *f,* Beschränkung *f* [2] ↑ *control* ↑ *measure* Zurückhaltung *f*

restrict [rɪ'strɪkt] *vt* [1] ↑ *confine* einschränken, begrenzen [2] ↑ *hinder* → *movements* einschränken; **restricted** [-ɪd] *adj* [1] ↑ *confined* beschränkt [2] (*classified document*) geheim, Geheim-; **restriction** [rɪ'strɪkʃən] *n* [1] ↑ *rule, law* Einschränkung *f,* Beschneidung *f* [2] ↑ *limit* Einschränkung *f* [3] ↑ *hindrance* Zurückhaltung *f;* **restrictive** *adj* ▷*clothes, surrounding* einengend, beengend

restroom ['restruːm] *n* (*AM*) Toilette *f*

restructure [riː'strʌktʃə*] *vt* erneuern, wiederaufbauen

result [rɪ'zʌlt] **I.** *n* [1] ↑ *consequence* Folge *f,* Resultat *s* [2] (*of exam, sport*) Ergebnis *s* [3] (*of calculation*) Ergebnis *s,* Resultat *s* **II.** *vi* ↑ *bring about* resultieren, sich ergeben; **resultant** [rɪ'zʌltənt] *adj* ↑ *consequent* resultierend, daraus entstehend

resume [rɪ'zjuːm] *vt* → *activity* fortsetzen; → *position* wieder einnehmen

résumé ['rezjuːmeɪ] *n* [1] ↑ *summary* Zusammenfassung *f* [2] *AM* Lebenslauf *m;* **resumption** [rɪ'zʌmpʃən] *n* Wiederaufnahme *f;* (*of journey*) Fortsetzung *f*

resurface [rɪ'sɜːfəs] *vt* [1] ↑ *come to surface* → *submarine* wieder auftauchen [2] ↑ *reappear* wieder auftauchen

resurgence [rɪ'sɜːdʒəns] *n* ↑ *revival* Wiederaufleben *s*

Resurrection [rezə'rekʃən] *n* REL die Auferstehung

resuscitate [rɪ'sʌsɪteɪt] *vt* [1] MED wiederbeleben, reanimieren [2] *FIG* → *old traditions* wiederbeleben, wieder aufleben lassen; **resuscitation** [rɪsʌsɪ'teɪʃən] *n* Wiederbelebung *f*

retail ['riːteɪl] **I.** *n* Einzelhandel *m* **II.** *adj* Einzelhandels- **III.** [riː'teɪl] *vt* im Einzelhandel verkaufen **IV.** *vi* im Einzelhandel kosten; **retail dealer** *n* Einzelhändler *m;* **retailer** *n* Einzelhändler(in *f*) *m;* **retail price** *n* Ladenpreis *m,* Einzelhandelspreis *m*

retain [rɪ'teɪn] *vt* [1] ↑ *preserve* behalten [2] →

R

water stauen [3] ↑ *pay* behalten [4] → *warmth* speichern; **retainer** *n* [1] ↑ *fee* [Honorar-]Vorschuß *m* [2] ↑ *servant* Faktotum *s;* **retaining wall** *n* Stützmauer *f*

retake [riː'teɪk] *vt* → *exam* noch einmal ablegen

retaliate [rɪ'tælɪeɪt] *vi* Vergeltung üben, sich revanchieren; **retaliation** [rɪtælɪ'eɪʃən] *n* ↑ *reprisal* Vergeltung *f,* Revanche *f*

retarded [rɪ'tɑːdɪd] *adj* ▷*development* zurückgeblieben; ▷*mentally* geistig zurückgeblieben

retelling [riː'telɪŋ] *n* Nacherzählung *f*

retention [rɪ'tenʃən] *n* [1] ↑ *preservation* (*of tradition*) Bewahrung *f* [2] (*of possession*) Einbehalten *s,* Zurückbehalten *s* [3] (*of facts, of details*) Behalten *s* [4] (*of memory*) Speicherung *f* [5] (*of water, of heat*) Speicherung *f*

retentive [rɪ'tentɪv] *adj* ▷*memory* aufnahmefähig

rethink [riː'θɪŋk] *irr vt* überdenken

reticent ['retɪsənt] *adj* schweigsam, zurückhaltend

retina ['retɪnə] *n* Netzhaut *f*

retire [rɪ'taɪə*] *vi* [1] (*from work*) in Rente/Pension gehen [2] ↑ *withdraw* sich zurückziehen [3] ↑ *go to bed* ins/zu Bett gehen; **retired** [-d] *adj* ▷*person* pensioniert, im Ruhestand; **retirement** *n* Ruhestand *m;* **retirement pay** *n* (*money*) Pension *f,* Rente *f;* **retirement pension** *n* Altersruhegeld *s;* **retiring** [rɪ'taɪərɪŋ] *adj* ↑ *shy* schüchtern, zurückhaltend

retort [rɪ'tɔːt] **I.** *n* ↑ *reply* Erwiderung *f* **II.** *vi* [scharf] erwidern

retrace [rɪ'treɪs] *vt* ↑ *trace back* zurückverfolgen; → *development* nachvollziehen

retract [rɪ'trækt] *vt* [1] → *statement* zurücknehmen; → *agreement* widerrufen [2] → *claws* einziehen; **retractable** *adj* ▷*machine parts, claws* einziehbar

retrain [riː'treɪn] *vt* umschulen

retreat [rɪ'triːt] **I.** *n* [1] ↑ *withdrawal* Rückzug *m;* (*of army*) Rückzug *m* [2] ↑ *quiet place* Zufluchtsort *m,* Zuflucht *f* **II.** *vi* [1] ↑ *move back* sich zurückziehen [2] ↑ *shy away* zurückweichen vor

retrial [riː'traɪəl] *n* ↑ *second trial* Wiederaufnahmeverfahren *s*

retribution [retrɪ'bjuːʃən] *n* ↑ *vengeance* Vergeltung *f*

retrieval [rɪ'triːvəl] *n* ↑ *recovery* Zurückholen *s,* Wiedergewinnung *f;* (PC *of data*) Aufruf *m,* Abruf *m;* **retrieve** [rɪ'triːv] *vt* [1] ↑ *recover* zurückholen, wiedergewinnen; → *data* abrufen, aufrufen [2] ↑ *save* → *situation* retten

retriever *n* (*dog*) Apportierhund *m*

retroactive [retrəʊ'æktɪv] *adj* ↑ *backdated* rückwirkend

retrograde ['retrəʊgreɪd] *adj* ▷*action, attitude* rückständig

retrospect ['retrəʊspekt] *n* ◇ **in** - rückblickend; **retrospective** [retrəʊ'spektɪv] *adj* [1] ▷*opinions, feelings* rückblickend [2] ↑ *retroactive* ▷*laws* rückwirkend

retrovirus ['retrəʊvaɪrəs] MED Retrovirus *s o m*

return [rɪ'tɜːn] **I.** *n* [1] (*of s.o./s.th.*) Rückkehr *f* [2] ↑ *profit* Gewinn *m* [3] (*tax*) Steuererklärung *f* [4] ▷*rail ticket* Rückfahrkarte *f;* (*plane*) Rückflugkarte *f* [5] ↑ *re-election* Wiederwahl *f* [6] ◇ **many happy -s!** herzlichen Glückwunsch! **II.** *adj* ▷*journey, match* Rück- **III.** *vi* zurückkommen, zurückkehren **IV.** *vt* [1] ↑ *give back* zurückgeben [2] ↑ *pay back* zurückzahlen [3] ↑ *elect* wählen

returnable *adj* ▷*bottle etc.* Pfand-

return call *n* Rückruf *m;* **return key** *n* PC Eingabetaste *f;* **return match** *n* SPORT Rückspiel *s*

reunion [riː'juːnjən] *n* [1] (*of family*) Wiedervereinigung *f* [2] SCH Treffen *s;* **reunite** [riːjuː'naɪt] *vt* wiedervereinigen

rev [rev] **I.** *n* (*of engine*) Drehzahl *f* **II.** *vt, vi* ◇ **- up** → *engine* den Motor auf Touren bringen

Rev *n abbr. of* **Reverend** Pfarrer(in *f*) *m*

revalue [riː'væluː] *vt* [1] → *currency* aufwerten [2] ↑ *evaluate price* aufwerten [3] ↑ *reassess* neu bewerten

revamp [riː'væmp] *vt* ↑ *improve* → *appearance* verbessern, aufpolieren; → *house* aufmöbeln

reveal [rɪ'viːl] *vt* [1] ↑ *disclose* aufdecken, enthüllen [2] ↑ *display* aufzeigen, zeigen [3] ◇ **his manner -ed itself to be unpleasant** seine Art entpuppte sich als unangenehm; **revealing** *adj* [1] ↑ *telling* aufschlußreich [2] ▷*clothes* offenherzig

revel ['revl] *vi* genießen, schwelgen in *dat*

revelation [revə'leɪʃən] *n* [1] ↑ *disclosure* Enthüllung *f,* Aufdeckung *f* [2] ↑ *surprise* Überraschung *f*

reveller ['revələ*] *n* Feiernde(r) *fm*

revelry ['revlrɪ] *n* Feiern *s,* Festlichkeit *f*

revenge [rɪ'vendʒ] **I.** *n* Rache *f* **II.** *vt* rächen; **revengeful** [rɪ'vendʒfl] *adj* rachsüchtig

revenue ['revənjuː] *n* [1] ↑ *income* Einkommen *s;* (*of state*) Staatseinnahmen *pl* [2] ▷*department* Finanzamt *s*

reverberate [rɪ'vɜːbəreɪt] *vi* [1] ← *sound* widerhallen [2] *FIG* ← *ideas* Nachhall finden

revere [rɪ'vɪə*] *vt* verehren; **reverence** ['revərəns] *n* Verehrung *f,* Ehrfurcht *f*

Reverend ['revərənd] *n* ≈ Pfarrer *m*

reverent ['revərənt] *adj* ↑ *respectful* ehrfürchtig, ehrfurchtsvoll

reverie ['revərɪː] *n* ↑ *daydream* Träumerei *f*

reversal [rɪ'vɜ:səl] *n* Umkehrung *f,* Rückschlag *m;* **reverse** [rɪ'vɜ:s] **I.** *n* ① ↑ *other side* Rückseite *f* ② Rückschlag *m* ③ AUTO ▷*gear* Rückwärtsgang *m;* ◇ **to put the car into ~** den Rückwärtsgang einlegen **II.** *adj* ▷*order, direction* entgegengesetzt **III.** *vt* ① → *page* umdrehen ② → *car* zurücksetzen, rückwärts fahren **IV.** *vi* ① ← *car* rückwärts fahren ② (*telephone call*) ◇ **to ~ the charges** ein R-Gespräch führen; **reverse gear** *n* Rückwärtsgang *m;* **reverse side** *n* Rückseite *f;* **reversible** [rɪ'vɜ:səbl] *adj* ① ▷*process, decision* umkehrbar ② ▷*clothing* Wende-

revert [rɪ'vɜ:t] *vi* ← *topic* zurückkehren, zurückkommen (*to* zu *acc*); ← *habit* zurückfallen (*to* in *acc*)

review [rɪ'vju:] **I.** *n* ① ↑ *film or book criticism* Kritik *f,* Rezension *f;* ↑ *discussion* Besprechung *f* ② (*magazine*) Zeitschrift *f* ③ ↑ *assessment* Überprüfung *f* **II.** *vt* ① → *book* besprechen, rezensieren ② ↑ *reexamine* erneut überprüfen; ◇ **my case is under ~** mein Fall wird untersucht; **reviewer** *n* ↑ *critic* Kritiker(in *f*) *m,* Rezensent(in *f*) *m*

revise [rɪ'vaɪz] *vt* ① ↑ *alter, improve* revidieren, überholen; → *book* überarbeiten ② ↑ *reconsider* neu überlegen ③ ↑ *study* lernen; **revised edition** [rɪ'vaɪzd ɪ'dɪʃn] *n* Neubearbeitung *f;* **revision** [rɪ'vɪʒən] *n* ① ↑ *change* Revidierung *f,* Änderung *f;* (*of book*) Überarbeitung *f* ② ↑ *studying* Lernen *s* ③ COMM Revision *f*

revitalize [ri:'vaɪtəlaɪz] *vt* neu beleben

revival [rɪ'vaɪvəl] *n* ① ↑ *resumption* Wiederaufnahme *f* ② ↑ *renewed popularity* Wiederbelebung *f,* Wiederaufleben *s* ③ THEAT Wiederaufnahme *f;* **revive** [rɪ'vaɪv] *vt* ① → *resumption* wiederbeleben ② THEAT wiederaufnehmen

revoke [rɪ'vəʊk] *vt* → *law* aufheben; → *decision, agreement* rückgängig machen, widerrufen; → *licence* entziehen; → *promise* zurückziehen

revolt [rɪ'vəʊlt] **I.** *n* ↑ *uprising* Revolte *f;* (*opposition*) Aufstand *m* **II.** *vi* ① ↑ *rebel* revoltieren, rebellieren ② ↑ *reject* sich auflehnen **III.** *vt* ↑ *repel* entsetzen; **revolting** *adj* ↑ *unpleasant* widerlich, abstoßend

revolution [revə'lu:ʃən] *n* ① ↑ *uprising* Revolution *f* ② ↑ *rotation* Umdrehung *f* ③ ↑ *change* Umwälzung *f;* **revolutionary I.** *adj* (*ideas*) revolutionär **II.** *n* (*person*) Revolutionär(in *f*) *m;* **revolution counter** *n* Drehzahlmesser *m;* **revolutionize** *vt FIG* revolutionieren

revolve [rɪ'vɒlv] *vi* ① ↑ *circle* kreisen; (*on own axis*) sich drehen, rotieren ② ← *conversation* sich drehen

revolver [rɪ'vɒlvə*] *n* Revolver *m*

revolving *adj* drehbar; **revolving door** *n* Drehtür *f*

revue [rɪ'vju:] *n* ↑ *show* Revue *f,* Kabarett *s*

revulsion [rɪ'vʌlʃn] *n* ↑ *disgust* Ekel *m;* ↑ *dislike* Abscheu *f*

reward [rɪ'wɔ:d] **I.** *n* Belohnung *f* **II.** *vt* belohnen; ◇ **that might ~ some careful investigation** es wäre sicherlich lohnend, das näher zu untersuchen; **rewarding** *adj* ↑ *worthwhile* lohnend; ◇ **it is a ~ experience** es ist e-e sehr lohnende Erfahrung

rewind [ri:'waɪnd] *vt* → *cassette* zurückspulen

rewire [ri:'waɪə*] *vt* → *building* neu verkabeln

reword [ri:'wɜ:d] *vt* umformulieren

rewrite [ri:'raɪt] *irr vt* neu schreiben; ↑ *recast* umschreiben

rhapsody ['ræpsədɪ] *n* (*composition*) Rhapsodie *f*

rhetoric ['retərɪk] *n* Rhetorik *f,* Redekunst *f;* **rhetorical** [rɪ'tɒrɪkəl] *adj* ▷*question* rhetorisch

rheumatic [ru:'mætɪk] **I.** *adj* rheumatisch **II.** *n* Rheumatiker(in *f*) *m;* **rheumatism** ['ru:mətɪzəm] *n* Rheumatismus *m,* Rheuma *s*

Rhine [raɪn] *n* GEO Rhein *m*

rhinestone *n* GEO Rheinkiesel *m*

rhinoceros [raɪ'nɒsərəs] *n* FAUNA Nashorn *s,* Rhinozeros *s*

rhododendron [rəʊdə'dendrən] *n* FLORA Rhododendron *m*

Rhône [rəʊn] *n* GEO Rhône *f*

rhubarb ['ru:bɑ:b] *n* FLORA Rhabarber *m*

rhyme [raɪm] *n* Reim *m;* (*poem*) Gedicht *s*

rhythm ['rɪðəm] *n* Rhythmus *m;* **rhythmical** ['rɪðmɪkl] *adj* rhythmisch

rib [rɪb] *n* Rippe *f;* **rib-cage** *n* ANAT Brustkorb *m*

ribald ['rɪbəld] *adj* ↑ *vulgar* derb

ribbon ['rɪbən] *n* (*hair*) Band *s;* (PRINT *typewriter*) Farbband *s*

rice [raɪs] *n* Reis *m;* **rice paper** *n* Oblate *f;* **rice pudding** *n* Milchreis *m*

rich [rɪtʃ] *adj* ① ↑ *wealthy* reich, wohlhabend ② ↑ *fertile* fruchtbar ③ ▷*food* schwer ④ (*in colour*) voll; **riches** ['rɪtʃɪz] *n pl* Reichtum *m,* Reichtümer *pl;* **richly** *adv* ① ↑ *handsomely* ◇ **she was ~ rewarded for her efforts** sie wurde reich belohnt für ihre Mühe ② ↑ *thoroughly* ◇ **Michael ~ deserves the chance** Michael hat die Chance mehr als verdient ③ ↑ *abundant* reich ④ ▷*coloured* bunt

rick [rɪk] *n* ↑ *stack* Schober *m*

rickets ['rɪkɪts] *n sg* MED Rachitis *f*

rickety ['rɪkɪtɪ] *adj* ▷*table, chair* wackelig

rickshaw ['rɪkʃɔ:] *n* Rikscha *f*

ricochet ['rɪkəʃeɪ] *vi* abprallen

rid [rɪd] <rid, rid> *vt* ① ↑ *free* befreien (*of* von); ◇ **to get ~ of s.o./s.th.** jd-n/etw loswerden ② ↑ *remove* entfernen

riddance ['rɪdəns] *n FAM* ◇ **good ~ to that!** den/das bin ich Gott sei Dank los!
ridden ['rɪdn] *pp of* **ride**
riddle ['rɪdl] **I.** *n* ① ↑ *sieve* [Schüttel-]Sieb *s* ② ↑ *problem, puzzle* Rätsel *s;* ◇ **to talk in ~s** in Rätseln sprechen **II.** *vt* ◇ **to be ~d with bullets** von Kugeln durchlöchert
ride [raɪd] <rode, ridden> **I.** *vt* → *horse* reiten; → *bicycle* fahren **II.** *vi* reiten, fahren; ← *ship* vor Anker liegen **III.** *n* (*in car*) Fahrt *f;* (*on horse*) Ritt *m; FIG FAM* ↑ *deceive* ◇ **to take s.o. for a ~** jd-n reinlegen; **rider** ['raɪdə*] *n* ① Reiter(in *f*) *m* ② ↑ *addition* Zusatz *m*
ridge [rɪdʒ] *n* ① (*of hills*) Hügelkette *f,* Kamm *m,* Grat *m;* (*of roof*) First *m* ② METEO ◇ **a ~ of high pressure** ein Hochdruckkeil *m*
ridicule ['rɪdɪkju:l] **I.** *n* Spott *m* **II.** *vt* sich lächerlich machen (*s.o./s.th.* über jd-n/etw *acc*); **ridiculous** [rɪ'dɪku:ləs] *adj* lächerlich
riding ['raɪdɪŋ] *n* (*horses*) Reiten *s;* **riding boot** *n* Reitstiefel *m;* **riding breeches** [raɪdɪŋ'brɪtʃɪz] *n pl* Reithose *f;* **riding habit** *n* Reitkleid *s*
rife [raɪf] *adj* ① ↑ *common* → *corruption* weit verbreitet ② ↑ *full of* voll von, voller
riffraff ['rɪfræf] *n* Gesindel *s,* Pöbel *m*
rifle ['raɪfl] **I.** *n* Gewehr *s* **II.** *vt* (*go through quickly*) ◇ **Tom ~d through the book** Tom blätterte das Buch schnell durch; **rifleman** *n* [Gewehr-]Schütze *m;* **rifle range** *n* Schießstand *m*
rift [rɪft] *n* ① (*in ground*) Spalte *f* ② (*FIG in friendship*) Bruch *m*
rig [rɪg] **I.** *n* ① (*gas, oil*) Bohrinsel *f* ② (*outfit*) Takelung *f* **II.** *vt* ① → *ship* auftakeln ② ↑ *fix* → *election* manipulieren
rigging *n* ① (*of ship*) Auftakeln *s* ② (*of elections*) Manipulation *f*
right [raɪt] **I.** *adj* ① ↑ *correct* richtig, korrekt; ◇ **to be ~** recht haben; (*ironically*) ◇ **when will the time be ~?** und wann ist, bitteschön, die passende Zeit dafür? ② (*opposite of left*) rechte(r, s); ◇ **~ hand** rechte Hand **II.** *n* ↑ *entitlement* Recht *s;* (POL *conservative or nationalist*) Rechte *f* **III.** *adv* ① ◇ **the house on the ~** das Haus rechts [*o.* auf der rechten Seite]; (*to the ~*) rechts ② ↑ *directly* ◇ **I went ~ home** ich bin direkt nach Hause gefahren; ◇ **it must be done ~ away** es muß sofort gemacht werden; ◇ **do you mean ~ now?** meinen Sie jetzt gleich? ③ ↑ *exactly* ◇ **~ there** genau dort ④ ◇ **to work ~** richtig funktionieren **IV.** *vt* ↑ *become correct* ◇ **the problem ~ed itself** das Problem löste sich von selbst
right angle *n* MATH rechter Winkel *m*
righteous ['raɪtʃəs] *adj* rechtschaffen
rightful ['raɪtfʊl] *adj* rechtmäßig; **rightfully** *adv* ↑ *justifiably* rechtmäßig, zu Recht
right-hand side *n* rechte Seite *f;* **right-hand man** *n FIG* ↑ *support* rechte Hand *f*
rightly *adv* ↑ *justifiably* zu/mit Recht
right-minded [raɪt'maɪndɪd] *adj* vernünftig; **right of way** *n* Vorfahrt *f;* **right to strike** *n* Streikrecht *s;* **right to vote** *n* Wahlrecht *s;* **right-wing** *n* POL Rechts-, dem rechten Flügel angehörend; **right-winger** *n* POL Rechte(r) *fm,* Rechtsaußen *fm*
rigid ['rɪdʒɪd] *adj* ① ↑ *fixed* starr ② ↑ *inflexible* steif, streng
rigmarole ['rɪgmərəʊl] *n* Gelaber *s,* Geschwätz *s*
rigor mortis [rɪgə'mɔ:tɪs] *n* Leichenstarre *f*
rigorous ['rɪgərəs] *adj* ① ↑ *strict* streng ② ↑ *exact* genau, gründlich; **rigour**, **rigor** (*AM*) ['rɪgə] *n* Strenge *f,* Härte *f*
rig-out ['rɪgaʊt] *n FAM* ↑ *outfit* Aufzug *m*
rile [raɪl] *vt* ↑ *annoy* reizen, ärgern
rim [rɪm] *n* (*of glass*) Rand *m;* (*of wheel*) Felge *f;* **rimless** *adj* ▷ *spectacles* randlos; **rimmed** [-d] *adj* ↑ *edged* gerändert
rind [raɪnd] *n* ↑ *peel* Schale *f;* (*of cheese*) Rinde *f;* (*of bacon*) Schwarte *f*
ring [rɪŋ] <rang, rung> **I.** *vt, vi* → *bell* läuten; ◇ **my ears are ~ing** ich habe Ohrensausen; TELEC ◇ **~ up** anrufen **II.** *n* ① (*jewel*) Ring *m* ② (*of people*) Kreis *m* ③ (*circus*) Manege *f;* ↑ *boxing* ~ Ring *m* ④ (*of telephone*) Klingeln *s,* Läuten *s;* ◇ **to give s.o. a ~** jd-n anrufen ⑤ *FIG* ◇ **that story has a familiar ~** diese Geschichte klingt irgendwie bekannt; **ring binder** *n* Ringbuch *s*
ringer *n* ① (*person who rings bells*) Glöckner *m* ② (*FAM s.o. who looks identical to s.o. else*) ◇ **to be a dead ~ for s.o.** jd-m aufs Haar gleichen
ring finger *n* Ringfinger *m*
ringing tone *n* TELEC Rufzeichen *s*
ringleader *n* Rädelsführer(in *f*) *m*
ringlets ['rɪŋlɪts] *n pl* Ringellocken *f pl*
ring road *n* (*BRIT*) Umgehungsstraße *f;* **ringside** *n* (*circus*) ◇ **at the ~** am Ring *m;* **ringtailed** *adj* mit Ringelschwanz
rink [rɪŋk] *n* ◇ **ice ~** Eislaufbahn, Schlittschuhbahn *f;* ◇ **rollerskating ~** Rollschuhbahn *f*
rinse [rɪns] *vt* spülen
riot ['raɪət] **I.** *n* ① (*wild event*) Aufruhr *m,* Krawall *m* ② ◇ **Fred is a ~** Fred ist zum Schreien komisch **II.** *vi* randalieren; **rioter** *n* Aufrührer(in *f*) *m,* Randalierer(in *f*) *m;* **riotous** ['raɪətəs] *adj* ① ↑ *in riot* aufrührerisch, randalierend ② ↑ *out of control* wild; **riot squad** *n* Überfallkommando *s*
rip [rɪp] **I.** *n* ↑ *tear* Riß *m* **II.** *vt, vi* ① ↑ *tear* zerreißen ② ↑ *snatch* aus der Hand reißen

ripcord *n* (*parachute*) Reißleine *f*
ripe [raɪp] *adj* ▷*fruit* reif; ▷*cheese* reif, ausgereift; ◇ **the time is** ~ die Zeit ist reif
ripen ['raɪpən] *vt, vi* reifen, reifen lassen
rip-off *n* ↑ *swindle, FAM* Nepp *m,* Diebstahl *m*
ripple ['rɪpl] **I.** *n* kleine Welle *f,* Kräuseln *s* **II.** *vt* kräuseln **III.** *vi* sich kräuseln, plätschern
rise [raɪz] <rose, risen> **I.** *vi* ← *temperature* steigen; ← *sun* aufgehen; ← *smoke* aufsteigen; ← *prices* steigen, hochgehen *FAM*; ← *tension* steigen; ← *mountain* sich erheben; ← *ground* ansteigen; ← *rebel* sich erheben; ◇ **to ~ from the dead** von den Toten auferstehen; ↑ *stand up* ◇ **to ~ to the occasion** der Situation begegnen **II.** *n* [1] ▷*in pay* Gehaltserhöhung *f* [2] ↑ *slope* Steigung *f* [3] ↑ *increase* Anstieg *m;* ◇ **on the ~** ansteigend [4] ↑ *cause* ◇ **to give ~ to** verursachen, führen zu; **rise above I.** *vt* ↑ *overcome* überwältigen **II.** *vi* stehen über
risen ['rɪzn] *pp of* **rise**
riser *n* ◇ **early ~** Frühaufsteher(in *f*) *m*
rising ↑ *rebellion* Aufstand *m;* **rising damp** *n* (*mould*) Bodenfeuchtigkeit *f,* aufsteigende Feuchtigkeit
risk [rɪsk] **I.** *n* Risiko *s,* Gefahr *f;* ◇ **health ~** Gesundheitsrisiko *s;* ◇ **at your own ~** auf eigene Gefahr, auf eigenes Risiko **II.** *vt* ↑ *venture* wagen; ↑ *chance loss of* riskieren, aufs Spiel setzen; **risky** ['rɪskɪ] *adj* riskant, gefährlich
risqué ['ri:skeɪ] *adj* → *joke* gewagt, pikant
rissole ['rɪsəʊl] *n* Fleischklößchen *s,* Frikadelle *f*
rite [raɪt] *n* Ritus *m;* ◇ **the Last R~s** *pl* die Letzte Ölung *f*
ritual ['rɪtjʊəl] **I.** *n* ↑ *ceremony* Ritual *s;* (*routine*) Ritual *s* **II.** *adj* ritual, Ritual-; *FIG* rituell
rival ['raɪvəl] **I.** *n* Rivale *m,* Rivalin *f,* Konkurrent (in *f*) *m* **II.** *adj* konkurrierend, rivalisierend **III.** *vt* rivalisieren; COMM konkurrieren; **rivalry** ['raɪvəlrɪ] *n* Rivalität *f,* Konkurrenz *f;* COMM Konkurrenzkampf *m*
river ['rɪvə*] *n* Fluß *m;* ◇ **the R~ Thames** die Themse; **riverbank** *n* Flußufer *s;* **riverbed** *n* Flußbett *s;* **riverside I.** *n* Flußufer *s* **II.** *adj* am Fluß, am Ufer, Ufer-
rivet ['rɪvɪt] *vt* [1] ↑ *engross* → *attention* fesseln [2] ↑ *tie* nieten
rivetting *adj* ▷*conversation* fesselnd, hochinteressant
Riviera [rɪvɪ'ɛərə] *n* ◇ **the French ~** die Riviera
RN *n abbr. of* **Royal Navy** *BRIT* die Royal Navy
roach [rəʊtʃ] *n AM FAM* Küchenschabe *f*
road [rəʊd] *n* Straße *f;* **roadblock** *n* Straßensperre *f;* **road holding** *n* Straßenlage *f;* **roadhog** *n* Verkehrsrowdy *m;* **roadmap** *n* Straßenkarte *f;* **road side I.** *n* Straßenrand *m* **II.** *adj* (~ *cafe*) Straßen-, an der Straße; **road sign** *n* Straßenverkehrszeichen *s,* Straßenschild *s;* **road tax** *n* Kraftfahrzeugsteuer *f;* **road test** *n* Probefahrt *f;* **road-user** *n* Verkehrsteilnehmer(in *f*) *m;* **roadway** *n* Fahrbahn *f;* **roadworks** *n pl* Straßenbauarbeiten *f pl;* **roadworthy** *adj* verkehrstüchtig
roam [rəʊm] **I.** *vi* wandern **II.** *vt* wandern durch
roar [rɔ:*] **I.** *n* (*of a lion*) Brüllen *s,* Gebrüll *s* **II.** *vi* (*sound*) donnern; ← *lion* brüllen; ↑ *shout* ◇ **to ~ with laughter** schallend lachen; **roaring** *adj* ▷*sound* brüllend, donnernd; ▷*success* Riesen-, Bomben-; *FAM* ◇ **~ drunk** sternhagelvoll
roast [rəʊst] **I.** *n* Braten *m;* ◇ **~ beef** Rinderbraten *m* **II.** *vt* → *meat* braten; → *coffee* rösten
rob [rɒb] *vt* → *tourist* berauben, bestehlen; → *bank* überfallen; **robber** [rɒbə*] *n* Räuber(in *f*) *m;* **robbery** ['rɒbərɪ] *n* Raub *m*
robe [rəʊb] **I.** *n* [1] ↑ *dress* Gewand *s* [2] (*judge's ~*) Robe *f* **II.** *vt* ↑ *get dressed up* sich feierlich kleiden
robin ['rɒbɪn] *n* FAUNA Rotkehlchen *s*
robot ['rəʊbɒt] *n* Roboter *m*
robust [rəʊ'bʌst] *adj* robust; unverwüstlich
rock [rɒk] **I.** *n* [1] ↑ *boulder* Felsen *m;* (*piece*) Stein *m* [2] ▷*music* Rockmusik *f,* Rock *m* [3] (~ *candy*) Zuckerstange *f* [4] ◇ **on the ~s** (*drink*) mit Eis; (*FIG in danger*) ◇ **their marriage is on the ~s** in ihrer Ehe kriselt es gewaltig **II.** *vt, vi* [1] ← *boat* schaukeln [2] ↑ *shock* schockieren [3] ← *ship* auflaufen; ◇ **to ~ with laughter** sich vor Lachen biegen; **rock-bottom** *n FIG* ◇ **to hit ~** den Tiefpunkt erreichen; ▷*price* Niedrigstpreis *m;* **rock climber** *n* Kletterer *m,* Kletterin *f;* **rock climbing** *n* Klettern *s*
rocker *n* [1] (*chair*) Kufe *f* [2] *person, BRIT* Rokker *m* [3] *FAM* ↑ *crazy* ◇ **to be off one's ~** übergeschnappt sein
rockery ['rɒkərɪ] *n* ↑ *rock garden* Steingarten *m*
rock hard *adj* steinhart
rocket ['rɒkɪt] *n* Rakete *f*
rock face ['rɒkfeɪs] *n* Felswand *f*
rock garden *n* Steingarten *m*
rocking chair ['rɒkɪŋtʃɛə*] *n* Schaukelstuhl *m;* **rocking horse** *n* Schaukelpferd *s*
rock sugar *n* Kandiszucker *m*
rocky ['rɒkɪ] *adj* felsig
rod [rɒd] *n* ↑ *bar* Stange *f,* Stab *m*
rode [rəʊd] *pt of* **ride**
rodent ['rəʊdənt] *n* Nagetier *s*
rodeo ['rəʊdɪəʊ] *n* <-s> Rodeo *s*
roe [rəʊ] *n* [1] ↑ *deer* Reh *s* [2] (*of fish*) Rogen *m*
roguish ['rəʊgɪʃ] *adj* ↑ *playful* schelmisch

R

role [rəʊl] *n* [1] ↑ *place, part* Rolle *f* [2] THEAT ↑ *part* Rolle *f;* **role distribution** *n* Rollenverteilung *f;* **role-playing** *n* Rollenspiel *s*

roll [rəʊl] **I.** *n* [1] Rolle *f* [2] *(bread)* Brötchen *s,* Semmel *f* [3] ↑ *list* Verzeichnis *s;* ◇ **~ call** Verlesen *s* der Namensliste [4] *(of drum)* Wirbel *m* [5] *(of fat)* Wulst *m* **II.** *vt* ↑ *turn* rollen; → *eyes* verdrehen; → *dice* würfeln; ◇ **to ~ a cigarette** e-e Zigarette drehen **III.** *vi* ← *sound* rollen, sich wälzen; ◇ **they are ~ing in money** sie schwimmen im Geld; *FIG* ↑ *pay for s.th.* ◇ **heads will be ~ing** es werden einige Köpfe rollen; **roll about** *vi* [1] herumrollen [2] ← *ship* schlingern [3] ← *dog* sich wälzen; **roll down** *vt* → *sleeves* herunterkrempeln; → *blinds* herunterkurbeln, herunterlassen; **roll on** *vi* ◇ **~ ~, five o'clock** wenn es doch nur schon fünf Uhr wäre; **roll over** *vi* sich [herum]drehen; **roll up I.** *vi* ↑ *arrive* auftauchen, ankommen **II.** *vt* [1] → *carpet* ausrollen [2] ↑ *turn up* antanzen; **roll call** *n* Namensaufruf *m*

roller *n* *(road ~)* Straßenwalze *f;* *(hair ~)* Lockenwickler *m;* **roller-coaster** *n* Achterbahn *f;* **roller shutters** *n pl* Rolladen *m;* **roller skates** *n pl* Rollschuhe *m pl*

rollicking ['rɒlɪkɪŋ] *adj* *(person)* ausgelassen; *(occasion)* wild, sehr lustig

rolling ['rəʊlɪŋ] *adj* ▷*landscape* wellig; **rolling pin** *n* Teigrolle *f,* Nudelholz *s;* **rolling stock** *n* RAIL Fahrzeuge *s pl,* rollendes Material; **rolling stone** *n* *(FIG person)* Wandervogel *m*

roll-on deodorant ['rəʊlɒn di:'əʊdərənt] *n* Deoroller *m*

ROM [rɒm] *n acronym of* **read only memory** Nur-Lese-Speicher *m,* ROM *m*

Roman ['rəʊmən] **I.** *adj* römisch; ◇ **~ numerals** römische Ziffern *f pl* **II.** *n* Römer(in *f*) *m;* **Roman Catholic** *n* REL Katholik(in *f*) *m*

romance [rəʊ'mæns] **I.** *n* Romanze *f;* *(story)* [Liebes-]Roman *m* **II.** *vi* ↑ *tell stories* phantasieren

Romania [rəʊ'meɪnɪə] *n* Rumänien *s*

Romanian [rəʊ'meɪnɪən] **I.** *adj* rumänisch **II.** *n* [1] Rumäne *m,* Rumänin *f* [2] *(language)* Rumänisch *s*

romantic [rəʊ'mæntɪk] *adj* romantisch; **romanticize** [rəʊ'mæntɪsaɪz] *vt* ↑ *idealize* romantisieren

Romanticism [rəʊ'mæntɪsɪzəm] *n* Romantik *f*

romp [rɒmp] *vi* ◇ **~ about** herumtollen

rompers ['rɒmpəz] *n pl* *(child's clothing)* einteiliger Spielanzug

roof [ru:f] **I.** *n* *(of house)* Dach *s;* *(of mouth)* Gaumen *m;* ↑ *shelter* ◇ **a ~ over your head** ein Dach über dem Kopf; ↑ *be angry* ◇ **to go through the ~** an die Decke gehen **II.** *vt* überdachen, überdecken; **roofer** *n* Dachdecker(in *f*) *m;* **roof garden** *n* Dachgarten *m;* **roofing** *n* [Material zum] Dachdecken *s;* **roof-rack** *n* *(on car)* Dachgepäckträger *m*

rook [rʊk] **I.** *n* [1] *(bird)* Saatkrähe *f* [2] *(chess)* Turm *m* **II.** *vt* ↑ *cheat* betrügen

room [ru:m] *n* [1] *(of house)* Zimmer *s,* Raum *m* [2] ↑ *space* Platz *m* [3] *(FIG for manoevre)* Spielraum *m* [4] ◇ **men's ~** Männertoilette *f;* ◇ **~s** *pl* Zimmer zu vermieten; **room-mate** *n* Mitbewohner(in *f*) *m,* Zimmergenosse *m,* Zimmergenossin *f;* **room service** *n* Zimmerservice *m;* **room-temperature** *n* Zimmertemperatur *f;* **roomy** ['ru:mɪ] *adj* ↑ *spacious* geräumig

roost [ru:st] **I.** *n* Hühnerstange *f* **II.** *vi* ← *cock* sich auf die Stange setzen

rooster *n* ↑ *cock* Hahn *m*

root [ru:t] **I.** *n* Wurzel *f; FIG* ◇ **the ~ of all evil** die Wurzel allen Übels; ◇ **to get to the ~ of s.th.** e-r Sache auf den Grund gehen **II.** *vt* einwurzeln; *FIG* ◇ **to take ~** Wurzeln schlagen; **root about** *vi* *FIG* ↑ *hunt* herumwühlen; **root for** *vi AM* ↑ *cheer on* anfeuern, unterstützen; **root out** *vt* ausjäten; *FIG* ausrotten; **rooted** [-ɪd] *adj* *(FIG in tradition)* verwurzelt; **root sign** *n* MATH Wurzelzeichen *s*

rope [rəʊp] **I.** *n* Seil *s,* Strick *m;* ◇ **to know the ~s** sich auskennen **II.** *vt* ↑ *tie* festbinden; **rope off** *vt* absperren, (durch ein Seil) abgrenzen; **rope ladder** *n* Strickleiter *f*

rosary ['reʊzərɪ] *n* REL Rosenkranz *m*

rose [rəʊz] **I.** *pt of* **rise**; **II.** *n* Rose *f* **III.** *adj* *(colour)* rosen[rot]

rosé ['rəʊzeɪ] *n* ▷*wine* Rosé *m*

rosebud ['rəʊzbʌd] *n* Rosenknospe *f;* **rosebush** *n* Rosenstock *m,* Rosenstrauch *m;* **rose-pink** *adj* rosarot; **rose-red** *adj* rosenrot; **rosemary** ['rəʊzmərɪ] *n* Rosmarin *m;* **rosewood** *n* Rosenholz *s*

rosette [rəʊ'zet] *n* Rosette *f*

roster ['rɒstə*] *n* Dienstplan *m*

rostrum ['rɒstrəm] *n* Rednerpult *s,* Tribüne *f*

rosy ['rəʊzɪ] *adj* [1] *(colour)* rosig [2] ▷*prospects* ↑ *good* rosig

rot [rɒt] **I.** *n* [1] ↑ *decay* Fäulnis *f* [2] ↑ *nonsense* ◇ **what ~!** was für ein Blödsinn! **II.** *vi* [1] ↑ *go bad* verrotten, verfaulen [2] *FIG* verrotten **III.** *vt* verrotten lassen

rota ['rəʊtə] *n* [1] *BRIT* ↑ *roster* Dienstplan *m* [2] REL ◇ **R~** Rota *f*

rotary ['rəʊtərɪ] *adj* rotierend, sich drehend

rotate [rəʊ'teɪt] **I.** *vt* rotieren lassen; → *crops* im Wechsel anbauen **II.** *vi* rotieren; **rotating** *adj* rotierend; **rotation** [rəʊ'teɪʃən] *n* Rotation *f,* Drehung *f;* (*of crops*) Anbau *m* im Wechsel; (*of jobs*) turnusmäßiger Wechsel *m;* ◇ **to do s.th. in ~** etw abwechselnd machen

rotor ['rəʊtə*] *n* ↑ *helicopter blades* Rotor *m*

rotten ['rɒtn] *adj* ↑ *decomposed* faul, verfault; ↑ *bad* schlecht; ▷*person* schlecht, gemein; ◇ **~ luck!** Pech gehabt!

rotter ['rɒtə*] *n BRIT* ↑ *mean person* Lump *m*

rotund [rəʊ'tʌnd] *adj* rund

rouge [ru:ʒ] *n* Rouge *s*

rough [rʌf] **I.** *adj, adv* ↑ *rugged* rauh; ▷*skin* rauh; ▷*manner* grob; ↑ *violent, aggressive* grob, aggressiv; ▷*situation* gefährlich; ↑ *approximate* ungefähr; ▷*plan, draft* grob, ungefähr; ▷*shelter* grob; ▷*sea* stürmisch; ▷*area, part of town* gefährlich; ◇ **~ diamond** Rohdiamant *m;* ◇ **to play ~** SPORT hart spielen; ◇ **to sleep ~** im Freien schlafen **II.** *n* ▷*person* Rowdy *m; FIG* ◇ **to take the ~ with the smooth** das Leben nehmen, wie es kommt; (*unfinished state*) ◇ **in the ~** im Rohzustand; **rough out** *vt* ↑ *outline* flüchtig skizzieren

rough and tumble *n* ↑ *playful fight* Balgerei *f*

roughage ['rʌfɪdʒ] *n* Ballaststoffe *m pl*

roughen ['rʌfn] *vt* aufrauhen; **roughly** *adv* ▷*made* grob; ↑ *about* ungefähr; **roughness** *n* Rauheit *f;* (*of manner*) Ungeschliffenheit *f,* Derbheit *f*

roulade [ru:'lɑ:d] *n* Roulade *f*

roulette [ru:'let] *n* Roulette *s;* ◇ **Russian ~** Russisches Roulette *s*

round [raʊnd] **I.** *adj* rund; ▷*object* abgerundet **II.** *adv* (*in a circle*) rundherum; ◇ **to look ~** sich umschauen; ◇ **~ and ~** immer rund herum, immer im Kreis herum **III.** *prep* um...herum **IV.** *n* ① (*of drinks*) Runde *f* ② (*of ammunition*) Ladung *f* ③ (*song*) Kanon *m* ④ ◇ **~ of applause** Applaus *m,* Beifall *m* **V.** *vt* → *edge* abrunden; **round off** *vt* abrunden; **round up** *vt* ① → *criminal* hochnehmen ② → *figures* aufrunden; **roundabout** ['raʊndəbaʊt] **I.** *n* ① ▷*traffic* Kreisverkehr *m* ② ↑ *merry-go-round* Karussell *s* **II.** *adj* ▷*manner* ◇ **in a ~ way** auf Umwegen; **rounded** [-ɪd] *adj* gerundet

rounders ['raʊndəz] *n* SPORT *BRIT* Schlagball *m;* **round-eyed** *adj* ↑ *fear-filled* großäugig; **roundly** *adv FIG* ↑ *soundly* gründlich; **round-shouldered** *adj* mit runden Schultern; **round-the-clock** *adj* rund um die Uhr; **roundsman** ['raʊndzmən] *n* <-men> ↑ *deliveryman* Austräger *m;* ◇ **milk ~** Milchmann *m;* **round trip** *n* Rundreise *f;* **roundup** *n* ① ↑ *summary* Zusammenfassung *f* ② ↑ *gathering* Zusammentreiben *s*

rouse [raʊz] *vt* ① ↑ *wake up* [auf]wecken ② ↑ *stir* → *emotions* erregen ③ ↑ *provoke* provozieren; ◇ **to ~ s.o. to action** jd-n zum Handeln bewegen; **rousing** *adj* ▷*welcome* stürmisch; ▷*speech* zündend

rout [raʊt] *vt* ↑ *defeat* in die Flucht schlagen

route [ru:t] *n* Route *f,* Weg *m*

routine [ru:'ti:n] **I.** *n* Routine *f* **II.** *adj* ↑ *regular* Routine-, routinemäßig; ↑ *drudgery* Routine-, routinemäßig

rove [rəʊv] *vt* ① ↑ *wander* umherwandern ② ↑ *scan* ← *eyes* wandern durch; ◇ **Jean has a roving eye** Jean riskiert gerne ein Auge

roving ['rəʊvɪŋ] *adj* ▷*reporter* im Außendienst

row [rəʊ] **I.** *n* ↑ *line* Reihe *f* **II.** *vt, vi* → *boat* rudern **III.** [raʊ] *n* ① ↑ *argument* Streit *m* ② ↑ *noise* ◇ **what a ~!** was für ein Krach! **IV.** *vi* sich streiten; **rowboat** ['rəʊbəʊt] *n* (*AM*) Ruderboot *s*

rowdy ['raʊdɪ] **I.** *adj* randalierend **II.** *n* (*person*) Rowdy *m*

rower ['rəʊə*] *n* (*person who rows*) Ruderer(in *f*) *m;* **rowing** *n* Rudern *s;* SPORT Rudersport *m;* **rowing boat** *n* Ruderboot *s*

rowlock ['rɒlək] *n* Rudergabel *f*

royal ['rɔɪəl] *adj* ↑ *regal, kingly* königlich, Königs-; ▷*treatment* königlich, fürstlich; ◇ **~ blue** königsblau; ◇ **~ family** königliche Familie *f; BRIT* ◇ **R~ Navy** die Royal Navy; **royalty** ['rɔɪəltɪ] *n* ① Mitglied *s* der königlichen Familie ② (*for book, play*) ◇ **royalties** Tantiemen *f* ③ (*for invention*) Patentgebühr *f,* Lizenzgebühr *f*

rub [rʌb] **I.** *n* ① ↑ *stroke* Reiben *s,* Streicheln *s* ② ↑ *problem, snag* Haken *m* **II.** *vt* ↑ *polish* polieren; ↑ *apply* → *creme* einreiben; ◇ **to give s.th. a ~** etw abreiben; (*FIG to make even worse*) ◇ **to ~ salt into s.o.'s wounds** Salz in jd-s Wunden streuen; **rub off** *vi also FIG* ← *influence* abfärben (*on* auf *acc*); **rub up** *vt* ↑ *annoy* ◇ **to ~ ~ s.o. the wrong way** bei jd-m anecken

rubber ['rʌbə*] *n* ① Gummi *m* ② ↑ *eraser* Radiergummi *m* ③ (*AM contraceptive*) Kondom *s,* Gummi *m;* **rubber ball** *n* Gummiball *m;* **rubber band** *n* Gummiband *s;* **rubber dinghy** [rʌbə*'dɪŋgɪ] *n* Schlauchboot *s;* **rubber glove** *n* Gummihandschuh *m;* **rubber plant** *n* Gummibaum *m;* **rubbery** ['rʌbərɪ] *adj* gummiartig

rubbish ['rʌbɪʃ] *n* ① ↑ *waste* Abfall *m,* Abfälle *pl* ② ↑ *nonsense* Unsinn *m,* Quatsch *m* ③ (*of poor quality*) Mist *m;* **rubbish disposal** *n* Müllabfuhr *f;* **rubbish dump** *n* Müllabladeplatz *m;* **rubbish heap** *n* Müllhaufen *m*

rubble ['rʌbl] *n* Schutt *m*

ruby ['ru:bɪ] **I.** *n* Rubin *m* **II.** *adj* (*colour*) rubinrot

R

rucksack ['rʌksæk] *n* ↑ *backpack* Rucksack *m*
rudder ['rʌdə*] *n* AERO NAUT Ruder *s*
ruddy ['rʌdɪ] *adj* ① (*colour*) rot ② *FAM* ↑ *bloody* verdammt
rude [ru:d] *adj* ▷*behaviour* böse, unhöflich; ▷*awakening* überraschend, böse; **rudeness** *n* Grobheit *f*, Unhöflichkeit *f*
rudimentary [ru:dɪ'mentərɪ] *adj* ↑ *basic* elementar, Anfangs-; BIOL rudimentär
rudiments ['ru:dɪmənt] *n* ↑ *basics* Grundlage *f*
Rudolf-Steiner school *n* Waldorfschule *f*
ruff [rʌf] *n* ↑ *collar* Halskrause *f*
ruffian ['rʌfɪən] *n* ↑ *scoundrel* Rohling *m*, Grobian *m*
ruffle ['rʌfl] *vt* ① → *hair* zerzausen; → *feathers* sich aufplustern ② ↑ *upset*, *FIG* verärgern; ◇ **to ~ s.o.'s composure** jd-n aus der Fassung bringen
rug [rʌg] *n* ① ↑ *mat* Teppich *m* ② (*bed*) Vorleger *m* ③ ↑ *ignore* ◇ **to sweep s.th. under the ~** etw unter den Teppich kehren
rugged ['rʌgɪd] *adj* ▷*coastline* felsig, zerklüftet; ▷*features* zerfurcht
ruin ['ru:ɪn] **I.** *n* ① (*house*) Ruine *f* ② (*downfall*) Trümmer *pl*; *FIG* ◇ **you'll be the ~ of me yet** du wirst mich noch ruinieren ③ ◇ **~s** Trümmer *pl*; ◇ **the place was in ~s** das Haus lag in Trümmern **II.** *vt* ruinieren, verderben; **ruination** [ru:ɪ'neɪʃən] *n* Ruinierung *f*, Zerstörung *f*; **ruinous** ['ru:ɪnəs] *adj* ① ↑ *costly* teuer ② ↑ *disastrous* ruinös
rule [ru:l] **I.** *n* ① ↑ *regulation* Regel *f*, Normalfall *m* ② (*of government*) Regierung *f* ③ ◇ **golden ~** goldene Regel *f* ④ ↑ *convention* ◇ **~s of conduct** Verhaltensregeln *f pl* ⑤ *FIG* ◇ **to bend the ~s** es mit den Vorschriften nicht so genau nehmen; ◇ **to make s.th. the ~** etw zur Regel machen; ◇ **as a ~ I don't drink** in der Regel trinke ich nichts **II.** *vt*, *vi* ① ↑ *govern* herrschen (über *acc*), regieren ② ↑ *decide* entscheiden ③ ↑ *make lines* linieren; **ruled** [-d] *adj* ▷*paper* liniert; **ruler** ['ru:lə*] *n* ① Lineal *s* ② (*person*) Herrscher(in *f*) *m*
ruling *adj* ① (*in power*) ▷*party* Regierungs-; ▷*class* herrschend ② ↑ *predominant* ▷*idea*, *feeling* vorherrschend
rum [rʌm] *n* Rum *m*
rumble ['rʌmbl] **I.** *n* (*of rocks*) Poltern *s*, Rumpeln *s*; ↑ *murmur* Raunen *s*; (*of thunder*) Grollen *s*; (*of stomach*) Knurren *s* **II.** *vi* rumpeln, grollen
ruminate ['ru:mɪneɪt] *vi* wiederkäuen; *problem*, *FIG* grübeln
rummage ['rʌmɪdʒ] **I.** *n* Ramsch *m* **II.** *vi* herumstöbern
rummy ['rʌmɪ] *n* (*card game*) Rommé *s*
rumour, **rumor** (*AM*) ['ru:mə*] **I.** *n* ↑ *gossip* Gerücht *s* **II.** *vt* ◇ **it is ~ed that he is living nearby** es geht das Gerücht um, daß er in der Nähe wohnt
rump [rʌmp] *n* ↑ *behind* Hinterteil *s*; (*of fowl*) Bürzel *m*
rump steak *n* Rumpsteak *m*
rumpus ['rʌmpəs] *n* (*disturbance*) Krach *m*
run [rʌn] <ran, run> **I.** *vt* ① ↑ *move quickly* laufen; ↑ *race* rennen ② ↑ *function* funktionieren ③ ← *car*, *train*, *bus* fahren ④ ↑ *pay for* unterhalten ⑤ ← *liquid* laufen, fließen ⑥ ← *colour* [ab]färben ⑦ ↑ *take place* → *concert* stattfinden, spielen ⑧ *FIG* ◇ **to ~ a risk** ein Risiko eingehen; ◇ **it ~s in the family** das liegt in der Familie **II.** *vi* ① PC laufen ② ↑ *race* rennen ③ ← *bus*, *train* fahren ④ ↑ *flow* fließen, laufen ⑤ ← *colours* [ab]färben **III.** *n* Lauf *m*; (*in car*) Fahrt *f*; ↑ *series* Serie *f*; (*of play*) Spielzeit *f*; (*for animals*) Auslauf *m*; ◇ **ski ~** Abfahrt *f*; *FIG* ◇ **he's on the ~** er ist auf der Flucht; ◇ **in the long ~ it can't work** auf die Dauer kann es nicht funktionieren; ◇ **a ~ of bad luck** Pechsträhne *f*; **run about** *vi* (*run around*) herumlaufen, herumrennen; **run across** *vt* ↑ *bump into* stoßen auf *acc*; **run away** *vi* wegrennen; ← *water* auslaufen; **run after** *vi* ① ↑ *chase* nachlaufen ② ↑ *admire* nachlaufen; **run down I.** *vi* ← *clock* ablaufen **II.** *vt* ① ↑ *criticize* kritisieren, schlechtmachen ② ↑ *run over* anfahren, überfahren ③ ↑ *tired*, *exhausted* ◇ **to be ~ ~** erschöpft sein; **run in** *vt BRIT* → *car* einfahren; **run into** *vt* → *person* begegnen, treffen; → *trouble* bekommen, kriegen; ↑ *collide with* zusammenstoßen; **run off** *vi* ① ↑ *run away* fortlaufen ② ↑ *elope* ◇ **to ~ ~ with s.o.** mit jd-m durchbrennen ③ ↑ *copy* kopieren, Abzüge machen ④ (*esp. to child*) ◇ **~ ~!** los!; **run out** *vi* ① ← *person* hinausrennen ② ← *liquid* auslaufen ③ ↑ *expire* ablaufen ④ ← *money* ausgehen; ◇ **we ran out of petrol** uns ging das Benzin aus; **run over** *vt* ① (*in accident*) überfahren ② ↑ *scan* überfliegen; **run through** *vt* ① → *instructions* durchgehen ② ↑ *rehearse* proben ③ ↑ *stab* durchspießen; **run up** *vt* → *bill* machen; **run up against** *vt* ↑ *encounter* → *difficulties* stoßen auf *acc*; **runabout** ['rʌnəbaʊt] *n* (*small car*) [flotter] Stadtwagen *m*; **runaround** ['rʌnəraʊnd] *n* ◇ **to give s.o. the ~** jd-n an der Nase herumführen; **runaround ticket** *n* RAIL Netzkarte *f*; **runaway** ['rʌnəweɪ] *adj* **I.** *n* ▷*child* Ausreißer(in *f*) *m* **II.** *adj* ▷*child* ausgerissen, durchgebrannt; ▷*car* ↑ *out of control* außer Kontrolle; **run-down** *adj* ① ▷*house* baufällig ② ▷*business* abgewirtschaftet ③ ▷*battery* leer
rung [rʌŋ] **I.** *pp of* **ring**; **II.** *n* (*of ladder*) Sprosse *f*
run-in *n* ↑ *argument* Streit *m*, Konflikt *m*
runner ['rʌnə*] *n* ① Läufer(in *f*) *m* ② ↑ *messenger* Bote *m*, Botin *f*; ↑ *smuggler* Schmuggler *m* ③ (*for sleigh*) Kufe *f*

runner-up *n* Zweite(r) *fm,* Zweitplazierte(r) *fm*
running ['rʌnɪŋ] **I.** *n* [1] SPORT Laufen *s,* Rennen *s* [2] ↑ *management* Leitung *f* [3] ↑ *maintenance (of machine)* Laufen *s* [4] *(for election)* Kandidatur *f* **II.** *adj* ▷*water* fließend; ◇ ~ **commentary** fortlaufender Bericht; ↑ *consecutive* ◇ **for 2 days ~ now we haven't had water** wir haben jetzt seit zwei Tagen kein Wasser mehr
runny ['rʌnɪ] *adj* ▷*nose* laufend; ▷*eyes* tränend
run-of-the-mill ['rʌnəvðə'mɪl] *adj* ↑ *ordinary* durchschnittlich, mittelmäßig
run-time *n (of contract etc.)* Laufzeit *f*
runway ['rʌnweɪ] *n* AERO Start- und Landebahn *f,* Runway *f*
rupture ['rʌptʃə*] **I.** *n* [1] ↑ *breach* Bruch *m* [2] ↑ *damage* Schaden *pl* [3] MED Bruch *m* **II.** *vr* ↑ *injure* ◇ ~ **o.s.** sich e-n Bruch heben
rural ['rʊərəl] *adj (in the country)* ländlich, Land-; ◇ ~ **community** Landgemeinschaft *f*
ruse [ru:z] *n* ↑ *deceitful plan* List *f*
rush [rʌʃ] **I.** *n* [1] ↑ *hurry* Eile *f,* Hetze *f;* ◇ **you're always in a ~** du hast es immer eilig [2] ◇ ~ **of air** Zug *m* [3] ◇ **gold ~** Goldrausch *m* **II.** *vt* [1] ↑ *transport s.th. urgently* etw schnellstens weiterbefördern [2] ↑ *attack* losstürmen auf *acc* **III.** *vi* ↑ *hurry* eilen; ◇ **to ~ into s.th.** etw überstürzen; ◇ **don't ~ her** dräng' sie nicht; ↑ *very busy* ◇ **to be -ed off one's feet** auf Trab sein; ◇ **to ~ into a situation** sich Hals über Kopf in etw stürzen
rushes ['rʌʃɪz] *n pl* FLORA Schilf *s*
rush hour *n* → *traffic* Hauptverkehrszeit *f,* Stoßzeit *f*
rusk [rʌsk] *n* GASTRON Zwieback *m*
Russia ['rʌʃə] *n* Rußland *s;* **Russian** ['rʌʃən] **I.** *adj* russisch **II.** *n* [1] Russe *m,* Russin *f* [2] *(language)* Russisch *s*
rust [rʌst] **I.** *n* Rost *m* **II.** *vi* rosten; *(FIG language)* [ein]rosten
rustic ['rʌstɪk] *adj* [1] *(unsophisticated)* derb [2] ▷*country* ländlich, bäuerlich
rustle ['rʌsl] **I.** *n* Rauschen *s* **II.** *vi* rauschen **III.** *vt AM* ↑ *steal* → *cattle* stehlen
rust protection [rʌst prətekʃn] *n* Rostschutzmittel *s;* **rustproof** *adj* rostfrei; **rusty** ['rʌstɪ] *adj* [1] ↑ *bearing rust* rostig [2] ▷*memory, knowledge* eingerostet, verschüttet; ◇ **to be ~** aus der Übung sein
rut [rʌt] *n* [1] ↑ *grove* Radspur *f* [2] *(deer)* Brunft *f* [3] *FIG* ↑ *routine* Trott *m*
ruthless ['ru:θləs] *adj* [1] ↑ *merciless* unbarmherzig [2] ↑ *determined* hart, rücksichtslos; **ruthlessly** *adv* unbarmherzig; ◇ **to ~ pursue s.th.** etw schonungslos verfolgen
rye [raɪ] *n* Roggen *m;* **rye bread** *n* Roggenbrot *s*

S

S, s [es] *n* S, s *s*
Sabbath ['sæbəθ] *n* Sabbat *m*
sabbatical [sə'bætɪkəl] *adj* ◇ ~ **year** ↑ *research* Forschungsjahr *s,* Forschungsurlaub *m*
sabotage ['sæbətɑ:ʒ] **I.** *n* Sabotage *f* **II.** *vt* sabotieren
sabre, **saber** *(AM)* ['seɪbə*] *n* Säbel *m*
saccharin ['sækərɪn] *n* ↑ *sweetener* Saccharin *s*
sachet ['sæʃeɪ] *n* Beutel *m;* ▷*lavender ~ etc.* Kissen *s*
sack [sæk] **I.** *n* ▷*potato ~ etc.* Sack *m; FAM* ◇ **to give s.o. the ~** jd-n rausschmeißen **II.** *vt* [1] *FAM* ↑ *fire, dismiss* rausschmeißen [2] ↑ *pillage* plündern; **sacking** *n* [1] *(fabric)* Sackleinen *s* [2] *FAM* ↑ *dismissal* Entlassung *f*
sacrament ['sækrəmənt] *n* Sakrament *s*
sacred ['seɪkrɪd] *adj* ▷*church* heilig
sacrifice ['sækrɪfaɪs] **I.** *n* Opfer *s* **II.** *vt* [1] → *ritual* opfern [2] *(FIG renounce)* opfern
sacrilege ['sækrɪlɪdʒ] *n* Sakrileg *s*
sad [sæd] *adj* traurig; **sadden** ['sædən] *vt* traurig machen
saddle ['sædl] **I.** *n* Sattel *m* **II.** *vt* [1] → *horse* satteln [2] → *problem* aufhalsen; ◇ **to ~ s.o. with s.th.** jd-m etw aufbürden; **saddle-horse** *n* Reittasche *f*
sadism ['seɪdɪzəm] *n* Sadismus *m;* **sadistic** [sə'dɪstɪk] *adj* sadistisch
sadly ['sædlɪ] *adv* traurig; ↑ *regrettably* bedauerlich
sadness ['sædnəs] *n* Traurigkeit *f*
s.a.e. *abbr. of* **stamped addressed envelope** vorfrankierter Umschlag
safari [sə'fɑ:rɪ] *n* Safari *f;* **safari park** *n* Safaripark *m*
safe [seɪf] **I.** *adj* [1] ↑ *careful* vorsichtig; *FAM* ◇ **to play it ~** auf Nummer sicher gehen [2] ↑ *harmless* sicher [3] ↑ *secure* sicher; ◇ ~ **and sound** gesund und wohlbehalten; ↑ *reliable* ◇ **in ~ hands** in guten Händen sein; ◇ **my secret was ~ with her** mein Geheimnis war bei ihr gut aufgehoben **II.** *n* Safe *m,* Geldschrank *m*
safe-deposit box *n* Schließfach *s;* **safeguard I.** *n* ↑ *protection* Schutz *m* **II.** *vt* schützen; PC sichern; **safekeeping** [seɪf'ki:pɪŋ] *n* sichere Verwahrung *f;* **safely** *adv* [1] ↑ *securely* sicher, ungefährlich [2] *(arrive)* wohlbehalten; **safeness** *n* Sicherheit *f;* **safety** ['seɪftɪ] *n* Sicherheit *f;* **safety belt** *n* Sicherheitsgurt *m;* **safety pin** *n* Sicherheitsnadel *f;* **safety measure** *n* Sicherheitsvorkehrung *f;* **safety valve** *n* Sicherheitsventil *s*

S

sag [sæg] *vi* ↑ *droop* durchhängen; ← *prices* sinken

saga ['sɑːgə] *n* ↑ *legend* Heldenepos *s;* ↑ *tale, story* Geschichte *f*

sage [seɪdʒ] *n* [1] *(herb)* Salbei *m* [2] ↑ *guru* Weise(r) *fm*

Sagittarius [sædʒɪ'tɛərɪəs] *n* ASTROL Schütze *m*

said [sed] **I.** *pt, pp of* **say**; **II.** *adj* ◇ **it has often been ~ that ...** es wurde oft gesagt, daß ...

sail [seɪl] **I.** *n* Segel *s;* ↑ *journey* Segeltörn *m* **II.** *vt, vi* segeln; **sailboat** *n (AM)* Segelboot *s;* **sailing** *n* Segeln *s;* **sailing ship** *n* Segelschiff *s;* **sailor** ['seɪlə*] *n* Seemann *m;* MIL NAUT Matrose *m;* SPORT Segler(in *f*) *m;* **sailplane** *n* Segelflugzeug *s*

saint [seɪnt] *n* [1] Heilige(r) *fm;* ◇ **S- Michael** der heilige Michael [*o.* Sankt Michael] [2] *generous person, FIG* Engel *m;* **saintly** *adj* heilig; ◇ **~ smile** lammfrommes Lächeln

sake [seɪk] *n* [1] ◇ **for the ~ of ...** um *gen* ... willen; *FAM* ◇ **for God's ~** um Gottes willen [2] *(for fun)* ◇ **I studied Art just for the ~ of it** ich habe Kunst einfach so studiert

salad ['sæləd] *n* Salat *m;* **salad bowl** *n* Salatschüssel *f;* **salad dressing** *n* Salatsoße *f;* **salad oil** *n* Salatöl *s*

salami [sə'lɑːmɪ] *n* Salami *f*

salaried ['sælərɪd] *adj* ↑ *paid* ◇ **~ employees** Gehaltsempfänger *pl*

salary ['sælərɪ] *n* Gehalt *s*

sale [seɪl] *n* [1] Verkauf *m;* ◇ **the house is up for ~** das Haus steht zum Verkauf; ◇ **on ~ everywhere** überall erhältlich [2] ↑ *auction* Ausverkauf *m;* **saleroom** *n* Auktionsraum *s;* **salesman** *n* <-men> [1] Verkäufer *m* [2] ↑ *representative* Vertreter *m;* **salesmanager** *n* Verkaufsleiter *m;* **salesmanship** *n* Verkaufstechnik *f;* **saleswoman** *n* <-women> Verkäuferin *f*

salient ['seɪlɪənt] *adj* ↑ *striking* auffallend

saliva [sə'laɪvə] *n* Speichel *m*

sallow ['sæləʊ] *adj* ▷*face* bleich

salmon ['sæmən] *n* Lachs *m*

saloon [sə'luːn] *n* [1] *(sedan)* Limousine *f* [2] *(AM bar)* Wirtschaft *f* [3] *(ship's lounge)* Salon *m*

salt [sɔːlt] **I.** *n* Salz *s* **II.** *vt* [1] ↑ *flavour* salzen [2] ↑ *cure* [ein]pökeln; **saltcellar** ['sɔlt'selə*] *n* Salzstreuer *m;* **salt mine** *n* Salzbergwerk *s;* **salt water** *n* Salzwasser *s;* **salty** ['sɔːltɪ] *adj* salzig

salubrious [sə'luːbrɪəs] *adj* [1] ↑ *wholesome* gesund [2] ▷*district* ersprießlich

salute [sə'luːt] **I.** *n* MIL Gruß *m;* ▷*guns* Salut *m* **II.** *vi* MIL salutieren

salvage ['sælvɪdʒ] **I.** *n* [1] *(from shipwreck)* Bergung *f* [2] *(objects recovered from shipwreck)* Bergungsgut *s* **II.** *vt* [1] bergen [2] *FIG* ↑ *rescue* retten

salvation [sæl'veɪʃən] *n* [1] REL ↑ *deliverance* Erlösung *f* [2] ↑ *rescue* Rettung *f* [3] ◇ **S- Army** Heilsarmee *f*

salvo ['sælvəʊ] *n* <-s> Salve *f*

same [seɪm] *adj* ↑ *similar* gleich, ähnlich; ↑ *identical* gleich, identisch; ◇ **all** [*o.* **just**] **the ~** trotzdem, egal

sample ['sɑːmpl] **I.** *n* [1] *(example)* [Muster]beispiel *s* [2] *(specimen)* Probe *f* **II.** *vt (wine)* probieren

sanatorium [sænə'tɔːrɪəm] *n* Sanatorium *s*

sanctify ['sæŋktɪfaɪ] *vt* ↑ *consecrate* weihen; *(make holy)* heiligen

sanctimonious [sæŋktɪ'məʊnɪəs] *adj* frömmlerisch

sanction ['sæŋkʃən] *n* Sanktion *f*

sanctity ['sæŋktɪtɪ] *n* Heiligkeit *f*

sanctuary ['sæŋktjʊərɪ] *n* [1] ↑ *refuge* Zufluchtsort *m;* ◇ **to seek ~ with** Zuflucht suchen bei [2] ◇ **animal ~** Naturschutzgebiet *s* [3] REL Heiligtum *s*

sand [sænd] **I.** *n* [1] Sand *m* [2] ◇ **~s** *pl* Sand *m* **II.** *vt* ▷*wood or metal* schmirgeln

sandal ['sændl] *n* Sandale *f*

sandbag ['sændbæg] *n* Sandsack *m;* **sandblast** ['sændblɑːst] *vt* sandstrahlen; **sand-castle** *n* Sandburg *f;* **sand dune** *n* Sanddüne *f;* **sandpaper** *n* Sandpapier *s,* Schmirgelpapier *s;* **sandpit** *n (playground)* Sandkasten *m;* **sandstone** *n* Sandstein *m;* **sandstorm** *n* Sandsturm *m*

sandwich ['sænwɪdʒ] *n* Sandwich *s;* ◇ **open ~** belegtes Brot *s;* ◇ **cheese ~** Käsebrot *s*

sandwich course *n* SCH *BRIT Blockunterricht mit praktischen Arbeiten*

sandy ['sændɪ] *adj* sandig; ▷*hair* rotblond

sane [seɪn] *adj* [1] geistig gesund [2] *(sensible, reasonable)* vernünftig

sang [sæŋ] *pt of* **sing**

sanitarium [sænɪ'tɛərɪəm] *n (AM) s.* **sanatorium**

sanitary ['sænɪtərɪ] *adj* [1] ↑ *clean* sanitär, sauber [2] *(health)* hygienisch; **sanitary napkin** *n (AM),* **sanitary towel** *n* Damenbinde *f*

sanitation [sænɪ'teɪʃən] *n* sanitäre Anlagen *pl;* *(sewage disposal)* Kanalisation *f*

sanity ['sænɪtɪ] *n* [1] geistige Gesundheit *f* [2] ↑ *sense* Vernunft *f;* ◇ **to lose one's ~** den Verstand verlieren

sank [sæŋk] *pt of* **sink**

Santa Claus [sæntə'klɔːz] *n* Weihnachtsmann *m*

sap [sæp] **I.** *n* (*of plants*) Saft *m* **II.** *vt* ↑ *drain* zehren an; ▷*strength* schwächen

sapling ['sæplɪŋ] *n* junger Baum *m*

sapphire ['sæfaɪə*] *n* Saphir *m*

sarcasm ['sɑːkæzəm] *n* Sarkasmus *m;* **sarcastic** [sɑː'kæstɪk] *adj* sarkastisch

sardine [sɑː'diːn] *n* Sardine *f*

sardonic [sɑː'dɒnɪk] *adj* höhnisch; ▷*smile* sardonisch

sari ['sɑːrɪ] *n* (*garment*) Sari *m*

sash [sæʃ] *n* Schärpe *f*

sat [sæt] *pp of* **sit**

Satan ['seɪtn] *n* Satan *m,* Teufel *m*

satchel ['sætʃəl] *n* SCH Schulranzen *m,* Schultasche *f*

satellite ['sætəlaɪt] **I.** *n* ① (*space*) Satellit *m* ② ◇ **~ town** Satellitenstadt *f* **II.** *adj* Satelliten-; ◇ **~ dish** Satellitenschüssel *m*

satin ['sætɪn] *n* Satin *m*

satire ['sætaɪə*] *n* Satire *f;* **satirical** [sə'tɪrɪkəl] *adj* satirisch

satisfaction [sætɪs'fækʃən] *n* ① ↑ *contentment* Befriedigung *f,* Zufriedenheit *f* ② ↑ *compensation* Genugtuung *f;* **satisfactory** [sætɪs'fæktərɪ] *adj* zufriedenstellend; **satisfy** ['sætɪsfaɪ] *vt* ① ↑ *content* befriedigen ② ↑ *convince* überzeugen ③ ↑ *meet* erfüllen; **satisfying** *adj* befriedigend; ▷*meal* sättigend

saturate ['sætʃəreɪt] *vt* ↑ *wet* durchnässen, durchtränken; CHEM sättigen; *FIG* → *markets* sättigen

Saturday ['sætədeɪ] *n* Samstag *m*

sauce [sɔːs] *n* Soße *f;* **saucepan** ['sɔːspæn] *n* Kochtopf *m;* **saucer** ['sɔsə*] *n* Untertasse *f*

saucy ['sɔːsɪ] *adj* ↑ *cheeky* frech

Saudi Arabia ['saʊdɪə'reɪbɪə] *n* Saudiarabien *s*

sauna ['sɔːnə] *n* Sauna *f*

saunter ['sɔːntə*] **I.** *n* Bummel *m* **II.** *vi* schlendern

sausage ['sɒsɪdʒ] *n* Wurst *f*

savage ['sævɪdʒ] **I.** *adj* ① ↑ *ferocious* brutal, wild ② ↑ *uncivilized* primitiv, wild ③ (*of person*) böse, unhöflich **II.** *n* (*a human being in a primitive state*) Wilde(r) *fm* **III.** *vt* → *animals* zerfleischen; **savagery** ['sævɪdʒərɪ] *n* Brutalität *f,* Grausamkeit *f*

save [seɪv] **I.** *vt* ① ▷*life* retten ② ↑ *put aside* → *money* sparen; ↑ *keep* → *receipts* aufbewahren, aufheben ③ ↑ *conserve* → *energy, time, effort* sparen ④ PC sichern; → *data* abspeichern **II.** *n* SPORT Abwehr *f;* **saving** ['seɪvɪŋ] **I.** *adj* rettend **II.** *n* (*of money*) Sparen *s;* ◇ **I lost all my ~s** *pl* ich habe meine ganzen Ersparnisse verloren

saviour ['seɪvjə*] *n* ① REL ◇ **S~** Heiland *m,* Erlöser *m* ② Retter(in *f*) *m*

savoir-faire ['sævwɑː'fɛə*] *n* Gewandtheit *f*

savour, **savor** (*AM*) ['seɪvə*] **I.** *n* ↑ *taste* Geschmack *m* **II.** *vt* ① → *taste* schmecken ② (*FIG success*) genießen; **savoury** ['seɪvərɪ] *adj* ↑ *appetizing* lecker; ↑ *not sweet* pikant, würzig

saw [sɔː] <sawed, sawn> **I.** *vt, vi* → *wood* sägen **II.** *n* (*tool*) Säge *f* **III.** *pt of* **see**; **sawdust** ['sɔːdʌst] *n* Sägemehl *s;* **sawmill** ['sɔːmɪl] *n* Sägewerk *s;* **sawn** [sɔːn] *pp of* **saw**

saxophone ['sæksəfəʊn] *n* Saxophon *s*

say [seɪ] <said, said> **I.** *vt, vi* sagen **II.** *n* ① (*opinion, idea*) Meinung *f;* ◇ **to have a ~** seine Meinung sagen [dürfen] ② (*right*) Mitspracherecht *s* ③ ◇ **let's meet, ~, at five** treffen wir uns, sagen wir mal, um fünf; ◇ **you don't ~!** das meinst du nicht im Ernst!; ◇ **it goes without ~ing** es versteht sich von selbst; ◇ **he is said to be extremely helpful** man sagt, er sei sehr hilfsbereit; ◇ **that is to ~** das heißt; ◇ **what is the artist trying to ~?** was will der Künstler damit aussagen?; **saying** *n* ↑ *expression* Sprichwort *s*

scab [skæb] *n* Schorf *m;* **scabby** ['skæbɪ] *adj* ▷*skin* schorfig

scaffold ['skæfəʊld] *n* ↑ *execution platform* Schafott *s;* **scaffolding** ['skæfəldɪŋ] *n* (*of building*) [Bau]gerüst *s*

scald [skɔːld] **I.** *n* Verbrühung *f* **II.** *vt* ① ↑ *burn* verbrühen ② ↑ *clean* [ab]brühen; **scalding** *adj* ↑ *boiling* siedend heiß

scale [skeɪl] **I.** *n* ① ↑ *dimension* Ausmaß *s* ② MUS Tonleiter *f* ③ (*of map*) Maßstab *m;* ↑ *gradation* Skala *f* ④ (*weighing device*) Waagschale *f* ⑤ ▷*fish* Schuppe *f* ⑥ ▷*kettle* Kesselstein *m* **II.** *vt* → *mountain* erklettern; **scale down** *vt* ↑ *reduce* verkleinern, Abstriche machen

scallop ['skɒləp] *n* Jakobsmuschel *f*

scalp [skælp] **I.** *n* Kopfhaut *f* **II.** *vt* skalpieren

scalpel ['skælpəl] *n* MED Skalpell *s*

scamper ['skæmpə*] *vi* ← *person* tippeln; ← *rabbit* hoppeln; ← *mouse* huschen

scan [skæn] **I.** *n BRIT* MED Ultraschallaufnahme *f* **II.** *vt* ↑ *search for* absuchen, genau suchen; (*flick through*) ▷*page* überfliegen

scandal ['skændl] *n* ① ↑ *outrage* Skandal *m* ② ↑ *rumours* Klatsch *m;* **scandalize** ['skændəlaɪz] *vt* schockieren; **scandalous** ['skændələs] *adj* skandalös, schockierend

Scandinavia [skændɪ'neɪvɪə] *n* Skandinavien *s;* **Scandinavian** [skændɪ'neɪvɪən] **I.** *adj* skandinavisch **II.** *n* Skandinavier(in *f*) *m*

scant [skænt] *adj* ↑ *meagre* wenig; **scantily** ['skæntɪlɪ] *adv* ▷*dressed* knapp; **scanty** ['skæntɪ] *adj* ▷*amount* knapp, spärlich

scapegoat ['skeɪpgəʊt] *n* Sündenbock *m*

S

scar [skɑː*] **I.** *n* Narbe *f* **II.** *vt* Narben hinterlassen; ◇ **-red for life** fürs Leben gezeichnet
scarce ['skɛəs] *adj* [1] ↑ *rare* selten [2] ↑ *insufficient* knapp [3] ↑ *lie low, disappear* ◇ **to make o.s. -** sich rar machen; **scarcely** *adv* [1] ↑ *hardly* kaum [2] (*not really*) wohl kaum; ◇ **he can - expect them to believe his story** er kann wohl nicht erwarten, daß man seine Geschichte glaubt; **scarceness** *n* ↑ *rareness* Seltenheit *f;* **scarcity** ['skɛəsɪtɪ] *n* ↑ *insufficiency* Knappheit *f,* Mangel *m*
scare ['skɛə*] **I.** *n* [1] ↑ *fright* Schrecken *m* [2] (*alarm*) Panik *f* **II.** *vt* erschrecken; ◇ **to be -d** Angst haben/bekommen; ◇ **I get easily -d** ich bekomme schnell Angst; **scarecrow** ['skɛə*krəʊ] *n* Vogelscheuche *f;* **scaremonger** ['skɛə*mɒŋgə*] *n* Panikmacher(in *f*) *m*
scarf [skɑːf] *n* <scarves> Schal *m;* ▷*head* Kopftuch *s*
scarlet ['skɑːlət] *adj* scharlachrot; **scarlet fever** *n* MED Scharlach *m*
scarred ['skɑːd] *adj* [1] narbig [2] ↑ *affected* fürs Leben gezeichnet
scary ['skɛərɪ] *adj* ▷*story* schaurig
scathing ['skeɪðɪŋ] *adj* ▷*remark* scharf, bissig
scatter ['skætə*] **I.** *vt* [1] ↑ *strew* verstreuen [2] ↑ *disperse* zerstreuen **II.** *vi* sich zerstreuen; **scatterbrained** ['skætəbreɪnd] *adj* ↑ *forgetful* vergeßlich; *FAM* schusselig
scavenger ['skævɪndʒə*] *n* [1] (*animal*) Aasfresser *m* [2] (*FIG person*) Aasgeier *m*
scene [siːn] *n* [1] Schauplatz *m;* ◇ **- of crime** Tatort *m* [2] ▷*theater* Bühnenbild *s;* ↑ *act* Auftritt *m;* ◇ **behind the -s** hinter den Kulissen [3] ↑ *sight* Anblick *m* [4] ↑ *outburst* Szene *f;* **scenery** ['siːnərɪ] *n* [1] (*theater*) Bühnenbild *s* [2] ↑ *landscape* Landschaft *f*
scenic ['siːnɪk] *adj* ↑ *picturesque* malerisch
scent [sent] **I.** *n* [1] ↑ *smell* Duft *m* [2] ↑ *perfume* Parfüm *s* [3] ↑ *track* Fährte *f* **II.** *vt* parfümieren
sceptic *n*, **skeptic** *n* (*AM*) ['skeptɪk] *n* Skeptiker (in *f*) *m;* **sceptical** *adj* skeptisch (*about* gegenüber); **scepticism** ['skeptɪsɪzəm] *n* Skepsis *f*
schedule ['ʃedjuːl, *AM* '*skedʒʊəl*] **I.** *n* [1] ↑ *plan* Programm *s* [2] ↑ *list* Tabelle *f* [3] ↑ *timetable* Zeitplan *m* **II.** *vt* ◇ **on -** plangemäß; ◇ **behind -** verspätet; ◇ **it was -d to happen yesterday** es sollte gestern stattfinden
scheme [skiːm] **I.** *n* [1] ↑ *design* Schema *s* [2] ↑ *project* Projekt *s* [3] ↑ *plan* Plan *m* [4] (*evil plan*) Intrige *f* **II.** *vi* ← *evil plan* sich verschwören **III.** *vt* → *plan* planen; **scheming** ['skiːmɪŋ] *adj* ↑ *plotting* intrigierend
schism ['skɪzəm] *n* ↑ *split* Spaltung *f*
schizophrenic [skɪtsəʊ'frenɪk] *adj* schizophren
scholar ['skɒlə*] *n* Gelehrte(r) *fm;* (*holding scholarship*) Stipendiat(in *f*) *m;* ↑ *student* Schüler(in *f*) *m,* Student(in *f*) *m;* **scholarly** *adj* gelehrt; **scholarship** ['skɒlə'ʃɪp] *n* Stipendium *s*
school [skuːl] **I.** *n* Schule *f* **II.** *vt* schulen; **schoolboy** *n* Schüler *m;* **schooldays** *n pl* Schulzeit *f;* **schoolgirl** *n* Schülerin *f;* **schooling** *n* ↑ *education* Schulung *f,* Ausbildung *f;* **schoolteacher** *n* Lehrer(in *f*) *m*
schooner ['skuːnə*] *n* [1] (*ship*) Schoner *m* [2] (*sherry glass*) großes Sherryglas
science ['saɪəns] *n* Wissenschaft *f;* (*natural -*) Naturwissenschaft *f;* **science fiction** *n* Science-fiction *f*
scientific [saɪən'tɪfɪk] *adj* wissenschaftlich
scientist ['saɪəntɪst] *n* Wissenschaftler(in *f*) *m*
scintillating ['sɪntɪleɪtɪŋ] *adj* ▷*conversation* sprühend; ▷*news* faszinierend
scissors ['sɪzəz] *n pl* ◇ **a pair of -** Schere *f*
scoff [skɒf] **I.** *vt* ↑ *gobble* fressen **II.** *vi* ↑ *mock* spotten (*at* über *akk*)
scold [skəʊld] *vt* ↑ *reprimand* schimpfen
scone [skɒn] *n* (*BRIT*) *Teegebäck s*
scoop [skuːp] **I.** *n* [1] (*ladle*) Schaufel *f* [2] (*news*) Knüller *m* **II.** *vt* (*- out, - up*) schaufeln
scoot [skuːt] (*FAM leave quickly*) abzischen; **scooter** *n* Motorroller *m*
scope [skəʊp] *n* [1] ↑ *range* Ausmaß *s;* ▷*discussion* Rahmen *m* [2] (*opportunity*) Entfaltungsmöglichkeit *f*
scorch [skɔːtʃ] *vt* ↑ *burn* versengen; **scorcher** *n* (*FAM very hot day*) heißer Tag; **scorching** *adj* [1] ▷*weather* glühend/brütend heiß [2] ▷*speed* rasend
score [skɔː*] **I.** *n* [1] (*game points*) Spielstand *m,* Spielergebnis *s;* ◇ **what's the -?** wie steht das Spiel? [2] (SPORT *scoring of goal*) Torerfolg *m* [3] MUS Partitur *f* **II.** *vi* [1] (*goal*) ein Tor schießen [2] ↑ *be successful* Erfolg haben mit **III.** *vt* [1] → *marks, points* erzielen; → *goals* schießen [2] MUS schreiben [3] *FIG* ◇ **on that -** deshalb; ◇ **-s of people** Hunderte von Leuten; **scoreboard** *n* Anzeigetafel *f;* **scorecard** *n* SPORT Punktliste *f;* (*golf*) Zählkarte *f;* **scorer** ['skɔːrə*] *n* [1] (*person who makes a point*) Torschütze *m,* Torschützin *f* [2] (*recorder*) Aufschreiber *m,* Anschreiber *m*
scorn ['skɔːn] **I.** *n* ↑ *contempt* Verachtung *f* **II.** *vt* verachten; **scornful** *adj* verächtlich; **scornfully** ['skɔːnfəlɪ] *adv* verächtlich
Scorpio ['skɔːpɪəʊ] *n* <-s> ASTROL Skorpion *m*
scorpion ['skɔːpɪən] *n* FAUNA Skorpion *m*
Scot [skɒt] *s.* **Scotch, Scottish**

scotch [skɒtʃ] *vt* ↑ *foil* zunichte machen

Scotch [skɒtʃ] **I.** *adj* ↑ *Scottish* schottisch **II.** *n* [1] ▷*whisky* schottischer Whisky *m* [2] *PEJ* ◇ **the ~** *pl* die Schotten *pl*

scot-free ['skɒt'fri:] *adj* ungeschoren davonkommen

Scotland ['skɒtlənd] *n* Schottland *s;* **Scotsman** ['skɒtsmən] *n* <-men> Schotte *m;* **Scotswoman** ['skɒtswʊmən] *n* <-women> Schottin *f;* **Scottish** ['skɒtɪʃ] *adj* ↑ *Scotch* schottisch

scoundrel ['skaʊndrəl] *n* ↑ *rogue* Schurke *m,* Schuft *m*

scour ['skaʊə*] *vt* [1] ↑ *look for* absuchen [2] ↑ *scrub* scheuern; **scourer** ['skaʊrə*] *n* Topfreiniger *m*

scourge [skɜ:dʒ] *n* Geißel *f*

scout [skaʊt] **I.** *n* ◇ **boy ~** Pfadfinder *m;* MIL Späher *m* **II.** *vi* ↑ *reconnoitre* auskundschaften

scowl [skaʊl] *vi* ↑ *glower* ein böses Gesicht machen

scraggy ['skrægɪ] *adj* ▷*person* hager, fertig, ungepflegt

scram [skræm] *vi FAM* ↑ *scoot* abhauen

scramble ['skræmbl] **I.** *n* [1] (*climb*) Kletterei *f* [2] ↑ *rush* Gedrängel *s* **II.** *vi* [1] ↑ *clamber, struggle* klettern [2] ↑ *fight* sich um etw drängeln [3] ◇ **~d eggs** *pl* Rühreier *pl*

scrap [skræp] **I.** *n* [1] ▷*paper* Fetzen *m;* (*of truth*) Fünkchen *s* [2] ◇ **~s** (*food*) Reste *pl* [3] ↑ *fight* Keilerei *f* **II.** *adj* Abfall-; ◇ **~ metal** Schrott *m* **III.** *vt* → *discard* wegschmeißen, wegwerfen; **scrapbook** *n* Sammelalbum *s*

scrape [skreɪp] **I.** *n* [1] (*sound*) Kratzen *s* [2] ↑ *trouble* Klemme *f;* ↑ *predicament* Schwulitäten *pl* **II.** *vt* [1] ↑ *remove top layer* [ab]kratzen; ↑ *damage* ▷*paint* zerkratzen [2] ↑ *economize* ◇ **to ~ money together** Geld zusammenkratzen **III.** *vi* (*sound*) kratzen

scrap heap ['skræphi:p] *n* Schrotthaufen *m;* **scrap iron** *n* Alteisen *s;* **scrap yard** *n* Schrottplatz *m*

scrappy ['skræpɪ] *adj* ▷*education* lückenhaft

scratch ['skrætʃ] **I.** *n* [1] ↑ *wound* Kratzer *m* [2] (*mark*) Kratzer *m* **II.** *vt* [1] ↑ *wound* zerkratzen [2] ↑ *mark, damage* kratzen [3] → *hole* scharren **III.** *vi* [sich] kratzen **IV.** ◇ **this work is not up to ~** diese Arbeit entspricht nicht den Anforderungen; ◇ **we had better start from ~** wir sollten [nochmal] bei Null anfangen; **scratch file** *n* PC Hilfsdatei *f*

scrawl [skrɔ:l] **I.** *n* Gekritzel *s* **II.** *vt, vi* kritzeln

scrawny ['skrɔ:nɪ] *adj* ▷*neck* hager, dürr

scream [skri:m] **I.** *n* (*fear*) Schrei *m;* (*of tyres*) Kreischen *s;* (*of siren*) Heulen *s* **II.** *vi* schreien; ← *tyres* kreischen; ← *wind, siren* heulen

screech [skri:tʃ] **I.** *n* ↑ *shriek* Kreischen *s* **II.** *vi* [1] ↑ *shriek* kreischen [2] ← *car* quietschen

screen [skri:n] **I.** *n* [1] (PC *television*) Bildschirm *m;* FILM Leinwand *f* [2] (*partition*) Trennwand *f* **II.** *vt* [1] ↑ *protect* schützen [2] ↑ *check* überprüfen, kontrollieren [3] ↑ *film* vorführen

screening *n* [1] ▷*film* Vorführung *f* [2] ↑ *check* Überprüfung *f*

screw [skru:] **I.** *n* Schraube *f* **II.** *vt* [1] ↑ *fasten* schrauben [2] *FAM!* mit jd-m schlafen, ficken

screw up *vt FAM* ↑ *bungle* → *plans, one's life* vermasseln; **screwdriver** ['skru:'draɪvə*] *n* Schraubenzieher *m;* **screw top** *n* Schraubverschluß *m;* **screwy** ['skru:ɪ] *adj FAM* ↑ *dotty* spinnig, schrullig

scribble ['skrɪbl] **I.** *n* Gekritzel *s* **II.** *vt* kritzeln

script [skrɪpt] *n* [1] FILM THEAT Drehbuch *s,* Manuskript *s* [2] ↑ *handwriting* Handschrift *f*

Scripture ['skrɪptʃə*] *n* Heilige Schrift

scriptwriter ['skrɪptraɪtə*] *n* ▷*film* Drehbuchautor(in *f*) *m*

scrounge [skraʊndʒ] *vt* schnorren

scrub [skrʌb] **I.** *n* [1] (*wash*) Schrubben *s* [2] (*of landscape*) Gestrüpp *s,* Buschwerk *s* **II.** *vt* (*wash*) schrubben, scheuern

scruff [skrʌf] *n* (*of neck*) Genick *s;* **scruffy** *adj* ↑ *unkempt* vergammelt

scrummage ['skrʌmɪdʒ] *n* offenes Gedränge

scruple ['skru:pl] *n* Skrupel *m;* **scrupulously** ['skru:pjʊləslɪ] *adv* gewissenhaft; ▷*clean* peinlich

scrutinize ['skru:tɪnaɪz] *vt* genau untersuchen/überprüfen; **scrutiny** ['skru:tɪnɪ] *n* ↑ *examination* genaue Untersuchung, genaue Überprüfung

scuffle ['skʌfl] **I.** *n* ↑ *fight* Handgemenge *s* **II.** *vt* ↑ *fight* sich prügeln

scullery ['skʌlərɪ] *n* Spülküche *f*

sculptor ['skʌlptə*] *n* Bildhauer(in *f*) *m*

sculpture ['skʌlptʃə*] *n* Bildhauerei *f;* ↑ *statue* Skulptur *f*

scum [skʌm] *n* ↑ *trash* Gesindel *s*

scurry ['skʌrɪ] *vi* ↑ *rush, hurry* huschen

scurvy ['skɜ:vɪ] *n* MED Skorbut *m*

scuttle ['skʌtl] **I.** *n* (*coal*) Kohleneimer *m* **II.** *vt* (*ship*) versenken **III.** *vi* (*move quickly*) flitzen; (*with small steps*) trippeln

scythe [saɪð] *n* Sense *f*

SDP *n abbr. of* **Social Democratic Party** *britische sozialdemokratische Partei*

sea [si:] **I.** *n* Meer *s,* See *f* **II.** *adj* Meeres-, See-; **sea bird** *n* Seevogel *m;* **sea breeze** *n* Seewind *m;* **seafaring** ['si:feərɪŋ] *adj* ▷*ship* seefahrend; **seafood** *n* Meeresfrüchte *pl;* **sea front** *n* Strandpromenade *f;* **seagull** [si:gʌl] *n* Möwe *f*

seal [si:l] **I.** *n* ① FAUNA Seehund *m*, Robbe *f* ② ↑ *stamp* Siegel *s* **II.** *vt* versiegeln

sea level ['si:levl] *n* Meeresspiegel *m*

sealing wax ['si:lɪŋwæks] *n* Siegellack *m*

sea lion ['si:laɪən] *n* Seelöwe *m*

seam [si:m] *n* ↑ *join* (*fabric*) Naht *f;* (*rocks*) Schicht *f;* (*coal, marble*) Flöz *s*

seaman ['si:mən] *n* <-men> Seemann *m*

seamless ['si:mlɪs] *adj* nahtlos

seamy ['si:mɪ] *adj* ↑ *sordid* düster, unanständig

seaplane ['si:pleɪn] *n* Wasserflugzeug *s;* **seaport** ['si:pɔ:t] *n* Seehafen *m*

search [sɜ:tʃ] **I.** *n* Suche *f* **II.** *vi* suchen **III.** *vt* ↑ *examine* → *luggage* durchsuchen, überprüfen; **searching** *adj* ▷*look* bohrend; **searchlight** *n* Suchscheinwerfer *m;* **search party** *n* Suchmannschaft *f,* Suchtrupp *m*

seashore ['si:ʃɔ:*] *n* Küste *f;* **seasick** *adj* seekrank; **seasickness** *n* Seekrankheit *f;* **seaside** *n* Küste *f;* ◇ **we have a house at the ~** wir haben ein Haus am Meer

season ['si:zn] **I.** *n* Jahreszeit *f* **II.** *vt* ↑ *add flavour* würzen; **seasonal** ['si:zənəl] *adj* Saison-; **seasoning** *n* Würze *f,* Gewürz *s;* **season ticket** *n* ① RAIL Zeitkarte *f* ② THEAT Abonnement *s*

seat [si:t] **I.** *n* ① Sitz *m,* Platz *m* ② ▷*toilet* [Klo-]Brille *f* ③ *FAM* ↑ *behind* Gesäß *s* **II.** *vt* ① ← *o.s.* sich hinsetzen; ◇ **please be ~ed!** nehmen Sie bitte Platz!, bitte setzen Sie sich! ② (*space available for*) Sitzplätze bieten für; **seat belt** *n* Sicherheitsgurt *m;* **seating** *n* Sitzplätze *pl*

sea wall ['si:wɔ:l] *n* Deich *m*

sea water ['si:wɔ:tə*] *n* Meerwasser *s,* Seewasser *s;* **seaweed** *n* [Meeres-]Alge *f,* [See-]Tang *m;* **seaworthy** *adj* seetüchtig

secluded [sɪ'klu:dɪd] *adj* ① ↑ *isolated* abgelegen ② ↑ *peaceful* ruhig; **seclusion** [sɪ'klu:ʒən] *n* ① ↑ *isolation* Abgelegenheit *f* ② ↑ *peacefulness* Ruhe *f*

second ['sekənd] **I.** *adj* zweite(r, s); ◇ **~ biggest** zweitgrößte(r, s); ◇ **to have ~ thoughts** Zweifel haben **II.** *adv* ◇ **in ~ position** an zweiter Stelle **III.** *n* Sekunde *f;* ◇ **just a ~ please!** e-n Moment, bitte!; **secondary** ['sekəndərɪ] *adj* ① ↑ *of lesser importance* zweitrangig ② ↑ *continuing* (*~ education*) höher; ◇ **~ school** ≈ Realschule *f*

second-best *adj* zweitbeste(r, s)

second-class *adj* ① (*on train*) 2. Klasse ② ↑ *disadvantaged* zweiter Klasse; **secondhand** *adj* ▷*clothes, car* gebraucht; **secondly** *adv* zweitens; **second-rate** *adj* zweitklassig

secrecy ['si:krəsɪ] *n* Heimlichkeit *f*

secret ['si:krət] **I.** *n* Geheimnis *s* **II.** *adj* Geheim-; ◇ **~ information** Geheiminformation *f;* ◇ **~ agent** Geheimagent *m*

secretarial [sekrə'teərɪəl] *adj* Sekretär-

secretary ['sekrətrɪ] *n* ① (*office ~*) Sekretär(in *f*) *m* ② *government ~, esp. AM* Minister(in *f*) *m*

secretive ['si:krətɪv] *adj* geheimnisvoll

secretly ['si:krətlɪ] *adv* heimlich

sect [sekt] *n* ▷*religious* Sekte *f;* **sectarian** [sek'teərɪən] *adj* (*part of sect*) Sekten-; ▷*school* konfessionell

section ['sekʃən] *n* ① ↑ *part* Teil *m* ② ↑ *chapter* Abschnitt *m;* (*of statute*) Paragraph *m* ③ ↑ *department* Abteilung *f*

sector ['sektə*] *n* Sektor *m*

secular ['sekjʊlə*] *adj* weltlich

secure [sɪ'kjʊə*] **I.** *adj* ① ↑ *safe* sicher ② ↑ *fastened* fest **II.** *vt* ① ↑ *make safe* sichern ② ↑ *fasten* fest machen ③ ↑ *obtain* bekommen; **securely** *adv* sicher, fest

security [sɪ'kjʊərɪtɪ] *n* Sicherheit *f;* ◇ **national ~** Staatssicherheit *f;* ◇ **~ measures** Sicherheitsmaßnahmen *pl;* **security check** *n* Sicherheitskontrolle *f;* **Security Council** *n* (*of United Nations*) Sicherheitsrat *m;* **Security Force** *n* (*of United Nations*) Friedenstruppe *f,* Sicherheitskräfte *pl;* **security guard** *n* Wächter *m*

sedate [sɪ'deɪt] **I.** *adj* ① ↑ *sober* gelassen ② ↑ *serious* ernst, gesetzt **II.** *vt* MED sedieren, ein Beruhigungsmittel geben; **sedation** [sɪ'deɪʃən] *n* MED Sedation *f;* **sedative** ['sedətɪv] **I.** *n* Beruhigungsmittel *s;* MED Sedativum *s* **II.** *adj* sedativ, beruhigend

sedentary ['sedntrɪ] *adj* ▷*occupation* sitzend

sediment ['sedɪmənt] *n* Bodensatz *m;* **sedimentary** [sedɪ'mentərɪ] *adj* GEOL Sediment-

seduce [sɪ'dju:s] *vt* verführen; **seduction** [sɪ'dʌkʃən] *n* Verführung *f;* **seductive** [sɪ'dʌktɪv] *adj* verführerisch

see [si:] <saw, seen> **I.** *vt* ① sehen ② ↑ *understand* verstehen; ◇ **do you ~ what I mean ?** verstehst du, was ich meine?; ◇ **I ~!** ach so! ③ ↑ *escort* begleiten; ◇ **shall I ~ you home?** soll ich dich nach Hause begleiten? ④ ↑ *make sure* ◇ **Please ~ that it is done as** Bitte sorgen Sie dafür, daß es gemacht wird ⑤ ↑ *discover* herausfinden ⑥ ↑ *visit* ◇ **when can I come and ~ you?** wann kann ich dich besuchen? ⑦ ↑ *imagine* vorstellen; ◇ **I must be ~ing things** ich glaube ich spinne **II.** *vi* (*know*) sehen; ↑ *find out* nachsehen; ◇ **wait and ~** warte es ab; ◇ **the agent saw through the plan immediately** der Agent durchschaute den Plan sofort

seed [si:d] **I.** *n* Samen *m* **II.** *vt* (SPORT *tennis*) plazieren; **seedling** ['si:dlɪŋ] *n* FLORA Setzling *m*

seedy ['si:dɪ] *adj* ① ▷*place* heruntergekommen

② ▷*health* angeschlagen ③ ▷*character* zweifelhaft, zwielichtig

seeing ['si:ɪŋ] *cj* da

seek [si:k] <sought, sought> ↑ *look for* suchen

seem [si:m] *vi* scheinen; **seemingly** ['si:mɪŋlɪ] *adv* ↑ *apparently* anscheinend; **seemly** ['si:mlɪ] *adj* ↑ *suitable* passend

seen [si:n] *pp of* **see**

seep [si:p] *vi* ↑ *ooze* sickern

seesaw ['si:sɔ:] *n* Wippe *f*

seethe [si:ð] *vi* ① ↑ *boil* kochen; *FIG* ↑ *fume* wütend sein, kochen ② ↑ *be full of people* wimmeln (*with* von)

see-through ['si:θru:] *adj* ▷*blouse* durchsichtig

segment ['segmənt] *n* Ausschnitt *m*, Scheibe *f*

segregate ['segrɪgeɪt] *vt* trennen; ▷*racially* absondern; **segregation** [segrɪ'geɪʃən] *n* Rassentrennung *f*

seismic ['saɪzmɪk] *adj* seismisch

seize [si:z] *vt* ① ↑ *grab* ergreifen ② → *power* Macht ergreifen; ↑ *capture* gefangennehmen; → *opportunity* ergreifen ③ ↑ *impound* beschlagnahmen ④ ↑ *overwhelm* überwältigen; **seize up** *vi* ← *engine* sich festfressen

seizure ['si:ʒə*] *n* ① MED Anfall *m* ② ↑ *capture* Gefangennahme *f*

seldom ['seldəm] *adv* selten

select [sɪ'lekt] **I.** *adj* ↑ *specially chosen* ausgewählt; ↑ *exclusive* exklusiv **II.** *vt* auswählen; **selection** [sɪ'lekʃən] *n* ① ↑ *variety* Auswahl *f* ② ↑ *choice* Auswahl *f*; (*selected*) Wahl *f*; **selective** [sɪ'lektɪv] *adj* ① (*specially chosen*) selektiv ② ↑ *fussy* wählerisch ③ ▷*reader* kritisch, anspruchsvoll

self [self] *n* <selves> Selbst *s*; **self-adhesive** *adj* selbstklebend; **self-appointed** [-d] *adj* selbsternannt; **self-assurance** *n* Selbstsicherheit *f*; **self-assured** [-d] *adj* selbstsicher; **self-catering** *adj* ▷*accommodation* mit/für Selbstversorgung; **self-confidence** *n* Selbstbewußtsein *s*, Selbstvertrauen *s*; **self-confident** *adj* selbstbewußt; **self-conscious** *adj* unsicher, gehemmt; ▷*style* bewußt; **self-contained** [-d] *adj* ↑ *self-sufficient* selbstgenügsam; ▷*flat* abgeschlossen, separat; ▷*person* unabhängig

self-control *n* Selbstbeherrschung *f*; **self-defeating** *adj* sinnlos, widersinnig; **self-defence** *n* JUR Notwehr *f*, Selbstverteidigung *f*; **self-employed** [-d] *adj* selbständig; ▷*artist* freischaffend; ▷*journalist* freiberuflich

self-esteem *n* ↑ *self-respect* Selbstachtung *f*; **self-evident** *adj* offensichtlich; **self-explanatory** *adj* unmittelbar verständlich; **self-indulgent** *adj* maßlos, hemmungslos; **self-interest** *n* Eigeninteresse *s*, Eigennutz *m*

selfish ['selfɪʃ] *adj* selbstsüchtig; **selfishness** *n* Selbstsucht *f*, Egoismus *m*; **selflessly** ['selfləslɪ] *adv* selbstlos

self-made *adj* selbstgemacht

self-opinionated [-ɪd] *adj* rechthaberisch; **self-pity** *n* Selbstmitleid *s*; **self-reliant** *adj* unabhängig; **self-respect** *n* Selbstachtung *f*; **self-righteous** *adj* selbstgerecht

self-sacrifice **I.** *n* Selbstopferung *f* **II.** *vt* selbstopfern; **self-service** *adj* ▷*canteen* Selbstbedienungs-; **self-sufficient** *adj* unabhängig, selbständig; **self-supporting** *adj* ↑ *independent* finanziell eigenständig/unabhängig

sell [sel] <sold, sold> **I.** *vt* verkaufen; ◇ **sold out** ausverkauft **II.** *vi* verkaufen; ← *produce* sich verkaufen; **sell-by date** ['sel'baɪ'deɪt] *n* (*for groceries*) Mindesthaltbarkeitsdatum *s*; **seller** *n* Verkäufer(in *f*) *m*; **selling price** *n* Verkaufspreis *m*

semantic [sɪ'mæntɪk] *adj* semantisch; **semantics** [sɪ'mæntɪks] *n sg* Semantik *f*

semi ['semɪ] *pref* halb-/Halb-; **semicircle** *n* Halbkreis *m*; **semicolon** *n* Semikolon *s*; **semiconscious** *adj* halb bewußtlos; **semidetached house** *n* Doppelhaus *s*; **semifinal** *n* Halbfinale *s*

seminar ['semɪnɑ:*] *n* Seminar *s*

semiquaver ['semɪkweɪvə*] *n* Sechzehntelnote *f*; **semi-skimmed milk** *n* Halbfettmilch *f*; **semitone** ['semɪtəʊn] *n* Halbton *m*

semolina [semə'li:nə] *n* Grieß *m*

senate ['senət] *n* Senat *m*; **senator** ['senətə*] *n* Senator(in *f*) *m*

send [send] <sent, sent> *vt* ① → *letter* schicken ② ↑ *cause* ◇ **her voice ~s me to sleep** ihre Stimme macht mich müde ③ ↑ *dismiss* ◇ **to ~ s.o packing** jd-m wegschicken; **send away** *vt* wegschicken; **send away for** *vt* → *catalogue* holen lassen, anfordern; **send back** *vt* zurückschicken; **send for** *vt* ↑ *summon* holen lassen; **send off** *vt* ① (*for goods*) abschicken ② (*sport*) vom Platz stellen; **send out** *vt* → *invitation* aussenden; **sender** *n* Absender(in *f*) *m*; **send-off** ['sendɒf] *n* Verabschiedung *f*

senile ['si:naɪl] *adj* senil; **senility** [sɪ'nɪlɪtɪ] *n* Senilität *f*

senior ['si:nɪə*] **I.** *adj* ↑ *older* älter; ↑ *higher rank* höher, vorgesetzt **II.** *n* ↑ *older person* Senior(in *f*) *m*; ↑ *higher ranking* Vorgesetzte(r) *fm*

sensation [sen'seɪʃən] *n* ① ↑ *feeling, emotion* Gefühl *s* ② ↑ *exciting event* Sensation *f*; **sensational** *adj* sensationell

sense [sens] **I.** *n* ① ↑ *faculty* Sinn *m*; ◇ **~ of smell** Geruchssinn *m* ② ↑ *feeling* Gefühl *s* ③ ↑ *under-*

S

standing, comprehension Verstand *m,* Vernunft *f;* ◇ **could you make ~ of it?** konntest du es verstehen? [4] ↑ *significance, meaning* Sinn *m,* Bedeutung *f* [5] ◇ **in a ~** in gewisser Hinsicht; ◇ **there's no ~ in thinking about it** es hat keinen Sinn, darüber nachzudenken; ◇ **to make ~** e-n Sinn ergeben **II.** *vt* ↑ *feel* spüren, empfinden; **senseless** *adj* [1] ↑ *without purpose* sinnlos [2] ↑ *unconscious* bewußtlos [3] ↑ *stupid* unsinnig; **senselessly** *adv* sinnlos, unsinnig

sensibility [sensɪ'bɪlɪtɪ] *n* [1] *(intention)* Empfindsamkeit *f* [2] ↑ *sensitivity* Empfindlichkeit *f*

sensible ['sensɪbl] *adj* ▷*person* vernünftig

sensibly ['sensəblɪ] *adv* vernünftig

sensitive ['sensɪtɪv] *adj* [1] ▷*skin* empfindlich *(to* gegen) [2] ↑ *perceptible* empfindsam [3] ↑ *touchy* leicht [4] ▷*subject* prekär [5] ▷*film* lichtempfindlich; **sensitivity** [sensɪ'tɪvɪtɪ] *n* [1] Empfindlichkeit *f* [2] ↑ *perception* Feinfühligkeit *f* [3] ◇ **artistic ~** Feingefühl *s*

sensor ['sensə*] *n* Sensor *m*

sensual ['senʃʊəl] *adj* sinnlich; *PEJ* wollüstig; **sensuous** ['senʃʊ‹e‹s] *adj* sinnlich

sent [sent] *pt, pp of* **send**

sentence ['sentəns] **I.** *n* [1] GRAM Satz *m* [2] JUR Strafe *s;* ↑ *verdict* Urteil *s* **II.** *vt* JUR verurteilen

sentiment ['sentɪmənt] *n* Gefühl *s; (thought)* Gedanke *m;* **sentimental** [sentɪ'mentl] *adj* sentimental; ↑ *emotional* gefühlsmäßig; **sentimentality** [sentɪmen'tælɪtɪ] *n* Sentimentalität *f*

sentinel ['sentɪnl] *n* Wachtposten *m*

sentry ['sentrɪ] *n* Wache *f*

separable ['sepərəbl] *adj* trennbar

separate ['seprət] **I.** *adj* ▷*entrance* separat; ↑ *different* verschieden; *(individual)* eigen, einzeln **II.** ['sepəreɪt] *vt* trennen; ↑ *divide* aufteilen **III.** *vi* ← *couple* sich trennen; **separately** *adv* getrennt; **separation** [sepə'reɪʃən] *n* ▷*of couple* Trennung *f*

September [sep'tembə*] *n* September *m*

septic ['septɪk] *adj* septisch; ◇ **~ tank** Klärbehälter *m*

sequel ['si:kwəl] *n* Folge *f (to* von)

sequence ['si:kwəns] *n* ↑ *series* Reihenfolge *f;* ◇ **in ~** der Reihe nach

sequin ['si:kwɪn] *n* Paillette *f*

serenade [serə'neɪd] **I.** *n* Serenade *f,* Ständchen *s* **II.** *vt* ein Ständchen bringen *(to s.o.* jd-m)

serene [sə'ri:n] *adj* gelassen, ruhig; **serenity** [sɪ'renɪtɪ] *n* Gelassenheit *f,* Ruhe *f*

sergeant ['sɑ:dʒənt] *n* MIL Unteroffizier *m;* ◇ **police ~** Polizeimeister(in *f*) *m*

serial ['sɪərɪəl] **I.** *n* ▷*story* Fortsetzungsroman *m* **II.** *adj* ↑ *consecutive* fortlaufend; PC seriell; **serialize** ['sɪ:rɪəlaɪz] *vt* in Fortsetzungen veröffentlichen

series ['sɪərɪz] *n sg* ↑ *sequence* Reihe *f;* MEDIA Serie *f; (of events)* Folge *f; (of literature)* Reihe *f*

serious ['sɪərɪəs] *adj* [1] ↑ *earnest, important* ernst; ▷*consequence, accident* schwer; ▷*mistake* schlimm; ↑ *interest* ernsthaft [2] ◇ **I'm ~** ich meine es ernst; ◇ **Joan gave it ~ thought** Joan hatte es [sich] ernsthaft überlegt; **seriously** *adv* ↑ *earnestly* ernsthaft; ▷*injured* schwer; **seriousness** *n* Ernst *m,* Ernsthaftigkeit *f*

sermon ['sɜ:mən] *n* Predigt *f*

serpent ['sɜ:pənt] *n* Schlange *f*

serrated [se'reɪtɪd] *adj* gezackt; ▷*leaves* gesägt; ◇ **~ knife** Sägemesser *s*

serum ['sɪərəm] *n* Serum *s*

servant ['sɜ:vənt] *n* Diener(in *f*) *m*

serve [sɜ:v] **I.** *vt* dienen *dat;* → *guest, client* bedienen; → *food* servieren **II.** *vi* [1] dienen; ↑ *to dish up* servieren [2] (SPORT *tennis*) aufschlagen [3] ◇ **it ~s them right** das geschieht ihnen recht; ↑ *to be useful as* ◇ **that will ~ as a door** das kann man als Tür verwenden; **serve up** *vt* → *dinner* servieren, auftragen

service ['sɜ:vɪs] **I.** *n* [1] *(in restaurant)* Bedienung *f* [2] ↑ *assistance* Service *m;* ◇ **can I be of ~?** kann ich Ihnen behilflich sein? [3] *(church ~)* Gottesdienst *m* [4] ↑ *crockery set* Service *s* [5] SPORT Aufschlag *m* [6] MIL Waffengattung *f;* ◇ **armed ~s** Streitkräfte *pl* [7] *(household repairs)* Kundendienst *m; (of car)* Inspektion *f;* ◇ **out of ~** außer Betrieb **II.** *vt* AUTO TECHNOL warten; **serviceable** *adj* nützlich, brauchbar; **service area** *n* AUTO Raststätte *f;* **service charge** *n* Bearbeitungsgebühr *f;* **serviceman** *n* <-men> ↑ *soldier* Soldat *m;* **service station** *n* Tankstelle *f;* **servicing** *n* AUTO TECHNOL Wartung *f*

serviette [sɜ:vɪ'et] *n* Serviette *f*

servile ['sɜ:vaɪl] *adj* unterwürfig

serving ['sɜ:vɪŋ] *n* Portion *f*

session ['seʃən] *n* [1] ↑ *sitting* Sitzung *f* [2] *(psychiatric treatment)* Behandlung *f* [3] POL Sitzungsperiode *f; (term of office)* Legislaturperiode *f;* ◇ **to be in ~** e-e Sitzung abhalten [4] MUS ◇ **recording ~** Aufnahme *f* [5] Semester *s,* Trimester *s; (academic year)* Studienjahr *s;* SCH Schuljahr *s; (term)* Halbjahr *s*

set [set] <set, set> **I.** *vt* [1] ↑ *place* setzen, stellen [2] → *watch, alarm* stellen [3] → *time, price* festsetzen [4] → *table* decken [5] → *jewels* fassen [6] → *hair* legen [7] MED → *bone* [ein]richten [8] → *task, question* stellen **II.** *vi* [1] ← *sun* untergehen [2] ← *bone* zusammenwachsen [3] ↑ *solidify* fest werden **III.** *n* ① *(collection, of two)* Paar *s,* Set *s,* Satz *m* ② (SPORT *tennis*) Satz *m* ③ ◇ **television** ~ Fernsehapparat *m* ④ THEAT Bühnenbild *s;* (*movie* ~) Szene *f* ⑤ MATH Menge *f* **IV.** *adj* ① ↑ *planned* festgelegt, vorgeschrieben; ◇ **I'm ~ on going** ich habe mich entschlossen zu gehen ② ◇ ~ **menu** Menü *s* ③ ↑ *ready* bereit ④ ◇ **to ~ s.th. going** etw in Gang bringen; ◇ **he is very ~ in his ways** er ist in seinen Gewohnheiten festgefahren; ◇ **will the murderer be ~ free?** wird der Mörder freigelassen?; ◇ **to ~ on fire** anzünden; **set about** *vt* sich an etw machen; **set aside** *vt* ① → *money* beiseite legen ② → *time* einplanen ③ → *arrangements, plans* aufschieben ④ → *verdict* aufheben; **set back** *vt* ↑ *delay* behindern, verzögern; (*cost a lot of money*) kosten; **set down** *vt* ① ↑ *drop off* aussteigen lassen ② ↑ *write down* aufschreiben; **set off I.** *vi* ↑ *set out* (*on journey*) sich auf den Weg machen **II.** *vt* ① ↑ *trigger* → *bomb* losgehen lassen; → *argument* auslösen ② ↑ *enhance* hervorheben; **set out I.** *vi* ↑ *set off* sich auf den Weg machen **II.** *vt* ↑ *try, intend to* versuchen, vorhaben; ↑ *lay out* ausbreiten; ↑ *present* darstellen; **set up I.** *vt* ① ↑ *place* aufstellen ② → *tent* aufbauen ③ → *plan, scheme* arrangieren, planen ④ → *system* gründen **II.** *vi* ① ↑ *establish* sich niederlassen ② ↑ *prearrange* arrangieren, vereinbaren ③ ↑ *frame* ◇ **it was obvious that Jones had been ~ ~** es war klar, daß Jones reingelegt wurde; **setback** ['setbæk] *n* Rückschlag *m;* **set square** *n* Zeichendreieck *s*

settee [se'tiː] *n* Sofa *s*

setting ['setɪŋ] *n* ① ↑ *scene* Szene *f;* (*of story*) Schauplatz *m* ② ↑ *background* Hintergrund *m;* ↑ *surroundings* Rahmen *m* ③ ↑ *frame* Fassung *f* ④ MUS Vertonung *f* ⑤ ↑ *place at table* Gedeck *s*

settle ['setl] **I.** *vt* ① ↑ *agree* vereinbaren ② ↑ *decide* entscheiden ③ ↑ *resolve* → *problems, differences* beilegen; → *doubts* ausräumen; → *price* aushandeln ④ ↑ *organize, take care of* erledigen ⑤ → *bill* bezahlen ⑥ → *dust, sediment* sich setzen lassen; → *fluids* sich klären, absetzen lassen **II.** *vi* ① ↑ *settle down* sich einleben ② ↑ *put down roots* sich niederlassen ③ ↑ *sink* sich setzen ④ ↑ *become calm* sich beruhigen; **settlement** ['setlmənt] *n* ① ↑ *payment* Bezahlung *f* ② (*of argument, of differences*) Schlichtung *f,* Beilegung *f* ③ JUR Vergleich *m* ④ ↑ *territory* Niederlassung *f,* Siedlung *f;* **settler** *n* Siedler(in *f*) *m*

setup ['setʌp] *n* ① ↑ *system of organization* Aufbau *m,* Gliederung *f* ② ↑ *situation* Situation *f* ③ (*frame*) ◇ **it was ~** es war Betrug

seven ['sevn] *nr* sieben

seventeen [sevn'tiːn] *nr* siebzehn

seventh ['sevnθ] **I.** *adj* siebte(r, s) **II.** *n* ① (*person*) Siebte(r) *fm* ② (*fraction*) Siebtel *s*

seventy ['sevntɪ] *nr* siebzig

sever ['sevə*] *vt* ① (*divide*) durchtrennen, abtrennen ② → *ties, connections* abbrechen

several ['sevrəl] **I.** *adj* ▷*possibilities* mehrere, verschiedene **II.** *pron* einige

severance ['sevərəns] *n* ① (*division*) Abtrennung *f* ② (*of ties*) Abbruch *m;* ◇ ~ **pay** Abfindung *f*

severe [sɪ'vɪə*] *adj* ① ▷*person* streng; ↑ *grave, harsh* hart; ▷*injury, condition* schwer ② ▷*weather* rauh

sew [səʊ] <sewed, sewn> *vt, vi* nähen; **sew up** *vt* zunähen

sewage ['sjuːɪdʒ] *n* Abwässer *pl*

sewer ['sjʊə*] *n* Abwasserkanal *m*

sewing ['səʊɪŋ] *n* Näharbeit *f;* **sewing machine** *n* Nähmaschine *f;* **sewn** [səʊn] *pp of* **sew**

sex [seks] *n* ① ↑ *gender* Geschlecht *s* ② ↑ *intercourse* Sex *m*

sex education *n* Sexualerziehung *f;* **sexism** ['seksɪzəm] *n* Sexismus *m;* **sexist I.** *adj* sexistisch **II.** *n* Sexist(in *f*) *m*

sex maniac *n* Triebtäter(in *f*) *m*

sextant ['sekstənt] *n* Sextant *m*

sextet [seks'tet] *n* Sextett *s*

sexual ['sekʃʊəl] *adj* sexuell

sexuality [sekʃʊ'ælətɪ] *n* Sexualität *f;* **sexually** ['seksjʊəl] *adv* sexuell

sexy ['seksɪ] *adj* sexy

shabbiness ['ʃæbɪnəs] *n* Schäbigkeit *f*

shabby ['ʃæbɪ] *adj* schäbig

shack [ʃæk] *n* Hütte *f,* Schuppen *m*

shackle ['ʃækl] *n* Fessel *f*

shade [ʃeɪd] **I.** *n* ① (*of tree*) Schatten *m* ② (*of colour, tone*) Ton *m* ③ ◇ **lamp ~** Lampenschirm *m* ④ (*fraction*) Spur *f* ⑤ ◇ **~s** Sonnenbrille *f* **II.** *vt* abschirmen, beschatten

shadow ['ʃædəʊ] **I.** *n* ① Schatten *m* ② ◇ **without a ~ of doubt** ohne den geringsten Zweifel **II.** *vt* ↑ *follow, pursue* beschatten **III.** *adj* ◇ **~ cabinet** POL Schattenkabinett *s;* **shadowy** ['ʃædəʊɪ] *adj* ① ↑ *vague, mysterious* schattenhaft, unbestimmt ② ↑ *dim* verschwommen, unklar

shady ['ʃeɪdɪ] *adj* schattig; ↑ *dubious, suspicious* verdächtig, zwielichtig

shaft [ʃɑːft] *n* ① (*of spear, axe*) Schaft *m* ② (*mine* ~) Schacht *m* ③ (*of engine*) Welle *f* ④ (*of light*) Strahl *m*

shaggy ['ʃægɪ] *adj* ▷*dog* struppig

shake [ʃeɪk] <shook, shaken> **I.** *vt* ① schütteln ② (*with fright*) erschüttern **II.** *vi* ① ↑ *tremble* zittern

S

② ↑ *sway* schwanken, schaukeln, wackeln ③ ◇ **to - hands** sich die Hände geben *dat; FAM* ↑ *hurry* ◇ **- a leg** sich beeilen, Dampf machen; **shake off** *vt* → *snow, person* abschütteln; **shake up** *vt* ↑ *upset* erschüttern, e-n Schrecken einjagen *dat;* **shaken** ['ʃeɪkən] *pp of* **shake**; **shake-up** ['ʃeɪkʌp] *n* (*of company*) Umbesetzung *f;* **shakily** ['ʃeɪkɪlɪ] *adv* ↑ *trembling* zitternd; **shaky** ['ʃeɪkɪ] *adj* zittrig

shale [ʃeɪl] *n* Schiefer *m*

shall [ʃæl] <should> *Hilfsverb* ① (*future*) werden; ◇ **I - visit you tomorrow** morgen werde ich dich besuchen ② (*will, intention*) werden; ◇ **I - do whatever I want** ich werde das machen, was ich möchte; ◇ **what - we do now?** was sollen wir jetzt tun? ③ (*should*) sollen; ◇ **if we should arrive late ... falls wir zu spät** [an]kommen sollten ...

shallow ['ʃæləʊ] *adj* ① ▷*river, pool* seicht ② *FIG* ▷*person* flach

sham [ʃæm] **I.** *n* ↑ *fraud, cheat* Täuschung *f,* Heuchelei *f,* Trug *m* **II.** *adj* unecht, imitiert

shambles ['ʃæmblz] *n sg* Durcheinander *s,* Unordnung *f*

shame [ʃeɪm] **I.** *n* ① ↑ *remorse* Scham *f* ② ↑ *disgrace, pity* Schande *f* ③ ◇ **- on you!** schäm dich!; ◇ **what a -!** schade! **II.** *vt* beschämen; **shamefaced** ['ʃeɪmfeɪsd] *adj* beschämt, betreten; **shameful** ['ʃeɪmfʊl] *adj* ▷*behaviour* beschämend; **shameless** *adj* schamlos

shampoo [ʃæm'pu:] **I.** *n* Shampoo[n] *s* **II.** *vt* shamponieren, shampoonieren

shamrock ['ʃæmrɒk] *n* Kleeblatt *s*

shandy ['ʃændɪ] *n* (*beer with lemonade*) Radler *s*

shan't [ʃɑ:nt] = **shall not**

shanty ['ʃæntɪ] *n* Hütte *f;* **shanty town** *n* Elendsviertel *s*

shape [ʃeɪp] **I.** *n* Gestalt *f,* Form *f;* ◇ **all -s and sizes** jeder Art; ◇ **to be in good/bad -** in Form/nicht in Form sein; ◇ **what kind of - does it have?** welche Form hat es?; ◇ **to take -** Gestalt annehmen **II.** *vt* ① ↑ *form* formen ② ↑ *determine* bestimmen; **shapeless** *adj* formlos; **shapely** *adj* (*good shape*) wohlgeformt; ▷*figure* schön

share [ʃɛə*] **I.** *n* ① ↑ *division, portion* Teil *m;* ◇ **I insist that you do your fair -** ich bestehe darauf, daß du deinen Teil dazu beiträgst ② COMM Aktie *f* **II.** *vt* ① ↑ *divide* teilen ② → *mutual interest* gemeinsam haben; **shareholder** *n* Aktionär (in *f*) *m*

shark [ʃɑ:k] *n* ① Haifisch *m* ② ↑ *crook* Gauner *m;* ◇ **loan -** Kredithai *m*

sharp [ʃɑ:p] **I.** *adj* ① ▷*knife* scharf, spitz; ▷*turn, bend* scharf ② ↑ *clear, distinct* deutlich ③ ▷*tongue* spitz ④ ▷*wind* beißend ⑤ ▷*taste, wine* sauer ⑥ ▷*pain* heftig; ▷*whistle, cry* schrill ⑦ ↑ *bright, clever* begabt, clever ⑧ MUS ▷*note* um e-n Halbton erhöht ⑨ *AM* ↑ *smart appearance* sehr schick, todschick **II.** *adv* ① ↑ *punctually* ◇ **four o'clock -** Punkt vier Uhr ② (MUS *note*) zu hoch ③ ◇ **turn - right** scharf rechts abbiegen; **sharpen** ['ʃɑ:pən] *vt* → *pencil* spitzen; **sharpener** *n* Spitzer *m;* **sharp-eyed** ['ʃɑ:p'aɪd] *adj* ↑ *vigilant* scharfsichtig; **sharpness** *n* Schärfe *f*

shatter ['ʃætə*] **I.** *vt* ① ↑ *smash* zertrümmern; → *glass* zerbrechen ② → *emotions* mitnehmen; → *hopes* zerstören ③ ↑ *exhaust* fertig machen, erledigen **II.** *vi* zerbrechen, kaputt gehen; **shattered** [-d] *adj* ① ↑ *smashed* zertrümmert ② ▷*glass* zerbrechen ③ ▷*emotions* mitgenommen; ▷*nerves* zerrüttet; ▷*hopes* zerstört ④ ↑ *exhausted* fertig, erledigt; **shattering** *adj* ▷*experience* furchtbar; ▷*effect* verheerend

shave [ʃeɪv] <shaved, shaved *o.* shaven> **I.** *vt* rasieren **II.** *vi* sich rasieren **III.** *n* Rasur *f;* ◇ **to have a -** sich rasieren; *FIG* ◇ **that was a very close -** das war aber sehr knapp; **shaven** ['ʃeɪvən] **I.** *pp of* **shave**; **II.** *adj* ▷*legs* rasiert; ▷*head* geschoren; **shaver** *n* Rasierapparat *m;* **shaving** ['ʃeɪvɪŋ] *n* ① (*act of*) Rasieren *s* ② ◇ **-s** *pl* (*wood, silver*) Späne *pl;* **shaving brush** *n* Rasierpinsel *m;* **shaving cream** *n* Rasiercreme *f;* **shaving foam** *n* Rasierschaum *m*

shawl [ʃɔ:l] *n* Schal *m*

she [ʃi:] **I.** *pron* sie **II.** *adj* (*gender*) weiblich

sheaf [ʃi:f] *n* <sheaves> (*of corn*) Garbe *f*

shear [ʃɪe*] <sheared, shorn *o.* sheared> *vt* → *sheep* scheren; **shears** [ʃɪəz] *n pl* (*for sheep*) Schere *f;* (*for hedges*) Heckenschere *f*

sheath [ʃi:θ] *n* ① (*for knife*) Scheide *f* ② (*contraceptive*) Kondom *s;* **sheathe** [ʃi:ð] *vt* ① (*knife*) einstecken ② ↑ *cover* verkleiden

shed [ʃed] <shed, shed> **I.** *vt* ① *cast off* → *tears* vergießen; → *hair, blood* verlieren ② → *weight* ◇ **you really need to - a few pounds** du solltest wirklich ein paar Pfund abnehmen ③ ◇ **to - light on a matter** Licht auf e-e Sache werfen **II.** *vi* ← *animal fur* sich haaren **III.** *n* (*garden -*) Schuppen *m;* (*for animals*) Stall *m*

she'd [ʃi:d] = **she had; she would**

sheep [ʃi:p] *n* <-> Schaf *s;* **sheepdog** *n* Schäferhund *m;* **sheepish** *adj* ↑ *embarrassed* ▷*smile* verlegen, betreten; **sheepskin** *n* Schaffell *s*

sheer [ʃɪə*] *adj* ① ▷*stupidity, coincidence* rein ② ▷*silk* rein ③ ▷*cliff* steil

sheet [ʃi:t] *n* ① ↑ *cover* Laken *s;* (*of ice*) Fläche *f* ② (*of paper*) Blatt *s*

sheikh [ʃeɪk] *n* Scheich *m*

shelf [ʃelf] *n* <shelves> Regal *s*

she'll [ʃi:l] = **she will; she shall**

shell [ʃel] **I.** *n* [1] (*covering*) Schale *f;* (*sea-*) Muschel *f;* (*snail*) Haus *s;* (*turtle*) Panzer *m* [2] ↑ *explosive* Granate *f* **II.** *vt* → *peas* schälen; **shellfish** *n* Schalentier *s,* Meeresfrüchte *pl*

shell-shock *n* Kriegsneurose *f*

shelter ['ʃeltə*] **I.** *n* [1] (*protection*) Schutz *m* [2] ◇ **air-raid** ~ Bunker *m* **II.** *vt* schützen **III.** *vi* ◇ **take** ~ sich unterstellen; **sheltered** *adj* ↑ *protected* geschützt; ▹*life* behütet

shelve [ʃelv] **I.** *vt* ↑ *put off* aufschieben [*o.* auf Eis legen] **II.** *vi* ↑ *slope* abfallen

shelving ['ʃelvɪŋ] *n* Regale *pl*

shepherd ['ʃepəd] *n* Schäfer *m*

sheriff ['ʃerɪf] *n* Sheriff *m*

she's [ʃi:z] = **she is; she has**

Shetland Islands ['ʃetlənd 'aɪləndz] *n* Shetlandinseln *pl*

shield [ʃi:ld] **I.** *n* [1] ↑ *trophy* Trophäe *f* [2] (*military*) Schild *m* [3] ↑ *protection, FIG* Schutz *m* **II.** *vt* ↑ *protect* schützen vor

shift [ʃɪft] **I.** *n* [1] (*of work*) Schicht *f* [2] ↑ *change* Veränderung *f;* ▹*opinion* Umschwung *m,* Wandel *m* [3] ▹*gear* Schaltung *f* [4] (*on keyboard*) Hochstelltaste *f,* Umschalttaste *f* **II.** *vt* [1] ↑ *move* bewegen [2] ↑ *alter* → *opinion* ändern [3] → *gears* schalten **III.** *vi* sich verschieben; **shift work** *n* Schichtarbeit *f;* **shifty** ['ʃɪftɪ] *adj* ↑ *suspicious* verschlagen

shilly-shally ['ʃɪlɪʃælɪ] *vi* zaudern, zögern

shimmer ['ʃɪmə*] **I.** *n* (*of light, hope*) Schimmer *m* **II.** *vi* schimmern

shin [ʃɪn] *n* ANAT Schienbein *s*

shine [ʃaɪn] <shone, shone> **I.** *vt* → *shoes, furniture* polieren **II.** *vi* [1] ↑ *gleam* scheinen; *FIG* ← *eyes* glänzen [2] ↑ *focus* ◇ **to ~ a light on s.th.** etw anleuchten **III.** *n* ↑ *gleam* Schein *m;* (*eyes*) Glanz *m*

shiner ['ʃaɪnə*] *n* (*FAM black eye*) Veilchen *s*

shingle ['ʃɪŋgl] *n* [1] Kies *m* [2] (*tile*) Schindel *f;* **shingles** ['ʃɪŋglz] *n sg* MED Gürtelrose *f*

shining ['ʃaɪnɪŋ] *adj* leuchtend; ▹*light* strahlend; ▹*eyes* glänzend

shiny ['ʃaɪnɪ] *adj* glänzend

ship [ʃɪp] **I.** *n* Schiff *s* **II.** *vt* (*with ship*) verschiffen; ↑ *send* verschicken; **ship-building** *n* Schiffbau *m;* **shipment** *n* (*with ship*) Verschiffung *f;* ↑ *sending* Versand *m;* **shipper** *n* Verschiffer *m,* Spediteur *m;* **shipping** *n* [1] ↑ *transporting* Versand *m,* Verschiffung *f* [2] (*ships*) Schiffe *pl;* **shipshape** ['ʃɪpʃeɪp] *adj* ↑ *good condition* tipptopp [*o.* in bester Ordnung]; **shipwreck** ['ʃɪprek] *n* Schiffbruch *m;* **shipyard** *n* Werft *f*

shirk [ʃɜ:k] *vt* ↑ *avoid* sich drücken vor

shirt [ʃɜ:t] *n* Hemd *s;* **shirty** ['ʃɜ:tɪ] *adj BRIT FAM* ↑ *bad-tempered* schlecht gelaunt, sauer

shit [ʃɪt] **I.** *n FAM* Scheiße *f* **II.** *FAM!* scheißen

shiver ['ʃɪvə*] **I.** *vi* zittern **II.** *n* Schauer *m*

shoal [ʃəʊl] *n* (*of fish*) Schwarm *m*

shock [ʃɒk] **I.** *n* [1] ▹*mental* Schock *m* [2] ▹*earthquake* Erschütterung *f* [3] (*electrical*) Schlag *m* **II.** *vt* [1] ↑ *offend* schockieren [2] (*earthquake*) erschüttern; **shock absorber** *n* Stoßdämpfer *m;* **shocking** *adj* schockierend; **shockproof** *adj* ▹*watch* stoßsicher

shod [ʃɒd] *pp of* **shoe**

shoddy ['ʃɒdɪ] *adj* ↑ *badly made* schäbig

shoe [ʃu:] <shod, shod> **I.** *n* Schuh *m;* (*of horse*) Huf *m* **II.** *vt* → *horse* beschlagen; **shoebrush** *n* Schuhbürste *f;* **shoehorn** *n* Schuhlöffel *m;* **shoelace** *n* Schnürsenkel *m*

shone [ʃɒn] *pp of* **shine**

shook [ʃʊk] *pp of* **shake**

shoot [ʃu:t] <shot, shot> **I.** *vt* (*with firearm*) [1] schießen; ↑ *kill* erschießen; ↑ *wound* ◇ **to ~ at** anschießen [2] → *film* drehen [3] ↑ *move quickly* schießen [4] *FAM* → *heroin* fixen **II.** *vi* [1] (*with firearm*) schießen [2] ↑ *move quickly* schießen **III.** *n* [1] ↑ *branch* Schößling *f* [2] ↑ *hunt* Jagd *f;* **shoot down** *vt* → *plane* abschießen; **shooting** *n* [1] ↑ *firing* Schießerei *f,* Schießen *s* [2] ↑ *killing* Erschießung *f* [3] (*of film*) Drehen *s;* **shooting-range** *n* Schießplatz *m;* **shooting star** *n* Sternschnuppe *f*

shop [ʃɒp] **I.** *n* Laden *m,* Geschäft *s* **II.** *vi* ◇ **go ~ping** einkaufen gehen; **shop around** *vi* sich umsehen; **shop assistant** *n* Verkäufer(in *f*) *m;* **shopkeeper** *n* Ladenbesitzer(in *f*) *m;* **shoplifter** *n* Ladendieb(in *f*) *m;* **shoplifting** *n* Ladendiebstahl *m;* **shopper** *n* Käufer(in *f*) *m;* **shopping** *n* Einkaufen *s,* Einkauf *m;* **shopping bag** *n* Einkaufstasche *f;* **shopping cart** *n* Einkaufswagen *m;* **shopping centre, shopping center** (*AM*) *n* Einkaufszentrum *s;* **shopping list** *n* Einkaufszettel *m;* **shop window** *n* Schaufenster *s*

shore [ʃɔ:*] *n* (*bank*) Ufer *s;* (*beach*) Strand *m*

shoreline *n* Wasserlinie *f,* Uferlinie *f*

shorn [ʃɔ:n] *pp of* **shear**

short [ʃɔ:t] **I.** *adj* ↑ *brief* kurz; ▹*person* klein; ↑ *abrupt* kurz angebunden; (*measurement*) zu knapp, zu kurz; ◇ **time is ~** die Zeit ist knapp; ↑ *lacking in* knapp; ◇ **we are ~ of food** wir haben zu wenig zu essen **II.** *n* ELECTR ◇ **~ circuit** Kurzschluß *m* **III.** *adv* ↑ *suddenly, abruptly* plötzlich; ◇ **to stop ~** plötzlich aufhören/anhalten; **shortage** *n* Mangel *m,* Knappheit *f;* **short-circuit I.**

n ELECTR Kurzschluß *m* **II.** *vi* e-n Kurzschluß haben; **shortcoming** *n* Fehler *m;* **short cut** *n* Abkürzung *f;* **shorten** ['ʃɔ:tən] *vt* ↑ *reduce* kürzen; → *hem* kürzer machen; **shortening** ['ʃɔ:tənɪŋ] *n* GASTRON [Back-]Fett *s;* **shorthand** *n* Stenographie *f,* Kurzschrift *f;* **shorthand typist** *n* Stenotypist(in *f*) *m;* **shortlist** *n* Auswahl, engere Wahl; **short-lived** ['ʃɔ:tlɪvd] *adj* kurzlebig; **shortly** *adv* gleich, bald; **shortness** *n* Kürze *f;* **short-range missile** ['ʃɔ:treɪndʒ 'mɪsaɪl] *n* MIL Kurzstreckenrakete *f;* **shorts** [ʃɔ:ts] *n pl* kurze Hosen *pl;* **short-sighted** ['ʃɔ:tsaɪtəd] *adj* (*eye sight*) kurzsichtig; ▷ *attitude* kurzsichtig; **short story** *n* Kurzgeschichte *f;* **short-tempered** ['ʃɔ:ttempəd] *adj* unbeherrscht; (*in bad temper*) gereizt; **short-term** *adj* ▷ *effect* kurzfristig; **short wave** *n* Kurzwelle *f*

shot [ʃɒt] **I.** *pp of* **shoot**; **II.** *n* [1] (*with firearm*) Schuß *m* [2] ↑ *marksman* Schütze *m* [3] ↑ *try, attempt* Versuch *m;* ◇ **let him have a - at it** laß ihn mal probieren [4] ↑ *injection* Spritze *f* [5] (*camera* ~) Aufnahme *f;* **shotgun** *n* Schrotflinte *f*

should [ʃʊd] *modal auxiliary* [1] (*ought to*) sollen [2] (*shall*) sollen [3] (*were to*) würden; ◇ **if he - call** falls er anrufen sollte

shoulder ['ʃəʊldə*] *n* [1] ANAT Schulter *f;* ◇ **to cry on s.o.'s -** sich an jd-s Brust *dat* ausweinen [2] (*of road*) Bankett *s,* Seitenstreifen *m;* **shoulder blade** *n* ANAT Schulterblatt *s*

shout [ʃaʊt] *vi* (*yell*) rufen, schreien; (*scold*) ◇ **to - at s.o.** jd-n anschreien

shove [ʃʌv] **I.** *vt* (*push*) schubsen, stoßen, schieben *acc* **II.** *n* ◇ **to give s.o. a -** jd-n schubsen/stoßen; **shove off** *vi* [1] (*in boat*) ablegen [2] (*FAM get lost*) ◇ **s- -!** hau ab!

shovel ['ʃʌvəl] **I.** *n* (*tool*) Schaufel *f* **II.** *vt* → *snow, dirt* schaufeln

show [ʃəʊ] **I.** *vt* [1] ↑ *demonstrate* zeigen [2] (← *instrument, register*) anzeigen [3] → *pictures, letter* zeigen [4] ↑ *escort* hinbringen, begleiten [5] ↑ *teach* vormachen; ◇ **to - s.o. how to do s.th.** jd-m zeigen, wie etw geht; ◇ **here, let me - you** komm, laß' mich es dir zeigen [6] ↑ *exhibit* → *art* ausstellen **II.** *vi* [1] (*visible*) zu sehen sein; (*stain*) sichtbar sein [2] → *affection* zeigen, erweisen [3] (*appear*) auftreten **III.** *n* [1] ↑ *performance* Aufführung *f* [2] (*TV* ~) Sendung *f* [3] (*act, pretend*) Schau *f* [4] ◇ **she put up a good - in front of her boss** sie hat sich vor ihrem Chef wichtig gemacht; **show off** **I.** *vi* ↑ *brag, boast* angeben (*to, in front of* vor *dat*) **II.** *vt* [1] (*display, car etc.*) protzen mit, vorführen [2] (*complement*) hervorheben; **show up** *vi* [1] ↑ *turn up* auftauchen; (*be seen*) zu erkennen sein [2] ↑ *reveal* zum Vorschein kommen [3] ↑ *embarrass* bloßstellen; **showbiz** ['ʃəʊbɪz] *n FAM* Showbusiness *s;* **showcase** *n* (*display cabinet*) Schaukasten *m;* **showdown** *n* (*conflict*) Auseinandersetzung *f*

shower ['ʃaʊə*] **I.** *n* [1] (*in bathroom*) Dusche *f;* ◇ **to take a -** duschen [2] (METEO *rain*~) Schauer *m* [3] *party, bridal ~, baby ~, AM Party für e-e Frau, die heiratet oder schwanger ist* **II.** *vi* [1] (*to wash*) duschen [2] (*FIG heap, s.o. with s.th.*) etw auf jd-n niederregnen lassen

showing ['ʃəʊɪŋ] *n* (*presentation*) Zeigen *s*

shown [ʃəʊn] *pp of* **show**

show-off *n* (*boastful person*) Angeber(in *f*) *m;* **showpiece** *n* (*art*) Schaustück *s;* **showy** ['ʃəʊɪ] *adj* (*flamboyant*) protzig

shrank [ʃræŋk] *pt of* **shrink**

shred [ʃred] **I.** *vt* → *paper* zerreißen, zerfetzen; → *carrot* raspeln **II.** *n* (*scrap*) Fetzen *m;* (*strip, piece*) Schnipsel *m;* **shredder** ['ʃredə*] *n* (*machine*) Zerkleinerungsmaschine *f,* Schredder *m;* (*grater*) Reibe *f*

shrew [ʃru:] *n* Spitzmaus *f*

shrewd [ʃru:d] *adj* (*astute*) raffiniert, schlau

shriek [ʃri:k] *vi* (*screech*) schreien, kreischen

shrill [ʃrɪl] *adj* (*high-pitched, piercing*) schrill, durchdringend

shrimp [ʃrɪmp] *n* [1] (*crustacean*) Garnele *f* [2] (*FAM weak person*) Hänfling *m*

shrimping *n* (*fishing*) Garnelenfang *m*

shrine [ʃraɪn] *n* (*place of worship*) Heiligtum *s*

shrink [ʃrɪŋk] **I.** *vi* ← *clothes* eingehen; (*recoil*) zurückschrecken **II.** *n* (*FAM psychiatrist*) Irrenarzt *m,* Klapsdoktor *m*

shrinkage *n* ↑ *reduction* Eingehen *s,* Schrumpfung *f*

shrivel ['ʃrɪvəl] *vi* (*wither*) austrocknen; ◇ **to - up like a prune** zusammenschrumpfen wie e-e Pflaume

shroud [ʃraʊd] **I.** *n* (*funeral*) Leichentuch *s,* Totenhemd *s* **II.** *vt* (*wrap*) hüllen (*in* in)

shrub [ʃrʌb] *n* (*plant*) Busch *m,* Strauch *m,* Staude *f;* **shrubbery** ['ʃrʌbərɪ] *n* (*in garden*) Gebüsch *s*

shrug [ʃrʌg] *vt* → *shoulders* zucken; **shrug off** *vt* (*ignore*) ◇ **he -ged - the remark** er tat die Bemerkung mit e-m Achselzucken ab

shrunk [ʃrʌŋk] *pp of* **shrink**

shrunken ['ʃrʌŋkən] *adj* eingeschrumpft

shudder [ʃʌdə*] *vi* [1] (*tremble*) schaudern [2] (*machine*) rütteln

shuffle ['ʃʌfl] **I.** *vi* (*walk*) schlurfen **II.** *vt* ↑ *mix up* durchwühlen; → *cards* mischen; **shuffle off** *vt* (*evade*) ablegen

shun [ʃʌn] *vt* (*reject, eschew*) meiden, ausstoßen
shunt [ʃʌnt] *vt* RAIL rangieren
shush [ʃʊʃ] **I.** *vt* ↑ *silence* → *s.o.* beruhigen, zum Schweigen bringen **II.** *vi* still sein
shut [ʃʌt] **I.** *vt* ↑ *close* → *door* zumachen; → *eyes* schließen, zumachen; ◇ **s- your mouth!** halte deinen Mund! **II.** *vi* ← *shop, pub* schließen, zumachen; **shut away** *vt* wegschließen; **shut down** *vi* ← *factory, business* zumachen, schließen; **shut in** *vt sep* ↑ *imprison* einsperren; ◇ **she - herself - the bedroom** sie sperrte sich im Schlafzimmer ein; **shut off** *vt* [1] → *engine* ausschalten [2] ↑ *block* absperren [3] ↑ *isolate* abtrennen; **shut out** *vt* ↑ *exclude* → *person* ausschließen; → *pain, thoughts* unterdrücken; **shut up** *vi FAM* ↑ *stop talking* den Mund halten; ◇ **her reply - me** - auf ihre Antwort fiel mir nichts mehr ein; **shutdown** *n* (*of apparatus*) Abschaltung *f;* (*of place*) Schließung *f;* **shut-eye** *n* (*FAM sleep*) Schlaf *m*
shutter [ʃʌtə*] *n* [1] (*of window*) Fensterladen *m* [2] (*of camera*) Verschluß *m*
shuttle [ʃʌtl] **I.** *n* (*vehicle*) Zubringer *m* **II.** *vi* ↑ *travel* pendeln
shy [ʃaɪ] *adj* [1] (*bashful*) schüchtern [2] (*hesitant*) zögerlich
Siamese ['saɪəmi:z] *adj* (*Thai*) siamesisch; **Siamese cat** *n* Siamkatze *f;* **Siamese twins** *n* siamesische Zwillinge *m pl*
sibling ['sɪblɪŋ] *n* (*brother or sister*) Geschwister *s*
Sicilian [sɪ'sɪlɪən] *adj* sizilianisch
sick [sɪk] **I.** *adj* [1] (*ill*) krank; ◇ **to fall -** krank werden, erkranken; ◇ **I feel -** mir ist übel/schlecht [2] (*offensive*) krank, abartig; ◇ **that's a - book** das ist ein perverses Buch **II.** *vi* [1] (*vomit*) ◇ **I'm going to be -** ich glaube, ich muß mich übergeben [2] (*fed up*) ◇ **I'm - of winter** ich habe genug vom Winter, mir hängt der Winter zum Hals heraus; **sickbed** *n* Krankenbett *s,* Krankenlager *s;* **sicken** ['sɪkən] *vt* [1] (*repulse*) abstoßen [2] ↑ *fall ill* erkranken; **sickening** *adj* (*unpleasant*) abstoßend, ekelerregend
sickle ['sɪkl] *n* (*tool*) Sichel *f*
sick leave *n* (*from work*) ◇ **to be on - -** krankgeschrieben sein
sickly *adj* (*weak*) kränkelnd, schwächlich
sickness *n* ↑ *illness* Krankheit *f;* **sickness benefit** *n* (*aid*) Krankengeld *s;* **sickroom** *n* Krankenzimmer *s*
side [saɪd] *n* [1] (*position*) Seite *f;* ◇ **on every -** auf jeder Seite; ◇ **on all -s** auf allen Seiten; ◇ **to be - by -** Seite an Seite sein [2] (*participant, competitor*) Seite *f;* ◇ **the Democratic - won** die demokratische Seite hat gewonnen [3] (*viewpoint*) Seite *f;* ◇ **to take -s** parteiisch sein [4] (*support*) ◇ **I'm on your -** ich stehe auf deiner Seite [5] (*in addition*) ◇ **he has a girlfriend on the -** er hat nebenher e-e Freundin; ◇ **to be on the safe -** sichergehen, auf der sicheren Seite sein; **side against** *vi* (*disagree*) gegen jd-n Partei ergreifen; **side with** *vi* (*support*) für jd-n Partei ergreifen, sich auf jd-s Seite stellen; **sideboard** *n* [1] (*cupboard*) Anrichte *f* [2] ↑ *sideburns* ◇ **-s** Koteletten *pl;* **sidecar** *n* (*passenger compartment*) Beiwagen *m,* Seitenwagen *m;* **side-effect** *n* [1] (*of a drug*) Nebenwirkung *f* [2] ↑ *by-product* Nebenprodukt *s;* **side issue** *n* (*minor*) Nebensache *f;* **side job** *n* Nebenjob *m;* **sidekick** *n* (*FAM assistant*) Handlanger *m;* **sideline** *n* [1] (*extra job*) Nebenerwerb *m* [2] (SPORT *boundary of playing field*) Seitenauslinie *f* [3] *FIG* ◇ **to stand on the -s** (*to view objectively*) etw aus neutraler Sicht betrachten; **sidelong** *adj* ▷*look* versteckt, Seiten-; **side-saddle** *adj* ↑ *sideways* im Damensitz; **sideshow** *n* (*entertainment*) Nebenvorstellung *f;* **side-splitting** *adj* (*FAM hilarious*) umwerfend komisch, urkomisch; **sidestep** *vt* (→ *problem, question, evade*) ausweichen; **sideswipe** ['saɪdswaɪp] *n* (*unexpected attack*) Seitenhieb *m;* **sidetrack** *vt* ↑ *distract* ablenken; **sidewalk** *n* (*AM for pedestrians*) Gehsteig *m,* Gehweg *m,* Bürgersteig *m;* **sideways** ['saɪdweɪz] *adj* (*direction*) seitlich, zur Seite
siesta ['sɪestə] *n* (*nap*) Siesta *f,* Mittagsschläfchen *s*
sieve [sɪv] *n* (*utensil*) Sieb *s*
sift [sɪft] *vt* [1] → *flour* [durch]sieben [2] (*sort*) → *information* aussieben
sigh [saɪ] **I.** *vi* (*exhale*) seufzen **II.** *n* ◇ **to give a - of relief** e-n Stoßseufzer von sich geben, e-n Seufzer der Erleichterung ausstoßen
sight [saɪt] **I.** *n* [1] (*vision*) Sehkraft *f;* ◇ **his - is failing** seine Augen werden schlechter [2] (*view*) Sicht *f;* ◇ **the car was out of -** das Auto war außer Sichtweite [3] (*occurence*) ◇ **that was an encouraging -** das war ein ermutigender Anblick; ◇ **the -s of Washington D.C.** die Sehenswürdigkeiten von Washington D.C. [4] ↑ *wreck, mess* ◇ **what a - you are!** wie du nur ausschaust! **II.** *vt* (*spot*) erkennen, ausmachen; ◇ **I know him only by -** ich kenne ihn nur vom Sehen
sight-read *vi, vt* MUS vom Blatt spielen/singen; **sightseeing** ['saɪtsi:ɪŋ] *n* (*touring*) Besichtigungstour *f,* Rundfahrt *f;* **sightseer** ['saɪtsi:ə*] *n* (*tourist*) Teilnehmer *m* an e-r Rundfahrt
sign [saɪn] **I.** *n* [1] (*symbol*) Zeichen *s;* ↑ *gesture* Geste *f* [2] (*traffic-*) Schild *s* [3] (*indication*) Anzeichen *s* [4] ASTROL [Stern-]Zeichen *s,* [Tier-

S

kreis-]Zeichen *s;* ◇ **what's your -?** was bist du für ein Sternzeichen? **II.** *vt* → *name* unterschreiben; **sign away** *vi* (*relinquish*) verzichten auf; **sign for** *vt* (*accept*) bestätigen; **sign in** *vt* 1 (*register*) eintragen 2 (*admit*) → *to a club, hospital* einschreiben, anmelden; **sign off** *vt* ↑ *finish* Schluß machen, schließen; **sign out** *vt* ↑ *check-out* abmelden; **sign over** *vt* → *cheque, document* überschreiben; **sign up** *vi* ↑ *register* sich verpflichten/einschreiben (*for* für)

signal ['sɪgnəl] **I.** *n* 1 ↑ *indication* Zeichen *s* 2 ↑ *traffic light* Ampel *f;* (*radio waves*) Signal *s* **II.** *vt, vi* (*movement, gesture*) bedeuten, signalisieren

signature ['sɪgnətʃə*] *n* (*name*) Unterschrift *f;* (*of an artist etc.*) Signatur *f*

significance [sɪg'nɪfɪkəns] *n* ↑ *importance* Wichtigkeit *f,* Bedeutung *f;* **significant** *adj* ↑ *important* wichtig; ↑ *noteworthy* bedeutend; **signify** ['sɪgnɪfaɪ] *vt* ↑ *indicate* bedeuten

sign language *n* (*communication*) Zeichensprache *f,* Gebärdensprache *f*

silage ['saɪlɪdʒ] *n* (*crop*) Silage *f*

silence ['saɪləns] **I.** *n* (*quiet*) Ruhe *f,* Stille *f* **II.** *vt* → *a person* zum Schweigen bringen; **silencer** *n* TECHNOL ↑ *muffler* Schalldämpfer *m;* **silent** *adj* still, ruhig

silhouette [sɪlu:'et] *n* (*profile*) Silhouette *f,* Profil *s*

silicon ['sɪlɪkən] *n* CHEM Silicium *s,* Silizium *s*

silicone ['sɪlɪkəʊn] *n* MED, TECHNOL Silikon *s*

silk [sɪlk] *n* (*cloth*) Seide *f;* **silken** ['sɪlkən] *adj* (*smooth*) seiden, samten; **silk-screen** *n* (*method of painting*) Seidensiebdruck *m;* **silkworm** *n* (*caterpillar*) Seidenraupe *f;* **silky** ['sɪlkɪ] *adj* seidig; ▷*voice* samtig

sill [sɪl] *n* (*window -*) Fensterbrett *s;* (*door -*) Schwelle *f*

silly ['sɪlɪ] *adj* (*childish*) albern; (*foolish*) dumm, töricht; (*ridiculous*) lächerlich

silo ['saɪləʊ] *n* AGR Silo *s;* MIL Silo *s,* unterirdische Startrampe

silt [sɪlt] *n* Schwemmsand *m*

silver [sɪlvə*] **I.** *n* 1 (*metal*) Silber *s* 2 (*money*) Hartgeld *s,* Silbergeld *s* 3 *AM* ↑ *silverware* Besteck *s* **II.** *adj* ▷*colour* silbern; **silver birch** *n* FLORA Weißbirke *f;* **silverfish** *n* (*insect*) Silberfischchen *s;* **silver jubilee** *n* (*25th anniversary*) Silberjubiläum *s;* **silver paper** *n* (*candy wrapper*) Stanniolpapier *s,* Silber-/Alufolie *f;* **silver-plated** [-ɪd] *adj* ↑ *silver coated* versilbert; **silverware** ['sɪlvə*weə*] *n* (*cutlery*) Tafelsilber *s,* Silberbesteck *s*

similar ['sɪmɪlə] *adj* (*like*) ungefähr gleich, ähnlich; **similarity** [sɪmə'lærətɪ] *n* (*resemblance*) Ähnlichkeit *f;* **similarly** ['sɪmɪləlɪ] *adv* ähnlich, auf ähnliche Weise

simile ['sɪmɪli:] *n* (*comparison*) Gleichnis *s*

simmer [sɪmə*] *vi* 1 ← *food* köcheln, sieden 2 (*quarrel*) [vor Wut] kochen; **simmer down** *vi* ↑ *calm down* sich beruhigen

simple ['sɪmpl] *adj* 1 (*straightforward*) einfach, klar; ◇ **the matter is pure and -** die Sache ist ganz einfach 2 (*not elaborate*) einfach 3 ↑ *easy* einfach, leicht 4 ▷*person* ↑ *unsophisticated* einfach, bescheiden; ↑ *foolish* einfältig; **simple interest** *n* FIN [primärer] Zins *m;* **simple-minded** [sɪmpl'maɪndɪd] *adj* ↑ *naive* einfältig;

simpleton ['sɪmpltən] *n* (*idiot*) Idiot *m,* Schwachkopf *m*

simplicity [sɪm'plɪsɪtɪ] *n* 1 Einfachheit *f* 2 (*of behaviour*) Einfältigkeit *f;* **simplify** ['sɪmplɪfaɪ] *vt* vereinfachen; **simply** ['sɪmplɪ] *adv* 1 (*just, merely*) lediglich, nur; ◇ **he left - because of her** er ging nur wegen ihr fort 2 ◇ **there is - no reason to be angry** es gibt wirklich keinen Grund, ärgerlich zu sein

simulate ['sɪmju:leɪt] *vt* 1 (*fake*) nachmachen, fälschen 2 → *set of conditions* simulieren; **simulator** ['sɪmju:leɪtə*] *n* Simulator *m*

simultaneous [sɪməl'teɪnɪəs] *adj* (*at once*) gleichzeitig, simultan

sin [sɪn] **I.** *n* (*transgression*) Sünde *f;* (*cohabit*) ◇ **to be living in -** in Sünde leben **II.** *vi* sündigen, e-e Sünde begehen

since [sɪns] **I.** *prep* (*from a time till now*) seit; ◇ **I have been up - 6 a.m.** ich bin jetzt seit 6 Uhr früh wach **II.** *adv* (*subsequently*) ◇ **we met last year and have been friends ever -** wir lernten uns letztes Jahr kennen u. sind seither befreundet **III.** *cj* (*because*) da, weil; ◇ **- it rained, we stayed home** da es regnete, sind wir zu Hause geblieben

sincere [sɪn'sɪə*] *adj* (*genuine*) ehrlich, aufrichtig; **sincerely** *adv* 1 ↑ *honestly* ehrlich 2 (*in letter*) ◇ **S- yours, J. Morrison** mit freundlichen Grüßen, Hochachtungsvoll J. Morrison

sinecure ['saɪnɪkjʊə*] *n* (*FAM easy job*) Ruheposten *m*

sine qua non [sɪnɪkwɑ: 'nəʊn] *n* (*essential, must*) unerläßliche Voraussetzung

sinew ['sɪnjʊ:] *n* ↑ *tendon* Sehne *f*

sing [sɪŋ] **I.** *vt* (*a song*) singen; ◇ **to - s.o. to sleep** jd-m ein Gutenachtlied singen, jd-n in den Schlaf singen **II.** *vi* ← *bird* singen

Singapore ['sɪŋəpɔ:] *n* Singapur *s*

singe [sɪndʒ] *vt* → *hair* versengen

singer ['sɪŋə*] *n* Sänger(in *f*) *m*

single ['sɪŋgl] **I.** *adj* [1] (*solitary*) einzig [2] (*individual*) allein, einzeln [3] ↑ *unmarried* ledig [4] (*~ room*) Einzelzimmer *s* **II.** *n* [1] (*person*) Single *m* [2] (SPORT *one on one*) Einzel *s* [3] (*45 rpm record*) Single *f;* **single out** *vi* ↑ *pick out* aussondern, aussortieren; **single cream** *n BRIT* ↑ *lowfat cream* Sahne *f* mit niedrigem Fettgehalt; **single-decker** *n* (*bus*) einstöckiger Bus; **single-handed** [sɪŋl'hændɪd] *adj* (*alone*) alleine, ohne fremde Hilfe; **single-minded** [sɪŋl'maɪndɪd] *adj* (*dogged*) beharrlich, zielstrebig; **singles bar** *n* Single[s]-Bar *f*

singlet ['sɪŋglɪt] *n* (*BRIT*) ärmelloses Trikot [hemd]

sing-song ['sɪŋsɒŋ] *adj* ◇ **a ~ voice** e-e Stimme mit Sing-Sang

sinister ['sɪnɪstə*] *adj* (*ominous*) düster, finster

sink [sɪnk] **I.** *n* ↑ *basin* (*in bathroom*) Waschbecken *s;* (*in kitchen*) Spülbecken *s* **II.** *vi* ↑ *descend* sinken; (*price*) sinken, fallen **III.** *vt* (*knife*) versenken; (*succeed or fail*) ◇ **Jones was left to ~ or swim** Jones war ganz auf sich gestellt; **sink in** *vi* (*become understood*) verstanden/kapiert werden

sinker *n* (*weight*) Gewicht *s,* Beschwerung *f*

sinner ['sɪnə*] *n* (*person*) Sünder(in *f*) *m*

sinus ['saɪnəs] *n* Sinus *m*

sip [sɪp] **I.** *n* (*of water*) Schluck *m* **II.** *vt, vi* schlürfen, nippen

siphon ['saɪfən] **I.** *n* (*tube*) Siphon *m* **II.** *vt* (*draw*) absaugen

sir [sɜː] *n* [1] (*man*) Herr *m* [2] ◇ **S~** *Sir, englischer Adelstitel*

siren ['saɪrən] *n* (*of ambulance, police car*) Sirene *f,* Martinshorn *s*

sirloin ['sɜːlɔɪn] *n* Filet[stück] *s*

sisal ['saɪsəl] *n* (*plant*) Sisal *m*

sissy ['sɪsɪ] *n* (*FAM cowardly boy*) Memme *f*

sister ['sɪstə*] *n* [1] (*sibling*) Schwester *f* [2] ↑ *nun* Nonne *f;* **sisterly** *adj* (*affectionate*) schwesterlich

sit [sɪt] *vi* [1] (*in a chair*) sitzen; ↑ *pose* setzen [2] ↑ *be positioned* sitzen; **sit around** *vi* (*loaf*) herumsitzen; **sit back** *vi* ↑ *relax* sich zurücklehnen; **sit by** *vi* ↑ *wait, not interfere* ruhig dasitzen; **sit in on** *vi* ↑ *attend* beiwohnen *dat;* **sit out** *vi* ↑ *wait, endure* aussitzen; **sit through** *vt* ↑ *endure* → *lecture, concert* aushalten; **sit up** *vi* [1] ↑ *to position* sich aufsetzen [2] ↑ *stay up* aufbleiben

site [saɪt] *n* (*area*) Gelände *s,* Gebiet *s,* Ort *m*

sit-in ['sɪtɪn] *n* (*protest*) Sit-in *s*

sitter ['sɪtə*] *n* (*baby-*) Babysitter *m*

sitting *n* [1] (*mealtime*) Essenszeit *f* [2] (*session*) Sitzung *f;* ◇ **I read the entire book in one ~** ich habe das ganze Buch auf einmal gelesen; **sitting duck** *n* (*easy prey*) leichte Beute; **sitting-room** *n* (*lounge*) Wohnzimmer *s*

situate ['sɪtjuːeɪt] *vt* (*position*) legen; **situation** [sɪtjʊ'eɪʃən] *n* [1] (*state, circumstances*) Situation *f,* Lage *f* [2] (*s.o.'s ~, position*) Situation *f,* Lage *f,* Verhältnisse *s pl* [3] (*of building, location*) Lage *f*

sit-up ['sɪtʌp] *n* (SPORT *stomach exercise*) Situp *m;* ◇ **to do a ~** sich aus der Rückenlage aufsetzen

six [sɪks] *nr* sechs

sixth sense [sɪksθ'senz] *n* ↑ *intuition* sechster Sinn

sixty ['sɪkstɪ] *nr* sechzig

size [saɪz] *n* [1] (*big, small*) Größe *f* [2] (*clothes*) ◇ **to try s.th. on for ~** etw anprobieren; **size up** *vt* (*weigh, examine*) abschätzen

sizzle ['sɪzl] *vi* (*food in pan*) brutzeln

skate [skeɪt] **I.** *n* ◇ **ice ~** Eislaufen *s,* Schlittschuhlaufen *s;* ◇ **roller ~** Rollschuhfahren *s* **II.** *vi* eislaufen; **skater** *n* (*person*) Eisläufer(in *f*) *m,* Schlittschuhläufer(in *f*) *m*

skeletal ['skelɪtl] *adj* Skelett-; **skeleton** ['skelɪtn] *n* Skelett *s,* Gerippe *s;* (*FIG deep secret*) ◇ **to have a ~ in the closet** e-e Leiche im Keller haben

sketch [sketʃ] **I.** *n* [1] ↑ *drawing* Skizze *f* [2] (*skit*) Sketch *m* **II.** *vt* [1] ↑ *draw* skizzieren [2] ↑ *outline* umreißen; **sketchpad** *n* ↑ *notebook* Notizblock *m,* Skizzenblock *m*

ski [skiː] **I.** *n* ◇ **a pair of ~s** ein Paar Skier **II.** *vi* skifahren; ◇ **we are ~ing** wir fahren Ski

skid [skɪd] *vi* ↑ *slide* rutschen, schlittern

skier ['skɪə*] *n* (*person*) Skifahrer(in *f*) *m*

ski jump *n* (*ramp*) Sprungschanze *f*

skilful, **skillful** (*AM*) ['skɪlfʊl] (*talented*) geschickt

skill [skɪl] *n* ↑ *expertise* Geschick *s,* Begabung *f*

skillet ['skɪlət] *n* ↑ *pan* Bratpfanne *f*

skim [skɪm] *vt* [1] → *cream* entrahmen [2] → *newspaper* überfliegen; **skimmed milk** ['skɪmd mɪlk] *n* fettarme Milch, Magermilch *f*

skimp [skɪmp] *vt* (*economize*) knausern (*on* mit *dat*)

skimpy ['skɪmpɪ] *adj* (*scant*) dürftig, kärglich

skin [skɪn] **I.** *n* [1] (*of human*) Haut *f* [2] (*of potato*) Schale *f;* (*of cooked milk*) Haut *f* **II.** *vt* → *animal* häuten; **skin-deep** *adj* ↑ *superficial* ◇ **beauty is only ~** der äußere Schein trügt oft; **skin-diver** *n* (*scuba-diver*) Sporttaucher(in *f*) *m;* **skinhead** *n* (*fascist hooligan*) Skinhead *m*

skinny ['skɪnɪ] *adj* (*scrawny*) mager, dünn

skin-tight *adj* ▷*jeans* hauteng

skip [skɪp] *vi* [1] (*run, hop*) hüpfen [2] (*miss*) über-

S

springen, auslassen [3] ◇ **to ~ from subject to subject** von e-m Thema zum anderen springen
skipper [skɪpə*] *n* NAUT Skipper *m,* Kapitän *m*
skirmish ['skɜ:mɪʃ] *n* (*fight, dispute*) Geplänkel *s,* Zusammenstoß *m*
skirt [skɜ:t] *n* (*garment*) Rock *m*
skirting *n* (*BRIT*) Fußleiste *f*
skit [skɪt] *n* ↑ *sketch* Sketch *m*
skittish ['skɪtɪʃ] *adj* (*carefree*) sorglos, übermütig
skull [skʌl] *n* ANAT Schädel[-knochen] *m;* (*on pirates' ship*) ◇ **~ and crossbones** Totenkopf *m*
skunk [skʌnk] *n* FAUNA Stinktier *s*
sky [skaɪ] *n* Himmel *m;* **sky-blue** *adj* (*colour*) himmelblau; **sky-high** *adj* (*very high*) himmelhoch; **skylark** ['skaɪlɑ:k] *n* FAUNA Feldlerche *f;* **skyline** *n* (*horizon*) Skyline *f,* Silhouette *f;* **skyscraper** ['skaɪskreɪpə*] *n* ARCHIT Wolkenkratzer *m;* **skyward** ['skaɪwəd] *adv* (*upwards*) himmelwärts
slab [slæb] *n* (*of bacon*) [dicke] Scheibe *f*
slack [slæk] **I.** *adj* [1] (*not taut*) schlaff, locker [2] (*period*) ruhig, flau [3] ↑ *careless* nachlässig **II.** *vi* (*on the job*) pfuschen, schlechte Arbeit machen; **slacken** ['slækən] *vi* [1] (*slow down*) ◇ **the rain is starting to ~ off** der Regen läßt allmählich nach; (*FAM Get busy!*) ◇ **stop slacking off!** schluß mit der Faulenzerei! [2] (*loosen*) erschlaffen; **slacker** *n* (*FAM idler*) Schlafmütze *f*
slacks [slæks] *n pl* (*trousers*) Hose *f sg*
slain [sleɪn] *pp of* **slay**
slalom ['slɑ:ləm] *n* (*race*) Slalom *m*
slam [slæm] *vi* (*bang*) zuknallen, zuschlagen
slammer ['slæmə*] *n* (*FAM prison*) Knast *m*
slander ['slɑ:ndə*] **I.** *n* Verleumdung *f* **II.** *vt* (*malign*) verleumden; **slanderous** ['slɑ:ndərəs] *adj* (*scurrilous*) verleumderisch
slang [slæŋ] *n* (*jargon*) Slang *m;* (*dialect*) Dialekt *m*
slant [slɑ:nt] **I.** *vi* (*slope*) sich neigen **II.** *vt FIG* ↑ *bias* (*news, information*) färben, e-n Anstrich geben
slap [slæp] **I.** *vt* (*smack*) ohrfeigen; (*FIG rebuff*) ◇ **her behaviour ~ped me in the face** durch ihr Verhalten fühlte ich mich regelrecht geohrfeigt **II.** *adv* direkt
slapdash ['slæpdæʃ] *adj* (*haphazard*) schluderig, schlampig; **slap-up** ['slæpʌp] *adj* (*extravagant*) mit allem Drum und Dran
slash [slæʃ] **I.** *vt* (*sword*) schlagen; ◇ **to ~ at s.th.** auf etw einschlagen **II.** *n* Schnitt *m*
slat [slæt] *n* (*strip of wood*) Leiste *f*
slate [sleɪt] *n* [1] (*rock*) Schiefer *m* [2] (*FIG start afresh*) ◇ **to start with a clean ~** wieder bei Null anfangen; ◇ **to wipe the ~ clean** reinen Tisch machen; (*credit*) ◇ **to put s.th. on ~** etw anschreiben lassen [*o.* auf Kredit kaufen] [3] (*roof tile*) Schieferplatte *f*
slaughter ['slɔ:tə*] *vt* ↑ *murder* erschlagen, totschlagen; → *animals* schlachten; **slaughterhouse** *n* Schlachthaus *s;* Schlachthof *s*
Slav [slɑ:v] *n* Slawe *m,* Slawin *f*
slave [sleɪv] **I.** *n* (*servant*) Sklave *m,* Sklavin *f* **II.** *vi* sich abplagen (*away at s.th,* mit etw); **slave labour** *n* (*AM hard unpaid work*) Sklavenarbeit *f;* **slavery** ['sleɪvərɪ] *n* Sklaverei *f;* **slave trade** *n* Sklavenhandel *m*
Slavonic [slə'vɒnɪk] *adj* slawisch
slay [sleɪ] <slew, slain> *vt* ↑ *kill* erschlagen, totschlagen
sleazy ['sli:zɪ] *adj* (*squalid*) schäbig
sled [sled] *n,* **sledge** [sledʒ] *n,* **sleigh** (*AM*) [sleɪ] *n* Schlitten *m*
sledgehammer *n* Vorschlaghammer *m*
sleek [sli:k] *adj* [1] (*glossy*) geschmeidig, glatt [2] ▷*person* glatt [3] ▷*car* glatt
sleep [sli:p] **I.** *n* Schlaf *m;* ◇ **to get some ~** etw schlafen **II.** *vi* [1] schlafen; (*think over*) ◇ **to ~ on it** e-e Nacht darüber schlafen [2] (*kill*) ◇ **to put an animal to ~** ein Tier einschläfern; **sleep around** *vi* (*be promiscuous*) mit jeder/jedem ins Bett gehen; **sleep in** *vi* (*sleep late*) ausschlafen; ◇ **on Saturdays, I always ~ ~** samstags schlafe ich immer lange aus; **sleep off** *vt* (*hangover*) ausschlafen; **sleeping bag** *n* Schlafsack *m;* **sleepwalker** *n* (*person*) Schlafwandler(in *f*) *m,* Nachtwandler(in *f*) *m;* **sleepyhead** ['sli:pɪhed] *n* (*person*) Schlafmütze *f*
sleet [sli:t] **I.** *n* (*rain and snow*) Schneeregen *m* **II.** *vi* ◇ **it's ~ing** es regnet Schnee
sleeve [sli:v] *n* [1] (*of shirt*) Ärmel *m;* (*to habe an idea, a plan*) ◇ **to have s.th. up one's ~** noch etw auf Lager haben [2] (TECHNOL *tube*) Manschette *f*
slender ['slendə*] *adj* ↑ *slim* schlank
slept [slept] *pp of* **sleep**
slew [slu:] *pt of* **slay**
slice [slaɪs] **I.** *n* ↑ *piece* Scheibe *f* **II.** *vt* [1] → *meat, bread* in Scheiben schneiden, aufschneiden [2] SPORT anschneiden; **sliced** [-d] *adj* in Scheiben geschnitten, aufgeschnitten
slick [slɪk] *adj* (*glib*) glatt
slick down *vt* → *hair* anklatschen
slide [slaɪd] **I.** <slid, slid> *vi* [1] (*slip*) rutschen [2] (*glide*) gleiten [3] (*ignore*) ◇ **she let the remark ~** sie ignorierte den Kommentar **II.** *n* (*film*) Dia *s;* **slide rule** *n* Rechenschieber *m*
sliding scale *n* gleitende Skala

slight [slaɪt] *adj* (*small degree*) leicht, geringfügig

slim [slɪm] *adj* ↑ *slender* schlank; ▷*chance* gering, hauchdünn

slime [slaɪm] *n* ↑ *ooze* Schleim *m*

sling [slɪŋ] **I.** *vt* (*fling*) schleudern **II.** *n* (*device*) Schleuder *f*

slip [slɪp] *vi* ① (*slither*) ausrutschen ② (*sneak*) schleichen; (*tell a secret*) ◇ **to let s.th. ~** etw rauslassen; (*elude*) ◇ **give s.o. the ~** jd-m entwischen; ◇ **her name has ~ped my mind** ihr Name ist mir entfallen; **slip up** (*make a mistake*) sich vertun

slippage *n* ① TECHNOL Schlupf *m* ② ◇ **to prevent ~** ≈ um Rückstände zu vermeiden

slipper ['slɪpə*] *n* (*shoe*) Hausschuh *m*

slippery ['slɪpərɪ] *adj* ▷*ice, floor* rutschig, glatt

slit [slɪt] *n* (*crack*) Schlitz *m*

slither ['slɪðə*] *vi* (*slide*) rutschen, schlittern

sliver [slɪvə*] *n* (*of wood*) Splitter *m*

slob [slɒb] *n* (*PEJ man*) Schwein *s*; (*PEJ woman*) Schlampe *f*

slobber [slɒbə] *vi* (*dribble*) sabbern, geifern; ← *dog* geifern; **slobber over** *vi* (*FAM nude photos*) sich aufgeilen an; **slobbery** ['slɒbərɪ] *adj* ▷*kiss* naß

sloe [sləʊ] *n* Schlehe *f*

slogan ['sləʊgən] *n* (*phrase*) Slogan *m*, Schlagwort *s*

slop [slɒp] *vi* überschwappen

slope [sləʊp] *n* (*incline*) Schräge *f*, Neigung *f*

sloppy [slɒpɪ] *adj* (*messy*) unordentlich, schlampig

slot [slɒt] *n* ① (*slit*) Schlitz *m* ② (*time*) ◇ **luckily, my dentist found a time ~ for me** mein Zahnarzt konnte mich zum Glück noch einschieben

sloth [sləʊθ] *n* ① ↑ *laziness* Faulheit *f* ② FAUNA Faultier *s*

slot machine *n* ① (*vending machine*) Münzautomat *m* ② (*for gambling*) Spielautomat *m*

slouch [slaʊtʃ] *vi* (*droop*) sich lümmeln

slow [sləʊ] *adj* langsam; ◇ **the ~ lane of traffic** die Kriechspur; ◇ **my watch is ~** meine Uhr geht nach; **slow coach** *n FAM* BRIT Langweiler *m*; **slow down** *vi* langsamer werden; **slow-motion** *n* (*movement*) Zeitlupe *f*

slug [slʌg] **I.** *n* (*mollusc*) Nacktschnecke *f* **II.** *vt* (*hit*) kräftig schlagen; **sluggish** ['slʌgɪʃ] *adj* ↑ *lethargic* lethargisch; ▷*business, market* flau

slum [slʌm] *n* (*area*) Slumviertel *s*; **slummy** ['slʌmɪ] *adj* ↑ *run-down* heruntergekommen

slump [slʌmp] *vi* (*drop*) absinken, fallen

slung [slʌŋ] *pt of, pp of* **sling**

slur [slɜ:*] *n* (*insult*) Beleidigung *f*

slurp [slɜ:p] *vt* → *a drink* schlürfen

slush [slʌʃ] *n* (*watery snow*) Schneematsch *m*

slut [slʌt] *n* (*whore*) Schlampe *f*

sly [slaɪ] *adj* (*clever*) schlau, listig

smack [smæk] *vt* (*slap*) ohrfeigen, schlagen; (*lips*) knutschen, küssen, e-n Schmatzer geben

small [smɑ:l] *adj* ① (*size*) klein ② (*young*) klein, jung ③ (*insignificant*) unbedeutend ④ (*minor task/problem*) klein, gering; **small change** *n* (*money*) Kleingeld *s*; **small fry** *n* (*FIG unimportant person*) kleiner Fisch; **smallpox** *n* MED Windpocken *pl*; **small talk** *n* Klatsch *m*, Smalltalk *m*

smart [smɑ:t] **I.** *adj* ▷*student* schlau, klug **II.** *vi* ← *pain* brennen; **smarten up** [smɑ:tn'ʌp] *vi BRIT* ↑ *spruce up* sich zurechtmachen

smartness *n* ↑ *intelligence* Klugheit *f*, Intelligenz *f*

smash [smæʃ] **I.** *vt* → *glass* zerschlagen, kaputtschlagen **II.** *n* ↑ *success, hit* Knüller *m*

smashing *adj FAM* ▷*party, dress* klasse, geil

smear [smɪə*] **I.** *vt* → *paint* [ver]schmieren **II.** *n* ↑ *smudge* schmieriger Fleck

smell [smel] <smelt> **I.** *vt* → *flower* riechen an **II.** *vi* ← *feet* ↑ *odor* riechen

smelt [smelt] *pt, pp of* **smell**

smile [smaɪl] **I.** *vi* ↑ *grin* lächeln, anlächeln (*at s.o.* jd-n) **II.** *n* (*facial expression*) Lächeln *s*

smirk [smɜ:k] **I.** *vi* (*sneer*) grinsen **II.** *n* ↑ *sneer* Grinsen *s*

smock [smɒk] *n* ↑ *coverall* Kittel *m*

smog [smɒg] *n* (*smoke and fog*) Smog *m*

smoke [sməʊk] **I.** *n* (*fire*) Rauch *m*, Qualm *m* **II.** *vt* → *cigarette* rauchen **III.** *vi* ← *fire* rauchen, qualmen; **smokestack** *n* ↑ *chimney* Kamin *m*; **smoker** *n* (*person*) Raucher(in *f*) *m*; **smoking I.** *n* (*habit*) Rauchen *s* **II.** *adj* ▷*section* Raucher-

smolder ['sməʊldə*] *s.* **smoulder**

smooch [smu:tʃ] *vt* ↑ *kiss* knutschen

smooth [smu:ð] **I.** ↑ *flatten* glätten, ebnen **II.** *adj* ↑ *even* glatt, eben; **smoothly** *adv* (*regulated, calmly*) glatt

smother ['smʌðə*] *vt* ① ↑ *suffocate* ersticken ② (*with affection*) erdrücken mit

smoulder ['sməʊldə*] *vi* (*to burn*) ← *hatred, anger* glimmen, schwelen

smudge [smʌdʒ] **I.** *n* ↑ *mark, smear* Fleck *m* **II.** *vt* → *lipstick* verschmieren

smuggle ['smʌgl] *vt* → *drugs* schmuggeln; **smuggler** *n* Schmuggler(in *f*) *m*; **smuggling** *n* (*of drugs, refugees*) Schmuggel *m*, Schmuggeln *s*

smutty [smʌtɪ] *adj* ▷*fireplace* schmutzig

snack [snæk] **I.** (*eat*) e-n kleinen Imbiß einnehmen **II.** *n* ↑ *small, quick meal* Imbiß *m*, Snack *m*

snag [snæg] **I.** *n* (*difficulty*) Schwierigkeit *f,* Haken *m* **II.** *vt* → *pantyhose* hängen bleiben
snail [sneɪl] *n* FAUNA Schnecke *f*
snake [sneɪk] *n* FAUNA Schlange *f*
snap [snæp] **I.** *vi* ← *rope* reißen **II.** *vt* [1] → *fingers* schnippen [2] (*photograph*) e-n Schnappschuß machen **III.** *n* (*breaking*) Reißen *s,* Auseinanderbrechen *s*
snare [snɛə*] **I.** *n* ↑ *trap* Falle *f* **II.** *vt* ↑ *catch, trap* fangen
snarl [snɑ:l] *vi* ← *animal* knurren; ◇ **to ~ at s.o.** jd-n anknurren
snatch [snætʃ] *vt* ↑ *to grab* grabschen, an sich reißen
sneak [sni:k] **I.** *n* (*person*) Petze *f* **II.** *vt* ↑ *steal* stehlen **III.** *vi* (*creep*) schleichen
sneer [snɪə*] **I.** *vi* hämisch lächeln **II.** *n* (*expression*) hämisches Lächeln
sneeze [sni:z] *vi* niesen
snicker ['snɪkə*] ↑ *giggle* kichern
snide [snaɪd] *adj* ▷*comment* abfällig
sniff [snɪf] **I.** *n* (*sound*) Schniefen *s* **II.** *vt* ↑ *smell* schnüffeln; (*cocaine*) schnupfen **III.** *vi* (*dog*) schnuppern
snigger ['snɪgə*] *vi* ↑ *snicker* kichern
snip [snɪp] **I.** *n* (*quick movement*) Schnipsen *s* **II.** *vt* → *thread* abschneiden
snivelling ['snɪvəlɪŋ] *n* ↑ *whimper* Geheule *s*
snob [snɒb] *n* Snob *m;* **snobbish** *adj* ↑ *pretentious* versnobt
snoop [snu:p] **I.** *n* ↑ *look* ◇ **let's have a ~ around** schauen wir uns doch ein bißchen um **II.** *vi* ↑ *pry* herumschnüffeln
snooty ['snu:tɪ] *adj* ↑ *snobbish* hochnäsig
snooze [snu:z] **I.** *vi* ↑ *doze* dösen **II.** *n* ↑ *nap* Nickerchen *s,* Schläfchen *s*
snore [snɔ:*] **I.** *vi* schnarchen **II.** *n* (*noise*) Schnarchen *s*
snorkel [snɔ:kəl] **I.** *n* (*air tube*) Schnorchel *m* **II.** *vi* schnorcheln
snort [snɔ:t] *vi* ← *pig* grunzen
snotty ['snɒtɪ] *adj* ▷*kid* rotznäsig
snout [snaʊt] *n* (*nose of animal*) Schnauze *f*
snow [snəʊ] **I.** *n* Schnee *m* **II.** *vi* schneien; **snowball I.** *n* Schneeball *m* **II.** *vi* ↑ *escalate* ← *business* eskalieren, gewaltig anwachsen; **snowblind** *adj* schneeblind; **snowbound** ['snəʊbaʊnd] *adj* ↑ *snowed in* eingeschneit; **snowfall** *n* (*amount of snow*) Schneefall *m;* **snowflake** *n* Schneeflocke *f;* **snowline** *n* Schneegrenze *f;* **snow-plough** ['snəʊplaʊ] *n* (*vehicle*) Schneepflug *m;* **snow-shoe** *n* Schneeschuh *m*
snub [snʌb] **I.** *vt* abweisen (*s.o.* jd-n *acc*) **II.** *n* ↑ *insult* Brüskierung *f*
snuff [snʌf] **I.** *n* (*tobacco*) Schnupftabak *m* **II.** *vt* ↑ *sniff* schnupfen
snug [snʌg] *adj* [1] ↑ *cozy, comfy* gemütlich, lauschig [2] (*tight*) fest
so [səʊ] *adv* [1] (*in this manner*) so, auf diese Weise [2] (*true*) ◇ **Is that ~?** stimmt das? [3] ↑ *then, therefore* also, folglich
soak [səʊk] **I.** *vi* ↑ *penetrate* durchsickern **II.** *vt* (*with water*) durchnässen, durchtränken; **soaked** [-d] *adj* ↑ *drenched* durchtränkt, getränkt; **soaking** *adj* ↑ *drenched* triefend
soap [səʊp] **I.** *n* (*bar*) Seife *f* **II.** *vt* → *o.s.* einseifen; **soapflakes** *n* (*shreaded soap*) Seifenflokken *f pl;* **soap opera** *n* MEDIA Seifenoper *f* *rührselige Fernsehserie;* **soapsuds** ['səʊpsʌdz] *n* (*bubbles*) Seifenschaum *m;* **soapy** ['səʊpɪ] *adj* ▷*water* seifig
soar [sɔ:*] *vi* ← *bird* aufsteigen, durch die Lüfte fliegen
sob [sɒb] *vi* ↑ *wheep* schluchzen
sober ['səʊbə*] *adj* ↑ *not drunk* nüchtern; **sober up** *vi* ← *drunkard* nüchtern werden
so-called [səʊ'kɔ:ld] *adj* sogenannt; (*supposed*) angeblich
soccer [sɒkə*] *n* Fußball *m*
sociable ['səʊʃəbl] *adj* (*extrovert*) gesellig; **sociability** [səʊʃə'bɪlətɪ] *n* Geselligkeit *f;* **social** [səʊʃəl] **I.** *adj* (*relating to society*) gesellschaftlich; (*relating to welfare*) sozial **II.** *n* (*gathering*) Gesellschaftsabend *m*
socialism ['səʊʃəlɪzəm] *n* POL Sozialismus *m;* **socialist** *n* Sozialist(in *f*) *m*
social science *n* (*study of society*) Soziologie *f,* Sozialwissenschaften *f pl;* **social security** *n* (*welfare*) Sozialhilfe *f;* **social work** *n* Sozialarbeit *f;* **social worker** *n* Sozialarbeiter(in *f*) *m*
society [sə'saɪətɪ] *n* (*people*) Gesellschaft *f*
sociology [səʊʃɪ'ɔlədʒɪ] *n* ↑ *social science* Soziologie *f*
sock [sɒk] **I.** *vt* ↑ *hit* → *s.o.* reinhauen **II.** *n* (*clothing*) Socke *f,* Socken *m*
socket [sɒkət] *n* ↑ *electrical outlet* Steckdose *f*
sod [sɒd] *n* (*grass*) Grassode *f*
soda ['səʊdə] *n* [1] (*for cooking*) Natron *s,* Soda *s* [2] (*carbonated drink, AM*) Mineralwasser *s,* Sodawasser *s;* **soda pop** ['səʊdə'pɒp] *n* (*carbonated drink*) ↑ *soda water* Limonade *f*
sodden ['sɒdən] *adj* ↑ *drenched* durchnäßt, triefend naß
sofa ['səʊfə] *n* ↑ *couch* Sofa *s*
soft [sɒft] *adj* [1] ↑ *gentle* sanft [2] (*faint*) ▷*sound* leise, kaum hörbar [3] (*plush*) weich; **soft drink** *n* ↑ *carbonated drink* Limonade *f*
soften ['sɒfn] **I.** *vi* ← *ice-cream* weich werden **II.**

vt ↑ *cushion, absorb* dämpfen, abschwächen; **soften up** *vt* ↑ *butter up* weich machen; **softener** *n* (*substance*) Weichmacher *m;* **softness** *n* Weichheit *f;* **software** ['sɒftwεə*] *n* PC Software *f*
soggy ['sɒgɪ] *adj* ↑ *soaked* vollgesogen, durchtränkt
soil [sɔɪl] **I.** *n* ↑ *earth* Erde *f* **II.** *vt* ↑ *make dirty* beschmutzen; **soiled** [-d] *adj* ↑ *dirty* beschmutzt, schmutzig
solace ['sɒlɪs] *n* ↑ *consolation* Trost *m*
solar [səʊlə*] *adj* (*related to the sun*) solar, Sonnen-; **solar cell** *n* (*device*) Solarzelle *f;* **solar panel** *n* Sonnenkollektor *m;* **solar system** *n* Sonnensystem *s*
sold [səʊld] *pt, pp of* **sell**
solder *vt* ▷*together* löten
soldier ['səʊldʒə*] *n* MIL Soldat(in *f*) *m*
sole [1] [səʊl] *adj* ↑ *single* einzig, allein[ig], nur
sole [2] [səʊl] *n* (*fish*) Seezunge *f*
sole [3] [səʊl] **I.** *vt* (*resole*) besohlen **II.** *n* (*of foot*) Sohle *f*
solely *adv* einzig, allein, nur
solemn ['sɒləm] *adj* ▷*declaration* feierlich
solicitor [sə'lɪsɪtə*] *n* ↑ *lawyer* Rechtsanwalt *m,* Rechtsanwältin *f*
solid [sɒlɪd] **I.** *adj* ① ▷*block* fest, solide ② ↑ *concrete, tangible* ▷*information* konkret, handfest, sicher ③ (*unbroken*) ganz; ◇ **for a ~ hour** e-e geschlagene Stunde **II.** *n* (*substance*) Festkörper *m*
solidarity [sɒlɪ'dærɪtɪ] *n* (*unity*) Solidarität *f*
solidify [sə'lɪdɪfaɪ] *vi* (*harden*) hart werden, sich härten
soliloquy [sə'lɪləkwɪ] *n* ↑ *monologue* Monolog *m*
solitaire [sɒlɪ'tεə*] *n* ① (*game*) Solitär *s* ② (*diamond*) Solitär *m*
solitary ['sɒlɪtərɪ] *adj* (*lonely*) alleine, einsam
solitude ['sɒlɪtju:d] *n* Einsamkeit *f*
solo ['səʊləʊ] **I.** *n* ↑ *performance* Solo *s* **II.** *adj* (*lone*) solo, alleine
soluble ['sɒlju:bl] *adj* ▷*aspirin* löslich
solution [sə'lu:ʃən] *n* ① (*remedy*) Lösung *f* ② (*answer*) Lösung *f* ③ (*liquid*) Lösung *f*
solve [sɒlv] *vt* → *a problem* lösen
solvent ['sɒlvənt] **I.** *adj* (*having no debt*) schuldenfrei, zahlungsfähig **II.** *n* (*liquid*) Lösungsmittel *s*
sombre ['sɒmbə*] *adj* ▷*colours* dunkel, düster
some [sʌm] **I.** *pron* (*portion*) einige, ein paar **II.** *adj* (*indefinite*) irgendein **III.** *adv* (*about*) ◇ **~ fifty miles off shore** etwa fünfzig Meilen vor der Küste
somebody ['sʌmbədɪ] *pron* jemand(-en, -em)
someday ['sʌmdeɪ] *adv* irgendwann [einmal]
somehow ['sʌmhaʊ] *adv* irgendwie
someplace ['sʌmpleɪs] *adv* irgendwo
somersault ['sʌməsɔ:lt] *n* ↑ *flip* Salto *m*
something ['sʌmθɪŋ] *pron* etwas
sometime ['sʌmtaɪm] *adv* irgendwann
sometimes ['sʌmtaɪmz] *adv* manchmal
somewhat ['sʌmwɒt] *adv* etwas
somewhere ['sʌmwεə*] *adv* irgendwo
son [sʌn] *n* (*boy*) Sohn *m*
song [sɒŋ] *n* (*music*) Lied *s;* **songwriter** *n* Liedermacher(in *f*) *m*
sonic ['sɒnɪk] *adj* (*sound related*) Schall-; **sonic boom** *n* Schallknall *m,* Düsenknall *m*
son-in-law ['sʌnɪnlɔ:] *n* Schwiegersohn *m*
sonnet ['sɒnət] *n* Sonett *s*
soon [su:n] *adv* bald; **sooner** *adv* früher, eher
soot [sʊt] *n* (*from a fire*) Ruß *m*
soothe [su:ð] *vt* ① (*quieten*) beruhigen ② (*alleviate*) → *pain* nehmen, lindern; **soothing** *adj* ① ▷*music* beruhigend, entspannend ② (*relieving*) lindernd
sophisticated [sə'fɪstɪkeɪtɪd] *adj* ▷*lady* kultiviert, niveauvoll; **sophistication** [səfɪstɪkeɪʃn] *n* Kultiviertheit *f,* hohes Niveau *s*
sophomore ['sɒfəmɔ:*] *n* (*AM*) *Student(in) im dritten oder vierten Semester*
soporific [sɒpə'rɪfɪk] *adj* ▷*drug* einschläfernd
sopping ['sɒpɪŋ] *adj* ▷*clothes* klitschnaß, triefend naß
soppy ['sɒpɪ] *adj* (*foolishly sentimental*) sentimental
soprano [sə'prɑ:nəʊ] *n* (*singer*) Sopran *m*
sordid ['sɔ:dɪd] *adj* ↑ *shabby* verkommen, erbärmlich
sore [sɔ:*] **I.** *adj* ① (*aching*) schmerzend, wund ② (*mad*) verärgert (*at* über *acc*) **II.** *n* ↑ *wound* Wunde *f,* Verletzung *f*
sorely *adv* ↑ *needed* dringend; ↑ *wounded* dringend
soreness *n* (*pain*) Schmerz *m;* (*madness*) Verärgerung *f*
sorrow ['sɒrəʊ] **I.** *n* ① ↑ *sadness* Traurigkeit *f* ② ↑ *affliction* Leiden *s* ③ ↑ *grief* Trauer *f* **II.** *vi* ↑ *grieve* trauern; **sorrowful** ['sɒrəʊfl] *adj* traurig
sorry ['sɒrɪ] **I.** *adj* (*about a situation*) ◇ **I'm ~ I hurt you** es tut mit leid, daß ich dich verletzt habe; (*excuse me*) ◇ **I'm ~!** Entschuldigung! Verzeihung!; (*FAM I beg your pardon?*) ◇ **s-?** wie bitte? **II.** *adv* (*regret*) ◇ **she felt ~ for him** er tat ihr leid
sort [sɔ:t] **I.** *n* (*kind, type*) Art *f,* Sorte *f* **II.** → *mail* [aus]sortieren; **sort out** *vt* ① (*seperate*) aussu-

S

chen, aussortieren [2] → *problem* lösen, klären [3] (*reprove*) jd-m die Meinung sagen, sich jd-n vorknöpfen
so-so ['səʊsəʊ] *adj* (*FAM okay, fair*) so lala
soufflé ['su:fleɪ] *n* GASTRON Soufflé *s*
sought [sɔ:t] *pt, pp of* **seek**
soul [səʊl] *n* [1] (*spirit*) Gespenst *s*, Geist *m* [2] (*essence*) Seele *f*, Wesen *s* [3] (*being*) Seele *f* [4] (*music*) Soul *m*
sound [saʊnd] **I.** *n* (*audible*) Geräusch *s*, Klang *m*, Ton *m* **II.** *vi* ← *speech* sich anhören (*like* wie) **III.** *vt* ↑ *enunciate* aussprechen, betonen
soundly *adv* (*without disturbance*) ◇ **to sleep ~** fest/tief schlafen
sound off *vi* (*speak*) sich auslassen über *acc;* **sound out** *vi* ↑ *find out* herausbekommen; **sound barrier** *n* Schallmauer *f;* **sound effect** *n* THEAT Klangeffekt *m;* **soundproof** *adj* ▷ *room* schalldicht; **sound wave** *n* Schallwelle *f*
soup [su:p] *n* Suppe *f;* **soup kitchen** *n* (*shelter*) Suppenküche *f*
sour ['saʊə*] *adj* ▷ *lemon, grape* sauer
source [sɔ:s] *n* [1] (*origin*) Ursprung *m*, Quelle *f* [2] (*person, book*) Quelle *f*
sourness ['saʊənɪs] *n* Säure *f*
south [saʊθ] *adj* südlich, Süd-, nach Süden; **southbound** ['saʊθbaʊnd] *adj* (*direction*) nach Süden, südwärts; **southern** ['sʌðən] *adj* südlich, Süd-; **southward** ['saʊθwəd] *adv* (*direction*) südwärts, nach Süden
souvenir [su:və'nɪə*] *n* Souvenir *s*, Andenken *s*
sovereign ['sɒvrɪn] **I.** *n* ↑ *monarch* Herrscher(in *f*) *m*, Regent(in *f*) *m* **II.** *adj* [1] ▷ *country, state* souverän [2] (*excellent*) ▷ *remedy* hervorragend; **sovereignty** ['sɒvrəntɪ] *n* ↑ *domination* Souveränität *f*, Oberherrschaft *f*
Soviet Union ['səʊvɪət 'u:nɪən] *n* HIST Sowjetunion *f*
sow [səʊ] *vt* → *seed* säen
soya bean ['sɔɪə bi:n] *n* Sojabohne *f*
soybean ['sɔɪbi:n] *n* (*AM*) Sojabohne *f*
spa [spɑ:] *n* [Heil-]Bad *s*, Kurort *m*
space [speɪs] **I.** *n* [1] (*room*) Platz *m*, Raum *m* [2] (ASTRON *outer ~*) Weltall *s*, Weltraum *m* [3] (*hole*) Lücke *f* **II.** *vt* (*position*) in Abständen verteilen; **spaced out** [speɪsd'aʊt] *adj* (*FAM high on drugs*) drauf, dicht, knülle; **spacecraft** *n* Raumschiff *s;* **space module** *n* Raumkapsel *f;* **space shuttle** *n* Raumfähre *f*
spacious ['speɪʃəs] *adj* (*roomy*) ▷ *room, area* geräumig, mit viel Platz
spade [speɪd] *n* [1] (*shovel*) Spaten *m* [2] (*cards*) Pik *s* [3] *PEJ* Neger(in *f*) *m*
spaghetti [spə'getɪ] *n* Spaghetti *fpl*
Spain [speɪn] *n* Spanien *s*
span [spæn] **I.** *vt* (*last*) überdauern, überspannen **II.** *n* (*wing ~*) Spannweite *f*
Spaniard ['spænjəd] *n* Spanier(in *f*) *m*
spaniel ['spænjəl] *n* (*dog*) Spaniel *m*
Spanish ['spænɪʃ] **I.** *adj* spanisch **II.** *n* [1] (*language*) Spanisch *s* [2] (*people*) Spanier *m pl*
spank [spæŋk] *vt* → *child* e-n Klaps [aufs Hinterteil] geben
spanner ['spænə*] *n* (*wrench*) Schraubenschlüssel *m*
spar [1] [spɑ:*] *vi* sich kabbeln (*about* um)
spar [2] *n* (NAUT *pole*) Spiere *f*
spare [speə*] **I.** *adj* ▷ *tyre, money* Ersatz-, Reserve- **II.** *n* Ersatzteil *s* **III.** *vt* [1] (*have left over*) übrig haben; (*give*) ◇ **can you ~ a dollar?** hast du e-n Dollar für mich übrig? [2] ↑ *leave out* → *details* auslassen, weglassen [3] ↑ *save* sparen
spark [spɑ:k] **I.** *n* ↑ *flash* Blitz *m;* (*from fire*) Funke *m* **II.** *flash* blitzen, funken
sparkle ['spɑ:kl] **I.** *vi* (*glisten, glitter*) funkeln, glitzern **II.** *n* Funkeln *s*, Glitzern *s*
sparrow ['spærəʊ] *n* (*bird*) Sperling *m*, Spatz *m*
sparse [spɑ:s] *adj* ↑ *meagre* spärlich, dürftig
spasm [spæzəm] *n* (MED *convulsion*) Krampf *m*, Spasmus *m*
spasmodic *adj* MED krampfartig, spasmisch
spastic ['spæstɪk] *adj* spastisch
spat [1] [spæt] *n FAM* ↑ *dispute* Krach *m*, Stunk *m*, Knatsch *m*
spat [2] *pt, pp of* **spit**
spatter ['spætə*] *vt* (*sprinkle*) → *water* bespritzen
spatula ['spætjʊlə] *n* (*tool*) Spachtel *f o m;* MED Spatel *m*
spawn [spɔ:n] **I.** *n* [1] (*of frogs*) Laich *m* [2] (*of mushrooms*) Fadengeflecht *s* **II.** *vi* ← *fish* laichen
speak [spi:k] **I.** *vi* (*talk*) sprechen, reden (*to, with* mit *dat*); (*chat, converse*) sich unterhalten (*to, with* mit *dat*) **II.** *vt* → *foreign language* sprechen
speaker *n* (*orator*) Sprecher(in *f*) *m*, Redner(in *f*) *m*
spear [spɪə*] **I.** *n* (*weapon*) Speer *m* **II.** (*jab*) aufspießen
special ['speʃəl] **I.** *adj* [1] (*specific*) bestimmte(r, s) [2] (*unique*) einzigartig [3] (*extra, particular*) besondere(r, s), Sonder- **II.** *n* (*bargain, offer*) [Sonder-]Angebot *s*
specialist *n* (*expert*) Spezialist(in *f*) *m*, Experte *m*, Expertin *f*, Fachmann *m*, Fachfrau *f*
speciality [speʃɪ'ælɪtɪ] *n* [1] (*field*) Spezialgebiet *s*, Fachgebiet *s* [2] (*special product*) Spezialität *f*

specialize ['speʃəlaɪz] *vi* (*concentrate on*) sich spezialisieren auf
specially ['speʃəlɪ] *adv* besonders, eigens
species ['spiːsiːz] *n* (*plants, animals*) Art *f*, Gattung *f*, Spezies *f*
specific [spə'sɪfɪk] *adj* ① (*exact*) ▷*description* exakt, genau ② (*specified*) ▷*area, issue* spezifisch, bestimmt; **specifications** [spesɪfɪ'keɪʃəns] *n* (*in manual*) Abmessungen *m pl*, technische Daten; **specify** ['spesɪfaɪ] *vt* (*state clearly*) genaue Angaben machen
specimen ['spesɪmɪn] *n* (*example*) Exemplar *s*
speck [spek] *n* (*spot*) Fleck *m*
spectacles ['spektəklz] *n* ↑ *glasses* Brille *f*
spectacular [spek'tækjʊlə*] *adj* ▷*performance* einzigartig, spektakulär
spectator [spek'teɪtə*] *n* (*viewer*) Zuschauer(in *f*) *m*
spectrum ['spektrəm] *n* (*range of colours*) Spektrum *s*
speculate ['spekjʊleɪt] *vi* ↑ *conjecture* spekulieren, Vermutungen anstellen; **speculation** [spekjʊ'leɪʃn] *n* Spekulation *f*; **speculative** ['spekjʊlətɪv] *adj* spekulativ
sped [sped] *pt, pp of* **speed**
speech [spiːtʃ] *n* ① (*report*) Rede *f* ② (*faculty of* ~) Sprache *f*, Sprechfähigkeit *f*
speed [spiːd] **I.** *n* ① (*rate of movement*) Geschwindigkeit *f* ② (*drug*) Speed *s* **II.** *vi* (*exceed the limit*) zu schnell fahren, das Tempolimit überschreiten; **speeding** *n* (*act*) Geschwindigkeitsüberschreitung *f*, zu schnelles Fahren; **speed up** *vi* beschleunigen; **speedboat** *n* Rennboot *s*; **speed limit** *n* Tempolimit *s*, Höchstgeschwindigkeit *f*, Geschwindigkeitsbegrenzung *f*; **speedometer** [spiː'dɒmɪtə*] *n* (*gauge*) Tacho *m*, Tachometer *s*; **speedway** ['spiːdweɪ] *n* SPORT Speedway *m*; **speedy** ['spiːdɪ] *adj* schnell
spell [spel] **I.** *vt* → *word* buchstabieren; ◇ **how do you ~ Massachusetts?** wie schreibt man Massachusetts? **II.** *n* ① (*period of time*) Periode *f* ② (*magic formula*) Zauber *m*, Fluch *m*; Zauberwort *s*
spend [spend] <spent> *vt, vi* → *money* ausgeben; **spender** [spendə*] *n* (*of money*) ◇ **he's a big ~** bei ihm sitzt der Geldbeutel locker
spending *n* (*expenditure*) Ausgaben *f pl*; **spending money** *n* (*pocket money*) Taschengeld *s*
spendthrift *n* (*person*) Verschwender(in *f*) *m*
spent [spent] *adj* (*consumed*) verbraucht
sperm [spɜːm] *n* (*cell*) Spermie *f*; (*fluid*) Sperma *s*
spew [spjuː] *vt* (*vomit*) spucken, brechen
sphere [sfɪə*] *n* ① (*object*) Kugel *f* ② (*environment*) Sphäre *f*; **spherical** ['sferɪkəl] *adj* ▷*earth* kugelförmig
spice [spaɪs] **I.** *n* (*seasoning*) Gewürz *s* **II.** *vt* (*season*) würzen
spick-and-span ['spɪkən'spæn] *adj* ▷*house* picobello, blitzsauber
spicy ['spaɪsɪ] *adj* ▷*food* scharf [gewürzt]
spider [spaɪdə*] *n* FAUNA Spinne *f*
spike [spaɪk] **I.** *n* (*of spear*) Spitze *f* **II.** *vt* ① (*poke*) aufspießen ② → *drink* e-n Schuß [Alkohol] zugeben
spill [spɪl] **I.** *vi* (*pour out*) sich ergießen **II.** *vt* (*by mistake*) verschütten **III.** *n* (*fall*) Sturz *m*; **spill out** *vi* → *information* verbreiten
spin [spɪn] <spun> **I.** *vi* rotieren, spinnen **II.** *vt* → *clothes* spinnen **III.** *n* (*trip*) Spritztour *f*
spinach ['spɪnɪdʒ] *n* Spinat *m*
spinal ['spaɪnəl] *adj* ① Rücken- ② (*nerves*) Rükkenmarks- ③ (*injury*) Rückgrat-; ◇ ~ **cord** Rükkenmark *s*
spin-drier ['spɪndraɪə*] *n* Trockenschleuder *f*
spine [spaɪn] *n* (*back*) Rückgrat *s*; **spineless** ['spaɪnləs] *adj* (*FIG weak*) rückgratlos
spinning wheel ['spɪnɪŋwiːl] *n* Spinnrad *s*
spiral ['spaɪrəl] *n* Spirale *f*
spire [spaɪə*] *n* Turmspitze *f*, Turm *m*
spirit ['spɪrɪt] *n* ① (*soul*) Seele *f* ② (*ghost*) Geist *m* ③ (*attitude*) Geist *m* ④ (*alcoholic drinks*) ◇ **~s** Spirituosen *pl*; **spirited** [-ɪd] *adj* feurig, temperamentvoll
spiritual ['spɪrɪtjʊəl] *adj* geistig; REL geistlich; **spiritualism** ['spɪrɪtjʊəlɪzəm] *n* Spiritismus *m*
spit [spɪt] **I.** *n* Spucke *f*, Speichel *m* **II.** *vt, vi* spucken
spite [spaɪt] **I.** *n* Haß *m* **II.** *vt* ärgern; **spiteful** ['spaɪtfl] *adj* boshaft, gemein
splash [splæʃ] **I.** *vi* ← *wave, water* klatschen, platschen **II.** *n* ① (*sound*) Klatschen *s* ② (*of whiskey*) Schuß *m*
spleen [spliːn] *n* ANAT Milz *f*
splendid ['splendɪd] *adj* ▷*dress* herrlich
splendour ['splendə*], **splendor** *n* (*AM*) Herrlichkeit *f*, Größe *f*
splint [splɪnt] *n* Schiene *f*
splinter ['splɪntə*] **I.** *n* Splitter *m* **II.** *vt, vi* splittern
split [splɪt] **I.** *n* Spalt *m*, Bruch *m* **II.** *vt* auseinanderteilen, aufteilen; **split up** *vt, vi* (*separate*) sich trennen
splitting *adj* (*severe, painful*) ▷*headache* rasend
spoil [spɔɪl] <spoilt> **I.** *vt* ① → *child* verziehen,

verwöhnen [2] → *party* verderben **II.** *vi* ← *milk* schlecht werden; **spoilsport** ['spɔɪlspɔ:t] *n* Spielverderber(in *f*) *m*, Miesmacher(in *f*) *m*; **spoilt** [spɔɪlt] **I.** *adj* ▷*child* verzogen, verwöhnt **II.** *pt, pp of* **spoil**

spoke [spəʊk] *pt of* **speak**

spokesman ['spəʊksmən] *n* Sprecher *m*

sponge [spʌndʒ] **I.** *n* Schwamm *m* **II.** *vt* ↑ *mop up* aufwischen; **sponge cake** *n* Rührkuchen *m*; **sponger** *n* Schmarotzer(in *f*) *m*; **spongy** ['spʌndʒɪ] *adj* (*soft, mushy*) weich, schwammig

sponsor ['spɒnsə*] **I.** *n* (*with money*) Sponsor(in *f*) *m* **II.** *vt* [1] (*promote*) fördern [2] (*finance, fund*) sponsern, finanzieren; **sponsorship** *n* Schirmherrschaft *f*

spontaneity [spɒntə'ni:ətɪ] *n* Spontaneität *f*; **spontaneous** [spɒn'teɪnɪəs] *adj* spontan; **spontaneously** *adv* spontan

spooky [spu:kɪ] *adj* unheimlich, gruselig

spool [spu:l] *n* ↑ *reel* Spule *f*

spoon [spu:n] **I.** *n* Löffel *m* **II.** *vt* auslöffeln; **spoon-fed** ['spu:nfed] *adj* → *baby* gefüttert; **spoonful** ['spu:nfʊl] *n* ein Löffel *m* [voll]

sporadic [spə'rædik] *adj* sporadisch

sport [spɔ:t] *n* [1] Sport *m*, Sportart *f* [2] (*person*) anständiger Kerl, Sportsfreund *m*; **sports car** ['spɔ:tskɑ:] *n* Sportwagen *m*; **sportsmanship** ['spɔ:tsmənʃɪp] *n* Sportlichkeit *f*; **sporty** ['spɔ:tɪ] *adj* sportlich

spot [spɒt] **I.** *n* (*stain*) Fleck *m* **II.** *vt* [1] (*stain*) beflecken [2] (*notice*) entdecken, ausmachen; **spot check** *n* Stichprobe *f*; **spotless** *adj* (*clean*) unbefleckt, sauber; **spotlight** ['spɒtlaɪt] **I.** *n* (*light*) Scheinwerfer *m*, Spotlight *s* **II.** *vt* (*highlight*) aufmerksam machen auf, in den Mittelpunkt stellen

spotted ['spɒtəd] *adj* (*dotted*) gefleckt, gepunktet

spouse [spaʊz] *n* Ehegatte *m*, Ehegattin *f*

spout [spaʊt] **I.** *vi* (*gush, spurt*) hervorspritzen **II.** *n* (*of teapot*) Ausgießer *m*, Schnabel *m*

sprain [spreɪn] **I.** *n* Verstauchung *f* **II.** *vt* verstauchen

sprang [spræŋ] *pt of* **spring**

sprawl [sprɔ:l] *vt, vi* sich lümmeln, sich ausstrekken

spray [spreɪ] **I.** *n* Spray *s* **II.** *vt* → *water* [ver]sprühen; **spray paint** *n* Sprühfarbe *f*

spread [spred] **I.** *vt* [1] (*distribute*) verteilen; (*butter*) verstreichen [2] (*lay*) → *blanket* ausbreiten **II.** *vi* [1] ← *news* sich verbreiten; (*disease*) sich ausbreiten [2] (*styles, fashion*) um sich greifen, Verbreitung finden [3] ← *fire* sich ausbreiten, sich ausweiten **III.** *n* [1] ↑ *paste* (*cheese*) Aufstrich *m* [2] (*range*) Ausbreitung *f*, Verbreitung *f* [3] (*large meal*) Festessen *s* [4] PRINT Doppelseite *f*; ◇ **full-page ~** ganzseitiger Bericht

spree [spri:] *n* Tour *f*; ◇ **to go on a shopping ~** e-n Einkaufsbummel machen

spring [sprɪŋ] **I.** *n* [1] (*coil*) Feder *f* [2] (*season*) Frühling *m*, Frühjahr *s* **II.** *vi* (*jump, leap*) springen; ◇ **to ~ a leak** plötzlich undicht werden; **spring up** *vi* hervorschießen, hervorspringen; **springboard** *n* Sprungbrett *s*; **spring-clean** *vt, vi* Frühjahrsputz machen; **spring-cleaning** *n* Frühjahrsputz *m*

sprinkle [sprɪŋkl] *vt* → *sugar* bestreuen; → *water* besprenkeln; **sprinkler** ['sprɪŋkle*] *n* Sprinkler *m*

sprint [sprɪnt] **I.** *n* (*short race*) Sprint *m* **II.** *vi* (*run fast*) sprinten; **sprinter** *n* Sprinter(in *f*) *m*

sprout [spraʊt] **I.** *vi* (*grow*) ← *plant* sprießen **II.** *n* (*from seed*) Keim *m*; ↑ *shoot* (*of plant*) Trieb *m*

spruce [spru:s] *n* Fichte *f*; **spruce up** *vt* (*FAM tidy up*) auf Vordermann bringen

spud [spʌd] *n FAM* Kartoffel *f*

spun [spʌn] *pt, pp of* **spin**

spur [spɜ:*] *n* (*on a boot*) Spore *f*

spurt [spɜ:t] **I.** *n* (*burst*) Ausbruch *m*; ◇ **I had a ~ of energy** ich war auf einmal voller Energie **II.** *vi* (*rush*) spurten, eilen

spy [spaɪ] **I.** *n* (*agent*) Spion(in *f*) *m* **II.** *vt* (*watch closely*) genau beobachten (*on acc*)

sq *abbr. of* **square** Quadrat-

squabble ['skwɒbl] **I.** *vi* streiten, sich zanken **II.** *n* Streit *m*, Zank *m*

squad [skwɒd] *n* (*division*) Trupp *m*; SPORT Mannschaft *f*, Truppe *f*

squadron ['skwɒdrən] *n* AERO Staffel *f*; NAUT Geschwader *s*

squalid ['skwɒlɪd] *adj* ↑ *nasty* schäbig, niederträchtig

squall [skwɔ:l] **I.** *n* (*cry*) Schrei *m* **II.** *vi* (*cry, shriek*) schreien

squander ['skwɒndə*] *vt* → *money* verschwenden; → *opportunity* vertun

square [skweə*] **I.** *n* [1] (*figure*) Quadrat *s* [2] (*nerd*) Spießer(in *f*) *m* **II.** *adj* ▷*box* quadratisch **III.** *vt* [1] (*straighten*) ◇ **he ~ed everything away** er hat alles in Ordnung gebracht [2] → *number* quadrieren; **square up** (*settle up*) → *bill, debt* abrechnen; (*confront*) → *to problem* sich stellen

squash [skwɒʃ] **I.** *n* [1] (*game*) Squash[-spiel] *s* [2] (*BRIT drink*) Squash *s*, ≈ verdünnter Saft [3] (*AM vegetable*) Kürbis *m* **II.** *vt* ↑ *flatten* zerdrükken

squat [skwɒt] **I.** *vi* (*sit*) kauern, hocken **II.** *adj* ↑ *stocky* gedrungen; **squatter** [skwɒtə*] *n* (*occupant*) [Haus-]Besetzer(in *f*) *m*

squaw [skwɔː] *n* Squaw *f*
squawk [skwɔːk] **I.** *vi* ← *bird* schreien **II.** *n* (*noise*) Schrei *m*
squeak [skwiːk] *vi* ← *door* quietschen
squeal [skwiːl] *vi* ← *pig* quieken
squeeze [skwiːz] **I.** *vt* ① → *orange* ausdrücken; → *hand* drücken ② (*move*) Platz machen, sich klein machen; (*cram*) → *meeting, date* unterbringen, einbauen; ◇ **I can't ~ that into my schedule** ich bringe das nicht in meinem Terminplan unter, ich kann das nirgends einschieben **II.** *n* ① (*action*) Drücken *s* ② (*jam*) Spritzer *m*, Klecks *m*; **squeeze out** *vt* ausdrücken
squid [skwɪd] *n* Tintenfisch *m*
squint [skwɪnt] *vt* schielen, den Silberblick haben
squirm [skwɜːm] *vi* (*wriggle*) sich winden, sich ringeln
squirrel [ˈskwɪrəl] *n* Eichhörnchen *s*
squirt [skwɜːt] **I.** *n* ① (*of water*) Spritzer *m* ② (*FAM arrogant person*) Fatzke *m* **II.** *vi* (*to wet*) spritzen
stab [stæb] **I.** *vt* (*jab*) einstechen auf, zustechen **II.** *n* (*jab*) Stich *m*; **stabbing** [ˈstæbɪŋ] *n* (*attack*) Messerstecherei *f*
stability [stəˈbɪlɪtɪ] *n* Stabilität *f*; **stabilize** [ˈsteɪbəlaɪz] *vi* sich stabilisieren; **stabilizer** *n* ① NAUT CHEM Stabilisator *m* ② AERO Höhenflosse *f* ③ (*on bicycle*) Stützrad *s*
stable [ˈsteɪbl] **I.** *adj* ① stabil; ▷*relationship* stabil, fest ② (*well built, construction*) stabil **II.** *n* Stall *m*
staccato [stəˈkɑːtəʊ] **I.** *adv* MUS stakkato **II.** *adj* MUS stakkato
stack [stæk] **I.** *n* (*pile*) Haufen *m*, Stapel *m* **II.** *vt* → *books* stapeln
stadium [ˈsteɪdɪəm] *n* <stadia> Stadion *s*
staff [stɑːf] *n* ① ↑ *rod* Stock *m*; (*flag-*) Mast *m* ② (*employees*) Belegschaft *f*, Mitarbeiter *pl*
stag [stæg] *n* (*deer*) Hirsch *m*
stage [steɪdʒ] **I.** *n* THEAT Bühne *f* **II.** *vt* → *play* aufführen
stagecoach *n* Pferdekutsche *f*; **stage fright** *n* Lampenfieber *s*
stagger [ˈstægə*] *vi* (*wobble*) schwanken, taumeln
stagnant [ˈstægnənt] *adj* ① ▷*water* stehend ② (*situation*) stagnierend; **stagnate** [stægˈneɪt] *vi* stagnieren; **stagnation** [stægˈneɪʃən] *n* Stagnation *f*
stag party [stæg pɑːtɪ] *n* (*bachelor's party*) Männerabend *m*, Herrenabend *m*
stain [steɪn] **I.** *vt* (*spot*) beflecken, beschmutzen **II.** *n* ↑ *spot* Fleck *m*; **stained** [-d] *adj* ① ▷*tea cup* fleckig ② ▷*glass* bemalt
stair [stɛə*] *n* (*step*) [Treppen-]Stufe *f*; **stairs** [stɛəz] *n pl* Treppe *f*; **staircase** [ˈstɛəkeɪs] *n* Treppe *f*
stake [steɪk] **I.** *vt* (*bet*) wetten, setzen **II.** *n* ① (*risk*) ◇ **his job is at ~** sein Arbeitsplatz steht auf dem Spiel ② (*post*) Pfahl, Pfosten *m*
stale [steɪl] *adj* ▷*bread* trocken, alt; ▷*beer* schal, abgestanden; ▷*air* verbraucht
stalemate [ˈsteɪlmeɪt] *n* Patt *s*
stalk [stɔːk] **I.** *vi* (*hunt*) pirschen **II.** *n* Stiel *m*
stall [stɔːl] **I.** *vt* ① (*delay*) verzögern, hinausschieben ② (*shut off*) → *car* abwürgen **II.** *n* (*booth*) Stand *m*; (*shower*) Kabine *f*
stallion [ˈstælɪən] *n* [Zucht-]Hengst *m*
stamina [ˈstæmɪnə] *n* Stehvermögen *s*
stamp [stæmp] **I.** *n* ① (*postage*) Briefmarke *f* ② (*rubber*) Stempel *m* **II.** *vt* ① (*stick a stamp*) e-e Briefmarke draufkleben, frankieren ② (*mark*) abstempeln
stampede [stæmˈpiːd] **I.** *vi* ← *herd* durchgehen **II.** *n* Durchgehen *s*, plötzliche Flucht
stand [stænd] **I.** <stood> *vt, vi* ① (*on feet*) stehen ② (*place*) stellen ③ (*like, take*) ausstehen, aushalten; ◇ **I can't ~ her** ich kann sie nicht ausstehen ④ (*be valid*) gültig sein ⑤ (*express opinion*) ◇ **to take ~ on an issue** zu e-r Sache Stellung nehmen; ◇ **to ~ a chance** e-e Chance haben; ◇ **to ~ trial** Schweres durchmachen **II.** *n* ① (*booth*) Stand *m* ② JUR [Zeugen-]Stand *m*; **stand by** *vi* ① (*wait*) warten auf ② (*watch*) unbeteiligt zusehen ③ (*support*) halten zu (*s.o.* jd-m); **stand for** *vi* ① (*represent*) stehen für, repräsentieren ② (*take, endure*) sich gefallen lassen; **stand out** *vi* ① (*stick out*) hervorstehen, herausragen ② (*be obvious*) auffallen; **stand up I.** *vi* (*get up*) aufstehen **II.** *vt* ① *FIG* ↑ *support* sich einsetzen (*for* für) ② (*not meet*) versetzen
standard [ˈstændəd] *adj* normal, Standard-; **standardization** [stændədaɪˈzeɪʃən] *n* Normung *f*, Standardisierung *f*; **standardize** [ˈstændədaɪz] *vt* normen, standardisieren
standby [ˈstændbaɪ] *n* Ersatz *m*; **stand-by flight** *n* Standby-Flug *m*
standing [ˈstændɪŋ] **I.** *adj* ① ▷*ovation* stehend ② (*permanent*) ständig, permanent **II.** *n* (*status*) Stellung *f*; **standing orders** *n* (*of company*) Geschäftsordnung *f*; (*with bank*) Dauerauftrag *m*; **standing room** *n* Stehplatz *m*; **standpoint** *n* Standpunkt *m*; **standstill** *n* Stillstand *m*
stank [stæŋk] *pt of* **stink**
stanza [ˈstænzə] *n* Strophe *f*
staple [ˈsteɪpl] **I.** *n* (*clip*) Heftklammer *f* **II.** *vt* heften; **staple gun** *n* (*for wood*) Hefter *m*, Tacker *m*; **stapler** *n* (*for paper*) Tacker *m*

star [stɑ:*] *n* [1] (*sky*) Stern *m* [2] ↑ *celebrity* Star *m,* Berühmtheit *f*

starch [stɑ:ʃ] *n* Stärke *f;* **starchy** ['stɑ:ʃɪ] *adj* stärkehaltig

stare [stɛə*] *vi* (*gaze*) starren, glotzen

star fish ['stɑ:fɪʃ] *n* Seestern *m*

start [stɑ:t] **I.** *n* (*beginning*) Beginn *m,* Anfang *m;* (*of race*) Start *m* **II.** *vi* (*begin*) beginnen, anfangen, starten; **starter** *n* [1] GASTRON ↑ *appetizer* Vorspeise *f* [2] (SPORT *of race*) Starter(in *f*) *m;* **starting point** *n* Ausgangspunkt *m*

startle ['stɑ:tl] *vt* erschrecken, aufschrecken; **startling** ['stɑ:tlɪŋ] *adj* erschreckend

starvation [stɑ:'veɪʃən] *n* Hungern *s;* **starve** [stɑ:v] **I.** *vi* (*be hungry*) hungern; (*die of hunger*) verhungern **II.** *vt* (*deprive of food*) ◇ **the guards -d the prisoners** die Wachen ließen die Gefangenen hungern

state [steɪt] **I.** *n* [1] ↑ *condition* Zustand *m* [2] ↑ *country* Staat *m,* Land *s* **II.** *vt* (*declare*) sagen, erklären; **stated** [-ɪd] *adj* ↑ *mentioned* erwähnt, genannt; **statement** *n* [1] ↑ *comment* Aussage *f,* Darstellung *f* [2] FIN ↑ *invoice* Rechnung *f*

statesman ['steɪtsmən] *n* Staatsmann *m*

static [stætɪk] **I.** *adj* (*fixed, unchanging, population*) gleichbleibend, konstant; (*ideas*) unbeweglich; (*situation*) gleichbleibend, unveränderlich **II.** *n* [1] (*electricity*) Statik *f* [2] (*interference, TV, radio*) Störungen *f pl*

station ['steɪʃən] *n* (*train -*) Bahnhof *m*

stationary ['steɪʃənərɪ] *adj* (*immobile*) stationär, unbeweglich

stationer ['steɪʃənə*] *n* (*BRIT*) Schreibwarenhändler(in *f*) *m;* **stationery** ['steɪʃənərɪ] *n* Schreibwaren *f pl,* Bürobedarf *m*

station wagon *n* AUTO Kombi[wagen] *m*

statistic [stə'tɪstɪk] *n* Statistik *f*

statue ['stætʃu:] *n* Statue *f,* Denkmal *s*

status ['steɪtəs] *n* Status *m,* Stellung *f;* **status symbol** *n* Statussymbol *s*

statute ['stætʃu:t] *n* (*law*) Gesetz *s;* **statutory** ['stætʃʊtrɪ] *adj* (*legal*) legal, gesetzlich

staunch [stɔ:ntʃ] *adj* (*steadfast*) standhaft

stay [steɪ] **I.** *n* (*visit*) Aufenthalt *m,* Besuch *m* **II.** *vi* (*remain*) bleiben, verweilen; **stay in** *vi* zu Hause bleiben; **stay on** *vi* (*remain longer*) dableiben; **stay up** *vi* wachbleiben, aufbleiben

steadfast ['stedfəst] *adj* (*persistent*) standhaft, unerschütterlich

steadily ['stedɪlɪ] *adv* (*constant*) gleichbleibend, konstant; **steadiness** ['stedɪnes] *n* ↑ *stability* Festigkeit *f;* (*of character*) Solidität *f;* **steady** [stedɪ] *adj* ↑ *regular* ⊳*job* fest, regelmäßig; ⊳*boyfriend* fest

steal [sti:l] **I.** *vt* (*take away*) stehlen **II.** *vi* (*creep*) schleichen

stealthy [stelθɪ] *adj* heimlich, verstohlen

steam [sti:m] **I.** *n* Dampf *m;* ◇ **- engine** Dampfmaschine *f* **II.** *vt* dämpfen, dünsten **III.** *vi* ← *water* dampfen; **steam boat** *n,* **steamer** *n* (*ship*) Dampfer *m;* **steamy** ['sti:mɪ] *adj* [1] (*kitchen*) dampfig, dunstig [2] (*erotic*) ⊳*books* erotisch, heiß

steel [sti:l] *n* Stahl *m;* **steelworks** ['sti:lwɜ:ks] *n* Stahlwerk *s*

steep [sti:p] *adj* ⊳*mountain* steil

steeple ['sti:pl] *n* Kirchturm *m*

steepness ['sti:pnəs] *n* Steilheit *f*

steer [sti:*] **I.** *vt* (*guide*) → *car* lenken; (*direct, people*) lotsen **II.** *n* (*bull*) junger Ochse

steering wheel ['sti:rɪŋwi:l] *n* Steuer[rad] *s,* Lenkrad *s*

stem [stem] **I.** *n* [1] (*of plant*) Stiel *m,* Stengel *m;* (*of glass*) Stiel *m* [2] (*of word*) Stamm *m* **II.** *vi* ◇ **to - from s.th.** von etw kommen

stench [stentʃ] *n* Gestank *m*

stencil ['stensɪl] *n* Schablone *f*

stenographer [ste'nɒgrəfə*] *n* Stenograph(in *f*) *m*

step [step] **I.** *n* [1] (*pace*) Schritt *m* [2] (*footstep*) Schritt *m* [3] (*stair*) Stufe *f* **II.** *vi* gehen; ◇ **to be in -** im Tritt sein; **step down** *vi* herab-/hinabsteigen; **step up** *vt* verstärken, steigern; **stepladder** *n* Stufenleiter *f;* **step-mother** *n* Stiefmutter *f*

steppe [step] *n* Steppe *f*

stepping stone ['stepɪŋ stəʊn] *n* Trittstein *m*

stereo ['sterɪəʊ] *n* Stereo *s*

stereotype ['sterɪətaɪp] **I.** *n FIG* Stereotyp *s* **II.** *vt* als Typ darstellen

sterile [steraɪl] *adj* [1] ↑ *germ free* steril [2] ↑ *infertile* unfruchtbar, steril; **sterility** [ste'rɪlɪtɪ] *n* [1] Sterilität *f* [2] Unfruchtbarkeit *f,* Sterilität *f;* **sterilize** ['sterɪlaɪz] *vt* sterilisieren

sterling ['stɜ:lɪŋ] **I.** *n* das Pfund Sterling **II.** *adj* ⊳*silver* Sterling-

stern [stɜ:n] *adj* ⊳*person* streng; ⊳*look* ernst

stethoscope ['steθəskəʊp] *n* Stethoskop *s*

stew [stju:] **I.** *n* Eintopf *m* **II.** *vt, vi* (*cook*) schmoren; *FAM* [sich] aufregen

steward ['stju:wəd] *n* Steward *m;* **stewardess** [stju:wə'des] *n* Stewardeß *f*

stick [stɪk] **I.** *n* (*piece of wood*) Zweig *m;* (*hockey -*) Schläger *m* **II.** <stuck> *vi* (*adhere*) kleben (*to* auf); (*remain*) bleiben; (*impression, thoughts*) sich einprägen **III.** *vt* [1] (*place, put*) stecken [2] (*paste*) kleben; **stick out I.** *vt* (*poke out*) hinausstecken **II.** *vi* [1] (*protude*) vorstehen [2] (*obvious*) auffallen [3] (*be presistent*) ◇ **I'll - it - no matter**

what ich werde es durchstehen, koste es, was es wolle; **stick up** *vt* → *bank* überfallen

stickler ['stɪklə*] *n* (*fan*) ◇ **he's a ~ for routine** bei ihm muß immer alles seinen gewohnten Gang gehen

stick-up ['stɪkʌp] *n* Überfall *m*

sticky ['stɪkɪ] *adj* ① ▷*lollipop* klebrig ② (*awkward*) ▷*situation* heikel, knifflig

stiff [stɪf] **I.** *adj* ① (*hard*) hart ② ▷*joints, muscles* steif ③ ▷*behaviour* kühl, formell ④ ↑ *difficult* schwer, schwierig **II.** *n FAM* Leiche *f;* **stiffen** ['stɪfən] **I.** *vt* (*make hard*) steif machen **II.** *vi* (*become hard*) steif werden

stifle ['staɪfəl] *vt* ① (*yawn, emotions*) unterdrükken ② ↑ *suffocate* ersticken

stifling ['staɪflɪŋ] *adj* ▷ *air* drückend

stigma ['stɪgmə] *n* Stigma *s*

still [stɪl] **I.** *adv* ① noch; ◇ **the weather is ~ bad** das Wetter ist immer noch schlecht ② (*nonetheless*) trotzdem ③ (*unchanged*) nach wie vor **II.** *adj* bewegungslos

stillborn ['stɪlbɔːn] *adj* totgeboren; **still life** *n* <lifes> Stilleben *s*

stillness *n* ① (*tranquility*) Ruhe *f* ② (*motionlessness*) Unbewegtheit *f*

stilt [stɪlt] *n* (*pole*) Pfahl *m*

stimulant ['stɪmjuːlənt] *n* Stimulans *s;* **stimulate** ['stɪmjuːleɪt] *vt* ① anregen ② MED stimulieren; **stimulating** *adj* anregend, stimulierend

stimulus ['stɪmjuːləs] *n* ① (*incentive*) Anreiz *m* ② MED Reiz *m*

sting [stɪŋ] **I.** *n* (FAUNA FLORA *organ*) Stachel *m;* (*wound*) Stich *m* **II.** <stung> *vi* stechen, brennen **III.** *vt* ← *bee, plant* stechen; **stinging nettle** ['stɪŋɪŋ 'netl] *n* FLORA Brennessel *f*

stingy ['stɪndʒɪ] *adj* geizig

stink [stɪnk] *vi* (*reek*) Gestank *m;* **stinker** ['stɪnkə*] *n* (*unpleasant person*) Widerling *m;* **stinking** *adj* stinkend; ◇ **to be ~ rich** steinreich sein; *PEJ* stinkreich sein

stipend ['staɪpend] *n* Gehalt *s;* (*for scholar*) Stipendium *s*

stipulate ['stɪpjuːleɪt] (*specify*) vorschreiben; **stipulation** ['stɪpjuːleɪʃən] *n* (*specification*) Bedingung *f*

stir [stɜː*] *vt* ① (*mix*) [um-]rühren ② (*shift positions*) bewegen ③ (*incite*) anstacheln ④ (*move, affect*) aufwühlen; **stir up** *vt* ① (*move*) aufwühlen ② (*instigate*) anstacheln

stirrup ['stɪrəp] *n* Steigbügel *m*

stitch [stɪtʃ] **I.** *vi* ↑ *sew* nähen **II.** *n* ① Stich *m* ② (MED *side pain*) Seitenstechen *s; FIG* ◇ **a ~ in time saves nine** was du heute kannst besorgen, das verschiebe nicht auf morgen

stoat [stəʊt] *n* Wiesel *s*

stock [stɒk] **I.** *n* ① (*shares*) Anteil *m* ② (*goods available*) Vorrat *m;* ◇ **to have in ~** vorrätig haben; *FIG* ◇ **to take ~** Bilanz ziehen ③ AGR ↑ *livestock* Viehbestand *m* ④ GASTRON ↑ *broth* Brühe *f* **II.** *vt* (*keep for sale*) führen

stockbroker ['stɒkbrəʊkə*] *n* Börsenmakler *m;* **stock exchange** *n* Börse *f;* **stockpile** *n* Vorrat *m* (*of* an *dat*); **stocktaking** *n* Inventur *f;* **stocky** ['stɒkɪ] *adj* stämmig

stoic ['stəʊɪk] *n* Stoiker *m;* **stoical** *adj* stoisch

stoke [stəʊk] *vt* (*also FIG fire*) schüren

stole [stəʊl] *pt of* **steal**

stolen ['stəʊln] *pp of* **steal**

stomach ['stʌmək] *n* Magen *m;* (*belly*) Bauch *m;* **stomach-ache** ['stʌməkeɪk] *n* Magenschmerzen *pl*

stone [stəʊn] **I.** *n* (*rock*) Stein *m;* ◇ **Gerhard's made of ~** Gerhard hat ein Herz aus Stein **II.** *vt* mit Steinen bewerfen, steinigen; **stone-cold** *adj* eiskalt; **stone-deaf** *adj FAM* stocktaub

stonemason ['stəʊnmeɪsn] *n* Steinmetz *m*

stood [stʊd] *pt, pp of* **stand**

stool [stuːl] *n* Hocker *m,* Schemel *m*

stoop [stuːp] *vi* sich beugen

stop [stɒp] **I.** *vi* ① (*cease*) anhalten; (*machine*) nicht mehr laufen ② (*finish*) ◇ **the bike path ~s here** der Fahrradweg endet hier **II.** *vt* anhalten, stoppen; (*hinder*) verhindern **III.** *n* ① (*for bus*) Haltestelle *f* ② (*break*) Pause *f;* ◇ **we made two ~s on the flight to Sydney** wir hatten zwei Zwischenlandungen auf dem Flug nach Sydney; **stop by** *vi* vorbeischauen; **stop off** *vi* haltmachen; **stop over** *vi* Zwischenstation machen; **stop-light** *n* Bremslicht *s;* **stop-over** ['stɒpəʊvə*] *n* Zwischenstation *f;* (*on flight*) Zwischenlandung *f*

stoppage ['stɒpɪdʒ] *n* Unterbrechung *f*

stopwatch *n* Stoppuhr *f*

storage ['stɔːrɪdʒ] *n* Lagerung *f*

store [stɔː*] **I.** *n* ① (*shop*) Geschäft *s* ② (*supply*) Vorrat *m* **II.** *vt* (*put away*) [ein-]lagern; (*retain, data*) speichern; **store up** *vt* e-n Vorrat anlegen; **store room** *n* Lagerraum *m*

storey ['stɔːrɪ] *n* Stockwerk *s,* Etage *f*

stork [stɔːk] *n* FAUNA Storch *m*

storm [stɔːm] *n* Unwetter *s,* Sturm *m;* **stormy** ['stɔːmɪ] *adj* stürmisch

story ['stɔːrɪ] *n* ① (*fiction*) Geschichte *f* ② (*account*) Bericht *m* ③ (*lie*) Märchen *s,* Story *f*

stout [staʊt] **I.** *adj* ① ▷*woman* füllig; ▷*man* untersetzt ② ▷*shoes* fest; ▷*coat* dick ③ ↑ *brave* ▷*heart* tapfer; ▷*person* beherzt **II.** *n* Starkbier *s;* ◇ **sweet ~** Malzbier *s*

S

stove [stəʊv] *n* (*for cooking*) Herd *m*
stow [stəʊ] *vi, vt* (*stash, store*) verstauen; **stow away** *vi* (*travel secretly*) als blinder Passagier fahren; **stowaway** ['stəʊəweɪ] *n* blinder Passagier
straddle ['strædl] *vt* → *on fence, horse* rittlings sitzen
straggle ['strægl] *vi* (*dawdle*) trödeln, bummeln
straight [streɪt] *adj* (*not bent*) gerade
straightaway ['streɪtəweɪ] **I.** *adv* ↑ *immediately* sofort **II.** *n* (*straight road*) gerade Strecke
straighten ['streɪtən] **I.** *vt* → *tie* geradeziehen **II.** *vi* ← *person* sich aufrichten
straightforward [streɪt'fɔːwəd] *adj* (*clear, direct*) aufrichtig, direkt
strain [streɪn] **I.** *n* ① (*pressure*) Druck *m;* (*stress*) Belastung *f,* Streß *m* ② (*worry*) Last *f* **II.** *vt* ① (*try*) auf die Probe stellen ② MED verrenken ③ (*drain*) strapazieren
strainer *n* ① GASTRON Sieb *s* ② TECHNOL Filter *m*
strait-jacket ['streɪtdʒækɪt] *n* Zwangsjacke *f;* **strait-laced** ['steɪtleɪst] *adj* prüde, puritanisch
strand [strænd] *n* (*thread*) Faden *m*
strange [streɪndʒ] *adj* ① (*bizarre*) seltsam ② (*unknown*) fremd; **strangely** *adv* ↑ *oddly* sonderbar; **strangeness** *n* ↑ *weirdness* Merkwürdigkeit *f;* **stranger** *n* Fremde(r) *fm*
strangle ['stræŋgl] *vt* (*kill*) strangulieren, erwürgen
strap [stræp] **I.** *n* (*band*) Riemen *m* **II.** *vt* (*fasten*) festschnallen, anschnallen
strategy ['strætɪgɪ] *n* ① (*plan*) Strategie *f* ② (*tactics*) Taktik *f*
stratosphere ['strætəʊsfɪə*] *n* Stratosphäre *f*
straw [strɔː] *n* ① FLORA Stroh *s* ② (*plastic*) Strohhalm *m; FIG* ◇ **that's the last -!** das hat gerade noch gefehlt!; (*hint*) ◇ **that may be a - in the wind** das könnte ein Hinweis sein
strawberry ['strɔːbərɪ] *n* Erdbeere *f*
stray [streɪ] **I.** *vi* (*roam*) herumwandern; (*thoughts*) abschweifen **II.** *adj* ① ▷*dog* herrenlos ② (*random*) vereinzelt
streak [striːk] **I.** *vi* (*dart*) flitzen **II.** *n* (*strip*) Streifen *m;* ◇ **lucky -** Glückssträhne *f*
stream [striːm] **I.** *n* ① (*brook*) Bach *m* ② (*flow*) Strom *m* **II.** *vi* (*flow*) fließen; (*people*) strömen; ← *light* fluten
streamer ['striːmə*] *n* (*decoration*) Band *s*
streamlined *adj* windschlüpfrig, stromlinienförmig
street [striːt] *n* Straße *f;* **streetcar** *n* (*AM*) Straßenbahn *f;* **streetwalker** *n* Prostituierte *f*
strength [streŋθ] *n* ① (*physcial*) Kraft *f* ② (*of machine*) Stärke *f* ③ (*influence, power*) Macht *f* ④ (*positive trait*) Festigkeit *f;* **strengthen** [streŋθən] **I.** *vt* ① (*reinforce*) stärken ② → *business* festigen ③ (*encourage*) bestärken **II.** *vi* ① stärker werden ② ← *wind* sich verstärken
strenuous ['strenjuːəs] *adj* ▷*work* anstrengend; ▷*opposition* heftig; **strenuously** *adv* energisch, heftig
stress [stres] **I.** *n* ① (*pressure*) Belastung *f,* Streß *m;* ◇ **to be under -** im Streß sein ② (*emphasis*) Betonung *f* **II.** *vt* ① → *point* hervorheben ② (*accent*) betonen; **stressful** ['stresfʊl] *adj* anstrengend; *FAM* stressig
stretch [stretʃ] **I.** *n* ① (*time period*) Zeitspanne *f* ② (*of land*) Streifen *m,* Stück *s* **II.** *vt* ① → *money, food* strecken ② (*pull tight*) spannen ③ (*expand*) ausbreiten **III.** *vi* ① (*o.s.*) sich strecken ② (*become larger*) ← *shoes* weiter werden ③ (*be enough*) ← *money, food* reichen (*to* für); **stretch out I.** *vt* ausbreiten **II.** *vi* (*relax*) sich hinlegen
stretcher ['stretʃə*] *n* (*for injured*) Tragbahre *f*
stricken ['strɪkən] **I.** *adj* (*afflicted*) leidgeprüft **II.** *pp of* **strike**
strict [strɪkt] *adj* ① (*rigorous*) streng; (*exact*) genau ② ▷*rule* strikt; **strictly** *adv* streng; **strictness** *n* Strenge *f*
stride [straɪd] **I.** <strode, stridden> *vi* (*march*) schreiten **II.** *n* (*long step*) Schritt *m;* ◇ **to take s.th. in -** etw gelassen hinnehmen; **strident** ['straɪdənt] *adj* ▷*voice* durchdringend
strike [straɪk] **I.** *n* ① (*cessation of work*) Streik *m* ② MIL Angriff *m* ③ (*discovery of oil*) Fund *m* **II.** <struck> *vi* (*protest*) streiken; MIL angreifen **III.** *vt* ① (*hit*) schlagen ② (*occur to*) einfallen, auffallen (*dat*) ③ (*impress*) beeindrucken ④ → *match* anzünden ⑤ ← *lightning* treffen ⑥ → *oil, gold* stoßen auf; ◇ **to - it rich** [unerwartet] zu Geld kommen; **strike out I.** *vi* ① (*start out*) beginnen ② (*AM FAM fail*) auf die Schnauze fliegen **II.** *vt* ↑ *cross out* [durch-]streichen; **strike up** *vt* (*start*) → *conversation* anfangen, in Gang *m* bringen; → *music* anfangen zu spielen; **strike pay** *n* Streikgeld *s;* **striker** *n* Streikende(r) *fm*
striking *adj* ↑ *remarkable* bemerkenswert; ↑ *stunning* verblüffend
string [strɪŋ] **I.** *n* ① ↑ *thread* Schnur *f,* Bindfaden *m;* (*violin, guitar*) Saite *f* ② (*of events*) Reihe *f,* Kette *f* **II.** *vt* ① → *musical instrument* besaiten ② (*put up*) aufreihen; ◇ **to - s.o. along** jd-m etw vormachen; **string bean** *n* grüne Bohne
stringency ['strɪndʒənsɪ] *n* ① (*shortage of money*) Knappheit *f* ② (*severity*) Strenge *f;* **stringent** ['strɪndʒənt] *adj* (*strict*) streng
strip [strɪp] **I.** *n* ① (*shred*) Streifen *m;* (*of land*)

kleines Stück ② ↑ *runway* Start- und Landebahn *f* ③ (*cartoon-*) Comic strip *m* **II.** *vt* ① (*undress*) ausziehen; → *bed* abziehen ② → *car* auseinandernehmen ③ → *beliefs* berauben (*of gen*) **III.** *vi* (*in a night club*) strippen

stripe [straɪp] *n* (*line*) Streifen *m;* **striped** [-d] *adj* gestreift

stripper ['strɪpə*] *n* ① (*in a night club*) Stripper (in *f*) *m* ② (*for removing paint*) Farbentferner *m*

striptease ['strɪpti:z] *n* Striptease *m*

strive [straɪv] <strove, striven> *vi* (*pursue*) trachten, streben (*for* nach)

strode [strəʊd] *pt of* **stride**

stroke [strəʊk] **I.** *vt* → *cat* streicheln **II.** *n* ① (*movement*) Schlag *m* ② (*swimming style*) Stil *m* ③ MED Schlag[-anfall] *m* ④ ◇ **a ~ of luck** ein Glücksfall

stroll [strəʊl] **I.** *n* Spaziergang *m* **II.** *vi* spazieren; **stroller** *n* (*baby buggy*) Sportwagen *m,* Buggy *m*

strong [strɒŋ] *adj* ① (*sturdy*) kräftig ② ▷*influence* groß ③ (*intense*) stark; (*accent*) stark; (*relationship*) stabil; (*coffee*) stark ④ (*powerful, lens*) stark; (*beliefs*) fest, unerschütterlich

stronghold *n* (*bastion*) Festung *f; FIG* Hochburg *f*

strongly *adv* stark, kräftig

strove [strəʊv] *pt of* **strive**

struck [strʌk] *pt of* **strike**

structural ['strʌktʃərəl] *adj* strukturell, Struktur-; **structure** ['strʌktʃə*] **I.** *n* ① (*make-up*) Struktur *f* ② (*construction*) Konstruktion *f* ③ (*of society*) Aufbau *m* ④ (*order*) Anordnung *f* **II.** *vt* strukturieren

struggle ['strʌgl] **I.** *n* ① (*fight*) Kampf *m* ② (*effort*) Anstrengung *f* **II.** *vi* ① (*strain*) sich bemühen ② (*scuffle*) raufen (*with* mit)

strum [strʌm] **I.** *vt* → *instrument* klimpern (auf *dat*) **II.** *vi* klimpern

strut [strʌt] *vi* stolzieren

stub [stʌb] **I.** *n* (*remains*) Stummel *m;* (*of cheque*) Abschnitt *m;* (*of cigarette*) Kippe *f* **II.** *vt* → *foot* gegen etw stoßen; → *cigarette* ausdrücken

stubble [stʌbl] *n* ① (*in a field*) Stoppeln *fpl* ② (*razor-*) Bartstoppeln *fpl;* **stubbly** [stʌblɪ] *adj* ▷*beard* stoppelig

stubborn ['stʌbən] *adj* (*obstinate*) störrisch; (*stain*) hartnäckig; **stubbornness** *n* Sturheit *f*

stuck [stʌk] *pt, pp of* **stick**

stuck [stʌk] *adj* ① (*unable to continue*) feststekken, nicht weiterkommen ② (*burdened*) belastet (*with* mit) ③ (*very keen*) verschossen sein (*on s.o./s.th.* in *akk*); *FIG* ◇ **to get ~ into s.th.** sich in etw verbeißen

stud[1] [stʌd] *n* (*ornament*) Ziernagel *m*

stud[2] [stʌd] *n* ① (*horse*) Zuchthengst *m* ② (*man, FAM*) Aufreißer *m,* Sexprotz *m*

student ['stju:dənt] *n* (*university*) Student(in *f*) *m;* (*school*) Schüler(in *f*) *m*

studied ['stʌdɪd] *adj* ↑ *planned* geplant, wohlüberlegt

studio ['stju:dɪəʊ] *n* Studio *s*

studious ['stju:dɪəs] *adj* fleißig

study ['stʌdɪ] **I.** *n* ① (*investigation*) Untersuchung *f,* Studie *f* ② (*university*) Studium *s* **II.** *vt* ① (*a particular subject*) studieren ② (*examine*) untersuchen

stuff [stʌf] **I.** *n* ① (*things*) Zeug *s;* (*belongings*) Sachen *pl* ② (*FAM drug*) Stoff *m* ③ (*FAM money*) Kohle *f* **II.** *vt* ① (*cram*) vollstopfen ② (*FAM s.o. with food*) mästen ③ (*turkey*) füllen

stuffing *n* ① (*padding*) Polsterung *f* ② (*food*) Füllung *f*

stuffy ['stʌfɪ] *adj* ① ↑ *stale* ▷*air* stickig ② (*narrow-minded*) spießig; (*dull*) langweilig

stumble ['stʌmbl] *vi also FIG* stolpern

stumbling block ['stʌmblɪŋ blɒk] *n FIG* Hürde *f*

stump [stʌmp] *n* Stumpf *m,* Stummel *m*

stun [stʌn] *vt* (*astonish*) verblüffen; (*daze*) benommen machen

stung [stʌŋ] *pt, pp of* **sting**

stunk [stʌŋk] *pp of* **stink**

stunning ['stʌnɪŋ] *adj* (*FAM fabulous*) toll; (*astonishing*) überraschend

stunt [stʌnt] *n* (*attraction*) Kunststück *s;* (*dangerous trick*) Stunt *m;* ◇ **don't pull any more ~s like that!** zieh keine solche Show mehr ab!

stupefy ['stju:pɪfaɪ] *vt* (*bewilder*) verblüffen

stupendous [stju:'pendəs] *adj* (*staggering*) umwerfend

stupid ['stju:pɪd] *adj* dumm, blöde; **stupidity** [stju:'pɪdɪtɪ] *n* Dummheit *f*

stupor ['stju:pə*] *n* (*daze*) Benommenheit *f*

sturdily ['stɜ:dɪlɪ] *adv* (*robust, firm*) robust, stabil; **sturdy** ['stɜ:dɪ] *adj* (*robust*) kräftig; (*refusal*) energisch

stutter ['stʌtə*] **I.** *vi* stottern **II.** *n* Stottern *s*

sty[e] [staɪ] *n* MED Gerstenkorn *s*

style [staɪl] **I.** *n* ① (*technique*) Stil *m* ② (*fashion*) Mode *f;* ◇ **to be in ~** modern [*o.* in Mode] sein ③ (*smartness, elegance*) Stil *m* ④ (*type*) Typ *m,* Art *f;* ◇ **to cramp s.o.'s ~** jd-m im Weg sein **II.** *vt* (*fix, design*) entwerfen; (*hair*) stylen

styling ['staɪlɪŋ] *adj* ▷*gel, brush* Styling *s;* **stylish** ['staɪlɪʃ] *adj* (*fashionable*) modisch

suave ['swɑ:v] *adj* (*charming, polite*) charmant, höflich; *PEJ* aalglatt

sub- [sʌb] *pref* [1] (*under*) Unter- [2] (*part of a whole*) Sub-

subconscious [sʌbˈkɒnʃəs] *adj* im Unterbewußtsein

subdivide [sʌbdɪˈvaɪd] *vt* unterteilen; **subdivision** [sʌbdɪˈvɪʒn] *n* Unterteilung *f*

subdue [səbˈdjuː] *vt* [1] (*crush*) unterdrücken [2] (*emotions*) zügeln, unterdrücken; (*brightness*) dämpfen; **subdued** [-d] *adj* [1] (*downcast*) niedergedrückt [2] (*lights*) gedämpft [3] (*emotions*) unterdrückt

subject I. [ˈsʌbdʒekt] *n* [1] (*topic*) Thema *s;* ◇ **let's change the ~** laßt uns das Thema wechseln [2] GRAM Subjekt *s* [3] POL Staatsbürger(in *f*) *m* II. [ˈsʌbdʒekt] *adj* (*bound by, rules, laws*) unterworfen III. [sʌbˈdʒekt] *vt* [1] (*subdue*) unterwerfen [2] (*expose*) aussetzen (*to s.th.* e-r Sache)

subjection [səbˈdʒekʃən] *n* (*subjugation*) Unterwerfung *f*

subjective [səbˈdʒektɪv] *adj* subjektiv; **subjectively** *adv* subjektiv

subject matter *n* Stoff *m*

subjunctive [səbˈdʒʌŋktɪv] *n* GRAM Konjunktiv *m*

sublet [sʌbˈlet] *vt, vi* untervermieten

sublime [səˈblaɪm] *adj* erhaben

submarine [ˈsʌbməriːn] *n* U-Boot *s*

submerge [səbˈmɜːdʒ] I. *vt* untertauchen II. *vi* tauchen

submission [səbˈmɪʃən] *n* [1] (*subjection*) Unterwerfung *f* [2] (*presentation*) Vorlage *f*

submit [səbˈmɪt] I. *vt* (*present*) vorlegen II. *vi* (*yield, give in*) nachgeben, aufgeben

subnormal [sʌbˈnɔːməl] *adj* (*not average*) unterdurchschnittlich

subordinate [səˈbɔːdɪnət] I. *n* (*of lower rank*) Untergebene(r) *fm* II. *adj* (*secondary*) zweitrangig III. *vt* unterordnen

subpoena [səˈpiːnə] I. *n* Vorladung *f* II. *vt* vorladen

subscribe [səbˈskraɪb] *vi* → *magazine* abonnieren (*to akk*); **subscriber** *n* Abonnent(in *f*) *m;* **subscription** [səbˈskrɪpʃən] *n* ▷*monthly, annually* Abonnement *s*

subsequent [ˈsʌbsɪkwənt] *adj* anschließend, folgend

subside [səbˈsaɪd] *vi* [1] (*sink to a lower level*) absacken [2] (*weaken, recede, feeling*) abklingen; ← *noise* nachlassen

subsidence [səbˈsaɪdəns] *n sinking,* GEO Senkung *f,* Absacken *s FAM*; ◇ **Danger ~!** Vorsicht! Bodensenkung!

subsidiary [səbˈsɪdɪərɪ] *adj* (*secondary*) zweitrangig, Neben-

subsidize [ˈsʌbsɪdaɪz] *vt* (*finance*) subventionieren; **subsidized** [-d] *adj* subventioniert; ◇ **~ housing** sozialer Wohnungsbau; **subsidy** [ˈsʌbsɪdɪ] *n* Subvention *f*

subsistence [səbˈsɪstəns] *n* [1] Leben *s* [2] (*means*) Lebensunterhalt *m*

substance [ˈsʌbstəns] *n* [1] (*material*) Substanz *f* [2] (*significance*) Gewicht *s;* ◇ **a man of ~** ein wohlhabender Mann

substandard [sʌbˈstændəd] *adj* minderwertig

substantiate [səbˈstænʃɪeɪt] *vt* erhärten

substitute [ˈsʌbstɪtjuːt] *vt* [1] (*exchange*) austauschen [2] (*stand in*) vertreten (*for s.o.*); **substitution** [sʌbstɪˈtjuːʃən] *n* Ersetzen *s,* Ersatz *m,* Vertretung *f*

subtle [ˈsʌtl] *adj* (*faint*) zart; ↑ *indirect* subtil; **subtlety** [ˈsʌtltɪ] *n* Subtilität *f*

subtract [səbˈtrækt] *vt* MATH subtrahieren, abziehen; **subtraction** [səbˈtrækʃən] *n* MATH Abziehen *s,* Subtraktion *f*

subtropical [sʌbˈtrɒpɪkəl] *adj* subtropisch

suburb [ˈsʌbɜːb] *n* Vorort *m;* **suburban** [səˈbɜːbən] *adj* [1] vorstädtisch [2] (*conventional, bourgeois*) spießig

subway [ˈsʌbweɪ] *n* (*AM tube*) U-Bahn *f*

succeed [səkˈsiːd] I. *vi* Erfolg *m* haben II. *vt* (*follow*) nachfolgen

success [səkˈses] *n* Erfolg *m;* ◇ **self-confidence is the key to ~** wer nicht wagt, der nicht gewinnt; **successful** [səkˈsesfʊl] *adj* erfolgreich

succession [səkˈseʃən] *n* [1] (*row*) Serie *f,* Folge *f* [2] (*taking over of office*) Nachfolge *f;* **successive** [səkˈsesɪv] *adj* aufeinanderfolgend; **successor** [səkˈsesə*] *n* Nachfolger(in *f*) *m*

succulent [ˈsʌkjʊlent] *adj* ▷*steak, fruit* saftig

succumb [səˈkʌm] *vi* erliegen (*to dat*)

such [sʌtʃ] *particle* [1] (*to refer back to, this, that*) solche(r, s) [2] (*great degree or extent*) solche(r, s), so, solch; ◇ **I had ~ a great time** die Zeit war einfach toll [3] (*and the like*) derartige(r, s); ◇ **it's depressing to think about diseases and ~** es ist deprimierend, über Krankheiten und ähnliches nachzudenken [4] (*show examples*) ◇ **~ as...** wie z.B., so wie

suchlike [ˈsʌtʃlaɪk] *adj* solche

suck [sʌk] *vt* → *straw* saugen; → *thumb* lutschen; *FAM AM* ◇ **that ~s!** das haut rein!

sucker [sʌkə*] *n* [1] FAUNA Saugnapf *m* [2] (*FAM person*) Einfaltspinsel *m; FAM* ◇ **he is a ~ for pretty girls** er kann hübschen Mädchen einfach nicht widerstehen [3] (*FAM lollipop*) Lutscher *m*

suckle [sʌkl] I. *vt* (*baby*) stillen; (*animal*) säugen II. *vi* saugen

suction ['sʌktʃən] *n* Saugwirkung *f;* GEO Sog *m*
sudden ['sʌdn] *adj* plötzlich; **suddenly** ['sʌdənlı] *adv* plötzlich; ▷*move* jäh, abrupt; **suddenness** *n* Plötzlichkeit *f*
sue [su:] *vt* JUR verklagen, belangen
suede [sweıd] *n* Wildleder *s*
suffer ['sʌfə*] **I.** *vt* → *pain* erleiden; → *illness* leiden (*from* an *dat*) **II.** *vi* leiden; **suffering** *n* Leiden *s*
suffice [sə'faıs] *vi* genügen
sufficiency [sə'fıʃənsı] *n* Hinlänglichkeit *f;* **sufficient** *adj* genügend, ausreichend
suffix ['sʌfıks] *n* GRAM Suffix *s*
suffocate ['sʌfəkeıt] *vi* ersticken; **suffocation** [sʌfə'keıʃən] *n* Ersticken *s*
sugar ['ʃʊgə*] *n* Zucker *m;* **sugar beet** *n* Zukkerrübe *f;* **sugar cane** *n* Zuckerrohr *s;* **sugary** ['ʃʊgərı] *adj* (*sweet*) süß
suggest [sə'dʒest] *vi* 1 ↑ *propose* vorschlagen; ↑ *recommend* empfehlen, nahelegen 2 ↑ *indicate* andeuten; **suggestion** [sə'dʒestʃən] *n* 1 ↑ *proposal* Vorschlag *m;* ↑ *advice* Ratschlag *m,* Anregung *f* 2 ↑ *hint* Andeutung *f;* **suggestive** *adj* 1 (*referring to sex*) anzüglich 2 ◇ **to be ~ of s.th.** den Eindruck von etw erwecken
suicidal [sʊı'saıdl] *adj* selbstmörderisch; ◇ **driving with this speed is ~** mit dieser Geschwindigkeit zu fahren, ist selbstmörderisch; **suicide** ['sʊısaıd] *n* Selbstmord *m*
suit [su:t] **I.** *n* 1 (*outfit*) Anzug *m* 2 (*lawsuit*) Prozeß *m* 3 (*in cards*) Farbe *f* **II.** *vt* (*fit, please*) passen; **suitability** [su:tə'bılıtı] *n* Angemessenheit *f;* **suitable** ['su:təbl] *adj* geeignet, angemessen
suitcase ['su:tkeıs] *n* Koffer *m*
suite [swi:t] *n* 1 (*furniture*) Garnitur *f* 2 MUS Suite *f*
sulfur ['sʌlfə*] *n* CHEM Schwefel *m*
sulk [sʌlk] *vi* beleidigt sein, eingeschnappt sein; **sulky** ['sʌlkı] *adj* eingeschnappt, beleidigt
sullen ['sʌlən] *adj* griesgrämig, mürrisch
sulphur ['sʌlfə*] *s.* **sulfur**
sultana [sʌl'tɑ:nə] *n* (*grape*) Sultanine *f*
sultry ['sʌltrı] *adj* (*muggy*) schwül
sum [sʌm] *n* 1 (*quantity*) Summe *f* 2 (*total*) Betrag *m;* **sum up** *vt* 1 (*summarize*) zusammenfassen 2 (*size up, person, situation*) abschätzen
summarize ['sʌməraız] *vt* zusammenfassen; **summary** ['sʌmərı] *n* Zusammenfassung *f*
summer ['sʌmə*] *n* Sommer *m*
summit ['sʌmıt] *n* Gipfel *m;* POL ◇ **~meeting** Gipfeltreffen *s*
summon ['sʌmən] *vt* 1 (*servant*) herbeirufen, kommen lassen 2 (*conference*) einberufen 3 JUR vorladen; **summons** ['sʌməns] *n* JUR Vorladung *f*
sumptuous ['sʌmptjʊəs] *adj* (*luxurious, lavish*) luxuriös, aufwendig
sun [sʌn] *n* Sonne *f*
sunbathe ['sʌnbeıð] *vi* sich sonnen; **sunbathing** ['sʌnbeıðıŋ] *n* Sonnenbaden *s;* **sunburn** *n* Sonnenbrand *m*
Sunday ['sʌndeı] *n* Sonntag *m;* **sundial** ['sʌndıəl] *n* Sonnenuhr *f;* **sundown** *n* Sonnenuntergang *m;* **sunflower** *n* Sonnenblume *f*
sung [sʌŋ] *pp of* **sing**
sunglasses *n* Sonnenbrille *f*
sunk [sʌŋk] *pp of* **sink**
sunken ['sʌŋkən] *adj* 1 ▷*ship, treasure* gesunken 2 (*face*) eingefallen
sunlight *n* Sonnenlicht *s;* **sunlit** ['sʌnlıt] *adj* sonnig, sonnenbeschienen; **sunlounge** *n* Wintergarten *m;* **sunny** ['sʌnı] *adj* sonnig; **sunparlor** *n* (*AM*) *s.* **sunlounge**; **sun protection factor**, **SPF** *n* Sonnenschutzfaktor *m;* **sunrise** *n* Sonnenaufgang *m;* **sunscreen** *n* Sonnenschutzcreme *f;* **sunset** *n* Sonnenuntergang *m;* **sunshade** *n* Sonnenschirm *m;* **sunshine** *n* Sonnenschein *m;* **sunspot** *n* ASTRON Sonnenfleck *m;* **sunstroke** *n* MED Sonnenstich *m;* **suntan** ['sʌntæn] *n* Sonnenbräune *f*
super ['su:pə*] *adj* super, klasse
superb [su:'pɜ:b] *adj* hervorragend
superficial [su:pə'fıʃəl] *adj* 1 (*shallow*) oberflächlich 2 (*apparent*) äußerlich
superintendent [su:pə'ıntendənt] *n* (*director*) Leiter(in *f*) *m*
superior [sʊ'pıərıə*] *adj* überlegen; **superiority** [sʊpıərı'ɒrıtı] *n* Überlegenheit *f*
superlative [sʊ'pɜ:lətıv] **I.** *n* GRAM Superlativ *m* **II.** *adj* 1 (*outstanding*) außerordentlich 2 GRAM superlativisch
supermarket ['su:pəmɑ:kıt] *n* Supermarkt *m*
supernatural [su:pə'nætʃərəl] *adj* übernatürlich
superpower ['su:pəpaʊə*] *n* POL Supermacht *f*
supersede [su:pə'si:d] *vt* ablösen
supersonic [su:pə'sɒnık] *adj* Überschall-
superstition [su:pə'stıʃən] *n* Aberglaube *m;* **superstitious** [su:pə'stıʃəs] *adj* abergläubisch
supervise ['su:pəvaız] *vt* (*watch over*) überwachen, beaufsichtigen; **supervision** [su:pə'vıʒən] *n* Beaufsichtigung *f;* **supervisor** ['su:pəvaızə*] *n* (*person*) Aufseher *m;* (*for Phd*) Doktorvater *m*
supper [sʌpə*] *n* Abendessen *s,* Abendbrot *s*
supplement ['sʌplımənt] *n* 1 (*addition*) Ergän-

S

zung *f;* (*literary* ~, *seperate*) Ergänzungsband *m;* (*of magazine*) Beilage *f* [2] (*dietary* ~) Zusatz *m*

supply [sə'plaɪ] **I.** *n* ↑ *provision* Vorrat *m,* Versorgung *f* **II.** *vt* ↑ *provide* versorgen (*with* mit)

support [sə'pɔːt] **I.** *n* [1] (*allegiance, backing*) Unterstützung *f* [2] (*comfort*) Stütze *f;* ◇ **he's my moral** ~ er gibt mir moralischen Halt [3] (*funding*) Unterstützung *f;* ◇ **she receives child**~ sie erhält Kindergeld **II.** *vt* [1] (*back*) stützen [2] (*comfort*) unterstützen [3] (*theory*) untermauern; **supporter** *n* Anhänger(in *f*) *m*

suppose [sə'pəʊz] *vi* (*assume*) annehmen; (*guess, think*) vermuten; **supposedly** [sə'pəʊzɪdlɪ] *adv* angeblich

suppress [sə'pres] *vt* [1] (*hinder*) unterdrücken [2] (*withhold, information*) zurückhalten; **suppression** [sə'preʃən] *n* Unterdrückung *f*

surcharge ['sɜːtʃɑːdʒ] *n* Zuschlag *m;* ◇ **postal** ~ Nachporto *s*

sure [ʃʊə*] *adj* [1] (*certain*) sicher; ◇ **to make** ~ sich vergewissern; ◇ **to be** ~ sicher sein; ◇ **for** ~ ganz sicher [2] (*confident*) überzeugt, sicher [3] (*bound*) bestimmt

surety ['ʃʊərətɪ] *n* (*guarantor*) Bürge *m*

surf [sɜːf] **I.** *n* Brandung *f* **II.** *vi* surfen

surface ['sɜːfəs] **I.** *n* [1] Oberfläche *f,* Fläche *f* [2] (*exterior, situation*) Anschein *m* **II.** *vi* (*emerge*) auftauchen

surfboard ['sɜːfbɔːd] *n* Surfbrett *s;* **surfer** *n* Surfer(in *f*) *m*

surgeon ['sɜːdʒən] *n* Chirurg(in *f*) *m;* MIL Stabsarzt *m,* Stabsärztin *f;* **surgery** ['sɜːdʒərɪ] *n* Chirurgie *f;* **surgical** ['sɜːdʒɪkl] *adj* chirurgisch; → *treatment* operativ

surmount [sɜː'maʊnt] *vt* (*overcome*) überwinden

surname ['sɜːneɪm] *n* Familienname *m*

surpass [sɜː'pɑːs] *vt* übertreffen

surplus ['sɜːpləs] *n* Überschuß *m*

surprise [sə'praɪz] **I.** *n* Überraschung *f* **II.** *vt* überraschen; **surprising** *adj* überraschend

surrealism [sə'rɪəlɪzəm] *n* Surrealismus *m*

surrender [sə'rendə*] *vi* [1] (*give up*) aufgeben [2] (*give in*) sich ergeben (*to dat*)

surreptitious [sʌrep'tɪʃəs] *adj* heimlich; ▷ *glance, kiss* verstohlen

surrogate ['sʌrəgeɪt] *n* Ersatz *m*

surround [sə'raʊnd] *vt* [1] (*enclose*) umgeben [2] MIL umzingeln; **surrounding** *adj* umliegend

surveillance [sɜː'veɪləns] *n* Überwachung *f*

survey ['sɜːveɪ] **I.** *n* (*study*) Untersuchung *f* **II.** *vt* (*study*) untersuchen; **surveyor** [sə'veɪə*] *n* (*of land*) Landvermesser(in *f*) *m*

survival [sə'vaɪvəl] *n* Überleben *s;* **survivor** [sə'vaɪvə*] *n* Überlebende(r) *fm*

susceptible [sə'septəbl] *adj* [1] (*vulnerable, disease*) anfällig (*to* für) [2] (*impressionable*) beeindruckbar

suspect ['səspekt] **I.** *n* Verdächtige(r) *fm* **II.** [sə'spekt] *vt* [1] (*believe*) bezweifeln [2] → *person* verdächtigen

suspend [sə'spend] *vt* [1] (*dangle*) [auf-]hängen [2] (*postpone*) unterbrechen, aufschieben [3] (*remove from position*) suspendieren

suspenders [sə'spendərz] *n* (*straps*) Hosenträger *m pl,* Strapse *f pl*

suspense [sə'spens] *n* [1] Spannung *f;* ◇ **to keep s.o. in** ~ jd-n im Ungewissen lassen [2] ◇ **to be in** ~ in der Schwebe sein; **suspension** [sə'spenʃən] *n* [1] (*removal of a person*) Suspendierung *f* [2] (*postponement*) Aufschub *m* [3] (*of vehicle*) Federung *f;* **suspension bridge** *n* Hängebrücke *f*

suspicion [sə'spɪʃən] *n* Verdacht *m;* **suspicious** [sə'spɪʃəs] *adj* [1] argwöhnisch [2] verdächtig

sustain [sə'steɪn] *vt* [1] (*keep up*) aufrechterhalten [2] (*carry*) tragen

swab [swɒb] *n* (MED *cotton*) Tupfer *m*

swallow ['swɒləʊ] **I.** *n* [1] FAUNA Schwalbe *f* [2] (*of drink*) Schluck *m;* ◇ **take a** ~ **of beer** e-n Schluck Bier trinken **II.** *vt* (*also FIG drink, food*) schlucken

swam [swæm] *pt of* **swim**

swamp [swɒmp] **I.** *n* Sumpf *m* **II.** *vt* überschwemmen

swan [swɒn] *n* Schwan *m*

swap [swɒp] **I.** *n* Tausch *m* **II.** *vt* [aus-]tauschen

swarm [swɔːm] **I.** *n* (*of bees*) Schwarm *m* **II.** *vi* schwärmen

swastika ['swɒstɪkə] *n* Hakenkreuz *m*

sway [sweɪ] **I.** *vi* (*rock, swing*) sich wiegen **II.** *vt* (*persuade*) beeinflussen, überreden

swear [swɛə*] *vi* [1] (*curse*) fluchen [2] (*vow*) schwören; **swear-word** *n* Fluch *m,* Schimpfwort *s*

sweat [swet] **I.** *n* Schweiß *m* **II.** *vi* (*perspire*) schwitzen

sweater ['swetə*] *n* Pullover *m*

sweatshirt *n* Sweatshirt *s*

sweaty ['swetɪ] *adj* schweißig, verschwitzt

Sweden [swiːdən] *n* Schweden *s*

sweep [swiːp] **I.** *n* (*movement*) Schwung *m* **II.** *vt* → *floor* fegen; **sweep away** *vi* wegfegen

sweet [swiːt] **I.** *n* (*hard candy*) Bonbon *s* **II.** *adj* [1] (*sugary*) süß [2] (*cute*) süß, goldig; **sweettooth** *n* Naschkatze *f;* **sweetcorn** *n* GASTRON Zuckermais *m;* **sweeten** ['swiːtən] *vt* süßen; **sweetener** *n* Süßstoff *m;* **sweetheart** *n* Schatz *m;* **sweetness** *n* Süße *f*

swell [swel] **I.** *vi also FIG* anschwellen **II.** *adj* (*FAM great, cool*) ▷*guy* geil
sweltering ['sweltərɪŋ] *adv* glühend heiß
swerve [swɜːv] **I.** *n* Bogen *m* **II.** *vi* (*veer*) e-n Bogen machen
swift [swɪft] *adv* schnell
swig [swɪg] *n* Schluck *m*
swim [swɪm] **I.** *vi* schwimmen **II.** *n* Schwimmen *s;* ◇ **to go for a ~** schwimmen gehen; **swimmer** ['swɪmə*] *n* Schwimmer(in *f*) *m;* **swimming pool** *n* Schwimmbad *s*
swindle ['swɪndl] *vt* betrügen, beschwindeln; **swindler** ['swɪndlə*] *n* Schwindler(in *f*) *m*
swine [swaɪn] *n* Schwein *s*
swing [swɪŋ] **I.** *vi* schwingen **II.** *n* [1] (*movement*) Schwingen *s* [2] (*hanging chair*) Schaukel *f*
swinging door ['swɪŋɪŋ dɔː*] *n* Pendeltür *f*
swipe [swaɪp] **I.** *vt* [1] (*pinch, steal*) stibitzen, stehlen [2] (*hit*) schlagen (*at* auf) **II.** *n* (*swing*) Schlag *m*
Swiss [swɪs] **I.** *adj* schweizerisch, Schweizer **II.** *n* Schweizer(in *f*) *m*
Switzerland ['swɪtsəlænd] *n* Schweiz *f*
switch [swɪtʃ] **I.** *n* [1] (*control*) Schalter *m* [2] (*change*) Wechsel *m* **II.** *vi* [1] (*changeover*) wechseln [2] (*exchange*) tauschen; **switch off** *vt* ausschalten; **switch on** *vt* anschalten; **switchboard** *n* [1] COMM Zentrale *f* [2] ELECTR Schalttafel *f* [3] TELEC Vermittlung *f*
swivel ['swɪvl] **I.** *n* Drehgelenk *s* **II.** *vi* (*spin*) sich drehen
swollen ['swəʊlən] **I.** *vi pp of* **swell**; **II.** *adj* geschwollen
swoop [swuːp] **I.** *n* Sturzflug *m* **II.** *vi* ← *bird* herabstürzen
sword [sɔːd] *n* Schwert *s;* **swordfish** *n* FAUNA Schwertfisch *m*
swore [swɔː*] *pt of* **swear**; **sworn** *pp of* **swear**
swam *pt of* **swim**; **swum** [swʌm] *pp of* **swim**
sycamore ['sɪkəmɔː*] *n* (*FLORA*) Bergahorn *m*
syllable ['sɪləbl] *n* GRAM Silbe *f*
syllabus ['sɪləbəs] *n* (*curriculum*) Lehrplan *m*
symbol ['sɪmbəl] *n* (*emblem*) Symbol *s;* (*sign*) Zeichen *s;* **symbolism** ['sɪmbəlɪzəm] *n* Symbolik *f;* **symbolize** *vt* symbolisieren
symmetrical [sɪ'metrɪkəl] *adj* symmetrisch; **symmetry** ['sɪmɪtrɪ] *n* Symmetrie *f*
sympathetic [sɪmpə'θetɪk] *adj* mitfühlend; **sympathy** ['sɪmpəθɪ] *n* Mitgefühl *s,* Verständnis *s*
symphony ['sɪmfənɪ] *n* MUS Sinfonie *f*
symptom ['sɪmtəm] *n* MED Symptom *s*
synagogue ['sɪnəgɒg] *n* REL Synagoge *f*
synchronize ['sɪŋkrənaɪz] *vt* abstimmen (*with* auf *akk*)
syndicate ['sɪndɪkət] **I.** *n* COMM Verband *m,* Syndikat *s* **II.** *vt* (*photos*) an mehrere Zeitungen verkaufen
syndrome ['sɪndrəʊm] *n* (*medical condition*) Syndrom *s*
synonym ['sɪnənɪm] *n* GRAM Synonym *s*
syntactic [sɪn'tæktɪc] *adj* GRAM syntaktisch
synthetic [sɪn'θetɪk] *adj* synthetisch
syphilis ['sɪfɪlɪs] *n* MED Syphilis *f*
syringe [sɪ'rɪndʒ] *n* Spritze *f*
syrup ['sɪrəp] *n* Sirup *m*
system ['sɪstəm] *n* System *s;* **systematic** [sɪstə'mætɪk] *adj* systematisch

T

T, t [tiː] *n* [1] (*letter*) T, t *s* [2] *FIG* ◇ **that's Jane to a T** das ist Jane, wie sie leibt und lebt; ◇ **that suits me to the T** das paßt mir ganz gut
ta [tɑː] *intj BRIT FAM* danke
tab [tæb] *n* [1] Schlaufe *f,* Aufhänger *m;* (*name ~*) Schild *s* [2] ↑ *bill* Rechnung *f;* ◇ **to pick up the ~** die Rechnung zahlen [3] ◇ **to keep ~s on s.o.** jd-n überwachen
Tabasco ≈ [tə'bæskəʊ] *n* Tabasco *m o s*
tabby ['tæbɪ] **I.** *n* ↑ *female cat* (weibliche) Katze *f* **II.** *adj* ↑ *black-striped* getigert
tabernacle ['tæbənækl] *n* REL Tabernakel *m o s*
table ['teɪbl] *n* [1] (*desk*) [Schreib-]Tisch *m;* ↑ *dinner ~* [Eß-]Tisch *m;* ◇ **at the ~** am Tisch; *FIG* ◇ **to turn the ~s** den Spieß umdrehen [2] (*verb ~*) Tafel *f,* Tabelle *f;* **tablecloth** *n* Tischdecke *f,* Tischtuch *s;* **table football** *n* Tischfußball *s;* **tablemat** *n* Untersetzer *m;* **table of contents** *n* Inhaltsverzeichnis *s;* **tablespoon** *n* Eßlöffel *m;* **table tennis** *n* Tischtennis *s;* **table wine** *n* Tafelwein *m*
tablet ['tæblət] *n* [1] MED Tablette *f* [2] (*of soap*) Stück *s,* Riegel *m* [3] (*writing*) Tafel *f* [4] (*paper*) Schreibblock *m*
taboo [tə'buː] **I.** *n* Tabu *s* **II.** *adj* tabu
tabulate ['tæbjʊleɪt] *vt* tabellarisieren, tabellarisch darstellen/aufzeichnen; **tabulator** ['tæbjʊleɪtə*] *n* Tabulator *m*
tacit ['tæsɪt] *adj* stillschweigend
taciturn ['tæsɪtɜːn] *adj* schweigsam
tack [tæk] *n* [1] ↑ *small nail* Stift *m;* ◇ **thumb-**

T

Reißnagel *m,* Reißzwecke *f* [2] (*sew, stitch*) Heftstich *m* [3] (NAUT *zigzag*) Aufkreuzen *s*

tackle ['tækl] **I.** *n* [1] ↑ *equipment* Ausrüstung *f,* Zeug *s;* ◇ **fishing** ~ Angelzubehör *s* [2] SPORT Angriff *m* **II.** *vt* [1] ↑ *attend to* → *problem* angehen, anpacken [2] SPORT → *player* angreifen [3] ↑ *confront* konfrontieren, herausfordern

tacky ['tækı] *adj* [1] ↑ *sticky* klebrig [2] ↑ *cheap* schäbig

tact [tækt] *n* Takt *m;* **tactful** ['tæktfl] *adj* taktvoll; **tactfulness** *n* Taktgefühl *s,* Feingefühl *s*

tactical ['tæktıkəl] *adj* taktisch

tactics ['tæktıks] *n sg* Taktik *f*

tactless *adj* taktlos

tag [tæg] *n* [1] ↑ *label* Schild *s,* Anhänger *m;* ◇ **price** ~ Preisschild *s;* ◇ **name** ~ Namensschild *s* [2] (*trade* ~) Etikett *s* [3] ↑ *phrase* stehende Redensart *f;* **tag along** *vi* mitgehen, mitkommen

tail [teıl] **I.** *n* [1] (*of animal*) Schwanz *m;* (*FIG humiliated, defeated*) ◇ **with one's** ~ **between one's legs** mit eingezogenem Schwanz [2] ◇ **~s** (*of coin*) Zahl[-seite] *f* [3] (*of comet*) Schweif *m* [4] (*of plane*) Schwanz *m,* hinterer Teil **II.** *vt* ↑ *follow* beschatten *acc,* folgen *dat;* **tail off** *vi* ↑ *get weaker* abnehmen, schwächer werden; **tail end** *n* Schluß *m,* Ende *s;* **tailgate I.** *n* (*car*) Hecktür *f;* (*lorry*) Ladeklappe *f* **II.** *vt* zu dicht auffahren; **tail-light** *n* AUTO Rücklicht *s,* Schlußleuchte *f*

tailor ['teılə*] *n* Schneider(in *f*) *m;* **tailoring** *n* Schneidern *s;* **tailor-made** [teılə*'meıd] *adj* maßgeschneidert; ◇ ~ **suit** Maßanzug *m;* (*FIG suit s.o. perfectly*) ◇ **that job was** ~ **for Susan** diese Stelle war Susan wie auf den Leib geschnitten

tails ['teılz] *n* Frack *m*

tailwind ['teılwınd] *n* Rückenwind *m*

tainted ['teıntıd] *adj* ↑ *spoiled* verdorben

take [teık] **I.** <took, taken> *vt* [1] (*in hand*) nehmen [2] (*remove*) wegnehmen; ↑ *steal* nehmen; ↑ *carry, transport* bringen; ◇ **to** ~ **s.o. somewhere** jd-n irgendwohin bringen [3] ↑ *accept* → *credit card* annehmen [4] ↑ *receive* → *letter, blow* bekommen [5] ↑ *lead* führen [6] → *exam* ablegen [7] ↑ *assume* annehmen [8] ↑ *measure* → *temperature* messen [9] ↑ *capture* erobern; → *ship* kapern [10] → *walk* machen [11] ↑ *rent* → *house* nehmen [12] ↑ *understand* verstehen [13] → *lessons* nehmen; ↑ *teach classes* halten, unterrichten [14] ↑ *write down* aufschreiben, notieren [15] ↑ *endure* → *pain* ertragen; → *heat* vertragen; → *rudeness* sich gefallen lassen [16] ↑ *have capacity for* Platz haben für [17] ↑ *react to* → *news* reagieren auf *acc,* aufnehmen [18] → *time* dauern [19] ◇ **what do you** ~ **me for?** wofür hältst du mich?; ◇ **don't** ~ **it so seriously** nimm es nicht so ernst; ◇ **it ~s a lot of courage** man braucht viel Mut dazu **II.** *vi* [1] ↑ *be liked* ← *new film, novel* ankommen [2] ↑ *have effect* ← *vaccine* wirken [3] ← *hair dye* angenommen werden [4] ← *fish* anbeißen **III.** *n* [1] (*film*) Einstellung *f* [2] ↑ *profits* Einnahmen *pl;* **take after** *vt* ↑ *look like* → *s.o.* ähneln *dat;* ↑ *be like* nachschlagen *dat;* **take along** *vt* mitnehmen; **take away** *vt* wegnehmen; **take back** *vt* [1] ↑ *return* zurückbringen, zurücknehmen [2] → *comment* zurücknehmen [3] MIL zurückerobern; **take down** *vt* [1] → *picture* abnehmen [2] → *trousers* herunterlassen [3] ↑ *write down* aufschreiben; **take home pay** *n* Nettolohn *m;* **take in** *vt* [1] ↑ *deceive* betrügen; ◇ **to be ~n ~ by s.o./s.th.** hereinfallen auf jd-n/etw [2] → *information* aufnehmen [3] → *clothes* enger machen; **take off I.** *vi* ← *plane* abheben **II.** *vt* [1] ↑ *remove* wegnehmen [2] → *clothes* ausziehen [3] → *prices* abziehen; **take on** *vt* [1] ↑ *employ* einstellen [2] ↑ *undertake* unternehmen [3] → *opponent* herausfordern; **take out** *vt* [1] ↑ *extract* herausnehmen [2] → *girl* ausführen [3] → *insurance, loan* abschließen [4] → *book* ausleihen [5] ↑ *be frustrated* ◇ **to** ~ **s.th.** ~ **on s.o.** sich an jd-m abreagieren; **take over I.** *vt* übernehmen **II.** *vi* ↑ *relieve s.o.* ablösen; **take part** *vt* teilnehmen; **take place** *vt* ↑ *happen* sich ereignen, geschehen; **take up** *vt* ↑ *hem* kürzer machen; ↑ *engage* sich befassen mit; **taken** ['teıkən] *pp of* **take**; **takeoff** ['teıkɒf] *n* [1] AERO Abheben *s,* Start *m* [2] ↑ *imitation* Nachahmung *f;* **takeover** ['teıkəʊvə*] *n* COMM Übernahme *f;* ◇ ~ **bid** Übernahmeangebot *s*

takings *n pl* COMM ↑ *profits* Einnahmen *pl*

talc [tælk] *n,* **talcum powder** ['tælkəmpaʊdə*] *n* Talkumpuder *m*

tale [teıl] *n* [1] ↑ *story* Geschichte *f,* Erzählung *f* [2] ↑ *lie* Lüge *f; FAM* ◇ **to tell ~s** petzen; ◇ **to tell ~s about s.o.** jd-n verpetzen [3] ◇ **fairy** ~ Märchen *s*

talent ['tælənt] *n* Talent *s,* Begabung *f;* **talented** [-ıd] *adj* ↑ *gifted* talentiert, begabt

talisman ['tælızmən] *n* ↑ *charm* Talisman *m*

talk [tɔ:k] **I.** *n* [1] ↑ *conversation* Gespräch *s;* ◇ **small** ~ Small talk *m* [2] ↑ *warning* ◇ **I had a little** ~ **with John yesterday** gestern habe ich mich in aller Freundschaft mit John unterhalten [3] ↑ *gossip* Gerede *s;* ◇ **there's a lot of** ~ **about you** über dich hört man so einiges [4] ↑ *speech, discussion* Vortrag *m* **II.** *vi* [1] ↑ *converse* sprechen, reden [2] ↑ *gossip* klatschen [3] ↑ *discuss, lecture* e-n Vortrag halten [4] ◇ **to** ~ **s.th. over** über etw reden/sprechen, etw diskutieren; **talk nonsense** *vt* quatschen, Unsinn reden; **talk over** *vt* besprechen, diskutieren; **talk politics** *vt* politisieren; **talk shop** *vt* fachsimpeln

talkative ['tɔ:kətıve] *adj* gesprächig; **talker** *n* Schwätzer(in *f*) *m*

talkie ['tɔ:ki:] *n FAM* ↑ *silent film* Stummfilm *m*

talk show *n* MEDIA Talkshow *f*

talking *n* Reden *s;* ◇ **let me do the ~** überlasse mir das Reden

talking-to *n* ↑ *scolding* Standpauke *f;* ◇ **to give s.o. a good ~** jd-m e-e Standpauke halten

tall [tɔ:l] *adj* ▹*person* groß; ▹*building* hoch; **tallish** *adj* ▹*person* ziemlich groß

tallboy *n* (*piece of furniture*) Kommode *f*

tallow ['tæləʊ] *n* Talg *m*

tally ['tælı] **I.** *n* ① ↑ *bill* Rechnung *f* ② SPORT Stand *m* **II.** *vi* übereinstimmen mit **III.** *vt* ◇ **~ up** zusammenrechnen, zusammenzählen

talon ['tælən] *n* FAUNA, FLORA Kralle *f*

tamarind ['tæmərınd] *n* (GASTRON *spice*) Tamarinde *f;* ◇ **~ tree** Tamarindenbaum *m*

tambourine [tæmbə'ri:n] *n* MUS Tamburin *s*

tame [teım] **I.** *adj* (*not wild*) ▹*animal, person* zahm **II.** *vt* → *animal* zähmen

tamper ['tæmpə*] *vi* ① ↑ *fiddle with* ◇ **to ~ with s.th.** an etw herumhantieren [*o.* herumspielen]; TECH ◇ **~ evident seal** Plombe *f,* Versiegelung *f* ② ↑ *falsify* → *evidence* fälschen

tampon ['tæmpən] *n* Tampon *m*

tan [tæn] **I.** *n* ① (*skin*) Bräune *f* ② (*colour*) [Gelb-]Braun *s* **II.** *adj* (*colour*) [gelb-]braun

tandem ['tændəm] *n* Tandem *s*

tandoori [tæn'du:rı] *n* GASTRON *Variante der indischen Küche,* Tandoori *s*

tang [tæŋ] *n* (*smell*) scharfer Geruch *m;* (*taste*) scharfer Geschmack *m*

tangent ['tændʒənt] *n* Tangente *f; FIG* ◇ **to go off on a ~** vom Thema abschweifen

tangerine [tændʒə'ri:n] *n* Mandarine *f*

tangible ['tændʒəbl] *adj* ① ↑ *comprehensible* greifbar ② ↑ *concrete* ▹*evidence* handfest

tangle ['tæŋgl] **I.** *n* ① (*general*) Gewirr *s;* ◇ **~d hair** zerzaustes Haar ② ↑ *mess* Durcheinander *s* ③ ↑ *trouble* Schwierigkeiten *f pl* **II.** *vt* verwirren, durcheinanderbringen

tango ['tæŋgəʊ] *n* <-s> (*dance*) Tango *m*

tank [tæŋk] *n* ① (*for gasoline*) Tank *m;* (*for water*) Tank *m,* Behälter *m* ② MIL Panzer *m* ③ (*FAM FIG large person*) Schrank *m*

tankard ['tæŋkəd] *n* (*beer*) Krug *m,* Humpen *m,* Deckelkrug *m*

tanked-up ['tæŋkdʌp] *adj* ↑ *drunk* betrunken; ◇ **to get ~** sich vollaufen lassen

tanker ['tæŋkə*] *n* ① NAUT Tanker *m,* Tankschiff *s* ② (*vehicle*) Tankwagen *m*

tanned [tænd] *adj* ▹*skin* gebräunt

tanner ['tænə*] *n* Gerber(in *f*) *m;* **tannery** ['tænərı] *n* Gerberei *f*

tantalizing ['tæntəlaızıŋ] *adj* ① ▹*offer* verlockend ② ↑ *teasing* reizend ③ ↑ *tormenting* quälend

tantamount ['tæntəmaʊnt] *adj* ↑ *equal to* ◇ **a nuclear war is ~ to total destruction** ein Atomkrieg kommt der totalen Vernichtung gleich

tantrum ['tæntrəm] *n* ↑ *rage* Koller *m;* ◇ **to fly into a ~** e-n Koller bekommen

Taoism *n* REL Taoismus *m*

tap [tæp] **I.** *n* ① (*water*) Hahn *m;* ◇ **~ water** Leitungswasser *s;* ◇ **they have beer on ~** sie haben Bier vom Faß ② ↑ *slight knock* Klopfen *s* **II.** *vt* ① ↑ *knock* klopfen; ◇ **to ~ s.o. on the shoulder** jd-m auf die Schulter klopfen ② (*into a supply of s.th.*) anzapfen ③ ↑ *listen in* → *telephone* abhören; **tap-dance** *vi* steppen

tape [teıp] **I.** *n* ① ↑ *cassette* Kassette *f* ② (*general sense*) Band *s* ③ (*adhesive*) Klebeband *s,* Tesafilm ® *m* **II.** *vt* ↑ *record* aufnehmen; **tape measure** *n* Maßband *s*

taper ['teıpə*], **taper off** *vi* spitz zulaufen

tape recorder ['teıprıkɔ:də*] *n* Tonbandgerät *s*

tapestry ['tæpıstrı] *n* Wandteppich *m,* Gobelin *m*

tapeworm *n* Bandwurm *m*

tapioca [tæpı'əʊkə] *n* Tapioka *f,* Maniokknollenmehl *s*

tar [tɑ:*] *n* (*on road*) Teer *m*

tarantula [tə'ræntjʊlə] *n* Tarantel *f*

tardy ['tɑ:dı] *adj* ↑ *late* spät, unpünktlich

target ['tɑ:gıt] *n* ① (*shooting*) [Schieß-]Scheibe *f* ② ▹*board* Zielscheibe *f* ③ (*of fun*) Zielscheibe *f;* **target group** *n* Zielgruppe *f;* **target date** *n* Termin *m*

tariff ['tærıf] *n* ① Zoll *m* ② (*hotel*) Preisverzeichnis *s* ③ *BRIT* Tarif *m*

tarmac ['tɑ:mæk] *n* ① (*road*) Asphalt *m,* Makadam *m* ② AERO Rollfeld *s*

tarn [tɑ:n] *n* ↑ *mountain lake* kleiner Bergsee *m*

tarnish ['tɑ:nıʃ] *vt* ① → *metal* matt machen ② *FIG* ↑ *spoil, mark* beflecken

tarot cards ['tɑ:rəʊ kɑ:dz] *n* (*fortune telling*) Tarotkarten *f pl*

tarpaulin [tɑ:'pɔ:lın] *n* Plane *f;* NAUT Persenning *f*

tarragon ['tærəgən] *n* (GASTRON *spice*) Estragon *m*

tarry [tærı] *vt* ↑ *linger* verweilen, zögern

tart [tɑ:t] **I.** *n* ① GASTRON Obstkuchen *m* ② (*FAM loose woman*) Flittchen *s;* (*prostitute*) Nutte *f* **II.** *adj* ① ▹*taste* herb, sauer ② ▹*remark* bissig, gemein

tartan ['tɑ:tən] *n* ① (*design*) Schottenmuster *s* ② (*fabric*) Schottenstoff *m*

tartar ['tɑːtə*] *n* MED Zahnstein *m;* CHEM Weinstein *m;* **tartar[e] sauce** *n* GASTRON [Sauce] Remoulade *f*
Tasmania [tæz'meɪnɪə] *n* Tasmanien *s*
task [tɑːsk] *n* [1] Aufgabe *f* [2] ↑ *duty* Pflicht *f;* **task force** *n* [1] (*police or army*) Sondereinheit *f,* Spezialeinheit *f* [2] (*organized group of people*) Arbeitsgruppe *f,* Team *s*
tassel ['tæsəl] *n* Troddel *f,* Quaste *f*
taste [teɪst] **I.** *n* [1] (*of food*) Geschmack *m;* ↑ *sense of ~* Geschmackssinn *m; FIG* ↑ *have an unpleasant effect* ◇ **to leave a bad ~ in s.o.'s mouth** e-n üblen Nachgeschmack hinterlassen [2] ↑ *style* Geschmack *m* [3] ↑ *small try* Kostprobe *f* [4] ↑ *preference* ◇ **to have a ~ for s.th.** e-e Vorliebe für etw haben **II.** *vt* [1] → *food* schmecken [2] ↑ *try out* probieren, versuchen **III.** *vi* schmecken (*of* nach); **tasteful** [teɪstfl] *adj* ▷*style* geschmackvoll; **tastefully** *adv* ◇ **~ done** geschmackvoll gemacht; **tasteless** *adj* [1] ▷*food* fad, ohne Geschmack [2] (*in poor taste*) geschmacklos; **tastily** ['teɪstɪlɪ] *adv* schmackhaft; **tasty** ['teɪstɪ] *adj* ▷*food* schmackhaft
tattered ['tætəd] *adj* ▷*clothes* zerrissen, schäbig; ▷*pride* angeschlagen; ▷*hopes* enttäuscht; **tatters** ['tætəz] *n pl* Fetzen *m pl*
tattoo [tə'tuː] **I.** *n* Tätowierung *f* **II.** *vt* tätowieren
tatty ['tætɪ] *adj FAM* ▷*furniture* schäbig
taught [tɔːt] *pt, pp of* **teach**
taunt [tɔːnt] **I.** *n* ▷*remark* spöttische Bemerkung *f* **II.** *vt* verspotten, verhöhnen
Taurus ['tɔːrəs] *n* ASTROL Stier *m*
taut [tɔːt] *adj* ▷*rope* straff; ▷*muscles* angespannt; ↑ *tense* ▷*person* [an-]gespannt
tavern ['tævən] *n* ↑ *bar* Taverne *f*
tawdry ['tɔːdrɪ] *adj* ↑ *cheap* ▷*clothes* schäbig, geschmacklos, billig
tawny ['tɔːnɪ] *adj* (*colour*) ▷*cat* gelbbraun, goldbraun
tax [tæks] **I.** *n* Steuer *f* **II.** *vt* [1] → *s.o.* besteuern [2] ↑ *put a strain on* belasten [3] → *patience* strapazieren; **tax assessment** *n* Steuerbescheid *m;* **taxation** [tæk'seɪʃən] *n* Besteuerung *f;* **tax bracket** *n* Steuerklasse *f;* **tax collector** *n* Finanzbeamte(r) *m,* Finanzbeamtin *f;* **tax consultant** *n* Steuerberater(in *f*) *m;* **tax-deductible** [tæks dɪ'dʌktəbl] *adj* von der Steuer absetzbar; ▷*mortgage* steuerbegünstigt; **tax disc** *n* (*BRIT*) Steuerplakette *f;* **tax evasion** *n* Steuerhinterziehung *f;* **tax-free** *adj* steuerfrei; **tax haven** *n* Steuerparadies *s*
taxi ['tæksɪ] **I.** *n* Taxi *s* **II.** *vi* ← *plane* rollen
taxidermist ['tæksɪdɜːmɪst] *n* Tierpräparator(in *f*) *m*
taxi driver ['tæksɪdraɪvə*] *n* Taxifahrer(in *f*) *m;* **taxi rank** *n* Taxistand *m*
tax number *n* Steuernummer *f;* **tax office** *n* Finanzamt *s;* **taxpayer** ['tækspeɪə*] *n* Steuerzahler(in *f*) *m;* **tax rebate** *n* Steuerrückzahlung *f;* **tax relief** *n* Steuererleichterung *f;* **tax return** *n* Steuererklärung *f;* **tax year** *n* ↑ *fiscal year* Steuerjahr *s*
TB *n abbr. of* MED **tuberculosis**
tea [tiː] *n* [1] (*drink*) Tee *m* [2] (*afternoon meal*) (frühes) Abendessen *s;* **tea bag** *n* Teebeutel *m;* **tea break** *n* Teepause *f*
teach [tiːtʃ] <taught, taught> *vt, vi* [1] (*at school, college*) lehren, unterrichten [2] ↑ *demonstrate* zeigen; ◇ **I'll ~ you how to cook** ich werde dir das Kochen beibringen [3] *FIG* ↑ *scold* ◇ **to ~ s.o. a lesson** jd-m e-e Lektion erteilen; (*unpleasant experience*) ◇ **that'll ~ you to tell lies!** das hast du nun davon, daß du gelogen hast!; **teacher** *n* Lehrer(in *f*) *m;* **teaching** *n* [1] (*career*) Unterrichten *s,* Lehren *s* [2] ↑ *doctrine* Lehre *f*
tea cosy ['tiːkəʊzɪ] *n* Teewärmer *m;* **teacup** *n* Teetasse *f;* **tea garden** *n* Gartencafé *s*
teak [tiːk] *n* [1] ▷*wood* Teakholz *s* [2] ▷*tree* Teakbaum *m*
tea leaves ['tiːliːvz] *n pl* Teeblätter *s pl*
team [tiːm] *n* [1] SPORT Mannschaft *f,* Team *s* [2] (*animals*) Gespann *s* [3] Gruppe *f;* **team spirit** *n* (*community*) Gemeinschaftssinn *m;* SPORT Mannschafts-, Teamgeist *m;* **teamwork** *n* Teamwork *s;* SPORT Zusammenspiel *s*
tea party ['tiːpɑːtɪ] *n* Teegesellschaft *f;* **teapot** *n* Teekanne *f*
tear [tɛə*] <tore, torn> **I.** *n* Riß *m* **II.** *vt* [1] ↑ *rip* zerreißen; MED ↑ *pull* → *muscle* zerren [2] (*conflict*) ◇ **to be torn between two possibilities** hin- und hergerissen sein zwischen zwei Möglichkeiten **III.** *vi* ↑ *rush through* rasen
tear [tɪə*] *n* (*crying*) Träne *f;* ◇ **~s of joy** Freudentränen *f pl;* ◇ **to be in ~s** in Tränen aufgelöst sein
tearaway ['tɛərəweɪ] *n* ↑ *rebel* Rabauke *m*
tear drop *n* Träne *f;* **tearful** ['tɪəfl] *adj* [1] ↑ *crying* weinend [2] ▷*goodbye* traurig, tränenreich; **tear gas** *n* Tränengas *s*
tearing ['tɛərɪŋ] *adj* ◇ **to be in a ~ hurry** es schrecklich eilig haben
tear-jerker ['tɪədʒɜːkə*] *n* (*FAM emotional*) ◇ **the film was a real - -** der Film ging mächtig auf die Tränendrüsen
tearoom ['tiːrʊm] *n* Teestube *f,* Teeladen *m*
tease [tiːz] **I.** *n* → *person* Schäker(in *f*) *m* **II.** *vt* [1] ↑ *taunt* → *animal* necken [2] ↑ *make fun of* → *person* hänseln
tea set ['tiːset] *n* Teeservice *s;* **teashop** *n* Tee-

stube *f;* **teaspoon** *n* Teelöffel *m;* **tea strainer** *n* Teesieb *s*

teat [ti:t] *n* [1] FAUNA Zitze *f* [2] (*baby's bottle*) Gummisauger *m* [3] ANAT ↑ *nipple* Brustwarze *f*

tea towel *n* Geschirrtuch *s;* **tea-trolley** *n* Teewagen *m*

tech [tek] *n* (*BRIT*) *abbr. of* **technical college** Fachhochschule *f*

technical ['teknɪkəl] *adj* technisch; ↑ *specialised* Fach-, fachlich; ◇ ~ **translation** Fachübersetzung *f;* **technicality** [teknɪ'kælɪtɪ] *n* [1] (*mechanics*) technisches Detail [2] JUR Formsache *f;* **technically** ['teknɪklɪ] *adv* technisch; *FIG* ◇ ~ **speaking** genau gesagt; **technical term** *n* Fachausdruck *m,* Terminus technicus *m*

technician [tek'nɪʃən] *n* Techniker(in *f*) *m*

Technicolour ® ['teknɪkʌlə*] *n* MEDIA Technicolor ® *s*

technique [tek'ni:k] *n* Technik *f,* Methode *f*

technological [teknə'lɒdʒɪkəl] *adj* technologisch, technisch; **technologist** [tek'nɒlədʒɪst] *n* Technologe *m,* Technologin *f;* **technology** [tek'nɒlədʒɪ] *n* Technologie *f,* Technik *f*

teddy [bear] ['tedɪbɛə*] *n* Teddy[-bär] *m*

tedious ['ti:dɪəs] *adj* [1] ↑ *dull* langweilig [2] ▷*task* lästig; **tediousness** *n* Langeweile *f*

tee [ti:] *n* (SPORT *golf*) Tee *s,* Abschlagstelle *f*

teem [ti:m] *vi* [1] ↑ *swarm* (*people*) wimmeln (*with* vor *dat*) [2] ↑ *pour* in Strömen regnen

teenage ['ti:neɪdʒ] *adj* ▷*fashion* Jugend-, Teenager-; **teenager** *n* Teenager *m,* Backfisch *m FAM!/(PEJ);* **teens** [ti:nz] *n pl* ◇ **to be in one's** ~ Teenager sein

teeny ['ti:nɪ] *adj* winzig klein

teeny bopper *n FAM* Teenager *m*

teeter ['ti:tə*] *vi* taumeln

teeth [ti:θ] *pl of* **tooth**

teethe [ti:ð] *vi* ← *baby* zahnen; *FIG* ↑ *problems of early stages* ◇ **teething problems** Kinderkrankheiten *f pl*

teetotal [ti:'təʊtl] *adj* (*no alcohol*) abstinent; **teetotaller, teetotaler** (*AM*) *n* Abstinenzler(in *f*) *m*

TEFL *n abbr. of* (*exam*) **teaching English as a foreign language,** Englisch als Fremdsprache unterrichten

Teflon ® ['teflɒn] *n* Teflon *s*

tel. *abbr. of* **telephone number**

telecommunications [telɪkəmju:nɪ'keɪʃənz] *n pl* Telekommunikation *f*

telecopier ['telɪkɒpɪə*] *n* Telefax[-gerät] *s,* Fernkopierer *m;* **telecopy** ['telɪkɒpɪ] *n* Telefax *s,* Fax *s,* Fernkopie *f*

telefax ['telɪfæks] *n* (*machine, message*) Telefax, Fax *s*

telegram ['telɪgræm] *n* Telegramm *s*

telegraph ['telɪgrɑ:f] *n* Telegraf *m;* **telegraphic** [telɪ'græfɪk] *adj* telegrafisch; **telegraph pole** *n* Telegrafenmast *m*

telemessage ['telɪmesɪdʒ] *n* Telebrief *m*

telepathic [telɪ'pæθɪk] *adj* telepathisch; **telepathy** [tɪ'lepəθɪ] *n* Telepathie *f*

telephone ['telɪfəʊn] **I.** *n* Telefon *s,* Fernsprecher *m* **II.** *vi* telefonieren **III.** *vt* anrufen; **telephone box** (*BRIT*), **telephone booth** (*AM*) *n* Telefonzelle *f;* **telephone call** *n* Telefonanruf *m,* Telefongespräch *s;* **telephone connection** *n* Telefonverbindung *f;* **telephone directory** *n* Telefonbuch *s;* **telephone exchange** *n* Fernsprechamt *s,* Telefonzentrale *f;* **telephone help-line** *n* Telefonseelsorge *f;* **telephone number** *n* Telefonnummer *f,* Rufnummer *f*

telephonist [tɪ'lefənɪst] *n* Telefonist(in *f*) *m*

telephoto[lens] ['telɪfəʊtəʊ'lenz] *n* Teleobjektiv *s*

teleprinter ['telɪprɪntə*] *n* Fernschreiber *m*

telescope ['telɪskəʊp] **I.** *n* Teleskop *s* **II.** *vt* ineinanderschieben; **telescopic** [telɪ'skɒpɪk] *adj* teleskopisch; ◇ ~ **lens** Fernrohrlinse *f;* ◇ ~ **sight** Zielfernrohr *s;* ◇ ~ **aerial** Teleskopantenne *f*

telethon ['telɪθɒn] *n* (*TV*) *Fernsehshow mit Spendenaufruf für e-n guten Zweck*

televiewer ['telɪvju:ə*] *n* Fernsehzuschauer(in *f*) *m;* **televise** ['telɪvaɪz] *vt* im Fernsehen übertragen; **television** ['telɪvɪʒən] *n* Fernsehen *s;* ◇ **to watch** ~ fernsehen; ◇ ~ **guide** Programmzeitschrift *f;* ◇ **cable** ~ Kabelfernsehen *s;* ◇ **breakfast** ~ Frühstücksfernsehen *s;* **television [set]** *n* Fernseher *m,* Fernsehapparat *m*

telex ['teleks] **I.** *n* [1] (*machine*) Telex *s,* Fernschreiber *m* [2] (*message*) Telex *s,* Fernschreiben *s* **II.** *vt* telexen

tell [tel] <told, told> **I.** *vt* [1] sagen, erzählen; ◇ **to** ~ **s.o. s.th.** jd-m etw sagen/erzählen; ◇ **to** ~ **the truth ...** ehrlich gesagt ..., wenn Sie mich fragen ...; ◇ **to** ~ **tales** lügen [2] ↑ *differentiate between* sagen, erkennen; ◇ **how can you ~?** woran erkennst du das?; ◇ **can you ~ which is yours?** weißt du, welches dir gehört?; ◇ **to ~ the difference** etw auseinanderhalten können [3] ↑ *order* sagen, befehlen **II.** *vi* [1] ↑ *be certain* wissen; ◇ **who can ~?** wer weiß? [2] ↑ *have effect on, cause* sich auswirken [3] → *secret* verraten; **tell off** *vt FAM* ↑ *scold* schelten (*for* wegen); **tell on** *vt* verpetzen, verraten; **teller** *n* (*AM*) Kassierer(in *f*) *m;* **telling** *adj* ↑ *revealing* ▷*sign* verräterisch, aufschlußreich; **telltale I.** *n* ↑ *sneak* Petzer(in *f*) *m* **II.** *adj* ▷*sign* verräterisch

telly ['telɪ] *n BRIT FAM* Fernseher *m,* Glotze *f*

temerity [tɪ'merɪtɪ] *n* Kühnheit *f*

temp [temp] (*BRIT secretary*) Zeitarbeitskraft *f;* ↑ *temping* ◇ **- work** Zeitarbeit *f*

temper ['tempə*] **I.** *n* [1] ↑ *disposition* Temperament *s* [2] ↑ *anger* Zorn *m;* ◇ **to lose one's -** die Beherrschung verlieren; ◇ **to keep one's -** ruhig bleiben; ◇ **she's very quick -ed** sie ist sehr jähzornig **II.** *vt* [1] ↑ *tone down* mildern [2] → *metals* härten; **temperament** ['temprəmənt] *n* Temperament *s,* Lebhaftigkeit *f;* **temperamental** [temprə'mentl] *adj* ↑ *moody* launisch

temperance ['tempərəns] *n* Mäßigung *f;* **temperate** ['tempərət] *adj* ▷*climate* gemäßigt; ▷*behaviour* gemäßigt; ▷*demands* maßvoll

temperature ['temprɪtʃə*] *n* [1] Temperatur *f;* ◇ **-s were up in the thirties** es war ungefähr dreißig Grad warm [2] MED Fieber *m;* ◇ **to have a -** Fieber haben; ◇ **to take s.o.'s -** jd-s Temperatur messen, bei jd-m Fieber messen

tempest ['tempɪst] *n* ↑ *storm* Sturm *m;* **tempestuous** [tem'pestjʊəs] *adj* ▷*winds* stürmisch; *FIG* ▷*character* stürmisch; ▷*anger* heftig

temping *n* Zeitarbeit *f;* ◇ **- agency** Agentur *f* für Zeitarbeit

template ['templət] *n* Schablone *f*

temple ['templ] *n* [1] (REL *place of worship*) Tempel *m* [2] ANAT Schläfe *f*

tempo ['tempəʊ] *n* <-s> [1] ↑ *pace* Tempo *s* [2] MUS Tempo *s*

temporal ['tempərəl] *adj* [1] ↑ *earthly* weltlich [2] (LING *time*) temporal, Zeit-

temporarily ['tempərərɪlɪ] *adv* vorübergehend; **temporary** ['tempərərɪ] *adj* [1] ▷*arrangement* vorübergehend, zeitweilig [2] ↑ *provisional* ▷*road, exit* provisorisch

tempt [tempt] *vt* → *s.o.* jd-n in Versuchung führen; ◇ **that looks -ing** das sieht sehr verlockend aus; ◇ **to - fate** das Schicksal herausfordern; **temptation** [temp'teɪʃən] *n* Versuchung *f,* Verführung *f;* **tempting** ['temptɪŋ] *adj* ▷*person* verführerisch; ▷*idea* verlockend

ten [ten] *nr* zehn

tenable ['tenəbl] *adj* haltbar

tenacious [tɪ'neɪʃəs] *adj* zäh, hartnäckig; **tenacity** [tə'næsɪtɪ] *n* Zähigkeit *f,* Hartnäckigkeit *f*

tenancy ['tenənsɪ] *n* ▷*rights* Mietrecht *s;* **tenant** *n* Mieter(in *f*) *m;* (*of farm*) Pächter(in *f*) *m*

tench ['tenʃ] *n* FAUNA Schleie *f*

tend [tend] **I.** *vt* (*look after*) sich kümmern um; → *land* bestellen; → *o.s.* sich pflegen; → *livestock* hüten **II.** *vi* ↑ *be inclined to* neigen, tendieren, die Tendenz haben (*to* zu); ◇ **she -s to exaggerate** sie neigt zu Übertreibungen; **tendency** ['tendənsɪ] *n* Tendenz *f,* Neigung *f*

tender ['tendə*] **I.** *adj* ↑ *soft* zart, weich; ↑ *sensitive* empfindlich; ▷*meat* zart; ◇ **- hearted** gutherzig **II.** *vi* COMM ↑ *offer* ein Angebot machen für **III.** *vt offer* → *money, service* anbieten; → *resignation* einreichen; **tenderize** *vt* → *meat* zart/weich machen

tenderloin ['tendəlɔɪn] *n* GASTRON Lendenstück *s;* **tenderly** *adv* ▷*touch* zärtlich; **tenderness** *n* ↑ *care* Zärtlichkeit *f;* ↑ *love* Liebe *f*

tendon ['tendən] *n* ANAT Sehne *f*

tendril ['tendrɪl] *n* [1] FLORA Ranke *f* [2] ↑ *wisp* (*hair*) Ringellocke *f*

tenement ['tenəmənt] *n* Mietshaus *s*

tenet ['tenət] *n* [1] REL Glaubenssatz *m* [2] Lehrsatz *m*

tenner ['tenə*] *n FAM* ↑ *ten pound note* Zehner *m*

tennis ['tenɪs] *n* Tennis *s;* **tennis ball** *n* Tennisball *m;* **tennis court** *n* Tennisplatz *m;* **tennis racket** *n,* **tennis racquet** *n* Tennisschläger *m*

tenor ['tenə*] *n* [1] MUS Tenor *m* [2] ↑ *significance* Sinn *m,* Tenor *m*

tense [tens] **I.** *adj* [1] ▷*person* nervös, angespannt [2] ↑ *taut* ▷*muscles* gespannt **II.** *n* LING Tempus *s;* **tensely** *adv* angespannt; **tenseness** *n* [1] ↑ *tautness* Spannung *f* [2] ↑ *strain* [An-]Spannung *f;* **tension** ['tenʃən] *n* [1] ELECTR Spannung *f* [2] ↑ *strain* Anspannung *f*

tent [tent] *n* Zelt *s;* ◇ **- peg** Hering *m*

tentacle ['tentəkl] *n* [1] FAUNA Tentakel *s o m,* Greiffäden *m pl* [2] FLORA Tentakel *s o m,* Fanghaare *s pl* [fleischfressender Pflanzen]

tentative ['tentətɪv] *adj* ↑ *provisional* vorläufig; ↑ *hesitant* vorsichtig; ↑ *offer* unverbindlich; ↑ *suggestion* zögernd, vorsichtig; **tentatively** *adv* ↑ *hesitantly* vorsichtig, zögernd

tent camp *n* Zeltlager *s*

tenterhooks ['tentəhʊks] *n pl* ◇ **to be on -** auf die Folter gespannt werden, wie auf glühenden Kohlen sitzen

tenth [tenθ] **I.** *adj* zehnte(r ,s) **II.** *adv* an zehnter Stelle **III.** *n* (*position*) Zehnte(r) *fm;* (*fraction*) Zehntel *s;* MUS Dezime *f*

tent peg ['tentpeg] *n* Zeltpflock *m,* Hering *m;*

tent pole *n* Zeltstange *f*

tenuous ['tenjʊəs] *adj* ▷*air* dünn; ▷*connection, argument* schwach

tenure ['tenjʊə*] *n* [1] ↑ *property* Besitz *m* [2] ↑ *office, position of power* Amtszeit *f*

tepee ['ti:pi:] *n* (*wigwam*) Tipi *s*

tepid ['tepɪd] *adj* (*temperature*) lauwarm

term [tɜ:m] *n* [1] ↑ *period* Dauer *f;* ◇ **- of office** Amtszeit *f,* Frist *f,* Laufzeit *f* [2] SCH Halbjahr *s;* (*university*) Semester *s;* Trimester *s;* ◇ **- time**

Semesterzeit *f* 3 ↑ *expression* Ausdruck *m;* ◇ **technical** ~ Fachausdruck *m;* ◇ **a contradiction in** ~**s** ein Widerspruch in sich 4 ↑ *relations* ◇ **to be on friendly** ~**s with s.o.** gut mit jd-m auskommen 5 ↑ *conditions* ◇ ~**s** Bedingungen *pl;* ◇ **on what** ~**s?** zu welchen Bedingungen? 6 ↑ *in relation to* ◇ **in** ~**s of time** zeitlich gesehen

terminal ['tɜ:minl] **I.** *n* 1 RAIL Endstation *f;* AERO Terminal *s* 2 ELECTR [Anschluß-] Klemme *f;* (*battery*) Pol *m* 3 PC Terminal *s* **II.** *adj* MED ◇ ~ **cancer** Krebs im Endstadium

terminate ['tɜ:mɪneɪt] **I.** *vt* ↑ *end* → *process* beenden; → *contract* kündigen **II.** *vi* 1 enden, aufhören (*in* in *dat*) 2 → *pregnancy* unterbrechen; **termination** [tɜ:mɪ'neɪʃən] *n* 1 ↑ *end* Ende *s* 2 ↑ *ending* Beendigung *f* 3 (*of contract*) Kündigung *f* 4 (*of pregnancy*) Unterbrechung *f*

terminology [tɜ:mɪ'nɒlədʒɪ] *n* Terminologie *f*

terminus ['tɜ:mɪnəs] *n* (RAIL *bus*) Endstation *f*

termite ['tɜ:maɪt] *n* FAUNA Termite *f*

tern [tɜ:n] *n* FAUNA Seeschwalbe *f*

terrace ['terəs] *n* 1 (*garden*) Terrasse *f* 2 ↑ *row of houses, BRIT* Häuserreihe *f;* **terraced** [-d] *adj* 1 ▷*garden* Terrassen-, terrassenförmig, stufenförmig 2 ▷*house* Reihen-; ◇ ~ **house** Reihenhaus *s*

terra-cotta [terə'kɒtə] *n* Terrakotta *s*

terrible ['terəbl] *adj* ↑ *abominable* schrecklich, furchtbar; **terribly** ['terəblɪ] *adv* fürchterlich; *FAM* ↑ *very* ◇ **the Millers are** ~ **nice people** die Millers sind furchtbar [*o.* schrecklich] nette Leute

terrier ['terɪə*] *n* (FAUNA *breed of dog*) Terrier *m*

terrific [tə'rɪfɪk] *adj* 1 ↑ *great, FAM* toll, wahnsinnig; ◇ **that's** ~**!** toll! 2 *FAM* ↑ *big* ▷*noise* Heiden-, Wahnsinns- 3 ↑ *unlikely* ▷*story* unwahrscheinlich

terrify ['terɪfaɪ] *vt* ↑ *scare* → *s.o.* erschrecken, jd-m schreckliche Angst einjagen; ◇ **she's terrified of the dark** sie hat schreckliche Angst vor der Dunkelheit; **terrifying** *adj* ▷*experience* erschreckend

territorial [terɪ'tɔ:rɪəl] *adj* Gebiets-, territorial; ◇ ~ **rights** *pl* Hoheitsrechte *pl;* ◇ ~ **waters** Hoheitsgewässer *pl*

territory ['terɪtərɪ] *n* Gebiet *s;* ◇ **government** ~ Staatsgebiet *s*

terror ['terə*] *n* 1 ↑ *fear* Schrecken *m,* Entsetzen *s* 2 ↑ *violence* Terror *m* 3 (*naughty child*) Plage *f;* **terror attack** *n* Terroranschlag *m;* **terrorism** ['terərɪzəm] *n* Terrorismus *m;* **terrorist** *n* Terrorist(in *f*) *m;* **terrorize** *vt* terrorisieren; ↑ *intimidate* einschüchtern

terse [tɜ:s] *adj* ↑ *abrupt* ◇ **to give a** ~ **answer** kurz angebunden sein

test [test] **I.** *n* 1 ↑ *exam* Prüfung *f* 2 ↑ *experiment* Test *m;* ◇ **to put to the** ~ ausprobieren, auf die Probe stellen; ◇ ~ **results** Ergebnisse *s pl* **II.** *vt* 1 ↑ *examine* prüfen 2 ↑ *try out* ausprobieren, probieren 3 (*experiment*) testen

testament ['testəmənt] *n* Testament *s*

test balloon *n* Versuchsballon *m;* **test case** *n* JUR Musterfall *m,* Musterprozeß *m;* **tester** *n* 1 ↑ *examiner* Prüfer(in *f*) *m* 2 (*machine*) Prüfgerät *s* 3 ↑ *sample* (*perfume*) Probe *f;* **test flight** *n* Probeflug *m*

testicle ['testɪkl] *n* ANAT Hoden *m*

testify ['testɪfaɪ] *vi* (*before court*) aussagen

testimonial [testɪ'məʊnɪəl] *n* (*character recommendation*) Referenz *f*

testimony ['testɪmənɪ] *n* JUR Aussage *f*

testiness ['testɪnɪs] *n* Gereiztheit *f*

testing ground *n* Versuchsgebiet *s; FIG* Versuchsfeld *s*

test match ['testmætʃ] *n* SPORT *BRIT* Testspiel *s;* **test paper** *n* SCH schriftliche Arbeit *f;* CHEM Reagenzpapier *s;* **test pilot** *n* Testpilot (in *f*) *m;* **test tube** *n* Reagenzglas *s;* MED ◇ ~ ~ **baby** Retortenbaby *s*

testy ['testɪ] *adj* ↑ *irritable* gereizt

tetanus ['tetənəs] *n* MED Tetanus *m;* ◇ **anti-**~ **vaccination** Tetanusschutzimpfung *f*

tetchy ['tetʃɪ] *adj* gereizt

tête-à-tête [teɪtɑ:'teɪt] *n* ↑ *private talk* Gespräch unter vier Augen

tether ['teðə*] *vt* anbinden; ↑ *be nervous* ◇ **I'm at the end of my** ~ ich bin völlig am Ende; *FAM* ich bin fix und fertig

text [tekst] *n* 1 (*writing*) Text *m* 2 (*of document*) Wortlaut *m;* **textbook** *n* Lehrbuch *s*

textile ['tekstaɪl] *n* ↑ *fabric, material* Stoff *m;* ◇ ~**s** *pl* Textilien *pl;* ◇ ~ **industry** Textilindustrie *f,* Bekleidungsindustrie *f*

textual ['tekstʃʊəl] *adj* Text-

texture ['tekstʃə*] *n* (*feeling*) Textur *f,* Beschaffenheit *f;* ◇ **it has the** ~ **of silk** es fühlt sich wie Seide an

Thailand ['taɪlənd] *n* Thailand *s*

Thames [temz] *n* Themse *f; FIG* ↑ *he does not have what it takes* ◇ **he won't** [*o.* **he'll never**] **set the** ~ **on fire** er hat das Pulver auch nicht erfunden

than [ðən, ðæn] *prep, cj* als, mehr als; ◇ **Angela is taller** ~ **Peter** Angela ist größer als Peter; ◇ **it was nothing more** ~ **a lie** es war nichts anderes als e-e [einzige] Lüge

thank [θæŋk] *vt* danken *dat;* ◇ ~ **you** danke schön; ◇ **to** ~ **s.o.** sich bedanken bei jd-m; ◇ **how can I ever** ~ **you!** wie soll ich Ihnen danken!; ◇ **no** ~ **you**

nein, danke; ◇ **yes, ~ you** ja, bitte, ja, danke; ◇ **~ you for your help** danke für deine Hilfe; ◇ **T~ Goodness** Gott sei Dank; **thankful** ['θæŋkfl] *adj* dankbar; **thankfully** *adv* ↑ *luckily* zum Glück, Gott sei Dank; **thankless** *adj* ▷*job, task* undankbar; **thanks** [θæŋks] *n pl* Dank *m;* ◇ **~ to you** dank dir; ◇ **that's all the ~ I get** und das ist jetzt der Dank dafür; **Thanksgiving** *n* (*AM*) Thanksgiving Day *m,* Erntedankfest *s (vierter Donnerstag im November)*

that [ðæt] **I.** *adj, pron* (1) das; ◇ **at ~** zudem, dazu noch; ◇ **and ~'s it** und damit Schluß; ◇ **~'s it for today** das war's für heute (2) jener, jene, jenes; ◇ **~ house** jenes Haus **II.** [ðət] *cj* daß **III.** *adv* so, dermaßen; ◇ **it is ~ easy** es ist so einfach

thatched [θætʃt] *adj* ▷*roof, cottage* strohgedeckt, reetgedeckt

thaw [θɔː] **I.** *n* Tauwetter *s* **II.** *vi* ← *frozen food* auftauen **III.** *vt* → *frozen food* auftauen lassen

the [ðə, ðiː] *art* der, die, das; ◇ **this is ~ way to do it** so macht man das; ◇ **~ sooner ~ better** je eher/früher, desto besser

theatre, theater (*AM*) ['θɪətə*] *n* (1) (*plays*) Theater *s* (2) MED ↑ *operating* ~ Operationssaal *m* (3) ↑ *lecture hall* Hörsaal *m*

theatre critic *n* Theaterkritiker(in *f*) *m;* **theatregoer** *n* Theaterbesucher(in *f*) *m;* **theatre of war** *n* Kriegsschauplatz *m;* **theatrical** [θɪ'ætrɪkəl] *adj* ▷*behaviour* theatralisch; ▷*career* Schauspieler-

theft [θeft] *n* Diebstahl *m*

their [ðeə] *pron* (*used as an adjective*) ihr; ◇ **~ description** ihre Beschreibung; **theirs** [ðeəz] *pron* (*used as a noun, possessive*) ihre(r, s); ◇ **it is ~** es gehört ihnen

them [ðəm, ðem] *pron direct/indirect object of* **they** sie, ihnen; ◇ **it's ~ I'm talking about** ich spreche von ihnen; ◇ **it's ~ we saw** sie sind es, die wir sahen

theme [θiːm] *n* ↑ *subject* Thema *s;* (*of art, story*) Thema *s;* ◇ **~ song** Titelsong *m,* Titelmusik *f*

themselves [ðəm'selvz] *pron* sich; ◇ **they ~ are responsible** sie selbst sind dafür verantwortlich

then [ðen] **I.** *adv* (1) ↑ *afterwards* dann; ◇ **~ you can help me** dann kannst du mir helfen (2) (*past*) da, damals; ◇ **I was younger ~** ich war damals jünger **II.** *cj* also, folglich; ◇ **~ you will do it** dann machst du es also **III.** *adj* ◇ **but ~** doch, andererseits; ◇ **will it be finished by ~?** wird es bis dahin fertig?; ◇ **from ~ on** von da an

theologian [θɪə'ləʊdʒən] *n* Theologe *m,* Theologin *f;* **theological** [θɪə'lɒdʒɪkəl] *adj* theologisch; **theology** [θɪ'ɒlədʒɪ] *n* Theologie *f*

theorem ['θɪərəm] *n* Lehrsatz *m*

theoretically [θɪə'retɪklɪ] *adv* theoretisch; ◇ **~ possible** theoretisch möglich

theorist ['θɪərɪst] *n* Theoretiker(in *f*) *m*

theorize ['θɪəraɪz] *vi* theoretisieren

theory ['θɪərɪ] *n* Theorie *f;* ◇ **in ~ it should work** theoretisch sollte es funktionieren

therapeutic[al] [θerə'pjuːtɪkəl] *adj* MED therapeutisch; ↑ *relaxing* erholsam

therapist ['θerəpɪst] *n* Therapeut(in *f*) *m*

therapy ['θerəpɪ] *n* ▷*psychiatric* Therapie *f,* Behandlung *f*

there [ðɛə*] **I.** *adv* da, dort; ◇ **~ they are!** da sind sie!; ◇ **~ and back** hin und zurück; (*to a place*) ◇ **let's go ~** gehen wir dorthin; (*once more*) ◇ **~ she goes again** sie fängt schon wieder damit an **II.** *intj* ◇ **t~!** na, also!; (*comforting*) ◇ **~, ~** na, na; ◇ **~ is a very nice place near here** es gibt hier e-n sehr schönen Ort in der Nähe; ◇ **~ are many children here** hier sind viele Kinder; **thereabouts** ['ðɛərəbaʊts] *adv* (*about*) ungefähr; **thereafter** [ðɛər'ɑːftə*] *adv* danach; **thereby** [ðɛə'baɪ] *adv* dadurch; **therefore** ['ðɛəfɔː*] *adv* deshalb, daher; **there's** [ðɛəz] = **there is** es gibt/sind

therm [θɜːm] *n BRIT* PHYS *100 000 Wärmeeinheiten*

thermal ['θɜːməl] *adj* thermisch; PHYS Thermo-; **thermal bath** *n* Thermalbad *s;* **thermal clothes** *n* Thermobekleidung *f;* **thermal power station** *n* Wärmekraftwerk *s;* **thermal printer** *n* Thermodrucker *m;* **thermal underwear** *n* Thermounterwäsche *f;* **thermomat** *n* Isomatte *f;* **thermometer** [θə'mɒmɪtə*] *n* Thermometer *s;* **thermonuclear** [θɜːməʊ'njuːklɪə*] *adj* ▷*war* thermonuklear; **Thermos** ® ['θɜːməs] *n* ▷*flask* Thermosflasche *f;* **thermostat** ['θɜːməstæt] *n* Thermostat *m*

thesaurus [θɪ'sɔːrəs] *n* Thesaurus *m,* Synonymwörterbuch *s*

these [ðiːz] *pron, adj* diese; ◇ **~ ones** diese

thesis ['θiːsɪs] *n* (1) ↑ *discussion* These *f* (2) ↑ *academic research* Dissertation *f,* Doktorarbeit *f*

they [ðeɪ] *pron pl* sie; ◇ **~ are very nice** sie sind sehr nett; (*no one particular*) ◇ **~ eat it cold** man ißt es kalt; **they'd** [ðeɪd] = **they had; they would they'll** [ðeɪl] = **they shall; they will; they're** [ðɛə*] = **they are; they've** [ðeɪv] = **they have**

thick [θɪk] **I.** *adj* dick (1) ↑ *dense* ▷*forest* dicht (2) ▷*soup* dickflüssig (3) (*not intelligent*) dumm, blöd (4) ↑ *close* ◇ **~ friends** dicke Freunde **II.** *n* ◇ **in the ~ of the matter** mitten in der Sache *dat* drin; **thicken** ['θɪkn] **I.** *vi* ← *fog, smoke* dichter werden **II.** *vt* → *sauce* verdicken; **thickness** *n* (1) (*of board, tin*) Dicke *f* (2) ↑ *density* Dichte *f* (3) (*of soup*) Dickflüssigkeit *f* [4] ↑ *stupidity* Dummheit *f;* **thickset** ['θɪkset] *adj* ▷*figure* untersetzt; **thickskinned** ['θɪkskɪnd] *adj* ↑ *insensitive, stubborn* dickhäutig, stur

thief [θi:f] *n* <thieves> Dieb(in *f*) *m;* **thieving** ['θi:vɪŋ] **I.** *n* Stehlen *s,* Diebstahl *m* **II.** *adj* stehlend, diebisch

thigh [θaɪ] *n* ANAT Oberschenkel *m;* (*boots*) ◇ **~-high** bis zum Oberschenkel; **thighbone** *n* ANAT Oberschenkelknochen *m*

thimble ['θɪmbl] *n* (*sewing*) Fingerhut *m;* **thimbleful** ['θɪmblfʊl] *n* (*FIG a little*) Fingerhut (voll) *m*

thin [θɪn] **I.** *adj* [1] ↑ *skinny* dünn [2] ↑ *not much* spärlich; ▷*hair* schütter **II.** *vt* → *plants* ◇ **to ~ out** ausdünnen

thing [θɪŋ] *n* [1] (*object*) Ding *s;* ↑ *matter* Sache *f* [2] ◇ **my ~s are in the car** meine Sachen sind im Auto [3] (*complain*) ◇ **I'd like to tell him a ~ or two** ich würde ihm gerne mal die Meinung sagen

thingummyjig *n FAM* Dings *s,* Dingsbums *s*

think [θɪŋk] <thought, thought> *vt, vi* [1] denken; ↑ *believe* ◇ **I ~ so** ich glaube schon [2] glauben; ↑ *consider* ◇ **we're ~ing of moving** wir überlegen, ob wir umziehen sollen [3] ↑ *believe* ◇ **what do you ~ of it?** was hältst du davon?; ◇ **I thought you were a nurse** ich dachte, du bist Krankenschwester; **think over** *vt* ↑ *carefully consider* → *decision* nachdenken über *acc,* sich *acc* überlegen; **think up** *vt* ausdenken *dat*

thinker *n* Denker(in *f*) *m;* **thinking** *adj* denkend

thinly ['θɪnlɪ] *adv* ▷*populated* dünn

thinness ['θɪnnəs] *n* (*of person*) Dünnheit *f*

thin-skinned ['θɪnskɪnd] *adj* ↑ *sensitive* empfindlich

third [θɜ:d] **I.** *adj* dritte(r, s) **II.** *adv* an dritter Stelle **III.** *n* [1] (*person*) Dritte(r) *fm* [2] (*fraction*) Drittel *s* [3] ◇ **~-class** (*quality*) drittklassig; ◇ **the ~ world** die Dritte Welt; **third-degree I.** *n* (*FIG interrogation*) ◇ **to give s.o. the ~** jd-n in die Zange nehmen **II.** *adj* MED ◇ **~ burns** Verbrennungen *pl* dritten Grades; **thirdly** *adv* drittens; **third party insurance** *n* Haftpflichtversicherung *f;* **third-rate** *adj minderwertig;* drittklassig

Third-World store *n* Dritte Welt Laden *m*

thirst [θɜ:st] *n* Durst *m;* (*FIG for knowledge*) Wissensdurst *m;* **thirsty** ['θɜ:stɪ] *adj* durstig; ◇ **to be ~** Durst haben

thirteen [θɜ:'ti:n] *nr* dreizehn

thirty ['θɜ:tɪ] *nr* dreißig

this [ðɪs] **I.** *adj* diese(r, s); ◇ **~ book** dieses Buch **II.** *pron* [1] dies, das [2] ◇ **~ is how I like it** so mag ich es; (*with gesture*) ◇ **he was ~ close** er war so nah

thistle ['θɪsl] *n* Distel *f*

thistledown *n* ↑ *fluff of thistle* Distelwolle *f*

thong [θɒŋ] *n* [Leder-]Riemen *m*

thorax ['θɔ:ræks] *n* ANAT Thorax *m,* Oberkörper *m*

thorn [θɔ:n] *n* [1] (*rose*) Dorn *m,* Stachel *m; FIG* ◇ **it's a ~ in my side** es ist mir ein Dorn im Auge [2] ↑ *rosebush* Dornbusch *m;* **thorn bush** *n* Dornenstrauch *m;* **thorny** ['θɔ:nɪ] *adj* ▷*plant* dornig; *FIG* ▷*situation* heikel, schwierig

thorough ['θʌrə] *adj* ↑ *complete* ▷*search* gründlich; **thoroughbred** ['θʌrəbred] **I.** *n* ▷*horse* Vollblut *s* **II.** *adj* Vollblut-

thoroughgoing *adj* ↑ *complete* ▷*check, changes* grundlegend; ▷*measures* durchgreifend; **thoroughly** *adv* ↑ *completely* gründlich; ↑ *extremely* vollkommen; **thoroughness** *n* Gründlichkeit *f,* Sorgfalt *f*

those [ðəʊz] **I.** *pron* die, jene **II.** *adj* die, jene; ◇ **~ who are late will be punished** diejenigen, die zu spät kommen, werden bestraft

though [ðəʊ] **I.** *cj* obwohl, obgleich **II.** *adv* trotzdem, dennoch; ◇ **~ I may not come** obwohl ich vielleicht nicht kommen kann

thought [θɔ:t] **I.** *pt, pp of* **think**; **II.** *n* [1] ↑ *thinking* Denken *s* [2] ↑ *idea* Gedanke *m;* ◇ **the mere ~ worries me** der bloße Gedanke beunruhigt mich schon; **thoughtful** ['θɔ:tfl] *adj* [1] ↑ *reflective* nachdenklich [2] ↑ *considerate* rücksichtsvoll, hilfsbereit; **thoughtless** *adj* [1] ↑ *without a thought* gedankenlos [2] ↑ *inconsiderate* rücksichtslos [3] ↑ *nasty* ▷*comment* gemein

thousand ['θaʊznd] *nr* tausend; ◇ **one ~** eintausend

thrash [θræʃ] **I.** *vt* verdreschen; → *person* ↑ *hit* schlagen **II.** *adj* ▷*car* heruntergekommen, in schlechtem Zustand

thread [θred] **I.** *n* [1] (*sewing*) Faden *m* [2] (*in story*) Faden *m;* (*FIG in conversation*) ◇ **to lose the ~** den Faden verlieren [3] TECHNOL Gewinde *s* **II.** *vt* → *needle* einfädeln **III.** *vi* ↑ *weave* ◇ **to ~ one's way** sich durchschlängeln; **threadbare** ['θredbeə*] *adj* abgewetzt, abgetragen, alt

threat [θret] *n* [1] ↑ *menace* Drohung *f* [2] ↑ *danger* Gefahr *f,* Bedrohung *f;* ◇ **a ~ to public safety** e-e Gefahr für die öffentliche Sicherheit; **threaten** ['θretn] **I.** *vt* bedrohen **II.** *vi* drohen; **threatening** *adj* ▷*situation* drohend; ▷*letter* ◇ **~ letter** Drohbrief *m*

three [θri:] *nr* drei; **three-dimensional** *adj* dreidimensional; **threefold** *adj* dreifach; **three-legged** [θri:'legɪd] *adj* dreibeinig;

T

three-piece suit *n* dreiteiliger Anzug *m;* **three-ply** *adj* ▷*wool* Dreifach-, dreifach; ▷*tissue* dreilagig; ▷*wood* dreischichtig; **three-quarter** [θriːˈkwɔːtə*] *adj* dreiviertel; **threesome** [ˈθriːsʌm] *n* (*3 people*) Dreiergruppe *f;* **three-wheeler** *n* Dreiradwagen *m*

thresh [θreʃ] *vt, vi* dreschen; **threshing machine** *n* AGR Dreschmaschine *f*

threshold [ˈθreʃhəʊld] *n* Schwelle *f*

threw [θruː] *pt of* **throw**

thrift [θrɪft] *n* ↑ *saving* Sparsamkeit *f;* **thrifty** [ˈθrɪftɪ] *adj* ↑ *economical* sparsam, wirtschaftlich

thrill [θrɪl] **I.** *n* Reiz *m; FAM* ↑ *nothing special* ◇ **cheap ~!** schön für dich! **II.** *vt* begeistern; ◇ **to be ~ed about s.th.** hingerissen sein von etw; **thriller** *n* (*film, novel*) Thriller *m,* Krimi *m;* **thrilling** *adj* ↑ *full of suspense* ▷*film* spannend; ↑ *exciting* ▷*news* aufregend

thrive [θraɪv] *vi* ① ← *child* sich gut entwickeln; ← *garden* gedeihen ② ◇ **my neighbour ~s on gossip** mein Nachbar ist unglaublich vertratscht; **thriving** *adj* ↑ *flourishing, successful* ▷*business* erfolgreich, blühend, gutgehend; ▷*plant* prächtig gedeihend

throat [θrəʊt] *n* Hals *m,* Kehle *f;* ◇ **to grab s.o. by the ~** jd-n am Kragen packen

throb [θrɒb] *vi* ← *heart, pulse* klopfen

throes [θrəʊz] *n pl* ◇ **in the ~ of** mitten in *dat*

thrombosis [θrɒmˈbəʊsɪs] *n* MED Thrombose *f*

throne [θrəʊn] *n* Thron *m*

throttle [ˈθrɒtl] **I.** *n* TECHNOL ↑ *lever* Gashebel *m;* ↑ *valve* Drosselklappe *f;* ◇ **to drive at full ~** [mit] Vollgas fahren **II.** *vt* ↑ *strangle* erdrosseln, erwürgen

through [θruː] **I.** *prep* ① durch; ◇ **~ the garden** durch den Garten ② (*time*) während; ◇ **all ~ the holidays** während der Ferien *gen* ③ ↑ *due to* aus, durch **II.** *adv* durch **III.** *adj* ① ↑ *direct* (*~ train*) durchgehend ② ↑ *finished, complete* fertig; ◇ **we're ~ with the repairs** wir sind mit den Reparaturen fertig; ↑ *it's over* (*relationship*) ◇ **we're ~** es ist aus zwischen uns ③ TELEC ◇ **to get ~** durchkommen ④ (*ordeal*) ◇ **to go ~ s.th.** etw durchmachen; **throughout** [θruːˈaʊt] **I.** *prep* (*place*) überall *dat;* (*time*) während *gen;* ◇ **~ the evening** den ganzen Abend lang **II.** *adv* ganz, überall; **through road** *n* Durchgangsstraße *f;* **through traffic** *n* Durchgangsverkehr *m*

throw [θrəʊ] <threw, thrown> **I.** *vt* werfen **II.** *n* Wurf *m;* **throw away** *vt* (*trash*) wegwerfen; **throw out** *vt* ① (*of window*) hinauswerfen ② → *person out of house* rausschmeißen, hinauswerfen ③ → *rubbish* wegschmeißen; **throw up** *vt, vi* ↑ *vomit* erbrechen

throw-away society *n* Wegwerfgesellschaft *f;* **throw-in** *n* Einwurf *m;* **thrown** [θrəʊn] *pp of* **throw**

thru [θruː] *prep* (*AM*) *s.* **through**

thrush [1] [θrʌʃ] *n* FAUNA Drossel *f*

thrush [2] [θrʌʃ] *n* MED Soor *m,* Schwämmchen *s;* (MED *of vagina*) Pilzkrankheit *f*

thrust [θrʌst] <thrust, thrust> **I.** *vt, vi* ↑ *push* stoßen; ↑ *to force o.s.* ◇ **to ~ o.s. on s.o.** sich jd-m aufdrängen; ◇ **to ~ into** etw rammen in [*o.* stoßen] **II.** *n* ① ↑ *push* Stoß *m* ② TECHNOL Schubkraft *f* ③ MIL Vorstoß *m;* **thrusting** *adj* ▷*person* ↑ *pushy* aufdringlich

thud [θʌd] *n* (*noise*) dumpfes Geräusch *s;* (*heart*) Pochen *s*

thug [θʌg] *n* Schläger[typ] *m*

thumb [θʌm] **I.** *n* Daumen *m* **II.** *vt* ↑ *flick* → *book, magazine* durchblättern; *FIG* ◇ **to stick out like a sore ~** auffallen wie ein bunter Hund; **thumb index** *n* Daumenregister *s,* Daumenindex *s*

thumbs-down *n* ↑ *disapproval* Ablehnung *f*

thumbs-up *n* ↑ *approval, okay* Zustimmung *f*

thumbnail *n* ANAT Daumennagel *m*

thump [θʌmp] **I.** *n* ① ↑ *blow* Schlag *m* ② (*of heart*) Klopfen *s* ③ (*noise*) dumpfer Schlag *m* **II.** *vi* ↑ *bang* hämmern **III.** *vt* ↑ *blow, hit* schlagen; ◇ **to ~ s.o.** jd-n schlagen

thunder [ˈθʌndə*] **I.** *n* Donner *m* **II.** *vi* donnern **III.** *vt* ↑ *roar* brüllen

thunder bolt *n* Blitz *m,* Blitz und Donner *m*

thunder clap *n* Donnerschlag *m;* **thunderous** [ˈθʌndərəs] *adj* ▷*applause, voice* stürmisch, donnernd; **thunderstorm** [θʌndəstɔːm] *n* Gewitter *s,* Unwetter *s;* **thunderstruck** [ˈθʌndəstrʌk] *adj* ↑ *amazed, shocked* ◇ **Sarah was ~** Sarah war wie vom Donner gerührt; **thundery** [ˈθʌndərɪ] *adj* gewittrig

Thursday [ˈθɜːzdeɪ] *n* Donnerstag *m;* ◇ **on ~** am Donnerstag; ◇ **on ~s, on a ~** donnerstags

thus [ðʌs] *adv* ① ↑ *in this way* auf diese Weise ② ↑ *consequently* somit, folglich ③ ◇ **~ far** soweit

thwart [θwɔːt] *vt spoil, frustrate* → *plans* durchkreuzen, vereiteln, verhindern; → *person* hindern

thyme [taɪm] *n* (GASTRON *spice*) Thymian *m*

thyroid [gland] [ˈθaɪrɔɪd] *n* ANAT Schilddrüse *f*

tiara [tɪˈɑːrə] *n* ① (*for hair*) Diadem *s* ② (REL *of pope*) Tiara *f*

Tibet [tɪˈbet] *n* Tibet *s*

tic [tɪk] *n* (*nervous*) Tick *m*

tick [tɪk] **I.** *n* ① (*sound*) Ticken *s* ② (*mark*) Haken *m* ③ *FAM* ↑ *moment* ◇ **the doctor will be with you in a ~** der Doktor kommt gleich zu Ihnen **II.** *vi* (*sound*) ticken **III.** *vt* (*list*) abhaken

ticker *n* [1] *FAM* ↑ *heart* Pumpe *f* [2] *FAM* ↑ *watch* Zwiebel *f*

ticket ['tɪkɪt] *n* [1] (*train, bus*) Fahrkarte *f* [2] ↑ *parking* ~ Strafzettel *m* [3] (*entry*) Eintrittskarte *f;* (*concert*) Karte *f* [4] ↑ *price* ~ Preisschild *s* [5] ↑ *luggage* ~ Gepäckschein *m;* **ticket collector** *n* Schaffner(in *f*) *m;* **ticket counter** *n* Fahrkartenschalter *f;* **ticket holder** *n* Karteninhaber(in *f*) *m;* **ticket inspector** *n* Fahrscheinkontolleur (in *f*) *m;* **ticket machine** *n* Fahrscheinautomat *m;* **ticket office** *n* [1] (*cinema, theater*) Kasse *f* [2] RAIL Fahrkartenschalter *m*

ticking-off [tɪkɪŋ'ɒf] *n FAM* ↑ *reprimand* Anpfiff *m*

tickle ['tɪkl] **I.** *n* Kitzeln *s* **II.** *vt* [1] → *toes, tummy* kitzeln [2] ↑ *find amusing* lustig finden; *FAM* ◇ **to be -d pink** sich wie ein Schneekönig freuen; ◇ **that -d his fancy** das gefiel ihm; **ticklish** ['tɪklɪʃ] *adj* kitzlig

tidal ['taɪdl] *adj* Flut-, Tide-; ◇ **~ wave** Flutwelle *f*

tidbit ['tɪdbɪt] *n* (*AM*), **titbit** ['tɪtbɪt] *n* (*BRIT*) Leckerbissen *m*

tiddly-winks ['tɪdlɪwɪŋks] *n* (*game*) Floh[hüpf]-spiel *s*

tide [taɪd] *n* Gezeiten *pl,* Ebbe und Flut *f*

tide mark *n* Flutmarke *f*

tidily ['taɪdɪlɪ] *adv* ordentlich

tidiness ['taɪdɪnəs] *n* Ordentlichkeit *f*

tidy ['taɪdɪ] **I.** *adj* ▹*room, affairs* ordentlich **II.** *vt* aufräumen, in Ordnung bringen

tie [taɪ] **I.** *n* [1] ↑ *necktie* Krawatte *f,* Schlips *m;* ◇ **a ~ pin** Krawattennadel *f* [2] ↑ *bind* Schnur *f* [3] SPORT Unentschieden *s* [4] ↑ *equal* (*votes*) Stimmengleichheit *f* [5] ↑ *link* Bindung *f;* ◇ **family -s** Familienbande *f* **II.** *vt* ↑ *fasten* binden; ↑ *knot* schnüren; *FIG* ◇ **my hands are -d** mir sind die Hände gebunden **III.** *vi* ← *game* punktgleich/ unentschieden enden; **tie down** *vt* [1] → *s.o.* festlegen [2] *FIG* ↑ *hinder* binden; **tie up** *vt* [1] → *person* binden [2] → *parcel* verschnüren; → *shoelaces* binden [3] → *boat* festmachen [4] ↑ *settle* unter Dach und Fach bringen

tie-clip *n* Krawattennadel *f*

tier [tɪə*] *n* [1] ↑ *row* Reihe *f,* Rang *m* [2] (*wedding cake, two-tiered*) Etage *f*

tiff [tɪf] *n* ↑ *small argument* Krach *m*

tiger ['taɪgə*] *n* FAUNA Tiger *m*

tight [taɪt] *adj* ▹*clothes, skirt* eng; ▹*rope* straff; ▹*screw* festangezogen, festsitzend; ▹*hug* fest; ↑ *stingy* ▹*person* geizig; ▹*schedule* gedrängt; ▹*control* streng; **tighten** ['taɪtn] **I.** *vt* [1] → *screw* anziehen [2] → *law* verschärfen **II.** *vi* ← *muscles* sich anspannen; *FIG* ◇ **to ~ one's belt** sich einschränken; **tight-fisted** ['taɪtfɪstɪd] *adj* knauserig, knickerig; **tightly** *adv* ▹*fastened* eng, fest; **tight-rope** *n* Seil *s für Seiltänzer(in);* **tights** [taɪts] *n pl* Strumpfhose *f*

tile [taɪl] *n* [1] (*in bathroom*) Kachel *f,* Fliese *f* [2] (*on roof*) Dachziegel *m;* **tile oven** *n* Kachelofen *m;* **tiled** *adj* [1] ▹*wall* gefliest, gekachelt [2] ▹*roof* Ziegel-

till [tɪl] **I.** *n* Kasse *f* **II.** *prep, cj* [1] ↑ *until* bis [2] ◇ **~ we meet again** bis zum nächsten Mal; ◇ **not ~ Christmas** nicht vor Weihnachten

tiller ['tɪlə*] *n* (NAUT *boat*) Ruderpinne *f*

tilt [tɪlt] **I.** *vt* ↑ *turn on side* kippen **II.** *vi* kippen, sich neigen

timber ['tɪmbə*] *n* Holz *s;* ◇ **~ line** Baumgrenze *f;* ◇ **~ed house** Fachwerkhaus *s*

time [taɪm] **I.** *n* [1] Zeit *f* [2] ↑ *occasion* Mal *s* [3] MUS ↑ *rhythm* Takt *m;* ◇ **to be on ~** im Takt sein **II.** *vt* [1] → *plan* den richtigen Zeitpunkt wählen; timen [2] ↑ *stop-watch* stoppen; → *speed* messen [3] ◇ **at the ~** damals; ◇ **to have a good ~** sich amüsieren; ◇ **on ~** pünktlich, rechtzeitig; ◇ **one more ~** noch einmal; ◇ **for the ~ being** vorläufig; ◇ **at -s** manchmal; ◇ **from ~ to ~** von Zeit zu Zeit; ◇ **ten -s** zehnmal; ◇ **this ~ tomorrow** morgen um dieselbe Zeit; ◇ **only ~ can tell** man muß abwarten; **it's about ~, too!** das wird aber auch Zeit!

time bomb *n* Zeitbombe *f;* **time check** *n* Zeitansage *f;* **time clock** *n* Stechuhr *f*

time-consumimg *adj* ▹*work* zeitraubend; **timekeeper** *n* SPORT Zeitnehmer(in *f*) *m;* **time-lag** *n* (*jet travel*) Zeitunterschied *m;* **timeless** *adj* ▹*beauty* zeitlos; ↑ *eternal* ewig; **time-limit** *n* Frist *f;* **timely** *adj* ↑ *on time* rechtzeitig; ▹*death* unerwartet

timer ['taɪmə*] *n* (*egg ~*) Uhr *f;* (*light, coffee machine*) Zeitschaltuhr *f;* **time-saving** *adj* zeitsparend; **time sense** *n* Taktgefühl *s;* **time-sharing** *n* [1] PC Time-Sharing *s* [2] (*holiday appartments*) Time-Sharing *s;* **time sheet** *n* Stundenzettel *m;* **time signal** *n* Zeitzeichen *s;* **time switch** *n* Schaltuhr *f,* Zeitschalter *m;* **timetable** *n* [1] RAIL Fahrplan *m* [2] SCH Stundenplan *m;* **time zone** *n* Zeitzone *f*

timid ['tɪmɪd] *adj* [1] ↑ *shy* schüchtern [2] ↑ *anxious, scared* ängstlich; **timidity** [tɪ'mɪdɪtɪ] *n* Ängstlichkeit *f;* **timidly** ['tɪmɪdlɪ] *adv* ängstlich

timing ['taɪmɪŋ] *n* Timing *s*

tin [tɪn] *n* [1] ↑ *metal* Blech *s* [2] ↑ *can* Dose *f,* Büchse *f;* ◇ **a ~ of peas** e-e Dose Erbsen; **tinfoil** *n* Alufolie *f,* Stanniol[papier] *s*

tinge [tɪndʒ] **I.** *n* [1] ↑ *colour* Farbe *f,* Tönung *f* [2] (*FIG of doubt*) Anflug *m* **II.** *vt* färben, tönen *acc*

tingle ['tɪŋgl] *vi* prickeln, kribbeln

tinker ['tɪŋkə*] *n* Kesselflicker(in *f*) *m;* **tinker**

T

with *vt* ↑ *fiddle with* herumbasteln an *dat,* herumpfuschen an *dat*

tinkle ['tɪŋkl] *vi* klingeln; ◇ **to give s.o. a** ~ jd-n anrufen

tinned [tɪnd] *adj* ▹*food* Dosen-, Büchsen-; ◇ ~ **peas** Dosenerbsen; **tinny** ['tɪnɪ] *adj* ▹*sound* blechern; **tin opener** *n* Dosenöffner *m*

tinpot ['tɪnpɒt] *adj BRIT FAM* ↑ *inferior* mickrig

tinsel ['tɪnsəl] *n* Lametta *s*

tin soldier *n* Zinnsoldat *m*

tint [tɪnt] *n* [1] ↑ *colour* [Farb-]Ton *m* [2] ↑ *trace of colour* Anflug *m* [3] *(hair)* Tönung *f*

tiny ['taɪnɪ] *adj* winzig, sehr klein

tip [tɪp] **I.** *n* [1] ↑ *top* Spitze *f* [2] *(given to waiter)* Trinkgeld *s* [3] ↑ *clue* Tip *m,* Hinweis *m* [4] ↑ *advice* Ratschlag *m* **II.** *vt* [1] ↑ *slant* kippen [2] → *waiter* Trinkgeld geben *dat* [3] *(racing)* setzen auf; **tip-off** *n* ↑ *clue* Tip *m,* Hinweis *m;* **tipped** [-d] *adj* ▹*cigarette* Filter-

tipple ['tɪpl] *n* ↑ *alcoholic drink* ◇ **rum is Michael's favourite** ~ Rum ist Michaels Lieblingsgetränk; **tippler** ['tɪplə*] *n FAM* Schluckspecht *m*

tipsy ['tɪpsɪ] *adj* ↑ *slightly drunk* beschwipst

tiptoe ['tɪptəʊ] *vi* auf Zehenspitzen gehen; ◇ **on** ~**s** auf Zehenspitzen

tiptop [tɪp'tɒp] *adj* ↑ *excellent* ◇ **the car is in** ~ **condition** der Wagen ist in erstklassigem/einwandfreiem Zustand

tire ['taɪə*] **I.** *n (AM) s.* **tyre**; **II.** *vt, vi* müde werden, ermüden; ◇ **to be** ~**d of doing s.th.** es satt haben, etw zu tun; **tired** [-d] *adj* müde; **tiredness** *n* Müdigkeit *f;* **tirelessly** *adv* ▹*pursue* unermüdlich; **tiresome** ['taɪəsəm] *adj* ↑ *bothersome* lästig; **tiring** *adj* ermüdend

tissue ['tɪʃu:] *n* [1] ANAT Gewebe *s* [2] ↑ *paper handkerchief* Papiertaschentuch *s;* **tissue paper** *n* Seidenpapier *s*

tit [tɪt] *n* [1] FAUNA Meise *f* [2] *FAM* ↑ *breast* Titte *f* [3] ◇ ~ **for tat** wie du mir, so ich dir

titanic [taɪ'tænɪk] *adj* ↑ *very important* sehr wichtig

titbit ['tɪtbɪt] *n (food)* Leckerbissen *m*

titillate ['tɪtɪleɪt] *vt* ↑ *excite* anregen, erregen; ▹*sexually* erregen

titivate ['tɪtɪveɪt] **I.** *vt* → *o.s., hair* herausputzen **II.** *vi* sich feinmachen

title ['taɪtl] *n* [1] *(of book)* Titel *m* [2] JUR [Rechts-]Anspruch *m,* Eigentumsrecht *s;* **title deed** *n* Eigentumsurkunde *f*

title-holder *n* Titelträger(in *f*) *m* Titelinhaber(in *f*) *m;* **title page** *n* Titelblatt *s;* **title role** *n (in play)* Hauptrolle *f*

tittle-tattle ['tɪtltætl] *n (children)* Tratsch *m,* Geschwätz *s*

tizzy [tɪzɪ] *n* ◇ **to get into a** ~ hektisch/nervös werden

to [tə, tu:] *prep* [1] *(direction of, towards)* zu, nach, in; ◇ **to go** ~ **the doctor** zum Arzt gehen; ◇ **to go** ~ **bed** ins/zu Bett gehen; ◇ **to go** ~ **France** nach Frankreich fahren [2] ↑ *as far as* bis; ◇ **it's 12 km** ~ **Hanover** [es ist] noch 12 km bis Hannover; ◇ ~ **this very day** bis auf den heutigen Tag [3] *(indirect object)* ◇ **to give s.th.** ~ **s.o.** jd-m etw geben; ◇ **I said** ~ **myself** ich sagte mir [4] *(time)* ◇ **five** ~ **nine** fünf vor neun [5] *(toast)* ◇ **here's** ~ **you!** auf dich! [6] ↑ *in order to* um ... zu [7] *(tie s.th. to s.th.)* an [8] *(reaction)* ◇ **much** ~ **my surprise** sehr zu meiner Überraschung *f*

toad [təʊd] *n* Kröte *f;* **toadstool** ['təʊdstu:l] *n* FLORA nicht eßbarer Pilz *m;* **toady** ['təʊdɪ] **I.** *n* ↑ *crawler* [giftiger] Kriecher *m* **II.** *vi* kriechen *(to* vor *dat)*

to-and-fro ['tu:ən'frəʊ] *n* Hin und Her *s*

toast [təʊst] **I.** *n* [1] *(bread)* Toastbrot *s* [2] *(drink)* Anstoßen *s,* Toast *m* **II.** *vt* [1] → *bread* toasten [2] ↑ *drink to* trinken auf *(to acc)*; **toaster** *n* Toaster *m;* **toastmaster** *n* Zeremonienmeister *m;* **toastrack** *n* Toastständer *m*

tobacco [tə'bækəʊ] *n* <-[e]s> Tabak *m;* **tobacconist** [tə'bækənɪst] *n* Tabakhändler(in *f*) *m;* ◇ ~**'s [shop]** Tabakladen *m*

toboggan [tə'bɒgən] *n* [Rodel-]Schlitten *m;* **toboggan run** *n* Rodelbahn *f*

today [tə'deɪ] **I.** *adv* heute; ↑ *these days* heutzutage **II.** *n (this very day)* ◇ ~**'s news** die heutigen Nachrichten; GASTRON ◇ ~**'s special** Tagesgericht *s*

toddle ['tɒdl] *vi* ← *infant* wackeln; **toddler** ['tɒdlə*] *n* ↑ *infant* Kleinkind *s*

toddy ['tɒdɪ] *n (whiskey, sugar and hot water)* Grog *m*

to-do [tə'du:] *n* <-s> ↑ *fuss, FAM* Theater *s*

toe [təʊ] **I.** *n* [1] ANAT Zehe *f,* Zeh *m; (FIG offend)* ◇ **to tread on s.o.'s** ~**s** jd-m auf die Füße treten; *(FIG pay attention)* ◇ **you have to be on your** ~**s** du mußt gut aufpassen [2] *(of sock)* Spitze *f* **II.** *vt FIG* ◇ **to** ~ **the line** sich einfügen; **toenail** *n* ANAT Zehnagel *m*

toffee ['tɒfɪ] *n* Toffee *s; FAM* ◇ **she can't drive for** ~ sie kann überhaupt nicht fahren; **toffee apple** *n* kandierter Apfel *m;* **toffee-nosed** ['tɒfɪnəʊsd] *adj* ↑ *snobby* eingebildet, hochnäsig

toga ['təʊgə] *n (Roman costume)* Toga *f*

together [tə'geðə*] *adv* [1] ↑ *altogether* zusammen [2] ↑ *simultaneously* gleichzeitig [3] *FAM* ↑ *organized* ausgeglichen; **togetherness** *n (feeling)* Zusammengehörigkeitsgefühl *s*

toggle ['tɒgl] *n* [1] *(on clothes)* Knebelknopf *m* [2] *(on tent)* Seilzug *m*

toil [tɔıl] **I.** *n* ↑ *hard work* mühselige Arbeit *f* **II.** *vi* ↑ *labour* sich abmühen

toilet ['tɔılət] *n* ↑ *lavatory* Toilette *f;* **toilet bag** *n* Waschbeutel *m;* **toilet paper** *n* Toilettenpapier *s;* **toiletries** ['tɔılətrız] *n pl* (*cosmetic*) Toilettenartikel *pl;* **toilet roll** *n* Toilettenpapier *s;* **toilet soap** *n* Toilettenseife *f*

toilet training *n* (*child*) Erziehung *f* zur Sauberkeit; **toilet water** *n* Toilettenwasser *s*

token ['təʊkən] **I.** *n* ① ↑ *sign* Zeichen *s;* ◇ **as a ~ of our gratitude** als Zeichen unserer Dankbarkeit ② ↑ *present* ◇ **gift ~** Gutschein *m* ③ (*game*) Marke *f* **II.** *adj* ① ↑ *alibi* Alibi- ② (*in appearance*) Schein-

Tokyo ['təʊkıəʊ] *n* Tokio *s*

told [təʊld] *pt, pp of* **tell**

tolerable ['tɒlərəbl] *adj* ① ↑ *satisfactory* leidlich ② ↑ *bearable* erträglich, leidlich; **tolerably** *adv* ① ↑ *quite* ziemlich, einigermaßen; ◇ **~ late** ziemlich spät ② ↑ *bearably* leidlich

tolerance ['tɒlərəns] *n* Toleranz *f;* **tolerant** *adj* ① ▷*patient* tolerant ② ↑ *open-minded* tolerant

tolerate ['tɒləreıt] *vt* tolerieren, dulden; → *s.o.* ertragen

toll [təʊl] **I.** *n* ① ↑ *fee* Gebühr *f;* ◇ **road ~** Autobahngebühr *f* ② ↑ *hardship* ◇ **to take its ~** seinen Tribut fordern **II.** *vi* ← *bell* läuten; **tollbridge** *n* Mautbrücke *f;* **toll-free** *adj* zollfrei; **toll road** *n* (*ÖST*) Mautstraße *f,* gebührenpflichtige Straße *f*

tom [tɒm] *n,* **tomcat** ['tɒmkæt] *n* Kater *m*

tomato [tə'mɑ:təʊ] *n* <-es> Tomate *f*

tomb [tu:m] *n* Gruft *f,* Grabmal *s*

tombola [tɒm'bəʊlə] *n* Tombola *f*

tomboy ['tɒmbɔı] *n* (*girl*) Wildfang *m*

tombstone ['tu:mstəʊn] *n* Grabstein *m*

tomcat ['tɒmkæt] *n* ↑ *male cat* Kater *m*

tomfoolery ['tɒmfu:lərı] *n* ↑ *nonsense, messing around* Blödsinn *m*

tomograph ['tɒməgrɑ:f] *n* Tomograph *m*

tomorrow [tə'mɒrəʊ] **I.** *n* Morgen *s* **II.** *adv* morgen; ◇ **~ morning** morgen früh

ton [tʌn] *n* (*weight*) Tonne *f; FAM* ◇ **~s of them** jede Menge davon

tone [təʊn] **I.** *n* Ton *m,* Klang *m* **II.** *vi* ← *harmonize* harmonieren **III.** *vt* (*with colour*) harmonieren mit *dat;* **tone down** *vt* ① ↑ *modify* → *criticism* abmildern ② → *colours* abschwächen; **tone-deaf** *adj* nicht imstande, Tonhöhen zu unterscheiden

tongs [tɒŋz] *n pl* Zange *f;* ↑ *[electric] curling ~* Lockenstab *m*

tongue [tʌŋ] *n* ① ANAT Zunge *f;* ◇ **have you lost your ~?** hat es dir die Sprache verschlagen? ② ↑ *language* [Mutter-]Sprache *f* ③ (*of shoe*) Zunge *f* ④ ↑ *jokingly* ◇ **with ~ in cheek** scherzhaft; **tongue-tied** ['tʌŋtaıd] *adj* sprachlos; **tongue-twister** *n* Zungenbrecher *m*

tonic ['tɒnık] *n* MED Tonikum *s;* **tonic water** *n* Tonic[water] *s,* Tonic *m*

tonight [tə'naıt] *adv* (*evening*) heute abend; (*night*) heute nacht

tonnage ['tʌnıdʒ] *n* Tonnage *f*

tonsil ['tɒnsl] *n* ANAT Mandel *f;* **tonsillitis** [tɒnsı'laıtıs] *n* MED Mandelentzündung *f*

too [tu:] *adv* ① (*excess, very*) zu; ◇ **~ much** zu viel ② ↑ *also* auch; ◇ **you ~** du auch

took [tʊk] *pt of* **take**

tool [tu:l] *n* Werkzeug *s;* **toolbox** *n* Werkzeugkasten *m;* **tool cabinet** *n* Werkzeugschrank *m;* **toolkit** *n* Werkzeug *s*

toot [tu:t] *vi* (*sound*) tuten; AUTO hupen

tooth [tu:θ] *n* <teeth> ANAT Zahn *m;* (*likes sweets*) ◇ **Roman has a sweet ~** Roman ist e-e Naschkatze; **toothache** *n* Zahnschmerzen *pl;* **toothbrush** *n* Zahnbürste *f;* **toothless** *adj* zahnlos; **toothpaste** *n* Zahnpasta *f;* **toothpick** *n* Zahnstocher *m*

top [tɒp] **I.** *n* ① ↑ *highest point* Spitze *f;* (*of mountain*) Gipfel *m;* (*of tree*) Krone *f;* (*of wave*) Kamm *m* ② ↑ *surface* Oberfläche *f* ③ ↑ *blouse* Bluse *f* ④ (*of jar*) Deckel *m;* (*of car*) Dach *s;* (*of convertible car*) ◇ **soft ~** Verdeck *s* **II.** *adj* (*highest*) oberste; (*upper*) obere; ◇ **~ grades** beste Noten *f pl* **III.** *vt* ① ↑ *cover* bedecken ② (*be at the ~*) an der Spitze stehen ③ ↑ *surpass* übersteigen; **topcoat** *n* Mantel *m*

top dog *n* (*FAM FIG s.o. in charge*) Verantwortliche(r) *fm;* **top hat** *n* Zylinder *m;* **top-heavy** *adj* kopflastig

topic ['tɒpık] *n* ↑ *subject* Thema *s;* ◇ **~ of conversation** Gesprächsthema *s;* **topical** *adj* ↑ *recent* aktuell

top job *n* Spitzenjob *m*

topless ['tɒpləs] *adj* oben ohne

top-level *adj* Spitzen-, auf höchster Ebene

topmost ['tɒpməʊst] *adj* oberst

top notch *adj* ▷*job* erstklassig

top performance *n* Spitzenleistung *f*

topping ['tɒpıŋ] *n* (*on icecream, chocolate -s*) Überzug *m*

topple ['tɒpl] **I.** *vi* ↑ *fall over* ◇ **~ over** umkippen **II.** *vt* ① ↑ *fall over* umkippen ② ← *government* stürzen

top-secret *adj* ↑ *documents* streng geheim

top soil *n* AGR Ackerkrume *f*

topsy-turvy ['tɒpsı'tɜ:vı] *adj* ↑ *messy* ▷*room* unordentlich

torch [tɔ:tʃ] *n* ① (*BRIT with battery*) Taschenlampe *f* ② (*flame*) Fackel *f*

tore [tɔ:*] *pt of* **tear**
torment ['tɔ:ment] **I.** *n* ↑ *suffering* Qual *f* **II.** [tɔ:'ment] *vt* [1] ↑ *torture* quälen [2] ↑ *bother, annoy* plagen
torn [tɔ:n] **I.** *pp of* **tear**; **II.** *adj* zerrissen
tornado [tɔ:'neɪdəʊ] *n* <-es> Tornado *m*
torpedo [tɔ:'pi:dəʊ] **I.** *n* <-es> MIL Torpedo *m* **II.** *vt* torpedieren
torpid ['tɔ:pɪd] *adj* ↑ *lethargic* träge
torrent ['tɒrənt] *n* ↑ *gush* Schwall *m*, Sturzbach *m*; ↑ *heavy rain* ◇ **-s of rain** sintflutartiger Regen; **torrential** [tə'renʃəl] *adj* ▷*rain* sintflutartig
torso ['tɔ:səʊ] *n* ANAT Torso *m*
tortoise ['tɔ:təs] *n* FAUNA Schildkröte *f*
tortuous ['tɔ:tjʊəs] *adj* [1] ↑ *winding* ▷*path, road* gewunden [2] ↑ *dishonest* unehrlich, gemein
torture ['tɔ:tʃə*] **I.** *n* Folter *f*; *FIG* Qual *f* **II.** *vt* foltern; *FIG* quälen
Tory ['tɔ:rɪ] **I.** *n* Tory *m*, Konservative(r) *fm* **II.** *adj* Tory-, konservativ
toss [tɒs] *vt* [1] ↑ *throw up in air* werfen [2] → *head* zurückwerfen [3] (*heads or tails*) ◇ **to - a coin** e-e Münze werfen
toss-up *n* (*with coin*) Ausknobeln *s*
tot [tɒt] *n* [1] ↑ *little bit* ein bißchen *s* [2] ↑ *drink* Schluck *m* [3] ↑ *child* Knirps *m*
total ['təʊtl] **I.** *n* Ganze *s*, Gesamtheit *f*; ◇ **- sum** Gesamtsumme *f* **II.** *adj* total, gesamt, völlig **III.** *vt* ↑ *add up* zusammenzählen; ↑ *come to* sich belaufen auf *acc*
totalitarian [təʊtælɪ'teərɪən] *adj* totalitär
totality [təʊ'tælɪtɪ] *n* Gesamtheit *f*; **totally** ['təʊtəlɪ] *adv* total, völlig, ganz
totem pole ['təʊtəmpəʊl] *n* Totempfahl *m*
totter [tɒtə*] *vi* schwanken
touch [tʌtʃ] **I.** *n* [1] ↑ *sense of feeling* Tastgefühl *s*, Gefühl *s*, Tastsinn *m* [2] (*act of -ing*) Berühren *s*, Berührung *f* [3] ↑ *a little bit* (*irony*) Spur *f* [4] ↑ *stroke* (*art*) Strich *m*; ◇ **a nice -** e-e hübsche Note; ◇ **the finishing -es** der letzte Schliff [5] ↑ *contact* ◇ **to be in -** in Verbindung stehen (*with* mit); ◇ **stay in -!** laß' mal was von dir hören! **II.** *vt* [1] ↑ *feel* berühren; ↑ *brush* streifen [2] ↑ *get hold of* anfassen [3] → *food* anrühren [4] → *problem* anrühren [5] ▷*emotionally* berühren; ↑ *concern* betreffen **III.** *vi* ↑ *feel* sich berühren; ◇ **[please] do not -!** [bitte] nicht berühren!; *FAM* ◇ **don't -!** Finger weg!; **touch on** *vt* → *topic* ↑ *discuss, mention* erwähnen, berühren; **touch up** *vt* (*with paint*) auffrischen; **touch-and-go** ['tʌtʃən'gəʊ] *adj* ↑ *risky, critical* riskant, kritisch; **touchdown** *n* [1] AERO Aufsetzen *s* [2] *AM* SPORT Touchdown *m*; **touched** [-t] *adj* ↑ *moved* gerührt, bewegt; **touchiness** ['tʌtʃɪnəs] *n* ↑ *sensitivity* Empfindlichkeit *f*; **touching** *adj* ↑ *moving* ▷*story* rührend, bewegend; **touchline** *n* (SPORT *football*) Seitenlinie *f*; **touchstone** *n* *FIG* Prüfstein *m*; **touchy** ['tʌtʃɪ] *adj* [1] ↑ *irritable* ▷*person* empfindlich, reizbar [2] ▷*subject* heikel
tough [tʌf] **I.** *adj* [1] ▷*person* hart, zäh [2] ▷*meat* zäh [3] ↑ *difficult, complicated* schwierig **II.** *n* ◇ **- luck** Pech *s*; ◇ **a - guy** ein harter Typ; **toughen** ['tʌfn] **I.** *vt* [1] ↑ *strengthen* zäh machen [2] ↑ *harden* (*to life*) abhärten **II.** *vi* zäh werden
toupé ['tu:peɪ] *n* Toupet *s*
tour ['tʊə*] **I.** *n* [1] (*of country*) Reise *f*, Tour *f* [2] (*of town*) Tour *f*, Fahrt *f* [3] (*of house*) Besuch *m* [4] (*band*) Tournee *f*; ◇ **to be on -** auf Tournee sein; ↑ *travel around* [herum]reisen; THEAT auf Tour gehen; ← *musicians* auf Tournee gehen **II.** *vt* → *Alaska* bereisen; **tour guide** *n* (*person*) Reiseführer(in *f*) *m*; **touring** *n* [1] (*travelling around country*) Reisen *s* [2] THEAT MUS Tournee *f*; **tourist** **I.** *n* Tourist(in *f*) *m* **II.** *adj* ◇ **- class** Touristenklasse *f*; ◇ **- office** Verkehrsamt *s*
touristy ['tʊərɪstɪ] *adj FAM* ▷*restaurants, shops* für Touristen
tour manager *n* Reiseleiter(in *f*) *m*
tournament ['tɔ:nəmənt] *n* Turnier *s*
tour operator ['tʊərɒpəreɪtə*] *n* Reiseveranstalter(in *f*) *m*
tousled ['taʊzld] *adj* ▷*hair* zerzaust; *FAM* wuschelig
tow [təʊ] *vt* → *car* abschleppen; *FIG* ↑ *with* ◇ **in -** im Schlepptau
toward[s] [tə'wɔ:dz] *prep* [1] (*time*) ↑ *around* gegen; ◇ **- 5 o'clock** gegen 5 Uhr; ◇ **- the end** gegen Ende [2] ↑ *in direction of* nach; ◇ **- the station** Richtung Bahnhof [3] ↑ *to* gegenüber; ◇ **his attitude - me** seine Einstellung mir gegenüber
towel ['taʊəl] *n* [1] Tuch *s*; (*hand*) Handtuch *s* [2] ◇ **sanitary -** Damenbinde *f* [3] ◇ **to throw in the -** *FIG* ↑ *to give up* das Handtuch werfen
towelling ['taʊəlɪŋ] *n* ▷*fabric* Frotteestoff *m*
tower ['taʊə*] *n* Turm *m*; **tower above/over** *vt* überragen; **towering** *adj* überragend
town [taʊn] *n* Stadt *f*; **town centre** *n* Stadtmitte *f*, Innenstadt *f*; **town council** *n* Stadtrat *m*; **town dweller** *n* Städter(in *f*) *m*; **town hall** *n* Rathaus *s*; **town hall restaurant** *n* Ratskeller *m*; **town house** *n* (*AM*) Reihenhaus *s*; **town planner** *n* Stadtplaner(in *f*) *m*
township *n* ↑ *shanty town* Township (*arme Stadtgemeinde in Südafrika*)
towpath ['təʊpɑ:θ] *n* Treidelpfad *m*; **towrope** ['təʊrəʊp] *n* Abschleppseil *s*
toxic ['tɒksɪk] *adj* giftig, toxisch; **toxicologi-**

cal [tɒksɪkə'lɒdʒɪkəl] *adj* toxikologisch; **toxic waste** *n* Giftmüll *m*

toy [tɔɪ] *n* Spielzeug *s;* **toy with** *vt* → *idea* spielen mit; **toyshop** *n* Spielwarengeschäft *s*

trace [treɪs] **I.** *n* Spur *f;* ◇ **to disappear without a ~** spurlos verschwinden **II.** *vt* [1] ↑ *look for* nachspüren *dat,* suchen *acc* [2] ↑ *discover* aufspüren [3] ↑ *copy* durchpausen

track [træk] **I.** *n* [1] ↑ *mark, trace* Spur *f* [2] ↑ *path* Weg *m,* Pfad *m* [3] (*horses, race-~*) Rennbahn *f* [4] RAIL Gleis *s* **II.** *vt* ↑ *follow* verfolgen; ◇ **to keep ~ of a conversation** e-m Gespräch folgen können; ◇ **to keep ~ of the situation** die Lage verfolgen; **track down** *vt* → *criminal* verfolgen, aufspüren; **track-and-field** *adj* Leichtathletik-; **track suit** *n* SPORT Trainingsanzug *m*

tract [trækt] *n* [1] (*of land*) Fläche *f,* Gebiet *s* [2] ↑ *booklet* Abhandlung *f* [3] ANAT ▷*digestive* Trakt *m;* ▷*breathing* Atemwege *pl*

tractable *adj* fügsam

traction ['trækʃn] *n* [1] (*force*) Zugkraft *f,* Ziehkraft *f* [2] MED Streckverband *m*

tractor ['træktə*] *n* Traktor *m,* Zugmaschine *f*

trade [treɪd] **I.** *n* [1] COMM Handel *m;* ↑ *business* Geschäft *s,* Gewerbe *s;* ◇ **her husband is in the computer ~** ihr Mann ist in der Computerbranche; ◇ **~ secret** Branchengeheimnis *s* [2] (*skilled labour*) Handwerk *s* **II.** *vi* handeln (*in* mit) **III.** *vt* ↑ *exchange* eintauschen gegen *acc;* **trade agreement** Handelsabkommen *s;* **trade in** *vt* in Zahlung geben; **trade licence** *n* Gewerbeschein *m;* **trademark** *n* Warenzeichen *s;* **trade name** *n* Handelsbezeichnung *f,* Markenname *m;* **trader** *n* Händler(in *f*) *m;* **trade tax** *n* Gewerbesteuer *f;* **tradesman** ['treɪdzmən] *n* <-men> [1] ↑ *shopkeeper* Ladeninhaber *m* [2] ↑ *worker* Handwerker *m* [3] ↑ *delivery man* Lieferant *m;* ◇ **~'s entrance** Lieferanteneingang *m;* **trade union** *n* Gewerkschaft *f;* **trade unionist** *n* Gewerkschaftler(in *f*) *m,* Mitglied *s* e-r Gewerkschaft; **trading** *n* Handel *m;* **trading licence** *n* Gewerbeschein *m*

tradition [trə'dɪʃən] *n* Tradition *f;* ◇ **to keep to ~** die Tradition wahren; **traditional** *adj* traditionell; **traditionally** *adv* traditionellerweise

traffic ['træfɪk] **I.** *n* Verkehr *m;* ◇ **rush hour ~** Berufsverkehr *m;* (*drugs*) Drogenhandel *m* **II.** *vi* (*drugs*) handeln (*in* mit); **traffic accident** *n* Verkehrsunfall *m;* **traffic chaos** *n* Verkehrschaos *s;* **traffic circle** *n* (*AM*) Kreisverkehr *m;* **traffic jam** *n* Stau *m*

trafficker [træfɪkə*] *n* (*illegal*) Händler(in *f*) *m;* ◇ **drug ~** Drogenhändler(in *f*) *m;* **traffic lights** *n pl* Verkehrsampel *f;* **traffic sign** *n* Verkehrsschild *s;* **traffic warden** *n* Verkehrspolizist(in *f*) *m*

tragedy ['trædʒədɪ] *n* Tragödie *f;* **tragic** ['trædʒɪk] *adj* tragisch; **tragically** *adv* tragischerweise

tragicomedy ['trædʒɪ'kɒmədɪ] *n* Tragikomödie *f*

trail [treɪl] **I.** *n* [1] ↑ *track* Spur *f,* Fährte *f;* ◇ **to be on s.o.'s ~** jd-m auf der Spur sein [2] (*of smoke*) Rauchfahne *f* [3] (*of dust*) Staubwolke *f* [4] (*of blood*) Blutspur *f* [5] ↑ *road* Pfad *m,* Weg *m* **II.** *vt* [1] ↑ *hunt* verfolgen; → *person* folgen *dat* [2] ↑ *drag s.th.* schleppen; ↑ *drag one's feet* schlurfen **III.** *vi* ↑ *hang loosely* schleifen; **trail behind I.** *vi* hinterhertrotten **II.** *vt* hinter sich *dat* herziehen; **trailer** *n* [1] (*on lorry*) Anhänger *m; AM* Sattelauflieger *m* [2] *AM* ↑ *caravan* Wohnwagen *m* [3] FILM Trailer *m,* Vorschau *f*

train [treɪn] **I.** *n* [1] Zug *m* [2] (*wedding dress*) Schleppe *f* **II.** *vt* [1] ↑ *teach* → *person* ausbilden; → *animal* abrichten [2] SPORT ↑ *practice* trainieren **III.** *vi* ↑ *exercise* trainieren; ↑ *study* ◇ **she's a ~ed hairdresser** sie ist e-e gelernte Friseuse; **train compartment** *n* Zugabteil *s;* **train connection** *n* Zugverbindung *f;* **trained** [-d] *adj* ▷*eye, senses* geschult; ↑ *skilled* ausgebildet; **trainee** [treɪ'niː] *n* Auszubildende(r) *fm,* Lehrling *m,* Praktikant(in *f*) *m;* **trainer** *n* [1] SPORT Trainer(in *f*) *m* [2] (*course*) Ausbilder(in *f*) *m;* **training** *n* [1] SPORT Training *s;* ◇ **she is still in ~** sie trainiert noch [2] (*for job*) Ausbildung *f;* **training college** *n* (*for teachers*) Pädagogische Hochschule *f;* **training diskette** *n* PC Lerndiskette *f*

traipse [treɪps] *vi* ↑ *trudge* latschen

trait [treɪ(t)] *n* (*character*) Zug *m,* Eigenschaft *f*

traitor ['treɪtə*] *n* Verräter *m;* **traitress** ['treɪtrɪs] *n* Verräterin *f*

trajectory [trə'dʒektərɪ] *n* Flugbahn *f*

tram[car] ['træmkɑː*] *n* (*AM*) Straßenbahn *f;* ◇ **it's best to travel on the ~** am besten man nimmt die Straßenbahn; **tram line** *n* [1] ↑ *rail* Straßenbahngleis *s* [2] ↑ *route* Straßenbahnlinie *f*

tramp [træmp] **I.** *n* [1] (*homeless person*) Landstreicher(in *f*) *m* [2] (*cheap woman*) Schlampe *f* **II.** *vi* [1] ↑ *tread heavily* trampeln, stampfen [2] ↑ *go on foot* wandern

trample ['træmpl] **I.** *vt* niedertrampeln **II.** *vi* trampeln

trampoline ['træpəlɪn] *n* Trampolin *s*

trance [trɑːns] *n* Trance *f*

tranquil ['træŋkwɪl] *adj* ruhig, friedlich; **tranquility** [træŋ'kwɪlɪtɪ] *n* Ruhe *f*

tranquillize, tranquilize (*AM*) ['træŋkwɪlaɪz] *vt* → *person* beruhigen, betäuben; **tranquilizer, tranquillizer** (*AM*) *n* MED PSYCH Beruhigungsmittel *s*

T

trans- [trænz] *pref* Trans-; ◇ **-alpine** transalpin

transact [træn'zækt] *vt* → *business affairs* durchführen, abwickeln; → *trade, deal* abschließen; **transaction** ['træn'zækʃn] *n* 1 ↑ *business affairs* Abwicklung *f*, Durchführung *f* 2 ▷ *financial* Transaktion *f*

transatlantic ['trænzət'læntɪk] *adj* transatlantisch

transcend [træn'send] *vt* übersteigen

transcendental [trænsen'dentl] *adj* transzendental; ◇ **- meditation** transzendentale Meditation

transcendent [træn'sendənt] *adj* transzendent

transcribe [træn'skraɪb] *vt* → *documents* abschreiben, kopieren

transcript ['trænskrɪpt] *n* 1 Abschrift *f*, Kopie *f* 2 JUR Protokoll *s*; **transcription** [træn'skrɪpʃən] *n* Abschreiben *s*, Kopieren *s*

transept ['trænsept] *n* ARCHIT Querhaus *s*

transfer I. ['trænsfɜː*] *n* 1 ↑ *transferring* (*of information*) Übertragung *f* 2 (*of business location*) Umzug *m* 3 ↑ *being transferred* Versetzung *f* 4 (SPORT *to another team*) Transfer *m* 5 (*of money*) Überweisung *f* 6 (*of legal rights*) Übertragung *f* 7 (*of prisoner*) Überführung *f*, Verlegung *f* **II.** [træns'fɜː*] *vt* 1 → *information* übertragen 2 → *business location* verlegen 3 → *person* versetzen 4 → *money* überweisen 5 → *legal rights* übertragen 6 → *prisoner* überführen, verlegen; **transferable** [træns'fɜːrəbl] *adj* ▷ *funds* übertragbar

transform [træns'fɔːm] *vt* → *s.th.* umwandeln; (*s.o.*) verwandeln; **transformation** [trænsfə'meɪʃən] *n* Umwandlung *f*, Verwandlung *f*; **transformer** [træns'fɔːmə*] *n* ELECTR Transformator *m*

transfusion [træns'fjuːʒən] *n* Bluttransfusion *f*

transgress [træns'gres] *vt* verstoßen gegen

transient ['trænzɪənt] *adj* flüchtig, vergänglich

transistor [træn'zɪstə*] *n* 1 ELECTR Transistor *m* 2 MEDIA Transistorradio *s*

transit ['trænzɪt] *n* Durchfahrt *f*, Transport *m*; (*in airport*) ◇ **in** - unterwegs, zur Weiterreise

transition [træn'zɪʃən] *n* Übergang *m*; ◇ **period of** - Übergangsperiode *f*; **transitional** *adj* Übergangs-; ◇ - **agreement** Interimslösung *f*, Übergangsvereinbarung *f*

transitive [trænsɪtɪv] *adj* transitiv

transitively *adv* transitiv

transitory ['trænzɪtərɪ] *adj* vorübergehend; ▷ *interest* flüchtig; ▷ *life* kurz

translatable [trænz'leɪtəbl] *adj* übersetzbar

translate [trænz'leɪt] *vt, vi* übersetzen; ◇ **to - from English into German** aus dem Englischen ins Deutsche übersetzen; **translation** [trænz'leɪʃən] *n* Übersetzung *f*; **translator** [trænz'leɪtə*] *n* Übersetzer(in *f*) *m*

translucent [træns'luːsənt] *adj* ▷ *glass* lichtdurchlässig

transmission [trænz'mɪʃən] *n* 1 (*of news, information*) Übermittlung *f* 2 ELECTR MEDIA Übertragung *f*; (*TV*) Sendung *f* 3 AUTO Getriebe *s* 4 (*of sickness*) Übertragung *f*; **transmit** [trænz'mɪt] *vt* 1 → *news, information* übermitteln 2 ELECTR MEDIA übertragen 3 → *sickness* übertragen; **transmitter** *n* Sender *m*

transmutation [trænzmjuː'teɪʃən] *n* Umwandlung *f*, Verwandlung *f*

transmute [trænz'mjuːt] *vt* umwandeln, verwandeln

transparency [træns'peærənsɪ] *n* 1 Durchsichtigkeit *f*; (*of person*) Durchschaubarkeit *f* 2 PHOTO Dia *s*; **transparent** *adj* ↑ *see-through* durchsichtig; *FIG* durchsichtig, durchschaubar

transpiration [trænspɪ'reɪʃn] *n* ↑ *sweating* Transpiration *f*, Schwitzen *s*

transpire [træn'spaɪə*] *vi* 1 ← *person* schwitzen 2 ← *plants* transpirieren 3 ↑ *happen* passieren; ◇ **it -d that …** es ergab sich, daß …

transplant [træns'plɑːnt] **I.** *vt* 1 MED transplantieren, verpflanzen 2 → *plants* umpflanzen, verpflanzen 3 *FIG* → *people* umsiedeln **II.** ['trænsplɑːnt] *n* MED Transplantation *f*; ◇ - **organ** Transplantat *s*

transport I. ['trænspɔːt] *n* (*of goods*) Transport *m*; (*of person*) Beförderung *f* **II.** [træns'pɔːt] *vt* → *goods* transportieren; → *person* befördern; ◇ **means of** - Transportmittel *s*; **transportable** [træns'pɔːtəbl] *adj* transportabel; **transportation** [trænspɔː'teɪʃən] *n* (*of goods*) Transport *m*; (*for person*) Beförderung *f*

transverse ['trænzvɜːs] *adj* Quer-, horizontal

transvestite [trænz'vestaɪt] *n* Transvestit *m*

trap [træp] **I.** *n* 1 (*for animal*) Falle *f* 2 ↑ *carriage* zweirädriger Pferdewagen *m* **II.** *vt* fangen; → *person* in e-e Falle locken; ◇ **to set a - for s.o.** jd-m e-e Falle stellen; *FAM* ◇ **to shut one's -** die Klappe halten; → *miners* ◇ **to be -ped** eingeschlossen sein; **trapdoor** *n* Falltür *f*

trapeze [trə'piːz] *n* Trapez *s*; ◇ - **artist** Trapezkünstler *m*, Trapezkünstlerin *f*

trapper ['træpə*] *n* Trapper(in *f*) *m*, Fallensteller (in *f*) *m*

trappings ['træpɪŋz] *n pl* 1 *FIG* Aufmachung *f*, Drum und Dran *s* 2 MIL Rangabzeichen *s pl*

trash [træʃ] *n* 1 ↑ *waste, AM: refuse* Müll *m*, Abfall *m* 2 ↑ *nonsense* Quatsch *m* 3 ↑ *cheap* (*novel*) Schundroman *m*; **trash can** *n* (*AM*)

Mülleimer *m;* **trashy** ['træʃɪ] *adj* Schund-; **trashy novel** *n* Schundroman *m*

trauma ['trɔːmə] *n* MED PSYCH Trauma *s;* **traumatic** [trɔː'mætɪk] *adj* ▷*experience* traumatisch

travel ['trævl] **I.** *n* Reisen *s* **II.** *vi* reisen **III.** *vt* [1] → *long distance* zurücklegen [2] → *Siberia* bereisen; **travel agency** *n* Reisebüro *s;* **travel destination** *n* Reiseziel *s;* **traveller, traveler** (*AM*) *n* Reisende(r) *fm;* **traveller['s] cheque, traveler['s] check** (*AM*) *n* Reisescheck *m,* Travellerscheck *m;* **travel(l)ing,** *n* Reisen *s;* **travelling bag** *n* Reisetasche *f;* **travelling exhibition** *n* Wanderausstellung *f*

travelling expenses *n pl* Reisekosten *pl;* **travel sickness** *n* Reisekrankheit *f;* **travel souvenir** *n* Reiseandenken *s*

traverse [træ'vɜːs] *vt* [1] ↑ *cross* durchqueren [2] ↑ *cover* überspannen

travesty ['trævəstɪ] *n* (*literature*) Travestie *f;* ◇ **the peace treaty was a ~** der Friedensvertrag war [nur] ein Hohn [*o.* e-e Farce]

trawler ['trɔːlə*] *n* (*fishing ship*) Trawler *m,* Fischdampfer *m*

tray [treɪ] *n* [1] (*food*) Tablett *s* [2] ↑ *receptacle* Einsatz *m,* Kasten *m*

treacherous ['tretʃərəs] *adj* ▷*weather* unsicher, gefährlich; ▷*memory* unzuverlässig; **treachery** ['tretʃərɪ] *n* ↑ *disloyalty* Verrat *m*

treacle ['triːkl] *n* Sirup *m*

tread [tred] <trod, trodden> **I.** *vi* treten; ↑ *walk* gehen **II.** *n* [1] (*tyre*) Profil *s* [2] ↑ *step* Tritt *m,* Schritt *m,* Gang *m;* **tread out** *vt* → *fire, cigarette* austreten; **tread mill** *n* Tretmühle *f*

treason ['triːzn] *n* Verrat *m*

treasure ['treʒə*] **I.** *n* (*gold, jewels*) Schatz *m;* (*FIG person*) Schatz *m* **II.** *vt* schätzen; ↑ *value* zu schätzen wissen; → *memory* in Ehren halten; **treasure hunt** *n* Schatzsuche *f;* **treasurer** ['treʒərə*] *n* (*of king etc.*) Schatzmeister(in *f*) *m;* ↑ *city* ~ Kämmerer *m;* **treasury** ['treʒərɪ] *n* POL Finanzministerium *s*

treat [triːt] **I.** *n* ↑ *present, surprise* Überraschung *f* **II.** *vt* [1] ↑ *handle* behandeln [2] MED → *patient* behandeln [3] ↑ *surprise* ◇ **to ~ s.o. to s.th.** jd-m etw spendieren; ◇ **I'll ~ you** ich lade dich ein

treatise ['triːtɪz] *n* Abhandlung *f* (*on* über *acc*)

treatment ['triːtmənt] *n* Behandlung *f;* **treatment for addicts** *n* Entziehungskur *f*

treaty ['triːtɪ] *n* Vertrag *m;* ◇ **peace ~** Friedensvertrag *m*

treble ['trebl] **I.** *adj* dreifach **II.** *vt* verdreifachen **III.** *n* [1] ← *voice* Sopran *m* [2] (*of piano*) Diskant *m* [3] (*on dartboard*) Dreifache *s*

tree [triː] *n* Baum *m;* **tree frog** *n* Laubfrosch *m;* **tree-lined** ['triːlaɪnd] *adj* baumbestanden; **treetop** *n* Baumkrone *f;* **tree trunk** *n* Baumstamm *m*

trek [trek] *n* (*difficult journey*) Treck *m,* Zug *m*

trellis ['trelɪs] *n* (*gardening*) Spalier *s*

tremble ['trembl] *vi* ▷*with fear* zittern; ← *earth* beben

tremendous [trɪ'mendəs] *adj* ↑ *huge* gewaltig; *FAM* ↑ *very good* ▷*reception* sehr gut, prima; **tremendously** *adv* ungeheuer

tremor ['tremə*] *n* [1] (*of earth*) Beben *s* [2] ↑ *shiver* Zittern *s* [3] MED Tremor *m*

trench [trentʃ] *n* [1] MIL Schützengraben *m* [2] (*hole in ground*) Graben *m*

trend [trend] **I.** *n* [1] ↑ *tendency* Tendenz *f;* ◇ **a ~ to the right** e-e Tendenz nach rechts; ◇ **to set a ~** e-n neuen Trend setzen [2] ↑ *fashion* Mode *f* **II.** *vi* tendieren, sich neigen; **trendy** ['trendɪ] *adj FAM* ▷*people* in, modern

trestle ['tresl] *n* Auflagebock *m*

trepidation [trepɪ'deɪʃən] *n* ↑ *alarm* Beklommenheit *f,* Ängstlichkeit *f*

trespass ['trespəs] *vi* unbefugt betreten; ◇ **no T-ing!** betreten verboten!; **trespasser** *n* ◇ **~s will be prosecuted** Betreten bei Strafe verboten

tri- [traɪ] *pref* Drei-, drei; ◇ **-mester** Trimester *s*

trial ['traɪəl] *n* [1] JUR Prozeß *m,* Verfahren *s;* ◇ **to be on ~** angeklagt sein [2] ↑ *hardship, strain* Unannehmlichkeit *f* [3] ↑ *test* Probe *f,* Versuch *m;* (*with car*) ◇ **~ run** Probefahrt *f;* ◇ **by ~ and error** durch Ausprobieren; (*employee*) ◇ **on ~** auf Probe [4] SPORT ◇ **~s** Qualifikationsspiel *s*

triangle ['traɪæŋgl] *n* [1] Dreieck *s* [2] (MUS *instrument*) Triangel *f;* **triangular** [traɪ'æŋgjʊlə*] *adj* ▷*face* dreieckig

tribal ['traɪbəl] *adj* Stammes-; ◇ **~ war** Stammeskrieg *m*

tribe [traɪb] *n* [1] (*people*) Stamm *m* [2] FAUNA FLORA Gattung *f;* **tribesman** ['traɪbzmən] *n* <-men> Stammesangehörige(r) *fm*

tribulation [trɪbjʊ'leɪʃən] *n* Kummer *m,* Sorgen *f pl*

tribunal [traɪ'bjuːnl] *n* [1] ↑ *court* Gericht *s* [2] POL ↑ *investigation* Untersuchungsausschuß *m*

tributary ['trɪbjʊtrɪ] *n* (*of river*) Nebenfluß *m*

tribute ['trɪbjuːt] *n* ↑ *admiration* Tribut *m;* ◇ **a ~ to Jimi Hendrix** e-e Hommage an Jimi Hendrix

trice [traɪs] *n* ◇ **in a ~** im Handumdrehen

triceps ['traɪseps] *n* ANAT Trizeps *m*

trick [trɪk] **I.** *n* [1] (*naughty*) Streich *m* [2] (*cards*) Trick *m* [3] (*magic*) Trick *m,* Kunststück *s* **II.** *vt* beschwindeln; ◇ **to ~ s.o. into doing s.th.** jd-n durch e-e Schwindelei zu etw bringen; **trickery** ['trɪkərɪ] *n* Tricks *pl*

T

trickle ['trɪkl] **I.** *n* [1] (*of water*) Tröpfeln *s* [2] ↑ *small river* Rinnsal *s* **II.** *vi* tröpfeln

trickster ['trɪkstə*] *n* ↑ *swindler* Schwindler(in *f*) *m*, Betrüger(in *f*) *m*

tricky ['trɪkɪ] *adj* ▷*situation, question* schwierig

tricycle ['traɪsɪkl] *n* Dreirad *s*

tried [traɪd] *adj* ▷*method* erprobt

trifle ['traɪfl] **I.** *n* [1] ↑ *not important* Kleinigkeit *f* [2] GASTRON ↑ *pudding* Trifle *m* **II.** *adv* ◇ **she looked a ~ worried** sie sah leicht besorgt aus; **trifling** ['traɪflɪŋ] *adj* ▷*problem* geringfügig

trigger ['trɪgə*] *n* [1] (*of gun*) Abzug *m*; ◇ **~ happy** schießwütig [2] PHOTO TECHNOL Auslöser *m*; **trigger off** *vt* ↑ *set off* → *a reaction* auslösen

trigonometry [trɪgə'nɒmətrɪ] *n* Trigonometrie *f*

trilby ['trɪlbɪ] *n* ▷*hat* weicher Filzhut *m*

trilingual [traɪ'lɪŋgwəl] *adj* dreisprachig

trill [trɪl] *n* [1] MUS Triller *m* [2] (*bird's song*) Trillern *s*

trillion ['trɪljən] *n* (*AM*) Billion *f*; *BRIT* Trillion *f*

trilogy ['trɪləʒɪ] *n* Trilogie *f*

trim [trɪm] **I.** *adj* ↑ *neat* ordentlich; ▷*figure* schlank **II.** *n* [1] ↑ *condition* Zustand *m*, Verfassung *f* [2] (*on car*) Verzierung *f* [3] (*hair*) ◇ **I think your hair needs a ~** du könntest dir mal die Haare schneiden lassen **III.** *vt* [1] ↑ *neaten* → *hedge* stutzen, schneiden [2] ↑ *cut* → *hair* schneiden; → *beard* stutzen [3] → *sails* trimmen; **trimmings** [trɪmɪŋs] *n pl* [1] ↑ *decorations* Verzierungen *f pl* [2] ↑ *extra bits* Drum und Dran *s*, Extras *pl*

Trinity ['trɪnɪtɪ] *n* ◇ **the ~** die Dreieinigkeit

trinket ['trɪŋkɪt] *n* billiges Schmuckstück *s*

trio ['trɪəʊ] *n* <-s> Trio *s*; MUS Terzett *s*

trip [trɪp] **I.** *n* [1] ↑ *journey* Reise *f*; ◇ **we went on a bus ~ to Hungary** wir haben e-e Busreise nach Ungarn gemacht; ◇ **a day ~** ein Tagesausflug [2] *FAM* ↑ *LSD* ~ Trip *m* **II.** *vi* ↑ *stumble* stolpern; ◇ **to ~ over s.th.** über etw stolpern **III.** *vt* ◇ **to ~ s.o.** jd-n stolpern lassen, jd-m ein Bein stellen; **trip up** *vi* [1] ↑ *stumble* stolpern [2] *FIG* ↑ *make a mistake* e-n Fehler machen, sich vertun

tripe [traɪp] *n* [1] GASTRON Kutteln *pl* [2] ↑ *nonsense* Unsinn *m*, Quatsch *m*; ◇ **what ~!** so ein Quatsch!

triple ['trɪpl] **I.** *adj* dreifach **II.** *adv* dreimal soviel; **triplets** ['trɪpləts] *n pl* Drillinge *pl*; **triplicate** ['trɪplɪkət] *n* ◇ **in ~** in dreifacher Ausfertigung

tripod ['traɪpɒd] *n* [1] CHEM Dreifuß *m* [2] PHOTO Stativ *s*

tripper ['trɪpə*] *n* (*person on day trip*) Ausflügler (in *f*) *m*

trip wire *n* Stolperdraht *m*

trite [traɪt] *adj* ↑ *dull* ▷*idea* banal, abgedroschen

triumph ['traɪʌmf] **I.** *n* Triumph *m*; ◇ **she walked off in ~** sie lief triumphierend davon **II.** *vi* triumphieren; **triumphant** [traɪ'ʌmfənt] *adj* ↑ *successful* triumphierend; ↑ *victorious* siegreich

trivia ['trɪvɪə] *n* (*unimportant*) triviales Zeug *s*

trivial ['trɪvɪəl] *adj* ▷*issue* trivial, geringfügig; **triviality** [trɪvɪ'ælɪtɪ] *n* (*unimportant*) Trivialität *f*, Belanglosigkeit *f*

trod [trɒd] *pt of* **tread**; **trodden** ['trɒdn] *pp of* **tread**

troll [trɒl] *n* (*mythological figure*) Troll *m*

trolley ['trɒlɪ] *n* [1] ↑ *shopping* ~ Einkaufswagen *m* [2] ↑ *luggage* ~ Gepäckwagen *m* [3] ↑ *table* ~ Wagen *m*

trolley bus *n* Oberleitungsbus *m*

trollop ['trɒləp] *n* (*cheap woman*) Hure *f*

trombone [trɒm'bəʊn] *n* MUS Posaune *f*

troop [tru:p] *n* Schar *f*; MIL ◇ **~s** *pl* Truppen *pl*; **troop in/out** *vi* ↑ *go in/out* hinein-/hinausströmen; **trooper** *n* [1] MIL Kavallerist *m* [2] *AM* ↑ *state* ~ Polizist(in *f*) *m*

trophy ['trəʊfɪ] *n* ↑ *cup* Trophäe *f*; *FIG* Trophäe *f*

tropic ['trɒpɪk] *n* [1] GEO Wendekreis *m*; ◇ **T~ of Capricorn** Wendekreis des Steinbocks [2] ◇ **the ~s** *pl* Tropen *pl*; **tropical** *adj* ▷*weather* tropisch; ◇ **~ fruits** *pl* Südfrüchte *pl*

trot [trɒt] **I.** *n* Trab *m*, Trott *m*; *FAM* ↑ *gallavant* ◇ **to be on the ~** auf Trab sein **II.** *vi* trotten

trouble ['trʌbl] **I.** *n* [1] ↑ *worry* Sorge *f* [2] ↑ *difficulty* Schwierigkeiten *f pl*; ◇ **to be in ~** in Schwierigkeiten sein, Ärger haben [3] ↑ *suffering, complaint* Leiden *s* [4] ↑ *political unrest* Unruhen *pl* [5] ↑ *effort* Mühe *f*; ◇ **to take the ~ to do s.th.** sich die Mühe machen, etw zu tun **II.** *vt* [1] ↑ *disturb* stören, belästigen [2] ↑ *worry* beunruhigen **III.** *vi* ↑ *try* sich bemühen; **troubled** [-d] *adj* ▷*person* beunruhigt; ▷*country* geplagt; ▷*mind* besorgt; **trouble-free** *adj* sorglos; **troublemaker** *n* Unruhestifter(in *f*) *m*; **troubleshooter** ['trʌblʃu:tə*] *n* [1] COMM ↑ *problem solver* Fehlersucher(in *f*) *m* [2] POL Vermittler(in *f*) *m*; **troublesome** *adj* ↑ *bothersome* lästig; ▷*employee* schwierig

trouble spot *n* (*country*) Unruheherd *m*

trough [trɒf] *n* [1] (*vessel*) Trog *m* [2] (*channel*) Rinne *f*

trousers ['traʊzəz] *n pl* Hose *f*, Hosen *pl*; ◇ **a pair of ~** e-e Hose *f*

trousseau ['tru:səʊ] *n* (*wedding*) Aussteuer *f*

trout [traʊt] *n* Forelle *f*

trowel ['traʊəl] *n* Kelle *f*

truant ['trʊənt] *n* ↑ *skip school* ◇ **to play ~** unentschuldigt fehlen, [die Schule] schwänzen

truce [tru:s] *n* Waffenstillstand *m*, Waffenruhe *f*

truck [trʌk] *n* [1] ↑ *lorry* Lastwagen *m* [2] RAIL

Güterwagen *m* ③ *FAM* ◇ **to have no ~ with s.o.** mit jd-m nichts am Hut haben; **truck driver** *n* Lastwagenfahrer(in *f*) *m*
truckload *n* ↑ *whole lot* (*stones, people*) Wagenladung *f;* **truck stop** *n* (*AM*) Fernfahrerlokal *s*
truculent [ˈtrʌkjʊlənt] *adj* ↑ *sullen* trotzig
trudge [trʌdʒ] *vi* stapfen
true [truː] *adj* ↑ *exact* genau; ↑ *genuine, real* ▷*leather* echt; ▷*friend* treu; ▷*feelings* wahr
true-blue [truːˈbluː] *n* ↑ *conservative* waschechter Tory *m*
truffle [ˈtrʌfl] *n* FLORA Trüffel *m*
truly [ˈtruːlɪ] *adv* ① ↑ *really* wirklich; ◇ **I ~ mean it** ich meine das wirklich so ② ↑ *exactly* genau ③ ◇ **Yours ~** Hochachtungsvoll
trump [trʌmp] *n* (*cards*) Trumpf *m;* **trumped-up** [ˈtrʌmpdʌp] *adj* ▷*story* erfunden
trumpet [ˈtrʌmpɪt] **I.** *n* MUS Trompete *f* **II.** *vi* trompeten
truncate [trʌŋˈkeɪt] *vt* → *tree* stutzen, zurückschneiden
truncheon [ˈtrʌntʃən] *n* (*of policeman*) Gummiknüppel *m,* Schlagstock *m*
trunk [trʌŋk] *n* ① (*elephant*) Rüssel *m* ② (*of tree*) Stamm *m* ③ (*luggage*) Truhe *f* ④ ↑ *boot of car, AM* Kofferraum *m* ⑤ ◇ **swimming ~s** *pl* Badehose *f sg;* **trunk call** *n* Ferngespräch *s*
trust [trʌst] **I.** *n* ① ↑ *confidence* Vertrauen *s;* ◇ **to place one's ~ in** Vertrauen setzen in ② COMM Trust *m,* Treuhand *f;* ◇ **to hold s.th. in ~** etw treuhänderisch verwalten **II.** *vt* ① ↑ *believe in* vertrauen *dat* ② ↑ *rely on* sich auf jd-n verlassen können ③ ↑ *hope* ◇ **I ~ you will be coming** ich hoffe doch, daß Sie kommen ④ (*typical of*) ◇ **~ Anne to behave that way** das war typisch Anne; **trusted** [-d] *adj* ▷*friend* treu; **trustee** [trʌˈstiː] *n* Treuhänder(in *f*) *m;* **trustful** [ˈtrʌstfl], **trusting** *adj* vertrauensvoll; **trustworthy** [ˈtrʌstwɜːðɪ] *adj* ▷*person* vertrauenswürdig, vertrauensvoll; ▷*story* glaubwürdig
truth [truːθ] *n* Wahrheit *f;* ◇ **to tell you the ~** um ehrlich zu sein; **truthful** [ˈtruːθfl] *adj* ehrlich; **truthfully** *adv* wahrheitsliebend
try [traɪ] **I.** *n* ↑ *attempt* Versuch *m;* ◇ **to have a ~** es versuchen; ◇ **I'll give it a ~** ich versuche es **II.** *vt* ① ↑ *attempt* versuchen ② ↑ *test out* → *car* ausprobieren; ↑ *taste, sample* ausprobieren ③ JUR → *person* vor Gericht stellen; → *case* verhandeln ④ ↑ *strain* anstrengen ⑤ → *patience* auf die Probe stellen **III.** *vi* ① ↑ *make effort* sich bemühen um ② (*~ on*) → *clothes* anprobieren; **try on** *vt* → *clothes, costume* anprobieren; → *hat* aufprobieren; **try out** *vt* ↑ *test out* → *appliance* ausprobieren; **trying** *adj* ↑ *bothersome* anstrengend
tsar [zɑː*] *n* Zar *m;* **tsarina** [zɑːˈriːnə] *n* Zarin *f*
tsetse fly [ˈtsetsɪ flaɪ] *n* FAUNA Tsetsefliege *f*
T-shirt [ˈtiːʃɜːt] *n* T-Shirt *s*
tsp. *n abbr. of* **teaspoon** TL *m* *Teelöffel*
tub [tʌb] *n* ① (*bath*) Wanne *f* ② (*margarine*) Becher *m*
tubby [ˈtʌbɪ] *adj* ↑ *plump* rundlich
tuba [ˈtjuːbə] *n* MUS Tuba *f*
tube [tjuːb] *n* ① ↑ *pipe* Rohr *s* ② (*toothpaste*) Tube *f* ③ (*tyre*) Schlauch *m* ④ ↑ *London underground* U-Bahn *f* ⑤ *FAM* ↑ *TV* Glotze *f*
tubeless *n* ▷*tyre* schlauchlos
tuber [ˈtjuːbə*] *n* FLORA Knolle *f*
tuberculosis [tjʊbɜːkjʊˈləʊsɪs] *n* MED Tuberkulose *f*
tube station [ˈtjuːbsteɪʃən] *n* (*London*) U-Bahn-Station *f*
tubular [ˈtjuːbjʊlə*] *adj* ↑ *tubelike* rohrförmig, Rohr-
tuck [tʌk] **I.** *n* ① ↑ *sew* Saum *m* ② *FAM* ↑ *sweets* Süßigkeiten *f pl* **II.** *vt* ① ↑ *sew* Biesen steppen in *acc* ② ↑ *~ under* verstauen unter; **tuck away** *vt* ↑ *hide away* wegstecken; **tuck in I.** *vi FAM* ↑ *eat* es sich schmecken lassen; *FAM* ◇ **t~ ~!** lang zu!, hau rein! **II.** *vt* ① → *child* zudecken ② → *shirt* ◇ **to ~ one's shirt in** das Hemd in die Hose stecken; **tuck up** *vt* ① → *child* zudecken ② → *sleeves* hochkrempeln; **tuck shop** *n* Süßwarenladen *m*
Tuesday [ˈtjuːzdeɪ] *n* Dienstag *m;* ◇ **on ~** am Dienstag; ◇ **on ~s, on a ~** dienstags
tuft [tʌft] *n* (*of grass, hair*) Büschel *s*
tug [tʌg] **I.** *n* ① ↑ *jerk, pull* Zerren *s,* Ziehen *s* ② NAUT Schleppdampfer *m* **II.** *vt, vi* ① ↑ *jerk, pull* zerren, ziehen ② → *boat* schleppen; **tug-of-war** *n* SPORT Tauziehen *s*
tuition [tjuˈɪʃən] *n* ① ↑ *lessons* Unterricht *m* ② *AM* ↑ *fees* Unterrichtsgebühren *pl*
tulip [ˈtjuːlɪp] *n* FLORA Tulpe *f*
tulle [tjuːl] *n* (*fabric*) Tüll *m*
tumble [ˈtʌmbl] **I.** *n* ↑ *fall* Sturz *m* **II.** *vi* ↑ *fall* fallen, stürzen; **tumble to** *vt BRIT FAM* kapieren
tumbledown *adj* ▷*house* baufällig
tumble dryer *n* Wäschetrockner *m;* **tumbler** *n* ↑ *glass* Glas *s*
tummy [ˈtʌmɪ] *n FAM* Bauch *m;* ◇ **~ache** Bauchschmerzen *m pl*
tumour [ˈtjuːmə*] *n* MED Tumor *m*
tumult [ˈtjuːmʌlt] *n* ↑ *turmoil* Tumult *m;* **tumultuous** [tjuːˈmʌltjʊəs] *adj* ▷*applause, reception* lärmend, stürmisch
tumulus [ˈtjuːmjʊləs] *n* Grabhügel *m*
tuna [ˈtjuːnə] *n* FAUNA Thunfisch *m*

tune [tju:n] **I.** *n* ↑ *melody* Melodie *f;* (*musical performance*) ◇ **they are out of ~** sie singen/spielen falsch; ◇ **he'll change his ~** er wird seine Meinung ändern; (*FAM in charge*) ◇ **who calls the ~?** wer gibt den Ton an?, wer bestimmt, was zu tun ist? **II.** *vt* ① → *musical instrument* stimmen ② AUTO ↑ *tune up* tunen; **tune in** *vi* (*radio*) einstellen; **tuner** ['tju:nə*] *n* ① (*person*) Stimmer (in *f*) *m* ② ↑ *radio set* Tuner *m,* Empfangsgerät *s;* **tuneful** ['tju:nfl] *adj* melodisch

tungsten ['tʌŋstən] *n* CHEM Wolfram *s*

tunic ['tju:nɪk] *n* (*covering garment*) Tunika *f;* (*of school uniform*) Kittel *m*

tuning ['tju:nɪŋ] *n* ① MUS Stimmen *s* ② MEDIA TECHNOL Einstellen *s*

Tunisia [tju:'nɪzɪə] *n* Tunesien *s*

tunnel ['tʌnl] *n* Tunnel *m;* RAIL Unterführung *f*

tunnel vision *n* MED Tunnelblick *m*

turban ['tɜ:bən] *n* Turban *m*

turbid ['tɜ:bɪd] *adj* ▷*liquid* trübe, dick, schmutzig; *FIG* ↑ *complicated* verworren

turbine ['tɜ:baɪn] *n* Turbine *f;* **turbine-engine** *n* AUTO Turbomotor *m*

turbocharger ['tɜ:bəʊtʃɑ:dʒə*] *n* Turbolader *m*

turboprop [tɜ:bəʊ'prɒp] *n* ① TECHNOL Propellerturbine *f* ② (AERO *aircraft*) Turbo-Prop-Flugzeug *s*

turbot ['tɜ:bət] *n* FAUNA Steinbutt *m*

turbulence ['tɜ:bjʊləns] *n* AERO Turbulenz *f; FIG* ↑ *trouble* Turbulenz *f;* **turbulent** *adj* turbulent

tureen [tjʊ'ri:n] *n* (*soup*) Terrine *f*

turf [tɜ:f] *n* <-s *o.* turves> ↑ *lawn* Rasen *m;* (*piece*) Sode *f*

Turk [tɜ:k] *n* Türke *m,* Türkin *f*

turkey ['tɜ:kɪ] *n* FAUNA Truthahn *m,* Puter *m*

Turkey ['tɜ:kɪ] *n* Türkei *f;* **Turkish** *adj* türkisch; ◇ **~ bath** türkisches Dampfbad

turmoil ['tɜ:mɔɪl] *n* ↑ *trouble, unrest* Aufruhr *m*

turn [tɜ:n] **I.** *n* ① ↑ *rotation* Drehung *f* ② (*in road*) Kurve *f* ③ ↑ *favour* ◇ **to do s.o. a good ~** jd-m e-n guten Dienst erweisen ④ MED Anfall *m* **II.** *vt* ① ↑ *revolve* drehen ② (*other side*) wenden; → *page* umblättern; → *record* umdrehen ③ ↑ *direct* → *thoughts* zuwenden ④ (*age*) ↑ *become* werden ⑤ ↑ *transform* umwandeln ⑥ ↑ *release* (~ *loose*) laufen lassen **III.** *vi* ① ↑ *revolve* sich drehen ② ↑ *change direction* (*in car*) abbiegen ③ ← *colour* verfärben ④ ← *thoughts* zuwenden ⑤ (~ *nasty*) werden ⑥ ◇ **in ~s** abwechselnd; ◇ **your ~** du bist dran; ◇ **the ~ of the century** die Jahrhundertwende; **turn against** *vi* sich wenden gegen; **turn around** *vt* ← *person* sich umdrehen; → *car* wenden; **turn away I.** *vi* ↑ *look away* sich abwenden **II.** *vt* ↑ *send away* wegschicken; **turn back I.** *vt* ① ↑ *turn around* umdrehen ② ↑ *send away* → *person* zurückschicken ③ → *clock* zurückstellen **II.** *vi* umkehren, sich umdrehen; **turn down I.** *vt* ① ↑ *reject* ablehnen, zurückweisen ② → *collar* herunterklappen ③ → *music* leiser stellen; → *temperature* kleiner stellen **II.** *vi* ← *street* abbiegen in; **turn in I.** *vi* ① ↑ *go to bed* ins Bett gehen ② ↑ *car* einfahren **II.** *vt* ① → *criminal* jd-n anzeigen ② ↑ *return* zurückgeben; **turn into** *vi* sich verwandeln in *acc;* **turn off I.** *vi* ← *car* abbiegen **II.** *vt* ① → *lights* ausschalten; → *water* abstellen; → *TV* abschalten ② ↑ *disgust* jd-m die Lust nehmen; **turn on** *vt* → *light* einschalten, anschalten; → *water* aufdrehen; → *TV* anstellen; **turn out I.** *vi* ① ↑ *end up as* sich erweisen ② ↑ *attend* erscheinen, kommen **II.** *vt* ① → *light* ausschalten ② ↑ *produce* produzieren; ◇ **how did the party ~ ~?** wie ist die Fete geworden?; **turn to** *vt* sich zuwenden *dat;* **turn up I.** *vi* ① ↑ *appear* auftauchen ② ↑ *happen, occur* passieren **II.** *vt* ① → *collar* hochklappen ② → *volume* lauter stellen ③ → *heating* höher stellen; **turnabout** *n* Kehrtwendung *f;* **turned-up** ['tɜ:ndʌp] *adj* ▷*nose* Stups-; **turning** *n* (*in road*) Abzweigung *f;* ◇ **a ~ point in my life** ein Wendepunkt in meinem Leben

turnip ['tɜ:nɪp] *n* FLORA Rübe *f*

turnout ['tɜ:naʊt] *n* ① (*number of visitors*) Besucherzahl *f* ② COMM Produktion *f*

turnover ['tɜ:nəʊvə*] *n* ① ↑ *profit* Umsatz *m* ② GASTRON ↑ *apple ~* Apfeltasche *f;* **turnover tax** *n* Umsatzsteuer *f*

turnpike ['tɜ:npaɪk] *n* (*AM*) *gebührenpflichtige Autobahn*

turnstile ['tɜ:nstaɪl] *n* Drehkreuz *s*

turntable ['tɜ:nteɪbl] *n* ① (*of record-player*) Plattenteller *m* ② RAIL Drehscheibe *f*

turn-up ['tɜ:nʌp] *n* (*on trousers*) [Hosen-]Aufschlag *m*

turpentine ['tɜ:pəntaɪn] *n* Terpentin *s*

turquoise ['tɜ:kwɔɪz] **I.** *n* ① (*precious stone*) Türkis *m* ② (*colour*) Türkis *s* **II.** *adj* türkis[farben]

turret ['tʌrɪt] *n* Turm *m*

turtle ['tɜ:tl] *n* [Wasser-]Schildkröte *f;* (*AM: for tortoise*) [Land-]Schildkröte *f*

turtleneck *adj* ◇ **~ sweater** *Pullover mit kurzem Rollkragen*

tusk [tʌsk] *n* (*elephant*) Stoßzahn *m*

tutelage ['tju:tɪlɪdʒ] *n* ① ↑ *teaching* Führung *f* ② ↑ *guardian* Vormundschaft *f*

tutor ['tju:tə*] *n* ① ↑ *private teacher* Privatlehrer

(in*f*) *m* ② (*BRIT at university, college*) Tutor(in*f*) *m;* **tutorial** [tjuːˈtɔːrɪəl] *n* SCH Kolloquium *s*
tuxedo [tʌkˈsiːdəʊ] *n* <-s> (*AM*) Smoking *m*
TV [ˈtiːˈviː] **I.** *n* ① ↑ *~ set* Fernseher *m* ② (*one of the mass media*) Fernsehen *s* **II.** *adj* Fernseh-; ◇ ~ **programme** Fernsehprogramm *s*
twaddle [twɔdl] *n* ↑ *nonsense* dummes Zeug *s*
twang [twæŋ] **I.** *n* (*of voice*) Näseln *s* **II.** *vt* näseln
tweed [twiːd] *n* (*fabric*) Tweed *m;* ◇ **-s** Tweedkleidung *f*
tweezers [ˈtwiːzəz] *n pl* Pinzette *f*
twelfth [twelfθ] *adj* zwölfte(r, s)
twelve [twelv] *nr* zwölf
twenty [ˈtwentɪ] *nr* zwanzig; **twenty-one** *nr* einundzwanzig
twerp [twɜːp] *n FAM* ↑ *idiot* Blödmann *m*
twice [twaɪs] *adv* zweimal; ◇ ~ **as much** zweimal so viel; ◇ ~ **the sum** die doppelte Summe; ◇ ~ **your age** doppelt so alt wie du
twig [twɪg] **I.** *n* Zweig *m* **II.** *vt FAM* kapieren
twilight [ˈtwaɪlaɪt] *n* Dämmerung *f,* Zwielicht *s*
twill [twɪl] *n* (*fabric*) Köper *m*
twin [twɪn] **I.** *n* Zwilling *m* **II.** *adj* Zwillings-; ◇ ~ **sister** Zwillingsschwester *f;* ◇ ~ **beds** zwei Einzelbetten
twinge [twɪndʒ] *n* stechender Schmerz *f;* ◇ **don't you feel a ~ of remorse?** hast du denn gar keine Gewissensbisse?
twinkle [ˈtwɪŋkl] **I.** *n* (*of stars*) Funkeln *s,* Glitzern *s* **II.** *vi* glitzern
twin town *n* Partnerstadt *f*
twirl [twɜːl] **I.** *n* ① Wirbel *m* ② ▷*dance* Drehung *f* ③ (*writing*) Schnörkel *m* **II.** *vt, vi* [herum]wirbeln
twist [twɪst] **I.** *n* ① ↑ *twisting* Drehung *f* ② (*of street*) Kurve *f* ③ (*in story*) ↑ *unexpected surprise* überraschende Wendung *f* **II.** *vt* ① ↑ *turn* drehen ② → *words, information* ↑ *distort* verdrehen ③ → *ankle* [mit dem Fuß] umknicken ④ ↑ *put out of shape* verbiegen ⑤ ◇ **Harry's face was ~ed with pain** Harrys Gesicht war schmerzverzerrt **III.** *vi* ← *river* sich schlängeln; ← *curve* sich winden
twit [twɪt] *n FAM* ↑ *idiot* Blödmann *m*
twitch [twɪtʃ] **I.** *vi* zucken **II.** *n* (*of eye*) Zucken *s*
twitchy [ˈtwɪtʃɪ] *adj* ↑ *nervous* nervös
two [tuː] *nr* zwei; ◇ **the ~ children** die beiden Kinder; ◇ **to put ~ and ~ together** sich seinen Reim auf etw machen; *FIG* ↑ *deceiving* ◇ **~-faced** falsch; ↑ *in pairs* ◇ ~ **by** ~ zu zweit; **two-door** *adj* ▷*car* zweitürig; **two-dimension** *adj* zweidimensional; **two-faced** [ˈtuːfeɪsd] *adj FIG* ↑ *deceiving* falsch; **twofold** *adj, adv* zweifach, doppelt; **two-piece** *adj* ▷*suit* zweiteilig; **two-seater** *n* AUTO AERO Zweisitzer *m;* **twosome** *n* Paar *s;* **two-stroke engine** *n* Zweitaktmotor *m;* **two-way** *adj* in beide Richtungen; ▷*switch* Wechsel-; AUTO ◇ ~ **traffic** Gegenverkehr *m;* ◇ ~ **mirror** venezianischer Spiegel *m;* ◇ ~ **adaptor** Doppelstecker *m*
tycoon [taɪˈkuːn] *n* Magnat *m,* Tycoon *m*
type [taɪp] **I.** *n* ① ↑ *kind* Art *f,* Typ *m,* Sorte *f;* ◇ **she's not your ~** sie ist nicht dein Typ ② PRINT Type *f* **II.** *vt, vi* tippen, mit der Maschine schreiben; **type-cast** *adj* THEAT MEDIA auf e-e bestimmte Rolle festgelegt; **typeface** *n* PRINT Schriftart *f;* **typescript** *n* maschinengeschriebener Text *m*
type setter *n* Schriftsetzer(in*f*) *m;* **typewriter** *n* Schreibmaschine *f;* ◇ ~ **ribbon** Farbband *s;* **typewritten** *adj* maschinengeschrieben
typhoid [ˈtaɪfɔɪd] *n* MED Typhus *m*
typhoon [taɪˈfuːn] *n* Taifun *m*
typhus [ˈtaɪfəs] *n* MED Fleckfieber *s*
typical [ˈtɪpɪkəl] *adj* typisch
typify [ˈtɪpɪfaɪ] *vt* ↑ *exemplify* typisch sein für, bezeichnend sein für
typing [ˈtaɪpɪŋ] *n* Maschineschreiben *s;* ◇ ~ **error** Tippfehler *m;* ◇ ~ **pool** Schreibzentrale *f;* **typist** [ˈtaɪpɪst] *n* Schreibkraft *f*
tyranny [ˈtɪrənɪ] *n* Tyrannei *f;* **tyrant** [ˈtaɪrənt] *n* Tyrann(in*f*) *m*
tyre [taɪə*] *n* Reifen *m;* ◇ **spare ~** Ersatzrad *s;* (*FAM fat around belly*) Rettungsringe *m pl*

U

U, u [juː] *n* U *s,* u *s*
ubiquitous [juːˈbɪkwɪtəs] *adj* allgegenwärtig
udder [ˈʌdə*] *n* Euter *s*
UFO [ˈjuːfəʊ] *n acronym of* **unidentified flying object** Ufo *s*
ugliness [ˈʌglɪnəs] *n* Häßlichkeit *f;* **ugly** [ˈʌglɪ] *adj* häßlich; ↑ *bad* ▷*scar* schlimm
UK [juːˈkeɪ] *n abbr. of* **United Kingdom** Vereinigtes Königreich
ukulele [juːkəˈleɪlɪ] *n* Ukulele *f*
ulcer [ˈʌlsə*] *n* MED Geschwür *s;* ◇ **stomach ~** Magengeschwür *s*
ulterior [ʌlˈtɪərɪə*] *adj* ↑ *hidden* ◇ ~ **motive** Hintergedanke *m*
ultimate [ˈʌltɪmət] *adj* ① ↑ *perfect* perfekt, vollendet ② ↑ *final* letzte(r, s), endgültig; **ultimately** *adv* ↑ *eventually, finally* schließlich

ultimatum [ʌltɪˈmeɪtəm] *n* ↑ *warning* Ultimatum *s*
ultra- [ˈʌltrə] *pref* ultra-
ultrasound [ˈʌltrəsaʊnd] *n* MED Ultraschallaufnahme *f*
ultraviolet [ʌltrəˈvaɪələt] *adj* ▷*rays* ultraviolett
umbilical cord [ʌmˈbɪklɪklˈkɔːd] *n* Nabelschnur *f*
umbrella [ʌmˈbrelə] *n* [Regen-]Schirm *m*
umlaut [ˈʊmlaʊt] *n* (*in Germanic languages: ä, ö, ü*) Umlaut *m*
umpire [ˈʌmpaɪə*] **I.** *n* SPORT Schiedsrichter(in *f*) *m* **II.** *vt, vi* (*at football game*) als Schiedsrichter fungieren
umpteen [ˈʌmptiːn] *nr FAM* ↑ *countless* ◇ **- times** x-mal, zigmal
un- [ʌn] *pref* un-
UN [juːˈen] *n sg abbr. of* **United Nations** UNO *f*
unabashed [ʌnəˈbæʃt] *adj* ↑ *undaunted, unaffected* unerschrocken, unverfroren
unabated [ʌnəˈbeɪtɪd] *adj* ↑ *unchanged* unvermindert
unable [ʌnˈeɪbl] *adj* ◇ **to be - to do s.th.** unfähig sein, etw zu tun; ◇ **unfortunately, I' m - to come** ich kann leider nicht kommen
unaccompanied [ʌnəˈkʌmpənɪd] *adj* ▷*minor* ohne Begleitung; MUS Solo-
unaccountable [ʌnəˈkaʊntəbl] *adv* (*unknown*) unerklärlich
unaccustomed [ʌnəˈkʌstəmd] *adj* ↑ *unfamiliar, new* nicht gewöhnt sein (*to* an etw *acc*)
unaided [ʌnˈeɪdɪd] *adj* ↑ *single-handed* selbständig
unanimity [juːnəˈnɪmɪtɪ] *n* ↑ *accord* Einstimmigkeit *f;* **unanimous** [juːˈnænɪməs] *adj* einstimmig, einmütig
unattached [ʌnəˈtætʃt] *adj* ↑ *free, not connected* ungebunden; ↑ *single* single
unattended [ʌnəˈtendɪd] *adj* ▷*child* unbeaufsichtigt; ▷*cash register* unbewacht
unattractive [ʌnəˈtræktɪv] *adj* [1] ▷*appearance* ▷*person* unattraktiv [2] ↑ *not tempting* ▷*offer* unattraktiv, wenig reizvoll
unauthorized [ʌnˈɔːθəraɪzd] *adj* ↑ *without permission* ▷*entry* unbefugt
unavoidable [ʌnəˈvɔɪdəbl] *adj* ↑ *inevitable* unvermeidlich, unvermeidbar; ▷*conclusion* zwangsläufig
unaware [ʌnəˈweə*] *adj* ◇ **to be - of s.th.** sich e-r Sache *gen* nicht bewußt sein
unbalanced [ʌnˈbælənst] *adj* [1] ▷*diet, report* einseitig [2] ▷*person* labil
unbearable [ʌnˈbeərəbl] *adj* ▷*pain* unerträglich
unbeatable [ʌnˈbiːtəbl] *adj* ▷*opponent* unschlagbar; ▷*offer* unübertrefflich
unbecoming [ʌnbɪˈkʌmɪŋ] *adj* ↑ *unflattering* ▷*dress* unvorteilhaft; ▷*behaviour* unschicklich
unbelievable [ʌnbɪˈliːvəbl] *adj* ↑ *shocking, amazing* unglaublich
unbend [ʌnˈbend] *vi* geradebiegen
unblemished [ʌnˈblemɪʃəd] *adj* ↑ *flawless* makellos; ▷*reputation* unbescholten
unborn [ʌnˈbɔːn] *adj* ▷*child* ungeboren
unbridled [ʌnˈbraɪdld] *adj* ungezügelt; ▷*tongue* ungezügelt, lose
unbroken [ʌnˈbrəʊkən] *adj* [1] ↑ *continuous* ▷*period* ununterbrochen [2] ▷*horse, spirit* ungebrochen [3] ▷*record* unübertroffen [4] ↑ *intact* unbeschädigt
unburden [ʌnˈbɜːdn] *vr* [1] ↑ *confess* ◇ **to - o.s.** sein Herz ausschütten [2] ↑ *unload* abladen
unbutton [ʌnˈbʌtn] *vt* → *coat* aufknöpfen
uncalled-for [ʌnˈkɔːldfɔː*] *adj* ▷*remark, comment* unnötig
uncanny [ʌnˈkænɪ] *adj* ↑ *weird, unnatural* unheimlich, seltsam
unceasing [ʌnˈsiːsɪŋ] *adj* ↑ *constantly* unaufhörlich
uncertain [ʌnˈsɜːtn] *adj* [1] ↑ *unreliable* ▷*weather* unbeständig [2] ↑ *doubtful* ▷*matter* unsicher; **uncertainty** [ʌnˈsɜːtntɪ] *n* Ungewißheit *f*
uncharitable [ʌnˈtʃærɪtəbl] *adj* ↑ *severe, harsh* hartherzig; ▷*comment* unfreundlich
uncharted [ʌnˈtʃɑːtɪd] *adj* ↑ *unknown* ▷*land, waters* unbekannt; ↑ *alien* unentdeckt
unchecked [ʌnˈtʃekt] *adj* (*not verified*) ▷*luggage* nicht überprüft; ↑ *unrestrained* ungehemmt
uncivil [ʌnˈsɪvɪl] *adj* ↑ *impolite* unhöflich
uncle [ˈʌŋkl] *n* Onkel *m*
uncoil [ʌnˈkɔɪl] *vi* ↑ *unwind* abwickeln
uncomfortable [ʌnˈkʌmftəbl] *adj* [1] ▷*chair* unbequem [2] ↑ *awkward* ▷*situation* unerfreulich
uncommited [ʌnˈkəmɪtəd] *adj* neutral
uncompromising [ʌnˈkɒmprəmaɪzɪŋ] *adj* ↑ *steadfast* kompromißlos
unconditional [ʌnkənˈdɪʃənl] *adj* ↑ *total, complete* bedingungslos; ↑ *unreserved* vorbehaltlos
uncongenial [ʌnkənˈdʒiːnɪəl] *adj* ↑ *unpleasant* unerfreulich
unconscious [ʌnˈkɒnʃəs] *adj* [1] MED bewußtlos [2] ↑ *unaware* unbewußt (*of* gen) [3] ↑ *not deliberate* unbewußt, unabsichtlich; **unconsciously** *adv* unbewußt; **unconsciousness** *n* MED Bewußtlosigkeit *f*
uncontrollable [ʌnkənˈtrəʊləbl] *adj* [1] ▷*emotion* unbezähmbar [2] ↑ *unmanageable* unkontrollierbar
uncork [ʌnˈkɔːk] *vt* → *bottle* entkorken

uncouth [ʌn'ku:θ] *adj* ▷*actions, behaviour* grob, ordinär
uncover [ʌn'kʌvə*] *vt* ① ↑ *take off* aufdecken ② ↑ *discover* → *information, secret* aufdecken; **uncovered** [-d] *adj* ↑ *exposed* offen
unctuous ['ʌŋktjʊəs] *adj* ↑ *flattering, smooth* ▷*speech* salbungsvoll
undaunted [ʌn'dɔ:ntɪd] *adj* ↑ *fearless* unerschrocken; ↑ *not discouraged* unverzagt; ▷*courage* unerschütterlich
undecided [ʌndɪ'saɪdɪd] *adj* ▷*matter* unentschieden; ▷*person* unentschlossen
undeniable [ʌndɪ'naɪəbl] *adj* ↑ *certain* unbestreitbar, unleugbar
under ['ʌndə*] *prep* ① *(location)* unter *dat;* ◇ **the cat was - the table** die Katze war unter dem Tisch; *(direction)* ◇ **the ball rolled - the table** der Ball rollte unter den Tisch ② ▷*rank* unter *dat* ③ ↑ *less than* unter, weniger als ④ ↑ *in the process* ◇ **to be - treatment** in Behandlung sein; ↑ *exposed to* ◇ **to be - pressure** unter Druck stehen; **under-age** *adj* ↑ *a minor* minderjährig
undercarriage ['ʌndəkærɪdʒ] *n* AERO Fahrwerk *s,* Fahrgestell *s*
underclothes ['ʌndəkləʊðz] *n pl* ↑ *underwear* Unterwäsche *f*
undercoat ['ʌndəkəʊt] *n* ▷*paint* Grundierfarbe *f,* Grundierung *f*
undercover ['ʌndəkʌvə*] *adj* ↑ *secret* Geheim-; ◇ **- agent** Geheimagent *m*
undercut ['ʌndəkʌt] *irr vt (sell cheaper)* → *prices* unterbieten
underdeveloped [ʌndədɪ'veləpt] *adj* unterentwickelt; ◇ **- countries** Entwicklungsländer *pl*
underdog ['ʌndədɒg] *n (the weaker one)* Schwächere(r) *fm,* Benachteiligte(r) *fm*
underdone [ʌndə'dʌn] *adj* GASTRON ▷*steak* nicht durchgebraten
underestimate [ʌndər'estɪmeɪt] *vt* ↑ *miscalculate* unterschätzen; ↑ *misjudge, underrate* unterschätzen
underexposed [ʌndərɪks'pəʊzd] *adj* PHOTO unterbelichtet
undergo [ʌndə'gəʊ] *irr vt* → *experience* erleben, durchmachen; → *operation* sich unterziehen *dat*
undergraduate [ʌndə'grædjʊət] *n* ↑ *university student* Student(in *f*) *m*
underground ['ʌndəgraʊnd] **I.** *n* U-Bahn *f* **II.** *adj* ↑ *below surface* ▷*railway, tunnel* unterirdisch; *FIG* ▷*press etc.* Untergrund-
undergrowth ['ʌndəgrəʊθ] *n* ↑ *shrubs, bushes* Unterholz *s,* Gestrüpp *s*
underhand [ʌndə'hænd] *adj* ↑ *secret, deceitful, sly* hinterhältig
underlie [ʌndə'laɪ] *irr vt* zugrundeliegen *dat*
underline [ʌndə'laɪn] *vt* → *a sentence* unterstreichen; ↑ *stress* betonen
underling ['ʌndəlɪŋ] *n FAM* ↑ *person of lower rank* Untergebene(r) *fm*
underlying [ʌndə'laɪɪŋ] *adj* ① ↑ *not obvious, real* ▷*cause, theme* eigentlich ② ↑ *underground* ▷*rocks* tieferliegend
undermine [ʌndə'maɪn] *vt* ↑ *weaken* → *person* schwächen; → *idea, system* untergraben
underneath [ʌndə'ni:θ] **I.** *adv* ↑ *below* darunter **II.** *prep* ↑ *below* unter
underpaid [ʌndə'peɪd] *adj* ▷*workers* unterbezahlt
underpants ['ʌndəpænts] *n pl* Unterhose *f*
underpass ['ʌndəpɑ:s] *n* ↑ *subway* Unterführung *f*
underprice [ʌndə'praɪs] *vt* unter Preis anbieten
underprivileged [ʌndə'prɪvɪlɪdʒd] *adj* ↑ *deprived* ▷*children* unterprivilegiert
underrate [ʌndə'reɪt] *vt* ↑ *misjudge, underestimate* unterschätzen
undersexed [ʌndə'sekst] *adj* ↑ *having little desire* ◇ **to be -** nicht viel für Sex übrig haben
undershirt ['ʌndəʃ3:t] *n (AM)* Unterhemd *s*
undershorts ['ʌndəʃɔ:ts] *n pl (AM)* Unterhose *f*
underside ['ʌndəsaɪd] *n* Unterseite *f*
understand [ʌndə'stænd] *irr vt* ① ↑ *comprehend* verstehen ② ↑ *realize* ◇ **I - that it's a hard decision** soviel ich weiß, ist es e-e schwere Entscheidung ③ ↑ *relate to* ◇ **they - each other** sie verstehen sich gut; ◇ **I can - his anger** ich kann seine Wut nachvollziehen; **understandable** *adj* verständlich, begreiflich; **understanding I.** *n* ① ↑ *sympathy* Verständnis *s* ② ↑ *knowledge* Kenntnisse *f pl* **II.** *adj* ▷*person* verständnisvoll
understatement ['ʌndəsteɪtmənt] *n* Untertreibung *f*
undertake [ʌndə'teɪk] *irr vt* **I.** *vt* → *job, task* unternehmen; → *risk* eingehen **II.** *vi* ↑ *promise, affirm* sich verpflichten; **undertaker** [ʌndəteɪkə*] *n* Leichenbestatter(in *f*) *m;* ◇ **the -'s** Beerdigungsinstitut *s;* **undertaking** [ʌndə'teɪkɪŋ] *n* ① ↑ *task, enterprise* Unternehmen *s,* Projekt *s* ② ↑ *promise* Wort *s*
undertow [ʌndə'təʊ] *n* ↑ *current* Unterströmung *f*
undervalue [ʌndə'vælju:] *vt* ↑ *underestimate* unterschätzen; → *person* zu wenig schätzen
underwater [ʌndə'wɔ:tə*] *adj* Unterwasser-
underwear ['ʌndəwɛə*] *n* Unterwäsche *f*
underworld ['ʌndəw3:ld] *n* Unterwelt *f*
underwriter ['ʌndəraɪtə*] *n (of insurance policy)* Assekurant(in *f*) *m*

undesirable [ʌndɪ'zaɪərəbl] *adj* ▷*circumstances* unerwünscht
undies ['ʌndɪz] *n pl FAM* Unterwäsche *f*
undignified [ʌn'dɪgnɪfaɪd] *adj* ▷*manner* unelegant; ▷*person* würdelos
undiscovered [ʌndɪs'kʌvəd] *adj* unentdeckt
undisputed [ʌndɪ'spjuːtɪd] *adj* ↑ *certain* ▷*fact* unbestritten
undo [ʌn'duː] *irr vt* (1) ↑ *unfasten* aufmachen (2) ↑ *put right* → *damage, wrong* ungeschehen machen
undoing *n* ↑ *downfall* Verderben *s*, Ruin *m*
undoubted [ʌn'daʊtɪd] *adj* ↑ *obvious, certain* unbestritten; **undoubtedly** *adv* zweifellos, ohne Zweifel; ◇ **she has ~ improved** sie hat sich zweifellos verbessert
undress ['ʌn'dres] *vt, vi* ausziehen; **undressed** [-d] *adj* nicht angezogen; ◇ **to get ~** sich ausziehen
undue [ʌn'djuː] *adj* ↑ *exaggerated, extreme* übertrieben
undulating ['ʌndjʊleɪtɪŋ] *adj* ▷*countryside* hügelig
unduly [ʌn'djuːlɪ] *adv* übermäßig; ◇ **she is ~ pessimistic** sie ist zu pessimistisch
unearth [ʌn'ɜːθ] *vt* (1) ↑ *dig up* ausgraben (2) ↑ *discover* entdecken
unease [ʌn'iːz] *n* (1) ↑ *anxiety* Unbehagen *s* (2) ▷*public* Unruhe *f;* **uneasy** [ʌn'iːzɪ] *adj* (1) ↑ *worried* beunruhigt, besorgt (2) ↑ *uncomfortable* beunruhigend; ▷*suspicion* unbehaglich; ◇ **to feel ~** sich nicht wohl fühlen (3) ↑ *embarrassed* beklommen
uneconomical [ʌniːkə'nɒmɪkəl] *adj* ↑ *wasteful* unökonomisch, unwirtschaftlich
uneducated [ʌn'edjʊkeɪtɪd] *adj* ▷*person* ungebildet
unemployed [ʌnɪm'plɔɪd] **I.** *adj* arbeitslos **II.** *n* ◇ **the ~** *pl* die Arbeitslosen *pl;* **unemployment** [ʌnɪm'plɔɪmənt] *n* Arbeitslosigkeit *f;* ◇ **~ benefit** Arbeitslosengeld *s*
unending [ʌn'endɪŋ] *adj* ↑ *continual* endlos
unendurable [ʌnɪn'djuːrəbl] *adj* ▷*pain, injustice* unerträglich
unerring [ʌn'ɜːrɪŋ] *adj* ↑ *accurate* unfehlbar
unethical [ʌn'eθɪkəl] *adj* ↑ *immoral* unmoralisch
uneven [ʌn'iːvən] *adj* (1) ▷*surface* uneben (2) ↑ *inequitable* ungleichmäßig, unterschiedlich
unfair [ʌn'fɛə*] *adj* (1) ▷*decision* unfair, ungerecht (2) ↑ *biased* unlauter; **unfairly** *adv* unfair, ungerecht; unlauter
unfaithful [ʌn'feɪθfʊl] *adj* (1) ▷*husband, wife* untreu; ▷*servant* treulos (2) ↑ *inaccurate* ▷*translation* ungenau, verfälschend
unfasten [ʌn'fɑːsn] *vt* → *hook* aufmachen, öffnen
unfavourable, unfavorable (*AM*) [ʌn'feɪvərəbl] *adj* (1) ▷*answer* negativ (2) ↑ *unfair* ▷*comparison* ungünstig, unvorteilhaft
unfeeling [ʌn'fiːlɪŋ] *adj* ↑ *cruel, unsympathetic* gefühllos, kalt; ▷*reply* herzlos
unfinished [ʌn'fɪnɪʃt] *adj* ▷*job, book* unvollendet, unfertig
unfit [ʌn'fɪt] *adj* (1) ↑ *not suitable* ungeeignet, unpassend (*for* zu, für) (2) ↑ *incompetent* unfähig; ◇ **she is ~ to drive** sie ist fahruntüchtig
unflagging [ʌn'flægɪŋ] *adj* ▷*energy, patience* unermüdlich
unflappable [ʌn'flæpəbl] *adj FAM* ↑ *controlled, calm* ruhig, unerschütterlich
unflinching [ʌn'flɪntʃɪŋ] *adj* ↑ *fearless, resolute* unerschrocken
unfold [ʌn'fəʊld] **I.** *vt* → *paper* entfalten, auseinanderfalten; → *chair* aufklappen **II.** *vi* ↑ *develop* → *story* sich entwickeln
unforeseen [ʌnfɔː'siːn] *adj* ↑ *unpredictable* unvorhergesehen, unvorhersehbar
unforgivable [ʌnfə'gɪvəbl] *adj* ↑ *unpardonable* unverzeihlich
unfortunate [ʌn'fɔːtʃnət] *adj* (1) ↑ *unlucky* unglücklich, unglückselig (2) ↑ *regrettable* ▷*remark* bedauerlich; **unfortunately** *adv* ↑ *regrettably* leider; ◇ **~ I have to go** ich muß leider gehen
unfounded [ʌn'faʊndɪd] *adj* ↑ *groundless* unbegründet; ▷*suspicion* grundlos
unfriendly [ʌn'frendlɪ] *adj* unfreundlich; ↑ *hostile* feindselig
unfurnished [ʌn'fɜːnɪʃt] *adj* ▷*flat* unmöbliert
ungainly [ʌn'geɪnlɪ] *adj* ↑ *awkward, clumsy* linkisch; ▷*appearance* unelegant
unguarded [ʌn'gɑːdɪd] *adj* (1) ↑ *unattended* unbewacht (2) *FIG* ↑ *careless* ▷*remark* unüberlegt
unhappy [ʌn'hæpɪ] *adj* ↑ *sad, depressed* unglücklich; ◇ **we are ~ with the results** wir sind mit den Ergebnissen unzufrieden
unharmed [ʌn'hɑːmd] *adj* ↑ *not hurt* unversehrt
unhealthy [ʌn'helθɪ] *adj* (*cigarettes*) ungesund; (*person*) nicht gesund, kränklich
unheard-of [ʌn'hɜːdɒv] *adj* (1) ↑ *unknown* gänzlich unbekannt (2) ↑ *shocking, offensive* unerhört
unheeded [ʌn'hiːdəd] *adj* ↑ *ignored* ▷*advice* unbeachtet
unicorn ['juːnɪkɔːn] *n* Einhorn *s*
unidentified [ʌnaɪ'dentɪfaɪd] *adj* ↑ *anonymous* unbekannt; ◇ **~ flying object** unbekanntes Flugobjekt, Ufo *s*
unification [juːnɪfɪ'keɪʃən] *n* Vereinigung *f;* (*of system*) Vereinheitlichung *f*

uniform ['ju:nɪfɔ:m] **I.** *n* (*school* ~) Uniform *f* **II.** *adj* ↑ *unvarying* einheitlich; **uniformity** [ju:-nɪ'fɔ:mɪtɪ] *n* Einheitlichkeit *f*
unify ['ju:nɪfaɪ] *vt* [1] ↑ *unite* vereinigen [2] ↑ *make uniform* vereinheitlichen
unilateral [ju:nɪ'lætərəl] *adj* ↑ *one-sided* einseitig
unimaginable [ʌnɪ'mædʒɪnəbl] *adj* ↑ *unconceivable* unvorstellbar
unimpaired [ʌnɪm'pɛəd] *adj* ▷*quality* unbeeinträchtigt; ▷*health* unvermindert
unimpeachable [ʌnɪm'pi:tʃəbl] *adj* ↑ *impeccable* untadelig
unintentional [ʌnɪn'tenʃənl] *adj* ↑ *not deliberate* unabsichtlich, unbeabsichtigt; ▷*joke* unfreiwillig
union ['ju:njən] *n* [1] (*act of joining*) Verbindung *f* [2] (*German* ~) Vereinigung *f;* (*political* ~) Verbindung *f,* Bund *m,* Pakt *m* [3] ◇ **trade** ~ Gewerkschaft *f*
Union Jack ['ju:njən'dʒæk] *n* (*BRIT flag*) Union Jack *m*
unique [ju:'ni:k] *adj* ↑ *exceptional* einzig; ↑ *rare* einmalig
unisex ['ju:nɪseks] *adj* Unisex-, unisex-
unison ['ju:nɪzn] *n* MUS ↑ *simultaneously* Gleichklang *m;* ◇ **in** ~ unisono
unit ['ju:nɪt] *n* [1] (*standard of measurement*) Einheit *f* [2] (*part, section*) Teil *s* [3] (*machinery*) Element *s,* Teil *s*
unite [ju:'naɪt] **I.** *vt* ↑ *join* vereinigen, verbinden **II.** *vi* ↑ *come together* sich vereinigen; **united** [-d] *adj* ▷*efforts* vereint; ◇ **U~ Kingdom** Vereinigtes Königreich; ◇ **U~ Nations** *pl* Vereinte Nationen *pl;* ◇ **the U~ States [of America]** *pl* die Vereinigten Staaten [von Amerika] *pl*
unity ['ju:nɪtɪ] *n* [1] ↑ *harmony* Einmütigkeit *f;* ↑ *agreement* Einigkeit *f* [2] (*state of being united*) Einheit *f*
universal [ju:nɪ'vɜ:səl] *adj* ↑ *widespread* universal; **universally** *adv* allgemein; **universe** ['ju:nɪvɜ:s] *n* Universum *s,* All *s*
university [ju:nɪ'vɜ:sɪtɪ] *n* Universität *f*
unjust [ʌn'dʒʌst] *adj* ↑ *wrong* ungerecht
unjustifiable [ʌn'dʒʌstɪfaɪəbl] *adj* ↑ *inexcusable* nicht zu rechtfertigen
unkempt [ʌn'kempt] *adj* ↑ *untidy* vernachlässigt; ▷*hair* ungekämmt
unkind [ʌn'kaɪnd] *adj* unfreundlich, lieblos, gemein
unknown [ʌn'nəʊn] *adj* unbekannt; ◇ **the facts are ~ to the police** die Tatsachen sind der Polizei nicht bekannt; ◇ **~ territory** Neuland *s*
unleaded [ʌn'ledɪd] *adj* ▷*gas, petrol* bleifrei
unleash [ʌn'li:ʃ] *vt* ↑ *let loose* → *dog* von der Leine lassen; → *anger* auslösen
unleavened [ʌn'levnd] *adj* ▷*bread* ungesäuert
unless [ən'les] *cj* ↑ *except when* es sei denn; ◇ **don't come ~ I say so** komm nicht, wenn ich es dir nicht sage; ◇ **~ I'm mistaken** wenn ich mich nicht irre
unlicensed [ʌn'laɪsənst] *adj* ↑ *unauthorized* unberechtigt, unbefugt; ▷*television* nicht angemeldet
unlike [ʌn'laɪk] *prep* [1] ↑ *different* unähnlich [2] ↑ *not typical of* ◇ **that is very ~ him not to call** das paßt überhaupt nicht zu ihm, nicht anzurufen [3] ↑ *contrary* im Gegensatz; ◇ **you are very optimistic, ~ myself** im Gegensatz zu mir bist du sehr optimistisch
unlikely *adj* ↑ *improbable* unwahrscheinlich; ▷*story* unglaubwürdig
unlimited [ʌn'lɪmɪtɪd] *adj* ↑ *indefinite* unbegrenzt; ▷*patience* unendlich
unlisted [ʌn'lɪstɪd] *adj* ▷*telephone number* nicht verzeichnet
unload [ʌn'ləʊd] *vt* → *goods* entladen
unlock [ʌn'lɒk] *vt* → *door* aufschließen
unmannerly [ʌn'mænəlɪ] *adj* ▷*behaviour* ungehörig
unmarried [ʌn'mærɪd] *adj* ledig, unverheiratet
unmask [ʌn'mɑ:sk] **I.** *vt* demaskieren; *FIG* ↑ *reveal* entlarven **II.** *vi* sich demaskieren
unmistakable [ʌnmɪ'steɪkəbl] *adj* ↑ *certain* unverkennbar, nicht zu verwechseln; **unmistakably** *adv* unverkennbar, zweifelsohne
unmitigated [ʌn'mɪtɪgeɪtɪd] *adj* ↑ *absolute, utter* total, vollkommen
unmoved [ʌn'mu:vd] *adj* ↑ *unaffected* ungerührt
unnecessary [ʌn'nesəsərɪ] *adj* unnötig; ↑ *superfluous* überflüssig
unobtainable [ʌnəb'teɪnəbl] *adj* nicht erhältlich
unoccupied [ʌn'ɒkjʊpaɪd] *adj* ↑ *vacant* ▷*house* unbewohnt; ▷*seat* leer, frei
unopened [ʌn'əʊpənd] *adj* ↑ *sealed, closed* ungeöffnet
unorthodox [ʌn'ɔ:θədɒks] *adj* ↑ *unconventional* unorthodox, unkonventionell
unpack [ʌn'pæk] *vt, vi* → *suitcase* auspacken
unpalatable [ʌn'pælətəbl] *adj* ↑ *unpleasant, nasty, FIG* ungenießbar; ▷*truth* schwer verdaulich
unparalleled [ʌn'pærəleld] *adj* ↑ *unequalled* beispiellos, einmalig
unpleasant [ʌn'pleznt] *adj* ↑ *disagreeable* unangenehm; ▷*person* unfreundlich; ▷*situation* unerfreulich

unplug [ʌn'plʌg] *vt* → *iron, radio etc.* den Stecker herausziehen von
unpopular [ʌn'pɒpjʊlə*] *adj* unbeliebt
unprecedented [ʌn'presɪdəntɪd] *adj* (*first time*) noch nie dagewesen, beispiellos; ▷*profit* unerhört
unqualified [ʌn'kwɒlɪfaɪd] *adj* (1) (*not qualified*) unqualifiziert (2) ↑ *absolute* uneingeschränkt
unravel [ʌn'rævəl] *vt* (1) → *knitting* aufziehen (2) ↑ *solve* → *case* lösen
unreal [ʌn'rɪəl] *adj* unwirklich
unreasonable [ʌn'ri:znəbl] *adj* ▷*person* uneinsichtig, schwierig; ▷*demand* übertrieben; ▷*amount* unzumutbar, übertrieben
unrelenting [ʌnrɪ'lentɪŋ] *adj* ↑ *continuous, relentless* unablässig
unreliable [ʌnrɪ'laɪəbl] *adj* ↑ *untrustworthy* unzuverlässig
unrest [ʌn'rest] *n* ↑ *discontent* Unzufriedenheit *f*
unruly [ʌn'ru:lɪ] *adj* ▷*child* ungebärdig
unsafe [ʌn'seɪf] *adj* ↑ *dangerous* ▷*journey, work* nicht sicher
unsaid [ʌn'sed] *adj* ungesagt, unausgesprochen; ◇ **to leave s.th. ~** etw unausgesprochen lassen
unsatisfactory [ʌnsætɪs'fæktərɪ] *adj* ↑ *inadequate* unbefriedigend
unsavoury, **unsavory** (*AM*) [ʌn'seɪvərɪ] *adj* ▷*food* geschmacklos; *FIG* ▷*person* abstoßend; ↑ *distasteful* ▷*details, subject* unerfreulich
unscrew [ʌn'skru:] *vt* ↑ *loosen* abschrauben
unscrupulous [ʌn'skru:pjʊləs] *adj* ↑ *unprincipled* skrupellos, gewissenlos
unselfish [ʌn'selfɪʃ] *adj* ↑ *generous* selbstlos
unsettle [ʌn'setl] *vt* → *person* aus dem Gleichgewicht bringen
unsettled [-d] *adj* (1) (*emotionally*) verstört sein (2) ↑ *unpaid* unbezahlt (3) ↑ *unfinished* ▷*disputes* offen, ungeklärt (4) ▷*land* unbesiedelt
unshaven [ʌn'ʃeɪvn] *adj* unrasiert
unsightly [ʌn'saɪtlɪ] *adj* ↑ *hideous* häßlich
unskilled [ʌn'skɪld] *adj* ▷*worker* ungelernt
unsophisticated [ʌnsə'fɪstɪkeɪtɪd] *adj* ↑ *simple* natürlich, einfach; TECHNOL unkompliziert, simpel
unspeakable [ʌn'spi:kəbl] *adj* ▷*joy* unbeschreiblich; ▷*crime* abscheulich
unstuck [ʌn'stʌk] *adj* (1) (*sticker*) ◇ **to come ~** sich lösen (2) (*person*) steckenbleiben
unsuccessful [ʌnsək'sesfʊl] *adj* ↑ *fail* erfolglos; ◇ **our attempt was ~** unser Versuch war vergeblich; ◇ **an ~ businessman** ein erfolgloser Geschäftsmann
unsuspecting [ʌnsə'spektɪŋ] *adj* ahnungslos, nichtsahnend
untangle [ʌn'tæŋgl] *vt* → *rope* entwirren
untapped [ʌn'tæpt] *adj* ▷*resources* ungenutzt
unthinkable [ʌn'θɪŋkəbl] *adj* ↑ *unimaginable* undenkbar, unvorstellbar
untidy [ʌn'taɪdɪ] *adj* ↑ *messy* unordentlich
untie [ʌn'taɪ] *vt* → *shoe* aufbinden
until [ən'tɪl] *prep, cj* bis; ◇ **not ~** nicht bis
untimely [ʌn'taɪmlɪ] *adj* ↑ *premature* ▷*death* vorzeitig; ▷*occurrence* unpassend, ungelegen
untold [ʌn'təʊld] *adj* ▷*story, truth* nicht erzählt;
untranslatable [ʌntræns'leɪtəbl] *adj* ▷*idiom* unübersetzbar
untried [ʌn'traɪd] *adj* (1) JUR nicht verhandelt (2) ▷*plan, medicine* ungetestet
untruth [ʌn'tru:θ] *n* ↑ *lie* Unwahrheit *f*
unused [ʌn'ju:zd] *adj* ↑ *new* ungebraucht, unbenutzt
unusual [ʌn'ju:ʒʊəl] *adj* (1) ↑ *odd, strange* ungewöhnlich (2) ↑ *not routine* außergewöhnlich
unusually *adv* ↑ *exceptionally* ◇ **she was ~ late** sie war ungewöhnlich spät dran
unveil [ʌn'veɪl] *vt* ↑ *disclose* enthüllen
unwanted [ʌn'wɒntɪd] *adj* ▷*baby, dog* unerwünscht
unwavering [ʌn'weɪvərɪŋ] *adj* unerschütterlich
unwelcome [ʌn'welkəm] *adj* unwillkommen
unwilling [ʌn'wɪlɪŋ] *adj* ↑ *reluctant* widerwillig; ◇ **to be ~ to do s.th.** etw ungern tun
unwind [ʌn'waɪnd] *irr* **I.** *vt* (*wire*) abwickeln **II.** *vi* ↑ *relax* sich entspannen, abschalten
unwitting [ʌn'wɪtɪŋ] *adj* ↑ *unknowing, unaware* unbewußt, nichtsahnend
unwrap [ʌn'ræp] *vt* → *present* auspacken
unwritten [ʌn'rɪtn] *adj* ▷*letter* ungeschrieben
up [ʌp] **I.** *prep* auf **II.** *adv* (1) (*out of bed*) auf; ◇ **is Fritz ~ yet?** ist Fritz schon auf? (2) (*next*) ◇ **contestant no. 3 is ~** Kandidat Nr. 3 ist an der Reihe (3) ◇ **the ~s and downs** die Höhen und Tiefen (4) (*position, location*) ◇ **the book is ~ there** das Buch ist dort oben (5) (*FAM what's going on?*) ◇ **what's ~?** was ist los?; (*it's your decision*) ◇ **it is ~ to you** es liegt an dir; ◇ **what is he ~ to?** was hat er vor?; (*to have no desire*) ◇ **I'm not ~ to jogging today** heute habe ich keine Lust zum Joggen;
up-and-coming ['ʌpən'kʌmɪŋ] *adj* ↑ *flourishing* erfolgreich
upbringing ['ʌpbrɪŋɪŋ] *n* ↑ *raising* Erziehung *f*
update [ʌp'deɪt] *vt* aktualisieren, auf den neuesten Stand bringen
upgrade [ʌp'greɪd] *vt* ↑ *improve* verbessern
upheaval [ʌp'hi:vəl] *n* ▷*political, FIG* Aufruhr *m*
uphill [ʌp'hɪl] **I.** *adj* ▷*road* bergauf [führend]; *FIG* ▷*struggle* mühsam **II.** *adv* ◇ **to go ~** bergauf gehen

uphold [ʌp'həʊld] *irr vt* (1) ↑ *support* [unter]stützen (2) ↑ *sustain* → *tradition* wahren; → *law* hüten

upholstery [ʌp'həʊlstərɪ] *n* Polsterung *f;* ↑ *cover* Bezug *m*

upkeep ['ʌpki:p] *n* ↑ *maintenance* Instandhaltung *f;* ↑ *running* Unterhalt *m*

up-market [ʌp'mɑ:kɪt] *adj* (*posh, extravagant*) anspruchsvoll

upon [ə'pɒn] *prep* ↑ *on* auf; (*FIG story telling*) ◇ **once - a time ...** es war einmal ...

upper ['ʌpə*] **I.** *n* (1) (*of shoe*) Obermaterial *s* (2) ↑ *stimulant* Aufputschmittel *s* **II.** *adj* (1) ↑ *higher* (*situated*) obere(r, s) (2) (*rank*) höhere(r, s); **upper-class** *adj* (*of society*) gehoben, fein; **uppermost** *adj* (1) (*most important*) wichtigste(r, s), höchste(r, s) (2) (*top*) oberste(r, s)

upright ['ʌpraɪt] **I.** *adj* (1) ↑ *erect* aufrecht (2) ↑ *honest* aufrecht, ehrlich **II.** *adv* (*vertical side*) senkrecht

uprising ['ʌpraɪzɪŋ] *n* ↑ *revolt* Aufstand *m*

uproar ['ʌprɔ:*] *n* ↑ *outburst* Aufruhr *m*

upset I. ['ʌpset] *n* (*disruption*) Störung *f* **II.** [ʌp'set] *irr vt* (1) (*overturn*) umstoßen; → *drink* umleeren; → *boat* umkippen (2) ↑ *disturb* aufregen, erschüttern (3) ↑ *spoil* → *plans* umwerfen **III.** *adj* (*distressed*) aufgeregt, mitgenommen; **upsetting** [ʌp'setɪŋ] *adj* ↑ *distressing* störend; ↑ *offending* beleidigend, verletzend; ↑ *irritating* ärgerlich

upshot ['ʌpʃɒt] *n* ↑ *outcome* Ergebnis *s*

upside-down [ʌpsaɪd'daʊn] *adv* (*bottom up*) verkehrt herum; ↑ *confuse* ◇ **the affair turned her life -** die Affäre brachte ihr Leben völlig durcheinander

upstairs [ʌp'stɛəz] **I.** *adv* oben; ◇ **to carry s.th. -** etw nach oben tragen **II.** *adj* (*room*) im oberen Stockwerk **III.** *n* (*higher storey*) oberes Stockwerk

upstart ['ʌpstɑ:t] *n* (*person*) Emporkömmling *m*

upstream [ʌp'stri:m] *adv* flußaufwärts

uptake ['ʌpteɪk] *n FAM* ↑ *slow/quick to understand* ◇ **to be slow/quick on the -** langsam/schnell von Begriff sein

uptight [ʌp'taɪt] *adj FAM* ↑ *tense, nervous* verklemmt, nervös, verkrampft

up-to-date ['ʌptə'deɪt] *adj* auf dem neu[e]sten Stand; ▷ *information* aktuell

upward ['ʌpwəd] **I.** *adj* nach oben, Aufwärts- **II.** *adv a.* **-s** nach oben, aufwärts

uranium [jʊə'reɪnɪəm] *n* (*metal*) Uran *s*

urban ['ɜ:bən] *adj* städtisch

urbane [ɜ:'beɪn] *adj* ↑ *sophisticated* weltmännisch

urchin ['ɜ:tʃɪn] *n* Gassenkind *s*

urge [ɜ:dʒ] **I.** *n* ↑ *desire* Verlangen *s,* Bedürfnis *s;* ◇ **to have an - to do s.th.** das Bedürfnis verspüren, etw zu unternehmen **II.** *vt* ↑ *persuade, press* eindringlich bitten *acc;* ◇ **we -d him to visit us** wir haben ihn gebeten, uns auf alle Fälle zu besuchen; **urge on** *vt* ↑ *encourage* antreiben, anfeuern

urgency ['ɜ:dʒənsɪ] *n* Dringlichkeit *f;* **urgent** ['ɜ:dʒənt] *adj* dringend; **urgently** *adv* dringend, eindringlich

urinal ['jʊərɪnl] *n* (1) MED Urinflasche *f* (2) (*room*) Pissoir *s;* **urinate** ['jʊərɪneɪt] *vi* urinieren, Wasser lassen; **urine** ['jʊərɪn] *n* Urin *m,* Harn *m*

urn [ɜ:n] *n* (1) (*vase*) Urne *f* (2) (*tea -*) Tee-/Kaffeemaschine *f*

us [əs] *pron direct/indirect object of* **we** uns; ◇ **it's -** wir sind es

USA [ju:es'eɪ] *n sg abbr. of* **United States of America** USA *pl*

usage ['ju:zɪdʒ] *n* (1) (*application*) Behandlung *f* (2) LING [Sprach-]Gebrauch *m*

use I. [ju:s] *n* (1) (*the using of*) Nutzung *f;* (*of machinery*) Verwendung *f;* ◇ **I don't have any - for an extra bike** ich brauche kein zweites Fahrrad; ◇ **there is no - in trying** es lohnt sich nicht, es zu probieren; ◇ **can you make - of this?** kannst du das gebrauchen?; ◇ **out of -** außer Gebrauch; (*machines*) außer Betrieb; ◇ **it's no -** es hat keinen Sinn (2) (*permission*) ◇ **he has the - of his parent's car** er darf den Wagen seiner Eltern benutzen (3) (*occupied, toilet*) ◇ **in -** besetzt **II.** [ju:z] *vt* (1) ↑ *utilize* benutzen, verwenden (2) ↑ *exploit* (*person, situation*) ausnutzen (3) (*prior, earlier times*) ◇ **she -d to live here** sie hat mal hier gewohnt; **use up** [ju:z ʌp] *vt* → *energy, food* verbrauchen; **used** [ju:zd] *adj* ▷ *car* gebraucht; **useful** ['ju:sfl] *adj* nützlich; **usefulness** *n* Nützlichkeit *f;* **useless** *adj* nutzlos, unbrauchbar; (*person*) zu nichts nütze; **uselessness** *n* Nutzlosigkeit *f;* **user** ['ju:zə*] *n* Benutzer(in *f*) *m;* PC *a.* Anwender(in *f*) *m*

usher ['ʌʃə*] *n* (*escort*) Platzanweiser *m;* **usherette** [ʌʃə'ret] *n* Platzanweiserin *f*

USSR [ju:eses'ɑ:] *n abbr. of* HIST **Union of Soviet Socialist Republics** UdSSR *f*

usual ['ju:ʒʊəl] *adj* ↑ *customary* üblich; ◇ **as -** wie üblich; ◇ **that's our - way** das ist so unsere Art; **usually** *adv* ↑ *generally* gewöhnlich, normalerweise; ◇ **I - go for a walk** normalerweise gehe ich spazieren

usurp [ju:'zɜ:p] *vt* (*steal*) → *job, position* an sich reißen, usurpieren; **usurper** *n* Usurpator(in *f*) *m*

utensil [ju:'tensl] *n* (*cooking/eating -s*) Gerät *s*

uterus ['ju:tərəs] *n* ANAT Gebärmutter *f,* Uterus *m*

U

utilitarian [ju:tılı'tɛərıən] *adj* (*functional, useful*) Nützlichkeits-

utility [ju:'tılıtı] *n* [1] ↑ *usefulness* Nützlichkeit *f;* ◇ ~ **room** (*storage room*) Abstellraum *m* [2] ◇ **public** ~ (*gas, water*) öffentlicher Versorgungsbetrieb

utilization [ju:tılaı'zeıʃən] *n* ▷*of natural resources* Verwendung *f,* Benutzung *f;* ▷*of old things* Verwertung *f*

utilize ['ju:tılaız] *vt* ↑ *make use of* verwenden, benutzen

utmost ['ʌtməʊst] **I.** *adj* [1] ↑ *most important* äußerste(r, s); ◇ **to be of** ~ **importance** äußerst wichtig sein [2] ↑ *greatest extent* größte(r, s), höchste(r, s) **II.** *n* ◇ **to do one's** ~ sein Bestes tun

utter ['ʌtə*] **I.** *adj* ↑ *absolute* vollkommen, total; ◇ **in** ~ **darkness** in absoluter Dunkelheit **II.** *vt* ↑ *voice* → *opinion* äußern, sagen; **utterance** *n* ▷*of words* Äußerung *f;* **utterly** *adv* ↑ *absolutely* vollkommen, völlig; ◇ **we were** ~ **exhausted** wir waren völlig erschöpft

U-turn ['ju:tɜ:n] *n* AUTO Wende *f*

V

V, v [vi:] *n* V, v *s*

vacancy ['veıkənsı] *n* (*job*) freie Stelle *f,* offene Stelle *f;* (*room*) freies Zimmer *s;* **vacant** ['veıkənt] *adj* ↑ *empty* leer; ▷*seat, room* frei; ▷*house* leerstehend; ▷*expression, gaze* leer

vacate [və'keıt] *vt* [1] → *seat* frei machen; → *room* räumen [2] → *post* aufgeben

vacation [və'keıʃən] *n* Ferien *pl,* Urlaub *m;* SCH Schulferien *pl;* (*university*) Semesterferien *pl;* **vacationist** *n AM* ↑ *holiday-maker* Urlauber(in *f*) *m*

vaccinate ['væksıneıt] *vt* impfen; **vaccination** [væksı'neıʃən] *n* [Schutz-]Impfung *f;* **vaccine** ['væksi:n] *n* Impfstoff *m*

vacuum ['vækjʊəm] **I.** *n* Vakuum *s* **II.** *vi, vt* staubsaugen; **vacuum cleaner** *n* Staubsauger *m;* **vacuum flask** *n* (*BRIT*) Thermosflasche *f*

vagary ['veıgərı] *n* Laune *f;* (*strange idea*) verrückter Einfall *m*

vagina [və'dʒaınə] *n* ANAT Vagina *f,* Scheide *f*

vagrant ['veıgrənt] *n* Land-/Stadtstreicher(in *f*) *m*

vague [veıg] *adj* ↑ *indistinct* vage, unbestimmt; ▷*question* ungenau, unklar; ▷*notion* vage; ◇ **Susan hasn't the** ~**st idea** Susan hat nicht die leiseste Ahnung; **vaguely** *adv* ▷*amused* ein wenig; ▷*remember* dunkel; ▷*understand* ungefähr

vain [veın] *adj* [1] ↑ *conceited* eitel [2] ▷*attempt* vergeblich [3] ◇ **in** ~ vergeblich; **vainly** *adv* [1] eitel [2] vergebens

valentine ['væləntaın] *n* ↑ *sweetheart* ≈ Schatz *m* (*jd, dem man zum Valentinstag e-e Karte schickt*); ◇ ~ **card** Valentinskarte *f*

valiant ['væljıənt] *adj* tapfer

valid ['vælıd] *adj* ▷*passport* gültig; ▷*argument* stichhaltig; ▷*objection* begründet; **validity** [və'lıdıtı] *n* (*legal, reasonable*) Validität *f;* (*of argument*) Stichhaltigkeit *f*

valley ['vælı] *n* Tal *s;* (*big flat*) Niederung *f*

valuable ['væljʊəbl] *adj* [1] ▷*jewels* wertvoll; ▷*time* kostbar [2] ↑ *beneficial, useful* nützlich; **valuables** *n pl* Wertsachen *pl*

value ['vælju:] **I.** *n* [1] ↑ *worth* Wert *m;* ↑ *meaning* Bedeutung *f;* ◇ **some information of great** ~ e-e sehr wertvolle Information; ◇ **take s.th. at face** ~ etw für bare Münze nehmen [2] ↑ *use* Nutzen *m* [3] ↑ *morals* ◇ ~**s** Werte *m pl* **II.** *vt* [1] ↑ *assess worth* schätzen [2] ↑ *appreciate* schätzen; **valued** [-d] *adj* ▷*friend, help* hochgeschätzt

valve [vælv] *n* (*of radio*) Röhre *f;* TECH Ventil *s;* ANAT Klappe *f;* ◇ **safety** ~ Sicherheitsventil *s*

vampire ['væmpaıə*] *n* Vampir *m*

van [væn] *n* AUTO Lieferwagen *m,* Kombiwagen *m;* RAIL Waggon *m,* Wagen *m*

vandal ['vændəl] *n* Rowdy *m;* **vandalism** ['vændəlızəm] *n* Vandalismus *m,* Zerstörungswut *f*

vanilla [və'nılə] **I.** *n* Vanille *f* **II.** *adj* Vanille-; ◇ ~ **ice-cream** Vanilleeis *s*

vanish ['vænıʃ] *vi* verschwinden; ← *traces* sich verlieren; ← *fears* sich legen

vanity ['vænıtı] *n* Eitelkeit *f;* **vanity case** *n* Schminkkoffer *m*

vantage ['vɑ:ntıdʒ] *n* ◇ ~ **point** Aussichtspunkt *m*

vapour, **vapor** (*AM*) ['veıpə*] *n* ↑ *mist* Dunst *m;* ↑ *steam* Dampf *m*

variable ['vɛərıəbl] **I.** *adj* ▷*weather* veränderlich; ▷*temperature* regulierbar **II.** *n* MATH ▷*factor* Variable *f*

variance ['vɛərıəns] *n* ◇ **to be at** ~ nicht übereinstimmen

variant ['vɛərıənt] *n* Variante *f;* ◇ **spelling** ~ Schreibvariante *f*

variation [vɛərı'eıʃən] *n* [1] ↑ *difference* Unterschied *m* [2] ↑ *change* Variation *f,* Veränderung *f* [3] MUS Variation *f*

varicose ['værıkəʊs] *adj* ◇ ~ **veins** *pl* MED Krampfadern *f pl*

varied ['vɛərɪd] *adj* ↑ *different, wide range* unterschiedlich

variety [və'raɪətɪ] *n* ① ↑ *diversity, difference* Vielfältigkeit *f*, Abwechslung *f*; ◊ **I want to do it for a ~ of reasons** ich will es aus verschiedenen Gründen machen ② ↑ *sort* Sorte *f*, Art *f*; **variety show** *n* Varieté *s*

various ['vɛərɪəs] *adj* ▷ *reasons* verschieden, unterschiedlich

varnish ['vɑːnɪʃ] **I.** *n* ↑ *shine* Lack *m* **II.** *vt* lackieren

vary ['vɛərɪ] **I.** *vt* ↑ *change* verändern, ändern; ↑ *add variety to* abwechslungsreicher gestalten **II.** *vi* sich ändern; ← *prices, conditions* schwanken; ← *weather* veränderlich sein; ◊ **this method varies from the other one** diese Methode unterscheidet sich von der anderen; **varying** *adj* ↑ *different* unterschiedlich; ↑ *changing* veränderlich

vase [vɑːz] *n* Vase *f*

vast [vɑːst] *adj* ↑ *immense* groß, riesig; ↑ *essential* ▷ *difference* wesentlich

VAT [viːeɪ'tiː, væt] *n abbr. of* **value added tax** MwSt *f*, Mehrwertsteuer *f*

Vatican ['vætɪkən] *n* ◊ **the ~** der Vatikan *m*

vaudeville ['vəʊdəvɪl] *n AM* ▷ *show* Varieté *s*

vault [vɔːlt] **I.** *n* ① (*in bank*) Tresorraum *m* ② ↑ *tomb* Gruft *f* ③ ↑ *roof* Gewölbe *s* ④ ↑ *jump* Sprung *m* **II.** *vt* ↑ *jump* springen über

VCR [viːsiː'ɑː] *n abbr. of* **video cassette recorder** Videorekorder *m*

VD [viːdiː] *n abbr. of* **venereal disease** Geschlechtskrankheit *f*

VDU [viːdiː'juː] *n abbr. of* **visual display unit** Bildschirm *m*, [Daten-]Sichtgerät *s*

veal [viːl] *n* Kalbfleisch *s*

veer [vɪə*] *vi* ↑ *swerve* ← *car* ausscheren

vegetable ['vedʒətəbl] *n* ① (*plant*) Gemüse *s* ② (*FAM braindead*) ◊ **he's just a ~** er vegetiert nur so vor sich hin; **vegetarian** [vedʒɪ'tɛərɪən] **I.** *n* Vegetarier(in *f*) *m* **II.** *adj* vegetarisch; **vegetate** ['vedʒɪteɪt] *vi* [dahin]vegetieren; **vegetation** [vedʒɪ'teɪʃən] *n* ↑ *plant life* Vegetation *f*

vehemence ['viːəməns] *n* ↑ *ferocity* Heftigkeit *f*; **vehement** *adj* ▷ *reaction* heftig

vehicle ['viːɪkl] *n* ① ↑ *car* Fahrzeug *s* ② ↑ *means* Mittel *s* ③ MED Trägersubstanz *f*

veil [veɪl] **I.** *n* Schleier *m* **II.** *vt* verschleiern

vein [veɪn] *n* ANAT Vene *f*; (*any blood vessel*) Ader *f*

Velcro ® ['velkrəʊ] *n* <-s> ◊ **~ fastener** Klettverschluß *m*

velocity [vɪ'lɒsɪtɪ] *n* ↑ *speed* Geschwindigkeit *f*

velvet ['velvɪt] *n* Samt *m*; **velvety** ['velvɪtɪ] *adj* ① ↑ *made of velvet* samtig ② ▷ *voice* samtig

vendetta [ven'detə] *n* (*in family*) Blutrache *f*; ↑ *feud* Fehde *f*; (*of gangsters*) Vendetta *f*

vending machine ['vendɪŋməʃiːn] *n* (*for goods*) Automat *m*

vendor ['vendɔː*] *n* Verkäufer(in *f*) *m*

veneer [və'nɪə*] *n* ① *FIG* ↑ *outward appearance* Maske *f*, Fassade *f*, Schleier *m* ② ↑ *covering* Furnier *s*

venerable ['venərəbl] *adj* ↑ *distinguished, esteemed* ehrwürdig

venereal [vɪ'nɪərɪəl] *adj* ◊ **~ disease** Geschlechtskrankheit *f*

venetian [vɪ'niːʃən] *adj* venezianisch; ◊ **~ blind** Jalousie *f*

vengeance ['vendʒəns] *n* ① Rache *f* ② (*vigorously*) ◊ **he worked with a ~** er hat gewaltig gearbeitet

venison ['venɪsn] *n* Reh[fleisch] *s*, Hirsch[fleisch] *s*

venom ['venəm] *n* ↑ *poison* Gift *s*; **venomous** ['venəməs] *adj* giftig; ▷ *sarcasm* beißend

vent [vent] **I.** *n* ① ↑ *opening* Öffnung *f* ② *FIG* ↑ *release* (*for feelings*) Ventil *s* **II.** *vt* → *feelings* abreagieren (*on* an)

ventilate ['ventɪleɪt] *vt* ① → *air* belüften ② → *idea, opinion* erörtern, äußern; **ventilation** [ventɪ'leɪʃən] *n* Belüftung *f*, Ventilation *f*; (*letting fresh air in*) Lüften *s*; **ventilator** ['ventɪleɪtə*] *n* Ventilator *m*

ventriloquist [ven'trɪləkwɪst] *n* Bauchredner(in *f*) *m*

venture ['ventʃə*] **I.** *n* ↑ *enterprise, endeavour* Unternehmung *f* **II.** *vt* ↑ *endeavour* wagen **III.** *vi* sich wagen

venue ['venjuː] *n* (*arranged place for event*) Veranstaltungsort *m*; ↑ *meeting place* Treffpunkt *m*; JUR Verhandlungsort *m*

veranda [və'rændə] *n* Veranda *f*

verb [vɜːb] *n* Verb *s*; **verbal** *adj* ① ↑ *spoken* mündlich ② (*verbal properties*) verbal, Verbal-; **verbatim** [vɜː'beɪtɪm] **I.** *adj* wörtlich **II.** *adv* wortwörtlich

verdict ['vɜːdɪkt] *n* JUR MED Urteil *s*

verge [vɜːdʒ] **I.** *n* ① ↑ *edge* Rand *m*; (*sign*) ◊ **keep off the ~!** Seitenstreifen nicht befahrbar! ② ↑ *close to* ◊ **on the ~ of crying** den Tränen nahe; ◊ **Roger was on the ~ of leaving when ...** Roger wollte gerade weggehen, als... **II.** *vi* ↑ *border* ◊ **to ~ on** grenzen an *acc*

verification [verɪfɪ'keɪʃən] *n* ① ↑ *confirmation* Bestätigung *f* ② ↑ *proof, evidence* Beleg *m* ③ ↑ *check* Überprüfung *f*; **verify** ['verɪfaɪ] *vt* ① ↑ *confirm* bestätigen ② ↑ *substantiate* beweisen ③ ↑ *check* überprüfen

vermin ['vɜːmɪn] *n* (*insects*) Ungeziefer *s;* (*animal*) Schädling *m*
vermouth ['vɜːməθ] *n* (*alcoholic drink*) Wermut *m*
versatile ['vɜːsətaɪl] *adj* vielseitig
verse [vɜːs] *n* ① ↑ *poetry* Dichtung *f*, Lyrik *f;* ↑ *stanza* Strophe *f* ② (*Bible*) Vers *m*
version ['vɜːʃən] *n* ① ↑ *interpretation* Version *f* ② ↑ *model* Modell *s*
versus ['vɜːsəs] *prep* gegen
vertebra ['vɜːtɪbrə] *n* Rückenwirbel *m;* **vertebrate** ['vɜːtɪbrət] *adj* ▷*animal* Wirbeltier *s*
vertical ['vɜːtɪkl] *adj* senkrecht; ◇ **is it ~?** steht es senkrecht?
vertigo ['vɜːtɪgəʊ] *n* <-s> ↑ *dizziness* Schwindel *m;* MED Gleichgewichtsstörung *f*
verve [vɜːv] *n* ↑ *gusto* Schwung *m*, Elan *m*
very ['verɪ] **I.** *adv* ↑ *extremely* sehr, genau **II.** *adj* ↑ *extreme* sehr, genau; ◇ **I'm ~ well, thank you** mir geht es sehr gut, danke; ◇ **you're the ~ person I want to speak to** genau dich wollte ich sprechen; ◇ **on the ~ same day** noch am gleichen Tag; ◇ **I'd only like a ~ little** ich möchte nur ganz wenig; ◇ **we knew from the ~ start about the problems** wir wußten von Anfang an von den Problemen; ◇ **the ~ thought of it makes me ill** alleine schon der Gedanke daran macht mich krank
vessel ['vesl] *n* ① ↑ *ship* Schiff *s* ② ◇ **blood ~** Blutgefäß *s*
vest [vest] *n* ① *BRIT* ↑ *underwear* Unterhemd *s* ② *AM* ↑ *waistcoat* Weste *f;* **vested** [-ɪd] *adj* ▷*business* ◇ **~ interests** *pl* finanzielle Beteiligung *f;* (*in s.o.*) ein persönliches Interesse
vestry ['vestrɪ] *n* Sakristei *f*
vet [vet] *abbr. of* **I.** *n* **veterinary surgeon, veterinarian** Tierarzt *m*, Tierärztin *f* **II.** *vt* ↑ *check, appraise* überprüfen
veteran ['vetərən] *n* ↑ *serviceman* Veteran(in *f*) *m*
veterinarian [vetərɪ'neərɪən] *n s.* **vet**; **veterinary** ['vetərɪnərɪ] *adj* tiermedizinisch; ◇ **~ surgeon** Tierarzt *m*, Tierärztin *f*
veto ['viːtəʊ] **I.** *n* <-es> Veto *s* **II.** *vt* ein Veto einlegen
vex [veks] *vt* ① ↑ *irritate* verärgern ② ↑ *worry* beunruhigen; **vexed** [-d] *adj* ① ↑ *irritated* verärgert ② ↑ *worried* beunruhigt
VHF [viːeɪtʃ'ef] *n abbr. of* **very high frequency** UKW
via ['vaɪə] *prep* über *acc;* **viable** ['vaɪəbl] *adj* ↑ *feasible, possible* möglich, realisierbar, durchführbar
viaduct ['vaɪədʌkt] *n* Viadukt *s or m*
vibrate [vaɪ'breɪt] *vi* ← *machine* vibrieren; ← *shake* zittern; ← *ground* beben; **vibration** [vaɪ'breɪʃən] *n* (*of machine*) Vibrieren *s*, Vibration *f;* ↑ *shaking* Zittern *s;* (*of ground*) Beben *s*
vicar ['vɪkə*] *n* Pfarrer(in *f*) *m;* **vicarage** *n* Pfarrhaus *s*
vice [vaɪs] **I.** *n* ① ↑ *failing* Laster *s* ② TECHNOL Schraubstock *m* **II.** *pref* ◇ **~president** Vizepräsident(in *f*) *m*
vice versa ['vaɪs'vɜːsə] *adv* umgekehrt
vicinity [vɪ'sɪnɪtɪ] *n* ① ↑ *immediate area* Umgebung *f* ② ↑ *nearby* in der Nähe
vicious ['vɪʃəs] *adj* ▷*reaction* brutal; ▷*person* böse; ◇ **~ circle** Teufelskreis *m*
victim ['vɪktɪm] *n* Opfer *s;* **victimization** [vɪktɪmaɪ'zeɪʃən] *n* Schikanierung *f*, Benachteiligung *f;* **victimize** ['vɪktɪmaɪz] *vt* schikanieren, benachteiligen
victor ['vɪktə*] *n* Sieger(in *f*) *m*
Victorian [vɪk'tɔːrɪən] *adj* HIST viktorianisch
victorious [vɪk'tɔːrɪəs] *adj* siegreich; **victory** ['vɪktərɪ] *n* Sieg *m*
video ['vɪdɪəʊ] **I.** *adj* Video- **II.** *n* <-s> ① Video *s* ② *AM* ↑ *TV* Fernsehen *s;* **video camera** *n* Videokamera *f;* **video cassette** *n* Videokassette *f;* **video clip** *n* Videoclip *m;* **video game** *n* Videospiel *s;* **video phone** *n* Bildschirmtelefon *s;* **video player** *n* Videogerät *s;* **video recorder** *n* Videorecorder *m;* **videotape I.** *n* Videoband *s* **II.** *vt* auf Videoband aufnehmen; ◇ **~ library** Videothek *f;* **videotex** ® *n* ≈ Bildschirmtext *m*, ≈ Btx *s*
Vietnam, Viet Nam [vjet'næm] *n* Vietnam *s*
view [vjuː] **I.** *n* ① ↑ *sight* Blick *m*, Sicht *f* ② ↑ *scene* Aussicht *f* ③ ↑ *opinion* Meinung *f*, Ansicht *f* **II.** *vt* ① → *survey* betrachten ② → *house* ansehen; ◇ **in ~ of** angesichts *gen*, wegen *gen;* **viewdata** *n* Bildschirmtext *m;* **viewer** *n* ① (*TV*) Fernsehzuschauer(in *f*) *m* ② ↑ *mini-projector* Diabetrachter *m;* **viewfinder** *n* (*in camera*) Sucher *m;* **viewpoint** *n* Standpunkt *m*
vigil ['vɪdʒɪl] *n* ↑ *watch* Wachen *s;* MED Nachtwache *f;* **vigilance** *n* Wachsamkeit *f;* **vigilant** *adj* wachsam
vigorous ['vɪgərəs] *adj* kräftig, heftig
vigour, vigor (*AM*) ['vɪgə*] *n* ① ↑ *energy* Kraft *f*, Heftigkeit *f* ② ↑ *life* Vitalität *f*
vile [vaɪl] *adj* ① ▷*weather* scheußlich ② ▷*shameful, vulgar* vulgär, obszön
villa ['vɪlə] *n* Villa *f*
village ['vɪlɪdʒ] *n* Dorf *s;* **villager** ['vɪlɪdʒə*] *n* Dorfbewohner(in *f*) *m*
villain ['vɪlən] *n* ↑ *scoundrel* Verbrecher(in *f*) *m*, Schurke *m;* (*in drama*) Bösewicht *m*
vindicate ['vɪndɪkeɪt] *vt* ↑ *justify* rechtfertigen

vindictive [vɪn'dɪktɪv] *adj* nachtragend
vine [vaɪn] *n* ↑ *grapevine* Rebstock *m*, Rebe *f*
vinegar ['vɪnɪgə*] *n* Essig *m*
vineyard ['vɪnjəd] *n* Weinberg *m*
vintage ['vɪntɪdʒ] *n* (*of wine*) Jahrgang *m;* AUTO Baujahr *s;* **vintage car** *n* (*BRIT*) Oldtimer *m;* **vintage wine** *n* edler Wein *m;* **vintage year** *n* (*for wine*) gutes Weinjahr *s*
vinyl ['vaɪnɪl] *n* Vinyl *s*, PVC *s*
viola [vɪ'əʊlə] *n* (*musical instrument*) Bratsche *f*
violate ['vaɪəleɪt] *vt* [1] ↑ *break* brechen; → *rights* verletzen; → *law* übertreten [2] ↑ *disturb* stören [3] ↑ *dishonour* entweihen, schänden [4] ↑ *rape* vergewaltigen, schänden; **violation** [vaɪə'leɪʃən] *n* [1] (*of rights*) Verletzung *f* [2] (*of law*) Übertretung *f* [3] ↑ *rape* Vergewaltigung *f*
violence ['vaɪələns] *n* ↑ *force* Heftigkeit *f;* ↑ *brutality* Gewalt *f;* **violent** *adj* heftig, gewalttätig
violet ['vaɪələt] **I.** *n* Veilchen *s* **II.** *adj* (*colour*) violett
violin [vaɪə'lɪn] *n* (*musical instrument*) Violine *f*, Geige *f*
VIP [viːaɪ'piː: wɪp] *n abbr. of* **very important person** Prominente(r) *fm*
viper ['vaɪpə*] *n* [1] ↑ *adder* Viper *f* [2] *FIG* ↑ *traitor* Schlange *f*
virgin ['vɜːdʒɪn] **I.** *n* Jungfrau *f* **II.** *adj* jungfräulich; **virginity** [vɜː'dʒɪnɪtɪ] *n* Unschuld *f*
Virgo ['vɜːgəʊ] *n* <-s> ASTROL Jungfrau *f*
virile ['vɪraɪl] *adj* ↑ *manly* männlich; **virility** [vɪ'rɪlɪtɪ] *n* Männlichkeit *f*
virtual ['vɜːtjʊəl] *adj* eigentlich, so gut wie; **virtually** *adv* fast, praktisch
virtue ['vɜːtjuː] *n* [1] ↑ *moral goodness* Tugend *f* [2] ↑ *advantage* Vorteil *m* [3] ↑ *due to circumstances* ◇ **by ~ of** aufgrund *gen*
virtuoso [vɜːtjʊ'əʊzəʊ] *n* <-s> ↑ *expert* Virtuose *m*, Virtuosin *f*
virtuous ['vɜːtjʊəs] *adj* tugendhaft
virulence ['vɪrʊləns] *n* MED Heftigkeit *f;* (*of poison*) Stärke *f;* **virulent** *adj* ↑ *poisonous* bösartig; ▷*disease* virulent; ▷*feelings* heftig, bitter
virus ['vaɪərəs] *n* Virus *s or m*
visa ['viːzə] *n* Visum *s*
vis-à-vis ['viːzəviː] *prep* ↑ *in relation to, in view of* in Anbetracht *gen*, gegenüber *gen*
visibility [vɪzɪ'bɪlɪtɪ] *n* Sichtbarkeit *f;* (*of driver, pilot*) Sichtweite *f*, Sicht *f;* **visible** ['vɪzəbl] *adj* sichtbar; **visibly** ['vɪzəblɪ] *adv* sichtlich
vision ['vɪʒən] *n* [1] ↑ *mental picture* Vision *f* [2] ↑ *sight* Sehkraft *f* [3] ↑ *foresight* Weitblick *m;* **visionary** ['vɪʒənrɪ] **I.** *n* ↑ *seer* Hellseher(in *f*) *m* **II.** *adj* ↑ *dreamlike* visionär; ↑ *unreal* eingebildet
visit ['vɪzɪt] **I.** *n* Besuch *m* **II.** *vt* → *friend* besuchen; ↑ *trip* fahren nach; **visiting** *adj* ◇ **~ hours** *pl* Besuchszeiten *pl;* ◇ **~ professor** Gastprofessor (in *f*) *m;* **visitor** ['vɪzɪtə*] *n* (*at home*) Besucher (in *f*) *m;* (*hotel*) Gast *m*
vista ['vɪstə] *n* ↑ *view* Aussicht *f*
visual ['vɪʒʊəl] *adj* visuell, Sicht-; ▷*impression* optisch; ◇ **~ aid** Anschauungsmaterial *s;* (*of PC*) ◇ **~ display unit** Bildschirm *m*, [Daten-]Sichtgerät *s;* **visualize** *vt* ↑ *imagine* sich vorstellen *dat*
vital ['vaɪtl] *adj* [1] ↑ *lively* vital, lebendig [2] ↑ *crucial* entscheidend [3] ↑ *necessary for life* lebenswichtig; **vitality** [vaɪ'tælɪtɪ] *n* Vitalität *f*, Lebendigkeit *f;* **vitally** *adv* ◇ **a ~ important decision** e-e Entscheidung von größter Wichtigkeit
vitamin ['vɪtəmɪn] *n* Vitamin *s*
vivacious [vɪ'veɪʃəs] *adj* ↑ *bubbly* lebhaft; **vivacity** [vɪ'væsɪtɪ] *n* Lebhaftigkeit *f*
vivid ['vɪvɪd] *adj* [1] ▷*colour* lebhaft, leuchtend [2] ↑ *clear* deutlich
vocabulary [vəʊ'kæbjʊlərɪ] *n* Wortschatz *m*, Vokabular *s*
vocal ['vəʊkəl] *adj* ↑ *voice* Stimm-; ◇ **~ cord** Stimmband *s;* **vocalist** *n* Sänger(in *f*) *m*
vocation [vəʊ'keɪʃən] *n* ↑ *calling* Berufung *f;* **vocational** *adj* ▷*training* Berufs-
vociferous [vəʊ'sɪfərəs] *adj* laut, lautstark
vodka ['vɒdkə] *n* Wodka *m*
vogue [vəʊg] *n* ↑ *fashion* Mode *f*
voice [vɔɪs] **I.** *n* [1] Stimme *f* [2] ↑ *right to speak out* Mitspracherecht *s* **II.** *vt* ↑ *speak out* äußern, zum Ausdruck bringen; GRAM ◇ **-d** stimmhaft; ◇ **-less** stimmlos
void [vɔɪd] **I.** *n* ↑ *space* Leere *f* **II.** *adj* [1] ↑ *empty* leer [2] ↑ *invalid* ungültig [3] ◇ **~ of all life** ohne jegliches Leben
volatile ['vɒlətaɪl] *adj* ▷*gas* flüchtig; ▷*person* impulsiv; ▷*situation* unsicher, brisant
volcanic [vɒl'kænɪk] *adj* vulkanisch
volcano [vɒl'keɪnəʊ] *n* Vulkan *m*
volley ['vɒlɪ] *n* [1] (*of guns*) Salve *f* [2] SPORT Volley *m;* **volleyball** *n* Volleyball *m*
volt [vəʊlt] *n* ELECTR Volt *s;* **voltage** *n* Spannung *f*
volume ['vɒljuːm] *n* [1] ↑ *book* Band *m* [2] (*of sound*) Lautstärke *f* [3] ↑ *size* Umfang *m* [4] ↑ *space* Volumen *s*
voluntary ['vɒləntərɪ] *adj* freiwillig
volunteer [vɒlən'tɪə*] **I.** *n* Freiwillige(r) *fm* **II.** *vi* sich freiwillig melden **III.** *vt* → *help, food, shelter* anbieten
voluptuous [və'lʌptjʊəs] *adj* ↑ *buxom* üppig
vomit ['vɒmɪt] **I.** *n* Erbrochene *s* **II.** *vt* erbrechen **III.** *vi* sich übergeben

vote [vəʊt] **I.** *n* ① Stimme *f* ② ↑ *ballot* Abstimmung *f*, Wahl *f;* ↑ *right to vote* Stimmrecht *s* **II.** *vt, vi* wählen; **voter** *n* Wähler(in *f*) *m;* **voting** *n* Wahl *f*

voucher [ˈvaʊtʃə*] *n* Gutschein *m;* (*for meals*) Bon *m;* ↑ *receipt* Beleg *m*, Bon *m*

vouch for [ˈvaʊtʃ fɔː*] *vt* bürgen für

vow [vaʊ] **I.** *n* ① ↑ *resolution* Versprechen *s* ② REL Gelübde *s* **II.** *vt* ↑ *promise* geloben; ↑ *swear* schwören

vowel [ˈvaʊəl] *n* Vokal *m*, Selbstlaut *m*

voyage [ˈvɔɪɪdʒ] *n* Reise *f*

vulgar [ˈvʌlgə*] *adj* ① ↑ *tasteless* geschmacklos, vulgär ② ↑ *crude* ordinär; **vulgarity** [vʌlˈgærɪtɪ] *n* Vulgarität *f*

vulnerability [vʌlnərəˈbɪlɪtɪ] *n* ↑ *sensitivity* Verletzlichkeit *f;* **vulnerable** [ˈvʌlnərəbl] *adj* ① ↑ *defenseless* angreifbar ② ↑ *sensitive* verletzlich

vulture [ˈvʌltʃə*] *n* Geier *m*

W

W, w [ˈdʌbljuː] *n* W, w *s*

wacky [ˈwækɪ] *adj* ↑ *mad* ▷ *idea* verrückt

wad [wɒd] *n* ① ↑ *bundle* Bündel *s* ② (*of paper*) Stoß *m*, Knäuel *m or s* ③ (*of banknotes*) Bündel *s*

waddle [ˈwɒdl] **I.** *n* Watscheln *s* **II.** *vt* watscheln

wade [weɪd] *vi* waten; **wade through** *vt* → *water* waten durch; → *problem* sich durchkämpfen durch

wafer [ˈweɪfə*] *n* ① (*icecream*) Waffel *f* ② PC Chip *m* ③ REL Hostie *f;* **wafer-thin** *adj* ↑ *very thin* hauchdünn

waffle [ˈwɒfl] **I.** *n* ① (*sweet*) Waffel *f* ② *FAM* ↑ *nonsense* Geschwafel *s* **II.** *vi FAM BRIT* ↑ *talk nonsense* schwafeln; **waffle iron** *n* Waffeleisen *s*

waft [wɑːft] **I.** *vt, vi* ← *smell* ziehen, wehen **II.** *n* Hauch *m*

wag [wæg] **I.** *vt* → *tail* wedeln mit **II.** *vi* ← *tail* wedeln

wage [weɪdʒ] **I.** *n* Lohn *m*, Gehalt *s;* ◇ **-s** *pl* Lohn *m* **II.** *vt* → *war* Krieg führen gegen; **wage adjustment** *n* Lohnausgleich *m;* **wage agreement** *n* Tarifvertrag *m;* **wage claim** *n* Lohnforderung *f;* **wage earner** *n* Lohnempfänger(in *f*) *m;* **wage freeze** *n* Lohnstopp *m*

wager [ˈweɪdʒə*] **I.** *n* ↑ *bet* Wette *f* **II.** *vt, vi* wetten

wage scale *n* Lohnskala *f;* **wages clerk** *n* Lohnbuchhalter(in *f*) *m*

waggle [ˈwægl] **I.** *vt* → *tail* wedeln mit, wackeln **II.** *vi* wedeln; **waggly** [ˈwæglɪ] *adj* ▷ *tail* wedelnd

wag[g]on [ˈwægən] *n* ① (*horse-drawn*) Fuhrwerk *s* ② (*AM car*) Wagen *m* ③ *BRIT* RAIL (offener) Güterwagen *m;* **wagonload** *n* ▷ *of goods* Wagenladung *f*

waif [weɪf] *n* ↑ *homeless child* heimatloses Kind, obdachloses Kind

wail [weɪl] **I.** *n* Heulen *s*, Jammern *s* **II.** *vi* jammern

waist [weɪst] *n* ANAT Taille *f;* ◇ **stripped to the ~** mit nacktem Oberkörper *m;* **waistcoat** *n* Weste *f;* **waisted** [-ɪd] *adj* tailliert; **waistline** *n* ANAT Taille *f*

wait [weɪt] **I.** *n* Wartezeit *f;* ◇ **a five-minute ~** e-e fünfminütige Wartezeit, e-e Wartezeit von fünf Minuten **II.** *vi* warten (*for* auf *acc*); ◇ **I can hardly ~** ich kann es kaum erwarten; ◇ **~ and see ...** da muß man abwarten ...; ◇ **~ a minute** e-n Moment, bitte; ◇ **just you ~!** warte nur!; ◇ **to lie in ~** jd-m auflauern; **wait around/about** *vi* warten auf *acc;* **wait on** *vi* ① ↑ *wait for* warten auf ② ↑ *serve* servieren, bedienen; **waiter** *n* Kellner *m;* ◇ **~!** Herr Ober!

waiting game *n* Wartespiel *s;* **waiting list** *n* Warteliste *f;* **waiting room** *n* ① (*at doctor's*) Wartezimmer *s* ② RAIL Bahnhofshalle *f;* **waitress** [ˈweɪtrɪs] *n* Kellnerin *f;* ◇ **~!** Fräulein!

waive [weɪv] *vt* → *rights* verzichten auf *acc;* → *question* abtun; **waiver** [ˈweɪvə*] *n* JUR Verzicht *m* (*of* auf *acc*)

wake [weɪk] <woke *o.* waked, woken *o.* waked> **I.** *vt* wecken **II.** *vi* aufwachen **III.** *n* NAUT Kielwasser *s;* ◇ **to ~ up to s.th.** *FIG* sich e-r Sache bewußt werden *gen;* **wakeful** [ˈweɪkfl] *adj* schlaflos; **waken** [ˈweɪkən] *vt* ↑ *wake up* aufwecken

waking *n* ◇ **~ hours** von früh bis spät

Wales [ˈweɪlz] *n* Wales *s;* ◇ **Prince of ~** *Titel des ältesten Sohnes der englischen Königin oder des englischen Königs, Thronfolger*

walk [wɔːk] **I.** *n* ① (*in park*) Spaziergang *m;* ◇ **it's a 15-minute ~ to the beach** zum Strand sind es 15 Minuten zu Fuß; ◇ **I took my mother for a ~** ich bin mit meiner Mutter spazierengegangen ② (*style*) Gang *m* ③ ↑ *way, route* Weg *m;* ◇ **people from all -s of life** Leute aus den verschiedensten Berufsgruppen **II.** *vi* ① (*act of walking*) gehen ② (*in park*) spazierengehen; **walkabout** *n* Rundgang *m;* **walker** *n* ① (*in park*) Spaziergänger(in *f*) *m* ② ↑ *hiker* (*mountains*) Wanderer *m*, Wanderin *f;* **walkie-talkie** [wɔːkɪˈtɔːkɪ] *n* Walkie-talkie *s,* tragbares Sprechfunkgerät *s;* **walking** *n* ① (*movement*) Gehen *s* ② (*in park*) Spazierengehen *s* ③ (*hiking*) Wandern *s;* ◇ **~ stick** Spazierstock *m;* **walkout** *n* ↑ *strike* Streik *m;* **walkover** *n FAM* ↑ *very easy* lockerer Sieg *m,* Kinderspiel *s*

wall [wɔːl] *n* ① (*inside building*) Wand *f;* (*FIG anger*) ◇ **to drive s.o. up the ~** jd-n auf die Palme bringen; ◇ **it's like talking to a brick ~** ich könnte genauso gut gegen e-e Wand reden; ◇ **~to~ carpeting** Teppichboden *m* ② (*outside building*) Mauer *f;* ◇ **the Great W~ of China** die chinesische Mauer; **wall bars** *n pl* Sprossenwand *f;* **walled** [-d] *adj* ▷*property* von Mauern umgeben

wallet ['wɒlɪt] *n* Brieftasche *f*

wallflower *n* (*FIG girl*) Mauerblümchen *s*

wallhanger ['wɔːlhæŋə*] *n* Tapezierer(in *f*) *m;* **wall lamp** *n* Wandleuchter *m*

wallop ['wɒləp] ↑ *hit* schlagen

wallow ['wɒləʊ] *vi* sich wälzen in; *FIG* ◇ **to ~ in self pity** in Selbstmitleid schwelgen; *FIG* ◇ **to ~ in money** im Geld schwimmen

wallpaper ['wɔːlpeɪpə*] *n* Tapete *f;* **wallsocket** *n* Steckdose *f*

walnut ['wɔːlnʌt] *n* ① (*nut*) Walnuß *f;* ◇ **~ cake** Nußkuchen *m* ② (*tree*) Walnußbaum *m* ③ (*wood*) Nußbaumholz *s*

walrus ['wɔːlrəs] *n* FAUNA Walroß *s*

waltz [wɔːlts] **I.** *n* (*dance*) Walzer *m* **II.** *vi* Walzer tanzen; ◇ **to ~ in** hereintanzen

wan [wɒn] *adj* ↑ *pale* bleich, blaß; ▷*smile* matt

wand [wɒnd] *n* (*magic*) Zauberstab *m*

wander ['wɒndə*] *vi* ↑ *roam around* [herum-] wandern; (*FIG from subject*) abschweifen; ◇ **to let one's mind ~** seine Gedanken schweifen lassen; **wander about** *vi* (*countryside, streets*) umherwandern; **wanderer** *n* ↑ *hiker* Wanderer *m,* Wandrerin *f;* **wandering** *adj* ▷*eyes* umherschweifend; ▷*thoughts* abschweifend

wane [weɪn] *vi* → *moon* abnehmen; *FIG* ← *interest, influence* schwinden

wangle ['wæŋgl] → *favour, money* verschaffen; → *job* organisieren

want [wɒnt] **I.** *n* ① ↑ *desire* Wunsch *m* ② ↑ *lack* Mangel *m* (*of* an *dat*); ◇ **for ~ of** aus Mangel an *dat* ③ ↑ *need* Bedürfnis *s;* ◇ **their ~s have been taken care of** für ihr Wohlergehen wurde gesorgt **II.** *vt* ① ↑ *desire* wollen ② ↑ *need* brauchen, nötig haben; ◇ **it just ~s some water** es braucht nur ein bißchen Wasser; ◇ **she ~s for nothing** ihr fehlt es an nichts ③ (*by police*) ◇ **a ~ed man** ein von der Polizei Gesuchter; **want-ad** *n* (*newspaper*) Kaufgesuch *s*

wanton ['wɒntən] *adj* mutwillig; → *woman* liederlich, schamlos; ▷*look* lüstern

war [wɔː*] *n* Krieg *m;* ◇ **to declare ~** den Krieg erklären; ◇ **to be at ~** sich im Krieg befinden; **war baby** *n* Kriegskind *s;* **war crime** *n* Kriegsverbrechen *s;* **war cry** *n* Kriegsgeschrei *s*

ward [wɔːd] *n* ① MED Station *f* ② ↑ *child* Mündel *s* ③ ↑ *area of city* Stadtbezirk *m;* **ward off** *vt* → *danger, evil* abwenden

warden ['wɔːdən] *n* ① ↑ *guard* Wächter(in *f*) *m* ② ↑ *traffic* ~ Verkehrspolizist(in *f*) *m* ③ (*AM in prison*) Gefängniswärter(in *f*) *m*

warder ['wɔːdə*] *n* (*in prison*) Gefängniswärter (in *f*) *m*

wardrobe ['wɔːdrəʊb] *n* ① (*furniture*) Kleiderschrank *m* ② (*clothes*) Garderobe *f;* THEAT *a.* Kostüme *s pl*

wardship *n* Vormundschaft *f*

warehouse ['wɛəhaʊs] *n* Lagerhaus *s*

wares [wɛəz] *n pl* ↑ *goods* Waren *pl*

warfare ['wɔːfɛə*] *n* Krieg *m;* **war guilt** *n* Kriegsschuld *f;* **warhead** *n* MIL Gefechtskopf *m,* Sprengkopf *m*

warily ['wɛərɪlɪ] *adv* vorsichtig; ↑ *suspiciously* argwöhnisch

warlike ['wɔːlaɪk] *adj* kriegerisch

warm [wɔːm] **I.** *adj* warm; ▷*welcome, greeting* herzlich **II.** *vt, vi* → *feet* wärmen; **warm up I.** *vt* ① ↑ *heat* aufwärmen ② SPORT sich aufwärmen **II.** *vi* warm werden; **warm-hearted** [wɔːm'hɑːtəd] *adj* warmherzig; **warmly** *adv* warm, herzlich; ◇ **to ~ welcome s.o.** jd-n herzlich willkommen heißen; **warm start** *n* PC Warmstart *m;* **warmth** [wɔːmθ] *n* ① ↑ *heat* Wärme *f* ② (*of reception*) Herzlichkeit *f*

warn [wɔːn] *vt* warnen (*of, against* vor *dat*); ◇ **I'm ~ing you** ich warne dich; ◇ **you have been ~ed** du bist gewarnt worden; **warning** *n* Warnung *f;* ◇ **without ~** ohne Vorwarnung *f;* **warning light** *n* Warnlicht *s;* **warning shot** *n* Warnschuß *m;* **warning sign** *n* Warnzeichen *s;* **warning strike** *n* Warnstreik *m;* **warning triangle** *n* AUTO Warndreieck *s*

warp [wɔːp] *vi* (*wood*) sich verziehen

war path ['wɔːpɑːθ] *n* ◇ **on the ~ ~** auf dem Kriegspfad

warped ['wɔːpt] *adj* ▷*wood* verzogen; *FIG* ▷*mind* pervers, abartig

warrant ['wɒrənt] **I.** *n* (*for arrest*) Haftbefehl *m* **II.** *vt* ↑ *justify* rechtfertigen; ↑ *deserve* verdienen; ↑ *guarantee* gewährleisten; **warranty** ['wɒrəntɪ] *n* COMM Garantie *f*

warrior ['wɒrɪə*] *n* Krieger(in *f*) *m*

warship ['wɔːʃɪp] *n* Kriegsschiff *s*

W

wart [wɔːt] *n* MED Warze *f*

wartime ['wɔːtaɪm] *n* Krieg *m*, Kriegszeit *f*

wary ['wɛərɪ] *adj* ↑ *careful, hesitant* vorsichtig; ↑ *suspicious* mißtrauisch; ◇ **to be ~ of s.th.** kein Vertrauen haben zu etw

war zone ['wɔːzəʊn] *n* Kriegsgebiet *s*

was [wɒz, wəz] *pt of* **be**

wash [wɒʃ] **I.** *n* Wäsche *f* **II.** *vt* waschen; → *dishes* abspülen **III.** *vi* sich waschen; **wash away** *vt* ↑ *remove* wegspülen; **washable** *adj* waschbar; ▷*carpet* abwaschbar; **washbasin** *n* Waschbecken *s;* **washcloth** *n* (*AM*) Waschlappen *m*

washed-out *adj* ▷*person* fertig, müde; **washer** *n* ↑ *dish~* Spülmaschine *f*

wash house ['wɒʃhaʊz] *n* Waschhaus *s;* **washing** *n* ↑ *laundry* Wäsche *f;* **washing machine** *n* Waschmaschine *f;* **washing powder** *n* Waschpulver *s;* **washing-up** *n* (*dirty dishes*) Abwasch *m;* **washing-up liquid** *n* Geschirrspülmittel *s;* **washroom** *n* ① *AM* Toilette *f* ② (*laundry room*) Waschraum *m*

wasn't ['wɒznt] = **was not**

wasp [wɒsp] *n* Wespe *f*

wastage ['weɪstɪdʒ] ↑ *loss* Verlust *m*

waste [weɪst] **I.** *n* ① ↑ *wasting* Verschwendung *f;* ◇ **a ~ of time** reine Zeitverschwendung ② ↑ *rubbish* Abfall *m* **II.** *adj* ↑ *useless* Abfall- **III.** *vt* ① ↑ *not make full use of* verschwenden; → *time, money* vergeuden ② ↑ *lay ~* verwüsten; **waste away** *vi* ← *person* ↑ *become weaker* immer schwächer werden; **waste container** *n* Müllcontainer *m;* **wasteful** ['weɪstfl] *adj* verschwenderisch; **wasteland** *n* Ödland *s;* **waste management** *n* [Müll-]Entsorgung *f;* **waste of time** *n* Zeitverschwendung *f;* **wastepaper basket** *n* Papierkorb *m;* **waste product** *n* Abfallprodukt *s*

watch [wɒtʃ] **I.** *n* ① ↑ *wrist~* [Armband-]Uhr *f* ② ↑ *guard* Wache *f* **II.** *vt* ① → *film* anschauen, ansehen ② ↑ *observe* beobachten ③ ↑ *be wary of* aufpassen auf *acc;* ◇ **~ out!** paß auf! ④ ↑ *guard* bewachen **III.** *vi* zuschauen; **watchdog** *n* Wachhund *m;* **watchful** [wɒtʃfl] *adj* → *eye* wachsam; **watchmaker** *n* Uhrmacher(in *f*) *m;* **watchman** *n* <-men> Wachmann *m*, Wächter *m;* **watch strap** *n* Uhrband *s;* **watch tower** *n* Wachturm *m*

water ['wɔːtə*] **I.** *n* Wasser *s;* ◇ **~s** *pl* (*of river*) Gewässer *pl; FIG* ◇ **~ under the bridge** ↑ *bygones* Schnee von gestern; (MED *childbirth*) ◇ **have the ~s broken?** ist schon Fruchtwasser abgegangen? **II.** *vt* → *plants* gießen; → *lawn* sprengen; → *horses* tränken **III.** *vi* ← *eye* tränen; *FIG* ◇ **my mouth is ~ing** mir läuft das Wasser im Mund zusammen; **water down** *vt* ① (*soak*) verwässern ② ← *thin out* verdünnen, abschwächen; **water cannon** *n* ↑ *water gun* Wasserwerfer *m;* **water closet** *n* Wasserklosett *s;* **watercolour**, **watercolor** (*AM*) *n* (*painting*) Aquarell *s;* (*paint*) Wasserfarbe *f;* **watercress** ['wɔːtəkrɛs] *n* FLORA Brunnenkresse *f;* **waterfall** *n* Wasserfall *m;* **water gun** *n* ↑ *water cannon* Wasserwerfer *m;* **water hole** *n* Wasserloch *s;* **watering can** *n* Gießkanne *f;* **watering hole** *n* Wasserstelle *f*, Wasserloch *s;* **watering place** *n* ① ↑ *spa* Kurort *m* ② (*animals*) Wasserstelle *f;* **water level** *n* Wasserstand *m;* **water-lily** ['wɔːtəlɪli] *n* FLORA Seerose *f;* **waterline** *n* Wasserlinie *f;* **waterlogged** *adj* (*ground*) voll Wasser; **watermelon** *n* Wassermelone *f;* **water pipe** *n* Wasserleitung *f;* **water pollution** *n* Wasserverschmutzung *f;* **water polo** *n* SPORT Wasserballspiel *s;* **waterproof** *adj* ↑ *watertight* wasserdicht; **watershed** ['wɔːtəʃed] *n* GEO Wasserscheide *f;* **water-skiing** *n* Wasserskilaufen *s;* **water-soluble** *adj* wasserlöslich; **water supply** *n* Wasserversorgung *f;* **watertight** *adj* ↑ *waterproof* wasserdicht; **water vapour** *n* Wasserdampf *m;* **waterworks** *n pl or sg* Wasserwerk *s;* **watery** ['wɔːtərɪ] *adj* ▷*soup* wässerig, wäßrig; ▷*eyes* tränend

watt [wɒt] *n* PHYS ELECTR Watt *s*

wave [weɪv] **I.** *n* ① (*of hands*) Winken *s* ② (*water*) Welle *f* ③ (*hair*) Welle *f* **II.** *vt* ① ↑ *swing* schwenken; → *hand* winken mit; ◇ **to wave s.o. goodbye** jd-m zum Abschied winken ② → *hair* wellen **III.** *vi* ① ← *person* winken; ← *flag* wehen ② ← *hair* sich wellen; **wavelength** *n also FIG* Wellenlänge *f;* ◇ **she's not on my ~** sie und ich haben nicht die gleiche Wellenlänge

waver ['weɪvə*] *vi* ← *courage* weichen; ← *flicker* flackern; ↑ *hesitate* schwanken

wavering *adj* ▷*flame* flackernd; ↑ *decreasing* nachlassend; ▷*determination* wankend

wavy ['weɪvɪ] *adj* ↑ *uneven* ungleich; ▷*hair* wellig

wax [wæks] **I.** *n* ① (*candle*) Wachs *s* ② ↑ *sealing~* Siegellack *m* ③ ↑ *ear~* Ohrenschmalz *m* **II.** *vt* → *floor* wachsen; **wax crayon** [wæks'kreɪən] *n* Wachsmalstift *m;* **waxwork** *n* (*figure*) Wachsfigur *f;* ◇ **~s** Wachsfigurenkabinett *s*

waxy ['wæksɪ] *adj* Wachs-, aus Wachs

way [weɪ] *n* Weg *m* ① ↑ *direction* Richtung *f*, Seite *f;* ◇ **the ~ to Cologne** der Weg nach Köln; ◇ **by ~ of** via; ◇ **there's no ~ out** es gibt keinen Ausweg; ◇ **on the ~** unterwegs ② ↑ *road* Straße *f;* ◇ **is this the ~ to the station?** führt diese Straße zum Bahnhof? [3] ↑ *method* Art und Weise *f;* ◇ **to find a ~** e-n Weg finden; ◇ **this is the ~** so macht man das; ◇ **in a ~** gewissermaßen; ◇ **by the ~** übrigens [4] ↑ *distance* Entfernung *f,* Strecke *f;* ◇ **it's quite a ~** es ist e-e ziemlich lange Strecke [5] ↑ *habit* Eigenart *f,* Gewohnheit *f;* ◇ **he has his ~s** er hat seine Eigenarten [6] ↑ *tradition* Sitte *f;* **waylay** [weɪ'leɪ] *irr vt* ↑ *ambush* auflauern *dat,* überfallen; **wayward** ['weɪwəd] *adj* eigenwillig, launisch

we [wiː] *pron* wir

weak [wiːk] *adj* (*lacking strength*) schwach; ▷*tea* dünn; ▷*personality* schwach, labil; **weak current** *n* ELECTR Schwachstrom *m;* **weak spot** *n* Schwachstelle *f;* **weaken** ['wiːkən] **I.** *vt* schwächen **II.** *vi* schwächer werden; ↑ *give in* nachgeben; **weakling** *n* Schwächling *m;* **weakness** *n* Schwäche *f;* (*weak point*) schwacher Punkt

wealth [welθ] *n* Reichtum *m;* **wealthy** ['welθɪ] *adj* reich, wohlhabend

wean [wiːn] *vt* → *child* entwöhnen

weaning *n* Entwöhnung *f*

weapon ['wepən] *n* Waffe *f*

wear [wɛə*] <wore, worn> **I.** *vt* [1] ↑ *have on* tragen; → *glasses* tragen; → *hat* aufhaben [2] ↑ *make use of* abnutzen **II.** *vi* ↑ *last* halten, sich abnutzen **III.** *n* [1] ↑ *clothes* Kleidung *f* [2] Verschleiß *m,* Abnutzung *f;* (*durability*) ◇ **~ and tear** Verschleiß *m,* Abnutzung *f;* **wear down** *vt* ↑ *diminish* abtreten; → *heels* ablaufen; **wear off** *vi* nachlassen; **wear out** *vt* → *clothes* abnutzen; → *tire* erschöpfen

wearable *adj* ▷*clothes* tragbar; **wearer** [wɛərə*] *n* Träger(in *f*) *m*

wearily ['wɪərɪlɪ] *adv* ↑ *tiredly* müde, erschöpft; **weariness** ['wɪərɪnɪs] *n* Müdigkeit *f,* Lustlosigkeit *f;* **weary** ['wɪərɪ] **I.** *adj* ↑ *tired* müde, erschöpft **II.** *vt* ↑ *tire* ermüden **III.** *vi* ↑ *be tired of s.th.* etw satt haben

weasel ['wiːzl] *n* FAUNA Wiesel *s;* ◇ **to ~ out of s.th.** sich aus etw rauslavieren

weather ['weðə*] **I.** *n* Wetter *s;* ◇ **bad ~** schlechtes Wetter; ◇ **good ~** gutes Wetter; ◇ **it depends on the ~** es hängt vom Wetter ab; (*feel ill*) ◇ **Kate is feeling a little under the ~** Kate geht es nicht so gut **II.** *vt* [1] GEOL verwittern lassen [2] ↑ *resist* überstehen; **weather-beaten** ['weðəbiːtən] *adj* ▷*wood* verwittert; ▷*skin* [wetter]gegerbt; **weather chart** *n* Wetterkarte *f;* **weathercock** *n* Wetterhahn *m;* **weather forecast** *n* Wettervorhersage *f;* **weather situation** *n* Wetterlage *f*

weave [wiːv] <wove *o.* weaved, woven *o.* weaved> *vt* weben; ◇ **to ~ one's way through the crowds** sich durch das Gewühle kämpfen; **weaver** ['wiːvə] *n* Weber(in *f*) *m;* **weaving** *n* Weben *s;* **weaving mill** *n* Weberei *f*

web [web] *n* [1] (*of spider*) Netz *s;* ◇ **a ~ of lies** ein Lügengespinst *s* [2] ↑ *membrane* Schwimmhaut *f;* **webbed** [-d] *adj* ▷*toes* mit Schwimmhäuten; **webbing** *n* Gewebe *s*

wed [wed] <wed *o.* wedded, wed *o.* wedded> *vt* ↑ *marry* heiraten

we'd [wiːd] = **we had; we would**

wedding ['wedɪŋ] *n* Hochzeit *f;* **wedding anniversary** *n* Hochzeitstag *m;* **wedding announcement** *n* Vermählungsanzeige *f;* **wedding ceremony** *n* Trauung *f;* **wedding day** *n* Hochzeitstag *m;* **wedding present** *n* Hochzeitsgeschenk *s;* **wedding ring** *n* Ehering *m,* Trauring *m*

wedge [wedʒ] **I.** *n* [1] Keil *m;* ◇ **to drive a ~ between** e-n Keil treiben zwischen [2] (*of cake, cheese*) Stück *s* **II.** *vt* ↑ *secure* verkeilen, einkeilen

Wednesday ['wenzdeɪ] *n* Mittwoch *m;* ◇ **on ~** am Mittwoch; ◇ **on ~s** mittwochs

wee [wiː] *adj* winzig klein

weed [wiːd] **I.** *n* [1] Unkraut *s* [2] (*person*) Schwächling *m* **II.** *vt* ↑ *pull out ~s* jäten; **weedkiller** *n* Unkrautvertilgungsmittel *s*

week [wiːk] *n* Woche *f;* ◇ **a ~ ago** vor e-r Woche; ◇ **in a ~** in e-r Woche; ◇ **a ~'s work** e-e Woche Arbeit; **weekday** *n* Wochentag *m;* **weekend** *n* Wochenende *s;* ◇ **what are you doing this ~?** was machst du am [*o.* an diesem] Wochenende?; **weekend house** *n* Wochenendhaus *s;* **weekly** *adj, adv* ▷*check-up* wöchentlich; **weekly wages** *n* Wochenlohn *m;* **weekly [newspaper]** *n* Wochenzeitung *f;* ▷*magazine* Wochenzeitschrift *f*

weep [wiːp] <wept, wept> *vi* (*cry softly*) weinen

weeping willow *n* FLORA Trauerweide *f*

weevil ['wiːvɪl] *n* FAUNA Rüsselkäfer *m*

weigh [weɪ] *vt, vi* wiegen; ◇ **how much do you ~?** wieviel wiegst du?; ◇ **to ~ anchor** die Anker lichten; **weigh down** *vt* ↑ *push down* niederdrücken; ◇ **to be ~ed ~** überladen sein; **weigh up** *vt* abwägen

weighbridge *n* Brückenwaage *f*

weight [weɪt] *n* [1] Gewicht *s;* ◇ **to lose ~** abnehmen; ◇ **to put on ~** zunehmen; *FAM* ◇ **to push ~s** Hanteltraining machen, mit Hanteln trainieren [2] ↑ *bother, strain* Last *f;* ◇ **to take a ~ off s.o's mind** jd-n von e-r Last befreien [3] ↑ *importance, meaning* Wichtigkeit *f,* Bedeutung *f;* ◇ **you shouldn't attach any ~ to the matter** du solltest diese Sache nicht so wichtig nehmen; *FIG* ◇ **he's worth his ~ in gold** er ist Gold wert; **weight category** *n* SPORT Gewichtsklasse *f;* **weighting** *n* ↑ *allowance* Ortszuschlag *m;* **weightlessness** *n* Schwerelosigkeit *f;* **weight-lifter** *n* SPORT Gewichtheber(in *f*) *m;* **weight lifting** *n* SPORT Gewichtheben *s;* **weighty** ['weɪtɪ] *adj* ▷*decision, FIG* schwer, gewichtig

weir [wɪə*] *n* ↑ *barrier* Wehr *s*

weird [wɪəd] *adj* ↑ *strange* unheimlich, komisch; ◇ **he's kind of ~** er ist ein bißchen daneben

weirdo ['wɪədəʊ] *n* ↑ *strange person* komischer/seltsamer Typ

welcome ['welkəm] **I.** *n* Willkommen *s,* Empfang *m;* ◇ **a warm ~** ein herzliches Willkommen; ◇ **~ home!** willkommen zu Hause!; ◇ **you're ~** nichts zu danken, bitte **II.** *vt* begrüßen; **welcoming** *adj* ↑ *reception* zur Begrüßung

weld [weld] **I.** *n* Schweißnaht *f* **II.** *vt* schweißen; **welder** *n* Schweißer(in *f*) *m;* **welding** *n* Schweißen *s*

welfare ['welfεə*] *n* ① ↑ *wellbeing* Wohl *s* ② *AM* Sozialhilfe *f;* **welfare state** *n* Wohlfahrtsstaat *m*

well [wel] **I.** *n* Brunnen *m; (oil ~)* Quelle *f* **II.** *adj* ↑ *in good health* gesund **III.** *intj* nun, tja; (*starting conversation*) nun, also **IV.** *adv* gut, wohl; ◇ **~, ~!** So, so!; ◇ **are you ~?** geht es dir gut?; ◇ **he is ~ over forty** er ist schon weit über die Vierzig hinaus; ◇ **it may ~ be** das kann gut sein; ◇ **it would be [as] ~ to ...** es wäre wohl besser ...; ◇ **you did ~ [not] to ...** es war ganz gut, daß du [nicht] ...; ↑ *O.K.* ◇ **very ~** gut

we'll [wi:l] = **we will; we shall**

well-adjusted *adj* gut angepaßt; **well-behaved** [welbɪ'heɪvd] *adj* wohlerzogen; **well-being** *n* Wohlergehen *s,* Wohl *s;* **well-built** *adj* ▷*person* kräftig gebaut; **well-deserved** *adj* wohlverdient; **well-earned** *adj* ▷*rest* wohlverdient; **well-funded** *adj* kaufkräftig; **well-heeled** *adj FAM* ↑ *wealthy* wohlhabend, gutbetucht; **well-informed** *adj* gut informiert

wellingtons ['welɪŋtənz] *n pl* (*boots*) Gummistiefel *pl*

well-kept *adj* ▷*house* gepflegt; **well-known** [wel'nəʊn] *adj* ▷*person* bekannt; **well-mannered** *adj* ▷*children* wohlerzogen, mit guten Manieren; **well-meaning** *adj* ▷*person* wohlmeinend; ▷*advice* gut gemeint; **well-off** *adj* ↑ *rich* reich, wohlhabend; **well-read** [wel'red] *adj* belesen; **well-to-do** *adj* reich, begütert; **well-wisher** ['welwɪʃə*] *n* (*benevolent*) ◇ **Tommy received letters from hundreds of ~s** Tommy bekam Briefe von Hunderten von Leuten, die ihm alles Gute wünschten; **well-wooded** *adj* waldreich

Welsh [welʃ] **I.** *adj* walisisch **II.** *n* ◇ **the ~** *pl* die Waliser *pl;* GASTRON ◇ **~ rarebit** *überbackene Käseschnitte;* **Welshman** *n* <-men> Waliser *m;* **Welshwoman** *n* <-women> Waliserin *f*

went [went] *pt of* **go**

wept [wept] *pt, pp of* **weep**

were [wɜ:*] *pt pl of* **be**

we're [wɪə*] = **we are**

weren't [wɜ:nt] = **were not**

west [west] **I.** *n* Westen *m;* ◇ **in the ~** im Westen; ◇ **the W~** POL GEO der Westen **II.** *adj* westlich **III.** *adv* nach Westen; ◇ **~ of here** westlich von hier; **westerly** *adj* → *wind* westlich; **western** ['westən] **I.** *adj* (*direction*) westlich **II.** *n* ▷*movie* Western *m;* **westward[s]** ['westwədz] *adv* nach Westen

wet [wet] *adj* naß; **wetness** *n* Nässe *f,* Feuchtigkeit *f;* **wet shave** *n* Naßrasur *f*

we've [wi:v] = **we have**

whack [wæk] **I.** *n* ↑ *knock* Schlag *m* **II.** *vt* schlagen

whale [weɪl] *n* ① Wal *m* ② *FAM* ↑ *good time, fun* ◇ **a ~ of a time** e-e Mordsgaudi

wharf [wɔ:f] *n* <-s *o.* wharves> Kai *m*

what [wɒt] **I.** *pron* was, welche(r, s), was für **II.** *pron relativ* was; **whatever** [wɒt'evə*] *adj* ◇ **~ you say** egal, was du sagst; ◇ **~ happened** egal, was passierte; ◇ **you have no reason ~ to complain** du hast überhaupt keinen Grund, dich zu beklagen

wheat [wi:t] *n* Weizen *m;* ◇ **whole~ bread** Vollkornbrot *s*

wheedle ['wi:dl] *vt* ↑ *persuade* ◇ **to ~ s.o. into doing s.th.** jd-n herumkriegen etw zu tun

wheel [wi:l] **I.** *n* ① (*on bike*) Rad *s* ② (*steering ~*) Lenkrad *s* ③ ↑ *disc* Scheibe *f* **II.** *vt* → *person in wheelchair* schieben; **wheelbarrow** *n* Schubkarre *f,* Schubkarren *m;* **wheelchair** *n* Rollstuhl *m;* **wheel clamp** *n* (*illegal parking*) Parkkralle *f*

wheeze [wi:z] *vi* (*when you have a cold*) keuchen, pfeifend atmen

when [wen] **I.** *adv* wann **II.** *adv, cj* ① (*present tense*) wenn; ◇ **~ you come** wenn du kommst ② (*past tense*) als; ◇ **~ they arrived** als sie ankamen ③ (*indirect question*) wann; ◇ **w~ did it happen?** wann ist es passiert?; **whenever** [wen'evə*] *adv* wann immer, immer wenn; ◇ **~ you want** wann immer du möchtest; ◇ **~ I say s.th.** immer, wenn ich etw sage

where [wεə*] *adv* wo; ◇ **~ to** wohin; ◇ **~ from** woher; **whereabouts** [wεərə'baʊts] **I.** *adv* wo

II. *n pl* Verbleib *m,* Aufenthalt *m;* **whereas** [wɛər'æz] *cj* während, wohingegen; **whereby** [wɛər'baı] *adv* womit, wodurch, woran; **wherever** [wɛər'evə*] *adv* wo[immer], ganz gleich

whet [wet] *vt* → *appetite* anregen

whether ['weðə*] *cj* ob; ◇ **tell us ~ or not you can come** sag' uns, ob du kommen kannst oder nicht

whey [weı] *n* Molke *f*

which [wıtʃ] **I.** *adj* (*choice, selection*) welche(r, s) **II.** *pron* (*relative*) der, die, das; (*factual*) was; (*interrogative*) welche(r, s); ◇ **~ever** welche(r, s) auch immer, ganz gleich welche(r, s)

whiff [wıf] *n* (*smell, food*) Hauch *m;* (*perfume*) Duftwolke *f*

whiffy ['wıfı] *adj* ↑ *smelly* stark nach etw riechend

while [waıl] **I.** *n* Weile *f;* ◇ **all the ~** die ganze Zeit [über]; ◇ **to be worth one's ~** sich lohnen **II.** *cj* während; ◇ **for a ~ I was afraid** e-e Zeitlang hatte ich Angst

whim [wım] *n* Laune *f;* ◇ **at ~** nach Lust und Laune

whimper ['wımpə*] *vi* ← *child* wimmern; ← *dog* winseln

whimsical ['wımzıkəl] *adj* ▷ *idea, decision* seltsam; *FAM* verrückt

whine [waın] **I.** *n* (*of dog*) Gewinsel *s,* Jaulen *s;* (*of person*) Gejammer *s* **II.** *vi* ← *dog* ↑ *cry* winseln, jaulen; ← *person* ↑ *to complain* jammern

whip [wıp] **I.** *n* [1] (*horse*) Peitsche *f* [2] *BRIT* POL Einpeitscher(in *f*) *m* [3] GASTRON ◇ **chocolate ~** Schokoladencreme *f* **II.** *vt* [1] ↑ *beat* peitschen [2] ↑ *grab* reißen; ◇ **strawberries and ~ped cream** Erdbeeren mit Schlagsahne *f;* **whip up** *vt* ↑ *quickly prepare* → *meal* schnell hinzaubern

whippet ['wıpıt] *n* (FAUNA *dog*) Whippet *m*

whipping *n* [1] ↑ *defeat* Niederlage *f* [2] ↑ *beating* Prügel *f;* **whipping boy** *n* Prügelknabe *m;* **whip-round** *n FAM* Geldsammlung *f*

whirl [wɜːl] **I.** *n* Wirbel *m* **II.** *vt, vi* [herum]wirbeln; **whirlpool** *n* Strudel *m;* ◇ **~ bath** Whirlpool ® *m;* **whirlwind** *n* Wirbelwind *m;* ◇ **~ romance** stürmische Romanze *f*

whisk [wısk] **I.** *n* Schneebesen *m* **II.** *vt* → *cream, eggs* schlagen

whisk away *vt* wegscheuchen

whisker ['wıskə*] *n* (*of animal*) Schnurrhaar *s;* ◇ **~s** *pl* ANAT ↑ *moustache* Schnurrbart *m*

whisk[e]y ['wıskı] *n* Whisky *m*

whisper ['wıspə*] **I.** *vi* flüstern, leise sprechen **II.** *vt* flüstern, tuscheln

whistle ['wısl] **I.** *n* [1] (*sound*) Pfiff *m* [2] (*instrument*) Pfeife *f* **II.** *vt, vi* pfeifen

white [waıt] **I.** *n* (*colour*) Weiß *s;* (*of egg*) Eiweiß *s;* ◇ **to turn ~** (*person*) blaß werden; (*object*) weiß werden **II.** *adj* weiß; ◇ **~ coffee** Kaffee *m* mit Milch; **white [wheat] beer** *n* Weißbier *s;* **white cabbage** *n* Weißkohl *m,* Weißkraut *s;* **white-collar crimes** *n pl* Wirtschaftskriminalität *f;* **white-collar worker** *n* Angestellte(r) *fm;* **white elephant** *n* (*FIG useless object*) nutzloser Gegenstand *m;* **white horse** *n* FAUNA Schimmel *m*

White House *n* POL das Weiße Haus; **white lie** *n* Notlüge *f;* **white meat** *n* helles Fleisch *s;* **whiteness** *n* Weiß *s;* **whiteout** ['waıtaʊt] *n* (*AM*) Korrekturflüssigkeit *f,* Tipp-ex ® *s;* **whitewash** ['waıtwɒʃ] **I.** *n* ↑ *paint* Tünche *f* **II.** *vt* tünchen, weißen; *FIG* beschönigen; **white wedding** *n* Hochzeit *f* in Weiß; **white wine** *n* Weißwein *m*

whiting ['waıtıŋ] *n* Weißfisch *m*

Whitsun ['wıtsn] *n* Pfingsten *s*

Whit Sunday *n* Pfingstsonntag *m*

whizz [wız] *vi* ↑ *rush, hurry* sausen, zischen; **whizz kid** ['wızkıd] *n FAM* ↑ *genius* Genie *s,* Wunderkind *s*

who [huː] *pron* (*interrogative*) wer; (*relative*) der, die, das; **whoever** [huː'evə*] *pron* wer immer, wer auch, egal wer/wen/wem

whole [həʊl] **I.** *adj* ganz; ◇ **the ~ house** das ganze Haus; ↑ *safe* heil **II.** *n* Ganze(s) *s;* (*of people*) ◇ **the ~ lot** alle miteinander, der ganze Verein *FAM*; ◇ **the ~ of the year** das ganze Jahr; ◇ **on the ~ it was pleasant** im großen und ganzen war es angenehm; ◇ **as a ~** als Gesamtheit; **wholefood** *n* Vollwertkost *f;* **wholehearted** [həʊl'hɑːtəd] *adj* ↑ *enthusiastic* rückhaltlos; ↑ *serious* ernsthaft; **wholeheartedly** *adv* voll und ganz, von ganzem Herzen; **wholemeal** *adj* Vollkorn-; ◇ **~ bread** Vollkornbrot *s;* **whole milk** *n* Vollmilch *f;* **wholesale I.** *n* Großhandel *m* **II.** *adj* Großhandels-; **wholesaler** *n* Großhändler(in *f*) *m;* **wholesome** *adj* ↑ *healthy* → *food* gesund; **wholly** ['həʊlı] *adv* ganz, völlig

whom [huːm] *pron* (*interrogative*) wen *acc,* wem *dat;* (*relative*) den, die, das *acc,* dem, der, dem *dat*

whoop [huːp] *n* (*cry of joy*) Schrei *m*

whooping cough ['huːpıŋkɒf] *n* MED Keuchhusten *m*

whoops *intj* ◇ **~!** hoppla!

whopper ['wɒpə*] *n FAM* Mordsding *s;* ↑ *lie* faustdicke Lüge *f;* **whopping** *adj* (*FAM hudge*) riesig; ◇ **a ~ big thing** ein riesiges Ding

whore ['hɔː*] *n* Hure *f*

whorehouse ['hɔːhaʊs] *n* Bordell *s,* Freudenhaus *s*

whose [hu:z] *pron* (*interrogative*) wessen; (*relative*) dessen, deren

why [waɪ] *adv* warum, wieso, wofür; ◇ **that's -** deshalb, deswegen, darum; ◇ **and - not?** warum denn nicht?

wick [wɪk] *n* Docht *m*

wicked ['wɪkɪd] *adj* ↑ *mean* gemein; ↑ *evil* ▷*witch* böse; **wickedness** *n* Bosheit *f*

wicker ['wɪkə*] *n* ↑ *basket* Korbgeflecht *s*

wicket ['wɪkɪt] *n* [1] (SPORT *cricket*) Tor *s;* ◇ **-keeper** Torwächter *m* [2] ↑ *playing grounds* Spielfeld *s*

wide [waɪd] **I.** *adj* [1] (*not narrow*) breit; ◇ **--eyed** mit großen Augen [2] ▷*interests* vielfältig [3] ↑ *wrong, not quite right* daneben [4] ◇ **- apart** weit auseinander **II.** *adv* weit; **wide-angle** *adj* (*lens of camera*) Weitwinkel-; **wide-awake** *adj* hellwach; **widely** *adv* weit; ▷*known* allgemein; ◇ **it is - known** es ist weithin bekannt; **widen** ['waɪdən] **I.** *vt* → *knowledge* erweitern; → *road* verbreitern **II.** *vi* breiter werden; **wideness** *n* Breite *f;* **wide-open** *adj* → *door* weit geöffnet, weit offen

wide-ranging *adj* ▷*interests* weitreichend; **widespread** *adj* ▷*knowledge, disease* weitverbreitet

widow ['wɪdəʊ] *n* Witwe *f;* **widowed** [-d] *adj* verwitwet; **widower** *n* Witwer *m*

width [wɪdθ] *n* Breite *f;* Weite *f*

wife [waɪf] *n* <wives> Ehefrau *f,* Gattin *f*

wig [wɪg] *n* Perücke *f*

wiggle ['wɪgl] *vt, vi* wackeln mit

wigwam ['wɪgwæm] *n* Wigwam *m*

wild [waɪld] *adj* [1] ↑ *untamed* ▷*animal* wild; ◇ **the -s** *pl* die Wildnis [2] ↑ *violent* ▷*storm* heftig [3] ▷*notion* verrückt, wahnsinnig [4] ▷*party* wild, heiß [5] ◇ **that was just a - guess** ich habe nur mal drauflosgeraten [6] ◇ **to be - about s.th./s.o.** verrückt nach etw/jd-m sein; **wilderness** ['wɪldənəs] *n* Wildnis *f;* **wild-goose chase** *n* (*FIG useless*) fruchtloses Unterfangen *s;* **wildlife** *n* Tierwelt *f;* ◇ **- sanctuary** Naturschutzgebiet *s;* **wildly** *adv* ▷*excited* völlig, in höchstem Maße

wilful ['wɪlfʊl] *adj* [1] ↑ *on purpose* absichtlich [2] ↑ *obstinate* eigensinnig

will [wɪl] **I.** *Hilfsverb* ◇ **it - happen** es wird passieren; ◇ **they - be here soon** sie werden bald da sein **II.** *vt* ↑ *want* wollen, möchten; ◇ **- you have another cup of tea?** möchten Sie noch e-e Tasse Tee?; ◇ **do so if you -** tun Sie es, wenn Sie wollen **III.** *n* [1] Wille *f;* ◇ **she did it against her -** sie hat es gegen ihre Willen gemacht [2] JUR Testament *s;* **willing** *adj* bereit; **willingness** *n* Bereitschaft *f*

willow ['wɪləʊ] *n* Weide *f*

will power ['wɪlpaʊə*] *n* ↑ *determination* Willenskraft *f*

willy-nilly [wɪlɪ'nɪlɪ] *adv* wohl oder übel

wilt [wɪlt] *vi* → *flower* verwelken

wimp *n FAM* Schlaffi *m*

win [wɪn] <won, won> **I.** *vt* gewinnen **II.** *vi* ↑ *be successful* siegen, gewinnen **III.** *n* SPORT Sieg *m*

winch [wɪntʃ] *n* Winde *f*

wind [waɪnd] <wound, wound> **I.** *vt* [1] ↑ *twist* winden [2] ↑ *wrap* → *bandage* wickeln [3] ↑ *turn* drehen [4] (*through crowd*) sich schlängeln **II.** *vi* [1] ↑ *turn* sich winden [2] ← *river* sich schlängeln **III.** *n* Kurve *f;* **wind up I.** *vt* [1] → *clock* aufziehen [2] ↑ *end* → *discussion* [ab]schließen **II.** *vi FAM* ↑ *end up* landen; ◇ **to - - in jail** im Gefängnis landen

wind [wɪnd] *n* [1] Wind *m* [2] MED Blähungen *pl;* **windbag** *n* GASTRON Windbeutel *m;* **windbreak** *n* Windschutz *m*

winded ['wɪndɪd] *adj* ↑ *out of breath* außer Atem; **windfall** *n* (*apples*) Fallobst *s*

winding ['waɪndɪŋ] *adj* ▷*road* gewunden; ◇ **- staircase** Wendeltreppe *f*

wind instrument ['wɪndɪnstrʊmənt] *n* Blasinstrument *s;* **windmill** *n* Windmühle *f*

window ['wɪndəʊ] *n* Fenster *s;* **window box** *n* Blumenkasten *m;* **window cleaner** *n* Fensterputzer(in *f*) *m;* **window dresser** *n* Schaufensterdekorateur(in *f*) *m;* **window envelope** *n* Fensterbriefumschlag *m;* **window ledge** ['wɪndəʊledʒ] *n* Fenstersims *s;* **window pane** *n* Fensterscheibe *f;* **window-shopping** *n* Schaufensterbummel *m;* **windowsill** *n* Fensterbrett *s*

windpipe ['wɪndpaɪp] *n* Luftröhre *f*

windscreen, windshield (*AM*) ['wɪndskri:n, 'wɪndʃi:ld] *n* Windschutzscheibe *f;* **windscreen wiper** *n* Scheibenwischer *m*

windsurfer ['wɪndsɜ:fə*] *n* Windsurfer(in *f*) *m;* **windsurfing** *n* Windsurfen *s*

windswept ['wɪndswept] *adj* ▷*hair* zerzaust

windy ['wɪndɪ] *adj* windig

wine [waɪn] *n* Wein *m;* ◇ **white -** Weißwein *m;* **wine cellar** *n* Weinkeller *m;* **wineglass** *n* Weinglas *s;* **wine grower** *n* Winzer(in *f*) *m;* **wine list** *n* Weinkarte *f;* **wine merchant** *n* Weinhändler(in *f*) *m;* **wine press** *n* Weinpresse *f;* **winery** ['waɪnərɪ] *n* (*AM*) Weingut *s;* **wine tasting** *n* Weinprobe *f*

wing [wɪŋ] *n* [1] (*of bird*) Flügel *m* [2] MIL Gruppe *f* [3] (*of house*) Flügel *m* [4] ◇ **-s** *pl* THEAT Seitenkulisse *f;* **winger** *n* SPORT Flügelstürmer (in *f*) *m*

wink [wɪŋk] **I.** *n* Zwinkern *s* **II.** *vi* zwinkern
winner ['wɪnə*] *n* ① (*general*) Gewinner(in *f*) *m* ② SPORT Sieger(in *f*) *m;* **winning I.** *adj* ① siegreich, Sieg-; ◇ ~ **team** siegreiche Mannschaft *f* ② ▷*smile* gewinnend **II.** *n* ↑ *profits* ◇ **-s** *pl* Gewinn *m*
wino ['waɪnəʊ] *n FAM* Saufkumpan(in *f*) *m*
winter ['wɪntə*] **I.** *n* Winter *m* **II.** *adj* Winter- **III.** *vi* ↑ *spend the* ~ überwintern; ◇ **in** ~ im Winter; **winter garden** *n* Wintergarten *m;* **winter sports** *n pl* Wintersport *m;* **winter term** *n* Wintersemester *s;* **wintry** ['wɪntrɪ] *adj* ▷*day* winterlich; ▷*look, smile* frostig, kühl
wipe [waɪp] *vt* → *floor* abwischen; → *feet* abwischen; **wipe away** *vt* → *memory, FIG* wegwischen; **wipe off** *vt* abwischen; ◇ ~ **that smile** ~ **your face** hör' auf zu grinsen; ◇ **to** ~ **s.th.** ~ **the face of the earth** von der Landkarte verschwinden; **wipe out** *vt* → *mess* abwischen; → *person* auslöschen; → *debt* löschen; **wipe up** *vt* → *mess, spill* aufwischen
wire ['waɪə*] **I.** *n* ① Draht *m* ② ↑ *telegram* Telegramm *s* **II.** *vt* telegrafieren *dat,* ein Telegramm schicken; **wire cutters** *n pl* Drahtschere *f;* **wire-haired** *adj* ▷*terrier* drahthaarig; **wireless** *n BRIT* ↑ *radio* Radio *s;* **wire netting** *n* Maschendraht *m*
wire tap *n* ① ↑ *bug* Abhörgerät *s,* Wanze *f FAM* ② ↑ *listening* Abhören *s;* **wiretapping** ['waɪətæpɪŋ] *n* Abhören *s*
wiry ['waɪərɪ] *adj* → *hair* drahtig
wisdom ['wɪzdəm] *n* Weisheit *f,* Klugheit *f;* **wisdom tooth** *n* <teeth> Weisheitszahn *m*
wise [waɪz] *adj* weise; ◇ **a** ~ **choice** e-e gute/kluge Wahl; *FAM* ◇ **to get** ~ schlau werden; ◇ **you'd be** ~ **to stay away** du tätest gut daran, weg zu bleiben; **wisecrack** ['waɪzkræk] *n* Witzelei *f;* **wise guy** *n* ① *FAM* Klugschwätzer *m,* Klugscheißer *m FAM!* ② Mafioso *m;* **wisely** *adv* weise, klug
wish [wɪʃ] **I.** *n* ↑ *desire* Wunsch *m* **II.** *vt* ① ↑ *desire, want* wünschen, wollen; ◇ **I** ~ **to go home** ich möchte nach Hause gehen; ◇ **whatever you** ~ was immer Sie wollen ② ↑ *bid, hope* wünschen; ◇ **to** ~ **s.o. well** jd-m alles Gute wünschen ③ ◇ **Best W-es** Alles Gute; **wish bone** *n* Gabelbein *s;* **wishful thinking** [wɪʃfl'θɪŋkɪŋ] *n* Wunschdenken *s*
wishy-washy ['wɪʃɪwɒʃɪ] *adj* ▷*person* lasch; ▷*idea, discussion* verschwommen, schwammig, nichtssagend; ▷*colour* verwaschen
wisp [wɪsp] *n* ↑ *trace* Hauch *m;* (*of hair*) kleines Büschel *s*
wistful ['wɪstfʊl] *adj* ↑ *longing* sehnsüchtig, wehmütig
wit [wɪt] *n* ① ↑ *cleverness* Verstand *m* ② ↑ *joke* Witz *m* ③ *FIG* ◇ **I'm at my ~'s end** ich bin mit meinem Latein am Ende; ◇ **to scare the -s out of s.o.** jd-n zu Tode erschrecken
witch [wɪtʃ] *n* Hexe *f;* **witchcraft** *n* Hexerei *f;* **witch doctor** *n* Medizinmann *m*
witch hazel *n* FLORA Zaubernuß *f;* MED Hamamelis *f*
with [wɪð, wɪθ] *prep* mit; ◇ **she came** ~ **a book** sie kam mit e-m Buch; ◇ **to stay** ~ **the Parkers** bei den Parkers wohnen; ◇ **to tremble** ~ **fear** vor Angst zittern; ◇ **do you have it** ~ **you?** hast du es dabei?; ◇ **are you** ~ **me?** kannst du mir folgen?, verstehst du mich?
withdraw [wɪθ'drɔː] *irr* **I.** *vt* ① MIL → *troops* zurückziehen, abziehen ② → *money* abnehmen ③ ↑ *take back* → *remark, statement* zurücknehmen **II.** *vi* sich zurückziehen; **withdrawal** *n* ① Rückzug *m,* Abzug *m* ② Abheben *s* ③ Zurücknahme *f* ④ ◇ ~ **symptoms** *pl* Entzugserscheinungen *f pl*
withdrawn ['wɪθdrɔːn] *adj* ▷*person* verschlossen
wither ['wɪðə*] *vi* ← *plant* verwelken, verdorren; **withered** *adj* verwelkt; **withering** *adj* → *look* vernichtend
withhold [wɪθ'həʊld] *irr vt* → *information* zurückhalten; (*from s.o.*) vorenthalten
within [wɪð'ɪn] *prep* innerhalb *gen*
without [wɪð'aʊt] *prep* ohne; ◇ **it goes** ~ **saying that …** es ist selbstverständlich, daß …
withstand [wɪθ'stænd] *irr vt* ① ↑ *resist* widerstehen *dat* ② (*go without*) aushalten
witness ['wɪtnəs] **I.** *n* Zeuge *m,* Zeugin *f* **II.** *vt* ① ↑ *be* ~ Zeuge sein; ↑ *observe* sehen ② ↑ *sign document* beglaubigen **III.** *vi* bezeugen, aussagen; **witness box**, **witness stand** (*AM*) *n* Zeugenstand *m;* **witness statement** *n* Zeugenaussage *f*
witticism ['wɪtɪsɪzəm] *n* witzige/lustige Bemerkung *f;* **wittiness** ['wɪtɪnəs] *n* Witzigkeit *f;* **witty** *adj* → *remark, person* witzig, geistreich
wizard ['wɪzəd] *n* ① (*magic*) Zauberer *m* ② ↑ *genius* Genie *s;* ◇ **he is a** ~ **at physics** er ist ein Physikgenie *s*
wobble ['wɒbl] *vi* ← *chair* wackeln; ← *voice, hand* zittern; ← *eyelist* schwanken
woe [wəʊ] *n* Leid *s,* Kummer *m,* Traurigkeit *f;* **woeful** ['wəʊfl] *adj* ↑ *sad* traurig; ▷*state* bedauerlich
woke [wəʊk] *pt of* **wake**; **woken** ['wəʊkn] *pp of* **wake**
wolf [wʊlf] *n* <wolves> Wolf *m;* **wolfhound** *n* Wolfshund *m*

wolf down *vt* ↑ *gobble* → *food* hinunterschlingen; **wolfish** *adj* ↑ *greedy* gierig

woman ['wʊmən] *n* <women> Frau *f;* ◇ ~ **driver** Fahrerin *f;* ◇ ~ **doctor** Ärztin *f;* ◇ **cleaning** ~ Putzfrau *f*

womanize *vi* ↑ *chase women* hinter den Frauen her sein

womanly *adj* ① ▷*figure* fraulich ② ▷*qualities* weiblich

womb [wu:m] *n* Mutterleib *m;* MED Gebärmutter *f; FIG* Schoß *m*

women ['wɪmɪn] *pl of* **woman**; **womenfolk** ['wɪmɪnfəʊk] *n* Frauen *pl;* **women's lib** ['wɪmɪnz'lɪb] *n* Frauenbewegung *f;* **women's libber** *n* Frauenrechtlerin *f*

won [wʌn] *pt, pp of* **win**

wonder ['wʌndə*] **I.** *n* ① (*marvel*) Staunen *s* ② (*unbelievable*) Wunder *s;* ◇ **it's a ~ that ...** es ist ein Wunder, daß ...; ◇ **no ~!** kein Wunder!; ◇ **~s never cease** es geschehen noch Zeichen und Wunder **II.** *vt* gespannt sein; ◇ **I ~ what will happen next** ich bin gespannt, was als nächstes passiert **III.** *vi* ① ↑ *reflect* sich fragen; ◇ **I ~ if ...** ich frage mich ob ... ② ↑ *be surprised* sich wundern; **wonderful** ['wʌndəfl] *adj* wunderbar

wonky ['wɒŋkɪ] *adj FAM* ↑ *crooked* schief, schräg

won't [wəʊnt] = **will not**

wood [wʊd] *n* ① Holz *s* ② ↑ *forest* ◇ **~s** *pl* Wald *m;* **wood carving** *n* Holzschnitzerei *f;* **woodchuck** ['wʊdtʃʌk] *n* FAUNA Waldmurmeltier *s;* **wooded** [-ɪd] *adj* ▷*area* bewaldet; **wooden** ['wʊdn] *adj* ① ↑ *made of wood* hölzern; ◇ ~ **leg** Holzbein *s* ② ▷*smile* steif, gekünstelt; **woodpecker** *n* FAUNA Specht *m;* **woodpile** *n* Holzhaufen *m;* **woodsman** ['wʊdzmən] *n* Holzfäller *m;* **woodwind** *n* Holzblasinstrument *s;* **woodwork** *n* ① (*material*) Holz *s* ② (*craft*) Holzarbeiten *f pl;* **woodworm** *n* FAUNA Holzwurm *m*

woofer ['wʊfə*] *n* (*in loudspeaker*) Baßlautsprecher *m*

wool [wʊl] *n* Wolle *f;* **woollen**, **woolen** ['wʊlən] (*AM*) *adj* Woll-; ◇ ~ **cover** Wolldecke *f;* **woolly**, **wooly** ['wʊlɪ] (*AM*) *adj* wollig

word [wɜ:d] **I.** *n* ① LING Wort *s* ② (*remark, conversation*) Wort *s;* ◇ **could I have a ~ with you?** kann ich dich mal kurz sprechen?; ◇ **beyond ~s** unbeschreiblich; ◇ **without a ~** ohne ein Wort ③ ↑ *promise, vow* Wort *s;* ◇ **I give you my ~** ich gebe dir mein Wort ④ ↑ *news* Nachricht *f* **II.** *vt* formulieren; **word group** *n* GRAM Wortgruppe *f;* **wording** *n* Formulierung *f,* Wortlaut *m;* **word processing** *n* PC Textverarbeitung *f;* **word processor** *n* PC Textverarbeitungssystem *s*

wore [wɔ:*] *pt of* **wear**

work [wɜ:k] *s.* **work[s]**; **I.** *n* ① ↑ *task* Arbeit *f;* ◇ **good ~!** gut gemacht!; ◇ **to put a lot of ~ into s.th.** e-e Menge Arbeit in etw stecken ② ↑ *employment* Arbeit *f;* ◇ **at ~** bei der Arbeit *f;* ◇ **out of ~** arbeitslos; ◇ **off ~** frei haben ③ (*art*) Werk *s* **II.** *vi* arbeiten ① ← *appliance, machine* funktionieren ② ← *plan, idea* klappen ③ ← *medicine, treatment* wirken ④ ◇ **to get ~ed up** ↑ *to get upset* sich aufregen **III.** *vt* ① → *employees* arbeiten lassen ② → *machine* bedienen; **work off** *vt* ① → *debts* abarbeiten ② → *anger, frustration* abreagieren; **work on** *vt* ① (*to take care of, deal with*) arbeiten an *dat* ② ↑ *persuade* → *person* bearbeiten; **work out** **I.** *vi* ① ← *sum* herauskommen ② ← *plan* durchführbar sein, klappen **II.** *vt* ① → *problem* lösen ② → *solution* ausarbeiten; **work over** *vt FAM* ↑ *to beat up* zusammenschlagen; **work through** *vi* durcharbeiten, abarbeiten; **work together** *vi* zusammenarbeiten; **work up to** *vt* ↑ *aim for* hinarbeiten auf *acc;* **workable** *adj* formbar; ▷*plan* durchführbar; **workaholic** [wɜ:kə'hɒlɪk] *n* Arbeitssüchtige(r) *fm;* **worker** *n* Arbeiter(in *f*) *m;* **working class** *n* Arbeiterklasse *f;* **working-class** *adj* Arbeiter-; ◇ ~ **area** Arbeitergegend *f;* **work bench** *n* Werkbank *f;* **work day** *n* Werktag *m;* **workman** *n* <-men> Arbeiter *m,* Handwerker *m;* **workmanship** *n* Arbeit *f;* **workmate** *n* Arbeitskollege *m,* Arbeitskollegin *f;* **work[s]** *n sg o pl* ① ↑ *factory* Fabrik *f* ② ↑ *mechanism* Getriebe *s;* (*of watch*) Uhrwerk *s* ③ ↑ *extras* alles Drum und Dran; **workshop** *n* ① ↑ *garage* Werkstatt *f* ② ↑ *seminar* Workshop *m*

world [wɜ:ld] *n* Welt *f;* ◇ **the animal ~** das Tierreich; ◇ **all over the ~** in der ganzen Welt; ◇ **that was out of this ~** das war unglaublich; ◇ **he means the ~ to me** er bedeutet mir alles; ◇ **there is a ~ of difference between them** zwischen ihnen liegen Welten; **world champion** *n* Weltmeister(in *f*) *m;* **world fair** *n* Weltausstellung *f;* **world-famous** *adj* → *actor* weltberühmt; **worldly** *adj* weltlich, irdisch; **world power** *n* Weltmacht *f;* **world war** *n* Weltkrieg *m;* **world-wide** *adj* weltweit

worm [wɜ:m] *n* Wurm *m;* ◇ **tape~** Bandwurm *m*

worn [wɔ:n] **I.** *pp of* **wear**; **II.** *adj* ▷*clothing, shoes* abgetragen, abgenutzt; **worn-out** *adj* ① ▷*jacket* abgenutzt ② ↑ *exhausted* erschöpft

worried ['wʌrɪd] *adj* besorgt, beunruhigt

worry ['wʌrɪ] **I.** *n* Sorge *f,* Kummer *m* **II.** *vt* beunruhigen **III.** *vi* ↑ *feel uneasy* sich sorgen, sich Gedanken machen *dat;* **worrying** *adj* ▷*thought* beunruhigend

worse [wɜːs] **I.** *adj, adv* <*comparative of* **bad**> schlechter, schlimmer; ◇ **and ~ still ...** und schlimmer noch ...; ◇ **just to make matters ~** zu allem Übel **II.** *n* Schlechteres *s*, Schlimmeres *s;* **worsen** [ˈwɜːsn] **I.** *vt* verschlechtern, schlechter werden **II.** *vi* schlechter werden

worship [ˈwɜːʃɪp] **I.** *n* ① Verehrung *f* ② REL ↑ *service* Gottesdienst *m* **II.** *vt* ① *FIG* vergöttern ② → *God* anbeten; **worshipper** *n* ① ↑ *admirer* Verehrer(in *f*) *m* ② ↑ *churchgoer* Kirchgänger(in *f*) *m*

worst [wɜːst] **I.** *adj, adv* <*superlative of* **bad**> schlechteste(r, s), schlimmste(r, s); ◇ **the ~ case** der schlimmste Fall **II.** *n* Schlimmste *s*

worth [wɜːθ] **I.** *n* ↑ *value* Wert *m* **II.** *adj* wert; ◇ **it's ~ $5** es ist $5 wert; ◇ **they think it is ~ seeing** sie meinen, daß es sehenswert ist; ◇ **it's not ~ talking about** es ist nicht der Rede wert; ◇ **it's ~ mentioning** es ist erwähnenswert; **worthless** *adj* ▷*object* wertlos; ▷*person* nichtsnutzig; **worthwhile** [wɜːθˈwaɪl] **I.** *adj* lohnend **II.** *adv* ◇ **it's not ~** es lohnt sich nicht; **worthy** [ˈwɜːðɪ] *adj* würdig; ◇ **this project is ~ of support** dieses Projekt sollte unterstützt werden

would [wʊd] *Hilfsverb* ◇ **I ~ do it** ich würde es tun; ◇ **w~ you like some?** möchten Sie etw davon?; ◇ **she ~ always go there and watch the birds** sie ging immer dorthin und sah den Vögeln zu; **would-be** *adj* Möchtegern-; ◇ **a ~ actor** ein Möchtegern-Schauspieler; **wouldn't** [ˈwʊdənt] = **would not**

wound [wuːnd] *pt, pp of* **wind**

wound [wuːnd] **I.** *n* Wunde *f* **II.** *vt* verwunden, verletzen; ◇ **~ed pride** verletzter Stolz

wove [wəʊv] *pt of* **weave**; **woven** [ˈwəʊvən] *pp of* **weave**

wrap [ræp] **I.** *n* ↑ *stole* Stola *f* **II.** *vt* ① ↑ **~ up** einwickeln ② ↑ *package* einpacken ③ → *business deal* abschließen; **wrapper** *n* (*BRIT*) [Schutz-]Umschlag *m;* **wrapping paper** *n* ① (*for parcel*) Packpapier *s* ② (*for present*) Geschenkpapier *s*

wreak [riːk] *vt* → *destruction* anrichten; → *chaos* anrichten, stiften

wreath [riːθ] *n* Kranz *m*

wreck [rek] **I.** *n* (*ship*) Wrack *s; also FIG* ◇ **to be a nervous ~** ein Nervenbündel sein **II.** *vt* ↑ *destroy* zerstören; → *plans* ruinieren; **wreckage** *n* ① (*ship*) Wrack *s* ② ↑ *damages* Trümmer *pl*

wren [ren] *n* FAUNA Zaunkönig *m*

wrench [rentʃ] **I.** *n* ① TECH ↑ *spanner* Schraubenschlüssel *m* ② ↑ *twist* Ruck *m* ③ Verrenkung *f* **II.** *vt* reißen; ◇ **he ~ed it from my hand** er hat es mir aus der Hand gedreht

wrestle [ˈresl] *vi* ringen; **wrestling** *n* SPORT Ringen *s;* ◇ **~ match** Ringkampf *m*

wretched [ˈretʃɪd] *adj* ① ▷*living conditions* erbärmlich, elend ② ↑ *unhappy* [tod]unglücklich ③ ↑ *ill* ◇ **Peter felt ~ all day** Peter ging es den ganzen Tag schlecht

wriggle [ˈrɪgl] *vi* sich winden, zappeln

wring [rɪŋ] <wrung, wrung> *vt* → *neck, towel* wringen

wrinkle [ˈrɪŋkl] **I.** *n* Falte *f*, Runzel *f* **II.** *vt* runzeln **III.** *vi* sich runzeln; ← *clothes* faltig werden, knittern

wrist [rɪst] *n* ANAT Handgelenk *s;* **wristwatch** *n* Armbanduhr *f*

writ [rɪt] *n* JUR Verfügung *f*

write [raɪt] <wrote, written> *vt, vi* schreiben; **write down** *vt* aufschreiben, niederschreiben; **write off** *vt* ↑ *dismiss* abschreiben; **write out** *vt* ↑ *write down* aufschreiben; → *cheque* ausstellen; **write up** *vt* → *report* verfassen, schreiben; **write-off** *n* Totalschaden *m;* ◇ **the car is a ~** das Auto kann man abschreiben, das Auto ist [ein] Totalschaden; **writer** *n* (*of text*) Verfasser(in *f*) *m;* ↑ *author* Schriftsteller(in *f*) *m;* **write-up** [ˈraɪtʌp] *n* ① ↑ *report* Bericht *m* ② ↑ *critical report* Kritik *f;* **writing** *n* ① (*act of*) Schreiben *s* ② ↑ *hand* ~ Handschrift *f* ③ ◇ **~s** *pl* Werke *pl;* **writing desk** *n* Schreibtisch *m;* **writing pad** *n* Notizblock *m;* **writing paper** *n* Schreibpapier *s;* **written** [ˈrɪtən] *pp of* **write**

wrong [rɒŋ] **I.** *adj* ① ↑ *incorrect* falsch ② ↑ *dishonest* ▷*behaviour, action* unrecht ③ ↑ *not okay* nicht in Ordnung **II.** *n* Unrecht *s* **III.** *vt* Unrecht tun *dat;* ◇ **that was ~** das war falsch; ◇ **to be in the ~** im Unrecht sein; ◇ **the plan went ~** der Plan ist schiefgegangen; ◇ **what is ~ with your uncle?** was ist mit deinem Onkel los?; ◇ **what's ~ now?** was ist jetzt?; ◇ **what is ~ with you?** was ist mit dir los?, was hast du denn?; **wrong doer** [ˈrɒŋduːə] *n* Übeltäter(in *f*) *m;* **wrongful** [ˈrɒŋfl] *adj* → *doing, action* ungerechtfertigt, unrechtmäßig; **wrongly** *adv* ↑ *incorrectly* falsch; ▷*accuse* zu Unrecht

wrote [rəʊt] *pt of* **write**

wrought [rɔːt] *adj* ◇ **~ iron** Schmiedeeisen *s*

wrung [rʌŋ] *pt, pp of* **wring**

wry [raɪ] *adj* ↑ *ironical* ironisch; ▷*smile* süßsauer

X

X, x [eks] *n* X, x *s;* ◇ **X chromosome** X-Chromosom *s*

xenophobia [zenəˈfəʊbɪə] *n* Fremdenhaß *m,* Fremdenfeindlichkeit *f*

Xerox ® [ˈzɪərɒks] *vt* → *document, page* fotokopieren

Xmas [ˈkrɪsməs] *n* (*only written*) Weihnachten *s,* Weihnacht *f*

X-ray [ˈeksreɪ] **I.** *n* (*examination*) Röntgenuntersuchung *f;* (*picture*) Röntgenaufnahme *f* **II.** *vt* röntgen

xylophone [ˈzaɪləfəʊn] *n* Xylophon *s*

Y

Y, y [waɪ] *n* Y, y *s;* ◇ **Y chromosome** Y-Chromosom *s*

yacht [jɒt] *n* (*large boat*) Yacht *f,* Jacht *f;* ◇ **-ing** Sportsegeln *s;* **yachtsman** [ˈjɒtsmən] *n* Sportsegler *m;* **yachtswoman** [ˈjɒtswʊmən] *n* Sportseglerin *f*

Yank [jæŋk], **Yankee** [ˈjænkɪ] *n* (*FAM slightly offensive: American*) Ami *m,* Yankee *m*

yap [jæp] *vi* ← *dog* kläffen; ← *person* quasseln

yard [jɑːd] *n* ① (*measurement*) Yard *s (91,4 cm)* ② (*space next to building*) Hof *m;* ◇ **freight ~** Güterbahnhof *m*

yardstick [ˈjɑːdstɪk] *n FIG* ↑ *criterion* Maßstab *m*

yarn [jɑːn] *n* ① (*material*) Garn *s* ② *FIG* ↑ *made-up story* [Lügen-]Märchen *s;* (*of sailors*) Seemannsgarn *s*

yawn [jɔːn] *vi* ← *person, gap* gähnen

yd, yds *abbr. of* **yard, yards** Yard *s*

yeah [jeə] *particle* (*FAM affirmative*) ja; *s. a.* **yes**

year [jɪə*] *n* Jahr *s;* ◇ **in the ~ 1994** im Jahre 1994; ◇ **twenty ~s ago** vor zwanzig Jahren; ◇ **I haven't seen him for ~s** ich habe ihn schon seit Jahren nicht mehr gesehen; **yearbook** [ˈjɪəbʊk] *n* Jahrbuch *s*

yearn [jɜːn] *vi* ↑ *crave* sich sehnen (*for* nach *dat*)

yeast [jiːst] *n* Hefe *f*

yell [jel] **I.** *n* ↑ *cry, shout* lauter Schrei **II.** *vt* → *orders* brüllen, schreien **III.** *vi* ↑ *baby* schreien

yellow [ˈjeləʊ] **I.** *n* Gelb *s* **II.** *adj* ① (*colour*) gelb; (*illness*) ◇ **~ fever** Gelbfieber *s;* (*phone book*) ◇ **~ pages** Branchenfernsprechbuch *s,* Gelbe Seiten *pl* ② *FAM* ↑ *cowardly* ◇ **don't tell me you're ~!** sag' bloß, du hast die Hosen voll!

yelp [jelp] *n* (*of dog*) Kläffen *s;* (*of person*) kurzer Aufschrei *m*

yeoman [ˈjəʊmən] *n* ◇ **Y~ of the Guard** Leibgardist *m*

yes [jes] **I.** *particle* (*affirmative*) ja; *FAM s.* **yeah II.** *n* ↑ *consent* ◇ **his ~ came rather late** sein Ja [*o.* seine Zustimmung] kam etw spät

yesterday [ˈjestədeɪ] **I.** *adv* gestern; ◇ **the day before ~** vorgestern **II.** *n* Gestern *s*

yet [jet] **I.** *adv* noch; ◇ **not ~** noch nicht; ◇ **this work has ~ to be done** diese Arbeit muß noch getan werden; (*in questions*) ◇ **have you done it ~?** hast du es schon gemacht?; (*expressing emphasis*) ◇ **our work will become harder ~** unsere Arbeit wird noch schwieriger werden **II.** *cj* ↑ *however* ◇ **it looks peaceful here, ~ we must be alert** hier sieht es friedlich aus, dennoch müssen wir aufpassen; ↑ *but* ◇ **he is a clever ~ lazy man** er ist ein kluger, aber auch fauler Mensch

yew [juː] *n* (*tree*) Eibe *f;* (*wood*) Eibe[nholz *s*] *f*

YHA [waɪ eɪtʃˈeɪ] *abbr. of* **Youth Hostels Association** ≈ *DJH, internationaler Jugendherbergsverband*

Yiddish [ˈjɪdɪʃ] *n* (*language*) Jiddisch *s*

yield [jiːld] **I.** *n* FIN ↑ *produce* [Zins-]Ertrag *m* **II.** *vt* ① ↑ *produce* → *results* ergeben, hervorbringen; → *profit* abwerfen ② ↑ *give in* → *power* abgeben **III.** *vi* (*to criticism*) ↑ *give in* nachgeben, zurückweichen; (*traffic sign*) ◇ **Y~!** Vorfahrt gewähren!

YMCA [Waɪ ɛm siːˈeɪ] *abbr. of* **Young Men's Christian Association** CVJM *m,* Christlicher Verein Junger Menschen

yob [jɒb] *n FAM* ↑ *hooligan* Rowdy *m,* Halbstarke (r) *m*

yodel [ˈjəʊdl] *vi* jodeln

yoga [ˈjəʊgə] *n* (*exercise, philosophy*) Yoga *s,* Joga *s;* ◇ **I'm into ~** ich mache/betreibe Yoga

yog[h]urt, yoghourt [ˈjɒgət] *n* Joghurt *m*

yoke [jəʊk] *n* (*in farming*) Joch *s; FIG* ↑ *burden, tyranny* Joch *s*

yolk [jəʊk] *n* (*of egg*) Eigelb *s,* Dotter *m*

yonder [jɒndə*] *adv* ↑ *over there* dort drüben

Yorkshire pudding [ˈjɔːkʃə ˈpʊdɪŋ] *n gebackene Beilage zu Rindfleisch; keine Süßspeise*

you [jʊ, juː] *pron* ① (*2nd person sing, familiar form: friend, relative*) du; (*polite form: stranger, superior*) Sie ② (*2nd person pl, familiar*) ihr; (*polite*) Sie ③ ↑ *one* man; ◇ **~ rarely see them around here** man sieht sie in dieser Gegend selten ④ (*direct/indirect object, familiar*) dich/dir; (*polite*) Sie/Ihnen; (*indefinite*) einen/einem; **you'd** [jʊ, juːd] = **I had, I should; I would; you'll** [jʊl, juːl] = **you will**

young [jʌŋ] **I.** *adj* jung; ◇ **~ fashion** junge Mode *f;* ◇ **-ish** recht jung **II.** *n* ◇ **the ~** *pl* (*of animal*) die

Jungen *s pl;* ↑ *children* die Jugend, die Jungen *pl; FAM* ◇ **-ster** Jugendliche(r) *fm*

your [jʊə*, jɔː*] *pron* (*familiar, sg*) dein; (*polite, sg*) Ihr; (*familiar, pl*) euer; (*polite, pl*) Ihr; (*judge*) ◇ **Y- Honour** (*speaking to judge*) Herr Vorsitzender, Frau Vorsitzende; **you're** [juə*, jɔː*] = **you are**; **yours** [jʊəz, jɔəz] *pron* (*possessive, familiar*) deine(r, s); (*polite*) Ihre(r, s); (*in letters*) ◇ **Y- truly** [*o.* **sincerely**] Mit freundlichen Grüßen, Hochachtungsvoll; **yourself** [jɔːˈselv] *pron* (*reflexive, familiar, sg*) dich; (*polite, sg*) sich; ◇ **you -** du/Sie selbst; **yourselves** [jɔːˈselvz] (*familiar, pl*) euch; (*polite, pl*) sich

youth [juːθ] *n* ① (*early period of life*) Jugend *f* ② ↑ *youthfulness, quality* Jugend *f,* Jugendlichkeit *f* ③ ↑ *young man* Jugendliche(r) *m;* **youth club** *n* Jugendklub *m,* Jugendverein *m*

youthful [ˈjuːθfʊl] *adj* ↑ *young, lively* jugendlich; **youth hostel** *n* Jugendherberge *f*

you've [juːv] = **you have**

YTS [waɪtiːes] *abbr. of* **Youth Training Scheme** ≈ Ausbildungsförderungsprogramm *s*

Yugoslav [ˈjuːgəslɑːv] **I.** *n* Jugoslawe *m,* Jugoslawin *f* **II.** *adj* jugoslawisch; **Yugoslavia** [ˈjuːgəˈslɑːvɪə] *n* Jugoslawien *s;* **Yugoslavian** *adj* jugoslawisch

yummy [ˈjʌmɪ] *adj FAM* ↑ *delicious* lecker

YWCA [waɪ dʌbəljuːsɪːˈeɪ] *abbr. of* **Young Women's Christian Association** Christlicher Verein Junger Frauen

yuppie [ˈjʌpɪ] *n acronym of* **young urban professional** Yuppie *m*

Z

Z, z [zed] *n* Z, z *s*

zany [ˈzeɪnɪ] *adj* ▷*gadget, person* eigenartig, komisch; ↑ *crazy* ▷*joke* verrückt

zap [zæp] *vt FAM* ↑ *kill* töten

zeal [ziːl] *n* ↑ *enthusiasm* (*in religion, politics*) Fanatismus *m;* **zealous** [ˈziːləs] *adj* ↑ *enthusiastic* begeistert, fanatisch

zebra [ˈzebrə] *n* FAUNA Zebra *s;* **zebra crossing** *n* ↑ *pedestrian crossover* Zebrastreifen *m,* Fußgängerübergang *m*

zero [ˈziərəʊ] **I.** *n* <-s, -es> (*number*) Null *f* **II.** *adj* ↑ *no, none at all* ◇ **he has - ambition** sein Ehrgeiz ist gleich Null; POL ◇ **- option** Nulllösung *f*

zest [zest] *n* ↑ *enthusiasm, excitement* Begeisterung *f*

zigzag [ˈzɪgzæg] **I.** *adj* (*- movement*) Zickzack-, im Zickzack **II.** *vi* (*move in a - fashion*) im Zickzack fahren/gehen

zinc [zɪnk] *n* CHEM Zink *s*

Zionism [ˈzaɪənɪst] *n* REL POL Zionismus *m*

zip [zɪp], **zipper** [ˈzɪpə*] **I.** *n* ↑ *zip fastener* Reißverschluß *m* **II.** *vi* ↑ *- up* → *coat* den Reißverschluß zumachen

zither [ˈzɪðə*] *n* MUS Zither *f*

zodiac [ˈzəʊdɪæk] *n* ASTROL Tierkreis *m;* ◇ **sign of the -** Tierkreiszeichen *s*

zombie [ˈzɒmbɪ] *n* ① (*FAM unaware, thoughtless person*) Zombie *m,* Schwachkopf *m* ② (*living dead*) Zombie *m o f*

zone [zəʊn] *n* ↑ *district, area* Zone *f,* Gebiet *s,* Bereich *m;* MIL ◇ **no-fly -** Flugverbotszone *f*

zoo [zuː] *n* Zoo *m*

zoological [zuːəˈlɒdʒkəl] *adj* (*related to animals*) zoologisch; **zoologist** [zuːˈɒlədʒɪst] *n* Zoologe *m,* Zoologin *f;* **zoology** [zuːˈɒlədʒɪ] *n* (*branch of biology*) Zoologie *f*

zoom [zuːm] **I.** *vi* ← *car* flitzen, sausen; ← *prices* in die Höhe schnellen; ← *sales* rapide zunehmen **II.** *n* PHOTO ◇ **- lens** Zoomobjektiv *s*

zucchini [zuːˈkiːnɪ] *n* (*vegetable*) Zucchini *m pl*

Zulu [ˈzuːluː] *n* ① (*man, woman*) Zulu *m o f* ② (*language*) Zulu *s*

Abbildungen

DER MENSCH – INNERER UND ÄUSSERER AUFBAU
THE HUMAN BODY – INNER AND OUTER STRUCTURE

von vorne – anterior view

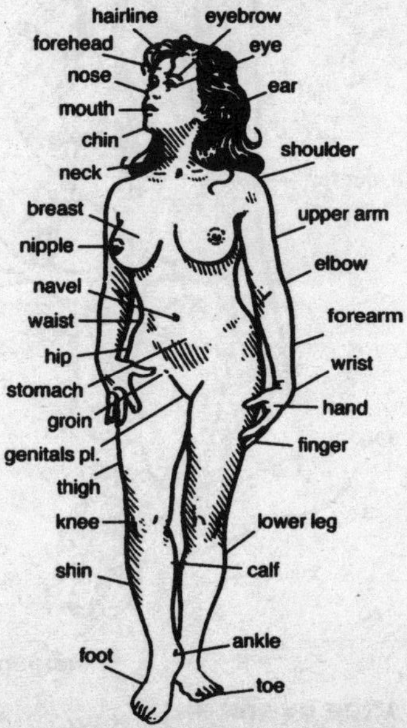

von hinten – posterior view

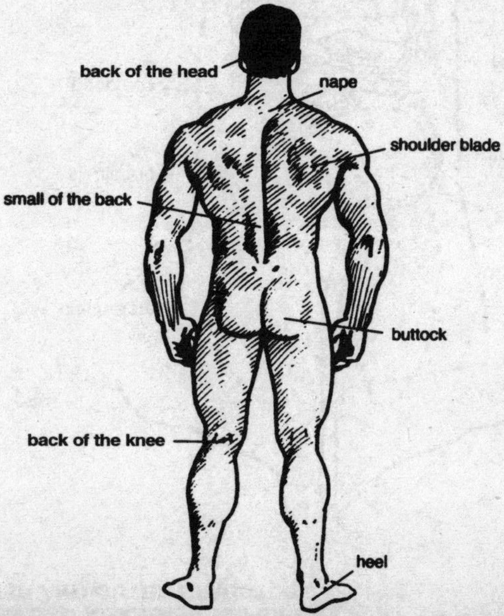

DER MENSCH – INNERER UND ÄUSSERER AUFBAU
THE HUMAN BODY – INNER AND OUTER STRUCTURE

ORGANE – INNER ORGANS

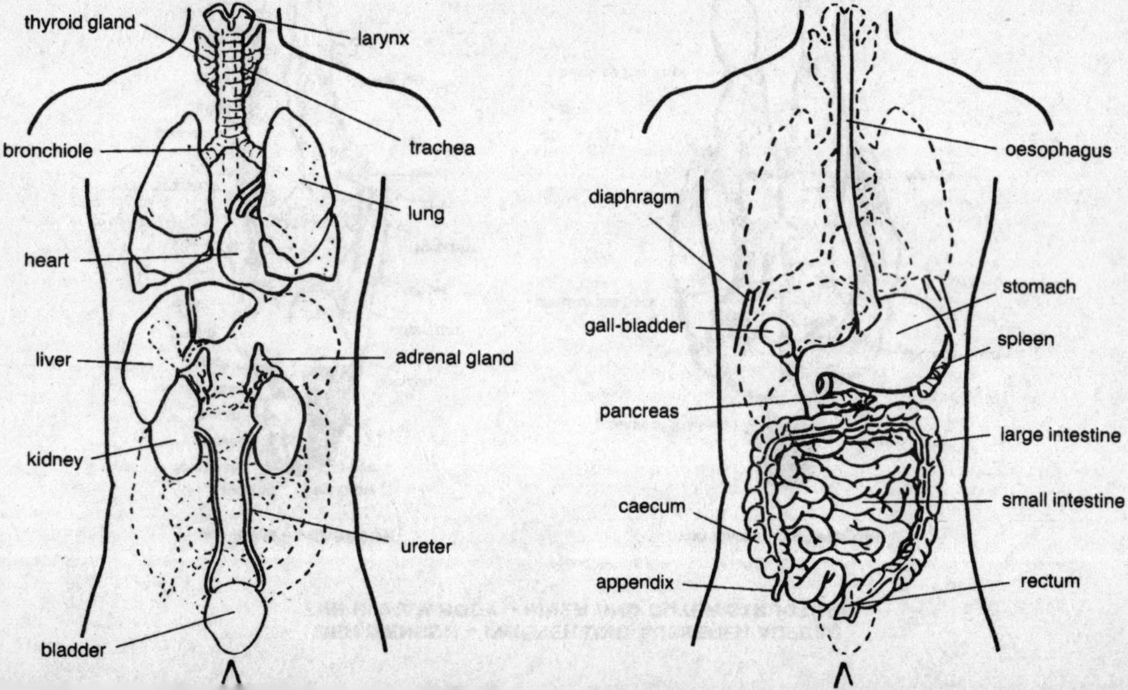

HAUS- UND NUTZTIERE
DOMESTIC AND FARM ANIMALS

1 horse
stallion *m*
mare *f*
2 foal
3 white horse
4 duck
5 chicken
hen *f*
6 cock
rooster *m*

7 chick
8 eggs
9 goose
10 cow
cow *f*
ox
bull *m*
11 calf
12 turkey

13 pig
sow *f*
boar
14 piglet
15 goat
16 billy goat
16 kid
17 cat
tom (cat) *m*
18 kitten

19 dog
bitch *f*
[male] dog *m*
20 puppy
21 sheep
ram *m*
wether
22 lamb
23 donkey

WILDTIERE – WILD ANIMALS

1. deer
2. doe
3. moose
4. hind
5. stag
6. badger
7. fox
8. hedgehog
9. marten
10. wild boar
11. young wild boar
12. mole
13. rat
14. rabbit
15. squirrel
16. hare
17. mouse
18. chamois
19. ibex
20. lynx
21. bear
22. wolf
23. beaver

VÖGEL - BIRDS

1. SINGVÖGEL - SONG BIRDS

2. GREIFVÖGEL - BIRDS OF PREY

3. EULEN - OWLS

4. WASSERVÖGEL - AQUATIC BIRDS

VERSCHIEDENE TIERKLASSEN – VARIOUS ANIMAL CLASSES

1. INSEKTEN – INSECTS

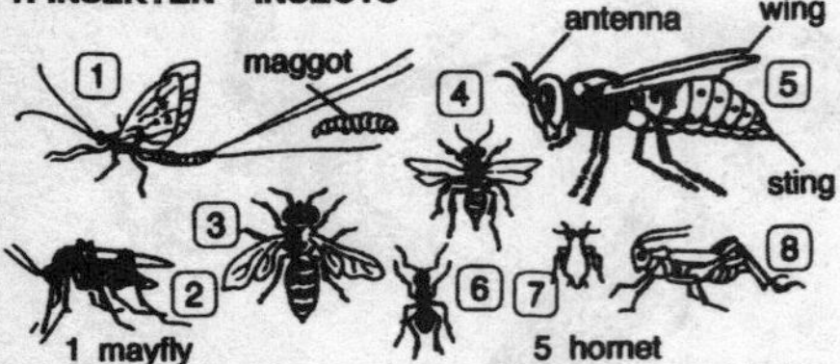

1 mayfly
2 gnat/mosquito
3 bee
4 wasp
5 hornet
6 ant
7 greenfly
8 grasshopper

2. KÄFER – BEETLE

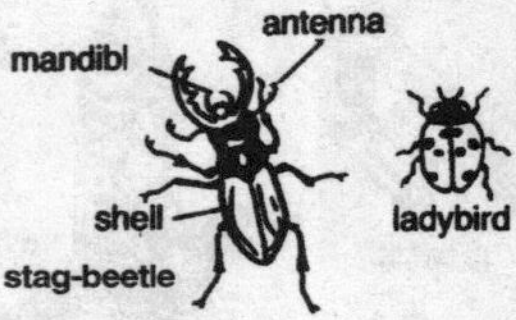

4. SPINNENTIERE — SPIDERS

3. SCHMETTERLINGE – BUTTERFLIES

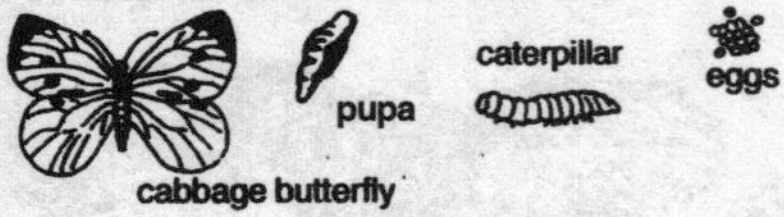

5. FISCHE – FISHES

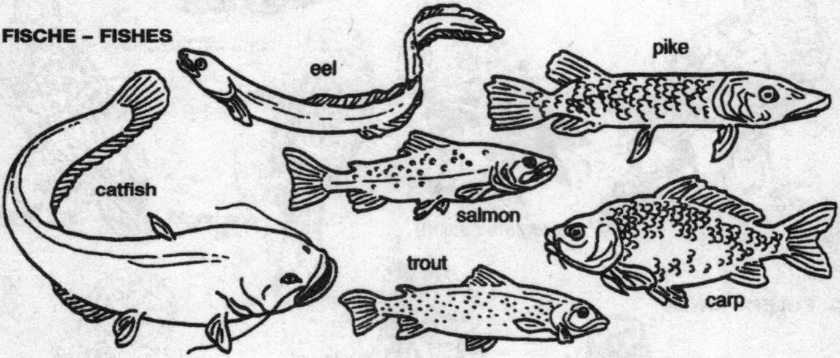

6. LURCHE – AMPHIBIANS

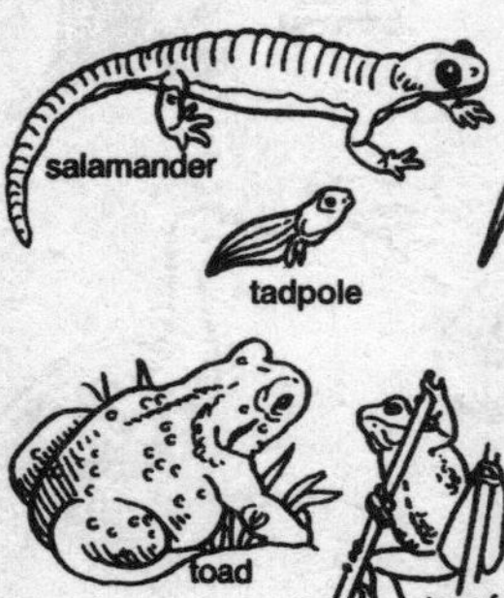

7. REPTILIEN – REPTILES

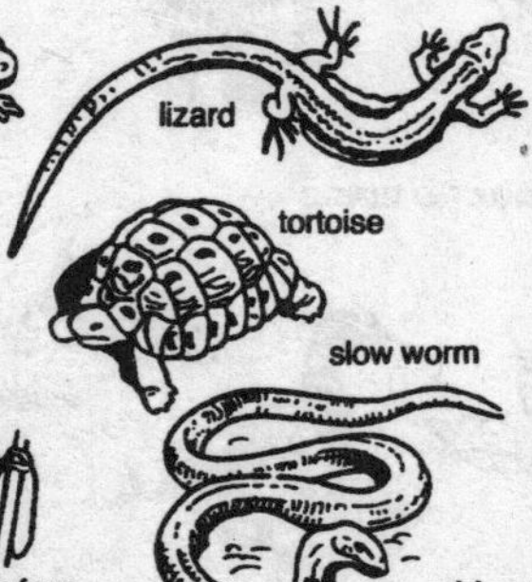

8. SCHLANGEN – SNAKES

PFLANZEN — PLANTS

1. LAUBBÄUME – DECIDUOUS TREES

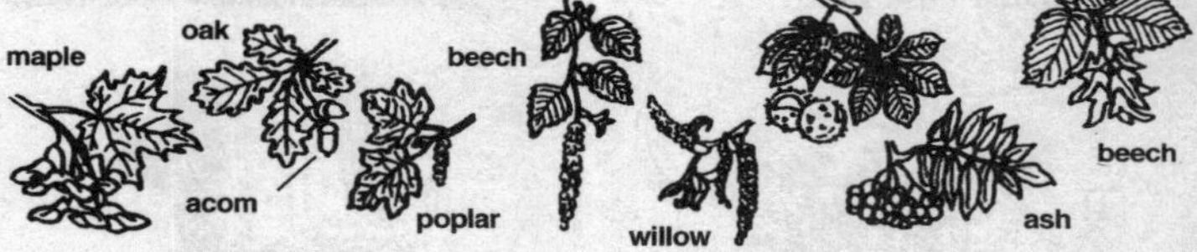

2. NADELBÄUME – CONIFERS

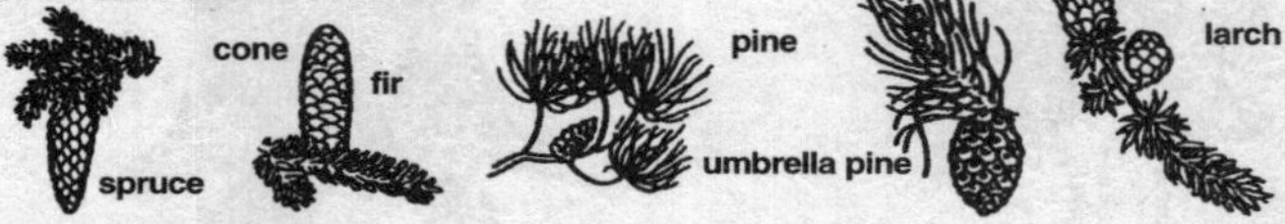

3. OBSTBÄUME – FRUIT-TREES

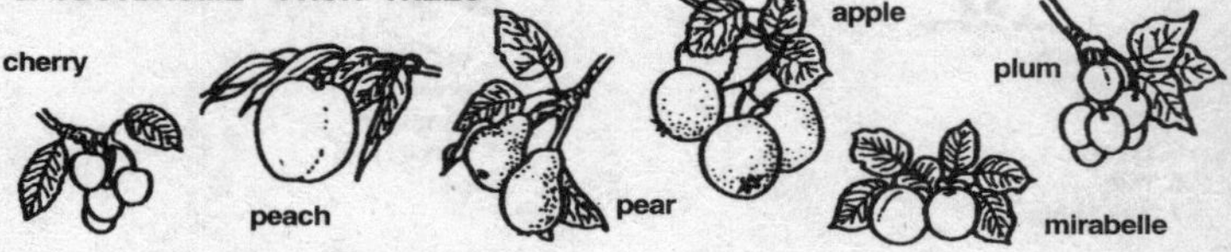

4. BLÜTENBÄUME – FLOWERS

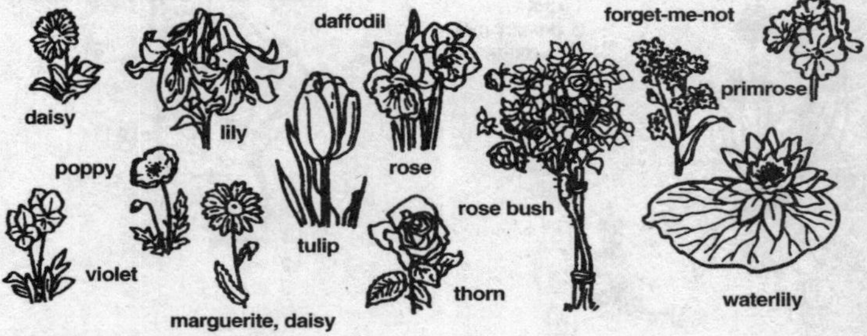

5. GEMÜSE – VEGETABLES

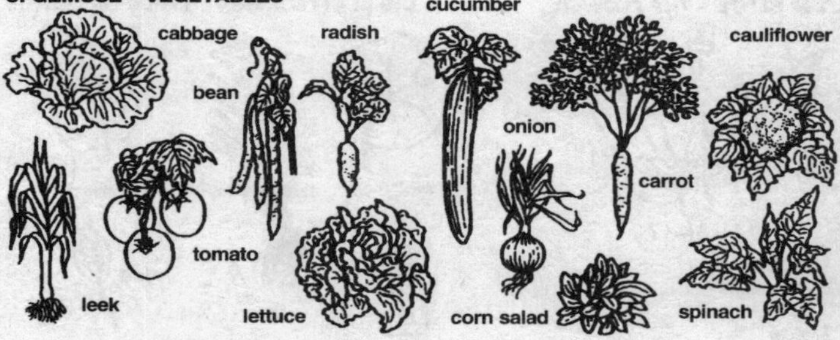

PFLANZEN – PLANTS, TREES

1. DER BAUM – THE TREE

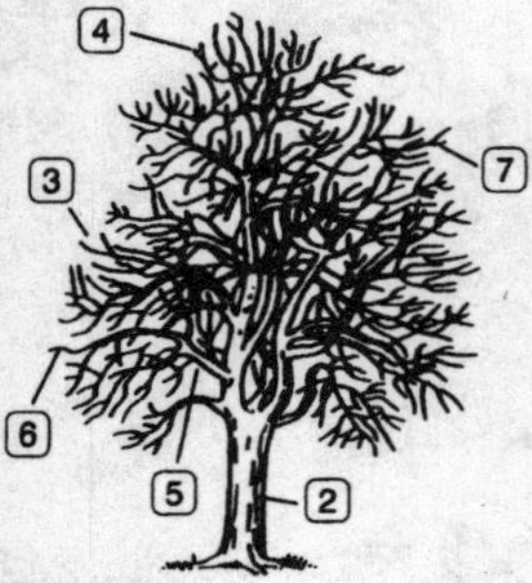

2 tree trunk
3 crown
4 top
5 branch
6 twig
7 fork of branch

2. DER BAUMSTAMM – TREE TRUNK

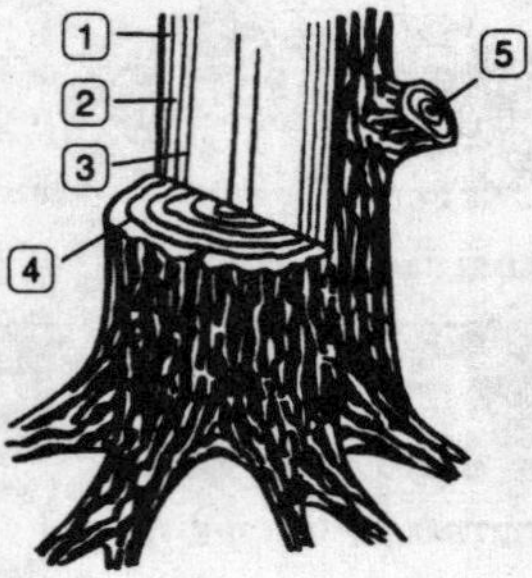

1 bark
2 phloem
3 cambium
4 annual ring
5 pith

3. DIE PFLANZE – THE PLANT

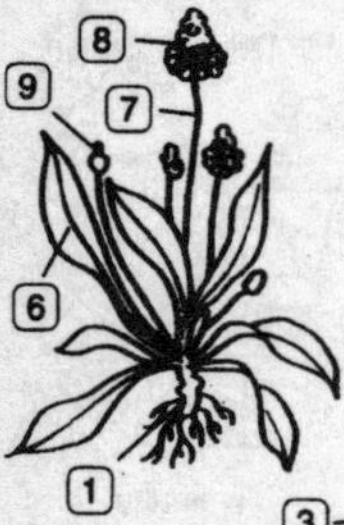

1 root
2 primary root
3 secondary root
4 root-hair
5 shoot
6 leaf
7 stem
8 flower
9 bud

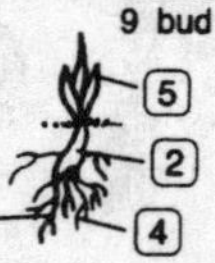

4. DAS BLATT – THE LEAF

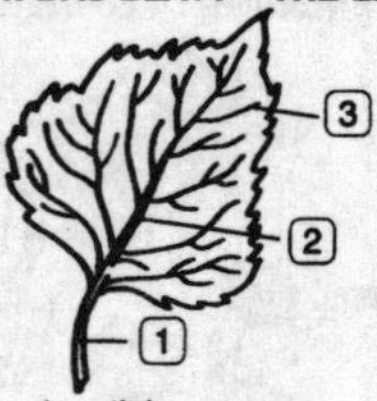

1 petiole
2 vein
3 rib

5. DIE BLÜTE – THE FLOWER

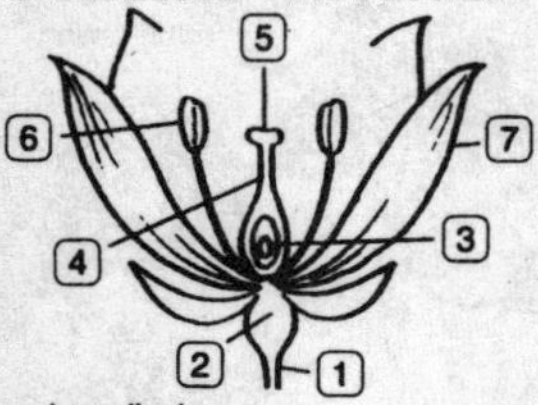

1 pedicel
2 receptacle
3 ovary
4 style
5 stigma
6 stamen
7 petal

6. DIE BLATTFORMEN – TYPES OF LEAVES

orbiculate

needle shaped

cordate

hastate

odd pinnate

palmate

STADTBILD – A DOWNTOWN SCENE

1 tracks
2 streetcar/train
3 stop
4 cross-walk
5 (traffic) light
6 traffic sign
7 pedestrian zone
8 pedestrians
9 green
10 taxi
11 taxi stand
12 taxi sign
13 parking meter
14 advertising column
15 poster
16 directions
17 litter/waste basket
18 street light
19 street sign
20 drain
21 sidewalk
22 department store
23 shop window
24 bookstore
25 ice-cream parlour
26 clothing store
27 car
28 bicyclist
29 motorcyclist
30 telephone
31 mail box
32 movies (*AM*), movies theater (*AM*), cinema (*BRIT*)

BURG UND KIRCHE – CASTLE AND CHURCH, CATHEDRAL

1. DIE BURG – THE CASTLE

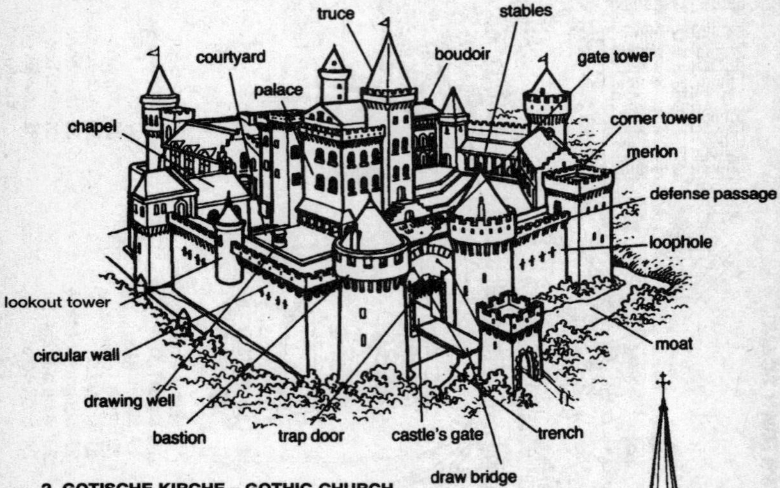

2. GOTISCHE KIRCHE – GOTHIC CHURCH

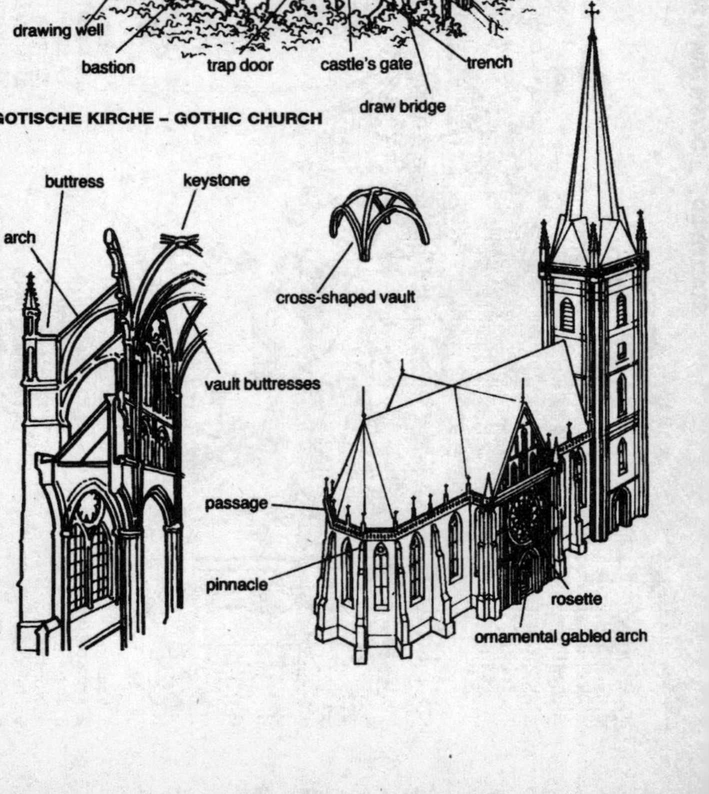

HAUS UND GARTEN – HOUSE AND GARDEN

1. DAS HAUS – THE HOUSE

1 foundation
2 foundation wall
3 wall
4 door
5 threshold
6 basement window
7 roof
8 roofing tile
9 gable
10 ridge
11 sky light
12 gutter
13 cornice
14 chimney
15 window
16 mullion and transom
17 shutter
18 pane
19 window-sill, window ledge
20 balcony
21 ground floor
22 floor / storey

2. DER GARTEN – THE GARDEN

23 garden gate
24 fence
25 lawn
26 fruit tree
27 ornamental shrubs
28 herbaceous shrubs
29 vegetable patch
30 veranda
31 deck chair
32 sun-shade
33 garden table
34 garden chain
35 Bar-B-Q, barbecue
36 sandbox
37 swing

DAS WOHNZIMMER – THE LIVING ROOM

1 cupboard
2 living room cabinets
3 cabinet door
4 shelf
5 drawer
6 bookshelf
7 display cabinet
8 television
9 stereo system
10 video recorder, VCR
11 speaker
12 bar
13 bar stool
14 couch / sofa
15 living-room chair
16 cushion
17 arm
18 footstool
19 coffee table
20 ashtray
21 remote control
22 standard lamp
23 hanging pendant
24 carpet / rug

KÜCHE UND HAUSHALTSGERÄTE – THE KITCHEN AND DOMESTIC APPLIANCES

1. KÜCHE – THE KITCHEN

1 kitchen table
2 kitchen chair
3 perculator
4 teatowel
5 plug
6 sink
7 sink
8 tap
9 dishwashing soap, dishwashing detergent
10 dishwasher
11 blender
12 coffee grinder
13 freezer
14 refrigerator
15 crisper
16 freezer compartment
17 kitchen clock
18 hand mixer
19 waffle iron
20 bottom cupboard
21 upper cupboard
22 corner cupboard
23 microwave
24 toaster
25 kettle
26 pot
27 stove / cooker
28 oven
29 oven window
30 hotplate
31 ovencloth
32 pan

2. HAUSHALTSGERÄTE – DOMESTIC APPLIANCES

1 washing machine
2 dryer
3 iron
4 bucket
5 rag / cloth
6 clothes stand
7 scrubbing brush
8 hand brush
9 ladder
10 broom
11 ironing board
12 vacuum cleaner

BAD, TOILETTE UND PFLEGEPRODUKTE
BATHROOM, TOILET AND TOILETRIES

1. BAD UND TOILETTE – BATHROOM AND TOILET

1 mirror
2 bubble bath
3 tap
4 bath (tub)
5 face cloth / flannel
6 bathroom cabinet
7 drawer
8 soap dish
9 soap
10 shelf
11 toothbrush glass
12 toothbrush
13 basin, sink
14 tap
15 towel rack
16 towel
17 sponge
18 shower (cubicle)
19 shower curtain
20 shower
21 shower head
22 (pair of) scales
23 toilet rug
24 toilet
25 toilet seat
26 (toile) lid
27 (toilet) paper
28 tank
29 (toilet) flusher
30 toilet brush
31 bidet
32 ventilation

2. PFLEGEPRODUKTE – TOILETRIES

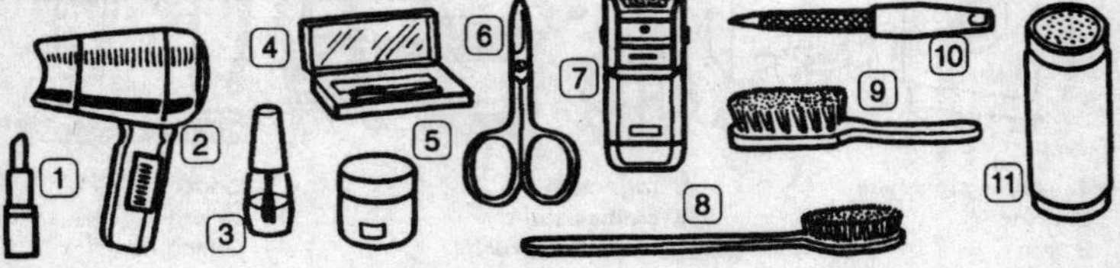

1 lipstick
2 hair-dryer
3 nail vamish / polish
4 mascara
5 body lotion
6 nail scissors
7 shaver
8 back scrubber
9 hairbrush
10 nail file
11 powder

BEKLEIDUNG – CLOTHING

1. DAMENBEKLEIDUNG – WOMEN'S CLOTHING

1 vest
2 petticoat
3 pleated skirt
4 stockings
5 tights
6 night dress / nightie
7 body suit
8 slip
9 blouse
10 pants/panties
11 dirndl
12 bra
13 coat
14 suit
15 jumper/pullover
16 dress
17 cardigan
18 evening dress

2. ACCESSOIRES – ACCESSORIES

1 handbag
2 hat
3 cap
4 belt
5 scarf
6 umbrella
7 gloves

3. SCHUHE – SHOES

1 slippers
2 boots
3 hiking boots
4 court shoes
5 leather shoes
6 patent-leather shoes
7 sandals

4. HERRENBEKLEIDUNG – MENS CLOTHING

1 suit
2 trousers
3 shirt
4 tie
5 vest
6 socks
7 underpants
8 waistcoat
9 jacket
10 polo shirt
11 bow tie
12 tuxedo

FLUGZEUG – AIRPLANE
SCHIFF – SHIP

1. FLUGZEUG – AIRPLANE

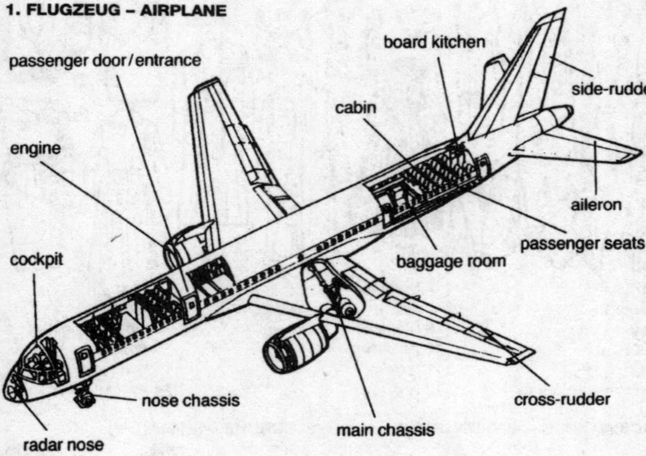

2. SCHIFF –SHIP

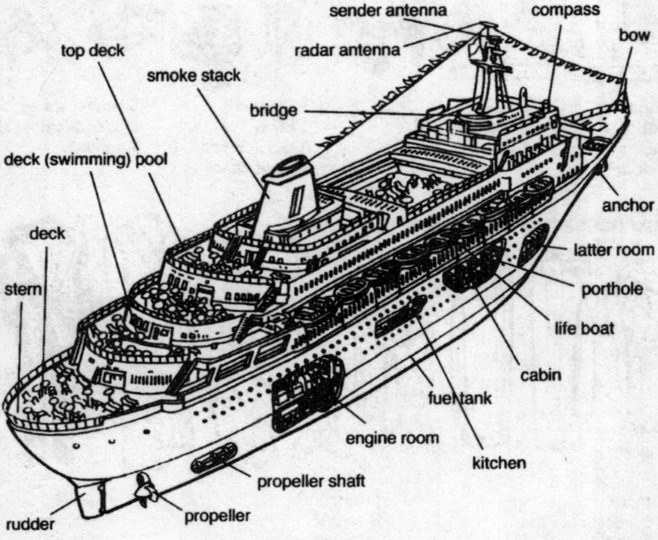

AUTO – CAR, AUTOMOBILE

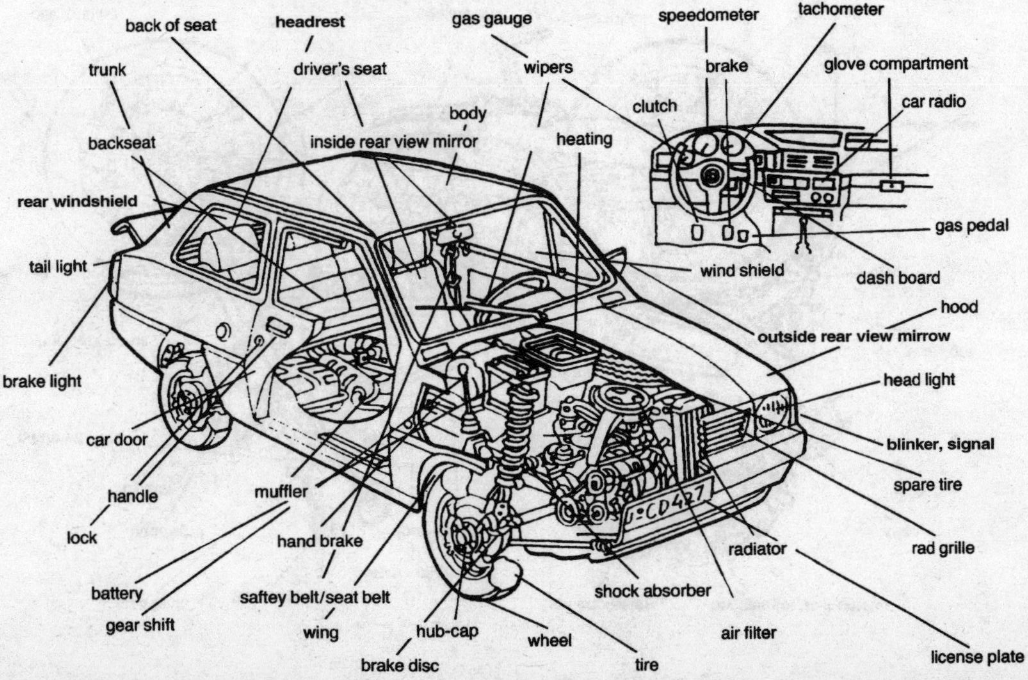

MOTORRAD – MOTORCYCLE, MOTORBIKE

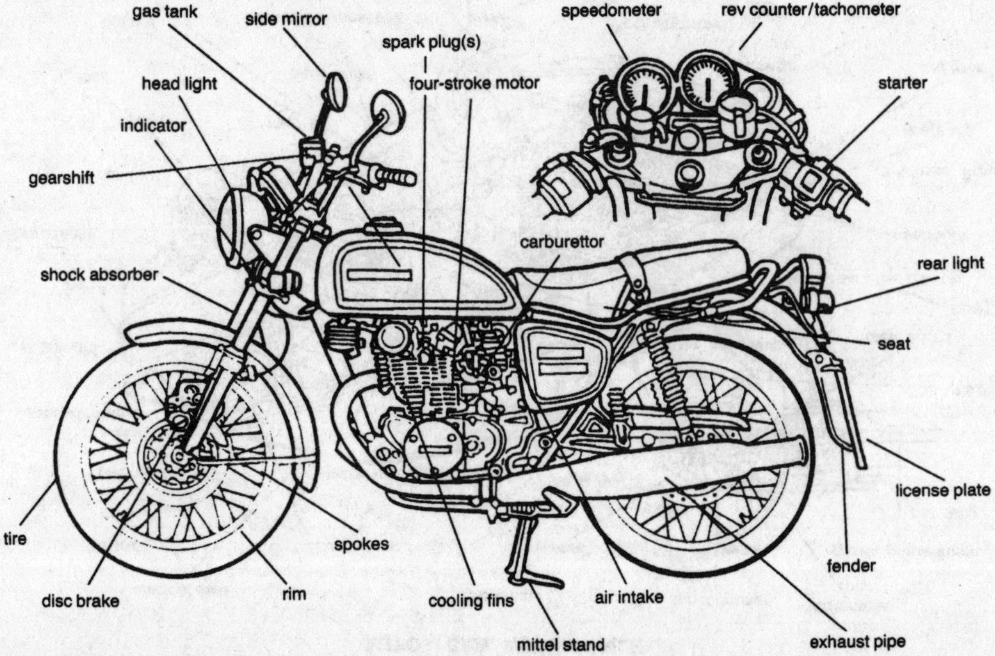

FAHRRAD – BICYCLE

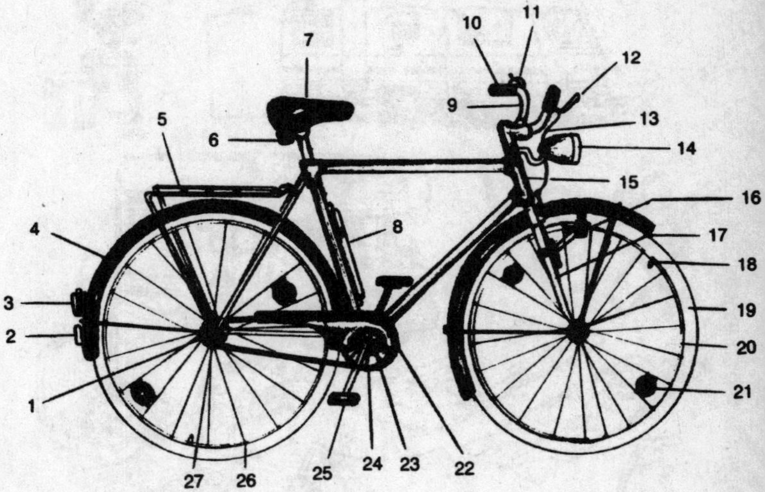

1 back sprocket
2 reflector
3 back light
4 mudguard
5 bicycle rack
6 tool bag / pouch
7 seat
8 tyre pump
9 handlebars
10 grip
11 bell
12 handbrake
13 cable
14 light
15 frame
16 dynamo
17 fork
18 valve
19 tyre (outer tyre, inner tube)
20 rim
21 reflector
22 mudguard
23 bearing
24 chain
25 pedal
26 spoke
27 gears

CAMPING – CAMPING

1 trailer
2 caravan, camper *AM*
3 camp chair
4 gas tank
5 foam mat
6 air mattress
7 sleeping bag
8 camp stove
9 air pump
10 tent
11 flysheet
12 tarpaulin
13 peg
14 inner tent
15 floor of tent
16 tent pole
17 camp fire
18 cooler
19 rucksack / backpack
20 water carrier
21 cutlery set

UNTERHALTUNGSELEKTRONIK – AUDIO SYSTEMS

1. VIDEORECORDER – VIDEO RECORDER, VCR

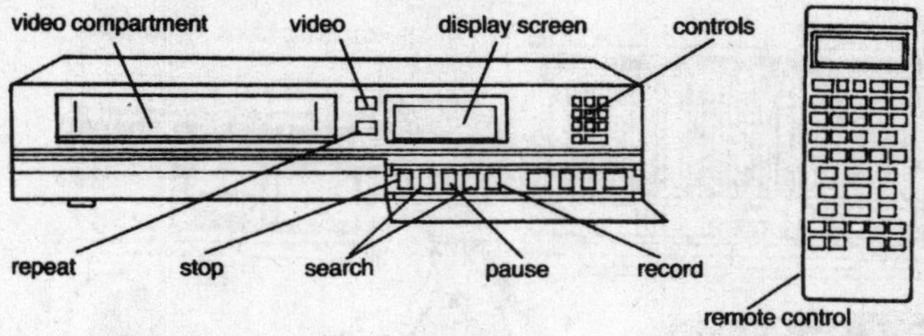

2. FERNSEHAPPARAT – TELEVISION SET, TV

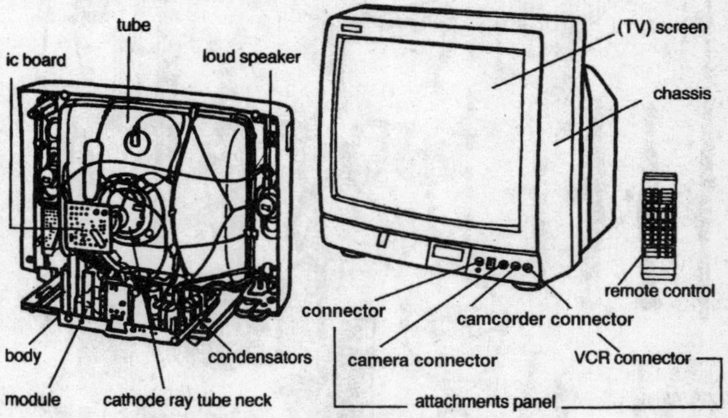

3. HOMECOMPUTER – HOME COMPUTER

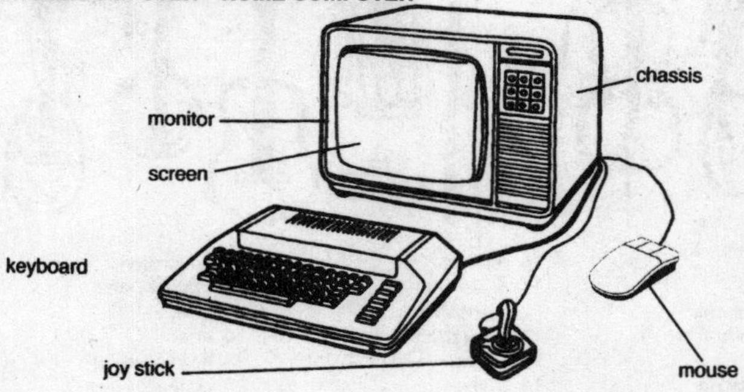

MUSIKINSTRUMENTE – MUSICAL INSTRUMENTS

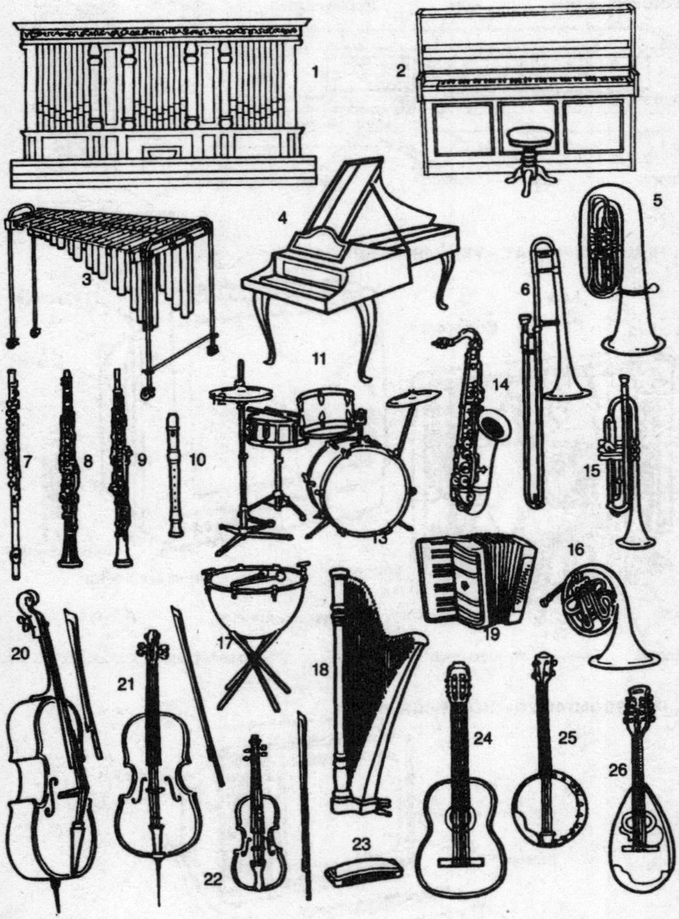

1 organ
2 piano
3 xylophone
4 harpsichord
5 tuba
6 trombone
7 flute
8 clarinet
9 oboe
10 recorder
11 drum set
12 cymbal(s)
13 bass drum
14 saxophone
15 trumpet
16 horn
17 kettledrum
18 harp
19 accordion
20 double bass
21 cello
22 violin
23 harmonica
24 guitar
25 banjo
26 mandolin

WÖRTERBUCH

DEUTSCH - ENGLISCH

A

A, a *s* [1] (*Buchstabe*) A, a [2] MUS [key] A
Aal *m* <-[e]s, -e> (*Fisch*) eel
Aas *s* <-es, -e *o.* Äser> [1] ↑ *Tierkadaver* carcass [2] *FAM!* ↑ *Miststück* bugger; **Aasgeier** *m* [1] (*Vogel*) vulture [2] (*FIG FAM gieriger Mensch*) vulture, scavenger
ab I. *präp dat* [1] (*zeitlich*) ↑ *von ... an* from; ◇ **- Juli** from July on; ◇ **- morgen** from tomorrow on [2] (*räumlich*) ↑ *von ... an* from; ◇ **- München** from Munich II. *adv* [1] (*räumlich, zeitlich*) ◇ **von da -** from then on [2] (*räumlich*) ◇ **auf und - gehen** to go back and forth [3] (*zeitlich*) ◇ **- und zu** now and then [4] ↑ *weg, fort* ◇ **- mit dir!** off you go!; ◇ **der Griff ist -** the handle is off
abändern *vt* [1] → *Urteil* revise [2] → *Kleid* change [3] → *auch Text* alter, modify; **Abänderung** *f* alteration, modification; **Abänderungsantrag** *m* POL proposed amendment
abarbeiten I. *vt* [1] → *Schuld* work off [2] → *Pensum* work off II. *vr* ◇ **sich -** ↑ *sich verausgaben* slave
Abart *f a.* BIOL ↑ *Abweichung* variety; **abartig** *adj* [1] ↑ *anormal* abnormal, odd; ▷*sexuell* perverted [2] *FAM* ▷*Geruch etc.* abnormal, odious
Abbau *m* <-[e]s> [1] ↑ *Demontage* (*von Maschinen, Fabrik*) dismantling [2] (MIN *von Rohstoffen*) mining [3] ↑ *Reduzierung* (*von Truppen, Personal*) cutback [4] ↑ *Verfall* ▷*körperlich, geistig* decline; **abbauen** I. *vt* [1] ↑ *demontieren* → *Maschine, Fabrik* dismantle [2] → *Rohstoffe* mine [3] ↑ *reduzieren* → *Arbeitskräfte* reduce; → *Truppen* cut down II. *vi* ↑ *verfallen* ▷*körperlich, geistig* decline
abbeißen *unreg vt* → *Stück Brot etc.* bite off
abberufen *unreg vt* → *Diplomaten* recall; **Abberufung** *f* recall
abbestellen *vt* [1] → *Zeitung, Telefon* cancel [2] → *Handwerker* cancel, call off
abbezahlen *vt* (*in Raten*) pay off
abbiegen *unreg* I. *vi* (*in Straße*) turn off (*in akk* into); ◇ **rechts/links -** turn right/left II. *vt* [1] ↑ *krümmen* → *Draht* bend [2] *FAM* ↑ *vermeiden* → *Streit* avoid
Abbild *s* [1] ↑ *Kopie* copy [2] ↑ *Spiegelbild* reflection [3] (*bildliche Wiedergabe, von Gegenstand*) portrayal, picture [4] (*große Ähnlichkeit*) likeness; ◇ **sie ist das - ihrer Mutter** she is the spitting image of her mother; **abbilden** *vt* [1] ↑ *darstellen* portray, depict [2] ↑ *abzeichnen, kopieren* copy; **Abbildung** *f* [1] (*in Zeitschrift*) illustration [2] (*von Fotos*) pictures, prints
abbinden *vt* → *Arm, Bein* ligature
abblasen *unreg vt FAM* → *Feier* call off, cancel
abblättern *vi* ← *Putz* peel [off]
abblenden I. *vt* [1] AUTO → *Scheinwerfer* to dim the headlights [2] → *Lampe* screen, dim; → *Licht, Fenster* to draw the drapes II. *vi* [1] (AUTO *Ggs von aufblenden*) dim [2] FOTO stop down [3] (*bei Film*) fade out; **Abblendlicht** *s* AUTO dimmed headlights *pl*
abblitzen *vi FAM* to be sent packing (*bei* by)
abbrechen *unreg* I. *vt* [1] → *Ast* break off [2] ↑ *abreißen* → *Haus* tear down [3] ↑ *beenden* → *Gespräch, Tätigkeit* stop, break off [4] *FIG* → *Zelt* strike; → *Lager* break II. *vi* ↑ *entzweigehen* ← *Griff* ← *Ast* break off
abbrennen *unreg* I. *vt* [1] ↑ *in Brand stecken* burn off [2] → *Feuerwerk* let off II. *vi* [1] ↑ *brennen* burn down [2] *FAM* ◇ **abgebrannt sein** to be broke
abbringen *unreg vt* [1] *FAM* ↑ *entfernen können* take off [2] ↑ *abhalten* ◇ **jd-n von e-r Sache -** to dissuade s.b. from doing s.th.; *FIG* ◇ **jd-n vom rechten Weg -** to lead s.b. off the right path, to mislead s.b.
abbröckeln I. *vi* [1] ↑ *sich ablösen* ← *Putz* crumble [away] [2] *FIG* ↑ *weniger werden* ← *Preise* decline, crumble [away] II. *vt* ↑ *stückweise entfernen* crumble [away]
Abbruch *m* [1] (*von Haus*) demolition [2] (*von Gespräch*) breaking off [3] ◇ **e-r Sache - tun** to damage s.th.; **abbruchreif** *adj* ▷*Haus* ↑ *kaputt* fit for demolition
abbuchen *vt* (COMM *vom Konto*) debit
Abc *s* ↑ *Alphabet* ABC; **ABC-Schütze** *m* school beginner; **ABC-Waffen** *f pl* ABC weapons
abdanken *vi* ← *Präsident etc.* resign; ← *König* abdicate; **Abdankung** *f* ← *von Präsident* resignation; ← *von König* abdication
abdecken *vt* [1] ↑ *Ziegel entfernen* to remove the roof of a house; ↑ *abräumen* → *Tisch* clear [2] ↑ *zudecken* → *Loch* cover, conceal
abdichten *vt* ↑ *verstopfen* → *Leck* seal
abdrängen *vt* ↑ *zur Seite schieben* push away
abdrehen I. *vt* [1] ↑ *zudrehen* → *Wasserhahn, Schalter* turn off [2] ↑ *abbrechen* → *Schraube* twist [off] [3] ↑ *zu Ende drehen* → *Film* shoot II. *vi* ← *Wind, Flugzeug* to change direction; ◇ **nach links -** to veer to the left
Abdruck I. *m* <-s, Abdrucke> [1] ↑ *das Abdrucken* (*von Buch*) printing; ↑ *Veröffentlichung* printing [2] ↑ *Kopie* copy II. *m* <-s, Abdrücke> ↑ *das Abdrücken* (*Stempel-*) stamp; (*Finger-*) print; (*Gips-*) cast; **abdrucken** *vt* → *Artikel* print

abdrücken I. *vt* ① ↑ *abfeuern* → *Revolver* fire ② *FAM* ↑ *umarmen* → *Freundin* hug ③ → *Blutgefäß* compress; *FAM* ◇ **jd-m die Luft** ~ to squeeze the breath out of s.b. II. *vi* ↑ *schießen* shoot, fire III. *vr* ◇ **sich** ~ ① ↑ *Abdruck hinterlassen* to leave a mark/an imprint ② ↑ *sich abstoßen* push off/away

abebben *vi* ↑ *nachlassen* ← *Wasser* ebb away; ← *Lärm, Schmerz* abate, fade [away]; ← *Wind* calm [down]; ← *Nachfrage* decline

abend *adv* ◇ **gestern/morgen** ~ yesterday/tomorrow evening; ◇ **heute** ~ tonight; **Abend** *m* <-s, -e> ① (*Tageszeit*) evening ② ◇ **guten** ~! good evening!; ◇ **jeden** ~ every evening, every night; ◇ **unterhaltsamer** ~ enjoyable evening; **Abenddämmerung** *f* dusk; **Abendessen** *s* dinner, supper; **abendfüllend** *adj* to last the entire evening; ◇ ~**es Programm** a programme to fill the entire evening; **Abendkurs** *m* evening course; **Abendland** *s* ↑ *Westen* West; **abendlich** *adj* ▷*Stimmung* evening; **Abendmahl** *s* ① REL ↑ *Abschiedsmahl* the Last Supper ② (REL *Sakrament*) Holy Communion; **abends** *adv* ↑ *am Abend* (*Ggs von morgens*) in the evening

Abenteuer *s* <-s, -> adventure; **Abenteuerin** *f* *s.* **Abenteurerin** adventuress; **abenteuerlich** *adj* ① ↑ *gewagt* ▷*Unternehmen* adventurous ② ↑ *unglaublich* ▷*Geschichte* unbelievable, bizarre ③ ↑ *ungewöhnlich, seltsam* strange; **Abenteuerroman** *m* adventure story; **Abenteurer** *m* <-s, -> adventurer; **Abenteurerin** *f* adventuress; *s. a.* **Abenteuerin**

aber I. *cj* ↑ *jedoch* but, however; ◇ **zwar ...** ~ **...** however ...; ◇ **er ist reich,** ~ **nicht glücklich** he is rich but not happy II. *adv* (*wiederholt*) again and again; ◇ **ich habe es dir tausend und** ~**tausend Mal gesagt** I have told you thousands and thousands of times III. *adv* (*verstärkend*) ◇ **das ist** ~ **nett** that is really nice; ◇ ~ **ja!** but of course!; **Aber** *s* <-s, -> (*Einschränkung*) but; ◇ **ohne Wenn und** ~ no buts about it

Aberglaube *m* superstition; **abergläubisch** *adj* superstitious

aberkennen *unreg vt* ① ↑ *entziehen* ◇ **ihm wurde der Titel aberkannt** he was stripped of his title; → *Titel* remove, take away ② ↑ *absprechen* → *Fähigkeit* take away, deprive s.b. of s.th.; ◇ **jd-m etw** ~ to deprive s.b. of s.th.

abermalig *adj* ↑ *wiederholt* repeated

abermals *adv* ↑ *noch einmal* once again, once more

abfahren *unreg* I. *vi* ① ↑ *starten* ← *Zug* leave, set off ② *FAM* ◇ **auf jd-n /etw** ~ to really like s.b./s.th. [*o.* to go for s.b./s.th.] II. *vt* ① ↑ *entlangfahren* → *Route* drive along ② ↑ *abnutzen* → *Reifen* wear out ③ ↑ *wegbringen* → *Müll* take away; **Abfahrt** *f* ① (*Autobahn-*) exit ② (*von Zug*) departure ③ (*Ski-*) ↑ *Piste* run; **abfahrtbereit** *adj* ready to go; **Abfahrtslauf** *m* SPORT downhill; **Abfahrt[s]tafel** *f* train/bus schedule; **Abfahrt[s]tag** *m* (*Reisebeginn*) day of departure; **Abfahrt[s]zeit** *f* (*von Bus, Zug*) time of departure

Abfall *m* ① ↑ *Müll* waste, rubbish ② (*FIG Leistungs-*) drop, decline; **Abfalleimer** *m* [rubbish] bin *BRIT*, trash can, garbage can *AM*

abfallen *unreg vi* ① ↑ *weniger werden* ← *Temperatur* drop; ← *Leistung* drop, decline ② ↑ *sich lösen* ← *Blatt vom Baum* fall off; (*vom Glauben*) break away from ③ *FIG* ↑ *übrigbleiben* to be left over; ◇ **etw fällt für jd-n ab** to get one's share of s.th.

abfällig *adj* ↑ *geringschätzig* ▷*Bemerkung* disparaging

abfangen *unreg vt* ① ↑ *aufhalten* → *Person, Brief* intercept ② → *Stoß, Schlag* parry ③ ↑ *fangen* → *Ball* catch, intercept ④ → *Wagen* to bring under control ⑤ MIL → *Flugzeug* intercept

abfärben *vi* ① ↑ *sich übertragen* ← *Farbe* ◇ **das grüne Hemd hat auf das Tischtuch abgefärbt** the green colour has come out of the shirt onto the table-cloth ② ↑ *verlieren* ← *Farbe* run ③ *FIG* ← *Gewohnheit* rub off (*auf akk* on)

abfassen *vt* ↑ *verfassen* → *Text* write [up]

abfertigen *vt* ① → *Kunden* serve, attend to; *FIG* ◇ **jd-n kurz** ~ to give s.b. short shrift ② → *Pakete* to prepare for dispatch ③ → *Schiff* clear; → *Zug* to prepare for departure ④ ↑ *kontrollieren* (*am Zoll*) clear, check; **Abfertigung** *f* ① (*von Kunden*) service ② (*von Paketen*) dispatch ③ (*von Schiff*) clearance; (*von Zug*) preparation ④ (*am Zoll*) [customs] clearance

abfinden *unreg* I. *vt* (*mit Geldsumme*) compensate II. *vr* ◇ **sich** ~ ↑ *sich zufriedengeben* to come to terms (*mit* with); **Abfindung** *f* ▷*zahlen* compensation, settlement

abflauen *vi* ↑ *abnehmen* ← *Wind* die down; ← *Wut* calm down; ← *Nachfrage* die down, slacken

abfliegen *unreg* I. *vi* ① ↑ *starten* ← *Flugzeug* take off ② ← *Passagier* leave II. *vt* ↑ *kontrollieren* → *Gebiet* fly over

abfließen *unreg vi* ← *Wasser* flow off

Abflug *m* departure

Abfluß *m* ① (*von Wasser*) drain ② (*-rohr*) ↑ *Kanal* drain-pipe ③ *FIG* ↑ *Verminderung* (*von Kapital*) [out]flow

abfragen *vt* SCH → *Vokabeln* test

Abfuhr *f* <-, -en> ① (*Müll-*) removal ② *FAM* ↑ *Zurückweisung* snub, rebuff; ◇ **jd-m e-e - erteilen** to snub s.b.; **abführen I.** *vt* ① ↑ *wegführen* → *Verbrecher* take away ② ↑ *zahlen* → *Steuern* pay [out] **II.** *vi* ① ↑ *abzweigen* ← *Straße* branch off ② *FIG* ↑ *ablenken* (*vom Thema*) distract, take off ③ MED ↑ *Stuhlgang anregen* to function as a laxative; **Abführmittel** *s* MED laxative

abfüllen *vt* ① → *Flüssigkeit* bottle ② *FAM* ↑ *betrunken machen* to get s.b. drunk; **Abfüllung** *f* (*in Flaschen*) bottling

Abgabe *f* ① ↑ *Abliefern* (*von Ware*) delivery; ↑ *Aushändigung* (*von Gepäck*) checking-in, handing-in ② ↑ *Abstrahlung* (*von Wärme*) emission ③ ↑ *Rückgabe* (*Bücher-*) return ④ (*Steuer-*) contribution ⑤ (*von Erklärung*) submission, giving; **abgabenfrei** *adj* ↑ *steuerfrei* tax-free; **abgabenpflichtig** *adj* ↑ *steuerpflichtig* liable to taxation

Abgang *m* ① ↑ *Verlassen* (*Schul-*) leaving ② (THEAT *von Bühne*) exit ③ ↑ *Absenden* (*von Waren, Post*) dispatch ④ MED ↑ *Fehlgeburt* miscarriage ⑤ (*von Eiter etc.*) discharging

Abgas *s* AUTO exhaust [fumes]; **Abgassonderuntersuchung** *f s.* **ASU**

abgeben *unreg* **I.** *vt* ① ↑ *abliefern* → *Ware, Brief* deliver; → *Gepäck* hand in, check in ② → *Posten, Amt* relinquish, hand over (*an akk* to) ③ → *Wärme* emit ④ ↑ *abfeuern* → *Schuß* fire ⑤ → *Ball* pass (*an akk* to) ⑥ → *Erklärung, Urteil* submit, give ⑦ ↑ *darstellen, sein* ◇ **sie gibt e-e gute Lehrerin ab** she makes a good teacher **II.** *vr* ◇ **sich -** ↑ *sich beschäftigen* concern o.s. (*mit* with)

abgebrüht *adj* ① *FIG* ↑ *unempfindlich* hardened ② ↑ *gerissen, verschlagen* cunning

abgedroschen *adj* ↑ *banal, witzlos* ▷*Redensart* hackneyed, trite

abgegriffen *adj* ① ↑ *abgenutzt* ▷*Buch* used, battered ② *FIG* ↑ *banal* ▷*Redensart* hackneyed

abgehen *unreg* **I.** *vi* ① (*von Schule*) leave ② (THEAT *von Bühne*) exit ③ ↑ *sich lösen* ← *Knopf* come loose, come off ④ MED ← *Embryo* miscarry; ← *Sekret* discharge ⑤ *FAM* ◇ **da geht die Post ab** there is really s.th. going on **II.** *vt* ① ↑ *kontrollieren* → *Strecke* patrol ② ↑ *fehlen* ◇ **das geht mir ab** I don't have it [*o.* the ability to ...]

abgelegen *adj* ↑ *einsam* ▷*Haus* secluded

abgemacht *adj* ↑ *beschlossen* settled; ◇ **-!** Settled!

abgeneigt *adj* ◇ **e-r Sache nicht - sein** not to be averse to s.th., to fancy doing s.th.

Abgeordnete(r) *fm* (*Parlaments-*) Member of Parliament

abgerissen *adj FAM* ↑ *schäbig* ▷*Person* ragged

abgerundet *adj* rounded

Abgesandte(r) *fm* delegate

abgesehen *adv* ◇ **- von** apart from

abgespannt *adj* ↑ *müde* tired, weary

abgestanden *adj* ↑ *alt* ▷*Bier* flat

abgestorben *adj* ① ▷*Baum* dead ② MED ▷*Gliedmaßen* numb

abgetragen *adj* worn-out

abgewinnen *unreg vt* ① ↑ *Gefallen finden an* ◇ **e-r Sache** *dat* **etw/nichts - können** to find no pleasure in s.th. ② ↑ *abnötigen* ◇ **jd-m ein Lächeln -** to make s.b. smile

abgewöhnen *vt* ↑ *Gewohnheit ablegen* ◇ **sich** *dat* **etw -** to cure o.s. of s.th., to quit s.th.

abgezehrt *adj* emaciated

abgießen *vt* pour away

abgleiten *unreg vi* ① ↑ *abrutschen* slip ② (*FIG in anderes Thema*) wander

Abgott *m* idol

abgrasen *vt* ① → *Wiese* graze ② *FAM* ↑ *absuchen* → *Gebiet* comb, search

abgrenzen *vt* ① ↑ *einzäunen* → *Grundstück* fence off; make off ② *FIG* → *Thema, Aufgaben* define ③ → *Pflichten* delimit

Abgrund *m* ① ↑ *Schlucht* abyss ② *FIG* ↑ *Untergang* doom; ▷*moralisch* decline; **abgründig** *adj* ↑ *sehr tief* ▷*Haß* deep

Abguß *m* sink

abhaken *vt* ① (→ *Namen, Warenposten, auf Liste*) tick off ② *FAM* ↑ *vergessen* cross s.b./s.th. off

abhalten *unreg vt* ① → *Konferenz* hold ② ↑ *hindern* stop s.b. (*von* from) ③ ↑ *fernhalten* → *Lärm, Kälte* keep out, hold off

abhandeln *vt* ① ↑ *besprechen* → *Thema* discuss ② ◇ **er hat ihm diese Ware billig abgehandelt** he struck a good deal with him for these goods

abhanden *adj* ◇ **- kommen** to get lost

Abhandlung *f* ① ↑ *Aufsatz* ▷*wissenschaftlich* discourse (*über akk* on) ② (*von Thema*) discussion, treatment

Abhang *m* slope

abhängen I. *vt* ① ↑ *vom Haken nehmen* take off ② → *Anhänger* uncouple ③ ↑ *entkommen* → *Verfolger* shake off **II.** *unreg vi* ① ← *Schinken* hang ② *FIG* ↑ *bedingt sein* ◇ **von jd-m/etw -** to depend on s.b./s.th.; **abhängig** *adj* ① ↑ *angewiesen sein auf* dependent (*von dat* on) ② ↑ *süchtig* addicted (*von dat* to) ③ (*bedingt durch*) dependent (*von dat* upon); **Abhängigkeit** *f* ① ▷*finanziell* dependence; ▷*psychisch* dependence ② (*Drogen-*) ↑ *Sucht* addiction

abhärten *vr* ◇ **sich** ~ (*widerstandsfähig machen*) to toughen o.s.

abhauen *unreg* **I.** *vt* ↑ *fällen* → *Ast* cut off **II.** *vi FAM* ↑ *weglaufen* run away

abheben *unreg* **I.** *vt* [1] (→ *Geld, von Konto*) withdraw [2] ↑ *abnehmen* → *Telefonhörer* pick up [3] → *Masche* slip [4] → *Karten* cut **II.** *vi* [1] ↑ *starten* ← *Flugzeug* take off [2] *FAM* (*vor Freude*) to be deliriously happy [3] *FIG* ↑ *hinweisen* ◇ **auf etw** *akk* ~ to emphasize s.th. **III.** *vr* ◇ **sich** ~ ↑ *sich unterscheiden* stand out (*von dat* from)

abhelfen *unreg vi* ▷*e-m Mangel* remedy

abhetzen *vr* ◇ **sich** ~ ↑ *sich verausgaben* to tire o.s. out

Abhilfe *f* ◇ ~ **schaffen** to take remedial action

abhobeln → *Brett* plane down

abholen *vt* [1] → *jd-n* pick up, collect [2] → *Paket* pick up, collect

abholzen *vt* → *Regenwald* cut down, deforest; **Abholzung** *f* cutting-down, deforestation

abhorchen *vt* MED → *Lunge, Herz* listen to, auscultate

abhören *vt* [1] SCH ↑ *abfragen* → *Vokabeln* test, quiz [2] ↑ *belauschen* → *Gespräch* to secretly listen in on [3] MED → *Lunge* listen to, auscultate; **Abhörgerät** *s* ↑ *Wanze (FAM)* bug

Abitur *s* <-s, -e> *German school-leaving exam and certificate giving access to university;* **Abiturient(in** *f*) *m person who is taking or has passed Abitur*

abkanzeln *vt FAM* ↑ *schroff zurechtweisen* to tick s.b. off *BRIT*

abkapseln *vr* ◇ **sich** ~ ↑ *isolieren* to cut o.s. off, to isolate o.s.

abkaufen *vt* [1] → *Ware* buy off [2] *FIG FAM* ↑ *glauben* ◇ **jd-m etw** ~ believe s.th.

abkehren *vr* ◇ **sich** ~ ↑ *sich abwenden* turn away (*von* from)

abklappern *vt* scour

Abklatsch *m* <-es, -e> *FIG PEJ* extremely bad imitation

abklingen *unreg vi* [1] ↑ *abnehmen* ← *Lärm* die, abate [2] ↑ *schwächer werden* ← *Fieber* subside

abknöpfen *vt FAM* ↑ *wegnehmen* ◇ **jd-m etw** ~ to get s.th. off s.b.

abkochen *vt* → *Wasser* boil

abkommen *unreg vi* [1] ↑ *sich verirren* (*vom Weg*) stray [2] (*von Thema*) digress (*von* from) [3] ↑ *verwerfen* (*von Idee*) abandon

Abkommen *s* <-s, -> ↑ *Vereinbarung* agreement; ◇ **ein** ~ **treffen** to reach an agreement

abkömmlich *adj* ↑ *entbehrlich* free, available

abkratzen I. *vt* → *Eis* scrape off, scratch off **II.** *vi FAM!* ↑ *verrecken* to kick the bucket

abkühlen I. *vt* ↑ *kühler machen* → *Suppe* cool down **II.** *vi* ↑ *kühler werden* ← *Wetter, Luft* cool down **III.** *vr* ◇ **sich** ~ [1] ← *Mensch* cool off/down [2] *FIG* ↑ *abnehmen* ← *Freundschaft* cool off

abkürzen *vt* [1] → *Weg* to take a short cut [2] → *Wort, Verfahren* shorten, abbreviate; **Abkürzung** *f* [1] (*Wort-*) abbreviation [2] (*Weg-*) short cut

abladen *unreg vt* [1] → *Lastwagen* unload [2] *FIG* ↑ *sich aussprechen* → *Sorgen* to unburden o.s.

Ablage *f* [1] (*Papier-*) tray [2] ↑ *Garderobe* (*Kleider-*) cloakroom

ablagern I. *vt* ↑ *deponieren* → *Müll* deposit **II.** *vr* ◇ **sich** ~ ↑ *festsetzen* ← *Staub* to be deposited **III.** *vi* ↑ *gelagert werden* ← *Wein* mature

ablassen *unreg* **I.** *vt* [1] → *Öl, Wasser* let out, drain off; → *Luft, Dampf* purge [2] *FIG FAM* ◇ **Dampf** ~ to let off steam [3] (*vom Preis*) knock off **II.** *vi* ↑ *aufhören* (*von Vorhaben*) desist (*von* from)

Ablauf *m* [1] ↑ *Abfluß* (*Wasser-*) drain [2] ↑ *Ende* (*von Frist*) expiry [3] ↑ *Verlauf* (*Handlungs-*) course; **ablaufen** *unreg* **I.** *vi* [1] ↑ *abfließen* to flow away [2] ← *Ereignisse* take place [3] ↑ *zu Ende gehen* expire **II.** *vt* [1] → *Strecke* walk over [2] → *Schuhe* wear down [3] ◇ **jd-m den Rang** ~ outdo s.b.

ablegen *vt* [1] ↑ *hinlegen* put down, place [2] ↑ *ausziehen* → *Kleider* take off [3] ↑ *absolvieren* → *Examen* take, sit [4] ↑ *sich abgewöhnen* → *Fehler* give up; **Ableger** *m* <-s, -> [1] ↑ *Filiale* branch [2] (*von Blumen*) branch

ablehnen *vt* [1] → *Angebot* reject, decline [2] → *Antrag* reject [3] → *Person* reject [4] → *Zahlung* refuse; **Ablehnung** *f* [1] (*von Angebot*) rejection [2] (*von Antrag*) rejection [3] (*von Person*) rejection

ableiten *vt* [1] → *Bach* divert [2] → *Wort* derive (*von* from) [3] ↑ *folgern* deduce (*von* from); **Ableitung** *f* [1] ↑ *das Ableiten* diversion [2] (*a.* MATH *Wort-*) derivation

ablenken I. *vt* [1] (*von Fährte*) deflect [2] (*von Arbeit*) distract [3] ↑ *unterhalten, zerstreuen* distract, divert **II.** *vi* ↑ *ausweichen* to change the subject; **Ablenkung** *f* [1] ↑ *das Ablenken* distraction [2] ↑ *Zerstreuung* distraction, diversion

ablesen *unreg vt* [1] ↑ *lesen* → *Text* read [2] → *Zähler* read [3] ↑ *erkennen* ◇ **jd-m etw** *akk* **an der Miene** ~ to tell s.th. from s.b.'s face

abliefern *vt* [1] ↑ *abgeben* → *Ware, Brief* deliver [2] *FAM* ◇ **jd-n zu Hause** ~ to take s.b. home; **Ablieferung** *f* delivery

ablösen I. *vt* [1] ↑ *entfernen* → *Klebeband* remove, take off [2] ↑ *übernehmen* → *Kollegen* relieve [3] ↑ *bezahlen* → *Schuld* pay off **II.** *vr* ◇ **sich**

~ ① ↑ *abblättern* ← *Farbe* peel off ② ◇ **einander** ~ to take turns; **Ablösung** *f* ① (*von Schulden*) paying off ② ↑ *Wechsel* (*Wach-*) changing ③ (*von Farbe*) peeling off

abmachen *vt* ① ↑ *entfernen* → *Etikett* take off; → *Schnur* take away/off ② ↑ *vereinbaren* → *Treffpunkt* agree [to] ③ ◇ **etw** *akk* **mit sich** ~ to sort s.th. out with o.s.; **Abmachung** *f* ↑ *Vereinbarung* agreement

abmagern *vi* to become thin; **Abmagerungskur** *f* ↑ *Diät* diet

Abmarsch *m* (*von Truppen*) march-off; **abmarschbereit** *adj* ready to march off; **abmarschieren** *vi* ↑ *weggehen* set off; ← *Soldaten* march off

abmelden I. *vt* ① cancel; ◇ **das Auto** ~ to cancel the car registration ② → *Zeitung* cancel; → *Telefon* disconnect **II.** *vr* ◇ **sich** ~ ① ▷*polizeilich* to notify authorities of change in residence ② (*im Hotel*) check out

abmessen *unreg vt* ① ↑ *messen* → *Distanz* measure ② *FIG* ↑ *abschätzen* → *Tragweite* weigh; **Abmessung** *f* measurement

abmontieren *vt* ↑ *abmachen, abschrauben* dismantle

abmühen *vr* ◇ **sich** ~ ↑ *sich anstrengen* to wear o.s. out

abnabeln *vr* ◇ **sich** ~ to become independent, to cut the apron strings *FAM*

Abnahme *f* <-, -n> ① ↑ *Rückgang* decrease, loss; (*Gewichts-*) weight loss ② ↑ *Wegnehmen* removal ③ COMM (*Waren-*) buying ④ (*technische Kontrolle*) inspection; **abnehmen** *unreg* **I.** *vt* ① ↑ *wegnehmen* remove, take off ② *FIG* ↑ *helfen* → *Last, Problem* relieve, unburden ③ ↑ *sich verringern* → *Gewicht* lose ④ → *Hörer* pick up ⑤ → *Prüfung* hold ⑥ *FAM* ↑ *glauben* ◇ **jd-m e-e Geschichte** ~ *FAM* buy [a story] **II.** *vi* ① ↑ *weniger werden* decrease ② ↑ *dünner werden* lose weight; **Abnehmer(in** *f*) *m* <-s, -> COMM ↑ *Käufer* (*Waren-*) purchaser

Abneigung *f* ① ↑ *Widerwille* (*gegen Sachen*) dislike, aversion ② ↑ *Antipathie* (*gegen Personen*) dislike

abnutzen I. *vt* ↑ *verbrauchen* → *Kleider* wear out **II.** *vr* ◇ **sich** ~ ↑ *verschleißen* → *Möbel, Schuhe* to get worn out; **Abnutzung** *f* ↑ *Verschleiß* wear and tear

Abonnement *s* <-s, -s> ① (*Zeitungs-*) subscription ② THEAT season ticket; **Abonnent** (**in** *f*) *m* ① (*Zeitungs-*) subscriber ② THEAT season ticket holder; **abonnieren** *vt* ① → *Zeitschrift* subscribe to ② THEAT to have a season ticket

Abort *m* <-[e]s, -e> ① *FAM* ↑ *WC* lavatory ② ↑ *Fehlgeburt, Abgang* miscarriage; ↑ *Abtreibung* abortion

abpacken *vt* ↑ *einpacken* pack

abpassen *vt* ① ↑ *auflauern* → *jd-n* to waylay s.b. ② ↑ *abwarten* → *Gelegenheit* to wait for the right time

abpfeifen *unreg vt, vi* SPORT ↑ *beenden* → *Spiel* to blow the final whistle, to end the game

abprallen *vi* ① ← *Geschoß* ricochet (*an dat* off) ② ← *Ball* bounce (*an/von dat* of)

abputzen *vt* → *Schuhe* clean

abqualifizieren *vt* → *Person, Sache* dismiss

abquälen *vr* ◇ **sich** ~ ↑ *abmühen* to torture o.s.

abraten *unreg vi* ↑ *warnen* warn; ◇ **jd-m von etw** ~ to advise s.o. against s.th.

abräumen *vt* → *Tisch* clear

abreagieren I. *vt* ↑ *auslassen* → *Wut* work off (*an dat* against), take (s.th.) out (*an dat* on) **II.** *vr* ◇ **sich** ~ ↑ *austoben* to blow off steam

abrechnen I. *vt* → *Betrag* deduct **II.** *vi* ① ↑ *Rechnung aufstellen* [make up an] account ② balance the cash ③ *FIG* ↑ *zur Rechenschaft ziehen* get even (*mit* with); **Abrechnung** *f* ① (*Tages-*) [balancing of] accounts ② *FIG* ↑ *Rache* revenge

abregen *vr* ◇ **sich** ~ *FAM* ↑ *beruhigen* cool/settle down

abreiben *unreg vt* ① ↑ *abwischen* → *Schmutz* rub off ② ↑ *frottieren* (*nach Bad*) rub down; **Abreibung** *f FAM* ↑ *Prügel* thrashing

Abreise *f* ↑ *Start* departure; **abreisen** *vi* ↑ *Reise antreten* depart

abreißen *unreg* **I.** *vt* ① → *Haus* tear down ② → *Papier* tear off **II.** *vi* ↑ *aufhören* ← *Kontakt* be broken off; ← *Serie* be broken

abriegeln *vt* ① ↑ *absperren* → *Gebiet* cordon/block off ② ↑ *abschließen* → *Zimmer* bolt

Abriß *m* <-sses, -sse> ① ↑ *Abbruch* (*von Haus*) demolition ② ↑ *Übersicht* (*von Buch*) abstract, summary ③ (*von Kalenderblatt etc.*) discarded pad sheet

Abruf *m* ↑ *Bestellung* (*von Waren*) order; ◇ **auf** ~ on call; **abrufen** *unreg vt* ① PC → *Datei* retrieve ② ↑ *bestellen* → *Ware* order

abrüsten *vt, vi* MIL → *Waffen, Staat* disarm; **Abrüstung** *f* ▷*militärisch* disarmament

Abs. *Abk. v.* **Absender** sender, return address

Absage *f* ↑ *Ablehnung* refusal; **absagen I.** *vt* ① → *Termin* cancel ② ◇ **e-e Sendung** ~ to cancel a programme **II.** *vi* ↑ *nicht kommen* beg off

absägen *vt* ① → *Ast* saw off ② *FAM* ↑ *entlassen* → *Politiker* axe

absahnen *vt FIG* ↑ *Gewinn einstreichen* cream off

Absatz *m* ① (*Schuh-*) heel ② ↑ *Verkauf* (*Waren-*) sales ③ (*Treppen-*) landing ④ ↑ *Abschnitt* (*Text-*) paragraph, section

abschaben *vt* ↑ *schälen* → *Möhren* scrape, peel

abschaffen *vt* ↑ *beseitigen* → *Steuer* abolish; → *Gesetz* repeal, annul; → *Übel* get rid of, to do away with; **Abschaffung** *f* ↑ *Beseitigung* abolition

abschalten I. *vt* ↑ *ausmachen* → *Radio, Fernseher* switch off; → *Licht* turn off **II.** *vi* ① *FIG FAM* ↑ *sich entspannen* relax, switch off ② *FIG FAM* be out of it

abschätzen *vt* ↑ *einschätzen* → *Lage* gauge; → *Person* assess, rate

abschätzig *adj* ↑ *verächtlich* disparaging

Abschaum *m PEJ* ◇ ~ **der Menschheit** scum of the earth

Abscheu *m* <-[e]s> ↑ *Ekel* disgust; **abscheulich** *adj* ↑ *schrecklich* disgusting

abschicken *vt* → *Brief* post, mail *AM*

abschieben *unreg vt* ① ◇ **Schuld auf jd-n** ~ to blame s.o., to put the blame on s.o. ② → *Asylanten* deport ③ *FAM* ◇ **schieb ab!** push off!

Abschied *m* <-[e]s, -e> ↑ *Trennung* parting, farewell; ◇ ~ **nehmen** to take leave (*von* of), to bid farewell (*von* to)

abschießen *unreg vt* ① → *Flugzeug* shoot down ② ↑ *abfeuern* → *Pistole* shoot ③ *FIG* ◇ **den Vogel** ~ to surpass everyone ④ *FIG FAM* ↑ *entlassen* → *Politiker* kick out

abschirmen I. *vt* ↑ *schützen* → *Augen* shield; → *Person* protect **II.** *vr* ◇ **sich** ~ ↑ *sich isolieren* withdraw from public gaze

abschlagen *unreg vt* ① → *Henkel* knock off ② → *Ast* hack off ③ ↑ *ablehnen* → *Bitte* reject; *FAM* knock back; **abschlägig** *adj* ↑ *ablehnend* ▷*Antwort* negative; **Abschlagszahlung** *f* ↑ *Rate* installment (payment)

abschleifen *unreg* **I.** *vt* → *Unebenheit* rub down, smooth **II.** *vr* ◇ **sich** ~ *FIG* refine one's manners

Abschleppdienst *m* break-down [*o.* recovery] service; **abschleppen** *vt* → *Auto* tow away; *FAM* → *Mann/Frau* pick up; **Abschleppseil** *s* towing rope

abschließen *unreg* **I.** *vt* ① → *Tür* lock ② ↑ *beenden* → *Vertrag* enter, sign; → *Rede* conclude, terminate **II.** *vr* ◇ **sich** ~ ↑ *sich isolieren* seclude/isolate o.s.; **Abschluß** *m* ① ↑ *Zustandekommen* (*von Vertrag*) closing; ◇ **Geschäfts~** transaction ② (*Jahres-*) financial statement ③ (SCH *-prüfung*) final examination, finals ④ ◇ **zum** ~ in conclusion; **Abschlußrechnung** *f* final account

abschmieren *vt* ↑ *einfetten* → *Lager* grease, lubricate

abschminken *vr* ◇ **sich** ~ take off one's make-up; *FAM* ◇ **das kannst du dir** ~ you can forget that

abschneiden *unreg* **I.** *vt* ↑ *abtrennen* → *Brot, Faden* cut off; ◇ **den Weg** ~ to take a shortcut; *FIG* ◇ **jd-m das Wort** ~ to interrupt s.o. **II.** *vi* (*bei Prüfung*) get a (good/bad) result (*bei* at), come off (well/badly) (*bei* at)

Abschnitt *m* ① ↑ *Teilstück* section, segment ② (*Front-*) divisional area ③ (*Zeit-*) period, phase ④ (*Text-*) extract, passage ⑤ (*e-s Gesetzbuches*) paragraph, section

abschrauben *vt* ↑ *abmontieren* unscrew

abschrecken *vt* ① ↑ *einschüchtern* intimidate ② ↑ *abhalten* deter ③ ↑ *abkühlen* → *Ei* dip in cold water; **abschreckend** *adj* ① ↑ *warnend* ◇ **-es Beispiel** deterrent ② ▷*Brutalität* repellant; **Abschreckung** *f* (MIL *atomare* ~) deterrence

abschreiben *unreg vt* ① → *Text* copy; SCH ↑ *spicken* copy, cheat ② ◇ **etw steuerlich** ~ to deduct s.th. from one's taxes ③ *FAM* write off; **Abschreibung** *f* ① (COMM *von Steuer*) allowance, writing off ② COMM ↑ *Wertverminderung* depreciation; **Abschrift** *f* copy

abschürfen *vt* → *Haut* chafe, graze

Abschuß *m* ① (*von Kanone*) firing ② (*von Flugzeug*) shooting down

abschüssig *adj* ▷*Gelände, Straße* steep

abschwächen *vt* ① ↑ *abmildern* → *Aussage* moderate, qualify ② ↑ *schwächer machen* → *Farbe* thin, dilute; → *Stoß* attenuate

abschweifen *vi* ↑ *abkommen* ◇ **vom Thema** ~ to digress from the subject; **Abschweifung** *f* (*vom Weg*) deviation; (*vom Thema*) digression

abschwellen *unreg vi* ← *Beule* going down; ← *Geräusch* lessen, decrease, fade away

abschwören *unreg vi* ◇ **e-m Laster** ~ to forswear a vice, to swear off a vice; ◇ **e-r Lehre** ~ to renounce a doctrine

absehbar *adj* ① ◇ **in -er Zeit** in the foreseeable future ② ◇ **der Schaden ist** ~ the damage is contained/measurable; **absehen** *unreg* **I.** *vt* ↑ *abschätzen* → *Folgen* foresee, predict **II.** *vi* ① ◇ **von etw** ~ ↑ *verzichten* to refrain from (doing) s.th. ② ◇ **von den Folgen abgesehen, ...** disregarding the consequences, ...

abseits I. *adv* remote; ◇ ~ **stehen** to stand apart **II.** *präp* ◇ ~ **der Straße** off the road; **Abseits** *s* <-> SPORT offside; ◇ **im** ~ **stehen** to be offside

absenden *unreg vt* ↑ *abschicken* send off, dispatch; → *Brief* post *BRIT*, mail *AM*; **Absender(in** *f*) *m* <-s, -> ↑ *Adresse* return address

absetzbar *adj* [1] (*von Steuer*) deductible [2] (▷*Person, von Posten*) dismissible [3] ▷*Ware* sal[e]able; **absetzen I.** *vt* [1] → *Last* put down [2] → *Hut* take off [3] → *Waren* sell [4] (*von Steuer*) deduct [5] (*vom Amt*) dismiss [6] THEAT → *Stück* withdraw, scratch **II.** *vr* ◇ **sich** ~ [1] ← *Staub* settle [2] (*ins Ausland*) clear off

absichern *vt* ↑ *sich schützen* (*gegen Diebstahl etc.*) safeguard

Absicht *f* intention; ◇ **mit** ~ on purpose; **absichtlich** *adj* ↑ *vorsätzlich* intentional, deliberate

absitzen *unreg* **I.** *vi* (*von Pferd*) dismount **II.** *vt* *FAM* ◇ **e-e Haftstrafe** ~ to do time

absolut *adj* [1] ↑ *völlig* ▷*Vertrauen* complete [2] (*Ggs relativ*) absolute; ◇ **-e Mehrheit** absolute majority

absolvieren *vt* [1] → *Studium* finish [2] ◇ **e-n Besuch** ~ to get a visit over with

absondern I. *vt* [1] CHEM separate [2] → *Kranke* isolate [3] ↑ *abgeben* ← *Drüse* discharge, produce **II.** *vr* ◇ **sich** ~ ↑ *sich isolieren* (*von Gruppe*) cut o.s. off

abspecken *vi FAM* ↑ *abnehmen* lose weight

abspeichern *vt* PC → *Datei* save

abspeisen *vt FIG* ◇ **jd-n mit leeren Worten** ~ to fob s.o. off with fancy talk

abspenstig *adj* ◇ **jd-m jd-n/etw** ~ **machen** to lure s.b./s.th. away from s.b.

absperren *vt* → *Straße* block off; → *Wasser* shut off; **Absperrung** *f* (*Straßen-*) barrier

abspielen I. *vt* [1] → *CD, Kassette* play [2] SPORT → *Ball* pass **II.** *vr* ◇ **sich** ~ ↑ *passieren, stattfinden* take place, happen

Absprache *f* [working] agreement, arrangement; **absprechen** *unreg vt* [1] ↑ *vereinbaren* agree [2] ↑ *aberkennen* dispute; ◇ **jd-m seinen guten Willen** ~ to question s.o.'s good will

abspringen *unreg vi* [1] ↑ *herunterspringen* jump off [2] ↑ *abgehen* ← *Lack* come off; *FIG FAM* (*von Projekt*) leave, quit; **Absprung** *m* [1] (*Fallschirm-*) jump [2] *FIG* ↑ *Austritt* desertion; *FIG* ◇ **den** ~ **schaffen** to break with the past

abspülen *vt* wash (up)

abstammen *vi* stem (*von* from), descend (*von* from); **Abstammung** *f* ↑ *Herkunft* origin, parentage, filiation *AM*

Abstand *m* [1] (*räumlich*) distance; ◇ ~ **halten** to keep one's distance [2] (*zeitlich*) space of time, interval [3] ◇ **mit** ~ **der Beste** far and away the best, the best by a mile

abstatten *vt* [1] ◇ **jd-m e-n Besuch** ~ to pay s.o. a visit, to call on s.o. [2] ◇ **jd-m Dank** ~ to thank s.o.

abstauben *vt* [1] ↑ *abwischen* → *Möbel* dust [2] *FIG FAM* ◇ **darf ich von dir e-e Zigarette -?** can I bum a cigarette off you?

Abstecher *m* <-s, -> ↑ *kurze Reise* excursion

abstehen *unreg vi* [1] ← *Ohren* stick out [2] ↑ *schal werden* ← *Bier* get stale

absteigen *unreg vi* [1] (*in Hotel*) stay [2] (*vom Rad*) get off; (*vom Pferd*) dismount [3] ↑ *sinken* (*im Wert*) come down

abstellen *vt* [1] ↑ *hinstellen* put down; ↑ *parken* → *Auto* park [2] ↑ *ausmachen* → *Motor* turn off [3] ↑ *beseitigen* → *Übel* eradicate

abstempeln *vt* [1] → *Briefmarke* postmark [2] *FIG* ◇ **jd-n zum Gauner** ~ to label s.o. as a crook

absterben *unreg vi* [1] ← *Baum* die [2] ↑ *gefühllos werden* ← *Fuß* go numb

Abstieg *m* <-[e]s, -e> [1] (*vom Berg*) descent [2] *FIG* ▷*sozial* decline [3] (SPORT *von Verein*) relegation

abstimmen I. *vi* ↑ *Stimme abgeben* vote (*über akk* on) **II.** *vt* ↑ *angleichen* → *Interessen* harmonize (*auf akk* with); → *Instrumente* tune; → *Termine* co-ordinate (*auf akk* with); ◇ **Berichte aufeinander** ~ to collate reports; **Abstimmung** *f* [1] ↑ *Wahl* vote; (*Volks-*) referendum [2] ↑ *Angleichen* harmonization

abstinent *adj* (*von Alkohol*) teetotal, abstinent; **Abstinenz** *f* abstinence; (*von Alkohol*) temperance

abstoßen *unreg vt* [1] ↑ *anwidern* disgust [2] ↑ *billig verkaufen* (*Waren*) clear; (COMM *zu Dumpingpreisen*) dump; **abstoßend** *adj* ↑ *widerlich* disgusting

abstrakt *adj* (*Ggs konkret*) abstract; ▷*Kunst* abstract, non-figurative; **Abstraktion** *f* abstraction

abstreiten *unreg vt* → *Tat* deny

Abstrich *m* [1] ↑ *Kürzung* cut [2] MED ↑ *Sekretentnahme* swab [3] *FIG* ◇ **-e machen** to economize

abstufen *vt* → *Terrassen* arrange in terraces; → *Farbtöne* shade, tone; → *Gehälter* scale, graduate

abstumpfen I. *vi* [1] ↑ *Glanz verlieren* ← *Metall* lose sparkle, become dull [2] ↑ *stumpf werden* ← *Messer, Schere* become blunt [3] *FIG* ↑ *gefühllos werden* become stunted **II.** *vt* [1] ↑ *stumpf machen* blunt [2] *FIG* ↑ *teilnahmslos machen* deaden

Absturz *m* (*Flugzeug-*) crash; **abstürzen** *vi* ↑ *fallen* fall, plunge

absuchen *vt* search, scour (*nach* for)

absurd *adj* absurd

abtauen *vt, vi* → *Kühlschrank* defrost

Abtei *f* <-, -en> (*Kloster-*) abbey

Abteil *s* <-[e]s, -e> (*Zug-*) compartment; **abteilen** *vt* ↑ *abtrennen* divide off, separate; **Abteilung** *f* ① ↑ *Abtrennung* separation ② (*in Betrieb*) department, division; (*in Kaufhaus*) department; **Abteilungsleiter(in** *f*) *m* department head

abträglich *adj* ↑ *nicht förderlich* detrimental (*dat* to)

abtreiben *unreg* **I.** *vt* MED abort; AERO send off course; NAUT carry off course **II.** *vi* ← *Boot* get blown off course; **Abtreibung** *f* ↑ *Abort* abortion

abtrennen *vt* ↑ *abschneiden* → *Blatt* tear off; ↑ *amputieren* → *Körperteil* amputate; ↑ *ausgliedern* → *Land* partition off

abtreten *unreg* **I.** *vt* ↑ *abgeben* → *Land* hand over, transfer **II.** *vi* ↑ *zurücktreten* ← *Minister* resign; **Abtreter** *m* <-s, -> (*Fuß-*) doormat

abtrocknen I. *vt* → *Geschirr* dry **II.** *vi* dry up, do the drying-up

abtrünnig *adj* unfaithful, disloyal

abwägen <wägte ab, abgewogen> *vt* → *Entscheidung* consider

abwählen *vt* → *Regierung* vote out; → *Schulfach* give up

abwarten I. *vt* → *Ereignis* wait for; ◇ **das Ende** - to stay to the end **II.** *vi* ↑ *warten* lie low

abwärts *adv* ↑ *hinunter* downward

abwaschen *unreg vt* wash

Abwasser *s* <-s, Abwässer> waste water

abwechseln *vr* ◇ **sich** - (*beim Fahren*) take turns

abwegig *adj* ▷*Bemerkung* beside the point; ▷*Einstellung* mistaken

Abwehr *f* <-> ① ↑ *Verteidigung* defence, defense *AM* ② ▷*innere* resistance; **abwehren** *vt* → *Angriff* repel; SPORT → *Ball* deflect; → *Gefahr* avert

abweichen *unreg vi* ① (*vom Weg*) wander, stray; (*FIG vom Thema*) digress (*von* from) ② ↑ *sich unterscheiden* ◇ **von jd-s Meinung** - to differ from s.o. in one's opinion

abweisen *unreg vt* ① ↑ *abwehren* refuse, keep off ② ↑ *ablehnen* → *Antrag* reject; JURA → *Klage* dismiss; **abweisend** *adj* unfriendly

abwenden *unreg* **I.** *vt* ① ↑ *verhindern* → *Unglück* avert, prevent ② → *Blick* avert **II.** *vr* ◇ **sich** - ↑ *sich distanzieren* (*von jd-m*) become estranged

abwerben *unreg vt* entice away

abwerfen *unreg vt* ① → *Ballast, Reiter* throw off ② ↑ *bringen* → *Gewinn* bring in

abwerten *vt* ↑ *im Wert herabsetzen* → *Währung* devalue; *FIG* → *Person* denigrate

abwesend *adj* ① ↑ *nicht da* absent ② ↑ *zerstreut* absent-minded; **Abwesenheit** *f* ① ▷*örtliche* absence ② ▷*geistige* - distraction

abwickeln I. *vt* ① → *Spule* unwind ② *FIG* ↑ *abschließen* → *Geschäft* settle, effect **II.** *vr* ◇ **sich** - ↑ *vonstatten gehen* progress, go off

abwiegen *unreg vt* weigh

abwimmeln *vt FAM* → *Vertreter* get rid of, shake off

abwinken *vi* ① *FAM* motion away ② ← *Schaffner* signal

abwischen *vt* → *Schmutz* wipe away

Abwurf *m* ① (*von Ballast*) jettisoning; (*von Reiter*) throwing off; (*von Bomben*) release ② (SPORT *Ball-*) goal-throw

abwürgen *vt* ① ↑ *abrupt beenden* → *Gespräch* kill; → *Debatte* gag ② *FAM* → *Motor* stall

abzahlen *vt* → *Kredit* pay off

abzählen *vt* → *Geld, Personen* count up

Abzahlung *f* ↑ *Ratenzahlung* installment [payment]; ↑ *Tilgung* payment in full

Abzeichen *s* (*Partei-*) badge; MIL tab, ensign; ↑ *Orden* medal

abzeichnen I. *vt* ① ↑ *kopieren* → *Bild* copy ② ↑ *unterschreiben* → *Vertrag* sign **II.** *vr* ◇ **sich** - ① ↑ *sichtbar werden* stand out ② *FIG* ↑ *sich andeuten* take on contours

abziehen *unreg* **I.** *vt* ① MATH ↑ *subtrahieren* subtract, deduct ② ↑ *entfernen* → *Schlüssel* remove ③ PRINT ↑ *kopieren* copy ④ ↑ *abdrücken* (*bei Pistole*) pull the trigger, fire ⑤ → *Bett* strip ⑥ ↑ *häuten* → *Tier* flay ⑦ GASTRON → *Soße* thicken ⑧ *FAM* ◇ **e-e Show** - to put on a show **II.** *vi* ↑ *weggehen* ← *Truppen* withraw; ◇ **beleidigt** - to go away in a sulk

abzielen *vi* aim (*auf akk* for); *FIG* ◇ **die Maßnahmen zielen auf erhöhte Leistung ab** the measures are designed to improve performance

Abzug *m* ① ↑ *Subtraktion* (*von Geldbetrag etc.*) deduction ② ↑ *Weggang* (*Truppen-*) withdrawal ③ (*Revolver-*) trigger ④ (*Rauch-*) vent, outlet ⑤ PRINT ↑ *Kopie* copy; FOTO (contact) print; **abzüglich** *präp gen* COMM minus

abzweigen I. *vi* ← *Straße* branch off **II.** *vt FAM* ↑ *beiseite legen* → *Geld* set aside, earmark; **Abzweigung** *f* ① (*Straßen-*) junction, fork ② ↑ *Nebenstrecke* fork road; BAHN branch line

Accessoires *pl* (*Mode-*) accessories *pl*

ach *intj* oh!; ◇ - **je!** oh dear!; ◇ - **wirklich?** really?; ◇ - **so!** I see!

Achse *f* <-, -n> (*Rad-*) axle; *FAM* ◇ **auf - sein** (*unterwegs*) to be on the move; (*Erd-*) axis

Achsel *f* <-, -n> ANAT ① shoulder ② (*-höhle*) armpit

Achsenbruch *m* TECHNOL broken axle

acht *nr* eight; ◇ **~ Leute** eight people; ◇ **in ~ Tagen** in a week; **Acht** *f* <-, -en> ① ◇ **die ~** eight ② ↑ *Aufmerksamkeit* ◇ **etw außer a~ lassen** to disregard s.th. ③ ◇ **sich vor jd-m in a~ nehmen** to beware of s.o.

achtbar *adj* ▷*Mensch* respectable

achte(r, s) *adj* eighth; ◇ **der ~ Februar** the eighth of February; **Achtel** *s* <-s, -> ↑ *achter Teil* eighth; ◇ **ein ~ Wein** an eighth (of a litre) of wine

achten I. *vt* ① ↑ *respektieren* → *jd-s Meinung* respect, value ② ↑ *beachten* → *Vorschrift* observe, respect ③ ↑ *schätzen* → *Person* have a high opinion of (s.o.) **II.** *vi* ↑ *aufpassen* pay attention (*auf akk* to)

achtens *adv* (*8.*) eighth, in the eighth place

ächten *vt* ▷*öffentlich* banish, outlaw

Achterbahn *f* roller coaster; **achtfach I.** *adj* eightfold; ◇ **die ~e Summe** eight times the sum **II.** *adv* eight times, eightfold

achtgeben *unreg vi* ① (*hüten*) take care (*auf akk* of) ② ↑ *aufmerksam sein* pay attention (*auf akk* to)

achthundert *nr* eight hundred; **achtjährig** *adj* (*8 Jahre alt*) eight-year-old; (*8 Jahre dauernd*) eight-year

achtlos *adj* careless

achtmal *adv* ◇ **~ soviel** eight times as much

achtsam *adj* cautious, careful; **Achtung I.** *f* respect, regard; ◇ **jd-s ~ Achtung erringen** to gain s.o.'s respect **II.** *intj* ◇ **A~!** Danger! Attention!

achtzehn *nr* eighteen; **achtzig** *nr* eighty

ächzen *vi* ① ↑ *stöhnen* ← *Mensch* groan (*vor dat* with) ② ↑ *knarren* ← *Bodenbretter* creak

Acker *m* <-s, Äcker> field

Action *f FAM* ① ◇ **Film mit viel ~** film with a lot of action ② ◇ **das ist mir zuviel ~** (*zu umständlich*) that's too much of a bother for me

ADAC *m* <-> *Abk. v.* **Allgemeiner Deutscher Automobilclub**

Adapter *m* <-s, -> ELECTR adapter

adäquat *adj* ↑ *angemessen* adequate

addieren *vt* add; **Addition** *f* (*Ggs zu Subtraktion*) addition

ade *intj FAM* ta-ta

Adel *m* <-s> nobility, aristocracy

Ader *f* <-, -n> ① MED blood vessel, vein; (*Schlag~*) artery ② (GEO *Erz~*) vein ③ *FIG* ↑ *Talent* (*musisch*) bent

Adjektiv *s* SPRACHW adjective

Adler *m* <-s, -> eagle

adlig *adj* aristocratic, titled

Admiral(in *f*) *m* <-s, -e> ① admiral ② FAUNA red admiral

adoptieren *vt* → *Kind* adopt; **Adoption** *f* adoption; **Adoptivkind** *s* adopted child

Adrenalin *s* <-s> MED adrenalin

Adresse *f* <-, -n> ① ↑ *Anschrift* address; ◇ **an die falsche ~ kommen** to come to the wrong address ② PC address; **adressieren** *vt* → *Brief* address (*an akk* to); → *Güter* consign

Advent *m* <-[e]s, -e> (*erster ~*) Advent

Adverb *s* SPRACHW adverb; **adverbial** *adj* SPRACHW adverbial

Aerobic *s* <-s> SPORT aerobics *sg*

Affäre *f* <-, -n> ① (*Liebes~*) affair ② ↑ *Angelegenheit* affair, business

Affe *m* <-n, -n> ① (*Menschen~*) ape; (*mit Schwanz*) monkey ② (*FAM blöder Kerl*) silly fool

affektiert *adj* ▷*Getue* affected

affenartig *adj* simian; *FAM* ◇ **mit ~em Tempo** like a bat out of hell; **Affenhitze** *f FAM* insane heat; **affig** *adj* silly

Afrika *s* Africa; **Afrikaner(in** *f*) *m* <-s, -> African; **afrikanisch** *adj* African

After *m* <-s, -> anus

AG *f* <-, -s> *Abk. v.* **Aktiengesellschaft**

Agent(in *f*) *m* ① ↑ *Spion* spy, agent ② ↑ *Vertreter* (*Versicherungs~*) agent; **Agentur** *f* (*Versicherungs~*) agency

Aggregat *s* <-[e]s, -e> ① aggregate ② (TECHNOL *Strom~*) power unit, generator

Aggression *f* PSYCH aggression; **aggressiv** *adj* aggressive; **Aggressivität** *f* aggressiveness

agieren *vi* ① ↑ *handeln* act ② THEAT ↑ *auftreten* appear (*als* as), play; **Agitation** *f* political agitation

Agonie *f* (*auch FIG*) ↑ *Todeskampf* death throes

Agrarstaat *m* agricultural state

Ägypten *s* Egypt

aha *intj* aha!, I see!; **Aha-Erlebnis** *s FAM* revelation, moment of realisation

Ahn *m* <-en, -en> ancestor

ähneln *vi* ◇ **jd-m ~** to resemble s.o.; ◇ **sich** *dat* **~** to resemble each other, to be alike

ahnen *vt* ① ↑ *vermuten* sense; ↑ *voraussehen* foresee; ◇ **ich habe es ja geahnt!** I just knew it! ② ↑ *erraten* guess; ◇ **wie soll ich das ~?** how am I supposed to know that?; *FAM* ◇ **du ahnst es nicht!** you'll never guess!

ähnlich I. *adj* ↑ *fast gleich* similar **II.** *adv* ① ↑ *fast genauso* similarly, likewise; ◇ **jd-m ~ sein/sehen** to be like s.o. ② *FIG* ◇ **das sieht ihm ~** that's just like him; **Ähnlichkeit** *f* (*verblüffende ~*) similarity (*mit* to)

Ahnung *f* ① ↑ *Vorgefühl* intuition ② *FAM* ◇ **keine ~ haben** to have no idea, not to have a clue; **ahnungslos** *adj* ↑ *arglos* unsuspecting

Ahorn *m* <-s, -e> *(Baum)* maple-tree

Aids *s* <-> *Akr. v.* **Acquired Immune Deficiency Syndrome** AIDS

Aids-Hilfe *f* AIDS charity; **aids-positiv** *adj* ↑ *HIV-positiv* HIV-positive

Akademiker(in *f*) *m* <-s, -> university graduate; **akademisch** *adj* (*~e Laufbahn*) academic

akklimatisieren *vr* ◇ **sich ~** get acclimatized (*in dat* to)

Akkord *m* <-[e]s, -e> ① MUS chord ② ↑ *Stücklohn* piecework; ◇ **im ~ arbeiten** to do piecework; **Akkordeon** *s* <-s, -s> accordion

Akkusativ *m* SPRACHW accusative

Akne *f* <-, -n> acne

Akrobat(in *f*) *m* <-en, -en> (*Zirkus-*) acrobat

Akt *m* <-[e]s, -e> ① ↑ *Handlung* action; ↑ *Rechtsvorgang* deed; ◇ **~ der Humanität** act of humanity ② THEAT ↑ *Aufzug* act ③ ↑ *Nacktaufnahme* ▷*weiblich, männlich* nude ④ ↑ *Geschlechts-* coitus, sexual act

Akte *f* <-, -n> ① *(e-r Person)* file, dossier; *FIG* ◇ **etw zu den ~n legen** to file s.th. away ② ↑ *Urkunde* document; **aktenkundig** *adj* on record; ◇ **~ machen** to put on the record; **Aktentasche** *f* briefcase

Aktie *f* <-, -n> share, stock *AM*; **Aktiengesellschaft** *f* limited company; **Aktienkurs** *m* COMM share price, stock price *AM*

Aktion *f* ① ↑ *Tätigkeit* action; ◇ **in ~ treten** to get into action ② ↑ *Kampagne* (*Werbe-*) campaign

Aktionär(in *f*) *m* <-s, -e> shareholder

aktiv *adj* ① ▷*Person* lively, dynamic, active ② SPRACHW ◇ **~e Verbform** active voice; **Aktiv** *s* <-s> SPRACHW active; **Aktiva** *pl* COMM assets *pl;* **aktivieren** *vt* ① ↑ *starten* → *Kampagne* put s.th. into action ② → *Angestellte* stimulate, motivate; **Aktivität** *f* ① ↑ *Unternehmung* (*Freizeit-*) activity ② ↑ *Regsamkeit* vitality

aktualisieren *vt* update; **Aktualität** *f* topicality; **aktuell** *adj* ① ↑ *relevant* ▷*Thema* relevant, topical ② ▷*Film, Buch* new ③ ↑ *zeitgemäß* ▷*Mode* current, latest

Akupunktur *f* acupuncture

Akustik *f* ① *(Fach)* acoustics *sg* ② (*Saal-*) ▷*gute, schlechte* acoustics *pl;* **Akustikkoppler** *m* <-s, -> PC acoustic coupler

akut *adj* ① ↑ *plötzlich, heftig* ▷*Schmerz* acute ② ↑ *hochaktuell* ▷*Thema, Frage* critical

AKW *s* <-s, -s> *Abk. v.* **Atomkraftwerk**

Akzent *m* <-[e]s, -e> ① SPRACHW ↑ *Aussprache* accent ② SPRACHW ↑ *Betonung* stress ③ *FIG* ↑ *Schwerpunkt* emphasis; ◇ **den ~ auf etw legen** emphasize s.th.

akzeptieren *vt* → *Vorschlag* accept

Alarm *m* <-[e]s, -e> (*Feuer-*) alarm; **Alarmanlage** *f* alarm system; **Alarmbereitschaft** *f* alert; ◇ **in ~ sein** to be on stand-by; **alarmieren** *vt* ① → *Feuerwehr* call ② → *jd-n* alarm

Albaner(in *f*) *m* Albanian; **albanisch** *adj* Albanian

albern *adj* ① ↑ *kindisch* silly, puerile; ◇ **~es Gerede** silly talk ② ↑ *geziert* affected; ◇ **~es Getue** poncing about ③ ↑ *banal, aber lustig* ▷*Film* farcical

Album *s* <-s, Alben> (*Foto-*) album

Alge *f* <-, -n> alga, algae *pl*

Algebra *f* <-> MATH algebra

Alibi *s* <-s, -s> ① JURA alibi ② *FIG* alibi, excuse

Alimente *pl* alimony, child support, maintenance

Alkohol *m* <-s, -e> alcohol; **alkoholfrei** *adj* non-alcoholic; **Alkoholiker(in** *f*) *m* <-s, -> alcoholic; **alkoholisch** *adj* ▷*Getränk* alcoholic

All *s* <-s> ① (*Welt-*) universe ② *(Weltraum)* space

allabendlich *adj* every evening

alle(r, s) *adj* ① *(Gesamtheit)* all; ◇ **~ Vögel haben Flügel** all birds have wings; ◇ **wir ~ sind daran schuldig** all of us are to blame, we are all to blame ② *FAM* ◇ **die Butter ist ~** the butter's all gone; ◇ **in ~r Frühe** very early ③ (*jede(r, s)*) all the, every; ◇ **~ Gäste brachten Blumen** all the guests brought flowers, every guest brought flowers; *FAM* ◇ **~ beide sind blöd** both of them are stupid ④ ◇ **~ zwei Monate** every two months

Allee *f* <-, -n> (*Pappel-*) avenue

allein I. *adv* ① ◇ **~ sein** ↑ *für sich, ohne andere* to be alone, to be solitary; ◇ **~ leben** to live alone ② ↑ *einsam* lonely; ◇ **sich ~ fühlen** to feel all alone ③ ↑ *ohne Hilfe* alone; ◇ **etw ~ schaffen** to do s.th. by o.s. ④ ↑ *ausschließlich* exclusively, alone; ◇ **sie ~ kann das schaffen** she is the only one who can do it **II.** *cj* ◇ **~ die Vorstellung macht mich krank** the mere idea of it makes me sick; ◇ **nicht ~ … , sondern auch** not only … , but also; **alleinerziehend** *adj* ◇ **sie ist ~** she is a single parent; **Alleingang** *m* ① SPORT solo attempt, one-on-one ② *FIG* ◇ **im ~ handeln** to go it alone; **alleinstehend** *adj* single

allerbeste(r, s) *adj* very best

allerdings *adv* ① ↑ *aber* however, admittedly; ◇ **ich habe ~ e-n Einwand** I do, however, have an objection ② ↑ *gewiß, natürlich* of course, indeed; ◇ **das ist ~ wahr** that's true of course

Allergie *f* (*Pollen~*) allergy (*gegen* to); **allergisch** *adj* allergic (*gegen* to)
allerhand *adj inv* ① ↑ *allerlei* various; ◇ **~ Kram** all sorts of stuff ② ↑ *recht viel* a lot of; ◇ **sie hat ~ zu tun** she has a great deal to do ③ *FAM* ◇ **das ist doch ~!** (*empörend*) that's the limit!; (*anerkennend*) that's quite something!
Allerheiligen *s* All Saints' Day
allerhöchste(r, s) *adj* very highest; ◇ **es ist ~ Zeit** it is high time
allerlei *adj inv* ▷*Sachen* various; **allerletzte(r, s)** *adj* very last; ◇ **das ist ja das ~!** that is absolutely impossible (behaviour)!; **allerseits** *adv* from all sides, from every side; ◇ **guten Tag ~!** morning all!, good morning everybody!; **allerwenigste(r, s)** *adj* very least; ◇ **er hat das ~ gekriegt** *FAM* he got the least of all; ◇ **das ~, was wir für Sie tun können** the very least we could do for you
alles *pron* all, everything; ◇ **~ in allem** all together, all in all; ◇ **~ hat seine zwei Seiten** everything has two sides; ◇ **auf ~ gefaßt sein** to be ready for anything; **Alleskleber** *m* all-purpose adhesive
allgemein *adj* ① ↑ *überall, bei allen* common; ▷*Wahlrecht* universal; ◇ **von ~em Interesse** of general interest ② ↑ *weit verbreitet* common, current; ▷*Redensart* commonly used, widespread ③ ↑ *öffentlich* public; ◇ **das ~e Wohl** the public good ④ ◇ **im ~en** in general; **Allgemeinbildung** *f* general education; **allgemeingültig** *adj* ▷*Aussage* generally accepted; **Allgemeinheit** *f* public; ◇ **die ~** the general public; **Allgemeinmedizin** *f* general medical practice
Allheilmittel *s* universal cure
Allianz *f* alliance; **Alliierte(r)** *fm* ① ↑ *Verbündete(r)* ally ② ◇ **die ~n** the Allies
alljährlich *adj* annual, yearly; **allmählich** *adj* ▷*Entwicklung* gradual
Allopathie *f* (*Ggs zu Homöopathie*) allopathy
Allradantrieb *m* AUTO four-wheel drive
Alltag *m* ① ↑ *Werktag* working day, week day ② *FIG* ↑ *Routine* ▷*bewältigen* daily grind; **alltäglich** *adj* ① ↑ *täglich* ▷*Gymnastik* daily ② (*nicht außergewöhnlich*) ▷*Tagesablauf* routine; **allwissend** *adj* omniscient
allzu *adv* too; ◇ **nicht ~viel trinken!** don't drink too much!
Allzweckreiniger *m* all-purpose cleaner
Alm *f* <-, -en> mountain pasture
Almosen *s* <-s, -> alms *pl*, charity
Alpen *pl* Alps *pl;* **Alpenpaß** *m* alpine pass
Alphabet *s* <-[e]s, -e> alphabet; **alphabetisch** *adj* alphabetic[al]; ◇ **in ~er Reihenfolge** in alphabetical order
Alptraum *m* ① ↑ *böser Traum* nightmare ② *FIG* ◇ **die Prüfung war ein ~** the exam was a nightmare
als *cj* ① (*zeitlich*) ↑ *während* while; ◇ **~ er heimfuhr, regnete es** as he was driving home, it rained ② ↑ *nachdem* after; ◇ **~ wir gegessen hatten, …** once we had eaten, … ③ as; ◇ **sie arbeitet ~ Mechanikerin** she works as a mechanic; ◇ **~ Kind …** as a child … ④ (*Komparativ*) ◇ **kleiner ~** smaller than … ⑤ ◇ **nichts ~ …** (*nur*) only …, nothing other than … ⑥ ◇ **~ ob …** (*wie wenn*) as if …
also I. *cj* ↑ *demzufolge, folglich* consequently, thus; ◇ **… , ~ hat sie verstanden** and so she understood; ◇ **~ wenn ich ehrlich bin, …** well, to be honest, … II. *adv* ① ◇ **~ schön!** well okay! ② ◇ **na ~!** there you go!
alt <älter, ältest> *adj* ① ▷*Mensch, Sache* old; ◇ **wie ~ sind Sie?** how old are you? ② *PEJ FAM* ◇ **~er Gauner** old crook ③ *FAM* ◇ **~ aussehen** to look bad ④ ↑ *gebraucht* secondhand, used
Alt *m* <-s, -e> (MUS *Stimmlage*) alto
Altar *m* <-[e]s, Altäre> (*in Kirche, Hoch~*) altar
Altbauwohnung *f* flat in an old building; **Altbier** *s* brown beer; **Alteisen** *s* scrap iron; **Alte(r)** *fm* ① ↑ *Seniore* old/elderly person; ◇ **die ~n** the elderly ② (*PEJ alte Frau*) old girl; (*alter Mann*) old boy ③ (*PEJ Ehefrau*) old lady ④ *FAM* ◇ **meine ~n** (*Eltern*) my parents
älter <*Komparativ von* **alt**> *adj* ① older ② (*Bruder, Schwester etc.*) elder ③ ◇ **ein ~er Herr** an elderly gentleman; **Alter** *s* <-s, -> ① (*Lebens~*) age ② ◇ **das ~** old age ③ (*von Sachen*) age; **altern** *vi* ① grow old; ◇ **früh ~** age ② ↑ *reifen* ▷*Wein* mature
alternativ *adj* ① ↑ *wahlweise* ▷*Vorschlag* alternative ② ▷*Lebensweise* alternative ③ POL ◇ **die A~e Liste** *a left-wing German minority party;* **Alternative** *f* ↑ *Wahlmöglichkeit* alternative (*zu* to); **Alternative(r)** *fm* POL *member of a certain minority party in Germany*
Altersgenosse *m*, **Altersgenossin** *f* contemporary; **Altersgrenze** *f* age limit; ◇ **gesetzliche ~** legal retirement age; **Altersheim** *s* old people's home; **Altersversorgung** *f* old-age pension scheme; **Altertum** *s* ancient past ① (*Antike*) classical antiquity ② (*der Kelten*) early history; **ältest** <*Superlativ von* **alt**> *adj* ① oldest ② (*Bruder, Schwester etc.*) eldest; **Altglascontainer** *m* bottle bank; **altmodisch** *adj* ① ↑ *überholt* ▷*Ansichten* old-fashioned, outdated ② ↑ *aus der Mode* ▷*Kleidung* out-

moded, dated; **Altpapier** *s* waste paper; **Altstadt** *f* old [part of] town; ◇ **historische** ~ old town

Alufolie *f* aluminium foil

Aluminium *s* <-s> aluminium

am = **an dem** [1] (*Ortsbestimmung,* ~ *Rande*) on/at/by the ... [2] (*Zeitangabe*) ◇ ~ **Donnerstag** on Thursday [3] ◇ ~ **schönsten ist ...** the nicest is ... [4] ◇ ~ **Ende** at the end [5] *FAM* ↑ *beim* ◇ **ich bin** ~ **Arbeiten** I'm working, I'm hard at work

Amalgam *s* <-s, -e> amalgam (filling)

Amateur(in *f*) *m* amateur

Ambition *f* ↑ *Bestrebung* ambition, aspiration; ◇ **-en haben** to have ambitions

ambivalent *adj* ambivalent

ambulant *adj* (*Ggs zu stationär*) mobile; ◇ **-er Patient** outpatient; **Ambulanz** *f* [1] ↑ *Krankenhausstation* outpatients' department [2] ↑ *Krankenwagen* ambulance

Ameise *f* <-, -n> ant

Amerika *s* America; **Amerikaner(in** *f*) *m* <-s, -> [1] (*Person*) American [2] (*Gebäck*) light iced cake; **amerikanisch** *adj* American

Amnestie *f* amnesty

Amok *m* <-s> ◇ ~ **laufen** to run amok

Ampel *f* <-, -n> [1] (*Verkehrs-*) traffic lights *pl* [2] (*Blumen-*) hanging flowerpot

Ampulle *f* <-, -en> MED ampoule; *FAM* amp

Amputation *f* amputation; **amputieren** *vt* ▷*Arm, Bein* amputate

Amsel *f* <-, -n> blackbird

Amt *s* <-[e]s, Ämter> [1] ↑ *Behörde* (*Post-, Sozial-*) office, department, bureau [2] ↑ *Posten* (*Bürgermeister-*) office, position [3] ↑ *Aufgabe, Pflicht* duty; ◇ **sein** ~ **erfüllen** to do one's duty; **amtieren** *vi* officiate; **amtlich I.** *adj* official, authorized; ◇ **-e Erklärung** official statement **II.** *adv* ◇ ~ **zugelassen** certified, licensed; **Amtsgeheimnis** *s* official secret

Amulett *s* <-[e]s, -e> amulet

amüsant *adj* ▷*Film, Person* amusing; **amüsieren I.** *vt* ↑ *belustigen, unterhalten* amuse **II.** *vr* ◇ **sich** ~ [1] ↑ *sich vergnügen* amuse o.s. [2] ↑ *lachen über etw/jd-n* laugh (*über akk* about)

an I. *präp dat/akk* [1] (*räumlich/wo?*) ↑ *bei, in der Nähe von* at, near; ◇ ~ **der Mauer** at the wall; ◇ **München** ~ **der Isar** Munich on the river Isar [2] (*räumlich/wohin?*) to; ◇ ~ **den Tisch** to the table; ◇ **-s Meer fahren** to drive to the seaside [3] (*zeitlich*) ◇ ~ **Ostern** at Easter; ◇ **am Donnerstag** on Thursday [4] ↑ *neben* next to; ◇ **Tür** ~ **Tür** one door next to the other **II.** *adv* [1] ↑ *ungefähr* roughly; ◇ ~ **die 3 Monate** approximately 3 months [2] ↑ *eingeschaltet* on; ◇ **das Radio ist** ~ the radio is (switched) on [3] ◇ **von da** ~ from then on

analog *adj* [1] ↑ *ähnlich, vergleichbar* analogous, similar (*zu* to) [2] PC analog; **Analogrechner** *m* analog computer

Analphabet(in *f*) *m* illiterate (person)

Analyse *f* <-, -n> CHEM PSYCH analysis; **analysieren** *vt* [1] CHEM analyze [2] SPRACHW → *Wort (e-s Satzes)* construe

Ananas *f* <-, - *o.* -se> pineapple

Anarchie *f* [1] (*Herrschaftslosigkeit*) anarchy [2] *PEJ* ↑ *Chaos, zügellose Freiheit* chaos

Anatomie *f* [1] ↑ *Lehre vom Körperbau* anatomy [2] ↑ *Institut* institute of anatomy

anbahnen I. *vt* → *Möglichkeit* open up; → *neue Entwicklung* initiate, pave the way for **II.** *vr* ◇ **sich** ~ (*sich andeuten*); ← *Positives* be in the offing; ← *Negatives* be impending

anbändeln *vi FAM* ◇ **mit jd-m** ~ to try to get off with s.o.

Anbau [1] *m* AGR ↑ *Anpflanzung* (*von Getreide*) cultivation

Anbau [2] *m* <-s, Anbauten> ARCHIT ↑ *Erweiterungsgebäude* extension

anbauen *vt* [1] AGR → *Getreide* grow, cultivate [2] → *Gebäudeteil* add

anbehalten *unreg vt* → *Mantel* keep on

anbei *adv* enclosed, attached; ◇ ~ **finden Sie die Fotos** you will find the photos enclosed

anbeißen *unreg* **I.** *vt* [1] → *Brot* nibble [2] *FIG FAM* ◇ **zum A~ aussehen** to look good enough to eat **II.** *vi* (← *Fisch, an Angel*) bite

anbelangen *vt* ◇ **was ihn anbelangt, ...** as far as he is concerned, ..., as for him, ...

anbeten *vt* [1] → *Gott* worship [2] *FIG* ↑ *vergöttern* idolize

Anbetracht *m* ◇ **in** ~ *gen* considering

anbiedern *vr* ◇ **sich** ~ ↑ *einschmeicheln* ingratiate o.s. (*bei* with)

anbieten *unreg* **I.** *vt* ◇ **jd-m etw** ~ to offer s.o. s.th., to offer s.th. to s.o. [1] ↑ *darreichen* → *Zigarette* offer, hold out [2] → *Rücktritt* tender [3] ↑ *feilbieten* → *Ware* offer (s.th.) for sale **II.** *vr* ◇ **sich** ~ [1] (*als Hilfe*) offer one's services [2] ↑ *naheliegen, in Betracht kommen* invite consideration; ◇ **es bietet sich an** it presents itself

anbinden *unreg vt* [1] ↑ *anleinen* → *Pferd, Boot* tie up (*an akk* to) [2] *FIG* ◇ **kurz angebunden sein** to be curt

Anblick *m* sight; ◇ **beim ersten** ~ at first sight; **anblicken** *vt* → *jd-n* glance at

anbraten *unreg vt* → *Steak* sear

anbrechen *unreg* **I.** *vt* [1] ↑ *anreißen, öffnen;* →

Packung Kekse start on; → *Flasche* open; → *Reserve* dip into [2] → *Knochen* crack **II.** *vi* ← *Tag* break; ← *Nacht* fall; ← *Jahreszeit* set in

anbrennen *unreg* **I.** *vt* ↑ *anzünden* → *Feuer* light **II.** *vi* [1] GASTRON ← *Suppe* burn [2] (*anfangen zu brennen*) ← *Stoff, Holz* catch fire, ignite

anbringen *unreg vt* [1] ↑ *befestigen* → *Plakat, Lampe* fix [2] ↑ *anschließen* → *Leitung, Telefon* connect [3] ↑ *verkaufen* → *Ware* sell [4] ↑ *vorbringen, äußern* express; ◇ **Kritik** ~ criticize [5] *FAM* ↑ *anschleppen, herbeibringen* bring along

Anbruch *m* <-[e]s> beginning; ◇ **Tages~** daybreak, dawn

anbrüllen *vt* yell at

Andacht *f* <-, -en> [1] (*in Kirche*) prayers; ◇ **Morgen~** morning prayers [2] (*geistig*) rapt attention, absorption; **andächtig** *adj* absorbed

andauern *vi* last, continue; ◇ **der Regen dauert an** it's still raining, the rain is persisting; **andauernd** *adj* [1] ↑ *unaufhörlich* continuous; ◇ ~ **reden** to talk incessantly [2] ↑ *anhaltend* ▷*Regen* continual

Andenken *s* <-s, -> [1] ↑ *Souvenir* souvenir, keepsake [2] ↑ *Erinnerung* remembrance (*an akk* of)

andere(r, s) *adj* [1] ↑ *verschieden* different, another; ◇ **ein ~s Buch** a different book [2] ↑ *folgend* following; ◇ **am ~n Tage** on the next day [3] ↑ *übrigen, restlichen* remaining, other; ◇ **die ~n Bücher habe ich gelesen** I've read the other books [4] ◇ **ein ~s Mal** another time; **andererseits** *adv* on the other hand

ändern I. *vt* (*anders gestalten*); → *Plan* revise; → *Meinung* change; → *Kleid* alter **II.** *vr* ◇ **sich** ~ [1] ← *Wetter* change [2] ↑ *sich bessern* ← *Charakter, Mensch* reform

anders *adv* [1] ↑ *auf andere Weise* ▷*sprechen* differently (*als* from); ▷*schmecken* different (*als* from); ◇ **er kann nicht** ~ he can't help himself; ◇ **ich habe es mir ~ überlegt** I've changed my mind [2] ↑ *sonst* otherwise; ◇ **wo ~?** where else?; ◇ **niemand** ~ nobody else; **andersartig** *adj* different; **anderswo** *adv* somewhere else

anderthalb *nr* one and a half

Änderung *f* [1] (*von Plan*) revision [2] (*von Meinung*) change [3] (*von Kleidung*) ▷*vornehmen* alteration (*an dat* to)

anderweitig *adv* [1] ↑ *auf andere Weise* otherwise; ◇ **sich ~ beschäftigen** to be otherwise engaged [2] ↑ *anderswo* elsewhere; ◇ ~ **beschäftigt** to be engaged elsewhere

andeuten I. *vt* [1] → *Frage* indicate [2] ↑ *ahnen lassen* suggest [3] → *Lächeln* give a hint of; → *Umrisse* outline **II.** *vr* ↑ *abzeichnen, bevorstehen* become apparent; **Andeutung** *f* [1] ↑ *Hinweis, Anspielung* ▷*machen* hint, allusion [2] ↑ *Anflug* intimation; ◇ ~ **e-s Lächelns** hint of a smile

Andrang *m* [1] FIN run (*auf akk* on) [2] (*Gedränge*) rush (*nach* for)

andrehen *vt* [1] ↑ *einschalten* → *Licht, Radio* switch on [2] *FAM* ◇ **jd-m etw** ~ to palm s.o. off with s.th., to persuade s.o. to buy s.th.

androhen *vt* ◇ **jd-m etw** ~ to threaten s.o. with s.th.; **Androhung** *f* ◇ **unter ~ von Gewalt** under threat of violence

aneignen *vt* ◇ **sich** *dat* **etw** ~ [1] ↑ *such zu eigen machen*; → *Verhalten* adopt; → *Wissen* acquire [2] ↑ *annektieren* → *Gebiet* annex

aneinander *adv* ↑ *e-r am anderen* together; ◇ ~ **vorbeireden** to talk at cross-purposes; **aneinandergeraten** *unreg vi* clash

Anekdote *f* <-, -n> anecdote

anekeln *vt* sicken

anerkannt *adj* ▷*Künstler* recognized

anerkennen *unreg vt* [1] ↑ *akzeptieren* → *Herrscher* acknowledge; → *Rechnung* accept; → *Anspruch* allow; → *Vaterschaft* recognize [2] ↑ *loben, würdigen* → *Leistung* praise; **anerkennenswert** *adj* praiseworthy; **Anerkennung** *f* [1] ↑ *Akzeptieren* recognition; (*von Rechnung*) acceptance; (*von Vaterschaft*) recognition [2] ↑ *Lob* praise

anfahren *unreg* **I.** *vt* [1] ↑ *anstoßen* → *Auto* run [*o.* bump] into; → *Fußgänger* hit [2] ↑ *ansteuern* → *Hafen* steer [*o.* head] for [3] *FIG* ↑ *schimpfen* → *jd-n* let fly at **II.** *vi* ↑ *losfahren, starten* start; **Anfahrt** *f* [1] ↑ *Hinreise, Hinfahrt* outward journey, drive [2] ↑ *Einfahrt* drive

Anfall *m* [1] MED ↑ *Attacke*; (*Fieber-*) attack; (*Wut-*) fit [2] ↑ *Ertrag* (*Zins-*) yield [3] (*von Kosten*) accumulation (*an dat* of); **anfallen** *unreg* **I.** *vt* ↑ *überfallen* → *jd-n* attack, assault **II.** *vi* [1] ↑ *sich ergeben* ← *Arbeit* come in [2] ↑ *entstehen* ← *Nebenprodukt* result; **anfällig** *adj* MED prone (*für* to); ◇ ~ **für Erkältungen** susceptible to colds

Anfang *m* <-[e]s, Anfänge> ↑ *Beginn* beginning; ◇ **von ~ an** from the start; ◇ ~ **Juli** early in July; **anfangen** *unreg* **I.** *vt* [1] ↑ *beginnen*; → *Gespräch* begin, commence; → *Streit* start; → *Liebesverhältnis* begin [2] ↑ *machen* do; ◇ **was fangen wir damit an?** what are we going to do with it? **II.** *vi* ↑ *losgehen* start off; **Anfänger(in** *f*) *m* <-s, -> beginner; (*Berufs-*) novice; **anfangs** *adv* at/in the beginning; **Anfangsbuchstabe** *m* first letter (of a word); **Anfangsstadium** *s* (*von Krankheit etc.*) initial stage

anfassen I. *vt* [1] ↑ *ergreifen, berühren* → *jd-n, etw* touch [2] *FIG* → *Sache* get to grips with **II.** *vi* ↑ *zupacken* ◇ **mit** ~ to lend a hand

anfechten *unreg vt* JURA → *Urteil* appeal
anfeinden *vt* show hostility toward
anfertigen *vt* make
anfeuern *vt* [1] ↑ *anschüren* → *Ofen* fire [2] *FIG* → *Mannschaft* cheer for
anflehen *vt* implore (*um* for)
anfliegen I. *unreg vt* ↑ *ansteuern* → *Flughafen* head for, fly toward II. *vi* ◇ **angeflogen kommen** ← *Ball, Vogel* to come through the air; **Anflug** *m* [1] (AERO *von Flugzeug*) approach (*auf akk* to) [2] *FIG* ↑ *Andeutung* hint; ◇ **ein - von Ironie** a touch of irony
anfordern *vt* ▷ *Waren* order; **Anforderung** *f* [1] ↑ *Bestellung* order [2] (*Forderung, Anspruch*) ▷ *stellen* demand (*an akk* on), claim (*an akk* on); ◇ **hohe -en an das Können stellen** to make heavy demands on one's skill
Anfrage *f* ▷ *schriftlich* inquiry; **anfragen** *vi* inquire (*bei* s.th. of s.o.)
anfreunden *vr* ◇ **sich -** [1] ↑ *Freundschaft beginnen* make friends (*mit* with) [2] ◇ **er freundete sich mit dem Gedanken an** he got to like the idea
anfügen *vt* add
anführen *vt* [1] ↑ *befehligen* → *Gruppe* command [2] ↑ *benennen* → *Beweis* state; → *Beispiel* give [3] *FIG* ↑ *zitieren* → *Textstelle* quote [4] *FAM* to take s.o. for a ride, to fool s.o.; **Anführer(in** *f*) *m* leader; **Anführungsstriche**, **Anführungszeichen** *pl* [1] PRINT GRAM quotation marks *pl* [2] *FIG* ◇ **in -** in quotes
Angabe *f* [1] ↑ *Information* (*Orts-*) information [2] ↑ *Instruktion* instruction; ◇ **genaue -n für die Arbeit** precise specifications for the work (to be done) [3] ↑ *Angeberei, Prahlerei* showing off [4] SPORT ↑ *Ballaufschlag* service; **angeben** *unreg* I. *vt* [1] ↑ *mitteilen, nennen* → *Adresse* state, give [2] ↑ *bestimmen* → *Tempo, Arbeit* dictate; *FIG* ◇ **den Ton -** to call the tune [3] TECHNOL ↑ *anzeigen* → *Temperatur* indicate II. *vi* [1] *FAM* ↑ *prahlen* boast, show off [2] SPORT ↑ *aufschlagen* serve; **Angeber(in** *f*) *m* <-s, -> *FAM* show-off, boaster
angeblich *adj* supposed; ◇ **der -e Vater** the reputed father
angeboren *adj* innate; ◇ **das ist ihr -** that is natural to her
Angebot *s* [1] ↑ *Vorschlag* (*Friedens-*) proposal; ◇ **jd-m ein - machen** to make s.o. an offer [2] (COMM *Sonder-*) offer; ◇ **- und Nachfrage** supply and demand [3] ↑ *Auswahl* ▷ *reichhaltig* selection [4] COMM ↑ *bei Ausschreibung* tender
angebracht *adj* appropriate
angeheitert *adj* tipsy
angehen *unreg* I. *vi* [1] ↑ *beginnen* ← *Film, Schule, Konzert etc.* begin, commence [2] ↑ *anfangen zu brennen* ← *Feuer* catch fire; ← *Licht* go on [3] ↑ *sich wehren, widersetzen* fight; ◇ **gegen jd-n/etw -** to take measures against s.o./s.th. II. *vt* [1] ↑ *bitten um* → *jd-n* ask (*um* for s.th.) [2] (*sich heranwagen an*) → *Aufgabe* tackle [3] ↑ *betreffen, interessieren* concern; ◇ **das geht Sie nichts an** that's no concern of yours; *FAM* that's none of your business; **angehend** *adj* ◇ **e-e -e Ärztin** a future doctor
angehören *vi* belong (*dat* to); **Angehörige(r)** *fm* [1] (*Familien-*) relative [2] ↑ *Mitglied* (*Verein etc.*) member
Angeklagte(r) *fm* accused, defendant
angeknackst *adj* (*FAM labil*); ▷ *Person* dotty; ▷ *Gesundheit* impaired; ▷ *Selbstbewußtsein* damaged
Angel *f* <-, -n> [1] (*zum Fischen*) fishing rod [2] (*Tür-*) hinge
Angelegenheit *f* [1] ↑ *Affäre* affair; ◇ **ernste -** serious business [2] ↑ *Sache* matter; ◇ **sich um seine [eigenen] -en kümmern** to take care of one's affairs
angelernt *adj* trained on the job; ◇ **-er Arbeiter** semi-skilled worker
angeln I. *vi* fish II. *vt* → *Fisch* fish for; ↑ *fangen* catch
angemessen *adj* [1] ↑ *adäquat* ▷ *Preis, Lohn* adequate [2] ↑ *passend* ▷ *Aufgabe* appropriate
angenehm *adj* [1] ↑ *verträglich* ▷ *Klima* agreeable [2] ↑ *nett* ▷ *Person* pleasant [3] ◇ **-!** a pleasure [*o.* pleased] to meet you; ◇ **-e Reise!** have a good journey!
angenommen I. *adj* ↑ *adoptiert* ▷ *Kind* adopted II. *cj* ↑ *vorausgesetzt* assuming; ◇ **- wir fahren morgen, ...** assuming (that)/suppose we leave tomorrow, ...
angepaßt *adj* PSYCH adjusted
angeregt *adj* ▷ *Gespräch* animated
angesehen *adj* ▷ *Musiker* respected
angesichts *präp* in view (*gen* of); ◇ **- der Gefahr** in the face of danger
angespannt *adj* [1] ▷ *Person* nervous, tense [2] ▷ *Weltlage* tense, threatening
angestellt *adj* ↑ *beschäftigt* employed; ◇ **fest- sein** to be a salaried employee (*bei* at), to be in permanent employment (*bei* at); **Angestellte (r)** *fm* employee; (*Büro-*) office worker
angetan *adj* ◇ **von jd-m/etw - sein** to be very taken with s.o./s.th.
angewiesen *adj* ◇ **auf jd-n/etw - sein** to be dependent on s.o./s.th.
angewöhnen *vt* [1] ↑ *anerziehen* accustom;

◇ **jd-m etw** ~ to accustom s.o. to doing s.th. [2] ◇ **sich** *dat* **etw** ~ to get o.s. into the habit of s.th.; **Angewohnheit** *f* ▷*gute, schlechte* habit

angleichen *unreg* **I.** *vt* ↑ *gleich/ähnlich machen* match, assimilate; (*Rechtsvorschriften*) harmonize; (*Löhne*) equalize **II.** *vr* ◇ **sich** ~ adjust (*an dat* to)

Angler(in *f*) *m* <-s, -> angler

angreifen *unreg vt* [1] *auch FIG* ↑ *attackieren* → *Person* attack [2] SPORT → *gegnerische Mannschaft* attack [3] ◇ **Säure greift Lack an** acid corrodes paint; **Angreifer(in** *f*) *m* <-s, -> attacker; (JURA *assailant,* POL *von Staat*) aggressor; **Angriff** *m* [1] MIL SPORT *auch FIG* ↑ *Attacke* attack (*auf akk* on) [2] ◇ **etw in ~ nehmen** to tackle s.th.; **angriffslustig** *adj* aggressive; (*kriegerisch*) bellicose

Angst *f* <-, Ängste> [1] ↑ *Furcht* fear (*vor dat* of); ◇ **~ vor der Dunkelheit haben** to be afraid of the dark [2] ↑ *Sorge* worry (*um akk* about); **Angsthase** *m FAM* scaredy-cat

ängstigen I. *vt* ↑ *Angst machen* → *jd-n* frighten **II.** *vr* ◇ **sich** ~ [1] ↑ *Angst haben* be frightened (*vor dat* of) [2] ↑ *sich sorgen* be worried (*um dat* about); **ängstlich** *adj* [1] ↑ *furchtsam* frightened, fearful [2] ↑ *besorgt* worried, nervous

angurten *vr* ◇ **sich** ~ AUTO belt up, buckle up *AM*

anhaben *unreg vt* [1] → *Kleidung* wear [2] *FIG* ◇ **jd-m etw ~ können** to be in a position to harm s.o.

anhalten *unreg* **I.** *vt* [1] → *Auto* stop [2] ◇ **vor Schreck den Atem** ~ to check one's breath of fright [3] ◇ **e-n Angestellten zur Arbeit** ~ to keep an employee at it **II.** *vi* [1] ← *Bus* come to a halt, stop [2] ← *schönes Wetter* last, continue [3] ◇ **um jd-s Hand** ~ to propose to s.o.; **anhaltend** *adj* continual; ▷*Beifall* sustained; **Anhalter(in** *f*) *m* <-s, -> hitchhiker; ◇ **per ~ reisen** to hitchhike; **Anhaltspunkt** *m* pointer, clue, hint

anhand *präp gen* by means of

Anhang *m* [1] (*von Buch*) appendix [2] (*Ergänzung*) supplement [3] *FAM* ↑ *Verwandte* (family) dependents *pl;* **anhängen** *unreg* **I.** *vt* [1] → *Waggon* hitch (*an akk* to) [2] → *Zettel* attach (*an akk* to) [3] → *Bemerkung* add [4] *FAM* ↑ *Schuld zuweisen* ◇ **jd-m etw** ~ to saddle s.o. with s.th. **II.** *vi* [1] ◇ **jd-m wie e-e Klette** ~ to stick to s.o. like glue [2] ◇ **e-r Überzeugung** ~ to be an adherent of a belief; **Anhänger** *m* <-s, -> [1] (*Schmuck-*) pendant [2] (*von LKW*) trailer [3] (*an Gepäck*) label; **Anhänger(in** *f*) *m* <-s, -> [1] (*von Partei*) supporter [2] (*von Überzeugung*) adherent [3] (*von Sportart*) devotee; **anhänglich** *adj* ▷*Freund* devoted

anhauen *vt FAM* ◇ **jd-n um etw** ~ to touch s.o. for s.th.

anhäufen I. *vt* → *Vorräte* hoard; → *Geld* accumulate **II.** *vr* ◇ **sich** ~ accumulate; ← *Zinsen* accrue; **Anhäufung** *f* [1] (*von Sand*) heap [2] (*von Kapital*) accumulation [3] (*von Zinsen*) accrual

anheben *unreg vt* [1] ↑ *hochheben* → *Gewicht* lift, raise [2] ↑ *steigern* → *Preise* raise up; **Anhieb** *m* ◇ **auf** ~ straight off, straight away

anhören I. *vt* [1] → *Musik* listen to [2] → *jd-n* give (s.o.) a hearing, let (s.o.) speak **II.** *vr* ◇ **sich** ~ [1] ◇ **sich etw** ~ to listen attentively to s.th. [2] *FIG* ◇ **das hört sich gut an** that sounds okay

animieren *vt* ← *Alkohol* stimulate; ◇ **jd-n zum Kauf** ~ to encourage s.o. to buy

Anis *m* <-es, -e> aniseed

ankämpfen *vi* ◇ **gegen etw** ~ to struggle against s.th.

ankaufen *vt* ▷*Land* buy

Anker *m* <-s, -> (*Schiffs-*) anchor; ◇ **vor ~ gehen** drop anchor; *FIG* settle down

Anklage *f* JURA charge (*gegen* against); (*in Schwurgericht*) indictment (*gegen* against); ↑ *Vorwurf* accusation; **anklagen** *vt* [1] (JURA *des Mordes*) charge (*gen* of), prosecute (*wegen gen* for) [2] ↑ *beschuldigen* accuse

Anklang *m* ◇ **bei jd-m ~ finden** to appeal to s.o., to go down well with s.o.

Ankleidekabine *f* dressing room

anklopfen *vi* (*an Tür*) knock

anknüpfen I. *vt* [1] → *Seil* fasten, tie (*an akk* to) [2] *FIG* → *Beziehungen* establish; → *Gespräch* start **II.** *vi* (*FIG an Thema*) take up (*an akk* s.th.)

ankommen *unreg vi* [1] ← *Brief* arrive [2] ↑ *näherkommen* approach [3] ↑ *gefallen* ← *Produkt* find a ready market; ◇ **bei jd-m** ~ to be acceptable to s.o.; ◇ **beim Publikum gut** ~ to get a good reaction from the audience [4] ◇ **gegen jd-n/etw** ~ to assert o.s. in spite of s.o./s.th. [5] *FAM* ◇ **jetzt kommt er schon wieder damit an!** he's on about it again! [6] ◇ **es kommt auf das Wetter an** it depends on the weather [7] ◇ **es darauf ~ lassen** to take one's chances

ankündigen I. *vt* [1] MEDIA announce [2] → *Besuch der Königin* announce, proclaim; → *Buch* announce publication of [3] ◇ **etw rechtzeitig** ~ to give due notice **II.** *vr* ◇ **sich** ~ [1] (*Winter*) give signs of coming [2] (*als Besucher*) announce that one is coming; **Ankündigung** *f* announcement

Ankunft *f* <-, Ankünfte> arrival; ◇ **bei ~ des Zuges** on the train's arrival, when the train comes in

ankurbeln *vt* [1] *auch FIG* → *Maschine* crank up,

get (s.th.) going ② *FIG* → *Gespräch* pep up; → *Wirtschaft* stimulate

Anlage *f* ① (*Park-*) facility; layout ② (*Geld-*) investment ③ (*Stereo-, EDV--*) system ④ (*Produktions-*) installation, plant; ◇ **Klima-** air-conditioner ⑤ *FIG* ↑ *Neigung* predisposition (*zu* to) ⑥ ↑ *Anhang* enclosure, supporting document

Anlaß *m* <-sses, Anlässe> ① ▷*feierlicher* occasion (*zu* to, for) ② ↑ *Motiv, Veranlassung* reason; ◇ **ohne jeden** - for no reason at all

anlassen *unreg* **I.** *vt* ① ↑ *starten* → *Motor* start ② → *Licht* leave on; → *Motor* leave running ③ *FAM* → *Mantel etc.* leave on **II.** *vr* ◇ **das läßt sich gut an** that looks [*o.* looks promising] okay; **Anlasser** *m* <-s, -> AUTO starter

Anlauf *m* ① (SPORT *zum Sprung*) run-up, running start ② (*der Produktion*) early stages ③ ◇ **erster** - first attempt; *FIG* ◇ **e-n neuen** - **nehmen** to make a fresh attempt; **anlaufen** *unreg* **I.** *vi* ① (*von Motor*) start up ② ← *Film* run ③ ↑ *beschlagen* ← *Fenster* mist up/over; ← *Silber* tarnish ④ ◇ **rot** - to blush **II.** *vt* → *Hafen* call at; **Anlaufstelle** *f* emergency address for people in crisis

anlegen I. *vt* ① ↑ *gestalten* → *Garten* lay out ② → *Archiv, Kartei* set up, organise, organize *AM* ③ ↑ *investieren* → *Kapital* invest; *FAM* ◇ **was wollen Sie denn -?** how much do you want to invest? ④ ↑ *anziehen* → *Kleid* put on ⑤ → *Gewehr* level, direct, aim (*auf akk* at) ⑥ ◇ **es darauf -, zu** plan, intend **II.** *vi* ① (*im Hafen*) berth ② *FAM* ◇ **sich mit jd-m** - to have a run-in with s.o.

anlehnen I. *vt* ① (*an Wand*) lean (*an akk o dat* against) ② → *Tür* leave ajar **II.** *vr* ◇ **sich** - ① ↑ *Halt suchen* lean (*an akk* on, against) ② (*FIG sich beziehen auf*) be based (*an akk* on), be derived (*an akk* from)

anleiern *vt FAM* ◇ **wer hat die ganze Sache angeleiert?** who started it all?, who got it all going?

anleiten *vt* → *jd-n* instruct; **Anleitung** *f* ① ↑ *Gebrauchsanweisung* manual, instructions *pl* ② (*des Lehrers*) guidance, instruction

anlernen *vt* ◇ **jd-n zu etw** - to train s.o. in s.th.

Anliegen *s* <-s, -> request; ◇ **ein - an jd-n haben** to have a request to make of s.o.; **Anlieger(in** *f*) *m* <-s, -> local resident[s]; ◇ **-verkehr, - frei** (*Straßenschild*) residents only

anlügen *unreg vt* → *jd-n* lie to, deceive

anmachen *vt* ① *FAM* ↑ *einschalten* → *Radio* switch on; → *Licht* turn on ② ↑ *mischen* → *Salat* dress; → *Mörtel* mix ③ *FAM* ◇ **jd-n dumm** - to make stupid remarks to s.o. ④ *FAM* ↑ *flirten, ärgern* chat up

anmalen I. *vt* ① → *Wand* paint ② ↑ *schminken* make up **II.** *vr* ◇ **sich** - *FAM* put on one's make-up

anmaßen *vt* ◇ **sich** *dat* **etw** - to arrogate s.th. to o.s., to presume s.th. unjustifiably; **anmaßend** *adj* presumptuous; **Anmaßung** *f* arrogance

Anmeldeformular *s* application form; **anmelden I.** *vt* ① AUTO SCH register ② JURA → *Anspruch* submit; → *Berufung* give notice of; → *ansteckende Krankheit* notify **II.** *vr* ◇ **sich** - ① (*in Hotel, in Flughafen*) check in ② ▷*polizeilich* register with the police; (*beim Arzt*) make an appointment; **Anmeldung** *f* ① ↑ *das Anmelden* registration ② reception (room)

anmerken *vt* ① ↑ *hinzufügen* add; ◇ **als Fußnote** - to make a footnote ② ↑ *markieren* note, highlight ③ ◇ **jd-m etw** - to notice s.th. [in s.o.]; **Anmerkung** *f* ① ↑ *Fußnote* footnote ② ↑ *Kommentar* annotation, note

anmotzen *vt* snap at, shout at

Anmut *f* <-> ↑ *Schönheit* charm; (*von Bewegung*) grace; **anmutig** *adj* ↑ *graziös* graceful, lovely

annähen *vt* sew on

annähernd I. *adj* ↑ *ungefähr* approximate **II.** *adv* ↑ *etwa* nearly; **Annäherung** *f* ① approach (*an akk* toward, to) ② *FIG* ↑ *Angleichung* approximation (*an akk* to); **Annäherungsversuch** *m* overtures *pl*

Annahme *f* <-, -n> ① (*von Geschenk*) acceptance; (*von Namen*) adoption ② ↑ *Vermutung*, assumption; ↑ *Voraussetzung* supposition; ◇ **gehe ich recht in der - ...?** am I right in assuming ...? ③ (*für Reisegepäck*) check-in counter; **annehmbar** *adj* acceptable; **annehmen** *unreg* **I.** *vt* ① ↑ *entgegennehmen* accept; → *Auftrag, Wette* take on ② → *Verhalten, Sprechweise* assume ③ → *Kind* adopt ④ SPORT → *Ball* receive ⑤ ↑ *vermuten* assume; ↑ *voraussetzen* presuppose; ◇ **etw als gegeben** - to take s.th. as given **II.** *vr* ◇ **sich** - (*kümmern*) take an interest (*gen* in); **Annehmlichkeit** *f* convenience, ease; ◇ **die -en des modernen Lebens** amenities of modern life

annektieren *vt* annex

Annonce *f* <-, -n> (*Zeitungs-*) (small) ad[vertisement]; **annoncieren** *vt, vi* (*in Zeitung*) advertise

annullieren *vt* annul

anöden *vt FAM* ↑ *langweilen* bore

anomal *adj* BIOL PHYS abnormal; odd, strange

anonym *adj* anonymous; **Anonymität** *f* anonymity

Anorak *m* <-s, -s> anorak

anordnen *vt* [1] ↑ *bestimmen, festsetzen* order [2] ↑ *ordnen* ◇ **nach dem Alphabet** ~ to arrange in alphabetical order; **Anordnung** *f* [1] ↑ *Weisung, Befehl* direction, regulation [2] ↑ *Reihenfolge* ▷*systematisch* system, arrangement, order [3] ↑ *Grafik* layout, design

anorganisch *adj* CHEM inorganic

anormal *adj* abnormal, anomalous

anpacken I. *vt* [1] ↑ *anfassen* grasp, grip [2] ↑ *handhaben* handle; (*in Angriff nehmen*) tackle [3] *FIG* ◇ **jd-n hart** ~ to be hard on somebody II. *vi* ◇ **[mit]** ~ to lend a hand

anpassen I. *vt* [1] ↑ *passend machen* → *Kleid* tailor (*an akk* to), fit (*an akk* on) [2] *FIG* ↑ *in Einklang bringen* align (*dat* with), adapt (*dat* to) II. *vr* ◇ **sich** ~ ↑ *einfügen* conform (*dat* to), bring into time (*dat* with); ↑ *sich gewöhnen* adapt (*dat* to); **Anpassung** *f auch FIG* adaptation (*an akk* to), conformity; **anpassungsfähig** *adj* flexible, adaptable; **Anpassungsschwierigkeiten** *pl* assimilative difficulties *pl*

anpeilen *vt* [1] take (s.th.) as a bearing [2] *FIG FAM* ◇ **jd-n/etw** ~ to aim at s.o./s.th., to head for s.o./s.th.

anpfeifen *unreg* I. *vi* give the starting whistle II. *vt* ◇ **das Spiel** ~ to start the game; **Anpfiff** *m* [1] SPORT starting whistle [2] *FAM* ◇ **e-n** ~ **kriegen** to get a dressing-down

anpflanzen *vt* → *Blumen etc.* lay out; ↑ *anbauen* → *Getreide* cultivate

anpirschen *vr* ◇ **sich** ~ stalk (*an akk* s.th./s.o.)

anpöbeln *vt FAM* ↑ *belästigen* abuse

anprangern *vt* denounce

anpreisen *unreg vt* promote

Anprobe *f* (*beim Schneider*) fitting; **anprobieren** *vt* try on

anpumpen *vt FAM* ◇ **jd-n um 25 Mark** ~ to touch s.b. for 25 marks

anrechnen *vt* [1] ↑ *debitieren* debit, charge; ◇ **jd-m zu viel** ~ to overcharge s.o. [2] ↑ *gutschreiben* credit, allow; *FIG* ◇ **jd-m etw hoch** ~ to give s.o. credit for s.th.

Anrecht *s* ↑ *Anspruch* right (*auf akk* to)

Anrede *f* form of address; **anreden** *vt* ◇ **jd-n mit "Sie"** ~ address s.o. with the formal "Sie"

anregen *vt* [1] → *Neuerung* propose [2] ↑ *beleben* → *Durchblutung* stimulate [3] ◇ **jd-n zu etw** ~ to encourage s.o. to do s.th.; **anregend** *adj* stimulating; **Anregung** *f* ▷*geben* idea, stimulus

Anreise *f* journey (to destination)

Anreiz *m* incentive

anrempeln *vt* bump [against]; (*mit Absicht*) jostle

anrichten *vt* [1] ↑ *zubereiten* → *Essen* prepare [2] ↑ *verüben* → *Unheil* cause

anrüchig *adj* ▷*Kneipe* shady, seedy

Anruf *m* [1] (*Telefon-*) call [2] ↑ *Zuruf* call [3] (MIL *von Wachposten*) challenge; **Anrufbeantworter** *m* <-s, -> answering machine; **anrufen** *unreg* I. *vt* [1] ↑ *telefonieren* ring up, call [2] ↑ *zurufen* call; NAUT hail [3] ↑ *bitten* appeal II. *vi* ↑ *telefonieren* make a phone call

anrühren *vt* [1] → *Teig, Mörtel* mix [2] ↑ *anfassen* → *jd-n* touch

ans = an das

Ansage *f* [1] (*Fernseh-*) announcement [2] (*beim Kartenspiel*) bid; **ansagen** I. *vt* [1] → *Film, Besuch* announce [2] → *Zeit* give [3] (*beim Kartenspiel*) bid [4] ◇ **die Firma hat Bankrott angesagt** the company has declared bankruptcy II. *vr* ◇ **sich** ~ ↑ *ankündigen* announce one's visit

ansammeln I. *vt* → *Kapital* accumulate; → *Reichtum* amass II. *vr* ◇ **sich** ~ ← *Müll* pile up; **Ansammlung** *f* ↑ *Ansammeln* (*von Menschen*) gathering; (*Menschenmenge*) crowd; (*von Truppen*) concentration; (*von Dingen*) accumulation; (*von Gefühlen*) build-up

ansässig *adj* ◇ ~ **sein** to reside; ◇ **sich** ~ **machen** to settle

Ansatz *m* [1] ↑ *Beginn* beginnings *pl*, inception; ◇ **der** ~ **zum Reden** the attempt to speak; (*Haar-*) hairline; (*Fett-*) layer; (*Rohr-*) extension [2] (MUS *e-s Sängers*) intonation [3] MATH formulation

anschaffen *vt* [1] acquire; ◇ **sich** *dat* **ein Auto** ~ to purchase a car [2] *FAM* ◇ **sich** *dat* **Kinder** ~ to have children [3] *FAM* ◇ ~ **gehen** ↑ *sich prostituieren* to go on the game; **Anschaffung** *f* [1] ↑ *Kauf* purchase [2] ↑ *das Gekaufte* purchase

anschalten *vt* switch on

anschauen *vt* look at; ◇ **sich** *dat* **ein Bild** ~ to have a look at a picture

anschaulich *adj* graphic, descriptive; ◇ **etw** ~ **darstellen** to depict; **Anschauung** *f* ↑ *Überzeugung, Ansicht* view, opinion; ↑ *Vorstellung* (*Welt-*) conception

Anschein *m* appearance; ◇ **allem** ~ **nach** to all appearances, apparently; **anscheinend** *adj* apparent

anscheißen *vt FIG FAM!* [1] ↑ *grob anfahren* bawl out s.o. [2] ↑ *betrügen* cheat; ◇ **sich** ~ **lassen** to let o.s. be taken for a ride

Anschlag *m* [1] ↑ *Überfall* attack, assault [2] ▷*am schwarzen Brett* notice [3] TECHNOL stop; ◇ **bis zum** ~ **drehen** wind as far as it will go [4] (*ein Tastendruck*) stroke; **anschlagen** *unreg* I. *vt* [1] → *Knie* hit, bump (*an dat* against) [2] → *Porzellan* chip [3] → *Werbeplakat* put up; ◇ **ein Rockkonzert** ~ to advertise a rock concert [4] (*für*

Steuer) assess [5] → *Glocke* strike **II.** *vi* [1] MED ← *Behandlung* be effective; ◇ **gut bei jd-m** ~ to have a great effect on s.o. [2] ← *Hund* start to bark [3] ◇ **die Wellen schlugen am Ufer an** the waves beat on [*o.* against] the shore

anschleppen *vt* [1] → *Möbel* haul [2] → *Auto* give s.o./s.th. a starting tow [3] *FAM* ◇ **e-n Haufen Freunde** ~ to come with a load of friends in tow

anschließen *unreg* **I.** *vt* [1] → *Fahrrad* padlock, lock up; → *Hund* chain up [2] ELECTR wire up; TELEC PC connect [3] → *Sender* link up, hook up **II.** *vr* [1] ◇ **e-e Diskussion schloß sich an den Vortrag an** the lecture was followed by a discussion [2] ◇ **der See schließt sich an die Berge an** the lake is right by the mountains, the mountains are next to the lake [3] ◇ **sich der Mehrheit** ~ to go along with the majority [4] ◇ **sich schnell** ~ to make social contacts easily; **anschließend** **I.** *adj* [1] ▷*Film* subsequent [2] ▷*Sportanlage* adjacent **II.** *adv* ◇ ~ **an** *akk* ↑ *nach* following; **Anschluß** *m* [1] (*Strom-*) connection, contact [2] (*Wasser-*) supply [3] (*Zug-*) connection, transfer [4] *FIG* ↑ *Kontakt* contact; ◇ **leicht** ~ **finden** to make friends easily [5] ◇ **im** ~ **an** *akk* (*nach*) following; (*mit Bezug auf*) in connection with

anschmiegsam *adj* [1] ▷*Katze* affectionate [2] ▷*Kleid* clinging [3] *FIG* ▷*Person* compliant

anschnallen **I.** *vt* buckle; (*mit Riemen*) strap **II.** *vr* ◇ **sich** ~ ↑ *angurten* (*im Auto*) belt up, fasten one's safety belt, buckle up *AM*

anschnauzen *vt FAM* snap at, shout at

anschneiden *unreg vt* [1] → *Kuchen, Brot* begin to cut [2] *FIG* → *Thema* raise, broach

anschreiben *unreg vt* [1] (*an Tafel*) write (*an acc* on) [2] ↑ *benachrichtigen* write to s.o. (*wegen* regarding) [3] (*notieren*) note s.th. down; ◇ **etw** ~ **lassen** to buy s.th. on credit; *FAM* to buy s.th. on tick

anschreien *unreg vt* shout at s.o.

Anschrift *f* address

anschwellen *unreg vi* [1] ↑ *dicker werden* ← *Beule* swell [up] [2] ↑ *lauter werden* ← *Lärm* increase; **Anschwellung** *f* MED swelling

anschwindeln *vt* cheat, lie; *FAM* diddle

ansehen *unreg vt* [1] → *Bild* look at; ▷*böse* frown at; ◇ **sich** *dat* **die Stadt** ~ to take a look at the town [2] (*FIG beurteilen, betrachten*) regard (*als* as); ◇ **etw als seine Pflicht** ~ to consider s.th. (as being) one's duty [3] ↑ *anmerken* ◇ **jd-m etw** ~ to notice s.th. about s.o.; **Ansehen** *s* <-s> [1] ↑ *Ruf* reputation; ◇ **hohes** ~ **genießen** to enjoy a good reputation [2] ↑ *Aussehen* appearance; **ansehnlich** *adj* [1] ↑ *gutaussehend* good-looking [2] ↑ *beträchtlich* ▷*Vermögen* considerable

ansetzen **I.** *vt* [1] ↑ *annähen* → *Stück Stoff* sew s.th. on, fix on [2] → *Blasinstrument* position; ◇ **zum Singen** ~ to open one's mouth to sing [3] → *Bowle* prepare [4] ◇ **Fett** ~ to get fat [5] ↑ *festlegen* → *Preis, Termin* determine, fix **II.** *vi* [1] SPORT (*zum Sprung*) get set [2] ↑ *beginnen* begin; ◇ ~ **etw zu tun** to start doing s.th. **III.** *vr* ◇ **sich** ~ ← *Rost etc.* get a hold, begin to develop

ANSI-Code *m Abk. v.* PC **American National Standards Institute Code,** ANSI [code]

Ansicht *f* <-, -en> [1] (*Stadt-*) view, opinion [2] ↑ *Betrachten, Ansehen* viewing; ◇ **zur** ~ **schicken** to send on approval [3] ↑ *Meinung* (point of) view; ◇ **meiner** ~ **nach** in my opinion; **Ansichtskarte** *f* [picture] postcard; **Ansichtssache** *f* ◇ **das ist** ~ that's a matter of opinion

ansiedeln *vr* ◇ **sich** ~ settle; **Ansiedlung** *f* ↑ *Ort, Kolonie* settlement

ansonsten *adv* ↑ *andernfalls* otherwise

anspannen *vt* [1] → *Pferd* harness [2] → *Muskeln* tense, brace [3] ↑ *beanspruchen* → *Nerven* stretch, strain; **Anspannung** *f* ▷*körperlich* exertion; ▷*geistig* tension

Anspiel *s* SPORT start; (*bei Fußball*) kickoff; **anspielen** **I.** *vt* [1] SPORT → *Mitspieler* pass [s.th.] to s.o. [2] → *Melodie* begin to play **II.** *vi* ◇ **auf etw** *akk* ~ to allude to s.th.; *FAM* to get at s.th.; **Anspielung** *f* allusion (*auf akk* to); ◇ **-en machen** to make insinuations

Ansporn *m* <-[e]s> incentive

Ansprache *f* [1] ↑ *Rede* speech [2] ↑ *Anrede* address; **ansprechbar** *adj* [1] ▷*Vorgesetzter* approachable, amenable [2] ▷*Patient* responsive

ansprechen *unreg* **I.** *vt* [1] → *Gesprächspartner* talk to s.o., speak to s.o. [2] ↑ *diskutieren* → *Problem* talk about s.th. [3] ↑ *gefallen* ← *Ware* appeal to s.o. **II.** *vi* ◇ **die Bremse spricht nur langsam an** the brake is slow to react; **ansprechend** *adj* ▷*Erscheinung* pleasing, attractive; **Ansprechpartner(in** *f*) *m* contact

anspringen *unreg* **I.** *vi* ↑ *starten* ← *Auto* start **II.** *vt* ← *Tiger* pounce on s.o./s.th.

Anspruch *m* [1] ↑ *Anrecht* right (*auf akk* to); ◇ **auf etw** *akk* ~ **erheben** to lay claim to s.th. [2] ↑ *Forderung, Erwartung* demand (*auf akk* on); ◇ **hohe Ansprüche stellen** to have high standards, to demand a great deal [3] ◇ **die Arbeit nimmt mich sehr in** ~ the work absorbs a lot of my time; **anspruchslos** *adj* [1] ▷*Buch etc.* undemanding [2] ▷*Mensch* unassuming, modest [3] ▷*Arbeit, Aufgabe* easy; **anspruchsvoll** *adj* ▷*Buch, Film etc.* highbrow, demanding; ▷*Mensch* ↑ *wählerisch* discriminating; (*äußerst* ~) hard to please; ▷*Aufgabe* difficult, exacting; ▷*Produkt* setting high standards, exquisite

anstacheln *vt* spur on (*zu akk* to)
Anstalt *f* <-, -en> [1] ↑ *Institut* institute [2] ↑ *öffentliche Einrichtung* [public] facility; (*Erziehungs-*) institute [3] ◇ **-en machen, etw zu tun** to get ready to do s.th.
Anstand *m* <-[e]s> ↑ *gutes Benehmen* good manners *pl*, deceney; **anständig** *adj* [1] ▷*Mensch* proper [2] well-mannered, decent; ◇ **sich ~ benehmen** to behave well [3] *FAM* ↑ *großzügig* ▷*Trinkgeld* generous [4] ↑ *akzeptabel* decent; **anstandslos** *adv* (*ohne zu zögern*) without question; ◇ **~ bezahlen** to pay without hesitating
anstänkern *vt FAM* to pick on s.o.
anstarren *vt* ◇ **jd-n/etw ~** to stare at s.o./s.th.
anstatt I. *präp gen* ↑ *an Stelle von* instead of II. *cj* ↑ *statt* instead; ◇ **~ etw zu tun** instead of doing s.th.
anstauen I. *vt* → *Wasser* dam up II. *vr* ◇ **sich ~** *FIG* ← *Wut, Ärger* bottle up
anstechen *unreg vt* → *Faß* open; → *Fleisch* fork
anstecken I. *vt* [1] ↑ *befestigen* fasten [2] ↑ *infizieren* (*mit Krankheit*) infect; ◇ **er hat mich mit Aids angesteckt** he gave me Aids [3] ↑ *anzünden* → *Pfeife* light; → *Haus* set fire to II. *vr* ◇ **sich ~ mit etw** ↑ *sich infizieren* to catch s.th.; ◇ **sich mit Aids ~** to catch Aids III. *vi FIG* ← *Gähnen* to be contagious; **ansteckend** *adj* [1] MED ▷*Krankheit* contagious [2] *FIG* ▷*Lachen* contagious; **Ansteckung** *f* MED infection
anstehen *unreg vi* [1] (*an Haltestelle*) to queue up [2] ◇ **diese Arbeit steht noch an** this work has yet to be done; ← *Gespräch* to be open
ansteigen *unreg vi* ← *Straße* ascend; ← *Preise, Temperatur* rise
anstelle *präp gen* ↑ *anstatt* instead of
anstellen I. *vt* [1] → *Leiter* lean (*an akk* against) [2] ↑ *einschalten* → *Gerät* switch on [3] → *Mitarbeiter* employ, hire [4] ◇ **etw ~** to do mischief [5] ↑ *bewerkstelligen* ◇ **wie hat sie das angestellt?** how did she manage that? II. *vr* ◇ **sich ~** [1] (*in Warteschlange*) queue up [2] *FAM* ↑ *sich zieren* ◇ **stell' dich nicht so an** don't make such a big deal about it [3] ◇ **sich dumm ~** to be clumsy; **Anstellung** *f* ↑ *Arbeitsstelle* employment
Anstieg *m* <-[e]s, -e> [1] (*von Berg*) ascent [2] *FIG* (*von Temperatur, Preis*) rise, increase
anstiften *vt* [1] → *Unheil* to cause [2] ↑ *verleiten* entice; ◇ **jd-n zu etw ~** to incite s.o. to do s.th.
anstimmen *vt* [1] → *Lied* to start singing, to strike up [2] *FIG* → *Geschrei* burst out in, start
Anstoß *m* [1] ◇ **~ nehmen an etw** *dat* to become offended at s.th. [2] (SPORT *Ball-*) kick-off [3] *FIG* ↑ *Anregung* (*Denk-*) stimulus, impetus; **anstoßen** *unreg* I. *vt* → *Kopf, Knie* bump, knock (*an dat* against) II. *vi* [1] (*mit Gläsern*) toast; drink (*auf akk* to) [2] (*beim Fußball*) to kick off [3] ↑ *angrenzen* border (*an dat* on) [4] (*mit Zunge*) to speak with a lisp; **anstößig** *adj* ▷*Verhalten* offensive
anstrahlen *vt* [1] (*mit Scheinwerfer*) spotlight [2] ↑ *ansehen* → *jd-n* beam at s.o.
anstreben *vt* → *Erfolg* strive for
anstreichen *unreg vt* [1] → *Wand* paint [2] → *Fehler* mark; → *Stelle im Buch* mark, highlight; **Anstreicher(in** *f*) *m* <-s, -> painter
anstrengen I. *vr* ◇ **sich ~** ↑ *sich bemühen* try hard; ◇ **sich sehr ~** take pains II. *vt* [1] ↑ *beanspruchen* strain; → *jd-n* strain; → *Augen, Muskeln* strain [2] JURA → *Prozeß* take legal action; **anstrengend** *adj* ↑ *mühsam* strenuous, tiring; **Anstrengung** *f* ↑ *Mühe* effort; ↑ *Strapaze* strain
Anstrich *m* [1] (*Farb-*) coating [2] *FIG* ↑ *Anschein* appearance
Ansturm *m* run, rush (*auf akk* for)
Antagonismus *m* antagonism; **antagonistisch** *adj* antagonistic
antasten *vt* [1] ↑ *berühren* touch [2] ↑ *verletzen* → *Freiheit* infringe; → *Reserven, Vorräte* fall back on, break into
Anteil *m* [1] ↑ *Beteiligung* share (*an dat* of) [2] ↑ *Mitgefühl* compassion; ◇ **~ nehmen an** *dat* to have compassion for s.o.; **Anteilnahme** *f* compassion (*an dat* for)
Antenne *f* <-, -n> [1] MEDIA antenna [2] FAUNA antenna, feeler
Anthrazit *m* <es, -e> MIN anthracite
Anti- *präf* [1] ↑ *gegen* anti- [2] ↑ *pseudo* ◇ **-held** anti-hero; **Antialkoholiker(in** *f*) *m* non-drinker, teetotaller; **antiautoritär** *adj* anti-authoritarian; **Antibabypille** *f* birth-control pill; **Antibiotikum** *s* <-s, -ka> MED antibiotic; **Antiblockiersystem** *s* AUTO anti-block system
antik *adj* [1] ↑ *alt u. wertvoll* ▷*Möbel* antique [2] (*aus der Antike stammend*) ancient; **Antike** *f* <-, -n> antiquity
antiklerikal *adj* anticlerical
Antikörper *m* antibody (*gegen akk* against)
Antilope *f* <-, -n> FAUNA antelope
Antipathie *f* ↑ *Abneigung* antipathy
Antiquariat *s* (*Laden*) antiquarian; (*moderne Bücher*) second-hand bookshop; **Antiquitäten** *pl* antiques *pl*
Antisemitismus *m* anti-Semitism
Antlitz *s gehoben für* ↑ *Gesicht* face
Antrag *m* <-[e]s, Anträge> [1] ↑ *Gesuch* application; ◇ **e-n ~ stellen auf etw** *akk* to apply for s.th.,

to fill out an application for s.th. ② POL (*Gesetzes-*) motion ③ JURA ↑ *Petition* petition (*auf akk* for)

antreffen *unreg vt* ↑ *vorfinden* → *jd-n, Verhältnisse* find, meet

antreiben *unreg* **I.** *vt* ① → *Pferd etc.* drive ② (→ *jd-n, zu Leistung*) encourage, pressure ③ → *Maschine, Motor* drive ④ → *Strandgut* wash ashore **II.** *vi* (*ans Ufer*) float ashore

antreten *unreg* **I.** *vt* ① ↑ *übernehmen* → *Tätigkeit, Arbeit* begin ② ↑ *beginnen* → *Reise* begin ③ → *Motorrad* kick-start ④ → *Erbschaft* inherit ⑤ JURA ↑ *liefern* → *Beweis* prove **II.** *vi* ① ↑ *sich aufstellen* queue up; MIL ← *Soldaten* fall in; (*zur Arbeit*) report ② SPORT ◇ **gegen jd-n** ~ to compete against s.o.

Antrieb *m* ① TECHNOL ◇ **ein Motor mit Dampf-** a steam-operated engine ② *FIG* ↑ *Motivation* motivation ③ ◇ **aus eigenem** ~ on one's own initiative

antrinken *unreg vt* ① *FAM* ◇ **sich** *dat* **Mut** ~ to give o.s. Dutch courage; ◇ **angetrunken sein** to be tipsy ② → *Flasche* to take the first sip

Antritt *m* ① (*von Amt, Reise*) beginning; (*von Erbe*) accepting; (*von Beweis*) presenting ② SPORT acceleration

antun *unreg vt* ① ◇ **jd-m etw** ~ to do s.th. to s.o., to do harm to s.o. ② ◇ **sich** *dat* **etw** ~ to attempt suicide ③ *FAM* ◇ **sie hat es mir angetan** she turns me on

Antwort *f* <-, -en> (*auf Frage*) answer (*auf akk* to); ↑ *Auskunft* answer; *FIG* ↑ *Reaktion* reaction, response; ◇ **das ist die ~ auf dein Verhalten** that is the consequence of your behaviour; **antworten** *vi* (*auf Frage*) answer; ↑ *erwidern* reply; (*auf Brief*) reply, answer; *FIG* react, respond (*auf akk* to)

anvertrauen I. *vt* ① → *Kind* trust s.o. with ② → *Geheimnis* tell; ◇ **jd-m etw** ~ to confide s.th. to s.o. **II.** *vr* ◇ **sich jd-m** ~ confide in s.o.

anwachsen *unreg vi* ① ← *Zahl, Lärm* increase ② ← *Pflanze* take root; ANAT ← *Nagel* grow

Anwalt *m* <-[e]s, Anwälte> ① lawyer ② *FIG* ↑ *Fürsprecher* advocate; ◇ **sich zum ~ für etw machen** to advocate s.th.; **Anwältin** *f* lawyer; **Anwaltschaft** *f* (*Gesamtheit der Anwälte*) legal profession

Anwandlung *f* ↑ *Laune* (*von Großzügigkeit*) urge; (*von Gefühl*) mood; ◇ **e-e ~ von etw haben** to have a fit of s.th.

Anwärter(in *f*) *m* candidate, prospect; ◇ **ein ~ auf ein Amt** a candidate [*o.* prospect] for an office

anweisen *unreg vt* ① ↑ *instruieren, anlernen* instruct ② ↑ *anordnen* instruct; ◇ **jd-n ~ etw zu tun** to instruct s.o. to do s.th. ③ → *Platz* appoint, show ④ → *Geld* transfer; **Anweisung** *f* ① ↑ *Anleitung* instruction ② ↑ *Anordnung* instruction; ◇ **klare ~en geben** to give clear instructions ③ (FIN *Geld-*) transfer; (*Post-*) money order

anwendbar *adj* (*auf Methode*) applicable; **anwenden** *vt* ① (*allgemein*) use, employ ② (*gebrauchen*) → *Regel, Heilmittel* apply (*auf akk* to) ③ (*übertragen*) → *Gesetz, Theorie* apply (*auf akk* to); **Anwender(in** *f*) *m* <-s, -> user; **Anwenderprogramm** *s* PC application program; **Anwendung** *f* ① ↑ *Gebrauch* application (*auf akk* on) ② ↑ *Übertragung* application (*auf akk* on) ③ MED ↑ *Heilbehandlung* treatment

anwerben *unreg vt* ① → *jd-n* recruit (*für* for) ② MIL recruit; ◇ **sich ~ lassen** to enlist

anwerfen *unreg vt* TECHNOL → *Motor, Propeller* start

Anwesen *s* <-s, -> estate, property

anwesend *adj* present; ◇ **die A-en** *pl* those present; **Anwesenheit** *f* presence; ◇ **in ~ von** in the presence of

anwidern *vt* → *jd-n* disgust

Anwohner(in *f*) *m* <-s, -> resident

Anzahl *f* <-> (*zählbar*) number; (*nicht zählbar*) amount (*an dat* of)

anzahlen *vt* → *Ware* make a down payment on s.th.; **Anzahlung** *f* down payment (*für, auf akk* on)

anzapfen *vt* ① → *Faß* open ② *auch FIG* → *Strom, Telefon* tap ③ *FAM* ↑ *borgen* → *jd-n* hit s.o. up

Anzeichen *s* ↑ *Hinweis* evidence, sign (*für* of); MED symptom, sign (*für* of)

Anzeige *f* <-, -n> ① ↑ *Annonce* classified ad[vertisement] ② ↑ *Reklame* ad[vertisement] ③ ↑ *Meldung* announcement; ◇ **~ wegen Diebstahls erstatten** to report a theft ④ (*Benzin-*) gauge ⑤ (PC *Bildschirm-*) display; **anzeigen** *vt* ① → *Diebstahl, jd-n* report ② → *Geschwindigkeit* show ③ ↑ *bekanntgeben* → *Verlobung* announce; **Anzeigenteil** *m* classified ad[vertisement]s section; **Anzeiger** *m* <-s, -> ① TECHNOL ↑ *Gerät* gauge, meter, indicator ② (*Anzeigenblatt*) advertiser

anziehen *unreg* **I.** *vt* ① → *Kleidung* put on ② ↑ *festziehen* → *Schraube* tighten; → *Seil* tighten ③ ← *Magnet* → *Metall* attract; → *Knie* pull up ④ *FIG* ↑ *anlocken* → *Käufer* attract, lure **II.** *vi* ① ← *Pferdewagen* pull away ② FIN ↑ *steigen* ← *Preise, Kurse* rise **III.** *vr* ◇ **sich ~** ① ↑ *ankleiden* dress ② *FIG* ◇ **sich gegenseitig ~** to be attracted to one another; **Anziehen** *s* (*der Preise*) increase; **an-**

ziehend *adj* ↑ *attraktiv* attractive; ↑ *nett* pleasant; **Anziehung** *f* ↑ *Reiz* attraction; **Anziehungskraft** *f* ① PHYS gravity ② *FIG* ↑ *Attraktivität* attraction
Anzug *m* ① (*Herren-*) suit ② ↑ *Heranziehen* (*von Krankheit*) coming; (*von Unwetter*) approach; ◇ **im ~ sein** to be coming, to be approaching ③ *FIG* AUTO ↑ *Beschleunigung* acceleration
anzüglich *adj* ▷*Bemerkung* lewd, offensive; **Anzüglichkeit** *f* lewd remark
anzünden *vt* → *Feuer, Zigarette* light
anzweifeln *vt* doubt
apart *adj* ↑ *reizvoll* distinctive, unusual; **Apartheid** *f* <-> POL apartheid
Apartment *s* <-s, -s> apartment *AM*, flat *BRIT*
Apathie *f* apathy, lethargy; **apathisch** *adj* apathetic, lethargic
Apfel *m* <-s, Äpfel> apple; **Apfelbaum** *m* apple tree; **Apfelschimmel** *m* dapple-grey horse; **Apfelsine** *f* orange; **Apfelwein** *m* cider
Apostel *m* <-s, -> ① apostle ② ◇ **Moral~** preacher of moral standards
Apostroph *m* <-s, -e> PRINT GRAM apostrophe
Apotheke *f* <-, -n> ① pharmacy *AM*, chemist's *BRIT* ② (*Haus-, Reise-*) first aid kit; **Apotheker(in** *f*) *m* <-s, -> pharmacist *AM*, chemist *BRIT*
Apparat *m* <-[e]s, -e> ① ↑ *Gerät* apparatus, machine, device; (*Fernseh-*) set; (*Küchengerät*) appliance; ◇ **am ~ bleiben** to hold the line ② *FIG* ↑ *Organisation* (*Verwaltungs-*) apparatus
Appell *m* <-s, -e> ① *FIG* ↑ *Aufruf* appeal; ◇ **e-n ~ richten an** *akk* to make an appeal to s.o. ② MIL (*Wach-*) wake-up call; **Appellationshof** *m* JURA court of appeal; **appellieren** *vi* appeal; ◇ **an** *akk* **jd-s Vernunft ~** to appeal to s.o.'s reasoning
Appetit *m* <-[e]s, -e> *auch FIG* appetite (*auf akk* for); ◇ **guten ~!** enjoy your meal!; **appetitlich** *adj* ① inviting, tempting ② ↑ *lecker* tasty; **Appetitlosigkeit** *f* lack of appetite
applaudieren *vi* → *Künstler* applaud
Applaus *m* <-es, -e> applause
Aprikose *f* <-, -n> apricot
April *m* <-[s], -e> (*Monat*) April; ◇ **1. ~ 1993** April 1st, 1993; April 1, 1993; 1 April 1993; ◇ **im April** in April; **Aprilscherz** *m* April fool; **Aprilwetter** *s* inconsistent weather
Aquädukt *s* <-[e]s, -e> ARCHIT ↑ *Wasserleitung* aqueduct
Aquaplaning *s* <-[s]> hydroplaning
Aquarell *s* <-s, -e> water colour
Aquarium *s* aquarium
Äquator *m* <-s> equator
äquivalent *adj* equivalent
Araber(in *f*) *m* <-s, -> Arab
Arabesque *f* <-, -s> arabesque
Arabien *s* Arabia; **arabisch** *adj* ① (*zu Arabien gehörig etc.*) Arab ② ▷*Ziffer, Sprache* Arabic
Arbeit *f* <-, -en> ① ↑ *Tätigkeit* work; ◇ **e-e ~ erledigen** to finish a job ② ↑ *Beruf* profession, job; ◇ **e-r geregelten ~ nachgehen** to have a steady/regular job ③ ↑ *Anstrengung* work; *FAM* ◇ **das war e-e Heiden~** that was work for a horse ④ (*schriftliche Prüfungsleistung*) written exam; **arbeiten** *vi* ① ↑ *beschäftigt sein* work (*bei* for); ◇ **als Gärtner ~** to work as a gardener ② ↑ *sich bemühen, anstrengen* work; ◇ **schwer ~** to work hard, to labour; *FIG* ◇ **sich nach oben ~** to work one's way up ③ ← *Maschine* work, function ④ *FIG* ↑ *sich mehren* ← *Geld* earn; **Arbeiter(in** *f*) *m* <-s, -> (*Metall-, Fach-*) [skilled] worker; (*Hilfs-*) [unskilled] worker; **Arbeiterklasse** *f* working class; **Arbeiterschaft** *f* work force; **Arbeitersiedlung** *f* workers' housing estate; **Arbeitgeber(in** *f*) *m* <-s, -> employer; **Arbeitnehmer(in** *f*) *m* <-s, -> employee; **Arbeits-** *in Zusammensetzungen* work-; **Arbeitsamt** *s* employment office; **Arbeitsbeschaffungsmaßnahme** *f* (*abgekürzt: ABM*) *government scheme for providing jobs;* **arbeitsfähig** *adj* able to work; **Arbeitsgang** *m* course of assembly; **Arbeitsgemeinschaft** *f* work team; ◇ **e-e ~ bilden** to form a work team; **Arbeitskampf** *m* ↑ *Streik* strike; **Arbeitskittel** *m* work coat; **Arbeitskräfte** *pl* work force *sg;* **arbeitslos** *adj* unemployed, out of work; ◇ **sich ~ melden** to apply for unemployment money *AM*/benefit *BRIT*; **Arbeitslosengeld** *s* [earnings-related] unemployment benefit; **Arbeitslosenhilfe** *f* unemployment aid; **Arbeitslosigkeit** *f* unemployment; **Arbeitsmarkt** *m* job market; **Arbeitsplatz** *m* ① ↑ *Stelle* position; ◇ **gesicherter ~** secured job ② (*Büro, Fabrik, etc.*) work place; **Arbeitsspeicher** *m* PC ↑ *RAM* memory; **Arbeitssuche** *f* ◇ **er ist auf ~** he is looking for work; **Arbeitstag** *m* work[ing] day; ◇ **harter ~** a hard day's work; **Arbeitsteilung** *f* division of labour; **Arbeitstier** *s FAM* workhorse, workaholic; **arbeitsunfähig** *adj* unable to work; **Arbeitsunfall** *m* work accident; **Arbeitszeit** *f* working hours; ◇ **gleitende ~** ↑ *Gleitzeit* flexible working hours, flexitime *BRIT*
Archäologe *m* <-n, -n> archaeologist; **Archäologin** *f* archaeologist
Archetypus *m* <-, Archetypen> PHILOS archetype

Architekt(in *f*) *m* <-en, -en> architect; **Architektur** *f* architecture

Archiv *s* <-s, -e> archive

ARD *f Abk. v.* **Arbeitsgemeinschaft der Rundfunkanstalten der BRD** *German association of public broadcasting;* TV *the German 1st Program*

arg I. *adj* ① ↑ *schlimm* bad ② ↑ *gemein* ▷*Mensch* mean **II.** *adv* ◇ **jd-m ~ mitspielen** to be mean to s.o.

Argentinien *s* Argentina

Ärger *m* <-s> ① ↑ *Verstimmung* annoyance (*über akk* ② ↑ *Unannehmlichkeit* trouble; ◇ **~ haben wegen/mit jd-m/etw** to have trouble with s.o./s.th.; **ärgerlich** *adj* ① ↑ *verstimmt* annoyed, upset ② ↑ *unerfreulich* annoying, upsetting; **ärgern I.** *vt* ① ↑ *belästigen* frustrate, annoy ② ↑ *wütend machen* make s.o. angry, irritate s.o. ③ ↑ *necken, aufziehen* pick on s.o. **II.** *vr* ◇ **sich ~** ↑ *sich aufregen* to get annoyed, to be angry; **Ärgernis** *s* ① ↑ *Unannehmlichkeit* trouble ② ↑ *Skandal* outrage; JURA ◇ **öffentliches ~ erregen** to offend the public

Argument *s* argument

Argwohn *m* <-[e]s> distrust; ◇ **~ hegen gegen jd-n** to be distrustful towards s.o.; **argwöhnisch** *adj* distrustful, suspicious

Arie *f* <-, -n> MUS aria

Arier *m* <-s, -> Aryan

Aristokrat(in *f*) *m* <-en, -en> aristocrat; **Aristokratie** *f* aristocracy; **aristokratisch** *adj* aristocratic

arithmetisch *adj* MATH arithmetic[al]

Arkade *f* ARCHIT archway

arm *adj* ① ↑ *mittellos* poor ② ↑ *bedauernswert* poor ③ ↑ *spärlich* ▷*Vegetation* sparse ④ ◇ **~ an etw** *dat* **sein** to lack s.th.; ◇ **~ dran sein** to be in a bad way

Arm *m* <-[e]s, -e> ① ANAT arm ② GEO ↑ *Abzweigung* (*Fluß~*) branch ③ (TECHNOL *Hebel~*) lever ④ ↑ *Ärmel* sleeve

Armatur *f* TECHNOL (*an Badewanne*) fitting; **Armaturenbrett** *s* AUTO dashboard

Armband *s* bracelet; **Armbanduhr** *f* [wrist-] watch

Arme(r) *fm* ① ↑ *Mittellose(r)* poor person ② ◇ **du ~r!** you poor thing!

Armee *f* <-, -n> MIL army

Ärmelkanal *m* <-s> ◇ **der ~** the English Channel

Ärmel *m* <-s, -> sleeve

Armlehne *f* armrest

ärmlich *adj* poor; **armselig** *adj* ① ↑ *elend* ▷*Behausung* wretched, pathetic ② ↑ *unzureichend* ▷*Leistung* poor; **Armut** *f* <-> ▷*materiell, geistig* poverty

Aroma *s* <-s, Aromen> ↑ *Geschmack* flavour; ↑ *Duft* aroma, scent; **aromatisch** *adj* aromatic

arrangieren I. *vt* ↑ *organisieren* → *Verabredung, Feier* arrange, organise **II.** *vr* ◇ **sich ~** ↑ *sich einigen* come to terms

Arrest *m* <-[e]s, -e> JURA, SCH, MIL detention

arrogant *adj* arrogant; **Arroganz** *f* arrogance

Arsch *m* <-es, Ärsche> *FAM!* ① ↑ *Hintern* ass *AM*, arse *BRIT*; *FAM!* ◇ **jd-m in den ~ kriechen** to brown-nose s.o. ② (*FAM! PEJ Person*) ass, buff[head]

Arschloch *s FAM! PEJ* arshole *BRIT*, asshole, butthole *AM*

Art *f* <-, -en> ① ↑ *Gattung* (*Tier~*) species ② ↑ *Sorte* kind, type, sort ③ ↑ *Wesen* (*Eigen~*) way; ◇ **das ist so seine ~** that's just how he is ④ ↑ *Methode* way, manner; ◇ **auf diese ~ u. Weise** in this way; ◇ **ich möchte mein Steak nach ~ des Hauses** I would like to have my steak according to the house

Arterie *f* MED artery; **Arterienverkalkung** *f* MED hardening of the arteries

artig *adj* well-behaved

Artikel *m* <-s, -> ① (*Zeitungs~*) article ② (*Gesetzes~*) clause, article ③ GRAM ↑ *Geschlechtswort* article; ◇ **[un]bestimmter Artikel** [in]definite article; **artikulieren I.** *vt* ↑ *aussprechen* → *Laute* articulate; ↑ *formulieren* → *Gedanken* express **II.** *vr* ◇ **sich ~** (*FIG sich ausdrücken*) express o.s.

Artillerie *f* MIL artillery

Artischocke *f* <-, -n> artichoke

Arznei *f* medicine

Arzneikosten *pl* medical costs *pl*

Arzt *m* <-es, Ärzte> doctor, physician; **Ärztin** *f* [woman] doctor; **ärztlich** *adj* medical

As *s* <-ses, -se> ① (*Spielkarte*) ace ② (*FIG Spezialist, Könner*) crack, whiz, ace

Asbest *m* <-[e]s, -e> asbestos

Asche *f* <-, -n> ash; **Aschenbahn** *f* SPORT cinder track; **Aschenbecher** *m* ashtray; **Aschenbrödel** *s*, **Aschenputtel** *s* Cinderella; **Aschermittwoch** *m* Ash Wednesday

ASCII[-Code] *m Abk. v.* PC **American Standard Code for Information Interchange,** ASCII

äsen *vi* graze

Asiat(in *f*) *m* <-en, -en> Asian; **asiatisch** *adj* Asian, Asiatic; **Asien** *s* Asia

Asket *m* <-en, -en> ascetic

asozial *adj* ① ↑ *unsozial* ▷*Verhalten* unsocial ② *PEJ* ▷*Familie* scummy

A

Aspekt *m* <-[e]s, -e> *a.* SPRACHW ↑ *Gesichtspunkt* aspect; ◇ **unter diesem** ~ from this point of view

Asphalt *m* <-[e]s, -e> asphalt; **asphaltieren** *vt* → *Straße* asphalt, pave

aß *impf v.* **essen**

Assembler *m* <-s, -> PC assembler

Assistent(in *f*) *m* assistant

Assoziation *f* [1] ↑ *Zusammenschluß* association [2] ↑ *Gedankenverknüpfung* association; **assoziieren** *vt* ↑ *verbinden* (*zu Handelsgesellschaft*) associate; → *Gedanken* associate

Ast *m* <-[e]s, Äste> branch

Aster *f* <-, -n> FLORA aster

ästhetisch *adj* ↑ *schön* ▷*Ideal* aesthetic

Asthma *s* <-s> MED asthma; **Asthmatiker(in** *f*) *m* <-s, -> asthmatic

Astrologe *m*, **Astrologin** *f* astrologer; **Astrologie** *f* astrology

Astronaut(in *f*) *m* <-en, -en> astronaut

Astronomie *f* astronomy; **astronomisch** *adj* [1] astronomical [2] *FIG* ↑ *riesig* ▷*Preis* colossal, astronomical

ASU *f* <-, -s> *Abk. v.* **Abgassonderuntersuchung** *annual anti-pollution inspection of a car's exhaust output*

Asyl *s* <-s, -e> [1] ↑ *Zufluchtsort* ▷*politisch* asylum, refuge [2] ↑ *Heim* (*Obdachlosen~*) home for the needy; **Asylant(in** *f*) *m* ↑ *Asylbewerber* asylum-seeker; (*PEJ Wirtschafts~*) *person seeking asylum for economic reasons;* **Asylrecht** *s* right to asylum

Atelier *s* <-s, -s> (*Maler~, Film~*) studio

Atem *m* <-s> breath; ◇ ~ **holen** to catch one's breath; ◇ **außer** ~ out of breath; **atemberaubend** *adj* ▷*Spannung, Schönheit* breath-taking; **atemlos** *adj* breathless; **Atempause** *f* breather

Atheismus *m* atheism; **Atheist(in** *f*) *m* atheist

Äther *m* <-s, -> [1] MED ether [2] *FIG* MEDIA air; ◇ **durch den** ~ **schicken** to put s.th. on the air

Äthiopien *s* Ethiopia

Athlet(in *f*) *m* <-en, -en> athlete

Atlantik *m* <-s> the Atlantic [Ocean]

Atlas *m* <- *o.* -ses, -sse *o.* Atlanten> atlas

atmen *vti* (*ein~, aus~*) breathe

Atmosphäre *f* <-, -n> [1] (PHYS *Erd~*) atmosphere [2] *FIG* ↑ *Stimmung* (*Wohn~*) atmosphere

Atmung *f* breathing

Atoll *s* <-s, -e> atoll

Atom *s* <-s, -e> atom; **Atom-** *in Zusammensetzungen* nuclear, atomic; **atomar** *adj* [1] PHYS atomic [2] ▷*Sprengkopf, Rüstung* atomic, nuclear; **Atombombe** *f* atom bomb, nuclear bomb; **Atombunker** *m* fallout shelter; **Atomenergie** *f* nuclear energy; **Atomkern** *m* nucleus; **Atomkraft** *f* nuclear power, nuclear energy; **Atomkraftwerk** *s* nuclear power plant; **Atomkrieg** *m* nuclear war; **Atommacht** *f* nuclear power; **Atommüll** *m* nuclear waste; **Atomversuch** *m* nuclear test; **atomwaffenfrei** *adj* (*ohne Atomwaffen*) ◇ **~e Zone** nuclear-free zone; **Atomwaffensperrvertrag** *m* POL nuclear [weapons] non-proliferation treaty; **Atomzeitalter** *s* atomic age

Attentat *s* <-[e]s, -e> (*Mord an Politiker*) assassination (*auf akk* of); **Attentäter(in** *f*) *m* assassin

Attest *s* <-[e]s, -e> certificate, notice; **attestieren** *vt* certify; ◇ **jd-m Krankheit** ~ to certify s.o. as being ill

Attraktion *f* attraction; **attraktiv** *adj* [1] ↑ *schön* ▷*Person* attractive [2] ↑ *interessant* ▷*Angebot* attractive, interesting

Attrappe *f* <-, -n> sham, dummy

Attribut *s* <-[e]s, -e> [1] ↑ *Eigenschaft* characteristic [2] SPRACHW attribute

ätzen *vi* [1] ← *Säure* corrode [2] MED cauterize; **ätzend** *adj* [1] ▷*Flüssigkeit* acidic; ▷*Geruch* pungent [2] *FIG* ▷*Spott* acrid [3] *FAM* ↑ *unangenehm, nervig* disgusting, grotty *BRIT*; ◇ **ein ~er Typ** a disgusting person

Aubergine *f* eggplant, aubergine

auch *cj* [1] ↑ *gleichermaßen, ebenso* also, as well, too; ◇ **sowohl ... als** ~ as well as [2] ↑ *außerdem* too, besides; ◇ **das hat er** ~ **gemacht** he did that too [3] ↑ *sogar* even; ◇ ~ **der Reichste hat Probleme** even the richest have problems [4] ↑ *wirklich* really; ◇ **ist das** ~ **wahr?** is that really true?

audiovisuell *adj* audiovisual; ◇ **~er Unterricht** audiovisual teaching

Auditorium *s* auditorium

auf I. *präp akk/dat* [1] (*wohin?, räumlich, akk*) up; ◇ ~ **e-n Berg steigen** to climb up a mountain; ◇ **sich ~s Bett legen** to lie down on the bed; ↑ *zu* to; ◇ ~ **die Post gehen** to go to the post office [2] (*wo?, räumlich, dat*) on; ◇ ~ **dem Berg stehen** to stand on [*o.* top of] the mountain; ◇ **das Buch liegt** ~ **dem Stuhl** the book is lying on the chair; ↑ *in* at; ◇ ~ **der Bank** at the bank; ◇ ~ **der Hochzeit** at the wedding [3] (*wie lange?, zeitlich, akk*) ↑ *für* for; ◇ ~ **6 Monate** for six months [4] (*zeitlich, akk*) ↑ *nach* after; ◇ ~ **Sonntag folgt Montag** Monday comes after Sunday; ◇ **Schlag** ~ **Schlag** one after the other [5] ↑ *bis* ◇ ~ **Wiedersehen!** See you; (*Abschied*) good-bye! [6] (*Art u. Weise*) ◇ **etw** ~ **deutsch sagen** to say s.th. in German; ◇ ~ **einmal** all at once, all of a sudden [7] (*als Reaktion*) ◇ ~

seine Bitte hin at his wish, upon his request ⑧ ◇ **- ein Glas Wein** for a glass of wine **II.** *adv* ① ↑ *offen* open; ◇ **die Tür ist** - the door is open ② ◇ **- und ab gehen** (*hin und her*) to pace up and down ③ ↑ *los* ◇ **- geht's!** come on! let's go!

aufarbeiten *vt* ① (*nachholen*) ◇ **Arbeit** - to catch up on one's work ② ↑ *bewältigen* → *Vergangenheit* re-examine

aufatmen *vi FIG* give a sigh of relief

Aufbau [1] *m* <-[e]s> ① (*das Aufbauen*) construction; (*Wieder-*) reconstruction ② ↑ *Struktur* (*Satz-*) structure

Aufbau [2] *m* <-s, Aufbauten> (*auf Haus*) addition; (*auf Auto*) body; **aufbauen I.** *vt* ① → *Zelt* put up, set up; → *Gebäude* build ② ↑ *gründen* → *Existenz* establish ③ ↑ *strukturieren* → *Text* compose ④ ↑ *unterstützen* → *Politiker* support ⑤ ↑ *trösten* pick up, restore **II.** *vr* ① ↑ *sich postieren* ◇ **er hat sich vor mir aufgebaut** he planted himself in front of me ② ↑ *basieren, sich gründen* be based (*auf dat* on)

aufbäumen *vr* ◇ **sich** - ① ← *Pferd* rear up ② *FIG* ↑ *Widerstand leisten* rebel (*gegen akk* against), make a stand

aufbauschen *vt FIG* blow up

aufbehalten *unreg vt* → *Hut* keep on

aufbekommen *unreg vt* ① → *Tür* be able to open ② → *Hausaufgaben* be given

aufbereiten *vt* ① → *Rohstoffe* process ② PC → *Daten* process; → *Texte* edit

aufbessern *vt* ① ↑ *erhöhen* → *Gehalt* increase ② ↑ *auffrischen* → *Wissen* refresh

aufbewahren *vt* ① → *alte Fotos* keep, save ② → *Gepäck* keep; **Aufbewahrung** *f* ① ↑ *das Aufbewahren* keeping, storage; ◇ **jd-m etw zur - [über]geben** to give s.th. to s.o. for safekeeping; ◇ **das Gepäck in/zur - geben** to deposit the luggage at the left-luggage ② (*Gepäck-*) luggage deposit, check room *AM*

aufbieten *unreg vt* ① ↑ *einsetzen* → *Kraft* apply ② → *Truppen* present

aufblähen *vt auch FIG* inflate, blow up

aufblasen *unreg* **I.** *vt* → *Luftballon, Reifen* inflate, blow up **II.** *vr* ◇ **sich** - *FAM* ↑ *sich wichtig machen* get on one's/a high horse

aufbleiben *unreg vi* ① ← *Geschäft* stay open ② ← *Mensch* stay up

aufblenden *vti* ① FOTO open up the lens ② AUTO turn on the brights

aufblicken *vi auch FIG* look up (*zu* to)

aufbrausen *vi FIG* fly into a rage

aufbrechen *unreg* **I.** *vt* → *Schloß* break open **II.** *vi* ① leave, set out ② ↑ *aufplatzen* ← *Knospe* break out

aufbringen *unreg vt* ① ↑ *beschaffen* → *Geld* raise; ◇ **Verständnis für etw** - to muster up understanding for s.th. ② *FAM* → *Tür* to be able to open ③ → *Gerücht* spread ④ ↑ *in Wut bringen* ◇ **jd-n** - make s.o. mad (*gegen* at)

Aufbruch *m* (*von Urlaubsort*) departure, leaving

aufbürden *vt auch FIG* ◇ **jd-m etw** - → *Last, Verantwortung* to encumber s.o. with s.th.

aufdecken *vt* ① → *Bett* uncover ② *FIG* ↑ *offenlegen* → *Wahrheit* discover, reveal ③ ↑ *zeigen* → *Spielkarte* turn over

aufdrängen I. *vt* impose; ◇ **jd-m etw** - to force s.th. on s.o. **II.** *vr* ◇ **sich** - ↑ *anbiedern, lästig werden* impose; ◇ **sich jd-m** - to impose o.s. on s.o.

aufdrehen I. *vt* ↑ *öffnen* → *Wasser[hahn]* turn on; → *Schraube* unscrew; → *Radio* turn up **II.** *vt* ① *FAM* ↑ *beschleunigen* floor it ② *FAM* ← *Person* let o.s. go

aufdringlich *adj* imposing, insistent

aufdrücken *vt* ① ◇ **fest** - press down firmly ② → *Tür* push open

aufeinander *adv* ① ▷*gestapelt* on top of each other ② ▷*warten* for each other, for one another; **aufeinanderfolgen** *vi* ◇ **direkt** - to come one right after the other; **aufeinanderlegen** *vt* to put one on top of the other; **aufeinanderprallen** *vi* collide

Aufenthalt *m* ① (*Urlaubs-*) stay ② (*Zwischen-*) stopover ③ ↑ *Aufenthaltsort* whereabouts *pl*; **Aufenthaltsgenehmigung** *f* residence permit

Auferstehung *f* REL resurrection

aufessen *unreg vt* eat up

auffahren *unreg* **I.** *vi* ① ↑ *zusammenstoßen* (*auf Auto*) bump (*auf akk* into), rear-end (*auf akk* s.th.) ② ▷*dicht* tailgate (*auf akk* s.th.) ③ ↑ *aufspringen* ▷*erschreckt* start; ◇ **aus dem Schlaf** - to wake up with a start ④ ↑ *wütend werden* fly into a rage **II.** *vt* ① ↑ *heranfahren* → *Ladung Steine* bring ② *FAM* → *Essen* dish out, serve ③ MIL → *Geschütz* bring up; **Auffahrt** *f* ① (*Autobahn-*) approach [road] ② ↑ *Rampe* ramp; **Auffahrunfall** *m* rear-end collision

auffallen *unreg vi* ▷*unangenehm* attract attention, stick out; ◇ **jd-m** - to attract s.o.'s attention; **auffallend** *adj* unusual, striking; ◇ **- klug** unusually smart

auffangen *unreg vt* ① ↑ *fangen* → *Ball* catch ② → *Wasser* catch ③ ↑ *aufschnappen, zufällig hören* → *Wort, Blick* ◇ **ich habe das zufällig aufgefangen** I heard that by accident ④ ↑ *mildern* → *Preissteigerung* absorb; **Auffanglager** *s* holding camp

auffassen *vt* [1] ↑ *interpretieren* understand [2] ↑ *verstehen* ⊳*schnell* grasp, catch on [to s.th.]; **Auffassung** *f* [1] ↑ *Meinung* opinion; ◇ **meiner ~ nach** in my opinion [2] *(~sgabe)* comprehension

auffordern *vt* [1] ↑ *verlangen* demand; ◇ **jd-n ~ etw zu tun** to ask s.o. to do s.th. [2] ↑ *bitten (zum Tanz)* ask; **Aufforderung** *f* [1] ↑ *Ermahnung (Zahlungs~)* demand [2] ↑ *Bitte* ⊳*höflich* request

Aufforstung *f* reforestation, retimbering

auffrischen I. *vt* ↑ *erneuern* → *Erinnerung* refresh; → *Möbel, Farbe* freshen up II. *vi* ← *Wind* become windy

aufführen I. *vt* [1] → *Theaterstück* perform [2] ↑ *auflisten* list II. *vr* ◇ **sich** ~ ↑ *sich benehmen* behave; **Aufführung** *f* [1] *(Theater~)* performance [2] ↑ *Liste* list

Aufgabe *f* [1] ↑ *Verpflichtung, Arbeit* ⊳*schwierig, leicht* task, job [2] (SCH *Haus~*) homework [3] ↑ *Verzicht (Geschäfts~)* closing; *(von Gewohnheit)* giving up [4] *(von Sportler)* giving up [5] ↑ *Abgabe (Gepäck~)* check-in [6] ↑ *Aufgeben (von Anzeige)* turning in

Aufgang *m* [1] *(Treppen~)* staircase [2] *(Sonnen~)* sunrise

aufgeben *unreg* I. *vt* [1] → *Gewohnheit, Hoffnung* give up [2] ↑ *stellen* → *Rätsel, Frage* give [3] ↑ *abgeben* → *Gepäck* check in, turn in [4] SCH ↑ *anordnen* assign [5] → *Bestellung* → *Inserat* place II. *vi a.* SPORT give up

aufgedreht *adj FAM* hyper, excited

aufgehen *unreg vi* [1] ↑ *sich öffnen* ← *Tür, Knospe* open [2] ← *Sonne* rise [3] ↑ *stimmen* ← *Rechnung* work out [4] ◇ **jetzt geht mir ein Licht auf** now it dawns on me [5] ◇ **in e-r Arbeit ~** *(sich widmen, hingeben)* to become absorbed in a job [6] ◇ **in Flammen ~** to go up in flames

aufgeklärt *adj* [1] ↑ *informiert* informed, enlightened [2] ⊳*sexuell* know the facts of life

aufgelegt *adj* [1] ↑ *gelaunt* ◇ **gut ~ sein** to be in a good mood [2] ◇ **zu etw ~ sein** to be in the mood for [doing] s.th.

aufgeregt *adj* ↑ *nervös* nervous; ↑ *freudig* excited

aufgeschlossen *adj* open-minded

aufgliedern *vt* ↑ *unterteilen* categorize, divide up *(in akk* in)

aufgreifen *unreg vt* [1] ↑ *ergreifen, festhalten* → *Person* catch, pick up [2] *FIG* → *Thema* take up

aufgrund *präp gen* ↑ *wegen* due to; ◇ **~ Ihrer guten Arbeit** due to your good work

aufhaben *unreg* I. *vt* [1] ↑ *tragen* → *Hut* wear [2] *(offen haben)* → *Geschäft* have open; → *Augen* have open [3] → *Hausaufgabe* be assigned, have to do II. *vi* ↑ *geöffnet haben* be open; *FAM* ◇ **bis 19 Uhr ~** be open until 7 p.m.

aufhalten *unreg* I. *vt* [1] ↑ *stoppen* → *Fortschritt* delay, hold back [2] ↑ *offen halten* → *Tür* hold open; → *Augen* keep open II. *vr* ◇ **sich ~** [1] ↑ *bleiben (im Ausland)* stay *(bei* in) [2] ◇ **sich lange ~** to spend/take a long time *(mit* on)

aufhängen I. *vt* [1] → *Wäsche, Bild* hang up [2] → *Person* hang II. *vr* ◇ **sich** ~ ↑ *erhängen* hang o.s.; **Aufhänger** *m* <-s, -> [1] *(an Jacke, Handtuch etc.)* loop [2] *FIG* ↑ *Grundlage (für Thema)* starting point *(für* for)

aufheben *unreg* I. *vt* [1] *(vom Boden)* pick up [2] → *Bestimmung, Urteil* cancel, do away with [3] ↑ *auflösen* → *Versammlung* break off [4] ↑ *aufbewahren* keep II. *vr* ◇ **sich** ~ cancel each other out; **Aufheben** *s* <-s> *FIG* ◇ **viel A~[s] machen von/wegen** to make a big fuss about s.th.

aufheitern I. *vt* ↑ *trösten* cheer up II. *vr* ◇ **sich** ~ [1] ↑ *heiter werden* ← *Miene* brighten up [2] ← *Wetter* brighten up, clear up; **Aufheiterung** *f (Wetter)* sunny period

aufhetzen *vt* ↑ *aufstacheln* stir up; ◇ **jd-n gegen jd-n/etw ~** to stir up s.o.'s animosity against s.o./s.th.

aufholen I. *vt* ↑ *einholen* ◇ **wir müssen diese Verspätung ~** we have to make up for the delay II. *vi* catch up

aufhorchen *vi* become attentive

aufhören *vi* [1] ↑ *zu Ende gehen* stop, end [2] ↑ *nicht weitermachen* stop; ◇ **mit etw ~** stop doing s.th., quit doing s.th.

aufkaufen *vt* buy up

aufklären I. *vt* [1] → *Verbrechen* solve [2] ↑ *informieren* inform; ◇ **sexuell ~** *(bes. Kinder)* tell s.o. about the facts of life II. *vr* ◇ **sich** ~ ← *Wetter* clear up; **Aufklärer** *m* <-s, -> MIL reconnaissance plane; **Aufklärung** *f* [1] *(e-s Sachverhalts)* enlightenment [2] *(Zeitalter der ~)* Age of Enlightenment

aufkleben *vt* stick on *(auf* to)

aufkommen *unreg vi* [1] ← *Mode* appear, come into style [2] ← *Wind* rise, come up [3] ← *Gefühl* rise [4] ↑ *bezahlen* ◇ **für jd-n/etw ~** to pay for s.o./s.th.

aufladen *unreg vt* [1] (→ *Ware, auf LKW*) load [2] → *Batterie* charge

Auflage *f* [1] ↑ *Ausgabe (von Buch)* edition [2] ↑ *Belag (Schreibtisch~)* covering [3] COMM production [4] ↑ *Bedingung* condition; ◇ **etw zur ~ machen** to make s.th. a condition

auflassen *unreg vt* [1] ↑ *nicht schließen* → *Fenster, Tür, Mantel* leave open [2] ↑ *nicht absetzen* → *Mütze* leave on

auflauern *vi* ◇ **jd-m ~** to lie in wait for

Auflauf *m* [1] (GASTRON *Reis-*) casserole [2] ↑ *Ansammlung* (*Menschen-*) crowd

aufleben *vi* [1] ↑ *neu entflammen* ← *Streit* revive [2] ↑ *wieder aktiv werden* ← *Person* come to life

auflegen *vt* [1] → *Telefonhörer* hang up [2] ↑ *verlegen* → *Buch* publish; ◇ **neu** - republish [3] COMM → *Ware* introduce [4] → *Gedeck, Hand* put down

auflehnen I. *vr* ◇ **sich** - rebel (*gegen* against) **II.** *vt* ↑ *abstützen* → *Arm* lean (*auf akk* on)

auflesen *unreg vt* [1] ↑ *aufheben* (*vom Boden*) pick up [2] *FIG FAM* ↑ *finden u. mitnehmen* ◇ **jd-n auf der Straße** - to pick s.o. up off the street

auflesen *vt* pick, gather

aufleuchten *vi* light up

aufliegen *unreg vi* [1] ↑ *liegen* lie (*auf dat* on) [2] ↑ *ausliegen* ◇ **die Kondolenzliste liegt auf** a condolences book will be available [3] ↑ *veröffentlicht sein* ← *Buch* be published

Auflistung *f* [1] ↑ *Liste* list [2] (PC *von Programmzeilen*) listing

auflockern *vt* [1] ↑ *entspannen* → *Muskeln* loosen up [2] *FIG* ↑ *entkrampfen* ◇ **die Stimmung** - to ease the tension

auflösbar *adj* soluble; **auflösen I.** *vt* [1] ↑ *lösen* (*in Wasser*) dissolve [2] ↑ *abschaffen* dissolve [3] → *Haushalt* break up [4] *FIG* ↑ *ausräumen, beseitigen* → *Mißverständnis* clear up **II.** *vr* ◇ **sich** - [1] ↑ *zerfallen* ← *Tablette* dissolve [2] ↑ *auseinandergehen* ← *Versammlung, Partei* dissolve; **Auflösung** *f* [1] (*von Tablette*) dissolving [2] (*von Versammlung*) disbanding [3] (*von Rätsel*) solution [4] (*von Haushalt*) breaking up; **Auflösungszeichen** *s* MUS natural

aufmachen I. *vt* [1] ↑ *öffnen* → *Tür, Brief* open [2] ↑ *eröffnen* → *Laden* open **II.** *vr* ◇ **sich** - [1] ↑ *starten, weggehen* set out [2] ↑ *sich zurechtmachen* get ready, get dressed; **Aufmachung** *f* ↑ *Gestaltung* presentation, get-up

aufmarschieren *vi* march up; ↑ *vorbeimarschieren* march past

aufmerksam *adj* [1] ↑ *konzentriert* alert, attentive [2] ↑ *zuvorkommend* considerate [3] ◇ **jd-n auf etw** *akk* - **machen** to draw s.o.'s attention to s.th.; **Aufmerksamkeit** *f* [1] (*geistig*) attention [2] (*kleines Geschenk*) gift

aufmuntern *vt* [1] ↑ *ermuntern* encourage [2] ↑ *fröhlich machen* cheer up

Aufnahme *f* <-, -n> [1] (*Film-, Foto-*) picture; (*von Sendung, Musik*) recording [2] (*in Partei*) admission [3] ↑ *Beginn* commencement, start [4] ↑ *Notieren* noting, recording [5] (*Nahrungs-*) eating [6] FIN (*Kredit-*) obtaining [7] ↑ *Unterkunft* ◇ - **gewähren** provide accomodation; **Aufnahmegerät** *s* recorder; **Aufnahmeleiter** *m* producer; **Aufnahmeprüfung** *f* (*für Schule, Uni etc.*) entrance exam; **aufnehmen** *unreg vt* [1] → *Foto* take; → *Film, Musik* record [2] ↑ *beginnen* ◇ **Kontakt mit jd-m** - to make contact with s.o. [3] (→ *jd-n, in Partei*) admit [4] ↑ *notieren* note, write down [5] ↑ *aufheben, hochnehmen* pick up [6] ↑ *beherbergen* → *jd-n* accomodate [7] ◇ **es mit jd-m - können** to be a match for s.o.

Aufopferung *f* sacrifice

aufpassen *vi* [1] ↑ *beaufsichtigen* take care (*auf akk* of) [2] ↑ *aufmerksam sein* pay attention; ◇ **im Straßenverkehr** - to be careful in traffic

Aufprall *m* <-s, -e> crash, impact; **aufprallen** *vi* crash (*auf akk* into)

Aufpreis *m* additional charge

aufpumpen *vt* pump up, inflate

aufraffen *vr* ◇ **sich** - *FAM* ↑ *sich zusammenreißen* rouse o.s.

aufräumen I. *vt* [1] ↑ *in Ordnung bringen* → *Zimmer* straighten up, tidy up [2] ↑ *wegräumen* → *Sachen* tidy up **II.** *vi* tidy [up]

aufrecht *adj* [1] ▷*Gang* upright, erect [2] *FIG* ↑ *aufrichtig, ehrlich* upright, honest; **aufrechterhalten** *unreg vt* ↑ *beibehalten* → *Kontakt* uphold; → *Behauptung* uphold, keep to

aufregen I. *vt* → *jd-n* annoy **II.** *vr* ◇ **sich** - ↑ *wütend werden* become angry, become annoyed (*über akk* about); **aufregend** *adj* [1] ↑ *spannend* ▷*Film* exciting [2] ↑ *attraktiv* ▷*Frau, Mann* interesting, exciting; **Aufregung** *f* [1] (*freudig*) excitement [2] ↑ *Unruhe* upheaval, disturbance

aufreibend *adj* strenuous, exhausting

aufreißen *unreg vt* [1] (*schnell oder gewaltsam öffnen*) → *Straße* tear up; → *Umschlag* tear open; → *Tür* throw open, fling open [2] *FAM* ↑ *kennenlernen* → *Frau, Mann* pick up

aufrichtig *adj* sincere, honest; **Aufrichtigkeit** *f* sincerity, honesty

Aufruf *m* [1] ↑ *Appell* appeal (*zu* to) [2] (*Namens-*) call [3] AERO, PC call; **aufrufen** *unreg vt* [1] ↑ *rufen* → *Person* call [2] ↑ *appellieren, auffordern* appeal (*zu dat* to) [3] AERO PC call [up]

Aufruhr *m* <-[e]s, -e> uprising, upheaval; **Aufrührer(in** *f*) *m* trouble-maker

aufrunden *vt* → *Summe* round up

Aufrüstung *f* ◇ **atomare** - nuclear arming

aufs = auf das

aufsässig *adj* cheeky, sassy

Aufsatz *m* [1] (*Schul-, Essay*) essay, composition [2] ↑ *Aufbau* (*auf Schrank*) attachment

aufsaugen *vt* [1] ← *Schwamm* absorb, soak up [2] *FIG* ◇ **etw in sich** - → *Wissen, Information* to absorb s.th.

aufschieben *unreg vt* [1] → *Schiebetür* slide open [2] ↑ *verschieben* → *Termin* postpone, put off

Aufschlag *m* [1] (*Preis-*) extra charge [2] (*Ärmel-*) cuff [3] ↑ *Aufprall* (*auf Boden*) crash, impact [4] (SPORT *Ball-*) serve; **aufschlagen** *unreg* **I.** *vt* [1] ↑ *aufmachen* → *Zeitung* open [2] ↑ *errichten* → *[Zelt]lager* set up, erect; ◇ **s-n Wohnsitz** ~ to take up residence [3] ↑ *verletzen* → *Knie* bump [4] SPORT → *Ball* serve **II.** *vi* [1] ↑ *aufprallen* hit [2] ↑ *teurer werden* ← *Preise* go up [3] SPORT ◇ **du mußt** ~ it's your serve

aufschließen *unreg* **I.** *vt* → *Tür* unlock **II.** *vi* ↑ *aufrücken* catch up to; **Aufschluß** *m* information; ◇ **jd-m** ~ **geben über etw** *akk* to give s.o. some information about s.th.; **aufschlußreich** *adj* informative

aufschnallen *vt* ↑ *öffnen* → *Skistiefel* unfasten, unbuckle

aufschnappen *vt* catch, pick up

aufschneiden *unreg* **I.** *vt* [1] → *Wurst, Brot* slice [2] MED → *Bauch* cut open **II.** *vi* ↑ *angeben* show off, brag; **Aufschnitt** *m* <-[e]s> (*Wurst-, Käse-*) meat/cheese assortment, sandwich meat/cheese

aufschrecken **I.** *vt* ↑ *erschrecken* → *jd-n* scare, frighten **II.** *unreg vi* ◇ **aus dem Schlaf** ~ to wake with a start

Aufschrei *m* (*vor Freude, Schmerz*) [out]cry

aufschreiben *unreg vt* [1] ↑ *notieren* write down, put down; ◇ **sich** *dat* **etw** ~ to write s.th. down [2] ↑ *niederschreiben* write down [3] (*auf Rechnung setzen*) ◇ **schreiben Sie's auf!** put it on my bill! [4] *FAM* → *Parksünder* write s.o. up, give s.o. a ticket

aufschreien *unreg vi* cry out

Aufschrift *f* ↑ *Beschriftung, Etikett* (*auf Buch*) inscription, label; (*auf Grab*) epitaph, inscription

Aufschub *m* <-[e]s, Aufschübe> ▷*Zahlungs-* postponement; ◇ **jd-m** ~ **gewähren** to give s.o. more time, to allow s.o. deferral

aufschwatzen *vt FAM* ◇ **jd-m etw** ~ to talk s.o. into s.th.

aufschwingen *unreg vr* ◇ **sich** ~ [1] ← *Turner* swing o.s. up; ← *Vogel* soar up [2] *FIG* ◇ **los, schwing' dich auf!** come on, rouse y.s. up!; **Aufschwung** *m* [1] ↑ *Auftrieb* lift [2] COMM upswing [3] SPORT swing-up

aufsehen *unreg vi* ↑ *hochblicken* (*von Buch*) look up; *FIG* ↑ *verehren* (*zu Person*) look (*zu* up to s.o.); **Aufsehen** *s* <-s> sensation; ◇ ~ **erregen** to cause a sensation; **aufsehenerregend** *adj* sensational; **Aufseher(in** *f*) *m* <-s, -> (*Gefängnis-*) ward, guard; (*in Museum, Park*) attendant, supervisor

aufsein *unreg vi FAM* [1] ← *Fenster, Kleidung* be open [2] ↑ *wach sein* be awake

aufsetzen **I.** *vt* [1] → *Hut, Wasser* put on [2] ↑ *verfassen* draft **II.** *vr* ◇ **sich** ~ (*sich aufrichten*) sit up **III.** *vi* → *Flugzeug* touch down, land

Aufsicht *f* <-, -en> [1] ↑ *Überwachen* supervision (*über akk* over) [2] (*Aufpasser*) supervisor, attendant; **Aufsichtslehrer(in** *f*) *m* SCH supervisor, proctor

aufsitzen *unreg vi* [1] (*im Bett*) sit up [2] (*auf Pferd*) mount; (*auf Motorrad*) get on [3] *FAM* ↑ *hereinfallen* ◇ **wir sind e-m Scherz aufgesessen** we fell for a hoax

aufsperren *vt* [1] ↑ *aufschließen* unlock [2] ↑ *offen halten* → *Mund* open [wide]

aufspielen *vr* ◇ **sich** ~ show off, act like God

aufspringen *unreg vi* [1] ↑ *hochspringen* jump to one's feet [2] (*auf Zug*) jump (*auf akk* on s.th.) [3] ↑ *rissig werden* ← *Lippen* chap, crack [4] FLORA ← *Knospe* burst

aufspüren *vt* track down

aufstacheln *vt* ↑ *aufwiegeln* stir up, rouse up

Aufstand *m* rebellion

aufstehen *unreg vi* [1] (*vom Stuhl*) get up, rise; ◇ **früh** ~ get up early [2] ↑ *offen sein* ← *Fenster* be open

aufsteigen *unreg vi* [1] ↑ *hinaufsteigen* (*auf Berg*) climb up [2] (*auf Motorrad etc.*) get on [3] (SPORT *in nächste Klasse*) climb [up] [4] *FIG* ◇ **ich fühle Freude in mir** ~ I feel the excitement rising in me; **Aufsteiger(in** *f*) *m* <-s, -> winner; SPORT team promoted to the next division

aufstellen **I.** *vt* [1] set up; → *Zelt* pitch; → *Möbelstück* set up, place; → *Wachen* set up, station [2] → *Kandidaten* nominate [3] → *Theorie* found, put forward [4] ↑ *auflisten* → *Rechnung* make up [5] ↑ *vollbringen* → *Rekord* set **II.** *vr* ◇ **sich** ~ (*im Kreis*) stand; **Aufstellung** *f* [1] (*von Zelt*) pitching; (*Gerüst*) build up, put up [2] ↑ *Liste* (*von Waren*) list [3] (*von Truppen*) stationing [4] (*von Theorie*) founding [5] (*von Rekord*) setting

Aufstieg *m* <-[e]s, -e> [1] (*auf Berg*) ascent [2] ↑ *Karriere* rise [3] (SPORT *in höhere Klasse*) advancement, promotion

aufstoßen *unreg* **I.** *vt* → *Tür* push open **II.** *vi* ↑ *rülpsen* burp

Aufstrich *m* (*Brot-*) spread

aufstützen **I.** *vr* ◇ **sich** ~ lean (*auf akk* on) **II.** *vt* → *Arm* lean (*auf akk* on)

aufsuchen *vt* ↑ *hingehen zu* → *Arzt* see, go to; → *Toilette* go to; ↑ *besuchen* visit, see

auftakeln *vr* ◇ **sich** ~ *FAM* ↑ *sich herausputzen* deck o.s. out

Auftakt *m* [1] ↑ *Beginn* ◇ **festlicher** ~ festive start [2] MUS ↑ *Vortakt* upbeat

auftanken *vt* → *Benzin* fill up
auftauchen *vi* [1] surface, emerge [2] ↑ *sichtbar werden* emerge, appear [3] *FAM* (*wieder da sein*) turn up [4] *FIG* ↑ *entstehen* ← *Zweifel* arise
auftauen **I.** *vt* → *Gefrorenes* thaw **II.** *vi* [1] ← *Fleisch* thaw; ← *Schnee* melt [2] *FIG* ↑ *Hemmungen ablegen* come out of one's shell
aufteilen *vt* [1] ↑ *verteilen* divide (*auf akk* among) [2] → *Zeit* divide [s.th.] up [3] → *Kuchen* divide (*in akk* into); **Aufteilung** *f* division
auftischen *vt* [1] → *Essen* serve [2] *FIG* ◇ **jd-m e-e Lüge** ~ to feed s.o. a lie
Auftrag *m* <-[e]s, Aufträge> [1] ↑ *Aufgabe, Arbeit* task, duty; ◇ ~ **erteilen** to give orders [2] COMM (*Produktions-*) order (*über akk* for) [3] ↑ *Weisung, Mission* task [4] ◇ **im** ~ (*stellvertretend*) pp; **auftragen** *unreg* **I.** *vt* [1] → *Essen* serve [2] → *Lack, Creme* spread, apply [3] ◇ **jd-m etw** ~ to instruct s.o. to do s.th. **II.** *vi* [1] *FIG* ◇ **das Kleid trägt auf** that dress makes you look fat [2] *FIG* ↑ *prahlen* ◇ **etw dick** ~ to lay s.th. on thick; **Auftraggeber** (**in** *f*) *m* <-s, -> COMM customer, client; **Auftragsbestätigung** *f* confirmation of an order; **Auftragserteilung** *f* placing of an order
auftreiben *unreg vt FAM* ↑ *sich beschaffen* find, get hold of
auftrennen *vt* undo, separate
auftreten *unreg vi* [1] ↑ *sich benehmen* ▷ *energisch* present o.s., appear, act [2] (*auf Boden*) take a step [3] ↑ *vorkommen* ← *Krankheit* occur, appear [4] THEAT perform; JURA (*als Zeuge*) appear; **Auftreten** *s* <-s> [1] ↑ *Benehmen* behaviour, behavior *AM*; ◇ **sein** ~ **in der Öffentlichkeit** his behaviour in public [2] ↑ *Vorkommen* occurrence [3] ↑ *Erscheinen* (*als Schauspieler, Zeuge*) appearance
Auftrieb *m* [1] (*FIG vor Freude*) boost [2] ↑ *Aufwind* buoyancy
Auftritt *m* [1] THEAT entrance; performance [2] *PEJ* scene
aufwachen *vi auch FIG* wake up
aufwachsen *unreg vi* grow up
Aufwand *m* <-[e]s> [1] ↑ *Einsatz* expenditure [2] ↑ *Luxus* extravagance; ◇ **großen** ~ **betreiben** to go to a great extent
aufwärmen **I.** *vt* [1] → *Essen* warm up [2] (*immer wieder erzählen*) warm up **II.** *vr* ◇ **sich** ~ SPORT warm up
aufwarten *vi* [1] (*mit Essen etc.*) serve (*mit* s.o. s.th.) [2] *FIG* offer (*mit* s.th.)
aufwärts *adv* (*räumlich*) up[wards]; ◇ **stromfahren** to go upstream; **aufwärtsgehen** *unreg vi FAM* ↑ *bessergehen* improve; ◇ **es geht aufwärts mit ihm** his situation is improving

aufwecken *vt* → *Kind* wake up
aufweisen *unreg vt* → *Mängel* bear, show
aufwenden *unreg vt* → *Geld, Energie* use, spend; → *Zeit* spend; **aufwendig** *adj* ◇ ~ **gearbeitet** costly and precisely worked
aufwerfen *unreg vt* [1] → *Frage, Problem* raise [2] → *Tür* throw open [3] → *Erdhaufen* pile up
aufwerten *vt* → *Währung* revalue, increase [in] value; *FIG* → *Person* increase s.o.'s value; **Aufwertung** *f* revaluation
aufwiegeln *vt* → *die Massen* stir up, rouse up
aufwiegen *unreg vt FIG* balance off; ◇ **die Nachteile wiegen die Vorteile auf** the cons outweigh the pros
Aufwind *m* [1] AERO METEO upcurrent [2] *FIG* ↑ *Aufschwung* upswing
aufwirbeln *vt FIG* ◇ **Staub** ~ stir up [*o.* cause] a commotion
aufwischen *vt* wipe (s.th.) up; → *Boden* mop [up]
aufzählen *vt* → *Namen, Dinge etc.* list, enumerate
aufzeichnen *vt* [1] ↑ *zeichnen* → *Bild* sketch, draw [2] ↑ *notieren* note, record [3] (*auf Tonband*) record; **Aufzeichnung** *f* [1] ↑ *Notizen* notes; (*Protokoll-*) minutes [2] (*Tonband-*) recording [3] (MEDIA *Film-*) playback, recording
aufzeigen *vt* demonstrate, show
aufziehen **I.** *unreg vt* [1] → *Uhr* wind [2] ↑ *in die Höhe ziehen* → *Lasten* hoist, draw up [3] ↑ *öffnen* → *Vorhang* draw [4] *FAM* ↑ *necken* tease; ◇ **jd-n mit etw** ~ to tease s.o. about s.th. [5] → *Kinder, Tiere* raise [6] *FAM* ◇ **ein Fest groß** ~ to put on an extravagant festival **II.** *vi* ← *Gewitter* approach
Aufzug *m* [1] ↑ *Fahrstuhl* lift *BRIT*, elevator *AM* [2] *PEJ* ↑ *Aufmachung* get-up [3] THEAT ↑ *Akt* act
aufzwingen *unreg vt* impose; ◇ **jd-m etw** ~ to force [*o.* impose] s.th. on s.o.
Augapfel *m* ANAT eyeball
Auge *s* <-s, -n> [1] (*Sinnesorgan*) eye [2] (*von Würfel*) eye [3] (GASTRON *Fett-*) bubble [4] *FIG* ◇ **unter vier -n** face to face; ◇ **jd-m schöne -n machen** to make eyes at s.o.; ◇ **beide -n zudrükken** to turn a blind eye; ◇ **jd-n aus den -n verlieren** to lose touch with s.o.; **Augenarzt** *m*, **Augenärztin** *f* opthamologist
Augenblick *m* moment; ◇ **im** ~ at the moment, right now; **augenblicklich** *adj* [1] ↑ *sofort* immediately, at once; ◇ **komm** ~ **her!** come here at once! [2] ↑ *momentan* at the moment, presently; ◇ ~ **habe ich keine Zeit** I don't have any time at the moment [*o.* right now]
Augenbraue *f* <-, -n> eyebrow; **Augenlid** *s*

eyelid; **Augenwischerei** *f FIG* ↑ *Selbsttäuschung* self-delusion; **Augenzeuge** *m*, **Augenzeugin** *f* eyewitness (*bei* to)

August *m* <-[e]s *o.* -, -e> August; *s. a.* **April**

Auktion *f* ↑ *Versteigerung* auction

Aula *f* <-, Aulen *o.* -s> (*Schul-*) auditorium

Au-pair-Mädchen *s* au-pair

Aura *f* <-, Auren> *FIG* ↑ *Ausstrahlung* aura, air

aus I. *präp dat* [1] (*von innen nach außen*) out; ◇ ~ **dem Haus gehen** to go out of the house [2] ↑ *von ... her* from; ◇ ~ **Spanien kommen** to come from Spain [3] (*zeitlich*) from; ◇ ~ **dem 18. Jahrhundert** from the 18th century [4] (*Beschaffenheit*) of; ◇ **dieser Stuhl ist ~ Holz** this chair is made of [*o.* out of] wood; ◇ **Käse wird ~ Milch hergestellt** cheese is made from milk [5] ↑ *aufgrund von* because of, due to; ◇ ~ **Liebe** out of love **II.** *adv* [1] (*zu Ende*) finished, over [2] ↑ *abgeschaltet* off [3] ◇ **von mir** ~ it's O.K. with me, as far as I'm concerned [4] ◇ **von sich** ~ ↑ *von selbst* on his own; **Aus** *s* <-> [1] *FIG* ↑ *Ende* end [2] SPORT out-of-bounds; ◇ **der Ball ist im** ~ the ball is out of bounds

ausarbeiten *vt* → *Plan* draw up, work out

ausarten *vi* ← *Sitzung* get out of hand

ausbaden *vt FAM* → *Dummheit* face the consequences of s.th.

Ausbau I. *m* <-[e]s> (*von Motor*) removal **II.** *m* <-s, Ausbauten> ↑ *Erweiterung* (*von Haus*) extension; (*von Ideen etc.*) elaboration; **ausbauen** *vt* [1] ↑ *herausnehmen* remove [2] ↑ *erweitern* → *Idee* elaborate; → *Haus* extend [3] ↑ *weiterführen* → *Projekt* extend; **ausbaufähig** *adj FIG* ▷ *Gedanke, Idee* ◇ **der Gedanke ist** ~ this thought can be elaborated on

ausbessern *vt* → *Wäsche* mend; → *Haus* repair; → *Text* correct; **Ausbesserungsarbeiten** *pl* repair work

ausbeulen *vt* beat out a dent

Ausbeute *f* profit, gain; **ausbeuten** *vt* [1] ↑ *ausnutzen* → *Arbeiter* exploit; → *Unwissenheit* to take advantage of s.th. [2] ↑ *fördern* → *Rohstoffe* exploit

ausbezahlen *vt* → *Geld, Erbteil* pay out

ausbilden *vt* [1] ↑ *lehren* → *Lehrling* train s.o. (*zu* as) [2] ↑ *fördern* → *Können* develop; **Ausbildung** *f* (*Schul-*) education; (*Berufs-*) [vocational] training

ausbleiben *unreg vi* [1] ← *Gäste* not show up [2] ← *Ereignisse* not occur; ◇ **das wird nicht** ~ that is bound to happen

Ausblick *m* [1] ↑ *Aussicht* view (*auf akk* of) [2] *FIG* ↑ *Perspektive* out look (*auf akk* on), prospect (*auf akk* for)

ausbrechen *unreg* **I.** *vi* [1] (*aus Gefängnis*) break out, escape [2] (*in Freudengeschrei, Tränen*) break out, burst out [3] ← *Krankheit* break out [4] ← *Vulkan* erupt **II.** *vt* [1] → *Steine* break out [2] ↑ *sich übergeben* → *Essen* vomit, throw up

ausbreiten I. *vt* [1] → *Teppich* lay; → *Gegenstände* spread out [2] → *Arme* open **II.** *vr* ◇ **sich** ~ [1] ← *Feuer* spread [2] ← *Gebiet* spread, cover [3] *FAM* ◇ **er breitete [sich über] seine Probleme aus** (*etw ausführlich behandeln*) he went into detail about his problems; **Ausbreitung** *f* expansion

Ausbruch *m* [1] (*Gefängnis-*) escape [2] (*Gefühls-*) outburst, eruption [3] (*Krankheits-*) outbreak

ausbrüten *vt* [1] → *Ei* hatch [2] *FIG* ↑ *ausdenken* → *Plan* cook up, hatch up

ausbürsten *vt* brush off

Ausdauer *f* endurance, stamina

ausdehnen I. *vt* [1] → *Gebiet* extend [2] → *Frist* prolong, extend [3] *FIG* → *Macht* extend **II.** *vr* ◇ **sich** ~ [1] ↑ *sich erstrecken* stretch, extend [2] ↑ *größer werden* expand; **Ausdehnung** *f* extension, stretching; (*e-s Machtbereichs*) expansion

ausdenken *unreg vt* ↑ *erfinden* → *Geschichte* make up, think up; ◇ **sich** *dat* **etw** ~ to think of s.th.

ausdiskutieren *vt* → *Problem* talk s.th. out

Ausdruck [1] *m* <-[e]s, Ausdrücke> [1] ↑ *Miene* (*Gesichts-*) expression [2] ↑ *Formulierung* ▷ *sprachlich* expression [3] ↑ *Stil, Wirkung* ▷ *künstlerisch* expression [4] ◇ **etw zum ~ bringen** to express s.th.

Ausdruck [2] *m* <-[e]s, -e> (*Computer-*) printout; **ausdrucken** *vt* PC print out; ◇ **e-e Datei** ~ to print out a file

ausdrücken I. *vt* [1] ↑ *auspressen* → *Zitrone* press out, squeeze [2] → *Zigarette* put out [3] ↑ *formulieren* → *Gedanken* express [4] ↑ *zeigen* → *Beileid* express **II.** *vr* ◇ **sich** ~ ↑ *sprechen* to express o.s.; ◇ **sich gewählt** ~ to express o.s. carefully, to weigh one's words; **ausdrücklich** *adj* clear; ◇ **etw ~ verbieten** to strictly forbid s.th.; **ausdruckslos** *adj* expressionless; **ausdrucksvoll** *adj* expressive, full of expression; **Ausdrucksweise** *f* way of expressing o.s.

ausdünnen *vt* clear out, thin out

auseinander *adv* ↑ *getrennt* apart; **auseinandergehen** *unreg vi* [1] ↑ *sich trennen* separate, break up [2] ↑ *differieren* ← *Meinungen* differ [3] ↑ *kaputtgehen* ← *Gegenstand* fall apart, break apart [4] *FAM* ↑ *dick werden* get fat, gain weight; **auseinanderhalten** *unreg vt FIG* ↑ *unterscheiden* → *Personen* tell apart, distinguish; →

Gedanken keep apart; **auseinandernehmen** *vt* take apart; **auseinandersetzen** I. *vt* → *Sachlage* ↑ *erklären* explain, discuss; ◇ **jd-m etw** ~ to explain s.th. to s.o. **II.** *vr* ◇ **sich** ~ ↑ *sich intensiv beschäftigen* (*mit Thema*) occupy o.s. (*mit* with); **Auseinandersetzung** *f* argument, quarrel

auserlesen *adj* ▷*Wein* select

Auserwählte(r) *fm* [1] *a.* REL the chosen one [2] *FAM* (*Verlobte*) fiancée; (*Verlobter*) fiancé

ausfahren *unreg* **I.** *vi* [1] ↑ *spazierenfahren* go for a ride [2] ↑ *hinausfahren* ← *Zug, Schiff* depart [3] → *Zeitungen, Brötchen* deliver **II.** *vt* [1] ↑ *spazierenfahren* → *jd-n* drive s.o. around [2] TECHNOL → *Fahrwerk* lower [3] ↑ *abnutzen* → *Weg* wear down [4] → *Wagen* drive full speed

Ausfahrt *f* [1] ↑ *Spazierfahrt* ride [2] (*Autobahn-*) exit; (*Garagen-*) driveway; ◇ ~ **freihalten** Keep clear [3] ↑ *Hinausfahren* (*des Zuges etc.*) departure

Ausfall *m* [1] (*Arbeits-*) loss [2] TECHNOL (*Maschinen-*) standstill [3] (*Haar-, von Zähnen*) loss [4] ↑ *Resultat* (*von Prüfung*) result, outcome; **ausfallen** *unreg vi* [1] ↑ *nicht zur Verfügung stehen* ← *Arbeiter* not be available; ← *Lohn* not be paid [2] ↑ *nicht funktionieren* ← *Maschine* be out of order, be down; ◇ **der Strom ist ausgefallen** there is no electricity [3] ↑ *herausfallen* ← *Zähne, Haare* fall out [4] ↑ *Ergebnis haben* ← *Klassenarbeit, Spiel* turn out [5] ↑ *nicht stattfinden* ◇ **der Unterricht fällt heute aus** class is cancelled today; **ausfallend** *adj* ◇ ~ **werden** ↑ *beleidigend werden* to become abusive; **Ausfallstraße** *f* arterial road, outbound road

ausfertigen *vt* → *Urkunde* complete, issue; **Ausfertigung** *f* completion; ◇ **in zweifacher/dreifacher** ~ in duplicate/triplicate

ausfindig machen *vt* locate, find

ausfliegen *unreg vi* (*FAM weggehen*) ◇ **sie ist ausgeflogen** she popped out

ausflippen *vi FAM* (*vor Freude, Wut etc.*) flip out, freak out

Ausflucht *f* <-, Ausflüchte> excuse, alibi

Ausflug *m* (*Betriebs-*) trip, outing, excursion; ◇ **e-n** ~ **machen** to go on an excursion; **Ausflügler(in** *f*) *m* traveller, [day] tripper

Ausfluß *m* [1] ↑ *Ausfließen* (*von Flüssigkeit*) leaking [2] ↑ *Abfluß* drainage [3] MED ↑ *Sekret* discharge

ausformulieren *vt* express

ausfragen *vt* question

ausfransen *vi* ravel

ausfressen *unreg vt* [1] eat up [2] *FAM* ◇ **etw** ~ to do mischief

Ausfuhr **I.** *f* <-, -en> ↑ *Export* export **II.** *in Zusammensetzungen* export; **ausführen** *vt* [1] ↑ *exportieren* export [2] → *Plan* carry out [3] ↑ *erklären* explain [4] ↑ *spazierenführen* → *Hund* take out

ausführlich *adj* detailed, thorough

Ausführung *f* [1] (*von Plan*) execution, carrying out [2] ↑ *Darstellung* (*von Thema*) presentation, explanation [3] (*Luxus-*) model

ausfüllen *vt* [1] → *Formular* fill in/out [2] ↑ *befriedigen* ← *Beruf* satisfy, fulfill

Ausgabe *f* [1] ↑ *Herausgeben* (*von Waren*) distribution, handing out [2] ↑ *Rückgabe* (*Gepäck-*) baggage claim [3] ↑ *Aufwand* (*von Geld*) expense [4] ↑ *Veröffentlichung* (*von Buch, Zeitung*) edition [5] (PC *von Daten*) output

Ausgang *m* [1] (*-stür*) exit [2] (*von Diskussion*) conclusion, outcome; (*von Spiel*) outcome, result; (*von Roman*) ending; (*von Zeitabschnitt*) end [3] ↑ *Ausgehen* leave; ◇ **die Soldaten haben heute** ~ the soldiers have permission to go out today; **Ausgangspunkt** *m* ↑ *Beginn, Start* (*von Reise etc.*) point of departure; (*FIG von Diskussion etc.*) starting point

ausgebaut *adj* ▷*Straßennetz, Schulsystem* [well-]developed

ausgeben *unreg* **I.** *vt* [1] ↑ *aufwenden* → *Geld* spend [2] ↑ *verteilen* → *Essen* give out, pass out [3] ↑ *spendieren* → *Runde Schnaps* pay, treat s.o. to **II.** *vr* ◇ **sich für etw/jd-n** ~ ↑ *vortäuschen, vorgeben* to pretend to be s.th./s.o. else

ausgebucht *adj* ▷*Flug, Hotel* booked up

ausgebufft *adj FAM* [1] ↑ *erschöpft* beat, pooped out [2] ↑ *raffiniert* ◇ **ein -er Betrüger** a clever con man

ausgedehnt *adj* [1] ▷*Gummiband etc.* stretched [2] ▷*Spaziergang* extended, long

ausgedient *adj* [1] ↑ *abgenutzt* ▷*Sache* worn out, beat up; ◇ **dieses Auto hat** ~ this car is on its last legs [2] ↑ *im Ruhestand* ▷*Soldat* veteran

ausgefallen *adj* unusual, extraordinary

ausgeglichen *adj* [1] ▷*Person* consistent, stable [2] ▷*Verhältnis* even, balanced; ▷*Spiel* even; **Ausgeglichenheit** *f* ↑ *Ruhe, Harmonie* stability, balanced nature

ausgehen *unreg vi* [1] (*zum Essen, ins Kino etc.*) go out [2] ← *Feuer, Licht* go out [3] ← *Haare* fall out [4] ↑ *Ergebnis haben* turn out; ◇ **wie ist der Film/das Spiel ausgegangen?** how did the film/game turn out? [5] ↑ *zu Ende gehen* ← *Geld* run out [6] ↑ *abstammen* ← *Initiative* come from, originate from [7] ◇ **ich gehe davon aus, daß du Hunger hast** I assume that you are hungry

ausgekocht *adj FIG* ↑ *raffiniert* tricky, clever, sly

ausgelassen *adj* relaxed, loose

ausgelastet *adj* ▷*Arbeiter* fully occupied; ▷*Maschine* in full operation

ausgelernt *adj* ◇ **- haben** to be qualified/trained

ausgemacht *adj* [1] ↑ *vereinbart* agreed; ◇ **es war -, daß ...** it was agreed that ... [2] *FAM* ↑ *groß* utter, complete; ◇ **ein -er Dummkopf** a complete fool

ausgenommen *cj* ↑ *bis auf* except [for], apart from; ◇ **er ißt alles, - Käse** he eats everything except cheese; ◇ **Anwesende -** except for the ones present

ausgeprägt *adj* [1] ↑ *stark* ▷*Interesse* strong [2] ↑ *markant* ▷*Gesichtszüge* distinctive

ausgerechnet *adv* ↑ *gerade* ◇ **- er!** him, of all people!; ◇ **- heute!** today, of all days!

ausgeschlossen *adj* [1] ↑ *ausgeräumt* out of the question; ◇ **Irrtum -** possibility of an error [2] ↑ *nicht möglich* impossible; ◇ **etw für - halten** to consider s.th. impossible [*o.* out of the question] [3] SPORT ↑ *disqualifiziert* disqualified

ausgeschmückt *adj* decorated

ausgeschnitten *adj* ▷*Kleid* low-cut

ausgesprochen **I.** *adj* ↑ *unverkennbar* ▷*Lüge* downright **II.** *adv* ↑ *sehr* very, really, extremely; ◇ **jd-n - gern haben** to like s.o. very much

ausgestattet *adj* ▷*Haus, Auto* equipped

ausgestorben *adj* [1] ▷*Pflanze* extinct [2] FIG ◇ **die Stadt war wie -** the city seemed like a ghost town

ausgezeichnet *adj* excellent, very good, outstanding

ausgiebig *adj* ↑ *reichlich* generous; ◇ **- frühstücken** to have a large breakfast

Ausgleich *m* <-[e]s, -e> [1] ↑ *Begleichung* (*Konto-*) balance [2] ↑ *Entschädigung* ◇ **zum -** as a compensation [3] SPORT ↑ *Gleichstand* tie; (*-stor*) equalizer; **ausgleichen** *unreg* **I.** *vt* [1] → *Unterschied, Mangel* compensate for [2] → *Meinungen* settle [3] → *Konto* balance [4] SPORT → *Spielstand* tie **II.** *vr* ↑ *sich aufheben* ← *Gegensätze* balance out

ausgleiten *vi* (*auf Eis*) slip

ausgraben *unreg vt* [1] → *Wurzeln, antike Stadt* dig up, dig out [2] *FIG* → *alte Mode, Musik* bring back; **Ausgrabung** *f* ▷*archäologisch* excavation

ausgrenzen *vt* (*aus Gesellschaft*) isolate, exclude

Ausguß *m* [1] ↑ *Spüle* sink [2] ↑ *Abfluß* drain

aushaben *unreg vt FAM* SCH ◇ **wir haben um 12 Uhr aus** school's out at 12 o'clock

aushalten *unreg* **I.** *vt* [1] ↑ *ertragen* → *Belästigung* endure, stand; → *Gewicht* bear [2] *FAM* ↑ *für Unterhalt aufkommen* → *Geliebte(n)* support **II.** *vi* ↑ *durchhalten* hold out

aushandeln *vt* → *Bedingungen, Vertrag* negotiate

aushändigen *vt* ◇ **jd-m etw -** to hand s.th. out to s.o.

Aushang *m* ▷*öffentlich, am schwarzen Brett* notice, announcement; **aushängen** **I.** *vt* [1] → *Informationsblatt* put up [2] → *Tür* unhinge **II.** *unreg vi* hang **III.** *vr* ◇ **sich -** ← *Pullover* stretch; **Aushängeschild** *s* [1] ↑ *Reklameschild* sign [2] *FIG* symbol

aushecken *vt FAM* → *Plan* cook up

aushelfen *unreg vi* help out; **Aushilfskraft** *f* assistant worker; **aushilfsweise** *adv* ◇ **- arbeiten** to work on a temporary basis

ausholen *vi* [1] (*zum Schlag*) swing [2] ↑ *große Schritte machen* take big steps [3] *FIG* ◇ **weit -** (*erklären*) to go a long way back

aushöhlen *vt* → *Kürbis* hollow out; *FIG* undermine

aushorchen *vt FAM* question, sound out

aushungern *vt* → *Stadt* starve out

auskennen *unreg vr* ◇ **sich -** [1] (*in e-r Stadt*) be familiar with [2] ↑ *Bescheid wissen* (*in Fragen etc.*) know about, be familiar with

Ausklang *m* (*Jahres-, von Jahreszeit*) end; **ausklingen** *unreg vi* [1] ↑ *langsam verklingen* ← *Ton* fade away, abate [2] ↑ *zu Ende gehen* ← *Fest, Jahr* close, end

auskommen *unreg vi* [1] ↑ *sich verstehen* get along (*mit* with); ◇ **gut miteinander -** to get along well with one another [2] ↑ *genügend haben* have enough; (*mit Geld*) get by (*mit* with/on); **Auskommen** *s* <-s> livelihood; ◇ **sein - haben** to get by

auskriechen *vi* crawl out

auskugeln *vt* MED ↑ *ausrenken* → *Arm* dislocate

auskundschaften *vt* [1] ↑ *herausfinden* find out, gather information [2] → *Gelände* explore; **Auskunft** *f* <-, Auskünfte> [1] ↑ *Information* information *sg;* ◇ **jd-m e-e - erteilen** to give s.o. some information [2] (*Telefon-*) operator; (*Schalter*) information desk

auskuppeln *vi* let the clutch out, disengage the clutch

auslachen *vt* → *jd-n* laugh at s.o.

ausladen *unreg vt* [1] ↑ *entladen* → *Fracht* unload [2] *FAM* → *Gäste* cancel an invitation

ausladend *adj* [1] ↑ *weit vorragend* ▷*Kinn* protruding; ▷*Dach* overhanging [2] ↑ *ausholend* ▷*Bewegung* sweeping

Auslage *f* ① (*Schaufenster-*) display ② (*von Waren*) display ③ ↑ *Kosten* ◇ **-n** *pl* expenses

Ausland *s* <-[e]s> (*Ggs zu Inland*) foreign country; ◇ **im/ins** ~ abroad; **Ausländer(in** *f*) *m* <-s, -> foreigner; **ausländerfeindlich** *adj* hostile to foreigners, xenophobic; **ausländisch** *adj* foreign; ◇ **-e Waren** foreign goods/products; ◇ **-e Mitbürger** foreign citizens; **Auslandsamt** *s* foreign affairs office; **Auslandsaufenthalt** *m* stay abroad; ◇ **längerer** ~ extended stay abroad; **Auslandsgespräch** *s* TELEC international call; **Auslandskorrespondent(in** *f*) *m* foreign correspondent; **Auslandsvertretung** *f* (*von Firma*) agency abroad

auslassen *unreg* **I.** *vt* ① ↑ *weglassen* → *Buchstaben* leave out, omit; ↑ *versäumen* → *Chance* miss; ↑ *übergehen* → *jd-n* leave out, skip ② ↑ *abfließen lassen* → *Wasser* let out; → *Fett* melt ③ ↑ *abreagieren* → *Wut* take out (*an dat* on) ④ ↑ *nicht anmachen* → *Licht, Ofen* leave off **II.** *vr* ◇ **sich** ~ ↑ *ausgiebig äußern, reden über* elaborate (*über akk* on); **Auslassungszeichen** *s* GRAM apostrophe

Auslauf *m* <-[e]s, Ausläufe> ① (*für Tiere*) run ② (*Wasser-*) drain, outlet; **auslaufen** *unreg vi* ① ← *Flüssigkeit, Faß* leak (*aus dat* out) ② ← *Schiff* set out, set sail ③ (*langsam aufhören*) ← *Serie, Frist* come to an end

Ausläufer *m* ① (METEO *Tief-*) trough; (*Hoch-*) ridge ② (*Gebirgs-*) foothills *pl*

ausleben *vr* ◇ **sich** ~ live it up

ausleeren *vt* (*Behälter, Glas*) empty

auslegen *vt* ① ↑ *hinlegen* → *Teppich* lay ② (*zur Ansicht*) display, place ③ ↑ *verleihen* → *Geld* lend; ◇ **jd-m etw** ~ to lend s.o. s.th. ④ → *Text* interpret ⑤ TECHNOL design (*für, auf akk* for); ◇ **für Dauerbelastung ausgelegt** designed for heavy use; **Auslegung** *f* ① ↑ *Deutung* interpretation ② ↑ *Erklärung* explanation

Ausleihe *f* <-, -n> ① ↑ *das Ausleihen* lending ② ↑ *-stelle* check-out counter; **ausleihen** *unreg vt* ① ↑ *verleihen* → *Geld* lend; ◇ **jd-m etw** ~ to lend s.th. to s.o. ② ↑ *leihen* ◇ **sich** *dat* **etw** ~ **von jd-m** to borrow s.th. from s.o.

auslernen *vi* ① ← *Azubi* finish one's training ② *FIG* ◇ **man lernt nie aus** you never stop learning

Auslese *f* <-, -n> ① (*nur sg*) ↑ *Auswahl* selection ② ↑ *Elite* elite ③ (*von Wein*) *wine made from carefully selected grapes;* **auslesen** *unreg vt* ① ↑ *auswählen* select ② *FAM* ↑ *zu Ende lesen* → *Buch* finish

ausliefern I. *vt* ① → *Flüchtling, Verbrecher* turn over, extradite (*an akk* to) ② COMM → *Waren* deliver **II.** *vr* ◇ **sich** ~ ① expose o.s. ② ↑ *preisgeben* ◇ **jd-m/e-r Sache ausgeliefert sein** to be at the mercy of s.o./s.th.

auslöschen *vt* ① ↑ *ausmachen* → *Licht, Kerze* put out ② ↑ *ausrotten* → *Volk, Tiergattung* destroy, [ex]terminate; → *Spuren* erase; *FIG* → *Erinnerung* erase, purge, blot out

auslosen *vt* ① (*Reihenfolge ermitteln*) draw ② ↑ *Lose ziehen* → *Gewinner* draw, raffle

auslösen *vt* ① ↑ *in Gang setzen* → *Alarm* activate ② ↑ *verursachen* → *Reaktion* cause, trigger ③ ↑ *loskaufen* → *Gefangene* bail out; **Auslöser** *m* <-s, -> ① (TECHNOL *von Kamera*) shutter release; ◇ **den** ~ **drücken** to push the shutter release ② *FIG* ↑ *Anlaß, Reiz* trigger (*für* for)

ausmachen *vt* ① → *Gerät, Licht etc.* turn off ② ↑ *löschen* → *Feuer* put out ③ ↑ *vereinbaren* → *Termin* set, arrange ④ ↑ *betragen* ← *Summe* come to, make ⑤ ↑ *entdecken* discover, find ⑥ ↑ *stören* matter; ◇ **das macht mir nichts aus** it doesn't matter to me ⑦ *FAM* ↑ *besprechen* settle; ◇ **macht das unter euch aus** settle that between/among yourselves

ausmalen *vt* ① → *Bild* colour ② *FIG* ↑ *vorstellen* imagine; ◇ **sich** *dat* **etw** ~ to imagine s.th.

Ausmaß *s* <-es, e> ① (*von Gebiet*) size ② *FIG* (*von Katastrophe*) range, extent; **ausmessen** *unreg vt* measure

ausmisten *vt* ① → *Stall* muck out, fork out ② *FAM* ↑ *aufräumen* → *Wohnung* clean out

ausmustern *vt* ① MIL → *Wehrpflichtige* invalid out ② TECHNOL → *Maschine* take out of service

Ausnahme *f* <-, -n> exception; ◇ **e-e** ~ **von der Regel machen** make an exception to the rule; **Ausnahmezustand** *m* POL state of emergency; ◇ **den** ~ **verhängen** to declare a state of emergency; **ausnahmslos** *adv* without exception; **ausnahmsweise** *adv* as an exception, just this one time; **ausnehmen** *unreg* **I.** *vt* ① → *Tier* clean out; → *Nest* take out ② ↑ *nicht berücksichtigen, ausschließen* exclude; ◇ **jd-n von etw** ~ to exempt s.o. from s.th. ③ *FAM* ↑ *ausrauben* fleece, clean out **II.** *vr* ◇ **sich** ~ ↑ *wirken* look, appear; ◇ **sich gut** ~ look good; **ausnehmend** *adv* exceptionally

ausnützen *vt* ① ↑ *nutzen* → *Gelegenheit* take advantage of; → *Einfluß* use ② → *Person* use, take advantage of; → *Gutmütigkeit* take advantage of

auspacken *vt* ① → *Koffer* unpack ② *FAM* → *Geheimnis* reveal

auspfeifen *unreg vt* → *Theaterstück* boo out

ausplaudern *vt* → *Geheimnis* let out, reveal

auspressen *vt* ↑ *ausdrücken* → *Zitrone* squeeze
ausprobieren *vt* [1] ↑ *versuchen* try [out] [2] ↑ *prüfen, testen* → *Maschine* test, try [out]
Auspuff *m* <-[e]s, -e> TECHNOL AUTO exhaust pipe; **Auspuffgase** *s pl* exhaust fumes
ausradieren *vt* [1] → *Buchstaben* erase [2] *FIG* ↑ *vernichten, töten* terminate, wipe out
ausrangieren *vt FAM* scrap
ausrasten *vi* [1] (*Ggs zu einrasten*) become disengaged [2] *FAM* blow one's top
ausrauben *vt* → *jd-n* rob
ausräumen *vt* [1] → *Schrank* empty [2] *FIG* ↑ *beseitigen* → *Konflikt* clear up
ausrechnen *vt* [1] ↑ *errechnen* → *Summe* calculate, work out [2] ◇ **sich** *dat* **Chancen** ~ to count on having good chances
Ausrede *f* excuse; ◇ **faule** ~ poor excuse; **ausreden** I. *vi* ↑ *zu Ende reden* finish speaking; ◇ **jd-n** ~ **lassen** to let s.o. finish speaking II. *vt* ◇ **jd-m etw** ~ to talk s.o. out of s.th.
ausreichend *adj* [1] sufficient [2] SCH ↑ *Note 4* satisfactory, D *AM*
Ausreise *f* ◇ **bei der** ~ on leaving the country; **Ausreiseerlaubnis** *f* permission to leave the country; **ausreisen** *vi* leave a country
ausreißen *unreg* I. *vt* ↑ *herausziehen* pull out II. *vi* [1] ↑ *reißen* ← *Stoff* tear [2] *FAM* ↑ *weglaufen* run away
ausrenken *vr* MED ↑ *auskugeln* ◇ **sich** *dat* **den Arm** ~ to dislocate one's arm
ausrichten *vt* [1] → *Gruß* tell; ◇ **jd-m etw** ~ to give s.o. a message [2] ↑ *bewirken* achieve; ◇ **ich kann bei ihm nichts** ~ I can't get anywhere with him [3] ↑ *einpassen* align s.th. (*nach* according to); ◇ **Angebot nach der Nachfrage** ~ to arrange the supply according to the demand [4] ↑ *veranstalten* → *Fest* put on, organize
ausrotten *vt* → *Tierart, Pflanzen, Volk* exterminate
ausrücken *vi* [1] ← *Feuerwehr, Polizei* move out, set out [2] *FAM* ↑ *ausreißen* run away
Ausruf *m* <-[e]s, e> [1] ↑ *Schrei* cry, shout [2] ↑ *Bekanntmachung* announcement; **ausrufen** *unreg vt* [1] (*vor Freude*) exclaim, cry out [2] → *Streik* declare; → *Staat, Republik* proclaim [3] ↑ *rufen* ◇ **jd-n** ~ **lassen** to have s.o. paged; **Ausrufesatz** *m* GRAM exclamation; **Ausrufezeichen** *s* GRAM exclamation mark
ausruhen I. *vr* ◇ **sich** ~ ↑ *erholen* rest, relax (*von* from) II. *vi* rest
ausrüsten *vt* equip, supply; **Ausrüstung** *f* (*Wander~, Schwimm~*) equipment, gear
ausrutschen *vi* slip
Aussage *f* <-, -n> [1] ↑ *Erklärung* statement; ◇ **e-e klare** ~ a clear statement [2] JURA statement; ◇ ~ **machen** testify, make a statement; ◇ **Falsch~** false statement [3] ↑ *Inhalt, Bedeutung* meaning, message; **aussagen** I. *vt* [1] ↑ *mitteilen* state [2] ↑ *ausdrücken, bedeuten* mean II. *vi* JURA testify; ◇ **vor Gericht** ~ to testify in court; **Aussagesatz** *m* SPRACHW sentence
Aussatz *m* <-es> MED leprosy; **Aussätzige(r)** *fm* leper
ausschachten *vt* excavate
ausschalten *vt* [1] ↑ *ausmachen* → *Gerät, Licht* turn/switch off [2] *FIG* → *Konkurrenten* get rid of, eliminate
Ausschank *m* <-[e]s, Ausschänke> bar, pub
ausschauen *vi* [1] ↑ *suchen, warten* look out (*nach dat* for) [2] *FAM* ↑ *aussehen* look; ◇ **hübsch** ~ to look pretty
ausscheiden *unreg* I. *vi* [1] ↑ *nicht in Betracht kommen* be ruled out [2] (*aus Amt*) retire [3] SPORT (*aus Wettkampf*) be eliminated II. *vt* [1] ↑ *ausschließen* → *Möglichkeit* rule out [2] MED ↑ *absondern* → *Sekret* excrete
ausschenken *vt* → *Bier* serve
ausscheren *vi* ← *Auto* pull out; *FIG* to step out of line
ausschlachten *vt* [1] → *Fahrzeug* cannibalize [2] *FIG* → *Thema, Ereignis* exploit, milk
ausschlafen *unreg* I. *vi* [1] sleep late [2] → *Rausch* sleep off II. *vr* ◇ **sich** ~ get enough sleep
Ausschlag *m* [1] (MED *Haut~*) rash [2] (*von Zeiger, Pendel*) swing [3] *FIG* ↑ *Anlaß* reason; ◇ **den** ~ **geben** to be the decisive factor
ausschlagen *unreg* I. *vt* [1] ↑ *auskleiden* (*mit Stoff*) line [2] ↑ *verweigern* → *Bitte* turn down II. *vi* [1] ← *Pferd* kick, buck; ← *Zeiger* swing [2] ↑ *Blätter treiben* ← *Baum* bud
ausschlaggebend *adj* decisive, deciding
ausschließen *unreg vt* [1] ↑ *aussperren* lock out; *FIG* ↑ *nicht miteinbeziehen* exclude (*aus dat* from) [2] *FIG* → *Möglichkeit* rule out; ◇ **etw von vornherein** ~ to rule s.th. out right from the start; **ausschließlich** I. *adj* ↑ *alleinig* sole, exclusive II. *adv* ↑ *nur* only; ◇ ~ **im Winter in Urlaub fahren** to go on holiday only in winter III. *präp gen* exclusive of, excluding; **Ausschluß** *m* [1] ↑ *Ausschließen* (*von Mitglied*) expulsion (*aus* from) [2] ↑ *Fernhalten* keeping away; JURA ADMIN ◇ **unter** ~ **der Öffentlichkeit** closed to the public
ausschmücken *vt* [1] ↑ *dekorieren* decorate [2] *FIG* → *Erzählung* embellish
ausschneiden *unreg vt* [1] (*aus Papier*) cut out

[2] → *Bäume* prune, clip; **Ausschnitt** *m* [1] (*Bild-*) clipping; (*Film-*) clip [2] (*Text-*) extract [3] (*von Kleid*) neckline

ausschreiben *unreg vt* [1] → *Namen* write out [2] → *Stelle* offer [3] ↑ *schreiben* → *Rechnung* write out

Ausschreitung *f* riot; ◇ **-en gegen Asylanten** violence towards refugees

Ausschuß *m* [1] ↑ *Gremium* committee [2] COMM ↑ *fehlerhafte Ware* rejects *pl*

ausschütten I. *vt* [1] → *Tasse* spill [2] → *Gewinn* distribute [3] *FIG* ◇ **sein Herz** - to pour out one's heart **II.** *vr FAM* ◇ **sich vor Lachen** - to split one's sides laughing

ausschweifend *adj* [1] ↑ *luxuriös* luxurious; ◇ **ein -es Leben führen** to lead a life of luxury [2] ↑ *üppig* ▷ *Phantasie* wild

ausschweigen *unreg vr* ◇ **sich** - remain silent (*über akk* about)

aussehen *unreg vi* [1] ▷ *gut, schlecht, jung etc.* look [2] ◇ **es sieht nicht gut aus** it looks bad [3] appear; ◇ **es sieht nach Schnee aus** it looks as if it snowed soon; **Aussehen** *s* <-s> appearance, looks *pl*

aussein *unreg vi FAM* [1] ← *Licht, Radio* be off [2] ← *Film, Schule* be over; *FIG a.* SPORT ◇ **das Spiel ist aus** the game is over [3] ◇ **auf etw** *akk* - to be set on s.th.

außen *adv* [1] (*Ggs innen*) outside [2] *FIG* ◇ **nach** - outwardly, on the outside

aussenden *unreg vt* [1] → *Signale* send out [2] → *Person* send out

Außendienst *m* [1] external duty [2] (*von Diplomat*) service abroad; **Außenhandel** *m* foreign trade; **Außenminister(in** *f*) *m* foreign minister/secretary *BRIT*, secretary of state *AM*; **Außenpolitik** *f* (*Ggs Innenpolitik*) foreign affairs *pl*; (*bestimmte* -) foreign policy; **Außenseite** *f* (*Ggs Innenseite*) outside, exterior; **Außenseiter(in** *f*) *m* <-s, -> (*a.* SPORT *am Rande der Gesellschaft*) outsider; **Außenstehende(r)** *fm* (*nicht zugehörige Person*) outsider

außer I. *präp akk/dat* [1] ↑ *abgesehen von* except [for], with the exception of; ◇ **alles - Käse** everything except for cheese [2] ↑ *außerhalb von* outside; ◇ **er ist - Haus** he is not in [3] ◇ **- Betrieb** out of order/service, not operable [4] ◇ **- sich** *dat* **sein** to be mad **II.** *cj* [1] ↑ *es sei denn* unless, except if; ◇ **sie arbeitet gern, - es scheint die Sonne** she enjoys working unless the sun is shining [2] ◇ **- wenn** except when [3] ◇ **- daß** except that

außerdem *cj* besides, furthermore

äußere(r, s) *adj* (*Ggs innere(r, s)*) [1] (*außen befindlich*) outside, exterior [2] ↑ *von außen sichtbar* outside; ◇ **der - Schein** the outward appearance [3] POL foreign; ◇ **- Angelegenheiten** external affairs

außerehelich *adj* ▷ *Verhältnis* extramarital

außergewöhnlich *adj* ↑ *ungewöhnlich* unusual, extraordinary; ◇ **- klug** extraordinarily smart

außerhalb I. *präp gen* [1] (*Ggs innerhalb, räumlich*) outside; ◇ **- des Hauses** outside the house [2] (*zeitlich, nicht während*) outside; ◇ **- der Sprechstunde** outside of office hours **II.** *adv* (*- wohnen*) on the outskirts

äußerlich *adj* (*Ggs innerlich*) external

äußern I. *vt* → *Kritik* express **II.** *vr* ◇ **sich -** [1] ↑ *Stellung nehmen* comment (*zu dat* on) [2] ↑ *sich zeigen* ← *Freude* show; ← *Krankheit* show, manifest [itself]

außerordentlich *adj* [1] ▷ *Sitzung* exceptional [2] ↑ *bemerkenswert* ▷ *Leistung* extraordinary, remarkable

außerstande *adv* unable, incapable; ◇ **- sein etw zu tun** to be incapable of doing s.th.

äußerst *adv* ↑ *sehr* very, extremely; ◇ **- interessant** extremely interesting; **äußerste(r, s)** *adj* [1] ↑ *weiteste(r, s)* (*räumlich*) outermost; ◇ **- Grenze** upper limit [2] ↑ *höchste(r, s)* ▷ *Spannung* utmost; ◇ **jd-n bis aufs Ä- reizen** to push s.o. to his/her limits; ◇ **- Angebot** highest offer

Äußerung *f* [1] ↑ *Bemerkung* ▷ *schriftlich* statement; ▷ *mündlich* remark, comment [2] (*Gefühls-*) sign

aussetzen I. *vt* [1] → *Tier* put out; → *Kind* abandon [2] → *Belohnung* offer [3] ↑ *verschieben* → *Verfahren* suspend [4] ↑ *beanstanden* ◇ **an jd-m/etw etw** - find fault with s.o./s.th. **II.** *vi* [1] ← *Motor, Organ* fail [2] ↑ *pausieren* take a break **III.** *vr* ◇ **sich** - (*der Sonne*) expose o.s. (*dat* to)

Aussicht *f* <-, -en> [1] ↑ *Panorama* panorama, view [2] ↑ *Erwartung, Chance* prospect, chance (*auf akk* of); ◇ **etw in - haben** to have good prospects of s.th.; **aussichtslos** *adj* hopeless, pointless; **aussichtsreich** *adj* hopeful, promising; **Aussichtsturm** *m* lookout tower; **Aussichtswagen** *m* observation car

aussitzen *unreg vt* → *Krise* wait out

aussöhnen I. *vt* ↑ *versöhnen* → *jd-n* reconcile **II.** *vr* ◇ **sich mit jd-m** - to make up with s.o.; **Aussöhnung** *f* reconciliation

aussortieren *vt* sort out

ausspannen I. *vt* [1] → *Pferd* unharness [2] *FAM* ↑ *abspenstig machen* → *Freund/Freundin* steal s.o.'s girlfriend/boyfriend **II.** *vi* relax, rest

aussparen *vt* leave blank, omit

aussperren *vt* [1] ↑ *ausschließen* lock out [2] (*bei Streik*) lock out; **Aussperrung** *f* lockout

ausspielen I. *vt* ① → *Karte* play ② *FIG* → *Einfluß* use ③ *FIG* ↑ *intrigieren* ◇ **jd-n gegen jd-n** ~ to play s.o. off against s.o. else **II.** *vi* (*beim Kartenspiel*) play; *FIG* ◇ **du hast ausgespielt** you've played your last card

Aussprache *f* ① ↑ *Artikulation* pronunciation ② (*nach Streit*) talk; **aussprechen** *unreg* **I.** *vt* ① ↑ *artikulieren* pronounce ② ↑ *ausreden* finish talking ③ ↑ *äußern* → *Verdacht* utter **II.** *vr* ◇ **sich** ~ ① talk s.th. out ② ▷*lobend* praise (*über akk* s.o.) ③ ↑ *sich anvertrauen* confide (*bei jd-m* in s.o.); **Ausspruch** *m* ① ↑ *Äußerung* remark ② ↑ *Satz, Zitat* quotation

ausspülen *vt* rinse out

Ausstand *m* strike; ◇ **in den ~ treten** to go on strike

ausstatten *vt* ① ↑ *einrichten* → *Wohnung* furnish ② ↑ *versorgen* equip, provide; **Ausstattung** *f* ① ↑ *Einrichtung* furnishings ② (*Auto-*) equipment

ausstechen *unreg vt* ① → *Augen* poke, gouge ② *FIG* ↑ *übertreffen* → *jd-n* surpass

ausstehen *unreg* **I.** *vt* ◇ **ich kann sie nicht ~** (*nicht leiden können*) I can't stand her **II.** *vi* (*nicht erledigt sein*) remain to be made; ← *Entscheidung* remain to be met; ← *Zahlungen* be owed

aussteigen *unreg vi* ① (*aus Bus etc.*) get off ② *FAM* ↑ *nicht mehr mitmachen* drop out, get out (*aus dat* of); **Aussteiger(in** *f*) *m* (*FAM aus Alltag*) dropout

ausstellen *vt* ① ↑ *zeigen* → *Bilder* show, display ② ↑ *schreiben* → *Rechnung, Dokument* issue, write out ③ *FAM* → *Radio* turn off; **Aussteller (in** *f*) *m* exhibitor; **Ausstellung** *f* ① (*von Gemälden*) exhibition ② (*von Rechnung, Urkunde etc.*) issuing; **Ausstellungsgelände** *s* exhibition grounds *pl*

aussterben *unreg vi* ← *Tierart* die out, become extinct

Aussteuer *f* dowry

Ausstieg *m* <-[e]s, -e> exit

ausstopfen *vt* → *Kissen, Vogel* stuff

ausstoßen *unreg vt* ① → *Rauch* blow out ② → *Laut* give ③ ↑ *hinauswerfen, ausgrenzen* (*aus Gemeinschaft*) expel, banish

ausstrahlen *vt* ① ↑ *von sich geben* → *Wärme* give off, emit ② MEDIA → *Sendung* broadcast, transmit ③ *FIG* → *gute Laune* spread; **Ausstrahlung** *f* ① *FIG* (*von Person*) air, aura ② (MEDIA *von Sendung*) broadcast[ing]

ausstrecken *vt* → *Hand* stretch out, extend

ausströmen *vi* ← *Gas* escape; ← *Flüssigkeit* pour out, flow out

aussuchen *vt* choose, select; ◇ **sich** *dat* **etw ~** to choose s.th.

Austausch *m* <-[e]s> exchange; **austauschbar** *adj* exchangeable; **Austauschdienst** *m* ◇ **Deutscher Akademischer ~** (*abgekürzt: DAAD*) *German student exchange program;* **austauschen** *vt* ① ↑ *wechseln* → *Motor* change ② → *Gedanken* exchange; **Austauschmotor** *m* replacement engine

austeilen *vt* ↑ *verteilen* distribute; → *Spielkarten* deal; → *Prügel* dish out; → *Essen* serve

Auster *f* <-, -n> oyster; **Austernschale** *f* oyster shell

austoben *vr* ◇ **Kinder müssen sich ~** children have [got] to let their steam off

austragen *unreg vt* ① ↑ *austeilen* → *Briefe* deliver ② → *Streit* have ③ ↑ *abhalten* → *Wettkämpfe* hold ④ → *Kind* bear

Australien *s* Australia; ◇ **nach ~ fahren** to travel to Australia; **Australier(in** *f*) *m* <-s, -> Australian; **australisch** *adj* Australian

austreten *unreg* **I.** *vi* ① (*aus Partei*) leave, resign from ② ↑ *zur Toilette gehen* go to the toilet ③ ← *Gas* flow out, escape **II.** *vt* ① (→ *Zigarette, auf dem Boden*) put out ② ↑ *abnutzen* → *Treppe* wear out

austrinken *unreg vt* ↑ *leertrinken* → *Tasse etc.* empty, drink up, kill *FAM;* ◇ **du kannst es ~!** go ahead and kill it!

Austritt *m* ① (*aus Partei etc.*) resignation ② (*von Öl etc.*) outflow

austrocknen *vi* ← *Kehle, Fluß* dry up; ← *Pflanze* dry out

ausüben *vt* ① → *Beruf* practice ② ◇ **e-n Reiz ~** have an attraction (*auf jd-n* for s.o.) ③ → *Macht, Druck* exercise (*auf akk* on); **Ausübung** *f* (*von Beruf, Kunst etc.*) practice; (*von Macht, Einfluß etc.*) exercise

Ausverkauf *m* COMM sell-out, liquidation sale; **ausverkauft** *adj* ① ▷*Karten* sold out ② ↑ *vollbesetzt* ▷*Theater* sold out

Auswahl *f* <-> ① ↑ *Sortiment* (*an Waren*) assortment, variety (*an dat* of) ② ↑ *Auslese* (*an Früchten etc.*) selection; **auswählen** *vt* choose, select

auswandern *vi* emigrate; **Auswanderung** *f* emigration

auswärtig *adj* ① (*nicht vom Ort*) ◇ **-e Gäste** guests from out of town ② (*ausländisch*) foreign ③ POL ◇ **A-es Amt** German Foreign Office; **auswärts** *adv* ① ↑ *außerhalb* somewhere else; ◇ **~ essen** to eat out ② ↑ *nach außen* outwards; ◇ **~ gerichtet** directed outwards; **Auswärtsspiel** *s* (SPORT *Ggs Heimspiel*) away game

auswechseln *vt* exchange; SPORT → *Spieler* take out

Ausweg *m FIG* solution, way out; ◇ **nach e-m ~ suchen** to look for a solution; **ausweglos** *adj FIG* hopeless; ◇ **~e Lage** hopeless situation
ausweichen *unreg vi* ① ↑ *Platz machen* make way, make room; ◇ **jd-m/e-r Sache ~** to avoid s.o./s.th. ② *FIG* ↑ *sich entziehen* evade; ◇ **e-r Frage ~** to evade a question; **ausweichend** *adj FIG* ▷*Antwort* evasive
ausweinen *vr* ◇ **sich ~** have a good cry
Ausweis *m* <-es, -e> ① (*Personal~*) identity card ② (*Bibliotheks~*) membership card; **ausweisen** *unreg* **I.** *vt* (*aus e-m Land*) expel, banish **II.** *vr* ◇ **sich ~** ↑ *legitimieren* identify o.s.; **Ausweispapiere** *pl* identity papers *pl*
Ausweisung *f* expulsion
Ausweitung *f* expansion
auswendig *adv* ◇ **etw ~ lernen** to memorize s.th. by heart; ◇ **etw ~ können** to know s.th. by heart
auswerfen *vt* ① ← *Maschine* eject ② → *Angel* cast [out]
auswerten *vt* → *Statistik* analyze, evaluate; **Auswertung** *f* analysis, evaluation
auswirken *vr* ◇ **sich ~** have an effect (*auf akk* on); **Auswirkung** *f* effect (*auf akk* on)
auswischen *vt* ① ↑ *säubern* → *Schrank etc.* wipe out ② ↑ *wegwischen* wipe out ③ *FAM* ◇ **jd-m eins ~** to play a mean trick on s.o.
auswringen *vt* → *Wäsche* wring out
Auswuchs *m* <-es, Auswüchse> *FIG* excess
auswuchten *vt* → *Reifen, Räder* balance
auszahlen I. *vt* → *Geld* pay out; → *Miterbe* pay off **II.** *vr* ◇ **sich ~** ← *Mühe* pay
auszählen *vt* ① → *[Wahl-]Stimmen* count ② (SPORT *beim Boxen*) count out
auszeichnen I. *vt* ① → *Ware* price ② (*mit Orden*) honour **II.** *vr* ◇ **sich ~** (*durch Leistung*) excel; (*durch Eigenschaft*) distinguish o.s.; **Auszeichnung** *f* ① ↑ *Preisangabe* price tag ② ↑ *Ehrung* award ③ ↑ *Gunst* honour ④ ◇ **mit ~** with distinction
ausziehbar *adj* ▷*Tisch* extendable; **ausziehen** *unreg* **I.** *vt* ① → *Kleidung* take off ② ↑ *herausziehen* → *Unkraut* pull out; → *Antenne* pull out, extend **II.** *vr* ◇ **sich ~** ↑ *sich entkleiden* (*Ggs sich anziehen*) undress, take off one's clothes **III.** *vi* ① (*aus Wohnung*) move out ② ↑ *fortziehen* move away; **Ausziehtisch** *m* extendible table, pullout table
Auszubildende(r) *fm* ↑ *Lehrling* (*abgekürzt: Azubi*) trainee
Auszug *m* ① (*aus Wohnung*) move ② (*Konto~*) bank statement ③ (*Text~*) extract
auszupfen *vt* pluck out
authentisch *adj* authentic, genuine
Autismus *m* MED autism
Auto *s* <-s, -s> car, automobile; ◇ **~ fahren** to drive, to go by car; **Autobahn** *f* (*Bundes~*) motorway *BRIT*, interstate, freeway *AM*; **Autofahrer(in** *f*) *m* driver; **Autofriedhof** *m* junkyard
autogen *adj* ◇ **~es Training** self-hypnosis
Autogramm *s* <-s, -e> autograph
Autokino *s* drive-in [theater]
Automat *m* <-en, -en> ① (*Münz~, Zigaretten~*) machine ② ↑ *Maschine* machine ③ ↑ *Roboter* robot; **Automatikgetriebe** *s* (*Ggs Schaltgetriebe*) automatic transmission; **Automatikgurt** m automatic seatbelt; **Automation** *f* automation; **automatisch** *adj* ① ↑ *mechanisch* ▷*Herstellung* automatic ② ↑ *intuitiv* ▷*Reaktion* automatically
Automechaniker(in *f*) *m* car mechanic; **Automobilausstellung** *f* car show; **Automobilclub** *m* automobile association; **Automobilindustrie** *f* automobile/car industry
autonom *adj* autonomous; **Autonome** *pl unorganized leftist outsiders and critics of society*
Autopsie *f* <-, -n> autopsy
Autor(in *f*) *m* <-s, -en> (*Buch~*) author
Autoradio *s* car radio; **Autoreifen** *m* tyre, tire *AM*; **Autorennen** *s* car race
autoritär *adj* ① ▷*Erziehung* authoritarian ② ↑ *totalitär* ▷*Regime* authoritarian, totalitarian; **Autorität** *f* <-, -en> ① ↑ *Fachmann* expert ② ↑ *Ansehen* authority; ◇ **jd-s ~ untergraben** to undermine s.o.'s authority
Autounfall *m* automobile accident, car crash; **Autoverleih** *m* car rental; **Autowrack** *s* wreck
Aversion *f* aversion (*gegen* to)
Axiom *s* axiom
Axt *f* <-, Äxte> axe
Azubi *m* <-s, -s>, *f* <-, -s> *Abk. v.* **Auszubildende(r)** trainee

B

B, b *s* ① (*Buchstabe*) B, b ② MUS B flat
Baby *s* <-s, -s> ↑ *Säugling* baby; **Babyausstattung** *f* layette; **babysitten** *vi* baby-sit
Bach *m* <-[e]s, Bäche> stream, brook, creek *AM*; **Bachstelze** *f* FAUNA wagtail
Backblech *s* baking tray, cookie sheet *AM*
Backbord *s* <-[e]s> (NAUT *linke Seite*) port
Backe *f* <-, -n> ↑ *Wange* cheek; (*Arsch~*) buttock, cheek

backen <backte, gebacken> **I.** *vi* bake **II.** *vt* (*in Ofen*) bake; (*in Pfanne*) fry

Backenknochen *m* ANAT cheekbone; **Backenzahn** *m* molar

Bäcker(in *f*) *m* <-s, -> (*von Brot*) baker; (*Fein-*) pastry-cook; **Bäckerei** *f* [1] (*Laden*) baker's [shop], bakery [2] ↑ *-gewerbe* baking; **Backofen** *m* oven; **Backpulver** *s* baking powder; **Backstein** *m* [solid] brick

backte *impf v.* **backen**

Bad *s* <-[e]s, Bäder> [1] (*Voll-*) bath; ↑ *Schwimmen* swim, dip [2] (*Badezimmer*) bathroom [3] (*Kur-*) spa, health resort; **Badeanstalt** *f* [public] swimming baths *pl;* **Badeanzug** *m* bathing suit; **Badehose** *f* swimming trunks *pl;* **Badekappe** *f* bathing cap; **Bademantel** *m* bath [ing] robe; **Bademeister(in** *f*) *m* baths attendant, lifeguard *AM*; **baden I.** *vt* → *Baby* bath, wash **II.** *vi* [1] (*in Wanne*) to have/take a bath [2] (*im Meer*) go swimming, take a dip; **Badeort** *m* spa, seaside resort; **Badetuch** *s* bath towel; **Badewanne** *f* bath tub; **Badezimmer** *s s.* **Bad**

Bafög *s* <-> *Abk. v.* **Bundesausbildungsförderungsgesetz** *grant/financial aid for college or university education*

Bagatelle *f* trifle, bagatelle; **bagatellisieren** *vt* ↑ *herunterspielen* play down

Bagger *m* <-s, -> TECHNOL excavator; **Baggersee** *m flooded gravel pit or other small lake dug out of the ground*

Bahn *f* <-, -en> [1] (*Eisen-*) railway, railroad *AM*; ↑ *Zug* train [2] ↑ *Weg, Pfad* road, way, track; ↑ *Spur* lane; *FIG* ↑ *kriminell werden* ◇ **auf die schiefe ~ geraten** to go downhill [3] (SPORT *Wettkampf-*) track [4] (*Tapeten-*) strip; **bahnbrechend** *adj* pioneering; **Bahndamm** *m* railway embankment; **bahnen** *vt* ◇ **jd-m e-n Weg ~** clear a path for s.b.; **Bahnfahrt** *f* train trip; **Bahnhof** *m* [railway] station; (*Bus-*) terminus, terminal *AM*; ◇ **auf dem ~** at the station; ◇ **jd-n am ~ abholen** to fetch s.o. [*o.* pick s.o. up] at/from the station; ◇ **jd-n zum ~ bringen** to take s.b. to the station; **Bahnhofshalle** *f* station concourse; **Bahnhofsmission** *f* traveller's aid; **Bahnhofswirtschaft** *f* station restaurant; **Bahnpolizei** *f* station police, British Rail Police *BRIT*; **Bahnsteig** *m* <-[e]s, -e> platform; **Bahnstrecke** *f* [railway] line; **Bahnübergang** *m* level crossing, grade crossing *BRIT*, railroad crossing *AM*

Bahre *f* <-, -n> bier

Baiser *s* <-s, -s> meringue

Bakterie *f* <-, -n>, **Bakterium** *s* <-s, -ien> MED bacterium, bacteria *pl; FAM* bug

Balance *f* <-, -n> balance, equilibrium; **balancieren** *vt* → *Tablett* balance

bald *adv* [1] ↑ *in Kürze* soon; ◇ **~ danach/darauf** soon afterwards; ◇ **auf/bis ~** see you soon [2] ↑ *annähernd* almost; ◇ **ich warte schon ~ e-e Stunde** I have been waiting for almost an hour

Baldachin *m* <-s, -e> ↑ *Stoffdach* canopy

baldig *adj* early, speedy; ◇ **für die ~e Zusendung der Waren wären wir Ihnen dankbar** we would be grateful if the goods could be dispatched promptly

baldmöglichst *adv* as soon as possible

Baldrian *m* <-s> FLORA MED valerian

balgen *vr* ◇ **sich ~** ↑ *sich raufen* tussle, have a scrap

Balkan *m* <-s> Balkans *pl*

Balken *m* <-s, -> (*von Bauholz*) beam; ◇ **er lügt, daß sich die ~ biegen** he's lying through his teeth

Balkon *m* <-s, -s *o.* -e> (*an Haus*) balcony

Ball [1] *m* <-[e]s, Bälle> (*Fuß-*) ball; ↑ *Kugel* (*Schnee- etc.*) ball; ◇ **am ~ bleiben** *FIG* ↑ *nicht lockerlassen* to keep the ball rolling

Ball [2] *m* <-[e]s, Bälle> (*festlicher Tanz*) dance, ball

Ballade *f* <-, -n> ballad

Ballast *m* <-[e]s, -e> [1] (*zum Beschweren*) ballast [2] *FIG* ↑ *Bürde* weight, burden; **Ballaststoffe** *m pl* (*in Nahrung*) roughage *sg*

ballen I. *vt* → *Fäuste* clench **II.** *vr* ◇ **sich zusammen-** ← *Wolken* gather

Ballen *m* <-s, -> [1] (*Stoff-*) bale [2] (ANAT *an Fuß*) bunion

ballern *vi* [1] ↑ *herumschießen* let off a couple of rounds [2] ↑ *hämmern, klopfen* bang away

Ballett *s* <-[e]s, -e> ballet; **Ballettänzer(in** *f*) *m* ballet dancer; **Balletttruppe** *f* ballet company

Ballistik *f* ballistics *sg*

Balljunge *m* ball boy

Ballkleid *s* ball gown, evening dress/gown

Ballon *m* <-s, -s *o.* -e> (*Luft-, Heißluft-*) balloon

Ballspiel *s* ball game

Ballung *f* concentration; (*von Energie*) build-up; **Ballungsgebiet** *s* congested area, conurbation

Balsam *m* <-s> [1] (*Salbe*) balsam, balm [2] *FIG* ↑ *Wohltat* source of relief

Balustrade *f* <-, -n> balustrade

Bambus *m* <-ses, -se> bamboo; **Bambusrohr** *s* bamboo cane

banal *adj* banal, trite

Banane *f* <-, -n> banana

Banause *m* <-n, -n> (*Kunst-*) philistine

band *impf v.* **binden**

Band [1] *s* <-[e]s, Bänder> (1) *(Stoff-)* band, cord (2) ANAT ligament (3) *(Ton-)* tape; ◇ **etw auf - aufnehmen** tape/record s.th. (4) *(Fließ-)* production line; *FIG FAM* ◇ **Ärger am laufenden -** nothing but trouble

Band [2] *m* <-[e]s, Bände> *(Buch-)* volume, tome; ◇ **das spricht Bände** *FIG* ↑ *das ist aufschlußreich* this speaks volumes

Band [3] *f* <-, -s> *(Jazz-, Rock-)* band, group

Bandage *f* <-, -n> bandage; **bandagieren** *vt* → *Bein, Hand etc.* bandage

Bandarbeit *f (Fließ-)* assembly line production; **Bandbreite** *f* (1) PHYS frequency range (2) *FIG* ↑ *Auswahl* range, variety

Bande *f* <-, -n> (1) *(Straßen-)* gang (2) *(scherzhaft Rassel-)* bunch (3) *(beim Billardspiel)* cushion

bändigen *vt* (1) → *wilde Tiere* tame; → *Pferde* break in (2) → *Wut* master, keep under control (3) → *Naturkräfte* harness

Bandit(in *f*) *m* <-en, -en> bandit; ◇ **einarmiger -** *(FIG Spielautomat)* one-armed bandit

Bandsäge *f* band saw; **Bandscheibe** *f* ANAT disc; **Bandwurm** *m (Plattwurm)* tapeworm

bange *adj* ↑ *beklommen* scared; ◇ **mir ist -** I'm scared; *(- Minuten)* ↑ *angsterfüllt* anxious; **bangen** *vi* ◇ **ich bangte um ihr Leben** I feared for her life

Bank [1] *f* <-, Bänke> (1) *(Sitzmöbel)* bench; ◇ **etw ständig auf die lange - schieben** to keep putting s.th. off (2) *(Werk-)* workbench (3) *(Korallen-)* reef

Bank [2] *f* <-, -en> (1) *(Kreditinstitut)* bank (2) *(Spiel-)* casino (3) *(Organ-)* [human organ] bank; **Bankanweisung** *f* ↑ *Zahlungsanweisung* banker's order; **Bankbeamte(r)** *m* bank clerk; **Bankbeamtin** *f* bank clerk

Bankett [1] *s* <-[e]s, -e> ↑ *Festessen* banquet, dinner

Bankett [2] *s* <-[e]s, -e>, **Bankette** *f* <-, -n> *(Seitenstreifen)* verge, shoulder *AM*

Bankgeschäft *s* banking transactions *pl;* **Bankier** *m* <-s, -s> banker; **Bankkonto** *s* bank account; **Bankleitzahl** *f* bank code number; **Banknote** *f* banknote, bill *AM*; **Bankraub** *m* bank robbery

bankrott *adj* bankrupt; **Bankrott** *m* <-[e]s, -e> ↑ *Zahlungsunfähigkeit* bankruptcy; ◇ **- machen** go bankrupt

Banküberweisung *f* bank transfer; **Bankverbindung** *f* ↑ *Kontonummer* banking details *pl;* **Bankwesen** *s* banking

Banner *s* <-s, -> ↑ *Flagge* banner, flag

Bantamgewicht *s* bantamweight

bar *adj* (1) ↑ *bloß, nackt* bare; *(frei von)* devoid *(gen* of); ↑ *offenkundig* utter, sheer; ◇ **-er Unsinn** complete nonsense (2) ▷*bezahlen* in cash; ◇ **etw gegen - verkaufen** to sell s.th. for cash; ◇ **etw für -e Münze nehmen** *FIG* ↑ *nicht ernst Gemeintes glauben* to take s.th. at face value

Bar [1] *s* <-, -> METEO bar

Bar [2] *f* <-, -s> (1) ↑ *Theke* bar, counter (2) ↑ *Nachtlokal* night club, bar; *(Hotel-)* lounge

Bär *m* <-en, -en> (1) bear; ◇ **jd-m e-n -en aufbinden** *FIG* ↑ *Lügengeschichte erzählen* to take s.o. for a ride (2) ◇ **der Große -** ASTRON the Big Dipper

Baracke *f* <-, -n> *(Holz-)* hut, shack; *(Wellblech-)* shanty

Barbar(in *f*) *m* barbarian; **barbarisch** *adj* barbaric, barbarous

Bardame *f* barmaid

barfuß *adj* barefoot

barg *impf v.* **bergen**

Bargeld *s* cash, ready money; **bargeldlos** *adj* non-cash

Barhocker *m* bar stool

Bariton *m* <-s, -e> baritone

Barkasse *f* <-, -n> launch

Barkeeper *m* <-s, -> barman, bartender *AM*

barmherzig *adj* merciful, compassionate; **Barmherzigkeit** *f* mercy, compassion

Barock *m o. s* <-[s]> baroque

Barometer *s* <-s, -> barometer

Barren *m* <-s, -> (1) SPORT parallel bars *pl* (2) *(Gold-)* ingot

Barriere *f* <-, -n> ↑ *Schlagbaum* barrier; *FIG* ↑ *Hindernis* obstacle

Barrikade *f* <-, -n> barricade

barsch *adj* harsh

Barsch *m* <-[e]s, -e> FAUNA perch

Barscheck *m* open cheque, open check *AM*

barst *impf v.* **bersten**

Bart *m* <-[e]s, Bärte> beard; **bärtig** *adj* bearded

Barverkauf *m* cash sale; **Barzahlung** *f* cash payment

Basar *m* <-s, -e> (1) *(orientalischer Markt)* bazaar (2) *(Wohltätigkeits-)* charity sale

Base *f* <-, -n> CHEM base

basieren *vi* ↑ *beruhen auf* be based *(auf dat* on)

Basilikum *s* <-s> FAUNA basil

Basis *f* <-, Basen> (1) ↑ *Grundlage* basis; *(FIG e-r Partei)* grass roots (2) MIL base

basisch *adj* CHEM basic, alkaline

Basketballspiel *s* basketball [game]

Baß *m* <-sses, Bässe> MUS bass

Bassin *s* <-s, -s> ↑ *Schwimmbecken* pool

Bast *m* <-[e]s, -e> *(-faser)* raffia

basteln I. *vi (zum Zeitvertreib)* do handicrafts;

FIG ↑ *improvisieren, tüfteln* tinker (*an dat* with s.o.) **II.** *vt* (*selbst herstellen*) make, fashion; **Basteln** *s* ↑ *Heimwerken* handicraft

bat *impf v.* **bitten**

Batterie *f* ELECTR battery

Bau [1] *m* <-[e]s> (*von Häusern*) construction

Bau [2] *m* <-[e]s, Bauten> ↑ *Gebäude* building

Bau [3] **I.** *m* <-s, -e> (*Tier-*) hole, burrow **II.** *m* <-s> *FIG* ↑ *Gefängnis* hoky-poky; **Bauarbeiter(in** *f*) *m* building worker, construction worker

Bauch *m* <-[e]s, Bäuche> belly, tummy; ANAT stomach; ◇ **auf den ~ fallen** *FIG* ↑ *scheitern* to do a belly flop; ◇ **aus dem hohlen ~ antworten** (*FAM spontan*) answer off the cuff; **Bauchlandung** *f* belly landing; **Bauchredner(in** *f*) *m* ventriloquist; **Bauchschmerzen** *m pl* stomach-ache, belly-ache; **Bauchtanz** *m* belly dance; **Bauchweh** *s* <-s> *s.* **Bauchschmerzen**

bauen *vt, vi* ① → *Haus etc.* build, construct ② *FIG* ↑ *verursachen* → *Unfall* have, cause ③ ◇ **auf etw/jd-n ~** rely [*o.* count] upon s.th./s.b.

Bauer *m* <-n *o.* -s, -n> ① farmer ② (*Schachfigur*) pawn

Bäuerin *f* ↑ *Bauersfrau* farmer's wife; **bäuerlich** *adj* ↑ *ländlich* rustic, rural; **Bauernbrot** *s coarse brown bread [of loaf];* **Bauernfrühstück** *s fried potatoes with diced ham and eggs;* **Bauernhaus** *s* farmhouse; **Bauernhof** *m* farm

baufällig *adj* dilapidated, tumbledown; **Baufirma** *f* building construction company; **Baugelände** *s* building site; **Baugerüst** *s* scaffolding; **Baugewerbe** *s* construction industry; **Bauherr(in** *f*) *m* builder-owner; **Bauingenieur** *m* civil engineer; **Baukasten** *m* (*zum Spielen*) box of building blocks; **Bauklotz** *m* (*zum Spielen*) building block; **Baukosten** *pl* construction costs *pl;* **Bauland** *s* (*von Landschaft*) development area; **baulich** *adj* structural

Baum *m* <-[e]s, Bäume> tree; **Baumbestand** *m* stock of trees

baumeln *vi* dangle

bäumen *vr* ◇ **sich [auf]~** rear [up]

Baumschule *f* tree nursery; **Baumstamm** *m* tree trunk; **Baumstumpf** *m* tree stump; **Baumwolle** *f* cotton

Bauplan *m* architect's plan, blue-print; **Bauplatz** *m* building site

Bausch *m* <-[e]s, Bäusche> (*Watte-*) wad; **bauschen I.** *vt* bulge, swell **II.** *vr* ↑ *aufblähen* puff out, swell; **bauschig** *adj* baggy, wide

Bausparen *s building society savings scheme;* **Bausparkasse** *f* building society; **Baustein** *m* ① (*für Gebäude, zum Spielen*) block, brick ② (*FIG elektronischer ~*) component, chip; **Baustelle** *f* building site; **Baustoff** *m* building material; **Bauteil** *s* prefabricated part [of building]; **Bauunternehmer(in** *f*) *m* contractor, builder; **Bauweise** *f* [method of] construction; **Bauwerk** *s* building, edifice; **Bauwesen** *s* ↑ *Bauhandwerk* building trade; ↑ *Bautechnik* civil engineering; **Bauzaun** *m* hoarding

Bayer(in *f*) *m* <-n, -n> Bavarian; **Bayern** *s* Bavaria; **bayrisch** *adj* Bavarian

Bazillus *m* <-, Bazillen> bacillus

beabsichtigen *vt* intend/mean/plan to do s.th.

beachten *vt* ① ↑ *bemerken* take note of; ◇ **~ Sie die Vielfalt** note the variety ② → *Regeln, Vorschrift* obey, observe; → *Vorfahrt* observe, abide by; **beachtenswert** *adj* noteworthy; **beachtlich** *adj* ↑ *beträchtlich* considerable; ↑ *bemerkenswert* remarkable; **Beachtung** *f* ① (*e-r Person, Sache*) notice, attention ② (*von Regeln, Ratschlägen*) heed; ◇ **er schenkte der öffentlichen Meinung ~** he paid heed to public opinion

Beamte(r) *m* <-n, -n>, **Beamtin** *f* official, civil servant

beängstigend *adj* alarming, frightening

beanspruchen *vt* ① ↑ *fordern, verlangen* claim ② ↑ *brauchen, benötigen* take up, occupy ③ ◇ **jd-n ~** to take up s.b.'s time; **Beanspruchung** *f* ① ↑ *Forderung* claim, demand ② (*von Maschine*) stress, strain

beanstanden *vt* → *Mangel* complain about s.th.; **Beanstandung** *f* objection, complaint

beantragen *vt* apply for, ask for

beantworten *vt* answer; **Beantwortung** *f* answer (*von* to)

bearbeiten *vt* ① ▷*manuell* work; ↑ *umstellen* adapt; → *Rohstoff* process; → *Boden* cultivate ② PC → *Datei* process; → *Manuskript* work on ③ *FAM* ↑ *überreden versuchen* bug s.o. about s.th. ④ *FAM* ↑ *zusammenschlagen* beat s.o. up; **Bearbeitung** *f* ↑ *Fertigung* processing; ↑ *Anbau* cultivation; (*e-s Textes*) processing; **Bearbeitungsgebühren** *f pl* service charge

beaufsichtigen *vt* supervise

beauftragen *vt* ① ↑ *Auftrag erteilen* commission ② ↑ *anweisen* instruct ③ ↑ *betrauen* entrust

bebauen *vt* ① → *Grundstück* build on ② → *Feld* cultivate

beben *vi* ① ← *Erde, Haus* quake, shake ② (*vor Angst, Kälte*) tremble ③ ← *Stimme* quiver; **Beben** *s* <-s, -> ① (*von Erde*) earthquake ② (*vor*

Angst, Kälte) trembling, shaking [3] (*von Stimme*) quivering

bebildern *vt* → *Buch etc.* illustrate

Becher *m* <-s, -> (*Plastik~, Trink~*) cup; (*Margarine~*) tub; (*Porzellan*) mug

Becken *s* <-s, -> [1] ANAT pelvis [2] (*Schwimm~, Plansch~*) pool; (*Wasch~*) basin [3] MUS cymbals *pl*

Becquerel *s* <-s, -> PHYS Becquerel

bedacht *adj* ↑ *besonnen, überlegt* considered; ◇ **auf etw ~ sein** to be mindful of s.th.

bedächtig *adj* [1] → *Worte* thoughtful [2] (*ohne Eile*) slow, deliberate

bedanken *vr* ◇ **sich ~** thank; ◇ **ich bedanke mich für Ihre Hilfe** thank you for your help

Bedarf *m* <-[e]s> (*Tages~*) needs, requirements *pl;* (*Maler~*) equipment; COMM ↑ *Nachfrage* demand; ◇ **bei ~** if necessary; ◇ **~ an etw** *dat* **haben** be in need of s.th.; **Bedarfshaltestelle** *f* request stop

bedauerlich *adj* ↑ *betrüblich, schade* regrettable; **bedauern** *vt* [1] → *Sache, Vorfall* be sorry for, regret; ◇ **wir ~, Ihnen mitteilen zu müssen, daß** we regret to have to inform you that; ◇ **wir nehmen ~d zur Kenntnis, daß ...** we hear with regret, that ... [2] → *Person* pity; **Bedauern** *s* <-s> regret; **bedauernswert** *adj* ▷*Vorfall* regrettable; ▷*Person* pitiable, unfortunate

bedecken *vt* cover; **bedeckt** *adj* ▷*Behälter, Oberfläche* covered; ▷*Himmel* overcast

bedenken *unreg vt* ↑ *sich genau überlegen* think [over], consider; **Bedenken** *s* <-s, -> ↑ *Vorbehalt, Zweifel* doubt; **bedenklich** *adj* [1] ↑ *Besorgnis erregend* doubtful [2] ↑ *beängstigend* dangerous, risky; **Bedenkzeit** *f* time for reflection

bedeuten **I.** *vt* ↑ *Sinn haben* mean; ↑ *ausdrücken* signify **II.** *vi* ↑ *Wert haben* be of importance; **bedeutend** *adj* [1] ▷*Künstler* important, famous [2] ▷*Summe, Einfluß* considerable; **Bedeutung** *f* [1] ↑ *Sinn* meaning; significance [2] ↑ *Wichtigkeit* importance; **bedeutungslos** *adj* insignificant, unimportant; **Bedeutungsunterschied** *m* difference in meaning; **bedeutungsvoll** *adj* [1] ↑ *voll Bedeutung* momentous, significant [2] ↑ *vielsagend* meaningful

bedienen **I.** *vt* [1] → *Gäste* serve [2] → *Gerät* operate **II.** *vr* ◇ **sich ~** (*bei Tisch*) help o.s.; ◇ **er bediente sich e-r List** he used a trick; **Bedienung** *f* [1] (*an Tankstelle, in Laden*) service [2] ↑ *Kellner* waiter/waitress; ↑ *Verkäufer* shop assistant

bedingen *vt* [1] ↑ *voraussetzen* presuppose, require [2] ↑ *bewirken* cause, occasion; **bedingt** *adj* [1] ↑ *unter Vorbehalt* conditioned; ◇ **das ist nur ~ richtig** that is only conditionally true [2] ↑ *eingeschränkt* limited; **Bedingung** *f* [1] ↑ *Forderung* condition; ◇ **e-r ~ zustimmen** to agree to a condition [2] ↑ *Voraussetzung* stipulation [3] (*Zahlungs~en*) terms of payment; ◇ **~en einhalten** to comply with the terms; **bedingungslos** *adj* unconditional

bedrängen *vt* ↑ *heftig zureden* pester, harass

bedrohen *vt* threaten; **bedrohlich** *adj* ominous, threatening; **Bedrohung** *f* threat, menace

bedrucken *vt* print on

bedrücken *vt* oppress, trouble; **bedrückt** *adj* depressed, troubled

bedürfen *vi* → *benötigen* ◇ **das bedarf e-r Erklärung** this needs to be explained; **Bedürfnis** *s* ↑ *Verlangen* need, want; ◇ **~se des Lebens** necessities of life; ◇ **~se des Marktes** requirements of the market; **Bedürfnisanstalt** *f* ↑ *Toilette* public convenience, comfort station *AM*; **bedürftig** *adj* ↑ *arm* poor, needy

Beefsteak *s* <-s, -s> [beef]-steak; ↑ *Fleischklößchen* minced steak

beehren *vt* honour; ◇ **bitte ~ Sie uns bald wieder** please favour us with another visit soon

beeiden *vt* JURA swear to, affirm

beeilen *vr* ◇ **sich ~** hurry; ◇ **beeil' dich!** hurry up!

beeindrucken *vt* impress, make an impression on

beeinflussen *vt* influence

beeinträchtigen *vt* [1] (*hemmend einwirken*) affect adversely, impair [2] (*in seiner Freiheit*) limit

beenden *vt* ↑ *abschließen* finish, end, complete

beengen *vt* (*in Bewegungsfreiheit*) restrict

beerben *vt* JURA inherit from

beerdigen *vt* bury; **Beerdigung** *f* funeral, burial

Beere *f* <-, -n> berry

Beet *s* <-[e]s, -e> (*Blumen~*) bed

befähigen *vt* [1] (*ermöglichen, etw zu tun*) enable [2] ↑ *qualifizieren* qualify; **Befähigung** *f* [1] ↑ *Fähigkeit, Fähigsein* capability [2] ↑ *Begabung* talent, aptitude

befahl *impf v.* **befehlen**

befahrbar *adj* ▷*Weg* passable; **befahren** **I.** *unreg vt* → *Straße* use, drive on; → *Wasserstraße* navigate **II.** *adj* ◇ **e-e viel ~e Straße** a busy road

befallen *unreg vt* ← *Angst, Trauer* overcome; ← *Krankheit* afflict

befangen *adj* [1] ↑ *gehemmt* inhibited [2] ↑ *voreingenommen* ▷*Richter* biased, prejudiced; **Befangenheit** *f* inhibition; bias

befassen **I.** *vr* ◇ **sich ~ [mit]** concern o.s. with **II.**

vt ◇ **jd-n mit e-r Sache ~** ↑ *beauftragen* to appoint s.o. to do s.th.

Befehl *m* <-[e]s, -e> ↑ *Anordnung, Weisung* command, order; PC command; **befehlen** <befahl, befohlen> **I.** *vt* → *Angriff* order, command **II.** *vi* [1] ↑ *kommandieren* give orders [2] ◇ **jd-m ~, etw zu tun** order s.b. to do s.th.; **befehligen** *vt* → *Armee* be in command of, command; **Befehlsform** *f* SPRACHW imperative; **Befehlshaber(in** *f*) *m* <-s, -> MIL commander; **Befehlsverweigerung** *f* (*von Soldat*) insubordination

befestigen *vt* [1] ↑ *festmachen* fasten, attach, fix (*an dat* to) [2] MIL → *Stadt, Grenze* fortify; → *Deich, Ufer* reinforce; **Befestigung** *f* [1] (*das Festmachen*) fixing [2] (*~sanlage, Burg*) fortification; (*Ufer~*) reinforcement

befeuchten *vt* → *Lappen* damp, wet; → *Luft* humidify

befinden *unreg* **I.** *vr* ◇ **sich ~** ↑ *sich aufhalten* be; ↑ *gelegen sein* be situated, be located **II.** *vt* ◇ **etw für gut/schlecht ~** to think/consider s.th. good/bad **III.** *vi* ◇ **über jd-s Schicksal ~** to decide on s.o.'s fate; **Befinden** *s* <-s> ▷*gesundheitliches* [state of] health, condition

beflaggen *vt* decorate with flags

beflecken *vt* soil, spot

befleißigen *vr* ◇ **sich ~, etw zu tun** to make an effort to do s.th.

beflügeln *vt* → *Phantasie* inspire, fire

befohlen *pp von* **befehlen**

befolgen *vt* → *Befehl, Anordnung* follow, obey

befördern *vt* [1] → *Fracht, Reisende* transport, send, convey [2] (*zum Abteilungsleiter*) promote, move up, advance; **Beförderung** *f* transport, conveyance; promotion, advancement

befragen *vt* question, interrogate; **Befragung** *f* (*Zeugen~*) questioning; (*Meinungsumfrage*) survey

befreien *vt* [1] (*aus Notlage*) set free, liberate [2] (*von Sorge*) free, relieve [3] (*von Pflicht ~*) exempt; **Befreiung** *f* [1] (*aus Notlage*) liberation, release [2] (*von Sorge*) deliverance, relief [3] ↑ *Erlassen* exemption

befremdend *adj* ◇ **sein Verhalten ist wahrlich ~** his behaviour is truly astonishing; **Befremden** *s* <-s> surprise, astonishment

befreunden *vr* ◇ **sich ~** (*mit Person*) make friends with; **befreundet** *adj* ◇ **[eng] mit jd-m befreundet sein** to be [close] friends

befriedigen *vt* [1] ↑ *erfüllen, zufriedenstellen* satisfy, content, gratify [2] → *Wünsche, Ansprüche* satisfy, meet; **befriedigend** *adj* [1] ▷*Ergebnis* satisfactory, satisfying [2] ↑ *Note 3* average, satisfactory, c-grade *AM*; **Befriedigung** *f* [1] ↑ *Genugtuung, Zufriedenheit* satisfaction, gratification [2] (*von Ansprüchen*) compliance [with]

befristet *adj* limited

befruchten *vt* → *Zelle* fertilize, impregnate; → *Pflanzen* pollinate

Befugnis *f* authorization; **befugt** *adj* authorized, entitled

befühlen *vt* feel, touch

Befund *m* <-[e]s, -e> MED diagnosis

befürchten *vt* fear; **Befürchtung** *f* fear, misgiving

befürworten *vt* → *Plan* support, speak in favour of; **Befürworter(in** *f*) *m* <-s, -> supporter, advocate; **Befürwortung** *f* support[ing], favouring

begabt *adj* gifted, talented; **Begabung** *f* gift, talent

begann *impf v.* **beginnen**

begeben *unreg vr* ◇ **sich ~** [1] (*an Ort*) proceed (*zu, nach* to) [2] (*an Arbeit*) get to; **Begebenheit** *f* ↑ *Ereignis* occurrence; ↑ *Vorfall* incident

begegnen I. *vi* [1] ↑ *treffen* meet (*jd-m* s.b.) [2] → *e-r Meinung, Schwierigkeit* come across s.th. [3] ◇ **jd-m/e-r Sache ~** ↑ *behandeln* deal with s.o./s.th. **II.** *vr* ◇ **sich/einander ~** ↑ *sich zufällig treffen* meet, run into; **Begegnung** *f* [1] ↑ *Treffen* [chance] meeting [2] (*mit etw Neuem*) encounter [3] SPORT match

begehen *unreg vt* [1] → *Verbrechen, Dummheit* commit, perpetrate [2] → *Fest* celebrate

begehren *vt* → *Frau, Mann* desire; **begehrt** *adj* ▷*Souvenir* popular; ▷*Junggeselle, Frau* eligible

begeistern I. *vt* ↑ *in Begeisterung versetzen* enthuse, inspire **II.** *vr* ◇ **sich für etw ~** to get enthusiastic about s.th.; **Begeisterung** *f* enthusiasm, zest

Begierde *f* <-, -n> desire, passion; **begierig** *adj* ↑ *erwartungsvoll* eager

begießen *unreg vt* [1] (*mit Wasser*) water [2] (*FIG trinken auf*) drink to

Beginn *m* <-[e]s> beginning, start; **beginnen** <begann, begonnen> *vt, vi* begin, start

beglaubigen *vt* certify, witness; **Beglaubigung** *f* certification

begleichen *unreg vt* → *Rechnung, Schuld* settle, pay

begleiten *vt* [1] ↑ *mitgehen* accompany, see (*in, an, auf akk* to); ◇ **jd-n zur Bahn ~** to take s.o. to the station [2] (MUS *auf Klavier*) accompany [3] ↑ *einhergehen mit* go hand in hand with; **Begleiter(in** *f*) *m* <-s, -> [1] ↑ *Freund* companion, attendant [2] MUS accompanist; **Begleitung** *f* [1] (*Person*) company [2] MUS accompaniment

beglückwünschen *vt* congratulate (*zu* on)

Begnadigung *f* pardon, amnesty

begnügen *vr* ◇ **sich - mit** be satisfied with, content o.s. with

begonnen *pp von* **beginnen**

begraben *unreg vt* [1] → *Toten* bury, inter [2] (*unter sich* -) bury [3] *FIG* ↑ *aufgeben* bury; **Begräbnis** *s* burial, funeral

begradigen *vt* → *Straße, Weg* straighten [out]

begreifen *unreg vt* ↑ *verstehen* understand, comprehend; ↑ *nachfühlen* sympathize with; **begreiflich** *adj* understandable, conceivable

begrenzen *vt* [1] → *Raum, Bereich* demarcate, limit, confine [2] *FIG* → *Geschwindigkeit* limit, restrict; **Begrenztheit** *f* limitation, restriction; (*von Wissen*) narrowness

Begriff *m* <-[e]s, -e> [1] ↑ *-sinhalt* concept, idea; ↑ *Bezeichnung, Ausdruck* term [2] ◇ **schwer von - sein** *FAM* ↑ *nicht recht verstehen* be slow/dense/obtuse [3] ◇ **im - sein, etw zu tun** to be about/prepared to do s.th.; **Begriffsvermögen** *s* conceptual ability, grasp *FAM*

begründen *vt* [1] → *Behauptung* justify, substantiate [2] → *Theorie, Lehre* found, initiate; **Begründung** *f* justification, reason; founding

begrüßen *vt* [1] → *Gäste* greet, welcome [2] → *Entscheidung* welcome, approve; **Begrüßung** *f* greeting, welcome; approval

begünstigen *vt* [1] → *Freund* favour, benefit [2] ↑ *fördern* promote, foster

begutachten *vt* [1] → *Schaden* give an expert opinion [on], evaluate [2] (*vor Kauf*) carefully regard; **Begutachtung** *f* inspection

behaart *adj* ▷*Mensch* hairy; ▷*Tier* furry

behäbig *adj* corpulent, partly sedate

Behagen *s* <-s> [1] ↑ *Bequemlichkeit* comfort, ease [2] ↑ *Zufriedenheit* contentment, pleasure; **behaglich** *adj* ▷*Umgebung* comfortable, cosy; ▷*Wärme* snug

behalten *unreg vt* [1] → *Besitz* retain, keep; → *Glanz, Wert* maintain, keep [2] (*in Erinnerung*) remember/keep s.th./s.o. in mind; **Behälter** *m* <-s, -> (*für Flüssigkeit*) reservoir, tank; ▷*kleiner* - container, receptacle, box; ▷*großer* - container

behandeln *vt* [1] → *Patienten* treat [2] → *Mensch/Tier* ↑ *umgehen mit* treat; → *Gerät* handle [with care] [3] → *Thema* deal with, discuss; **Behandlung** *f* [1] (*von Patienten*) treatment [2] (*von Gerät*) handling [3] (*von Thema*) discussion

beharren *vi* persevere; ◇ **auf seinem** *dat* **Standpunkt** - to persist in a point of view; ◇ **er beharrte darauf, nicht zu gehen** he insisted on not going; **beharrlich** *adj* ↑ *geduldig, ausdauernd* steadfast, persistent; ↑ *hartnäckig, verbissen* dogged, unremitting, insistent; **Beharrlichkeit** *f* perseverence, tenacity, persistence

behauen *vt* → *Stein* cut, dress, trim; ▷*grob* - hew

behaupten I. *vt* [1] ↑ *etw sagen* state, assure [2] (*an Meinung festhalten*) claim, assert, affirm; ◇ **-, daß ...** to maintain that ... [3] MIL → *Festung, Stellung* defend, maintain **II.** *vr* ◇ **sich - gegen** ↑ *sich durchsetzen* hold one's own [against], stand up to; **Behauptung** *f* claim, assertion

Behausung *f* ↑ *[einfache] Wohnung* dwelling, accomodation; *FAM* digs *BRIT*

beheimatet *adj* ↑ *wohnhaft* resident; ▷*Tier, Pflanze* native, indigenous (*in dat* to)

beheizen *vt* → *Haus* heat

behelfen *unreg vr* ◇ **sich mit etw** - make do with s.th.; **behelfsmäßig** *adj* ↑ *provisorisch, notdürftig* improvised, makeshift

behelligen *vt* ↑ *stören* pester, bother

beherbergen *vt* ↑ *Unterkunft gewähren* put up, house

beherrschen I. *vt* [1] → *Situation, Arbeit* master; → *Fremdsprache* speak, have a command of; → *Instrument* be able to play, master; → *Wut, Gefühl* control, dominate [2] → *öffentliche Meinung* dominate [3] → *Volk, Land* rule, govern **II.** *vr* ◇ **sich** - control o.s.; **beherrscht** *adj* ↑ *maßvoll, gezügelt* restrained, cool; **Beherrschung** *f* control; domination; mastery

beherzigen *vt* → *Rat, Anliegen* take to heart; **beherz[ig]t** *adj* ↑ *entschlossen* determined, courageous

behilflich *adj* ↑ *helfend* helpful; ◇ **könnten Sie mir bitte - sein** could you help me please [*o.* lend me a hand] (*bei* with)

behindern *vt* → *Entwicklung, Arbeit, Sicht* hinder, impede; → *Person* ↑ *im Wege stehen* obstruct; **Behinderte(r)** *fm* disabled person; **Behinderung** *f* [1] (*von Personen, Sachen*) hindrance [2] ▷*körperliche/geistige* - handicap, disability

Behörde *f* <-, -n> ↑ *Amt* [administrative] authority; **behördlich** *adj* ▷*Genehmigung* official

behüten *vt* → *Haus* ↑ *bewachen* guard; ◇ **jd-n vor etw** *dat* - ↑ *schützen* protect s.b. from s.th.; **behutsam** *adj* cautious, careful

bei *präp dat* [1] (*örtlich*) near, by; ◇ **das Haus - der Brücke** (*in der Nähe*) the house near the bridge; ◇ **- uns** ↑ *zuhause* at our place; (*im Herkunftsland*) in our country; ◇ **-m Bäcker** at the baker's; ◇ **- Tisch** at table; ◇ **- jd-m wohnen** to stay with s.o.; ◇ **- Schmitt** (*für Post*) care of, c/o Schmitt; ◇ **- jd-m beschäftigt sein** to be on s.b.'s payroll; ◇ **jd-n - sich haben** to have s.b. with one; (*e-e Sache*) to have s.th. on one [2] (*zeitlich*) at, on; ◇ **- Beginn** at the beginning; ◇ -

seiner Rückkehr on his return; ↑ *während* during; ◇ **-m letzten Gewitter** during the last thunderstorm; ◇ - **Tag/Nacht** by day/night; ◇ - **Nebel** in fog [3] ◇ - **vollem Bewußtsein** fully conscious; ◇ - **bester Gesundheit** in good health; ◇ - **31 Grad im Schatten** when it's 31 degrees in the shade

beibehalten *unreg vt* ↑ *aufrechterhalten* retain, keep up

Beiboot *s* ↑ *Ersatzboot* dinghy

beibringen *unreg vt* [1] ↑ *[her-]beischaffen* produce; (*Gründe für Behauptung*) adduce [2] → *Lesen, Schreiben* teach s.b. s.th. [3] *FAM* ↑ *schonend mitteilen* to break s.th. to s.o. [4] ◇ **jd-m e-e Verletzung** - ↑ *zufügen* to injure s.o.

Beichte *f* <-, -n> ↑ *Sündenbekenntnis* confession; **beichten I.** *vt* ↑ *Beichte ablegen* confess; *FAM* → *Seitensprung* admit **II.** *vi* ↑ *zur Beichte gehen* go to confession

beide(s) *pron* [1] (*adjektivisch*) both; (*unbetont*) the two; ◇ **alle -n Bilder** both pictures; ◇ **in -n Fällen** in either case; ◇ **er hat - Füße...** he has both his feet... [2] (*substantivisch*) both [of them]; ◇ **wir** - the two of us, both of us, ◇ **keiner von -n** neither (of them *o.* of the two); SPORT ◇ **15** - 15 all; ◇ **einer von -n** one/either of the two; ◇ **-s ist möglich** either is [*o.* both are] possible; **beidemal** *adv* both times; **beiderlei** <inv> *adj* of either sort; **beiderseitig** *adj* ↑ *gegenseitig* mutual, reciprocal; JURA ▷*Vertrag* bilateral; **beiderseits I.** *adv* mutually **II.** *präp gen* on both sides of

beieinander *adv* ↑ *zusammen* together

Beifahrer(in *f*) *m* passenger; **Beifahrersitz** *m* passenger seat

Beifall *m* <-[e]s> [1] ↑ *Zustimmung, Billigung* approval [2] (*Zuschauer-*) applause

beifügen *vt* → *Rechnung, Brief* enclose; ↑ *beiheften* attach

beige <inv> *adj* beige, fawn

beigeben *unreg* **I.** *vt* → *Brief* add **II.** *vi* ↑ *nachgeben* give in (*dat* to); *FAM* take it lying down

Beigeschmack *m* [1] ↑ *Nachgeschmack* aftertaste [2] *FIG* ▷*peinlicher* - overtone

Beihilfe *f* <-, -n> [1] ↑ *Hilfe, Unterstützung* aid, assistance [2] (*Finanz-*) subsidy, allowance [3] JURA ▷*strafrechtlich* aiding and abetting

beikommen *unreg vi* ◇ **jd-m/e-r Sache** *dat* - ↑ *bewältigen* get the better of s.o./get on top of s.th.; → *Schwierigkeit* get round; → *Problem* get to the root of, aiding and abetting

Beil *s* <-[e]s, -e> axe, hatchet

Beilage *f* [1] (*Zeitungs-*) supplement [2] GASTRON (*Salat- etc.*) vegetables and potatoes *pl*, side order *AM*

beiläufig I. *adj* ▷*Frage* casual, incidental **II.** *adv* casually, by the way

beilegen *vt* [1] ↑ *beifügen* enclose, add [2] → *Differenzen* settle [3] → *Künstlernamen* attribute, ascribe

Beileid *s* (*bei Trauerfall*) condolence, sympathy; ◇ **ich möchte Ihnen mein herzliches - aussprechen** I would like to express my deepest sympathy to you

beiliegend *adj* ◇ - **finden Sie die gewünschten Unterlagen** COMM you will find the requested documentation enclosed

beim = bei dem [1] ◇ - **Putzen** (*Vorgang*) when/whilst cleaning [2] ◇ **jd-n - Wort nehmen** to take s.o. at his word

beimessen *unreg vt* → *Bedeutung* ↑ *zukommen lassen* attribute, ascribe (*dat* to)

Bein *s* <-[e]s, -e> [1] (*von Personen, Tieren*) leg [2] (*von Gerät, Tisch- etc.*) leg

beinah, beinahe *adv* ↑ *fast* almost, nearly

Beiname *m* <-n, -n> surname

Beinbruch *m* fracture of the leg; ◇ **Hals und -!** touch wood!

beinhalten *vt* [1] → *Ware, Gerät* contain [2] → *Aussage* cover; imply

beipflichten *vi* ◇ **jd-m/e-r Sache** - ↑ *zustimmen* agree with s.b./s.th.

Beirat *m* [1] ↑ *gesetzlicher Vertreter* legal adviser, counselor [2] (*Schul-, Rundfunk-*) advisory board [3] (*Eltern-*) parent-teacher association

beirren *vt* ◇ **laß Dich nicht -!** do not let y.s. be confused!

beisammen *adv* together; **Beisammensein** *s* <-s> get-together

Beischlaf *m* ↑ *Koitus* sexual intercourse

Beisein *s* <-s> presence

beiseite *adv* [1] ↑ *zur Seite* to one side, aside [2] ◇ **jd-n/etw - schaffen** ↑ *aus dem Weg* get s.b./s.th. out of the way [3] ◇ **etw - legen** ↑ *sparen* to put s.th. away

beisetzen *vt* → *Toten, Urne* bury, inter; **Beisetzung** *f* funeral

Beisitzer *m* (*beim Gericht*) lay magistrate, associate judge

Beispiel *s* <-[e]s, -e> example; ◇ **[wie] zum** - for example, for instance; ◇ **ein - geben/nehmen** give/take an example; ◇ **sich** *dat* **an e-r Sache** [*o.* **an jd-m**] **ein - nehmen** take s.th. as a model/take s.o. as an example; **beispiellos** *adj* unprecedented, unparalleled; **beispielsweise** *adv* for instance/example

beißen <biß, gebissen> *vt* bite

beißend *adj* [1] ▷*Geruch, Rauch* pungent, caus-

B

tic, stinging [2] *FIG* ↑ *sarkastisch* → *Spott* sarcastic, poignant; **Beißzange** *f* (*Handwerkszeug*) pliers, pincers *pl*

Beistand *m* ↑ *Stütze, Hilfe* support, help; **beistehen** *unreg vi* ◇ **jd-m [mit Rat und Tat]** ~ to stand by s.b.

beisteuern *vt* ↑ *Beitrag leisten* contribute (*zu* to); → *Geld* contribute, subsidize (*zu* to)

Beitrag *m* <-[e]s, Beiträge> [1] (*persönliche Leistung*) contribution [2] ▷*finanzieller* ~ fee, subscription, contribution; (*Mitglieds-, Vereins-*) membership fee [3] (*Zeitungs-, musikalischer* ~) contribution; **beitragen** *unreg* **I.** *vt* ↑ *dazugeben* (*zum Lebensunterhalt*) contribute (*zu* to) **II.** *vi* ↑ *mithelfen* help (*zu* with)

beitreten *unreg vi* → *Verein* join; → *Bündnis* enter into; **Beitritt** *m* <-s, -e> joining, enrolment; **Beitrittserklärung** *f* (*zu Verein*) declaration of membership

Beiwagen *m* (*von Motorrad*) sidecar

beiwohnen *vi* → *e-m Vortrag* attend

Beize *f* <-, -n> [1] (*Holz-*) stain; (*Leder-*) tan [2] (GASTRON *Fleisch-*) marinade, pickle

beizeiten *adv* in [good] time

beizen *vt* → *Holz, Leder* stain; → *Lebensmittel* marinade, pickle

bejahen *vt* → *Frage* answer in the affirmative, say yes to; **bejahend** *adj* affirmative; **Bejahung** *f* affirmative; ◇ ~ **des Lebens** positive attitude to life

bekämpfen I. *vt* → *Gegner, Widersacher* fight; → *Seuche* combat; ↑ *überwältigen* overcome **II.** *vr* ◇ **sich** ~ ↑ *gegeneinander ankämpfen* fight; **Bekämpfung** *f* fight, struggle (*gen* against)

bekannt *adj* [1] (*allgemein wissen*) generally known; ↑ *berühmt* famous; ↑ *nicht fremd* familiar [2] ◇ **jd-n mit jd-m ~ machen** ↑ *vorstellen* introduce s.b. to s.b.; ◇ **es kommt mir ~ vor** it seems familiar; ◇ **er ist mir** ~ I know him; ◇ **dies ist mir** ~ I am aware of it; **Bekannte(r)** *fm* friend, acquaintance; **Bekanntenkreis** *m* [circle of] friends; **bekanntgeben** *unreg vt* → *Neuigkeiten* proclaim; (*in Zeitung*) advertise, publish; → *Vermählung* announce; **bekanntlich** *adv* as is generally known, as you know; **bekanntmachen** *vt* announce, publicize, give notice; **Bekanntmachung** *f* ▷*öffentliche* ~ announcement, notice; (*von Gesetz*) promulgating; (*von Nachrichten*) bulletin, communiqué, broadcasting; **Bekanntschaft** *f* **I.** (*nur Singular*) acquaintance, familiarity; ◇ **jd-s ~ machen** make the acquaintance of **II.** (*auch Plural*) ↑ *Freundeskreis* [circle of] friends; **bekanntwerden** *vi* ↑ *öffentlich werden* be made public, leak out

bekehren I. *vt* → *Andersgläubigen* convert, turn; ◇ **jd-n zu e-r Sache** ~ *FIG* ↑ *umstimmen* bring s.o. round to [the matter] **II.** *vr* ◇ **sich ~ zu** become converted, turn over a new leaf; **Bekehrung** *f* conversion

bekennen *unreg* **I.** *vt* → *Schuld* admit; → *Sünden* confess; → *Straftat* admit, own up to **II.** *vr* ◇ **sich** ~ [1] (*als Sünder* ~) admit to being a sinner [2] (*zu e-m Glauben/e-r Freundin* ~) to stand up for a belief/girlfriend; **Bekenntnis** *s* [1] ↑ *Beichte, Eingeständnis* [own] admission, confession [2] (*zu etw*) declaration of allegiance [3] ↑ *Konfession* confession, denomination

beklagen I. *vt* → *Schicksal, Tod* bewail, mourn; ◇ **Menschenleben waren nicht zu** ~ there was no loss of life **II.** *vr* ◇ **sich ~ über** complain about

bekleben *vt* plaster; (*mit Etikett*) label; ◇ **e-e Mauer mit Plakaten** ~ to stick posters all over a wall

bekleiden I. *vt* [1] ↑ *anziehen* dress, clothe [2] → *Amt, Posten* hold, occupy **II.** *vr* ◇ **sich ~ mit** dress in; **bekleidet** *adj* ◇ **mit etw ~ sein** be dressed in s.th.; **Bekleidung** *f* clothing

beklemmend *adj* ▷*Gefühl* oppressive; **Beklemmung** *f* feeling of oppressiveness, constriction

beklommen *adj* ↑ *ängstlich* anxious; ↑ *bedrückt* depressive, oppressive; **Beklommenheit** *f* anxiety; uneasiness; depression, oppression

bekommen *unreg* **I.** *vt* [1] get, receive, obtain; → *Kind* expect; → *Krankheit* take, get [2] → *Zug* catch, get **II.** *vi* ◇ **jd-m** ~ ↑ *guttun* agree with s.b.; **bekömmlich** *adj* ▷*Speisen* well-becoming, wholesome

bekräftigen *vt* strengthen, confirm

bekreuzen, **bekreuzigen** ◇ **sich** ~ make the sign of the cross, cross o.s.

bekriegen *vt* → *Land* wage war, be at war; ◇ **warum ~ sich diese Völker (gegenseitig)?** why are these nations at war with each other?

bekümmern *vt* worry, trouble

bekunden *vt* ↑ *zeigen* show, express, manifest

belächeln *vt* → *Verhalten, komische Figur* smile at

beladen *unreg vt* → *Fahrzeug* load

Belag *m* <-[e]s, Beläge> [1] covering, coating [2] (*Brot-*) spread [3] (*Zahn-*) film, tartar [4] (*Brems-*) lining; (*Straßen-*) surface

belagern *vt* [1] → *Burg, Stadt* besiege [2] *FIG* → *Hotel, Star* beleaguer; **Belagerung** *f* siege

Belang *m* <-[e]s, -e> [1] ◇ **das ist von wenig** [*o.* **ohne**] ~ that is irrelevant [2] ◇ **-e** *pl* ↑ *Interessen* interests *pl;* **belangen** *vt* JURA sue; (*verfolgen*) persecute (*wegen* for); **belanglos** *adj* trivial, unimportant

belassen *unreg vt* ↑ *unverändert lassen* retain, leave

belasten I. *vt* ① burden, load, encumber; *FIG* ↑ *bedrücken* trouble, worry ② COMM → *Konto* debit, charge ③ JURA incriminate **II.** *vr* ◇ **sich** ~ ① weigh o.s. down ② JURA incriminate o.s.

belästigen *vt* ① (*mit Fragen, Lärm*) annoy, pester, bother ② ↑ *zudringlich werden* harass, molest; **Belästigung** *f* ① (*mit Fragen, Lärm*) annoyance, pestering ② ↑ *Zudringlichkeit* harassment, importunity

Belastung *f* ① load; *FIG* ↑ *Sorge etc.* stress ② COMM charge, debit[ing] ③ (JURA *durch Aussage*) incriminatory evidence

belauern *vt* lie in wait for

belaufen *unreg vr* ◇ **sich** ~ ↑ *betragen* amount (*auf akk* to)

belauschen *vt* → *Gespräch, Person* eavesdrop on; (*beobachten*) observe

beleben I. *vt* → *Wirtschaft* ↑ *ankurbeln* stimulate; ← *Unterhaltung* animate **II.** *vr* ◇ **sich** ~ ← *Straße, Platz* become populated; **belebt** *adj* ▷*Straße* busy

Beleg *m* <-[e]s, -e> ① ↑ *Beweis* documentary evidence, proof, verification ② COMM ↑ *Quittung* receipt; **belegen** *vt* ① (*mit Belag versehen*) cover; → *Brötchen* spread ② → *Telefonleitung* occupy; → *Seminar, Kurs* register for, sign up for ③ → *Ausgaben, Behauptung* verify, prove, vouch for ④ (*mit Bußgeld*) fine; **Belegschaft** *f* personnel, staff

belehren *vt* ① ↑ *aufklären* inform; ◇ **jd-n ~ über etw** enlighten s.o. about s.th. ② ◇ **diese Erfahrung belehrte uns e-s Besseren** ↑ *aufklären* this experience taught us better; **Belehrung** *f* instruction, advice

beleibt *adj* portly, corpulent

beleidigen *vt* ↑ *kränken* insult, offend; **Beleidigung** *f* insult, offence; **Beleidigungsklage** *f* JURA ↑ *Verleumdungsklage* libel action

belesen *adj* well-read

beleuchten *vt* ① ↑ *Straße, Schaufenster* light, illuminate ② → *Text, Argument* elucidate, illustrate; **Beleuchtung** *f* ① (*das Beleuchten*) lighting, illumination ② ↑ *Licht* light

Belgien *s* Belgium; **Belgier(in** *f*) *m* <-s, -> Belgian; **belgisch** *adj* Belgian

belichten *vt* → *Film, Foto* expose; **Belichtung** *f* FOTO exposure

Belieben *s* ① ↑ *Ermessen* discretion ② ↑ *Gutdünken, Wunsch* choice, pleasure; ◇ **[ganz] nach deinem ~** as you wish; **beliebig** *adj* optional, discretionary; ↑ *irgendein* any [you like]; ◇ **an e-m ~en Ort** anywhere; **beliebt** *adj* ▷*Lehrer, Buch* popular; ▷*Ausrede* well-loved, habitual; ◇ **~ sein bei** be popular with; **Beliebtheit** *f* popularity

beliefern *vt* supply, provide

bellen *vi* ← *Hund* bark

Belletristik *f* <-> elegant literature

belohnen *vt* (*für Bemühungen, mit Geld*) reward, pay; **Belohnung** *f* (*das Belohnen*) reward; ↑ *Preis* reward, prize

belüften *vt* ventilate

belügen *unreg vt* ↑ *anlügen* lie to

belustigen *vt* ↑ *zum Lachen bringen* amuse, entertain

bemächtigen *vr* ◇ **sich** ~ seize; ▷*widerrechtlich* usurp

bemalen *vt* → *Wand, Haus* paint

bemängeln *vt* → *Fehler, Fahrzeug* find fault with, criticize

bemerkbar *adj* ↑ *erkennbar* perceptible, noticeable, discernible; ◇ **sich ~ machen** to make o.s. noticeable; **bemerken** *vt* ① ↑ *wahrnehmen* notice, observe ② ↑ *äußern* remark, mention; **bemerkenswert** *adj* ↑ *beachtlich* remarkable, noteworthy; **Bemerkung** *f* ① ↑ *Äußerung* remark, comment ② (*am Textrand*) note

bemitleiden *vt* pity

bemühen I. *vt* ↑ *veranlassen* trouble, give trouble; ◇ **darf ich Sie nochmals ~?** may I trouble you once again? **II.** *vr* ◇ **sich** ~ ↑ *sich anstrengen* endeavour, take trouble/pains; ◇ **bitte ~ Sie sich um Karten** please try to get hold of tickets; **Bemühung** *f* ↑ *Anstrengungen* trouble, effort, pains *pl*; ◇ **danke für Ihre ~** thank you for your efforts

benachbart *adj* adjacent, neighbouring

benachrichtigen *vt* inform, notify (*von* of); **Benachrichtigung** *f* information, notification

benachteiligen *vt* ↑ *diskriminieren* disadvantage, victimize

benehmen *unreg vr* ◇ **sich** ~ behave; ◇ **benimm dich bitte!** please behave y.s.!; **Benehmen** *s* <-s> behaviour; ↑ *Manieren* manners *pl*

beneiden *vt* envy (*um e-e Sache* s.th.); **beneidenswert** *adj* enviable

Beneluxländer *pl* Benelux countries *pl*

benennen *unreg vt* name

Bengel *m* <-s, -> rascal, rogue

benommen *adj* dazed, stunned

benötigen *vt* need, require

benutzen, **benützen** (*ÖST, süddeutsch*) *vt* ① ↑ *gebrauchen* use ② ◇ **er benutzt dich nur** (*ausnutzen*) he's just using you; **Benutzer(in** *f*) *m* <-s, -> user; **benutzerfreundlich** *adj* user-friendly; **Benutzung** *f* (*von Räumen, Werkzeug*) utilization, use; ◇ **unter ~ von** with the aid of

Benzin *s* <-s, -e> AUTO petrol *BRIT*, fuel, gas *AM*; ◇ **bleifreies ~** unleaded petrol *BRIT*, unleaded gas/fuel *AM*; **Benzinkanister** *m* petrol can *BRIT*, gas can *AM*; **Benzintank** *m* petrol tank *BRIT*, gas tank *AM*; **Benzinuhr** *f* (*Benzinanzeige im Auto*) petrol gauge *BRIT*, gas gauge *AM*

beobachten *vt* ① observe, watch ② ◇ **etw an jd-m ~** ↑ *bemerken, feststellen* observe s.th. about s.o.; **Beobachter(in** *f*) *m* <-s, -> observer; ↑ *Zeuge* witness; **Beobachtung** *f* (*das Beobachten*) observation, surveillance; ◇ **e-e interessante ~ machen** (*etw eher zufällig bemerken*) to make an interesting observation; **Beobachtungsgabe** *f* faculty/gift of observation

bepacken *vt* → *Tier, Mensch* load, pack

bepflanzen *vt* plant

bequem *adj* ① ▷*Stuhl, Kleidung* comfortable; ◇ **machen Sie es sich bitte ~!** do make y.s. comfortable. ② ▷*Antwort* convenient ③ ↑ *träge, faul* indolent, lazy; **Bequemlichkeit** *f* ① ↑ *Behaglichkeit* comfort; ↑ *Annehmlichkeit, Komfort* convenience ② ↑ *Trägheit* indolence, laziness

beraten *unreg* **I.** *vt* → *Kunden* advise, counsel; ↑ *besprechen* discuss, debate **II.** *vr* ◇ **sich ~ [über etw]** ↑ *besprechen* consult; **Berater(in** *f*) *m* <-s, -> adviser, counsellor; **Beratung** *f* ① (*Beraten*) advice, counselling ② ↑ *Besprechung* consultation

berauben *vt* deprive (*gen* of); ↑ *rauben* rob

berauschen I. *vt* ↑ *betrunken machen* intoxicate **II.** *vr* ◇ **sich ~** ① ↑ *sich betrinken* get drunk ② (MUS THEAT *an Aufführung*) enthuse o.s., enchant o.s.; **berauschend** *adj* ① ▷*Wein* intoxicating, heady ② ◇ **das ist nicht gerade ~** (*nichts besonderes*) that's nothing special at all

berechenbar *adj* calculable; **berechnen** *vt* ① → *Rauminhalt, Kosten* ↑ *ausrechnen* calculate, reckon ② → *Bauzeit, Reaktion* ↑ *planen, [ein-]schätzen* estimate, assess ③ COMM ↑ *in Rechnung stellen* charge; **berechnend** *adj* (*auf Vorteil aus*) calculating, scheming; **Berechnung** *f* ① (*Ausrechnen*) calculation ② ↑ *[Ein]schätzung* valuation, assessment ③ COMM charge

berechtigen I. *vt* ↑ *bevollmächtigen* authorize **II.** *vi* ↑ *das Recht haben* entitle; **berechtigt** *adj* ① ▷*Vorwurf* justified, valid ② ↑ *bevollmächtigt* authorized; **Berechtigung** *f* ① ↑ *Bevollmächtigung* authorization ② ↑ *Rechtsanspruch* right

bereden *vt* ↑ *besprechen* discuss; **Beredsamkeit** ↑ *sprachliche Gewandtheit* eloquence

Bereich *m* <-[e]s, -e> ① (*Stadt-, Küsten-*) area ② (*Zuständigkeits-*) sphere; (*Kompetenz-, Reichweite*) scope

bereichern I. *vt* → *Sammlung* enrich, enlarge **II.** *vr* ◇ **sich [auf Kosten Dritter] ~** to line one's pockets; **Bereicherung** *f* enrichment

bereinigen *vt* → *Streit* settle

bereisen *vt* → *Land, Stadt* travel through, tour

bereit *adj* ready, prepared; ◇ **für/zu etw ~ sein** be ready for s.th.; ◇ **er erklärte sich** [*o.* **fand sich**] **~, zu helfen** ↑ *willens sein* he said he was willing/prepared to help; **bereiten** *vt* ① → *Essen* prepare, make ready ② → *Freude, Sorgen* cause, give; **bereithalten** *unreg vt* → *Geld, Werkzeug* have available; **bereitlegen** *vt* → *Werkzeug* lay out

bereits *adv* already

Bereitschaft *f* ① (*das Bereitsein*) readiness ② ↑ *Bereitschaftsdienst* emergency duty; ◇ **~ haben** [*o.* **in ~ sein**] be on call, be on stand-by; **bereitwillig** *adj* ↑ *entgegenkommend* willing

bereuen *vt* ① ↑ *Reue empfinden* repent, feel remorse for ② ↑ *bedauern* ← *Kündigung* regret

Berg *m* <-[e]s, -e> mountain, hill; (*FIG von Akten*) pile; ◇ **über alle ~e sein** to be beyond reach; **bergab** *adv* downhill; **bergauf** *adv* uphill; **Bergarbeiter** *m* miner; **Bergbahn** *f* mountain railway; **Bergbau** *m* mining

bergen <barg, geborgen> *vt* ① → *Verunglückte* rescue; → *Waren, Schiffsladung* salvage ② → *Risiken* ↑ *beinhalten* involve

Bergführer(in *f*) *m* mountain guide; **Berggipfel** *m* mountain top, summit; **Berghütte** *f* mountain hut, refuge; **bergig** *adj* ▷*Landschaft* mountainous, hilly; **Bergkette** *f* mountain range; **Bergkristall** *m* rock crystal; **Bergmann** *m* <-s, Bergleute> miner; **Bergrutsch** *m* landslide; **Bergsteigen** *s* mountaineering, climbing; **Bergsteiger(in** *f*) *m* <-s, -> mountaineer, climber; **Bergung** *f* (*von Verunglückten*) rescue; (*von Material*) recovery; (NAUT *von Schiffbrüchigen*) rescue; (*von Schiffsladung*) salvage; **Bergwacht** *f* <-, -en> mountain rescue service; **Bergwerk** *s* mine

Bericht *m* <-[e]s, -e> report; **berichten** *vt* report; ◇ **jd-m etw** [*o.* **über/von e-r Sache**] **~** to report s.th. [*o.* on s.th.] to s.o.; **Berichterstatter(in** *f*) *m* <-s, -> ↑ *Korrespondent* reporter, [newspaper] correspondent; **Berichterstattung** *f* reporting

berichtigen *vt* ① → *Wort, Aussprache* correct ② → *Behauptung* put straight

beritten *adj* ▷*Polizei* mounted

Bernhardiner *m* FAUNA St. Bernard

Bermudas *pl* ① (*Inseln*) Bermudas *pl* ② (*Hose*) Bermuda shorts *pl*

Bernstein *m* amber

bersten <barst, geborsten> *vi* burst, split

berüchtigt *adj* ▷*Lokal, Spieler* notorious, infamous

berücksichtigen *vt* → *Person, Antwort* consider, bear in mind

Beruf *m* <-[e]s, -e> (*gehobener* ~) profession; (*Handwerks-*) trade; (*sonstiger* ~) occupation; ◇ **was sind Sie von ~?** what do you do to make a living?; **berufen** *unreg* **I.** *vt* ↑ *einsetzen* appoint (*in akk* to, als/zu as); ◇ **er wurde in das Amt ~** he was appointed to the office **II.** *vr* ◇ **sich ~** ↑ *sich beziehen* refer (*auf akk* to) **III.** *adj* ↑ *fähig* capable, competent; ◇ **er fühlte sich hierzu nicht ~** he did not feel suited to this; ◇ **zu etw ~ sein** REL to be called to s.th.; **beruflich** *adj* professional, vocational; **Berufs-** *adj* occupational; **Berufsausbildung** *f* [professional] training; (*für Handwerk*) vocational training; **Berufsberatung** *f* vocational guidance; **Berufskrankheit** *f* occupational disease; **Berufsleben** *s* professional life; **Berufsrisiko** *s* occupational hazard; **Berufsschule** *f* technical college; **berufstätig** *adj* employed; **Berufsverkehr** *m* rush hour traffic; **Berufswahl** *f* choice of occupation

Berufung *f* ① (*in Amt*) appointment ② (*zu e-r Tätigkeit*) vocation, calling ③ JURA ↑ *Einspruch* appeal; ◇ **in die ~ gehen** to appeal

beruhen *vi* rest upon, be based on; ◇ **seine Abneigung beruht auf Gegenseitigkeit** his antipathy is mutual

beruhigen I. *vt* → *Baby* calm, pacify, soothe; ◇ **es beruhigt uns sehr, daß ...** it is reassuring to us, that ... **II.** *vr* ◇ **sich ~** ① ↑ *ruhiger werden* calm [o.s.] down ② ← *Herz, Wind etc.* calm down; **Beruhigung** *f* ① reassurance; (*von Nerven*) soothing; (*von Sturm*) calming ② ◇ **zu deiner ~ kann ich sagen, daß ...** ↑ *Beruhigtsein* for your peace of mind I can tell you that ...; **Beruhigungspille** *f* tranquillizer; **Beruhigungsspritze** *f* tranquillizing shot

berühmt *adj* famous, renowned, celebrated; **Berühmtheit** *f* (*Persönlichkeit*) celebrity; ◇ **~ erlangen** to become famous

berühren I. *vt* ① → *Person, Sache* touch ② → *Thema* ↑ *streifen* touch on ③ ← *Krankheit, Schicksal* affect **II.** *vr* ◇ **sich [gegenseitig] ~** make contact, meet; **Berührung** *f* contact, touch; **Berührungspunkt** *m* point of contact, junction

besäen *vt* → *Acker* seed, sow

besagen *vi* ① ↑ *zum Ausdruck bringen* mean ② ↑ *andeuten* imply ③ ↑ *vermitteln, klarmachen* convey ④ ◇ **was besagt das schon?** what does that prove anyway?; **besagt** *adj* ▷*Zeuge, Tat etc.* mentioned; ◇ **zur ~en Zeit** at the time in question

besänftigen *vt* → *Zorn, Nerven* soothe, calm, placate

Besatz *m* <-es, Besätze> ① ↑ *Einfassung, Borte* edging; (*Kleider-*) trimming; (*von Tischtuch*) border ② (*Füllen bei Bauwerk*) tamping

Besatzer *m* <-s, -> (*-soldat*) member of occupying forces; **Besatzung** *f* ① ↑ *Mannschaft* crew ② (*-struppen*) occupying forces; **Besatzungsmacht** *f* occupying power

besaufen *unreg vr* ◇ **sich [voll und ganz] ~** *FAM* to get plastered/pissed

beschädigen *vt* damage, impair; **Beschädigung** *f* ① (*das Beschädigen*) damage ② ↑ *das Beschädigte* damaged area, actual damage

beschaffen I. *vt* get [hold of], obtain; → *Geld* raise funds **II.** *adj* ▷*Mensch, Haus* constituted; **Beschaffenheit** *f* nature, make-up; **Beschaffung** *f* procurement, provision

beschäftigen I. *vt* → *Kind* occupy, keep busy; ↑ *anstellen* employ **II.** *vi* ◇ **beschäftigt sein** (*mit Gedanken*) to be preoccupied with **III.** *vr* ◇ **sich ~** ↑ *sich betätigen* occupy o.s.; ◇ **sich [mit etw] ~** ↑ *sich befassen* deal with s.th.; **beschäftigt** *adj* busy, occupied; (*in Firma*) employed; **Beschäftigung** *f* (*Freizeit-*) activity, occupation; (*im Beruf*) employment, business pursuit; (*mit Thema*) treatment

beschämen *vt* ↑ *erniedrigen* shame; ↑ *demütigen* humiliate; **beschämend** *adj* ▷*Verhalten, Auftritt* shameful, disgraceful; **beschämt** *adj* ashamed; ◇ **~ lief er nach draußen** he rushed out shamefacedly

beschatten *vt* → *Verbrecher* ↑ *observieren* shadow, tail

beschaulich *adj* ① ↑ *anschaulich* contemplative ② ◇ **seine Auskünfte waren sehr ~** ↑ *karg* the information he gave was not thoughtful ③ ◇ **ein ~es Leben führen** ↑ *idyllisch* to live the life of Riley

Bescheid *m* <-[e]s, -e> ① ↑ *Nachricht* information ② ↑ *Beschluß* decision ③ ↑ *amtliche Mitteilung* notice, notification ④ ↑ *Weisung* directions *pl;* ◇ **ich weiß darüber ~** I am aware of the fact; ◇ **jd-m ~ sagen** let s.b. know, inform s.o.

bescheiden *adj* ▷*Mensch, Verhältnisse* modest; **Bescheidenheit** *f* modesty

bescheinigen *vt* ① → *Geldempfang* acknowledge receipt of, sign for ② → *gute Arbeit, Verlust* certify; **Bescheinigung** *f* ① (*das Bescheini-*

gen) attestation [2] ↑ *Urkunde, Ausweis etc.* certificate

bescheißen *unreg vt FAM* ↑ *betrügen* fiddle, cheat, screw s.o. over/up *AM*; (*mit Geld*) rip s.o. off *AM*

beschenken *vt* give presents [*o.* a present] to

bescheren *vt* [1] ◇ **jd-n** ~ give presents to s.b.; ◇ **jd-m e-e Sache** ~ give s.b. s.th. as a present [2] ◇ **der Sommer beschert uns viel Sonne** *FIG* ↑ *bringen* we are blessed with plenty sunshine in summer; **Bescherung** *f* [1] (*am Weihnachtsabend*) giving of presents [2] *FAM* mess; ◇ **das ist vielleicht e-e schöne -!** that's a fine mess [*o.* a pretty kettle of fish]

bescheuert *adj* ↑ *blöd* crazy, stupid

beschießen *vt* (*unter Beschuß nehmen*) → *Stadt* bombard, fire at/on

beschildern *vt* → *Straße* signpost, mark

beschimpfen *vt* ↑ *schelten* abuse, insult; **Beschimpfung** *f* abuse, insult

Beschiß *m* <-sses> ◇ **das ist [ja] -!** *FAM* ↑ *Betrug* that is a dirty trick! [*o.* a cheat]

Beschlag *m* <-s, Beschläge> [1] (*Tür-, Fenster-*) mounting; (*Buch-, Koffer-*) fitting; ↑ *Hufeisen* [horse]shoes [2] (*von Pferden*) shoeing [3] ◇ **in - nehmen** ↑ *beanspruchen* monopolize; **beschlagen** *unreg* **I.** *vt* ↑ *Beschlag anbringen* panel; → *Pferd* shoe **II.** *vi* ← *Metall* tarnish; ← *Fenster* mist over **III.** *vr* ◇ **sich** - ← *Glas etc.* steam up, mist **III.** *adj* knowledgable; ◇ **er ist in/auf seinem Gebiet sehr** - he is well-versed in his field; **Beschlagnahme** confiscation, seizure; **beschlagnahmen** *vt* → *Akten, Waren, Pass* confiscate, seize

beschleunigen I. *vt* → *Entwicklung, Ablauf* accelerate, speed up **II.** *vi* ← *Fahrer, Fahrzeug* accelerate; **Beschleunigung** *f* acceleration

beschließen *unreg vt* [1] → *Arbeit* ↑ *beenden* close, end; → *Ende* conclude [2] ↑ *Beschluß fassen* decide, settle; **Beschluß** *m* decision, conclusion; (*Gerichts-*) ruling; (*Kabinetts-*) vote, conclusion

beschmieren *vt* [1] → *Brot* spread, cover [2] → *Kleid* [be]smear, [be]daub; → *Tafel* scribble over

beschmutzen *vt* → *Kleider etc.* soil, dirty

beschneiden *unreg vt* → *Papier* cut, prune, trim; → *Zweige* prune, trim; REL MED → *Vorhaut* circumcise; *FIG* ↑ *einengen* cut down on, curtail

beschönigen *vt* → *Fehler* gloss over, whitewash

beschränken I. *vt* → *Rechte, Person* limit, restrict; → *Bedeutung* confine (*auf akk* to) **II.** *vr* ◇ **sich** - [1] ↑ *sich bescheiden* restrict o.s. [2] (*in Rede*) confine o.s.

beschrankt *adj* ▷*Bahnübergang* guarded, gated

beschränkt *adj* [1] ▷*Verhältnisse, Situation* confined, narrow [2] ↑ *stumpfsinnig, einfältig* limited, narrow-minded; **Beschränkung** *f* ↑ *Einengung* limitation, restriction

beschreiben *unreg vt* [1] → *Blatt Papier* write on [2] ↑ *schildern* describe; (*bildhaft*) depict, portray; **Beschreibung** *f* [1] description; ↑ *Darstellung* portrayal [2] ↑ *Gebrauchsanweisung* instructions

beschriften *vt* → *Papier* write on; → *Grabstein* inscribe; → *Diskette* label; → *Umschlag* address

beschuldigen *vt* accuse of; ↑ *belasten* incriminate; ◇ **jd-n -, etw getan zu haben** to accuse s.b. of having done s.th.; **Beschuldigung** *f* accusation

beschummeln *vt* (*FAM beim Spiel*) cheat, trick

beschützen *vt* protect, shelter (*vor dat* from); **Beschützer(in** *f*) *m* <-s, -> protector

Beschwerde *f* <-, -n> [1] ↑ *Beanstandung, Klage* complaint [2] ◇ **(gesundheitliche) -n** *pl* discomfort; (*stärker*) pain

beschweren I. *vt* ↑ *belasten* weight down, burden **II.** *vr* ◇ **sich** - ↑ *beanstanden* complain (*bei* to, über *akk* about, of); **beschwerlich** *adj* ↑ *anstrengend* tiring, exhausting

beschwichtigen *vt* → *Situation* soothe, pacify; → *Bedenken* allay; ◇ **sie versuchte, ihn zu** - ↑ *beruhigen* she tried to placate him

beschwindeln *vt* [1] ↑ *lügen* tell a fib [2] (*beschummeln*) cheat

beschwipst *adj* tipsy

beschwören *unreg vt* [1] ↑ *beeiden* swear to [2] → *Geister* conjure up [3] ↑ *sehr bitten* implore

beseitigen *vt* [1] ↑ *wegbringen* remove; → *Müll, Abfall* dispose of; → *Spuren* obliterate [2] *FIG* ↑ *umbringen* eliminate, kill; **Beseitigung** *f* [1] (*von Müll*) removal; (*von Spuren*) obliteration [2] *FIG* ↑ *Töten* liquidation, elimination

Besen *m* <-s, -> (*Kehr-*) broom; **Besenschrank** *m* broom closet; **Besenstiel** *m* broomstick

besessen *adj* [1] (*von Idee*) obsessed [2] (REL *von Geistern*) possessed

besetzen *vt* [1] MIL → *Land* occupy [2] → *WC* occupy; → *Haus* squat in; → *Telefonleitung* use; ◇ **die Leitung ist besetzt** the line is engaged/busy *AM* [3] (*mit Schmuck*) set [4] → *Arbeitsstelle* fill, appoint; THEAT → *Rolle* cast; **Besetzung** *f* [1] MIL ↑ *Eroberung* occupation [2] (*von WC*) use; (*von Telefon*) use; (*von Haus*) squatting ③ (*mit Schmuck*) setting, appointment ④ (*von Arbeitsstelle*) filling; (THEAT *von Rolle*) casting

besichtigen *vt* ① → *Schloß, Räume* visit, [have a] look at ② → *Waren, Truppen* inspect; **Besichtigung** *f* ① (*von Sehenswürdigkeiten*) sight-seeing tour; ↑ *Besuch* visit ② (*von Waren, Truppen*) inspection

Besiedlung *f* settlement, colonization

besiegen *vt* ① ↑ *schlagen* defeat, beat; → *Volk* conquer ② → *Schlaf, Unlust* overcome; **Besiegte(r)** *fm* ↑ *Verlierer* loser

besingen *vt* → *Landschaft* sing the praises of

besinnen *unreg vr* ◇ **sich** ~ ① ↑ *überlegen* reflect, think; ↑ *konzentrieren* think (*auf akk* about) ② ↑ *erinnern* remember (*auf akk* s.th./s.b.); **besinnlich** *adj* ↑ *nachdenklich* contemplative; **Besinnung** *f* ↑ *Bewußtsein* consciousness; ◇ **wieder zur ~ kommen** to regain consciousness; **besinnungslos** *adj* ① ↑ *ohnmächtig* unconscious ② ↑ *unvernünftig* thoughtless, senseless

Besitz *m* <-es> ① (*das Besitzen*) possession, ownership ② ↑ *Eigentum* property; **besitzanzeigend** *adj* SPRACHW possessive; **besitzen** *unreg vt* ① → *Tier, Haus etc.* have, own, hold ② (*als Eigentum*) have, possess ③ → *Fähigkeit, Mut etc.* have, be endowed with; **Besitzer(in** *f*) *m* <-s, -> owner, proprietor

besoffen *adj FAM* drunk, pissed *AM*

besohlen *vt* → *Schuhe* [re]sole

Besoldung *f* (*von Soldaten, Beamten*) salary, pay

besondere(r, s) *adj* ▷*Fähigkeiten, Ausnahme* special; ▷*Art* own; ▷*Reiz* unique; ↑ *eigentümlich* peculiar; ▷*Vorkommnisse, Fälle* particular; ▷*Arbeitsgang, Verfahren* ↑ *zusätzlich* separate; **Besonderheit** *f* ↑ *Eigentümlichkeit* peculiarity; **besonders** *adv* ① ↑ *insbesondere* especially; ◇ **darüber freue ich mich ~** I am especially delighted about that ② ↑ *außergewöhnlich* extraordinarily, particularly; ◇ **sie ist e-e ~ hübsche Person** she is a particularly attractive person; ◇ **der Wein war nicht ~** (*mittelmäßig*) the wine was nothing special

besonnen *adj* ▷*Mensch, Tat* sensible, level-headed; ↑ *umsichtig* prudent; **Besonnenheit** *f* prudence

besorgen *vt* ① → *Arbeit* get, find; → *Ware, Artikel* get ② (*aus der Stadt*) buy, go shopping for ③ (*erledigen*) see to, attend to

Besorgnis *f* ↑ *Sorge, Angst* anxiety, concern; **besorgt** *adj* anxious, worried; ◇ **um jd-n/e-e Sache ~ sein** to be concerned about s.b./s.th.

Besorgung *f* ① ↑ *Einkauf* purchase ② ↑ *Erledigung* execution

bespielen *vt* ① → *[Musik/Video-]Band, Kassette* record ② → *Tennisplatz* play on

bespitzeln *vt* ↑ *heimlich beobachten* spy on

besprechen *unreg* **I.** *vt* ① → *Situation, Thema* talk about, discuss ② → *Buch, Film* review **II.** *vr* ◇ **sich mit jd-m ~ über** ↑ *sich beraten* confer with s.b. (*über akk* about); **Besprechung** *f* ① (*das Besprechen*) talk, discussion ② ↑ *Unterredung* meeting, conference ③ ↑ *Beurteilung, Rezension* review, critique

besser <*Komparativ von* **gut**> *adj* better; ◇ **du solltest ~ schweigen** you had better keep quiet; **bessergehen** *unreg vi* ◇ **hoffentlich geht es Ihnen bald ~** hopefully you will feel better soon

bessern I. *vt* ↑ *verbessern* improve, [make] better **II.** *vr* ◇ **sich ~** ← *Zeugnis* ↑ *besser werden* improve, get better; ← *Mensch* improve [one's position]; ← *Gesellschaft* reform; ← *Krankheit* recover from [illness], get better; ← *Laune, Wetter* look up; **Besserung** *f* improvement; ↑ *Erholung* recovery; ◇ **[wir wünschen Ihnen e-e] gute ~!** we wish you a good recovery, get well soon

Bestand *m* ① (*an Waren*) stock, resources *pl;* (*an Geld*) balance, funds ② ↑ *[Fort-]Bestehen* continuance; ◇ **unsere Arbeit wird ~ haben** our work will last [*o.* have substance]

beständig *adj* ① ↑ *gleichbleibend* constant, steady; METEOR ▷*Klima* settled ② ▷*Freundschaft* steady; ▷*Material* resistant, durable

Bestandsaufnahme *f* stocktaking; **Bestandteil** *m* ① ↑ *Element, Komponente* component, part, element ② ◇ **~e** *pl* ↑ *Zutaten* ingredients *pl*

bestärken *vt* (*durch Zureden*) strengthen, encourage

bestätigen I. *vt* ① → *Nachricht etc.* confirm, attest ② → *Briefeingang* acknowledge **II.** *vr* ◇ **sich ~** → *Verdacht* to prove to be right; **Bestätigung** *f* ① (*von Aussage, Nachricht*) verification, confirmation ② (*von Vermutungen*) justification ③ ↑ *Urkunde* certificate ④ (*im Amt*) acknowledgement

bestatten *vt* bury; **Bestattung** *f* ↑ *Begräbnis* funeral; **Bestattungsinstitut** *s* undertakers *pl*

bestäuben *vt* ① BIOL → *Pflanze* pollinate ② (*mit Mehl, Gift*) powder, dust

beste(r, s) <*Superlativ von* **gut**> *adj* best; ◇ **gefällt dir das am ~n?** do you like it best?; ◇ **für dich ist es am ~n** it would be best/better for you; ◇ **sein B~s tun** to try/do one's best

bestechen *unreg vt* ① → *Beamten, Zeugen*

bribe [2] *FIG* ↑ *beeindrucken* captivate; **bestechend** *adj* ↑ *beeindruckend* captivating, fascinating; **bestechlich** *adj* ↑ *käuflich* corrupt; **Bestechung** *f* (*Beamten-*) bribery, corruption, graft *AM*; (*Zeugen-*) bribery, subornation

Besteck *s* <-[e]s, -e> (*Eß-*) tableware; (*auch Plastik-*) silverware *AM*

bestehen *unreg* **I.** *vi* be, exist; ◇ **- bleiben** continue to exist, last **II.** *vt* → *Probe, Examen* pass; → *Kampf* survive; ← *Vorschrift* to be in force; ◇ **auf e-r Sache -** make a point of s.th., insist on s.th.; ◇ **- aus** consist of

bestehlen *unreg vt* rob, steal from

besteigen *unreg vt* → *Berg* climb, ascend; → *Pferd* mount; → *Fahrrad* get on; → *Flugzeug, Schiff, Zug* board; **Besteigung** *f* (*e-s Berges*) climbing, ascent

bestellen *vt* [1] → *Waren, Essen* order; ↑ *reservieren lassen* reserve, book; → *Taxi* order, book [2] → *Boden* cultivate [3] → *Nachricht, Grüße* pass on [4] ◇ **jd-n zu sich -** ask s.o. to come; (*zum Gutachter*) appoint; **Bestellung** *f* [1] (*das Bestellen*) ordering, booking [2] COMM ↑ *Auftrag* order; ↑ *Lieferung* delivery [3] (*von Boden*) tillage, cultivation

bestenfalls *adv* at best; ◇ **er taugt - zum Schuhputzer** he will make it as a shoe-shine boy at best; **bestens** *adv* ↑ *vortrefflich* very well, perfectly; ◇ **das ist ja -** that's great

besteuern *vt* tax

Bestie *f* beast; (*FIG grausamer Mensch*) beast, brute

bestimmen *vt* [1] ↑ *entscheiden* determine, decide; → *Treffpunkt* fix; → *Begriff* define [2] ↑ *anordnen* direct [3] ↑ *aussersehen* select, designate [4] (*über e-e Sache*) dispose of; **bestimmt I.** *adj* [1] ▷ *Dinge* certain; ↑ *eindeutig* definite [2] ▷ *Auftreten* firm, resolute **II.** *adv* ↑ *sicher* definitely; ◇ **ganz - wissen** to know for sure; **Bestimmung** *f* [1] ↑ *das Bestimmen* determining, determination; (*von Preis, Verabredung*) fixing [2] ↑ *Vorschrift* direction; ↑ *Verordnung* regulation; (*Zoll-en*) customs regulations [3] ↑ *Schicksal, Aufgabe* destiny [4] (*Begriffs-*) definition; **Bestimmungsbahnhof** *m* end station, destination; **Bestimmungshafen** *m* port of destination; **Bestimmungswort** *s* GRAM determiner

bestmöglich *adj* optimum, best possible

bestrafen *vt* punish; **Bestrafung** *f* punishment

bestrahlen *vt* [1] (*Turm*) floodlight [2] (MED *mit Röntgenstrahlen*) treat with X-rays; **Bestrahlung** *f* [1] (*das Anstrahlen*) floodlighting [2] MED X-ray treatment, radiotherapy

bestrebt *adj* ◇ **- sein, etw zu tun** to be anxious to do s.th.

bestreichen *unreg vt* (*Holz mit Leim*) coat, cover; (*Brot mit Butter*) spread

bestreiken *vt* (*Unternehmen*) to be on strike against

bestreiten *unreg vt* [1] (*Behauptung, Aussage*) dispute, deny; (*Beweis*) challenge [2] (*Leben[sunterhalt], Studium*) pay for, finance

bestreuen *vt* (*Kuchen*) sprinkle, dust; (*Boden mit Blumen*) strew with

bestücken *vt* MIL (*mit Waffen*) arm, equip; (*Kaufhaus mit Waren*) stock

bestürmen *vt* (*FIG mit Fragen*) bombard

bestürzt *adj* ◇ **sie machte ein -es Gesicht** she looked dismayed; **Bestürzung** *f* consternation, dismay

Besuch *m* <-[e]s, -e> [1] (*von Stadt, Freunden*) visit; (*kürzerer -*) call; (*längerer -*) stay; (*Theater-*) visit; (*von Lehrveranstaltung*) attendance; ◇ **jd-m e-n - abstatten** pay s.b. a visit [2] ↑ *Gast* visitor; **besuchen** *vt* (*Freund, Patienten*) call on, visit; (*Vorlesung*) attend; **Besucher(in** *f*) *m* <-s, -> ↑ *Gast* visitor, guest; (*Teilnehmer*) participant

besudeln *vt* (*mit Schmutz etc.*) dirty

betagt *adj* aged; ◇ **ein etw -er Herr** an elderly gentleman

betasten *vt* (*Waren etc.*) touch; (*befühlen*) feel, finger

betätigen I. *vt* (TECHNOL *Maschine, Notbremse*) operate, work; (*Bremse*) apply **II.** *vr* ◇ **sich -** be active; ◇ **sich als Fremdenführer -** work as tour guide; **Betätigung** *f* [1] (*das Betätigen*) activity; (*berufliche -*) occupation [2] (*von Hebel, Gerät*) operation, activation

betäuben I. *vt* [1] (*Schmerz*) numb; MED anaesthetize **II.** *vr* ◇ **sich -** (*mit Alkohol, Drogen*) get intoxicated; **Betäubung** *f* (*Benommenheit*) stunned state, dazed state; MED anaesthetization

Bete *f* <-, -n> ◇ **rote -** beetroot

beteiligen I. *vt* (*teilhaben lassen*) give s.o. a share (*an e-r Sache* in s.th.) **II.** *vr* ◇ **sich [an etw** *dat*] **-** (*Wettbewerb*) enter s.th.; (*Diskussion*) participate in; (*Kosten, Gewinn*) have/do a share in/of; **Beteiligung** *f* [1] (*das Teilhaben, Mitwirken*) participation [2] (*Kapital-, Anteil*) share, cut, stake

beten *vi* pray

beteuern *vt* (*versichern*) affirm, assure; (*Unschuld*) protest; (*seine Liebe*) declare; **Beteuerung** *f* assertion, assurance; (*Unschulds-*) protest

betiteln *vt* ① (*Buch, Überschrift*) title ② (*Person*) address s.b. as

Beton *m* <-s, -s *o.* -e> concrete

betonen *vt* ① (*Wort, Silbe*) stress ② (*Aussage bekräftigen*) emphasize

betonieren *vt* concrete

Betonung *f* ① (*von Silbe, Wort*) stress, emphasis ② (*von Aussage*) underscoring, emphasis

betören *vt* infatuate

Betracht *m* ◇ **etw in ~ ziehen** to take into consideration; ◇ **nicht in ~ kommen** be out of the question; **betrachten** *vt* ① (*Sache, Person*) look at, contemplate; (*Problem*) assess, consider ② (*näher ~*) inspect, examine ③ ◇ **jd-n/e-e Sache als ... ~** to regard s.o./s.th. as ...; **Betrachter(in *f*)** *m* <-s, -> ① onlooker ② (*Urteilender, Prüfer*) examiner

beträchtlich *adj* considerable

Betrachtung *f* contemplation; assessment; examination, inspection

Betrag *m* <-[e]s, Beträge> amount, sum; **betragen** *unreg* **I.** *vt* (*Summe*) amount to **II.** *vr* ◇ **sich ~** (*sich benehmen*) behave; **Betragen** *s* <-s> (*Verhalten*) behaviour; (*in Zeugnis*) conduct

Betreff *m* (*-zeile*) reference line; **betreffen** *unreg vt* (*Person, Sache*) affect, concern; (*sich beziehen auf*) refer to; ◇ **was diese Frage betrifft** as far as this question is concerned; **betreffend** *adj* relevant; (*erwähnt*) in question, concerned

betreiben *unreg vt* ① ↑ *ausüben* (*Handel, Handwerk*) practise ② ↑ *führen* (*Geschäft*) run, operate ③ ↑ *beschäftigen mit* occupy o.s. with; (*Studien*) pursue ④ TECHNOL ↑ *antreiben* drive

betreten I. *unreg vt* (*Rasen, Brücke*) go on, set foot on; (*Zimmer, Kirche*) enter; ◇ **B~ der Baustelle verboten** trespassing (on site) prohibited **II.** *adj* ◇ **nach seinem Unfall sah er sehr ~ aus** after his accident he looked pretty sheepish

betreuen *vt* ① (*Kinder*) look after ② (*Kranke*) tend, nurse ③ (*Gemeinde*) serve; **Betreuung** *f* care and control

Betrieb *m* <-[e]s, -e> ① (*das Betreiben*) operation; ◇ **außer ~ sein** be out of order ② (*Firma*) firm, company ③ (*Geschäftigkeit*) bustle, traffic; **Betriebsangehörige(r)** *fm* employee of a firm; **Betriebsferien** *pl* company holidays *pl;* **Betriebsleitung** *f* (*Geschäftsführung*) management; **Betriebsrat** *m* works committee; **Betriebssicherheit** *f* (*von Maschine*) operational safety; **Betriebsstörung** *f* breakdown; **Betriebssystem** *s* PC [disk] operating system; **Betriebswirtschaft** *f* business management

betrinken *unreg vr* ◇ **sich ~** get drunk

betroffen *adj* ① (*bestürzt*) taken aback; ◇ **von etw ~ werden** [*o.* **sein**] be affected by s.th. ② (*heimgesucht*) hit; **Betroffenheit** *f* perplexity, bewilderment

betrübt *adj* ① (*traurig*) sad, depressed ② (*bekümmert*) sorrowful

Betrug *m* <-[e]s> JURA fraud; **betrügen** *unreg* **I.** *vt* ① (*täuschen*) deceive; (*beschummeln*) cheat; JURA defraud ② (*Partner*) be unfaithful to **II.** *vr* ◇ **sich ~** deceive o.s.; **Betrüger(in *f*)** *m* <-s, -> (*Falschspieler, Schwindler*) cheat, swindler; JURA deceiver; **betrügerisch** *adj* JURA fraudulent

betrunken *adj* drunk; **Betrunkene(r)** *fm* drunk

Bett *s* <-[e]s, -en> bed; (*Einzel-*) single bed; (*Doppel-*) double bed; ◇ **ins/zu ~ gehen** go to bed; (*FIG krank sein*) ◇ **ans ~ gefesselt sein** to be bedridden; **Bettdecke** *f* (*Federbett*) duvet; (*Wolldecke*) blanket

bettelarm *adj* destitute; **betteln** *vi* (*um Geld*) beg; (*inständig bitten*) implore

betten *vt* bed; ◇ **jd-n weich ~** make s.b. a soft bed; **bettlägerig** *adj* bedridden; **Bettlaken** *s* sheet

Bettler(in *f*) *m* <-s, -> beggar; **Bettvorleger** *m* bedside rug; **Bettwäsche** *f*, **Bettzeug** *s* bed linen, bedclothes *pl*

betucht *adj* wealthy, rich

beugen I. *vt* ① (*Kopf*) bow, bend; (*Arm, Knie*) bend, flex ② SPRACHW inflect **II.** *vr* ◇ **sich ~** ① (*aus dem Fenster*) lean ② (*jd-m/e-r Sache ~, sich unterwerfen*) defer, submit (*dat* to); **Beugung** *f* ① (*das Beugen*) bow, bending ② SPRACHW inflection

Beule *f* <-, -n> ① (*Schwellung*) bump, swelling ② (*[Auto-]Delle*) dent, bump

beunruhigen I. *vt* disturb, worry; (*stärker*) alarm, distress **II.** *vr* ◇ **sich [über e-e Sache] ~** be worried; **Beunruhigung** *f* uneasiness, alarm

beurkunden *vt* attest; JURA place on the record; (*behördlich*) certify

beurlauben *vt* ① give time off ② (*vom Dienst*) suspend

beurteilen *vt* judge; (*Fall*) form an opinion on; (*Situation*) size up; (*Schüler*) assess; **Beurteilung** *f* judgement; review; (*von Schularbeit*) appraisal

Beute *f* <-> captured property; (*Diebes-*) loot, booty; (*Tier-*) prey

Beutel *m* <-s, -> (*Einkaufs-*) bag; (*Geld-*) purse; (*von Känguruh*) pouch; **Beuteltier** *s* (*Känguruh etc.*) marsupial

bevölkern *vt* (*Gebiet*) populate, settle; **bevölkert** peopled, populated; **Bevölkerung** *f* population; **Bevölkerungsdichte** *f* population density

bevollmächtigen *vt* authorize, empower; **Bevollmächtigte(r)** *fm* authorized agent

bevor *cj* before

bevormunden *vt* patronize, treat like a child; **bevorstehen** *unreg vi* be approaching; (*Krise*) be impending; ◇ **jd-m** ~ to be in store for s.o.; **bevorzugen** *vt* [1] (*Farbe, Kleid*) prefer [2] (*Schüler*) favour; **bevorzugt** *adj* preferred; ◇ **e-e Angelegenheit ~ behandeln** to give a matter priority; **Bevorzugung** *f* [1] (*von Farbe, Kleid*) preference [2] (*von Patienten*) preferential treatment

bewachen *vt* (*Gefangenen*) guard; (*Auto*) keep a watch on; **Bewachung** *f* (*Bewachen*) guarding, custody; (*Überwachung*) surveillance

bewaffnen *vt* MIL arm; **Bewaffnung** *f* [1] (*das Bewaffnen*) arming [2] (*Waffenausrüstung*) arms *pl*

bewahren I. *vt* [1] keep, preserve [2] ◇ **e-e Szene im Gedächtnis** ~ to retain a scene **II.** *vr* ◇ **sich [e-e Sache]** ~ (*Brauch, Sitte*) retain

bewähren *vr* ◇ **sich** ~ [1] (*sich beweisen*) to prove o.s./itself [2] (*als etw*) to prove to be; **bewährt** *adj* (*Mittel*) proven, established; **Bewährung** *f* JURA probation; **Bewährungsprobe** *f* acid test

bewaldet *adj* wooded

bewältigen *vt* overcome; (*Gegner*) overpower; (*Aufgabe, Arbeit*) complete, accomplish; (*Schwierigkeit*) master, surmount, overcome; (*Last*) cope with

bewandert *adj* well-informed, proficient

bewässern *vt* water; (*künstlich*) irrigate

Bewässerung *f* watering; irrigation

bewegen I. *vt* [1] (*Beine*) move; (*Mechanismus*) set in motion; (*Pferd*) exercise [2] (*berühren*) touch, move **II.** *vr* ◇ **sich** ~ [1] (*seine Lage*) move; (*Temperatur*) fluctuate [2] (*Verhandlungspartner*) show flexibility

bewegen <bewog, bewogen> *vt* **Beweggrund** *m* motive

beweglich *adj* movable, flexible; (*flink*) quick; **bewegt** *adj* [1] (*See*) rough, turbulent; (*Leben*) colourful, eventful [2] (*berührt*) touched; **Bewegung** *f* [1] movement, motion; ◇ **du brauchst etw** ~ you need some [physical] exercise [2] (*Rührung*) emotion; **bewegungslos** *adj* motionless, immobile

Beweis *m* <-es, -e> proof (*für* of); **beweisbar** *adj* JURA provable; MATH demonstrable; **beweisen** *unreg vt* prove; (*erkennen lassen*) show; **Beweisführung** *f* reasoning, line of argument; **Beweismaterial** *s* supporting evidence; **Beweismittel** *s* JURA judicial evidence; **Beweisstücke** *pl* exhibits

bewenden *unreg vi* ◇ **lassen wir es dabei** ~ let's leave it at that

bewerben *unreg vr* ◇ **sich** ~ apply (*um* for); **Bewerber(in** *f*) *m* <-s, -> applicant; candidate; **Bewerbung** *f* application; candidature

bewerten *vt* assess; (*Schularbeit*) mark; (*Haus*) value; **Bewertung** *f* assessment; valuation, mark, grades *AM*

bewilligen *vt* grant, allow; (*zugestehen*) concede

bewirken *vt* cause, bring about

bewirten *vt* entertain; **bewirtschaften** *vt* [1] (*Hof*) manage, administer [2] (*Land*) till, work; **Bewirtung** *f* hospitality

bewohnen *vt* inhabit, live in; (*Raum auch*) occupy; **Bewohner(in** *f*) *m* <-s, -> (*von Land*) inhabitant; (*von Haus*) resident, occupier

bewölken *vr* ◇ **sich** ~ cloud over; **bewölkt** *adj* cloudy, overcast; **Bewölkung** *f* clouds *pl;* (*Wolkenbildung*) cloud formation

bewundern *vt* admire; **bewundernswert** *adj* admirable; **Bewunderung** *f* admiration

bewußt *adj* conscious; (*absichtlich*) deliberate; ◇ **sich** *dat* **e-r Sache** *gen* ~ **sein** be aware of s.th.; **bewußtlos** *adj* unconscious; **Bewußtlosigkeit** *f* unconsciousness; **bewußtmachen** *vt* ◇ **jd-m/sich etw** ~ make s.b./o.s. aware of s.th.; **Bewußtsein** *s* <-s> consciousness; ◇ **bei** ~ conscious

bezahlbar *adj* payable; **bezahlen I.** *vt* [1] → *Ware, Miete, Geld* pay; (*für Versicherungsprämie*) cover [2] (*Arbeiter*) pay, remunerate [3] (*Schulden*) discharge **II.** *vi* ◇ **Herr Ober, bitte ~!** waiter, the bill please!; **bezahlt** *adj* paid, payment received; (*Scheck*) honoured; **Bezahlung** *f* [1] (*e-r Schuld*) discharging [2] (*Gehalt*) salary; (*für Dienste*) fee, remuneration

bezaubern *vt* (*FIG durch Charme*) enchant, charm, bewitch

bezeichnen *vt* [1] ↑ *markieren* mark out [2] (*näher beschreiben*) depict [3] (*zeigen*) indicate [4] (*bedeuten*) signify; ◇ **ich habe ihn als Schwein bezeichnet** I called him a pig; **bezeichnend** *adj* characteristic, typical (*für* of); **Bezeichnung** *f* [1] (*Markierung*) mark, sign [2] (*Beschreibung*) description [3] (*Benennung, Ausdruck*) designation

bezeugen *vt* (*Straftat*) testify to; (*schriftlich*) make a witness statement

bezichtigen *vt* ◇ **jd-n e-s Diebstahls** ~ to impute a theft to s.o.

beziehen *unreg* **I.** *vt* ① → *Schirm, Sessel* cover; → *Bett* make, change ② → *Wohnung, Zimmer* move into ③ → *Prügel* get (a hiding); → *Waren* obtain; ↑ *regelmäßig erhalten* (*Rente, Gehalt etc.*) receive, draw; → *Zeitung* subscribe to ④ (*Position, Standpunkt*) assume an attitude, take a stand **II.** *vr* ◇ **sich [auf e-e Sache]** ~ refer; ◇ **wir** ~ **uns dabei auf unser Schreiben vom** in this matter we refer to our letter of; **Beziehung** *f* ① relation[s]; (*Freundschafts~*) relationship; (*Geschäfts~*) connection; ◇ **der Chef hat viele ~en** the boss has got plenty of contacts [*o.* friends in the right places] ② (*Hinsicht*) respect; (*Zusammenhang*) connection ③ (*Neigung, Hang*) affinity; **beziehungsweise** *cj* or, or rather, respectively; ◇ **ich bezahle,** ~ **meine Bank** I or rather my bank will pay; ◇ **X und Y verdienten eintausend** ~ **zweitausend** (*im anderen Fall*) X and Y earned one thousand and two thousand respectively

beziffern I. *vt* (*Betrag*) put a figure to **II.** *vr* ◇ **sich** ~ **auf** (*sich belaufen*) amount to

Bezirk *m* <-[e]s, -e> ① (*Verwaltungs~*) district ② (*Stadt~*) borough; (*Wohn~*) (residential) area

Bezug *m* <-[e]s, Bezüge> ① (*Überzug*) cover[ing] ② (*Verhältnis, Zusammenhang*) relationship (*zu* to); ◇ **in** ~ **auf e-e Sache** (*hinsichtlich*) referring to s.th., regarding s.th.; ◇ **wir nehmen** ~ **auf ...** we refer to ... ③ (*von Zeitschrift*) subscription; (*von Lohn*) income, earnings; (COMM *von Waren*) ordering; (*Anschaffung*) purchase; **bezüglich I.** *präp gen* (*hinsichtlich*) referring to **II.** *adj* GRAM ◇ **~es Fürwort** relative pronoun; **Bezugnahme** *f* <-, -n> reference; ◇ **unter** ~ **auf Ihr Angebot ...** with reference to your offer ...; **bezugsfertig** *adj* (*Haus*) ready to move in; **Bezugspreis** *m* (*e-r Zeitung*) retail price

bezwecken *vt* ↑ *beabsichtigen* aim at, have in mind

bezweifeln *vt* → *Behauptung* doubt, query

BGB *s Abk. v.* **Bürgerliches Gesetzbuch** German Civil Code

Bibel *f* <-, -n> Bible

Biber *m* <-s, -> beaver

Bibliothek *f* <-, -en> library; **Bibliothekar(in** *f*) *m* <-s, -e> librarian

biblisch *adj* biblical

Bidet *s* <-s, -s> bidet

bieder *adj* ↑ *bürgerlich* upright; (*schlicht*) plain; *FIG* boring

biegen <bog, gebogen> **I.** *vt* (*Draht, Bein*) bend; (*ablenken*) deflect; (*Kopf nach hinten*) twist **II.** *vi* (*in e-e andere Straße*) turn (*in akk* into); ◇ **um die Ecke** ~ to turn (around) the corner; ◇ **auf B~ und Brechen** by hook or by crook; **biegsam** *adj* supple, pliable; **Biegung** *f* ① (*Weg*) bend, turning ② (*Krümmung, Bogenlinie*) curvature

Biene *f* <-, -n> bee; **Bienenstock** *m* beehive; **Bienenwabe** *f* honeycomb; **Bienenzucht** *f* beekeeping

Bier *s* <-[e]s, -e> beer; *FAM FIG* ◇ **das ist nicht mein** ~ (*Angelegenheit*) it's not my thing; **Bierbrauer(in** *f*) *m* <-s, -> brewer; **Bierdeckel** *m* beer mat, coaster *AM*; **bierernst** *adj* humourless, tedious; **Bierflasche** *f* beer bottle; **Bierkrug** *m* beer mug; **Bierstube** *f* pub

Biest *s* <-[e]s, -er> ① (*Tier*) brute; (*Insekt*) bug ② ◇ **elendes** ~ *FAM!* son of a bitch; ◇ **kleines** ~ (*FAM! männlich*) little sod; (*FAM! weiblich*) little bitch

bieten <bot, geboten> **I.** *vt* offer; (*bei Auktion*) bid; (*darbieten*) present **II.** *vr* ◇ **sich e-e Sache** ~ **lassen** to put up with s.th.

Bikini *m* <-s, -s> bikini

Bilanz *f* balance; (*FIG e-s Tages*) outcome; ◇ **seine persönliche** ~ **aus e-r Erfahrung ziehen** to learn from an experience; (COMM *Schluß~*) balance (of accounts); ◇ ~ **ziehen** to balance the books; *FIG* take stock (*aus* of)

Bild *s* <-[e]s, -er> ① picture *auch FIG*; (*Künstler~*) painting; (*Foto*) photograph, snapshot; (*Abbildung*) illustration ② (*Vorstellung, Idee*) conception; ◇ **du hast ein falsches** ~ **von ihr** you've got the wrong idea about her; **Bildband** *m* art book; **Bildbericht** *m* (*Zeitung*) photographic report; **Bildeinstellung** *f* (*Fotoapparat*) focussing; (*Fernsehen*) picture adjustment

bilden I. *vt* form ① (*Tonfigur*) mould, shape; (*Satz*) construct; (*Laute*) articulate; (*Ausschuß*) form, set up ② (*Lehrling*) educate, train ③ (*Menge sein*) constitute; ◇ **11 Spieler** ~ **e-e Mannschaft** 11 players make up a football team **II.** *vr* ◇ **sich** ~ ① (*Triebe*) be developing; (*Blätter*) be budding ② (*geistig*) broaden one's mind, educate o.s.; **bildend** *adj* ◇ **~e Künste** fine arts

Bilderbuch *s* picture book; ◇ **ein Wetter wie im** ~ *FIG* picture-perfect weather; **Bilderrahmen** *m* picture frame; **bilderreich** *adj* full of imagery, figurative; **Bildfläche** *f* ① (*von Gemälde*) canvas; (*von Bildschirm, Leinwand*) screen ② ◇ **plötzlich auf der** ~ **erscheinen** to burst on the scene; **Bildhauerei** *f* <-> sculpture; **bildhübsch** *adj* lovely; **bildlich** *adj* ① ↑ *plastisch* pictorial, graphic ② ▷ *Ausdruck* figurative, metaphorical; **Bildnis** *s* portrait, likeness; **Bildröhre** *f* (cathode ray) tube; **Bildschirm** *m* (*Fernseh~*) television screen; PC visual display unit, monitor; ◇ **vor dem ~ arbeiten** work at the computer; **Bildschirmtext** *m* videotext; **Bildschnitt** *m* shot; **bildschön** *adj* beautiful, lovely; **Bildtelefon** *s* video-phone

Bildung *f* ① *(das Bilden)* formation ② *(Erziehung)* education, civility; ◇ **~ haben** to be [*o.* cultured] well educated ③ *(von Satz)* construction; **Bildungslücke** *f* gap, cultural lag; **Bildungspolitik** *f* educational policy; **Bildungsurlaub** *m* study leave; **Bildungsweg** *m* educational path; ◇ **der zweite ~** *higher education via access courses;* **Bildverzerrung** *f* picture distortion; **Bildwörterbuch** *s* picture dictionary

Billard *s* <-s, -e> billiards *sg,* pool *AM*; **Billardball** *m* billiard ball

Billiarde *f* a thousand billion, quadrillion *AM*

Billardkugel *f s.* **Billardball**; **Billardstock** *m* cue

billig *adj* ① *(preiswert)* cheap, inexpensive; ◇ **etw spott~ verkaufen** *(FAM für wenig Geld)* to sell s.th. dirt cheap ② *(von schlechter Qualität)* cheap, trashy ③ *(angemessen)* fair, reasonable; ◇ **es ist recht und ~, wenn ...** the price is reasonable, if ...

billigen *vt* approve of; *(nachträglich)* sanction; **Billigung** *f* approval

Billion *f* billion, trillion *AM*

bimmeln *vi (Glocke)* tinkle

Bimsstein *m* pumice(-stone)

binär *adj* binary; **Binärcodezeichen** *s* PC binary digit, bit

Binde *f* <-, -n> ① *(Verband)* bandage, band; *(Augen~)* blindfold; *(Armschlinge)* sling ② *(Arm~)* armband ③ *(Damen~)* sanitary [*o.* pad] towel ④ ◇ **[sich] e-n [Schnaps] hinter die ~ gießen** *(FAM trinken)* to wet one's whistle; **Bindegewebe** *s* MED connective tissue; **Bindeglied** *s* connecting link; **Bindehaut** *f* (ANAT *Augenschleimhaut)* conjunctiva; **Bindehautentzündung** *f* MED conjunctivitis; **binden** <band, gebunden> **I.** *vt* bind, tie; *(Schnüre)* lace, tie (up); *(Buch)* bind; *(Krawatte)* tie a knot in, fix; ◇ **jd-n an ein Versprechen ~** to hold s.b. to his/her promise, to oblige s.b. **II.** *vr* ◇ **sich ~** commit o.s.; *(sich verloben)* become engaged; **Bindestrich** *m* hyphen; **Bindewort** *s* GRAM conjunction; **Bindfaden** *m* string, packthread; **Bindung** *f* ① *(zwischen Menschen)* tie; *(stärkere ~)* bond; *(an Vertrag)* commitment, tie ② *(von Klebstoff)* bonding, adhesion ③ *(Ski~)* binding

Binnenfischerei *f* freshwater fishing; **Binnenhafen** *m* inland harbour; **Binnenhandel** *m* domestic trade; **Binnenland** *s* inland, interior; **Binnenmarkt** *m* domestic market; *(Europäische Union)* single [European] market; **Binnenmeer** *s* inland sea

Binse *f* <-, -n> rush; ◇ **in die ~n gehen** *FIG FAM* to be a wash-out; **Binsenweisheit** *f* platitude, truism

Bio- *in Zusammensetzungen* bio-; **Biochemie** *f* biochemistry; **biodynamisch** *adj* biodynamic; **Biogas** *s* biogas; **Biographie** *f* biography; **Biologe** *m* <-n, -n>, **Biologin** *f* biologist; **Biologie** *f* biology; **biologisch** *adj* biological; **Biomüll** *m* biodegradable refuse/waste; **Biorhythmus** *m* biorhythm; **Biotechnik** *f* biotechnology; **Biotop** *s* <-s, -e> biotope

Birke *f* <-, -n> ① *(Baum)* birch [tree] ② *(~nholz)* birchwood

Birnbaum *m* pear tree; **Birne** *f* <-, -n> ① *(Frucht)* pear ② (ELECTR *Glüh~*) [light] bulb

bis I. *adv, präp akk* ① *(räumlich, ~ zu/an)* (up) to, as far as; ◇ **~ hierher und nicht weiter** this far and no further; ◇ **die Strümpfe passen ~ zu Schuhgröße 7** the socks fit up to (and including) shoe size 7 ② ◇ **alle dürfen kommen, ~ auf Jan** *(außer)* everybody can come except Jan ③ *(zeitlich)* till, untill; ◇ **Sie haben ~ Montag Zeit** you have [got time] until Monday; ◇ **er arbeitete ~ in die Nacht** he worked into the night; ◇ **~ bald** see you soon; ◇ **~ dahin** by then; ◇ **~ auf weiteres** until further notice **II.** *cj (zeitlich)* until, till; ◇ **warte, ~ ich komme** wait till I come; ◇ **~ du kommst, ist Oliver längst weg** by the time you come Oliver will be long gone

Bisamratte *f* muskrat

Bischof *m* <-s, Bischöfe> bishop; **bischöflich** *adj* episcopal; **Bischofsmütze** *f* mitre

Bisexualität *f* bisexuality

bisher *adv* till now, hitherto, so far; **bisherig** *adj* prior, former; ◇ **die ~en Ergebnisse sind ...** the results so far are ...

Biskuit *s* <-[e]s, -s *o.* -e> biscuit, cookie *AM*

bislang *adv s.* **bisher**

biß *impf v.* **beißen**

Biß *m* <-sses, -sse> ① *(das Beißen)* bite ② *(~wunde)* bite ③ ◇ **~ haben** *(Pfiff haben)* to have get-up-and-go

bißchen I. *adj* bit; ◇ **ein ~ Angst haben** to be a bit frightened **II.** *adv* ◇ **ein ~ mehr** a [little] bit more **III.** *s* ◇ **das B~ kannst du wegwerfen** you can throw that scrap away

Bissen *m* <-s, -> *(Happen)* bite, morsel, mouthful; ◇ **ich kann keinen ~ mehr hinunterbringen** *(satt sein)* I can't manage another thing; **bissig** *adj* ① *(Schlange, Hund)* snappy; ◇ **Achtung, ~er Hund!** beware of the dog! ② *(FIG Bemerkung)* biting, cutting

Bit *s* <-s, -s> (PC *binäres Zeichen*) bit
bitte *intj* please ① ◇ **können Sie mir ~ helfen?** could you help me please? ② ◇ **[wie] ~?** [I beg your] pardon. ③ ◇ **b~ [schön]!** you're welcome.
Bitte *f* <-, -n> request; ◇ **die ~ von jd-m erfüllen** to comply with s.o.'s request; **bitten** <bat, gebeten> *vt* ask (*um* for); ◇ **jd-n um Hilfe ~** to ask s.o. for help; ◇ **jd-n zu sich nach Hause ~** to invite s.o. over to one's house; **bittend** *adj* imploring
bitter *adj* (*geschmacklich*) bitter; (*verbittert*) bitter; ◇ **~ kalt** bitterly cold; **bitterböse** *adj* very angry
Bitumen *s* <-s, -> bitumen
Biwak *s* <-s, -s *o.* e> bivouac
Bizeps *m* <-[es], -e> biceps
blähen I. *vr* ◇ **sich ~** (*Segel*) swell, blow out; (*Frosch*) puff up **II.** *vi* (*Speisen*) cause flatulence; **Blähungen** *pl* MED flatulence
blamabel *adj* humiliating; (*stärker*) shameful; **Blamage** *f* <-, -n> disgrace; **blamieren I.** *vr* (*durch Verhalten*) disgrace o.s.; ◇ **sich [vor der Öffentlichkeit] ~** make a fool of o.s. [in public] **II.** *vt* (*in Verruf bringen*) let down; (*Schande machen*) disgrace
blank *adj* ① bright, shiny ② (*Stiefel*) polished; (*Bad*) clean ③ (*Hände, unbedeckt*) bare ④ (*FAM ohne Geld*) broke
blanko *adv* blank; (*Kredit*) unsecured; **Blankoscheck** *m* blank cheque, blank check *AM*
Bläschen *s* MED small blister
Blase *f* <-, -n> ① (*Luft-, Wasser-*) bubble ② (MED *Brand-, Blut-*) blister ③ (ANAT *Gallen-, Harn-*) bladder; **Blasebalg** *m* <-[e]s, Blasebälge> (*beim Grillen*) bellows *pl;* **blasen I.** <blies, geblasen> *vi* ← *Wind* blow **II.** *vt* (*Trompete*) blow; ◇ **Trübsal ~** *FIG* ↑ *traurig sein* to have the blues; **Blasinstrument** *s* wind instrument; **Blaskapelle** *f* brass band
blaß *adj* ① (*Gesicht*) pale, wan; ▷*Farbe* pale ② (*FIG Schimmer*) faint; (*Erinnerung*) dim; (*Vorstellung*) vague; **Blässe** *f* <-> paleness, palour
Blatt *s* <-[e]s, Blätter> ① (*von Baum*) leaf; *FIG* ◇ **kein ~ vor den Mund nehmen** to speak plainly ② (*~ Papier*) sheet; ◇ **vom ~ singen/spielen** sight-read ③ (*Zeitung, Tagblatt*) newspaper ④ (*Säge-*) blade ⑤ (*beim Kartenspiel*) hand; **blättern** *vi* ◇ **in etw** *dat* **~** leaf through s.th.; **Blätterteig** *m* (*Gebäck*) puff pastry; **Blattgrün** *s* FLORA chlorophyll; **Blattlaus** *f* greenfly
blau *adj* ① (*Farbe*) blue ② (*FAM betrunken*) tight, pissed ③ (*blutunterlaufen, Auge*) black; ◇ **~e Flecken haben** to be black and blue, to be covered in bruises ④ ◇ **e-e Fahrt ins B~e** a spontaneous trip; **blauäugig** *adj* ① (*mit blauen Augen*) blue-eyed ② (*FIG gutgläubig*) naive; **Blaulicht** *s* flashing blue light *(on police cars etc.);* **blaumachen** *vi* (*FAM von der Arbeit*) skive off work; (*von der Schule*) play hocky, cut class; **Blausäure** *f* CHEM hydrogen cyanide
Blazer *m* <-s, -> blazer
Blech *s* <-[e]s, -e> ① (*Material*) sheet metal; (*Erzeugnis*) metal sheet, steel sheet; (*Well-*) corrugated steel ② (*Back-*) baking tray ③ MUS brass section of the orchestra ④ ◇ **~ reden** (*FAM Unsinn reden*) to talk rubbish; **Blechblasinstrument** *s* brass instrument; **Blechdose** *f* tin, can, tin can; **blechen** *vt* (*FAM Geld zahlen*) pay; **Blechschaden** *m* AUTO damage to the bodywork; (*Beule, Delle*) dent
Blei *s* <-[e]s, -e> CHEM lead
Bleibe *f* <-, -n> (*Unterkunft*) lodging, pad; (*FAM Absteige*) dive; **bleiben** <blieb, geblieben> *vi* ① (*sich aufhalten*) stay, remain; ◇ **zu Hause ~** to stay at home; ◇ **und wo bleibe ich?** and what about me? ② (*konsequent bleiben*) stick (to); ◇ **bei seiner Meinung ~** to stick to one's opinion ③ (*wegbleiben*) be; ◇ **wo sind die Kinder so lange geblieben?** where have the children been for so long? ④ ◇ **bitte ~ Sie am [Telefon-]Apparat!** hold the line, please!; **bleibend** *adj* (*Erinnerung*) lasting; **bleibenlassen** *unreg vt* (*Arbeit*) leave alone, discontinue
bleich *adj* faded, pale; **bleichen I.** *vt* (*Wäsche, Haare*) bleach **II.** *vi* ◇ **das Kleid bleicht in der Sonne aus** the dress fades in the sun
bleiern *adj* leaden; **bleifrei** *adj* (*Benzin*) lead-free, unleaded; **bleihaltig** *adj* ↑ *verbleit* (*Benzin*) leaded; **Bleistift** *m* pencil; **Bleistift[an-]spitzer** *m* <-s, -> pencil sharpener
Blende *f* <-, -n> ① (*am Fenster*) blind, shade, screen ② (FOTO *Objektiv-*) diaphragm; (*als Öffnung*) aperture; **blenden** *vt* ① (*Augen*) blind, dazzle ② (*Augen ausstechen*) blind ③ ◇ **durch seine Fröhlichkeit blendet er alle** (*FIG täuschen*) his jolly front fools everybody; **blendend** *adj* ① (*Licht*) dazzling ② (*FAM ausgezeichnet*) brilliant; ◇ **mir geht es heute ~** I feel great today
Blick *m* <-[e]s, -e> ① (*Augen-*) glance ② (*Betrachten*) look; ◇ **auf den ersten ~** at first sight ③ (*Gesichtsausdruck*) expression ④ (*Aussicht*) view; **blicken** *vi* look, glance
blieb *impf v.* **bleiben**
blies *impf v.* **blasen**
blind *adj* ① blind ② ◇ **~er Alarm** (*grundlos*) false alarm; ◇ **~er Passagier** stowaway; **Blinddarm** *m* ANAT appendix; **Blinddarmentzündung** *f* MED appendicitis; **Blinde(r)** *fm* blind man/wo-

B

man; **Blindenhund** *m* guide dog; **Blindenschrift** *f* braille; **Blindflug** *m* AERO flying blind; **Blindgänger** *m* dud; **Blindheit** *f* blindness; **blindlings** *adv* ① (*ohne zu sehen*) blindly ② ◇ **jd-m - gehorchen** (*FIG kritiklos*) to be blindly obedient; **Blindschleiche** *f* <-, -n> slow worm

blinken I. *vi* ① (*Stern*) twinkle ② (*glänzen*) sparkle ③ (*Licht, Signal*) flash, signal ④ (AUTO *Blinker setzen*) use the indicator, indicate; (*mit Lichthupe*) flash II. *vt* (*Signal, SOS*) flash, signal; **Blinker** *m* <-s, ->, **Blinklicht** *s* (AUTO *[Fahrt-] Richtungsanzeiger*) blinker, indicator

blinzeln *vi* (*mit Augen zwinkern*) blink; (*mit e-m Auge*) wink

Blitz *m* <-es, -e> ① (*am Himmel*) [flash of] lightning; ◇ **er ist schnell wie der -** he moves like lightning ② (FOTO *-licht*) flashlight; **Blitzableiter** *m* <-s, -> lightning conductor; **blitzen** I. *vi* ① (*Metall, Glas*) glint, flash; ◇ **die Wohnung blitzt vor Sauberkeit** the flat is sparkling clean ② ◇ **es blitzt** METEO there's a flash of lightning II. *vt* FOTO take a flash of; **Blitzkrieg** *m* MIL blitzkrieg; **Blitzlicht** *s* ① flashlight ② FOTO flash; **Blitzmeldung** *f* MEDIA special bulletin; **Blitz[licht]würfel** *m* FOTO flash cube

Block *m* <-[e]s, Blöcke> ① (*aus Holz, aus Marmor*) block ② (*Häuser-, Wirtschafts-*) block; (SPORT *Abwehr-*) blocking move ③ (*Notiz-*) pad; **Blockade** *f* blockade; **Blockflöte** *f* recorder; **blockfrei** *adj* ◇ **-e Staaten** POL nonaligned states; **Blockhaus** *s* log cabin; **blockieren** I. *vt* (*Straße, Leitung*) block (off), obstruct; (*Verhandlungen*) block, put a block on II. *vi* (*Bremse*) jam, lock; **Blockschrift** *f* block letters *pl*

blöd *adj* silly, stupid; (*FAM von Geburt an*) mentally retarded; (*FAM übergeschnappt*) mental; (*dumm*) simple; **blödeln** *vi* (*FAM herum-*) fool around; **Blödheit** *f* stupidity; **Blödsinn** *m* nonsense; **blödsinnig** *adj* idiotic, silly, foolish

blöken *vi* (*Schaf*) bleat, baa; (*Kuh*) low

blond *adj* (*Haar*) blond, fair-haired; (*Farbe*) light-coloured

bloß I. *adj* ① (*nackt*) naked; (*Hände, Füße, Busen*) bare ② (*nichts weiter als*) mere II. *adv* only, just, merely; ◇ **laß das -!** just let it be!; ◇ **du hast ja - Angst!** you're just frightened!; **Blöße** *f* <-, -n> ① (*Unbedecktheit*) bareness; (*Nacktheit*) nakedness ② (*FIG Schwäche*) weakness; ◇ **sich** *dat* **e-e - geben** lay o.s. open to criticism; **bloßstellen** I. *vt* denounce, compromise II. *vr* expose o.s.

Blouson *m o. s* <-[s], -s> blouson

blubbern *vi* (*Wasser*) gurgle

Bluejeans, **Blue jeans** *f* <-, -> blue jeans

Blues *m* <-, -> MUS the blues [music] *sg*

blühen *vi* ① bloom, be in bloom; ◇ **die Bäume - schon** the trees are already in blossom ② (*FIG Geschäft*) be flourishing, flourish; (*Stadt, Kriminalität*) prosper; **blühend** *adj* ① flourishing, thriving ② (*Mensch*) radiant ③ (*Geschäft*) prosperous

Blume *f* <-, -n> ① flower ② (*von Wein*) bouquet ③ ◇ **jd-m durch die - zu verstehen geben** (*FIG durch Andeutungen*) to hint to s.o.; **Blumenbeet** *s* flower bed; **Blumenbrett** *s* window box; **Blumengebinde** *s* wreath, garland; **Blumenkohl** *m* cauliflower; **Blumenkorb** *m* flower basket; **Blumenladen** *m* florist's; **Blumenstock** *m* flowering pot plant; **Blumenstrauß** *m* bunch of flowers, posy; **Blumentopf** *m* flowerpot; **Blumenzwiebel** *f* bulb

Bluse *f* <-, -n> blouse

Blut *s* <-[e]s> blood; ◇ **nur ruhig -!** stay cool!; **blutarm** *adj* anaemic; **Blutarmut** *f* MED anaemia; **Blutbad** *s* carnage, massacre, bloodbath; **Blutbahn** *f* ANAT bloodstream; **blutbefleckt** *adj* bloodstained; **Blutbild** *s* blood count; **Blutdruck** *m* blood pressure; **blutdürstig** *adj* bloodthirsty

Blüte *f* <-, -n> ① (*Blumen-*) bloom, blossom ② (*von Elite*) cream, flower ③ (*Blütezeit*) height, peak, prime, heyday ④ (*Falschgeld*) counterfeit bill

Blutegel *m* <-s, -> FAUNA MED leech

Blütenblatt *s* petal; **Blütenstaub** *m* pollen; **blütentragend** *adj* flower bearing; **Blütezeit** *f* ① (*von Pflanzen*) flowering period ② (*FIG historische -*) prime

bluten *vi* ① bleed ② ◇ **er mußte ganz schön -** *FAM* he had to cough up a lot of money

Blütenstaub *m* pollen

Bluter(in *f*) *m* <-s, -> MED haemophiliac *BRIT*, hemophiliac *AM*; **Bluterguß** *m* haemorrhage; (*auf Haut*) bruise; **Blutgefäß** *s* blood vessel; **Blutgerinsel** *s* clot; **Blutgruppe** *f* blood group; **blutig** *adj* bloody; (*Schlacht*) gory; **blutjung** *adj* very young; **Blutkörperchen** *s* blood corpuscle; ◇ **rotes, weißes -** red/white corpuscle; **Blutkreislauf** *m* blood circulation; **Blutprobe** *f* blood test; **blutrünstig** *adj* blood-thirsty; **blutsaugend** *adj* bloodsucking; **Blutschande** *f* incest; **Blutspender(in** *f*) *m* blood donor; **Blutstropfen** *m* drop/globule of blood; **Blutsverwandtschaft** *f* blood relationship; **Blutübertragung** *f* blood transfusion; **Blutung** *f* (*e-r Wunde*) bleeding, haemorrhage, hemorrhage *AM*; (*Regel-*) menstruation; **blutunterlaufen** *adj* bloodshot; **Blutvergießen** *s* <-s> bloodshed; **Blutvergiftung** *f* blood poisoning; **Blutwurst** *f* black pudding

BLZ *Abk. v.* **Bankleitzahl**

Boa *f* (*Schlange*) boa [constrictor]

Bob *m* <-s, -s> bobsled, bob; **Bobbahn** *f* bobsled run

Bö[e] *f* <-, -en> gust, squall

Bock *m* <-[e]s, Böcke> [1] (*von Ziege*) billy-goat; (*von Schaf*) ram; (*von Rehen, von Hasen*) buck [2] (*FAM Person*) ◇ **sturer** ~ pigheaded person; *FAM!* ◇ **geiler** ~ lech(er) [3] (*Gestell*) trestle, support; (AUTO *Wagenheber*) jack [4] SPORT leapfrog [5] ◇ **keinen ~ haben, etw zu tun** (*FAM Lust*) not to feel like doing s.th.; **Bockbier** *s* (*Starkbier*) dark special brew; **bocken** *vi* [1] ↑ *widerspenstig sein* ← *Reittier* buck; ← *Person* be stubborn; ↑ *beleidigt sein* sulk [2] ← *Auto* conk out, misfire; **Bockspringen** *s* leapfrog; **Bockwurst** *f* (*Würstchen*) ≈ frankfurter

Boden *m* <-s, Böden> [1] (*Erde*) ground, earth, land; (*Acker*) soil; (*Meeres-*) bed, floor [2] (*Fuß-*) floor; (*Dach-*) attic; **Bodenangriff** *m* MIL ground attack; **Bodenbeschaffenheit** *f* GEO soil composition; (*Fußball*) ground conditions *pl;* **bodenlos** *adj* [1] (*unergründlich*) bottomless [2] (*FAM unglaublich*) incredible; **Bodenpersonal** *s* AERO ground personnel; **Bodenschätze** *m pl* [1] GEO mineral wealth [2] (*Vorkommen, Vorrat*) resource; **bodenständig** *adj* [1] (*Menschen, Kultur*) firmly rooted, indigenous [2] (*Sprache*) vernacular, native; **Bodenturnen** *s* floor exercises *pl;* **Bodenwelle** *f* bump

Body *m* <-s, -s> (*Kleidung*) bodystocking; **Bodybuilding** *s* <-s> bodybuilding

bog *impf v.* **biegen**

Bogen *m* <-s, - *o.* Bögen> [1] (*Kurve, Biegung*) curve [2] (*Brücken-*) arch [3] (*Violin-*) bow [4] (*Pfeil und -*) bow [5] (*Papier-*) sheet [6] MATH arc; **Bogengang** *m* arcade; **Bogenschießen** *s* archery; **Bogenschütze** *m*, **Bogenschützin** *f* archer

Bohle *f* <-, -n> (*Planke*) plank

Bohne *f* <-, -n> (*grüne -*) bean; (*Hülsenfrucht*) pulse; **Bohnenkaffee** *m* coffee

Bohner *m* <-s, -> [floor] polisher; **bohnern** *vt* (*Fußboden*) wax and polish; **Bohnerwachs** *s* (*Fußbodenwachs*) floor polish

bohren I. *vt* bore, drill **II.** *vi* ◇ **nach Öl** ~ to drill for oil; **Bohrer** *m* <-s, -> (*Werkzeug, Hand-*) brace and bit; (*Elektro-*) electric drill; **Bohrgestänge** *s* <-s, -> drill pipe; **Bohrinsel** *f* oil rig; **Bohrloch** *s* borehole, drill hole; **Bohrmaschine** *f* drill; **Bohrturm** *m* (*Öl-*) derrick; **Bohrung** *f* drilling; (*e-s Zylinders*) bore

Boiler *m* <-s, -> boiler

Boje *f* <-, -n> buoy

Bolzen *m* <-s, -> (*Befestigungs-*) bolt; (TECHNOL *Stift*) pin

bombardieren *vt* [1] ↑ *beschießen* bombard; (*mit Flugzeug*) bomb [2] (*FIG mit Fragen -*) bombard; **Bombe** *f* <-, -n> [1] bomb [2] (*Überraschung*) bombshell; ◇ **die ~ ist geplatzt** the balloon has gone up; **Bombenangriff** *m* bombing [raid]; **Bombenanschlag** *m* bomb attack; **Bombenattentat** *s* bomb outrage, bombing incident; **Bombenerfolg** *m FAM* ↑ *Riesenerfolg* huge success; **bombensicher** *adj FIG* ◇ ~ **sein** to be a dead cert; **Bomber** *m* <-s, -> bomber; **Bombentrichter** *m* ↑ *Krater* bomb crater

Bonbon *s* <-s, -s> sweet, candy *AM*

bongen *vt* ◇ **das ist gebongt** (*FAM okay*) that's okay

Bonus *m* <-ses, Boni> [1] bonus [2] (*Pluspunkt*) bonus points *pl* [3] (*Sondervergütung, Dividende*) special dividend; ◇ **e-n ~ ausschütten** to pay bonus dividends [4] (*bei Schadenfreiheit*) no-claims bonus

Bonze *m* <-n, -n> (*FAM Funktionär*) bigshot

Boom *m* <-s, -s> boom

Boot *s* <-[e]s, -e> boat; **Bootsanhänger** *m* boat trailer; **Bootfahren** *s* boating; **Bootshaus** *s* boat-house; **Bootsmann** *m* boatswain, bosun

Bord [1] *m* <-[e]s> AERO, NAUT board; ◇ **Mann über** ~ man overboard; ◇ **über ~ gehen** to go overboard; ◇ **an/von ~ gehen** to board/to disembark

Bord [2] *s* <-[e]s, -e> (*Bücher-, Wand-*) shelf

Bordbuch *s* logbook

Bordell *s* <-s, -e> (*Freudenhaus*) brothel

Bordfunker *m* radio operator; **Bordingenieur** *m* flight engineer; **Bordkarte** *f* boarding card/pass; **Bordmechaniker** *m* flight mechanic

Bordstein *m* kerbstone; **Bordsteinkante** *f* kerb

borgen I. *vt* borrow, lend; ◇ **können Sie mir etw Geld ~?** could you lend me some money? **II.** *vr* ◇ **er hat sich von mir etw Geld geborgt** he borrowed some money from me

Borke *f* <-, -n> (*Außenrinde*) bark

borniert *adj* (*engstirnig*) narrow-minded

Borretsch *m* <-es> FLORA borage

Börse *f* <-, -n> [1] (*Aktien-*) stock exchange [2] (*Geld-*) purse; **Börsenbeginn** *m* market opening; **Börsenbericht** *m* review of the market; **Börsengeschäft** *s* market transaction; **Börsenkrach** *m* market crash; **Börsenkurs** *m* rate exchange, quotation on the stock market; **Börsenschluß** *m* market closing

Borste *f* <-, -n> bristle; **borstig** *adj* bristly

Borte *f* <-, -n> (*an Kleid*) edging; (*Band*) trim[ming]; (*Verzierung*) braid

bös[**e**] *adj* ① ▷*Mensch, Tat* bad ② ↑ *unartig* bad, evil; (*stärker*) evil ③ ▷*Hexe, Teufel* malevolent, evil ④ ↑ *zornig* angry, cross ⑤ (*Geschichte, schlimm*) horrible; ◇ **im ~en auseinandergehen** to part on bad terms; **bösartig** *adj* ① (*Bemerkung*) malicious; (*Gerücht*) mischievously ② MED malignant

Böschung *f* (*Abhang*) slope; (*steiler Abhang*) escarpment; (*aufgeschüttete ~*) embankment

Böse *s* <-n> evil; **Bösewicht** *m* <-s, -e> villain; **boshaft** *adj* ① (*heimtückisch*) underhand[ed], malicious ② (*spöttisch*) jeering, scornful ③ (*gehässig*) mean, spiteful; **Bosheit** *f* malice, spite; (*Schlechtigkeit*) wickedness

Boß *m* <-sses, -sse> (*FAM Chef*) boss

böswillig *adj* malicious, malevolent

bot *impf v.* **bieten**

Botanik *f* <-> botany; **botanisch** *adj* botanical

Bote *m* <-n, -n>, **Botin** *f* messenger, courier; ◇ **durch Boten abgegeben** hand-delivered; **Botschaft** *f* <-, -en> ① (*Nachricht*) message, news ② (POL *Gebäude*) embassy; **Botschafter(in** *f*) *m* <-s, -> ambassador *m*, ambassadress *f*

Bottich *m* <-[e]s, -e> (*Wasch-*) tub

Bouillon *f* <-, -s> consommé

Boulespiel *s* bowls

Boutique *f* <-, -en> boutique

Bowle *f* <-, -n> punch

Bowlingbahn *f* bowling alley

Box *f* <-, -en> ① (*kleiner Raum*) box ② (*Kiste*) chest; (*Musik-*) cabinet; **boxen 1.** *vt, vi* box; ◇ **jd-n ~** to punch s.b.; ◇ **um e-n Titel ~** to have a title-fight **2.** *vr* ◇ **sich durch~** *FIG* ↑ *sich behaupten* to fight one's way through; **Boxen** *s* <-s> boxing; **Boxer(in** *f*) *m* <-s, -> ① SPORT boxer ② (*Hund*) boxer; **Boxhandschuh** *m* boxing glove; **Boxkampf** *m* boxing match, fight

boykottieren *vt* boycott

brach *impf v.* **brechen**

Brach- *in Zusammensetzungen* fallow; **Brachfeld** *s* fallow land; **brachliegend** *adj* lying fallow

brachte *impf v.* **bringen**

Branche *f* <-, -n> line [of business], [branch of] industrie; **Branchen**[**telefon**]**buch** *s* ↑ *Gelbe Seiten* yellow pages *pl*

Brand *m* <-[e]s, Brände> ① (*Wald-, Flächen-*) fire; (*von Porzellan, Ton*) firing ② MED gangrene; ◇ **e-n ~ in der Kehle haben** (*FIG Durst*) to be dying of thirst; **Brandbombe** *f* MIL incendiary bomb

branden *vi* (*Wellen von Meer*) surge, roar, break

brandmarken *vt* (*Pferd*) brand; (*FIG öffentlich ächten*) stigmatize; **Brandsalbe** *f* MED ointment for burns; **Brandstelle** *f* (*an Stoff, Holz*) scorch; **Brandstifter(in** *f*) *m* arsonist, fire-raiser; **Brandstiftung** *f* arson

Brandung *f* (*Meeres-*) breakers; (*Gischt*) spume, foam, spindrift

Brandwache *f* fire watch; **Brandwunde** *f* MED burn

brannte *impf v.* **brennen**; **Branntwein** *m* brandy

Brasilien *s* Brazil

braten <briet, gebraten> *vt* (*Fleisch in Röhre*) roast; (*Eier etc. in der Pfanne*) fry, bake; ◇ **das Fleisch brät im Ofen** the meat is cooking in the oven; **Braten** *m* <-s, -> roast; (*Fleisch-*) joint; **Bratensoße** *f* gravy; **Brathuhn** *s* fried/roast chicken; **Bratkartoffel**[**n**] *pl* fried potatoes *pl;* **Bratpfanne** *f* frying pan; **Bratrost** *m* grill, broiler

Bratsche *f* <-, -n> MUS viola; **Bratschist(in** *f*) *m* viola player

Bratspieß *m* spit; **Bratwurst** *f* grilled sausage

Brauch *m* <-[e]s, Bräuche> custom

brauchbar *adj* ↑ *nützlich* usable, serviceable; ↑ *gut* ▷*Mensch* capable; **brauchen** *vt* ① (*bedürfen*) need, require ② (*verwenden*) use ③ ◇ **wir ~ am Montag nicht arbeiten** *FAM* we don't have to work on Monday; **Brauchwasser** *s* greywater

brauen *vt* ① (*Bier*) brew ② (*Unheil*) brew, concoct; **Brauer** *m* brewer; **Brauerei** *f* brewery

braun *adj* (*Haare, Schokolade*) brown; (*gebräunt*) tanned; **Braune** *m* <-n, -n> ① (*Haustier*) chestnut horse ② *ÖST* mocha with cream ③ *FAM* DM 50.00 note; **Bräune** *f* <-> (*von Haaren*) brownness; (*Haut-*) tan; **bräunen** *vt* (*Zwiebeln*) brown; ← *Sonne* tan; **braungebrannt** *adj* (*von Sonne*) tanned; **Braunkohle** *f* brown coal, lignite

Brause *f* <-, -n> ① (*Duschbad*) shower bath ② (*Duschkopf*) rose ③ (*Limonade*) lemonade, fizzy drink; **brausen** *vi* ① (*Meer, Wind*) bluster, roar ② (*laufen, düsen*) zoom; **Brausepulver** *s* lemonade powder

Braut *f* <-, Bräute> ① (*Verlobte*) fiancée ② (*bei Hochzeit*) bride; **Braut-** *in Zusammensetzungen* bridal; **Brautführer** *m man who gives away the bride;* **Bräutigam** *m* <-s, -e> ① (*Verlobter*) fiancé ② (*bei Hochzeit*) [bride]groom; **Braut-**

jungfer *f* bridesmaid; **Brautpaar** *s* bride and [bride]groom, bridal pair

brav *adj* ① (*Kind, artig*) good, well-behaved; (*Kleid, anständig*) prim ② (*Mensch, ehrenhaft*) worthy, honest

BRD *f* <-> *Abk. v.* **Bundesrepublik Deutschland** FRG, Federal Republic of Germany

Brecheisen *s* (*Brechstange*) crowbar; (*Stemmeisen*) jemmy, jimmy *AM*

brechen <brach, gebrochen> **I.** *vt* ① break ② PHYS → *Wellen* refract ③ (*er-*) vomit ④ → *Knochen* fracture ⑤ → *Vertrag, Versprechen* violate **II.** *vi* break; ↑ *sich übergeben* vomit, be sick **III.** *vr* ◇ **sich** ~ break; (PHYS *Wellen*) be refracted; ◇ **ehe**~ commit adultery; **Brecher** *m* ① (*Wellen*) breaker ② (*Steine*) crusher; **Brechreiz** *m* MED nausea, retch; **Brechung** *f* (PHYS *von Licht*) refraction

Brei *m* <-[e]s, -e> (*weiche Masse*) pulp; (*Essen*) gruel; (*Hafer-*) porridge; (*Kartoffel-*) mashed potato; (*Grieß-*) creamed semolina; **breiig** *adj* mushy

breit *adj* wide, broad; **Breite** *f* <-, -n> ① width; breadth ② (*Ausführlichkeit*) elaboration ③ (GEO *geographische* ~) latitude

breiten *vt* (*über e-e Sache*) spread

Breitengrad *m* GEO degree of latitude; **breitmachen** *vr* ◇ **sich** ~ (*Platz einnehmen*) spread o.s. out; (*Ausmaße annehmen*) spread abroad; **breitschult[e]rig** *adj* broad-shouldered; **Breitwandfilm** *m* wide-screen film

Bremsbelag *m* brake lining; **Bremse** *f* <-, -n> ① brake; ◇ **auf die ~ treten** tread on the brakes ② (*Stechfliege*) horsefly; **bremsen I.** *vi* brake, apply the brakes **II.** *vt* ① (*Fahrzeug*) brake ② (*Kosten, Ausgaben*) slow down; **Bremsflüssigkeit** *f* brake fluid; **Bremslicht** *s* brake light; **Bremspedal** *s* brake pedal; **Bremsspur** *f* tyre marks *pl;* **Bremsweg** *m* braking distance

brennbar *adj* inflammable; (*Stoff*) combustible; **Brennelement** *s* TECHNOL fuel cell; **brennen** <brannte, gebrannt> **I.** *vi* ① (*Öl etc.*) burn; (*Vorhang*) be on fire; (*Kerze*) burn ② (*Sonne*) shine ③ (*Wunde, Augen*) burn ④ ◇ **darauf ~, etw zu tun** be dying to do s.th. **II.** *vt* ① → *Branntwein* distill ② (*Porzellan*) fire; **Brennerei** *f* distillery; **Brennessel** *f* <-, -n> nettle; **Brennholz** *s* firewood; **Brennmaterial** *s* fuel; **Brennofen** *m* furnace; **Brennpunkt** *m* PHYS focal point; (*FIG Mittelpunkt*) focus; **Brennspiritus** *m* methylated spirit[s] *sg o. pl;* **Brennstab** *m* TECHNOL fuel rod; **Brennstoff** *m* [liquid] fuel; **Brennweite** *f* FOTO focal distance; **brenzlig** *adj* ◇ **es riecht** ~ it smells burnt; (*FIG* ▷*Situation, bedrohlich*) dangerous

Brett *s* <-[e]s, -er> ① board, plank; (*Bücher-*) book shelf; ◇ **Schwarzes** ~ notice board ② (*Spiel-*) game board; **Bretter** *pl FIG* ↑ *Bühne* boards *pl;* **Bretterbude** *f* stall, shack; **Bretterzaun** *m* wooden fence, hoarding

Brevier *s* <-s, -e> breviary

Brezel *f* <-, -n> bretzel, pretzel

Bridge *s* <-> (*Kartenspiel*) bridge

Brief *m* <-[e]s, -e> ① (*Schreiben*) letter ② (*Urkunde, Meister-*) master's certificate; *Fahrzeug~*, AUTO log book, vehicle registration; *Kredit~*, COMM letter of credit ③ (*in Bibel*) epistle; **Briefaustausch** *m* exchange of letters; **Briefbeschwerer** *m* <-s, -> paperweight; **Brieffreund(in** *f*) *m* pen pal/friend; **Briefkasten** *m* letterbox, mailbox *AM*; **Briefkopf** *m* letterhead; **Briefmarke** *f* [postage] stamp, philatelist; **Briefmarkenautomat** *m* stamp dispenser; **Briefmarkensammler(in** *f*) *m* stamp collector; **Brieföffner** *m* letter opener; **Briefpapier** *s* notepaper; **Briefschluß** *m* complimentary close; **Brieftasche** *f* wallet, billfold *AM*; **Brieftaube** *f* carrier pigeon; **Briefträger(in** *f*) *m* postman *m*, postwoman *f;* **Briefumschlag** *m* envelope; **Briefverkehr** *m s.* **Briefwechsel**; **Briefwaage** *f* letter balance; **Briefwahl** *f* postal vote, absentee bullot *AM*; ◇ **durch ~ wählen** to vote by proxy; **Briefwechsel** *m* correspondence

briet *impf v.* **braten**

Brigade *f* <-, -n> brigade

Brikett *s* <-s, -s> briquette

brillant *adj* (*FIG Rede, Musik*) sparkling, brilliant; **Brillant** *m* <-en, -en> (*geschliffener Diamant*) polished diamond; *FAM* sparkler

Brille *f* <-, -n> ① [pair of] spectacles *pl*, [pair of] glasses *pl;* (*Sonnen-*) sunglasses, shades *pl;* (*Lese-*) reading glasses *pl;* (*Schutz-*) goggles *pl;* ◇ **alles durch die rosarote ~ sehen** to see everything through rose-coloured spectacles ② (*von Toilette*) [toilet] seat; **Brillengestell** *s* spectacle frame; **Brillenglas** *s* lens; **Brillenschlange** *f* FAUNA hooded cobra; *PEJ* four eyes

bringen <brachte, gebracht> *vt* bring; (*mitnehmen, begleiten*) take; (*Profit einbringen*) bring in; (*veröffentlichen*) publish; THEAT, FILM show; MEDIA broadcast; (*in e-n Zustand versetzen*) get; (*FAM tun können*) manage; ◇ **jd-n dazu ~, etw zu tun** get s.b. to do s.th.; ◇ **jd-n nach Hause** ~ take s.b. home; ◇ **jd-n um etw** ~ to do s.o. out of s.th.; ◇ **jd-n auf e-e Idee** ~ give s.b. an idea

Brise *f* <-, -n> breeze

Brite *m* <-n, -n>, **Britin** *f* Briton; **britisch** *adj* British; ◇ **die B-en Inseln** *pl* the British Isles *pl*

bröck[e]lig *adj* crumbly; **bröckeln** *vi* (*Kuchen, Putz, Gestein*) crumble; **Brocken** *m* <-s, -> ① (*Brot-*) piece, bit; (*Fleisch-*) chunk; (*Fels-*) lump; (*Erdklumpen*) clod ② (*FAM dicker Mensch*) bear of a fellow

Brokkoli *pl* broccoli *pl*

Brom *s* <-s> CHEM bromine

Brombeere *f* blackberry, bramble

Bronchien *pl* MED bronchia *pl*, bronchial tubes; **Bronchitis** *f* <-> MED bronchitis

Bronze *f* <-, -n> bronze; **Bronzezeit** *f* bronze age

Brosche *f* <-, -n> brooch

broschiert *adj* (*Buchausgabe*) paperbacked; (*Packung*) wrappered; **Broschüre** *f* <-, -n> ① pamphlet ② (*Werbe-*) brochure; (*Informations-*) folder ③ (*Buch-*) booklet

Brot *s* <-[e]s, -e> bread; (*Weiß-*) white bread; (*Schwarz-*) brown bread, rye bread; (*-laib*) loaf [of bread]; (*-scheibe*) slice of bread; **Brötchen** *s* roll; **Brotkrumen** *pl* breadcrumbs *pl;* **Brotrinde** *f* crust; **Brotzeit** *f* (*Zwischenmahlzeit*) break, tea break *BRIT*

Bruch *m* <-[e]s, Brüche> ① (*Auseinanderbrechen*) breakage ② (*von Beziehungen*) break, rupture; (*mit Elternhaus*) breaking away; (POL, *Riß*) rift ③ (*Vertrags-, von Schwur*) violation, breach ④ (MED *Leisten-*) rupture, hernia; ◇ **sich e-n ~ heben** to rupture o.s.; (*Knochen-*) fracture ⑤ MATH fraction; **Bruchbude** *f* (*FAM altes Haus*) ramshackle place, dump; **brüchig** *adj* brittle, fragile; **Bruchlandung** *f* AERO crash landing; **Bruchstrich** *m* MATH fraction bar; **Bruchstück** *s* fragment; **bruchstückhaft** *adj* fragmentary; **Bruchteil** *m* fraction; **Bruchzahl** *f* MATH fractional number

Brücke *f* <-, -n> (*Bauwerk*) bridge; (*Zahn-*) bridge; (*beim Turnen*) crab; (*Teppich*) rug; ◇ **die -n hinter sich abbrechen** to burn one's boats/bridges; ◇ **e-e ~ zur Vergangenheit** a link with the past; **Brückenkopf** *m* MIL *FIG* bridgehead; **Brückenwaage** *f* weigh bridge

Bruder *m* <-s, Brüder> ① (*Geschwister-, Kloster-*) brother ② (*Mönch*) friar, brother; **brüderlich** *adj* brotherly, fraternal; **Brüderschaft** *f* brotherhood, fraternity; ◇ **mit jd-m ~ trinken** *drink together in order to seal a bond of friendship*

Brühe *f* <-, -n> ① (*Suppen-*) stock, bouillon; (*Fleischsaft*) gravy ② (*PEJ Dreck-*) muck, slop

brüllen *vi* ← *Löwe* roar; ← *Esel* bray; MIL ← *Feldwebel* bellow, bawl; (*vor Schmerzen*) scream; ← *Baby* bawl, holler

brummen I. *vi* ① (*Bär, Mensch*) growl; (*Fliege, Radio*) buzz; (*Hummel*) hum; (*Motoren*) drone; (*murren*) grumble ② ◇ **im Knast ~** (*FAM Strafe absitzen*) to do [one's] time **II.** *vt* ◇ **er brummt etw in seinen Bart** he is muttering s.th. into his beard; ◇ **mir brummt der Kopf** my head is buzzing; **brummig** *adj* (*mürrisch*) sulky, grouchy; (*verdrießlich*) peerish

brünett *adj* ▷*Haar* brunette, dark-haired

Brunft *f* <-, Brünfte> (FAUNA *von Wild*) rut

Brunnen *m* <-s, -> ① (*Spring-*) fountain ② (*Berg-*) spring; (*Zieh-*) water pump, well; (*Schacht*) well

brüsk *adj* abrupt, brusque

Brust *f* <-, Brüste> breast; (*von Männern*) chest; ◇ **e-m Kind die ~ geben** to breast-feed a child; **brüsten** *vr* ◇ **sich [mit e-r Sache] ~** boast of s.th.; **Brustkorb** *m* rib cage, chest; **Brustschwimmen** *s* breaststroke; **Brustwarze** *f* ANAT nipple; (*von Frau*) teat; **Brustumfang** *m* chest measurement

Brüstung *f* parapet; balustrade

Brut *f* <-, -en> ① (*Nachkommenschaft*) offspring, brood ② (*Vorgang*) brooding, sitting on the eggs ③ (*FAM Gesindel*) rabble

brutal *adj* (*gewalttätig*) brutal; (*wild*) savage; **Brutalität** *f* brutality

brüten *vi* ① hatch, brood ② (*FIG scharf nachdenken*) brood; **Brutkasten** *m* incubator

brutto *adv* gross; **Bruttobetrag** *m* gross amount; **Bruttogehalt** *s* gross pay, pay before stoppages; **Bruttogewicht** *s* gross weight; **Bruttoinlandsprodukt** *s* gross domestic product; **Bruttolohn** *m s.* **Bruttogehalt**

Brutzeit *f* incubation period

Btx *Abk. v.* **Bildschirmtext**

Bub[e] *m* <-n, -n> ① (*Junge*) lad ② (*Spielkarte*) jack; **Bubikopf** *m* bob[bed hair]

Buch *s* <-[e]s, Bücher> ① (*gebundenes ~*) book ② (*Taschen-*) paperback ③ COMM account book, record; ◇ **die [Geschäfts-]Bücher führen** to keep the books; **Buchbesprechung** *f* book review; **Buchbinder(in** *f*) *m* <-s, -> bookbinder; **Buchbinderei** *f* bindery; **Buchdrucker(in** *f*) *m* printer

Buche *f* <-, -n> ① (*Laubbaum*) beech [tree] ② (*-nholz*) beech [wood]

Bucheinband *m* binding; **buchen** *vt* ① (*Flug, Reise*) book; (*Platz, Karte*) reserve ② (COMM *Einnahmen, Ausgaben*) enter; **Bücherbrett** *s* bookshelf; **Bücherei** *f* library; **Bücherfreund** *f* bibliophile; **Büchermagazin** *s*

stacks; **Bücherregal** *s* bookshelves *pl;* **Bücherschrank** *m* bookcase; **Bücherstand** *m* bookstall; **Bücherwurm** *m* (*FIG lesefreudiger Mensch*) bookworm

Buchfink *m* <-en, -en> chaffinch

Buchführung *f* book-keeping, accountancy; **Buchhalter(in** *f*) *m* <-s, -> book-keeper; **Buchhaltung** *f* [1] (*das Verbuchen*) accounting [2] (*Abteilung*) accounts department; **Buchhandel** *m* book trade; **Buchhändler(in** *f*) *m* bookseller; **Buchhandlung** *f* bookshop; **Buchmacher** *m* bookie

Buchse *f* <-, -n> (*Stecker-*) socket

Büchse *f* <-, -n> [1] ↑ *Blechdose* tin, can [2] (*Gewehr*) rifle; **Büchsenfleisch** *s* tinned meat; **Büchsenöffner** *m* tin/can opener

Buchstabe *m* <-ns, -n> letter [of the alphabet]; ◇ **ein Wort mit kleinen/großen -n schreiben** to spell a word in small letters/in capitals; **buchstabieren** *vt* spell; **buchstäblich** *adj* [1] (*Buchstabe für Buchstabe*) literal [2] ◇ **mir wurde - schlecht** (*regelrecht*) I really felt sick

Bucht *f* <-, -en> bay; (*Meeres-*) bight; (*kleine -*) inlet

Buchung *f* [1] (*von Reise etc.*) booking; (*von Platz etc.*) reservation [2] COMM entry

Buckel *m* <-s, -> [1] (*Rücken*) hump [2] (*Verkrümmung*) twist [3] (*FAM Hügel*) hillock; ◇ **du kannst mir den - runterrutschen!** get lost!; **buckelig** *adj* [1] (*Mensch*) hunchbacked [2] (*Landschaft*) hilly; **bücken** *vr* ◇ **sich nach unten -** bend down; **Bucklige(r)** *fm* hunchback; **Bückling** *m* [1] (*FIG Verbeugung*) bow [2] (*Fisch*) kipper

Buddha *m* <-s, -s> Buddha

Bude *f* <-, -en> [1] booth, stall [2] (*Verkaufs-*) stall, stand [3] (*FAM Studenten-*) digs *pl* [4] (*PEJ baufälliges Haus*) hovel, dump [5] *FAM* ◇ **die - dicht machen** (*Lokal*) to close the joint, to close up shop

Budget *s* <-s, -s> budget

Büfett *s* <-s, -s> [1] (*Küchenschrank*) dresser [2] (*Ausschank*) counter [3] (*als Abstellfläche*) sideboard; ◇ **kaltes -** cold buffet

Büffel *m* <-s, -> [1] FAUNA buffalo [2] (*FIG ungehobelte Person*) lout; **büffeln** *vt, vi* (*FAM angestrengt lernen*) swot, mug up on, bone up on *AM*

Bug *m* <-[e]s, -e> (*Schiffs-*) bow, prow; (*Flugzeug-*) nose; *FIG* ◇ **jd-m eins vor den - knallen** (*deutliche Warnung aussprechen*) to give s.b. a warning shot

Bügel *m* <-s, -> [1] (*Kleider-*) hanger [2] (*Brillen-*) arm [3] (*Steig-*) stirrup [4] (*Halte-*) retainer, clamp; **Bügelbrett** *s* ironing board; **Bügeleisen** *s* iron; **Bügelfalte** *f* crease; **bügelfrei** *adj* noniron, drip-dry; **Bügelmaschine** *f* presser; **bügeln** *vt, vi* iron; (*Hosen*) press; **Bügelwäsche** *f* ironing

Bugrad *s* (*Flugzeug-*) nose wheel

Bühne *f* <-, -n> [1] (*Theater-*) stage; (*Podium*) platform [2] (AUTO *Hebe-*) hoist, lifting platform [3] (*CH Dachboden*) loft; ◇ **es ging alles glatt über die -** everything went off smoothly; **Bühnenarbeiter(in** *f*) *fm* stagehand; **Bühnenbild** *s* set, scene[ry]; **Bühnenbildner** *m* designer; **Bühnendekoration** *f* decor, setting; **Bühnenstück** *s* (stage) play

Buhruf *m* boo, catcall

Bukett *s* <-s, -s *o.* -e> [1] (*Blumenstrauß*) bouquet [2] (*von Wein*) bouquet, aroma

Bulette *f* <-, -n> meatball

Bullauge *s* porthole

Bulldogge *f* <-, -n> bulldog

Bulldozer *m* <-s, -> bulldozer

Bulle *m* <-n, -n> [1] bull [2] (*FIG starker Mann*) he-man [3] (*FAM! PEJ Polizist*) cop

Bumerang *m* <-s, -s *o.* -e> boomerang

Bummel *m* <-s, -> stroll; (*Schaufenster-*) window-shopping; **bummeln** *vi* [1] (*schlendern*) wander, stroll [2] (*träge arbeiten*) skive, loaf around [3] (*vor sich hin -*) dawdle; **Bummelstreik** *m* go-slow; **Bummelzug** *m* slow train

bums *intj* bang! thud!; **bumsen I.** *vi* [1] (*zwei Autos*) crash [2] (*gegen die Tür*) bang [3] *FAM!* fuck, screw **II.** *vt FAM* have sex with; *FAM!* fuck, screw

Bund [1] *m* <-[e]s, Bünde> [1] (*Verein*) association; (*Freundschafts-*) bond [2] POL [con]federation; (*Bündnis*) alliance [3] (*Kleider-*) waistband [4] (*Schlüssel-*) bunch [5] *s.* **Bundeswehr**

Bund [2] *s* <-[e]s, -e> (*Bündel*) bunch; (*Zeitungs-*) bundle

Bündchen *s* [1] little bow [2] (*am Arm*) cuff

Bündel *s* <-s, -> [1] (*Zeitungen*) bundle; (*Banknoten*) wad; (*von Maßnahmen*) package; (*Paket*) parcel [2] (PHYS *Strahlen-*) beam; **bündeln** *vt* [1] bundle [2] (PHYS *Strahlen*) focus

Bundes- *in Zusammensetzungen* Federal; ◇ **die Neuen -länder** Germany's new states, the former GDR, the five new Länder; **Bundesausbildungsförderungsgesetz** *s s.* **Bafög Bundesautobahn** *f* motorway; **Bundesbahn** *f* (*Deutsche Bahn AG*) the German Railways *pl;* **Bundesgerichtshof** *m* Federal High Court; **Bundesgewalt** *f* Federal authority; **Bundeskanzler(in** *f*) *m* the German Chancellor; **Bundesland** *s* German Land [*o.* state]; **Bundes-**

präsident(in *f*) *m* Federal President, the German President; **Bundesrat** *m federal council consisting of representatives of the Bundesländer;* **Bundesrepublik** *f* Federal Republic; ◇ ~ **Deutschland** Federal Republic of Germany; **Bundesstaat** *m* federal state; **Bundesstraße** *f* Federal Highway; **Bundestag** *m* German parliament; **Bundesverfassungsgericht** *s* Federal Constitutional Court; **Bundeswehr** *f* German Armed Forces *pl*

bündig *adj* (*kurz*) concise

Bundfaltenhose *f* pleated trousers *pl*

Bündnis *s* alliance

Bundweite *f* (*Hosen~*) waist measurement

Bungalow *m* <-s, -s> bungalow

Bunker *m* <-s, -> bunker; (*Luftschutzkeller*) [air-raid] shelter

Bunsenbrenner *m* <-s, -> CHEM Bunsen burner

bunt *adj* coloured, gay, colourful; (*gemischt*) mixed; (*kunter~*) motley; ◇ **mir wird es zu ~** *FAM* ↑ *das geht mir auf die Nerven* it's getting too much for me; **Buntstift** *m* coloured pencil, crayon

Bürde *f* <-, -en> burden

Burg *f* <-, -en> ↑ *Festung* castle, fort; (*Sand~*) sandcastle

Bürge *m* <-n, -n> COMM guarantor; **bürgen** *vi* (*einstehen*) vouch; JURA ◇ **für e-e Sache ~** to be answerable for s.th.

Bürger(in *f*) *m* <-s, -> (*Staats~*) citizen; **Bürgerinitiative** *f* citizens' action group; **Bürgerkrieg** *m* civil war; **bürgerlich** *adj* ① (*Staats-*) civil; ◇ **B~es Gesetzbuch** [German] Civil Code ② (*einfach*) middle-class; (*PEJ spießig*) bourgeois; ◇ **gut ~e Küche** good home cooking; **Bürgermeister(in** *f*) *m* mayor/mayoress; **Bürgerrechte** *s pl* civil rights *pl;* **Bürgersteig** *m* <-[e]s, -e> pavement, sidewalk *AM*; **Bürgertum** *s* <-s> bourgeoisie, middle class; **Bürgerwehr** *f* militia

Bürgin *f* guarantor; **Bürgschaft** *f* surety; ◇ ~ **hinterlegen/leisten** give surety

Burgunder *m* <-s, -> Burgundy [wine]

Burgverlies *s* <-es, -e> dungeon

Büro *s* <-s, -s> ① (*Dienststelle*) office, agency *AM*; (*Auskunfts~*) bureau ② (*Zweigfirma*) branch, sub-office; **Büroangestellte(r)** *fm* office worker; (*von Dienststelle*) clerk; **Büroarbeit** *f* office work, secretarial job; **Bürohengst** *m* penpusher; **Büro[hoch]haus** *s* office block; **Bürokommunikation** *f* office automation; **Büroklammer** *f* paper clip; **Bürokrat(in** *f*) *m* <-en, -en> bureaucrat; **Bürokratie** *f* bureaucracy; **bürokratisch** *adj* bureaucratic; **Bürolampe** *f* desk lamp

Bursch[e] *m* <-en, -en> fellow; (*kleiner Junge*) lad; *FAM* chap, guy *AM*; **Burschenschaft** *f* students' fraternity; **burschikos** *adj* ① tomboyish ② (*salopp*) casual

Bürste *f* <-, -n> ① (*Reinigungs~*) brush ② (*Haar~*) brush; **bürsten** *vt* brush

Bus *m* <-ses, -se> ① (*Auto~*) bus ② (PC *Daten~*) bus

Busch *m* <-[e]s, Büsche> ① (*Strauch*) bush, shrub; ↑ *Dickicht* thicket, copse ② (*Feder~*) bunch ③ ↑ *Wildnis* bush, wilderness

Büschel *s* <-s, -> ① (*Bündel*) bunch; ◇ **die Haare fallen ihm in ~n aus** his hair is falling out in wads ② (*Gras~*) tuft; **buschig** *adj* bushy

Busen *m* <-s, -> ① (*Frauen~*) bosom ② (*Meer~*) gulf, bay

Bushaltestelle *f* bus-stop

Business, Busineß *s* <-> (*FAM Geschäft*) business

Buße *f* <-, -n> atonement, penance; **büßen** *vt* (*für Leichtsinn*) pay for; (*Sünden, Straftat*) atone for; **Bußgeld** *s* fine

Bussard *m* <-s, -e> FAUNA buzzard

Büste *f* <-, -n> bust

Büstenhalter *m* bra

Butt *m* <-[e]s, -e> flounder; (*Heil~*) halibut

Butter *f* <-> butter; ◇ **alles in ~** everything's okay; **Butterblume** *f* buttercup; **Butterbrot** *s* [piece of] bread and butter; **Butterbrotpapier** *s* greaseproof paper; **Butterdose** *f* butter dish; **Butterkeks** *m* shortbread; **Buttermilch** *f* buttermilk; **buttern I.** *vi* spread butter **II.** *vt* (*Toast, Brot*) butter; *FAM* ◇ **Geld in etw** [*o.* **in ein Geschäft**] [**hinein**]~ (*investieren*) put some money into a deal

Button *m* <-s, -s> badge, button

Byte *s* <-s, -s> PC byte

bzw. *adv Abk. v.* **beziehungsweise**

C

C, c *s* C, c

ca. *Abk. v.* **circa**

Café *s* <-s, -s> café, coffee bar; **Cafeteria** *f* <-, -s> cafeteria

Calcium *s* <-s> CHEM calcium

Camembert *m* <-s, -s> Camembert

Camp *s* <-s, -s> camp; **campen** *vi* camp; (*in Ferien*) camp out; **Camper(in** *f*) *m* <-s, -> (*Person, Wohnmobil*) camper; **Camping** *s* <-s>

camping; **Campingbus** *m* (*Wohnmobil*) camper, mobile home *AM*; **Campingkocher** *m* primus [stove] ®; **Campingplatz** *m* campsite, camping grounds *pl AM*

Cape *s* <-s, -s> (*Regen-*) cape, poncho

Caravan *m* <-s, -s> (*Kombiwagen*) caravan

Cäsium *s* <-s> CHEM caesium, cesium *AM*

Catcher(in *f*) *m* <-s, -> [pro] wrestler

CB-Funk *m* CB radio *Citizens' Band radio*

CD *f* <-, -s> *Abk. v.* **Compact Disc** CD

CD-Spieler *m* CD player

Cellist(in *f*) *m* <-en, -en> cellist

Cello *s* <-s, Celli *o.* -s> (*Violon-*) cello

Cellophan ® *s* <-s, -e> cellophane

Celsius *s* <-, -> centigrade; ◇ **es hat 32 Grad** ~ the temperature is 32 degrees centigrade

Cembalo *s* <-s, -s> cembalo, harpsichord

Center *s* <-s, -> (*Verkaufs-*) shopping centre *BRIT*, shopping center *AM*; (*sehr groß*) mall *AM*

Chamäleon *s* <-s, -s> FAUNA chameleon

Champagner *m* <-s, -> champagne

Champignon *m* <-s, -s> [button] mushroom

Chance *f* <-, -n> chance; (*Gewinn-n*) odds *pl;* **Chancengleichheit** *f* equal opportunities *pl*

Chanson *s* <-s, -s> *political or satirical song*

Chaos *s* <-> chaos

Chaot(in *f*) *m* <-en, -en> [1] (*verworrene Person*) chaotic person [2] (POL *politisch, kriminell*) anarchist; **chaotisch** *adj* ↑ *verworren, ungeordnet* chaotic; ▷*Ablauf* disorganized

Charakter *m* <-s, -e> ↑ *Wesen, Eigenschaften* character, nature; **charakterfest** *adj* ↑ *seelisch ausgeglichen* of firm character; **charakterisieren** *vt* → *Person, Sache* characterize; **Charakteristik** *f* <-, -en> (*von Person, von Film*) characterization; **charakteristisch** *adj* ↑ *Wesenszug* characteristic, typical (*für* of); **charakterlos** *adj* ▷*Mensch* unprincipled, of bad character; **Charakterrolle** *f* character part; **Charakterstärke** *f* strength of character; **Charakterzug** *m* ↑ *Wesenszug* characteristic; (*von Menschen*) trait of character

Charisma *s* <-s, -mata *o.* -men> ↑ *Ausstrahlung* charisma

charmant *adj* ▷*Mensch* charming; **Charme** *m* <-s> charm, grace

Charta *f* <-, -s> charter

Charterflug *m* charter flight; **Chartermaschine** *f* charter plane; **chartern** *vt* → *Flugzeug, Schiff* charter

Charts *pl* MUS MEDIA ↑ *Hitliste* charts

Chassis *s* <-, -> [1] (*von Auto*) chassis [2] TECHNOL ↑ *Gehäuse* chassis

Chauffeur(in *f*) *m* chauffeur; **Chauvinismus** *m* [1] (*übersteigerte Vaterlandsliebe*) chauvinism [2] (*übersteigerter Selbstwert*) male chauvinism; **Chauvinist** *m* [1] POL chauvinist [2] *PEJ* ↑ *Macho* male chauvinist [pig]; **chauvinistisch** *adj* chauvinist[ic]

checken *vt* [1] → *Passagiere* check, inspect [2] *FAM* ↑ *kapieren* get [3] SPORT ↑ *e-n Bodycheck versetzen* check

Chef(in *f*) *m* <-s, -s> (*von Organisation*) head; ↑ *Vorgesetzter* superior, boss *FAM*; **Chefarzt** *m*, **Chefärztin** *f* head physician, medical director *AM*; **Chefredakteur(in** *f*) *m* editor-in-chief; **Chefsekretärin** *f* personal secretary

Chemie *f* <-> chemistry; **Chemiefaser** *f* man-made/synthetic fibre; **Chemikalien** *pl* chemicals *pl;* **Chemiker(in** *f*) *m* <-s, -> chemist; **chemisch** *adj* chemical; ◇ **~e Reinigung** (*Laden*) cleaners *pl;* **Chemotherapie** *f* chemotherapy

Chicorée *f o. m* <-s> chicory

Chiffre *f* <-, -n> [1] (*Code*) cipher [2] (*~annonce*) box number; **Chiffreanzeige** *f* box number; **chiffrieren** *vt* ↑ *verschlüsseln* code, encipher

China *s* <-s> China; **Chinese** *m* <-n, -n>, **Chinesin** *f* Chinese; **chinesisch** *adj* Chinese

Chinin *s* <-s> MED quinine

Chip *m* <-s, -s> [1] (PC *Mikro-*) chip, wafer [2] (*Spiel-*) chip

Chips *pl* (*Knabber-*) crisps *pl BRIT*, [potato] chips *pl AM*

Chirurg(in *f*) *m* <-en, -en> surgeon; **Chirurgie** *f* surgery; **chirurgisch** *adj* surgical

Chitin *s* <-s> chitin

Chlor *s* <-s> CHEM chlorine; **chlorieren** *vt* → *Wasser* clorinate; **Chloroform** *s* <-s> chloroform; **Chlorophyll** *s* <-s> chlorophyll

Choke *m* <-s, -s> AUTO choke

Cholera *f* <-> MED cholera

cholerisch *adj* ▷*Mensch* hot-tempered; ↑ *unbeherrscht* choleric

Cholesterin *s* <-s> MED cholesterol

Chor *m* <-[e], Chöre> [1] (*Sänger-*) choir [2] (*Gesangsstück,* THEAT *Sprech-*) chorus [3] (*Altarraum*) chancel; ↑ *Chorgestühl* choir stalls; **Choral** *m* <-s, Choräle> chorale

Choreograph(in *f*) *m* <-en, -en> choreographer; **Choreographie** *f* choreography

Chorsänger *m* choirsinger, chorister

Christ(in *f*) *m* <-en, -en> (*Gläubige*) Christian; **Christbaum** *m* Christmas tree; **Christentum** *s* Christianity; **Christenverfolgung** *f* persecution of Christians; **Christkind** *s* ↑ *Jesus Christus* baby Jesus; **christlich** *adj* Christian; **Christus** *m* <-> Christ; ◇ **vor Christi Geburt** before

Christ, BC; ◇ **nach Christi Geburt** Anno Domini, AD; ◇ **Christi Himmelfahrt** ascension of Christ; (*Feiertag*) Ascension Day

Chrom *s* <-s> [1] CHEM chromium [2] (*von Fahrzeug etc.*) chrome

chromatisch *adj* MUS chromatic

Chromosom *s* <-s, -en> BIOL chromosome

Chronik *f* chronicle

chronisch *adj* chronic

Chronist *m* <-en, -en> chronicler, historian; **chronologisch** *adj* chronological

Chrysantheme *f* <-, -n> BIOL chrysanthemum

CIA *m Abk. v.* **Central Intelligence Agency** CIA, *US-Geheimdienst*

circa *adv* ↑ *ungefähr* about, approximately

City *f* <-, -s> ↑ *Innenstadt* center of town, downtown *AM*

Clan *m* <-s, -e *o.* -s> clan

clever *adj* ▷*Person* clever, sharp

Clinch *m* <-[e]s> ◇ **im - mit jd-m liegen** *FAM* ↑ *streiten* to be in a clinch with s.o.

Clip *m* <-s, -s> [1] (*Ohr-*) earlope, clip-on earrings [2] (*Video-*) clip

Clique *f* <-, -n> [1] ↑ *Clan* clan [2] ↑ *Freundeskreis* clique

Clou *m* <-s, -s> ↑ *Höhepunkt* climax, clou

Clown *m* <-s, -s> clown

COBOL *s* <-s> *Abk. v.* PC **Common Business Oriented Language**

Cockpit *s* <-s, -s> AERO cockpit

Cocktail *m* <-s, -s> (*Mixgetränk*) cocktail

Code *m* <-s, -s> *s.* **Kode**

Cognac *m* <-s, -s> cognac

Coiffeur *m* <-s, -e>, **Coiffeuse** *f* <-, -en> (*CH*) hairdresser; (*Herren-*) barber

Comeback *s* <-s, -s> comeback

Comic *m* <-s, -s> (*Bildgeschichte*) comic strip

Compact Disc *f* <-, -s> compact disc

Computer *m* <-s, -> computer; **computergesteuert** *adj* computer-controlled; **computerisieren** *vt* computerize; **Computerspiel** *s* computer game; **Computertomographie** *f* <-, -n> computerized axial tomography, CAT; **Computervirus** *m* (*Zerstörungsprogramm*) computer virus

Conférencier *m* <-s, -s> compère, master of ceremonies *AM*

Container *m* <-s, -> container; **Containerdorf** *s* (*mit Flüchtlingen*) refuge shelter, asylum

cool *adj* ↑ *lässig, ruhig, FAM* cool, laid-back

Copyright *s* <-s, -s> ↑ *Urheberrecht* copyright

Couch *f* <-, -s *o.* -en> couch, sofa; **Couchtisch** *m* coffeetable

Countdown *m* <-[s], -s> countdown

Coupon *m* <-s, -s> coupon

Courage *f* <-> ↑ *Mut* courage

Cousin *m* <-s, -s> cousin; **Cousine** *f* <-, -n> cousin

Cover *s* <-s, -s> ↑ *Titelblatt, Plattenhülle* cover

Cowboy *m* <-s, -s> cowboy

Crack *m* <-s, -s> [1] (*Mathe-, Sport-*) whiz [2] (*Droge*) crack

Cracker *m* <-s, -[s]> ↑ *Kleingebäck* cracker

Crash *m* <-s, -s> ↑ *Unfall* crash

Creme *f* <-, -s> [1] (*allg.*) cream [2] (*Schuh-*) polish; (*Zahn-*) paste [3] (*Schokoladen-*) mousse [4] (*FIG von Gesellschaft*) cream of the crop; **cremefarben** *adj* cream[-coloured], beige

Croissant *s* <-s, -s> (*Butter-*) croissant

Croupier *m* <-s, -s> croupier

Crux *f* <-> [1] ↑ *Last* burden [2] ↑ *Schwierigkeit* problem

Curriculum *s* <-s, -cula> ↑ *Lehrplan* curriculum

Currypulver *s* <-s, -> curry powder

Currywurst *f* curried sausage

Cursor *m* <-s, -> PC ↑ *Schreibmarke* cursor

cutten *vt* ↑ *schneiden* → *Film, Tonband* cut

D

D, d *s* D, d

da I. *adv* [1] (*räumlich*) ↑ *dort* there; ◇ **- ist das Haus** the house is over there; ↑ *hier* here; ◇ **-, wo wir herkommen ...** where we come from ... [2] (*zeitlich*) ↑ *dann* then; ◇ **von - an** from then on [3] ↑ *in dieser Hinsicht* there; ◇ **- kann man nichts machen** there's not much you can do about it **II.** *cj* ↑ *weil* since, because; ◇ **ich konnte nicht kommen, da ich krank war** I couldn't come since/because I was ill; **dabehalten** *unreg vt* keep

dabei *adv* [1] (*in der Nähe*) close by; ↑ *inbegriffen* alongside, together; ↑ *angeschlossen* ◇ **ein Garten ist auch - (beim Haus)** the house has also got a garden [2] ↑ *währenddessen* at the same time [3] ↑ *obwohl, obgleich* although, even though; ◇ **er hat Erfolg, - ist er so unfreundlich** in spite of his success, he is quite unfriendly [4] (*bei/hinsichtlich dieser Sache*) ◇ **was ist schon -, wenn ich ...** what does it matter if I ...; ◇ **sie war gerade - zu spülen, als ...** she was just doing the dishes, when ...; ◇ **- bleibt es!** that's that!; **dabeibleiben** *unreg vi* (*bei seiner Meinung*) ◇ **ich bleibe dabei** I haven't changed my point of view; (*bei* *e-r Tätigkeit*) stick to; (*bei e-r Firma*) remain with; **dabeihaben** *unreg vt* → *Geld, Paß* to have on o.s.; **dabeisein** *unreg vi* [1] ↑ *anwesend sein* to be present [2] ↑ *teilnehmen* participate; ◇ **ich bin dabei!** you can count me in; ◇ **- ist alles** competing is all that matters [3] ↑ *im Begriff sein* ◇ **ich war gerade dabei loszufahren** I was just about to drive away; ◇ **ich bin gerade dabei** I'm just doing it

Dach *s* <-[e]s, Dächer> (*Haus-*) roof; (*Auto-*) top; ◇ **etw unter - und Fach bringen** to finally have it in the can; **Dachboden** *m* attic, loft; **Dachdecker(in** *f*) *m* <-s, -> roofer; **Dachfenster** *s* skylight; **Dachgarten** *m* roof garden; **Dachpappe** *f* roofing felt; **Dachrinne** *f* gutter

Dachs *m* <-es, -e> badger

Dachstuhl *m* roof timbering

dachte *impf v.* **denken**

Dachziegel *m* roof tile

Dackel *m* <-s, -> dachshund

dadurch I. *adv* (*auf diese Weise*) thereby, in that way; ◇ **- hat er uns sehr unterstützt** in that way he very much supported us; ↑ *deshalb* because of that, for that reason; ◇ **es hat - viel Ärger gegeben** that caused a great deal of trouble **II.** *cj* ◇ **d-, daß er fortgegangen ist, ...** since he went away ..., by going away ...

dafür *adv* [1] (*für diese Sache*) for it; ◇ **- ist er noch zu jung** he is still too young for that; ◇ **wir können nichts -** we can't help it [2] (*als Gegenleistung*) for; ◇ **können Sie mir sagen, was ich - bekomme?** can you tell me what I will get for it? [3] (*für e-e Tat*) ◇ **- muß er büßen** he will have to pay for that [4] (*wenn man bedenkt*) ◇ **-, daß er kein Werkzeug hat, ist die Sache in Ordnung** considering he has no tools it's all right [5] ◇ **ein Medikament - einnehmen** (*gegen etw*) to take some medicine for it [6] (*befürworten*) ◇ **er trat - ein, daß ...** he was for ...

dagegen I. *adv* ◇ **ich habe nichts -** I don't mind; ◇ **ich bin -** I am opposed to it; ◇ **- gibt es keine Medizin** there is no cure for that **II.** *cj* ↑ *hingegen, jedoch* however; ◇ **ich fahre langsam, er - schnell** I drive slowly, he, however, drives fast

daheim *adv* at home

daher I. *adv* [1] (*räumlich*) from there; ◇ **von - kommen viele Einwanderer** a lot of immigrants come from there [2] (*Ursache*) from that; ◇ **alles kommt nur -, daß ...** it all comes about because ... **II.** *cj* ↑ *deswegen, darum* that's why; ◇ **- sind alle traurig** that's why everybody is sad

dahin *adv* [1] (*räumlich*) ↑ *an diesen Ort, dorthin* there; ◇ **es ist noch weit bis -** it is a long way to get there [2] (*zeitlich*) ↑ *bis zu dem Zeitpunkt* then; ◇ **bis - bin ich mit der Arbeit fertig** I'll have finished the work by then [3] ↑ *verloren, gestohlen* gone; *FAM* ◇ **der Schmuck ist -** the jewellery's done for [4] (*in bestimmter Weise*) ◇ **die Parteien haben sich -[gehend] geäußert** the parties have made their pronouncements on it; **dahingehen** *vi* [1] ← *Tage, Wochen etc.* ↑ *verstreichen* pass [2] ↑ *sterben* ◇ **er ist dahingegangen** he has passed on

dahinten *adv* ↑ *an jenem Ort, dort* over there; ◇ **- kann man das Licht sehen** you can see the light from over there

dahinter *adv* [1] (*räumlich, wo*) ◇ **hier ist die Post und - die Apotheke** here's the post office and behind it the chemist; (*wohin*) ◇ **er legte das Buch -** he put the book behind it [2] ◇ **viel Getue und nichts -** a lot of bark and no bite; **dahinterkommen** *unreg vi* [1] ↑ *herausfinden* find out [2] ↑ *endlich verstehen* finally understand

dalassen *unreg vt* leave there; ◇ **den Schlüssel kannst du -** you can leave the key there

dalli *adv* ◇ **los, schnell, -, -!** move it, get going!

damalig *adj* ◇ **das -e Ereignis** that event back then; ◇ **der -e Offizier** the erstwhile officer;

damals *adv* ↑ *zu jener Zeit* at that time, then

Dame *f* <-, -n> [1] (*Frau*) lady [2] (*Brettspiel*) draughts, checkers *AM sg;* (*Spielkarte, Schachfigur*) queen [3] ◇ **Sehr geehrte -n und Herren** (*Anrede im Brief*) Dear Sirs; (*bei e-er Ansprache*) Ladies and Gentlemen; **damenhaft** *adj* ladylike; **Damenfahrrad** *s* women's bicycle; **Damenmannschaft** *f* women's team; **Damenwahl** *f* ladies' turn

damit I. *adv* (*mit etw*) with it; ◇ **man kann den Stuhl - reparieren** you can use it to fix the chair; ◇ **ich bin - einverstanden** I agree to it; ◇ **laß' mich - in Ruhe** don't keep on at me about it; ◇ **was meinen Sie -?** what do you mean by that?; ◇ **Schluß -!** pack it in! that's enough of that!; ◇ **und - basta!** and that's that! **II.** *cj* (*final*) ↑ *zu dem Zweck, daß* in order to; ◇ **wir haben ihn gerufen, - er es auch sieht** we called him so that he too could see it

dämlich *adj* ↑ *blöd, dumm* asinine, foolish

Damm *m* <-[e]s, Dämme> [1] (*Stau-*) dam; (*Deich*) dyke, dike; (*Bahn-*) railway embankment; ◇ **auf dem - sein** to be okay [2] ANAT perineum

dämmern *vi* [1] ← *Morgen* dawn; ← *Abend* get dark (dusky) [2] ↑ *im Halbschlaf sein* be half asleep; (*FIG begreifen*) ◇ **endlich dämmerte es ihm** at last he began to see the light; **Dämmerung** *f* (*Morgen-*) dawn; (*Abend-*) dusk, twilight; **dämmrig** *adj* ▷*Licht* dim, faint

D

Dämon *m* <-s, -en> demon, devil; **dämonisch** *adj* demonic

Dampf *m* <-[e]s, Dämpfe> (*Wasser-*) steam, vapour; (*Dunst*) haze, mist; (*FIG kein Schwung*) ◇ **da ist kein - dahinter** there's no kick to it; **Dampfbügeleisen** *s* steam iron; **dampfen** *vi* [emit] steam

dämpfen *vt* [1] GASTRON steam [2] → *Kleider* iron with a damp cloth [3] → *Lautstärke* deaden, muffle; → *Ehrgeiz* damp, deaden

Dampfer *m* <-s, -> (*Schiff*) steamer

Dämpfer *m* <-s, -> [1] (*Kartoffel-*) steamer [2] (*Schall-*) silencer

Dampfkochtopf *m* pressure cooker; **Dampfmaschine** *f* steam engine; **Dampfwalze** *f* steamroller

danach *adv* [1] (*räumlich*) ↑ *dahinter* after that; ◇ **vorne gehen die Offiziere, - die einfachen Soldaten** the officers go in front, the regulars up behind [2] (*zeitlich, hinterher, anschließend*) afterwards; ◇ **erst das Hauptgericht und dann - die Nachspeise** first the main course, with a dessert to follow [3] (*nach etw*) ◇ **das Buch fiel zu Boden, und Martine griff -** the book fell down and Martine lunged for it; ◇ **ich sehne mich -** I am longing for it [4] (*[dem]entsprechend*) accordingly; ◇ **es sieht ganz - aus, als ob ...** it looks as if ...

Däne *m;* **Dänin** *f* Dane

daneben *adv* [1] (*räumlich*) beside it; ◇ **es steht -** it is next to it; ◇ **wir wohnen gleich -** we live practically next door [2] ↑ *außerdem* ◇ **- besitzt er e-e Yacht** apart from that he's got a yacht [3] ↑ *im Vergleich dazu* in comparison; ◇ **- sieht er blöd aus** he looks a fool by comparison; **danebenbenehmen** *unreg vr* ◇ **sich -** misbehave; **danebengehen** *unreg vi* ← *Schuß* go wide, miss; ← *Vorhaben* go awry, go wrong; **danebenhalten** *unreg vt* (*zum Vergleich*) ◇ **kannst du das Kleid mal -?** can you just hold the dress up to it?

Dänemark *s* Denmark; **dänisch** *adj* Danish

dank *präp gen o dat* thanks to; ◇ **- der Russen ...** thanks to the Russians ...; **Dank** *m* <-[e]s> [1] thanks *pl;* ◇ **vielen [herzlichen] -!** [many] thanks!; ◇ **jd-m - sagen** thank s.b. [2] (*Dankbarkeit*) gratitude; ◇ **jd-m zu - verpflichtet sein** to owe a debt of gratitude to s.b. [3] (*Belohnung, Lohn*) reward; **dankbar** *adj* [1] ↑ *von Dank erfüllt* grateful [2] ▷ *Pflanze, Stoff* ↑ *strapazierfähig* durable [3] ▷ *Publikum* ↑ *aufnahmebereit* obliging [4] ▷ *Rolle, Aufgabe* ↑ *lohnend* rewarding; **Dankbarkeit** *f* gratitude; **danke** *intj* thank you, thanks, much obliged; **danken** *vi* [1] ◇ **wir - Ihnen sehr/vielmals** we thank you very much, many thanks; ◇ **jd-m -** to thank s.b.; ◇ **Betrag -d erhalten** received with thanks [2] ↑ *vergelten* ◇ **wie soll ich ihm das bloß -?** how can I ever repay him?; **dankenswert** *adj* ▷ *Aufgabe* worthwhile, rewarding; ▷ *Rolle, Leistung* commendable, praiseworthy; **Danksagung** *f* (*in Todesanzeige*) note of thanks

dann *adv* [1] (*zeitlich*) then, at that time; (*danach*) then, thereupon, subsequently; ◇ **nimm erst die Bahn und - den Bus** take the train first and then the bus; (*bis dahin*) by then [2] (*außerdem*) besides, moreover; ◇ **- gibt es da noch Viren** and then of course there are viruses

daran *adv* [1] (*an Gegenstand*) at/on it; ◇ **das Schloß - ist kaputt** the lock on it is broken; ◇ **das Gute - ist, ...** the good thing about it is ... [2] (*kausal, an etw*) ◇ **es liegt -, daß ...** the reason for it is that ... [3] (*danach*) ◇ **im Anschluß - werden wir ...** after that we will ... [4] (*auf größeren Zusammenhang verweisend*) ◇ **sie glaubt -** she believes in it; ◇ **er ist - zugrunde gegangen** he died from [*o.* of] it; ◇ **- kann man nichts ändern** you can't do anything about it [5] ↑ *unmittelbar davor* ◇ **ich war nahe - aufzugeben** I was about to give up; **daranmachen** *vr* ◇ **sich -, etw zu tun** to get down to doing s.th.; **daransetzen** *vt* stake; ◇ **sie hat alles darangesetzt, um ihn loszuwerden** she did everything she could to get rid of him

darauf *adv* [1] (*auf etw*) on it; (*in Richtung auf etw*) towards it; ◇ **schnurstracks - zugehen** to make a beeline for it [2] (*zeitlich, im Anschluß an*) afterwards; ◇ **kurz/bald -** shortly/soon afterwards; ◇ **am Morgen -** the next day; ◇ **ein paar Wochen -** a few weeks later/thereafter [3] *FAM* ◇ **- kannst du Gift nehmen** you can be dead sure of it; ◇ **trinken wir -, daß ...** let's drink to ...; ◇ **es kommt ganz - an, ob ...** it all depends on whether ...; **drauflegen** *vt* put on [top of]; **darauffolgend** *adj* ▷ *Woche* following, subsequent; **daraufhin** *adv* [1] ↑ *in bezug auf* in this respect; ◇ **etw - testen, ob es ...** to test s.th. in order to see if ... [2] ↑ *hierauf, deshalb* as a result; ◇ **- ging er nach Hause** after that he went home

daraus *adv* [1] ▷ *entnehmen* from it [2] (*aus Material*) out of it; ◇ **ich mache e-n Pullover -** I'm making a pullover out of it [3] (*aus Tatsache*) from it, of it; ◇ **welche Schlüsse ziehen Sie -?** what conclusions do you draw from it?; ◇ **- geht hervor, daß ...** this means that ...; ◇ **was ist - geworden?** what became of it?

darbieten *vt* [1] ↑ *anbieten* offer, present [2] ↑

aufführen perform; **Darbietung** *f* [1] ↑ *Anbieten* presentation [2] ↑ *Aufführung* performance
darin *adv* (*in bestimmter Sache*) in it, therein
darlegen *vt* → *Sachverhalt* explain, put forward; → *Gründe* state
Darlehen *s* <-s, -> ↑ *Kredit[summe]* loan; (*Hypotheken-*) mortgage
Darm *m* <-[e]s, Därme> [1] ANAT bowels *pl*, intestine; *FAM* guts *pl* [2] (*Kunst-, Wurst-*) skin
darstellen I. *vt* [1] ▷*bildlich* represent, depict [2] (*auf Bühne*) act, interpret, play [3] → *Sachverhalt* present; ◇ **das Angebot stellt e-e große Herausforderung dar** ↑ *bedeuten* the offer constitutes a great challenge **II.** *vr* ◇ **sich** - ↑ *sich präsentieren* present o.s., appear; ↑ *sich herausstellen* ◇ **sich als schwierig** - seem to be difficult; **Darsteller(in** *f*) *m* <-s, -> actor/actress; **Darstellung** *f* [1] ↑ *Abbildung* portrayal, depiction [2] (*von Sachverhalt*) presentation [3] (*auf Bühne*) performance
darüber *adv* [1] (*örtlich*) ▷*befindlich* (*sein, stellen*) over/above it; ▷*hinweg* over it [2] ▷*nachdenken, sprechen* about it; ◇ **seine Meinung - war klar** his thoughts about it [*o.* on it] were clear [3] (*mehr als*) more; ◇ **zwei Kilo und** - two kilos and over; ◇ - **hinaus** furthermore
darum I. *adv* [1] (*räumlich*) round it; ◇ - **herum** round and about it [2] ◇ **kümmern Sie sich bitte** - (*um diese Sache*) please take care of this matter; ◇ **es geht uns -, daß ...** (*um folgende Sache*) what is important to us is this ... **II.** *cj* ↑ *deswegen* therefore, that's why; ◇ **wir haben Schulden, - müssen wir sparen** we are in debt, that's why we must economize
darunter *adv* [1] (*örtlich*) ▷*befindlich* under it; ◇ **die Wohnung** - ↑ *unterhalb* the flat below; ◇ **die Münzen lagen oben und die Scheine** - the coins were on top and the banknotes were underneath [2] (*unter e-r Menge*) among them [3] (*weniger*) less; ◇ **die Preise liegen bei DM 11 und** - the prices are DM 11 or less [4] (*unter dieser Sache*) by that; ◇ - **stelle ich mir folgendes vor** I take that to mean the following
das I. *Artikel* (*bestimmt*) the **II.** *pron* (*dies[es], jenes*) that; ◇ - **weiß jeder** everybody knows that; ◇ - **ist meine Freundin** that's my girlfriend; ◇ **auch - noch** and that on top of it; ◇ - **heißt** that's called, this/that means; ◇ - **ist** that is; ◇ **ich gebe dir das Geld, - ich geliehen habe** I am giving you the money (that) I borrowed
dasein *unreg vi* [1] (*an e-m Ort*) be there; ◇ **war jemand da?** was anybody there?; ◇ **es ist niemand da** there is nobody there [2] ↑ *verfügbar sein* be available; ◇ **es sind keine Löffel mehr da** there aren't any more spoons [3] ◇ **von den Großeltern ist niemand mehr da** *FAM* there are no surviving grandparents [4] ◇ **er ist noch nicht ganz da** *FAM* he is not all there yet; **Dasein** *s* <-s> ↑ *Leben* life, existence; ◇ **ins - treten** to come into being; **Daseinsberechtigung** *f* (*Begründung*) raison d'être
dasjenige *pron s.* **derjenige**
daß *cj* that
dasselbe *pron s.* **derselbe** the same
dastehen *unreg vi* [1] (*an e-m Ort stehen*) stand there; ◇ **aufrecht** - stand there straight [*o.* to attention] [2] (*sich in e-r bestimmten Lage/Verfassung befinden*) ◇ **ohne Mittel** - to be penniless; ◇ **allein** - to stand alone [3] ◇ **wie stehe ich denn da, wenn ich sie nicht erreichen kann?** so what'll I do if I can't reach her?
Datei *f* PC file; **Dateiname** *m* PC file name
Daten *pl* (*allgemeine Informationen*) data *sg o. pl*, information; (*technische -*) specifications *pl;* (*Personalangaben*) particulars, details *pl;* PC data *sg o. pl;* **Datenaustausch** *m* data exchange; **Datenbank** *f* data bank; **Datenbestand** *m* database; **Dateneingabe** *f* data input; (*am PC*) keyboarding; **Datenerfassung** *f* data collection, data acquisition; **Datenfernübertragung** *f* data transmission; **Datenmißbrauch** *m* data abuse; **Datennetz** *s* data network; **Datenschutz** *m* data protection; **Datenschutzbeauftragte(r)** *fm government-appointed official for data protection;* **Datenträger** *m* data carrier; **Datenverarbeitung** *f* data processing; **Datenzentrum** *s* data centre; **Datenzugriff** *m* data access
datieren I. *vt* [1] → *Brief* date (*aus dat* from/back to) [2] → *Funde, Wandmalerei* be dated **II.** *vi* ↑ *stammen, bestehen* date from
Dativ *m* <-s> GRAM dative
Dattel *f* <-, -n> date; **Dattelpalme** *f* date palm
Datum *s* <-s, Daten> date; ◇ **das heutige** - today's date
Dauer *f* <-> [1] ↑ *Andauern* duration; ◇ **das Vergnügen war von kurzer** - the pleasure did not last very long [2] (*gewisse Zeitspanne*) length; ◇ **für die - e-s Monats** for a period of a month; ◇ **auf die - ist das zuviel** in the long term it's too much; **Dauerauftrag** *m* FIN standing order; **dauerhaft** *adj* ↑ *beständig* lasting, durable; **Dauerkarte** *f* season ticket; **Dauergeschwindigkeit** *f* constant speed; **Dauerlauf** *m* jog, run; **dauern** *vi* ← *Gespräch, Verhandlungen* ↑ *andauern* go on, last, continue; ← *Krankheit* ↑ *weiterbestehen* last; ◇ **die Behandlung dauert e-e Stunde** ↑ *benötigen* the treatment

D

takes one hour; ◇ **tut mir leid, das dauert mir zu lange** sorry, that's [*o.* that takes] too long for me; ◇ **das dauert aber!** *FAM* that's taking forever!; ◇ **wie lange dauert es denn noch?** how much longer is it going to take?; **dauernd** *adj* [1] ↑ *ständig* constant [2] ◇ **er stört mich** ~ ↑ *immer wieder, häufig* he keeps bothering me; **Dauerregen** *m* steady rain; **Dauerwelle** *f* perm[anent wave]; **Dauerzustand** *m* permanent state; ◇ **Angst ist bei ihr ein** ~ she is perpetual in a state of fear

Daumen *m* <-s, -> thumb; *FIG* ◇ **jd-m die ~ drücken/halten** to keep one's fingers crossed for s.b.; ◇ **über den ~ gepeilt, macht es ...** (*grob gerechnet*) this comes out to roughly; ◇ **Pi mal ~** (*FAM ungefähr*) roughly; **Daumenindex** *m* (*von Buch*) thumb index; **Daumenlutscher(in** *f*) *m* thumb-sucker; **Daumenregister** *s* (*von Buch*) thumb index; **Däumling** *m* Tom Thumb

Daune *f* <-, -n> down; **Daunenbett** *s*, **Daunendecke** *f* down duvet, feather bed/quilt

davon *adv* [1] (*von e-r Sache*) of it; ◇ ~ **habe ich genug** I've had enough of this; ◇ **das hängt ~ ab ...** that all depends on whether ...; ◇ **was habe ich ~?** what do I get out of it all?; ◇ **genug ~!** enough of that!; ◇ **das kommt ~!** that's what you get; ◇ ~ **abgesehen** apart from that [2] (*räumlich*) ◇ **2 km ~ (entfernt)** 2 km from there [3] ↑ *dadurch* because of it; ◇ **schrei' nicht so, ~ bekomme ich Kopfweh** don't yell like that, it gives me a headache [4] ◇ ~ **sprechen/wissen** ↑ *darüber* talk/know of [*o.* about] it; ◇ **was wissen Sie ~?** what do you know about it?; **davonkommen** *unreg vi* to get away, escape; ◇ **mit e-r Geldstrafe** ~ to get off with a fine; **davonlaufen** *unreg vi* run away; **davontragen** *unreg vt* → *Möbel* carry off; → *Verletzung* receive, suffer; → *Schaden* suffer

davor *adv* [1] (*räumlich*) in front of it; ◇ **das Haus steht** ~ the house is in front of it [2] (*zeitlich, vor bestimmten Zeitpunkt*) beforehand; ↑ *früher* ◇ **wir treffen uns 15 Minuten** ~ we'll meet 15 minutes before that [3] ◇ **wir müssen sie ~ warnen** (*vor etw*) we must warn them about it; ◇ **er hat Angst** ~ he's afraid of it

dazu *adv* [1] (*daneben, räumlich*) ◇ **er stellte sein Fahrrad** ~ he put his bike with the rest; ◇ **was darf ich ihnen ~ reichen?** (*als Ergänzung*) what can I offer you besides [*o.* with it]?; ◇ **er machte ~ e-e böse Bemerkung** he added a nasty remark; ◇ **was gibt es ~?** ↑ *hierzu* what else are we having? [2] ↑ *im Hinblick darauf* regarding it; ◇ **seine Äußerungen ~ waren karg** his commentary on it was meagre; ◇ ~ **haben wir keine Lust** we are not in the mood for it; ◇ ~ **fähig sein** be capable of it [3] ↑ *zu diesem Zweck* to this end [4] ↑ *außerdem* besides; ◇ **und noch ~ ein Brot** and (a loaf of) bread as well; **dazubringen** *vt* make, cause, persuade; **dazugehören** *vi* ↑ *inbegriffen sein* belong to it; ← *Person* to be one of the party; ← *Schraube* to be one of the set, to match; **dazukommen** *unreg vi* [1] (*zu e-r Person/Gruppe*) join [2] ← *Gegenstände* be added; ◇ **kommt noch was dazu?** is there anything else you want (to add/to order)? [3] ◇ **es kommt noch dazu, daß ...** things will add up in such a way that ..., we will get to the point that ...

dazwischen *adv* in between; (*unter e-r Gruppe*) amongst [them]; **dazwischenkommen** *unreg vi* (*störend eintreten*) get in the way; ◇ **tut uns leid, aber uns ist etw dazwischengekommen** we are afraid, but s.th. has come up; **dazwischenliegend** *adj* intermediate; **dazwischenreden** *vi* (*das Wort abschneiden*) interrupt (*jd-m* s.b)

DDR *f* <-> *Abk. v.* **Deutsche Demokratische Republik** GDR *East Germany;* ◇ **die ehemalige** ~ the former GDR, the former East Germany

Deal *m* <-s, -s> *FAM* ↑ *Geschäft* deal; **dealen** *vi* *FAM* ↑ *mit Drogen handeln* push drugs; **Dealer(in** *f*) *m* <-s, -> ↑ *Drogenhändler* drug pusher/dealer; (*im großen Stil*) drug trafficker

Debatte *f* <-, -n> (*Parlaments-*) debate; **debattieren** *vt* debate; (*ohne Entscheidungszwang*) discuss

Debüt *s* <-s, -s> ↑ *Einstand* debut

Deck *s* <-[e]s, -s *o.* -e> [1] (*von Schiff*) deck; ◇ **an ~ gehen** go on deck [2] (*Park-*) car deck

Decke *f* <-, -n> [1] (*Zimmer-*) ceiling [2] (*Bett-, allgemein*) cover; (*Woll-*) woollen blanket; (*Stepp-*) eiderdown; (*Tages-*) counterpane; (*Tisch-*) tablecloth; ◇ **mit jd-m unter e-r ~ stekken** (*FIG gemeinsame Sache machen*) be in cahoots with s.b. [3] (*Wolken-*) pall; (*Straßen-*) road surface, blacktop *AM*; (*Schnee-*) blanket

Deckel *m* <-s, -> [1] (*von Gefäß*) cover, lid, cap, top; (*Klavier-*) top, lid; (*Koffer-*) lid; (*Abort-*) cover; (*Buch-*) cover; ◇ **eins auf den ~ kriegen** (*FAM FIG ausgeschimpft werden*) to get a dressing down [2] (*Bier-*) mat; (*Papp-*) [card]board

decken I. *vt* [1] → *Tisch* lay, set; → *Dach* cover [2] → *Verbrechen, Komplizen* ↑ *schützen* cover for [3] SPORT → *Gegenspieler* mark, cover [4] → *Stute* mate, put to stud [5] → *Scheck, Schulden* cover; → *Bedarf* supply, meet; → *Schaden* make good; → *Kosten* meet, defray **II.** *vr* ◇ **sich** ~ [1] ← *Dreiecke* coincide [2] ← *Boxer* guard **III.** *vi* ← *Farbe* cover well

Deckenleuchte *f* ceiling light

Deckmantel *m* ◇ **unter dem ~ der/von** (*FIG vorgegeben*) under the cloak of; **Deckname** *m* (*von Spion*) assumed name

Deckung *f* ① (*Schutz*) cover, shelter; ◇ **in ~ gehen** to take cover ② (*Schutzmauer*) screen wall ③ SPORT defence; (*beim Boxen*) guard ④ ↑ *Übereinstimmung* (*von Aussagen*) agreement; coincidence ⑤ ◇ **für diesen Scheck ist e-e ~ vorhanden** FIN this cheque is covered; **deckungsgleich** *adj* MATH congruent

Decoder *m* <-s, -> TECHNOL TELEC decoder; **decodieren** *vt* ↑ *umwandeln* decode

defekt *adj* ▷*Gerät* defective, faulty; **Defekt** *m* <-[e]s, -e> fault, defect

defensiv *adj* defensive; ◇ **sich ~ verhalten** to be on the defensive

definieren *vt* define; **Definition** *f* definition

definitiv *adj* ① ▷*Angebot* final, definitive ② ▷*Zusage* positive, definite

Defizit *s* <-s, -e> ▷*finanziell* deficit; (*an Schlaf*) deficiency

deftig *adj* ① → *Essen* ↑ *kalorienreich* solid, substantial ② → *Witz* ↑ *derb* coarse ③ → *Geruch, Duft* ↑ *heftig* pungent

Degen *m* <-s, -> sword; SPORT épée

dehnbar *adj* ▷*Material* elastic, stretchable; ◇ **Freiheit ist ein ~er Begriff** freedom can be interpreted in many different ways; **dehnen** *vt* → *Gummi* stretch; → *Vokal, Wort* lengthen; → *Note* sustain; → *Muskeln, Glieder* stretch, extend; **Dehnung** *f* extension, elongation; (*des Brustkorbes*) expansion

Deich *m* <-[e]s, -e> dyke, dike; (*a.:* **Damm**)

Deichsel *f* <-, -n> (*von Anhänger*) shaft, pole; **deichseln** *vt* → *Sache* engineer, wangle; ◇ **ich werde das ~** (*FAM bewerkstelligen*) I'll take care of it [*o.* arange it]

dein(e) *pron poss* (*adjektivisch*) your; ◇ **D~** (*im Brief*) your; ◇ **herzliche Grüße, D~e Monika** with best wishes, yours [*o.* love] Monika

deine(r, s) *pron poss* (*substantivisch*) yours; ◇ **die D~en** your family; **deiner** *pron pers gen von* **du** of you; **deinerseits** *adv* on your part; **deinesgleichen** *pron* such as you; **deinetwegen**, **deinetwillen** *adv* (*wegen dir*) because of you, on your account; (*um … willen*) for your sake

Dekan *m* <-s, -e> dean

Deklination *f* ① SPRACHW declension ② ASTROL declination; **Deklinationsendung** *f* declension ending; **deklinierbar** *adj* declinable; **deklinieren** *vt* decline

dekodieren *vt* → *Nachricht* decode

Dekolleté *s* <-s, -s> low neckline

Dekorateur(in *f*) *m* decorator; (*Schaufenster~*) window dresser; (*Theater~*) scene painter; **Dekoration** *f* ↑ *[festliche] Gestaltung* decoration; ↑ *Auslage* window dressing; **dekorieren** *vt* ↑ *schmücken* decorate; ↑ *Schaufenster* dress

Delegation *f* delegation

delegieren *vt* ① → *Vertreter* ↑ *in Kommission schicken* delegate ② → *Arbeit* ↑ *übertragen* delegate

Delegierte(r) *fm* ↑ *Vertreter* delegate, representative

delikat *adj* ① ▷*Essen, Wein etc.* delicious, exquisite ② ↑ *heikel* delicate, sensitive; ◇ **die Angelegenheit ist äußerst ~** it's an extremely delicate matter; **Delikatesse** *f* <-, -n> ↑ *Leckerbissen* delicacy; **Delikatessengeschäft** *s* delicatessen [shop]; *FAM* deli

Delikt *s* <-[e]s, -e> JURA ↑ *Vergehen* punishable act, criminal offence

Delle *f* <-, -en> *FAM* ↑ *Beule* dent

Delphin *m* <-s, -e> dolphin; **Delphinschwimmen** *s* butterfly

Delta *s* <-s, -s> (*Flußmündung*) delta

dem *Artikel dat von* **der, das**

Demagoge *m* <-n, -n> **Demagogin** *f* (*Volksverführer*) demagogue

dementieren *vt* → *Nachricht* deny, disclaim

dementsprechend, **demgemäß I.** *adv* consequently, accordingly **II.** *adj* as expected, corresponding; **demgegenüber** *adv* in contrast, as opposed to this

demnach *adv* consequently

demnächst *adv* ↑ *in nächster Zeit* shortly, before long

Demo *f* <-, -s> *FAM* ↑ *Demonstration* demo

Demokrat(in *f*) *m* <-en, -en> democrat; **Demokratie** *f* democracy; **demokratisch** *adj* democratic; **demokratisieren** *vt* democratize; **Demokratisierung** *f* democratization

demolieren *vt* (*mutwillig zerstören*) demolish, wreck

Demonstrant(in *f*) *m* demonstrator; **Demonstration** *f* ① ↑ *Vorführung* demonstration, presentation ② ↑ *[Massen-]Kundgebung* demonstration; **Demonstrationszug** *m* protest march; **demonstrativ** *adj* ↑ *anschaulich* demonstrative; ▷*Rücktritt* pointed; **demonstrieren I.** *vt* → *seine Vorstellungen* demonstrate, present **II.** *vi* POL demonstrate, hold a demonstration

Demoskopie *f* ↑ *Meinungsforschung* public opinion research

Demut *f* <-> ↑ *Hingebung* humility; **demütig**

adj ① (*voller Hingabe*) supplicating, humble ② (*unterwürfig*) submissive; **demütigen** *vt* ↑ *erniedrigen* humiliate, humble; ▷*stärker* mortify

demzufolge *adv s.* **demnach**

den *art akk von* **der**; *dat von* **die** (*pl*)

denen *pron dat von* **die** (*pl*)

denkbar *adj* ① ↑ *möglich* conceivable, thinkable; ◇ **es ist ~, daß er morgen geht** it is quite possible that he will go tomorrow ② ↑ *äußerst* very; ◇ **heute ist es ~ ungünstig** today it's extremely unsuitable; **denken** <dachte, gedacht> *vt, vi* think, suppose; ↑ *überlegen* consider, bear in mind; ◇ **ich denke, ich werde ihn verklagen** ↑ *beabsichtigen* I think I'm going to sue him; ◇ **ohne dabei etw zu ~** without realizing the implications; **Denken** *s* <-s> ① ↑ *das Denken* act of thinking ② ↑ *Denkweise* way of thinking; ◇ **logisches D~** logical of reasoning; **Denker(in** *f*) *m* <-s, -> thinker; **denkfaul** *adj* lazy; **Denkfehler** *m* logical error; **Denkmal** *s* <-s, Denkmäler> monument; **Denkmal[s]schutz** *m* architectural preservation; ◇ **unter ~** to be under a preservation order *BRIT*; **Denkweise** *f* ① (*Denkart*) way of thinking ② ↑ *Mentalität* mental attitude; **denkwürdig** *adj* memorable; **Denkzettel** *m* warning; ◇ **jd-m e-n ~ verpassen** (*FIG deutlich warnen*) to give s.b. s.th. to think about

denn I. *cj* (*leitet Begründung ein*) because, for; ◇ **wir gingen, ~ es kam niemand** we left because nobody came; ◇ **es sei ~, es kommt jemand** (*außer, wenn …*) unless s.b. comes **II.** *adv* ◇ **was soll das ~?** what's all this then?; ◇ **was ist ~ los?** what's the matter with you?; ◇ **kannst du ~ nicht aufpassen?** why can't you pay attention?; ◇ **wo ~ sonst?** where on earth else?; ◇ **mehr ~ je** more than ever

dennoch *cj* nevertheless

denunzieren *vt* ① ↑ *verleumden, zutragen* to inform on s.b. ② ↑ *brandmarken* brand; **Denunziant(in** *f*) *m* informer

Deo *s* <-s, -s> *Abk. v.* **Deodorant** deodorant; **Deodorant** *s* <-s, -s> deodorant; **Deoroller** *m* roll-on deodorant; **Deospray** *s* deodorant spray

deponieren *vt* → *Schmuck, Aktien* deposit; **Depot** *s* <-s, -s> ① (*Lager*) warehouse ② (FIN *Wertpapier~*) strongroom ③ (*a.* MIL *Straßenbahn~, Bus~*) depot

Depression *f* ① MED depression; ◇ **an/unter ~en leiden** to suffer from depression ② FIN depression, slump; **deprimieren** *vt* depress

Deputierte(r) *fm* ↑ *Abgeordnete(r)* delegate, representative

der I. *Artikel* the **II.** *pron* ① (*demonstrativ*) ↑ *derjenige, dieser* this one; ◇ **das ist ~, der dich kennt** that's the one you know ② (*relativ*) which, that; (*jemand*) who

derart *adv* so, such; ↑ *so* ◇ **ich bin ~ naß, daß …** I am so wet …; ◇ **e-e ~ hübsche Frau** such a pretty woman; **derartig** *adj* such, this sort of; ◇ **~e Frechheiten** this sort of cheek

derb *adj* ▷*Mann* ↑ *urwüchsig* coarse; → *Witz* ↑ *deftig* coarse, off-calour

dergestalt *adv* ◇ **~, daß …** ↑ *so* in such a way that …; **dergleichen** *adj* ◇ **~ gibt es nicht** (*ähnliches*) there is no such thing

Derivat *s* <-[e]s, e> CHEM, SPRACHW derivative

derjenige *pron* ① (*demonstrativ, verstärkend*) he; she; it ② (*relativ, welche(r,s)*) the one [who]; that [which]; **dermaßen** *adv* to such an extent, so; ◇ **er war ~ eingeengt, daß …** he was so restricted that …; **derselbe** *pron* (*dieser und kein anderer*) the same; **derzeit** *adv* at the moment, at present; **derzeitig** *adj* present

des *art gen von* **der, das**

Desaster *s* <-s, -> disaster

desertieren *vi* desert

deshalb *adv* (*deswegen*) therefore, that's why

Design *s* <-s, -s> [fashion] design

Desinfektion *f* disinfection; **Desinfektionsmittel** *s* disinfectant; **desinfizieren** *vt* disinfect

Desinteresse *s* apathy, indifference

Despot *m* <-en, -en> despot

dessen *pron gen von* **der, das**

dessenungeachtet *adv* nevertheless

Dessert *s* <-s, -s> GASTRON dessert

Destillat *s* CHEM distillate; **Destillation** *f* CHEM distillation; **destillieren** *vt* distil *BRIT*, distill *AM*

desto *adv* ↑ *um so* all the, so much the; ◇ **~ besser** all the better; ◇ **je größer, ~ besser** the bigger the better; ◇ **~ mehr du erwartest, ~ weniger kommen** the more you expect, the fewer will come

destruktiv *adj* destructive

deswegen *cj* (*deshalb*) therefore, hence

Detail *s* <-s, -s> detail; **detailliert** *adj* detailed

Detektiv(in *f*) *m* detective; **Detektivroman** *m* detective novel

Detektor *m* TECHNOL detector

Determinante *f* <-, -n> determinant

deuten I. *vt* → *Begriff, Traum* interpret; ↑ *erklären* explain **II.** *vi* ↑ *zeigen* point (*auf akk* to o at); ◇ **alles deutet darauf hin, daß …** everything points to the conclusion that …; **deutlich** *adj* ① ↑ *klar* clear ② ↑ *verständlich* transparent, understandable; ◇ **jd-m etw ~ machen** to make s.th. crystal clear to s.b. ③ ▷*Hinweis, Wink* explicit;

▷*Unterschied* unambiguous; **Deutlichkeit** *f* clarity, distinctness

deutsch *adj* German; ◇ ~ **reden/sprechen** speak German; ◇ **~er Schäferhund** Alsatian *BRIT*, German shepherd *AM*; ◇ **zu** ~ to express it in German; ◇ **etw in D~ abfassen** to write s.th. in German; ◇ **D-e Mark** German mark, deutschmark; **Deutsch** *s* ① (*die deutsche Sprache*) German; ◇ ~ **lernen** learn German; ◇ **ins ~e übersetzen** to translate into German; ◇ **sie spricht gebrochen** ~ she speaks broken German ② ◇ ~ **unterrichten** (*Unterrichtsfach*) to teach German; **Deutsche(r)** *fm* German; ◇ **die ~n** *pl* the Germans *pl;* **deutschfeindlich** *adj* anti-German, Germanophobic; **deutschfreundlich** *adj* Germanophile, pro-German; **Deutschland** *s* Germany; **Deutschlehrer(in** *f*) *m* German teacher; **deutschsprachig** *adj* ▷*Buch* German language; ▷*Bevölkerung* German; ◇ **die ~e Schweiz** the German-speaking part of Switzerland; **Deutschsprachige(r)** *fm* speaker of German, German speaker

Deutung *f* (*von Träumen*) interpretation; ↑ *Erklärung* explanation

Devise *f* <-, -n> ① ↑ *Wahlspruch, Motto* motto ② ◇ **~n** *pl* FIN foreign currency/exchange; **Devisengeschäft** *s* currency dealing

devot *adj* (*gehoben*) servile, fawning

Dezember *m* <-[s], -> December; *s. a.* **April**

dezent *adj* discreet; → *Kleid* ↑ *unauffällig* unobtrusive; → *Musik* ↑ *leise* soft

Dezentralisierung *f* POL COMM decentralization, devolution

dezimal *adj* decimal; **Dezimalstelle** *f* decimal point; **Dezimalsystem** *s* decimal system; **Dezimalwaage** *f* decimal balance; **Dezimeter** *m [o. s]* decimetre

Dia *s* <-s, -s> *Abk. v.* FOTO **Diapositiv, Diabild;** slide

Diabetes *m* <-> MED diabetes; **Diabetiker** *m* <-s, -> MED diabetic

Diafilm *m* slide film

Diagnose *f* <-, -n> diagnosis

diagonal *adj* diagonal; **Diagonale** *f* <-, -n> diagonal

Diagramm *s* <-s, -e> diagram, chart

Diakonisse *f* <-, -n> deaconess

Dialekt *m* <-[e]s, -e> dialect, vernacular

Dialog *m* <-[e]s, -e> dialogue, dialog *AM*

Dialyse *f* <-, -n> MED dialysis

Diamant *m* <-en, -en> diamond

Diapositiv *s s.* **Dia Diaprojektor** *m* slide projector

Diät *f* <-, -en> diet; ◇ **e-e ~ machen** to be on a diet; ◇ ~ **leben** to live on a diet

Diäten *pl* (POL *Abgeordnetengehalt*) allowance

diatonisch *adj* MUS diatonic

dich I. *pron pers akk von* **du** you; ◇ **ich sehe ~ morgen** I'll see you tomorrow **II.** *pron reflexiv* yourself ◇ **beeil' ~!** hurry up!

dicht I. *adj* ① ↑ *dicht[stehend]* (*Bäume*) dense; (*Pflanzen*) close-set; (*Tiere*) crowded, massed; ▷*Nebel* thick ② ▷*Stiefel* ↑ *undurchlässig* [water-]tight, waterproof ③ *FAM* ↑ *vollkommen betrunken* pissed as a newt **II.** *adv* ◇ ~ **an/bei** close to; **dichtbesiedelt** *adj* ▷*Gebiet* congested; **dichtbevölkert** *adj* densely [*o.* heavily] populated; **Dichte** *f* <-, -n> ① (*der Vegetation*) density, closeness; (*des Nebels*) thickness; (*des Verkehrs*) density, heaviness ② (PHYS *Maßeinheit*) specific gravity

dichten I. *vt* → *Verse* compose, write **II.** *vi* ◇ **das Material dichtet hervorragend** ↑ *abdichten* the material makes a perfect seal; **Dichter(in** *f*) *m* <-s, -> ↑ *Schriftsteller* writer; (*von Lyrik*) poet; **dichterisch** *adj* poetic(al)

dichthalten *unreg vi* (*FAM nicht weitererzählen*) keep one's mouth shut

Dichtkunst *f* [art of] poetry

Dichtung [1] *f* literature; (*Werke e-r Epoche*) literature; (*lyrische, epische ~*) literary (poetic) genre; ↑ *Dichtkunst* art of poetry

Dichtung [2] *f* (TECHNOL *Gummi-*) washer; (*Zylinderkopf-*) gasket

dick *adj* ① (*Ggs. zu dünn*) thick; ▷*Mensch* corpulent, obase, fat; ▷*Bauch* paunchy; ▷*Buch* voluminous ② (*Konsistenz von Salbe, Farbe*) semiliquid ③ ◇ **man muß die Farbe ~ auftragen** the paint must be applied generously; ◇ ~ **auftragen** *FAM* ↑ *übertreiben* to lay it on thick; ◇ **etw ~ haben** *FIG* ↑ *satt, genug* to have had enough of something; ◇ **durch ~ und dünn** through thick and thin ④ (*eng*) ◇ **~e Freunde** bosom buddies; **dickleibig** *adj* fleshy, corpulent; **Dicke** *f* <-, -n> (*bei Abmessungen*) thickness; (*e-s Menschen*) obesity, corpulence, fatness; **dickflüssig** *adj* viscous

Dickicht *s* <-s, -e> ① (*Unterholz, Gestrüpp*) undergrowth, thicket ② (*Paragraphen-, FIG verwirrende Vielzahl*) tangle, labyrinth

Dickkopf *m* stubborn person

Didaktik *f* (*Lehre vom Unterrichten*) didactics *sg*

die I. *Artikel* (*bestimmt*) the **II.** *pron* ① (*demonstrativ*) ↑ *diejenige, diese* this one; ◇ **das ist ~, von der ...** that's the one of whom ...; ◇ **~, die kenne ich ja alle** oh them, I know them all ② (*relativ, bei Sachen*) that, which; ◇ **dies war ~ erste Sache, ~ ich ...** this was the first thing [which] I …; (*relativ, bei Personen*) who; ◇ **sie war ~ Person, ~ …** she was the person who …

Dieb(in *f*) *m* <-[e]s, -e> thief; **Diebesbande** *f* gang of thieves; **Diebstahl** *m* <-[e]s, Diebstähle> theft

diejenige *pron s.* **derjenige**

Diele *f* <-, -n> ① (*Eingang*) hall, lobby; (*Eis-*) ice-cream parlour ② (*Maurer-*) ↑ *dickes Brett* board

dienen *vi* serve (*jd-m* s.b.); ◇ **der Lappen dient ihm als …** he uses the cloth to …; ◇ **womit kann ich ~?** what can I do for you?; **Diener(in** *f*) *m* <-s, -> ① servant ② ◇ **e-n ~ machen vor jd-m** *FIG* ↑ *sich verbeugen* to bow to s.b.; **Dienerschaft** *f* <-> servants *pl*

Dienst *m* <-[e]s, -e> ① (*das Dienen*) service; ◇ **der ~ am Kunden** (*Hilfeleistung*) the service provided to the client ② ◇ **~ haben** to be on duty; ◇ **der öffentliche ~** the civil service; ◇ **außer ~** ↑ *pensioniert* retired ③ ↑ *Gefälligkeit* good turn; ◇ **jd-m e-n ~ erweisen** to do s.o. a favour ④ ◇ **ein Schiff in ~ stellen** to commission a ship

Dienstag *m* Tuesday; **dienstags** *adv* on Tuesdays

dienstbereit *adj* ▷*Apotheke, Arzt* on duty; **Dienstbote** *m* domestic, servant; **Dienstgeheimnis** *s* professional secret; **Dienstgespräch** *s* business call; **Dienstgrad** *m* rank; **diensthabend** *adj* ▷*Arzt* on duty; **Dienstjahr** *s* year spent in public service; **Dienstleistung** *f* service [rendered]; **Dienstleistungsbereich** *m* service sector; **dienstlich** *adj* official; **Dienstmädchen** *s* domestic servant; **Dienstreise** *f* business trip; **Dienststelle** *f* (*Amtsstelle*) office; **Dienststunden** *pl* ↑ *Öffnungszeiten* office hours *pl;* **Dienstweg** *m* official channels *pl;* **Dienstzeit** *f* ① ↑ *Geschäftszeit* office hours *pl* ② (MIL *Wehr-*) period of service

dies *pron s.* **diese(r, s)**; **diesbezüglich** *adj* (*hierauf Bezug nehmend*) on this matter

diese(r, s) *pron demonstrativ* this; ◇ **nehmen Sie einfach -n** just take this one; ◇ **diese** *pl* these

Diesel I. *m* <-s> (*-kraftstoff*) diesel [oil] **II.** *m* <-s, -> (*-fahrzeug*) diesel

dieselbe *pron s.* **derselbe** the same

Dieselmotor *m* diesel engine; **Dieselöl** *s* diesel oil

diesig *adj* ▷*Wetter* hazy, misty

diesjährig *adj* this year's

diesmal *adv* this time; ◇ **~ werden wir nicht fahren** this time we will not be driving

diesseits *präp gen* on this side; ◇ **~ des Ärmelkanals** on this side of the channel; **Diesseits** *s* <-> ◇ **im ~** (*solange man lebt*) in the time that one has got

Dietrich *m* <-s, -e> picklock

Differential *s* <-s, -e> ① MATH differential ② AUTO differential [gear]; **Differentialrechnung** *f* MATH differential calculus

Differenz *f* ① (*Zahlen-*) difference ② ◇ **-en** *pl* ↑ *Meinungsverschiedenheiten* differences/divergencies of opinion; **differenzieren** *vt* ① ↑ *unterscheiden* make a distinction, differentiate; ◇ **die Meinungen sind sehr differenziert** the contrast between the opinions is well defined ② MATH differentiate

digital *adj* TECHNOL digital

Digitalanzeige *f* TECHNOL digital display; **Digitaluhr** *f* TECHNOL digital clock; (*am Arm*) digital watch

Diktat *s* ① (*im Büro, in Schule*) dictation ② ↑ *Vorgabe* dictate; ◇ **sich dem ~ der Mode beugen** to be a slave to the dictates of fashion

Diktator(in *f*) *m* dictator; **diktatorisch** *adj* dictatorial; **Diktatur** *f* dictatorship

diktieren *vt* ① → *Brief, Diktat* dictate ② ↑ *aufzwingen* dictate to, force; **Diktiergerät** *s* dictaphone

Dilemma *s* <-s, -s *o.* -ta> dilemma

dilettantisch *adj* ↑ *amateurhaft* amateurish

Dill *m* dill

Dimension *f* dimension, proportion

Diminutiv *s* diminutive

Ding *s* <-[e]s, -e> thing, object; ◇ **das ist ein ~ der Unmöglichkeit** (*undurchführbar*) that is an utterly mythical proposition; ◇ **vor allen ~** the most important thing is; ◇ **guter -e sein** to be in a good mood; ◇ **hier geht es nicht mit rechten -en zu** there's something (strange) going on here;

Dingsbums, Dingsda *s* <-> *FAM* thingummyjig

Dinner *s* dinner

Diode *f* <-, -n> ELECTR diode

Dioxin *s* <-s, -e> CHEM dioxin

Diözese *f* <-, -n> diocese

Diphtherie *f* MED diphtheria

Diphtong *m* diphtong

Diplom *s* <-[e]s, -e> (*-zeugnis*) diploma, certificate; (*akademischer Grad*) *basic university or college degree;* ◇ **--Biologe** ≈ [in Biology] Bachelor of Science, B.Sc.; (*Sprach-*) ≈ Bachelor of Art in Literature and Linguistics

Diplomat(in *f*) *m* <-en, -en> POL diplomat; **Diplomatengepäck** *s* diplomatic bags *pl;* **Diplomatenpaß** *m* diplomatic passport; **Diplomatie** *f* diplomacy; **diplomatisch** *adj* ① (*die*

Diplomatie betreffend) diplomatic ② (*geschickt behutsam*) diplomatic

Diplomingenieur(in *f*) *m engineer having a college or university degree*

dir I. *pron pers dat von* **du** you, to you; ◇ **wie geht es -?** how are you? **II.** *pron reflexiv* yourself; ◇ **hast du - gedacht, daß ...?** did you think that ...?

direkt *adj* direct, immediate; ▷ *Übertragung* live; ◇ **- sein** to be straightfoward

Direktion *f* board members, directorate, management; **Direktor(in** *f*) *m* director; (*von Schule*) headmaster *m*, headmistress *f*, principal *AM*; **Direktorium** *s* board members [governors], executive directors

Direktübertragung *f* live broadcast; **Direktzugriffsspeicher** *m* (PC *abgekürzt RAM*) random access memory, RAM

Dirigent(in *f*) *m* (*Kapellmeister*) conductor; **dirigieren** *vt* ① (MUS *Konzert, Chor*) conduct ② → *Unternehmen, Verkehr* ↑ *leiten* direct

Dirndl[kleid] *s* dirndl *regalia for women and girls in Bavaria and Austria*

Dirne *f* <-, -n> prostitute

Discount *m* <-s> **Discountladen** *m* discount store

disharmonisch *adj* dissonant, discordant

Disjunktion *f* MATH disjunction

Diskette *f* <-, -en> PC disk, diskette; **Diskettenformat** *s* [disk] format; **Diskettenlaufwerk** *s* disk drive

Diskjockey *m* <-s, -s> disc jockey

Disko *f* <-, -s> *Abk. v.* **Diskothek** disco

Diskont *m* <-s, -e> COMM discount; **Diskontsatz** *m* bank rate

Diskothek *f* <-, -en> disco[theque]

Diskrepanz *f* (*von Meinungen*) disparity; (*von Zeugenaussagen*) discrepancy

diskret *adj* discreet; **Diskretion** *f* discretion

Diskriminierung *f* discrimination

Diskus *m* <-, Disken> discus; **Diskuswerfer** *m* discus thrower

Diskussion *f* (*Gespräch*) discussion; (*heftige -*) debate; ◇ **das Thema steht nicht zur -** the subject is not under discussion; ◇ **sich in e-e - einlassen** to get involved in a discussion; **Diskussionsbeitrag** *m* contribution to a discussion; **diskutabel** *adj* debatable; **diskutieren** *vt, vi* discuss; (*heftig erörtern*) argue, wrangle; ◇ **ein Thema** [*o.* **über ein Thema**] **-** to discuss a subject

Display *s* <-s, -s> ① PC visual display unit; TECHNOL ↑ *Leuchtanzeige* indicator ② (*Dekorationsmaterial*) window dressing

disponieren *vi* ① (*verfügen*) dispose (*über akk* over) ② ↑ *einteilen, planen* plan ahead, make preliminary arrangements

disqualifizieren *vt* SPORT disqualify

Dissertation *f* ↑ *Doktorarbeit* dissertation, doctoral thesis

Dissonanz *f* dissonance

Distanz *f* distance; **distanzieren** *vr* ◇ **sich [von e-r Sache/jd-m] -** distance o.s. [from a matter/s.b.]

Distel *f* <-, -n> thistle

Disziplin *f* <-, -en> ① (*Einhalten von Verhaltensregeln*) discipline ② (*Fach-*) branch of learning, academic subject ③ SPORT ↑ *Teilbereich* discipline; ◇ **olympische -** Olympic sport

divers *adj* various

Dividende *f* <-, -n> dividend

dividieren *vt* ↑ *teilen* divide (*durch* by); ◇ **12 dividiert durch 4 [er]gibt 3** 12 divided by 4 is 3;

Division *f* ① MATH division ② MIL division; **Divisionszeichen** *s* (*im Rechnen*) division sign

Diwan *m* <-s, -s> (*ÖST für Sofa*) divan, sofa, couch

DM *Abk. v.* **Deutsche Mark** *deutschmark*

DNS *Abk. v.* **Desoxyribonukleinsäure** DNA

doch I. *adv* ① (*jedoch*) but ② (*dennoch*) after all ③ (*ohnehin*) anyway ④ ◇ **das ist nicht sehr schwer! - doch!** that's not very difficult! - oh yes, it is! **II.** *cj* but **III.** *Partikel* ◇ **paß - auf!** do be careful!; ◇ **nicht -!** certainly not!, don't!

Docht *m* <-[e]s, -e> wick

Dock *s* <-s, -s *o.* -e> dock

Dogge *f* <-, -n> mastiff; ◇ **Deutsche -** Great Dane; **Doggenzüchter** *m* mastiff breeder

Dogma *s* <-s, -men> dogma; **dogmatisch** *adj* dogmatic

Dohle *f* FAUNA jackdaw

Doktor(in *f*) *m* <-s, Doktoren> ① (*akademischer Grad*) doctor; *FAM* ◇ **den - machen** to pursue one's doctor's degree ② *FAM* ↑ *Arzt* ◇ **geh doch mal zum -!** go/see a/the doctor!; **Doktorand(in** *f*) *m* <-en, -en> candidate for a doctorate; **Doktorarbeit** *f* [doctoral] thesis, dissertation; **Doktortitel** *m* doctorate; **Doktorvater** *m* doctoral supervisor; **Doktorwürde** *f* doctorate

Dokument *s* document; **Dokumentarbericht** *m*, **Dokumentarfilm** *m* documentary [film]; **dokumentarisch** *adj* documentary; **dokumentieren** *vt* document

Dolch *m* <-[e]s, -e> dagger

Dollar *m* <-s, -s> dollar; ◇ **wie steht gegenwärtig der -?** what is the current exchange rate to the dollar?

dolmetschen *vt, vi* interpret; **Dolmetscher (in** *f*) *m* <-s, -> interpreter; (*Simultan-*) simultaneous interpreter; **Dolmetscherinstitut** *s* (*privat*) school of interpreting; (*an Universität*) interpreting and translating department

Dolomiten *pl* Dolomites *pl*

Dom *m* <-[e]s, -e> cathedral; ◇ **der Kölner** - Cologne cathedral; **Domherr** *m* canon

Dominante *f* <-, -n> (MUS *fünfte Stufe des Grundakkords*) dominant

dominieren I. *vt* ▷*Spiel, Gruppe* dominate **II.** *vi* ↑ *überwiegen* prevail (*über akk* over); ◇ **offene Hemden und Jeans dominierten** open shirts and jeans predominated

Domino[spiel] *s* dominoes

Dompfaff *m* <-s *o.* -en, -en> FAUNA ↑ *Gimpel* bullfinch

Dompteur *m* **Dompteuse** *f* (*Raubtier-*) [animal] trainer

Donau *f* Danube

Donner *m* <-s, -> thunder; **donnern** *vi* [1] thunder; ◇ **es donnert** it is thundering [2] ◇ **der Vater donnerte an die Tür** ↑ *heftig schlagen* the father hammered at the door; ◇ **der Hammer donnerte auf den Boden** ↑ *aufschlagen* the hammer slammed on the floor; **Donnerschlag** *m* thunderclap

Donnerstag *m* Thursday; ◇ **[am]** - on Thursday; **donnerstags** *adv* on Thursdays, on a Thursday

Donnerwetter *s* [1] *FAM* ↑ *Gewitter* thunderstorm [2] (*FIG heftiges Schimpfen*) big trouble [3] ◇ **-!** wow!; ◇ **zum -, laß das!** god damn it leave it be!

doof *adj* [1] *FAM* daft, stupid [2] *FAM* (*nichtssagend, langweilig*) ▷*Film* stupid, dopey; ◇ **diese -e Maschine!** *FAM* this stupid machine!

dopen *vt* → *Sportler* dope; **Doping** *s* <-s, -s> (*Aufputschmittel etc. verwenden*) doping; SPORT ◇ **jd-n des -s überführen** to catch s.b. using stimulants

Doppel *s* <-s, -> [1] (*von Urkunde*) duplicate [2] SPORT doubles *sg;* ◇ **gemischtes** - mixed doubles; **Doppelbelichtung** *f* FOTO double exposure; **Doppelbett** *s* double bed; **Doppeldecker** *m* AERO biplane; **Doppelehe** *f* bigamy; **Doppelfenster** *s* double glazing; **Doppelflinte** *f* double barrelled gun; **Doppelgänger(in** *f*) *m* <-s, -> *s.* **Double** double; (*bes. in Literatur*) Doppelgänger; **doppelgleisig** *adj* [1] ▷*Schienenweg* double-tracked, two-track [2] ◇ - **verfahren** *FIG* using two lines of approach; **Doppelhaus** *s* semi-detached house; **Doppelkonsonant** *m* SPRACHW double consonant; **Doppelkreuz** *s* (MUS *Erhöhungszeichen*) double sharp; **Doppelpunkt** *m* colon; **Doppelsalto** *m* double somersault; **Doppel[spiel]** *s* doubles *sg;* **Doppelstecker** *m* two-way adaptor; **doppelt** *adj* [1] (*zweimal, Länge, Fenster etc.*) double; ◇ **diese CD habe ich** - (*zwei identische*) I have two of these CDs; ◇ **in -er Ausfertigung/Ausführung** in duplicate; ◇ - **so groß wie** twice as big as, double the size of; ◇ **alles - sehen** to see double [2] (*noch mehr*) ◇ **sich - anstrengen** to try extra hard; **Doppelverdiener** *pl* double-income family; **Doppelzentner** *m* 100 kilograms *pl;* **Doppelzimmer** *s* double room

Dorf *s* <-[e]s, Dörfer> village; *FIG* ◇ **lassen Sie die Kirche im** - don't get carried away, don't exaggerate; **Dorfbewohner(in** *f*) *m* villager

Dorn I. *m* <-[e]s, -en> (*Rosen-*) thorn; *FIG* ◇ **das ist mir ein - im Auge** that's a thorn in my side **II.** *m* <-[e]s, -e> ↑ *Metallstift* pin; **dornig** *adj* thorny; **Dornenstrauch** *m* thorn bush

dorren *vi* (*in der Hitze*) dry up, shrivel up

dörren I. *vt* → *Fleisch, Früchte* dry **II.** *vi* ↑ *dorren* dry; **Dörrfleisch** *s* smoked meat; **Dörrobst** *s* dried fruit

Dorsch *m* <-[e]s, -e> cod, haddock

dort *adv* there; ◇ - **drüben/oben/unten** over there; **dorther** *adv* from there; **dorthin** *adv* [to] there; ◇ **sie gingen alle** - they are all went there; ◇ **wie ist die Verkehrsverbindung -?** is it easy to get there?; **dorthinauf** *adv* up there; **dorthinunter** *adv* down there; **dortig** *adj* of that place; in that town; ◇ **die -en Verhältnisse sind schlimm** the conditions there are bad

Dose *f* <-, -n> [1] (*Blech-*) can, tin can; (*Spray-*) spray can [2] ◇ **Steck-** socket; **Dosenbier** *s* beer in a can; **Dosenfleisch** *s* tinned/canned meat; **Dosenmilch** *f* tinned/canned milk, evaporated milk; **Dosenöffner** *m* tin/can opener

dösen *vi FAM* doze

Dosis *f* <-, Dosen> dose

Dotter *m o. s* <-s, -> egg yolk

Double *s* <-s, -s> FILM stuntman

Dozent(in *f*) *m* university lecturer

Drache *m* <-n, -n> (*Ungeheuer*) dragon

Drachen *m* <-s, -> [1] (*Spielzeug-*) kite; ◇ **e-n - steigen lassen** to fly a kite; (SPORT *Fluggleiter*) hang-glider [2] (*FAM! zänkische Frau*) bitch; **Drachenfliegen** *s* <-s> hang-gliding; **Drachenflieger(in** *f*) *m* hang-glider

Dragée *s* <-s, -s> coated pill

Draht *m* <-[e]s, Drähte> (*Metall-*) wire; *FIG* ◇ **auf - sein** to be on the ball; *FIG* ◇ **e-n heißen - haben** to have good connections; **drahtig** *adj* ▷*Körperbau* wiry; **drahtlos** *adj* (*schnurlos*) cordless;

◇ **-es Telefon** cordless telephone; **Drahtseil** *s* cable; **Drahtseilbahn** *f* cable railway, funicular; **Drahtzieher** *m* <-s, -> (*FIG Intrigant*) plotter

drall *adj* ▷*Frau* voluptuous

Drall *m* <-[e]s, [-e]> (PHYS *Spin, Drehimpuls*) spin, twist

Drama *s* <-s, Dramen> drama, play; **Dramatiker(in** *f*) *m* <-s, -> dramatist; **dramatisch** *adj* [1] (*das Drama betreffend*) dramatic [2] *FIG* ↑ *spannend, aufregend* dramatic, exciting; **dramatisieren** *vt FIG* exaggerate, dramatize

dran = **daran**

drang *impf v.* **dringen**

Drang *m* <-[e]s, Dränge> (*zwanghafter Wunsch*) urge, craving (*nach* for)

drängeln *vt, vi* (*sich vor-*) push, jostle

drängen I. *vt* [1] ↑ *drücken* push, press [2] ◇ **jd-n [zu etw] -** ↑ *nachdrücklich bitten* urge s.o. to do s.th. **II.** *vi* [1] ← *Fragen, Probleme* call for immediate action, be urgent; ◇ **die Zeit drängt** time is pressing [2] ◇ **die Zuschauer drängten [sich] nach draußen** the spectators poured out of the building; ◇ **bitte nicht drängen!** no pushing, please! [3] ◇ **er drängte auf e-e Entscheidung** he insisted on a decision

drastisch *adj* drastic

drauf = *FAM* **darauf;** ◇ **- und dran sein, etw zu tun** to be on the verge of doing s.th.

Draufgänger(in *f*) *m* <-s, -> daredevil

draufgehen *vi* [1] *FAM* ↑ *umkommen* bite the dust [2] *FAM* ← *Geld, Vorräte* be used up

draußen *adv* [1] (*im Freien*) outside, out-of-doors [2] ◇ **- auf dem Meer** far out at sea

Drechsler *m* <-s, -> wood turner

Dreck *m* <-[e]s> [1] ↑ *Schmutz* dirt, filth [2] ↑ *Kot* droppings *pl* [3] *FIG* ↑ *Minderwertiges* rubbish; **dreckig** *adj* dirty, filthy; **Dreckskerl** *m FAM!* louse, dirty swine

Dreh *m* <-s> *FIG* ◇ **den - heraus haben** to get the knack/hang of doing s.th.; **Dreharbeiten** *pl* FILM shooting (of a film); **Drehbank** *f* lathe; **drehbar** *adj* revolving; **Drehbuch** *s* FILM script; **Drehbühne** *f* THEAT revolving stage; **drehen I.** *vt* [1] (*Werkstück*) turn; (*um Achse etc.*) turn, rotate, revolve [2] → *Tau* twist [3] → *Zigaretten* roll [4] → *Film* shoot **II.** *vi* [1] ← *Wind* change [direction] [2] ← *Auto* turn [3] ◇ **an etw** *dat* **-** turn s.th. **III.** *vr* [1] ◇ **sich -** turn; (*um sich selbst*) revolve; (*Wind*) change; ◇ **mir dreht sich alles** my head is spinning [2] ◇ **sich - um** be about s.th., concern s.th.; **Dreher** *m* <-s, -> lathe operator; **Drehkran** *m* rotation crane; **Drehkreuz** *s* turnstile; **Drehmoment** *s* PHYS torque; **Drehorgel** *f* barrel organ, hurdy-gurdy *AM*; **Drehscheibe** [1] BAHN ↑ *Drehgestell* [rail] turntable [2] (*FIG Verkehrsknotenpunkt*) traffic centre; **Drehspieß** *m* [rotating] spit; **Drehstrom** *m* ↑ *Dreiphasenstrom* three-phase current; **Drehstuhl** *m* swivel-chair; **Drehtür** *f* revolving door; **Drehung** *f* [1] ↑ *das Drehen* turn [2] (*um Achse*) rotation; **Drehwurm** *m* ◇ **den - haben/bekommen** *FAM* to be/become dizzy; **Drehzahl** *f* AUTO number of revolutions/revs; **Drehzahlmesser** *m* <-s, -> AUTO rev[olution] counter

drei *nr* three; ◇ **e-e D- im Zeugnis haben** to have a "C" on one's report card; **Dreieck** *s* triangle; **dreieckig** *adj* triangular; **Dreiecksfläche** *f* MATH surface area of a triangle; **Dreieckstuch** *s* MED triangular bandage; **Dreieinigkeit** *f*, **Dreifaltigkeit** *f* REL Trinity; **dreifach I.** *adj* threefold; ◇ **-e(r) Olympiasieger** a three-time winner of the Olympics **II.** *adv* three times; ◇ **er gewann die Meisterschaften -** he won the championships three times; **dreijährig** *adj* (*3 Jahre alt*) three-year-old; (*3 Jahre dauernd*) three-year; **Dreiklang** *m* MUS triad; **Dreikönigsfest** *s*, **Dreikönigstag** *s* Epiphany; **dreimal** *adv* three times, thrice; **Dreimaster** *m* <-s, -> NAUT three-master

dreinreden *vi* ◇ **jd-m -** interfere with s.b., interrupt s.b.

dreiphasig *adj* three-phase; **Dreirad** *s* tricycle

dreißig *nr* thirty; **Dreißiger** *m* s.o. in his/her thirties

Dreisatzrechnung *f* MATH calculation using the rule of three; **dreisprachig** *adj* trilingual; **Dreisprung** *m* SPORT triple jump

dreist *adj* bold, audacious; **Dreistigkeit** *f* boldness, audacity

dreiviertel *nr* three-quarters; **dreiviertellang** *adj* three-quarters long; **Dreiviertelstunde** *f* three-quarters of an hour; **Dreivierteltakt** *m* MUS ◇ **im -** in three-four time

dreizehn *nr* thirteen

dreschen <drosch, gedroschen> *vt* [1] → *Getreide* thresh [2] ↑ *verprügeln* → *Jungen* flail, beat; **Drescher** *m* <-s, ->, **Dreschmaschine** *m* AGR threshing machine

dressieren *vt* train; **Dressur** *f* training; (*Pferdesport*) dressage; **Dressurreiten** *s* dressage

dribbeln *vi* SPORT dribble

Drill *m* <-[e]s> MIL drill, practise

Drillbohrer *m* [light] drill

Drilling *m* <-s, -e> [1] triplet [2] (*Jagdwaffe*) triple-barrelled shotgun

drin = *FAM* **darin**

dringen <drang, gedrungen> *vi* ① ← *Wasser etc.* penetrate (*in akk* into, *durch* through), force one's way (*in akk* into) ② ◇ **auf etw** *akk* **~** insist on s.th. ③ (*gehoben*) ◇ **in jd-n ~ etw zu tun** urge s.b. to do s.th.

dringend *adj* urgent; **Dringlichkeit** *f* urgency

drinnen *adv* inside, indoors

dritt *nr* ◇ **wir waren zu ~** there were three of us; **dritte(r, s)** *adj* third; ◇ **die D~ Welt** the Third World; **Dritte(r)** *fm* ↑ *Unbeteiligte(r),* JURA third party; **Drittel** *s* <-s, -> (*der dritte Teil*) one third; (*im Eishockey*) period; **drittens** *adv* thirdly; **Dritte-Welt-Laden** *m* ≈ OXFAM shop, Third-World stores

Droge *f* <-, -n> (*Rauschmittel*) drug; (*medizinischer Wirkstoff*) drug, medicine; **drogenabhängig** *adj* addicted to drugs

Drogerie *f shop selling cosmetics and health products;* **Drogist(in** *f*) *m* chemist

Drohbrief *m* threatening letter; **drohen** *vi* ① → *e-r Person* threaten (*jd-m* s.b.) ② ← *Gefahr* threaten; ◇ **die Brücke droht einzustürzen** the bridge is threatening to collapse

Drohne *f* <-, -n> FAUNA drone

dröhnen *vi* ← *Motor* roar; ← *Stimme, Musik* ring, resound; ◇ **mir dröhnt der Kopf** my head is ringing

Drohung *f* threat

drollig *adj* funny, droll

Dromedar *s* <-s, -> FAUNA dromedary

Drops *m o. s* <-, -> ↑ *Bonbon* fruit drop

drosch *impf v.* **dreschen**

Droschke *f* <-, -n> cab

Drossel [1] *f* <-, -n> FAUNA thrush

Drossel [2] *f* <-, -n> TECHNOL ↑ *-klappe* throttle (valve)

drosseln *vt* ↑ *vermindern* → *Motor* throttle; → *Heizung, Zufuhr* turn down; → *Produktion* cut down

drüben *adv* over there, on the other side

drüber = *FAM* **darüber**

Druck [1] *m* <-[e]s, Drücke> ① PHYS *FIG* pressure ② (*FIG Zeit-*) ↑ *Belastung* burden, weight

Druck [2] *m* <-[e]s, -e> ① PRINT ↑ *-vorgang* printing ② ↑ *-erzeugnis* print; **Druckbuchstabe** *m* block letter; **drucken** *vt* print

drücken I. *vt, vi* ① → *Knopf, Hand* press; (*zu eng sein*) pinch ② *FIG* → *Preise* keep down; *FIG* ↑ *belasten* oppress, weigh down on **II.** *vr* ◇ **sich vor etw** *dat* **~** get out of [doing] s.th.; ◇ **jd-m etw in die Hand ~** press s.th. into s.b.'s hand; **drükkend** *adj* ▷ *Hitze* oppressive

Drucker *m* <-s, -> ① PC printer ② (*Beruf*) printer

Drücker *m* <-s, -> ① *FAM* ↑ *Druckknopf* button; (*Tür-*) handle; ↑ *Abzug* trigger ② (*FAM Zeitungs-*) door-to-door magazine salesperson ③ *FAM* ↑ *Fixer* junkie

Druckerei *f* ↑ *-betrieb* printer's, printing works *pl;* **Druckerschwärze** *f* printer's ink; **Druckfehler** *m* misprint; **Druckknopf** *m* press stud, snap fastener; **Druckmittel** *s* (*FIG politisch*) form of pressure; **Druckpresse** *f* TECHNOL printing press; **Drucksache** *f* printed matter; **Druckschrift** *f* block [*o.* printed] letters; **Drucktaste** *f* button; **Druckwelle** *f* (*von Geschoß, Zug etc.*) shock wave

drunter *adv FAM s.* **darunter**

drunten *adv FAM s.* **unten**

Drüse *f* <-, -n> MED gland

Dschungel *m* <-s, -> jungle

du *pron pers* you; (*in Briefen*) **Du**

Dübel *m* <-s, -> (*Wand-, Falt-*) plug; (*Holz-*) dowel

ducken *vt, vr* ◇ **sich ~** duck

Dudelsack *m* bagpipes *pl*

Duell *s* <-s, -e> ↑ *Zweikampf* duel

Duett *s* <-[e]s, -e> duet

Duft *m* <-[e]s, Düfte> (*angenehmer Geruch*) scent, odour; **duften** *vi* ← *Blume, Parfum* smell, be fragrant; **duftig** *adj* ↑ *leicht, beschwingt* delicate, diaphanous

dulden *vt, vi* ① → *Schmerzen* ↑ *ertragen* suffer ② ↑ *billigen* tolerate; **duldsam** *adj* ↑ *tolerant* tolerant; **Duldsamkeit** *f* tolerance

dumm *adj* ① (*Ggs von klug*) stupid, foolish; ↑ *unüberlegt, naiv* ◇ **sei nicht ~ und bleibe** don't be foolish, stay here ② ↑ *lästig* ◇ **allmählich wird mir das zu ~** this is getting on my nerves, this is getting ridiculous ③ ◇ **ein -es Gefühl haben** ↑ *merkwürdiges* to feel uneasy/odd ④ ◇ **er wurde in e-e -e Geschichte verwickelt** (*unangenehm*) he got involved in some rather unpleasant business; **dummerweise** *adv* stupidly; **Dummheit** *f* ① (*geringe Intelligenz*) stupidity ② (*unkluge Tat*) stupid mistake; **Dummkopf** *m* fool, blockhead

dumpf *adj* ① ▷ *Geräusch* muffled, dull ② ▷ *Luft* musty, stale ③ ↑ *Ahnung* ◇ **ich habe das -e Gefühl, sie ...** I have a strange feeling she ...

Düne *f* <-, -n> dune

Dung *m* <-[e]s> dung, manure; **düngen** *vt* → *Acker, Pflanze* fertilize; (*mit Mist*) spread manure; **Dünger** *m* <-s, -> (*Natur-*) dung, manure; (*Kunst-*) fertilizer; **Düngung** *f* fertilizing

dunkel *adj* ① ▷ *Wald, Zimmer etc.* dark; ◇ **im D-n tappen** (*FIG den Täter nicht ermitteln können*) to grope in the dark ② ▷ *Haare, Augen* dark

[3] ▷*Ton* deep [4] ▷*Vorstellung* vague; ↑ *rätselhaft* obscure, puzzling [5] (*zweifelhaft*) dubious, shady; ◇ **dunkle Geschäfte machen** be involved in shady business; **dunkelgrün** *adj* dark green; **Dunkelheit** *f* darkness; **Dunkelkammer** *f* FOTO dark room; **Dunkelziffer** *f estimated number of unreported cases*

dünn *adj* [1] ▷*Arme, Beine* thin, skinny; ↑ *schlank* slim [2] ▷*Brett, Brotscheibe* thin [3] ↑ *dünnflüssig* runny, thin [4] ◇ **Butter ~ auf das Brot streichen** to spread just a little butter on bread [5] (*fein*) ▷*Stoff* delicate [6] ↑ *schütter* ▷*Haar* sparse, thin [7] ▷*Suppe* watery [8] *FIG* ↑ *nichtssagend* ▷*Diskussion, Handlung e-s Films* of little significance; **dünnflüssig** *adj* watery, thin; **dünngesät** *adj* sparse; **dünnmachen** *vr* ◇ **sich ~** *FAM* disappear

Dunst *m* <-es, Dünste> [1] (*Nebel*) haze; ↑ *Smog* smog [2] ↑ *Ausdünstung* vapour; ◇ **blauer ~** *FAM* cigarette smoke [3] ◇ **ich habe keinen blassen ~** (*FAM keine Ahnung*) I haven't got the slightest/foggiest idea; **Dunstabzugshaube** *f* vent

dünsten *vt* steam

dunstig *adj* ↑ *diesig* hazy, misty; ↑ *feucht* vaporous

Dünung *f* NAUT swell

Duo *s* <-s, -s> [1] (*Gesangsstück*) duo, duet [2] (*zwei Musiker*) duet

Duplikat *s* duplicate

Dur *s* <-, -> MUS major

durch I. *präp akk* [1] (*hin-*) through; ◇ **quer ~** across [2] (*Mittel*) by, through [3] (*infolge von*) due to [4] MATH ◇ **geteilt ~** divided by **II.** *adv* [1] (*zeitlich, während*) during; ◇ **die ganze Nacht ~** all night long; ◇ **die ganze Zeit ~** all the time; *FAM* ↑ *vorbei* ◇ **es ist 5 Uhr ~** it's after/past 5 o'clock [2] ◇ **~ und ~ naß sein** completely/totally wet [3] GASTRON ◇ **~** (*durchgebraten*) well-done

durcharbeiten I. *vt* → *Stapel Akten* ↑ *bearbeiten* work through, work on **II.** *vi* (*ohne Pause*) work straight through without any breaks **III.** *vr* ◇ **sich durch etw ~** work one's way through s.th.

durchaus *adv* [1] ↑ *auf jeden Fall* definitely, most certainly; ◇ **er möchte ~, daß Sie mitkommen** he most definitely wants you to come along [2] ◇ **du hast ~ richtig gerechnet** ↑ *völlig, ganz* you have figured it out perfectly; ◇ **du hast ~ recht** you are quite right

durchbeißen *unreg* **I.** *vt* → *Faden* bite through **II.** *vr* ◇ **sich ~ [durch etw]** (*FIG sich durchkämpfen*) to fight one's way through s.th.

durchblättern *vt* leaf through, thumb through

Durchblick *m* [1] view through s.th. [2] *FIG* ↑ *gutes Auffassungsvermögen* grasp, understanding; **durchblicken** *vi* [1] ↑ *hindurchschauen* look through [2] *FAM* ↑ *begreifen* understand (*bei etw* s.th.); ◇ **ich blicke nicht ganz durch** I don't quite get it; ◇ **er ließ ~, daß er gehen würde** ↑ *andeuten* he hinted that he was going to leave

durchbluten *vt* → *Gewebe* supply with blood; **Durchblutung** *f* circulation, blood flow; **Durchblutungsstörung** *f* circulatory problem

durchbohren [1] *vt* (*mit Bohrmaschine*) bore/drill through

durchbohren [2] *vt* [1] ← *Geschoß* → *Wand* ↑ *durchdringen* pierce [2] (*FIG mit Blicken*) to give s.o. a piercing look

durchboxen *vt, vr* (*FIG sich behaupten*) to fight one's way through

durchbrechen [1] *unreg vt* → *Schranken, Mauer* break through; → *Gewohnheit* break free from

durchbrechen [2] *unreg vi* [1] → *Schokolade* break (apart) [2] ← *Magengeschwür* burst [3] ← *Vieh* break through (the fence) [4] *FIG* ← *Sonne* break through

durchbrennen *unreg vi* [1] → *Glühbirne* burn out; → *Sicherung* blow; → *Kabel* burn through [2] (*FAM heimlich weggehen*) run away with, elope

durchbringen *unreg* **I.** *vt* [1] (*durch Öffnung*) get through; → *Antrag* get through [2] → *Patienten* pull through; → *Kinder* raise [3] → *Geld* squander **II.** *vr* ◇ **sich ~** (*im Leben*) make a living; (*durch schwierige Situation*) get by

Durchbruch *m* <-[e]s, Durchbrüche> [1] (*Mauer-*) opening, hole [2] (*von Emotionen*) eruption [3] (MIL *durch Feindstellung*) breakthrough [4] (*FIG in Verhandlungen*) breakthrough

durchdacht *adv* well thought-out; **durchdenken** *unreg vt* [1] (→ *Argument, ganz*) consider, think over [2] → *Plan* ↑ *überdenken* reconsider

durchdrehen I. *vt* (*mit Fleischwolf*) mince **II.** *vi* ← *Räder* skid; *FAM* ← *verrückt werden* crack up

durchdringen *unreg* **I.** *vi* [1] ↑ *sich durchsetzen* ◇ **er konnte mit seinem Plan nicht ~** he couldn't get his plan accepted [2] (*mit Stimme*) be heard/audible **II.** *vt* ← *Sonnenstrahlen* → *Wolken* break through; ← *Gefühl* → *Zuhörer* break through in; ← *Regen* → *Kleider* go through, soak through

durcheinander *adv* [1] (*ungeordnet*) in a mess, in confusion; ◇ **er trank alles ~** he had lots of different drinks [2] *FAM* ↑ *verstört* confused, mixed up, messed up; **Durcheinander** *s* <-s> [1] (*Unordnung*) mess, muddle [2] ↑ *Wirrwarr, Chaos* confusion; ◇ **an der Unfallstelle herrsch-**

te ein solches - there was so much confusion at the site of the accident; **durcheinanderbringen** *unreg vt* [1] → *Blätter, Bücher* mix up; → *Wörter, Begriffe* confuse, mix up [2] ← *Meldung* ↑ *verstören* confuse, mix up; **durcheinanderlaufen** *unreg vi* ← *Menschen* run about, run in all directions; **durcheinanderreden** I. *vt, vi* ↑ *wirr reden* to speak in confusion [*o.* confusedly] II. *vi* (*gleichzeitig*) talk at the same time; **durcheinanderwerfen** *unreg vt* → *Blätter, Bücher* mix up

durchfahren I. *unreg vi* (*ohne Halt*) drive through; *FIG* ↑ *durchzucken* ← *Gedankenblitz, Schrecken* flash through II. *unreg vt* → *Amerika, England* cross, travel through; **Durchfahrt** *f* [1] ↑ *Durchfahren* ◇ **auf der - nach Italien** on the way to Italy [2] (*Tor-*) ◇ **- [bitte] freihalten** do not block [the entrance], keep clear

Durchfall *m* <-[e]s, Durchfälle> MED diarrh[o]ea

durchfallen *unreg vi* [1] (*durch Öffnung*) fall through [2] (*beim Examen, am Schuljahresende*) fail, not pass; ← *Aufführung* be a failure/flop

durchfließen I. *vi* ◇ **der Tee ist durchgeflossen** the tea has drained through II. *vt* → *Stadt, Wiese* ◇ **die Themse durchfließt London** the Thames flows through London

durchfragen *vr* ◇ **sich** - to ask one's way

durchfrieren *unreg vi* [1] ← *See* freeze through [2] ← *Mensch* ◇ **völlig durchgefroren sein** to be completely frozen

durchführbar *adj* ↑ *machbar* feasible, practicable; **durchführen** *vt* [1] → *Messung, Untersuchung* carry out [2] → *Plan, Vorhaben* to put into effect [3] → *Tagung, Wahl* organize, arrange, hold; **Durchführung** *f* (*e-r Messung, Untersuchung*) carrying out

Durchgang *m* [1] ↑ *Passage* passage[way], hallway [2] ↑ *das Durchgehen* ◇ **- verboten** (*Schild*) no entry, no trespassing [3] ↑ *Durchlauf, Phase* (*Produktions-*) run; (POL *Wahl-*) ballot; SPORT ↑ *Durchlauf* go, round; **Durchgangsbahnhof** *m* through station; **Durchgangslager** *s* transit camp; **Durchgangsstraße** *f* through road; **Durchgangsverkehr** *m* through traffic

durchgeben *unreg vt* (*über Lautsprecher*) announce; (*per Telefon*) ◇ **können Sie mir bitte die Nummer -?** can you give me the number please?

durchgehen *unreg* I. *vt* → *Thema* work through, go over, treat II. *vi* [1] (← *Jugendliche(r), von zu Hause*) run away, break loose; ← *Pferd* bolt [2] ← *Flug* go direct; ◇ **ein -der Zug** a through train, a non-stop train [3] ↑ *durchdringen* ← *Regen* come through; **durchgehend** *adj* ▷*Zug* through; ◇ **- geöffnet** open 24 hours a day

durchgreifen *unreg vi* [1] (*durch Öffnung*) reach through [2] (*energisch -*) take vigorous action

durchhalten *unreg* I. *vi* ↑ *ausharren* hold out, last II. *vt* → *Strapazen* stand, hold out; → *Streik* keep up; → *Tempo* keep up

durchhängen *unreg vi* [1] ← *Latte, Seil* sag [2] (*FIG erschöpft und antriebslos*) to be dragging

durchkommen *unreg vi* [1] (*durch Öffnung, Absperrung*) get through [2] (*am Telefon*) get through [3] (*durch Akten*) make it through; (*mit Gesten, Sprache*) get through, manage; (*mit Geld*) ↑ *auskommen, zurechtkommen* get along [4] (*Prüfung bestehen*) pass, to make it through [5] ◇ **damit kommst du bei ihm nicht durch** (*nicht durchgehen lassen*) he won't let you get away with that [6] ← *Patient* recover [7] ← *Zug* pass through; ← *Wasser* leak through; ← *Sonne* shine/break through [8] ← *Meldung* be received

durchkreuzen *vt* [1] → *Buchstabe, Zahl* cross out [2] → *Plan, Vorhaben* thwart, foil [3] → *Land, Gebiet* cross, travel across

durchlassen *unreg vt* [1] → *Regen, Luft* let in [2] ↑ *vorbeilassen* (*an Grenze*) let through

durchlaufen I. *vt* [1] → *Strecke, Weg* cross through [2] → *Karriere* go through [3] → *Lehrgang* go through [4] → *Sohle* wear out/through II. *vi* ← *Wasser* go through; (*ohne Halt*) pass through; → *Straße, Schiene* go through; **Durchlauferhitzer** *m* <-s, -> continuous-flow water heater

durchlesen *unreg vt* → *Buch* read through

durchleuchten *vt* [1] (*durch Öffnung*) shine through [2] (MED *mit Röntgenstrahlen*) screen [3] *FIG* → *Vorgang* ↑ *näher untersuchen* scrutinize, examine carefully

durchlöchern *vt* → *Papier* punch holes into; (*mit Schußwaffe*) bore, riddle

durchmachen *vt* [1] → *Krise* go through [2] → *Ausbildung* go through [3] ◇ **die Nacht -** ↑ *durchfeiern* to party all night long

Durchmarsch *m* <-[e]s, Durchmärsche> (*von Soldaten*) marching through

Durchmesser *m* <-s, -> (*Kreis-*) diameter

durchnehmen *unreg vt* SCH → *Stoff* go over, handle/cover

durchnumerieren *vt* number; (*Buch*) paginate

durchpausen *vt* ↑ *durchschreiben* trace

durchqueren *vt* → *Raum, See* cross

durchregnen *vi* leak, rain in

Durchreise *f* transit; ◇ **wir befinden uns auf der -** we are passing through; **durchreisen** *vt* travel across, journey-through

durchreißen *unreg vt, vi* tear/rip apart

durchringen *unreg vr* ◇ **sich [zu etw] ~** to finally make up one's mind to do s.th.

durchrosten *vi* rust through

durchs = durch das

Durchsage *f* <-, -n> (*Radio-, Lautsprecher-*) announcement

durchschauen **I.** *vi* look [*o.* see] through **II.** *vt* → *Person, Gedanken* see through

durchscheinen **I.** *unreg vt* (*mit Licht ausfüllen*) shine through **II.** *unreg vi* (*durchschimmern*) shine through

Durchschlag *m* <-[e]s, Durchschläge> (*mit Kohlepapier*) carbon copy; **durchschlagen** *unreg* **I.** *vt* ↑ *entzweischlagen* chop s.th. in two **II.** *vi FIG* be effective **III.** *vr* ◇ **sich ~** to fight one's way through; **durchschlagend** *adj* ▷*Erfolg* enormous; **Durchschlagpapier** *s* ↑ *Kohlepapier* carbon paper

durchschleusen *unreg vt* (1) → *Schiffe* screen (2) → *Autos* slide through (3) (→ *verbotene Waren, durch Zoll*) smuggle through; → *Personen* get through

durchschneiden *unreg vt* cut through

Durchschnitt *m* average; MATH intersection; ◇ **im ~** on average; ◇ **über/unter dem ~ liegen** be above/below average; ◇ **den ~ nehmen** to average; **durchschnittlich** **I.** *adj* average **II.** *adv* on average; **Durchschnittsbürger** *m* common/average citizen; **Durchschnittsgeschwindigkeit** *f* average speed; **Durchschnittswert** *m* average

Durchschrift *f* copy

durchsehen **I.** *unreg vt* → *Buch, Heft* look through, check **II.** *unreg vi* (*durch Öffnung, Fernglas*) look through

durchsetzen **I.** *vt* (1) → *Plan, Vorhaben* enforce, push through; ◇ **seinen Kopf ~** to get one's way (2) ◇ **seine Romane sind mit Schimpfwörtern durchsetzt** his novels are interspersed with swearwords **II.** *vr* ◇ **sich ~** (*Verbreitung finden*) catch on; ◇ **sich ~ gegen** (*sich behaupten*) to assert o.s. against s.o.

Durchsicht *f* <-> (*von Akten, Heft*) examination, checking; **durchsichtig** *adj* (1) ▷*Kleid* transparent, see-through (2) *FIG* ▷*Gedanken* obvious

durchsickern *vi* (1) ← *Wasser* seep through (2) *FIG* ← *Information* leak out

durchsieben *vt* → *Mehl* sift

durchsprechen *unreg vt* talk over, discuss

durchstarten *vt* (← *Flugzeug, bei der Landung*) to pull up

durchstehen *unreg vt* → *schwierige Situation* get through

durchstöbern *vt* → *Dachboden, Tasche* ransack, search through

durchstoßen [1] *vt* → *Eisdecke* break through, penetrate

durchstoßen [2] *unreg vt* (*zu e-m Ziel*) break through

durchstreichen *unreg vt* → *Geschriebenes* cross out

durchstreifen *vt* → *Wälder* wander/roam through

durchsuchen *vt* → *Tasche, Schrank* search, go through; (→ *Wohnung, nach Beweisstücken*) search; **Durchsuchung** *f* (*polizeiliche ~*) police search

durchtrieben *adj* (*schlitzohrig, schlau*) cunning, sly; (*hinterhältig*) cunning, sneaky

durchwachsen *adj* ▷*Speck* streaky

durchwählen *vt* (*ohne Vermittlung*) call direct, place a direct call

durchwandern *vt* hike through

durchweg *adv* ↑ *ohne Ausnahme* without exception, all; ◇ **er bekam ~ gute Noten** he only got good grades

durchziehen [1] *unreg* **I.** *vt* (1) (→ *Schnur, durch Öffnung*) pull through (2) → *Ruder* pull through all the way (3) (→ *Vorhaben, entschlossen zu Ende führen*) complete, get s.th. through **II.** *vi* ← *Karawane* pass through; ← *Truppen* go through

durchziehen [2] *unreg vt* go through, pass through; ◇ **Kanäle und Flüsse ~ die Landschaft** canals and rivers run through the countryside

Durchzug *m* (1) (*von Vögeln*) passage; (*von Wolken*) passing (2) ↑ *Luftzug* draught; *BRIT* draft;

durchzwängen *vr* ◇ **sich ~** force/squeeze o.s. through

dürfen <durfte, gedurft> *vi* (1) (*Erlaubnis haben*) be allowed to, be permitted to; ◇ **darf ich rauchen?** may I smoke? (2) (*Höflichkeit*) ◇ **darf ich Sie bitten …?** may I ask you to …?; ◇ **was darf es sein?** can I help you?; ◇ **dürfte ich …?** may I …?; ◇ **darf ich bitten?** please! (3) (*verneint*) ◇ **das darf doch nicht wahr sein!** that can't be true!; ◇ **er darf sich nicht wundern, wenn …** he must not be surprised if …; ◇ **er durfte nicht** he was not allowed to (3) (*Annahme*) ◇ **das dürfte die Lösung sein** that will be the solution, that is probably the solution; (*Zweifel*) ◇ **sie dürfte kaum …** I doubt that she …

dürftig *adj* (1) ▷*Kleidung, Behausung* poor, wretched, miserable (2) ▷*Leistung* ↑ *schwach* poor, unsatisfactory; **Dürftigkeit** *f* (*von Leistung*) poorness

dürr *adj* (1) ↑ *vertrocknet* dried-up; ▷*Land* arid, barren (2) ↑ *mager* skinny, gaunt; **Dürre** *f* <-, -n>

(*Trockenheit*) drought; ◇ **-katastrophe** disastrous drought
Durst *m* <-[e]s> thirst; ◇ **ich habe** - I am thirsty; **dursten, dürsten** *vi* (*nach Wasser*) be thirsty; *FIG* ◇ **nach Wissen** - (*begierig sein nach*) to thirst for knowledge; **durstig** *adj* thirsty
Durtonart *f* major key
Dusche *f* <-, -n> (*Vorrichtung, Vorgang*) shower; **duschen** *vt, vi, vr* ◇ **sich** - take a shower; **Duschkabine** *f* shower stall
Düse *f* <-, -n> TECHNOL nozzle; (*Kraftstoff-*) gas nozzle; (*von Flugzeug*) jet
Dusel *m* <-s> *FAM* ↑ *Glück* luck; ◇ - **haben** to be lucky
düsen *vi* (*FAM vorbei-*) ↑ *vorbeihuschen* dashby, fly by, whizz by; **Düsenantrieb** *m* jet propulsion; **Düsenflugzeug** *s* jet; **Düsenjäger** *m* jet fighter; **Düsentriebwerk** *s* jet power unit
Dussel *m* <-s, -> *FAM* ↑ *Dummkopf* twit, dope
düster *adj* [1] ▷*Farben, Zimmer* dark [2] ▷*Gedanken* dismal, gloomy [3] ↑ *bedrohlich* ▷*Gestalten* threating, sinister; ↑ *trostlos* dreary
Duty-free-Shop *m* <-s, -s> duty free shop
Dutzend *s* <-s, -e> dozen; ◇ **ein halbes** - half a dozen; ◇ **zwei** - two dozen; **dutzend[e]mal** *adv* ◇ **ich habe Sie schon - darauf hingewiesen** I must have mentioned it to you a dozen times already; **dutzendweise** *adv* in dozens
duzen *vt, vr* ◇ **jd-n/sich** - to address s.o./one another with the familiar "du"
DV *f* <-> *Abk. v.* **Datenverarbeitung** DP *data processing*
Dynamik *f* [1] (PHYS *Kraft*) dynamics *sg;* (*Aero-*) aerodynamics *sg* [2] (*FIG e-r Sache*) momentum; (*e-r Person*) dynamism; **dynamisch** *adj* (*FIG schwungvoll und anpassungsfähig*) dynamic
Dynamit *s* <-s> dynamite
Dynamo *m* <-s, -s> dynamo
D-Zug *m* through train, express train *AM*

E

E, e *s* [1] E, e [2] MUS E; ◇ **in E-Dur** in E major
Ebbe *f* <-, -n> [1] (*fallendes Wasser*) ebb [2] (*Niedrigwasser*) low tide; ◇ **es ist** - the tide is out [3] (*FIG kein Geld*) ◇ **bei mir herrscht** - I'm at a low ebb, I'm out of pocket
eben I. *adj* [1] ↑ *flach* ▷*Land* flat [2] ↑ *glatt* ▷*Fläche* even **II.** *adv* [1] at this very moment; ◇ **er kommt** - he is just coming [2] just now; ◇ **sie ist - abgefahren** she has just driven off [3] ↑ *genau* exactly; ◇ - **das meine ich** that's exactly what I mean; ◇ **das ist es ja** - that's just it!; ◇ -! precisely! [4] ◇ **er ist nicht - kräftig** he's not exactly superman [5] ↑ *nun einmal, einfach* simply; ◇ **ich kann das - nicht!** I simply can't do it!
Ebenbild *s* likeness, image
ebenbürtig *adj* ↑ *gleichwertig* equal; ◇ **jd-m - sein** to be on a par with s.o.
Ebene *f* <-, -n> [1] (*Hoch-, Tief-*) plain [2] ↑ *Niveau* level [3] *FIG* plane; ◇ **auf höchster** - at the highest level [4] MATH ↑ *Fläche* plane; **ebenerdig** *adj* ground level
ebenfalls *adv* likewise
Ebenheit *f* evenness, flatness
Ebenholz *s* ebony
Ebenmaß *s* <-es> ↑ *Gleichmäßigkeit* (*von Form*) regularity
ebenso *adv* just as; ◇ **sie ist - alt wie er** she's just as old as he is; **ebensogut** *adv* [just] as well; **ebensooft** *adv* just as frequently; **ebensoviel** *adv* just as much; **ebensoweit** *adv* just as far; **ebensowenig** *adv* just as little
Eber *m* <-s, -> boar
ebnen *vt* [1] (*Boden*) level [2] *FIG* ◇ **jd-m den Weg** - to smooth the way for s.o.
Echo *s* <-s, -s> [1] echo [2] *FIG* ↑ *Anklang, Reaktion* response; ◇ **lautes - finden** to get a very good response; **Echolot** *s* echo sounder
echt I. *adj* [1] ▷*Schmuck* real [2] ▷*Gemälde, Kunstwerk* genuine; ◇ **ein -er Miró** a genuine Miró [3] ↑ *wahr, aufrichtig* ▷*Liebe, Treue* sincere [4] ↑ *typisch* real, typical **II.** *adv FAM* ↑ *wirklich, tatsächlich* truly, really; ◇ **ich bin - glücklich** I am really happy; **Echtheit** *f* [1] (*von Schmuck, Kunstwerk etc.*) genuineness [2] ↑ *Unverfälschtheit, Aufrichtigkeit* (*von Gefühl*) sincerity; **Echtzeit** *f* PC real time
Eckball *m* SPORT (*bei Fußball*) corner (kick); **Ecke** *f* <-, -n> [1] ↑ *Winkel* (*Zimmer-*) corner [2] ↑ *spitz zulaufend* angle; **Eckhaus** *s* corner house; **eckig** *adj* [1] angular [2] *FIG* ↑ *ungeschickt, linkisch* ▷*Bewegung* awkward; **Eckzahn** *m* ANAT canine tooth
edel *adj* [1] ▷*Abstammung* noble, aristocratic [2] ▷*Wein, Material* high-quality [3] ▷*Gesinnung* high-minded; **Edelmetall** *s* precious metal; **Edelstein** *m* precious stone; ▷*geschliffen* jewel
Edelweiß *s* edelweiss
editieren *vt* [1] → *Buch, Zeitschrift* edit [2] PC edit; **Editor** *m* <-s, -s> [1] (*von Buch etc.*) editor [2] PC editor

EDV *f* <-> *Abk. v.* **elektronische Datenverarbeitung** EDP *(electronic data processing)*
EDV-Anlage *f* EDP system
Efeu *m* <-s> ivy
Effekt *m* <-s, -e> ▷*erzielen* effect
Effekten *pl* [1] FIN securities *pl* [2] (*Ggs zu Immobilien*) effects *pl;* **Effektenbörse** *f* FIN stock exchange
Effekthascherei *f FAM* sensationalism
effektiv *adj* [1] ▷*Leistung, Wert* actual [2] ▷*Maßnahmen* effective
Effizienz *f* FIN cost effectiveness
EG *f* <-> *Abk. v.* **Europäische Gemeinschaft** EC *(European Community)*
egal *adj* [1] all the same, alike; ◇ **das ist mir völlig ~** I don't mind either way; *FAM* I couldn't care less [2] (*gleichförmig, gleichmäßig*) regular
Egoismus *m* egoism; **Egoist(in** *f*) *m* egoist; **egoistisch** *adj* egotistic; **Egotrip** *m FAM* ↑ *egozentrische Einstellung* ego trip; ◇ **auf dem ~ sein** to be on an ego trip; **egozentrisch** *adj* egocentric
ehe *cj* before
Ehe *f* <-, -n> marriage; ◇ **e-e ~ schließen** to get married; **Eheberatung** *f* marriage guidance; **Ehebett** *s* matrimonial bed; **Ehebrecher(in** *f*) *m* <-s, -> adulterer *m,* adulteress *f;* **Ehebruch** *m* adultery; **Ehefrau** *f* wife; **Eheleute** *pl* married couple; **ehelich** *adj* ▷*Pflichten* conjugal; ▷*Kind* legitimate
ehemalig *adj* onetime, former; **ehemals** *adv* formerly
Ehemann *m* <-[e]s, Ehemänner> husband; **Ehepaar** *s* married couple
eher *adv* [1] ↑ *früher* earlier; ◇ **~ kommen** to come sooner [2] ↑ *lieber* rather; ◇ **das paßt mir schon ~** that suits me better [3] ↑ *wahrscheinlich* more likely [4] ↑ *vielmehr* rather; ◇ **ich würde ~ sagen ...** I'd rather put it like this ...
Ehering *m* wedding ring; **Ehescheidung** *f* divorce; **Eheschließung** *f* (act of) marriage, wedding ceremony
eheste(r, s) *adj* [1] ↑ *früheste(r, s)* earliest [2] (*liebsten*) ◇ **am ~n** best of all [3] ↑ *wahrscheinlichsten* most likely
ehrbar *adj* ▷*Mensch* honourable; **Ehre** *f* <-, -n> [1] ↑ *Anerkennung, Ansehen* esteem [2] (*Würde*) honour [3] ◇ **jdm die letzte ~ erweisen** to pay one's last respects; **ehren** *vt* [1] (*achten, respektieren*) → *Eltern* respect [2] (*jds Verdienste würdigen, durch Festschrift, Rede*) honour; **ehrenamtlich** *adj* ▷*Tätigkeit* honorary; **Ehrengast** *m* guest of honour; **ehrenhaft** *adj* honourable; **Ehrenmann** *m* <-männer> man of honour; **Ehrenmitglied** *s* honorary member; **Ehrenplatz** *m* place of honour; **Ehrenrechte** *pl* JURA ↑ *Bürgerrechte* civil rights *pl;* **ehrenrührig** *adj* ▷*Verhalten* defamatory; **Ehrenrunde** *f* SPORT victory lap; **Ehrensache** *f* [1] point of honour [2] *FAM* ◇ **das ist doch ~!** of course!; **ehrenvoll** *adj* ▷*Friede, Tätigkeit* honourable; **Ehrenwort** *s* word of honour; ◇ **jd-m sein ~ geben** to give s.o. one's word; **Ehrfurcht** *f* reverence; **Ehrgefühl** *s* sense of honour; ◇ **kein ~ besitzen** to have no sense of honour; **Ehrgeiz** *m* ambition, drive (*nach* for); **ehrgeizig** *adj* ambitious; **ehrlich** *adj* [1] ↑ *aufrichtig* ▷*Mensch* upright [2] ↑ *anständig* ▷*Finder* honest; **Ehrlichkeit** *f* honesty, uprightness; **ehrlos** *adj* disreputable; **Ehrung** *f* distinction, tribute; **ehrwürdig** *adj* ▷*Greis* venerable
ei *intj* ◇ **~, was!** nonsense!
Ei *s* <-[e]s, -er> [1] (*Hühner-, Schlangen-*) egg [2] (BIOL *Keimzelle, Eizelle*) egg cell, germ cell, ovum cell [3] *FAM!* ◇ **~er** *pl* balls *pl*
Eichamt *s* standards office; *BRIT* Office of Weights and Measures
Eiche *f* <-, -n> oak (tree); **Eichel** *f* <-, -n> [1] BIO acorn [2] (*Spielkarte*) clubs *pl* [3] (ANAT *von Penis*) glans
eichen *vt* [1] (*Meßgerät*) calibrate, gauge [2] *FAM* ◇ **darauf bin ich geeicht** that's right up my alley
Eichhörnchen *s* squirrel
Eichmaß *s* gauge; **Eichung** *f* (*von Maßgerät*) gauging
Eid *m* <-[e]s, -e> oath
Eidechse *f* <-, -n> lizard
eidesstattlich *adj* affirmed; JURA ◇ **~e Erklärung** affirmed statement, affidavit; **Eidgenosse** *m,* **Eidgenossin** *f* ↑ *Schweizer* Swiss; **Eidgenossenschaft** *f* ▷*schweizerisch* [Swiss] confederation; **eidlich** *adj* ▷*Versicherung* sworn
Eidotter *m o. s* yolk; **Eierbecher** *m* egg-cup; **Eierkuchen** *m* ↑ *Pfannkuchen* pancake; **Eierlikör** *m* advocaat, eggnog *AM;* **Eierschale** *f* eggshell; **Eierstock** *m* ANAT ovary
Eifer *m* <-s> [1] ↑ *Streben, Bemühen* ▷*unablässig* zeal, eagerness [2] ↑ *Tatendrang, Begeisterung* fervour; ◇ **etw mit ~ tun** to do s.th. with enthusiasm
Eifersucht *f* jealousy; **eifersüchtig** *adj* jealous (*auf akk* of)
eifrig *adj* keen
Eigelb *s* <-[e]s, -> [egg] yolk
eigen *adj* [1] ↑ *jd-m gehörend* ▷*Haus, Kinder* own; ◇ **etw sein ~ nennen** to call s.th. one's own

E

② peculiar, typical; ◇ **jd-m - sein** peculiar to s.o.; ◇ **sich** *dat* **etw zu - machen** to make s.th. a habit ③ ↑ *selbständig* ▷*Meinung* private; **Eigenart** *f* ① ↑ *Charakteristikum* characteristic ② ↑ *Eigenheit* peculiarity; **eigenartig** *adj* peculiar, strange; **Eigenbedarf** *m* (*von Wohnung*) personal needs *pl;* ◇ **wegen -s kündigen** to terminate due to personal needs; **Eigenbrötler(in** *f*) *m* crank; **Eigengewicht** *s* net weight; **eigenhändig** *adj* ▷*Unterschrift* personal; **Eigenheim** *s* home of one's own; **Eigenheit** *f* peculiarity; **Eigenkapital** *s* FIN personal/company capital; **Eigenlob** *s* self-praise; ◇ **- stinkt!** don't blow your own trumpet!; **eigenmächtig** *adj* ▷*Vorgehen* unauthorized; **Eigenname** *m* proper name; **Eigennutz** *m* <-> self-interest; ◇ **etw aus - tun** to do s.th. out of self-interest; **eigennützig** *adj* ▷*handeln* selfish

eigens *adv* especially; ◇ **etw - herstellen** to customize s.th.

Eigenschaft *f* ① ↑ *Merkmal, Besonderheit* attribute ② ↑ *Funktion* function; ◇ **in meiner - als Vorsitzende** in my capacity as chairwoman; **Eigenschaftswort** *s* GRAM ↑ *Adjektiv* adjective; **Eigensinn** *m* obstinacy; **eigensinnig** *adj* wilful, obstinate

eigentlich I. *adj* ① ↑ *wahr, tatsächlich* actual; ◇ **der -e Grund** the real reason ② ↑ *ursprünglich* ▷*Bedeutung* exact, original **II.** *adv* ① basically; ◇ **- hat sie recht** she's right actually ② ↑ *denn* ◇ **was wollen Sie -?** what are you after anyway?

Eigentor *s* ① SPORT own goal ② (*FIG sich selbst schaden*) ◇ **ein - schießen** to shoot o.s. in the foot; **Eigentum** *s* property; **Eigentümer(in** *f*) *m* <-s, -> owner; **eigentümlich** *adj* ① ↑ *kennzeichnend* characteristic; ◇ **die ihr -e Großzügigkeit** the generosity characteristic of her ② ↑ *seltsam* ▷*Person* strange; **Eigentümlichkeit** *f* ① ↑ *Charakteristikum* characteristic ② ↑ *Eigenart* peculiarity; **Eigentumswohnung** *f* owner-occupied flat; ◇ **ich habe e-e - in Hausen** I own a house/flat in Hausen; **eigenverantwortlich** *adv* bearing one's own responsibility; **eigenwillig** *adj* idiosyncratic

eignen *vr* ◇ **sich -** ↑ *tauglich sein* be suitable (*für, zu* for); **Eignung** *f* suitability

Eilbote *m* special messenger; ◇ **per -n** by express delivery; **Eilbrief** *m* express letter; **Eile** *f* <-> haste; ◇ **in - sein** to be in a hurry; **eilen** *vi* ① ← *Mensch* hurry ② ↑ *dringend sein* ← *Arbeit* be urgent; ◇ **es eilt** it is urgent; **eilends** *adv* speedily; **Eilgut** *s* express goods *pl;* **eilig** *adj* ① ↑ *schnell* quick; ◇ **es - haben** to be in a rush ② ↑ *dringend* ▷*Angelegenheit* urgent, pressing; **Eilzug** *m* BAHN express train

Eimer *m* <-s, -> ① (*Wasser-, Putz-*) bucket ② (*FAM mißlungen, zerstört*) ◇ **alles ist im -** everything's down the pan

ein(e) I. *nr* one; ◇ **es ist - Uhr** it's one o'clock; ◇ **- Viertel** a quarter; ◇ **-er Meinung sein** to be of one mind **II.** *Artikel* (*unbestimmt*) a, an; ◇ **-e Familie** a family; *FAM* ◇ **-en heben** to have a drink; ◇ **- jeder** each one, everyone **III.** *adv* ◇ **nicht - noch aus wissen** not to know which way to turn; ◇ **bei jd-m - u. aus gehen** to be a frequent visitor; **eine(r, s)** *pron* one or the other, anyone; ◇ **-r von vielen** one of many; ◇ **der/die/das -** the one; **Einakter** *m* THEAT one-act play

einander *pron* each one, one another; ◇ **- helfen** to help one another [*o.* each other]

einarbeiten I. *vt* ↑ *instruieren, anleiten* → *jd-n* familiarize (*in akk* with), induct (*in akk* into) **II.** *vr* ◇ **sich -** get acquainted (*in akk* with)

einarmig *adj* one-armed

einäschern *vt* → *Leichen* cremate

einatmen *vti* → *Luft* inhale

einäugig *adj* one-eyed

Einbahnstraße *f* one-way street

Einband *m* <-[e]s, Einbände> (*von Buch*) binding; **einbändig** *adj* ▷*Buchausgabe* one-volume

einbauen *vt* ① ↑ *installieren, montieren* → *technische Geräte* install; → *Möbel* build in; → *Motor* fit ② *FIG* ↑ *einfügen* → *Zitat* insert; **Einbaumöbel** *pl* built-in furniture

einberufen *unreg vt* (*zusammenrufen*) → *Sitzung* convene; MIL → *Rekruten* call up, conscript; **Einberufung** *f* (*von Versammlung*) call, convocation; (MIL *von Rekruten*) conscription

einbetten *vt* → *Blumen* bed (*in akk* in); TECHNOL insert, embed; **Einbettzimmer** *s* (*in Hotel*) single room

einbeziehen *unreg vt* include

einbiegen *unreg vi* turn [off]

einbilden *vt* imagine; ◇ **sich** *dat* **etw -** to imagine s.th.; ◇ **darauf darfst du dir was einbilden** that's something to be proud of; **Einbildung** *f* ① ↑ *Vorstellung* imagination, fancy ② ↑ *Phantasie, irrige Vorstellung* illusion, fantasy ③ ↑ *Dünkel* conceit; **Einbildungskraft** *f* imagination, fantasy

einbinden *unreg vt* ① → *Buch* bind ② ↑ *einbeziehen* integrate (*in akk* in) ③ MED bandage; **Einbindung** *f FIG* integration (*in akk* in)

einblenden *vt* MEDIA → *Bericht* fade in

Einblick *m* ① (*in Raum*) view ② *FIG* ↑ *Einsicht,*

Kenntnisnahme insight (*in akk* into), knowledge (*in akk* of) ③ ↑ *Überblick* ▹*vermitteln* insight
einbrechen *unreg vi* ① *unbefugt hineingehen, FAM* burgle; (*in Land*) invade (*in akk* s.th.); ◇ **in ein Haus** ~ to break into a house ② (*beginnen*) ← *Nacht* fall; ← *Winter* set in ③ ↑ *durchbrechen* ← *Eis* fall through; **Einbrecher(in** *f*) *m* <-s, -> burglar
einbringen *unreg* **I.** *vt* ① (*bringen*) ◇ **Ernte** ~ to gather in the harvest; ◇ **Zinsen** ~ to yield interest; *FIG* ◇ **Vorteil** ~ to afford an advantage; ◇ **das bringt nichts ein** there's no point in it ② JURA ◇ **Klage** ~ file suit ③ *FAM* ↑ *aufholen* ◇ **verlorene Zeit** ~ to make up for lost time **II.** *vr* ◇ **sich** ~ commit o.s.
einbrocken *vt FIG* ◇ **jd-m/sich etw** ~ to get s.o./o.s. into trouble
Einbruch *m* <-[e]s, Einbrüche> ① (*Eindringen, in Geschäft etc.*) burglary, break-in; (MIL *in Land*) invasion; (*von Wasser etc.*) penetration ② ↑ *Beginn* onset; ◇ **bei** ~ **der Dunkelheit/Nacht** at dusk/nightfall ③ (FIN *der Börsenkurse*) collapse ④ ↑ *Einsturz* collapse; **einbruch[s]sicher** *adj* burglar-proof
Einbuchtung *f* GEO bay
einbürgern I. *vt* → *jd-n* naturalize **II.** *vr* ◇ **sich** ~ ← *Tradition, Gewohnheit* become established; ◇ **das hat sich so eingebürgert** it has become customary
Einbuße *f* <-, -> loss; **einbüßen** *vt* (*verlieren*) → *Einfluß* lose; → *viel Geld* forfeit
einchecken *vt* AERO → *Gepäck* check in
eindämmen *vt* dam, stem
eindecken *vtr* ◇ **sich** ~ (*mit Vorräten, Arbeit*) stock up (*mit* on)
eindeutig *adj* ▹*Antwort* clear, unequivocal; ▹*Beweis* definite
eindringen *unreg vi* ① (*sich Zutritt verschaffen, in Haus*) force one's way (*in akk* into); (MIL *in Land*) invade ② (*Wasser*) come in; (*Gas*) penetrate ③ ◇ **mit Fragen auf jd-n** ~ to persist in questioning s.o. ④ ◇ **in die Geheimnisse der Natur** ~ to delve into nature's secrets; **eindringlich** *adj* pressing; ◇ ~ **auf etw hinweisen** to urgently point out s.th.; **Eindringling** *m* intruder
Eindruck *m* <-[e]s, Eindrücke> ① ▹*positiv, bleibend* impression; ◇ **e-n guten** ~ **machen** to make a good impression ② ↑ *Spur* print; **eindrucksvoll** *adj* impressive
eineiig *adj* ▹*Zwillinge* identical
eineinhalb *nr* ↑ *anderthalb* one and a half
einengen *vt* (*einschränken, in Bewegungsfreiheit*) restrict, limit
einerlei *adj inv* ① ↑ *egal, gleichgültig* all the same; ◇ **es ist mir** ~ it makes no difference to me ② ↑ *gleichartig* ▹*Essen* dull; **Einerlei** *s* <-s> uniformity, monotony; ◇ **immer dasselbe** ~ always the same old thing
einerseits *adv* on the one hand
einfach I. *adj* ① ↑ *schlicht* ▹*Lebensweise* simple; ▹*Kleidung* plain ② ↑ *nicht kompliziert* ▹*Mensch* ordinary, simple; ▹*Aufgabe* easy ③ (*nicht mehrfach*) ▹*Fahrkarte* one-way **II.** *adv* simply **III.** ◇ ~ **toll!** just great!; **Einfachheit** *f* ① ↑ *Schlichtheit* simplicity ② ↑ *Leichtigkeit* ease
einfädeln *vt* ① (→ *Faden, in Nadel*) thread ② *FIG* ◇ **etw schlau** ~ to cleverly contrive s.th.
einfahren *unreg* **I.** *vt* ① → *Ernte* gather in ② → *Auto* run in ③ ↑ *hineinfahren, beschädigen* → *Barriere* drive into s.th. **II.** *vi* ① ← *Schiff* enter port ② MIN ◇ **in e-n Schacht** ~ to descend into a mine **III.** *vr* ◇ **sich** ~ ↑ *sich einspielen* ◇ **es hat sich so eingefahren, daß ...** it has been become customary that ...; **Einfahrt** *f* ① (*Garagen-, Grundstücks-*) drive ② (*in Bahnhof, von Zug*) pulling-into
Einfall *m* ① ↑ *Idee* idea ② (PHYS *von Licht*) incidence ③ MIL ↑ *Invasion* incursion, invasion; **einfallen** *unreg vi* ① ↑ *einstürzen* ← *Haus* collapse ② MIL ↑ *einmarschieren* (*in Land*) raid ③ MUS ◇ **hier fällt die Trompete ein** this is where the trumpet comes in ④ *FIG* ◇ **es fällt mir gerade ein, daß ...** it has just occured to me that ...; *FAM* ◇ **das fällt mir gar nicht ein** I don't feel like doing that; ◇ **laß dir [et]was** ~ think of s.th.
einfältig *adj* simple-minded
Einfamilienhaus *s* one-family house, detached house
einfangen *unreg vt* ① → *Tier* catch ② *FIG* → *Stimmung* capture
einfarbig *adj* single-colour; ▹*Stoff* plain
einfassen *vt* ↑ *einsäumen* → *Stoff* edge; → *Grundstück* close in; **Einfassung** *f* border; (*von Diamanten*) setting
einfetten *vt* grease
einfinden *unreg vr* ◇ **sich** ~ ▹*zahlreich, pünktlich* turn up, show up
einfliegen *unreg vt* (*in Katastrophengebiet*) fly (s.th.) in (*in akk* to)
einfließen *unreg vi* ① (*fließen*) flow in ② *FIG* ◇ **etw** ~ **lassen** to slip s.th. in; **einflößen** *vt* ◇ **jd-m etw** ~ to feed s.o. with s.th.; *FIG* ◇ **jd-m Angst** ~ to frighten s.o.
Einfluß *m* ▹*ausüben* influence (*auf akk* on); **einflußreich** *adj* ▹*Persönlichkeit* influential
einförmig *adj* uniform; **Einförmigkeit** *f* uniformity

einfrieren *unreg* **I.** *vt* → *Lebensmittel* freeze **II.** *vi* [1] ← *Wasserleitung* freeze up [2] *FIG* ↑ *sperren* ← *Gelder* freeze

einfügen I. *vt* [1] ↑ *einschieben, dazwischensetzen* → *Bemerkung* insert [2] ↑ *hinzufügen* add [3] PC insert **II.** *vr* ◇ **sich** ~ (*in Gesellschaft*) fit in (*in akk* to)

Einfühlung *f* empathy

Einfuhr *f* <-> importation; **Einfuhrartikel** *m* import; **Einfuhrbeschränkungen** *pl* import restrictions *pl;* **einführen** *vt* [1] → *Ware* import [2] ↑ *vorstellen, präsentieren* → *Mensch* introduce [3] → *Neuerung* initiate [4] ↑ *einarbeiten* induct [5] ↑ *hineintun* (*in Öffnung*) lead in (*in akk* to); **Einführung** *f* [1] (*Einarbeitung*) training [2] installation (*in akk* in) [3] (*von Mensch*) presentation, introduction; (*von Neuerung*) innovation; **Einführungspreis** *m* introductory price

Eingabe *f* [1] (*von Antrag*) submission [2] ↑ *Gesuch, Bitte* petition [3] (PC *von Daten*) input; **Eingabetaste** *f* PC return/enter key

Eingang *m* [1] (*Ggs zu Ausgang*) entrance; (*Orts-*) entrance, gateway [2] (COMM *Waren-*) entry, goods *pl* received; **eingängig** *adj* catchy; **eingangs** *adv, präp gen* at the beginning of; ◇ **wie ~ erwähnt** as above, as mentioned at the beginning; **Eingangsbestätigung** *f* COMM acknowledgement of receipt; **Eingangshalle** *f* foyer

eingeben *unreg vt* [1] → *Medizin* administer [2] PC → *Daten* enter [3] ↑ *suggerieren* → *Ideen* submit

eingebildet *adj* [1] imaginary; ◇ **der ~e Kranke** the imaginary invalid [2] ↑ *arrogant* arrogant, conceited

Eingeborene(r) *fm* native

Eingebung *f* inspiration

eingefallen *adj* ANAT ▷ *Wangen* sunken

eingefleischt *adj* die-hard; ◇ **~er Junggeselle** confirmed bachelor

eingehen *unreg* **I.** *vi* [1] (*ankommen, übermittelt werden*) ← *Post, Ware* be received; ← *Sendung, Geld* be paid [2] ◇ **auf Einzelheiten ~** to go into details; ◇ **auf jd-n ~** to respond to s.o. [3] ↑ *einleuchten* sink in; ◇ **das geht mir ein** I understand [4] (*aufhören zu existieren*) ← *Tier* die; ← *Pflanze* wilt; ← *Firma* go under [5] ↑ *schrumpfen* ← *Stoff* shrink **II.** *vt* go in for; ◇ **e-e Wette ~** bet; ◇ **ein Risiko ~** take a chance; **eingehend** *adj* ▷ *Untersuchung* detailed, thorough

eingelegt *adj* [1] (*Möbelstück*) inlaid [2] (*Hering*) pickled

Eingemachte(s) *s* preserved food; ↑ *Marmelade* preserve; *FIG* ◇ **ans ~ gehen** to use one's reserves

eingemeinden *vt* ADMIN incorporate

eingenommen *adj* ◇ **für/gegen jd-n/etw ~ sein** to be prejudiced for/against s.o./s.th.; ◇ **von sich ~ sein** to be full of o.s.

eingeschrieben *adj* [1] SCH enrolled [2] ▷ *Brief* registered

eingespielt *adj* ◇ **aufeinander ~ sein** to work together well

Eingeständnis *s* (*Schuld-*) admission, confession; **eingestehen** *unreg vt* admit, acknowledge; ◇ **jd-m etw ~** to admit s.th. to s.o.

eingetragen *adj* COMM registered; ◇ **~es Warenzeichen** trademark

Eingeweide *pl* intestines *pl,* guts *pl*

Eingeweihte(r) *fm* initiate, insider

eingewöhnen *vr* ◇ **sich ~** settle in

eingießen *unreg vt* pour

eingleisig *adj* [1] BAHN ↑ *einspurig* single-track [2] *FIG* ↑ *einseitig* ▷ *Denken* one-sided, one-track

eingliedern *vt* ↑ *einpassen* (*in Gemeinschaft*) integrate (*in akk* into)

eingraben *unreg* **I.** *vt* ↑ *vergraben* (*in Erde*) bury **II.** *vr* ◇ **sich ~** [1] dig o.s. in [2] *FIG* ↑ *sich festsetzen* (*ins Gedächtnis*) engrave itself (*in akk* upon)

eingreifen *unreg vi* [1] TECHNOL ← *Zahnrad* engage [2] *FIG* ↑ *sich einmischen* (*in Streit etc.*) interfere (*in akk* in); **Eingriff** *m* [1] interference; ▷ *militärisch* intervention [2] MED ↑ *Operation* operation

einhaken I. *vt* fasten with a hook, hook (*in akk* to) **II.** *vr FAM* ◇ **sich bei jd-m ~** to link arms with s.o. **III.** *vi* ↑ *eingreifen* (*bei Gespräch*) cut in

Einhalt *m* stop, check; ◇ **e-r Sache ~ gebieten** to put a stop to s.th.; **einhalten** *unreg* **I.** *vt* [1] ↑ *befolgen* → *Regel, Gesetz* observe [2] ↑ *erfüllen* → *Frist, Abmachung, Termin* keep to **II.** *vi* (*zögern, aufhören*) cease

einhändig *adj* one-handed

einhängen *vt* [1] (*Tür*) hang; (*Anhänger*) hitch on [2] → *Telefon* hang up [3] ◇ **sich bei jd-m ~** to take s.o.'s arms

einheimisch *adj* [1] ↑ *ansässig* ▷ *Person* native [2] ↑ *inländisch* ▷ *Produkt* domestic

Einheit *f* [1] (*Ungeteiltheit*) unity; ◇ **die deutsche ~** German unification [2] (*Telefon-, Währungs-*) unit [3] MIL outfit [4] (*von Muster*) uniformity; **einheitlich** *adj* [1] ◇ **~e Kleidung tragen** to be dressed alike [2] ▷ *Struktur* homogeneous, integrated [3] (*Muster*) uniform; **Einheitspartei** *f* unity party; **Einheitspreis** *m* uniform price

einhellig *adj, adv* unanimous

einholen I. *vt* [1] ↑ *Vorsprung aufholen* → *jd-n*

catch s.o. up [2] ↑ *aufholen* → *Verspätung* make up for s.th. [3] ↑ *heranziehen* → *Tau* haul s.th. in [4] ↑ *herunterholen* → *Fahne, Segel* lower [5] ↑ *erfragen* → *Rat, Erlaubnis* seek **II.** *vi* shop; ◇ ~ **gehen** to go shopping

Einhorn *s* <-[e]s, Einhörner> unicorn

einhundert *nr* one hundred

einig *adj* [1] ↑ *vereint* united [2] ↑ *gleichgesinnt* of one mind; ◇ **sich** *dat* ~ **sein** to agree (*über akk* on), to be at one (*über akk* about) [3] ◇ **sich ~ werden** to reach an agreement

einige *pron* [1] (*etw, ziemlich viel*) some, a few, quite a lot; ◇ **~e Erfahrung** quite a bit of experience [2] (*pl*) ↑ *manche, mehrere* several; ◇ **~Male** several times; **einigemal** *adv* several times

einigen I. *vt* (*einig machen*) unite **II.** *vr* ◇ **sich** ~ agree (*auf akk* on)

einigermaßen *adv* [1] rather [2] ↑ *erträglich* tolerably; ◇ **es geht mir** ~ I'm just about okay

einiges *pron* something [1] ↑ *manches* some stuff [2] ↑ *ziemlich viel* quite a bit

Einigkeit *f* [1] unity [2] ↑ *Übereinstimmung* accord; **Einigung** *f* [1] agreement; JURA settlement [2] (*von Volk*) unification

einjährig *adj* (*1 Jahr alt*) one-year-old; (*1 Jahr dauernd*) one year's; FLORA ▷*Pflanze* annual

einkalkulieren *vt* → *Verluste* take (s.th.) into account

einkassieren *vt* cash; *FAM* take

Einkauf *m* <-[s], Einkäufe> (*das Einkaufen*) shopping; **einkaufen I.** *vt* (*kaufen*) → *Waren* buy **II.** *vi* go shopping; **Einkaufsbummel** *m* shopping; ◇ **e-n ~ machen** to go shopping; **Einkaufspreis** *m* purchase price; **Einkaufstasche** *f* shopping bag; **Einkaufswagen** *m* supermarket trolley; **Einkaufszentrum** *s* shopping centre, shopping center *AM*

einkehren *vi* (*in Wirtschaft*) stop off (at a pub)

einkellern *vt* lay in, put (s.th.) in the cellar

einkesseln *vt* ↑ *einkreisen* encircle

einklammern *vt* → *Wort* put (s.th.) in brackets

Einklang *m* accord, harmony; ◇ **in ~ bringen** to reconcile

einkleiden *vt* clothe, fit (s.o.) out

einklemmen *vt* jam; ◇ **sich** *dat* **die Finger** ~ to catch one's fingers

einknicken I. *vt* → *Papier* fold down **II.** *vi* [1] ← *Draht* nick [2] ← *Knie* give way, buckle

einkochen *vt* → *Obst, Marmelade* preserve

Einkommen *s* <-s, -> earnings *pl;* ◇ **festes** ~ fixed income; **Einkommensteuer** *f* income-tax

einkreisen *vt* [1] ▷*Wort* encircle [2] *FIG* → *Problem* attack systematically

Einkünfte *pl* income, earnings *pl*

einladen *unreg vt* [1] (→ *Möbel, Waren, in Wagen*) load [2] → *jd-n* invite; ◇ **jd-n zu sich nach Hause** ~ to invite s.o. home [3] ↑ *spendieren* treat; ◇ **jd-n ins Theater** ~ to invite s.o. to the theatre; **Einladung** *f* invitation (*zu* to)

Einlage *f* [1] (GASTRON *Suppen-*) garnish; (*Programm-*) enclosure; (*Schuh-*) insole; (MED *Zahn-*) filling [2] (*Spar-*) deposit; (*Kapital-*) stake, original investment [3] ▷*musikalisch, komisch* interlude

einlagern *vt* [1] → *Möbel* store [2] MIL quarter

Einlaß *m* <-sses, Einlässe> (*Zutritt*) admission; ◇ ~ **begehren** (*gehoben*) to ask to be let in; **einlassen** *unreg* **I.** *vt* [1] → *jd-n* admit, let (s.o.) in [2] ↑ *einlaufen lassen* → *Wasser in Wanne* run [3] (*einfügen*) insert **II.** *vr* [1] ◇ **sich mit jd-m ~** *dat* to get involved with s.o. [2] ◇ **sich auf etw** *akk* ~ to get mixed up in s.th.

Einlauf *m* [1] (*von Briefen*) arrival [2] SPORT (*von Pferden*) finish [3] (MED *Darm-*) enema; **einlaufen** *unreg* **I.** *vi* [1] (*ankommen*) arrive; (*in Hafen*) put in; SPORT finish, come in [2] ↑ *hineinlaufen* ← *Wasser* flow in [3] ↑ *eingehen* (*Stoff*) shrink **II.** *vt* → *Schuhe* wear in **III.** *vr* ◇ **sich** ~ (SPORT *warmlaufen*) warm up; ← *Motor, Maschine* run in

einleben *vr* ◇ **sich** ~ get used to a new environment, acclimatize o.s.

Einlegearbeit *f* inlaid work; **einlegen** *vt* [1] ↑ *hineintun* → *Blatt Papier* enclose; → *Film, Kassette* load [2] GASTRON (→ *Gurken, Fleisch, in Essig*) pickle [3] (↑ *einarbeiten* → *Intarsien, in Holz*) inlay [4] ◇ **e-e Pause** ~ to have a break [5] ◇ **Protest** ~ to protest; ◇ **Veto** ~ to veto; ◇ **Beschwerde** ~ to complain, to lodge a complaint; ◇ **ein gutes Wort bei jd-m** ~ to put in a good word for s.o.

einleiten *vt* [1] → *Buch* introduce; → *Feier* open [2] ↑ *initiieren* → *Neuerungen* initiate [3] MED → *Geburt* induce [4] ↑ *einfließen lassen* → *Wasser* let in; **Einleitung** *f* [1] ↑ *Beginn* (*von Buch, Rede etc.*) introduction; (*von Veranstaltung etc.*) opening; MUS prelude [2] (*von Geburt*) induction [3] (*von Wasser etc.*) letting-in

einleuchten *vi FIG* be evident; ◇ **das leuchtet mir ein** that is clear to me; **einleuchtend** *adj* ▷*Argument* clear, convincing

einliefern *vt* [1] ↑ *abgeben, liefern* → *Paket* deliver [2] ↑ *bringen* → *jd-n* bring; ◇ **jd-n ins Krankenhaus** ~ to take s.o. to hospital

einlösen *vt* [1] ↑ *sich auszahlen lassen,* FIN → *Scheck* cash; COMM → *Pfand* redeem [2] *FIG* ↑ *erfüllen* → *Versprechen* make good on s.th., keep

einmachen *vt* → *Obst, Gemüse* preserve

einmal *adv* [1] once; ◇ **das gibt's nur** ~ that's a one-off; ◇ **etw noch** ~ **tun** to do s.th. again [2] ↑ *früher* once; ◇ **es war** ~ once upon a time [3] ↑ *e-s Tages, in Zukunft* one day; ◇ **irgendwann** ~ one day [4] ◇ **auf** ~ out of the blue; suddenly; at the same time [5] ◇ **erst** ~ first; ◇ **nehmen wir** ~ **an** let's take it as given [6] ◇ **nicht** ~ **das** not even that; **Einmaleins** *s* <-> ▷*groß, klein* multiplication tables *pl; FIG* ABC's; **einmalig** *adj* [1] ↑ *einmal geschehend* ▷*Gelegenheit* unique [2] ↑ *toll, außergewöhnlich* ▷*Leistung* extraordinary; ◇ **das ist ja** ~! that's fantastic!

Einmannbetrieb *m* (*Geschäft, das nur von e-r Person geleitet wird*) one-man business; *FAM* one-man show

Einmarsch *m* marching in; (MIL *in Land*) invasion; **einmarschieren** *vi* march in

einmischen *vr* ◇ **sich** ~ ↑ *eingreifen* interfere (*in akk* in)

einmummen *vt* → *Kind* wrap (s.o.) up

einmünden *vi* ← *Fluß* flow (*in akk* into); ← *Straße* lead, join (*in akk* onto)

einmütig *adj* unanimous

Einnahme *f* <-, -n> [1] ↑ *Einkünfte* (*von Geld*) earnings *pl;* ◇ **-n u. Ausgaben** income and expenditure [2] ↑ *das Einnehmen* (*von Medizin*) taking [3] MIL ↑ *Eroberung* capture; **Einnahmequelle** *f* source of income; **einnehmen** *unreg vt* [1] ↑ *verdienen* → *Geld* make [2] ↑ *zu sich nehmen* → *Medizin* take; → *Mahlzeit* have [3] ↑ *wegnehmen, besetzen* → *Platz, Raum* take up; MIL → *Stadt, Stellung* capture [4] ↑ *innehaben* → *Amt, Posten, Haltung* occupy [5] *FIG* ◇ **jd-n für sich** ~ to charm s.o.; *FAM* to get s.o. on one's side; **einnehmend** *adj* ▷*Wesen* prepossessing

einnisten *vr* ◇ **sich** ~ [1] ← *Vogel* nest [2] *FIG* ↑ *sich breitmachen, einquartieren* park o.s. (*bei* on)

Einöde *f* wilderness

einordnen **I.** *vt* → *Buch, Karteikarte* arrange (s.th.) in order; (*klassifizieren*) classify **II.** *vr* ◇ **sich** ~ [1] ↑ *sich anpassen, einfügen* integrate o.s. [2] AUTO ↑ *einscheren* get in the correct lane; ◇ **sich links** ~ get in the left lane

einpacken **I.** *vt* [1] ↑ *packen* (*für Reise*) pack [2] ↑ *einwickeln* (*in Geschenkpapier*) wrap (s.th.) up (*in akk* in) **II.** *vi* (*FAM aufgeben*) pack s.th. up; ◇ **damit kann er** ~ he might as well give it up

einparken *vt* AUTO park

einpendeln *vr* ◇ **sich** ~ (FIN *Kurse*) even out

einpferchen *vt* [1] (*Vieh*) pen in [2] *FIG* ↑ *zusammendrängen* (*in engem Raum*) cram together

einpflanzen *vt* [1] → *Pflanze* plant [2] MED → *Organ* transplant

einplanen *vt* → *Kosten* plan for

einprägen *vt* [1] → *Muster* stamp [2] ◇ **jd-m etw** ~ to impress s.th. on s.o. [3] ◇ **sich** *dat* **etw** ~ to fix s.th. in one's mind; **einprägsam** *adj* ▷*Melodie, Gedicht* easy to remember, catchy

einquartieren **I.** *vt* [1] MIL billet [2] → *Freund* put up **II.** *vr* (*unerwünscht*) ◇ **sich** ~ squat (*bei* at)

einrahmen *vt* [1] → *Bild* frame [2] *FIG* ↑ *umrahmen* → *Gesicht* frame

einrasten *vi* [1] ← *Verschluß, Halterung* snap into position [2] *FAM* be uptight

einräumen *vt* [1] → *Möbel* install [2] → *Wohnung* fit [3] *FIG* ↑ *gewähren, zugestehen* → *Recht* grant, concede

einrechnen *vt* [1] allow for [2] ↑ *berücksichtigen* take into account

einreden **I.** *vt* [1] ◇ **jd-m etw** ~ to talk s.o. into believing s.th. [2] ↑ *sich etw vormachen* ◇ **sich** *dat* **etw** ~ to kid o.s. about s.th. **II.** *vi* ◇ **auf jd-n** ~ to buttonhole s.o.

einreiben *unreg vt* (*mit Creme*) rub (s.th.) in

einreichen *vt* [1] ↑ *abgeben* → *Antrag, Gesuch* hand (s.th.) in [2] ↑ *formell bitten um* → *Entlassung, Rente* submit

Einreise *f* (*in Staat*) entry; **Einreisebestimmungen** *pl* conditions *pl* of entry; **einreisen** *vi* enter; ◇ **in die Schweiz** ~ to enter Switzerland; **Einreisevisum** *s* entry visa

einreißen *unreg* **I.** *vt* [1] ↑ *zerreißen* → *Papier, Stoff* make a tear in s.th., tear [2] ↑ *niederreißen* → *Gebäude* demolish **II.** *vi FAM* ↑ *sich einbürgern* become a habit; ◇ **das wollen wir nicht** ~ **lassen** we don't want that to become a habit

einrichten **I.** *vt* [1] → *Wohnung* furnish, decorate [2] → *Filiale* establish [3] ↑ *ermöglichen, arrangieren* manage; ◇ **kannst du es** ~**, daß ...** can you arrange for ... [4] MED ↑ *geraderichten* → *Knochen* set **II.** *vr* ◇ **sich** ~ [1] (*in Wohnung*) arrange a comfortable environment for o.s.; ◇ **sich häuslich** ~ to make o.s. at home [2] ↑ *sich anpassen* (*auf Situation*) adapt (*auf akk* to) [3] ↑ *sich vorbereiten* make arrangements (*auf akk* for); **Einrichtung** *f* [1] ↑ *Mobiliar* (*Wohnungs-*) appointments *pl* [2] ↑ *Institution* social institution [*o.* service]; ◇ **Kinderhorte sind e-e wichtige** ~ day nurseries constitute a vital social service [3] (*Transportmittel, Müllabfuhr etc.*) public utilities *pl* [4] ↑ *Gründung, Eröffnung* (*von Konto*) opening

einrosten *vi* get rusty

einrücken **I.** *vi* [1] MIL ← *Soldat* join the ranks [2] MIL ↑ *einmarschieren* (*in Land*) march in (*in akk* to) **II.** *vt* [1] PC PRINT → *Zeile* indent [2] ↑ *aufgeben* → *Anzeige* insert

eins **I.** *nr* ① one ② (*Schulnote*) ↑ *sehr gut* A **II.** *adv* ① ↑ *einig, e-r Meinung* at one; ◇ **wir sind uns** ~ we are at one ② ↑ *egal, gleichgültig* all one; ◇ **das ist doch alles** ~ it's all of a piece ③ ◇ ~ **sein** to constitute an entirety ④ ↑ *etw* one thing; ◇ ~ **muß noch gesagt werden** one thing remains to be said; ◇ **jd-m** ~ **auswischen** to play a dirty trick on s.o.

einsalzen *vt* salt; → *Fleisch* cure

einsam *adj* ① ↑ *allein* ▷*Mensch* lonely; ◇ **sich** ~ **fühlen** to feel lonely ② ↑ *abgelegen* ▷*Haus, Gegend* remote ③ *FAM* ◇ ~**e Klasse!** great!; **Einsamkeit** *f* loneliness, solitude

einsammeln *vt* collect

Einsatz *m* ① (*Koffer~*) tray; (*Kragen~*) insert ② (*Spiel~, Wett~*) stake ③ MUS entry ④ ↑ *Verwendung* use; ↑ *Einsetzen* application; MIL deployment, operations *pl;* **einsatzbereit** *adj* ready for action

einschalten **I.** *vt* ① ELECTR ↑ *anstellen* → *Radio, Licht* switch on ② ↑ *hinzuziehen* engage; → *Anwalt, Polizei* involve ③ ↑ *einfügen* insert; → *Pause* take ④ AUTO → *Gang* shift **II.** *vr* ◇ **sich** ~ ↑ *sich einmischen* intervene (*in akk* in)

einschärfen *vt* ◇ **jd-m etw** ~ to impress s.th. on s.o.

einschätzen **I.** *vt* ① ↑ *schätzen* → *Vermögen* assess, estimate ② → *Lage, Fähigkeiten* ▷*falsch, richtig* appraise; *FAM* size up **II.** *vr* ◇ **sich** ~ rate o.s.

einschenken *vt* pour

einscheren *vi* AUTO filter in

einschicken *vt FAM* ↑ *einsenden* send (s.th.) in

einschieben *unreg vt* ① (*in Ofen*) shove s.th. in ② ↑ *einfügen* → *Bemerkung* interpose

einschiffen **I.** *vt* ship **II.** *vr* ◇ **sich** ~ embark

einschlafen *unreg vi* go to sleep; **einschläfernd** *adj* ① ↑ *eintönig* soporific, monotonous ② MED sleep-inducing

Einschlag *m* ① (*von Geschoß*) impact ② (*Blitz~*) strike ③ (AUTO *von Lenkrad*) lock ④ (*von Bäumen*) felling ⑤ (*Saum*) turnup ⑥ *FIG* ↑ *Beimischung, Merkmal* element, characteristics *pl;* ◇ **asiatischer** ~ an Asiatic element; **einschlagen** *unreg* **I.** *vt* ① (*kaputtschlagen*) → *Fenster* smash; → *Zähne, Schädel* bash s.th. in ② ↑ *einklopfen* → *Nagel* drive s.th. in ③ AUTO → *Steuer* turn; → *Weg, Richtung* take ④ ↑ *umnähen* → *Saum* turn up ⑤ ↑ *einpacken, einwickeln* → *Ware* wrap up **II.** *vi* ① ← *Blitz* strike (*in etw akk* s.th.); ← *Kugel* hit (*in etw akk* s.th.) ② ↑ *schlagen* beat (*auf jd-/etw* s.o./s.th.) ③ ↑ *sich einigen* agree ④ *FIG* be a success; ◇ **wie der Blitz** ~ to be a smash hit; **einschlägig** *adj* ▷*Literatur* relevant; ◇ **er ist** ~ **vorbestraft** he has been previously convicted (for a similar offense)

einschleichen *unreg vr* ◇ **sich** ~ ① (*in Haus*) sneak in ② ← *Fehler* creep in ③ ◇ **sich in jd-s Vertrauen** ~ to warm one's way into s.o.'s confidence

einschließen *unreg vt* ① → *Schmuck* lock away; → *Häftling* lock up ② → *Bergleute* cut off ③ → *Garten* enclose; MIL → *Stadt* surround ④ *FIG* ↑ *umfassen* include; ◇ **im Preis** ~ to include in the price; **einschließlich** **I.** *adv* including; ◇ **bis 31. Juli** ~ to 31 July inclusive, up to and including 31 July **II.** *präp gen* including, inclusive of; ◇ ~ **Trinkgeld** including tips; ◇ ~ **Porto** postage included

einschmeicheln *vr* ◇ **sich** ~ ingratiate o.s. (*bei* with)

einschmuggeln *vt* smuggle s.th. in

einschnappen *vi* ① ← *Schloß* snap to ② *FIG* ↑ *beleidigt sein* be offended

einschneidend *adj* ▷*Maßnahme* drastic; **Einschnitt** *m* ① (*in Papier, Stoff*) cut; MED incision ② (*FIG tiefgreifende Veränderung*) transformation

einschränken **I.** *vt* ① ↑ *beeinträchtigen* → *Freiheit* restrict ② ↑ *verringern* → *Kosten* reduce ③ → *Behauptung* qualify **II.** *vr* ◇ **sich** ~ ↑ *sparen* economize, tighten one's belt; **Einschränkung** *f* ① (*von Freiheit*) restriction ② (*von Kosten*) reduction ③ ↑ *Vorbehalt* (*von Behauptung*) qualification

Einschreib[e]brief *m* registered letter; **einschreiben** *unreg* **I.** *vt* ① (*in Liste*) enter, register ② ◇ **e-n Brief** ~ **lassen** to have a letter registered, to have a letter sent by registered mail **II.** *vr* ◇ **sich** ~ register; SCH enrol; **Einschreiben** *s* registered letter, recorded delivery letter, certified mail *AM*; **Einschreib[e]sendung** *f* registered mail

einschreiten *unreg vi* intervene; ◇ **gegen etw/jd-n** ~ to take action against s.th./s.o.

Einschub *m* <-s, Einschübe> (*in text*) parenthesis, insertion

einschüchtern *vt* intimidate, browbeat

Einschuß *m* ① (*Wunde*) bullet-hole ② FIN capital invested, stake

einsehen *unreg vt* ① ◇ **etw** ~ to realize s.th., to understand s.th. ② → *Schriftstück* examine; ◇ **Akten** ~ to look at files ③ → *Fehler* recognize ④ ◇ **das sehe ich nicht ein** I don't see why; **Einsehen** *s* <-s> ◇ **ein** ~ **haben** to show consideration

einseifen *vt* (*Körper*) soap

einseitig *adj* ① ▷*Lähmung* one-sided ② ▷*Abrü-*

stung unilateral [3] ↑ *subjektiv* biased; ◇ **etw ~ betrachten** to consider s.th. partially [4] (*Gesinnung*) single-track; ◇ **~ begabt** able in a one-sided way; **Einseitigkeit** *f* one-sidedness

einsenden *unreg vt* send (s.th.) in; **Einsender (in** *f*) *m* sender, contributor; **Einsendung** *f* submission, remittance

einsetzen I. *vt* [1] ↑ *installieren, einbauen* → *Fensterscheibe* put in, install [2] ↑ *ernennen, einstellen* appoint [3] FIN ↑ *riskieren* → *Geld* stake, bet [4] ↑ *anwenden* → *Mittel* employ, apply; MIL → *Truppen* deploy **II.** *vi* ↑ *beginnen* ← *Winter* set in; MUS enter, come in **III.** *vr* ◇ **sich ~** to do one's utmost; ◇ **sich für jd-n/etw ~** to stand up for s.o./s.th.

Einsicht *f* <-, -en> [1] (*in Akten*) inspection; ◇ **~ nehmen** to inspect, to consult, to look at [2] ↑ *Verständnis, Verstehen* insight, understanding; ◇ **zu der ~ gelangen, daß ...** to come to the realization that ...; **einsichtig** *adj* [1] ↑ *verständnisvoll* ▷*Mensch* understanding [2] ↑ *einleuchtend* ▷*Grund* understandable

Einsiedler(in *f*) *m* hermit; **Einsiedlerkrebs** *m* FAUNA hermit crab

einsilbig *adj* [1] GRAM ▷*Wort* monosyllabic [2] *FIG* ↑ *wortkarg* ▷*Mensch* taciturn; **Einsilbigkeit** *f* [1] (GRAM *von Wort*) monosyllabism [2] (*FIG Wortkargheit*) taciturnity

einsinken *unreg vi* [1] (← *Mensch, in Schnee, Schlamm*) sink in [2] ← *Boden* subside

einspannen *vt* [1] → *Blatt Papier* stretch (s.th.) in a frame [2] → *Pferde* harness [3] *FAM* ↑ *in Anspruch nehmen* → *jd-n* rope s.o. into doing s.th.; ◇ **sehr eingespannt sein** to be very busy

einspeisen *vt* [1] → *Strom* supply, feed [2] PC ↑ *eingeben* → *Daten* store, enter

einsperren *vt* [1] lock s.o. in [2] (*ins Gefängnis*) imprison

einspielen *vr* ◇ **sich ~** [1] SPORT ↑ *sich warmspielen* warm up [2] ← *Regelung, Ordnung* work, function; ◇ **aufeinander eingespielt sein** to function well together

einspringen *unreg vi* help out; ◇ **für jd-n ~** to step in for s.o.

einspritzen *vt* AUTO inject

Einspruch *m* [1] veto, objection; (*bei Patentrecht*) opposition [2] JURA ◇ **~ erheben** to file an objection; (*bei Berufung*) to appeal

einspurig *adj* (*Straße*) single lane; BAHN single track

einst *adv* [1] once, formerly; (*in Märchen*) ◇ **es lebte ~ e-e Königin** once upon a time there lived a queen [2] ↑ *künftig* one day; ◇ **alles wird ~ anders werden** one/some day things will be different

Einstand *m* [1] SPORT deuce [2] ↑ *Dienstantritt* ◇ **~ feiern** start a new job

einstecken *vt* [1] (*in Tasche etc.*) put s.th. in s.th.; ELECTR → *Stecker* plug in [2] ↑ *einwerfen* → *Brief* post [3] ↑ *mitnehmen* put (s.th.) in one's pocket [4] *FAM* ↑ *einnehmen* → *Profit* take [5] *FIG* ↑ *hinnehmen, ertragen* → *Beleidigung* tolerate, stomach

einstehen *unreg vi* [1] ↑ *eintreten, bürgen* stand surety (*für jd-n/etw* for s.o./s.th.) [2] ↑ *geradestehen* (*für Schaden etc.*) assume financial responsibility (*für* for)

einsteigen *unreg vi* [1] (*hineinsteigen, in Fahrzeug*) get in; (*in Schiff, Flugzeug*) enter, board [2] (*sich beteiligen, in Geschäft*) become a partner, embark on a business enterprise

einstellen I. *vti* [1] ↑ *unterstellen* → *Auto, Möbel etc.* put away, store; → *Bücher* shelve [2] → *Mitarbeiter* employ, take on [3] ↑ *regulieren* → *Kamera* focus; → *Sender, Radio* adjust, tune [4] ADMIN JURA ↑ *beenden* → *Klage* dismiss; → *Verfahren* drop, suspend [5] → *Produktion* shut down; ◇ **bitte das Rauchen ~** please stop smoking **II.** *vr* ◇ **sich ~** [1] ↑ *sich vorbereiten* get o.s. set (*auf akk* for), get ready for [2] ↑ *sich richten nach* adapt; ◇ **sich auf Bedürfnisse ~** to adapt to current needs [3] ↑ *kommen* ← *Regen, Sommer etc.* set in; ← *Besucher* arrive; **Einstellung** *f* [1] (*von Möbel*) storage; (*von Auto*) garaging [2] (*von Arbeiter*) employment [3] (↑ *Beendigung,* JURA *von Verfahren*) suspension; (*von Zahlungen*) cessation; (*von Produktion*) shut-down [4] (*von Radio, Kamera etc.*) adjustment [5] *FIG* ↑ *Haltung* attitude; ◇ **positive Lebens~** positive attitude to life

Einstieg *f* <-[e]s, -e> [1] (*Ggs zu Ausstieg, von Bus, Zug etc.*) entrance, door [2] (*FIG in Geschäft*) entry

einstimmen I. *vi* [1] (*in Lied, Gelächter*) join in [2] *FIG* ↑ *zustimmen* agree **II.** *vt* MUS → *Instrumente* tune **III.** *vr* ◇ **sich ~** put o.s. in the right frame of mind (*auf akk* for)

einstimmig *adj* [1] ↑ *einmütig* unanimous [2] MUS for one voice; **Einstimmigkeit** *f* unanimity

einstmals *adv* formerly

einstöckig *adj* ▷*Haus* one-storey

einstudieren *vt* → *Lied, Gedicht, Rolle* rehearse

einstündig *adj* one-hour

einstürmen *vi* ◇ **auf jd-n ~** (*mit Fragen*) to assail s.o.; ← *Eindrücke, Erinnerungen* overwhelm s.o.

Einsturz *m* (*von Haus, Mauer*) collapse; **ein-**

stürzen *vi* ← *Brücke* collapse; **Einsturzgefahr** *f* danger of collapse

einstweilen *adv* [1] ↑ *inzwischen* meanwhile [2] ↑ *zunächst einmal* temporarily; **einstweilig** *adj* temporary; JURA ◇ **-e Verfügung** interim/temporary injunction

eintägig *adj* one-day

eintauchen I. *vt* dip in; (*Kuchen in Kaffee*) dunk in **II.** *vi* dive in

eintauschen *vt* exchange (*gegen* for), swap (*gegen* for)

eintausend *nr* one thousand

einteilen *vt* [1] → *Zeit, Arbeit* plan, organize [2] → *Geld* budget, manage [3] ◇ **in Gruppen** ~ to divide into groups; **einteilig** *adj* ▷*Badeanzug* one-piece; **Einteilung** *f* (*Anordnung*) arrangement; (*Klassifizierung*) classification

eintönig *adj* monotonous; **Eintönigkeit** *f* monotony

Eintopf *m*, **Eintopfgericht** *s* GASTRON stew

Eintracht *f* <-> harmony, concord; ◇ **in ~ leben** to live in perfect harmony; **einträchtig** *adj* harmonious, united

Eintrag *m* <-[e]s, Einträge> (COMM *in Rechnungsbuch*) entry, item; ADMIN ◇ **amtlicher** ~ registration; **eintragen** *unreg* **I.** *vt* [1] (*in Liste*) list [2] ↑ *abwerfen* → *Profit* yield; ↑ *einbringen* → *Anerkennung* bring **II.** *vr* ◇ **sich** ~ put one's name down (*in akk* in), register

einträglich *adj* profitable

eintreffen *unreg vi* [1] ↑ *ankommen* ← *Zug, Bus* arrive [2] ↑ *wahr werden* ← *Voraussage* happen, be realized

eintreten *unreg* **I.** *vi* [1] ↑ *hineingehen, betreten* enter (*in etw akk* s.th.); ◇ **treten Sie doch ein!** do come in! [2] ↑ *beitreten* join; (*in Verein, Partei*) become a member [3] ↑ *sich ereignen* ← *Tod* occur; ← *Ereignis* happen [4] ↑ *dazukommen* (*in Krieg, in neue Phase*) enter [5] ↑ *sich einsetzen* ◇ **für jd-n/etw** ~ to stand up for s.o./s.th. **II.** *vt* → *Tür* kick in

Eintritt *m* [1] ↑ *Betreten* entry, entrance [2] ↑ *Beitritt* taking part, entry, joining [3] ↑ *Geschehen* (*von Tod*) occurrence [4] ↑ *Beginn* (*von Dunkelheit, von Krieg*) onset [5] ↑ *Eintrittsgeld* admission; **Eintrittspreis** *m* admission (price); **Eintrittskarte** *f* (admission) ticket

eintrocknen *vi* dry up

einüben *vt* practise

einverleiben *vt* incorporate [1] POL MIL → *Gebiet* annex [2] ◇ **sich** *dat* **etw** ~ to ingest s.th.; *FAM* to polish s.th. off; (*FIG geistig*) to internalize s.th.

Einvernehmen *s* <-s, -> understanding, agreement

einverstanden I. *intj* agreed!, all right! **II.** *adj* ◇ **~ sein** to agree, to consent; **Einverständnis** *s* ↑ *Einwilligung* consent; ↑ *Übereinstimmung* agreement

Einwand *m* <-[e]s, Einwände> ▷*begründet* objection; ◇ **Einwände erheben** to raise objections

Einwanderer *m*, **Einwand[r]erin** *f* immigrant; **einwandern** *vi* immigrate; **Einwanderung** *f* immigration

einwandfrei *adj* [1] ▷*Ware* faultless; ▷*Benehmen* irreproachable [2] (*unbestreitbar*) incontestable; ◇ **es steht ~ fest, daß ...** it is beyond question that ...

einwärts *adv* ▷*gerichtet, gebogen* inward(s)

Einwegflasche *f* non-deposit bottle

einweichen *vt* → *Wäsche* soak

einweihen *vt* [1] → *Museum, Theater* open formally; *FIG* christen [2] *FAM* → *Kleidung* wear s.th. for the first time [3] ◇ **jd-n in ein Geheimnis** ~ to let s.o. in on a secret; **Einweihung** *f* [1] formal opening [2] (*in Geheimnis*) initiation

einweisen *unreg vt* [1] (*in Amt*) install [2] (*in Aufgabe*) instruct; MIL brief [3] (*in Anstalt*) commit, send [4] AUTO → *in Parklücke* guide, direct; **Einweisung** *f* [1] (*amtlich*) installation [2] briefing

einwenden *unreg vt* object (*gegen* to)

einwerfen *unreg vt* [1] → *Münze* insert; → *Brief* post; SPORT → *Ball* throw in [2] ↑ *zertrümmern* → *Fenster* smash [3] *FIG* ↑ *bemerken, sagen* interpose

einwertig *adj* CHEM univalent

einwickeln *vt* [1] ↑ *einpacken* (*in Papier, Stoff etc.*) wrap (s.th.) up [2] *FAM* outsmart; ◇ **sich leicht ~ lassen** to let o.s. be easily taken in

einwilligen *vi* consent (*in akk* to), agree (*in akk* to); **Einwilligung** *f* consent; ◇ **seine ~ geben** to give one's consent

einwirken *vi* ▷*günstig, nachteilig* influence; ◇ **auf jd-n/etw** ~ to have an effect on s.o./s.th.

Einwohner(in *f*) *m* <-s, -> inhabitant, resident; **Einwohnermeldeamt** *s* registration office; **Einwohnerschaft** *f* inhabitants *pl*

Einwurf *m* [1] (*Einwerfen*) insertion [2] ↑ *Öffnung* (*-schlitz*) slot [3] *FIG* ↑ *Zwischenbemerkung* interjection [4] (SPORT *Ball-*) throw-in

Einzahl *f* GRAM ↑ *Singular* singular

einzahlen *vt* (→ *Geld, auf Konto*) pay in; **Einzahlung** *f* paying in

einzäunen *vt* fence (s.th.) in, enclose

einzeichnen *vt* sketch (s.th.) in

Einzel *s* <-s, -> (SPORT *bei Tennis, Tischtennis etc.*) singles *pl;* **Einzelbett** *s* single bed; **Ein-**

zelfall *m* special case; **Einzelgänger(in** *f*) *m* loner; *FAM* lone wolf; **Einzelhandel** *m* retail trade; **Einzelhändler(in** *f*) *m* retailer; **Einzelheit** *f* detail; ◇ **etw in allen -en schildern** to describe s.th. down to the last detail; **einzeln I.** *adj* [1] single, individual; ◇ **ein -er Baum** one solitary tree [2] ↑ *isoliert, für sich* separate **II.** *adv* separately; ◇ **jede(r) -e** each one separately; ◇ **bis ins -e gehen** to go into details; ◇ **etw im -en besprechen** to discuss s.th. in detail; **Einzelteil** *s* single component; **Einzelzimmer** *s* single room

einziehen *unreg* **I.** *vt* [1] (*nach innen ziehen*) draw (s.th.) in; → *Kopf* duck; → *Bauch* pull in; → *Fühler, Fahrgestell* retract; ◇ **der Hund zieht den Schwanz ein** the dog puts its tail between its legs [2] → *Steuern* collect; → *Pfandbriefe* redeem [3] JURA → *Vermögen* confiscate; → *Führerschein* revoke [4] MIL draft, call up [5] TECH → *Balken, Decke* put in; → *Schraube* tighten **II.** *vi* [1] (*in Wohnung*) move in [2] ↑ *einmarschieren* ← *Truppen* march in [3] (*Friede, Ruhe*) come [4] (← *Creme, Salbe, in Haut*) penetrate

einzig *adj* [1] ▷*Kind, Stuhl, Freude* only, single; ◇ **ein -es Mal** only once; ◇ **der/die -e** the only one; ◇ **kein -es Wort** not a single word [2] ↑ *beispiellos* unique, singular; ◇ **das war e-e -e Katastrophe** that was an utter disaster; **einzigartig** *adj* unique

Einzug *m* [1] (*in Wohnung*) moving in [2] ▷*halten* entry [3] (FIN ADMIN *von Geldern*) collection [4] PRINT indent

Eis *s* <-es, -> [1] (*von Wasser*) ice [2] (GASTRON *Speise~*) ice-cream; **Eisbahn** *f* skating rink; **Eisbär** *m* FAUNA polar bear; **Eisberg** *m* iceberg; **Eisbrecher** *m* ice-breaker; **Eisdecke** *f* layer of ice; **Eisdiele** *f* ice-cream parlour

Eisen *s* <-s, -> [1] (*als Metall*) iron [2] (*Bügel-*) [flat-]iron; (*Huf-*) horseshoe; (*Brech-*) crowbar [3] *FIG* ◇ **ein heißes -** risky business; *FAM* hot potato

Eisenbahn *f* railway; *AM* railroad; (*Zug*) train; *FAM* ◇ **es ist höchste -** it's high time; **Eisenbahnnetz** *s* railway network; **Eisenbahnschaffner(in** *f*) *m* railway conductor; **Eisenbahnübergang** *m* level crossing; **Eisenbahnwagen** *m* railway carriage

Eisenerz *s* iron ore

eisern *adj* [1] iron [2] *FIG* ↑ *stark, zäh* ◇ **-e Gesundheit** iron constitution; ◇ **-e Energie** relentless energy; ◇ **-e Disziplin** iron discipline

eisfrei *adj* ▷*Straße* ice-free, clear of ice; **Eishockey** *s* ice hockey; **eisig** *adj* [1] ▷*Kälte* freezing cold [2] *FIG* ▷*Blick, Atmosphäre* icy, glacial; **eiskalt** *adj* ice-cold; **Eiskunstlauf** *m* figure skating; **Eisläufer(in** *f*) *m* ice-skater; **Eispickel** *m* ice pick; **Eisschießen** *s* curling; **Eisscholle** *f* ice floe; **Eisschrank** *m* ↑ *Kühlschrank* refrigerator; *FAM* fridge; **Eistüte** *f* ice-cream cone; **Eiszapfen** *m* icicle; **Eiszeit** *f* ice age

eitel *adj* ▷*Person* vain; **Eitelkeit** *f* vanity

Eiter *m* <-s> pus; **eit[e]rig** *adj* ▷*Entzündung* festering; **eitern** *vi* ← *Wunde* suppurate, fester

Eiweiß *s* <-es, -e> [1] (*von Ei*) egg white [2] CHEM protein

Eizelle *f* BIOL egg cell, ovum

Ekel [1] *m* <-s> aversion (*vor dat* to)

Ekel [2] *s* <-s, -> *FAM* loathsome person, horror

ekelerregend *adj* → *Gestank* nauseating; **ekelhaft** *adj* → *Geruch* disgusting, offensive; **ek[e]lig** *adj* ↑ *widerlich, abstoßend* repulsive; **ekeln I.** *vt* disgust; ◇ **mich ekelt vor dem Schwein** the pig nauseates/disgusts me **II.** *vr* ◇ **sich -** be disgusted (*vor dat* by), have an aversion (*vor dat* to)

Ekstase *f* <-, -n> ecstasy; ◇ **in - geraten** to get ecstatic (*über akk* over)

Ekzem *s* <-s, -e> MED eczema

Elan *m* <-s> energy

elastisch *adj* ▷*Material* elastic; **Elastizität** *f* elasticity

Elch *m* <-[e]s, -e> FAUNA moose

Elefant *m* FAUNA elephant

elegant *adj* [1] (*Aussehen*) elegant, smart [2] ↑ *gewandt* ▷*Ausdrucksweise* elegant, polished [3] ↑ *geschickt* ▷*Lösung* elegant, clever; **Eleganz** *f* [1] (*Schick*) elegance [2] ↑ *Gewandtheit* fluency, gracefulness

Elektriker(in *f*) *m* <-s, -> electrician; **elektrisch** *adj* ▷*Eisenbahn, Maschine* electric(al); **elektrisieren** *vt* [1] electrify [2] *FIG* ↑ *begeistern* → *jd-n* thrill; **Elektrizität** *f* electricity; **Elektrode** *f* <-, -n> electrode; **Elektroherd** *m* electric oven

Elektrolyse *f* <-, -n> CHEM PHYS electrolysis

Elektron *s* <-s, -en> electron; **Elektronenmikroskop** *s* electron microscope; **elektronisch** *adj* electronic; ◇ **-e Datenverarbeitung** electronic data processing; **Elektrorasierer** *m* <-s, -> electric razor

Element *s* <-s, -e> [1] (*Bestandteil*) factor, constituent [2] (*Erde, Feuer*) element [3] CHEM element [4] ↑ *Bauteil* component [5] *FIG* ◇ **sie ist in ihrem -** she is in her element

elementar *adj* [1] ↑ *grundlegend* ▷*Wissen* elementary [2] ↑ *naturgewaltig* elemental

elend *adj* [1] (*krank*) ill, sick, miserable; ◇ **sich -**

fühlen to feel terrible ② ↑ *armselig* ▷*Behausung* wretched ③ ↑ *niederträchtig* ▷*Person* mean, vile; **Elend** *s* <-[e]s> ↑ *Not* distress, wretchedness; **Elendsviertel** *s* slum
elf *nr* eleven; **Elf** *f* <-, -en> SPORT eleven
Elfe *f* <-, -n> elf
Elfenbein *s* ivory
Elfmeter *m* SPORT penalty [kick]
eliminieren *vt* eliminate
Elite *f* <-, -n> elite
Elixier *s* <-s, -e> elixir
Ell[en]bogen *m* ① ANAT ▷*aufstützen* elbow ② *FIG* ◇ **seine ~ gebrauchen** to elbow one's way through; **Ell[en]bogengesellschaft** *f* me-first society
Elle *f* <-, -n> ① ANAT ulna ② (*Maß*) ≈ yard
Ellipse *f* <-, -n> ① SPRACHW ellipsis ② MATH ellipse
Elster *f* <-, -n> FAUNA magpie
elterlich *adj* ▷*Liebe, Rechte* parental; **Eltern** *pl* parents *pl;* **Elternabend** *m* parents' evening; **Elternhaus** *s* parental home, family; **elternlos** *adj* without parents, orphaned
Email *s* <-s, -s> enamel; **emaillieren** *vt* enamel
Emanze *f* <-, -n> *FAM oft PEJ* women's libber; **Emanzipation** *f* (*der Frau*) emancipation; **emanzipieren** *vr* ◇ **sich ~** emancipate
Embargo *s* <-s, -s> (*Waffen~*) embargo
Embryo *m* <-s, -s *o.* -nen> embryo
Emigrant(in *f*) *m* emigrant; **Emigration** *f* emigration; **emigrieren** *vi* emigrate
empfahl *impf v.* **empfehlen**
empfand *impf v.* **empfinden**
Empfang *m* <-[e]s, Empfänge> ① ↑ *Annahme, Erhalten* (*von Ware, Post etc.*) receipt; ◇ **etw in ~ nehmen** to take delivery of s.th. ② ↑ *Begrüßung* ▷*herzlich* welcome ③ ↑ *Audienz* (*Neujahrs~*) reception ④ (*von Radio, Fernsehen*) ▷*gut, gestört* reception; **empfangen** <empfing, empfangen> *vt* ① ↑ *entgegennehmen* accept ② → *Gäste* welcome, receive ③ → *Kind* conceive; **Empfänger(in** *f*) *m* <-s, -> ① (*von Brief*) addressee, recipient ② (COMM *von Ware*) consignee, recipient ③ ↑ *Rundfunkgerät* receiver; **empfänglich** *adj* receptive (*für* to); **Empfängnis** *f* conception; **Empfängnisverhütung** *f* contraception; **Empfangsbestätigung** *f* acknowledgement; **Empfangsbüro** *s* reception office; **Empfangsdame** *f* receptionist
empfehlen <empfahl, empfohlen> **I.** *vt* → *Hotel, Buch, Film* recommend; ◇ **das ist sehr zu ~** that is highly recommended **II.** *vr* ◇ **sich ~** (*gehoben, sich verabschieden*) take one's leave; ◇ **es empfiehlt sich, ...** it is advisable to ...; **empfehlenswert** *adj* ▷*Buch, Produkt* recommendable; **Empfehlung** *f* ① ↑ *Rat* recommendation ② ↑ *Referenz* reference; ◇ **auf ~ von jdm** on recommedation of s.o; **Empfehlungsschreiben** *s* letter of recommendation
empfinden <empfand, empfunden> *vt* ① → *Kälte, Wärme* feel, have a sensation of ② → *Mitleid, Reue* have, feel; **empfindlich** *adj* ① ▷*Meßgerät* sensitive ② ▷*Haut* tender; ◇ **schmerz~** susceptible to pain; ◇ **gegen Kälte ~ sein** to feel the cold ③ ▷*Stoff* delicate ④ ▷*Person* ↑ *reizbar* irritable; ↑ *leicht gekränkt* thin-skinned ⑤ ↑ *schwer* ▷*Strafe, Verlust* heavy, severe; **Empfindlichkeit** *f* sensitivity; **empfindsam** *adj* sensitive; **Empfindung** *f* ① (*Kälte~, Schmerz~*) sensation ② ↑ *Gefühl* feeling, sentiment
empfing *impf v.* **empfangen**
empfohlen *pp von* **empfehlen**
empfunden *pp von* **empfinden**
empirisch *adj* empiric(al)
empor *adv* up, upward(s)
empören *vr* ◇ **sich ~** to be angry (*über akk* at); **empörend** *adj* ▷*Benehmen* infuriating
emporkommen *unreg vi* ① ↑ *sich hinaufarbeiten* work o.e's way up ② ↑ *hochkommen, auftauchen* ← *Modeerscheinung* emerge; **Emporkömmling** *m meist PEJ* upstart
Empörung *f* indignation (*über akk* at)
emsig *adj* ▷*Person* hard-working, eager, industrious
End- *in Zusammensetzungen* (*endgültig*) final; **Endauswertung** *f* final analysis; **Endbahnhof** *m* BAHN terminus
Ende *s* <-s, -n> ① ↑ *Schluß* (*von Buch, Film*) end; ◇ **am ~** at the end; ◇ **zu ~ sein** to be finished ② ↑ *Abschluß* (*von Jahr, Tag*) close; ◇ **~ Juli** at the end of July ③ ↑ *Tod* death ④ ↑ *letztes Stück* (*von Straße etc.*) end ⑤ (*FIG völlig erschöpft*) ◇ **am ~ sein** to be at the end of one's tether; **enden** *vi* come to an end
Endgerät *s* PC terminal
endgültig *adj* ▷*Entscheidung* final
Endivie *f* FLORA endive
Endlagerung *f* (*von radioaktiven Abfällen*) permanent storage
endlich I. *adv* finally; ◇ **na ~!** at last! **II.** *adj* final, ultimate; (MATH *Ggs zu unendlich, ewig*) finite
endlos *adj* ① (*unendlich*) infinite; ▷*Reise* endless ② ▷*Gerede* incessant; **Endlospapier** *s* PC continuous stationery, endless paper
Endpunkt *m* (*Fahrtziel*) destination
Endreim *m* end rhymne
Endrunde *f* SPORT (*bei Weltmeisterschaft*) final (round)

Endspiel *s* SPORT final
Endspurt *m* SPORT final sprint, finish
Endstation *f* (*von Bus, Bahn*) terminus, terminal
Endung *f* GRAM ending
Endverbraucher(in *f*) *m* COMM end user
Energie *f* [1] (*Sonnen-, Atom-*) energy; PHYS ◇ **potentielle** ~ potential energy [2] *FIG* ↑ *Vitalität, Tatkraft* drive, vitality; ◇ **voller** ~ full of energy; **Energiebedarf** *m* energy needs *pl;* **Energiekrise** *f* energy crisis; **energielos** *adj* ▷*Person* listless, lifeless; **Energiequelle** *f* source of energy; **Energieversorgung** *f* power supply; **Energiewirtschaft** *f* power industry
energisch *adj* [1] energetic; ▷*Person* vigorous [2] (*entschlossen*) resolute; ▷*Auftreten* forceful
eng *adj* [1] ▷*Straße* narrow; ▷*Zimmer* cramped; ▷*Raum* confined; ▷*Hose* tight [2] ↑ *dicht* close; ◇ ~ **aneinander stehen** to stand close together [3] *FIG* ↑ *eingeschränkt* restricted; ▷*Horizont* narrow; ▷*Bedeutung* limited; *FAM* ◇ **etw nicht so ~ sehen** not to take s.th. so seriously [4] *FIG* intimate; ▷*Beziehung* close; ◇ ~ **befreundet sein** to be on very close terms; *FAM* to be great pals
Engagement *s* <-[s]> [1] (*für Ökologie etc.*) commitment (*für* to) [2] (THEAT *Künstleranstellung*) engagement; **engagieren I.** *vt* → *Künstler* engage **II.** *vr* ◇ **sich** ~ put o.s. out (*für* for)
Enge *f* <-, -n> [1] (*von Raum, Straße*) narrowness, confined nature [2] (GEO *Meer-*) straits *pl;* (*Land-*) isthmus [3] *FIG* (*von Horizont*) narrowness [4] *FIG* ↑ *Bedrängnis* tight corner; ▷*finanziell* squeeze; ◇ **jd-n in die ~ treiben** to drive s.o. into a corner
Engel *m* <-s, -> [1] *REL* (*Schutz-*) angel [2] *FAM* angel, darling [3] ◇ **rettender** ~ guardian angel
Engerling *m* FAUNA white grub
engherzig *adj* ▷*Person* mean and petty
England *s* England
Engländer [1](**in** *f*) *m* <-s, -> English person, Englishman
Engländer [2] *m* <-s, -> TECHNOL monkey wrench
englisch *adj* English; **Englisch** *s* English; ◇ ~ **lernen** to learn English
Engpaß *m* [1] ↑ *Schlucht* defile; ↑ *Gebirgspass* pass [2] *FIG* ↑ *Mangel* bottleneck
en gros *adv* wholesale
engstirnig *adj* [1] ▷*Person* narrow-minded [2] ▷*Entscheidung* short-sighted
Enkel(in *f*) *m* <-s, -> grandchild
en masse *adv* en masse
enorm I. *adj* → *Kosten* enormous; *FAM* ◇ **das ist ja ~!** that's terrific! **II.** *adv* ◇ ~ **wichtig** enormously important, of paramount importance
Ensemble *s* <-s, -s> [1] THEAT MUS ensemble, company [2] (*Mode*) ensemble
entbehren I. *vi* be without, lack; ◇ **der Vorwurf entbehrt jeder Grundlage** *gen* the accusation is totally unfounded **II.** *vt* do without, for(e)go; ◇ **viel ~ müssen** to have to for[e]go a lot; ◇ **ich kann sie nicht** ~ I can't live without her; **entbehrlich** *adj* dispensable; **Entbehrung** *f* ↑ *Not, Mangel* privation; ◇ **~en auf sich nehmen** to wear a hair shirt
entbinden *unreg* **I.** *vt* [1] ↑ *freisprechen* (*von Verpflichtung*) release (*von* from) [2] MED deliver **II.** *vi* MED → *Kind* give birth; **Entbindung** *f* [1] (*von Pflicht, Bedingung*) release (*von* from) [2] MED delivery, confinement; **Entbindungsheim** *s* maternity home
entblößen *vt* → *Körper* undress
entdecken *vt* [1] → *Kontinent* → *Heilmittel* discover [2] ↑ *ausfindig machen* → *Fehler* find out, detect; **Entdecker(in** *f*) *m* <-s, -> (*e-s Sterns*) discoverer; **Entdeckung** *f* [1] (*e-s Sterns*) discovery [2] (*e-s Fehlers*) discovery, detection; **Entdeckungsreise** *f* expedition, voyage of discovery; *FAM* ◇ **auf ~ gehen** to go exploring
Ente *f* <-, -n> FAUNA [1] duck [2] *FIG* (*Zeitungs-*) hoax, canard
entehren *vt* → *Familie* dishonour
enteignen *vt* → *Güter* expropriate, confiscate
enteisen *vt* → *Kühlschrank* defrost
enterben *vt* disown, disinherit; **Enterbung** *f* disinheritance
entfallen *unreg vi* [1] ↑ *sich erübrigen* be redundant; ↑ *wegfallen* slip from s.o.'s hands; ◇ **~ entfällt-** (*auf Formular*) not applicable [2] ↑ *vergessen werden* be forgotten; ◇ **der Name ist mir** ~ the name escapes me [3] ↑ *zukommen* → *Anteil* be alotted to s.o.; ◇ **auf ihn entfällt ein Drittel** he gets a third
entfalten I. *vt* [1] ↑ *auseinanderfalten* → *Zeitung* unfold [2] → *Plan* exhibit [3] *FIG* ↑ *entwickeln* → *Begabung* evolve, develop [4] → *Blüte* burst open [5] → *Tätigkeit* display **II.** *vr* ◇ **sich** ~ [1] FLORA ← *Knospe* open [2] ↑ *sich entwickeln* ▷*beruflich* develop; **Entfaltung** *f* [1] (*das Entfalten*) unfolding [2] *FIG* ↑ *Entwicklung* development; (*von Begabung*) evolution; (*von Person*) personal growth [3] ↑ *Darlegung* (*von Plan*) presentation
entfernen I. *vt* [1] ↑ *wegschaffen, abmontieren* → *Schild, Plakat* remove (*von* from) [2] ↑ *jd-m kündigen* (*aus Amt*) dismiss **II.** *vr* ◇ **sich** ~ [1] ↑ *weggehen* withdraw [2] *FIG* ↑ *abweichen* deviate; ◇ **sich vom Thema** ~ to go/fly off on a tangent; **entfernt** *adj* [1] ▷*Ort* distant, far-away [2] *FIG* ◇ **e-e ~e Verwandte** a distant relative; **Entfer-**

nung *f* [1] *auch FIG* distance [2] ↑ *Beseitigung* removal [3] (*aus Amt*) dismissal; **Entfernungsmesser** *m* <-s, -> FOTO rangefinder

entflammen *vt* [1] → *Feuer* kindle [2] *FIG* → *Liebe, Haß* rouse

entfremden **I.** *vt* alienate (*dat* from) **II.** *vr* ◇ **sich [jd-m/e-r Sache]** ~ to become estranged (*von* from)

entfrosten *vt* defrost; **Entfroster** *m* <-s, -> AUTO defroster

entführen *vt* → *Kind, Politiker* kidnap, abduct; **Entführer(in** *f*) *m* kidnapper; **Entführung** *f* kidnapping; (*Flugzeug-*) hijack

entgegen **I.** *präp dat* ↑ *im Gegensatz zu* contrary to; ◇ ~ **seinem Versprechen** contrary to his promise **II.** *adv* (*Richtung*) toward(s); ◇ **der Sonne** ~ toward(s) the sun; **entgegenbringen** *unreg vt* [1] ◇ **jd-m etw** ~ to carry s.th. toward s.o. [2] *FIG* ◇ **jd-m Vertrauen** ~ to show trust in s.o.; **entgegengehen** *unreg vi* [1] (*auf jd-n zugehen*) go toward; ◇ **jd-m ein Stück** ~ to go to meet s.o. halfway [2] ↑ *nähern* approach; ◇ **dem Untergang** ~ to head for destruction; **entgegengesetzt** *adj* [1] ↑ *umgekehrt* ▷*Richtung* opposite [2] ↑ *gegenteilig, widersprechend* ▷*Meinung* opposed, opposite; **entgegenhalten** *unreg vt* hold s.th. out to s.o.; *FIG* ↑ *entgegnen, einwenden* object; ◇ **jd-m etw** ~ to confront s.o. with s.th.; **entgegenkommen** *unreg vi* [1] (*von Auto*) approach s.o. (*jd-m* s.o.) [2] *FIG* make concessions (*jd-m* to s.o.) [3] ◇ **er kam mir entgegen** he came to meet me; **Entgegenkommen** *s* <-s> [1] ↑ *Zugeständnis* concession; ◇ ~ **zeigen** to be accommodating [2] ↑ *Aufmerksamkeit* courtesy; **entgegenkommend** *adj* [1] ↑ *liebenswürdig, nett* ▷*Person* friendly [2] ↑ *aufmerksam, hilfsbereit* ▷*Verhalten* obliging; **entgegennehmen** *unreg vt* [1] *annehmen, in Empfang nehmen* → *Glückwünsche, Geschenk* accept; → *Telefonanruf* take [2] ↑ *notieren, aufnehmen* → *Bestellung, Auftrag* receive; **entgegensehen** *unreg vi* ▷*gelassen, erwartungsvoll* await, look forward to; ◇ **dem Tod** ~ to face death; **entgegensetzen** *vt* counter; ◇ **dem Vorwurf habe ich nichts entgegenzusetzen** I have no answer to that reproach; **entgegenstellen** **I.** *vt* set against; (*vergleichen*) contrast (*dat* with) **II.** *vr* ◇ **sich e-r Sache/jd-m** ~ to oppose s.th./s.o.; **entgegenwirken** *vi* (*e-m Einfluß*) counteract s.th.

entgegnen *vi* answer; ◇ **jd-m hilfreich** ~ to give a helpful answer; **Entgegnung** *f* answer; (*scharf*) retort

entgehen *unreg vi* [1] ↑ *entkommen* ◇ **e-r Gefahr** ~ to avoid a danger [2] ↑ *nicht wahrnehmen, nicht bemerken* ◇ **der Fehler ist mir entgangen** the mistake escaped my notice [3] ◇ **sich** *dat* **etw** ~ **lassen** to miss out on s.th.

entgeistert *adj* astonished; ◇ **jd-n** ~ **anblicken** to look at s.o. in astonishment

Entgelt *s* <-[e]s, -e> [1] ↑ *Lohn, Bezahlung* payment [2] ↑ *Entschädigung* (*für Mühen*) compensation

entgleisen *vi* [1] BAHN be derailed [2] *FIG* ← *Mensch* go off the rails; ← *Vorhaben* go wrong

entgräten *vt* → *Fisch* fillet

enthaaren *vt* depilate, remove hair

enthalten *unreg* **I.** *vt* contain; ◇ ~ **sein** to be contained **II.** *vr* ◇ **sich e-r Sache** ~ to refrain from s.th.; ◇ **sich der Stimme** *gen* ~ to abstain; **enthaltsam** *adj* [1] (*Mensch*) abstinent, abstemious [2] ↑ *maßvoll* moderate; **Enthaltsamkeit** *f* abstinence, moderation

enthaupten *vt* decapitate, behead

enthemmen *vt* → *jd-n* free s.o. of his/her inhibitions

enthüllen *vt* [1] → *Denkmal* unveil [2] *FIG* → *Geheimnis* reveal; **Enthüllung** *f* (*von Skandal etc.*) revelation

Enthusiasmus *m* <-> enthusiasm

entkernen *vt* → *Kirschen* stone

entkleiden *vt* undress

entkommen *unreg vi* escape (*dat* from)

entkorken *vt* uncork

entkräften *vt* [1] → *jd-n* weaken [2] ↑ *widerlegen* → *Behauptung* invalidate

entladen *unreg* **I.** *vt* [1] → *Schiff* discharge; → *Lkw* unload [2] → *Waffe* unload [3] ELECTR → *Batterie* discharge **II.** *vr* ◇ **sich** ~ [1] ELECTR ← *Spannung* discharge; ← *Gewitter* break [2] *FIG* ← *Wut* vent

entlang *adv, präp akk o dat* along; ◇ **an der Straße** ~ along the road, down the road; ◇ ~ **dem Bach/den Bach** ~ along the brook; **entlanggehen** *unreg vti* walk along; ◇ **am Bach** [*o.* **den Bach**] ~ to walk along the brook

entlarven *vt FIG* → *böse Absicht* unmask, expose; ◇ **jd-n als Betrüger** *akk* ~ to expose s.o. as a crook

entlassen *unreg vt* [1] (*aus der Haft*) release [2] → *Arbeiter* dismiss; **Entlassung** *f* [1] (*aus Krankenhaus*) discharge; (JURA *aus Haft*) release [2] (*von Arbeiter*) dismissal

entlasten *vt* [1] (*Arbeitskraft*) relieve; (*Gewissen*) ease [2] (FIN *Grundstück*) disencumber; (*Konto*) credit [3] → *Balken* relieve [of stress]; → *Verkehrsnetz* relieve [4] JURA → *Angeklagten* exonerate, clear; **Entlastung** *f* [1] (*von Person*) relief; (*des Gewissens*) easing [2] (FIN *auf Konto*)

E

credit; (*Entschuldung*) disencumbrance, discharge; ◇ **steuerliche** ~ tax relief [3] (*von Balken*) stress relief, unloading; (*von Verkehr*) easing [4] (JURA *Freispruch*) acquittal; **Entlastungszeuge** *m* witness for the defence

entledigen *vr* ◇ **sich e-r Sache** ~ to free o.s. of s.th.

entlegen *adj* ▷*Gegend* remote

entlehnen *vt* → *Wörter* → *Idee* borrow, adopt (*aus o. von* from)

entlocken *vt* ◇ **jd-m ein Geheimnis** ~ to worm a secret out of s.o.

Entlohnung *f*, **Entlöhnung** *f* (*CH*) payment, remuneration

entmachten *vt* POL deprive (s.o.) of political power

entmilitarisiert *adj* ▷*Zone* demilitarized

entmündigen *vt* put (s.o.) under guardianship; ◇ **jd-n** ~ **lassen** to have s.o. declared unfit to manage their own affairs

entmutigen *vt* → *jd-n* discourage, dishearten

Entnazifizierung *f* denazification

entnehmen *unreg vt* [1] (*herausnehmen*) take (*aus dat* from/out of); ◇ **der Tasche ein Schriftstück** ~ to take a document out of one's pocket; ◇ **e-n Absatz aus e-m anderen Text** ~ to take/lift a paragraph from a different text [2] ↑ *folgern, schließen* infer, conclude (*dat* from); ◇ **[aus] seinen Worten entnehme ich, daß ...** from what he says I take it that ...

entnerven *vt* → *jd-n* unnerve; **entnervt** *adj* enervated

entpuppen *vr* ◇ **sich** ~ (*FIG sich zeigen*) reveal o.s.; ◇ **er hat sich als Versager entpuppt** he turned out to be a failure

entrahmen *vt* → *Milch* skim, separate

enträtseln *vt* [1] ↑ *aufdecken, lösen* → *Geheimnis* unravel [2] → *alte Schrift* decode

entrichten *vt* → *Betrag* pay (off)

entrosten *vt* free s.th. from rust

entrüsten I. *vt* outrage **II.** *vr* ◇ **sich** ~ get indignant (*über akk* at, about); **entrüstet** *adj* ▷*Mensch* angry; **Entrüstung** *f* indignation

Entsafter *m* <-s, -> juice extractor

entsagen *vi* (*dem Alkohol*) stop; *FAM* lay off, quit; (*dem Glauben*) renounce s.th.

entschädigen *vt* [1] (*für Verluste*) compensate (*für* for) [2] (*für Dienste*) recompense (*für* for) [3] (*Schadensersatz leisten*) pay damages (*für* for); **Entschädigung** *f* compensation

entschärfen *vt* [1] → *Bombe* defuse [2] → *Problem* mitigate, ameliorate

entscheiden *unreg* **I.** *vti* [1] ↑ *bestimmen* decide (*über akk* on) [2] JURA → *Fall* decide, judge; ◇ **durch Schiedsspruch** ~ to arbitrate [3] → *Kampf* give a (final) decision **II.** *vr* ◇ **sich** ~ make up one's mind; ◇ **sich für jd-n/etw** ~ to decide on s.o./s.th.; **entscheidend** *adj* [1] (*ausschlaggebend*) decisive; ◇ **die ~e Stimme** the casting vote [2] (*Augenblick*) crucial, critical; **Entscheidung** *f* [1] decision; ◇ **über e-e Sache e-e ~ treffen** to come to a decision about s.th. [2] (*Ende*) conclusion; ↑ *Entschließung* resolution [3] JURA ↑ *Urteil* judgement; **entschieden I.** *adj* [1] (*Angelegenheit*) decided; ▷*Ansicht* firm [2] ↑ *eindeutig* definite **II.** *adv* ▷*befürworten* definitely; **Entschiedenheit** *f* [1] (*Entschlossenheit*) decisiveness [2] ◇ **mit ~ behaupten** to state categorically

entschlacken *vt* MED → *Körper* purify

entschließen *unreg vr* ◇ **sich** ~ decide (*zu etw* on, zu tun to); **entschlossen** *adj* [1] (*Mensch*) determined, resolute [2] ◇ **zu allem ~ sein** to be equal to anything; **Entschlossenheit** *f* determination; **Entschluß** *m* decision; ◇ **e-n ~ fassen** to make up one's mind, to make a decision

entschlüsseln *vt* → *Kode, Text* decode

entschlußfreudig *adj* enterprising; **Entschlußkraft** *f* initiative

entschuldigen I. *vt* [1] → *Verhalten* excuse, pardon; ◇ ~ **Sie!** excuse me!, I beg your pardon!, sorry! [2] → *Person* excuse **II.** *vr* ◇ **sich** ~ [1] apologize (*für* for) [2] excuse o.s.; **Entschuldigung** *f* [1] (*Verzeihung*) apology; ◇ **jd-n um ~ bitten** to apologize; ◇ ~! (I'm) sorry! [2] (*Vorwand*) excuse (*für* for) [3] SCH (*schriftliche* ~) [note of] excuse

Entschwefelung *f* desulfurization

entsetzen I. *vt* → *jd-n* horrify **II.** *vr* ◇ **sich** ~ be dismayed; (*stärker*) be shocked; **Entsetzen** *s* <-s> dismay; (*stärker*) horror; **entsetzlich** *adj* ▷*Unglück* frightful, horrible, horrifie

entsichern *vt* → *Pistole* release the safety catch (of s.th.)

entsorgen *vt* safely dispose of s.th.; **Entsorgung** *f* waste management; (*von Kernkraftwerk*) disposal of (nuclear) waste

entspannen I. *vt* [1] → *Muskeln* relax [2] → *Krise* defuse **II.** *vr* ◇ **sich** ~ [1] (*Person*) ↑ *sich ausruhen* relax [2] ← *Situation* ease off; **Entspannung** *f* [1] (*von Muskeln*) relaxation [2] (*von Situation*) alleviation of tension; **Entspannungspolitik** *f* policy of detente

entsprechen *unreg vi* [1] correspond (*dat* to/with); ◇ **der Lohn entspricht der geleisteten Arbeit** the pay accords with the work done [2] ◇ **e-m Wunsch** ~ to meet a wish; **entsprechend I.** *adj* [1] ▷*Entschädigung* adequate;

▷*Benehmen* appropriate [2] ↑ *betreffend, kompetent* ▷*Mitarbeiter, Amt* respective **II.** *adv* (*reagieren*) correspondingly **III.** *präp dat* in accordance with; ◇ ~ **meinem Vorschlag** in keeping with my suggestion

entspringen *unreg vi* [1] ←*Bach* rise [2] ↑ *ausbrechen* ←*Tier, Häftling* escape [3] *FIG* ↑ *hervorgehen, stammen* ←*Haltung* spring (*dat* from)

entstehen *unreg vi* (*erwachsen*) develop; ←*Konflikte* arise; ←*Eindruck* be given; ←*Kosten* be incurred; ←*Leben* originate, come into being; **Entstehung** *f* origin

entstellen *vt* [1] →*Gesicht* contort [2] →*Ereignis* falsify; →*Wahrheit* misrepresent

entstören *vt* TELEC *Leitung*, ELECTR clear; (*Gerät*) suppress, relieve s.th. of interference

enttäuschen *vt* [1] →*Hoffnung* disappoint; ◇ **enttäuscht sein über** *akk*/**von** to be disappointed at/by [2] →*Freund* disillusion; **Enttäuschung** *f* disappointment, disillusionment

entwachsen *unreg vi* outgrow (*dat* s.th.); ◇ **den Kinderschuhen** ~ to put one's childhood behind one, to grow up

Entwaffnung *f* disarmament

Entwarnung *f* all clear

entwässern *vt Wasser entziehen* →*Sumpf* drain; →*Körper* dehydrate

entweder *cj* ◇ ~ **... oder** either ... or

entwenden *vt* steal; ◇ **jd-m etw** ~ to steal s.th. from s.o.

entwerfen *unreg vt* [1] ↑ *gestalten* →*Zeichnung* sketch; →*Muster* design [2] ↑ *entwickeln, ausarbeiten* →*Gesetz* frame; →*Plan* devise; →*Rede, Text* draft

entwerten *vt* [1] →*Fahrkarte* invalidate; *FAM* stamp [2] →*Aussage* diminish the value of s.th.; →*Geld* inflate, devalue; **Entwerter** *m* <-s, -> (*für Fahrkarten*) ticket-stamping machine; **Entwertung** *f* ↑ *Abwertung* devaluation; ↑ *Inflation* (*durch allgemeine Preiserhöhung*) inflation

entwickeln I. *vt* [1] →*Modell, Produkt* develop [2] →*Plan, Gedanke* elaborate [3] →*Geschmack* acquire; →*Stil* cultivate [4] →*Fähigkeit* develop [5] FOTO →*Film* develop **II.** *vr* ◇ **sich** ~ [1] (*körperlich*) grow, mature (*zu* into); ←*Gedanke* evolve [2] ←*Stadt* develop (*zu* into); ←*Handel* expand [3] ←*Rauch, Dampf* be generated; **Entwickler** *m* <-s, -> FOTO developer; **Entwicklung** *f* [1] (*von Produkt*) development [2] (*von Embryo*) development, growth [3] (*von Plan*) elaboration [4] (*von Eigenschaften*) development, cultivation [5] ↑ *Tendenz* (*von Meinungen*) trend; **Entwicklungshelfer(in** *f*) *m* aid worker; **Entwicklungshilfe** *f* developing aid; **Entwicklungsland** *s* developing country

entwöhnen *vt* [1] →*Süchtige* cure; ◇ **jd-n e-r Angewohnheit** ~ to cure s.o. of a habit [2] →*Säugling* wean; **Entwöhnung** *f* (*von Abhängigen*) withdrawal; (*von Säugling*) ablactation, weaning

entwürdigend *adj* ↑ *demütigend* ▷*Zustände* demeaning

Entwurf *m* [1] ↑ *Plan, Skizze* (*von Muster, Modell etc.*) design, sketch; (ARCHIT *von Haus etc.*) blueprint [2] ↑ *Konzept* (*Vertrags-, Text-*) draft, outline

entziehen *unreg* **I.** *vt* [1] ◇ **jd-m etw** ~ to take s.th. away from s.o.; →*Unterstützung, Vertrauen* withdraw one's support of s.o.; MED →*Alkohol* deprive s.o. of alcohol; →*Führerschein* revoke; JURA →*Sorgerecht* withdraw/cancel s.o.'s custody (of a child) [2] →*Flüssigkeit* extract (*dat* from) **II.** *vr* ◇ **sich** ~ [1] evade s.o., dodge s.th.; ◇ **sich e-r Pflicht** *dat* ~ to back out of an obligation [2] ◇ **sich jd-m** ~ to free o.s. of s.o., to escape s.o.; ◇ **das entzieht sich meiner Kenntnis** I don't know; **Entziehung** *f* [1] (*von Vertrauen*) withdrawal [2] (*von Besitz*) dispossession [3] (*von Rechten*) deprivation; (*von Führerschein*) forfeiture [4] (*von Flüssigkeit*) extraction; **Entziehungskur** *f* MED treatment for addicts, dry-out

entziffern *vt* →*Text, Schrift* decipher

entzücken *vt* delight; (*stärker*) enchant; **Entzücken** *s* <-s> delight (*über akk* at); **entzückend** *adj* ▷*Kind, Foto, Kleid* charming

Entzug *m* [1] (*Wegnahme, Entziehen, von Bürgerrechten*) deprivation; (*von Wahlrecht*) dis(en-)franchisement [2] MED (*von Alkohol*) withdrawal; ◇ **auf** ~ **sein** to be drying out; **Entzugsanstalt** *f* drug dependency clinic

entzünden I. *vt* [1] →*Feuer, Streichholz* light [2] *FIG* ↑ *hervorrufen, verursachen* →*Leidenschaft* trigger, arouse **II.** *vr* ◇ **sich** ~ [1] ←*Holz* ignite [2] ↑ *entstehen, entbrennen* ←*Leidenschaft, Haß* be heated, be inflamed, be aroused [3] MED ←*Wunde, Haut* become inflamed; **Entzündung** *f* (MED *von Wunde*) inflammation

entzwei *adv* in pieces; *FAM* ↑ *zerschlagen* ◇ ~ **sein** to be knackered/broken; **entzweibrechen** *unreg* **I.** *vt* →*Brot, Stab* break s.th. in two **II.** *vi* ←*Gefäß* split; **entzweien I.** *vt* →*Familie* divide; →*Freunde* divide people against each other **II.** *vr* ◇ **sich** ~ ↑ *auseinandergehen* fall out (*mit* with); **entzweigehen** *unreg vi* ←*Mantel* fall to pieces

Enzian *m* <-s, -e> gentian

Enzyklopädie *f* encyclop(a)edia

E

Enzym *s* <-s, -e> enzyme
Epidemie *f* epidemic; **Epidemiologie** *f* epidemiology
Epilepsie *f* epilepsy; **Epileptiker(in** *f*) *m* epileptic
Epilog *m* <-s, -e> epilogue
episch *adj* epic
Episode *f* <-, -n> ① THEAT subplot ② (*Ereignis*) episode, incident
Epoche *f* <-, -n> (*historischer Zeitabschnitt*) epoch, era; **epochemachend** *adj* ▷*Erfindung* epoch-making
Epos *s* <-, Epen> epic poem
er *pron pers* he, it; ◇ **wenn ich ~ wäre ...** if I were him ...
erachten *vt* ↑ *halten für* consider, deem; ◇ **etw für/als nötig ~** to find s.th. necessary; **Erachten** *s* opinion; ◇ **meines ~s** in my opinion
erarbeiten *vr* → *Vermögen* → *Kenntnisse* acquire s.th.; ◇ **sich** *dat* **ein Haus ~** to work to pay for one's house
erbarmen *vr* ◇ **sich ~** take pity (*gen* on, über *akk* on); **Erbarmen** *s* <-s> compassion (*mit* for); **erbärmlich** *adj* ① ↑ *armselig* ▷*Behausung* pitiful ② ↑ *schlecht* ▷*Leistung, Arbeit* pathetic ③ ↑ *gemein* ▷*Verhalten* wretched, base
erbauen *vt* ① ↑ *errichten* → *Gebäude* construct ② *FIG* ↑ *aufrichten, stärken* → *jd-n* give s.o. a lift; *FAM* ◇ **von etw nicht erbaut sein** to be left cold by s.th.; **Erbauer(in** *f*) *m* <-s, -> builder, architect; **erbaulich** *adj* uplifting; **Erbauung** *f* ① (*von Stadt, Gebäude*) construction ② *FIG* edification
Erbe *s* <-s> ① inheritance ② *FIG* ↑ *Hinterlassenschaft* (*kulturelles ~*) heritage; (*schweres ~*) legacy; **Erbe** *m* <-n, -n> (*Erbende(r)*) heir; **erben** *vti* inherit; → *Vermögen* come into s.th., be left s.th.; → *Begabung* inherit; *FAM* get
erbeuten *vt* take
Erbfaktor *m* BIO hereditary factor; **Erbfehler** *m* BIO hereditary defect; **Erbgut** *s* ① (*Besitz*) inheritance ② ↑ *Erbmasse* genotype, genetic make-up; **Erbin** *f* (*Erbende*) heiress
erbitten *unreg vt* request
erbittern *vt* ↑ *erzürnen* embitter; **erbittert** *adj* vehement; ◇ **~ um etw kämpfen** to fight for s.th. fiercely
Erbkrankheit *f* hereditary illness
erblassen *vi* turn pale; ◇ **vor Wut ~** to become white with fury
erblich *adj* ▷*Krankheit* inheritable
erblicken *vt* ① catch sight of s.o./s.th. ② *FIG* ◇ **in jd-m e-n Freund ~** to see [*o.* regard] s.o. as a friend
erblinden *vi* go blind
Erbmasse *f* ① JURA estate ② ↑ *Erbgut* genotype
erbosen I. *vt* anger; *FAM* cross **II.** *vr* ◇ **sich ~** get angry (*über akk* about)
erbrechen *unreg* **I.** *vt* ① → *Tür* break down ② → *Essen* throw up **II.** *vr* ◇ **sich ~** be sick, vomit
Erbrecht *s* JURA inheritance law
erbringen *unreg vt* → *Beweis* adduce
Erbschaft *f* inheritance; ◇ **e-e ~ machen** to inherit a legacy; **Erbschaftssteuer** *f* estate/death duty
Erbse *f* <-, -n> pea
Erdachse *f* earth's axis; **Erdanschluß** *m* ELECTR earth, ground; **Erdanziehung** *f* gravity, earth's gravitational pull; **Erdarbeiten** *pl* ARCHIT groundwork; **Erdarbeiter** *m* groundworker; **Erdatmosphäre** *f* (earth's) atmosphere; **Erdball** *m* globe, (the) earth; **Erdbeben** *s* earthquake
Erdbeere *f* strawberry
Erdboden *m* ground; ◇ **e-e Stadt dem ~ gleichmachen** (*völlig zerstören*) to level a town to the ground
Erde *f* <-, -n> ① (the) earth, world; ◇ **auf ~n** on earth ② ↑ *Boden* ground; (*FIG realistisch sein*) ◇ **mit beiden Beinen auf der ~ stehen** to have one's feet on the ground ③ ↑ *Humus* (*Blumen-*) soil, earth; **erden** *vt* ELECTR → *Antenne* earth
erdenklich *adj* imaginable, possible; ◇ **jd-m alles ~ Gute wünschen** to wish s.o. all the very best
Erdgas *s* natural gas; **Erdgasvorkommen** *s* natural gas field
Erdgeschoß *s* ground floor; *AM* first floor
erdichten *vt* ↑ *erfinden* invent
Erdkabel *s* underground cable; **Erdkarte** *f* map of the world; **Erdkruste** *f* earth's crust; **Erdkugel** *f* globe, (the) earth; **Erdkunde** *f* SCH geography
Erdnuß *f* peanut; **Erdnußbutter** *f* peanut butter; **Erdnußöl** *s* peanut oil
Erdoberfläche *f* earth's surface; **Erdöl** *s* crude oil; **Erdölgewinnung** *f* oil production; **Erdölleitung** *f* pipeline; **Erdölraffinerie** *f* oil refinery; **Erdölverarbeitung** *f* oil refining; **Erdreich** *s* ↑ *Boden* soil, earth, ground
erdrosseln *vt* stangle, throttle
erdrücken *vt* ① (*totdrücken*) crush to death ② *FIG* ↑ *überbelasten* ← *Sorgen* weigh down, oppress
Erdrutsch *m* landslide; **Erdrutschsieg** *m* POL landslide victory; **Erdteil** *m* continent
erdulden *vt* endure; → *Not* suffer

ereifern *vr* ◇ **sich** ~ get excited [*o.* worked up] (*über akk* about)

ereignen *vr* ◇ **sich** ~ occur, happen, take place; **Ereignis** *s* event; (*Vorfall*) occurrence; **ereignisreich** *adj* eventful

erfahren *unreg vt* **I.** ① → *Neuigkeit* hear, learn ② ↑ *erleben* experience **II.** *adj* ▷*Lehrer, Arzt* experienced; **Erfahrung** *f* ① ▷*schlecht, gut* experience; ◇ **-en machen** to gain experience ② ↑ *[umfangreiches] Wissen* experience, know-how ③ ◇ **etw in ~ bringen** to learn s.th., to find out; **erfahrungsgemäß** *adv* from previous experience

erfassen *vt* ① → *Daten, Personalien* register, record ② ◇ **von e-m Auto erfaßt werden** to be hit by a car ③ *FIG* ↑ *begreifen, verstehen* → *Problem* grasp, comprehend ④ *FIG* ↑ *befallen* ← *Furcht, Zweifel* overcome; **Erfassung** *f* (*Beschlagnahme*) requisition

erfinden *unreg vt* ① (*Erfindung machen*) invent ② ↑ *ersinnen, erdichten* → *Ausrede* dream up, contrive; **Erfinder(in** *f*) *m* inventor; **erfinderisch** *adj* ① ▷*Mensch* inventive; ◇ **Not macht** ~ necessity is the mother of invention ② ↑ *schöpferisch* creative; **Erfindung** *f* invention ① ↑ *Entdeckung* discovery ② ↑ *Lüge* fabrication, invention; **Erfindungsgabe** *f* ingenuity, imagination

Erfolg *m* <-[e]s, -e> ① (*Teil-*) success; ◇ **ein voller** ~ a complete success; ◇ ~ **haben** to meet with success; *FAM* to score; (*beruflich*) to be successful ② ↑ *Wirkung* outcome, effect; ◇ **etw ohne ~ tun** *FAM* to draw a blank

erfolgen *vi* ↑ *geschehen, stattfinden* happen, take place, occur; ← *Zahlung* be made, be effected; ← *Antwort* be given; **erfolglos** *adj* ① ▷*Person* ▷*Unternehmen* unsuccessful ② ▷*Versuch* fruitless, unsuccessful; **Erfolglosigkeit** *f* failure, ineffectiveness; **erfolgreich** *adj* successful; **Erfolgsdenken** *s* positive thinking; **Erfolgserlebnis** *s* positive experience; **erfolgversprechend** *adj* ▷*Maßnahme* promising

erforderlich *adj* required, necessary; **erfordern** *vt* require

erforschen *vt* ① *wissenschaftlich untersuchen* → *Gebiet* explore; → *Verhalten* study, research ② get to the the bottom of s.th.; → *Meinung* inquire into s.th. ③ → *Gewissen* examine, search; **Erforschung** *f* ① (*wissenschaftliche Untersuchung*) exploration, study ② (*von Meinung, Gedanken*) examination ③ (*von Gewissen*) search

erfreuen I. *vt* → *jd-n* please **II.** *vr* ◇ **sich an etw** ~ *dat* to take delight in s.th.; ◇ **er erfreut sich bester Gesundheit** *gen* he's in the best of health; **erfreulich** *adj* ① ▷*Ereignis* pleasant, agreeable ② ↑ *gut* ▷*Ergebnis, Leistung* satisfactory, encouraging ③ ↑ *angenehm* ▷*Anblick* delightful, pleasing; **erfreulicherweise** *adv* happily; ◇ ~ **geht es uns gut** fortunately we are in good health

erfrieren *unreg vi* ← *Mensch* freeze to death; ← *Zehen, Finger* be frostbitten; ← *Pflanzen* be killed by frost

erfrischen I. *vr* ◇ **sich** ~ freshen up; (*mit Getränk*) refresh o.s. **II.** *vt* refresh, revive; **erfrischend** *adj* refreshing; **Erfrischung** *f* refreshment; **Erfrischungsraum** *m* refrechement room, cafeteria, snack bar

erfüllen I. *vt* ① ← *Lärm* fill; ← *Duft* pervade ② *FIG* satisfy; ◇ **meine Arbeit erfüllt mich ganz** I find my work completely satisfying ③ ↑ *zufriedenstellen* → *Bitte* satisfy; → *Versprechen* keep, stick to; → *Zweck* fulfil, serve **II.** *vr* ◇ **sich** ~ ← *Vorhersage* come true; ← *Wunsch* be realized

ergänzen I. *vt* ① (*Text*) add, supplement ② ↑ *vervollständigen* → *Liste* complete; GRAM → *Satzobjekt* complete **II.** *vr* ◇ **sich** ~ complement one another; **Ergänzung** *f* ① (*Zusätzliches*) supplement; ↑ *Korrektur* amendment ② ↑ *Vervollständigung* completion

ergeben *unreg* **I.** *vt* yield, result in; → *Betrag* total, work out at; ◇ **was hat die Untersuchung ~?** what was the result of the investigation? **II.** *vr* ◇ **sich** ~ ① ↑ *aufgeben, kapitulieren* capitulate; (*dem Feind*) surrender ② ↑ *zustandekommen* result, ensue; ◇ **dadurch ~ sich neue Probleme** this causes new problems ③ turn out; ◇ **es hat sich** ~ it turned out that **III.** *adj* ① humble; ▷*Gesichtsausdruck* submissive; ◇ **jd-m treu ~ sein** to be utterly devoted to s.o. ② addicted; ◇ **dem Spiel ~ sein** to be a compulsive player; **Ergebenheit** *f* ↑ *Unterwürfigkeit* submissiveness

Ergebnis *s* ① (*Gesamt-*) (net) result, outcome ② MATH ↑ *Lösung* solution, result ③ ↑ *Effekt, Wirkung* effect, consequence; **ergebnislos** *adj* without result

ergehen *unreg* **I.** *vi* → *amtlicher Bescheid* be issued; JURA ◇ **es ergeht folgendes Urteil** the judgement is as follows; ◇ **etw über sich** *akk* ~ **lassen** to suffer [*o.* put up with] s.th. **II.** *vi unpers* ◇ **es ergeht ihr gut/schlecht** she is doing well/badly **III.** *vr* ◇ **sich in etw** *dat* ~ to indulge in s.th.

ergiebig *adj* ① ↑ *lohnend* profitable; ▷*Geschäft* lucrative ② ▷*Boden* rich, fertile ③ ↑ *sparsam* ▷*Wolle* economical

ergießen *vr* ◇ **sich** ~ flow

Ergonomie *f* ergonomics *sg;* **ergonomisch** *adj* ergonomic

ergötzen **I.** *vt* amuse **II.** *vr* ◇ **sich** ~ be amused (*an dat* by)

ergreifen *unreg vt* [1] → *Arm* grasp; → *jd-n* hold [2] ↑ *festnehmen* → *Verbrecher* capture, seize [3] ↑ *erschüttern, bewegen* affect, stir [4] ↑ *wählen* → *Beruf* take up, choose; → *Maßnahmen* take; ◇ **die Flucht** ~ to take to one's heels, to flee; **ergreifend** *adj* ▷*Roman, Film* gripping; **ergriffen** *adj* moved, touched; **Ergriffenheit** *f* deep emotion

ergründen *vt* → *Geheimnis* fathom

Erguß *m* [1] (MED *Blut-*) haematoma, profuse bleeding; (*Samen-*) ejaculation [2] *FIG* ↑ *Redeschwall* torrent of words; *FAM!* verbal diarrhoea

erhaben *adj* [1] (*erhöht*) raised [2] *FIG* ↑ *feierlich* elevated, lofty [3] *FIG* ◇ **über etw** *akk* **~ sein** to be above s.th.

erhalten *unreg* **I.** *vt* [1] ↑ *bekommen* → *Brief* receive; → *Auszeichnung* be awarded [2] ↑ *schützen, bewahren* → *Bauwerk* maintain, take care of; → *Tierart* save, preserve **II.** *adj* preserved; ◇ **gut** ~ in good condition; **erhältlich** *adj* available; **Erhaltung** *f* [1] (*von Gebäude*) maintenance, upkeep [2] (*von Tierart*) preservation

erhängen *vt, vr* ◇ **sich** ~ hang o.s.

erhärten **I.** *vt* [1] → *Ton* harden [2] *FIG* → *Aussage* corroborate **II.** *vr* ◇ **sich** ~ harden; → *Beton* set

erheben *unreg* **I.** *vt* [1] ↑ *emporheben* → *Glas, Hand* raise [2] ↑ *befördern* (*in Rangordnung*) promote (*zu* to) [3] JURA ↑ *geltend machen, fordern* → *Anspruch* lodge, file; → *Klage* bring, file; → *Widerspruch* make; → *Steuern etc.* levy [4] ↑ *erfassen, registrieren* → *Daten* record [5] ◇ **für jd-n die Stimme** ~ to speak up for s.o. **II.** *vr* ◇ **sich** ~ [1] (*von Stuhl*) get up [2] ↑ *revoltieren* ← *Volk* rise up, revolt [3] ↑ *emporsteigen* soar [4] ← *Berg* rise; *FIG* ◇ **sich über jd-n** ~ to look down on s.o. [5] ← *Frage* arise; ← *Wind* blow up; **erheblich** *adj* [1] ↑ *deutlich, merklich* ▷*Unterschied* considerable [2] ↑ *wichtig, bedeutsam* ▷*Teil* important; **Erhebung** *f* [1] ↑ *Hügel* rise, hill [2] ↑ *Aufstand* (*Volks-*) uprising [3] ↑ *Beförderung* promotion [4] (*von Steuern, Gebühren*) collection; (JURA *von Klage etc.*) filing [5] ↑ *Ermittlung* (*von Daten*) survey

erheitern *vt* amuse; **Erheiterung** *f* entertainment; ◇ **zur allgemeinen** ~ to everyone's amusement

erhitzen *vt, vr* ◇ **sich** ~ [1] get hot [2] *FIG* ◇ **die Gemüter erhitzten sich** tempers flared

erhöhen *vt* [1] → *Mauer* raise [2] *anheben, steigern* → *Gehalt* increase; → *Tempo* accelerate; → *Ansehen* enhance; → *Preise* raise

erholen *vr* ◇ **sich** ~ [1] (*sich ausruhen*) convalesce, recuperate [2] relax, rest [3] (*von Schock*) come round, recover; **erholsam** *adj* ▷*Schlaf* refreshing; **Erholung** *f* [1] (*Ruhe*) rest; ↑ *Zerstreuung* recreation [2] ↑ *Gesundwerden* recovery, convalescence [3] (*-surlaub, Kur*) vacation, rest cure; ◇ **sie ist zur** ~ she is on holiday; **erholungsbedürftig** *adj* in need of a rest, run down; **Erholungsheim** *s* convalescent home; **Erholungsort** *m* health resort

erhören *vt* REL hear; ◇ **Gott hat mich erhört** God heard my prayer

erinnern **I.** *vt* [1] (*e-e Verabredung*) remind (*jd-n an etw akk* to remind s.o. of s.th.) [2] ◇ **sie erinnert mich an meine Schwester** she reminds me of my sister **II.** *vr* ◇ **sich** ~ to remember (*an akk* s.th./s.o.); **Erinnerung** *f* [1] (*das Erinnern*) memory, recollection (*an akk* of) [2] ↑ *Andenken* remembrance; ◇ **zur** ~ **an meine Schwester** in memory of my sister

erkalten *vi* [1] (*von Lava*) cool down [2] *FIG* ← *Liebe* die

erkälten *vr* ◇ **sich** ~ be getting a cold, catch a chill; ◇ **erkältet sein** to have a cold; **Erkältung** *f* cold

erkämpfen *vt* → *Rechte* struggle/fight for s.th.

erkennbar *adj* ▷*Merkmal* recognizable; **erkennen** *unreg vt* [1] ↑ *wahrnehmen, sehen* perceive; → *Stimme, Farbe, jd-n* recognize; → *Unterschied* distinguish [2] ↑ *wieder-* → *jd-n, etw* know (*an dat* by) [3] ↑ *einsehen* realize, see; → *Fehler* recognize [4] ◇ **jd-m etw zu ~ geben** to indicate s.th. to s.o.; ◇ **sich zu ~ geben** to reveal one's identity; **erkenntlich** *adj* ◇ **sich ~ zeigen** to show one's gratitude (*für* for); **Erkenntlichkeit** *f* [1] ↑ *Gegenleistung* appreciation [2] ↑ *Dankbarkeit* gratitude; **Erkenntnis** *f* [1] ↑ *Wissen, Vernunft* ▷*menschlich* understanding [2] (*Selbst-*) knowledge [3] ↑ *Einsicht* insight, realization; ◇ **zur ~ gelangen** to realize; **Erkennung** *f* perception; **Erkennungsmarke** *f* MIL identity disc, tag

Erker *m* <-s, -> oriel; **Erkerzimmer** *s* room with an oriel

erklären *vt* [1] ↑ *darlegen* explain, state; ◇ **jd-m etw** ~ to explain s.th.; ◇ **sich** *dat* **etw ~ lassen** to have s.th. explained to one [2] ↑ *zu deuten suchen* interpret, explain; → *Vorgang, Verhalten* analyze, expound; ◇ **sich** *dat* **etw** ~ to try to account for s.th. [3] ↑ *mitteilen* (*offiziell*) announce; → *Krieg* declare; ◇ **e-e Firma bankrott** ~ to declare a firm bankrupt; **erklärlich** *adj* ▷*Reaktion* understandable; **Erklärung** *f* [1] (*Erläuterung*) explanation [2] ↑ *Deutung* interpretation [3] ↑ *Definition* exposition [4] ↑ *Veranschaulichung* illustration [5] ↑ *Aussage* deposition [6] (*Liebes-*) declaration

erklettern *vt* clamber up

erkranken *vi* get sick, be taken ill (*an dat* with); **Erkrankung** *f* illness; (*leichte -*) indisposition; (*schwere -*) serious illness

erkunden *vt* [1] → *Land, Gegend* explore [2] ↑ *erfragen, zu erfahren suchen* → *Pläne* try to find s.th. out; **erkundigen** *vr* ◇ **sich** - inquire (*nach* after/about); ◇ **ich habe mich nach seiner Frau erkundigt** I inquired after his wife; ◇ **sie haben sich nach seinem Fall erkundigt** they inquired/asked about his case; **Erkundigung** *f* inquiry; ◇ **über jd-n/etw -en einholen** to make inquiries about s.o./s.th.; **Erkundung** *f* exploration, investigation

erlahmen *vi schwächer werden, nachlassen* ← *Person* tire; ← *Kraft, Eifer* diminish, abate

Erlaß *m* <-sses, -sse> [1] ADMIN ▷*amtlich* ordinance, writ [2] ↑ *Aufhebung, das Erlassen* cancellation, release; (JURA *von Strafe*) remission; **erlassen** *unreg vt* [1] ↑ *verordnen* issue s.th., order [2] ↑ *nachlassen* → *Schulden* waive; ◇ **jd-m etw** - to make an allowance for s.o., to exempt s.o.

erlauben I. *vt* [1] allow, permit; ◇ **jd-m -, etw zu tun** to allow s.o. to do s.th. [2] (*ermöglichen*) enable; ◇ **meine Gesundheit erlaubt es mir nicht ...** my health makes it impossible for me to ... **II.** *vr* ◇ **sich etw** - [1] (*sich leisten*) to be able to afford s.th.; ↑ *sich gönnen* to indulge in s.th. [2] ↑ *sich anmaßen* presume; ◇ **was - Sie sich?** what do you think you are doing?; **Erlaubnis** *f* [1] ↑ *Zustimmen* permission; ◇ **um - fragen** to ask for permission [2] ↑ *Genehmigung* (*Fahr-*) permit; **Erlaubnisschein** *m* permit; **erlaubt** *adj* ▷*Fischfang, Jagd* permitted, lawful

erläutern *vt* explain; → *Text* comment on s.th.; (*mit Notizen*) annotate; **Erläuterung** *f* explanation, elucidation; (*Kommentar*) commentary

Erle *f* <-, -n> FLORA alder tree

erleben *vt* [1] ↑ *erfahren, kennenlernen* experience; → *Enttäuschung* suffer; ◇ **etw am eigenen Leibe** - to experience s.th. in person [2] (*als Zeuge*) witness [3] (*Geburtstag*) have; **Erlebnis** *s* experience

erledigen *vt* [1] execute; → *Sache, Akte* deal with s.th.; → *Arbeit* finish; ◇ **die Einkäufe** - to do the shopping [2] *FAM* ↑ *ermüden* → *jd-n* exhaust; ◇ **total erledigt sein** to be totally exhausted [3] (*FAM vernichten*) destroy; ▷*geschäftlich* ruin; ▷*körperlich* ↑ *umbringen* terminate, kill

erlegen *vt* → *Wild* kill

erleichtern *vt* [1] → *Bürde* lighten; → *Arbeit* facilitate [2] *FIG* → *Sorgen* allay; → *Gewissen* ease [3] ↑ *lindern* → *Schmerzen* alleviate, relieve; **erleichtert** *adj* relieved; ◇ - **aufatmen** to give a sigh of relief; **Erleichterung** *f* [1] (*von Last*) lightening [2] (*von Schmerz*) easing; ◇ **jd-m - verschaffen** to give s.o. relief [3] (*von Angst, Sorge etc.*) alleviation [4] (*von Strafe*) relaxation

erleiden *unreg vt* [1] → *Ungerechtigkeit* endure [2] ↑ *zugefügt bekommen* → *Niederlage, Verlust* suffer

erlernbar *adj* learnable; **erlernen** *vt* → *Fertigkeit* acquire; → *Sprache* learn

erlesen *adj* ▷*Essen, Wein* choice; ↑ *elitär* ▷*Publikum* select

erleuchten *vt* [1] → *Zimmer* illuminate [2] *FIG* → *Geist* enlighten; **Erleuchtung** *f* [1] (*von Zimmer*) illumination [2] *FIG* ↑ *Erkenntnis* ◇ **plötzliche** - sudden insight, flash of inspiration

erliegen *unreg vi* (*dem Feind*) be overpowered (*dat* by); (*e-r Versuchung*) succumb (*dat* to); ◇ **e-r Krankheit** - to die of an illness

Erlös *m* <-es, -e> profit; (*aus Tombola etc.*) proceeds *pl* (*aus* from)

erloschen *adj* (*Vulkan*) extinct; ◇ **völlig** - stone dead; **erlöschen** *vi* ← *Feuer, Licht* go out; **Erlöschen** *s* (*e-s Vertrages*) lapse

erlösen *vt* (*retten, befreien*) liberate; (*von Schmerzen*) deliver; (*aus Misere*) rescue; (REL *von Schuld*) redeem; **Erlöser** *m* REL Redeemer, Saviour; **Erlösung** *f* [1] (*aus Gefangenschaft*) release [2] REL redemption

ermächtigen *vt* authorize, empower; **Ermächtigung** *f* [1] ↑ *Erlaubnis* authorization [2] ↑ *Vollmacht* authority

ermahnen *vt* exhort; **Ermahnung** *f* [1] (*dringende Aufforderung*) exhortation [2] (*Tadel*) reprimand, rebuke

ermäßigen *vt* → *Strafe* reduce; → *Preise* mark down; ◇ **ermäßigter Eintritt** reduced, concessions *pl;* **Ermäßigung** *f* reduction; (*Steuer-*) relief

ermessen *unreg vt* [1] → *Lage* judge; → *Kosten* calculate [2] → *Bedeutung* take, understand; **Ermessen** *s* <-s> judgement; ◇ **in jd-s -** *dat* **liegen** to be within s.o.'s discretion

ermitteln I. *vt* (*feststellen, herausfinden*) determine; → *Namen, Personalien* establish; → *Verbrecher* trace **II.** *vi* ◇ **gegen jd-n** - to make inquiries about s.o.; **Ermittlung** *f* [1] ↑ *Feststellung* determination [2] JURA (*Polizei-*) inquiries *pl* (*gegen, über jd-n* into), investigation (*gegen, über jd-n* of)

ermöglichen *vt* enable; ◇ **jd-m etw** - to make s.th. possible for s.o.

ermorden *vt* → *jd-n* murder; **Ermordung** *f* murder

E

ermüden I. *vt* tire, exhaust II. *vi* ▷*schnell* tire, get exhausted; TECHNOL fatigue; **ermüdend** *adj* [1] ▷*Reise* exhausting, tiring [2] ▷*Rede* tedious; **Ermüdung** *f* ↑ *Müdigkeit* tiredness, fatigue

ermuntern *vt* [1] ↑ *aufheitern* cheer up [2] ↑ *auffordern* encourage [3] ↑ *anregen* stimulate

ermutigen *vt* encourage

ernähren I. *vt* [1] (*Nahrung geben*) feed, nourish [2] (*FIG für Unterhalt sorgen*) → *Familie* support, provide for II. *vr* ◇ **sich** - live (*von* on); **Ernährer(in** *f*) *m* <-s, -> provider; **Ernährung** *f* [1] ▷*gesund, vollwertig* food, nourishment, nutrition [2] ↑ *Unterhalt* (*von Familie*) maintenance

ernennen *unreg vt* appoint; ◇ **jd-n zum Geschäftsleiter** - to appoint s.o. managing director; **Ernennung** *f* appointment

erneuern *vt* [1] ↑ *instandsetzen* → *Haus, Dach* renovate, restore; (*Gerät*) overhaul [2] → *Firma* reform, restructure [3] ↑ *wiederholen* → *Antrag* repeat [4] ↑ *neu beleben* → *Freundschaft* resume; → *Vertrag* renew; **Erneuerung** *f* [1] (*von Gebäude etc.*) renovation; (*von Gerät*) overhaul; (*von Verschleißteil*) replacement [2] (*von Firma*) reorganization [3] (*von Freundschaft*) revival [4] (*von Vertrag*) renewal; **erneut** I. *adj* renewed; ▷*Versuch* fresh II. *adv* ↑ *wieder* anew; ◇ - **etw tun** to try (once) again

erniedrigen *vt* → *jd-n* humiliate; ◇ **jd-n** - ↑ *demütigen, degradieren* to humble s.o.

ernst I. *adj* [1] ▷*Absicht* serious [2] ▷*Lage* grave, critical [3] → *Miene* earnest [4] ↑ *aufrichtig* genuine, sincere II. *adv* ◇ **jd-n/etw** - **nehmen** to take s.o./s.th. seriously; **Ernst** *m* <-es> [1] (*von Person*) seriousness; → *Strenge* sternness [2] ◇ **das ist mein** - I am quite serious, I am in earnest; ◇ **ich mache mit meinen Plänen** - I'm putting my plans into effect [3] (*von Lage*) gravity, critical nature [4] ↑ *Bedeutsamkeit* (*von Ereignis*) solemnity; **Ernstfall** *m* ◇ **im** - in case of emergency; **ernstgemeint** *adj* ↑ *aufrichtig* ▷*Angebot* genuine, serious; **ernsthaft** *adj* [1] *seriös, ernstzunehmend* ▷*Person* serious; ▷*Angebot* genuine [2] *schwerwiegend* ▷*Probleme* serious, real; ▷*Verletzung, Krankheit* serious, bad; **Ernsthaftigkeit** *f* seriousness; **ernstlich** *adv* (*erkrankt*) seriously, gravely; (*verletzt*) badly

Ernte *f* <-, -n> [1] (*das Ernten, Obst-*) harvest [2] (*Ertrag*) crop; **Erntearbeiter(in** *f*) *m* harvest worker, seasonal worker; **Ernte[dank]fest** *s* harvest festival, Thanksgiving *besonders AM*; **ernten** *vt* [1] (→ *Getreide, harvest*) reap; → *Obst* harvest, pick [2] *FIG* → *Beifall* earn

ernüchtern *vt* [1] (*FIG Begeisterung nehmen*) disillusion, bring s.o. down to earth [2] (*nüchtern machen*) sober s.o. up; **Ernüchterung** *f FIG* ↑ *Desillusionierung* disillusionment

erobern *vt* [1] MIL → *Stadt, Land* capture [2] *FIG* → *Herz* win; → *Publikum* take by storm; **Eroberung** *f* [1] (MIL *von Land*) conquest [2] (*FIG von Mensch*) conquest

eröffnen I. *vt* [1] → *Laden* open [2] (*einweihen*) inaugurate [3] → *Sitzung, Kongreß* open [4] (*Betrieb*) commence, set up [5] *FIG* ◇ **jd-m etw** - to disclose s.th. to s.o. II. *vr* ◇ **sich** - ← *Möglichkeit* present itself; **Eröffnung** *f* [1] (*von Geschäft, Firma etc.*) opening; ↑ *Gründung* establishment [2] (*von Sitzung*) opening [3] ↑ *Mitteilung* disclosure; (*förmlich*) notification; **Eröffnungsrede** *f* opening speech; (*förmlich*) inaugural address

erogen *adj* ▷*Zonen* erogenous

erörtern *vt* → *Thema, Vorschlag* debate, discuss

Erosion *f* erosion

Erotik *f* eroticism; ↑ *Sinnlichkeit* sensuality; **erotisch** *adj* erotic, sensual

erpicht *adj* ◇ **auf etw** *akk* - **sein** to have one's heart set on s.th.

erpressen *vt* [1] → *Lösegeld, Geständnis* extort [2] ↑ *nötigen* → *jd-n* blackmail; **Erpresser(in** *f*) *m* <-s, -> blackmailer, extortionist; **Erpressung** *f* blackmail, extortion

erproben *vt* try out; ◇ **jd-n/etw** - to put s.o./s.th. to the test; ◇ **e-e neue Methode** - to try out a new method

erraten *unreg vt* → *Lösung, Geheimnis* guess

erregen I. *vt* [1] excite; ↑ *ärgern* irritate; → *erzürnen* infuriate [2] ↑ *anregen, reizen* ▷*sexuell* stimulate, arouse [3] ↑ *hervorrufen* → *Neugier, Aufsehen* attract; → *Zweifel* raise II. *vr* ◇ **sich** - get excited (*über akk* about); **Erreger** *m* <-s, -> (*von Krankheiten*) cause; **Erregtheit** *f* [1] (*Ärger*) agitation, excitement [2] ▷*sexuell* arousal, heat; **Erregung** *f* [1] ↑ *Verursachen* provocation; JURA ◇ - **öffentlichen Ärgernisses** disorderly conduct [2] ↑ *Erregtheit* excitement, agitation

erreichbar *adj* [1] ↑ *nicht weit weg* ▷*Ort* within reach [2] (*telefonisch*) ▷*Mensch* available; ◇ **schwer** - **sein** to be difficult to get hold of; **erreichen** *vt* [1] → *Ziel* reach; → *Alter* reach [2] → *Zug* catch; → *Anschluß* make [3] (*jd-n*) get hold of s.o. [4] → *Zweck* accomplish; ◇ **was willst du damit** -? what's the point (of that)?, what do you have in mind?

errichten *vt* [1] ↑ *aufstellen* → *Gebäude* build, put up; → *Denkmal* erect [2] ↑ *gründen* → *Filiale* establish

erringen *unreg vt* achieve; → *Sieg* win

erröten *vi* (← *Person, vor Scham*) blush (*vor dat* with, über *akk* at)

Errungenschaft *f* [1] ↑ *Neuerung* achievement [2] *FAM* ↑ *Anschaffung* acquistion

Ersatz *m* <-es> [1] (*Person, Sache*) replacement [2] (*von Kaffee*) substitute; (*Schadens-*) compensation, damages *pl* [3] ↑ *Reserve* backup; (SPORT *-spieler*) reserve, backup; **Ersatzbefriedigung** *f* vicarious satisfaction; **Ersatzdienst** *m* MIL alternative service; **Ersatzreifen** *m* AUTO spare tyre; **Ersatzspieler(in** *f*) *m* substitute, reserve, backup; **Ersatzteil** *s* spare part

erschaffen *unreg vt* create, make; **Erschaffung** *f* REL creation

erscheinen *unreg vi* [1] ▷*pünktlich* come; (*bei Arbeit, Party*) attend, turn up; (*als Zeuge*) appear [2] (*Buch, Zeitung*) be published; ◇ **monatlich ~** to come out every month [3] ↑ *sich darstellen* appear, figure; ◇ **das erscheint mir bemerkenswert** that strikes me as remarkable; **Erscheinung** *f* [1] ↑ *Aufmachung, Auftreten* appearance; ◇ **e-e imposante ~** an impressive occurrence; ◇ **äußere ~** external appearance [2] (*Natur-, Alters-*) phenomenon; (*Vorkommnis*) occurence [3] ↑ *Vision* spectre [4] ◇ **in ~ treten** to enter the picture; **Erscheinungsjahr** *s* year of publication

erschießen *unreg vt* shoot (s.o.) dead

erschlagen *unreg vt* [1] strike (s.o.) dead, beat to death [2] (*FIG erschöpft*) ◇ **sich wie ~ fühlen** to feel beat

erschließen *vt* [1] → *Siedlung* develop [2] → *Bergwerk* exploit; → *Hilfsquellen* tap

erschöpfen *vt* [1] ▷*jd-n* exhaust; → *Geduld* exhaust [2] → *Reserven* drain; → *Kasse* deplete [3] ↑ *ausführlich behandeln* → *Thema* go into s.th. in depth, exhaust; **erschöpfend** *adj* [1] ▷*Marsch* exhausting [2] *FIG* ▷*Antwort* exhaustive; **erschöpft** *adj* [1] ▷*Mensch* exhausted, worn-out [2] ↑ *verbraucht* ▷*Vorräte* spent, exhausted; **Erschöpfung** *f* exhaustion

erschrecken **I.** <erschrak, erschrocken> *vt* frighten **II.** *vi* be frightened; **erschreckend** *adj* alarming, frightening

erschüttern *vt* [1] → *Erdbeben* shake [2] (*emotionell, jd-n*) upset; **Erschütterung** *f* [1] (*Beben*) tremor [2] (*FIG des Gemüts*) shock, emotional upset

erschweren *vt* impede, obstruct

erschwinglich *adj* affordable; → *Preise* reasonable

ersehen *unreg vt* ◇ **aus etw ~, daß ...** to learn from s.th. that ...

ersetzbar *adj* replaceable; **ersetzen** *vt* [1] ↑ *auswechseln* exchange; → *Ersatzteil* replace; → *Person, Spieler* substitute [2] ↑ *vertreten* represent; ◇ **jd-m den Vater ~** to fulfil a father's function for s.o. [3] → *Unkosten* pay; → *Verlust, Schaden* make good; ◇ **jd-m den Schaden ~** to compensate s.o. for the damage

ersichtlich *adj* ▷*Grund* clear, obvious

ersinnen *vt* devise, think up

ersparen *vt* [1] → *Geld* save (up) [2] ◇ **sich Arbeit ~** to save [*o.* spare] o.s. work; **Ersparnis** *f* [1] ↑ *Einsparung* (*Kosten-*) savings *pl* (*an dat* on) [2] ◇ **-se** *pl* (*Rücklagen*) savings *pl*

erst *adv* [1] ↑ *zunächst* (at) first; ◇ **~ einmal** first of all; ◇ **~ die Arbeit, dann das Vergnügen** business before pleasure [2] ↑ *nicht eher als* not before; ◇ **sie kommt ~ morgen** she's not coming till tomorrow [3] ↑ *nicht mehr als* not more than; ◇ **sie ist ~ 23 Jahre alt** she's only 23 [4] ◇ **und ich ~!** me too!

erstarren *vi* [1] (*Körper*) stiffen; (*vor Kälte*) go numb [2] (*Zement*) set; (*Lava*) solidify

erstatten *vt* [1] → *Unkosten* reimburse [2] ◇ **Bericht ~** to report; ◇ **gegen jd-n Anzeige ~** to report s.o. to the police

Erstaufführung *f* (THEAT *von Film auch*) première; **Erstauflage** *f* first edition

erstaunen *vt* surprise, astonish; **Erstaunen** *s* <-s> astonishment (*über akk* at); **erstaunlich** *adj* [1] astonishing; ▷*Begebenheit* surprising [2] ↑ *bewundernswert* remarkable; ▷*Leistung* amazing, brilliant; **erstaunt** *adj* surprised; (*stärker*) astonished

erstbeste(r, s) *adj PEJ* first, any; ◇ **den E~n heiraten** to marry the first man who comes along

erste(r, s) *adj* [1] first; ◇ **als E~ am Ziel ankommen** to be first over the line [2] ↑ *Ur-* → *Sünde* original [3] ◇ **bei ~ Gelegenheit** at your earliest convenience

erstechen *unreg vt* stab s.o. to death

erstehen *unreg* **I.** *vt* ↑ *kaufen* buy **II.** *vi* (*entstehen, zerstörte Stadt*) spring up, arise

erstens *adv* in the first place, firstly

erstere(r, s) *pron* the former

ersticken **I.** *vt* [1] *Sauerstoff entziehen* → *jd-n* choke; → *Feuer* smother [2] *FIG* → *Gefahr* neutralize; → *Revolte* stifle; → *Gefühl* suppress **II.** *vi* [1] ← *Mensch* suffocate [2] *FAM* ◇ **in Arbeit ~** to be drowning in work; **erstickt** *adj* (*Stimme*) choked; **Erstickung** *f* suffocation

erstklassig *adj* [1] (*Schütze, Anwalt*) crack [2] (*Hotel*) first-class; (*Wein*) excellent [3] (*Wertpapiere*) gilt-edged; *AM* blue chip; **Erstkommunion** *f* REL first Communion; **erstmalig** *adj* ▷*Begegnung* unprecedented; **erstmals** *adv* for the first time, first

erstrebenswert *adj* ▷*Ziel* desirable
erstrecken *vr* ◇ **sich** ~ ① ▷*räumlich* extend, stretch; ◇ **das Grundstück erstreckt sich bis zu den Bäumen** the property extends as far as the trees; ◇ **sich kilometerweit** ~ to stretch for miles ② ▷*zeitlich* spread, cover; ◇ **sich über e-n Zeitraum von 8 Jahren** ~ (*Wirtschaftsplan*) to cover a time span of 8 years; ◇ **sich über mehrere Wochen** ~ (*Gespräche*) to carry on for several weeks ③ *FIG* ↑ *umfassen* ← *Planung* include
Erstschlag *m* MIL first strike
erstürmen *vt* storm, take s.th. by storm
Erstwohnsitz *m* principal residence
ersuchen *vt* request (*um* for)
ertappen *vt* catch; ◇ **jd-n bei e-r Lüge** ~ to catch s.o. lying; ◇ **jd-n auf frischer Tat** ~ to catch s.o. red-handed
erteilen *vt* → *Auskunft* → *Unterricht* give; → *Auftrag* place; → *Vollmacht* grant, give
Ertrag *m* <-[e]s, Erträge> ① (*Gewinn*) profit, proceeds *pl* ② (*Ernte-*) harvest, yield
ertragen *unreg vt* endure, bear; **erträglich** *adj* ① ▷*Schmerzen* bearable; ▷*Leben* tolerable ② ▷*Leistung* average, passable
ertränken I. *vt* drown; ◇ **seine Probleme in Alkohol** ~ to drown one's sorrows in drink II. *vr* ◇ **sich** ~ drown o.s.
erträumen *vr* ◇ **sich** *dat* **etw** ~ to phantasize about s.th.
ertrinken *unreg vi* drown
erübrigen I. *vt* ① → *Geld* put aside, save ② → *Zeit* spare II. *vr* ◇ **sich** ~ be unnecessary, be redundant; ◇ **es erübrigt sich, darauf zu antworten** an answer is superfluous
erwachen *vi* ① (*wach werden*) awake ② *FIG* ← *Liebe* be awakened; **Erwachen** *s* awakening
erwachsen *adj* adult, grown-up; **Erwachsene(r)** *m+f* adult; (*von Standpunkt des Kindes*) grownup; **Erwachsenenbildung** *f* adult education
erwägen <erwog, erwogen> *vt* → *Möglichkeiten* weigh up; ↑ *prüfen* → *Plan* consider, assess; ↑ *überlegen* contemplate; ◇ **ich erwäge, morgen abzureisen** I'm thinking of leaving tomorrow; **Erwägung** *f* ① consideration, deliberation; ◇ **in** ~ **ziehen** to consider ② ↑ *Prüfung* examination
erwählen *vt* elect
erwähnen *vt* → *jd-n* mention; → *ein Ereignis* ~ refer to s.th.; ◇ **er hat mit keinem Wort erwähnt, daß …** he didn't say a thing about …; **Erwähnung** *f* mention
erwarten *vt* ① ↑ *warten auf* → *jd-n, Brief etc.* await; → *Kind* expect; ◇ **etw kaum** ~ **können** to be hardly able to wait ② ↑ *hoffen auf, rechnen mit* expect; ◇ **das war zu** ~ that was to be expected; **Erwartung** *f* ① (*Zustand*) expectancy ② (*Vorausgesehene*) prospect; ◇ **~en erfüllen** to come/live up to one's expectations
erwecken *vt* ① arouse; (*aus Lethargie*) enliven; ◇ **jd-m zum Leben** ~ to revive s.o. ② *FIG* → *Freude* bring; → *Hoffnung, Zweifel* give rise to, inspire; ◇ **den Eindruck** ~ to give the impression
erweisen *unreg* I. *vt* → *Gunst* do (s.o. a favour), grant (s.o. a favour); → *Dienst* render (s.o. a service); ◇ **jd-m e-n schlechten Dienst** ~ to do s.o. a disservice II. *vr* ◇ **sich als ein Idiot** ~ to prove to be an idiot, to turn out to be an idiot
Erwerb *m* <-[e]s, -e> ① (*bezahlte Tätigkeit*) living, livelihood ② ↑ *Lohn* earnings *pl* ③ ↑ *Kauf, Anschaffung* purchase, acquisition; **erwerben** *unreg vt* ① ↑ *kaufen* → *Grundstück* buy ② ↑ *sich aneignen* → *Fähigkeit* acquire; **erwerbslos** *adj* unemployed; **erwerbstätig** *adj* [gainfully] employed
erwidern *vt* ① (*auf Frage*) reply, respond (*auf akk* to); ◇ **nichts** ~ to make no reply ② → *Gefälligkeit* return; → *Liebe* requite, reciprocate; → *Grüße* acknowledge
erwiesen *adj* proven
erwischen *vt* ① → *Verbrecher* catch, collar ② → *Bus* catch, make ③ *FAM* ◇ **mich hat's erwischt** (*Grippe*) I've caught the flu
erwünscht *adj* ▷*Kind* desired; ▷*Besuch* welcome
erwürgen *vt* strangle
Erz *s* <-es, -e> (*Eisen-*) ore
erzählen *vt* ① → *Erlebnis* recount; → *Geschichte* tell; ◇ **jd-m etw** ~ to tell s.o. s.th. ② *FAM* ◇ **wem erzählst du das!** you're telling me!, tell me about it!; **Erzählung** *f* ① (*von Begebenheit*) account ② (*Geschichte*) story, tale
Erzbischof *m* archbishop; **Erzengel** *m* archangel
erzeugen *vt* ① ↑ *produzieren, herstellen* → *Waren* produce, manufacture ② → *Energie* generate ③ ↑ *hervorrufen* → *Angst* create ④ (BIO *Nachkommen*) reproduce; **Erzeuger** *m* manufacturer; TECHNOL generator; **Erzeugnis** *s* ① ↑ *Ware* ▷*ausländisch* product ② ↑ *Produkt* ▷*künstlerisch* creation; **Erzeugung** *f* production
Erzherzog *m* archduke
erziehen *unreg vt* educate; → *Kind* bring up; ◇ **jd-n** ~ **zu etw** to train s.o. as s.th.; **Erzieher(in** *f*) *m* tutor, educator; (*Gouvernante*) governess; **Erziehung** *f* ① (*das Erziehen*) upbringing ② ↑ *Bildung* education, training; **Erziehungsberechtigte(r)** *m+f* parent, legal guardian

erzielen *vt* ① → *Ergebnis* achieve ② SPORT → *Tor* score
erzürnen *vt* infuriate
es *pron pers* (*nom u. akk*) ① he, she; ◇ **- ist schon 8 Jahre alt** he/she is already eight years old ② it; ◇ **sie hat - neu gekauft** she bought it new ③ it; ◇ **niemand will - gesagt haben** nobody claims to have said it; ◇ **- hat nicht weh getan** it didn't hurt ④ ◇ **- ist mein Mann, der kocht** it's my husband who does the cooking; ◇ **- hat keinen Sinn** there's no point, it's pointless; ◇ **- ist 2 Uhr** it's 2 o'clock ⑤ ◇ **ich habe - satt ...** I'm fed up with ...; ◇ **er hält - für nötig ...** he finds it necessary ... ⑥ ◇ **- schneit** it's snowing; ◇ **- schläft sich gut hier** one sleeps well here; *FAM* it's comfy here
Esche *f* <-, -n> ash
Esel *m* <-s, -> ① donkey, jack-ass ② *FAM!* ◇ **du -!** you ass!; **Eselin** *f* she-ass
Eskalation *f* (*von Gewalt*) escalation
eßbar *adj* ▷*Beere, Früchte* edible; **essen** <aß, gegessen> *vt* eat; *FAM* ◇ **gut** - to have a good feed, to eat well; **Essen** *s* <-s, -> ① (*Nahrung*) food ② ↑ *Mahlzeit* (*Abend-*) meal; (*festlich*) dinner
essentiell *adj* essential
Essig *m* <-s, -e> ① vinegar; ◇ **- und Öl** vinegar and oil ② *FIG* ◇ **damit ist es** - so call the whole thing off; **Essiggurke** *f* gherkin
Eßkastanie *f* sweet chestnut; **Eßtisch** *m* dining table; **Eßwaren** *pl* food; (*Vorräte*) provisions *pl;* **Eßzimmer** *s* dining room
Estragon *m* <-> tarragon
etablieren *vr* ◇ **sich** - ① ▷*geschäftlich* set up a business ② (*in Gesellschaft*) become established
Etage *f* <-, -n> floor, storey; **Etagenwohnung** *f* flat
Etappe *f* <-, -n> ① ▷*erste* - stage ② ↑ *Zeitabschnitt* (*des Lebens*) period
Etat *m* <-s, -s> budget
etepetete *adj FAM* fussy
Ethik *f* ethics *sg;* **ethisch** *adj* ethical
Etikett *s* <-[e]s, -e> label
Etikette *f* <-> good manners, politeness
etliche *pron pl* ↑ *einige* several; ◇ **- Leute** quite a few people; **etliches** *pron* plenty
Etui *s* <-s, -s> (*Brillen-*) case
etwa *adv* ① ↑ *ungefähr* about, approximately ② (*vielleicht*) perhaps; ◇ **bist du - verrückt?** are you completely barmy?; ◇ **soll das - heißen ...** do you mean to tell me ...
etwas I. *pron* anything, something; ◇ **hast du - gehört?** did you hear anything?; ◇ **haben wir - vergessen?** have we forgotten anything?; ◇ **ich möchte noch - sagen** I would like to add something; ◇ **er hat - Unsympathisches an sich** there is something disagreeable about him **II.** *adv* ↑ *ein bißchen* ◇ **- besser** a bit better **III.** *adj* some; ◇ **laß dir - Zeit** give y.s. time to spare, leave y.s. some time
Etymologie *f* etymology
euch I. *pron pers* ① *akk von* **ihr** you ② *dat von* **ihr** you, to you **II.** *pron reflexiv* yourselves
euer(e) *pron poss* (*adjektivisch*) your
Eule *f* <-, -n> owl
eure(r, s) *pron poss* (*substantivisch*) ◇ **wessen Auto ist das? - es ist -s** whose car is that? - it is yours; **eurerseits** *adv* as far as you are concerned; ◇ **ist alles in Ordnung -?** is everything okay your end?; **euresgleichen** *pron* of your sort; ◇ **sie ist nicht** - she is not like you; **euretwegen** *adv* ① ↑ *euch zuliebe* for your sakes ② (*um euch, wegen euch*) because of you; ◇ **- sind wir so weit gefahren** we have driven so far because of you
Eurokrat *m* <-en, -en> Eurocrat; **Europa** *s* <-s> Europe; **Europäer(in** *f*) *m* <-s, -> European; **europäisch** *adj* European; **Euroscheck** *m* Eurocheque
Euter *s* <-s, -> (*Kuh-*) udder
Euthanasie *f* MED euthanasia
evakuieren *vt* → *Gebiet* → *Bevölkerung* evacuate
evangelisch *adj* ▷*Kirche* Protestant; **Evangelium** *s* Gospel
eventuell I. *adj* (*Ergebnis*) possible **II.** *adv* ↑ *möglicherweise* possibly; ◇ **- komme ich morgen** perhaps I'll come tomorrow
EWG *f* <-> *Abk. v.* **Europäische Wirtschaftsgemeinschaft** EEC *European [Economic] Community*
ewig I. *adj* ① ↑ *immer* eternal, sempiternal; REL ◇ **-es Leben** eternal life ② ↑ *alles überdauernd* ▷*Treue* everlasting ③ *FAM* ↑ *unaufhörlich* incessant; ◇ **das -e Gerede habe ich satt** I've heard enough endless talk **II.** *adv* eternally, forever; **Ewigkeit** *f* eternity; *FAM* ◇ **das dauert ja e-e -!** it is taking forever!
exakt *adj* ▷*Angaben* precise, exact; ▷*Arbeit* accurate, scrupulous
Examen *s* <-s, - *o.* Examina> (*Staats-*) examination; *FAM* exam
Exekutive *f* POL executive (power)
Exemplar *s* <-s, -e> sample, specimen; (*Buch-*) copy; **exemplarisch** *adj* ▷*Lebenslauf* exemplary
exerzieren *vt* MIL drill, exercise; **Exerzierplatz** *m* MIL parade ground

Exil *s* <-s, -e> exile; ◇ **im ~ leben** to live in exile

Existenz *f* [1] (*von Dingen*) existence; ▷*menschlich* existence [2] livelihood; ◇ **sich e-e ~ aufbauen** to make a living for o.s; **Existenzminimum** *s* minimal living wage; **existieren** *vi* [1] ↑ *leben* live (*von* on), exist (*von* on) [2] ↑ *vorhanden sein* exist

exklusiv *adj* ↑ *ausgewählt* select; ▷*Klub* exclusive

exklusive I. *präp* [1] (*gen*) not including, except (for); ◇ **das Haus kostet e-e Million ~ des Grundstücks** the house costs a million not including the plot [2] (*dat*) exclusive of; ◇ **das Haus kostet e-e Million ~ Grundstück** the house costs a million, not including the plot **II.** *adv* (*ausschließlich*) exclusively

Exkremente *pl* faeces *pl*

Exkurs *m* <-, -e> digression; **Exkursion** *f* excursion, trip

exotisch *adj* ▷*Früchte* exotic

Expansion *f* (POL *von Land*) expansion; (*von Macht*) extension

Expedition *f* [1] (*Reise*) expedition [2] COMM ↑ *Abfertigung, Versand* dispatch, forwarding

Experiment *s* [1] (*wissenschaftlicher Versuch*) experiment, test [2] *FIG* ↑ *Versuch, Risiko* experiment; **experimentieren** *vi* experiment (*mit etw* with s.th., an etw/jdm *dat* on s.th./s.o.)

Experte *m* <-n, -n>, **Expertin** *f* expert

explodieren *vi* [1] ← *Bombe* explode, detonate [2] (*FIG vor Wut, Mensch*) explode; **Explosion** *f* explosion; **explosiv** *adj* explosive

Export *m* <-[e]s, -e> export (trade); **Exportartikel** *m* export article; **Exporthandel** *m* export trade; **Exporthändler(in** *f*) *m* exporter; **exportieren** *vt* export

Expreßgut *s* express freight

extra I. *adj FAM* ↑ *besondere, spezielle* special; ◇ **das ist e-e ~ Belohnung** that is a special reward **II.** *adv* [1] ↑ *gesondert* extra; ◇ **~ bezahlen** to pay separately [2] ↑ *speziell* specially; ◇ **~ angefertigt** custom-built, custom-made [3] ↑ *absichtlich* intentionally; ◇ **das hat sie ~ so eingerichtet** she arranged it that way on purpose [4] (*~ stark, ~ schnell*) particularly; **Extra** *s* <-s, -s> [1] ↑ *Zubehör* extra [2] extra; ◇ **ein Auto mit vielen ~s** a car with many extras; **Extrabett** *s* extra bed; **Extrablatt** *s* MEDIA ↑ *Sonderausgabe* special edition

Extrakt *m* <-[e]s, -e> (*Pflanzen~*) extract

extrem *adj* ▷*Einstellung* extreme, radical; ▷*Kälte* extreme; **extremistisch** *adj* POL extremist

Extremitäten *pl* ANAT ▷*Gliedmaße* extremities *pl*

exzentrisch *adj* [1] ▷*Kreis* eccentric [2] (*FIG*) ▷*Person* eccentric

Exzeß *m* <-sses, -sse> excess; ◇ **bis zum ~** to (the point of) excess, excessively

Eyeliner *m* <-s, -> eyeliner

F

F, f *s* F, f

Fabel *f* <-, -n> fable; **fabelhaft** *adj* ↑ *fantastisch* fabulous, great

Fabrik *f* (*Papier~*) factory; **Fabrikant(in** *f*) *m* [1] (*Hersteller*) manufacturer [2] (*Besitzer*) industrialist; **Fabrikarbeiter(in** *f*) *m* factory worker; **Fabrikat** *s* (*Marken~*) make, brand; **Fabrikation** *f* (*Produktion*) production, manufacture; **fabrizieren** *vt FAM* ↑ *produzieren* produce

Fach *s* <-[e]s, Fächer> [1] (*Schub~*) compartment, drawer [2] (*Wissensgebiet*) subject, field; ◇ **ein Mann vom ~** specialist [3] (*Schul~, Studien~*) subject; **Facharbeiter(in** *f*) *m* (*am Bau, in Fabrik*) skilled worker; **Facharzt** *m* ↑ *Spezialist* specialist; **Fachausdruck** *m* <-[e]s, Fachausdrücke, -ausdrücke> technical term

Fächer *m* <-s, -> fan

Fachidiot *m* <-en, -en> *PEJ s.o. who is only interested in one subject;* **fachlich** *adj* [1] ▷*Technik* technical [2] ▷*Ausbildung* specialist [3] ▷*Beruf* professional; **Fachschule** *f* (*Berufs~*) technical college; **fachsimpeln** *vi* (*über ein Thema*) talk shop; **Fachwerk[haus]** *s* half-timbered house

fad[e] *adj* [1] ▷*Geschmack* tasteless [2] ↑ *langweilig* dull, boring

Faden *m* <-s, Fäden> [1] (*Näh~*) thread [2] *FIG* ◇ **den ~ verlieren** to lose one's/the thread [3] (*FIG Leitmotiv*) ◇ **roter ~** main theme; **fadenscheinig** *adj FIG* ▷*Entschuldigung* flimsy, lame

fähig *adj* [1] ↑ *in der Lage* capable, able [2] (*tüchtig, fleißig*) competent, able; **Fähigkeit** *f* ↑ *Können* ability

fahnden *vi* ↑ *suchen* ◇ **nach etw ~** to search for s.th.; **Fahndung** *f* search

Fahne *f* <-, -n> flag; ◇ **e-e ~ haben** *FAM* to smell of alcohol

Fahrausweis *m* ↑ *Ticket* ticket; **Fahrbahn** *f* ▷*rechte, linke* lane

Fähre *f* <-, -n> (*Auto~*) ferry

fahren <fuhr, gefahren> **I.** *vt* [1] ▷*Auto* drive , go by car; ▷*Motorrad* ride, drive [2] (*transportieren*) transport, carry ③ ▷*Rennen* run ④ *FIG* ▷*Schicht* ◇ **nächste Woche müssen wir e-e zusätzliche Schicht** ~ next week we have to work an extra shift **II.** *vi* ① (*mit Schiff*) sail ② (*abfahren*) ← *Zug* leave ③ (*streichen, über die Haare*) caress *akk;* **Fahrer(in** *f*) *m* <-s, -> driver; ◇ **Geister~** *s.b. who drives in the wrong direction;* **Fahrerflucht** *f* hit-and-run; **Fahrgast** *m* passenger; **Fahrgemeinschaft** *f* car pool; **Fahrkarte** *f* ↑ *Ticket* ticket; **Fahrkartenschalter** *m* ticket counter

fahrlässig *adj* (*unachtsam*) ▷*handeln* negligent

Fahrlehrer(in *f*) *m* driving instructor; **Fahrplan** *m* timetable; **fahrplanmäßig** *adj* ▷*Abfahrt* scheduled, planned; **Fahrpreis** *m* fare, ticket price; **Fahrpreisermäßigung** *f* reduced fare; **Fahrprüfung** *f* (*Führerschein-*) driving test; **Fahrrad** *s* bicycle; **Fahrschein** *m s.* **Fahrausweis**; **Fahrscheinautomat** *m* ticket machine; **Fahrschule** *f* driving school; **Fahrschüler(in** *f*) *m* ① (*für Führerschein*) learner driver ② (*Schüler von auswärts*) *pupil who has to travel from far away to go to school;* **Fahrstuhl** *m* ↑ *Aufzug* lift, elevator *AM*; **Fahrt** *f* <-, -en> ① (*Fahren*) drive ② (*Reise*) journey, trip ③ (*volle ~*) full speed ④ *FAM* ◇ **in ~ sein** to be in a good mood

Fährte *f* <-, -n> ↑ *Spur* trace; *FIG* ◇ **auf der richtigen ~ sein** to be on the right track

Fahrtkosten *pl* travelling expenses *pl;* **Fahrzeug** *s* vehicle

Faktor *m* ① (*Kriterium*) factor ② MATH factor

Fakultät *f* (*Universitäts-*) faculty

Falke *m* <-n, -n> FAUNA falcon

Fall *m* <-[e]s, Fälle> ① ↑ *Sturz* fall, crash ② JURA case ③ SPRACHW case ④ ◇ **auf keinen ~** definitely/certainly not; ◇ **auf jeden ~** at any rate, in any case

Falle *f* <-, -n> ① trap ② *FAM* ↑ *Bett* bed; **fallen** <fiel, gefallen> *vi* ① ↑ *stürzen* fall, crash ② ← *Preise, Kurse* drop ③ ↑ *sterben* (*im Krieg*) fall (in a war/in combat) ④ *FIG* ◇ **in Ohnmacht ~** to faint; ◇ **aus der Rolle ~** to misbehave

fällen *vt* ① → *Baum* fell ② → *Urteil* pass

fallenlassen *unreg vt* ① → *Schüssel* drop ② (*FIG* → *Plan, aufgeben*) give up on, abandon ③ *FIG* → *Bemerkung* remark

fällig *adj* ▷*Rechnung* due; **Fälligkeit** *f* (COMM *e-r Rechnung*) settlement date

Fallout *m* <-s, -s> ▷*radioaktiver ~* fallout

falls *adv* ↑ *wenn* in case, if

Fallschirm *m* parachute

falsch *adj* ① ▷*Nummer* wrong, incorrect ② ↑ *unwahr* ▷*Aussage* untrue ③ ▷*Schmuck* fake ④ ↑ *unaufrichtig* fake, superficial; **fälschen** *vt* ① → *Geld* counterfeit ② → *Kunstwerk* forge, fake; **Falschheit** *f* ① (*Gemälde*) fake ② (*Aussage*) falsity ③ (*Person*) ◇ **was mich an ihm stört, ist seine ~** what really bothers me about him is that he is so two-faced; **fälschlicherweise** *adv* (*~ beschuldigen*) by mistake, wrongly; **Fälschung** *f* ↑ *Imitation* imitation, fake, forgery; **fälschungssicher** *adj* ▷*Ausweis* unforgeable

Falte *f* <-, -n> ① (*Haut-*) wrinkle ② (*Bügel-*) fold; **falten** *vt* ① → *Papier* fold ② (→ *Hände, beten*) fold

familiär *adj* ① (▷*Angelegenheiten, Familien-*) family-related ② (▷*Umgangston, freundschaftlich*) familiar; **Familie** *f* ① (*Groß-*) family ② (*Gattung*) family; **Familienname** *m* ↑ *Nachname* surname; **Familienstand** *m* marital status

Fanatiker(in *f*) *m* <-s, -> fanatic; **fanatisch** *adj* ▷*Kämpfer* fanatical

fand *impf v.* **finden**

Fang *m* <-[e]s, Fänge> ① ↑ *Beute* catch ② (*Kralle*) claw; **fangen** <fing, gefangen> **I.** *vt* ① → *Tier, Verbrecher* capture ② → *Ball* catch ③ ◇ **F~spielen** to play tag **II.** *vr* ◇ **sich ~** *FIG* to get to grips with o.s.

Farbabzug *m* (*Foto*) colour print; **Farbaufnahme** *f* ↑ *Foto* colour photo; **Farbband** *m, pl* <-bänder> (*Schreibmaschine*) typewriter ribbon; **Farbe** *f* <-, -n> ① ▷*rote, blaue* colour ② (*Öl-, Wand-*) paint; **färben I.** *vt* → *Haar* dye **II.** *vi* (*ab-*) dye, colour; **farbenblind** *adj* colourblind; **farbenfroh** *adj* (*sehr bunt*) colourful; **Farbfernsehen** *s* colour television; **Farbfilm** *m* MEDIA colour film; **farbig** ↑ *bunt* coloured person; **Farbige(r)** *fm* ↑ *Schwarzer* coloured; **farblos** *adj* ① ▷*Lack* colourless, clear ② (*langweilig*) dull, boring; **Farbphotographie** *f* colour photography; **Farbstift** *m* coloured pencil; **Farbstoff** *m* (*von Textil*) dye; (*von Nahrungsmittel*) artificial colour; **Farbton** *m* ▷*grell, dezent* shade; **Färbung** *f* ① (*Farbgebung*) colouring ② (*Richtung, von Partei*) bias, favouring

Fasching *m* <-s, -e *o.* -s> ↑ *Karneval* carneval

Faschismus *m* fascism; **Faschist(in** *f*) *m* fascist

faseln *vi FAM* ↑ *Unsinn reden* talk rubbish

Faser *f* <-, -n> ① (*Stoff-*) fibre ② *FIG* ◇ **mit jeder ~** with every fibre of one's being; **fasern** *vi* (*Fasern verlieren*) fray

Faß *s* <-sses, Fässer> (*Wein-*) barrel; ◇ **Bier vom ~** draught beer

faßbar *adj* ↑ *begreiflich* understandable

fassen I. *vt* ① ↑ *greifen* grab, seize ② *FIG* ↑ *verstehen, begreifen* understand; ◇ **nicht zu ~!** unbelievable! [*o.* that can't be true!] ③ (*Raum* *bieten*) hold [4] → *Entschluß* make, take [5] ◇ **in Worte** ~ to put into words, to express in words **II.** *vr* ◇ **sich** ~ [1] regain control [2] *FAM* ◇ **sich auf etw gefaßt machen** to be ready for s.th.

Fassung *f* [1] (*von Ring*) setting [2] (*von Lampe*) socket [3] *FIG* ↑ *Selbstbeherrschung* control, composure; ◇ **jd-n aus der ~ bringen** to surprise s.o, to put s.o off [4] (*von Film, Buch*) version

fassungslos *adj* (*entsetzt*) speechless, shocked; **Fassungsvermögen** *s* (*Rauminhalt*) capacity

fast *adv* ↑ *beinahe* almost, nearly

fasten *vi* ↑ *nichts essen* fast

fatal *adj* [1] ↑ *folgenschwer* ▷*Fehler* fatal [2] ↑ *peinlich* embarrassing

faul *adj* [1] ▷*Lebensmittel* rotten, bad [2] ▷*Mensch* lazy [3] ▷*Ausreden* lazy, weak [4] *FAM* ◇ **das ist doch ober-!** there is s.th. fishy going on here!; **faulen** *vi* ▷*Obst* rot, decay, go off

faulenzen *vi* laze about; **Faulenzer(in** *f*) *m* <-s, -> loafer; **Faulheit** *f* ↑ *Trägheit* laziness

Faust *f* <-, Fäuste> ▷*ballen* fist; ◇ **mit der ~ auf den Tisch hauen** to slam one's fist on the table; **faustdick** *adj* [1] ▷*Lüge* disgraceful lie, whopper [2] ◇ **es ~ hinter den Ohren haben** to be crafty, to be sly; **Fausthandschuh** *m* mitten

Favorit(in *f*) *m* <-en, -en> [1] (SPORT *Champion*) favourite [2] *FIG* ↑ *Liebling* favourite

faxen *vti* fax, send a fax

Februar *m* <-[s], -e> February; *s. a.* **April**

fechten <focht, gefochten> *vi* SPORT fence

Feder *f* <-, -n> [1] (*Vogel-*) feather [2] (*Schreib-*) quill [3] TECHNOL spring

Federball *m* (*-spiel*) badminton; **Federhalter** *m* (*Tintenschreiber*) fountain pen; **federleicht** *adj* ↑ *sehr leicht* as light as a feather; **federn** *vi* [1] ▷*Stoßdämpfer* be springy [2] (*-der Gang*) walk with a spring; **Federung** *f* (*Auto*) car suspension

Fee *f* <-, -n> fairy

fegen *vt* → *Straße* sweep

fehl *adj* (*nur adverbial verwendet, falsch*) ◇ ~ **am Platz** in the wrong place, out of place

fehlen *vi* [1] (*abwesend sein*) be absent [2] (*jd-m abgehen*) be missed [3] (*FIG krank sein*) ◇ **was fehlt Ihnen?** what's the matter?

Fehler *m* <-s, -> [1] (*Schreib-*) mistake [2] (*Charakter*) weakness, fault [3] (*Druck-*) fault, defect; **fehlerfrei** *adj* without mistakes, correct; **fehlerhaft** *adj* incorrect, faulty; **Fehlgeburt** *f* MED miscarriage; **Fehlgriff** *m* (*falsche Handlung*) mistake; **Fehlkonstruktion** *f* bad design; **Fehlschlag** *m* ↑ *Mißerfolg* failure; **fehlschlagen** *unreg vi* fail; **Fehlstart** *m* SPORT false start; **Fehltritt** *m FIG* ▷*moralisch* bad move; **Fehlzündung** *f* AUTO backfire

Feier *f* <-, -n> (*Geburtstags-*) party, celebration; **Feierabend** *m* (~ *machen*) end of working day; (*Schluß*) ◇ **jetzt ist ~!** that's it!; **feierlich** *adj* ▷*Stimmung* solemn, serious; **Feierlichkeit** *f* [1] (*festliche Stimmung*) celebration [2] ◇ **~en** *pl* festivities *pl*; **feiern I.** *vt* → *Hochzeit* celebrate **II.** *vi* [1] ↑ *Fest begehen* have a party, celebrate [2] *FAM* ◇ **krank ~** to skip work; **Feiertag** *m* public holiday

feig[e] *adj* coward; **Feigheit** *f* cowardice; **Feigling** *m* ↑ *feiger Mensch* coward; *FAM* chicken

Feile *f* <-, -n> [1] (*Nagel-*) file [2] (*Werkzeug*) file; **feilen I.** *vt* (*Fingernagel*) file **II.** *vi* (*FIG an Artikel, verbessern*) make improvements

feilschen *vi* ↑ *handeln* haggle

fein *adj* [1] ▷*Gewebe* fine; ▷*Sand* fine [2] ↑ *-geformt* ▷*Profil* delicate; ▷*Gehör* keen [3] ▷*Benehmen* refined [4] ◇ **~!** oh great!

Feind(in *f*) *m* <-[e]s, -e> enemy; **feindlich** *adj* ↑ *gegnerisch* hostile; **Feindschaft** *f* enmity; **feindselig** *adj* ▷*Stimmung* hostile

feinfühlig *adj* sensitive; **Feingefühl** *s* [1] ↑ *Fingerspitzengefühl* sensitivity; ◇ **ein ~ für etw haben** to be sensitive to s.th. [2] ↑ *Takt* tactfulness; **Feinheit** *f* fineness, delicacy

Feld *s* <-[e]s, -er> [1] (*Acker, Wiese*) field [2] (SPORT *Läufer-*) track [3] (*FIG Forschungsgebiet*) field [4] ▷*elektrisches* field

Feldwebel *m* <-s, -> MIL sergeant

Feldweg *m* path, track

Feldzug *m FIG* ↑ *Kampagne* campaign

Felge *f* <-, -n> (*von Rad*) rim of wheel

Fell *s* <-[e]s, -e> [1] (*Schaf-*) fleece; (*Tier*) fur [2] *FIG* ◇ **jd-m das ~ über die Ohren ziehen** to pull the wool over s.o's eyes

Fels *m* <-en, -en> (*Gestein*) rock

Felsen *m* <-s, -> ↑ *Klippe* cliff; **felsenfest** *adj* firm, completely; ◇ ~ **überzeugt von** to be firmly convinced of s.th.; **felsig** *adj* ▷*Landschaft* rocky; **Felsspalte** *f* crevice

feminin *adj* [1] ▷*Kleidung* feminine [2] SPRACHW feminine (form); **Feminismus** *m* feminism; **Feminist(in** *f*) *m* (*Anhänger*) feminist; **feministisch** *adj* ▷*Gesinnung* feminist

Fenchel *m* <-s, -> fennel

Fenster *s* <-s, -> [1] (*Zimmer-*) window [2] (*Schau-*) shop window [3] PC window; **Fensterbrett** *s* window sill; **Fensterladen** *m* shutter; **Fensterputzer(in** *f*) *m* <-s, -> window cleaner; **Fensterscheibe** *f* window pane; **Fenstertechnik** *f* PC window technology

Ferien *pl* (*Schul-*) holidays *pl*; **Ferienkurs** *m* holiday course

Ferkel *s* <-s, -> [1] FAUNA piglet [2] *FAM* ◇ **du -!** little swine!

fern I. *adj* [1] ▷*Land* faraway [2] ▷*Zukunft* distant II. *adv* [1] ◇ **- von hier** far from here [2] *FIG* ◇ **das liegt mir -** nothing could be further from my mind; **Fernbedienung** *f* remote control; **Ferne** *f* <-, -n> [1] ↑ *Weite* distance [2] ↑ *Zukunft* ◇ **in weiter -** in distant future

ferner I. <*Komparativ von* **fern**> further II. *adv* ↑ *weiterhin* furthermore

Ferngespräch *s* (*Telefon*) long distance call, trunk call; **Fernglas** *s* binoculars *pl;* **fernhalten** *unreg* I. *vt* ◇ **etw von jd-m -** keep s.th. away from s.o. II. *vr* ◇ **sich -** ↑ *wegbleiben* keep away (*von* from); **Fernkopie** *f* ↑ *Telefax* fax; **fernkopieren** *vt* fax; **Fernkopierer** *m* ↑ *Faxgerät* facsimile machine; **Fernlenkung** *f* (*Flugzeug*) remote control; **Fernschreiber** *m* (*Telex*) telex machine; **fernschriftlich** *adj* (*per Telex*) by telex; **fernsehen** *unreg vi* watch television; **Fernsehen** *s* <-s> [1] (*Gerät*) television [2] (*TV schauen*) viewing of television; **Fernseher** *m* (*Apparat*) television, tv; *BRIT* telly; **Fernsehsatellit** *m* (*über -*) TV satellite

Ferse *f* <-, -n> heel

fertig *adj* [1] ↑ *beendet* finished [2] ↑ *bereit* ready [3] *FIG* ↑ *müde, geschafft* tired, exhausted; **Fertigbau** *m, pl* <-bauten> (*Haus*) prefabricated house, prefab; **fertigbringen** *unreg vt* [1] ↑ *zu Ende bringen* finish [2] ↑ *imstande sein* manage, cope

Fertigkeit *f* ↑ *Geschick* skill, ability

fertigmachen I. *vt* [1] ↑ *zu Ende führen* finish, complete [2] *FIG* ◇ **jd-n -** exhaust s.o.; (*entmutigen*) bring s.o. down II. *vr* ◇ **sich -** [1] ↑ *sich bereitmachen* get ready [2] (*FAM sich übermäßig sorgen*) depress; **fertigstellen** *vt* → *Arbeit* complete; **Fertigware** *f* ↑ *Fertigprodukt* finished product, end product; **fertigwerden** *unreg vi* [1] ◇ **rechtzeitig -** to be ready on time [2] *FIG* cope, deal (*mit jd-m/etw* with s.o./s.th.)

Fessel [1] *f* <-, -n> (*Hand-*) handcuffs; ◇ **jd-n in -n legen** to put s.b. in chains

Fessel [2] *f* <-, -n> ANAT ankle

fesseln *vt* [1] ↑ *festbinden* bind, tie [up] [2] (*FIG Buch, Film, interessieren*) fascinate

fest I. *adj* [1] ▷*Einkommen* fixed, regular [2] ▷*Kleidung* sturdy [3] ▷*Nahrung* solid II. *adv* [1] ↑ *kräftig* firm [2] (*tief*) deep, sound

Fest *s* <-[e]s, -e> [1] ↑ *Feier* party [2] (*Oster-*) celebration, holiday

festangestellt *adj* employed on a regular basis; **festbinden** *unreg vt* (*mit Seil*) tie up, fasten; **festfahren** *unreg vr* ◇ **sich -** (*in e-r Diskussion, mit Auto*) get stuck, get bogged down; **festhalten** *unreg* I. *vt* [1] (*mit Hand*) hold on [2] ▷*schriftlich* record II. *vr* ◇ **sich -** ↑ *anklammern* hold on (*an dat* to), cling (*an dat* s.th.); **Festigkeit** *f* [1] (*Material*) toughness, strength [2] (*Charakter*) strength; **Festland** *s* (*Europäisches -*) mainland; **festlegen** I. *vt* → *Termin* fix, arrange II. *vr* ◇ **sich -** [1] (*entscheiden*) decide [2] (*mit Sicherheit sagen*) commit o.s

festlich *adj* ▷*Kleidung* festive

Festnahme *f* <-, -n> ↑ *Verhaftung* arrest; **festnehmen** *unreg vt* arrest

Festplatte *f* PC hard disk

Festrede *f* speech, address

festschnallen I. *vt* ▷*Gepäck* tie to, fasten on II. *vr* ◇ **sich -** (*im Auto*) put one's seatbelt on; **festsetzen** I. *vt* [1] → *Preis* determine [2] → *Grenze* detain II. *vr* ◇ **sich -** ← *Rost, Schmutz* collect, settle

Festspiel *s* (*Theater, Film*) festival

feststehen *unreg vi* [1] ▷*Datum* set, fix [2] (*sicher sein*) ◇ **soviel steht fest** that much is for sure; **feststellen** *vt* [1] ↑ *herausfinden* establish, ascertain [2] ↑ *sagen* remark, stress [3] (*wahrnehmen*) detect, discover

Festung *f* ↑ *Burg* fortress

fett *adj* [1] ▷*Essen* greasy [2] ▷*Mensch* fat [3] (PRINT *-gedruckt*) bold-type; **Fett** *s* <-[e]s, -e> [1] (*Speise-*) fat [2] ↑ *Schmiere* grease; **fettarm** *adj* ▷*Diät* low-fat; **fettig** *adj* ▷*Finger* greasy, oily; **Fettnäpfchen** *s FIG* ◇ **ins - treten** to put one's foot in it

Fetzen *m* <-s, -> [1] (*Papier, Stoff*) scrap, piece [2] (*FIG Wort-*) snatches [of conversation] *pl;* **fetzig** *adj FAM* ▷*Musik, Kleidung* cool

feucht *adj* ▷*Wohnung* damp; **Feuchtigkeit** *f* dampness

Feuer *s* <-s, -> [1] (*Herd-*) fire [2] (*Feuerzeug*) lighter [3] (*FIG Temperament*) fiery; **Feueralarm** *m* fire alarm; **feuerfest** *adj* ▷*Glas* fireproof; **Feuergefahr** *f* ↑ *Brandgefahr* fire hazard; **Feuerlöscher** *m* <-s, -> fire extinguisher; **Feuermelder** *m* <-s, -> (*Gerät*) fire alarm; **feuern** I. *vt* [1] *FIG* ↑ *jd-m kündigen* fire [2] *FAM* ↑ *Ohrfeige geben* ◇ **jd-m e-e -** to slap s.o. in the face II. *vi* [1] (*heizen*) heat [2] (*schießen*) shoot, fire; **Feuerwehr** *f* <-, -en> fire brigade; **Feuerwerk** *s* fireworks; **Feuerzeug** *s* lighter

Fichte *f* <-, -n> spruce

Fieber *s* <-s, -> [1] MED ↑ *erhöhte Temperatur* fever [2] (*Lampen-*) stage fright; **fieberhaft** *adj* ▷*Suche* feverish; **Fieberthermometer** *s* thermometer

fiel *impf v.* **fallen**

fies *adj FAM* ↑ *gemein* mean, nasty

F

Figur *f* <-, -en> [1] *(gute -)* figure [2] *(Holz-)* figure, design [3] *(Spiel-)* figure, piece [4] *(Roman-)* character

Filiale *f* <-, -n> COMM branch

Film *m* <-[e]s, -e> [1] *(Kino-)* film, movie [2] *(Farb-)* film [3] ◇ **-geschäft** film business; **Filmkamera** *f* cine-camera, movie camera

Filter *m* <-s, -> [1] *(Kaffee-, Öl-, Luft-)* filter [2] *(Zigarette)* filter; **filtern** *vt* filter [out]; **Filterzigarette** *f* filter-tipped cigarette

Filz *m* <-es, -e> [1] *(Wolle)* felt [2] *(FIG Korruption)* corruption; **filzen I.** *vi* ▷*Wolle* become felty **II.** *vt FAM* ↑ *durchsuchen* search

Finale *s* <-s, -[s]> SPORT ↑ *Endspiel* finale

Finanzamt *s* ↑ *Steuerbehörde* tax office; **Finanzen** *pl (Vermögen)* finances *pl;* **finanziell** *adj* finacial; **finanzieren** *vt* ▷*Kredit* finance; **Finanzminister(in** *f) m* POL Minister of Finance, Chancellor of the Exchequer *BRIT*, Secretary of the Treasury *AM*

finden <fand, gefunden> **I.** *vt* [1] ↑ *entdecken* find, discover [2] *FIG* ↑ *meinen* believe, be of the opinion that ... [3] ▷*Schlaf* find **II.** *vr* ◇ **sich -** [1] ↑ *wiederauftauchen* reappear, turn up [2] *(zu sich selbst -)* to sort o.s. out, to reflect about o.s. [3] *FIG* ◇ **es wird sich -** it will sort itself out; **Finder(in** *f) m* <-s, -> finder

fing *impf v.* **fangen**

Finger *m* <-s, -> *(Ring-)* finger; **Fingerhandschuh** *m (Ggs Fausthandschuh)* glove; **Fingerzeig** *m* <-[e]s, -e> ↑ *Tip, Hinweis* tip, hint; **fingieren** *vt* ↑ *fälschen* falsify, make up

Finne *m* <-n, -n> Finn; **Finnin** *f* Finn; **finnisch** *adj* Finnish; **Finnland** *s* Finland

finster *adj* [1] ▷*Nacht* dark [2] ▷*Blick* black, gloomy, sinister [3] ◇ **ein -er Geselle** a gloomy slot of a person

Finsternis *f* ↑ *Dunkelheit* darkness

Firma *f* <-, -men> company, firm

Fisch *m* <-[e]s, -e> [1] fish [2] ASTRON Pisces; **fischen I.** *vt* go fishing **II.** *vi* fish; *(FIG nicht klar sehen)* ◇ **im Trüben -** not to be able to see clearly; **Fischer(in** *f) m* <-s, -> fisherman; **Fischerei** *f (Hochsee-)* fishing; **Fischgeschäft** *s* fishmonger's shop

fit *adj* [1] ▷*körperlich* fit, in shape; ◇ **sich - halten** to keep fit [2] ▷*geistig* healthy, sharp [3] *FAM* ↑ *kompetent* competent; **Fitneß** *f* <-> fitness

fix *adj* [1] ▷*Mensch* bright, smart [2] ▷*Gehalt* fixed [3] *(FIG erschöpft)* ◇ **- und fertig** exhausted

fixen *vi FAM* ↑ *Heroin spritzen* fix, shoot up

fixieren *vt* [1] ▷*Farbe* fix [2] ↑ *festschreiben* record [3] *(mit Augen)* stare [4] ◇ **auf etw fixiert sein** to have a fixation about s.th.

flach *adj* [1] ▷*Landschaft* flat [2] *(FIG oberflächlich)* shallow

Fläche *f* <-, -n> [1] *(Wasser-)* surface [2] *(Ausmaß)* area; **flächendeckend** *adj* ▷*Kampagne* thorough, complete; **Flächeninhalt** *m* [surface] area

Flachland *s* lowlands *pl*

flackern *vi* ← *Kerze* flicker

Flagge *f* <-, -n> flag

Flamme *f* <-, -n> [1] *(Kerze)* flame [2] *(FAM Geliebte)* flame [3] *(FIG begeistert)* ◇ **Feuer und - sein** to be really keen

Flanell *m* <-s, -e> *(-hemd)* flannel

Flanke *f* <-, -n> [1] *(von Pferd)* flank [2] (SPORT *-angriff)* centre pass

Flasche *f* <-, -n> [1] *(Bier-)* bottle [2] *FAM* ↑ *Versager* loser; **Flaschenöffner** *m* bottle opener

flattern *vi* ← *Fahne, Wäsche* flutter

flau *adj* [1] ▷*Wind* slight [2] ▷*Geschäft* slow, slack [3] ↑ *übel, schlecht* ◇ **mir ist - im Magen** I feel sick

Flaum *m* <-[e]s> [1] *(Vogel)* down feather [2] *(Bart)* fuzz

flauschig *adj* ▷*Stoff, Wolle* fluffy, soft

Flaute *f* <-, -n> [1] *(Wind)* calm [2] (COMM *Geschäfts-)* slack period, recession

flechten <flocht, geflochten> *vt* [1] → *Haare* plait, braid [2] → *Kranz* weave

Fleck *m* <-[e]s, -e> [1] *(Fett-)* stain, mark [2] *(Stelle)* spot; ◇ **nicht vom - kommen** not to budge [3] *(Stoff-)* patch [4] *(Landschaft)* patch; **fleckenlos** *adj* spotless; **Fleckenwasser** *s (Reinigung)* stain remover; **fleckig** *adj* ↑ *schmutzig* stained

flegelhaft *adj* ▷*Benehmen* loutish, ill-mannered

flehen *vi* ↑ *bitten* beg, plead *(um akk* for)

Fleisch *s* <-[e]s> [1] meat; ◇ **Schweine-** pork; ◇ **Rind-** beef [2] *(Frucht-)* flesh [3] *FIG* ◇ **das eigene - und Blut** one's own flesh and blood; **Fleischer(in** *f) m* <-s, -> ↑ *Metzger* butcher; **Fleischerei** *f* ↑ *Metzgerei* butchery; **Fleischwunde** *f* (MED *Verletzung)* flesh wound

Fleiß *m* <-es> [1] ↑ *Eifer* hard work, effort [2] ↑ *Absicht* intention; ◇ **etw mit - tun** to do s.th. intentionally [*o.* to do s.th. on purpose]; **fleißig** *adj* hard-working, dilligent

fletschen *vt* ▷*Zähne* bare one's teeth

flexibel *adj* flexible

flicken *vt* ↑ *ausbessern* mend; **Flicken** *m* <-s, -> *(aus Stoff)* patch

Flieder *m* <-s, -> lilac

Fliege *f* <-, -n> [1] *(Mücke)* fly [2] *(Kleidung)* bow-tie

fliegen <flog, geflogen> **I.** *vt* [1] → *Flugzeug* fly, travel by plane [2] → *Route* fly **II.** *vi* [1] ← *Vogel* fly [2] *FAM* ◇ **auf jd-n/etw** ~ to be mad about s.o./s.th. [3] *FAM* ↑ *fallen* ◇ **durch e-e Prüfung** ~ to fail an exam; **Flieger(in** *f*) *m* <-s, -> [1] (*Person*) airman [2] (*Flugzeug*) airplane

fliehen <floh, geflohen> *vi* ↑ *weglaufen* escape

Fließband *s, pl* <-[e]s, Fließbänder> (*-arbeit*) conveyor belt; **fließen** <floß, geflossen> *vi* [1] ← *Wasser* flow; ELECTR flow [2] *FIG* ← *Gelder* flow, be made availible; **fließend** *adj* [1] ▷*Gewässer* flowing [2] ◇ **sie spricht ~ Englisch** she speaks English fluently [3] ▷*Grenzen* fluid

flimmern *vi* ← *Fernsehbild* shimmer, glimmer

flink *adj* ↑ *schnell* nimble, quick

Flinte *f* <-, -n> ↑ *Gewehr* shotgun

flippig *adj* (*FAM quirlig*) wild, unusual

flirten *vi* flirt

Flitterwochen *pl* honeymoon

flocht *impf v.* **flechten**

Flocke *f* <-, -n> (*Schnee~*) flake

flog *impf v.* **fliegen**

floh *impf v.* **fliehen**

Floh *m* <-[e]s, Flöhe> (*Hunde~*) flea; **Flohmarkt** *m* flea market

Flop *m* <-s, -s> *FAM* ↑ *Reinfall* flop

florieren *vi FIG* ← *Geschäft* ← *Wirtschaft* boom

Floskel *f* <-, -n> (*Höflichkeits~*) cliché

floß *impf v.* **fließen**

Floß *s* <-es, Flöße> (*Holz~*) raft

Flosse *f* <-, -n> [1] (*Haifisch~ etc.*) fin [2] *FAM* ↑ *Hand* hand [3] (*Schwimm~*) flipper

Flöte *f* <-, -n> MUS flute

flott *adj* [1] ↑ *schick* smart [2] (*Maschine ~machen*) functioning [3] (*schnell*) ◇ **aber ~!** on the doble!

Flotte *f* <-, -n> (*Handels~, Flugzeug~ etc.*) fleet

Fluch *m* <-[e]s, Flüche> [1] ▷*ausstoßen* curse, oath [2] (*böser ~*) evil curse; **fluchen** *vi* swear, curse

Flucht *f* <-, -en> [1] ▷*ergreifen* escape [2] (*Reihe*) row; **fluchtartig** *adj* hurried, hasty, rushed; **flüchten I.** *vi* ↑ *weglaufen* run away, escape (*vor dat* **II.** *vr* ◇ **sich** ~ (*unter Dach*) take refuge; **flüchtig** *adj* [1] → *Verbrecher* fugitive [2] ▷*Bekanntschaft* fleeting, vague [3] ▷*Augenblick* brief [4] CHEM ↑ *schnell verdunstend* volatile; **Flüchtigkeitsfehler** *m* careless mistake; **Flüchtling** *m* refugee

Flug *m* <-[e]s, Flüge> [1] (*Vogel~*) flight [2] (*Reise*) flight; ◇ **guten ~!** have a good flight! [3] (*schnell*) ◇ **wie im** ~ in a flash; **Flugbegleiter(in** *f*) *m* ↑ *Steward* steward *m;* ↑ *Stewardess* air hostess *f;* flight attendant *m/f;* **Flugblatt** *s* leaflet

Flügel *m* <-s, -> [1] (*von Vogel*) wing [2] (MUS *Konzert~*) grand piano [3] (ARCHIT *Seiten~*) wing

Fluggast *m* ↑ *Passagier* air passenger; **Fluggeschwindigkeit** *f* flying speed; **Fluggesellschaft** *f* airline; **Flughafen** *m* airport; **Flughöhe** *f* altitude; **Fluglotse** *m* air-traffic controller; **Flugnummer** *f* flight number; **Flugplatz** *m* (*kleiner ~*) airfield; **Flugstrecke** *f* ↑ *Route* air route; **Flugzeug** *s* [aero]plane, airplane; **Flugzeugentführung** *f* hijacking

flunkern *vi FAM* ↑ *lügen* lie, make up stories

Fluor *s* <-s> CHEM fluorine; (*-verbindung, Zahnpasta*) fluoride

Flur [1] *m* <-[e]s, -e> (*Haus~, Korridor*) hall, passage

Flur [2] *f* <-, -en> open countryside; ◇ **in Wald und** ~ in the fields and forests

Fluß *m* <-sses, Flüsse> [1] (*Gewässer*) river [2] (*FIG Rede~, Verkehrs~*) flow [3] *FIG* ↑ *Bewegung* ◇ **in ~ bringen** to get moving

flüssig *adj* [1] ▷*Material* fluid, runny [2] *FIG* ▷*sprechen, schreiben* fluently [3] *FIG* ◇ **~ sein** availible, liquid; **flüssigmachen** *vt FIG* → *Geld* make (funds) available; **Flüssigkeit** *f* [1] (*Wasser, Öl*) liquid, fluid [2] (*FIG Gewandtheit*) fluency

flüstern I. *vi* ↑ *leise sprechen* whisper **II.** *vt FAM* ↑ *Meinung sagen* ◇ **jd-m etw** ~ give s.o. a piece of one's mind

Flut *f* <-, -en> [1] (*Ebbe und ~*) tide [2] (*Überschwemmung*) flood [3] (*FIG von Briefen*) flood; **Flutlicht** *s* (*a.* SPORT *~anlage*) floodlight, spotlight

fl. W. *Abk. v.* **fließendes Wasser** running water

focht *impf v.* **fechten**

Fohlen *s* <-s, -> (*Pferd*) foal

Föhn *m* <-[e]s, -e> (*Fallwind*) foehn, wind

Folge *f* <-, -n> [1] ↑ *Serie* sequence, succession [2] (*Fernseh~*) episode [3] ↑ *Konsequenz* consequence; ◇ **das wird ~n haben** that will have serious consequences [4] ↑ *befolgen* ◇ **e-r Anordnung ~ leisten** to obey an order; **folgen** *vi* [1] ↑ *nachgehen, verfolgen* follow (*jd-m/etw dat* s.b./s.th.) [2] (*FIG verstehen*) ◇ **können Sie mir ~?** do you understand me? [3] ↑ *gehorchen* obey (*jd-m dat* [4] (*sich ergeben*) ◇ **daraus folgt…** it follows that…; **folgend** *adj* ↑ *nachkommend* following; **folgendermaßen** *adv* ↑ *wie folgt* as follows; **folgenschwer** *adj* ▷*Unfall* grave; ▷*Entscheidung* of serious consequence; **folgerichtig** *adj* ↑ *logisch* logical; **folgern** *vt* ↑ *Schluß ziehen aus* draw a conclusion, come to the conclusion; **Folgerung** *f* ▷*logische* conclusion; **folglich** *adv* ↑ *also* consequently, as a result

Folie *f* ▷*Plastik, Alu* foil, film

Folter *f* <-, -n> [1] (*Quälen*) torture [2] (*FIG Qual*)

hell, torture; ◇ **es war die reinste** ~ it was pure hell; **foltern** *vt* torture

Fön *m* <-[e]s, -e> ↑ *Haartrockner* hair-dryer; **fönen** *vt* → *Haare* blow-dry

foppen *vt* ↑ *necken, aufziehen* fool

Förderband *s* <-[e]s, Förderbänder> conveyor belt

förderlich *adj* ↑ *zuträglich* beneficial, helpful

fordern *vt* [1] → *Geld* demand [2] (*FIG anstrengen*) demand, make demands on; ◇ **die Aufgabe fordert ihn** he finds the task demanding

fördern *vt* [1] → *Künstler* support, sponsor [2] → *Kohle* mine, extract

Forderung *f* ↑ *Anspruch* demand, claim

Förderung *f* [1] (*Begabten-*) support, promotion [2] (*Kohle*) mining, extraction

Forelle *f* trout

Form *f* <-, -en> [1] ↑ *Gestalt* shape [2] ◇ **Back-** baking tin [3] ↑ *Kondition* shape; ◇ **in** ~ **sein** to be in shape [4] (GRAM *Verb-*) form

Formalität *f* ↑ *Formsache* formality

Format *s* [1] (*Papier-*) format [2] *FIG* ↑ *Charakter* stature; **formatieren** *vt* → *Diskette* format

Formation *f* [1] MIL ↑ *Aufstellung* formation [2] (GEO *Erd-*) formation

formbar *adj* [1] ▷*Material* malleable [2] ▷*Charakter* malleable

Formel *f* <-, -n> [1] (*chemische etc.*) formula [2] (*Sprach-*) formula, wording

formell *adj* ▷*Anlaß, Bestätigung* formal

formen *vt* ↑ *gestalten* shape

Formfehler *m* JURA technicality

förmlich I. *adj* ↑ *formell* formal II. *adv FAM* ↑ *geradezu* really, absolutely; **Förmlichkeit** *f* formality; **formlos** *adj* (*zwanglos*) casual

Formular *s* <-s, -e> form; **formulieren** *vt* → *Satz* word, phrase

forschen I. *vt* ↑ *suchen* look for, search (*nach* for)II. *vi* ▷*wissenschaftlich* research; **forschend** *adj* ▷*Blick* searching, inquiring; **Forscher(in** *f*) *m* <-s, -> (*Höhlen-*) researcher, explorer; **Forschung** *f* research, exploration

Forst *m* <-[e]s, -e> ↑ *Wald* forest; **Förster(in** *f*) *m* <-s, -> forest warden

fort *adv* [1] ↑ *weg* away; ↑ *gegangen* ◇ **Mutter ist** ~ mother has gone [2] (*weiter*) ◇ **und so** ~ and so on, and so forth; (*ständig*) ◇ **in e-m** ~ continually, constantly; **fortbestehen** *unreg vi* ↑ *weiterexistieren* survive; **fortbewegen** I. *vt* (*entfernen*) leave, move away II. *vr* ◇ **sich** ~ move; **fortbilden** *vr* ◇ **sich** ~ (*in Kursen*) further one's education; **fortbleiben** *unreg vi* stay away; **fortbringen** *unreg vt* take away; **Fortdauer** *f* (*Bestand*) continuation; **fortfahren** *unreg vi* [1] ↑ *wegfahren* go away [2] *FIG* ↑ *fortsetzen* continue; **fortführen** *vt* → *Gespräch, Arbeit* continue, go on, resume; **fortgehen** *unreg vi* go away, leave; **fortgeschritten** *adj* advanced; ◇ **F~enkurs** advanced course; **fortkommen** *unreg vi* leave, get away; **fortkönnen** *unreg vi* be able to get away; **fortmüssen** *unreg vi* have to leave; **fortpflanzen** *vr* ◇ **sich** ~ ↑ *vermehren* reproduce; **Fortschritt** *m* [1] ▷*technischer* progress [2] ◇ ~**e machen** to make progress; **fortschrittlich** *adj* ▷*Gesinnung* progressive, forward; **fortsetzen** *vt* ↑ *weitermachen* continue; **Fortsetzung** *f* ↑ *Weiterführung* continuation; ◇ ~ **folgt** to be continued; **fortwährend** *adj* ↑ *ununterbrochen* continual; **fortziehen** *unreg* I. *vt* (*am Arm*) pull away, drag away II. *vi* ↑ *umziehen* move out

fossil *adj* fossil

Foto I. *s* <-s, -s> photograph II. *m* <-s, -s> (*-apparat*) camera; **Fotograf(in** *f*) *m* <-en, -en> photographer; **Fotografie** *f* (*Bild*) photography; **fotografieren** *vti* photograph; **Fotokopierer** *m* photocopier

Foul *s* <-s, -s> (SPORT *Verstoß*) foul

Fracht *f* <-, -en> ↑ *Ladung* cargo, freight; **Frachter** *m* <-s, -> (*Transportschiff*) freighter, cargo ship

Frack *m* <-[e]s, Fräcke> (*Herrenjacke*) tails *pl*

Frage *f* <-, -n> [1] question [2] (*Problem*) question; ◇ **etw in** ~ **stellen** to doubt s.th. [3] ◇ **das kommt nicht in** ~ that is out of the question; **Fragebogen** *m* ▷*ausfüllen* questionnaire; **fragen** I. *vt* [1] (*Frage stellen*) ask; ◇ **nach der Uhrzeit** ~ to ask what time it is [2] (*bitten*) ◇ **um Rat** ~ to ask for advice II. *vr* ◇ **sich** ~ (*sich überlegen*) wonder; **Fragezeichen** *s* (*Interpunktion*) question mark; **fraglich** *adj* [1] (*unsicher*) doubtful, uncertain [2] ▷*Person* doubtful, questionable; **fraglos** *adv* ↑ *ohne Zweifel* without a doubt, unquestionably

Fragment *s* ↑ *Bruchstück* fragment

fragwürdig *adj* [1] ↑ *zweifelhaft* doubtful, questionable [2] ↑ *bedenklich* questionable

Fraktion *f* (*Bundestag*) parliamentary party

frankieren *vt* ↑ *freimachen* → *Brief* stamp

Frankreich *s* France

Franse *f* <-, -n> (*Teppich-*) fringe

Franzose *m* <-n, -n> Frenchman; **Französin** *f* Frenchwoman; **französisch** *adj* ▷*Sprache* French

fraß *impf v.* **fressen**

Fratze *f* <-, -n> ↑ *Grimasse* grimace

Frau *f* <-, -en> [1] (*Erwachsene*) woman [2] (*Anrede*) Mrs.; ◇ ~ **Müller** Mrs. Müller [3] (*Ehe-*) wife; **Frauenarzt** *m*, **Frauenärztin** *f* ↑ *Gynäkolo-*

ge, Gynäkologin gynaecologist; **Frauenbeauftragte(r)** *fm* (*Minister(in)*) representative for women's affairs; **Frauenbewegung** *f* ↑ *Emanzipation* women's lib; **Frauenhaus** *s* hostel for battered women or women in need; **Fräulein** *s* [1] ↑ *Bedienung* waitress [2] (*veraltet, Anrede*) Miss; **fraulich** *adj* ▷*Kleidung* womanly

Freak *m* <-s, -s> (*FAM Computer-*) freak, specialist; (*Hippie*) freak

frech *adj* [1] ▷*Bemerkung* cheeky [2] ▷*Kleidung* cheeky, wild; **Frechheit** *f* cheek, audacity

Fregatte *f* NAUT frigate

frei *adj* [1] ↑ *ungebunden* ▷*Mensch* free [2] (*in Zusammensetzungen*) freelance, independent [3] ▷*Platz, Stelle* free, vacant [4] ▷*Zeit* free, spare; ◇ **sich ~ nehmen** to take time off [5] (*draußen*) ◇ **im F~en** outside [6] ▷*Eintritt* free (of charge); **Freibad** *s* (*Ggs Hallenbad*) outdoor swimming pool; **freibekommen** *unreg vt* [1] (*Urlaub*) get time off [2] (*aus Gefängnis*) be released, be let out; **freigiebig** *adj* ▷*Spender* generous; **Freigiebigkeit** *f* generosity; **freihalten** *unreg vt* (*einladen*) keep free; → *Einfahrt* keep clear; **freihändig** *adv* ▷*fahren* with no hands; **Freiheit** *f* [1] (*Ungebundenheit*) freedom [2] (*FIG pl*) ◇ **sich ~en herausnehmen** to take liberties; **freiheitlich** *adj* ▷*Gesinnung* liberal; **Freiheitsstrafe** *f* ↑ *Haft[strafe]* prison sentence; **Freikarte** *f* (*gratis*) free ticket; **freilassen** *unreg vt* release, set free; **freilegen** *vt* ▷*Ausgrabungen* uncover

freilich *adv* ↑ *natürlich, selbstverständlich* [but] of course

Freilichtbühne *f* open-air theater; **freimachen I.** *vt* [1] ← *Platz* save [2] ↑ *frankieren* ← *Brief* put a stamp on, frank **II.** *vr* ◇ **sich ~** [1] (*entkleiden*) undress [2] (*Urlaub nehmen*) take time off; **freisprechen** *unreg vt* (JURA *vor Gericht*) acquit (*von* of); **Freispruch** *m* JURA acquittal; **freistellen** *vt* [1] ◇ **jd-m etw ~** (*zur Wahl stellen*) leave a decision up to s.o [2] (*befreien*) release, exempt s.o.

Freistoß *m* (SPORT *Fußball*) free kick

Freitag *m* Friday; **freitags** *adv* on fridays

freiwillig *adj* ▷*Helfer* voluntary

Freizeit *f* spare time, leisure time, free time

freizügig *adj* [1] ↑ *hemmungslos* open-minded, permissive [2] ↑ *spendabel* generous

fremd *adj* [1] ▷*Sprache, Land* foreign [2] ↑ *seltsam* strange [3] (*~e Angelegenheiten*) of other people; **fremdartig** *adj* (*ungewohnt*) strange, exotic; **Fremde(r)** *fm* [1] ↑ *Unbekannter* stranger [2] ↑ *Ausländer* foreigner; **Fremdenführer(in** *f*) *m* [1] (*Person*) tour guide [2] (*Buch*) tourist guide (book); **Fremdenverkehr** *m* ↑ *Tourismus* tourism; **Fremdenzimmer** *s* (*in Pension*) guest room; **Fremdkörper** *m* BIOL MED foreign body; **fremdländisch** *adj* foreign; **Fremdsprache** *f* foreign language; **fremdsprachig** *adj* ▷*Unterricht* in a foreign language; **Fremdwort** *s* borrowed word, foreign word; **Fremdwörterbuch** *s* dictionary of borrowed words [*o.* foreign words]

Frequenz *f* PHYS frequency

fressen <fraß, gefressen> *vt, vi* [1] ← *Tier* eat; *FAM* ↑ *essen* eat [2] CHEM ← *Säure* eat away [3] *FAM* ◇ **jd-n gefressen haben** not be able to stand s.o.

Freude *f* <-, -n> ▷*empfinden* joy, pleasure; ◇ **~ an etw** *dat* **haben** to take pleasure in s.th.; **freudig** *adj* ▷*Ereignis* happy, joyful; **freudlos** *adj* ↑ *trist*, joyless, cheerless; **freuen I.** *vt unpers* ◇ **freut mich, Sie kennenzulernen** pleased to meet you **II.** *vr* ◇ **sich ~** [1] ◇ **sich auf etw** *akk* **~** (*Vorfreude*) look forward to s.th. [2] ◇ **sich über etw** *akk* **~** (*Geschenk*) to be pleased about s.th.

Freund *m* <-[e]s, -e> [1] (*guter ~*) friend [2] (*Geliebter*) boyfriend [3] *FIG* ↑ *Liebhaber* lover; **Freundin** *f* [1] friend [2] ↑ *Geliebte* girlfriend; **freundlich** *adj* [1] ↑ *liebenswürdig* friendly [2] ▷*Wetter* good, pleasant; **Freundlichkeit** *f* friendliness; **Freundschaft** *f* friendship; **freundschaftlich** *adj* ▷*Verhältnis* friendly

Frevel *m* <-s, -> (*Verstoß*) sin, crime; **frevelhaft** *adj* (*Verhalten*) mean, wicked

Frieden *m* <-s, -> [1] peace; ◇ **~ schließen** to make peace [2] (*FIG Harmonie*) peace, tranquillity; ◇ **in ~ leben** to live in peace; **Friedensbewegung** *f* peace movement; **Friedensverhandlungen** *pl* peace talks *pl;* **Friedensvertrag** *m* peace treaty

Friedhof *m* cemetery

friedlich *adj* [1] ▷*Lösung* peaceful [2] ↑ *still, harmonisch* peaceful, tranquil

frieren <fror, gefroren> **I.** *vi* freeze **II.** *vt, vi* [1] (*gefrieren*) ◇ **es friert** it is freezing [2] ◇ **es friert mich** I'm cold, I'm freezing

frigid[e] *adj* (*sexuell*) frigid

Frikadelle *f* (*Boulette*) meatball

Frisbeescheibe ® *f* (*Spiel*) frisbee disc ®

frisch *adj* [1] ▷*Lebensmittel* fresh [2] (*kühl*) chilly, cool [3] ▷*Kleidung* fresh [4] (*neu*) new, fresh; ◇ **~ gestrichen** newly painted [5] (*lebhaft*) cheerful, lively; **Frische** *f* <-> freshness; **Frischhaltefolie** *f* (*Zellophan* ®) cling film

Friseur *m* hairdresser; **Friseuse** *f* hairdresser; **frisieren I.** *vt* [1] → *Haare* do up one's hair [2] (*FAM Motor*) tinker with [3] (*FIG fälschen*) falsify **II.** *vr* ◇ **sich ~** → *Haare* do one's hair; **Frisiersalon** *m* hairdresser's, hairdressing salon

Frist *f* <-, -en> [1] (*Zeitraum*) period [2] (*Zeitpunkt*) deadline; **fristen** *vt* → *Leben* eke out; **fristlos** *adj* ▷*kündigen* without notice

Frisur *f* (*Haar-*) hairstyle

fritieren *vt* (*in Öl*) deep-fry

frivol *adj* [1] (*zweideutig*) suggestive [2] ▷*Person* frivolous

Frl. *Abk. v.* **Fräulein**

froh *adj* [1] (*voll Freude*) glad, happy [2] (*erleichtert*) relieved [3] ▷*Nachricht* good; **fröhlich** *adj* ↑ *ausgelassen* joyful, cheery, merry; **Fröhlichkeit** *f* merriness, gaiety; **frohlocken** *vi PEJ* ↑ *schadenfroh sein* gloat (*über akk* over)

fromm *adj* [1] REL ↑ *gläubig* religious, devout [2] *FIG* ▷*Wunsch* idle; **Frömmigkeit** *f* (*Frommsein*) religiousness, devoutness

frönen *vi* ↑ *sich hingeben* (*e-r Leidenschaft*) indulge (*in s.th.* dat)

Fronleichnam *m* <-[e]s> REL Corpus Christi

Front *f* <-, -en> [1] ↑ *Vorderseite* front [2] (METEO *Kalt-, Warm-*) front [3] (*FIG kämpfen*) ◇ **- machen gegen** to make a stand against [4] (*Kriegs-*) front, front line; **frontal** *adj* (*F-zusammenstoß*) frontal, head-on

fror *impf v.* **frieren**

Frosch *m* <-[e]s, Frösche> [1] FAUNA frog [2] (*Knall-*) firecracker; **Froschmann** *m* <-[e]s, Froschmänner> ↑ *Taucher* frogman

Frost *m* <-[e]s, Fröste> [1] (*Nacht-*) frost [2] (*Schüttel-*) the shivers *pl;* **frösteln** *vi* ↑ *frieren* shiver; (*vor Angst*) tremble; **frostig** *adj* [1] ↑ *kalt* frosty [2] *FIG* ▷*Verhalten* frosty, cool; **Frostschutzmittel** *s* AUTO anti-freeze

Frottee *s o. m* <-[s], -s> ▷*Handtuch* terry towel; **frottieren** *vt* (*abtrocknen*) rub down

Frucht *f* <-, Früchte> [1] (*Feld-, Baum-*) fruit [2] *FIG* ↑ *Erfolg* success, fruits *pl;* **Fruchtbarkeit** *f* [1] (*von Boden*) fertility [2] (*von Mann und Frau*) fertility; **fruchten** *vi* ↑ *nützen* be of use; **fruchtlos** *adj* (*vergeblich*) unsuccessful; **Fruchtsaft** *m* fruit juice

früh I. *adj* [1] (*-er Morgen*) early [2] ◇ **ein -er Rembrandt** an early Rembrandt **II.** *adv* [1] ↑ *zeitig* early; ◇ **- aufstehen** to get up early [2] ◇ **gestern -** yesterday morning [3] ↑ *vorzeitig* premature; **Frühaufsteher(in** *f*) *m* <-s, -> early riser; **Frühe** *f* <-> ◇ **in aller -** at the crack of dawn

früher I. *adj* [1] ↑ *damalig* ▷*Zeit* earlier, back then [2] ↑ *ehemalig* ▷*Freund[in]* former, previous **II.** *adv* [1] ◇ **- oder später** sooner or later [2] ◇ **- war alles anders** things were different back then

frühestens *adv* (*nicht früher*) at the earliest

Frühgeburt *f* premature birth; (*Kind*) premature baby

Frühjahr *s*, **Frühling** *m* spring; **Frühlingszeit** *f* springtime

frühmorgens *adj* early in the morning

frühreif *adj* ▷*Kind* precocious

Frühstück *s* breakfast; **frühstücken** *vi* breakfast, have breakfast

frühzeitig *adj* ↑ *rechtzeitig* early, premature

Frust *m* <-s> *FAM* frustration; **frustrieren** *vt* ↑ *enttäuschen* frustrate

Fuchs *m* <-es, Füchse> FAUNA fox; **fuchsen** *vt FAM* ↑ *ärgern* annoy; ◇ **das fuchst mich** that makes me cross; **fuchsteufelswild** *adj FAM* livid, absolutely furious

fuchteln *vi* ↑ *gestikulieren* (*mit Armen*) wave [s.th.] wildly

Fuge *f* <-, -n> [1] ↑ *Spalt* crack, split [2] MUS fugue; **fügen I.** *vt* (*aneinander-*) place, set **II.** *vr* ◇ **sich -** [1] (*sich anpassen*) fit (*in akk* into) [2] ↑ *klein beigeben* obey **III.** *vr unpers* (*gut werden*) ◇ **es wird sich -** it will turn out all right

fühlbar *adj* ▷*Unterschied* noticeable, apparent; **fühlen I.** *vt* [1] ↑ *spüren* feel [2] → *Schmerz* feel, experience **II.** *vi* [1] ↑ *tasten* touch, feel (*nach akk* s.th.) [2] ↑ *empfinden* feel, experience **III.** *vr* ◇ **sich -** [1] ▷*wohl, schlecht* feel [2] (*Verantwortung tragen*) ◇ **sich verantwortlich für etw -** to feel responsible for s.th.; **Fühler** *m* <-s, -> [1] (FAUNA *Schmetterlings-*) antenna, feeler [2] (*FIG zu erfahren suchen*) ◇ **seine - ausstrecken** to put out one's feelers

fuhr *impf v.* **fahren**

führen I. *vt* [1] ↑ *leiten* lead [2] ▷*Namen* have, bear [3] ▷*Ware* carry, supply [4] ◇ **jd-n an der Hand -** to lead s.o. by the hand **II.** *vi* [1] ▷*Rennen* lead, be in the lead [2] ▷*Weg* lead to, go to [3] ◇ **wir - e-e Akte über ihn** [*o.* **von ihm**] we have a file on him **III.** *vr* ◇ **sich -** ↑ *benehmen* behave; **Führer(in** *f*) *m* <-s, -> [1] (*Geschäfts-*) manager [2] (*An-*) leader [3] (*Fremden-*) tour guide; **Führerschein** *m* driving licence, driver's licence *AM*; **Führung** *f* [1] (*Geschäfts-*) management [2] *a.* SPORT lead; ◇ **in - gehen** to be in the lead [3] (MIL *Heer-*) command [4] (*Benehmen*) ◇ **wegen guter -** due to good conduct [5] (*Museums-*) guided tour; **Führungszeugnis** *s* ◇ **polizeiliches -** *police document revealing s.o.'s possible criminal record*

Fuhrwerk *s* (*Pferde-*) cart, waggon

Fülle *f* <-> [1] (*große Menge*) abundance, wealth; ◇ **in Hülle und -** in abundance [2] (*Umfang*) fullness; **füllen I.** *vt* ▷*Glas* fill [up] **II.** *vr* ◇ **sich -** (← *Saal, voll werden*) fill

Füllen *s* <-s, -> (*Fohlen*) foal

Füller, Füllfederhalter *m* <-s, -> fountain pen

Füllung *f* ① (*von Zahn, Pralinen*) filling ② (*von Fleisch*) stuffing ③ (*Tür~*) panel

fummeln *vi FAM* ① (*nervös berühren*) fumble, fiddle ② (*sexuell*) grope

Fund *m* <-[e]s, -e> (*~sache*) find; (*Schatz*) discovery

Fundament *s* ① ARCHIT ↑ *Grundmauer* foundation ② *FIG* ↑ *Grundlage, Basis* foundations *pl;* **fundamental** *adj* ↑ *grundlegend* fundamental, basic; **Fundamentalist(in** *f*) *m* POL fundamentalist

Fundbüro *s* lost and found, lost property office; **Fundgrube** *f* treasure trove; ◇ **e-e wahre ~ des Wissens** a treasury of knowledge

fundieren *vt* ↑ *begründen* support, back up, substantiate; **fundiert** *adj* ▷ *Wissen* sound

fünf *nr* ① (*Zahl*) five ② (*Note*) fail, E; **fünffach I.** *adj* ↑ *fünfmal soviel* five times , fivefold **II.** *adv* five times; **fünfhundert** *nr* five hundred; **fünfjährig** *adj* (*5 Jahre alt*) five-year-old; (*5 Jahre dauernd*) five-year; **fünfmal** *adv* five times; **fünfte(r, s)** *adj* ① (*an ~r Stelle*) fifth ② (*Datum*) fifth; ◇ **der ~ April** the fifth of April; (*Brief*) ◇ **München, den ~n April** Munich, April 5th; **Fünfte(r)** *fm* ◇ **als ~ durch's Ziel kommen** to come fifth [*o.* to be in fifth place]; **Fünftel** *s* <-s, -> (*Bruchteil*) fifth; **fünftens** *adv* fifthly, in the fifth place, in the fifth position; **fünfzehn** *nr* fifteen; **fünfzig** *nr* fifty

fungieren *vi* ↑ *tätig sein* function, act (*als* as)

Funk *m* <-s> ① (*Rund~*) radio ② ◇ **über ~** by radio

Funke[n] *m* <-ns, -n> ① (*von Feuer*) spark ② (*FIG Hoffnungs~*) ray, glimmer; **funkeln** *vi* ← *Sterne* twinkle; ← *Augen* sparkle; ← *Edelstein* glitter

funken *vt* ① → *Nachricht* broadcast, radio ② (*FAM sich verlieben*) ◇ **es hat gefunkt** it clicked; **Funkhaus** *s* (*Sendestation*) broadcasting centre; **Funkspruch** *m* radio signal/message; **Funkstation** *f* radio station; **Funktaxi** *s* radio taxi

Funktion *f* ① ↑ *Amt* office ② ↑ *Zweck* function ③ ◇ **außer ~** (*nicht in Betrieb*) out of order ④ MATH function; **funktionieren** *vi* ↑ *richtig arbeiten* work, function; **Funktionstaste** *f* PC function key

für I. *präp akk* ① (*Ggs gegen*) for; ◇ **F~ und Wider** the pros and cons, advantages and disadvantages ② (*anstelle*) for, instead of; ◇ **~ jd-n etw tun** to do s.th. for s.b. ③ for; ◇ **~ jd-n einkaufen** to shop for s.b. ④ for, in order to; ◇ **~ e-e Prüfung lernen** to study for an examintion ⑤ (*Preis*) for; ◇ **ich habe es ~ 15 Mark bekommen** I got it for 15 Marks **II.** *pron* ① (*welches*) ◇ **was ~ ein Buch?** what kind of book? ② (*welch ein*) ◇ **was ~ ein Mann!** what a man!

Fürbitte *f* REL intercession

Furche *f* <-, -n> furrow

Furcht *f* <-> ↑ *Angst* fear; **furchtbar** *adj* dreadful, terrible; **fürchten I.** *vt* ↑ *Angst haben vor jd-m/etw* fear, be afraid of **II.** *vi* ① ↑ *befürchten* fear ② ◇ **~ um etw** to fear for **III.** *vr* ◇ **sich ~** be afraid (*vor dat* of); **fürchterlich** *adj* ↑ *schlimm* dreadful, awful; **furchtlos** *adj* fearless; **furchtsam** *adj* ↑ *ängstlich* timid

füreinander *adv* (*e-er für den anderen*) for each other, for one another

Furnier *s* <-s, -e> (*Holz~*) veneer

fürs = für das

Fürsorge *f* ① (*Pflege*) care ② (*Sozialhilfe*) welfare; **Fürsprache** *f* (*Empfehlung*) recommendation; **Fürsprecher(in** *f*) *m* advocate

Fürst(in *f*) *m* <-en, -en> prince; *FIG* ◇ **leben wie ein ~** to live like a king; **fürstlich** *adj* ① (*reichlich*) princely ② ▷ *Residenz* lavish

Furt *f* <-, -en> (*Fluß*) ford

Fürwort *s* GRAM pronoun

Fuß *m* <-es, Füße> ① ANAT foot; ◇ **zu ~** on foot ② (*von Tisch*) leg ③ (*von Berg*) foot, base ④ *FIG* ◇ **kalte Füße bekommen** to get cold feet; **Fußball** *m* SPORT football, soccer *AM*; **Fußboden** *m* floor; **Fußbremse** *f* (*von Motorrad*) footbrake; **fußen** *vi* ↑ *basieren* be based on (*auf dat);* **Fußende** *s* (*von Bett etc.*) foot; **Fußgänger(in** *f*) *m* <-s, -> pedestrian; **Fußnote** *f* ◇ **siehe ~** see footnote; **Fußtritt** *m* kick; ◇ **jd-m e-n ~ versetzen** to kick s.b., to give s.b. a kick; **Fußweg** *m* footpath

Futter *s* <-s, -> ① (*Katzen~*) food; (*Pferde~*) fodder ② (*Mantel~*) lining; **füttern** *vt* ① → *Tier* feed ② (*mit Stoff*) tone

Futur *s* <-s, -e> GRAM ↑ *Zukunft* future

G

G, g *s* G, g

Gabe *f* <-, -n> ① ↑ *Präsent* gift, present ② ↑ *Begabung* talent, gift

Gabel *f* <-, -n> ① (*Fleisch~*) fork ② (*Telefon~*) rest ③ (*Mist~*) pitchfork ④ ↑ *Geweih* two pronged antler; **gabeln** *vr* ◇ **sich ~** ← *Weg* fork; **Gabelung** *f* (*Weg~*) fork; **Gabelstapler** *m* <-s, -> fork-lift [truck]

gackern *vi* ① ← *Hühner* cackle ② *FAM* ← *Mädchen* cackle

gaffen *vi FAM meist PEJ* ↑ *glotzen* gape, stare (*nach dat* at); **Gaffer(in** *f*) *m* <-s, -> (*FAM meist PEJ bei Unfall*) gaper

Gag *m* <-s, -s> gag; (*Werbe-, Film-*) gimmick

Gage *f* <-, -n> (*einmalig*) fee; (*regelmäßig*) salary

gähnen *vi* (*vor Müdigkeit*) yawn

galant *adj* courteous

Galerie *f* [1] (*Bilder-, Kunst-*) gallery [2] (*in Schloß etc.*) gallery [3] THEAT gallery; *AM* grandstand

Galgen *m* <-s, -> [1] gallows *sg o. pl* [2] TECHNOL crossbeam; **Galgenhumor** *m* gallows humour

Galle *f* <-, -n> [1] (*Organ*) gallbladder [2] (*-nflüssigkeit*) bile [3] *FIG* ◇ **ihm läuft die ~ über** his blood begins to boil; **Gallenstein** *m* gall-stone

Galopp *m* <-s, -s *o.* -e> (*von Pferd*) gallop; ◇ **im ~** at a gallop; **galoppieren** *vi* ← *Pferd* gallop

gammeln *vi FAM* loaf around; **Gammler(in** *f*) *m* <-s, -> dropout

gang *adj* ◇ **~ u. gäbe** to be usual/normal; **Gang** *m* <-[e]s, Gänge> [1] (*Spazier-*) walk; ◇ **e-n Spazier-machen** to go for a walk [2] ↑ *-art* gait [3] ↑ *Besorgung* errand [4] ↑ *Verlauf* course; ◇ **das ist der ~ der Dinge** that is the course of things; ◇ **in vollem ~ sein** to be in full swing [5] ↑ *Etappe* (*Arbeits-*) operation; (*Essens-*) course [6] (AUTO *Vorwärts-, Rückwärts-*) gear [7] (*Lauben-*) passage; ↑ *Flur, Korridor* corridor [8] MIN vein [9] *FIG* ◇ **etw in ~ bringen** to get s.th. going; *FIG* ◇ **in ~ kommen** ← *Gespräch* to get going; **gängig** *adj* [1] ⊳*Redewendung* common [2] ⊳*Ware* popular; **Gangschaltung** *f* shift, gears *pl*

Gangster *m* <-s, -> gangster

Gangway *f* <-, -s> (*von Schiff*) gangway; (*von Flugzeug*) steps *pl*

Ganove *m* <-n, -n> *FAM* crook

Gans *f* <-, Gänse> goose

Gänseblümchen *s* daisy; **Gänsehaut** *f* ◇ **e-e ~ haben/bekommen** *FIG* to have/get goosepimples; **Gänsemarsch** *m* ◇ **sie kamen im ~ herein** they came in single file; **Gänserich** *m* gander

ganz I. *adj* [1] ↑ *ungeteilt, komplett* whole, entire; ◇ **das ~e Jahr** the entire year; ◇ **das G~e...** the entire...; ◇ **die ~en Leute** all the people [2] ↑ *intakt, unversehrt* whole, complete; ◇ **das Glas ist noch ~** the glass is still good [3] *FAM* ↑ *nur* ◇ **sie hat ~e fünf Minuten gebraucht** she just needed five minutes [4] ◇ **e-e ~e Menge** quite a few **II.** *adv* [1] ↑ *ziemlich, relativ* ◇ **~ schön gemein** really mean; ◇ **es geht mir ~ gut** I'm doing quite well [2] ↑ *völlig* quite, competely; ◇ **das habe ich ~ vergessen** I totally forgot about that; ◇ **~ allein** all alone; ◇ **~ und gar** completely, utterly; ◇ **~ und gar nicht** not at all, not in the least; **ganzheitlich** *adj* ◇ **e-e Sache ~ betrachten** to view a problem in its entirety; ◇ **~es Denken** comprehensive/holistic thinking; **gänzlich** *adv* completely, absolutely; ◇ **etw ~ mißverstehen** to completely misunderstand s.th.

gar I. *adj* ⊳*Fleisch, Gemüse* well (done) **II.** *adv* [1] ↑ *etwa* really, even; ◇ **hast du ~ schon Kinder?** do you even have children already? [2] even [3] ◇ **~ nicht** not at all; ◇ **~ nichts/keiner** nothing/no-one at all [4] ↑ *durchaus* ◇ **~ nicht übel** not bad at all

Garage *f* <-, -n> garage

Garantie *f* guarantee; **garantieren I.** *vt* [1] guarantee; ◇ **jd-m etw ~** to guarantee s.o. s.th. [2] *FAM* ↑ *zusichern, versprechen* guarantee **II.** *vi* ◇ **für etw ~** to guarantee s.th.

Garbe *f* <-, -n> [1] (*Getreide-*) sheaf, bundle [2] (*Schuß-*) burst of fire

Garderobe *f* <-, -n> [1] (*Abend-*) wardrobe [2] (*Vorraum mit Kleiderablage, Theater-*) cloak room; *AM* check room [3] ↑ *Umkleideraum* dressing room; **Garderobenfrau** *f* cloak-room attendant

Gardine *f* curtain

gären <gor, gegoren> *vi* [1] ← *Saft* ferment [2] *FIG* ◇ **in diesem Land gärt es** trouble is brewing in this country

Garn *s* <-[e]s, -e> (*Näh-, Woll-*) yarn

Garnele *f* <-, -n> shrimp

garnieren *vt* → *Essen* garnish; (*Stoff*) decorate, trim

Garnitur *f* [1] (*Möbel-*) set; (*Wäsche-*) a pair of matching underwear; (*Beschläge*) fittings *pl* [2] ↑ *Verzierung* trimming

garstig *adj* ⊳*Mensch, Bemerkung* nasty, vile

Garten *m* <-s, Gärten> (*Gemüse-*) garden; **Gartenarbeit** *f* gardening; **Gärtner(in** *f*) *m* <-s, -> gardener; **Gärtnerei** *f* (*Blumen-, Obst-*) nursery, horticulture; **gärtnern** *vi* do gardening

Gärung *f* BIOL fermentation

Gas *s* <-es, -e> [1] (*Erd-, Heiz-*) gas [2] AUTO ↑ *Gaspedal* accelerator; *AM* gas pedal; ◇ **Voll- geben** to floor it; ◇ **~ geben** to accelerate; **Gasherd** *m* gas stove; **Gaskocher** *m* gas cooker; **Gasleitung** *f* gas pipe; **Gasmaske** *f* gas mask; **Gaspedal** *s* AUTO accelerator; *AM* gas pedal

Gasse *f* <-, -n> [1] lane, street [2] ↑ *Durchgang* alley; **Gassenjunge** *m* urchin, guttersnipe

Gast *m* <-es, Gäste> [1] ↑ *Besucher* guest; (*Hochzeits-*) guest; ◇ **bei jd-m zu ~ sein** to be a guest at s.o.'s house [2] (*Hotel-, Bade-*) customer, occupant; **Gastarbeiter(in** *f*) *m* foreign worker, immigrant worker; **Gästebett** *s* spare bed; **Gästebuch** *s* guest book, visitor's book; ◇ **sich ins ~ eintragen** to sign the visitor's book; **gastfreundlich** *adj* ↑ *gastlich* hospitable; **Gastfreundschaft** *f* hospitality; **Gastgeber(in** *f*) *m* <-s, -> host *m*, hostess *f*; **Gasthaus** *s* restaurant; (*mit Unterkunft*) inn; **Gasthof** *m* [1] restaurant [2] ↑ *Pension, Hotel* inn, guesthouse; **Gasthörer(in** *f*) *m* guest student

gastieren *vi* THEAT ← *Schauspieler, Ensemble* give a guest performance

gastlich *adj* ↑ *gastfreundlich* hospitable

Gastritis *f* <-, Gastritiden> MED gastritis

Gastrolle *f* THEAT guest part

Gastronomie *f* [1] gastronomy [2] catering; **gastronomisch** *adj* gastronomic[al]

Gastspiel *s* [1] THEAT guest performance [2] SPORT away match, road game *AM*; **Gaststätte** *f* pub *BRIT*, bar *AM*; (*Speise-*) restaurant; **Gästezimmer** *s* guest room

Gasvergiftung *f* gas-poisoning; **Gaswerk** *s* gasworks *pl*; **Gaszähler** *m* gas meter

Gatte *m* <-n, -n> [1] husband, spouse [2] ◇ **die ~n** *pl* husband and wife, married couple

Gatter *s* <-s, -> fence; ◇ **-tür** lattice gate

Gattin *f* wife, spouse

Gattung *f* [1] (*bei Tieren, Pflanzen*) species [2] (*Literatur-*) genre, category

Gau *m* <-s, -e> HIST *administrative area in Nazi Germany*

GAU *m* <-s, -s> *Abk. v.* TECHNOL **größter anzunehmender Unfall;** *worst possible nuclear disaster*

Gaukler(in *f*) *m* juggler, travelling entertainer

Gaul *m* <-[e]s, Gäule> horse; ◇ **e-m geschenkten ~ sieht man nicht ins Maul** never look a gift horse in the mouth

Gaumen *m* <-s, -> palate

Gauner(in *f*) *m* <-s, -> [1] scoundrel, swindler [2] *FAM* con man, crook; ◇ **so ein ~!** what a crook!

Gaze *f* <-> gauze

Gazelle *f* gazelle

geb. *adj Abk. v.* **geboren, geborene** born *m*, née *f*; ◇ **Eva Zumkeller ~ Prillmann** Eva Zumkeller née Prillmann

Gebäck *s* <-[e]s, -e> [1] ↑ *Kuchen* cakes and pastries, bakery goods *pl* [2] (*Weihnachts-*) pastries and tarts *pl*

Gebälk *s* <-[e]s> timberwork, framework

Gebärde *f* <-, -n> gesture; **gebärden** *vr* ◇ **sich ~** behave; ◇ **sich wie toll ~** to make a scene; **Gebaren** *s* <-s> ↑ *Benehmen, Verhalten* behaviour

gebären <gebar, geboren> *vt* bear, give birth [to]; ◇ **wo sind Sie geboren?** where were you born?; **Gebärmutter** *f* ANAT womb, uterus

Gebäude *s* <-s, -> [1] (*Wohn-, Büro-*) building [2] *FIG* (*Gedanken-*) structure, edifice; **Gebäudekomplex** *m* building complex

Gebell *s* <-[e]s> (*Hunde-*) barking

geben <gab, gegeben> **I.** *vt* [1] hand; → *Flasche* give; ◇ **jd-m die Hand ~** to shake s.o.'s hand, to put one's hand out; TELEC ◇ **~ Sie mir bitte Frau Teetz?** would you give me Mrs. Teetz, please? [2] ↑ *schenken, zukommen lassen* give; → *Geld, Almosen etc.* give, donate [3] ↑ *gewähren, zubilligen* grant; → *Rabatt, Kredit* give, grant; → *Interview* give [4] ↑ *stattfinden lassen* give; → *Gastspiel, Theaterstück* put on, present; SCH → *Mathematik* give [5] (*ergeben*) produce; ◇ **das [er]gibt keinen Sinn** doesn't make sense; MATH ◇ **fünf u. vier gibt neun** five and four makes/equals nine [6] ↑ *schicken* send; (*aufs Gymnasium/ins Heim*) send, place; ◇ **das Auto zur Reparatur ~** to take the car to the garage [7] (*Funktionsverb*) give; ◇ **e-n Rat ~** to give some advice; ◇ **e-n Kuß ~** to give a kiss; ◇ **ein Versprechen ~** to make a promise [8] ◇ **etw von sich ~** express; (*Rede*) hold, deliver; ◇ **unter den gegebenen Umständen** under the present circumstances; ◇ **sie gäbe alles darum** she would sacrifice everything for it **II.** *vi unpers* [1] ◇ **es gibt** there is, there are; ◇ **es gibt keine Dinosaurier mehr** dinosaurs no longer exist; ◇ **es gibt Leute, die ...** there are people who...; ◇ **das gibt's doch nicht!** that can't be true! [2] ◇ **es gibt** ↑ *geschehen* there is; ◇ **es gibt bald Regen** it will rain soon, we will get some rain soon **III.** *vr* ◇ **sich ~** [1] ↑ *aufhören, sich bessern* ← *Krankheit* ease off, let up; ◇ **das gibt sich wieder** that will pass [2] ↑ *so tun als ob* pose, pretend; ◇ **er gibt sich tolerant** he pretends to be tolerant [3] ◇ **sich geschlagen ~** to give in, to admit defeat

Gebet *s* <-[e]s, -e> prayer; ◇ **sein ~ verrichten** to say one's prayers

Gebiet *s* <-[e]s, -e> [1] ↑ *Zone* zone, district, region [2] (*Hoheits-*) territory [3] (*FIG Fach-*) area, field

Gebilde *s* <-s, -> [1] (*Staaten-*) organization, construction [2] (*Wolken-*) shape, form

gebildet *adj* educated

Gebirge *s* <-s, -> mountain range

Gebiß *s* <-sses, -sse> [1] teeth *pl* [2] (*künstlich*) dentures *pl*

Gebläse *s* <-s, -> AUTO fan, ventilator

geboren *adj* [1] born; ◇ **~ am 28. September** born on September 28th, born on the 28th of September [2] ◇ **Frau Zumkeller, ~e Prillmann** Mrs. Zumkeller née Prillmann [3] ↑ *sehr begabt* ◇ **sie ist die ~e Schriftstellerin** she is a born writer, she was born to be a writer

G

geborgen *adj* ◇ **sich [bei jd-m] - fühlen** feel safe/secure with s.o.; **Geborgenheit** *f* security, safety

Gebot *s* <-[e]s, -e> [1] ↑ *Weisung, Befehl* order, command [2] rule; REL commandment; ◇ **die Zehn -e** the Ten Commandments; (*Gesetz*) law [3] ↑ *Erfordernis* requirement; **Gebotsschild** *s* traffic sign

Gebr. *Abk. v.* **Gebrüder** Bros.

Gebrauch *m* <-[e]s, Gebräuche> [1] ↑ *Benutzen* usage [2] ↑ *Anwendung* applicaton; ◇ **[nur] zum äußeren** - for external use [only] [3] ↑ *Brauch* practice, custom; ◇ **heilige Gebräuche** sacred rites; **gebrauchen** *vt* [1] ↑ *benutzen* → *Werkzeug* use [2] ↑ *anwenden* → *Sprache* apply, use [3] ↑ *brauchen* use, need; ◇ **das kann ich gut** - I could use that; ◇ **ich kann es nicht** - it is of no use to me; **gebräuchlich** *adj* common, current; **Gebrauchsanweisung** *f* directions/instructions *pl* for use; **gebrauchsfertig** *adj* ready to use; (*Kaffee, Suppe*) instant; **Gebrauchsgegenstand** *m* necessity item, commmodity; (*Werkzeug*) utensil; **gebraucht** *adj* used; ◇ **etw - kaufen** to buy s.th. used [*o.* second hand]; **Gebrauchtwagen** *m* used car

Gebrechen *s* <-s, -> [1] weakness [2] affliction, infirmity; **gebrechlich** *adj* feeble, frail; (*altersschwach*) decrepit, infirm

Gebrüder *pl* brothers, Bros.

Gebrüll *s* <-[e]s> roaring, screaming

Gebühr *f* <-, -en> (*Telefon-, Post-*) fee, charge; (*Studien-*) tuition; (*Straßen-*) toll; ◇ **über** - over charge

gebühren I. *vi* ◇ **jd-m** - be due to; ◇ **es gebührt ihm** he is entitled to it **II.** *vr* ◇ **das gebührt sich nicht** that's not fitting; ◇ **wie es sich gebührt** as is proper; **gebührend** *adj* ▷*Dank* suitable; ↑ *passend* due, proper, fitting

Gebührenermäßigung *f* reduction of charge; **gebührenfrei** *adj* free of charge; ▷*[Telefon-] Anruf* toll-free; **gebührenpflichtig** *adj* subject to charge, chargeable; ◇ **-e Verwarnung** warning involving a summary fine

Geburt *f* <-, -en> [1] (*e-s Kindes*) birth [2] (*Herkunft*) ◇ **von - Franzose** French by birth; ◇ **von edler** - of noble birth [3] (*FIG von Idee*) birth, creation; **Geburtenregelung** *f* birth control; **Geburtenrückgang** *m* decline in birth rate; **gebürtig** *adj* born in, a native of; ◇ **Marie ist -e Französin** Marie is a native of France; **Geburtsanzeige** *f* birth announcement; **Geburtsdatum** *s* date of birth; **Geburtshelfer(in** *f*) *m* obstetrician, midwife; **Geburtsjahr** *s* year of birth; **Geburtsort** *m* birthplace; **Geburtstag** *m* birthday, date of birth; ◇ **heute hat er** - today is his birthday; ◇ **herzlichen Glückwunsch zum -!** happy birthday!; **Geburtsurkunde** *f* birth certificate

Gebüsch *s* <-[e]s, -e> bushes *pl*

Gedächtnis *s* [1] ↑ *Erinnerungsvermögen* memory [2] ↑ *Andenken* remembrance

Gedanke *m* <-ns, -n> [1] thought, idea; ◇ **in -n versunken** to be deep in thought, to be absorbed in thought; ◇ **sich** *dat* **über etw** *akk* **-n machen** to think about s.th.; ◇ **seine -n beisammen haben** to have one's thoughts together [2] ↑ *Konzept* concept [3] ↑ *Idee* idea, notion; ◇ **ein guter** - a good idea; **Gedankengebäude** *s* construct of ideas; **gedankenlos** *adj* [1] (*unüberlegt*) thoughtless [2] ↑ *zerstreut* absent-minded [3] (*rücksichtslos*) inconsiderate, thoughtless; **Gedankenlosigkeit** *f* [1] thoughtlessness, inconsideration [2] absentmindedness; **Gedankenstrich** *m* dash; **Gedankenübertragung** *f* mental telepathy; **gedankenvoll** *adj* pensive, thoughtful

Gedärme *pl* ANAT intestines *pl*

Gedeck *s* <-[e]s, -e> [1] set; ◇ **ein - auflegen** to set a place [2] set meal, set menu

gedeihen <gedieh, gediehen> *vi* [1] ← *Pflanze* grow, flourish [2] *FIG* ↑ *sich gut entwickeln* prosper; ← *Arbeit, Idee* thrive, prosper

gedenken *unreg vi* [1] ↑ *beabsichtigen* intend, plan; ◇ **ich gedenke, sie zu besuchen** I'm thinking of visiting her [2] ↑ *Andenken ehren* remember; ◇ **jd-s/e-er Sache** - to remember s.o./s.th.; **Gedenkminute** *f* a minute of silence; **Gedenkmünze** *f* commemorative coin; **Gedenkstätte** *f* (*Ort zum Andenken an Person/Ereignis*) memorial; **Gedenktag** *m* commemoration day

Gedicht *s* <-[e]s, -e> (*Helden-*) poem

gediegen *adj* [1] ▷*Arbeit* solid, good craftsmanship [2] ↑ *zuverlässig* ▷*Charakter* sound [3] ↑ *unvermischt* ▷*Metall* pure

Gedränge *s* <-s> [1] pushing, jostling [2] crowd; ◇ **ein großes** - a huge crowd; **gedrängt** *adj* packed, full

Geduld *f* <-> patience; ◇ **- mit jd-m/etw haben** to be patient with s.o./s.th., to have patience with s.o./s.th.; **gedulden** *vr* ◇ **sich** - to be patient; **geduldig** *adj* (*Person*) patient; **Geduldsprobe** *f* test of one's patience

geeignet *adj* [1] (*passend, angemessen*) suitable [2] ↑ *fähig, passend* appropriate, proper; ▷*Mitarbeiter* suitable, qualified (*für* for)

Gefahr *f* <-, -en> [1] (*drohendes Unheil, Risiko*) danger; ◇ **sich in - begeben** to expose o.s. to danger [2] ↑ *Bedrohung, Gefährdung* threat, menace; ◇ **außer** - out of danger [3] ◇ **auf eigene** - ↑

auf eigene Verantwortung at one's own risk; **gefährden** *vt* → *jd-n* endanger, imperil; → *Leben, Plan* jeopardize; **Gefährdung** *f* endangerment; **Gefahrenquelle** *f* source of danger; **Gefahrenzulage** *f* danger pay; *AM* hazard bonus; **gefährlich** *adj* [1] ▷*Abenteuer* risky, hazardous, perilous [2] ↑ *kritisch* ▷*Zustand* dangerous, critical [3] ↑ *bedrohlich* ▷*Krankheit* serious, bad, dangerous

Gefährte *m* <-n, -n> companion; **Gefährtin** *f* (*Weg-*) companion; (*Lebens-*) partner

Gefälle *s* <-s, -> [1] (*Neigung*) drop, fall; (*von Straße*) slope [2] *FIG* ↑ *Senkung* (*Preis-, Lohn-*) drop, fall [3] (*sozialer Unterschied*) difference

gefallen *unreg vi* [1] please; ◇ **er/sie/es gefällt mir** I like him/her/it [2] ◇ **sich** *dat* **etw - lassen** to put up with s.th.; ◇ **das lasse ich mir nicht -!** I won't stand for that!

Gefallen[1] *m* <-s, -> favour; ◇ **jd-m e-n - tun** to do s.o. a favour

Gefallen[2] *m* <-s> pleasure; ◇ **an etw/jd-m - finden** to take pleasure in s.o./s.th.

gefällig *adj* [1] ↑ *entgegenkommend* ▷*Person* obliging, complaisant; ◇ **was ist Ihnen -?** how can I oblige you? [2] ↑ *ansprechend* ▷*Äußeres* pleasing, pleasant, nice; **Gefälligkeit** *f* kindness; ◇ **etw aus - tun** to do s.th. out of kindness; **gefälligst** *adv* kindly; ◇ **sei - nicht so frech!** don't be so cheeky!

Gefangene(r) *fm* prisoner, captive; (*Kriegs-*) prisoner of war; **gefangenhalten** *unreg vt* keep s.o. a prisoner, to hold s.o. captive; **Gefangennahme** *f* <-, -n> arrest, apprehension; MIL capture, seizure; **gefangennehmen** *unreg vt* take s.o. prisoner, arrest s.o.; MIL capture/seize s.o.; **Gefangenschaft** *f* (*e-s Tieres*) captivity; ↑ *Haft* imprisonment; **Gefängnis** *s* [1] (*Strafanstalt*) prison, jail [2] (*-strafe*) jail sentence, term of imprisonment; ◇ **er bekam zwei Jahre -** he was sentenced to two years in prison, he received a two year prison sentence; **Gefängnisstrafe** *f* prison sentence; **Gefängniswärter(in** *f*) *m* ↑ *Aufseher* prison officer, warden; **Gefängniszelle** *f* prison cell

Gefäß *s* <-es, -e> [1] (*Behälter*) vessel; (*Trink-*) receptacle [2] (ANAT *Blut-*) vessel

gefaßt *adj* [1] (*beherrscht*) composed, calm [2] ◇ **auf etw** *akk* **- sein** to be prepared for s.th.; ◇ **auf das Schlimmste - sein** to be prepared for the worst

Gefecht *s* <-s, -e> [1] (*militärischer Kampf*) combat, encounter [2] *FIG* (*Wort-*) battle with words

Gefieder *s* <-s, -> feathers *pl*

gefleckt *adj* speckled, spotted

Geflügel *s* <-s> poultry; **geflügelt** *adj* [1] winged [2] *FIG* ◇ **-es Wort** saying

Gefolgschaft *f* [1] (*Gesamtheit der Anhänger*) followers, supporters [2] ↑ *Treue* allegiance

gefragt *adj* ▷*Ware* in demand

gefräßig *adj* gluttonous

Gefreite(r) *fm* MIL lance corporal, private 1st class *AM*; AERO aircraftman 1st class, airman 1rd class *AM*; NAUT able seaman, seaman apprentice *AM*

gefrieren *unreg vi* freeze (over); **Gefrierfach** *s* freezer (compartment); **Gefrierfleisch** *s* frozen meat; **gefriergetrocknet** *adj* ▷*Kaffee* freeze-dried; **Gefrierpunkt** *m* freezing point; **Gefrierschrank** *m* freezer; **Gefriertruhe** *f* deep-freeze, freezer

Gefüge *s* <-s, -> (*Staats-*) structure; (*Gedanken-*) structure

gefügig *adj* submissive, pliable; ◇ **jd-n - machen** to make s.o. bend to one's will, to make s.o. obedient

Gefühl *s* <-[e]s, -e> [1] ↑ *Wahrnehmung* (*physisch*) sensation, touch; (*Kälte-*) a cold sensation [2] ↑ *Empfindung* (*seelisch, Glücks-, Angst-, Mit-*) feeling; ◇ **jd-m -e entgegenbringen** to express one's feelings to s.o. [3] ↑ *Gespür, Instinkt* (*Sprach-, Fingerspitzen-*) sense, instinct (*für etw* for); ◇ **etw im - haben** to have a feeling for s.th., to sense s.th. [4] ↑ *Vorahnung* feeling; ◇ **den -en nach gehen** to listen to one's feelings; **gefühllos** *adj* [1] ▷*Fuß, Hand* numb [2] ↑ *kalt, unbarmherzig* emotionless; ▷*Person* insensitive, unfeeling; **gefühlsbetont** *adj* emotional; **Gefühlsduselei** *f FAM* sentimentalism; **gefühlsmäßig** *adj* emotional, intuitive, instinctive; **gefühlvoll** *adj* ▷*singen* emotional

gegebenenfalls *adv* should the occasion arise, if necessary

gegen *präp akk* [1] ↑ *wider, contra* against; ◇ **- jd-n sein** to be against s.o. [*o.* opposed to s.o.]; ◇ **- jd-n spielen** to play against s.o.; JURA ◇ **Meier - Mair** Meier versus Mair [2] compared with; ◇ **- mich ist er e-e Null** compared to me he's a nobody [3] ↑ *in Richtung auf, an* opposite, across; ◇ **- etw/jd-n stoßen** to bump against s.th./s.o.; ◇ **- Ende des Films** towards the end of the film [4] ↑ *im Austausch für* for; ◇ **nur - Bargeld** only for cash [5] ↑ *ungefähr* (*zeitlich*) towards; ◇ **- Mitternacht** towards midnight; **Gegenangriff** *m* MIL counter-attack; **Gegenbeweis** *m* counter-evidence

Gegend *f* <-, -en> [1] ↑ *Gebiet* ▷*reizvoll* landscape, scenery; ◇ **durch die - fahren** to drive around [2] ↑ *Stadtviertel* district, area [3] *FIG* ↑ *Umgebung* surroundings *pl*

Gegendarstellung *f* (*in Presse*) reply

gegeneinander *adv* ▷*kämpfen* against each other

Gegenfahrbahn *f* AUTO oncoming lane; **Gegenfrage** *f* ▷*stellen* counterquestion; **Gegengewicht** *s* [1] TECHNOL counterweight [2] *FIG* ↑ *Ausgleich* counterweight, counterbalance; **Gegengift** *s* MED antidote; **gegenläufig** *adj* [1] TECHNOL ▷*Bewegung* contrarotating [2] *FIG* ▷*Tendenz, Entwicklung* contrary, opposite; **Gegenleistung** *f* a service in return for s.th.; **Gegenmaßnahme** *f* countermeasure; **Gegenmittel** *s* MED antidote; **Gegenpartei** *f* JURA the opposition, the opposing party; **Gegensatz** *m* [1] ↑ *Kontrast, Unterschied* contrast; ◇ **im ~ zu** in contrast to [2] ↑ *Gegenteil* opposite; ◇ **Gegensätze ziehen sich an** opposites attract [3] ↑ *Konflikt* (*von Meinung*) confliction, conflicting views; ◇ **Gegensätze ausgleichen** to equal out the differences; **gegensätzlich** *adj* [1] ↑ *widersprüchlich* ▷*Aussagen* opposing [2] ↑ *unterschiedlich* ▷*Charaktere* different, conflicting [3] ↑ *oppositionell* ▷*Meinungen* different; **Gegenseite** *f* [1] (JURA *Gegenpartei*) opposition [2] ↑ *Rückseite* (*von Papier, Münze*) other side, opposite side; **gegenseitig** *adj* [1] ↑ *einander* mutual, reciprocal; ◇ **sich ~ loben** to praise each other [2] ↑ *beiderseitig* ▷*Einvernehmen* bilateral, mutual; **Gegenspieler(in** *f*) *m* antagonist; SPORT opponent

Gegenstand *m* [1] ↑ *Sache, Ding* object, thing, item [2] *FIG* ↑ *Thema* topic, motif, theme; **gegenständlich** *adj* ▷*Denken* objective, concrete; **gegenstandslos** *adj* [1] abstract, without form [2] ↑ *unbegründet* ▷*Beschuldigung* invalid, unfounded

Gegenstimme *f* [1] (*bei Abstimmungen*) opposition, objection [2] MUS counterpart; **Gegenstück** *s* [1] (*Entsprechung*) counterpart, equivalent (*zu* to) [2] ↑ *Gegenteil* contradiction; **Gegenteil** *s* [1] opposite (*von* of) [2] ↑ *Umkehrung* reverse [3] (*entgegengesetzte Ansicht etc.*) contrary; ◇ **das ~ behaupten** to maintain the contrary; ◇ **im ~** on the contrary; **gegenteilig** *adj* ▷*Behauptung* contrary, opposite

gegenüber I. *präp dat* [1] opposite, across; ◇ **~ der Haltestelle** opposite the bus stop, across from the bus stop [2] ↑ *im Hinblick auf etw/jd-n* in regard to, considering; ◇ **ihm ~ habe ich keine Bedenken** I don't have any worries regarding him [3] ↑ *zu jd-m, angesichts* in the view of; ◇ **er hat ihr ~ nichts gesagt** in the face of her he didn't say anything [4] ↑ *im Vergleich zu* in comparison, up against; ◇ **~ früher geht es uns heute besser** we are doing better than we did before **II.** *adv* opposite (*von* from); ◇ **die Nachbarn von ~** the neighbours across the street; **gegenüberliegen** *unreg vr* ◇ **sich ~** face each other; **gegenüberstehen** *unreg vr* ◇ **sich ~** [1] stand opposite s.o., stand facing s.o. [2] *FIG* be conflicting; ◇ **e-r Sache** *dat* ~ to be faced/confronted with s.th.; **gegenüberstellen** *vt* [1] ↑ *konfrontieren* → *Menschen* put opposite to [2] *FIG* ↑ *vergleichen* contrast, compare; **Gegenüberstellung** *f* [1] ↑ *Konfrontation* (*von Personen*) confrontation [2] ↑ *Vergleich* (*von Begriffen*) comparison, contrast

Gegenverkehr *m* AUTO oncoming traffic; **Gegenvorschlag** *m* counterproposal; **Gegenwart** *f* <-> [1] present; ◇ **in der ~ leben** to live in the present [2] ↑ *Anwesenheit* ◇ **in ~ von** in presence of [3] GRAM ↑ *Präsens* present tense; **gegenwärtig I.** *adj* [1] present [2] ↑ *momentan* present, actual, current **II.** *adv* [1] (*heutzutage*) nowadays, today [2] (*augenblicklich*) at present, at the time being; **Gegenwehr** *f* <-> defence; **Gegenwert** *m* equivalent value; **Gegenwind** *m* headwind; **gegenzeichnen** *vt* → *Dokument* countersign

Gegner(in *f*) *m* <-s, -> [1] (*Widersacher, Feind*) opponent, adversary; MIL enemy [2] ↑ *Gegenspieler* antagonist; (*von Meinung, Plan etc.*) opposition; SPORT ▷*ebenbürtig* opponent, adversary; **gegnerisch** *adj* [1] SPORT JURA ▷*Mannschaft, Partei* opposing [2] MIL ↑ *feindlich* hostile, enemy; **Gegnerschaft** *f* opponents *pl*, opposition

Gehabe *s* <-s> fuss

Gehackte(s) *s* <-n> ↑ *Hackfleisch* mincemeat, ground beef *AM*

Gehalt [1] *m* <-[e]s, -e> [1] (*von Film etc.*) contents *sg* [2] ↑ *Anteil* (*Alkohol-*) content

Gehalt [2] *s* <-[e]s, Gehälter> ↑ *Lohn* (*Jahres-*) salary, earnings

Gehaltsempfänger(in *f*) *m* salary earner; **Gehaltserhöhung** *f* salary increase, [pay] raise *AM*; **Gehaltszulage** *f* additional pay, bonus

gehaltvoll *adj* [1] ▷*Nahrung* nourishing, substantial [2] *FIG* ↑ *anspruchsvoll* ▷*Literatur* serious

gehandikapt *adj FAM* handicapped

gehässig *adj* ▷*Bemerkung* spiteful, malignant; ▷*Person* spiteful; **Gehässigkeit** *f* spitefulness

Gehäuse *s* <-s, -> [1] (*Uhr-*) case, box [2] (*Kern-, von Apfel etc.*) core

gehbehindert *adj* disabled

geheim *adj* [1] secret; ▷*Wahl* secret, confidential; ◇ **im ~en** in secret [2] ↑ *rätselhaft* ▷*Kräfte* mysterious; **Geheimagent(in** *f*) *m* secret agent; **Geheimdienst** *m* secret service; **Geheimfach** *s* (*von Schreibtisch etc.*) secret compartment; **geheimhalten** *unreg vt* keep secret; **Geheimnis** *s* (*Arzt-, Berufs-*) secret; ◇ **-se vor jd-m haben** to keep secrets from s.o.; **geheimnisvoll** *adj* [1] ▷*Umstände* mysterious [2] ◇ **- tun** to act suspicious; **Geheimpolizei** *f* secret police, undercover police; **Geheimtip** *m* inside tip

gehemmt *adj* ▷*Person, Verhalten* inhibited, self-conscious

gehen <ging, gegangen> **I.** *vi* [1] ▷*schnell, langsam* walk, go; ◇ **zu Fuß** - to go by foot; ◇ **nach Hause** - to go home; ◇ **schwimmen/Fußball spielen** - to go swimming/to play football; *FIG* ◇ **das geht zu weit** that's going too far [2] ↑ *weg-* leave; ◇ **ich muß jetzt** - I have to go now; ↑ *ausscheiden, kündigen* leave, quit; ↑ *abfahren* depart, leave; ◇ **der Bus geht um 12** the bus leaves at 12 o'clock [3] *FAM* ◇ **mit jd-m** - to go with s.o. [4] ↑ *funktionieren* work, run; ← *Auto, Uhr* work, run, function [5] ↑ *auf-* ← *Hefeteig* rise [6] ↑ *hinein-, Raum finden* fit, go; ◇ **wieviel Liter - in die Flasche?** how many liters will go into the bottle? [7] ↑ *sich erstrecken* ← *Grundstück* go, stretch (*bis* to); (*zeitlich*) go, last; ◇ **das Konzert geht bis 21 Uhr** the concert goes till 9 o'clock pm [8] ↑ *sich machen lassen* be possible, be allowed; ◇ **das geht nicht** that isn't possible, that won't work; ◇ **geht es bei Ihnen am Montag?** is Monday possible for you? [9] ↑ *sich entwickeln* ← *Geschäft* run; ◇ **die Prüfung ging gut** the exam went well; ◇ **das ist noch mal gutgegangen** fortunately that turned out well; ◇ **das geht ja noch** that's passable **II.** *vt* → *Strecke* walk **III.** *vi unpers* ↑ *sich befinden* feel [1] ◇ **wie geht es [Ihnen]?** how are you?; ◇ **mir/ihr geht es gut** I'm/she's fine; ◇ **es geht** it's okay [2] ↑ *sich handeln* concerns; ◇ **es geht um Computer** it concerns computers, it is about computers; **gehenlassen** *unreg* **I.** *vt FAM* leave s.o./s.th. alone; ◇ **laß' sie gehen** let her go **II.** *vr* ◇ **sich** - let o.s. go; ◇ **laß dich nicht so gehen!** don't let yourself go like that!

geheuer *adj* ◇ **nicht** - uncanny, eerie

Gehilfe *m* <-n, -n>, **Gehilfin** *f* [1] ↑ *Assistent(in)* (*in Beruf*) assistant [2] ↑ *Geselle* (*kaufmännisch*) trainee [3] ↑ *Helfer* (*bei Verbrechen*) accomplice

Gehirn *s* <-[e]s, -e> [1] ANAT brain [2] *FIG* ↑ *Geist* mind; **Gehirnblutung** *f* brain/cerebral haemorrhage; **Gehirnerschütterung** *f* concussion; **Gehirnhautentzündung** *f* meningitis; **Gehirnwäsche** *f* brainwashing

Gehör *s* <-[e]s> [1] sense of hearing [2] MUS ◇ **musikalisches** - musical ear [3] *FIG* ↑ *Aufmerksamkeit* ◇ **jd-m - schenken** to lend s.o. your ear

gehorchen *vi* obey (*jd-m* s.o.)

gehören I. *vi* [1] (*jd-s Eigentum sein*) belong to (*jd-m* s.o.) [2] (*Teil von etw sein*) go; ◇ **sie gehört zu den besten Schwimmerinnen** she is one of the best swimmers [3] (*e-n Platz haben*) go; ◇ **das Buch gehört ins Regal** the book belongs on the shelf; ◇ **sie gehört nicht hierher** she doesn't belong here [4] (*nötig sein*) be relevant; ◇ **dazu gehört Erfahrung** that takes experience **II.** *vr unpers* ◇ **sich** - to be proper; ◇ **das gehört sich nicht** that isn't fitting; ◇ **sie weiß, was sich gehört** she knows how to behave; **gehörig** *adj* [1] ↑ *angemessen* fitting, proper, just [2] ↑ *energisch, kräftig* duly, properly; ◇ **jd-m - die Meinung sagen** to give s.o. a piece of mind [3] ◇ **zu etw** - belonging to s.th.

gehörlos *adj* deaf

gehorsam *adj* obedient; **Gehorsam** *m* <-s> obedience

Gehsteig *m* <-[e]s, -e> ↑ *Bürgersteig, BRIT* pavement; *AM* sidewalk; **Gehweg** *m* ↑ *Fußweg* footpath

Geier *m* <-s, -> [1] FAUNA vulture [2] *FAM* vulture [3] *FAM* ◇ **weiß der** - God only knows

Geige *f* <-, -n> violin, fiddle; **Geiger(in** *f*) *m* <-s, -> violinist, fiddler; **Geigerzähler** *m* TECHNOL Geiger counter

geil *adj* [1] *FAM!* horny *AM*, randy, hot *BRIT*, hot [2] *FAM* ↑ *toll, Klasse, super* super, great, cool

Geisel *f* <-, -n> hostage; **Geiseldrama** *s* kidnapping, hijacking (terror)

Geist *m* <-[e]s, -er> [1] ghost, spirit [2] ↑ *Bewußtsein, Intellekt* mind, wit [3] (*Wesen, Einstellung*) ◇ **Zeit-** zeitgeist, sign of the times [4] *FIG* ↑ *Witz, Schlagfertigkeit* wit [5] REL ↑ *Seele* spirit [6] ↑ *Alkohol, Schnaps* (*Himbeer-*) spirits *pl;* **Geisterfahrer(in** *f*) *m s.* **Fahrer; geisterhaft** *adj* [1] ▷*Erscheinung* spooky, ghostly [2] ↑ *übersinnlich* supernatural; **geistesabwesend** *adj* absentminded, distracted; **Geistesabwesenheit** *f* absentmindedness; **Geistesblitz** *m* flash of genius; **Geistesgegenwart** *f* presence of mind; **geistesgegenwärtig** *adv* ▷*handeln* quick-witted, alert; **geisteskrank** *adj* insane, mentally ill; **Geisteskranke(r)** *fm* lunatic, mental case; **Geisteskrankheit** *f* insanity, mental illness; **Geisteswissenschaft** *f* humanities *pl;* **Geisteszustand** *m* mental state; (*du mußt verrückt sein*) ◇ **du solltest dich mal auf deinen - untersuchen lassen** you ought to go to a psychiatrist

geistig *adj* [1] spiritual, immaterial; ▷*Liebe* spiritual [2] ↑ *intellektuell* intellectual; ◇ **-e Arbeit** intellectual work; ◇ **-es Eigentum** intellectual

G

property [3] ↑ *psychisch* mental; ◇ - **behindert** mentally retarded [4] ↑ *alkoholisch* alcoholic; ◇ **-e Getränke** alcoholic beverages

geistlich *adj* spiritual, religious, sacred; **Geistliche(r)** *fm* priest, clergyman, minister; **Geistlichkeit** *f* clergy

geistlos *adj* [1] ↑ *dumm* ▷*Bemerkung* stupid [2] ↑ *langweilig* ▷*Film* dull, insipid; **geistreich** *adj* [1] ▷*Person* witty, brilliant, clever [2] ▷*Worte* deep, profound; **geisttötend** *adj* stupefying

Geiz *m* <-es> stinginess; **geizen** *vi* be stingy (*mit* with, about); **Geizhals** *m* miser, skinflint; **geizig** *adj* stingy

Gejammer *s* <-s> bellyaching

geknickt *adj FAM* crestfallen, dejected

gekonnt *adj* accomplished, skillful

gekünstelt *adj* ↑ *unnatürlich* ▷*Lächeln* artificial, false; ▷*Benehmen* affected

Gel *s* <-s, -s> (*Haar-*) gel

Gelaber *s* <-s> *FAM* ↑ *Gerede* prattling, jabbering

Gelächter *s* <-s, -> laughter

geladen *adj* [1] ELECTR ▷*Batterie* loaded, charged [2] *FAM* ↑ *gereizt, wütend* fuming

gelähmt *adj* [1] ↑ *bewegungsunfähig* paralyzed [2] *FIG* ◇ **wie -** stunned

Gelände *s* <-s, -> [1] ▷*unwegsam* open country/land [2] (*Bau-*) ground, open area

Geländer *s* <-s, -> railing; (*Treppen-*) railing, banisters *pl;* (*Balkon- etc.*) railing

gelangen *vi* [1] (*erreichen*) reach, obtain (*zu dat* s.th.) [2] ↑ *ankommen* reach (*an/zu etw* s.th.) [3] (*erwerben*) acquire (*zu etw* s.th.); ◇ **zu Reichtum** - to make a fortune; ◇ **zu e-er Ansicht** - to form an opinion

gelassen *adj* calm, composed; ◇ **etw - hinnehmen** to take s.th. calmly; **Gelassenheit** *f* composure

Gelatine *f* (*Speise-*) gelatine

geläufig *adj* ▷*Wort* common, familiar

gelaunt *adj* ◇ **gut/schlecht - sein** be in a good/bad mood; ◇ **wie ist sie -?** what is her mood like?

gelb *adj* yellow; ◇ **G- Seiten** ↑ *Branchen[telefon]buch* yellow pages; **gelblich** *adj* yellowish; **Gelbsucht** *f* MED jaundice

Geld *s* <-[e]s, -er> (*Papier-, Hart-*) money *sg;* ◇ **-er** *pl* ▷*öffentlich* capital, funds; **Geldanlage** *f* FIN investment; **Geldautomat** *m* money-machine, automated teller machine *AM*; **Geldbeutel** *m* purse, wallet; **Geldentwertung** *f* currency depreciation; **Geldgeber(in** *f*) *m* <-s, -> sponsor; **geldgierig** *adj* greedy, avaricious; **Geldschein** *m BRIT* banknote; *AM* bill; **Geldstrafe** *f* fine; **Geldstück** *s* coin; **Geldsumme** *f* amount/sum of money; **Geldwechsel** *m* exchange of money; **Geldwert** *m* [1] (*Preis*) cash value [2] (*Kaufkraft der Währung*) currency value

Gelee *s* <-s, -s> (*Apfel-*) jelly

gelegen *adj* [1] (*örtlich*) situated, located [2] ↑ *passend* opportune; ◇ **das kommt mir** - that is convenient for me

Gelegenheit *f* [1] ↑ *Chance* opportunity; COMM bargain; ◇ **e-e - wahrnehmen** to seize an opportunity; ◇ **bei** - when convenient [2] ↑ *Anlaß* occasion; ◇ **bei jeder** - at every occasion [3] (*Schlaf-*) facility; **Gelegenheitsarbeit** *f* occasional job, odd job; **Gelegenheitsarbeiter (in** *f*) *m* casual worker; **Gelegenheitskauf** *m* chance purchase

gelegentlich I. *adj* ▷*Treffen* occasional **II.** *adv* [1] ↑ *manchmal, ab u. zu* occasionally; ◇ **- ein Glas trinken** to occasionally have a drink [2] ◇ **wenn Sie - dort sind** if you happen to be there

gelehrig *adj* ◇ **er ist sehr** - he learns very quickly

gelehrt *adj* [1] (*gebildet*) learned, scholarly [2] ↑ *akademisch* ▷*Ausdrucksweise* scholarly; **Gelehrte(r)** *fm* (*Rechts-, Schrift-*) scholar

Geleit *s* <-[e]s, -e> MIL (*-schutz*) escort, convoy; cortege; ◇ **freies** - safe conduct; **geleiten** *vt* escort; **Geleitwort** *s* ↑ *Vorwort* (*von Buch*) preface

Gelenk *s* <-[e]s, -e> [1] ANAT joint [2] (*von Maschine*) hinge; **gelenkig** *adj* flexible, agile

gelernt *adj* ▷*Arbeiter* skilled, trained

Geliebte(r) *fm* [1] (*außerehelich*) lover [2] (*Anrede*) dear, beloved

gelind[e] *adj* (*leicht, mäßig*) ▷*Wind, Frost* gentle, mild; ▷*Wut* moderate; ◇ **- gesagt** to put it mildly

gelingen <gelang, gelungen> *vi* [1] ▷*Plan* to succeed; ◇ **es gelang mir nicht** I didn't succeed [2] ▷*Arbeit* turn out well

gellen *vi* ▷*Schrei* shrill

geloben I. *vt* → *Treue etc.* promise, vow **II.** *vr* ◇ **sich etw -** *dat* to vow o.s. s.th.

gelten <galt, gegolten> **I.** *vt* be valid, be worth; ◇ **der Gutschein gilt ein Jahr** the gift certificate is good for one year **II.** *vt unpers* ◇ **es gilt, etw zu tun** it is necessary to do s.th. **III.** *vi* [1] (*gültig sein*) be valid; ← *Gesetz, Regelung* be valid, be in effect; ← *Geld, Gutschein, Ausweis* valid; ◇ **ihr Wort gilt** her word counts, her word carries weight [2] ↑ *erlaubt sein* valid, count; ◇ **das gilt nicht** that doesn't count [3] ↑ *angesehen sein als* to be considered (*als* as); ◇ **er gilt als Frauenheld**

he is reputed to be a ladykiller [4] ↑ *zutreffen auf* hold, be applicable (*für* for); ◇ **das gilt für Sie auch** that applies to you too, that goes for you too [5] ◇ **etw - lassen** to accept s.th.; ◇ **etw -d machen** → *Ansprüche* to assert s.th.; **Geltung** *f* [1] ↑ *Gültigkeit, Wert* validity; (*von Geld etc.*) value, worth; ◇ **- haben** to be valuable [2] ↑ *Beachtung, Ansehen* respect, recognition; ◇ **ihre Frisur bringt ihr schönes Haar zur -** her hairstyle brings out the beauty of her hair; ◇ **die Farbe kommt hier zur -** the colour is very effective here [3] ↑ *Einfluß* ◇ **sich** *dat* **- verschaffen** to make o.s. respected; **Geltungsbedürfnis** *s* craving for recognition

Gelübde *s* <-s, -> vow

gelungen *adj* ▷*Abend, Konzert etc.* successful

gemächlich I. *adj* [1] ↑ *ruhig, langsam* ▷*Person* leisurely, easygoing; ▷*Tempo* leisurely [2] ↑ *bequem* ▷*Leben* at ease, comfortable **II.** *adv* leisurely

Gemahl(in *f*) *m* <-[e]s, -e> spouse, husband *m*, wife *f*

Gemälde *s* <-s, -> (*Öl-*) portrait, painting

gemäß I. *präp dat* according to, in compliance with; ◇ **Ihrem Wunsch -** in accordance with your request **II.** *adj* ↑ *angemessen, würdig* appropriate, suitable; ◇ **jd-m/e-er Sache - sein** to be appropriate to s.th.

gemäßigt *adj* ▷*politische Gesinnung* moderate; ▷*Klima* temperate

Gemäuer *s* <-s, -> ruins *pl*

gemein *adj* [1] ↑ *gewöhnlich, einfach* common, general; ◇ **der -e Mann** the common man [2] (*FIG unfair, hinterhältig etc.*) ▷*Person, Verhalten* mean, nasty; ▷*Lachen* nasty, mean [3] ▷*Wohl, Nutzen* mutual; ◇ **etw - haben [mit]** to have s.th. in common with

Gemeinde *f* <-, -n> [1] (*Kommune, Gemeinwesen*) municipality, community; (*Land-*) rural commune; (*Pfarr-*) parish, congregation [2] ↑ *Gemeinschaft, Gruppe* partons *pl;* **Gemeindesteuer** *f* local tax; **Gemeindevertretung** *f* municipal council; **Gemeindeverwaltung** *f* local administration; **Gemeindewahl** *f* municipal election

gemeingefährlich *adj* dangerous to public safety; ◇ **ein -er Verbrecher** dangerous criminal; *AM* public enemy; **Gemeinheit** *f* [1] (*Niederträchtigkeit*) meanness, baseness [2] (*gemeine Handlung, Bemerkung*) mean act, dirty trick; **gemeinnützig** *adj* ▷*Einrichtung* in public interest; **gemeinsam I.** *adj* ▷*Haus, Garten etc.* joint; ▷*Interesse, Wunsch* common; ▷*Freund* mutual **II.** *adv* ↑ *miteinander, zusammen* jointly; ◇ **etw - tun** to do s.th. together; ◇ **etw - haben [mit]** → *Eigenschaft* to have s.th. in common; **Gemeinsamkeit** *f* [1] common feature [2] joint possession; **Gemeinschaft** *f* [1] community; (*Ehe-*) companionship; (*Wohn-*) shared housing [2] ↑ *Gruppe* community; ◇ **in - mit** jointly with, together with; **gemeinschaftlich** *adj* shared, joint; **Gemeinschaftsarbeit** *f* teamwork

Gemenge *s* <-s, -> [1] (*Hand-*) scuffle [2] CHEM ↑ *Gemisch* mixture [3] *FIG* ↑ *Durcheinander* jumble

gemessen *adj* ▷*Schritt* measured; (*Haltung*) reserved

Gemetzel *s* <-s, -> slaughter, massacre

Gemisch *s* <-es, -e> *a.* AUTO mixture; **gemischt** *adj* [1] ▷*Chor* mixed; ▷*Gesellschaft* mixed [2] ◇ **mit -en Gefühlen** ↑ *unbehaglich* with mixed feelings

Gemse *f* <-, -n> chamois

Gemunkel *s* <-s> gossip

Gemurmel *s* <-s> mumblings

Gemüse *s* <-s, -> [1] GASTRON vegetable [2] *FAM* ◇ **junges -** small fry, youngsters; **Gemüsegarten** *m* vegetable garden; **Gemüsehändler(in** *f*) *m* greengrocer

Gemüt *s* <-[e]s, -er> [1] ▷*ruhig, liebevoll* nature, disposition [2] *FAM* ◇ **sich** *dat* **etw zu -e führen** ↑ *etw beherzigen* to take s.th. to heart; ↑ *etw genießen* to indulge in s.th.

gemütlich *adj* [1] ▷*Zimmer* cozy, comfortable [2] ↑ *ausgeglichen, ruhig* good-natured, easygoing [3] ↑ *langsam* ▷*Tempo* comfortable, leisurely; **Gemütlichkeit** *f* [1] (*von Raum*) cosiness, comfortableness [2] (*von Person*) geniality, joviality

Gemütskrankheit *f* mental disorder; **Gemütsmensch** *m* emotional person, sentimentalist; **Gemütsruhe** *f* peace of mind, tranquillity; ◇ **in aller -** leisurely, calmly; **Gemütsverfassung** *f* state of mind

Gen *s* <-s, -e> gene

genau I. *adj* [1] ↑ *exakt, präzise* exact, accurate [2] ↑ *sorgfältig* ▷*Arbeit* careful, thorough **II.** *adv* [1] exactly; ◇ **- richtig** exactly right; ◇ **-!** exactly!; ◇ **- abmessen** to measure exactly [2] ↑ *gewissenhaft* carefully; ◇ **- arbeiten** to work thoroughly; ◇ **- genommen** strictly speaking; **Genauigkeit** *f* [1] ↑ *Exaktheit* exactness, accuracy [2] ↑ *Gewissenhaftigkeit* carefulness

genehmigen I. *vt* → *Antrag* grant, allow **II.** *vr* *FAM* ◇ **sich** *dat* **e-n -** to have a drink; **Genehmigung** *f* permission; (*Bau-*) authorization, licence; *AM* permit

General *m* <-s, -e *o.* Generäle> general; **Generaldirektor(in** *f*) *m* general manager; **Gene-**

ralprobe *f* dress rehearsal; **Generalstreik** *m* general strike; **generalüberholen** *vt* overhaul, recondition; **Generalversammlung** *f* general assembly

Generation *f* [1] ▷*jung, alt* generation [2] generation [3] *FIG* (*Computer-*) generation

Generator *m* (*Strom-, Gas-*) generator

generell *adj* general

Genesung *f* recovery

genetisch *adj* genetic

genial *adj* ▷*Person* brilliant, ingenious; (*FAM großartig*) ◇ **das ist absolut -!** that's absolutely terrific!; **Genialität** *f* ingenuity, brilliancy

Genick *s* <-[e]s, -e> neck; nape of the neck

Genie *s* <-s, -s> genius

genieren I. *vt* bother; ◇ **geniert es Sie, wenn ...?** does it bother you if...? **II.** *vr* ◇ **sich -** feel embarrassed

genießbar *adj* [1] (*eßbar*) edible [2] *FAM* ↑ *umgänglich* ▷*Mensch* enjoyable, agreeable; **genießen** <genoß, genossen> *vt* [1] → *Urlaub, Lektüre etc.* enjoy [2] → *Essen* eat, drink [3] → *Respekt, Ansehen* receive [4] *FAM* ◇ **er ist heute nicht zu -** he isn't very enjoyable today; **Genießer(in** *f*) *m* <-s, -> connoisseur; **genießerisch I.** *adj* appreciative **II.** *adv* with relish

Genital *s* <-s, -ien> genital

Genosse *m* <-n, -n> companion, partner; **Genossenschaft** *f* co-operative; (*Berufs-, Handels-*) association

Genre *s* <-s, -s> genre

Gentechnik *f* genetic engineering

genug *adv* enough, sufficient; ◇ **- zu trinken** enough to drink; ◇ **mehr als -** more than enough; ◇ **groß -** old enough; ◇ **jetzt ist es aber -!** that's enough!

Genüge *f* ◇ **zur -** enough, sufficiently; **genügen** *vi* [1] suffice (*jd-m* s.o., for) [2] ↑ *zufriedenstellen* satisfy, fulfil (*e-er Sache dat* s.th.); **genügsam** *adj* easily satisfied, modest

Genugtuung *f* satisfaction (*für* for); (*innere -*) satisfaction, gratification

Genuß *m* <-sses, Genüsse> [1] (*von Speisen etc.*) consumption [2] ↑ *Vergnügen* enjoyment; ◇ **ein seltener -** a rare pleasure [3] ↑ *Nutzen* ◇ **in den - von etw kommen** to benefit from s.th.; **genüßlich** *adv* pleasurable; **Genußmittel** *s sg/pl semi-luxury foods and tobacco*

Geograph(in *f*) *m* <-en, -en> geographer; **Geographie** *f* SCH ↑ *Erdkunde* geography; **geographisch** *adj* geographical

Geologe *m* <-n, -n>, **Geologin** *f* geologist; **Geologie** *f* geology

Geometrie *f* geometry

Gepäck *s* <-[e]s> luggage, baggage; **Gepäckabfertigung** *f* registering of luggage; *AM* checking of baggage; **Gepäckannahme** *f* luggage/baggage check-in; **Gepäckaufbewahrung** *f* left-luggage office *BRIT*, checkroom *AM*; **Gepäckausgabe** *f* luggage/baggage claim; **Gepäckschein** *m* luggage/baggage ticket; **Gepäckstück** *s* piece of luggage; **Gepäckträger** *m* (*am Fahrrad*) bike rack; **Gepäckwagen** *m* luggage/baggage car

gepflegt *adj* [1] (*nicht vernachlässigt*) well-kept, well cared for; ▷*Garten, Park, Haus* well-kept; ▷*Äußeres, Kleidung* well cared for, well groomed [2] ↑ *kultiviert, mit guten Manieren* civilized; ▷*Mensch* sophisticated, elegant; ▷*Sprache, Gesellschaft* polished, refined

Gequatsche *s FAM* babbling

gerade I. *adj* [1] ▷*Linie, Wand* straight, even [2] ↑ *aufrecht* upright; ▷*Haltung* upright [3] *FIG* ↑ *aufrichtig* ▷*Charakter* upright, honest [4] ↑ *direkt, unmittelbar* ▷*Weg* direct [5] MATH ▷*Zahl* even **II.** *adv* [1] ↑ *soeben, jetzt* just; ◇ **sie ist - beim Essen** she is eating right now; ◇ **er ist - gegangen** he just left [2] ↑ *eben, genau* exactly; ◇ **- das wollte ich verhindern** that is exactly what I wanted to avoid; ◇ **- pünktlich** just in time; ◇ **-, weil** just because; ◇ **das ist nicht - angenehm** it isn't exactly nice [3] ↑ *direkt* just, straight; ◇ **sie wohnt - um die Ecke** she lives just around the corner [4] ↑ *ausgerechnet* of all things/people; ◇ **das hat mir - noch gefehlt** that's all I needed; ◇ **- sie hat es nötig, ...** of all people, she thinks she has to ... [5] ↑ *knapp* just; ◇ **- genug zum Leben** just enough to live on; **Gerade** *f* <-n, -n> (*gerade Linie, Strecke*) straight line; (SPORT *Ziel-*) finishing straight; MATH straight line; **geradeaus** *adv* ▷*gehen* straight ahead; **geradeheraus** *adv* ▷*sagen* frankly, openly; **geradestehen** *unreg vi* [1] ↑ *aufrecht stehen* stand up straight [2] *FIG* ↑ *einstehen, Verantwortung übernehmen* to assume responsibility (*für* for); **geradewegs** *adv* ↑ *direkt* straight; ◇ **- nach Hause gehen** to go straight home; **geradezu** *adv* almost, virtually; ◇ **das ist - unglaublich** it is virtually unbelievable; **geradlinig** *adj* [1] ▷*Reihe* linear, straightlined [2] *FIG* ↑ *aufrichtig, offen* ▷*Mensch* straight

Gerät *s* <-[e]s, -e> [1] (*Gebrauchsgegenstand*) device, equipment; (*Haushalts-*) utensil [2] ↑ *Werkzeug* tool [3] ↑ *Apparat* apparatus; (*Fernseh-*) set [4] (SPORT *Turn-*) set

geraten *unreg vi* [1] ↑ *gelingen* turn out well; ◇ **gut/schlecht -** to turn out good/bad [2] ↑ *sich entwickeln* ← *Kind* turn out; ◇ **nach der Mutter -** to resemble the mother, to take after the mother

3 ◇ **an jd-n** ~ to happen to meet s.o., to come across s.o.; ◇ **in etw** *akk* ~ to get into s.th.; ◇ **außer sich** ~ to lose one's temper

Geratewohl *s* ◇ **aufs** ~ at random, haphazard

geräumig *adj* ▷*Wohnung* spacious, roomy

Geräusch *s* <-[e]s, -e> noise; **geräuschlos** *adj* noiseless, quiet

gerben *vt* 1 → *Leder* tan, refine 2 *FAM* ◇ **jd-m das Fell** ~ to give s.o. a hiding

gerecht *adj* 1 ↑ *unparteiisch, objektiv* just, fair 2 ▷*Urteil, Richter* just, legitimate 3 (*moralisch gut*) just; ◇ **e-e -e Sache** a good/just cause 4 ◇ **jd-m/e-er Sache** ~ **werden** to do justice to s.o/s.th.; **Gerechtigkeit** *f* 1 (*von Entscheidung*) justice, fairness 2 (*von Rechtsspruch*) legitimacy, justification 3 (*moralischer Anspruch*) righteousness

Gerede *s* <-s> 1 babbling 2 ↑ *Klatsch* gossip

gereizt *adj* 1 ↑ *nervös, aggressiv* ▷*Person* irritated, edgy 2 ↑ *gespannt* ▷*Atmosphäre* a strained atmosphere; **Gereiztheit** *f* irritation, touchiness

Gericht *s* <-[e]s, -e> 1 ↑ *Mahlzeit* dish 2 (*Amts-, Verfassungs-*) court 3 (*Gebäude*) court house 4 *FIG* ◇ **mit jd-m ins ~ gehen** to criticize s.o. harshly; **gerichtlich** *adj* ▷*Vorladung, Entscheidung* judicial, legal; **Gerichtsbarkeit** *f* jurisdiction; **Gerichtshof** *m* court of justice; ◇ **Oberster** ~ Supreme Court *AM*; **Gerichtskosten** *pl* court costs *pl;* **Gerichtssaal** *m* court room; **Gerichtstermin** *m* date of the trial; **Gerichtsverfahren** *s* court procedure; **Gerichtsverhandlung** *f* court hearing; **Gerichtsvollzieher(in** *f*) *m* <-s, -> bailiff, marshal *AM*

gering *adj* 1 (*niedrig*) ▷*Gehalt* poor, low; ▷*Reserve* little, small 2 ▷*Bedeutung, Unterschied* minor, unimportant, petty; ▷*Sorge, Mühe* little; ◇ **meine -ste Sorge** the least of my worries; ▷*Talent, Aussichten* poor, limited; ◇ **nicht im -sten** not in the slightest/least; **geringfügig** *adj* insignificant, slight; ◇ **sich** ~ **verändern** to change slightly; **geringschätzig** *adj* ▷*Bemerkung* contemptuous, disdainful

gerinnen *unreg vi* clot; ← *Milch* curdle

Gerippe *s* <-s, -> 1 (*Skelett*) skeleton 2 *FAM* a skeleton

gerissen *adj FIG* sly, shrewd

gern[e] *adv lieber, am liebsten* 1 ↑ *bereitwillig* willingly, readily; ◇ **-!** gladly!; ◇ **etw ~ tun** to like to do s.th. 2 ◇ **jd-n ~ haben, jd-n ~ mögen** to be fond of s.o., to like s.o.; ◇ **etw ~ haben/mögen** to enjoy having s.th. 3 ↑ *ohne weiteres* with pleasure, by all means; ◇ **das glaube ich** ~ I believe that 4 *FAM* ◇ **du kannst mich ~ haben!** go to hell!

Geröll *s* <-[e]s, -e> rublle, scree *pl*

Gerste *f* <-, -n> barley

Gerte *f* <-, -n> (*Reit-*) crop

Geruch *m* <-[e]s, Gerüche> ↑ *Duft* smell, odour; **geruchlos** *adj* odourless; **Geruchssinn** *m* sense of smell; **geruchtilgend** *adj* deodorant

Gerücht *s* <-[e]s, -e> rumour; ◇ **ein ~ in die Welt setzen** to spread a rumour

geruhsam *adj* ▷*Mensch* quiet, tranquil; ▷*Zeit* peaceful

Gerümpel *s* <-s> junk *sg*

Gerüst *s* <-[e]s, -e> 1 ↑ *Gestell* trestle; (*Bau-*) scaffold 2 *FIG* ↑ *Konzeption* outline

gesamt *adj* ↑ *vollständig* whole, entire, total; ▷*Betrag, Personal* entire, overall, general; **gesamtdeutsch** *adj* HIST all-German; **Gesamteindruck** *m* overall impression; **Gesamtergebnis** *s* overall result; **Gesamtheit** *f* entirety, whole; ◇ **in seiner** ~ in its entirety; **Gesamtschule** *f* comprehensive school

Gesandte *f* ambassadress; **Gesandter** *m* envoy, ambassador; **Gesandtschaft** *f* legation

Gesang *m* <-[e]s, Gesänge> 1 singing, song 2 SCH singing

Gesäß *s* <-es, -e> buttocks, bottom

geschafft *adj FAM* tired

Geschäft *s* <-[e]s, -e> 1 (*-sabschluß*) deal, transaction 2 ↑ *Laden* shop; *AM* store 3 ↑ *Absatz, Verkauf* business; ◇ **das ~ geht gut** business is booming 4 *FAM* ↑ *Firma, Büro* office; ◇ **ins ~ gehen** to go to work 5 ↑ *Beschäftigung* dealings 6 *FAM* ↑ *Notdurft* ◇ **seine Notdurft verrichten** to do one's business; **geschäftig** *adj* ▷*Treiben* busy; **geschäftlich I.** *adj* business; ◇ **e-e -e Angelegenheit** a business matter **II.** *adv* on business; ◇ **~ unterwegs sein** to be away on business; **Geschäftsabschluß** *m* transaction, deal; **Geschäftsbericht** *m* business report; **Geschäftsfrau** *f* businesswoman; **Geschäftsführer(in** *f*) *m* manager, managing director; (*im Klub*) director; **Geschäftsjahr** *s* business year, fiscal year; **Geschäftslage** *f* 1 (*Ort*) business location 2 (*Ertragslage*) business situation; **Geschäftsmann** *m* <-[s], -leute> businessman; **Geschäftspartner(in** *f*) *m* business partner; **Geschäftsreise** *f* business trip; **geschäftsschädigend** *adj* ▷*Verhalten* bad for business; **Geschäftsschluß** *m* closing-time; **Geschäftsstelle** *f* office; **Geschäftsstraße** *f* shopping street; **geschäftstüchtig** *adj a.* JURA business minded; **Geschäftsverbindung** *f* business connection; **Geschäftswelt** *f* business world

geschah *impf v.* **geschehen**

G

geschehen <geschah, geschehen> **I.** *vi* [1] happen, occur; ◇ **es kann ~, daß sie ...** it could happen that... [2] (*stattfinden*) take place, occur [3] ◇ **das geschieht ihm recht!** that serves him right! **II.** *vi unpers* (*verloren sein*) ◇ **es ist um ihn ~** he is doomed; **Geschehen** *s* <-s, -> (*Tages~*) event

gescheit *adj* clever, brainy

Geschenk *s* <-[e]s, -e> gift, present

Geschichte *f* <-, -n> [1] (*Wissenschaft*) history [2] (*Bericht, Erzählung, Kurz~*) [short] story [3] (*Vergangenheit*) history, past [4] (*FAM Sache, Angelegenheit*) affair, matter; ◇ **mach keine ~n!** don't do anything silly!; **geschichtlich** *adj* ↑ *historisch* historical; **Geschichtsbild** *s* conception of history; **Geschichtsbuch** *s* SCH history book; **Geschichtsfälschung** *f* falsification of history; **Geschichtsschreiber(in** *f*) *m* historian

Geschick *s* <-[e]s, -e> [1] (*Schicksal*) fate [2] ↑ *Geschicklichkeit* skill (*zu/für* for); **Geschicklichkeit** *f* skil, skilfulness; **geschickt** *adj* ⊳*Finger, Hände* dexterous; ⊳*Taktik, Frage* clever

geschieden *adj* divorced

Geschirr *s* <-[e]s, -e> [1] (*Teller, Tassen*) crockery dishes *pl* [2] (*Service*) service; (*Porzellan*) china [3] (*für Pferd*) harness; **Geschirrschrank** *m* china cupboard; **Geschirrspülmaschine** *f* dishwasher; **Geschirrtuch** *s* tea towel

Geschlecht *s* <-[e]s, -er> [1] (*männlich, weiblich*) sex; ◇ **das andere ~** the opposite sex [2] GRAM gender [3] (*Familie, Adels~*) descent, birth, race; (*Generation*) generation [4] (ANAT *Geschlechtsteil*) genitals *pl;* **geschlechtlich** *adj* ⊳*Fortpflanzung* sexual; **Geschlechtskrankheit** *f* venereal disease, VD; **Geschlechtsleben** *s* sex life; **geschlechtslos** *adj* neuter, asexual; **Geschlechtsorgan** *s*, **Geschlechtsteil** *s* genitals *pl;* **Geschlechtsverkehr** *m* sexual intercourse

Geschmack *m* <-[e]s, Geschmäcke> [1] (*von Speisen etc.*) taste [2] (*Gefallen, Vorliebe*) fancy, liking, preference; ◇ **nach jd-s ~** to one's taste; ◇ **~ an etw** *dat* **finden** to acquire a liking for s.th. [3] (*ästhetisches Urteil*) ◇ **sie hat keinen ~** she has no taste; **geschmacklos** *adj* ⊳*Kleidung* tasteless; ↑ *taktlos* ⊳*Bemerkung* tasteless, tactless; ⊳*Benehmen* in bad taste, tactless; **Geschmack[s]sache** *f* matter of taste; **Geschmack[s]sinn** *m* sense of taste; **geschmackvoll** *adj* tasteful

geschmeidig *adj* supple, smooth; (*formbar*) ⊳*Wachs* workable; (*beweglich*) ⊳*Körper* flexible, lithe

Geschnatter *s* <-s> (*von Gänsen, Enten*) cackle, cackling; (*FAM ständiges Reden*) jabber

Geschöpf *s* <-[e]s, -e> (*Lebewesen*) creature; (*FIG geistiges Erzeugnis*) invention

Geschoß *s* <-sses, -sse> [1] MIL missile [2] (*Stockwerk*) storey, floor, story *AM*

geschraubt *adj* screwed, bolted; *FIG* pretentious, twisted

Geschrei *s* <-s> yelling, screaming; (*FIG Aufhebens, Getue*) fuss

Geschütz *s* <-es, -e> gun; *FIG* ◇ **er hat schwere ~e aufgefahren** he brought up his big guns

geschützt *adj* protected

Geschwader *s* <-s, -> MIL squadron

Geschwafel *s* <-s> *FAM* jabber

Geschwätz *s* <-es> talk, babble, prattle; (*Klatsch*) gossip, prattle; **geschwätzig** *adj* ⊳*Schüler* talkative; ⊳*Frau* gossipy

geschweige *cj* let alone; ◇ **er hat kein Fahrrad, ~ denn ein Auto** he doesn't have a bicycle, let alone a car

Geschwindigkeit *f* speed; **Geschwindigkeitsbegrenzung** *f* speed limit; **Geschwindigkeitsüberschreitung** *f* speeding

Geschwister *pl* brothers and sisters *pl*

geschwollen *adj* ⊳*Füße* swollen; (*FAM prahlerisch*) pompous

Geschworene(r) *fm* (*bei Gericht*) juror

Geschwulst *f* <-, Geschwülste> swelling; (*Tumor*) growth, tumour

geschwungen *adj* curred

Geschwür *s* <-[e]s, -e> ulcer, abscess; (*Furunkel*) boil

Geselle *m* <-n, -> [1] (*Bursche*) fellow, chap [2] (*Handwerker*) journeyman

gesellen *vr* ◇ **sich ~** (*sich jd-m anschließen*) join (*zu* s.o.); ◇ **zu uns gesellten sich Deutsche** we were joined by Germans

Gesellenprüfung *f* apprentices' examination; **Gesellenstück** *s piece of work done to qualify as a journeyman*

gesellig *adj* ⊳*Abend* sociable; ⊳*Mensch, Wesen* sociable, out-going; ◇ **ein ~es Beisammensein** a social gathering; **Geselligkeit** *f* sociability; **Gesellschaft** *f* [1] (*soziale Struktur*) society [2] (*Gruppe, Vereinigung, Handels~*) society, association [3] COMM company; (*Reise~*) agency [4] (*Begleitung*) company; ◇ **jd-m ~ leisten** to keep s.o. company [5] (*Fest*) party, social gathering; ◇ geschlossene ~ private party; **Gesellschafter(in** *f*) *m* [1] (*Teilhaber*) partner [2] (*Begleitperson*) companion; **gesellschaftlich** *adj* social; **Gesellschaftsordnung** *f* social order; **Gesellschaftsschicht** *f* social stratum; **Gesellschaftsspiel** *s* party game

Gesetz *s* <-es, -e> [1] (JURA *Rechtsvorschrift*)

law ② (*Richtlinie*) rule, principle; (*Prinzip, Natur-*) law; **Gesetzbuch** *s* statute book, book of law; **Gesetzentwurf** *m* bill; **Gesetzestafeln** *pl* REL tablets *pl;* **Gesetzesvorlage** *f* bill; **gesetzgebend** *adj* ▷*Gewalt* legislative; **Gesetzgeber(in** *f*) *m* <-s, -> legislator; **Gesetzgebung** *f* legislation; **gesetzlich** *adj* ▷*Vormund, Vertreter* legal; **gesetzlos** *adj* lawless; **gesetzmäßig** *adj* ① (*gesetzlich*) legal, lawful ② ▷*Versuchsablauf* based on a law, regular

gesetzt *adj* sedate, sober

gesetzwidrig *adj* illegal

ges. gesch. *Abk. v.* **gesetzlich geschützt** reg'd

Gesicht *s* <-[e]s, -er> ① (*Angesicht*) face; (*Ähnlichkeit haben*) ◇ **jd-m wie aus dem ~ geschnitten sein** to be the spitting image of s.o.; (*FIG Unangenehmes wahrnehmen, behandeln müssen*) ◇ **e-er Sache ins ~ sehen müssen** to have to face s.th. ② (*~sausdruck, Miene*) countenance, expression; (*unzufrieden, mürrisch sein*) ◇ **ein langes ~ ziehen** to pull a long face ③ (*Aussehen, Gestalt, Form*) appearance, look; face ④ (*FIG Ruf, Ansehen*) ◇ **das ~ verlieren** to lose face ⑤ (*~sfeld, Blick*) visual field; ◇ **jd-m zu ~ kommen** to be seen by s.o. [*o.* to be spotted by s.o.]; **Gesichtsausdruck** *m* (facial) expression; **Gesichtscreme** *f* face cream; **Gesichtsfarbe** *f* complexion; **Gesichtskreis** *m FIG* ↑ *Horizont* horizon; **Gesichtsmaske** *f* (*Kosmetik, Gesichtspackung*) face mask; **Gesichtspunkt** *m* point of view; **Gesichtsverlust** *m* loss of face; **Gesichtswinkel** *m* facial angle; ◇ **unter diesem ~** from this point of view; **Gesichtszug** *m* feature

Gesindel *s* <-s> scum, trash

gesinnt *adj* ◇ **jd-m gut ~ sein** to be well disposed towards s.o.; **Gesinnung** *f* (*geistig, politisch*) attitude, opinion, views *pl;* **Gesinnungswandel** *m* conversion

gesittet *adj* ▷*Benehmen* well-behaved, good-mannered

Gespann *s* <-[e]s, -e> team; *FAM* team

gespannt *adj* ▷*Seil* stretched, tense; ▷*Lage, Beziehung* tense, strained; (*voll Erwartung*) expectant; ◇ **ich bin ~, ob er überhaupt kommt** I wonder if he'll come at all

Gespenst *s* <-[e]s, -er> ghost; **gespenstisch** *adj* eerie, spooky

Gespött *s* <-[e]s> mockery; ◇ **jd-n/sich zum ~ machen** to make a laughing stock of s.o./o.s.

Gespräch *s* <-[e]s, -e> conversation; (*Telefon-*) conversation; **gesprächig** *adj* talkative, communicative; **Gesprächigkeit** *f* talkativeness; *FAM* chattiness; **Gesprächseinheit** *f* TELEC unit; **Gesprächspartner(in** *f*) *m* interlocutor; **Gesprächsstoff** *m* topics of conversation *pl;* **Gesprächsthema** *s* subject of a conversation; **gesprächsweise** *adv* in conversation

gesprenkelt *adj* spotted, speckled

Gespür *s* <-s> feeling (*für* for)

Gestalt *f* <-, -en> ① (*Körperbau*) build, figure ② (*Form*) frame, shape; ◇ **in ~ [von]...** in the form of...; ◇ **~ annehmen** to take form/shape ③ (*nicht genau zu erkennen*) shape; (*FAM Mensch*) figure ④ (*Persönlichkeit*) character

gestalten I. *vt* ① ↑ *formen* form, shape ② (*organisieren*) organize; (*einrichten*) arrange; (*Schaufenster, Bühnenbild*) arrange, organize **II.** *vr* ◇ **sich ~** become; (*sich entwickeln*) develop; **Gestaltung** *f* ① (*künstlerisch*) design ② (*Organisation*) organization

Gestammel *s* <-s> stuttering, stammering

Geständnis *s* confession

Gestank *m* <-[e]s> stench, smell

gestärkt *adj* strengthened

gestatten I. *vt* allow, permit (*jd-m etw* s.o. to do s.th.); ◇ **G~ Sie?** Do you mind?, May I?; (*einwilligen*) consent to, agree to **II.** *vr* ◇ **sich** *dat* **~, etw zu tun** to take the liberty of doing s.th.

Geste *f* <-, -n> gesture

Gesteck *s* <-s, -e> (*Blumen-*) flower arrangement

gestehen *unreg vt* → *Verbrechen* confess, admit to; → *Liebe* profess

Gestein *s* <-[e]s, -e> rock, stone

Gestell *s* <-[e]s, -e> (*Bett-*) frame; (*Regal*) shelf, rack; (AUTO AERO *Fahr-*) chassis

gestern *adv* yesterday; (*FIG altmodisch*) ◇ **von ~** outdated; ◇ **ich bin nicht von ~** I wasn't born yesterday

gestikulieren *vi* gesticulate

Gestirn *s* <-[e]s, -e> star; (*Sternbild*) constellation

Gestöber *s* <-s, -> (*Schnee-*) drift, flurry

gestört *adj* (*Beziehung*) troubled; (*psychisch ~*) disturbed, unbalanced; (*Radioempfang*) poor

Gestotter *s* <-s> stuttering

gestreift *adj* ▷*Stoff* striped

gestrig *adj* ▷*Zeitung* yesterday's, from yesterday

Gestrüpp *s* <-[e]s, -e> scrub

Gestüt *s* <-[e]s, -e> stud farm

Gesuch *s* <-[e]s, -e> (*bei Behörde*) request, application; **gesucht** *adj* wanted, hunted

gesund *adj* healthy; (*Kind*) sound, healthy; ▷*Ernährung, Lebensweise* healthy; ▷*Menschenverstand* sound, wholesome; MED ◇ **jd-n ~ schrei-**

ben to certify s.o. as fit; **Gesundheit** *f* health; ◇ **G-!** bless you!; **gesundheitlich** *adj* ◇ **Wie geht es Ihnen -?** How are you?, How do you feel?; **Gesundheitsamt** *s* public health office; **gesundheitsschädigend**, **gesundheitsschädlich** *adj* unhealthy, bad for one's health, dangerous; **Gesundheitswesen** *s* health care system; **Gesundheitszeugnis** *s* health certificate; **Gesundheitszustand** *m* physical condition; ◇ **jd-n auf seinen - hin untersuchen** to give s.o. a check-up; **gesundpflegen** *vt* → *Kranken, Angehörigen* nurse s.o. back to health; **gesundschrumpfen** *vr* ◇ **sich -** (*Firma, Betrieb*) streamline

getigert *adj* ▷*Pullover* striped

getönt *adj* ▷*Haare* toned

Getöse *s* <-s> racket, noise

getragen *adj* ① ▷*Melodie* solemn ② (*Kleidung*) second-hand

Getränk *s* <-[e]s, -e> drink, beverage

getrauen *vr* ◇ **sich -** dare

Getreide *s* <-s, -> grain, cereal

getrennt *adj* separate; ▷*Leute* separated

getreu *adj* (*wahrheits-*) true, faithful

Getriebe *s* <-s, -> (*von Maschinen*) gearing; AUTO transmission

getrost *adv* confidently, without hesitation

getupft *adj* dotted, polka-dotted

Getto *s* <-s, -s> ghetto

Getue *s* <-s> fuss, to-do

Getümmel *s* <-s> (*Kampf-*) turmoil; (*Kaufhaus-*) bustle

geübt *adj* practised, skilled

Gewächs *s* <-es, -e> ① (*Pflanze*) plant, vegetable ② MED growth

gewachsen *adj* ① ▷*Verhältnis* evolved ② ◇ **jd-m/e-er Sache - sein** to be a match for s.o./s.th.

Gewächshaus *s* greenhouse

gewagt *adj* daring; ▷*Kleid, Ausschnitt* daring

gewahr *adj* ◇ **jd-s/e-er Sache** *gen* **- werden** to become aware of s.o./s.th.

Gewähr *f* <-> guarantee; ◇ **jd-m - dafür geben, daß...** to guarantee s.o. that...; ◇ **ohne -** without guarantee; **gewähren** *vt* → *Wunsch, Kredit* grant; ◇ **jd-n - lassen** to let s.o. have his way; **gewährleisten** *vt* (*sichern*) guarantee

Gewahrsam *m* <-s> custody, care; ◇ **jd-n/etw in - nehmen** to take s.o./s.th. into custody

Gewährsmann *m* informant, source

Gewährung *f* granting, allowing; (*Bewilligung*) concession

Gewalt *f* <-, -en> ① (*körperlich, seelisch*) violence ② (*Zwang*) force; ◇ **mit -** by force ③ (*Amts-, Befehls-*) power, authority ④ (*Kontrolle*) control; ◇ **jd-n/sich in der - haben** to have control over s.o./o.s. ⑤ (*Schicksal, Natur-*) power, force; ◇ **höhere -** act of God ⑥ (*unbedingt*) ◇ **mit aller -** at all costs; **Gewaltanwendung** *f* use of violence; **Gewaltenteilung** *f* separation of powers; **Gewaltherrschaft** *f* tyranny; **gewaltig I.** *adj* ① (*riesig, stark*) immense, huge ② (*mächtig*) powerful, mighty ③ (*FAM groß*) enormous, huge **II.** *adv* enormously; (*FAM sehr*) ◇ **sich - täuschen** to be very much mistaken; **gewaltsam** *adj* ▷*Auseinandersetzung* forcible; (*Angriff*) violent; **gewalttätig** *adj* ▷*Mensch* violent; **Gewalttätigkeit** *f* brutality, act of violence

gewandt *adj* ↑ *geschickt, erfahren* skilful; ▷*Auftreten, Redner* smart, elegant; **Gewandtheit** *f* cleverness, ingenuity, skilfulness

Gewäsch *s* <-s> (*FAM Gerede*) twaddle, prattle

Gewässer *s* <-s, -> (*Küsten-*) offshore waters; (*Binnen-*) lakes and rivers

Gewebe *s* <-s, -> ① (*Stoff, Textilien*) fabric, textile ② (*Binde-*) tissue; **Gewebsflüssigkeit** *f* MED ↑ *Lymphe* lymph

Gewehr *s* <-[e]s, -e> gun; **Gewehrlauf** *m* gun barrel

Geweih *s* <-[e]s, -e> antlers *pl*

Gewerbe *s* <-s, -> trade; (*Bau-, Kunst-*) industry; ◇ **Handel und -** trade and industry; **Gewerbefreiheit** *f* freedom of trade; **Gewerbegebiet** *s* industrial area; **Gewerbeschein** *m* trade licence; **Gewerbeschule** *f* vocational school; **Gewerbesteuer** *f* trade tax; **gewerbsmäßig** *adj* professional; **Gewerbszweig** *m* branch of trade

Gewerkschaft *f* trade union; **Gewerkschaft[l]er(in** *f*) *m* <-s, -> trade unionist; **Gewerkschaftsbund** *m* Federation of Trade Unions; **gewerkschaftlich** *adj* ▷*Organisation* union

Gewicht *s* <-[e]s, -e> ① (*von jd-m, etw*) weight ② (*FIG Bedeutung*) meaning, significance, importance; ◇ **nicht ins - fallen** to be of no importance; **Gewichtheben** *s* weight-lifting; **Gewichtsklasse** *f* weight category

gewieft *adj FAM* ▷*Bursche* experienced, smart

gewillt *adj* ◇ **Marina ist -, Ihnen zu helfen** Marina is willing to help you

Gewimmel *s* <-s> (*Menschen-*) crowd

Gewimmer *s* <-s> whimpering

Gewinde *s* <-s, -> (*Kranz*) wreath; (*von Schraube*) thread; **Gewindebohrer** *m* screw tap

Gewinn *m* <-[e]s, -e> ① (*Ertrag*) profit; ◇ **etw mit - verkaufen** to sell s.th. at a profit ② (*bei Lotterie, Tombola*) prize, winnings; (*FIG innere Bereiche-*

rung) profit, benefit; **Gewinnbeteiligung** *f* profit sharing; **gewinnbringend** *adj* ▷*Geldanlage* profitable; **gewinnen** <gewann, gewonnen> **I.** *vt* [1] (*siegen*) win [2] (*erreichen, bekommen*) → *Einblick, Freundschaft* gain, reach; ◇ **jd-n für etw/sich** ~ to win s.o. over [3] → *Kohle, Öl* obtain **II.** *vi* [1] (*siegen*) win [2] (*an Bedeutung, Klarheit*) benefit (*durch* from); (*profitieren*) gain; **gewinnend** *adj* ▷*Lächeln* winning; **Gewinner(in** *f*) *m* <-s, -> winner; **Gewinnspanne** *f* profit margin; **Gewinnummer** *f FAM* ↑ *Gewinnzahl* winning number; **Gewinnung** *f* (*Kohle-, Strom-*) obtaining; **Gewinnzahl** *f* (*bei Verlosung etc.*) winning number

Gewirr *s* <-[e]s> (*Straßen-*) maze

gewiß I. *adj* [1] (*bestimmt, sicher*) certain, sure, positive [2] ◇ **ein gewisser Herr Mair hat angerufen** a certain Mr. Mair called [3] ▷*Ähnlichkeit, Verständnis* certain **II.** *adv* certainly, surely; ◇ **Ariane glaubt ~, daß ich es getan habe** Ariane is sure that I did it

Gewissen *s* <-s, -> conscience; ◇ **jd-m ins ~ reden** to appeal to s.o.'s conscience; **gewissenhaft** *adj* ▷*Arbeit, Schüler* conscientious; **Gewissenhaftigkeit** *f* conscientiousness; **gewissenlos** *adj* unscrupulous, without conscience; **Gewissensbisse** *pl* pangs of conscience; ◇ **~ haben** to have a guilty conscience; **Gewissensfreiheit** *f* freedom of conscience; **Gewissenskonflikt** *m* moral conflict

gewissermaßen *adv* to an extent, so to say

Gewißheit *f* certainty; ◇ **sich ~ über etw** *akk* **verschaffen** to find out s.th. for certain

Gewitter *s* <-s, -> thunderstorm; **Gewitterwolke** *f* thundercloud

gewitzt *adj* ▷*Bursche* clever, sly

gewogen *adj* ◇ **jd-m/e-er Sache ~ sein** to be well-disposed to s.o./s.th.

gewöhnen I. *vt* accustom; ◇ **jd-n an etw** *akk* ~ to familiarize s.o. with s.th.; (*erziehen zu*) train **II.** *vr* ◇ **sich** ~ to get used (*an akk* to s.th.); **Gewohnheit** *f* habit; ◇ **aus** ~ out of habit; ◇ **zur ~ werden** to become a habit; **gewohnheitsmäßig** *adj* ▷*Trinker* habitual; **Gewohnheitsmensch** *m* creature of habit; **Gewohnheitsrecht** *s* JURA common law

gewöhnlich *adj* (*alltäglich*) usual, ordinary; (*normal*) common, normal; ◇ **wie** ~ as usual, like always; (*PEJ ordinär, vulgär*) common, vulgar

gewohnt, gewöhnt *adj* ▷*Gang, Umgebung* customary, familiar; ◇ **etw ~ sein** to be used to s.th.; ◇ **wir sind daran ~, früh aufzustehen** we are used to getting up early; **Gewöhnung** *f* habituation (*an akk* to)

Gewölbe *s* <-s, -> vaults *pl;* **gewölbt** *adj* arched, curved

Gewühl *s* <-[e]s> (*Menschen-, Verkehrs-*) bustle, turmoil

Gewürz *s* <-es, -e> spice; **Gewürzessig** *m* GASTRON aromatic vinegar; **Gewürzgurke** *f* pickled gherkin; **Gewürzkräuter** *s pl* GASTRON herbs, spices *pl;* **Gewürznelke** *f* clove

Geysir *m* <-s, -e> geyser

gezackt *adj* ▷*Rand* jagged

gezähnt *adj* toothed

Gezappel *s* <-s> wriggling, fidgeting

gezeichnet *adj* [1] ▷*Bild, Blatt* drawn [2] (*nach Strapaze, Gefahr*) marked (*durch, von* with, by) [3] (*eigenhändig unterschrieben*) signed

Gezeiten *pl* tides *pl;* **Gezeitenkraftwerk** *s* tidal power station

Gezeter *s* <-s> nagging

geziert *adj* ▷*Benehmen* affected

Gezwitscher *s* chirruping, twittering

gezwungenermaßen *adv* of necessity; ◇ **Vater mußte ~ nach Durban fliegen** Father was forced to fly to Durban

Gicht *f* <-> MED gout

Giebel *m* <-s, -> (*Haus-, Tür-*) pediment

Gier *f* <-> greed (*nach* for); **gieren** *vi* lust, crave (*nach* for, after); **gierig** *adj* ▷*Blick* greedy; (*beim Essen*) greedy, gluttonous

gießen <goß, gegossen> **I.** *vt* pour; → *Blumen* water; → *Metall, Wachs* cast; (*ein-*) pour in **II.** *vi unpers* ◇ **es gießt** it's pouring; **Gießkanne** *f* watering can

Gift *s* <-[e]s, -e> poison; (*FIG Bosheit, Schädliches*) malice, spite; ◇ **das ist [wie] ~ für dich** that is very bad for you; ◇ **du kannst darauf ~ nehmen** you can bet that it will happen; **Giftdrüse** *f* venom gland; **giftig** *adj* poisonous; *FIG* ▷*Blick, Antwort* spiteful, furious; **Giftmüll** *m* toxic wastes *pl;* **Giftpilz** *m* poisonous mushroom; **Giftschrank** *m* (*FAM Medikamentenschrank*) medicine cabinet; **Giftstoff** *m* poisonous substance, poison; **Giftzahn** *m* fang

Gigant *m* giant; **gigantisch** *adj* ▷*Welle, Erdbeben* gigantic, colossal

Ginster *m* <-s, -> FLORA broom

Gipfel *m* <-s, -> [1] (*Berg-*) peak; (*Baum-*) top [2] (*FIG Höhepunkt*) peak, climax [3] POL summit [4] (*FAM Unverschämtheit*) ◇ **das ist ja wohl der ~!** now that's the limit!; **Gipfelkreuz** *s* cross on the mountain peak; **Gipfelstürmer(in** *f*) *m* (*ehrgeiziger Mensch*) go-getter, doer; **Gipfeltreffen** *s* POL ↑ *Gipfelkonferenz* summit [meeting]

Gips *m* <-es, -e> plaster; MED plaster of Paris;

Gipsabdruck *m* plaster cast; **Gipsbein** *s FAM* a leg in plaster; **gipsen** *vt* (*Arm*) put in plaster; **Gipsverband** *m* [plaster] cast

Giraffe *f* <-, -n> FAUNA giraffe

Girlande *f* <-, -n> (*Blumen-, Papier-*) garland

Girokonto *s* current account

girren *vi* ↑ *gurren* ← *Taube* coo

Gischt *f* <-, [-en]> spray

Gitarre *f* <-, -n> MUS guitar; **Gitarrenspieler(in** *f*) *m* guitar player; **Gitarrist(in** *f*) *m* guitarist

Gitter *s* <-s, -> [1] (*Tür-, Fenster-*) screen [2] (*Zaun*) fence [3] *FAM* ◇ **hinter -n sitzen** to sit behind bars; **Gitterbett** *s* cot *BRIT*, crib *AM*; **Gitterfenster** *s* screen-window, lattice-window; (*mit Eisenstangen*) barred window; **Gitterrost** *m* (*Schachtabdeckung*) grid; **Gittertor** *s* steel door; **Gitterzaun** *m* lattice fence

Glacé *f* <-, -s> (*CH*) ice cream

Gladiator *m* gladiator

Gladiole *f* <-, -n> FLORA gladiolus

Glanz *m* <-es> brightness, shine; (*FIG Schönheit, Pracht*) glamour, splendour; **glänzen** *vi* shine, gleam; (*FIG auffallen*) beam, shine (*durch* through); **glänzend** *adj* ▷*Augen, Haar* shiny, lustrous; ▷*Leistung, Zukunft* brilliant, gleaming; **Glanzleistung** *f* outstanding achievement; **glanzlos** *adj* dull, matt; **Glanzzeit** *f* golden age, heyday

Glas *s* <-es, Gläser> [1] (*Trink-*) glass [2] (*Brillen-, Fenster-*) glass [3] (*Opern-, Fern-*) binoculars *pl;* **Glasbläser** *m* <-s, -> glass-blower; **Glascontainer** *m* (*für Altglas*) glass container, bottle bin *BRIT*; **Glasdach** *s* glass roof; **Glaser(in** *f*) *m* <-s, -> glazier; **gläsern** *adj* [1] (*aus Glas*) glass [2] (*zerbrechlich*) glass [3] (*FIG durchschaubar*) glass; **Glasfaserkabel** *s* glass fibre cable; **Glashaus** *s* ↑ *Treibhaus, Gewächshaus* greenhouse

glasieren *vt* → *Kuchen, Plätzchen* ice, glaze; → *Tontopf* gloss

glasig *adj* ▷*Blick* glassy; ▷*Kartoffel* waxy; **glasklar** *adj* crystal-clear; **Glaskörper** *m* MED vitreous body; **Glaskugel** *f* glass bulb [*o.* marble]; **Glasmalerei** *f* glass painting

Glasnost *f* <-> POL glasnost

Glasscheibe *f* sheet of glass; (*Fensterscheibe*) pane; **Glasscherbe** *f* piece of broken glass; **Glasschleifer(in** *f*) *m* glass cutter

Glasur *f* (*Kuchen-*) icing; *AM* frosting, icing; (*auf Metall*) enamel, gloss; (*auf Töpferware*) glaze

glatt *adj* [1] ▷*Oberfläche, Haut* smooth [2] (*rutschig, glitschig*) sleek, slippery [3] (*gewandt, vermutlich unaufrichtig*) polished, slick [4] (*mühelos*) ▷*Landung, Prüfung* smooth, easy [5] (*ohne Umschweife*) ▷*Lüge* outright, downright; ◇ **etw - vergessen haben** to have completely forgotten s.th.; **Glätte** *f* <-, -n> [1] smoothness [2] (*Schnee-, Eis-*) slipperiness; **Glatteis** *s* ice; ◇ **G-gefahr!** Icy road!; (*FIG jd-n hereinlegen*) ◇ **jd-n aufs - führen** to take s.o. for a ride; **glätten I.** *vt* smooth out; (*überarbeiten*) → *Aufsatz* polish up **II.** *vr* ◇ **sich -** → *Wogen, Meer* subside, calm down; (*FIG Zorn, Wogen der Empörung*) calm down; **glattgehen** *unreg vi* ← *Prüfung* go smoothly, go well; **glatthobeln** *vt* → *Brett, Holz* plane smooth; **glattstreichen** *unreg vt* → *Tischdecke, Kissen* smooth out; **glattweg** *adv* [1] (*ohne zu zögern*) easily, just like that [2] (*rundheraus*) plainly, bluntly; ◇ **- gelogen** that is a flat-out lie [3] (*ganz*) thoroughly

Glatze *f* <-, -n> bald head; ◇ **e-e - bekommen** to go bald

Glaube *m* <-ns, -n> (REL *Konfession*) belief, faith (*an akk* in); *FIG* ◇ **in gutem -n handeln** to act in good faith; **glauben I.** *vt* [1] believe; (*für wahr halten*) believe [2] (*vermuten*) think, believe **II.** *vi* believe, trust (*an akk* in); ◇ **jd-m -** to believe s.o.; (*vermuten, annehmen*) ◇ **man glaubte ihn verloren** they thought he was gone; **Glaubensbekenntnis** *s* creed; **Glaubensfrage** *f* question of faith; **Glaubensfreiheit** *f* freedom of religion; **glaubhaft** *adj* ▷*Bericht, Schilderung* credible; ◇ **etw - machen [können]** to substantiate s.th.; **gläubig** *adj* REL believing, faithful; **Gläubige(r)** *fm* REL believer; ◇ **die Gläubigen** the faithful

Gläubiger(in *f*) *m* <-s, -> COMM creditor

glaubwürdig *adj* ▷*Aussage, Zeuge* credible; **Glaubwürdigkeit** *f* credibility

Glaukom *s* <-s, -e> MED glaucoma

gleich I. *adj* like, same; (*identisch*) identical; (*unverändert*) same; ◇ **fast -** similar; ◇ **es ist mir -** it is all the same to me **II.** *adv* [1] (*ebenso*) alike, equally; ◇ **wir werden alle - behandelt** we are all treated the same [2] (*sofort, bald*) at once, right away [3] (*in unmittelbarer Nähe*) just, right; ◇ **- hinter dem Haus** just behind the house **III.** *Partikel* [1] (*in Fragesatz*) again; ◇ **wie war noch - die Nummer?** what was the number again? [2] (*Resignation, Unmut*) ◇ **er ist mir -** he means nothing to me; ◇ **laß es doch - bleiben!** don't even bother to start it!; **gleichaltrig** *adj* of the same age; **gleichartig** *adj* similar; **gleichbedeutend** *adj* synonymous (*mit* with); **gleichberechtigt** *adj* equal; **Gleichberechtigung** *f* equality; ◇ **- für Frauen** equal rights for women; **gleichbleiben** *unreg vr* ◇ **sich -** remain the

same, be indifferent; **gleichbleibend** *adj* ▷*Güte, Qualität* constant, invariable
gleichen <glich, geglichen> **I.** *vi* resemble s.o./s.b.; ◇ **jd-m/e-er Sache** ~ to be like s.o./s.th. **II.** *vr* ◇ **sich** ~ be alike; ◇ **sie** ~ **sich wie ein Ei dem anderen** they are alike as two peas in a pod
gleichermaßen *adv* (*ebenso, auch*) equally
gleichfalls *adv* likewise; ◇ **danke** ~**!** thankyou and same to you!; **Gleichförmigkeit** *f* uniformity, similarity; **gleichgesinnt** *adj* ▷*Freund, Kumpel* like-minded; **Gleichgewicht** *s* balance, equilibrium; (*auch FIG verwirren*) ◇ **jd-n aus dem** ~ **bringen** to throw s.o. off balance; **gleichgültig** *adj* (*desinteressiert*) indifferent, unconcerned; (*unbedeutend*) trivial, unimportant; ◇ **Sport ist ihm** ~ he doesn't care about sports; **Gleichgültigkeit** *f* indifference, apathy; **Gleichheit** *f* ① (*gleiche Stellung*) equality ② (*Ähnlichkeit*) likeness, similarity; **gleichkommen** *unreg vi* ① (*Fähigkeit, Leistung*) equal, match; ◇ **jd-m** ~ **an** *akk* to equal/match s.o. in ② (*ist gleich*) amount to, be equivalent to; **gleichlautend** *adj* ▷*Aussage* identical; (SPRACHW *Wörter*) homonymous; **gleichmachen** *vt* equalize; *FAM* ↑ *zerstören* ◇ **etw dem Erdboden** ~ to level s.th.; **gleichmäßig** *adj* ▷*Puls, Atem* even, regular; **Gleichmut** *m* composure; **gleichnamig** *adj* ① ▷*Straße, Oper* having the same name ② MATH ▷*Bruch* having a common denominator; **gleichsam** *adv* as it were, so to say; ◇ ~ **als ob** just as if; **gleichschenkelig** *adj* ▷*Dreieck, Segel* isosceles; **gleichsehen** *unreg vi* (*Ähnlichkeit haben*) look alike, resemble; (*FIG typisch für*) ◇ **das sieht ihr gleich!** that's just like her!; **gleichstellen** *vt* equate; ◇ **jd-n** ~ **mit** to put s.o. on a par with; **Gleichstrom** *m* ELECTR direct current; **gleichtun** *unreg vt unpers* ◇ **es jd-m** ~ **wollen** to try to do the same as s.o.
Gleichung *f* MATH equation
gleichwertig *adj* ▷*Partner* of equal value; CHEM equivalent; **gleichwohl** *cj* (*trotzdem, dennoch*) nevertheless, nonetheless; **gleichzeitig** *adj* simultaneous; **gleichziehen** *unreg vi* ◇ **mit jd-m** ~ to catch up with s.o.
Gleis *s* <-es, -e> track, line; (*Bahnsteig*) platform, track
gleiten <glitt, geglitten> *vi* (*sich geräuschlos bewegen*) glide; (*rutschen*) slide, slip; (*schweifen*) ← *Augen* range, travel; **Gleitflug** *m* glide; **Gleitzeit** *f* (*gleitende Arbeitszeit*) flexitime *BRIT*, glide-time *AM*
Gletscher *m* <-s, -> GEO glacier; **Gletscherspalte** *f* crevice
glibberig *adj* (*schmierig, rutschig*) slimy
glich *impf v.* **gleichen**
Glied *s* <-[e]s, -er> ① (ANAT *Finger-, Zehen-*) limb; (*Gelenk*) joint; (*Penis*) penis ② (TECHNOL GRAM *Ketten-, Satz-*) link ③ MIL rank; ◇ **ins** ~ **treten** to fall in
gliedern *vt* → *Aufsatz* organize, outline
Gliederschmerz *m* MED rheumatism
Gliederung *f* structure, outline
Gliedmaßen *pl* ↑ *Extremitäten* extremities *pl*
glimmen <glomm, geglommen> *vi* ← *Asche, Zigarette* glow; *FIG* ← *Hoffnung* flicker
glimmern *vi* (*schwach leuchten*) glimmer
glimpflich *adj* ▷*Strafe* mild, lenient; ◇ ~ **davonkommen** to get off easy
glitschig *adj* (*rutschig*) ▷*Straße* slippery
glitt *impf v.* **gleiten**
glitzern *vi* ← *Edelstein, Stern* glitter, sparkle
global *adj* global
Globetrotter(in *f*) *m* globetrotter
Globulin *s* <-s, -e> MED globulin
Globus *m* <-, Globen> globe
Glocke *f* <-, -n> bell; (GASTRON *Käse-*) cover; (*FAM anderen Leuten erzählen*) ◇ **etw an die große** ~ **hängen** to shout s.th. from the rooftops; **Glockenblume** *f* FLORA bellflower, buttercup; **Glockengeläut**[**e**] *s* ringing; **Glockengießer** *m* bell-founder; **Glockenrock** *m* flared skirt; **Glockenspiel** *s* chimes *pl;* **Glockenturm** *m* bell tower
glomm *impf v.* **glimmen**
glorifizieren *vt* (*verherrlichen*) glorify; **glorreich** *adj* ▷*Sieg* glorious
Glossar *s* glossary
Glotze *f* <-, -n> *FAM* ↑ *Fernseher* box; **glotzen** *vi FAM* gawp, stare
Glück *s* <-[e]s> ① luck, fortune; ◇ **zum Geburtstag viel** ~ happy birthday; ◇ ~ **gehabt!** that was luck! ② (*Freude*) happiness; ◇ **sein Auto ist sein ganzes** ~ his car is his life; ◇ **das Streben nach** ~ the pursuit of happiness
Glucke *f* sitting hen
glücken *vi* succeed
gluckern *vi* ← *Wasser, Abflußrohr* gurgle
glücklich *adj* (*froh*) ▷*Paar* happy; (*erfolgreich*) ▷*Gewinner* successful, prosperous; (*günstig*) ▷*Zufall* fortunate, lucky; **glücklicherweise** *adv* luckily, fortunately; **Glücksbringer** *m* <-s, -> good-luck charm; **glückselig** *adj* happy, blissful
glucksen *vi* (*lachen*) chuckle
Glücksfall *m* stroke of luck; **Glückskind** *s* lucky devil; **Glückspilz** *m FIG* lucky devil; **Glücksrad** *s* wheel of fortune; **Glückssache**

G

f ◇ **das ist** ~ that is a matter of luck; **Glücksspiel** *s* game of chance; **Glückssträhne** *f* streak of luck; ◇ **e-e** ~ **haben** to have a streak of luck; **Glückstag** *m* lucky day; **Glückwunsch** *m* good wishes *pl*, Congratulations; ◇ **herzlichen** ~ **zum Geburtstag!** happy birthday!

Glucose *f* <-, -n> *s.* **Glukose**

Glühbirne *f* light bulb; **glühen** *vi* glow; *FIG* ← *Gesicht, Wangen* glow; ◇ **vor Freude** ~ to be glowing with happiness; **glühend** *adj* glowing, burning; **Glühwein** *m* mulled wine; **Glühwürmchen** *s* FAUNA lightning bug, firefly

Glukose *f* <-> ↑ *Traubenzucker* glucose

glupschen *vi* (*NORDDT gierig schauen*) gawp

Glut *f* <-, -en> heat, glow; (*Feuers-*) flame, blaze; (*Hitze*) heat, glow; (*FIG Leidenschaft*) fervour, ardour; **glutrot** *adj* ▷*Sonne* glowing red, fiery red

Glyzerin *s* <-s> CHEM glycerine

GmbH *f* <-, -s> *Abk. v.* **Gesellschaft mit beschränkter Haftung** Ltd., plc.

Gnade *f* <-, -n> (*Gunst, Wohlwollen*) favour, grace; (*Vergebung, Milde*) mercy, clemency; ◇ ~ **vor Recht ergehen lassen** to show mercy; **Gnadenfrist** *f* reprieve; **Gnadengesuch** *s* plea for mercy; **gnadenlos** *adj* merciless; **Gnadenstoß** *m auch FIG* coup de grace; **gnädig** *adj* merciful; (*Anrede*) ◇ **~e Frau** Madam

Gnom *m* <-s, -e> (*Zwerg, Kobold*) gnome; (*FAM PEJ für [sehr] kleine Menschen*) gnome

Gold *s* <-[e]s> gold; **Goldbarren** *m* gold ingot; **golden** *adj* ▷*Uhr, Ring* gold(en); **Goldfisch** *m* FAUNA goldfish; **goldgelb** *adj* golden-yellow; **Goldgräber** *m* <-s> gold-digger; **Goldgrube** *f* (*FIG lukrativ*) goldmine; **Goldhamster** *m* FAUNA golden hamster; **goldig** *adj* (*niedlich, hübsch*) darling, sweet, cute; **Goldregen** *m* FLORA laburnum; **Goldschmied(in** *f*) *m* goldsmith; **Goldwaage** *f* gold-balance; (*FIG übergenau sein*) ◇ **jedes Wort auf die** ~ **legen** to weigh one's every word

Golf [1] *m* <-[e]s, -e> GEO gulf

Golf [2] *s* <-s> SPORT golf

Golfkrieg *m* Gulf War; **Golfplatz** *m* golf course; **Golfschläger** *m* golf club; **Golfspieler(in** *f*) *m* golfer; **Golfstrom** *m* GEO Gulf stream

Gondel *f* <-, -n> gondola; (*bei Seilbahn*) cable-car; **gondeln** *vi* (*FAM reisen*) roam around

Gong *m* <-s, -s> gong

gönnen I. *vt* ◇ **jd-m etw** ~ to allow s.o. to have s.th. **II.** *vr* ◇ **sich** *dat* **etw** ~ treat o.s. to s.th.; *FAM* to splurge; **gönnerhaft** *adj* ▷*Benehmen* patronizing

Gör *s* <-s, -en> (*NORDDT PEJ Kind*) brat

Gorilla *m* <-s, -s> FAUNA gorilla

goß *impf v.* **gießen**

Gosse *f* <-, -n> gutter, drain; *FIG* gutter; ◇ **jd-n aus der** ~ **ziehen** to help s.o. out of the gutter

Gotik *f* <-> (*Kunst*) Gothic; **gotisch** *adj* ▷*Schrift* Gothic

Gott *m* <-es, Götter> (1) (*der Herr*) God; ◇ **um ~es willen!** for heaven's sake!; ◇ **G~ sei Dank!** thank God!, thank goodness! (2) (*Gruß*) ◇ **grüß ~!** hello!; **gottbegnadet** *adj* ▷*Künstler* divinely gifted; **Götterspeise** *f* jelly; *AM* jello; **Gottesanbeterin** *f* FAUNA praying mantis; **Gottesdienst** *m* worship, service; **Gotteslästerung** *f* blasphemy; **Gottesurteil** *s* HIST (*Gottesgericht*) doctrine of divine right; **Göttin** *f* goddess; **göttlich** *adj* heavenly, divine; *FAM* marvellous, heavenly; **gottlos** *adj* ▷*Mensch* godless, ungodly; **gottverlassen** *adj* ▷*Dorf* godforsaken

Götze *m* <-n, -n> *FIG* idol; **Götzenbild** *s* graven image, idol

Gourmet *m* <-s, -s> gourmet

Grab *s* <-[e]s, Gräber> grave

graben <grub, gegraben> *vt, vi* dig; ◇ **nach Gold** ~ to dig for gold

Graben *m* <-s, Gräben> (*Straßen-*) ditch; (*Wasser-*) trench, drain

Grabinschrift *f* epitaph; **Grabmal** *s* <-s, -e *o.* Grabmäler> tomb; **Grabplatte** *f* memorial slab; **Grabstein** *m* gravestone

Grabung *f* ARCHIT excavation

Grad *m* <-[e]s, -e> (1) (*bei Temperatur*) degree (2) (MATH *Breiten-, Längen-*) degree, extent (3) (*Ausmaß*) degree (4) (*Dienst-, Rang*) rank (5) (*Doktor-, Magister-*) degree; **Gradeinteilung** *f* calibration, graduation

graduiert *adj* ▷*Ingenieur* graduate

Graf *m* <-en, -en> count

Graffiti *pl* graffiti *sg*

Grafikbildschirm *m* PC graphic screen

Gräfin *f* countess; **Grafschaft** *f* shire, county

Gram *m* sorrow, grief; **grämen** *vr* ◇ **sich** ~ be distressed (*über akk* about)

Gramm *s* <-s, -> gramme, gram *AM*

Grammatik *f* grammar; **grammatikalisch, grammatisch** *adj* grammatical

Grammophon *s* <-s, -e> gramophone

Granat *m* <-[e]s, -e> (MIN *Edelstein*) garnet

Granatapfel *m* FLORA GASTRON pomegranate

Granate *f* <-, -n> MIL grenade; **Granatsplitter** *m* MIL shell-splinter

grandios *adj* ▷*Vorstellung, Naturereignis* overwhelming, grand

Granit *m* <-s, -e> GEO granite; (*FIG auf unüberwindlichen Widerstand stoßen*) ◇ **[bei jd-m] auf ~ beißen/stoßen** to bang one's head against a brick wall

grantig *adj* (*süddeutsch*) grumpy

Grapefruit *f* <-, -s> grapefruit

Graphik *f* (*Kunst*) graphic art; **Graphiker(in** *f*) *m* <-s, -> graphic artist; **graphisch** *adj* graphic

grapschen *vt, vi* (*FAM an sich raffen*) grab s.th.; ◇ **nach jd-m/etw ~** to grab after s.o./s.th.

Gras *s* <-es, Gräser> grass; (*FAM sterben*) ◇ **ins ~ beißen** to bite the dust; **grasen** *vi* ← *Esel, Ziege* graze; **Grasfleck** *m* ① (*im Wald*) patch of grass ② (*auf Kleidung*) grass stain; **Grasfrosch** *m* grass frog; **Grashalm** *m* blade of grass; **Grasmücke** *f* warbler

grassieren *vi* ← *Seuche, Krankheit* rage, be rampant

gräßlich *adj* ▷*Unfall* horrible, dreadful; (*FAM sehr, groß*) monstrous, heinous

Grat *m* <-[e]s, -e> ① (GEO *Berg-*) ridge, edge ② (*Kante, Rand*) edge

Gräte *f* <-, -n> (*in Fisch*) bone

Gratifikation *f* (*Weihnachts-*) gratuity, bonus

gratinieren *vt* (*überbacken*) brown

gratis *adv* ↑ *kostenlos* free; **Gratisprobe** *f* free sample

Grätsche *f* SPORT straddle

Gratulation *f* congratulations *pl;* **gratulieren** *vi* congratulate; ◇ **jd-m [zu etw] ~** to congratulate s.o. on s.th.; ◇ **[ich] gratuliere!** congratulations!

grau *adj* (*Farbe*) grey; (*langweilig, trostlos, Alltag*) drab

grauen I. *vi unpers* ← *Tag* dawn **II.** *vr* ◇ **sich ~** dread, shudder at; ◇ **mir graut vor ihm** I dread him; **Grauen** *s* <-s> (*Furcht, Entsetzen*) horror, dread; **grauenhaft**, **grauenvoll** *adj* dreadful, horrible

grauhaarig *adj* grey-haired; **graumeliert** *adj* (*Haare*) greying

grausam *adj* cruel; (*FAM unerträglich, schrecklich*) awful; **Grausamkeit** *f* cruelty

grausen *vi unpers* give s.o. the creeps; ◇ **es graust mir vor dem Mann** I get the creeps when I think of that man

Grauzone *f FIG* grey area

gravieren *vt* → *Glas, Metall* engrave

gravierend *adj* ▷*Fehler* grave, serious

Gravitation *f* PHYS ↑ *Erdanziehung* gravity, gravitation

Grazie *f* grace; **grazil** *adj* ▷*Gestalt, Figur* graceful, slender

greifbar *adj* ▷*Nähe* available; *FIG* ▷*Resultat, Beweis* concrete; **greifen** <griff, gegriffen> **I.** *vt* grasp, grip; (*fangen*) catch, hold **II.** *vi* ① (*Hand ausstrecken*) grab (*nach* for, in *akk* into); (*gebrauchen, konsumieren*) ◇ **zu etw ~** to turn to s.th.; (*sich ausbreiten*) ◇ **um sich ~** to gain ground ② ← *Reifen* grip; ← *Maßnahme* be effective

Greis(in *f*) *m* <-es, -e> old man *m,* old woman *f;* **Greisenalter** *s* old age; **greisenhaft** *adj* senile

grell *adj* ▷*Licht* glaring; ▷*Farbe* loud, flashy; ▷*Stimme, Ton* shrill

Gremium *s* body; (*Prüfungs- etc.*) committee

Grenzbeamte(r) *m,* **Grenzbeamtin** *f* border official; **Grenze** *f* <-, -n> boundary, border; (*Stadt-*) limits *pl;* (*FIG Rahmen, Maß, Zurückhaltung*) limit; ◇ **sich in ~n halten** to keep within bounds; **grenzen** *vi* border (*an akk* on); **grenzenlos** *adj* boundless, unlimited; *FIG* ▷*Vertrauen* unlimited, infinite; **Grenzfall** *m* borderline case; **Grenzschutz** *m* border protection; **Grenzübergang** *m* checkpoint; **Grenzwert** *m* MATH limiting value

Gretchenfrage *f* (*FIG Gewissensfrage*) crucial question

Greuel *m* <-s, -> (*Kriegs-*) horror; ◇ **es ist mir ein ~** I loathe it; **Greuelmärchen** *s* horror story; **Greueltat** *f* atrocity

Grieche *m* <-n, -n> Greek; **Griechenland** *s* Greece; **Griechin** *f* Greek; **griechisch** *adj* Greek

grienen *vi* (*norddeutsch [schadenfroh] grinsen*) smirk

griesgrämig *adj* ▷*Gesicht, Mensch* grouchy, grumpy

Grieß *m* <-es, [-e]> ① (GASTRON *Weizen-*) semolina ② (*Sand*) grit, gravel

griff *impf v.* **greifen**

Griff *m* <-[e]s, -e> ① (*Hand-, Greifen*) handle, grip ② (*an Tür, Topf etc.*) knob ③ (*Kontrolle*) ◇ **etw im ~ haben** to have s.th. under control; **griffbereit** *adj* ready at hand

Griffel *m* <-s, -> ① FLORA style ② slate pencil

griffig *adj* (*Sohlen*) with a good grip; (*anschaulich, deutlich*) ▷*Beispiel, Erzählung* handy

Grill *m* <-s, -s> grill

Grille *f* <-, -n> ① FAUNA cricket ② (*FIG Laune, Einfall*) silly notion, idea

grillen *vt* → *im Backofen* broil; (*über offenem Feuer*) grill; (*am Spieß*) grill

Grimasse *f* <-, -n> grimace; ◇ **~n schneiden** to make a face

grimmig *adj* furious; ▷*Winter, Wind* harsh, fierce

Grind *m* <-[e]s, -e> (*Wundschorf*) scab

grinsen *vi* grin; (*boshaft, höhnisch*) sneer, smirk

Grippe *f* <-, -n> MED influenza, flu

grob <gröber, am gröbsten> *adj* [1] ▷*Sand, Mandeln* coarse [2] (*rauh, plump, derb*) ▷*Stoff* rough, coarse [3] (*ungefähr*) ▷*Umriß, Überblick* rough [4] (*barsch, unfein*) ▷*Mensch* blunt, coarse, rough; (*Benehmen, Antwort*) rude, rough [5] (*schlimm, schwerwiegend*) ▷*Fehler, Unfug* gross, serious; **Grobheit** *f* [1] (*von Material*) coarseness, roughness [2] (*von Mensch*) rudeness

Grog *m* grog

groggy *adj FAM* ↑ *erschöpft* exhausted

grölen *vi* ← *Halbstarker, Betrunkener* bawl

Groll *m* <-[e]s> grudge, resentment; ◇ **gegen jd-n e-n ~ hegen** to hold a grudge against s.o.; **grollen** *vi* (*Donner*) rumble, roll; (*zornig sein*) be angry; ◇ **mit jd-m ~** to be furious with s.o.

groß I. <größer, am größten> *adj* [1] (*Haus*) large, big; (*nach Maßangabe*) large; ◇ **4 Meter ~** 4 metres tall [2] (*Zeitspanne*) long; ◇ **die ~en Ferien** the long holidays [3] (*Ausmaß, Intensität*) ▷*Hunger, Angst* great; ◇ **wir haben ~en Hunger** we are very hungry [4] (*Wichtigkeit, Bedeutung*) ▷*Dichter, Tag* great [5] (*erwachsen, älter*) ▷*Bruder* big, older; ◇ **die Großen** (*Erwachsene*) the grown-ups [6] (*glanzvoll*) ▷*Fest, Aufmachung* great, big; (*viel*) a lot; ◇ **das ~e Geld machen** to make big bucks/money; (*generell*) ◇ **im ~en und ganzen** overall **II.** *adv* (*FAM viel*) very much; ◇ **von etw ~ erzählen** to talk a lot about s.th.; ◇ **~ rauskommen** *FAM* to make it big; ◇ **was ist schon ~ dabei?** what's the big deal?; **großartig** *adj* super, splendid; **Großaufnahme** *f* FOTO close-up

Großbritannien *s* <-s> Great Britain

Großbuchstabe *m* capital letter; **Großbürgertum** *s* HIST upper middle-class

Größe *f* <-, -n> [1] (*Höhe, Körper-*) size; (*Kapazität*) capacity, size; (*Kleider-*) size [2] (*Bedeutung*) significance, greatness [3] (*Weisheit*) greatness

Großeinkauf *m* bulk purchase; **Großeltern** *pl* grandparents *pl;* **großenteils** *adv* to a large extent

Größenwahn *m* delusions of grandeur *pl*

Großfamilie *f* extended family; **Großformat** *s* large size; **Großgrundbesitzer(in** *f*) *m* great landowner; **Großhandel** *m* wholesale trade; **Großhändler(in** *f*) *m* wholesale dealer; **großherzig** *adj* ▷*Spende* generous; **Großhirn** *s* cerebrum; **Großkind** *s CH* ↑ *Enkelkind* grandchild; **Großmacht** *f* great power, super power; **Großmarkt** *m* central market; **Großmaul** *s FAM* bigmouth, loudmouth; **großmütig** *adj* generous; **Großmutter** *f* grandmother; **Großraumbüro** *s* open-plan office; **großschreiben** *unreg vt* write in capitals, capitalize; **großspurig** *adj FAM* flashy; **Großstadt** *f* big town/city

größtenteils *adv* mainly, for the most part

großtun *unreg vi* brag, boast; *FAM* show off; **Großvater** *m* grandfather; **großziehen** *unreg vt* → *Kind* raise, bring up; (*Pflanze*) tend; **großzügig** *adj* [1] (*Geschenk*) generous [2] ▷*Stadt, Anlage* spacious; **Großzügigkeit** *f* [1] generosity [2] spaciousness

grotesk *adj* grotesque

Grotte *f* <-, -n> grotto, cave

grub *impf v.* **graben**

Grübchen *s* dimple

Grube *f* <-, -n> (*Loch*) pit, hole; MIN mine

grübeln *vi* brood, ponder (*über akk* over)

Grubenarbeiter *m* MIN ↑ *Bergmann* miner; **Grubenlampe** *f* MIN miner's lamp

Gruft *f* <-, Grüfte> tomb, vault

grummeln I. *vi* (*murren, schmollen*) mumble **II.** *vi unpers* (*bei Gewitter*) rumble

grün *adj* [1] (*Farbe*) green [2] (*unreif*) ▷*Obst* green; *FIG* ↑ *unerfahren* green; **Grün** *s* <-s> [1] (*Natur*) green; ◇ **Fahrt ins ~e** a drive into the country [2] (*junge Blätter*) green; ◇ **das erste ~** the first green [3] (*bei Ampel*) green; ◇ **die Ampel steht auf ~** the light is green; **Grünanlage** *f* green patch, park

Grund *m* <-[e]s, Gründe> [1] (*Boden*) ground [2] (*von Glas*) bottom; (*von Gewässer*) bed, bottom [3] (*FIG Ursache, Motiv, Anlaß*) reason, cause [4] (*eigentlich*) ◇ **im ~e [genommen]** actually, strictly speaking; ◇ **e-er Sache** *dat* **auf den ~ gehen** to get to the bottom of s.th.; **Grundausbildung** *f* MIL basic training; **Grundbedingung** *f* basic requirement; **Grundbegriff** *m* fundamental concept; **Grundbesitz** *m* property

gründen I. *vt* → *Geschäft, Familie* set up, establish; → *Partei, Verein* organize, found **II.** *vr* ◇ **sich ~ auf** *akk* to be based on s.th.; **Gründer(in** *f*) *m* <-s, -> founder

Grunderwerb[s]steuer *f* property tax

Gründerzeit *f* HIST *a period of fast economic growth in Germany in the 1870's*

Grundfläche *f* surface area; **Grundform** *f* [1] basic form [2] GRAM infinitive; **Grundgebühr** *f* standard charge; **Grundgesetz** *s* [1] (*Grundprinzip*) basic law [2] (JURA *Verfassung*) constitution; **Grundherrschaft** *f* HIST manorial system

grundieren *vt* apply a basecoat

Grundkurs *m* SCH basic course

Grundlage *f* basis; (*Arbeits-*) foundation, base;

Grundlagenforschung *f* basic research; **grundlegend I.** *adj* ▷*Unterschied* fundamental, main **II.** *adv* (*vollkommen*) basically, fundamentally

gründlich I. *adj* ▷*Kenntnisse* solid, thorough, concrete **II.** *adv* (*sehr*) thoroughly, properly; ◇ **jd-m - die Meinung sagen** to give s.o. a piece of one's mind

Grundlohn *m* basic wage; **grundlos** *adj* ▷*Eifersucht, Mißtrauen* unfounded, without reason; **Grundmauer** *f* ARCHIT foundation wall; **Grundnahrungsmittel** *s* basic food

Gründonnerstag *m* Maundy Thursday

Grundrecht *s* JURA fundamental right; **Grundriß** *m* (ARCHIT *von Gebäude*) ground plan; (*FIG Übersicht*) sketch, outline; **Grundsatz** *m* principle; **Grundsatzentscheidung** *f* basic ruling; **grundsätzlich I.** *adj* ▷*Überlegung, Entscheidung* fundamental, basic **II.** *adv* (*mit Einschränkung*) basically; ◇ **- nicht, aber...** on principle no, but...; **Grundschule** *f* elementary/primary school; **Grundstein** *m* (*FIG Anfang*) foundation stone; ◇ **den - für etw legen** to lay the foundations for s.th.; **Grundsteuer** *f* property tax; **Grundstock** *m* foundation, basis; **Grundstück** *s* property, piece of land, plot; **Grundstücksmakler(in** *f*) *m* real estate agent, realtor *AM*; **Grundstufe** *f* first level; SCH first grade

Gründung *f* founding; (*Unternehmens-*) establishment

grundverkehrt *adj* completely wrong; **grundverschieden** *adj* ▷*Charaktere, Einstellung* entirely different; **Grundwasser** *s* ground water; **Grundwasserspiegel** *m* ground water level; **Grundwortschatz** *m* basic vocabulary

Grüne(r) *fm* POL ecologist, member of the Green Party; **Grünfläche** *f* lawn, green area; **Grünkohl** *m* FLORA GASTRON kale; **grünlich** *adj* greenish; **Grünschnabel** *m FAM* whippersnapper; **Grünspan** *m* verdigris; **Grünspecht** *m* FAUNA green woodpecker; **Grünstreifen** *m* median, verge

grunzen *vi* grunt; *FAM* ← *Mensch* grunt

Gruppe *f* <-, -n> group; (*Interessengemeinschaft*) group; (*Mannschaft*) team, crew; **gruppenweise** *adv* in groups; **gruppieren I.** *vt* group, arrange **II.** *vr* ◇ **sich -** line up, form groups

gruseln I. *vi unpers* ◇ **es gruselt mir vor ihm/davor** he/it gives me the creeps **II.** *vr* ◇ **sich -** to get the creeps

Gruß *m* <-es, Grüße> greeting; ◇ **jd-m e-n - ausrichten/bestellen** to give s.o. one's regards; ◇ **Viele Grüße** Greetings; (*Geschenk, Blumen-*) best wishes; **grüßen** *vt, vi* [1] greet; ◇ **grüß' deine Mutter von mir** tell your mother I said hello; ◇ **jd-n - lassen** send one's regards [2] MIL salute

Grütze *f* <-, -n> ◇ **rote -** red fruit pudding

gucken *vi* look; ◇ **nach etw/jd-m -** to look at s.th./s.o.; **Guckloch** *s* peep-hole

Guerillakrieg *m* guerrilla war

Guillotine *f* HIST guillotine

Gulasch *s* <-[e]s, -e> GASTRON goulash

Gülle *f* <-> sewage

gültig *adj* ▷*Visa, Paß* valid; ◇ **ab wann ist dieser Plan -?** when does this plan come into effect?; **Gültigkeit** *f* validity

Gummi *s o. m* <-s, -s> [1] rubber [2] *FAM* ↑ *Kondom* rubber, condom; **Gummiball** *m* rubber ball; **Gummiband** *s* rubber band; **Gummibaum** *m* FLORA gum tree; **Gummihandschuh** *m* rubber glove; **Gummiknüppel** *m* rubber truncheon; **Gummisohle** *f* rubber sole; **Gummistrumpf** *m* elastic stocking

Gunst *f* <-> (*Wohlwollen, Vorteil*) goodwill; ◇ **zu Ihren -en natürlich** in your favour of course; ◇ **sich jd-s - erfreuen** to be in good favour with s.o.

günstig *adj* ▷*Gelegenheit, Augenblick* convenient, favourable; ◇ **die Wohnung liegt -** the flat is conveniently located

Günstling *m PEJ* favourite

gurgeln *vi* ← *Mensch* gurgle (*mit* with); ← *Wasser* gurgle

Gurke *f* <-, -n> [1] FLORA GASTRON cucumber; ◇ **saure -** gherkin [2] (*FAM Nase*) snout

gurren *vi* ↑ *girren* ← *Taube* coo

Gurt *m* <-[e]s, -e> belt; ◇ **Sicherheits-** safety belt

Gürtel *m* <-s, -> [1] (*Leder-*) belt [2] GEO zone; **Gürtelreifen** *m* radial tyre, radial tire *AM*; **Gürtelrose** *f* MED shingles *pl*

Guru *m* <-s, -s> REL guru

GUS *f* <-> *Abk. von* **Gemeinschaft Unabhängiger Staaten** CIS

Guß *m* <Gusses, Güsse> [1] (*Torten-*) icing, frosting; (*durchsichtig*) glaze [2] (*Regenschauer*) gush, downpour [3] (*Metallgießen*) casting; **Gußeisen** *s* cast iron

gut I. <besser, am besten> *adj* good; ▷*Mensch, Tat* good; ▷*Reise, Ernte* good; ▷*Stube, Anzug* good, splendid **II.** *adv* well, good; (*fast*) ◇ **so - wie** as good as; (*leicht, bedenkenlos*) ◇ **Amanda konnte - reden** Amanda was able to speak easily; ◇ **das kann - sein** that may well be; (*nicht wichtig*) ◇ **schon -** allright

Gut *s* <-[e]s, Güter> [1] (*Besitz*) property [2] (*Gedanken-, Ideen-*) good; ◇ **- und Böse** Good and Evil [3] (*Ware*) item, product, goods *pl* [4] (*Land-, -shof*) estate

G

Gutachten *s* <-s, -> certificate, report; (*ärztlich*) medical opinion; **Gutachter(in** *f*) *m* <-s, -> [1] expert, specialist [2] (*Schätzer*) valuator

gutartig *adj* good natured; MED harmless, benign

gutbürgerlich *adj* ▷*Küche* homely, no-frills

Gutdünken *s* <-s> discretion, judgement; ◇ **nach** ~ at one's own discretion

Güte *f* <-> [1] goodness, kindness; (*freundlich*) ◇ **in aller** ~ amicably, out of kindness [2] (*Qualität*) quality; **Güteklasse** *f* (*bei Waren*) class, grade

Gutenachtkuß *m* good-night kiss

Güterabfertigung *f* BAHN dispatch of goods; **Güterbahnhof** *m* BAHN freight depot; **Gütergemeinschaft** *f* community of goods; **Gütertrennung** *f* separation of property; **Güterwagen** *m* goods wagon *BRIT*, freight car *AM*; **Güterzug** *m* freight train

Gütezeichen *s* quality mark

gutgehen *unreg vi unpers* go well; ◇ **es geht ihm gut** he is fine; ◇ **es wird schon alles** ~ everything will turn out fine; **gutgelaunt** *adj* good-humoured, cheerful; ◇ **sie ist immer** ~ she is always in a good mood; **gutgemeint** *adj* ▷*Rat* well-meant; **gutgläubig** *adj* (*in gutem Glauben*) trusting, credulous; (*naiv, unkritisch*) naive; **Guthaben** *s* <-s, -> credit; **gutheißen** *unreg vt* approve

gütig *adj* kind, generous; ◇ **würden Sie so ~ sein, ...** would you be so kind as to...

gutmachen *vt* → *Schaden, Unrecht* make good, make amends for; **gutmütig** *adj* ▷*Mensch* good-hearted, good-natured; **Gutmütigkeit** *f* good nature, good heartedness; **Gutschein** *m* coupon, credit; (*Geschenk*) gift certificate; **gutschreiben** *unreg vt* credit; **Gutschrift** *f* credit note; **gutsituiert** *adj* ▷*Familie, Verhältnis* well-off; **guttun** *unreg vi* ← *Ruhe, Kur* do good; ◇ **es wird dir bestimmt ~, etw zu essen** it will definitely do you good to eat s.th.; **gutwillig** *adj* ready, willing

Gymnasium *s* secondary school; **Gymnasiast (in** *f*) *m* s.o. attending secondary school

Gymnastik *f* gymnastics *pl*

Gynäkologe *m* <-n, -n> gynaecologist; **Gynäkologie** *f* gynaecology; **Gynäkologin** *f* [woman] gynaecologist; **gynäkologisch** *adj* ▷*Untersuchung* gynaecological

H

H, h *s* [1] (*Buchstabe*) H, h [2] MUS B natural

Haar *s* <-[e]s, -e> (*Menschen~*) hair; (*Tier~*) fur; *FIG* ↑ *fast* ◇ **um ein** ~ by a hair's breadth; **Haarbürste** *f* hairbrush; **haaren I.** *vi* ← *Tier* shed; ← *Mensch* lose hair **II.** *vr* ◇ **sich** ~ ← *Hund* shed; **haargenau** *adv* ↑ *präzise* exactly; **haarig** *adj* *FIG* ↑ *kompliziert, unangenehm* sticky; **haarscharf** *adj* [1] ◇ **das Motorrad fuhr ~ an uns vorbei** the motorcycle missed us by a hair's breadth [2] ↑ *genau* exact; **Haarschnitt** *m* haircut; **Haarspalterei** *f* (*übertrieben genau*) ◇ **das ist doch** ~ that is hairsplitting; **haarsträubend** *adj* ↑ *ungeheuerlich* hair-raising; **Haarteil** *s* ↑ *Perücke* hairpiece; **Haartrockner** *m* <-s, -> ↑ *Fön* hair dryer, blow dryer; **Haarwaschmittel** *s* ↑ *Shampoo* shampoo

Habe *f* <-> ↑ *Besitz* belongings, possessions; **haben** <hatte, gehabt> **I.** *Hilfsverb* have; ◇ **wo hast du geschlafen?** where did you sleep? where have you slept? **II.** *vt* [1] (*allgemein*) have [2] ↑ *besitzen, verfügen über* have [3] ↑ *leiden an* have; ◇ **Angst** ~ to be afraid [4] → *Abneigung* ◇ **etw gegen jd-n** ~ to have s.th. against s.o. [5] ◇ **es schwer/leicht/gut** ~ to have it hard/easy/good [6] *FAM* ↑ *können* ◇ **etw drauf** ~ to be good at s.th. [7] ↑ *müssen* ◇ **sie ~ mir zu gehorchen!** you have to obey me!; **Haben** *s* <-s, -> (FIN *Soll und ~*) credit

Habgier *f* ↑ *Geiz* greed

Habicht *m* <-[e]s, -e> (*Raubvogel*) hawk

Habseligkeiten *pl* ◇ **seine ~ zusammensuchen** to gather one's belongings together

Hacke *f* <-, -n> [1] (*Garten~*) hoe [2] ↑ *Ferse* heal; **hacken** *vt* → *Garten* hoe; **Hacker(in** *f*) *m* <-s, -> PC hacker; **Hackfleisch** *s* [1] ↑ *Hack, Gehacktes* mincemeat, hamburger meat *AM* [2] *FAM* ◇ ~ **aus jd-m machen** to make mincemeat out of s.o.

hadern *vi* (*sich sträuben*) ◇ **mit dem Schicksal** ~ to be dissatisfied with one's destiny

Hafen *m* <-s, Häfen> (*Schiffs~*) harbour; **Hafenstadt** *f* port [city]

Hafer *m* <-s, -> oats; **Haferbrei** *m* porridge *BRIT*, oatmeal *AM*

Haft *f* <-> ↑ *Gefängnisstrafe* imprisonment; **haftbar** *adj* ↑ *verantwortlich* liable; **Haftbefehl** *m* arrest warrant; **haften** *vi* [1] ↑ *kleben* stick (*an dat* to) [2] ↑ *verantwortlich sein* liable (*für akk* for); **Haftpflichtversicherung** *f* liability insurance; **Haftung** *f* JURA liability

Hagel *m* <-s> METEO hail; **hageln** *vb unpers* ◇ **es hagelt** it is hailing

hager *adj* ↑ *dünn, knochig* thin, skinny

Hahn *m* <-[e]s, Hähne> ① (*Geflügel*) rooster, cock ② (*Wasser-, Zapf-*) faucet *AM*, spicket, tap ③ *FIG* ◇ **den Geld- zudrehen** to cut off the funds; **Hähnchen** *s* (GASTRON *vom Grill*) chicken

Hai[fisch] *m* <-[e]s, -e> ① (*Raubfisch*) shark ② (*FIG Geld-, Miet-*) [loan] shark

häkeln *vt* crochet

Haken *m* <-s, -> ① (*an der Wand*) hook ② *FIG* ↑ *Problem* ◇ **die Sache hat e-n -** there is a catch to it; **Hakenkreuz** *s* (*-fahne*) swastika

halb *adj* ◇ **ein -es Dutzend** half a dozen; (*zwölf Uhr dreißig*) ◇ **- eins** twelve thirty, half past twelve; **Halbdunkel** *s* ↑ *Dämmerung* dusk; **halber** *adv Suffix* (*krankheits- etc.*) due to, because of; **Halbheit** *f* ◇ **sich mit -en zufrieden geben** to settle for half-measures; **halbieren** *vt* → *Zahl, Kuchen* halve, cut in half; **Halbinsel** *f* peninsula; **halbjährlich I.** *adj* semiannual **II.** *adv* twice a year; **Halbkreis** *m* half circle; **Halbkugel** *f* (*Erd-*) hemisphere; **Halbleiter** *m* PHYS semiconductor; **Halblinks** *m* <-, -> (SPORT *beim Fußball*) inside left; **Halbschuh** *m* half shoe; **Halbtagsarbeit** *f* part-time job; **halbwegs** *adv* (*einigermaßen, etw*) partly; ◇ **wir sind - fertig** we are almost finished; ◇ **er hatte - genug zum Leben** he had barely enough to live on; **Halbwertszeit** *f* PHYS half-life; **Halbwüchsige(r)** *fm* adolescent; **Halbzeit** *f* SPORT half-time

Halde *f* <-, -n> (*Müll-*) dump; (*von Erzeugnissen*) pile

half *impf v.* **helfen**

Hälfte *f* <-, -n> ① (*fünfzig Prozent*) half; ◇ **die - der Klasse ist durchgefallen** half the class failed; ◇ **er versprach mir die - des Gewinns** he promised to give me half the profits ② (*Mitte*) ◇ **zur Jahres-** halfway through the year; ◇ **auf der - des Wegs** halfway

Halfter *f* <-, -n>, *s* <-s, -> (*für Pistole*) holster

Halle *f* <-, -n> ① (*Lager-*) depot, storage hall; (*Sport-*) gym[nasium]; ◇ **Tennis-** indoor tennis courts ② (*Empfangs-*) hall; ◇ **Hotel-** reception hall

hallen *vi* echo, resound

Hallenbad *s* indoor swimming pool

hallo *intj* (*Gruß, am Telefon*) hello

Halluzination *f* hallucination

Halm *m* <-[e]s, -e> (*Gras-*) blade; (*Getreide-*) stalk

Hals *m* <-es, Hälse> ① ↑ *Nacken* neck; ◇ **sich den - verrenken** to crick one's neck; ◇ **Angela fiel mir um den -** Angela flung her arms around my neck ② ↑ *Rachen* throat; ◇ **-weh haben** to have a sore throat ③ (*Flaschen-*) neck; **Hals-Nasen-Ohren-Arzt** *m*, **Hals-Nasen-Ohren-Ärztin** *f* (*abgekürzt: HNO*) ear, nose and throat doctor/specialist; **halsstarrig** *adj* ↑ *stur* stubborn; **Halstuch** *s* scarf, neckerchief; **Halsweh** *s* sore throat

halt *intj* stop; MIL halt; **Halt** *m* <-[e]s, -e> ① (*fester -*) hold, grip; ◇ **er konnte auf dem Eis keinen festen - bekommen** he was unable to get a firm grip on the ice; *FIG* ▷*seelisch* support; ◇ **er hat seinen inneren - verloren** he has lost his self-reliance; ◇ **keinen - haben** to have no-one to turn to ② ↑ *Pause* stop, break; ◇ **wir sind ohne - durchgefahren** we drove through without stopping; **haltbar** *adj* ① ▷*Lebensmittel* non-perishable; ◇ **Milch ist nicht lange -** milk can only be kept for a short period ② ▷*Waren* durable; ▷*Beziehungen* long-lasting ③ *FIG* ▷*Theorie* tenable; ▷*Stelle, Position* maintainable ④ SPORT ◇ **das Tor war un-** the goal was not stoppable; **Haltbarkeit** *f* (*von Lebensmittel*) ◇ **-sdatum** eat-by date, best before ...; (*von Gebrauchsgegenständen*) life, durability; **halten** <hielt, gehalten> **I.** *vt* ① (*in der Hand*) hold ② SPORT stop, save; ◇ **der Tormann hielt mehrere Schüsse** the goal keeper made several saves ③ MIL ◇ **die Truppen - die Stadt noch** the troops still control the city ④ ↑ *stützen* hold up, support; ◇ **ihr Haar wurde durch e-e Schleife nach hinten ge-** her hair was held back with a ribbon; (*körperlich*) ◇ **sie hält sich aufrecht** she holds herself upright ⑤ (*zurück-*) ◇ **du kannst gehen, es hält dich niemand** you can go, no one is stopping you; ◇ **sie hielt die Tränen zurück** she held back her tears ⑥ ↑ *bewahren* keep; → *Geschwindigkeit* maintain; (*weiterführen, beibehalten*) keep; ◇ **sie wollen Kontakt miteinander -** they want to keep in touch with each other ⑦ (*erfüllen*) → *Versprechen* keep ⑧ (*sich orientieren*) ◇ **- Sie sich an den Plan** keep to the plan ⑨ (*Wert auf etw legen*) ◇ **er hält nicht viel von Pünktlichkeit** punctuality isn't very important to him; ◇ **ich halte nicht viel davon** I don't think too highly of it ⑩ → *Rede* make, give, deliver **II.** *vi* ① ↑ *stehenbleiben* stop ② (*bleiben bei*) ◇ **er hielt sich immer an ihrer Seite** he always kept close by her side ③ (*unterstützen, beistehen*) ◇ **zu jd-m -** to stand by s.o. ④ (*unverändert bleiben*) ← *Wetter* last; ← *Lebensmittel* keep **III.** *vr* ① (*sich durchsetzen*) ◇ **sie hat sich beim Vorstellungsgespräch gut ge-** she held up well at the job interview; (*sich bewähren, FAM jung bleiben*) ◇ **sie hat sich gut ge-** she has kept herself up well ② (*bleiben*) ◇ **sich links/rechts -** to keep [to the] left/right;

Halteschild *s* <-[e]s, -er> stop sign; **Haltestelle** *f* stop; **Halteverbot** *s* no parking; ◇ **eingeschränktes** ~ limited parking; ◇ **absolutes** ~ no waiting; **haltlos** *adj* [1] (*nicht begründet*) ▹*Theorie* unfounded [2] (*labil*) ▹*Mensch* weak character; **Haltlosigkeit** *f* [1] (*Zügellosigkeit*) uninhibitedness [2] (*von These*) groundlessness; **haltmachen** *vi* make a stop, take a break; **Haltung** *f* [1] (*Körper-*) posture [2] (*Geistes-*) attitude [3] (*von Tieren, Sachen*) ownership [4] *FIG* ↑ *Selbstbeherrschung* ◇ ~ **bewahren** to keep one's composure

Halunke *m* <-n, -n> ↑ *Gauner* scoundrel

hämisch *adj* ▹*grinsen* malicious, spiteful

Hammel *m* <-s, -> (*-fleisch*) mutton

hämmern I. *vt* [1] (*mit Werkzeug*) hammer; (*mit Faust*) pound [2] *FIG* ◇ **jd-m etw in den Schädel** ~ to beat s.th. into s.o.'s head **II.** *vi* MED ← *Puls, Herz* pound; **Hammer** *m* <-s, Hämmer> [1] (*Werkzeug*) hammer; (*aus Holz*) mallet; (*am Klavier*) hammer [2] *FAM* ◇ **das ist ja ein -!** don't believe it!

Hampelmann *m* <-[e]s, Hampelmänner> [1] (*Spielzeug*) jumping jack [2] *FIG* ↑ *zappeliger Mensch* jumping jack, fidget; **hampeln** *vi* jump about, fidget

Hamster *m* <-s, -> FAUNA hamster; **hamstern** *vt FAM* ↑ *horten* hoard; ↑ *massenhaft einkaufen* panic-buy

Hand *f* <-, Hände> [1] (*Körperteil*) hand; ◇ **jd-m die** ~ **geben** to shake hands with s.o. [2] (*Spielkarten*) hand; ◇ **auf der** ~ in one's hand [3] (*manuell*) ◇ **mit der** ~ by hand; (*FIG gebraucht*) ◇ **aus zweiter** ~ second hand; ◇ ~ **und Fuß haben** to make sense; ◇ **um jd-s** ~ **anhalten** to propose to s.o.; ◇ **etw zur** ~ **haben** to have s.th. ready [*o.* at hand]; ◇ **etw in der** ~ **haben** to have s.th. in the bag [*o.* wrapped up]; ◇ **jd-m zur** ~ **gehen** to lend s.o. a hand; **Handarbeit** *f* [1] ↑ *Stricken, Nähen* handicraft [2] ↑ *manuell gefertigt* handmade article [3] (*physische Arbeit*) manual work; **Handbremse** *f* AUTO hand brake; **Handbuch** *s* ↑ *Bedienungsanleitung* manual

Handel *m* <-s> [1] (*Groß-, Klein-*) commerce, trade; (*zwischen Ländern*) commerce [2] (*Abmachung, Geschäft*) deal, transaction [3] ◇ **illegaler** ~ shady deal; **handeln I.** *vi* [1] ↑ *Handel treiben* trade; ◇ **er handelt mit Gebrauchtwagen** he deals in used cars [2] (*Geschäfte machen*) bargain; ◇ **er läßt mit sich** ~ he is open for an offer [3] ↑ *aktiv werden* act; ◇ **wir müssen ~, bevor es zu spät ist** we have to act before it is too late [4] *FIG* ← *Buch, Aufsatz* ◇ **das Buch handelt von …** the book is about … **II.** *vr unpers* (*sein*) ◇ **es handelt sich um e-n Fehler** it's a mistake; ↑ *betreffen* ◇ **es handelt sich um Ihren Sohn** it concerns your son, it is about your son **III.** *vt* sell (*für* at, for); (*Börse*) quote (*mit* at); (*Preis*) ◇ **man konnte den Preis nicht herunter~** it was not possible to bring down the price; **Handeln** *s* <-s> [1] (*Geschäft machen*) bargaining, dealing [2] (*Handeltreiben*) trading [3] ↑ *Tun* bahavior, action; ◇ **man erkennt den Priester an seinem ~ und Tun** one recognizes a priest by his deeds; ↑ *eingreifen* ◇ **durch sein ~ konnten Menschenleben gerettet werden** lives were saved thanks to his action; **Handelsbilanz** *f* COMM balance of trade; **handelseinig** *adj* ◇ **mit jd-m ~ werden** to come to terms with s.o., to reach an agreement with s.o.; **Handelskammer** *f* (*Industrie- und -*) chamber of commerce; **Handelskette** *f* chain of retail stores; **Handelsmacht** *f* trading nation; **Handelsschule** *f* trade school; **Handelsvertrag** *m* trade agreement; **Handelsvertreter(in** *f*) *m* [business] representive; (*a.:* **rep**)

handgearbeitet *adj* handmade; **Handgelenk** *s* ANAT wrist; **Handgemenge** *s* ↑ *Schlägerei* scrap, scuffle; **Handgepäck** *s* carry-on luggage, carry-on baggage; **handgeschrieben** *adj* handwritten; **handgreiflich** *adj* [1] ↑ *unübersehbar* obvious; ▹*Erfolg* tangible; ▹*Fehler, Tatsache* palpable; ▹*Lüge* blatant, flagrant; ◇ **jd-m etw ~ vor Augen führen** to demonstrate s.th. clearly to s.o. [2] ↑ *gewalttätig* ▹*Auseinandersetzung* violent; **Handgreiflichkeit** *f* [1] violent behaviour, fighting [2] clarity, blatancy, flagrance; **Handgriff** *m* [1] (*Handbewegung*) operation; TECHNOL pass; ◇ **es kann mit e-m ~ gemacht werden** it can be done with just a flick of the wrist; ◇ **zu Hause macht er keinen ~** at home, he doesn't lift a finger [2] (*an Koffer*) handle, grip; (*an Schublade*) knob; **handhaben** *vt* [1] → *Maschine* operate, work [2] → *Gesetz* implement, administer, apply; **Handhabung** *f* operation, implementation; **Handkoffer** *m* suitcase

Händler(in *f*) *m* <-s, -> (*Geschäftsmann*) dealer, salesman

handlich *adj* ▹*Kamera* easy to manage, portable; ▹*Auto* manoeuvrable; ▹*Gepäck* handy

Handlung *f* [1] ↑ *Tun* action [2] (*Geschäft*) shop, store [3] (*Literatur*) plot, story; ◇ **der Ort der ~ war Perth** the scene of the story was Perth; **Handlungsbevollmächtige(r)** *fm* JURA COMM authorized agent, proxy; **Handlungsweise** *f* conduct

Handschelle *f* handcuffs *pl;* ◇ **jd-m ~n anlegen** to put handcuffs on s.o., to handcuff s.o.; **Hand-**

schrift *f* [1] ▷*schön, unleserlich* handwriting, penmanship; ◇ **ihre ~ ist kaum lesbar** her handwriting/penmanship is scarcely legible [2] (*geschichtlicher Text*) manuscript; **Handschuh** *m* (*Finger~*) glove; (*Faust~*) mitten; **Handschuhfach** *s* AUTO glove compartment; **Handtasche** *f* purse, handbag; **Handtuch** *s* towel; *FIG* ◇ **das ~ schmeißen** ↑ *aufgeben* to throw in the towel; **Handwerk** *s* [1] (*ausgeübte Tätigkeit*) trade [2] (*Kunst*) craft; **Handwerker(in** *f*) *m* <-s, -> (*Praktiker*) handyman, do-it-yourselfer; (*Schreiner, Maler*) craftsman

Hanf *m* <-[e]s> (*-pflanze*) hemp

Hang *m* <-[e]s, Hänge> [1] (*von Berg*) slope [2] ↑ *Neigung* tendency (*zu* to)

Hängematte *f* hammock

hängen <hing, gehangen> **I.** *vi* [1] ← *Vorhänge, Bild* hang; ◇ **der Anhänger hängt am Auto** the trailer is hooked to the car [2] (*nach unten*) ◇ **seine Haare hingen ihm ins Gesicht** his hair hung in his face [3] (*zur Seite neigen*) ◇ **das Auto hängt nach links** the car is leaning to the left [4] (*in der Luft*) hang [5] (*daran liegen*) depend (*an akk* on) [6] (*dazugehören*) ◇ **daran hängt viel Geld** there is a lot of money involved in it [7] ↑ *festhängen* ← *Blicke, Augen* fix on [8] (*nicht vorwärtskommen*) ◇ **das Verfahren hängt** the case is stuck [9] (*sich aufhalten*) to hang around; ◇ **er hängt den ganzen Tag am Computer** he spends the entire day at the computer [10] (*Vorliebe*) ◇ **an etw/jdm ~** to be attached to s.th./s.o. **II.** *vt* → *Pferdedieb* hang **III.** *vr* [1] (*gefühlsmäßig binden*) ◇ **sich an etw/jd-n ~** to become attached to s.o./s.th. [2] (*verfolgen*) ◇ **die Polizei hing sich an die Verbrecher** the police were in hot pursuit of the criminals; ◇ **sich an jd-s Fersen ~** to hang on s.o.'s heels; **hängenbleiben** *unreg vi* [1] (*an Nagel*) be caught [2] (*sich lange aufhalten, in Kneipe*) stay, get caught up; (*bei Nebensächlichkeiten*) get bogged down (*bei* with) [3] SPORT ◇ **der Läufer blieb im Halbfinale hängen** the runner was eliminated behind in the semi-final; ◇ **der Aufschlag blieb im Netz hängen** the serve got caught in the net [4] (*FAM begreifen, erfassen*) ◇ **bei mir ist nicht viel vom Vortrag hängengeblieben** I don't remember much of the lecture

hänseln *vt* ↑ *necken* tease

hantieren *vi* [1] (*basteln*) tinker, fiddle (*an dat* with, on) [2] ↑ *umgehen mit* ◇ **mit etw ~** to handle s.th.

hapern *vi unpers* [1] ↑ *mangeln, fehlen* lack (*an dat* s. th.) [2] (*klappt nicht*) ◇ **es hapert bei ihm an der Mathematik** he is weak in mathematics

Happen *m* <-s, -> mouthful, morsel; ◇ **sie war schon nach ein paar ~ satt** after just a couple of mouthfuls, she was full; ↑ *kleine Mahlzeit* snack; ◇ **ich möchte bloß e-n ~ [essen]** I just want a little something to eat; ◇ **er hat noch keinen ~ gegessen** he hasn't eaten a thing

Happy-End *s* <-s, -s> (*von Film, Geschichte*) happy ending

happig *adj* steep; *FAM* ◇ **der Preis ist ganz schön ~** the price is pretty darn steep

Hardware *f* <-, -s> PC hardware

Harfe *f* <-, -n> MUS harp

harmlos *adj* [1] ↑ *ungefährlich* harmless; ▷*Verletzung* mild, slight [2] (*arglos*) harmless, innocent; **Harmlosigkeit** *f* harmlessness, mildness, innocence

Harmonie *f* [1] MUS harmony; ◇ **die Töne stehen in ~ zueinander** the tones are in harmony [2] (*von Farben*) match, harmony [3] ↑ *Frieden, Einklang* harmony; ◇ **sie leben in perfekter ~** they live in perfect harmony; **harmonieren** *vi* [1] MUS ↑ *zusammenklingen* harmonize [2] ↑ *zusammenpassen* harmonize, match [3] (*gutes Verhältnis haben*) get along well; ◇ **das Paar harmoniert** the two of them complement one another

Harmonika *f* <-, -s> (MUS *Mund~*) harmonica; (*Zieh~*) accordion

harmonisch *adj* [1] MUS harmonious [2] ↑ *zusammenpassend* matching [3] ▷*Zusammenleben* harmonious; ◇ **sie führen e-e ~e Ehe** they have a harmonious marriage

Harn *m* <-[e]s, -e> urine

hart I. *adj* [1] ▷*Stein, Stahl* hard; ↑ *kalkhaltig* ◇ **~es Wasser** hard water [2] ↑ *schwer, mühevoll* hard, tough; ◇ **e-e Weinlese ist ~e Arbeit** harvesting grapes is hard work; (*FIG wurde sehr gefordert*) ◇ **sie ist durch e-e ~e Schule gegangen** she has been through a lot; ◇ **~ bleiben** to stay firm [3] ↑ *gefühllos, unempfindlich* stern; ◇ **Leiden macht ~** suffering makes you stronger [4] ▷*Worte* harsh; ▷*Bedingungen* severe; ▷*Klima* rough; ▷*Beurteilung, Kritik* harsh, hard; ▷*Drogen* hard **II.** *adv* ↑ *nahe* close; ◇ **das Dorf liegt ~ am Rande des Waldes** the village is located right on the edge of the woods; ◇ **seine Bemerkung war ~ an der Grenze des Erlaubten** his remark was barely tolerable; ◇ **der Surfer mußte ~ am Wind fahren** the surfer had to ride close to the wind [1] (*heftig, aufgebracht*) ◇ **jd-n ~ anfahren** to be hard on s.o.; ◇ **die Bemerkung traf sie ~** the remark hit her hard; ◇ **~ diskutieren** to have a serious discussion [2] ↑ *mühevoll* hard; **Härte** *f* <-, -n> [1] ↑ *Festigkeit* hardness, firmness [2] ↑ *Gefühlskälte* cruelty, harshness; ◇ **er bemerkte die ~ in ihrer Stimme** he noticed a hard edge to her voice [3] ↑

Unerbittlichkeit, Strenge harshness; ◇ **die ~ der Maßnahmen war übertrieben** the measures were excessively severe [4] *FAM* ◇ **das ist die ~!** that's simply unbelievable!; **härten I.** *vt* ↑ *hart machen* harden **II.** *vi* (*hart werden*) harden **III.** *vr* (*widerstandsfähig machen*) toughen; **hartgefroren** *adj* frozen solid; **hartgekocht** *adj* ▷*Ei* hard-boiled; **hartgesotten** *adj FIG* ◇ **ein ~er Geschäftsmann** a cold-blooded businessman; **hartherzig** *adj* ↑ *unerbittlich* hard-hearted; **hartnäckig** *adj* ↑ *starrköpfig, stur* stubborn

haschen I. *vt* catch **II.** *vi FAM* ↑ *Haschisch rauchen* smoke hashish; ◇ **auf der Party wurde gehascht** hashish was being smoked at the party

Haschisch *s* <-> hashish

Hase *m* <-n, -n> [1] (*Feld-*) hare; (*Kaninchen*) rabbit; (*Oster-, Plüsch-*) bunny [2] (*FIG sich auskennen*) ◇ **wissen, wie der ~ läuft** to know which way the wind blows; (*das ist der entscheidende Punkt*) ◇ **da liegt der ~ im Pfeffer** that's precisely it [3] (GASTRON *Hackbraten*) ◇ **falscher ~** meat loaf

Haselnuß *f* hazelnut

Haß *m* <-sses> hatred; **hassen** *vt* hate, loathe; *FAM* ◇ **etw/jd-n ~ wie die Pest** to absolutely loathe s.th./s.o.; **häßlich** *adj* [1] ↑ *unansehnlich* ugly, homely *AM*; *FAM* ◇ **pott~** hideous [2] *FIG* ↑ *gemein* nasty, mean, ugly [3] ↑ *schlimm* ▷*Ereignis* nasty, ugly

Hast *f* <-> ↑ *Eile* haste; ◇ **voller ~** in great haste, in a rush; **hastig** *adj* hasty, rushed; ◇ **er aß ~, dann ging er** he ate in a hurry and then left

hatte *impf v.* **haben** had

Haube *f* <-, -n> [1] ↑ *Kopfbedeckung* bonnet, hood; *FIG* ◇ **unter die ~ kommen** to get married [2] (AUTO *Motor-*) hood, bonnet *AM* [3] (*Bedekkung, Dach*) cover; ◇ **Trocken~** hair dryer

Hauch *m* <-[e]s, -e> [1] (*Atem*) breath; (*Duft*) whiff; (*Luft-*) breath of air [2] (*FIG Andeutung*) hint, touch [3] (*Gefühl*) ◇ **ein ~ des Friedens** a hint of tranquillity; **hauchen I.** *vi* breathe **II.** *vt* (*flüstern*) whisper, breathe; ◇ **jd-m etw ins Ohr ~** to whisper s.th. in s.o.'s ear

hauen <haute *o.* hieb, gehauen> **I.** *vt* [1] *FAM* ↑ *schlagen* hit, knock, clout; ◇ **jd-m auf die Ohren ~** to clobber s.o. on the head; (*werfen*) chuck, fling [2] ↑ *meißeln, eingravieren* carve **II.** *vi* hit **III.** *vr* ↑ *sich prügeln* scrap, fight

häufen I. *vt* → *Steine* pile; ◇ **ein gehäufter Löffel** a heaping spoonful **II.** *vr* ◇ **sich ~** ↑ *mehr werden, sich ansammeln* accumulate; ◇ **die Schwierigkeiten häuften sich** the difficulties were occurring more and more frequently

Haufen *m* <-s, -> [1] (*Stein-*) pile; (*Heu-*) stack [2] (*überfahren*) ◇ **etw über den ~ fahren** to run s.th. over [3] *FAM* ↑ *große Menge* (*an Geld, Arbeit*) pile, heap [4] (*FIG FAM verändern*) ◇ **über den ~ werfen** to upset things [5] ↑ *Gruppe* (*von Leuten*) crowd; (*von Bekannten*) load, pile; (*von Vögeln*) flock; **haufenweise** *adv* ↑ *reichlich* in heaps, in piles; ◇ **etw ~ haben** to have s.th. by the bundle

häufig I. *adj* ▷*Fehler* frequent **II.** *adv* ↑ *oft* often; **Häufigkeit** *f* frequency

Haupt *s* <-[e]s, Häupter> [1] ↑ *Kopf* head; ◇ **entblößten ~es** bareheaded [2] (*Anführer*) head; **Haupt-** (*in Zusammensetzungen*) [1] (*beste(r, s), wichtigste(r, s)*) main, chief, principal [2] (*grundsätzlich*) main, principal, central; **Hauptbahnhof** *m* central/main train station; **hauptberuflich I.** *adj* full-time **II.** *adv* full-time; ◇ **er ist als Lehrer ~ tätig** he is employed full-time as a teacher; **Hauptbeschäftigung** *f* [1] ↑ *Hauptberuf* chief occupation [2] ↑ *Haupttätigkeit* chief pastime; **Hauptbuch** *s* COMM ledger; **Hauptdarsteller(in** *f*) *m* (*Protagonist*) leading actor/actress; **Haupteingang** *m* main entrance; **Hauptfach** *s* (*in Schule, Studium*) main subject; *AM* major; ◇ **im ~ studiert er Englisch** his major is English; **Hauptgang** *m* [1] (*Flur*) main corridor [2] ↑ *Hauptgericht* main dish, main course; **Hauptgeschäft** *s* main office, main branch; **Hauptgewicht** *s* bulk weight; (*FIG wichtigster Punkt*) main emphasis; **Hauptmann** *m, pl* <-[e]s, -leute> MIL captain; **Hauptpostamt** *s* main post office; **Hauptrolle** *f* [1] FILM, THEAT leading role [2] *FIG* ◇ **seine Mutter spielt die ~ bei ihm** his mother plays an important part in his life; **Hauptsache** *f* main thing, principal thing; ↑ *das wichtigste* ◇ **Frauen waren für ihn die ~** women were his first priority; ↑ *Kernpunkt* main point; ↑ *das Wesentliche* the essential, all that matters; ◇ **~, [man ist] gesund!** being healthy is all that matters!; **hauptsächlich I.** *adv* mainly, chiefly, principally **II.** *adj* main, chief, principal; **Hauptsaison** *f* high season; **Hauptsatz** *m* [1] GRAM principal clause [2] (*von Theorie*) central proposition [3] MUS principal movement; **Hauptspeicher** *m* PC main memory; **Hauptstadt** *f* ↑ *Regierungssitz* capital; **Hauptstraße** *f* main street; **Haupttreffer** *m* (*in Lotterie*) jackpot, top prize; **Hauptwerk** *s* [1] (*Kunst*) chief work [2] (*Hauptsitz von Firma*) central works; **Hauptwort** *s* GRAM ↑ *Substantiv* noun

Haus *s* <-es, Häuser> [1] (*Wohn-*) house; (*Geschäfts-*) building; ◇ **Kauf~** department store; ◇ **Land~** country house; ◇ **~tiere** domestic animals; ◇ **zu ~e** at home; ◇ **tun Sie so, als ob Sie zu**

-e wären make yourself at home; ◇ **sie möchte nach -e** she wants to go home [2] THEAT house [3] (*FIG Dynastie*) ◇ **das - Hohenzollern** the house of Hohenzollern [4] (*FIG Herkunft*) ◇ **ihr Mann stammt aus gutem -[e]** her husband comes from a good family; ◇ **aus adligem -e** of noble birth; **Hausarbeit** *f* [1] (*Spülen, Kochen*) housework [2] (*Schulaufgabe*) homework; (*für Hochschule*) research paper; **Hausarrest** *m* house arrest; ◇ **er hat -** he is confined to quarters; **Hausarzt** *m*, **Hausärztin** *f* family doctor; **Hausaufgaben** *f pl* (*für Schule*) homework *sg;* **Hausbesetzer(in** *f*) *m* squatter, confiscater; **Hausbesitzer(in** *f*) *m* (*Vermieter(in)*) landlord, landlady; ↑ *Hauseigentümer* house-owner; **Hauseigentümer(in** *f*) *m* ↑ *Besitzer* house-owner; **Hausdame** *f* housekeeper; **Hausdurchsuchung** *f* (*von Polizei*) house search; **hausen** *vi* [1] *PEJ* ↑ *wohnen* hang out [2] (*PEJ zerstören*) wreak havoc; ◇ **der Orkan hat schlimm gehaust** the hurricane has wreaked terrible havoc; **Häusermakler(in** *f*) *m* ↑ *Immobilienmakler* real estate agent, realtor *AM*; **Hausfrau** *f* housewife; **Hausfreund** *m* [1] *FAM* ↑ *Geliebter* lover [2] (*Freund der Familie*) family friend; **hausgemacht** *adj* ◇ **-e Marmelade** home-made jelly, home-made jam; **Haushalt** *m* [1] ↑ *Haushaltung, Hausstand* household; ◇ **den - führen** to run/keep the household [2] ↑ *Familie* ◇ **die meisten -e haben ein Auto** most households have a car [3] (*-sbudget*) budget; **haushalten** *unreg vi* ↑ *sparen* be economical; **Haushaltsjahr** *s* POL fiscal year; **Haushaltsplan** *m* (POL *Etat*) budget; **Hausherr(in** *f*) *m* [1] ↑ *Hausbesitzer* owner [2] ↑ *Gastgeber* host, head of the house; **haushoch** *adj FIG* as high as the sky; ◇ **haushohe Wellen** very high waves; ◇ **- überlegen sein** to be vastly superior; ◇ **- gewinnen** to win hands down; **Hausierer(in** *f*) *m* <-s, -> (*an Haustür*) peddler; **häuslich** *adj* (*der Familie gehörend*) domestic; ◇ **er hat sich an das -e Leben gewöhnt** he has become domesticated; ◇ **der -e Herd** the family home; **Hausmann** *m* <-[e]s, -männer> houseman; **Hausmeister (in** *f*) *m* ↑ *Hausverwalter* caretaker, janitor; **Hausordnung** *f* house rules, regulations *pl;* **Hausratversicherung** *f* house insurance; **Haustier** *s* (*Vieh*) domestic animal; (*Schoßtier*) pet; **Hauswirt(in** *f*) *m* house owner, landlord; **Hauswirtschaft** *f* (*Haushaltsführung*) housekeeping; (SCH *-slehre*) home economics *sg*

Haut *f* <-, Häute> (*von Mensch*) skin; (*von Tier*) hide; (*von Obst, Gemüse*) peel, skin; *FIG* ◇ **ich möchte nicht in deiner - stecken** I don't want to be in your shoes; ◇ **der Film war zum aus der - fahren** the movie was enough to make one jump out of one's skin; **Hautarzt** *m*, **Hautärztin** *f* dermatologist; **häuten I.** *vt* → *Tier* skin **II.** *vr* ◇ **sich -** ← *Schlange* shed; ← *Mensch* peel; **hauteng** *adj* ▷*Jeans* skintight; **Hautfarbe** *f* (*von Mensch*) skin colour; (*von Gesicht*) complexion; **hautfarben** *adj* flesh-coloured; **Hautpflege** *f* skin care

Haxe *f* <-, -n> (*Schweins-*) ham hock; *FAM* ↑ *Bein* leg

Hebamme *f* <-, -n> ↑ *Geburtshelferin* midwife

Hebel *m* <-s, -> TECHNOL lever, handle; (*FIG eingreifen*) ◇ **hier muß man den - ansetzen** this is where we have to tackle the problem; (*sich anstrengen*) ◇ **alle - in Bewegung setzen** to move heaven and earth; **Hebelarm** *m* TECHNOL [lever] arm; **Hebelkraft** *f* PHYS leverage

heben I. <hob, gehoben> *vt* [1] (*hoch-*) lift; (*auf-*) pick up; → *Arm, Stimme* raise [2] (*verbessern*) enhance [3] (*FIG trinken*) ◇ **e-n -** to have a couple of drinks **II.** *vr* [1] (*sich nach oben bewegen*) rise; MED ◇ **sich e-n Bruch -** to get a hernia [2] (*verbessern*) improve **III.** *vi* [1] SPORT do weight lifting [2] (*haltbar sein*) keep, hold

Hecht *m* <-[e]s, -e> [1] (*Fisch*) pike [2] *FIG* ↑ *Typ* ◇ **er ist ein toller -** he's some guy; ◇ **er ist der - im Karpfenteich** he's the pick of the bunch, he steals the show

Heck *s* <-[e]s, -e> ↑ *hinterer Teil* (*von Schiff*) stern; (*von Flugzeug*) tail, rear; (*von Auto*) rear, back

Hecke *f* <-, -n> (*Dornen-*) briar [patch]; (*Gebüsch*) hedge; (*als Umzäunung*) hedge row

Heckmotor *m* AUTO rear engine

Heer *s* <-[e]s, -e> ↑ *Armee* army; ◇ **beim -** in the army

Hefe *f* <-, -n> yeast

Heft *s* <-[e]s, -e> [1] (*Schreib-*) writing pad; (*Schul-*) notebook, workbook [2] (*Zeitschrift*) magazine [3] (*von Messer*) handle; **Hefter** *m* <-s, -> [loose-leaf] folder

heftig *adj* ↑ *stark* strong; ▷*Schmerz* intense, acute; ▷*Krankheit* severe; ↑ *lebhaft* ardent, burning; ▷*Sturm* violent, severe

Heftpflaster *s* plaster, adhesive tape *AM*

hegen *vt* [1] ↑ *pflegen* care for, tend to [2] *FIG* → *Verdacht* harbour; → *Wunsch, Hoffnung* cherish

Hehl *m* ◇ **kein[en] - aus etw machen** to make no secret of s.th.

Hehler(in *f*) *m* <-s, -> receiver; *FAM* fence; *FIG* ◇ **der - ist schlimmer als der Stehler** it is worse to condone a crime than to commit it

Heide [1] *f* <-, -n> [1] (*Landschaft*) moorland, heathland [2] (*Kraut*) heather

Heide [2] *m* <-n, -n> REL ↑ *Nichtchrist* heathen, pagan

Heidelbeere *f* blueberry

Heidentum *s* heathendom, paganism; **heidnisch** *adj* ↑ *nicht gläubig* heathen

heikel *adj* (1) ↑ *schwierig* awkward, tricky (2) ↑ *wählerisch* particular, picky

heil *adj* ↑ *unverletzt* unhurt, uninjured; ↑ *ganz, intakt* unbroken; *FIG* ◇ **komm ~ nach Hause** come home in one piece; ◇ **etw ~ machen** to repair s.th.

Heil I. *s* <-[e]s> ↑ *Glück* well-being; ◇ **sein ~ bei jd-m versuchen** to try one's luck with s.o.; ◇ **sein ~ in der Flucht suchen** to flee for one's life **II.** *intj* (HIST *nationalsozialistischer Gruß*) hail!

heilbar *adj* curable; **heilen I.** *vt* → *Kranke* cure, heal; ◇ **sie ist von ihrem Eßproblem geheilt** she has gotten over her eating disorder **II.** *vi* ← *Wunde* heal; ← *Ausschlag* clear up

heilfroh *adj* ↑ *sehr froh* very relieved, jolly glad

heilig *adj* (1) ▷*Kirche* holy, sacred (2) (*FIG wertvoll*) holy; ◇ **es ist mein ~er Ernst** I am dead serious; *FAM* ◇ **~es Kanonenrohr!** holy smoke!; **Heiligabend** *m* Christmas Eve; **Heiligtum** *s* (REL *sakraler Gegenstand*) relic; *FIG* ↑ *geliebte Sache* favourite thing; ◇ **dieses alte Motorrad ist sein ~** this old motorcycle is sacred to him

Heilkraft *f* healing power, curative power

heillos *adj* ▷*Durcheinander* hopeless

Heilmittel *s* remedy, cure; **Heilpraktiker(in** *f*) *m* non-medicinal practitioner; **Heilung** *f* healing; **Heilungsprozeß** *m* MED healing [process]; **Heilverfahren** *s* treatment

heim *adv* home; **Heim** *s* <-[e], -e> (1) ↑ *Zuhause* home (2) (*Alten-, Erziehungs-*) home; **Heimat** *f* <-, -en> ↑ *Geburtsland* native country; (*langjähriger Wohnort*) home town; **heimatlich** *adj* ▷*Bräuche, Tradition* native; **heimatlos** *adj* homeless; **heimbegleiten** *vt* ↑ *nach Hause bringen* see s.o. home; **Heimcomputer** *m* home computer; **heimfahren** *unreg vi* drive home; **Heimfahrt** *f* journey home, way back; **heimgehen** *unreg vi* (1) ↑ *nach Hause gehen* go home (2) *EUPH* ↑ *sterben* pass away; **heimisch** *adj* (1) ↑ *gebürtig* native (2) (*behaglich*) ◇ **sich ~ fühlen** to feel at home; **heimkehren** *vi* return home (*aus* from)

heimlich I. *adj* ↑ *geheim* secret **II.** *adv* ↑ *im Geheimen* secretly; **Heimlichkeit** *f* secrecy

Heimreise *f* ▷*antreten* journey home

heimsuchen *vt* (1) ↑ *befallen* strike, hit; → *Krankheit* afflict; ◇ **sie wurde von Alpträumen heimgesucht** she was haunted by nightmares (2) (*FAM lästiger Besuch*) descend on s.o.

heimtückisch *adj* ↑ *hinterlistig* insidious, malicious

Heimweh *s* homesickness; ◇ **~ haben** to be homesick

heimzahlen *vt* ↑ *sich rächen* ◇ **jd-m etw ~** to get revenge on s.o. for s.th.

Heirat *f* <-, -en> (*Ehe*) marriage; (*~stag*) wedding day; **heiraten I.** *vt* marry **II.** *vi* get married; ◇ **sie wollen ~ und Kinder haben** they want to get married and have children

heiser *adj* ▷*Stimme* hoarse

heiß *adj* (1) (*Temperatur*) hot; ◇ **das Herd ist glühend ~** the stove is scorching hot (2) *FIG* ↑ *heftig* ▷*Diskussion* heated (3) (*FIG Begierde*) burning, passionate (4) (*FIG Schmuggelware*) hot (5) *FIG* ↑ *heikel* ▷*Thema* hot (6) *FIG* ↑ *erregend, aufreizend* ▷*Frau, Musik* hot; *FAM* ◇ **ein ~er Ofen** a cool motorcycle

heißen <hieß, geheißen> **I.** *vt* (1) ↑ *nennen* name, call; ◇ **wer heißt dich e-n Feigling?** who's calling you a coward? (2) (*auffordern*) tell, order; ◇ **das hat dich niemand geheißen!** you weren't supposed to do that! **II.** *vi* (1) ↑ *benannt sein* be named/called; ◇ **meine Freundin heißt Martine** my girlfriend's name is Martine; ◇ **wie ~ Sie?** what is your name? (2) ↑ *bedeuten* mean; ◇ **wie heißt das auf Englisch?** what does that mean in English?, how do you say that in English? (3) ↑ *lauten* go; ◇ **wie heißt der Spruch?** how does the saying go?; **III.** *vb unpers* (1) ↑ *man sagt* ◇ **es heißt, daß…** it is said [*o.* they say] that… (2) (*es ist nötig*) ◇ **jetzt heißt es aufpassen!** we have got to be very careful now!

heißersehnt *adj* much longed for; **heißlaufen** *vi* overheat

heiter *adj* (1) ▷*Wetter* clear (2) ▷*Mensch* cheerful; **Heiterkeit** *f* (*Lachen, Freude*) cheerfulness, serenity

heizbar *adj* ▷*Haus, Fahrzeug* ◇ **der Raum ist ~** the room can be heated; **heizen I.** *vt* → *Raum* heat **II.** *vi* ← *Ofen* heat, warm; ◇ **der Ofen heizt schlecht** the stove doesn't give off much heat; **Heizung** *f* heating; (*Gerät*) heater

hektisch *adj* hectic

Held *m* <-en, -en> hero; **Heldin** *f* heroine

helfen <half, geholfen> **I.** *vi* (1) ↑ *zur Hand gehen* help (*jd-m bei etw* s.o.); ◇ **darf ich Ihnen ~?** can I lend you a hand?; (*FAM hoffnungsloser Fall*) ◇ **dem ist nicht zu ~** he is a hopeless case (2) ↑ *nützen* ◇ **das Buch hilft uns nichts** the book is of no use to us; ◇ **ein Aspirin wird dir ~** an aspirin will help you **II.** *vi unpers* (*es gibt keine andere Möglichkeit*) ◇ **da hilft alles nichts ...** there's nothing for it ...; **Helfer(in** *f*) *m* <-s, -> helper; ▷*freiwillig* volunteer; ↑ *Mitarbeiter* assistant; ↑ *Komplize* accomplice; **Helfershelfer(in** *f*) *m* accomplice

hell *adj* ① ▷*Raum* bright; ▷*Tag* bright, sunny ② ▷*Farbe* light [coloured]; ◇ **sie trug e-n -en Mantel** she wore a light coloured coat ③ ▷*Klang, Stimme* faint, soft ④ *FAM* ◇ **das war der -e Wahnsinn** that was pure/total craziness; **hellhörig** *adj* ① ▷*Wohnung* not soundproof ② ↑ *wachsam* observant; ◇ **das Gerede machte ihn** - the gossip drew his attention; ◇ **- werden** to become alert; **Helligkeit** *f* brightness; **hellwach** *adj* wide-awake

Helm *m* <-[e]s, -e> (*Motorrad-, Schutz-*) helmet

Hemd *s* <-[e]s, -en> (*Ober-*) shirt; (*Unter-*) rest

hemmen *vt* ① → *Bewegung* stop, check ② ↑ *einschränken* hamper, hinder; ▷*seelisch* inhibit; ◇ **ihr Freund ist sehr gehemmt** her boyfriend is very shy; **Hemmnis** *s* ↑ *Hindernis* hindrance; ↑ *Gehemmtheit* inhibition; **Hemmschuh** *m* ① AUTO brake shoe ② *FIG* ↑ *Hindernis* hindrance, impediment; **Hemmung** *f* ① ▷*seelisch* inhibition, gualms *pl;* ◇ **das Mädchen hat -en, ihm die Meinung zu sagen** the girl has gualms about giving him a piece of her mind; ◇ **Sie brauchen keine -en zu haben** you don't need to feel inhibited ② (*Behinderung*) hindrance; **hemmungslos** *adj* unrestrained, without scruple

Hendl *s* (*süddeutsch: Hähnchen*) chicken

Hengst *m* <-es, -e> stallion

Henkel *m* <-s, -> handle

Henker *m* <-s, -> executioner, hangman; ◇ **geh' zum -!** go to hell!

her *adv* ① (*räumlich*) ◇ **wo kommst du -?** where are you from?, where do you come from?; ◇ **komm -!** come here!; (*Aufforderung, Drohung*) ◇ **- mit dem Geld!** give me the money! ② (*ausgehend von*) ◇ **vom Wetter - sollten wir hier bleiben** considering the weather, we should stay here ③ (*zeitlich*) ◇ **es ist schon ein Jahr -, daß ...** it has been a year since ...

herab *adv* ↑ *herunter* down, downward; **herabhängen** *unreg vi* ← *Zweige* hang down; **herablassen** *unreg* **I.** *vt* → *Seil, Strickleiter* lower **II.** *vr* ◇ **sich -** *FIG* ◇ **sich zu etw -** to condescend to do s.th.; **Herablassung** *f* condescension; **herabsehen** *unreg vi* ↑ *verachten* look down (*auf akk* on); **herabsetzen** *vt* ① → *Preis* lower, reduce; → *Geschwindigkeit* reduce, slacken off; → *Niveau* debase, lower ② *FIG* ↑ *demütigen* belittle, humiliate; **Herabsetzung** *f* reduction; debasement, belittling; **herabstürzen I.** *vi* fall off/down **II.** *vr* jump; ◇ **er stürzte sich vom Felsen herab** he jumped down the cliff

heran *adv* (*auf jd-n zu*) ◇ **das Auto kam ziemlich schnell** - the car approached us at a fairly high speed; ◇ **fahren Sie ganz** - pull up all the way; ◇ **er ging an sie** - he went right up to her; *FAM* ◇ **'ran an die Arbeit!** get on with the work!; **heranbringen** *unreg vt* ① ↑ *näher bringen* bring over ② *FIG* → *Problem* bring up (*an jd-n* to s.o.); **heranfahren** *unreg vi* (*an Ampel*) drive up (*an akk* to); **herankommen** *unreg vi* ① ↑ *sich nähern* approach; ◇ **die Dinge an sich - lassen** to wait and see; ◇ **dieses Problem lasse ich erst mal an mich** - I'll cross that bridge when I come to it ② (*erreichen*) obtain (*an etw akk* s.th.); ◇ **an das große Geld** - to get hold of big bucks ③ ↑ *sich messen können mit* ◇ **an jd-n/etw** - to be up to the standard of s.o./s.th., to be a match for s.o.; **heranmachen** *vr* (*an Arbeit*) ◇ **sich an etw** - to get down to s.th.; ↑ *flirten* ◇ **sich an jd-n** - to chat s.o. up; **herantasten** *vr* ① ◇ **ich tastete mich in der Dunkelheit an die Tür heran** in the darkness, I felt my way to the door ② (*vorsichtig nachfragen*) ask about s.th. cautiously; **heranwachsen** *unreg vi* ← *Kinder* grow up; **Heranwachsende** *pl* adolescents *pl;* **heranziehen** *unreg vt* ① (*näher bringen*) draw near ② (*einsetzen*) bring in; ◇ **jd-n zu e-r Stellung** - to place/appoint s.o. to a position ③ ↑ *aufziehen* → *Pflanze* cultivate; → *Kinder* raise, bring up ④ (*zur Erläuterung*) → *Lexikon, Zitat* quote, cite; ◇ **etw zum Vergleich** - to use s.th. by way of comparison ⑤ ↑ *zu Rate ziehen* → *Experten* consult

herauf *adv* up; ◇ **er ist bis hier - gelaufen** he ran all the way up here; **heraufarbeiten** *vr* (*vorwärtskommen*) ◇ **er hat sich heraufgearbeitet** he has worked his way up; **heraufbeschwören** *unreg vt* ① (*Wachrufen*) recall, evoke ② ↑ *verursachen* cause, give rise to; **heraufziehen** *unreg* **I.** *vt* → *Last, Rolladen* pull up **II.** *vi* ← *Unwetter* approach; **heraus, 'raus** *adv* out; ◇ **zieh' es einfach heraus** simply pull it out; *FAM* ◇ **- aus dem Bett!** get out of bed!; ◇ **raus!** get out!; **herausarbeiten I.** *vt* ① → *Idee* work out ② → *Kunstwerk* carve **II.** *vr* → *Schlamm, Gestrüpp* work one's way out (*aus dat* of); **herausbekommen** *unreg vt* ① ↑ *entfernen* get out ② *FIG* ↑ *herausfinden* find/figure out ③ → *Wechselgeld* get back; **herausbringen** *unreg vt* ① → *Mülleimer* bring out ② → *Buch* publish ③ → *Lösung* solve, figure out ④ → *Wörter* get out; **herausfinden I.** *unreg vi* (*aus Labyrinth*) find one's way out of s.th. **II.** *vt* ① ↑ *entdecken* → *Fehler* find out s.th. ② ↑ *erfahren* discover, find s.th. out; **herausfischen** *vt* → *Information* fish s.th. out; → *Dinge* fish s.th. out; **herausfordern** *vt* ① ↑ *provozieren* provoke, challenge [2] (*auffordern*) challenge; **herausfordernd** *adj* challenging; provocative, inviting; **Herausforderung** *f* challenge; provocation; **herausgeben** *unreg vt* [1] → *Geld* hand over; → *Wechselgeld* give [2] → *Zeitschrift* publish [3] (*nach draußen reichen*) hand/pass out; **Herausgeber(in** *f*) *m* <-s, -> (*von Zeitschrift, Buch*) publisher; **herausgehen** *unreg vi* [1] ↑ *nach draußen gehen* go out [2] (*FIG Hemmungen ablegen*) ◇ **aus sich** - to come out of one's shell; ◇ **der Junge geht nicht aus sich heraus** the boy won't open up [3] ↑ *sich lösen* → *Fleck* come out; **heraushalten I.** *vt* [1] → *Hand* hold out, put out [2] ↑ *fernhalten* keep out **II.** *vr* ↑ *sich nicht einmischen* to stay out; **herausholen** *vt* [1] ↑ *entnehmen* → *Gegenstand* take out [2] → *Geiseln* get out, free [3] → *Information, Geheimnis* get out; → *Gewinn* win, gain; ◇ **die Firma hat bei diesem Geschäft viel Geld herausgeholt** the company got a lot of money out of this deal; (*alle Kraftreserven eingesetzt*) ◇ **der Läufer hat das Letzte aus sich herausgeholt** the runner gave all he had; **herausnehmen** *unreg vt* [1] ↑ *entnehmen* take out [2] *FIG* ◇ **sich Freiheiten** - to take liberties; ◇ **es sich** *dat* -**, etw zu tun/sagen** to have the nerve to do/say s.th.; **herausrücken I.** *vt* [1] ↑ *nach außen versetzen* push out [2] ↑ *zurückgeben* hand over **II.** *vi FIG* ↑ *preisgeben* ◇ **mit der Wahrheit** - to come out with the truth; **herausrutschen** *vi* [1] ← *Geldbeutel* slip out [2] *FIG* ← *Schimpfwort* slip out; ◇ **das ist mir nur so herausgerutscht** it just slipped out somehow; **herausschlagen** *unreg vt* → *Zahn* knock out; *FIG* → *guten Preis* bargain for; **herausspringen** *vi* [1] (*aus Fenster, Fahrzeug*) jump/leap out [2] → *Feder* come out; ↑ *entgleisen* ◇ **der Zug ist aus dem Gleis herausgesprungen** the train jumped/came off the track; **herausstellen I.** *vt* [1] ↑ *nach draußen tun* put out [2] *FIG* ↑ *betonen* emphasize, stress **II.** *vr* ↑ *sich erweisen* prove to be, turn out; ◇ **es stellte sich heraus, daß der Chef doch Recht hatte** it turned out that the boss was right after all; ◇ **das muß sich erst** - that remains to be seen; **herausziehen I.** *vt* pull out; ◇ **sie hat ihren Mann aus der Kneipe herausgezogen** she dragged her husband out of the bar **II.** *vr* pull oneself out

herb *adj* [1] ▷*Geschmack* bitter [2] ▷*Worte* harsh; ▷*Gesicht* stern [3] ▷*Sorgen, Enttäuschung* bitter

Herberge *f* <-, -n> (*Unterkunft*) lodging; ◇ **Jugend-** youth hostel; **Herbergsmutter** *f*, **Herbergsvater** *m* [youth hostel] warden

Herbst *m* <-[e]s, -e> autumn, fall *AM*; (*FIG Alter*) ◇ **auch der - hat noch schöne Tage** old age has its compensations

Herd *m* <-[e]s, -e> [1] ↑ *Kochstelle* stove [2] (*FIG Zuhause*) ◇ **Haus und** - hearth and home [3] (MED *Krankheits-*) focus

Herde *f* <-, -n> (*Kuh-*) herd

Herdplatte *f* burner

herein *adv* in, inside; ◇ **h-!** come in!; **hereinbitten** *unreg vt* ask s.o. to come in; **hereinfallen** *unreg vi* [1] (*in Grube, Loch*) fall in [2] (*FIG auf Schwindel*) be taken in by s.th.; ◇ **auf jd-n/etw** *akk* - to be taken for a ride by s.o.; **hereinkommen** *unreg vi* (*in Raum*) come in; **hereinlassen** *unreg vt* ◇ **laß' niemanden herein!** don't let anyone in!; **hereinlegen** *vt* ↑ *betrügen* ◇ **jd-n** - fool s.o.; ◇ **das Kind hat seine Mutter [he]reingelegt** the child took his mother for a ride; **hereinnehmen** *vt* [1] → *Wäsche, Pflanzen* bring in [2] ↑ *dazunehmen* include, put in; **hereinplatzen** *vi* ↑ *hereinstürmen, stören* burst in; ◇ **er kam durch die Tür hereingeplatzt** he came bursting through the door; **hereinregnen** *vi* rain in; ◇ **es regnet durch das Fenster herein** the rain is coming in through the window

herfahren *vi* drive here; ◇ **der Laster ist immer hinter uns hergefahren** the lorry drove behind us the entire time; ◇ **die Polizei fuhr dem Auto hinterher** the police followed/trailed the car; **Herfahrt** *f* ↑ *Herreise* trip here; ◇ **auf der - hielten wir nicht an** we didn't make any stops on the way here; **herfallen** *unreg vi* [1] (*über jd-n -, schlechtmachen, kritisieren*) attack s.o. [2] (*Essen*) pounce (*über akk* on); **Hergang** *m* ↑ *Ablauf* course of action; ◇ **die Polizei wollte, daß er den - schilderte** the police wanted him to tell them exactly what had happened; **hergeben** *unreg* **I.** *vt* → *Gegenstand* give; ↑ *zurückgeben* hand over, give back **II.** *vr FIG* ◇ **sich zu etw** - to [reluctantly] take part in s.th.; ◇ **dazu gab er sich nicht her** he didn't want to have anything to do with it; **hergehen** *unreg vi* [1] ◇ **vor/hinter jd-m** - to walk along in front/behind s.o. [2] ↑ *zugehen* ◇ **auf der Party ging es hoch her** there was a lot going on at the party; *FIG FAM* ◇ **du kannst nicht einfach - und meine Briefe lesen** you can't just simply go off and read my letters; **hergehören** *vi* belong here; (*zum Thema*) be relevant; **herhalten I.** *unreg vi FAM* ↑ *dienen* ◇ **als Sündenbock** - to serve as a scapegoat **II.** *unreg vt* hold out; **herhören** *vi* ↑ *zuhören* listen to; ◇ **alle mal -!** everybody listen up!

Hering *m* <-s, -e> [1] (*Fisch*) herring; *FIG* ◇ **wie die -e zusammengedrängt** packed like sardines in a can [2] (*Zeltpflock*) stake

herkommen *unreg vi* [1] ↑ *sich nähern* come closer, approach [2] ↑ *s-n Ursprung haben* ◇ **ich**

weiß nicht, wo diese Idee herkommt I don't know where this idea originates from; ↑ *abstammen* ◇ **wo kommen Sie her?** where are you from?; **herkömmlich** *adj* ↑ *wie gewohnt* conventional, traditional; **Herkunft** *f* <-, Herkünfte> ↑ *Ursprung* origin; ▷*sozial* background; ◇ **er ist seiner ~ nach Deutscher** he is of German descent; **Herkunftsland** *s* country of origin, native country; **herleiten I.** *vt* ↑ *ableiten* → *Wort, Regel* derive **II.** *vr* ◇ **sich von etw ~** to be derived from s.th.; **hermachen I.** *vr* [1] (*in Angriff nehmen*) ◇ **er macht sich über die Arbeit her** he is getting down on the work [2] ↑ *angreifen* ◇ **sich über jd-n ~** to attack s.o., to start beating s.o. **II.** *vt* (*beeindrucken*) ◇ **die Geste macht nicht viel her** that gesture is not very impressive

heroisch *adj* heroic

Herpes *m* <-> MED herpes

Herr *m* <-[e]n, -en> [1] ↑ *Mann* gentleman; ↑ *Meister, Gebieter* master [2] (*Anrede*) Mister; ◇ **~ Stoll** Mr. Stoll; (*in Briefen*) ◇ **Sehr geehrte ~en,** Dear Sirs,; (*vor Publikum*) ◇ **meine sehr verehrten Damen und ~en!** ladies and gentlemen! [3] *FIG* ◇ **sein eigener ~ sein** to be your own boss [4] (*Gott*) God, Lord; **Herrendoppel** *s* SPORT men's doubles; **Herrengesellschaft** *f* (*Zusammenkunft*) stag party; **herrenlos** *adj* ▷*Familie* abandoned; ▷*Hund* stray; **Herrenwitz** *m* dirty joke, sexist joke

herrichten I. *vt* [1] ↑ *renovieren* → *Wohnung* redecorate; → *Haus* fix up; → *Auto* repair, fix [2] ↑ *zurechtmachen* → *Tisch* set; → *Bett* make **II.** *vr* ◇ **ich muß mich fürs Theater ~** I have to get ready to go to the theater; ◇ **ich muß mich ~, da Besuch kommt** I have to fix myself up, since I'm expecting guests

Herrin *f* ↑ *Gebieterin* mistress; **herrisch** *adj* ↑ *dominant, rücksichtslos* overbearing, imperious; **herrlich** *adj* ↑ *wunderbar* wonderful; ▷*Kleider* gorgeous, beautiful; ▷*Essen* wonderful; **Herrschaft** *f* [1] ↑ *Macht* power; (*Regierung*) government; (*Staatsgewalt*) rule; ◇ **der Diktator hat die ~ an sich gerissen** the dictator seized power [2] ↑ *Kontrolle* ◇ **Sam verlor die ~ über das Auto** Sam lost control of the car [3] (*Anrede*) ◇ **sehr verehrte ~en!** ladies and gentlemen!

herrschen *vi* [1] ↑ *regieren* rule [2] (*vorhanden sein, überwiegen*) → *Meinung* predominate; → *Ruhe* be, prevail; ◇ **überall in der Stadt herrschte Unruhe** there was upheaval and rioting all over town; ◇ **es herrscht Frieden/Krieg** they are at peace/war now; **herrschend** *adj* ruling; dominating, prevailing; **Herrscher(in** *f*) *m* <-s, -> ruler, leader (*über* of)

herrufen *vt* call; **herrühren** *vi* ↑ *Ursache haben in* ◇ **es rührt von seiner Faulheit her** it is due to his laziness; ◇ **ihre Narben rühren von e-m Autounfall her** her scars stem from a car accident; **hersein** *vi* [1] (*zeitlich*) ago; ◇ **es ist ziemlich lange her, daß...** it is a pretty long time ago that... [2] ↑ *herstammen* come from

herstellen *vt* [1] ↑ *produzieren* produce; (*industriell auch*) manufacture; ◇ **hergestellt in China** made in China [2] (*schaffen*) establish; → *Verbindung* make [3] (*geheilt*) ◇ **er ist wieder ganz hergestellt** he has recovered completely; **Herstellung** *f* ↑ *Produktion* production, manufacturing

herüber *adv* over [here]

herum *adv* [1] (*räumlich*) around; ◇ **um das Haus ~** around the house [2] (*ungefähr, zirka*) ◇ **es war so um drei Uhr ~** it was about three o'clock; ◇ **es kostet so um die zwanzig Mark ~** it costs around twenty marks; **herumärgern** *vr* ◇ **sich ständig mit etw ~** to be constantly struggling with s.th.; **herumführen I.** *vt* [1] (*durch Stadt, Museum*) show/tour s.o. around [2] *FIG* ↑ *in die Irre führen* ◇ **an der Nase ~** to take s.o. on a wild goose chase **II.** *vi* ← *Weg* go around s.th.; **herumirren** *vi* (*ziellos ~*) wander about aimlessly; **herumkriechen** *vi* ← *Tier* crawl around/about; **herumlungern** *vi* (*auf Straße*) hang around; **herumsprechen** *unreg vr* ◇ **sich ~** ← *Neuigkeiten* spread; ◇ **die Nachricht sprach sich schnell herum** the news spread fast; **herumtreiben** *unreg vr* ◇ **sich ~** (*in Kneipen, auf der Straße*) hang around

herunter *adv* (*von oben nach unten*) downward; **heruntergekommen** *adj* ↑ *verwahrlost* neglected; ▷*Stadt* run-down; **herunterhängen** *unreg vi* (*Zweige vom Baum*) hang down; **herunterkommen** *unreg vi* (*die Treppe ~*) come down; **heruntermachen** *vt* [1] ↑ *entfernen* take down, remove; → *Make-up* take off [2] ↑ *heftig kritisieren* tell off; **herunterschrauben** *vt* TECHNOL screw s.th. down; *FIG* → *Ansprüche, Erwartungen* ◇ **du solltest deine Ansprüche ~** you ought to lower your demands; **herunterspielen** *vt* (*e-e Sache ~*) play s.th. down

hervor *adv* (*aus Gebüsch, Ecke*) out of; ◇ **komm hinter dem Vorhang ~!** come out from behind that curtain!; **hervorbringen** *unreg vt* [1] (*erschaffen*) supply, produce; → *Worte* utter; → *Früchte* bear [2] ↑ *verursachen* create; **hervorgehen** *vi* [1] ↑ *entstammen* come; ◇ **aus der Ehe gingen drei Kinder hervor** the marriage produced three children [2] ↑ *sich ergeben* ◇ **aus der Antwort geht hervor, daß...** it follows from the

H

answer that ... [3] (*etw überstehen*) ◇ **als Gewinner** - to go forth victorious; **hervorheben** *unreg vt* [1] ↑ *verstärken, betonen* emphasize, stress [2] ↑ *markieren* → *Text* mark, highlight; **hervorragend** *adj* ↑ *exzellent* excellent, outstanding; **hervorrufen** *unreg vt* ↑ *verursachen* → *Krankheit* cause, give rise to s.th.; → *Eindruck, Erinnerung* create

Herz *s* <-ens, -en> [1] (*Organ*) heart [2] (*FIG seelisch*) ◇ **es ging mir zu -en** it touched me deeply; ◇ **mein - gehört ihm** my heart belongs to him [3] (*FIG Mut*) ◇ **sich ein - fassen** to take heart [4] *FIG* ↑ *Zentrum* (*von Land, Stadt*) heart [5] (*Spielkarte*) hearts *pl;* **Herzanfall** *m* MED heart attack; **Herzfehler** *m* MED ANAT heart problem; **herzhaft** *adj* [1] ▷*Essen* substantial; ◇ **ich möchte ein -es Essen** I want a hearty meal [2] ↑ *kräftig* hearty, firm; ◇ **- lachen** to laugh heartily; **Herzinfarkt** *m* MED heart attack, cardiac arrest; **Herzklopfen** *s* heartbeat; *FIG* ◇ **ich habe -** my heart is pounding; **herzlich** *adj* [1] ↑ *offen, freundlich* warm, friendly [2] (*von Herzen*) → *Empfang* sincere; ◇ **-en Dank** thank you very much; ◇ **-en Glückwunsch** congratulations; ◇ **mit -en Grüßen** with best/friendly regards; **Herzlichkeit** *f* sincerity, warm-heartedness; **herzlos** *adj* ↑ *brutal, unbarmherzig* heartless

Herzog *m* <-[e]s, Herzöge> duke; **Herzogin** *f* <-, -nen> duchess

Herzschlag *m* [1] MED heartbeat; (*Puls*) pulse [2] ↑ *[Herz]infakt* heart attack, cardiac arrest; **Herzschrittmacher** *m* MED pacemaker; **herzzerreißend** *adj* heartbreaking

heterogen *adj* (*uneinheitlich*) heterogeneous

Hetze *f* <-, -n> [1] ↑ *große Eile* rush [2] (*PEJ Propaganda*) denigration, propaganda; **hetzen** **I.** *vt* [1] ↑ *antreiben* rush; ◇ **hör' auf mich zu -!** stop rushing me! [2] ↑ *jagen* hunt **II.** *vi* [1] ↑ *hasten* rush; ◇ **ich muß zum Bus** - I have to hurry up and get to the bus [2] (*Haß erwecken*) stir up hate; ◇ **die Skinheads - gegen Ausländer** the skinheads stir up hate against foreigners

Heu *s* <-[e]s> hay; ◇ **Geld wie** - tons/bundles of money

Heuchelei *f* hypocrisy; **heucheln** **I.** *vt* → *Mitleid, Liebe* simulate **II.** *vi* ↑ *sich verstellen* be a hypocrite

heulen *vi* [1] *FAM* ↑ *weinen* bawl, wail; ◇ **es ist einfach zum H-** it's enough to make you cry [2] ← *Wolf, Wind* howl; ← *Motorrad* roar

Heuschnupfen *m* ↑ *Pollenallergie* hay fever; **Heuschrecke** *f* <-, -n> grasshopper, locust

heute *adv* [1] (*nicht gestern*) today [2] ↑ *heutzutage, gegenwärtig* nowadays; ◇ **die Frauen von** - today's women; **heutig** *adj* [1] ▷*Zeitung, Datum* today's [2] ↑ *gegenwärtig* modern, contemporary; **heutzutage** *adv* nowadays

Hexe *f* witch; *FAM PEJ* ↑ *altes Weib* hag; **hexen** *vi* ↑ *zaubern* practise witchcraft; ◇ **ich kann doch nicht -!** I can't work miracles!; **Hexenkunst** *f* witchcraft, sorcery

Hickhack *s o. m* <-s, -s> *FAM* ↑ *nutzlose Streiterei* squabbling

hieb *impf v.* **hauen**; **Hieb** *m* <-[e]s, -e> [1] (*mit Faust, Peitsche*) blow [2] *FAM* ↑ *Schläge* ◇ **-e bekommen** to get a thrashing/beating/hiding [3] (*FAM der spinnt*) ◇ **der hat ja e-n** - he must be crazy

hielt *impf v.* **halten**

hier *adv* [1] ↑ *da* here; (*als Bestimmungswort*) ◇ **die Straße** - this street here [2] (*FIG bis zu/von diesem Punkt*) here; ◇ **- geht die Geschichte weiter** at this point, the story continues; (*mit Geste*) ◇ **das steht mir bis** - I've had it up to here

hierbehalten *unreg vt* (*nicht gehen lassen*) keep s.o./s.th. here; **hierbleiben** *unreg vi* ↑ *nicht weggehen* stay here; ◇ **er wird die Nacht über** - he will stay here over night; **hierdurch** *adv* (*durch dieses*) due to this, through this; ◇ **- wurde der Unfall verursacht** this caused the accident to happen; **hierher** *adv* (*an diesen Ort*) here; ◇ **das Hochwasser kam bis** - the flood came all the way up to here; **hiermit** *adv* [1] ↑ *damit* with this [2] ◇ **- teile ich Ihnen mit...** I hereby notify you of the fact that...; **hiervon** *adv* [1] (*von dieser Stelle*) from here [2] ↑ *davon* ◇ **möchtest du auch - etw?** would you also like to have some of this?; **hierzu** *adv* [1] (*über dieses Thema*) about this; ◇ **- wird nichts mehr gesagt** nothing more is to be said about this [2] ↑ *dafür* for this; ◇ **- brauche ich e-n Hammer** I need a hammer for this; **hierzulande** *adv* in this country

hiesig *adj* ↑ *einheimisch* local; ◇ **er ist kein H-er** he is not a local

hieß *impf v.* **heißen**

Hi-Fi-Anlage *f* hi-fi system

high *adj* (*FAM unter Drogeneinfluß*) ◇ **von Haschisch - sein** to be high on hashish; **Highlife** *s* <-s> *FAM* high life; (*Bombenstimmung*) ◇ **auf der Fete ist** - they're really living it up on that party

High Tech *s* <-s> *Abk. v.* **High Technology** high-technology

Hilfe *f* <-, -n> [1] ↑ *Unterstützung, Beistand* help, aid, assistance; ▷*staatlich* aid, benefit; ◇ **er war mir e-e große** - he was of great help to me; ◇ **um - bitten/schreien** to ask/call for help; ◇ **Erste** -

leisten to give first aid [2] ◇ **mit - e-s Computers** by using a computer, with the aid of a computer; **Hilfeleistung** *f* assistance, aid; **hilflos** *adj* ↑ *auf Hilfe angewiesen* helpless; **Hilflosigkeit** *f* helplessness; **hilfreich** *adj* ↑ *nützlich* helpful; **Hilfsaktion** *f* (*für Behinderte*) relief action; **Hilfsarbeiter(in** *f*) *m* ↑ *ungelernte Arbeitskraft* unskilled worker; **hilfsbereit** *adj* ▹*Person* ready to help; **Hilfsdatei** *f* PC help file; **Hilfskraft** *f* ↑ *Aushilfe* temporary staff; (*an Universität*) assistant; **Hilfsverb** *s* GRAM auxiliary verb

Himbeere *f* raspberry

Himmel *m* <-s, -> [1] ▹*blauer, bewölkter* sky [2] REL ↑ *Paradies* heaven; *FIG* ↑ *überglücklich* ◇ **im siebten** - on cloud nine [3] (*Baldachin*) canopy; **himmelangst** *adv* ◇ **mir war** - I was scared to death; **himmelschreiend** *adj* outrageous; **Himmelsrichtung** *f* direction; **himmlisch** *adj* ▹*Heerscharen, Vergnügen* heavenly

hin *adv* [1] (*örtlich*) ◇ **da will meine Mutter nicht** - my mother doesn't want to go there; ◇ **- und her** to and fro, back and forth; ◇ **sie lief planlos - und her** she ran around in confusion [2] (*zeitlich*) ◇ **es ist noch lange** - it is a long time away [3] *FAM* ↑ *kaputt* ◇ **das Auto ist** - the car is broken

hinab *adv* ↑ *hinunter* down[ward]; **hinabsteigen** *unreg vi* (*von Berg*) go down, descend; **hinabstürzen I.** *vi* (*Klippe, Treppe*) fall down (*von* from) **II.** *vt* (*hinunterwerfen*) push down

hinarbeiten *vi* ↑ *anstreben* ◇ **auf etw** - to work towards s.o.

hinauf *adv* (*hoch*) up; **hinaufarbeiten** *vr FIG* work o.s. up; ◇ **er hat sich bei der Firma hinaufgearbeitet** he worked his way up in the company; **hinaufsteigen** *unreg vt* (*auf Stuhl, Berg*) climb up; → *Treppe* go up

hinaus *adv* [1] ↑ *ins Freie* out [2] (*Zeitdauer*) ◇ **auf Jahre** - for years to come [3] (*übersteigen*) ◇ **das geht über meine Erwartungen** - that is more than I had expected; **hinausfliegen** *unreg vi* [1] (*räumlich*) fly out [2] (*FAM aus Firma*) be kicked out, be sacked; **hinausgehen** *unreg vi* [1] (*aus Zimmer, Haus*) leave, go out [2] ← *Post* be sent away [3] (*FIG überschreiten*) ◇ **das geht über meine Mittel** *akk* **hinaus** that exceeds my means; **hinauslaufen** *unreg vi* [1] ↑ *ins Freie laufen* run out [2] (*FIG zur Folge haben*) ◇ **es läuft auf dasselbe** *akk* **hinaus** it boils/comes down to the same thing; **hinausschieben** *unreg vt* [1] → *Arbeit, Termin* postpone, put off [2] → *Wagen* push out; **hinauswerfen** *unreg vt* [1] ↑ *jd-m kündigen* throw out, sack [2] (*aus Kneipe*) throw out [3] *FIG* ↑ *verschwenden* ◇ **Geld zum Fenster** - to throw money down the drain; **hinauswollen** *vi* [1] (*aus Haus, Stadt*) want to get out (*aus* of) [2] (*FIG meinen, beabsichtigen*) ◇ **worauf wollen Sie hinaus?** what are you getting at?; (*beruflich*) ◇ **er will hoch hinaus** he has big plans [for himself]; **hinausziehen** *unreg* **I.** *vt* [1] ↑ *in die Länge ziehen* → *Prozeß, Verhandlungen* drag out [2] (*Drang verspüren*) ◇ **mich zieht es in die Natur hinaus** I have the urge to go outdoors **II.** *vi* (*in die Welt*) go out; (*aufs Land*) move out **III.** *vr* ◇ **sich** - ↑ *verzögern* to be protracted

Hinblick *m* ◇ **im - auf** ↑ *hinsichtlich* regarding, with respect to; ↑ *angesichts* in view of

hinderlich *adj* ↑ *störend, hemmend* restricting, limiting; **hindern I.** *vt* impede, hinder; ↑ *abhalten von* ◇ **sie hinderten ihn am Weiterfahren** they prevented him from driving on **II.** *vi* ↑ *stören* ◇ **das hindert doch nur** that is just a hindrance; **Hindernis** *s* [1] (*Gegenstand*) obstacle, impediment; *FIG* ◇ **ein - aus dem Weg räumen** to remove an obstacle [2] SPORT obstacle; **Hindernislauf** *m* obstacle course, steeplechase

hindeuten *vi* [1] ↑ *hinweisen* ◇ **er hat darauf hingedeutet** he mentioned it [*o.* hinted at it] [2] ↑ *anzeigen, beweisen* point (*auf akk* to); ◇ **die Tatsachen deuten auf Mord hin** the facts indicate that it was murder

hindurch *adv* [1] (*räumlich, -fahren, -bewegen*) through [2] (*über ... hinweg*) ◇ **viele Jahre** - for many years; ◇ **die ganze Nacht - hat es geregnet** it rained all night long; **hindurchgehen** *vi* go through

hinein *adv* (*ins Haus* -) into; ◇ **diese Papiere gehören hier** - these papers go in here; **hineindenken** *unreg vr* ◇ **sich in ein Problem** - to think o.s. into a problem; **hineinfallen** *unreg vi* (*in Bach, Loch*) fall in; **hineingehen** *unreg vi* [1] (*in Gebäude*) go in, enter [2] ↑ *hineinpassen* go/fit in; **hineingeraten** *unreg vi* (*in schlimme Situation*) get involved (*in akk* in); **hineinpassen** *vi* (*in Kleider, Gruppe*) fit in (*in akk* to); **hineinreden** *vi* ◇ **jd-m** - ↑ *sich einmischen* to interfere in s.o.'s business; ↑ *unaufgefordert sprechen* to interrupt s.o.; **hineinsteigern** *vr* (*in Angst, Wut*) work o.s. up into a state; ◇ **ich kann mich so tief in Liebeskummer** - I can get so worked up over love problems; **hineinversetzen** *vr* ◇ **sich in jd-n** - to put o.s. in s.o.'s position

hinfahren *unreg* **I.** *vi* (*zu Feier, Verwandten*) go (*zu* to) **II.** *vt* (*befördern*) drive, take; **Hinfahrt** *f* ↑ *Hinreise* journey there; **hinfallen** *unreg vi* (*beim Rennen stürzen*) fall down; **hinfällig** *adj* [1] ↑ *nicht mehr gültig* ▹*Angebot* invalid [2] ↑ *nicht mehr nötig* ▹*Hilfe* no longer needed

H

hing *impf v.* **hängen**

Hingabe *f* dedication; ◇ **sie tanzten mit ~** they danced with joyous abandon; **hingeben I.** *vr* ↑ *widmen* → *Liebhaber, Hobby* devote o.s. to s.o./s.th.; ◇ **sie gab sich ihm hin** she gave herself up to him **II.** *vt* give up; → *Zeit, Geld* sacrifice; **hingehen** *unreg vi* [1] *(besuchen)* ◇ **zu jd-m ~** to go to s.o. [2] ↑ *vergehen* ← *Zeit* go by, pass; **hinhalten** *unreg vt* [1] → *Gegenstand* hold s.th. out [2] ↑ *vertrösten* put s.o. off, stall [s.o.]

hinken *vi* [1] *(Bein nachziehen)* limp [2] ← *Vergleich* be inappropriate; ◇ **das Beispiel hinkt** that's a poor example

hinkriegen *vt* ↑ *bewältigen* manage; ◇ **das kriegen wir schon irgendwie hin** we will manage it somehow

hinlegen I. *vt (Buch auf Tisch)* put s.th. down; ◇ **sie hat das Baby zum Schlafen hingelegt** she put the baby to bed **II.** *vr* ◇ **sich ~** ↑ *ausruhen, schlafen* lie down

hinnehmen *unreg vt* take, accept; *(FIG sich gefallen lassen)* ◇ **sie nimmt alles von ihrem Chef hin** she swallows everything that her boss dishes out

Hinreise *f* ↑ *Hinfahrt* journey there

hinreißen *unreg vt* [1] ↑ *verleiten* ◇ **sich zu e-r Dummheit ~ lassen** to let o.s. be provoked into doing s.th. dumb [2] *(bezaubernd)* ◇ **einfach ~d!** absolutely gorgeous!

hinrichten *vt* [1] → *jd-n* execute [2] ↑ *vorbereiten* prepare; **Hinrichtung** *f* execution

hinsichtlich *präp gen* ↑ *was das betrifft* with regard to, concerning; ◇ **~ Ihrer Gehaltserhöhung** with regard to your raise

Hinspiel *s* (SPORT *Ggs zu Rückspiel*) first leg

hinstellen I. *vt* [1] ↑ *plazieren* put/set down [2] ↑ *darstellen, schildern* → *Tathergang* describe **II.** *vr* ↑ *plazieren, aufstellen* ◇ **sich vor jd-m ~** to stand in front of s.o.

hintanstellen *vt FIG* ↑ *zurückstellen* put s.th. last; ↑ *später erledigen* do s.th. later

hinten *adv* [1] *(am Ende)* at the back; ◇ **bitte stellen Sie sich ~ an** please go to the back of the line [2] ↑ *auf der Rückseite* at the back; ◇ **die Vertragsbedingungen standen ~ drauf** the conditions of the contract were on the back side [3] *FIG* ◇ **das stimmt ~ und vorne nicht** that is completely wrong, that is full of mistakes; ◇ **ich weiß nicht mehr wo ~ und vorne ist** I am completely lost; **hintenherum** *adv* [1] *(räumlich)* from the back, from behind [2] *FIG* under the counter; ◇ **ich habe es ~ erfahren** I found out about it in a roundabout way; **hinter** *präp dat/akk* [1] ◇ **~ dem Haus** behind the house; ◇ **wir werden ~ dieses Problem kommen** we are going to get to the bottom of this problem [2] *(FIG unterstützen, bürgen für)* ◇ **sich ~ jd-n stellen** to back s.o. [3] *(verfolgen)* ◇ **~ jd-m her sein** to pursue s.o. [4] *(erlebt haben)* ◇ **er hat e-e schwierige Zeit ~ sich** he has gone through some hard times; ◇ **das Schlimmste hat sie ~ sich** she is over the worst part; **Hinterachse** *f* AUTO rear axle; **Hinterbein** *s (von Tier)* hind leg; *(FIG sich sehr anstrengen)* ◇ **sich auf die ~e stellen** to pull one's socks up, to make an enormous effort; **hintere** (**r, s**) *adj* rear, back; ◇ **der ~ Wagen ist 1. Klasse** first class is at the rear/back of the train; **hintereinander** *adv* one after the other; ◇ **ich bin nun dreimal ~ zu spät gekommen** I have been late now three days in a row; **Hintergedanke** *m* ↑ *heimliche Absicht* ulterior motive; **hintergehen** *unreg vt FIG* ↑ *betrügen* deceive; **Hintergrund** *m (von Bild)* background; *(auf der Bühne)* backcloth *BRIT*, backdrop *AM*; ▷ *sozialer, geistiger* background; **Hinterhalt** *m* ambush; ◇ **in e-n ~ geraten** to be ambushed; ◇ **jd-n aus dem ~ überfallen** to ambush s.o.; **hinterhältig** *adj* ↑ *gemein, tückisch* underhand[ed]; **hinterher** *adv* [1] *(räumlich)* behind, after [2] *(zeitlich)* afterwards; **hinterlassen** *unreg vt* [1] ◇ **e-e Nachricht ~** to leave a message [2] ↑ *vererben* ◇ **jd-m etw ~** to leave s.th. to s.o.; **hinterlegen** *vt* ↑ *deponieren* deposit, leave; **Hinterlist** *f* ↑ *Heimtücke* cunning, deceitfulness; **hinterlistig** *adj* ↑ *heimtückisch* cunning; **Hintermänner** *pl (Drahtzieher)* the men in charge; **Hinterrad** *s (Fahrrad, Auto)* back/rear wheel; **Hinterradantrieb** *m* AUTO back/rear wheel drive; **hinterrücks** *adv (von hinten)* from behind; **Hinterteil** *s FAM* ↑ *Hintern, Gesäß* behind; **Hintertreffen** *s (benachteiligt werden)* ◇ **ins ~ geraten** to fall behind; ◇ **er fand sich im ~** he found himself at a disadvantage; **hintertreiben** *unreg vt (verhindern, vereiteln)* thwart, foil; **Hintertür** *f* ↑ *hinterer Ausgang* backdoor; *(FIG e-n Ausweg)* ◇ **sich e-e ~ offenhalten** to leave oneself a loophole; **hinterziehen** *unreg vt* → *Steuern* evade; → *Material* appropriate

hinüber *adv* [1] *(auf die andere Seite)* over, across [2] *FAM* ↑ *kaputt* ◇ **der Computer ist ~** the computer has had it; **hinübergehen** *unreg vi* go over; ← *Straße* cross

hinunter *adv (Berg, Tal, Treppe)* go down; **hinunterfallen** *unreg vi* → *Mauer, Treppe* fall down; **hinunterschlucken** *vt* [1] → *Essen* swallow [2] *(FIG nicht widersprechen)* swallow; **hinunterwerfen** *unreg vt* → *Blumentopf, Tasse* throw down

hinwegsetzen *vr* (*nicht beachten*) ◇ **er hat sich über ihre Bedenken hinweggesetzt** he disregarded her worries

Hinweis *m* <-es, -e> [1] ↑ *Tip, Mitteilung* piece of advice; ◇ **darf ich mir den ~ erlauben, daß...** may I point out that... [2] ↑ *Anhaltspunkt* indication; ◇ **die Polizei hatte nicht den geringsten ~** the police didn't have the slightest clue [3] (*Verweis*) reference [4] ↑ *Anspielung* hint; **hinweisen I.** *unreg vt* ↑ *mitteilen, aufmerksam machen* draw s.o.'s attention (*auf akk* to); ◇ **sie hat mich darauf hingewiesen** she pointed it out to me **II.** *vi* (*betonen*) emphasize; ◇ **nachdrücklich auf etw** *akk* ~ to strongly emphasize s.th.

hinzu *adv* ↑ *zusätzlich* in addition; **hinzufügen** *vt* ◇ **lassen Sie mich noch ~, daß ...** let me add that ...

Hirn *s* <-[e]s, -e> ANAT brain; **Hirngespinst** *s* <-[e]s, -e> ↑ *verrückte Idee, Einbildung* fantasy; **Hirnhautentzündung** *f* MED meningitis; **hirnverbrannt** *adj FAM* ↑ *völlig unsinnig* harebrained

Hirsch *m* <-[e]s, -e> deer; (*-fleisch*) venison

Hirte *m* <-en, -en> herdsman; (*Schaf-*) shepherd

hissen *vt* → *Fahne* hoist

Historiker(in *f*) *m* <-s, -> historian; **historisch** *adj* ↑ *geschichtlich* historical

Hit *m* ↑ *Schlager* hit

Hitze *f* <-> heat; ◇ **dort war so e-e ~!** it was so hot there!; **hitzebeständig** *adj* ▷*Glas* heat-resistant; **Hitzewelle** *f* ↑ *Hitzeperiode* heat wave; **hitzig** *adj* [1] ▷*Debatte* hot, passionate [2] ▷*Mensch* hot-tempered; **Hitzkopf** *m* (*Choleriker*) hothead; **Hitzschlag** *m* MED heat stroke

HIV-positiv *adj* HIV-positive

H-Milch *f* (*haltbar*) long-life milk

HNO[-Arzt] *m Abk. v.* **Hals-Nasen-Ohrenarzt** ENT specialist

hob *impf v.* **heben**

Hobel *m* <-s, -> (*Schreinerwerkzeug*) plane; (*Küchen-*) slicer; **hobeln** *vt* → *Brett* plane

hoch <höher, am höchsten> *adj* [1] (*~ oben*) high; ◇ **die Sonne steht ~** the sun is high in the sky [2] (*angesehen, wichtig*) noble; ◇ **wir erwarten hohen Besuch** we are expecting important visitors [3] ▷*Miete, Ansprüche* high [4] (*quantitativ*) ▷*Preis, Temperatur* high; ◇ **hat er hohes Fieber?** does he have a high temperature? [5] MUS ▷*Ton, Klang* high [6] (*nach oben, aufwärts*) up; **Hoch** *s* <-s, -s> [1] (METEO *Ggs zu Tief*) high [2] (*Ehrung*) ◇ **ein ~ der Küche** a toast to the chef; **hochachten** *vt* respect highly; **Hochachtung** *f* ◇ **mit freundlicher ~** with best regards; **hochachtungsvoll** *adv* (*Grußformel*) yours sincerely; **hocharbeiten** *vr* ◇ **sich ~** (*beruflich*) to work one's way up; **hochbegabt** *adj* ↑ *sehr talentiert* highly talented; **Hochbetrieb** *m* (*Geschäft*) peak period; (*Verkehr*) rush hour; (*Urlaub*) high season; **hochbringen** *unreg vt* [1] ↑ *hochtragen* bring/take up [2] → *Kranken* get s.o. back on his feet [3] ↑ *sanieren* → *Firma* get s.th. going; **Hochburg** *f* (*Zentrum*) stronghold; ◇ **Sizilien ist e-e ~ der Mafia** Sicily is a stronghold of the Mafia; **Hochdeutsch** *s* standard German; **hochdotiert** *adj* ▷*Wissenschaftler* highly remunerated; **Hochdruck** *m* [1] METEO high pressure [2] MED high blood pressure [3] *FIG* ◇ **wir arbeiten mit/unter ~** we are working undergreat pressure; **hochfliegend** *adj* (*FIG unrealistisch*) ambitious; **Hochform** *f* ◇ **in ~ sein** to be top fit; **Hochgeschwindigkeitszug** *m* high speed train; **hochgradig** *adj* (*extrem*) extreme, highly; **hochhalten** *unreg vt* [1] ↑ *in die Höhe halten* raise, hold [s.th./s.o.] up [2] (*FIG jd-n schätzen*) think highly of s.o.; **Hochhaus** *s* apartment building; ↑ *Wolkenkratzer* sky scraper; **Hochkonjunktur** *f* (*Aufschwung, Wohlstand*) boom; **hochleben** *vi* (*feiern*) ◇ **jd-n ~ lassen** to give three cheers for s.o.; **Hochmut** *m* ↑ *Überheblichkeit* arrogance; **hochmütig** *adj* ↑ *eingebildet, überheblich* arrogant; **hochprozentig** *adj* ▷*Schnaps* high-proof; **Hochrechnung** *f* (*bei Wahl*) projection; ◇ **e-r ~ nach hat unsere Partei gute Chancen** according to a projection our party has good chances; **hochrüsten** *vt* (POL MIL *Staaten*) arm; **Hochsaison** *f* (*Tourismus*) high season; **Hochschule** *f* ↑ *Universität* university; (*Fach-*) [technical] college; **Hochsommer** *m* (*Sommermitte*) mid summer; **Hochspannung** *f* ELECTR high voltage; **Hochsprung** *m* SPORT high jump; **höchst** *adv* ↑ *äußerst, sehr* extremely; ◇ **~ verdächtig** extremely suspicious; **Hochstapler(in** *f*) *m* <-s, -> ↑ *Betrüger* con man

höchste(r, s) <*Superlativ v.* **hoch**> *adj* [1] highest; ▷*Raum, Wuchs* tallest [2] ▷*Genuß* greatest [3] ▷*Druck* highest; ▷*Gewicht* heaviest; ▷*Geldbetrag* largest; **höchstens** *adv* [1] ↑ *nicht mehr als* at the most; ◇ **du mußt ~ fünf Minuten warten** you will have to wait five minutes at the most; ↑ *bestenfalls* at best [2] (*außer*) except; ◇ **er ißt kein Fleisch, ~ Hammel** he doesn't eat any meat except mutton; **Höchstgeschwindigkeit** *f* (*Tempolimit*) speed limit; ↑ *höchstmögliche Geschwindigkeit* maximum speed; **höchstpersönlich** *adv* ◇ **er kam ~** he came in person; **Höchstpreis** *m* highest price; **höchstwahrscheinlich** *adv* ↑ *sehr wahrscheinlich* highly

H

probable, very likely; ◇ **es wird morgen ~ regnen** in all likelihood, it will rain tomorrow

Hochverrat *m* POL high treason; **Hochwasser** *s* ↑ *Überschwemmung* flood; **hochwertig** *adj* (*gute Qualität*) [of] high quality; **Hochwürden** *m* <-s, -> (*Pfarrer*) Reverend [Father]; **Hochzahl** *f* MATH exponent

Hochzeit *f* <-, -en> ↑ *Trauung* wedding; ◇ **sie haben im Juli ~** they are getting married in July; ◇ **silberne/goldene ~** silver/gold wedding anniversary; **Hochzeitsreise** *f* honeymoon

Hocker *m* <-s, -> (*Bar-*) stool

Höcker *m* <-s, -> (*von Kamel*) hump

Hoden *m* <-s, -> ANAT testicle

Hof *m* <-[e]s, Höfe> [1] (*Bauern-*) farm [2] (*Innen-*) courtyard; (*Schul-*) schoolyard [3] (*FIG umwerben*) ◇ **jd-m den ~ machen** to court s.o.

hoffen *vi* [1] ↑ *wünschen* hope (*auf akk* for) [2] ↑ *erwarten* ◇ **ich hoffe, daß du mitgehen kannst** I hope that you can come along; **hoffentlich** *adv* ◇ **~ geht es dir gut** hopefully [*o.* I hope] you are fine; **Hoffnung** *f* ◇ **die ~ aufgeben** to give up hope; ◇ **ich will dir keine ~en machen** I don't want to get your hopes up; ◇ **er hat große ~en** he has high hopes; **hoffnungslos** *adj* hopeless; **hoffnungsvoll I.** *adj* hopeful; ◇ **ein ~er Anfang** a promising start **II.** *adv* full of hope

höflich *adj* ↑ *zuvorkommend* polite; **Höflichkeit** *f* politeness

hohe(r, s) *adj s.* **hoch**

Höhe *f* <-, -n> [1] (*e-s Berges, Baumes*) height; (*über Meeresspiegel*) altitude; ◇ **der Ballon ging in die ~** the ballon floated up into the sky [2] (*An-*) hill; (*Gipfel*) top, peak [3] (*von Betrag*) ◇ **ein Scheck in ~ von hundert Mark** a check for one hundred marks [4] *FIG* ◇ **auf der ~ des Lebens** in the prime of life; *FAM* ↑ *Unverschämtheit* ◇ **das ist ja die ~!** that is outrageous!

Hoheit *f* [1] (POL *Länder-*) sovereignty [2] (*Anrede*) Your Highness; **Hoheitsgebiet** *s* (*meist pl*) ↑ *Herrschaftsbereich* [sovereign] territory; **Hoheitsgewässer** *pl* territorial waters; **Hoheitszeichen** *s* national emblem

Höhenangabe *f* (*Landkarte*) altitude mark; **Höhensonne** *f* ↑ *künstliche Sonne* sunray lamp; **Höhenzug** *m* (*Gebirge*) mountain range

Höhepunkt *m* (*des Abends*) climax; ◇ **sie steht am ~ ihrer Karriere** she is at the height of her career; ◇ **der Urlaub war ein ~ in seinem Leben** that holiday was a highlight in his life

höher *adj* <*Komparativ von* **hoch**> higher; ▷*Klasse* upper

hohl *adj* [1] ▷*Gespräch* shallow, empty [2] ▷*Wangen* hollow, sunken; *FIG* ◇ **e-e ~e Hand machen** to cup one's hands [3] ↑ *leer* ▷*Klang, Stimme* hollow

Höhle *f* <-, -n> [1] (*e-s Tiers*) cave, den; (*Augen-*) socket [2] *FIG FAM* ↑ *Bude, Zimmer* hole

Hohn *m* <-[e]s> ↑ *Spott* scorn, mockery; ◇ **sie hat mir das zum ~ gesagt** she said that to show her contempt for me; **höhnisch** *adj* ↑ *spöttisch* mocking, scornful

holen I. *vt* [1] ↑ *herbringen* fetch, get; ◇ **hol' die Polizei!** call the police!; ↑ *kaufen* ◇ **ich werde Brot ~** I will pick up some bread [2] → *Atem* catch **II.** *vr* ↑ *bekommen* ◇ **sich e-n Schnupfen ~** to catch a cold

Holland *s* Holland, the Netherlands; **Holländer** *m* <-s, -> Dutchman; **Holländerin** *f* Dutchwoman; **holländisch** *adj* Dutch

Hölle *f* <-, -n> [1] (*Fegefeuer*) hell [2] (*FIG viel Betrieb*) ◇ **es war die ~ los** all hell was broken loose; **Höllenangst** *f FAM* ↑ *große Angst* ◇ **e-e ~ haben** to be terribly afraid; **höllisch** *adj* [1] ↑ *schlimm* hellish, infernal; ◇ **ein ~es Leben führen** to lead a hellish life [2] (*überaus groß*) dreadful, frightful; ◇ **der Film machte ihr ~e Angst** the movie scared her to death

Hologramm *s* <-s, -e> TECHNOL holograph

holperig *adj* [1] ▷*Weg* bumpy [2] ▷*Stil, Rede* jerky

Holunder *m* <-s, -> (*-strauch*) elder; **Holunderbeere** *f* elderberry

Holz *s* <-es, Hölzer> (*Material*) wood; (*zum Bauen*) lumber, timber; ◇ **Brenn-** fire wood; **hölzern** *adj* [1] ▷*Tisch, Schrank* wooden [2] *FIG* ↑ *ungeschickt, steif* rusty, clumsy; **Holzfäller(in** *f*) *m* <-s, -> (*Waldarbeiter*) woodsman, lumberjack; **Holzhammermethode** *f* (*FAM im Unterricht*) sledgehammer method; **holzig** *adj* ▷*Gemüse* woody; **Holzkohle** *f* charcoal; **Holzweg** *m* *FAM* ◇ **auf dem ~ sein** to be on the wrong track

homosexuell *adj* ↑ *schwul (m), lesbisch (f)* homosexual

Honig *m* <-s, -e> (*Bienen-*) honey; (*FIG schmeicheln*) ◇ **~ ums Maul schmieren** to butter s.o. up; **Honigmelone** *f* honeydew melon *BRIT*, cantaloupe *AM*

Honorar *s* <-s, -e> (*~ beziehen*) fee; **honorieren** *vt* [1] ↑ *bezahlen, vergüten* pay s.o. a fee [2] *FIG* ↑ *anerkennen, würdigen* honour

Hooligan *m* <-, -s> ↑ *[Fußball-]Rowdy* hooligan

Hopfen *m* <-s, -> (*für Bier*) hops *pl;* (*FIG jede Mühe vergebens*) ◇ **da ist ~ und Malz verloren** it's a hopeless case

hörbar *adj* ↑ *wahrnehmbar* audible

horchen *vi* ↑ *genau hinhören* listen [carefully]; (*an der Tür*) eavesdrop

Horde *f* <-, -n> (*wilde Menge*) horde

hören I. *vt* ① → *Ton* hear; ◇ **ich höre die Musik nicht** I can't hear the music ② (*zu-*) → *Konzert, Vorlesung* listen; ◇ **hörst du mir zu?** are you listening to me? **II.** *vi* ① ↑ *gehorchen* ← *Hund* obey; ◇ **die Schüler - nicht auf den Lehrer** the students aren't paying attention to the teacher ② ↑ *erfahren* ◇ **hast du die neueste Nachricht gehört?** have you heard the latest news?; **Hörensagen** *s* (*aus Erzählungen*) ◇ **vom -** from/by hearsay; **Hörer(in** *f*) *m* <-s, -> ① (MEDIA *Zu-*) listener; ◇ **liebe -innen und -** dear listeners ② (*Telefon-*) receiver; ◇ **er hob den - ab** he lifted the receiver ③ (*an der Uni*) student

Horizont *m* <-[e]s, -e> ① (*Himmel*) horizon ② (*FIG Verständnis*) ◇ **der Witz geht über meinen -** that joke went over my head; **horizontal** *adj* ↑ *waagerecht* horizontal

Hormon *s* <-s, -e> MED hormone

Horn *s* <-[e]s, Hörner> ① (*von Stier*) horn; (*von Hirsch*) antler ② (*Instrument*) horn

Horoskop *s* <-s, -e> horoscope

Hörsaal *m* lecture room/hall, auditorium; **Hörspiel** *s* MEDIA radio play

Hort *m* <-[e]s, -e> (*Kinder-*) day-care centre, day-nursery

horten *vt* ↑ *ansammeln* → *Geld* hoard

Hose *f* <-, -n> ① (*Herren-, Damen-*) pants, trousers *pl;* ◇ **Bade-** swim/bathing suit; ◇ **Unter-** underpants ② (*FAM schiefgehen*) ◇ **in die - gehen** to be a complete washout ③ (*FAM langweilig*) ◇ **tote -** no action, boring

Hotel *s* <-s, -s> hotel; **Hotelier** *m* <-s, -s> ↑ *Hotelbesitzer* hotel manager/owner

hüben *adv* (*- und drüben*) on this side; ◇ **es standen Menschen - und drüben** people were standing on both sides

Hubraum *m* AUTO displacement, cubic capacity

hübsch *adj* ① ↑ *gutaussehend* pretty; ◇ **ein -er Mann** a handsome man ② ↑ *nett* (*auch ironisch*) pretty, fine, nice; (*FIG e-e schlimme Bescherung*) ◇ **das ist e-e -e Geschichte** that is a fine kettle of fish ③ ↑ *ziemlich groß* ◇ **ein -es Stück Arbeit** a pretty good bit of work; ◇ **das ist e-e -e Summe** that is a nice amount of money

Hubschrauber *m* <-s, -> AERO ↑ *Helikopter* helicopter

hudeln *vi FAM* work sloppily

Huf *m* <-[e]s, -e> (*Pferde-*) hoof

Hüfte *f* <-, -n> hip; ◇ **ich stand bis an die - im Schnee** I stood waist-deep in snow

Hügel *m* <-s, -> ↑ *kleiner Berg* hill; **hügelig** *adj* ▷*Landschaft* hilly

Huhn *s* <-[e]s, Hühner> ↑ *Henne* chicken, hen; (GASTRON *gebratenes -*) chicken; (*FIG sehr früh*) ◇ **mit den Hühnern zu Bett gehen** to go to bed early; **Hühnerbrühe** *f* (*Suppe*) chicken broth

huldigen *vi* (*Erfolg*) render/pay homage (*jd-m/etw* to s.o./s.th.); (*ironisch, e-r Schwäche*) indulge; ◇ **er huldigt dem Alkohol** he indulges in alcohol

Hülle *f* <-, -n> ① ↑ *Umhüllung* cover ② (*PHYS Atom-*) shell ③ *FIG* ◇ **in - und Fülle** in abundance; ◇ **ich habe Sorgen in - und Fülle** I have worries galore; **hüllen** *vt* ① ↑ *einpacken* wrap s.th. up (*in akk* in) ② *FIG* ↑ *nichts sagen* ◇ **sich in Schweigen -** to remain silent

Hülse *f* <-, -n> ① ↑ *Schale* husk, hull; (*von Bohnen*) pod ② (*für Film*) cartridge; (*Patronen-*) capsule; **Hülsenfrucht** *f* pulses *pl; FAM* beans and peas *pl*

human *adj* ① ↑ *menschlich* humane ② (*den Menschen betreffend*) human; **Humanität** *f* ↑ *Menschlichkeit* humaneness

Hummel *f* <-, -n> bumble-bee; (*FIG zappelig*) ◇ **sie hat -n im Hintern** she has ants in her pants

Hummer *m* <-s, -> (*Krustentier*) lobster

Humor *m* <-s> humour; ◇ **Sinn für - haben** to have a sense of humour; **Humorist(in** *f*) *m* (*Kabarettist, Komiker*) comedian; **humoristisch** *adj* humorous; **humorvoll** *adj* ↑ *amüsant, lustig* humorous, amusing

humpeln *vi* ↑ *hinken* hobble

Hund *m* <-[e]s, -e> ① dog; ◇ **Warnung vor dem -!** beware of dog! ② (*FIG FAM Kerl*) ◇ **armer -** poor thing, poor guy; **hundemüde** *adj FAM* ↑ *sehr müde* dead tired

hundert *nr* a (*od.* one) hundred; ◇ **e-r unter -** one in a hundred; **hundertprozentig** *adj, adv* (*vollständig*) one/a hundred per cent; ◇ **sich - sicher sein** to be one hundred per cent sure

Hündin *f* bitch

Hunger *m* <-s> hunger; ◇ **- haben** to be hungry; **Hungerlohn** *m* ◇ **für e-n - arbeiten** to work for peanuts; **hungern** *vi* (*großen Hunger haben*) be starving; ◇ **sie läßt ihre Kinder -** she lets her children go hungry; ◇ **sie hungert sich schlank** she is on a starvation diet; **Hungerstreik** *m* ◇ **in - treten** to go on a hunger strike; **hungrig** *adj* hungry

Hupe *f* <-, -n> horn; **hupen** *vi* honk, sound one's horn

hüpfen *vi* ↑ *springen* skip; ◇ **sie ist vor Freude gehüpft** she jumped for joy

Hürde *f* <-, -n> ① SPORT ↑ *Hindernis* hurdle;

◇ **e-e ~ nehmen** to clear a hurdle [2] *FIG* ↑ *Hindernis* obstacle; **Hürdenlauf** *m* SPORT hurdles *sg*

Hure *f* <-, -n> ↑ *Prostituierte* whore

husten *vi* [1] MED cough [2] (*FAM die Meinung sagen*) ◇ **jd-m etw ~** to give s.o. a piece of one's mind; **Husten** *m* <-s> cough

Hut I. *m* <-[e]s, Hüte> [1] (*Kopfbedeckung*) hat [2] (*FIG altbekannt*) ◇ **ein alter ~** old hat [3] (*FIG Abschied*) ◇ **er mußte seinen ~ nehmen** he had to pack his bags **II.** *f* <-> (*vorsichtig sein*) ◇ **auf der ~ sein** to be on one's guard, to stay on one's toes

hüten I. *vt* → *Schafe, Kinder* look after; ◇ **der Schäfer hütet seine Schafe** the shepherd tends to his sheep; ◇ **hüte deine Zunge** watch your tongue **II.** *vr* ◇ **sich ~** ↑ *sich vorsehen* beware (*vor dat* of); ◇ **ich werde mich ~** I'll do nothing of the kind; ◇ **~ Sie sich vor diesem Mann** beware of that man

Hütte *f* <-, -n> [1] (*Berg~*) cabin, hut; (*Holz~*) cottage, log cabin; (*Hunde~*) dog-house, kennel [2] (*Eisen~*) iron and steel works; (*Glas~*) glassworks

hydraulisch *adj* ▷*Pumpe* hydraulic

Hygiene *f* <-> (*Sauberkeit*) hygiene; **hygienisch** *adj* hygienic

Hymne *f* <-, -n> hymn; ◇ **National~** national anthem

hyper- *präf* über-, hoch-; ◇ **-sensibel** over-sensitive

hypnotisieren *vt* hypnotize

Hypothek *f* <-, -en> (*auf Haus*) mortgage

Hypothese *f* ↑ *Annahme, Voraussetzung* hypothesis

hysterisch *adj* hysterical; ◇ **e-n ~en Anfall bekommen** to go into hysterics

I

I, i *s* I, i

i.A. *Abk. v.* **im Auftrag** pp.

IC *m* <-, -s> *Abk. v.* **Intercity** BAHN Intercity train

ICE *m* <-, -s> *Abk. v.* **Intercity Express** BAHN Intercity express train

ich *pron pers* I; ◇ **~ denke** I think, I believe; ◇ **~ Idiot!** what an idiot I am!; **Ich** *s* <-[s], -[s]> (PSYCH *Ego*) ego

IC-Zuschlag *m* (BAHN *Aufpreis*) Intercity train supplement

ideal *adj* [1] (▷*Partner, vollkommen*) ideal, perfect [2] (▷*Bedingungen, geeignet*) ideal; **Ideal** *s* <-s, -e> (*Schönheits~*) ▷*anstreben* ideal; **Idealist(in** *f*) *m* idealist; **idealistisch** *adj* ▷*Weltbild* idealistic

Idee *f* <-, -n> [1] ↑ *Einfall* idea [2] ↑ *Vorstellung* idea

ideell *adj* (*geistig*) ideal

Ideenreichtum *m* inventiveness

identifizieren I. *vt* (*Person*) identify **II.** *vr* (*dahinterstehen, eintreten*) ◇ **sich mit etw ~** identify with s.th.

identisch *adj* (*dasselbe*) identical; **Identität** *f* (*Personalien*) identity

Ideologe *m* <-n, -n> **Ideologin** *f* ideologue; **Ideologie** *f* ideology; **ideologisch** *adj* ideological

idiomatisch *adj* ▷*Ausdruck, Redewendung* idiomatic

Idiot(in *f*) *m* <-en, -en> *FAM* idiot; **idiotisch** *adj* (*verrückt*) idiotic, silly

Idol *s* ↑ *Vorbild* idol

Idyl *s* idyl; **idyllisch** *adj* ▷*Landschaft* idyllic

Igel *m* <-s, -> hedgehog

Ignoranz *f* ignorance; **ignorieren** *vt* ignore

ihm *pron pers dat von* **er, es** [1] (*für Person*) him, to him; (*für Dinge/Tiere*) it, to it; ◇ **Frau Blankenhagen schnitt ~ die Haare** Ms Blankenhagen cut his hair [2] (*nach Präp*) him, it; ◇ **ein(e) ... von ~** a ... of his, one of his ...

ihn *pron pers akk von* **er** [1] (*für Person*) him [2] (*für Dinge/Tiere*) it

ihnen *pron pers dat von* **sie** (*pl*) [1] them, to them [2] (*nach Präp*) ◇ **... von ~** ... of theirs; ◇ **zu ~ gehen** to go to see them

Ihnen *pron pers dat von* **Sie** [1] you, to you [2] (*nach Präp*) ◇ **... von ~** ... of yours

ihr *pron pers* [1] (*2. Person pl*) you [2] *dat von* **sie** (*sg*) (*für Person*) [to] her; (*für Dinge/Tiere*) [to] it [3] (*nach Präp.*) her, it; **ihr(e)** *pron poss* (*adjektivisch*) [1] (*sg, für Person*) her; (*für Dinge/Tiere*) its [2] (*pl*) their

Ihr(e) *pron poss von* **Sie** your; (*Schlußformel im Brief*) ◇ **~ Wolfgang Müller** yours, Wolfgang Müller; ◇ **~(e) Beate Müller** yours, Beate Müller

ihre(r, s) *pron poss* (*substantivisch*) [1] *von* **sie** (*sg*) (*für Personen*) hers; (*für Dinge/Tiere*) its; ◇ **der/die/das ~** hers, its [2] *von* **sie** (*pl*) theirs; ◇ **der/die/das ~** theirs

ihrer *pron pers gen von* **sie** (*sg*) of her; *von* **sie** (*pl*) of them; ◇ **sie werden ~** *gen* **gedenken** they will remember (her/them)

Ihrer *pron pers gen von* **Sie** of you; ◇ **wir werden ~ gedenken** we will remember you

ihrerseits *adv* (*von ihr aus*) for her part; (*von ihnen aus*) for their part; **Ihrerseits** *adv* (*von Ihnen aus*) for your part; **ihresgleichen** *pron* (*bezogen auf sie (sg)*) people like her; (*bezogen auf sie (pl)*) people like them; **Ihresgleichen** *pron* people like you; **ihretwegen**, **ihretwillen** *adv* [1] *bezogen auf* **sie** (*sg*) (*von ihr aus*) as far as she is concerned; (*kausal*) because of her; (*ihr zuliebe*) for her sake [2] *bezogen auf* **sie** (*pl*) (*von ihnen aus*) as fas as they are concerned; (*kausal*) because of them; (*ihnen zuliebe*) for their sake[s]; **Ihretwegen**, **Ihretwillen** *adv* [1] (*kausal*) because of you [2] (*Ihnen zuliebe*) for your sake[s]

ihrige *pron poss* (*substantiviert*) *s.* **ihre(r, s)**

Ikone <-, -n> icon

illegal *adj* ▷*Einreise* illegal

illegitim *adj* illegitimate; **Illegitimität** *f* illegitimacy

illoyal *adj* disloyal

Illusion *f* ↑ *Einbildung* illusion; ◇ **sich** *dat* **-en machen** to delude o.s.; **illusorisch** *adj* (*unrealistisch*) illusory

Illustration *f* illustration; **illustrieren** *vt* [1] → *Buch* illustrate [2] (*erklären*) explain, demonstrate; **Illustrierte** *f* <-n, -n> ↑ *Zeitschrift* magazine

Iltis *m* polecat

im = **in dem**

imaginär *adj* ↑ *eingebildet* imaginary

Imbiß *m* <-sses, -sse> ▷*einnehmen* snack; **Imbißstube** *f* snack bar, lunch counter *AM*

imitieren *vt* ↑ *nachmachen* imitate

Imker(in *f*) *m* <-s, -> beekeeper; **Imkerei** *f* beekeepering

Immatrikulation *f* ↑ *Einschreibung* (*an Universität*) registration; **immatrikulieren** *vt, vr* ↑ *einschreiben* ◇ **sich** - register

immer *adv* [1] ↑ *ständig* always; ◇ - **wieder** time after time [2] (*jedesmal*) ◇ - **wenn** whenever, every time [3] (*üblich*) ◇ **wie** - as usual, as always [4] ◇ - **noch** still [5] (*ewig*) ◇ **für** - forever; **immerfort** *adv* constantly, continually; **immerhin** *adv* (*wenigstens*) at any rate; (*trotzdem*) all the same; (*endlich*) after all; **immerzu** *adv* (*ununterbrochen*) constantly, the whole time

Immobilien *pl* (*-makler*) real estate

immun *adj* [1] ↑ *unempfänglich* (*gegen Krankheit*) immune (*gegen akk* from) [2] *FIG* ↑ *unantastbar* immune; **immunisieren** immunize, render immune; **Immunität** *f* [1] (*gegen Krankheit*) immunity (*gegen* to, against) [2] (*FIG von Abgeordneten*) immunity; **Immunschwäche** *f* (*Anfälligkeit*) immune deficiency; **Immunschwächekrankheit** *f* ↑ *Aids* immune deficiency syndrome; **Immunsystem** *s* (*Körper*) immune system

Imperativ *m* GRAM ↑ *Befehlsform* imperative

Imperfekt *s* <-s, -e> GRAM ↑ *Präteritum* past tense, preterite

Imperialismus *m* imperialism; **imperialistisch** *adj* ▷*Politik* imperialistic

impfen *vt* MED vaccinate; **Impfstoff** *m* MED ↑ *Serum* vaccine; **Impfung** *f* vaccination

implizieren *vt* (*mit einschließen*) imply

imponieren *vi* ↑ *beeindrucken* impress (*jd-m* s.o.)

Import *m* <-[e]s, -e> import; **importieren** *vt* import

imposant *adj* ↑ *beeindruckend* imposing

impotent *adj* impotent

imprägnieren *vt* → *Leder* make waterproof

Improvisation *f* [1] (*Behelf*) improvisation [2] (*Theater, Stegreif*) extemporization; **improvisieren I.** *vt* → *Rede* improvise **II.** *vi* extemporise

Impuls *m* <-es, -e> [1] ↑ *Antrieb, Anstoß* ▷*geben* impulse [2] (*FIG spontan*) ◇ **aus e-m - heraus** on the spur of the moment; **impulsiv** *adj* impulsive, spontaneous

imstande *adj* ◇ - **sein** ↑ *fähig, in der Lage* to be able to do s.th.

in *präp* [1] (*räumlich, wohin?, akk*) in, inside; ◇ **etw - den Schrank hängen** to hang s.th. in the wardrobe; ◇ - **die Garage fahren** to drive into the garage; (*wo?, dat*) ◇ **in dem** [*o.* **im**] **Garten** in the garden [2] (*zeitlich, akk/dat*) ◇ **bis -s hohe Alter** until one is very old; ◇ - **e-r Stunde** in an hour [3] ◇ - **Schwierigkeiten (sein)** to be in trouble; (*modern*) ◇ - **sein** to be in, to be with it

Inbegriff *m* example of; (*Verkörperung*) personification, epitome; **inbegriffen** *adv* ↑ *enthalten* included

indem *cj* [1] (*dadurch, daß*) by doing s.th. [2] (*während*) while, whilst, during

Inder(in *f*) *m* <-s, -> Indian

Indianer(in *f*) *m* <-s, -> (*Ureinwohner Amerikas*) [Red/American] Indian; **indianisch** *adj* Indian

Indien *s* India

Indikativ *m* (GRAM *Wirklichkeitsform*) indicative

indirekt *adj* indirect

indisch *adj* (*aus Indien*) Indian

indiskret *adj* ▷*Bemerkung* indiscreet; **Indiskretion** *f* indiscretion

indiskutabel *adj* out of the question

Individualist(in *f*) *m* individualist; **individuell** *adj* [1] (*persönlich*) individual, personal [2] (*ei-

gentümlich) private, personal; **Individuum** *s* <-s, -en> ① ↑ *der Einzelne* individual ② (*PEJ unbeliebte Person*) individual

Indiz *s* <-es, -ien> ① (*Hinweis*) sign (*für* of) ② (JURA *-ienprozeß, Beweis*) clue, evidence

indoktrinieren *vt* (*beeinflussen*) indoctrinate

Indonesien *s* Indonesia

industrialisieren *vt* → *Land* industrialise; **Industrie** *f* (*Stahl-*) industry; **Industrie-** *in Zusammensetzungen* industrial; **Industriegebiet** *s* industrial area; **industriell** *adj* ▷*Fertigung* industrial

ineinander *adv* (*- verliebt sein*) with each other

Infarkt *m* <-[e]s, -e> (MED *Herz-*) cardiac infarction, heart attack

Infektion *f* MED infection

Infinitiv *m* GRAM ↑ *Verlaufsform* infinitive

infizieren I. *vt* ↑ *anstecken* infect II. *vr* (*sich anstecken*) ◇ **sich** - be infected (*bei* by)

Inflation *f* (*Geld*) inflation; **Inflationsspirale** *f* inflationary spiral; **Inflationszeit** *f* inflationary period

Info *f* <-, -s> ↑ *Information* info, information

infolge *präp gen* ↑ *als Folge, wegen* due to, as a result of; **infolgedessen** *adv* ↑ *also, folglich* as a result of, consequently

Informatik *f* computer science; **Informatiker**(**in** *f*) *m* <-s, -> (*Student*) student of computer science; (*Beruf*) computer scientist

Information *f* ① ↑ *Mitteilung* information ② (*Informieren*) information; **Informationsstand** *m* (*mit Infomaterial*) information stand; **informativ** *adj* ▷*Gespräch* informative; **informieren** I. *vt* ↑ *benachrichtigen* inform, notify II. *vr* ↑ *Informationen einholen* ◇ **sich - über** find out about

Infrastruktur *f* (*Verkehr*) infrastructure

Infusion *f* MED infusion

Ingenieur(**in** *f*) *m* (*Techniker, Beruf*) engineer; (*Student*) engineering student

Ingwer *m* <-s> (*Gewürz*) ginger

Inhaber(**in** *f*) *m* <-s, -> ① ↑ *Besitzer* (*Geschäfts-*) owner ② (*von Führerschein*) holder; (*von Paß*) bearer ③ (SPORT *Titel-*) holder

inhaftieren *vt* (*verhaften*) arrest

Inhalationsapparat *m* inhaler; **inhalieren** I. *vt* → *Rauch* ↑ *einatmen* inhale, breathe in II. *vi* MED → *Dampf* inhale

Inhalt *m* <-[e]s, -e> ① (*Flasche, Korb, Füllung*) contents *pl* ② (*FIG Film, Gespräch*) content, meaning ③ (MATH *Raum-, Flächen-*) area, volume; **inhaltlich** *adj* as regards content; **Inhaltsangabe** *f* ↑ *Zusammenfassung* summary [of contents]; **inhaltslos** *adj* ▷*Buch, Film* lacking in content, meaningless, pointless; **Inhaltsverzeichnis** *s* table of contents

inhuman *adj* ↑ *herzlos* inhuman; ↑ *grausam* inhumane

Initiative *f* ▷*ergreifen* initiative

Injektion *f* injection

Inkrafttreten *s* <-s> taking effect; (*Zeitpunkt*) effective date

inklusive *präp, adv gen* ↑ *inbegriffen* including, inclusive

inkognito *adv* ↑ *unerkannt, anonym* incognito

inkonsequent *adj* (▷*Verhalten, gegensätzlich*) inconsistent

inkorrekt *adj* ↑ *falsch, nicht korrekt* incorrect

Inkrafttreten *s* <-s> ▷*Gesetz* coming into effect

Inland *s* inland

Inlandsverkehr *m* domestic traffic

inmitten *präp gen* ↑ *mitten in* in the midst of

innehaben *unreg vt* → *Amt* hold, occupy

innen *adv* (*Ggs zu außen: im Raum*) inside, on the inside of; **Innenaufnahme** *f* (*Foto*) indoor photography, indoor shot; **Inneneinrichtung** *f* (*Mobiliar*) furnishings *pl;* **Innenminister**(**in** *f*) *m* POL Minister of the Interior, Home Secretary *BRIT*; **Innenpolitik** *f* (POL *Regierung*) domestic policy, home affairs; **innenpolitisch** *adj* of internal policy; **Innenstadt** *f* ↑ *Zentrum* town centre, downtown [district]

innere(**r, s**) *adj* ① ▷*Organe* internal, inner ② (*private Angelegenheit*) inside; ▷*Gefühle* inner, from within; **Innere**(**s**) *s* ① (*Kern*) inside; (*Haus, Wagen*) interior, inside ② (*FIG Gefühle, Geist*) inside ③ ◇ **Minister für -s** Minister of the Interior, Home Secretary *BRIT*

innerhalb I. *präp gen* ① (*zeitlich*) ◇ **- [von] fünf Minuten** within five minutes ② (*räumlich*) ◇ **- des Hauses** within this house, inside, indoors II. *adv* ◇ **- e-s Landes** inland

innerlich *adj* (*gefühlvoll*) inner; **innerste**(**r, s**) *adj* ▷*Wesen* innermost, deepest; **Innerste**(**s**) *s* ◇ **sein -s offenbaren** to show one's innermost being

innig *adj* ▷*Zuneigung* deep, profound

Innovation *f* ↑ *Erneuerung* innovation; **innovativ** *adj* ▷*Maßnahme* innovative

Innungswesen *s* trade associations

inoffiziell *adj* unofficial

ins = in das

Insasse *m* <-n, -n> **Insassin** *f* ① (*Auto-*) passenger ② (*e-er Anstalt*) inmate

insbesondere *adv* ↑ *besonders* especially

Inschrift *f* inscription

Insekt *s* <-[e]s, -en> insect, bug

Insel *f* <-, -n> island
Inserat *s* advertisement, ad; **Inserent(in** *f*) *m* advertiser; **inserieren I.** *vt* (*anbieten in Zeitung*) advertise **II.** *vi* (*annoncieren*) advertise
insgeheim *adv* ▷*denken* secretly
insgesamt *adv* altogether
Insider(in *f*) *m* <-s, -> (*-witz*) insider
insofern I. *adv* ◇ **- als** in so far as **II.** *cj* (*wenn, falls*) ◇ **- er dir helfen kann** if he can help you
Installateur(in *f*) *m* (*Wasser-*) plumber; (*Gas-*) gas-fitter
Instandhaltung *f* (*Pflege*) maintenance; **Instandsetzung** *f* ↑ *Reparieren* repair, fixing
Instanz *f* (JURA *Urteil*) court, trial; (*Behörde*) authority
Instinkt *m* <-[e]s, -e> 1 (*Tier*) instinct 2 *FIG* ◇ **sich auf seinen - verlassen** to follow one's instinct; **instinktiv** *adj* (*unwillkürlich*) instinctive
Institut *s* <-[e]s, -e> 1 ↑ *Anstalt* (*Forschungs-*) institution 2 (*Universität*) institute
Instrument *s* instrument
Insulin *s* <-s> MED insulin
inszenieren *vt* 1 → *Bühnenstück* stage, put on 2 *FIG* ◇ **e-n großen Aufstand -** to make a big fuss about s.th.
integrieren *vt* (*in Gesellschaft*) integrate
intellektuell *adj* ▷*arbeiten* intellectual
intelligent *adj* ↑ *klug* intelligent; **Intelligenz** *f* 1 (*-quotient*) intelligence 2 (*Personengruppe*) intelligentsia *pl*
Intendant(in *f*) *m* (*Theater*) director, theatre manager
intensiv *adj* ▷*üben* intensive; **Intensivkurs** *m* intensive course; **Intensivstation** *f* (*Krankenhaus*) intensive care unit
interessant *adj* ▷*Leute, Buch, Beruf* interesting; **Interesse** *s* <-s, -n> interest (*an dat* in); **Interessent(in** *f*) *m* ↑ *interessierte Person* interested person; **interessieren I.** *vr* ◇ **sich - für** ▷*Literatur* be interested in **II.** *vt* (*Interesse erwecken*) interest
Interface *s* <-, -s> PC interface
Internat *s* ↑ *Schulheim* boarding school
international *adj* international
internieren *vt* → *Gefangene* intern
interpretieren *vt* 1 ↑ *verstehen* interpret 2 → *Musikstück* interpret
Interpunktion *f* punctuation
Interrail-Karte *f* BAHN interrail ticket
Intervall *s* <-s, -e> 1 (*Ton-*) interval, pause 2 (*Pause*) interval
Interview *s* <-s, -s> interview; **interviewen** *vt* interview
intim *adj* 1 (*vertraut*) ▷*Atmosphäre* intimate 2 ▷*Mitteilung* private 3 ◇ **- werden** (*sexuell*) to become intimate; **Intimität** *f* (*Vertrautheit*) intimacy
intolerant *adj* intolerant
intransitiv *adj* GRAM intransitive
Intrige *f* <-, -n> ◇ **-n schmieden** to intrigue
Invasion *f* invasion
Inventar *s* <-s, -e> 1 (*Mobiliar*) fittings, equipment 2 (*Verzeichnis*) inventory
Inventur *f* ◇ **- machen** to do stock-taking
investieren *vt* (*Geld*) invest
inwiefern *adv* (*wieso*) what extent, in what way
inzwischen *adv* ↑ *unterdessen* in the meantime, meanwhile
Irak *m* ◇ **[der] -** Iraq
Iran *m* ◇ **[der] -** Iran
irdisch *adj* (*Ggs himmlisch*) worldly
Ire *m* <-n, -n> Irishman; ◇ **die -n** *pl* Irish
irgendein(e, s) *adj* ↑ *ein beliebiger* any, anyone, some; **irgendwann** *adv* ↑ *zu beliebigem Zeitpunkt* at any time, at some time; **irgendwie** *adv* somehow; **irgendwo** *adv* somewhere, anywhere
Irin *f* Irishwoman; **irisch** *adj* Irish; **Irland** *s* Ireland
Ironie *f* ▷*beißende* irony; **ironisch** *adj* ▷*Bemerkung* ironical
irre *adj* 1 ↑ *verrückt* crazy 2 (*FAM toll*) ◇ **das ist -!** that's great!; **Irre(r)** *fm* ↑ *Verrückte(r)* mad person, lunatic
irreführen *vt* ↑ *täuschen* mislead
irren I. *vi* 1 ◇ **umher-** (*fehlgehen*) to stray 2 (*fälschlich annehmen*) be mistaken **II.** *vr* ↑ *sich vertun* ◇ **sich -** be mistaken, be wrong
Irrenanstalt *f* lunatic asylum
Irrtum *m* <-s, -tümer> mistake; **irrtümlich** *adj* ▷*annehmen* incorrect, by mistake
Isolation *f* 1 (*-shaft*) isolation 2 (ELECTR *Kabel*) insulation; **Isolierband** *s, pl* <-bänder> insulating tape; **isolieren** *vt* 1 → *Kranke* isolate 2 ELECTR → *Kabel* insulate; **Isolierkanne** *f* ↑ *Thermoskanne* thermos flask; **Isolierstation** *f* MED isolation ward; **Isomatte** *f* (*Camping*) thermomat
Israel *s* Israel
Italien *s* Italy; **Italiener(in** *f*) *m* <-s, -> Italian; **italienisch** *adj* Italian

J

J, j *s* J, j
ja *adv* [1] yes [2] (*Erstaunen, wirklich?*) really? [3] (*Telefon*) ◇ **ja bitte?** hello? [4] (*Ausruf*) ◇ **aber das ist ja unglaublich!** why that's incredible!
Jacke *f* <-, -n> jacket
Jackett *s* <-s, -s *o.* -e> ↑ *Anzugjacke* jacket
Jagd *f* <-, -en> [1] (*Hasen-*) hunt [2] (*Verbrecher-*) hunt, stalk; **jagen I.** *vi* [1] ↑ *auf die Jagd gehen* hunt [2] ← *Auto* ↑ *rasen* race **II.** *vt* [1] → *Fasanen* hunt [2] → *Verbrecher* stalk, hunt; **Jäger(in** *f*) *m* <-s, -> [1] (*von Tieren*) hunter [2] *FIG* ◇ **Schürzen-** playboy
jäh *adj* [1] (*steil*) steep [2] (*plötzlich*) sudden, abrupt
Jahr *s* <-[e]s, -e> year; ◇ **ein gesundes neues -!** happy new year!; **jahrelang** *adj* ▷*Beziehung* for years; **Jahresabonnement** *s* annual subscription; **Jahresabschluß** *m* [1] (*Jahresende*) end of the year [2] (*Schuljahresende*) end of the school year [3] (COMM *Geschäftsbilanz*) annual statement of account; **Jahresbericht** *m* (*Schule, Firma*) annual report; **Jahreszeit** *f* season; **Jahrgang** *m* [1] (*Wein*) vintage, year [2] (*Schul-*) year [3] (*Alter*) age group; **Jahrhundert** *s* <-s, -e> century; **jährlich** *adj* ▷*Treffen, Beitrag* annually, yearly; **Jahrzehnt** *s* <-s, -e> decade
Jähzorn *m* violent anger, sudden temper; **jähzornig** *adj* hot-tempered
Jalousie *f* ▷*hochziehen, herunterlassen* blinds *pl*
Jammer *m* <-s> [1] ◇ **ein -, daß...** ↑ *schade, daß* it is a shame that... [2] (*Weinen*) wailing; **jämmerlich** *adj* [1] ↑ *armselig* wretched [2] (*- weinen*) miserable; **jammern** *vi* ↑ *klagen* complain, moan
Januar *m* <-s, -e> January; *s. a.* **April**
Japan *s* Japan; **Japaner(in** *f*) *m* <-s, -> Japanese; **japanisch** *adj* Japanese
Jargon *m* <-s, -s> ↑ *Fachsprache* jargon
jäten *vt* (*Unkraut*) weed
Jauche *f* <-, -n> liquid manure
jaulen *vi* ← *Hund* howl
jawohl *adv* of course, certainly
Jawort *s* (*bei Trauung*) consent; *FIG* ◇ **sich das - geben** to marry
Jazz *m* <-> MUS jazz
je I. *adv* [1] ↑ *jemals, überhaupt einmal* ever; ◇ **der beste Film, den ich - gesehen habe** the best film that I have ever seen [2] (*immer*) always; ◇ **seit eh und -** ever since, always **II.** *präp* ↑ *pro* ◇ **15 DM - Person** 15 DM each **III.** *cj* ◇ **- eher desto besser** the earlier the better; ◇ **- nachdem** it depends, depending on
Jeans *f* <-, -> jeans *pl;* ◇ **e-e -** a pair of jeans
jede(r, s) *pron* [1] ↑ *alle* every, each; ◇ **das kann doch - Frau** every woman can do that [2] (*- einzelne*) each, every; ◇ **e-e Rose für -n der Tänzer** a rose for each of the dancers
jedenfalls *adv* [1] ↑ *auf alle Fälle* in any case, anyhow; ◇ **- hat er davon gewußt** in any case he knew about it [2] (*sicherlich*) at any rate, definitely; ◇ **sie würde das - nicht tun** she would not do it at any rate; **jederzeit** *adv* at any time; **jedesmal** *adv* ↑ *immer wieder* every time, each time
jedoch *adv* ↑ *aber* however
jeher *adv* (*schon immer*) ◇ **von -** always
jemals *adv* (*überhaupt einmal*) ever
jemand *pron* someone; ◇ **ist - da?** is anyone there?
jene(r, s) *pron* that, those; ◇ **dieses u. -s** this and that
jenseits *präp gen* on the other side; ◇ **- der Mauer** on the other side of the wall; **Jenseits** *s* <-> next world; (*FAM ermorden*) ◇ **jd-n ins - befördern** to kill s.o.
Jet *m* <-s, -s> ↑ *Flugzeug* jet
jetzig *adj* ↑ *gegenwärtig* current, present; **jetzt** *adv* [1] ↑ *in diesem Moment* now [2] (*als nächstes*) right now; ◇ **was machen wir -?** what are we going to do now?
jeweilig *adj* (*entsprechend*) respective, particular; **jeweils** *adv* (*jedesmal*) respectively
Job *m* <-s, -s> [1] ↑ *Arbeit, Stelle* job [2] PC job; **Job-sharing** *s* <-s> job-sharing
Jod *s* <-[e]s> CHEM iodine
joggen *vi* jog; **Jogging** *s* <-s> jogging
Joghurt *m o. s* <-s, -s> yoghurt
Johannisbeere *f* (*rote -*) [red] currant; (*schwarze -*) black currant
Joint *m* <-s, -s> *FAM* ▷*rauchen* joint
jonglieren *vi* (*mit Bällen*) juggle
Jordanien *s* Jordan
Joule *s* <-[s], -> joule
Journalismus *m* journalism; **Journalist(in** *f*) *m* journalist; **journalistisch** *adj* ▷*Tätigkeit* journalistic
Jubel *m* <-s> (*-geschrei*) cheering, rejoicing; **jubeln** *vi* (*sich laut freuen*) cheer, rejoice; **Jubiläum** *s* <-s, Jubiläen> (*Dienst-*) anniversary; (*König*) jubilee
jucken I. *vi* ← *Haut, Fell* itch **II.** *vt* [1] *FIG FAM* ◇ **das juckt mich nicht** I really don't care [2] (*Mückenstich*) itch; **Juckreiz** *m* itch
Jude *m* <-n, -n> Jew; **Judentum** *s* <-s> Judaism; **Judenverfolgung** *f* (*Holocaust*) persecution

of the Jews; **Jüdin** *f* Jew; **jüdisch** *adj* ▷*Glaube* Jewish

Judo *s* <-[s]> judo

Jugend *f* <-> ① ◇ **die heutige ~** today's youth *pl* ② (*Lebensalter*) youth; **Jugendherberge** *f* (*Unterkunft*) youth hostel; **Jugendkriminalität** *f* ▷*steigende* juvenile delinquency; **jugendlich** *adj* ▷*Kleidung* young, youthful; **Jugendliche(r)** *fm* ↑ *junger Mensch* youth, young person

Jugoslawe *m* <-n, -n> Yugoslav; **Jugoslawien** *s* Yugoslavia; **Jugoslawin** *f* Yugoslav; **jugoslawisch** *adj* Yugoslavian

Juli *m* <-[s], -s> July; *s. a.* **April**

jung <jünger, am jüngsten> *adj* ① (*Altersgruppe*) young ② ▷*Projekt, Liebe, Wein* young, new

Junge *m* <-n, -n> boy

Junge(s) *s* (*Hund*) puppy; (*Katze*) kitten; ◇ **die ~n** *pl* young *pl*

jünger <*Komparativ von* **jung**> younger

Jungfrau *f* ① ASTROL Virgo ② (*jd ohne sexuelle Erfahrung*) virgin; **Junggeselle** *m* (*Single*) single; (*Mann*) bachelor, single (man)

jüngste(r, s) I. <*Superlativ von* **jung**> youngest II. *adj* (*neueste*) ▷*Ereignisse* latest, newest

Juni *m* <-[s], -s> June; *s. a.* **April**

Junior(in *f*) *m* <-s, -en> ① ↑ *jüngster Sohn* junior ② (SPORT *~enmeisterschaft*) junior; **Junior-Paß** *m* BAHN junior rail-pass

Jurist(in *f*) *m* ↑ *Rechtsgelehrter* lawyer; (*Student*) law student; **juristisch** *adj* legal

Justiz *f* <-> ① (*Gerechtigkeit*) justice; (*Lynch~*) justice ② (*Gericht*) courts *pl*

Juwel *s o. m* <-s, -en> ↑ *Edelstein* jewel, gem; **Juwelier(in** *f*) *m* <-s, -e> (*~geschäft*) jeweller's [shop]

Jux *m* <-es, -e> ↑ *Spaß, Scherz* fun, joke; ◇ **etw aus lauter Jux und Tollerei tun** to do s.th. out of [sheer] high spirits

K

K, k *s* K, k

Kabarett *s* <-s, -e *o.* -s> cabaret; (*Komödie, Satire*) revue; **Kabarettist(in** *f*) *m* cabaret artist

Kabel *s* <-s, -> ① ELECTR (*Strom~, Telefon~*) cable ② (*FAM ~fernsehen*) cable

Kabeljau *m* <-s, -e *o.* -s> cod(-fish)

Kabine *f* (*Umkleide~*) cabin; (*Friseur*) cubicle; (*Schlaf~*) cabin; (*Telefon~*) booth

Kabinett *s* <-s, -e> ① POL ▷*bilden* cabinet ② (*kleiner Raum*) cabinet, closet ③ (*in Museum*) gallery

Kabriolett *s* <-s, -s> convertible

Kachel *f* <-, -n> tile; **kacheln** *vt* tile; **Kachelofen** *m* tile oven

Kacke *f* <-> *FAM!* crap, shit; **kacken** *vi FAM!* crap, shit

Kadaver *m* <-s, -> (*Tierleiche*) carcass

Käfer *m* <-s, -> ① FAUNA beetle ② (*FAM Volkswagen*) beetle ③ (*FAM junges Mädchen*) chick

Kaff *s* <-s, -s *o.* -e> (*PEJ Dorf*) hole, dump

Kaffee *m* <-s, -s> coffee; ◇ **e-n ~ trinken** to have a cup of coffee; **Kaffeebohne** *f* coffee bean; **Kaffeekanne** *f* coffepot; **Kaffeeklatsch** *m* gossip over a cup of coffee; **Kaffeekränzchen** *s* coffee party; **Kaffeelöffel** *m* teaspoon; **Kaffeemaschine** *f* coffee machine; **Kaffeemühle** *f* coffee grinder; **Kaffeesatz** *m* coffee grounds

Käfig *m* <-s, -e> (*Vogel~*) cage

kahl *adj* ① ↑ *glatzköpfig* bald ② ↑ *ohne Blätter* ▷*Baum* bare ③ ↑ *leer* ▷*Raum, Landschaft* bare, empty; ▷*Wand* bare, empty; **kahlgeschoren** *adj* ▷*Kopf* shaved; **Kahlheit** *f* (*von Mensch*) baldness; (*von Raum etc.*) emptiness, bareness; (*von Baum*) leaflessness; **kahlköpfig** *adj* bald; **Kahlschlag** *m* clearing

Kahn *m* <-[e]s, Kähne> ① (*Last~*) barge ② (*Schuhe*) clodhoppers *pl*

Kai *m* <-s, -e *o.* -s> ① quayside, dock ② quay

Kaiser *m* <-s, -> emperor; **Kaiserhaus** *s* imperial family; **Kaiserin** *f* empress; **kaiserlich** *adj* imperial; **Kaiserreich** *s* empire; **Kaiserschnitt** *m* MED caesarean

Kajak *s* <-s, -s> kayak

Kakao *m* <-s, -s> ① (*~pulver*) cocoa ② (*Getränk*) chocolate milk; (*heiß*) hot chocolate ③ (*FAM sich lustig machen über*) ◇ **jd-n durch den ~ ziehen** to make fun of s.o.

Kaktee *f* <-, -n> cactus; **Kaktus** *m* <-, -se> cactus

Kalb *s* <-[e]s, Kälber> calf; **Kalbfleisch** *s* veal; **Kalbsleder** *s* calfskin

Kalender *m* <-s, -> calendar; **Kalenderjahr** *s* calendar year

Kaliber *s* <-s, -> ① (*von Schußwaffe*) calibre, caliber *AM* ② *FIG* ↑ *Art, Sorte von Mensch* bore; ◇ **e-e Frau von diesem ~** a woman of this type

Kalk *m* <-[e]s, -e> ① (*Muschel~*) lime ② (*im Körper*) calcium; **Kalkfarbe** *f* whitewash; **Kalkstein** *m* limestone

Kalkulation *f* ↑ *Berechnung* calculation; **kalkulieren** *vt* ① ↑ *berechnen* → *Kosten* calculate ② *FIG* ↑ *rechnen mit* reckon

Kalorie *f* calorie; **kalorienarm** *adj* ▷*Nahrung* low-calorie; **kalorienbewußt** *adj* calorie conscious; ◇ **sich - ernähren** to watch what one eats, to count o.'s calories

kalt <kälter, am kältesten> *adj* [1] ▷*Temperatur, Wetter* chilly, cold; ▷*Hände, Füße, Essen* cold; ▷*Getränke* cold, chilled; ◇ **mir ist [es] -** I'm cold [2] *FIG* ↑ *gefühllos* ▷*Person* cold; ◇ **das läßt mich -** that doesn't move me; **kaltbleiben** *unreg vi FIG* stay cool; **kaltblütig** *adj* (*skrupellos, gefühllos*) cold-blooded; **Kälte** *f* <-> [1] (*Wetter*) cold; (*von Gliedmaßen*) coldness [2] *FIG* ↑ *Gefühllosigkeit* coolness, coldness; **Kälteeinbruch** *m* cold spell; **Kältegrad** *m* degree of frost; ◇ **es hat 5 -e** it's 5 degrees below freezing; **Kältewelle** *f* cold spell; **kaltherzig** *adj* cold-hearted, cold-blooded; **kaltmachen** *vt FAM* ↑ *ermorden* → *jd-n* kill; **Kaltmiete** *f* rent without utilities; **kaltschnäuzig** *adj FAM* cool, callous; **kaltstellen** *vt FIG* → *jd-n* neutralize

Kalzium *s* CHEM calcium

Kamel *s* <-[e]s, -e> camel

Kamelle *f* <-, -n> (*FAM längst bekannt*) ◇ **das sind alte -n** that's old hat

Kamera *f* <-, -s> camera

Kamerad(in *f*) *m* <-en, -en> (*Spiel-, Schul-*) buddy, companion; (MIL *Kriegs-*) comrade; **Kameradschaft** *f* comradeship, companionship; **kameradschaftlich** *adj* comradely

Kameramann *m* cameraman

Kamille *f* <-, -n> camomile

Kamin *m* <-s, -e> [1] (*Schornstein, außen*) chimney; (*innen*) fireplace [2] GEO ↑ *Felsspalt* chimney; **Kaminfeger(in** *f*) *m* <-s, ->, **Kaminkehrer(in** *f*) *m* <-s, -> ↑ *Schornsteinfeger* chimney sweep

Kamm *m* <-[e]s, Kämme> [1] (*Haar-, Zier-*) comb [2] (GEO *Gebirgs-*) crest, ridge [3] (*Hahnen-*) comb [4] GASTRON (*Schweine-*) spare rib; **kämmen** *vt* → *Haar* comb

Kammer *f* <-, -n> [1] (*Schlaf-, Rumpel-*) chamber [2] JURA (*Straf-*) house [3] (*Ärzte-, Handwerks-*) professional association [4] (ANAT *Herz-*) ventricle; **Kammermusik** *f* chamber music; **Kammerton** *m* MUS concert pitch

Kampagne *f* <-, -n> (*Wahl-, Werbe-*) campaign

Kampf *m* <-[e]s, Kämpfe> [1] fight (*für, um* for, about, gegen against); MIL ▷*blutig, erbittert* battle, combat [2] (SPORT *Wett-*) contest; (*Box-, Ring-*) match [3] *FIG* ↑ *Ringen* fight (*für, um* for, gegen against); (*innerer, Entscheidungs-*) conflict; (*Macht-, Wahl-, Klassen-*) contest; **kämpfen** *vi* [1] ↑ *sich schlagen, ringen* fight, struggle (*um, für* about, for, gegen against) [2] *FIG* ↑ *sich einsetzen* fight; ◇ **um die Macht -** to fight for power [3] *FIG* ↑ *sich wehren* fight back, defend; ◇ **mit Problemen -** to struggle with problems; ◇ **gegen Tränen -** to fight back tears; **Kämpfer(in** *f*) *m* fighter; SPORT contestant; MIL combatant; **kämpferisch** *adj* ▷*Person* aggressive

Kanadier(in *f*) *m* <-s, -> Canadian; **kanadisch** *adj* Canadian

Kanal *m* <-s, Kanäle> [1] (*künstlicher Wasserlauf*) canal [2] ↑ *Abwasser-* drain, sewer [3] MEDIA ↑ *Frequenz* channel [4] (*natürlicher*) channel; **Kanalisation** *f* sewerage system; **kanalisieren** *vt* → *Ort* install sewers

Kanarienvogel *m* canary

Kandidat(in *f*) *m* <-en, -en> [1] (*Bewerber*) candidate, applicant; (*für Amt*) applicant [2] (*Prüfungs-*) applicant; **Kandidatur** *f* candidacy; **kandidieren** *vi* be a candidate, run for election AM (*für* for)

Kandis[zucker] *m* rock sugar

Känguruh *s* <-s, -s> kangaroo

Kaninchen *s* rabbit

Kanister *m* <-s, -> container; (*Benzin-, Wasser-*) can, container

Kanne *f* <-, -n> (*Kaffee-*) pot; (*Milch-*) pitcher; (*Gieß-*) watering can

Kannibale *m*

Kannibalin *f* cannibal

Kanon *m* <-s, -s> [1] ↑ *Regel, Leitfaden* (*Gesetzes-*) canon law [2] MUS ↑ *Rundgesang* canon, round

Kanone *f* <-, -n> [1] ↑ *Geschütz* cannon [2] *FAM* ↑ *Könner* ace

Kantate *f* <-, -n> MUS cantata

Kante *f* <-, -n> [1] ↑ *Ecke* (*Tisch-*) edge [2] (*Rand, Borte*) border; (*Web-*) selvedge; (*Brot-*) crust [3] (*FAM gespart haben*) ◇ **etw auf der hohen - haben** to have some money put away; **kantig** *adj* ▷*Gegenstand* squared, edged; *FIG* ▷*Gesicht* angular

Kantine *f* canteen

Kanton *m* <-s, -e> canton

Kanu *s* <-s, -s> canoe; ◇ **- fahren** to go canoeing

Kanüle *f* <-, -n> MED cannula

Kanzel *f* <-, -n> [1] (*Rednerplattform, in Kirche*) pulpit; (*Lehr-*) pulpit [2] (*Cockpit*) cockpit

Kanzler *m* <-s, -> POL (*Bundes-*) chancellor; SCH chancellor; **Kanzlerkandidat(in** *f*) *m* candidate for the chancellorship

Kap *s* <-s, -s> (*Nord-, Süd-*) cape

Kapazität *f* [1] (*Fassungsvermögen*) capacity [2] (*Leistungsvermögen*) capacity [3] *FIG* ↑ *Fachmann, Könner* expert, authority

Kapelle *f* [1] (*kleine Kirche*) chapel [2] MUS ↑ *kleines Orchester* band, orchestra

kapieren *vti FAM* ↑ *verstehen* grasp, get; ◇ **ich kapiere es nicht** I don't get it

Kapital *s* <-s, -e *o.* -ien> ① ▷*anlegen* capital ② ↑ *Vermögen* (*Betriebs-*) assets, capital; **Kapitalanlage** *f* (*Investition*) investment; **Kapitalismus** *m* capitalism; **Kapitalist(in** *f*) *m* capitalist; **kapitalistisch** *adj* ▷*Gesinnung* capitalistic; **Kapitalverbrechen** *s* capital crime, felony

Kapitän *m* <-s, -e> (*von Schiff*) captain, skipper; (*von Flugzeug*) captain

Kapitel *s* <-s, -> ① (*e-s Buches*) chapter ② *FAM* ↑ *Angelegenheit* matter; ◇ **ein ~ für sich** that's a story all to itself

Kapitell *s* <-s, -e> ARCHIT capital

Kapitulation *f* ① (*Unterwerfung*) capitulation, surrender ② MIL reenlistment; **kapitulieren** *vi* ① ↑ *aufgeben, sich unterwerfen* capitulate, surrender ② *FIG* ↑ *aufgeben* surrender, give up

Kaplan *m* <-s, Kapläne> chaplain

Kappe *f* <-, -n> ① ↑ *Mütze* cap; (*Bade-*) cap ② ↑ *Verschluß* cap, lid ③ ↑ *Verstärkung* (*von Schuh*) heelpiece

kappen *vt* ① ↑ *durchschneiden* → *Tau, Seil* cut ② → *Baum* trim, cut

Kapsel *f* <-, -n> ① (*Behälter*) container, capsule ② ANAT (*Gelenk-*) capsule

kaputt *adj* ① ↑ *entzwei* ▷*Vase* broken, shattered ② ↑ *defekt* ▷*Auto* broken down; ▷*Radio* broken, defect ③ *FAM* ↑ *erschöpft* worn out, done for; **kaputtgehen** *unreg vi* ① (*entzweigehen*) ← *Geschirr* crack, break; ← *Kleidung, Schuhe* wear out, fall apart ② ← *Apparat, Auto* break down, fall apart ③ ↑ *bankrott gehen* ← *Firma* go bankrupt ④ (*Beziehung*) fall apart; **kaputtmachen I.** *vt* ① (*zerstören*) → *Gegenstand* break, ruin, destroy; → *Firma* ruin; → *Gesundheit* ruin ② ↑ *sehr anstrengen* → *jd-n* ruin, kill **II.** *vr* ◇ **sich ~** wear o.s. out

Kapuze *f* <-, -n> hood

Karabiner *m* <-s, -> (*Gewehr*) carbine; **Karabinerhaken** *m* snap hook

Karaffe *f* <-, -n> carafe; (*geschliffen*) decanter

Karambolage *f* <-, -n> (*Massen-*) collision, crash

Karamel *m* <-s> caramel

Karat *s* carat

Karate *s* <-> karate

Karawane *f* <-, -n> ① caravan ② *FIG* ↑ *Zug* (*Auto-*) caravan

Kardinal *m* <-s, Kardinäle> cardinal; **Kardinalfehler** *m* egregious blunder; **Kardinalzahl** *f* ↑ *Grundzahl* cardinal number

Karenz *f* <-, -en> (*bei Versicherung*) waiting period

Karfreitag *m* REL Good Friday

karg *adj* ▷*Behausung* meagre, sparse; **kärglich** *adj* meagre, sparse

kariert *adj* ▷*Stoff* chequered, checkered *AM*; ▷*Papier* squared

Karies *f* <-> MED cavities *pl*

Karikatur *f* caricature; **Karikaturist(in** *f*) *m* cartoonist

kariös *adj* MED ▷*Zahn* decayed, carious

karitativ *adj* ▷*Zweck* charitable

Karneval *m* <-s, -e *o.* -s> Carnival; **Karnevalszug** *m* carnival procession

Karo *s* <-s, -s> ① (*Viereck, Raute*) square ② (*Muster*) check ③ (*Spielkartenfarbe*) diamonds *pl*

Karosserie *f* AUTO bodywork

Karotte *f* <-, -n> carrot

Karpfen *m* <-s, -> carp

Karre *f* <-, -n> ① (*Schub-*) wheelbarrow ② *FAM* ↑ *altes Auto* jalopy, heap

Karriere *f* <-, -n> ▷*beruflich* career; ◇ **~ machen** to have a successful career; **Karrieremacher(in** *f*) *m* <-s, -> careerist *m*, career woman *f*

Karte *f* <-, -n> ① (*Post-*) card ② (*Fahr-, Eintritts-*) ticket ③ (*Land-*) map ④ (*Speise-*) menu ⑤ (*Visiten-, Scheck-*) card ⑥ (*Spiel-*) card; ◇ **mit offenen ~n spielen** to put o.'s cards on the table

Kartei *f* [card-]file

Kartell *s* <-s, -e> ① COMM cartel ② (*Interessenvereinigung*) alliance

Kartenspiel *s* ① (*das Spielen*) card-game ② (*die Karten*) deck of cards; **Kartentelefon** *s* cardphone

Kartoffel *f* <-, -n> potato; **Kartoffelbrei** *m* mashed potatoes *pl AM*; **Kartoffelchips** *pl* potato crisps, potato chips *AM*; **Kartoffelpuffer** *m* potato fritter, hash brown *AM;* **Kartoffelpüree** *s* mashed potatoes *pl;* **Kartoffelsalat** *m* potato salad

Karton *m* <-s, -s> ① (*Pappe*) cardboard ② ↑ *Pappschachtel* cardboard box, carton; **kartoniert** *adj* paperback

Karussell *s* <-s, -s> (*Kinder-, Ketten-*) merry-go-round, carousel *BRIT*

Karwoche *f* REL Holy Week

karzinogen *adj* MED ↑ *krebserzeugend* carcinogenic; **Karzinom** *s* <-s, -e> MED ↑ *Krebsgeschwulst* carcinoma

Käse *m* <-s, -> ① (*Milchprodukt*) cheese ② *FAM* ↑ *Unsinn* rubbish, baloney *AM*; **Käsekuchen** *m* cheesecake

Kaserne *f* <-, -n> barracks *pl,* army post

käseweiß *adj* ◇ **~ werden** to turn as white as a ghost

Kasino *s* <-s, -s> [1] MIL officers' club [2] (*Spiel-*) casino

Kaskoversicherung *f* ◇ **Voll-** full coverage insurance

Kasse *f* <-, -n> [1] (*Registrier-*) cash register; (*Geld-*) cashbox [2] (*Kino-, Abend-*) box-office, ticket-office; (*Laden-*) counter; (*in Bank*) window, counter [3] ↑ *Spar-, Bank* bank [4] (*Bargeld*) cash; ◇ **schlecht bei - sein** short of cash, hard up; **Kassenarzt** *m*, **Kassenärztin** *f* panel doctor *(a doctor participating in a health insurance plan);* **Kassenpatient(in** *f*) *m* panel patient; **Kassenschlager** *m* hit, big seller; **Kassensturz** *m* ◇ **- machen** to check o.'s finances; **Kassenzettel** *m* sales slip

Kassette *f* [1] ↑ *Kasten* (*Schmuck-*) case, casket [2] (*Buch-*) cover [3] ↑ *Tonband* cassette; **Kassettendeck** *s* cassette deck; **Kassettenrecorder** *m* <-s, -> cassette recorder

kassieren I. *vt* [1] ↑ *einnehmen* → *Rechnung, Geld* collect [2] *FAM* ↑ *wegnehmen* → *Spielzeug* take **II.** *vi* ◇ **darf ich -?** could you pay please?; **Kassierer(in** *f*) *m* <-s, -> (*Bank-*) clerk, teller; (*von Klub*) treasurer; (*von Geschäft*) cashier

Kastanie *f* (*Baum, Frucht*) chestnut

Kasten *m* <-s, Kästen> [1] (*Brief-, Sand-*) box; (*Bier-*) case [2] SPORT box [3] (*FIG sich hervorragend auskennen*) ◇ **viel auf dem - haben** to be quite competent

kastrieren *vt* ↑ *sterilisieren* castrate

Kasus *m* <-, -> GRAM case

Katakombe *f* <-, -n> catacomb

Katalog *m* <-[e]s, -e> (*Ausstellungs-, Waren-*) catalogue; **katalogisieren** *vt* catalogue

Katalysator *m* [1] PHYS catalyst [2] AUTO catalyzer, catalytic converter

Katarrh *m* <-s, -e> (*Magen-, Bronchial- etc.*) catarrh; (*FAM Schnupfen*) cold

katastrophal *adj* ▷*Folgen* catastrophic, disastrous; **Katastrophe** *f* <-, -n> (*Umwelt-, Natur-*) catastrophe, disaster; **Katastrophengebiet** *s* disaster area; **Katastrophenschutz** *m* disaster prevention

Kategorie *f* category; ◇ **jd-n/etw in -n einordnen** to categorize s.o./s.th.; **kategorisch** *adj* categorical, absolutely

Kater *m* <-s, -> [1] (*männliche Katze*) tom cat [2] *FIG FAM* ◇ **e-n - haben** to have a hangover, to be hungover

Kathedrale *f* <-, -n> cathedral

Kathode *f* <-, -n> ELECTR cathode

Katholik(in *f*) *m* <-en, -en> Catholic; **katholisch** *adj* Catholic; **Katholizismus** *m* Catholicism

Katze *f* <-, -n> [1] (*Haus-, Raub-*) cat [2] (*FIG FAM verfeindet sein*) ◇ **wie Hund u. Katz sein** to fight like cats and dogs; *FIG* ◇ **wenn die - aus dem Haus ist, tanzen die Mäuse** when the cat is away, the mice will play; (*FIG ein Geheimnis lüften*) ◇ **die - aus dem Sack lassen** to let the cat out of the bag [3] (*FAM umsonst*) ◇ **alles für die Katz** all for naught; **Katzenauge** *s* (*FAM Rückstrahler Fahrrad etc.*) reflector; **Katzenjammer** *m* [1] (*schlechte Stimmung nach Rausch*) hangover [2] ↑ *Gewissensbisse* to be down in the dumps, to have the blues; **Katzensprung** *m* (*FIG nicht weit*) a stone's throw; ◇ **es ist nur e-n - entfernt** it's just a hop/skip/jump away

Kauderwelsch *s* <-[s]> gibberish, pig latin

kauen *vt* chew

kauern *vi* ↑ *hocken* crouch, squat; ◇ **auf dem Boden -** to cower on the ground

Kauf *m* <-[e]s, Käufe> ↑ *Erwerb* purchase, buy; *FIG* ◇ **etw in - nehmen** to accept s.th.; ◇ **zum - anbieten** offer for sale; **kaufen** *vt* [1] → *etw* purchase, buy [2] ↑ *bestechen* → *jd-n* bribe, buy [3] (*schimpfen*) sich *dat* jd-n -, to give s.o. a piece of o.'s mind; **Käufer(in** *f*) *m* <-s, -> ↑ *Kunde* buyer, customer; **Kaufhaus** *s* department store; **Kaufkraft** *f* purchasing power; **kaufkräftig** *adj* well-funded; *FAM* loaded; ◇ **-e Kunden** customers with money to spend; **käuflich** *adj* [1] ▷ *Ware* purchasable; ◇ **etw - erwerben** to purchase s.th. [2] *FIG* ↑ *bestechlich* ▷*Person* venal; ◇ **sie ist -** she is easily bought; **Kaufmann** *m* <-[e]s, -leute> [1] businessman; (*Verkäufer*) salesman, salesperson [2] (*Einzelhändler*) shopkeeper, storekeeper; **kaufmännisch** *adj* commercial; ◇ **-er Angestellter** [office] clerk; **Kaufvertrag** *m* bill of sale

Kaugummi *m o. s* chewing gum

Kaulquappe *f* <-, -n> tadpole

kaum *adv* [1] ↑ *schwerlich* hardly; ◇ **er wird das - schaffen** he will hardly make it; ◇ **wohl -!** most unlikely! [2] ↑ *fast nicht* hardly, scarcely; ◇ **- zu glauben** hard to believe; ◇ **sie hat - geschlafen** she barely slept [3] ↑ *soeben, gerade* hardly, barely; ◇ **- war sie zu Hause …** no sooner was she home …

kausal *adj* ▷*Verbindung, Zusammenhang* causal

Kaution *f* [1] ▷*hinterlegen* security, bond; JURA bail; ◇ **gegen - entlassen** to be released on bail [2] (*Miet-*) deposit

Kauz *m* <-es, Käuze> [1] FAUNA owl [2] *FAM* ↑ *seltsamer Mensch* ◇ **komischer -** strange fellow, oddball

Kavalier *m* <-s, -e> [1] (*höflicher Mensch*) gentleman, gallant [2] (*Begleiter von Frau*) escort; **Kavaliersdelikt** *s* peccadillo, trivial offence

Kaviar *m* <-s> caviar

keck *adj* ↑ *unbefangen, frech* bold, daring, cheeky; ▷*Frisur* pert

Kegel *m* <-s, -> [1] (*Form*) cone [2] (*Licht-*) beam [3] (*Spiel-*) skittle, pin; **Kegelbahn** *f* bowling lane; **kegeln** *vi* bowl

Kehle *f* <-, -n> ↑ *Rachen* throat; **Kehlkopf** *m* ANAT larynx, Adam's apple

Kehre *f* <-, -n> [1] turn, bend; (*von Straße*) turn, curve [2] SPORT ↑ *Wendung* rear vault; **kehren** I. *vt* [1] ↑ *fegen* → *Straße* sweep [2] ↑ *wenden* turn [3] (*FIG nachdenklich*) ◇ **in sich gekehrt** pensive, withdrawn; (*FIG sich abwenden*) ◇ **jd-m den Rücken** ~ to turn o.'s back on s.o. **II.** *vr FAM* ◇ **sich nicht an etw** ~ *dat* to pay no attention to, to ignore, to disregard; **Kehricht** *m* <-s> rubbish, garbage; **Kehrmaschine** *f* (*Straßen-*) road sweeping machine; **Kehrseite** *f* [1] (*Rückseite*) reverse [2] (*FIG unangenehme Seite*) ◇ **die** ~ **der Medaille** the flip side of the coin; **kehrtmachen** *vi* turn around

keifen *vi FAM* bicker, scold (*mit jd-m* s.o.)

Keil *m* <-[e]s, -e> (*Holz-*) wedge; **Keilriemen** *m* AUTO fan-belt

Keim *m* <-[e]s, -e> [1] (*von Pflanze*) sprout, bud [2] MED ↑ *Erreger* (*Krankheits-*) germ [3] ↑ *Embryo* embryo [4] *FIG* ↑ *Anfang, Ausgangspunkt* seed, core; ◇ **etw im** ~ **ersticken** to nip s.th. in the bud; **keimen** *vi* [1] ← *Pflanze* germinate, sprout [2] *FIG* ← *Gefühl* to be stirred; *FAM* bud; **keimfrei** *adj* sterilized, sterile; **Keimträger** *m* carrier; **Keimzelle** *f* [1] germ cell [2] *FIG* (*von Revolution*) basic unit

kein *adv* (*attributiv*) no, any, not; ◇ **sie ist -e Schwedin** she isn't Swedish; ◇ **auf -en Fall** under no circumstances; **keine(r, s)** *pron* [1] (*nicht ein*) not one, none, not any; ◇ **er sagte** ~ **Wort** he didn't say one word; ◇ **-r war zu Hause** no-one was at home [2] ↑ *nicht* not; ◇ **das ist -e schlechte Idee** that's not a bad idea

keinerlei *adj inv* no, none whatsoever; ◇ **es macht** ~ **Mühe** it is no trouble at all; ◇ **das hat** ~ **Bedeutung** that has no meaning whatsoever; **keinesfalls** *adv* under no circumstances, by no means; **keineswegs** *adv* by no means, not in the least; ◇ **das stimmt** ~ that's definitely not true; **keinmal** *adv* not once, never; ◇ **einmal ist** ~ once doesn't count; ◇ **sie hat mich** ~ **gegrüßt** she never once greeted me

Keks *m o. s* <-es, -e> [1] cookie, biscuit *BRIT* [2] *FIG FAM* ↑ *stören* ◇ **jd-m auf den** ~ **gehen** to get on s.o.'s nerves

Kelch *m* <-[e]s, -e> goblet

Kelle *f* <-, -n> [1] (*Suppen-*) ladle [2] (*Maurer-*) trowel [3] (*von Polizist etc.*) disk

Keller *m* <-s, -> [1] basement [2] (*Raum*) cellar; (*Gewölbe-*) cellar

Kellner(in *f*) *m* <-s, -> waiter *m*, waitress *f*

keltern *vt* → *Weintrauben* press

kennen <kannte, gekannt> **I.** *vt* [1] → *Stadt* know, be aquainted with [2] ↑ *wissen* know [3] ↑ *bekannt sein mit* be aquainted with **II.** *vr* ◇ **sich** ~ to know each other; **kennenlernen I.** *vt* (*bekannt werden mit jd-m/etw*) to get to know s.o./s.th., to meet s.o. **II.** *vr* ◇ **sich** ~ get to know each other; **Kenner(in** *f*) *m* <-s, -> [1] (*Spezialist, Fachmann*) expert; (*Menschen-*) expert [2] (*Wein-*) connoisseur; **kenntlich** *adj* ◇ **etw** ~ **machen** to make s.th. recognizable; **Kenntnis** *f* [1] knowledge; (*Sach-, Menschen-*) insight, understanding; (*Sprach-se*) knowledge [2] (*beachten*) ◇ **etw zur** ~ **nehmen** to take note of s.th.; ◇ **jd-n von etw in** ~ **setzen** to inform s.o. about s.th.; **Kennwort** *s* [1] (*Losungswort*) password [2] PC password; **Kennzeichen** *s* [1] ↑ *Merkmal* characteristic, feature [2] AUTO registration number, license plate *AM*; **kennzeichnen** *vt* [1] mark, indicate [2] *FIG* characterize; ◇ **sein Wissen kennzeichnete ihn als Fachmann** his knowledge proved him to be an expert; **Kennziffer** *f* reference number; (*von Akte*) index number, reference number

kentern *vi* ← *Schiff* capsize

Keramik *f* (*Töpferware, Geschirr*) ceramics *pl*, pottery

Kerbe *f* <-, -n> notch, groove

Kerbel *m* <-s> chervil

Kerbholz *s* (*FIG schuldig sein*) ◇ **etw auf dem** ~ **haben** to be guilty of doing s.th.

Kerker *m* <-s, -> dungeon, prison

Kerl *m* <-s, -e> *PEJ* ↑ *Bursche, Typ* chap, fellow, guy, dude *AM*; ◇ **gemeiner** ~ swine; *FAM* ◇ **er/sie ist ein netter** ~ a nice chap, a pretty good guy *AM*

Kern *m* <-[e]s, -e> [1] (*von Obst*) seed, pit; (*Nuß-*) kernel [2] (BIOL *Zell-*) nucleus [3] (*von Problem*) heart, core [4] ↑ *Zentrum* (*Stadt-*) core, heart, centre [5] *FIG* ↑ *innerstes Wesen* (*von Mensch*) essence; ◇ **sie hat e-n guten** ~ basically she is good, she is good at heart; **Kernbrennstoff** *m* nuclear fuel; **Kernenergie** *f* nuclear energy; **Kernforschung** *f* nuclear research; **Kernfrage** *f* central issue; **Kernfusion** *f* nuclear fusion; **kernig** *adj* [1] (*voller Kerne*) → *Obst* full of pips [2] ▷*Person* robust [3] ↑ *urig, originell* ▷*Ausspruch* pithy; **Kernkraft** *f* nuclear power; **Kern-**

K

kraftgegner(in *f*) *m* anti-nuke activist; **Kernkraftwerk** *s* (*abgekürzt: KKW*) nuclear power plant; **kernlos** *adj* seedless, pitted; **Kernphysik** *f* nuclear physics; **Kernpunkt** *m* central point; **Kernreaktion** *f* nuclear reaction; **Kernreaktor** *m* nuclear reactor; **Kernseife** *f* washing soap; **Kernspaltung** *f* nuclear fission; **Kernverschmelzung** *f* ① PHYS ↑ *Kernfusion* nuclear fusion ② (BIOL *von Zellen*) cell union; **Kernwaffen** *pl* MIL nuclear weapons *pl*

Kerze *f* <-, -n> ① (*Wachs-*) candle ② (AUTO *Zünd-*) spark plug ③ (*Kastanienblüte*) candle, thyrus ④ SPORT shoulder stand; **kerzengerade** *adj* straight as a nail

keß *adj* ① (*Mädchen*) pert, saucy ② ↑ *chic* (*Kleidung*) jaunty, saucy

Kessel *m* <-s, -> ① (*Wasser-*) kettle; (*Dampf-*) boiler ② GEO basin-shaped valley ③ MIL encircled area

Ketchup *m o. s* <-[s], -s> (*Tomaten-*) ketchup, catsup *AM*

Kette *f* <-, -n> ① (*Schmuck-*) chain, necklace; (*Arm-*) bracelet ② (*Fahrrad-*) chain; ◇ **in -n legen** to put in chains ③ (GEO *Berg-*) chain ④ (COMM *von Läden etc.*) chain ⑤ *FIG* ↑ *Reihe, Folge* (*Gedanken-*) chain of thought; (*Menschen-*) chain, link; (*von Handlungen*) chain; **ketten** *vt* ① ↑ *fesseln* chain (*an* to) ② *FIG* ↑ *binden* ◇ **jd-n an sich -** *akk* to bind s.o. to o.s.; **Kettenraucher(in** *f*) *m* chain-smoker; **Kettenreaktion** *f* PHYS chain reaction; (*FIG von Ereignissen*) chain reaction

keuchen *vi* pant, gasp; **Keuchhusten** *m* whooping cough

Keule *f* <-, -n> ① (*Schlagstock, Prügel*) club ② GASTRON (*Hähnchen-*) drumstick, leg

keusch *adj* ① ▷*leben* chaste, pure ② ↑ *schüchtern* ▷*Mensch* modest

Kfz *s Abk. v. s.* **Kraftfahrzeug**

kichern *vi* giggle, snicker

kidnappen *vt* ↑ *entführen* kidnap

Kiefer [1] *m* <-s, -> ANAT jaw; (*-knochen*) jawbone

Kiefer [2] *f* <-, -n> (*Baum*) pine; (*Holz*) pinewood

Kiel *m* <-[e]s, -e> NAUT keel

Kieme *f* <-, -n> (*Fisch-*) gill

Kies *m* <-es, -e> ① ↑ *Schotter* gravel ② *FAM* ↑ *Geld* dough *sg*

kiffen *vi* (*FAM Haschisch rauchen*) smoke hash

killen *vt FAM* ↑ *töten* kill, bump off

Kilo *s* <-s, -[s]> kilo; **Kilogramm** *s* <-s, -e> kilogram(me); **Kilojoule** *s* kilojoule; **Kilometer** *m* kilometre; **Kilometerzähler** *m* AUTO odometer; **Kilowatt** *s* kilowatt

Kind *s* <-[e]s, -er> child, kid; ◇ **ein - bekommen** to have a child, to be expecting a child; **Kinderarzt** *m*, **Kinderärztin** *f* paediatrician; **Kinderei** *f* childishness *sg;* **Kindergarten** *m* nursery school, kindergarten; **Kindergärtner(in** *f*) *m* kindergarten teacher; **Kindergeld** *s* child allowance; **Kinderkrankheit** *f* children's illness; **Kinderlähmung** *f* polio; **kinderleicht** *adj* very easy; ◇ **es ist -** it is child's play; **kinderlos** *adj* ▷*Ehepaar* childless; **Kindermädchen** *s* nurse, maid; **Kinderwagen** *m* baby carriage, baby buggy, baby stroller *AM*, pram *BRIT*; **Kinderzimmer** *s* children's room; **Kindheit** *f* ▷*glücklich, schwer* childhood; **kindisch** *adj* childish, silly; **kindlich** *adj* ① ▷*Verhalten* childlike ② ↑ *naiv* ▷*Wesen* innocent, naive

Kinetik *f* kinetics *pl*

Kinn *s* <-[e]s, -e> chin; **Kinnhaken** *m* (*Schlag aufs Kinn*) hook to the chin; (SPORT *beim Boxen*) uppercut

Kino *s* <-s, -s> cinema, the movies *AM*; ◇ **ins - gehen** to go to the cinema/the movies; **Kinobesucher(in** *f*) *m* cinemagoer; **Kinoprogramm** *s* film programme

Kiosk *m* <-[e]s, -e> (*Zeitungs-*) kiosk

Kippe *f* <-, -n> ① edge; *FIG* ◇ **auf der - stehen** to be atilt; (*FIG ungewiß*) ◇ **es steht auf der -** it's a touch and go situation ② SPORT spring ③ *FAM* (*Zigarette*) fag; **kippen I.** *vt* ① → *Fenster, Fläche* slant, tilt ② ↑ *umstürzen* → *Kiste etc.* turn over ③ (*FIG umstoßen, vereiteln*) → *Plan* fall through **II.** *vi* ← *Leiter* topple, tip over; ← *Becher, Stuhl* tip over; ← *Auto, Schiff* flip, turnover; **Kippfenster** *s* bottom-hung window; **Kippschalter** *m* ELECTR tumbler, trigger switch

Kirche *f* <-, -n> ① church ② ↑ *Gottesdienst* church (service); ◇ **die - ist aus** church is over; **Kirchenjahr** *s* ecclesiastical year; **Kirchensteuer** *f* church tax; **Kirchgänger(in** *f*) *m* <-s, -> church-goer; **Kirchhof** *m* church grounds; **kirchlich** *adj* ▷*Feiertag* religious; ◇ **-e Trauung** church wedding

Kirsche *f* <-, -n> ① (*Frucht*) cherry ② (*Kirschbaum*) cherry tree

Kissen *s* <-s, -> (*Polster*) cushion; (*Kopf-*) pillow; (*Nadel-*) cushion

Kiste *f* <-, -n> ① (*Holz-, Metall-*) box, crate ② *FAM* ↑ *Auto* heap; ◇ **so e-e alte -** such an old rattletrap ③ *FAM* ↑ *Sache, Angelegenheit* business; ◇ **das ist deine -!** that's your problem!

Kitsch *m* <-[e]s> ① (*geschmacklose, sentimentale Kunst*) kitsch; (*anspruchslose Liebesgeschichte*) slush ② ↑ *Trödel* junk; **kitschig** *adj* gaudy, tasteless

Kitt *m* <-[e]s, -e> (*Fenster-, Fugen-*) putty, sealing cement
Kittchen *s FAM* ↑ *Gefängnis* clink, pen *AM*
Kittel *m* <-s, -> (*Schürze, Arbeits-*) smock, overall; (*Arzt-*) [white] coat; (*zum Kochen*) apron
kitten *vt* ① ↑ *kleben* → *Krug* glue, stick ② *FIG* ↑ *erneuern* → *Freundschaft* bond, patch up
Kitz *s* <-es, -e> ① (*Ziegenjunges*) kid ② (*Reh-*) fawn
kitzelig *adj* ① ticklish ② *FIG* ↑ *heikel* ▷*Angelegenheit* sticky; **kitzeln I.** *vt* → *jd-n* tickle; ◇ **an den Fußsohlen** ~ to tickle the bottom of s.o.'s feet **II.** *vi* tickle, itching
Kiwi *f* <-, -s> (*Frucht*) kiwi [fruit]
KKW *s* <-s, -s> *Abk. v. s.* **Kernkraftwerk**
klaffen *vi* ← *Spalt, Wunde* gape, yawn
kläffen *vi* yelp, yap
Klage *f* <-, -n> ① ↑ *Beschwerde* complaint; ◇ **e-e ~ über etw führen** to complain about s.th. ② JURA suit, action; ◇ ~ **einreichen** to institute proceedings; ◇ **e-e ~ erheben** to file a complaint; **klagen** *vi* ① complain (*über etw akk* about) ② ↑ *weh-, trauern* lament, wail (*um jd-n* s.o.) ③ ↑ *sich beschweren* complain (*über akk* about) ④ JURA ↑ *Anspruch erheben* sue (*auf* for); **Kläger(in** *f*) *m* <-s, -> JURA plaintiff; (*im Strafrecht*) prosecuting party
kläglich *adj* ① ▷*Geschrei* miserable, wretched ② ↑ *dürftig* ▷*Leistung* deplorable, pathetic
klamm *adj* ① ↑ *starr, steif* ▷*Finger* numb ② ↑ *feuchtkalt* ▷*Wetter* clammy
Klammer *f* <-, -n> ① (*Gerät zum Zusammenhalten*) clamp, clip; (*Wäsche-*) clothespin; ◇ **Büro-** paperclip; (MED *Zahn-*) braces *pl* ② PRINT ↑ *Parenthese* ▷*rund* parenthesis; ▷*geschweift* braces *pl;* ▷*eckig* bracket; **klammern I.** *vt* → *Wunde* clamp **II.** *vr* cling; ◇ **sich an jd-n/etw** ~ to cling to s.o./s.th.
Klang *m* <-[e]s, Klänge> ▷*hell, dumpf* sound, tone
Klappe *f* <-, -n> ① ↑ *Deckel* flap, lid; (*Ofen-*) door ② (ANAT *Herz-*) valve ③ (MUS *von Instrument*) valve ④ *FAM* ↑ *Mund* trap, flap; ◇ **halt die ~!** shut your trap!, shut up!; **klappen I.** *vi* ① ← *Deckel* click ② *FIG* ↑ *gelingen* go smoothly; ◇ **es klappt** it works **II.** *vt* → *Sitz etc.* fold; ◇ **etw nach hinten/nach oben** ~ to fold s.th. back/up
klapperig *adj* ① ▷*Fahrzeug* rickety, rattly ② ↑ *schwächlich* ▷*Mensch, Tier* shaky, decrepit; **klappern** *vi* ← *Schreibmaschine* clatter, rattle; **Klapperschlange** *f* FAUNA rattlesnake
Klapp[fahr]rad *s* folding bicycle; **Klappmesser** *s* jack-knife; **Klappstuhl** *m* folding chair
klar *adj* ① ↑ *ungetrübt* clear; ▷*Wasser* clear; ▷*Sicht* clear, vivid; ▷*Himmel* clear ② ↑ *unmißverständlich, deutlich* plain, evident; ▷*Satz, Aussage* clear, obvious; ▷*Ton* clear, distinct; ◇ **das ist mir nicht** ~ it isn't clear to me; ◇ **etw ~ und deutlich sagen** to say s.th. loud and clear ③ ↑ *scharfsinnig* lucid; ◇ ~ **denken können** to be able to think clearly; ◇ **e-n ~en Kopf behalten** to keep a clear head ④ NAUT MIL ↑ *einsatzbereit* ▷*Schiff, Geschütz* clear ⑤ (*verstehen*) ◇ **sich** *dat* **über etw** *akk* **im ~en sein** to be sure about s.th., to understand; ◇ **~!** of course!; ◇ **~?** okay?
Kläranlage *f* purification plant; **klären I.** *vt* ① ↑ *klar machen* → *Flüssigkeit* purify ② *FIG* → *Frage, Angelegenheit* clear a matter up **II.** *vr* ◇ **sich** ~ ① become clear ② *FIG* ↑ *sich bereinigen* ← *Sache* be settled
klargehen *unreg vi FAM* go okay/well; ◇ **geht klar!** it's alright!; **Klarheit** *f* ① (*von Luft, Wasser, Wetter*) clearness; (*von Himmel*) clearness, brightness ② (*von Verstand*) clarity, lucidity
Klarinette *f* clarinet
klarkommen *unreg vi FAM* ① manage (*mit etw* s.th.) ② ↑ *sich vertragen, auskommen mit* get along (*mit jd-m* with s.o.)
klarmachen *vt* ① → *Schiff, Fahrzeug* clear ② ◇ **jd-m etw** ~ to explain, to make s.th. clear to s.o.
klarsehen *unreg vi* see s.th. clearly, understand; ◇ **jetzt sehe ich klar** now I understand; **Klarsichtfolie** *f* transparent film; **klarstellen** *vt* clarify, clear up
Klärung *f* (*Klären*) ① (*von Flüssigkeit*) purification ② (*FIG von Frage, Angelegenheit*) clarification
klasse *adj FAM* great, super; ◇ **das ist ~!** that's great
Klasse *f* <-, -n> ① class, group; (*Alters-*) class, group; (SCH *Schul-*) ▷*erste, zweite etc.* form, grade *AM*; ◇ **in der zweiten ~ sein** to be in the second grade ② (*Arbeiter-*) class; (SPORT *Gewichts-*) class; (*Steuer-*) class; ◇ **erster ~ reisen** to travel first-class; **Klassengesellschaft** *f* class society; **Klassenlehrer(in** *f*) *m* SCH class teacher; **Klassensprecher(in** *f*) *m* SCH class spokesman, class representative; **Klassenzimmer** *s* SCH classroom
klassifizieren *vt* classify
Klassik *f* ① (*Epoche*) classical period ② (*Stil*) classic; **Klassiker(in** *f*) *m* <-s, -> ① (*Autor*) classical writer ② (*Auto, Film*) classic; **klassisch** *adj* ① classical ② ▷*Beispiel* classic; **Klassizismus** *m* classicism
Klatsch *m* <-[e]s, -e> ① *FIG* ↑ *Gerede, Geschwätz* gossip ② (*Geräusch*) splosh, splash;

Klatschbase *f* gossiper; **klatschen** *vi* ① (*schwatzen*) gossip, chat (*über akk* about) ② (*ins Gesicht*) smack, slap; ◇ **Beifall ~** clap, applaud

Klatschmohn *m* [corn] poppy; **klatschnaß** *adj* drenched, soaked

Klaue *f* <-, -n> ① (*Zehe, von Huftier*) hoof; (*von Raubtier*) claw; (*Pfote*) paw ② (*FAM unleserliche Handschrift*) scrawl; **klauen** *vt FAM* ↑ *stehlen* swipe, lift

Klausel *f* <-, -n> (*Vertrags~*) clause, stipulation

Klausur *f* ① ↑ *Abgeschlossenheit* seclusion ② (*Räume*) enclosure; REL ◇ **in ~ gehen** to go into a cloister ③ SCH ↑ *~arbeit* exam; ◇ **e-e ~ schreiben** to take an exam

Klavier *s* <-s, -e> piano

kleben I. *vt* ① (*mit Kleber befestigen*) stick, glue (*an akk* on, together) ② (*FAM schlagen*) ◇ **jd-m e-e ~** to slap s.o. **II.** *vi* ① ↑ *haften* stick (*an dat* to, on) ② *FIG* ↑ *festhalten, sich klammern* cling; (*an Gewohnheit, Tradition*) stick; (*an Person*) cling (*an dat* to); **klebrig** *adj* sticky; **Klebstoff** *m* glue, adhesive

Klecks *m* <-es, -e> ↑ *Fleck* blotch, splotch; (*Tinten~*) blot, blotch

Klee *m* <-s> clover; **Kleeblatt** *s* ① clover leaf; ◇ **vierblättriges ~** four-leaf clover ② (*FIG Dreierbeziehung*) trio, threesome

Kleid *s* <-[e]s, -er> ① (*Seiden~, Sommer~*) dress; (*Abend~*) gown ② ◇ **~er** *pl* wardrobe, clothes *pl*; **kleiden I.** *vt* ① (*mit Kleidung versehen*) dress, clothe ② ↑ *gut stehen* suit; ◇ **das kleidet Sie gut** that really suits you **II.** *vr* dress, clothe; **Kleiderbügel** *m* coathanger, clotheshanger; **Kleiderschrank** *m* wardrobe, closet; **Kleidung** *f* clothes *pl*, clothing *sg*; **Kleidungsstück** *s* piece of clothing, garment

klein *adj* ① ↑ *nicht groß* little, small; ▷*Mensch* short; ◇ **~er Finger** little finger ② ↑ *gering* little, slight, small; ▷*Gruppe, Anzahl* small, little; ▷*Gehalt, Preis* low; ◇ **ein ~ wenig** a little bit ③ (*unbedeutend*) insignificant, small; ↑ *geringfügig* little, small; ▷*Irrtum, Fehler* little, minor; ▷*Auseinandersetzung* little, trifle ④ ▷*Verhältnisse* humble, modest; ◇ **der ~e Mann** the ordinary man

Kleine(r, s) *f, m, s* ① little one kid ② *FAM* sweetie, tootsie; ◇ **na ~r?** hey tootsie!; **Kleinfamilie** *f* small family, nuclear family; **Kleinformat** *s* (*von Buch, Bild*) small format; **Kleingeld** *s* [small] change

Kleinigkeit *f* ① (*von geringem Ausmaß, Größe*) trifle, little; ◇ **e-e ~ essen** to eat a little something [*o.* a bite] ② (*von geringem Wert*) ▷*anschaffen* trifling, mere; (*ironisch*) ◇ **es kostet die ~ von drei Millionen** it costs the trifling sum of three million ③ (*von geringer Bedeutung*) trivial matter, petty thing

Kleinkind *s* infant; **Kleinkram** *m FAM* trivial matters; **kleinlaut** *adj* subdued, meek; **kleinlich** *adj* ① ↑ *beschränkt* ▷*Mensch* petty, picky, narrow-minded ② ↑ *geizig* mean ③ ↑ *pedantisch* pedantic, fussy; **kleinschneiden** *unreg vt* chop, mince

Kleister *m* <-s, -> (*Tapeten~*) paste

Klemme *f* <-, -n> ① (*Klammer*) clamp, clip; (*Haar~*) clip; MED clamp; ELECTR terminal ② *FIG* ↑ *Zwangslage* dilemma, fix, jam; ◇ **in der ~ stecken** to be in a tight spot; **klemmen I.** *vt* ① ↑ *fest~, zwängen* clip; ◇ **etw unter den Arm ~** to stick s.th. under o.'s arm ② ↑ *quetschen* → *Finger* catch, pinch ③ *FAM* ↑ *stehlen* snap, snatch **II.** *vi* stick, hang

Klempner(in *f*) *m* <-s, -> plumber

Klerus *m* <-> REL clergy

Klette *f* <-, -n> ① FLORA burdock ② (*FAM anhänglicher Mensch*) nuisance, barnacle

Kletterer *m* <-s, -> climber; **klettern** *vi* ① climb; ◇ **über/auf etw ~** *akk* to climb over/on top of/up s.th. ② *FIG* ↑ *steigen* ← *Preise, Temperatur* climb, rise

Klient(in *f*) *m* <-en, -en> (*von Anwalt*) client

Klima *s* <-s, -s *o.* -ta> ① climate ② *FIG* ↑ *Atmosphäre, Stimmung* atmosphere; **Klimaanlage** *f* air conditioner

Klinge *f* <-, -n> (*von Messer, Säbel*) blade

Klingel *f* <-, -n> (*Tür~, Fahrrad~*) bell; **klingeln** *vi* ring; **klingen** <klang, geklungen> *vi* ① ↑ *tönen* sound; ▷*Instrumente, Stimme, Glocke* jingle, ring, sound ② *FIG* ↑ *sich anhören* sound; ◇ **das klingt unglaublich** that sounds farfetched

Klinik *f* ↑ *Krankenhaus* hospital; (*Universität*) clinic

Klippe *f* <-, -n> ① (*Fels~*) cliff ② *FIG* ↑ *Schwierigkeit, Hindernis* obstacle, hurdle

klipp (*nur in der Wendung*) ◇ **~ und klar** (*FAM unmißverständlich*) plainly, openly

klirren *vi* clink, jingle; ← *Gläser, Fensterscheibe* clatter

Klischee *s* <-s, -s> cliché; **Klischeevorstellung** *f* stereotype

Klo *s* <-s, -s> *FAM* loo *BRIT*, john *AM*; ◇ **er ist auf dem ~** he is in the john

Kloake *f* <-, -n> sewer, drain

klopfen I. *vi* (*pochen, leicht schlagen*) tap; (*an Tür*) knock; ◇ **es klopfte** there was a knock; ← *Herz* beat; ← *Schmerz* throb; ← *Motor* rap **II.** *vt* → *Teppich* beat; → *Steine* knock; → *Nagel in Wand* hammer, knock, drive (*in akk* in); ◇ **auf/an/gegen**

etw ~ *akk* to beat on/against s.th.; **Klopfer** *m* <-s, -> (*Teppich~*) carpet beater; (*Tür~*) knocker

Klosett *s* <-s, -e *o.* -s> lavatory

Kloß *m* <-es, Klöße> [1] ↑ *Klumpen* (*Lehm~*) clod, lump [2] GASTRON (*Semmel~*) dumpling

Kloster *s* <-s, Klöster> (*Nonnen~*) cloister, convent; (*Mönchs~*) monastery

Klotz *m* <-es, Klötze> [1] (*Holz~*) block; (*Spielzeug*) block [2] (*FIG lästige Person*) blockhead; ◇ **e-n ~ am Bein haben** to drag a ball and chain

Klub *m* <-s, -s> (*Sport~*) club

Kluft [1] *f* <-, Klüfte> [1] ↑ *Spalt, Abgrund* gap, cleft, abyss [2] *FIG* ↑ *Gegensatz* ▷*unüberbrückbar* crevice, rift

Kluft [2] *f, pl* <-, -en> *FAM* (*Kleidung*) dress

klug <klüger, am klügsten> *adj* [1] ↑ *intelligent, begabt* ▷*Mensch* clever, wise; ▷*Augen* clear-sighted; ◇ **ein ~er Kopf** a capable person [2] ↑ *vernünftig* ▷*Entscheidung* wise, sensible [3] ↑ *diplomatisch, geschickt* ▷*Antwort* discerning; ▷*Geschäftsfrau* cunning, astute [4] ↑ *weise* ▷*Rat* wise; ◇ **ich kann daraus nicht ~ werden** I can't make heads or tails of it; **Klugheit** *f* [1] ↑ *Intelligenz* cleverness, intelligence [2] ↑ *Umsicht* (*von Entscheidung etc.*) soundness, cleverness [3] ↑ *Weisheit* wisdom

Klumpen *m* <-s, -> (*Kloß, Brocken, Erd~*) clump, clod; (MED *Blut~*) clot; (*Gold~*) nugget; (GASTRON *in Soße*) dumpling

knabbern I. *vt* → *Nüsse, Chips etc.* nibble, munch II. *vi* ◇ **an etw ~** *dat* to gnaw at s.th.

Knabe *m* <-n, -n> [1] ↑ *Junge* boy, lad [2] *FAM* ◇ **alter ~** old chap; **knabenhaft** *adj* boyish

Knäckebrot *s* crispbread

knacken I. *vt* [1] (*aufbrechen*) break, snap; *FAM* → *Tresor, Autos* bust, break into [2] *FIG* ↑ *lösen* → *Rätsel* solve, crack II. *vi* ← *Diele, Treppe, Holz* creak, crack; ← *Radio* crack

Knacks *m* <-es, -e> [1] (*Geräusch*) crack, crash [2] ↑ *Riß* crack [3] (*FIG verrückt*) ◇ **er hat e-n ~** he is cracked

Knall *m* <-[e]s, -e> [1] (*von Schuß*) bang; (*von Aufprall*) bang, thud; (*Peitschen~*) crack [2] *FAM* ↑ *Verrücktheit* ◇ **der hat e-n ~** he has a screw loose; ◇ **~ u. Fall** all of the sudden; **knallen** I. *vi* [1] ← *Tür* bang, slam; (*Peitsche*) crack, pop [2] ↑ *explodieren* ← *Korken* pop, explode; ← *Schuß, Feuerwerk* crack, bang, explode II. *vt* [1] → *etw auf den Boden ~* slam [2] ↑ *stoßen* bang, slam; ◇ **gegen etw ~** to slam against s.th. [3] *FAM* ◇ **jd-m e-e ~** to clout s.o.; **knallhart** *adj FAM* as hard as nails; (*Film*) brutal; **knallrot** *adj* ▷*Farbe* bright red; ▷*Gesicht* red as a beet

knapp *adj* [1] ↑ *wenig, beschränkt* short, scarce, limited; ◇ **~ bei Kasse sein** to be short of money, to be hard up; ◇ **meine Zeit ist ~** I'm running out of time [2] ↑ *gerade noch, fast nicht* ▷*Mehrheit* just, barely; ◇ **e-e ~e Stunde** almost an hour; ◇ **~ vier Meter** almost four meters [3] ↑ *kurz, eng* ▷*Kleid* tight [4] ↑ *eng gefaßt* in short; ◇ **in ~en Sätzen** in short sentences; **knapphalten** *unreg vt* → *jd-n* keep s.o. short; **Knappheit** *f* [1] ↑ *Beschränktheit* (*von Geld, Zeit etc.*) shortage [2] (*von Sieg, Mehrheit*) closeness, narrowness [3] (*von Kleidungsstück*) tightness [4] (*von Sprache, Stil*) precision, briefness

knarren *vi* (*Diele, Baum*) rattle, creak

Knäuel *m o. s* <-s, -> [1] (*Woll~*) ball [2] *FIG* ↑ *Masse* (*Menschen~*) knot, cluster

knautschen I. *vt FAM* → *Kleid, Kissen* crumple, crease II. *vi* ← *Stoff* crease, wrinkle; **Knautschzone** *f* AUTO crumple zone

kneifen <kniff, gekniffen> I. *vt* ↑ *zwicken, klemmen* pinch; ◇ **jd-n in den Arm ~** to pinch s.o. on the arm II. *vi* ↑ *zwicken* ← *Hose* pinch

Kneipe *f* <-, -n> *FAM* pub, tavern

kneten *vt* → *Teig* knead; → *Ton, Wachs etc.* work

Knick *m* <-[e]s, -e> [1] (*in Papier*) crease; (*in Stoff*) wrinkle, crease [2] ↑ *scharfe Kurve* bend; **knicken** I. *vt* [1] ↑ *umbiegen* → *Papier* fold, crease [2] ↑ *brechen, ab~* → *Streichholz* break, snap II. *vi* [1] (*Stengel, Ast*) snap, crack [2] *FIG* ↑ *traurig* ◇ **geknickt sein** to be sad

Knie *s* <-s, -> [1] ANAT knee [2] (*in Rohr*) elbow, knee [3] *FIG* ↑ *erzwingen* ◇ **etw übers ~ brechen** to break s.th. over o.'s knee; **Kniebeuge** *f* <-, -n> knee bend; **Kniekehle** *f* back of the knee; **knien** I. *vi* kneel II. *vr* [1] kneel (down) [2] *FIG* ◇ **sich in etw hinein~** *akk* (*in Arbeit*) to get serious about s.th.; **Kniestrumpf** *m* knee-high stocking

knipsen *vt* [1] (*Fahrkarte*) punch, clip [2] FOTO snap

Knirps *m* <-es, -e> [1] pipsqueak, whipper-snapper [2] (*auch ®: Schirm*) folding umbrella

knirschen *vi* ← *Kies* grind, crunch; ◇ **mit den Zähnen ~** to grind o.'s teeth

knistern *vi* [1] ← *Feuer* crackle [2] ← *Papier* rustle

Knitterfalte *f* crease; **knitterfrei** *adj* ▷*Stoff* crease-resistant; **knittern** *vi* ← *Stoff* wrinkle, crease

Knoblauch *m* garlic; **Knoblauchzehe** *f* clove of garlic

Knöchel *m* <-s, -> (ANAT *Finger~*) knuckle; (*Fuß~*) ankle

Knochen *m* <-s, -> (*Bein~*) bone; **Knochen-**

bruch *m* fracture; **knochig** *adj* ▹*Hände* bony; ▹*Mensch* bony
Knödel *m* <-s, -> GASTRON dumpling
Knopf *m* <-[e]s, Knöpfe> [1] (*Blusen-*) button; (*Druck-*) button [2] (*Schalt-, Klingel-*) button; (*Dreh-*) knob; **Knopfloch** *s* (*an Kleidung*) buttonhole
Knorpel *m* <-s, -> cartilage
Knospe *f* <-, -n> bud
knoten *vt* make a knot, tie into a knot; **Knoten** *m* <-s, -> [1] knot; (*Seemanns-*) knot [2] (MED *Verdickung, Geschwulst*) lump [3] NAUT knot; **Knotenpunkt** *m* (*Verkehrs-*) intersection, junction
Knüller *m* <-s, -> *FAM* hit; (*Verkaufs-*) big seller
knüpfen *vt* [1] (*Faden, Band*) fasten, join; (*Teppich*) knot [2] *FIG* ↑ *begründen* ◇ **Freundschaft** ~ to become friends; ◇ **Bedingungen an etw** ~ *akk* to attach conditions to s.th.
Knüppel *m* <-s, -> [1] (*Schlagstock*) club; (*Polizei-*) truncheon, nightstick [2] (*a.* AERO *Steuer-*) control stick; **Knüppelschaltung** *f* AUTO stick-shift (floor-mounted)
knurren *vi* ← *Hund* grunt, growl; ← *Magen* growl
knusperig *adj* crisp
Koalition *f* coalition; (*Regierungs-*) government coalition
Kobalt *s* <-s> CHEM cobalt
Kobold *m* <-[e]s, -e> ghost, spirit
Kobra *f* <-, -s> cobra
Koch *m* <-[e]s, Köche> cook; (*im Beruf*) chef; ◇ **ein guter** ~ a good cook; **Kochbuch** *s* cookbook; **kochen I.** *vt* [1] ↑ *zubereiten* cook; → *Kaffee, Tee* make [2] → *Wäsche, Wasser* boil **II.** *vi* [1] ← *Nudeln, Reis, Gemüse etc.* cook [2] ← *Wasser, Kaffee etc.* boil [3] (*Tätigkeit*) cook; ◇ **sie kocht gern** she likes to cook [4] *FAM* ◇ **sie kocht vor Wut** she is boiling with rage, she is fuming; **Kocher** *m* <-s, -> (*Camping-*) stove; (*elektrischer* ~) stove; (*Wasser-*) kettle
Köcher *m* <-s, -> [1] (*für Pfeile*) quiver [2] (*für Golfschläger*) golf bag
Kochgelegenheit *f* cooking facilities *pl*; **Kochgeschirr** *s* cooking utensils *pl*
Köchin *f* [1] cook, chef; ◇ **e-e gute** ~ a good cook [2] (*Beruf*) chef
Kochlöffel *m* cooking spoon; **Kochnische** *f* kitchenette; **Kochplatte** *f* hotplate, burner; **Kochrezept** *s* recipe; **Kochsalz** *s* [1] CHEM sodium chloride [2] GASTRON cooking salt; **Kochtopf** *m* pot; **Kochzeit** *f* cooking time
Kode *m* code; *s. a.* **Code**
Köder *m* <-s, -> [1] (*für Fische etc..*) bait [2] *FIG* lure, bait; ◇ **an den** ~ **anbeißen** to take the bait; **ködern** *vt* lure; *FIG* tempt, entice
Koexistenz *f* coexistence
Koffein *s* <-s> caffeine; **koffeinfrei** *adj* caffeine-free; ↑ *entkoffeiniert* ▹*Kaffee* decaffeinated
Koffer *m* <-s, -> (*Reise-*) suitcase; ◇ **Akten-** briefcase; (*Schrank-*) trunk; **Kofferradio** *s* portable radio; **Kofferraum** *m* AUTO boot, trunk *AM*
Kognak *m* <-s, -s> cognac, brandy
kohärent *adj* coherent
Kohl *m* <-[e]s, -e> (*Gemüse*) cabbage; (*Blumen-*) cauliflower
Kohle *f* <-, -n> [1] (*Braun-, Stein-*) coal [2] (*Holz-*) charcoal; (*zum Zeichnen*) charcoal [3] CHEM carbon [4] *FAM* ↑ *Geld* dough; **Kohlenbergwerk** *s* coal mine; **Kohlenbergbau** *m* coal mining industry; **Kohlendioxid** *s* carbon dioxide; **Kohle[n]hydrat** *s* <-[e]s, -e> CHEM carbohydrate; **Kohlenmonoxid** *s* carbon monoxide; **Kohlensäure** *f* [1] CHEM carbon acid [2] (*in Getränken*) fizz; **Kohlenstaub** *m* coaldust; **Kohlenstoff** *m* CHEM carbon; **Kohlenwasserstoff** *m* hydrocarbon; **Kohlenofen** *m* coal-burning stove; **Kohlepapier** *s* ↑ *Durchschlagpapier* carbon paper; **Kohlestift** *m* charcoal pencil; **Kohlezeichnung** *f* charcoal drawing, charcoal sketch
Kohlrabi *m* <-[s], -s> kohlrabi; **Kohlrübe** *f* turnip
kohlschwarz *adj* jet black
Koitus *m* <-, - *o.* -se> coitus
Koje *f* <-, -n> [1] NAUT bunk [2] *FAM* ↑ *Bett* bunk, sack; ◇ **ab in die** ~**!** time to hit the sack!
Kokain *s* <-s> cocaine
kokett *adj* ▹*Person* coquettish; **kokettieren** *vi* [1] ↑ *flirten* flirt (*mit jd-m* with s.o.) [2] (*FIG mit Plan etc.*) play (*mit* with)
Kokon *m* <-s, -s> cocoon
Kokosnuß *f* coconut; **Kokospalme** *f* coconut tree
Koks *m* <-es, -e> [1] ↑ *Kohle* coke [2] *FAM* ↑ *Kokain* coke
Kolben *m* <-s, -> [1] (*Gewehr-*) butt [2] BIOL spadix; (*Mais-*) cob, ear [3] (TECHNOL *von Motor*) piston [4] CHEM (*Destillier-*) flask [5] *FAM* ↑ *Nase* conk
Kolchose *f* <-, -n> collective farm
Kolik *f* MED colic
Kollaps *m* <-es, -e> (*Kreislauf-*) collapse
Kolleg *s* <-s, -s *o.* -ien> SCH [1] (*Studien-, Tele-*) lecture [2] ↑ *Raum* lecture hall
Kollege *m* <-n, -n> colleague; **kollegial** *adj* ▹*Verhältnis* friendly, helpful; **Kollegin** *f* colleague; (*Arbeits-*) fellow-worker; (*Studien-*)

fellow student, colleague; **Kollegium** *s* (*Lehrer~, Ärzte~*) council, board, committee
Kollekte *f* <-, -n> REL collection
kollektiv *adj* [1] ↑ *gemeinsam* collective [2] ↑ *allgemein* ▷ *Wissen* collective, general
kollern *vi* (*im Bauch*) growl, rumble
Kollision *f* [1] (*von Autos etc.*) collision [2] (*zeitlich*) clash, conflict [3] (*FIG Konflikt*) clash, collision; ◇ **mit jd-m auf ~skurs gehen** to have a clash with s.o.
Kolloquium *s* colloquium
Kolonie *f* colony
kolonisieren *vt* ▷ *Gegend* settle, colonize
Kolonne *f* <-, -n> [1] (*Personen~*) crew, gnag; (*Auto~*) convoy; ◇ **in ~[n] fahren** to drive in convoy [2] PRINT ↑ *Kolumne* column
Koloß *m* <-sses, -sse> colossus, giant
kolossal *adj* [1] ↑ *beeindruckend* terrific, tremendous [2] ↑ *sehr groß, viel* gigantic, enormous, colossal; ◇ **sich ~ amüsieren** to have a great time, to really enjoy o.s.
Kolumne *f* <-, -n> [1] PRINT column [2] (*Zeitungsartikel*) column
Koma *s* <-s, -s> MED coma
Kombination *f* [1] ↑ *Verknüpfung, Verbindung* combination; (*Farb~, Zahlen~*) combination [2] ↑ *Set* set, combination [3] (*FIG Folgerung*) deduction, speculation [4] SPORT combined event
kombinieren **I.** *vt* combine; → *Kleider* put/fit together; → *Möbel* put/fit together **II.** *vi* ↑ *folgern* deduce, conclude
Kombiwagen *m* estate car, station wagon *AM*
Kombüse *f* <-, -n> (NAUT *Schiffsküche*) caboose
Komet *m* <-en, -en> comet
Komfort *m* <-s> [1] (*Bequemlichkeit*) comfort [2] (*von Hotel*) luxury; ◇ **mit allem ~** with all the conveniences; **komfortabel** *adj* comfortable
Komik *f* humour, comedy; **Komiker(in** *f*) *m* <-s, -> comedian; **komisch** *adj* [1] ↑ *lustig* comic, funny [2] ↑ *merkwürdig, sonderbar* odd, queer, strange [3] funny, wierd, strange; ◇ **er ist ein ~er Kauz** he's rather strange, he's a weirdo
Komitee *s* <-s, -s> committee
Komma *s* <-s, -s *o.* -ta> [1] (*Interpunktion*) comma [2] MATH decimal point; ◇ **zwei ~ fünf, 2,5** two point five, 2.5
Kommandant(in *f*) *m* (*Stadt~*) commandant; (*Schiffs~*) captain; MIL commander, commanding officer
Kommandeur(in *f*) *m* (*Truppen~*) commander
kommandieren **I.** *vt* [1] MIL → *Heer, Truppen* command [2] MIL ↑ *abordnen, schicken* order, command; ◇ **jd-n an die Front ~** to order s.o. to the front [3] FAM ↑ *schikanieren* order around, boss around **II.** *vi a.* MIL ↑ *befehlen, anordnen* be in command
Kommanditgesellschaft *f* COMM limited partnership
Kommando *s* <-s, -s> [1] ↑ *Befehlsgewalt* command; ◇ **Pierre hat das ~** Pierre is in command [2] (*Befehlswort*) command, order; ◇ **auf ~** upon command [3] (*Wach~, Sonder~*) command, duty;
Kommandobrücke *f* NAUT bridge
kommen <kam, gekommen> *vi* [1] come; ← *Baby* come, arrive; ↑ *eintreffen, an~* arrive, come; ← *Zug, Flugzeug* arrive; ◇ **nach Hause ~** to come home [2] ↑ *sich nähern* approach [3] ↑ *gelangen* get; ◇ **wie komme ich zum Bahnhof?** how do I get to the train station? [4] ↑ *aufsuchen, besuchen* come, visit; ◇ **sie kommt morgen zu uns** she is coming over tomorrow; → *Arzt* ◇ **jd-n ~ lassen** to let/have s.o. come over [5] ↑ *mitgehen* come; ◇ **komm jetzt!** let's go!, come on! [6] ↑ *stammen, her~* come, originate (*aus* from); ◇ **ich komme aus Belgien** I'm from Belgium [7] (*Ursache haben*) come (*von* from); ◇ **das kommt davon!** that's what you get!; ◇ **das kommt nur daher, daß du nicht aufgepaßt hast** that's entirely due to the fact that you were not careful; ◇ **woher kommt das?** what causes that? [8] ↑ *geraten* get; ◇ **in Schwierigkeiten ~** to get into trouble; ◇ **unters Auto ~** (*überfahren werden*) to get run over [9] ↑ *folgen, dransein* come; ◇ **ich komme an die Reihe** it's my turn; ◇ **der Film kommt heute abend** the film is being shown [10] ↑ *geschickt werden* go; ◇ **in die Schule ~** to go to school; ◇ **ins Gefängnis ~** to go to jail [11] (*erscheinen, sich zeigen*) appear, show; ← *Zähne, Blätter, Sonne* show; ◇ **mir ~ die Tränen** (*auch ironisch*) I'm starting to cry; ◇ **da kommt mir e-e Idee** it just occured to me [12] ↑ *geschehen* happen, come; ◇ **komme, was wolle ...** come what may ... [13] ↑ *kosten* come, make; ◇ **der Urlaub kommt auf 355 Mark** the vacation/holiday comes to 355 marks [14] (*an bestimmte Stelle gehören*) go; ◇ **die Kleider ~ in den Schrank** the clothes go in the wardrobe [15] (*etw zu fassen kriegen*) ◇ **an etw** *akk* **~** to get hold of s.th. [16] ↑ *entdecken* ◇ **hinter etw ~** *akk* to find s.th. out [17] (*[zu]senden lassen*) ◇ **etw ~ lassen** to have s.th. sent [18] ◇ **auf sie lasse ich nichts ~** I refuse to hear one word against her [19] ↑ *Bewußtsein wiedererlangen* ◇ **zu sich ~** to come round, to regain consciousness [*o.* to come to o.'s senses]; **Kommen** *s* <-s> [1] ↑ *Ankommen* arrival, coming; *FIG* ◇ **ein einziges ~ und Gehen** a constant coming and going [2] ↑ *Entstehen, Entwicklung* coming, future; ◇ **Miniröcke sind im ~**

mini skirts are coming back into fashion; **kommend** *adj* ▷*Monat, Jahr, Dienstag* coming; ▷*Ereignisse* future

Kommentar *m* [1] ↑ *Meinung* commentary, comment (*zu* on, about) [2] (*wissenschaftlich*) comment; (MEDIA *Fernseh-, Radio-*) commentary [3] *FAM* ↑ *Bemerkung* comment; **Kommentator(in** *f*) *m* MEDIA commentator; **kommentieren** *vt* [1] → *Text* write a commentary on [2] ↑ *Stellung nehmen* comment upon

Kommerz *m* <-es> commerce; **kommerziell** *adj* commercial

Kommissar(in *f*) *m* [1] (*Kriminal-*) commissioner, detective [2] (*Staats-*) commissioner

Kommission *f* [1] (*Sonder-, Ärzte-*) committee [2] COMM commission; ◇ **in - verkaufen** to sell on commission

Kommode *f* <-, -n> (*Wäsche-, Wickel- etc.*) chest of drawers, dresser *AM*

Kommune *f* <-, -n> [1] POL ↑ *Gemeinde* community, municipality [2] *auch PEJ* ↑ *Wohngemeinschaft* commune

Kommunikation *f* ↑ *Verständigung* communication; **Kommunikationsmittel** *pl* means *pl* of communication

Kommunion *f* REL communion

Kommuniqué *s* <-s, -s> communiqué

Kommunismus *m* communism; **Kommunist (in** *f*) *m* Communist; **kommunistisch** *adj* communist

kommunizieren *vi* [1] ↑ *sich verständigen, miteinander reden* communicate [2] REL receive the Holy Communion

Komödiant(in *f*) *m* <-en, -en> [1] (*auch PEJ Schauspieler, : männlich*) actor, comedian, player; (*: weiblich*) actress [2] *FAM* ↑ *Heuchler* hypocrite

Komödie *f* comedy

Kompagnon *m* <-s, -s> COMM partner, associate

kompakt *adj* [1] ▷*Material* compact, solid [2] *FAM* ▷*Buch* compact

Kompanie *f* [1] COMM company [2] MIL company

Komparation *f* GRAM comparison

Kompaß *m* <-sses, -sse> compass

kompatibel *adj* PC compatible

kompetent *adj* [1] ↑ *sachverständig* competent, qualified [2] ↑ *befugt, bevollmächtigt* authorized [3] ↑ *zuständig* responsible; ◇ **sich - fühlen** to feel responsible for; **Kompetenz** *f* [1] ↑ *Sachverstand* competence [2] ↑ *Befugnis* authority [3] ↑ *Zuständigkeit* responsibility

komplett *adj* ↑ *vollständig* complete; *FAM* ↑ *völlig* utter, complete; ◇ **- verrückt** totally mad

komplex *adj* ▷*Thema* complex

Komplex *m* <-es, -e> [1] (*Themen-, Fragen-*) complex, group [2] ↑ *Einheit* (*Gebäude-*) complex, group [3] PSYCH (*Minderwertigkeits-*) complex

Komplikation *f* complication

Kompliment *s* compliment; ◇ **jd-m ein - machen** to pay s.o. a compliment

Komplize *m* <-n, -n> accomplice

komplizieren *vt* complicate; **kompliziert** *adj* [1] ▷*Rechenaufgabe etc.* complicated; MED ▷*Operation, Bruch* complicated, compound [2] ↑ *schwierig* ▷*Person* complicated, difficult

Komplizin *f* (*bei Straftat*) accomplice

Komplott *s* <-[e]s, -e> plot, conspiracy

Komponente *f* <-, -n> component

komponieren *vt* [1] ↑ *zusammenstellen* → *Kleidungsstücke, Farben* compose [2] MUS → *Musikstück* compose; **Komponist(in** *f*) *m* MUS composer

Komposition *f* [1] ↑ *Anordnung* composition, construction [2] (MUS *von Musikwerk*) composition

Kompost *m* <-[e]s, -e> compost

Kompott *s* <-[e]s, -e> (*Pflaumen-*) stewed fruit; ◇ **Apfel-** applesauce

Kompresse *f* <-, -n> MED compress

Kompressor *m* TECHNOL compressor

Kompromiß *m* <-sses, -sse> compromise; ◇ **e-n - schließen** to make a compromise; **kompromißlos** *adj* uncompromising

Kondensation *f* PHYS condensation; **Kondensator** *m* condenser; **kondensieren** *vt* condense; **Kondensmilch** *f* condensed milk; **Kondensstreifen** *m* AERO vapour/condensation trail

Kondition *f* [1] ↑ *Bedingung, Voraussetzung* condition [2] ↑ *Zustand* ▷*körperlich* condition, shape; ◇ **in guter - sein** to be in good shape

Konditionalsatz *m* GRAM conditional clause

Konditor(in *f*) *m* pastry-cook, confectioner; **Konditorei** *f* confectionery

Kondom *s* <-s, -e> *FAM* ↑ *für Präservativ* condom; *FAM* rubber

Kondukteur(in *f*) *m CH* ↑ *Schaffner* conductor

Konfekt *s* <-[e]s, -e> confectionery

Konfektion *f* manufactured clothing

Konferenz *f* (*Lehrer-, Abrüstungs-,*) conference; ◇ **e-e - abhalten** to hold a conference; **Konferenzzimmer** *s* conference room

Konfession *f* REL denomination; **konfessionslos** *adj* non-denominational

Konfetti *s* <-[s]> confetti *sg*

Konfirmand(in *f*) *m* <-en, -en> REL candidate for confirmation

Konfirmation *f* confirmation
konfirmieren *vt* REL confirm
konfiszieren *vt* confiscate, seize
Konfitüre *f* <-, -n> (*Erdbeer-*) jam
Konflikt *m* <-[e]s, -e> [1] (*Rassen-, Ehe-*) conflict [2] (*Gewissens-, Interessen-*) clash, conflict; ◇ **mit jd-m/etw in - geraten** to come into conflict with s.o./s.th.
Konföderation *f* (*von Staaten*) confederacy
Konfrontation *f* confrontation (*mit* with); **konfrontieren** *vt* confront (*mit* with)
konfus *adj* [1] ↑ *verwirrt, durcheinander* ▷*Person* confused [2] ↑ *verworren* ▷*Bericht* muddled, confusing
Kongreß *m* <-sses, -sse> [1] ↑ *Tagung* convention [2] POL congress
kongruent *adj* GRAM concordant; MATH congruent; **Kongruenz** *f* GRAM concord agreement; MATH congruence
König *m* <-[e]s, -e> [1] (*Regent, Spielkarte, Schach*) king [2] *FAM* ↑ *Oberster, Bester* king; **Königin** *f* (*Regentin*) queen; (*Bienen-*) queen bee; **königlich** *adj* [1] (*König betreffend*) royal [2] ↑ *großartig* ▷*Geschenk* handsome; **Königreich** *s* kingdom, realm
Konjugation *f* SPRACHW conjugation; **konjugieren** *vt* → *Verb* conjugate
Konjunktion *f* GRAM ↑ *Bindewort* conjunction
Konjunktiv *m* GRAM subjunctive
Konjunktur *f* COMM economic situation; **Konjunkturflaute** *f* COMM stagnating economy
konkav *adj* (*Ggs zu konvex*) concave
konkret *adj* [1] ↑ *wirklich* tangible, actual, real [2] ↑ *genau* ▷*Vorstellung, Absicht* concrete, definite
Konkurrent(in *f*) *m* ↑ *Mitbewerber* competitor; SPORT competitor, rival
Konkurrenz *f* [1] COMM competition; ◇ **sich** *dat* **- machen** to compete with s.o. [2] SPORT ↑ *Wettkampf* competition; **konkurrenzfähig** *adj* competitive
konkurrieren *vi* compete (*mit* with), be in competition with
Konkurs *m* <-es, -e> COMM bankruptcy; ◇ **- anmelden** to declare bankruptcy; **Konkursmasse** *f* bankrupte deptor's assets estate
können <konnte, gekonnt> *vt* [1] ↑ *imstande sein, vermögen* (*mit Infinitiv*) be able to; ◇ **sie kann das nicht lesen** she can't read it; ◇ **ich kann nichts mehr essen** I can't eat anything else [2] (*gelernt haben, beherrschen*) → *Sprache, Autofahren* be able to, know [how to]; ◇ **- Sie Russisch?** do you speak Russian?; ◇ **sie kann ihre Rolle nicht** she doesn't know her part [3] (*möglich sein*) ◇ **das kann [möglich] sein** that may/could be [so]; ◇ **es kann sein, daß Sie Recht haben** you could be right [4] ↑ *dürfen* be allowed; ◇ **kann ich mal telefonieren?** may I use the telephone? [5] ◇ **sie konnte nichts dafür** she couldn't help it;
Können *s* <-s> [1] ↑ *Fähigkeit* ability [2] ↑ *Geschicklichkeit* skill
konsekutiv *adj* consecutive
konsequent *adj* [1] ▷*Entscheidung* consistent [2] ↑ *beharrlich, unbeirrt* persistent, firm; ◇ **- ein Ziel verfolgen** to pursue a goal with persistence; **Konsequenz** *f* [1] ↑ *Folge* consequence; ◇ **die -en tragen** to take the consequences [2] ↑ *Schlußfolgerung* conclusion; ◇ **seine -en ziehen** to draw o.'s conclusion [3] ↑ *Unbeirrbarkeit, Beharrlichkeit* consistency, persistence
konservativ *adj* conservative; POL ▷*Partei, Gesinnung* Conservative, Tory *BRIT*
Konserve *f* <-, -n> [1] (*Nahrungsmittel*) preserved foods, canned foods *AM* [2] (MED *Blut-*) stored blood; **Konservendose** *f* tin, can *AM*
konservieren *vt* [1] GASTRON → *Gemüse, Obst, Wurst etc.* preserve, can *AM* [2] ↑ *erhalten* → *Denkmäler* preserve; **Konservierungsmittel** *s* preservative
Konsonant *m* consonant
konspirativ *adj* ▷*Gruppe* conspiratorial
konstant *adj* [1] ↑ *gleichbleibend* ▷*Temperatur, Maß* constant [2] ▷*Weigerung* persistent, stubborn
Konstellation *f* (*Macht-*) constellation
konstruieren *vt* [1] ↑ *errichten* → *Maschine, Brücke* construct; MATH → *Dreieck* construct [2] *FIG* ↑ *ausdenken* → *Fall* construct
Konstruktion *f* [1] ↑ *Aufbau* construction [2] *FIG* ▷*gedanklich* design, construct
konstruktiv *adj* ↑ *nützlich* ▷*Kritik* constructive
Konsul(in *f*) *m* <-s, -n> consul; **Konsulat** *s* consulate
konsultieren *vt* consult; → *Arzt, Rechtsanwalt* consult
Konsum *m* <-s> ↑ *Verbrauch* (*Fleisch-, Bier- etc.*) consumption; **Konsumartikel** *m* consumer item, consumer goods *pl*; **Konsument(in** *f*) *m* ↑ *Verbraucher* consumer; **Konsumgesellschaft** *f* consumer society; **konsumieren** *vt* consume
Kontakt *m* <-[e]s, -e> [1] (*Haut-*) contact [2] ↑ *Beziehung, Kommunikation* contact; ◇ **sozialer -** social contact [3] ELECTR contact; **kontaktarm** *adj* unsociable; **kontaktfreudig** *adj* sociable, outgoing; **Kontaktlinsen** *f pl* MED contact lenses *pl*
Kontext *m* ↑ *Zusammenhang* context
Kontinent *m* <-[e]s, -e> continent; **kontinental** *adj* METEO ▷*Klima* continental

kontinuierlich *adj* continuous

Konto *s* <-s, Konten> [1] FIN (*Spar-, laufendes -*) account [2] *FIG* ◇ **das geht auf ihr** - she is to blame; **Kontoauszug** *m* bank statement; **Kontoinhaber(in** *f*) *m* account holder; **Kontonummer** *f* account number; **Kontostand** *m* balance; **Kontoüberziehung** *f* over drawing of an account, overdraft

Kontra *s* <-s, -s> [1] ↑ *Wider* argument against s.th. [2] *FIG* ↑ *Widerspruch* contradiction; ◇ **jd-m** - **geben** to contradict s.o. [3] (*beim Kartenspielen*) double

Kontrabaß *m* MUS double-bass

Kontrahent(in *f*) *m* [1] ↑ *Gegner(in)* opponent, adversary [2] COMM ↑ *Vertragspartner* contracting party

Kontrapunkt *m* MUS counterpoint

Kontrast *m* <-[e]s, -e> [1] (*Farb-*) contrast [2] FOTO contrast

Kontrolle *f* <-, -n> [1] ↑ *Überprüfung* (*von Ausweis, Gepäck*) check, inspection [2] ↑ *Überwachung* control [3] ↑ *Herrschaft, Beherrschen* control (*über akk* over); ◇ **die** - **verlieren** to lose control; **Kontrolleur(in** *f*) *m* (*Fahrkarten-, Waren-*) inspector; **kontrollieren** *vt* [1] ↑ *überprüfen* check, inspect [2] ↑ *überwachen* → *Arbeiter* supervise [3] ↑ *beherrschen* control; **Kontrollturm** *m* control tower

Kontroverse *f* <-, -n> controversy, dispute (*über akk* about)

Kontur *f* contour, outline

Konvent *m* <-[e]s, -e> convention, meeting

Konvention *f* [1] ↑ *Übereinkunft* convention; ◇ **gesellschaftliche -en** social conventions [2] POL ↑ *Vertrag* agreement [3] ↑ *Tradition* convention; **konventionell** *adj* ↑ *herkömmlich* conventional

Konversation *f* conversation; **Konversationslexikon** *s* encyclopaedia

konvex *adj* (*Ggs zu konkav*) convex

Konvoi *m* <-s, -s> convoy

Konzentration *f* ↑ *Sammlung, Aufmerksamkeit* concentration (*auf akk* on); **Konzentrationslager** *s* concentration camp; **konzentrieren I.** *vt* [1] (*zentralisieren*) focus [2] ↑ *richten auf* → *Kräfte* concentrate (*auf akk* on) [3] CHEM ↑ *verdichten* concentrate **II.** *vr* ◇ **sich** - concentrate (*auf akk* on)

Konzept *s* <-[e]s, -e> draft, idea; *FIG* ◇ **aus dem** - **kommen** to lose one's thread

Konzern *m* <-s, -e> (*Öl-, Presse-*) concern, group

Konzert *s* <-[e]s, -e> MUS [1] (*Violin- etc.*) concert [2] (*Aufführung*) performance

konzertiert *adj* POL ▷*Aktion* concerted

Konzession *f* [1] (*für Geschäft, Restaurant etc.*) licence [2] ↑ *Zugeständnis* concession; ◇ **-en machen** to make concessions; **konzessiv** *adj* concessive

Konzil *s* <-s, -e *o.* -ien> REL council

Kooperation *f* cooperation; ◇ **in** - **mit** in cooperation with

koordinieren *vt* coordinate

Kopf *m* <-[e]s, Köpfe> [1] (*von Mensch, Tier*) ▷*rund, groß, klein, kahl etc.* head; ◇ **von** - **bis Fuß** from head to foot; *FIG* ◇ **etw auf den** - **stellen** to turn s.th. upside down; (*FIG entmutigt sein*) ◇ **den** - **hängen lassen** to hang o.'s head [2] (*von Nagel, Pfeife*) head, point; (*Salat-, Kohl-*) head [3] (*Brief-, Zeitungs-*) head[ing] [4] (*Person*) head; ◇ **ein kluger** - genius; ◇ **pro** - per capita [5] ↑ *Leiter, Anführer* head [6] *FIG* ↑ *Verstand* mind, head; ◇ **sich über jd-n/etw den** - **zerbrechen** to rack one's brains over s.o./s.th.; ◇ **nicht ganz richtig im** - **sein** to be a little crazy [7] ↑ *Sinn* sense, understanding, head [8] (*FAM überlegen*) ◇ **sich** *dat* **etw durch den** - **gehen lassen** to think about s.th.; ◇ **es geht mir nicht aus dem** - I can't get it out of my mind; ◇ **sich** *dat* **etw in den** - **setzen** to have o.'s mind set on s.th.; ◇ **aus dem** - by heart [9] (*FIG jd-n [in sich] verliebt machen*) ◇ **jd-m den** - **verdrehen** to turn o.'s head; **Kopfbedeckung** *f* headgear, headprotection

köpfen *vt* behead, decapitate

Kopfhörer *m* earphone, headphone; **Kopfkissen** *s* pillow; **Kopfkissenbezug** *m* pillowcase; **kopflos** *adj FIG* mindless, panicky; **kopfrechnen** *vi* (*nur Infinitiv*) do mental arithmetic; **Kopfsalat** *m* lettuce; **Kopfschmerzen** *m pl* headache; **Kopfsprung** *m* SPORT dive; **Kopfstand** *m* headstand; **kopfstehen** *unreg vi FIG* be confused; **Kopftuch** *s* headscarf; **Kopfzerbrechen** *s* <-s> *FIG* [1] ↑ *Grübeln* puzzling, brain-racking [2] ↑ *Sorgen* ◇ **jd-m** - **bereiten** to be a worry to s.o.

Kopie *f* [1] ↑ *Abschrift* copy [2] ↑ *Foto-* print, copy [3] ↑ *Nachbildung, Imitation* (*von Gemälde*) replica, copy; **kopieren** *vt* [1] ↑ *abschreiben* copy [2] *a.* PC ↑ *Foto-* copy [3] ↑ *imitieren, nachahmen* → *jd-n* imitate [4] → *Kunstwerk* imitate, copy; **Kopierer** *m* <-s, ->, **Kopiergerät** *s* photocopying machine, photocopier; **Kopierschutz** *m* PC copyright

Kopilot *m* co-pilot

Koppel *f* <-, -n> (*Pferde-*) paddock; (*von Hund*) leash

koppeln *vt* [1] ↑ *zusammenbinden* couple, join; → *Hunde, Pferde* leash, tie [2] ↑ *verbinden* join, link;

ELECTR couple; → *Raumschiffe, Fahrzeuge* link up; ◇ **etw an etw** *akk* **-** to tie s.th. to s.th.; **Koppelung** *f* ↑ *Verbindung* (*von Fahrzeugen*) link-up; ELECTR coupling

Koralle *f* <-, -n> ① FAUNA coral ② (*Schmuckmaterial*) coral

Koran *m* <-s> REL Koran

Korb *m* <-[e]s, Körbe> ① (*Einkaufs-, Brot-, Näh-*) basket; (*Bienen-*) [bee]hive; *FIG* ◇ **jd-m e-n - geben** to turn s.o. down ② ↑ *-geflecht* wicker ③ SPORT basket

Kordel *f* <-, -n> ↑ *Schnur* cord

Korea *s* <-s> Korea

korinthisch *adj* Corinthian

Kork *m* <-[e]s, -e> ① (*Baumrinde der Korkeiche*) cork ② ↑ *Korken* cork; **Korken** *m* <-s, -> (*Flaschen-, Sekt-*) cork; **Korkenzieher** *m* <-s, -> corkscrew

Korn [1] *s* <-[e]s, Körner> ① (*Samen-*) seed, grain; (*Pfeffer-, Senf-*) corn; (*Salz-, Hagel-, Staub-*) grain ② ↑ *Getreide* grain, corn *pl*

Korn [2] *s* <-[e]s> (*von Gewehr*) sight; *FIG* ◇ **jd-n aufs - nehmen** to keep tabs on s.o.

Korn [3] *m* <-[e]s, -> ↑ *-schnaps* corn schnapps

Kornblume *f* cornflower

Kornett *s* <-s, -e [-s]> MUS cornet

körnig *adj* grainy

Körper *m* <-s, -> ① ↑ *Leib* body ② (*Schiffs-, Heiz-*) hull ③ MATH ▷ *geometrisch* body; **Körperbau** *m* physique, build; **körperbehindert** *adj* physically handicapped; **Körpergröße** *f* height; **körperlich** *adj* physical; **Körperschaft** *f* JURA COMM corporation; (*gesetzgebende -*) legislative body; **Körperschaft[s]steuer** *f* COMM corporation tax; **Körperteil** *m* ANAT body part

Korps *s* <-, -> corps

korpulent *adj* ▷ *Person* corpulent, stout

korrekt *adj* ① ▷ *Aussprache, Antwort* correct, right, proper ② ▷ *Verhalten* correct; **Korrektheit** *f* correctness; **Korrektor(in** *f*) *m* (*im Verlag*) proof-reader; **Korrektur** *f* ① (*von Fehlern*) correction, proof-reading ② PRINT (*Fahnen-*) proof; **Korrekturband** *s, pl* <-[e]s, -bänder> correction tape; **Korrekturbogen** *m* proof; **Korrekturtaste** *f* correction key

Korrespondent(in *f*) *m* (*Auslands-*) correspondent; **Korrespondenz** *f* correspondence; (*Geschäfts-*) business correspondence

Korridor *m* <-s, -e> ① ↑ *Flur* corridor, hall[way] *AM* ② GEO passageway

korrigieren *vt* ① → *Fehler* correct ② (*Drucktext*) check, correct ③ ↑ *verbessern* → *Meinung, Urteil* correct, adjust

Korrosion *f* corrosion

Korruption *f* ① ↑ *Bestechung* corruption ② ↑ *Bestechlichkeit* bribery, corruption

Kosename *m* pet name

Kosmetik *f* ① cosmetics *pl* ② MED (*chirurgische -*) cosmetic surgery; **Kosmetiker(in** *f*) *m* <-s, -> beautician; **Kosmetiksalon** *m* beauty salon/parlour; **kosmetisch** *adj* ① ▷ *Schönheitspflege* cosmetic ② ▷ *Chirurgie* cosmetic, plastic

kosmisch *adj* cosmic; **Kosmonaut(in** *f*) *m* <-en, -en> cosmonaut

Kosmopolit(in *f*) *m* <-en, -en> cosmopolitan

Kosmos *m* <-> cosmos

Kost *f* <-> ① ↑ *Essen, Nahrung* food, diet; ◇ **leichte -** light diet ② ↑ *Verpflegung* board; ◇ **- und Logis** room and board ③ *FIG* ◇ **leichte/schwere -** easy/hard stuff

kostbar *adj* ▷ *Schmuck, Teppich etc.* valuable, precious; (*prächtig*) splendid, luxurious; **Kostbarkeit** *f* ① (*hoher Wert*) value ② ↑ *Schatz* treasure, precious object

kosten [1] *vt* ① ↑ *Preis haben* cost; ◇ **das Buch kostet 15 Mark** the book costs 15 marks; ◇ **das hat ihn viel Geld gekostet** that cost him a lot of money ② ↑ *erfordern* require, take; ◇ **das kostet viel Zeit** it takes [up] a lot of time ③ ◇ **das kostet ihn seinen Job** that will cost him his job

kosten [2] *vt* → *Speise* try, taste (*von etw* s.th.)

Kosten *pl* ① ↑ *Ausgaben* costs, expenses *pl*; (JURA *Gerichts-*) court costs *pl* ② *FIG* ◇ **das geht auf - deiner Gesundheit** *gen* that's bad for your health ③ (*etw voll auskosten*) ◇ **auf seine - kommen** to enjoy o.s./s.th. immensely; **kostenlos** *adj* free [of charge]; **Kostenvoranschlag** *m* COMM estimate

köstlich *adj* ① ↑ *ausgezeichnet* ▷ *Essen, Wein* delicious, tasty ② *FAM* ↑ *lustig, erheiternd* cute, delightful, charming ③ ↑ *sehr* priceless, immensely; ◇ **sich - amüsieren** to have a great time

Kostprobe *f* (*von Können, Speise*) sample; **kostspielig** *adj* costly, expensive

Kostüm *s* <-s, -e> ① ↑ *Tracht* costume ② (*Damen-*) suit ③ (*Faschings-*) costume; (*von Schauspieler*) costume; **Kostümball** *m* costume ball

Kot *m* <-[e]s> excrement, faeces *pl*

Kotelett *s* <-[e]s, -e *o.* -s> (GASTRON *Schweine-*) cutlet, chop; **Koteletten** *pl* sideburns *pl*

Köter *m* <-s, -> *PEJ* cur

Kotflügel *m* AUTO mudguard, fender *AM*

kotzen *vi FAM!* vomit, puke, throw up

Krabbe *f* <-, -n> crab

krabbeln I. *vi* ← *Kinder* crawl **II.** *vt* (*kitzeln*) tickle

K

Krach *m* <-[e]s, -s *o.* -e> [1] ↑ *Lärm* crash, bang; ◇ - **machen** to make noise [2] *FAM* ↑ *Streit* quarrel [3] (*FIG Börsen-*) crash, collapse; **krachen** *vi* [1] ← *Schuß* bang; ← *Donner* crash, roar [2] *FAM* ↑ *durchbrechen* ← *Stuhl, Brett* crash [3] *FAM* ↑ *stoßen* ◇ **gegen etw** - to crash against s.th.

krächzen *vi* ← *Rabe* caw; ← *Person* croak

Kraft *f* <-, Kräfte> [1] ↑ *Stärke* strength, force; ◇ **Kräfte sammeln** to summon up o.'s strength; ◇ **mit vereinten Kräften** with joined forces [2] (▷*geistig, Willens-*) will-power [3] (*Arbeits-*) worker, employee, personnel *sg* [4] ↑ *Wirkung* (*Heil-, Überzeugungs-*) power, effect [5] ↑ *Gültigkeit* (*von Beschluß, Gesetz etc.*) force; ◇ **in - treten** to come into effect; ← *Gesetz etc.* ◇ **in - setzen** to enact, put into force; ◇ **außer - setzen** to repeal, annul [6] PHYS force; **Kraftbrühe** *f* boullion; **Kraftfahrer(in** *f*) *m* lorry driver, truck driver *AM*; **Kraftfahrzeug** *s* (*kurz: Kfz*) automobile, motor vehicle; **Kraftfahrzeugbrief** *m* vehicle registration papers *pl;* **Kraftfahrzeugmechaniker(in** *f*) *m* mechanic; **Kraftfahrzeugsteuer** *f* motor vehicle tax, road tax *BRIT*; **Kraftfahrzeugversicherung** *f* automobile insurance

kräftig I. *adj* [1] ▷*Person, Wuchs* strong, robust [2] ↑ *ausgeprägt* ▷*Stimme* powerful; ▷*Appetit* big, hearty [3] ↑ *reichhaltig* ▷*Mahlzeit* nourishing, substantial **II.** *adv* ↑ *sehr* strongly, heartily; ◇ **du mußt den Deckel - zudrücken** you have to close the lid firmly; **kraftlos** *adj* ↑ *schwach* feeble, weak; **Kraftprobe** *f* test of strength; **Kraftrad** *s* motorcycle, motorbike; **kraftvoll** *adj* powerful, vigorous; **Kraftwagen** *m* motor vehicle, automobile; **Kraftwerk** *s* (*Kohle-, Atom-*) power station, power plant

Kragen *m* <-s, -> (*von Jacke, Hemd*) collar; **Kragenweite** *f* collar size

Krähe *f* <-, -n> crow; **krähen** *vi* ← *Hahn* crow

Kralle *f* <-, -n> [1] (*Vogel-*) claw; (*Katzen-, Bären-*) claw [2] *FAM* claw; ◇ **jd-m die -n zeigen** to show o.'s claws [3] (*Park-*) clamps *pl*

Kram *m* <-[e]s> [1] *PEJ* ↑ *Gerümpel, Zeug* junk *sg*, stuff *sg* [2] *FAM* ↑ *Angelegenheit* business; ◇ **das paßt mir nicht in den** - that doesn't fit at all into my plans; **kramen** *vi* [1] ↑ *herumwühlen* rummage about (*nach* for) [2] ↑ *herausholen* pick/fish s.th. out

Krampf *m* <-[e]s, Krämpfe> [1] (*Muskel-*) cramp; (*Magen-*) cramp [2] *FAM* ↑ *Quatsch, Unsinn* rubbish, stuff; ◇ **so ein -!** what nonsense!; **Krampfader** *f* MED varicose vein; **krampfhaft** *adj* [1] ▷*Zuckungen* convulsive [2] *FIG* ↑ *verbissen* frantic, desperate; ◇ - **an etw** *dat* **festhalten** to cling desperately to s.th.

Kran *m* <-[e]s, Kräne> [1] (*Baumaschine*) crane [2] *norddeutsch* ↑ *Zapfhahn* tap, faucet *AM*; **Kranführer** *m* crane operator

Kranich *m* <-s, -e> crane

krank <kränker, am kränksten> *adj* [1] (*Ggs. zu gesund*) sick, ill, not well; (*geistes-*) mentally ill; ◇ **sich - melden** to call in sick [2] *FIG* ▷*Firma* ailing, suffering; **Kranke(r)** *fm* sick person, patient

kränkeln *vi* [1] (*ein bißchen krank sein*) ailing, be sickly [2] *FIG* ← *Firma* ailing

kränken *vt* → *jd-n* offend, hurt; ◇ **das kränkt mich** that grieves me

Krankengeld *s* sickness benefit; (*von Arbeitnehmer*) sick pay; **Krankengymnast(in** *f*) *m* physiotherapist; **Krankenhaus** *s* hospital; **Krankenkasse** *f* ▷*gesetzliche, private* medical/health insurance; **Krankenpfleger(in** *f*) *m* (*weiblich*) nurse; (*männlich*) male nurse; **Krankenschein** *m* medical insurance certificate; **Krankenschwester** *f* nurse; **Krankenversicherung** *f* [1] (*Versicherung für Krankheitsfall*) medical/health insurance [2] (*Unternehmen*) medical/health insurance company; **Krankenwagen** *m* ambulance; **Krankenzimmer** *s* sick-room, hospital room

krankfeiern *vi FAM* play sick; **krankhaft** *adj* [1] (*durch Krankheit*) morbid, diseased [2] ▷*Sucht, Trieb, Angst* pathological, chronic; **Krankheit** *f* illness, sickness; ◇ **an e-r - leiden** to suffer from an illness; **Krankheitserreger** *m* pathogene; **Krankheitszeichen** *s* symptom

kränklich *adj* ↑ *kränkelnd* ▷*Zustand* sickly, ailing; ▷*Aussehen* sickly, poorly

Kränkung *f* insult

Kranz *m* <-es, Kränze> [1] (*Blumen-, Lorbeer-*) wreath, garland [2] ↑ *Ring* (*Strahlen-*) ring, circle

kraß *adj* ↑ *extrem* crass, blatant; ▷*Gegensatz* glaring

Krater *m* <-s, -> crater

kratzen I. *vt* [1] ↑ *ritzen* scratch; ← *Katze* scratch [2] (*gegen Jucken*) scratch; ◇ **sich** *akk* **am Kopf** - to scratch o.'s head [3] *FAM* ↑ *stören* bother; *FIG* ◇ **das kratzt mich nicht** I couldn't care less **II.** *vi* [1] ← *Katze* scratch [2] ↑ *reizen* ← *Wolle etc.* scratch; (*im Hals*) scratch; **Kratzer** *m* <-s, -> [1] ↑ *Kratzspur* (*auf Haut, Lack etc.*) scratch [2] (*Eis-*) scraper

kraulen I. *vi* ↑ *schwimmen* do the crawl[stroke] **II.** *vt* ↑ *streicheln* pat, rub

kraus *adj* [1] ▷*Haar* frizzy [2] ↑ *faltig* ▷*Stoff*

gathered, puckered ③ *FIG* ↑ *wirr* tangled; **Krause** *f* <-, -n> ① ↑ *Locken* frizziness ② (*Hals-*) ruff

kräuseln I. *vt* → *Haare* curl, crimp **II.** *vr* ◊ **sich ~** ① ← *Haare* frizz; ← *Rauch, Wasser* ripple ② ← *Stoff* wrinkle

Kraut *s* <-[e]s, Kräuter> ① (*Heil-*) herb ② ↑ *Kohl* (*Weiß-, Rot-*) cabbage; (*Sauer-*) sauerkraut ③ (*Kartoffel-*) plant; *FAM* ◊ **wie ~ und Rüben** in a jumble ④ *FAM* ↑ *Tabak* tobacco

Krawall *m* <-s, -e> ① ↑ *Aufruhr* riot, rumpus ② ↑ *Lärm* racket; ◊ **~ machen** to make a racket

Krawatte *f* tie; **Krawattennadel** *f* tie-pin

kreativ *adj* creative; **Kreativität** *f* creativity

Kreatur *f* ① ↑ *Geschöpf* creature ② *PEJ* creature, animal

Krebs *m* <-es, -e> ① (FAUNA *Fluß-*) crayfish, crawfish *AM* ② (MED *Lungen-, Darm- etc.*) cancer ③ ASTROL Cancer; **krebserregend** *adj* cancer-causing, carcinogenic

Kredit *m* <-[e]s, -e> credit; ◊ **e-n ~ aufnehmen** to take out a loan; ◊ **auf ~** on credit; **Kreditanstalt** *f* credit institute; **Kreditgeschäft** *s* credit business; **Kreditkarte** *f* credit card

Kreide *f* <-, -n> ① (*Tafel-*) ↑ *Kalkstein* chalk ② chalk ③ GEO ↑ *-zeit* the Cretaceous [period]; **kreidebleich** *adj* pale as death

Kreis *m* <-es, -e> ① (*Figur*) circle; ◊ **im ~ gehen** to go in a circle; *FIG* to move in circles ② (*Personen-, Freundes-*) circle, group ③ ↑ *Bezirk* (*Land-*) district county; **Kreisbahn** *f* ATRON orbit; **Kreisbewegung** *f* rotation, circular motion; **Kreisbogen** *m* arc

kreischen *vi* ↑ *laut schreien* ← *Vogel* squawk; ← *Mensch* screech, scream

Kreisel *m* <-s, -> (*Spielzeug*) [spinning] top

kreisen *vi* ① ← *Adler, Flugzeug* circle ② ← *Becher, Flasche* pass around ③ *FIG* ← *Gespräch, Gedanken* revolve (*um* around)

kreisförmig *adj* circular; **Kreislauf** *m* ① MED ↑ *Blut-* circulation ② *FIG* ↑ *Zyklus* (*des Lebens etc.*) cycle; **Kreisverkehr** *m* roundabout, traffic circle *AM*

Kreißsaal *m* delivery room

Krematorium *s* crematorium, crematory *AM*

Kreml *m* <-s> Kremlin

Krempe *f* <-, -n> border, edge

krepieren *vi* ① *FAM! PEJ* ↑ *sterben* kick the bucket ② ← *Granate* explode

Krepp *m* <-s, -e [-s]> (*Stoff*) crepe

Kresse *f* <-, -n> cress

Kreta *s* <-s> Crete

Kreuz *s* <-es, -e> ① (*Zeichen*) cross; (*Autobahn-*) intersection ② (REL *Symbol*) crucifix, cross; (*Grab-*) cross ③ MUS sharp ④ ANAT small of the back; *FIG FAM* ◊ **jd-n aufs ~ legen** to con s.o. ⑤ *FIG FAM* ↑ *Leid, Mühe* affliction; ◊ **es ist ein ~ mit ihm** he is nothing but trouble ⑥ (*Spielkarten*) clubs *pl* ⑦ ASTRON ◊ **~ des Südens** the Southern Cross; **kreuzen I.** *vt* ① ↑ *übereinanderlegen* cross s.th.; → *Arme, Beine* cross ② → *Straße* cross ③ BIOL ↑ *paaren* → *Tiere* cross[breed] **II.** *vi* NAUT cruise; ◊ **gegen den Wind ~** to tack **III.** *vr* ◊ **sich ~** ① ↑ *überschneiden* cross; ← *Linie, Straße* cross ② ↑ *einander begegnen* cross, meet; ← *Briefe* cross ③ ← *Ansichten, Pläne* clash, interfere, cross; **Kreuzer** *m* <-s, -> NAUT (*Mittelmeer- etc.*) cruiser; **Kreuzfahrer** *m* HIST NAUT crusader; **Kreuzfahrt** *f* cruise; **Kreuzgang** *m* cloister

Kreuzigung *f* REL crucifixion

Kreuzotter *f* adder

Kreuzung *f* ① (*Straßen-, Verkehrs-*) crossroads, intersection, junction ② BIOL cross-breeding, hybridization ③ (BIOL *von Lebewesen*) crossbreed, hybrid

Kreuzverhör *s* JURA cross-examination; **Kreuzworträtsel** *s* crossword [puzzle]; **Kreuzzug** *m* HIST crusade

K

kriechen <kroch, gekrochen> *vi* ① ← *Schlange, Eidechse* creep, crawl ② *PEJ* ↑ *sich anbiedern* suck up, grovel

Kriecher(in *f*) *m* <-s, -> *PEJ* creep; **Kriechspur** *f* (*auf Autobahn*) slow lane; **Kriechtier** *s* reptile

Krieg *m* <-[e]s, -e> (*Welt-*) war; ◊ **jd-m den ~ erklären** to declare war on s.o.

kriegen *vt FAM* ① ↑ *bekommen* get ② ↑ *erwischen* catch; ◊ **jd-n zu fassen ~** to catch hold of s.o.

kriegerisch *adj* warlike, martial

Kriegsausbruch *m* outbreak of war; **Kriegsentschädigung** *f* war-disablement pay; **Kriegserklärung** *f* declaration of war; **Kriegsdienstverweigerer** *m* <-s, -> conscientious objector; **Kriegsfuß** *m* ◊ **mit jd-m/etw auf ~ stehen** to be at odds with s.o./s.th.; **Kriegsgefangene(r)** *fm* prisoner of war, P.O.W.; **Kriegsgefangenschaft** *f* captivity; **Kriegsgericht** *s* Court martial; **Kriegshafen** *m* naval port; **Kriegsschauplatz** *m* theatre of war; **Kriegsschiff** *s* battle ship, warship; **Kriegsschuld** *f* war guilt; **Kriegsverbrechen** *s* war crime; **Kriegsverbrecher(in** *f*) *m* war criminal; **Kriegsversehrte(r)** *fm* disabled soldier, veteran *AM*; **Kriegszustand** *m* state of war; ◊ **sich im ~ befinden** to be at war

Krimi *m* <-s, -s> *FAM* detective novel

Kriminalbeamte(r) *fm* **Kriminalbeamtin** *f*

policeman *m,* policewoman *f,* C.I.D. officer *BRIT*

Kriminalität *f* criminality; ◇ **Jugend~** juvenile delinquency

Kriminalpolizei *f* criminal investigation department, C.I.D.; **Kriminalroman** *m* mystery/detective story

kriminell *adj* ① ▷*Tat, Person* criminal ② *FAM* ↑ *unverschämt* ◇ **~ teuer** horrendously expensive; **Kriminelle(r)** *fm* criminal

Krimskrams *m* <-> *FAM* odds and ends *pl*

Kripo *f* <-> *FAM* the cops, the C.I.D. *BRIT*

Krippe *f* <-, -n> ① ↑ *Futtertrog* trough ② (*Kinder~*) crib ③ (*Weihnachts~*) manger

Krise *f* <-, -n> ① (*Wirtschafts~*) crisis; ◇ **in e-r ~ stecken** to be in a state of crisis ② ↑ *Höhepunkt, Wendepunkt* (*von Krankheit*) climax; **kriseln** *vi unpers* ◇ **es kriselt** symptoms of crisis are noticeable, trouble is brewing; **Krisenherd** *m* trouble spot

Kristall ¹ *m* <-s, -e> (*Berg~, Salz~*) crystal; (*Eis~*) crystal

Kristall ² *s* <-s> (*~glas*) crystal

Kriterium *s* ① ▷*ausschlaggebend* criterion ② ↑ *Prüfstein* probe

Kritik *f* ① ↑ *Beanstandung* criticism; ◇ **~ an jd-m/etw üben** to criticize s.o./s.th. ② ↑ *Beurteilung, Rezension* (*über Buch, Film*) critique; (*Musik~, Kunst~ etc.*) critique, review; ◇ **unter aller ~** beneath contempt ③ (*Gesamtheit der Kritiker*) critics *pl;* **Kritiker(in** *f*) *m* <-s, -> critic; **kritiklos** *adj* uncritical; ◇ **etw ~ hinnehmen** to uncritically accept s.th.

kritisch *adj* ① critical; ◇ **jd-m/etw ~ gegenüberstehen** to be critical of s.o./s.th. ② ↑ *bedrohlich, gefährlich* ▷*Situation, Krankheit* critical ③ ↑ *entscheidend* ▷*Augenblick* critical

kritisieren *vt* criticize

Kroatien *s* <-s> Croatia

Krokodil *s* <-s, -e> crocodile

Krokus *m* <-, - *o.* -se> crocus

Krone *f* <-, -n> ① (*Königs~*) crown ② (*Baum~*) top, crown

krönen *vt* ① → *jd-n* crown; ◇ **zum Kaiser ~** to crown s.o. emperor ② ↑ *beenden* cap, top; ◇ **der -de Abschluß** the culmination

Kronleuchter *m* chandelier; **Kronprinz** *m* crown prince; **Kronprinzessin** *f* crown princess

Krönung *f* ① (*von König, Kaiser*) coronation ② *FIG* ↑ *Höhepunkt* culmination, climax; *FAM* ◇ **das ist die ~!** that takes the cake!

Kropf *m* <-[e]s, Kröpfe> ① MED goitre ② (*bei Truthahn, Taube etc.*) crop

Kröte *f* <-, -n> ① FAUNA toad ② *FAM* ↑ *Geld* ◇ **-n** pennies, pl ③ *FAM* cheeky

Krücke *f* <-, -n> ① crutch; ◇ **an -n gehen** to walk on crutches ② *FAM* ↑ *Versager* loser

Krug *m* <-[e]s, Krüge> (*Milch~*) jug, pitcher; (*Bier~, Maß~*) mug

Krume *f* <-, -n> crumb

Krümel *m* <-s, -> crumb

krumm *adj* ① ↑ *gebogen* ▷*Linie* crooked, bent; ▷*Beine* crooked, bow ② *FIG* ↑ *illegal, dunkel* crooked; ◇ **-e Geschäfte** shady business

krümmen *vr* ◇ **sich ~** bend, turn, writhe

krummlachen *vr* ◇ **sich ~** *FAM* double over with laughter; **krummnehmen** *unreg vt FAM* ◇ **jd-m/etw ~** to take offence at s.o./s.th.

Krümmung *f* (*von Linie*) bend, curve; (*von Rükken*) curvature; (*von Straße*) curve, curving

Kruppe *f* <-, -n> (FAUNA *von Pferd*) crupper

Krüppel *m* <-s, -> ▷*körperlich, seelisch* cripple

Kruste *f* <-, -> (*Brot~*) crust; (*Erd~*) crust

Kruzifix *s* <-es, -e> crucifix

Krypta *f* <-> crypt

Kuba *s* <-s> Cuba

Kübel *m* <-s, -> pail, bucket

Kubikmeter *m* cubic metre, cubic meter *AM*

Kubus *m* <-, Kuben> *a.* MATH cube

Küche *f* <-, -n> ① kitchen ② ▷*französische ~* cuisine

Kuchen *m* <-s, -> cake; **Kuchenblech** *s* baking sheet; **Kuchenform** *f* cake tin *BRIT*

Küchengeräte *pl* kitchen utensils, cooking utensils *pl;* **Küchenherd** *m* stove, cooker; **Küchenschrank** *m* kitchen cupboard

Kuckuck *m* <-s, -e> ① FAUNA cuckoo ② *FAM* bailiff's seal

Kufe *f* <-, -n> ① ↑ *Schiene* runner ② (*von Faß*) tub, vat

Kugel *f* <-, -n> ① (*runder Körper, Glas~*) marble; (*Erd~*) globe, sphere; SPORT ball ② MIL (*Gewehr~, Kanonen~*) bullet, [cannon] ball ③ *FAM* ◇ **e-e ruhige ~ schieben** to take it easy; **kugelförmig** *adj* spherical, round; **Kugelgelenk** *s* TECHNOL, ANAT ball-and-socket joint; **Kugellager** *s* TECHNOL ball bearing; **kugelrund** *adj* ① (*Gegenstand*) as round as a ball ② *FAM* ↑ *dick* tubby, dumpy; **Kugelschreiber** *m* ballpoint [pen], biro ®; **kugelsicher** *adj* ▷*Glas, Weste* bullet proof; **Kugelstoßen** *s* <-s> SPORT shot-put[ting]

Kuh *f* <-, Kühe> ① (*Milch~*) cow ② (*FAM Schimpfwort für Frau*) cow; ◇ **dumme ~!** silly cow!; **Kuhfladen** *m* cowpat

kühl *adj* ① ▷*Wetter, Wasser* chilly, cool ② *FIG* ↑ *unpersönlich* ▷*Atmosphäre* cold ③ ↑ *berechnend*

▷*Geschäftsmann* cool; *FIG* ◇ **e-n -en Kopf bewahren** to keep o.'s cool; **Kühlbox** *f* <-, -en> cooler, cool box; **Kühle** *f* <-> [1] (*Temperatur*) coolness [2] (*FIG Wesen*) coolness; **kühlen** *vt* cool, chill; **Kühler** *m* <-s, -> [1] AUTO radiator [2] (*Sekt-*) ice bucket; **Kühlerhaube** *f* AUTO hood *AM*, bonnet *BRIT*; **Kühlraum** *m* cold room; **Kühlschrank** *m* refrigerator; *FAM* fridge; **Kühltasche** *f* cooler; **Kühlung** *f* cooling; **Kühlwasser** *s* AUTO cooling water

Kuhstall *m* stall

Küken *s* <-s, -> [1] ↑ *junger Vogel* chick [2] (*FAM Mädchen*) chick

kulant *adj* obliging

Kuli *m* <-s, -s> [1] ↑ *Gepäckwagen* trolley; ↑ *Lastträger* coolie [2] *FAM* ↑ *Kugelschreiber* biro

Kulisse *f* <-, -n> [1] THEAT ↑ *Bühnenbild* scenery, props *pl* [2] *FIG* ↑ *Hintergrund* background

kullern *vi* ← *Kugel, Tränen* roll

Kult *m* <-[e]s, -e> (*Star-*) cult, sect; **Kultfigur** *f* idol

kultivieren *vt* [1] → *Land, Pflanzen* cultivate [2] ↑ *verfeinern* → *Benehmen* refine, civilize; **kultiviert** *adj* [1] ↑ *gepflegt* ▷*Benehmen* refined, cultured [2] ↑ *gebildet* ▷*Person* refined, cultured

Kultur *f* [1] (*Indianer- etc.*) culture, civilization [2] ↑ *Bildung* culture [3] (*Gemüse-*) cultivation [4] (*Zucht, von Bakterien*) culture; (*von Pflanzen*) cultivation; **kulturell** *adj* cultural; **Kulturpolitik** *f* cultural and educational policy

Kultusministerium *s* Ministry of Education and Cultural Affairs

Kümmel *m* <-s, -> [1] GASTRON caraway seeds *pl* [2] (*Branntwein aus Kümmel*) kümmel

Kummer *m* <-s> ↑ *Leid* sorrow, grief, worry; ◇ **jd-m - machen** to cause s.o. distress, to worry s.o.

kümmerlich *adj* miserable, pitiful

kümmern I. *vt* worry; ◇ **was kümmert dich das?** what's it to you?, what business is it of yours? II. *vr* ↑ *pflegen, versorgen* ◇ **sich um jd-n/etw -** to take care of s.o./s.th.

Kumpel *m* <-s, -> [1] ↑ *Bergmann* miner [2] *FAM* ↑ *Freund* buddy

Kumulus *m* <-> cumulus

kündbar *adj* terminable

Kunde *m* <-n, -n> customer; **Kundendienst** *m* customer service

kundgeben *unreg vt* make known, announce; **Kundgebung** *f* rally, demonstration

kündigen I. *vi* [1] ↑ *Arbeitsverhältnis auflösen* ← *Arbeitnehmer* hand in o.'s notice; ◇ **er hat gekündigt** he has resigned/quit; ← *Arbeitgeber* dismiss; *FAM* fire; ◇ **jd-m die Stelle -** dismiss/fire s.o. [2] ↑ *Mietverhältnis auflösen* ← *Vermieter* give s.o. notice to leave (*jd-m* s.o.); ← *Mieter* give in o.'s notice II. *vt* [1] → *Arbeit* quit [2] (*Wohnung*) leave, give up [3] → *Abonnement* cancel; → *Vertrag* terminate; → *Gelder* terminate [4] *FIG* → *Freundschaft* terminate, end; **Kündigung** *f* (*von Stelle*) notice; (*von Wohnung*) notice; (*von Mitgliedschaft*) notification; **Kündigungsfrist** *f* period of notice

Kundin *f* customer; **Kundschaft** *f* customers, clients *pl*

künftig I. *adj* future; ◇ **mein -er Mann** my future husband II. *adv* as of now, henceforth

Kunst *f* <-, Künste> [1] (*Bau-, Dicht-*) art [2] ↑ *Geschick, Können* art, skill; ◇ **das ist doch keine -** *FAM* ↑ *leicht* that's a piece of cake; **Kunstakademie** *f* academy of arts; **Kunstausstellung** *f* art exhibition; **Kunstfaser** *f* artificial/synthetic fibre; **Kunstfliegen** *s* aerobatics *sg;* **Kunstgeschichte** *f* art history; **Kunstgewerbe** *s* arts and crafts *pl;* **Kunstharz** *s* synthetic resin; **Kunstherz** *s* artificial heart; **Kunstlauf** *m* SPORT figure skating

Künstler(in *f*) *m* <-s, -> artist; **künstlerisch** *adj* artistic

künstlich *adj* [1] ▷*See, Gebiß, Licht* artificial; PC ◇ **-e Intelligenz** artificial intelligence [2] (*nicht wirklich*) forced, artificial; ▷*Befruchtung, Ernährung* artificial [3] *FIG* ↑ *unecht, unnatürlich* ▷*Lächeln* fake, false

Kunstliebhaber *m* art lover; **Kunstmaler** *m* painter, artist; **Kunstreiter** *m* trick rider; **Kunstsammler(in** *f*) *m* art collector; **Kunstseide** *f* rayon; **Kunststoff** *m* plastic, synthetic material; **Kunststück** *s* (*Zauber-, Zirkus-*) trick, stunt; ◇ **das ist kein -!** (*leicht*) anyone can do that!; **Kunstturnen** *s* SPORT gymnastics; **kunstvoll** *adj* artistic, ornate; **Kunstwerk** *s* work of art; **Kunstwolle** *f* artificial wool

kunterbunt *adj* [1] ↑ *sehr bunt* motley, colourful [2] *FIG* ↑ *durcheinander, chaotisch* jumbed, mixed up; ◇ **ein -es Durcheinander** a crazy jumble

Kupfer *s* <-s, -> copper; **Kupferstich** *m* [1] (*Technik*) copperplate engraving [2] (*Produkt*) copperplate print

Kuppe *f* <-, -n> [1] (*Berg-*) peak [2] (*Finger-*) tip

Kuppel *f* <-, -n> (*Kirchen-*) dome

kuppeln *vi* [1] AUTO use the clutch [2] ↑ *verkuppeln* matchmake

Kupplung *f* AUTO clutch

Kur *f* <-, -en> (*Fasten- etc.*) cure, treatment

Kür *f* <-, -en> SPORT voluntary exercise

Kuranstalt *f* spa, health resort

Kurbel *f* <-, -n> crank; **Kurbelwelle** *f* crankshaft

Kürbis *m* <-ses, -se> pumpkin

Kurgast *m* visitor [at a spa]; **Kurhaus** *s* health resort, spa

Kurie *f* the Curia, the Papal Court

Kurier *m* <-s, -e> courier

kurieren *vt* [1] ↑ *heilen* → *jd-n* cure; → *Krankheit* cure, heal; ◇ **jd-n von etw ~** to cure s.o. of s.th. [2] *FAM* ◇ **davon bin ich kuriert** I've gotten over that

kurios *adj* curious, strange; **Kuriosität** *f* [1] (*Ding, Gegenstand*) curiosity [2] (*Merkwürdigkeit*) oddness, queerness

Kurort *m* health resort, spa; **Kurpfuscher(in** *f*) *m FAM PEJ* quack [doctor]

Kurs *m* <-es, -e> [1] ↑ *Richtung* course, track; ◇ **~ nehmen auf etw** *akk* to head for s.th. [2] (*Sprach~*) course [3] FIN exchange rate; **Kursbuch** *s* BAHN timetable

kursieren *vi* ← *Geld, Gerücht* circulate, go round

Kursivschrift *f* (*Handschrift*) cursive; PRINT italics *pl*

Kursrückgang *m* (FIN *Börse*) decline in prices; **Kurssturz** *m* fall in prices; **Kurssteigerung** *f* price increase; **Kurswagen** *m* BAHN through coach

Kurve *f* <-, -n> [1] ▷*scharfe, leichte* curve [2] MATH curve; **kurven** *vi* wind; **kurvenreich, kurvig** *adj* ▷*Straße* curving, winding

kurz <kürzer, am kürzesten> *adj* [1] (*räumlich*) short [2] (*zeitlich*) short; ▷*Moment, Urlaub* short; ▷*Film, Blick* short, brief; ◇ **seit ~em** recently [3] (*abweisend sein*) ◇ **~ angebunden sein** to be short with s.o.; ◇ **~ entschlossen** without a moment's hesitation; ◇ **zu ~ kommen** to get the worst end of the deal; *FAM* to lose out; **Kurzarbeit** *f* short time work; **kurzärm[e]lig** *adj* ▷*Hemd* short-sleeved

Kürze *f* <-, -n> [1] (*von Strecke*) shortness [2] (*zeitlich*) shortness, brevity [3] (*von Ausdruck, Antwort etc.*) shortness, brevity

kürzen *vt* [1] → *Rock, Hose* shorten; → *Buch, Film* shorten, abridge [2] ↑ *verringern* → *Gehalt* cut

kurzfristig *adj* short-term, at short notice; **kurzlebig** *adj* short-lived

kürzlich *adv* ↑ *vor kurzem* recently, lately

Kurzparkzone *f* short-term parking zone; **Kurzschluß** *m* ELECTR short-circuit; **Kurzschrift** *f* ↑ *Steno[graphie]* shorthand; **kurzsichtig** *adj* [1] short-sighted [2] *FIG* ↑ *nicht weitblickend* ▷*Planung* short-sighted; **Kurzsichtigkeit** *f* short-sightedness; **Kurzstreckenlauf** *m* short distance run; **Kurzwelle** *f* shortwave; **Kurzzeitspeicher** *m* PC register

kuscheln *vr* ◇ **sich ~** cuddle up (*an akk* to)

Kusine *f* cousin

Kuß *m* <-sses, Küsse> kiss; **küssen** *vt* kiss

Küste *f* <-, -n> [1] (*Meeresufer*) shore [2] (*Landesteil am Meer*) coast; ◇ **an die ~ fahren** to drive to the coast; **Küsten-** *adj in Zusammensetzungen* coastal; **Küstenfischerei** *f* inshore fishing; **Küstenland** *s* coastal land; **Küstenstrich** *m* coastal stretch

Küster *m* <-s, -> sexton

Kutsche *f* <-, -n> [1] (*Hochzeits~*) coach, carriage [2] *PEJ* jalopy

Kutte *f* <-, -n> (*Mönchs~*) cape

Kutter *m* <-s, -> NAUT cutter

Kuvert *s* <-s, -s> [1] ↑ *Briefumschlag* envelope [2] ↑ *Gedeck* cover

KW *Abk. v.* **Kilowatt**

Kybernetik *f* cybernetics *sg*

KZ *s* <-s, -s> *Abk. v.* **Konzentrationslager** concentration camp

L

L, l *s* L, l

Label *s* <-s, -> (*Warenzeichen*) trademark

labern *vi* (*FAM oberflächlich reden*) prattle

labil *adj* [1] ↑ *beeinflußbar* ▷*Charakter* weak [2] ▷*Gesundheit* poor, delicate

Labor *s* <-s, -e> (*Foto-, Versuchs~*) laboratory; *FAM* lab; **Laborant(in** *f*) *m* laboratory assistant

laborieren *vi* labour; *FAM* ◇ **an e-r Krankheit ~** to suffer from an illness [*o.* to be plagued by an illness]

Labyrinth *s* <-[e]s, -e> labyrinth

Lache [1] *f* <-, -n> (*Pfütze, Wasser~*) puddle

Lache [2] *f* <-, -[n]> (*FAM Gelächter*) laugh

lächeln *vi* smile; **Lächeln** *s* <-s> smile

lachen *vi* laugh; ◇ **bei ihm hat man nichts zu ~** he'll give you a hard time; (*Das ist doch kein Problem!*) ◇ **das wäre ja gelacht!** no problem!

lächerlich *adj* [1] (*sich blamieren*) ◇ **sich ~ machen** to make a fool of o.s. [2] ↑ *dumm* ▷*Behauptung* ridiculous [3] ↑ *geringfügig, unbedeutend* ▷*Gehalt, Vorkommnis* petty, trivial

Lachgas *s* laughing gas; **lachhaft** *adj* ↑ *lächerlich* ludicrous, ridiculous

Lachs *m* <-es, -e> salmon

Lack *m* <-[e]s, -e> paint lacquer, varnish; (*von Auto*) polish; (*Möbel-*) varnish; (*Nagel-*) nail paint; ◇ **farbloser** ~ varnish; **lackieren** *vt* → *Nägel* polish; → *Holz* varnish; → *Auto* spray; **Lackleder** *s* <-s> patent leather

laden <lud, geladen> *vt* (1) → *Fracht, Gepäck* load (2) → *Waffe* load (3) → *Batterie* charge (4) (PC *in Speicher*) load (5) JURA summon (6) (*FAM betrunken sein*) ◇ **schwer ge~ haben** to be drunk (7) (*FAM wütend sein*) ◇ **er ist schwer ge~** he is on the war path

Laden [1] *m* <-s, Läden> (*Geschäft, Metzger~*) shop, store

Laden [2] *m* <-s, Läden> (*Fenster~*) shutter

Ladenbesitzer(in *f*) *m* shop-keeper; **Ladendieb(in** *f*) *m* shoplifter; **Ladendiebstahl** *m* shoplifting; **Ladenhüter** *m* <-s, -> poorly selling item; **Ladenpreis** *m* COMM retail price; **Ladenschluß** *m* closing time; **Ladentisch** *m* counter

Laderampe *f* (*Ladebühne*) loading ramp; **Laderaum** *m* NAUT load room, hold

lädieren *vt* (*beschädigen*) damage; **Lädierung** *f* damage

Ladung [1] *f* (1) (*Frachtgut, Holz~*) cargo, load, loading (2) (*elektrische ~*) charge

Ladung [2] *f* JURA ↑ *Vorladung* summons

lag *impf v.* **liegen**

Lage *f* (1) (*räumliche Verhältnisse*) location, situation; (*Art des Liegens*) position; ◇ **Haus in schöner/sonniger** ~ a house in a pretty/sunny location (2) (*von Patient*) situation (3) ↑ *Situation, Zustand* situation; ◇ **Not~** emergency (4) ◇ **in der ~ sein** ↑ *fähig sein, können* to be able to; (*FAM im Lokal e-e Runde ausgeben*) ◇ **e-e ~ spendieren** to buy a round; **Lagebericht** *m* report

lagenweise *adv* in layers

Lager *s* <-s, -> (1) (*Flüchtlings-*) camp (2) (*Schlaf-*) bed (3) (*Vorratsraum*) stockroom (4) (TECHNOL *Kugel-*) bearing; **Lagerbestand** *m* stocks *pl;* **Lagerfeuer** *s* campfire; **Lagerhaus** *s* warehouse; **lagern I.** *vt* (1) → *Ware* store (2) → *Menschen* camp (3) MED ◇ **e-n Verletzten seitlich ~** to lay an injured person down in a lateral position **II.** *vi* (*sich befinden*) be stored; ◇ **das Möbel lagert in e-r Scheune** the furniture is being stored in a barn; **Lagerplatz** *m* storage place; **Lagerstätte** *f* (1) GEO deposit (2) ↑ *Schlafstätte* resting place; **Lagerung** *f* storage

Lagune *f* <-, -n> lagoon

lahm *adj* lame (1) ↑ *gehbehindert* lame, disabled (2) (*FAM langweilig, nicht überzeugend*) ◇ **e-e -e Diskussion** a lame discussion; **lahmen** *vi* be lame

lähmen *vt* paralyse; (*FIG verhindern*) ◇ **der Geldmangel lähmte unsere Aktivitäten** lack of money brought our activities to a standstill

lahmlegen *vt FIG* ↑ *zum Stillstand bringen* paralyse, bring to a standstill

Lähmung *f* paralysis; (MED *Kinder~, halbseitige ~*) paralysis

Laib *m* <-s, -e> (*Brot~, Käse~*) loaf

Laich *m* <-[e]s, -e> spawn; **laichen** *vi* spawn

Laie *m* <-n, -n> layman; ◇ **die -n** REL the laity; **laienhaft** *adj* amateurish

Lakai *m* <-en, -en> lackey

Laken *s* <-s, -> sheet

Lakritze *f* <-> liquorice

lallen *vt, vi* slur; ← *Baby* babble

Lama [1] *s* <-s, -s> FAUNA llama

Lama [2] *m* <-[s], -s> REL lama

Lamelle *f* (1) BIOL lamella (2) ELECTR commutator bar

lamentieren *vi* (*wehklagen*) moan (*über akk* about), lament s.th.

Lametta *s* <-s> tinsel, lametta; (*FIG Orden*) decorations *pl*

Lamm *s* <-[e]s, Lämmer> lamb; ◇ **unschuldig wie ein ~** as innocent as a lamb; **Lammfell** *s* lambskin; **lammfromm** *adj* ↑ *gehorsam, geduldig* as meek as a lamb

Lampe [1] *f* <-, -n> lamp

Lampe [2] *m* <-> (*Hase in Fabel*) ◇ **Meister ~** *name given to hares in German fables*

Lampenfieber *s* ↑ *Nervosität, Prüfungsangst* stage fright; **Lampenschirm** *m* lamp shade

Lampion *m* <-s, -s> Chinese lantern

lancieren *vt* (1) → *Information* put out (2) *FIG* → *Personen* get s.o. into s.th.

Land *s* <-[e]s, Länder> (1) (*Nation*) country; (*Bundes-*) state (2) (*bestimmtes Gebiet*) land; ◇ **auf dem ~** in the country (3) (*FIG naiv*) ◇ **ein Mädchen vom ~** a country girl; **Landarbeiter(in** *f*) *m* farm worker; **Landbesitz** *m* property; **Landbesitzer(in** *f*) *m* landowner

Landebahn *f* AERO runway

landeinwärts *adv* inland

landen *vi, vt* (1) ↑ *mit Flugzeug ankommen* land (2) (*FIG im Straßengraben*) land, end up

Ländereien *pl* estates *pl*

Landesfarben *f pl* national colours *pl;* **Landesinnere(s)** *s* interior (of the country); **Landesregierung** *f* government of the country/state; **Landessprache** *f* national language; **Landestracht** *f* national costume; **landesüblich** *adj* customary; **Landesverrat** *m* high treason; **Landeswährung** *f* national currency

Landgut *s* estate; **Landhaus** *s* country estate;

Landkarte *f* map; **Landkreis** *m* county; **landläufig** *adj* customary

ländlich *adj* rural, country

Landplage *f* plague; *FIG PEJ* pest; **Landregen** *m* (*langanhaltender Regen*) steady rain; **Landschaft** *f* <-, -en> landscape; **landschaftlich** *adj* ① (*von Landschaft*) regional ② (*schöne Aussicht*) scenic; **Landsmann** *m* <-[e], -leute> fellow country-man, compatriot; **Landsmännin** *f* fellow country-woman, compatriot; **Landstraße** *f* country road; **Landstreicher(in** *f*) *m* <-s, -> ↑ *Vagabund* tramp; **Landstrich** *m* area; **Landtag** *m* POL *the parliament of each German Land or state*

Landung *f* (*von Flugzeug*) landing; (*Not-*) forced/emergency landing; (*von Schiff*) docking; **Landungsboot** *s* MIL landing craft; **Landungsbrücke** *f* ↑ *Schiffsanlegeplatz* jetty, landing stage

Landvermessung *f* land surveying; **Landwirt** (**in** *f*) *m* farmer; **Landwirtschaft** *f* agriculture; **Landzunge** *f* spit [of] land

lang *adj* long ① (*räumlich, Personen*) tall; *FAM* ↑ *hochgewachsen* ◇ **-er Lulatsch** beanpole; (*FIG stehlen*) ◇ **-e Finger machen** to steal; (*FIG enttäuscht sein*) ◇ **ein -es Gesicht machen** to have a long face ② (*zeitlich*) ▷*Reise* long; **langatmig** *adj* ▷*Geschichte, Rede* long-winded, lengthy; **lange** *adv* ① ▷*dauern, brauchen* a long time ② (*FAM sofort handeln*) ◇ **nicht - fragen** not to bother asking for permission ③ *FAM* ◇ **noch - nicht fertig** far from being finished; **Länge** *f* <-, -n> ① (*Abmessung*) length ② (*Dauer*) length [of time]; ◇ **etw** *akk* **in die - ziehen** to drag s.th. out ③ (GEO *-ngrad*) longitude ④ (*Rock-*) length

langen *vi* ① ↑ *[aus]reichen* ← *Geld, Geduld* be enough, suffice; (*auch PEJ*) ◇ **jetzt langt es mir** I've had enough now, that's it ② *norddeutsch* ↑ *fassen* reach (*nach* for) ③ ↑ *geben, zureichen* pass (*zu, rüber* s.th.) ④ (*FAM ohrfeigen*) ◇ **jd-m e-e -** to give s.o. a smack

Längengrad *m* GEO longitude; **Längenmaß** *s* linear measure

Langeweile *f* boredom

Langfinger *m FAM* ↑ *Taschendieb* pick-pocket; **langfristig** *adj* ▷*Verträge, Darlehen* long-term; **langjährig** *adj* ▷*Kunde* long-standing; ▷*Erfahrungen* of many years; **Langlauf** *m* SPORT cross-country skiing; **Langläufer(in** *f*) *m* SPORT cross-country skier; **Langlaufski** *m* SPORT cross-country ski; **langlebig** *adj* long-lasting, durable; **langlegen** *vr* ◇ **sich -** *FAM* to lie down for a rest [*o.* to fall flat on one's face]

länglich *adj* long, elongated

Langmut *f* <-> ↑ *Geduld* patience; **langmütig** *adj* patient

längs I. *präp gen* along **II.** *adv* (*- gestreifter Stoff*) lengthways, lengthwise

langsam I. *adj* slow **II.** *adv* slowly; ↑ *allmählich* gradually; *FAM* ◇ **etw - satt haben** to just about have had enough, to be fed up; **Langsamkeit** *f* slowness

Langschläfer(in *f*) *m* late riser; **Langspielplatte** *f* long-playing record, LP

längst *adv* ↑ *seit langer Zeit* a long time ago; ◇ **ich weiß es schon -** I've known about it for a long time now

langstielig *adj* ▷*Rosen* long-stemmed; **Langstreckenrakete** *f* MIL long-range missile

Languste *f* <-, -n> crayfish

langweilen *vr* ◇ **sich -** be bored; **langweilig** *adj* boring; **Langwelle** *f* MEDIA long wave; **langwierig** *adj* ▷*Arbeit* lengthy; ▷*Krankheit* prolonged

Lanze *f* <-, -n> lance

lapidar *adj* concise

Lapislazuli *m* <-, -> MIN lapis lazuli

Lappalie *f* ↑ *Belanglosigkeit* trifle

Lappen *m* <-s, -> cloth, rag

lappig *adj* (*FAM PEJ schlaff*) limp

läppisch *adj* ◇ **das hat mich -e 5 Mark gekostet** I paid a mere 5 marks for this

Lapsus *m* <-, -> slip-up, mistake

Lärche *f* <-, -n> FLORA larch

Largo *s* <-, Larghi *o.* Largi> MUS largo

Lärm *m* <-[e]s> noise, racket; **lärmen** *vi* make a noise; **Lärmschutz** *m* noise protection; **Lärmschutzwand** *f* soundproof barrier

Larve *f* <-, -n> ① mask ② FAUNA larva

las *impf v.* **lesen**

lasch *adj FAM* ① limp, feeble ② ↑ *fad[e]* ▷*Geschmack* tasteless ③ ↑ *träge, energielos* feeble, weak

Lasche *f* <-, -n> ① (*Schuh-*) tongue ② BAHN fishplate

Laser *m* <-s, -> laser; **Laserdrucker** *m* PC laser printer

lassen <ließ, gelassen> **I.** *vt* ① ↑ *zulassen* allow ② ↑ *unter-, bleiben* - stop, quit ③ ↑ *veranlassen* make; ◇ **etw machen** - to have s.th. made/done ④ (*ausführbar sein*) ◇ **das läßt sich machen** that's possible ⑤ ◇ **das Leben -** ↑ *sterben* to lose one's life **II.** *vi* (*nicht verzichten können*) ◇ **von etw/jd-m nicht - können** not to be able to give s.o./s.th. up

lässig *adj* casual, careless; **Lässigkeit** *f* casualness, carelessness

läßlich *adj* pardonable; (*-e Sünde*) pardonable

Lasso *s* <-s, -s> lasso
Last *f* <-, -en> burden, load ① ↑ *Fracht,* AERO cargo; NAUT cargo; ↑ *Gewicht* weight ② (*Kosten*) ◇ **zu Ihren -en** at your expense ③ *FIG* ↑ *Aufgabe, Arbeit* burden; ◇ **jd-m zur - fallen** to be a burden on s.o.; **lasten** *vi* be a burden, weigh heavily (*auf dat* on)
Laster [1] *s* <-s, -> vice
Laster [2] *m* <-s, -> *FAM* ↑ *Lastwagen* lorry, truck
lasterhaft *adj* immoral
lästerlich *adj* blasphemous, malicious; **Lästermaul** *s FAM* ◇ **ein - sein** to have a vicious tongue; **lästern** *vi* ① ↑ *Nachteiliges äußern* gossip; ◇ **über jd-n** [*o.* **etw**] **-** to gossip about s.o. [*o.* to talk about s.o.] ② → *Gott* blaspheme; **Lästerung** *f* (*Gottes-*) blasphemy
lästig *adj* ↑ *störend, unangenehm* tiresome, annoying
Lastkahn *m* NAUT barge; **Lastkraftwagen** *m* (*abgekürzt: LKW*) lorry, truck *AM*; **Lastschrift** *f* FIN debit; **Lasttier** *s* beast of burden; **Lastwagen** *m* (*abgekürzt: LKW*) lorry, truck *AM*
Lasur *f* (*farbloser Lack*) varnish
lasziv *adj* ▷*Benehmen* lascivious
Latein *s* <-s> ① Latin ② (*FIG Angler-, Jäger-*) exaggerated story, tall story ③ (*FIG FAM ratlos sein*) ◇ **mit seinem - am Ende sein** to be stumped; **lateinisch** *adj* Latin
latent *adj* latent; ◇ **- vorhanden** to be latent
Laterne *f* <-, -n> lantern; (*Straßen-*) streetlamp, streetlight; **Laternenpfahl** *m* lamppost
Latex *m* <-, Latizes> latex; (*-handschuhe*) latex gloves *pl*
Latsche *f* <-, -n> mountain pine
Latschen *m* <-, -> (*FAM bequemer Schuh*) slipper; (*Holz-*) clogs *pl;* **latschen** *vi FAM* ↑ *schlurfen* slouch, shuffle
Latte *f* <-, -n> slat ① SPORT bar; (*quer*) [cross] bar ② (*FAM hochgewachsener Mensch*) ◇ **lange -** very tall person ③ *FIG* ↑ *Liste, Reihe* ◇ **- von Wünschen** a long list of things; **Lattenzaun** *m* lattice fence
Latz *m* <-es, Lätze> bib; (*Hosen-*) fly; **Lätzchen** *s* bib; **Latzhose** *f* [a pair of] dungarees
lau *adj* ▷*Luft* mild, warm; ▷*Wasser* lukewarm
Laub *s* <-[e]s> foliage; **Laubbaum** *m* deciduous tree
Laube *f* <-, -n> ↑ *Gartenhäuschen* arbour
Laubfrosch *m* FAUNA tree frog; **Laubsäge** *f* fretsaw
Lauch *m* <-[e]s, -e> leek
Lauer *f* ◇ **auf der - sein** [*o.* **liegen**] to lie in wait; **lauern** *vi* lie in wait (*auf akk* for); ← *Gefahr* lurk
Lauf [1] *m* <-[e]s, Läufe> run ① (*Wett-*) race ② (*Gewehr-*) barrel
Lauf [2] *m* <-s> ↑ *Entwicklung* course, development; ◇ **e-r Sache ihren - lassen** to let things take their course
Laufbahn *f* ① career ② SPORT track
laufen <lief, gelaufen> **I.** *vi* ① ↑ *rennen* run ② *FAM* ↑ *gehen* walk ③ ← *Tränen, Schweiß* run ④ ↑ *gelten* ← *Vertrag, Anzeige* run ⑤ *FAM* ↑ *sich entwickeln* ◇ **wie läuft's?** how's it going? **II.** *vt* → *Rekord, Bestzeit* set; *FIG* ◇ **Gefahr -, etw zu tun** to run the risk of doing s.th.; **laufend** *adj* running ① ↑ *ständig* continuously; ▷*Monat* current; ◇ **am -en Band** continuously ② (*FAM informiert sein*) ◇ **auf dem L-en sein** to be up to date; **laufenlassen** *unreg vt* ↑ *freilassen* let go, release
Läufer(in *f*) *m* <-s, -> ① (SPORT *Hürden-, Ski-*) runner ② (*Teppich*) rug ③ (*Schachfigur*) bishop
läufig *adj* ▷*Hündin* on heat
Laufkundschaft *f* occasional customers
Laufmasche *f* (*Strumpf*) ladder, run
Laufpaß *m* (*FIG Abschied*) ◇ **jd-m den - geben** to give s.o. their walking papers; **Laufstall** *m* playpen; **Laufsteg** *m* catwalk; **Laufvogel** *m* *bird who can't fly;* **Laufwerk** *s* PC drive; **Laufzeit** *f* ① (*Geltungsdauer*) period in which s.th. is valid ② (*maximale Lebensdauer, von Geräten*) [operational] life ③ PC run-time; **Laufzettel** *m* (*an Werkstück*) docket
Lauge *f* <-, -n> soapy water; CHEM alkaline solution
Laune *f* <-, -n> ① ↑ *Gemütszustand, Stimmung* mood; ◇ **schlechte - haben** to be in a bad mood ② (*FIG Einfall*) whim; **launenhaft** *adj* ↑ *schwankende Stimmung* moody; ↑ *sprunghaft* whimsical, capricious; **launisch** *adj* moody
Laus *f* <-, Läuse> louse; (*FIG Ärger*) ◇ **ihm ist e-e - über die Leber gelaufen** he's angry about s.th.
Lausbub *m* rascal
lauschen *vi* → *Konzert* listen to; ↑ *horchen* eavesdrop
lauschig *adj* snug, cosy; ◇ **ein -es Plätzchen** a cosy little spot
lausen *vt* ← *Affe* delouse
lausig *adj FAM* ↑ *schäbig, wenig* lousy, rubbish
laut I. *adj* ▷*Stimme, Musik* loud; (*klein-*) meek, subdued **II.** *adv* loudly, noisily; ▷*lesen* aloud **III.** *präp gen o dat* ↑ *gemäß* ▷*Vertrag* according to; **Laut** *m* <-[e]s, -e> sound; ◇ **seltsame -e ausstoßen** to make funny noises
Laute *f* <-, -n> lute
lauten *vi* say; ↑ *heißen* go; ← *Reisepaß* ◇ **auf etw akk -** to be in the name of

läuten *vti* sound; ← *Hochzeitsglocken* ring; (*FAM bereits informiert sein*) ◇ **etw** *akk* **~ hören** to hear s.th. [about it]

lauter I. *adj* ▷*Wahrheit* honest, true; ▷*Charakter* honest **II.** <inv> *adj* ↑ *nichts als* sheer; ◇ **das sind ~ Ausreden** those are nothing but excuses

läutern *vt* reform

lauthals *adv* at the top of one's voice; **lautlos** *adj* ↑ *geräuschlos* silent; **Lautschrift** *f* SPRACHW phonetic, transcription; **Lautsprecher** *m* speaker; **lautstark** *adj* ▷*Lärm* loud; ▷*Protest* vociferous; **Lautstärke** *f* loudness; (*Zimmer~*) volume

lauwarm *adj* ↑ *handwarm* lukewarm

Lava *f* <-, Laven> lava

Lavendel *m* <-s, -> lavender

lavieren *vi* ① NAUT tack ② *FIG* ↑ *geschickt handeln* manoevre

Lawine *f* (*Schnee~*) avalanche; **Lawinengefahr** *f* danger of avalanches

lax *adj* ↑ *nachlässig* lax

Layout *s* <-s, -s> (*von Zeitschrift, Buch*) layout

Lazarett *s* <-[e]s, -e> (MIL *Krankenhaus*) military hospital

LCD-Anzeige *f* PC LCD display

leasen *vt* → *Auto, Maschine* lease, rent; **Leasing** *s* <-s> leasing

leben *vi* ① ↑ *existieren* live; ◇ **Wir ~ im zwanzigsten Jahrhundert** We're living in the twentieth century ② ↑ *wohnen* live, reside ③ ↑ *sich ernähren von* live off ④ (*von Zinsen, Einkommen*) live from/off; ◇ **über seine Verhältnisse ~** to live beyond one's means ⑤ (*sich einsetzen für, sorgen für*) live for; ◇ **für etw ~** to live for s.th.; **Leben** *s* <-s, -> ① (*Dasein*) life; ◇ **e-m Kind das ~ schenken** to give birth to a child; ◇ **sein ~ riskieren** to risk one's life; ◇ **sich das ~ nehmen** to commit suicide ② (*Gesellschafts~, Wirtschafts~*) life; (*Ehe~, Familien~*) life ③ (*Wirklichkeit*) life; ◇ **wie das ~ so spielt** that's life ④ (*Stimmung, Schwung*) life; ◇ **~ in etw bringen** to put life into s.th.; **lebend** *adj* living, alive; **lebendig** *adj* ① ↑ *am Leben* alive, living ② ↑ *lebhaft* lively; **Lebendigkeit** *f* livliness

Lebensart *f* (*kultivierte Umgangsformen*) way of life; **lebensbejahend** *adj* (*optimistisch*) optimistic, positive; **Lebensbeschreibung** *f* ↑ *Biographie* biography; **Lebenserwartung** *f* life expectancy; **lebensfähig** *adj* able to live; **lebensfroh** *adj* merry, happy; **Lebensgefahr** *f* danger; ◇ **in ~** in danger; **lebensgefährlich** *adj* ▷*Verletzung* critical; **Lebensgefährte** *m*, **Lebensgefährtin** *f* mate, partner; **Lebensgemeinschaft** *f* long-term relationship, marriage; **Lebenshaltungskosten** *pl* cost of living; **Lebensjahr** *s* year of one's life; ◇ **er verstarb im 92. ~** he died when he was 92; **Lebenskünstler** *m* master in the art of living [well]; **Lebenslage** *f* situation; ◇ **sich in allen ~n zurechtfinden** to be able to cope with all situations; **lebenslänglich** *adj* ▷*Freiheitsstrafe* for life; **Lebenslauf** *m* (*für Bewerbung*) curriculum vitae, résumé *AM*; **lebenslustig** *adj* cheerful, merry; **Lebensmittel** *pl* groceries *pl;* **Lebensmittelgeschäft** *s* grocer's [store]; **Lebensmittelvergiftung** *f* MED food poisoning; **lebensmüde** *adj* weary of life; **Lebensmut** *m* courage to face life; **Lebensraum** *m* biosphere; **Lebensretter(in** *f*) *m* lifesaver; **Lebensrettung** *f* saving of life/lives; **Lebensstandard** *m* standard of living; **Lebensstellung** *f* job for life; **Lebensstil** *m* lifestyle; **lebenstüchtig** *adj* (*geschickt, clever*) able to cope with life; **Lebensunterhalt** *m* livelihood; **Lebensversicherung** *f* life insurance; **Lebenswandel** *m* way of life; ◇ **e-n lockeren ~ haben** to have an easy way of life; **Lebensweg** *m* journey through life; **Lebensweise** *f* way of life, habit; **Lebenszeichen** *s* ① (*Klopfsignal von Verschütteten*) sign of life ② (*FIG Nachricht, Anruf*) ◇ **ein ~ von sich geben** to call to say one is still alive; **Lebenszeit** *f* lifetime; ◇ **Beamter auf ~** permanent civil servant

Leber *f* <-, -n> liver; **Leberfleck** *m* (*auf menschlicher Haut*) mole, birthmark; **Leberkäs[e]** *m* (GASTRON *süddeutsches Fleischgericht*) meat loaf; **Leberknödel** *m* (GASTRON *Kloß aus Leber*) liver dumpling; **Leberpastete** *f* (GASTRON *feine Leberwurst*) liver pate; **Lebertran** *m* cod-liver oil; **Leberwurst** *f* liver sausage; (*FAM gekränkt, eingeschnappt*) ◇ **e-e beleidigte ~ sein** to be in a huff; **Leberzirrhose** *f* MED cirrhosis of the liver

Lebewesen *s* living thing

Lebewohl *s* <-s> (*Abschied*) farewell

lebhaft *adj* lively; ▷*Diskussion* animated; ▷*Straße* busy; **Lebhaftigkeit** *f* liveliness

Lebkuchen *m* (*Nürnberger ~*) gingerbread biscuits *pl*

leblos *adj* lifeless

Lebzeiten *pl* in one's lifetime, in one's day; ◇ **zu ~ meiner Oma** while my granny was alive

lechzen *vi* ◇ **nach etw** *dat* **~** to long for s.th.

leck *adj* leaky, leaking; **Leck** *s* <-[e]s, -e> leak;

lecken I. *vti* ↑ *lutschen, schlecken* to lick; (*auch FIG*) ◇ **seine Wunden ~** to lick one's wounds **II.** *vi* ↑ *Loch haben* leak

lecker *adj* (*appetitlich*) delicious; **Leckerbis-**

sen *m* delicacy; **Leckermaul** *s* sweet-toothed person; ◇ **ein ~ sein** to have a sweet tooth

led. *adj Abk. v.* **ledig**

Leder *s* <-s, -> leather; *FIG* ↑ *Fußball* [foot]ball; **ledern** *adj* leather; **Lederwaren** *pl* leather goods *pl*

ledig *adj* ① ↑ *alleinstehend* single; ▷*Mutter* unmarried, single ② (*FIG unbeschwert*) free; ◇ **e-r Sache** *gen* **~ sein** to be free of a matter

lediglich *adv* ↑ *nur* only, merely

Lee *f* <-s> NAUT lee

leer *adj* ↑ *ohne Inhalt* empty; (*FIG sinnlos*) senseless, no point; ▷*Verbrechen* empty; **Leere** *f* <-> emptiness; **leeren I.** *vt* → *Flaschen* empty, drain **II.** *vr* ◇ **sich ~** become empty; ← *Saal, Platz* vacate; **Leergewicht** *s* weight when empty; **Leergut** *s* <-s> ↑ *leere Flaschen* empties *pl;* **Leerlauf** *m* AUTO neutral [gear]; **leerstehend** *adj* ▷*Haus, Zimmer* empty, vacant; **Leertaste** *f* (*von Schreibmaschine*) space-bar; **Leerung** *f* (*von Briefkasten*) collection; (*Müllabfuhr*) collection

legal *adj* ↑ *gesetzlich* legal; ◇ **auf ~em Weg** the legal way; **legalisieren** *vt* → *Drogen* legalize; **Legalität** *f* legality

legen I. *vt* ① put, place; (*horizontal*) lay down ② → *Ei* lay ③ → *Fliesen, Gasleitung* lay, put down ④ (*auch FIG, Voraussetzungen schaffen*) lay down, determine; ◇ **Grundstein für** [*o.* **zu**] **etw ~** to lay down the foundations for s.th. ⑤ (*wahrsagen*) ◇ **Karten ~** to fortune tell from cards ⑥ (*betonen*) stress, emphasise; ◇ **auf etw** *akk* **Wert ~** to value, to appreciate **II.** *vr* ◇ **sich ~** lie down; (*FIG nachlassen*) subside

Legende *f* <-, -n> ① (*Heiligenerzählung*) legend ② (*Lüge*) legend, story ③ (*Erläuterung für Stadtplan*) legend

leger *adj* casual

legieren *vt* ① → *Soße* thicken ② CHEM alloy; **Legierung** *f* CHEM alloy

Legion *f* (*Fremden-, Ehren-*) legion; **Legionär** *m* (*Soldat*) legionary

Legislative *f* JURA legislature

legitim *adj* ① ↑ *rechtmäßig* legitimate ② ▷*Interesse, Forderungen* legitimate, rightful; **Legitimation** *f* legitimation; **legitimieren I.** *vt* legitimate; (*berechtigen*) entitle **II.** *vr* ◇ **sich ~** show proof of one's identity; **Legitimität** *f* legitimacy

Lego ® *s* <-s> (*Bausteine*) lego

Leguan *m* <-s> iguana

Lehen *s* <-s, -> (HIST *Nutzungsrecht*) fief, feoff

Lehm *m* <-[e]s, -e> loam, clay; **lehmig** *adj* loamy

Lehne *f* <-, -n> arm; (*Rücken-*) back; (*Arm-*) rest

lehnen I. *vt* lean **II.** *vr* ◇ **sich ~** rest (*auf akk* on, gegen *akk* against)

Lehnsmann *m* HIST vassal

Lehnstuhl *m* armchair

Lehramt *s* teaching profession; **Lehrbeauftragte(r)** *fm* lecturer; **Lehrbrief** *m* apprenticeship certificate; **Lehrbuch** *s* textbook

Lehre *f* <-, -n> ① ↑ *berufliche Ausbildung* apprenticeship; ◇ **in die ~ gehen** to serve an apprenticeship ② ↑ *Doktrin* teaching, doctrine ③ (*Theorie, Mengen-*) theory ④ (*Erfahrung, Verhaltensregel*) lesson; ◇ **das wird ihm e-e ~ sein** let that be a lesson to him ⑤ TECHNOL gauge

lehren *vt* ① ↑ *unterrichten* teach ② (*deutlich machen*) ◇ **die Zukunft wird ~** time will show; **Lehrer(in** *f*) *m* <-s, -> teacher; **Lehrgang** *m* course (*für akk* in); **Lehrgeld** *s FIG* ◇ **~ für etw zahlen müssen** to pay one's dues for s.th.; **Lehrjahr** *s* year serving apprenticeship; **Lehrkraft** *f* teacher; **Lehrling** *m* apprentice; (*nicht handwerklich*) trainee; **Lehrplan** *m* syllabus; **lehrreich** *adj* instructive, educational; **Lehrsatz** *m* theorem; **Lehrstelle** *f* apprenticeship, trainee post; **Lehrstuhl** *m* SCH UNIV chair, post; **Lehrzeit** *f* apprenticeship

Leib *m* <-[e]s, -er> ① body; ◇ **sich jd-n vom ~ halten** to keep one's distance [*o.* to keep s.o. at bay] ② REL ◇ **der ~ des Herrn** the body of Christ ③ (*FIG begeistert*) ◇ **mit ~ und Seele** with heart and soul

Leibesvisitation *f* (*Zoll, Flughafen*) body search; **Leibgericht** *s* ↑ *Lieblingsessen* favourite meal; **leibhaftig** *adj* in person, incarnate; ▷*Teufel* himself; **leiblich** *adj* physical; ▷*Vater* real; **Leibwache** *f*, **Leibwächter(in** *f*) *m* bodyguard

Leiche *f* <-, -n> corpse; (*FIG skrupellos sein*) ◇ **über ~n gehen** to sell one's own grandmother [*o.* to stop at nothing]; **Leichenbeschauer(in** *f*) *m* <-s, -> person/doctor performing post-mortem; **leichenblaß** *adj* ▷*Gesicht* deathly pale; **Leichenhalle** *f* mortuary; **Leichenschau** *f* post-mortem; **Leichenwagen** *m* hearse

Leichnam *m* <-[e]s, -e> body

leicht I. *adj* ① (*Gewicht*) light ② ▷*Fehler, Problem* easy, simple; (*FIG nicht ernst nehmen*) ◇ **etw auf die ~e Schulter nehmen** to take s.th. very lightly ③ ▷*Wein, Essen* light ④ ▷*Unterhaltung, Musik* light **II.** *adv* ① (*rasch*) quickly, swiftly ② ↑ *problemlos* easy, simple; **Leichtathletik** *f* SPORT track and field; **leichtfallen** *unreg vi* ◇ **das wird ihm ~** that will be easy for him; **leichtfertig** *adj* ↑ *leichtsinnig* careless,

L

thoughtless; **leichtgläubig** *adj* gullible; **Leichtgläubigkeit** *f* gullibility; **leichthin** *adv* lightly; **Leichtigkeit** *f* lightness; ↑ *Mühelosigkeit* easiness; ◇ **mit ~** with ease; **leichtlebig** *adj* easygoing; **leichtmachen** *vt* make it easy for s.o.; **leichtnehmen** *unreg vt* make light of s.th.; **Leichtsinn** *m* carelessness, thoughtlessness; **leichtsinnig** *adj* careless, thoughtless; **Leichtwasserreaktor** *m* light water reactor

leid *adv* (*bedauern*) ◇ **es tut mir/ihm ~** I'm/he's sorry; ◇ **er tut mir ~** I feel sorry for him; (*überdrüssig sein*) ◇ **etw** *akk* **~ haben** to be tired/sick of s.th.

Leid *s* <-[e]s> sorrow

leiden <litt, gelitten> **I.** *vi* [1] (*an Krankheit*) suffer; ◇ **an etw** *dat* **~** to suffer from s.th. [2] (*beschädigt werden*) damaged; ◇ **unter etw** *dat* **~** to suffer from s.th. **II.** *vt* (*mögen*) suffer, bear; ◇ **jd-n/etw nicht ~ können** not to be able to stand s.o.

Leiden *s* <-s, -> suffering; ↑ *Krankheit* complaint; **leidend** *adj* (*krank*) ailing; ◇ **sie sieht ~ aus** she looks ill

Leidenschaft *f* passion; ◇ **e-e ~ für etw haben** to be passionate about s.th. [*o.* to be crazy about s.th.]; **leidenschaftlich** *adj* ▷*Tänzer* passionate; **leidenschaftslos** *adj* ↑ *emotionslos* dispassionate

leider *adv* unfortunately

leidig *adj* (*lästig*) tiresome; ◇ **e-e Lösung des ~en Problems** a solution to the tiresome problem

leidlich *adj* resonable; tolerable; ◇ **in ~em Zustand** in reasonable condition

Leidtragende(r) *fm* (*Trauernde*) bereaved; *FIG* ↑ *Benachteiligter* sufferer; **Leidwesen** *s* ◇ **zu meinem ~** to my dismay

Leier *f* <-, -n> (*Musik*) lyre; *FIG* ◇ **immer [noch] die alte ~** the same old story; **Leierkasten** *m* MUS barrel organ

Leihbibliothek *f* [lending] library

leihen <lieh, geliehen> *vt* lend; ◇ **sich etw** *akk* **~** to borrow s.th.

Leihgebühr *f* lending charge, rental charge; **Leihhaus** *s* pawnshop; ◇ **etw ins ~ bringen** to pawn s.th.; **Leihmutter** *f* surrogate mother; **Leihschein** *m* (*für Buch*) borrowing slip; **Leihwagen** *m* hired car, rented car; **leihweise** *adv* on loan, borrowed

Leim *m* <-[e]s, -e> glue; ◇ **jd-m auf den ~ gehen** to be taken in by s.o.; (*FAM dick werden*) ◇ **aus dem ~ gehen** to lose one's figure; **leimen** *vt* [1] → *Holz* glue [2] (*FAM reinlegen*) con s.o.

Leine *f* <-, -n> line, cord; (*Hunde-*) lead, leash

Leinen *s* <-s, -> (*-kleid, -tischtuch*) linen

Leinsamen *m* (*-brot*) linseed

Leintuch *s* (*für Bett*) linen sheet

Leinwand *f* [1] (*zum Malen*) canvas [2] FILM screen

leise *adj* ▷*Ton* quiet, gentle; ▷*Verdacht* faint, slight; ▷*Wind* gentle, faint

Leiste *f* <-, -n> [1] (*Borte*) edging; (*Zier-*) trim [2] ANAT groin

leisten *vt* [1] → *Arbeit* do, perform [2] ◇ **e-n Eid ~** ↑ *schwören* to make/take an oath [3] ◇ **jd-m Gesellschaft ~** to keep s.o. company [4] ◇ **Widerstand ~** to resist [5] (*Ersatz ~*) replace [6] ◇ **sich etw** *akk* **~ können** to be able to afford s.th.

Leisten *m* (*beim Schuster*) last; (*FIG nicht einmischen*) ◇ **Schuster bleib bei deinen ~** stick to what you know

Leistenbruch *m* MED hernia

Leistung *f* [1] ↑ *Arbeit, Ergebnis* achievement [2] ↑ *Verdienst, Fähigkeit* capacity; **Leistungsdruck** *m* pressure to succeed; **leistungsfähig** *adj* efficient; **Leistungsfähigkeit** *f* efficiency; **Leistungskurs** *m* SCH major course; **Leistungsvermögen** *s* capabilities *pl;* (*Technik*) performance; **Leistungszulage** *f* productivity bonus

Leitartikel *m* leader; **Leitbild** *s* model

leiten *vt* [1] ↑ *führen* lead; → *Firma* manage, run [2] (*in e-e Richtung*) direct [3] (*FIG veranlassen*) ◇ **in die Wege ~** to get s.th. started [4] ELECTR conduct; **leitend** *adj* ▷*Stellung* ◇ **~er Angestellter** leading, dominant

Leiter [1] *f* <-, -n> (*Strick-*) ladder

Leiter [2] *m* <-s, -> ELECTR conductor

Leiter [3]**(in** *f*) *m* <-s, -> (*Abteilungs-*) manager, head; (*Reise-*) guide, agent; (*Schul-*) head

Leitfaden *m* (*Lehrbuch*) guide; **Leitfähigkeit** *f* (*von Strom, Schall*) conductivity; **Leithammel** *m* bellwether; *FIG* ↑ *Anführer* leader; **Leitmotiv** *s* ↑ *Leitgedanke* leitmotif; MUS leitmotif; **Leitplanke** *f* <-, -n> crash-barrier

Leitung *f* [1] ↑ *Führung* direction [2] FILM THEAT production; ◇ **unter der ~ von** under the direction of [3] (*von Firma*) management [4] (*Telefon-*) line [5] (*Wasser-*) pipe [6] (*Kabel*) cable, cord; (*FAM schwer begreifen*) ◇ **e-e lange ~ haben** to be slow [on the uptake]; **Leitungsrohr** *s* pipe; **Leitungswasser** *s* tap water

Leitwährung *f* FIN reserve currency; **Leitwerk** *s* (*von Flugzeug*) tail unit

Lektion *f* lesson

Lektor(in *f*) *m* [1] SCH foreign language assistant [2] (*im Verlag*) editor

Lektüre *f* <-, -n> [1] ↑ *Lesen* reading [2] (*Lesestoff*) literature

Lemming *m* <-s, -e> lemming

Lende *f* <-, -n> (*Schweine-*) loin; **Lendenschurz** *m* loincloth; **Lendenwirbel** *m* ANAT lumbar vertebra

lenkbar *adj* steerable; ▷*Kind* manageable

lenken *vt* ① → *Fahrzeug* steer ② → *Blick* draw, direct; ◇ **ein Gespräch auf etw** *akk* **-** to lead; **Lenker** *m* ① ↑ *Lenkstange* handlebars *pl* ② (*Fahrzeugführer*) driver

Lenkrad *s* steering wheel; **Lenkstange** *f* (*von Fahrrad*) handlebars *pl*

Lenz *m* ↑ *Frühling* spring; (*FAM faul sein*) ◇ **sich e-n faulen - machen** to laze about

Leopard *m* <-en, -en> FAUNA leopard

Lepra *f* <-> MED leprosy

Lerche *f* <-, -n> FAUNA lark

lernbegierig *adj* ↑ *wissenshungrig* eager to learn, eager to gain more knowledge; **lernbehindert** *adj* ▷*Kind* educationally handicapped; **Lerndiskette** *f* (PC *für Unterricht*) didactic disk; (*Programmerläuterung*) reference disk; **lernen** *vt* ① → *Sprache, Beruf* learn; (*FAM seine Sache beherrschen*) ◇ **gelernt ist gelernt** once you have learned s.th., you don't forget it ② ↑ *üben* study; ◇ **lesen -** learn how to read; *PEJ* ◇ **mancher lernt's nie!** some people will never learn!; *f* (*Gedächtnisstütze*) educational aid; **Lernprozeß** *m* learning process; **Lernschwester** *f* (*im Krankenhaus*) student nurse

lesbar *adj* ↑ *leserlich* legible

Lesbe *f* <-, -n> *FAM* ↑ *Lesbierin* lesbian; **Lesbierin** *f* lesbian; **lesbisch** *adj* lesbian

Lese *f* <-, -n> (*Wein-*) harvest

Lesebrille *f* reading glasses *pl;* **Lesebuch** *s* SCH reader; **Lesegerät** *s* (PC *für Mikrofilme*) reading device

lesen <las, gelesen> **I.** *vi, vt* ① → *Bücher, Daten* read ② SCH lecture ③ ↑ *ernten* gather, pick ④ ↑ *vortragen* (*aus eigenen Werken -*) read **II.** *vr* ◇ **sich -** *FAM* ← *Roman* ◇ **diese Bücher - sich gut** these books are very readable; **lesenswert** *adj* ▷*Bericht* worth reading; **Leser(in** *f*) *m* <-s, -> reader; **Leserbrief** *m* reader's letter; **leserlich** *adj* legible; ◇ **- schreiben** to write clearly/legibly; **Lesesaal** *m* (*in Bibliothek*) reading room; **Lesespeicher** *m* PC read only memory, ROM; **Lesezeichen** *s* (*Band*) bookmark

Lesung *f* (*Dichter-*) reading; REL lesson

letal *adj* MED ↑ *tödlich* lethal

Lethargie *f* (PSYCH *Schlafsucht*) lethargy; *FIG* ↑ *Teilnahmslosigkeit* lethargy; **lethargisch** *adj* lethargic

Letter *f* <-, -n> PRINT character, letter

letzte(r, s) *adj* last ① (*Testament*) ◇ **- Wille** last will and testament; ◇ **- Ehre erweisen** to pay one's last respects; ◇ **zum -n Mal** for the last time ② ▷*Nachrichten, Mode* latest, newest ③ (*von schlechter Qualität*) ▷*Musik, Film* bad ④ ◇ **- Woche** last week ⑤ ▷*Geld* left-over; **letztendlich** *adv* ↑ *schließlich* at long last, finally; **letztens** *adv* lately; **letztere(r, s)** *adj* latter; **letzthin** *adv* ↑ *vor kurzem* recently; **letztlich** *adv* ↑ *schließlich* in the end

Leuchtanzeige *f* light display; **Leuchtboje** *f* NAUT light-buoy; **Leuchtdiode** *f* (ELECTR *abgekürzt: LED*) light-emitting diode

Leuchte *f* <-, -n> ① (*Decken-*) lamp, light ② (*FIG Gelehrter, Fachmann*) genius

leuchten *vi* flash

Leuchter *m* <-s, -> (*Kerzen-*) candlestick

Leuchtfarbe *f* fluorescent colour; **Leuchtfeuer** *s* NAUT beacon; **Leuchtkraft** *f* (*von Stern*) brightness; ASTROL magnitude; **Leuchtrakete** *f* flare; **Leuchtreklame** *f* neon sign; **Leuchtröhre** *f* strip light; **Leuchtsignal** *s* light signal, flash; **Leuchtturm** *m* lighthouse; **Leuchtzifferblatt** *s* luminous face

leugnen *vt, vi* deny

Leukämie *f* MED leukemia

Leukom *s* MED leucoma

Leukoplast ® *s* <-[e]s, -e> ↑ *Heftpflaster* elastoplast, Band-Aid ® *AM*

Leumund *m* <-[e]s, -e> ↑ *Ansehen, Ruf* reputation; **Leumundszeugnis** *s* character reference

Leute *pl* people *pl;* (*aus einfachen Verhältnissen, kleine -*) simple folk; (*ausgehen*) ◇ **unter die - kommen** to go out, to socialize; *FAM* → *Neuigkeiten, Ware* ◇ **etw unter die - bringen** to introduce s.th.

Leutnant *m* <-s, -s> MIL lieutenant

leutselig *adj* ↑ *gesprächig* sociable, affable; **Leutseligkeit** *f* affability

Leviten *pl* (*FAM die Meinung sagen*) ◇ **jd-m die - lesen** to haul s.o. over the coals

Lex *f* <-, Leges> ↑ *Gesetz* bill, law

Lexikon *s* <-s, Lexika> dictionary

Liaison *f* <-, s> (*kurzes Verhältnis*) affair, liaison

Libanon *m* [the] Lebanon

Libelle *f* ① FAUNA dragonfly ② TECHNOL spirit level

liberal *adj* liberal; **Liberalismus** *m* liberalism

Libero *m* <-s, -s> (*Fußball*) sweeper

Libido *f* <-> libido

Libretto *s* (*Oper*) libretto

Libyen *s* Libya

Licht *s* <-[e]s, -er> light; ◇ **Tages-** daylight; (*FIG betrügen*) ◇ **jd-n hinters - führen** to deceive s.o.; *FAM* to take s.o. for a ride

licht *adj* ↑ *hell* light; (*weitstehend*) sparse; ▷*Haare* thin; *FIG* ◇ **ein ~er Augenblick** lucid moment; **lichtbeständig** *adj* ▷*Tapeten, Stoff* lightproof; **Lichtbild** *s* [1] ↑ *Foto* photograph [2] (*Dias*) tranparency slide; **Lichtblick** *m FIG* ↑ *Hoffnung* ray [of]; **lichtdurchlässig** *adj* transparent, see-through; **lichtempfindlich** *adj* sensitive to light

lichten I. *vt* clear; → *Baum* clear; → *Anker* weigh **II.** *vr* ◇ **sich ~** ← *Haar* thin

lichterloh *adv* ◇ **~ brennen** to be ablaze, to be on fire

Lichtgeschwindigkeit *f* speed of light; **Lichtgriffel** *m* PC light pen; **Lichthupe** *f* flashing of headlights; **Lichtjahr** *s* light year; **Lichtmaschine** *f* dynamo; **Lichtmeß** *f* <-> REL Candlemas; **Lichtorgel** *f* coloured spotlights *pl;* **Lichtschalter** *m* light switch; **lichtscheu** *adj* averse to light; *PEJ* ◇ **~es Gesindel** scum; **Lichtschranke** *f* light barrier; **Lichtschutzfaktor** *m* protection factor; **Lichtsignal** *s* light signal; **Lichtspielhaus** *s* ↑ *Kino* cinema

Lichtung *f* (*von Wald*) clearing

Lidschatten *m* eyeshadow; **Lidstrich** *m* (*Kajal*) eye-liner

lieb *adj* dear; (*FIG sich einschmeicheln*) ◇ **sich bei jd-m ~ Kind machen** to be s.o.'s pet

liebäugeln *vi* ◇ **mit jd-m/etw ~** to have an eye on s.o./s.th.

Liebe *f* <-, -n> love; ◇ **etw mit Lust und ~ machen** to do s.th. with great enthusiasm; **liebesbedürftig** *adj* ◇ **~ sein** to need love; **Liebelei** *f* flirtation

lieben *vt* love; ↑ *Geschlechtsverkehr haben* make love; ↑ *gern mögen* like; **liebenswert** *adj* lovable, adorable; **liebenswürdig** *adj* kind; **liebenswürdigerweise** *adv* kindly; **Liebenswürdigkeit** *f* kindness, politeness; ◇ **Hätten Sie die ~ …** please be so kind as to …

lieber *adv* (*besser*) ◇ **etw ~ tun** rather, preferably; ◇ **ich gehe ~ nicht** I'd rather not go

Liebesbrief *m* love letter; **Liebesdienst** *m* favour; ◇ **jd-m e-n ~ erweisen** to do s.o. a favour; **Liebeskummer** *m* lovesickness; **Liebesleben** *s* (*Privatsphäre*) love-life; ◇ **sein ~ geht keinen etw an** his love-life is nobody's business; **Liebespaar** *s* couple, lovers *pl;* **Liebestöter** *m* <-s, -> *FAM* ↑ *lange Unterhose* long johns *pl;* **Liebesverhältnis** *s* relationship, affair

liebevoll *adj* ↑ *zärtlich* loving; (*sorgfältig*) carefully, gently

liebgewinnen *unreg vt* become fond of; **liebhaben** *unreg vt* love, be fond of; **Liebhaber(in** *f*) *m* <-s, -> lover; **Liebhaberei** *f* (*Hobby*) hobby; **liebkosen** *vt* stroke, caress; **lieblich** *adj* ▷*Kind* lovely, delightful; ▷*Wein* sweet; **Liebling** *m* darling; ◇ **~ der ganzen Familie** the favourite in the family; **Lieblings-** *in Zusammensetzungen* favourite; ◇ **~kleid** favourite dress; **lieblos** *adj* unloving, loveless; **Liebschaft** *f* love affair; **Liebstöckel** *s* (*Gewürz*) lovage

Liechtenstein *s* Liechtenstein

Lied *s* <-[e]s, -er> song; REL hymn; *FAM* ◇ **ich könnte ein ~ davon singen** I could tell you a thing or two about it; *FAM* ◇ **das alte ~** the same old story/song; **Liederbuch** *s* song book, hymn book; **Liederhandschrift** *f* (HIST *Heidelberger ~*) collection of ballads

Liederjan *m* ↑ *Schlamper* slob, wastrel; **liederlich** *adj* ▷*Lebenswandel* slovenly

Liedermacher(in *f*) *m* <-s, -> song-writer

lief *impf v.* **laufen**

Lieferant(in *f*) *m* supplier

lieferbar *adj* deliverable; (*vorrätig*) available

Lieferfrist *f* delivery period

liefern *vt* → *Güter* deliver; (*versorgen mit*) supply; → *Beweis* produce; (*FIG jd-n verraten*) ◇ **jd-n ans Messer ~** to tell on s.o.; (*FAM ruiniert sein*) ◇ **geliefert sein** to be over, it's over; **Lieferschein** *m* delivery note; **Liefertermin** *m* delivery date; **Lieferung** *f* delivery; **Lieferwagen** *m* van; (*offen*) pick-up truck *AM*

Liege *f* <-, -n> couch; (*Camping~*) bed

liegen <lag, gelegen> *vi* [1] (*Ggs stehen*) lie [2] ↑ *sich befinden* lie, be situated; (*FIG arbeitslos sein*) ◇ **auf der Straße ~** to be unemployed [3] → *Ursache* be due (*an dat* to s.th.), to be because (*an dat* of s.th.); ◇ **es liegt am Wetter** it is due to the weather [4] ↑ *mögen, können* ◇ **diese Arbeiten ~ ihm** he likes the work [5] (*Wert legen auf*) ◇ **mir liegt an seinem Rat** I appreciate his advice [6] (*abhängig von*) ◇ **das liegt [ganz] bei dir** that's [totally] up to you; **liegenbleiben** *unreg vi* [1] (*weiterhin ausruhen*) stay in bed; ← *Verletzte* be lying down, be on the floor [2] ← *nicht verkaufte Sachen* not to sell [3] ← *vergessene Sachen* be forgotten, be left behind [4] ← *unerledigte Arbeit* be unfinished, be incomplete [5] ← *Schnee* settle; **liegenlassen** *unreg vt* (*nicht fortnehmen*) → *Arbeit* leave; ↑ *vergessen* forget; (*FIG ignorieren*) ◇ **jd-n links ~** to ignore s.o.; **Liegenschaft** *f* (ADMIN *Grundbesitz*) real estate

Liegesitz *m* reclining seat; **Liegestuhl** *m* deck chair; **Liegestütz** *m* <-, -en> SPORT push-up; **Liegewagen** *m* BAHN couchette; **Liegewiese** *f* (*im Schwimmbad*) sunbathing lawn

lieh *impf v.* **leihen**

ließ *impf v.* **lassen**

Lift *m* <-[e]s, -e *o.* -s> lift

Liga *f* league; (SPORT *Bundes-*) league

liieren *vt* (*Liaison haben*) get together

Likör *m* <-s, -e> liqueur

lila <inv> *adj* purple, lilac

Lilie *f* lily

Liliputaner *m* midget, dwarf, Lilliputian

Limerick *m* <-, -s *o.* -s> (*Gedicht*) limerick

Limes *m* <-> (MATH HIST *Grenzwall*) limes

Limit *s* <-s,-s> ↑ *Grenze* limit; ◇ **ein ~ setzen** to set a limit

Limonade *f* lemonade

Limousine *f* (*Auto*) saloon, limousine

lind *adj* ▷ *Wetter* mild, gentle

Linde *f* <-, -n> lime tree

lindern *vt* → *Schmerz, Trauer* soothe; **Linderung** *f* soothing, easing

lindgrün *adj* lime green

Lineal *s* <-s, -e> ruler

Linie *f* line ① ↑ *Strich, Gerade* line; MATH line, outline ② (*Reihe*) line; ◇ **sich in e-r ~ aufstellen** to line up ③ (*Verkehrsstrecke, Verkehrsmittel*) route; ◇ **mit der ~ 3 fahren** to travel on the No. 3 bus/tram ④ (*Verwandtschaftsangabe*) line; ◇ **aus der mütterlichen ~** from the mother's side ⑤ (*politisch ~, Partei-*) line ⑥ (*FAM Figur*) ◇ **gut für die schlanke ~** to be good for one's figure; **Linienflug** *m* scheduled flight; **Linienrichter(in** *f*) *m* SPORT linesman

linieren, liniieren *vt* rule, draw a line

link *adj FAM* sneaky; ◇ **etw auf die ~e Tour machen** to do s.th. in a dishonest way

Linke *f* <-, -n> ① (*Hand*) left hand; (*Seite*) left-hand side ② POL Left; **linke(r, s)** *adj* left; ◇ **~ [Strick-]Masche** purl; (*FIG ärgerlich sein*) ◇ **mit dem ~n Fuß aufstehen** to get out of bed on the wrong side; (*FIG ungeschickt*) ◇ **zwei ~ Hände haben** to have two left hands

linken *vt* (*FAM betrügen*) con

linkisch *adj* ▷ *Verhalten* clumsy, awkward

links I. *adv* (*~ gehen*) to the left; (*~ stricken*) purl; *FAM* ◇ **~ liegenlassen** to ignore; (*FAM mit Leichtigkeit*) ◇ **das habe ich mit ~ gemacht** it was very easy to do that **II.** *präp gen* on/to the left; ◇ **~ von mir** on/to my left; **Linksabbieger(-in** *f*) *m* AUTO driver turning left; **Linksaußen** *m* <-, -> SPORT outside left; **Linkshänder(in** *f*) *m* <-s, -> left-handed person; **Linkskurve** *f* left-hand bend; **linksradikal** *adj* POL extreme left-wing; **Linksverkehr** *m* (*in GB*) driving on the left

Linse *f* <-, -n> ① (*optisch*) lens ② (*Gemüse*) lentil

Lipid *s* <-[e]s, -e> CHEM fat

Lippe *f* <-, -n> lip; *FAM* ◇ **e-e dicke ~ riskieren** to have a big mouth; **Lippenbekenntnis** *s PEJ* lip-service; **Lippenstift** *m* lipstick

liquid *adj* ↑ *zahlungsfähig* liquid

liquidieren *vt* → *Geschäft, Gegner* liquidate

Lira *f* <-, Lire> (*ital. Währung*) lira

lispeln *vi* lisp

List *f* <-, -en> cunning trick

Liste *f* <-, -n> (*Einkaufs-*) list; ◇ **e-e ~ aufstellen** to make up a list [*o.* to draw up a list]

listig *adj* crafty, cunning

Litanei *f* REL litany; *PEJ FAM* ◇ **immer dieselbe ~** the same old story

Liter *m o. s* <-s, -> litre

literarisch *adj* literary; **Literatur** *f* literature; **Literaturkritik** *f* literary criticism; **Literaturpapst** *m* ↑ *bedeutender Kritiker* literary pundit; **Literaturpreis** *m* award for literature, literature prize; **Literaturverzeichnis** *s* bibliography; **Literaturwissenschaft** *f* (*Philologie*) literary studies, literature

Litfaßsäule *f* advertising column

Lithographie *f* lithograph

litt *impf v.* **leiden**

Liturgie *f* liturgy; **liturgisch** *adj* liturgical

Litze *f* <-, -n> ① (*an Uniform*) braid ② ELECTR flex

live *adv* live

Livree *f* <-, -n> livery

Lizenz *f* <-, -en> licence

Lkw *m* <-[s], -[s]> *Abk. v.* **Lastkraftwagen** truck, lorry

Lob [1] *s* <-[e]s, -e> praise

Lob [2] *m o. s* <-s, -s> SPORT lob

Lobby *f* <-, -s *o.* Lobbies> ① ↑ *Interessenvertretung* lobby ② (*in Hotel, Flughafen*) lobby, reception

loben *vt* praise; **lobenswert** *adj* praiseworthy; **löblich** *adj* commendable; **Lobrede** *f* eulogy

Loch *s* <-[e]s, Löcher> ① (*in Wand*) hole ② (*FAM Wohnung*) dump, rathole ③ (*FAM Gefängnis*) jail, clink ④ (*FAM am Ende sein*) ◇ **aus dem letzten ~ pfeifen** to be exhausted ⑤ (*FAM! unmäßig trinken*) ◇ **saufen wie ein ~** to drink like a fish; **lochen** *vt* punch holes, perforate; → *Fahrkarte* punch; **Locher** *m* <-s, -> punch; **löcherig** *adj* holey, full of holes; **Lochkarte** *f* punch card; **Lochstreifen** *m* PC punched paper tape

Locke *f* <-, -n> curl; **locken I.** *vr* ◇ **sich ~** ← *Haar* curl **II.** *vt* ↑ *anlocken* lure; (*FIG reizen*) tempt; **Lockenkopf** *m* curly hairstyle; (*FIG Mensch mit Locken*) s.o. with lots of curls; **Lockenwickler** *m* <-s, -> curler

locker *adj FIG* ▷ *Lebenswandel* relaxed, easy;

lockerlassen *unreg vi* slacken; ◇ **nicht** ~ not to give up; **lockern I.** *vt* → *Schraube* loosen; → *Vorschriften* relax, slacken **II.** *vr* ◇ **sich** ~ ← *Freundschaft, Sitten* become more relaxed; ← *Spannung* ease

lockig *adj* curly

Lockruf *m* call; **Lockvogel** *m* decoy

Lodenmantel *m* loden coat

lodern *vi* ← *Feuer* blaze

Löffel *m* <-s, -> [1] (*Eß-, Koch-*) spoon [2] ↑ *Hasenohr* ear [3] (*FIG FAM! sterben*) ◇ **den ~ abgeben** to kick the bucket; **löffeln** *vt* spoon [up], dish up; **löffelweise** *adv* by the spoonful

log *impf v.* **lügen**

Logarithmentafel *f* MATH logarithm table, log table; **Logarithmus** *m* MATH logarithm

Logbuch *s* NAUT log book

Loge *f* <-, -n> [1] THEAT box [2] (*Freimaurer-*) lodge [3] (*Pförtner-*) lodge

Loggia *f* <-, Loggien> balcony

logieren *vi* lodge

Logik *f* logic, sense; **logisch** *adj* logically; *FAM* ↑ *einleuchtend* ◇ **das ist doch** ~ that figures

Logopädie *f* ↑ *Sprachheilkunde* speech therapy

Lohn *m* <-[e]s, Löhne> [1] (*Arbeits-, Jahres-*) wage[s], pay [2] (*Belohnung*) reward; **Lohnausgleich** *m* wage adjustment; ◇ **bei vollem** ~ with full pay; **Lohnempfänger(in** *f*) *m* wage earner

lohnen I. *vt* reward; ◇ **jd-m etw** *akk* ~ to reward s.o. for s.th. **II.** *vr* ◇ **sich** ~ be worth it; **lohnend** *adj* rewarding

Lohnerhöhung *f* pay rise; **Lohnsteuer** *f* income tax; **Lohnsteuerjahresausgleich** *m* annual adjustment of income tax; **Lohnsteuerkarte** *f* income tax card; **Lohnstreifen** *m* pay slip; **Lohntüte** *f* pay packet

Loipe *f* <-, -n> cross-country ski course

Lok *f* <-, -s> *Abk. v.* **Lokomotive** locomotive, engine *AM*

lokal *adj* local; **Lokal** *s* <-[e]s, -e> pub, bar; (*Speise-*) restaurant; **Lokalanästhesie** *f* MED local anaesthesia; **Lokalbericht** *m* local report; **lokalisieren** *vt* locate; **Lokalisierung** *f* location; PC localization

Lokaltermin *m* JURA visit to the scene of a crime

Lokführer *m Abk. v.* **Lokomotivführer** engineer; **Lokomotive** *f* locomotive, engine *AM*; **Lokomotivführer** *m* engineer

Lokus *m* <-,-se> *FAM* ↑ *Toilette* loo, john

Look *m* <-s, -s> (*Partner-*) look, image

Looping *m o. s* <-s, -s> AERO looping the loop

Lorbeer *m* <-s, -en> [1] GASTRON bay-leaf [2] *auch FIG* laurel; *FIG* ◇ **sich auf seinen ~en ausruhen** to rest on one's laurels; **Lorbeerblatt** *s* bay-leaf

Lore *f* <-, -n> (MIN *offener Güterwagen*) wagon, truck

los *adv* [1] (*beginnen*) ◇ **der Film geht** ~ the film is starting [2] (*FAM klug sein*) ◇ **etw ~ haben** to know s.th. [3] (*FAM verlieren, weggeben*) ◇ **jd-n/etw ~ haben** to get rid of s.o./s.th. [4] (*FAM geschehen*) ◇ **was ist hier ~?** what's going on here? [5] (*nicht in Ordnung*) ◇ **was ist mit dir ~?** what is the matter with you?

Los *s* <-es, -e> [1] ↑ *Schicksal* fate [2] (*Lotterie-*) draw, lottery ticket

losbinden *unreg vt* untie

lösbar *adj* ▷*Rätsel* solvable

Löschblatt *s* blotting paper; **Löschdecke** *f* fire blanket

löschen [1] **I.** *vt* [1] → *Licht* put out; → *Feuer* extinguish [2] ↑ *streichen, tilgen* cancel; COMM cancel, delete; PC → *Speicher* clear, delete; → *Daten, Eintrag, Tonband* erase, delete; → *Firma* put out of business [3] → *Durst* quench **II.** *vi* ← *Feuerwehr* extinguish; ← *Papier* blot out

löschen [2] *vt* NAUT → *Ladung, Fracht* unload, offload

Löschfahrzeug *s* fire engine; **Löschgerät** *s* (*Feuerlöscher*) fire extinguisher; **Löschpapier** *s* ↑ *Löschblatt* blotting paper; **Löschtaste** *f* (PC *Tastatur*) delete key

Löschung *f* [1] (*von Feuer*) extinguishing; (COMM *von Firma*) putting out of business [2] (*von Fracht*) unloading, offloading

lose *adj* [1] ▷*Schraube* loose [2] (*FAM frech*) ◇ **ein ~s Mundwerk haben** to be cheeky [3] (*unverpackte Ware*) unpackaged goods

Lösegeld *s* ransom

losen *vi* draw lots

lösen I. *vt* remove [1] → *Handbremse* let off; → *Schleife, Knoten* untie, undo [2] → *Partnerschaft* break off, sever; → *Vertrag* break [3] → *Problem* solve [4] → *Fahrschein* buy [5] CHEM dissolve **II.** *vr* ◇ **sich** ~ [1] ← *Krampf, Spannung* ease [2] ← *Schuß* go off [3] ← *Zucker* dissolve (*in dat* in) [4] ← *Problem, Schwierigkeit* solve

losfahren *unreg vi* set off; **losgehen** *unreg vi* [1] ↑ *weggehen* set off [2] ↑ *anfangen* start; *FAM* ◇ **jetzt geht's los** here we go [3] ← *Schuß, Bombe* go off [4] ↑ *angreifen* ◇ **auf jd-n** ~ to attack s.o.; **loskaufen** *vt* → *Gefangene etc.* ransom; **loskommen** *unreg vi* ◇ **von etw** ~ to get away from s.th.; **loslassen** *unreg vt* [1] → *Hand, Seil* let go [2] (*angreifen lassen*) ◇ **jd-n auf jd-n** ~ to let s.o. loose on s.o.; **loslegen** *vi FAM* ↑ *eifrig anfan-*

gen get going; ◇ **mit der Arbeit** ~ to get started with the work

löslich *adj* soluble

losmachen I. *vt* loosen; → *Boot* unmoor II. *vr* ◇ **sich** ~ get free, free; **losreißen** I. *vt* tear off II. *vr* ◇ **sich** ~ break free (*von jd-m/etw* from s.o./s.th.); **lossagen** *vr* ◇ **sich** ~ renounce (*von jd-m/etw* s.th.); **lossprechen** *unreg vt* absolve (*von etw dat* from s.th.)

Losung *f* ① MIL password ② REL motto

Lösung *f* ① (*von Aufgabe*) solution ② (*von Beziehung*) break-up, separation ③ CHEM solution

loswerden *unreg vt* (*sich befreien von*) get rid of

Lot *s* <-[e]s, -e> ① (*Senk-*) plumb line; MATH perpendicular; *FIG* ◇ **im** ~ in order; *FIG* ◇ **jd-n aus dem** ~ **bringen** to upset s.o. ② (*Echo-*) sounding line

loten *vt* plumb

löten *vt* solder

Lotion *f* lotion

Lötkolben *m* soldering iron

Lotosblume *f* FLORA lotus

Lotse *m* <-n, -n> pilot; AERO air-traffic controller; NAUT navigator; **lotsen** *vt* ① → *Flugzeug* steer, pilot, direct ② *FAM* lure, tempt

Lotterie *f* lottery; **Lotteriespiel** *s auch FIG* gamble

Lotto *s* <-s, -s> national lottery

Löwe *m* <-n, -n> ① FAUNA lion ② ASTROL Leo; **Löwenanteil** *m* lion's share; **Löwenmähne** *f* lion's mane; (*RHET lange Haare*) flowing mane; **Löwenmaul** *s* FLORA snapdragon; **Löwenzahn** *m* (BIOL *Pusteblume*) dandelion; **Löwin** *f* lioness

loyal *adj* loyal; **Loyalität** *f* loyalty

LP *f Abk. v.* **Langspielplatte** LP

LSD *s* (*Droge*) LSD

lt. *präp Abk. v.* **laut**

Luchs *m* <-es, -e> lynx

Lücke *f* <-, -n> space, gap; (*in Text, Wissen*) gap; **Lückenbüßer(in** *f*) *m* <-s, -> stopgap; **lückenhaft** *adj* full of gaps, sketchy; **lückenlos** *adj* complete

lud *impf v.* **laden**

Luder *s* <-s, -> ① (*PEJ Frau*) slut ② *FAM* ◇ **armes** ~ silly creature

Lues *f* (MED *Syphilis*) syphilis

Luft *f* <-, Lüfte> air; (*Atem*) breath; *FIG* ◇ **es liegt etw in der** ~ there's s.th. in the air; ◇ **jd-n wie** ~ **behandeln** (*ignorieren*) to act like s.o. does not exist; (*FAM Ärger, Streit*) ◇ **hier ist dicke** ~ there is a tense atmosphere here; *FAM* ◇ **die** ~ **ist rein** the coast is clear; (*FAM wütend sein*) ◇ **in die** ~ **gehen** to explode; (*FAM sprengen*) ◇ **etw in die** ~ **jagen** to blow s.th. up; **Luftangriff** *m* MIL air-raid; **Luftballon** *m* balloon; **Luftblase** *f* air bubble; **Luftbrücke** *f* (*von Berlin*) airlift; **luftdicht** *adj* airtight; **Luftdruck** *m* air pressure

lüften *vt* ① → *Zimmer* air [out] ② → *Hut* raise ③ → *Geheimnis* disclose, reveal

Luftfahrt *f* aviation; **Luftfeuchtigkeit** *f* humidity; **Luftfilter** *m* (*bei Verbrennungsmotor*) air filter; **Luftfracht** *f* air freight, air cargo; **luftgekühlt** *adj* air-cooled; **Luftgewehr** *s* air gun; **luftig** *adj* ▷ *Ort* breezy; ▷ *Raum* airy; ▷ *Kleider* light; **Luftkampf** *m* MIL air battle; **Luftkissenfahrzeug** *s* hovercraft; **Luftkurort** *m* health resort; **luftleer** *adj* devoid of air; (*-er Raum*) vacuum; **Luftlinie** *f* as the crow flies; **Luftloch** *s* AERO air pocket; **Luftmatratze** *f* air mattress; **Luftpirat(in** *f*) *m* hijacker; **Luftpost** *f* airmail, skyjacker *AM*; **Luftpumpe** *f* air pump; **Luftreinigung** *f* purifying of air; **Luftrettungsdienst** *m* air rescue service; **Luftröhre** *f* ANAT windpipe; **Luftschiff** *s* (*Zeppelin*) airship; **Luftschlange** *f* steamer; **Luftschloß** *s* castle in the air; ◇ **Luftschlösser bauen** to build castles in the air; **Luftschraube** *f* ↑ *Propeller* propeller, airscrew; **Luftschutz** *m* MIL anti-aircraft device; **Luftschutzkeller** *m* air-raid shelter; **Luftspiegelung** *f* ↑ *Fata Morgana* mirage; **Luftsprung** *m FIG* ◇ **e-n** ~ **machen** to jump for joy; **Luftstreitkräfte** *pl* MIL air force *sg;* **Luftstützpunkt** *m* MIL air base

Lüftung *f* airing, ventilation

Luftveränderung *f* change of climate; **Luftverkehr** *m* air traffic; **Luftverschmutzung** *f* air pollution; **Luftwaffe** *f* MIL air force; **Luftweg** *m* ◇ **auf dem** ~ **befördern** to transport by air; **Luftwiderstand** *m* PHYS air resistance; **Luftzug** *m* draught

Lüge *f* <-, -n> lie; ◇ **jd-n/etw** ~**n strafen** to give the lie to s.o.; ◇ ~**n haben kurze Beine** the truth always comes out

lugen *vi* (*hervor-*) peep

lügen <log, gelogen> *vi* lie, fib; **Lügenmaul** *s FAM!* liar; **Lügner(in** *f*) *m* <-s, -> liar

Luke *f* <-, -n> (*Dach-*) skylight; (*Boden-*) trapdoor

lukrativ *adj* lucrative

Lümmel *m* <-s, -> lout; **lümmeln** *vr* ◇ **sich** ~ lounge about/around

Lump *m* <-en, -en> (*charakterlos*) scoundrel, rascal

lumpen *vi FAM* ◇ **sich nicht** ~ **lassen** to be generous

Lumpen *m* <-s, -> ① (*zerrissene Kleidung*) rag ②

(*Scheuerlappen*) rag; **lumpig** *adj* [1] (*Kleidung*) ragged, tatty [2] (*FAM geizig*) measly

Lunch *m* <-s, -s> ↑ *Mittagessen* lunch; **lunchen** *vi FAM* have lunch

Lunge *f* <-, -n> ANAT lung; *FIG* ◇ **sich die ~ aus dem Hals schreien** to scream until one is blue in the face; **Lungenentzündung** *f* pneumonia; **lungenkrank** *adj* sick with lung disease

Lunte *f* <-, -n> ↑ *Zündschnur* match; (*FIG Verdacht schöpfen*) ◇ **~ riechen** to smell a rat

Lupe *f* <-, -n> magnifying glass; *FIG* ◇ **unter die ~ nehmen** to keep an eye on s.th.

Lupine *f* FLORA lupin

Lurch *m* <-es, -e> FAUNA amphibian

Lust *f* <-, Lüste> ◇ **~ auf etw** *akk* **haben, ~ zu etw haben** to feel like doing s.th.; ◇ **~ haben, etw zu tun** to be keen to do s.th.; ◇ **keine ~ haben** to have no interest in s.th. [*o.* not to be in the mood]

Lüster *m* <-s, -> (*Kronleuchter*) chandelier; **Lüsterklemme** *f* <-, -n> ELECTR connector

lüstern *adj* lustful

lustig *adj* ↑ *komisch* funny; ↑ *fröhlich* cheerful, merry

Lüstling *m* lecher

lustlos *adj* listless; **Lustmord** *m* sex murder; **Lustschloß** *s* summer residence, summer house; **Lustspiel** *s* THEAT FILM comedy; **lustwandeln** *vi* wander, stroll

lutherisch *adj* REL Lutheran

lutschen *vt* suck; ◇ **am Daumen ~** to suck one's thumb; **Lutscher** *m* <-s, -> lollipop

Luv *f* <-s> NAUT windward or weather side

Luxation *f* (MED *Hüft-*) dislocation

Luxemburg *s* Luxembourg; **luxemburgisch** *adj* Luxembourgian

luxuriös *adj* luxurious; **Luxus** *m* <-> luxury; **Luxusartikel** *m* luxury goods *pl;* **Luxushotel** *s* luxury hotel; **Luxussteuer** *f* luxury tax

Luzerne *f* <-, -n> FLORA lucerne

Luzifer *m* <-s> Lucifer

Lymphe *f* <-, -n> MED lymph

Lymphknoten *m* lymph node

lynchen *vt* lynch; **Lynchjustiz** *f* lynch law

Lyrik *f* poetry, verse; **Lyriker(in** *f*) *m* <-s, -> poet; **lyrisch** *adj* lyrical

M

M, m *s* M, m

M.A. *Abk. v.* **Magister artium** Master of Arts

Machart *f* make; **machbar** *adj* feasible; **Mache** *f* <-> *FAM* show

machen I. *vt* [1] ↑ *tun* do, make [2] → *Prüfung* sit [3] → *Ausbildung* complete [4] (*FAM Wie geht es?*) ◇ **was ~ deine Kinder?** how are your children? [5] ↑ *verursachen* → *Lärm* make, cause [6] MATH ↑ *ergeben* be [7] *FAM* ◇ **in die Hose ~** to wet o.'s pants **II.** *vr* ◇ **sich ~** [1] (*vorankommen, sich gut entwickeln*) come along nicely; (*passen*) ◇ **die Pflanze macht sich gut hier** the plant looks good here [2] (*ernennen*) make (*zu* s.o. s.th.) [3] (*mögen*) like; ◇ **er macht sich nichts aus Süßigkeiten** *dat* he doesn't like sweets [4] (*mit etw beginnen*) ◇ **sich an etw** *akk* **~** to get down to s.th.; *FAM* to get cracking **III.** *vi* [1] (*FAM handeln mit*) ◇ **Susan macht in Antiquitäten** *akk* Susan deals in antiques [2] ◇ **das macht nichts** it doesn't matter; ◇ **mach's gut!** take care!

Macher *m* <-s, -> (*Führungskraft*) man of action, doer

Macho *m* <-s, -s> *FAM* macho

Macht *f* <-s, Mächte> power, strength; **Machthaber(in** *f*) *m* <-s, -> ruler

mächtig *adj* powerful; *FAM* ↑ *sehr* huge, enormous

machtlos *adj* powerless; **Machtprobe** *f* trial of strength; **Machtstellung** *f* position of power; **Machtübernahme** *f* assumption of power, takeover; **Machtwort** *s* ◇ **ein ~ sprechen** to put o.'s foot down

Machwerk *s* work; (*schlechte Arbeit*) lousy job

Macke *f FAM* ↑ *Fehler* defect, fault; (*FIG verrückt sein*) ◇ **der Mensch hat doch e-e ~!** that guy must have a screw loose!

Macker *m* <-s, -> *FAM* ↑ *Freund* bloke, guy

MAD *m Abk. v.* **Militärischer Abschirmdienst** Military Counter-Intelligence service

Mädchen *s* [1] (*Kind, junge Frau*) girl [2] (*Hausangestellte*) maid; **mädchenhaft** *adj* girlish; **Mädchenname** *m* girl's name; (*Name vor Eheschließung*) maiden name

Made *f* <-, -n> maggot; (*FIG im Überfluß haben*) ◇ **wie die ~ im Speck leben** to live in clover

madig *adj* full of maggots; *FIG* ◇ **jd-m etw** *akk* **~ machen** to spoil s.th. for s.o.; *FIG FAM* ◇ **jd-n ~ machen** to run s.o. down

Madonna *f* <-, Madonnen> REL Madonna

Mafia *f* <-> Mafia, the Mob *AM*; **Mafioso** *m* <-s, -> member of the Mafia, wise guy, mobster *AM*

Magazin *s* <-s, -e> [1] ↑ *Lager* warehouse; ↑ *Bibliotheksraum* stockroom [2] ↑ *Zeitschrift* magazine [3] (*bei Gewehren*) magazine

Magd *f* <-, Mägde> farm girl

Magen *m* <-s, Mägen *o.* -> stomach; *FAM* tummy;

(*Hunger haben*) ◇ **mir knurrt der ~** my stomach's rumbling; ◇ **sich den ~ verderben** to have an upset stomach; (*FIG Übelkeit verursachen*) ◇ **solche Filme schlagen mir auf den ~** films like that make me sick [*o.* really get to me]; **Magenbitter** *m* (*Kräuterlikör*) bitters *pl;* **Magengeschwür** *s* MED stomach ulcer; **Magensäure** *f* MED gastric acid; **Magenschleimhaut** *f* MED stomach lining; **Magenschmerzen** *m pl* stomachache

mager *adj* ↑ *schlank, dünn* thin, skinny; (*~es Fleisch*) lean; ↑ *gering* low; **Magerkeit** *f* thinness, leanness; **Magermilch** *f* skimmed milk; **Magersucht** *f* MED anorexia

Magie *f* magic; **Magier(in** *f*) *m* <-s, -> magician; **magisch** *adj* magic, magical

Magister *m* UNIV Master's degree

Magma *s* <s, -Magmen> (*von Vulkan*) magma

Magnat *m* <-s *o.* -en, -en> (*Industrieller*) magnate, tycoon

Magnesium *s* CHEM magnesium

Magnet *m* <-s *o.* -en, en> (*Elektro-*) magnet; **Magnetband** *s* magnetic tape; **Magnetbandaufzeichnung** *f s.* **MAZ**; **magnetisch** *adj* magnetic; **magnetisieren** *vt* magnetize; **Magnetnadel** *f* compass needle; **Magnetpol** *m* magnetic pole; **Magnetstreifen** *m* magnetic strip

Magnolie *f* (*~nbaum*) magnolia

Mahagoni *s* <-s> (*~möbel*) mahogany

mähen [1] *vt* mow

mähen [2] *vi* ↑ *blöken* ← *Schaf* bleat

Mahl *s* <-[e]s, -e> (*Mittags~*) meal

mahlen <mahlte, gemahlen> *vt* → *Kaffee, Getreide* mill, grind

Mahlzeit I. *f* meal **II.** *intj* enjoy your meal!

Mahnbrief *m* reminder

Mähne *f* <-, -n> mane; *FAM* mane

mahnen *vt* (1) (*warnend*) warn, remind (2) (*wegen Schulden*) demand payment

Mahnmal *s* (*für Kriegsopfer*) memorial

Mahnung *f* warning, reminder

Mähre *f* <-, -n> [old] nag

Mai *m* <-[e]s, -e> May; (*Tag der Arbeit*) ◇ **1. ~** May Day; *s. a.* **April**; **Maibaum** *m* maypole; ◇ **den ~ aufstellen** to put up the maypole; **Maiglöckchen** *s* FLORA lily of the valley; **Maikäfer** *m* FAUNA cockchafer

Mailbox *f* <-, -en> PC mailbox

Mais *m* <-es> maize, corn *AM*; **Maiskolben** *m* [corn]cob, corn on the cob

Maisonette *f* maisonette

Majestät *f* majesty; **majestätisch** *adj* majestic

Majoran *m* <-s> marjoram

Major *m* <-s, -e> MIL AERO major

Majorität *f* majority; ◇ **in der ~ sein** to be in the majority

makaber *adj* macabre

Makel *m* <-s, -> defect, fault, flaw; ▷*moralisch* stain; ◇ **mit e-m ~ behaftet sein** to be stigmatized;

makellos *adj* flawless, immaculate, perfect

mäkeln *vi FAM* find fault (with s.th.)

Make-up *s* makeup

Makkaroni *f* macaroni

Makler(in *f*) *m* <-s, -> (*Immobilien~*) real estate agent; (*Börsen~*) stockbroker

Makrele *f* <-, -n> mackerel

Makrone *f* <-, -n> macaroon

makroskopisch *adj* macroscopic

mal *adv s.* **einmal** once; (*FAM zur Toilette müssen*) ◇ **~ müssen** to need to go to the toilet

Mal [1] *s* <-[e]s, -e> (*Zeitpunkt*) time; (*plötzlich*) ◇ **mit e-m ~** all of a sudden, all at once; ◇ **er forderte von ~ zu ~ mehr** he demanded more and more

Mal [2] *s* <-[e]s, -e *o.* Mäler> (*Mutter~, Wund~*) birthmark

Malaria *f* <-> MED malaria

malen *vt* paint; *FIG* ↑ *beschreiben* depict, portray; ◇ **die Zukunft in den rosigsten Farben ~** to paint a rosy picture of the future; **Maler(in** *f*) *m* <-s, -> painter, artist; (*Tapezierer*) painter, decorator; **Malerei** *f* painting; **malerisch** *adj* picturesque

Malheur *s* ↑ *Mißgeschick* mishap, slight accident; ◇ **mir ist ein ~ passiert** I had a slight mishap

maligne *adj* MED ↑ *bösartig* malign

Malkasten *m* paintbox

malnehmen *unreg vt* multiply [by]

malochen *vi FAM* ↑ *schwer arbeiten* slave/slog away

Malta *s* Malta

Malteserorden *m* order of the Knights of Malta

malträtieren *vt* ↑ *mißhandeln* ill-treat, mishandle

Malz *s* <-es> malt; **Malzbonbon** *s* cough drop, barley drop

Malzeichen *s* multiplication sign

Malzkaffee *m* malt coffee

Mama, **Mami** *f* <-, -s> *FAM* mum, mummy

Mammon *m* <-s> (*FIG FAM Geld*) money

Mammut *s* <-s, -e *o.* -s> mammoth

mampfen *vi FAM* munch, chomp

man *pron* one, people *pl*

Management *s* <-s, -s> management; **Manager(in** *f*) *m* <-s, -> manager, executive; **Managerkrankheit** *f* executive stress

manch *adj inv* (*mit pl*) many, a number of; **manche(r, s)** *pron* some; **mancherlei I.** *adj inv* various **II.** *pron* a variety of, all sorts of

manchmal *adv* sometimes, occasionally

Mandant(in *f*) *m* JURA client

Mandarine *f* mandarin [orange], tangerine

Mandat *s* mandate; ◊ **sein ~ niederlegen** to resign one's [parliamentary] seat

Mandel *f* <-, -n> ① (*Nuß*) almond ② ANAT tonsil; **Mandelentzündung** *f* tonsilitis; **Mandelöl** *s* almond oil

Manege *f* <-, -n> (*Zirkus-*) circus ring

Mangan *s* <-s> CHEM manganese

Mangel[1] *m* <-s, Mängel> ① ↑ *Fehlen, Knappheit* lack, shortage (*an dat* of) ② ↑ *Fehler* defect, fault

Mangel[2] *f* <-, -n> (*Wäsche-*) mangle

Mangelerscheinung *f* MED deficiency symptom; **mangelhaft** *adj* SCH ▷*Note* poor; ↑ *fehlerhaft* faulty, defective; **mangeln I.** *vi* ◊ **es mangelt ihm an Mut** he lacks courage **II.** *vt* → *Wäsche* mangle; **mangels** *präp gen* for lack of, for want of; **Mangelware** *f* scarce commodity

Mango *f* <-, -s *o.* -nen> (*Südfrucht*) mango

Manie *f* MED mania; *FIG* obsession

Manier *f* <-> (*Art und Weise, Stil*) manner, style

Manieren *pl* ↑ *Benehmen, Umgangsformen* manners *pl;* (*Eß-, Tisch-*) manners *pl;* **manierlich** *adj* well-mannered

Manifest *s* <-es, -e> (*kommunistisches ~*) manifesto; ↑ *Erklärung* manifesto

Maniküre *f* <-, n> manicure; **maniküren** *vt* manicure

Manipulation *f* ① (*an Maschine*) manipulation ② (*Betrug*) manipulation; **manipulieren** *vt* manipulate

manisch *adj* (PSYCH *~-depressiv*) manic

Manko *s* <-s, -s> ↑ *Nachteil, Mangel* deficiency

Mann *m* <-[e]s, Männer> man; (*Ehe-*) husband; (*FIG FAM sich bewähren*) ◊ **seinen ~ stehen** to stand o.'s ground; NAUT ◊ **alle ~ an Deck** all men on board

Männchen *s* ① (*Tier*) male ② (*in Märchen*) little man ③ (*Spielstein*) piece, man ④ (*FIG Tier*) ◊ **~ machen** to sit up and beg

Mannen *pl* HIST ↑ *Gefolgsleute* men, followers *pl*

Mannequin *s* <-s, -s> model

Männerchor *m* all-male choir

Manneskraft *f* (*Zeugungskraft*) potency

mannigfach *adj* various, diverse; **mannigfaltig** *adj* varied, various

männlich *adj* masculine; BIO male; **Männlichkeit** *f* masculinity, manliness

Mannsbild *s auch PEJ* man

Mannschaft *f* ① SPORT team ② (*Lösch-, Polizei-*) team, squad ③ (*FIG Regierungs-*) team ④ NAUT AERO crew; **Mannschaftskapitän** *m* SPORT captain; **Mannschaftsraum** *m* MIL men's quarters *pl;* SPORT team quarters *pl;* **Mannschaftswagen** *m* (*für Polizisten*) squad car

Mannsleute *pl FAM* menfolk *pl;* **mannstoll** *adj PEJ* nymphomaniac

Mannweib *s PEJ* man-like woman

Manöver *s* <-s, -> ① (MIL *Herbst-*) manoeuvre ② (*Ablenkungs-*) manoeuvre; **manövrieren** *vt* (*geschickt handeln*) manoeuvre

Mansarde *f* <-, -n> attic

Mansch *m* <-[e]s> *auch PEJ* mush, slush

manschen *vi FAM* mash [up]

Manschette *f* ① (*von Hemd*) cuff ② (*Papier-*) paper frill ③ (*FIG FAM Angst haben*) ◊ **vor jd-m/etw ~n haben** to be scared stiff of s.o./s.th. ④ TECHNOL sleeve, collar, collet; **Manschettenknopf** *m* cufflink

Mantel *m* <-s, Mäntel> ① (*Kleider*) coat ② (TECHNOL *von Fahrrad, Geschoß, Stahl*) casing ③ MATH curved surface ④ (*FIG verdrängen, über etw schweigen*) ◊ **der ~ der christlichen Nächstenliebe** the cloak of charity; **Manteltarif** *m collective agreement on working conditions*

Manual *s* <-s, -e> MUS manual keyboard

manuell *adj* manual

Manufaktur *f* ① (*Porzellan-*) manufacture ② ↑ *Fabrik* factory

Manuskript *s* <-[e]s, -e> manuscript

Mappe *f* <-, -n> briefcase; (*Akten-*) folder; (*Noten- etc.*) portfolio

Maracuja *f* <-, -s> maracuja

Marathon *m* <-s, -s> (SPORT *~lauf*) marathon; (*FIG ~sitzung, ~veranstaltung*) marathon

Märchen *s* fairy tale; **märchenhaft** *adj* fabulous; **Märchenprinz** *m* Prince Charming

Marder *m* <-s, -> marten

Margarine *f* magarine

Marge *f* <-, -n> COMM FIN margin

Margerite *f* <-, -n> daisy

Marienbild *s* REL Madonna; **Marienkäfer** *m* FAUNA ladybird

Marihuana *s* <-s> marijuana; *FAM* pot, grass

Marinade *f* GASTRON marinade

Marine *f* NAUT ◊ **Handels~** merchant navy; ◊ **Kriegs~** navy; **marineblau** *adj* navy blue

marinieren *vt* GASTRON → *Fleisch* marinate

Marionette *f* (*~ntheater*) marionette, puppet; *auch FIG* puppet

maritim *adj* maritime

Mark [1] *f* <-, -> (*Währung, Münze*) mark

Mark [2] *s* <-[e]s> [1] (ANAT *Knochen-*) marrow [2] *FIG* ◇ **das Heulen der Wölfe geht mir durch - und Bein** the wolves' howling scares me to death

markant *adj* striking, distinctive

Marke *f* <-, -n> mark [1] (*Warensorte*) brand [2] ↑ *Fabrikat* make [3] (*Rabatt-, Brief-*) stamp [4] (*Essens-*) ticket [5] (*Hunde-*) breed [6] (*Garderoben-*) ticket

Markenartikel *m* **Markenware** *f* brand-name article, proprietary article; **Markenzeichen** *s* trademark

Marker *m* <-s, -> (*Text-*) marker pen

markerschütternd *adj* ▷*Schrei, Gekreische* bloodcurdling

Marketing *s* <-s> marketing

markieren I. *vt* → *Textstelle* mark; *spielen, FIG FAM* ◇ **den starken Mann** - to try to act tough **II.** *vt FAM* ↑ *vortäuschen* pretend; **Markierung** *f* (*Straßen-*) marking

markig *adj FIG* powerful, strong

Markise *f* <-, -n> sun blind

Markknochen *m* marrowbone; **Markstück** *s* one-mark coin

Markt *m* <-[e]s, Märkte> [1] (*Wochen-, Floh-*) market [2] (*Absatz-*) market; **Marktanteil** *m* share of the market; **Marktbude** *f* market stall; **Marktforschung** *f* market research; **Marktlücke** *f* COMM opening in the market; ◇ **e-e - schließen** to seal/close off an opening in the market; **Marktplatz** *m* market square; **Marktwirtschaft** *f* market economy

Marmelade *f* ▷*süß* jam; (▷*bitter, Orangen-*) marmalade

Marmor *m* <-s, -e> marble; **marmorieren** *vt* marble

marode *adj* ▷*Unternehmen, Firma* ailing

Marokko *s* Morocco

Marone *f* <-, -n *o.* Maroni> chestnut

Marotte *f* <-, -n> ↑ *Spleen* fad

Marquis *m* <-> marquis; **Marquise** *f* <-, -n> marquess

Mars *m* ASTRON Mars

Marsch [1] *m* <-[e]s, Märsche> (*Gewalt-, Nacht-*) march

Marsch [2] *f* <-, -en> marsh

Marschall *m* <-s, Marschälle> HIST marshall

Marschbefehl *m* marching orders *pl;* **marschbereit** *adj* ready to march; **Marschflugkörper** *m* MIL cruise missile; **marschieren** *vi* march; **Marschverpflegung** *f* marching rations *pl*

Marter *f* <-, -n> torture; **martern** *vt* torture; **Marterpfahl** *m* stake

Martinshorn *s* siren

Märtyrer(in *f*) *m* <-s, -> martyr

Marxismus *m* POL Marxism

März *m* <-[es], -e> March; *s. a.* **April**

Marzipan *s* marzipan

Masche *f* <-, -n> [1] mesh; (*beim Stricken*) stich [2] (*FIG Gesetz umgehen*) ◇ **durch die -n des Gesetzes schlüpfen** to find a loophole in the law [3] (*FAM neuer Trick, Ausrede*) ◇ **die neueste -** the latest [trick]; *FAM* ◇ **das ist so typisch seine -** that is rather typical of him; **Maschendraht** *m* wire netting

Maschine *f* machine; (*Motor*) engine; (*Motorrad*) bike; (*Flugzeug*) plane; ◇ **Näh-** sewing machine; ◇ **Schreib-** typewriter; ◇ **Wasch-** washing machine

maschinell *adj* machine, mechanical

Maschinenbauer(in *f*) *m* mechanical engineer; **Maschinenbauingenieur(in** *f*) *m* mechanical engineer; **Maschinengewehr** *s* machine gun; **maschinenlesbar** *adj* machine readable; **Maschinenpistole** *f* submachine gun; **Maschinenraum** *m* engine room; **Maschinenschaden** *m* mechanical breakdown; **Maschinenschlosser(in** *f*) *m* machine fitter; **Maschinenschrift** *f* typescript; **maschine**[n]**schreiben** *unreg vi* type

Maschinist(in *f*) *m* machine operator

Masern *pl* MED measles *pl*

Maserung *f* grain

Maske *f* <-, -n> [1] (*Faschings-*) mask; (*Gesichts-*) mask; *FIG* ◇ **in der - des Samariters** pretending to be a Samaritan [2] *a.* PC mask; **Maskenball** *m* fancy-dress ball

Maskerade *f* ↑ *Kostümierung* masquerade; **maskieren** *unreg* **I.** *vt* mask; ↑ *verkleiden* dress up; (*Bankräuber*) disguise **II.** *vr* ◇ **sich -** disguise o.s.

Maskottchen *s* ↑ *Glücksbringer* mascot

maskulin *adj* masculine

maß *impf v.* **messen**

Maß [1] *s* <-es, -e> (*Flächen-, Längen-*) measure; (*-band, Meter-*) tapemeasure; (*Ausmaß, Grad*) degree; (*FIG übertreiben*) ◇ **weder - noch Ziel kennen** to know no bounds; (*FIG ungerecht urteilen*) ◇ **mit zweierlei - messen** to apply double standards

Maß [2] *f* <-, -[e]> litre

Massage *f* <-, -n> massage

Massaker *s* <-s, -> massacre, bloodbath

Maßanzug *m* custom-made suit; **Maßarbeit** *f FIG* precision work

Masse *f* <-, -n> [1] (*Knet-, Teig-*) mass [2] (*Konkurs-*) assets *pl* [3] crowd; ◇ **die breite** ~ the masses; (*FAM von Angeboten, Glückwünsche*) mass, loads [of]

Maßeinheit *f* unit of measurement

Massenarbeitslosigkeit *f* mass unemployment; **Massenartikel** *m* mass-produced articles; **Massengrab** *s* mass grave; **massenhaft** *adj inv* loads of, vast amounts of; **Massenmedium** *s* mass media; **massenweise** *adv* vast amounts of

Masseur(in *f*) *m* (*Berufsbezeichnung*) masseur

Masseuse *f* (*oft: Prostituierte*) masseuse

Maßgabe *f* ◇ **nach** ~ **der/des** *gen* according to; **maßgebend** *adj* important, authoritative; **maßgeblich** *adj* ▷*Faktor* decisive; ◇ **wer sind die** ~**en Leute?** who is in charge?; **maßhalten** *unreg vi* exercise moderation

massieren [1] *vt* → *Rücken, Nacken* massage

massieren [2] *vt* (MIL *Truppen zusammenziehen*) mass

massig *adj* moderate, modest; *FAM* a massive amount of

mäßig *adj* (~*er Trinker*) moderate; ▷*Schüler, Verpflegung* mediocre, poor; **mäßigen I.** *vt* ↑ *mildern, dämpfen* moderate; → *Zorn, Worte* curb; → *Tempo* slow down **II.** *vr* ◇ **sich** ~ control o.s., restrain o.s.; **Mäßigkeit** *f* moderation

massiv *adj* solid; *FIG* heavy, rough; ▷*Kritik* severe; **Massiv** *s* <-s, -e> massif

Maßkrug *m* tankard; **maßlos** *adj* extreme, excessive; **Maßnahme** *f* <-, -n> measure, step; ◇ **geeignete** ~**n ergreifen** to take suitable measures; **maßregeln** *unreg vt* (*zurechtweisen*) reprimand, scold; **Maßstab** *m* [1] measure; *FIG* standard; ◇ **sein Handeln ist kein** ~ **für mich** I don't take his actions as a yardstick [2] GEO scale; **maßvoll** *adj* moderate; ▷*Forderung* reasonable

Mast [1] *m* <-[e]s, -e[n]> [1] (NAUT *Schiffs-*) mast [2] (ELECTR *Strom-*) pylon

Mast [2] *f* <-> (*von Schlachtvieh*) fattening

Mastdarm *m* ANAT rectum

mästen *vt* → *Schweine, Gänse* fatten [up]

Matador *m* <-s, -e> matador, bull-fighter

Match *s* <-[e]s, -s> (*Tennis-*) match, game

Material *s* <-s, -ien> (*Arbeits-, Verpackungs-*) materials *pl;* (*Beweis-, Info-*) material; **Materialfehler** *m* material defect

Materialismus *m* materialism; **Materialist(in** *f*) *m* materialist; **materialistisch** *adj* materialistic

Materie *f* PHYS matter; (*Sachgebiet*) subject matter; ◇ **sich mit der** ~ **vertraut machen** to become acquainted with the subject matter; **materiell** *adj* material

Mathematik *f* mathematics; **Mathematiker (in** *f*) *m* <-s, -> mathematician; **mathematisch** *adj* mathematical

Matinee *f* <-, -n> matinee

Matjeshering *m* soused herring

Matratze *f* <-, -n> mattress

Matrixdrucker *m* matrix printer

Matrize *f* <-, -n> matrix; (*zum Abziehen*) stencil

Matrose *m* <-n, -n> sailor; (NAUT *Dienstgrad*) ordinary sailor

Matsch *m* <-[e]s> mush; (*Schnee-*) slush; **matschig** *adj* mushy

matt *adj* [1] ↑ *kraftlos* exhausted [2] ↑ *glanzlos* dull; FOTO matt [3] (*schachspielen*) checkmate; ◇ **jd-n** ~ **setzen** to checkmate s.o.; *FIG* ▷*Entschuldigung, Lächeln* weak

Matte *f* <-, -n> [1] (*Bade-, Fuß-*) mat [2] *FIG FAM* ◇ **auf der** ~ **stehen** to be ready for s.th.

Mattigkeit *f* weakness, dullness

Mattlack *m* matt paint; **Mattscheibe** *f FAM* ↑ *Fernseher* telly; (*FAM begriffsstutzig sein*) ◇ **e-e** ~ **haben** to have a mental block

Matura *f* <-> (*ÖST*) *s.* **Abitur**

mau *adj* (*FAM schlecht*) bad, funny

Mauer *f* <-, -n> [1] wall; (*Berliner Mauer*) wall [2] SPORT wall; **Mauerblümchen** *s FAM* wallflower; **mauern** *vt* build a wall; *FIG* hold back; **Mauersegler** *m* FAUNA swift; **Mauerwerk** *s* brickwork; (*aus Stein*) masonry

Maul *s* <-[e]s, Mäuler> mouth; (*FAM klatschen, tratschen*) ◇ **sich das** ~ **zerreißen** to gossip; (*FAM freche Reden führen*) ◇ **ein loses** [*o.* **ungewaschenes**] ~ **haben** to have a loose tongue; **Maulbeerbaum** *m* mulberry tree; **maulen** *vi FAM* grumble (*über* about); **Maulesel** *m* mule; **maulfaul** *adj FAM* ↑ *wortkarg* too lazy to talk; **Maulheld** *m FAM* ↑ *Angeber* show-off, big-mouth; **Maulkorb** *m* muzzle; *FIG* ◇ **jd-m e-n** ~ **umhängen** to put a muzzle on s.o.; **Maulschelle** *f* ↑ *Ohrfeige* a slap in the face; **Maulsperre** *f* lockjaw; (*FIG FAM überrascht sein*) ◇ **die** ~ **kriegen** to be speechless; **Maultasche** *f* GASTRON *stuffed pasta squares;* **Maultier** *s* mule; **Maulwurf** *m* mole; **Maulwurfshaufen** *m* molehill

maunzen *vi* ↑ *miauen* miaow, meow *AM*; (*FAM jammern*) complain, moan

Maurer(in *f*) *m* <-s, -> bricklayer

Maus *f* <-, Mäuse> [1] FAUNA mouse [2] PC mouse [3] (*FAM FIG Geld*) ◇ **keine Mäuse haben** to be broke [4] (*FAM FIG Verkehrspolizist*) ◇ **weiße** ~ traffic policeman

mäuschenstill *adj* as quiet as a mouse

Mausefalle *f* mousetrap
mausen *vt* (*FAM stehlen*) pinch, nick
Mauser ® [1] *f* <-, -> (*-pistole*) gun
Mauser [2] *f* <-> (*bei Vögeln*) moulting period
mausern *vr* ◇ **sich** ~ moult; (*FAM sich entwikkeln*) come along nicely
mausetot *adj FAM* as dead as a doornail
Maut *f* <-, -en> (*ÖST*) tollbooth
maximal *adj* maximum
Maxime *f* <-, -n> maxim
maximieren *unreg vt* → *Gewinn, Nutzen* maximize; **Maximum** *s* <-s, Maxima> maximum
MAZ *f* <-> *Abk. v.* **Magnetbandaufzeichnung** MEDIA VTR, video tape recording
Mayonnaise *f* <-, -n> mayonnaise
Mäzen *m* (*Kunst-, Literatur-*) patron
Mechanik *f* [1] PHYS mechanics [2] (*Getriebe*) mechanism; **Mechaniker(in** *f*) *m* <-s, -> mechanic; **mechanisch** *adj* mechanical; **mechanisieren** *vt* mechanize; **Mechanismus** *m* mechanism
meckern *vi* [1] ← *Ziege* bleat [2] *FAM* ↑ *nörgeln* moan, complain
Medaille *f* <-, -n> medal
Medaillon *s* <-s, -s> (*Schmuck*) locket
Medikament *s* medicine, medication
meditieren *vi* meditate
Medium *s* [1] ◇ **die Medien** *pl* the media *n sg/pl* [2] (*Übertragungsmittel*) medium [3] (*bei Geisterbeschwörung*) medium
Medizin *f* <-, -en> [1] (*Fach*) medicine [2] *FAM* ↑ *Medikament* medication; **Medizinball** *m* SPORT medicine ball; **Mediziner(in** *f*) *m* [1] ↑ *Arzt* doctor [2] (*FAM Medizinstudent*) medicine student; **medizinisch** *adj* medical; **Medizinmann** *m* witchdoctor, medicine man
Meer *s* <-[e]s, -e> sea; (*FIG reichlich*) ◇ **wie Sand am** ~ in abundance; **Meerbusen** *m* GEO gulf; **Meerenge** *f* GEO straits *pl;* **Meeresfrucht** *f* seafood; **Meeresgrund** *m* seafloor; **Meeresspiegel** *m* sea level; **Meerjungfrau** *f* mermaid; **Meerkatze** *f* long-tailed monkey; **Meerrettich** *m* horseradish; **Meersalz** *s* sea salt; **Meerschweinchen** *s* FAUNA guinea pig; **Meerungeheuer** *s* sea monster
Meeting *s* <-s, -s> meeting; SPORT meet
Megabyte *s* PC megabyte; **Megafon**, **Megaphon** *s* <-s, -e> megaphone; **Megahertz** *s* <-, -> PHYS *s.* **MHz**
Mehl *s* <-[e]s, -e> (*Weizen-, Roggen-*) flour; (*Säge-*) dust, powder; **mehlig** *adj* ▷*Äpfel, Kartoffeln* mealy; **Mehlspeise** *f* batter pudding
mehr I. *pron, nr* <*Komparativ von* **viel**> more; ◇ **nach ~ schmecken** I hope there's more where that came from; ◇ ~ **oder weniger** more or less **II.** *adv* <*Komparativ von* **sehr**> more (*als* than); **Mehraufwand** *m* additional expenditure; **Mehrbelastung** *f* additional load; FIN additional cost; **Mehrbereichsöl** *s* AUTO multigrade oil; **mehrdeutig** *adj* ambiguous; **mehrere** *pron* several, a number of; **mehreres** *pron* several things; **mehrfach** *adj* (~ *vorbestraft*) repeated; (*-er Ausfertigung*) multiple; ◇ **in -er Hinsicht** in several respects; **Mehrfamilienhaus** *s* house for several families; **Mehrheit** *f* (*einfache ~, absolute ~*) majority; (*schweigende ~*) majority; **mehrmalig** *adj* repeated; **mehrmals** *adv* several times; **Mehrplatzrechner** *m* PC multistation computer; **mehrplatzfähig** *adj* PC multistation; **mehrspurig** *adj* ▷*Straße* multilane; **mehrstimmig** *adj* for several voices; ◇ ~ **singen** to harmonize; **Mehrwegflasche** *f* returnable bottle; **Mehrwertsteuer** *f* (*abgekürzt: MwSt*) VAT, value added tax; **Mehrzahl** *f* [1] ↑ *Mehrheit* majority [2] GRAM plural; **Mehrzweckhalle** *f* multipurpose hall
meiden <mied, gemieden> *vt* (*aus dem Weg gehen*) avoid s.o./s.th.
Meile *f* <-, -n> mile; (*Freß-, Vergnügungs-*) mile; **Meilenstein** *m* milestone; *FIG* ↑ *wichtiges Ereignis* landmark, milestone; ◇ **ein ~ in der Geschichte** a landmark in history; **meilenweit** *adv* for miles
mein(e) *pron poss* (*adjektivisch*) my
meine(r, s) *pron poss* (*substantivisch*) ◇ **das ist ~** that's mine
Meineid *m* perjury
meinen *vt* ↑ *annehmen, behaupten* think, believe; ↑ *sagen* say; ↑ *sagen wollen* mean; ◇ **das will ich ~** I should think so; (*etw/jd-n im Sinn haben*) ◇ **was ~ Sie?** what do you mean?, what are you talking about?
meiner *pron pers gen von* **ich** mine
meinerseits *adv* as far as I'm concerned
meinesgleichen *pron* people like me
meinethalben, **meinetwegen** *adv* ↑ *kausal* because of me; ↑ *mir zuliebe* for my sake; (*um mich*) about me; ↑ *für mich* for me, on my behalf; ↑ *von mir aus* I don't mind, as far as I'm concerned; ◇ **na ~** I don't mind/care
Meinung *f* opinion; ◇ **jd-m die ~ sagen** to give s.o. a piece of o.'s mind; **Meinungsaustausch** *m* exchange of views; **Meinungsfreiheit** *f* freedom of speech; **Meinungsumfrage** *f* opinion poll; **Meinungsverschiedenheit** *f* disagreement
Meise *f* <-, -n> [1] FAUNA titmouse [2] (*FAM verrückt sein*) ◇ **du hast 'ne ~!** you're crazy!

Meißel *m* <-s, -> chisel; **meißeln** *vt* chisel, carve

meist *adv* mostly; **meiste(r, s)** *pron* <*Superlativ von* **viel**> (*adjektivisch*) most of; (*substantivisch*) most of them; ◇ **das** ~ most of it; ◇ **die** ~**n Leute** most people; ◇ **am** ~**n** the most; (*adverbial*) most of all

meistens *adv* ↑ *fast immer* mostly, for the most part

Meister(in *f*) *m* <-s, -> master; SPORT champion; (*Künstler*) ◇ **die alten** ~ the old masters; *FIG* ◇ **Übung macht den** ~ practice makes perfect; **meisterhaft** *adj* masterly; **meistern** *vt* → *Situation, Aufgabe* master, control; **Meisterschaft** *f* ① (*Können*) mastery ② SPORT championship; **Meisterstück** *s* (*e-s Handwerkers*) masterpiece; (*FIG großartige Leistung*) ↑ *Meisterwerk* masterpiece; **Meisterwerk** *s* masterpiece

Mekka *s* (*Einkaufs-*) mecca (*für* for, of)

Melancholie *f* melancholy; **melancholisch** *adj* melancholy

Meldefrist *f* registration deadline

melden I. *vt* → *Unfall, Verlust* report; (*FAM nichts zu sagen haben*) ◇ **bei jd-m nichts zu** ~ **haben** not to have anything to say to s.o. **II.** *vr* ◇ **sich** ~ ① (*sich vorstellen*) report (*bei* to) ② SCH to raise one's hand up ③ (*freiwillig*) volunteer ④ (*auf Annonce, am Telefon*) answer; ◇ **sich zu Wort** ~ to make a statement; **Meldepflicht** *f a.* MED compulsory registration; **Meldeschluß** *m* closing date; **Meldestelle** *f* registration office; **Meldung** *f* announcement; ↑ *Bericht* report; MIL report; SPORT announcement

meliert *adj* mottled

Melisse *f* <-, -n> balm

melken <molk, gemolken> *vt* milk; (*FIG FAM jd-n finanziell ausnützen*) ◇ **jd-n** ~ to milk s.o.

Melodie *f* melody; **melodisch** *adj* melodic

Melone *f* <-, -n> (*Wasser-*) melon; (*Hut*) bowler *BRIT*, derby *AM*

Membran[e] *f* <-, -en> ① TECHNOL diaphragm ② (BIOL MED *Zell-*) membrane

Memme *f FAM* ↑ *Feigling* coward, chicken

Memoiren *pl* memoirs *pl*

Menge *f* <-, -n> quantity, amount; (*Menschen-*) crowd; ↑ *große Anzahl* a lot of, a large amount of

mengen I. *vt* mix **II.** *vr* ◇ **sich** ~ ◇ **sich** ~ **in** to mingle with

Mengenlehre *f* MATH set theory; **Mengenrabatt** *m* bulk discount

Meningitis *f* <-, Meningitiden> MED meningitis

Meniskus *m* <-, Menisken> MED meniscus

Mensa *f* <-, Mensen> canteen, refectory *BRIT*, cafeteria *AM*

Mensch *m* <-en, -en> human being, person, man; ◇ **kein** ~ nobody; (*FAM unmöglich sein*) ◇ **der letzte** ~ **sein** to be the pits; **Menschenalter** *s* generation; **Menschenfeind(in** *f*) *m* misanthrope; **menschenfreundlich** *adj* philanthropic; **Menschengestalt** *f* REL ◇ **in** ~ in human form; **Menschenkenner(in** *f*) *m* <-s, -> good judge of character; **Menschenkette** *f* human chain; ◇ **e-e** ~ **bilden** to form a human chain; **menschenleer** *adj* deserted; **Menschenliebe** *f* philanthropy; **menschenmöglich** *adj* humanly possible; ◇ **alles M-e tun** to do everything humanly possible; **Menschenraub** *m* kidnapping; **Menschenrechte** *pl* human rights *pl;* **menschenscheu** *adj* unsociable, shy; **Menschenschlag** *m* breed of people; ◇ **seltsamer** ~ a strange lot/breed; **menschenunwürdig** *adj* ▷ *Zustände, Verhalten* degrading; **menschenverachtend** *adj* inhuman; **Menschenverstand** *m* ◇ **der gesunde** ~ common sense; **Menschheit** *f* humanity, mankind; **menschlich** *adj* ① (*-es Bedürfnis, -es Versagen*) human ② (*human*) humane; **Menschlichkeit** *f* humanity

Menstruation *f* menstruation

Mentalität *f* mentality

Menthol *s* <-s> (*-bonbons, -zigaretten*) menthol

Mentor *m* (*Berater, Lehrer*) mentor, tutor

Menü *s* <-s, -s> ① (*in Restaurant*) menu ② (*PC*) menu; **Menüanzeige** *f* PC menu display; **menügesteuert** *adj* PC menu-driven

Menuett *s* <-s, -e> MUS minuet

Merchandising *s* <-s> COMM merchandising

Meridian *m* ① ASTRON meridian ② GEO meridian

Merkblatt *s* instruction sheet

merken I. *vt* (*spüren, wahrnehmen*) notice **II.** *vr* ◇ **sich** *dat* **etw** ~ to remember s.th.; *FAM* ◇ ~ **Sie sich das!** don't forget it!; **merklich** *adj* noticeable, distinct; **Merkmal** *s* <-[e]s, -e> characteristic feature, sign

Merkur *m* <-s> ASTRON Mercury

merkwürdig *adj* odd, strange, unusual; **merkwürdigerweise** *adv* strangely/oddly enough

meßbar *adj* measurable; **Meßbecher** *m* measuring cup; **Meßbuch** *s* REL missal, Mass book; **Meßdiener** *m* REL server

Messe[1] *f* <-, -n> ① (*Buch-, Herbst-*) fair ② (REL *Früh-, Toten-*) mass ③ MUS mass

Messe[2] *f* <-, -n> (NAUT *Offiziers-*) mess

messen <maß, gemessen> **I.** *vt* → *Blutdruck, Fie-*

ber measure; ◇ **mit Blicken** ~ to look s.o. up and down; (*vergleichen*) compare; ◇ **jd-n** ~ **an** *akk* to measure/judge s.o. by; ◇ **sich mit jd-m/etw nicht** ~ **können** to be no match for s.o. **II.** *vr* ◇ **sich** ~ compete

Messer *s* <-s, -> knife; (*FIG jd-n verraten*) ◇ **jd-n ans** ~ **liefern** to squeal on s.o.; *FIG* ◇ **auf des** ~**s Schneide stehen** to be on the razor's edge; (*FAM operiert werden*) ◇ **unters** ~ **kommen** to come under the surgeon's knife; **Messerspitze** *f* knife point; (*in Rezept*) pinch of

Messestand *m* exhibition stand

Meßgerät *s* measuring device; **Meßgewand** *s* REL chasuble

Messias *m* <-> [the] Messiah

Messing *s* <-s> (*-schild, -ring*) brass

Meßinstrument *s* measuring device; **Meßordnung** *f* REL ordinary [of the mass]

Metall *s* <-s, -e> metal; **metallen**, **metallisch** *adj* metal, metallic; *FIG* ▷*Stimme* metallic

Metamorphose *f* <-, -n> ① BIOL metamorphosis ② (*GEO*) transformation, metamorphosis ③ *FIG* ↑ *Verwandlung* transformation

Metaphysik *f* metaphysics *pl*

Metastase *f* <-, -n> MED metastasis

Meteor *m* <-s, -e> meteor; **Meteorit** *m* <-en, -en> meteorite; **Meteorologie** *f* meteorology

Meter *m o. s* <-s, -> metre; **Metermaß** *s* tape measure, measuring rod

Methan *s* <-s> (CHEM *-gas*) methane

Methode *f* <-, -n> (*Arbeits-*) method; **methodisch** *adj* methodical; ◇ ~ **vorgehen** to do s.th. methodically/in a straightforward way

Methodist(in *f*) *m* REL Methodist

Methylalkohol *m* CHEM methyl alcohol

Metier *s* <-s, -s> profession, job; ◇ **das ist wohl nicht mein** ~ that's really not my line

metrisch *adj* metric

Metro *f* <-m -s> metro, underground

Metropole *f* <-, -n> metropolis

Metzger(in *f*) *m* <-s, -> butcher; **Metzgerei** *f* butcher's [shop]

Meuchelmord *m* assassination, murder

Meute *f* <-, -n> pack; *FIG PEJ* mob

Meuterei *f* mutiny; **Meuterer** *m* <-s, -> mutineer; **meutern** *vi* mutiny

Mexiko *s* Mexico

MEZ *f* **mitteleuropäische Zeit** Central European Time

Mezzosopran *m* MUS mezzo-soprano

MG *s* <-, -s> *Abk. v.* **Maschinengewehr** machine gun

MHz *n Abk. v.* **Megahertz** megahertz

miauen *vi* ↑ *maunzen* miaow, meow *AM*

mich I. *pron pers akk von* **ich** me **II.** *pron reflexiv* myself

Midlife-crisis *f* midlife crisis

mied *impf v.* **meiden**

Mief *m* <-s> *FAM* stuffy atmosphere

Miene *f* <-, -n> (*Leidens-, Unschulds-*) face, expression

mies *adj* (*FAM schlecht, krank*) lousy; **miesmachen** *unreg vt* → *Person, Vorhaben* run s.th. down

Mietauto *s* ↑ *Mietwagen* hired car, rented car; **Miete** *f* <-, -n> rent; ◇ **zur** ~ **wohnen** to live in a rented place; **mieten** *vt* rent; → *Auto* hire; **Mieter(in** *f*) *m* <-s, -> tenant; **Mietshaus** *s* block of flats; **Mietvertrag** *m* lease

Mietwagen *m* ↑ *Mietauto* hired car, rented car; **Mietwohnung** *f* rented flat

Migräne *f* <-, -n> MED ↑ *Kopfschmerzen* migraine

Mikado *s* (*Geschicklichkeitsspiel*) mikado

Mikroanalyse *f* microanalysis

Mikrobe *f* <-, -n> BIOL microbe

Mikrochip *m* PC microchip; **Mikroelektronik** *f* microelectronics *pl;* **Mikrofiche** *m* <-s, -s> microfiche; **Mikrofilm** *m* microfilm

Mikrofon, **Mikrophon** *s* <-s, -e> microphone

Mikroprozessor *m* PC microprocessor

Mikroskop *s* <-s, -e> microscope; **mikroskopisch** *adj* microscopic

Mikrowelle *f* microwave; **Mikrowellenherd** *m* microwave oven

Milbe *f* <-, -n> mite

Milch *f* <-> ① milk; (*Reinigungs-*) milk ② (*Fisch-*) roe; **Milchbart** *m* ① (*bei Baby*) *milk around the mouth* ② *bei Jugendlichem, FAM* peach-fuzz; **Milchflasche** *f* milk bottle; **Milchgebiß** *s* ANAT milk teeth; **Milchglas** *s* (*dickeres weißliches Glas*) frosted glass; **milchig** *adj* milky; **Milchkaffee** *m* café au lait; **Milchpulver** *s* powdered milk; **Milchreis** *m* rice pudding; **Milchstraße** *f* ASTRON Milky Way; **Milchwirtschaft** *f* dairy farming; **Milchzahn** *m* ANAT milk tooth

mild *adj* ▷*Klima* mild; ▷*Richter* lenient; ▷*Lächeln* wan, gentle; ▷*Kaffee* mild; **Milde** *f* <-> mildness, gentleness

mildern *vt* soothe, ease, calm; → *Schmerz* soothe; ◇ **-de Umstände** mitigating circumstances

mildtätig *adj* charitable

Milieu *s* <-s, -s> environment; (*Unterwelt*) underworld; **milieugeschädigt** *adj* maladjusted

militant *adj* militant

Militär[1] *s* <-s> armed forces *pl;* ◇ **beim** ~ **sein** to be in the military

M

Militär [2] *m* <-s, -s> ◇ **hohe -s** army officers; **Militärdienst** *m* military service; ◇ **den - [ab-] leisten** to do o.'s national service; **Militärgefängnis** *s* military prison; **Militärgericht** *s* military court, court martial; **militärisch** *adj* military

Militarismus *m* militarism; **militaristisch** *adj* militaristic

Militärmusik *f* military marches; **Militärputsch** *m* military putsch/coup; **Militärregierung** *f* military government

Miliz *f* <-, -en> militia

Milliardär(in *f*) *m* multimillionaire

Milliarde *f* <-, -n> thousand millions *pl BRIT*, billion *AM*

Millibar *s* <-s> millibar

Millimeter *m* millimetre; **Millimeterpapier** *s* graph paper

Million *f* million; **Millionär(in** *f*) *m* millionaire

Milz *f* <-, -en> spleen; **Milzbrand** *m* MED anthrax

mimen *vt* act; *FAM* ↑ *vortäuschen* act, play; **Mimik** *f* facial expressions *pl*

Mimikry *f* <-> BIOL mimicry

Mimose *f* <-, -n> ① FLORA mimosa ② *FIG* ↑ *überempfindlicher Mensch* very sensitive creature

Minarett *s* <-[e]s, -e> minaret

minder[e](r, s) I. *adj* inferior, lesser II. *adv* less; **minderbegabt** *adj* less gifted; **minderbemittelt** *adj* not so well-off, needy; (*FAM PEJ beschränkt*) ◇ **geistig -** not very bright; **Minderheit** *f* minority; ◇ **in der - sein** to be a minority; **minderjährig** *adj* underage; **Minderjährigkeit** *f* minority

mindern I. *vt* decrease, lessen II. *vr* ◇ **sich -** decrease, diminish

minderwertig *adj* ▷*Waren* inferior, low-grade; ▷*Charakter* inferior; **Minderwertigkeitsgefühl** *s* feeling of inferiority; **Minderwertigkeitskomplex** *m* inferiority complex

Mindestabstand *m* minimum distance; **Mindestalter** *s* minimum age; **Mindestbetrag** *m* minimum amount; **mindeste(r, s)** *adj* least; ◇ **das ist doch das -!** that is the least one can do!; **mindestens** *adv* at least; **Mindestlohn** *m* minimum wage; **Mindestmaß** *s* minimum; ◇ **ein - an Höflichkeit** a minimum of politeness

Mine *f* <-, -n> ① (*Bleistift-*) lead; (*Kugelschreiber-*) cartridge ② (*Erz-, Gold-*) mine; ◇ **in der - arbeiten** to work in the mines ③ (MIL *See-, Tret-*) mine; **Minenfeld** *s* MIL minefield

Mineral *s* <-s, -e *o.* -ien> mineral; **mineralisch** *adj* mineral; **Mineralsalz** *s* mineral salts *pl;* **Mineralwasser** *s* mineral water

Minestrone *f* <-, Ministroni> GASTRON minestrone

Miniatur *f* (*Zeichnung, Bild*) miniature; **Miniaturausgabe** *f* miniature edition

Minibar *f* minibar

Minigolf *s* crazy golf

minimal *adj* minimal

Minimum *s* <-s, Minima> minimum (*an* of); ◇ **auf ein - reduzieren** to keep s.th. to a minimum

Minister(in *f*) *m* <-s, -> minister; **ministeriell** *adj* ministerial; **Ministerium** *s* ministry; **Ministerpräsident(in** *f*) *m* prime minister

Minnesang *m* <-s> MUS minnesong

Minorität *f* ↑ *Minderheit* minority

minus *adv* minus, below; *FAM* ◇ **- 12 Grad** minus 12 degrees, 12 degrees below zero; **Minus** *s* <-, -> [konto] overdraft; (*Fehlbetrag*) deficit; ↑ *Nachteil* disadvantage; **Minuspol** *m* negative pole; **Minuspunkt** *m* SPORT penalty point; **Minuszeichen** *s* minus sign

Minute *f* <-, -n> minute; ◇ **auf die letzte - kommen** to be right on time [*o.* at the last minute]; **Minutenzeiger** *m* minute hand

mir *pron pers dat von* **ich** me; (*FIG plötzlich*) ◇ **- nichts, dir nichts** without so much as a by-your-leave, just like that; (*FAM meinetwegen*) ◇ **von - aus** as far as I am concerned; ◇ **ein Freund von -** a friend of mine

Mirabelle *f* yellow plum

Mirakel *s* <-s, -> miracle

Mischehe *f* mixed marriage; **mischen** I. *vt* → *Getränke* mix; → *Farben* blend; → *Spielkarten* mix, shuffle II. *vr* ◇ **sich - mix**; ◇ **sich unter die Leute -** to mix, to mingle; ◇ **sich in ein Gespräch -** to barge into a conversation; **Mischling** *m* half-caste; BIOL hybrid; **Mischpult** *s* MEDIA mixer; **Mischung** *f* (*Tee-, Tabak-*) mixture

miserabel *adj* miserable, lousy, terrible, bad; ◇ **es geht ihm -** he isn't doing very well

mißachten *vt* → *Gesetze, Regeln* ignore; **Mißachtung** *f* disregard

Mißbehagen *s* discomfort, uneasiness

Mißbildung *f* MED deformity

mißbilligen *vt* → *Verhalten, Entschluß* disapprove (of); **Mißbilligung** *f* disapproval

Mißbrauch *m* (*Amts-, Macht-*) abuse; (*falscher Gebrauch*) improper use, misuse; **mißbrauchen** *vt* ① → *Vertrauen, Macht* abuse (*zu* for) ② ↑ *vergewaltigen* abuse, assault

mißdeuten *vt* → *Aussage, Absicht* misinterpret, misconstrue

missen *vt* (*entbehren*) do without; ◇ **etw nicht - wollen** not to want to do without s.th.

Mißerfolg *m* failure; THEAT *FIG* flop

Mißernte *f* bad harvest
Missetäter(in *f*) *m* criminal; *FAM* scoundrel
mißfallen *unreg vi* displease (*jd-m* s.o.); **Mißfallen** *s* <-s> displeasure
Mißgeburt *f* deformed person; deformed animal; *FIG FAM* failure
mißgelaunt *adj* in a bad mood, bad-tempered
Mißgeschick *s* bad luck, misfortune, mishap; ◇ **ihr passierte ein** ~ she had an accident
mißglücken *vi* ← *Versuch* fail, be unsuccessful
mißgönnen *vt* begrudge s.o./s.th.; ◇ **jd-m sein Glück** ~ to begrudge s.o.'s happiness
Mißgriff *m* mistake, wrong move
Mißgunst *f* envy, jealousy; **mißgünstig** *adj* envious, jealous
mißhandeln *vt* [1] → *Gefangene, Tiere* ill-treat, abuse [2] (*FAM falsch gebrauchen*) ◇ **ein Musikinstrument** ~ to misuse a musical instrument; **Mißhandlung** *f* ill-treatment
Mission *f* [1] mission; (*Personengruppe*) mission, delegation; ◇ **zur diplomatischen** ~ **gehören** to belong to the diplomatic delegation [2] (*Heiden~, Äußere ~*) mission; **Missionar(in** *f*) *m* missionary
Mißklang *m* ↑ *Disharmonie* discord; *FIG* ↑ *Streit, Unstimmigkeit* note of discord
Mißkredit *m* disrepute, discredit; ◇ **jd-n in** ~ **bringen** to bring dishonour to s.o.
mißlang *impf v.* **mißlingen**
mißlich *adj* ↑ *unerfreulich* disagreeable, unfortunate; ◇ **in e-e ~e Lage bringen** to put s.o. in an awkward situation
mißlingen <mißlang, mißlungen> *vi* fail
mißlungen *Partizip Perfekt von* **mißlingen**
Mißmanagement *s* <-s> mismanagement, bad management
Mißmut *m* ↑ *schlechte Laune* bad mood, disgruntlement; **mißmutig** *adj* in a bad mood, bad-tempered
mißraten I. *unreg vi* ← *Arbeit, Vorhaben* fail, be unsuccessful **II.** *adj* ▷*Person* wayward
Mißstand *m* disgrace; (*schlechter Zustand*) deplorable state; ↑ *Ungerechtigkeit* abuse; ↑ *Mangel* defect; ◇ **e-n** ~ **beseitigen** to remedy a bad situation
Mißstimmung *f* bad feeling, feeling of uneasiness
mißtrauen *vi* distrust, mistrust (*jd-m/etw* s.o./s.th.); **Mißtrauen** *s* <-s> distrust, mistrust (*gegenüber* of); ◇ **jd-m** ~ **entgegenbringen** to be suspicious of s.o., to distrust s.o.; POL ◇ **e-m Politiker das** ~ **aussprechen** to pass a vote of no confidence against a politician; **Mißtrauensantrag** *m* POL motion of no confidence; **Mißtrauensvotum** *s* <-s, -voten> POL vote of no confidence; **mißtrauisch** *adj* distrustful, suspicious
Mißverhältnis *s* disproportion, discrepancy
Mißverständnis *s* misunderstanding; ◇ **da liegt ein** ~ **vor** there seems to be a misunderstanding; **mißverstehen** *unreg vt, vr* misunderstand
Mist *m* <-[e]s> dung; ↑ *Dünger* manure; (*FAM Unsinn*) rubbish; (*FAM Pech*) ◇ **so ein ~!** damn it!, what a nuisance!
Mistel *f* <-, -n> mistletoe
Misthaufen *m* manure heap
mistig *adj FAM* dirty, mucky
mit I. *präp dat* [1] (*Hilfsmittel oder Material*) with, by [2] (*Gemeinsamkeit, Gleichzeitigkeit, ~ Freunden wegfahren*) with; (*~ der Morgendämmerung*) at [3] (*Zugehörigkeit, Hotel ~ Pool*) with, including [4] (*Art u. Weise, ~ lauter Stimme, ~ Absicht*) with [5] (*Wechselseitigkeit, Unfall ~ Kind, Streit ~ jd-m*) with **II.** *adv* (*auch, unter anderem*) as well, also; ◇ **wollen Sie ~ uns kommen?** would you like to come with us?; ◇ **etw ~ berücksichtigen** to take s.th. into consideration as well; ◇ **~ das Beste** one of the best
Mitarbeit *f* cooperation, collaboration; **mitarbeiten** *vi* cooperate, collaborate; **Mitarbeiter(in** *f*) *m* employee; ◇ **die** ~ *n pl* the employees *pl*, the staff *pl*
mitbekommen *unreg vt* get; (*FIG verstehen*) ◇ **hast du das ~?** did you understand that?; *FAM* did you get that?
mitbenutzen *vt* share
Mitbesitzer(in *f*) *m* joint-owner
Mitbestimmung *f* participation in decision-making; POL co-determination
Mitbewerber(in *f*) *m* competitor
Mitbewohner(in *f*) *m* roommate
mitbringen *unreg vt* → *Geschenk, Gast* bring along; (*FIG Voraussetzung haben für*) ◇ **das nötige Wissen** ~ to possess the necessary knowledge; **Mitbringsel** *s* <-s, -> little present; *FAM* pressie
Mitbürger(in *f*) *m* fellow citizen
mitdenken *unreg vi* follow; ◇ **bei dieser Arbeit muß man schon etw** ~ with this kind of work you have to pay a little attention
miteinander *adv* with each other, together
miterleben *unreg vt* (*den Krieg ~*) live through, experience, witness
Mitesser *m* <-s, -> MED blackhead
Mitfahrzentrale *f* carpool agency; **Mitfahrgelegenheit** *f* ride, lift
mitfreuen *vr* ◇ **sich** ~ be pleased for s.o.
mitgeben *unreg vt* → *Essen, Führer* give; → *Ausbildung, Rat* give

Mitgefühl *s* sympathy

mitgehen *unreg vi* ① ↑ *begleiten* go/come along ② *FAM* ↑ *stehlen* ◇ **etw ~ lassen** to walk off with s.th.

mitgenommen *adv* ▷*Person* in a bad way; ▷*Möbel* battered; ◇ **~ sein** [*o.* **aussehen**] to look exhausted

Mitgift *f* <-> dowry

Mitglied *s* (*Vereins-, Partei-*) member; **Mitgliedsbeitrag** *m* membership fee; **Mitgliedschaft** *f* membership

mithalten *unreg vi FIG* keep up (with)

Mithilfe *f* help, assistance

mithören *vt* listen in on, listen to; ▷*zufällig* overhear; ▷*heimlich* eavesdrop

mitkommen *unreg vi* ① ↑ *begleiten* come along ② *FIG* ↑ *verstehen* understand, keep up

Mitläufer(in *f*) *m* POL fellow traveller

Mitlaut *m* SPRACHW consonant

Mitleid *s* pity, compassion; **Mitleidenschaft** *f* ◇ **in ~ ziehen** to spread to, to affect; **mitleidig** *adj* compassionate, sympathetic; **mitleidslos** *adj* unfeeling

mitmachen *vt* ① → *Lehrgang, neueste Mode* join in; ↑ *sich anschließen* take part; ◇ **darf ich bei dem Spiel ~?** can I join the game? ② (*FAM Kummer erleiden*) live through; ◇ **er mußte viel ~** he went through a lot

Mitmensch *m* fellow citizen

mitmischen *vi PEJ* be in on

Mitnahmemarkt *m* cash and carry supermarket

mitnehmen *unreg vt* take along/with

Mitra *f* mitre

mitreden I. *vi* join in [conversation] **II.** *vt* ◇ **ein Wörtchen ~ können** to be able to have a say in s.th.

mitreißen *unreg vi* ← *Strömung, Sturm* drag along; ← *Energie, Fröhlichkeit* sweep

mitsamt *präp dat* together with

mitschicken *vt* (*beifügen*) ◇ **die Rechnung wird gleich mitgeschickt** the bill is enclosed

mitschleifen *unreg vt FAM* drag along

mitschneiden *unreg vt* (*auf Tonband*) record

Mitschnitt *m* (*Konzert-*) recording

Mitschuld *f* complicity; **mitschuldig** *adj* also guilty (*an dat* of); **Mitschuldige(r)** *fm* accomplice

Mitschüler(in *f*) *m* schoolmate; (*gleiche Klasse*) classmate

mitspielen *vi* join in, play with; **Mitspieler(in** *f*) *m* player; THEAT member of cast

Mitspracherecht *s* right to a say in s.th.

mittag *adv* (*gestern ~, heute ~*) lunchtime; **Mittag** *m* midday, lunchtime; ◇ **zu ~ essen** to have lunch; ◇ **~ machen** to have lunch; **Mittagessen** *s* lunch, dinner; **mittags** *adv* at lunchtime; **Mittagspause** *f* lunch break; **Mittagsruhe** *f* after-lunch break; **Mittagsschlaf** *m* afternoon nap

Mittäter(in *f*) *m* accomplice, accessory to a crime

Mitte *f* <-, -n> middle; ◇ **aus unserer ~** from our midst, from amidst us

mitteilen *vt* inform; ◇ **jd-m etw ~** to inform s.o. of s.th.; **mitteilsam** *adj* communicative; **Mitteilung** *f* communication; ◇ **jd-m e-e ~ machen** to notify s.o. of s.th., to inform s.o. of s.th.

Mittel *s* <-s, -> means; ↑ *Maßnahme, Methode* method; ↑ *Geld* means; MATH average; (MED *Arznei[mittel]*) medicine; *FIG* ◇ **ein ~ zum Zweck** a means to an end; ◇ **ein ~ gegen Flecken** s.th. to remove stains; *FIG* ◇ **~ u. Wege finden** to find ways and means

Mittelalter *s* Middle Ages *pl;* **mittelalterlich** *adj* medi[a]eval

mittelbar *adj* indirect

Mittelding *s* cross (*zwischen dat* between); **Mittelgebirge** *s* GEO highlands *pl;* **Mittelgewicht** *s* SPORT middleweight; **Mittelklassewagen** *m* AUTO middle-market car; **Mittellinie** *f* SPORT centre; **mittellos** *adj* destitute; **mittelmäßig** *adj* ▷*Leistung* average; ▷*Schüler* mediocre; **Mittelmäßigkeit** *f PEJ* mediocrity; ◇ **von erschreckender ~** of shocking mediocrity; **Mittelmeer** *s* Mediterranean; **Mittelohrentzündung** *f* MED inflamation of the middle ear; **Mittelpunkt** *m* centre

mittels *präp gen* with the help of, by means of

Mittelschiff *s* nave; **Mittelschule** *f* ↑ *Realschule* secondary modern school *BRIT*, junior high *AM*; **Mittelsmann** *m* mediator, go-between; **Mittelstand** *m* middle class; **Mittelstreckenrakete** *f* MIL medium-range missile; **Mittelstreifen** *m* (*bei Autobahn etc.*) median divider; **Mittelstück** *s* middle [piece]; **Mittelstufe** *f* intermediate stage; **Mittelstürmer(in** *f*) *m* SPORT forward; **Mittelweg** *m* middle course; *FIG* ◇ **den goldenen ~ wählen** to choose a happy medium; **Mittelwelle** *f* MEDIA medium wave; **Mittelwert** *m* MATH average, mean

mitten *adv* in the middle; ◇ **~ auf der Straße** [*o.* **in der Nacht**] in the middle of the road [*o.* of the night]; ◇ **~ hindurch** right through the middle; ◇ **~ unter ihnen** in their [very] midst

Mitternacht *f* midnight

mittlere(r, s) *adj* ↑ *durchschnittlich* average, medium; ◇ **-r Dienst** ADMIN POL lower-grade civil service

mittlerweile *adv* meanwhile, in the meantime
Mittwoch *m* <-[e]s, -e> Wednesday; **mittwochs** *adv* on Wednesdays
mitunter *adv* now and then, occasionally; **mitunterschreiben** *vt* → *Vertrag, Brief* co-sign
mitverantwortlich *adj* jointly responsible
mitwirken *vi* contribute (*bei* to); THEAT take part in; **Mitwirkung** *f* participation, assistance; ◇ **unter ~ von** assisted by
Mitwisser(in *f*) *m* <-s, -> confidant; JURA accessory
Mixed Pickles *n pl* mixed pickles *pl*
mixen *vt* mix; **Mixer** *m* <-s, -> blender
Mob *m* <-s> ↑ *Gesindel* mob
Möbel *s* <-s, -> [pieces of] furniture; ◇ **wo sollen wir die Möbel hinstellen?** where shall we put the furniture?
Möbelspedition *f* removal compagny *BRIT*, moving compagny *AM*; **Möbelwagen** *m* removal van
mobil *adj* ① ↑ *beweglich* mobile ② MIL mobile
Mobiliar *s* <-s, -e> furniture, furnishings *pl*
Mobilmachung *f* MIL mobilization
möblieren *vt* furnish; ◇ **möbliert wohnen** to live in furnished accommodations
mochte *impf v.* **mögen**
Modder *m* <-s> (*norddeutsch Schlamm*) mud, clay
Mode *f* <-, -n> fashion; ◇ **mit der ~ gehen** to keep up with the latest fashion[s]; **Modefarbe** *f* latest colour
Modell [1] *s* <-s, -e> ① ↑ *verkleinerte Nachbildung* (*Flugzeug~*) model ② (*Kunst*) model; ◇ **~ sitzen/stehen** to pose ③ (*italienisches ~*) model
Modell [2] *s* <-s, -s> ① ↑ *Mannequin* model ② ↑ *Prostituierte* prostitute, call-girl
modellieren *vt* (*Kunst*) model
Modem *s* <-s, -s> PC modem
Mode[n]schau *f* fashion show
Moder *m* <-s> (*fauliger Geruch*) mustiness
Moderation *f* MEDIA presentation; **Moderator(in** *f*) *m* MEDIA presenter, host; **moderieren** *vt* moderate, present, host; (*Nachrichten*) anchor *AM*
modern [1] *vi* ↑ *verwesen* moulder, rot
modern [2] *adj* modern; (*zeitgemäß*) up-to-date
modernisieren *vt* → *Wohnung* modernize; *FAM* do s.th. up
Modeschmuck *m* costume jewellery; **Modewort** *s FAM* in-word
modifizieren *vt* → *Vertrag, Arbeitsablauf* modify
modisch *adj* fashionable, stylish; *FAM* in
modrig *adj* ▷*Geruch* musty
Modul *s* <-s, -e> (*elektronisches Bauteil*) module; PC module
Modus *m* <-, Modi> ① SPRACHW mood ② *FIG* ↑ *Vorgehensweise, Verfahrensweise* ◇ **M~ vivendi** modus vivendi ③ PC mode
Mofa *s* <-s, -s> small moped
mogeln *vi FAM* ↑ *betrügen* cheat, deceive
mögen <mochte, gemocht> *vt, vi* ① (*jd-n/etw gern haben oder konsumieren*) like; ◇ **er mag nur Wein** he only likes wine ② ↑ *wünschen, beabsichtigen* ◇ **ich mag tanzen** I would like to dance ③ (*können*) ◇ **das mag wohl sein, aber...** that may well be the case, but ...
möglich I. *adj* possible; ◇ **etw ~ machen** to make s.th. possible **II.** *intj FAM* ◇ **nicht ~!** you're kidding!; **möglicherweise** *adv* possibly; **Möglichkeit** *f* possibility; ◇ **nach ~** if possible, as far as possible; ◇ **e-e andere ~ besteht** there is another chance/possibility; (*Finanzen*) ◇ **das übersteigt seine ~en** that is more than he can afford; **möglichst** *adv* ◇ **~ bald** as soon as possible
Mohn *m* <-[e]s> (FLORA *~blume*) poppy; (GASTRON *~kuchen*) poppy-seed cake
Mohrenkopf *m chocolate covered marshmallows*
Möhre *f* <-, -n>, **Mohrrübe** *f* <-, -n> carrot
Mokassin *m* <-s, -s> moccasin
mokieren *vr* ◇ **sich ~** make fun (*über akk* of), tease
Mokka *m* <-s, -s> mocha
Molch *m* <-[e]s, -e> newt
Mole *f* <-, -n> mole, jetty
Molekül *s* <-s, -e> CHEM molecule
Molekularbiologie *f* molecular biology
molk *impf v.* **melken**
Molkerei *f* dairy
Moll *s* <-, -> MUS minor [key]
mollig *adj* ▷*Zimmer, Bett* cosy; ▷*Pullover* cosy, snug; ▷*Person* plump, dumpy
Moment [1] *m* <-[e]s, -e> ↑ *Augenblick* moment; ◇ **e-n ~, bitte** just a minute, please; ◇ **im entscheidenden ~** at the critical moment
Moment [2] *s* <-[e]s, -e> ① (*Umstand*) fact, factor; (*Merkmal*) motive ② PHYS momentum, moment
momentan I. *adj* momentary; ◇ **in der ~en Lage** in the present situation **II.** *adv* at the moment, at the present; (*zur Zeit*) ◇ **er darf sich ~ nicht freinehmen** he is not allowed to take time off at the present
Momentaufnahme *f* (*Foto*) snapshot; *FIG* candid shot
Monaco *s* Monaco
Monarch(in *f*) *m* <-en, -en> monarch; **Monarchie** *f* monarchy

Monat *m* <-[e]s, -e> month; (*schwanger*) ◇ **im 7. - sein** to be 7 months pregnant; **monatelang** *adv* for months; **monatlich** *adj* monthly; **Monatskarte** *f* monthly season ticket

Mönch *m* <-[e]s, -e> monk

Mond *m* <-[e]s, -e> moon; (*FAM uninformiert sein*) ◇ **hinter dem - leben** to be out of touch

Mondamin ® *s* ↑ *Stärkemehl* cornstarch, cornflour

mondän *adj* chic, sophisticated

Mondfähre *f* lunar module; **Mondfinsternis** *f* eclipse of the moon; **mondhell** *adj* moonlit; **Mondlandung** *f* landing on the moon; **Mondphase** *f* phase of the moon; **Mondschein** *m* moonlight; **Mondsonde** *f* lunar probe; **mondsüchtig** *adj* ◇ **er ist -** he's a sleepwalker

Moneten *pl FAM* ↑ *Geld* dough, bread

mongoloid *adj* MED mongoloid

monieren *vt* ↑ *beanstanden* complain [about]

Monitor *m* monitor; PC monitor

Monogramm *s* ↑ *Initialen* monogram

Monographie *f* (*Einzeldarstellung*) monograph

Monokultur *f* AGR monoculture

Monolith *m* <-en, -en> (*Stein, Kunstwerk*) monolith

Monolog *m* <-s, -e> monologue

Monopol *s* <-s, -e> monopoly (*für, auf akk* on)

monoton *adj* ▷*Vortrag, Landschaft* monotonous; ↑ *ermüdend* monotonous, dull

Monster *s* <-s, -> monster

Monstrum *s* <-s, Monstren> monster

Monsun *m* <-s, -e> (*-wind, -zeit*) monsoon

Montag *m* <-[e]s, -e> Monday; **montags** *adv* on Mondays

Montage *f* <-, -n> ① (*Anlagen-, Maschinenbau*) mounting, fitting; ◇ **auf - sein** to be on a construction job ② FOTO montage ③ TECHNOL installation, assembly

Montanindustrie *f* COMM iron, coal and steel industry

Monteur(in *f*) *m* (*Heizungs- etc.*) fitter, engineer

montieren *vt* → *Gerät, Anlage* mount, fit; → *Film* set up

Monument *s* <-s, -e> ↑ *Denkmal* monument; **monumental** *adj* ▷*Gebäude, Film* monumental

Moonboots *pl* moon boots *pl*

Moor *s* <-[e]s, -e> ① ↑ *Sumpf* moor ② (*-bad*) mud

Moos [1] *s* <-es, -e> FLORA moss

Moos [2] *s* <-es> *FAM* ↑ *Geld* dough, cash

Moped *s* <-s, -s> moped

Mops *m* <-es, Möpse> (*Hunderasse*) pug; (*FAM PEJ Dicker*) fatso, fatty

mopsen *vt FAM* ↑ *stehlen* nick, pinch

Moral *f* <-> ↑ *Sittenlehre* moral; ◇ **die - der Truppe** the morale of the troops; (*Lehre, Nutzen*) ◇ **- von der Geschichte/Fabel** the moral of the story/fable; **moralisch** *adj* moral; (*FAM deprimiert sein*) ◇ **er hat seinen M-** his conscience is bothering him; **Moralphilosophie** *f* (*Ethik*) moral philosophy, ethics; **Moraltheologie** *f* REL moral theology, ethics

Moräne *f* <-, -n> GEO moraine

Morast *m* <-[e]s, -e> (*Schlamm*) morass, mire; **morastig** *adj* ▷*Boden, Untergrund* boggy

morbid *adj* sickly, deathly; (*dekadent*) decadent

Mord *m* <-[e]s, -e> murder; ◇ **e-n - begehen** [*o.* **verüben**] to commit murder; (*FIG FAM heftiger Streit*) ◇ **das gibt - u. Totschlag** all hell will break; **Mordanschlag** *m* attempted murder; **Mörder(in** *f*) *m* <-s, -> murderer; **mörderisch** *adj* murderous; *FIG* ▷*Tempo* break-neck; ▷*Hitze* sweltering; **Mordkommission** *f* homicide squad; **Mordsdurst** *m FAM* ◇ **e-n - haben** to be dying of thirst; **mordsmäßig** *adj FAM* terrific, enormous, huge; **Mordsschreck** *m FAM* terrible fright; **Mordverdacht** *m* suspicion of murder; **Mordwaffe** *f* murder weapon

morgen *adv* tomorrow; ◇ **- früh** tomorrow morning; **Morgen** *m* <-s, -> morning; ◇ **Guten -** Good morning; **Morgendämmerung** *f*, **Morgengrauen** *s* dawn; **Morgenland** *s* <-[e]s> ↑ *Orient* Orient, East; **Morgenmantel** *m*, **Morgenrock** *m* dressing gown; **Morgenrot** *s*, **Morgenröte** *f* dawn, sunrise

morgens *adv* in the morning; (*in der Nacht*) ◇ **um 2 Uhr -** at 2 o'clock in the morning

Morgenstern *m* ① ↑ *Venus* morning star ② (MIL HIST *Schlagwaffe im Mittelalter*) flail

morgig *adj* tomorrow's; ◇ **der -e Tag** tomorrow

moribund *adj* moribund

Mormone *m* <-n, -n>, **Mormonin** *f* Mormon

Morphium *s* morphine

morsch *adj* ▷*Holz, Knochen* rotten, rotting

Morsealphabet *s* Morse code; **morsen** *vi* morse

Mörser *m* mortar; MIL mortar

Mörtel *m* <-s, -> mortar

Mosaik *s* <-s, -en *o.* -e> mosaik

Moschee *f* <-, -n> mosque

mosern *vi FAM* grumble, moan

Moskito *m* <-s, -s> (*-netz*) mosquito

Moslem *m* <-s, -s> Moslem

Most *m* <-[e]s, -e> ① (*trüber Fruchtsaft*) unfermented fruit juice ② ↑ *Apfelwein* cider

Motel *s* <-s, -s> motel

Motiv *s* <-es, -e> ① ↑ *Beweggrund* motive ② MUS motif ③ (*Kunst*) motif; **motivieren** *vt*

(*begründen*) motivate; ↑ *anspornen, anregen* motivate, be behind

Motor *m* <-s, -en> ① (*Auto-*) engine, motor; (*Elektro-*) (electric) motor ② *FIG* ↑ *treibende Kraft* driving force; **Motorboot** *s* motorboat; **Motorenöl** *s* motor oil; **Motorhaube** *f* bonnet, hood *AM*; AERO engine cowling; **Motorrad** *s* motorbike; SPORT motorcycle; **motorisieren** *vt* motorize; **Motorrad** *s* motorcycle; **Motorradfahrer(in** *f*) *m* motorcyclist, biker; **Motorroller** *m* scooter; **Motorsäge** *f* power saw; **Motorschaden** *m* engine trouble/failure; **Motorsegler** *m* AERO glider; **Motorsport** *m* motor sport

Motte *f* <-, -n> moth; **Mottenkugel** *f* mothball; **Mottenpulver** *s* moth powder

Motto *s* <-s, -s> ↑ *Leitspruch* motto; ◇ **unter dem ~** according to the motto

motzen *vi FAM* ↑ *schimpfen* moan, complain

Möwe *f* <-, -n> seagull

Mucke *f* <-, -n> *FAM* ↑ *Launen* (*meist pl*) mood; (*Funktionsstörungen*) ◇ **dieser Computer hat seine -n** this computer has a tendency to act up

Mücke *f* <-, -n> ① (*Insekt*) midge, gnat ② (*FAM aufbauschen*) ◇ **aus e-r ~ e-n Elefanten machen** to make a mountain out of a molehill; **Mückenstich** *m* midge bite

mucksen *vr* ◇ **sich ~** ① (*FAM sich trauen aufzubegehren*) budge ② (*Laut geben*) open o.'s mouth

müde *adj* tired; (*etw satt haben*) ◇ **ich bin es ~, dich ständig zu verbessern** I'm tired of having to correct you all the time; **Müdigkeit** *f* tiredness

Muff *m* <-[e]s, -e> (*Handwärmer*) muff

Muffel *m* <-s, -> (*FAM Morgen-*) killjoy; **muffig** *adj* ① ▷*Geruch* musty ② ▷*Gesicht, Mensch* grumpy, grouchy

Mühe *f* <-, -n> trouble, pains *pl;* (*FIG gerade noch*) ◇ **mit Müh[e] und Not** with great difficulty; ◇ **sich** *dat* **~ geben** to go to a lot of trouble, to make an effort; **mühelos** *adj* without effort, without any trouble

muhen *vi* ← *Kuh* moo

mühen *vr* ◇ **sich ~** ↑ *sich plagen* make an effort

mühevoll *adj* arduous

Mühle *f* <-, -n> ① (*Gebäude*) mill ② (*Wind-*) mill ③ (*Kaffee-, Getreide-*) grinder ④ (*Brettspiel*) nine men's morris ⑤ (*FAM altes Fahrzeug*) buggy; **Mühlrad** *s* mill wheel

mühsam *adj* ▷*Arbeit, Weg* difficult, strenuous; **mühselig** *adj* laborious, hard

Mulatte *m* <-n, -n>, **Mulattin** *f* mulatto

Mulde *f* <-, -n> (*in Kuchenteig*) hollow; GEO depression

Mull *m* <-[e]s, -e> MED gauze, lint

Müll *m* <-[e]s> rubbish, trash, garbage *AM*

Müllabfuhr *f* ① rubbish disposal ② (*Leute*) dustmen *pl;* **Müllabladeplatz** *m* rubbish dump; **Müllbeutel** *m* dustbin liner

Mullbinde *f* MED gauze bandage

Müllcontainer *m* waste container; **Mülleimer** *m* dustbin, garbage can *AM*

Müller(in *f*) *m* <-s, -> (*Facharbeiter in Mühle*) miller

Müllhaufen *m* rubbish heap; **Müllkippe** *f* rubbish dump; **Müllmann** *m* dust man, garbage collector *AM*; **Müllschlucker** *m* <-s, -> waste disposal unit; **Mülltonne** *f* dustbin, garbage can *AM*; **Müllverbrennungsanlage** *f* incinerating plant; **Müllwagen** *m* dustcart, garbage truck *AM*

mulmig *adj FIG* ↑ *unbehaglich, bedrohlich* uneasy, uncomfortable; ◇ **ihm ist ~** he feels uneasy

Multi *m* <-s, -s> multinational [enterprise]

multifunktional *adj* PC multifunction

Multifunktionstastatur *f* PC multiple-function keyboard

multiplizieren *vt* MATH multiply

Mumie *f* mummy

Mumm *m* <-s> *FAM* ↑ *Mut, Schneid* nerve; *FAM* ◇ **~ in den Knochen haben** to have guts

mümmeln *vi* ① ← *Hase* nibble ② ↑ *kauen* chew

Mumps *m* <-> MED mumps

Mund *m* <-[e]s, Münder> ① ANAT mouth ② *FIG* ◇ **sich den ~ verbrennen** to put o.'s foot in it; (*FIG schlagfertig sein*) ◇ **nicht auf den ~ gefallen sein** to have the gift of the gab; **Mundart** *f* dialect; **Munddusche** *f* mouthwash

Mündel *s* <-s, -> JURA ward

münden *vi* flow (*in akk* into)

mundfaul *adj FAM* too lazy to open o.'s mouth; **Mundfäule** *f* <-> MED stomatitis; **Mundgeruch** *m* bad breath; **Mundharmonika** *f* MUS mouth organ

mündig *adj* ↑ *volljährig* of age, mature

mündlich *adj* ▷*Zusage* verbal; ▷*Prüfung* oral

Mundraub *m* petty larceny; **Mundschutz** *m* mask; SPORT gumshield; **Mundstück** *s* mouthpiece; (*Zigaretten-*) tip, bit; **mundtot** *adj FIG* ◇ **jd-n ~ machen** to silence s.o.

Mündung *f* ① (*von Fluß*) mouth ② (*von Gewehr*) muzzle

Mundwasser *s* mouthwash; **Mundwerk** *s* <-s> *PEJ* ◇ **ein großes ~ haben** to have a big mouth; **Mundwinkel** *m* corner of the mouth; **Mund-zu-Mund-Beatmung** *f* mouth-to-mouth resuscitation

Munition *f* ammunition; **Munitionslager** *s* ammunition store

M

munkeln *vi* whisper, spread

Münster *s* <-s, -> (*Dom, Stiftskirche*) minster, cathedral

munter *adj* ↑ *wach* awake; ↑ *lebhaft, heiter* lively; **Munterkeit** *f* liveliness

Münze *f* <-, -n> ① (*Geld*) coin ② (*FIG sich rächen*) ◇ **mit gleicher - heimzahlen** to pay s.o. back, to give s.o. a dose of his own medicine; **münzen** *vt* ① coin, mint ② *FIG* ◇ **das war auf ihn gemünzt** that was aimed at [*o.* meant for] him; **Münzfernsprecher** *m* pay phone; **Münzsammlung** *f* coin collection

Muräne *f* (*Fisch*) moray

mürb[e] *adj* ▷*Gestein* crumbly, friable; ▷*Holz* rotten; ▷*Gebäck* crisp; ▷*Obst* soft; (*FIG jd-n nachgiebig machen*) ◇ **jd-n - machen** to wear s.o. down; **Mürb[e]teig** *m* GASTRON short [crust] pastry

Murmel *f* <-, -n> marble

murmeln [1] *vi* ① ← *Person* murmur, mutter ② *FAM* ◇ **etw in seinen Bart -** to mutter s.th. under o.'s breath

murmeln [2] *vi* (*norddeutsch*) play marbles

Murmeltier *s* FAUNA marmot; ◇ **schlafen wie ein -** to sleep like a log

murren *vi* grumble (*über* about)

mürrisch *adj* sullen

Mus *s* <-es, -e> (*Pflaumen-, Apfel-*) puree, jam

Muschel *f* <-, -n> ① mussel ② (*Telefon-*) earpiece

Muse *f* <-, -n> muse; ◇ **von der - geküßt sein** to be inspired by the muses

Museum *s* <-s, Museen> museum

Musik *f* ① (*Unterhaltungs-, ernste -*) music ② (*FIG Kapelle*) band; **musikalisch** *adj* musical

Musikbox *f* juke box

Musiker(in *f*) *m* <-s, -> musician

Musikhochschule *f* conservatory; **Musikinstrument** *s* musical instrument; **Musikkassette** *f* music cassette

musisch *adj* ▷*Erziehung, Veranlagung* artistic

musizieren *vi* play music

Muskat *m* <-[e]s, -e> (GASTRON *-nuß*) nutmeg

Muskel *m* <-s, -n> ANAT muscle; **Muskelkater** *m* ◇ **- haben** to be stiff; **Muskelriß** *m* MED torn muscle; **Muskelzerrung** *f* MED pulled muscle; **Muskulatur** *f* <-> muscular system, muscles *pl;* **muskulös** *adj* muscular

Müsli *s* <-s, -s> muesli

Muslim *m* <-s, -s> Muslim

Muß *s* <-> (*Zwang*) a must

Muße *f* <-> (*Ruhe, Freizeit*) leisure, free time

müssen *vi* ① ↑ *verpflichtet sein* must; ◇ **er mußte gehen** he had to go ② (*nicht anders können*) must; ◇ **lachen -** to have to laugh; (*FAM zum WC*) ◇ **mal -** to have to go to the toilet ③ (*nötig haben*) must; ◇ **zur Bank -** to need to go to the bank ④ (*Vermutung, Wunsch*) must; ◇ **die Leute - reich sein** those people have to be rich; ◇ **Zeit müßte man haben** you need time

müßig *adj* ① (*untätig*) idle, futile; (*adverbial*) ◇ **- herumsitzen** to sit around doing nothing ② ▷*Frage* useless, pointless; **Müßiggang** *m* idleness; ◇ **- ist aller Laster Anfang** the devil finds work for idle hands

mußte *impf v.* **müssen**

Muster *s* <-s, -> ① ↑ *Beispiel, Modell* model ② (*Tapeten-, Stoff-*) pattern ③ ↑ *Warenprobe* sample; ◇ **- ohne Wert** free sample ④ ↑ *Vorbild* (*-schüler*) model; **mustergültig, musterhaft** *adj* exemplary; **Musterkoffer** *m* sample case

mustern *vt* ① study, scrutinize; MIL → *Truppen, Wehrpflichtige* inspect ② (*gemusterter Stoff, Gardinen*) patterned

Musterprozeß *m* JURA test case; **Musterschüler(in** *f*) *m* model pupil; **Musterung** *f* ① (*von Stoff*) pattern ② MIL inspection

Mut *m* <-[e]s> courage; ◇ **nur -!** cheer up!; ◇ **jd-m - machen** to encourage s.o.; *FIG* ◇ **mit dem - der Verzweiflung** with the courage born of desperation

mutieren *vi* BIOL mutate

mutig *adj* brave, courageous; **mutlos** *adj* discouraged, disheartened; **mutmaßlich** *adj* ▷*Täter* probable, presumed

Mutter [1] *f* <-, Mütter> mother

Mutter [2] *f* <-, -n> (*Schrauben-*) nut

mütterlich *adj* motherly; ◇ **jd-n - umsorgen** to mother s.o.; **mütterlicherseits** *adv* on/from the mother's side; **Mutterliebe** *f* motherly love; **Muttermal** *s* <-[e]s, -e> birthmark, mole; **Muttermilch** *f* mother's milk; **Mutterschaftsurlaub** *m* maternity leave; **Mutterschutz** *m* JURA *legal protection of expectant and nursing mothers;* **mutterseelenallein** *adj FAM* all alone, all by o.s.; **Muttersprache** *f* native language; **Muttersprachler(in** *f*) *m* <-s, -> native speaker; **Muttertag** *m* Mother's Day

mutwillig *adj* willful, deliberate

Mütze *f* <-, -n> cap

MWSt *f Abk. v.* **Mehrwertsteuer** VAT *(value added tax)*

mysteriös *adj* mysterious

Mystik *f* <-> mysticism; **Mystiker(in** *f*) *m* <-s, -> mystic

Mythos *m* <-, Mythen> myth

N

N, n *s* N, n
na *intj* well?
Nabe *f* <-, -n> (*Rad-*) hub
Nabel *m* <-s, -> (*Bauch-*) navel; **Nabelschnur** *f* ANAT umbilical cord
nach I. *präp dat* ① (*in Richtung*) to, towards; ◇ **- Hause gehen** to go home ② (*zeitlich*) after; ◇ **- dem Essen** after dinner ③ (*gemäß*) according to; ◇ **- der alten Prüfungsordnung ...** according to the old examination rules ...; ◇ **- dem, was gesagt wurde ...** according to what was said ...; ◇ **seinem Namen -** judging by his name **II.** *adv* after; (*folgt ihm*) ◇ **ihm -!** follow him!; (*immer noch*) ◇ **- wie vor** still, as always; (*allmählich*) ◇ **- u. -** little by little
nachäffen *vt PEJ* ↑ *nachahmen* ape, imitate; **nachahmen** *vt* imitate; **Nachahmung** *f* imitation; **nachahmenswert** *adj* exemplary
nacharbeiten *vt* ① → *versäumte Lektion* catch up (on s.th.) ② → *Werkstück* touch up s.th.
Nachbar(in *f*) *m* <-n, -n> neighbour; *PEJ* ◇ **die lieben -n** the neighbours; **Nachbarhaus** *s* ◇ **im -** next door; **nachbarlich** *adj* neighbourly; **Nachbarschaft** *f* (*Nähe*) vicinity; ◇ **in der - wohnen** to live in the neighbourhood; ↑ *gesamte Nachbarn* neighbours *pl*
Nachbeben *s* GEO aftershock
Nachbehandlung *f* MED follow-up treatment
nachbereiten *vt* → *Unterricht* go over, review
nachbessern *vt* to add the finishing touches (to s.th.)
nachbestellen *vt* reorder; **Nachbestellung** *f* COMM repeat order
nachbeten *vt FIG* parrot
nachbilden *vt* copy, reproduce; **Nachbildung** *f* ↑ *Reproduktion* reproduction; ↑ *Imitation* imitation, copy
nachblicken *vi* ◇ **jd-m -** to gaze after s.o.
nachbohren I. *vt* → *Loch* drill out **II.** *vi FIG FAM* ↑ *nachforschen* probe
nachbringen *unreg vt* bring/deliver afterwards
nachdatieren *vt* postdate
nachdem *cj* (*zeitlich*) after; (*weil*) while, whilst, during; (*abhängig von*) since; ◇ **je - [ob]** whatever
nachdenken *unreg vi* think (*über akk* about); **nachdenklich** *adj* pensive, thoughtful
Nachdruck [1] *m* <-[e]s, -> PRINT ① (*das Nachdrucken*) reprinting ② (*das Nachgedruckte*) reprint
Nachdruck [2] *m* <-[e]s> (*starke Betonung, Wichtigkeit, Dringlichkeit*) stress, emphasis; **nachdrucken** *vt* PRINT reprint; **nachdrücklich** *adj* emphatic
nacheifern *vi* emulate (*jd-m* s.o.)
nacheilen *vi* hurry after (*jd-m* s.o.)
nacheinander *adv* one after the other, in succession
nachempfinden *unreg vt* feel; ◇ **jd-m etw -** to relate to s.o.
Nacherzählung *f* retelling
Nachf. *m Abk. v.* **Nachfolger**; **Nachfolge** *f* ↑ *Amtsübernahme* succession; ↑ *Erbe* succession; ◇ **jd-s - antreten** to succeed s.o.; **nachfolgen** *vi* follow [on] (*jd-m/e-r Sache* s.o./s.th.); **Nachfolger(in** *f*) *m* <-s, -> successor
Nachforderung *f* additional/extra charge
nachforschen *vi* investigate, inquire [into]; **Nachforschung** *f* ↑ *Erkundigung* inquiry, enquiry; ↑ *polizeiliche Ermittlung* investigation; ◇ **-en anstellen über jd-n/etw** to make enquiries on/about s.o./s.th.
Nachfrage *f* ① COMM demand [for] ② (*bei Amt*) enquiry; ◇ **danke der -** thanks for asking, it was kind of you to ask; **nachfragen** *vi* ask, inquire [about]
Nachfrist *f* (*für Prüfung*) extension
nachfühlen *vt* understand
nachfüllen *vt* refill, top up
nachgeben *unreg* **I.** *vi* ← *Boden, Geländer* give way, collapse **II.** *vt* → *Bitte* give in
Nachgebühr *f* (*für Brief etc.*) excess postage
Nachgeburt *f* MED afterbirth
nachgehen *unreg vi* ① ↑ *folgen* follow (*jd-m* s.o.) ② ↑ *erforschen* pursue (*e-r Sache* a matter) ③ (*erledigen*) ◇ **seiner Arbeit -** to see to one's work ④ ← *Uhr* to be slow
nachgeraten *unreg vi* take after (*jd-m* s.o.)
Nachgeschmack *m* (*auch FIG, meist unangenehm*) aftertaste
nachgiebig *adj* ▷ *Person* compliant, accomodating; **Nachgiebigkeit** *f* pliability, compliance
nachgießen *unreg vt* → *Getränke* to pour [out] some more, to add
nachhaltig *adj* ▷ *Eindruck* lasting; ▷ *Widerstand* persistent
nachhelfen *unreg vi* ① (*vorantreiben*) help [out] (*jd-n/e-r Sache* s.o./s.th.) ② (*Schule*) coach, tutor (*in dat* in)
nachher *adv* afterwards; ◇ **bis -!** see you later!
Nachhilfe *f* (*-unterricht*) private lessons, tutoring
nachholen *vt* ① (*jd-n später -*) fetch s.o. later, come back for s.o. ② → *Versäumtes* catch up [on]

N

Nachkomme *m* <-n, -n> descendant; **nachkommen** *unreg vi* [1] (*zeitlich*) come/follow later on [2] → *Verpflichtung* fulfill, carry out; **Nachkommenschaft** *f* descendants *pl*
Nachkriegszeit *f* postwar era
Nachlaß *m* <-lasses, -lässe> [1] ↑ *Erbe* estate [2] (*Preis-*) reduction
nachlassen *unreg* **I.** *vt* → *Preis* reduce, give a discount; → *Strafe* reduce; → *Seil* loosen, slacken **II.** *vi* ↑ *geringer werden* decrease, diminish; ← *Sturm, Regen* let up; ← *Sehkraft* worsen, deteriorate; ← *Schmerz* ease; (*gesundheitlich*) ◇ **er hat stark nachgelassen** his condition has much worsened
nachlässig *adj* careless, sloppy; **Nachlässigkeit** *f* carelessness, negligence
nachlaufen *unreg vi* run after (*jd-m* s.o.); *FIG* chase after
nachlegen *vt* put/add some more
nachlösen *vt* → *Fahrschein* to buy on the train
nachmachen *vt* [1] → *Prüfung* do/sit later [2] → *Stimme, Verhaltensweise* imitate, mimic; ◇ **er macht mir immer alles nach** he keeps imitating me [3] ↑ *fälschen* → *Geld* forge, counterfeit
Nachmieter(in *f*) *m* new tenant
Nachmittag *m* afternoon; ◇ **am ~** in the afternoon; **nachmittags** *adv* in the afternoon
Nachnahme *f* <-, -n> cash on delivery; ◇ **per ~** to be paid for on delivery
Nachname *m* surname, last name
Nachporto *s* ↑ *Nachgebühr* excess postage
nachprüfen *vt* → *Rechnung* check; → *Aussage* check, investigate
nachrechnen *vt* check
Nachrede *f* JURA ◇ **üble ~** defamation of character
nachreichen *vt* ↑ *später abgeben* to hand s.th. in at a later date; → *Essen* to serve some more
Nachricht *f* <-, -en> news; ↑ *Mitteilung* message; **Nachrichten** *pl* MEDIA news *pl;* **Nachrichtenagentur** *f* news/press agency; **Nachrichtendienst** *m* MIL intelligence; **Nachrichtensatellit** *m* communications satellite; **Nachrichtensperre** *f* news blackout; **Nachrichtensprecher(in** *f*) *m* news presenter, newscaster *AM*; **Nachrichtentechnik** *f* telecommunications *sg,* anchor *AM*
nachrücken *vi* ↑ *aufsteigen* move up; MIL ↑ *aufschließen* advance
Nachruf *m* obituary
nachrufen *unreg vt* call after
nachrüsten **I.** *vt* → *Auto* refit **II.** *vi* MIL rearm, stock up on arms; **Nachrüstung** *f* [1] (*von Gerät, Auto*) refitting [2] MIL arms modernization

nachsagen *vt* [1] ↑ *nachsprechen* repeat [2] *FIG, meist PEJ* ◇ **man sagt ihm nach, er sei ungerecht** he's said to be unfair, they say he's unfair
Nachsaison *f* low season, off-peak
nachschicken *vt* ↑ *nachsenden* → *Post* forward
nachschlagen *unreg* **I.** *vt* ↑ *nachlesen* look up **II.** *vi* [1] (*sich entwickeln wie*) take after; ◇ **sie schlägt dem Vater nach** she takes after her father [2] (*sich revanchieren*) hit back; **Nachschlagewerk** *s* reference work
nachschleichen *unreg vi* (*heimlich*) creep after (*jd-m* s.o.)
Nachschlüssel *m* duplicate key
nachschmeißen *unreg vt FAM* ↑ *nachwerfen* ◇ **jd-m etw ~** throw s.th. at/after s.o.; ◇ **sie bekommen die Sachen nachgeschmissen** they get the things virtually for free
Nachschub *m* <-s> supplies *pl;* (MIL *für Truppen*) reinforcements *pl*
nachsehen *unreg* **I.** *vt* → *Rechnung, Hausaufgabe* check (*auf* on) **II.** *vi* ↑ *nachblicken* follow with one's eyes; ↑ *kontrollieren* go and check (*ob* if/whether); *FIG* ↑ *verzeihen* forgive; ◇ **jd-m etw ~** to forgive s.o. s.th.; **Nachsehen** *s* ◇ **das ~ haben** lose out, to go away empty handed
nachsenden *unreg vt* → *Post* forward; ◇ **bitte ~!** please forward!
Nachsicht *f* <-> ↑ *Geduld* patience; ◇ **jd-n mit ~ behandeln** to make allowances for s.o.; **nachsichtig** *adj* indulgent, lenient
Nachsilbe *f* GRAM suffix
nachsitzen *unreg vi* SCH be kept in, have detention
Nachsorge *f* MED aftercare
Nachspeise *f* GASTRON ↑ *Nachtisch* dessert
Nachspiel *s* [1] THEAT epilogue [2] (*gerichtliches ~*) consequences *pl*
nachsprechen *unreg vt* repeat after; ◇ **jd-m etw ~** repeat s.th. after s.o.
nachspüren *vi* → *Geheimnis* investigate, look into
nächst *präp dat* (*räumlich*) next to; (*außer, neben*) apart from; **nächstbeste(r, s)** *adj* (*zweitbester*) second best; (*irgendeine(r)*) the first one that comes along; **nächste(r, s)** *adj* (*räumlich oder zeitlich*) next; ▷ *Verwandte* nearest, closest; **Nächste(r)** *fm* (*Bibelzitat*) ◇ **liebe deinen ~n** love thy neighbour
nachstehen *unreg vi* ◇ **jd-m in nichts ~** to be one's egual in every respect
nachstellen **I.** *vt* → *Satz* place after, insert; → *Uhr, Instrument* set back **II.** *vi* ↑ *verfolgen* hunt after (*jd-m* s.o.); (*FIG werben*) chase after s.o.

Nächstenliebe *f* charity
nächstens *adv* soon, just now, before long
nächstliegend *adj* nearest; *FIG* obvious; **nächstmöglich** *adj* next possible
Nacht *f* <-, Nächte> night; (*plötzlich*) ◇ **über** ~ overnight; **Nachtarbeit** *f* night work/shift; **nachtblind** *adj* night blind; **Nachtdienst** *m* night shift
Nachteil *m* disadvantage; **nachteilig** *adj* disadvantageous
Nachtfalter *m* moth; **Nachtfrost** *m* night [time] frost; **Nachthemd** *s* nightgown; *FAM* nightie
Nachtigall *f* <-, -en> nightingale
Nachtisch *m* GASTRON ↑ *Nachspeise* dessert, sweet
Nachtleben *s* night life
nächtlich *adj* nightly
Nachtlokal *s* night club
Nachtrag *m* <-[e]s, Nachträge> supplement; **nachtragen** *unreg vt* ① → *vergessene Dinge* carry after ② (*Text ergänzen*) add ③ (*FIG nicht verzeihen*) ◇ **jd-m etw** ~ to bear a grudge against s.o., to hold s.th. against s.o. for s.th.; **nachtragend** *adj* resentful; **nachträglich** *adj* ▷*Gratulation* later, belated
nachtrauern *vi* mourn; ◇ **jd-m/e-r Sache** ~ to be sorry to see s.o./s.th. go
Nachtruhe *f* sleep
nachts *adv* at night, nights, during the night
Nachtschicht *f* night shift
nachtsüber *adv* during/in the night
Nachttarif *m* (*für Strom*) cheap rates, off-peak; **Nachttisch** *m* bedside table; **Nachttopf** *m* chamber pot; **Nachttresor** *m* (*bei Bank*) night safe; **Nachtvorstellung** *f* FILM THEAT late show/performance; **Nachtwächter** *m* night watchman; **nachtwandeln** *vi* sleepwalk; **Nachtwanderung** *f* night walk; **Nachtzeug** *s* overnight things *pl*
Nachuntersuchung *f* MED follow-up check
nachvollziehbar *adj* ▷*Verhalten* understandable
nachwachsen *unreg vi* ← *Haare* grow again
Nachwehen *pl* ① MED afterpains *pl* ② *FIG* ↑ *Konsequenzen* [painful] consequences *pl*
nachweinen *vi* cry over, mourn
Nachweis *m* <-es, -e> ① (*e-r Straftat*) proof, evidence ② (*Zimmer-*) accommodation enquiries bureau ③ (*Literatur-*) bibliography; **nachweisbar** *adj* evident, verifiable; **nachweisen** *unreg vt* ↑ *beweisen* prove; ◇ **jd-m e-n Fehler** ~ to point out a mistake to s.o.; **nachweislich** *adj* demonstrable, evident
Nachwelt *f* <-> future generations *pl;* ◇ **etw der** ~ **erhalten** to preserve s.th. for posterity
nachwerfen *unreg vt* ① → *Ball* throw s.th. ② *FIG FAM* → *Ware* flog, to sell s.th. dirt cheap
nachwinken *vi* wave after (*jd-m* s.o.)
nachwirken *vi* have after-effects; **Nachwirkung** *f* after-effects *pl*
Nachwort *s* appendix
Nachwuchs *m* <-[e]s> (*junge Leute*) new blood; ▷*beruflich* new recruits; *FAM* ↑ *Kinder* offspring
nachzahlen *vt* pay later, pay extra [charge]
nachzählen *vt* → *Geld* check
Nachzahlung *f* (*bei Gehalt*) additional payment; (*zurückdatiert*) back pay
nachziehen *unreg* **I.** *vt* ① → *Schrauben* tighten ② → *Linie* go over ③ → *Bein* drag **II.** *vi* (*bei Brettspiel*) make the next move
Nachzucht *f* BIOL breeding
Nachzügler(in *f*) *m* <-s, -> latecomer; (*FAM Kind*) late arrival
Nackedei *m* <-s, -s> *FAM* nudie
Nacken *m* <-s, -> nape, back of neck; (*FAM bedrängen, verfolgen*) ◇ **jd-m im ~ sitzen** bug s.o.; ◇ **die Angst im ~ haben** to be constantly scared of s.th.; **Nackenrolle** *f* bolster; **Nackenschlag** *m* blow, knock; (*FIG Demütigung*) blow; (*FIG Schicksalsschlag*) setback; **Nackenstütze** *f* headrest
nackt *adj* naked; *FIG* ▷*Wahrheit* naked, plain nude; ▷*Erde, Boden* bare; **Nacktheit** *f* nakedness, nudity; **Nacktkultur** *f* nudism
Nadel *f* <-, -n> ① needle; (*von Nadelbaum*) needle; (*Kompaß-*) needle; (*Krawatten-*) pin; (*an Plattenspieler*) needle ② (*FIG FAM rauschgiftsüchtig*) ◇ **an der ~ hängen** to be a junkie ③ (*FIG mühsam*) ◇ **wie die ~ im Heuhaufen** like a needle in a haystack; **Nadelbaum** *m* coniferous tree; **Nadeldrucker** *m* PC pin printer, stylus printer; **Nadelkissen** *s* pin-cushion; **nadeln** *vi* ← *Weihnachtsbaum* to lose its needles; **Nadelöhr** *s* eye of the needle; **Nadelwald** *m* coniferous forest
Nagel *m* <-s, Nägel> ① (*Stahlstift*) nail; (*FIG ordentlich arbeiten*) ◇ **jetzt machen wir Nägel mit Köpfen** this time we're going to do it right; (*FIG aufgeben*) ◇ **etw an den ~ hängen** give s.th. up ② (*Finger-*) nail; (*FAM aneignen, stehlen*) ◇ **sich** *dat* **etw unter den ~ reißen** pinch s.th., steal s.th.; **Nagelbettentzündung** *f* MED onychitis; **Nagelbürste** *f* pin brush; **Nagelfeile** *f* nail file; **Nagelhaut** *f* cuticle; **Nagellack** *m* nail polish; **Nagellackentferner** *m* <-s, -> nail polish remover; **nageln** *vt* ① nail (*an* onto)

[2] (MED *bei Knochenbruch*) nail; **nagelneu** *adj* brand-new; **Nagelschere** *f* nail scissors *pl*

nagen *vi* ← *Hund, Ratte* gnaw; ◇ **an etw** *dat* ~ GEO corrode; ← *Hund* gnaw at; *FIG* ← *Zweifel* gnaw at, bother; **Nagetier** *s* rodent

nah[e] **I.** *adj, adv* (*räumlich*) near[by]; ▷*Verwandte* close; (*zeitlich*) near, close; *FIG* ◇ ~ **daran sein, etw zu tun** to be on the verge of doing s.th.; (*beleidigen, aufdringlich sein*) ◇ **jd-m zu ~ treten** to tread on s.o.'s toes **II.** *präp dat* near to, close to; **Nahaufnahme** *f* FOTO close-up

Nähe *f* <-> nearness, proximity; (*Umgebung*) vicinity; ◇ **in der ~** nearby; ◇ **etw aus der ~ ansehen** to look at s.th. from close up

nahebringen *unreg vt* ◇ **jd-m e-e Sache ~** to make s.th. accessible to s.o., to help s.o. to understand s.th.; **nahegehen** *unreg vi* to have a deep effect on (*jd-m* s.o.); **nahekommen** *unreg vi FIG* to get to know (*jd-m* s.o.); (*Wahrheit*) learn, find out; **nahelegen** *vt* ↑ *empfehlen* suggest; ◇ **jd-m etw** *akk* ~ to urge s.o. to do s.th.; **naheliegen** *unreg vi* to be obvious, to be quite clear; **naheliegend** *adj* ▷*Verdacht* obvious; ▷*Gedanke* obvious, clear

nahen *vi* ← *Unwetter* approach; ← *Abschied* draw near

nähen *vt* sew

nähere(r, s) *adj* ▷*Erklärung* more detailed, more precise; ◇ **bei ~r Betrachtung** upon closer inspection; **Nähere(s)** *s* further details *pl;* ◇ **~s erfahren Sie auf der Versammlung** further information will be given at the meeting

Näherei *f* sewing, needlework

Naherholungsgebiet *s* local recreation area

Näherin *f* seamstress

näherkommen *unreg* **I.** *vi* ◇ **e-r Sache ~** to get closer to s.th. **II.** *vr* ◇ **sich ~** get closer; **nähern** *vr* ◇ **sich jd-m/etw ~** approach s.o./s.th.; **Näherungswert** *m* MATH approximate value

nahestehen *unreg vi* to be close to (*jd-m* s.o.); **nahestehend** *adj* ▷*Person* close; ◇ **e-e den Sozialisten ~e Zeitung** a paper with Socialist leanings

Nähgarn *s* thread

Nahkampf *m* hand-to-hand combat

Nähkasten *m* sewing basket/box; (*FAM erzählen*) ◇ **aus dem Nähkästchen plaudern** tell tales

nahm *impf v.* **nehmen**

Nähmaschine *f* sewing machine; **Nähnadel** *f* sewing needle

nähren **I.** *vt* feed; *FIG* → *Verdacht* nurture **II.** *vr* ◇ **sich ~** ↑ *leben, sich erhalten* feed (*von* on)

nahrhaft *adj* nutritious, nourishing

Nährgehalt *m* nutritional value; **Nährstoff** *m* nutrient

Nahrung *f* food; *FIG* ◇ **geistige ~** food for the mind; **Nahrungsmittel** *s* foodstuffs *pl;* **Nahrungsmittelindustrie** *f* food industry; **Nahrungsmittelvergiftung** *f* MED food poisoning; **Nahrungssuche** *f* search/hunt for food

Nährwert *m* nutritional value

Nähseide *f* sewing silk

Naht *f* <-, Nähte> seam; MED suture, stitch; TECHNOL join; *FIG* ◇ **aus allen Nähten platzen** to be bursting at the seams; **nahtlos** *adj* seamless; ◇ ~ **ineinander übergehen** to follow without a gap

Nahverkehr *m* local traffic; **Nahverkehrszug** *m* commuter train; **Nahziel** *s* short-term target

Nähzeug *s* sewing kit

naiv *adj* naive; **Naivität** *f* naivety

Name *m* <-ns, -n> name; ◇ **im ~n von** in the name of, on behalf of; **namens** *adv* by the name of, called; **Namenstag** *m* name day; **namentlich** **I.** *adj* ▷*Abstimmung* by name **II.** *adv* especially, particularily

namhaft *adj* [1] ↑ *berühmt* noted, famous; ◇ **jd-n ~ machen** to identify s.o. [2] ↑ *beträchtlich* considerable, substantial

nämlich *cj* (*denn*) that is to say, namely; ◇ **heute ist ~ Freitag** for you see, it is Friday today

nannte *impf v.* **nennen**

Napf *m* <-[e]s, Näpfe> (*Freß-*) bowl, dish

Nappaleder *s* nappa leather

Narbe *f* <-, -n> [1] (*Haut*) scar [2] (*Gras-*) turf; **narbig** *adj* scarred

Narkose *f* <-, -n> MED anaesthetic; **narkotisieren** *vt* anaesthetize; *FIG* anaesthetize

Narr *m* <-en, -en> fool; *FIG* ◇ **jd-n zum ~en halten** to make a fool of s.o.; **Narrenkappe** *f* fool's cap; **narren** *vt* to fool, to make a fool of s.o.; **narrensicher** *adj FAM* foolproof; **Närrin** *f* fool; **närrisch** *adj* (*lustig*) crazy; (*merkwürdig, seltsam*) mad, odd

Narzisse *f* <-, -n> daffodil

naschen *vt, vi* to have a snack between meals; **naschhaft** *adj* have a sweet tooth; **Naschkatze** *f FAM* s.o. with a sweet tooth

Nase *f* <-, -n> nose; (*FAM Schnupfen haben*) ◇ **die ~ läuft** to have a runny nose; ◇ **auf der ~ liegen** (*krank sein*) to be sick; ◇ **auf der ~ liegen** (*hingefallen sein*) to be flat on one's face; **Nasenbein** *s* nose bone; **Nasenbluten** *s* <-s> nosebleed; **Nasenloch** *s* nostril; **Nasenrücken** *m* bridge of nose; **Nasenspray** *m o. s* nasal spray; **Nasentropfen** *pl* nosedrops *pl;* **Naseweis** *m* (*vorlautes Kind*) know-it-all; (*Neugierige(r)*) nosey parker

Nashorn *s* rhinoceros
naß *adj* wet; ▷*Wäsche* wet
Nässe *f* <-> wetness, dampness; **nässen** *vi* ← *Wunde* to weep; ◇ **ins Bett** ~ to wet the bed
naßkalt *adj* cold and damp; **Naßrasur** *f* wet shave
Nation *f* nation
national *adj* national; **Nationalbewußtsein** *s* feeling of national identity; **Nationalelf** *f* SPORT national team; **Nationalfarben** *pl* national colours *pl;* **Nationalfeiertag** *m* national/public holiday; **Nationalheld** *m* national hero; **Nationalhymne** *f* national anthem; **nationalisieren** *vt* ① ↑ *verstaatlichen* nationalize ② ↑ *einbürgern* naturalize; **Nationalismus** *m* nationalism; **nationalistisch** *adj* nationalist; **Nationalität** *f* nationality; **Nationalmannschaft** *f* SPORT national team; **Nationalpark** *m* national park; **Nationalsozialismus** *m* National Socialism; **Nationalsozialist(in** *f*) *m* National Socialist; **Nationalversammlung** *f* POL National Assembly
NATO *f* <-> *Akr. v.* **North Atlantic Treaty Organization** NATO
Natrium *s* sodium
Natron *s* <-s> soda
Natter *f* <-, -n> adder
Natur *f* ① (*Umwelt*) nature ② ↑ *Wesen, Eigenart* nature, way; ◇ **das liegt in der ~ der Sache** that's in the nature of things ③ (*Mensch, Froh~*) nature, personality; ◇ **zwei völlig verschiedene ~en** two completely different personalities
Naturalien *pl* natural produce; ◇ **in ~** in kind
naturalisieren *vt* (*einbürgern*) naturalize
Naturalismus *m* (*Kunst*) naturalism
Naturbeschreibung *f* discription of nature; **Naturbursche** *m* country lad; **Naturdenkmal** *s* natural monument; **Naturerscheinung** *f* natural phenomenon; **naturfarben** *adj* natural-coloured; **Naturfaser** *f* natural fibre; **Naturforscher(in** *f*) *m* naturalist; **naturgegeben** *adj* natural; **naturgemäß** *adj* natural; **Naturgesetz** *s* law of nature; **Naturgewalt** *f* element; **Naturheilkunde** *f* naturopathy; **Naturkatastrophe** *f* natural disaster; **Naturkunde** *f* SCH nature study
natürlich I. *adj* ① ▷*Haarfarbe* natural, real; ▷*Grenze* natural ② ▷*Charme, Verhalten* natural ③ (JURA *~e Person*) natural ④ MATH natural **II.** *adv* naturally, of course **III.** *intj* naturally, of course; **natürlicherweise** *adv* naturally, of course; **Natürlichkeit** *f* naturalness
Naturpark *m* national park; **Naturprodukt** *s* natural product; **naturrein** *adj* natural, pure; **Naturschutzgebiet** *s* nature reserve; **Naturtalent** *s FIG* natural prodigy; **naturtrüb** *adj* ▷*Apfelsaft* cloudy; **Naturvolk** *s* primitive people; **Naturwissenschaft** *f* natural science; **Naturwissenschaftler(in** *f*) *m* scientist; **Naturzustand** *m* natural state
nautisch *adj* nautical
Navelorange *f* navel orange
Navigation *f* navigation; **Navigationsfehler** *m* navigational error; **Navigationsinstrumente** *pl* navigation instruments *pl;* **navigieren** *vi* navigate
Nazi *m* <-s, -s> *Abk. v.* **Nationalsozialist** Nazi
NC *m* <-s> *Abk. v.* **Numerus clausus** UNIV selective admission
Nebel *m* <-s, -> fog, mist; **Nebelbank** *f* fog bank; **nebelig** *adj* foggy, misty; **Nebelscheinwerfer** *m* fog lamp; **Nebelschlußleuchte** *f* AUTO rear foglight; **Nebelschwaden** *pl* fog patches *pl*
neben *präp akk/dat* ① (*örtlich*) next to, beside ② (*im Vergleich zu*) compared with/to ③ (*außer, zugleich mit*) apart from, besides; **nebenan** *adv* next door; **Nebenanschluß** *m* TELEC extension; **Nebenarm** *m* (GEO *von Fluß, Kanal*) branch; **nebenbei** *adv* ① ▷*arbeiten* on the side; ◇ **Geld ~ verdienen** to earn money on the side ② ↑ *außerdem* as well, besides ③ ↑ *beiläufig* in passing; ◇ **etw ~ erwähnen** to mention s.th. in passing; ◇ **~ bemerkt, ...** by the way ...; **nebenberuflich** *adj* as a sideline, supplementary; **Nebenbeschäftigung** *f* job on the side, sideline; **Nebenbuhler(in** *f*) *m* <-s, -> rival; **nebeneinander** *adv* next to each other, side by side; **nebeneinanderlegen** *vt* to place next to each other [*o.* side by side], to lay next to each other [*o.* side by side]; **nebeneinandersetzen** *vt* to place next to each other/side by side; **nebeneinanderstellen** *vt* to place next to each other/side by side; **Nebeneingang** *m* side entrance; **Nebeneinnahme** *f* extra/additional income; **Nebenerscheinung** *f* side effect; **Nebenfach** *s* SCH subsidiary subject; **Nebenfluß** *m* tributary; **Nebengebäude** *s* (*von Haus*) annex[e]; (*Nachbarhaus*) building next door, adjoining building; **Nebengeräusch** *s* MEDIA interference; **nebenher** *adv* (*zusätzlich*) besides; (*gleichzeitig*) at the same time; (*daneben*) on the side; **nebenherfahren** *unreg vi* drive alongside; **Nebenhöhle** *f* (*Nasen~*) sinus; **Nebenklage** *f* JURA incidental action; **Nebenkosten** *pl* (*Miet~*) extra costs *pl;* **Nebenprodukt** *s* by-product; **Nebenraum** *m* side room; **Nebenrolle** *f* THEAT minor part; **Nebensache** *f*

trifle, minor consideration; **nebensächlich** *adj* unimportant; **Nebensatz** *m* GRAM subordinate clause; **Nebenstelle** *f* [1] COMM branch [2] TELEC extension; **Nebenstraße** *f* side street; **Nebenstrecke** *f* BAHN branch line; **Nebenwirkung** *f* side effect; **Nebenzimmer** *s* room next door, adjoining room

nebst *präp dat* together with, including

nebulös *adj* ▷*Vorstellung* nebulous, hazy

Necessaire *s* <-s, -s> [1] (*Näh-*) needlework basket [2] (*Nagel-*) manicure case

necken *vt* tease, make fun of; **Neckerei** *f* teasing; **neckisch** *adj* coy; ▷*Einfall, Lied* amusing; ▷*Spiel* playful

Neffe *m* <-n, -n> nephew

negativ *adj* negative; **Negativ** *s* FOTO negative

Neger(in *f*) *m* <-s, -> black person; **Negerkuß** *m* GASTRON *chocolate covered marshmallow*

negroid *adj* negroid

nehmen <nahm, genommen> **I.** *vt* [1] ↑ *ergreifen, festhalten* take; ↑ *verlangen* → *Stundenlohn* earn; ↑ *stehlen* take, steal; ↑ *verwenden, benutzen* take, use; ◇ **Rezept (Zutaten): man nehme ...** Recipe (Ingredients): take ...; → *Unterricht, Urlaub* take; ◇ **e-e Mahlzeit zu sich** ~ to have a meal [2] (*halten, tragen*) take, carry; (*auffassen, verstehen*) understand; ◇ **jd-n/etw ernst** ~ to take s.o./s.th. seriously **II.** *vr* ◇ **sich** ~ → *Wohnung, Hotelzimmer* take, rent; → *Anwalt, Putzfrau* take on, hire

Neid *m* <-[e]s> envy; *FAM* ◇ **vor ~ platzen** to be green with envy; **Neider(in** *f*) *m* <-s, -> envier; **neidisch** *adj* envious

Neige *f* <-, -n> ◇ **zur ~ gehen** decline, end; ◇ **bis zur bitteren ~** to the bitter end; **neigen I.** *vt* incline, lean; → *Kopf* bow **II.** *vr* ◇ **sich** ~ ↑ *schräg stellen* slant, slope; (*dem Ende zu gehen*) ← *Tag, Sommer* to be drawing to a close **III.** *vi* ↑ *tendieren* tend; ◇ **zu etw** ~ to have a tendency to s.th.

Neigung *f* [1] (*des Geländes*) slope [2] ↑ *Tendenz* tendency [3] ↑ *Vorliebe* preference, liking [4] ↑ *Anlage, Veranlagung* disposition for; **Neigungswinkel** *m* angle of inclination

nein *adv* no; (*bei Überraschung, Erstaunen*) no [way]!; ◇ ~, **so e-e Freude!** oh how nice!; ◇ ~, **wirklich?** really?

Nektar *m* <-s> nectar

Nektarine *f* nectarine

Nelke *f* <-, -n> [1] FLORA carnation [2] (*Gewürz*) clove

nennen <nannte, genannt> **I.** *vt* (*mit Namen*) name; ↑ *bezeichnen* to be called **II.** *vr* ◇ **sich** ~ ↑ *bezeichnen als* call o.s.; **nennenswert** *adj* worth mentioning

Nenner *m* <-s, -> MATH denominator

Nennung *f* naming; SPORT entry

Nennwert *m* nominal value; COMM par

Neon *s* <-s> neon; **Neonlicht** *s* neon light; **Neonröhre** *f* neon tube

Nepp *m* <-[e]s> (*FAM Übervorteilung*) daylight robbery; *FAM* rip-off

Nerv *m* <-s, -en> nerve; (*FAM jd-s Geduld strapazieren*) ◇ **jd-m auf die ~en gehen** to get on s.o.'s nerves; **nerven** *vt FAM* irritate; **nervenaufreibend** *adj* nerve-racking; **Nervenbündel** *s FAM* ↑ *übernervöser Mensch* bundle of nerves; **Nervenheilanstalt** *f* mental home; **Nervenkitzel** *m* <-s> *FAM* cheap thrill; **nervenkrank** *adj* mentally ill; **Nervenschwäche** *f* neurasthenia; **Nervensäge** *f FAM* pain [in the neek]; **Nervensystem** *s* nervous system; **Nervenzusammenbruch** *m* nervous breakdown; **nervlich** *adj* nervous; **nervös** *adj* nervous; **Nervosität** *f* nervousness, tenseness; **nervtötend** *adj* nerve-racking; ▷*Arbeit* soul-destroying

Nerz *m* <-es, -e> (*-mantel*) mink

Nescafé ® *m* <-s> Nescafe ®

Nessel [1] *f* <-, -n> (*Bren-, -sucht*) nettle; (*FAM Unannehmlichkeiten auf sich ziehen*) ◇ **sich in die ~n setzen** to put one's foot in it

Nessel [2] *m* <-s> (*Stoffart*) [untreated] cotton

Nest *s* <-[e]s, -er> [1] (*Vogel-*) nest [2] *FAM* ↑ *Kaff* dump, dive [3] *FAM* ↑ *Bett* bed

nesteln *vt* ▷*an Reißverschluß* fumble around (*an dat* with)

Nesthäkchen *s* <-s, -> *youngest child; FAM* family pet; **Nestwärme** *f FIG* ↑ *Geborgenheit* warmth and security of home

nett *adj* nice; ↑ *freundlich* nice, friendly; ↑ *hübsch, gepflegt* nice, pretty; **netterweise** *adv* very kindly

netto *adv* net; **Nettoeinkommen** *s* net income

Netz *s* <-es, -e> [1] (*Fisch-*) net; (*Haar-*) hair net; (*Einkaufs-*) string bag; (*Spinnen-*) web; (SPORT *Tennis-*) net; *FIG* ◇ **jd-m ins ~ gehen** to walk into s.o.'s trap [2] (AUTO *Straßen-*) network [3] (ELECTR *Telefon-*) mains *pl;* PC network; ELECTR ◇ **ans ~ gehen** to go into service; **Netzanschluß** *m* mains connection; **Netzball** *m* SPORT netball; **Netzgerät** *s* mains appliance, mains receiver; **Netzhaut** *f* ↑ *Retina* retina; **Netzhautablösung** *f* detachment of the retina; **Netzhautentzündung** *f* retinitis; **Netzkarte** *f* runaround ticket

neu *adj* new; ▷*Chef, Mitglied* new; ▷*Nachrichten, Verfahren* latest, new; (*fabrik-*) brand new;

▷*Sprache, Musik* modern; ◇ **seit ~estem** of late, recently; (*wieder, noch einmal*) again; ◇ **e-n Text ~schreiben** to rewrite a text; **Neuanschaffung** *f* new purchase; **neuartig** *adj* a new type of; **Neuauflage**, **Neuausgabe** *f* (*von Buch*) new edition; **Neubau** *m* <-s, -bauten> new building; **Neubearbeitung** *f* revised edition; THEAT adaptation; **neuerdings** *adv* (*kürzlich*) recently; ↑ *seit kurzem* of late; **Neuerung** *f* innovation; **neugeboren** *adj* new-born; *FIG* ◇ **sich wie ~ fühlen** to feel as good as new

Neugier, **Neugier**[**de**] *f* <-> curiosity; **neugierig** *adj* curious

Neuheit *f* novelty

Neuigkeit *f* news

Neujahr *s* New Year

Neuland *s meist FIG* virgin soil, new ground

neulich *adv* the other day, not so long ago

Neuling *m* beginner, novice

neumodisch *adj meist PEJ* fashionable

Neumond *m* new moon

neun *nr* nine; **neunfach I.** *adj* ninefold **II.** *adv* nine times; **neunhundert** *nr* nine hundred; **neunjährig** *adj* (*9 Jahre alt*) nine-year-old; (*9 Jahre dauernd*) nine-year; **neunmal** *adv* nine times; **neunte**(**r, s**) *adj* ninth; **Neunte**(**r**) *fm* ninth person/place; **Neuntel** *s* <-s, -> ninth; **neuntens** *adv* in ninth place; **neunzehn** *nr* nineteen; **neunzig** *nr* ninety

Neuphilologie *f* SCH modern languages *pl*

Neuralgie *f* MED neuralgia; **neuralgisch** *adj* MED neuralgic; *FIG* ▷*Punkt* sore, touchy

neureich *adj PEJ* nouveau riche

Neurologie *f* neurology

Neurose *f* neurosis; **Neurotiker**(**in** *f*) *m* <-s, -> neurotic; **neurotisch** *adj* neurotic

Neuseeland *s* New Zealand; **Neuseeländer** (**in** *f*) *m* <-s, -> New Zealander; **neuseeländisch** *adj* New Zealand

neutral *adj* neutral; **neutralisieren** *vt* neutralize; CHEM neutralize; **Neutralität** *f* neutrality

Neutron *s* <-s, -en> neutron; **Neutronenbombe** *f* neutron bomb

Neutrum *s* <-s, Neutra *o.* Neutren> GRAM neuter

Neuwahl *f* new election; **Neuwert** *m* purchase price; **Neuzeit** *f* modern age/era; **neuzeitlich** *adj* modern; **Neuzugang** *m* (*von Schüler*) new admission

nicht *adv* [1] (*Verneinung*) not; ◇ **~ nur, sondern auch** not only, but also; (*Gebot, Verbot*) ◇ **N-berühren!** do not touch!; ◇ **bitte ~ füttern!** please don't feed! [2] (*zur Bekräftigung, Bestätigung*) ◇ **es ist heiß, ~ wahr?** it's hot, isn't it?; ◇ **findest du ~ auch ?** don't you think so, too? [3] (*ganz gut*) ◇ **~ schlecht** [*o.* **übel**] not bad; **Nichtachtung** *f* ↑ *Mangel an Respekt* lack of respect; **Nichtangriffspakt** *m* MIL nonaggression pact

Nichte *f* <-, -n> niece

nichtig *adj* [1] ↑ *unbedeutend* trivial, unimportant; ↑ *wertlos* worthless [2] ↑ *ungültig* ▷*Vertrag, Urteil* invalid; ◇ **null u. ~** null and void; **Nichtigkeit** *f* triviality; (*Sinnlosigkeit*) nullity

Nichtraucher(**in** *f*) *m* non-smoker; **nichtrostend** *adj* ▷*Metall* rustproof; ▷*Messer, Stahl* stainless

nichts *pron* nothing; ◇ **für ~ u. wieder ~** (*umsonst*) all for naught; ◇ **~ als Ärger** (*nur*) nothing but trouble; **Nichts** *s* <-> PHIL nothingness; ↑ *Leere* void; ◇ **vor dem ~ stehen** to be left with nothing; **nichtsdestoweniger** *adv* nevertheless, nonetheless; **Nichtsnutz** *m* <-es, -e> *FAM PEJ* good-for-nothing; **nichtsnutzig** *adj* useless; (*unartig*) naughty; **nichtssagend** *adj* meaningless; **Nichtstun** *s* <-s> ↑ *Müßiggang* idleness

Nichtzutreffende(**s**) *s* ◇ **~s bitte streichen** delete where inapplicable

Nickel *s* <-s> nickel

nicken *vi* [1] (*bejahen*) nod; (*grüßen*) nod [2] *FAM* ↑ *schlummern* doze

Nickerchen *s FAM* nap; ◇ **ein ~ machen** to have/take a nap

nie *adv* never; ◇ **~ wieder** [*o.* **mehr**] never again; ◇ **~ u. nimmer** never in a lifetime

nieder I. *adj* ▷*Adel* low; ▷*Arbeiten* inferior **II.** *adv* down; ◇ **auf u. ~** up and down; **niederbrennen** *unreg* **I.** *vt* burn down **II.** *vi* ← *Kerze, Gebäude* burn down; **niederdrücken** *vt* [1] press down [2] *FIG* depress; **Niedergang** *m* (*von Kultur*) fall, decline; **niedergehen** *unreg vi* descend; AERO come down; ← *Regen* fall; ← *Boxer* go down, fall; **niedergeschlagen** *adj FIG* depressed; **Niedergeschlagenheit** *f* depression; **niederknien** *vi* kneel down; **Niederlage** *f* ↑ *Mißerfolg* defeat

Niederlande *pl* Netherlands *pl*

niederlassen *unreg* **I.** *vt* → *Vorhang, Jalousie* let down **II.** *vr* ◇ **sich ~** (*sich setzen, knien*) sit down; (*an Ort*) settle down; ← *Arzt, Rechtsanwalt* set o.s. up; **Niederlassung** *f* settlement; COMM branch; **niederlegen I.** *vt* → *Kranz* lay down, put down; → *Arbeit* give up, stop; → *Amt* resign [from] **II.** *vr* ◇ **sich ~** lie down, go to bed; **niederreißen** *unreg vt* → *Haus, Festung* to pull down; *FIG* → *Schranken* tear down; **niederschießen** *unreg* **I.** *vt* → *Menschen, Tiere* shoot

N

down **II.** *vi* ← *Raubvogel* shoot down; **Niederschlag** *m* ① CHEM precipitate, deposit ② METEO precipitation ③ (SPORT *Boxen*) knockdown ④ *FIG* expression; **niederschlagen** *unreg* **I.** *vt* → *Gegner* knock down; → *Augen* lower, cast down; → *Aufstand, Streik* crush; JURA → *Prozeß* dismiss **II.** *vr* ◇ **sich** ~ ① *FIG* have as a visible effect, show in ② CHEM precipitate, deposit; **niederschlagsarm** *adj* ▷*Gebiet* low precipitation area; **niedertourig** *adj* TECHNOL running at low revs, low revving

niederträchtig *adj* despicable; (*rachsüchtig*) spiteful

niedertreten *unreg vt* → *Blumen* tread on, trample

Niederung *f* GEO depression, flats *pl*

niederwerfen *unreg* **I.** *vt* ① → *Gegenstand* throw down ② → *Aufstand* suppress **II.** *vi FIG* ← *Krankheit* get to s.o., bother

niedlich *adj* ▷*Kind* cute, sweet

Niednagel *m* hangnail

niedrig *adj* ▷*Raum, Stirn* low; ▷*Temperatur, Einkommen* low; (*gemein*) ▷*Gesinnung, Charakter* low, mean

niemals *adv* never

niemand *pron* nobody; **Niemandsland** *s* no-man's land

Niere *f* <-, -n> kidney; (*FAM jd-n empfindlich treffen*) ◇ **sein plötzlicher Tod geht mir an die -n** his sudden death gets me down

nieseln *vi unpers* drizzle

niesen *vi* sneeze

Niete [1] *f* <-, -n> (TECHNOL *Bolzen*) rivet; *FAM* ↑ *Nietenhose* stud

Niete [2] *f* <-, -n> ① (*Los*) blank ② (*Reinfall*) flop, failure ③ *FAM* ↑ *unfähiger Mensch* failure, loser

nieten *vt* rivet

Nietenhose *f* stud

Nihilismus *m* nihilism; **Nihilist(in** *f*) *m* nihilist; **nihilistisch** *adj* nihilistic

Nikolaus *m* <-, Nikoläuse> Santa Claus; (*-tag*) Saint Nicholas' Day *(6th of December)*

Nikotin *s* <-s> nicotine; **nikotinarm** *adj* low in nicotine

Nilpferd *s* hippopotamus

Nimmersatt *m* <-[e]s, -e> *FAM* glutton

nippen *vi* sip

Nippes, Nippsachen *pl* knick-knacks *pl*

nirgends, nirgendwo *adv* nowhere

Nische *f* <-, -n> (*Wand-*) niche

Nisse *f* <-, -n> (*Ei e-r Haarlaus*) nit

nisten *vi* build a nest

Nistkasten *m* nesting box

Nitrat *s* CHEM nitrate

Niveau *s* <-s, -s> level; **niveaulos** *adj* ▷*Person* uncultured

nivellieren *vt* level out

Nixe *f* <-, -n> water nymph

nobel, noble(r, s) *adj* noble

Nobelpreis *m* Nobel Prize

noch **I.** *adv* still; ◇ **- heute** today; ◇ **- vor e-r Woche** just a week ago; (*weiterhin*) ◇ **es regnet immer** - it is still raining; (*außerdem, zusätzlich*) ◇ **willst du - etw?** do you want anything else?; (*Vermutung, Befürchtung*) ◇ **du holst dir - e-e Erkältung** you're bound to catch a cold **II.** *cj* ◇ **weder ... -** neither... nor; **nochmal[s]** *adv* again; **nochmalig** *adj* repeated

Nockenwelle *f* TECHNOL camshaft

Nomade *m* <-n, -n> nomad

Nominativ *m* nominative

nominell *adj* nominal

nominieren *vt* nominate

Nonne *f* <-, -n> nun; **Nonnenkloster** *s* convent

Nordamerika *s* North America; **norddeutsch** *adj* North[ern] German; **Norddeutschland** *s* North[ern] Germany

Norden *m* <-s> north

Nordirland *s* Northern Ireland

nordisch *adj* nordic; (*Skisport*) ◇ **-e Kombination** nordic combination

nördlich **I.** *adj* northern; ▷*Kurs, Richtung* northerly **II.** *adv* ◇ **- von** north of

Nordosten *m* north east; **Nordpol** *m* North Pole; **Nordsee** *f* North Sea; **Nordstaaten** *pl* (*von Amerika*) Northern States *pl;* **Nordwesten** *m* northwest; (*von Land*) Northwest

Nörgelei *f* moaning, grumbling; **nörgeln** *vi* moan, grumble; **Nörgler(in** *f*) *m* <-s, -> moaner, grumbler

Norm *f* <-, -en> (*Industrie-*) norm; ↑ *Vorschrift* standard; ↑ *Regel* rule

normal *adj* normal; **Normalbenzin** *s* regular [petrol]; **normalerweise** *adv* normally; **normalisieren** **I.** *vt* → *Verhältnis* normalize **II.** *vr* ◇ **sich** - return to normal; **Normalität** *f* normality; **Normalzustand** *m* normal condition

normen, normieren *vt* standardize

Norwegen *s* Norway; **Norweger(in** *f*) *m* <-s, -> Norwegian; **norwegisch** *adj* Norwegian

Nostalgie *f* nostalgia, longing

not *adv* ◇ **Toleranz tut** - what is needed is some tolerance; **Not** *f* <-, Nöte> ↑ *Armut, Elend* poverty; ↑ *Gefahr, Bedrängnis* ◇ **in höchster** - in the nick of time; (*Geld-, Zeit-*) want, need, problems; (*FIG falls nötig*) ◇ **zur** - if necessary

Notar *m* <-[e], -e> notary; **Notariat** *s* notary's office; **Notarin** *f* notary; **notariell** *adj* notarial

Notarztwagen *m* emergency doctor's car; **Notaufnahmelager** *s* refugee transit camp; **Notausgang** *m* emergency exit; **Notbehelf** *m* <-s, -e> stopgap, makeshift; **Notbremse** *f* BAHN emergency brake; **notdürftig** *adj* scanty, bare; ↑ *behelfsmäßig* makeshift; ◇ ~ **bekleidet sein** be scantily dressed

Note *f* <-, -n> [1] SCH ↑ *Zensur* grade [2] MUS note [3] (*Anmerkung, Fuß-*) note [4] *FAM* ↑ *Banknote* (*Papiergeld*) note [5] ↑ *persönliche Eigenart* personal touch; **Notenbank** *f* central bank; **Notenblatt** *s* sheet of music; **Notenschlüssel** *m* [1] MUS clef [2] SCH grading system; **Notenständer** *m* music stand

Notfall *m* emergency; **notfalls** *adv* if necessary; **notgedrungen** *adj* involuntary; ◇ **etw ~ machen** to be forced to do s.th.; **Notgroschen** *m* nest egg; **Nothelfer** *m* helper in time of need

notieren *vt* [1] note, make a note of [2] FIN → *Kurswert* quote; **Notierung** *f* FIN quotation

nötig *adj* necessary; ◇ **etw ~ haben** need s.th.; **nötigen** *vt* ↑ *zwingen* force; (*dringend bitten*) urge; ◇ **sich nicht ~ lassen** not to submit to force; **nötigenfalls** *adv* if necessary

Notiz *f* <-, -en> note; (*Zeitungs-*) item; ◇ **~ nehmen von** ↑ *bemerken* to take notice of; **Notizbuch** *s* notebook; **Notizzettel** *m* note

Notlage *f* emergency, crisis; **notlanden** *vi* AERO to make an emergency landing; **notleidend** *adj* needy; **Notlösung** *f* temporary solution; **Notlüge** *f* white lie; ◇ **zu e-r ~ greifen** to have to tell a white lie

notorisch *adj* ▷*Lügner* notorious

Notruf *m* emergency call; **Notrufsäule** *f* emergency telephone; **Notrutsche** *f* AERO emergency chute; **notschlachten** *vt* → *Tier* destroy, kill; **Notstand** *m* state of emergency; **Notstandsgebiet** *s* ↑ *Katastrophengebiet* disaster area; (*wirtschaftlich*) economically depressed area; **Notunterkunft** *f* emergency shelter; **Notverband** *m* emergency dressing; **Notwehr** *f* <-> JURA self-defence; ◇ **aus** [*o.* **in**] **~ handeln** to act in self-defence

notwendig *adj* necessary, essential; **Notwendigkeit** *f* necessity

Notzucht *f* rape

Nougat *s* <-s> nougat

Novelle *f* [1] novella [2] (JURA *Gesetzes-*) amendment

November *m* <-s, -> November; *s. a.* **April**

Nu *m* ◇ **im ~** in a flash

Nuance *f* <-, -n> nuance, shade

nüchtern *adj* sober; ▷*Magen* empty; ▷*Urteil, Bericht* sober, cold; **Nüchternheit** *f* sobriety, emptiness

Nuckel *m* <-s, -> ↑ *Schnuller* teat *BRIT*, nipple *AM*

Nudel *f* <-, -n> noodle, pasta; (*FAM Ulk-*) funny guy

Nuklearmedizin *f* nuclear medicine

null *nr* zero; ▷*Fehler, Ahnung* no; TELEC zero, O; SPORT nil; ◇ **~ Uhr** midnight; ◇ **~ u. nichtig** null and void; **Null** *f* <-, -en> zero; (*PEJ Mensch*) nothing; **Nullösung** *f* POL zero option; **Nullpunkt** *m* zero; (*auch FIG*) ◇ **auf dem ~ sein** to reach rockbottom; **Nulltarif** *m* (*Eintritt*) free admission; ◇ **zum ~** ↑ *kostenlos* free of charge

numerieren *vt* number; **numerisch** *adj* numerical

Numerus clausus *m* <-> (SCH *abgekürzt: NC*) selective admission

Nummer *f* <-, -n> ↑ *Zahl* number; (*Größe*) size; (*Start-*) number; **Nummernschild** *s* AUTO number plate *BRIT*, license plate *AM*

nun I. *adv* now; ◇ **was hat er denn ~?** so what's the matter with him? **II.** *intj* ◇ **~ denn** [*o.* **also**] well; (*als Stilmittel*) ◇ **hier kann man ~ zwei Fehler erkennen** here, two errors can be seen

nur I. *adv* ↑ *bloß* only, just; ◇ **sie ist nicht ~ schön, sondern auch intelligent** she is not only beautiful, but also intelligent **II.** *cj* (*allerdings, jedoch*) however, but; ◇ **die Sache ist ~ ...** it's just that ...

nuscheln *vi FAM* mumble

Nuß *f* <-, Nüsse> nut; (*FAM schwierige Aufgabe*) ◇ **e-e harte ~** a tough one/job; **Nußbaum** *m* walnut tree; **Nußknacker** *m* <-s, -> nutcracker

Nüster *f* <-, -n> nostril

Nutte *f* <-, -n> *FAM* tart; *PEJ* pro *BRIT*; *PEJ* hooker *AM*

nutz, **nütze** *adj* ◇ **zu nichts ~ sein** to be totally useless; **nutzbar** *adj* useful, usable; ◇ **~ machen** utilize; **Nutzbarmachung** *f* utilization; **nutzbringend** *adj* profitable; **nutzen**, **nützen I.** *vt* use **II.** *vi* be of use; ◇ **was kann das ~?** what is the point of that?; **Nutzen** *m* [1] (*allgemein*) use; ◇ **von ~ sein** be useful [2] ↑ *Gewinn* profit

nützlich *adj* useful; ◇ **sich ~ machen** to make o.s. useful; **Nützlichkeit** *f* usefulness

nutzlos *adj* useless; **Nutzlosigkeit** *f* uselessness; **Nutznießer(in** *f*) *m* <-s, -> beneficiary; **Nutzung** *f* use, utilization

Nymphe *f* <-, -n> nymph

Nymphomanin *f* nymphomaniac

O

O, o *s* O, o

o *intj* ◇ **o weh** oh dear; ◇ **o doch** oh yes

Oase *f* <-, -n> oasis; *FIG* ◇ **- der Ruhe** haven of peace

ob *cj* whether; ◇ **ob das wohl wahr ist?** can that be true?; ◇ **- Regen, - Sonne** come rain, come shine; ◇ **und -!** and how!; ◇ **als -** as if

Obacht *f* <-> ◇ **-** [**geben**]! be careful!

Obdach *s* shelter; **obdachlos** *adj* ▷*Landstreicher* homeless; **Obdachlose(r)** *fm* homeless person

Obduktion *f* MED autopsy, post-mortem; **obduzieren** *vt* ◇ **e-e Leiche -** to conduct a post-mortem

O-Beine *pl* bow legs *pl*

Obelisk *m* <-en, -en> obelisk

oben *adv* up; (*in Haus*) upstairs; (*an Berg, Baum*) at the top; ◇ **nach -** upward(s); ◇ **von -** from above; ◇ **- ohne** topless; ◇ **jd-n von - bis unten mustern** to look s.o. up and down; ◇ **jd-n von - herab behandeln** to patronize s.o.; (*FAM Vorgesetzter*) ◇ **Befehl von -** order from above; **obenan** *adv* at the top; *FIG* ◇ **etw - stellen** to put s.th. at the top of the list; **obenauf** *adv* ① (*räumlich*) on top, uppermost ② *FIG* ↑ *fröhlich, gesund* on top of the world; **obendrein** *adv* ↑ *außerdem* in addition, besides; **obenerwähnt**, **obengenannt** *adj* above-mentioned; **obenhin** *adv* superficially, casually; ◇ **etw nur - ansehen** to take a gander at s.th.

Ober *m* <-s, -> (*in Restaurant*) waiter

Oberarm *m* upper arm; **Oberarzt** *m*, **Oberärztin** *f* senior physician; **Oberaufsicht** *f* ① (*bei Prüfung*) adjudication ② (*auf Baustelle, Person*) clerk of works; **Oberbefehl** *m* supreme command; **Oberbefehlshaber** *m* MIL commander-in-chief; **Oberbegriff** *m* heading, generic term; **Oberbekleidung** *f* overclothes *pl;* **Oberbürgermeister(in** *f*) *m* Lord Mayor; **Oberdeck** *s* upper deck, main deck; **obere(r, s)** *adj* top; (*Etage*) upper; ◇ **die -en Zehntausend** the upper classes; **Oberfeldwebel** *m* MIL sergeant; **Oberfläche** *f* surface; **oberflächlich** *adj* ① ▷*Wunde* skin-deep, superficial ② *FIG* ▷*Mensch* superficial; ▷*Arbeit* slapdash; **Obergeschoß** *s* upper floor, upper storey; **oberhalb** *präp gen* above; **Oberhand** *f FIG* ◇ **die - gewinnen** to win [*o.* gain] the upper hand; **Oberhaupt** *s* (*der Kirche*) head; **Oberhaus** *s* POL upper chamber, House of Lords *BRIT*; **Oberhemd** *s* shirt; **Oberherrschaft** *f* sovereignty, supremacy

Oberin *f* MED ↑ *Oberschwester* matron; REL mother superior

Oberinspektor(in *f*) *m* (*bei Polizei*) chief inspector; **oberirdisch** *adj* ▷*Stromleitung* overground; **Oberkellner** *m* headwaiter; **Oberkellnerin** *f* headwaitress; **Oberkiefer** *m* upper jaw; ANAT maxilla; **Oberkommando** *s* high command; **Oberkörper** *m* upper part of the body, trunk; **Oberlandesgericht** *s* JURA Higher Regional Court; **Oberlauf** *m* (*von Fluß*) upper reaches *pl;* **Oberleitung** *f* overhead line; **Oberlicht** *s* lighting from above, skylight; **Oberliga** *f* SPORT top league; **Oberlippe** *f* upper lip; **Oberschenkel** *m* thigh; **Oberschicht** *f* top layer; (*Gesellschaftsklasse*) upper class; **Oberschule** *f* ≈ grammar school *BRIT*, high school *AM*; **Oberschwester** *f* MED matron, head nurse, sister

Oberst *m* <-en *o.* -s, -en> MIL colonel

oberste(r, s) *adj* ▷*Fach, Ablage* topmost; ▷*Knopf* top

Oberstufe *f* SCH senior high school *AM*, grammar school *BRIT*; UNIV *advanced level;* **Oberteil** *s* upper part; (*von Kleidung*) top; **Oberwasser** *s* (*FIG überlegen sein*) ◇ **- haben/bekommen** to have the whiphand; **Oberweite** *f* (*Maß*) bust size

obgleich *cj* although

Obhut *f* <-> care; ◇ **in jd-s - sein** to be in s.o.'s charge

obige(r, s) *adj* above-mentioned

Objekt *s* <-[e]s, -e> ① ↑ *Grundstück, Haus* property; (*Kunst-*) objet d'art; (*Sammel-*) collector's item ② (*Vertrags-*) subject of contract; (*Forschungs-*) subject of research ③ GRAM object

objektiv *adj* objective; **Objektiv** *s* FOTO lens; **Objektivität** *f* objectivity

Oblate *f* <-, -n> GASTRON wafer; REL host

Obligation *f* obligation, bond

obligatorisch *adj* ↑ *verbindlich* ▷*Teilnahme* obligatory; ▷*Vorlesung* compulsory

Obmann *m*, **Obmännin** *f* (*Partei-*) chairman, representative

Oboe *f* <-, -n> oboe

Obolus *m* <-, - *o.* -se> (*kleiner Beitrag, Spende*) contribution; ◇ **seinen - entrichten** to make one's contribution

Obrigkeit *f* (*Behörden*) authorities *pl;* (*Regierung*) government

obschon *cj* although

Observatorium *s* observatory

obsessiv *adj* PSYCH obsessive

obskur *adj* obscure; ↑ *verdächtig* suspicious

Obst *s* <-[e]s> fruit; **Obstbau** *m* fruit growing;

Obstbaum *m* fruit tree; **Obstgarten** *m* orchard; **Obsthändler(in** *f*) *m* fruiterer; **Obstkuchen** *m* fruit cake; **Obstmesser** *s* fruit knife; **Obstsalat** *m* fruit salad

obszön *adj* ▷*Geste* indecent; ▷*Anruf* obscene; **Obszönität** *f* obscenity

obwohl, **obzwar** *cj* although

Ochse *m* <-n, -n> ox, bullock; **Ochsenschwanzsuppe** *f* oxtail soup; **Ochsenzunge** *f* oxtongue

öd[e] *adj* ① ▷*Gegend* desolate; ◇ **- und leer** deserted and bare ② ▷*Buch, Film* dull

Ode *f* <-, -n> ode

Öde *f* <-, -n> (*Gegend*) wilderness

Ödem *s* <-s, e> MED oedema

oder *cj* or

Odyssee *f* <-, -n> odyssey

Odysseus *m* Ulysses, Odysseus

Ofen *m* <-s, Öfen> ① (*Back-*) oven ② (*Herd*) stove ③ (*Kohle-*) furnace ④ *FAM* ◇ **das ist ein heißer -** that's quite a motorbike; **Ofenrohr** *s* stovepipe; **Ofensetzer(in** *f*) *m* stove fitter

offen *adj* ① ▷*Tür, Fenster* open ② ↑ *frei* ▷*Stelle* vacant ③ ▷*Blick, Gesicht* open, frank; ◇ **- gesagt** frankly speaking ④ ▷*Geheimnis* open ⑤ ▷*Flamme* open, naked ⑥ MED ▷*Wunde* open, raw

offenbar *adv* obviously, apparently

offenbaren *vt* reveal, disclose; ◇ **jd-m ein Geheimnis -** to divulge a secret to s.o.; **Offenbarung** *f* REL revelation

offenbleiben *unreg vi* ← *Tür* remain open; *FIG* ← *Frage, Entscheidung* be left open

offenhalten *unreg vt* hold s.th. open; *FIG* → *Möglichkeit* leave [s.th.] open

Offenheit *f* openness, frankness

offenherzig *adj* ① ▷*Antwort* frank ② (*Dekolleté*) low-necked

offenkundig *adj* obvious; (*klar*) apparent

offenlassen *unreg vt* (*auch FIG*) leave s.th. open

offenlegen *vt* → *Plan* reveal

offensichtlich *adj* obvious

offensiv *adj* offensive; **Offensive** *f* offensive

offenstehen *unreg vi* ① ← *Tor* be open ② ← *Rechnung* be outstanding ③ *FIG* ◇ **es steht Ihnen offen, dies zu tun** (*freistehen*) you are free to do so

öffentlich *adj* public; ◇ **-e Hand** public sector; ◇ **-er Dienst** civil service; **Öffentlichkeit** *f* public; ◇ **in aller -** in public; ◇ **an die - gelangen** to become known [to the public]

Offerte *f* <-, -n> offer; (COMM *[schriftliches] Kaufangebot*) bid, tender

offiziell *adj* official

Offizier *m* <-s, -e> officer; **Offizierskasino** *s* officers' mess

Offline-Betrieb *m* PC off-line mode

öffnen I. *vt* open; *FIG* ◇ **jd-m die Augen -** to open s.o.'s eyes **II.** *vr* ◇ **sich -** (*FIG sich jd-m anvertrauen*) to open up (*dat* to); **Öffner** *m* <-s, -> (*Büchsen-, Flaschen-*) opener; **Öffnung** *f* opening; (*Loch*) hole; (*Lücke*) gap; **Öffnungszeit** *f* (*von Bank, Geschäft*) business hours *pl*

Offsetmaschine *f* offset printing machine

oft *adv* often; **öfter** *adv* (*Komparativ zu oft*) more often; **öfters** *adv FAM* repeatedly

oh *intj* oh; ◇ **oh, Verzeihung!** oh, I'm sorry!

oha *intj* aha! *BRIT*, gee, wow *AM*

Ohm *s* <-s> PHYS ohm

ohne I. *präp akk* without; ◇ **- weiteres** without further ado; *FAM* ◇ **das ist nicht -** it's not without its pitfalls **II.** *cj* (*mit Infinitiv oder daß*) without; ◇ **- etw zu sagen** [*o.* **- daß er etw sagte**] without him saying a word; **ohnedies** *adv* ↑ *sowieso* anyhow, in any case; **ohnegleichen** *adj* (*außergewöhnlich*) unparalled, unique; ◇ **ein Komiker -** a unique comedian; **ohnehin** *adv* anyhow, in any case

Ohnmacht *f* <-, -en> ① ↑ *Bewußtlosigkeit* faint, unconsciousness; ◇ **in - fallen** ↑ *ohnmächtig werden* to faint, to pass out ② *FIG* ↑ *Machtlosigkeit* powerlessness; **ohnmächtig** *adj* ① unconscious ② *FIG* powerless

Ohr *s* <-[e]s, -en> ① ANAT ear; (*Gehör*) ear; *FAM* ◇ **die -en aufsperren** [*o.* **aufmachen**] to listen closely, to prick one's ears ② *FAM* ◇ **jd-n übers - hauen** to cheat s.o.

Öhr *s* <-[e]s, -e> (*Nadel-*) eye

Ohrenarzt *m*, **Ohrenärztin** *f* ear specialist; **ohrenbetäubend** *adj* ▷*Lärm* earsplitting, deafening; **Ohrensausen** *s* <-s> buzzing in the ears; **Ohrenschmalz** *s* ear-wax; MED cerumen; **Ohrenschmerzen** *pl* earache; **Ohrenschützer** *m* <-s, -> ear-muffs *pl;* **Ohrenstuhl** *m* high-backed chair; **Ohrenzeuge** *m*, **Ohrenzeugin** *f* auricular witness; **Ohrfeige** *f* clip round the ear; **ohrfeigen** *vt* ◇ **jd-n -** to clip s.o. round the ear; **Ohrklipp** *m* <-s, -s> clip-on earring; **Ohrläppchen** *s* ear-lobe; **Ohrmuschel** *f* ANAT auricle, concha; **Ohrring** *m* earring; **Ohrwurm** *m* ① (*Insekt*) earwig ② MUS catchy melody, jingle

okkult *adj* occult; **Okkultismus** *m* occultism

okkupieren *vt gehoben* → *Land, Gebiet* occupy

Ökoladen *m* health food shop

Ökologie *f* ecology; **ökologisch** *adj* ▷*Gleichgewicht* ecological; ▷*Bauweise* environmentally friendly

ökonomisch *adj* ① ↑ *wirtschaftlich* economic ② ↑ *sparsam* economic[al]

Ökopartei *f* ecological party; **Ökosystem** *s* ecological system

Oktanzahl *f* (*von Benzin*) octane number; ◇ **Benzin mit hoher ~** high octane petrol

Oktant *m* (*zum Navigieren*) octant

Oktave *f* <-, -n> octave

Oktober *m* <-[s], -> October; *s. a.* **April**

ökumenisch *adj* ▷*Gottesdienst* ecumenical

Öl *s* <-[e]s, -e> oil; (*Motoren-*) engine oil; (*Speise-*) cooking oil; **Ölbaum** *m* olive [tree]; **Ölbild** *s* oil painting

Oldie *m* <-s, -s> [1] (*altes Auto*) veteran [2] ↑ *alter Schlager* oldie [3] ↑ *Person* middle-aged groover; (*älter*) old-timer

Oleander *m* <-s, -> oleander

ölen *vt* oil; TECHNOL lubricate; **Ölfarbe** *f* oil paint; **Ölfeld** *s* oil field; **Ölfilm** *m* oil film; **Ölfilter** *m* AUTO oil filter; **Ölgemälde** *s* oil painting; **Ölhaut** *f* NAUT oilskin; **Ölheizung** *f* oil heating; **ölig** *adj* oily; *FIG* ▷*Stimme* unctuous

oliv *adj inv* olive; **Olive** *f* <-, -n> olive

Ölmeßstab *m* dipstick; **Ölofen** *m* oil stove, oil heater; **Ölpapier** *s* oiled paper; **Ölpest** *f* oil pollution; **Ölpumpe** *f* oil pump; **Ölsardine** *f* sardine; **Ölscheich** *m* oil sheik[h]; **Ölstandsanzeiger** *m* AUTO oil level gauge; **Ölung** *f* [1] REL anointment; ◇ **die Letzte ~** the last sacrament [2] TECHNOL lubrication; **Ölwanne** *f* oil sump; **Ölwechsel** *m* oil change

Olympiade *f* Olympic Games *pl*, Olympics *pl;* **Olympiasieger(in** *f*) *m* Olympic gold-medal winner; **Olympiateilnehmer(in** *f*) *m* Olympic competitor; **olympisch** *adj* Olympian; SPORT Olympic

Ölzeug *s* oilskins *pl*

Oma *f* <-, -s> *FAM* granny, grandma

Omelett[e] *s* <-[e]s, -s> omelet[te]

Omen *s* <-s, - *o.* Omina> omen

ominös *adj* suspicious, shady

Omnibus *m* bus; (*Reisebus*) coach

omnipotent *adj* omnipotent

onanieren *vi* masturbate

Onkel *m* <-s, -> uncle

Online-Betrieb *m* PC on-line mode

OP *Abk. v.* **I.** *f* **Operation** operation **II.** *m* <-[s], -s> **Operationssaal** operation room

Opa *m* <-s, -s> *FAM* grandpa, grandad

Opal *m* <-s, -e> opal

Oper *f* <-, -n> [1] MUS opera; ◇ **komische ~** comic opera [2] (*Gebäude*) opera [house]

Operation *f* operation; **Operationssaal** *m* (*abgekürzt: OP*) operating room; **operativ** *adj* operative; MED ◇ **etw ~ behandeln** treat s.th. surgically

Operator(in *f*) *m* operator, data officer

Operette *f* operetta

operieren I. *vt* operate; ◇ **jd-n am Herzen ~** to perform open-heart surgery on s.o. **II.** *vi* operate; MIL operate, be operatal

Opernball *m* opera ball; **Opernglas** *s* opera glasses *pl;* **Opernhaus** *s* opera [house]; **Opernsänger(in** *f*) *m* opera singer

Opfer *s* <-s, -> [1] (REL *-gabe*) sacrifice [2] (*Unfall-, Mord-*) victim; *FIG* ◇ **dem Feuer zum ~ fallen** to be destroyed by fire; **opfern I.** *vt* sacrifice **II.** *vi* to make a sacrifice **III.** *vr* ◇ **sich ~** [1] (*sein Leben hingeben*) to sacrifice one's life [2] (*FAM FIG Reste aufessen*) to be a martyr; **Opferstock** *m* offertory

Opium *s* <-s> opium

opponieren *vi* oppose (*gegen jd-n/etw* s.o./s.th.)

opportun *adj* (*zweckmäßig*) opportune; ◇ **etw für ~ halten** to consider s.th. convenient; **Opportunismus** *m* opportunism; **Opportunist(in** *f*) *m* opportunist

Opposition *f* opposition, resistance; POL opposition; **oppositionell** *adj* oppositional; ↑ *widersprüchlich* contradictory

Optik *f* [1] (*Fach*) optics *sg* [2] (*System*) optics *pl;* **Optiker(in** *f*) *m* <-s, -> optician

optimal *adj* optimum, optimal

Optimismus *m* optimism; **Optimist(in** *f*) *m* optimist; **optimistisch** *adj* optimistic

Optimum *s* <-s, Optima> optimum, best

optisch *adj* optic[al]

Opus *s* <-, Opera> (*Kunst*) work; MUS opus

Orakel *s* <-s, -> oracle

oral *adj* oral, by mouth

orange *adj inv* orange; **Orange** *f* <-, -n> orange; **Orangeade** *f* orangeade; **Orangeat** *s* candied orange peel; **Orangenmarmelade** *f* [orange] marmalade; **Orangenschale** *f* orange peel

Orang-Utan *m* orangutan

Oratorium *s* [1] MUS oratorium [2] (REL *Raum*) oratory

Orbitalstation *f* orbital station

Orchester *s* <-s, -> orchestra; **Orchestergraben** *m* orchestra pit

Orchidee *f* <-, -n> orchid

Orden *m* <-s, -> [1] REL order [2] (*Verdienst-*) order, medal; **Ordensregel** *f* REL rule of an order; **Ordensschwester** *f* nun, sister

ordentlich I. *adj* [1] ↑ *anständig* respectable; ▷*Mitglied* regular [2] ↑ *geordnet* tidy [3] (*FAM annehmbar*) good [4] (*FAM gründlich*) thorough **II.** *adv FAM* ↑ *sehr* really; ◇ **jd-m ~ die Meinung sagen** to give s.o. a piece of one's mind; **Ordentlichkeit** *f* tidiness, orderliness

ordern *vt* → *Ware* order
Ordinalzahl *f* ↑ *Ordnungszahl* ordinal [number]
Ordinate *f* MATH ordinate
ordinär *adj* common, vulgar
Ordinarius *m* SCH full professor
ordnen *vt* put in order, arrange, classify
Ordner *m* <-s, -> ① (SCH *Umschlag*) folder; COMM file ② (SCH *Person*) monitor; (*bei Fest*) steward
Ordnung *f* order; (*Ordnen*) organizing; ↑ *Geordnetsein* tidiness; (*Sitz-*) arrangement; (*Rang-*) hierarchy; ◇ **alles in -?** is everything okay?; **Ordnungsdienst** *m* security service; **ordnungsgemäß** *adj* proper, right; **ordnungshalber** *adv* for the sake of order; **Ordnungshüter** *m* *FAM* guardian of the peace; **Ordnungskräfte** *pl* forces *pl* of law and order; **Ordnungsliebe** *f* sense of order, orderliness; **Ordnungsstrafe** *f* fine; **ordnungswidrig** *adj* against the rules, disorderly; **Ordnungszahl** *f* ordinal [number]
Organ *s* <-s, -e> ① organ; *FAM* ↑ *Stimme* voice ② (*Behörde*) organ; ◇ **ausführendes -** executive agency
Organisation *f* organization; **Organisationstalent** *s* organizational talent; **Organisator(in** *f*) *m* organizer
organisch *adj* CHEM organic
organisieren I. *vt* organize; (*FAM beschaffen*) lay s.th. on **II.** *vr* ◇ **sich -** (*sich verbünden*) become affiliated
Organismus *m* BIOL organism; *FIG* structure, system
Organist(in *f*) *m* MUS organist
Organverpflanzung *f* MED transplantation of organs
Orgasmus *m* orgasm
Orgel *f* <-, -n> organ; **Orgelpfeife** *f* organ pipe; (*FAM FIG der Größe nach*) ◇ **wie die -n** in line according to size
Orgie *f* orgy
Orient *m* <-s> Orient; **Orientale** *m* <-n, -n>, **Orientalin** *f* Oriental; **orientalisch** *adj* oriental, eastern
orientieren I. *vr* ◇ **sich -** orient o.s.; ◇ **sich über etw** *akk* **-** to get acquainted with s.th. **II.** *vt* (*örtlich*) locate, inform; ◇ **über etw** *akk* **orientiert sein** to be informed about s.th.; **Orientierung** *f* orientation; *FIG* information; ◇ **zu Ihrer -** for your information; **Orientierungssinn** *m* bearings *pl*, sense of direction
Origano *m* <-> oregano
original *adj* original; **Original** *s* <-s, -e> original; (*FIG Mensch*) one-off; **Originalfassung** *f* (*von Film etc.*) original version; **Originalität** *f* originality; ↑ *Besonderheit* singularity; **Originalton** *m* original tone
originell *adj* original, unusual
Orkan *m* <-[e]s, -e> hurricane
Ornament *s* ornament; **ornamental** *adj* ornamental, decorative
Ornat *s* <-[e]s, -e> gown, robes
Ort *m* <-[e]s, -e> ① ↑ *Stelle* place, spot; *FIG* ◇ **an - und Stelle** on the spot ② ↑ *Ortschaft* locality;
orten *vt* → *Schiff, Flugzeug* locate
orthodox *adj* ▷ *Kirche* orthodox
Orthographie *f* orthography, spelling; **orthographisch** *adj* orthographical
Orthopäde *m* <-n, -n>, **Orthopädin** *f* MED orthopedist; **Orthopädie** *f* orthopedics *sg*; **orthopädisch** *adj* orthopedic
örtlich *adj* local, regional; **Örtlichkeit** *f* locality
Ortsangabe *f* address, indication of place; **ortsansässig** *adj* local, resident; **Ortschaft** *f* locality, village; **ortsfremd** *adj* nonresident, nonlocal; **Ortsgespräch** *s* ① TELEC local call ② (*Dorfklatsch*) local gossip; **Ortsgruppe** *f* local branch; **Ortsname** *m* place name; **Ortsnetz** *s* TELEC local exchange network; **ortsüblich** *adj* customary in a certain place; **Ortszeit** *f* local time, zone time; **Ortszulage** *f* local weighting;
Ortung *f* location, position finding
Öse *f* <-, -n> eye[let]
Ostblock *m* POL Eastern Bloc
Osten *m* <-s> east, East; ◇ **der Nahe -** the Near East; ◇ **der Mittlere -** the Middle East; ◇ **der Ferne -** the Far East
ostentativ *adj* ostentatious
Osterei *s* Easter egg; **Osterfest** *s* REL Easter; **Osterglocke** *f* FLORA ↑ *Narzisse* narcissus; **Osterhase** *m* Easter bunny; **Ostermarsch** *m* POL Easter walk/demonstration; **Ostermontag** *m* REL Easter Monday; **Ostern** *s* <-, -> Easter
Österreich *s* Austria; **Österreicher(in** *f*) *m* <-s, -> Austrian; **österreichisch** *adj* Austrian
Ostersonntag *m* REL Easter Sunday
Osteuropa *s* Eastern Europe
östlich *adj* east[ern]; ▷ *Kurs, Richtung* eastwards, easterly
Ostsee *f* Baltic
Otter [1] *m* <-s, -> FAUNA otter
Otter [2] *f* <-, -n> (*Kreuz-*) adder, viper
out *adj* *FAM* ◇ **- sein** to be out
Ouvertüre *f* <-, -n> MUS overture
oval *adj* oval
Ovation *f* ovation
Overall *m* <-s, -s> overalls *pl*

Oxid *s* <-[e]s, -e> CHEM oxyde, oxide; **Oxidationsmittel** <-s> oxidizing agent, oxidant; **oxidieren** *vi* oxidize

Ozean *m* <-s, -e> ocean; **Ozeandampfer** *m* steamer; **ozeanisch** *adj* oceanic

Ozon *s* <-s> ozone; **Ozonloch** *s* hole in the ozone layer; **Ozonschicht** *f* ozone layer

P

P, p *s* P, p

paar *adj inv* ◇ **ein ~** a few

Paar *s* <-[e]s, -e> [1] ↑ *zwei Stück* ◇ **ein ~ Schuhe** a pair of shoes [2] (*Liebes-*) couple; (*Ehe-*) married couple; **paaren I.** *vt* (*FIG paarweise zusammenstellen*) combine **II.** *vr* ◇ **sich ~** ↑ *sich begatten* ← *Tiere* mate

paarmal *adv* ◇ **ein ~** several times

Paarung *f* (*von Tieren*) mating

paarweise *adv* ↑ *zu zweit* in pairs

Pacht *f* <-, -en> (*Grundstücks-*) rental; **pachten** *vt* ↑ *mieten* rent; **Pächter(in** *f*) *m* <-s, -> (*Grundstücks-*) tenant

Pack [1] *m* <-[e]s, -e> ↑ *großes Paket* bundle, pack

Pack [2] *s* <-[e]s> (*PEJ Lumpen-, freches ~*) rabble

Päckchen *s* [1] ↑ *Paket* parcel [2] ↑ *Schachtel* (*~ Zigaretten*) packet, pack *AM*

packen *vt* [1] → *Koffer* pack [2] ↑ *festhalten* seize, grasp [3] *FIG* ↑ *fesseln* ← *Buch* thrill, grip [4] *FAM* ↑ *bewältigen* ◇ **er packt das nicht** he can't handle it

Packen *m* <-s, -> *s.* **Pack** [1]

Packpapier *s* parcel [*o.* brown] paper

Packung *f* [1] (*~ Kekse etc.*) packet [2] MED ↑ *Kompresse* compress

Pädagoge *m* <-n, -n> teacher; **Pädagogik** *f* pedagogy; **Pädagogin** *f* teacher; **pädagogisch** *adj* ▷*Beruf* educational

Paddelboot *s* paddle boat, canoe; **paddeln** *vi* ↑ *rudern* paddle

paffen *vt* ↑ *rauchen* puff

Pagenkopf *m* (*Frisur*) bobbed hair

Paket *s* <-[e]s, -e> [1] (*Post-*) parcel [2] ↑ *Bündel* bundle [3] PC package, software add-on; **Paketkarte** *f* parcel form; **Paketschalter** *m* (*in Postamt*) parcel counter

Pakistan *s* Pakistan

Pakt *m* <-[e]s, -e> ↑ *Bündnis* pact

Palast *m* <-es, Paläste> [1] (*Königs-*) palace [2] (*Tanz-*) hall

Palästinenser(in *f*) *m* <-s, -> Palestinian

Palette *f* [1] (*Farb-*) palette [2] (*Lade-*) pallet [3] *FIG* ↑ *Vielfalt* range

Palme *f* <-, -n> palm-tree

Pampelmuse *f* <-, -n> grapefruit

pampig *adj FAM* ↑ *frech* cheeky

panieren *vt* GASTRON → *Schnitzel* cover with egg and breadcrumbs

Panik *f* ↑ *Angst* panic; ◇ **in ~ geraten** to panic; **panisch** *adj* ◇ **~e Angst** to be terrified (*vor* of)

Panne *f* <-, -n> [1] (*Reifen-*) flat [2] *FAM* ↑ *Mißgeschick* mishap

panschen I. *vi* (*im Wasser*) splash about **II.** *vt* → *Wein* adulterate

Panther *m* <-s, -> panther

Pantoffel *m* <-s, -n> [1] ↑ *Hausschuh* slipper [2] *FIG* ◇ **unter dem ~ stehen** to be hen-pecked

Pantomime *f* <-, -n> [1] (*Schauspieler*) mime artist [2] (*Bühnenstück*) pantomime, dumb show

Panzer *m* <-s, -> [1] ↑ *Rüstung* armour [2] ↑ *Kettenfahrzeug* tank [3] (*Schildkröten-*) shell; **Panzerglas** *s* bullet-proof glass; **Panzerschrank** *m* safe

Papa *m* <-s, -s> *FAM* dad

Papagei *m* <-s, -en> parrot

Papier *s* <-s, -e> [1] (*Material*) paper [2] (FIN *Wert-*) shares *pl* [3] ↑ *Dokument* document [4] ↑ *Ausweis* ◇ **~e** *pl* identity papers *pl;* **Papiergeld** *s* paper money; **Papierkorb** *m* waste-paper basket/bin; **Papierkrieg** *m* (*Bürokratie*) red tape, paperwork

Pappbecher *m* paper cup; **Pappdeckel** *m* [thin] cardboard; **Pappe** *f* <-, -n> (*Material*) cardboard; *FAM FIG* ◇ **das ist nicht von ~** that's not to be sneezed at

Pappel *f* <-, -n> poplar

Pappenstiel *m FIG* ◇ **das ist kein ~** that's no trifling matter

pappig *adj* ↑ *klebrig* sticky

Pappmaché *s* <-s, -s> papier mâché; **Pappschachtel** *f* cardboard box; **Pappteller** *m* paper plate

Paprika *m* <-s, -s> [1] (*Pflanze, -schote*) pepper [2] (*sg: Gewürz*) paprika

Papst *m* <-[e]s, Päpste> pope; **päpstlich** *adj* papal

Parabel *f* <-, -n> [1] ↑ *Gleichnis* parable [2] MATH parabola

Parade *f* [1] MIL review [2] (SPORT *beim Fechten*) parry; (*bei Ballspielen*) counter-move; (*von Torwart*) save [3] (*von Schlagern*) charts *pl*

Paradies *s* <-es, -e> [1] REL paradise [2] *FIG* idyllic place, paradise; **paradiesisch** *adj* heavenly

paradox *adj* paradoxical; **Paradox** *s* <-es, -e> paradox

Paragraph *m* <-en, -en> ① (JURA *Gesetzes-*) section ② ↑ *Textabschnitt* paragraph

parallel *adj* parallel; **Parallele** *f* <-, -n> ① MATH parallel (line) ② *FIG* ↑ *Ähnlichkeit* analogy

paramilitärisch *adj* paramilitary

Parasit *m* <-en, -en> ① ↑ *Schädling* parasite ② *FIG* ↑ *Schmarotzer* sponger

parat *adj* ↑ *zur Hand* ◇ **etw ~ haben** to have s.th. on hand

Parfüm *s* <-s, -s *o.* -e> perfume, scent; **Parfümerie** *f* perfumery

parieren I. *vt* ① ↑ *abwehren* ward off ② *FIG* ↑ *schlagfertig sein* answer back, retort **II.** *vi FAM* ↑ *gehorchen* toe the line

Pariser [1](**in** *f*) *m* (*Einwohner von Paris*) Parisian *m*, Parisienne *f*

Pariser [2] *m* <-s, -> *FAM* ↑ *Kondom* condom, rubber

Parität *f* ① ↑ *Gleichwertigkeit* parity ② PC parity

Park *m* <-s, -s> (*Stadt-*) park; **Parkanlage** *f* ↑ *Grünanlage* [public] gardens *pl*

parken I. *vt* → *Auto* park **II.** *vi* ↑ *halten* park; ◇ **P-verboten** no parking

Parkett *s* <-[e]s, -e> ① THEAT stalls *pl* ② (*Fußboden*) parquet floor

Parkhaus *s* multi-storey car-park; **Parkplatz** *m* ① ↑ *Parklücke* parking space, gap ② ↑ *großer Platz* car-park; **Parkscheibe** *f* parking sticker; **Parkuhr** *f* parking meter; **Parkverbot** *s* no parking; ◇ **eingeschränktes ~** restricted parking

Parlament *s* parliament; **Parlamentarier(in** *f*) *m* <-s, -> parliamentarian; **parlamentarisch** *adj* parliamentary

Parodie *f* parody; **parodieren** *vt* ↑ *imitieren* parody

Parole *f* <-, -n> ↑ *Stichwort* password

Parsing *s* <-s> PC parsing

Partei *f* ① ▷*politisch* party ② (*Miet-*) tenant ③ (JURA *gegnerische ~*) party ④ ◇ **für jd-n ~ ergreifen** to stand up for s.o.; **Parteigenosse** *m*, **Parteigenossin** *f* ↑ *Mitglied* party member; **parteiisch** *adj* ↑ *befangen* partial; **parteilos** *adj* independent; **Parteinahme** *f* <-, -n> support; **Parteipolitik** *f* party politics *pl;* **Parteitag** *m* party conference

Parterre *s* <-s, -s> ① ↑ *Erdgeschoß* ground floor *BRIT*, first floor *AM* ② THEAT stalls *pl*

Partie *f* ① ▷*Schach* round, game ② ↑ *Heirat* ◇ **e-e gute ~** a good match ③ ↑ *Teil* (*Mund-*) part ④ COMM lot, shipment

Partikel [1] *f* <-, -n> GRAM particle

Partikel [2] *s* <-s, -> PHYS ↑ *Teilchen* particle

Partisan(in *f*) *m* <-s *o.* -en, -en> partisan

Partitur *f* MUS score

Partizip *s* <-s, -ien> participle

Partner(in *f*) *m* <-s, -> ① (*Geschäfts-*) partner ② (*Spiel-*) opponent ③ ↑ *Lebensgefährte* partner; **partnerschaftlich** *adj* ↑ *gleichberechtigt* as partners

Party *f* <-, -s *o.* Parties> party, celebration

Paß *m* <-sses, Pässe> ① (*Reise-*) passport ② (GEO *Berg-*) pass

passabel *adj* ↑ *annehmbar* tolerable

Passage *f* <-, -n> ① ↑ *Reise* passage ② (*Einkaufs-*) arcade, passageway ③ (*Text-*) extract

Passagier *m* <-s, -e> ↑ *Fluggast* passenger; **Passagierflugzeug** *s* (*Ggs Transportflugzeug*) airliner

Passant(in *f*) *m* ↑ *Fußgänger* passer-by

Paßamt *s* passport office; **Paßbild** *s* passport photo

passen *vi* ① ← *Kleidung* fit ② ↑ *harmonieren* ← *Farben* go together, match; ← *Personen* to be well matched (*zu* to) ③ *beim Kartenspiel, auch FIG* ◇ **ich passe** I pass ④ ◇ **das paßt mir nicht** that doesn't suit me; **passend** *adj* ① ▷*Termin* suitable, convenient ② ▷*Antwort* appropriate, justified

passierbar *adj* ↑ *befahrbar* passable

passieren I. *vi* ↑ *geschehen* happen **II.** *vt* ① → *Brücke* cross ② (*durch Sieb*) sieve

Passion *f* ① ↑ *Leidenschaft* passion ② ◇ **~spiele** the Passion Plays; **passioniert** *adj* ↑ *leidenschaftlich* passionate; (*-er Spieler*) ardent, enthusiastic

passiv *adj* (*Ggs aktiv*) passive; **Passiv** *s* <-s, [-e]> GRAM passive; **Passiva** *pl* COMM liabilities *pl;* **Passivität** *f* passivity; **Passivrauchen** *s* (*Ggs Aktivrauchen*) passive smoking

Paßkontrolle *f* passport control; **Paßstraße** *f* pass; **Paßwort** *s* ① ↑ *Kennwort* password ② PC password, code word, access code

Paste *f* <-, -n> paste

Pastell *s* <-[e]s, -e> pastel

pasteurisieren *vt* pasteurize

Pastor(in *f*) *m* vicar, minister

Pate *m* <-n, -n> (*Tauf-*) godfather; **Patenkind** *s* godchild

patent *adj* ↑ *tüchtig* fine; ◇ **ein -er Kerl** a good guy

Patent *s* <-[e]s, -e> ↑ *Erfindung* patent; **Patentamt** *s* patent office; **patentieren** *vt* patent; **Patentschutz** *m* protection of patents

Pater *m* <-s, - *o.* Patres> REL father

pathetisch *adj* ↑ *hochtrabend* elevated, pompous

pathologisch *adj* pathological

Patient(in *f*) *m* patient

Patin *f* (*Tauf-*) godmother

Patriarch *m* <-en, -en> ↑ *Herrscher* patriarch; **patriarchalisch** *adj* patriarchal

Patriot(in *f*) *m* <-en, -en> patriot; **patriotisch** *adj* patriotic; **Patriotismus** *m* patriotism

Patron *m* <-s, -e> patron, protector

Patrone *f* <-, -n> [1] (*Gewehr-*) cartridge [2] (*Tinten-*) cartridge

Patrouille *f* <-, -n> patrol

Patsche *f* <-, -n> [1] *FAM* ↑ *Klemme, Bedrängnis* ◇ **jd-m aus der ~ helfen** to help s.o. out of a hole [*o.* a fix] [2] (*Fliegen-*) swat

patschnaß *adj* ↑ *völlig naß* soaking wet

patzig *adj FAM* ↑ *frech* saucy

Pauke *f* <-, -n> [1] (*Instrument*) kettledrum [2] *FAM* ◇ **auf die ~ hauen** to raise hell

pauken *vt* SCH swat up, cram; **Pauker(in** *f*) *m* <-s, -> *FAM* ↑ *Lehrer* teacher, coach, tutor

pausbäckig *adj* chubby-faced

pauschal *adj* [1] ↑ *verallgemeinernd* wholesale [2] ▷*Abrechnung* all-in; **Pauschale** *f* <-, -n> (*Heizkosten-*) flat-rate billing; **Pauschalreise** *f* package tour

Pause *f* <-, -n> [1] (*Mittags-*) [lunch] break [2] ↑ *Unterbrechung* pause [3] ↑ *Durchschlag* blueprint

pausen *vt* (*kopieren*) trace

pausenlos *adj* without interruption; **Pausenzeichen** *s* [1] MUS interval notation [2] MEDIA call sign

Pauspapier *s* tracing paper

Pavian *m* <-s, -e> baboon

Pazifik *m* <-s> Pacific

Pazifist(in *f*) *m* pacifist; **pazifistisch** *adj* pacifist

PC *m* <-s, -s> *Abk. v.* **Personal Computer** pc

Pech *s* <-s, -e> [1] (*Flüssigkeit*) pitch; *FIG* ◇ **wie ~ u. Schwefel zusammenhalten** to be as thick as thieves [2] *FIG* ↑ *Unglück* bad luck; ◇ **~ haben** to have bad luck; **pechschwarz** *adj* pitch black; **Pechsträhne** *f FAM* run of bad luck; **Pechvogel** *m FAM* jinxed person

Pedal *s* <-s, -e> (*Gas-*) pedal

Pedant(in *f*) *m* pedant; **pedantisch** *adj* pedantic

Pegel *m* <-s, -> [1] (*Wasser-*) level [2] (*Geräusch-*) volume level

peilen *vt* [1] ↑ *ausloten* sound [2] *FIG* → *Lage* sound out

Pein *f* <-> agony; **peinigen** *vt* torment

peinlich *adj* [1] ▷*Situation, Frage* embarrassing [2] ↑ *gewissenhaft* ◇ **~ genau** meticulous

Peitsche *f* <-, -n> whip; **peitschen** *vt* [1] ↑ *schlagen* whip [2] ← *Regen* beat

Pelle *f* <-, -n> (*Wurst-*) skin; (*von Kartoffel*) peel; **pellen** *vt* → *Kartoffeln* peel

Pelz *m* <-es, -e> [1] ↑ *Fell* skin, hide [2] (*-mantel*) fur [3] *FAM FIG* ↑ *Haut* ◇ **sich** *dat* **die Sonne auf den ~ brennen lassen** to toast o.s.

Pendel *s* <-s, -> pendulum; **Pendelverkehr** *m* commuter traffic; **Pendler(in** *f*) *m* <-s, -> commuter

penetrant *adj* [1] ↑ *aufdringlich* irritatingly insistent [2] ▷*Geruch* penetrating

Penis *m* <-, -se> penis

Pension *f* [1] ↑ *Gästehaus* guest house, private hotel [2] ◇ **Halb/Voll~** half/full board [3] ↑ *Ruhestand* retirement; ◇ **in ~ gehen** to retire [4] ↑ *Ruhegeld* retirement pension; **Pensionär(in** *f*) *m* pensioner; **pensioniert** *adj* ↑ *im Ruhestand* in retirement; **Pensionsgast** *m* hotel guest

Pensum *s* <-s, Pensen> task

per *präp akk* [1] ↑ *durch, mittels* per, via; ◇ **~ Bahn** by rail; ◇ **~ Anhalter fahren** to hitchhike [2] COMM ◇ **~ 15. Juni fällig** payable on 15th June

perfekt *adj* [1] ↑ *vollkommen* accomplished [2] ↑ *gültig* settled; ◇ **e-n Handel ~ machen** to clinch a deal

Perfekt *s* <-[e]s, -e> GRAM perfect [tense]

Pergament *s* parchment

Periode *f* <-, -n> [1] ↑ *Zeitabschnitt* period [2] ↑ *Menstruation* [menstrual] period; **periodisch** *adj* periodic

Peripherie *f* outskirts *pl;* **Peripheriegerät** *s* PC peripheral component

Perle *f* <-, -n> [1] (*Muschel-*) pearl [2] (*Wasser-*) bead, drop [3] *FIG* treasure; **perlen** *vi* ← *Sekt* effervesce; *FAM* fizz up

perplex *adj* bewildered; ◇ **~ sein** to be flabbergasted

Perron *m* <-s, -s> *CH* ↑ *Plattform* [landing] platform

Person *f* <-, -en> [1] person [2] (*Film-*) character

Personal *s* <-s> [1] (*Angestellte*) personnel, staff [2] (*Dienst-*) domestic staff; **Personalabteilung** *f* personnel department; **Personalausweis** *m* identity card

Personal Computer *m* personal computer

Personalien *pl* particulars *pl,* personal data *sg*

Personalpronomen *s* personal pronoun

Personenkraftwagen *m* private car; **Personenkreis** *m* group of people; **Personenschaden** *m* (JURA *Ggs Sachschaden*) personal injury

personifizieren *vt* embody

persönlich I. *adj* ▷*Gespräch, Angelegenheit* personal II. *adv* ↑ *selbst* personally; ◇ **etw ~ erledigen** to deal with s.th. o.s. [*o.* in person]; **Persönlichkeit** *f* personality

Perspektive *f* [1] (*Bild-*) perspective [2] *FIG* ↑ *Zukunft* prospect

Perücke *f* <-, -n> wig

pervers *adj* perverse

Pessimismus *m* pessimism; **Pessimist(in** *f*) *m* pessimist; **pessimistisch** *adj* pessimistic

Petersilie *f* parsley

Petroleum *s* <-s> petroleum, kerosene *AM*

petzen *vi FAM* ↑ *verraten* split

Pfad *m* <-[e]s, -e> [1] path, track [2] PC path

Pfahl *m* <-[e]s, Pfähle> post

Pfand *s* <-[e]s, Pfänder> [1] (*Flaschen-*) deposit [2] (*Leihgabe, Pfänderspiel*) forfeit [3] *FIG* ↑ *Sicherheit* security, pledge; **Pfandbrief** *m* FIN bond

pfänden *vt* seize

Pfandhaus *s* pawnshop; **Pfandschein** *m* pawn ticket

Pfändung *f* JURA seizure

Pfanne *f* <-, -n> (*Brat-*) pan; *FAM FIG* ◇ **jd-n in die ~ hauen** to do the dirty on s.o.

Pfannkuchen *m* pancake

Pfarrer(in *f*) *m* <-s, -> vicar

Pfau *m* <-[e]s, -en> peacock

Pfeffer *m* <-s, -> (*Gewürz*) pepper; **Pfefferkuchen** *m* gingerbread; **Pfefferminz** *s* <-es, -e> peppermint

pfeffern *vt* [1] ↑ *würzen* pepper [2] *FAM* ↑ *schmeißen* sling; ◇ **in die Ecke ~** to fling into the corner [3] *FAM* ◇ **gepfefferte Preise** high prices

Pfeife *f* <-, -n> [1] (*Triller-*) whistle [2] (*Tabaks-*) pipe [3] *FAM* ↑ *Versager* ◇ **so e-e ~!** what a loser!; **pfeifen** <pfiff, gepfiffen> I. *vt* → *Lied* whistle II. *vi* [1] ◇ **vor sich hin ~** whistle [2] *FAM* ◇ **auf etw** *akk* **~** not to give a damn

Pfeil *m* <-[e]s, -e> [1] (*Geschoß*) arrow, dart [2] (*Zeichen*) arrow, pointer

Pfeiler *m* <-s, -> ↑ *Pfosten* (*Stütz-*) pillar; (*Brükken-*) pier

Pfennig *m* <-[e]s, -e> penny

Pferd *s* <-[e]s, -e> [1] (*Tier*) horse [2] (*Turngerät*) box horse

pfiff *impf v.* **pfeifen**

Pfiff *m* <-[e]s, -e> [1] (*Ton*) whistle [2] (*FAM FIG Reiz*) style, appeal; ◇ **e-e Frau mit ~** a smart woman

Pfifferling *m* [1] (*Pilz*) chanterelle [2] *FAM* ◇ **keinen ~ wert** not worth a dime *AM*

pfiffig *adj* smart

Pfingsten *s* <-, -> Whitsun, Pentecost; **Pfingstrose** *f* peony

Pfirsich *m* <-s, -e> peach

Pflanze *f* <-, -n> plant; **pflanzen** *vt* plant; **Pflanzenfett** *s* vegetable fat

Pflaster *s* <-s, -> [1] (MED *Heft-*) sticking plaster [2] (*FAM finanzielles ~*) salve [3] (*Kopfstein-*) paved surface; **pflastern** *vt* pave

Pflaume *f* <-, -n> plum

Pflege *f* <-, -n> [1] ↑ *Betreuung* care, nursing [2] ↑ *Instandhaltung* maintenance, upkeep; **pflegebedürftig** *adj* in need of care and attention; **Pflegeeltern** *pl* foster parents; **Pflegekind** *s* foster child; **pflegeleicht** *adj* [1] ▷ *Wäsche* drip-dry [2] *FAM* ↑ *unproblematisch* unproblematical; **pflegen** I. *vt* [1] ↑ *versorgen* → *Kranke* nurse [2] ↑ *instandhalten* → *Rasen* tend; → *Denkmal* conserve [3] → *Beziehungen* cultivate II. *vi* ◇ **etw zu tun ~** to be in the habit of doing s.th.; **Pfleger(in** *f*) *m* <-s, -> (*Kranken-*) nurse

Pflicht *f* <-, -en> [1] duty; ◇ **Rechte u. ~en** rights and obligations [2] (SPORT *Ggs Kür*) compulsory event; **pflichtbewußt** *adj* dutiful; **Pflichtfach** *s* SCH compulsory subject; **Pflichtgefühl** *s* sense of duty (*gegenüber jd-m* toward s.o.); **pflichtgemäß** *adj* dutiful; **pflichtvergessen** *adj* remiss, irresponsible; **Pflichtversicherung** *f* compulsory insurance

pflücken *vt* pick

Pflug *m* <-[e]s, Pflüge> plough

Pforte *f* <-, -n> (*Garten-*) gate

Pförtner(in *f*) *m* <-s, -> (*von Fabrik*) gatekeeper, porter; (*von Gericht*) usher

Pfosten *m* <-s, -> (*Garten-*) post; (*Stütz-*) supporting mast

Pfote *f* <-, -n> [1] (*von Hund*) paw [2] (*auch FIG FAM von Mensch*) paw

Pfropfen *m* <-s, -> [1] ↑ *Korken* cork [2] (*Blut-*) clot; **pfropfen** *vt* [1] ↑ *zustöpseln* stopper [2] ↑ *veredeln* graft

pfui *intj* (*Ausruf*) ugh!; *FAM* ◇ **~ Teufel!** yuk!

Pfund *s* <-[e]s, -e> [1] (*Gewicht*) pound [2] (*Währung*) pound

pfuschen *vi FAM* botch; ◇ **jd-m ins Handwerk ~** to meddle in s.o.'s affairs; **Pfuscher(in** *f*) *m* <-s, -> *FAM* ↑ *Stümper* bungler

Pfütze *f* <-, -n> (*Wasser-*) puddle

Phänomen *s* <-s, -e> [1] ↑ *Erscheinung* phenomenon [2] ↑ *Genie* prodigy; **phänomenal** *adj* phenomenal

Phantasie *f* imagination; **phantasielos** *adj* unimaginative; **phantasieren** I. *vi* [1] ↑ *träumen* fantasize [2] (*im Fieber*) rave, be delirious, have delusions II. *vt* ↑ *sich ausdenken* dream up; **phantasievoll** *adj* imaginative

phantastisch *adj* [1] ↑ *toll* terrific [2] ↑ *unrealistisch* eccentric

Pharmaindustrie *f* pharmaceutical industry; **Pharmazeut(in** *f*) *m* <-en, -en> ↑ *Apotheker* pharmacist, chemist, druggist *AM*

Phase *f* <-, -n> phase

Philanthrop *m* <-en, -en> ↑ *Menschenfreund* philanthropist

Philippinen *pl* Philippines *pl*

Philologe *m* <-n, -n>, **Philologin** *f* philologist; **Philologie** *f* philology

Philosoph(in *f*) *m* <-en, -en> philosopher; **Philosophie** *f* philosophy; **philosophisch** *adj* philosophic

phlegmatisch *adj* stolid

Phonetik *f* phonetics *sg;* **phonetisch** *adj* phonetic; ◇ **-e Schrift** phonetic transcription

Phosphat *s* phosphate; **phosphatfrei** *adj* phosphate-free

Phosphor *m* <-s> phosphorus

Photo *s* <-s, -s> ↑ *Foto* photo

Phrase *f* <-, -n> ↑ *Redewendung* set phrase; *FAM* ◇ **-n dreschen** to talk in platitudes

pH-Wert *m* (*von Shampoo, Seife*) pH value

Physik *f* physics *sg;* **physikalisch** *adj* physical; **Physiker(in** *f*) *m* <-s, -> physicist; **Physikum** *s* <-s> *preliminary examination in medicine at university*

Physiologie *f* physiology

physisch *adj* physical

Pianist(in *f*) *m* pianist

Pickel *m* <-s, -> ① ↑ *Hacke* pick ② (*Haut-*) spot, pimple; **pickelig** *adj* pimply

picken *vi* peck (*nach* for)

Picknick *s* <-s, -e *o.* -s> picnic; ◇ **ein - machen** to have a picnic

piepen *vi* ① ← *Vogel* tweet ② *FAM* ◇ **das ist ja zum P-!** that's an absolute scream!

piepsen *vi* ← *Maus* squeak; ← *Vogel* cheep

piesacken *vt FAM* ↑ *ärgern* badger

pietätlos *adj* impious, irreverent

Pigment *s* pigment

Pik *s* <-s, -s> (*Spielkarte*) spades *pl;* ◇ **--As** ace of spades

pikant *adj* ① ▷*Essen* spicey ② *FIG* ▷*Angelegenheit* delicate ③ ▷*Witz* racy

Pilger(in *f*) *m* <-s, -> pilgrim

Pille *f* <-, -n> ① ↑ *Tablette* tablet, pill ② (*Verhütungsmittel*) the pill

Pilot(in *f*) *m* <-en, -en> pilot; **Pilotprojekt** *s* (*Experiment*) pilot scheme

Pils *s* <-, ->, **Pils[e]ner** *s* <-s, -> [Pils] lager

Pilz *m* <-es, -e> ① (*Pflanze*) mushroom, fungus ② (MED *Haut-*) fungal infection ③ (*Atom-*) mushroom cloud

pingelig *adj FAM* ↑ *genau* pernickety, fussy

Pinie *f* FLORA pine, pine tree

pinkeln *vi FAM* ↑ *urinieren* wee-wee

Pinsel *m* <-s, -> ① (*Mal-*) brush ② (*FAM Person*) ◇ **eingebildeter -** fathead

Pinzette *f* tweezers *pl*

Pionier(in *f*) *m* <-s, -e> ① ↑ *Vorkämpfer* trailblazer ② MIL ↑ *Soldat* engineer

Pipeline *f* <-, -s> pipeline

Piratensender *m* pirate radio station

Piraterie *f auch FIG* piracy

Piste *f* <-, -n> ① (*Ski-*) course, piste ② ↑ *Rollbahn* runway ③ ↑ *Rennbahn* track

Pistole *f* <-, -n> pistol

Pizza *f* <-, -s> pizza; **Pizzeria** *f* <-, -s *o.* Pizzerien> pizzeria

Pkw *m* <-[s], -[s]> *Abk. v.* **Personenkraftwagen** private car

Plackerei *f FAM* ↑ *Schufterei* drudgery

plädieren *vi* JURA plead, argue; ◇ **auf Freispruch -** to plead for acquittal; ◇ **für Strafmilderung -** to plead in mitigation

Plädoyer *s* <-s, -s> JURA submission, counsel's speech *BRIT*

Plage *f* <-, -n> ① (*Heuschrecken-*) plague ② *FIG* ↑ *Mühe* pest; **plagen I.** *vt* torment **II.** *vr* ◇ **sich -** ↑ *abmühen* take pains

Plakat *s* (*Werbe-*) poster

Plakette *f* (*Kennzeichen- etc.*) plaque, badge

Plan *m* <-[e]s, Pläne> ① (*Stadt-*) map ② ↑ *Vorhaben* plan

Plane *f* <-, -n> tarpaulin, tarp *AM*

planen *vt* plan

Planet *m* <-en -en> planet

planieren *vt* plane, level; **Planierraupe** *f* bulldozer

Planke *f* <-, -n> plank

Plankton *s* <-s> plankton

planlos *adj* ① ↑ *unorganisiert* unsystematic ② ↑ *ziellos* aimless; **planmäßig I.** *adj* ↑ *pünktlich* punctual; ▷*Abfahrt* [as] scheduled **II.** *adv* ↑ *wie geplant* according to plan

planschen *vi* splash about

Planstelle *f* (ADMIN *für Lehrer*) permanent appointment

Plantage *f* <-, -n> plantation

Planung *f* (*von Vorhaben*) planning; (*von Haushalt*) budgeting; ◇ **noch in - sein** to be still in the planning stage

Planwirtschaft *f* command economy

plappern *vi FAM* ↑ *reden* blabber

plärren *vi* ① *FAM* ↑ *schreien* ← *Baby* bawl ② *FAM* ← *Radio* blare

Plasma *s* <-s, Plasmen> plasma

Plastik [1] *f* ↑ *Skulptur* sculpture

Plastik [2] *s* <-s> ↑ *Kunststoff* plastic

Plastikfolie *f* plastic sheet; **Plastiktüte** *f* plastic bag
Plastilin ® *s* <-s> plasticine
plastisch *adj* [1] (*dreidimensional*) three-dimensional [2] (*FIG anschaulich*) graphic
Platane *f* <-, -n> plane [tree], sycamore *AM*
Platin *s* <-s> CHEM platinum
Platitüde *f* <-, -n> platitude
platonisch *adj FIG* platonic
platschen *vi* splash
plätschern *vi* bubble
platt *adj* [1] ↑ *eben, flach* flat [2] (*FAM sprachlos*) dumbfounded [3] (*FIG geistlos*) vapid; **plattdeutsch** *adj* (*Dialekt*) Low German
Platte *f* <-, -n> [1] (*Tisch-*) top; (*Stein-*) slab [2] (*kalte ~*) dish [3] (*Schall-*) record [4] (*Foto*) plate [5] (PC *Fest-*) hard disk [6] *FAM* ↑ *Glatze* bald head; **Plattenspieler** *m* record player
Plattfuß *m* [1] (ANAT *Fuß*) flatfoot [2] (*FAM Reifen*) flat
Platz *m* <-es, Plätze> [1] ↑ *Raum* space, room [2] (*Sitz-*) seat [3] (*Markt-*) square [4] (*Park-*) space [5] (*Plazierung*) position; **Platzangst** *f* MED *FAM* claustrophobia
Plätzchen *s* biscuit, cookie *AM*
platzen *vi* ← *Luftballon* burst; *FAM* ◇ **vor Neugier** ~ to die of curiosity
Platzmangel *m* shortage of space; **Platzpatrone** *f* blank; **Platzregen** *m* downpour; **Platzwunde** *f* MED laceration
Plauderei *f* chat; **plaudern** *vi* chat
plausibel *adj* plausible
plazieren I. *vt* place, position **II.** *vr* ◇ **sich** ~ SPORT be placed
pleite *adj FAM* broke; **Pleite** *f* <-, -n> [1] ↑ *Bankrott* bankruptcy [2] (*FIG Reinfall*) fiasco
Plenum *s* <-s, Plena> full assembly, plenum
Plombe *f* <-, -n> [1] (*Siegel*) seal [2] (*Zahn-*) filling; **plombieren** *vt* → *Zahn* fill
plötzlich I. *adj* ↑ *jäh* abrupt; ↑ *unerwartet* unexpected **II.** *adv* ↑ *auf einmal* suddenly
plump *adj* [1] ↑ *schwerfällig* ungainly [2] (*unförmig*) plump [3] *FIG* ▷*Bemerkung* tactless
Plunder *m* <-s> junk
plündern *vt* [1] ↑ *stehlen* ransack [2] *FIG* → *Geschäft* clear; **Plünderung** *f* pillage
Plural *m* <-s, -e> plural; **pluralistisch** *adj* pluralistic
plus *adv* plus; ◇ **4 Grad** ~ 4 degrees above zero; **Plus** *s* <-, -> [1] (*Vorteil*) advantage, asset [2] (*Überschuß*) surplus
Plüsch *m* <-[e]s, -e> plush
Pluspol *m* ELECTR positive pole, anode; **Pluspunkt** *m FIG* credit
Plusquamperfekt *s* pluperfect, past perfect
Plutonium *s* plutonium
PLZ *f Abk. v.* **Postleitzahl** post code
Po *m* <-s, -s> *FAM* ↑ *Hintern* bottom
Pöbel *m* <-s> *PEJ* ↑ *Volk* riffraff
pochen *vi* [1] → *Puls* throb [2] (*an Tür*) rap [3] *FIG* ↑ *bestehen auf* ◇ **auf etw** *akk* ~ to insist on s.th.
Pocken *pl* MED smallpox
Podium *s* podium, panel; **Podiumsdiskussion** *f* panel discussion
Poesie *f* poetry; **Poet(in** *f*) *m* <-en, -en> poet; **poetisch** *adj* poetic
Pointe *f* <-, -n> punch line
Pokal *m* <-s, -e> SPORT cup
pökeln *vt* pickle
Pol *m* <-s, -e> [1] (*Nord-*) pole [2] ▷*elektrisch* pole; **polar** *adj* polar; **Polarkreis** *m* ◇ **südlicher** ~ Antarctic Circle; ◇ **nördlicher** ~ Arctic Circle
Pole *m* <-n, -n> Pole
Polemik *f* pòlemic; **polemisch** *adj* polemic [al]
Polen *s* Poland
Police *f* <-, -n> (*Versicherungs-*) policy
Polier *m* <-s, -e> foreman
polieren *vt* polish
Poliklinik *f* MED outpatient department
Polin *f* Pole, Polish woman
Politik *f* [1] (*Regierungs-*) politics *sg;* (*politischer Standpunkt*) politics *pl* [2] (*Strategie*) policy; **Politiker(in** *f*) *m* <-s, -> politician; **politisch** *adj* political; **politisieren I.** *vi* talk politics **II.** *vt* → *jd-n* politicize
Politur *f* polish
Polizei *f* police *pl;* **polizeilich** *adv* [1] by the police [2] ◇ **sich ~ anmelden** to register with the police; **Polizeistaat** *m* police state; **Polizeistreife** *f* police patrol; **Polizeistunde** *f* closing time; **polizeiwidrig** *adj* illegal
Polizist(in *f*) *m* policeman *m,* policewoman *f*
Pollen *m* <-s, -> pollen
polnisch *adj* Polish
Polster *s* <-s, -> [1] (*für Sessel*) cushion [2] (*Schulter-*) pad [3] (*Fett-*) layer [4] *FIG* ↑ *Reserve* reserves *pl;* **polstern** *vt* upholster; **Polsterung** *f* upholstery
poltern *vi* [1] ↑ *Krach machen* make a racket [2] *FAM* ↑ *schimpfen* bluster
Polygamie *f* <-> polygamy
Polyp *m* <-en -en> [1] *FAM* ↑ *Polizist* cop [2] ◇ **-en** *pl* (*Nasen-*) adenoids *pl* [3] (*Meerestier*) octopus
Pomade *f* pomade
Pommes frites *pl* chips *pl BRIT*, French fries *pl AM*; (*gehoben*) French fried potatoes *pl AM*
Pomp *m* <-[e]s> pomp; **pompös** *adj* pompous

Pony [1] *s* <-s, -s> ↑ *Pferd* pony
Pony [2] *m* <-s, -s> (*Haar-*) fringe, bangs *pl AM*
Popmusik *f* pop [music]
Popo *m* <-s, -s> *FAM* ↑ *Hintern* bottom
populär *adj* ① ↑ *bekannt* well-known ② ↑ *beliebt* popular; **Popularität** *f* popularity
Pore *f* <-, -n> pore
Pornographie *f* pornography
porös *adj* porous
Porree *m* <-s, -s> ↑ *Lauch* leek
Portal *s* <-s, -e> portal
Portemonnaie *s* <-s, -s> purse; ↑ *Geldbeutel* wallet
Portier *m* <-s, -s> porter
Portion *f* ① (*Essen*) portion ② (*FAM kleine Person*) ◇ **halbe ~** squirt
Porto *s* <-s, -s> postal rate; **portofrei** *adj* postage-paid, postage-free
Porträt *s* <-s, -s> portrait, likeness; **porträtieren** *vt* portray; ↑ *malen* ◇ **jd-n ~** to paint s.o.'s portrait
Portugal *s* Portugal; **Portugiese** *m* <-n, -n>, **Portugiesin** *f* Portuguese; **portugiesisch** *adj* Portuguese
Porzellan *s* <-s, -e> ① (*Material*) porcelain, china [clay] ② (*Geschirr*) porcelain, china[ware]
Posaune *f* <-, -n> trombone
Pose *f* <-, -n> ↑ *Haltung* pose, attitude; ◇ **e-e ~ einnehmen** to strike a pose; **posieren** *vi* (*für Kamera*) pose
Position *f* ① ↑ *Lage* position ② (*Beruf*) position, job ③ (*Ruf*) standing; **positionieren** *vt* PC position
positiv I. *adj* ① ▷*Antwort* affirmative ② ▷*Entwicklung* favourable ③ ▷*Kritik* constructive **II.** *adv* ▷*denken* positively; **Positiv** *s* FOTO positive
Positur *f* ↑ *Haltung* ◇ **sich in ~ begeben** to square one's shoulders
Posse *f* <-, -n> THEAT farce, burlesque
Possessivpronomen *s* possessive pronoun
Post *f* <-> ① (*-amt*) post office ② (*Briefe etc.*) post, mail; **Postanweisung** *f* (*Geldsendung per Post*) [postal] money order; **Postbote** *m*, **Postbotin** *f* postman *m*, postwoman *f*, mailman *m AM*, mailwoman *f AM*
Posten *m* <-s, -> ① ↑ *Amt, Stellung* post ② (COMM *Waren-*) lot; (*bei der Buchung*) item ③ MIL post ④ (*Streik-*) picket
Poster *s* <-s, -> poster
Postfach *s* post-office box, P.O. Box; **Postkarte** *f* postcard; **Postkasten** *m* letter-box, mailbox *AM*; **postlagernd** *adj* to be called for, poste restante, general delivery *AM*; **Postleitzahl** *f* post code, Zip code *AM*; **postmodern** *adj* postmodern; **Postsparkasse** *f* (*Bank*) post-office savings bank; **Poststempel** *m* postmark; **postwendend** *adv FIG* ↑ *sofort* at once
potent *adj* ① (*fruchtbar*) fertile ② (*mächtig*) powerful, potent
Potential *s* <-s, -e> potential
potentiell *adj* potential
Potenz *f* ① sexual potency ② MATH power
Pracht *f* <-> splendour; **prächtig** *adj* ① ↑ *prunkvoll* pompous ② ▷*Mensch* splendid; **Prachtstück** *s* excellent example
Prädikat *s* ① GRAM predicate ② (*Bewertung*) rating
prägen *vt* ① → *Metall* stamp, mould/mold *AM* ② (*formulieren*) → *Satz* coin ③ ↑ *beeinflussen* influence, shape
pragmatisch *adj* pragmatic
prägnant *adj* incisive, trenchant; **Prägnanz** *f* incisiveness, trenchancy
Prägung *f* ① (*Muster*) mould/mold *AM*; stamping; coining ② (*Eigenart*) character
prahlen *vi* boast; **Prahlerei** *f* showing-off
Praktik *f* practice, procedure; **praktikabel** *adj* feasible
Praktikant(in *f*) *m* trainee; **Praktikum** *s* <-s, Praktika> practical training
praktisch I. *adj* ① ↑ *zweckmäßig* practical ② ↑ *geschickt* ◇ **~ veranlagt** dexterous ③ ◇ **~er Arzt** general practitioner **II.** *adv* ↑ *so gut wie* practically, virtually
praktizieren I. *vt* ↑ *anwenden* employ **II.** *vi* ← *Arzt* practise
Praline *f* chocolate
prall *adj* ① ↑ *gefüllt* packed ② ▷*Sonne* blazing
Prämie *f* ① (*Anreiz*) bonus ② (*Versicherungs-*) premium; **prämieren** *vt* reward with a prize
Pranger *m* <-s, -> (*FIG öffentlich anklagen*) ◇ **jd-n an den ~ stellen** to pillory s.b.
Präparat *s* preparation; **präparieren** *vt* prepare
Präposition *f* preposition
Prärie *f* prairie
Präsens *s* <-> present tense
präsent *adj* ① ↑ *anwesend* present ② ↑ *im Gedächtnis* ◇ **etw ~ haben** to have s.th. fresh in mind
präsentieren *vt* present
Präservativ *s* ↑ *Kondom* condom, sheath
Präsident(in *f*) *m* ① ↑ *Vorsitzender* chairman ② POL ↑ *Staatsoberhaupt* president
Präsidium *s* ① (*Polizei-*) headquarters ② ↑ *Vorstand* board, executive committee
prasseln *vi* ① ← *Regen* patter ② ← *Feuer* crackle
Präteritum *s* <-s, Präterita> ↑ *Vergangenheit* preterite tense

Pratze *f* <-, -n> *FAM* ↑ *große Hand* paw
Präventiv- *präf* (*in Zusammensetzungen, Vorbeuge-*) preventive
Praxis *f* <-, Praxen> ① practice, action ② (*Arzt-*) practice, consulting rooms
Präzedenzfall *m* JURA ↑ *Musterfall* precedent
präzis[e] *adj* ↑ *genau* precise; **Präzision** *f* ↑ *Exaktheit* precision
predigen I. *vi* ← *Pfarrer* preach, sermonize **II.** *vt* → *Liebe* preach; **Predigt** *f* <-, -en> sermon
Preis *m* <-es, -e> ① ▷*hoch, niedrig etc.* price; (*FIG auf keinen Fall*) ◇ **um keinen** ~ no way, not for all the tea in China ② (*Ehrenpreis*) prize; **Preisausschreiben** *s* competition
Preiselbeere *f* cranberry
preisen <pries, gepriesen> *vt* ↑ *loben* praise
preisgeben *unreg vt* ① → *Person* abandon ② → *Geheimnis* expose ③ → *Gewohnheit* give up
preisgekrönt *adj* prizewinning; **Preisgericht** *s* jury; **Preislage** *f* price range; ◇ **in jeder** ~ at prices to suit every pocket; **preislich** *adv* ◇ ~ **verschieden sein** to vary in price; ◇ ~ **richtig liegen** to be priced right; **Preissturz** *m* price collapse; **Preisträger(in** *f*) *m* prize winner; **preiswert** *adj cheap,* inexpensive
prekär *adj* ▷*Situation* precarious
prellen *vt* ① → *Zeche* dodge ② *FIG* ↑ *betrügen* fleece; **Prellung** *f* (*Verletzung*) bruise
Premiere *f* <-, -n> ↑ *Erstaufführung* première
Premierminister(in *f*) *m* prime minister
Presse *f* <-, -n> ① (*Saft-*) squeezer ② ↑ *Zeitungswesen* press, journalism; **Pressefreiheit** *f* freedom of the press; **Pressekonferenz** *f* press conference; **Pressemeldung** *f* press report
pressen *vt* ① ↑ *drücken* press ② (*FIG zwingen*) force
pressieren *vi* ↑ *eilen* ◇ **es pressiert** it's urgent
Preßluft *f* compressed air
Prestige *s* <-s> ↑ *Ansehen* prestige
prickeln *vi* ← *Sekt* prickle
pries *impf v. preisen*
Priester(in *f*) *m* <-s, -> (*Geistlicher*) priest
prima *adj inv* ↑ *toll* wonderful
primär *adj* ① ↑ *ursprünglich* prime, original ② ↑ *vorrangig* primary, principal
primitiv *adj* ① ▷*Volk* ↑ *einfach* primitive, savage ② ↑ *dürftig, armselig* pathetic, rough ③ ↑ *geistlos* simple, coarse
Prinz *m* <-en, -en>, **Prinzessin** *f* prince *m,* princess *f*
Prinzip *s* <-s, -ien> ① (*Grundsatz*) principle; ◇ **-ien haben** to have principles ② ↑ *eigentlich* ◇ **im** ~ in principle, fundamentally; **prinzipienlos** *adj* unscrupulous
Priorität *f* ↑ *Vorrang* priority; ◇ **-en setzen** to set priorities, to establish an order of priority
Prise *f* <-, -n> ▷*Salz* pinch
Prisma *s* <-s, Prismen> PHYS prism; ◇ **Licht durch ein ~ zerlegen** to disperse light by a prism
privat *adj* ① ▷*Besitz* private; ▷*Patient* private ② ▷*Gespräch* confidential ③ ▷*Angelegenheit* personal
Privat- *in Zusammensetzungen* private
pro I. *präp akk* per; ◇ ~ **Woche** per week, weekly **II.** *s* <-> ◇ **das P~ u. Kontra** the pros and cons
Probe *f* <-, -n> ① ↑ *Test* trial, tryout *AM*; ◇ **jd-n auf die ~ stellen** to put s.o. to the test ② (THEAT *General-*) rehearsal ③ (*Wein-*) sampling; **Probeexemplar** *s* specimen copy; **Probefahrt** *f* test drive; **Probemenge** *f* sample, specimen; **proben** *vt* THEAT FILM ▷*Auftritt* rehearse; **probeweise** *adv* by way of trial; **Probezeit** *f* (*Einarbeitung*) trial period
probieren *vt* → *Wein* sample, taste; → *Arbeitsweise* try [out]
Problem *s* <-s, -e> ① ↑ *Ärgernis, Sorge* ◇ **-e haben** to have problems ② (*Aufgabe, Frage*) problem; **Problematik** *f* (*schwierige Beschaffenheit*) problematic nature; (*Schwierigkeiten*) difficulties *pl;* **problematisch** *adj* problematical; ↑ *fragwürdig* questionable; **problemlos** *adj* problem-free; **Problemstellung** *f* way of looking at a problem
Produkt *s* <-[e]s, -e> ① ↑ *Erzeugnis* product; AGR produce ② (*Ergebnis*) result, outcome; **Produktion** *f* production
produktiv *adj* ↑ *leistungsstark* productive
Produzent(in *f*) *m* ① (*von Ware*) manufacturer ② (*von Film*) producer; **produzieren I.** *vt* ↑ *herstellen* produce **II.** *vr* ◇ **sich** ~ PEJ perform, show off
professionell *adj* professional
Professor(in *f*) *m* professor; **Professur** *f* professorship
Profi *m* pro[fessional]
Profil *s* <-s, -e> ① (*von Reifen*) tread ② (*Gesicht*) profile ③ (*FIG Ausstrahlung*) personality
profilieren *vr* ◇ **sich** ~ to make a name for o.s.
Profit *m* <-[e]s, -e> ↑ *Gewinn* profit; **profitieren** *vi* ↑ *Nutzen ziehen aus* profit (*von* from)
Prognose *f* <-, -n> ↑ *Vorhersage* prognosis
Programm *s* <-s, -e> ① (*Partei-*) program[me], platform *AM* ② ↑ *Fernsehkanal* channel ③ (*Kino-*) program[me], billing ④ PC program
programmieren *vt* ① (*Ablauf festlegen*) program[me], plan ② PC program; **Programmierer(in** *f*) *m* <-s, -> programmer; **Programmiersprache** *f* PC programming language

Progammkino *s* art cinema
progressiv *adj* ↑ *fortschrittlich* progressive
Projekt *s* <-[e]s, -e> (*Plan*) project
Projektor *m* (*Dia-*) projector
projizieren *vt* [1] → *Dia* project [2] *FIG* → *Vorstellung* project
proklamieren *vt* ↑ *verkünden* proclaim
Prolet(in *f*) *m* <-en, -en> (*PEJ Proletarier*) pleb [eian]; **Proletariat** *s* ↑ *Arbeiterklasse* proletariat; **Proletarier(in** *f*) *m* <-s, -> ↑ *Arbeiter* proletarian
Prolog *m* <-[e]s, -e> [1] ↑ *Vorrede* preamble [2] ↑ *Einleitung* introduction, prologue
Promenade *f* promenade
Promillegehalt *m* <-[s], -> (*von Alkohol*) pro mille content, blood alcohol content *AM*
prominent *adj* ↑ *berühmt, bekannt* prominent; **Prominenz** *f* prominent persons *pl*
Promiskuität *f* (*häufiger sexueller Partnerwechsel*) promiscuity
Promotion [1] *f* (*[Verleihung der] Doktorwürde*) conferment of doctorate [*o.* PhD]
Promotion [2] *f* COMM ↑ *Absatzförderung, Werbung* promotion
promovieren *vi* to attain one's doctorate
prompt *adj* ↑ *unmittelbar, rasch* prompt
Pronomen *s* <-s, -> (*Personal-*) pronoun
Propaganda *f* <-> ↑ *Werbung* propaganda; **propagieren** *vt* → *Überzeugung* plug, propagate, disseminate
Propeller *m* <-s, -> propeller
Prophet(in *f*) *m* <-en, -en> ↑ *Seher* prophet; **prophezeien** *vt* ↑ *vorhersagen* prophesy, predict; **Prophezeiung** *f* ↑ *Vorhersage* prediction, prophecy
Proportion *f* proportion; **proportional** *adj* proportional
Prosa *f* <-> poetry; **prosaisch** *adj* (*FIG langweilig*) prosaic, pedestrian
Prospekt *m* <-[e]s, -e> brochure, catalogue
Prost! *intj* cheers!
prostituieren *vr* ◇ **sich** ~ *FIG* prostitute o.s.; **Prostituierte(r)** *fm* ↑ *Strichmädchen/-junge* prostitute
Protest *m* <-[e]s, -e> ↑ *Widerspruch* protest
Protestant(in *f*) *m* REL Protestant; **protestantisch** *adj* Protestant
protestieren *vi* ↑ *widersprechen* protest
Protestkundgebung *f* ↑ *Demo[nstration]* protest rally
Prothese *f* <-, -n> [1] (*Bein-*) artificial limb [2] (*Zahn-*) denture
Protokoll *s* <-s, -e> [1] (*von Sitzung*) minutes *pl* [2] ↑ *Bericht* report; **protokollieren** *vt* take down the minutes of, record
Proton *s* <-s, -en> ↑ *atomares Teilchen* proton
Prototyp *m* ↑ *Musterexemplar* prototype
Protz *m* <-en, -e[n]> *FAM* ↑ *Angeber* swank, show-off; **protzen** *vi* ↑ *angeben* show off (*mit* with); **protzig** *adj* ▷*Haus, Auto* ostentatious; *FAM* flashy
Proviant *m* <-s, -e> provisions *pl*
Provinz *f* <-, -en> [1] ↑ *Landesteil* province [2] *FIG* ↑ *rückständige Gegend* backwoods *pl*, the sticks *pl AM*; **provinziell** *adj* provincial
Provision *f* commission
provisorisch *adj* ↑ *behelfsmäßig* provisional
Provokation *f* ↑ *Herausforderung* provocation; **provozieren** *vt* ↑ *herausfordern* provoke
Prozedur *f PEJ* ▷*langwierige* ~ ordeal, procedure
Prozent *s* <-[e]s, -e> percent, per cent; **Prozentsatz** *m* percentage; **prozentual** *adj* (*im Verhältnis*) proportional
Prozeß *m* <-sses, -sse> [1] JURA trial [2] ↑ *Vorgang* process; *FIG* ◇ **mit etw/jd-m kurzen ~ machen** to take care of s.th./s.o. quickly; **prozessieren** *vi* JURA ↑ *Prozeß führen* litigate (*gegen* against)
Prozession *f* REL procession
Prozessor *m* PC processor
prüfen *vi* [1] ↑ *testen* test [2] ↑ *kontrollieren* check, inspect [3] ↑ *Prüfung abnehmen* examine; **Prüfer (in** *f*) *m* <-s, -> examiner; **Prüfling** *m* examinee, candidate; **Prüfung** *f* [1] (*von Motor*) test, checkup [2] ▷*bestehen* examination [3] (COMM *Buch-*) audit; **Prüfungskommission** *f* commission of inquiry
Prügel *m* <-s, -> [1] (*Holz-*) club [2] (*im Plural*) ↑ *Schläge* ◇ ~ **bekommen** to get a thrashing; **Prügelei** *f* ↑ *Schlägerei* fight, brawl; *FAM* punch-up; **Prügelknabe** *m* ↑ *Sündenbock* scapegoat, whipping boy; **prügeln I.** *vt* ↑ *schlagen* hit, thrash **II.** *vr* ◇ **sich** ~ (*sich gegenseitig verhauen*) to have a fight
prunkvoll *adj* [1] ▷*Fest* sumptuous [2] ▷*Schloß* magnificent
Psychiater(in *f*) *m* <-s, -> psychiatrist
psychisch *adj* ↑ *seelisch* psychic, mental
Psychoanalyse *f* psychoanalysis
Psychologe *m* <-n, -n>, **Psychologin** *f* psychologist; **Psychologie** *f* psychology; **psychologisch** *adj* psychological
Psychopharmaka *pl* MED psychoactive drugs *pl*
psychosomatisch *adj* ▷*Krankheit* psychosomatic
Psychotherapeut(in *f*) *m* psychotherapist
Pubertät *f* puberty

Publikum *s* <-s> ① ↑ *Öffentlichkeit* public ② MEDIA audience
publizieren *vt* ▷*Zeitschrift* publish
Pudding *m* <-s, -e *o.* -s> pudding
Pudel *m* <-s, -> poodle
Puder *m o. s* <-s, -> powder; **pudern** *vt* → *Gesicht* powder; **Puderzucker** *m* icing sugar, powdered sugar
Puff *m* <-s, -s> *FAM* ↑ *Bordell* brothel
Puffer *m* <-s, -> ① BAHN buffer ② PC buffer; **Pufferzone** *f* buffer zone
Pulli *m* <-s, -s> *Abk. v. FAM* **Pullover; Pullover** *m* <-s, -> pullover, jumper
Puls *m* <-es, -e> pulse; **pulsieren** *vi* ① ← *Blut* beat, throb ② *FIG* ← *Leben* pulsate
Pult *s* <-[e]s, -e> (*Schreib-*) desk; (*Noten-*) stand; (*Redner-*) podium
Pulver *s* <-s, -> ① (*Pudding-*) powder ② (*Schieß-*) [gun] powder; **pulverisieren** *vt* pulverize; **Pulverschnee** *m* powder snow
pummelig *adj* ↑ *dick* chubby
Pumpe *f* <-, -n> TECHNOL pump; *FAM* ↑ *Herz* ticker; **pumpen** *vt* ① TECHNOL pump ② (*FAM Geld verleihen*) front; ◇ **kannst du mir fünfzig Mark ~?** can you lend me fifty marks? ③ *FAM* ↑ *sich ausleihen* borrow; ◇ **von jd-m etw ~** to touch s.o. for s.th.
Punk *m* <-s, -s> ① (*Musik*) punk ② (*Jugendliche(r)*) punk
Punkt *m* <-[e]s, -e> ① point ② (*vom Buchstaben i*) dot ③ (*Interpunktion*) full stop, period *AM* ④ (*von Bericht*) point, item ⑤ ◇ **~ 12** 12 o'clock sharp
punktieren *vt* ① (MED *Akupunktur*) needle ② → *Linie* dot
pünktlich *adj* punctual; *FAM* on the dot
Punktzahl *f* score
Pupille *f* <-, -n> pupil
Puppe *f* <-, -n> ① (*Stoff-*) doll ② (*Schmetterlings-*) pupa, cocoon
pur *adj* ↑ *rein* pure; ◇ **~er Unsinn** complete nonsense
Püree *s* <-s, -s> ↑ *Brei* purée
Purzelbaum *m* somersault; **purzeln** *vi FAM* tumble down; ◇ **über etw** *akk* **~** to trip over s.th.
Puste *f* <-> *FAM* ↑ *Atem* puff, wind; ◇ **außer ~ sein** to be out of puff
Pustel *f* <-, -n> ↑ *Pickel* pustule
pusten *vi* ↑ *blasen* blow
Pute *f* <-, -n> GASTRON ↑ *Truthenne* turkey; **Puter** *m* <-s, -> GASTRON ↑ *Truthahn* turkey
Putsch *m* <-[e]s, -e> (*Militär-*) coup d'état; **putschen** *vi* lead a putsch [*o.* coup d'etat]
Putz *m* <-es> ARCHIT plaster; (*Rau-*) rough cast
putzen I. *vt* ① → *Haus* clean ② → *Nase* blow **II.** *vr* ◇ **sich ~** ← *Katze* to preen o.s.; **Putzfrau** *f* char, cleaning lady, maid *AM*
putzig *adj* ↑ *niedlich* cute
Putzlappen *m* cleaning cloth
Puzzle *s* <-s, -s> jigsaw puzzle
Pyjama *m* <-s, -s> ↑ *Schlafanzug* pyjamas *pl*
Pyramide *f* <-, -n> pyramid

Q

Q, q *s* Q, q
quabb[e]lig *adj FAM* ▷*Frosch* slimy; ▷*Gelatine* wobbly
Quacksalber(in *f*) *m* <-s, -> *FAM* quack
Quaddel *f* <-, -n> (*Hautschwellung*) rash; (*durch Insekten*) bite; (*von Sonne*) heat spot
Quader *m* <-s, -> (*-stein*) square stone block; MATH cube
Quadrat *s* square; MATH square; ◇ **zwei ins ~ erheben** two square; **quadratisch** *adj* ▷*Fläche* square; MATH ▷*Gleichung* quadratic; **Quadratmeter** *m* square metre, square meter *AM*; **Quadratlatschen** *pl* (*FAM PEJ große Füße, Schuhe*) clod-hoppers *pl;* **Quadratwurzel** *f* MATH square root
quaken *vi* ← *Frosch* croak; ← *Ente* quack; (*FAM dumm reden*) squawk
quäken *vi FAM* ← *Kleinkind* whine
Quäker *m* <-s, -> REL Quaker
Qual *f* <-, -en> torture, agony; ▷*seelisch* anguish; **quälen I.** *vt* torture, agonize; (*mit Bitten*) pester, plague **II.** *vr* ◇ **sich ~** torture o.s., struggle (*mit* with); **Quälerei** *f* torment, torture; *FIG* agony; **Quälgeist** *m FAM* pest
Qualifikation *f* qualification; ◇ **die notwendige ~ haben** to have the necessary qualifications *pl;* **qualifizieren** *vr* ◇ **sich ~** qualify (*für* for)
Qualität *f* quality; **Qualitätsware** *f* quality products *pl*
Qualle *f* <-, -n> jellyfish
Qualm *m* <-[e]s> (*Rauch, Dunst*) smoke; (*Zigarren-*) smoke; **qualmen** *vt, vi* ← *Schornstein* smoke; ← *Person* smoke; *FAM* puff
qualvoll *adj* ▷*Tod, Ende* painful, agonizing
Quantentheorie *f* MATH quantum theory
Quantität *f* quantity; **quantitativ** *adj* ▷*Analyse* quantitative
Quantum *s* <-s, Quanten> (*bestimmte Menge*) quantum, quantity

Quarantäne *f* <-, -n> MED quarantine; ◇ **in - liegen** to be in quarantine
Quark *m* <-s> [1] (*Speise*) curd cheese [2] *FAM* ↑ *Quatsch* rubbish; **Quarkkuchen** *m* cheese cake
Quartal *s* <-s, -e> quarter [of a year]
Quartalzahlung *f* quarterly payment
Quarte *f* MUS fourth
Quartett *s* <-s, -e> [1] MUS quartette [2] (*Kartenspiel*) set of fours
Quartier *s* <-s, -e> [1] (*Urlaubs-*) accomodations *pl;* MIL quarters *pl* [2] ↑ *Stadtviertel* quarters *pl*
Quarz *m* <-es, -e> GEO quartz
quasi *adv* ↑ *nahezu* ↑ *fast* virtually, quasi-
quasseln *vi* (*FAM ständig reden*) chatter, gabble; **Quasselstrippe** *f* chatterbox, motormouth
Quaste *f* <-, -n> (*Puder-*) puff
Quatsch *m* <-es> *FAM* nonsense, baloney, rubbish; **quatschen** *vi* (*FAM reden*) talk nonsense
Quecksilber *s* CHEM quicksilver, mercury; (*-thermometer*) quicksilver, mercury
Quelle *f* <-, -n> [1] (*Erdöl-, Mineral-*) well, spring [2] (*FIG Informations-*) source; **quellen** <quoll, gequollen> *vi* [1] ↑ *hervor-* ← *Blut* pour, gush [2] ↑ *schwellen* ← *Holz, Hülsenfrüchte* swell, soak
quengeln *vi FAM* ↑ *jammern* whine, nag
quer *adv* [1] (*der Breite nach*) crosswise; ↑ *rechtwinklig* at a right angle [2] (*diagonal, schräg*) diagonally; ◇ **- durch den Wald** straight through the woods; **Querbalken** *m* cross-beam; **Quere** *f* <-, -n> (*FAM behindern*) ◇ **jd-m in die - kommen** to cross s.o.'s path; **querfeldein** *adv* cross country; **Querflöte** *f* flute; **Querruder** *s* AERO aileron; **Querschiff** *s* (*von Kirche*) transept; **Querschnitt** *m* cross-section; **querschnittsgelähmt** *adj* paraplegic, paralyzed from the waist down; **Querstraße** *f* ◇ **das ist e-e - zum Nikolausweg** this street runs at right angles to the Nikolausweg
Querulant(in *f*) *m* grouch, grumbler
quetschen *vt* squeeze; (*verletzen*) pinch; **Quetschung** *f* MED contusion
Queue *s* <-s, -s> (*Billard-*) cue
quieken *vi* ← *Schwein* squeal; ← *Mensch* squeak, squeal
quietschen *vi* ← *Tür* squeak; ← *Mensch* squeal; *FAM* ◇ **vor Vergnügen** - to squeal with joy
Quinte *f* <-, -n> MUS fifth; **Quintett** *s* <-s, -e> quintette
Quirl *m* <-[e]s, -e> whisk, beater
quitt *adj* ◇ **- sein mit jd-m** to be even with s.o.
Quitte *f* <-, -n> quince
quittieren *vt* [1] ↑ *schriftlich bestätigen* → *[Geld-] Empfang* to give a receipt [2] ↑ *kündigen* → *Dienst* quit; **Quittung** *f* receipt
Quiz *s* <-, -> quiz; **Quizmaster** *m* <-s, -> [game] show master; **Quizsendung** *f* game show
quoll *impf v.* **quellen**
Quote *f* <-, -n> (*Fehler-, Gewinn-*) rate
Quotient *m* quotient

R

R, r *s* R, r
Rabatt *m* <-[e]s, -e> discount
Rabatz *m* <-> *FAM* ◇ **- machen** row, rumpus
Rabe *m* <-n, -n> FAUNA crow
Rabenmutter *f FIG* cruel mother; **Rabenvater** *m FIG* cruel father
rabiat *adj* ▷*Person* raving mad; ▷*Umgangston* coarse; ▷*Methoden* ruthless
Rache *f* <-> revenge, vengeance
Rachen *m* <-s, -> [1] ANAT throat [2] (*Raubtier-*) jaws
rächen I. *vt* → *jd-n/etw* revenge **II.** *vr* ◇ **sich -** ↑ *Rache nehmen* take revenge (*an dat* on)
Rachitis *f* <-> MED rickets *pl*
rachsüchtig *adj* vindictive
Rad *s* <-[e]s, Räder> [1] ↑ *Reifen* (*Vorder-*) wheel [2] (AUTO *Lenk-*) steering wheel [3] (*Fahr-*) bicycle [4] (SPORT *Turnübung*) cartwheel
Radar *s o. m* <-s> radar; **Radarfalle** *f* speed trap; ◇ **in e-e - geraten** to get caught speeding; **Radarkontrolle** *f* police radar control
Radau *m* <-s> *FAM* ↑ *Krawall, Lärm* racket
radeln *vi* cycle
radfahren *unreg vi* [1] ↑ *mit dem Fahrrad fahren* go by bicycle, cycle [2] *PEJ FAM* ↑ *kriechen* lick s.o.'s boots; **Radfahrer(in** *f*) *m* [1] (*auf Rad*) cyclist [2] *PEJ FAM* ↑ *Kriecher* (*in Firma*) bootlicker; *FAM!* ass-kisser
radieren *vt* [1] (*entfernen*) erase, rub out [2] (*Kunst*) ▷*Zeichnung* etch; **Radiergummi** *m* rubber, eraser; **Radierung** *f* (*Kunst*) etching
Radieschen *s* raddish
radikal *adj* [1] ↑ *rigoros* ▷*Änderung* drastic, radical, thorough [2] ↑ *extremistisch* (*links-*) radical, extreme; **Radikale(r)** *fm* (*Links-, Rechts-*) extremist
Radio *s* <-s, -s> [1] (*Apparat*) radio [2] ↑ *Rundfunk* broadcasting service, radio
radioaktiv *adj* radioactive; *FAM* hot; **Radioaktivität** *f* radioactivity

Radiorecorder *m* <-s, -> radio cassette recorder; **Radiowecker** *m* radio alarm clock

Radium *s* CHEM radium

Radius *m* <-, Radien> ↑ *Halbmesser* (*von Kreis*) radius

Radkappe *f* AUTO hub cap

Radler(in *f*) *m* <-s, -> [1] ↑ *Radfahrer* cyclist [2] (*Bier mit Zitronenlimonade*) shandy

Radrennbahn *f* cycling track; **Radrennen** *s* cycle racing; **Radsport** *m* cycling; **Radweg** *m* cycle path

RAF *f Abk. v.* **Rote-Armee-Fraktion** RAF, Red Army Fraction

raffen *vt* [1] ↑ *schnell ergreifen* (*bei Diebstahl, Flucht*) snatch; ◇ **etw an sich** ~ to grab s.th. for o.s. [2] → *Stoff, Vorhang* gather [3] ↑ *anhäufen* → *Geld* amass [4] *FAM* ↑ *kapieren* grasp; ◇ **hat er's endlich gerafft?** has he finally got it?

Raffinade *f* refined [*o.* white] sugar

Raffinesse *f* [1] ↑ *Gerissenheit* shrewdness [2] ↑ *technische Besonderheit* technical feature; ◇ **ein Auto mit vielen -n** a car with all the extras; **raffiniert** *adj* [1] ↑ *schlau* ▷*Person* shrewd, slick *AM* [2] ↑ *ausgeklügelt* ▷*Plan* sophisticated, ingenious [3] ▷*Zucker, Öl* refined

ragen *vi* rear

Rahm *m* <-s> cream

rahmen *vt* → *Bild* frame; **Rahmen** *m* <-s, -> [1] (*Bilder-*) frame [2] ↑ *Chassis* (*von Auto, Motorrad etc.*) chassis [3] ↑ *Atmosphäre* (*festlicher* ~) environment [4] (*FIG* ~*handlung*) outline, framework [5] *FIG* ↑ *Bereich* scope; ◇ **im** ~ **des Möglichen** within the scope of possiblity

rahmig *adj* creamy

Rakete *f* <-, -n> (AERO ASTRON *Mond-*) flare; (MIL *Abwehr-*) rocket, missile; (*Leucht-*) flare

Rallye *f* <-, -s> (*Auto-*) rally

rammen *vt* [1] ↑ *anfahren* ram [2] ↑ *stoßen* → *Pfahl* drive (*in akk* into)

Rampe *f* <-, -n> [1] ↑ *Auffahrt* (*Lade-*) ramp [2] THEAT apron [3] (MIL *Abschuß-*) launching pad; **Rampenlicht** *s* [1] THEAT footlights *pl* [2] *FIG* ↑ *Mittelpunkt* ◇ **im** ~ **stehen** to stand in the limelight

ramponieren *vt FAM* ↑ *kaputtmachen* damage

Ramsch *m* <-[e]s, -e> (*FAM minderwertige Ware*) rubbish

ran = *FAM* **heran**

Rand *m* <-[e]s, Ränder> [1] (*von Teller, Brille*) rim; (*von Abgrund*) precipice, brink; (*von Papier*) margin, edge [2] *FIG* ◇ **am -e der Verzweiflung** on the verge of despair [3] *FAM PEJ* ↑ *Mund* ◇ **den** ~ **halten** to shut up [4] *FIG* ↑ *beiläufig* ◇ **am -e bemerken** to comment in passing

Randale *f* <-, -n> *FAM* ↑ *Zerstörung* racket; ◇ ~ **machen** to kick up a fuss; **randalieren** *vi FAM* raise hell; (*stärker*) riot

Randbemerkung *f a.* THEAT ↑ *Nebenbemerkung* aside; **Randerscheinung** *f* side issue

rang *impf v.* **ringen**

Rang *m* <-[e]s, Ränge> [1] ↑ *Stellung* position, rank [2] ↑ *Qualität* quality; ◇ **ein Künstler ersten -es** an artist of the first order, a first-class artist [3] THEAT circle, tier, balcony *AM* [4] ↑ *hoher Stellenwert* status, standing; ◇ **e-e Person von** ~ a person of quality [5] SPORT ↑ *Platz* place

rangieren I. *vt* → *Eisenbahn* shunt **II.** *vi FIG* ◇ **an erster Stelle** ~ to rank first

Rangordnung *f* [1] ↑ *Hierarchie* order of preference, hierachy [2] MIL rank

Ranke *f* <-, -n> FLORA creeper

rann *impf v.* **rinnen**

rannte *impf v.* **rennen**

Ranzen *m* <-s, -> [1] ↑ *Tasche* (*Schul-*) satchel [2] *FAM PEJ* ↑ *Bauch* belly, gut

ranzig *adj* rancid

Rappe *m* <-n, -n> black horse

Rappel *m* <-s, -> *FAM* [1] ↑ *Wutanfall* tantrum; ◇ **e-n** ~ **kriegen** to blow one's top [2] (*zeitweilig spinnen*) ◇ **er hat ja e-n** ~ he's nuts

Raps *m* <-es, -e> FLORA rape-seed

rar *adj* ↑ *selten* rare; ◇ **sich** ~ **machen** to make o.s. scarce; **Rarität** *f* ↑ *Seltenheit* rarity; ◇ **-en sammeln** to collect curios [*o.* rare objects]

rasant *adj* ▷*Tempo* breakneck

rasch *adv* quickly

rascheln *vi* ← *Papier, Laub* rustle

rasen *vi* [1] ↑ *schnell fahren* race speed [2] ↑ *wüten, toben* rage

Rasen *m* <-s, -> lawn; ↑ *Gras* grass

rasend I. *adv* ↑ *sehr* extremely; ◇ **er ist** ~ **vor Eifersucht** he is burning with jealousy **II.** *adj* [1] ↑ *wütend* furious [2] ↑ *stark* ◇ **-e Schmerzen** splitting pains

Rasenmäher *m* <-s, -> lawnmower

Raserei *f* [1] ↑ *schnelles Fahren* [reckless] speeding [2] ↑ *Wüten* raving fury, purple rage

Rasierapparat *m* safety razor; **Rasiercreme** *f* shaving cream; **rasieren** *vt, vr* ◇ **sich** ~ → *Bart* shave; **Rasierklinge** *f* razor blade; **Rasierwasser** *s* shaving lotion, after-shave lotion

Rasse *f* <-, -n> ↑ *Art* (*Tier-*) breed; (*Menschen-*) race; ◇ **ein -pferd** a thoroughbred horse

Rassel *f* <-, -n> rattle; **rasseln** *vi* [1] ↑ *klirren* rattle, clatter [2] *FAM* ↑ *durchfallen* ◇ **durch e-e Prüfung** ~ to flunk an exam

Rassenhaß *m* racial hatred; **Rassentrennung** *f* ↑ *Apartheid* racial segregation

R

Rast *f* <-, -en> ↑ *Pause* break; **rasten** *vi* have a break, rest

Raster *s* MEDIA FOTO screen; (*bei Siebdruck*) silk screen

Rasthaus *s* inn, pub; **rastlos** *adj* ↑ *unermüdlich* indefatigable; (*unruhig*) restless; **Rastplatz** *m* (*an Autobahn*) lay-by; **Raststätte** *f* (*an Autobahn*) service area, service station, services *pl*

Rasur *f* (*Naß-, Trocken-*) shave

Rat [1] *m* <-[e]s> ① advice, counsel; ◇ **um - fragen** to seek advice; ◇ **e-n - befolgen** to follow advice ② ↑ *Vorschlag* suggestion

Rat [2] *m* <-[e]s, Räte> ① ↑ *Gremium* (*Gemeinde-*) council ② (*Amts-*) councillor

Rate *f* <-, -n> (*Monats-*) instalment; ◇ **auf -n kaufen** to buy by/in instalments; *FAM* to buy on the never-never

raten <riet, geraten> *vt* ① ↑ *Rat geben* ◇ **jd-m etw -** to recommend s.th. to s.o., to advise s.o. to do s.th. ② → *Rätsel* guess; ◇ **rate mal!** have a guess!

ratenweise *adv* by instalments; **Ratenzahlung** *f* hire purchase

Ratgeber(in *f*) *m* <-s, -> adviser; **Rathaus** *s* town hall

ratifizieren *vt* → *Vertrag* ratify; **Ratifizierung** *f* (*von Vertrag, Gesetz*) ratification

Ration *f* (*Essens-*) ration

rational *adj* ↑ *vernünftig* rational

rationalisieren *vt* → *Personal* rationalize

rationell *adj* ↑ *ökonomisch* efficient; ↑ *zweckmäßig* streamlined

rationieren *vt* → *Essen* ration

ratlos *adj* ↑ *hilflos* at a loss, perplexed; **Ratlosigkeit** *f* perplexity, helplessness; **ratsam** *adj* ↑ *empfehlenswert* advisable; **Ratschlag** *m* suggestion, recommendation

Rätsel *s* <-s, -> ① *FIG* mystery, riddle; ◇ **jd-m ein - aufgeben** to set s.o. a puzzle, to be enigmatic toward s.o. ② (*Bilder-*) [picture] puzzle; **rätselhaft** *adj* ↑ *unverständlich* baffling

Ratskeller *m* town hall restaurant

Ratte *f* <-, -n> ① FAUNA rat ② *FAM PEJ* ↑ *mieser Typ* fink

rattern *vi* clatter

Raub *m* <-[e]s> ① ↑ *Diebstahl* (*-überfall*) robbery ② ↑ *das Geraubte* haul, booty; **Raubbau** *m* exploitation, abuse (*an dat* of); **Raubdruck** *m* (*von Buch*) bootleg [copy]; **rauben** *vt* ① ↑ *stehlen* → *Geld, Schmuck* rob ② *FIG* ↑ *nehmen* ◇ **jd-m die Hoffnung -** to take s.o.'s last hope

Räuber(in *f*) *m* <-s, -> (*Bank-*) robber; **räuberisch** *adj* JURA ◇ **-er Überfall** armed robbery

Raubmord *m* murder and robbery; **Raubtier** *s* carnivore, predatory; **Raubvogel** *m* bird of prey

Rauch *m* <-[e]s> (*Tabak-*) smoke; **rauchen** *vt* smoke; **Raucher(in** *f*) *m* <-s, -> smoker; **Raucherabteil** *s* (*in Zug etc.*) smoking section

räuchern *vt* → *Schinken* smoke, cure; **Räucherstäbchen** *s* joss stick

Rauchfleisch *s* smoked meat; **rauchig** *adj* smoky; **Rauchvergiftung** *f* MED smoke inhalation

räudig *adj* ▷ *Hund* mangy

rauf = *FAM* **herauf**

Raufbold *m* <-[e]s, -e> (*FAM Person*) rowdy; **raufen** *vi* ① (*von Kindern*) tussle ② ◇ **sich** *dat* **die Haare vor Wut -** to tear one's hair with rage; **Rauferei** *f* scrap, brawl

rauh *adj* ① (*nicht glatt*) ▷ *Oberfläche* rough, uneven ② ↑ *kalt, windig* ▷ *Wetter* rough, inclement ③ (*ungeschliffen*) ▷ *Mensch* uncouth; ▷ *Umgangston* gruff; **Rauhreif** *m* hoarfrost

Raum *m* <-[e]s, Räume> ① (*Wohn-*) room ② ↑ *Platz* space ③ ↑ *Umgebung* surrounding area; ◇ **im - Frankfurt** in the Frankfurt area ④ (*FIG Spiel-*) flexibility; ◇ **e-r Idee - geben** to give free rein to an idea

räumen *vt* ① ↑ *ausziehen* → *Wohnung* vacate, move out of ② → *Saal* clear ③ ↑ *aufräumen, hinstellen* (*in Regal etc.*) remove

Raumfähre *f* space shuttle; **Raumfahrt** *f* space travel; **Rauminhalt** *m* ↑ *Fassungsvermögen* volume; **Raumlabor** *s* skylab

räumlich **I.** *adj* spatial **II.** *adv* spatially; ◇ **sie wohnen - beengt** they live in a cramped dwelling; **Räumlichkeiten** *pl* ↑ *Zimmer* premises *pl*

Raummangel *m* shortage of space; **Raummeter** *m* MATH ↑ *Kubikmeter* cubic meter; **Raumpfleger(in** *f*) *m* cleaner; **Raumschiff** *s* ASTRON space ship; **Raumsonde** *f* ASTRON space probe

Räumung *f* (*Wohnungs-*) removal, clearance; **Räumungsverkauf** *m* COMM clearance sale

Raupe *f* <-, -n> ↑ *Larve* caterpillar; **Raupenfahrzeug** *s* ↑ *Kettenfahrzeug* tracked vehicle

raus = *FAM* **heraus, hinaus**

Rausch *m* <-[e]s, Räusche> ① (*Wein-*) intoxication ② ↑ *Euphorie* (*Glücks-*) exhilaration

rauschen *vi* ① ← *Wasser* murmur; (*stärker*) rush ② ← *Blätter* rustle ③ *FAM* ↑ *gehen* ◇ **aus dem Zimmer -** sweep out of the room

rauschend *adj* ① ↑ *groß, üppig* ▷ *Fest* sumptuous ② ↑ *laut* ▷ *Beifall* thunderous

Rauschgift *s* narcotics *pl;* **Rauschgiftsüchtige(r)** *fm* drug addict

räuspern *vr* ◇ **sich -** clear one's throat

Raute *f* <-, -n> MATH rhombus, diamond

Razzia *f* <-, Razzien> (*Polizei-*) raid

Reagenzglas *s* (*in Labor*) test tube
reagieren *vi* ① CHEM react ② *FIG* ▷*böse, prompt* react, respond (*auf akk* to)
Reaktion *f* ① CHEM reaction ② *FIG* reaction
reaktionär *adj* reactionary
Reaktionsgeschwindigkeit *f* ① CHEM rate of reaction ② PSYCH speed of reaction
Reaktor *m* (*von Atomkraftwerk*) reactor; **Reaktorkern** *m* core of a reactor
real *adj* ↑ *wirklich* actual, real
realisieren *vt* ① ↑ *verwirklichen* → *Idee* put into effect, realize ② (*Profit etc.*) convert [into cash], realize
Realismus *m* realism; **Realist(in** *f*) *m* realist; **realistisch** *adj* realistic; **Realität** *f* reality
Realpolitik *f* realpolitik; **Realschule** *f* ≈ secondary modern school *BRIT*, ≈ junior high school *AM*
Rebe *f* <-, -n> ↑ *Weinstock* vine
Rebell(in *f*) *m* <-en, -en> rebel; **Rebellion** *f* insurrection, rebellion; **rebellisch** *adj* rebellious
Rebhuhn *s* FAUNA partridge
Rebstock *m* FLORA vine
Rechen *m* <-s, -> (*Gartengerät*) rake
Rechenaufgabe *f* MATH sum; **Rechenschaft** *f* ◇ **jd-m über etw ~ ablegen** to account to s.o. for s.th.; ◇ **jd-n zur ~ ziehen** to call s.o. to account; **Rechenzentrum** *s* computer centre
recherchieren *vt* ↑ *ermitteln* research
rechnen I. *vt* ① MATH → *Aufgabe* work out ② ↑ *zählen zu* ◇ **ich rechne ihn zu meinen Freunden** I count him as one of my friends ③ (*einplanen, schätzen*) reckon; ◇ **für die Fahrt ~ wir 8 Stunden** we reckon the journey will take 8 hours II. *vi* ① MATH calculate; ▷*elektronisch* compute ② *FIG* ↑ *sparsam sein* economize; ◇ **mit jedem Pfennig ~** to watch every penny ③ *FIG* ◇ **mit dem Schlimmsten ~** to expect the worst ④ ↑ *sich verlassen* ◇ **auf etw/jd-n ~** to rely on s.th./s.o.; **Rechner** *m* <-s, -> computer; **Rechnung** *f* ① MATH ↑ *Rechenaufgabe* calculation, computation ② (COMM *Kosten-*) bill, account; ◇ **e-e ~ bezahlen** to settle a bill ③ *FIG* ◇ **e-r Sache ~ tragen** to take s.th. into account; **Rechnungsprüfer(in** *f*) *m* COMM POL auditor; **Rechnungsprüfung** *f* audit
recht I. *adj* ① ↑ *passend* ▷*Zeitpunkt* right, suitable, due ② ↑ *richtig* ▷*Entscheidung* right, correct II. *adv* ① ↑ *ziemlich* quite, rather ② ◇ **~ haben** to be right; ◇ **~ bekommen** to be vindicated/justified ③ ◇ **das ist mir ~** that suits me
Recht *s* <-[e]s, -e> ① ↑ *Anspruch* right (*auf akk* to); ◇ **mit ~** justifiably ② JURA ↑ *Gesetz* law; ◇ **von ~s wegen** de jure, by right
Rechte *f* <-n, -n> ① ↑ *rechte Seite* right-hand side, right ② ▷*politisch* right [wing]
rechte(r, s) *adj* right; **Rechte(r)** *fm* ▷*politisch* right-winger; **Rechte(s)** *s* ↑ *Richtiges* right thing; ◇ **das ist nichts ~s** that is not right and proper; **Rechteck** *s* <-s, -e> (*geometrische Figur*) rectangle; **rechteckig** *adj* rectangular
rechtfertigen I. *vt* ↑ *verteidigen* → *Ansicht, Tat* justify, vindicate II. *vr* ◇ **sich ~** ↑ *verteidigen* justify o.s.; **Rechtfertigung** *f* justification
rechthaberisch *adj* disputatious, dogmatic; **rechtlich** *adj* legal; **rechtmäßig** *adj* rightful, legitimate
rechts *adv* right; **Rechtsanwalt** *m*, **Rechtsanwältin** *f* ① (*beratende(r)*) lawyer, solicitor ② (*plädierende(r)*) barrister, counsel, attorney *AM*; **Rechtsaußen** *m* <-, -> (SPORT *Fußball*) outside right, right winger *AM*; **Rechtsbeistand** *m* JURA counsel
rechtschaffen *adj* ↑ *ehrlich* honest, straight
Rechtschreibung *f* ↑ *Orthographie* spelling
Rechtsfall *m* JURA case; **Rechtshänder(in** *f*) *m* <-s, -> right-hander; **rechtskräftig** *adj* ▷*Urteil* valid, legally binding; **Rechtskurve** *f* right-hand bend; **rechtsradikal** *adj* POL extreme right-wing; **Rechtsschutzversicherung** *f* insurance covering legal fees; **rechtswidrig** *adj* illegal
rechtwinklig *adj* ↑ *neunzig Grad* right-angled; **rechtzeitig** I. *adj* ▷*Hilfe* timely II. *adv* ① ↑ *pünktlich* ▷*kommen* punctually, on time ② ↑ *früh genug* in good time
Reck *s* <-[e]s, -e> SPORT horizontal bar
recken I. *vt* ↑ *strecken* → *Hals* stretch II. *vr* ◇ **sich ~** ↑ *dehnen, strecken* stretch o.s., have a good stretch
Recycling *s* <-s> recycling; **Recyclingpapier** *s* recycled paper
Redakteur(in *f*) *m* editor; **Redaktion** *f* ① ↑ *Redigieren* editing ② (*-sabteilung*) editorial office ③ (*Personal*) editorial staff
Rede *f* <-, -n> ① ↑ *Reden* speech, talk; ◇ **davon war nie die ~** that was never suggested, that wasn't the point ② ◇ **jd-n zur ~ stellen** to call s.o. to account ③ ↑ *Ansprache* speech, address; ◇ **e-e ~ halten** to make a speech ④ GRAM ▷*direkt, indirekt* speech; **Redefreiheit** *f* freedom of speech; **redegewandt** *adj* eloquent; **reden** I. *vi* ① ↑ *sprechen* talk, speak (*über akk* about) ② ↑ *sich unterhalten* converse (*über akk* about) ③ ↑ *Rede halten* address II. *vt* ↑ *sagen* say; ◇ **dummes Zeug ~** to say stupid things, to talk rubbish; **Redensart** *f* expression, idiom; **Redewendung** *f* figure of speech, phrase, idiom

R

redlich *adj* decent
Redner(in *f*) *m* <-s, -> speaker
redselig *adj* chatty, talkative
reduzieren *vt* → *Gewicht* reduce; → *Personal* cut; → *Aufwand* reduce, limit
Reede *f* <-, -n> (*Schiffs-*) roadstead; ◇ **auf der - liegen** to ride at anchor; **Reeder(in** *f*) *m* <-s, -> shipowner
reell *adj* ① ↑ *ehrlich* ▷ *Geschäft* solid ② ↑ *konkret* ▷ *Chance* real
Referat *s* ① ↑ *Vortrag* lecture (*über akk* on) ② ↑ *Abteilung* (*Presse-*) section
Referendar(in *f*) *m* (SCH *Studien-*) probationary teacher, student teacher *AM*
Referent(in *f*) *m* ① ↑ *Vortragende(r)* reporter, speaker ② ↑ *Sachbearbeiter* expert; ◇ **Presse-** press officer
Referenz *f* recommendation, reference
referieren *vi* ① ↑ *vortragen* lecture (*über akk* on/upon) ② ↑ *mitteilen* report (*über akk* on)
reflektieren I. *vt* ↑ *spiegeln* → *Licht* reflect **II.** *vi* ↑ *nachdenken* reflect (*über akk* on)
Reflex *m* <-es, -e> ① ↑ *Widerschein* reflection ② BIOL ↑ *Reaktion* (*bedingter -*) reflex
Reflexion *f* ① (*von Strahlen*) reflection ② ↑ *Nachdenken* reflection
reflexiv *adj* GRAM reflexive
Reform *f* <-, -en> reform
Reformation *f* ① ↑ *Erneuerung* renewal ② (HIST *von Kirche*) reformation; **reformatorisch** *adj* reformative
Reformhaus *s* health food shop
reformieren *vt* reform
Refrain *m* <-s, -s> (*von Lied*) refrain, chorus
Regal *s* <-s, -e> ① (*Bücher-*) shelf unit ② (*Bücherbrett*) shelf
rege *adj* ① ↑ *lebhaft* ▷ *Verkehr, Geschäft* busy, lively ② ↑ *aktiv* (*geistig -*) active, alert
Regel *f* <-, -n> ① ↑ *Vorschrift* (*Spiel-*) rule; ◇ **sich an die -n halten** to keep to the rules ② ↑ *Norm* norm; ◇ **die - sein** to be the rule; (*normalerweise*) ◇ **in der -** normally, as a rule ③ (MED *-blutung*) menstruation, period; **regelmäßig** *adj* ① ↑ *gleichmäßig* ▷ *Puls* regular, steady ② ▷ *Gesichtszüge* regular, even ③ ▷ *Mahlzeiten, Zusammenkunft* regular; **Regelmäßigkeit** *f* regularity; **regeln I.** *vt* ① → *Verkehr* regulate ② → *Angelegenheit* deal with, settle ③ → *Rechtschreibung* determine **II.** *vr* ◇ **das wird sich von selbst -** that will sort itself out; **regelrecht I.** *adv* ① ↑ *korrekt* properly ② ↑ *sozusagen* more or less **II.** *adj* ◇ **e-e -e Lüge** a downright lie; **Regelung** *f* ① ↑ *Erledigung* (*von Problem*) settlement, regularization ② ↑ *Abmachung* arrangement, agreement ③ ↑ *Regulierung* (*Sprach-*) determination; **regelwidrig** *adj* irregular, illegal
regen I. *vr* ◇ **sich -** ↑ *bewegen* stir; ◇ **sich nicht -** to give no sign of life **II.** *vt* ↑ *bewegen* → *Finger* move
Regen *m* <-s, -> ① (*Niesel-*) rain ② (*Blumen-*) shower; **Regenbogen** *m* rainbow; **Regenbogenpresse** *f* ≈ tabloid *weekly colour magazines* [*containing trivia*]
Regeneration *f* regeneration
Regenmantel *m* raincoat; **Regenschauer** *m* shower; (*stark*) downpour; **Regenschirm** *m* umbrella
Regent(in *f*) *m* sovereign, regent; **Regentschaft** *f* regency
Regenwald *m* GEO rain forest
Regie *f* ① (*bei Film etc.*) direction ② ↑ *Leitung* management, administration
regieren *vt* ↑ *herrschen* → *Staat* govern; **Regierung** *f* ① (*das Regieren*) government ② (*die Regierung*) government, administration *bes. AM*; **Regierungswechsel** *m* change of government
Regiment *s* <-s, -er> ① ↑ *Herrschaft* rule ② (MIL *Einheit*) regiment
Region *f* region; **Regionalprogramm** *s* MEDIA regional program[me]
Regisseur(in *f*) *m* director
Register *s* <-s, -> ① ↑ *Inhaltsverzeichnis* [table of] contents ② ↑ *Verzeichnis* listing, register; (*alphabetisches -*) index ③ (MUS *von Orgel*) stop ④ *FIG* ◇ **alle - ziehen** to pull out all the stops
registrieren *vt* ① (*eintragen*) record, [enter in the] register ② ↑ *wahrnehmen* register, take in
Regler *m* <-s, -> ↑ *Regulator* regulator
regnen *vb unpers* ◇ **es regnet** it is raining; **regnerisch** *adj* rainy
regulär *adj* regular
regulieren *vt* ① ↑ *einstellen* → *Lautstärke* set ② → *Preise* control ③ COMM → *Forderung* settle
Regung *f* ① ↑ *Gefühl* emotion ② ↑ *Bewegung* motion, movement; **regungslos** *adj* motionless
Reh *s* <-[e]s, -e> deer
rehabilitieren *vt* ① (*nach Krankheit, Haft*) rehabilitate ② ↑ *wiedereinsetzen* reinstate; **Rehabilitationszentrum** *s* MED rehabilitation centre, rehabilitation center *AM*
Reibe *f* <-, -n> ① (*von Koch*) grater ② (*von Maurer*) float; **reiben** <rieb, gerieben> *vt* ① ↑ *zerreiben* → *Käse* grate ② → *Augen* rub ③ ↑ *aufschürfen* (*wund-*) scrape, chafe; **Reiberei** *f* ↑ *Diskrepanz* friction; **Reibung** *f* ① ↑ *Reiben* friction ② *FIG* ↑ *Unstimmigkeit* constant bickering, friction; **reibungslos** *adj* smooth
reich *adj* ① ↑ *wohlhabend* rich, affluent ② ↑

üppig ▷*Ernte* bountiful, plentiful ③ *FIG* ◇ **er ist ~ an Erfahrung** he has plenty of experience

Reich *s* <-[e]s, -e> ① (*König~*) kingdom; (*Kaisertum*) empire ② *FIG* (*Tier~*) domain; ◇ **im ~ der Fabel** in the realm of fable

reichen I. *vi* ① ↑ *genügen* suffice; ◇ **es reicht** that will do; ◇ **mir reicht's** I've had enough ② ↑ *sich erstrecken* stretch (*zu* to); ◇ **das Grundstück reicht bis zur Straße** the plot extends as far as the street **II.** *vt* ↑ *geben;* ◇ **jd-m die Hand ~** to hold out one's hand to s.b.; ◇ **jd-m etw ~** pass s.o. s.th.

reichhaltig *adj* ▷*Auswahl* wide; ▷*Sammlung* extensive; **reichlich I.** *adj* ◇ **~ Zeit haben** to have plenty of time **II.** *adv* ↑ *ziemlich* ◇ **~ dumm** pretty stupid

Reichtum *m* <-s, Reichtümer> wealth, riches *pl*

Reichweite *f* (MIL *von Geschoß*) range

reif *adj* ① ▷*Obst* ripe ② ↑ *erwachsen* ▷*Mensch* mature ③ ↑ *gut* ▷*Leistung* well-rounded ④ *FAM* ↑ *fällig* ready

Reif [1] *m* <-[e]s> (*Rauh~*) hoarfrost

Reif [2] *m* <-[e]s, -e> ↑ *Ring* ring, circlet

Reife *f* <-> ① (*von Getreide, Obst*) ripeness ② (*von Mensch*) maturity ③ (SCH *mittlere ~*) ≈ high school certificate; **reifen** *vi* ① ← *Obst* ripen ② ← *Mensch* mature

Reifen *m* <-s, -> tyre, tire *AM*

Reifeprüfung *f* SCH ↑ *Abitur* final school exam

reiflich *adj* ↑ *sorgfältig* ◇ **nach ~er Überlegung** upon careful consideration

Reihe *f* <-, -n> ① ↑ *Serie* series ② ↑ *Folge* succession; ◇ **der ~ nach** in turn; ◇ **er ist an der ~** it's his turn ③ (*Sitz~*) row; **reihen I.** *vt* → *leere Flaschen* put in a row; → *Soldaten* line up; (*Perlen auf~*) string **II.** *vr* ◇ **sich ~** ↑ *aufeinanderfolgen* succeed; **Reihenfolge** *f* ◇ **numerische ~** sequence; **Reihenhaus** *s* terraced house

Reiher *m* <-s, -> FAUNA heron

Reim *m* <-[e]s, -e> ① ↑ *Gedicht* rhyme, rime ② *FIG* ◇ **sich e-n ~ auf etw** *akk* **machen** to know what to make of s.th.; *FAM* to get s.th.; **reimen** *vt* rhyme, rime (*auf akk* with)

rein = *FAM* **herein, hinein**

rein I. *adj* ① ↑ *sauber* clean ② ↑ *pur* ▷*Alkohol* pure **II.** *adv* ① ↑ *ganz* ◇ **~ zufällig** completely by accident ② ↑ *ausschließlich* ▷*privat* strictly

Reinfall *m FAM* ↑ *Mißerfolg* washout

Reinheit *f* ① ↑ *Sauberkeit* cleanliness ② *FIG* ↑ *Unverfälschtheit* purity

reinigen *vt* ① ↑ *saubermachen* clean ② → *Textilien* ▷*chemisch* dry clean; **Reinigung** *f* ① ↑ *Säuberung* cleaning ② (*Textil~*) dry cleaning

reinlegen *vt FAM* ↑ *täuschen* fool

reinlich *adj* spotless; **Reinlichkeit** *f* immaculateness; **reinrassig** *adj* ▷*Zuchttier* purebred; **reinwaschen** *unreg* **I.** *vt* clear s.b. **II.** *vr* ◇ **sich ~** *FIG* (*von Schuld*) clear o.s. (*von* of)

Reis [1] *m* <-es, -e> rice

Reis [2] *s* <-es, -er> (*Holz~*) shoot, sprig

Reise *f* <-, -n> (*Urlaubs~*) trip, journey; (*See~*) voyage; (*Rund~*) tour; **Reiseandenken** *s* travel souvenir; **Reisebüro** *s* travel agency; **reisefertig** *adj* ready to depart; **Reiseführer(in** *f*) *m* ① (*Person*) tour guide ② (*Handbuch*) guide book; **Reisegesellschaft** *f* ① ↑ *Reisebüro* tour operator ② ↑ *Reisegruppe* party; **Reisekosten** *pl* travel expenses *pl;* **Reiseleiter(in** *f*) *m* tour manager, courier *BRIT*; **reisen** *vi* (*mit Zug, Schiff etc.*) travel (*nach* to); **Reisende(r)** *fm* traveller; **Reisepaß** *m* passport; **Reisescheck** *m* traveller's cheque; **Reiseverkehr** *m* holiday traffic; **Reisewetter** *s* weather for travelling; **Reiseziel** *s* travel destination

Reisig *s* <-s> brushwood

Reißaus *m* ◇ **~ nehmen** to take to one's heels; *FAM* to beat it

Reißbrett *s* drawing board

reißen <riß, gerissen> **I.** *vt* ① ↑ *zerreißen, zerren* tear ② *FAM* → *Witz* crack ③ ↑ *töten* ← *Raubtier* attack s.th. and kill it ④ ◇ **jd-m etw aus der Hand ~** to rip s.th. from s.o.'s hand; ◇ **etw an sich ~** to usurp s.th. ⑤ ◇ **jd-n aus dem Schlaf ~** to rouse s.o. from their sleep ⑥ *FIG* ◇ **sich um etw ~** to scramble for s.th. **II.** *vi* ① ↑ *entzweigehen* ← *Faden* snap ② *FIG* ◇ **mir reißt die Geduld** I am losing my patience

reißend *adj* ① ▷*Fluß* torrential ② COMM ▷*Absatz* rapid

reißerisch *adj* ▷*Schlagzeile* sensational

Reißleine *f* (*von Fallschirm*) rip cord; **Reißnagel** *m* ↑ *Reißzwecke* drawing pin, thumbtack *AM*; **Reißverschluß** *m* zip; **Reißzwecke** *f* ↑ *Reißnagel* drawing pin, thumbtack *AM*; ◇ **mit ~n befestigen** to tack

reiten <ritt, geritten> *vt, vi* ① → *Pferd* ride ② *FAM* ◇ **auf etw** *dat* **herum~** to keep returning to one's hobby-horse; **Reiter(in** *f*) *m* <-s, -> ① (SPORT *Hobby~*) rider ② MIL cavalier; **Reithose** *f* riding breeches *pl;* **Reitknecht** *m* groom; **Reitstiefel** *m* riding boot

Reiz *m* <-es, -e> ① ↑ *Anreiz* incentive ② ↑ *Anziehung* appeal; ◇ **der ~ des Neuen** the charm of the new ③ ↑ *Kitzel* tickle ④ ↑ *Verlockung* allure; **reizbar** *adj* ↑ *nervös* irritable; **Reizbarkeit** *f* irritability; **reizen** *vt* ① ↑ *brennen* → *Augen, Haut* irritate ② ↑ *provozieren* provoke; *FAM* nee-

R

dle; ◇ **jd-n bis aufs Blut** ~ to make s.o.'s blood boil; **reizend** *adj* ↑ *nett* ▷*Person* charming; **Reizgas** *s* irritant gas; **reizlos** *adj* unattractive; **Reizthema** *s* ↑ *Streitpunkt* bone of contention; **Reizung** *f* [1] MED ↑ *Irritation* (*Haut-*) irritation [2] ↑ *Provokation* provocation; **reizvoll** *adj* ↑ *interessant* fascinating; **Reizwäsche** *f* French lingerie; *FAM* frilly knickers *pl*

rekeln *vr* ◇ **sich** ~ ↑ *strecken, dehnen* sprawl

Reklamation *f* ↑ *Beanstandung* complaint; ↑ *Forderung* reclamation

Reklame *f* <-, -n> ↑ *Werbung* advertisement

reklamieren *vt* [1] ↑ *beanstanden* → *Ware* complain about [2] ↑ *Suchauftrag geben* → *verlorenes Päckchen* reclaim

rekonstruieren *vt* reconstruct

Rekonvaleszenz *f* convalescence

Rekord *m* <-[e]s, -e> record

Rekrut(in *f*) *m* <-en, -en> recruit; **rekrutieren I.** *vt* → *Soldaten* recruit **II.** *vr* ◇ **sich** ~ ← *Gruppe* be composed (*aus dat* of), be recruited (*aus dat* from)

Rektor(in *f*) *m* (*von Schule, Hochschule*) headmaster, principal *AM*; **Rektorat** *s* headmastership

Relais *s* <-, -> ELECTR relay

Relation *f* relationship

relational *adj* PC relational

relativ I. *adj* ▷*Mehrheit* relative **II.** *adv* ↑ *verhältnismäßig* relatively; **relativieren** *vt* [1] ↑ *in Beziehung setzen* relate [2] ↑ *einschränken* → *Aussage* moderate; **Relativität** *f* PHYS relativity

relaxen *vi FAM* ↑ *sich entspannen* relax

relevant *adj* relevant

Relief *s* <-s, -s> relief

Religion *f* religion; **religiös** *adj* ↑ *fromm* ▷*Person* pious, religious; ▷*Frage* religious

Relikt *s* <-[e]s, -e> relic

Reling *f* <-, -s> NAUT railing

Reliquie *f* REL holy relic

Rem *s* <-, -> *Akr. v.* **roentgen equivalent man** rem

rempeln *vt FAM* ↑ *schubsen, stoßen* jostle

Ren *s* <-s, -s *o.* -e> FAUNA reindeer

Renaissance *f* <-> HIST renaissance

Rendezvous *s* <-, -> rendezvous, date

renitent *adj* unruly

Rennbahn *f* race course, race[track]

rennen <rannte, gerannt> *vi* [1] ↑ *schnell laufen* run [2] *FAM* ↑ *gehen* ◇ **ständig zum Arzt** ~ always be running off to the doctor [3] (*stoßen*) ◇ **gegen etw/jd-n** ~ to bump into s.th./s.o.; **Rennen** *s* <-s, -> [1] (*Wett-*) race [2] (*FIG Bewerbung*) ◇ **im ~ sein** to be in the running; **Rennfahrer(in** *f*) *m* racing driver

renommiert *adj* ↑ *angesehen* renowned

renovieren *vt* → *Haus* renovate, refurbish; **Renovierung** *f* (*von Haus, Wohnung*) renovation

rentabel *adj* ▷*Geschäft* profitable, lucrative; **Rentabilität** *f* (*von Geschäft, Firma*) profitability, earning power

Rente *f* <-, -n> [1] (*Alters-*) old-age pension [2] ↑ *Sozialversicherung* [social security] benefit [3] (*Kapitalertrag*) yield, income

rentieren *vr* ◇ **sich** ~ be worthwhile

Rentner(in *f*) *m* <-s, -> pensioner, retiree

reparabel *adj* repairable

Reparatur *f* (*Auto-*) repairs *pl;* **reparaturbedürftig** *adj* in need of repair; **Reparaturwerkstatt** *f* repair shop; **reparieren** *vt* repair, fix

Repertoire *s* <-s, -s> (*Lieder-*) repertoire

Report *m* report

Reportage *f* <-, -n> (*Fernseh-*) commentary, coverage

Reporter(in *f*) *m* <-s, -> (*Zeitungs-*) reporter, correspondent

repräsentabel *adj* ▷*Haus, Person* imposing

Repräsentant(in *f*) *m* representative; **repräsentativ** *adj* [1] ↑ *stellvertretend, typisch* representative [2] ↑ *wirkungsvoll* effective; **repräsentieren I.** *vt* [1] ↑ *vertreten* → *Personen, Firma* represent [2] ↑ *stehen für* → *Meinung* stand for [3] ↑ *darstellen* → *Wert* denote **II.** *vi* ↑ *wirkungsvoll auftreten* be representative

Repressalie *f* <-, -n> reprisal

Reproduktion *f* [1] PRINT ↑ *Kopie* reproduction [2] *FIG* ↑ *Wiedergabe* (*von Gedanken*) repetition, reiteration; **reproduzieren** *vt* [1] PRINT ↑ *kopieren* copy [2] ↑ *wiedergeben* reproduce

Reptil *s* <-s, -ien> reptile

Republik *f* POL republic; **Republikaner(in** *f*) *m* <-s, -> [1] POL ↑ *Republikanhänger* republican [2] POL member of the German Republican Party; **republikanisch** *adj* republican

Reservat *s* (*Natur-*) reserve

Reserve *f* <-, -n> [1] ↑ *Rücklage* reserves *pl* [2] (*Ersatz*) spare; (MIL *-armee*) reserve; **Reserverad** *s* AUTO spare wheel; **Reservespieler(in** *f*) *m* SPORT reserve; **Reservetank** *m* AUTO reserve tank

reservieren *vt* [1] ↑ *freihalten* → *Platz* keep, reserve [2] ↑ *aufbewahren* → *Karten* book, reserve

reserviert *adj FIG* ↑ *abweisend* distant; ◇ **sich ~ verhalten** to be reserved

Reservist(in *f*) *m* MIL reservist

Reservoir *s* <-s, -e> (*Wasser-*) reservoir

Residenz *f* [1] (*Fürsten-*) residence [2] (*-stadt*) capital; **residieren** *vi* reside

Resignation *f* resignation; **resignieren** *vi* ↑ *aufgeben, sich abfinden* give up
resistent *adj* MED ↑ *unempfänglich* (*a. FIG*) resistant (*gegen* to)
resolut *adj* ↑ *energisch* vigorous
Resolution *f* POL ↑ *Beschluß* resolution; ↑ *Bittschrift* petition
Resonanz *f* ① ↑ *Widerhall* resonance ② *FIG* ↑ *Anklang* response
Resozialisierung *f* rehabilitation
Respekt *m* <-[e]s> ↑ *Anerkennung* respect, regard; ◇ **jd-m ~ zollen** to pay tribute to s.o.; ◇ **~!** hats off!; **respektabel** *adj* ① ↑ *anerkennenswert* ▷*Leistung* respectable ② ▷*Person* respected; **respektieren** *vt* respect; **respektlos** *adj* disrespectful; **respektvoll** *adj* respectful
Ressort *s* <-s, -s> ↑ *Geschäftsbereich* (*Ausländer-*) portfolio, department
Rest *m* <-[e]s, -e> ① (*Überbleibsel, von Gebäude*) remains *pl;* (*von Stoff*) remnant; (*von Essen*) rest ② MATH remainder ③ *FAM* ◇ **jd-m den ~ geben** to finish s.o. off
Restaurant *s* <-s, -s> restaurant
restaurieren *vt* → *Kunstwerk* restore
restlich *adj* remaining; **restlos I.** *adj* ↑ *völlig* complete **II.** *adv* ↑ *völlig* ◇ **~ erschöpft** completely exhausted; **Restrisiko** *s* minimal risk
Resultat *s* result
Retorte *f* <-, -n> CHEM retort; **Retortenbaby** *s* test-tube baby
retten *vt* ① ↑ *in Sicherheit bringen* (*aus Gefahr*) rescue (*aus/vor dat* from) ② ↑ *erhalten* → *Kunstwerk* conserve ③ *FAM* ◇ **er ist nicht mehr zu ~** he's a hopeless case; **Rettung** *f* ① (*von Personen*) rescue ② (*von Gütern*) salvage ③ *FIG* ◇ **letzte ~** last chance; **Rettungsboot** *s* lifeboat; **Rettungsring** *m* life buoy, safety ring; **rettungslos** *adj* hopeless
retuschieren *vt* FOTO retouch
Reue *f* <-> ↑ *Bedauern* regret; ↑ *Betrübnis* sorrow; **reuen** *vt* ↑ *leidtun* be sorry about; ◇ **es reut mich, daß …** I regret that …
Revanche *f* <-, -n> ① ↑ *Vergeltung, Rache* revenge ② SPORT ↑ *Rückspiel* return match; **revanchieren** *vr* ◇ **sich ~** ① ↑ *zurückzahlen* avenge o.s. (*für* for) ② ↑ *sich erkenntlich zeigen* (*für Gefallen*) repay, reciprocate (*für* for)
Revers *m o. s* <-, -> ① (*von Jacke*) lapel ② (*von Münze*) reverse
revidieren *vt* ① *a.* JURA ↑ *ändern* → *Urteil* review ② ↑ *kontrollieren, prüfen* → *Kassenbestand* check ③ *a.* HIST revise
Revier *s* <-s, -e> ① ↑ *Gebiet* (*Jagd-*) shooting [*o.* hunting] ground ② ↑ *Dienststelle* (*Polizei-*) police station, precinct house *AM* ③ *FIG* ↑ *Zuständigkeitsbereich* area of responsibility
Revision *f* ① COMM ↑ *Überprüfung* (*von Geschäftsbüchern*) audit ② JURA ↑ *Widerspruch* objection
Revolte *f* <-, -n> revolt
Revolution *f* revolution; **Revolutionär(in** *f*) *m* revolutionary; **revolutionieren** *vt* ↑ *neugestalten* revolutionize
Revolver *m* <-s, -> revolver
rezensieren *vt* → *Buch* review; **Rezension** *f* review, critique
Rezept *s* <-[e]s, -e> ① (*Koch-*) recipe ② MED ↑ *Verschreibung* (*für Medikament*) prescription; **rezeptpflichtig** *adj* MED sold only on prescription; ◇ **-es Arzneimittel** prescription drug
rezitieren *vt* recite
Rhabarber *m* <-s> rhubarb
Rhesusfaktor *m* rhesus factor
Rhetorik *f* rhetoric; **rhetorisch** *adj* rhetorical
Rheuma *s* <-s> rheumatism
rhythmisch *adj* (*mit Rhythmus*) ▷*Musik* rhythmic[al]; ▷*Gymnastik* rhythmic; **Rhythmus** *m* ① (*von Musik*) rhythm ② ↑ *Gleichmaß* (*Tages-*) tempo
richten I. *vt* ① ↑ *ordnen* arrange ② ↑ *in Ordnung bringen* rectify, fix ③ ↑ *zielen* direct (*auf akk* at, to) ④ ↑ *vorbereiten* prepare, get ready ⑤ ↑ *verurteilen* → *jd-n* sentence **II.** *vr* ◇ **sich ~ nach** to act in accordance with s.th. [*o.* according to s.th.]
Richter(in *f*) *m* <-s, -> (JURA *Straf-*) judge; **richterlich** *adj* judicial
richtig I. *adj* ① ↑ *korrekt* ▷*Lösung* right, correct ② ↑ *passend* ▷*Partner* right, appropriate ③ *FAM* ↑ *echt* ▷*Schmuck* real **II.** *adv* ① ↑ *sehr* ◇ **~ heiß** really hot ② **etw ~ machen** to do s.th. correctly/properly; **Richtigkeit** *f* ↑ *Korrektheit* correctness; (*von Entscheidung*) appropriateness
Richtlinie *f* guideline; (*Norm*) standard
Richtigstellung *f* ↑ *Berichtigung* (*von Aussage*) correction
Richtpreis *m* COMM recommended price
Richtung *f* ① ▷*nördlich etc.* direction; ◇ **e-e andere ~ einschlagen** to change one's tack ② (*FIG Tendenz, Denk-*) tendency; ▷*politisch* line; ▷*künstlerisch* trend
rieb *impf v.* **reiben**
riechen <roch, gerochen> **I.** *vt* ① ↑ *wahrnehmen* → *Duft* smell ② *FAM FIG* ↑ *ahnen* sense; ◇ **das kann ich doch nicht ~!** how am I to know? ③ *FAM* ◇ **jd-n nicht ~ können** to be unable to stand s.o. **II.** *vi* ← *Blume* smell (*nach* like, of)
rief *impf v.* **rufen**
Riege *f* <-, -n> SPORT (*Turn-*) gym team

R

Riegel *m* <-s, -> ① (*Tür-, Fenster-*) lock, bolt ② *FIG* ◇ **e-r Sache e-n - vorschieben** to put a stop to s.th. ③ (*Schoko-*) bar

Riemen *m* <-s, -> ① ↑ *Streifen* (*Leder-*) strap, belt ② SPORT ↑ *Ruder* oar ③ (*FIG sich zusammennehmen*) ◇ **sich am - reißen** to pull o.s. together

Riese *m* <-n, -n> ① ↑ *großer Mann* giant ② (*Märchenfigur*) giant

rieseln *vi* ① ↑ *langsam fließen* ← *Wasser* trickle ② ↑ *fallen* ← *Schnee* fall lightly; ← *Sand* run

Riesenerfolg *m* tremendous success; **riesengroß** *adj* gigantic

riesig *adj* ① ↑ *sehr groß* immense, giant ② *FAM* ↑ *toll* super

riet *impf v.* **raten**

Riff *s* <-[e]s, -e> reef

Rille *f* <-, -n> (*Schallplatten-*) groove

Rind *s* <-[e]s, -er> ① (*Vieh*) cattle ② (GASTRON *vom* -) beef

Rinde *f* <-, -n> (*Baum-*) bark; (*Käse-*) rind

Rindfleisch *s* beef; **Rindvieh** *s* cattle; *FAM PEJ* ↑ *Dummkopf, Idiot* [stupid] ass

Ring *m* <-[e]s, -e> ① (*Diamant-*) ring ② (*Box-*) ring; ◇ **in den - steigen** to enter the ring ③ (*Straße*) ring road ④ ↑ *Personengruppe* (*Dealer-*) syndicate, ring; **Ringbuch** *s* ring binder

Ringelnatter *f* grass snake

ringen <rang, gerungen> **I.** *vi* ① ↑ *kämpfen* wrestle ② *FIG* ↑ *hin u. her überlegen* grapple with; ◇ **mit sich -** to struggle with o.s. ③ ◇ **nach Luft -** to gasp for breath **II.** *vt* (*vor Verzweiflung*) ◇ **die Hände -** to wring one's hands

Ringfinger *m* ring finger; **ringförmig** *adj* circular; **Ringkampf** *m* SPORT wrestling match; **Ringrichter(in** *f*) *m* SPORT referee

ringsum *adv* (*um … herum*) all the way around

Rinne *f* <-, -n> ① ↑ *Furche* (*Abfluß-*) gutter, gully ② (*Dach-*) gutter; **rinnen** <rann, geronnen> *vi* ← *Wasser* flow, run

Rippchen *s* GASTRON chop

Rippe *f* <-, -n> ANAT rib

Risiko *s* <-s, -s *o.* Risiken> ↑ *Wagnis* risk; **Risikogruppe** *f* group at risk, [high] risk group; **riskant** *adj* risky; **riskieren** *vt* ① ↑ *wagen* → *Blick* hazard ② ↑ *aufs Spiel setzen* → *Leben* risk

riß *impf v.* **reißen**

Riß *m* <Risses, Risse> ① ↑ *Spalt* (*in Wand*) crack, gap; (*in Haut*) laceration; (*in Stoff*) tear ② MED ◇ **Bänder-** torn ligament; **rissig** *adj* ▷*Verputz* cracked; (*Stoff*) threadbare; ▷*Lippen* chapped

ritt *impf v.* **reiten**

Ritt *m* <-[e]s, -e> (*Pferde-*) ride; **rittlings** *adv* astride

Ritus *m* <-, Riten> rite

Ritze *f* <-, -n> crack

ritzen *vt* ↑ *kratzen* scratch

Rivale *m* <-n, -n>, **Rivalin** *f* rival; **rivalisieren** *vi* compete (*mit* with); **Rivalität** *f* rivalry

Robbe *f* <-, -n> FAUNA seal

Robe *f* <-, -n> (*Richter-*) robe

Roboter *m* <-s, -> robot

robust *adj* ① ↑ *kräftig* ▷*Person* strong, robust ② ↑ *strapazierfähig* ▷*Gerät* sturdy, durable

roch *impf v.* **riechen**

röcheln *vi* wheeze

Rock *m* <-[e]s, Röcke> ① (*Damen-*) skirt ② ↑ *Jacke* frock coat; **Rockband** *f* <-, Rockbands> rock band

Rocker(in *f*) *m PEJ* rocker

Rodelbahn *f* toboggan run; **rodeln** *vi* go tobogganing

roden *vt* → *Wald, Land* cultivate

Roggen *m* <-s, -> rye

roh *adj* ① ↑ *nicht gekocht* ▷*Fleisch etc.* raw ② ▷*Sitten* gross, brutal; **Rohbau** *m* <-[s], Rohbauten> shell construction; **Rohling** *m* ① ↑ *unbearbeiteter Edelstein* uncut gem ② ↑ *roher Mensch* thug; **Rohmaterial** *s* raw material; **Rohöl** *s* crude oil

Rohr *s* <-[e]s, -e> ① (*zylindrischer Körper, Ofen-*) flue; (*Kanonen-*) barrel; (*Wasser-*) pipe ② FLORA ↑ *Bambus, Schilf* cane; **Rohrbruch** *m* pipe burst

Röhre *f* <-, -n> ① (*enges Rohr*) tube ② (*Back-*) oven ③ (*Neonleuchte*) fluorescent tube ④ (*FAM Fernsehen*) box

röhren *vi* ← *Hirsch* bellow

Rohrmöbel *s* cane furniture

Rohseide *f* raw silk; **Rohstoff** *m* raw material

Rokoko *s* <-s> rococo

Rolladen *m* shutters

Rollbrett *s* skateboard

Rolle *f* <-, -n> ① (*Papier-*) roll ② (*Zwirn-*) spool, reel ③ ↑ *Walze* roller, roll ④ THEAT role, part ⑤ *FIG* ↑ *Funktion* role, function; ◇ **bei etw** *dat* **e-e - spielen** to figure in s.th. ⑥ (SPORT *vorwärts, rückwärts*) roll; **rollen I.** *vi* ① ← *Kugel* roll ② ← *Wagen* roll ③ ← *Flugzeug* taxi ④ ← *Wellen* roll **II.** *vt* ① ↑ *schieben* roll along ② ↑ *zusammen-* → *Teppich* roll up **III.** *vr* ◇ **sich -** ① ← *Schlange* coil up ② ↑ *bewegen* ◇ **sich zur Seite -** to roll to one side ③ *FIG* ◇ **etw ins R- bringen** to start the ball rolling; **Rollenverteilung** *f* ① (*in Theater, Film*) casting ② (*in Ehe etc.*) role distribution

Roller *m* <-s, -> ① (*Motor-*) motor scooter ② (*Kinder-*) scooter ③ NAUT ↑ *Welle* roller

Rollfeld *s* AERO taxiway; **Rollmops** *m* GASTRON rollmops; **Rollschuh** *m* roller-skate;

Rollsplitt *m* (*Straßenbaumaterial*) loose chippings *pl;* **Rollstuhl** *m* wheelchair; **Rolltreppe** *f* escalator
Roman *m* <-s, -e> novel
Romantik *f* [1] HIST Romanticism, Romantic movement [2] *FIG* ◇ **Sinn für** ~ romance, romantic feeling; **Romantiker(in** *f*) *m* <-s, -> [1] (*literarisch, kunsthistorisch*) Romanticist [2] *FIG* ↑ *Träumer* romantic, dreamer; **romantisch** *adj* [1] HIST Romantic [2] ↑ *versponnen* romantic, unrealistic
Romanze *f* <-, -n> ↑ *Liebesabenteuer* romance, love affair
Römer(in *f*) *m* <-s, -> [1] ↑ *Bewohner Roms* Roman [2] ↑ *Weinglas* rummer
röntgen *vt* → *Lunge, Knochen* X-ray; **Röntgenaufnahme** *f* X-ray; **Röntgenstrahlen** *pl* X-ray radiation
rosa *adj inv* pink
Rose *f* <-, -n> rose; **Rosenkohl** *m* GASTRON Brussels sprouts *pl;* **Rosenkranz** *m* REL rosary; **Rosenmontag** *m* Rose Monday
Rosette *f* rosette
rosig *adj* [1] ↑ *gesund* ▷*Gesichtsfarbe* rosy [2] *FIG* ▷*Aussichten, Zeiten* rosy, favourable
Rosine *f* raisin
Roß *s* <-sses, -sse *o.* Rösser> [1] ↑ *Pferd* horse [2] *FIG* ◇ **auf dem hohen ~ sitzen** to get on one's high horse
Rost *m* <-[e]s, -e> [1] ↑ *Brat-* grill; (*Feuer-*) grate; (*Latten-*) frame [2] ↑ *Oxidation* rust [3] *FIG* ◇ **~ ansetzen** to get rusty; **rosten** *vi* ← *Blech* rust
rösten *vt* → *Fleisch* ↑ *grillen* grill; ↑ *braten* roast; → *Kaffee* roast
rostfrei *adj* ▷*Stahl* stainless; **rostig** *adj* ▷*Auto* rusty; **Rostschutz** *m* (*-mittel*) rust protection
rot *adj* [1] (*Farbe*) red [2] ↑ *kommunistisch, sozialistisch* red [3] (*erröten*) ◇ **~ werden** to blush
Rotation *f* [1] PHYS ↑ *Umdrehung* rotation [2] ↑ *regelmäßiger Wechsel* (*Ämter-*) rotation
Röte *f* <-> (*rote Färbung*) redness; (*Morgen-*) dawn; (*Zornes-*) flush [of anger]
Röteln *pl* MED German measles *sg*
röten I. *vt* ↑ *rot färben* redden **II.** *vr* ◇ **sich ~** ↑ *rot werden* turn red; **Rotfuchs** red fox; **rothaarig** *adj* red-headed
rotieren *vi* [1] ↑ *sich drehen* rotate, revolve [2] ↑ *nachrücken* (*im Amt*) rotate [3] (*FAM vor Arbeit*) spin
Rotkehlchen *s* robin red-breast; **Rotstift** *m* (*FIG streichen*) ◇ **den ~ ansetzen** to make cuts (*bei* in); **Rotwein** *m* red wine
Rotz *m* <-es, -e> *FAM* snot
Roulade *f* (GASTRON *Fleisch-, Kohl-*) roulade
Route *f* <-, -n> ↑ *Strecke* route
Routine *f* [1] ↑ *Übung, Erfahrung* ◇ **~ haben** to have experience [2] (*tägliche ~*) routine
Rowdy *m* <-s, -s> hooligan
Rübe *f* <-, -n> [1] (*gelbe ~*) carrot; (*weisse ~*) turnip; (*rote ~*) beetroot; (*Zucker-*) [sugar-] beet [2] *FAM* ↑ *Kopf* nut
Rubin *m* <-s, -e> ruby
Rubrik *f* [1] (*Überschrift*) heading [2] ↑ *Kategorie* category; ◇ **etw in e-e ~ einordnen** to categorize s.th. under a general heading [3] (*Klatschspalte*) [gossip] column
Ruck *m* <-[e]s, -e> [1] ↑ *Stoß* jolt [2] ↑ *Tendenz* ◇ **Rechts-** swing to the right [3] *FIG* ◇ **sich e-n ~ geben** to force o.s., to get o.s. together
rückbezüglich *adj* GRAM reflexive; **rückblenden** *vi* ↑ *zurückschauen* (*in Vergangenheit*) flash back (*in akk* to); **rückblickend** *adj* ▷*zeitlich* review, retrospective
rücken I. *vt* → *Möbel* shift **II.** *vi* ↑ *Platz machen* move along; *FAM* ◇ **rück mal ein Stück!** move up a bit!
Rücken *m* <-s, -> [1] (*Körperteil*) back; *FIG* ◇ **jd-m in den ~ fallen** to stab s.o. in the back [2] (*Nasen-*) bridge [3] (*Berg-*) ridge [4] (*Buch-*) spine; **Rückendeckung** *f auch FIG* ↑ *Schutz* support, cover; **Rückenlehne** *f* (*von Stuhl*) backrest; **Rückenschwimmen** *s* backstroke; **Rückenwind** *m* tail wind
Rückerstattung *f* repayment, refund; **Rückfahrt** *f* return trip; **Rückfall** *m* [1] MED ↑ *Verschlechterung* relapse, recurrence [2] JURA relapse (*in* into); (*wiederholt*) recidivism [3] *FIG* ↑ *Zurückfallen* backslide (*in* into), relapse (*in* into); **rückfällig** *adj* [1] MED *auch FIG* relapsing [2] JURA ▷*Straftäter* recidivous; ◇ **~ werden** to relapse; **Rückfrage** *f* ↑ *Anfrage* inquiry, enquiry; **Rückgabe** *f* ↑ *Zurückgeben* return; **Rückgang** *m* [1] ↑ *Nachlassen* (*Temperatur-*) drop [2] ↑ *Verminderung* (*Bevölkerungs-*) fall; **rückgängig** *adj* [1] (*rückläufig*) retrograde [2] (*widerrufen*) ◇ **etw ~ machen** to cancel s.th.; **Rückgrat** *s* <-[e]s, -e> [1] ↑ *Wirbelsäule* spinal column; (*a. FIG*) backbone [2] (*FIG Wille*) ◇ **jd-m das ~ brechen** to break s.o.'s spirit; ◇ **ohne ~** spineless; **Rückgriff** *m* [1] JURA ↑ *Regreß* ◇ **~ gegenüber Dritten** recourse against third parties [2] ↑ *Zurückgreifen* ◇ **~ auf die Reserven** drawing on reserves; **Rückhalt** *m* [1] ↑ *Reserve* ▷*finanziell* backing [2] ↑ *Stütze* back-up; **rückhaltlos** *adj* ↑ *vorbehaltlos* unreserved; ↑ *freimütig* down-the-line, straight; **Rückkehr** *f* <-, -en> return; **Rücklage** *f* ↑ *Reserve* reserves *pl;* **rückläufig** *adj* ▷*Bewegung* retrograde, backward; ▷*Kon-*

R

junktur recessional; ◇ **- sein** to be on the decrease; **Rücklicht** *s* AUTO tail light; **rücklings** *adv* backward[s]; **Rücknahme** *f* <-, -n> (*Zurücknehmen, von Waren*) taking back; **Rückreise** *f* return journey; **Rückruf** *m* TELEC return call

Rucksack *m* rucksack; **Rucksacktourist(in** *f*) *m* backpacker

Rückschlag *m* [1] MED ↑ *Rückfall* relapse [2] *FIG* ↑ *Enttäuschung* setback; **Rückschluß** *m* conclusion; ◇ **e-n - ziehen** to draw a conclusion; **Rückschritt** *m* retrograde step; **rückschrittlich** *adj* POL reactionary; **Rückseite** *f* (*hinterer Teil, von Buch*) back; (*von Haus*) rear; (*von Münze*) reverse side; **Rücksicht** *f* ↑ *Achtsamkeit* care, regard; ◇ **- nehmen auf jd-n/etw** to pay attention to s.o./s.th.; ◇ **mit - auf etw/jd-n** taking s.th./s.o. into consideration; ◇ **ohne - auf etw/jd-n** regardless of s.th./s.o.; **rücksichtslos** *adj* [1] ↑ *skrupellos* ▷*Person* ruthless (*gegen* toward) [2] ▷*Verhalten* reckless; **rücksichtsvoll** *adj* considerate (*gegenüber, gegen* of); **Rücksitz** *m* AUTO rear seat, back seat; **Rückspiegel** *m* rear-view mirror; **Rückspiel** *s* (SPORT *Ggs zu Hinspiel*) return match; **Rücksprache** *f* consultation; **Rückstand** *m* [1] ↑ *Bodensatz* residue; ↑ *Abfall* refuse [2] ↑ *Verzug* backlog; ◇ **im - sein** (*mit Rechnung*) to be in arrears; (*mit Arbeit*) to have a backlog of work; (*beim Sport*) to be behind; **rückständig** *adj* [1] ↑ *altmodisch* antiquated, backward [2] ↑ *überfällig* ▷*Zahlungen* outstanding; **Rückstrahler** *m* <-s, -> [rear] reflector; **Rücktaste** *f* (PC *Tastatur*) backspace key; **Rücktritt** *m* [1] (*von Minister etc.*) resignation [2] ↑ *Bremse* (*bei Fahrrad*) pedal brake; **Rückvergütung** *f* [1] ↑ *Rückzahlung* repayment [2] COMM refund; **rückwärtig** *adj* ↑ *hintere(r, s)* at the back; **rückwärts** *adv* (*nach hinten*) ▷*schauen* back; ▷*fahren* backward[s]; **Rückwärtsgang** *m* AUTO reverse gear; **rückwirkend** *adj* retroactive; **Rückzahlung** *f* (*von Auslagen*) reimbursement; (*von Schulden*) repayment; **Rückzug** *m* MIL retreat; (*FIG aus Öffentlichkeit*) withdrawal

rüde *adj* ↑ *ungeschliffen* coarse

Rüde *m* <-n, -n> male dog

Rudel *s* <-s, -> (*von Wölfen*) pack; (*von Rehen*) herd

Ruder *s* <-s, -> [1] (*Riemen*) oar [2] (*Steuer-*) helm, rudder [3] (*FIG Staats-*) seat of power; (*regieren*) ◇ **am - sein** to be at the helm, to be in power; **Ruderboot** *s* rowing boat, rowboat; **Ruderer** *m* <-s, -> oarsman; **Ruderin** *f* oarswoman; **rudern** *vt, vi* [1] → *Boot* row [2] *FIG* ◇ **mit den Armen -** to wave one's arms about

Ruf *m* <-[e]s, -e> [1] ↑ *Rufen* call, cry [2] ↑ *Berufung* calling [3] ↑ *Ernennung* appointment [4] ↑ *Ansehen* reputation; **rufen** <rief, gerufen> *vt, vi* [1] ↑ *schreien* yell, shout [2] call (*nach jd-m* for s.o.) [3] ↑ *ausrufen* exclaim [4] → *Arzt* call [for]; ← *Glokken* summon; **Rufname** *m* first name, Christian name; **Rufnummer** *f* TELEC phone number; **Rufzeichen** *s* TELEC ringing tone; (*bei Funk*) call sign

Rüge *f* <-, -n> rebuke (*wegen* for); **rügen** *vt* rebuke; (*milder*) reproach (*wegen* for)

Ruhe *f* <-> [1] ↑ *Stille* (*Friedhofs-*) peace, tranquility; (*nicht belästigen*) ◇ **jd-n in - lassen** to leave s.o. alone [2] ↑ *Entspannung* rest, repose; ↑ *Schlaf* sleep, repose; ◇ **sich zur - begeben** to go to bed, to retire [3] ↑ *Stillstand* (*bei Maschine*) standstill, idleness; (*bei Vulkan*) quiescence, inactivity; (*Ruhestand*) ◇ **sich zur - setzen** to retire [4] ↑ *Ausgeglichenheit* composure, calm; ◇ **keine - finden** to find no peace of mind [5] ◇ **-!** silence!; **ruhelos** *adj* ↑ *unruhig* restless; **ruhen** *vi* [1] ↑ *liegen* [have a] rest [2] ◇ **sein Kopf ruhte an ihrer Schulter** his head rested on her shoulder [3] ↑ *basieren* be based (*auf dat* on) [4] (*Grabinschrift*) ◇ **hier ruht ...** here lies ... [5] ← *Arbeit* be stopped [6] ← *Verfahren* stay, be interrupted [7] JURA lapse; **Ruhepause** *f* break; **Ruhestand** *m* ↑ *Rente, Pension* retirement; **Ruhestätte** *f* ↑ *Grab* ◇ **letzte -** the grave; **Ruhestörung** *f* disturbance; JURA breach of the peace *BRIT*, disturbing the peace *AM*; **Ruhetag** *m* day off

ruhig I. *adj* [1] ↑ *schweigsam* silent; ▷*Haus* quiet; [2] ↑ *unbeweglich* flat; ▷*Wasser* still; ▷*Börse* dull [3] ↑ *ausgeglichen* cool, even; ▷*Motor* smooth; ▷*Hand* steady; ◇ **immer - bleiben!** be cool! **II.** *adv* ◇ **Sie können - mitmachen!** you are welcome to take part!

Ruhm *m* <-[e]s> fame

rühmen I. *vt* ↑ *loben* praise **II.** *vr* ◇ **sich -** ↑ *prahlen* boast (*gen* about, of); **rühmlich** *adj* ↑ *lobenswert* commendable

ruhmlos *adj* inglorious

Ruhr *f* <-> MED dysentry

Rührei *s* GASTRON scrambled eggs *pl*

rühren I. *vt, vi* [1] (*um-*) → *Teig* stir; → *Eier* beat [2] ↑ *bewegen* → *Bein* shake; *FIG* ◇ **keinen Finger -** not lift a finger [3] (*emotional*) ◇ **jd-n zu Tränen -** to move s.o. to tears [4] ◇ **nicht daran -** let sleeping dogs lie **II.** *vr* ◇ **sich -** [1] ↑ *sich bewegen* stir o.s. [2] *FAM* ↑ *sich melden* keep in touch; **rührend** *adj* ↑ *gefühlvoll* touching; (*stärker*) heart-rending

rührig *adj* busy, bustling

rührselig *adj* [1] ↑ *sentimental* ▷*Drama* sentimental [2] ↑ *weinerlich* ▷*Person* over-emotional, wet

Rührung *f* ↑ *Ergriffenheit* emotion

Ruin *m* <-s> ↑ *Bankrott* ruin; ◇ **jd-n in den ~ treiben** to ruin s.o.

Ruine *f* <-, -n> *(Burg~)* ruin

ruinieren *vt* ↑ *zugrunde richten* ruin

rülpsen *vi* belch

Rum *m* <-s, -s> rum

Rumäne *m* <-n, -n>, **Rumänin** *f* Rumanian; **Rumänien** *s* Rumania; **rumänisch** *adj* Rumanian; ◇ **~ sprechen** to speak Rumanian

rumhängen *unreg vi FAM* ↑ *gammeln, untätig sein* hang around

Rummel *m* <-s> [1] ↑ *Jahrmarkt* fair [2] *FAM* ↑ *Betrieb (Weihnachts~)* hustle and bustle

rumoren *vi* ← *Magen* rumble

Rumpelkammer *f* ↑ *Abstellraum* boxroom

rumpeln *vi* [1] ↑ *poltern* make a racket, rumble [2] ↑ *holpern* ← *Holzwagen* jolt

Rumpf *m* <-[e]s, Rümpfe> [1] *(von Körper)* trunk; *(von Statue)* torso [2] *(von Flugzeug)* fuselage; *(von Schiff)* hull

rümpfen *vt* ◇ **die Nase über etw/jd-n ~** to turn up one's nose at s.th./s.o.

Run *m* <-s, -s> ↑ *Ansturm* run *(auf akk* on)

rund I. *adj* [1] ↑ *kreisförmig* ▷*Ball, Kreis* round [2] ↑ *dick* ▷*Backen* chubby [3] *FIG* ↑ *perfekt (Leistung)* well-rounded, perfect [4] ◇ **jetzt geht's ~** this is where the fun starts **II.** *adv* [1] ↑ *ungefähr* ◇ **~ 125 Mark** about 125 marks [2] ◇ **~ um die Uhr** [a]round the clock, 24 hours a day; **Rundbrief** *m* circular; **Runde** *f* <-, -n> [1] ↑ *Rundgang* round; *(beim Rennsport)* lap [2] *(Verhandlungs~)* round [of talks]; *(beim Boxen)* round [3] ↑ *Gruppe* circle; *(in der Kneipe)* regulars *pl* [4] *FAM FIG* ◇ **e-e ~ schmeißen** to buy a round [of drinks] [5] *FIG* ◇ **über die ~n bringen** to bring to a successful conclusion; **runden** *vt* → *Lippen* round; **runderneuert** *adj* ▷*Reifen* remoulded; **Rundfahrt** *f (Stadt~)* sight-seeing tour

Rundfunk *m* [1] ↑ *Radio* radio [2] ↑ *Sendeanstalt* broadcasting company; ◇ **beim ~ arbeiten** to work in broadcasting; **Rundfunkgebühr** *f* radio licence fee

rundlich *adj* ▷*Gesicht, Person* plump; **Rundreise** *f* round trip; **Rundschau** *m* MEDIA [news] review; **Rundung** *f* curvature

runter = *FAM* **herunter, hinunter**

runzelig *adj* ▷*Gesicht, Apfel* wrinkled, squashed; **runzeln** *vt* ◇ **die Stirn ~** to frown

Rüpel *m* <-s, -> lout; **rüpelhaft** *adj* loutish

rupfen *vt* ↑ *herausziehen* pluck

ruppig *adj* ↑ *unhöflich* rude, gruff, rough

Rüsche *f* <-, -n> ruffle, frill

Ruß *m* <-es> soot

Russe *m* <-n, -n>, **Russin** *f* Russian

Rüssel *m* <-s, -> [1] *(von Elefant)* trunk; *(von Schwein)* snout [2] *FAM* ↑ *Nase* conk

russisch *adj* Russian; **Russisch** *s* Russian; **Rußland** *s* Russia

rüsten I. *vti* [1] (MIL *mit Waffen)* arm [2] ↑ *vorbereiten (für Reise)* get ready *(zu, für* for); ◇ **gut gerüstet sein** *(vorbereitet, ausgestattet)* to be well equipped **II.** *vr* ◇ **sich ~** [1] ↑ *vorbereiten* get ready, prepare [2] ↑ *sich wappnen* arm o.s.

rüstig *adj* ↑ *kräftig, frisch* sprightly

Rüstung *f* [1] MIL ↑ *Bewaffnen (Auf~)* armaments, arms *pl* [2] ↑ *Bekleidung (Ritter~)* armour; **Rüstungskontrolle** *f* arms control

Rüstzeug *s* [1] ↑ *Werkzeug* equipment, tools *pl* [2] *FIG* ▷*geistig* capacity, knowledge

Rute *f* <-, -n> ↑ *Stecken* cane

Rutsch *m* <-[e]s, -e> [1] *(Berg~, Erd~)* landslide [2] ↑ *kurze Reise, Trip* short trip [3] ◇ **guten ~!** happy New Year!

Rutsche *f* [1] *(auf Bau)* shoot, chute [2] *(auf Spielplatz)* slide; **rutschen** *vi* [1] ↑ *gleiten (auf Eis)* slide, glide [2] *(aus~)* slip; *(Wagen)* skid [3] *FAM* ↑ *rücken (zur Seite)* move, slip along [4] ↑ *kriechen (auf den Knien)* crawl; **rutschig** *adj* slippery

rütteln *vti* [1] → *Baum* shake [2] *(an Tür)* rattle *(an dat* at) [3] ← *Fahrzeug* jounce, shake, rattle

S

S, s *s* S, s

Saal *m* <-[e]s, Säle> *(Tanz~)* hall; *(Sitzungs~)* room

Sabotage *f* <-, -n> sabotage; **sabotieren** *vt* sabotage

Sachbearbeiter(in *f)* *m* specialist, official in charge; **sachdienlich** *adj* ↑ *nützlich* useful, relevant, helpful; ◇ **~e Hinweise** useful information

Sache *f* <-, -n> [1] ↑ *Gegenstand* thing [2] JURA ↑ *Besitztum* property, belongings *pl* [3] ↑ *Angelegenheit* matter, affair; ◇ **~ der Polizei** police matter [4] ↑ *Thema* matter, subject; ◇ **bei der ~ sein** to be alert; **Sachgebiet** *s* subject, field; **Sachlage** *f* state of affairs, present situation; **sachlich** *adj* [1] ↑ *objektiv* objective [2] ▷*Frage* factual

Sachschaden *m* material damage

Sack *m* <-[e]s, Säcke> *(Kartoffel~)* sack; *(Plastik~)* bag

Sackgasse *f* ① (*Straße ohne Ausweg*) cul-de-sac, dead-end street *AM* ② *FIG* ↑ *Ausweglosigkeit* dead end

Safe *m o. s* <-s, -s> ↑ *Tresor* safe

Saft *m* <-[e]s, Säfte> ① (*Obst-, Gemüse-*) juice; (*Braten-*) gravy, sauce; ◇ **Husten~** cough syrup ② (*von Pflanzen*) sap; **saftig** *adj* ① ▷*Obst* juicy; ▷*Fleisch* succulent ② *FIG* ↑ *stark, derb* ▷*Witz, Brief* juicy; ↑ *hoch* ▷*Rechnung* hefty

Säge *f* <-, -n> saw

sagen *vt, vi* ① ↑ *äußern* say, tell ② ↑ *befehlen* order ③ ↑ *sprechen* speak; ◇ **Danke ~** to say thank you ④ ↑ *bedeuten* tell, mean, signify

sägen *vt* → *Holz* saw

sagenhaft *adj FAM* ↑ *großartig* great, fantastic, terrific

sah *impf v.* **sehen**

Sahne *f* <-> cream

Saison *f* <-, -s> season

Saite *f* <-, -n> MUS string

Sakko *m o. s* <-s, -s> jacket

Salami *f* <-, -s> salami

Salat *m* <-[e]s, -e> ① BIOL ↑ *Kopfsalat* lettuce ② GASTRON salad; **Salatgurke** *f* cucumber; **Salatsoße** *f* ↑ *Dressing* salad dressing

Salbe *f* <-, -n> ointment, salve

Salmonellen *pl* salmonella; **Salmonellenvergiftung** *f* salmonella poisoning

Salon *m* <-s, -s> ① ↑ *Empfangszimmer* drawing room ② (*Friseur-*) salon

salopp *adj* ↑ *locker, lässig* ▷*Redeweise* casual; ▷*Kleidung* casual

Salut *m* <-[e]s, -e> salute

Salve *f* <-, -n> ① (*Gewehr-*) salvo ② (*FIG Lach-*) burst

Salz *s* <-es, -e> salt; **salzen** <salzte, gesalzen> *vt* salt, add salt to; **salzig** *adj* salty; **Salzkartoffeln** *pl* boiled potatoes *pl*

Samen *m* <-s, -> ① (*Blumen-*) seed ② ANAT ↑ *Sperma* sperm

Sammelband *m* <-[e]s, Sammelbände> anthology; **Sammelbestellung** *f* collective order

sammeln I. *vt* → *Antiquitäten, Altpapier etc.* collect **II.** *vr* ◇ **sich ~** concentrate

Sammlung *f* ① ↑ *das Sammeln* collecting ② ↑ *Anhäufung* (*Gemälde-*) collection ③ *FIG* ↑ *Konzentration* composure

Samstag *m* Saturday; ◇ **[am] ~** on Saturday; **samstags** *adv* on Saturdays

samt *präp dat* ↑ *mit, inklusive* with, along with, all together, together with

sämtliche *adj* ↑ *alle* all

Sand *m* <-[e]s, -e> sand; *FIG* ◇ **im ~e verlaufen** to come to nothing, to get nowhere

Sandbank *f* <-, Sandbänke> sandbank; **sandig** *adj* sandy; **Sandkasten** *m* sandpit; **Sandkuchen** *m* GASTRON Madeira cake

sandte *impf v.* **senden**

Sanduhr *f* hourglass

sanft *adj* ① ↑ *behutsam* soft, gentle ② ↑ *gutmütig* soft, gentle ③ ↑ *leicht* ▷*Wind* light, gentle

sang *impf v.* **singen**

Sänger(in *f*) *m* <-s, -> singer

sanieren I. *vt* → *Betrieb, Haus* renovate, refurbish **II.** *vr* ◇ **sich ~** ← *Unternehmen* become financially sound; **Sanierung** *f* (*von Haus*) renovation, refurbishment; (*von Unternehmen*) recovery, rehabilitation; **sanitär** *adj* sanitary; ◇ **~e Anlagen** *pl* sanitary facilities, sanitation; **Sanitäter(in** *f*) *m* <-s, -> first-aid person, medic *AM*

sank *impf v.* **sinken**

Sanktion *f* ↑ *Zwangsmaßnahme* sanction; **sanktionieren** *vt* ↑ *gutheißen* sanction, approve

sann *impf v.* **sinnen**

Sardine *f* sardine

Sarg *m* <-[e]s, Särge> coffin

saß *impf v.* **sitzen**

Satan *m* <-s, -e> ① ↑ *Teufel* Satan, the devil ② *FAM* ↑ *böser Mensch* devil

Satellit *m* <-en, -en> satellite

Satire *f* <-, -n> satire

satt *adj* ① full; ◇ **sich ~ essen** to eat one's fill ② ↑ *überdrüssig* enough, fed up; ◇ **jd-n/etw ~ sein** [*o.* **haben**] to have enough of s.o./s.th. ③ *FIG* ↑ *selbstzufrieden* satisfied, smug ④ ▷*Farbe, Klang* deep, rich

Sattel *m* <-s, Sättel> ① (*Reit-*) saddle; (*Fahrrad-*) seat ② (*Berg-*) ridge; **sattelfest** *adj FIG* ◇ **~ sein** ① ↑ *sich gut auskennen* know one's stuff, be proficient ② ↑ *moralisch gefestigt* have a strong character; **satteln** *vt* → *Pferd* saddle

sättigen *vt* ① ↑ *sattmachen* fill, feed ② *FIG* ↑ *befriedigen* satisfy

Satz *m* <-es, Sätze> ① (GRAM *Haupt-*) sentence ② (*Lehr-*) theorem ③ SPORT set ④ (*Boden-*) sediment ⑤ COMM (*Zins-*) rate ⑥ (*~ Schrauben, Bastel-*) set ⑦ ↑ *Sprung* leap

Satzung *f* statute, rule

Satzzeichen *s* punctuation mark

Sau *f* <-, Säue> ① FAUNA sow ② (*FAM! schmutziger Mensch*) pig; ◇ **jd-n zur ~ machen** to bawl/chew s.o. out

sauber *adj* ① ↑ *rein, geputzt* clean ② ↑ *ordentlich* ▷*Arbeit* careful, good ③ ↑ *anständig* fine, proper; **Sauberkeit** *f* (*von Haus etc.*) cleanliness, neatness; (*von Person*) cleanliness; **säuberlich** *adv* ↑ *sorgfältig* neat, clean, decent; **saubermachen** *vt* clean [up]; **säubern** *vt* ①

↑ *putzen* clean [2] *FIG* ↑ *entfernen, liquidieren* clean, purge

Saudi-Arabien *s* Saudi Arabia

sauer *adj* [1] ▷*Zitrone etc.* sour; CHEM acidic [2] *FAM* ↑ *beleidigt* angry, annoyed, mad

Sauerei *f FAM* [1] ↑ *Schmutz, Unordnung* mess [2] ◇ **das ist e-e ~!** that is really mean!

säuerlich *adj* ▷*Geschmack* slightly sour

Sauermilch *f* sour milk; **Sauerstoff** *m* oxygen; **Sauerteig** *m* sour dough, leaven

saufen <soff, gesoffen> *vt FAM* drink, booze; **Säufer(in** *f*) *m* <-s, -> *FAM* boozer

saugen <sog *o.* saugte, gesogen *o.* gesaugt> *vt* [1] → *Milch* suck (*an dat* on) [2] ↑ *staubsaugen* vacuum; **Sauger** *m* <-s, -> [1] (*auf Flasche*) dummy [2] (*FAM Staub~*) hoover, vacuum cleaner

Säugling *m* baby

Säule *f* <-, -n> [1] ARCHIT ↑ *Pfosten, Stütze* pillar, column [2] (*Rauch~*) pillar [3] *FIG* ↑ *Hilfe* pillar

Saum *m* <-[e]s, Säume> (*Rock~*) hem, seam; **säumen** *vt* [1] → *Rock* hem, seam [2] → *Straße* line

Sauna *f* <-, -s> sauna; **saunieren** *vi* ↑ *in die Sauna gehen* to go to the sauna

Säure *f* <-, -n> [1] CHEM acid [2] (*von Wein, Essig*) sourness

säuseln *vt, vi* ← *Wind* murmur; ← *Blätter* rustle

sausen *vi* ↑ *rennen* run, rush; ◇ **um die Ecke ~** to rush round the corner; *FAM* ◇ **etw ~ lassen** to give s.th. a miss; *FAM* ↑ *durchfallen* ◇ **durch e-e Prüfung ~** to fail an exam

Saustall *m FAM* pigsty

S-Bahn *f* suburban train

Schabernack *m* <-[e]s, -e> trick

schäbig *adj* [1] ↑ *armselig* ▷*Behausung* shabby [2] ↑ *abgetragen* shabby, tatty

Schablone *f* <-, -n> [1] (*Zeichen~*) pattern, stencil [2] *FIG* ↑ *Klischee* cliche; ◇ **in ~n denken** to think in a stereotyped way

Schach *s* <-s, -s> [1] (*Spiel*) chess [2] (*beim ~spiel*) ◇ **S~!** check!; **Schachfigur** *f* pawn, chessman; **schachmatt** *adj* [1] ↑ *mattgesetzt* checkmate [2] *FIG* ↑ *erschöpft* exhausted

Schacht *m* <-[e]s, Schächte> shaft

Schachtel *f* <-, -n> ↑ *Karton, Verpackung* box; ◇ **e-e ~ Zigaretten** a pack[et] of cigarettes

Schachzug *m* [1] (*beim Spiel*) move [2] *FIG* ↑ *Vorgehensweise* move

schade <inv> **I.** *adj* ↑ *bedauerlich* (*nur prädikativ*) a shame, a pity; ◇ **es ist ~ um ihn** it's a pity for him **II.** *intj* ◇ **schade!** what a pity/shame!

Schädel *m* <-s, -> [1] ANAT skull [2] *FAM PEJ* ↑ *Kopf* nut

schaden *vi* [1] ↑ *Schaden zufügen* damage, hurt; ◇ **e-r Sache ~** to damage s.th.; ◇ **jd-m ~** to hurt s.o. [2] (*nachteilig sein*) harm, be bad for; ◇ **das schadet der Gesundheit** it's bad for one's health;

Schaden *m* <-s, Schäden> [1] ↑ *Verletzung* injury [2] ↑ *Nachteil* disadvantage [3] ↑ *Verlust, Beschädigung* loss, damage; *FIG* ◇ **durch ~ wird man klug** once bitten twice shy; **Schadenersatz** *m* JURA compensation; ◇ **jd-m ~ leisten** to pay s.o. damages; **Schadenfreude** *f* ↑ *hämische, boshafte Freude* malicious delight; **schadenfroh** *adj* gloating

schadhaft *adj* ↑ *beschädigt* defective, damaged, faulty

schädigen *vt* → *jd-n* damage, harm

schädlich *adj* be bad/damaging (*für* for), be harmful (*für* to)

Schädling *m* pest; **Schädlingsbekämpfungsmittel** *s* pesticide

Schadstoff *m* harmful substance; **schadstoffarm** *adj* ▷*Auto* low-pollution

Schaf *s* <-[e]s, -e> [1] FAUNA sheep [2] *FAM* twit, nut; **Schäfer(in** *f*) *m* <-s, -e> shepherd *m*, shepherdess *f*; **Schäferhund** *m* Alsatian; ◇ **deutscher ~** German Shepherd

schaffen [1] <schuf, geschaffen> *vt* [1] → *Bedingungen* create; ◇ **Platz ~** to make room [2] ↑ *kreieren* → *Kunstwerk* create; → *Einrichtung* make, build

schaffen [2] **I.** *vt* [1] ↑ *wegbringen* take, bring [2] (*bewältigen*) → *Prüfung* pass; → *Aufgabe* do, manage; ◇ **sie hat's geschafft** she made it [3] *FAM* ◇ **ich habe den Zug gerade noch geschafft** I caught the train in the last moment **II.** *vi* [1] *FAM* ↑ *arbeiten* work [2] ◇ **sich an etw** *dat* **zu ~ machen** to busy o.s. with s.th.

Schaffen *s* <-s> (*von Künstler*) creative work; **Schaffensperiode** *f* artistic period

Schaffner(in *f*) *m* <-s, -> BAHN conductor

Schaft *m* <-[e]s, Schäfte> [1] (*von Gewehr*) stock [2] (*von Stiefel*) leg [3] (*von Schlüssel*) shank

Schakal *m* <-s, -e> jackal

schäkern *vi* ↑ *scherzen* joke around; ↑ *flirten* flirt

schal *adj* [1] ▷*Bier* flat [2] *FIG* ↑ *witzlos, leer* boring, dull

Schal *m* <-s, -e *o.* -s> scarf

Schale *f* <-, -n> [1] (*Obst~*) bowl, dish; (*Trinkbecher*) cup [2] ↑ *Hülle, Rinde* (*Apfel~*) skin, peel; (*Nuß~*) shell; **schälen I.** *vt* → *Früchte* peel; → *Nüsse* shell; → *Baum* bark **II.** *vr* ◇ **sich ~** ← *Haut* peel, exfoliate

Schall *m* <-[e]s, -e> sound; **schalldicht** *adj* soundproof; **Schallmauer** *f* sound barrier; AERO ◇ **die ~ durchbrechen** to break the sound barrier; **Schallplatte** *f* record; **Schallwelle** *f* sound wave

schalt *impf v.* **schelten**

schalten I. *vt* switch, turn **II.** *vi* [1] AUTO ↑ *Gang wechseln* shift [gears], change gears [2] MEDIA switch/turn on [3] *FAM* ↑ *reagieren* act, react

Schalter *m* <-s, -> [1] (*Licht-*) switch; (*an Gerät*) switch [2] (*Geld-, Post-*) counter; **Schalterbeamte(r)** *m*, **Schalterbeamtin** *f* counter clerk; **Schalterhalle** *f* main hall

Schaltung *f* [1] ↑ *das Schalten* changing of gears [2] ELECTR circuit [3] (AUTO *Gang-*) gear[shift]

Scham *f* <-> [1] (*-gefühl*) shame [2] ANAT genitals *pl*; **schämen** *vr* ◇ **sich - be ashamed** (*wegen* of); **schamhaft** *adj* [1] ↑ *schüchtern* modest, bashful [2] ↑ *verschämt* bashful, coy; ◇ **- lächeln** to smile coyly; **schamlos** *adj* [1] shameless [2] ↑ *gemein, bösartig* shameless, nasty

Schande *f* <-> disgrace; **schändlich** *adj* [1] ▷*Tat* shameful, disgraceful [2] ▷*Verhalten* disgraceful; **Schandtat** *f* [1] disgraceful deed [2] *FAM* ↑ *Unfug* prank

Schanze *f* <-, -n> [1] MIL ↑ *Erdwall* entrenchment [2] (SPORT *Sprung-*) ski jump

Schar *f* <-, -en> [1] (AGR *Pflug-*) plough[share] [2] (*Menschen-*) crowd; **scharen** *vr* ◇ **sich -** ↑ *sich versammeln* rally (*um* around)

scharf *adj* [1] ▷*Essen* hot, spicy; ◇ **- gewürzt** spicy [2] ▷*Messer* sharp [3] ▷*Revolver* live [4] ▷*Kurve* sharp [5] ▷*Verstand, Auge* sharp, keen [6] ↑ *gut erkennbar* ▷*Konturen* sharp, clear

Schärfe *f* <-, -n> [1] (*von Essen*) spiciness; (*von Messer*) sharpness; (*von Foto*) sharpness, clarity [2] (*von Gesetz*) strictness; **schärfen** *vt* [1] → *Messer* sharpen [2] → *Sinne* sharpen

Scharfschütze *m* marksman; **scharfsinnig** *adj* ▷*Bemerkung* shrewd, astute

Scharnier *s* <-s, -e> hinge

scharren *vi* ← *Hühner* scratch; ← *Hund* paw

Scharte *f* <-, -n> [1] ↑ *Kerbe* notch [2] (*Schieß-*) embrasure

Schaschlik *m o. s* <-s, -s> [shish] kebab

Schatten *m* <-s, -> [1] (*Sonnen-*) shade; (*von Person, Sache*) shadow [2] *FIG* ◇ **seine - vorauswerfen** to cast a shadow [3] (MED *unter Augen, auf Lunge*) shadow; **Schattenbild** *s* silhouette; **Schattenseite** *f FIG* dark side

schattieren *vt* ↑ *im Ton abstufen* shade; **Schattierung** *f* [1] (*von Bild*) shading [2] *FIG* ↑ *politische Richtung* (*von Zeitungen*) shade

schattig *adj* shady

Schatulle *f* <-, -n> (*Schmuck-*) casket

Schatz *m* <-es, Schätze> [1] (*Gold-*) treasure [2] *FAM* (*Kosename*) darling

schätzen *vt* [1] → *Wert* value [2] ↑ *vermuten* guess, estimate [3] ↑ *verehren* → *jd-n* hold s.o. in high regard; **Schätzung** *f* [1] (*ungefähre Berechnung*) estimate, guess [2] ↑ *Vermutung* estimation; ◇ **nach meiner - ...** I reckon that [3] ↑ *Verehrung* esteem; **schätzungsweise** *adv* ↑ *ungefähr* roughly

Schau *f* <-> [1] (*Moden-*) show [2] ↑ *Ausstellung* (*von Waren*) exhibition; *FIG* ◇ **etw zur - stellen** to exhibit, to display; **Schaubild** *s* diagram

Schauder *m* <-s, -s> [1] ↑ *vor Angst* shudder; ◇ **jd-m e-n - über den Rücken jagen** to make s.o. shudder [2] (*Kälte-*) shiver; **schauderhaft** *adj* [1] ↑ *schrecklich* dreadful [2] *FAM* ↑ *sehr schlecht* dreadful, horrible, terrible; **schaudern** *vi* [1] ↑ *Abscheu, Grauen empfinden* shudder; ◇ **mich schaudert bei dem Gedanken** I shudder at the thought [2] (*vor Kälte*) shiver

schauen *vi* look, have a look

Schauer *m* <-s, -> [1] (*Schnee-*) shower [2] ↑ *Gruseln* shudder [3] ↑ *Zittern* shiver; **schauerlich** *adj* horrible, dreadful, terrible

Schaufel *f* <-, -n> [1] (*Kohlen-*) shovel [2] (TECHNOL *von Turbine*) scoop [3] (NAUT *von Wasserrad*) paddle; **schaufeln** *vt* shovel, scoop

Schaufenster *s* shop window; **Schaufensterbummel** *m* ◇ **e-n - machen** to go window shopping; **Schaukasten** *m* showcase

Schaukel *f* <-, -n> swing; **schaukeln I.** *vi* swing **II.** *vt* ↑ *wiegen* rock; **Schaukelpferd** *s* rocking horse; **Schaukelstuhl** *m* rocking chair

Schaulustige(r) *fm* onlooker

Schaum *m* <-[e]s, Schäume> [1] (*Seifen-*) lather; (*Bier-*) foam [2] *FIG* ◇ **Träume sind Schäume** dreams are for fools; **schäumen** *vi* [1] ← *Sekt* foam, bubble; ← *Meer* foam [2] *FIG* (*vor Wut*) froth; **schaumig** *adj* foamy, frothy; ◇ **etw - schlagen** to beat s.th. until frothy; **Schaumwein** *m* ↑ *Sekt* sparkling wine

Schauplatz *m* scene, venue

Schauspiel *s* [1] THEAT play [2] *FIG* ↑ *Geschehen* sight, spectacle; **Schauspieler(in** *f*) *m* actor *m*, actress *f*

Scheck *m* <-s, -s> (*Euro-, Reise-*) cheque, check *AM*; ◇ **e-n - einlösen** to cash a cheque; **Scheckbuch** *s* cheque book; **Scheckbetrug** *m* cheque fraud; **Scheckkarte** *f* cheque card

scheffeln *vt* ↑ *horten, zusammenraffen, FAM* rake in

Scheibe *f* <-, -n> [1] (*Holz-*) plate; (*Töpfer-*) wheel; (*Brems-*) disc [2] (*Fenster-*) pane [3] (*von Brot, Wurst*) slice; **Scheibenwischer** *m* windshield wiper

Scheich *m* <-s, -e *o.* -s> (*Öl-*) sheik[h]

Scheide *f* <-, -n> ① (*Wasser-*) boundary ② ANAT vagina ③ (*Schwert-*) sheath

scheiden <schied, geschieden> **I.** *vt* → *Ehe* separate, divorce **II.** *vi* ① ↑ *weggehen* retire; ◇ **aus dem Amt** - to retire from service ② ↑ *auseinandergehen* part; ← *Ehepaar* ◇ **sich - lassen** to divorce; **Scheidung** *f* (*Ehe-*) divorce; **Scheidungsgrund** *m* ground for divorce

Schein [1] *m* <-[e]s, -e> ① (*Geld-*) note ② (*Gut-, Quittungs-*) slip, certificate; (*Fahr-*) ticket; (*Führer-*) licence, license *AM*

Schein [2] *m* <-[e]s> ① (*Licht-*) light ② (*An-*) appearance; ◇ **zum** - in pretence; **scheinbar** *adj* ① ↑ *nicht wirklich* seeming, apparent ② ↑ *vorgetäuscht* seeming, feigned; **scheinen** <schien, geschienen> *vi* ① seem, appear ② ↑ *leuchten* shine

scheinheilig *adj* ↑ *heuchlerisch* hypocritical

Scheinwerfer *m* <-s, -> ① (*auf Bühne*) spotlight ② AUTO headlamp

Scheiße *f* <-> ① *FAM* ↑ *Kot* shit ② *FAM!* ↑ *Unsinn* crap; ↑ *Ärger* crap; ◇ **S-!** shit!; **Scheißwetter** *s FAM!* terrible weather

Scheitel *m* <-s, -> ① (*Spitze, höchster Punkt*) top ② (*von Kopf*) skull ③ (*Haar-*) parting; **scheiteln** *vt* → *Haar* make a parting

scheitern *vi* ① ← *Person, Unternehmen* fail (*an dat* at) ② ← *Vorhaben* come to nothing

Schelm *m* <-[e]s, -e> rogue

Schelte *f* <-, -n> scolding, telling-off; **schelten** <schalt, gescholten> *vt* ↑ scold, tell off

Schema *s* <-s, -s *o.* -ta> ① ↑ *Übersicht* schema, diagram ② ↑ *Plan, Muster* pattern ③ *FIG* ↑ *Verhaltensmuster* behaviour pattern

Schenkel *m* <-s, -> ① ANAT (*Ober-, Unter-*) thigh ② (MATH *von Dreieck*) side

schenken *vt* ① → *Blumen etc.* give s.th. as a present ② ◇ **jd-m Gehör** - to listen to s.o. ③ ↑ *erlassen* let off; **Schenkung** *f* JURA donation

Scherbe *f* <-, -n> ① (*Glas-*) piece ② ▷ *archäologisch* potsherd

Schere *f* <-, -n> ① (*Nagel-*) scissors *pl;* ◇ **e-e** - a pair of scissors ② (*von Krebs, Hummer*) claw, pincer

scheren [1] <schor, geschoren> *vt* ① (*schneiden*) → *Hecke* clip, trim ② → *Schaf* shear

scheren [2] **I.** *vt* ↑ *kümmern* worry; ◇ **es schert ihn nicht im geringsten** he's not the least bit worried **II.** *vr* ◇ **sich** - ① (*kümmern*) worry; ◇ **sich um jd-n/etw** - to worry about s.o./s.th. ② *FAM* ◇ **scher dich weg!** get lost!, buzz off!

Schererei *f FAM* ↑ *Ärger, Probleme* bother, trouble, problems

Scherz *m* <-es, -e> ↑ *Witz* joke; ◇ **etw im - sagen** to say s.th. jokingly; **scherzen** *vi* ① ↑ *e-n Scherz machen* joke ② (*nicht im Ernst sagen*) joke; **scherzhaft** *adj* joking, funny

scheu *adj* ① ↑ *schüchtern* shy ② ↑ *schreckhaft* timid; **Scheu** *f* <-> ① ↑ *Schüchternheit* fear, shyness ② ↑ *Respekt* awe (*vor* of)

scheuchen *vt* scare [off], chase away

scheuen I. *vr* ↑ *Bedenken haben* be afraid of **II.** *vt* ↑ *Angst haben vor* be afraid, be scared **III.** *vi* ← *Pferd* shy

Scheuerlappen *m* floor cloth; **scheuern** *vt, vi* ① → *Boden* scrub, scour ② → *Riemen* ← *Haut* chafe ③ *FAM* ◇ **jd-m e-e** - to box s.o.'s ears

Scheuklappe *f* ① blinker ② *FIG* ◇ **mit -n herumlaufen** to walk around with blinkers on

Scheune *f* <-, -n> barn

Scheusal *s* <-s, -e> ① ↑ *Monster* monster ② *FAM* beast, pain; **scheußlich** *adj* ① ↑ *gräßlich* horrible, scary ② ↑ *gemein* horrible, dreadful, hideous ③ ↑ *sehr unangenehm* ▷ *Situation* horrible, dreadful, unpleasant

Schicht *f* <-, -en> ① (*Farb-*) layer, coating ② ↑ *Lage* (*Erd-*) layer ③ (*Bevölkerungs-*) class ④ (*Nacht-, Spät-*) shift; **schichten** *vt* stack

schick *adj* ① ↑ *elegant, modisch* smart, chic ② *FAM* ↑ *toll, großartig* great

schicken I. *vt* ① → *Packet* send, post ② send; ◇ **jd-n nach Hause** - to send s.o. home ③ ↑ *holen, kommen lassen* ◇ **nach jd-m** - to send for s.o. **II.** *vr* ◇ **sich** - *FAM* ↑ *sich beeilen* hurry

Schicksal *s* <-s, -e> fate; ◇ **jd-n seinem - überlassen** to leave s.o. to his fate; **Schicksalsschlag** *m* blow

schieben <schob, geschoben> **I.** *vt* ① → *Fahrrad, Auto* push ② *FIG* ◇ **die Verantwortung auf jd-n** - to put the responsibility at s.o.'s door ③ *FAM* → *Waren* smuggle, deal **II.** *vi* push

Schiebung *f* ① (*im Amt*) pulling of strings; SPORT fix ② (*Schiebergeschäfte*) shady business

schied *impf v.* **scheiden**

Schiedsgericht *s* JURA court of arbitration; **Schiedsrichter(in** *f*) *m* ① SPORT referee; (*Tennis*) umpire ② ↑ *Vermittler* arbitrator

schief *adj* ① ▷ *Ebene* sloping; ▷ *Haus* lop-sided; ◇ - **hängen** to hang crookedly ② ↑ *zweideutig* ▷ *Lächeln* wry ③ ▷ *Vergleich* distorted

Schiefer *m* <-s, -> slate; **Schiefertafel** *f* SCH slate

schiefgehen *unreg vi FAM* go wrong; **schieflachen** *vr* ◇ **sich** - *FAM* crease up; **schiefliegen** *unreg vi FAM* be wrong

schielen *vi* ① squint, have a squint ② *FIG* ◇ **nach etw** - to sneak a look at s.th.

schien *impf v.* **scheinen**
Schienbein *s* ANAT shinbone
Schiene *f* <-, -n> [1] ↑ *Gleis* (*Eisenbahn-*) track rails *pl* [2] (MED *Bein-*) splint
Schießbude *f* shooting gallery; **schießen** <schoß, geschossen> **I.** *vi* [1] (*mit Pistole etc.*) shoot (*auf akk* at); (*mit Ball*) kick [2] ↑ *schnell wachsen* shoot up **II.** *vt* [1] → *Ball* throw [2] → *Wild* shoot; **Schießerei** *f* shooting, shoot-out, firefight; **Schießpulver** *s* gunpowder
Schiff *s* <-[e]s, -e> [1] ship [2] (ARCHIT *Kirchen-*) nave; **Schiffahrt** *f* shipping, navigation; **Schiffahrtslinie** *f* shipping line; **Schiffbruch** *m* (*Schiffsunglück*) shipwreck; **Schiffchen** *s* [1] (*kleines Schiff*) small boat [2] (*zum Weben*) shuttle [3] (*Mütze*) forage cap; **Schiffsfahrt** *f* cruise, journey; **Schiffsladung** *f* cargo
Schikane *f* <-, -n> [1] chicanery, dirty trick [2] *FAM* ◇ **mit allen -n** with all the trimmings; **schikanieren** *vt* harass
Schild [1] *m* <-[e]s, -e> [1] (*Holz-*) shield [2] (*von Schildkröte etc.*) shell [3] (*Schutz-*) shield
Schild [2] *s* <-[e]s, -er> [1] (*Preis-*) tag; (*Verkehrs-*) sign [2] (*an Mütze*) visor
schildern *vt* describe, sketch; **Schilderung** *f* description, account
Schildkröte *f* (*Wasser-*) tortoise; (*Land-*) turtle
Schilf *s* <-[e]s, -e> reed
schillern *vi* shimmer; **schillernd** *adj* [1] iridescent [2] *FIG* ▷*Persönlichkeit* elusive
Schimmel [1] *m* <-s, -> (*Brot-*) mould
Schimmel [2] *m* <-s, -> (*Pferd*) white horse
schimmelig *adj* mouldy, mildewy; **schimmeln** *vi* go mouldy
Schimmer *m* <-s> [1] ↑ *Glanz* glimmer, gleam [2] *FIG* ↑ *Ahnung* ◇ **keinen - haben** to have no clue
Schimpanse *m* <-n, -n> chimpanzee
schimpfen **I.** *vt* [1] ↑ *tadeln* scold [2] ↑ *bezeichnen, nennen* ◇ **jd-n etw -** to call s.o. s.th. **II.** *vi* [1] ↑ *fluchen* swear [2] ↑ *sich beklagen* complain
schinden <schindete, geschunden> **I.** *vt* ↑ *grausam quälen* abuse, maltreat **II.** *vr* ◇ **sich -** [1] ↑ *sich abmühen* slave (*mit* at) [2] *FAM* ◇ **Eindruck -** to try to impress; ◇ **Zeit -** to run out the clock; **Schinderei** *f* slavery, exploitation
Schindluder *s* ◇ **mit jd-m - treiben** to make s.o. suffer
Schinken *m* <-s, -> [1] ▷*roh, gekocht* ham [2] *FAM* ↑ *dickes Buch* fat tome
Schippe *f* <-, -n> ↑ *Schaufel* shovel, spade; *FIG FAM* ◇ **jd-n auf die - nehmen** to pull s.o.'s leg; **schippen** *vt* ↑ *schaufeln* shovel
Schirm *m* <-[e]s, -e> [1] (*Regen-*) umbrella; (*Sonnen-*) parasol [2] (*Lampen-*) shade; (*Fall-*) parachute [3] (*Mützen-*) peak [4] (*Bild-*) screen; **Schirmständer** *m* umbrella stand
Schiß *m* <-sses> *FAM* ↑ *Angst* ◇ **- haben vor etw/jd-m** to be scared of s.th./s.o.
Schlacht *f* <-, -en> [1] MIL battle [2] *FIG* ↑ *Auseinandersetzung* argument
schlachten *vt* kill; → *Vieh* slaughter
Schlachtenbummler(in *f*) *m* SPORT fan
Schlachtfeld *s* MIL battlefield; **Schlachthaus** *s*, **Schlachthof** *m* slaughterhouse, abattoir; **Schlachtplan** *m* [1] MIL battle plan [2] *FIG* plan of action; **Schlachtschiff** *s* MIL battle ship
Schlacke *f* <-, -n> [1] (*Asche*) cinders *pl* [2] (*Verbrennungsrückstände*) slag [3] (*Lava*) lava
schlackern *vi FAM* ↑ *schlottern* wobble
Schlaf *m* <-[e]s> (*Tief-*) sleep; (*Mittags-*) nap; **Schlafanzug** *m* pyjamas *pl*
Schläfchen *s* nap; *FAM* snooze
schlafen <schlief, geschlafen> *vi* [1] sleep, be asleep [2] ↑ *übernachten* spend the night, stay overnight [3] *FAM* ↑ *unaufmerksam sein* be asleep, doze; ◇ **mit offenen Augen -** to be dog-tired
schlaff *adj* [1] ▷*Seil* slack [2] ▷*Muskel* flabby [3] ▷*Haut* flabby [4] (*träge*) listless, sluggish; ◇ **sich - fühlen** to feel sluggish
Schlafgelegenheit *f* place to sleep, place to spend the night; **schlaflos** *adj* sleepless, restless; **Schlaflosigkeit** *f* sleeplessness, insomnia; ◇ **an - leiden** to suffer from insomnia; **Schlafmittel** *s* ↑ *Schlaftablette* sleeping pill; **Schlafmütze** *f FAM* [1] (*Langschläfer*) *s.o. who sleeps a lot* [2] (*träger Mensch*) dope; **Schlafsack** *m* sleeping bag; **Schlafwagen** *m* BAHN sleeper, couchette; **schlafwandeln** *vi* sleepwalk; **Schlafzimmer** *s* bedroom
Schlag *m* <-[e]s, Schläge> [1] (*Faust-*) blow, hit, punch; ◇ **Schläge** *pl* beating [2] (*Glocken-*) chime, lash [3] (*auch FIG Peitschen-, Puls- etc.*) beat [4] (ELECTR *Strom-*) shock; (*Blitz-*) clap [5] *FAM* ↑ *Art, Sorte* sort, kind, type; ◇ **Leute von ihrem -** people like them, those kind of people [6] *FAM* ↑ *Portion* helping, portion [7] ↑ *Enttäuschung* blow; ◇ **ein schwerer -** a hard blow/knock; **Schlagabtausch** *m* [1] (*beim Boxen*) exchange of blows [2] MIL ▷*nuklear* conflict [3] *FIG* ▷*verbal* exchange; **Schlaganfall** *m* MED stroke; **schlagartig** *adj* sudden; **Schlagbaum** *m* barrier; **Schlagbohrmaschine** *f* hammer drill, percussion drill
schlagen <schlug, geschlagen> **I.** *vt, vi* [1] ↑ *prügeln* → *jd-n* hit, beat up; ◇ **jd-m etw aus der Hand -** to knock s.th. out of s.o.'s hand [2] ←

Glocke, Uhr chime; → *Trommel* beat [3] ← *Herz* beat [4] ↑ *besiegen* beat [5] *auch FIG* → *Schlacht* fight **II.** *vr* ◇ **sich** ~ [1] ↑ *sich prügeln* fight, have a fight [2] *FIG* ◇ **sich tapfer** ~ to fight, to overcome; **schlagend** *adj* ↑ *überzeugend* ▷*Argument* sound, convincing

Schlager *m* <-s, -> [1] MUS ↑ *Hit* pop song [2] COMM sales hit

Schläger [1] *m* <-s, -> (SPORT *Golf-*) club; (*Tennis-*) racket; (*Hockey-*) stick; (*Baseball-*) bat

Schläger [2] *m* <-s, -> thug, brawler; **Schlägerei** *f* fight, brawl

schlagfertig *adj* [1] ▷*Person* quick-witted [2] ◇ **e-e -e Antwort** a good retort/repartee; **Schlaginstrument** *s* MUS percussion instrument; **Schlagloch** *s* pothole; **Schlagobers** *s* (*ÖST*), **Schlagrahm** *m*, **Schlagsahne** *f* [whipping] cream; (*geschlagen*) whipped cream; **Schlagwort** *s* [1] ↑ *Parole* slogan [2] ↑ *Stichwort* catch word; **Schlagzeile** *f* (*in Zeitungen*) headline; *FIG* ◇ **-n machen** to make [the] headlines; **Schlagzeug** *s* MUS drums *pl*

schlaksig *adj* lanky

Schlamassel *m o. s* <-s, -> *FAM* mess

Schlamm *m* <-[e]s, -e> [1] (*Erde*) mud [2] ↑ *Schlick* sludge; **schlammig** *adj* muddy

Schlampe *f* <-, -n> *FAM* slut, tart

schlampen *vi FAM* [1] ↑ *unordentlich sein* be slovenly [2] ↑ *nachlässig arbeiten* be a slovenly worker, do a sloppy job; **Schlamperei** *f FAM* slovenliness, carelessness

schlang *impf v.* **schlingen**

Schlange *f* <-, -n> [1] FAUNA snake [2] (*Menschen-*) queue *BRIT*, line *AM*; ◇ **~ stehen** to queue up *BRIT*, to stand in line, to line up

schlängeln *vr* ◇ **sich** ~ [1] snake/worm one's way [2] ↑ *sich winden* → *Fluß* meander, wind

Schlangenbiß *m* snakebite; **Schlangenlinie** *f* wavy line; ◇ **-n fahren** to zigzag along the road

schlank *adj* slim; *FIG* ◇ **auf die -e Linie achten** to watch one's figure; **Schlankheitskur** *f* slimming diet

schlapp *adj* [1] ↑ *erschöpft* tired, worn out; *FAM* burned out [2] ↑ *träge* sluggish

Schlappe *f* <-, -n> *FAM* ↑ *Mißerfolg* setback

Schlappheit *f* [1] ↑ *Erschöpfung* limpness, exhaustion [2] ↑ *Trägheit* slackness; **Schlapphut** *m* slouch hat; **schlappmachen** *vi FAM* ↑ *zusammenbrechen, aufgeben* give up

schlau *adj* [1] ↑ *clever* clever [2] ↑ *klug, geschickt* crafty, cunning

Schlauch *m* <-[e]s, Schläuche> [1] (*Gummi-*) tube; (*Garten-*) hose [2] (*Fahrrad-*) inner tube; **Schlauchboot** *s* rubber dinghy

Schläue *f* <-> cleverness, shrewdness

Schlaufe *f* <-, -n> loop

Schlaukopf *m FAM* smarty pants

schlecht *adj* [1] (*nicht gut*) bad; ◇ **etw ~ machen** to do s.th. badly [2] ↑ *unfähig, unqualifiziert* bad, incapable [3] ↑ *verdorben* ▷*Lebensmittel* bad, rotten, off *BRIT* [4] ↑ *böse* ▷*Mensch* bad, evil; ▷*Gedanke, Tat* evil, bad [5] ↑ *ungesund* unwell, ill, sick; ◇ **~ aussehen** to look bad, to look sick; ◇ **es geht ihr** ~ she's not well [6] ↑ *unangenehm* ▷*Nachricht* bad; ▷*Wetter* bad; **schlechtgehen** *unreg vi unpers* ◇ **jd-m geht es schlecht** s.o. has a hard time; **schlechthin** *adv* [1] ↑ *überhaupt* as such; ◇ **der Dramatiker** ~ the epitome of the dramatist [2] ↑ *ganz u. gar, völlig* absolutely; **Schlechtigkeit** *f* ↑ *Bosheit* wickedness; **schlechtmachen** *vt* → *jd-n* run s.o. down

schlecken *vt* [1] ↑ *lecken* → *Eis* lick [2] ↑ *naschen* have a sweet tooth

Schlegel *m* <-s, -> [1] MUS drumstick [2] (GASTRON *Hähnchen-*) leg

schleichen <schlich, geschlichen> *vi* [1] ↑ *leise, unbemerkt gehen* ← *Katze* creep, sneak [2] ↑ *sich schleppen* crawl; **schleichend** *adj* ▷*Krankheit, Gift* lingering, insidious

Schleichwerbung *f* plugging

Schleier *m* <-s, -> [1] (*Braut-*) veil [2] *FIG* (*Nebel-*) fog; **schleierhaft** *adj FAM* ↑ *rätselhaft* ◇ **das ist mir** ~ it's a mystery to me

Schleife *f* <-, -n> [1] (*Haar-*) ribbon, bow [2] (*Fluß-*) curve, loop

schleifen [1] **I.** *vt* [1] ↑ *ziehen* drag, lug [2] *FAM* ↑ *schleppen* drag; ◇ **jd-n zum Friseur** ~ to drag s.o. to the hairdresser's **II.** *vi* ↑ *reiben* rub; ◇ **am Boden** ~ to trail along the ground

schleifen [2] <schliff, geschliffen> *vt* [1] → *Diamanten* cut [2] ↑ *schärfen* → *Messer* sharpen

Schleim *m* <-[e]s, -e> [1] MED (*Nasen-*) mucus [2] GASTRON (*Hafer-*) gruel; **schleimen** *vi* [1] ↑ *Schleim absondern* produce mucus [2] *FAM* ↑ *kriechen* (*vor Vorgesetzten*) creep, suck up [to s.b.]

schlemmen *vi* have a feast; **Schlemmer(in** *f*) *m* <-s, -> gourmet

schlendern *vi* ↑ *bummeln* stroll

schlenkern *vt* → *Arme* swing

Schleppe *f* <-, -n> train

schleppen *vt* [1] ↑ *ab-* → *Auto, Schiff* tow [2] → *Koffer* lug, drag; **schleppend** *adj* ↑ *langsam, träge* ▷*Entwicklung* slow; ▷*Gang* slow, sluggish; **Schlepplift** *m* ski tow

Schleuder *f* <-, -n> [1] (*Vogel-*) catapult [2] (*Wäsche-*) spin-dryer; **Schleudergefahr** *f* AUTO slippery roads; **schleudern I.** *vt* [1] ↑ *werfen*

hurl ② → *Wäsche* spin-dry **II.** *vi* (*auf nasser Fahrbahn*) skid, slip
schleunigst *adv* at once, without further ado
Schleuse *f* <-, -n> (*für Schiffe*) lock; (*-ntor*) sluice
schlich *impf v.* **schleichen**
Schlich *m* <-[e]s, -e> (*meist pl*) ◇ **jd-m auf die -e kommen** to find s.b. out
schlicht *adj* (*einfach*) ▷*Person* plain, simple, modest; ▷*Kleidung* plain
schlichten *vt* → *Streit* settle
Schlichtheit *f* ↑ *Einfachheit* plainness, simplicity
Schlichtung *f* (*von Streit*) settlement
schlichtweg *adv* *FAM* ↑ *ganz einfach* quite simply
schlief *impf v.* **schlafen**
schließen <schloß, geschlossen> **I.** *vt* ① (*zumachen*) → *Geschäft, Tür, Augen* close ② ↑ *beenden* → *Sitzung, Brief* close, end ③ ↑ *ausfüllen* → *Loch, Spalte* fill in ④ → *Freundschaft, Bündnis, Ehe, Vertrag* enter into ⑤ ↑ *folgern* take, infer (*aus* from) **II.** *vi* ① ↑ *zumachen* close ② ↑ *enden* ← *Buch* end, finish ③ ↑ *zusein* ← *Tür, Fenster* be closed; ◇ **schlecht** - not close properly **III.** *vr* ◇ **sich** - ← *Tür* close, shut; **Schließfach** *s* (*in Bahnhof*) locker; (*in Bank*) safe
schließlich *adv* ↑ *endlich, am Ende* finally
schliff *impf v.* **schleifen**
schlimm *adj* ① ↑ *böse* bad; ◇ **ein -es Ende nehmen** to come to a bad end ② ↑ *unangenehm* ▷*Folgen, Nachricht* bad ③ ↑ *bedrohlich, ernst* ▷*Krankheit* serious; **schlimmstenfalls** *adv* if the worst comes to the worst
Schlinge *f* <-, -n> (*Schleife, Draht-*) loop; *FIG* ◇ **den Kopf aus der - ziehen** to get out of a difficult situation
Schlingel *m* <-s, -> *FAM* ↑ *frecher kleiner Kerl* rascal
schlingen[1] <schlang, geschlungen> **I.** *vt* wind; ◇ **die Arme um jd-n** - to fling one's arms around s.o. **II.** *vr* ← *Efeu* ◇ **sich um etw** *akk* - to wind around, to twine around
schlingen[2] <schlang, geschlungen> *vi* gobble, scoff
schlingern *vi* ← *Schiff* roll
Schlips *m* <-es, -e> tie
Schlitten *m* <-s, -> ① (*Kufenfahrzeug*) sledge, sleigh ② *FAM* ↑ *großes Auto* flashy car
Schlittschuh *m* skate
Schlitz *m* <-es, -e> (*Spalt, Briefkasten-*) slot; (*Hosen-*) fly; **Schlitzohr** *s* *FAM* ↑ *raffinierte Person* sly fox
schloß *impf v.* **schließen**
Schloß *s* <-sses, Schlösser> ① (*Königs-*) castle ② (*Tür-, Zahlen-*) lock; (*an Schmuck etc.*) clasp
Schlot *m* <-[e]s, -e> (*von Haus*) chimney; (*von Schiff*) funnel; *FAM FIG* ◇ **wie ein - rauchen** smoke like a chimney
schlottern *vi* ① ↑ *zittern* shake, tremble ② ↑ *locker sitzen* ← *Kleidung* hang loosely
Schlucht *f* <-, -en> (*Gebirgs-*) ravine, gorge
schluchzen *vi* sob
Schluck *m* <-[e]s, -e> gulp, swallow; **Schluckauf** *m* <-s> hiccups *pl;* **schlucken I.** *vt* ① → *Tablette* swallow ② *FIG* ↑ *in sich aufnehmen* → *kleinen Betrieb* swallow up ③ *FIG* ↑ *hinnehmen* → *Beleidigung* accept, take **II.** *vi* swallow
schludern *vi* ↑ *nachlässig arbeiten* work carelessly
schlug *impf v.* **schlagen**
Schlummer *m* <-s> sleep, slumber; **schlummern** *vi* ① sleep, slumber ② *FIG* ↑ *ungeweckt vorhanden sein* ← *Talent* lie dormant
Schlund *m* <-[e]s, Schlünde> ① ANAT pharynx ② *FIG* ↑ *Abgrund* maw
schlüpfen *vi* ① ← *Vogel etc.* hatch ② ↑ *anziehen* slip on
Schlupfloch *s* ① (*Loch*) gap, hole ② *FIG* ↑ *Schlupfwinkel, Versteck* hideout, den ③ (*FIG im Gesetz*) loophole
schlüpfrig *adj* ① ↑ *glatt* ▷*Boden* slippery ② *FIG* ↑ *zweideutig* ▷*Witz* risqué
schlurfen *vi* shuffle, drag one's feet
schlürfen *vt* → *Suppe, Kaffee* slurp
Schluß *m* <-sses, Schlüsse> ① ↑ *Ende* end, ending ② ↑ *hinterer Teil* (*von Reihe*) end, back ③ ↑ *Schließen, Zumachen* (*von Laden, Betrieb*) closing; (*Dienst-*) closing time
Schlüssel *m* <-s, -> ① (*von Tür etc.*) key ② (*Schrauben-*) wrench, spanner ③ MUS (*Baß-*) clef; **Schlüsselbund** *m* key ring; **Schlüsselloch** *s* keyhole
schlüssig *adj* ① ↑ *folgerichtig* conclusive, sound ② ↑ *entschlossen* decided; ◇ **sich** *dat* **noch nicht - sein** not to have decided yet
Schlußverkauf *m* (*Winter-, Sommer-*) clearance sale; **Schlußwort** *s* ① closing words *pl* ② ↑ *Nachwort* epilogue
schmachten *vi* ① ↑ *leiden, hungern, dürsten* languish ② ↑ *sich sehnen* yearn (*nach* for)
schmächtig *adj* ▷*Körperbau* slight; ▷*Person* delicate, frail
schmackhaft *adj* tasty
schmal *adj* ① ↑ *eng* narrow ② ▷*Mensch* slender, slim, slight ③ ↑ *knapp* ▷*Gehalt* meagre, poor
schmälern *vt* ① ↑ *verringern* reduce, diminish ② *FIG* ↑ *herabsetzen* → *Bedeutung, Leistung* belittle, diminish
schmalzig *adj* ① fatty, greasy ② *FAM* ↑ *sentimental* sentimental, slushy

schmarotzen *vi* [1] *auf Kosten anderer leben, FAM* be a parasite, live off others [2] BIOL ← *Parasit* be a parasite; **Schmarotzer(in** *f*) *m* <-s, -> [1] ↑ *Parasit* parasite [2] (*FAM Mensch*) parasite, sponge, scrounger

schmatzen *vi* eat noisily

schmecken I. *vt* [1] ↑ *Geschmack wahrnehmen* taste [2] ↑ *kosten, abschmecken* taste, try **II.** *vi* [1] ← *Essen* ▷ *gut, süß, bitter* taste; ◇ **es schmeckt mir** I like it [2] *FIG* ↑ *gefallen* ◇ **das schmeckt mir nicht** I do not like it

schmeichelhaft *adj* flattering; **schmeicheln** *vi* [1] (*jd-m etw Angenehmes sagen*) flatter (*jd-m* s.o.) [2] ← *Bild* flatter

schmeißen <schmiß, geschmissen> *vt* [1] ↑ *werfen* throw, hurl [2] *FAM FIG* ◇ **e-n Laden** ~ to run the show

schmelzen <schmolz, geschmolzen> **I.** *vi* [1] (*flüssig werden*) ← *Eis* melt; ← *Erz* smelt [2] *FIG* ↑ *weich werden* ← *Herz* melt **II.** *vt* ↑ *flüssig machen* liquefy

Schmerz *m* <-es, -en> [1] ▷ *körperlich* pain [2] *FIG* ↑ *Leid* sorrow; **schmerzempfindlich** *adj* sensitive to pain; **schmerzen** *vi* [1] ↑ *wehtun* hurt [2] *FIG* hurt, upset; **Schmerzensgeld** *s* JURA punitive damages; **schmerzhaft, schmerzlich** *adj* painful; **schmerzlos** *adj* (*ohne Schmerzen*) painless; *FIG* ◇ **kurz u.** ~ short and sweet; **schmerzstillend** *adj* ▷ *Medikament* painkilling, analgesic, soothing

Schmetterling *m* butterfly

schmettern I. *vt* [1] → *Trompete* blare [2] → *Lied* ring, bellow [3] → *Glas* smash **II.** *vi* ↑ *mit Wucht schlagen* smash

Schmied(in *f*) *m* <-[e]s, -e> (*Pferde-, Waffen-*) blacksmith; **schmieden** *vt* [1] (*mit Hammer formen*) forge [2] ↑ *sich ausdenken* → *Pläne* concoct, devise

schmiegen I. *vt* ↑ *sanft drücken* press **II.** *vr* ↑ *sich kuscheln* ◇ **sich an etw/jd-n** ~ to cuddle up to s.th./s.o.; **schmiegsam** *adj* ▷ *Stoff* pliable, flexible; *FIG* ↑ *flexibel* flexible

Schmiere *f* <-, -n> [1] ↑ *Fett* grease [2] ↑ *Dreck* dirt, muck [3] *FAM* ◇ ~ **stehen** to keep a lookout; **schmieren I.** *vt* [1] ↑ *streichen* → *Brote* smear, butter [2] ↑ *einreiben* rub in [3] → *Achse* grease [4] *FIG* ↑ *bestechen* bribe **II.** *vi* ↑ *unsauber schreiben* scrawl; **Schmierfink** *m FAM* scruffy person; **Schmiergeld** *s* ↑ *Bestechungsgeld* bribe money, payoff; **schmierig** *adj* [1] ↑ *ölig* greasy, oily [2] ↑ *feucht-schmutzig* grubby [3] *FAM* ↑ *kriecherisch* ▷ *Person* slimy, creepy

Schminke *f* <-, -n> make-up; **schminken** *vt, vr* ◇ **sich** ~ → *Augen, Mund* make o.s. up

schmiß *impf v.* **schmeißen**

Schmöker *m* <-s, -> *FAM* ↑ *Buch* tome; **schmökern** *vi FAM* ↑ *lesen* browse

schmollen *vi* ↑ *beleidigt sein* sulk

schmolz *impf v.* **schmelzen**

Schmorbraten *m* (*Kalbs-*) pot roast; **schmoren I.** *vt* [1] ↑ *braten* → *Fleisch* braise, stew [2] *FIG* ◇ **jd-n** ~ **lassen** to let s.o. stew [in his/her own juice] **II.** *vi* ELECTR ← *Kabel* melt

Schmuck *m* <-[e]s, -e> [1] (*Gold-*) jewellery [2] ↑ *Dekoration* decoration

schmücken *vt* → *Christbaum, Tafel* decorate

schmuddelig *adj FAM* ↑ *unsauber, unordentlich* grubby, messy

Schmuggel *m* <-s> smuggling; **schmuggeln** *vt* → *Drogen* smuggle

schmunzeln *vi* ↑ *belustigt sein* smirk (*über akk* about)

Schmutz *m* <-es> [1] ↑ *Dreck* dirt, mess, filth [2] *FIG* ↑ *Verwerfliches* filth; **Schmutzfink** *m FAM* filthy creature, pig; **schmutzig** *adj* [1] ↑ *dreckig* dirty, filthy [2] *FIG* ↑ *unredlich* dirty; ◇ **~e Geschäfte** dirty business [3] *FAM* ↑ *unanständig* ▷ *Witz* dirty, smutty

Schnabel *m* <-s, Schnäbel> [1] (*von Vogel*) beak, bill [2] *FAM* ↑ *Mund* mouth

Schnake *f* <-, -n> ↑ *Stechmücke* mosquito

Schnalle *f* <-, -n> [1] (*Gürtel-*) buckle, clasp [2] (*FAM verkommenes Mädchen*) tart

schnallen *vt* [1] ↑ *festbinden* buckle [2] *FAM* ↑ *begreifen* get, understand; *FAM* ◇ **hat sie's endlich geschnallt?** has she got it yet?

schnappen I. *vt* [1] ↑ *erwischen* → *Verbrecher* catch [2] ↑ *greifen* grab; ◇ **sich etw** ~ to grab s.th. **II.** *vi* [1] (*ins Schloß*) ← *Tür* click [2] ← *Hund* snap (*nach* at) [3] ◇ **nach Luft** ~ to gasp for breath

Schnäppchen *s* (*FAM vorteilhafter Kauf*) bargain

Schnappschuß *m* FOTO snapshot

schnarchen *vi* snore

schnattern *vi* [1] ← *Enten* chatter [2] ↑ *heftig zittern* (*vor Kälte*) shiver

schnauben *vi* ← *Pferd* snort

schnaufen *vi* pant

Schnauzbart *m* ↑ *Schnurrbart* moustache

Schnauze *f* <-, -n> [1] (*Hunde-*) snout [2] *FAM* ↑ *Mund* trap, gob

Schnecke *f* <-, -n> FAUNA snail; **Schnekkenhaus** *s* snail's shell

Schnee *m* <-s> [1] snow [2] (*Ei-*) eggwhite; **Schneeball** *m* snowball; **Schneekette** *f* AUTO snow chains *pl;* **Schneesturm** *m* snowstorm; **Schneewittchen** *s* Snow White

Schneid *m* <-[e]s> *FAM* ↑ *Mut* courage, gumption; ◇ **jd-m den Schneid abkaufen** to demoralize s.o.

schneiden <schnitt, geschnitten> **I.** *vt* ① → *Papier, Brot* cut; → *Film* edit; → *Haare, Hecke* cut ② ◇ **sich** *akk* ~ to cut o.s.; *FIG* ↑ *meiden* → *jd-n* avoid s.o. **II.** *vi* ← *Messer* cut through **III.** *vr* ◇ **sich** ~ ↑ *sich kreuzen* ← *Linien* intersect

schneidend *adj* ① ↑ *eiskalt* ▷ *Wind, Kälte* biting, piercing ② *FIG* ▷ *Bemerkung* cutting

Schneider(in *f*) *f* <-s, -> tailor, dressmaker

schneidig *adj FIG* dynamic, sporting

schneien *vi* snow

Schneise *f* <-, -n> open area

schnell I. *adj* ① ▷ *Auto, Bewegung* fast ② ▷ *Entschluß* quick **II.** *adv* ① ▷ *fahren, arbeiten* quickly ② (*leicht*) quickly, easily; **schnellebig** *adj* ▷ *Zeit* short-lived, fast-moving

schnellen *vi* ↑ *federnd springen* shoot, fly; ← *Gummiband* shoot; ◇ **in die Höhe** ~ skyrocket

Schnelligkeit *f* quickness, fastness; **Schnellimbiß** *m* snack bar; **schnellstens** *adv* as quickly as possible; **Schnellstraße** *f* dual carriageway *BRIT*, highway *AM*; **Schnellzug** *m* fast train, express train

schneuzen *vr* ◇ **sich** ~ (*sich die Nase putzen*) blow one's nose

schnippisch *adj* ▷ *Antwort* saucy, cheeky

schnitt *impf v.* **schneiden**

Schnitt *m* <-[e]s, -e> ① (*Schneiden, von Papier etc.*) cutting; (*von Baum*) cutting; (*an Buch*) edge ② (*Ergebnis vom Schneiden, Haar-*) cut; (*beim Nähen, -muster*) pattern; (MED *-wunde*) cut ③ (*-punkt*) point of intersection ④ (*Quer-*) cross section; (*Durch-*) average ⑤ *FAM* ↑ *Gewinn* profit; ◇ **e-n guten** ~ **machen** to make a good profit

Schnitte *f* <-, -n> (*Brot-*) sandwich

Schnittfläche *f* section; **Schnittpunkt** *m* point of intersection; **Schnittwunde** *f* MED cut, gash

Schnitzel *s* <-s, -> ① (GASTRON *Schweine-, Kalbs-*) pork/veal cutlet ② ↑ *Fetzen* (*Papier-*) scrap, piece

schnitzen *vt* → *Figuren* carve

Schnitzer(in *f*) *m* <-s, -> ① carver ② *FAM* ↑ *Fehler* blunder, mistake, howler

Schnorchel *m* <-s, -> snorkel

Schnörkel *m* <-s, -> (ARCHIT *an Gebäuden*) scroll; (*an Unterschrift*) squiggle

schnorren *vt FAM* → *Zigaretten* scrounge

schnüffeln *vt, vi* ① ↑ *schnuppern* ← *Hund* sniff ② *FAM* → *Rauschstoffe* sniff ③ *FAM* ↑ *durchsuchen* snoop around

Schnuller *m* <-s, -> dummy *BRIT*, pacifier *AM*

Schnupfen *m* <-s, -> cold; (*Heu-*) hay fever

schnuppern *vi* sniff

Schnur *f* <-, Schnüre> ① ↑ *Seil, Faden* cord ② (ELECTR *Verlängerungs-*) lead, flex; **schnurgerade** *adj* dead straight; **schnüren** *vt* ① ↑ *festbinden* → *Paket* tie [up] ② ↑ *zumachen* → *Schuhe* tie, lace [up]

Schnurrbart *m* moustache

schnurren *vi* ① ← *Katze* purr ② ↑ *brummen* whir, hum

schob *impf v.* **schieben**

Schock *m* <-[e]s, -e> ① (*Schrecken*) shock ② (*Elektro-*) electroshock treatment; **schocken** *vt FAM* ↑ *erschrecken* → *jd-n* shock; **schockieren** *vt* shock

Schokolade *f* ① (*Vollmilch-*) chocolate ② (*Getränk*) [hot] chocolate

Scholle *f* <-, -n> ① (*Erd-*) clod ② (*Eis-*) floe ③ (*Fisch-*) plaice

schon *adv* ① ↑ *bereits* already; ② ↑ *unmittelbar danach* ◇ **kaum war sie weg, ~ fing es an zu regnen** she had hardly left when it began to rain ③ ↑ *allein, nur* just, alone; ◇ ~ **die Vorstellung** just the thought of it ④ ↑ *zwar* ◇ **ich weiß ~, aber …** I know that [of course], but ... ⑤ ↑ *bestimmt* definitely, for sure; ◇ **das wird ~ gutgehen** it'll surely turn out all right ⑥ ◇ **das war ~ immer so** that has always been that way

schön *adj* ① ↑ *erfreulich, angenehm* nice, pleasant ② ▷ *Frau, Stadt* beautiful, lovely ③ ↑ *nett* nice; ◇ **-e Grüße** best wishes ④ ↑ *groß* big, great; ◇ **ein -es Durcheinander!** what a mess! ⑤ *FAM* ↑ *ziemlich, sehr* very, quite; ◇ **er hat sich ~ blamiert** he really made a fool of himself ⑥ ↑ *gut* ◇ **schlaf ~!** sleep well!

schonen I. *vt* ↑ *behutsam behandeln* → *Kleidung, Nerven* look after, take care of **II.** *vr* ◇ **sich** ~ take care of o.s.; **schonend** *adj* careful, gentle, considerate

Schönheit *f* ① (*von Person*) beauty ② (*schöne Beschaffenheit*) beauty ③ *FAM* ↑ *schöne Frau* beauty; ◇ **sie ist e-e** ~ she is a beauty; **Schönheitsfehler** *m* (*von Person*) blemish, flaw; (*von Sache*) flaw; **schönmachen** *vr* ◇ **sich** ~ make o.s. up/presentable

Schonung I. *f* <-> ① ↑ *pflegliches Behandeln* (*von Gesundheit etc.*) good care ② ↑ *Nachsicht* consideration **II.** *f* ↑ *Waldbestand* young tree preservation; **schonungslos** *adj* inconsiderate, harsh; ◇ **-e Offenheit** bluntness

schöpfen *vt* ① (*mit Gefäß, Hand etc.*) scoop up ② ↑ *wiedergewinnen* → *Mut* summon up ③ → *Atem* draw, take ④ ↑ *kreieren, schaffen* → *Kunstwerk* create; **Schöpfung** *f* ① ↑ *das Schaffen* creating ② ↑ *Kreation* creation ③ (REL *Erschaffung der Welt*) the Creation

schor *impf v.* **scheren**

Schornstein *m* (*von Haus*) chimney; NAUT funnel

schoß *impf v.* **schießen**

Schoß *m* <-es, Schöße> [1] ANAT ↑ *Mutterleib* womb [2] *FIG* lap

Schotte *m* <-n, -n> Scot, Scotsman

Schotter *m* <-s> (*von Straße, Eisenbahn*) gravel

Schottin *f* Scot, Scotswoman; **Schottland** *s* Scotland

schräg *adj* [1] ↑ *nicht gerade* ▷*Wände* slanting; ◇ ~ **gegenüber** diagonally opposite [2] *FAM* ↑ *merkwürdig* ◇ **ein ~er Vogel** a strange fellow; **Schräge** *f* <-, -n> slant

Schramme *f* <-, -n> scratch; **schrammen** *vt* scratch, scrape

Schrank *m* <-[e]s, Schränke> [1] (*Küchen-*) cupboard; (*Kleider-*) wardrobe [2] (*FAM Person*) great hulk, giant

Schranke *f* <-, -n> [1] ↑ *Barriere* (*Bahn-*) barrier [2] *FIG* ↑ *Grenze, Hemmung* barrier; *a.* MATH limit; **schrankenlos** *adj* [1] unrestrained [2] *FIG* ↑ *zügellos* boundless, unlimited

Schraube *f* <-, -n> [1] (*Holz-, Flügel-*) screw, bolt [2] ↑ *Propeller* propeller [3] SPORT twist; **schrauben** *vt* [1] ▷*fest* screw [2] (*mit Schrauben befestigen*) screw on [3] *FIG* ◇ **Ansprüche höher/niedriger** ~ to raise/lower standards; **Schraubenzieher** *m* <-s, -> screwdriver

Schreck *m* <-[e]s, -e> fright, shock; **Schrekken** *m* <-s, -> [1] (*plötzliches Angstgefühl*) fright; ◇ **jd-m e-n ~ einjagen** to give s.o. a fright [2] ↑ *Grauen* (*von Katastrophe, Krieg*) horrors *pl;* **schrecken** *vt* frighten, scare; **schreckhaft** *adj* nervous, jumpy; **schrecklich** *adj* [1] ↑ *entsetzlich* ▷*Erfahrung* awful, terrible, dreadful [2] *FAM* ↑ *sehr* really, very, terribly, awfully; ◇ ~ **müde** terribly tired

Schrei *m* <-[e]s, -e> ↑ *Ruf* (*Freuden-*) shout; ▷*gellend* scream; ▷*brüllend* shout, roar, yell

Schreibblock *m* writing pad; **schreiben** <schrieb, geschrieben> **I.** *vt* [1] → *Namen, Wort* write; ◇ **sich** *dat* **[gegenseitig]** ~ to write to each other, to correspond [2] ↑ *buchstabieren* spell; ◇ **wie schreibt man ...?** how do you spell ...? [3] ↑ *ausstellen* → *Rechnung* write up/out [4] ↑ *attestieren* confirm in writing **II.** *vi* [1] ▷*schnell* write; (*mit Maschine*) type; ◇ **lesen u.** ~ reading and writing [2] ↑ *berichten* (*in Brief*) write; **Schreiben** *s* <-s, -> letter; **Schreibfehler** *m* spelling mistake; **Schreibkraft** *f* (*Sekretär/in*) [shorthand] typist; **Schreibmaschine** *f* typewriter; **Schreibtisch** *m* desk; **Schreibung** *f* spelling; **Schreibwaren** *pl* stationery; **Schreibweise** *f* ↑ *Orthographie* spelling; ↑ *Stil* style

schreien <schrie, geschrien> **I.** *vi* [1] ↑ *laut rufen* shout (*nach dat* for); ◇ **vor Schmerzen** ~ to scream with pain [2] ↑ *kreischen* ← *Tiere, Kinder* shriek, cry, howl [3] ↑ *weinen* ← *Baby* cry, howl [4] *FIG* ↑ *verlangen* ◇ **es schreit zum Himmel** it's a scandal **II.** *vt* shout; ◇ **[um] Hilfe** ~ to cry out for help; **schreiend** *adj* [1] ↑ *kreischend* screaming, shrieking [2] *FIG* ↑ *unerhört* unheard of, disgraceful [3] ↑ *grell* ▷*Farbe* glaring

Schreiner(in *f*) *m* <-s, -> [1] ↑ *Tischler* (*Möbel-*) cabinet maker [2] ↑ *Zimmermann* carpenter, joiner; **Schreinerei** *f* carpenter's workshop

schrie *impf v.* **schreien**

schrieb *impf v.* **schreiben**

Schrift *f* <-, -en> [1] ▷*lateinisch, arabisch* alphabet, writing [2] ↑ *Hand-* handwriting [3] ↑ *Text* text; ◇ **e-e alte** ~ an old text [4] PRINT (*Kursiv-, Druck-*) typeface; **schriftlich I.** *adj* written **II.** *adv auch FIG* ◇ **jd-m etw ~ geben** to give s.o. s.th. in writing; **Schriftsprache** *f* written language; **Schriftsteller(in** *f*) *m* <-s, -> (*Roman-*) author, writer; **Schriftstück** *s* document

schrill *adj* ▷*Stimme* shrill; ↑ *grell* ▷*Farbe* shrill, glaring

Schritt *m* <-[e]s, -e> [1] (▷*kurz, lang, Eil-, Wander-, Wechsel-*) pace, tempo; ◇ **ein paar ~e von hier** not far from here [2] ▷*schleppend, beschwingt* walk [3] *FIG* ↑ *Vorgehen, Maßnahme, Aktion* (*Fort-*) measures *pl;* **Schrittempo** *s* ◇ **im** ~ at a walking pace

schroff *adj* [1] ▷*Felsen* jagged, steep [2] ↑ *abrupt* ▷*Wechsel* sudden, abrupt [3] *FIG* ↑ *barsch, unfreundlich* brusque, gruff, short

schröpfen *vt FAM* ↑ *ausnehmen* milk

Schrot *m o. s* <-[e]s, -e> [1] (*Roggen-*) wholemeal [2] (*Blei-*) pellets *pl;* **Schrotflinte** *f* shotgun

Schrott *m* <-[e]s, -e> [1] ↑ *Altmetall* scrap metal [2] *FAM* ↑ *wertloses Zeug* rubbish; **Schrotthaufen** *m* [1] scrap heap [2] *FAM FIG* ↑ *altes Auto* heap; **Schrottwert** *m* scrap value

schrubben *vt* → *Boden* scrub

Schrulle *f* <-, -n> [1] ↑ *wunderliche Laune* quirk [2] *alte Frau, PEJ* old bag/hag/crone

schrumpfen *vi* (*kleiner werden, eingehen*); ← *Stoff* shrink; ← *Obst* shrivel; ← *Kapital* dwindle

Schubkarren *m* wheelbarrow; **Schublade** *f* (*von Tisch, Schrank*) drawer

schüchtern *adj* [1] ▷*Junge* shy [2] ↑ *vorsichtig* ▷*Versuch* hesitant, careful

schuf *impf v.* **schaffen**

Schuft *m* <-[e]s, -e> scoundrel; *FAM* creep

schuften *vi FAM* slave

Schuh *m* <-[e]s, -e> shoe; **Schuhcreme** *f* shoe creme, shoe polish

Schulaufgaben *f pl* homework; **Schulbesuch** *m* school attendance; **Schulbildung** *f* school attendance

schuld *adj* ◊ **- sein** to be to blame; ◊ **er ist/hat -** he is guilty; **Schuld** *f* <-, -en> [1] ↑ *Verantwortlichsein* blame (*für, an dat* for); ◊ **jd-m die - geben** to blame s.o., to put the blame on s.o. [2] ↑ *Verfehlung* wrongdoing; ◊ **sich** *dat* **keiner - bewußt sein** not to be aware of any wrongdoing; **schulden** *vt* → *Geld, Leben* owe; **Schulden** *pl* FIN debt; **schuldenfrei** *adj* free from debt[s]; **Schuldgefühl** *s* sense of guilt, guilty feeling; **schuldig** *adj* [1] ↑ *verantwortlich* guilty (*an dat* of); JURA ◊ **sich - bekennen** to plead guilty [2] ↑ *verpflichtet* obligated; **schuldlos** *adj* innocent; **Schuldner(in** *f*) *m* <-s, -> FIN debtor

Schule *f* <-, -n> (*Grund-, Real-, Ober-*) school; (*Ingenieur-, Musik-*) academy, college; (*Abend-, Volkshoch-*) school, college

Schüler(in *f*) *m* <-s, -> (*Haupt-, Berufs-*) pupil, student, schoolboy *m*, schoolgirl *f*

Schulferien *pl* school holidays *pl;* **schulfrei** *adj* ◊ **-er Tag** day off; **Schulhof** *m* schoolyard, playground; **Schuljahr** *s* school year; **schulpflichtig** *adj* of school age; **Schulstunde** *f* lesson, period, class

Schulter *f* <-, -n> ANAT shoulder

Schulung *f* schooling, education

Schulwesen *s* educational system; **Schulzeugnis** *s* school report

Schund *m* <-[e]s> rubbish, waste; **Schundliteratur** *f* trashy novels *pl*

Schuppe *f* <-, -n> [1] (*von Fisch, Reptilien*) scale [2] (*Kopf-n*) ◊ **-n** dandruff; **schuppen I.** *vt* → *Fisch* scale **II.** *vr* ◊ **sich -** ← *Haut* peel

Schuppen *m* <-s, -> [1] ↑ *Abstellraum* (*Geräte-*) shed [2] *FAM* (*Beat-*) joint, hang-out

schüren *vt* [1] ↑ *heizen* → *Ofen* poke [2] *FIG* ↑ *aufhetzen* → *Konflikt* stir, incite

schürfen I. *vi* MIN dig for, prospect **II.** *vt* → *Haut* graze, scrape; **Schürfung** *f* [1] (MIN *von Erzen*) prospecting [2] (*Haut-*) graze, cut, abrasion

Schurke *m* <-n, -n>, **Schurkin** *f* rogue, scoundrel

Schürze *f* <-, -n> apron; (*Kinder- mit Latz*) pinafore

Schuß *m* <-sses, Schüsse> [1] (*Gewehr-*) shot [2] ↑ *Geschoß* bullet [3] (SPORT *mit Ball: Tor-*) shot, strike [4] (*FAM wachsen*) ◊ **e-n - tun/machen** to shoot up

Schüssel *f* <-, -n> (*Salat-*) bowl, dish

Schußverletzung *f* bullet wound; **Schußwaffe** *f* firearm, gun

Schuster(in *f*) *m* <-s, -> shoemaker

Schutt *m* <-[e]s> [1] ↑ *Gesteinstrümmer* (*Bau-*) rubble [2] ↑ *Müll* rubbish, waste, garbage, trash

Schüttelfrost *m* the shivers *pl;* **schütteln I.** *vt* → *Baum* shake; → *Hand* shake [hands]; → *Kopf* shake **II.** *vr* ◊ **sich -** (*vor Lachen*) shake; (*vor Kälte*) shiver; (*vor Angst*) shiver, shudder

schütten I. *vt* → *Zucker, Kies, Wasser* pour **II.** *vi unpers* (*stark regnen*) pour down; ◊ **es schüttet** it's pouring, it's raining cats and dogs

Schutz *m* <-es> [1] ↑ *Unterstützung, Hilfe* protection, support; ◊ **jd-n in - nehmen** to protect s.o. [2] ↑ *Unterschlupf* shelter, refuge; ◊ **jd-m - bieten** to offer s.o. shelter [3] ↑ *Verteidigung* (*Geleit-*) protection; **Schutzblech** *s* (*von Fahrrad*) mudguard, fender *AM*; **Schutzbrief** *m* AUTO motor insurance, auto insurance *AM*

Schütze *m* <-n, -n> [1] (*Revolver-*) rifleman, marksman, gunman; (*Bogen-*) archer [2] (SPORT *Tor-*) scorer [3] ASTROL Sagittarius

schützen *vt* (*verteidigen*) → *jd-n* protect; → *Natur* conserve; → *Patent* patent

Schutzengel *m* guardian angel; **Schutzgebiet** *s* (*Natur-*) reserve; **schutzlos** *adj* ↑ *wehrlos* defenceless, defenseless *AM*; (*gegen Wind etc.*) unprotected; **Schutzmaßnahme** *f* protective measure

schwach *adj* [1] ↑ *kraftlos* ▷*körperlich* weak [2] ↑ *nicht gehaltvoll* ▷*Kaffee etc.* weak [3] ↑ *nicht zahlreich* poor; ◊ **- besuchte Ausstellung** poorly attended exhibition [4] ▷*Leistung* poor; ▷*Film, Vorstellung* poor, bad [5] ↑ *nachgiebig* soft; ◊ **- werden** to get soft, to give in; **Schwäche** *f* <-, -n> [1] ▷*körperlich* weakness [2] (*Charakter-*) weakness, weak point, failing [3] (*Leistung*) failing; **schwächen** *vt* [1] ↑ *ermüden* weaken [2] ↑ *vermindern* → *Einfluß* reduce, diminish

Schwächling *m* weakling

Schwachsinn *m* [1] (*Mangel an Intelligenz*) imbecility, stupidity [2] *FIG* ↑ *Unsinn* nonsense; **schwachsinnig** *adj* [1] ↑ *geistig behindert* mentally deficent [2] ↑ *unsinnig* ▷*Idee* crazy, ridiculous, silly; **Schwachstelle** *f* weak spot

Schwächung *f* [1] (*Entkräftung, von Körper*) weakening [2] (*FIG von Argument*) weakening

schwafeln *vt, vi FAM* waffle

Schwager *m* <-s, Schwäger> brother-in-law

Schwägerin *f* sister-in-law

Schwalbe *f* <-, -n> swallow

Schwall *m* <-[e]s, -e> [1] (*Wasser-*) splash [2] (*FIG von Worten*) surge, torrent

schwamm *impf v.* **schwimmen**

Schwamm *m* <-[e]s, Schwämme> [1] (FAUNA *Meeres-*) sponge [2] (BIOL *Pilz*) fungus [3] (*Bade-*) sponge

schwand *impf v.* **schwinden**
schwang *impf v.* **schwingen**
schwanger *adj* pregnant; **schwängern** *vt* make s.o. pregnant; **Schwangerschaft** *f* pregnancy; **Schwangerschaftsabbruch** *m* abortion; **Schwangerschaftsverhütung** *f* contraception
schwanken *vi* [1] → *Baum* sway [2] ↑ *taumeln, schaukeln* stagger [3] → *Preise, Gewicht* fluctuate [4] ↑ *zögern* hesitate; **Schwankung** *f* (*von Preisen, Gewicht, Temperatur*) fluctuation
Schwanz *m* <-es, Schwänze> [1] (*von Tier*) tail [2] ↑ *Anhang, Schlußteil* tail [3] (*FAM niemand*) ◇ **kein** ~ nobody, not a soul
schwänzen I. *vt FAM* → *Schule, Vorlesung* skip; *FAM* skive **II.** *vi* play hooky
Schwarm *m* <-[e]s, Schwärme> [1] (*Gruppe, Bienen~*) swarm; (*von Menschen*) swarm, crowd [2] *FAM* ◇ **ihr neuester** ~ her latest heartthrob; **schwärmen** *vi* ◇ ~ **für** to be mad about; *FAM* to have a crush on *AM*
schwarz *adj* [1] ▷*Haar, Stoff* black; ◇ **etw ~ auf weiß haben** to have s.th. in black and white [2] (*Person*) black; ◇ **S~e(r)** *fm* black person [3] ↑ *illegal* illegal; ◇ **der ~e Markt** the black market [4] *FIG* ↑ *bissig, pessimistisch* black, gloomy; **Schwarzarbeit** *f* illegal work
schwarzfahren *unreg vi* [1] (*in Bus etc.*) travel without paying; *FAM* to dodge paying the fare [2] (*ohne Führerschein*) drive without a licence; **Schwarzmarkt** *m* black market; **schwarzsehen** *unreg vi FAM* ↑ *pessimistisch sein* see only the gloomy side of things, to take a dim view
schwatzen, **schwätzen I.** *vi* (*in Schule*) chatter **II.** *vt* ↑ *daherreden* ◇ **dummes Zeug** ~ chatter; *FAM* natter
Schwebe *f FIG* ◇ **in der ~ sein** to be undecided; **schweben** *vi* [1] ↑ *fliegen* fly, soar [2] ↑ *hoch hängen* be suspended; ◇ **in Gefahr** ~ to be in danger [3] *FIG* ↑ *unentschieden sein* ← *Prozeß* be undecided
Schwede *m* <-n, -n> Swede; **Schweden** *s* Sweden; **Schwedin** *f* Swede
Schweif *m* <-[e]s, -e> [1] ↑ *Schwanz* (*von Hund etc.*) tail [2] (*von Komet*) tail
Schweigegeld *s* hush money; **schweigen** <schwieg, geschwiegen> *vi* [1] ← *Person* stop talking [2] ↑ *still sein* be silent; **Schweigen** *s* <-s> silence; **schweigsam** *adj* silent
Schwein *s* <-[e]s, -e> [1] (FAUNA *Haus~, Wild~*) pig [2] (GASTRON *~efleisch*) pork [3] *FAM! FIG* filthy pig, swine; **Schweinefleisch** *s* pork; **Schweinerei** *f* [1] *FAM* ↑ *Durcheinander, Schmutz* mess [2] ↑ *Gemeinheit* mean thing; ◇ **es ist e-e ~, wie er sie behandelt** the way he treats her is disgusting [3] (*dreckiger Witz*) dirty joke
Schweiß *m* <-es> sweat
schweißen *vt* → *Metall* weld
Schweiz *f* Switzerland; **Schweizer(in** *f*) *m* <-s, -> Swiss; ◇ **die** ~ *pl* the Swiss
schwelen *vi* smoulder
schwelgen *vi* [1] (*in Luxus leben*) revel in [2] *FIG* ◇ **in Erinnerungen** ~ to wallow in memories
Schwelle *f* <-, -n> [1] (*Tür~*) threshold, doorstep [2] *FIG* ↑ *Übergang* step [3] BAHN sleeper
Schwellung *f* MED swelling
schwenken I. *vt* [1] (*hin u. her schwingen*) swing; → *Fahne* wave [2] ↑ *ausspülen* (*mit Wasser*) rinse **II.** *vi* ↑ *abbiegen* switch, turn; ◇ **nach links** ~ to turn left
schwer I. *adj* [1] ▷*Koffer, Person* heavy; ◇ **65 Kilo ~ sein** to weigh 65 kilos [2] ↑ *schwierig* ▷*Aufgabe* difficult; ▷*Lektüre* difficult [3] ↑ *schlimm* ▷*Katastrophe* serious [4] *FIG* ◇ **~en Herzens** with a heavy heart **II.** *adv* ↑ *sehr* ◇ ~ **verletzt** seriously injured; **Schwere** *f* <-, -n> [1] PHYS ↑ *Schwerkraft* gravity [2] ↑ *Schwersein* heaviness, weight [3] ↑ *Wichtigkeit* (*von Entscheidung*) importance; **schwerelos** *adj* weightless; **schwerfallen** *unreg vi* ← *Arbeit, Entscheidung* be difficult; **schwerfällig** *adj* awkward, clumsy; **schwerhörig** *adj* hard of hearing; **Schwerkranke(r)** *fm* seriously ill person; **schwermachen** *vt* ◇ **jd-m das Leben** ~ to make s.o.'s life hard, to give s.o. a hard time; **schwernehmen** *unreg vt* take s.th. hard; **Schwerpunkt** *m FIG* (*von Problem*) main emphasis
Schwert *s* <-[e]s, -er> sword
schwertun *unreg vi* ◇ **sich** *dat o akk* ~ to make heavy weather of s.th.; **Schwerverbrecher (in** *f*) *m* felon, serious offender; **schwerverletzt** *adj* seriously injured; **schwerwiegend** *adj* ▷*Fehler, Frage* serious, grave
Schwester *f* <-, -n> [1] sister [2] MED nurse, sister [3] (REL *Ordens~*) sister, nun
schwieg *impf v.* **schweigen**
Schwiegereltern *pl* parents-in-law *pl;* **Schwiegermutter** *f* mother-in-law; **Schwiegervater** *m* father-in-law
schwierig *adj* [1] ↑ *anspruchsvoll, mühevoll* ▷*Aufgabe, Arbeit* hard, difficult [2] ▷*Mensch* difficult, hard to handle; **Schwierigkeit** *f* [1] (*von Arbeit*) difficulty [2] ↑ *Hindernis* difficulty; ◇ **~en überwinden** to overcome difficulties
Schwimmbad *s* swimming pool; (*Hallenbad*) swimming baths *pl;* **schwimmen** <schwamm,

geschwommen> *vi* [1] (*im Wasser*) to swim [2] *a.* SPORT ▷*regelmäßig* to swim [3] ← *Wohnung* to swim, to be flooded; **Schwimmweste** *f* life jacket; (*im Flugzeug*) life vest

Schwindel *m* <-s> [1] (*-gefühl*) dizziness [2] ↑ *Betrug* swindle, lie; ◇ **das ist doch alles** ~ that's just a pack of lies; **schwindelfrei** *adj* free of giddiness, to have a head for heights; **schwindeln** *vi* [1] *FAM* ↑ *lügen* to fib [2] (*schwindlig werden*) to feel dizzy

schwinden <schwand, geschwunden> *vi* [1] ← *Geld, Reserve* to dwindle, to decrease; ← *Kraft, Mut, Hoffnung* to dwindle, to die [2] ↑ *verblassen* ← *Farbe* to fade; ↑ *leiser werden* ← *Ton* to fade

schwindlig *adj* dizzy, giddy; ◇ **mir ist** ~ I feel dizzy

schwingen <schwang, geschwungen> **I.** *vt* [1] → *Fahne etc.* to wave [2] ↑ *ausholen* → *Lasso* to swing **II.** *vi* [1] ↑ *schaukeln* ← *Pendel* to swing [2] ↑ *vibrieren* ← *Klang* to vibrate **III.** *vr* ◇ **sich** ~ ◇ **sich über etw** ~ to swing o.s. over s.th.; **Schwingung** *f* PHYS (*von Ton, Saite*) vibration

Schwips *m* <-es, -e> ◇ **e-n** ~ **haben** to be a bit tipsy

schwirren *vi* [1] ← *Mücke* to whirr, to buzz [2] *FAM* ▷*hektisch* to whizz about

schwitzen *vi* (*bei Anstrengung*) to sweat, perspire; (*vor Angst*) to sweat

schwören <schwor, geschworen> *vti* [1] (*beeiden*) to swear to, to take an oath [2] → *Treue* to swear, to vow

schwul *adj FAM* homosexual; *FAM* gay

schwül *adj* ▷*Klima* humid, muggy

Schwund *m* <-[e]s> [1] (*von Reserve, Vorrat*) dwindling [2] (MED *Muskel-*) shrinking

Schwung *m* <-[e]s, Schwünge> [1] (*Ski-*) jump, leap [2] (*von Augenbrauen*) curve [3] *FIG* ↑ *Triebkraft, Elan* drive [4] *FAM* ↑ *Menge* batch; ◇ **ein** ~ **Arbeit** a load of work; **schwunghaft** *adj FIG* ▷*Geschäft* flourishing; **schwungvoll** *adj* ▷*Worte, Melodie* lively, full of life, melodic

Schwur *m* <-[e]s, Schwüre> [1] JURA ↑ *Eid* oath [2] ↑ *Gelöbnis* (*Liebes-*) vow, declaration

sechs *nr* [1] six [2] SCHULE ↑ *ungenügend* F; **sechshundert** *nr* six hundred; **sechsjährig** *adj* (*6 Jahre alt*) six-year-old; (*6 Jahre dauernd*) six-year; **sechste(r, s)** *adj* sixth; (*gesprochen*) ◇ **der** ~ **Mai** the sixth of May; (*geschrieben*) ◇ **Bonn, den 6. Mai** Bonn, 6th May; **Sechste(r)** *fm* sixth

sechzehn *nr* sixteen

sechzig *nr* sixty

See ¹ *f* <-, -n> sea

See ² *m* <-s, -n> [1] (*Boden-*) lake [2] (*Stau-*) dam; **Seebad** *s* seaside resort, holiday resort; **seekrank** *adj* seasick

Seele *f* <-, -n> soul, spirit; **Seelenruhe** *f* ↑ *Gemütsruhe* calmness; ◇ **in aller** ~ calmly

seelisch *adj* ▷*Gleichgewicht, Not* mental, spiritual

Seelöwe *m* FAUNA sea lion

Seelsorge *f* REL spiritual welfare

Seeluft *f* ocean air, sea air; **Seemacht** *f* naval/maritime power; **Seemann** *m* <-s, Seeleute> sailor; **Seemannsgarn** *s* <-s> *FIG* ◇ ~ **spinnen** to spin a yarn; **Seemeile** *f* nautical mile; **Seenot** *f* <-> distress at sea; **Seerose** *f* FLORA water lily; **Seeschiffahrt** *f* maritime shipping; **Seestern** *m* FAUNA starfish; **seetüchtig** *adj* seaworthy; **Seeweg** *m* sea route; ◇ **auf dem** ~ by ship; **Seewind** *m* sea breeze; **Seezunge** *f* (FAUNA *Fisch*) sole

Segel *s* <-s, -> sail; **Segelboot** *s* sailboat; **Segelflug** *m* gliding; **Segelflugzeug** *s* glider; **Segeljacht** *f* sailing yacht; **segeln** *vt, vi* sail; *FAM* ↑ *nicht bestehen* ◇ **durch ein Examen** ~ to flunk an exam; **Segelschiff** *s* sailing ship

Segen *m* <-s, -> REL blessing; *FAM* ↑ *Einverständnis* ◇ **jd-s** ~ **haben** to have s.o.'s blessings

Segment *s* <-s, -e> ↑ *Teilstück* segment, section

segnen *vt* ← *Pfarrer* bless

sehen <sah, gesehen> **I.** *vt, vi* [1] see; (*in bestimmte Richtung*) look; *FIG* ◇ **ich kann ihn nicht mehr** ~ I can't stand him any more [2] ↑ *bemerken, erkennen* recognize, see [3] ↑ *überlegen, prüfen* see; ↑ *[ab-]warten* ◇ **ich muß erst ~, ob sie überhaupt kommt** I first have to see if she comes at all [4] ↑ *sich kümmern um* ◇ **nach jd-m/etw** ~ to see about s.o./s.th. **II.** *vr* ◇ **sich** ~ [1] ↑ *sich treffen* see one another [2] (*bestimmte Vorstellung haben*) ◇ **sich** ~ **als** to see o.s. as [3] (*jd-n besuchen*) ◇ **sich bei jd-m** ~ **lassen** to drop by at s.o.'s house [4] (*FIG positive Beurteilung*) ◇ **das kann sich** ~ **lassen** that's presentable [5] ↑ *erkennen, daß* ◇ **sich veranlaßt ~, etw zu tun** to be forced to do s.th.; **Sehenswürdigkeit** *f* attraction, sight; **Sehkraft** *f* MED ↑ *Sehvermögen* eyesight

Sehne *f* <-, -n> MED sinew, tendon

sehnen *vr* ◇ **sich** ~ long, yearn (*nach* for)

sehnig *adj* ANAT ▷*Gestalt* skinny, slanky

Sehnsucht *f* longing, yearning

sehr *adv* very; ◇ **zu** ~ too much

seicht *adj* ▷*Wasser* shallow

Seide *f* <-, -n> silk; **seidig** *adj* ▷*Glanz, Fell* silky, silken

Seife *f* <-, -n> soap; **Seifenblase** *f* soap-bubble; **Seifenoper** *f* MEDIA soap opera

Seil *s* <-[e]s, -e> rope; **Seilbahn** *f* cable lift;

Seilspringen *s* jump-roping; **Seilzug** *m* bowden cable/wire

sein <war, gewesen> *vi* [1] (*als Hilfsverb*) be [2] (*Zustand, Eigenschaft, Gefühl*) be; ◇ **mir ist schlecht** I feel sick; ◇ **sie ist sehr talentiert** she is very talented [3] ↑ *existieren* be, exist [4] ↑ *sich befinden* be; ◇ **das Buch ist im Regal** the book is on the shelf [5] ↑ *geschehen, stattfinden* be, take place, happen; ◇ **was ist los?** what's the matter? [6] ↑ *bestehen aus* be made (*aus dat* of/from) [7] (~ + *zu* + *inf*) ◇ **das ist noch zu erledigen** that is still to be done

sein(e) *pron poss* (*adjektivisch, Mann*) his; (*Frau*) her; (*Sache*) its; (*Städte, Schiffe*) its, her

Sein *s* <-s> (*Dasein, Existenz*) existence, being

seine(r, s) *pron poss* (*substantivisch*) his; its

seiner *pron pers gen v.* **er, es** of him; ◇ **wir haben ~ gedacht** we thought of him

seinerseits *adv* on his part/behalf; **seinerzeit** *adv* then, at that time, in those days

seinesgleichen *pron* his kind, his equals *pl; PEJ* ◇ **was kann man schon von ~ erwarten?** what can one expect from this type of person?

seinethalben, **seinetwegen** *adv* ↑ *wegen seiner* due to him, because of him; ↑ *ihm zuliebe* for his sake

seinlassen *unreg vt* ◇ **laß es sein** let it be

seit I. *präp dat* for, since; ◇ **~ langem** for a long time; ◇ **er ist ~ e-r Woche hier** he has been here for a week now **II.** *cj* ↑ *seitdem* since; **seitdem I.** *adv* ↑ *seither* since then, since that time **II.** *cj* [ever] since

Seite *f* <-, -n> [1] (*Außen~, Vorder~*) side; *FIG* ↑ *helfen* ◇ **jd-m zur ~ stehen** to stand by s.o.'s side [2] (*Buch~, Zeitungs~*) page; (*von Papier, Stoff*) sheet [3] *FIG* ↑ *Verhaltensweise, Eigenschaft* side; ◇ **sich von der besten ~ zeigen** to show one's best side [4] ↑ *Richtung* side, direction; ◇ **von allen ~n herbeiströmen** to pour in from all sides; ◇ **rasch zur ~ springen** to quickly jump aside [5] ↑ *Gesichtspunkt* point of view, aspect; ◇ **von juristischer ~** from a legal point of view [6] ↑ *Partei, Gruppe, Gegner* side; **Seitenausgang** *m* side door, side exit; **seitens** *präp gen* on behalf of; **Seitensprung** *m FIG* ↑ *Ehebruch* fling, affair; **Seitenstreifen** *m* verge; (*von Autobahn*) shoulder *AM*

seither *adv* since then

seitlich I. *adj* lateral, side **II.** *präp gen* at the side of

Sekretär(in *f*) *m* (*Büroangestellte(r)*) secretary

Sekt *m* <-[e]s, -e> champagne

Sekte *f* <-, -n> ▷*religiös* sect, cult

sekundär *adj* ▷*Bedeutung* secondary

Sekunde *f* <-, -n> second

selber *pron s.* **selbst** -self; ◇ **das glaubst du doch ~ nicht!** you don't believe that yourself, do you?

selbst I. *pron* ◇ **er/sie ~** he himself/she herself; ◇ **das geht wie von ~** it works almost automatically **II.** *adv* ↑ *sogar* even; ◇ **~ er kann das!** even he can do it!; **Selbstachtung** *f* self-respect

selbständig *adj* [1] ▷*Mensch* independent [2] ▷*Arbeit* self-employed; ◇ **sich ~ machen** to become self-employed, to set up one's own business

Selbstbedienung *f* self-service; **Selbstbeherrschung** *f* self-control; **Selbstbestimmung** *f* self-determination, autonomy; **selbstbewußt** *adj* ▷*Auftreten, Benehmen* self-assured, self-confident; **selbstgefällig** *adj* ↑ *eitel* ▷*Mensch* vain; ▷*Miene* complacent; **selbstgemacht** *adj* ↑ *handgefertigt* home-made, hand-made; **selbstklebend** *adj* ▷*Folie* self-adhesive; **selbstkritisch** *adj* self-critical; **selbstlos** *adj* ▷*Mensch* unselfish; ▷*Hilfe, Verzicht* selfless; **Selbstmord** *m* ↑ *Suizid* suicide; **selbstmörderisch** *adj* suicidal; **selbstsicher** *adj* ▷*Mensch, Haltung* self-confident; **selbsttätig** *adj* ↑ *automatisch* automatic, self-acting; **Selbsttäuschung** *f* self-deception; **selbstverständlich** *adv* naturally, of course; ◇ **~!** by all means!; **Selbstverteidigung** *f* self-defence; **Selbstvertrauen** *s* self-confidence; **Selbstverwaltung** *f* autonomy, self-administration

selektiv *adj* selective

selig *adj* blessed; (*FAM glücklich*) ◇ **~ sein** to be blissful

selten I. *adj* ▷*Tier* rare, exotic; ▷*Begabung* rare, exceptional **II.** *adv* rarely, seldom

Selterswasser *s* mineral/soda water

seltsam *adj* ↑ *merkwürdig* strange, odd

Semester *s* <-s, -> (*Universitätshalbjahr*) semester, term

Seminar *s* <-s, -e> seminar, lecture

sen. *Abk. v.* **Senior** senior, sen.; (*im Namen*) Sr.

Senat *m* <-[e]s, -e> senate; **Senator(in** *f*) *m* senator; **Sendefolge** *f* MEDIA sequence of broadcasting; (*von Serie*) episode

senden [1] <sandte, gesandt> *vt* → *Brief, Glückwünsche* send

senden [2] <sendete, gesendet> *vt, vi* MEDIA broadcast, transmit; **Sender** *m* <-s, -> MEDIA ↑ *Fernseh~* station, channel; ↑ *Radio~* station; **Sendeschluß** *m* end of broadcast; ◇ **um Mitternacht ist ~** this channel goes off the air at 12:00 p.m.; **Sendung** *f* [1] ↑ *Brief* letter; ↑ *Paket~* parcel, package ② MEDIA broadcasting, transmitting; ↑ *Programm* programme, show

Senf *m* <-[e]s, -e> (*Mostrich*) mustard; (*FAM etw kommentieren*) ◇ **seinen ~ dazugeben** to put in one's two cents worth

senil *adj* senile

Senior *m* <-s, -en> senior; **Seniorchef(in** *f*) *m* boss

Senkblei *s* ↑ *Senklot* plumbline

Senke *f* <-, -n> ↑ *Mulde* dip

senken I. *vt* lower; → *Kopf* hang, lower; → *Preise, Steuern* lower **II.** *vr* ◇ **sich ~** ← *Boden, Grund* sink, subside; ← *Flugzeug* descend

senkrecht *adj* vertical

Sensation *f* sensation; **sensationell** *adj* ▷*Erfolg, Angebot* sensational

sensibel *adj* ▷*Haut, Kind* sensitive; *FIG* ↑ *heikel* ▷*Thema* sensitive, touchy

sentimental *adj* ↑ *gefühlvoll, rührselig* emotional, sentimental; **Sentimentalität** *f* sentimentality

separat *adj* ▷*Eingang, Wohnung* separate

September *m* <-[s], -> September; *s. a.* **April**

Serbe *m* <-n, -n> Serb, Serbian; **Serbien** *s* Serbia; **Serbin** *f* Serb, Serbian

Serie *f* ↑ *Reihe, Folge* (*Film-, Buch-*) series *sg;* (*von Ereignissen*) order, sequence; (*von Geschirr, Möbeln*) series *sg;* COMM ◇ **in ~ gehen** [*o.* **herstellen**] to go into production; **Serienherstellung** *f* mass production

seriös *adj* ▷*Angebot* serious, respectable

Serpentine *f* winding road

Serum *s* ↑ *Impfstoff* vaccine

Service [1] *s* <-[s], -> (*Eß-, Speise-*) set

Service [2] *m* <-, -s> ↑ *Dienstleistung* service

servieren I. *vt* ▷*Essen* serve **II.** *vi* serve

Serviette *f* napkin

servus *intj FAM* ① (*Gruß*) ↑ *hallo* hi, hello ② ↑ *tschüs* so long, bye-bye

Sessel *m* <-s, -> armchair, easy chair; **Sessellift** *m* chairlift

seßhaft *adj* ↑ *ansässig* resident

setzen I. *vt* ① → *Kind, Gast* sit, place ② ↑ *wetten* ◇ **auf jd-n/etw ~** to place a bet on s.o./s.th. ③ ↑ *schreiben* → *Komma, Klammer* put; PRINT set ④ NAUT → *Segel* set ⑤ ↑ *errichten* → *Denkmal, Ofen* put up **II.** *vr* ◇ **sich ~** ← *Mensch* sit down; ← *Staub, Geruch* settle **III.** *vi* ◇ **über etw** *akk* ~ to jump over s.th.; **Setzerei** *f* ① (*Firma*) printing company ② (*Arbeitsraum*) composing room

Seuche *f* <-, -n> epidemic; **Seuchengebiet** *s* epidemic area

seufzen *vi* sigh; **Seufzer** *m* <-s, -> sigh

Sex *m* <-[es]> sex; **Sexfilm** *m* porno, dirty/blue movie *FAM AM*; **Sexismus** *m* sexism; **Sexualität** *f* sexuality; **sexuell** *adj* sexual

sezieren *vt* → *Leiche* do an autopsy; → *Frosch* dissect

Shampoo[n] *s* <-s, -s> shampoo

Sherry *m* <-s, -s> sherry

Shorts *f* <-, -> shorts, a pair of shorts

Show *f* <-, -s> show; **Showmaster** *m* <-s, -> host [of a show], compère, emcee *AM*

Siamkatze *f* Siamese cat

Sibirien *s* <-s> Siberia; **sibirisch** *adj* Siberian

sich *pron reflexiv* ① (*akk u. dat sg*) oneself, himself, herself, itself; (*Höflichkeitsform*) yourself; ◇ **er hat sich etw gegönnt** he treated himself to s.th. ② (*akk u. dat pl*) themselves

Sichel *f* <-, -n> sickle

sicher I. *adj* ① ↑ *geschützt, gefahrlos* ▷*Umgebung* safe (*vor dat* from) ② ▷*Einkommen* secure ③ ↑ *selbst-, geübt* ▷*Fahrer* safe, reliable; ▷*Auftreten* secure ④ ↑ *gewiß* ◇ **sich** *dat* **e-r Sache ~ sein** to be certain of s.th. **II.** *adv* ① ↑ *höchstwahrscheinlich* most certainly, most probably ② ↑ *zwar* ◇ **du hast ~ recht, aber ...** you are certainly right but ...; **sichergehen** *unreg vi* (*meist. inf*) play it safe, be/make sure; **Sicherheit** *f* ① (*im Verkehr*) safety ② FIN ↑ *Bürgschaft, Pfand* security; ↑ *Garantie* guarantee ③ ↑ *Zuverlässigkeit* (*von Auto*) reliability ④ ↑ *Selbst-* self-confidence; **Sicherheitsabstand** *m* AUTO safety distance; **Sicherheitsgurt** *m* safety belt, seat belt; **sicherheitshalber** *adv* to play it safe, to make sure; **Sicherheitskette** *f* safety chain; **Sicherheitsnadel** *f* safety pin; **Sicherheitsschloß** *s* safety lock; **Sicherheitsvorkehrung** *f* safety precaution; (*im Betrieb*) security precaution

sichern *vt* ① → *Fahrrad* lock up, secure; → *Grenze* protect (*gegen* against, vor *dat* against) ② → *Waffe* put the safety-catch on ③ PC ↑ *speichern* save, store ④ ↑ *reservieren* ◇ **~ Sie sich Ihre Karte im Vorverkauf** make sure to purchase your ticket in advance

Sicherung *f* ① (*das Sichern*) securing ② (*Vorrichtung*) safety device; (*an Waffen*) safety catch ③ ELECTR fuse

Sicht *f* <-> ① (*durch Windschutzscheibe*) visibility; ↑ *Aus-, Fern-* view; ◇ **Land in ~** land ahoy ② ↑ *Sehweise* ◇ **aus meiner ~** from my point of view, the way I see it ③ (*FIG Zeitraum*) ◇ **auf lange ~ wird es keine Änderung geben** there will be no change in the near future; **sichtbar** *adj* ▷*Erfolg, Fortschritte* obvious, apparent, visible; **sichtlich** *adj* ▷*Unterschied* obvious, apparent, visible; ▷*Freude* vivid; **Sichtverhältnisse** *s pl* visibility *sg;* **Sichtvermerk** *m* endorsement

sickern *vi* ← *Flüssigkeit* seep
sie *pron pers* (*nom sg*) she; it; (*betont*) her; (*akk sg*) her; it; (*nom pl*) they; (*akk pl*) them
Sie *pron pers* (*Höflichkeitsform: nom u. akk sg u. pl*) you ◇ **jd-n mit ~ anreden** to use the formal address
Sieb *s* <-[e]s, -e> (*Mehl-*) sieve; (*Getreide-*) screen; (*Tee-*) strainer; (*Gemüse-*) colander
sieben [1] *vt* → *Mehl* sieve, sift; *FAM* ↑ *auswählen* (*bei Prüfung*) weed out
sieben [2] *nr* seven; **siebenfach** *adj* seven-fold; **siebenhundert** *nr* seven hundred; **siebenjährig** *adj* (*7 Jahre alt*) seven-year-old; (*7 Jahre dauernd*) seven-year; **siebenmal** *adv* seven times; **siebte(r, s)** *adj* seventh; **Siebtel** *s* <-s, -> seventh; **siebtens** *adv* seventhly, seventh of all; **siebzehn** *nr* seventeen; **siebzig** *nr* seventy
sieden *vt, vi* ← *Wasser, Öl* boil, simmer; **Siedepunkt** *m* PHYS boiling point
Siedler(in *f*) *m* <-s, -> ↑ *Kolonist* settler; **Siedlung** *f* settlement; ◇ **Häuser~** housing settlement
Sieg *m* <-[e]s, -e> victory
Siegel *s* <-s, -> seal; (*Woll~, Güte~*) seal
siegen *vi* win (*über akk* against); **Sieger(in** *f*) *m* <-s, -> winner, champion; **siegesbewußt**, **siegessicher** *adj* confident of victory
siehe *Imperativ von* **sehen** cf.
siezen *vt* to use the formal address
Signal *s* <-s, -e> signal; **signalisieren** *vt* signal
Signatur *f* [1] ↑ *Unterschrift* signature [2] (*an Bibliotheksbuch*) shelf mark
signieren *vt* [1] ← *Künstler* sign [2] → *Buch* mark
Silbe *f* <-, -n> (*Vor~, Nach~*) syllable
Silber *s* <-s> CHEM silver; ↑ *-besteck* silverware; **silbern** *adj* (*Farbe, Klang*) silver; **Silberstreifen** *m FIG* silver lining; ◇ **ein ~ am Horizont** the light at the end of the tunnel
Silo *s o. m* <-s, -s> silo, bin, elevator
Silvester *s* <-s> New Year's Eve
Simbabwe *s* <-s> Zimbabwe
simpel *adj* ↑ *einfach* ▷ *Frage usw.* simple, easy
Sims *s o. m* <-es, -e> ↑ *Kamin-* mantlepiece; ↑ *Fenster-* ledge, sill
simulieren *vt, vi* ↑ *vortäuschen* pretend, fake
simultan *adj* ↑ *gleichzeitig* simultaneous
Sinfonie *f* symphony
singen <sang, gesungen> *vt, vi* sing
Single [1] *m* <-s, -s> (*Mensch*) single
Single [2] *f* <-, -s> (*Schallplatte*) single
Singular *m* ↑ *Einzahl* singular
sinken <sank, gesunken> *vi* sink; ← *Schiff, Temperatur* sink; ← *Sonne* set; *FIG* ← *Hoffnung* drop, fall; ← *Ansehen* fall
Sinn *m* <-[e]s, -e> [1] (*Wahrnehmungs-*) sense; *FAM* ↑ *Gespür* ◇ **e-n sechsten ~ für etw haben** to have a sixth sense for s.th. [2] ↑ *Bewußtsein* mind, consciousness; *FIG* ◇ **wie von ~en** out of one's mind [3] (*Gedanke, Überlegung*) ◇ **es ist mir in den ~ gekommen** it just came to my mind; ◇ **etw im ~ haben** to have s.th. in mind [4] ↑ *Einstellung, Absicht* desire, wish; ◇ **im ~e des Gesetzes** according to the law; ◇ **im ~e des Verstorbenen** in accordance with the wishes of the deceased [5] ↑ *Gefühl, Verständnis* (*Familien~, Orts~*) feeling (*für* for) [6] ↑ *Bedeutung, Zweck, Wert* use, sense; ◇ **im wahrsten ~e des Wortes** in the truest sense of the word; ◇ **der ~ des Lebens** the meaning of life; **sinnen** <sann, gesonnen> *vi* [1] ↑ *nachdenken* think, ponder [2] ◇ **auf etw** *akk* **~** to plot s.th., to think of s.th.; **sinnentstellend** *adj* ▷ *Kürzung* distorting the meaning; **Sinnesorgan** *s* ANAT sense organ; **Sinnestäuschung** *f* misconception; **sinngemäß** *adj* ▷ *Wiedergabe* paraphrasing; ◇ **etw ~ berichten** to report the gist of s.th.; **sinnig** *adj* ↑ *zweckmäßig* useful, practical
sinnlich *adj* ▷ *Mund* sensual, sensuous
sinnlos *adj* ▷ *Versuch* pointless; ▷ *Plan* useless; ▷ *Maßnahme* senseless, pointless; **sinnvoll** *adj* ↑ *vernünftig* sensible
Sinologie *f* sinology
Siphon *m* <-s, -s> (*am Waschbecken*) neckpipe
Sippe *f* <-, -n> extended family, clan *FAM*
Sirene *f* <-, -n> siren
Sirup *m* <-s, -e> syrup
Sitte *f* <-, -n> [1] ↑ *Tradition* custom [2] ↑ *Benehmen, Manieren* ◇ **gute ~n** good manners; **Sittenlehre** *f* ethics *sg;* **Sittenpolizei** *f* vice squad
sittlich *adj* moral; **Sittlichkeitsverbrechen** *s* sex crime
Situation *f* situation
Sitz *m* <-es, -e> [1] ↑ *Platz* (*Rück~*) seat; ↑ *-fläche* seat [2] ↑ (*Regierungs~, Wohn~*) seat [3] (*von Kleidung*) fit; ◇ **der Anzug hat e-n guten ~** the suit fits well
sitzen <saß, gesessen> *vi* [1] (*auf Stuhl*) sit; ◇ **~ bleiben** to remain/stay seated [2] ← *Bemerkung* hit [3] ↑ *Mitglied sein* (*im Vorstand, im Landtag*) have a seat (*in dat* in) [4] (*an etw arbeiten*) ◇ **an e-m Bericht ~** to be busy working on a report; ◇ **über seinen Büchern ~** to sit over one's books [5] ← *Kleidung* fit [6] (*FAM im Gefängnis*) do time; **sitzenbleiben** *unreg vi* [1] SCH repeat a year, repeat a grade *AM* [2] ↑ *nicht verkaufen können* ◇ **auf etw** *dat* **~** to have s.th. left over;

S

sitzenlassen *unreg vt* ① → *Wartenden* keep s.o. waiting ② (*FIG sich wehren*) ◇ **das lasse ich nicht auf mir sitzen** I won't stand for [*o.* take] that; **Sitzkissen** *s* cushion; **Sitzplatz** *m* seat; **Sitzstreik** *m* sit-in

Sitzung *f* ① ↑ *Zusammenkunft* meeting, session ② (*bei Künstler*) sitting; **Sitzungsperiode** *f* POL session

Sizilien *s* <-s> Sicily

Skala *f* <-, Skalen> scale

Skalpell *s* <-s, -e> scalpel

Skandal *m* <-s, -e> scandal, outrage

Skandinavien *s* <-s> Scandinavia; **Skandinavier(in** *f*) *m* <-s, -> Scandinavian; **skandinavisch** *adj* Scandinavian

Skat *m* <-, -s> (*Kartenspiel*) skat

Skateboard *s* <-s, -s> skateboard

Skelett *s* <-[e]s, -e> skeleton

Skepsis *f* <-> ↑ *Zweifel* scepticism, skepticism *AM*; **skeptisch** *adj* sceptical, skeptical *AM*

Ski *m* <-s, -er> ski; ◇ **~ laufen/fahren** to ski, to go skiing; **Skibrille** *f* ski glasses *pl;* **Skifahrer(in** *f*) *m* skier; **Skilehrer(in** *f*) *m* ski instructor; **Skilift** *m* ski-lift

Skinhead *m* <-s, -s> skinhead

Skispringen *s* ski-jumping; **Skistiefel** *m* ski boot

Skizze *f* <-, -n> sketch; **skizzieren** *vt* ① ↑ *zeichnen* sketch ② → *Bericht* sketch, give a short account

Sklave *m* <-n, -n>, **Sklavin** *f* slave

Skonto *m o. s* <-s, -s> COMM cash discount

Skorpion *m* <-s, -e> ① FAUNA scorpion ② ASTROL Scorpio

Skript[um] *s* <-s, Skripten> (*Vorlesungs-*) lecture notes

Skrupel *m pl* ↑ *Bedenken* scruples *pl*

Skulptur *f* (*Holz-, Bronze-*) sculpture

skurril *adj* ↑ *merkwürdig* strange, weird

Slang *m* <-s, -s> ↑ *Umgangssprache* slang

Slawe *m* <-n, -n>, **Slawin** *f* Slav

Slip *m* <-s, -s> panties *pl*

Slowake *m* <-n, -n>, **Slowakin** *f* Slovak

smart *adj* ▷*Junge, Bursche* clever, smart

Smogalarm *m* smog alert

Smoking *m* <-s, -s> dinner jacket, tuxedo *AM*

so I. *adv* ① (*Maß, Grad*) so, this, that; ◇ **er ist ~ groß wie du** he is as big as you; ◇ **schrei nicht ~!** don't shout like that! ② (*Art u. Weise*) like, as; ◇ **etw ~ tun wie die anderen** to do it like the others [do it]; ◇ **so habe ich es nicht gemeint** I didn't mean it that way ③ (*demonstrativ*) so; ◇**~ sehr** so much ④ (*FAM ohne besonderen Grund*) ◇ **nur ~** for no special reason ⑤ (*als Füllwort*) ↑ *jetzt verstehe ich* ◇ **ach ~** I see; ◇ **~, das ist fertig** there, that's finished **II.** *cj* ① ↑ *deshalb, folglich* so ② ◇ **es regnete, ~ daß wir zu Hause blieben** it rained, so we stayed at home; ◇ **um ~ besser** all the better

sobald *cj* as soon as, when

Socke *f* <-, -n> sock

Sockel *m* <-s, -> (*von Schrank, Denkmal*) base, pedestal; *FIG FAM* ◇ **das haut mich vom ~** that blows my mind

Sodawasser *s* carbonated/soda water

soeben *adv* just

Sofa *s* <-s, -s> settee, sofa *AM*

sofern *cj* provided [that]

soff *impf v.* **saufen**

sofort *adv* immediately, right away; **sofortig** *adj* immediate; ◇ **mit ~er Wirkung** as of now

Softie *m* <-s, -s> *FAM* weakling, whimp

Software *f* <-, -s> PC software

sog *impf v.* **saugen**

sogar *adv* even

sogenannt *adj* so-called

sogleich *adv* at once

Sohle *f* <-, -n> (*Schuh-*) sole

Sohn *m* <-[e]s, Söhne> son

solang[e] *cj* as long as; ↑ *während* while

Solartechnik *f* solar technology; **Solarzelle** *f* solar cell

solch(e, er, es) *pron* such; ◇ **ein ~er, e-e ~e, ein ~es** such a; (*vor Adjektiv*) ◇ **er ist ~ ein dummer Mensch** he is such a stupid person; (*für sich betrachtet*) ◇ **das Auto als ~es ist ganz gut** the car itself [*o.* as such] is pretty good

Soldat *m* <-en, -en> soldier, serviceman *AM*

solidarisch *adj* ◇ **~ handeln** to act in solidarity; **Solidarität** *f* solidarity

solide *adj* ▷*Bauweise* solid, sturdy; ▷*Mensch* respectable; ▷*Wissen* sound

Solist(in *f*) *m* soloist

Soll *s* <-[s], -[s]> FIN debit; ◇ **~ und Haben** debit and credit

sollen *vi* ① ↑ *bedeuten* ◇ **was soll das?** what's that for?, what's going on?; (*es ist egal*) ◇ **was soll's!** who cares! ② (*falls*) should; ◇ **ruf' mich an, sollte es nicht gelingen** should it not work, call me ③ (*Vermutung, Gerücht*) supposed to; ◇ **sie soll sehr reich sein** she is said/supposed to be very rich ④ (*Rat, Wunsch*) ought to; ◇ **wir sollten uns treffen** we ought to get together

somit *cj* therefore, consequently

Sommer *m* <-s, -> summer; ◇ **im ~** in [the] summer; **sommerlich** *adj* ▷*Temperatur* summery; **Sommerschlußverkauf** *m* summer sale; **Sommersprosse** *f* freckle

Sonate *f* <-, -n> sonata
Sonderangebot *s* special offer, sale
sonderbar *adj* peculiar, strange; **Sondergenehmigung** *f* special permission; **sondergleichen** <inv> *adj* beyond limits; ◇ **e-e Gemeinheit ~** an unparalleled nastiness; **sonderlich** *adj* ① ▷*Mensch* special, particular ② (*meist verneinend*) ↑ *besonders* particular, different; ◇ **keine ~e Lust haben** to have no particular desire; **Sonderling** *m* eccentric; **Sondermüll** *m* problem waste
sondern *cj* ↑ *vielmehr, statt dessen* but, instead; ◇ **nicht nur …, ~ auch …** not only …, but also …; **Sonderschule** *f* special school
sondieren *vt FIG* ↑ *erkunden* → *Lage, Gegend* check out, explore
Sonnabend *m* Saturday; **sonnabends** *adv* on Saturdays
Sonne *f* <-, -n> sun; **sonnen** *vr* ◇ **sich ~** sun o.s., sunbathe; **Sonnenaufgang** *m* sunrise; **Sonnenblume** *f* sunflower; **Sonnenbrand** *m* sunburn; **Sonnenbrille** *f* sunglasses *pl;* **Sonnenenergie** *f* ↑ *Solarenergie* solar energy; **Sonnenfinsternis** *f* solar eclipse; **Sonnenschirm** *m* sunshade, parasol; **Sonnenstich** *m* heatstroke, sunstroke; **Sonnensystem** *s* ASTRON solar system; **Sonnenuntergang** *m* sunset; **sonnig** *adj* ▷*Tag* sunny; *FIG* ▷*Gemüt* cheerful, bright
Sonntag *m* Sunday; **sonntags** *adv* on Sundays; **Sonntagsfahrer(in** *f*) *m* AUTO *PEJ* Sunday driver
sonst *adv* ① ↑ *außerdem* besides, else; ◇ **~ noch etw?** anything else?; (*andere Person/Sache*) ◇ **wer/was denn ~?** who/what else then?; *FAM* ◇ **und ~?** what else have you been up to? ② (*zu anderer Zeit*) ◇ **~ war das anders** it used to be different ③ ↑ *andernfalls* otherwise ④ ↑ *für gewöhnlich* usually; ◇ **er tut das ~ nicht** he doesn't usually do that; **sonstjemand**, **sonstwer** *pron* someone else; *FAM* ◇ **das kannst du sonstwem erzählen** you can tell that to any old Tom, Dick or Harry; **sonstwo** *pron FAM* somewhere else
sooft *cj* whenever
Sopran *m* <-s, -e> soprano
Sorge *f* <-, -n> ① ↑ *Kummer* worry; ◇ **in ~ sein um jd-n/etw** to worry about s.o./s.th. ② ↑ *Fürsorge, Pflege* care (*für* for); **sorgen I.** *vi* ↑ *sich kümmern um* care; ◇ **für jd-n/etw ~** to take care of s.o./s.th., to look after s.o./s.th. **II.** *vr* ◇ **sich ~** worry (*um* about); **Sorgerecht** *s* JURA custody; **sorgfältig** *adj* careful; **sorglos** *adj* ▷*Leben* carefree

Sorte *f* <-, -n> kind, sort; **Sorten** *f pl* FIN foreign currency
sortieren *vt* separate, sort
Sortiment *s* assortment, range
sosehr *cj* (*wie sehr auch*) however much
Soße *f* <-, -n> (*Braten-*) gravy; (*Salat-*) dressing; (*Vanille-*) sauce
Souffleur *m*, **Souffleuse** *f* prompter
souverän *adj* ▷*Staat* sovereign; ▷*Haltung* superior, supremely good
soviel I. *cj* ① as far as ② (*sosehr*) however much **II.** *adv* as much as; (*gleichbedeutend*) same as; ◇ **das bedeutet ~ wie** that means the same as
soweit I. *cj* so far as; ◇ **~ wie möglich** as far as possible **II.** *adv* ① ↑ *größtenteils* on the whole, by and large; ◇ **sie ist ~ zufrieden** she is satisfied so far ② (*bereit*) ◇ **jd/etw ist ~** s.o./s.th. is ready
sowenig I. *adv* no more, as little; ◇ **~ wie möglich** as little as possible **II.** *cj* however little
sowie *cj* ① ↑ *sobald* as soon as ② ↑ *und auch* as well as; **sowieso** *adv* ↑ *ohnehin, in jedem Falle* anyhow, nevertheless
Sowjetbürger(in *f*) *m* Soviet citizen; **sowjetisch** *adj* Soviet; **Sowjetunion** *f* <-> ◇ **die ~** the Soviet Union
sowohl *cj* as well as; ◇ **~ jetzt als auch später** not only now but also later (*o.* both now and later)
sozial *adj* ▷*Beruf* social; **Sozialdemokrat(in** *f*) *m* POL social democrat; **Sozialhilfe** *f* <-> welfare
Sozialismus *m* socialism; **sozialistisch** *adj* socialist
Sozialkunde *f* SCH Social Studies *sg;* **Sozialstaat** *m* welfare state; **Sozialversicherung** *f* social security *AM*, national insurance *BRIT*
Soziologie *f* sociology
sozusagen *adv* ↑ *gewissermaßen* so to say, so to speak
Spaghetti *pl* spaghetti *sg*
spähen *vi* spy, peer; ◇ **nach jd-m/etw ~** to look out for s.o./s.th.
Spalt *m* <-[e]s, -e> crevice, crack, gap
Spalte *f* <-, -n> ① (*Fels-*) cleft; (*Gletscher-*) crevasse ② PRINT column
spalten I. *vt* split; → *Gruppe, Land* divide **II.** *vr* ◇ **sich ~** split, divide (*in akk* in[to])
Spange *f* <-, -n> (*Haar-*) barrette; (*Zahn-*) brace
Spanien *s* <-s> Spain; **Spanier(in** *f*) *m* <-s, -> Spaniard; **spanisch** *adj* Spanish; *FAM* ↑ *merkwürdig, verdächtig* ◇ **das kommt mir ~ vor** that's strange to me
Spanne *f* <-, -n> (*Zeit-, Verdienst-*) span
spannen I. *vt* ① ↑ *straffen* tighten, tauten ② ↑ *einlegen* → *Werkstück* clamp (*in akk* in); → *Brief-*

S

bogen insert [3] (*FAM jd-n neugierig machen*) ◇ **jd-n auf die Folter** ~ to keep s.o. on tenterhooks **II.** *vi* ← *Hemd, Bluse* pull, be tight **III.** *vr* ◇ **sich** ~ ← *Brücke, Himmel* stretch; ← *Haut* become taut; ← *Muskeln* tense up, tighten; **spannend** *adj* ▷*Buch etc.* exciting, full of suspense; **Spannung** *f* [1] (*von Seil*) tension [2] ELECTR voltage [3] *FIG* ↑ *Feindseligkeit* tension [4] ↑ *Aufregung* excitement, suspense

Sparbuch *s* savings book; **Sparbüchse** *f* piggy bank; **sparen I.** *vt, vi* [1] → *Geld* save; ◇ **auf/für etw** *akk* ~ to save for s.th. [2] → *Kräfte, Strom* save, economize (*an dat* on); ◇ **nicht mit Lob** ~ to lavish praise **II.** *vr* ◇ **sich** ~ [1] ↑ *unterlassen* → *Ärger* save [2] ↑ *vermeiden* save; ◇ **Sie hätten sich** *dat* **die Mühe** ~ **können** you could have saved yourself the trouble

Sparkasse *f* savings bank; **Sparkonto** *s* savings account

spärlich *adj* sparse, skimpy, meagre; **sparsam** *adj* ▷*Mensch* thrifty, economical; ▷*Gerät, Auto* economical

Sparte *f* <-, -n> [1] ↑ *Abteilung* branch, line of business; ↑ *Gebiet, Fach* field [2] MEDIA column, section

Spaß *m* <-es, Späße> fun, entertainment; ↑ *Freude* pleasure; ◇ **das macht mir** ~ that is fun; ◇ **jd-m den** ~ **verderben** to ruin s.o.'s fun; **spaßen** *vi* joke, kid, fool around; ◇ **mit ihm ist nicht zu** ~ you can't joke with him; **spaßig** *adj* (*Sache*) funny; ◇ **er ist ein -er Mensch** he is fun to be around

spät I. *adj* ▷*Stunde, Gast* late **II.** *adv* late

Spaten *m* <-s, -> spade

später <*Komparativ v.* **spät**> *adj.* later, in the future; **spätestens** *adv* at the latest; **Spätschicht** *f* late shift

Spatz *m* <-en, -en> ↑ *Sperling* sparrow

spazieren *vi* take a walk, go for a walk; **spazierenfahren** *unreg vi* drive around; **spazierengehen** *unreg vi* go walking, take a walk; **Spaziergang** *m* walk, stroll

Specht *m* <-[e]s, -e> woodpecker

Speck *m* <-[e]s, -e> (*Schweinefleisch*) bacon; *FIG FAM* ↑ *dick werden* ◇ ~ **ansetzen** to put on weight, to get fat

Spedition *f* [1] (*von Waren*) transport; (*zu Wasser*) shipping [2] ↑ *-sfirma* forwarding agency

Speer *m* <-[e]s, -e> spear; SPORT javelin

Speiche *f* <-, -n> spoke

Speichel *m* <-s> saliva, spit *FAM*

Speicher *m* <-s, -> (*Dach-*) attic, storage room; (*Korn-*) grain bin; (*Wasser-*) tank; PC memory; **speichern** *vt* → *Korn, Wasser* store; → *Wärme* save; PC → *File* save

speien <spie, gespie[e]n> *vt, vi* [1] *FAM* ↑ *sich erbrechen* vomit, throw up [2] ← *Vulkan* erupt

Speise *f* <-, -n> [1] (*allgemein*) food, meals [2] ↑ *Gericht* dish; ◇ **Vor-** appetizer; ◇ **Nach-** dessert; **Speisekammer** *f* pantry; **Speisekarte** *f* menu; **speisen** *vt, vi* [1] ↑ *essen* dine [2] ↑ *versorgen* provide (*mit* with); **Speiseröhre** *f* ANAT gullet; **Speisewagen** *m* dining car

spektakulär *adj* ▷*Ereignis* spectacular

Spektrum *s* <-s, Spektren *o.* Spektra> spectrum, range; ◇ ~ **der Wissenschaft** the spectrum of science

Spekulant(in *f*) *m* speculator; **Spekulation** *f* [1] FIN speculation [2] ↑ *Vermutung* ◇ **reine** ~**!** it's just speculation; **spekulieren** *vi* [1] FIN speculate [2] ↑ *hoffen* ◇ **auf etw** *akk* ~ to set one's hopes on s.th.

Spende *f* <-, -n> donation; **spenden** *vt* → *Geld* donate, give a donation; → *Blut* donate, give; → *Schatten* offer, afford

spendieren *vt* treat (*jd-m etw* s.o. s.th.)

Sperling *m* ↑ *Spatz* sparrow

Sperma *s* <-s, Spermen> sperm

Sperre *f* <-, -n> [1] ↑ *Hindernis* barrier, obstacle; (*Straßen-*) road block [2] ↑ *Verbot* ban, blockade; (*Handels-*) embargo; (*Nachrichten-*) ban; **sperren I.** *vt* [1] → *Grenze, Straße* block, close off; → *Strom, Telefon* cut off; → *Kredit* cut off, freeze [2] SPORT → *Spieler, Mannschaft* suspend [3] ↑ *einschließen* lock up (*in akk* in) **II.** *vi* ← *Tür* stick **III.** *vr* ◇ **sich** ~ ↑ *sich widersetzen* be opposed (*gegen* to); **Sperrgebiet** *s* ▷*militärisches etc.* prohibited area; **Sperrgut** *s* freight, bulk

sperrig *adj* bulky; ▷*Möbel* bulky

Sperrmüll *m* bulk[y] refuse *BRIT*, bulk[y] trash *AM*; **Sperrsitz** *m* THEAT balcony seats

Spesen *pl* expenses *pl*

spezialisieren *vr* ◇ **sich** ~ specialize (*auf akk* in)

Spezialist(in *f*) *m* specialist (*für* in)

Spezialität *f* speciality; ◇ **e-e** ~ **des Hauses** a speciality of the house

speziell *adj* special

Spezies *f* <-, -> ↑ *Art, Gattung* species

spezifisch *adj* ▷*Gewicht* specific, particular; ▷*Entwicklung, Daten* specific

Sphäre *f* <-, -n> sphere

spicken I. *vt* → *Braten* fill with strips of bacon **II.** *vi* SCH ↑ *abschreiben, abschauen* cheat

Spiegel *m* <-s, -> [1] (*Gegenstand*) mirror [2] (*Meeres-, Wasser-*) level; **spiegelbildlich** *adj* mirror image; **Spiegelei** *s* fried egg, egg sunny-side-up; **spiegeln I.** *vi* ← *Fußboden, Glas* shine, reflect **II.** *vt* ↑ *zeigen, wiedergeben* reflect **III.** *vr*

◇ **sich** ~ reflect; **Spiegelung** *f* reflection; (*Luft-*) mirage

Spiel *s* <-[e]s, -e> ① playing; (*Karten-, Brett-*) game ② SPORT game, competition, match ③ (*Darstellung, Vorführung*) ↑ *Schau-* act, performance ④ *FIG* (*etw riskieren*) ◇ **etw aufs ~ setzen** to put s.th. on the line ⑤ ↑ *Bewegungsfreiheit* (*von Lenkrad, Schraube*) mobility; **Spielautomat** *m* gambling/slot machine; **Spielbank** *f* (*Spielkasino*) casino; **spielen** *vt, vi* ① play; ▷*nervös, unbewußt* fidget, play (*an, mit dat* with) ② MUS THEAT ↑ *darbieten, aufführen* act, perform, play; ↑ *sich ereignen* ◇ **der Roman spielt während des Krieges** the novel takes place during the war ③ ↑ *sich leicht bewegen* ← *Wind, Wellen* play ④ ↑ *vorgeben, etw/jd zu sein* pretend, play; ◇ **den Beleidigten** ~ to play the offended one; **Spieler(in** *f*) *m* <-s, -> player; MUS musician; **Spielerei** *f* playing around, fooling around; (*Gerät*) gadget; **Spielfeld** *s* MEDIA field, game field; **Spielfilm** *m* feature movie; **Spielhölle** *f* gambling den; **Spielleiter(in** *f*) *m* producer, director; **Spielplan** *m* THEAT programme; **Spielplatz** *m* playground; **Spielraum** *m FIG* scope; **Spielregel** *f* rule of the game; **Spielsachen** *f pl* play things *pl;* **Spielverderber(in** *f*) *m* <-s, -> party pooper, spoilsport; ◇ **sei kein ~!** don't be a spoilsport; **Spielwaren** *pl* toys *pl;* **Spielzeit** *f* season; **Spielzeug** *s* toy

Spieß *m* <-es, -e> spear; (*FIG Vorwurf zurückgeben*) ◇ **den ~ umdrehen** to turn the tables

spießen *vt* → *Fleisch* spear, jab

Spießer(in *f*) *m* <-s, -> *PEJ* straight person, square; **spießig** *adj FAM* ↑ *spießbürgerlich* square, middle-class

Spikes *pl* spikes *pl;* AUTO studs *pl*

Spinat *m* <-[e]s, -e> spinach

Spinne *f* <-, -n> spider

spinnen <spann, gesponnen> **I.** *vt* → *Wolle* spin **II.** *vi* spin; *FAM* ↑ *verrückt sein* be crazy, be insane

Spinner(in *f*) *m* ① (FAUNA *Nachtfalter*) silkworm moth ② *FAM* ↑ *Verrückte(r)* nut, screwball

Spinnerei *f* ① (*Fabrik*) spinning mill ② *FAM* ↑ *dummes Zeug* rubbish, hogwash; **Spinnrad** *s* spinning wheel

Spinnwebe *f* <-, -n> spider's web

Spion(in *f*) *m* <-s, -e> ① ↑ *Agent* spy ② (*in Tür*) peep hole; **Spionage** *f* <-, -n> espionage, spying

Spirale *f* <-, -n> ① (*Figur*) spiral ② (*Pessar*) coil

spiritistisch *adj* ▷*Sitzung* spiritualist

Spirituosen *pl* spirits

Spiritus *m* <-, -se> spirit, alcohol

Spital *s* <-s, Spitäler> (*ÖST, CH*) hospital

spitz *adj* ① ▷*Messer, Bleistift* pointed, sharp; ▷*Winkel* acute; ▷*Gesicht, Kinn* pointed ② ▷*Schrei* schrill ③ *FIG* ↑ *leicht boshaft* ▷*Zunge, Bemerkung* barbed, sharp; **Spitzbogen** *m* ARCHIT pointed arch; **Spitzbube** *m FAM* ↑ *Gauner, Dieb* scoundrel, sly fox; ↑ *Schlingel* scamp; **Spitze** *f* <-, -n> ① (*von Bleistift*) point; (*Finger-, Schuh-*) tip; (*Berg-, Kirchturm-*) peak, top ② (*bei Demo, beim Sport*) head, top; (*Firmen-, Partei-*) top ③ (*Gewebtes*) lace ④ *FIG* ↑ *boshafte, anzügliche Bemerkung* dig, cut; ◇ **~n verteilen** to throw cuts at one another

Spitzel *m* <-s, -> (*Polizei-*) informant, spy, informer

spitzen I. *vt* ① → *Bleistift* sharpen ② (*aufpassen*) ◇ **die Ohren** ~ to prick up one's ears **II.** *vi FAM* ↑ *vorsichtig schauen, aufpassen* peek

Spitzenlohn *m* high salary, top salary; **Spitzensportler(in** *f*) *m* top athlete

Spitzer *m* <-s, -> ↑ *Bleistift-* pencil sharpener

spitzfindig *adj* hairsplitting, nit-picking

spitzkriegen *vt FAM* ↑ *erfahren, herausbekommen* find out, hear through the grapevine

Spitzname *m* nickname

Spleen *m* <-s, -e> quirk, hang-up, notion

Splitt *m* <-s, -e> gravel, grit

Splitter *m* <-s, -> splinter; **Splitterpartei** *f* POL splinter party

sponsern *vt* → *Sportler, Veranstaltung* sponsor, put on; **Sponsor(in** *f*) *m* <-s, -en> sponsor, supporter, funder

spontan *adj* spontaneous

sporadisch *adj* ↑ *gelegentlich* sporadic

Sporen *f pl* spurs

Sport *m* <-[e]s> ① exercise, sport; ◇ **treibst du ~?** do you excercise?, do you do sports? ② *FIG* ↑ *Spaß, Hobby* ◇ **er macht sich** *dat* **e-n ~ daraus, mich zu nerven** he gets a kick out of annoying me; **Sportler(in** *f*) *m* <-s, -> athlete; **sportlich** *adj* athletic; **Sportplatz** *m* sports field; **Sportredakteur(in** *f*) *m* sports editor; **Sportverein** *m* sports club; **Sportwagen** *m* ① AUTO sports car ② (*Kinderwagen*) stroller, baby buggy, baby carriage

Spot *m* <-s, -s> ① MEDIA ↑ *Werbe-* commercial ② (*Scheinwerfer*) spotlight

Spott *m* <-[e]s> mockery; ◇ **~ mit jd-m treiben** to make fun of s.o.; **spottbillig** *adj* dirt-cheap; **spotten** *vi* mock, poke fun, laugh (*über akk* at); **spöttisch** *adj* ▷*Bemerkung* mocking; ▷*Lachen* joking, kidding

sprach *impf v.* **sprechen**

sprachbegabt *adj* linguistically talented; **Sprache** *f* <-, -n> [1] (*Fremd-, Mutter-*) language; (*Zeichen- etc.*) language; (*e-r bestimmten Gruppe*) language, jargon; (*FIG überrascht sein*) ◇ **es verschlug mir die -** it left me speechless; (*ein Thema ansprechen*) ◇ **die - auf etw** *akk* **bringen** [*o.* **etw zur - bringen**] to talk about s.th. [2] (*Ausdrucksweise*) speech, way of speaking; **Sprachführer** *m* phrase book; **Sprachgefühl** *s* feeling for language; **sprachgewandt** *adj* ▷*Redner* fluent, articulate; **Sprachlabor** *s* speech lab; **sprachlich** *adj* linguistic; **sprachlos** *adj* ▷*Mensch* speechless; **Sprachwissenschaft** *f* linguistics *sg;* **Sprachwissenschaftler(in** *f*) *m* linguist

sprang *impf v.* **springen**

Spray *m o. s* <-s, -s> (*Haar-, Raum-*) spray

Sprechanlage *f* intercom; **sprechen** <sprach, gesprochen> **I.** *vi* [1] ↑ *sich artikulieren* speak; ↑ *sich äußern* speak, say; ◇ **er hat nicht darüber gesprochen** he didn't say a word about it [2] ↑ *sich unterhalten* talk, speak (*mit* with, to) [3] ↑ *Rede halten* orate, give a speech **II.** *vt* say, speak [1] ↑ *Sprache beherrschen* speak, articulate; ◇ **sie spricht drei Sprachen** she speaks three languages [2] *FIG* ◇ **das spricht für ihn** it speaks well for him; (*über jd-n verärgert sein*) ◇ **ich bin auf ihn schlecht zu -** I am ticked off at him; **Sprecher(in** *f*) *m* <-s, -> speaker, spokesman, orator; (*für Gruppe*) spokesman; MEDIA reporter, spokesman, announcer; **Sprechstunde** *f* office hours, consulting hours *pl;* **Sprechstundenhilfe** *f* MED receptionist

spreizen *vt* ↑ *ausbreiten* → *Finger, Flügel* spread; **sprengen** *vt* [1] (*mit Sprengstoff*) dynamite, blast; → *Türschloß* blast; *FIG* → *Versammlung* break up [2] → *Rasen* water; → *Wäsche* sprinkle; **Sprengstoff** *m* dynamite, explosive; *FIG* ↑ *umstrittenes Thema* explosive subject; **Sprengung** *f* explosion

Spreu *f* <-> *FIG* ◇ **die - vom Weizen trennen** to separate the wheat from the chaff

Sprichwort *s* proverb, saying; **sprichwörtlich** *adj* proverbial

sprießen *vi* ← *Blumen* shoot [up]

Springbrunnen *m* fountain

springen <sprang, gesprungen> *vi* [1] ↑ *aufspring,* jump; ← *Ball* bounce; ← *Funke, Quelle* spurt, spring; ↑ *plötzlich wechseln* leap, spring (*auf akk* to) [2] (*FIG schwer arbeiten lassen*) ◇ **jd-n - lassen** to keep s.o. busy [3] (*FIG großzügig sein*) ◇ **etw - lassen** treat, invite [4] ↑ *splittern, zerbrechen* ← *Glas, Metall* break [5] (*auffallen*) ◇ **in die Augen -** to jump into sight; **Springer** *m* <-s, -> [1] (*Schachfigur*) knight [2] ↑ *Ersatz* substitute; **springlebendig** *adj* lively, enthusiastic

sprinten *vi* sprint

Sprit *m* <-s> *FAM* ↑ *Treibstoff, Benzin* gas

Spritze *f* <-, -n> MED syringe; ↑ *Injektion* injection, shot; **spritzen I.** *vt* [1] → *Obst* spray [2] (*lackieren*) spray paint [3] MED inject, give a shot **II.** *vi* [1] ← *Wasser* spray, splash [2] *FAM* ↑ *laufen, rennen* dash, zip; **Spritzer** *m* <-s, -> (*Farb-, Wasser-*) splash; **Spritzpistole** *f* spray gun; **Spritztour** *f FAM* ◇ **e-e - machen** to go for a spin

spröde *adj* ▷*Material* rough; ▷*Haut* rough; ▷*Stimme* hoarse; *FIG* ▷*Mensch* obdurate

sproß *impf v.* **sprießen**

Sproß *m* <Sprosses, Sprosse> *FAM* ↑ *Nachkomme* descendant, scion (*gehoben*); ↑ *Trieb* shoot

Spruch *m* <-[e]s, Sprüche> [1] (*Wahl-*) motto, saying; ↑ *Formel* (*Zauber-*) spell; (*FAM nur pl*) ↑ *leere Versprechungen* ◇ **Sprüche machen/klopfen** to talk fancy, to talk big [2] JURA ↑ *Urteils-* judgement, verdict

Sprudel *m* <-s, -> (*kohlensäurehaltiges Mineralwasser*); (*saurer -*) mineral water; (*süßer -*) fizzy drink

sprudeln *vi* ← *Wasser* bubble, fizz; ← *Worte* pour out

Sprühdose *f* spray can; **sprühen I.** *vt* spray **II.** *vi* ← *Funken, Gischt* spray; (*FIG lebhaft, ausgelassen sein*) ◇ **- vor Begeisterung** [*o.* **Freude**] to bubble [over] with enthusiasm

Sprung *m* <-[e]s, Sprünge> [1] (*Luft-, Freuden-*) jump, leap; (*FIG jd-n fördern*) ◇ **jd-m auf die Sprünge helfen** to lend s.o. a helping hand; (*FIG beim Fortgehen*) ◇ **auf dem - sein** to be about to go; (*FIG für kurze Zeit*) ◇ **auf e-n - vorbeikommen** to pop in, to drop in/by [2] ↑ *Riß* (*im Teller*) crack; (*in Schallplatte, CD*) skip; **Sprungbrett** *s* SPORT diving board; (*FIG günstiger Ausgangspunkt*) springboard; **Sprungschanze** *f* SPORT ski-jump

Spucke *f* <-> spit, spittle; **spucken** *vt, vi* spit; *FAM* ◇ **große Töne -** to boast, to talk big

Spuk *m* <-[e]s, -e> ghost; **spuken** *vi* ← *Geist* haunt; ◇ **es spukt im Schloß** the castle is haunted

Spülbecken *s* sink

Spule *f* <-, -n> spool; ELECTR coil

spülen I. *vi* rinse; ↑ *abwaschen* wash; (*in Toilette*) flush **II.** *vt* rinse; → *Geschirr* wash; → *Haare* wash; **Spülmaschine** *f* dishwasher; **Spülung** *f* flushing; MED irrigation

Spur *f* <-, -en> [1] ↑ *Abdruck* track, print; (*von Rad,*

Tonband) track; ↑ *Brems~* skidmark [2] ↑ *Fahrlane*; (*von Zug*) track [3] (*FIG jd-n verfolgen, jagen*) ◇ **jd-m auf der ~ sein** to be on s.o.'s tracks [4] ↑ *Überrest, Anzeichen* remains, trace

spürbar *adj* ▷*Änderung* noticeable; **spüren** *vt* ↑ *empfinden, merken, spüren* notice, feel; → *Kälte* feel; → *Schmerz* feel, notice; **Spurensicherung** *f* securing of evidence

spurlos *adv* without trace

Spurt *m* <-[e]s, -s *o.* -e> (*End~, Zwischen~*) spurt

sputen *vr* ◇ **sich ~** ↑ *sich beeilen* rush, hurry

Staat *m* <-[e]s, -en> [1] (*Land*) state; *FAM* ◇ **die ~en** the [United] States [2] ↑ *Regierung* state; ◇ **Vater ~** father the government [3] (*FAM prahlen, angeben*) ◇ **damit ist kein ~ zu machen** that's nothing to brag about, that's nothing to write home about [4] (*Ameisen~, Bienen~*) colony; **Staatenbund** *m* confederation; **Staatsangehörigkeit** *f* nationality; **Staatsanwalt** *m*, **Staatsanwältin** *f* public prosecutor, district attorney *AM*; **Staatsbegräbnis** *s* state funeral; **Staatsbürger(in** *f*) *m* citizen; **Staatsdienst** *m* civil service; ◇ **in den ~ eintreten** to become a civil servant; **Staatsexamen** *s* state examination; **Staatsgebiet** *s* state territory; **Staatsgeheimnis** *s* state secret; *FIG* ◇ **aus e-r Sache ein ~ machen** to make a state secret out of s.th.; **Staatsmann** *m* statesman; **Staatsoberhaupt** *s* head of state; **Staatssekretär(in** *f*) *m* *highest-ranking official in a German ministry below the minister himself;* **Staatsstreich** *m* coup

Stab *m* <-[e]s, Stäbe> [1] rod; (*Gitter~*) bar; (*FIG jd-n verurteilen*) ◇ **den ~ über jd-n brechen** to break the rod over one's back; (*Bischofs~*) staff [2] (*General~, Mitarbeiter~*) staff *sg*

stabil *adj* ▷*Währung[skurs]* stable; ▷*Möbel* sturdy; **Stabilität** *f* stability; sturdiness

Stachel *m* <-s, -n> (*von Pflanze*) thorn; (*von Tier*) barb, claw; *FIG* ↑ *Schmerz, Groll* thorn; *FIG* ◇ **e-r Sache den ~ nehmen** to take the bite out of s.th.; **Stacheldraht** *m* barbed-wire fence; **stachelig** *adj* ▷*Tier* prickly; ▷*Blume* thorny

Stadion *s* <-s, Stadien> stadium

Stadium *s* <-s, Stadien> ↑ *Phase* stage

Stadt *f* <-, Städte> town; (*Groß~*) city; **Stadtbücherei** *f* public library; **Stadtbummel** *m* stroll through town; **Städter(in** *f*) *m* <-s, -> city-dweller; **Stadtführer(in** *f*) *m* guide; **städtisch** *adj* ▷*Leben* urban, city; ▷*Anlagen* municipal; **Stadtkern** *m* downtown, the heart of the city, city centre; **Stadtplan** *m* city map; **Stadtrand** *m* outskirts *pl;* **Stadtrat** *m*, **Stadträtin** *f* town council; **Stadtteil** *m* ↑ *Stadtviertel* district; **Stadtverwaltung** *f* town administration; **Stadtviertel** *s* district

Staffel *f* <-, -n> SPORT relay team; AERO squadron

Staffelei *f* easel

staffeln *vt* → *Miete, Löhne* set, grade

stagnieren *vi* ← *Wirtschaft* stagnate

stahl *impf v.* **stehlen**

Stahl *m* <-[e]s, Stähle> steel; *FIG* ◇ **Nerven wie ~** nerves of steel

Stall *m* <-[e]s, Ställe> stable, barn

Stamm *m* <-[e]s, Stämme> [1] (*Baum~*) trunk [2] ↑ *Familie, Sippe* roots, lineage [3] (*Kunden~*) regular customers, regulars *pl* [4] GRAM stem; **Stammbaum** *m* family tree

stammeln *vt, vi* stutter

stammen *vi* ◇ **~ von/aus** *dat* stem from, come from; **Stammgast** *m* regular; **Stammkapital** *s* (*in GmbH, KG, AG*) common stock; **Stammtisch** *m table in a bar which is always frequented by the same regular customers*

stampfen **I.** *vi* (*mit Fuß*) stomp, stamp; ← *Maschine* pound **II.** *vt* ↑ *zerdrücken* → *Kartoffeln* mash; → *Erde, Schnee* press, pack

stand *impf v.* **stehen**

Stand *m* <-[e]s, Stände> [1] (*das Stehen, Halt*) stand, standing position [2] ↑ *Zustand, Lage* state; (*Kassen~*) balance; (*Spiel~*) score [3] (*Obst~, Taxi~*) stand [4] (*Familien~, Adels~*) status, class

Standard *m* <-s, -s> standard; ◇ **Lebens~** standard of living

Ständer *m* <-s, -> rack, stand

Standesamt *s* registry office; **Standesbeamte(r)** *fm*, **Standesbeamtin** *f* registrar

standhaft *adj* steadfast, strong; **standhalten** *unreg vi* → *Blick, Angriff* withstand (*jd-m/e-r Sache* s.o./s.th.)

ständig *adj* [1] ▷*Wohnsitz* permanent [2] ▷*Einkommen* regular, steady [3] ▷*Bedrohung* constant, continual

Standlicht *s* AUTO parking lights *pl;* **Standort** *m* location; **Standpunkt** *m* ↑ *Ort* standing point; *FIG* ↑ *Ansicht, Meinung* point of view; **Standspur** *f* AUTO emergency lane

Stange *f* <-, -n> [1] ↑ *Stab* pole, bar [2] (*Zigaretten~*) carton; (*FAM viel Geld*) ◇ **das kostet e-e ~ Geld** that costs a fortune [3] (*FIG jd-n unterstützen*) ◇ **jd-m die ~ halten** to stand by s.o.

stank *impf v.* **stinken**

stänkern *vi FAM* ↑ *streiten* stir things up

Stapel *m* <-s, -> [1] (*Holz~, Wäsche~*) pile [2] NAUT stocks *pl* [3] *FAM* ◇ **etw vom ~ lassen** to get s.th. off one's chest; **stapeln** **I.** *vt* stack, pile **II.** *vr* ◇ **sich ~** pile up

Star *m* <-s, -s> (*Film-, Opern-*) star
starb *impf v.* **sterben**
stark <stärker, am stärksten> *adj* [1] ↑ *robust, belastbar* ▷*Nerven, Herz* strong, good [2] ↑ *kräftig* ▷*Mensch* strong [3] ↑ *(intensiv)* ▷*Kaffee* strong; ▷*Schmerzen* deep, intensive; [4] ↑ *einflußreich, mächtig* ▷*Partei, Team* powerful [5] ◇ **sich für etw ~ machen** to stand up for s.th. [6] ▷*Trinker, Raucher* heavy; *FAM* great, super; ◇ **echt ~!** that's really great!; **Stärke** *f* <-, -n> [1] ↑ *Kraft* strength [2] ↑ *Fähigkeit, Begabung* capability; ↑ *Macht* power [3] ↑ *Durchmesser, Umfang* thickness; ↑ *Ausmaß* (*Brillen-, Klassen-*) strength [4] (*Reis-, -mehl*) starch; **stärken I.** *vt* [1] strengthen [2] → *Wäsche* starch **II.** *vr* ◇ **sich ~** ↑ *essen, trinken* fortify, nourish
starr *adj* [1] ▷*Material* stiff [2] ▷*Haltung* stiff; ▷*Blick* frozen, fixed
starren *vi* [1] ↑ *blicken* stare; ◇ **jd-m ins Gesicht ~** to stare s.o. in the face [2] ← *Kleider* ◇ **vor Schmutz ~** to be covered with dirt; **starrköpfig** *adj* ↑ *eigensinnig* stubborn
Start *m* <-[e]s, -s> [1] ↑ *Anfang* start, beginning [2] AERO take-off [3] (*Stelle*) starting point; SPORT ◇ **an den ~ gehen** to go to the starting line; **starten I.** *vt* start, begin **II.** *vi* ↑ *aufbrechen* start, begin; ◇ **neu ~** start over; **Starthilfe** *f* [1] (*bei Auto*) jump-start, push-start [2] *FIG* ↑ *Geld für Existenzgründer* money up front
Statik *f* <-> statics *sg*
Station *f* [1] ↑ *Abteilung* (*in Krankenhaus*) ward [2] ↑ *Haltestelle* stop
Statist(in *f*) *m* THEAT extra
Statistik *f* statistics *sg;* **statistisch** *adj* statistical
Stativ *s* tripod
statt I. *präp gen* instead of **II.** *cj* ↑ *anstatt* instead of
stattfinden *unreg vi* take place, occur
stattlich *adj* ▷*Figur* magnificent; ▷*Gebäude* magnificent
Statue *f* <-, -n> statue
Status *m* <-, -> ↑ *Zustand, Lage* status
Stau *m* <-[e]s, -e *o.* -s> blockage, build up; (*Verkehrs-*) traffic jam, traffic queue
Staub *m* <-[e]s> dust; (*FAM entfliehen, fortschleichen*) ◇ **sich aus dem ~ machen** to pass off; **staubig** *adj* ▷*Straße* dusty; **Staubsauger** *m* vacuum cleaner
Staudamm *m* dam
Staude *f* <-, -n> shrub
stauen I. *vt* → *Wasser* dam; → *Blut* clog up **II.** *vr* ◇ **sich ~** ↑ *nicht weiterfließen* ← *Wasser* back up; ← *Verkehr* back up, jam up; ← *Menschen* back up, crowd up; *FIG* ← *Gefühle* build up
staunen *vi* be amazed, be astonished (*über akk* at); **Staunen** *s* <-s> astonishment, amazement; ◇ **jd-n in ~ versetzen** to amaze/astonish s.o., to fill s.o. with astonishment
stechen <stach, gestochen> **I.** *vt* [1] (*verletzen*) stick, prick; ◇ **sich/jd-n mit etw ~** to stick o.s/s.o with s.th.; (*an Stechuhr*) punch [2] (*beim Kartenspiel*) take **II.** *vi* [1] ← *Biene* sting; ← *Rose, Kaktus* stick, prick; ← *Mücke* bite; ← *Sonne* beat down [2] (*FIG auffallen*) ◇ **jd-m in die Augen ~** to catch s.o.'s eye [3] ← *Schiff* ◇ **in See ~** to set sail **III.** *vr* ◇ **sich [mit etw] ~** prick o.s., stick o.s.
Steckdose *f* socket; **stecken I.** *vt* [1] ↑ *hineindrücken, stopfen* stick [2] → *Nadel, Saum* pin [3] (*FAM investieren*) ◇ **Geld in e-e Firma ~** to put money into a company [4] (*gegen den Willen*) ◇ **jd-n ins Gefängnis ~** to stick s.o. in jail; [5] *FAM* ◇ **jd-m etw ~** to tell s.o. what's what **II.** *vi* [1] (*FAM sein, sich aufhalten*) ◇ **wo ~ die Kinder?** where are the children? [2] ← *Ring, Schlüssel* be in the lock [3] (*Probleme haben*) ◇ **in Schwierigkeiten ~** to be in trouble [4] ◇ **mitten in der Arbeit ~** to be caught up in work; **steckenbleiben** *unreg vi* (*beim Reden*) falter; (*im Verkehr*) be stuck; **Steckenpferd** *s FIG* hobby-horse; **Stecker** *m* <-s, -> (*von Elektrogerät*) plug; **Stecknadel** *f* pin
stehen <stand, gestanden> **I.** *vi* [1] (*nicht liegen*) stand [2] (*sich befinden*) be [3] (*schriftlich*) be [written] [4] (*still-*) ← *Uhr* stop; (*Verkehr*) come to a standstill [5] (*FAM fertigbearbeitet*) be complete [6] (*unterstützen, sich bekennen zu*) ◇ **zu jd-m/etw ~** to stand by s.o./s.th. [7] (*bestimmte verwandtschaftliche Beziehung*) be related (*zu* to) **II.** *vi unpers* ◇ **es steht schlecht um ihn** he is in critical condition; ◇ **wie steht's mit dir?** what about you?; **stehenbleiben** *unreg vi* ↑ *anhalten* stop; → *Gespräch* come to a standstill; **stehenlassen** *unreg vt* leave; → *Essen* leave untouched; (*unhöflich*) ◇ **jd-n einfach ~** to leave s.o. standing [there]
stehlen <stahl, gestohlen> *vt* steal; *FAM* ◇ **stehl mir nicht die Zeit!** don't waste my time!
Stehplatz *m* ◇ **wir bekamen Stehplätze** we had to stand
steif *adj* [1] ▷*Bein, Hals* stiff [2] *FIG* ▷*Gesellschaft* stiff
steigen <stieg, gestiegen> *vi* [1] ← *Fieber* rise; ← *Preis* increase, raise [2] ↑ *klettern* climb; ◇ **in/auf etw** *akk* **~** to climb into/onto s.th.
steigern I. *vt* [1] → *Preise* raise; → *Lohn* increase [2] GRAM compare **II.** *vr* ◇ **sich ~** rise, increase (*zu* to) **III.** *vi* (*bei Auktion*) bid; **Steigerung** *f* [1] (*von Lohn*) increase [2] (*von Gefühl*) heightening,

intensification ③ GRAM ↑ *Komparation* comparative
Steigung *f* (*Hang*) slope; MATH gradient
steil *adj* ▹*Abhang* steep; **Steilwand** *f* steep face
Stein *m* <-[e]s, -e> (*Kiesel-*) stone; (*Edel-*) jewel, gem; (MED *Gallen-*) stone; (*Spiel-*) piece; (*FIG jd-n behindern*) ◇ **jd-m -e in den Weg werfen** to hinder s.o.; ◇ **mir fällt ein ~ vom Herzen!** that's a load off my mind!; **Steinbock** *m* ① FAUNA ibex ② ASTROL Capricorn; **Steinbruch** *m* quarry; **Steingarten** *m* rock garden; **steinhart** *adj* rock hard; **steinig** *adj* ▹*Weg, Gelände* stony; **Steinkohle** *f* hard coal; **Steinmetz** *m* <-es, -e> stonemason; **Steinpilz** *m* boletus edulis; **steinreich** *adj FAM* as rich as Croesus; **Steinwurf** *m* stone's throw; ◇ **nur e-n ~ entfernt** just a stone's throw away
Stelle *f* <-, -n> ① spot, place; ◇ **auf der ~** on the spot ② (*Halte-*) stop ③ (*in Rede, Buch*) place ④ (*Arbeits-*) job ⑤ (*Amt, Behörde*) office
stellen I. *vt* ① (*nicht legen*) stand, put ② (*anordnen*) → *Möbel* arrange ③ → *Wecker* set ④ → *Frage* ask, put ⑤ → *Falle* set, lay ⑥ → *Dieb* catch ⑦ ◇ **jd-m etw zur Verfügung ~** to put s.th. at s.o.'s disposal **II.** *vr* ◇ **sich ~** ① (*bei Polizei*) give o.s. up, turn o.s. in ② ◇ **sich e-r Herausforderung ~** to take up a challenge ③ (*vortäuschen*) ◇ **sich krank ~** to pretend to be sick ④ ← *Frage, Problem* rise ⑤ ◇ **sich zur Verfügung ~** to make o.s. available; **Stellenangebot** *s* (*Arbeitsmöglichkeit*) vacancy; **Stellenvermittlung** *f* employment agency; **Stellenwert** *m* ① *FIG* ↑ *Rang, Bedeutung* status; ◇ **e-n hohen ~ haben** to play an important/significant role ② PC place value
Stellung *f* ① ↑ *Haltung, Lage, Position* position ② (*gesellschaftlicher, sozialer Rang*) position ③ (*Job, An-*) job, post ④ (*FIG Meinung äußern*) ◇ **~ nehmen zu** to comment on
stellvertretend *adj* ▹*Leiter* acting, deputy; **Stellvertreter(in** *f*) *m* representative, deputy
stemmen I. *vt* lift **II.** *vr* ◇ **sich ~ gegen** press o.s. against; *FIG* ↑ *sich widersetzen* ◇ **sich gegen etw ~** to resist s.th.
Stempel *m* <-s, -> ① (*Datums-*) stamp ② (*Post-*) postmark ③ (*Prägung, Kennzeichen*) hallmark ④ FLORA pistil; **stempeln** *vt* ① → *Datum* stamp ② → *Briefmarke* postmark ③ (*FAM arbeitslos sein*) ◇ **~ gehen** to be on the dole
Steno[graphie] *f* <-s> shorthand; **stenografieren** *vt* take down in shorthand
Steppe *f* <-, -n> steppe
steppen I. *vt* (*mit Nähmaschine*) stitch **II.** *vi* (*tanzen*) tap-dance
Steppjacke *f* quilted jacket
Sterbehilfe *f* euthanasia; **sterben** <starb, gestorben> *vi* die; **Sterbeziffer** *f* mortality rate; **sterblich** *adj* ▹*Überreste* mortal
Stereoanlage *f* stereo system
stereotyp *adj* stereotyped; ▹*Lächeln* stiff
steril *adj* ▹*Verband* sterile; **Sterilisation** *f* sterilization
Stern *m* <-[e]s, -e> ① star; (*FIG Unmögliches anstreben*) ◇ **nach den -en greifen** to reach for the stars ② ◇ **ein Hotel mit 2 -en** a 2-star hotel; **Sternbild** *s* ASTRON constellation; **Sterndeutung** *f* astrology; **Sternenbanner** *s* (*Nationalflagge der USA*) Star-Spangled Banner, Stars and Stripes; **sternklar** *adj* ▹*Nacht* starry; **Sternstunde** *f FIG* wonderful moment; **Sternwarte** *f* ASTRON observatory
stet[ig] *adj* ▹*Entwicklung* constant, steady; **stets** *adv* always
Steuer [1] *s* <-s, -> ① NAUT helm ② AUTO steering[-wheel] ③ (*FIG Leitung, Führung*) ◇ **das ~ übernehmen** to take over the helm
Steuer [2] *f* <-, -n> (*Lohn-, Umsatz-*) tax; **Steuerberater(in** *f*) *m* tax consultant; **Steuererklärung** *f* tax return/declaration; **Steuerklasse** *f* (*auf Lohnsteuerkarte*) tax bracket; **steuern** *vti* ① ↑ *lenken* → *Auto* steer; → *Flugzeug* pilot ② *FIG* ↑ *beeinflussen, lenken,* → *Entwicklung* control; PC control; **Steuerung** *f* ① (*Bedienen des Steuers*) steering; (*von Schiff*) navigation ② (*Vorrichtung*) controls *pl;* PC controls *pl*
Steuerwesen *s* taxes *pl;* **Steuerzahler(in** *f*) *m* taxpayer
Steuerzeichen *s* PC control character
Steward *m* <-s, -s> AERO NAUT steward; **Stewardeß** *f* <-, Stewardessen> AERO NAUT stewardess, hostess
Stich *m* <-[e]s, -e> ① (*Mücken-*) sting ② (*Messer-*) stab; (*Nadel-*) prick ③ (*beim Nähen*) stitch ④ (*beim Kartenspiel*) trick ⑤ (*Kunst, Kupfer-*) engraving ⑥ (*verlassen, nicht helfen*) ◇ **etw/jd-n im ~ lassen** to abandon s.th./s.o. ⑦ (*FAM verrückt sein*) ◇ **er hat e-n ~** he's mad, he's not playing with a full deck *AM*
sticheln *vi FAM* make nasty remarks
stichhaltig *adj* ▹*Argument* sound; **Stichprobe** *f* spot-check; **Stichwort** *s* ① (*in Wörterbuch*) headword ② (*Notizen*) ◇ **-e** notes
sticken *vti* embroider
stickig *adj* ▹*Luft* stuffy
Stiefbruder *m* stepbrother
Stiefel *m* <-s, -> boot
Stiefeltern *pl* stepparents *pl;* **Stiefkind** *s* stepchild; *FIG* poor cousin; **Stiefmutter** *f* step-

mother; **Stiefmütterchen** *s* FLORA pansy; **Stiefvater** *m* stepfather

Stiel *m* <-[e]s, -e> (*von Glas*) stem; (*von Messer*) shaft; (*Besen-*) broomstick; (*von Pflanze*) stem

Stier *m* <-[e]s, -e> [1] FAUNA bull [2] ASTROL Taurus; **Stierkämpfer** *m* bull-fighter

stieß *impf v.* **stoßen**

Stift[1] *m* <-[e]s, -e> [1] pen; (*Blei-*) pencil; (*Farb-*) felt-tip [2] (*Nagel*) tack [3] (*FAM Lehrling*) apprentice

Stift[2] *s* <-[e]s, -e> [1] (*Kloster*) convent [2] ↑ *Diözese* diocese

stiften *vt* [1] ↑ *gründen* establish, found [2] → *Unruhe* cause, stir up [3] ↑ *spenden* donate; **Stiftung** *f* [1] (*Organisation*) foundation [2] ↑ *Schenkung* donation, contribution

Stil *m* <-[e]s, -e> (*Schreib-, Lauf-*) style; (*Art*) way, manner; **stilistisch** *adj* stylistic

still *adj* [1] ▷*Ort, Gegend* quiet, peaceful; ▷*Mensch* quiet; ▷*Hoffnung* silent; (*FAM Toilette*) ◇ **das -e Örtchen** the toilet [2] ▷*Wasser* ↑ *unbewegt* still; **Stille** *f* <-> [1] ↑ *Ruhe* peacefulness, tranquillity; *FIG* ◇ **in aller -** secretly [*o.* in secret] [2] (*Unbewegtheit*) stillness; **stillegen** *unreg vi* → *Betrieb* close down

stillen *vt* [1] → *Säugling* nurse, breast-feed [2] → *Blutung* stop [3] → *Schmerz, Unruhe* ease, relieve [4] → *Hunger* satisfy; → *Durst* quench

stillhalten *unreg vi* keep still; (*sich nicht wehren*) be quiet, not say anything

stillos *adj FIG* ▷*Bemerkung* tasteless

stillschweigend *adj* silent, tacit; **stillstehen** *unreg vi* come to a standstill; ← *Maschine* stop

Stimmbänder *pl* vocal cords *pl;* **stimmberechtigt** *adj* eligible to vote; **Stimmbruch** *m* ◇ **er ist im -** his voice is breaking

Stimme *f* <-, -n> [1] voice; (*FIG Meinung*) opinion [2] (*Wahl-*) vote [3] MUS part

stimmen I. *vt* [1] MUS tune [2] (*jd-n in e-e Stimmung versetzen*) make; ◇ **das stimmte ihn heiter** that made him happy **II.** *vi* [1] (*wahr, richtig sein*) be true/right [2] (*zusammenpassen*) → *Farbe* match [3] ◇ **für/gegen etw -** to vote for/against s.th.; **Stimmenthaltung** *f* POL JURA abstention; **stimmhaft** *adj* (*Vokal*) voiced; **Stimmrecht** *s* POL JURA right to vote

Stimmung *f* [1] ↑ *Gemütsverfassung* mood; ◇ **in - sein für etw** to be in the mood for s.th. [2] (*Atmosphäre*) atmosphere; **stimmungsvoll** *adj* ▷*Musik* rollicking; ▷*Abend* fun, swinging

Stimmzettel *m* ballot

stinken <stank, gestunken> *vi* stink (*nach* of)

Stipendiat(in *f*) *m* person receiving scholarship; ◇ **Fulbright -** Fulbright scholar; **Stipendium** *s* scholarship

Stirn *f* <-, -en> [1] ANAT forehead, brow [2] (*FIG Widerstand*) ◇ **jd-m die - bieten** to stand up to s.o. [3] (*FIG Frechheit*) ◇ **die - haben, etw zu tun** to have the audacity to do s.th. [4] (*-seite*) end wall; **Stirnhöhle** *f* ANAT sinuses *pl*

stöbern *vi* ↑ *wühlen* ↑ *nach etw suchen* rummage through

stochern *vi* poke; (*im Essen, in den Zähnen*) pick

Stock *m* <-[e]s, Stöcke> [1] ↑ *Stab, Stecken* stick, cane [2] (*Reb-*) vine; (*Blumen-*) potted plant [3] ↑ *-werk* ↑ *Etage* floor, storey

stocken *vi* [1] (*im Gespräch*) falter, flag [2] ← *Verkehr* be stuck, be held up [3] ← *Wäsche* go mouldy

Stockung *f* [1] (*von Verkehr*) hold-up [2] (MED *von Blut*) thickening

Stoff *m* <-[e]s, -e> [1] (*Kleider-, Möbel-*) material, fabric, cloth [2] (*Materie*) substance, matter; (*Roh-*) raw material [3] (*Gesprächs-*) subject; (*Lese-*) reading matter; **Stoffwechsel** *m* ↑ *Metabolismus* metabolism

stöhnen *vi* moan (*über akk* about); ◇ **er stöhnt vor Schmerzen** he groans with pain

Stollen *m* <-s, -> MIN tunnel

stolpern *vi* stumble, trip (*über akk* over)

stolz *adj* [1] ▷*Mensch* proud; ◇ **auf jd-n/etw - sein** to be proud of s.o./s.th. [2] *FAM* ▷*Preis* high; **Stolz** *m* <-es> (*Eigenschaft*) pride

stopfen I. *vt* [1] (*hinein-*) stuff (*in* into); → *Geflügel, Pfeife* fill [2] ↑ *ausbessern* → *Strumpf, Loch* darn, mend [3] ↑ *gierig essen* scoff [4] (*FIG jd-n zum Schweigen bringen*) ◇ **jd-m den Mund -** to silence s.o. **II.** *vi* ← *Kakao, Schokolade* fill up; (*bei Durchfall*) constipate

Stoppel *f* <-, -n> (*Bart-, Getreide-*) stubble

stoppen I. *vt* → *Verkehr* stop; (*mit Uhr*) stop **II.** *vi* stop; **Stoppschild** *s* (*Verkehrszeichen*) stop sign; **Stoppuhr** *f* stopwatch

Stöpsel *m* <-s, -> (*für Flaschen*) cork; (*für Waschbecken*) plug; (*Ohr-*) earplug

Storch *m* <-[e]s, Störche> stork

stören *vt* → *Unterricht, Ruhe* disturb; ◇ **sich an etw** *dat* **-** to be bothered about s.th.

stornieren *vt* → *Reise, Buchung* cancel

Störsender *m* jammer

Störung *f* disturbance; **störungsfrei** *adj* ▷*Empfang* free from interference

Stoß *m* <-es, Stöße> [1] ↑ *Hieb, Schlag* hit [2] (*Erd-*) tremor [3] (*Stapel, Wäsche-*) pile [4] (*FIG sich zu etw überwinden*) ◇ **sich** *dat* **e-n - geben** to pluck up the courage; **Stoßdämpfer** *m* AUTO shock absorber; **stoßen** <stieß, gestoßen> **I.** *vt* [1] ↑ *schubsen* push, shove [2] → *Messer* thrust [3] (*zerkleinern*) → *Pfeffer etc.* pound [4] SPORT → *Kugel* put **II.** *vi* [1] (*unbeabsichtigt*) bump [into/against]; ◊ **gegen etw** ~ to run into s.th. [2] (*finden*) ◊ **auf etw** *akk* ~ to come across s.th. **III.** *vr* ◊ **sich** ~ knock o.s.; ◊ **sich** ~ **an** *dat* to bump o.s. on s.th.; (*auch FIG als störend empfinden*) take exception to s.th.; **Stoßstange** *f* AUTO bumper; **Stoßzeit** *f* rush hour

stottern *vi* stutter; ← *Motor* splutter

Strafanstalt *f* ↑ *Gefängnis* prison; **Strafarbeit** *f* SCH lines *pl;* **strafbar** *adj* ▷*Handlung* punishable, penal; **Strafe** *f* <-, -n> punishment; (*Geld-*) fine; JURA sentence; **strafen** *vt* punish

straff *adj* (*streng*) strict; ▷*Seil* tight; ▷*Haut* firm; **straffen** *vt* tighten; → *Darstellung* tighten

Strafgefangene(r) *fm* prisoner; **Strafgericht** *s* criminal court; **Strafgesetzbuch** *s* Criminal Code

sträflich *adj* [1] ↑ *strafbar* criminal [2] ↑ *unentschuldbar* unpardonable

Strafmaß *s* sentence; **Strafporto** *s* (*FAM Nachgebühr*) excess postage; **Strafpredigt** *f* reprimand, scolding

Strafprozeß *m* criminal proceedings *pl;* **Strafpunkt** *m* SPORT penalty point; **Strafraum** *m* SPORT penalty area; **Strafrecht** *s* criminal law; **Straftat** *f* criminal act; **Strafverteidiger(in** *f*) *m* defence lawyer; **Strafzettel** *m* ticket

Strahl *m* <-[e]s, -en> (*Licht-, Sonnen-*) ray; (*Röntgen-en*) x-ray; (*Wasser-*) jet; **strahlen** *vi* ← *Sonne* shine; ← *Wärme* radiate; *FIG* ← *Mensch* radiate, beam; ◊ **vor Freude/Begeisterung** ~ to beam with joy/enthusiasm; **Strahlenbelastung** *f* [exposure to] radiation; **Strahlendosis** *f* dose of radiation; **Strahlentherapie** *f* MED radiotherapy; **Strahlung** *f* PHYS radiation

Strähne *f* <-, -n> (*Haar-*) strand

stramm *adj* [1] ↑ *eng* tight [2] ▷*Haltung* erect [3] ▷*Marsch, Dienst* tough, hard; **strammziehen** *unreg vt* → *Seil* tighten; (*FAM körperlich strafen*) ◊ **jd-m die Hosen** ~ to give s.o. a hiding

strampeln *vi* ← *Baby* wave [around]

Strand *m* <-[e]s, Strände> beach; **Strandbad** *s* (*an See, Meer*) bathing resort

stranden *vi* ← *Schiff* be stranded; *FIG* ← *Mensch* go astray

Strang *m* <-[e]s, Stränge> (*Seil, Strick*) rope; (*Bündel, Büschel, Schienen-*) track; (*Nerven-*) cord; (*FIG übermütig sein*) ◊ **über die Stränge schlagen** to get carried away

strangulieren *vt* (*erwürgen*) strangle

Strapaze *f* <-, -n> strain; **strapazieren** *vt* → *Mensch* strain, put under pressure; **strapazierfähig** *adj* strong, tough; **strapaziös** *adj* tiring, exhausting

Straße *f* <-, -n> [1] road, street; (*öffentlich demonstrieren*) ◊ **auf die** ~ **gehen** to take to the streets [2] (*Meerenge*) straits *pl;* **Straßenbahn** *f* tram *BRIT*, streetcar *AM*; **Straßengraben** *m* ditch; **Straßenkarte** *f* road map; **Straßenkehrer** *m* <-s, -> road sweeper; **Straßenmusikant(in** *f*) *m* street musician; **Straßenschild** *s* road/street sign; **Straßenschlacht** *f* (*bei Demo*) riot; **Straßensperre** *f* road block; **Straßenverkehrsordnung** *f* highway code; **Strategie** *f* strategy; **strategisch** *adj* strategic

sträuben I. *vt* ruffle **II.** *vr* ◊ **sich** ~ [1] ↑ *sich aufrichten* ← *Haar* stand on end [2] ↑ *sich wehren* struggle (*gegen etw* against s.th.)

Strauch *m* <-[e]s, Sträucher> shrub

straucheln *vi* ↑ *fehltreten, stolpern* stumble

Strauß [1] *m* <-es, Sträuße> (*Blumen-*) bouquet [of flowers]

Strauß [2] *m* <-es, -e> (FAUNA *Vogel*) ostrich

streben *vi* (*sich bemühen*) strive (*nach* for); **Streber(in** *f*) *m FAM* swot *BRIT*; **strebsam** *adj* ▷*Schüler* hard-working

Strecke *f* <-, -n> [1] ↑ *Distanz* distance [2] BAHN track [3] MATH line [4] ↑ *Teilstück* section [5] (*FIG scheitern*) ◊ **auf der** ~ **bleiben** to drop out

strecken I. *vt* [1] → *Glieder* stretch [2] ↑ *verdünnen* → *Suppe, Soße* thin [out] **II.** *vr* ◊ **sich** ~ ↑ *sich dehnen* stretch [out]

Streckennetz *s* BAHN rail network; **streckenweise** *adv* in certain parts/sections

Streich *m* <-[e]s, -e> [1] ↑ *Hieb* stroke [2] ↑ *Schabernack* stroke, trick; ◊ **jd-m e-n** ~ **spielen** to play s.o. a trick

streicheln *vt* stroke, caress

streichen <strich, gestrichen> **I.** *vt* [1] (*berühren*) stroke [2] ↑ *auftragen* → *Brot* spread; ↑ *anmalen* → *Tür* paint [3] (*durch-, passieren*) strain [4] ↑ *tilgen* delete, cancel **II.** *vi* [1] (*berühren*) stroke (*über akk* s.th.) [2] (*ziellos laufen*) roam; **Streichholz** *s* match; **Streichinstrument** *s* string[ed] instrument; **Streichorchester** *s* string orchestra

Streife *f* <-, -n> patrol; ◊ ~ **gehen** to be on patrol

streifen I. *vt* ↑ *leicht berühren* brush against, stroke; *FIG* ↑ *erwähnen* → *Thema* touch upon **II.** *vi* [1] (*ziellos laufen*) roam [2] ↑ *angrenzen* border (*an akk* on)

Streifen *m* <-s, -> [1] ↑ *Linie* line [2] (*Stück*) strip [3] ↑ *Film* [strip of] film; **Streifenwagen** *m* patrol car; **Streifzug** *m* [1] (*durch Kneipen*) pub crawl [2] (*FIG Überblick*) brief survey

Streik *m* <-[e]s, -s> strike; **Streikbrecher(in** *f*)

S

m <-s, -> strike-breaker; **streiken** *vi* [1] strike, be on strike [2] ↑ *aussetzen* ← *Maschine, Motor* be broken; **Streikrecht** *s* right to strike

Streit *m* <-[e]s, -e> argument, quarrel; (*Rechts-*) dispute; **streiten** <stritt, gestritten> **I.** *vi* [1] ↑ *zanken* argue, quarrel (*über, um* about) [2] ↑ *kämpfen* fight (*für* for) **II.** *vr* ◇ **sich** - argue, quarrel; **Streitfall** *m* dispute; **Streitfrage** *f* dispute; **Streitkräfte** *pl* MIL armed forces *pl;* **streitsüchtig** *adj* quarrelsome, belligerent

streng *adj* [1] ▹*Lehrer, Sitten* strict [2] ▹*Kritik* harsh [3] ▹*Frisur, Gesichtszüge* severe [4] ▹*Geruch, Geschmack* pungent [5] ▹*Winter, Frost* severe; **Strenge** *f* <-> strictness, severity, harshness; **strenggenommen** *adv* actually

Streß *m* <-sses, -sse> stress; **stressen** *vt* put under stress/pressure; **stressig** *adj* stressful

streuen *vt* → *Blumen, Salz* strew, spread; → *Sand, Sroh* spread; **Streuer** *m* <-s, -> (*Salz-*) cellar; (*Pfeffer-*) pot; (*Zucker-*) caster

streunen *vi FAM* ↑ *sich herumtreiben* wander around

strich *impf v.* **streichen**

Strich *m* <-[e]s, -e> [1] ↑ *Linie* line [2] (*Feder-, Pinsel-*) stroke [3] (*FIG Vorhaben vereiteln*) ◇ **jd-m e-n - durch die Rechnung machen** to spoil s.o.'s plans [4] ◇ **unter dem -** all in all [5] (*mißfallen*) ◇ **jd-m gegen den - gehen** to rub s.o. the wrong way [6] *FAM!* ◇ **auf den - gehen** to be a prostitute; **Strichmännchen** *s* stick man; **strichweise** *adv* here and there

Strick *m* <-[e]s, -e> ↑ *Seil* rope

stricken *vti* knit

Strickleiter *f* rope ladder

Strickwaren *pl* knitwear

Striemen *m* <-s, -> (*Streifen auf Haut*) weal

strikt *adj* ▹*Befehl* strict

stritt *impf v.* **streiten**

strittig *adj* ↑ *umstritten* controversial

Stroh *s* <-[e]s> straw; **Strohblume** *f* strawflower; **Strohhalm** *m* straw; (*FIG letzte Hoffnung*) ◇ **sich an e-n - klammern** to clutch at a straw; **Strohwitwe** *f FAM* grass widow

strolchen *vi* ↑ *umherstreifen* roam about

Strom *m* <-[e]s, Ströme> [1] (*großer Fluß*) river [2] (*Flüssigkeitsmenge*) ◇ **der Sekt floß in Strömen** the champagne was flowing; ◇ **es regnet in Strömen** it's pouring [3] (*Strömung, - der Zeit*) flow of time [4] *FIG* ◇ **gegen den - schwimmen** to swim against the current [5] (*Besucher-*) stream [6] ELECTR electricity; **stromabwärts** *adv* downstream; **stromaufwärts** *adv* upstream

strömen *vi* ← *Wasser* stream, flow; ← *Luft, Menschen* pour out

Stromrechnung *f* electricity bill; **Stromsperre** *f* power cut; **Stromstärke** *f* ELECTR strength of current

Strömung *f* [1] (*von Fluß*) current [2] (*FIG geistige Bewegung*) trend

Stromzähler *m* electricity meter

Strophe *f* <-, -n> verse

Strudel *m* <-s, -> [1] ↑ *Wirbel* whirl [2] (*Apfel-, Obst-*) strudel

Struktur *f* structure; **Strukturierung** *f* PC structuring; **strukturschwach** *adj* ▹*Region* structurally weak

Strumpf *m* <-[e]s, Strümpfe> stocking; **Strumpfhose** *f* tights *pl*

struppig *adj* ▹*Haar* messy, unkempt

Stube *f* <-, -n> room; **Stubenhocker(in** *f*) *m* <-s, -> *FAM* stay-at-home

Stuck *m* <-[e]s> (*-decke*) stucco

Stück *s* <-[e]s, -e> [1] ↑ *Teil* piece, part; ◇ **pro -** each [2] (*Mengenangabe*) bit, part [3] (*Exemplar*) item [4] THEAT play [5] (*Wegstrecke*) part [of the way] [6] (*FAM Frechheit, Gemeinheit*) ◇ **das ist ein starkes -** that's a bit much; (*FAM Mensch*) ◇ **ein faules -** a lazy slob; **Stückgut** *s* BAHN parcel service; **Stücklohn** *m* piece rate; **stückweise** *adv* bit by bit, little by little; COMM ◇ **- verkaufen** to sell individually

Student(in *f*) *m* student; **Studentenausweis** *s* student I.D, college I.D *AM*; **Studentenheim** *s* student dormitory; **Studentenwerk** *s* student administration; **studentisch** *adj* student

Studie *f* (*Untersuchung*) study; (*Skizze*) sketch

Studienbeihilfe *f* student loan; **Studienbuch** *s* course attendance book; **Studienfach** *s* subject; **Studiengebühren** *pl* fees; **Studienrat** *m* secondary school teacher

studieren *vti* study

Studio *s* <-s, -s> (*Film-, Aufnahme-*) studio; (*Wohnung*) studio

Studium *s* study; (*an Universität*) studies *pl*

Stufe *f* <-, -n> step; (*Entwicklungs-*) level; **stufenweise** *adv* gradually

Stuhl *m* <-[e]s, Stühle> chair; **Stuhlgang** *m* bowel movement

stumm *adj* [1] silent [2] MED mute

Stummel *m* <-s, -> (*von Bleistift*) stump; (*von Zigarette*) stub, butt; (*von Kerze*) stub

Stummfilm *m* silent film

Stümper(in *f*) *m* <-s, -> incompetent person; ↑ *Dilettant* amateur; **stümperhaft** *adj* ▹*Arbeit* incompetent; ↑ *dilettantisch* amateurish

stumpf *adj* ▹*Messer* blunt; ▹*Haar* dull; ▹*Winkel* obtuse

Stumpf *m* <-[e]s, Stümpfe> (*Baum-*) stump;

(*Bein-*) stump; **stumpfsinnig** *adj* ▷*Arbeit* tedious; ▷*Mensch* dull, boring

Stunde *f* <-, -n> hour; SCH class, lesson; (*Zeitpunkt*) time; ◇ **das ist die ~ der Wahrheit!** this is the moment of truth!; **stunden** *vt* FIN give s.o. time to pay; ◇ **jd-m die Miete ~** to give s.o. time to pay the rent; **Stundenkilometer** *pl* kilometres *pl* per hour; **Stundenlohn** *m* hourly wage; **Stundenplan** *m* SCH timetable; **Stundenzeiger** *m* hour hand

stündlich *adj* hourly

Stunk *m* <-[e]s> *FAM* ↑ *Ärger* trouble, row

Stups *m* <-es, -e> *FAM* push, shove

stur *adj* ▷*Mensch* stubborn, obstinate; ◇ **sie ging ~ ihres Weges** she went on regardless

Sturm *m* <-[e]s, Stürme> [1] storm; (*Wind*) gale [2] SPORT forward line

stürmen **I.** *vi* [1] SPORT attack [2] ← *Wind* blow [3] ↑ *rennen* storm **II.** *vt FIG* → *Haus, Bank* raid **III.** *vi unpers* ◇ **es stürmt** it's stormy

stürmisch *adj* [1] ▷*Meer* stormy, rough [2] *FIG* ▷*Empfang* enthusiastic, frenzied; ▷*Liebhaber* passionate; **Sturmwarnung** *f* gale warning

Sturz *m* <-es, Stürz> [1] ↑ *Fall* fall [2] (*Entlassung, Um-*) fall, overthrow

stürzen **I.** *vt* [1] (*zum Rücktritt zwingen*) → *Regierung, Kanzler* overthrow [2] ↑ *umdrehen* → *Kuchen, Pudding* turn out **II.** *vi* [1] ↑ *fallen* fall; ↑ *rasch sinken* ← *Aktienkurs, Thermometer* drop [2] (*rennen*) run, rush **III.** *vr* ◇ **sich ~ auf** [1] ↑ *angreifen* attack [2] (*beginnen*) ◇ **sich in die Arbeit ~** to throw o.s. into one's work; **Sturzhelm** *m* crash helmet

Stute *f* <-, -n> mare

Stützbalken *m* brace

Stütze *f* <-, -n> [1] support [2] (*FAM Arbeitslosenunterstützung*) dole [3] *FIG* help

stutzen **I.** *vt* → *Bart* trim; → *Sträucher* trim, prune **II.** *vi* (*zögern*) hesitate; (*Verdacht schöpfen*) become suspicious

stützen **I.** *vt* → *Baum, Mauer* shore up; → *Ellbogen* prop up **II.** *vr* ◇ **sich ~** lean (*auf akk* on)

stutzig *adj* ◇ **~ werden** to grow suspicious

Subjekt *s* <-[e]s, -e> [1] (*Wesen*) subject [2] (*PEJ Mensch*) character [3] GRAM subject

subjektiv *adj* ▷*Urteil, Bericht* subjective

Substantiv *s* noun

Substanz *f* substance

subtil *adj* ▷*Frage, Angelegenheit* subtle

Subtraktion *f* subtraction

subventionieren *vt* subsidize

subversiv *adj* ▷*Elemente* subversive

Suche *f* <-, -n> *a.* PC search (*nach* for); **suchen** **I.** *vt* [1] look, search (*nach* for) [2] (*ver-*) try; ◇ **jd-m zu helfen ~** to try to help s.o. **II.** *vi* look/search (*nach* for); **Sucher** *m* <-s, -> searcher; FOTO viewfinder

Sucht *f* <-, Süchte> addiction; **süchtig** *adj* addicted

Südafrika *s* South Africa; **Südamerika** *s* South America

Süden *m* <-s> south; ◇ **im ~ von** in the south of; **Südfrankreich** *s* South of France; **Süditalien** *s* Southern Italy; **südlich** **I.** *adj* southern **II.** *adv* [to the] south (*gen,* of); **Südosten** *m* southeast; **Südpol** *m* South Pole; **Südwesten** *m* southwest

süffisant *adj* ▷*Lächeln* smug

suggerieren *vt* ◇ **jd-m etw** *akk* **~** to suggest s.th. to s.o.

sühnen *vt* expiate, atone for

Sulfat *s* CHEM sulfate

Sultanine *f* (*kernlose Rosine*) sultana

Summe *f* <-, -n> sum, total

summen **I.** *vi* ← *Biene, Fliege* buzz; ← *Klimaanlage* hum **II.** *vt* → *Lied, Melodie* hum

summieren **I.** *vt* add up **II.** *vr* ◇ **sich ~** ↑ *sich häufen, anwachsen* add up

Sumpf *m* <-[e]s, Sümpfe> marsh, swamp; **sumpfig** *adj* marshy, swampy

Sünde *f* <-, -n> sin; **Sündenbock** *m FAM* scapegoat; **Sünder(in** *f*) *m* <-s, -> sinner; **sündhaft** *adj FAM* ↑ *extrem* ◇ **~ teuer** wickedly expensive, sinfully expensive; **sündigen** *vt* sin

Super *s* <-s> ↑ *-benzin* four-star petrol *BRIT*, premium gas *AM*

Superlativ *m a.* SPRACHW superlative

Supermarkt *m* supermarket

Suppe *f* <-, -n> soup; *FIG* ◇ **jd-m die ~ versalzen** to put a spoke in s.o.'s wheel; **Suppenteller** *m* soup bowl

Surfbrett *s* surf board; **surfen** *vi* surf

suspekt *adj* ▷*Person* suspect

suspendieren *vt* (*jd-n des Amtes entheben*) suspend

süß *adj* [1] ▷*Geschmack* sweet; ◇ **süß-sauer** sweet-and-sour [2] ↑ *lieblich* sweet, cute; **Süßigkeiten** *f pl* (*Bonbons, Schokolade*) sweets *pl*, candy *AM*; **Süßstoff** *m* sweetener; **Süßwasser** *s* fresh water

Swatch ® *f* <-, -[e]s> swatch watch

Symbol *s* <-s, -e> symbol; **symbolisch** *adj* ▷*Tat* symbolic

Symmetrie *f* ↑ *Spiegelgleichheit* symmmetry; **symmetrisch** *adj* ▷*Bildaufbau* symmetrical

Sympathie *f* liking; **sympathisch** *adj* likeable; ◇ **Alex ist mir sehr ~** I really like Alex

Symposium *s* symposium

S

Symptom *s* <-s, -e> (*Krankheits-*) symptom

Synagoge *f* <-, -n> synagogue; **synchronisieren** *vt* synchronize; → *Film* dub

Synonym *s* <-s, -e *o.* -a> GRAM synonym

Synthese *f* <-, -n> synthesis

synthetisch *adj* synthetic

Syrer(in *f*) *m* <-s, -> Syrian; **Syrien** *s* <-s> Syria; **syrisch** *adj* Syrian

System *s* <-s, -e> ① *a.* PC system ② ↑ *Methode* system, method

systematisch *adj* ▷*Darstellung, Ordnung* systematic

Szene *f* <-, -n> ① *a.* THEAT scene ② (*FIG Zank, Vorwürfe*) scene; ◊ **jd-m e-e ~ machen** to make a scene in front of s.o. ③ (*FAM Drogen-, Alternativ-*) scene

T

T, t *s* T, t

Tabak *m* <-s> ① (*Pfeifen-*) tobacco ② (*Schnupf-*) snuff; **Tabakladen** *m* tobacco shop

Tabelle *f* (*Preis-*) list; (*Gewichts-*) table; SPORT standings *pl*

Tablett *s* <-[e]s, -s> tray

Tablette *f* tablet

tabu *adj* taboo; ◊ **dieses Thema ist ~** this subject is taboo

Tacho *m* <-s, -s>, **Tachometer** *s* <-s, -> speedometer

tadellos *adj* ▷*Benehmen* irreproachable; ▷*Arbeit* flawless; **tadeln** *vt* scold

Tafel *f* <-, -n> ① (*Platte*) board; (*Schul-*) blackboard ② (*Tabelle*) list ③ (*Schalt-*) panel ④ (*~ Schokolade*) bar

Tag *m* <-[e]s, -e> ① day; ◊ **bei ~** during the day, in the daytime; ◊ **es wird ~** it's getting light; ◊ **guten ~!** hello!, how do you do? ② MIN ◊ **unter ~e arbeiten** to work underground; **tagaus** *adv* ◊ **~, tagein** [*o.* **tagein, ~**] day in, day out; **Tagdienst** *m* day shift; **Tagebuch** *s* diary, journal; **tagelang** *adv* for days [on end]

tagen *vi* ← *Kollegium, Parlament* hold a meeting, confer

Tagesanbruch *m* daybreak, dawn; **Tagesgespräch** *s* topic of the day; **Tageskurs** *m* current rate of exchange; **Tageslicht** *s* daylight; **Tagesmutter** *f* child minder; **Tagesordnung** *f* agenda, programme *BRIT*, program *AM*; **Tagesschau** *f* MEDIA news, current affairs; **Tageszeitung** *f* daily paper

tageweise *adv* on a day-by-day basis

täglich I. *adj* daily **II.** *adv* daily, everyday

tagsüber *adv* during the day

tagtäglich *adj* everyday, daily

Tagung *f* conference

Taifun *m* <-s, -e> typhoon

Taille *f* <-, -n> waist; ◊ **auf ~ gearbeitet** waisted

Takt *m* <-[e]s, -e> ① ↑ *Höflichkeit* tact, discretion ② MUS beat, time ③ (*FIG jd-n verwirren*) ◊ **jd-n aus dem ~ bringen** to put s.o. off their stroke; **Taktgefühl** *s* ↑ *Takt* tact, tactfulness

Taktik *f* tactics *pl;* **taktisch** *adj* tactical

taktlos *adj* tactless; **taktvoll** *adj* tactful

Tal *s* <-[e]s, Täler> valley

Talent *s* <-[e]s, -e> talent; (*Mensch*) talent[ed person]; ◊ **junge ~e fördern** to promote young talent[s]; **talentiert** *adj* talented

Talfahrt *f* ① descent ② (*FIG in der Wirtschaft*) fall

Talisman *m* <-s, -e> good-luck, charm, talisman

Talsohle *f* ① GEO bottom of a valley ② (*FIG in der Wirtschaft*) depression; **Talsperre** *f* dam

Tampon *m* <-s, -s> tampon

Tandem *s* <-s, -s> (*Fahrrad*) tandem

Tangente *f* <-, -n> ① MATH tangent ② (*Straße*) by-pass

tangieren *vt* be tangent to; *FIG* ↑ *beeindrucken* affect; ↑ *betreffen* impinge (*jd-n* on s.o.)

Tank *m* <-s, -s> (*Behälter*) tank; **tanken** *vti* ① AUTO fill up ② (*FAM betrunken sein*) ◊ **getankt haben** to be drunk; **Tanker** *m* <-s, -> tanker; **Tankstelle** *f* petrol station, gas station *AM*; **Tankwart(in** *f*) *m* <-s, -e> petrol attendant, gas station attendant *AM*

Tanne *f* <-, -n> FLORA fir

Tante *f* <-, -n> aunt; *FAM* ↑ *komische Frau* bat

Tanz *m* <-es, Tänze> dance; **tanzen** *vt, vi* dance; ◊ **zum T~ gehen** to go dancing; **Tanzfläche** *f* dancefloor; **Tanzmusik** *f* dance music; **Tanzstunde** *f* ↑ *Tanzunterricht* dancing lesson

Tapete *f* <-, -n> wallpaper; **tapezieren** *vt* wallpaper; **Tapezierer(in** *f*) *m* <-s, -> wallhanger, decorator; *FAM* sticker

tapfer *adj* brave; ↑ *mutig* courageous

tappen *vi FIG* ◊ **im Dunkeln ~** to grope in the dark

Tarantel *f* <-, -n> FAUNA tarantula; *FAM* ◊ **wie von der ~ gestochen** like mad

Tarif *m* <-s, -e> tariff; (*Lohn*) wage scale; (*Post*) postal rates *pl;* **Tarifvertrag** *m* wage agreement

tarnen *vt* camouflage, disguise; **Tarnung** *f* camouflage

Tasche *f* <-, -n> ① (*an Kleidung*) pocket ②

(*Hand-, Einkaufs-*) bag ③ (*FAM von jd-m ausgehalten werden*) ◇ **jd-m auf der - liegen** to live off s.o.; **Taschenbuch** *s* paperback; **Taschengeld** *s* pocket-money; **Taschenlampe** *f* torch, flashlight; **Taschenrechner** *m* pocket calculator; **Taschentuch** *s* handkerchief

Tasse *f* <-, -n> cup; (*FAM verrückt sein*) ◇ **nicht alle -n im Schrank haben** not to be all there, to have a screw loose; *FAM* not to be playing with a full deck *AM*

Tastatur *f* keyboard

Taste *f* <-, -n> key

tasten I. *vi* grope (*nach* for) **II.** *vt* feel, touch **III.** *vr* ◇ **sich -** to feel one's way; **Tastentelefon** *s* push-button telephone; **Tastsinn** *m* sense of touch

tat *impf v.* **tun**

Tat *f* <-, -en> ① ↑ *Handlung, Tun* action, act, deed, fact ② ↑ *Verbrechen* crime; ◇ **jd-n auf frischer - ertappen** to catch s.o. in the act ③ *FIG* ◇ **in der -** indeed; **Tatbestand** *m* state of affairs; JURA evidence, facts of the case; **Tatendrang** *m* energy; **tatenlos** *adj* inactive, idle; ◇ **- zusehen** to watch passively

Täter(in *f*) *m* <-s, -> perpetrator; JURA offender

tätig *adj* ◇ **in e-r Firma - sein** to work for a company; **Tätigkeit** *f* ① ↑ *Beruf* occupation, job; ◇ **e-r geregelten - nachgehen** to have a steady job ② (*Maschine*) operation, function

tatkräftig *adj* ▷*Hilfe, Unterstützung* active

tätlich *adj* ▷*Auseinandersetzung* violent; ◇ **- werden** to become violent

Tatort *m* scene of the crime

tätowieren *vt* tatoo

Tatsache *f* ↑ *Faktum* fact; ↑ *Realität* facts *pl;* ◇ **jd-n vor vollendete -n stellen** to present s.o. with a fait accompli; ◇ **den -n entsprechend** according to the facts; **tatsächlich I.** *adj* actual **II.** *adv* ↑ *in Wirklichkeit* really

Tatze *f* <-, -n> claw

Tau [1] *m* <-[e]s> (*Feuchtigkeit*) dew

Tau [2] *s* <-[e]s, -e> ↑ *dickes Seil* rope, hawser

taub *adj* ① ↑ *gehörlos* deaf ② ▷*Körperglied* numb

Taube *f* <-, -n> pigeon; (*Brief-*) carrier pigeon

Taubheit *f* MED deafness; **taubstumm** *adj* deaf-and-dumb, deaf-mute

tauchen I. *vi* plunge, dive; NAUT submerge **II.** *vt* immerse, dip; **Taucher(in** *f*) *m* <-s, -> diver; **Tauch[er]maske** *f* diving mask

tauen I. *vi* ▷*Schnee* thaw **II.** *vi impers* ◇ **es taut** it's thawing

Taufe *f* <-, -n> baptism; **taufen** *vt* baptize *AM;* **Taufpate** *m* godfather; **Taufpatin** *f* godmother

taugen *vi* ◇ **- für** [*o.* **zu**] to be good for; ◇ **nichts -** to be useless; **Taugenichts** *m* <-, -e> *FAM* bum, good-for-nothing; **tauglich** *adj* suitable; MIL fit

taumeln *vi* ↑ *schwanken* ← *Schiff* wobble; ← *Betrunkener* stagger

Tausch *m* <-[e]s, -e> exchange, swap; **tauschen** *vt* exchange, swap; ◇ **mit jd-m Blicke -** to exchange looks

täuschen I. *vt* cheat, deceive **II.** *vr* ◇ **sich -** be mistaken; **Täuschung** *f* deception; ▷*optisch* illusion

tausend *nr* a (*od.* one) thousand

Tauwetter *s* thaw

Tauziehen *s* <-s> (*Spiel*) tug-of-war; *FIG* tussle

Taxe *f* <-, -n> ↑ *Gebühr* fee, charge; ↑ *Zoll* duty; (*Kur-*) tax

Taxi *s* <-[s], -[s]> taxi, cab

taxieren *vt* ① ↑ *mustern* → *Mensch* assess, gauge ② ↑ *Wert einschätzen* → *Gegenstand* appraise, value

Taxistand *m* taxi rank, cabstand *AM*

Technik *f* ① ↑ *Technologie* [engineering] technology ② ↑ *Methode* technique, technical procedure; **Techniker(in** *f*) *m* <-s, -> [technical] engineer, technician; **technisch** *adj* technical

Technologie *f* technology; **technologisch** *adj* technological

Teddy *m*, **Teddybär** *m* teddy, teddy bear

TEE *m* <-s, -s> *Abk. von* **Trans-Europ[a]-Express** TEE

Tee *m* <-s, -s> tea; **Teekanne** *f* teapot

Teenager *m* <-s, -> teenager

Teer *m* <-[e]s, -e> tar; **teeren** *vt* → *Straße* tar

Teeservice *s* tea-service; **Teesieb** *s* tea-strainer; **Teetasse** *f* teacup

Teflon ® *s* <-s> Teflon, non-stick

Teich *m* <-[e]s, -e> pond, pool

Teig *m* <-[e]s, -e> (*Brot-, Kuchen-*) dough; (*Blätter-*) pastry; **Teigwaren** *pl* pasta *sg*

Teil [1] *m* <-[e]s, -e> ① (*Bruch-*) part; (*An-*) share; (*von Haus*) section; (*Stadt-*) district, area; ◇ **zum -** in part ② (*auch s, Körper-*) part

Teil [2] *s* <-[e]s, -e> (*Bestand-*) component; (*Ersatz-*) spare part

teilbar *adj* divisible; **Teilbetrag** *m* ↑ *Rate* instalment

Teilchen *s* ↑ *kleines Teil* bit; PHYS particle

teilen I. *vti* ① ↑ *trennen* divide ② ↑ *zerlegen* dismantle; ↑ *zerschneiden* cut up ③ ↑ *abgeben* distribute ④ (*gemeinsam bewohnen*) share; ◇ **jd-s Meinung -** to be of the same opinion as s.o. else ⑤ MATH divide (*durch* by) **II.** *vr* ◇ **sich -** ① ← *Personen* divide up; ◇ **sich** *dat* **die Arbeit -** to share the work [2] ← *Weg* fork, branch off; **Teiler** *m* divider; MATH divisor; **Teilhaber(in** *f*) *m* <-s, -> participant; COMM partner, associate; **Teilmenge** *f* proportion; **Teilnahme** *f* <-> [1] (*an Seminar*) participation (*an dat* in) [2] ↑ *Interesse* interest [3] ↑ *Mitgefühl* sympathy; **teilnahmslos** *adj* ↑ *gleichgültig* indifferent; **teilnehmen** *unreg vi* take part (*an dat* in), participate (*an dat* in)

teils *adv* partly, in part; ◇ **größten**- for the most part

Teilung *f* [1] ↑ *Aufteilung* division [2] ↑ *Trennung* separation [3] BIOL segmentation

teilweise *adv* partly, to some extent; **teilzeitbeschäftigt** *adj* employed part-time

Telefax *s* <-es, -e> fax

Telefon *s* <-s, -e> telephone, phone; **Telefonat** *s* ↑ *Telefongespräch* conversation [on the phone]; **Telefonbuch** *s* phone book, telephone directory; **telefonieren** *vi* telephone; (*sprechen*) talk on the phone (*mit* to); **telefonisch** *adj* on the phone; **Telefonkarte** *f* phone card; **Telefonnummer** *f* phone number; **Telefonverbindung** *f* [telephone] connection; **Telefonzelle** *f* phone box; (*offen*) phone booth *AM*

telegrafieren *vti* telegraph; **telegrafisch** *adj* telegraphic

Telegramm *s* <-s, -e> telegram; **Telegrammbote** *m* messenger; **Telekolleg** *s* university of the air, ≈ Open University; **Teleobjektiv** *s* FOTO telephoto lens; **telepathisch** *adj* ▷*Kräfte* telepathic; **Teleskop** *s* <-s, -e> telescope

Telex *s* <-es, -e> telex

Teller *m* <-s, -> plate

Tempel *m* <-s, -> temple

Temperament *s* [1] (*individuelle Eigenschaft*) temperament [2] ↑ *Lebhaftigkeit* vivacity; **temperamentlos** *adj* spiritless; **temperamentvoll** *adj* high-spirited, lively

Temperatur *f* temperature; ◇ **jd-s - messen** to take s.o.'s temperature

Tempo [1] *s* <-s, -s> (*Lauf-, Schnecken-*) pace, rate; ◇ **-, -!** hurry up!

Tempo ® [2] *s s.* **Tempotaschentuch** tissue, Kleenex ® *AM*

Tempolimit *s* <-s, -s> speed limit

temporär *adj* temporary

Tendenz *f* ↑ *Neigung* tendency, trend; **tendieren** *vi* tend (*zu* to)

Tennis *s* <-> tennis; **Tennisplatz** *m* tennis court; **Tennisspieler(in** *f*) *m* tennis player

Tenor *m* <-s, Tenöre> tenor

Teppich *m* <-s, -e> carpet

Termin *m* <-s, -e> [1] ↑ *Zeitpunkt* fixed time, target date, deadline [2] (*Arzt-*) appointment [3] JURA hearing; **Terminkalender** *m* appointment diary

Terminologie *f* terminology

Terpentin *s* <-s, -e> (*-öl*) turpentine

Terrasse *f* <-, -n> terrace; (*Dach-*) roof garden

Territorium *s* territory

Terror *m* <-s> terror; **terrorisieren** *vt* terrorize; **Terrorismus** *m* terrorism; **Terrorist(in** *f*) *m* terrorist

Tesafilm ® *m* <-s> Sellotape ®, Scotch tape ®

Test *m* <-s, -s> test

Testament *s* [1] JURA will, testament [2] REL ◇ **Altes** [*o.* **Neues**] - Old [*o.* New] Testament

Testbild *s* MEDIA testcard; **testen** *vt* test

Tetanus *m* <-> MED tetanus

teuer *adj* [1] ↑ *kostspielig* costly, expensive [2] ↑ *wertvoll* valuable [3] ↑ *geschätzt* precious [4] ◇ **für etw - bezahlen** to pay for s.th. dearly; **Teuerung** *f* (*-srate*) rising prices *pl*

Teufel *m* <-s, -> devil; *FAM* ◇ **pfui -!** how disgusting!; *FAM* ◇ **geh zum -!** go to hell!; *FAM* ◇ **der - ist los** all hell's broken loose; *FAM* ◇ **den - an die Wand malen** to speak of the devil

Text *m* <-[e]s, -e> (*Bibel-*) text; (*Vertrags-*) wording; (*Opern-*) libretto; (*Lied-*) lyries *pl; FIG* ◇ **jd-n aus dem - bringen** to distract s.o.

textil *adj* textile; **Textilien** *pl* textiles *pl;* **Textilindustrie** *f* textile industry

Textsystem *s* PC text system; **Textverarbeitung** *f* word processing

Thailand *s* Thailand

Theater *s* <-s, -> [1] (*Gebäude*) theatre, theater *AM* [2] (*Vorstellung*) show, presentation [3] (*Publikum*) audience [4] *FAM* song and dance, fuss; ◇ **- machen** to kick up a fuss; **Theaterkasse** *f* box-office; **theatralisch** *adj* theatrical

Theke *f* <-, -n> (*Laden-*) counter; (*Bierlokal*) bar

Thema *s* <-s, Themen> theme, topic; ◇ **kein - sein** to be nothing to worry about

Theologie *f* theology; **theologisch** *adj* theological

Theoretiker(in *f*) *m* <-s, -> theorist; **theoretisch** *adj* theoretical; **Theorie** *f* theory

Therapeut(in *f*) *m* <-en, -en> (*Psycho-*) therapist; **Therapie** *f* therapy

Thermalbad *s* thermal bath; (*Badeort*) thermal spa

Thermodrucker *m* thermal printer

Thermometer *s* <-s, -> thermometer

Thermosflasche ® *f* Thermos [flask] [bottle]

Thermostat *m* <-[e]s *o.* -en, -en> ↑ *Wärmeregler* thermostat

These *f* <-, -n> thesis

Thron *m* <-[e]s, -e> throne; **Thronfolge** *f* succession [to the throne]

Thunfisch *m* tuna, tunny

Thymian *m* <-s, -e> thyme

Tick *m* <-[e]s, -s> [1] tic [2] ↑ *Spleen* fad; ◇ **er hat e-n ~** he's crazy

ticken *vi* ← *Uhr* tick; ← *Fernschreiber* click; *FAM* ◇ **bei dir tickt's nicht richtig!** you're not right in the head!

tief *adj* [1] *auch FIG* deep; ▷*Farbe* dark [2] ▷*Wissen* ▷*Freude* profound [3] (*Not*) extreme, desperate [4] ▷*Temperaturen* low [5] ▷*Stille* ▷*Schweigen* dead [6] ◇ **aus ~stem Herzen** from the bottom of my heart; ◇ **das läßt ~ blicken** that's very significant; **Tief** *s* <-s, -s> METEO depression; **Tiefe** *f* <-, -n> depth; *FIG* profoundness; **Tiefebene** *f* low-lying area, lowland; **Tiefenschärfe** *f* FOTO depth of focus; **Tiefgang** *m* <-s> draught; *FIG* depth; **Tiefgarage** *f* underground carpark; **tiefgefroren**, **tiefgekühlt** *adj* deepfrozen; **tiefgreifend** *adj* ▷*Änderungen* thorough, radical; **Tiefkühltruhe** *f* freezer; **Tiefpunkt** *m* low point; *FIG* low ebb; **Tiefschlag** *m* (*auch FIG bei Boxen*) punch below the belt; **Tiefsee** *f* deep sea; **Tiefstand** *m* low; (*e-r Karriere*) nadir; **tiefstapeln** *vi FAM* ↑ *untertreiben* be overmodest, understate

Tier *s* <-[e]s, -e> animal; **Tierarzt** *m*, **Tierärztin** *f* veterinary surgeon, vet; **Tiergarten** *m* zoo; **Tierkreis** *m* ASTROL zodiac; **Tierkreiszeichen** *s* sign of the zodiac; **tierliebend** *adj* animal-loving; **Tierpark** *m* zoo; **Tierquälerei** *f* cruelty to animals; **Tierschutzverein** *m* Society for the Prevention of Cruelty to Animals; **Tierversuch** *m* animal experiment

Tiger(in *f*) *m* <-s, -> tiger

tilgen *vt* [1] → *Schuld* pay off, discharge [2] → *Spur* erase, obliterate; **Tilgung** *f* [1] (*von Schulden*) repayment, discharge [2] (*im Handelsregister*) striking-out, cancellation

Tinktur *f* tincture

Tinte *f* <-, -n> ink; (*FAM in Schwierigkeiten sein*) ◇ **in der ~ sitzen** to be in a tight spot; **Tintenfisch** *m* octopus; **Tintenpatrone** *f* ink cartridge

Tip *m* <-s, -s> [1] ↑ *Hinweis* tip [2] ↑ *Wette* bet

tippen *vti* [1] → *Text* type [2] ↑ *berühren* touch lightly, tap; [3] ↑ *wetten* ◇ **auf etw ~** *akk* bet [on] s.th.; **Tippfehler** *m* typographical error; **Tippzettel** *m* (*bei Fußballtoto*) football [*o.* pools] coupon; ↑ *Wettschein* betting slip

Tiroler(in *f*) *m* <-s, -> Tyrolese, Tyrolean

Tisch *m* <-[e]s, -e> [1] (*Eß-*) [dining] table [2] (*Mahlzeit*) supper, dinner; ◇ **bei** [*o.* **zu**] **~** to be at the table, to be having a meal; ◇ **nach ~** after eating [3] (*Schreib-*) [writing] table, desk [4] *FIG* ◇ **reinen ~ machen** to clear the decks; *FIG* ◇ **jd-n über den ~ ziehen** to con s.o.; *FIG* ◇ **etw unter den ~ fallen lassen** to [purposely] not mention s.th.; *FAM* ◇ **vom ~ sein** to be over and done with; **Tischfußball** *m* table football

Tischler(in *f*) *m* <-s, -> (*bes. ÖST*) joiner *BRIT*, carpenter; **Tischlerei** *f* (*bes. ÖST*) joinery *BRIT*, carpentry

Tischnachbar(in *f*) *m* neighbour at the table; **Tischrede** *f* after-dinner speech; **Tischtennis** *s* table tennis; **Tischtuch** *s* tablecloth

Titan *m* <-s, -en> [1] (*Mythologie*) Titan [2] (*FIG mächtiger Mensch*) titan

Titel *m* <-s, -> [1] (*Buch-, Film-*) title [2] (*Adels-, Doktor-*) title; **Titelanwärter(in** *f*) *m* SPORT challenger, aspirant to the title; **Titelbild** *s* title-page; **Titelrolle** *f* title role

Toast *m* <-[e]s, -s *o.* -e> [1] (*Brot*) toast [2] (*Trinkspruch*) toast; **Toaster** *m* <-s, -> toaster

toben *vi* [1] ← *Kinder* romp [2] ← *Sturm, Meer* rage [3] ◇ **vor Wut ~** to be fuming with rage; **tobsüchtig** *adj* raving mad; **Tobsuchtsanfall** *m* frenzied fit

Tochter *f* <-, Töchter> daughter

Tod *m* <-[e]s, -e> death; ◇ **e-s gewaltsamen ~es sterben** to die a violent death; ◇ **jd-n zum ~e verurteilen** to sentence s.o. to death; *FAM* ◇ **jd-n/etw auf den ~ nicht leiden können** to hate s.o./s.th. like poison; **todernst** *adj* ▷*Miene* very serious; **Todesangst** *f* fear of death; *FIG* mortal terror; **Todesanzeige** *f* announcement of death, obituary notice; **Todeskampf** *m* death throes *pl;* **Todesstrafe** *f* capital punishment; **Todesursache** *f* cause of death; **Todesverachtung** *f* contempt of death; *FAM* ◇ **etw mit ~ tun** to do s.th. disgustedly; **todkrank** *adj* dangerously ill, critically ill

tödlich *adj* deadly, lethal; *FIG* ◇ **mit ~er Sicherheit** with dead certainty

todmüde *adj FAM* dead tired; **todschick** *adj FAM* ▷*Kleid, Mantel* super-smart; **todsicher** *adj FAM* dead certain

Toilette *f* ↑ *WC* toilet, lavatory, W.C., bathroom, restroom *AM*; **Toilettenpapier** *s* toilet paper

toi, toi, toi *intj* good luck

tolerant *adj* tolerant (*gegenüber* of, with, toward [s]); **Toleranz** *f* <-> tolerance

toll *adj* [1] *FAM* ↑ *wunderbar* fantastic, terrific [2] *FAM* ↑ *schlimm* heavy; ◇ **es kommt noch ~er** the worst is yet to come; *FAM* it's going to get a lot heavier [3] ↑ *wahnsinnig, wild* mad, crazy; **tollkühn** *adj* foolhardy; **Tollwut** *f* rabies *sg*

Tolpatsch *m* <-[e]s, -e> ↑ *ungeschickter Mensch* oaf

T

Tomate *f* <-, -n> tomato; **Tomatenmark** *s* tomato purée

Ton[1] *m* <-s, -e> (*Erde*) clay; (*-waren*) earthenware

Ton[2] *m* <-[e]s, Töne> [1] ↑ *Laut* sound; (*Melodie*) tune; (*Zeitsignal*) pip [2] (*Umgangs-*) address, style; ◇ **sich im - vergreifen** to use s.th. wrongly [3] (*Betonung, Akzent*) emphasis, stress [4] (MUS *Halb-, Viertel-*) tone; ◇ **den - angeben** to give the key-note; *FIG* to set the tone [5] (*Klangfarbe*) timbre [6] (*Farb-*) shade; **tonangebend** *adj* leading; **Tonart** *f* MUS key; **Tonband** *s* tape

tönen I. *vi* [1] sound; ← *Glocke* ring; ← *Stimme* resound [2] *FAM* ↑ *prahlen* boast, sound off **II.** *vt* → *Haare* tint, tone

Tonfall *m* <-> intonation

Tonic *s* <-s, -s> tonic water

Toningenieur(in *f*) *m* sound engineer; **Tonleiter** *f* MUS scale

Tonne *f* <-, -n> [1] ↑ *Faß* barrel; (*offen*) tub [2] (*Gewichtseinheit*) ton

Tonschnitt *m* sound editing; **Tonspur** *f* sound track; **Tonstärke** *f* volume

Tontaube *f* SPORT clay pigeon; **Tonwaren** *pl* pottery, earthenware

Tönung *f* (*Farb-*) shade, tint

Topangebot *s* <-s, -s> best offer

Topf *m* <-[e]s, Töpfe> (*Koch-*) pot, saucepan; (*Blumen-*) vase; (*Nacht-*) chamber pot; *FAM* potty; *FIG* ◇ **alle[s] in e-n - werfen** to lump everything together

Töpfer(in *f*) *m* <-s, -> potter; **töpfern I.** *adj* → *Gefäß, Vase* earthen, made of clay **II.** *vi* make pottery

topfit *adj* very fit

Topographie *f* topography; **topographisch** *adj* topographical

topp *intj* it's a deal!, agreed!

Tor[1] *s* <-[e]s, -e> [1] (*Eingang*) entrance, door; (*Garten-*) gate [2] (SPORT *beim Slalom*) gate; (*Fußball-*) goal

Tor[2] *m* ↑ *Narr* simpleton, fool

Torbogen *m* archway, arch

Torero *m* <-s, -s> torero

Torheit *f* folly

Torhüter *m* <-s, -> SPORT ↑ *Tormann, Torwart* goalkeeper, goalie

torkeln *vi* ← *Betrunkener* stagger, sway

Tormann *m* <-s, Tormänner> SPORT ↑ *Torhüter* goalkeeper, goalie

Torpedo *m* <-s, -s> torpedo

Torschlußpanik *f FIG* last-minute panic; (*von Unverheirateten*) fear of remaining unmarried

Torschütze *m* scorer

Torte *f* <-, -n> [1] pie; (*Obst-*) flan [2] (*Sahne-*) gateau; **Tortenboden** *m* pastry base

Tortur *f* [1] ↑ *Folter* torture [2] *FIG* ↑ *Qual* torture, ordeal

Torwart *m* <-s, -e> SPORT ↑ *Torhüter, Tormann* goalkeeper; *FAM* goalie

tot *adj auch FIG* dead; ▷*Gleis* disused; ▷*Kapital, Punkt* lowest; ◇ **das Tote Meer** the Dead Sea

total I. *adj* ▷*Niederlage* utter, total **II.** *adv FAM* ↑ *völlig* totally, utterly

totalitär *adj* totalitarian

Totalschaden *m* AUTO write-off, total loss

Tote(r) *fm* dead person

töten *vti* kill; **totenblaß** *adj* white as a sheet; **Totengräber** *m* gravedigger; **Totenkopf** *m* death's head; (*als Warnzeichen*) skull and crossbones *sg;* **Totenschein** *m* death certificate; **Totenstarre** *f* ↑ *Leichenstarre* rigor mortis; **Totenstille** *f* silence of the grave, total quiet; **totlachen** *vr* ◇ **sich -** *FAM* die laughing

Toto *m o. s* <-s, -s> [football] pools *pl*

totsagen *vt* ◇ **jd-n -** to spread the rumour that s.o. is dead; **Totschlag** *m* JURA manslaughter, homicide; **totschlagen** *unreg vt* kill, slay; *FIG* ◇ **die Zeit -** to kill time; **totschweigen** *unreg vt FIG* pass over in silence, **totstellen** *vr* ◇ **sich -** pretend to be dead; *FAM* play possum

Toupet *s* <-s, -s> toupee

Tour *f* <-, -en> [1] ↑ *Ausflug, Reise* trip, excursion [2] (*Umdrehung*) revolution; *FIG* ◇ **auf -en kommen** to get going; *FAM* ◇ **in e-r -** in a stretch [3] (*Verhaltensart, Trick*) trick, dodge; ◇ **diese - kenne ich** I know that routine; *FAM* ◇ **etw auf die krumme - versuchen** to try some funny business, to go about s.th. in a bent way; **Tourenzähler** *m* <-s, -> tachometer, rev counter

Tourismus *m* tourism; **Tourist(in** *f*) *m* tourist; **Touristenklasse** *f* tourist class

Tournee *f* <-, -n> THEAT tour; ◇ **auf - gehen** go on tour

toxisch *adj* ▷*Substanz* toxic

Trab *m* <-[e]s> [1] (*von Pferd*) trot [2] *FAM* ◇ **ständig auf - sein** to be always on the go; *FAM* ◇ **jd-n auf - bringen** to give s.o. a prod

traben *vi* trot

Tracht *f* <-, -en> [1] (*Schwestern-*) uniform; (*Volks-*) traditional costume [2] *FAM* ◇ **e-e - Prügel** a sound thrashing

trachten *vi* ↑ *begehren, erstreben* aspire (*nach dat* to); ◇ **danach -, etw zu tun** to endeavour to do s.th.; ◇ **jd-m nach dem Leben -** to make an attempt on s.o.'s life

Tradition *f* tradition; **traditionell** *adj* traditional

traf *impf v.* **treffen**

tragbar *adj* [1] ▷*Gerät* portable [2] *FIG* ▷*Zustand* bearable

träge *adj* [1] ▷*Mensch* lazy [2] ▷*Bewegung* sluggish [3] PHYS inert

tragen <trug, getragen> **I.** *vt* [1] ↑ *transportieren* carry, convey; ↑ *halten* hold; ↑ *stützen* support [2] → *Brille, Kleider* wear; *FIG* → *Schicksal* suffer; *FIG* → *Folgen, Verantwortung* bear **II.** *vi* [1] ← *Eis* hold; ← *Meereswasser* be buoyant [2] ← *Baum, Strauch* bear **III.** *vr* ◇ **sich tragen** [1] ← *Theater, Unternehmen* be self-supporting [2] ▷*angenehm, leicht* be [pleasant] to wear [3] *FIG* ◇ **sich mit der Absicht -, etw zu tun** to contemplate doing s.th.

Träger *m* <-s, -> [1] (*Gepäck-*) porter; (*für Expedition*) carrier [2] (*Ordens-*) holder, bearer [3] (*Hosen-*) braces *pl*, suspenders *pl AM*; (*von BH*) shoulder-strap [4] TECH support; (*Balken*) beam; (*Pfeiler*) pillar; (*Eisen-*) girder [5] (*von Fürsorge*) responsible institution, carrier

tragfähig *adj* [1] ▷*Brücke* load-bearing [2] *FIG* ▷*Lösung* sound

Tragfläche *f* AERO wing

Trägheit *f* [1] (*von Mensch*) torpor, lethargy [2] (*von Bewegung*) slowness, sluggishness [3] PHYS inertia

Tragik *f* tragedy; **tragisch I.** *adj* ▷*Unfall* tragic **II.** *adv FAM* ◇ **etw nicht so - nehmen** not to take s.th. so badly

Tragödie *f* tragedy

Tragweite *f* [1] (*Gewehr, Stimme*) range [2] *FIG* (*Aussage*) implications *pl*, consequences *pl*

Trainer(in *f*) *m* <-s, -> trainer, coach; **trainieren I.** *vt* train **II.** *vi* train; ↑ *üben* practise (*auf akk* for)

Trakt *m* <-[e]s, -e> (*Gebäude-*) wing

Traktor *m* tractor

trampen *vi* hitch-hike

Trampolin *s* <-s, -s> trampoline

Tran *m* <-[e]s, -e> ↑ *Fischöl* train oil; *FAM* ◇ **im - sein** to be out of it

Trance *f* <-, -n> trance

Tranchiermesser *s* carving knife

Träne *f* <-, -n> tear; **tränen** *vi* ← *Auge* water; **Tränendrüse** *f* tear duct; *FIG* ◇ **auf die - drükken** to turn on the waterworks

trank *impf v.* **trinken**

Transaktion *f* COMM transaction

Transformator *m* transformer

Trans-Europa-Express *m* Trans-European Express; *s. a.* TEE

transformieren *vt* transform

Transfusion *f* (*Blut-*) transfusion

transitiv *adj* transitive

Transparent *s* <-[e]s, -e> (*auf Demo*) banner

transpirieren *vi* perspire

Transplantation *f* (*Herz-*) transplant; (*Haut-*) graft

Transport *m* <-[e]s, -e> transport; **Transportflugzeug** *s* cargo plane; **transportieren** *vt* transport, ship; **Transportmittel** *s* means *pl* of transport; **Transportunternehmen** *s* transport company

Trapez *s* <-es, -e> [1] SPORT trapeze [2] MATH trapezium, trapezoid

tratschen *vi FAM* ↑ *klatschen* gossip

Traube *f* <-, -n> [1] (*die einzelne*) grape [2] ↑ *Büschel* bunch [3] (*von Menschen*) cluster; **Traubenzucker** *m* glucose

trauen I. *vi* ↑ *vertrauen* have confidence (*dat* in); ◇ **jd-m/e-r Sache** - to trust [in] s.o./s.th. **II.** *vt* ← *Pfarrer, Standesbeamte* marry **III.** *vr* ◇ **sich -** [1] ↑ *sich wagen* dare, venture [2] (*heiraten*) ◇ **sich - lassen** to get married

Trauer *f* <-> sorrow, grief; (*um Verstorbenen*) mourning; **trauern** *vi* mourn (*um* for); **Trauerspiel** *s* tragedy

traulich *adj* ▷*Beisammensein* cosy; ▷*Atmosphäre* intimate

Traum *m* <-[e]s, Träume> dream; ◇ **das fällt mir nicht im - ein** I wouldn't dream of it

Trauma *s* <-s, Traumen *o.* -ta> PSYCH trauma

träumen *vti* dream; ◇ **von jd-m/etw** - to dream of s.o./s.th.; **Träumerei** *f* dreaming; *FIG* daydream; **träumerisch** *adj* ▷*Blick* wistful; ▷*Mensch* dreamy

traumhaft *adj* dreamlike; *FIG* wonderful

traurig *adj* sad

Trauring *m* wedding ring; **Trauschein** *m* marriage certificate; **Trauung** *f* wedding ceremony

Travellerscheck *m* ↑ *Reisescheck* traveller's cheque

Treff *m* [1] (*bei Kartenspiel*) clubs *sg/pl* [2] *FAM* meeting place; **treffen** <traf, getroffen> **I.** *vi* hit; (*im Boxkampf*) land a punch; (*bei Ballsportarten*) score **II.** *vt* [1] ↑ *begegnen* meet [2] ↑ *verletzen* hurt; ◇ **jd-n schwer** - to be a hard blow to s.o. [3] (*FIG erfassen*) capture, express; ◇ **den richtigen Ton** - to adopt the right tone [4] → *Abkommen* come to; → *Entscheidung* make; → *Verabredung* make, fix **III.** *vr* ◇ **sich -** [1] ← *Menschen* meet; (*mit mehreren*) assemble (*mit jd-m* s.o.) [2] (*sich ereignen*) happen; ◇ **das trifft sich gut** that's handy; **Treffen** *s* <-s, -> meeting; **treffend** *adj* ▷*Bemerkung* appropriate; ▷*Bild* well-captured; **Treffer** *m* <-s, -> [1] *auch FIG* hit; SPORT goal [2] (*Los*) winning number, prize [3] *FAM* ◇ **e-n großen - erzielen** [*o.* **landen**] to hit the big-time; **Treffpunkt** *m* rendezvous, meeting place; **treffsicher** *adj* accurate; *FIG* ▷*Ausdrucksweise* precise

treiben <trieb, getrieben> **I.** *vt* [1] ↑ *bewegen* drive [2] (*FIG drängen*) hurry, press; ◇ **jd-n zum Selbstmord** ~ to drive s.o. to suicide [3] → *Studien* pursue; → *Sport* play, do; → *Handel* conduct; ◇ **Spott mit jd-m** ~ to make fun of s.o. **II.** *vi* [1] ← *Pflanzen* sprout, shoot [2] ← *Schiff* drift [3] ← *Hefe, Backpulver* rise, ferment [4] MED be diuretic [5] ◇ **es wild** [*o.* **bunt**] ~ to carry on like crazy [6] *FAM!* have sex; **Treibgas** *s* propellant gas; **Treibhaus** *s* hothouse; **Treibhauseffekt** *m* glasshouse effect; **Treibjagd** *f* [1] (*bei Jägern*) battue, drive [2] (*bei Polizei*) round-up; **Treibstoff** *m* fuel

Trend *m* trend, tendency; ◇ **im ~ der Zeit** following the sign of the times

trennbar *adj* separable; **trennen I.** *vt* [1] → *Wort* divide [2] → *Streitende* separate [3] → *Verbindung* disconnect, break; TELEC interrupt [4] ↑ *abgrenzen* divide off (*von* from) **II.** *vr* ◇ **sich** ~ [1] ↑ *auseinandergehen* part; ← *Ehepaar* get a divorce; ◇ **sich von jd-m/etw** ~ to part with [*o.* from] s.o./s.th. [2] ← *Wege, Ideen* diverge; **Trennung** *f* separation; (*Absonderung*) isolation

Treppe *f* <-, -n> stairs *pl*, staircase; (*draußen*) steps *pl;* ◇ **e-e ~ höher** one flight up; **Treppengeländer** *s* banister; **Treppenhaus** *s* staircase, stairwell

Tresor *m* <-s, -e> safe

Tretauto *s* pedal car

treten <trat, getreten> **I.** *vt* [1] (*mit Fuß*) kick [2] ◇ **jd-m auf den Fuß** ~ to tread on s.o.'s foot [3] (*nieder~*) trample **II.** *vi* [1] (*mit Fußtritt*) kick [2] (*sich bewegen*) step, move; ◇ **jd-m in den Weg** ~ to get in s.o.'s way [3] (*betreten*) enter, step in[to] (*in akk* to); ◇ ~ **Sie näher!** come closer! [4] ◇ **in Erscheinung** ~ to appear [5] ◇ **mit jd-m in Verbindung** ~ to get in touch with s.o., to commence relations with s.o.

treu *adj* [1] ▷*Freund* loyal, constant; ↑ *ergeben* devoted; ▷*Hund* faithful [2] ◇ **jd-m/etw ~ sein** *dat* to be true to s.o./s.th. [3] ◇ **zu ~en Händen** in trust; **Treue** *f* <-> loyalty, faithfulness; ◇ **jd-m die ~ halten** to stay loyal to s.o.; **treuherzig** *adj* ▷*Blick* trusting, candid; **treulos** *adj* faithless

Tribüne *f* <-, -n> (*Redner~*) platform, podium; (*im Stadion*) stands *pl bes. AM*

Trichter *m* <-s, -> [1] (*Einfüll~*) funnel [2] (*Bomben~*) crater

Trick *m* <-s, -s> trick, dodge; **Trickfilm** *m* (*Zeichen~*) cartoon

trieb *impf v.* **treiben**

Trieb *m* <-[e]s, -e> [1] (*Kraft*) force, drive [2] (*Neigung*) compulsion, urge [3] (*an Baum*) shoot; **Triebkraft** *f FIG* motivation, drive; **Triebhaftigkeit** *f* impulsiveness; **Triebtäter** *m* sex offender

triefen *vi* drip (*von, vor* with); ← *Auge* run; ◇ **vor Nässe** ~ to be dripping wet

triftig *adj* ▷*Grund* convincing, sound

Trikot *s* <-s, -s> [1] (*bei Fußball*) shirt; *FIG* uniform [2] (*Stoffart*) tricot

trillern *vti* trill; ← *Vögel* warble, twitter

Trimm-dich-Pfad *m* keep-fit circuit, fitness trail

trimmen I. *vt* (*FIG erziehen*) → *Schüler, Hund* train **II.** *vr* ◇ **sich** ~ (*durch Sport*) get in shape

trinkbar *adj* drinkable, potable; **trinken** <trank, getrunken> **I.** *vt* drink **II.** *vi* drink; (*gewohnheitsmäßig*) be a drinker; **Trinker(in** *f*) *m* <-s, -> drinker; *FAM* boozer; **Trinkgeld** *s* tip; **Trinkspruch** *m* toast; ◇ **e-n ~ auf jd-n ausbringen** to toast s.o.; **Trinkwasser** *s* drinking water

Trio *s* <-s, -s> trio

Trip *m* <-s, -s> *FAM* trip

trist *adj* ▷*Gegend, Wetter* dreary, depressing

Tritt *m* <-[e]s, -e> [1] ↑ *Schritt* step; (*bei Stapfen*) tread [2] (*Fuß~*) kick [3] ↑ *Stufe* step; **Trittbrett** *s* BAHN AUTO step, running-board

Triumph *m* <-[e]s, -e> triumph; **triumphal** *adj* ▷*Erfolg* triumphant; **triumphieren** *vi* triumph (*über akk* over)

trivial *adj* ▷*Geschichte* trivial, trite; ↑ *alltäglich* ordinary

trocken *adj* [1] *auch FIG* dry; ▷*Husten* hacking [2] (*dürr*) arid [3] ↑ *langweilig* dull; **Trockeneis** *s* dry ice; **Trockenfrucht** *f* dried fruit; **Trokkengemüse** *s* dried vegetables *pl;* **Trockenheit** *f* dryness; (*von Wüste*) aridity; **trockenlegen** *vt* [1] → *Sumpf, Gewässer* drain [2] → *Kind* change nappies

trocknen I. *vt* → *Tabak* dry **II.** *vi* ← *Haare* dry

Trödel *m* <-s> second-hand goods *pl; FAM* junk

trödeln *vi FAM* dawdle

Trödler(in *f*) *m* [1] (*an Markt*) second-hand dealer [2] *FAM* dawdler

troff *impf v.* **triefen**

trog *impf v.* **trügen**

Trog *m* <-[e]s, Tröge> (*Futter~*) trough

Trommel *f* <-, -n> drum; **Trommelfell** *s* ANAT eardrum; **trommeln** *vt, vi* drum

Trompete *f* <-, -n> trumpet; **trompeten** *vi* [1] MUS play [*o.* blow] the trumpet [2] ← *Elefant* trumpet; **Trompeter(in** *f*) *m* <-s, -> trumpeter

Tropen *pl* tropics *pl;* **Tropenklima** *s* tropical climate

Tropf *m* <-[e]s, Tröpfe> [1] MED drip [2] *FAM* ◇ **armer** ~ poor wretch

tröpfeln *vi* [1] ↑ *Wasserhahn* drip [2] ↑ *Flüssigkeit* trickle, drip

tropfen *vi* ← *Wasserhahn* drip; **Tropfen** *m* <-s, -> [1] (*Regen-*) drop; (*Schweiß-*) bead [2] (*Husten-, Magen-*) drops *pl* [3] (*FIG wirkungslos*) ◇ **ein - auf den heißen Stein** a drop in the ocean

tropfnaß *adj* ▷*Kleidung, Haar* dripping [*o.* sopping] wet

Trophäe *f* <-, -n> (*Jagd-*) trophy

tropisch *adj* ▷*Klima* tropical

Trost *m* <-es> consolation, comfort

trösten *vt* comfort, console; **tröstlich** *adj* comforting

trostlos *adj* ▷*Wetter, Umgebung* bleak; ▷*Verhältnisse* wretched

Trott *m* <-[e]s, -e> [1] (*Gangart bei Pferd*) trot [2] *FAM* routine, daily grind

Trottel *m* <-s, -> *FAM* fool; (*FAM Dorf-*) village idiot

trotten *vi* (*zu Fuß*) trudge

trotz *präp gen o dat* in spite of, despite; ◇ **- allem** in spite of everything

Trotz *m* <-es> obstinacy, stubbornness; ◇ **jd-m zum -** to spite s.o.

trotzdem **I.** *adv* nevertheless, still **II.** *cj* although, though

trotzig *adj* ↑*beleidigt* sulky; (*trotzbietend*) ▷*Kind* defiant; *FIG* stubborn person

Trotzkopf *m* sulky child; **Trotzreaktion** *f* act of defiance

trüb *adj* [1] ▷*Licht* dim [2] ▷*Flüssigkeit* cloudy, turbid [3] ▷*Wetter* murky, dreary [4] *FIG* ▷*Zukunft* gloomy

Trubel *m* <-s> fuss, hubbub

trüben **I.** *vt* [1] → *Wasser* cloud; → *Glas* dim [2] *FIG* ↑*dämpfen* → *Stimmung, Freude* spoil, mar **II.** *vr* ◇ **sich -** [1] ← *Wasser* become cloudy [2] ← *Himmel* become overcast [3] *FIG* ← *Beziehungen* become strained; **Trübsal** *f* <-> *FAM* ◇ **- blasen** to have the blues, to be depressed; **trübsinnig** *adj* gloomy, depressed

trügen <trog, getrogen> *vi* be deceptive; **trügerisch** *adj* ▷*Hoffnung* illusory

Trugschluß *m* fallacy, false conclusion

Truhe *f* <-, -n> (*Wäsche-*) chest

Trümmer *pl* debris, ruins *pl*

Trumpf *m* <-[e]s, Trümpfe> trump[card]; *FIG* ◇ **seinen - ausspielen** to play one's trumpcard

Trunkenheit *f* drunkenness, intoxication; ◇ **- am Steuer** drunken driving, DUI *AM*

Truppe *f* <-, -n> [1] (MIL *Einheit*) squad, detachment, troops *pl* [2] THEAT company, troupe

Truthahn *m* turkey; **Truthenne** *f* turkey[-hen]

Tscheche *m* <-n, -n> Czech; **Tschechin** *f* Czech; **tschechisch** *adj* Czech; **Tschechei** *f* <-> ◇ **die -** the Czech Republic

Tube *f* <-, -n> (*Zahnpasta-*) tube

Tuberkulose *f* <-, -n> tuberculosis

Tuch *s* <-[e]s, Tücher> [1] (*Stoff*) cloth; (*Gewebe*) fabric [2] (*Bett-, Lein-*) sheet; (*Kopf-*) scarf; (*Hand-*) towel

tüchtig *adj* [1] ↑*fähig* capable [2] ↑*fleißig* industrious

Tücke *f* <-, -n> [1] ↑*Arglist* malice, spite [2] (*Schwierigkeit*) difficulty, problem; ◇ **die - des Objekts** the recalcitrance of the inanimate; the trickiness of the object

tückisch *adj* [1] ▷*Gerät* tricky [2] ▷*Person* treacherous

tüfteln *vi* puzzle (*an dat* over)

tugendhaft *adj* virtuous

Tulpe *f* <-, -n> tulip

Tumor *m* MED tumor

Tumult *m* <-[e]s, -e> tumult, uproar

tun <tat, getan> **I.** *vt* [1] ↑*handeln, helfen* do; ◇ **jd-m e-n Gefallen -** to do s.o. a favour; ◇ **mit jd-m/etw** [*o.* **nichts**] **zu - haben** to have something [*o.* nothing] to do with s.o./s.th. [2] ↑*erledigen, verrichten* perform, execute, do; ↑*arbeiten* work; ◇ **noch zu - haben** to be still busy; *FAM* ◇ **das Auto tut es wieder** the car is okay again; ◇ **nichts -** to lay about [3] (*FAM stellen, setzen, legen*) put; (*bringen*) bring, take; ◇ **jd-n ins Heim -** to commit s.o. to a[n institutional] home [4] ◇ **es mit jd-m zu - bekommen** to get into trouble with s.o., to have to deal with s.o. **II.** *vi* act; ◇ **so -, als ob ...** to behave [*o.* make] as if ... **III.** *vr* ◇ **sich -** [1] (*sich ereignen*) happen; ◇ **es tut sich etw** something's happening [2] ◇ **er hat sich weh getan** he's hurt himself [3] ◇ **sich mit etw schwer/leicht -** to have a hard/easy time doing s.th.

Tunesien *s* <-s> Tunisia; **Tunesier(in** *f*) *m* <-s, -> Tunisian; **tunesisch** *adj* Tunisian

Tunke *f* sauce

tunlichst *adv* if at all possible; ◇ **- bald** as soon as possible

Tunnel *m* <-s, - *o.* -s> tunnel

Tupfen *m* <-s, -> dot, spot

Tür *f* <-, -en> door; (*FIG ohne Einleitung anfangen*) ◇ **mit der - ins Haus fallen** to blurt out s.th.

Turban *m* <-s, -e> turban

Turbine *f* turbine

Turbomotor *m* turbo engine

turbulent *adj* turbulent

Türgriff *m* door-handle

Türke *m* <-n, -n> Turk; **Türkei** *f* <-> ◇ **die -** Turkey; **Türkin** *f* Turk

türkis <inv> *adj* turquoise; **Türkis** *m* <-es, -e> turquoise

T

türkisch *adj* Turkish
Turm *m* <-[e]s, Türme> ① tower; (*Kirch-*) steeple ② (*Sprung-*) diving platform ③ (*Schachfigur*) rook
türmen I. *vr* ◇ **sich** - ① ← *Wellen* rise up ② ← *Bücher* pile up **II.** *vi FAM* ↑ *weglaufen* run away
Turmuhr *f* church clock
turnen *vi* do gymnastics; **Turnen** *s* <-s> gymnastics *sg;* SCH physical education, gym; **Turnhalle** *f* gym[nasium]
Turnier *s* <-s, -e> tournament; **Turnschuh** *m* gym shoe, plimsoll *BRIT*, sneaker *AM*
Türöffner *m* ELECTR buzzer; **Türschloß** *s* door lock
Tusche *f* <-, -n> ① (*Tinte*) Indian ink ② (*Wimpern-*) mascara
tuscheln *vt, vi* whisper
Tüte *f* <-, -n> ① (Trag-) bag; ◇ **das kommt gar nicht in die -!** no way! ② (*Eiswaffel*) cone
TÜV *m* <-> *Akr. v.* TECH **Technischer Überwachungsverein;** *German technical standards' inspectorate [test],* MOT *BRIT*; **TÜV-Plakette** *f* German MOT badge
Typ *m* <-s, -en> ① ↑ *Gattung, Art* type, sort; ↑ *Modell* (*Auto-*) model ② *FAM* ↑ *Kerl* guy
Type *f* <-, -n> PRINT type [for printing], printing-letter
Typhus *m* <-> typhoid
typisch *adj* ◇ - **für jd-n** typical of s.o.
Tyrann(in *f*) *m* <-en, -en> tyrant; **tyrannisieren** *vt* tyrannize [over]

U

U, u *s* U, u
u.a. *Abk. v.* ① **unter anderem** among other things ② **und andere**(s) and others
U-Bahn *f* underground, tube *BRIT*, subway *AM*; **U-Bahnstation** *f* underground station
übel *adj* ① ↑ *schlecht* ▷*Zustand* bad ② ↑ *unwohl* bad, sick ③ ↑ *ekelhaft* ▷*Geruch* unpleasant, foul; **übelgelaunt** *adj* bad-tempered; **Übelkeit** *f* sick feeling, nausea
üben I. *vt* ① → *Geige, Turnen, Rechnen* practise, practice *AM* ② ↑ *trainieren* → *Gedächtnis* exercise, train, practise **II.** *vi* practise **III.** *vr* ◇ **sich in Geduld** - to exercise patience
über I. *präp dat/akk* ① (*mit dat,. situativ*) over, above ② (*mit akk, direktiv*) over; ◇ **e-e Brücke - den Fluß bauen** to build a bridge over/across the river ③ (*mit akk*) ↑ *mehr als* over; ◇ **er ist - 2 m groß** he is over 2 m tall ④ (*mit dat*) ↑ *bei, während* during; ◇ - **der Arbeit einschlafen** to sleep during working hours ⑤ (*mit akk*) ↑ *länger als* over; ◇ - **2 Wochen** over 2 weeks ⑥ (*mit akk*) ↑ *betreffend* about; ◇ - **etw/jd-n reden** to talk about s.th./s.o. ⑦ (*mit akk*) ↑ *mittels, via* via **II.** *adv* ① *FAM* ↑ *überlegen* above ② *FAM* ↑ *übrig* ◇ **1 Mark - haben** to have one mark left
überall *adv* ① ↑ *an jedem Ort* everywhere ② ↑ *auf jedem Gebiet* everywhere, all over
überanstrengen *vr* ◇ **sich** - overexert/strain o.s.
überarbeiten I. *vt* ↑ *noch einmal bearbeiten* → *Aufsatz* go over; ◇ **überarbeitete Fassung** revised version **II.** *vr* ◇ **sich** - overwork; *FAM* overdo things
überaus *adv* ↑ *äußerst* exceedingly
Überbevölkerung *f* overpopulation
überbewerten *vt* → *Leistung* overrate
überbieten *unreg vt* ① ↑ *mehr bieten* (*bei Auktion*) outbid ② ↑ *besser sein* → *Rekord* beat; → *Leistung* outdo
Überbleibsel *s* ① ↑ *Essensrest* leftovers *pl* ② ↑ *veralteter Brauch* remnant
Überblick *m* ① view (*über akk* of); ↑ *freie Sicht* [over]view ② *FIG* ↑ *Zusammenfassung* summary ③ ↑ *Kompetenz, Einblick* overall view; **überblicken** <überblickte, hat überblickt> *vt* → *Stadt* have a view of; *FIG* view
überbringen *unreg vt* → *Botschaft* deliver
überbrücken *vt* ① ↑ *überstehen* → *Krisenzeit* bridge ② *FIG* → *Kluft* bridge
überdenken *unreg vt* ↑ *nochmal bedenken* think s.th. over
überdies *adv* ↑ *außerdem* besides, moreover
überdrüssig *adj* ◇ **e-r Person/Sache** *gen* **- sein** to be tired/sick of s.o./s.th.
übereifrig *adj* overeager
übereilen *vt* ↑ *überstürzen* rush, hurry
übereinander *adv* ① (*eins auf dem anderen, -liegen*) one on top of the other, on top of each other ② (*e-r über den anderen, -sprechen*) about each other
Übereinkunft *f* <-, Übereinkünfte> ↑ *Vereinbarung* agreement; **übereinstimmen** *vi* ① ↑ *e-r Meinung sein* agree ② ↑ *stimmen* ← *Rechnungen* correspond ③ ↑ *zusammenpassen* ← *Aussagen, Farben* correspond, match
überempfindlich *adj* hypersensitive, oversensitive
überfahren [1] <überfuhr, hat überfahren> *vt* ① ↑ *überrollen* → *jd-n* run over, knock down ② ↑ *ignorieren* → *rote Ampel* run, drive through
überfahren [2] <fuhr über, ist übergefahren> *vi* (*mit Schiff*) cross over

Überfall *m* (*Raub~*) raid, assault (*auf akk* on); **überfallen** *unreg vt* ① → *Bank* raid, rob; ← *Person* attack, assault ② *FAM* ↑ *unangemeldet besuchen* → *jd-n* descend upon

überfliegen *unreg vt* ① → *Meer* fly over ② ↑ *flüchtig lesen* → *Text* skim through

Überfluß *m* ① ↑ *Überangebot* abundance (*an dat* of) ② ↑ *Luxus* excess

überflüssig *adj* ① ↑ *unnötig, entbehrlich* unnecessary ② ↑ *zwecklos* superfluous

überfordern *vt* ▷*körperlich, geistig* → *jd-n* expect too much of s.o.

überführen *vt* ① → *Auto, Leichnam* transport, take ② ↑ *Schuld beweisen* find guilty (*e-r Sache* of s.th.)

überfüllt *adj* ▷*Saal* overcrowded, packed; ▷*Kurs* oversubscribed; ▷*Straße* congested

Übergabe *f* ① ↑ *Aushändigen* (*von Brief etc.*) handing over ② ↑ *Abgeben* (*Geschäfts~*) handing over; (*Wohnungs~*) handing over

Übergang *m* ① (*Bahn~, Grenz~*) crossing ② ↑ *Abstufung* (*von Ton, Farbe*) shade, tone ③ *FIG* ↑ *Wandel* transition

übergeben *unreg* **I.** *vt* ① ↑ *aushändigen* → *Brief* hand over ② → *Geschäft, Amt* hand over **II.** *vr* ◇ **sich ~** ↑ *erbrechen* vomit

übergehen[1] <ging über, ist übergegangen> *vi* ① ← *Tradition, Besitz* pass over (*auf akk* to) ② ↑ *überlaufen* (*zum Feind*) defect (*zu* to) ③ ↑ *überleiten* (*zu anderem Thema*) proceed, go on (*zu* to) ④ ↑ *sich wandeln* turn (*in akk* into)

übergehen[2] <überging, hat übergangen> *vt* ① ↑ *auslassen* leave out ② ↑ *nicht berücksichtigen* disregard, ignore

übergeschnappt *adj FAM* crazy, mad

Übergewicht *s* ① overweight ② *FIG* ◇ **das ~ bekommen** to get the upper hand

überglücklich *adj* overjoyed

überhäufen *vt* (*mit Geschenken*) shower, swamp

überhaupt I. *adv* ① ↑ *im allgemeinen* generally ② ↑ *ganz u. gar* ◇ **~ nicht** not at all ③ ↑ *sowieso* ◇ **er ist ~ ein komischer Kerl** he ist a strange guy anyway **II.** *adv* ↑ *denn, eigentlich* ◇ **was kostet das ~?** how much is it anyway?

überheblich *adj* arrogant

überholen *vt* ① ↑ *schneller, besser sein* (*mit Auto*) pass, overtake ② TECHNOL ↑ *reparieren* overhaul

überhören *vt* ① ↑ *nicht hören* not hear, miss ② ↑ *ignorieren* ignore

überlassen *unreg* **I.** *vt* ① ↑ *geben, leihen* ◇ **jd-m etw ~** let s.o. have s.th. ② ↑ *anvertrauen* → *Kind* leave [with] ③ ↑ *freistellen* → *Wahl* leave **II.** *vr* ↑ *hingeben* ◇ **sich e-r Sache** *dat* **~** give o.s. over s.th., abandon o.s. to s.th.

überlasten *vt* ↑ *überfordern* → *Person* strain; → *Maschine* overload

überlaufen I. *unreg vi* ① ← *Wasser* flow over ② ↑ *desertieren* (*zum Feind*) defect (*zu* to), go over (*zu* to), desert **II.** *adj* ↑ *überfüllt* overcrowded; ◇ **~ sein** to be inundated

überleben *vt* ① → *Unfall, Operation* survive ② ↑ *länger leben* → *jd-n* survive; **Überlebende** (**r**) *fm* survivor

überlegen I. *vi* ↑ *nachdenken* consider, think over **II.** *vt* ① ↑ *bedenken* → *Entscheidung* think over, consider ② ↑ *ausdenken* ◇ **sich** *dat* **etw ~** to think about s.th., to consider s.th. **III.** *adj* ↑ *besser* ◇ **jd-m ~ sein** be superior to s.o.; **Überlegenheit** *f* superiority

Überlegung *f* ↑ *Nachdenken* consideration, reflection

überliefern *vt* → *Tradition* hand down

Übermacht *f* ① MIL superior power ② ↑ *Mehrheit* predominance; **übermächtig** *adj* ↑ *sehr stark* ▷*Gefühl* overpowering; ▷*Heer* superior

Übermaß *s* excess (*an dat* of); **übermäßig I.** *adj* ↑ *exzessiv* excessive **II.** *adv* ↑ *exzessiv* ◇ **~ rauchen** to smoke excessively

übermitteln *vt* → *Nachricht* transmit

übermorgen *adv* the day after tomorrow

Übermüdung *f* overtiredness

übermütig *adj* ↑ *ausgelassen* high-spirited; ↑ *überheblich* cocky

übernachten *vi* ↑ *schlafen* spend the night

übernächtigt *adj* bleary-eyed

Übernachtung *f* overnight stay; ◇ **~ u. Frühstück** bed and breakfast

Übernahme *f* <-, -n> ① ↑ *das Übernehmen* (*von Geschäft*) takeover ② (*von Text*) borrowing ③ (*von Arbeit, Amt*) assumption ④ (*von Verantwortung*) assumption, taking over

überordnen *vt* ↑ *wichtiger bewerten* ◇ **etw e-r Sache** *dat* **~** to give s.th. priority to s.th., to set s.th. above s.th.

überprüfen *vt* ↑ *nachprüfen, kontrollieren* ① → *Gepäck* check, examine ② → *Motor* check ③ → *Entscheidung* review, examine

überraschen *vt* ① ↑ *unerwartet besuchen etc.* surprise ② ↑ *erstaunen* take by surprise ③ ↑ *ertappen* catch; **Überraschung** *f* ① (*Geburtstags~*) surprise ② ↑ *Erstaunen* surprise

überreden *vt* → *jd-n* persuade (*zu* to)

überreichen *vt* → *Urkunde, Blumen* hand over, present

Überreste *pl* (*sterbliche ~*) remains *pl;* ↑ *Trümmer* remains *pl*

überrumpeln *vt FAM* take by surprise (*jd-n* s. o.)
übersättigen *vt* [1] *FIG* satiate [2] → *Markt* glut, oversaturate
Überschallflugzeug *s* supersonic airplane
überschatten *vt* [1] ↑ *Schatten spenden* overshadow [2] *FIG* ↑ *trüben* cloud over; ◇ **der Tod des Vaters überschattete die Feier** the party was overshadowed by the death of the father
überschätzen **I.** *vt* ↑ *überbewerten* overestimate **II.** *vr* ◇ **sich** ~ ↑ *sich zuviel zumuten* to overestimate o.s.
Überschlag *m* [1] ↑ *ungefährer Betrag* estimate [2] SPORT somersault [3] ↑ *Looping* loop
überschlagen [1] <überschlug, hat überschlagen> **I.** *vt* [1] ↑ *ungefähr berechnen* estimate [2] ↑ *auslassen* → *Buchseite* skip, leave out **II.** *vr* ◇ **sich** ~ [1] (← *Auto, bei Unfall*) overturn [2] ↑ *umkippen* ← *Stimme* crack [3] *FAM* ◇ **sich vor Freundlichkeit** ~ to fall over o.s. to be friendly
überschlagen [2] <schlug über, hat übergeschlagen> *vt* ↑ *überkreuzen* → *Beine* cross
überschlagen [3] *adj* ↑ *lauwarm* lukewarm, tepid; ◇ **die Temperatur ist** ~ the temperature is lukewarm
überschnappen *vi* [1] ↑ *sich überschlagen* ← *Stimme* crack [2] *FAM* ↑ *verrückt werden* go nuts
überschneiden *unreg vr* ◇ **sich** ~ [1] ↑ *sich kreuzen* ← *Linien* intersect [2] ← *Termine* overlap, coincide [3] *FIG* ↑ *sich überlappen* overlap
überschreiben *unreg vt* [1] ↑ *mit Überschrift versehen* → *Artikel, Diskette* head, overwrite [2] ↑ *übereignen* → *Eigentum* sign over, transfer
Überschrift *f* title, heading
Überschuß *m* surplus (*an dat* of)
Überschwemmung *f* flood
überschwenglich *adj* gushing, effusive; ◇ **sich** ~ **bedanken** to thank s.o. effusively
Übersee *f* overseas; ◇ **nach** ~ **auswandern** emigrate overseas
übersehbar *adj* [1] ↑ *überblickbar* ▷ *Gelände* open [2] *FIG* ↑ *absehbar, erkennbar* ▷ *Folgen, Kosten* calculable [3] ▷ *Fehler* inconspicuous
übersehen <übersah, hat übersehen> *vt* [1] → *Verstoß* overlook; → *Fehler* miss [2] → *Gelände* overlook
übersenden *unreg vt* send
übersetzen [1] <übersetzte, hat übersetzt> *vt* [1] ↑ *übertragen* translate [2] (*FAM verständlich ausdrücken*) explain [in other words], paraphrase [3] TECHNOL ↑ *übertragen* transmit
übersetzen [2] <setzte über, hat übergesetzt> *vi* cross, ferry across
Übersicht *f* [1] ↑ *Überblick* overall view [2] ↑ *Tabelle* table, chart [3] ↑ *Resümee* survey; **übersichtlich** *adj* [1] ▷ *Gelände* open [2] ↑ *klar geordnet* clear
überspielen *vt* [1] ↑ *auf Tonband kopieren* → *Platte* record [2] ↑ *verbergen* → *Gefühle* cover up, hide [3] SPORT ↑ *ausspielen* outplay
überspringen [1] <übersprang, hat übersprungen> *vt* [1] → *Hürde* jump over [2] *FIG* ↑ *auslassen* → *Thema* skip; → *Schulklasse* skip
überspringen [2] <sprang über, ist übergesprungen> *vi auch FIG* ← *Funke* jump over, leap over
überstehen [1] <überstand, hat überstanden> *vt* ↑ *bewältigen, überleben* → *Krise, Krankheit* recover from, get over
überstehen [2] <stand über, hat/ist übergestanden> *vi* ↑ *hervorstehen* ← *Dach* jut out
übersteigen *unreg vt* [1] ↑ *klettern über* → *Mauer* climb over [2] *FIG* ↑ *überfordern* → *Fähigkeiten* go beyond, exceed
überstimmen *vt* → *Antrag* outvote, override
Überstunden *pl* overtime
überstürzen **I.** *vt* ↑ *voreilig handeln* rush **II.** *vr* ◇ **sich** ~ ← *Ereignisse* happen very fast
übertragen *unreg* **I.** *vt* [1] JURA → *Rechte* transfer (*auf akk* to) [2] TECHNOL → *Kraft* transmit [3] MED → *Krankheit* infect, transmit [4] MEDIA broadcast **II.** *vr* ◇ **sich** ~ [1] MED ← *Krankheit* be transmitted (*auf akk* to) [2] TECHNOL ← *Kraft* be transmitted (*auf akk* to) **III.** *adj* ◇ **in -er Bedeutung** in a figurative sense
übertreffen *unreg* **I.** *vt* → *jd-n* excel **II.** *vr* ◇ **sich selbst** ~ to surpass o.s., to outdo o.s.
übertreiben *unreg vt* [1] → *Erzählung* exaggerate [2] ↑ *übereifrig tun* overdo
übertreten [1] <übertrat, hat übertreten> *vt* [1] → *Grenze* overstep, cross [2] *FIG* ↑ *verstoßen gegen* → *Gesetz* violate, break
übertreten [2] <trat über, ist übergetreten> *vi* [1] (*zum Buddhismus*) convert (*zu* to); (*zu e-r Partei*) go over [2] ← *Fluß* overflow [3] SPORT overstep
überwachen *vt* [1] ↑ *kontrollieren* → *Produktion* supervise [2] ↑ *beaufsichtigen* → *Häftling* to keep under surveillance, to watch [3] ↑ *beobachten* → *Patient* to keep under surveillance, to observe
überwältigen *vt* [1] ↑ *besiegen* → *Person* overpower [2] *FIG* ↑ *befallen* ← *Gefühl, Schlaf* overcome; **überwältigend** *adj.* overwhelming, breathtaking
überwechseln *vi* [1] (*zu Glauben*) change (*zu* to) [2] ↑ *übergehen in* change (*in akk* to)
überweisen *unreg vt* [1] FIN → *Geld* transfer (*an, auf akk* to, onto) [2] → *Patienten* refer (*an akk* to)
überwiegen *unreg vi* predominate; **überwiegend** *adj* predominant
überwinden *unreg* **I.** *vt* [1] ↑ *bewältigen* →

Angst, Problem overcome, get over [2] (*ändern*) → *Ansichten* get past, outgrow **II.** *vr* ◇ **sich ~** ↑ *sich e-n Ruck geben* overcome one's inclinations; ◇ **sich ~, etw zu tun** force o.s. to do s.th.

überzeugen I. *vt* [1] (*durch Argumente*) convince, persuade (*von* of) [2] ↑ *für etw einnehmen* ◇ **jd-n von der Richtigkeit e-r Sache ~** to reason with s.o. about s.th. **II.** *vr* ◇ **sich ~** ↑ *vergewissern* convince o.s. (*von dat* of)

überziehen [1] <zog über, hat übergezogen> *vt* cover [1] ↑ *anziehen* → *Pullover* put on [2] *FAM* ◇ **jd-m eins ~** to knock s.o. out

überziehen [2] <überzog, hat überzogen> **I.** *vt* [1] ↑ *bedecken* cover [2] ↑ *beziehen* → *Sofa* re-cover [3] FIN → *Konto* overdraw [4] MEDIA → *Sendezeit* overrun **II.** *vr* ◇ **sich ~** [1] (*bedecken, mit Schicht*) cover [2] (*Himmel*) become overcast/cloudy

üblich *adj* [1] ↑ *herkömmlich* ▷ *Brauch* usual, conventional [2] ↑ *normal, gebräuchlich* (*landes-~*) usual, customary

U-Boot *s* submarine

übrig *adj* [1] ↑ *restlich* remaining [2] ◇ **etw ~ haben** have s.th. left [3] *FAM* ◇ **für jd-n/etw nichts ~haben** not to care much for s.o./s.th.; **übrigbleiben** *unreg vi* (*als Rest*) be left over

übrigens *adv* by the way

Übung *f* [1] ↑ *das Üben, Training* practice, exercise [2] ↑ *Praxis, Anwendung* practice, application [3] (*Notfall-~*) exercise [4] ↑ *Seminar, Kurs* (*wissenschaftliche ~*) exercise, course, seminar

UdSSR *f Abk. v.* **Union der Sozialistischen Sowjetrepubliken** USSR; ◇ **die ~** the Soviet Union

Ufer *s* <-s, -> [1] (*Fluß-~*) bank [2] (*See-~*) shore

Uhr *f* <-, -en> [1] (*Wand-~*) clock; (*Armband-~*) watch [2] ↑ *Zähler* (*Gas-~*) meter [3] ◇ **wieviel ~ ist es?** what time is it?; ◇ **es ist zwei ~ fünfzehn** it's two fifteen; ◇ **um 5 ~** at 5 o'clock; **Uhrzeit** *f* time [of day]; ◇ **nach der ~ fragen** to ask the time

Ultimatum *s* <-s, Ultimaten> ↑ *Frist* ultimatum; ◇ **jd-m ein ~ stellen** to give s.o. an ultimatum

Ultraschall *m* ultrasound

um I. *präp akk* [1] (*zeitlich*) ◇ **~ 12 Uhr** at 12 o'clock [2] (*räumlich*) ↑ *in der Gegend von* ◇ **um ... herum** around, about [3] ↑ *in der Nähe* around, about; ◇ **Menschen ~ sich haben** to have people around [4] ↑ *betreffend, wegen* about; ◇ **es handelt sich ~ Ihre Arbeit** it's about your work; ◇ **Angst ~ jd-n haben** to be scared for s.o. [5] ↑ *nach, aufeinanderfolgend* after; ◇ **Jahr ~ Jahr** year after year [6] ◇ **er hat mich ~ diese Stelle gebracht** he prevented me from getting this job [7] ◇ **~ 3 m verlängern** to extend by 3 m **II.** *präp gen* ↑ *wegen* for; ◇ **~ ihrer Kinder willen** for the sake of her children **III.** *cj* [1] (*damit*) ◇ **~ ... zu** in order to [2] ↑ *desto* ◇ **je mehr ~ so besser** the more the better [3] ◇ **~ so besser!** so much the better! **IV.** *adv* ↑ *ungefähr* ◇ **es kostet ~ die 25 Mark** it costs about 25 Marks

umändern *vt* → *Kleider* alter; → *Gesetz* alter, change

umarmen *vt* embrace, hug

Umbau *m* <-[e]s, -e *o.* -ten> [1] (*von Haus*) reconstruction, renovation; ◇ **wegen ~ geschlossen** closed for renovation [2] (*von Maschine*) conversion, reconstruction [3] (*von Organisation*) reconstruction; **umbauen** *vt* [1] ↑ *renovieren, verändern* → *Haus* reconstruct, renovate [2] ↑ *umändern* → *Motor* convert [3] *FIG* ↑ *reorganisieren* reconstruct

umbilden *vt* [1] *FIG* ↑ *neu/anders besetzen* reshape, reorganize [2] POL → *Regierung* reshuffle

umbinden *unreg vt* → *Schal, Schürze* put on, tie on; ◇ **sich** *dat* **etw ~** to put s.th. on

umblättern *vt* → *Seite* turn over

umblicken *vr* ◇ **sich ~** look around (*nach* at)

umbringen *unreg* **I.** *vt* ↑ *töten* → *jd-n* kill **II.** *vr* ◇ **sich ~** ↑ *Selbstmord begehen* commit suicide

Umbruch *m* ↑ *radikaler Wechsel* radical change, upheaval

umbuchen *vti* [1] ↑ *verschieben* → *Reise* change a booking (*auf akk* to) [2] FIN → *Geldbetrag* transfer (*auf akk* onto)

umdenken *unreg vi* change one's opinions

umdisponieren *vi* change one's plans

umdrehen I. *vt* [1] → *Schlüssel* turn [2] → *Blatt Papier* turn over [3] ↑ *verrenken* → *Arm* twist [4] *FIG* ◇ **das Wort im Mund ~** to twist s.b.'s words **II.** *vi* ↑ *umkehren* turn around **III.** *vr* ◇ **sich ~** [1] ↑ *umwenden* turn round (*nach* to) [2] *FAM* ◇ **der Magen dreht sich mir um** I feel sick, my stomach is turning

umeinander *adv* [1] ◇ **~ herumgehen** to go around one another [2] ◇ **~ besorgt sein** to worry about each other

umfahren [1] <fuhr um, hat umgefahren> *vt* [1] → *Baum, Pfahl* run over [2] *FAM* ↑ *Umweg machen* bypass

umfahren [2] <umfuhr, hat umfahren> *vt* ↑ *herumfahren um* → *Stadt/Person* drive around

umfallen *unreg vi* [1] ↑ *zu Boden fallen* ← *Baum* fall down/over [2] *FAM* ↑ *ohnmächtig werden* fall over, faint [3] *FAM* ↑ *nachgeben* give in

Umfang *m* [1] (*Kreis-~*) circumference; (*Bauch-~*) girth [2] ↑ *Fläche, Größe* range; (*Buch-~*) size [3] *FIG* ↑ *Ausmaß* (*von Arbeit*) size, extent; (*von Bedeutung*) range; **umfangreich** *adj* [1] ↑ *groß, weiträumig* spacious [2] *FIG* ↑ *weitreichend* ▷ *Wissen* extensive

umfassen *vt* [1] ↑ *fassen* → *jd-n* grip [2] ↑ *eingrenzen* → *Gebiet* enclose; include [3] ◇ **das Buch umfaßt 275 Seiten** the book is 275 pages long [4] *FIG* ↑ *beinhalten* contain, cover

Umfeld *s* associated area; (*soziales* ~) environment

Umfrage *f* (*Meinungs~*) survey, opinion poll, inquiry, survey

umfunktionieren *vt* ↑ *Funktion ändern* convert (*in akk* into)

Umgang *m* ↑ *Kontakt, Freundschaft* company, friends *pl;* **Umgangsformen** *pl* ◇ **gepflegte** ~ good manners; **Umgangssprache** *f* colloquial language; *FAM* slang

umgeben *unreg* **I.** *vt* ↑ *eingrenzen* (*mit Mauer*) surround **II.** *vr* ◇ **sich mit Künstlern** ~ to surround o.s. with artists; **Umgebung** *f* [1] (*ländliche* ~) surroundings *pl,* environment [2] ↑ *Milieu* (*soziale* ~) environment, neighbourhood [3] ↑ *Begleitung, Gesellschaft* entourage

umgehen [1] <ging um, ist umgegangen> *vi* [1] ↑ *behandeln* → *Person* treat, handle (*mit* with); ◇ **mit jd-m grob** ~ to treat s.o. roughly [2] ↑ *handhaben* → *Sache* handle (*mit* with) [3] ↑ *herumgehen* ← *Gespenst* haunt; ← *Gerede* circulate; ← *Krankheit* spread, go around

umgehen [2] <umging, hat umgangen> *vt* [1] ↑ *nicht betreten* → *Gebiet etc.* go around, bypass [2] *FIG* ↑ *vermeiden* → *Gesetz* evade [3] *FIG* ↑ *ausweichen* → *Frage* avoid

umgehend *adj* immediately

umgekehrt **I.** *adj* [1] ↑ *entgegengesetzt* ▷*Reihenfolge* reverse [2] ↑ *konträr, gegenteilig* contrary, opposite [3] ↑ *andersherum* vice versa, the other way around **II.** *adv* ↑ *andersherum* vice versa, the other way around

umgraben *unreg vt* → *Garten* dig up

Umhang *m* [1] ↑ *Mantel* coat, cape [2] ↑ *Tuch, Schal* wrap, scarf

umhauen *unreg vt* [1] ↑ *fällen* → *Baum* fell [2] *FAM* ↑ *zu Boden werfen* → *jd-n* knock s.o. over [3] *FAM* ↑ *erstaunen* ◇ **das haut mich um** that bowls me over

umher *adv* ↑ *herum* around, about

umherfahren *unreg* **I.** *vt* ↑ *herumfahren* drive around/about **II.** *vi* drive around/about

umhergehen *unreg vi* walk around/about

umherreisen *vi* travel around/about

umhinkönnen *unreg vi* ↑ *e-m Zwang folgen* ◇ **sie kann nicht umhin, das zu tun** she can't help it, she can't help doing it

umhören *vr* ◇ **sich** ~ ↑ *fragen* ask around (*nach* about)

Umkehr *f* <-> [1] ↑ *Wendung zurück* turning back, return [2] *FIG* ↑ *Änderung* (*in Überzeugung*) about-face, total change; **umkehren** **I.** *vi* [1] ↑ *umdrehen* turn back [2] ↑ *sich ändern* change **II.** *vt* [1] → *Tasche etc.* turn inside out [2] → *Gefäß etc.* turn upside down [3] *FIG* ↑ *auf den Kopf stellen* turn on its head [4] → *Reihenfolge* reverse

umkippen **I.** *vt* ↑ *umstoßen* → *Glas* tip over, knock over; → *Boot* tip over **II.** *vi* [1] ← *Gefäß, Boot* overturn [2] *FAM* ↑ *ohnmächtig werden* pass out, faint [3] *FAM* (*als Zeuge*) change one's mind, decide otherwise

Umkleideraum *m* (*in Turnhalle, Schwimmbad*) changing room; (*in Bekleidungsgeschäft*) dressing room

umkommen *unreg vi* [1] ↑ *sterben* (*bei Unfall*) die [2] ↑ *verderben* ← *Lebensmittel* go bad, go off

Umkreis *m* ↑ *Umgebung* neighbourhood, vicinity, area, neighborhood *AM*; (*Kreis*) circle

umkrempeln *vt* [1] ↑ *hochschlagen* → *Ärmel* roll up [2] *FAM* ↑ *durchsuchen* → *Wohnung* turn upside down [3] *FIG* ↑ *grundlegend ändern* totally/completely change

Umlauf *m* [1] ASTRON ↑ *Umkreisung* revolution [2] ↑ *Rundschreiben* circular [3] (*von Geld*) circulation; **Umlaufbahn** *f* ASTRON orbit

umlegen *vt* [1] ↑ *aufteilen* → *Kosten* divide [2] ↑ *verlegen* → *Termin* shift [3] ↑ *bewegen* → *Hebel* move, throw [4] *FAM* ↑ *fällen* → *Baum* fell, cut down [5] *FAM* ↑ *töten* bump off

umleiten *vt* → *Verkehr* divert, redirect; **Umleitung** *f* diversion, detour

umlernen *vi* relearn, retrain

umliegend *adj* ↑ *in der Gegend* ▷*Gemeinden* surrounding, neighbouring

ummelden *vt, vr* ◇ **sich** ~ (*bei Einwohnermeldeamt*) register change of residence with the authorities

umorganisieren *vt* → *Betrieb* reorganize

umrechnen *vt* FIN convert (*in akk* into); **Umrechnung** *f* conversion; **Umrechnungskurs** *m* exchange rate

umreißen *unreg vt FIG* ↑ *grob definieren* → *Thema* [give an] outline

umringen *vt* surround

Umriß *m* [1] ↑ *Skizze* outline [2] *FIG* ↑ *grober Inhalt* (*von Roman*) [rough] outline

umrühren *vt* → *Soße* stir

umrüsten *vt* adapt; (*auf Katalysator*) convert (*auf akk* to)

Umsatz *m* COMM (*Jahres~*) turnover; ◇ **den** ~ **steigern** to increase sales; **Umsatzsteuer** *f* turnover tax

umschalten **I.** *vt* → *Hebel, Schalter* switch;

MEDIA → *Programm* switch over (*auf akk* to) **II.** *vi FIG* ↑ *umdenken* switch

Umschau *f FIG* ↑ *Rundschau, Überblick* review; ◇ - **halten nach …** to look around for …; **umschauen** *vr* ◇ **sich** - ① ↑ *nach hinten schauen* look back ② ↑ *herumschauen* look around ③ *FAM* ↑ *sich wundern* ◇ **du wirst dich noch** - you're in for a surprise

Umschlag *m* ① (*Brief-*) envelope; (*Buch-*) jacket, cover ② (*Wetter-*) change; (*politisch*) change

umschreiben [1] <schrieb um, hat umgeschrieben> *vt* ① ↑ *anders schreiben* → *Text* rewrite; (*für Film, Theater*) [re]write ② ↑ *überschreiben* → *Eigentum* transfer (*auf akk* to)

umschreiben [2] <umschrieb, hat umschrieben> *vt* ① (*anders formulieren*) → *Satz* paraphrase ② (*bestimmen*) → *Aufgaben* define ③ ↑ *abgrenzen* circumscribe ④ ↑ *verhüllend darstellen* disguise, paraphrase

umschulen **I.** *vt* → *Kind* send to another school **II.** *vi* ↑ *anderen Beruf erlernen* retrain

umschwärmen *vt* ① ← *Mücken* swarm around ② *FIG* → *jd-n* idolize s.o., be crazy about s.o.

Umschwung *m* ① SPORT swing ② ▷*wirtschaftlich, politisch* upheaval ③ (*Wetter-*) change; (*Stimmungs-*) change

umsehen *unreg vr* ◇ **sich** - ① ↑ *nach hinten schauen* look back ② *FIG* ↑ *suchen* look around; ◇ **sich nach Arbeit** - to be looking for work

umseitig *adv* overleaf

umsetzen *vt* ① ↑ *verpflanzen* → *Baum* transplant ② → *Schüler* move ③ ↑ *umwandeln* convert ④ COMM ↑ *verkaufen* → *Waren* sell ⑤ *FIG* ↑ *verwirklichen* ◇ **etw in die Tat** - to put into action, to realize

umsichtig *adj* cautious; ◇ - **vorgehen** to go about with caution

umsiedeln *vt, vi* resettle

umsonst *adv* ① ↑ *gratis* for nothing, free ② ↑ *vergeblich* for nothing, for naught; ◇ **die ganze Arbeit war** - the work was all for naught

umspringen *unreg vi* ① ← *Ampel* change ② *FAM* ↑ *umgehen, behandeln* ◇ **mit jd-m** - to treat s.o. badly

Umstand *m* ↑ *Sachverhalt, Tatsache* fact; ◇ **unter Umständen** perhaps, possibly; ◇ **unter diesen Umständen** under the circumstances; JURA ◇ **mildernde Umstände** mitigating circumstances

Umstände *pl* ① *FIG* ↑ *Mühen* trouble; ◇ - **machen** to make a fuss ② (*schwanger sein*) ◇ **in anderen -n sein** to be pregnant

umständlich *adj* ① ↑ *ungeschickt* cumbersome, difficult ② ▷*Formulierung* long-winded ③ ↑ *extrem förmlich* ▷*Mensch* awkward

umsteigen *unreg vi* ① BAHN change ② *FAM* ↑ *Beruf wechseln* change, switch

umstellen [1] **I.** <stellte um, hat umgestellt> *vt* ① → *Möbel* move, rearrange; → *Wörter* reorder, rearrange ② TECHNOL → *Hebel* convert; → *Fernseher, Radio* adjust **II.** *vr* ◇ **sich** - ↑ *anpassen* ↑ *umgewöhnen* adapt, adjust (*auf akk* to)

umstellen [2] <umstellte, hat umstellt> *vt* ↑ *einkreisen* → *Gebäude* surround

Umstellung *f* ① ↑ *Umgewöhnung* rearrangement ② TECHNOL conversion ③ ↑ *Änderung* (*von Heizung*) conversion; (*von Produktion*) change-over, switch

umstoßen *unreg vt* ① ↑ *umschmeißen* → *Gefäß* knock over ② *FIG* ↑ *rückgängig machen* → *Plan* overrule

umstritten *adj* ① ↑ *fraglich* controversial ② ▷*Projekt* disputed

Umsturz *m* coup

Umtausch *m* ① (*von Waren*) exchange ② ↑ *Tausch* (*von Währung*) exchange; **umtauschen** *vt* ① → *Ware* take back to the store ② → *Geld* exchange (*in akk* for)

umwälzen *vt* ① TECHNOL → *Luft* circulate ② *FIG* ↑ *revolutionieren* change, revolutionize

umwandeln *vt* ① ↑ *ändern* change, transform (*in akk* into); ◇ **wie umgewandelt sein** to be a changed person ② ELECTR ↑ *transformieren* transform, convert ③ JURA → *Haftstrafe* commute (*in akk* into)

umwechseln *vt* → *Geld* change (*in akk* into)

Umweg *m* ① detour; ◇ **e-n** - **machen** make a detour ② *FIG* ◇ **auf -en** indirectly, in a roundabout manner

Umwelt *f* environment; **Umweltbelastung** *f* environmental pollution; **Umweltkatastrophe** *f* environmental disaster; **Umweltschäden** *pl* damage to the environment; **Umweltschutz** *m* conservation, environmental protection; **Umweltschützer(in** *f*) *m* <-s, -> conservationist; **Umweltschutzpapier** *s* recycling paper; **Umweltverschmutzung** *f* environmental pollution

umwenden *unreg* **I.** *vt* ↑ *umdrehen* turn [over] **II.** *vr* ◇ **sich** - turn round

umwerfen *unreg vt* ① ↑ *umstoßen* → *Tasse* knock over, upset ② ↑ *sich umlegen* → *Schal, Mantel* throw on ③ *FIG* ↑ *ändern* → *Plan* upset, disrupt ④ *FAM* ↑ *total erstaunen* ← *Neuigkeit* ◇ **das wirft mich aber um!** that bowls me over!

umziehen *unreg* **I.** *vt, vr* ◇ **sich** - ↑ *Kleidung wechseln* change clothes **II.** *vi* ↑ *Wohnort wechseln* move

Umzug *m* ① (*Wohnungs-*) move ② ↑ *Parade, Festzug* parade

UN *pl Abk. v.* **United Nations** United Nations
unabänderlich *adj* ↑ *unwiderruflich* unalterable; ▷*Entschluß* irrevocable
unabhängig *adj* independent (*von* of); **Unabhängigkeit** *f* independence
unabkömmlich *adj* (*nicht ersetzbar*) indispensable; *FAM* be tied up
unablässig *adj* ▷*Gerede* constant, incessant
unabsehbar *adj* ▷*Kosten* incalculable; ▷*Konsequenzen* unforseeable
unabsichtlich *adj* unintentionally
unangebracht *adj* ↑ *unpassend* ▷*Bemerkung* out of turn, tasteless; ▷*Verhalten* inappropriate
unangemessen *adj* [1] ↑ *zu hoch* ▷*Bezahlung* unreasonable, out of proportion [2] ↑ *zu niedrig* inadequate
unangenehm *adj* [1] ▷*Aufgabe* unpleasant; ▷*Überraschung* unpleasant; ▷*Geruch* unpleasant, nasty [2] ↑ *unsympathisch* ▷*Person* unpleasant, awful [3] ↑ *peinlich* ▷*Situation* awkward
unappetitlich *adj auch FIG* ▷*Anblick* unappetizing
unauffällig *adj* [1] ▷*Person* unobtrusive [2] ▷*Kleidung* inconspicuous
unauffindbar *adj* nowhere; ▷*Person* untraceable
unaufgefordert **I.** *adj* ↑ *freiwillig* unasked **II.** *adv* ↑ *freiwillig* of one's own accord, spontaneously; ◇ **jd-m ~ helfen** to help s.o. without being asked
unaufhaltsam *adj* unstoppable
unaufmerksam *adj* inattentive
unaufrichtig *adj* insincere
unausgeglichen *adj* [1] ▷*Mensch* volatile, unbalanced [2] ▷*Verhältnis* unstable
unausstehlich *adj* [1] ↑ *sehr unsympathisch* unbearable, detestable [2] ↑ *schlecht gelaunt* grumpy, gloomy, insufferable
unausweichlich *adj* inevitable, unavoidable
unbeachtet *adj* unnoticed; ◇ **e-e Warnung ~ lassen** to ignore a warning
unbedenklich **I.** *adj* [1] ↑ *ungefährlich* safe; ▷*Plan* safe [2] ↑ *bedenkenlos* thoughtless **II.** *adv* [1] ↑ *ungefährlich* safely, harmlessly [2] ↑ *ohne zu überlegen* without hesitation
unbedeutend *adj* ▷*Fehler* insignificant, unimportant
unbedingt **I.** *adj* [1] ↑ *uneingeschränkt* unconditional [2] ▷*Verschwiegenheit* absolute **II.** *adv* ↑ *auf jeden Fall, ganz bestimmt* absolutely, at all costs
unbefahrbar *adj* ▷*Straße* impassable; ▷*Gewässer* unnavigable
unbefangen *adj* [1] ↑ *natürlich* uninhibited [2] ↑ *unparteiisch* impartial, unbiased
unbefriedigend *adj* unsatisfactory
unbefugt *adj* unauthorised, unauthorized *AM*; ◇ **U-en ist der Eintritt verboten** No unauthorised entry
unbegabt *adj* untalented
unbegreiflich *adj* [1] ↑ *unverständlich* incomprehensible [2] ↑ *unfaßbar* inconceivable
unbegrenzt *adj* [1] (*ohne Einschränkung*) unlimited; ◇ **~ Zeit haben** to have unlimited time; *FAM* to have all day [2] ▷*Meer* boundless [3] ↑ *unerschöpflich* ▷*Vertrauen* boundless
unbegründet *adj* ↑ *grundlos* unfounded
unbehaglich *adj* [1] ↑ *unbequem* uncomfortable [2] ↑ *unangenehm, peinlich* ▷*Situation, Gefühl* uneasy, ill at ease
unbeholfen *adj* clumsy, awkward
unbekannt *adj* unknown
unbekümmert *adj* unconcerned
unbelastet *adj* [1] ↑ *nicht belastet* unweighted [2] ↑ *sorgenfrei* free from worries
unbeliebt *adj* unpopular
unbequem *adj* ↑ *ungemütlich* uncomfortable
unberechenbar *adj* [1] ↑ *unvorhersehbar* incalculable [2] ↑ *jähzornig* ▷*Mensch* unpredictable
unberechtigt *adj* [1] ↑ *nicht erlaubt* ◇ **~ handeln** act without authorization [2] ↑ *unangebracht* ▷*Kritik* unjustified
unbeschädigt *adj* intact, undamaged
unbeschränkt *adj* ↑ *grenzenlos* ▷*Zeit, Geld* unrestricted; ▷*Vertrauen, Geduld* absolute; ▷*Macht* full, absolute
unbeschreiblich *adj* indescribable
unbesiegbar *adj* invincible
unbeständig *adj* [1] ↑ *wechselhaft* ▷*Wetter* unsettled [2] ↑ *launisch, wankelmütig* ▷*Mensch* inconstant, unstable
unbestechlich *adj* incorruptible
unbestimmt *adj* [1] ↑ *nicht festgesetzt* ▷*Zeitpunkt* indefinite [2] ↑ *unklar* ▷*Gefühl* uncertain, vague [3] ↑ *nicht sicher* ▷*Zukunft* uncertain
unbeteiligt *adj* [1] ↑ *teilnahmslos* indifferent, unconcerned [2] ↑ *nicht teilnehmend* not involved; ◇ **~e Zuschauer** innocent bystander
unbeugsam *adj* [1] ↑ *starrköpfig* ▷*Mensch* inflexible, stubborn [2] ↑ *stark* ▷*Wille* unbending, uncompromising
unbeweglich *adj* [1] ↑ *starr* immovable [2] ▷*Miene* motionless [3] ↑ *nicht mobil, ortsgebunden* immobile
unbewußt *adj* ↑ *nicht bewußt* ▷*Handlung* unconscious; ▷*Reflex* unconscious, instinctive; ◇ **das U-e** the unconscious
unbrauchbar *adj* ↑ *unnütz* ▷*Werkzeug* unusable; ▷*Arbeit* useless

und *cj* [1] (*bei Aufzählung*) and [2] MATH ↑ *plus* and, plus; ◇ **eins - zwei ist drei** one plus two is three, one and two is three [3] ◇ **- so weiter** (*usw.*) and so on; ◇ **- andere** (*abgekürzt: u.a.*) amongst others; ◇ **- dergleichen** (*abgekürzt: u. dgl.*) and the like, things like that [4] (*selbst wenn ...*) ◇ **- wenn es mir noch so schlecht ginge ...** and no matter how bad I would feel ...
undankbar *adj* [1] (*nicht dankbar*) ungrateful [2] ▷*Aufgabe* thankless
undenkbar *adj* unthinkable
undeutlich *adj* ↑ *nicht eindeutig* indistinct, unclear; ◇ **sich - ausdrücken** to be vague, to not express o.s. clearly
undicht *adj* leaky
Unding *s* absurdity
undurchdringlich *adj* impenetrable
undurchführbar *adj* ↑ *nicht realisierbar* impracticable
undurchlässig *adj* (*wasser-, licht-*) impervious [to]
undurchsichtig *adj FIG* ↑ *undurchschaubar, verdächtig* ▷*Praktiken* obscure; ↑ *hinterhältig* ▷*Person* devious, inscrutable
uneben *adj* uneven
unecht *adj* not genuine, fake
unehelich *adj* ↑ *nicht ehelich* illegitimate
unehrlich *adj* dishonest
uneigennützig *adj* unselfish, altruistic
uneingeschränkt *adj* [1] ↑ *absolut* ▷*Freiheit* unlimited; ▷*Herrscher* unrestricted [2] AUTO ▷*Halteverbot* unqualified
Uneinigkeit *f* ↑ *Meinungsverschiedenheit* disagreement
unempfindlich *adj* [1] ↑ *nicht empfindlich* ▷*Person* insensitive (*gegen* to) [2] ↑ *resistent* ▷*Material* inured (*gegen* to)
unendlich I. *adj* [1] (*räumlich*) ↑ *grenzenlos* infinite [2] (*zeitlich*) ↑ *ewig* ◇ **- lange** endless **II.** *adv* ↑ *sehr* ◇ **jd-n - lieben** really love s.o.
unentbehrlich *adj* indispensible
unentgeltlich *adj* free of charge
unentschieden *adj* [1] SPORT ◇ **- ausgehen** to end in a tie [2] ↑ *unschlüssig* ◇ **- sein** be undecided; **Unentschieden** *s* <-, -> tie, draw
unentschlossen *adj* [1] ↑ *unentschieden* undecided, hesitant [2] ▷*Person* undecided
unentwegt *adj, adv* [1] ↑ *ausdauernd, kontinuierlich* (*- arbeiten*) untiringly [2] ↑ *pausenlos* (*- reden*) incessantly
unerfahren *adj* inexperienced
unerfreulich *adj* unpleasant, depressing
unerhört *adj* [1] ↑ *unerwidert* ▷*Liebe* unrequited; ↑ *abgewiesen* ▷*Liebhaber* rejected, spurned [2] ↑ *unverschämt* ▷*Forderung* outrageous; ◇ **-!** what a cheek!
unerlaubt *adj* unauthorized; ↑ *illegal* illegal
Unerschrockenheit *f* ↑ *Kühnheit* intrepidity; ↑ *Mut* courage
unerschütterlich *adj* [1] ▷*Person* unflappable [2] ▷*Glaube* unshakeable
unerschwinglich *adj* (*zu teuer*) ▷*Preis* prohibitive; ▷*Ware* prohibitively expensive
unerträglich *adj* unbearable, intolerable
unerwartet *adj* ▷*Besuch* unexpected
unerwünscht *adj* ▷*Gast* unwelcome; ▷*Kind* unwanted
unfähig *adj* [1] ↑ *nicht in der Lage* unable [2] ↑ *inkompetent* ▷*Arbeiter* incompetent
Unfall *m* accident; **Unfallflucht** *f* hit-and-run; **Unfallstelle** *f* scene of the accident; **Unfallversicherung** *f* accident insurance
unfaßbar *adj* ↑ *nicht zu fassen* incomprehensible; ↑ *unergründlich* unfathomable
unfehlbar I. *adj* [1] ▷*Person* infallible [2] ▷*Instinkt* unerring **II.** *adv* ↑ *gewiß, absolut sicher* for certain, inevitably
unfolgsam *adj* disobedient
unfreiwillig *adj* [1] ↑ *gezwungen* involuntary, against one's will; ↑ *obligatorisch* compulsory [2] ↑ *unbeabsichtigt* unintentional
unfreundlich *adj* [1] unfriendly (*zu* to) [2] ↑ *nicht angenehm* ▷*Wetter* cheerless
unfruchtbar *adj* [1] (*unfähig zur Fortpflanzung*) ▷*Lebewesen* infertile [2] (*nichts hervorbringend*) ▷*Boden* infertile, barren [3] *FIG* ↑ *zwecklos* ▷*Bemühungen* fruitless; ▷*Schaffensperiode* unproductive; ↑ *sinnlos* pointless
Unfug *m* <-s> [1] ↑ *Unsinn* nonsense, mischief [2] JURA ◇ **grober -** gross misconduct
Ungar(in *f*) *m* <-n, -n> Hungarian; **Ungarn** *s* Hungary
ungeachtet *präp gen* ◇ **- der Tatsache, daß** regardless of the fact that
ungeahnt *adj* undreamed-of; ↑ *unvorhergesehen* ▷*Schwierigkeiten* unexpected; (*noch nicht dagewesen*) unheard-of
ungebeten *adj* ▷*Gast* uninvited
ungebräuchlich *adj* ▷*Wort* unusual, uncommon
Ungeduld *f* impatience; **ungeduldig** *adj* impatient
ungeeignet *adj* (*unpassend*) unsuitable, unsuited; (*für Aufgabe*) unqualified (*für* for)
ungefähr I. *adj* ↑ *geschätzt* approximate, rough **II.** *adv* ↑ *etwa* roughly, approximately; ◇ **sie ist - 25 Jahre alt** she is about 25 years old
ungefährlich *adj* [1] ▷*Straße* not dangerous [2] ↑ *harmlos* harmless

ungeheuer I. *adj* ① ↑ *ungeheuerlich* enormous, huge ② ↑ *enorm, sehr groß* ▷*Wagnis* enormous, huge ③ ↑ *unverschämt* ▷*Lüge* blatant **II.** *adv* ① ↑ *sehr* ◇ **- wichtig** of the utmost importance ② *FIG* ◇ **- viel Arbeit** a tremendous amount of work; **ungeheuerlich** *adj* ↑ *abscheulich* monstrous; ↑ *unerhört* ▷*Leichtsinn* outrageous

Ungehorsam *m* <-s> disobedience; ◇ **ziviler -** civil disobedience

ungeklärt *adj* ① ▷*Rätsel* unsolved ② ▷*Frage* unsolved, open ③ ↑ *ungereinigt* untreated; ◇ **-es Abwasser** raw sewage

ungeladen *adj* ① ↑ *nicht aufgeladen,* ELECTR ▷*Batterie* not loaded; PHYS not charged ② ▷*Gast* uninvited ③ ↑ *nicht nachgeladen* ▷*Pistole* unloaded

ungelegen *adj* ↑ *unpassend* inconvenient

ungelernt *adj* ▷*Arbeiter* unskilled

ungelogen *adv* ◇ **-!** really! honestly!

ungemütlich *adj* ① ↑ *unbehaglich* ▷*Sessel* uncomfortable ② *FIG* ▷*Person* ↑ *ungesellig* uncomfortable, unsociable; ↑ *unsympathisch* disagreeable; ◇ **er wird schnell -** he can get nasty in a flash ③ ▷*Wetter* cheerless, unpleasant; ▷*Situation* uneasy

ungenau *adj* ① ↑ *fehlerhaft* inexact, inaccurate ② ↑ *ungefähr* ▷*abmessen* imprecise ③ ↑ *vage* ◇ **sich - ausdrücken** to be vague, to express o.s. unclearly

ungeniert I. *adj* ① ↑ *ungehemmt* ▷*Benehmen* uninhibited ② ↑ *bedenkenlos* freely **II.** *adv* ↑ *ohne Hemmungen* ◇ **etw - sagen** to say s.th. openly

ungenießbar *adj* ① ▷*Essen* inedible; ▷*Getränk* undrinkable ② *FAM* ▷*Mensch* unsociable, unbearable

ungenügend *adj* ① ↑ *nicht ausreichend* insufficient, not enough ② SCH unsatisfactory

ungepflegt *adj* ① ▷*Mensch* ↑ *verwahrlost* scruffy; ↑ *unordentlich* untidy ② ▷*Rasen, Haus, Auto* ↑ *vernachlässigt* neglected; ↑ *unordentlich* messy, untidy; ↑ *verwahrlost* scruffy

ungerecht *adj* ↑ *unfair* unjust

ungerechtfertigt *adj* ↑ *unberechtigt* unjustified

ungern *adv* ↑ *widerstrebend* reluctantly; ◇ **etw - tun** to do s.th. unwillingly

ungeschickt *adj* ① ↑ *tolpatschig, schwerfällig* clumsy, awkward; ◇ **handwerklich -** unsuitable for technical work ② *FIG* ▷*Bemerkung* tactless, undiplomatic

ungeschminkt *adj* ① ▷*Gesicht* without make-up ② *FIG* ↑ *rein, offen* plain, bare, unvarnished; ◇ **die -e Wahrheit** the plain truth

ungesetzlich *adj* illegal, illicit

ungestört *adj* undisturbed; ◇ **- arbeiten** to work undisturbed

ungestraft *adv* unpunished

ungesund *adj* ① (*nicht gesund*) unhealthy ② ↑ *schädlich* unhealthy, damaging, bad

ungetrübt *adj* ① ↑ *klar* ▷*Wasser* unclouded, clear ② *FIG* ▷*Freude* perfect, unspoilt

ungewiß *adj* ↑ *nicht sicher* uncertain

ungewöhnlich I. *adj* ① ↑ *nicht üblich* ▷*Brauch* unusual ② ↑ *außergewöhnlich* ▷*Person* unusual, remarkable, exceptional **II.** *adv* ↑ *außergewöhnlich* exceptionally, unusually; ◇ **er ist - groß für sein Alter** he is exceptionally big for his age

ungewohnt *adj* ① ↑ *fremdartig* ▷*Umgebung* strange; ↑ *eigenartig* odd ② (*nicht üblich*) ▷*Redeweise* unusual

ungezogen *adj* rude, impertinent, impolite

ungezwungen *adj* natural, casual

ungläubig I. *adj* ① (*nicht religiös*) unbelieving ② *FIG* ↑ *zweifelnd* doubting **II.** *adv* doubtingly; ◇ **- schauen** look in disbelief

unglaublich *adj* ▷*Geschichte* incredible, unbelievable

unglaubwürdig *adj* ① ↑ *nicht vertrauenswürdig* ▷*Person, Regierung* unreliable, untrustworthy, not to be trusted ② ↑ *zweifelhaft* ▷*Geschichte* implausible, improbable, unlikely

ungleich I. *adj* ① ↑ *unterschiedlich* ▷*Partner* different, dissimilar ② ▷*Voraussetzungen* unequal **II.** *adv* (*um vieles*) ◇ **- besser** much better

Unglück *s* <-[e]s, -e> ① ↑ *Mißgeschick, Pech* mishap, bad luck, misfortune ② (*-sfall*) accident ③ ↑ *Tragödie* disaster; ◇ **zu allem - ...** to make matters worse ...; **unglücklich** *adj* ① ↑ *traurig* unhappy, sad; ◇ **jd-n - machen** to make s.o. unhappy/sad ② ↑ *erfolglos* ▷*Versuch* unsuccessful ③ ↑ *bedauerlich* ▷*Umstand* unfortunate

ungültig *adj* ① *nicht gültig,* SPORT ▷*Spiel, Tor* disallowed; POL ▷*Stimme* spoilt ② ▷*Paß, Ticket* invalid

ungünstig *adj* ① ↑ *unpassend* ▷*Augenblick* inopportune, inconvenient; ▷*Zustände* unfavourable ② ▷*Wetter* bad

ungut *adj* ① ▷*Gefühl* bad ② ◇ **nichts für -** no offense meant, no hard feelings

unhaltbar *adj* ▷*Zustand* intolerable

Unheil *s* misfortune, harm; ◇ **- abwenden** to ward off evil

unheimlich I. *adj* ↑ *nicht geheuer* weird, strange, uncanny; ◇ **das ist mir -** that is weird **II.** *adv FAM* ↑ *sehr, außerordentlich* ◇ **der Film ist - gut** the film is terrific

unhöflich *adj* impolite, rude

Uni *f* <-, -s> *FAM* ↑ *Universität* university
Uniform *f* <-, -en> uniform; ◇ **in** - in uniform
Union *f* [1] ↑ *Bündnis* union [2] (POL *CDU, CSU*) *the German political parties CDU and CSU*
Universität *f* university; **Universitätsbibliothek** *f* university library
unkenntlich *adj* unrecognizable
Unkenntnis *f* ignorance; ◇ **jd-n in - lassen** to keep s.o. in the dark (*über akk* about)
unklar *adj* [1] ▷*Äußerung* unclear [2] ↑ *unverständlich* ▷*Sachverhalt* unclear, uncertain, vague [3] ▷*Problem* obscure, unclear
unklug *adj* ↑ *dumm* unwise, foolish
unkonventionell *adj* unconventional
Unkosten *pl* expenses *pl; (sich finanziell übernehmen)* ◇ **sich in - stürzen** to go to great expense
Unkraut *s* weeds *pl*
unkündbar *adj* ▷*Stellung* permanent; ▷*Entscheidung* irrevocable
unlängst *adv* ↑ *vor kurzem* recently, not so long ago
unleserlich *adj* ▷*Schrift* illegible
unlogisch *adj* illogical
unlösbar *adj* [1] MATH ▷*Aufgabe* insoluble [2] *FIG* ▷*Problem* insoluble; ↑ *unvereinbar* ▷*Widerspruch* irreconcilable
unmäßig *adj* immoderate, excessive; ◇ **- trinken** drink excessively/intemperately
Unmenge *f* vast amount, huge number (*von* of)
unmenschlich *adj* [1] ↑ *gemein, brutal* brutal, inhuman [2] ↑ *äußerst* ◇ **- Anstrengung** tremendous/huge effort
unmerklich *adj* imperceptible
unmißverständlich *adj* unmistakable, plain; ◇ **jd-m etw - klarmachen** to make s.th. clear to s.o.
unmittelbar I. *adj* ↑ *direkt* ▷*Nähe* immediate, direct II. *adv* [1] ↑ *direkt* directly, right [2] ↑ *sofort* ◇ **- darauf** immediately, straight afterwards
unmöglich *adj* [1] ↑ *unmachbar, undenkbar* impossible [2] *FAM* ▷*Kleidung* dreadful, awful, ridiculous; **Unmöglichkeit** *f* impossibility
unmoralisch *adj* ▷*Benehmen, Person* immoral
unnachgiebig *adj* [1] ▷*Material* unyielding [2] ▷*Person* unyielding, inflexible, uncompromising
unnötig *adj* unnecessary
unnütz *adj* [1] useless, pointless [2] ▷*Person* useless
UNO *f* <-> ◇ **die -** ↑ *Vereinte Nationen* the UN
Unordnung *f* mess, disorder
unparteiisch *adj* ▷*Meinung, Person* impartial, unbiased
unpassend *adj* [1] ▷*Bemerkung* inappropriate, improper [2] ▷*Termin* unsuitable
unpersönlich *adj* [1] ▷*Brief* impersonal [2] GRAM impersonal [3] ▷*Mensch* impersonal, cool, distant
unpolitisch *adj* apolitical
unpopulär *adj* ▷*Maßnahme, Person* unpopular
unpraktisch *adj* ▷*Werkzeug* impractical; ▷*Mensch* impractical
unqualifiziert *adj* [1] (*für Arbeit*) unqualified [2] ▷*Bemerkung* unqualified, unjustified
Unrecht *s* ↑ *Ungerechtigkeit* wrong; ◇ **das - bekämpfen** to fight a wrong [*o.* an injustice]; ◇ **zu -** wrongly; ◇ **- begehen** to do s.th. wrong
unregelmäßig *adj* [1] (*nicht regelmäßig*) irregular [2] ▷*Gesichtszüge* irregular, uneven [3] GRAM ▷*Verb* irregular
unreif *adj* [1] ▷*Obst* unripe, raw [2] *FIG* ▷*Mensch, Plan* immature
unrichtig *adj* ↑ *falsch* ▷*Behauptung, Lösung* incorrect, wrong; ▷*Information, Angabe* false, incorrect, wrong
Unruhe *f* <-, -n> [1] ↑ *Ruhelosigkeit, Nervosität* unrest, restlessness [2] ↑ *Besorgnis* anxiety; ◇ **in - sein** to be anxious [3] ▷*politisch* unrest [4] ↑ *Lärm* noise, commotion; **unruhig** *adj* [1] ↑ *nervös, rastlos* ▷*Mensch* restless [2] ↑ *besorgt* anxious [3] ↑ *bewegt* ▷*Meer* choppy, rough [4] ↑ *laut, hellhörig* ▷*Wohnung* noisy
uns I. *pron pers* [1] *akk von* **wir** us [1] *dat von* **wir** us, to us II. *pron reflexiv* ourselves
unsachlich *adj* [1] ↑ *nicht objektiv* ▷*Diskussion* irrelevant, subjective [2] ↑ *persönlich* ◇ **- werden** to become personal
unsagbar, unsäglich *adj* ▷*Schmerzen* indescribable
unsauber *adj* [1] ↑ *schmutzig* dirty, filthy [2] *FIG* ▷*Machenschaften* underhand, crooked
unschädlich *adj* [1] ▷*Medikament* harmless [2] *FAM* ◇ **jd-n/etw - machen** to take care of s.o./s.th.
unscharf *adj* [1] ▷*Foto etc.* blurred, indistinct, out of focus; ▷*Vorstellung* vague [2] ◇ **-e Munition** blanks
unscheinbar *adj* ▷*Mensch* ↑ *unauffällig* inconspicuous; ↑ *bescheiden* unassuming; ▷*Sache* insignificant
unschlüssig *adj* [1] ↑ *zögernd* hesitant [2] ↑ *unentschlossen* undecided
unschuldig *adj* [1] ↑ *nicht schuldig* innocent (*an dat* of) [2] ↑ *unbedarft, naiv* innocent
unselbständig *adj* ▷*Mensch* dependent
unser(e) *pron poss* (*adjektivisch*) our; ◇ **-e Kinder** our children; **unsere(r, s)** *pron poss* (*substantivisch*) ours; **unserer** *pron pers gen von* **wir** of us
unsicher *adj* [1] ↑ *ungewiß* uncertain [2] ↑ *nicht*

U

selbstbewußt ▷*Mensch* insecure [3] ▷*Gegend* unsafe, dangerous; **Unsicherheit** *f* [1] ↑ *Ungewißheit* uncertainty [2] (*unsicheres Wesen*) insecurity [3] (*Gefahr*) danger

unsichtbar *adj* invisible

Unsinn *m* ↑ *Blödsinn* nonsense; ◇ **- machen** to fool around; *FAM* to muck about

unsportlich *adj* [1] ↑ *ungelenkig* ▷*Mensch* unathletic, unfit [2] ↑ *unfair* ▷*Verhalten* unsporting

unsre = unsere

unsterblich I. *adj* [1] ↑ *nicht sterblich* immortal [2] ↑ *unvergeßlich* ▷*Schauspieler* immortal [3] ▷*Liebe* undying **II.** *adv FAM* ◇ **- verliebt sein** to be hopelessly in love with s.o.

Unstimmigkeit *f* [1] ↑ *Ungenauigkeit* inconsistency [2] ↑ *Streit* disagreement

Unsumme *f* enormous sum/amount

unsympathisch *adj* ▷*Person* unappealing, unpleasant; ▷*Stimme* unpleasant; ◇ **sie ist mir -** I don't like her

untätig *adj* ↑ *müßig, passiv* idle, lazy, inactive

untauglich *adj* [1] ↑ *nicht geeignet* unsuitable (*für, zu* for); ↑ *unfähig* incompetent [2] MIL unfit for military service

unteilbar *adj* (*nicht teilbar*) indivisible

unten *adv* [1] (*im unteren Teil, an unterer Seite*) ◇ **- wohnen** live downstairs; ◇ **nach - gehen** to go down; ◇ **- am Berg** at the bottom of the mountain [2] (*tiefer gelegen*) ◇ **von oben nach -** from top to bottom; ◇ **tief - im See** deep in the lake [3] *FAM* ◇ **er ist bei mir - durch** I'm through with him, I've had it with him

unter *präp akk/dat* [1] ↑ *drunter, unterhalb* under, below; ◇ **- der Brücke** under the bridge [2] ↑ *inmitten, zwischen* among[st]; ◇ **- Leuten** amongst people; ◇ **hier sind wir - uns** we are undisturbed here; ◇ **- Menschen gehen** to mix, to socialize [3] ↑ *während* during; ◇ **- der Woche** during the week [4] ↑ *weniger als* under, less than; ◇ **- 5 Mark** less than 5 marks

Unterabteilung *f* subdivision

Unterbewußtsein *s* subconscious

unterbieten *unreg vt* [1] COMM → *Preis* undercut [2] SPORT → *Rekordzeit* beat, break, lower

unterbrechen *unreg vt* [1] ↑ *stören* → *Gespräch* interrupt [2] ↑ *nicht weiterführen* → *Reise, Arbeit* interrupt, cut short [3] ▷*Leitung* cut

unterbringen *unreg vt* [1] (*in Kiste*) stow, pack [2] ↑ *einquartieren* → *jd-n* accommodate [3] ↑ *Platz finden für* → *Arbeitslose* fix up; → *Anzeige* place; **Unterbringung** *f* accommodation

unterdessen *adv* ↑ *inzwischen* meanwhile, in the meantime

unterdrücken *vt* [1] ↑ *gewaltsam beherrschen* → *Leute* suppress, oppress [2] → *Tränen* suppress, hold back

untere(r, s) *adj* lower

unterernährt *adj* undernourished, malnourished

Unterführung *f* subway; (*Auto-*) underpass, tunnel

Untergang *m* [1] (*Sonnen-*) set [2] (NAUT *von Schiff*) sinking [3] ↑ *Zugrundegehen, Ruin* (*von Staat*) decline, [down] fall; (*Welt-*) end; (*von Mensch*) end, fall, decline

Untergebene(r) *fm* subordinate

untergehen *unreg vi* [1] ← *Sonne, Mond* set [2] ← *Schiff* sink [3] ↑ *zugrundegehen* ← *Staat* decline, fall; ← *Welt* end [4] *FIG* ↑ *unhörbar werden* (*im Lärm*) be drowned [by the noise]

Untergeschoß *s* basement

Untergrund *m* [1] (*unter Erdboden*) subsoil; (*Boden*) ground [2] (*von Gebäude*) foundation [3] POL underground; ◇ **im - leben** to live underground; **Untergrundbahn** *f* underground, tube *BRIT*, subway *AM*

unterhalb *präp gen* below, underneath; ◇ **- des Berges** under the mountain

Unterhalt *m* (*Lebens-*) maintenance, support

unterhalten *unreg* **I.** *vt* [1] ↑ *ernähren* → *Familie* support [2] ↑ *amüsieren* → *Publikum* entertain [3] ↑ *halten, besitzen* → *Laden* keep up; → *Auto* keep up [4] ↑ *pflegen* → *Beziehungen* maintain **II.** *vr* ◇ **sich -** [1] ↑ *Gespräch führen* talk [2] ↑ *sich amüsieren* enjoy o.s.

Unterhemd *s* vest, undershirt *AM*

Unterhose *f* (*Mann*) underpants; (*Frau*) pants

Unterkunft *f* <-, -künfte> accommodation, lodging

Unterlage *f* [1] ↑ *Grundlage* padding; (*zum Schreiben*) desk pad [2] (*Belege, Dokumente*) ◇ **die -en** *pl* documents *pl*

unterlassen *unreg vt* [1] ↑ *nicht tun, versäumen* → *Hilfe* fail to do [2] ↑ *sich enthalten* → *Bemerkung* refrain from

unterlaufen[1] *unreg vi* ↑ *passieren* happen, occur

unterlaufen[2] *adj* ▷*Augen* ◇ **mit Blut -** bloodshot

unterlegen[1] **I.** *vt* → *Decke* lay/put under

unterlegen[2] *adj* ↑ *besiegt, nicht gewachsen* defeated; ◇ **jd-m - sein** to be inferior to s.o.

Unterleib *m* abdomen

Untermiete *f* sublease; ◇ **zur - wohnen** to be a subtenant; **Untermieter(in** *f*) *m* subtenant

unternehmen *unreg vt* undertake, do; **Unternehmen** *s* <-s, -> [1] ↑ *Aktion* undertaking, enterprise [2] COMM ↑ *Firma* firm, business

unternehmungslustig *adj* enterprising

Unteroffizier *m* MIL non-comissioned officer, corporal

Unterordnung *f* suborder; subordination

Unterredung *f* ↑ *Gespräch* talk

Unterricht *m* <-[e]s, -e> instruction, teaching, lessons *pl;* **unterrichten** I. *vt* [1] ↑ *Unterricht halten* teach, instruct [2] ↑ *informieren* inform (*von, über akk* of) II. *vr* ◇ **sich** ~ ↑ *sich informieren* inform oneself (*über akk* about)

untersagen *vt* ↑ *verbieten* forbid; ◇ **jd-m etw** ~ to forbid s.o. to do s.th.

unterschätzen *vt* → *Person* underestimate

unterscheiden *unreg* I. *vt* [1] ↑ *differenzieren* distinguish (*von* between) [2] ↑ *auseinanderhalten* → *Zwillinge* make out, distinguish II. *vr* ◇ **sich** ~ differ (*von* from); **Unterscheidung** *f* [1] differentiation, distinction [2] ↑ *Unterschied* difference (*zwischen dat* between)

Unterschied *m* <-[e]s, -e> [1] ↑ *Anderssein* difference (*zwischen dat* between) [2] ↑ *Trennung, Unterscheidung* distinction; ◇ **e-n ~ machen** to make a distinction; **unterschiedlich** *adj* [1] ↑ *verschieden* ▷*Interessen* different, differing [2] ↑ *gemischt* varying, varied

unterschlagen *unreg vt* [1] ↑ *beiseiteschaffen* → *Geld* embezzle [2] ↑ *verheimlichen* → *Information* suppress, conceal

unterschreiben *unreg vt* [1] → *Vertrag* sign [2] *FIG* ↑ *unterstützen* subscribe to; **Unterschrift** *f* signature

untersetzt *adj* stocky

unterste(r, s) *adj* [1] ↑ *tiefste(r, s)* bottom, lowest [2] ↑ *letzte(r, s)* lowest

unterstehen *unreg* I. *vi* ↑ *untergeordnet sein* be under (*jd-m* s.o.) II. *vr* ◇ **sich** ~ *FAM* ↑ *sich trauen* dare [to]; ◇ **untersteh dich!** don't you dare!

unterstellen [1] <unterstellte, hat unterstellt> *vt* [1] ↑ *unterordnen* subordinate; ◇ **diese Truppen sind ihm unterstellt** these troops are under him [2] *FIG* ↑ *unterschieben, verdächtigen* imply, insinuate [3] *FIG* ↑ *annehmen* suppose, assume

unterstellen [2] I. <stellte unter, hat untergestellt> *vt* (*unter Baum*) put/place under II. *vr* ◇ **sich** ~ (*zum Schutz*) take shelter

unterstreichen *unreg vt* [1] ↑ *markieren* → *Zeile* underline [2] *FIG* ↑ *betonen* ▷*Bedeutung* stress, emphasize

unterstützen *vt* ↑ *tragen* ← *Mauer* support; ▷*finanziell* support; (*aus Staatsmitteln*) assist; (*bei Streit*) support, back [s.o.] up; **Unterstützung** *f* support, help; ▷*finanziell* support; ▷*staatlich* assistance; ▷*verbal, moralisch* support, backing

untersuchen *vt* [1] ▷*technisch, wissenschaftlich* examine, inspect [2] → *Fall* investigate [3] MED → *Patienten* examine; **Untersuchung** *f* [1] examination, inspection; ▷*wissenschaftlich* examination, survey; ▷*technisch* inspection [2] ▷*polizeilich* investigation [3] ▷*ärztlich* examination, check-up

untertauchen *vi* [1] (*in Wasser*) dive [2] *FIG* ↑ *verschwinden* vanish, disappear

Unterteil *s o. m* lower part, bottom

unterteilen *vt* divide (*in akk* into)

Unterwäsche *f* underwear

unterwegs *adv* ◇ ~ **sein** on the way (*nach* to); ▷*Kind* on the way

Unterwelt *f* underworld

unterwerfen *unreg* I. *vt* → *Land, Volk* subject II. *vr* ◇ **sich** ~ to submit (*jd-m/e-r Sache* to s.b./s.th.)

unterzeichnen *vt* sign

unterziehen *unreg vtr* ◇ **sich** ~ ↑ *über sich ergehen lassen* undergo; ◇ **sich e-r Prüfung** *dat* ~ to take an examination, to sit an examination

untreu *adj* unfaithful, disloyal

untrennbar *adj* inseparable

unüberlegt I. *adj* ↑ *voreilig* ▷*Person* rash, hasty; ▷*Entscheidung* rash, ill-considered, hasty II. *adv* ↑ *voreilig, unbedacht* ◇ ~ **handeln** to act without thinking

unübersehbar *adj* [1] ↑ *offensichtlich* ▷*Hindernis* immense [2] ↑ *unüberblickbar* ▷*Menge* immense, vast [3] ↑ *nicht schätzbar* ▷*Schaden* incalculable

unüblich *adj* unusual

unumgänglich *adj* [1] ↑ *unentbehrlich* ▷*Maßnahme* absolutely necessary [2] ↑ *unvermeidlich* unavoidable

unumwunden *adv* ↑ *offen, ehrlich* frank, candidly; ◇ **etw ~ sagen** to say point-blank

ununterbrochen *adj* uninterrupted

unverantwortlich *adj* irresponsible

unverbesserlich *adj* (*nicht zu bessern*) incorrigible; ◇ **ein ~er Lügner** a hopeless liar

unverbindlich I. *adj* [1] ▷*Preis* not binding [2] ↑ *vage* ▷*Zusage* non-committal II. *adv* COMM without obligation

unverbleit *adj* ▷*Benzin* unleaded, lead-free

unvereinbar *adj* ▷*Gegensätze* incompatible

unvergänglich *adj* immortal; ▷*Erinnerung* everlasting

unverkäuflich *adj* not for sale

unverletzt *adj* uninjured, unhurt

unvermeidlich *adj* inevitable, unavoidable

unvermittelt *adj* ◇ ~ **aufstehen** suddenly get up

unvernünftig *adj* foolish, unwise

unverschämt *adj* ↑ *schamlos* ▷*Person* outrageous, impudent, insolent; ▷*Bitte* outrageous

unversöhnlich *adj* [1] ↑ *unvereinbar* ▷*Gegensätze* irreconcilable [2] ▷*Gegner* irreconcilable

unverständlich *adj* [1] ↑ *unbegreiflich* incomprehensible [2] ↑ *unhörbar* unintelligible

unverträglich *adj* ① ↑ *gegensätzlich* ▷*Standpunkte* quarrelsome ② MED ▷*Medikament* having adverse effects ③ ▷*Essen* indigestible
unverzeihlich *adj* unforgivable, inexcusable
unvollkommen *adj* ① ↑ *nicht perfekt* imperfect ② ↑ *unvollständig* incomplete
unvollständig *adj* incomplete
unvorhergesehen *adj* ① ↑ *nicht geplant* unforseen, unexpected ② ↑ *unerwartet* unexpected
unvorsichtig *adj* careless
unvorstellbar *adj* unimaginable, unthinkable
unvorteilhaft *adj* disadvantageous; ▷*Frisur* unflattering, unbecoming
unwahr *adj* untrue
unwahrscheinlich I. *adj* ① ↑ *unglaubhaft* ▷*Geschichte* unlikely, improbable ② ↑ *kaum denkbar* unlikely ③ *FAM* ↑ *sehr* ◇ **- toll** incredible II. *adv FAM* ↑ *sehr* incredibly; ◇ **sich - betrinken** to get incredibly drunk
unweigerlich I. *adj* ↑ *unvermeidlich* ▷*Konsequenz* inevitable II. *adv* ① ↑ *unvermeidlich* inevitably ② ↑ *auf jeden Fall* without fail
unwesentlich *adj* ↑ *geringfügig* unimportant, insignificant, inessential; ◇ **- billiger** marginally cheaper
Unwetter *s* thunderstorm
unwiderruflich *adj* irrevocable
unwiderstehlich *adj* irresistible
unwirklich *adj* unreal
unwirtschaftlich *adj* uneconomical, inefficient
unwissend *adj* ① ↑ *dumm* ignorant ② ↑ *ahnungslos, naiv* naive
unwohl *adj* ill, unwell
unzählig *adj* countless; ◇ **-e Leute** scores of people
unzeitgemäß *adj* out-dated, old-fashioned
unzerbrechlich *adj* unbreakable
unzertrennlich *adj* inseparable
unzufrieden *adj* ① ↑ *nicht zufrieden* dissatified (*mit* with) ② ↑ *schlechtgelaunt* discontented
unzulässig *adj* inadmissible
unzutreffend *adj* ① ↑ *nicht zutreffend* inapplicable ② ↑ *unwahr* incorrect
unzuverlässig *adj* ▷*Person* unreliable; ▷*Information* unreliable
üppig *adj* ① ▷*Essen* rich ② ↑ *voll* ▷*Form, Figur* full, voluptuous ③ ↑ *überreich* ▷*Vegetation* luxuriant ④ ↑ *hoch* ▷*Gehalt* high
uralt *adj* ancient, age-old; **Uraufführung** *f* THEAT MUS (*von Konzert, Theaterstück*) first performance, premiere; (*von Film*) premiere; **Urheberrecht** *s* copyright
Urkunde *f* <-, -n> ↑ *Dokument* document, deed
Urlaub *m* <-[e]s, -e> (*Jahres-*) holiday, vacation *AM*; ◇ **- nehmen** to go on holiday; MIL go on leave; **Urlauber(in** *f*) *m* <-s, -> holiday-maker
Ursache *f* cause, reason
Ursprung *m* ① ↑ *Anfang* origin ② ↑ *Quelle* (*von Fluß*) source; **ursprünglich** I. *adj* ① ↑ *zuerst/anfangs vorhanden* ▷*Plan* initial, first, original ② ↑ *einfach, naturbelassen* ▷*Volk* original ③ ↑ *echt, unverbildet* original II. *adv* ↑ *eigentlich, anfangs* originally; ◇ **- war es so geplant, daß ...** it was originally planned that ...
Urteil *s* <-s, -e> ① JURA judgement, sentence ② ↑ *Meinung* opinion; ◇ **sich ein - bilden ...** to form an opinion on ...
Urwald *m* jungle
USA *pl* USA, United States of America *pl*
usw. *Abk. v.* **und so weiter** etc.
utopisch *adj* ① utopian ② *FAM* ↑ *unrealistisch* ▷*Preis* unrealistic, unbelievable
UV-Strahlen *pl* ultraviolet rays *pl*

V

V, v *s* V, v
Vagabund *m* <-en, -en> vagabond, vagrant, bum, hobo *AM*; **vagabundieren** *vi* ↑ *umherziehen* lead a vagabond life; stray
vage *adj* vague
vakant *adj* vacant
Vampir *m* <-s, -e> vampire
Vanilleeis *s* vanilla ice cream
variabel *adj* variable
Variation *f* variation
Varieté[theater] *s* music hall, variety theater
Vase *f* <-, -n> vase
Vaseline *f* vaseline
Vater *m* <-s, Väter> ① (*Familien-*) father ② (*pl*) ↑ *Vorfahren* the forefathers; **vaterländisch** *adj* national, patriotic
väterlich *adj* paternal, fatherly
Vatermord *m* patricide; **Vaterschaft** *f* fatherhood, paternity
Vegetarier(in *f*) *m* <-s, -> vegetarian
vegetieren *vi* vegetate
Vehikel *s* <-s, -> vehicle
Veilchen *s* violet
Vene *f* <-, -n> vein; **Venenentzündung** *f* phlebitis
Ventil *s* <-s, -e> valve
verabreden I. *vt* arrange, plan (*mit jd-m* with s.o.); (*Zeit, Datum*) fix, set II. *vr* ◇ **sich -** make an

appointment/make a date *FAM* (*mit jd-m* with s.o.)
verabreichen *vt* give, administer
verabscheuen *vt* detest, abhor, loathe
verabschieden I. *vt* ① (*aus Amt*) dismiss ② POL ↑ *beschließen* → *Gesetz* adopt, pass **II.** *vr* ◇ **sich** ~ say good-bye, bid farewell (*von jd-m* to s.o.); **Verabschiedung** *f* ① (*von Besuchern*) farewell; (*von General*) dismissal, discharge ② (POL *von Gesetz*) passing, adoption
verachten *vt* ↑ *ablehnen* despise, defy
Verachtung *f* contempt, scorn (*für* for)
verallgemeinern *vt* generalize
veralten *vi* go out of date
Veranda *f* <-, Veranden> veranda, porch; **verändern I.** *vt* rearrange, change **II.** *vr* ◇ **sich** ~ change
verängstigt *adj* ▷*Hund* frightened; ▷*Person* intimidated, scared
verankern *vt* ① → *Schiff* anchor ② → *Grundrechte* establish
veranlagt *adj* ◇ ~ **sein für** to have an aptitude for; **Veranlagung** *f* ① disposition, inclination; ↑ *Begabung* gift, aptitude ② FIN assessment
veranlassen *vt* cause, call forth
veranschaulichen *vt* illustrate
veranschlagen *vt* estimate (*auf akk* at)
veranstalten *vt* ① ↑ *durchführen* organize, arrange; → *Wettbewerb* put on, promote ② ↑ *aufführen* stage, organize
verantworten I. *vt* accept responsibility for, account for **II.** *vr* ◇ **sich vor Gericht ~ müssen** to have to answer to the court; **verantwortlich** *adj* responsible, liable; **Verantwortung** *f* responsibility; **verantwortungsbewußt** *adj* responsible; **verantwortungslos** *adj* irresponsible
veräppeln *vt FAM* make fun of s.o., tease
verarbeiten *vt* ① ↑ *bearbeiten* work; PC process, go over; ↑ *umwandeln* to convert ② ↑ *verkraften* think over, digest
verärgert *adj* annoyed, irritated
Verarmung *f* impoverishment
verarschen *vt FAM!* kid s.o., to take s.o. for a ride
verarzten *vt* treat
verausgaben *vr* ◇ **sich** ~ ▷*finanziell* overspend; ▷*körperlich* push o.s. to the max[imum]
veräußern *vt* sell, dispose of; **Veräußerung** *f* alienation, disposal
Verband [1] *m* <-es, Verbände> MED bandage, dressing
Verband [2] *m* <-es, Verbände> ① MIL unit ② (*Interessen~*) asociation, union
Verband[s]kasten *m* first-aid kit; **Verband[s]mull** *m* surgical gauze
Verbannte(r) *fm* exile, outlaw
verbarrikadieren I. *vt* barricade, block **II.** *vr* ◇ **sich** ~ barricade o.s.
verbauen *vt* ① → *Material* obstruct, block ② → *Landschaft* spoil, ruin ③ → *Chancen* wreck, spoil
verbergen *unreg vt* conceal, hide (*vor dat* from)
verbessern I. *vt* improve, correct **II.** *vr* ◇ **sich** ~ improve o.s., correct o.s.
verbeugen *vr* ◇ **sich** ~ bow
verbiegen *unreg* **I.** *vt* bend, twist **II.** *vr* ◇ **sich** ~ twist
verbieten *unreg vt* forbid; **Verbilligung** *f* reduction
verbinden *unreg* **I.** *vt* ① → *Kabel, Faden* tie, link; → *Straße, Ort* connect, link (*mit etw* to s.th.) ② MED → *Wunde, Verletzten* dress, bandage ③ → *Augen* blindfold **II.** *vr* ◇ **sich** ~ join, unite, associate; CHEM combine (*mit* with)
verbindlich *adj* ① ↑ *verpflichtend* binding, obligatory ② ↑ *höflich, freundlich* polite, courteous
Verbindung *f* ① ↑ *das Zusammenfügen* union, bond ② ↑ *~slinie* line; *FIG* connection; (*Steck~*) junction ③ (*Freundschafts~*) bond ④ ↑ *Kombination*, CHEM combination ⑤ (*Studenten~*) society *AM*; (*männlich*) fraternity; (*weiblich*) sorority
verbissen *adj* determined; **Verbitterung** *f* bitterness
verblassen *vi* fade; *FIG* become insignificant
verbleiben *unreg vi* ① ↑ *verharren* remain ② ↑ *übrigbleiben* be left [over] ③ ↑ *übereinkommen* agree
verbleit *adj* ▷*Benzin* leaded
verblöden *vi* ↑ *verdummen* stultify
verblüfft *adj* perplexed, dumbfounded
verblühen *vi* fade, wither
verbocken *vt FAM* goof [up]
verborgen [1] *vt* ↑ *verleihen* lend
verborgen [2] *impf. v.* **verbergen** ↑ *versteckt, geheim* hidden; ↑ *unbemerkt* concealed
Verbot *s* <-[e]s, -e> prohibition, ban; **verboten** *adj* prohibited; **Verbotsschild** *s* prohibition sign
Verbrauch *m* <-[e]s> (*Benzin~ etc.*) consumption; (*von Lebensmittel*) consumption; **verbrauchen** *vt* → *Energie, Kräfte* use; → *Lebensmittel* consume
verbraucht *adj* ▷*Energie, Kräfte* used; ▷*Lebensmittel* consumed; ▷*Luft* stale; ▷*Frau, Mann* run down, worn out
verbrechen *unreg vt* → *e-e Sache* commit; **Verbrechen** *s* <-s, -> crime (*gegen, an* against); **verbrecherisch** *adj* criminal
verbreiten I. *vt* ① → *Krankheit, Gerücht, Wär-*

me spread [2] ↑ *ausstrahlen* radiate; → *Licht* shed **II.** *vr* ◇ **sich** ~ spread

verbreitern *vt* → *Straße* widen

verbrennen *unreg* **I.** *vt* → *Holz, Benzin etc.* burn; → *Gesicht* [sun]burn; → *Tote* cremate **II.** *vi* ← *Haus* burn down **III.** *vr* ◇ **sich** ~ MED to burn o.s.; **Verbrennungsmotor** *m* internal combustion engine

verbringen *unreg vt* spend

verbrüdern *vr* ◇ **sich** ~ fraternize

verbrühen I. *vt* → *Gesicht etc.* scald **II.** *vr* ◇ **sich** ~ scald o.s.

verbuchen *vt* FIN → *Einnahmen, Ausgaben* register, enter [in book]

verbünden *vr* ◇ **sich** ~ to ally o.s.

verbürgen *vr* ◇ **sich** ~ **für** to vouch for

verbüßen *vt* → *Strafe* to serve

Verdacht *m* <-[e]s> suspicion; **verdächtig** *adj* suspicious; **Verdächtige(r)** *fm* suspect

verdammen *vt* condemn; (*verfluchen*) damn, curse; **verdammt** *adj* (*fluchend*) damned, blasted, bloody *BRIT*, darned *AM*; ◇ ~! damn!

verdampfen *vti* evaporate, vaporize; **Verdampfung** *s* evaporation

verdanken *vt* ◇ **jd-m etw** ~ to owe s.o. s.th.; ◇ **ich verdanke dir mein Leben** I owe my life to you

verdauen *vt* → *Nahrung* digest; **verdaulich** *adj* ▷*Essen* digestible; **Verdauung** *f* digestion; **Verdauungsbeschwerden** *pl* indigestion *sg;* **Verdauungsstörung** *f* indigestion

Verdeck *s* <-[e]s, -e> [1] NAUT deck [2] AUTO roof, top

verdecken *vt* ↑ *zudecken* cover; ↑ *behindern* → *Sicht* block, hide

verdenken *unreg vt* ◇ **jd-m etw** ~ to blame s.o. for s.th.; ↑ *übelnehmen* ◇ **ich kann es ihm nicht ~, daß ...** I can't blame him for ...

Verderb *m* ruin; ◇ **auf Gedeih und** ~ for better or for worse

verderben <verdarb, verdorben> **I.** *vt* [1] → *Lebensmittel etc.* spoil, waste, ruin [2] ↑ *unbrauchbar machen* → *Film* destroy, wreck [3] → *Jugendliche, Charakter* corrupt, deprave **II.** *vi* ← *Nahrung* spoil, go bad; ← *Person* turn corrupt **III.** *vr* ◇ **sich** ~ ruin; **Verderben** *s* <-s> ruin, destruction; ◇ **in sein** ~ **rennen** to rush to one's doom; **verderblich** *adj* perishable

verdeutschen *vt* [1] *FAM* → *Fremdwort, Satz* translate [2] ↑ *eindeutschen* germanize

verdeutlichen *vt* make clear, clarify

verdichten I. *vt* → *Atmosphäre, Gas* condense; CHEM → *Benzingemisch etc.* compress **II.** *vr* ◇ **sich** ~ [1] ← *Nebel* thicken, become denser [2] *FIG* ← *Gerücht* spread faster; **Verdichtung** *f* condensation, compression

Verdickung *f* thickening; MED swelling [-up]

verdienen *vt* [1] → *Geld* earn; → *Lebensunterhalt* finance, pay for [2] → *Anerkennung* deserve, merit

Verdienst [1] *m* <-[e]s> (*von Geld*) earnings *pl*, income

Verdienst [2] *s* <-[e]s, -e> merit; **verdienstvoll** *adj* meritorious, deserving; **verdient** *adj* deserving

verdolmetschen *vt FAM* interpret, translate

verdoppeln *vt* double

verdorben *adj s.* **verderben** [1] ▷*Lebensmittel* spoiled *AM*, spoilt; (*unbrauchbar gemacht*) ruined [2] ▷*Charakter, Kind* corrupt; **Verdorbenheit** *f* corruption, depravity

verdorren *vi* dry up, wither

verdrängen *vt* drive away, dispel; → *Erinnerungen* suppress, dispel; → *Pflanze, Kollegen* oust

verdrehen *vt* [1] → *Hebel, Schraube* turn, twist; → *Augen* roll; ◇ **jd-m den Kopf verdrehen** to turn a person's head; → *Sender, Antenne* turn, adjust; → *Arm, Bein* sprain, twist [2] → *Worte* distort, twist

verdreht *adj FAM* crazy, mad

verdreifachen *vt* triple

verdrücken I. *vt* [1] ↑ *zerknittern* crumple, wrinkle; → *Brille, Gegenstand etc.* crush, squeeze [2] *FAM* ↑ *hinunterschlingen* polish off, put away **II.** *vr* ◇ **sich** ~ to slip away

Verdrossenheit *f* ↑ *Ärger, Mißmut* moroseness, peevishness

verduften *vi* [1] ← *Blume, Kaffee* lose aroma [2] *FAM* ↑ *heimlich verschwinden* beat it

verdummen I. *vt* stultify **II.** *vi* become stultified

verdunkeln I. *vt* → *Raum* darken; *FIG* → *Verbrechen* cover up **II.** *vr* ◇ **sich** ~ darken; **Verdunklungsgefahr** *f* JURA danger of suppression of evidence

verdünnen I. *vt* dilute, thin **II.** *vr* ◇ **sich** ~ become diluted

verdunsten *vi* evaporate

verdursten *vi* die of thirst

verdutzt *adj* startled, bewildered, taken aback

veredeln *vt* → *Pflanze* graft; → *Geschmack, Kaffeegeschmack* improve; → *Boden* enhance, enrich; → *Rohstoff* process, refine

verehren *vt* [1] ↑ *bewundern, schätzen* honour, worship; → *Mädchen* admire [2] ↑ *schenken* present s.o.; **Verehrer(in** *f*) *m* <-s, -> fan, admirer; REL worshipper

vereid[ig]en *vt* → *Minister, Soldaten* swear in; → *Zeugen, Geschworene* swear (*auf akk* on)

Verein *m* <-[e]s, -e> (*Sport- etc.*) club, society, association; ◇ **eingetragener** ~ registered society

vereinbar *adj* compatible; **vereinbaren** *vt* → *Termin* agree upon; → *Beschluß* arrange
vereinen *vt* → *Institutionen* unite; → *Unterschiedliches* reconcile
vereinfachen *vt* simplify
vereinheitlichen *vt* make uniform, standardize
vereinigen I. *vt* join, unite (*zu etw* together) II. *vr* ◇ **sich** ~ unite, join (*mit jd-m* with s.o.); (*Kapital, Kräfte*) pool
vereinsamen *vi* become lonely
vereint *adj s.* **vereinen**
vereinzelt *adj* ↑ *selten* occasional; single, isolated
vereisen I. *vt* MED → *Prellung etc.* freeze II. *vi* ← *Straße* freeze
vereiteln *vt* → *Plan* thwart, foil; → *Straftat* prevent
vereitern *vi* fester; **vereitert** *adj* be septic
verenden *vi* ← *Tier* perish, die
verengen I. *vt* narrow II. *vr* ◇ **sich** ~ contract
vererben I. *vt* → *Nachlaß* leave, bequeath; BIOL pass on; *FAM* ↑ *schenken* give II. *vr* ◇ **sich** ~ be passed on/transmitted (*auf jd-n* to); **vererblich** *adj* ▷*Krankheit* hereditary; **Vererbungslehre** *f* genetics *sg*
verewigen *vt* ↑ *eintragen* inscribe; → *Person* immortalize
verfahren [1] *unreg* I. *vt* → *Benzin* use up II. *vr* ◇ **sich** ~ get lost, take the wrong road III. *vi* ↑ *handeln* proceed, act
verfahren [2] *adj* ▷*Verhandlungen* bungled, muddled
Verfahren *s* <-s, -> [1] ↑ *das Vorgehen, Methode* procedure, method [2] (JURA *Gerichts~*) proceedings *pl*
Verfall *m* <-[e]s> [1] (*von Gebäude, Stadt*) destruction, ruin; (*von Reich*) fall; (*von Körper, Geist*) ruin, decline; (FIN *von Kursen*) fall, decline [2] ↑ *das Ungültigwerden* (*von Fahrkarte*) expiry; **verfallen** *unreg vi* [1] ↑ *baufällig werden* ruin, decay; ↑ *untergehen* fall, collapse; ↑ *kraftlos werden* deteriorate; FIN ← *Kurse* fall [2] ← *Ticket* expire [3] ↑ *abhängig sein* to beome addicted to; **Verfallsdatum** *f* expiry date
verfälschen *vt* → *Meinung, Daten* alter, falsify; → *Lebensmittel* adulterate
verfärben *vt* → *Haare, Kleidung* colour, dye
verfassen *vt* write, prepare, compose; **Verfasser(in** *f*) *m* <-s, -> author, writer
Verfassung *f* [1] ↑ *von Text* edition [2] POL constitution [3] state; **Verfassungsgericht** *s* Constitutional Court; **verfassungsmäßig** *adj* constitutional; **verfassungswidrig** *adj* unconstitutional
verfaulen *vi* decay, rot
verfehlen *vt* [1] ↑ *nicht erreichen* → *Person* miss [2] ↑ *nicht richtig treffen* → *Beruf* be in the wrong business, pursue the wrong career; → *Aufsatzthema* be off the subject; **verfehlt** *adj* ▷*Maßnahme, Entscheidung* inappropriate, wrong
verfeinden *vr* ◇ **sich** ~ make an enemy (*mit jd-m* of s.o.)
verfeinern *vt* improve, refine
verfestigen I. *vr* ◇ **sich** ~ ← *Meinung* enforce, set; ← *lockere Masse* harden, solidify II. *vt* (*lockere Masse*) harden, solidify
verfilmen *vt* film
verfilzt *adj* ▷*Wolle* felted; ▷*Haare* matted
verflechten *vt* → *Zweige* intertwine, interweave; *FIG* → *Unternehmen* interlink
verfliegen *unreg* I. *vi* ↑ *sich auflösen* ← *Duft* vanish, subside; ← *Zeit* fly, pass II. *vt* → *Kerosin* use III. *vr* ◇ **sich** ~ ↑ *falsch fliegen* lose one's bearings
verfließen *vi* [1] ← *Zeit* pass, fly [2] ↑ *ineinander übergehen* ← *Farben* run
verflüchtigen *vr* ◇ **sich** ~ [1] ← *Benzin* evaporate [2] *FIG FAM* ← *Person* vanish
verflüssigen *vt* liquefy
verfolgen *vt* [1] → *Tier, Mensch, Spur* follow [2] ▷*politisch, gerichtlich* persecute [3] → *Ziel, Zweck* pursue, follow; **Verfolgung** *f* [1] → *von Tier, Mensch* hunting, following [2] ▷*politisch, gerichtlich* persecution [3] (*von Spur*) trailing, tracking [4] (*von Ziel*) pursuit [5] → *des Kursverlaufs* watching, following; **Verfolgungsjagd** *f* car chase
verfrüht *adj* premature, early
verfügbar *adj* available
verfügen I. *vt* → *Maßnahme* decree II. *vi* ◇ **über etw** ~ to be in charge of s.th.; *FIG* to possess s.th.; **Verfügung** *f* [1] possession [2] JURA order, instruction
verführen *vt* → *Frau, Mann* seduce; ↑ *verleiten* entice, tempt
vergangen *adj* [1] (*vorbei*) past, bygone [2] (*letzte*) last; **Vergangenheit** *f a.* GRAM past
vergänglich *adj* transitory
vergasen *vt* ↑ *in Gas umwandeln* carburet; (*mit Gas töten*) gas; **Vergaser** *m* <-s, -> AUTO carburettor, carburetor *AM*
vergeben *unreg vt* [1] ↑ *verzeihen* forgive [2] ↑ *verleihen* award; → *Arbeit, Studienplatz* assign, allocate; → *Eintrittskarten* distribute [3] ↑ *nicht nutzen* → *Chance, Freistoß* throw away; **vergeblich** *adv* in vain
vergegenwärtigen *vr* visualize s.th., recall s.th.
vergehen *unreg* I. *vi* ← *Zeit* pass; ← *Schmerz*

V

pass, subside **II.** *vr* ◇ **sich** ~ ① (*vergreifen, zerstören*) to violate (*gegen etw* s.th.) ② ↑ *vergewaltigen* assault, rape (*an jd-m* s.o.); **Vergehen** *s* <-s, -> JURA offence, misdemeanour

vergelten *unreg vt* repay; **Vergeltung [sschlag]** *m* MIL [act of] reprisal

vergessen <vergaß, vergessen> **I.** *vt* forget **II.** *vr* ◇ **sich** ~ forget o.s.; **Vergessenheit** *f* oblivion

vergewaltigen *vt* rape

vergewissern *vr* ◇ **sich** ~ acertain, make sure

vergießen *unreg vt* ↑ *verschütten* spill; ↑ *verlieren* → *Tränen* shed

vergiften I. *vt* poison **II.** *vr* ◇ **sich** ~ poison o.s.; **Vergiftung** *f* poisoning

vergipsen *vt* plaster

Vergleich *m* <-[e]s, -e> ① comparison ② JURA settlement ③ SPRACHW simile; **vergleichen** *unreg vt* compare (*mit* with, to)

vergnügen *vr* ◇ **sich** ~ amuse o.s. (*mit etw* with s.th.); **Vergnügen** *s* <-s, -> enjoyment, amusement; **Vergnügungsreise** *f* pleasure trip

vergolden *vt* → *Schmuck* gold-plate; **Vergoldung** *f* gilding

vergraben *unreg* **I.** *vt* bury **II.** *vr* ◇ **sich** ~ bury o.s.

vergreifen *vr* ◇ **sich** ~ ① (*an e-r Frau*) assault, rape ② (*an fremdem Eigentum*) misappropriate, steal

vergrößern I. *vt* → *Raum, Menge, Firma* expand; → *Foto* enlarge **II.** *vr* ◇ **sich** ~ increase, expand; **Vergrößerungsapparat** *m* enlarger; **Vergrößerungsglas** *s* magnifying glass

vergucken *vr* ◇ **sich** ~ **in jd-n** *FAM* ↑ *sich verlieben* to fall for s.o.

Vergünstigung *f* privilege, benefit; (*Straf-*) reduction

vergüten *vt* refund; ↑ *bezahlen* compensate; ↑ *erstatten* reimburse

verhaften *vt* arrest

verhallen *vi* die away, fade

verhalten *unreg* **I.** *vr* ◇ **sich** ~ behave, conduct o.s. **II.** *adj* ▷*Stimme* muted; ▷*Person* restrained; **Verhalten** *s* <-s> behaviour, conduct

Verhältnis *s* ① (*Proportion*) ratio, proportion ② (*Geschäfts-*) relations *pl;* (*Liebes-*) affair ③ ◇ **-se** *pl* ↑ *Milieu* conditions *pl;* ↑ *Situation* conditions *pl;* ◇ **über seine -se leben** to live beyond one's means; **Verhältniswahlrecht** *f* system of proportional representation

verhandeln I. *vi* ① negotiate (*über etw akk* about s.th., mit jd-m *dat* with s.o.) ② JURA hear a case, hold a trial **II.** *vt* JURA hear; **Verhandlung** *f* ① discussion, negotiation ② (JURA *Gerichts-*) court hearing, trial; **Verhandlungsgegenstand** *m* issue

verhängen *vt* ① hang ② *FIG* → *Maßnahme* inflict, impose (*über akk* on); **Verhängnis** *s* doom, fate; ◇ **jd-m zum ~ werden** be a person's undoing; **verhängnisvoll** *adj* disastrous

verharmlosen *vt* play down

verhärtet *adj* firm

verhaspeln *vr* ◇ **sich** ~ muddle up one's words

verhaßt *adj* detested, hated

verhauen *vt* beat, thrash

verheerend *adj* ▷*Sturm, Epidemie* disastrous; ▷*Folge* devastating

verheilen *vi* heal

verheimlichen *vt* keep secret, conceal (*jd-m etw* from s.o.)

verheiraten I. *vr* ◇ **sich ~ mit jd-m** marry, get married **II.** *vt* marry

verheißungsvoll *adj* promising

verhelfen *vi* ◇ **jd-m zu etw** ~ help a person to [achieve] s.th.

verherrlichen *vt* praise, glorify

verhetzen *vt* → *Massen* incite

verhindern *vt* → *Plan, Unglück* prevent

verhökern *vt* sell off

Verhör *s* <-[e]s, -e> questioning, interrogation; JURA examination; **verhören I.** *vt* examine, question **II.** *vr* ◇ **sich** ~ mishear

verhüllen *vt* cover; ↑ *verschleiern* veil

verhungern *vi* starve to death

verhüten *vt* → *Katastrophe, Schwangerschaft* prevent; **Verhütung** *f* prevention; (*Pille, Kondom*) contraception; **Verhütungsmittel** *s* contraceptive

verirren *vr* get lost, lose one's way; (*in e-e Idee*) go astray

verjagen *vt* chase off

verjähren *vi* ← *Schuld* to be struck by the statute of limitations

verjubeln *vt FAM* blow

verjüngen I. *vt* → *Aussehen* make one look younger; → *Mannschaft* regenerate, rejuvenate **II.** *vr* ◇ **sich** ~ ① ← *Aussehen* look younger ② (*schmaler werden*) taper off at the end

verkabeln *vt* → *Straße, Wohnung* lay wires

verkalken *vi* ↑ *Arterie* harden; ↑ *Rohr* fur up

Verkauf *m* sale; **verkaufen I.** *vt* sell **II.** *vr* ◇ **sich** ~ sell o.s. (*an jd-n* to s.o.); **Verkäufer(in** *f*) *m* <-s, -> (*Laden-*) salesperson; ↑ *Außendienstmitarbeiter* vendor, retailer; **Verkaufsabteilung** *f* sales department; **Verkaufsstand** *m* booth, stand, counter

Verkehr *m* <-s, -e> ① (*Straßen-, Flug- etc.*) traffic ② ↑ *Umlauf* circulation ③ ↑ *Kontakte, Umgang* contact, company ④ (*Geschlechts-*) intercourse; **verkehren** *vi* ① ↑ *fahren* run, transport ② ↑

einkehren visit [3] (*Beziehung pflegen*) associate [4] ◇ **mit jd-m sexuell ~** to have sexual intercourse with s.o. [5] ↑ *umkehren* turn around; **Verkehrsamt** *m* divisional railway office *BRIT*, motor vehicle registration office *AM*; **Verkehrsbüro** tourist office/information; **Verkehrsflugzeug** *s* commercial plane; **Verkehrsgefährdung** *f* reckless driving; **verkehrsgünstig** *adj* conveniently located; **Verkehrsmittel** *s* means of transportation; **verkehrsreich** *adj* busy; **verkehrssicher** *adj* roadworthy; **Verkehrssprache** *f* lingua franca; **Verkehrsstau** *m* traffic jam; **Verkehrssünder(in** *f*) *m* traffic offender; **Verkehrsteilnehmer(in** *f*) *m* road-user; **Verkehrsvorschriften** *f pl* rules of the road, highway code; **Verkehrswacht** *f* <-> road safety organization; **Verkehrszeichen** *s* road sign

verkehrt *adj* wrong; (*auf dem Kopf stehend*) upside down

verkennen *vt* misjudge, underestimate

verklagen *vt* JURA sue

verklappen *vt* leak, spill

verkleben *vt* stick together

verkleiden I. *vt* → *Person* disguise, dress up; → *Wand, Öffnung* cover, line (*mit etw* with s.th.) **II.** *vr* ◇ **sich ~ [als]** dress [o.s.] up as

verkleinern *vt* make smaller, reduce

verklemmt *adj* inhibited

verklingen *unreg vi* fade

verknacksen *vt* sprain, twist

verknallen *vr* ◇ **sich ~** ↑ fall in love

Verknappung *f* shortage

verknüpfen *vt* → *Fäden* tie together; *FIG* ◇ **die Ideen ~ zu ...** to associate the ideas with ...

verkohlen [1] *vt FAM* → *jd-n* pull s.o.'s leg

verkohlen [2] *vi* TECHNOL carbonize

verkommen I. *unreg vi* ↑ *verwahrlosen* fall apart, go to the dogs; ← *Lebensmittel* spoil, go bad **II.** *adj* ▷*Gebäude* wrecked, ruined; ▷*Lebensmittel* spoiled, ruined, bad; ▷*Mensch* depraved

verkorksen *vt FAM* → *Prüfung* mess up, screw up

verkörpern *vt* represent, personify

verköstigen *vt* feed

verkraften *vt* bear, stand; → *Arbeit* manage

verkrampfen *vr* ◇ **sich ~** cramp

verkriechen *unreg vr* ◇ **sich ~** ↑ *sich verstecken* hide o.s.

Verkrümmung *f* ↑ *Verbiegung* distortion; (ANAT *Rückgrat-*) curvature of the spine

verkümmern *vi* ↑ *eingehen, absterben* die, wilt; ↑ *zurückbilden* atrophy, become stunted; ← *Person* become stunted; ← *Talent* go to waste

verkünden *vt* announce, proclaim; → *Urteil* pronounce; **Verkündigung** *f* proclamation

verkuppeln *vt* couple

verkürzen *vt* shorten

verladen *unreg vt* load; **Verladung** *f* loading, shipping

Verlag *m* <-[e]s, -e> publishing company/house

verlagern *vt* transfer, shift, move (*nach* to)

verlangen I. *vt* [1] → *Geld, Gegenleistung* demand; → *Preis* charge [2] → *Fahrkarten* ask for **II.** *vi* want; **Verlangen** *s* <-s, -> desire, longing (*nach jd-m/etw* for s.o./s.th.)

verlängern *vt* → *Schnur, Hosen etc.* make longer, lengthen; → *Vertragsdauer, Frist* extend, prolong; **Verlängerung** *f* [1] (*von Vertrag[sdauer]*) extension; (*von Frist*) prolonging; (SPORT *von Spielzeit*) overtime [2] (*verlängertes Teilstück*) extension piece; **Verlängerungsschnur** *f* ELECTR extension cord/lead

verlangsamen I. *vt* slow down, reduce [the speed] **II.** *vr* ◇ **sich ~** slow down, slacken

verlassen *unreg* **I.** *vt* → *Haus, Stadt, Personen* leave; → *Bett* get out of; → *Schule* quit **II.** *vr* ◇ **sich ~** rely, depend (*auf akk* on) **III.** *adj* forsaken, deserted; ↑ *allein* alone, helpless

verläßlich *adj* reliable, dependable

Verlauf *m* ↑ *Ablauf* course; (*von Entwicklung*) progress; **verlaufen** *unreg* **I.** *vi* [1] ← *Fest, Fahrt* go; ← *Krankheits[prozeß]* process [2] ← *Farbe* run **II.** *vr* ◇ **sich ~** get lost, go astray

Verlautbarung *f* announcement, statement; **verlauten** *vi* ◇ **etw ~ lassen** mention s.th., say s.th.; ◇ **wie verlautet** as reported

verleben *vt* → *schöne Zeit* spend

verlebt *adj* spent, dissipated

verlegen I. *vt* [1] ↑ *verlieren* → *Schlüssel* misplace [2] → *Wohnsitz* move; → *Patienten* transfer; → *Termin* postpone [3] ↑ *einbauen* lay [4] ↑ *veröffentlichen* publish, bring out **II.** *vr* ◇ **sich auf etw** *akk* **~** to resort to s.th. **III.** *adj* embarrassed; **Verlegenheit** *f* [1] embarrassment [2] ↑ *Lage* predicament

verleiden *vt* ◇ **jd-m die Freude ~** to spoil s.o.'s fun

Verleih *m* <-[e]s, -e> hire/rental service; **verleihen** *unreg vt* [1] → *Auto, Fahrrad* lend, rent [2] (*zuerkennen*) award; **Verleihung** *f* ↑ *das Verleihen* lending; (*von Medaille*) bestowal

verleiten *vt* ◇ **jd-n zu e-r Straftat ~** to encourage s.o. to commit a crime

verlernen *vt* forget

verletzbar *adj* ↑ *verletzlich* vulnerable; **verletzen I.** *vt* [1] → *Körperteil, Person* injure, hurt; → *Verpackung* damage [2] → *Gefühle, jd-n* hurt [3] →

Gesetz, Anstand break, violate **II.** *vr* ◇ **sich** ~ ← *Person* injure/hurt o.s.; **verletzend** *adj* ▷ *Worte* hurtful, offensive; **Verletzte(r)** *fm* injured person; **Verletzung** *f* [1] ↑ *Wunde* injury, wound [2] (*von Pflichten, Gesetzen*) neglect, offence

verleugnen *vt* → *Person* disown; → *Sache* deny, disclaim

verleumden *vt* slander; *FAM* backstab

verlieben *vr* ◇ **sich** ~ fall in love (*in akk* with); **verliebt** *adj* in love

verlieren <verlor, verloren> **I.** *vt* → *Schlüssel* lose; → *Kind, Mann* lose **II.** *vi* ◇ **die Papiere ~ an Wert** the bonds have been decreasing in value **III.** *vr* ◇ **sich** ~ ← *Personen* lose each other; ← *Begeisterung, Gefühl* lose

verloben *vr* ◇ **sich** ~ become engaged (*mit* with); **Verlobte(r)** *fm* (*männlich*) fiancé; (*weiblich*) fiancée

verlockend *adj* ▷ *Vorschlag* tempting, enticing; ▷ *Frau* enticing, seducing; **Verlockung** *f* temptation, enticement

verlogen *adj* ▷ *Mensch* lying; ↑ *betrügerisch* deceitful

verloren *adj* [1] ↑ *verschwunden* lost [2] ↑ *verlassen, einsam* ◇ **die Bäume sahen in der Wüste so ~ aus** the trees in the desert loooked so forlorn [3] ◇ **du hast hier nichts** ~ you've got no business here

Verlosung *f* drawing, raffling

Verlust *m* <-es, -e> [1] ↑ *Verlieren* (*Geldbeutel*) loss [2] FIN ↑ *Einbuße* loss [3] (*Gewicht*) loss

Vermächtnis *s* legacy

vermählen *vt* → *Tochter* marry, wed; **Vermählung** *f* wedding

vermarkten *vt* → *Ware, Sänger* market, promote

vermasseln *vt FAM* → *Prüfung etc.* ruin, make a mess of, screw up *AM*

vermehren I. *vt* → *Vermögen* increase; → *Anzahl, Menge* multiply; → *Pflanzen* reproduce **II.** *vr* ◇ **sich** ~ ↑ *mehr werden* increase; ↑ *sich fortpflanzen* reproduce

vermeidbar *adj* avoidable; **vermeiden** *unreg vt* → *Fehler* avoid; ◇ **es läßt sich kaum ~, daß ...** it is unavoidable/inevitable that ...

vermeintlich *adj* putative, supposed

Vermerk *m* <-[e]s, -e> ↑ *Aufzeichnung, Notiz* note; (*Akten-*) entry

vermerken *vt* note, make a note of, make an entry

vermessen I. *unreg vt* → *Land* survey; → *Taille* measure **II.** *adj* ↑ *anmaßend* presumptuous, impudent

vermiesen *vt* → *Laune* spoil

vermieten *vt* → *Gebäude, Räume etc.* rent (*an jd-n* to s.o.); ◇ **Zimmer zu** ~ room for rent; **Vermieter(in *f*)** *m* landlord

vermindern I. *vt* → *Anzahl* reduce, decrease; → *Gefahr* reduce, lessen **II.** *vr* ◇ **sich** ~ decline, diminish

vermischen I. *vt* (*Saft mit Wasser*) mix **II.** *vr* ◇ **sich** ~ ← *Völker* mingle

vermissen *vt* → *Geld, Freund* miss; **Vermißte(r)** *fm* missing person

vermitteln I. *vi* (*im Streit*) mediate, intervene **II.** *vt* → *Geschäft* arrange; → *Wissen* impart; ◇ **jd-m e-e Stellung** ~ to arrange a job for s.o.; **Vermittlung** *f* [1] (*das Vermitteln*) connection, arrangement [2] (*Schlichten*) mediation [3] (*Vermittlungsstelle*) agency; (*Arbeits-*) employment agency [4] TELEC exchange; ◇ **verbinden Sie mich bitte mit der** ~ please connect me with the operator

Vermögen *s* <-s, -> [1] (*Besitz-*) property [2] ↑ *Können, Fertigkeit* ability [3] ↑ *Geld* fortune; **vermögend** *adj* ↑ *wohlhabend* wealthy, well-off; **Vermögenssteuer** *f* property tax

vermuten *vt* ↑ *annehmen* suppose, assume, speculate; **vermutlich I.** *adj* suspected, probable, likely **II.** *adv* presumably, probably; **Vermutung** *f* assumption, presumption, speculation

vernachlässigen *vt* neglect

vernarben *vi* ← *Wunde* heal [up]

vernaschen *vt* → *Süßigkeit* to eat up; → *Geld für Süßigkeiten* blow money on sweets

vernehmbar *adj* ↑ *aufnehmbar* audible, perceptible; **vernehmen** *unreg vt* [1] → *Geräusch* hear; → *Nachricht* hear [2] JURA → *Täter* question, interrogate; **vernehmungsfähig** *adj* ▷ *Gefangene* fit to be interrogated

verneinen *vt* [1] → *Frage* say no [to s.th.]; → *Behauptung* deny; SPRACHW negate [2] ↑ *ablehnen* → *Vorschlag* decline, deny; **Verneinung** *f* negation; denial; negative

vernichten *vt* [1] ↑ *zerstören* destroy; → *Gegner* exterminate, annihilate [2] ↑ *ausrotten* → *Lebewesen, Pflanzen* exterminate

Vernissage *f* opening day, première

Vernunft *f* <-> reason, common sense; **Vernunftehe** *f* marriage of convenience; **vernünftig** *adj* [1] ▷ *Meinung, Rat* sensible, rational [2] ↑ *besonnen* ▷ *Mensch* reasonable, rational, sensible

veröffentlichen *vt* make public; → *Buch* publish; **Veröffentlichung** *f* (*von Buch*) publishing, publication

verordnen *vt* ↑ *anordnen* ordain, decree; MED → *Arznei* prescribe; **Verordnung** *f* ↑ *das Anordnen* decree, ordinance; (MED *Arznei-*) prescription

Verpachtung *f* lease
verpacken *vt* pack; **Verpackung** *f* packaging
verpassen *vt* ① ↑ *versäumen* → *Zug* miss ② *zuteilen, FAM* ◇ **jd-m e-n Denkzettel** ~ to give s.o. s.th. to think about
verpesten *vt* → *Luft* pollute, contaminate
Verpflanzung *f* MED transplant
verpflegen *vt* feed; **Verpflegung** *f* ① ↑ *das Verpflegen* catering ② (*Nahrung*) food
verpflichten I. *vt* ① ↑ *festlegen* oblige, obligate (*zu etw* to s.th.); ◇ **verpflichtet sein, etw zu tun** to be obliged to do s.th. ② (*vertraglich*) bind ③ ↑ *anstellen* → *Spieler* sign; MIL enlist **II.** *vr* ◇ **sich** ~ make a commitment; (*zum Militär*) enlist, sign up; **Verpflichtung** *f* ① ↑ *das Verpflichten* obligation; (*Aufgabe*) commitment, duty ② MIL enlistment
verprügeln *vt FAM* beat up
verramschen *vt* → *Bücher* sell at a bargin; *FAM* sell dirt-cheap
Verrat *m* <-[e]s> betrayal; ◇ ~ **an jd-m üben** [*o.* **begehen**] to betray s.o.; **verraten** *unreg* **I.** *vt* ① → *Geheimnis* give away; *FIG* let the cat out ② ↑ *mitteilen* ◇ **soll ich dir das Neueste** ~? should I fill you in on the latest? **II.** *vr* ◇ **sich** ~ give o.s. away
verrechnen I. *vt* → *Forderungen* to settle; ◇ **etw mit etw** ~ to balance s.th. with s.th. **II.** *vr* ◇ **sich** ~ miscalculate; *FAM* ↑ *sich irren* be mistaken; **Verrechnungsscheck** *m* collection-only cheque, non-negotiable cheque *BRIT*, collection-only check *AM*
verregnet *adj* rainy, wet
verreisen *vi* go on a trip
verrenken I. *vt* → *Arm etc.* dislocate **II.** *vr* ◇ **sich** ~ ↑ *sich verdrehen* contort o.s.; ◇ **sich** *dat* **den Hals fast** ~ to crave one's neck
verrichten *vt* → *Arbeit* perform, carry out; → *Gebet* say
verriegeln *vt* bar, bolt
verringern I. *vt* → *Abstand etc.* diminish, decrease, reduce **II.** *vr* ◇ **sich** ~ ← *Kosten* decrease; **Verringerung** *f* decrease, reduction
verrostet *adj* rusty
verrotten *vi* rot
verrückt *adj* ▷*krankhaft* insane, crazy; ▷*Idee* crazy
Verruf *m* ◇ **jd-n in** ~ **bringen** to bring s.o. into disrepute; ◇ **er ist in** ~ **geraten/gekommen** he fell into disrepute
Vers *m* <-es, -e> (*Gedichts-*) verse
versachlichen *vt* → *Diskussion* objectify
versagen I. *vi* ↑ *scheitern* ← *Schüler* fail; ↑ *nicht mehr arbeiten* ← *Herz, Auto* fail, break down; ◇ **Kinder sind ihnen versagt geblieben** they were denied children **II.** *vt* ↑ *verweigern* refuse, deny; ◇ **jd-m/sich etw** ~ to deny s.o./o.s. s.th.; **Versagen** *s* <-s> ① ↑ *Scheitern* (*e-r Person*) failure; ◇ **menschliches** ~ (*bei Unfällen etc.*) human error ② ↑ *Nichtfunktionieren* (*von Herz, Motor*) failure, breakdown; **Versager(in** *f*) *m* <-s, -> failure; *PEJ* loser
versalzen *unreg vt* → *Essen* oversalt; *FIG* → *Freude* spoil
versammeln I. *vt* → *Personen* assemble, gather; ◇ **sich um jd-n** ~ to gather around s.o. **II.** *vr* ◇ **sich** ~ gather, meet; **Versammlungsfreiheit** *f* freedom of assembly
Versand *m* <-[e]s> ① (*Aktion*) delivery, distribution ② (*-abteilung*) dispatch ③ (*-handel*) mail-order
versanden *vi* ← *Fluß* silt up; ↑ *steckenbleiben* ← *Angelegenheit* peter out
versandfertig *adj* ready for delivery; ◇ **Waren** ~ **machen** to prepare goods for delivery; **Versandhaus** *s* mail-order house
versauern *vi* ↑ *sauer werden* ← *Milch* go sour
versäumen *vt* ① ↑ *verpassen* → *Zug* miss; → *Termin, Spieleinsatz* miss; ↑ *nicht erscheinen* → *Schule* skip, miss ② ↑ *unterlassen* neglect, fail
verschachtelt *adj* ① ▷*Straßen, Häuser etc.* interlocking ② ▷*Satz* complex
verschaffen *vt, vr* ◇ **jd-m/sich etw** ~ to provide s.o./o.s. with s.th.; ◇ **was verschafft mir die Ehre?** what gives me the honour/honor ? *AM*
verschämt *adj* bashful, shy
verschandeln *vt* ↑ *verunstalten* ← *Gebäude* ruin
verschärfen I. *vt* → *Strafe* intensify, make more severe; → *Tempo* increase; → *Spannung* intensify, heighten **II.** *vr* ◇ **sich** ~ increase, intensify
verschätzen *vr* ◇ **sich** ~ make a mistake
verschaukeln *vt FAM* → *Gegner* take s.o. for a ride
verschenken *vt* → *Blumen etc.* give away; SPORT → *Vorsprung, Titel* give away
verscherzen *vr* ◇ **sich** *dat* **etw** ~ to spoil s.th. for o.s.
verscheuchen *vt* scare away; → *Bedenken* banish
verschicken *vt* → *Post, Waren* send off
verschieben I. *vt* ① → *Möbel* move, push ② → *Urlaub, Termin* postpone, be put off, be moved ③ *FAM* → *Ware, Devisen* traffic in **II.** *vr* ◇ **sich** ~ ① move out of place, shift ② ← *Krawatte* alter ③ ← *Zeitpunkt* be postponed, put off
verschieden *adj* ① ↑ *-artig* different, various; ◇ **die Hosen sind** ~ **lang** the pants aren't the same

length [2] ↑ *mehrere* several; ◇ **dafür gibt es -e Gründe** there are several reasons for that [3] ◇ -es ↑ *einiges* miscellaneous; ◇ **V-es ist noch unklar** several things are still unclear
verschiffen *vt* ship
verschimmeln *vi* mould, mold *AM*, get mouldy, get moldy *AM*
verschlafen *unreg* **I.** *vi* oversleep **II.** *vt* → *Wekker, Termin* sleep through **III.** *adj* sleepy; *FIG* ▷*Stadt* sleepy
verschlagen I. *vt* [1] ↑ *verprügeln* beat [2] ↑ *falsch spielen* → *Ball* mishit [3] ↑ *verblättern* → *Seite* lose [4] ◇ **es hat sie nach Würzburg** - it brought her to Wuerzburg [5] ◇ **das verschlug mir doch glatt die Sprache** that left me speechless **II.** *adj* ↑ *heimtückisch* sly
verschlechtern I. *vt* deteriorate, impair **II.** *vr* ◇ **sich** - deteriorate, worsen
verschleiert *adj* ▷*Gesicht, Frau* veiled; ▷*Stimme* husky
Verschleiß *m* <-es, -e> (*Kräfte-*) consumption, drain; (*Material-*) wear and tear; **verschleißen** <verschliß, verschlissen> *vt* → *Kleidung, Sohlen* wear out; → *Kräfte* drain, use up
verschleppen *vt* [1] ↑ *wegbringen* → *Pantoffeln* carry off; → *Geiseln* kidnap [2] ↑ *hinauszögern* → *Prozeß* drag out, delay
verschleudern *vt* ↑ *vergeuden* → *Vermögen* squander, waste; ↑ *billig abgeben* → *Ware* sell dirt-cheap
verschließbar *adj* ▷*Tür* lockable; ▷*Dose* sealable; **verschließen** *unreg* **I.** *vt* [1] ↑ *abschließen* → *Tür* lock [2] ↑ *abdichten* → *Flasche* seal [3] ↑ *einschließen* → *Akten* secure, lock up **II.** *vr* ◇ **sich e-r Meinung** - to reject an opinion
verschlingen [1] *unreg vr* ◇ **sich [ineinander]** - interwine, interlace
verschlingen [2] *unreg vt* [1] ↑ *hastig aufnehmen* → *Essen* devour; *FAM* gobble; ◇ **jd-n mit seinen Blikken** - to devour s.o. with one's eyes; → *Buch* devour [2] ↑ *kosten* → *Unsummen Geld* devour, swallow
verschlüsseln *vt* → *Text* [en]code
verschmähen *vt* ↑ *ablehnen* disdain, scorn
verschmelzen *unreg* **I.** *vi* ← *Schatten* melt together; ← *Farben* blend, run, mix **II.** *vt* → *Metall* melt, fuse
verschmerzen *vt* → *Verlust* get over
verschmieren *vt* [1] → *Salbe, Butter* smear, spread [2] ↑ *verschmutzen* smudge [3] → *Loch, Hohlraum* fill in
verschmitzt *adj* ▷*Gesicht* mischievous
verschmutzen *vt* dirty, soil; → *Umwelt* pollute
verschnaufen *vi* (*kurz ausruhen*) take a breather, have a rest
verschnüren *vt* → *Paket* tie up
verschollen *adj* missing, lost; ◇ **im Kriege** - missing in action
verschonen *vt* spare
verschränken *vt* → *Arme, Beine* cross
verschreiben *unreg* **I.** *vt* [1] → *Papier* use up [2] MED prescribe **II.** *vr* ◇ **sich** - [1] write s.th. wrong [2] (*intensiv mit etw beschäftigen*) ◇ **sich e-r Sache** *dat* - to devote o.s. to s.th.
verschrotten *vt* → *Auto* scrap, junk
verschrumpeln *vi* ← *Obst* shrivel up
verschüchtern *vt* → *Kind* intimidate
verschulden I. *vt* → *Unfall* cause **II.** *vr* ◇ **sich** - to go into debt
verschütten *vt* [1] → *Milch, Kaffee* spill [2] ◇ **verschüttet werden** ← *Person* to be buried [3] ↑ *zuschütten* → *Graben* fill in
verschweigen *unreg vt* → *Wahrheit* conceal, keep secret
verschwenden *vt* → *Zeit, Kraft* waste, blow; **verschwenderisch** *adj* [1] ▷*Lebensstil* wasteful, lavish [2] ↑ *großzügig* lavish
verschwiegen *adj* ▷*Mensch* discreet; ▷*Ort* secluded, secret
verschwimmen *unreg vi* ← *Farben, Umriß* blur, become vague
verschwinden *unreg vi* disappear, vanish; *FAM* ↑ *weggehen* get lost; ◇ **verschwinde!** beat it! get lost!; **Verschwinden** *s* <-s> disappearance
verschwommen *adj* ▷*Erinnerung* vague; ▷*Bild* blurred, fuzzy
verschwören *unreg vr* ◇ **sich** - conspire, plot (*gegen* against); **Verschwörer(in** *f*) *m* <-s, -> conspirator
Versehen *s* <-s, -> mistake, slip; ◇ **aus** - by mistake; **versehentlich** *adv* by mistake, accidentally
versenden *vt* → *Ware* send; → *Brief* mail
versenken I. *vt* → *Schiff* sink **II.** *vr* ◇ **sich** - immerse o.s. (*in akk* in)
versessen *adj* ◇ - **auf etw** *akk* **sein** to be mad/crazy about s.th.
versetzen I. *vt* [1] (*an andere Stelle*) move, shift [2] (*dienstlich*) transfer; (*in Schule*) move up [3] (*verpfänden*) pawn [4] (*bestimmten Zustand herbeiführen*) put/place into [5] *FAM* ↑ *Verabredung nicht einhalten* stand s.o. up **II.** *vr* ◇ **sich** - move, change places; *FIG* ◇ **sich in jd-n/in jd-s Lage** - to put o.s. in s.o.'s position
verseuchen *vt* infect; → *Luft, Wasser* pollute, contaminate
versichern I. *vt* [1] ↑ *beteuern* assure [2] → *Hausrat, Auto* insure (*gegen* against) **II.** *vr* ◇ **sich** - [1] (*bei Versicherung*) insure o.s. (*gegen* against);

◇ **sich e-r Sache** *gen* ~ to make sure of s.th. [2] (*sich überzeugen*) reassure o.s.; **Versicherung** *f* [1] (*Auto~ etc.*) insurance [2] ↑ *Bestätigung* assurance, affirmation; **versicherungspflichtig** *adj* ▷*Arbeitnehmer* subject to compulsory insurance; **Versicherungspolice** *f* <-, -n>, **Versicherungsschein** *m* insurance policy; **Versicherungsvertreter** *m* insurance agent

Versiegelung *f* sealing

versiegen *vi* ← *Quelle* dry up; ← *Lebensfreude* taper off, peter out

versinken *unreg vi* (*Schiff*) sink, founder; (*FIG nachdenken*) lose o.s.; ◇ **in Gedanken** *akk* **versunken sein** to be immersed in thought

Version *f* ↑ *Fassung* version

versöhnen I. *vt* reconcile; ↑ *besänftigen* appease **II.** *vr* ◇ **sich** ~ ↑ *Frieden schließen* make up (*mit* with), reconcile (*mit* with); **Versöhnung** *f* reconciliation

versonnen *adj* ↑ *nachdenklich* thoughtful, pensive

versorgen I. *vt* [1] ↑ *sich kümmern um* take care of, look after; → *Wunde, Verletzte* take care of, treat [2] ↑ *beliefern* provide, supply [3] ↑ *unterhalten* support, maintain **II.** *vr* ◇ **sich** ~ provide o.s. (*mit* with); **Versorgung** *f* [1] care, providing; (*Strom~, Wasser~*) provision, supply [2] (*Unterhalt*) providing, support [3] (*der Bevölkerung*) supply

Verspannung *f* [1] (*von Seilen, Drähten*) stays, bracing [2] (*Muskel~*) tenseness

verspäten *vr* ◇ **sich** ~ be late; **Verspätung** *f* delay; ◇ **mit zwei Stunden ~ ankommen** to arrive two hours late

versperren *vt* [1] → *Weg, Sicht* block, obstruct [2] → *Tür* bar, lock

verspielen *vt* → *Geld, Glück* lose, gamble away; ◇ **e-n Vorsprung** ~ to blow a lead

verspotten *vt* mock, make fun of

versprechen *unreg* **I.** *vt* [1] ↑ *Versprechungen machen* promise; ◇ **jd-m etw** ~ to promise s.o. s.th. [2] (*etw vermuten lassen*) promise **II.** *vr* ◇ **sich** ~ [1] (*beim Sprechen*) make a slip of the tongue [2] (*erhoffen*) ◇ **ich verspreche mir davon e-n kleinen Gewinn** I expect to make a small profit from it; **Versprechen** *s* <-s, -> promise; ◇ **jd-m ein ~ abnehmen** to have s.o. make a promise

Verstand *m* <-[e]s> reason; (*Denkvermögen*) intellect, mind; (*gesunder Menschen~*) common sense

verständigen I. *vt* notify, inform **II.** *vr* ◇ **sich** ~ communicate; ↑ *sich einigen* reach an agreement; **Verständigung** *f* [1] ↑ *Sprechen* communication [2] ↑ *Benachrichtigung* notification, information [3] (*Einigung*) agreement, understanding

verständlich *adj* understandable; ↑ *deutlich hörbar* audible, clear; ↑ *leicht zu begreifen* comprehensible

Verständnis *s* [1] (*Begreifen*) understanding [2] ↑ *Mitgefühl* sympathy, understanding; **verständnislos** *adj* unsympathetic; ▷*Blick* blank, uncompreheding; **verständnisvoll** *adj* sympathetic; understanding

verstärken I. *vt* ↑ *stärker machen* make stronger, reinforce; → *Mauer, Pfeiler* strengthen; → *Zweifel* increase, intensify; (*Druck auf jd-n*) increase **II.** *vr* ◇ **sich** ~ [1] ↑ *stärker werden* grow stronger, strengthen; ← *Opposition* intensify, grow stronger [2] ELECTR ← *Signale* amplify

verstauchen *vr* ◇ **sich** *dat* **den Fuß** ~ to sprain one's ankle; **Verstauchung** *f* sprain

verstauen *vt* → *Gepäck* store, pack

Versteck *s* <-[e]s, -e> hiding place; (*von Verbrecher*) hideout; ◇ ~ **spielen** to play hide-and-seek; **verstecken I.** *vt* → *Ostereier* hide **II.** *vr* ◇ **sich** ~ hide

verstehen *unreg* **I.** *vt* [1] ↑ *deutlich hören* understand [2] ↑ *Sinn begreifen* comprehend, understand; ◇ ~ **Sie mich nicht falsch** don't misunderstand me [3] ↑ *nachvollziehen* understand, relate to [4] (*können, beherrschen*) → *Handwerk, Metier* understand, know [5] (*jd-m etw andeuten*) ◇ **jd-m etw zu ~ geben** to intimate s.th. to s.o. **II.** *vr* ◇ **sich** ~ [1] (*gleiche Auffassung, Sympathie*) understand each other, to agree with each other; ◇ **sich mit jd-m** ~ to get along with s.o. [2] (*Kenntnisse haben*) know, understand; ◇ **sich auf etw** *akk* ~ to be an expert at s.th.; (*selbstverständlich*) ◇ **das versteht sich [von selbst]** that goes without saying

versteifen I. *vt* (*abstützen, verstärken*) support, strengthen **II.** *vr* ◇ **sich** ~ [1] ← *Gelenk* stiffen, tense up [2] (*FIG beharren auf*) be set on s.th.

versteigern *vt* → *Bilder, Schmuck* auction [off]; **Versteigerung** *f* auction

versteinert *adj* petrified; *FIG* transfixed

verstellbar *adj* ▷*Sitz, Liege* adjustable; **verstellen I.** *vt* [1] ↑ *anders einstellen* adjust, shift; (*umräumen*) → *Möbel* arrange [2] (*an falschen Ort stellen*) → *Uhr, Bücher* misplace [3] → *Weg, Zugang* block [4] → *Stimme* disguise **II.** *vr* ◇ **sich** ~ dissemble, pretend

versteuern *vt* → *Gehalt, Erbschaft* pay tax on

verstimmt *adj* [1] MUS out of tune [2] ↑ *verärgert* irritated, annoyed, upset

verstohlen *adj* ▷*Blick* furtive, stealthy

verstopft *adj* ▷*Straße* congested, jammed; ▷*Rohr* clogged, blocked up; **Verstopfung** *f*

V

blockage; (*von Verkehr*) congestion; MED constipation

verstorben *adj* deceased

verstört *adj* disturbed

Verstoß *m* <-es, Verstöße> violation, offence, offense *AM* (*gegen* of, against); **verstoßen** *unreg* **I.** *vt* ↑ *fortjagen* expel **II.** *vi* offend; ◇ **gegen ein Gesetz** ~ to break/violate a law

verstreichen *unreg* **I.** *vt* → *Farbe, Salbe* spread, apply; → *Butter* spread **II.** *vi* ← *Zeit* elapse, pass

verstricken **I.** *vt* → *Wolle* use **II.** *vr* ◇ **sich** ~ [1] ↑ *falsch stricken* knit wrong [2] (*FIG hineinziehen*) get mixed-up /involved/caught up in; ◇ **sich in Widersprüche** ~ to get tangled up in contradictions

verstummen *vi* cease to talk, become silent

Versuch *m* <-[e]s, -e> [1] attempt [2] ▷*wissenschaftlich* experiment; **versuchen** **I.** *vt* [1] (*sich bemühen*) attempt, try [2] ↑ *kosten* ▷*Essen* try, taste [3] ↑ *verführen* ◇ **versucht sein, etw zu tun** to be tempted to do s.th. **II.** *vr* ◇ **sich an/auf etw** *dat* ~ to try one's hand at s.th.; **Versuchskaninchen** *s FAM* guinea pig

Versuchung *f* temptation; ◇ **in die** ~ **geraten** to be tempted

versüßen *vt FIG* ◇ **jd-m etw** ~ to sweeten s.th. for s.o.

vertagen **I.** *vt* postpone **II.** *vr* ◇ **sich** ~ ← *Gericht* adjourn

vertauschen *vt* mix up

verteidigen *vt* → *Meinung, Recht* defend; → *Angeklagten* appear for; **Verteidiger(in** *f*) *m* <-s, -> defender; **Verteidigung** *f* defence, defense *AM*; **Verteidigungsminister** *m* Minister of Defence, Secretary of Defense *AM*

verteilen **I.** *vt* distribute; → *Salbe* spread, distribute **II.** *vr* ◇ **sich** ~ divide, spread [out]

vertiefen **I.** *vt* deepen; *FIG* → *Kluft, Wissen* heighten, extend **II.** *vr* ◇ **sich** ~ [1] ◇ **sich in etw** *akk* ~ become engrossed, absorbed in s.th. [2] (*in Thema, Problem*) go deeply into; **Vertiefung** *f* [1] (*Mauer~, Boden~*) hollow, dip [2] ▷*geistig* engrossment, absorption (*in akk* in) [3] (*von Kenntnis*) heightening, extension

vertikal *adj* ▷*Linie* vertical

Vertrag *m* <-[e]s, Verträge> contract, agreement; POL treaty

vertragen *unreg* **I.** *vt* → *Sonne* stand; → *Scherz* take, tolerate; → *Alkohol* handle **II.** *vr* ◇ **sich** ~ ← *Farben* match; ← *Sachen* be compatible; ◇ **sich [mit jd-m]** ~ to get along with s.o.

verträglich *adj* [1] (*zusammenpassend*) compatible [2] ▷*Essen* digestible [3] (*gutmütig*) good-natured

Vertragsabschluß *m* conclusion of an agreement; **Vertragsbruch** *m* breach of a contract

vertrauen *vi* trust (*jd-m* s.o.); **Vertrauen** *s* <-s> trust, confidence; ◇ **jd-n ins** ~ **ziehen** to place one's confidence in s.o.; **Vertrauensbruch** *m* betrayal; **Vertrauensfrage** *f* question of trust; POL vote of confidence; **vertrauensvoll** *adj* trusting

vertraulich *adj* confidential

verträumt *adj* ▷*Mensch, Blick* dreamy; ▷*Ort* sleepy

vertraut *adj* ▷*Umgebung* familiar; **Vertrautheit** *f* familiarity, closeness

vertreiben *unreg vt* [1] drive away; (*aus Amt*) expel [2] COMM sell [3] → *Zeit* kill, pass

vertreten *unreg* **I.** *vt* [1] → *Standpunkt, Ansicht* to hold [2] (*Stellvertreter sein für*) represent, act on behalf of [3] (*vor Gericht, jd-s Interessen*) represent **II.** *vr* ◇ **sich** ~ [1] → *Fuß, Knöchel* sprain [2] (*kurze Zeit laufen*) ◇ **sich** *dat* **die Beine** ~ to stretch one's legs, to go for a little walk **III.** *adj* ↑ *anwesend* ◇ ~ **sein** to be represented; **Vertreter(in** *f*) *m* <-s, -> (*Beruf*) representative; ↑ *Verkäufer* salesman; (*Firmen~*) representative; (*Stell~*) substitute; (*von Amts wegen*) deputy; **Vertretung** *f* [1] (*Handels~*) representation [2] (*Stell~*) substitution; ◇ **in** ~ **von ...** on behalf of ...

Vertrieb *m* <-[e]s, -e> sale, marketing; **Vertriebsleiter** *m* sales manager

vertrösten *vt* ◇ **jd-n auf später** ~ to put s.o. off till later

vertun *unreg* **I.** *vt* → *Geld, Zeit* waste **II.** *vr* ◇ **sich** ~ make a mistake

verübeln *vt* ◇ **jd-m etw** ~ to blame s.o. for s.th.

verüben *vt* → *Verbrechen* commit

verunglücken *vi* have an accident; ◇ **tödlich** ~ to have a fatal accident

verunreinigen *vt* pollute

verunsichern *vt* cause uncertainity among, rattle

verunstalten *vt* ← *Gesicht* scar; ← *Bild, Landschaft* ruin

verursachen *vt* cause, create

verurteilen *vt* [1] ↑ *mißbilligen* condemn [2] ↑ *Strafe verhängen* sentence (*zu* to); *FIG* ◇ **zum Scheitern verurteilt** doomed to failure; **Verurteilung** *f* conviction, sentence

vervielfältigen *vt* → *Text* duplicate; ↑ *vermehren* multiply

vervollkommnen **I.** *vt* → *Wissen, Kenntnisse* perfect, improve **II.** *vr* ◇ **sich** ~ perfect o.s.

verwackeln *vt* FOTO blur

verwählen *vr* ◇ **sich** ~ TELEC dial the wrong number

verwahren **I.** *vt* ↑ *aufbewahren* guard **II.** *vr* ◇ **sich gegen etw** *akk* ~ to protest against s.th.

verwahrlost *adj* ▹*Kind* neglected; ▹*Haus* run-down
Verwahrung *f a.* JURA charge, custody
verwalten *vt* → *Haus, Amt* manage, administer; **Verwalter(in** *f*) *m* <-s, -> manager, administrator; **Verwaltung** *f* management, administration
verwandeln **I.** *vt* [1] ↑ *umgestalten* transform, change [2] ↑ *verzaubern* transform, change (*in akk* into) **II.** *vr* ◇ **sich** ~ change; BIOL metamorphose; **Verwandlung** *f* transformation, change
verwandt *adj auch FIG* related; ◇ **mit jd-m ~ sein** to be related to s.o.; **Verwandte(r)** *fm* relative, relation; **Verwandtschaft** *f* (*Beziehung*) relationship; ↑ *Verwandte* relatives, relations *pl*
verwarnen *vt* warn, caution; **Verwarnung** *f* warning, caution
verwechseln *vt* confuse (*mit* with); **Verwechslung** *f* confusion, mistake; *FAM* mix-up
verwegen *adj* ▹*Tat* daring, bold
verweigern *vt* → *Aussage, Gehorsam* refuse; ◇ **jd-m etw** ~ to deny s.o. s.th.; **Verweigerung** *f* refusal, denial
Verweis *m* <-es, -e> [1] *a.* SCH reprimand, rebuke [2] ↑ *Hinweis* reference (*auf* to); **verweisen** *unreg* **I.** *vt* banish, expel; ◇ **jd-n des Landes** ~ to exile s.o. from a country; ◇ **jd-n des Platzes** ~ to send s.o. off [the field] **II.** *vi* refer (*auf akk* to); ◇ **jd-n an jd-n** ~ to refer s.o. to s.o.
verwelken *vi* ← *Blumen* wilt; *FIG* ← *Schönheit* fade
verwendbar *adj* usable, suitable; **verwenden** *vt* [1] ↑ *gebrauchen* use [2] ↑ *anwenden* apply [3] ↑ *sich für jd-n einsetzen* ◇ **sich für jd-n** ~ to intercede on s.o.'s behalf; **Verwendung** *f* [1] ↑ *Gebrauch* use [2] ↑ *Einsatz* application
verwerfen *unreg vt* ↑ *ablehnen* → *Plan, Methode* reject, condemn; → *Meinung* discard
verwerten *vt* → *Reste, Rohstoffe* make use of, recycle; **Verwertung** *f* utilization, use; (*Wieder*-) recycling
verwesen *vi* decay, decompose, rot
verwickeln **I.** *vt* [1] → *Garn, Wolle* tangle up [2] (*FIG hineinziehen*) ◇ **jd-n in etw** *akk* ~ to get s.o. involved/mixed-up in s.th. **II.** *vr* ◇ **sich** ~ [1] ← *Wolle* tangle up [2] *FIG* ◇ **sich ~ in** *akk* to become entangled in
verwildern *vi* ← *Garten* become overgrown [with weeds]; ← *Kinder* run wild; **verwildert** *adj* uncultivated, weed-grown; *FAM* wild, unruly
verwinden *unreg vt* → *Verlust* get over
verwirklichen **I.** *vt* realize **II.** *vr* ◇ **sich** ~ [1] ← *Wunsch, Traum* become reality, materialize [2] (*selbst* ~) find fulfilment
verwirren *vt* → *Wolle* tangle, snarl; ↑ *durcheinanderbringen* confuse; **Verwirrung** *f* ↑ *Durcheinander* confusion; ↑ *Unsicherheit* perplexity
verwittern *vi* ← *Gestein, Mauer* weather
verwitwet *adj* widowed
verwöhnen *vt* ↑ *verziehen* spoil; (*mit Geschenken*) pamper
verwundbar *adj* vulnerable; **verwunden** *vt* wound, injure
verwunderlich *adj* astonishing, amazing
Verwundung *f* (*Kriegs*-) wound, injury
verwünschen *vt* curse
verwüsten *vt* devastate; **verwüstet** *adj* ravaged, devastated
verzagen *vi* despair, lose heart
verzählen *vr* ◇ **sich** ~ miscount
verzaubern *vt* cast a spell on s.o.; *FIG* ↑ *beglükken* enchant
verzehren *vti* [1] → *Nahrung* consume [2] ← *Kummer, Krankheit* languish
verzeichnen *vt* [1] (*aufzeichnen*) note; → *Verlust, Erfolg* record; → *Preise, Werke* register [2] ↑ *falsch zeichnen* draw incorrectly; **Verzeichnis** *s* register, list; (*Inhalts*-) index
verzeihen <verzieh, verziehen> *vt* forgive, pardon (*jd-m etw* s.o. for s.th.); ◇ ~ **Sie!** excuse me!; **Verzeihung** *f* pardon; ◇ **jd-n um ~ bitten** to beg one's pardon [*o.* to apologize]; ◇ **~!** excuse me!
verzerren *vt* → *Gesicht* frown, distort; → *Tatsachen* distort
Verzicht *m* <-[e]s, -e> renunciation (*auf akk* of); **verzichten** *vi* renounce (*auf akk* s.th.)
verzinsen **I.** *vt* pay interest **II.** *vr* ◇ **sich** ~ ← *Geldanlage* bear interest
verzögern **I.** *vt* → *Abreise* delay **II.** *vr* ◇ **sich** ~ be delayed
verzollen *vt* pay duty on; ◇ **haben Sie etw zu ~?** do you have anything to declare?
verzweifeln *vi* despair; ◇ **an etw** *dat* ~ to despair of s.th.; **verzweifelt** *adj* despairing, desperate
verzwickt *adj FAM* tricky, complicated
Vesper *f* <-, -n> [1] (REL *Christ*-) vespers *pl* [2] (*kleine Zwischenmahlzeit, -brot*) break, snack
Veterinär(in *f*) *m* vet[erinarian]
Veto *s* <-s, -s> veto
Vetter *m* <-s, -n> cousin
vibrieren *vi* [1] ← *Boden, Glas* vibrate [2] ← *Stimme* quiver
Videospiel *s* video game; **Videothek** *f* <-, -en> video rental store
Vieh *s* <-[e]s> cattle, livestock
viel <mehr, am meisten> **I.** *adj* many; (*vor unzählbaren Substantiven*) much, a lot, a great deal; (*substantivisch*) ◇ **e-r unter ~en** one of many **II.**

V

adv (*wesentlich, erheblich*) a lot, much; ◇ - **zu laut** much too loud/noisy; **vieldeutig** *adj* ▷*Begriff* ambiguous; **vielerlei** *adj inv* a great variety of, many kinds of; **vielfach I.** *adj* multiple **II.** *adv* [1] ↑ *oft* frequently [2] ↑ *in vielen Fällen* in many cases, often

Vielfalt *f* <-> variety

vielleicht *adv* [1] maybe, perhaps; ◇ **können Sie mir - sagen ...** could you possibly tell me ... [2] ↑ *wirklich* ◇ **du bist - dumm!** you are really dumb!

vielmals *adv* ◇ **danke** - thank you very much; ◇ **ich bitte - um Entschuldigung** I am very sorry; **vielseitig** *adj* ▷*Interessen* varied; ▷*Mensch* versatile; MATH polygonal, many-sided; **vielversprechend** *adj* ▷*Blick* promising, encouraging; **Vielzahl** *f* <-> (*große Anzahl*) multitude

vier *nr* four; (*vertraulich*) ◇ **unter - Augen** confidentially, privately; *kriechen, FAM* ◇ **auf allen -en kriechen** to crawl on all fours; **Viereck** *s* <-[e]s, -e> (*Quadrat*) square; (*Rechteck*) rectangle; MATH quadrilateral; **vierhundert** *nr* four hundred; **vierjährig** *adj* (*4 Jahre alt*) four-year-old; (*4 Jahre dauernd*) four-year; **viermal** *adv* four times; **vierte(r, s)** *adj* fourth

Viertel *s* <-s, -> [1] (*Stadt-*) district [2] (*von Beute, Kuchen*) quarter, fourth [3] (*-pfund*) quarter [4] (*Uhrzeit*) quarter; ◇ - **vor/nach 11** a quarter to/past 11; **Vierteljahr** *s* quarter [of a year]; **vierteljährlich** *adj* quarterly; **Viertelstunde** *f* quarter of an hour

viertens *adv* fourthly, in the fourth place

viertürig *adj* ▷*Auto* four-door

vierzehn *nr* fourteen; **vierzehntägig** *adj* [1] (*14 Tage lang*) fourteen-day, two-week [2] (*alle 14 Tage*) every fourteen days, every two weeks

vierzig *nr* forty; **Vierzigjährige(r)** *fm* forty-year-old

Vietnam *s* <-s> Vietnam

Villa *f* <-, Villen> villa; **Villenviertel** *s* exclusive residential area

violett *adj* violet, purple

Violine *f* violin; **Violinkonzert** *s* violin concert

Viper *f* <-, -n> viper

Virologie *f* MED virology

Virtuose *m* virtuoso

virulent *adj* virulent

Virus *m o. s* <-, Viren> virus

Vision *f* vision

Visite *f* <-, -n> MED house call; **Visitenkarte** *f* business card

Visum *s* <-s, Visa *o.* Visen> visa

vital *adj* vital; (*unternehmungslustig*) vigorous

Vitamin *s* <-s, -e> vitamin; **Vitaminmangel** *m* vitamin deficiency

Vitrine *f* glass cabinet, glass case, vitrine

Vizekanzler(in *f*) *m* vice-chancellor; **Vizepräsident(in** *f*) *m* vice-president

Vogel *m* <-s, Vögel> bird; (*FAM verrückt sein*) ◇ **e-n - haben** to have a screw loose; *FAM* ◇ **jd-m den - zeigen** to shoot s.o. the bird; **Vogelhaus** *s* birdhouse; (*großes*) aviary; **Vogelscheuche** *f* <-, -n> scarecrow

Vokabel *f* <-, -n> word

Vokabular *s* <-s, -e> ↑ *Wortschatz* vocabulary

Vokal *m* <-s, -e> vowel

Volk *s* <-[e]s, Völker> people; ◇ **die Völker Europas** the people of Europe

Völkerrecht *s* international law; **völkerrechtlich** *adj* under international law

Volksabstimmung *f* plebiscite; **Volksbefragung** *f* public opinion poll; **Volksbegehren** *s* referendum; **Volkshochschule** *f* adult education centre; **Volkslied** *s* folk song; **Volksschule** *f* elementary school; **volkstümlich** *adj* traditional, folkloristic; **Volksvertreter(in** *f*) *m* ↑ *Abgeordneter* representative of the people; **Volkswirt(in** *f*) *m* economist; **Volkswirtschaft** *f* economics; **Volkszählung** *f* [national] census

voll *adj* [1] ▷*Gefäß* full [2] (*FIG durchdrungen, erfüllt von*) ▷*Bewunderung, Liebe* filled with [3] (*ohne Einschränkung, ganz*) ▷*Erfolg, Verantwortung* full, entire, complete; ◇ **in -en Zügen genießen** to enjoy s.th. to the max [4] ↑ *dick* ▷*Haar, Wangen* full [5] *FAM* ◇ - **sein** ↑ *betrunken sein* to be plastered; ↑ *satt sein* to be full

Vollbart *m* full beard

Vollbeschäftigung *f* full employment

vollbesetzt *adj* (*Kino*) full [house]; (*Bus, Zug*) full, packed

vollbringen *unreg vt* accomplish, achieve

vollenden *vt* complete, finish; **vollendet** *adj* [1] ↑ *beendet* completed [2] ↑ *vollkommen* perfect

vollends *adv* ↑ *völlig* entirely, fully

Vollendung *f* completion

voller *adj inv* ↑ *voll von* full of

Volleyball *m* volleyball

Vollgas *s* full speed; ◇ **mit** - at full speed; ◇ - **geben** to go at full speed

völlig *adj* ↑ *total* complete

volljährig *adj* of age; ◇ **sie ist nicht** - she is not of age; **Volljährigkeit** *f* full age

Vollkaskoversicherung *f* AUTO full-coverage insurance, fully comprehensive insurance

vollkommen *adj* [1] ↑ *perfekt* perfect [2] *FAM* ↑ *völlig* ◇ - **sprachlos** utterly speechless; **Vollkommenheit** *f* perfection

Vollkornbrot *s* whole wheat bread; **Vollkornmehl** *s* whole wheat flour

vollmachen *vt* complete, fill up
Vollmacht *f* <-, -en> full power, authority; JURA power of attorney; ◇ **- haben** to have the authority; ◇ **jd-m - geben** to give s.o. power of attorney
Vollmilch *f* whole milk; **Vollmilchschokolade** *f* whole milk chocolate
Vollmond *m* full moon
Vollpension *f* full board
vollsaugen *vr* ◇ **sich -** ← *Schwamm, Stoff* absorb s.th. completely, become soaked with
vollständig *adj* complete
vollstreckbar *adj* enforceable, executable; **vollstrecken** *vt* → *Urteil* execute, enforce
volltanken *vt* fill up
Volltreffer *m* direct hit; *FIG* bull's eye
Vollversammlung *f* plenary meeting
vollzählig *adj* complete
vollziehen *unreg* **I.** *vt* → *Trauung, Urteil* carry out, execute **II.** *vr* ◇ **sich -** ↑ *geschehen* take place; **Vollzug** *m* carrying out; (*Straf-*) execution
Volumen *s* <-s, - *o.* Volumina> volume
vom = **von dem;** ◇ **das kommt - Rauchen** that comes from smoking; ◇ **sie ist - Land** she is a country girl
von *präp dat* from [1] (*räumlich*) from [2] (*zeitlich*) from; ◇ **- ... bis** from ... till [3] (*Person/Sache als Urheber/Grund*) of, by, from; ◇ **Grüße - mir** greetings from me [4] (*geschaffen/verursacht durch*) by, from; ◇ **ein Bild - Dali** a picture by Dali; ◇ **ein Bild - meinem Hund** a picture of my dog; ◇ **müde - der Arbeit** tired from working [5] (*Eigenschaft, Maß- u. Altersangabe*) of [6] (*Teil e-s Ganzen, Genitiversatz*) of; ◇ **e-e - meinen Tanten** one of my aunts [7] ◇ **- etw sprechen** to talk about s.th. [8] (*Adelstitel, Herkunft*) of [9] (*FAM davon*) from; ◇ **gib mir - dem Kuchen** give me some cake; (*wovon, Gegenteil zutreffend*) ◇ **- wegen müde!** talk about being tired!; **voneinander** *adv* of/from each other; **vonstatten** *adv* ◇ **- gehen** to take place
vor *präp dat/akk* [1] (*räumlich*) in front of, before; ◇ **etw - sich** *dat* **haben** to have s.th. in front of o.s. [2] (*zeitlich*) before; ◇ **fünf - zwölf** five to twelve [3] (*Grund/Ursache*) out of, on account of, because of; ◇ **- Angst zittern** to tremble with fear; ◇ **- Kälte zittern** to shiver from the cold [4] (*in Gegenwart von*) in front of, before; ◇ **- Zeugen** before witnesses; ◇ **- der Klasse** in front of the class [5] (*FAM wovor*) ◇ **- was hat er Angst?** what's he afraid of?; **vorab** *adv* (*im voraus, zunächst*) in advance, beforehand; **Vorabend** *m* the evening before; (*Vortag*) eve of
voran *adv* before, at the head; **vorangehen** *unreg vi* go ahead, go first; ◇ **e-r Sache** *dat* **-** to precede s.th.; **vorankommen** *unreg vi* make progress/headway
Voranschlag *m* (*Kosten-*) estimate
voranstellen *vt* → *Text, Vorwort* place in front
voraus *adv* [1] (*räumlich*) ahead, in front [2] (*zeitlich*) in advance; *FIG* ◇ **jd-m - sein** to be ahead of s.o.; ◇ **im -** in advance; **vorausgehen** *unreg vi* go ahead; **voraushaben** *unreg vt* ◇ **jd-m etw -** to have an advantage over s.o.; **Voraussage** *f* ↑ *Vorhersage* prediction; (*Wetter-*) forecast; **voraussehen** *unreg vt* foresee; **voraussetzen** *vt* (*annehmen*) presume; ↑ *erfordern* require; ◇ **vorausgesetzt, daß ...** provided that ...; ◇ **etw als gegeben -** to take s.th. for granted; **Voraussetzung** *f* [1] ↑ *Bedingung* prerequisite, requirement [2] ↑ *Annahme* assumption; ◇ **unter der -, daß ...** on the condition that ...; **voraussichtlich** *adj* expected, probable
Vorbau *m* porch
Vorbehalt *m* <-[e]s, -e> reservation; ◇ **[nur] unter dem -, daß ...** with the reservation that ...; **vorbehalten** *unreg vr* ◇ **sich** *dat* **etw -** to reserve s.th. for o.s.; ◇ **jd-m etw -** to leave s.th. up to s.o.; ◇ **Änderung -** subject to change
vorbehandeln *vt* pre-treat
vorbei *adv* [1] (*räumlich*) along, by, past [2] (*zeitlich*) past, over, gone; (*zu Ende*) over, finished; *FAM* ◇ **es ist 2 Uhr -** it is past 2 o'clock; **vorbeifahren** *unreg vi* drive by; **vorbeigehen** *unreg vi* [1] ↑ *vergehen* pass; ← *Laune, Gewitter* blow over [2] (*nicht beachten*) overlook, fail to see [3] (*FAM kurz besuchen*) ◇ **bei jd-m -** to drop/pass by s.o.'s house; **vorbeischießen** *vi* [1] (*verfehlen*) miss the target [2] (*an etw/jd-m*) shoot by
vorbelastet *adj* [1] *FIG* handicapped [2] JURA have a prior conviction
Vorbemerkung *f* preliminary remark
vorbereiten I. *vt* → *Fest, Prüfung* prepare **II.** *vr* ◇ **sich -** get ready; ◇ **sich auf etw** *akk* **-** to prepare [o.s.] for s.th.; **Vorbereitung** *f* preparation
vorbestellen *vt* → *Buch* order in advance; → *Kinokarte* reserve
vorbestraft *adj* previously convicted; ◇ **er ist schon -** he has a criminal record
vorbeugen I. *vi* take precautions (*e-r Sache dat* against), prevent **II.** *vr* ◇ **sich -** bend forward; **Vorbeugung** *f* prevention; MED ◇ **zur -** as a prophylactic; (*allgemein*) as a preventive measure
Vorbild *s* example; ◇ **sich** *dat* **jd-n zum - nehmen** to take s.o. as an example
vorbringen *unreg vt* ↑ *äußern* → *Einwand* present, raise; → *Wunsch* express, state; → *Idee* propose, suggest

V

Vorderachse *f* front axle
vordere(r, s) *adj* front
Vorderfront *f* front [side]; **Vordergrund** *m* *FIG* ◇ **im ~ stehen** to be in the foreground; **Vorderrad** *s* front wheel; **Vorderradantrieb** *m* AUTO front wheel drive; **Vorderseite** *f* front
vorderste(r, s) *adj* foremost
vordrängen *vr* ◇ **sich ~** push forward
vordringen *unreg vi* advance; (*unter Gefahr*) venture
Vordruck *m* form
vorehelich *adj* premarital
voreilig *adj* hasty, rash; ◇ **~e Schlüsse ziehen** to jump to conclusions
voreinander *adv* in front of each other; ◇ **keine Geheimnisse ~ haben** to have no secrets from one another
voreingenommen *adj* prejudiced, biased
vorenthalten *unreg vt* withhold; ◇ **jd-m etw ~** to keep s.th. from s.o.
vorerst *adv* (*zunächst*) for the time being, at the moment
Vorfahr *m* <-en, -en> forefather, ancestor
vorfahren *unreg vi* (*im Auto*) drive up; ← *Taxi* drive up to the door/entrance
Vorfahrt *f* right of way; ◇ **~ achten!** give way! *BRIT*, yield! *AM*; **Vorfahrtsstraße** *f* priority road
Vorfall *m* occurrence, incident
Vorfeld *s* ① forefield; ◇ **im ~ der Gespräche** in the preliminary stages of the talks ② AERO apron
vorfinden *unreg vt* find
Vorfreude *f* anticipation
vorführen *vt* ① (*zeigen*) show, present ② (*nach vorn führen*) bring forward, produce; **Vorführung** *f* presentation, showing; (*von Geräten*) demonstration; (*auf der Bühne*) performance
Vorgang *m* ① (*Hergang*) proceedings, course of events ② (*Akte*) file, previous correspondence ③ BIOL process
Vorgänger(in *f*) *m* <-s, -> predecessor
vorgeben *unreg vt* ① ↑ *vortäuschen* pretend ② ↑ *nach vorn reichen* pass forward ③ (SPORT *Vorsprung, Vorteil gewähren*) give [a start]
Vorgebirge *s* foothills *pl*
vorgefaßt *adj* ▷*Meinung* preconceived
Vorgefühl *s* anticipation; ▷*negativ* foreboding
vorgehen *unreg vi* ① (*zeitlich*) ← *Uhr* be too fast ② (*handeln*) take action, act ③ (*Vorrang haben*) have priority ④ (*geschehen*) occur, happen; ◇ **was geht hier vor?** what's going on here?
Vorgeschmack *m* taste
Vorgesetzte(r) *fm* superior
vorgestern *adv* the day before yesterday
vorgreifen *unreg vi* ↑ *vorwegnehmen* anticipate (*jd-m* s.o.)
Vorhaben *s* <-s, -> plan, intention
Vorhalle *f* vestibule, entrance hall
vorhalten I. *unreg vt* ① ↑ *vorwerfen, beschuldigen* ◇ **jd-m etw ~** to reproach s.o. for s.th. ② (*vor den Körper*) hold up **II.** *vi* ← *Vorrat* last, hold; **Vorhaltung** *f* ↑ *Vorwurf* reproach; ◇ **jd-m ~en machen** to reproach s.o. for s.th.
vorhanden *adj* (*erhältlich*) available, on hand; ◇ **~ sein** to be available
Vorhang *m* (*an Fenster*) curtain; THEAT curtain; POL ◇ **der Eiserne ~** the Iron Curtain
vorher *adv* beforehand, previously
vorherbestimmen *vt* predetermine; **vorherig** *adj* former, previous, last
Vorherrschaft *f* predominance
Vorhersage *f* prediction; (*Wetter~*) forecast
vorhin *adv* (*vor kurzem*) just now, just a while ago
vorig *adj* ▷*Leiter, Direktor* previous, former; ▷*Winter, Woche* previous, last
Vorjahr *s* last year
Vorkehrung *f* precaution, measure; ◇ **~en treffen** to take precautions
Vorkenntnisse *pl* previous knowledge
vorkommen *unreg* **I.** *vi* ① (*vortreten*) come forward ② ↑ *geschehen, passieren* happen, occur ③ ↑ *vorhanden sein* be found, available ④ (*empfinden*) seem; ◇ **jd-m bekannt ~** to look familiar to s.o. **II.** *vr* ◇ **sich ~** (*sich fühlen*) feel; ◇ **sich** *dat* **dumm ~** to feel like a fool
vorladen *vt* JURA summon
Vorlage *f* ① (*zur Begutachtung*) presentation ② (*Muster*) pattern ③ draft; (*Gesetzes~*) bill ④ (*im Fußball*) assist; (*Ski*) forward position
vorlassen *unreg vt* ① ↑ *vorgehen lassen* let s.o. go ahead ② (*jd-n empfangen*) allow in, admit
vorläufig *adj* temporary, provisional; **vorlegen** *vt* ① (*zur Unterschrift*) present; ↑ *einreichen, präsentieren* → *Plan, Entwurf* present, show ② → *Riegel, Kette* put on ③ → *Fleisch, Gemüse* serve
Vorleistung *f* advance
vorlesen *unreg vt* read aloud; **Vorlesung** *f* SCH lecture
vorletzte(r, s) *adj* last but one, next to last
Vorliebe *f* preference, liking
vorliegen *unreg vi* ← *Akte, Beschwerde* submit, file; ← *Beweis* be available
vormachen *vt* ↑ *vorführen, zeigen* demonstrate, show; *FIG* ↑ *vortäuschen* fool; ◇ **jd-m etw ~** to fool s.o.; ↑ *reinlegen* to hoodwink s.o.
vormals *adv* ↑ *früher* formerly

Vormarsch *m* advance; ◇ **auf dem ~ sein** to be gaining ground

vormerken *vt* ↑ *notieren* note, make a note of; (*in Bibliothek*) → *Buch* reserve

Vormittag *m* morning, before noon; ◇ **im Laufe des ~s** in the course of the morning; **vormittags** *adv* mornings, every morning

Vormundschaft *f* JURA guardianship; ◇ **unter ~ stellen** to be placed under guardianship

vorn[e] *adv* in front, before; ◇ **nach ~** forward, towards the front; (*von Anfang an*) ◇ **von ~** from the beginning; (*von neuem*) ◇ **von ~ anfangen** to start from scratch

Vorname *m* first name

vornehm *adj* ① ▷*Rang* distinguished, noble; ↑ *von adliger Herkunft* aristocratic ② ↑ *elegant* elegant, fashionable

vornehmen *unreg* **I.** *vr* ① ↑ *beabsichtigen* ◇ **sich etw ~** to intend to do s.th. ② (*FAM ermahnen, schelten*) ◇ **sich** *dat* **jd-n ~** to have words with s.o. **II.** *vt* ① (*bevorzugt behandeln*) → *Patienten, Kunden* take before one ② (*in Angriff nehmen*) → *Problem* undertake, tackle, deal with

Vorort *m* suburb; **Vorortzug** *m* suburban train

vorprogrammiert *adj* preprogrammed; ◇ **sein Scheitern war ~** his failure was a foregone conclusion

Vorrang *m* priority; ◇ **den ~ haben vor** to take precedence over; **vorrangig** *adj* of prime importance

Vorrat *m* stock, supply; **vorrätig** *adj* available, in stock; **Vorratsschrank** *m* pantry

Vorrecht *s* ↑ *Privileg* privilege

Vorrede *f* opening speech; (*im Buch*) preface, introduction

Vorrichtung *f* ↑ *Apparat* (*Stütz~, Halte~*) appliance, device; *FAM* gadget

vorrücken I. *vi* ← *Nacht, Zeiger* move forward; MIL advance **II.** *vt* move forward

vorsagen *vt* ① → *Gedicht* recite ② *FAM* prompt

Vorsaison *f* early season

Vorsatz *m* ① ↑ *Absicht* resolution, plan, intention; ◇ **e-n ~ fassen** to make up one's mind to do s.th. ② JURA premeditation

vorsätzlich *adj* JURA ▷*Mord* premeditated; *FIG* intentional

Vorschein *m* ◇ **zum ~ kommen/bringen** to come/bring to light

vorschießen *unreg vt* → *Geld* advance

Vorschlag *m* proposal, suggestion; ◇ **kannst du mir e-n ~ machen?** can you give me some advice?; **vorschlagen** *unreg vt* ↑ *empfehlen, raten* suggest, propose

vorschreiben *unreg vt* ① (*als Muster*) write out ② ↑ *verlangen, anordnen* stipulate, prescribe; → *Einzelheiten* specify; ◇ **ich lasse mir nichts ~** I won't let myself be ordered around

Vorschrift *f* ↑ *Anweisung* instruction, direction; ◇ **nach ~** according to directions/orders; ◇ **jd-m ~en machen** to give s.o. orders

Vorschuß *m* (*Lohn~, Taschengeld~*) advance

vorsehen *unreg* **I.** *vt* ↑ *planen, beabsichtigen* plan, intend (*als, für* to, for); ← *Gesetz, Statuten* provide that **II.** *vr* ◇ **sich ~** ↑ *sich in Acht nehmen* be careful, watch out (*vor dat* for)

Vorsicht I. *f* caution **II.** *intj* caution, danger; ◇ **V-Glas!** fragile!; **vorsichtig** *adj* careful, cautious

Vorsitz *m* chairmanship, presidency; ◇ **den ~ über etw** *akk* **haben** to preside over s.th.

Vorsorge *f* provision, precaution; (MED *~untersuchung*) check-up; **vorsorglich** *adv* precautionary

Vorspann *m* <-s, -e> FILM MEDIA credits *pl*

Vorspeise *f* GASTRON appetizer

vorspiegeln *vt* ↑ *vortäuschen* delude, deceive (*jd-m* s.o.)

Vorspiel *s* ① MUS prelude ② (*sexuell*) foreplay ③ SPORT preliminary [match]

vorsprechen *unreg* **I.** *vt* recite **II.** *vi* call on s.o.; THEAT audition; ◇ **bei jd-m ~** to have an audition with s.o., to have a meeting with s.o.

Vorsprung *m* ① (*Dach~, Fels~*) projection, ledge ② (*vor Verfolger*) lead; *FIG* advantage

Vorstadt *f* suburb

Vorstand *m* ① (*von Firma*) board of directors; (*von Verein*) managing committee ② (*Mensch*) head, director

vorstehen *unreg vi* ① (*räumlich*) ← *Zähne, Kinn* protrude, be prominent ② (*FIG Firma, Schule, Verein*) preside, be in charge; ◇ **jd-m/e-r Sache ~** to preside over s.o./s.th.

vorstellen I. *vt* ① → *Uhr* put forward; → *vorrükken* move forward; (*vor etw*) put in front of ② (*bekannt machen*) introduce ③ (*darstellen, bedeuten*) represent, signify **II.** *vr* ◇ **sich ~** ① ↑ *sich bekannt machen* introduce o.s. ② ↑ *ausdenken* imagine, visualize; **Vorstellung** *f* ① ↑ *Gedanke* conception, idea; ↑ *Einbildung* illusion ② THEAT *auch FIG* performance, show ③ (*das Bekanntmachen*) introduction

Vorstrafe *f* previous conviction

Vortag *m* the day before

vortäuschen *vt* → *Krankheit* fake, pretend [to be], feign

Vorteil *m* <-s, -e> ① advantage (*gegenüber* over); (*Gewinn, Nutzen*) profit ② (*a.* SPORT *günstigere Position*) advantage

Vortrag *m* <-[e]s, -träge> ① ↑ *Darbietung* performance ② ↑ *Vorlesung* lecture; MEDIA talk, report; ↑ *Rede* speech; **vortragen** *unreg vt* ① ↑ *nach vorn tragen* carry forward ② *(ausführlich, förmlich mitteilen)* → *Bitte, Plan, Referat* express, state, submit; → *Rede* deliver

vortreten *unreg vi* ① ↑ *nach vorn treten* step forward ② ↑ *hervorstehen* protrude, stick out

Vortritt *m* precedence; ◇ **jd-m den ~ lassen** to give precedence to s.o.

vorüber *adv* ① *(räumlich)* past, by ② *(zeitlich)* over, past; **vorübergehen** *unreg vi* ① *(zeitlich)* pass; ← *Zorn, Gewitter* blow over ② *(räumlich)* pass, go by

Vorurteil *s* prejudice

Vorwahl *f* ① POL preliminary election, primary election *AM* ② TELEC area number, area code *AM*; **vorwählen** *vt* TELEC dial first

Vorwand *m* <-[e]s, -wände> pretext, alibi, excuse; ◇ **unter dem ~, daß ...** under the pretext that ..., under the pretext of ...

vorwärts *adv* forward; **vorwärtsgehen** *unreg vi* ① go ahead, progress ② *(FIG besser werden)* improve; **vorwärtskommen** *unreg vi* ① make progress ② *(FIG Erfolg haben)* get ahead, improve

vorweg *adv* beforehand, from the beginning; *(im voraus)* at the front; **vorwegnehmen** *unreg vt* anticipate

vorweisen *unreg vt* ↑ *zeigen* show

vorwerfen *unreg vt* ① *(zum Fraß)* throw in front of ② *FIG* ↑ *kritisieren, tadeln* accuse *(jd-m etw* s.o. of s.th.)

vorwiegend *adj* predominant

Vorwort *s* <-[e]s, -e> ↑ *Einleitung* preface, foreword

Vorwurf *m* reproach, accusation; ◇ **jd-m/sich Vorwürfe machen** to reproach s.o./o.s.; **vorwurfsvoll** *adj* ▷*Blick* accusing, reproachful

vorzeigen *vt* → *Paß, Fahrschein* show

vorzeitig *adj* ▷*Ausscheiden* premature, early

vorziehen *unreg vt* ① pull forward; → *Gardinen* draw ② ↑ *bevorzugt behandeln* → *Patienten, Schüler* give preferential treatment to, show preference for; ↑ *lieber mögen* prefer

Vorzug *m* ① ↑ *gute Eigenschaft* preference; ↑ *Vorteil* advantage ② ↑ *Vorrang* priority

Votum *s* <-s, Voten *o.* Vota> vote

Vulkan *m* <-s, -e> volcano

W

W, w *s* W. w

Waage *f* <-, -n> ① scales *pl BRIT*, scale *AM*, weighing machine ② ASTROL Libra

waagerecht *adj* horizontal, level

Wabe *f* <-, -n> honeycomb

wach *adj* awake; *(FIG geistig rege)* on the ball

Wachablösung *f* changing of the guard; **Wachdienst** *m* guard duty

Wache *f* <-, -n> ① guard, watch; ◇ **~ halten** [o. stehen], to stand guard ② ↑ *Polizeirevier* police station

wachhalten *unreg vt* ① *(jd-n)* keep [s.o.] awake ② → *Erinnerung* keep alive

Wachhund *m* watchdog

wachrufen *unreg vt FIG* → *Erinnerung* awaken

wachrütteln *vt auch FIG* rouse

Wachs *s* <-es, -e> *(Bienen-, Kerzen-)* wax

wachsam *adj* watchful, vigilant; **Wachsamkeit** *f* watchfulness, vigilance

wachsen I. <wuchs, gewachsen> *vi* ① ← *Kind, Pflanze* grow ② ← *Anforderungen* increase **II.** *vt* → *Fußboden, Auto* wax

Wachstum *s* <-s> growth, expansion; **Wachstumsrate** *f* growth rate

Wachtel *f* FAUNA quail

Wächter(in *f*) *m* <-s, -> guard; *(Parkplatz-)* attendant; *(Museums-)* custodian; *(Nacht-)* watchman

Wachtmeister(in *f*) *m* constable

wackelig *adj* ① ▷*Stuhl* unsteady, wobbly; ▷*Zahn* loose ② ▷*Person* doddery ③ ▷*Unternehmen* shaky

Wackelkontakt *m* ELECTR loose connection

wackeln *vi* ① ← *Stuhl* wobble ② *(unsicher laufen)* toddle ③ *FIG* ← *Position* be shaky

Wade *f* <-, -n> ANAT calf; **Wadenkrampf** *m* cramp in the calf

Waffe *f* <-, -n> *(Schuß-, Schlag-)* weapon; *FIG* ◇ **jd-n mit den eigenen ~n schlagen** to beat s.o. at his own game

Waffel *f* <-, -n> waffle; *(Eis-)* wafer; **Waffeleisen** *s* waffle iron

Waffenhändler *m* arms dealer; **Waffenruhe** *f* MIL ceasefire

wagemutig *adj* daring, bold

wagen *vt* dare, venture; ↑ *riskieren* risk

Wagen *m* <-s, -> ① AUTO car ② BAHN carriage, car *AM*; **Wagenheber** *m* <-s, -> jack

Waggon *m* <-s, -s> BAHN railway carriage; *(Güter-)* goods van, freight car *AM*; *(geschlossen)* boxcar *AM*

waghalsig *adj* daring

Wagnis *s* venture, risk
Wahl *f* <-, -en> [1] POL election, ballot [2] (*Güteklasse*) ◇ **zweite** ~ second-grade; **Wahlausschuß** *m* election committee
wählbar *adj* eligible
wahlberechtigt *adj* eligible to vote; **Wahlbeteiligung** *f* attendance at the polls; *FAM* turnout
wählen *vt, vi* [1] ↑ *auswählen* select, choose [2] (POL *Stimme abgeben*) vote (*für jd-m* for s.o.); (*jd-n ins Amt* ~) elect s.o. [3] TELEC dial; **Wähler(in** *f*) *m* <-s, -> POL voter
Wahlfreiheit *f* freedom of choice; **Wahlgang** *m* round of voting; **Wahlkampf** *m* electoral campaign; **Wahlrecht** *s* right to vote, suffrage
Wählscheibe *f* [selector] dial
Wahlspruch *m* slogan; **Wahlsystem** *s* electoral system
Wahn *m* <-[e]s> delusion, madness
Wahnsinn *m* <-s> [1] (*FAM Geisteskrankheit*) madness [2] (*FAM toll, unglaublich*) ◇ ~! great!; **wahnsinnig I.** *adj* ▷*Mensch* out of one's mind; (*FAM vor Glück, Schmerzen*) delirious **II.** *adv FAM* awfully, terribly
wahr *adj* ▷*Geschichte* true
wahren *vt* → *Interessen* protect; → *Recht* reserve
währen *vi* last
während I. *präp gen* during **II.** *cj* [1] (*zeitlich, gleichzeitig*) while, whilst *BRIT* [2] (*gegensätzlich*) whereas, while
wahrhaben *unreg vt* ◇ **etw nicht ~ wollen** to not want to admit s.th.
wahrhaftig I. *adj* ▷*Gott* true **II.** *adv* truly; ◇ **er glaubt es** ~ he really believes it
Wahrheit *f* truth; **wahrheitsgemäß** *adj* truthful, true
wahrnehmen *unreg vt* [1] (*mit Sinnen*) perceive [2] → *Gelegenheit* seize [3] → *Interessen* safeguard, protect
Wahrsager(in *f*) *m* <-s, -> [1] fortune-teller [2] ↑ *Prophet* prophet
wahrscheinlich I. *adj* likely, probable **II.** *adv* probably; **Wahrscheinlichkeit** *f* likelihood, probability; ◇ **aller ~ nach** in all likelihood
Währung *f* currency
Wahrzeichen *s* (*von Stadt*) landmark
Waise *f* <-, -n> orphan; **Waisenhaus** *s* orphanage; **Waisenkind** *s* orphan
Wal *m* <-[e]s, -e> FAUNA whale
Wald *m* <-[e]s, Wälder> wood; (*groß*) forest, woods *pl;* **Waldbrand** *m* forest fire; **waldig** *adj* wooded; **Waldlauf** *m* SPORT cross-country running; **Waldrand** *m* edge of the forest; **waldreich** *adj* ▷*Gegend* well-wooded; **Waldsterben** *s* deforestation by pollution, waldsterben

Walfang *m* whaling; **Walfisch** *m* ↑ *Wal* whale
Wall *m* <-[e]s, Wälle> ↑ *Bollwerk* rampart
wallfahren *vi* go on a pilgrimage; **Wallfahrer (in** *f*) *m* pilgrim; **Wallfahrt** *f* pilgrimage; **Wallfahrtsort** *m* place of pilgrimage
Walnuß *f* walnut
Walroß *s* walrus
walten *vi* reign (*in dat* over); ◇ **walten Sie Ihres Amtes!** do your duty!
Walze *f* <-, -n> roller; **walzen** *vt roll*
wälzen I. *vt* [1] → *Stein* roll [2] *FAM* → *Bücher* pore over [3] → *Probleme* turn over [4] ◇ **Schuld auf jd-n** ~ to lay the blame on s.o. **II.** *vr* ◇ **sich** ~ (*im Schlamm*) wallow; (*vor Schmerzen*) writhe; (*im Bett*) toss and turn
Walzer *m* <-s, -> waltz
wand *impf v.* **winden**
Wand *f* <-, Wände> [1] (*aus Baustein*) wall [2] (*Trenn-*) partition [3] (*Berg-*) face
Wandel *m* <-s> [1] (*Veränderung*) change [2] ◇ **e-n schlechten Lebens- führen** to lead a disorderly life; **wandeln I.** *vr* ◇ **sich** ~ change **II.** *vi* (*langsam gehen*) stroll
Wanderer(Wanderin *f*) *m* <-s, -> hiker; **wandern** *vi* [1] (*mit Rucksack*) walk, hike; (*ziellos gehen*) wander [2] ← *Tiere* migrate [3] ← *Blick* roam [4] *FIG* ← *Gedanken* wander; **Wanderung** *f* walk, hike
Wandleuchter *m* wall lamp
Wandlung *f* [1] (*sich wandeln*) transformation [2] (REL *bei Messe*) consecration [3] (REL *von Nichtgläubigern*) conversion
Wandmalerei *f* (*Kunst*) mural painting; **Wandschrank** *m* built-in cupboard; **Wandtafel** *f* SCH blackboard
wandte *impf v.* **wenden**
Wandteppich *m* tapestry
Wange *f* <-, -n> cheek
wankelmütig *adj* fickle, capricious
wanken *vi* ↑ *schwanken* sway; ← *Knien* wobble; *FIG* ↑ *unentschlossen sein* falter
wann *adv* when; ◇ **seit** ~ since when, how long
Wanne *f* <-, -n> tub; ↑ *Bottich* vat
Wanze *f* <-, -n> (*Abhör-, Bett-*) bug
Wappen *s* <-s, -> coat of arms
war *impf v.* **sein**
warb *impf v.* **werben**
Ware *f* <-, -n> article, product; ◇ **die ~n** the goods *pl;* **Warenbestand** *m* stock, merchandise on hand; **Warenhaus** *s* department store; **Warenlager** *s* warehouse
warf *impf v.* **werfen**
warm *adj* [1] ▷*Essen* hot, warm [2] ↑ *freundlich* warm, cordial

Wärme *f* <-, -n> warmth; **Wärmegewitter** *s* [heat] thunderstorm; **Wärmekraftwerk** *s* thermal power station; **wärmen I.** *vti* → *Essen* heat [up]; ← *Jacke* warm [up] **II.** *vr* ◇ **sich** ~ warm o.s. [up]; **Wärmflasche** *f* hot-water bottle

Warmfront *f* METEO warm front; **warmhalten** *unreg* **I.** *vt* → *Essen* keep warm **II.** *vr* ◇ **sich** ~ [1] keep o.s. warm [2] *FAM* ◇ **sich** *dat* **jd-n** ~ to keep in with s.o.; (*sich jd-s Gunst erhalten*) to stay in s.o.'s good graces; **warmlaufen** *unreg vi* AUTO ◇ ~ **lassen** to warm up; **Warmluft** *f* warm [hot] air

Warnblinkanlage *f* AUTO hazard warning lights; **Warndreieck** *s* AUTO warning triangle

warnen *vt* [1] (*bei Gefahr*) warn; ◇ **jd-n vor etw** ~ *dat* to warn s.o. against s.th. [2] (*drohen*) caution, warn; **Warnstreik** *m* warning [*o.* token] strike; **Warnung** *f* warning, caution; **Warnzeichen** *s* warning sign

warten I. *vi* wait (*auf akk* for); ◇ **auf sich** ~ **lassen** to keep s.o. waiting **II.** *vt* TECHNOL maintain

Wärter(in *f*) *m* <-s, -> (*Bahn-*) guard; (*Tier-*) keeper; (*Gefängnis-*) warden

Wartesaal *m* BAHN waiting room; **Wartezeit** *f* (*an Grenzübergang*) delay, wait; (*im Flughafen*) layover; **Wartezimmer** *s* waiting room

Wartung *f* TECHNOL maintenance

warum *adv* why

Warze *f* <-, -n> wart; (*Brust-*) nipple

was *pron* what; (*FAM etw*) something

Waschanlage *f* (*für Auto*) car wash; **waschbar** *adj* washable; **Waschbär** *m* racoon; **Waschbecken** *s* washbasin

Wäsche *fpl* [1] (*schmutzig, bunt*) laundry, washing [2] (*Bett-*) linen [3] (*Waschtag*) washing day [4] *FAM* (*Katzen-*) a lick and a spit

waschecht *adj* [1] ▷*Farbe* fast; ▷*Hemd* colourfast [2] (*FIG -er Berliner*) true

Wäscheklammer *f* clothes-peg, clothespin; **Wäscheleine** *f* clothes line

waschen <wusch, gewaschen> **I.** *vt* [1] → *Wäsche* wash [2] *FIG* → *Geld* launder [3] → *Haare* ◇ ~ **und legen** to wash and set **II.** *vr* ◇ **sich** ~ wash o.s.; ◇ **sich** *dat* **die Hände** ~ to wash one's hands

Wäscherei *f* laundry; **Wäschetrockner** *m* <-s, -> clothes drier

Waschküche *f* [1] (*Raum*) laundry room [2] *FAM* ↑ *Nebel* pea-soup fog; **Waschlappen** *m* [1] (*im Badezimmer*) washcloth [2] *FAM* ↑ *Feigling* sissy; **Waschmaschine** *f* washing machine; **Waschmittel** *s* detergent; **Waschsalon** *m* launderette; **Waschzeug** *s* toiletries *pl*

Wasser *s* <-s, -> water; *FIG* ◇ **ins** ~ **gehen** to drown o.s.; ↑ *urinieren* ◇ ~ **lassen** to pass water; **wasserdicht** *adj* ▷*Goretexjacke* waterproof; **Wasserfall** *m* waterfall; **Wasserhahn** *m* [water] tap, [water] faucet *AM*

wässerig *adj* watery; ▷*Lösung* aqueous

Wasserkessel *m* kettle; **Wasserleitung** *f* water pipe; **wasserlöslich** *adj* water-soluble; **Wassermelone** *f* watermelon

wassern *vi* ← *Flugzeug* land on the water, splash down

wässern *vt* → *Heringe* soak; → *Pflanzen* water

Wasserpflanzen *pl* aquatic plants *pl*; **Wasserschaden** *m* water damage; **Wasserverunreinigung** *f* water pollution; **Wasserwaage** *f* (*Werkzeug*) level; **wäßrig** *adj s.* **wässerig**

waten *vi* wade

watscheln *vi* ← *Ente* waddle

Watt [1] *s* <-[e]s, -en> ↑ *Wattenmeer* mudflat

Watt [2] *s* <-s, -> ELECTR watt, W

Watte *f* <-, -n> absorbent cotton, cotton-wool *BRIT*; **Wattebällchen** *s* cotton ball

weben <webte *o.* wob, gewebt *o.* gewoben> *vt* weave

Wechsel *m* <-s, -> [1] change; ◇ **Wetter-** change in weather [2] ↑ *Tausch* exchange [3] COMM bill [of exchange] [4] (*Wild-*) trail; **Wechselgeld** *s* change; **wechselhaft** *adj* ▷*Wetter* changeable; **Wechseljahre** *pl* menopause, change of life; **wechseln I.** *vt* [1] → *Kleidung* change [2] → *Blicke* exchange [3] → *Thema* change, switch **II.** *vi* ↑ *sich verändern* change, vary; ← *Personal* change; ← *Stimmung* switch, change; ← *Wetter* change

wecken *vt* ↑ *wach machen* waken; *FIG* → *Neugier* arouse

Wecker *m* <-s, -> alarm clock

weder *cj* neither; ◇ ~ **... noch** neither ... nor

weg *adv* gone, away; ◇ **über etw** *akk* ~ **sein** to have got over s.th.; ◇ **er war schon** ~ he was already gone; ◇ **Finger** ~**!** hands off!

Weg *m* <-[e]s, -e> [1] ↑ *Pfad* path [2] ↑ *Richtung* direction [3] ↑ *Möglichkeit* possibility [4] ◇ **sich auf den** ~ **machen** to take to the road, to go on one's way [5] *FIG* ◇ **jd-m aus dem** ~ **gehen** to avoid s.o., to stay out of s.o.'s way [6] (*Erfolg haben*) ◇ **seinen** ~ **machen** to get on in the world, to make a career for o.s.

wegbleiben *unreg vi* stay away; **wegbringen** *unreg vt* take away; → *Fleck* get out, remove; *FAM* get s.th. out

wegen *präp gen o FAM dat* because of, on account of

wegfahren *unreg vi* leave, go away; **wegfallen** *unreg vi* cease to exist; → *Ferien, Bezahlung* be cancelled; **weggehen** *unreg vi* go away, leave; **weglassen** *unreg vt* leave out, omit; **weglau-**

fen *unreg vi* run away, run off; **weglegen** *vt* ↑ *aufräumen* put away; ↑ *beiseite legen* put aside; **wegnehmen** *unreg vt* take away, remove; **wegräumen** *vt* clear [away]; **wegschaffen** *vt* ① ↑ *loswerden* get rid of ② ↑ *wegräumen* clear away ③ ↑ *wegtragen* carry away ④ *FAM* → *Arbeit* get through; **wegschließen** *unreg vt* → *Wertgegenstände* lock away; **wegschnappen** *vt* ◇ **jd-m etw** ~ to snatch s.th. away from s.o.; **wegtun** *unreg vt* ① ↑ *aufräumen* put away ② ↑ *wegwerfen* throw away

wegweisend *adj* ▷*Entdeckung* pioneering; **Wegweiser** *m* <-s, -> ① (*Schild*) signpost ② (*Person*) pioneer

wegwerfen *unreg vt* throw away; **Wegwerfgesellschaft** *f* throw-away society; **wegwischen** *vt* wipe off

Wegzehrung *f* ① (*Essen*) food for a journey ② REL the last sacrament

wegziehen *unreg vi* ① → *schweren Gegenstand* pull away ② ↑ *Wohnsitz wechseln* move away

weh *adj* sore; ◇ ~ **tun** to be sore, to ache; ◇ **jd-m/sich** ~ **tun** to hurt s.o./oneself

weh[e] *intj* ◇ **~[e], wenn du ...** watch out if you ...; ◇ **o ~!** oh no!, oh dear!

Wehe [1] *f* <-, -n> MED contractions; ◇ **in den ~n liegen** to be in labo[u]r

Wehe [2] *f* <-, -n> (*Schnee~*) drift

wehklagen *vi* lament; **wehleidig** *adj* whining; **wehmütig** *adj* nostalgic

Wehrdienst *m* MIL military service; **Wehrdienstverweigerer** *m* <-s, -> conscientious objector

wehren *vr* ◇ **sich** ~ resist (*gegen jd-n/etw* s.o./s.th.), defend o.s. against

wehrlos *adj* defenceless, defenseless *AM*

Weib *s* <-[e]s, -er> *PEJ* woman; **Weibchen** *s* ① FAUNA female ② (*PEJ Intrigantin*) scheming little bitch; (*nur auf Sex bedacht*) sexmaniac; **weiblich** *adj* ① FAUNA ▷*Geschlecht* female ② ▷*Mode, Art* feminine ③ GRAM feminine

weich *adj* soft; (*FIG nachgeben*) ◇ ~ **werden** to give in, to relent

Weiche *f* <-, -n> BAHN switch, points *pl; FIG* ◇ **die ~n stellen** to set the course

weichen [1] *vt* (*ein~*) soak

weichen [2] <wich, gewichen> *vi* ① ↑ *weggehen* leave; ◇ **er wich nicht von ihrer Seite** he did not leave her side ② *FIG* ↑ *nachlassen* ← *Schmerz* ease

weichlich *adj* soft, flabby; **Weichspüler** *m* <-s, -> [fabric] softener

Weide [1] *f* <-, -n> (*Baum*) willow

Weide [2] *f* <-, -n> (*Wiese*) pasture; **weiden I.** *vi* (*Tiere auf Weide*) graze, pasture **II.** *vt* (*auf Weide führen*) put out to graze **III.** *vr* ◇ **sich an etw** *dat* **revel in s.th.**

weigern *vr* ◇ **sich** ~ refuse; **Weigerung** *f* refusal

Weihnachten *s* <-, -> Christmas, Xmas; **weihnachtlich** *adj* Christmas; **Weihnachtsabend** *m* Christmas Eve; **Weihnachtsbaum** *m* Christmas tree; **Weihnachtsfeier** *f* Christmas party; **Weihnachtsferien** *pl* Christmas holidays *pl;* **Weihnachtslied** *s* Christmas carol; **Weihnachtsmann** *m* Father Christmas, Santa [Claus] *bes. AM*; **Weihnachtsmarkt** *m* Christmas fair; **Weihnachtszeit** *f* Christmas season

weil *cj* because

Weile *f* <-> while, short time; ◇ **e-e kleine** ~ a short while

Wein *m* <-[e]s, -e> wine; **Weinbau** *m* wine-growing; **Weinberg** *m* vineyard

weinen *vti* cry, weep; ◇ **das ist zum W~** it is a crying shame [*o.* it would make you weep]; **weinerlich** *adj* ▷*Stimme* whining

Weinflasche *f* wine bottle; **Weinkeller** *m* wine cellar, wine vault; **Weinprobe** *f* wine tasting; **Weintraube** *f* grape

weise *adj* wise; (*in Zusammensetzungen*) ◇ **glücklicher~** fortunately

Weise *f* <-, -n> ① ↑ *Art* manner, fashion; ◇ **auf diese** ~ in this way ② ↑ *Lied* tune, melody

weisen <wies, gewiesen> **I.** *vt* ↑ *zeigen, schicken* show; (*Richtungsangaben geben*) direct **II.** *vi* point at/towards; ◇ **auf etw** *akk* ~ to point at s.th.

Weisheit *f* wisdom; **Weisheitszahn** *m* wisdom tooth

weismachen *vt* ↑ *vortäuschen* fool; ◇ **jd-m etw** ~ *akk* to make/have s.o. believe

weiß *adj* white

Weißbrot *s* white bread; **Weißwein** *m* white wine

Weisung *f* (*Befehl*) instruction, direction; (*An~*) order; **weisungsgemäß** *adj* according to instructions

weit I. *adj* ① ▷*Öffnung* wide ② *FIG* ▷*Begriff* broad ③ (*Reise*) long **II.** *adv* far; ◇ **wie ~ ist es ...?** how far is it ...?; ◇ **das geht zu** ~ that is going too far; ◇ ~ **und breit** far and wide; **weitab** *adv* far away; **weitaus** *adv* [by] far; ◇ ~ **besser** far better; **Weite** *f* <-, -n> ① (*Kragen~, Spann~*) width ② (*Raum*) expanse ③ (*von Entfernung*) distance

weiter I. *adj* further; (*zusätzlich*) additional **II.** *adv* further; ◇ **ohne ~es** without hesitation, without further ado; **weiterarbeiten** *vi* keep on working; **weiterbilden** *vr* ◇ **sich** ~ continue one's education; **weiterbringen** *unreg vt* advance, further; ◇ **das bringt uns nicht** ~ that doesn't get us any further; **weiterempfehlen** *unreg vt* recommend; **weiterentwickeln** *vt* further develop s.th.; **Weiterfahrt** *f* continued journey; **weitergeben** *unreg vt* → *Liste* pass on; → *Nachricht* relay; **weitergehen** *unreg vi* go on; **weiterhin** *adv* (*außerdem*) furthermore, moreover; **weitermachen** *vti* carry on (*mit etw* doing s.th.), continue

weitgehend I. *adj* ▷ *Vollmacht* extensive **II.** *adv* to a large extent; ↑ *umfassend* comprehensively; **weithin** *adv* far away; **weitläufig** *adj* [1] ▷ *Gebäude* spacious [2] ▷ *Erklärung* lengthy [3] ▷ *Verwandter* distant; **weitreichend** *adj* ▷ *Beziehungen* far-reaching; **weitschweifig** *adj* ▷ *Roman* verbose, lengthy; **weitsichtig** *adj* [1] farsighted; MED hyperopic [2] *FIG* far-seeing; **Weitsprung** *m* SPORT long jump

Weizen *m* <-s, -> [1] (AGR *Getreide*) wheat, corn [2] (*~bier*) white [wheat] beer

welch *pron* (*Kurzform von welche(r, s)*) ◇ ~ **ein Anblick!** what a view!; **welche(r, s)** *pron* [1] (*Fragepronomen: sg. u. pl.*) what, which; ◇ **welche Tiere mag er am liebsten?** which animals does he love most? [2] (*in abhängigen Sätzen*) ◇ **man sieht, ~ Mühe er sich gibt** you can see how much effort he is making [3] (*Relativpronomen: sg. u. pl*) ◇ **die Tante, ~ heute kommt ...** the aunt, who is coming today ...; ◇ **die Tanten, ~ heute kommen ...** the aunts, who are coming today ... [4] (*einige, manche*) ◇ **er kauft auch** ~ he is also buying some

welken *vi* ← *Blumen* wither, fade

Welle *f* <-, -n> [1] (*Meeres-*) wave; TECHNOL wave; (*Boden-*) bump [2] (METEO *Hitze-*) wave; **wellen** *vr* ◇ **sich** ~ ← *Haar* wave; ← *Papier* buckle; **Wellenbad** *s* wave pool; **Wellenreiten** *s* surfing

Welt *f* <-, -en> [1] GEO world [2] (*FIG Lebensbereich*) world [3] *FIG* ◇ **etw** *akk* **aus der ~ schaffen** to settle a dispute; **Weltall** *s* universe, cosmos; **weltberühmt** *adj* world-famous; **weltbewegend** *adj* ◇ **das ist nicht** ~ that is nothing to write home about; **Weltgeschichte** *f* [1] world history [2] (*FAM viel und weit reisen*) ◇ **in der ~ umherfahren** to travel around a great deal; **Weltkrieg** *m* world war; **weltlich** *adj* worldly, earthly; (*Ggs. kirchlich*) secular; **Weltmacht** *f* world power; **Weltmarkt** *m* COMM world market; **Weltmeisterschaft** *f* SPORT world championship; (*Fußball-*) World Cup; **Weltraum** *m* [outer] space; **Weltreise** *f* world trip; **Weltrekord** *m* SPORT world record; **Weltwunder** *s* wonder of the world

wem *pron dat von* **wer** who, to whom; ◇ ~ **gehört das Buch?** to whom does this book belong?, who [m] does this book belong to?

wen *pron akk von* **wer** who, whom; ◇ ~ **hat sie angerufen?** whom did she call?

Wende *f* <-, -n> [1] SPORT turn [2] ↑ *Veränderung* turn of events [3] (*zeitlich*) ◇ **Jahrhundert-** turn of the century

Wendeltreppe *f* spiral staircase

wenden <wendete *o.* wandte, gewendet *o.* gewandt> **I.** *vti* → *Braten* turn; → *Auto* turn **II.** *vr* (*jd-n ansprechen um Hilfe*) ◇ **sich an jd-n** ~ to turn to s.o.

Wendepunkt *m* [1] ASTRON solstice [2] (*FIG Zeitpunkt*) turning point

Wendung *f* [1] turn; ◇ **e-e ~ zum Besseren** a turn for the better [2] (*Rede-*) phrase, figure of speech

wenig I. *adj* little; ◇ **er hat im Moment nur ~ Arbeit** he has little work at the moment **II.** *adv* little; ◇ **er kann nur ~ essen** he can't eat much; **wenige** *pron pl* the few; **wenigste(r, s)** *adj* least; **wenigstens** *adv* at least

wenn *cj* if; (*zeitlich*) when; (*obwohl*) ◇ ~ **auch ...** even though ...; (*Wunsch*) ◇ ~ **ich doch ...** if only I ...; **wennschon** *adv FAM* ◇ **na ~?** so what?; ◇ **~, dennschon!** a job worth doing is worth doing well!, if it's not done right it shouldn't be done at all

wer *pron* who

Werbeagentur *f* advertising agency; **Werbefernsehen** *s* commercial television; **Werbekampagne** *f* advertising campaign, publicity campaign

werben <warb, geworben> **I.** *vt* → *Mitarbeiter* recruit; → *Kunden* solicit; → *Mitglied* enlist **II.** *vi* [1] advertise, publicize; ◇ **für jd-n/etw** ~ to canvass for s.o./s.th. [2] ◇ **um jd-n/etw** ~ to court s.o./s.th.

Werbespot *m* commercial; **Werbeträger** *m* [advertising] medium

Werbung *f* [1] (*Zeitungs-*) advertising; ◇ **in der ~ sein** to work in advertising; ◇ **für etw ~ machen** to promote s.th. [2] (*von Mitgliedern*) enlistment [3] (*von Kunden*) soliciting [4] (*um Mädchen*) courtship; **Werbungskosten** *pl* income-related expenses *pl*

Werdegang *m* (*Entwicklung*) history, development; ▷ *beruflich* career, curriculum vitae

werden <wurde, geworden> **I.** *vi* ↑ *entstehen, sich entwickeln zu* become, get; ◇ **das muß anders ~** that has to change **II.** *Hilfsverb* [1] (*Passivbildung*) ◇ **die Passagiere ~ gebeten, ...** the passengers are requested to … ② (*Futurbildung*) ◇ **morgen ~ wir verreisen** we're leaving tomorrow ③ (*Konjunktivbildung*) ◇ **er würde helfen, wenn …** he would help if … ④ (*bei Wunsch, Ungewißheit*) ◇ **Sie ~ wohl verstehen, daß …** you will certainly understand that …

werfen <warf, geworfen> *vti* ① → *Ball* throw ② (BIOL *Junge bekommen*) have young, have babies

Werk *s* <-[e]s, -e> work ① (*Tätigkeit*) action, deed ② ↑ *Fabrik* factory, works *pl o. sg* ③ (*Mechanismus*) mechanism ④ ◇ **ans ~ gehen** to set to work

Werkbank *f* [work-]bench; **Werkstatt** *f* <-, Werkstätten> workshop; **Werkstudent(in** *f*) *m* working student

Werktag *m* working day, weekday; **werktags** *adv* [on] weekdays

Werkzeug *s* tool

Wermut *m* <-[e]s> ① BIOL wormwood ② (*Wein*) vermouth; **Wermutstropfen** *m FIG* bitter pill

wert *adj* valuable; (*geschätzt*) esteemed; ◇ **das ist es mir ~** it is worth it to me

Wert *m* <-[e]s, -e> ① ↑ *Preis* value ② (*Bedeutung*) importance ③ FIN asset ④ ◇ **~ legen auf** *akk* **etw** to attach importance to s.th. ⑤ ◇ **es hat doch keinen ~** it's not worth it; **Wertgegenstand** *m* object/item of value; **wertlos** *adj* worthless; **Wertpapier** *s* security, bond

Wesen *s* <-s, -> ① being; (*Lebe~*) life form, living thing ② ↑ *Natur, Charakter* nature

wesentlich *adj* essential; ↑ *beträchtlich* considerable

weshalb *adv* why

Wespe *f* <-, -n> wasp; **Wespennest** *s* wasp's nest; (*FIG unangenehmes Thema ansprechen*) ◇ **in ein ~ stechen** to stir up a hornets' nest

wessen *pron gen von* **wer** whose

Weste *f* <-, -n> ① ↑ *ärmellose Jacke* vest, waistcoat ② (*FIG unbescholten sein*) ◇ **e-e weiße ~ haben** to have a clean slate

Westen *m* <-s> ① (*von Land*) west; ◇ **Wind von ~** west wind ② POL the West; **westlich I.** *adj* western; ▷*Kurs, Richtung* westerly **II.** *adv* westwards; ◇ **~ von Rom** [to the] west of Rome; **westwärts** *adv* [to the] west, westwards

weswegen *adv* why

Wettbewerb *m* <-s, -e> *a.* COMM competition

Wette *f* <-, -n> bet, wager

Wetteifer *m* competition, rivalry

wetten *vti* bet; ◇ **um** [*o.* **auf**] **etw ~** *akk* to bet on s.th.

Wetter *s* <-s, -> weather; **Wetterbericht** *m* weather report/forecast; **wetterfühlig** *adj* ▷*Mensch* to be sensitive to weather changes; **Wetterkarte** *f* weather map; **Wetterlage** *f* weather situation; **Wettervorhersage** *f* weather forecast

Wettfahrt *f* race; **Wettkampf** *m* competition, contest; **Wettlauf** *m* race; **wettlaufen** *unreg vi* race; **wettmachen** *vt* make up for; **Wettrennen** *s* SPORT race

wetzen I. *vt* → *Messer* sharpen, whet **II.** *vi FAM* ↑ *rennen* dash

WG *f* <-, -s> *Abk. v.* **Wohngemeinschaft**

wich *impf v.* **weichen**

wichtig *adj* important; **Wichtigkeit** *f* importance

wickeln *vt* ① → *Seil* wind ② → *Haare* curl, set on rollers ③ → *Kind* change nappies, change diapers *AM*; **Wickeltisch** *m* baby's changing table

Widder *m* <-s, -> ① FAUNA ram ② ASTROL Aries *sg*

wider *präp akk* ↑ *gegen* against

widerfahren *unreg vi* happen (*jd-m* to s.o.); **widerlegen** *vt* → *Einwand* contradict; → *Behauptung* refute

widerlich *adj* (*Sinneseindruck*) repulsive; *PEJ* ▷*Mensch* repugnant, disgusting

Widerruf *m* JURA repeal; **widerrufen** *unreg vt* ① → *Aussage* retract ② → *Anordnung* annul; → *Befehl* cancel ③ → *Akkreditiv* revoke; **widersetzen** *vr* ◇ **sich ~** oppose (*jd-m/etw* s.o./s.th.)

widerspenstig *adj* disobedient, recalcitrant

widerspiegeln *vt* reflect, mirror

widersprechen *unreg vi* contradict (*jd-m* s.o.); **widersprechend** *adj* ▷*Aussage* contradictory; ▷*Anordnung* conflicting; **Widerspruch** *m* objection, discrepancy

Widerstand *m* opposition, resistance; **Widerstandsbewegung** *f* resistance movement; **widerstandsfähig** *adj* resistant

widerstehen *vi* → *Versuchung* resist (*jd-m/etw* s.o./s.th.)

widerwärtig *adj* ▷*Arbeit* disgusting, horrid; ▷*Mensch* disagreeable, nasty

widerwillig *adv* with reluctance

widmen I. *vt* dedicate; ◇ **jd-m/etw seine Zeit ~** to devote one's time to s.o./s.th. **II.** *vr* ◇ **sich ~** devote o.s.; **Widmung** *f* dedication

widrig *adj* ▷*Umstände* adverse

wie I. *adv* ① (*Frage*) how; ◇ **~ bitte?** I beg your pardon?; (*FAM nicht wahr*) ◇ **lustig, ~?** great, huh? ② (*in welchem Maß*) how; ◇ **~ schade!** what a shame! **II.** *cj* ① (*Vergleich; vor Substantiv*) ◇ **hungrig ~ ein Löwe** as hungry as a wolf; (*vor Pronomen*) ◇ **e-e Frau ~ diese** a woman like that; (*bei Verb*) ◇ **~ Bill das gemacht hat, so machen wir es auch** we're doing it just the way

Bill has done it; (*vor Adjektiv oder Partikel*) ◇ **das Auto glänzt ~ neu** the car is shining like new
wieder *adv* ↑ *nochmals, erneut* again; *FAM* ◇ **~ da sein** to be here again; ◇ **gehst du schon ~ dorthin?** are you going there again?
wiederaufarbeiten *vt* → *Kernbrennstoffe* reprocess; **Wiederaufarbeitungsanlage** *f* reprocessing plant
Wiederaufbau *m* reconstruction, recovery
wiederbekommen *unreg vt FAM* get s.th. back, retrieve
Wiederbelebungsversuch *m* (*bei Verunglückten*) attempt at resuscitation
wiederbringen *unreg vt* → *Leihsachen* return
Wiedergabe *f* [1] (*von Musik*) interpretation [2] (*von Zitat*) quotation; **wiedergeben** *unreg vt* [1] ↑ *zurückgeben* return [2] → *Erzählung* recite, render [3] → *Gefühle* describe [4] → *Freiheit* restore
wiedergutmachen *vt* make up for, compensate for; → *Fehler* put right, rectify; **Wiedergutmachung** *f* POL reparation
wiederherstellen *vt* [1] → *Beziehungen* reestablish, restore [2] → *Möbel, Gebäude* restore
wiederholen [1] <holte wieder, hat wiedergeholt> *vt* ↑ *zurückholen* fetch/bring s.th. back
wiederholen [2] <wiederholte, hat wiederholt> *vt* [1] ↑ *nochmals tun* repeat; ◇ **e-e Klasse ~** to repeat a year [at school] [2] → *Vokabeln* revise; **Wiederholung** *f* repeat, repetition
wiederkehren *vi* ← *Festtag* be the anniversary; ← *Ereignis* recur
wiedersehen *unreg vt* see s.o/s.th. again; ◇ **auf W~!** good-bye!; (*bis bald in …*) see you in …!
wiederum *adv* again; (*andererseits*) on the other hand
wiedervereinigen *vt* reunite, reunify
Wiederwahl *f* re-election
Wiege *f* <-, -n> *auch FIG* cradle
wiegen [1] **I.** <wog, gewogen> *vt* (*Gewicht prüfen*) → *Obst, Wurst* weigh **II.** *vi* [1] ← *Baby, Sportler* weigh [2] *FIG* ◇ **dieses Argument wiegt schwer** this argument carries a lot of weight
wiegen [2] *vt* [1] rock; ↑ *schaukeln* ◇ **Kind in den Schlaf ~** to rock a child to sleep [2] *FIG* ◇ **sich in Sicherheit ~** to feel secure
wies *impf v.* **weisen**
Wiese *f* <-, -n> meadow
wieso *adv* why
wieviel *adv* how much; ◇ **den ~ten haben wir?** what date is it today?; ◇ **um ~ Uhr?** at what time?
wievielmal *adv* how often, how many times
wievielt(e) *adv* ◇ **das ~e Glas hast du gerade getrunken?** how many glasses have you had?; ◇ **den W~en haben wir heute?** what's today's date?
wieweit *adv* to what extent
wild *adj* [1] ▷*Tier* wild, savage; ▷*Pflanze* wild [2] ▷*Landschaft* wild; ▷*Meer* tempestuous
Wild *s* <-[e]s> game
wildern *vi* poach
wildfremd *adj FAM* totally strange; ◇ **ein W~er** a perfect stranger
Wildleder *s* suede
Wildnis *f* wilderness
Wildpark *m* game preserve
Wille *m* <-ns, -n> [1] (*Drang*) will [2] (*FIG Testament*) ◇ **der Letzte ~** last will and testament
willen *präp gen* ◇ **um … ~** for the sake of …
willenlos *adj* lacking will-power; (*Person ohne Rückgrat*) spineless; **Willensfreiheit** *f* freedom of will, free will
willkommen *adj* ▷*Anlaß* welcome; ▷*Gast* welcome; ◇ **jd-n ~ heißen** to welcome s.o.
willkürlich *adj* [1] ▷*Entscheidung* arbitrary [2] ▷*Bewegung* voluntary
wimmeln *vi* teem, swarm (*von/vor* with)
wimmern *vi* whimper
Wimper *f* <-, -n> eyelash; **Wimperntusche** *f* mascara
Wind *m* <-[e]s, -e> METEO wind; *FIG* ◇ **jd-m den ~ aus den Segeln nehmen** to take the wind out of s.o.'s sails
Windel *f* <-, -n> nappie, diaper *AM*
winden I. <wand, gewunden> *vt* [1] ◇ **etw um jd-n/etw ~** to wind s.th. around s.o./s.th [2] → *Kranz* bind [3] (*mit Winde hochziehen*) hoist s.th. up **II.** *vr* ◇ **sich ~** [1] ← *Schlange, Pflanze* wind, entwine; ← *Treppe* wind [2] ← *Mensch* writhe
Windhose *f* tornado
windig *adj* [1] METEO windy [2] *FIG* unreliable
Windmühle *f* windmill; **Windpocken** *pl* chicken-pox; MED varicella; **Windschutzscheibe** *f* AUTO windscreen, windshield *AM*; **Windstärke** *f* wind force; **Windsurfen** *s* <-> wind surfing
Windung *f* (*in Fluß etc.*) bend, meander, winding
Wink *m* <-[e]s, -e> [1] ↑ *Hinweis, Tip* sign, tip [2] (*mit Kopf o Hand*) nod [3] *FIG* ◇ **ein ~ mit dem Zaunpfahl** a broad hint
Winkel *m* <-s, -> [1] MATH angle [2] (*Halterung, Fassung*) angle [iron] [3] (*in Raum*) corner; *FAM* nook, cranny [4] *FIG* ◇ **malerischer ~** picturesque spot
winken *vt* ◇ **jd-n zu sich** *dat* **~** to beckon s.o. over
winseln *vi* ← *Hund* whimper; *auch PEJ* cringe
Winter *m* <-s, -> winter; **winterlich** *adj* wint[e]ry; **Winterreifen** *m* snow tyre; **Winter-**

schlaf *m* hibernation; **Wintersemester** *s* winter term; **Wintersport** *m* winter sports
winzig *adj* tiny
Wipfel *m* <-s, -> ↑ *Baumkrone* treetop
wippen *vi* [1] ← *Sessel* rock up and down [o. to and fro] [2] (*mit Fuß*) jiggle
wir *pron pers* we; ◇ ~ **alle** we all, all of us
Wirbel *m* <-s, -> [1] (*Form, Bewegung*) whirl [2] *FIG* ↑ *Trubel, Aufsehen* fuss [3] MUS roll [4] (*von Saiteninstrument*) tuning peg [5] ANAT vertebra [6] (*Haar~*) cowlick
wirbeln *vi* ← *Blätter, Staub* whirl, swirl
Wirbelsäule *f* ANAT spinal column, spine; **Wirbelsturm** *m* whirlwind, cyclone, tornado
wirken I. *vi* [1] ↑ *funktionieren* work [2] (*erfolgreich sein*) have an effect [3] (*scheinen*) seem **II.** *vt* *FIG* → *Wunder* do
wirklich *adj* real, true; **Wirklichkeit** *f* reality
wirksam *adj* effective
Wirkung *f* effect; **wirkungsvoll** *adj* effective
wirr *adj* [1] ▷*Aussehen* disheveled [2] *FIG* ▷*Blick* confused, bewildered
Wirt(in *f*) *m* <-[e]s, -e> [1] (*von Wirtschaft*) innkeeper, proprietor [2] BIOL host
Wirtschaft *f* [1] ↑ *Gaststätte* restaurant, pub [2] (*Haushalt*) housekeeping [3] (*e-s Landes*) economy [4] (*FAM Durcheinander*) mess; **wirtschaftlich** *adj* [1] ▷*Maschine, Auto etc.*. economical [2] POL ▷*Lage* economic; **Wirtschaftsflüchtling** *m* economic refugee; **Wirtschaftswunder** *s* economic miracle
Wirtshaus *s* pub[lic] house, inn, tavern
wischen *vt* wipe, brush; **Wischer** *m* <-s, -> AUTO wiper
wispern *vti* whisper
wißbegierig *adj* inquisitive, curious
wissen <wußte, gewußt> *vt* know; **Wissen** *s* <-s> knowledge; ◇ **nach bestem** ~ to the best of one's knowledge
Wissenschaft *f* science; **wissenschaftlich** *adj* scientific, academic
wissenswert *adj* interesting, worth knowing
wissentlich *adj* ↑ *absichtlich* intentional, conscious
Witterung *f* [1] (*Wetter*) weather [2] (*Geruch*) scent, wind
Witwe *f* <-, -n> widow
Witwer *m* <-s, -> widower
Witz *m* <-[e]s, -e> ↑ *Scherz* joke; **witzig** *adj* ▷*Bemerkung* witty; **witzlos** *adj* [1] ▷*Bemerkung* unfunny [2] ▷*Unternehmen* pointless
wo *adv* [1] (*räumlich*) where; ◇ **irgend~** somewhere, wherever [2] (*zeitlich*) when; *FAM* ◇ **im Moment ~ …** the moment that … [3] ◇ **~ möglich** wherever possible [4] *FAM* ◇ **ach ~!** not at all!;
woanders *adv* elsewhere
wob *impf v.* **weben**
wobei *adv* [1] (*bei welcher Sache*) ◇ **~ soll ich ihm helfen?** how can I help him? [2] (*jedoch*) ◇ **~ man bedenken muß, daß …** however, you have to keep in mind that …
Woche *f* <-, -n> week; **Wochenende** *s* weekend; **wochentags** *adv* on weekdays
wöchentlich *adj* weekly
Wochenzeitung *f* weekly newspaper
wodurch *adv* [1] (*durch welche Sache*) ◇ **~ wurde er verletzt?** what caused his injury? [2] (*Ursache*) ◇ **ich weiß nicht, wodurch das verursacht wird** I don't know what causes this
wofür *adv* [1] (*relativ*) for which [2] (*interrogativ*) what … for; ◇ **~ braucht er das?** what does he need it for?
wog *impf v.* **wiegen**
Woge *f* <-, -n> wave, breaker; *FIG* ◇ **~ der Entrüstung** wave of indignation
wogen *vi* surge
wogegen *adv* [1] (*relativ*) against … which [2] (*interrogativ*) what … against
woher *adv* from where; (*FAM keinesfalls*) ◇ **ach, ~!** of course not!
wohin *adv* where, where … to
wohingegen *cj* whereas, while
wohl *adv* well; ↑ *behaglich* happy; ↑ *vermutlich* probably; ◇ **er weiß das ~** he probably knows that; ◇ **~ oder übel** like it or lump it, like it or not
Wohl *s* <-[e]s> well-being; ◇ **zum ~!** cheers!
wohlauf *adv* well
Wohlbehagen *s* sense of ease
wohlbehalten *adv* safe and sound
wohlerzogen *adj* ▷*Kind* well-mannered; ▷*Hund* well-trained
wohlhabend *adj* ▷*Leute* well-off
wohlig *adj* pleasant
Wohlstand *m* prosperity, affluence; **Wohlstandsgesellschaft** *f* affluent society
Wohltat *f* charitable deed
wohltuend *adj* ▷*Wirkung* pleasant, soothing
Wohlwollen *s* <-s> goodwill
Wohnblock *m* apartment block/complex, block of flats *BRIT*
wohnen *vi* live, dwell; **Wohngemeinschaft** *f* ◇ **ich lebe in e-r ~** I share a flat, I share an apartment *AM* (*mit jd-m* with s.o.); **wohnhaft** *adv* resident; **Wohnlage** *f* residential area; **Wohnmobil** *s* <-s, -e> mobile home, camper *AM*; **Wohnort** *m* place of residence, domicile
Wohnung *f* [1] ↑ *Behausung* home, housing [2]

(*Etagen-*) flat *BRIT*, apartment *AM*; **Wohnungsnot** *f* housing shortage

Wohnwagen *m* caravan; **Wohnzimmer** *s* living room, sitting room

wölben *vr* ◇ **sich** - [1] ← *Bauch* bulge out [2] ← *Brücke* arch

Wolf *m* <-[e]s, Wölfe> [1] FAUNA wolf [2] (*Reiß-*) shredding machine, shredder; (*Fleisch-*) mincer

Wölfin *f* she-wolf

Wolke *f* <-, -n> cloud; **Wolkenbruch** *m* cloudburst; **Wolkenkratzer** *m* skyscraper

Wolle *f* <-, -n> wool; ◇ **sich in die - geraten** ↑ *sich streiten* to quarrel

wollen *vt, vi* [1] (*bei Absicht, bei Wunsch*) want [2] (*bei Behauptung*) ◇ **sie wollen dich gesehen haben** they claim to have seen you

Wolljacke *f* woollen jacket, cardigan

womit *adv* [1] (*relativ*) with which; ◇ **etw, - er rechnen muß** s.th. he must take into account [2] (*interrogativ*) what … with; ◇ **- kann sie schreiben?** what can she write with?

womöglich *adv* if possible, possibly

wonach *adv* [1] (*relativ*) ◇ **etw, - er sich richten soll** s.th. he should take as a guideline [2] (*interrogativ*) ◇ **- sucht er?** what is he looking for?

Wonne *f* <-, -n> bliss

woran *adv* [1] (*relativ*) ◇ **…, woran zu merken ist** …, whereby one notices [2] (*interrogativ*) ◇ **- denkst du?** what are you thinking of?

worauf *adv* [1] (*relativ*) on which, for which; ◇ **die Mauer, - er stand** the wall on which he was standing [2] (*interrogativ*) what … for, what … on; ◇ **- wartet er?** what is he waiting for?; **woraufhin** *adj* whereupon

woraus *adv* [1] (*relativ*) from which, of which [2] (*interrogativ*) ◇ **- schließt du das?** what makes you think that?; ◇ **- besteht das?** what is it made of?

worin *adv* [1] (*relativ*) in which, where [2] (*interrogativ*) where

Wort *s* <-[e]s, Wörter *o.* -e> [1] SPRACHW word [2] (*Ausdruck*) expression, term [3] (*Versprechen*) word; ◇ **jd-n beim - nehmen** to take s.o. at his word

Wörterbuch *s* dictionary

wortkarg *adj* taciturn

wörtlich *adj* literal

wortlos *adv* without a word; **wortreich** *adj* rich [in words]; **Wortschatz** *m* vocabulary; **Wortwechsel** *m* argument, dispute

worüber *adv* [1] (*relativ*) about which; ◇ **etw, - ich mit ihm sprechen muß** s.th. that I have to talk to him about [2] (*interrogativ*) what … about; ◇ **- hat er gesprochen?** what did he talk about?

worum *adv* [1] (*relativ*) which … about; ◇ **etw, - er sich sorgt** s.th. that he is worried about [2] (*interrogativ*) what … about; ◇ **- geht es in dem Film?** what is the film about?

worunter *adv* [1] (*relativ*) ◇ **etw, - sie litt** s.th. that made her suffer [2] (*interrogativ*) ◇ **- haben die Kinder es versteckt?** where have the children hidden it?

wovon *adv* [1] (*relativ*) ◇ **etw, - er nichts versteht** s.th. he knows nothing about [2] (*interrogativ*) ◇ **- lebst du?** what do you live on?

wovor *adv* [1] (*relativ*) ◇ **etw, - er Angst hat** s.th. he is afraid of [2] (*interrogativ*) ◇ **- fürchtet er sich?** what is he afraid of?

wozu *adv* [1] (*relativ*) ◇ **etw, - er nichts kann** s.th. he cannot help [2] (*interrogativ*) ◇ **- das Ganze?** what is the point of it all?

Wrack *s* <-[e]s, -s> (*Schiffs-*) wreck[age]; (*FIG Mensch*) wreck

wringen <wrang, gewrungen> *vt* → *Wäsche* wring

Wucher *m* <-s> extortion; (*Zins-*) usury

wuchern *vi* [1] ← *Pflanzen* run wild [2] (*mit Geld*) practise usury, profiteer

wuchs *impf v.* **wachsen**

Wuchs *m* <-es> growth; ↑ *Statur* build, stature

wuchtig *adj* ▷*Schrank* weighty, massive; ▷*Gebäude* massive

wühlen *vi* [1] ↑ *graben* burrow, rummage; ← *Maulwurf* burrow; ← *Schwein* root [2] *FIG* ← *Schmerz, Hunger* gnaw

wund *adj* [1] ▷*Haut* sore [2] *FIG* ▷*Punkt* weak; sore; **Wunde** *f* <-, -n> wound

Wunder *s* <-s, -> miracle, wonder; ◇ **es ist kein -!** no wonder!; **wunderbar** *adj* wonderful, marvel[l]ous; **wunderlich** *adj* strange, odd

wundern I. *vr* ◇ **sich -** be surprised (*über akk* at), wonder (*über akk* at) **II.** *vt* ◇ **es sollte mich -, wenn …** I wouldn't be surprised if …

wunderschön *adj* lovely, beautiful; **wundervoll** *adj* absolutely wonderful

Wundstarrkrampf *m* lockjaw; MED tetanus

Wunsch *m* <-[e]s, Wünsche> wish

wünschen *vt* wish; ◇ **sich** *dat* **etw -** to wish for s.th.; **wünschenswert** *adj* desirable

wurde *impf v.* **werden**

Würde *f* <-> [1] (*Menschen-*) dignity [2] rank, position; ◇ **Doktor-** doctorate, Ph.D.; **würdevoll** *adj* dignified

würdigen *vt* appreciate

Wurf *m* <-s, Würfe> [1] (*Ball-, Speer-*) throw[ing] [2] (*Tierkinder*) litter

Würfel *m* <-s, -> (*beim Spiel*) die, dice; MATH cube; **würfeln I.** *vi* [play at] dice **II.** *vt* [1] (*e-e Sechs*) throw [2] → *Fleisch, Gemüse* cut in cubes

würgen I. *vt* → *jd-n* choke, throttle **II.** *vi* ① (*beim Essen*) gag, choke ② *FIG* ◇ **an der Arbeit** ~ to sweat over one's work
Wurm *m* <-[e]s, Würmer> worm; *FAM* ◇ **da ist der ~ drin** there is s.th. wrong with it
Wurst *f* <-, Würste> ① (*Mett-*) sausage, cold cuts *pl* ② *FAM* ◇ **das ist mir ~** I don't give a damn
Würstchen *s* <-s, -> ① (*Wiener-*) sausage; (*heisses ~*) hot dog ② (*FAM unbedeutender Mensch*) small fry
Würze *f* <-, -n> spice
Wurzel *f* <-, -n> ① BIOL root ② (*MATH*) root ③ (*FIG Ursache*) root; ◇ **die ~ allen Übels** the root of all evil
würzen *vt* → *Speisen* season, spice; *FIG* → *Rede, Ansprache* pepper; **würzig** *adj* spicy
wusch *impf v.* **waschen**
wußte *impf v.* **wissen**
wüst *adj* ① ↑ *unordentlich* wild ② (*ausschweifend*) dissolute, wild ③ (*öde*) desolate
Wüste *f* <-, -n> desert
Wut *f* <-> ① ↑ *Zorn* rage, fury ② (*Arbeits-, Putz-*) mania
wüten *vi* ← *Mensch* rage; ← *Sturm* rage
wütend *adj* furious, enraged

X

X, x *s* X, x; ◇ **der x-te Versuch** the umpteenth try; ◇ **zum x-ten Mal** for the umpteenth time
x-Achse *f* MATH x-axis
X-Beine *pl* bow/bandy legs *pl*
x-beliebig *adj* ↑ *irgendein(e, r)* any [old]
X-Chromosom *s* BIOL x-chromosome
xerokopieren *vt* Xerox
x-mal *adv* (*unzählige/viele Male*) umpteen times, number of times; ◇ **zum x-ten Mal** for the umpteenth time
Xylophon *s* <-s, -e> MUS xylophone

Y

Y, y *s* (*Buchstabe*) Y, y
y-Achse *f* MATH y-axis
Yacht *f* <-, -en> yacht
Yard *s* <-s, -s> yard
Y-Chromosom *s* BIOL y-chromosome
Yoga *s* <-, -en> yoga
Yoghurt *m o. s* <-s, -s> *s.* **Joghurt** yoghurt
Ypsilon *s* <-[s], -s> y
Yuppie *m* <-s, -s> **young urban professional [people]** yuppie

Z

Z, z *s* Z, z
Zacke *f* <-, -n> ① (*Berg-*) peak ② (*Gabel-*) prong
zaghaft *adj* shy, timid
zäh *adj* ① ▷*Leder* tough; ▷*Person* tenacious ② ▷*Flüssigkeit* viscous ③ *FIG* ↑ *schleppend* sluggish; **zähfließend** *adj* ▷*Verkehr* slow-moving
Zahl *f* <-, -en> ① number ② (*Anzahl*) number, quantity ③ (*Summe*) amount
zahlbar *adj* payable; ↑ *fällig* due; **zahlen** *vt, vi* pay; ◇ **~ bitte!** the bill, please!
zählen I. *vt* ① → *Geld* count ② ↑ *addieren* count, add up **II.** *vi* ① (*bis 20*) count ② (*sich verlassen auf*) ◇ **auf jd-n/etw ~** to count on s.o./s.th.
Zähler *m* <-s, -> (TECHNOL *Gas-, Wasser-*) meter; MATH numerator
zahllos *adj* innumerable; **zahlreich** *adj* numerous; **Zahltag** *m* pay-day
Zahlung *f* payment; (*von Schulden*) settlement; ◇ **etw in ~ nehmen** to accept s.th. in lieu of payment, to accept s.th. instead of cash
Zählung *f* census
Zahlungsanweisung *f* order to pay; **Zahlungsaufforderung** *f* demand for payment; **Zahlungsbedingungen** *pl* terms of payment; **zahlungsfähig** *adj* ▷*Kunde* able to pay, solvent; **Zahlungsmittel** *s* means of payment
zahm *adj* ▷*Tier* tame; **zähmen** *vt* ① → *Bär* tame ② *FIG* → *Wut* contain
Zahn *m* <-[e]s, Zähne> ① ANAT TECHNOL tooth ② *FIG* ◇ **sich** *dat* **an etw die Zähne ausbeißen** to find s.th. a hard nut to crack; **Zahnarzt** *m*, **Zahnärztin** *f* dentist; **Zahnbürste** *f* toothbrush; **zahnen** *vi* ← *Baby* teethe, cut one's teeth; **Zahnfleisch** *s* ① ANAT gums *pl* ② *FAM* ◇ **auf dem ~ gehen** to be on one's last legs; **Zahnpasta** *f* toothpaste; **Zahnrad** *s* cogwheel; **Zahnschmerzen** *pl* toothache; **Zahnstein** *m* tartar; **Zahnstocher** *m* <-s, -> toothpick
Zange *f* <-, -n> ① (*Werkzeug*) pliers *pl* ② (*Zukker-, Kohlen-*) tongs *pl* ③ (MED *Geburts-*) for-

ceps *pl* [4] (*Kneif~*) pincers *pl* [5] *FAM* ◇ **jd-n in die ~ nehmen** to put the squeeze on s.o.

Zank *m* quarrel; **zanken I.** *vi* ↑ *streiten* quarrel (*mit jd-m* with s.o.) **II.** *vr* ◇ **sich mit jd-m um etw** *akk* ~ to quarrel with s.o. over s.th.

Zäpfchen *s* [1] ANAT uvula [2] (*Fieber~, Vaginal~*) suppository

zapfen *vt* → *Bier, Wein* tap

Zapfen *m* <-s, -> [1] (*Tannen~*) cone [2] (*Stift*) pin, stud [3] (*von Faß*) tap [4] TECHNOL pivot, journal [5] (*Eis~*) icicle

Zapfsäule *f* AUTO petrol pump, gas pump *AM*

zappelig *adj* fidgety; ↑ *unruhig* restless; **zappeln** *vi* [1] ← *Kind* fidget [2] (*FIG im Unklaren lassen*) ◇ **jd-n ~ lassen** to keep s.o. on tenterhooks

zart *adj* [1] ▷*Gesundheit* delicate; ↑ *zerbrechlich* frail [2] ▷*Fleisch* tender; ▷*Duft, Berührung* gentle; ▷*Farben* soft, pale [3] *FIG* ▷*Andeutung* subtle; **zartfühlend** *adj* tactful, considerate; **Zartgefühl** *s* tact, consideration; **Zartheit** *f* [1] (*von Fleisch*) tenderness [2] (*von Gewebe*) delicateness [3] (*von Gemüt*) gentleness

zärtlich *adj* gentle, delicate; **Zärtlichkeit** *f* [1] (*Gefühl*) tenderness [2] (*Streicheln*) caress

Zauber *m* <-s, -> [1] (*von Magier, Hexe*) magic, witchcraft [2] (*Bann*) spell [3] ↑ *Ausstrahlung, Reiz* (*von Person*) presence, sparkle; **Zauberei** *f* magic, witchcraft; **Zauberer** *m* <-s, -> [1] magician [2] (*Hexenmeister*) wizard; **Zauberin** *f* [1] female magician [2] (*Hexe*) witch; **zaubern I.** *vi* practise magic **II.** *vt* ↑ *herbei~* conjure up

zaudern *vi* hesitate

Zaum *m* <-[e]s, Zäume> (*-zeug*) harness; (*FIG sich beherrschen*) ◇ **etw/sich im ~ halten** to contain s.th./o.s., to keep s.th./o.s. in check

Zaun *m* <-[e]s, Zäune> fence; **Zaunkönig** *m* wren; **Zaunpfahl** *m* fence post; ◇ **ein Wink mit dem ~** a broad hint

z.B. *Abk. v.* **zum Beispiel** e.g., for example

Zebra *s* <-s, -s> zebra; **Zebrastreifen** *m* zebra crossing, crosswalk *AM*

Zeche [1] *f* <-, -n> MIN coal mine, colliery

Zeche [2] *f* <-, -n> ↑ *Rechnung* bill; *FAM* damage

Zecke *f* <-, -n> tick

Zehe *f* <-, -n> [1] ANAT toe; (*FIG unbeabsichtigt kränken*) ◇ **jd-m auf die ~n treten** to tread on s.o.'s toes [2] (*Knoblauch~*) clove; **Zehenspitze** *f* tip of the toe; ◇ **auf ~n laufen** to walk on tiptoe, to tiptoe

zehn *nr* ten; **zehnfach I.** *adj* tenfold **II.** *adv* tenfold, ten times; **zehnjährig** *adj* (*10 Jahre alt*) ten-year-old; (*10 Jahre dauernd*) ten-year; **zehnmal** *adv* ten times

zehnte(r, s) *adj* tenth; **Zehnte(r)** *fm* tenth

Zehntel *s* <-s, -> (*Bruchteil*) tenth

Zeichen *s* <-s, -> [1] ↑ *Merkmal* mark [2] (*Waren~*) brand, trademark [3] ↑ *Anzeichen* indication, evidence [4] ↑ *Signal* sign, signal [5] (*Buchstabe*) character, symbol [6] (*Stern~*) sign; **Zeichentrickfilm** *m* [animated] cartoon film

zeichnen *vti* [1] (*auf Papier*) draw; ↑ *entwerfen* design [2] ↑ *darstellen* depict; (*schildern*) describe [3] (*unterschreiben*) sign, subscribe; **Zeichnung** *f* [1] (*mit Stift*) drawing; (*Muster*) design [2] (*Entwurf*) draft, outline [3] (*Illustrierung*) illustration; (*Skizze*) sketch [4] (*Unterschrift*) signature [5] COMM subscription

Zeigefinger *m* index finger; **zeigen I.** *vt* [1] → *Brief* show [2] (*in Ausstellung*) exhibit [3] *FIG* → *Angst* manifest, show [4] ← *Thermometer* indicate **II.** *vi* ↑ *deuten* point; ◇ **mit dem Finger auf jd-n ~** to point one's finger at s.o. **III.** *vr* ◇ **sich ~** [1] (*sich sehen lassen*) appear, show o.s. [2] (*sich erweisen*) ◇ **es wird sich ~** we'll see; ◇ **es zeigte sich, daß ...** it turned out that ...

Zeiger *m* <-s, -> (*auf Skala*) indicator; (*Uhr~*) hand

Zeile *f* <-, -n> [1] (*Text~*) line; *FIG* ◇ **zwischen den ~n lesen** to read between the lines [2] (*Häuser~*) row

zeit *präp gen* ◇ **~ meines Lebens** all my life

Zeit *f* <-, -en> [1] time; ◇ **sich** *dat* **~ lassen** to take one's time; ◇ **von ~ zu ~** from time to time [2] (*Ära*) age; (*geschichtliche Epoche*) period [3] GRAM tense; **Zeitalter** *s* age, era; **zeitgemäß** *adj* (*modern*) up-to-date; **Zeitgeschichte** *f* contemporary history; **zeitgleich** *adj* synchronous; **zeitig** *adj* early; **zeitlich** *adj* [1] (*Reihenfolge*) chronological [2] (*irdisch*) temporal; **zeitlos** *adj* timeless; **Zeitlupe** *f* FOTO slow motion; **Zeitpunkt** *m* [point in] time, juncture; **Zeitraffer** *m* <-s, -> time-lapse photography; **zeitraubend** *adj* time-consuming; **Zeitraum** *m* period, stretch

Zeitschrift *f* magazine; (*Fach~*) journal

Zeitung *f* newspaper; **Zeitungspapier** *s* [1] (*für Druck*) newsprint [2] (*zum Einwickeln*) newspaper; **Zeitungsreklame** *f* newspaper advertising

Zeitverschwendung *f* waste of time; **Zeitvertreib** *m* pastime; **zeitweilig** *adj* provisional; **zeitweise** *adv* occasionally; **Zeitzone** *f* time zone; **Zeitzünder** *m* time bomb

zelebrieren *vt* → *Messe, Gottesdienst* celebrate

Zelle *f* <-, -n> [1] BIOL cell [2] TELEC call box, phone booth [3] (*Gefängnis~*) cell; **Zellkern** *m* BIOL cell nucleus; **Zellstoff** *m* CHEM cellulose; **Zellteilung** *f* BIOL cell division

Zelt *s* <-[e]s, -e> ① (*Camping-*) tent ② (*Zirkus-*) big top ③ (*Himmels-*) canopy of heaven; **zelten** *vi* camp; **Zeltgestänge** *f* tent pole; **Zeltlager** *s* tent camp; **Zeltplatz** *m* camping site

Zement *m* <-[e]s, -e> cement; **zementieren** *vt* ① → *Mauer* cement ② (*FIG endgültig machen*) seal

Zenit *m* <-s, -e> zenith; *FIG* ↑ *Höhepunkt* peak, height

zensieren *vt* ① → *Briefe* censor ② → *Schularbeit* mark; **Zensur** *f* ① (*Presse-*) censorship ② ↑ *Note* mark

Zentimeter *m o. s* centimetre, centimeter

Zentner *m* <-s, -> [metric] hundredweight

zentral *adj* ① ▷*Lage* central ② ▷*Entscheidung* crucial; **Zentrale** *f* <-, -n> ① (*von Bank*) head office ② TELEC exchange; **Zentralheizung** *f* central heating; **zentralisieren** *vt* centralize; **Zentralverriegelung** *f* AUTO central locking

zentrieren *vt* PRINT centre

Zentrifugalkraft *f* centrifugal force

Zentrum *s* <-s, Zentren> centre

Zepter *s* <-s, -> sceptre; (*FAM bestimmen, befehlen*) ◇ **das ~ schwingen** to be the boss

zerbeißen *unreg vt* → *Bonbon* crunch; → *Bleistift* bite to pieces

zerbrechen *unreg vti* ① → *Teller* break to pieces, shatter ② → *Ast* break ③ (*FIG angestrengt nachdenken*) ◇ **sich den Kopf** ~ to rack one's brains; **zerbrechlich** *adj* fragile; ◇ ~! handle with care!

zerdrücken *vt* ① crush; → *Kartoffeln* mash ② → *Kleidung* crease

Zeremonie *f* ceremony

Zerfall *m* ① (*von Reich*) decline ② (*von Moral*) decay; **zerfallen** *unreg vi* ① ← *Gebäude* decay; ↑ *zusammenfallen* collapse ② ↑ *auflösen* disintegrate; ← *Atom* split

zerfetzen *vt* tear to pieces

zerfließen *unreg vi* ① ← *Eis* melt ② ← *Farbe* run ③ *FIG* ◇ **in Tränen** ~ to dissolve into tears

zerfressen *unreg vi* ① ↑ *zernagen* gnaw to pieces ② ← *Rost* corrode ③ ← *Motten* eat holes in

zergehen *unreg vi* ↑ *schmelzen* melt

zerkleinern *vt* → *Gemüse* cut up; → *Steine* break up

zerknittern *vt* → *Kleidung* crumple, crease

zerlegbar *adj* ① MATH divisible ② ▷*Maschine* able to be dismantled ③ (*abtrennbar*) detachable; **zerlegen** *vt* ① → *Fleisch* carve up ② → *Gerät* dismantle, disassemble ③ → *Satz* construe

zerlumpt *adj* ragged

zermalmen *vt* crush

zermürben *vt* ① → *Feind* demoralize ② → *Nerven* fray

zerquetschen *vt* crush, squash

zerraufen *vt* → *Haare* ruffle

Zerrbild *s* caricature

zerreden *vt* → *Problem* flog to death

zerreiben *unreg vt* grind, crush; → *Käse* grate

zerreißen *unreg* **I.** *vt* ① → *Papier* tear [up] ② → *Hose* rip ③ *FIG* → *Bindungen* break off, sever ④ ◇ **jd-m das Herz** ~ to break [*o.* rend] s.o.'s heart; *FAM* ◇ **sich das Maul** ~ to gossip like mad **II.** *vi* ◇ **der Rock zerriß mir** I tore my skirt

zerren I. *vi* ← *Hund* tug (*an dat* at) **II.** *vt* → *Muskel* pull; (*schleppen*) drag

zerrinnen *unreg vi* ① ← *Eis* melt away ② ← *Geld* dwindle away ③ ← *Zeit* fly

Zerrissenheit *f* ① ragged condition ② POL discord ③ (*innere ~*) inner conflict

Zerrung *f* MED strain

zerrütten *vt* ① → *Ehe* wreck ② → *Währung* dislocate; **zerrüttet** *adj* ① ▷*Nerven* shattered ② ▷*Verstand* deranged, unhinged

zerschlagen *unreg* **I.** *vt* smash to pieces, beat **II.** *vr* ◇ **sich** ~ ← *Plan, Hoffnung* come to nothing

zerschmettern *vt* → *Bein* shatter; → *Haus, Auto* smash; ◇ **e-e ~de Niederlage** a crushing defeat

zerschneiden *unreg vt* cut [up]

zersetzen I. *vt* ① CHEM corrode ② *FIG* → *Moral, Ordnung* poison, undermine **II.** *vr* ◇ **sich** ~ decompose; *FIG* dissolve

zersplittern *vi* ① ← *Glas* shatter, splinter ② *FIG* ← *Partei* splinter

zerspringen *vi* ① ← *Ketten* burst; ← *Gitarrensaite* snap ② ← *Spiegel* shatter

Zerstäuber *m* <-s, -> atomizer

zerstechen *unreg vti* ① → *Autoreifen* slash ② ← *Mücken* bite all over the place, eat alive *FAM*

zerstören *vt* destroy; **Zerstörung** *f* destruction

zerstoßen *unreg vt* crush with a pestle

zerstreiten *unreg vr* ◇ **sich** ~ fall out (*mit jd-m* with s.o)

zerstreuen I. *vt* ① → *Samen* scatter ② → *Zweifel* dispel **II.** *vr* ◇ **sich** ~ (*unterhalten*) relax; **zerstreut** *adj* ① ▷*Papiere* scattered ② ▷*Mensch* absent-minded

zerstückeln *vt* → *Fleisch, Obst* cut up into pieces; (*Land*) parcel out

Zertifikat *s* <-[e]s, -e> (*für Schmuck, Teppiche*) authenticating certificate; (*amtliche Bescheinigung*) official documentation [*o.* licence]

zertreten *unreg vt* → *Gras, Laus* crush

zertrümmern *vt* → *Flaschen* smash; → *Gebäude* wreck

zerwühlen *vt* → *Bett, Laken* rumple
Zettel *m* <-s, -> ① slip of paper; (*Notiz-*) note ② (*Adressenanhänger*) label
Zeug *s* <-[e]s, -e> ① (*Kleidung, Sachen*) stuff, things ② (*Tennis-, Computer-*) gear ③ (*Plunder*) trash, junk ④ ◇ **dummes** ~ rubbish talk ⑤ (*Fähigkeit haben*) ◇ **das ~ haben für/zu etw** to have what it takes for s.th./to do s.th.
Zeuge *m* <-n, -n> (*vor Gericht*) witness; **zeugen** **I.** *vi* ① (*für jd-n*) give evidence ② (*Rückschlüsse zulassen*) be evidence of, infer, lead to conclusion; ◇ **dies Verhalten zeugt von ...** this behaviour demonstrates ... **II.** *vt* → *Kind* father; **Zeugenaussage** *f* deposition, witness statement; **Zeugin** *f* [female] witness
Zeugnis *s* ① SCHULE report [card] ② (*Prüfungs-*) certificate, diploma ③ (*Referenz*) reference, testimonial ④ (JURA *von Zeugen*) testimony
Zeugung *f* reproduction; **zeugungsunfähig** *adj* sterile
z.H. *Abk. v.* **zu Händen von** attn., to the attention of
Zickzack *m* <-[e]s, -e> (*-kurs, -linie*) zigzag
Ziege *f* <-, -n> goat
Ziegel *m* <-s, -> ① brick ② (*Dach-*) roofing tile
ziehen <zog, gezogen> **I.** *vt* ① → *Schlitten, Bremse* pull; → *Los, Pistole, Karte* draw ② → *Mauer* build ③ → *Blumen, Früchte* grow, cultivate ④ ◇ **Konsequenzen ~ aus etw** *dat* to take appropriate action; ◇ **etw** *akk* **in Erwägung** ~ to consider doing s.th. ⑤ ◇ **Bilanz** ~ to take stock **II.** *vi* ① (*Wohnsitz wechseln*) ◇ **in die Stadt** ~ to move into town ② ← *Wolken, Rauch* drift ③ ← *Tee* draw ④ (*unpers*) ◇ **es zieht** there's a draught/draft *AM* **III.** *vr* ◇ **sich** ~ ① ↑ *sich erstrecken* stretch ② (*FIG länger dauern als erwartet*) ← *Verhandlung, Film* drag on
Ziehung *f* (*Los-*) drawing
Ziel *s* <-[e]s, -e> ① (*e-r Reise*) destination ② (SPORT *bei Rennen*) finish; (*bei Bogenschießen*) target ③ ↑ *Absicht* goal, object; **zielbewußt** *adj* purposeful; **zielen** *vi* ① (*mit Gewehr*) aim (*auf akk* at) ② ← *Bemerkung* be directed (*auf akk* at); **Ziellinie** *f* SPORT finish line; **ziellos** *adj* desultory, aimless; **Zielscheibe** *f* MIL target; **zielstrebig** *adj* single-minded
ziemlich **I.** *adj FAM* considerable **II.** *adv* quite; ◇ ~ **früh** pretty early
Zierde *f* <-, -n> decoration; **zieren** *vr* ◇ **sich** ~ ↑ *sich sträuben* refuse
zierlich *adj* delicate
Ziffer *f* <-, -n> figure, numeral, digit; (*Schriftzeichen*) cipher; **Zifferblatt** *s* (*e-r Uhr*) face
zig *adj FAM* ◇ **~mal** for the umpteenth
Zigarette *f* cigarette; **Zigarettenautomat** *m* cigarette machine; **Zigarettenstummel** *m* cigarette-end; *FAM* fag end, butt
Zigarre *f* <-, -n> (*Tabak-*) cigar
Zigeuner(in *f*) *m* <-s, -> gipsy, gypsy *AM*; (*FAM nicht seßhafter Mensch*) bit of a gipsy, drifter
Zimmer *s* <-s, -> room; **Zimmerdecke** *f* ceiling; **Zimmermädchen** *s* chambermaid; **Zimmerpflanze** *f* house plant; **Zimmertemperatur** *f* room temperature
zimperlich *adj* squeamish, super-sensitive; ↑ *pingelig* fussy
Zimt *m* <-[e]s, -e> cinnamon
Zink *s* <-[e]s> zinc
zinken *vt* → *Karten* mark
Zinn *s* <-[e]s> (*Metall*) tin
Zinne *f* <-,-n> (*Burg-*) castellation; (*Gebirgs-*) pinnacles *pl*
Zins *m* <-es, -en> interest; **Zinseszins** *m* compound interest; **zinslos** *adj* interest-free
Zipfel *m* <-s, -> ① (*von Taschentuch*) corner, edge; (*Rock-*) flap, lappet ② (*Ohr-*) lobe; *FAM* ↑ *Penis* willy; **zipfelig** *adj* ▷*Rocksaum* ragged; **Zipfelmütze** *f* night-cap
zirka *adv* approximately
Zirkel *m* <-s, -> ① (*Kreis*) circle ② (*Instrument*) [a pair of] compasses *pl* ③ (*Lese-*) circle
Zirkulation *f* circulation; **zirkulieren** *vi* ← *Grippe* go round; ← *Geld* circulate
Zirkus *m* <-, -se> ① (*Unternehmen*) circus ② (*Zelt*) big top ③ (*Vorstellung*) circus [performance] ④ (*FAM Umstände, Aufhebens*) ◇ ~ **machen** to make a circus
zirpen *vi* chirp
zischeln *vi* speak in an undertone
zischen *vi* ① ← *Schlange* hiss ② ← *heißes Fett* sizzle
Zitadelle *f* citadel
Zitat *s* quotation, quote
Zither *f* <-, -n> zither
zitieren *vt* ① → *Text* quote ② → *Zeugen, Person zum Chef* summon
Zitrone *f* <-, -n> lemon; **Zitronenlimonade** *f* lemonade; **Zitronenpresse** *f* lemon-squeezer; **Zitronensaft** *m* lemon juice
Zitrusfrucht *f* citrus fruit
zitterig *adj* ▷*Knie, Hand* trembling; ▷*Schrift* shaky; **zittern** *vi* ← *Blätter, Wände* shake; (*vor Kälte, Schreck*) shiver (*vor dat* with)
zivil *adj* ① ▷*Recht* civil ② *FAM* ▷*Preis* reasonable; **Zivil** *s* <-s> (*-kleidung*) plain clothes *pl;* **Zivilbevölkerung** *f* civilian population; **Zivildienst** *m community work [as an alternative to military service]*

Zivilisation *f* civilisation, civilization *AM*; **zivilisieren** *vt* civilize; **zivilisiert** *adj* ▷*Benehmen, Auftreten* civilized

Zivilprozeß *m* civil action; **Zivilrecht** *s* civil law

zocken *vi FAM* ↑ *Karten spielen* gamble; **Zokker(in** *f*) *m* <-s, -> *FAM* gambler

Zoff *m* <-s> *FAM* ↑ *Ärger, Streit* trouble

zog *impf v.* **ziehen**

zögerlich *adj* slow; **zögern** *vi* linger; ↑ *schwanken* hesitate

Zölibat *s o. m* <-[e]s> celibacy

Zoll [1] *m* <-[e]s, Zölle> [1] (*~amt*) customs *pl* [2] (*Steuer*) duty

Zoll [2] *m* <-s, -> (*früheres Längenmaß*) inch

Zollabfertigung *f* customs clearance; **Zollamt** *s* customs; **Zollbeamte(r)** *fm* customs officer; **Zollerklärung** *f* customs declaration; **zollfrei** *adj* duty-free; **zollpflichtig** *adj* dutiable

Zone *f* <-, -n> zone

Zoo *m* <-s, -s> zoo

Zoologie *f* zoology

Zopf *m* <-[e]s, Zöpfe> [1] (*Haar~*) plait, pigtail [2] (*Hefe~*) twist

Zorn *m* <-[e]s> anger; ◇ **~ auf jd-n/etw haben** to be angry with s.o./s.th.; **zornig** *adj* angry

zottig *adj* ▷*Fell, Haar* matted

zu I. *präp dat* [1] (*bei Orts- u. Zeitangabe*) at; ◇ **~ Omas Zeit** in Granny's time; ◇ **er ist ~ Tisch** he is having lunch; ◇ **von Tag ~ Tag** from day to day [2] (*Zweck, Anlaß, Folge*) to; ◇ **~ meiner Freude** to my joy; ◇ **~ seinen Gunsten** to his advantage [3] (*Mittel, Art und Weise*) to, by; ◇ **~ Fuß gehen** to go on foot [4] (*Zahlen- u. Verhältnisangaben*) to; ◇ **fünf ~ drei gewinnen** to win five [to] three [5] (*hinzufügen*) to; ◇ **~ allem anderen** in addition to all that **II.** *cj* [1] (*+ Infinitiv*) to; ◇ **leicht ~ verstehen** easy to understand; ◇ **ohne ~ antworten, verließ sie den Raum** she left the room without answering [2] (*~ + sein*) ◇ **es ist kaum ~ glauben** it's hard to believe; (*~ + haben*) ↑ *müssen* ◇ **er hat ~ arbeiten** he has to work [3] (*um ~*) in order to; ◇ **er kam, um ~ beichten** he came to confess [4] (*vor Partizip Präsens*) to; ◇ **die ~ putzenden Schuhe** the shoes to be cleaned **III.** *adv* [1] (*Übermaß*) too; ◇ **~ schnell u. ~ teuer** too fast and too expensive [2] (*FAM geschlossen*) ◇ **Tür ~!** shut the door! [3] (*FAM beeil' dich*) ◇ **mach ~!** hurry up! [4] (*manchmal*) ◇ **ab u. ~** now and again/then

zuallererst *adv* first of all

zuallerletzt *adv* last of all

zubauen *vt* [1] → *Baulücke* build up [2] ↑ *anbauen* extend

Zubehör *s* <-[e]s> accessories *pl*

zubeißen *unreg vi* bite, snap

zubereiten *vt* → *Essen* prepare

zubilligen *vt* permit; ↑ *einräumen* ◇ **jd-m etw** *akk* **~** to grant s.o. s.th.

zubinden *unreg vt* → *Schuhe* tie up; → *Sack* tie

zubleiben *unreg vi FAM* stay shut

zubringen *unreg vt* → *Ferien, Freizeit* spend

Zubringer *m* <-s, -> [1] TECHNOL feed, conveyor [2] (*Autobahn-*) motorway feeder; **Zubringerstraße** *f* feeder road

Zucchini *pl* zucchini *AM*

Zucht [1] *f* <-, -en> (*von Pflanzen*) cultivation; (*von Tiere*) breeding

Zucht [2] *f* <-> (*Erziehung*) education; (*Disziplin*) discipline

züchten *vt* → *Tiere* breed; (*Pflanzen*) grow

züchtigen *vt* flog

zuckeln *vi FAM* ← *Dampflok* jerk along

zucken *vi* [1] ← *Muskel* move convulsively; ← *Hand, Mundwinkel* twitch [2] ← *Blitz* flash [3] ◇ **die Achseln ~** to shrug

zücken *vt* → *Schwert* draw; ◇ **den Geldbeutel ~** to flash one's wallet

Zucker *m* <-s, -> [1] sugar [2] MED diabetes *sg;* **Zuckerguß** *m* icing; **zuckerkrank** *adj* diabetic; **Zuckerkrankheit** *f* diabetes; **zuckern** *vt* sugar; **Zuckerrübe** *f* sugar-beet

Zuckung *f* ▷*nervös, krankhaft* twitch

zudecken *vt* cover up

zudem *adv* besides

zudrehen *vt* [1] → *Wasserhahn* turn off [2] ↑ *zuwenden* ◇ **jd-m den Rücken ~** to turn one's back on s.o.

zudringlich *adj* ▷*Mensch* forward, pushy

zudrücken *vt* shut, close; (*FIG gnädig sein*) ◇ **ein Auge ~** to turn a blind eye

zueinander *adv* ▷*gehören* together; ◇ **seid nett ~!** be nice to each other!

zuerkennen *unreg vt* [1] ▷*gerichtlich* adjudicate [2] → *Gewinn, Preis* award

zuerst *adv* first; ↑ *zu Anfang* to begin with

Zufahrt *f* (*zur Villa*) drive[way]; **Zufahrtsstraße** *f* (*zur Autobahn*) approach road

Zufall *m* (*reiner ~*) chance, accident; ◇ **durch ~** by chance

zufallen *unreg vi* ← *Tür, Augen* close

zufällig I. *adj* accidental **II.** *adv* by chance

zufliegen *unreg vi* [1] ← *Tür* slam [2] ← *Vogel* stray (*jd-m* to s.o.)

Zuflucht *f* [1] (*Schutz*) recourse [2] (*Ort*) refuge

Zufluß *m* [1] (*von Asylanten*) influx [2] GEO tributary [3] COMM supply

zuflüstern *vt* ◇ **jd-m etw** *akk* **~** to whisper s.th. to s.o.

zufolge *präp dat* in consequence of; (*gemäß*) according to

zufrieden *adj* satisfied; **Zufriedenheit** *f* [1] (*mit Leben*) contentment [2] (*mit Arbeit*) satisfaction; **zufriedenstellen** *vt* satisfy

zufrieren *unreg vi* freeze up

zufügen *vt* [1] (*hin-*) add [2] ◇ **jd-m Schaden** ~ to harm s.o.

Zufuhr *f* <-> [1] (*von Lebensmitteln*) supply [2] ELECTR input

Zug *m* <-[e]s, Züge> [1] BAHN train [2] (*das Ziehen*) pull, tug [3] (*Charakter-*) trait, characteristic [4] (*Gesichts-*) expression [5] (*beim Schachspiel*) move [6] (*an Zigarette*) puff, pull [7] (*Raub-, Prozession*) procession [8] (*Luft-*) draught

Zugabe *f* [1] (*bei Kauf*) free gift, something extra [2] (*in Konzert*) encore

Zugang *m* [1] (*Tür*) door [2] (*zum Chef*) access [3] (*FIG zur Musik*) feeling (*zu* for)

zugänglich *adj* [1] ▷*Ort* accessible [2] ▷*Mensch* approachable [3] (*verfügbar*) available

Zugabteil *s* train compartment

zugeben *unreg vt* [1] (*beim Kartenspiel*) follow suit [2] → *Tat* admit [3] (*erlauben*) permit

zugehen *unreg* **I.** *vi* [1] ◇ **auf einander** ~ to approach one another; *FIG* to try to get on together [2] ◇ **auf die 85** ~ to be almost 85; ◇ **dem Ende** ~ to be coming to an end **II.** *vi impers* ◇ **hier geht es ruhig zu** all's quiet here

Zugehörigkeit *f* ↑ *Mitgliedschaft* (*zum Verein*) membership (*zu* of); (*Dazugehören*) belonging

Zügel *m* <-s, -> [1] (*von Pferd*) reins *pl* [2] *FIG* reins *pl;* ◇ **die** ~ **anziehen** to keep a tight reign

zugelassen *adj* ▷*KFZ* licensed

zügellos *adj* [1] ▷*Pferd* unbridled [2] *FIG* ▷*Leidenschaft* unrestrained; (*ausschweifend*) licentious; **zügeln** *vt* [1] → *Pferd* bridle [2] *FIG* → *Wut* control, curb

Zugeständnis *s* (*Entgegenkommen*) concession; **zugestehen** *unreg vt* admit; → *Rechte* grant (*jd-m* to s.o.)

Zugewinn *m* gain, profit

zugig *adj* draughty

zügig *adj* [continuously] fast

zugleich *adv* at the same time, simultaneously

Zugluft *f* draught; **Zugnummer** *f* [1] BAHN train number [2] THEAT attraction; **Zugpersonal** *s* <-s> BAHN train staff

zugreifen *unreg vi* [1] (*schnell*) seize, make a grab for [2] (*bei Tisch*) help o.s.; **Zugriff** *m* <-s> [1] (*fest*) grip; *FIG* ◇ **sich dem** ~ **der Behörden entziehen** to get out of reach of the authorities [2] PC access

zugrunde *adv* [1] ◇ ~ **gehen** (*Mensch*) to perish; (*Geschäft*) to go under [2] ◇ **was legen Sie der Arbeit** ~? what do you base the work on?

zugunsten *präp gen* in favour of

zugute *adv* ◇ **jd-m etw** ~ **halten** to concede s.th. to s.o.; (*helfen, nützen*) ◇ **jd-m** ~ **kommen** to be of help to s.o.

Zugverbindung *f* train connection

zuhalten *unreg* **I.** *vt* → *Nase, Mund* hold shut; → *Tür* keep shut **II.** *vi* ◇ **auf jd-n/etw** ~ to make for s.o./s.th.

Zuhälter *m* <-s, -> *FAM* pimp

zuhauen *unreg vi* ↑ *schlagen* hit, thrash

Zuhause *s* <-s, -> home

Zuhilfenahme *f* ◇ **unter** ~ **von** with the help of

zuhören *vi* listen (*jd-m/etw* to s.o.); **Zuhörer(in** *f*) *m* listener; ◇ **die** ~ the audience

zujubeln *vi* hail, applaud (*jd-m* s.o.)

zuklappen *vti* → *Buch* snap shut; → *Tür* slam

zukleben *vt* [1] → *Brief* seal [2] → *Plakat* paste up

zuknöpfen *vt* button up

zukommen *unreg vi* [1] (*zustehen*) ◇ **das kommt ihm nicht zu** he's got no right to that [2] (*herankommen*) ◇ **auf jd-n/etw** ~ to come up to s.o./s.th. [3] (*schenken, schicken*) ◇ **jd-m etw** ~ **lassen** to give s.o. s.th.

Zukunft *f* <-> future; **zukünftig** **I.** *adj* ◇ **mein -er Chef** my future boss **II.** *adv* in future; **Zukunftsaussichten** *pl* prospects *pl;* **Zukunftsroman** *m* utopian novel

Zulage *f* (*Lohn-, Gehalts-*) bonus

zulassen *unreg vt* [1] (*hereinlassen*) admit; (*geschehen lassen*) allow, tolerate [2] (*erlauben*) permit [3] → *Auto* register; → *Arzt* license [4] *FAM* → *Tür* leave shut; **zulässig** *adj* permissible

zulaufen *unreg vi* [1] ◇ **auf jd-n** ~ to run toward [*o.* up to] s.o. [2] ← *Hund* ◇ **jd-m** ~ to crowd s.o.

zulegen *vt* [1] (*hinzufügen*) add [2] increase; ◇ **sie müssen noch etw** ~ you must make a better offer [3] *FAM* ↑ *zunehmen* become fat, put on weight [4] (*FAM kaufen*) ◇ **sich** *dat* **etw** ~ to buy s.th.

zuleide *adj* ◇ **jd-m etw** ~ **tun** to hurt s.o.

zuletzt *adv* (*endlich*) lastly, finally

zuliebe *adv* ◇ **jd-m** ~ to please s.o., to oblige s.o.

zum = an dem; ◇ ~ **dritten Mal** for the third time; ◇ ~ **Spaß** for fun

zumachen **I.** *vt* [1] → *Tür* shut [2] → *Geschäft, Praxis* shut, close [3] → *Kleid* do up **II.** *vi* (*FAM sich beeilen*) ◇ **mach zu!** hurry up!

zumal *cj* (*besonders weil*) especially as

zumindest *adv* at least

zumutbar *adj* reasonable

zumute *adv* ◇ **mir ist so komisch** ~ I feel so weird

zumuten *vt* ① (*aufbürden*) impose (*jd-m* on); ◇ **sie hat sich schon wieder zu viel zugemutet** she has overdone it again ② (*verlangen*) expect (*jd-m* of); **Zumutung** *f* (*PEJ Frechheit*) cheek
zunächst *adv* ① ↑ *anfangs* to begin with, [at] first ② ↑ *vor allem* above all
zunähen *vt* sew up [*o.* together]
Zunahme *f* <-, -n> increase; (*Gewichts-*) gain
Zuname *m* family name
zündeln *vi* (*süddeutsch mit Feuer spielen*) play with fire
zünden *vi* ① ← *Lunte* catch light, ignite; ← *Motor* fire ② *FIG* ← *Gedanke* inspire ③ (*FAM begreifen*) ◇ **jetzt hat's bei ihm gezündet** he has finally got it; **zündend** *adj* ▷*Rede* stirring; **Zünder** *m* <-s, -> detonator; **Zündholz** *s* match; **Zündkerze** *f* AUTO spark-plug; **Zündschlüssel** *m* ignition key; **Zündung** *f* AUTO ignition
zunehmen *unreg vi* ← *Gewicht* put on weight; ← *Wind, Sturm* get stronger; ↑ *sich vermehren* become more numerous; ← *Bevölkerung* increase, grow ; ◇ **an Weisheit** - to become wiser; **zunehmend** *adj* ▷*Mond* crescent, waxing
Zuneigung *f* affection (*zu* for)
Zunge *f* <-, -n> ANAT tongue; *FIG* ◇ **e-e böse/spitze - haben** to have a wicked tongue; ◇ **hüte deine -!** watch your tongue!
züngeln *vi* ① ← *Schlange* hiss ② ← *Flamme* lick
zunichte *adv* ◇ **etw - machen** to ruin; ◇ **- werden** to come to nothing
zunutze *adv* ◇ **sich** *dat* **etw - machen** to make use of s.th.
zuordnen *vt* ① → *Arbeit* assign, allocate ② ↑ *klassifizieren* ◇ **er wird dem rechten Flügel zugeordnet** he is said to belong to the Right Wing
zupacken *vi FAM* ↑ *kräftig helfen* to put one's back into helping
zur = zu der
zuraten *unreg vi* strongly advise (*jd-m* s.o.)
zurechnungsfähig *adj* accountable
zurechtfinden *unreg vr* ◇ **sich** - find one's way about; **zurechtkommen** *unreg vi* ◇ **mit etw** - to manage s.th. all right; ◇ **mit jd-m** - to get on with s.o.; **zurechtlegen** *vt* ① ↑ *vorbereiten* arrange, prepare ② *FIG* → *Ausrede, Argumente* have lined up; **zurechtmachen** **I.** *vt* ↑ *vorbereiten* prepare **II.** *vr* ◇ **sich** - get ready; **zurechtweisen** *unreg vt* tell off, rebuke
zureden *vi* urge, persuade
zureiten *unreg vt* break in
zurichten *vt FAM* ◇ **jd-n schrecklich** - to badly injure s.o.
zürnen *vi* be angry at; ◇ **wegen jd-m/etw** - to be angry about s.o./s.th.
zurück *adv* back; (*rückwärts*) backward[s]
zurückbegeben *unreg vr* ◇ **sich** - return
zurückbehalten *unreg vt* retain
zurückbekommen *unreg vt* get back
zurückbleiben *unreg vi* ① ↑ *dableiben* stay behind ② ↑ *nicht Schritt halten* lag behind ③ (*geistig*) be retarded
zurückbringen *unreg vt* bring back; → *Gestohlenes* restore
zurückdenken *unreg vi* think back (*an* to)
zurückdrängen *vt* ① → *Gefühle* repress ② → *Feind* force [*o.* drive] back
zurückdrehen *vt* → *Uhr* turn back
zurückfahren *unreg* **I.** *vi* (*mit dem Zug*) travel back; (*FIG vor Schreck*) jump back **II.** *vt* drive back
zurückfallen *unreg vi* ① (*erschöpft*) slump ② (*schlechter werden*) lapse ③ (*in alte Fehler*) relapse
zurückfordern *vt* → *Geld* demand back
zurückführen *vt* ① lead back ② *FIG* ◇ **etw auf etw** *akk* - to put s.th. down to s.th.
zurückgeben *unreg vt* give back; (*antworten*) retort, answer back
zurückgehen *unreg vi* ① (*nach Hause*) go back ② ← *Preise* go down, decline ③ *FIG* ↑ *zurückführen* ◇ - **auf etw** *akk* to originate in s.th.
zurückgreifen *unreg vi* ① (*bei Erzählung*) to refer back (*auf akk* to) ② (*Vorrat*) fall back (*auf akk* on)
zurückhalten *unreg* **I.** *vt* ① ↑ *aufhalten* hold back ② (*einbehalten*) keep back ③ ◇ **jd-n von etw** *dat* - to keep s.o. from doing s.th. ④ (*hindern*) stop **II.** *vr* ◇ **sich** - ↑ *sich beherrschen* control o.s.; **zurückhaltend** *adj* reserved
zurückkehren *vi* return
zurückkommen *unreg vi* ① ↑ *zurückkehren* come back ② *FIG* ↑ *zurückgreifen* ◇ **auf etw** *akk* - to come back to s.th., to refer back to s.th.
zurücklassen *unreg vt* ① → *jd-n/etw* leave ② (*bei Wettlauf*) ◇ **jd-n hinter sich** *dat* - to leave s.o. far behind
zurücklegen *vt* ① ↑ *sparen* save, put away ② (*aufschieben*) shelve ③ → *Strecke* cover
zurückmelden *vr* ◇ **sich** - report back
zurücknehmen *unreg vt* → *defekte Ware* take back; → *Versprechen* retract; JURA → *Klage* withdraw
zurückrufen *unreg vti* ① (*durch Rufen zurückholen*) call s.o. back ② ↑ *sich erinnern* ◇ **sich** *dat* **etw ins Gedächtnis** - to recall s.th. ③ TELEC ring back, call back

zurückschrecken *vi* recoil, withdraw; ◇ **sie schreckt vor nichts zurück** she stops at nothing
zurücksetzen *vt* [1] (*an alten Platz*) put back [2] *FIG* ◇ **jd-n** ~ to discriminate against s.o.
zurückstellen *vt* [1] → *Thema, Plan* put off, postpone [2] → *Interessen* put last [3] → *Ware* put back [4] → *Uhr* turn back
zurücktreten *unreg vi* [1] step back [2] (*von Amt*) resign [3] *FIG* ◇ **gegenüber/hinter etw** *dat* ~ to be less important than s.th.
zurückverfolgen *vt* → *Spur* retrace
zurückweichen *unreg vi* [1] (*vor Angst*) shrink back [2] MIL retreat (*vor dat* from) [3] (*vor Problem*) shy
zurückweisen *unreg vt* [1] → *Angebot* refuse [2] → *Vorwürfe* repudiate [3] JURA → *Klage* dismiss
zurückzahlen *vt* [1] → *Schulden* pay back, settle, repay [2] *FIG* ↑ *sich rächen* pay back
zurückziehen *unreg* **I.** *vt* [1] → *Vorhänge* pull back [2] → *Hand* draw back [3] → *Bestellung* cancel **II.** *vr* [1] ◇ **sich zur Beratung** ~ to retire for deliberation [2] ◇ **sich von jd-m/etw** ~ to disassociate o.s. from s.o./s.th.
Zuruf *m* shout
Zusage *f* [1] (*Einwilligung*) assent [2] (*Versprechen*) promise; **zusagen I.** *vt* [1] → *Hilfe* promise [2] (*FAM offen reden*) ◇ **jd-m etw auf den Kopf** ~ to tell s.o. straight **II.** *vi* [1] ↑ *Einladung annehmen* accept [2] (*gefallen*) ◇ **das wird ihr** ~ that will appeal to her
zusammen *adv* together
Zusammenarbeit *f* cooperation
zusammenballen I. *vt* → *Hand, Schnee* make into a ball **II.** *vr* ◇ **sich** ~ ← *Wolken* gather, mass together
zusammenbeißen *unreg vt* → *Zähne* clench
zusammenbleiben *unreg vi* stay together
zusammenbrechen *unreg vi* [1] → *Gerüst* collapse [2] (*FIG psychisch*) crack up
zusammenbringen *unreg vt* [1] → *Personen* bring together [2] *FAM* → *Sätze* manage to say, put together [3] → *Geld* raise
Zusammenbruch *m* [1] (*von Gebäude*) collapse [2] (*Ruin*) debacle [3] (*von Verhandlungen*) breakdown
zusammenfallen *unreg vi* [1] ↑ *einstürzen* collapse [2] (*zeitlich*) coincide
zusammenfassen *vt* summarize; **Zusammenfassung** *f* summary
Zusammenfluß *m* [1] (*von Geld*) merging [2] (*von Flüssen*) confluence
zusammenfügen *vt* join
zusammenführen *vt* bring together
zusammengehören *vi* belong together
zusammengesetzt *adj* SPRACHW compound; TECHNOL assembled
zusammenhalten *unreg* **I.** *vi* [1] (*nach Reparatur*) hold together [2] *FIG* stick together **II.** *vt* ◇ **sein Geld** ~ to watch one's wallet, to take care of one's money
Zusammenhang *m* context; ◇ **im/aus dem** ~ in/out of context; **zusammenhängen** *unreg vi* be linked up; *FIG* → *Ursache, Grund* be connected (*mit* with/to); **zusammenhang[s]los** *adj* incoherent
zusammenknüllen *vt* → *Papier* crumple
zusammenkommen *unreg vi* [1] ↑ *sich treffen* meet [2] (*sich gleichzeitig ereignen*) happen at the same time
Zusammenkunft *f* <-, -künfte> meeting
zusammenlegen *vt* [1] (*örtlich*) put in one place [2] → *Termine, Feste* set [3] → *Wäsche* fold up [4] ◇ **Geld** ~ to pool the money
zusammennehmen *unreg* **I.** *vt* → *Mut, Kraft* summon up; ◇ **alles zusammengenommen** all in all **II.** *vr* ◇ **sich** ~ ↑ *sich beherrschen* control o.s.
zusammenpassen *vi* go together
zusammenrechnen *vt* add up
zusammenschlagen *unreg* **I.** *vt* [1] → *Hände* clap; → *Hacken* click [2] *FAM* ↑ *verprügeln* beat up; *FAM* ↑ *zertrümmern* wreck **II.** *vi* ← *Welle, Flamme* break
zusammenschließen *unreg vr* ◇ **sich** ~ *FIG* ↑ *vereinigen* unite; **Zusammenschluß** *m* union
zusammenschreiben *unreg vt* [1] SPRACHW write in one word [2] → *Bericht* write; (*aus Quellen*) compile; *FIG* ▷*flüchtig* bang down
Zusammensein *s* <-s> being together, meeting
zusammensetzen I. *vt* fit together **II.** *vr* ◇ **sich** ~ sit down together; ◇ **zusammengesetzt sein aus** to be composed of [*o.* made up of]; **Zusammensetzung** *f* composition
Zusammenspiel *s* <-> teamwork
zusammenstecken I. *vt* [1] (*mit Nadeln*) pin together [2] (*FIG tuscheln*) ◇ **die Köpfe** ~ to whisper to each other **II.** *vi* (*FAM zusammen sein*) be thick as thieves
zusammenstehen *unreg vi* stand together; (*FIG zusammenhalten*) stick together
zusammenstellen *vt* put together; → *Bericht, Programm* compose; **Zusammenstellung** *f* composition; ↑ *Anordnung* arrangement
Zusammenstoß *m* crash; (*FIG Streit*) clash; **zusammenstoßen** *unreg vi* crash; *FIG* ↑ *streiten* clash
zusammentreffen *unreg vi* [1] ← *Menschen* meet up [2] ← *Ereignisse* coincide; **Zusammentreffen** *s* meeting
zusammenzählen *vt* add up

zusammenziehen *unreg* **I.** *vt* [1] → *Mund* pinch; → *Lippen* pucker [2] SPRACHW contract **II.** *vr* ◇ **sich** ~ [1] ← *Magen* contract [2] ← *Stoff* shrink

Zusatz *m* [1] (*zu Vertrag*) additional clause [2] ↑ *Ergänzung* supplement; **zusätzlich** *adj* additional, extra

zuschauen *vi* watch, look on; **Zuschauer(in** *f*) *m* <-s, -> member of the audience

zuschicken *vt* post, send; ◇ **jd-m etw** ~ to send s.o. s.th. [*o.* s.th. to s.o.]

Zuschlag *m* supplementary charge, additional charge

zuschlagen *unreg* **I.** *vt* [1] → *Tür* slam [2] (*bei Auktion*) award [3] → *Ball* strike, hit [to the other player] **II.** *vi* [1] ← *Fenster, Tür* slam [2] ◇ **schlag zu!** belt him!

zuschließen *unreg vt* lock up

zuschnappen *vi* [1] ← *Tür* click shut [2] ← *Hund* snap

zuschneiden *unreg vt* cut to size

zuschnüren *vti* [1] → *Schuhe* lace up [2] *FIG* ← *Angst* choke

zuschreiben *unreg vt* [1] → *Konto* credit [2] → *Wörter* ascribe [3] ◇ **jd-m etw** ~ to credit s.o. with s.th.; (*im negativen Sinn*) to blame s.o. for s.th.

Zuschrift *f* letter; ◇ **amtliche** ~ official communication

Zuschuß *m* (*Miet-*) allowance, benefit

zuschütten *vt* → *Graben* fill in; (*FAM hin-*) add

zusehen *unreg vi* [1] ↑ *beobachten* watch; ◇ **jd-m bei etw** ~ to watch s.o. doing s.th. [2] (*FIG sich bemühen, daß*) ◇ ~**, daß ...** to see to it that ...

zusenden *unreg vt* ↑ *zuschicken* send

zusetzen **I.** *vt* (*FAM beifügen*) add; ◇ **bei e-m Geschäft viel Geld** ~ to lose a lot of money on a deal **II.** *vi* (*bedrängen*) badger (*jd-m* s.o.)

zusichern *vt* assure; ◇ **jd-m etw** *akk* ~ to assure s.o. of s.th.

zuspitzen **I.** *vt* sharpen **II.** *vr* ◇ **sich** ~ ← *Lage* come to a head

zusprechen *unreg* **I.** *vt* [1] ◇ **jd-m etw** ~ to award s.o. s.th. [2] ◇ **jd-m Mut** ~ to encourage s.o. **II.** *vi* [1] ◇ **jd-m tröstend** ~ to comfort s.o. [2] *FIG* ◇ **dem Essen tüchtig** ~ to heartily tuck into the food; **Zuspruch** *m* <-s> [1] ◇ **tröstender** ~ comforting words [2] (*Beliebtheit*) approval

Zustand *m* (*geistiger* ~) state; (*wirtschaftlicher* ~) situation, state of affairs

zuständig *adj* responsible; **Zuständigkeit** *f* responsibility

zustehen *unreg vi* have a right to, be entitled to

zustellen *vt* [1] ↑ *verschließen, verdecken* position [2] → *Post* deliver

zusteuern **I.** *vi* ◇ **auf jd-n/etw** ~ to steer for s.o./s.th. **II.** *vt FAM* contribute

zustimmen *vi* agree (*jd-m/etw* with s.o./to s.th.); **Zustimmung** *f* ↑ *Erlaubnis* consent

zustoßen *unreg* **I.** *vi* happen **II.** *vt* → *Tür* push, shut

Zustrom *m* <-[e]s> (*von Aussiedlern*) influx; (*von Besuchern*) rush

Zutaten *pl* (*Back-*) ingredients *pl*

zuteilen *vt* [1] → *Lebensmittel* ration [2] ◇ **jd-m e-e Arbeit** ~ to assign work to s.o.

zutiefst *adv* deeply

zutragen *unreg* **I.** *vt* [1] ◇ **jd-m die Bücher** ~ to carry the books to s.o. [2] ◇ **Information** ~ to report **II.** *vr* ◇ **sich** ~ happen, transpire; ◇ **so hat es sich zugetragen** that's the way it happened

zuträglich *adj* beneficial

zutrauen *vt* ◇ **jd-m etw** ~ to believe s.o. capable of doing s.th.; **Zutrauen** *s* <-s> confidence (*zu* in)

zutreffen *unreg vi* apply; ◇ **die Behauptung trifft nicht zu** the assertion is not to the point; **Zutreffendes** *s* <-> ◇ ~ **bitte ankreuzen** mark where applicable

Zutritt *m* admission; ◇ ~ **verboten!** no entry!

zuverlässig *adj* reliable, dependable; **Zuverlässigkeit** *f* reliability

Zuversicht *f* <-> confidence; **zuversichtlich** *adj* confident

zuviel *pron* too much

zuvor *adv* before; ◇ **wie** ~ as before; **zuvorkommen** *unreg vi* ◇ **e-r Gefahr** ~ to anticipate a danger; ◇ **jd-m** ~ *FAM* to beat s.o. to it; **zuvorkommend** *adj* ↑ *höflich, hilfsbereit* obliging

Zuwachs *m* <-es> (FIN *jährlicher* ~) growth

zuwege *adv* [1] ◇ **etw** ~ **bringen** to accomplish s.th.; *FAM* to pull s.th. off [2] ◇ **mit etw** ~ **kommen** to manage s.th.

zuweisen *unreg vt* [1] → *Aufgabe* assign [2] → *Zimmer* allocate (*jd-m* to s.o.)

zuwenden *unreg* **I.** *vt* turn; ◇ **jd-m den Rücken** ~ to turn one's back on s.o. [*o.* give] **II.** *vr* ◇ **sich** ~ turn (*jd-m/etw* to s.o./s.th.); **Zuwendung** *f* [1] (*Geld-*) donation [2] (*von Gefühl*) bestowal

zuwenig **I.** *pron* too little **II.** *adv* too little

zuwerfen *unreg vt* throw [to]; ◇ **jd-m den Ball** ~ to throw the ball to s.o.

zuwider **I.** *adv* ◇ **etw ist jd-m** ~ s.th. is repulsive to s.o., s.o. is disgusted by s.th. **II.** *präp dat* against, contrary to; **zuwiderhandeln** *vi* act contrary (*dat* to); ◇ **e-m Gesetz** ~ to contravene a law; **zuwiderlaufen** *unreg vi* ◇ **e-m Plan** ~ to run counter to plan

zuwinken *vi* [1] → *jd-m* wave; ◇ **jd-m zum Ab-**

schied ~ to wave s.o. goodbye [*o.* to wave goodbye to s.o.] [2] (*herbeiwinken*) beckon

zuziehen *unreg* **I.** *vt* [1] → *Schleife* pull tight [2] → *Arzt* call in [3] ↑ *auf sich lenken* → *Haß, Zorn* incur **II.** *vi* ◇ **wir sind neu zugezogen** we have just moved in

zuzüglich *präp gen* plus; ◇ ~ **Mehrwertsteuer** including VAT

zwang *impf v.* **zwingen**

Zwang *m* <-[e]s, Zwänge> constraint, coercion; ◇ **unter** ~ involuntary, under duress; ◇ **sich keinen ~ antun** to suit o.s.

zwängen *vr* ◇ **sich** ~ force, push; ◇ **sich durch die Menge** ~ to squeeze one's way through the crowd

zwanglos *adj* casual; ◇ **-es Beisammensein** informal meeting; **zwangsläufig** *adj* unavoidable; **Zwangsmaßnahme** *f* coercive measure; **zwangsweise** *adv* under compulsion

zwanzig *nr* twenty

zwar *cj* ◇ ~ **…, aber …** it is true …, but …; (*genauer gesagt*) ◇ **und** ~ namely; ◇ **und ~ so, daß …** in fact to such a degree that …

Zweck *m* <-[e]s, -e> purpose; **zweckentfremdet** *adj* misappropriated; **Zweckentfremdung** *f* misappropriation; **zweckmäßig** *adj* appropriate, expedient

zwecks *präp gen* for the purpose of

zwei *nr* two; (*FAM beide*) ◇ **wir** ~ the two of us, both of us; *FAM* ◇ **e-r von euch -en** one of you two; **Zweibettzimmer** *s* double bedroom; **zweideutig** *adj* [1] ▷*Bemerkung* ambiguous [2] (*unanständig*) suggestive, risqué; **zweifach** *adj* twofold

Zweifel *m* <-s, -> doubt; **zweifelhaft** *adj* doubtful; *FIG* ◇ **ein -es Vergnügen** a dubious pleasure; **zweifellos** *adj* doubtless; **zweifeln** *vi* doubt; ◇ **an jd-m/etw** *dat* ~ to be sceptical of [o. about] s.th.

Zweig *m* <-[e]s, -e> [1] (BIOL *dünner* ~) twig; (*Ast*) branch [2] (*FIG Familien~*) branch

Zweigniederlassung *f* branch; **Zweigstelle** *f* branch office

zweihändig *adj* two-handed; **zweihundert** *nr* two hundred; **zweijährig** *adj* (*2 Jahre alt*) two-year-old; (*2 Jahre dauernd*) two-year; **Zweikampf** *m* duel; **zweimal** *adv* twice; **zweireihig** *adj* (*Anzug*) double-breasted; **Zweisitzer** *m* <-s, -> (*Sportwagen*) two-seater; **zweisprachig** *adj* bilingual; **zweispurig** *adj* AUTO two-lane; **zweistündig** *adj* two-hour

zweit *adv* ◇ **wir sind zu** ~ there are two of us

zweite(r, s) *adj* second; **Zweite(r)** *fm* [the] second

zweiteilig *adj* ▷*Kleidung* two-piece

zweitens *adv* secondly

zweitgrößte(r, s) *adj* second biggest; **zweitklassig** *adj PEJ* second-class; **zweitletzte(r, s)** *adj* last but one, next-to-last; **Zweitwagen** *m* second car; **Zweitwohnung** *f* second home

Zwerg(in *f*) *m* <-[e]s, -e> dwarf

Zwetschge *f* <-, -n> plum

Zwickel *m* <-s, -> (*Hosen~*) gusset

zwicken *vt* ↑ *kneifen* nip, pinch

Zwickmühle *f FIG* ↑ *schwierige Situation, Problem* ◇ **sich in e-r ~ befinden** to be in a dilemma/fix

Zwiebel *f* <-, -n> onion; (*Blumen~*) bulb

zwielichtig *adj FIG* ▷*Person, Gegend* shady, dubious

Zwiespalt *m* conflict

Zwilling *m* <-s, -e> [1] (*-sbruder*) twin [2] ASTROL Gemini *sg* [3] (*Gewehr*) double-barrelled gun

zwingen <zwang, gezwungen> *vt* compel, force; **zwingend** *adj* ▷*Grund* compelling; (*überzeugend*) convincing

zwinkern *vi* [1] (*nervös*) blink [2] (*absichtlich*) wink

Zwirn *m* <-[e]s, -e> yarn

zwischen *präp akk/dat* between; **Zwischenbemerkung** *f* [1] THEAT aside [2] ↑ *Unterbrechung* interruption; **zwischendurch** *adv* in between [times]; (*räumlich*) through; **Zwischenfall** *m* incident; **Zwischenhandel** *m* intermediate trade, trade through middlemen; **Zwischenlandung** *f* AERO stopover, layover *AM*; ◇ **ohne** ~ non-stop; **Zwischenmahlzeit** *f* snack [between meals]; **zwischenmenschlich** *adj* interpersonal; **Zwischenraum** *m* [1] (*7 m ~*) space [between] [2] (*Lücke*) interstice, gap; **Zwischenstation** *f* stopover; ◇ **wir machten in London** ~ we stopped over in London; **Zwischenzeit** *f* interim; ◇ **in der** ~ in the interim, meanwhile

Zwist *m* <-es, -e> quarrel

zwitschern I. *vi* ← *Vogel* chirp **II.** *vt* (*FAM Alkohol trinken*) ◇ **e-n** ~ to have a drink

zwölf *nr* twelve

Zyankali *s* <-s> cyanide

zyklisch *adj* cyclic, cyclical

Zyklus *m* <-, Zyklen> cycle

Zylinder *m* <-s, -> [1] TECHNOL cylinder [2] (*Hut*) top hat; *FAM* topper

zynisch *adj* cynical

Zypern *s* Cyprus

Zypresse *f* BIOL cypress

z.Z[t]. *Abk. v.* **zur Zeit** at present

Kurzgrammatik

I. NOMINALGRUPPE

1. Der Artikel

1.1 Form

Im Englischen werden der bestimmte Artikel **the** und der unbestimmte Artikel **a/an** unterschieden.

Bestimmter Artikel		Unbestimmter Artikel	
[ðə] the ball the city the hotel	[ðɪ] the address the hour	[ə] a ball a city a hotel	[æn] an address an hour

1.2 Verwendung

Der Artikel steht in der Regel vor dem Nomen und seinen Attributen: *an old man.* Ausnahmen: *what a, such a, half* a. Z.B.: *It was such a beautiful day.*

2. Das Substantiv

2.1 Genus

Das grammatische Geschlecht der englischen Substantive richtet sich meist nach dem biologischen. Tiere werden grammatisch wie Sachen behandelt.

the man	he [hɪ:]
the woman	she [ʃɪ:]
the car/the cat	it [ɪt]

2.2 Numerus

Nomen für Materialien, abstrakte Begriffe und Eigenschaften sind im Englischen nicht zählbar. Die regelmäßigen, zählbaren Nomen bilden ihren Plural durch Anhängen von -[e]s. Aussprache:
[s] - nach stimmlosem Konsonant *(shirts, books, cats)*
[z] - nach stimmhaftem Konsonant und Vokal *(beds, photos)*
[ɪz] - nach Zischlaut *(houses, bridges, wishes).*
Ausnahmen hierzu sind:
- einige Substantive auf -y: *city - cities*
- einige Substantive auf -f: *thief - thieves*
- einige Substantive auf -o: *hero - heroes*
- unregelmäßige Pluralbildungen: *child - children, man - men, foot - feet, tooth - teeth.*

2.3 Kasus

Die Deklination der Nomen erfolgt durch Präpositionen.

	Singular	Plural
Nom/Akk Genitiv Dativ	the tree of the tree to the tree	the trees of the trees to the trees

Der of-Genitiv steht bei Sachen und bei Mengenangaben. Bei Personen wird der Genitiv durch **'s** gebildet: *my uncle's dog, my uncles' dogs* (Aussprache wie im Plural).

3. Das Adjektiv

3.1 Form
Das Adjektiv verändert sich in Genus und Numerus nicht.

Steigerung: Die meisten einsilbigen Adjektive und zweisilbige Adjektive auf **-er, -le, -ow, -y** werden durch **-er** [ə] im Komparativ und **-est** [ɪst] im Superlativ gesteigert:

green - greener - greenest
easy - easier - easiest
slow - slower - slowest

Zwei- und mehrsilbige Adjektive bilden den Komparativ mit **more** [mɔː*] und den Superlativ mit **most** [məʊst]:

famous - more famous - most famous
sensible - more sensible - most sensible

Unregelmäßige Steigerungen: siehe Einträge im Wörterbuch.

3.2 Verwendung
Das Adjektiv kann attributiv (vor einem Substantiv) und prädikativ (nach einem Verb) gebraucht werden: *we have a big house* (attributiv) - *the house is big* (prädikativ). *Next/last* können vor oder hinter Tagesnamen stehen: *we leave next Sunday/Sunday next.*

4. Das Adverb

4.1 Form
Man unterscheidet zwischen ursprünglichen Adverbien *(soon, seldom, often, never, now, here)* und Adverbien, die von Adjektiven durch die Endung **-ly** [lɪ] abgeleitet werden:

quick:	She runs quickly out of the room.
easy:	He remembers words easily.
simple:	I simply threw it away.

Steigerung: Ursprüngliche Adverbien werden im wesentlichen wie Adjektive gesteigert: *soon - sooner - soonest.*
Adverbien auf **-ly** werden mit *more und most* gesteigert: *quickly - more quickly - most quickly.*

4.2 Verwendung
Als adverbiale Bestimmung kann ein Adverb folgende Positionen einnehmen:
1. am Satzanfang: *Fortunately I earn enough money.*
2. vor dem Vollverb/nach **be:** *She always eats too much./He is always late.*
3. nach der Verbalgruppe: *We wanted to leave immediately.*

Als Attribut steht das Adverb vor oder hinter dem Wort, auf das es sich bezieht: *He seemed physically strong.*

5. Das Pronomen

5.1 Das Personalpronomen

5.1.1 Form

Subjektfall		Objektfall	
Singular	Plural	Singular	Plural
I [ɑɪ] you [jʊː] he [hɪː] she [ʃɪː] it [ɪt]	we [wɪː] you [jʊː] they [ðeɪ]	me [mɪː] you [jʊː] him [hɪm] her [hɜː*] it [ɪt]	us [ʌs] you [jʊː] them [ðem]

Das deutsche **man** wird wiedergegeben durch:
- **one, you, they, people:** *You never know.* - Man kann nie wissen.
- das Passiv: *She will be told tomorrow.* - Man wird es ihr morgen sagen.

5.1.2 Verwendung
Das Personalpronomen wird im wesentlichen wie die entsprechende deutsche Form verwendet: Die Subjektform steht als Satzsubjekt, die Objektform als Objekt und nach Präpositionen. Nach den Formen von **to be** verwendet man die Objektform: *It's her.* - Sie ist es.

5.2 Das Reflexivpronomen

5.2.1 Form

Singular	Plural
myself [mɑɪ'self] yourself [jʊə*'self] himself [hɪm'self] herself [hɜː*'self] itself [ɪt'self]	ourselves [ɑʊə'selvz] yourselves [jʊə*'selvz] themselves [ðem'selvz]

5.2.2 Verwendung
Das Reflexivpronomen wird verwendet, wenn Subjekt und Objekt dieselbe Person sind (*She seems to enjoy herself.* - Sie scheint sich zu amüsieren.) oder zur Hervorhebung eines Substantivs oder Pronomens (*She wrote the book herself.* - Sie schrieb das Buch selbst.)

5.3 Das Possessivpronomen

5.3.1 Form

adjektivisch

Singular	Plural
my [mɑɪ] your [jʊə*] his [hɪz] her [hɜː*] its [ɪts]	our [ɑʊə] your [jʊə*] their [ðɛə*]

substantivisch

Singular	Plural
mine [maɪn] yours [jʊə*z] his [hɪz] hers [hɜ*z]	ours [aʊəz] yours [jʊə*z] theirs [ðɛə*z]

5.3.2 Verwendung
Das adjektivische Possessivpronomen wird im wesentlichen wie im Deutschen gebraucht. Man verwendet es aber auch in bezug auf Körperteile, Kleidungsstücke und abstrakte Begriffe wie *life, death, mind: This is your bicycle.* - Das ist dein Fahrrad.
Das substantivische Possessivpronomen verwendet man häufig anstelle eines Substantivs mit Pronomen: *The bicycle is yours, not mine.* - Das ist dein Fahrrad, nicht meines.

5.4 Das Demonstrativpronomen

5.4.1 Form

Singular	this [ðɪs]	that [ðæt]
Plural	these [ðɪːz]	those [ðəʊz]

5.4.2 Verwendung
This/these beziehen sich auf Personen und Sachen, die sich in unmittelbarer Nähe befinden, sowie auf Zeitangaben der Gegenwart: *This afternoon we'll go to the zoo.* - Heute nachmittag gehen wir in den Zoo.
That/those beziehen sich auf Personen und Sachen, die weiter entfernt sind, sowie auf Zeitangaben der Vergangenheit: *Did you talk to that woman in the pub?* - Hast du mit der Frau in der Bar gesprochen?

5.5 Das Relativpronomen

5.5.1 Form
Singular und Plural der Relativpronomen haben die gleiche Form.

	Personen	Sachen
Nominativ	who [hʊː]	which [wɪtʃ]
Genitiv	whose [hʊːz]	of which
Dativ	to whom	to which
Akkusativ	who[m] [hʊːm]	which

Sehr häufig wird **that** [ðæt] als Relativpronomen verwendet. Es gilt für Personen und Sachen.

5.5.2 Verwendung
Im notwendigen Relativsatz kann das Relativpronomen weggelassen werden, wenn es im Akkusativ steht. Es darf nicht weggelassen werden, wenn es Subjekt ist: *I'll buy the car [that] I saw yesterday.* - Ich werde das Auto, das ich gestern gesehen habe, kaufen.

5.6 Das Interrogativpronomen

5.6.1 Form

	Personen		Sachen	
Nominativ Genitiv Dativ/Akkusativ	who? whose? who[m]?	wer? wessen? wem?/wen?	what [wɒt]? which?	was? welche(r, s)?
weitere Frage- pronomen	when [wen]? where [wɛə*]? why [waɪ]? how [haʊ]?	wann? wo? warum? wie?		

5.6.2 Verwendung

What vor einem Substantiv heißt „was für?" bzw. „was für ein?": *What book do you mean?* - Was für ein Buch meinst du?
Which fragt nach Personen und Sachen: *Which dress would you buy?* - Welches Kleid würdest du kaufen?
Präpositionen werden ans Ende des Fragesatzes gestellt: *Where do you come from?* - Woher kommen Sie?

5.7 Indefinitpronomen

5.7.1 Form

all [ɔːl]		alle	
many ['menɪ]		viele	
much [mʌtʃ]		viel	
little/a little ['lɪtl]		wenig/ein wenig	
few/a few [fjʊː]		wenige/ein paar	
no [nəʊ]		kein	
nobody ['nəʊbədɪ]		niemand, keine(r, s)	
no one ['nəʊwʌn]		niemand, keine(r, s)	
nothing ['nʌθɪŋ]		nichts	
nowhere ['nəʊwɛə*]		nirgends, nirgendwohin	
none [nʌn]		keine(r, s) (in bezug auf Nomen)	
some [sʌm]	ein paar, einige	any ['ənɪ]	ein paar, einige
somebody	jemand	anybody	jemand
someone	jemand	anyone	jemand
something	etwas	anything	etwas
somewhere	irgendwo/-wohin	anywhere	irgendwo/-wohin

5.7.2 Verwendung von some und any

some:
In bejahenden Sätzen und Fragen, auf die man eine bejahende Antwort erwartet: *Would you like some more tea?* - Möchten Sie noch etwas Tee?

any:
In verneinten Sätzen, Fragen und Bedingungssätzen: *He doesn't have any money on him.* - Er hat kein Geld dabei.

II. VERBALGRUPPE

1. Das Vollverb

1.1 Konjugation

Die englischen regelmäßigen Verben haben im Präsens nur in der 3. Person Singular eine Endung:

	to ask	to sound	to go	to wish	to carry
I/you/we/they he/she/it	ask asks [s]	sound sounds [z]	go goes [z]	wish wishes [ɪz]	carry carries [ɪz]

	Aktiv (active voice) Simple		Progressive		
Präsens (present tense)	I/you/we/they he/she/it	ask asks	I he/she/it we/you/they	am is are	asking
Präteritum (past tense)	I/you/we/they he/she/it	asked	I/he/she/it we/you/they	was were	asking
Perfekt (present perfect)	I/you/we/they he/she/it	have has asked	I/you/we/they he/she/it	have has	been asking
Plusquam-perfekt (past perfect)	I/you/we/they he/she/it	had asked	I/you/we/they he/she/it	had	been asking
Futur (future)	I/you/we/they he/she/it	will ask	I/you/we/they he/she/it	will	be asking
Conditional	I/you/we/they he/she/it	would ask	I/you/we/they he/she/it	would	be asking
Conditional Perfect	I/you/we/they he/she/it	would have asked	I/you/we/they he/she/it	would	have been asking

	Passiv (passive voice) Simple			Progressive		
Präsens (present tense)	I he/she/it we/you/they	am is are	asked	I he/she/it we/you/they	am is are	being asked
Präteritum (past tense)	I/he/she/it we/you/they	was were	asked	I/he/she/it we/you/they	was were	being asked
Perfekt (present perfect)	I/you/we/they he/she/it	have has	been asked	-		
Plusquam-perfekt (past perfect)	I/you/we/they he/she/it	had	been asked	-		
Futur (future)	I/you/we/they he/she/it	will	be asked	-		
Conditional	I/you/we/they he/she/it	would	be asked	-		

1.2 Imperativ

Der Imperativ hat dieselbe Form wie der Infinitiv. Er ist für Singular und Plural gleich: *Stop the car!* - Halt' das Auto an!

Der Imperativ wird mit **to do** verneint: *Don't read the letter, please!* - Lies den Brief bitte nicht!

1.3 Verneinung

Die Vollverben werden im Präsens mit **do/does,** im Präteritum mit **did** verneint: *I don't smoke.* - Ich rauche nicht. Oder: *She didn't talk to me.* - Sie hat nicht mit mir geredet.

1.4 Fragebildung

Fragen mit Vollverben werden im Präsens mit **do/does,** im Präteritum mit **did** gebildet: *Do you work full-time?* - Arbeiten Sie ganztags? Oder: *Didn't you see the news yesterday?* - Hast du gestern nicht die Nachrichten gesehen?

Fragen, in denen das Fragewort selbst das Subjekt oder Teil des Subjekts ist, werden ohne **to do** gebildet: *Who reads the paper every day?* - Wer liest jeden Tag Zeitung? Oder: *Whose book is this?* - Wessen Buch ist das?

2. Die Hilfsverben

2.1 Vollständige Hilfsverben

2.1.1 Form

	to be [bɪː]		to do [dʊː]	
Präsens	I he/she/it we/you/they	am [æm] is [ɪz] are [ɑː*]	I/you/we/they he/she/it	do does [dʌz]
Partizip	being ['bɪɪŋ]		doing ['dʊːɪŋ]	
Präteritum	I/he/she/it we/you/they	was [wɒz] were [wɜ*]	I/he/she/it we/you/they	did [dɪd]
Perfekt	I/you/we/they he/she/it	have been has been	I/you/we/they he/she/it	have done has done
Partizip	been [bɪːn]		done [dʌn]	

	to have [hæv]	
Präsens	I/you/we/they he/she/it	have has [hæz]
Partizip	having ['hævɪŋ]	
Präteritum	I/you/we/they he/she/it	had [hæd]
Perfekt	I/you/we/they he/she/it	have had has had
Partizip	had	

2.1.2 Verwendung

Die vollständigen Hilfsverben können als Hilfsverben für die Zeitenbildung, Verneinung und/oder Fragebildung verwendet werden (s. II.1); sie können auch als Vollverben gebraucht werden:

- to be:	sein, sich befinden, gehören
- to do:	tun, machen
- to have:	besitzen, haben

2.2 Unvollständige Hilfsverben

2.2.1 Form

Unvollständige Hilfsverben haben für alle Personen eine Form. Frage und Verneinung werden ohne **to do** gebildet.

Ersatz:	can [kæn]/could [kʊd] be able to		may [meɪ]/might[maɪt]	
Präsens	I/you/he/she/it we/you/they	can	I/you/he/she/it we/you/they	may
Verneinung	cannot can't [kɑːnt]		may not	
Präteritum	I/you/he/she/it we/you/they	could	I/you/he/she/it we/you/they	might
Verneinung	could not couldn't [kʊdnt]		might not	
	shall [ʃæl]/should [ʃʊd]		will [wɪl]/would [wʊd]	
Präsens	I/you/he/she/it we/you/they	shall	I/you/he/she/it we/you/they	will
Verneinung	shall not shan't [ʃɑːnt]		will not won't [wəʊnt]	
Präteritum	I/you/he/she/it we/you/they	should	I/you/he/she/it we/you/they	would
Verneinung	shouldn't		wouldn't	
Ersatz	must [mʌst] to have to		need [niːd]	
Präsens	I/you/he/she/it we/you/they	must	I/you/we/they he/she/it	need needs
Verneinung	must not mustn't [mʌsnt]		need not	
Präteritum	I/you/he/she/it we/you/they	must	I/you/he/she/it we/you/they	needed

⚠ *You needn't wait for me.* - Du brauchst nicht auf mich zu warten.
⚠ *You may not walk across the street.* - Du darfst nicht über die Straße gehen.

2.2.2 Verwendung
Unvollständige Hilfsverben können nur in Verbindung mit dem Infinitiv (ohne **to**) eines Vollverbs auftreten.

III. Wortstellung

1. Im Aussagesatz

	Subjekt	Prädikat		Objekt	
	She	is	doing	homework	
Today	John		buys	a new car	
Next year	They	will	move		to Munich

Im Aussagesatz gilt in der Regel die Wortstellung **S - P - O.**

2. Im Fragesatz/Inversion

Abweichend von der regelmäßigen Wortstellung findet in Sätzen, die mit verneinenden oder einschränkenden Adverbien beginnen, eine Umstellung statt; ebenso in Fragesätzen.

	Hilfsverb	Subjekt	Vollverb	Objekt
Never	have	we	seen	such a beautiful castle
	Did	you	go	to the movies?
Where	did	she	buy	her new dress?

Unregelmäßige Verben (Stammformen)

Infinitiv	Präteritum	Part. Perf.
arise	arose	arisen
awake	awoke	awoken
be	was	been
bear	bore	borne
bear	bore	born
beat	beat	beat[en (*AM*)]
become	became	become
beget	begot	begotten
begin	began	begun
bend	bent	bent
beseech	besought	besought
bet	bet	bet
bid	bade/bid	bid[den]
bind	bound	bound
bite	bit	bitten
bleed	bled	bled
blow	blew	blown
breed	bred	bred
break	broke	broken
bring	brought	brought
build	built	built
burn	burnt	burnt
burst	burst	burst
buy	bought	bought
cast	cast	cast
catch	caught	caught
choose	chose	chosen
cling	clung	clung
come	came	come
cost	cost	cost
creep	crept	crept
crow	crew/crowed	crowed
cut	cut	cut
deal	dealt	dealt
dig	dug	dug
do	did	done
draw	drew	drawn
dream	dreamt	dreamt
drink	drank	drunk
drive	drove	driven
dwell	dwelt	dwelt
eat	ate	eaten
fall	fell	fallen
feed	fed	fed

feel	felt	felt
fight	fought	fought
find	found	found
fit	fit	fit
flee	fled	fled
fling	flung	flung
fly	flew	flown
forbid	forbade	forbidden
forget	forgot	forgotten
forgive	forgave	forgiven
forsake	forsook	forsaken
freeze	froze	frozen
get	got	got[ten (*AM*)]
give	gave	given
go	went	gone
grind	ground	ground
grow	grew	grown
hang	hung/hanged	hung/hanged
have	had	had
hear	heard	heard
heave	hove	hove
hide	hid	hidden
hit	hit	hit
hold	held	held
hurt	hurt	hurt
keep	kept	kept
kneel	knelt	knelt
knit	knit, knitted	knit, knitted
know	knew	known
lay	laid	laid
lead	led	led
lean	leant	leant
leap	leapt	leapt
learn	learnt	learnt
leave	left	left
lend	lent	lent
let	let	let
lie	lay	lain
light	lit	lit
lose	lost	lost
make	made	made
mean	meant	meant
meet	met	met
mow	mowed	mown/mowed
pay	paid	paid
put	put	put
read	read	read
rid	rid	rid

ride	rode	ridden
ring	rang	rung
rise	rose	risen
run	ran	run
saw	sawed	sawn
say	said	said
see	saw	seen
seek	sought	sought
sell	sold	sold
send	sent	sent
set	set	set
sew	sewed	sewn
shake	shook	shaken
shear	sheared	shorn
shine	shone	shone
shit	shit	shit
shoot	shot	shot
show	showed	shown
shrink	shrank	shrunk
shut	shut	shut
sing	sang	sung
sink	sank	sunk
sit	sat	sat
slay	slew	slain
sleep	slept	slept
slide	slid	slid
smell	smelt	smelt
speak	spoke	spoken
speed	sped	sped
spell	spelt	spelt
spend	spent	spent
spill	spilt	spilt
spin	spun	spun
spit	spat	spat
split	split	split
spoil	spoilt	spoilt
spread	spread	spread
spring	sprang	sprung
stand	stood	stood
steal	stole	stolen
stick	stuck	stuck
sting	stung	stung
stink	stank	stunk
stride	strode	stridden
strike	struck	struck
swear	swore	sworn
sweat	sweat	sweat
sweep	swept	swept

swim	swam	swum
swing	swung	swung
take	took	taken
teach	taught	taught
tear	tore	torn
tell	told	told
think	thought	thought
throw	threw	thrown
thrust	thrust	thrust
understand	understood	understood
wake	woke	woken
wear	wore	worn
weep	wept	wept
win	won	won
wind	wound	wound
wring	wrung	wrung
write	wrote	written

Kurz-Reisewörterbuch

I. Allgemeine Wendungen - *General phrases*

Guten Morgen!	-	*Good morning!*	Hallo!	-	*Hello! (BRIT)*
Guten Tag!	-	*Good morning/afternoon!*	Grüß dich!	-	*Hi! (AM)*
Guten Abend!	-	*Good evening!*			

Verzeihung! - *Pardon me!*
Entschuldigen Sie, ist hier …? - *Excuse me please, is this … ?*
Gestatten Sie? - *May I?*
Es tut mir leid! - *I'm sorry!*
Darf ich [Ihnen] … vorstellen? - *May I introduce you to … ?*
Kann ich Herrn/Frau … sprechen? - *Can I speak to Mr./Mrs … ?*
Das ist Herr/Frau … - *This is Mr/Mrs …*
Mein Name ist … - *My name's …*
Wie geht es Ihnen? - *How are you?*
Danke, gut! Und Ihnen? - *Fine, thanks. And you?*
Hatten Sie eine[n] angenehme[n] Reise/Fahrt/Flug? - *Did you have a pleasant trip/drive/flight?*
Nehmen Sie doch bitte Platz! - *Please take a seat!*
Ich soll Ihnen Grüße ausrichten von … - *Best wishes/regards from …*
Darf ich Ihnen etwas zu trinken anbieten? - *May I offer you something to drink?*
Was sind Sie von Beruf? - *What's your occupation?*
Sind Sie allein? - *Are you alone?*
Haben Sie schon etwas für nächste Woche vor? - *Do you already have plans for next week?*
Darf ich Sie abholen? - *May I pick you up?*
Wollen wir zusammen hinfahren? - *Should we go there together?*
Auf Wiedersehen! - *Goodbye/Bye-bye*! Tschüs! - *Bye/So long!*
Bis bald/später/morgen! - *See you soon/later/tomorrow!*
Gute Nacht! - *Good night!*
Alles Gute! - *All the best/Best wishes!*
Grüßen Sie bitte Herrn/Frau … von mir. - *Please give Mr./Mrs. … my regards.*

Bitte/Danke.	-	*Please/Thank you.*
Ja, bitte.	-	*Yes, please.*
Nein, danke.	-	*No, thank you.*

Danke. Vielen Dank für … . - *Thank you. Thank you very much for … .*
Bitte sehr. Keine Ursache. - *You're welcome.*

II. Auf der Fahrt - *On the road*

1. Private Verkehrsmittel - *Private transportation*

1.1 Orientierung - *Orientation*

Wie komme ich	nach …	, bitte?
How do I get	*to …*	*, please?*

zur Autobahn - *to the motorway/highway*; ins Zentrum - *to the city center*; in die … Straße - *to … street; nach London - to London*

Wie weit ist es nach ... ? - *How far is it to ... ?*

Fahren Sie	die nächste Straße	rechts/links!
Turn right/left	*at the next street!*	

an der Ampel - *at the traffic lights*; an der Kreuzung - *at the intersection/crossing*; Fahren Sie wieder zurück! - *Turn around and drive back!*

Fahren Sie geradeaus. - *Drive straight ahead.*
Hier sind Sie richtig/falsch. - *This is the right/wrong way.*

1.2 Verkehrshinweise - *Driving instructions*

Achtung - *Careful*
Ampel - *Traffic Light*
Ausfahrt - *Exit*
Ausfahrt freihalten - *Keep Clear*
Einbahnstraße - *One-Way*
Einfahrt verboten - *No Entry*
Fahrbahn wechseln - *Change Lane*
Fußgänger[zone] - *Pedestrian Precinct*
Gefahr - *Danger*
Gefährliche Kurve - *Dangerous Curve*
Halten verboten - *No Stopping*
Kreisverkehr - *Roundabout*
Kreuzung - *Crossroads*
Parken verboten - *No Parking*
Parkhaus - *Garage*
Parkplatz - *Car-park/Parking*
Rutschgefahr - *Slippery Road*
Straßenarbeiten - *Road Construction*
Stau - *Traffic Jam*
Überholen verboten - *No Overtaking/Passing*
Umleitung - *Detour*
Vorfahrt achten - *Give Way/Yield*
Zebrastreifen - *Zebra Crossing (BRIT)/ Cross Walk (AM)*

1.3 Tankstelle/Werkstatt - *Gas station/Petrol station/Garage*

Wo ist die nächste Tankstelle/Werkstatt, bitte?
Where is the nearest petrol station/garage, please?

Volltanken, bitte! - *Fill it up, please!*

... Liter/Gallonen	Normal	verbleit
... litre[s]/gallons	*regular*	*leaded*
	Super	bleifrei
	super	*unleaded*
	Diesel	
	diesel	

Gallons	*Liter*
1	4,546
Pints	*Liter*
1	0,57
lbs./sq.in	*atü*
17,0	1,2

Bitte kontrollieren Sie den Ölstand/Reifendruck!
Please check the oil/tires!

Die	Kupplung/Bremsen	ist/sind defekt.
The	*clutch/brakes*	*isn't/aren't working.*

Zündung - *spark plug*; der Scheibenwischer - *windshield wiper*; der Scheinwerfer - *headlights;* die Rücklichter - *taillights*; der Motor - *the engine*; der Auspuff - *exhaust*

Der Wagen/Das Motorrad springt nicht an. - *The car/The motorcycle won't start.*
Die Batterie ist leer. - *The battery is dead.*
Haben Sie Ersatzteile? - *Do you have spare parts?*

Bis wann können Sie ... reparieren? - *When can you have ... repaired?*

2. Öffentliche Verkehrsmittel - *Public transportation*

2.1 Im Reisebüro/Plätze buchen - *At the travel agency/reservations*

Wieviel kostet eine Reise nach ... ? - *How much is a trip to ...?*

ein Flug - *a flight*; eine Fahrkarte - *a ticket*; eine Überfahrt - *a crossing*

Wieviel kostet eine Hinfahrkarte/Rückfahrkarte nach ...?
How much does a one-way ticket/return ticket to ... cost?
Gibt es eine Ermäßigung für Studenten/Kinder/Senioren?
Is there a discount for students/children/senior citizens?
Ich möchte diese Reise buchen.
I would like to book this trip/vacation.

diesen Flug umbuchen - *rebook this flight*; stornieren - *cancel*

Wie viele Plätze sind noch frei? - *How many vacant seats are there?*
Bis wann muß man sich anmelden? - *When is the latest one can make a final booking?*
Bitte reservieren Sie zwei Plätze. - *Please reserve two seats.*
Ich möchte eine Reise-/Gepäckversicherung abschließen. -
I would like to have a travel/baggage insurance.

2.2 Mit der Bahn - *By train*

Eine einfache Fahrkarte/Hin- und Rückfahrkarte nach ..., bitte.
A one-way ticket/round trip ticket to ..., please.
Ich möchte einen Liegewagenplatz reservieren.
I would like to reserve a couchette.

Schlafwagenplatz - *sleeping car*; Sitzplatz - *seat*; Fensterplatz - *window seat*

Wo kann ich mein Gepäck aufgeben? - *Where can I check in my luggage?*
Auf welchem Gleis fährt der Zug nach ... ab?
Which platform does the train to ... leave/depart from?

kommt der Zug aus ... an? *arrive at?*

Wann kommt der Zug aus ... ? - *When is the train from ... arriving?*
Wann habe ich Anschluß nach ...? - *When do I have a connection to ... ?*

Wo muß ich umsteigen? - *Where do I have to change trains?*
Hat der Zug Verspätung? - *Is the train delayed?*
Ist hier noch frei? - *Is this seat vacant?*

► Wortliste - *Vocabulary list*

Bahnhof - *station*
Gleis - *track*
Schalter - *window*
Fahrplan - *timetable/schedule*
Gepäckaufgabe - *baggage check-in*
Schließfach - *locker*
Wartesaal - *waiting room*
Schaffner - *conductor*
Abteil - *compartment*
Raucher- *smoking*
Nichtraucher - *non-smoking*
erste/zweite Klasse - *first/second class*

2.3 Mit dem Schiff - *By boat*

Ich möchte ein Ticket nach ...,	Deckpassage.
I would like a ticket to ...,	*deck passage.*

Touristenklasse - *tourist class*; Einzelkabine - *single cabin*;
Zweibettkabine - *double cabin*; innen/außen - *inside/outside*

Was kostet die Überfahrt für ein Auto und zwei Personen?
How much does it cost for one car and two persons to cross?
Von welchem Kai/wann laufen wir aus?
From which quay/when are we departing?
Ist die See ruhig? - *Is the sea calm?*
Wie lange sind wir auf See? - *How long is the crossing?*
Mir ist schlecht! Haben Sie etwas gegen Seekrankheit?
I feel sick! Do you have anything for seasickness?

► Wortliste - *Vocabulary list*

Hafen - *habour/port*
Kai - *quay*
Fähre - *ferry*
Sonnen-/Fahrzeugdeck - *sundeck/car deck*
Kabine - *cabin*
Kapitän - *captain*
Speisesaal - *dining room*
Schwimmweste - *life-jacket*
Rettungsring/-boot - *lifebelt/life boat*

2.4 Mit dem Flugzeug - *By plane*

Ich möchte	einen Linienflug	nach ... buchen.
I would like to book a	*scheduled flight*	*to ...*

Charterflug - *charter flight*; Last-minute-Flug - *last-minute flight*

Mit welcher Fluggesellschaft fliegen wir? - *Which airline are we flying with?*
Wo ist der Schalter der Lufthansa? - *Where is the Lufthansa counter?*
Wieviel Kilo Gepäck sind frei? - *What is the normal baggage weight allowance?*
Was kostet das Kilo Übergewicht? - *How much is excess baggage/luggage?*
Gilt das als Handgepäck? - *Is this considered carry-on [baggage]?*

Die Maschine nach ...	startet um ... Uhr.	- *The plane to ...*	*takes off at ... o'clock.*
	hat 30 Min. Verspätung.	-	*has a 30 min. delay.*

Bitte anschnallen! - *Please fasten your seatbelts.*
Bitte Rauchen einstellen! - *Please refrain from smoking.*

► Wortliste - *Vocabulary list*

Direktflug - *direct flight*
Zwischenstopp - *stop-over*
Paßkontrolle - *passport control*
Gepäckkontrolle - *baggage check*
Zollfreier Einkauf - *duty free shopping*
Pilot - *pilot*
Steward/Stewardeß - *steward/stewardess*
Sicherheitsgurt - *safety belt*
Notausgang - *emergency exit*

3. Formalitäten an der Grenze - *Formalities at the border*

3.1 Personenkontrolle - *Customs*

Paßkontrolle! Ihre Papiere, bitte! - *Passport control! Your passports, please!*

Darf ich	Ihren Personalausweis sehen?	
May I look at	*your personal identification,*	*please?*

Reisepaß - *passport*; Führerschein - *driver's licence/license (AM)*
(Ihre) Fahrzeugpapiere - *vehicle documents*; Impfpaß - *certificate of vaccination*

Haben Sie eine Einreiseerlaubnis/ein Visum? - *Do you have an entry permit/a visa?*

Wie lange wollen Sie bleiben? - *How long will you be staying?*

Sind Sie geimpft gegen	Malaria?
Have you been vaccinated against	*malaria?*

Cholera - *cholera*; Gelbsucht - *jaundice*; Pocken - *small pox*

Ihr Visum/Reisepaß ist ungültig/ist abgelaufen. - *Your visa/passport is invalid/has expired.*
Sie bekommen Ersatzpapiere. - *You' will receive temporary documents.*

Bitte sagen Sie mir Ihren Vor-/Familiennamen. - *Please, tell me your name/surname.*

(Ihre) Heimatadresse - *home address*; (Ihre) Staatsangehörigkeit - *nationality*

3.2 Warenkontrolle - *Baggage inspection/Inspection of goods*

Zollkontrolle!	Bitte, öffnen Sie	Ihren Kofferraum!
Customs!	*Please, open*	*your trunk/boot!*

Koffer - *suitcase*; (Ihre) Tasche - *[hand] bag*

Haben Sie etwas zu verzollen?	Zigaretten?
Do you have anything to declare?	*Cigarettes (tobacco)?*

Alkohol - *alcohol*; Schmuck - *jewellery*; Devisen - *foreign exchange*

Ihr Gepäck muß durchsucht werden. - *We have to search your baggage.*
Wir müssen Sie durchsuchen. - *We have to do a body search.*
Es ist verboten, ... einzuführen/auszuführen. - *It is not permitted to import/export ...*

Wieviel Zoll muß ich bezahlen? - *How much customs do I have to pay?*

► Wortliste - *Vocabulary list*

Zollbeamte - *customs officer*
zollfrei - *duty free*
Zollgebühren - *customs charges*
zollpflichtig - *dutiable*
Ein-/Ausfuhr - *import/export*
Durchsuchung - *inspection*
Schmuggel - *smuggling*
Beschlagnahmung - *confiscation*

III. Urlaubsort - *Holiday resort*

1. Unterkunft - *Accommodations*

1.1. Unterkunft (im Hotel) - *Accommodations (at a hotel)*

a) Frage nach dem Hotel - *Hotel enquiries*

Können Sie mir	ein gutes	Hotel	empfehlen?
Can you recommend	*a good*	*hotel*	*?*
	eine preiswerte *a reasonable*	Pension *pension*	

Wie komme ich dorthin? - *How do I get there?*
Ist es ruhig/zentral gelegen? - *Does it have a quiet/central location?*
Haben Sie noch Zimmer frei? - *Do you have any vacancies?*
Was kostet ein Doppel-/Einzelzimmer? - *How much is a double /single room?*

b) Frage nach dem Service/den Leistungen - *Inquiry about the service*

Ich hätte gern[e] ein Zimmer mit Frühstück/Halbpension/Vollpension.
I would like to have a room with breakfast/half-board accommodation/full accommodation.

Ist das Frühstück inbegriffen? - *Is breakfast included?*

Bitte bringen Sie mir das Frühstück aufs Zimmer. - *Please serve me breakfast in my room.*

Wo ist	der Frühstücksraum?	-	*Where is*	*breakfast being served?*
Wo ist	der Speisesaal?	-	*Where is*	*the dining room?*

Kann man auch à la carte speisen? - *Can one also dine à la carte?*
Wann sind die Mahlzeiten? - *What hours are you serving meals?*

► Ausstattung der Zimmer - *Room furnishings*

Ich hätte gern[e]	ein	Einzel-/Doppelzimmer	mit	Dusche.
I would like	*a*	*single-/double room*	*with a*	*shower.*

Dusche - *shower*; Bad - *bathroom*; WC - *toilet*; Balkon - *balcony*; Blick aufs Meer - *an ocean view*; Fernseher - *T.V.*; Telefon - *telephone*; mit zwei getrennten Betten - *with two separate beds*; mit zwei Zimmern mit Verbindungstüre - *with separate rooms with a connecting door*

Es gibt leider nur eine Etagendusche/-toilette. - *Unfortunately, there are only hall showers and bathrooms.*
Kann man ein zusätzliches Bett ins Zimmer stellen? - *Could one put an extra bed in the room?*
Kann ich mir das Zimmer anschauen? - *May I have a look at the room?*

► Zusätzliche Leistungen - *Extra services*

Gibt es	ein	(beheiztes) Freibad?
Is there	*a*	*heated outdoor pool?*

ein Hallenbad - *an indoor swimming pool*; einen Fitnessraum - *a fitness room*; eine Liegewiese - *a sun bathing area/lounging area*; einen Badestrand - *a beach*; einen Kinderspielplatz - *a play ground*; ein Fernsehzimmer - *a lounge/sitting room*; eine Garage - *a garage*; einen Aufzug - *a lift/elevator*

c) Ankunft/Zimmer reservieren - *Arrival/room reservation*

Bitte reservieren Sie ein Einzel-/Doppelzimmer mit Dusche/WC! -
Please reserve a single/double room with shower/bathroom!
Wieviel kostet das Zimmer pro Nacht/Woche mit Halb-/Vollpension? -
How much is a room per night/week with half-/full-board accommodation?
Gibt es eine Kinderermäßigung? - *Is there a discount/reduction for children?*
Bitte füllen Sie dieses Formular aus! - *Please fill out this form!*
Ihren Ausweis, bitte! - *Your identification, please!*
Hier sind Ihre Schlüssel! - *Here are your keys!*
Das Zimmer ist im Erdgeschoß. - *The room is on the ground floor.*

im ersten Stock - *on the first floor*

Wo kann ich mein Auto parken? - *Where can I park my car?*
Bitte bringen Sie mein Gepäck auf mein Zimmer. - *Please bring my luggage to my room.*

d) Extraservice - *Extra services*

Bitte bringen Sie mir	das Frühstück aufs Zimmer! -
Please serve me	*breakfast in my room!*
Bitte bringen Sie mir	noch eine Decke! -
Please bring me	*another blanket!*

ein Kissen - *a pillow*; ein Handtuch - *a towel*; einen Kleiderbügel - *a clotheshanger*

Bitte wecken Sie mich morgen früh um 8 Uhr! - *I'd like a wake up call at 8:00 a.m., please!*
Könnten Sie diese Kleider bitte waschen/bügeln? - *Could you wash/iron these clothes for me?*

e) Beschwerden - *Complaints*

Die Dusche	funktioniert nicht.
The shower	*isn't working.*

die Spülung - *flusher*; die Heizung - *heater;* der Fernseher - *T.V.*; der Aufzug - *lift*; das Licht - *light*; das Warmwasser - *hot water*

Die Toilette/das Waschbecken ist verstopft. - *The toilet/sink is blocked/stopped up.*
Das Zimmer ist schmutzig. - The *room is dirty.*
Die Betten sind nicht gemacht worden. - *The beds haven't been made.*
Es ist zu laut. - *It is too noisy/loud.*
Die Rechnung stimmt nicht. - *The bill is not correct.*

f) Abreise - *Departure*

Wir reisen heute abend/morgen früh ab. - *We are departing/leaving this evening/tomorrow morning.*
Bis wann muß das Zimmer geräumt werden? - *When do we have to be out of the room?*
Bitte machen Sie die Rechnung fertig. - *Could you prepare the bill?*
Ich bezahle mit Schecks. - *I'm paying by cheque/check (AM).*
Bitte bringen Sie mein Gepäck zum Auto. - *Please bring my luggage to the car.*
Bitte rufen Sie mir ein Taxi. - *Please call a taxi for me.*
Das Trinkgeld für die Bedienung. - *That's the tip for the waitress.*

1.2 Unterkunft (Campingplatz) - *Accommodations (camping area/site)*

a) Frage nach einem Campingplatz - *Inquiry about a camping site*

Gibt es hier einen Campingplatz? - *Is there a camping site here?*
Darf man hier wild zelten? - *Are you allowed to open camp here?*
Haben Sie noch Plätze frei? - *Do you have another vacant spot/area?*
Vermieten Sie Wohnmobile? - *Do you rent mobile homes?*

b) Ausstattung - *Furnishings*

Gibt es hier ein Lebensmittelgeschäft? - *Is there a grocery store here?*

ein Restaurant - *restaurant*; eine Disko - *disco*; einen Stromanschluß - *electrical outlet*; eine Waschmaschine - *washing machine*

Wo sind die Waschräume? - *Where are the bathrooms?*

die Duschen - *showers*; die Toiletten - *toilets/bathrooms*

c) Platz reservieren - *Reserving an area*

Wieviel kostet	ein	Zelt	pro Nacht?
How much is	*a*	*tent*	*per night?*

ein Auto - *car*; ein Wohnwagen - *camper*

Wir bleiben zwei Tage. - *We are staying two days.*

Wo kann ich		das Zelt	aufstellen?
Where can I	*set up*	*the tent?*	

Wo kann ich den Wohnwagen parken? - *Where can I park the camper?*
Ich hätte gerne einen Platz im Schatten. - *I would like to have a spot in the shade.*

2. Im Restaurant - *At a restaurant*

2.1 Frage nach einem Restaurant/Vorbestellung - *Inquiry about a restaurant/advanced ordering*

Wo gibt es hier ein gutes Restaurant? - *Where is there a good restaurant?*

ein preiswertes - *reasonable*; ein Restaurant mit landesüblichen Spezialitäten - *an ethnic restaurant*; eine Pizzeria - *pizzeria*

Ist dieser Tisch noch frei? - *Is this table vacant/available?*
Bitte reservieren Sie einen Tisch für zwei Personen. -
Would you please reserve a table for two (persons)?

2.2 Bestellung - *Order*

Herr Ober, die Speisekarte bitte! - *Waiter, the menu, please!*
Können Sie uns etwas empfehlen? - *Can you recommend us something?*
Als Vorspeise nehme ich... - *As an appetizer/starter/hors d'oeuvre, I'll take ...*

Hauptgericht - *main course*; Nachspeise - *For dessert*

Zu trinken hätte ich gerne ein Glas ... - *I'd like to have a glass of ... , to drink*

eine Flasche ... - *bottle of ...*

Ich bin noch hungrig/durstig. Bitte bringen Sie mir (noch ein) ...
I'm still hungry/thirsty. Please bring me (another) ...

2.3 Speisen und Getränke - *Food and beverages*

a) Vorspeisen/Suppen - *Appetizers/Soups*

Melone mit Schinken - *melon with ham*
Austern - *oysters*
Räucherlachs - *smoked salmon*
angemachter Salat - *tossed salad*
Gemüsesuppe - *vegetable soup*
Fleischbrühe - *bouillon*
Spargel-Cremesuppe - *asparagus-cream soup*
Champignoncremesuppe - *mushroom-cream soup*
Tomatencremesuppe - *tomato-cream soup*

b) Fleischgerichte - *Meat dishes*

Schwein(efleisch) - *pork*
Rind(fleisch) - *beef*
Kalb(fleisch) - *veal*
Lamm(fleisch) - *lamb*
Hammel(fleisch) - *mutton*
Pferd(efleisch) - *horse*
Kalb-/Schweineschnitzel - *veal/pork cutlet*
Kotelette - *chop, cutlet*
Steak - *steak*

Filet - *fillet, sirloin*
Braten - *pot-roast*
Frikadelle - *seasoned meatball*
Würstchen - *small sausage*

Wild(fleisch) - *game*
Reh - *deer*
Hirsch - *venison*
Wildschwein - *wild pork*
Hase - *hare/rabbit*
Kaninchen - *rabbit*

Geflügel - *poultry*
Huhn - *chicken*
Ente - *duck*
Gans - *goose*
Truthahn - *turkey*
Fasan - *pheasant*

Fisch - *fish*
Aal - *eel*
Kabeljau - *cod*
Hering - *herring*
Scholle - *plaice*
Forelle - *trout*
Lachs - *salmon*
Seezunge - *sole*
Thunfisch - *tuna fish*

▶ Eigenschaften - *Methods of preparing the food*

Speisen - *food:*

gekocht - *boiled*
gebraten - *fried*
durch - *well done*
medium - *medium*
kurz angebraten - *rare (done)*
am Spieß - *spit-roasted*
[in der Pfanne] gebraten - *fried [in the pan]*
geräuchert - *smoked*
gefüllt - *stuffed*
gewürzt - *spiced/seasoned*
eingelegt - *pickled*
frittiert - *deep-fried*
roh - *raw*
frisch - *fresh*
süß - *sweet*
sauer - *sour*
salzig - *salty*
fett - *greasy*
mager - *lean*
zäh - *tough*
zart - *tender*
saftig - *juicy*
trocken - *dry*
kalt - *cold*
warm - *warm*
pikant - *spicy*
mild - *mild*
hart - *hard*
weich - *soft*

c) Beilagen - *Side orders*

Kartoffeln - *potatoes*
Kartoffelbrei - *mashed potatoes*
Kloß/Knödel - *dumpling*
Kroketten - *croquettes*

Pommes frites - *french fries*
Reis - *rice*
Nudeln - *noodles*

Bohnen - *beans*
Spargel - *asparagus*
Rotkraut - *red cabbage*
Erbsen - *peas*
Karotten - *carrots*
Spinat - *spinach*

Blumenkohl - *cauliflower*
Zwiebeln - *onions*
Pilze - *mushrooms*
Kopfsalat - *lettuce*
Tomaten - *tomatoes*
Gurken - *cucumbers*

d) Süß- und Eierspeisen - *Sweet dishes and egg dishes*

Spiegelei - *fried egg/sunny-side-up*
Rührei - *scrambled eggs*
Omelette - *omelette*
gekochtes Ei - *boiled egg*

Pfannkuchen - *pancake*
Dampfnudel - *sweet dumpling*
Kuchen - *cake*
Kompott - *stewed fruit*

e) Desserts - *Desserts*

Eis - Vanille, Erdbeer, Schokolade, Zitrone -
ice cream - vanilla, strawberry, chocolate, lemon
Sahne - *[whipped] cream*
Pudding - *pudding*
Kuchen - *cake*
Gebäck - *pastries (baked goods)*

Rote Grütze - *a type of red fruit jelly*
Obstsalat - *fruit salad*
Käse - *cheese*
Obst - *fruit*

f) Getränke - *Beverages*

► Heiße Getränke - *Hot drinks*

Kaffee - *coffee*
koffeinfreier Kaffee - *decaffeinated coffee*
schwarzer Tee - *black tea*
Kräutertee - *herbal tea*
Früchtetee - *fruit tea*
heiße Schokolade - *hot chocolate*

Cappuccino - *cappuccino*
Espresso - *espresso*
mit Milch - *with milk*
Sahne - *cream*
Zitrone - *lemon*
Zucker - *sugar*

► Alkoholfreie Getränke - *Non-alcoholic beverages*

Mineralwasser - *mineral water*
Limonade - *soft drink*
Coca Cola - *coke*

Orangensaft - *orange juice*
Apfelsaft - *apple juice*
Schorle - *spritzer*

► Alkoholische Getränke - *Alcoholic beverages*

Rotwein - *red wine*
Weißwein - *white wine*
: lieblich - *: sweet*
: trocken - *: dry*
Apfelwein - *apple wine*
Sekt - *sparkling wine*
Champagner - *champagne*

Likör - *liqueur*
Schnaps - *schnapps*
Whiskey - *whiskey*
helles Bier - *lager*
dunkles Bier - *dark beer*
Starkbier - *stout*
Bier vom Faß - *beer from the tap/draught beer*
alkoholarmes Bier - *light beer*

2.4 Beanstandungen - *Complaints*

Das Essen ist zu fett. - *This food is too greasy.*

versalzen - *salty*; kalt - *cold*; nicht frisch - *not fresh*; ungenießbar - *inedible*

Hier fehlt ein Besteck. - *A set of cutlery/silverware (AM) is missing here.*

ein Glas - *a glass*

Das habe ich nicht bestellt. - *That's not what I ordered.*
Nehmen Sie das zurück. - *Please take this away.*

2.5 Rechnung - *Bill*

Ich möchte bitte zahlen. - *I would like to pay, please.*
Alles zusammen/getrennt, bitte! - *All together/separate bills, please!*

Ist die Bedienung inklusive? - *Is the service included?*

das Gedeck - *place setting*; die Mehrwertsteuer - *value-added tax*

Die Rechnung stimmt nicht. Ich hatte ... - *The bill is not correct. I had ...*
Der Rest ist für Sie. - *Keep the change.*
Stimmt so. - *Keep the change.*

► Wortliste - *Vocabulary list*

das Frühstück - *breakfast*
das Mittagessen - *lunch*
das Abendessen - *supper/dinner*
das Speiselokal - *restaurant*
die Eisdiele - *ice cream shop/parlour*
die Kneipe/Bar - *pub*

Geschirr und Besteck - *Dishes and cutlery silverware*
das Messer - *knife*
das Fischmesser - *fish knife*
die Gabel - *fork*
Kuchengabel - *cake/dessert fork*
der Löffel - *spoon*
Teelöffel - *tea spoon*
der Teller - *plate*
Suppenteller - *soup plate*
das Glas - *glass*
die Tasse - *cup*
die Kanne - *pot*
die Schüssel - *bowl*
die Serviette - *napkin*

Gewürze - *Spices*
Salz - *salt*
Pfeffer - *pepper*
Zucker - *sugar*
Knoblauch - *garlic*
Essig - *vinegar*
Öl - *oil*

Weitere Lebensmittel siehe „Einkauf", Kapitel III.5.
For additional food items see „shopping", chapter III.5.

3. Sehenswürdigkeiten - *Sights*

3.1 Besichtigungen in der Stadt - *Sights in the city/town*

Kann man das Museum besichtigen? - *Can we take a tour of the museum?*

die Kirche - *church*; das Schloß - *castle*; die Burganlage - *castle buildings*

Wann ist ... geöffnet? - *When is ... open?*
Gibt es eine deutschsprachige Führung? - *Is there a guided tour in German?*

eine Stadtrundfahrt? - *tour of the city?*

Wann beginnt ...? - *When does the ... begin?*
Von wem wurde es erbaut? - *Who built it?*
Wann wurde es erbaut? - *When was it built?*
Darf man fotografieren? - *Is one allowed to take pictures?*

▶ Wortliste - *Vocabulary list*

Abtei - *abbey*
Altar - *altar*
Ausstellung - *exhibition/display*
Burg - *castle*
Denkmal - *monument*
Gemälde - *painting*
Kapelle - *chapel*
Palast - *palace*
Theater - *theatre*
Tempel - *temple*
Turm - *tower*
Mittelalter - *Middle Ages*
Barock - *baroque*
Gotik - *Gothic*

3.2 Landschaft - *Countryside*

Ich möchte		an die Küste	fahren.
I would like	*to go for a trip*	*to the Coast.*	
Ich möchte		ins Gebirge	fahren.
I would like	*to go on an excursion*	*to the mountains.*	

Es gibt	Busfahrten	nach ...
There are	*bus trips*	*to ...*

Rundfahrten - *tours*; Bootstouren - *boat tours*; Wanderwege - *hiking trails*

▶ Wortliste - *Vocabulary list*

Meer - *sea*
Küste - *coast*
Strand - *beach*
See - *lake*
Fluß - *river*
Insel - *island*

Gebirge - *mountains*
Schlucht - *gorge*
Grotte - *grotto*
Tropfsteinhöhle - *dripstone cave*
Berg - *mountain*
Seilbahn - *cable railway*

4. Unterhaltung/Kontakte - *Entertainment/Communication*

4.1 Theater/Kino/Konzerte - *Theatre/Cinema/Concerts*

Was wird heute abend	im Theater	gespielt?
What's on	*at the theatre*	tonight?

im Kino - *at the cinema*?

Können Sie mir ein gutes Theaterstück empfehlen?
Can you recommend a good play to me?

ein gutes Konzert - *a good concert*; einen guten Film - *a good movie*

Wo kann man Karten kaufen?
Where can one get/buy tickets?

vorbestellen - *order in advance*

Wieviel kostet eine Eintrittskarte? - *How much is the admission?*
Bitte reservieren Sie zwei Plätze! - *Would you reserve two seats, please?*
Wie lange dauert die Vorstellung? - *How long does the show last?*

4.2 Sport/Freizeit - *Sports/Leisure*

Welche Sportarten kann man hier betreiben? - *What sports can one do here?*
Gibt es hier ein Schwimmbad? - *Is there a swimming pool here?*

ein Hallenbad - *an indoor pool*; ein Freibad - *an outdoor pool*; einen Tennisplatz - *a tennis court*; einen Golfplatz - *a golf course*; einen Reitstall - *a riding stable*; eine Surfschule - *a surf school*

Kann man hier baden?
Can one swim here?

surfen - *surf*; tauchen - scuba dive; angeln - *fish*; wandern/klettern - *hike/mountain climb*; ausreiten - *go horseback riding*; Volleyball spielen - *play volleyball*; Wasserski fahren - *go water skiing*

Wo kann man Fahrräder ausleihen?
Where can we rent bicycles?

Ich möchte ein Surfbrett ausleihen.
I would like to rent a surfboard.

ein Tret-/Ruder-/Motorboot - *a paddle/row/motor boat*; (Wasser-)Skier - *some waterskis*

Ich bin Anfänger/fortgeschritten. - *I'm a beginner/I'm experienced.*
Ich spiele ... - *I play ...*
Gibt es hier eine Disko[thek]? - *Is there a disco[theque]?*

ein Tanzlokal - *a dancing place*; eine Bar - *a bar*; einen Nightclub - *a nightclub*

4.3 Kontakte knüpfen - *Meeting people*

Ich würde Sie gerne kennenlernen. - *I would like to get to know you.*
Sie sind mir schon seit längerem aufgefallen. - *I have noticed you for quite some time now.*
Wie heißen Sie? - *What is your name?*
Woher kommen Sie? - *Where are you from?*
Sind Sie schon lange hier? *Have you been here long?*
Bleiben Sie noch länger hier? *Are you going to stay here for a while?*

Hätten Sie Lust, (mit mir) ins Kino zu gehen?
Would you like to go to the cinema (with me)?

ins Theater - *to the theatre*; in ein Konzert - *to a concert*; tanzen - *dancing*; spazieren - *walking*

Möchten Sie etwas trinken? - *Would you like something to drink?*
Rauchen Sie? Stört es Sie, wenn ich rauche? - *Do you smoke? Do you mind if I smoke?*
Wollen wir (noch einmal) tanzen? - *Shall we dance (once again)?*
Sie sehen sehr gut aus. - *You are very good looking.*

Wollen wir noch ein bißchen spazierengehen? - *Shall we go for a little walk?*

bei mir zu Hause noch etwas trinken? - *have another drink at my place?*

Darf ich Sie nach Hause begleiten/fahren? - *May I drive/see you home?*
Ich würde Sie gerne wiedersehen. - *I would really like to see you again.*
Wollen wir uns morgen wieder treffen? - *Would you like to meet again tomorrow?*

5. Einkaufen - *Shopping*

5.1 Fragen, Preise, Handeln - *Questions, prices, bargaining*

Ich suche	ein	Modegeschäft
I'm looking for	*a*	*clothing shop/store*

ein Schmuckgeschäft - *jewellery shop*; ein Schuhgeschäft - *shoe shop*

Können Sie mir … empfehlen? - *Can you recommend a … to me?*
Haben Sie …? - *Do you have …?*
Zeigen Sie mir bitte … - *Would you show me …*
Ich suche … - *I'm looking for …*
Wieviel kostet es? - *How much does it cost?*
Das ist zu teuer! Können Sie mir einen Rabatt gewähren?
That's too expensive! Can you give me a discount?
Haben Sie noch etwas anderes/Billigeres? - *Do you have something else/less expensive?*
Ich nehme es. - *I'll take it.*

zwei … - *a few*; ein Pfund … - *a pound …*

Kann ich mit	DM	bezahlen
Can I pay in	*[deutsch]marks?*	

Schecks - *with cheque/check (AM)*; Kreditkarte - *with credit card*

5.2 Mode - *Fashion*

5.2.1 Bekleidung - *Clothing*

Ich suche	ein Kleid.	(in Weiß;	aus	Baumwolle)
I'm looking for	*a dress.*	*(in white;*	*made of*	*cotton*
	einen Rock	Schwarz		Leinen
	skirt	*black*		*linen*
	eine Jeanshose	Rot		Wolle
	pair of jeans/pants	*red*		*wool*
	einen Pullover	Blau		Seide
	pullover/sweater	*blue*		*silk*
	eine Jacke	Grün		Leder
	jacket	*green*		*leather*
	einen Mantel	Gelb		Synthetics
	coat	*yellow*		*synthetics*
	eine Bluse	Grau		
	blouse/shirt	*grey*		
	einen Badeanzug	Beige		
	bathing suit	*beige*		

Welche Konfektionsgröße haben Sie? - *What is your size?*
Welches Muster wünschen Sie? Uni.
Which pattern/design would you like? Plain.

kariert - *plaid*; gestreift - *striped*; mit Punkten - *polka-dotted*; geblümt - *flowered*

Kann ich es anprobieren? - *Can I try it on, please?*

Es ist zu eng. - *It is too tight.*

weit - *loose/baggy*; groß - *big*; klein - *small*; kurz - *short*; lang - *long*

Haben Sie noch etwas Moderneres?
Do you have something more fashionable/in styles?

Eleganteres - *elegant*; Preiswerteres - *reasonable*

Es paßt. Ich nehme es. - *It fits. I'll take it.*

5.2.2 Schuhe - *Shoes*

Ich suche ein Paar bequeme Sandalen.
I'm looking for a pair of comfortable sandals.

moderne Pumps - *fashionable pumps*; robuste Halbschuhe - *sturdy shoes*; elegante Stiefel - *dress boots*; Turnschuhe - *tennis shoes*; Badeschuhe - *plastic sandals*; Herrenschuhe - *men's shoes*; Damenschuhe - *women's shoes*; Kinderschuhe - *children's shoes*; Gummistiefel - *rubber boots*

Ich habe Schuhgröße … - *I wear/am size …*

Die Schuhe sind zu eng.
The shoes are too small.

weit - *wide*; groß - *big*

5.3 Schmuck/Uhren - *Jewellery/Watches*

Ich hätte gern[e]	einen	Ring	(aus	Gold).
I would like	*a*	*ring*	*(made of*	*gold).*
	ein	Armband *bracelet*		Silber *silver*
	eine	Kette *necklace*		Holz *wood*
	eine	Brosche *brooch*		Perlen *pearls*
		Ohrringe *some earrings*		Weißgold *white gold*
	eine	Armbanduhr *wristwatch*		

Meine Uhr geht nicht mehr. - *My watch doesn't work any more/is broken.*
Kann man bei Ihnen … reparieren lassen? - *Can I get my … repaired here?*

► Wortliste - *Vocabulary list*

Handarbeit - *handcraft/work*
Modeschmuck - *fashion jewellery*
echt/unecht - *genuine/fake*
Edelstein - *gem*
Koralle - *coral*
Türkis - *turquoise*
Perlmutt - *mother-of-pearl*
Plastik - *plastic*
handgemacht - *hand-made*

5.4 Fotogeschäft - *Camera shop*

Ich hätte gern[e] *I would like a*	einen Farbfilm *colour film*	mit 24 Bildern. *with 24 exposures.*
	einen Schwarzweißfilm *black and white film* Diafilm *slide film*	mit 36 Bildern *with 36 exposures*

Bitte entwickeln Sie diesen Film! - *Would you develop this [roll of] film for me, please?*
Wann sind die Bilder fertig? - *When will the pictures be ready?*
Können Sie ... reparieren? - *Can you repair ... for me, please?*
Ich hätte gerne 2 Abzüge, bitte! - *I would like 2 prints, please.*

► Wortliste - *Vocabulary list*

Negativ - *negative*
Abzug - *print*
Dia - *slide*
Format - *format*
matt/glänzend - *matt/gloss*
Auslöser - *shutter release*
Batterie - *battery*
Blitz - *flash*
Bilder - *exposures*
Lichtempfindlichkeit - *speed*

5.5 Tabakladen - *Tobacco shop*

Ich möchte ein Päckchen Zigaretten. - *I would like a pack of cigarettes.*

Zigarren - *cigars*; Zigarettenpapier mit Filter - *cigarette papers with filters*;
Tabak - *tobacco*; Streichhölzer - *matches*; ein Feuerzeug - *a lighter*

Haben Sie auch *Do you also have*	ausländische Zigaretten? *foreign/imported cigarettes?*

Ansichtskarten - *postcards*; Briefmarken - *stamps*;
Telefonkarten - *telephone cards*; Stadtpläne - *maps*

5.6 Lebensmittel - *Groceries*

Gibt es hier	einen	Supermarkt?	
Is there	*a*	*supermarket*	*here/nearby?*

einen Bäcker - *bakery*; einen Metzger - *butcher*; einen Obst-/Gemüseladen - *fruit and vegetable market*

Bitte geben Sie mir	ein	Pfund ...	von ... !
Please give me	*a*	*pound*	*of ... !*

ein Kilo - *kilo*; ein [halbes] Dutzend - *[half-] dozen*; ein Stück - *piece*;
eine Scheibe - *slice*; ein paar - *a few*

▶ Wortliste: Lebensmittel für Selbstversorger - *Vocabulary list: Groceries for self-caterers*

Brot - *bread*
Brötchen - *roll*
Butter - *butter*
Wurst - *lunch meat/cold cuts*
Salami - *salami*
Käse - *cheese*
Schinken - *ham*
Marmelade - *jelly (AM)/jam*

Honig - *honey*
Yoghurt - *yogurt*
Kekse - *cookies*
Schokolade - *chocolate*
Kuchen - *cake*
Zucker - *sugar*
Salz - *salt*

Äpfel - *apples*
Orangen - *oranges*
Bananen - *bananas*
Weintrauben - *grapes*
Birnen - *pears*

Pfirsiche - *peaches*
Tomaten - *tomatoes*
Gurken - *cucumbers*
Salat - *lettuce*

Bier - *beer*
Mineralwasser - *mineral water*
Limonade - *soft drink*
Kaffee - *coffee*

Tee - *tea*
Milch - *milk*
Wein - *wine*

Weitere Lebensmittel siehe Kapitel 3.2.3.
For additional food items see chapter 3.2.3.

6. Beim Friseur - *At the hairdresser's*

Können Sie mir einen Herrenfriseur empfehlen?
Can you recommend me a barber?

Damen - *hairdresser*

Brauche ich einen Termin? - *Do I need an appointment?*
Wann kann ich zu Ihnen kommen? - *When do you have an open appointment?*
Waschen und legen. - *Wash and set.*
Ich möchte mir die Haare tönen lassen.
I would like to get/have my hair toned

färben - *dyed*; aufhellen - *high lightened*

Ich möchte eine Dauerwelle. - *I would like to get a perm/my hair permed.*
Schneiden Sie bitte die Haare vorne/hinten/oben/an den Seiten etwas kürzer. -
Cut the front/back/top/sides of my hair a little bit shorter, please.
Schneiden Sie bitte nur die Spitzen. - *I just want a trim/the ends cut.*
Nicht zu kurz, bitte. - *Not too short, please.*
Haareschneiden und Rasieren, bitte. - *Haircut and shave, please.*
Wieviel macht das? - *How much [will that be]?*

▶ Wortliste - *Vocabulary list*

kurz/kürzer - *short/shorter*
lang/länger - *long/longer*
glatt/lockig - *straight/curly*
rechts/links - *right/left*
waschen - *wash*

schneiden - *cut*
fönen - *blow-dry*
toupieren - *tease*
einlegen - *set*
rasieren - *shave*

Frisur - *hair style*
Bart - *beard*
Perücke - *wig*

Scheitel - *part*
Fön - *blow dryer*

Bürste/Kamm - *brush/comb*
Wickler - *curler*
Festiger - *conditioner*
Shampoo[n] - *shampoo*
Haarspray - *hairspray*

Haargel - *hairgel*
Haarschaum - *styling mousse*
Maniküre - *manicure*
Pediküre - *pedicure*
Make-up - *make-up*

7. Post/Telefon - *Post office/Telephone*

1. Frage nach dem Weg - *Asking directions*

Wo ist ein Postamt? - *Where is a post office?*

eine Telefonzelle - *telephone box*; ein Briefkasten - *mailbox*

Wann ist der Schalter geöffnet? - *When is the counter open?*

2. Am Schalter - *At the counter*

▶ Aufträge - *Transactions*

Ich möchte	ein	Telegramm	aufgeben	nach	Deutschland.
I'd like to send	*a*	*telegram*		*to*	*Germany.*
	einen	(Eil-)Brief		nach	Österreich
	an	*express letter*		*to*	*Austria*
	ein	Fax		in die	Schweiz
	a	*fax*		*to*	*Switzerland*

Ich möchte telefonieren.
I would like to make a telephone call
Ich möchte ein Ferngespräch führen. - *I'd like to make a long distance call.*

▶ Informationen - *Information*

Wieviel kostet	das	Porto	für	eine	Karte	nach... ?	
How much does	*the*	*postage*	*on*	*a*	*[post]card*	*to ...*	*cost ?*
	eine	Briefmarke	für	einen	Brief		
	a	*stamp*	*for*	*a*	*letter*		

Wieviel kostet es,	ein	Päckchen	abzuschicken?
How much does it cost to send	*a*	*small package?*	
	ein	Paket	
	a	*package*	
	eine	Drucksache	
	(a)	*printed matter*	

Wieviel kostet ein Ferngespräch nach ...?
How much does a long distance phone call to ... cost?
Wie lautet die Telefonnummer von ... ?
What is the telephone number of ... ?

die Vorwahl - *the prefix number*; die Adresse - *the address*;
die Postleitzahl - *the zip code/post code*

► Wortliste - *Vocabulary list*

„Mit Luftpost" - *by airmail*
„Postlagernd" - *poste restante*
Postsparbuch - *post office savings books*
Postscheck - *giro cheque (BRIT)*
Postüberweisung - *money order*
Postschließfach - *post office box*
Telefonauskunft - *telephone directory/operator*

Ich möchte diesen Brief abschicken. - *I would like to send/mail this letter.*
Bitte senden Sie mir meine Post nach. - *Please forward my mail to me.*

8. Bank/Geld - *Bank/Money*

8.1 Frage nach dem Weg - *How to ask for directions*

Wo ist eine Bank/eine Wechselstube?
Where is a bank/an exchange office?

8.2 Information/Geldumtausch - *Information/Money exchange*

Wie steht der Kurs für Deutsche Mark?
What is the exchange rate on deutschmarks?

Österreichische Schillinge - *Austrian Schillings*; Schweizer Franken - *Swiss Francs*

Bitte tauschen Sie mir ... um. - *Please change/exchange ... to ... for me.*

Das ist zu wenig. - *That is not enough.*
Nehmen Sie auch Schecks an? - *Do you accept cheques/checks (AM)?*
Haben Sie eine Kurstabelle? - *Do you have an exchange rate chart?*
Muß ich Gebühren zahlen? - *Do I have to pay service charges?*

8.3 Andere Bankoperationen - *Other bank services*

Ich möchte Geld abheben.
I would like to withdraw money.

einzahlen - *pay*; umtauschen - *exchange*; überweisen - *transfer*; deponieren - *deposit*

Ich möchte ein Konto eröffnen.
I would like to *open an account.*

ein Konto auflösen - *close an account*; ein Konto sperren - *freeze an account*;
einen Scheck einlösen - *cash a cheque/check (AM)*; einen Euroscheck/Reisescheck
einlösen - *cash an Eurocheque/a traveller's cheque*; einen Kredit aufnehmen - *get a credit*;
eine Versicherung abschließen - *take out an insurance policy*.

▶ Wortliste - *Vocabulary list*

das Bankformular - *bank form*
die Quittung - *receipt*
das Girokonto - *current account*
das Sparbuch - *savings book*
die Zinsen (hoch/niedrig) - *interest (high/low)*
die Prozente - *percentage*
die Banknote - *banknote/bill*
die Münze - *coin*
die Börse - *stock market*
die Börsenkurse - *stock market rate*
die Überweisung - *transfer*
der Wechselkurs - *exchange rate*
die Unterschrift - *signature*
einzahlen - *deposit*
auszahlen/abheben - *withdraw*
umwechseln - *change*
unterschreiben - *sign*

IV. Notfall (Krankheit, Unfall, Panne, Diebstahl)
Emergency (Illness, accident, breakdown, theft)

1. Notfälle: Wichtigste Redewendungen - *Emergencies: Most important phrases*

Zu Hilfe! - *Help!*
Bitte helfen Sie uns! - *Please help us!*
Wir brauchen einen Arzt! - *We need a doctor!*
Schnell, ein Krankenwagen! - *Call an ambulance, fast/quick!*
Ich bin verletzt! - *I'm hurt!*
Wo ist das nächste Krankenhaus? - *Where is the nearest hospital?*
Holen Sie die Polizei! - *Get the police!*
Ich bin bestohlen worden! - *I've been robbed!*
Wo kann ich telefonieren? - *Where can I use a phone?*

2. Im Krankenhaus - *At the hospital*

2.1 Nach einem Arzt/Krankenhaus fragen - *Inquiry about a doctor/hospital*

Wo finde ich einen	... ?
Where can I find a	*... ?*
Bringen Sie mich zu einem	Allgemeinarzt!
Take me to a	*general practitioner!*

Zahnarzt - *dentist*; Kinderarzt - *children's doctor/pediatrician*; Frauenarzt - *gynaecologist*; Notarzt - *doctor on call*; Unfallarzt - *casualty doctor*; Internisten - *specialist for internal injuries*; Psychiater - *psychiatrist*

Wo finde ich	ein	Krankenhaus?
Where can I find	*a*	*hospital?*

eine Erste-Hilfe-Station - *an emergency center/first-aid unit*; eine Apotheke - *a pharmacy*

Wann ist Sprechstunde? - *When are the office hours?*

2.2 Anmeldung - *Sign in/Register*

Haben Sie	eine	Krankenversicherung?
Do you have	*a*	*health/medical insurance?*

einen Krankenschein - *record of medical insurance*; eine Überweisung - *transfer*; einen Termin - *an appointment*

In welcher Krankenkasse sind Sie? - *What is the name of your insurance company*?
Sind Sie ein Notfall? - *Is it an emergency case?*
Gehen Sie bitte ins Wartezimmer/Sprechzimmer! - *Please go to the waiting room/office!*

2.3 Beim Arzt - *At the doctor's*

2.3.1 Krankheit vortragen - *To report illness*

Ich habe Schmerzen./Ich bin krank. - *I am in pain/I'm ill.*
Ich leide an Durchfall. - *I'm suffering from diarrhea.*

Verstopfung - *constipation*; Übelkeit - *nausea*; Magenschmerzen - *stomachache*; Herzschmerzen - *heart pain*; Kopfschmerzen - *headache*; Menstruationsschmerzen - *menstruation pain/cramps*; Schlaflosigkeit - *insomnia*; Seekrankheit - *seasickness*; Mattigkeit - *weariness*; Ohnmachtsanfällen - *unconsciousness*

Ich habe eine Erkältung mit Fieber.
I have a cold with a fever.

Husten - *cough*; Schnupfen - *runny nose*; Schüttelfrost - *shivers*; Halsschmerzen - *sore throat*; Kopfschmerzen - *headache*; Zahnschmerzen - *toothache*; Ohrenschmerzen - *earache*; Gliederschmerzen - *aching joints*

Ich habe einen Sonnenbrand. - *I have a sunburn*
Ich habe einen Sonnenstich. - *I'm suffering from heat stroke/sun stroke.*

Ich habe eine Verbrennung.
I have a burn.

eine Vergiftung - *a poisoning*; eine Entzündung - *an inflammation*; eine Infektion - *an infection*; einen Ausschlag - *a rash*; eine Allergie - *an allergy*; eine Schwellung - *a swelling*; einen Hexenschuß - *a lumbago*

Ich habe	mir	das Bein	gebrochen.
I broke	*my*	*leg*	
bruised	*my*	den Fuß / *foot*	geprellt
sprained	*my*	den Knöchel / *ankle*	verstaucht
twisted	*my*	das Gelenk / *joint*	verrenkt
	my	den Arm / *arm*	

Ich bin allergisch gegen ... - *I'm allergic to ...*
Ich bin schwanger. - *I am pregnant.*
Ich bin gestochen/gebissen worden von ... - *I have been stung/bitten by ...*

Ich brauche eine Arznei gegen Durchfall.
I need a medicine for diarrhea.

Tabletten - *some pills*; Tropfen - *some drops*; eine Salbe - *an ointment*

Verstopfung - *constipation*; Kopfschmerzen - *a headache*; Sonnenbrand - *(a) sunburn*

Ich brauche eine Verbandwatte.
I need some cotton balls.

eine Binde - *a bandage*; Heftpflaster - *a plaster*; ein Fieberthermometer - *a thermometer*; Krücken - *crutches*

2.3.2 Untersuchung - *Check-up*

Sie müssen untersucht werden.
You need a check-up.

verbunden - *to be bandaged*; geröntgt - *to be X-rayed*; geimpft - *to be vaccinated*; operiert - *to be operated on*

Sie bekommen eine Spritze.
You will receive an injection.

einen Verband - *a bandage*; einen Gips - *a cast*; eine Narkose - *an anaesthesia*; ein Schmerzmittel - *a pain-killer*; ein Beruhigungsmittel - *a tranquillizer*; eine Arznei - *some medicine/a medicament*

Bitte machen Sie sich frei! - *Please undress.*
Tut das weh? - *Does that hurt?/Do you feel any pain?/Is it painful?*
Seit wann haben Sie Schmerzen? - *How long have you had the pains?*
Wo haben Sie Schmerzen? - *Where does it hurt?/Where do you feel pain?*

2.3.3 Verordnungen - *Prescriptions*

Sie werden ins Krankenhaus überwiesen.
You will be transfered to a hospital.

in eine Spezialklinik - *to a special clinic*; zu einem Facharzt - *to a specialist*

Sie müssen sich schonen.
You must take care of yourself.
Sie müssen im Bett bleiben.
You have to stay in bed.

Diät leben - *stay on a diet*; weniger rauchen/trinken - *start smoking less/drinking less*

Nehmen Sie diese Tabletten dreimal täglich.
Take these tablets three times a day.

Tropfen *drops*	morgens und abends *once in the morning and once at night*

Es ist nichts Ernstes. - *It is nothing serious.*

3. Unfälle und Pannen - *Accidents and breakdowns*

Ich habe einen Unfall/eine Panne gehabt.
I had an accident/a breakdown.

Mein Auto ist kaputt.
My car is broken down.

muß abgeschleppt werden - *must be towed away*

Wo ist hier eine Notrufsäule?
Where is an emergency center around here?

eine Werkstatt - *a [car] garage*

Holen Sie die Polizei!
Get the police!

einen Arzt - *a doctor*; einen Krankenwagen - *an ambulance*; die Feuerwehr - *the fire department*;

Gibt es Verletzte? - *Is anybody hurt?*
Achtung, Explosionsgefahr! - *Danger, explosives!*
Ich bin versichert. - *I'm insured.*
Es war meine/Ihre Schuld. - *It was my/your fault.*
Können Sie mir als Zeuge dienen? - *Could you be my witness?*

4. Diebstahl - *Theft*

Ich bin bestohlen worden! - *I have been robbed!*

4.1 Frage nach der Polizeistation - *Inquiry about the police station*

Wo ist die Polizeistation?
Where is the police station?

ein Polizist - *a policeman*; die deutsche Botschaft - *the German Embassy*; das deutsche Konsulat - *the German Consulate*

4.2 Vorfall schildern - *Describing an incident*

Mein(e) Papiere sind/ist gestohlen worden.
My documents have/has been stolen.

Personalausweis - *identification*; Reisepaß - *passport*; Führerschein - *driver's licence/ license (AM)*; Reiseschecks - *traveller's cheques/checks (AM)*; Tickets - *tickets*; Auto - *car*; Geld - *money*; Schmuck - *jewellery*; Fotoapparat - *camera*; Videokamera - *video-camera*; Kleider - *clothes*; Gepäck - *luggage*; Brieftasche - *wallet, billfold (AM)*; Handtasche - *handbag*; Koffer - *suitcase*; Rucksack - *backpack*

Ich bin belästigt worden.
I have been harassed.

bedroht - *threatened*; erpreßt - *blackmailed*; verprügelt - *beaten up*

4.3 Anzeige erstatten - *To report s. th. (to the police)*

Ich erstatte Anzeige wegen (Auto-)Diebstahls.
I want to report a (car)theft.

Raubes - *a robbery*; Einbruchs - *a burglary*

Ich brauche einen Anwalt.
I need an attorney/a lawyer.

einen Dolmetscher - *an interpreter*; Ersatzpapiere - *temporary papers/documents*

Ich habe Zeugen.
I have witnesses.

Beweise - *proof*; einen Verdacht - *a suspicion*

Ich bin versichert./Meine Versicherung zahlt alles.
I'm insured./My insurance will cover everything.

V. Zeitangaben/Daten - *Time/Dates*

1. Uhrzeit - *Time*

Wieviel Uhr ist es? - *What time is it?*
Es ist 5 Uhr. - *It's 5 o'clock.*

5 Uhr 5 - *5 past 5*; 5 Uhr 15 (viertel nach fünf) - *a quarter past 5*; 5 Uhr 30 (halb sechs) - *five thirty*; 5 Uhr 45 (viertel vor sechs) - *five forty-five (a quarter to/till 6)*; Mittag - *12 o'clock a.m.*; Mitternacht - *12 o'clock p.m.*

2. Allgemeine Zeitangaben - *General time references*

Um 5 Uhr. - *At five o'clock.*
Seit 5 Uhr. - *Since five o'clock.*
Von 5 bis 6 Uhr. - *From 5 to 6 o'clock.*
Vor 5 Uhr - *To/till 5 o'clock.*
Nach 5 Uhr. - *After/past 5 o'clock.*

heute - *today*
gestern - *yesterday*
morgen - *tomorrow*
übermorgen - *the day after tomorrow*
am Wochenende - *at the weekend*
morgens - *in the morning*
vormittags/am Vormittag - *in the morning*
mittags - *at midday/lunchtime*
nachmittags - *in the afternoon*
abends - *in the evening*
nachts - *at night*
vor 10 Minuten - *10 minutes ago*
vor einer Stunde - *one hour ago*
letzte/nächste Woche - *last/next week*
in einem Monat - *in one month*
in einem Jahr - *in one year*
zu früh/zu spät - *too early/too late*
Dienstag nachmittags - *on Tuesday afternoons*

3. Wochentage - *Weekdays*

Montag/montags - *Monday/on Monday*
Dienstag - *Tuesday*
Mittwoch - *Wednesday*
Donnerstag - *Thursday*
Freitag - *Friday*
Samstag - *Saturday*
Sonntag - *Sunday*

4. Monate - *Months*

Januar - *January*	Mai - *May*	September - *September*
Februar - *February*	Juni - *June*	Oktober - *October*
März - *March*	Juli - *July*	November - *November*
April - *April*	August - *August*	Dezember - *December*

5. Jahreszeiten - *Seasons*

Frühling - *spring*	Herbst - *fall/autumn*
Sommer - *summer*	Winter - *winter*

6. Datum - *Date*

Den wievielten haben wir heute? - *What is today's date?*
Den 5. März. - *March 5th.*
Wann hast du Geburtstag? - *When is your birthday?*
Am 5. Februar. - *On February 5th. / On the 5th of February.*

VI. Zahlen - *Numbers*

1. Grundzahlen - *Cardinal numbers*

0 *zero*	9 *nine*	18 *eighteen*	50 *fifty*	1000 *a/one thousand*
1 *one*	10 *ten*	19 *nineteen*	60 *sixty*	10000 *ten thousand*
2 *two*	11 *eleven*	20 *twenty*	70 *seventy*	1000000 *a/one million*
3 *three*	12 *twelve*	21 *twenty-one*	80 *eighty*	1000000000 *a/one milliard (BRIT)*
4 *four*	13 *thirteen*	22 *twenty-two*	90 *ninety*	*a/one billion (AM)*
5 *five*	14 *fourteen*	23 *twenty-three*	100 *a/one hundred*	1000000000000
6 *six*	15 *fifteen*	30 *thirty*	120 *hundred and twenty*	*a/one billion (BRIT)*
7 *seven*	16 *sixteen*	31 *thirty-one*	189 *hundred and eighty-nine*	*a/one trillion (AM)*
8 *eight*	17 *seventeen*	40 *fourty*	200 *two hundred*	

2. Ordnungszahlen - *Ordinal numbers*

1st *first*	9th *ninth*	20th *twentieth*	100th *hundredth*
2nd *second*	10th *tenth*	21st *twenty-first*	101st *hundred and first*
3rd *third*	11th *eleventh*	22nd *twenty-second*	105th *hundred and fifth*
4th *fourth*	12th *twelfth*	30th *thirtieth*	1000th *thousandth*
5th *fifth*	13th *thirteenth*	40th *fortieth*	1000000th *millionth*

3. Bruchzahlen - *Fractions*

1/2	*a/one half*	1/5	*one fifth*	5.353	*five point three five three*
1/3	*one third*	3/5	*three fifth*	.07	*point O seven*
1/4	*a/one quarter* *one fourth* (seltener)	3/5 mile	*three fifth of a mile*		

Musterbriefe

ENQUIRY FOR HOUSEHOLD APPLIANCES

Messrs. Peter Snell & Co., 16 Bond Street, London W5L, DL2

Exportgesellschaft Fischer
Semmelstraße 10
21029 Hamburg

April 6, 19__

Dear Sirs,

We have seen your advertisement in the latest issue of "Export Journal", in which you offer household appliances such as mixers, blenders, dishwashers, washing machines, electric kettles etc. As we are in the market for such household appliances and are anxious to keep our assortment up-to-date, we would ask you to send us your illustrated catalogue stating all necessary details.

We look forward to your early reply.

Yours faithfully,

Peter Snell

OFFER FOR HOUSEHOLD APPLIANCES

Exportgesellschaft Fischer, Semmelstraße 10, 21029 Hamburg

Messrs. Peter Snell & Co.
16 Bond Street,
London W5L, DL2

April 17, 19__

Dear Sirs,

We thank you for your enquiry of April 6 and are pleased to note your interest in our fine line of products. Please find enclosed our catalogue giving you a basic outline of the complete range of our products as well as technical data.

As we are anxious to extend our business activities to the British market, we are prepared to help you by allowing special conditions. The prices quoted in the attached price list are to be understood specifically for London, seaworthy packing included. In order to ease the introduction of our goods into the British market we will grant you track discount of 25 % on the list prices. Our terms of payment are documents against payment. Delivery can be effected immediately after receipt of order.

Should you require any further information, please let us know.

Yours faithfully,

Peter Kerzner

LETTER OF **COMPLAINT**

T.W. Parker & Co. Ltd, 10 Shaftesburg Avenue, London SW1, 71P

Messrs. Arnold & Co. April 6, 19__
8 Vauxhall Street
London EC 6, 5AQ

Dear Sirs,

We have received your consignment – our order No. 0014 of June 19__ – and regret to inform you that the goods supplied are far below the standard of the samples that were sent to us in February.

As these goods are unsuited to our needs, we must ask you to take them back and to replace them by those ordered by us. If it appears, however, that the standard of the goods is below the sample on which we ordered, please understand that we have no other choice but to cancel this order.

We look forward to receiving your early reply. One of the goods has been returned for your inspection by mail.

Yours faithfully

T.W. Parker

PAYMENT

Fletcher Designs, 2 Bamburg Road, Manchester 7AP, 6QU

Knight Engineering Ltd, March 25, 19__
12 Breutwood Drive,
London 7NQ, 2Q

Dear Sirs,

We are pleased to inform you that the consignment – our order No. 133 – has arrived in good condition. In order to settle your invoice our bankers have been instructed to transfer the amount of invoice to your account at the Commerz-Bank, Dortmund. Please acknowledge receipt.

Yours faithfully,

David Fletcher